WANDER GARCIA
UM DOS MAIORES ESPECIALISTAS EM EXAME DE ORDEM DO PAÍS

2024
DÉCIMA QUARTA EDIÇÃO

SUPER-REVISÃO

OAB

DOUTRINA COMPLETA

Best Seller

APRENDA COM OS AUTORES MAIS EXPERIENTES EM OAB

TODAS DISCIPLINAS DA OAB NUM ÚNICO VOLUME

DOUTRINA ALTAMENTE SISTEMATIZADA

JURISPRUDÊNCIA RECENTE

CONTEÚDO COMPLETO E FOCADO NO EDITAL DA OAB

TEMAS ESCOLHIDOS COM BASE NA ESTATÍSTICA DO EXAME

ANA PAULA DOMPIERI
ORGANIZADORA E COCOORDENADORA

EDITORA FOCO

2024 © Editora Foco

Coordenador: Wander Garcia

Cocoordenadora: Ana Paula Dompieri

Autores: Adolfo Nishiyama, Arthur Trigueiros, Bruna Vieira, Camilo Onoda Caldas, Eduardo Dompieri, Fernando Leal Neto, Filipe Venturini, Henrique Subi, Hermes Cramacon , Luciana Batista Santos, Luiz Dellore, Márcio Rodrigues, Olney Queiroz Assis, Renan Flumian, Ricardo Quartim de Moraes, Robinson Barreirinhas, Rodrigo Bordalo, Savio Chalita e Wander Garcia

Diretor Acadêmico: Leonardo Pereira

Editor: Roberta Densa

Revisora Sênior: Georgia Renata Dias

Capa Criação: Leonardo Hermano

Diagramação: Ladislau Lima e Aparecida Lima

Impressão miolo e capa: VIENA GRÁFICA E EDITORA LTDA

Dados Internacionais de Catalogação na Publicação (CIP) de acordo com ISBD

S959

Super-Revisão OAB: doutrina completa / coordenado por Wander Garcia, Ana Paula Garcia. – 14. ed. - Indaiatuba, SP : Editora Foco, 2024.

984 p. ; 21cm x 28cm.

Inclui bibliografia e índice.

ISBN: 978-65-6120-079-0

1. Metodologia de estudo. 2. Direito. 3. OAB. I. Garcia, Wander. II. Garcia, Ana Paula. III. Título.

2024-753	CDD 001.4	CDU 001.8

Elaborado por Odilio Hilario Moreira Junior - CRB-8/9949

Índices para Catálogo Sistemático:

1. Metodologia de estudo 001.4   2. Metodologia de estudo 001.8

DIREITOS AUTORAIS: É proibida a reprodução parcial ou total desta publicação, por qualquer forma ou meio, sem a prévia autorização da Editora FOCO, com exceção do teor das questões de concursos públicos que, por serem atos oficiais, não são protegidas como Direitos Autorais, na forma do Artigo 8º, IV, da Lei 9.610/1998. Referida vedação se estende às características gráficas da obra e sua editoração. A punição para a violação dos Direitos Autorais é crime previsto no Artigo 184 do Código Penal e as sanções civis às violações dos Direitos Autorais estão previstas nos Artigos 101 a 110 da Lei 9.610/1998. Os comentários das questões são de responsabilidade dos autores.

NOTAS DA EDITORA:

Atualizações e erratas: A presente obra é vendida como está, atualizada até a data do seu fechamento, informação que consta na página II do livro. Havendo a publicação de legislação de suma relevância, durante o ano da edição do livro, a editora, de forma discricionária, se empenhará em disponibilizar atualização futura.

Bônus ou Capítulo *On-line*: Excepcionalmente, algumas obras da editora trazem conteúdo no *on-line*, que é parte integrante do livro, cujo acesso será disponibilizado durante a vigência da edição da obra.

Erratas: A Editora se compromete a disponibilizar no site www.editorafoco.com.br, na seção Atualizações, eventuais erratas por razões de erros técnicos ou de conteúdo. Solicitamos, outrossim, que o leitor faça a gentileza de colaborar com a perfeição da obra, comunicando eventual erro encontrado por meio de mensagem para contato@editorafoco.com.br. O acesso será disponibilizado durante a vigência da edição da obra.

Impresso no Brasil (4.2024) – Data de Fechamento (3.2024)

2024

Todos os direitos reservados à

Editora Foco Jurídico Ltda.

Rua Antonio Brunetti, 593 – Jd. Morada do Sol

CEP 13348-533 – Indaiatuba – SP

E-mail: contato@editorafoco.com.br

www.editorafoco.com.br

Acesse JÁ os conteúdos *ON-LINE*

  ATUALIZAÇÃO em PDF e VÍDEO
para complementar seus estudos*

Acesse o link:
www.editorafoco.com.br/atualizacao

 CAPÍTULOS ON-LINE

Acesse o link:
www.editorafoco.com.br/atualizacao

* As atualizações em PDF e Vídeo serão disponibilizadas sempre que houver necessidade, em caso de nova lei ou decisão jurisprudencial relevante, durante o ano da edição do livro.
* Acesso disponível durante a vigência desta edição.

APRESENTAÇÃO

A experiência diz que aquele que quer ser aprovado no Exame da Ordem deve fazer três coisas: **a)** entender a teoria, **b)** ler a letra da lei e **c)** treinar. As obras da coleção "Como Passar" contribuem muito bem com os dois últimos itens, pois trazem número expressivo de questões comentadas, alternativa por alternativa, inclusive com a indicação de dispositivos legais a serem lidos. Porém, só o treinamento e a leitura da lei não são suficientes. É necessário também "entender a teoria".

Por isso, a presente obra foi concebida exatamente para cumprir esse papel: trazer para você uma Super-Revisão da teoria, possibilitando uma preparação completa para você atingir seu objetivo, que é a aprovação no exame.

Estudando por meio deste livro você, certamente, estará mais preparado para enfrentar este momento decisivo, que é o dia do seu exame.

O livro traz todas as disciplinas do Exame de Ordem e foi construído a partir de suas estatísticas e das preferências da organizadora.

Tudo isso sem contar que apresenta um conteúdo forte, altamente sistematizado, trazendo a jurisprudência, de interesse para o exame, atualizada. Trata-se, assim, da Revisão dos Sonhos de quem vai fazer o Exame de Ordem!

Wander Garcia e Ana Paula Dompieri
Coordenadores

COORDENADORES E AUTORES

SOBRE OS COORDENADORES

Wander Garcia

É Doutor, Mestre e Graduado em Direito pela PUC/SP. Professor universitário e de cursos preparatórios para Concursos e Exame de Ordem, tendo atuado nos cursos LFG e DAMÁSIO, no qual foi Diretor Geral de todos os cursos preparatórios e da Faculdade de Direito. Foi diretor da Escola Superior de Direito Público Municipal de São Paulo. É um dos fundadores da Editora Foco, especializada em livros jurídicos e para concursos e exames. Escreveu mais de 50 livros publicados na qualidade de autor, coautor ou organizador, nas áreas jurídica e de preparação para concursos e exame de ordem. Já vendeu mais de 1,5 milhão de livros, dentre os quais se destacam os Best Sellers "Como Passar na OAB", "Como Passar em Concursos Jurídicos", "Exame de Ordem Mapamentalizado" e "Concursos: O Guia Definitivo". É também advogado desde o ano de 2000 e foi procurador do município de São Paulo por mais de 15 anos. É *Coach* com sólida formação certificado em *Coaching* pelo IBC e pela *International Association of Coaching*.

Ana Paula Dompieri

Procuradora do Estado de São Paulo. Pós-graduada em Direito. Professora do IEDI. Escrevente do Tribunal de Justiça por mais de 10 anos. Ex-assistente Jurídico do Tribunal de Justiça. Autora de diversos livros para OAB e concursos.

SOBRE OS AUTORES

Adolfo Nishiyama

Advogado. Doutor em Direito do Estado pela Pontifícia Universidade Católica de São Paulo. Professor titular da Universidade Paulista lecionando Direito Constitucional e Direito Processual Civil. Membro do Tribunal de Ética e Disciplina na OAB/SP (2010/2012). Autor de diversas obras jurídicas.

Arthur Trigueiros – @proftrigueiros

Pós-graduado em Direito. Procurador do Estado de São Paulo. Professor da Rede LFG e do IEDI. Autor de diversas obras de preparação para Concursos Públicos e Exame de Ordem.

Bruna Vieira – @profa_bruna

Advogada. Mestre em Concretização de Direitos Sociais pelo UNISAL. Professora de Direito Constitucional em cursos de pós-graduação, concursos públicos e exame de ordem há 12 anos. Autora de diversas obras jurídicas pelas editoras FOCO e Saraiva. Atuou na coordenação acadêmica dos cursos de Pós-graduação da FGV (GVLAW) e foi aluna especial no Curso de Pós-graduação Stricto Sensu da USP (Faculdade de Direito - Universidade São Paulo), nas disciplinas: "Metodologia do Ensino Jurídico" com o Prof. José Eduardo Campos de Oliveira Faria e "Efetivação do Direito à Saúde em Estados Democráticos de Direito: Fundamentos, Evolução e Desafios do Direito Sanitário, com os professores Fernando Mussa Abujamra Aith e Sueli Dallari.

Camilo Onoda Caldas

Bacharel em Filosofia pela Faculdade de Filosofia, Letras e Ciências Humanas da Universidade de São Paulo (FFLCH/USP). Bacharel em Direito pela Faculdade de Direito da Universidade Presbiteriana Mackenzie. Mestre em Direito Político e Econômico pela Faculdade de Direito da Universidade Presbiteriana Mackenzie. Doutor em Filosofia e Teoria Geral do Direito pela Faculdade de Direito da Universidade de São Paulo (USP). Pós-Doutorando em Democracia e Direitos Fundamentais pela Faculdade de Direito de Coimbra - Portugal. Docente de graduação em Direito há 10 anos nas disciplinas de Teoria Geral do Direito, Filosofia do Direito e Teoria Geral do Estado dentre outras. Professor da Universidade São Judas Tadeu, docente em cursos da Escola

Paulista de Direito (EPD), da Escola de Governo (conveniada com a USP) e da Fundação Escola de Sociologia e Política de São Paulo (FESPSP). Advogado, Diretor executivo do Instituto Luiz Gama, instituição com atuação na área de Direitos Humanos e defesa de minorias. Autor de obras e artigos na área de Filosofia do Direito, Teoria Geral do Direito, Ciência Política e Metodologia do Direito.

Eduardo Dompieri @eduardodompieri

Pós-graduado em Direito. Professor do IEDI. Autor de diversas obras de preparação para Concursos Públicos e Exame de Ordem.

Fernando Leal Neto – @fclneto

Advogado. Mestrando em Segurança Pública, Justiça e Cidadania pela Universidade Federal da Bahia (UFBA). Coordenador de Extensão da Faculdade Baiana de Direito e Gestão (Salvador - BA).

Filipe Venturini

Mestrado em Direito Administrativo pela Pontifícia Universidade Católica de São Paulo. Pós-graduado em Governança, Gestão Pública e Direito Administrativo. Pós-graduado em Direito Público. Pós-graduado em Ciências criminais e docência superior. Linha de pesquisa na área de Autorregulação e Controle na administração pública. Conselheiro no IPMA Brasil – International Project Management Associate. Gestor Jurídico e Acadêmico. Professor. Advogado e Consultor Jurídico no Bordalo Densa & Venturini Advogados.

Henrique Subi @henriquesubi

Agente da Fiscalização Financeira do Tribunal de Contas do Estado de São Paulo. Mestrando em Direito Político e Econômico pela Universidade Pres-biteriana Mackenzie. Especialista em Direito Empresarial pela Fundação Getúlio Vargas e em Direito Tributário pela UNISUL. Professor de cursos preparatórios para concursos desde 2006. Coautor de mais de 20 obras voltadas para concursos, todas pela Editora Foco.

Hermes Cramacon @ hermescramacon

Possui graduação em Direito pela Uni-versidade Cidade de São Paulo (2000). Mestrando em Direito da Saúde pela Universidade Santa Cecília. Docente da Universidade Municipal de São Caetano do Sul e professor da Faculdade Tijucussu. Professor de Direito do Trabalho e Direito Processual do Trabalho do IEDI Cursos online e Escolha Certa Cursos nos cursos preparatórios para Exame de Ordem. Tem experiência na área de Direito, com ênfase em Direito do Trabalho, Direito Processual do Trabalho, Direito Processual Civil e Prática Jurídica.

Luciana Batista Santos

Graduada em Direito pela Universidade Federal de Minas Gerais. Mestre em Direito Tributário pela Universidade Federal de Minas Gerais. Professora de Direito Tributário. Autora de livros e artigos na área do Direito Tributário. Advogada.

Luiz Dellore – @dellore

Doutor e Mestre em Direito Processual pela USP. Mestre em Direito Constitucional pela PUC/SP. Visiting Scholar na Syracuse Univesity e Cornell University. Professor do Mackenzie, da FADISP, da Escola Paulista do Direito (EPD), do CPJur e do Saraiva Aprova. Ex-assessor de Ministro do STJ. Membro do IBDP (Instituto Brasileiro de Direito Processual) e do Ceapro (Centro de Estudos Avançados de Processo). Advogado concursado da Caixa Econômica Federal.

Márcio Rodrigues

Advogado. Mestre pela UFBA. Professor-Assistente da Universidade Federal do Ceará (UFC), foi Professor de Processo Penal da UCSAL (BA), da Faculdade 2 Julho (BA), do IEDI e da Rede LFG. Ex-Professor do Curso JusPodivm. Autor e coautor de livros pela Editora Foco e outras editoras.

Olney Queiroz Assis

Mestre e Doutor em Filosofia do Direito e do Estado pela PUC/SP. Professor da Faculdade de Direito Prof. Damásio de Jesus.

Renan Flumian – @renanflumian

Mestre em Filosofia do Direito pela *Universidad de Alicante*. Cursou a *Session Annuelle D'enseignement do Institut International des Droits de L'Homme*, a Escola de Governo da USP e a Escola de Formação da Sociedade Brasileira de Direito Público. Professor e Coordenador Acadêmico do IEDI. Autor e coordenador de diversas obras de preparação para Concursos Públicos e o Exame de Ordem. Advogado.

Ricardo Quartim de Moraes

Graduado em direito pela Universidade de São Paulo (USP). Procurador Federal em São Paulo/SP e autor de artigos jurídicos.

Robinson Barreirinhas robinson.barreirinhas@gmail.com

Secretário Municipal dos Negócios Jurídicos da Prefeitura de São Paulo. Professor do IEDI. Procurador do Município de São Paulo. Autor e coautor de mais de 20 obras de preparação para concursos e OAB. Ex-Assessor de Ministro do STJ.

Rodrigo Bordalo

Doutor e Mestre em Direito do Estado pela Pontifícia Universidade Católica de São Paulo (PUC-SP). Professor de Direito Público da Universidade Presbiteriana Mackenzie (pós-graduação). Professor de Direito Administrativo e Ambiental do Centro Preparatório Jurídico (CPJUR) e da Escola Brasileira de Direito (EBRADI), entre outros. Procurador do Município de São Paulo, atualmente lotado na Coordenadoria Geral do Consultivo da Procuradoria Geral do Município. Advogado. Palestrante.

Savio Chalita

Advogado. Mestre em Direitos Sociais, Difusos e Coletivos. Professor do CPJUR (Centro Preparatório Jurídico), Autor de obras para Exame de Ordem e Concursos Públicos. Professor Universitário. Editor do blog www.comopassarnaoab.com.

Sumário

APRESENTAÇÃO	**V**
COORDENADORES E AUTORES	**VII**
1. ÉTICA PROFISSIONAL E ESTATUTO DA OAB	**1**

1. OAB E SUA ESTRUTURA: ÓRGÃOS, COMPETÊNCIAS E CARACTERÍSTICAS 1

2. INSCRIÇÃO DO ADVOGADO 8

3. ESTÁGIO PROFISSIONAL 10

4. ATIVIDADE DA ADVOCACIA 10

5. ADVOCACIA PÚBLICA 12

6. ADVOCACIA *PRO BONO* 12

7. DEVERES DO ADVOGADO 12

8. PRERROGATIVAS E DIREITOS DOS ADVOGADOS 13

9. MANDATO 16

10. IMPEDIMENTOS E INCOMPATIBILIDADES 16

11. HONORÁRIOS DO ADVOGADO 18

12. SOCIEDADE DE ADVOGADOS 20

13. INFRAÇÕES E SANÇÕES DISCIPLINARES 21

14. PROCEDIMENTO DISCIPLINAR. SUSPENSÃO PREVENTIVA. RECURSOS 23

15. PUBLICIDADE NA ADVOCACIA 26

2. DIREITO CONSTITUCIONAL	**31**

1. INTRODUÇÃO 31

2. HISTÓRICO DAS CONSTITUIÇÕES BRASILEIRAS 31

3. CONSIDERAÇÕES PRELIMINARES 33

4. ELEMENTOS DA CONSTITUIÇÃO 37

5. CLASSIFICAÇÃO DAS CONSTITUIÇÕES 37

6. FENÔMENOS QUE OCORREM COM A ENTRADA EM VIGOR DE UMA NOVA CONSTITUIÇÃO 39

7. EFICÁCIA JURÍDICA DAS NORMAS CONSTITUCIONAIS E HERMENÊUTICA CONSTITUCIONAL 40

8. PODER CONSTITUINTE 42

9. DIREITOS E GARANTIAS FUNDAMENTAIS – ASPECTOS GERAIS 43

10. CONTROLE DE CONSTITUCIONALIDADE 75

11. ORGANIZAÇÃO DO ESTADO 82

12. ORGANIZAÇÃO DOS PODERES 88

13. FUNÇÕES ESSENCIAIS À JUSTIÇA 109

14. ESTADOS DE EXCEÇÃO 112

15. ORDEM ECONÔMICA 114

16. ORDEM SOCIAL 116

17. SISTEMA TRIBUTÁRIO NACIONAL 120

18. EMENDAS CONSTITUCIONAIS EM ESPÉCIE 123

19. DISPOSIÇÕES CONSTITUCIONAIS GERAIS 126

20. REFLEXOS DO NOVO CÓDIGO DE PROCESSO CIVIL 126

3. DIREITO CIVIL | 129

1. PRINCÍPIOS DO DIREITO CIVIL E LEI DE INTRODUÇÃO ÀS NORMAS DO DIREITO BRASILEIRO – LINDB 129

2. PARTE GERAL 136

3. DIREITO DAS OBRIGAÇÕES 168

4. DIREITO DOS CONTRATOS 179

5. RESPONSABILIDADE CIVIL 200

6. DIREITO DAS COISAS 206

4. DIREITO PROCESSUAL CIVIL | 227

INTRODUÇÃO: SISTEMA PROCESSUAL À LUZ DO CÓDIGO DE PROCESSO CIVIL DE 2015 (LEI 13.105/2015 E POSTERIORES ALTERAÇÕES) ... 227

1. TEORIA GERAL DO PROCESSO CIVIL (PARTE GERAL DO CPC) 227

2. PROCESSO DE CONHECIMENTO 261

3. PROCEDIMENTOS ESPECIAIS (TÍTULO III DO LIVRO I DA PARTE ESPECIAL DO CPC) ... 278

4. PROCESSO DE EXECUÇÃO E CUMPRIMENTO DE SENTENÇA 289

5. RECURSOS E PROCESSOS NOS TRIBUNAIS 305

6. REVOGAÇÕES E VIGÊNCIA 325

7. VISÃO GERAL DO PROCESSO COLETIVO 325

5. DIREITO PENAL | 329

PARTE GERAL **329**

1. CONSIDERAÇÕES INICIAIS SOBRE O DIREITO PENAL 329

2. DIREITO PENAL E SUA CLASSIFICAÇÃO. PRINCÍPIOS 332

3. FONTES DO DIREITO PENAL 335

4. INTERPRETAÇÃO DO DIREITO PENAL 336

5. APLICAÇÃO DA LEI PENAL 337

6. TEORIA GERAL DO CRIME 341

7. DAS PENAS 353

8. CONCURSO DE CRIMES 361

9. SUSPENSÃO CONDICIONAL DA PENA *(SURSIS)* 363

10. LIVRAMENTO CONDICIONAL 364

11. EFEITOS DA CONDENAÇÃO E REABILITAÇÃO 365

12. MEDIDAS DE SEGURANÇA 366

13. PUNIBILIDADE E SUAS CAUSAS EXTINTIVAS 368

PARTE ESPECIAL **371**

1. CLASSIFICAÇÃO DOUTRINÁRIA DOS CRIMES. INTRODUÇÃO À PARTE ESPECIAL DO CP 371

2. CRIMES CONTRA A VIDA 373

3. LESÃO CORPORAL 381

4. CRIMES DE PERIGO INDIVIDUAL 384

5. CRIMES CONTRA A HONRA 389

6. CRIMES CONTRA A LIBERDADE PESSOAL 395

7. CRIMES CONTRA O PATRIMÔNIO 400

8. CRIMES CONTRA A DIGNIDADE SEXUAL 415

9. CRIMES CONTRA A ORGANIZAÇÃO DO TRABALHO 420

10. CRIMES CONTRA A FÉ PÚBLICA 422

11. CRIMES CONTRA A ADMINISTRAÇÃO PÚBLICA 424

LEGISLAÇÃO PENAL ESPECIAL **428**

1. CRIMES HEDIONDOS (LEI 8.072/1990) 428

2. LEI DE TORTURA (LEI 9.455/1997) 429

3. LEI DE DROGAS (LEI 11.343/2006) 432

4. ESTATUTO DO DESARMAMENTO (LEI 10.826/2003) 435

5. CRIMES DE TRÂNSITO – LEI 9.503/1997 – PRINCIPAIS ASPECTOS 438

6. CRIMES CONTRA O CONSUMIDOR – LEI 8.078/1990 446

7. CRIMES FALIMENTARES – LEI 11.101/2005 451

8. CRIMES AMBIENTAIS – LEI 9.605/1998 455

6. PROCESSO PENAL — 465

1. SISTEMAS (OU TIPOS) PROCESSUAIS PENAIS 465

2. PRINCÍPIOS CONSTITUCIONAIS E PROCESSUAIS PENAIS 465

3. JUIZ DAS GARANTIAS 471

4. INQUÉRITO POLICIAL (IP) 473

5. AÇÃO PENAL 486

6. AÇÃO CIVIL *EX DELICTO* 496

7. JURISDIÇÃO E COMPETÊNCIA 499

8. QUESTÕES E PROCESSOS INCIDENTES 510

9. PROVA 515

XII SUPER-REVISÃO OAB DOUTRINA COMPLETA

10. PRISÃO, MEDIDAS CAUTELARES E LIBERDADE PROVISÓRIA 534

11. CITAÇÕES E INTIMAÇÕES 553

12. SENTENÇA PENAL 556

13. PROCEDIMENTOS PENAIS 559

14. NULIDADES 568

15. RECURSOS 571

16. AÇÕES AUTÔNOMAS DE IMPUGNAÇÃO 586

17. BIBLIOGRAFIA 591

7. DIREITO ADMINISTRATIVO — 593

1. REGIME JURÍDICO-ADMINISTRATIVO 593

2. PRINCÍPIOS DO DIREITO ADMINISTRATIVO 595

3. PODERES DA ADMINISTRAÇÃO PÚBLICA 602

4. ATOS ADMINISTRATIVOS 606

5. ORGANIZAÇÃO DA ADMINISTRAÇÃO PÚBLICA 619

6. AGENTES PÚBLICOS 631

7. IMPROBIDADE ADMINISTRATIVA 650

8. BENS PÚBLICOS 657

9. INTERVENÇÃO DO ESTADO NA ORDEM ECONÔMICA E NO DIREITO DE PROPRIEDADE 661

10. RESPONSABILIDADE CIVIL DO ESTADO 670

11. LICITAÇÃO PÚBLICA 677

8. DIREITO TRIBUTÁRIO — 705

1. INTRODUÇÃO 705

2. TRIBUTO – DEFINIÇÃO 705

3. ESPÉCIES TRIBUTÁRIAS 707

4. COMPETÊNCIA TRIBUTÁRIA E SUJEIÇÃO ATIVA 712

5. IMUNIDADES 714

6. PRINCÍPIOS 718

7. LEGISLAÇÃO TRIBUTÁRIA 722

8. VIGÊNCIA, APLICAÇÃO, INTERPRETAÇÃO E INTEGRAÇÃO DA LEGISLAÇÃO TRIBUTÁRIA 725

9. OBRIGAÇÃO TRIBUTÁRIA, FATO GERADOR E CRÉDITO 728

10. LANÇAMENTO TRIBUTÁRIO 730

11. SUJEIÇÃO PASSIVA 733

12. SUSPENSÃO, EXTINÇÃO E EXCLUSÃO DO CRÉDITO TRIBUTÁRIO 740

13. IMPOSTOS EM ESPÉCIE 748

14. GARANTIAS E PRIVILÉGIOS DO CRÉDITO TRIBUTÁRIO 760

15. ADMINISTRAÇÃO TRIBUTÁRIA 762

16. AÇÕES TRIBUTÁRIAS 763

17. REPARTIÇÃO DAS RECEITAS TRIBUTÁRIAS 767

18. SIMPLES NACIONAL 768

9. DIREITO DO TRABALHO — 771

PARTE I – DIREITO INDIVIDUAL DO TRABALHO **771**

1. INTRODUÇÃO 771

2. DIREITO INTERNACIONAL DO TRABALHO 776

3. CONTRATO DE TRABALHO 776

4. EFEITOS RELACIONADOS AO CONTRATO DE TRABALHO 787

5. ASSÉDIO MORAL 790

6. SUJEITOS DA RELAÇÃO DE EMPREGO 790

7. REMUNERAÇÃO E SALÁRIO 808

8. DURAÇÃO DO TRABALHO 814

9. ALTERAÇÃO DO CONTRATO DE TRABALHO 825

10. EXTINÇÃO DO CONTRATO DE TRABALHO 829

11. ESTABILIDADE ABSOLUTA E ESTABILIDADE PROVISÓRIA/GARANTIA DE EMPREGO 837

12. NORMAS DE PROTEÇÃO AO TRABALHO 843

13. FUNDO DE GARANTIA DO TEMPO DE SERVIÇO – FGTS 850

10. DIREITO PROCESSUAL DO TRABALHO — 855

PARTE I **855**

1. CARACTERÍSTICAS DO PROCESSO DO TRABALHO 855

2. ORGANIZAÇÃO DA JUSTIÇA DO TRABALHO 858

3. ATOS, TERMOS, PRAZOS E NULIDADES PROCESSUAIS 866

4. PARTES E PROCURADORES 870

5. DISSÍDIO INDIVIDUAL 876

6. RECURSOS 889

11. DIREITO EMPRESARIAL — 909

1. TEORIA GERAL DO DIREITO EMPRESARIAL 909

2. DIREITO SOCIETÁRIO 918

3. TÍTULOS DE CRÉDITO 931

4. PROPRIEDADE INDUSTRIAL 943

5. CONTRATOS EMPRESARIAIS 947

6. DIREITO FALIMENTAR 952

Sumário *ON-LINE*

3. DIREITO CIVIL — 1

7. DIREITO DE FAMÍLIA ... 1

8. DIREITO DAS SUCESSÕES ... 26

6. PROCESSO PENAL — 35

1. LINHAS INTRODUTÓRIAS ... 35

2. FONTES DO DIREITO PROCESSUAL PENAL ... 35

3. INTERPRETAÇÃO DA LEI PROCESSUAL ... 36

4. LEI PROCESSUAL NO ESPAÇO, NO TEMPO E EM RELAÇÃO ÀS PESSOAS ... 37

5. SUJEITOS PROCESSUAIS ... 39

6. EXECUÇÃO PENAL ... 43

7. DIREITO ADMINISTRATIVO — 67

12. CONTRATOS ADMINISTRATIVOS ... 67

13. SERVIÇO PÚBLICO ... 73

14. CONCESSÕES DE SERVIÇO PÚBLICO ... 74

15. PROCESSO ADMINISTRATIVO ... 80

16. CONTROLE DA ADMINISTRAÇÃO ... 91

9. DIREITO DO TRABALHO — 95

PARTE II DIREITO COLETIVO DO TRABALHO ... **95**

1. ASPECTOS GERAIS E PRINCÍPIOS ... 95

2. ORGANIZAÇÃO SINDICAL ... 96

3. CONFLITOS COLETIVOS DE TRABALHO ... 100

4. GREVE ... 106

LEI GERAL DE PROTEÇÃO DE DADOS PESSOAIS – LGPD ... **109**

1. INTRODUÇÃO ... 109

2. RESPONSABILIDADE CIVIL OBJETIVA E SUBJETIVA ... 109

3. SANÇÕES ADMINISTRATIVAS ... 110

4. EXCLUDENTES DE RESPONSABILIDADE ... 110

COVID-19 – CORONAVÍRUS ... **111**

1. INTRODUÇÃO ... 111

2. LEGISLAÇÕES APLICÁVEIS ... 111

10. DIREITO PROCESSUAL DO TRABALHO — 117

PARTE II 117

7. EXECUÇÃO 117

8. AÇÕES ESPECIAIS 126

9. REFLEXOS DO NOVO CÓDIGO DE PROCESSO CIVIL AO PROCESSO DO TRABALHO 131

12. ESTATUTO DA CRIANÇA E DO ADOLESCENTE — 135

1. TRATAMENTO NA CF, NORMATIVA NO DIREITO INTERNACIONAL, ESTRUTURA, CONCEITOS BÁSICOS E PRINCÍPIOS 135

2. DIREITOS FUNDAMENTAIS I 137

3. DIREITOS FUNDAMENTAIS II – DIREITO À CONVIVÊNCIA FAMILIAR E COMUNITÁRIA (ASPECTOS GERAIS) 138

4. DIREITOS FUNDAMENTAIS III – GUARDA E TUTELA 140

5. DIREITOS FUNDAMENTAIS IV – DA ADOÇÃO, DO DIREITO À EDUCAÇÃO, À CULTURA, AO ESPORTE E AO LAZER E DO DIREITO À PROFISSIONALIZAÇÃO E À PROTEÇÃO NO TRABALHO 141

6. PREVENÇÃO E MEDIDAS DE PROTEÇÃO 145

7. ATO INFRACIONAL E GARANTIAS PROCESSUAIS 146

8. MEDIDAS SOCIOEDUCATIVAS I 148

9. MEDIDAS SOCIOEDUCATIVAS II E REMISSÃO 150

10. MEDIDAS PERTINENTES AOS PAIS OU RESPONSÁVEL E CONSELHO TUTELAR 151

11. APURAÇÃO DE ATO INFRACIONAL 153

12. CRIMES E INFRAÇÕES ADMINISTRATIVAS 155

13. DIREITO DO CONSUMIDOR — 159

1. ANTECEDENTES HISTÓRICOS 159

2. LEGISLAÇÃO 159

3. PRINCÍPIOS DO DIREITO DO CONSUMIDOR 159

4. RELAÇÃO JURÍDICA DE CONSUMO 163

5. RESPONSABILIDADE PELO FATO DO PRODUTO OU DO SERVIÇO (DEFEITO) 168

6. RESPONSABILIDADE PELO VÍCIO DO PRODUTO OU DO SERVIÇO (VÍCIO) 170

7. DESCONSIDERAÇÃO DA PERSONALIDADE JURÍDICA DA SOCIEDADE *(DISREGARD OF THE LEGAL ENTITY)* 173

8. PRÁTICAS COMERCIAIS 174

9. PROTEÇÃO CONTRATUAL 178

10. SUPERENDIVIDAMENTO (LEI Nº 14.181, DE 2021) 183

11. SANÇÕES ADMINISTRATIVAS NAS RELAÇÕES DE CONSUMO 185

12. SISTEMA NACIONAL DE DEFESA DO CONSUMIDOR – SNDC 186

13. CONVENÇÃO COLETIVA DE CONSUMO 186

14. DEFESA DO CONSUMIDOR EM JUÍZO: INDIVIDUAL E COLETIVA 186

14. DIREITO AMBIENTAL — 191

1. INTRODUÇÃO 191

2. CONCEITOS BÁSICOS 192

3. O DIREITO AMBIENTAL NA CONSTITUIÇÃO FEDERAL 193

4. COMPETÊNCIA EM MATÉRIA AMBIENTAL 194

5. PRINCÍPIOS DO DIREITO AMBIENTAL 195

6. POLÍTICA NACIONAL DO MEIO AMBIENTE (PNMA) 198

7. LICENCIAMENTO AMBIENTAL 199

8. SISTEMA NACIONAL DE UNIDADES DE CONSERVAÇÃO – SNUC 202

9. OUTROS INSTRUMENTOS DE PROTEÇÃO DO MEIO AMBIENTE 203

10. RESPONSABILIDADE CIVIL AMBIENTAL 207

11. RESPONSABILIDADE ADMINISTRATIVA AMBIENTAL 210

12. RESPONSABILIDADE PENAL AMBIENTAL 211

13. LEI DE BIOSSEGURANÇA (LEI 11.105/2005) 213

14. MARCO LEGAL DA BIODIVERSIDADE OU LEI DO PATRIMÔNIO GENÉTICO E DO CONHECIMENTO TRADICIONAL ASSOCIADO (LEI 13.123/2015) 215

15. POLÍTICA NACIONAL DE RESÍDUOS SÓLIDOS (LEI 12.305/2010) 215

16. POLÍTICA NACIONAL DE RECURSOS HÍDRICOS (LEI 9.433/1997) 220

15. DIREITO INTERNACIONAL PÚBLICO — 223

1. INTRODUÇÃO 223

2. DIFERENÇAS ENTRE O DIREITO INTERNACIONAL PÚBLICO E O DIREITO INTERNO 223

3. FUNDAMENTOS 223

4. FONTES DO DIREITO INTERNACIONAL 224

5. TRATADO 227

6. ESTADO 232

7. ORGANIZAÇÕES INTERNACIONAIS 245

8. SER HUMANO 255

9. RESPONSABILIDADE INTERNACIONAL 259

10. DIREITO COMUNITÁRIO 261

11. TRIBUNAL PENAL INTERNACIONAL (TPI) 266

16. DIREITO INTERNACIONAL PRIVADO — 269

1. INTRODUÇÃO 269

2. FONTES 269

3. REGRAS DE CONEXÃO DA LEI DE INTRODUÇÃO ÀS NORMAS DO DIREITO BRASILEIRO 270

4. APLICAÇÃO DO DIREITO ESTRANGEIRO 276

5. COMPETÊNCIA INTERNACIONAL 277

6. HOMOLOGAÇÃO DE SENTENÇA ESTRANGEIRA 284

7. ORDEM PÚBLICA – ART. 17 DA LINDB 289

17. DIREITOS HUMANOS — 291

1. INTRODUÇÃO — 291
2. PRINCIPAIS DOCUMENTOS NORMATIVOS DO MARCO ANTIGO DOS DIREITOS HUMANOS — 293
3. DIREITOS HUMANOS SOB A ÓTICA GERACIONAL — 294
4. CARACTERÍSTICAS DOS DIREITOS HUMANOS — 296
5. CLASSIFICAÇÃO — 297
6. RESPONSABILIDADE INTERNACIONAL E MITIGAÇÃO DA SOBERANIA — 298
7. DIREITO HUMANITÁRIO — 300
8. DIREITO DOS REFUGIADOS — 302
9. SISTEMA GLOBAL DE PROTEÇÃO — 304
10. SISTEMA GLOBAL DE PROTEÇÃO ESPECÍFICA — 311
11. SISTEMA REGIONAL DE PROTEÇÃO — 316
12. SISTEMA AMERICANO DE PROTEÇÃO ESPECÍFICA — 355
13. INTERPRETAÇÃO E APLICAÇÃO — 360
14. DIREITOS HUMANOS NO BRASIL — 362

18. ÉTICA NA FILOSOFIA DO DIREITO — 371

1. SIGNIFICADO DA PALAVRA ÉTICA — 371
2. ÉTICA DOS ANTIGOS (ARETÉ) — 371
3. OUTRO MODELO ÉTICO DOS ANTIGOS — 373
4. A ÉTICA DE SÓCRATES E A NOÇÃO DE LIBERDADE — 375
5. A ÉTICA DE ARISTÓTELES — 378
6. ÉTICA ESTOICA — 380
7. ÉTICA EM CÍCERO — 382
8. AURÉLIO AGOSTINHO (354-430) — 386
9. BOÉCIO (480-525) — 387
10. TOMÁS DE AQUINO — 390
11. OS NOMINALISTAS — 392
12. IMMANUEL KANT — 393

19. TEORIA GERAL DO DIREITO E HERMENÊUTICA JURÍDICA — 399

I. TEORIA GERAL DO DIREITO — 399

1. CONCEITO — 399
2. JUSPOSITIVISMO E TEORIA GERAL DO DIREITO (TGD) — 399
3. NORMA JURÍDICA — 400
4. RELAÇÃO JURÍDICA — 404
5. FONTES DO DIREITO — 405
6. INTEGRAÇÃO DO ORDENAMENTO JURÍDICO — 406

II. HERMENÊUTICA 407

1. INTRODUÇÃO 407

III. HERMENÊUTICA E INTERPRETAÇÃO 408

1. CONCEITO 408

IV. TEORIAS SUBJETIVISTA E OBJETIVISTA 409

1. PROBLEMÁTICA 409

V. DILEMA DA HERMENÊUTICA 410

1. TENDÊNCIAS TEÓRICAS 410

VI. SUPERANDO O DILEMA 411

1. PRÁTICA DA INTERPRETAÇÃO 411

2. FUNÇÃO SIMBÓLICA DA LINGUAGEM 411

VII. DIMENSÃO DA SINTAXE 412

1. INTERPRETAÇÃO GRAMATICAL 412

2. INTERPRETAÇÃO LÓGICA 412

VIII. DIMENSÃO DA SINTAXE 413

1. INTERPRETAÇÃO SISTEMÁTICA 413

IX. DIMENSÃO DA SEMÂNTICA 414

1. INTERPRETAÇÃO HISTÓRICO-EVOLUTIVA 414

2. TIPOS DE INTERPRETAÇÃO 414

X. DIMENSÃO DA PRAGMÁTICA 415

1. INTERPRETAÇÃO TELEOLÓGICA E AXIOLÓGICA 415

2. USO DOS MÉTODOS DE INTERPRETAÇÃO 415

XI. INTERPRETAÇÃO E PODER 416

1. PODER DE VIOLÊNCIA SIMBÓLICA 416

20. DIREITO ELEITORAL — 419

CAPÍTULO 1 419

1. CONCEITO 419

2. OBJETO E FONTE 419

3. COMPETÊNCIA LEGISLATIVA 419

4. PRINCÍPIOS DO DIREITO ELEITORAL 420

CAPÍTULO 2 421

1. DIREITOS POLÍTICOS 421

2. ALISTAMENTO ELEITORAL 421

3. DOMICÍLIO ELEITORAL 421

4. JUSTIFICATIVA DE AUSÊNCIA E SANÇÕES QUANTO AO DESCUMPRIMENTO DE OBRIGAÇÕES ELEITORAIS 422

5. DIREITOS POLÍTICOS ATIVOS 424

6. DIREITOS POLÍTICOS PASSIVOS 426

7. ESCOLHA DOS CANDIDATOS E PEDIDO DE REGISTRO DE CANDIDATURA 431

8. DOS PARTIDOS POLÍTICOS E COLIGAÇÕES PARTIDÁRIAS 431

9. FIDELIDADE PARTIDÁRIA 433

CAPÍTULO 3 .... **434**

1. SISTEMAS ELEITORAIS: CONCEITO 434

2. NULIDADE DOS VOTOS E CONVOCAÇÃO DE NOVAS ELEIÇÕES 437

CAPÍTULO 4 .... **437**

1. CRIMES ELEITORAIS E O PROCESSO PENAL NOS CRIMES ELEITORAIS 437

CAPÍTULO 5 .... **438**

1. PROPAGANDA POLÍTICA 438

2. HORÁRIO RESERVADO AO TRIBUNAL SUPERIOR ELEITORAL 441

3. ABUSOS E O DIREITO DE RESPOSTA 441

4. CONDUTAS VEDADAS AOS AGENTES PÚBLICOS EM CAMPANHAS ELEITORAIS 442

CAPÍTULO 6 .... **443**

1. FINANCIAMENTO DE CAMPANHAS ELEITORAIS 443

2. *CROWDFUNDING* COMO FORMA DE CAPTAÇÃO DE RECURSOS PARA CAMPANHA ELEITORAL 443

3. PRESTAÇÃO DE CONTAS 443

4. GASTOS EM CAMPANHA E SUA CONTABILIZAÇÃO 444

5. REPRESENTAÇÃO (ABUSOS) E RECLAMAÇÕES RELATIVAS À ARRECADAÇÃO E GASTOS DE RECURSOS E CONTRA CAPTAÇÃO IRREGULAR DE SUFRÁGIO 444

CAPÍTULO 7 .... **444**

1. AÇÕES E RECURSOS ELEITORAIS 444

CAPÍTULO 8 .... **447**

1. JUSTIÇA ELEITORAL 447

2. ÓRGÃOS DA JUSTIÇA ELEITORAL E SUA COMPOSIÇÃO 447

21. DIREITO FINANCEIRO E ADMINISTRAÇÃO FINANCEIRA E ORÇAMENTÁRIA — 449

1. INTRODUÇÃO 449

2. LEIS ORÇAMENTÁRIAS: PPA, LDO, LOA 451

3. RECEITAS 465

4. DESPESAS 470

5. EXECUÇÃO ORÇAMENTÁRIA 481

6. OPERAÇÕES DE CRÉDITO 484

7. DÍVIDA PÚBLICA 486

8. PRECATÓRIOS 489

9. FISCALIZAÇÃO DA GESTÃO FISCAL 491

10. TRANSPARÊNCIA 495

11. ESTRUTURA DA LEI DE RESPONSABILIDADE FISCAL – LRF 497

22. DIREITO PREVIDENCIÁRIO — 499

1. EVOLUÇÃO LEGISLATIVA DO DIREITO PREVIDENCIÁRIO 499

2. A PREVIDÊNCIA SOCIAL NA CONSTITUIÇÃO FEDERAL 500

3. FINANCIAMENTO DA SEGURIDADE SOCIAL 503

4. CONTRIBUIÇÕES PARA A SEGURIDADE SOCIAL 514

5. DECADÊNCIA E PRESCRIÇÃO DAS CONTRIBUIÇÕES SOCIAIS 524

6. OBRIGAÇÕES ACESSÓRIAS 529

7. RECOLHIMENTO FORA DO PRAZO DAS CONTRIBUIÇÕES E OUTRAS INFRAÇÕES À LEGISLAÇÃO PREVIDENCIÁRIA 531

8. RECURSOS DAS DECISÕES ADMINISTRATIVAS 533

9. PLANO DE BENEFÍCIOS DO REGIME GERAL DE PREVIDÊNCIA SOCIAL 534

1. Ética Profissional e Estatuto da OAB

Savio Chalita

1. OAB E SUA ESTRUTURA: ÓRGÃOS, COMPETÊNCIAS E CARACTERÍSTICAS

A OAB é dotada de personalidade jurídica e é composta por órgãos que a representam de forma federativa (cada ente federativo possui um órgão de representação): Conselho Federal, Conselhos Seccionais, Caixa de Assistência ao Advogado e Subseções.

Características da OAB

✓ Natureza de instituição pública *sui generis* (ADI 3026). Não é uma entidade de classe puramente. Também não é uma autarquia federal. Por isso a classificação como *sui generis*.

✓ O Conselho Federal, Conselhos Seccionais e Caixas de Assistência possuem personalidade jurídica própria. Já as subseções, não possuem (isso é muito importante para as provas!). Ou seja: as subseções são os únicos órgãos da OAB que não possuem personalidade jurídica!

✓ Presta serviço público independente (art. 44, EOAB). Não há vinculação ou subordinação com o poder público.

✓ Imunidade tributária com relação a renda, bens e serviços.

✓ O cargo de Conselheiro ou membro de diretoria de órgão da OAB é sempre gratuito e obrigatório (serviço público relevante), alcançando efeitos para fins de disponibilidade e aposentadoria.

a) Conselho Federal (Arts. 51 ao 55 EOAB)

É órgão máximo da OAB, localizado na Capital Federal do país e dotado de personalidade jurídica. Suas competências estão elencadas no art. 54, EOAB. Dentre elas, a tratada no inciso IX dispõe que será a de "**julgar**, em grau de recurso, as questões decididas pelos Conselhos Seccionais, nos casos previstos neste estatuto e no regulamento geral".

Especificamente quanto à referida competência recursal do Conselho Federal, o art. 75, EOAB, dispõe que caberá recurso ao órgão máximo nos casos de decisões definitivas proferidas pelo Conselho Seccional, quando não tenham sido unânimes ou, sendo unânimes, contrariem esta lei, decisão do Conselho Federal ou de outro Conselho Seccional e, ainda, o regulamento geral, o Código de Ética e Disciplina e os Provimentos. Inclusive, que além dos interessados, poderá o próprio Presidente do Conselho Seccional interpor o recurso respectivo.

Outra importante competência envolve a de **ajuizar ADI, ACP, MS Coletivo, M. Injunção e** demais ações cuja legitimação lhe seja outorgada por lei (art. 54, XIV, EOAB). Nesta situação, importante buscar complemento no art. 82, ROAB, que esclarece que as indicações de ajuizamento de ação direta de inconstitucionalidade submetem-se ao juízo prévio de admissibilidade da Diretoria para aferição da relevância da defesa dos princípios e normas constitucionais.

Sendo admitido o ajuizamento, pode o relator (designado pelo Presidente), independentemente da decisão da diretoria, levantar preliminar de inadmissibilidade perante o Conselho Pleno no caso de não vislumbrar norma ou princípio constitucional violado pelo ato normativo.

Na situação de aprovação do ajuizamento, esta será proposta pelo Presidente do Conselho Federal.

Órgãos do Conselho Federal: Conselho Pleno, Órgão Especial do Pleno, Primeira Câmara, Segunda Câmara, Terceira Câmara e Diretoria. Suas competências são assim definidas, objetivamente:

Conselho Pleno	-Deliberar, em caráter nacional, sobre propostas e indicações relacionadas às finalidades institucionais da OAB (art. 44, I, do Estatuto) e sobre as demais atribuições previstas no art. 54 do Estatuto, respeitadas as competências privativas dos demais órgãos deliberativos do Conselho Federal, fixadas no Regulamento Geral
	– Eleger o sucessor dos membros da Diretoria do Conselho Federal, em caso de vacância;
	– Regular, mediante resolução, matérias de sua competência que não exijam edição de Provimento;
	– Instituir, mediante Provimento, comissões permanentes para assessorar o Conselho Federal e a Diretoria. O Conselho Pleno pode decidir sobre todas as matérias privativas de seu órgão Especial, quando o Presidente lhes atribuir caráter de urgência e grande relevância.
Órgão Especial do Conselho Pleno	Competência privativa e de caráter irrecorrível:
	– Recurso contra decisões das Câmaras, quando não tenham sido unânimes ou, sendo unânimes, contrariem a Constituição, as leis, o Estatuto, decisões do Conselho Federal, este Regulamento Geral, o Código de Ética e Disciplina ou os Provimentos;
	– Recurso contra decisões unânimes das Turmas, quando estas contrariarem a Constituição, as leis, o Estatuto, decisões do Conselho Federal, este Regulamento Geral, o Código de Ética e Disciplina ou os Provimentos;
	– Recurso contra decisões do Presidente ou da Diretoria do Conselho Federal e do Presidente do Órgão Especial;
	– Consultas escritas, formuladas em tese, relativas às matérias de competência das Câmaras especializadas ou à interpretação do Estatuto, deste Regulamento Geral, do Código de Ética e Disciplina e dos Provimentos, devendo todos os Conselhos Seccionais ser cientificados do conteúdo das respostas;

	– Conflitos ou divergências entre órgãos da OAB; – Determinação ao Conselho Seccional competente para instaurar processo, quando, em autos ou peças submetidos ao conhecimento do Conselho Federal, encontrar fato que constitua infração disciplinar.
Primeira Câmara	I – Decidir os recursos sobre: a) atividade de advocacia e direitos e prerrogativas dos advogados e estagiários; b) inscrição nos quadros da OAB; c) incompatibilidades e impedimentos. II – expedir resoluções regulamentando o Exame de Ordem, para garantir sua eficiência e padronização nacional, ouvida a Comissão Nacional de Exame de Ordem; III – julgar as representações sobre as matérias de sua competência; IV – propor, instruir e julgar os incidentes de uniformização de decisões de sua competência. V – determinar ao Conselho Seccional competente a instauração de processo quando, em autos ou peças submetidas ao seu julgamento, tomar conhecimento de fato que constitua infração disciplinar; VI – julgar os recursos interpostos contra decisões de seu Presidente.
Segunda Câmara	I – Decidir os recursos sobre ética e deveres do advogado, infrações e sanções disciplinares; II – promover em âmbito nacional a ética do advogado, juntamente com os Tribunais de Ética e Disciplina, editando resoluções regulamentares ao Código de Ética e Disciplina; III – julgar as representações sobre as matérias de sua competência; IV – propor, instruir e julgar os incidentes de uniformização de decisões de sua competência; V – determinar ao Conselho Seccional competente a instauração de processo quando, em autos ou peças submetidas ao seu julgamento, tomar conhecimento de fato que constitua infração disciplinar; VI – julgar os recursos interpostos contra decisões de seu Presidente; VII – eleger, dentre seus integrantes, os membros da Corregedoria do Processo Disciplinar, em número máximo de três, com atribuição, em caráter nacional, de orientar e fiscalizar a tramitação dos processos disciplinares de competência da OAB, podendo, para tanto, requerer informações e realizar diligências, elaborando relatório anual dos processos em trâmite no Conselho Federal e nos Conselhos Seccionais e Subseções.
Terceira Câmara	I – decidir os recursos relativos à estrutura, aos órgãos e ao processo eleitoral da OAB; II – decidir os recursos sobre sociedades de advogados, advogados associados e advogados empregados; III – apreciar os relatórios anuais e deliberar sobre o balanço e as contas da Diretoria do Conselho Federal e dos Conselhos Seccionais; IV – suprir as omissões ou regulamentar as normas aplicáveis às Caixas de Assistência dos Advogados, inclusive mediante resoluções; V – modificar ou cancelar, de ofício ou a pedido de qualquer pessoa, dispositivo do Regimento Interno do Conselho Seccional que contrarie o Estatuto ou este Regulamento Geral; VI – julgar as representações sobre as matérias de sua competência; VII – propor, instruir e julgar os incidentes de uniformização de decisões de sua competência; VIII – determinar ao Conselho Seccional competente a instauração de processo quando, em autos ou peças submetidas ao seu julgamento, tomar conhecimento de fato que constitua infração disciplinar; IX – julgar os recursos interpostos contra decisões de seu Presidente.
Diretoria	I – Dar execução às deliberações dos órgãos deliberativos do Conselho; II – elaborar e submeter à Terceira Câmara, na forma e prazo estabelecidos neste Regulamento Geral, o orçamento anual da receita e da despesa, o relatório anual, o balanço e as contas; III – elaborar estatística anual dos trabalhos e julgados do Conselho; IV – distribuir e redistribuir as atribuições e competências entre os seus membros; V – elaborar e aprovar o plano de cargos e salários e a política de administração de pessoal do Conselho, propostos pelo Secretário-Geral; VI – promover assistência financeira aos órgãos da OAB, em caso de necessidade comprovada e de acordo com previsão orçamentária; VII – definir critérios para despesas com transporte e hospedagem dos Conselheiros, membros das comissões e convidados; VIII – alienar ou onerar bens móveis; IX – resolver os casos omissos no Estatuto e no Regulamento Geral, *ad referendum* do Conselho Pleno.

Presidente	I – Representar a OAB em geral e os advogados brasileiros, no país e no exterior, em juízo ou fora dele; II – representar o Conselho Federal, em juízo ou fora dele; III – convocar e presidir o Conselho Federal e executar suas decisões; IV – adquirir, onerar e alienar bens imóveis, quando autorizado, e administrar o patrimônio do Conselho Federal, juntamente com o Tesoureiro; V – aplicar penas disciplinares, no caso de infração cometida no âmbito do Conselho Federal; VI – assinar, com o Tesoureiro, cheques e ordens de pagamento; VII – executar e fazer executar o Estatuto e a legislação complementar.

Art. 54. Compete ao Conselho Federal:

I – dar cumprimento efetivo às finalidades da OAB;

II – representar, em juízo ou fora dele, os interesses coletivos ou individuais dos advogados;

III – velar pela dignidade, independência, prerrogativas e valorização da advocacia;

IV – representar, com exclusividade, os advogados brasileiros nos órgãos e eventos internacionais da advocacia;

V – editar e alterar o Regulamento Geral, o Código de Ética e Disciplina, e os Provimentos que julgar necessários;

VI – adotar medidas para assegurar o regular funcionamento dos Conselhos Seccionais;

VII – intervir nos Conselhos Seccionais, onde e quando constatar grave violação desta lei ou do regulamento geral;

VIII – cassar ou modificar, de ofício ou mediante representação, qualquer ato, de órgão ou autoridade da OAB, contrário a esta lei, ao regulamento geral, ao Código de Ética e Disciplina, e aos Provimentos, ouvida a autoridade ou o órgão em causa;

IX – julgar, em grau de recurso, as questões decididas pelos Conselhos Seccionais, nos casos previstos neste estatuto e no regulamento geral;

X – dispor sobre a identificação dos inscritos na OAB e sobre os respectivos símbolos privativos;

XI – apreciar o relatório anual e deliberar sobre o balanço e as contas de sua diretoria;

XII – homologar ou mandar suprir relatório anual, o balanço e as contas dos Conselhos Seccionais;

XIII – elaborar as listas constitucionalmente previstas, para o preenchimento dos cargos nos tribunais judiciários de âmbito nacional ou interestadual, com advogados que estejam em pleno exercício da profissão, vedada a inclusão de nome de membro do próprio Conselho ou de outro órgão da OAB;

XIV – ajuizar ação direta de inconstitucionalidade de normas legais e atos normativos, ação civil pública, mandado de segurança coletivo, mandado de injunção e demais ações cuja legitimação lhe seja outorgada por lei;

XV – colaborar com o aperfeiçoamento dos cursos jurídicos, e opinar, previamente, nos pedidos apresentados aos órgãos competentes para criação, reconhecimento ou credenciamento desses cursos;

XVI – autorizar, pela maioria absoluta das delegações, a oneração ou alienação de seus bens imóveis;

XVII – participar de concursos públicos, nos casos previstos na Constituição e na lei, em todas as suas fases, quando tiverem abrangência nacional ou interestadual;

XVIII – resolver os casos omissos neste estatuto.

XIX – fiscalizar, acompanhar e definir parâmetros e diretrizes da relação jurídica mantida entre advogados e sociedades de advogados ou entre escritório de advogados sócios e advogado associado, inclusive no que se refere ao cumprimento dos requisitos norteadores da associação sem vínculo empregatício; (Incluído pela Lei 14.365, de 2022)

XX – promover, por intermédio da Câmara de Mediação e Arbitragem, a solução sobre questões atinentes à relação entre advogados sócios ou associados e homologar, caso necessário, quitações de honorários entre advogados e sociedades de advogados, observado o disposto no inciso XXXV do *caput* do art. 5º da Constituição Federal. (Incluído pela Lei 14.365, de 2022)

Parágrafo único. A intervenção referida no inciso VII deste artigo depende de prévia aprovação por dois terços das delegações, garantido o amplo direito de defesa do Conselho Seccional respectivo, nomeando-se diretoria provisória para o prazo que se fixar.

b) Conselhos Seccionais (Arts. 56 ao 59, EOAB)

É órgão representativo dentro de cada ente federativo estadual. Possuem personalidade jurídica. São 27 Conselhos Seccionais no Brasil, considerando 26 Estados + DF.

Localizados nas capitais de cada e estado e também no Distrito Federal. Suas competências e atribuições estão definidas no art. 58, EOAB.

Dentre as principais competências podemos relacionar a de CRIAR as subseções e Caixas de Assistência dos Advogados. No primeiro caso, é necessária a observância de que exista na localidade delimitada ao menos 15 advogados inscritos. No segundo, necessário mais de 1500 inscritos para a criação.

Compete ao Conselho Seccional ajuizar, após deliberação, mandado de segurança coletivo, em defesa de seus inscritos, independentemente de autorização pessoal dos interessados.

Há também a competência de INTERVIR nas subseções e nas Caixas de Assistência (art. 58, XV, EOAB) onde constatar grave violação ao Estatuto ou ao Regimento Interno respectivo, mediante voto de 2/3 do Conselho competente.

Eventualmente, havendo conflito de competência entre as subseções criadas (entre si) ou entre elas e o Conselho Seccional respectivo, são por este decididos, com recurso voluntário ao Conselho Federal. Nos demais casos de conflito, por força do art. 85, V, RGOAB, caberá ao órgão especial do Conselho Federal da OAB (e neste caso, em caráter irrecorrível).

Art. 58. Compete privativamente ao Conselho Seccional:

I – editar seu regimento interno e resoluções;

II – criar as Subseções e a Caixa de Assistência dos Advogados;

III – julgar, em grau de recurso, as questões decididas por seu Presidente, por sua diretoria, pelo Tribunal de Ética e Disciplina, pelas diretorias das Subseções e da Caixa de Assistência dos Advogados;

IV – fiscalizar a aplicação da receita, apreciar o relatório anual e deliberar sobre o balanço e as contas de sua diretoria, das diretorias das Subseções e da Caixa de Assistência dos Advogados;

V – fixar a tabela de honorários, válida para todo o território estadual;

VI – realizar o Exame de Ordem;

VII – decidir os pedidos de inscrição nos quadros de advogados e estagiários;

VIII – manter cadastro de seus inscritos;

IX – fixar, alterar e receber contribuições obrigatórias, preços de serviços e multas;

X – participar da elaboração dos concursos públicos, em todas as suas fases, nos casos previstos na Constituição e nas leis, no âmbito do seu território;

XI – determinar, com exclusividade, critérios para o traje dos advogados, no exercício profissional;

XII – aprovar e modificar seu orçamento anual;

XIII – definir a composição e o funcionamento do Tribunal de Ética e Disciplina, e escolher seus membros;

XIV – eleger as listas, constitucionalmente previstas, para preenchimento dos cargos nos tribunais judiciários, no âmbito de sua competência e na forma do Provimento do Conselho Federal, vedada a inclusão de membros do próprio Conselho e de qualquer órgão da OAB;

XV – intervir nas Subseções e na Caixa de Assistência dos Advogados;

XVI – desempenhar outras atribuições previstas no regulamento geral;

XVII – fiscalizar, por designação expressa do Conselho Federal da OAB, a relação jurídica mantida entre advogados e sociedades de advogados e o advogado associado em atividade na circunscrição territorial de cada seccional, inclusive no que se refere ao cumprimento dos requisitos norteadores da associação sem vínculo empregatício; (Incluído pela Lei 14.365, de 2022)

XVIII – promover, por intermédio da Câmara de Mediação e Arbitragem, por designação do Conselho Federal da OAB, a solução sobre questões atinentes à relação entre advogados sócios ou associados e os escritórios de advocacia sediados na base da seccional e homologar, caso necessário, quitações de honorários entre advogados e sociedades de advogados, observado o disposto no inciso XXXV do *caput* do art. 5º da Constituição Federal. (Incluído pela Lei 14.365, de 2022)

c) Subseções (arts. 60 e 61 EOAB)

É órgão de representação em âmbito local, não significando a existência de uma subseção para cada município (é possível que exista uma subseção para mais de um município. Também, um único município com mais de uma subseção. Veja abaixo o gráfico). Serão criadas pelos Conselhos Seccionais, que nesta ocasião fixarão o limite de competência, atribuição e autonomia.

Para a criação de uma subseção, que já vimos ser pelo Conselho Seccional (órgão de representação estadual) é necessário que existam **pelo menos 15 advogados** com domicílio na localidade. Por fim, importante guardar que as subseções compõem o único órgão da OAB que NÃO POSSUI personalidade jurídica própria.

Subseção A	Subseção B	Subseção C, D, E, F etc.
Município Lorena/SP Município Canas/SP Município de Piquete/SP	Município de Guaratinguetá/SP	Município de São Paulo/SP

Art. 61. Compete à Subseção, no âmbito de seu território:

I – dar cumprimento efetivo às finalidades da OAB;

II – velar pela dignidade, independência e valorização da advocacia, e fazer valer as prerrogativas do advogado;

III – representar a OAB perante os poderes constituídos;

IV – desempenhar as atribuições previstas no regulamento geral ou por delegação de competência do Conselho Seccional.

Parágrafo único. Ao Conselho da Subseção, quando houver, compete exercer as funções e atribuições do Conselho Seccional, na forma do regimento interno deste, e ainda:

a) editar seu regimento interno, a ser referendado pelo Conselho Seccional;

b) editar resoluções, no âmbito de sua competência;

c) instaurar e instruir processos disciplinares, para julgamento pelo Tribunal de Ética e Disciplina;

d) receber pedido de inscrição nos quadros de advogado e estagiário, instruindo e emitindo parecer prévio, para decisão do Conselho Seccional.

d) Caixas de Assistência (Art. 62, EOAB)

A Caixa de assistência destina-se a prestar verdadeira assistência aos advogados e estagiários inscritos junto ao Conselho Seccional que a tenha criado (lembrando ser competência do Conselho Seccional a criação das Caixas de Assistência de Advogados), garantindo descontos em livros, medicamentos, planos de saúde e previdenciário, serviços de despachantes.

São dotadas de personalidade jurídica. Para que possam ser criadas deverá existir **mais de 1.500 advogados inscritos no Conselho Seccional correspondente.** Quanto à fonte de custeio, é destinado 50% da receita líquida (após as deduções art. 56, RGOAB) das anuidades, podendo existir fonte de receita própria através de seus serviços e produtos.

Atenção:

Para criar uma subseção: **ao menos** 15 advogados(as)

– 15 são suficientes para a criação

Para criar a Caixa de Assistência: **mais de** 1500 advogados(as)

– 1500 não são suficientes para a criação. É necessário, ao menos, 1501 advogados(as).

CONSIDERAÇÕES GERAIS SOBRE OS ÓRGÃOS DA OAB:

✓ A OAB participa de todas as fases de concursos públicos, nos casos previstos na Constituição e na Lei, através de representantes do Conselho correspondente. Sua atuação será no intento de fazer garantir a integridade e lisura do processo.

✓ A representação dos advogados brasileiros em órgãos e eventos internacionais é competência do Conselho Federal. No entanto, quando autorizados pelo Presidente do CFOAB, os Conselhos Seccionais poderão assumir esta incumbência/ competência.

✓ As Receitas da OAB são compostas pelo valor pago das anuidades, multas, contribuições e preços de serviços.

✓ Do valor bruto recebido em razão do pagamento das anuidades, serão realizadas as seguintes destinações:

✓ 10% ao Conselho Federal

✓ 45% para as despesas administrativas

✓ 3% ao Fundo Cultural

✓ 2% ao Fundo de Integração de Desenvolvimento Assistencial dos Advogados.

✓ Após a realização destas destinações, 50% são destinados à Caixa de Assistência.

DICAS FINAIS

Conselho Federal:

– Localizado em Brasília/DF.

– Órgão de representação máxima.

– Possui personalidade Jurídica.

– Edita e altera o RGOAB, CED e Provimentos que julgar necessários.

Conselho Seccional

– Localizado nas capitais de cada Estado.

– Órgão de representação estadual.

– Possui personalidade jurídica.

– Fixa a tabela de honorários (busca evitar o aviltamento de honorários).

– Fixa anuidades, preços de serviços e multas.

– Competência para julgar infrações disciplinares que ocorram em seu território.

– Competência para inscrição de Advogados e Estagiários.

– Competência para registro de sociedades (averbação e arquivamento de filiais também).

Caixa de Assistência

– Assiste aos Advogados (com descontos em serviços e produtos, tal como medicamentos, seguros, planos de saúde, livros etc.).

– Possui personalidade jurídica.

– Repasse à Caixa de 50% da renda auferida com anuidades (após deduções do art. 56, RGOAB).

– Criada pelos Conselhos Seccionais (necessário mais de 1500 advogados inscritos na localidade).

– Em caso de extinção, todo o patrimônio será incorporado pelo Conselho Seccional correspondente.

Subseções

– Criada pelos Conselhos Seccionais (art. 58, II, EOAB).

– Poderá abranger 1 ou + municípios.

– Poderá abranger parte de um município (Ex.: São Paulo).

– Mínimo de 15 advogados com domicílio na localidade.

– Competências no art. 61, EOAB.

– Não possui personalidade jurídica própria.

1.1 Eleições na OAB

O tema está disposto nos artigos 63 a 67 do EAOAB, artigos 128 a 137-C do RGOAB, além de provimentos específicos.

Voto: voto direto para os cargos do Conselho Seccional, Subseções e Caixa de Assistência. Voto indireto para a Diretoria do Conselho Federal.

– Voto é **Obrigatório** (sob pena de multa de 20% do valor da anuidade).

– Voto é **Facultativo** para o advogado que esteja inscrito suplementarmente em outros conselhos seccionais (permanece obrigatório no Conselho de inscrição principal).

– Voto é **Vedado**: para advogados inadimplentes e estagiários.

Duração do mandato: 3 anos, não existindo remuneração (é gratuito). No entanto, trata-se de serviço público relevante, inclusive para fins de disponibilidade e aposentadoria.

Data das eleições: ocorrerão na segunda quinzena do mês de novembro do último ano do mandato, com respectiva posse em 1º de janeiro do ano seguinte. Apenas no caso das Diretoria do Conselho Federal é que a eleição se dará no dia 31 de janeiro com posse em 1º de fevereiro (seguinte à eleição).

Subseções/ Conselhos Seccionais e Caixas de Assistência:

– **Eleição:** segunda quinzena de novembro do último ano de mandato.

– **Posse:** 1º de janeiro.

Diretoria do Conselho Federal:

– **Eleição:** 31 de janeiro (após a posse das diretorias dos demais órgãos).

– **Posse:** 1º de fevereiro (dia seguinte).

Condições de elegibilidade: condições a serem satisfeitas para aqueles que pretendam concorrer aos cargos eletivos juntos aos órgãos da OAB (art. 63, § 2º, EAOAB e art. 131, § 5º, Regulamento Geral):

a) Ser regularmente inscrito no Conselho Seccional respectivo (inscrição principal ou suplementar).

b) Situação regular na OAB (adimplente com as anuidades. Importante lembrar que a quitação de eventual parcelamento de débito é suficiente a comprovação desta condição).

c) Não ocupar cargo exonerável *ad nutum*.

d) Não ter condenação por infração disciplinar, salvo se reabilitado, ou não ter representação disciplinar julgada procedente por órgão do Conselho Federal.

e) Exercer efetivamente a profissão há mais de 3 (três) anos, nas eleições para os cargos de Conselheiro Seccional e das Subseções, quando houver, e há mais de 5 (cinco) anos, nas eleições para os demais cargos, conforme redação dada pela Lei 13.875, de 20 de setembro de 2019, que alterou o art. 63, § 2º, do EAOAB. Referidos prazos são contados até o dia da posse.

f) Não exercer atividade incompatível com a advocacia, em caráter permanente ou temporário.

g) Não integrar listas, com processo em tramitação, para provimento de cargos em tribunais judiciários ou administrativos;

h) Se o candidato tiver suas contas rejeitadas segundo o disposto na alínea "a" do inciso II do art. 7º do Provimento

n. 101/2003, ter ressarcido o dano apurado pelo Conselho Federal, sem prejuízo do cumprimento do prazo de 08 (oito) anos previsto na alínea "g".

Extinção do mandato: o mandato será extinto automaticamente, antes do seu término regular, quando:

I – ocorrer qualquer hipótese de cancelamento de inscrição ou de licenciamento do profissional;

II – o titular sofrer condenação disciplinar;

III – o titular faltar, sem motivo justificado, a três reuniões ordinárias consecutivas de cada órgão deliberativo do conselho ou da diretoria da Subseção ou da Caixa de Assistência dos Advogados, não podendo ser reconduzido no mesmo período de mandato.

Importante: Extinto qualquer mandato, cabe ao Conselho Seccional escolher o substituto, caso não haja suplente

Impedimento: enquanto exercer cargo ou função junto aos órgãos da OAB, o advogado estará impedido de firmar contrato oneroso de prestação de serviços ou fornecimento de produtos com a OAB. Esta regra também existirá no caso do advogado exercer representação da classe da advocacia junto a qualquer instituição, órgão ou comissão.

Também existirá vedação de que o advogado, enquanto exercer cargo ou função nos órgãos da OAB, atue em processos que tramitem perante a entidade (incluindo a produção de pareceres para instruir tais procedimentos). Exceção haverá no caso dos dirigentes de seccionais que estejam atuando nesta qualidade ou para atuação em causa própria.

Cota nas chapas para cargos de diretoria: o art. 131, RGOAB, estabelece que as chapas a serem formadas para cargos de diretoria do Conselho Federal, Conselho Seccional, de Conselheiros Seccionais, de Conselheiros Federais, de diretoria da Caixa de Assistência dos Advogados e das subseções, deverão respeitar a proporção mínima de 30% e máxima de 70% para cada gênero.

Propaganda eleitoral: poderá ser realizada propaganda eleitoral, sendo esta com o intuito de apresentação das finalidades e ideias de cada candidato. No entanto, é importante atentar-se para a existência de algumas proibições:

I – no período de 15 (quinze) dias antes da data das eleições, a divulgação de pesquisa eleitoral;

II – no período de 30 (trinta) dias antes da data das eleições, a regularização da situação financeira de advogado perante a OAB para torná-lo apto a votar;

III – no período de 60 (sessenta) dias antes das eleições, a promoção pessoal de candidatos na inauguração de obras e serviços da OAB;

IV – no período de 90 (noventa) dias antes da data das eleições, a concessão ou distribuição, às Seccionais e Subseções, por dirigente, candidato ou chapa, de recursos financeiros, salvo os destinados ao pagamento de despesas de pessoal e de custeio ou decorrentes de obrigações e de projetos preexistentes, bem como de máquinas, equipamentos, móveis e utensílios, ressalvados os casos de reposição, e a convolação de débitos em auxílios financeiros, salvo quanto a obrigações e a projetos preexistentes.

Financiamento das campanhas eleitorais: desde o pedido de registro da chapa, poderá ser efetuada doação para a campanha por advogados, inclusive candidatos, sendo vedada a doação por pessoas físicas que não sejam advogados e por qualquer empresa ou pessoa jurídica, sob pena de indeferimento de registro ou cassação do mandato.

Importante destacar que será obrigatória a prestação de contas de campanha por parte das chapas concorrentes, devendo ser fixado pelo Conselho Federal o limite máximo de gastos, bem como das doações para as campanhas eleitorais por parte de quem não é candidato (mas desde que seja advogado, como já mencionado).

1.2 Listas elaboradas pela OAB para composição dos tribunais

A composição dos órgãos do poder judiciário, especificamente nossos tribunais de segunda instância (estaduais e interestaduais), se dá considerando o quinto constitucional do art. 94, CF.

Um quinto dos lugares nesta composição serão preenchidos por membros do Ministério Público (com mais de dez anos de carreira) e por advogados (com mais de dez anos de efetiva atividade profissional, reputação ilibada e notório saber jurídico), indicados em listas sêxtuplas pelos órgãos de representação de classe.

Além das condições estampadas no próprio Texto Constitucional, importante notar que o Provimento do Conselho Federal n. 102/2004, indica o procedimento a ser adotado bem como aspectos limitadores daqueles que pretendem se inscrever às listas. Dentre estes aspectos, está que aqueles que integrem os órgãos da OAB na condição de membros titulares ou suplentes, no decurso do triênio para o qual foram eleitos, não poderão inscrever-se no processo seletivo para a escolha das listas sêxtuplas, ainda que tenham se licenciado ou declinado do mandato, por renúncia.

No caso dos membros do Ministério Público, as listas poderão ser organizadas pelo órgão de representação específico (CNMP – Conselho Nacional do Ministério Público). No caso dos advogados, a apresentação de listas sêxtuplas se dará pela OAB.

Após o envio das listas, o tribunal transformará a lista sêxtupla em tríplice, e então, é enviado ao Poder Executivo para que, nos 20 dias seguintes, possa escolher. É através deste mecanismo que se garante uma oxigenação do órgão julgador.

DICAS FINAIS

Advogado pretendente à composição de Tribunal pelo Quinto Constitucional deve observar:

– Mais de 10 anos de atividade profissional efetiva (mínimo de 5 atos privativos por cada ano).

– Reputação ilibada.

– Notório saber jurídico.

– Não estar durante o exercício do triênio de mandato perante os órgãos da OAB.

– Não possuir mais de 65 anos de idade.

1.3 Tribunal de Ética e Disciplina: competência na conciliação entre advogados na partilha de honorários

O Tribunal de Ética e Disciplina (TED) possui a competência de julgar os processos disciplinares, após instrução pelas subseções ou relatores do próprio conselho. Essa é uma de suas funções, conforme preconiza o art. 70, EOAB.

O art. 71, Código de Ética e Disciplina, indica de modo objetivo o rol de competências atribuída ao TED, sendo, além da disciplinar (indicada acima) a de atuar como órgão mediador ou conciliador nas questões que envolvam: a) dúvidas e pendências entre advogados; b) partilha de honorários contratados em conjunto ou decorrentes de substabelecimento, bem como os que resultem de sucumbência, nas mesmas hipóteses; c) controvérsias surgidas quando da dissolução de sociedade de advogados.

Percebe-se que o TED, além de sua função judicante (quanto a de julgar em processo disciplinar), também possui outras tantas (vide abaixo o campo das "legislações": consultiva, atribuição de órgão cultural, por exemplo).

Por fim, cabe dizer que na vigência do CED anterior ao de 2015 (NCED), tínhamos os TEDs como órgãos de existência facultativa, a depender dos regimentos internos de cada Conselho Seccional.

Atualmente, com o Novo Código, além da obrigatoriedade de sua criação junto aos Conselhos, observamos também a nova competência, que esclarece objetivamente a de atuar como órgão mediador ou conciliador entre os advogados. Isso não só desafoga o judiciário quanto a questões que muitas vezes deveriam ser resolvidas internamente (dada a peculiaridade e possibilidade de uma solução mais célere), como também auxilia em evitar um maior desgaste entre os colegas.

Cabe destacar, por fim, que na situação onde o TED não seja suficiente a solver a questão, permanece a competência da Justiça Estadual Comum.

> **Legislação**
> **Estatuto OAB**
> Art. 70. O poder de punir disciplinarmente os inscritos na OAB compete exclusivamente ao Conselho Seccional em cuja base territorial tenha ocorrido a infração, salvo se a falta for cometida perante o Conselho Federal.
> § 1º Cabe ao Tribunal de Ética e Disciplina, do Conselho Seccional competente, julgar os processos disciplinares, instruídos pelas Subseções ou por relatores do próprio conselho.
> **Código de Ética e Disciplina**
> Art. 71. Compete aos Tribunais de Ética e Disciplina:
> I – julgar, em primeiro grau, os processos ético-disciplinares;
> II – responder a consultas formuladas, em tese, sobre matéria ético-disciplinar;
> III – exercer as competências que lhe sejam conferidas pelo Regimento Interno da Seccional ou por este Código para a instauração, instrução e julgamento de processos ético-disciplinares;
> IV – suspender, preventivamente, o acusado, em caso de conduta suscetível de acarretar repercussão prejudicial à advocacia, nos termos do Estatuto da Advocacia e da Ordem dos Advogados do Brasil;
> V – organizar, promover e ministrar cursos, palestras, seminários e outros eventos da mesma natureza acerca da ética profissional do advogado ou estabelecer parcerias com as Escolas de Advocacia, com o mesmo objetivo;
> VI – atuar como órgão mediador ou conciliador nas questões que envolvam:
> a) dúvidas e pendências entre advogados;
> b) partilha de honorários contratados em conjunto ou decorrentes de substabelecimento, bem como os que resultem de sucumbência, nas mesmas hipóteses;
> c) controvérsias surgidas quando da dissolução de sociedade de advogados.

DICAS FINAIS

1.4 Conferência Nacional da Advocacia brasileira

A cada 3 anos, expressamente durante o segundo ano de mandato da presidência, ocorre a Conferência Nacional dos Advogados, órgão máximo consultivo do Conselho Federal da OAB, que possui como propósito promover o estudo e o debate das questões e problemas que digam respeito às finalidades da OAB e ao congraçamento dos advogados.

Em âmbito nacional, também existem as Conferências respectivas, mantendo a colocação enquanto órgão máximo consultivo de cada Conselho Seccional.

As conclusões alcançadas, nessas ocasiões, serão tomadas como de caráter de recomendação (não vinculante) aos Conselhos correspondentes.

Nesses eventos, por indicação do art. 146, RGOAB, temos que haverá membros efetivos e convidados, cada qual com suas peculiaridades quanto ao direito de voto nas proposições:

a) membros efetivos: os Conselheiros e Presidentes dos órgãos da OAB presentes, os advogados e estagiários inscritos na Conferência, **todos com direito a voto**;

b) membros convidados: as pessoas a quem a Comissão Organizadora conceder tal qualidade, **sem direito a voto, salvo se for advogado**.

> **Legislação**
> Art. 145. A Conferência Nacional dos Advogados é órgão consultivo máximo do Conselho Federal, reunindo-se trienalmente, no segundo ano do mandato, tendo por objetivo o estudo e o debate das questões e problemas que digam respeito às finalidades da OAB e ao congraçamento dos advogados.
> § 1º As Conferências dos Advogados dos Estados e do Distrito Federal são órgãos consultivos dos Conselhos Seccionais, reunindo-se trienalmente, no segundo ano do mandato.

§ 2º No primeiro ano do mandato do Conselho Federal ou do Conselho Seccional, decidem-se a data, o local e o tema central da Conferência.

§ 3º As conclusões das Conferências têm caráter de recomendação aos Conselhos correspondentes.

Art. 146. São membros das Conferências:

I – efetivos: os Conselheiros e Presidentes dos órgãos da OAB presentes, os advogados e estagiários inscritos na Conferência, todos com direito a voto;

II – convidados: as pessoas a quem a Comissão Organizadora conceder tal qualidade, sem direito a voto, salvo se for advogado.

§ 1º Os convidados, expositores e membros dos órgãos da OAB têm identificação especial durante a Conferência.

§ 2º Os estudantes de direito, mesmo inscritos como estagiários na OAB, são membros ouvintes, escolhendo um porta-voz entre os presentes em cada sessão da Conferência.

Art. 147. A Conferência é dirigida por uma Comissão Organizadora, designada pelo Presidente do Conselho, por ele presidida e integrada pelos membros da Diretoria e outros convidados.

§ 1º O Presidente pode desdobrar a Comissão Organizadora em comissões específicas, definindo suas composições e atribuições.

§ 2º Cabe à Comissão Organizadora definir a distribuição do temário, os nomes dos expositores, a programação dos trabalhos, os serviços de apoio e infraestrutura e o regimento interno da Conferência.

Art. 148. Durante o funcionamento da Conferência, a Comissão Organizadora é representada pelo Presidente, com poderes para cumprir a programação estabelecida e decidir as questões ocorrentes e os casos omissos.

Art. 149. Os trabalhos da Conferência desenvolvem-se em sessões plenárias, painéis ou outros modos de exposição ou atuação dos participantes.

§ 1º As sessões são dirigidas por um Presidente e um Relator, escolhidos pela Comissão Organizadora.

§ 2º Quando as sessões se desenvolvem em forma de painéis, os expositores ocupam a metade do tempo total e a outra metade é destinada aos debates e votação de propostas ou conclusões pelos participantes.

§ 3º É facultado aos expositores submeter as suas conclusões à aprovação dos participantes.

Art. 150. O Colégio de Presidentes dos Conselhos Seccionais é regulamentado em Provimento.

Parágrafo único. O Colégio de Presidentes das subseções é regulamentado no Regimento Interno do Conselho Seccional.

DICAS FINAIS

– Mesmo o estagiário, mas desde que devidamente inscrito, terá direito a voto nas Conferências Nacionais ou Estaduais da Advocacia.

– Limites de atuação do estagiário: art. 27, RGOAB.

– Requisitos de inscrição do estagiário: art. 9º, EOAB.

Conferência Nacional da Advocacia – órgão máximo consultivo do CFOAB.

Conferência Estadual da Advocacia – órgão máximo consultivo do Conselho Seccional Correspondente.

1.5 Impedimento de atuar perante a OAB quando exercer função junto aos órgãos

Assunto recorrente em prova é relativo a conhecimento sobre o impedimento do advogado em atuar perante processos disciplinares, salvo em causa própria, enquanto exercer cargos ou funções em órgãos da OAB, ou ainda, enquanto tiver assento, em qualquer condição, nos Conselhos.

O art. 33, NCED (com a inspiração do Provimento CFOAB 138/09), trata de modo expresso do caso, tratando objetivamente das limitações de atuação quanto aqueles que exerçam cargos ou funções junto à OAB.

A norma em questão corresponde ao protetivo de se afastar da utilização de influência indevida durante a atuação em processos de competência da OAB. Há o propósito de evitar que membro ou integrante de órgãos da OAB venham a se prevalecer de sua condição durante a atuação como advogado em procedimentos de competência do próprio órgão.

Legislação
Código de Ética e Disciplina

Art. 33. Salvo em causa própria, não poderá o advogado, enquanto exercer cargos ou funções em órgãos da OAB ou tiver assento, em qualquer condição, nos seus Conselhos, atuar em processos que tramitem perante a entidade nem oferecer pareceres destinados a instruí-los. Parágrafo único. A vedação estabelecida neste artigo não se aplica aos dirigentes de Seccionais quando atuem, nessa qualidade, como legitimados a recorrer nos processos em trâmite perante os órgãos da OAB.

DICAS FINAIS

– Aquele que ocupar cargo ou função junto aos órgãos da OAB estará impedido de atuar em processos que tramitem perante a própria OAB.

– Exceção será apenas no caso de atuação em causa própria.

– O objetivo do impedimento é evitar que ocupantes de cargos e funções se beneficiem dessa condição na defesa do interesse de seus clientes.

2. INSCRIÇÃO DO ADVOGADO

Quanto ao tema da inscrição do advogado, a prova exigiu conhecer sobre a "inscrição principal" e a transferência de inscrição do advogado em razão da alteração do local onde desenvolva em definitivo a advocacia.

Por esta razão, cabe destacar alguns pontos envolvendo a inscrição do advogado. Primeiramente, importante distinguir entre 3 tipos de inscrições que teremos em nossos estudos: inscrição de estagiário, inscrição definitiva principal e inscrição definitiva suplementar.

Quanto à inscrição do estagiário, necessário o estudo do art. 9º, EOAB, que trata dos requisitos, bem como art. 27, RGOAB, que indica os limites de atuação do estagiário. Já acerca das inscrições definitivas (principal e suplementar), por serem DEFINITIVAS, estamos diante da inscrição do advogado.

Os requisitos para inscrição na condição do advogado estão previstos no art. 8º, EOAB. São eles:

I – capacidade civil;

II – diploma ou certidão de graduação em direito, obtido em instituição de ensino oficialmente autorizada e credenciada;

III – título de eleitor e quitação do serviço militar, se brasileiro (apenas aos homens);

IV – aprovação em Exame de Ordem;

V – não exercer atividade incompatível com a advocacia;(art. 28, EOAB)

VI – idoneidade moral;(art. 31, EOAB)

VII – prestar compromisso perante o conselho. (Juramento do art. 20, RGOAB – indelegável, personalíssimo: § 1º, art. 20, RGOAB).

Nesse contexto, **INSCRIÇÃO PRINCIPAL** será aquela realizada junto ao Conselho Seccional no território onde pretenda estabelecer seu domicílio profissional (art. 10, EOAB). Considera-se domicílio profissional a sede principal da atividade de advocacia, prevalecendo, na dúvida, o domicílio da pessoa física do advogado.

Pode ser procedida a Transferência da Inscrição Principal?

Resposta: No caso de mudança efetiva de **domicílio profissional** para outra unidade federativa, deve o advogado requerer a transferência de sua inscrição para o Conselho Seccional correspondente. Atenção! Não se trata de mudança do domicílio pessoal (onde passará a residir de forma definitiva, mas sim profissional). Se um advogado passa a residir em outro Conselho Seccional mas permanece com o domicílio profissional no seu Conselho de origem, valendo-se de pontes aéreas, não há necessidade de se proceder com a transferência.

Por sua vez, a **INSCRIÇÃO DEFINITIVA SUPLEMENTAR** será aquela realizada no(s) Conselho(s) Seccional(is) em cuja(s) localidade(s) o advogado exercerá habitualmente sua profissão, assim considerada a intervenção judicial excedente a 5 causas por ano. Destaque importante se dá quanto a contagem destas ações que será POR ESTADO (Conselho Seccional) e não de maneira Global.

Assim, podemos dizer que um advogado com inscrição principal junto à OAB do Mato Grosso do Sul poderá intervir em até 5 ações no estado de São Paulo (Conselho Seccional de São Paulo), outras 5 ações no estado do Tocantins e assim por diante. A exigência da inscrição suplementar é contabilizada individualmente (com relação a cada um dos estados/Conselhos Seccionais).

Outra situação que imporá a inscrição suplementar ao advogado é caso pretenda constituir nova sociedade em Conselho Seccional diferente do seu de origem. Como requisito de deferimento do registro, deverá comprovar a inscrição suplementar naquele estado pretendido. Também, quando já constituído sociedade, pretenda criar filiais em outros Conselhos Seccionais. Neste caso, da mesma forma, será exigida prévia inscrição suplementar junto ao Conselho respectivo.

E se o advogado não proceder com a inscrição suplementar, quando deveria (quando ultrapassar as 5 participações anuais em estado/Conselho diferente da inscrição original)?

Resposta: Trata-se de situação de impacto administrativo, não criminal. Não responderá por exercício irregular da profissão, mas apenas sofrerá consequências em âmbito administrativo.

2.1 Cancelamento da Inscrição (art. 11, EOAB e parágrafo único, art. 22, RGOAB)

A inscrição ainda poderá ser cancelada nas seguintes situações:

a) Requerimento do Advogado (Sem que seja apresentada justificativa).

b) Penalidade de exclusão.

c) Falecimento.

d) Exercício definitivo de atividade incompatível (MP, Magis etc.).

e) Perda dos requisitos do art. 8º, EOAB.

f) Quando ocorrer a terceira suspensão em razão de inadimplemento de anuidades distintas.

Importante: quanto às situações sublinhadas, a inscrição do advogado será cancelada de ofício, pelo Conselho Seccional, por comunicação de qualquer pessoa.

E quais são as consequências do cancelamento da inscrição (art. 11, §§ 1º a 3º, EOAB)?

Resposta: No caso de cancelamento da inscrição haverá a perda do número de inscrição original. Caso venha a requerer nova inscrição, deverá comprovar apenas os requisitos dos incisos I, V, VI e VII, do art. 8º, EOAB:

2.2 Licença (art. 12, EOAB)

A licença, que se consubstancia num afastamento temporário, não havendo, como ocorre com o cancelamento, a perda do número da inscrição definitiva. Durante esse afastamento o advogado não poderá advogar.

O art. 12, EOAB, dispõe sobre as situações nas quais poderá o advogado licenciar-se da advocacia, quais sejam: a) *assim o requerer, por **motivo justificado**; b) passar a exercer, em **caráter temporário**, atividade **incompatível** com o exercício da advocacia; c) sofrer doença mental considerada **curável**.*

Na ocasião em que o legislador dispõe acerca do que chamou de DOENÇA MENTAL CONSIDERADA CURÁVEL, estejamos atentos! Estando diante de situação em que a doença seja considerada não curável ou "sem perspectiva de alta/cura", ensejará o cancelamento da inscrição. No entanto, se a doença mental for considerada CURÁVEL ou "com perspectiva de cura" a consequência será o licenciamento do advogado.

Importante mencionar que o advogado que teve sua inscrição cancelada, logicamente, não poderá atuar na advocacia, a menos que venha a requerer e tenha deferido novo pedido de inscrição. Ao advogado licenciado, a mesma limitação se impõe, mesmo que em causa própria.

DICAS FINAIS		
Inscrição Suplementar	Doença Mental Curável	Doença Mental Incurável
• A contar do 6º ato privativo ao ano • Quando da constituição de sociedade em Conselho Seccional diferente do de origem • Quando da criação de filiais	• Liença do Advogado	• Cancelamento da inscrição do advogado

3. ESTÁGIO PROFISSIONAL

Questões das edições de 2016 e 2017 do Exame de Ordem. Abordaram o tema do estágio profissional, os requisitos para a inscrição junto ao Conselho Seccional e também o limite de atuação do estagiário.

Os requisitos de inscrição do estagiário estão indicados no art. 9º, EOAB, sendo muito semelhantes aos requisitos de inscrição do advogado (estes, no art. 8º, EOAB).

Requisitos inscrição do ESTAGIÁRIO
• Capacidade civil; • Título de eleitor e quitação do serviço militar, se brasileiro; • Não exercer atividade incompatível com a advocacia; • Idoneidade moral; • Prestar compromisso perante o conselho; • Ter sido admitido em estágio profissional de advocacia.

A inscrição do estagiário deverá ser requerida junto ao Conselho Seccional onde localize o curso de graduação que esteja sendo cursado.

Importante ponto envolve a situação dos estudantes que, durante a graduação já desenvolvem atividade incompatível com a advocacia (perceba na relação dos requisitos acima que não é possível que o pretendente à inscrição esteja exercendo atividade incompatível – aquelas relacionadas no art. 28, EOAB). Nestes casos o estudante poderá sim exercer o estágio profissional (junto aos Núcleos de Prática das instituições de ensino superior), o que não será possível será a sua inscrição.

O que o Estagiário pode fazer?

Para análise dos limites de atuação do estagiário, é importante estar atento ao que dispõe o art. 27, RGOAB, que indica quais são os atos permitidos ao estagiário desempenhar.

Poderá o estagiário atuar em tudo, desde que acompanhado e sob a responsabilidade de um advogado (até aqui, não há dúvidas). No entanto, percebam que existirão situações em que o estagiário poderá agir SOZINHO (é isso que será cobrado de você no Exame). São as seguintes situações:

O que o estagiário pode fazer Sozinho? (art. 29, RGOAB) Sempre sob responsabilidade de um advogado	O que o estagiário pode fazer acompanhado do advogado?
• Retirar e devolver autos em cartório, assinando a respectiva carga. • Obter certidões de peças ou autos de processos em curso ou findos. • Peticionar juntada de documentos em processos judiciais ou administrativos.	• Tudo, desde que sempre acompanhado pelo advogado (pode assinar todas as petições típicas da atuação do advogado, conjuntamente).

Importante mencionar que, muito embora alguns atos poderão ser praticados pelo estagiário de forma isolada, não há que se falar em respeito "às prerrogativas do estagiário". Somente advogados possuem prerrogativas.

Também, perceba, caro leitor, que dentre as atividades relacionadas como possíveis de serem desenvolvidas isoladamente (mas sempre sob responsabilidade do advogado), não consta "tomar ciência de ato processual". Assim, a famosa situação na qual estagiários, quando vão acompanhar processos junto aos cartórios, acabam sendo intimados de decisões, é algo nulo!

Por fim, o estagiário que vier a extrapolar seus limites de atuação, além de ter o ato considerado nulo (art. 4º, EOAB) incorrerá na infração disciplinar do art. 34, XXIX, EOAB, contravenção do art. 47, LCP (Exercício ilegal de profissão), sem prejuízo de outras que possam ocorrer no caso concreto.

DICAS FINAIS
Militar na ativa pode se inscrever como Estagiário? Resposta: Não, pois trata-se de atividade incompatível com o exercício da advocacia (art. 28, VI, EOAB). No entanto, pode desenvolver o estágio profissional. O que não pode é se inscrever.

Requisitos de inscrição do Estagiário	Limites de Atuação do Estagiário	Consequência ao extrapolamento do limite de atuação
• Art. 9º, EOAB • Os mesmos para inscrição do advogado (Art. 8º), com exceção da colação de grau e da aprovação no Exame de Ordem	• Art. 29, RGOAB • Peticionar juntada de documentos • Certidões junto a cartórios • Carga e Descarga de autos • Tudo, desde que com o advogado.	• Ato nulo • Infração disciplinar • Contravenção Penal • Outras consequências a depender do caso concreto

4. ATIVIDADE DA ADVOCACIA

Tema de grande relevância, abordado pelas últimas edições dos anos de 2015, 2016 e 2017. Pela melhor fundamentação constitucional (art. 133, CF), o advogado é indispensável à administração da justiça, sendo inviolável por suas manifestações enquanto no exercício da advocacia. Colocamos, nesse sentido, a advocacia como indissociável da própria atuação do poder judiciário, sendo-lhe indispensável.

Temos que a atividade da advocacia poderá ser exercida, logicamente, somente pelos advogados (art. 8º, EOAB), sendo aquelas relacionadas no art. 1º EOAB e art. 2º, RGOAB. São elas:

Atividades privativas da Advocacia
Postulação perante os órgãos do poder judiciário*
Consultoria, assessoria e direção jurídica
Visar atos constitutivos de Pessoas Jurídicas**

*Existem casos de prescindibilidade do advogado (ou seja, embora indispensável poderá o cidadão atuar diretamente, sem a presença do advogado).
** No caso de ME ou EPP prescinde-se da presença do advogado visando os atos de constituição da Pessoa Jurídica.

A **postulação perante os órgãos do poder judiciário** é a atividade mais típica que se pode recorrer ao pensar na advocacia. Isto porque boa parte das atuações que percebemos na prática estão nessa classificação. No entanto, existem situações em que o advogado poderá ser prescindível (ou seja, não será imprescindível. Poderá o cidadão atuar diretamente). Essa compreensão se dá não só pela própria legislação que assim assevera em algumas situações (vide § 1º, art. 1º, EOAB, por exemplo) como também pelo próprio STF a partir da ADIN 1127-8. Tais situações, por constituírem exceções à regra, sem dúvida alguma, são muito queridas pelos examinadores. Vejamos quais são:

a) Juizados Especiais Cíveis

Se diante da Justiça Estadual, embora comporte o teto de 40 salários mínimos, o advogado será prescindível nas causas em que o valor da causa não ultrapassar a soma correspondente a 20 salários mínimos, sendo tal regra aplicável apenas na 1ª instância.

Se diante da Justiça Federal, o teto será de 60 salários mínimos, seja para fixação da competência (obedecidos os demais critérios da Lei 9.099/95), seja para a dispensabilidade de advogado. Sempre limitado à 1ª instância.

ATENÇÃO: A regra de prescindibilidade de advogado não alcança eventual recurso inominado perante a Turma Recursal (independentemente quanto às posições quanto sua natureza de segunda instância recursal).

b) HC e Revisão Criminal (em qualquer instância)

c) Justiça do Trabalho (Vara do Trabalho e TRT – Tribunal Regional do Trabalho)

Neste caso, não se insere na exceção a Ação Rescisória, Cautelar, Mandado de Segurança, Recurso Extraordinário (STF) e Recursos de Competência decisória do TST, e Ações originárias nos tribunais.

d) Justiça de Paz

Embora considerado o ato mais formal do direito civil, a celebração de casamento não demanda a presença de advogado sequer na habilitação.

e) Ação de Alimentos (Lei 5.478/68)

Possibilidade de o Juiz da Vara especializada (ou Criminal) fixar alimentos conjunta ou isoladamente às medidas protetivas de urgência (art. 22, V, Lei 11.340/06).

f) Lei Maria da Penha

O art. 19 da Lei 11.340/06, Lei Maria da Penha, dispõe que "as medidas protetivas de urgência poderão ser concedidas pelo juiz, a requerimento do Ministério Público ou a pedido da ofendida.".

Posteriormente, em seu art. 27, dispõe que para todos os atos processuais, cíveis ou criminais, a mulher em situação de violência deverá ser acompanhada de advogada. Indica apenas a exceção do já transcrito art. 19 como a única possível de prescindibilidade do patrono.

Assim, podemos afirmar que a Lei Maria da Penha, buscando o máximo de celeridade e eficiência, possibilita à vítima de violência doméstica atuar diretamente em busca de medidas protetivas de urgência.

As atividades de **consultoria, assessoria e direção jurídicas** são típicas de serem arguidas em exames, também. Tratam-se de atividades reservadas em caráter exclusivo aos advogados. Por mais especialista que um outro profissional possa ser (inclusive com mestrado, doutorado, livre docência, pós-doutoramento) jamais poderá exercer tais atividades, a menos que possua ativa sua inscrição junto à OAB. Atenção aos sinônimos desses cargos, tais como "coordenador jurídico", "superintendente jurídico", "gerente jurídico".

Por fim, para que atos constitutivos de pessoas jurídicas possam ser admitidos a registro, é necessário existir o visto do advogado. No entanto, em se tratando de ME (Microempresa) ou EPP (Empresa de pequeno porte), o visto será prescindível. Um outro caso interessante envolve as EIRELIs, que, se acompanhada de enquadramento em ME ou EPP, também terá a prescindibilidade do visto.

IMPORTANTE:

✓ No **processo administrativo,** o advogado contribui com a postulação de decisão favorável ao seu constituinte, e os seus atos constituem múnus público.

✓ O advogado pode contribuir com o **processo legislativo** e com a elaboração de normas jurídicas, no âmbito dos Poderes da República.

5. ADVOCACIA PÚBLICA

Defensores públicos, procuradores federais, procuradores do Estado, procuradores do município e procuradores autárquicos para que exerçam suas atividades, antes de ingressarem na própria carreira, deverão estar inscritos devidamente junto a OAB, através do Conselho Seccional respectivo.

Advogados públicos, ainda, respondem ao chamado duplo controle ou dupla submissão a regime. Estarão submetidos tanto ao Código de Ética e Disciplina da OAB, Regulamento Geral da OAB, Estatuto da OAB e provimentos, como também à regulamentação própria de carreira (imaginemos, como exemplo, uma Lei Orgânica ou mesmo um estatuto próprio de carreira).

Recentemente observamos a jurisprudência do STJ (REsp 1.710.155) e STF (RE 1240999 com repercussão geral reconhecida – Tema 1074, e ADI4636), entendendo a inconstitucionalidade da exigência de que Defensores Públicos realizem sua inscrição na OAB.

6. ADVOCACIA *PRO BONO*

A advocacia *pro bono* impõe compreender, inicialmente, que não haverá qualquer tipo de contraprestação ao profissional da advocacia; somente a sensação de alcançar a justiça (que, sem dúvida, se sobrepõe à própria realização patrimonial honorária). Nessa modalidade, obviamente, deverá o advogado empreender o mesmo zelo e dedicação habituais, garantindo a sensação de amparo e confiança ao patrocinado (cliente).

A prestação, nessa modalidade, será necessariamente gratuita, eventual e voluntária em benefício de instituições sociais sem fins econômicos e seus assistidos (sempre que estes, comprovadamente, não dispuserem de condições). Importa destacar que tais instituições não poderão possuir conotação política, partidária ou intento eleitoral.

Será possível, também, que a prestação seja em benefício de pessoas não vinculadas às instituições dessa natureza, sendo simplesmente identificadas na condição de pessoa natural hipossuficiente ou desprovida de condições de contratar um advogado.

Não poderá, no entanto, tal modalidade ser utilizada como forma de angariar benefícios político-partidários ou eleitorais. Também, não poderá revestir-se de captação de clientela.

Importante destacar que eventual honorário de sucumbência será devido ao advogado, mesmo que na modalidade *pro bono*, uma vez considerado o caráter alimentar e de natureza não contratual da verba (Súmula Vinculante 47).

Provimento Conselho Federal da OAB 166/2015

Art. 1º Considera-se advocacia *pro bono* a prestação gratuita, eventual e voluntária de serviços jurídicos em favor de instituições sociais sem fins econômicos e aos seus assistidos, sempre que os beneficiários não dispuserem de recursos para a contratação de profissional. Parágrafo único. A advocacia *pro bono* pode ser exercida em favor de pessoas naturais que, igualmente, não dispuserem de recursos para, sem prejuízo do próprio sustento, contratar advogado.

Art. 2º Aplicam-se à advocacia *pro bono* os dispositivos do Estatuto da Advocacia e da OAB, do Regulamento Geral, do Código de Ética e Disciplina da Ordem dos Advogados do Brasil e dos Provimentos do Conselho Federal da OAB.

Art. 3º Não se aplica este Provimento à assistência jurídica pública, prevista no art. 5º, LXXIV, e no art. 134 da Constituição da República, realizada, fundamentalmente, pela atuação das Defensorias Públicas da União e dos Estados. Também não se aplica este Provimento à assistência judiciária decorrente de convênios celebrados pela Ordem dos Advogados do Brasil.

Art. 4º Os advogados e os integrantes das sociedades de advogados e dos departamentos jurídicos de empresas que desempenharem a advocacia *pro bono* definida no art. 1º deste Provimento estão impedidos de exercer a advocacia remunerada, em qualquer esfera, para a pessoa natural ou jurídica que se utilize de seus serviços *pro bono*.

§ 1º O impedimento de que trará este artigo cessará uma vez decorridos 03 (três) anos do encerramento da prestação do serviço *pro bono*.

§ 2º É igualmente vedado vincular ou condicionar a prestação de serviços *pro bono* à contratação de serviços remunerados, em qualquer circunstância.

Art. 5º A advocacia *pro bono* não pode ser utilizada para fins político-partidários ou eleitorais, nem beneficiar instituições que visem a tais objetivos, ou como instrumento de publicidade para captação de clientela, permitida apenas a divulgação institucional e genérica da atividade.

Art. 6º No exercício da advocacia *pro bono*, o advogado empregará o zelo e a dedicação habituais, de forma que a parte por ele assistida se sinta amparada e confie no seu patrocínio.

Súmula

Súmula Vinculante 47

Os honorários advocatícios incluídos na condenação ou destacados do montante principal devido ao credor consubstanciam verba de natureza alimentar cuja satisfação ocorrerá com a expedição de precatório ou requisição de pequeno valor, observada ordem especial restrita aos créditos dessa natureza.

IMPORTANTE

✓ Não é qualquer pessoa jurídica que poderá ser beneficiária da modalidade de contratação *pro bono*, apenas as instituições sociais sem finalidade econômica e sem conotação política, partidária ou intento eleitoral.

✓ Após a extinção do mandato outorgado (seja expressamente ou por conclusão do objeto da contratação) o advogado contratado inicialmente na modalidade *pro bono* não poderá ser contratado onerosamente antes de ultrapassar o período de 3 anos (temos adotado a expressão "abstenção trienal").

7. DEVERES DO ADVOGADO

Questões apresentadas nas edições do exame de 2015 e 2016 abordaram os chamados "Deveres dos Advogados" (arts. 31 ao 33, EOAB e arts. 1º ao 7º e 9º ao 29, CED).

O EOAB traz alguns deveres sob o prisma de postura ética a ser adotada pelos advogados. A base principal é a necessidade de que o advogado proceda de forma merecedora de respeito, contribuindo, inclusive, para a o prestígio da classe e da advocacia. Toda atuação deve pautar-se pelo destemor quanto a desagradar qualquer autoridade. Também, pela independência em qualquer circunstância. Ao final, o EOAB indica a obrigatoriedade do advogado em proceder conforme orientação disposta no Código De Ética e Disciplina.

O CED, de maneira muito mais aprofundada, trabalha situações específicas nas quais deve o advogado adotar conduta consentânea com aqueles ditames expressos na norma deontológica (o próprio CED). Dentre as posturas podemos ressaltar algumas, dentre aquelas mais costumeiramente destacadas pela banca examinadora.

A primeira delas é a vedação ao advogado de atuar, no mesmo processo, como patrono (advogado) e preposto (representante da empresa) da empresa simultaneamente. Imagine a situação em que, em uma audiência, o advogado de uma empresa compareça para atuar na defesa de seu cliente. Não poderá atuar nas duas condições, sendo necessário que alguma outra pessoa atue junto para que faça as vezes de preposto, sob pena de infração ética.

Segundo ponto importante é acerca da prestação de contas pelo advogado ao seu cliente. Se de um lado temos o direito do advogado na percepção de seus honorários contratuais devidamente adimplidos, temos de outro seu dever de atuação com destemor, isenção e também a prestação de contas dos valores eventualmente recebidos ou restituídos pelo seu cliente.

O art. 12, CED, dispõe especificamente que *"A conclusão ou desistência da causa, tenha havido, ou não, extinção do mandato, obriga o advogado a devolver ao cliente bens, valores e documentos que lhe hajam sido confiados e ainda estejam em seu poder, bem como a prestar-lhe contas, pormenorizadamente, sem prejuízo de esclarecimentos complementares que se mostrem pertinentes e necessários. Parágrafo único. A parcela dos honorários paga pelos serviços até então prestados não se inclui entre os valores a ser devolvidos."*.

Por fim, em última abordagem tratada por edição anterior, trabalhou a situação de superveniência de conflito entre clientes do advogado. Situação corriqueira quando na prática da advocacia, sobretudo em localidades pequenas. O art. 20, CED, orienta que em casos de conflitos que venha a sobrevir à relação entre o advogado e seus clientes, e não sendo possível harmonizá-los, caberá ao advogado optar com prudência e discrição por um dos mandatos, renunciando aos demais. Importante lembrar que o sigilo profissional deverá existir de toda forma, não podendo usar de informações que detinha em razão do patrocínio anterior.

DICAS FINAIS

✓ **Sigilo profissional é eterno!** Atenção para não confundir com a chamada "abstenção bienal". Esta última significa que o advogado somente poderá patrocinar ações em face de ex-cliente ultrapassado o período de 2 anos a contar da extinção do mandato.

✓ A prestação de contas do advogado deve ser o mais pormenorizadamente possível. Não pode valer-se de descrições genéricas ou confusas. O cliente deve compreender com facilidade e clareza as apresentações feitas documentalmente.

---

8. PRERROGATIVAS E DIREITOS DOS ADVOGADOS

Sem dúvida alguma um dos temas mais importantes para serem estudados. Seja para a preparação eficiente para o Exame de Ordem (já tivemos edições em que 50% das questões dessa disciplina envolveram "prerrogativas"), seja em razão da própria atuação do advogado. Sempre digo aos meus alunos que conhecer as prerrogativas é tão importante quanto conhecer as regras processuais. Traz ao advogado conhecimento dos limites de sua atuação ética e consciência da sua função constitucional, vez que lhe traz condições de exigir tratamento compassado com o quanto preconizado nas legislações, em especial os artigos 6º, 7º, 7º-A e 7º-B, EOAB.

a) Exercer, com liberdade, a profissão em todo o território nacional

A inscrição como advogado garante o exercício da profissão em todo o território nacional. Importante apenas lembrar da necessidade da inscrição suplementar quando ultrapassar 5 atos privativos/ano por Conselho Seccional diferente do local onde exista a inscrição principal (igualmente quando para constituir sociedade ou criar filial em Conselho Seccional que não o principal).

b) Inviolabilidade do escritório, local de trabalho, comunicações e instrumentos de trabalho do advogado

A regra é a inviolabilidade. No entanto, a violabilidade do local, instrumentos, correspondências de trabalho somente será admitida em caráter de exceção, obedecidos alguns requisitos (art. 7º, § 6º, EOAB):

a) Indícios e Autoria e materialidade da prática do crime pelo advogado;

b) Decisão motivada por autoridade judiciária competente;

c) Mandado de busca e apreensão deve ser específico e pormenorizado;

d) Mandado deverá ser cumprido na presença de representante da OAB.

✓ A medida judicial cautelar que importe na violação do escritório ou do local de trabalho do advogado será determinada em hipótese excepcional, desde que exista fundamento em indício, pelo órgão acusatório, sendo vedada se fundada exclusivamente em elementos produzidos em declarações do colaborador (delação premiada) sem confirmação por outros meios de prova.

IMPORTANTE: Juiz tem o dever de comunicar à OAB (ofício) sobre a busca e apreensão que será realizada, sob pena de ilegalidade do ato. No entanto, também importante observar:

✓ Juiz oficia e OAB não envia representante: Ato válido

✓ Juiz deixa de oficiar: ato nulo

O representante da OAB terá o direito de ser respeitado pelos agentes responsáveis pelo cumprimento do mandado de busca e apreensão, sob pena de abuso de autoridade, e o dever de zelar pelo fiel cumprimento do objeto da investigação, bem como de impedir que documentos, mídias e objetos não relacionados à investigação, especialmente de outros processos do mesmo cliente ou de outros clientes que não sejam pertinentes à persecução penal, sejam analisados, fotografados, filmados, retirados ou apreendidos do escritório de advocacia.

Para tanto, a autoridade responsável informará, com antecedência mínima de 24 (vinte e quatro) horas, à seccional da OAB a data, o horário e o local em que serão analisados os documentos e os equipamentos apreendidos, garantido o direito de acompanhamento, em todos os atos, pelo representante da OAB e pelo profissional investigado para assegurar. Em casos de urgência devidamente fundamentada pelo juiz, a análise dos documentos e dos equipamentos apreendidos poderá acontecer em prazo inferior a 24 (vinte e quatro) horas, garantido o direito de acompanhamento, em todos os atos, pelo representante da OAB e pelo profissional investigado

No caso de inviabilidade técnica quanto à segregação da documentação, da mídia ou dos objetos não relacionados à investigação, em razão da sua natureza ou volume, no momento da execução da decisão judicial de apreensão ou de retirada do material, a cadeia de custódia preservará o sigilo do seu conteúdo, assegurada a presença do representante da OAB. No caso de inobservância desta regra, o representante da OAB fará o relatório do fato ocorrido, com a inclusão dos nomes dos servidores, dará conhecimento à autoridade judiciária e o encaminhará à OAB para a elaboração de notícia-crime.

É garantido o direito de acompanhamento por representante da OAB e pelo profissional investigado durante a análise dos documentos e dos dispositivos de armazenamento de informação pertencentes a advogado, apreendidos ou interceptados, em todos os atos.

c) Comunicação reservada

É prerrogativa do advogado a comunicação pessoal e reservada com seus clientes, mesmo que sem procuração, quando estes se acharem presos, detidos ou recolhidos em estabelecimentos civis ou militares, ainda que considerados incomunicáveis. A eventual incomunicabilidade jamais alcançará o profissional da advocacia (pública ou privada).

Essa prerrogativa garante a inexistência de gravação/acompanhamento dessa comunicação.

d) Prisão em flagrante do advogado e procedimentos

Assim como para as demais prerrogativas, para que o advogado tenha direito a tal garantia é indispensável que a situação envolva expressamente sua atuação profissional. A prisão do advogado somente será admitida em casos de flagrância de crimes inafiançáveis. Nos demais casos ele responderá pelo crime (claro), no entanto, estará afastada a possibilidade de prisão em flagrante.

Feita a prisão em flagrante, o advogado será conduzido à autoridade policial competente. Nessa situação, o delegado de polícia, ao tomar conhecimento de se tratar de um crime inafiançável, praticado por advogado no exercício profissional, deverá oficiar ao Conselho Seccional (poderá ser feito através da subseção) para que envie um representante a fim de acompanhar a lavratura do auto de prisão em flagrante.

Aqui há uma importante nota a ser feita. Vejamos:

✓ Delegado **Comunica** e OAB se mantém inerte: Prisão é Válida

✓ Delegado **Não Comunica** – Prisão é inválida/ilegal e deve ser relaxada (art. 310, I, CPP).

Cabe lembrar que nessas condições, cumpridos os requisitos que autorizam a prisão cautelar do advogado, este não será preso mas sim recolhido à **sala de estado maior**, que, conforme entendimento atual do STF é "qualquer ambiente separado, situado em unidades prisionais ou quartéis (Forças armadas/grupamentos militares), sendo de maior relevância a inexistência de grades e outros dispositivos ostensivos de contenção, que eventualmente se equiparem a uma cela." (RCL 8853 e RCL 5826).

e) Livre ingresso e dirigir-se diretamente aos magistrados

É prerrogativa do advogado poder ingressar livremente em inúmeros locais (relacionados no art. 7º, VI, EOAB) e também de dirigir-se diretamente aos magistrados (art. 7º, VIII, EOAB). Trata-se de prerrogativa costumeiramente desrespeitada na prática, em especial quanto ao acesso livre aos magistrados, mesmo em seus gabinetes de trabalho.

A prerrogativa assegura ao advogado o acesso aos magistrados (em suas salas ou gabinetes de trabalho), independentemente de horário previamente agendado ou dias disponibilizados para atendimento. Também, independentemente de ser anunciado por Oficial de Justiça ou qualquer outro serventuário. A única observação que o próprio inciso indica é quanto a ordem de chegada de demais colegas.

Locais de ingresso livre do advogado:

a) nas salas de sessões dos tribunais, mesmo além dos cancelos que separam a parte reservada aos magistrados;

b) nas salas e dependências de audiências, secretarias, cartórios, ofícios de justiça, serviços notariais e de registro, e, no caso de delegacias e prisões, mesmo fora da hora de expediente e independentemente da presença de seus titulares;

c) em qualquer edifício ou recinto em que funcione repartição judicial ou outro serviço público onde o advogado deva praticar ato ou colher prova ou informação útil ao exercício da atividade profissional, dentro do expediente ou fora dele, e ser atendido, desde que se ache presente qualquer servidor ou empregado;

d) em qualquer assembleia ou reunião de que participe ou possa participar o seu cliente, ou perante a qual este deva comparecer, desde que munido de poderes especiais.

---

f) Permanecer sentado ou em pé

Poderá o advogado optar por manter-se em pé ou sentado. Não havendo lugares em uma determinada sessão ou audiência, a autoridade não poderá recusar a desenvolver o ato sob a justificativa de que o advogado está em pé, vez que não lhe cabe atuar a respeito.

Importante lembrar que não se trata de uma garantia para que o advogado seja "arrogante", mas sim que ele tenha subterfúgios de se impor em situação de abuso por parte das autoridades. Prerrogativas visam evitar o abuso, não garanti-lo por parte do advogado.

g) Uso da palavra "pela ordem"

É prerrogativa usar da palavra, pela ordem, em qualquer tribunal judicial ou administrativo, órgão de deliberação coletiva da administração pública ou comissão parlamentar de inquérito, mediante intervenção pontual e sumária, para esclarecer equívoco ou dúvida surgida em relação a fatos, a documentos ou a afirmações que influam na decisão.

h) Reclamar verbalmente ou por escrito

O advogado, indispensável à administração da justiça (art. 133, CF) poderá reclamar verbalmente ou por escrito, perante qualquer juízo, tribunal ou autoridade, em razão do descumprimento de preceito de lei, regulamento ou regimento.

i) Acesso aos autos de investigação

É direito do advogado examinar em qualquer repartição policial, mesmo sem procuração, autos de flagrante e de inquérito, findos ou em andamento, ainda que conclusos à autoridade policial. É ainda garantida a possibilidade de obtenção de cópias e tomada de apontamentos. Tais cópias poderão ser feitas por máquinas fotográficas, *scanners* portáteis ou qualquer outro equipamento.

A prerrogativa não é restrita aos autos de inquérito policial, já que o inciso XIII (art. 7º, EOAB) é ainda mais amplo ao dispor sobre o direito de examinar, em qualquer órgão dos Poderes Judiciário e Legislativo, ou da Administração Pública em geral, autos de processos findos ou em andamento, mesmo sem procuração, quando não estejam sujeitos a sigilo, assegurada a obtenção de cópias, podendo tomar apontamentos. Havendo segredo de justiça, a procuração deverá ser exigida do patrono.

Os dispositivos estão em consonância com a Súmula Vinculante 14, que garante tal acesso como um corolário à ampla defesa constitucionalmente garantida aos acusados e investigados.

Destaca-se, por fim, que o acesso está restrito ao que já documentado nos autos (atos investigativos já formalizados e documentados), não abrangendo situação de mandados de prisão ou busca ainda em ocorrência ou prestes à execução (logicamente, sob pena de inviabilizar as atuações).

j) Retirar autos de processos findos

É prerrogativa do advogado retirar autos de processos findos, mesmo sem procuração, pelo prazo de 10 dias.

k) Desagravo Público

O advogado será publicamente desagravado, em sessão solene designada pelo Conselho Seccional da localidade onde se dera a ofensa. Importa destacar que a intenção é tutelar a advocacia e não o advogado personalissimamente. Trata-se de uma prerrogativa que independe de concordância do advogado ofendido (principalmente pela tutela que se dá, sendo de interesse de toda a advocacia).

A regra de competência para a realização será do Conselho Seccional do local da ofensa, no entanto será deslocada ao Conselho Federal da OAB sempre que houver grande repercussão nacional da situação, quando diante do Conselho Federal ou quando vitimado Conselheiro Federal.

A legitimidade para que se deflagre o procedimento será do próprio advogado ofendido, de ofício ou por qualquer pessoa (não precisa ser advogado).

l) Recusar-se a depor como testemunha em face de ex-cliente

A prerrogativa de recusar-se a depor como testemunha em face de ex-cliente costuma confundir alguns examinandos. Atenção! Não se trata de uma possibilidade de se burlar eventual determinação da justiça de comparecimento a um ato processual, mas a prerrogativa DEVER de abster-se de responder acerca de informações que detenha em razão da relação advogado-cliente.

Em breves conclusões, temos que o advogado, se intimado a comparecer a uma audiência, deverá atender (sob pena, inclusive, de condução coercitiva). No entanto, quando questionado pela autoridade judiciária ou pela parte acerca do fato, deverá dizer que se absterá de responder em razão do dever de resguardar sigilo profissional e com fundamento no art. 7º, XIX, EOAB (lembrando que o Estatuto é uma Lei Federal).

m) Retirar-se do recinto diante da ausência da autoridade

Retirar-se do recinto onde se encontre aguardando pregão para ato judicial, após trinta minutos do horário designado e ao qual ainda não tenha comparecido a autoridade que deva presidir a ele, mediante comunicação protocolizada em juízo.

n) Imunidade do advogado

O art. 133, CF, dispõe que o advogado é indispensável à administração da justiça, sendo inviolável por seus atos e manifestações no exercício da profissão, nos limites da lei.

8.1 Direitos das Advogadas

O art. 7º-A, inserido pela Lei 13.363/2016, inaugurou este importante dispositivo, trazendo tratamento diferenciado para, especificamente, quatro grupos de mulheres: gestante, lactante, adotante ou aquela que der à luz.

Importante mencionar que haverá direitos que se comunicarão a todos os grupos e outros que serão específicos a um determinado. Como forma de melhor didática, abaixo a relação de cada um:

Gestante	• Preferência Sustentação e Audiência • Sem detector de metais e raio x • Vaga especial
Lactante	• Preferência Sustentação e Audiência (deve comprovar a condição) • Acesso à creche ou local adequado de atendimento ao bebê
Adotante	• Preferência Sustentação e Audiência (deve comprovar a condição) • Acesso à creche ou local adequado de atendimento ao bebê • Suspensão dos prazos (30 dias)
Der a luz	• Preferência Sustentação e Audiência (deve comprovar a condição) • Acesso à creche ou local adequado de atendimento ao bebê • Suspensão dos prazos (30 dias)

> **Súmula Vinculante 14**
> É direito do defensor, no interesse do representado, ter acesso amplo aos elementos de prova que, já documentados em procedimento investigatório realizado por órgão com competência de polícia judiciária, digam respeito ao exercício do direito de defesa.

✓ Violação de direito ou prerrogativa do advogado

Constitui crime violar direito ou prerrogativa de advogado previsto nos incisos II, III, IV e V do *caput* do art. 7º, EOAB (Art. 7º-B, EOAB):

II – a inviolabilidade de seu escritório ou local de trabalho, bem como de seus instrumentos de trabalho, de sua correspondência escrita, eletrônica, telefônica e telemática, desde que relativas ao exercício da advocacia;

III – comunicar-se com seus clientes, pessoal e reservadamente, mesmo sem procuração, quando estes se acharem presos, detidos ou recolhidos em estabelecimentos civis ou militares, ainda que considerados incomunicáveis;

IV – ter a presença de representante da OAB, quando preso em flagrante, por motivo ligado ao exercício da advocacia, para lavratura do auto respectivo, sob pena de nulidade e, nos demais casos, a comunicação expressa à seccional da OAB;

V – não ser recolhido preso, antes de sentença transitada em julgado, senão em sala de Estado Maior, com instalações e comodidades condignas, e, na sua falta, em prisão domiciliar;

DICAS FINAIS

– Prerrogativas não são privilégios, mas sim garantias para que o advogado possa atuar com destemor e lisura.

– As prerrogativas serão observadas sempre que o profissional esteja em atuação prática da advocacia, não em qualquer situação.

---

9. MANDATO

Assunto recorrente em provas, seja em uma abordagem direta ou indireta (entre uma das alternativas, mas não no enunciado especificamente). Tratar sobre o mandato nos impõe compreender se tratar de um contrato que autoriza o mandatário (Advogado) atuar em nome do mandante (cliente).

O mandato é formalizado pela procuração ou na própria aposição no ato (*apud acta*). Na forma de procuração, poderá ser AD JUDICIA (atuação em âmbito judicial) ou ET EXTRA (atuação em âmbito extrajudicial).

A procuração deverá ser apresentada logo na primeira manifestação do patrono. Admite-se, no entanto, apresentação posterior. Em caso de **urgência**, para **evitar preclusão**, **decadência** ou **prescrição** o advogado poderá atuar sem procuração, que deverá ser apresentada em <u>15</u> dias (prorrogável por mais 15 dias, mediante requerimento fundamentado e após decisão do juízo nesse sentido).

Caso não seja apresentada a procuração no prazo, o ato praticado será considerado ineficaz (art. 104, §§ 1º e 2º, CPC)

A Procuração ainda poderá, quanto à sua natureza, ser **Pública** (lavrada perante o cartório de notas) ou **Particular** (mais comum – não é necessário reconhecimento de firma). E assim, serão:

Foro em Geral: Amplos poderes para atuar judicialmente em nome do mandante.

Poderes Especiais: Poderes específicos de atuação (consta ao final da procuração). Será obrigatória no caso de oferta de queixa crime (art. 44, CPP) e também para que seja possível acompanhar ou representar o cliente em reuniões e assembleias, garantindo livre acesso do patrono (art. 7º, VI, d, EOAB).

Cabe mencionar que é pacífico o entendimento de que, caso não haja outorgado os poderes especiais na procuração com vistas à oferta de queixa crime, mas existindo a assinatura do querelante conjuntamente ao seu causídico, não há que se falar em defeito ou qualquer forma de obstar o andamento do processo penal.

9.1 Extinção do Mandato

A extinção do mandato judicial poderá ser Tácita ou Expressa. Vejamos com objetividade os principais pontos:

a) TÁCITA: Ocorrerá com a extinção do feito; arquivamento.

b) EXPRESSA: Se dará através de Renúncia (pelo advogado), Revogação (pelo mandante – cliente), substabelecimento sem reserva de poderes, juntada de nova procuração.

b.1) Renúncia: Advogado renuncia à outorga de poderes que lhe foram conferidos. **Não depende de vontade do mandante para aceitar.** Para isso, cabe-lhe desincumbir da obrigação da dupla forma de comunicação (art. 112, CPC):

I – Carta AR ao cliente.

II – ao juiz, fazendo prova da Carta AR recebida.

O advogado atuará nos 10 dias seguintes à comunicação de Renúncia ao Juiz (o termo inicial não é a comunicação ao cliente, mas o protocolo da petição em que o advogado informa e apresenta ao juiz o comprovante da comunicação ao cliente).

Se novo advogado for constituído, o prazo não precisará ser cumprido, devendo o advogado "afastar-se" dos autos e não mais nele atuar. Se não for constituído advogado após o prazo de 10 dias, juiz nomeará novo defensor dativo para que atue nos autos. Importante destacar que, caso a parte possua condições financeiras de arcar com um novo advogado, poderão ser cobradas as despesas com o defensor dativo arcadas pelo Estado.

b.2) Revogação: O cliente revoga a outorga dos poderes conferida anteriormente ao advogado. Não depende da vontade do mandatário (Advogado) para aceitar, mas tão somente da expressão de vontade do cliente (mandante/ outorgante).

O advogado que vier a sofrer revogação do mandato judicial tem direito aos honorários proporcionais à atuação que desempenhou nos autos. Não há prazo a ser cumprido pelo advogado, afinal, o cliente é quem deu ensejo a situação de "afastamento" do advogado. Na maioria dos casos a revogação é acompanhada de nova constituição de procurador (ou seja, no mesmo ato em que se destitui um advogado nomeia-se um novo).

b.3) Substabelecimento sem Reservas de Poderes: O advogado substabelece a outro advogado os poderes que lhe foram conferidos. Não há "reserva de poderes", o advogado "passa tudo", não fica com poderes de atuação. É necessário **prévio** e **inequívoco** conhecimento a seu cliente, sob pena de "abandono ou desamparo dos feitos" (art. 12, CED).

DICAS FINAIS

– Momento de apresentação da procuração: no primeiro ato ou oportunidade em que falar em nome do cliente.

– Admite-se apresentação postergada?

R: Sim, em caso de urgência, para evitar preclusão, decadência ou prescrição. É possível, após fundamentado pedido e assim autorizado pelo juízo, ter prorrogada por mais 15 dias a apresentação.

---

10. IMPEDIMENTOS E INCOMPATIBILIDADES

Tema também muito recorrente em Exames. Trata-se de situações onde se observa uma limitação ao exercício da advocacia. Limitações que poderão ser totais (incompatibilidades, art. 28, EOAB) parciais (impedimentos, art. 30, EOAB) ou ainda mais específicas (como no caso dos procuradores gerais, art. 29, EOAB).

10.1 Incompatibilidades (art. 28, EOAB)

São restrições ao exercício da Advocacia e deverão SEMPRE obedecer a uma prévia disposição legal, em respeito ao livre exercício profissional (art. 5º, XIII, CF e art. 7º, I, EOAB). Podemos dizer ser um rol taxativo de situações predispostas, não admitindo interpretações que visem seu alargamento.

Possui origem na independência e decoro profissional visando evitar a desvantagem exagerada em benefício daquele que teria à sua disposição cargo ou função capaz de gerar verdadeira captação indesejada de clientela, além de esmorecer a lisura de eventual cargo (como por exemplo, Serventuários da Justiça).

A proibição alcança todos os atos privativos da advocacia (Art. 1º, EOAB), mesmo quando em causa própria. As incompatibilidades serão:

a) **Transitórias ou Temporárias:** Acarretará o **LICENCIAMENTO** (art. 12, EOAB)
b) **Permanentes ou Definitivas:** Acarretará o **CANCELAMENTO** (art. 11, EOAB)

Para não Confundir:

MOMENTO QUE SE VERIFICA O EXERCÍCIO DE ATIVIDADE INCOMPATÍVEL	CONSEQUÊNCIA
No pedido de inscrição como ADVOGADO	Indeferimento
Após a inscrição	-**Transitório: Licença** (mantém o número de inscrição) **Definitivo: Cancelamento** (perde o número de inscrição)

Entre as hipóteses relacionadas no art. 28, EOAB, podemos destacar de modo objetivo:

I – chefe do Poder Executivo e membros da Mesa do Poder Legislativo e seus substitutos legais;

✓ **Chefes do Executivo**: Presidente, Governadores, Prefeitos e seus <u>vices</u>.

✓ <u>**Membros da Mesa do Legislativo e seus substitutos**</u>: Senado Federal, Câmara de Deputados, Assembleias Legislativas e Câmara de Vereadores.

ATENÇÃO:
– Membros da mesa serão em regra: Presidente, Vice-Presidente e Secretários. Regimentos internos poderão alargar a composição. No entanto, por se tratar de EXAME UNIFICADO, para que seja cobrado regulamentos específicos que venham eventualmente alargar a composição, tal informação deverá ser informada, sob pena de nulidade da questão.
– Os demais membros não são **INCOMPATÍVEIS**, mas serão **IMPEDIDOS** em algumas situações.

II – membros de órgãos do Poder Judiciário, do Ministério Público, dos tribunais e conselhos de contas, dos juizados especiais, da justiça de paz, juízes classistas, bem como de todos os que exerçam função de julgamento em órgãos de deliberação coletiva da administração pública direta e indireta; (Vide ADIN 1127-8)

Através da Adin 1127-8, o STF firmou o seguinte entendimento: A incompatibilidade prevista no art. 28, II, EOAB, não atinge os juízes eleitorais oriundos da OAB (advogados), bem como os seus suplentes, <u>desde que não sejam remunerados</u>.

III – ocupantes de cargos ou funções de direção em Órgãos da Administração Pública direta ou indireta, em suas fundações e em suas empresas controladas ou concessionárias de serviço público;

§ 2º <u>Não se incluem</u> nas hipóteses do inciso III <u>os que não detenham poder de decisão relevante sobre interesses de terceiro</u>, a juízo do conselho competente da OAB, bem como a administração acadêmica diretamente relacionada ao magistério jurídico.

✓ Cargo/Função DEVE ser de DIREÇÃO com **PODER DE DECISÃO SOBRE INTERESSE DE TERCEIROS.** Exemplos: Secretários de Governo, Estado, Município; Diretores de Órgãos de Fiscalização Ambiental (IBAMA).

✓ São **EXCLUÍDOS** da **INCOMPATIBILIDADE**: Diretores de faculdades públicas de Direito.

VIII – ocupantes de funções de direção e gerência em instituições financeiras, inclusive privadas.

✓ Gerentes ou Direção de Bancos (pode ser qualquer um, não é necessário que seja público ou de economia mista).

✓ Incompatibilidade alcança as instituições de crédito.

Atenção aos seguintes pontos:
a) A incompatibilidade é para gerentes e diretores, não alcança BANCÁRIOS.
b) A incompatibilidade permanece ainda que o indivíduo ocupante de cargo ou função deixe de exercê-lo temporariamente – § 1º, art. 28, EOAB;
c) Os atos processuais praticados por pessoa que exerça atividade incompatível com a advocacia será considerado NULO (INEXISTENTE, "NATIMORTO") – Parágrafo Único do art. 4º, EOAB.
d) As incompatibilidades são as mesmas àqueles que pretendam se inscrever como Estagiários junto a OAB. Exemplo clássico que costumeiramente aparece em provas é a do militar na ativa que, concluindo o curso de direito passa a exercer estágio profissional. O militar pode ser estagiário, o que não pode é se inscrever como estagiário (e claro, na mesma razão, como advogado), pois diante de atividade INCOMPATÍVEL com a advocacia.

10.2 Impedimentos

Proibição Parcial para o exercício da advocacia, de limitação variável (diferentemente do que ocorre nas incompatibilidades, onde a proibição é total). Os **atos que extrapolarem** a limitação serão considerados **nulos**. As hipóteses estão relacionadas no art. 30, EOAB:

I – os servidores da administração direta, indireta e fundacional, contra a Fazenda Pública que os remunere ou à qual seja vinculada a entidade empregadora

Verifiquemos, de modo objetivo, quem podemos "enquadrar" como servidor público para fins de aplicação da limitação:

Temos, portanto, que aos servidores é imposta a limitação parcial ao exercício da advocacia contra a Fazenda Pública que seja responsável por sua remuneração ou "à qual esteja vinculada a entidade pagadora". Tomemos como exemplo o município de São Paulo: O Procurador Municipal do município de São Paulo, advogado público concursado, é autorizado a advogar para particulares quando não no exercício de suas atribuições funcionais.

No entanto, é necessário que seja observado a limitação parcial ao exercício da advocacia em face da Prefeitura de São Paulo ou mesmo das demais estruturas que estejam "ligadas" a esta Fazenda (responsável pela remuneração do procurador). Veja abaixo exemplo de órgãos a que referido Procurador estaria impedido de postular em desfavor:

Parágrafo único. Não se incluem nas hipóteses do inciso I os docentes dos cursos jurídicos.

Exemplo:

Professor de Direito UNESP poderá advogar em face do Estado de São Paulo

*UNESP= Universidade Estadual Paulista

*II – os membros do Poder Legislativo, em seus diferentes níveis, **contra ou a favor** das pessoas jurídicas de direito público, empresas públicas, sociedades de economia mista, fundações públicas, entidades paraestatais ou empresas concessionárias ou permissionárias de serviço público*

Já verificamos que existe a INCOMPATIBILIDADE de exercício da advocacia àqueles ocupantes da mesa dos poderes legislativos (vide item anterior). E com relação aos demais parlamentares? Quanto a eles observamos IMPEDIMENTO de que exerçam a advocacia (ou atividades privativas da advocacia) quando contra ou a favor de pessoas jurídicas de direito público, empresas públicas, sociedades de economia mista, fundações públicas, entidades paraestatais ou empresas concessionárias ou permissionárias de serviço público.

Tais pessoas Jurídicas são aquelas vinculadas a qualquer um dos entes indicados abaixo, enquanto o IMPEDIMENTO recairá sobre os advogados inscritos e enquanto ocuparem cargos públicos eletivos elencados na coluna da esquerda.

10.3 Advocacia Pública (art. 29, EOAB)

Aqui não estamos diante de um impedimento comum e nem incompatibilidade. Trata-se de uma restrição *sui generis*, uma vez que a advocacia poderá ser exercida, mas apenas restritivamente à função desempenhada de chefia de carreira.

*Art. 29. Os Procuradores Gerais, Advogados Gerais, Defensores Gerais e dirigentes de órgãos jurídicos da Administração Pública direta, indireta e fundacional são **exclusivamente** legitimados para o exercício da advocacia vinculada à função que exerçam, durante o período da investidura.*

Ainda que a Lei Orgânica/Estatuto da carreira autorize a advocacia (considerando o impedimento do art. 30, I, EOAB), os ocupantes destes cargos (de DIREÇÃO GERAL) possuem a restrição de atuação do art. 29, EOAB:

✓ PGE/PGM

✓ AGU

✓ DPGE/ DPGF

✓ **Diretores Jurídicos da Administração Pública (Direta, Indireta e Fundacional)**

Dicas

Art. 27, EOAB:

Incompatibilidades: Proibição total (art. 28, EOAB)

Impedimentos: Proibição parcial (Art. 30, EOAB)

✓ A incompatibilidade permanecerá no caso de afastamento temporário da atividade incompatível. É necessário que haja o total e definitivo afastamento para que seja possível exercer a advocacia

---

11. HONORÁRIOS DO ADVOGADO

Assunto relevante, principalmente considerando grande dificuldade de compreensão por parte dos examinandos que não tiveram a oportunidade de, na prática, vivenciar a contratação e cobrança dessas verbas. Estudo obrigatório dos dispositivos contidos nos **arts. 22 a 26, EOAB**

Trata-se de uma contraprestação aos serviços advocatícios realizados em favor do cliente (honorários contratuais ou arbitrados por sentença judicial). Também poderá ser na modalidade de "prêmio", em razão de êxito processual (honorários de sucumbência).

Deverão ser preferencialmente estabelecidos por escrito (instrumento particular, não necessita registro), mas veremos que é possível que sejam estabelecidos também de outras formas:

A) Honorários Convencionados ou Contratuais

São aqueles estabelecidos através de instrumento formal (contrato) onde serão estabelecidos os limites de atuação (se abrangerá todas as instâncias e recursos, por exemplo, ou se será adstrito a atuação perante a 1ª instância), a forma de pagamento, o objeto do patrocínio contrato e outras cláusulas que se fizerem necessárias, tais como relativas à despesas etc.

E o que vem a ser os honorários QUOTA LITIS (contrato de risco)?

Reposta: Dentro da espécie de honorários convencionados, há o chamado "honorário *quota litis*". A razão é clara. O chamado "quota litis" ou no popular "porcentagem ao final da causa" (ou ainda, contrato de risco do advogado) está previsto no art. 50, CED, e significa que o advogado assumirá totalmente o risco da demanda, sendo que apenas lhe será devido qualquer valor a título de honorário em caso de êxito.

Nessa modalidade, conforme dito, os riscos caberão ao advogado que assumirá inclusive as despesas e custas necessárias ao deslinde da ação (veja que na prática a grande maioria dos escritórios e advogados acabam agindo de modo diverso no tocante às despesas e custas judiciais, passando a responsabilidade ao cliente).

Esta modalidade de honorários **deverá sempre ser formalizada (por escrito)**.

IMPORTANTE: o valor correspondente ao "quota litis" somado ao valor dos honorários de sucumbência fixados em decisão judicial não poderão ser superiores à quantia percebida pelo cliente. Nessa situação o advogado deverá abrir mão da quantia revestida de natureza patrimonial (os contratuais). Isso porque os honorários sucumbenciais, como veremos, possuem natureza de alimentos (direito indisponível), por força da SV 47.

Podemos sintetizar:

√ Deverão ser PREFERENCIALMENTE escritos (possibilita a execução – natureza de título executivo extrajudicial).

√ Haverá liberdade para avença de honorários.

√ Valor não deve ser inferior ao fixado pelas Tabelas editadas pelos Conselhos Seccionais (aviltamento).

Vantagens do Contrato Escrito:

√ É Título Executivo Extrajudicial.

√ Pode ser juntado aos autos para garantia do montante a ser pago ao advogado.

B) Honorários fixados por arbitramento judicial

Nas situações em que não exista a prévia convenção sobre valores que serão cobrados à atuação do advogado, poder-se--á requerer que o juiz fixe os honorários devidos através de arbitramento judicial (vejam a relevância de se estabelecer os honorários contratualmente e de forma escrita).

Nesses casos, o juiz nomeará um perito (que considerando as circunstâncias, será um advogado) que irá verificar os valores estabelecidos em Tabela estabelecida pelo Conselho Seccional correspondente, o trabalho realmente despendido e o valor econômico envolvido na questão (art. 22, § 2º, EOAB).

Caberá ainda a observância dos seguintes aspectos como personificação do **Princípio da Moderação na fixação dos honorários advocatícios por arbitramento** (art. 49, CED):

I – a relevância, o vulto, a complexidade e a dificuldade das questões versadas;

II – o trabalho e o tempo a ser empregados;

III – a possibilidade de ficar o advogado impedido de intervir em outros casos, ou de se desavir com outros clientes ou terceiros;

IV – o valor da causa, a condição econômica do cliente e o proveito para este resultante do serviço profissional;

V – o caráter da intervenção, conforme se trate de serviço a cliente eventual, frequente ou constante;

VI – o lugar da prestação dos serviços, conforme se trate do domicílio do advogado ou de outro;

VII – a competência do profissional;

VIII – a praxe do foro sobre trabalhos análogos.

C) Honorários Sucumbenciais

A parte vencida (sucumbente) arcará com os honorários sucumbenciais que serão fixados em sentença pelo Juiz, nos limites do art. 85, CPC.

Importante: Nos casos em que o valor paradigma (da causa ou condenação) seja irrisório para a fixação da sucumbência o juiz, imbuído pelo princípio da moderação, poderá arbitrar valor mais expressivo.

√ Execução poderá ocorrer nos próprios autos (não há necessidade de promover Execução autônoma).

√ No caso de Substabelecimento **COM RESERVA**:

√ – Substabelecido **só poderá cobrar honorários com a intervenção de quem lhe conferiu o Substabelecimento**. (art. 26, EOAB)

√ E no caso de Substabelecimento SEM RESERVAS?

√ Resposta: Poderá o advogado Substabelecente cobrar honorários proporcionais à atuação que desenvolvera na ação.

D) Assistenciais

São os honorários pagos a um advogado contratado por entidade sindical para a realização da assistência jurídica ao trabalhador sem condições financeiras de arcar com os custos de um advogado particular.

E) Características Gerais

√ Título Executivo Extrajudicial (quando escrito).

√ Crédito privilegiado na falência, concordata, concurso de credores, insolvência civil e liquidação extrajudicial.

√ Execução nos próprios autos em que foram fixados (sucumbenciais ou por arbitramento).

√ O direito de receber alcança os sucessores ou representantes em caso de falecimento ou incapacidade civil superveniente (art. 24, § 2º, EOAB).

√ STF reconheceu e garante o caráter alimentar dos honorários advocatícios através da Súmula Vinculante 47 (Proposta de Súmula Vinculante 85).

Atenção: Súmula Vinculante 47*: "Os honorários advocatícios incluídos na condenação ou destacados do montante principal devido ao credor, consubstanciam verba de natureza alimentar cuja satisfação ocorrerá com a expedição de precatório ou requisição de pequeno valor, observada ordem especial restrita aos créditos dessa natureza".*

IMPORTANTE

√ STF entendia a inconstitucionalidade do § 3º, art. 24 EOAB, que dispõe ser nula qualquer disposição, cláusula, regulamento ou convenção que retire do advogado o direito ao recebimento dos honorários de sucumbência.

Fundamento: Honorário de sucumbência é direito disponível (caráter patrimonial).

✓ Com a Súmula Vinculante, o entendimento muda uma vez que verba de natureza alimentar é INDISPONÍVEL.

E) Prazo Prescricional para a ação de cobrança de honorários:

✓ 5 anos, a contar como termo inicial:

I – do vencimento do contrato, se houver.

II– do trânsito em julgado da decisão que fixou.

III – da finalização do serviço extrajudicial.

IV – da desistência ou transação.

V – da renúncia ou revogação do mandato.

O mesmo prazo prescricional será adotado para propositura de ação de prestação de contas por parte do cliente.

F) Compensação de crédito – juntada de contrato

É possível que o advogado requeira a compensação de créditos em detrimento da inadimplência de seu cliente quanto aos honorários contratuais. A compensação de créditos somente será admissível quando o contrato de prestação de serviços a autorizar ou quando houver autorização especial do cliente para esse fim, por este firmada.

Feita a juntada do contrato aos autos antes da expedição do alvará de levantamento judicial de quantias depositadas em favor do cliente, o advogado, na mesma oportunidade, requererá ao juízo que as expeça, observada a quantia que lhe caiba. O mesmo ocorrerá em caso de a parte vencida for a Fazenda Pública, em que os precatórios serão expedidos na proporção devida.

G) Pagamento com cartões de crédito

O Novo Código de Ética e Disciplina OAB autoriza, no art. 53, que o advogado ou a sociedade, com o fito de recebimento de honorários, empregue sistema de cartão de crédito, mediante credenciamento junto à empresa operadora do ramo, sem que isso se caracterize atuação de natureza mercantil.

Súmula

Súmula Vinculante 47

Os honorários advocatícios incluídos na condenação ou destacados do montante principal devido ao credor consubstanciam verba de natureza alimentar cuja satisfação ocorrerá com a expedição de precatório ou requisição de pequeno valor, observada ordem especial restrita aos créditos dessa natureza.

DICAS FINAIS

Se não houver qualquer disposição sobre como se darão os pagamentos de honorários, estes deverão ser feitos na seguinte proporção:

1/3 – com a propositura da ação;

1/3 – com a decisão de primeiro grau (primeira instância);

1/3 – com a conclusão final do processo (arquivamento).

---

12. SOCIEDADE DE ADVOGADOS

O advogado poderá reunir-se em sociedade com outro (ou outros) advogado. Poderá ainda constituir sociedade individual de advogados, por inovação da Lei 13.247/2016, que alterou a redação do art. 15, EOAB.

As sociedade de advogados são **sociedades simples**, não empresariais (sequer podem possuir atividades estranhas à advocacia no bojo de atividades).

Sociedade de advogados não vai à Registro na Junta Comercial, Registro Civil de Pessoas Jurídicas etc., mas tão somente junto ao Conselho Seccional respectivo de sua localidade.

A sociedade, sob o uso de sua razão social ou denominação, poderá praticar atos que sejam indispensáveis às suas finalidades. No entanto, quanto aos atos privativos de advogado (inerentes à advocacia), serão praticados pessoalmente pelos seus sócios e titular.

Regulamentação acerca do tema:

– Arts. 15 a 17-B, EOAB

– Arts. 37 a 43, RGOAB

– Provimento CFOAB 112/2006

– Aplica-se o CED, no que couber

12.1 Sociedade pluripessoal

A sociedade pluripessoal será composta por dois ou mais sócios, admitida a figura de associados (Associado ≠ Sócio). É **obrigatório** que sejam advogados (afinal, a Sociedade de Advogados desenvolverá apenas atividades privativas de advocacia – proibição de atividades "estranhas", tais como: contabilidade, corretagem, imobiliária e qualquer outra que não esteja considerada como atividade privativa dos advogados).

O advogado não poderá ser incompatível (proibição de advogar). Também não poderá ser estagiário, ainda que estagiário inscrito.

Os sócios não poderão integrar outra sociedade com sede ou filial na mesma territorialidade. Vejamos um exemplo prático ilustrativo:

Situação: Marina e Savio são advogados e decidem formar uma <u>sociedade de advogados</u>, mantendo como sede localidade abrangida pelo <u>Conselho Seccional de São Paulo</u>. Posteriormente, com o sucesso profissional da sociedade e o grande número de clientes e atuações em outros estados, abrem uma filial no estado do <u>Ceará</u> e outro no <u>Tocantins</u>. Marina também é muito próxima da Advogada Samya, com quem decide compor nova sociedade de advogados junto ao Conselho Seccional do <u>Rio Grande do Sul</u>.

Considerando o exemplo, vejamos as consequências:

a) Marina poderá manter nova sociedade junto ao Conselho do Rio Grande do Sul, uma vez que a primeira sociedade mantida com Savio não alcança aquela localidade.

b) Marina deverá atentar-se ao fato de que a nova sociedade não poderá possuir filiais no Conselho Seccional onde já exista a filial ou sede da sociedade que compôs com Savio.

c) Em cada novo Conselho Seccional que Marina vier a compor sociedade ou estabelecer filiais, deverá proceder previamente à inscrição suplementar.

Fixando o que foi aprendido e alertando para outras situações de grande importância:

✓ *Sócio de outra UF? Pode?*

Resposta: Sim, desde que realize a inscrição suplementar junto ao Conselho Seccional correspondente.

✓ *Sócio + Associado, pode registrar como sociedade de advogados junto a OAB?*

Resposta: Não, é preciso pelo menos dois sócios. Lembrando que sócio é diferente de associado.

✓ *Sociedade com DOIS Sócios. Falecimento de um dos sócios. Sociedade permanece?*

Resposta: Ocorrendo falecimento de um dos sócios, na ocasião da sociedade ser composta por apenas dois advogados, haverá o prazo de 180 dias para que a sociedade seja reconstituída, ou seja, um novo sócio venha recompor a sociedade. Se o prazo não for cumprido, a Sociedade sofrerá sua dissolução (art. 5º, Prov. 112/06).

12.2 Razão Social

A razão social da sociedade de advogados deverá ser composta pelo nome de pelo menos um dos sócios (completo ou abreviado). No caso de falecimento de um dos sócios, caso seu nome componha a razão social, poderá permanecer em utilização caso venha assim admitido no contrato social (ato constitutivo da sociedade). Não existindo o autorizativo, a razão social da sociedade deverá ser alterada.

Por fim, em plena harmonia com a sobriedade que se espera e impõe na advocacia, é vedado o uso de nomes ou frases fantasias. Exemplos:

– "Aqui a justiça é feita"

– "Regularize já!"

– "Pensão garantida!" (essa é forte, hein!)

– "Aposente hoje!"

12.3 Mandato Judicial ou Extrajudicial

Procurações deverão ser outorgadas individualmente, devendo ser indicada a sociedade a que os advogados outorgados pertençam.

Advogados da mesma sociedade não poderão representar em juízo clientes com interesses opostos (Possibilidade de configurar: Crime de Patrocínio infiel – art. 355, CP; Infração Ética).

ATENÇÃO: Na extinção do mandato, deve-se observar o fato das procurações terem sido outorgadas individualmente.

12.4 Filiais

É possível que a Sociedade crie filiais, no entanto, não poderão pertencer à mesma base territorial do Conselho Seccional da sede, nem mesmo de outra filial. Os sócios deverão possuir inscrições suplementares em cada base territorial em que existir FILIAL.

Averba-se no Conselho Seccional da SEDE a criação da(s) filial(ais) e arquiva-se no Conselho Seccional respectivo à localidade da Filial sua condição.

Exemplo: "Savio & Marina Sociedade de Advogados" com **SEDE** junto ao Conselho Seccional de São Paulo, e pretendem a criação de **FILIAL** em localidade relativa ao Conselho Seccional de Minas Gerais.

a) Savio e Marina deverão proceder à inscrição suplementar junto ao Conselho Seccional de Minas Gerais;

b) Será averbado junto ao Conselho Seccional de São Paulo a criação da Filial e Arquivado junto ao Conselho Seccional de Minas Gerais.

c) Novas filiais apenas poderão ser criadas nos estados onde não exista filial estabelecida (mesmo que em municípios distantes) ou em estados onde não seja o mesmo da sede.

ATENÇÃO: Escritório de Apoio não é filial. Muitos escritórios possuem escritórios de apoio espalhados pelo próprio estado, por questão de praticidade e estrutura. No entanto, não se trata de filial. Se você é estagiário e percebeu que seu escritório sugere nos "timbrados" e outros documentos de comunicação diversas "filiais" dentro do mesmo estado, não se deixe confundir: São escritórios de apoio ou representação.

Dica: Averbar significa fazer constar informação em registro já existente. No caso, o único registro existente seria junto ao Conselho Seccional de origem (São Paulo).

12.5 Advogados Associados

Advogados poderão manter contrato de associação com a Sociedade de Advogados. O contrato deve ser averbado às margens do registro da Sociedade. O vínculo é puramente contratual. Não é sócio. Não é empregado.

Como benefício à integração pelo associado podemos considerar a participação no resultado das ações que atuar em conjunto.

12.6 Responsabilidade Civil da Sociedade, Sócios e Associados

A responsabilidade da Sociedade, em relação a danos experimentados pelo cliente, será subjetiva (contrato de advocacia é de meio e não de resultado). Além disso, a responsabilidade efetiva dos Sócios e o titular da sociedade individual da advocacia será subsidiária e ilimitadamente pelos danos causados aos clientes por ação ou omissão no exercício da advocacia, sem prejuízo da responsabilidade disciplinar em que possam incorrer.

12.7 Sociedade unipessoal

Sociedade composta por único advogado, o próprio titular. Adquire personalidade jurídica a partir do registro feito perante o Conselho Seccional cuja base territorial se instalar (não demanda qualquer outro registro).

Sua denominação social indicará o nome do titular (completo ou parcial), seguido da expressão "Sociedade Individual de Advocacia".

Importante destacar que não se trata de MEI (Microempresa individual) e tampouco uma EIRELI (Empresa Individual de Responsabilidade Limitada). A razão primeira envolve justamente o fato de que sociedade de advogados NUNCA poderá ser empresa. Segunda, em breve apontamento, é pelo fato de a responsabilidade da Sociedade Unipessoal ser ilimitada, enquanto na modalidade empresária é limitada.

DICAS FINAIS

– Sociedade de Advogados: Sociedade Simples, nunca empresária.

– Não pode desenvolver atividades estranhas à advocacia (imobiliária, contabilidade etc.).

– A sociedade, pela sua razão social ou denominação, somente atuará para realizar atos inerentes e indispensáveis às suas finalidades (Atos privativos de advogado somente serão praticados pessoalmente pelos sócios ou titular).

---

13. INFRAÇÕES E SANÇÕES DISCIPLINARES

Tema que tem grande importância em provas, especialmente quanto às sanções descritas ao longo dos incisos do art. 34, EOAB. Não que as sanções não sejam cobradas, no entanto, compreender as infrações e suas exceções (quando é ou não infração) é algo que pode (e vai) lhe garantir questões.

Leitura do art. 34, OAB, bem como dos demais dispositivos indicados neste capítulo são de recomendação para êxito nas provas. Vejamos as principais infrações e sanções abordadas nos últimos exames.

13.1 Sanções Disciplinares

Estão previstas nos artigos 36 a 39 do Estatuto da OAB. Serão aplicadas após o trânsito em julgado da decisão respectiva e informadas ao Conselho Seccional da inscrição de origem para registro no assentamento do advogado inscrito. Isso porque a competência de julgamento das infrações disciplinares será a do LOCAL DA INFRAÇÃO (exceção ocorrerá quando o representado for membro da diretoria do Conselho Federal, membro honorário vitalício ou detentor da Medalha Rui Barbosa).

As sanções poderão ser objeto de publicidade, exceto quando envolver a sanção da censura (a mais branda das sanções).

São 4 (quatro) as sanções previstas no EOAB: Censura, Suspensão, Exclusão e Multa (sempre será acessória, não aplicada individualmente).

A) Censura (art. 36, EOAB)

É a mais branda das sanções. Não admite publicidade (nem mesmo após o trânsito em julgado). Será cabível na ocorrência das infrações definidas nos incisos I a XVI e XXIX do art. 34, EOAB. Também, diante de violação a preceito do Código de Ética e Disciplina ou violação a preceito do EOAB, quando para a infração não se tenha estabelecido sanção mais grave (sanção genérica. Não havendo previsão de afronta a determinados preceitos, aplica-se a censura).

Dentre as infrações puníveis com censura (art. 34, I a XVI e XXIX, EOAB) podemos destacar:

*III – valer-se de **agenciador de causas**, mediante participação nos honorários a receber;*

Situação que, infelizmente, é rotineira na advocacia. Nestes casos é feito um ajustamento de comissão por cliente/casos angariados pelo "agenciador", fruto dos honorários que garantiu ao advogado infrator.

IV – angariar ou captar causas, com ou sem a intervenção de terceiros;

Trata-se da captação de clientela. Exemplo: Enviando cartas, ligando, enviando e-mails, visitas com o propósito de captação de clientela.

VII – violar, sem justa causa, sigilo profissional;

Sigilo profissional é um dever imposto ao advogado de forma eterna! Ou seja, jamais poderá revelar segredos ou informações obtidas em razão da relação advogado-cliente, sob pena de infração disciplinar disposta no art. 34, VII, EOAB.

Sigilo Profissional: Arts. 35 e 36, CED.

Exceções ao Sigilo Profissional: 37 e 38, CED.

Atenção:

✓ É vedado ao advogado efetuar colaboração premiada contra quem seja ou tenha sido seu cliente, e a inobservância disso importará em processo disciplinar, que poderá culminar com a sua exclusão (art. 35, III, EOAB), sem prejuízo das penas previstas no Código Penal (art. 154, CP).

✓ **Exceção** deve ser considerada quando diante de clientes do advogado averiguado que estejam sendo formalmente investigados como seus partícipes ou coautores pela prática do mesmo crime que deu causa à quebra da inviolabilidade.

VIII – estabelecer entendimento com a parte adversa sem autorização do cliente ou ciência do advogado contrário;

Não se exige CONCORDÂNCIA do advogado, mas sim apenas sua **ciência**. De modo contrário, quando se tratar de entendimento que vier a ocorrer entre os advogados constituídos, será necessário que exista expressa AUTORIZAÇÃO do cliente.

*XI – abandonar a causa **sem justo motivo** ou antes de decorridos dez dias da comunicação da renúncia;*

*XII – recusar-se a prestar, **sem justo motivo**, assistência jurídica, quando nomeado em virtude de impossibilidade da Defensoria Pública;*

O texto indica, nos dois incisos, a necessidade de JUSTO MOTIVO como um autorizativo a se compreender uma exceção permitida. Ou seja, deve haver um justo motivo para que o advogado não incorra na infração disciplinar apontada.

No caso do inciso XII, recentemente abordado em exame, a banca cobrou conhecimento quanto à questão do justo motivo e, em complemento, ao conteúdo do art. 4º, CED, que trata expressamente sobre situação considerada sob esta denominação. Referido dispositivo entende legítima a recusa, pelo advogado, do patrocínio de causa e de manifestação, no âmbito consultivo, de pretensão concernente a direito que também lhe seja aplicável ou contrarie orientação que tenha manifestado anteriormente.

B) Suspensão (art. 37, EOAB)

A suspensão acarreta a **interdição** do exercício profissional, em **todo o território nacional**. Será aplicada quando diante de infrações dos inciso XVII a XXV e XXX, do art. 34, EOAB ou ainda no caso de reincidência na prática de condutas punidas com censura. Poderá ser por prazo:

✓ **DETERMINADO**: pelo prazo de 30 dias a 12 meses; Regra de aplicação.

✓ **INDETERMINADO**: quando da necessidade de satisfação integral de obrigação, inclusive com correção monetária quando for o caso. Ocorre em apenas três casos.

Se a reincidência não for pela prática da **mesma conduta**, não acarretará suspensão mas tão somente elemento agravante. Obriga que o inscrito apresente seu documento de identificação (carteira de advogado) ao Conselho Seccional da OAB correspondente, para que realize a retenção durante o prazo a que for condenado.

Na maioria das situações descritas nos incisos correspondentes às infrações sujeitas à sanção teremos a presença da indicação de VALORES envolvendo a conduta.

Em recente edição do exame, tivemos justamente a abordagem quanto ao caso de advogado que recebeu quantias do constituinte para aplicação ilícita (por exemplo, para pagamento de propinas). Neste caso, a consequência será a sanção de suspensão.

Outra abordagem recente em prova envolvia a retenção de autos. Reter abusivamente os autos possui uma conotação aberta. Que prazo seria necessário avançar para que então ficasse caracterizada tal situação.

O Conselho Federal da OAB, por inúmeras situações, entendeu que a abusividade estaria descrita na circunstância na qual mesmo após a intimação para que devolvesse os autos o advogado permanecesse inerte, ainda em posse dos autos.

C) Exclusão (art. 38, EOAB)

Será sanção aplicada ao cometimento das infrações dos incisos **XXVI, XXVII e XXVIII** do art. 34, EOAB. Acarretará o cancelamento da inscrição de advogado (art. 11, EOAB). Impõe total **vedação** ao exercício da advocacia. É uma sanção aplicada pelo **Conselho Seccional** competente, exigindo-se quórum de votação de **2/3 de seus membros** (Atenção, não é o Tribunal de Ética!).

Legislação

Estatuto OAB

Art. 34. Constitui infração disciplinar:

I – exercer a profissão, quando impedido de fazê-lo, ou facilitar, por qualquer meio, o seu exercício aos não inscritos, proibidos ou impedidos;

II – manter sociedade profissional fora das normas e preceitos estabelecidos nesta lei;

III – valer-se de agenciador de causas, mediante participação nos honorários a receber;

IV – angariar ou captar causas, com ou sem a intervenção de terceiros;

V – assinar qualquer escrito destinado a processo judicial ou para fim extrajudicial que não tenha feito, ou em que não tenha colaborado;

VI – advogar contra literal disposição de lei, presumindo-se a boa-fé quando fundamentado na inconstitucionalidade, na injustiça da lei ou em pronunciamento judicial anterior;

VII – violar, sem justa causa, sigilo profissional;

VIII – estabelecer entendimento com a parte adversa sem autorização do cliente ou ciência do advogado contrário;

IX – prejudicar, por culpa grave, interesse confiado ao seu patrocínio;

X – acarretar, conscientemente, por ato próprio, a anulação ou a nulidade do processo em que funcione;

XI – abandonar a causa sem justo motivo ou antes de decorridos dez dias da comunicação da renúncia;

XII – recusar-se a prestar, sem justo motivo, assistência jurídica, quando nomeado em virtude de impossibilidade da Defensoria Pública;

XIII – fazer publicar na imprensa, desnecessária e habitualmente, alegações forenses ou relativas a causas pendentes;

XIV – deturpar o teor de dispositivo de lei, de citação doutrinária ou de julgado, bem como de depoimentos, documentos e alegações da parte contrária, para confundir o adversário ou iludir o juiz da causa;

XV – fazer, em nome do constituinte, sem autorização escrita deste, imputação a terceiro de fato definido como crime;

XVI – deixar de cumprir, no prazo estabelecido, determinação emanada do órgão ou de autoridade da Ordem, em matéria da competência desta, depois de regularmente notificado;

XVII – prestar concurso a clientes ou a terceiros para realização de ato contrário à lei ou destinado a fraudá-la;

XVIII – solicitar ou receber de constituinte qualquer importância para aplicação ilícita ou desonesta;

XIX – receber valores, da parte contrária ou de terceiro, relacionados com o objeto do mandato, sem expressa autorização do constituinte;

XX – locupletar-se, por qualquer forma, à custa do cliente ou da parte adversa, por si ou interposta pessoa;

XXI – recusar-se, injustificadamente, a prestar contas ao cliente de quantias recebidas dele ou de terceiros por conta dele;

XXII – reter, abusivamente, ou extraviar autos recebidos com vista ou em confiança;

XXIII – deixar de pagar as contribuições, multas e preços de serviços devidos à OAB, depois de regularmente notificado a fazê-lo; (Vide ADI 7020)

XXIV – incidir em erros reiterados que evidenciem inépcia profissional;

XXV – manter conduta incompatível com a advocacia;

XXVI – fazer falsa prova de qualquer dos requisitos para inscrição na OAB;

XXVII – tornar-se moralmente inidôneo para o exercício da advocacia;

XXVIII – praticar crime infamante;

XXIX – praticar, o estagiário, ato excedente de sua habilitação.

XXX – praticar assédio moral, assédio sexual ou discriminação. (Incluído pela Lei 14.612, de 2023)

§ 1º Inclui-se na conduta incompatível: (Renumerado do parágrafo único pela Lei 14.612, de 2023)

a) prática reiterada de jogo de azar, não autorizado por lei;

b) incontinência pública e escandalosa;

c) embriaguez ou toxicomania habituais.

§ 2º Para os fins desta Lei, considera-se: (Incluído pela Lei 14.612, de 2023)

I – assédio moral: a conduta praticada no exercício profissional ou em razão dele, por meio da repetição deliberada de gestos, palavras faladas ou escritas ou comportamentos que exponham o estagiário, o advogado ou qualquer outro profissional que esteja prestando seus serviços a situações humilhantes e constrangedoras, capazes de lhes causar ofensa à personalidade, à dignidade e à integridade psíquica ou física, com o objetivo de excluí-los das suas funções ou de desestabilizá-los emocionalmente, deteriorando o ambiente profissional; (Incluído pela Lei 14.612, de 2023)

II – assédio sexual: a conduta de conotação sexual praticada no exercício profissional ou em razão dele, manifestada fisicamente ou por palavras, gestos ou outros meios, proposta ou imposta à pessoa contra sua vontade, causando-lhe constrangimento e violando a sua liberdade sexual; (Incluído pela Lei 14.612, de 2023)

III – discriminação: a conduta comissiva ou omissiva que dispense tratamento constrangedor ou humilhante a pessoa ou grupo de pessoas, em razão de sua deficiência, pertença a determinada raça, cor ou sexo, procedência nacional ou regional, origem étnica, condição de gestante, lactante ou nutriz, faixa etária, religião ou outro fator. (Incluído pela Lei 14.612, de 2023)

---

14. PROCEDIMENTO DISCIPLINAR. SUSPENSÃO PREVENTIVA. RECURSOS

Outro importante tema em nossa disciplina. Será feita, como nos capítulos anteriores, uma abordagem pontual à tratativa dispensada nas últimas edições do Exame. Não obstante, para fins de estudos completos, importante a leitura dos dispositivos de forma mais abrangente:

✓ Artigos 68 a 77, EOAB

✓ Artigos 55 a 72, CED

✓ Artigos 120; 137-D, 138 ao 144-A, RGOAB

Além das indicações específicas acimas, aplicam-se subsidiariamente ao processo disciplinar, as regras da Legislação Processual Penal Comum. Aos <u>processos não disciplinares</u> (Processos Comuns, de natureza administrativa), aplicam-se as regras de Processo Administrativo e Processo Civil.

A Competência para punir será do **Conselho Seccional** do local onde fora praticada a infração.

Exemplo:

– José é advogado inscrito na OAB/MG. Comete infração disciplinar no estado do ACRE.

– Competência de punir: OAB/AC, que após o trânsito em julgado do processo disciplinar comunica a OAB/MG para registro nos assentamentos do advogado José.

Exceção à regra de Competência

A Competência de punir será do **CONSELHO FEDERAL** quando:

a) Infração praticada perante o Conselho Federal.

b) Infrator membro do Conselho Federal.

c) Infrator presidente de Conselhos Seccionais.

14.1 Suspensão preventiva do advogado

Não se confunde com a sanção de SUSPENSÃO, que é aplicada após o trânsito em julgado do processo disciplinar. Possui caráter temporário e cautelar (90 dias, no máximo)

Cabimento: Quando a conduta do advogado gerar repercussão prejudicial à dignidade da advocacia (art. 70, § 3º, EOAB).

Competência: TED do local de inscrição do advogado (exceção à regra de competência territorial do processo disciplinar).

Procedimento a ser adotado: Tribunal de Ética e Disciplina (TED) irá notificar o advogado para que preste esclarecimentos em sessão especial;

Se o advogado não comparecer: Será nomeado defensor dativo e a suspensão preventiva será imposta.

Se o advogado comparecer e seus esclarecimentos não forem suficientes: imposição preventiva será imposta.

Caberá Recurso da Decisão?

Resposta: Da decisão proferida pela TED caberá Recurso ao Conselho Seccional correspondente.

14.2 Sigilo no Processo Disciplinar

O Processo tramitará em sigilo (acesso apenas às partes, ao órgão julgador e à autoridade judicial competente – quando necessário). O sigilo abarca proteção a todas as peças do procedimento além das certidões informativas de andamento ou existência. Importa destacar que transitado em julgado o processo disciplinar, temos os seguintes desdobramentos e reflexos quanto a publicização da decisão (e não do processo):

✓ Se aplicada pena de **Censura**: Sigilo permanece.

✓ Se aplicada pena de **Suspensão** ou **Exclusão**: Haverá publicidade quanto à aplicação da sanção. Intenção também é evitar que pessoas venham a contratar advogado que esteja SUSPENSO ou EXCLUÍDO.

Cabe destacar que mesmo diante da existência de uma suspensão preventiva, tal circunstância não imporá publicidade ao procedimento disciplinar, mas tão somente à suspensão (uma vez que suspenso o advogado não pode advogar, e portanto, deverá ser publicizado).

14.3 Etapas do Processo Disciplinar

I) Etapa Postulatória/Instauração

A instauração do procedimento poderá ser iniciada das seguintes formas:

a) De ofício:

✓ A OAB (Conselho Seccional) poderá deflagrar o processo disciplinar de ofício quando tomar conhecimento da infração ética cometida.

✓ **Lembrando**: Competência será do local da infração

b) Mediante representação de qualquer autoridade ou pessoa interessada:

✓ Vedado o anonimato (Representação **APÓCRIFA**)

✓ Poderá ser feita oralmente, reduzida a termo e colhida a assinatura do Representante.

II) Etapa Probatória/Instrutória

Recebida a representação, será designado RELATOR, a quem competirá instruir e oferecer parecer preliminar ao TED. **O RELATOR** poderá:

a) Opinar pelo **ARQUIVAMENTO LIMINAR (sem julgamento de mérito)** quando a Representação for desprovida dos pressupostos mínimos de admissibilidade. Ex.: Identificação do infrator, do representante, descrição da infração.

A manifestação do relator será encaminhada ao Presidente do Conselho Seccional que irá decidir sobre o Arquivamento.

Atenção: RELATOR **NÃO ARQUIVA**, apenas o Presidente do Conselho Seccional (dica interessante é lembrar do procedimento quanto ao Inquérito Policial. O delegado, que é quem RELATA referida peça informativa, não arquiva, mas tão somente o juiz).

b) Admitida a Representação, o Representado será notificado para apresentação de DEFESA PRÉVIA.

✓ Prazo de 15 dias (**pode** ser prorrogado pelo Relator).

✓ Poderá arrolar até 5 testemunhas

✓ Se não apresentar **DEFESA PRÉVIA** será nomeado defensor dativo para ofertar defesa.

Atenção: Não haverá efeitos da revelia (presunção de veracidade dos fatos na Representação). Após, será o momento do Relator proferir **DESPACHO SANEADOR** ("passa a régua", corrige eventuais irregularidades até aquele momento).

b.1) Despacho Saneador

✓ Proferido o despacho saneador, o relator poderá **OPINAR** pelo **INDEFERIMENTO LIMINAR DO PROCESSO,** que será decidido pelo Presidente do Conselho Seccional.

Atenção: Julgamento que extingue o processo com resolução do mérito.

✓ Poderá também, o Relator, designar **audiência** para colheita de prova oral (Depoimentos das partes e testemunhas arroladas).

✓ Apresentação de **Razões Finais** (Representante + Representado).

✓ Após conclusão dos autos, será elaborado um **PARECER PRELIMINAR** pelo Relator a ser encaminhado ao TED, para **julgamento**.

III) Etapa Decisória/ Julgamento

✓ Recebido o **PARECER PRELIMINAR**, o Presidente da **TED** irá designar um Relator. Após 20 dias de seu **recebimento**, será incluída na primeira sessão de julgamento, salvo se o relator determinar diligências.

✓ O Representado será notificado com antecedência de 15 dias para **defesa oral** na respectiva sessão que o processo estiver em pauta.

Importante: Defesa oral (sustentação) será feita após a leitura do relatório do relator, pelo prazo de 15 minutos.

✓ Após defesa oral, serão proferidos os votos do relator e dos demais membros do **TED**.

✓ Com os votos declarados, ter-se-á o julgamento por **maioria de votos.**

IMPORTANTE: Quórum de votos para aplicação de sanções disciplinares:

a) Maioria de votos: Pena de Censura e Suspensão.

b) Maioria qualificada de 2/3: Pena de Exclusão.

✓ Após a sessão de julgamento, os autos seguirão para a lavratura de Acórdão para que seja publicado no órgão de imprensa oficial do **CONSELHO SECCIONAL** respectivo (art. 45, §6º, EOAB).

14.4 Recursos

Caberá recurso das decisões terminativas, não sendo admitidas das decisões interlocutórias (no curso do processo administrativo). O recebimento dos recursos será sempre no chamado "duplo efeito" (suspensivo + devolutivo), exceto nas seguintes situações: a) Eleições; b) Suspensão preventiva do advogado decidida pelo TED; c) Cancelamento da inscrição obtida com falsa prova de requisitos do art. 8º, EOAB.

Espécies: Serão inominados, além dos Embargos de Declaração.

Prazos: SEMPRE de **15 dias** (inclusive nos EMBARGOS, atenção para não confundir com o prazo no processo civil ou penal!)

Atenção: Recursos apresentados VIA FAX, a juntada das razões originais deverão ser apresentadas em **10 dias** (Não se trata de prazo recursal de 10 dias, pois a apresentação via fax obedece o prazo de 15 dias).

14.4.1 Competência recursal

a) Conselho Seccional: das decisões proferidas pelo seu Presidente, TED, diretorias de subseções ou da Caixa de Assistência do Advogado;

b) Conselho Federal: das decisões proferidas pelo Conselho Seccional quando:

I – não sejam unânimes;

II – unânimes, mas que contrariem EOAB, CED, Provimentos, decisões do Conselho Federal ou demais Conselhos Seccionais.

Importante: Nos embargos de declaração, o próprio órgão que proferiu a decisão é que será competente para a apreciação, já que visa corrigir vício.

14.5 Prescrição

✓ **Antes do Processo Disciplinar:** Prazo de 5 anos. A partir do momento que a OAB constata OFICIALMENTE a prática de infração ética e se mantém inerte.

✓ **Durante o processo: Prazo de 3 anos.** Havendo paralisação ou inércia por parte da OAB (órgão julgador).

Legislação

Estatuto da OAB

Art. 43. A pretensão à punibilidade das infrações disciplinares prescreve em cinco anos, contados da data da constatação oficial do fato.

§ 1º Aplica-se a prescrição a todo processo disciplinar paralisado por mais de três anos, pendente de despacho ou julgamento, devendo ser arquivado de ofício, ou a requerimento da parte interessada, sem prejuízo de serem apuradas as responsabilidades pela paralisação.

§ 2º A prescrição interrompe-se:

I – pela instauração de processo disciplinar ou pela notificação válida feita diretamente ao representado;

II – pela decisão condenatória recorrível de qualquer órgão julgador da OAB.

(...)

Art. 70. O poder de punir disciplinarmente os inscritos na OAB compete exclusivamente ao Conselho Seccional em cuja base territorial tenha ocorrido a infração, salvo se a falta for cometida perante o Conselho Federal.

§ 1º Cabe ao Tribunal de Ética e Disciplina, do Conselho Seccional competente, julgar os processos disciplinares, instruídos pelas Subseções ou por relatores do próprio conselho.

§ 2º A decisão condenatória irrecorrível deve ser imediatamente comunicada ao Conselho Seccional onde o representado tenha inscrição principal, para constar dos respectivos assentamentos.

§ 3º O Tribunal de Ética e Disciplina do Conselho onde o acusado tenha inscrição principal pode suspendê-lo preventivamente, em caso de repercussão prejudicial à dignidade da advocacia, depois de ouvi-lo em sessão especial para a qual deve ser notificado a comparecer, salvo se não atender à notificação. Neste caso, o processo disciplinar deve ser concluído no prazo máximo de noventa dias.

Art. 71. A jurisdição disciplinar não exclui a comum e, quando o fato constituir crime ou contravenção, deve ser comunicado às autoridades competentes.

Art. 72. O processo disciplinar instaura-se de ofício ou mediante representação de qualquer autoridade ou pessoa interessada.

§ 1º O Código de Ética e Disciplina estabelece os critérios de admissibilidade da representação e os procedimentos disciplinares.

§ 2º O processo disciplinar tramita em sigilo, até o seu término, só tendo acesso às suas informações as partes, seus defensores e a autoridade judiciária competente.

Art. 73. Recebida a representação, o Presidente deve designar relator, a quem compete a instrução do processo e o oferecimento de parecer preliminar a ser submetido ao Tribunal de Ética e Disciplina.

§ 1º Ao representado deve ser assegurado amplo direito de defesa, podendo acompanhar o processo em todos os termos, pessoalmente ou por intermédio de procurador, oferecendo defesa prévia após ser notificado, razões finais após a instrução e defesa oral perante o Tribunal de Ética e Disciplina, por ocasião do julgamento.

§ 2º Se, após a defesa prévia, o relator se manifestar pelo indeferimento liminar da representação, este deve ser decidido pelo Presidente do Conselho Seccional, para determinar seu arquivamento.

§ 3º O prazo para defesa prévia pode ser prorrogado por motivo relevante, a juízo do relator.

§ 4º Se o representado não for encontrado, ou for revel, o Presidente do Conselho ou da Subseção deve designar-lhe defensor dativo;

§ 5º É também permitida a revisão do processo disciplinar, por erro de julgamento ou por condenação baseada em falsa prova.

Art. 74. O Conselho Seccional pode adotar as medidas administrativas e judiciais pertinentes, objetivando a que o profissional suspenso ou excluído devolva os documentos de identificação.

Art. 75. Cabe recurso ao Conselho Federal de todas as decisões definitivas proferidas pelo Conselho Seccional, quando não tenham sido unânimes ou, sendo unânimes, contrariem esta lei, decisão do Conselho Federal ou de outro Conselho Seccional e, ainda, o regulamento geral, o Código de Ética e Disciplina e os Provimentos.

Parágrafo único. Além dos interessados, o Presidente do Conselho Seccional é legitimado a interpor o recurso referido neste artigo.

Art. 76. Cabe recurso ao Conselho Seccional de todas as decisões proferidas por seu Presidente, pelo Tribunal de Ética e Disciplina, ou pela diretoria da Subseção ou da Caixa de Assistência dos Advogados.

Art. 77. Todos os recursos têm efeito suspensivo, exceto quando tratarem de eleições (arts. 63 e seguintes), de suspensão preventiva decidida pelo Tribunal de Ética e Disciplina, e de cancelamento da inscrição obtida com falsa prova.

Parágrafo único. O regulamento geral disciplina o cabimento de recursos específicos, no âmbito de cada órgão julgador.

Dicas

Prescrição da pretensão punitiva:
– **Antes do Processo Disciplinar:** Prazo de 5 anos
– **Intercorrente:** Prazo de 3 anos

15. PUBLICIDADE NA ADVOCACIA

A publicidade na advocacia é PERMITIDA (art. 39, CED), no entanto, com um regramento próprio e peculiar (regulamentada pelo Código de Ética e Disciplina e pelo Provimento nº 205/2021). Deverá possuir caráter meramente informativo e primar pela discrição e sobriedade, não podendo configurar captação de clientela ou mercantilização da profissão.

Desta forma, podemos apontar como meios vedados de publicidade (art. 40, CED):

I – a veiculação da publicidade por meio de rádio, cinema e televisão;

II – o uso de outdoors, painéis luminosos ou formas assemelhadas de publicidade;

III – as inscrições em muros, paredes, veículos, elevadores ou em qualquer

espaço público;

IV – a divulgação de serviços de advocacia juntamente com a de outras atividades ou a indicação de vínculos entre uns e outras;

V – o fornecimento de dados de contato, como endereço e telefone, em colunas ou artigos literários, culturais, acadêmicos ou jurídicos, publicados na imprensa, bem assim quando de eventual participação em programas de rádio ou televisão, ou em veiculação de matérias pela internet, sendo permitida a referência a e-mail;

VI – a utilização de mala direta, a distribuição de panfletos ou formas assemelhadas de publicidade, com o intuito de captação de clientela.

O CED ressalta que, exclusivamente para fins de identificação dos escritórios de advocacia, é permitida a utilização de placas, painéis luminosos e inscrições em suas fachadas, desde que respeitadas as diretrizes de possuir caráter meramente informativo e não constituir captação de clientela ou mercantilização da profissão.

Vedações ao advogado (condutas vedadas):

I – responder com habitualidade a consulta sobre matéria jurídica, nos meios de comunicação social;

II – debater, em qualquer meio de comunicação, causa sob o patrocínio de outro advogado;

III – abordar tema de modo a comprometer a dignidade da profissão e da instituição que o congrega;

IV – divulgar ou deixar que sejam divulgadas listas de clientes e demandas;

V – insinuar-se para reportagens e declarações públicas.

Participação em programa de televisão, rádio, imprensa etc.

O advogado que eventualmente participar de programa de televisão ou de rádio, de entrevista na imprensa, de reportagem televisionada ou veiculada por qualquer outro meio, para manifestação profissional, deve visar a objetivos exclusivamente **ilustrativos**, **educacionais** e **instrutivos**, sem propósito de promoção pessoal ou profissional, vedados pronunciamentos sobre métodos de trabalho usados por seus colegas de profissão.

Quando convidado para manifestação pública, por qualquer modo e forma, visando ao esclarecimento de tema jurídico de interesse geral, deve o advogado evitar insinuações com o sentido de promoção pessoal ou profissional, bem como o debate de caráter sensacionalista.

Cartões e materiais de escritório

O advogado deverá observar a obrigatoriedade de fazer constar seu nome, nome social ou o da sociedade de advogados, o número ou os números de inscrição da OAB.

PODE	NÃO PODE
-Mencionar títulos acadêmicos e distinções honoríficas relacionadas à vida profissional.	- É vedada a inclusão de fotografias pessoais ou de terceiros nos cartões de visitas do advogado, bem como menção a qualquer emprego, cargo ou função ocupado, atual ou pretérito, em qualquer órgão ou instituição, salvo o de professor universitário
-Instituições de que faça parte	
-Especialidades a que se dedicar	
-Endereço	
-E-mail	
-Site	
-Página eletrônica	
-QR Code	
-Logotipo	
- Fotografia do escritório	
-Horário de atendimento	
-Idiomas em que o cliente poderá ser atendido	

Formas admissíveis para a realização da publicidade:

O **patrocínio de eventos ou publicações de caráter científico ou cultur**al, assim como a **divulgação de boletins**, por meio físico ou eletrônico, sobre matéria cultural de inte-resse dos advogados, desde que sua circulação fique adstrita a clientes e a interessados do meio jurídico.

A publicidade veiculada pela internet ou por outros meios eletrônicos, observadas as diretrizes estabelecidas para a publicidade forma geral (em especial: caráter meramente informativo, não constituir captação de clientela, discrição e sobriedade).

> **Atenção (Art. 47-A, CED):** Será admitida a celebração de termo de ajustamento de conduta no âmbito dos Conselhos Seccionais e do Conselho Federal para fazer cessar a publicidade irregular praticada por advogados e estagiários.

Provimento 205/2021

O Provimento 205/2021, editado pelo Conselho Federal da OAB, cuidou de ordenar de forma sistemática e especificar as disposições relativas à publicidade da advocacia. Dele, podemos extrair, objetivamente:

✓ O marketing jurídico é permitido, no entanto deverá ser exercido de forma compatível com os preceitos éticos e as limitações apresentadas pelo EOAB;

✓ As informações veiculadas deverão ser objetivas e verdadeiras, sendo de exclusiva responsabilidade dos identificados na publicidade (a própria pessoa natural ou, se envolver pessoa jurídica, dos sócios administradores da sociedade de advogados e outros inscritos que tenham concorrido para o ato). Inclusive, a veracidade das informações poderá ser solicitadas a serem comprovadas, sob pena de infração disciplinar (art. 34, XVI, EOAB);

O referido provimento também apresenta uma relação de conceitos (principalmente considerando o marketing jurídico, plataformas digitais e novas ferramentas de publicidade digital):

Marketing jurídico: Especialização do marketing destinada aos profissionais da área jurídica, consistente na utilização de estratégias planejadas para alcançar objetivos do exercício da advocacia;

Marketing de conteúdos jurídicos: estratégia de marketing que se utiliza da criação e da divulgação de conteúdos jurídicos, disponibilizados por meio de ferramentas de comunicação, voltada para informar o público e para a consolidação profissional do(a) advogado(a) ou escritório de advocacia;

Publicidade: meio pelo qual se tornam públicas as informações a respeito de pessoas, ideias, serviços ou produtos, utilizando os meios de comunicação disponíveis, desde que não vedados pelo Código de Ética e Disciplina da Advocacia;

Publicidade profissional: meio utilizado para tornar pública as informações atinentes ao exercício profissional, bem como os dados do perfil da pessoa física ou jurídica inscrita na Ordem dos Advogados do Brasil, utilizando os meios de comunicação disponíveis, desde que não vedados pelo Código de Ética e Disciplina da Advocacia;

Publicidade de conteúdos jurídicos: divulgação destinada a levar ao conhecimento do público conteúdos jurídicos;

Publicidade ativa: divulgação capaz de atingir número indeterminado de pessoas, mesmo que elas não tenham buscado informações acerca do anunciante ou dos temas anunciados. Poderá ser utilizada quando se tratar de venda de bens e eventos (livros, cursos, seminários ou congressos), cujo público-alvo sejam advogados(as), estagiários(as) ou estudantes de direito.

Nesta modalidade é vedada qualquer informação relativa às dimensões, qualidades ou estrutura física do escritório, assim como a menção à promessa de resultados ou a utilização de casos concretos para oferta de atuação profissional.

Publicidade passiva: divulgação capaz de atingir somente público certo que tenha buscado informações acerca do anunciante ou dos temas anunciados, bem como por aqueles que concordem previamente com o recebimento do anúncio;

Captação de clientela: para fins deste provimento, é a utilização de mecanismos de marketing que, de forma ativa, independentemente do resultado obtido, se destinam a angariar clientes pela indução à contratação dos serviços ou estímulo do litígio, sem prejuízo do estabelecido no Código de Ética e Disciplina e regramentos próprios.

Importante:

1- Tanto a **publicidade ativa** quanto a **passiva** não poderão apresentar conteúdo incutido de mercantilização, captação de clientela, emprego excessivo de recursos financeiros, sendo admitida a utilização de anúncios pagos (ou não), nos meios de comunicação (exceto nos meios vedados estabelecidos no art. 40, CED).

2- Em qualquer publicidade (ativa ou passiva) é <u>**vedada a ostentação**</u> de bens relativos ao exercício ou não da profissão, como uso de veículos, viagens, hospedagens e bens de consumo, bem como a menção à promessa de resultados ou a utilização de casos concretos para oferta de atuação profissional.

Condutas vedadas pelo Provimento 205/2021:

I – referência, direta ou indireta, a valores de honorários, forma de pagamento, gratuidade ou descontos e reduções de preços como forma de captação de clientes;

II – divulgação de informações que possam induzir a erro ou causar dano a clientes, a outros(as) advogados(as) ou à sociedade;

III – anúncio de especialidades para as quais não possua título certificado ou notória especialização, nos termos do parágrafo único do art. 3º-A do Estatuto da Advocacia;

IV – utilização de orações ou expressões persuasivas, de autoengrandecimento ou de comparação;

V – distribuição de brindes, cartões de visita, material impresso e digital, apresentações dos serviços ou afins de maneira indiscriminada em locais públicos, presenciais ou virtuais, salvo em eventos de interesse jurídico.

E o que é uma publicidade sóbria, discreta e informativa?

R: A divulgação que, sem ostentação, torna público o perfil profissional e as informações atinentes ao exercício profissional, conforme estabelecido pelo § 1º, do art. 44, do Código de Ética e Disciplina, sem incitar diretamente ao litígio judicial, administrativo ou à contratação de serviços, sendo vedada a promoção pessoal.

Importante: Publicidade de consultores e sociedade de consultores em direito estrangeiro

Os consultores e as sociedades de consultores em direito estrangeiro devidamente autorizadas pela Ordem dos Advogados do Brasil, nos termos do Provimento n. 91/2000, somente poderão realizar o marketing jurídico com relação às suas atividades de consultoria em direito estrangeiro correspondente ao país ou Estado de origem do profissional interessado. Para esse fim, nas peças de caráter publicitário a sociedade acrescentará obrigatoriamente ao nome ou razão social que internacionalmente adote a expressão "Consultores em direito estrangeiro" (art. 4º do Provimento 91/2000).

Identificação profissional com qualificação e títulos?

R: É possível, desde que sejam verdadeiros e comprováveis quando solicitados pela OAB.

O advogado pode fazer divulgação de imagens, vídeo ou áudio de sua atuação profissional?

R: Sim. A divulgação é permitida, inclusive em audiências e sustentações orais, processos judiciais ou administrativos (desde que não sejam alcançados pelo segredo de justiça). No entanto, deverá respeitar o sigilo, a dignidade profissional e observar a vedação de se fazer referência ou menção a decisões judiciais e resultados de qualquer natureza obtidos em procedimentos que patrocina ou participa de alguma forma, ressalvada a hipótese de manifestação espontânea em caso coberto pela mídia.

Importante: É vedada a publicidade a que se refere o caput mediante uso de meios ou ferramentas que influam de forma fraudulenta no seu impulsionamento ou alcance.

Prêmio "advogado(a) destaque", é possível?

R: Apenas se for espontâneo. O provimento dispõe que é vedado o pagamento, patrocínio ou efetivação de qualquer outra despesa para viabilizar aparição em rankings, prêmios ou qualquer tipo de recebimento de honrarias em eventos ou publicações, em qualquer mídia, que vise destacar ou eleger profissionais como detentores de destaque.

É possível o uso de logomarcas, imagens e fotos dos(as) advogados(as) e escritório?

R: Sim, no entanto, é vedada a utilização de logomarca e símbolos oficiais da Ordem dos Advogados do Brasil.

É possível a participação do advogado(a) em vídeos gravados ou ao vivo?

R: Sim. É permitida a participação em vídeos ao vivo ou gravados, na internet ou nas redes sociais, assim como em debates e palestras virtuais, desde que observadas as regras dos arts. 42 e 43 do CED, sendo vedada a utilização de casos concretos ou apresentação de resultados.

> **Código de Ética e Disciplina**
>
> Art. 42. É vedado ao advogado:
>
> I – responder com habitualidade a consulta sobre matéria jurídica, nos meios de comunicação social;
>
> II – debater, em qualquer meio de comunicação, causa sob o patrocínio de outro advogado;
>
> III – abordar tema de modo a comprometer a dignidade da profissão e da instituição que o congrega;
>
> IV – divulgar ou deixar que sejam divulgadas listas de clientes e demandas;
>
> V – insinuar-se para reportagens e declarações públicas.
>
> Art. 43. O advogado que eventualmente participar de programa de televisão ou de rádio, de entrevista na imprensa, de reportagem televisionada ou veiculada por qualquer outro meio, para manifestação profissional, deve visar a objetivos exclusivamente ilustrativos, educacionais e instrutivos, sem propósito de promoção pessoal ou profissional, vedados pronunciamentos sobre métodos de trabalho usados por seus colegas de profissão.
>
> Parágrafo único. Quando convidado para manifestação pública, por qualquer modo e forma, visando ao esclarecimento de tema jurídico de interesse geral, deve o advogado evitar insinuações com o sentido de promoção pessoal ou profissional, bem como o debate de caráter sensacionalista.

Outros pontos importantes do Provimento:

✓ Vedação de vinculação dos serviços de advocacia com outras atividades ou a sua divulgação conjunta, mesmo que sejam atividades complementares ou afins (exemplo: contabilidade, corretagem imobiliária, compra e venda de precatórios, etc.). Única exceção é da atividade de magistério (ser professor(a)).

✓ O exercício da advocacia em locais conhecidos como "coworking" não caracteriza infração ético-disciplinar, sendo, no entanto, vedada a divulgação da atividade de advocacia em conjunto com qualquer outra atividade ou empresa que compartilhem o mesmo espaço, ressalvada a possibilidade de afixação de placa indicativa no espaço físico em que se desenvolve a advocacia e a veiculação da informação de que a atividade profissional é desenvolvida em local de coworking.

✓ Criação do Comitê Regulador do Marketing Jurídico, de caráter consultivo, vinculado à Diretoria do Conselho Federal, composto por:

I – 05 (cinco) Conselheiros(as) Federais, um(a) de cada região do país, indicados(as) pela Diretoria do CFOAB;

II – 01 (um) representante do Colégio de Presidentes de Seccionais.

III – 01 (um) representante indicado pelo Colégio de Presidentes dos Tribunais de Ética e Disciplina;

IV – 01 (um) representante indicado pela Coordenação Nacional de Fiscalização da Atividade Profissional da Advocacia; e

V – 01 (um) representante indicado pelo Colégio de Presidentes das Comissões da Jovem Advocacia.

15.1 Manifestações Públicas do Advogado

O advogado que eventualmente participar de programa de televisão ou de rádio, de entrevista na imprensa, de reportagem televisionada ou veiculada por qualquer outro meio, para **manifestação profissional**, deve visar a objetivos exclusivamente ilustrativos, educacionais e instrutivos, **sem propósito de promoção pessoal ou profissional**, vedados pronunciamentos sobre métodos de trabalho usados por seus colegas de profissão. Deve o advogado evitar o debate de caráter sensacionalista.

> **Legislação**
>
> Art. 39. A publicidade profissional do advogado tem caráter meramente informativo e deve primar pela discrição e sobriedade, não podendo configurar captação de clientela ou mercantilização da profissão.
>
> Art. 40. Os meios utilizados para a publicidade profissional hão de ser compatíveis com a diretriz estabelecida no artigo anterior, sendo vedados:
>
> I – a veiculação da publicidade por meio de rádio, cinema e televisão;
>
> II – o uso de *outdoors*, painéis luminosos ou formas assemelhadas de publicidade;
>
> III – as inscrições em muros, paredes, veículos, elevadores ou em qualquer espaço público;
>
> IV – a divulgação de serviços de advocacia juntamente com a de outras atividades ou a indicação de vínculos entre uns e outras;
>
> V – o fornecimento de dados de contato, como endereço e telefone, em colunas ou artigos literários, culturais, acadêmicos ou jurídicos, publicados na imprensa, bem assim quando de eventual participação em programas de rádio ou televisão, ou em veiculação de matérias pela internet, sendo permitida a referência a e-mail;
>
> VI – a utilização de mala direta, a distribuição de panfletos ou formas assemelhadas de publicidade, com o intuito de captação de clientela.
>
> Parágrafo único. Exclusivamente para fins de identificação dos escritórios de advocacia, é permitida a utilização de placas, painéis luminosos e inscrições em suas fachadas, desde que respeitadas as diretrizes previstas no artigo 39.
>
> Art. 41. As colunas que o advogado mantiver nos meios de comunicação social ou os textos que por meio deles divulgar não deverão induzir o leitor a litigar nem promover, dessa forma, captação de clientela.
>
> Art. 42. É vedado ao advogado:
>
> I – responder com habitualidade a consulta sobre matéria jurídica, nos meios de comunicação social;
>
> II – debater, em qualquer meio de comunicação, causa sob o patrocínio de outro advogado;
>
> III – abordar tema de modo a comprometer a dignidade da profissão e da instituição que o congrega;
>
> IV – divulgar ou deixar que sejam divulgadas listas de clientes e demandas;
>
> V – insinuar-se para reportagens e declarações públicas.
>
> Art. 43. O advogado que eventualmente participar de programa de televisão ou de rádio, de entrevista na imprensa, de reportagem televisionada ou veiculada por qualquer outro meio, para manifestação profissional, deve visar a objetivos exclusivamente ilustrativos, educacionais e instrutivos, sem propósito de promoção pessoal ou profissional, vedados pronunciamentos sobre métodos de trabalho usados por seus colegas de profissão.

Parágrafo único. Quando convidado para manifestação pública, por qualquer modo e forma, visando ao esclarecimento de tema jurídico de interesse geral, deve o advogado evitar insinuações com o sentido de promoção pessoal ou profissional, bem como o debate de caráter sensacionalista.

Art. 44. Na publicidade profissional que promover ou nos cartões e material de escritório de que se utilizar, o advogado fará constar seu nome ou o da sociedade de advogados, o número ou os números de inscrição na OAB.

§ 1º Poderão ser referidos apenas os títulos acadêmicos do advogado e as distinções honoríficas relacionadas à vida profissional, bem como as instituições jurídicas de que faça parte, e as especialidades a que se dedicar, o endereço, e-mail, site, página eletrônica, *QRcode*, logotipo e a fotografia do escritório, o horário de atendimento e os idiomas em que o cliente poderá ser atendido.

§ 2º É vedada a inclusão de fotografias pessoais ou de terceiros nos cartões de visitas do advogado, bem como menção a qualquer emprego, cargo ou função ocupado, atual ou pretérito, em qualquer órgão ou instituição, salvo o de professor universitário.

Art. 45. São admissíveis como formas de publicidade o patrocínio de eventos ou publicações de caráter científico ou cultural, assim como a divulgação de boletins, por meio físico ou eletrônico, sobre matéria cultural de interesse dos advogados, desde que sua circulação fique adstrita a clientes e a interessados do meio jurídico.

Art. 46. A publicidade veiculada pela internet ou por outros meios eletrônicos deverá observar as diretrizes estabelecidas neste capítulo.

Parágrafo único. A telefonia e a internet podem ser utilizadas como veículo de publicidade, inclusive para o envio de mensagens a destinatários certos, desde que estas não impliquem o oferecimento de serviços ou representem forma de captação de clientela.

Art. 47. As normas sobre publicidade profissional constantes deste capítulo poderão ser complementadas por outras que o Conselho Federal aprovar, observadas as diretrizes do presente Código.

DICAS FINAIS

– A publicidade da advocacia no Brasil adota um critério reservado e restritivo. Impõe-se observância ao tripé da publicidade: Caráter meramente informativo, discrição e sobriedade (moderação) e não captação de clientela.

– O Advogado não pode empreender frases comerciais, mercantis nem a utilização de nomes desta natureza ("Dr. Tributos", "Dr. Indenização" etc.). Também qualquer utilização de nomes fantasias ("Processo certo", "Demanda vitoriosa Advogados" etc.).

2. Direito Constitucional

Adolfo Nishiyama e Bruna Vieira

1. INTRODUÇÃO

O estudo do Direito Constitucional é de fundamental importância para a vida do acadêmico, do bacharel e do profissional do Direito, pois, além de ser o alicerce, a estrutura de todo o ordenamento jurídico, cada vez mais o sistema atua em prol da constitucionalização dos demais ramos do Direito. Isso significa que, se não estudarmos a Constituição de forma minuciosa, fatalmente encontraremos dificuldades de compreensão do Direito como um todo.

Sabemos que o Direito é uno e indivisível, mas que há, ainda que didaticamente, subdivisões em ramos para facilitar o estudo e a compreensão dos institutos jurídicos. Todos os ramos do Direito, como Direito Civil, Direito Penal, Direito Processual, Direito Tributário, dentre outros, submetem-se à Constituição Federal, fortalecendo a importância desse estudo.

Dentro dessas subdivisões acadêmicas, o Direito Constitucional pertence ao ramo do Direito Público (é o núcleo do Direito Público interno). Cientes de que a Constituição é *o fundamento de validade de todas as normas jurídicas*, inclusive das suas próprias normas, porque tem o dever de preservar a soberania do Estado que a promulgou, não seria adequado pensar de forma diversa. Incidiríamos em erro ao imaginar que o Direito Constitucional pudesse estar alocado no ramo do Direito Privado, geralmente destinado a cuidar dos interesses particulares, subjetivos.

Vale lembrar que "o Direito Constitucional não é apenas um sistema em si, mas uma forma – na verdade, a forma adequada – de ler e interpretar as normas dos demais ramos do Direito, isto é, todas as normas infraconstitucionais. Além disso, no caso brasileiro, em que vige uma Constituição especialmente analítica, nela se encontram os grandes princípios dos diferentes domínios jurídicos" (Barroso, Luís Roberto, **Curso de Direito Constitucional Contemporâneo**, 3ª edição, p. 74).

É importante ter em mente que o Direito Constitucional está totalmente relacionado com a ideia de poder. Determina o art. 1º, parágrafo único, da Constituição Federal que "todo poder emana do povo, que o exerce por meio de representantes eleitos ou diretamente". Desse modo, embora haja momentos em que o povo transfira o exercício desse poder a alguém, e isso só é possível porque a própria Constituição assim determina, o detentor do poder continua sendo a coletividade. A essa delegação dá-se o nome de democracia indireta.

O Brasil adotou um sistema misto (ou híbrido) de democracia, no qual existe a democracia direta, ou seja, o povo exercendo o poder que lhe é atribuído de forma direta; por exemplo, quando se inicia um projeto de lei a partir de manifestação popular; e a democracia indireta, aquela em que o exercício do poder do povo se dá por meio de representantes eleitos.

Em suma, podemos dizer que o exercício da democracia se externa de duas maneiras: por meio da democracia direta ou participativa, e pela democracia indireta:

a) democracia direta ou participativa: aquela em que o povo exerce diretamente o poder que detém sem a necessidade de intermediários. Para tanto, vale-se de instrumentos previstos constitucionalmente, também chamados de mecanismos de democracia direta ou participativa, quais sejam: o plebiscito, o referendo, a iniciativa popular das leis e a ação popular;

b) democracia indireta: aquela em que o povo exerce seu poder por meio de representantes eleitos. Os governantes são eleitos para que exerçam o poder em nome daquele. É importante ressaltar um detalhe: o voto necessariamente deve ser direto, pois essa forma de votar está contida no inciso II do § 4º do art. 60 da Constituição Federal, ou seja, é uma das cláusulas pétreas. Embora o voto seja direto, seu exercício é um exemplo de instrumento de democracia indireta. Indireta porque o povo, após eleger determinado governante de forma direta, indo efetivamente até a urna para votar, delega seu poder a quem elegeu. Nesse momento, quem concretamente passa a exercer o poder em nome do povo, é o governante eleito.

2. HISTÓRICO DAS CONSTITUIÇÕES BRASILEIRAS

2.1. Primeira Constituição do Brasil – Imperial de 1824

A primeira Constituição do nosso país foi a Constituição do Império (ou Constituição Imperial), outorgada pelo imperador Dom Pedro I. O fato marcante que a antecedeu foi a Declaração de Independência do Brasil, ocorrida em 07.09.1822. Dom Pedro I, após ter dissolvido a Assembleia Constituinte, na qual havia representação de São Paulo, Santos e Taubaté, outorgou (de forma unilateral), essa Constituição. Tal fato ocorreu após um ano e meio da formalização da independência do Brasil, no dia 25.03.1824.

A Constituição de 1824, ou Constituição do Império, foi a que teve maior tempo de vigência. Perdurou até a Proclamação da República, que ocorreu em 1889, ou seja, vigorou por 65 anos.

A primeira Constituição foi a única monárquica e semirrígida. Todas as outras foram republicanas. Também foi a única que tivemos classificada como semirrígida porque o art. 178 dispunha: "é só constitucional o que diz respeito aos limites e atribuições respectivos dos poderes políticos, e os Direitos políticos e individuais do cidadão; tudo o que não é constitucional pode ser alterado, sem as formalidades referidas nos arts. 173 a 177, pelas legislaturas ordinárias". O dispositivo citado deixava claro que a Constituição continha uma parte rígida (difícil de alterar) e outra flexível (processo de modificação mais simplificado).

Em relação à organização dos poderes, havia um quarto poder, chamado de moderador (sistema quadripartite). Portanto, além do executivo, legislativo e judiciário, existia o moderador que, segundo Benjamin Constant, era um "fator de equilíbrio entre os demais poderes". Tinha por finalidade assegurar a independência e harmonia dos outros três. Ocorre que esse poder ficava totalmente nas mãos do chefe supremo da nação que, naquele momento, era o Imperador.

No tocante à organização do Estado, o que existiam eram apenas províncias desprovidas de autonomia. Os presidentes das províncias eram nomeados pelo Imperador, que podia exonerá-los no momento em que quisesse. Ele próprio fazia o juízo de conveniência e oportunidade. O Estado era unitário e o poder ficava centralizado nas mãos do Imperador.

Nessa época, havia no Brasil uma religião oficial, que era a Católica Apostólica Romana. O Brasil era um país que professava uma religião oficial (Estado Confessional). O art. 5º da Constituição do Império é que dava guarida a esse entendimento.

Outra peculiaridade da Constituição Imperial é que ela, em momento algum, instituiu um controle judicial de constitucionalidade, portanto não era possível analisar se uma lei estava ou não de acordo com a Constituição.

Esse período foi marcado pelo sufrágio censitário. Nele exigia-se, para votar, a obtenção de renda mínima anual e, além disso, essa oportunidade só era dada aos homens. Mulheres eram proibidas de votar ou serem eleitas. Para um homem ser eleito, a renda por ele obtida deveria ser maior do que a exigida para ele simplesmente votar. Essa renda variava de acordo com o cargo: quanto mais alto, maior a renda a ser comprovada. É a denominada plutocracia (governo dos ricos).

2.2. Segunda Constituição do Brasil – Constituição de 1891

A força militar passou a ter relevância na política. Os militares rejeitavam a posição de subordinação ao antigo chefe supremo da nação, o Imperador. Foram eles que, no dia 15.11.1889, baniram a família imperial do nosso país e proclamaram a república.

Embora a Constituição de 1891 tenha sido a segunda do Brasil, foi a primeira republicana. Justamente por ter sido mudada a forma de governo, a manutenção de uma Constituição imposta por um Imperador passou a ser insustentável. Assim, foi preciso convocar uma Assembleia Nacional Constituinte para que fosse providenciada a feitura da nova Constituição.

Os representantes se reuniram no Rio de Janeiro e quem presidiu a Assembleia foi o paulista Prudente de Moraes. Votaram-na por meio de um processo de convenção e, sob a inspiração da Constituição norte-americana, foi promulgada a segunda Constituição do Brasil (primeira promulgada, a anterior havia sido outorgada). A influência americana foi tanta que até o nome do Estado copiou-se: passamos a ser denominados "Estados Unidos do Brasil".

Com essa nova Constituição, o Estado, antes unitário, passou a ser um Estado Federal, caracterizado pela autonomia e pela verdadeira descentralização do poder.

Havia rígida separação de competências. Os estados ficavam com parcela da competência e a União com outra parcela. Os governadores dos estados passaram a ter poder. As antigas províncias foram suprimidas em virtude da existência de Estados-membros, que passaram a dispor de leis próprias e até de Constituições estaduais próprias.

O Estado não mais professava uma religião oficial. Ele, antes Estado Confessional, no qual a religião obrigatória e oficial era a Católica Apostólica Romana, transformou-se em um estado leigo ou laico. A palavra que melhor se compatibiliza ao estado leigo é a neutralidade. Havia considerável liberdade de culto. As pessoas podiam livremente escolher suas religiões e cultuá-las da maneira que desejassem.

Também deixou de existir, com a Constituição de 1891, o quarto poder, denominado moderador, consequência lógica e automática advinda do banimento da família imperial. Se não mais existia imperador, e ele era quem detinha, quem dominava esse quarto poder, não havia mais razão para sua existência. Foi neste momento que se instaurou a clássica tripartição de poderes políticos (poderes executivo, legislativo e judiciário), ou melhor, tripartições de funções, pois sabemos que o poder é uno e indivisível.

A Constituição de 1891 foi a que instituiu o Supremo Tribunal Federal e o primeiro sistema judicial de controle de constitucionalidade (controle difuso). Foi ainda a que ampliou os direitos individuais, trazendo, inclusive, pela primeira vez no ordenamento jurídico brasileiro, a previsão do remédio constitucional, hoje muito conhecido, denominado *habeas corpus*.

2.3. Terceira Constituição do Brasil – Constituição de 1934

Getúlio Vargas assume o poder em 1930. Começa a dizer em seus discursos que, em breve, convocará uma Assembleia Constituinte para feitura de uma nova Constituição; o tempo decorre, mas Vargas não concretiza sua promessa. Por conta disso, é realizada, em São Paulo, uma revolução em 1932, conhecida como Revolução Constitucionalista.

Tal revolução, segundo o Prof. Augusto Zimmermann, "ainda que tenha se revelado um completo fracasso do ponto de vista militar (os seus líderes foram presos pelas forças governistas), foi um sucesso absoluto do ponto de vista político, porque Getúlio Vargas se sentiu forçado a consentir na elaboração de uma nova Constituinte, em 1933, que marcaria o retorno à normalidade constitucional" (**Curso de Direito Constitucional**, 4ª edição, p. 205).

Nossa terceira Constituição, elaborada por um processo de convenção (votação), teve grande influência da Constituição Alemã de Weimar, de 1919. Foi a primeira Constituição Social do Brasil. Entre suas características, destacamos as principais: a forma federativa de governo, a não existência de religião oficial, a tripartição dos poderes e as mais marcantes – a admissão do voto pela mulher e a introdução, no texto constitucional, de direitos trabalhistas.

A Constituição que teve menor vigência no nosso país foi esta, de 1934, porque em 1937 ocorreu o golpe militar que rompeu toda a ordem jurídica.

2.4. Quarta Constituição do Brasil – Constituição de 1937

À época de sua criação, havia ditadura em vários países (Alemanha, Itália e outros).

Getúlio Vargas, ainda mantido no poder, solicita a elaboração de uma nova Constituição a Francisco Ramos. Por meio de um golpe de Estado, acaba outorgando a Constituição de 1937.

As principais regras trazidas pela nova Constituição tinham caráter ditatorial, impositivo. Como exemplo, podemos mencionar a concentração das funções legislativas e executivas, a supressão da autonomia dos estados-membros, a destituição dos governadores, com a consequente nomeação de interventores, e a criação de serviços de informações para que o Presidente controlasse o povo, o Poder Judiciário e, principalmente, a imprensa.

O argumento utilizado para a manutenção dessas normas preconizava que a expansão do fascismo e comunismo pelo mundo enfraquecia as instituições nacionais e que, portanto, impunha medidas duras para a manutenção do poder central, ainda que o pacto federativo não pudesse ser totalmente respeitado.

Em decorrência da doutrina e da enorme concentração dos poderes nas mãos do Presidente, da mesma forma que ocorria na Constituição da Polônia na época, a Constituição de 1937 passou a ser chamada, pejorativamente, de "Constituição polaca".

2.5. Quinta Constituição do Brasil – Constituição de 1946

Fruto da redemocratização do Brasil, em 18.09.1946, promulgou-se a quinta Constituição. Seu texto demonstrou claramente uma reação contra a ditadura e os regimes centralizadores. Por conta dos inúmeros acontecimentos mundiais, repudiando os sistemas totalitaristas, o presidente da época, Getúlio Vargas, não podia mais manter a ditadura.

Embora tentasse subterfúgios para se manter no poder, como a nomeação de seu irmão para a chefia da polícia de Guanabara, Vargas acabou sendo destituído por aqueles que temiam sua intenção de permanecer no cargo.

Em decorrência da destituição de Vargas, foi instalada nova Assembleia Constituinte. Nessa época, é eleito Eurico Gaspar Dutra como presidente e, em 1946, é promulgada a nova Constituição.

Em 1950, Vargas retorna como sucessor de Dutra e acaba suicidando-se em 1954. Nesse ano, Café Filho, Vice-Presidente, assume o poder.

2.6. Sexta Constituição do Brasil – Constituição de 1967

Em 31.03.1964, o Presidente da República, João Goulart (conhecido como "Jango"), foi derrubado por um golpe militar, pois fora acusado de estar envolvido com o "comunismo internacional"; era o começo da instalação da ditadura, que acabou em 1985.

A Constituição foi outorgada em 24.01.1967: em que pese alguns doutrinadores entenderem pela legitimidade do golpe e sustentarem a promulgação do texto, não é o posicionamento predominante.

A então nova ordem constitucional preocupava-se especialmente com a Segurança Nacional, e diversos poderes foram concedidos à União e ao Poder Executivo. Foram emitidos Atos Institucionais que suprimiram paulatinamente os direitos e garantias individuais.

2.7. Sétima Constituição do Brasil ou Emenda Constitucional 1/1969

A Emenda Constitucional 1/1969 é considerada por parte da doutrina como uma nova Constituição. Foi outorgada em 17.10.1969, passando a Constituição do Brasil a ser chamada de Constituição da República Federativa do Brasil.

A EC 1/1969 não foi assinada pelo Presidente da República Costa e Silva, que estava impossibilitado de governar por motivos de saúde, e nem por seu Vice, Pedro Aleixo, pois através do Ato Institucional 12 foi consagrado um governo de Juntas Militares que permitia que os Ministros da Marinha de Guerra, do Exército e da Aeronáutica Militar governassem enquanto o Presidente estivesse afastado.

2.8. Oitava Constituição do Brasil – Constituição de 1988

Convocados por meio da EC 26/85, os membros da Câmara dos Deputados e do Senado Federal, após praticamente 21 anos de regime militar, formaram a Assembleia Nacional Constituinte e, por maioria absoluta dos membros, aprovaram o texto em dois turnos de votação. Em 05.10.1988 foi promulgada a Constituição da República Federativa do Brasil, absolutamente voltada para a proteção dos direitos individuais dos cidadãos, sendo fruto de processo de transição do regime militar para o regime democrático.

3. CONSIDERAÇÕES PRELIMINARES

3.1. Elementos fundamentais

O Estado possui três elementos fundamentais, a saber: *povo, território e soberania. Povo* significa o conjunto de indivíduos ligados jurídica e politicamente ao Estado. Daí falar-se que povo é o elemento humano do Estado. *Território* traz um conceito jurídico contemplando a área na qual o Estado exerce efetivamente a supremacia e o poder que detém sobre bens e pessoas. Já a *soberania* pode ser vista sob dois aspectos: interno e externo. Pelo primeiro, o Estado é quem elabora as suas próprias normas, é quem comanda o país, portanto, dotado de autoridade máxima em seu território. O segundo significado diz respeito à igualdade que deve existir entre os países, independentemente de condições, espaço territorial, poder econômico etc. Aos Estados soberanos são dadas garantias como a não intervenção em assuntos internos e a independência nacional.

3.2. Conceito de Constituição

Uma Constituição pode ser conceituada de diferentes modos tendo por base seus diversos significados. Vejamos os conceitos dados por grandes doutrinadores:

3.2.1. Concepção sociológica (Ferdinand Lassalle)

Sustentava esse autor que "os problemas constitucionais não são problemas de Direito, mas do poder; a verdadeira Constituição de um país somente tem por base os fatores reais e efetivos do poder que naquele país vigem e as constituições escritas não têm valor nem são duráveis a não ser que exprimam fielmente os fatores do poder que imperam na realidade social" (**A essência da Constituição**, p. 40).

Portanto, somente terá valia a Constituição se efetivamente expressar a realidade social e o poder que a comanda. Os fatores reais de poder são identificados, no nosso país, por exemplo, nos movimentos dos sem-terra, nas corporações militares e outras forças que delimitam o conteúdo da Constituição.

O autor citado também mencionava que "de nada serve o que se escreve numa folha de papel se não se ajusta à realidade, aos fatores reais de poder".

3.2.2. Concepção política (Carl Schmitt)

Em oposição a Lassalle, Carl Schmitt defendeu o conceito de que a Constituição é a decisão política fundamental de um povo, visando sempre a dois focos estruturais básicos – organização do Estado e efetiva proteção dos direitos fundamentais.

Para esse autor há divisão clara entre Constituição e lei constitucional. Na primeira, encontraríamos as matérias constitucionais, ou seja, organização do Estado e garantia dos direitos fundamentais, sempre com o objetivo de limitar a atuação do poder. Já as leis constitucionais seriam aqueles assuntos tratados na Constituição, mas que materialmente não teriam natureza de norma constitucional. Na verdade, esses assuntos nem deveriam constar da Constituição. Na nossa atual Carta Magna, visualizamos um exemplo no art. 242, § 2º, que determina que o Colégio Pedro II, localizado na cidade do Rio de Janeiro, será mantido na órbita federal. Esse dispositivo é uma norma apenas formalmente constitucional, pois está dentro da Constituição, mas não trata de matéria tipicamente constitucional.

As leis constitucionais, para Schmitt, como a mencionada no exemplo dado acima, formam o que se denomina Constituição formal, ou seja, apenas são consideradas normas constitucionais pelo fato de estarem alocadas na Constituição, por terem forma de Constituição.

A Constituição Federal de 1988, em seu art. 1º, trata da organização do Estado, enquanto o art. 5º dispõe sobre os direitos fundamentais. Se terminasse aqui, já seria suficiente para Schmitt denominá-la como uma verdadeira Constituição.

3.2.3. Concepção jurídica ou formal (Hans Kelsen e Konrad Hesse)

Hans Kelsen pensava de modo diverso, mencionava que o fundamento de validade da Constituição era encontrado na dimensão jurídica e não sociológica ou política.

Esse autor representava o ordenamento jurídico por meio de uma pirâmide, na qual a Constituição se encontrava no ápice e abaixo estavam todos os demais atos normativos. As leis ordinárias, complementares, delegadas e também as medidas provisórias, por terem como fundamento imediato de validade a Constituição, ficavam no segundo degrau da pirâmide. Já os regulamentos, portarias, decretos, entre outros, por se fundamentarem primeiro na lei e depois na Constituição, localizavam-se no terceiro degrau da pirâmide.

Portanto, juridicamente, a Constituição localiza-se no mais elevado degrau da pirâmide e é exatamente em decorrência disso que é fundamentada sua normatividade.

As normas infraconstitucionais (que são todas aquelas que se encontram nos degraus abaixo da Constituição) são submissas às regras determinadas pela Lei Maior e devem ser com ela compatíveis. A isso se deu o nome de relação de compatibilidade vertical.

3.2.4. Concepção culturalista

Segundo a essa corrente, a Constituição engloba todas as regras fundamentais advindas da cultura histórica e também "as emanadas pela vontade existencial da unidade política e regulamentadora da existência, estrutura e fins do Estado e do modo de exercício e limites do poder político" (J. H. Meirelles Teixeira, **Curso de Direito Constitucional**, p. 77 e 78)

3.3. Constitucionalismo e neoconstitucionalismo

Tradicionalmente, a doutrina faz uso da expressão constitucionalismo ou movimentos constitucionais em mais de um sentido. Vejamos os dois mais comuns.

A primeira concepção de **constitucionalismo** é utilizada para definir a ideologia que afirma que o poder político deve necessariamente ser limitado para que efetivamente sejam garantidos e prestigiados os direitos fundamentais. Nesse primeiro sentido, o movimento é considerado uma teoria normativa da política. A doutrina divide-o em constitucionalismo social e liberal, com base na maior ou menor intervenção do Estado nos interesses privados. Quando há grande intervenção do Estado no mundo privado, é conhecido como social e quando a intervenção é pequena, fala-se em constitucionalismo liberal.

A segunda concepção da expressão constitucionalismo teve origem numa reação contra o Estado Absolutista da Idade Moderna, por volta do século XVIII. A Revolução Francesa também é considerada um marco aqui. A ideia era frisar que a Constituição, além de estabelecer regras sobre organização do Estado, do poder, deveria fazer uma necessária modificação política e social, orientando as ações políticas e tendo atuação direta. Foi a partir deste momento que veio à tona o termo *supremacia constitucional*. A partir dessa concepção, passou a ser necessária a criação de constituições escritas, de origem popular, para efetivamente limitar o poder, organizar o Estado e garantir a proteção dos direitos individuais.

O **neoconstitucionalismo** ou novo/atual constitucionalismo toma por base a necessidade de se incorporar o denominado Estado Constitucional de Direito. A Constituição, portanto, deve efetivamente influenciar todo o ordenamento jurídico. Tudo deve ser analisado à luz da CF. Ela é o filtro que valida, ou não, as demais normas. Os valores constitucionais são priorizados, além das regras relacionadas à organização do Estado e do Poder. Princípios, como a dignidade da pessoa humana, passam a ter maior relevância. Há uma aproximação das ideias de direito e justiça. O Poder Judiciário, ao validar princípios e aos valores constitucionais, atribui a eles força normativa.

Segundo Ana Paula de Barcellos: "Do ponto de vista material, ao menos dois elementos caracterizam o neoconstitucionalismo e merecem nota: (i) a incorporação explícita de valores e opções políticas nos textos constitucionais, sobretudo no que diz respeito à promoção da dignidade humana e dos direitos fundamentais; e (ii) a expansão de conflitos específicos e gerais entre as opções normativas e filosóficas existentes dentro do próprio sistema constitucional."

3.4. Estrutura da Constituição Federal de 1988

A CF/1988 é composta das seguintes partes: preâmbulo, corpo das disposições permanentes, ato das disposições constitucionais transitórias e emendas constitucionais (de revisão e propriamente ditas).

3.4.1. Preâmbulo

A Constituição não começa pelo seu art. 1º, mas sim por um preâmbulo que dispõe: "Nós, representantes do povo brasileiro, reunidos em Assembleia Nacional Constituinte para instituir um Estado Democrático, destinado a assegurar o exercício dos direitos sociais e individuais, a liberdade, a segurança, o bem-estar, o desenvolvimento, a igualdade e a justiça como valores supremos de uma sociedade fraterna, pluralista e sem preconceitos, fundada na harmonia social e comprometida, na ordem interna e internacional, com a solução pacífica das controvérsias, promulgamos, sob a proteção de Deus, a seguinte CONSTITUIÇÃO DA REPÚBLICA FEDERATIVA DO BRASIL".

Há diversos princípios no preâmbulo constitucional, como o da igualdade, da liberdade, da solução pacífica das controvérsias etc. Tais comandos servem como diretrizes ideológicas, políticas e filosóficas que devem ser observadas pelo intérprete das normas constitucionais.

Todavia, embora o preâmbulo tenha de ser utilizado como alicerce, segundo o Supremo, ele não tem força normativa, não cria direitos e obrigações e não pode ser utilizado como parâmetro para eventual declaração de inconstitucionalidade. Por exemplo: uma lei que fira tão somente o preâmbulo constitucional não pode ser objeto de ação direta de inconstitucionalidade no STF e nem de outro mecanismo de controle de constitucionalidade.

3.4.2. Disposições duráveis

O corpo das disposições duráveis é composto pelas normas constitucionais que, em regra, possuem maior durabilidade. Essa parte inicia-se no art. 1º e termina no art. 250 e é formada pelos seguintes títulos: Princípios Fundamentais, Direitos e Garantias Fundamentais, Organização do Estado, Organização dos Poderes, Defesa do Estado e das Instituições Democráticas, Tributação e Orçamento, Ordem Econômica e Financeira, Ordem Social e Disposições Constitucionais Gerais.

3.4.3. Disposições transitórias

Denominado Ato das Disposições Constitucionais Transitórias (ADCT), tem por finalidade tratar de assuntos de direito intertemporal. O ADCT é composto de normas criadas para executarem um determinado papel que, sendo cumprido, passam a não ter mais utilidade. É por esse motivo que tais normas são conhecidas como de eficácia esgotada ou exaurida. Cumprido o encargo para o qual foram criadas, não possuem mais utilidade alguma.

Vale acrescentar que as disposições transitórias integram o texto constitucional, dependem da observância do processo legislativo das emendas constitucionais para serem alteradas, ficam ao final da Constituição e possuem numeração própria (artigos 1º ao 114). Isso é assim, pois não seria técnico deixar no corpo das disposições duráveis algo que, mais dia menos dia, não terá mais utilidade alguma.

Um exemplo de artigo do ADCT que já foi diversas vezes modificado por emenda constitucional é o 60. Recentemente alterado pela EC 108/20 (Fundo de Manutenção e Desenvolvimento da Educação Básica e de Valorização dos Profissionais da Educação (Fundeb) já havia sido reescrito pelas emendas nº 14/96 e 53/06.

Ressalta-se que as normas constantes do ADCT possuem o mesmo grau de eficácia que as demais normas constitucionais.

3.4.4. Emendas constitucionais

As emendas integram a constituição e possuem duas naturezas distintas: emendas de revisão e emendas constitucionais propriamente ditas (ou apenas: emendas constitucionais). As primeiras foram feitas quando da revisão constitucional, em 1994. Em tal ano, seis emendas foram elaboradas (ECR 1 a 6). O art. 3º do ADCT determinava que a revisão, que se daria uma única vez, ocorresse após cinco anos da promulgação da Constituição, pelo voto da maioria absoluta dos membros do Congresso Nacional, em sessão unicameral. Atualmente, para se modificar formalmente a Constituição, é necessário que se faça por meio das emendas constitucionais propriamente ditas, que podem ser feitas desde que sejam obedecidas as regras previstas no art. 60 da CF.

3.5. Supremacia constitucional

A noção de supremacia da Constituição talvez seja a mais importante de todo o estudo do Direito Constitucional. Pautado nesse entendimento, é possível verificar os motivos pelos quais os demais ramos, os atos normativos em geral e a atuação dos poderes estão limitados ao texto constitucional.

A Constituição Federal é a lei máxima do ordenamento jurídico brasileiro. É fundamento de validade de todos os demais atos normativos. Está no ápice da pirâmide normativa e determina as regras que devem ser observadas. Todas as normas infraconstitucionais devem guardar relação de compatibilidade com a Constituição.

Ressalta-se que o princípio da supremacia constitucional somente existe nos países que adotam Constituição do tipo *rígida*, ou seja, aquelas que possuem um processo de alteração mais complexo, mais solene, mais dificultoso que o processo de mudança dos demais atos normativos.

3.6. Princípios fundamentais (arts. 1º a 4º da CF)

O art. 1º da CF, após definir o Pacto Federativo, traz os *fundamentos* da República Federativa do Brasil, que são os seguintes:

I. Soberania;

II. Cidadania;

III. Dignidade da pessoa humana;

IV. Valores sociais do trabalho e da livre-iniciativa; e

V. Pluralismo político.

Os fundamentos equivalem-se aos principais valores e diretrizes adotados pelo Estado brasileiro. Com base neles é que a Constituição Federal de 1988 foi produzida.

Sem sombra de dúvida, podemos dizer que um fundamento de grande relevo é o que diz respeito à *dignidade da pessoa humana*. Para que o ser humano possua dignidade, deve a ele ser dado acesso a requisitos mínimos de uma vida digna como, por exemplo, alimentação, moradia, saúde, higiene, educação, lazer etc.

A dignidade da pessoa humana é um fundamento da República Federativa do Brasil, previsto no inc. III do art. 1º da Constituição Federal.

A súmula vinculante 11, que já foi objeto de questionamento na prova da OAB, relaciona-se diretamente com esse princípio. Essa súmula restringe o uso de algemas aos casos de resistência e de fundado receio de fuga ou de perigo à integridade física própria ou alheia, por parte do preso ou de terceiros. Além disso, o uso deve, necessariamente, ser justificado por escrito, sob pena de responsabilidade disciplinar, civil e penal do agente ou da autoridade e de nulidade da prisão ou do ato processual a que se refere, sem prejuízo da responsabilidade civil do Estado.

Desse modo, é possível afirmar que o uso de algemas requer um juízo de ponderação da necessidade e só deve ser utilizado de forma excepcional.

O STF, em julgamento realizado pelo plenário, na ADI 3.510, declarou a constitucionalidade do art. 5º da Lei de Biossegurança (Lei 11.105/2005), por entender que as pesquisas com células-tronco embrionárias não violam o direito à vida ou o princípio da dignidade da pessoa humana.

Recentemente o STF decidiu que: "Legítima defesa da honra' não é, tecnicamente, legítima defesa. A traição se encontra inserida no contexto das relações amorosas. Seu desvalor reside no âmbito ético e moral, não havendo direito subjetivo de contra ela agir com violência. Quem pratica feminicídio ou usa de violência com a justificativa de reprimir um adultério não está a se defender, mas a atacar uma mulher de forma desproporcional, covarde e criminosa. O adultério não configura uma agressão injusta apta a excluir a antijuridicidade de um fato típico, pelo que qualquer ato violento perpetrado nesse contexto deve estar sujeito à repressão do direito penal. A 'legítima defesa da honra' é recurso argumentativo/retórico odioso, desumano e cruel utilizado pelas defesas de acusados de feminicídio ou agressões contra a mulher para imputar às vítimas a causa de suas próprias mortes ou lesões. Constitui-se em ranço, na retórica de alguns operadores do direito, de **institucionalização da desigualdade entre homens e mulheres e de tolerância e naturalização da violência doméstica**, as quais **não têm guarida** na Constituição de 1988. **Tese violadora da dignidade da pessoa humana**, dos direitos à vida e à igualdade entre homens e mulheres (art. 1º, inciso III, e art. 5º, *caput* e inciso I, da CF/88), pilares da ordem constitucional brasileira. A ofensa a esses direitos concretiza-se, sobretudo, no estímulo à perpetuação da violência contra a mulher e do feminicídio. O acolhimento da tese tem a potencialidade de estimular práticas violentas contra as mulheres ao exonerar seus perpetradores da devida sanção. A 'legítima defesa da honra' não pode ser invocada como argumento inerente à plenitude de defesa própria do tribunal do júri, a qual não pode constituir instrumento de salvaguarda de práticas ilícitas. Assim, devem prevalecer a dignidade da pessoa humana, a vedação a todas as formas de discriminação, o direito à igualdade e o direito à vida, tendo em vista os riscos elevados e sistêmicos decorrentes da naturalização, da tolerância e do incentivo à cultura da violência doméstica e do feminicídio [ADPF 779 MC REF, rel. min. Dias Toffoli, j. 15-3-2021, P, DJE de 20-5-2021].

A *soberania* é uma qualidade do Estado independente. Fala-se em soberania externa e interna. A primeira refere-se à representação dos Estados em âmbito internacional. A segunda é determinada pela demarcação da supremacia do Estado em relação aos seus cidadãos.

A *cidadania*, quando analisada como um dos fundamentos da República Federativa do Brasil, deve ser compreendida de forma abrangente, contemplando a possibilidade do exercício dos direitos fundamentais constitucionalmente assegurados, em especial, os relacionados ao trabalho, à educação e à saúde.

Para que o Estado cresça economicamente, identificou-se que os *valores sociais do trabalho e da livre-iniciativa* necessitavam ser compatibilizados. Assim, a Constituição de 1988 contemplou tais valores, focando sempre no desenvolvimento da ordem econômica do Estado. Vale acrescentar que a Lei nº 13.874/19 instituiu a Declaração de Direitos de Liberdade Econômica, estabelecendo normas de proteção à livre iniciativa e ao livre exercício de atividade econômica, além de disposições sobre a atuação do Estado como agente normativo e regulador.

O *pluralismo político* prestigia a variedade de opinião, ideologia, liberdades, fazendo com que tais valores, ainda que diferentes e até mesmo opostos, convivam de forma harmônica. Esse pluralismo também indica que o processo de inclusão deve ser resguardado.

O art. 2º da CF trata da tripartição dos poderes, dispondo que são Poderes da União, independentes e harmônicos entre si, o Legislativo, o Executivo e o Judiciário.

Julgamento importante do STF relacionado ao art. 2º diz respeito a improcedência de pedido formulado em arguição de descumprimento de preceito fundamental (ADPF) em que se discutia a constitucionalidade da instauração de inquérito pelo Supremo, realizada com o intuito de apurar a existência de notícias fraudulentas (*fake news*), denunciações caluniosas, ameaças e atos que podem configurar crimes contra a honra e atingir a honorabilidade e a segurança do STF, de seus membros e familiares. A Corte declarou a constitucionalidade da Portaria GP 69/2019, que instaurou o referido inquérito, e a constitucionalidade do art. 43 do Regimento Interno do STF, que lhe serviu de fundamento legal. (...) assentou condicionantes no sentido de que o procedimento investigatório: seja acompanhado pelo Ministério Público; seja integralmente observado o Enunciado 14 da Súmula Vinculante; limite o objeto do inquérito a manifestações que, denotando risco efetivo à independência do Poder Judiciário (CF, art. 2º), pela via da ameaça aos membros do STF e a seus familiares, atentam contra os Poderes instituídos, contra o Estado de Direito e contra a democracia; e observe a proteção da liberdade de expressão e de imprensa nos termos da Constituição, excluindo do escopo do inquérito matérias jornalísticas e postagens, compartilhamentos ou outras manifestações (inclusive pessoais) na internet, feitas anonimamente ou não, desde que não integrem esquemas de financiamento e divulgação em massa nas redes sociais. [ADPF 572, rel. min. Edson Fachin, j. 17 e 18-6-2020, P, Informativo 982].

O art. 3º da CF contempla os objetivos fundamentais da República Federativa do Brasil. Percebam que os objetivos fundamentais não se confundem com os fundamentos. Estes vêm previstos no art. 1º, enquanto que aqueles, no art. 3º.

Os *objetivos fundamentais* do nosso país são os seguintes: I – construir uma sociedade livre, justa e solidária; II – garantir o desenvolvimento nacional; III – erradicar a pobreza e a marginalização e reduzir as desigualdades sociais e regionais; IV – promover o bem de todos, sem preconceitos de origem, raça, sexo, cor, idade e quaisquer outras formas de discriminação.

Sobre a promoção o bem de todos, sem preconceitos de origem, raça, sexo, cor, idade e quaisquer outras formas de discriminação, vale lembrar que o STF decidiu que o transgênero tem direito fundamental subjetivo à alteração de seu prenome e de sua classificação de gênero no registro civil, não se exigindo, para tanto, nada além da manifestação de vontade do indivíduo, o qual poderá exercer tal faculdade tanto pela via judicial como diretamente pela via administrativa. [RE 670.422, rel. min. Dias Toffoli, j. 15-8-2018, P, Informativo 911, RG, tema 761.]

Ainda tratando do capítulo que cuida dos princípios fundamentais, a Constituição, em seu art. 4º, contempla aqueles que regem o país nas suas relações internacionais, dentre os quais se destacam: a independência nacional, a prevalência dos direitos humanos, a igualdade entre os Estados, a defesa da paz e a cooperação entre os povos para o progresso da humanidade.

4. ELEMENTOS DA CONSTITUIÇÃO

Nossa Constituição Federal trata de diversos assuntos. Com a finalidade de sistematizar e de organizar esses assuntos, a Norma Suprema uniu matérias afins e, a partir dessa união, foram contemplados doutrinariamente os elementos constituintes. O Prof. José Afonso da Silva é quem melhor faz a divisão clássica (**Curso de Direito Constitucional Positivo**, 35ª edição, p. 44 e 45). Tendo por base a divisão feita por esse autor, podemos falar que os grupos de elementos são:

4.1. Elementos orgânicos

Contemplam as normas estruturais da Constituição. Englobam as normas de organização do Estado, organização do poder, o orçamento público e a tributação, as forças armadas e a segurança pública. Os temas mencionados se encontram nos capítulos II e III do título V e nos títulos III, IV e V da nossa Constituição Federal.

4.2. Elementos limitativos

Como o próprio nome menciona, são normas que existem para limitar o poder de atuação do Estado. As normas que definem os direitos e garantias fundamentais são as que melhor limitam o poder, pois, ao enunciar determinado direito a alguém, implícita e automaticamente há o comando impondo ao Estado o dever de não invadir aquele direito constitucionalmente previsto. A exceção se dá em relação aos direitos sociais porque eles exigem condutas positivas do Estado, não possuem somente o mero caráter limitador do eventual exercício arbitrário do poder. Os elementos limitativos contemplam as normas que tratam dos direitos individuais e coletivos, direitos políticos e direito à nacionalidade, todas encontradas no título II da Constituição Federal.

4.3. Elementos socioideológicos

O nome desses elementos já nos encaminha para sua conceituação: podemos dizer que eles definem ou demonstram a ideologia adotada pelo texto constitucional. As normas que compõem os elementos socioideológicos são as que tratam dos direitos sociais, as que compõem a ordem econômica e financeira e a ordem social. Encontramos essas normas no capítulo II do título II e nos títulos VII e VIII da Constituição Federal.

4.4. Elementos de estabilização constitucional

As normas que se encontram nessa divisão são as que visam à superação dos conflitos constitucionais, ao resguardo da estabilidade constitucional, à preservação da supremacia da Constituição, à proteção do Estado e das instituições democráticas e à defesa da Carta Política. Citamos como exemplo as normas que tratam da intervenção federal e estadual (arts. 34 a 36 da CF), as normas que tratam dos estados de sítio e de defesa e as demais integrantes do título V da CF (com exceção dos capítulos II e III, porque eles integram os elementos orgânicos), as normas que tratam do controle de constitucionalidade e, ainda, as que cuidam do processo de emendas à Constituição.

4.5. Elementos formais de aplicabilidade

Formais, porque não possuem conteúdo material, e de aplicabilidade, porque servem para auxiliar a efetiva aplicação das normas constitucionais. São normas orientadoras, como, por exemplo, o preâmbulo da Constituição, que não serve como paradigma para controle de constitucionalidade, mas estabelece princípios norteadores de todo ordenamento jurídico brasileiro.

Também se encontram nessa categoria as disposições transitórias, reguladoras do direito intertemporal. Essas normas estão contidas no ADCT (Ato das Disposições Constitucionais Transitórias), que é parte integrante da Constituição Federal, embora fique separado do corpo das normas permanentes e tenha numeração própria apenas por questão de técnica legislativa. Como as normas contidas no ADCT são normas transitórias, passageiras, assim que produzirem todos os efeitos que delas se esperam se esgotarão, não terão mais utilidade alguma. Desse modo, é razoável que fiquem fora do corpo de normas permanentes da Constituição. Para aclarar o exposto, é indicada a leitura dos arts. 3º (trata da revisão constitucional) e 4º (menciona que o mandato do Presidente da época do texto constitucional, encerraria em março de 1990) do ADCT, que já produziram seus efeitos e que atualmente são normas de eficácia exaurida, esgotada, não mais têm utilidade alguma. Outro exemplo: a previsão constitucional da realização de um plebiscito para a escolha da forma de governo (República ou Monarquia) e o sistema de governo (Parlamentarismo ou Presidencialismo), cinco anos após a promulgação da Constituição de 1988 (art. 2º do ADCT).

O § 1º do art. 5º da Constituição Federal também é um exemplo de elemento formal de aplicabilidade. Dispõe que "As normas definidoras dos direitos e garantias fundamentais têm aplicação imediata".

5. CLASSIFICAÇÃO DAS CONSTITUIÇÕES

As constituições são classificadas pela doutrina de diversas maneiras. Essas classificações visam à melhor compreensão da Constituição como um todo. Por exemplo, sabendo nós que a Constituição de 1988, quanto à sua extensão, foi classificada como prolixa, é possível imaginar que essa Constituição seja extensa, longa, numerosa; diferente seria, se eventualmente tivesse sido classificada como concisa (básica, breve). Nesse caso, mesmo que nunca tivéssemos visto a Constituição mencionada, já teríamos uma ideia de como ela seria. É justamente para isso que servem as classificações.

No entanto, é preciso lembrar que há muitas classificações feitas pela doutrina e, a partir de agora, abordaremos as mais relevantes.

5.1. Quanto à <u>forma</u>, as Constituições podem ser classificadas em:

a) escritas – aquelas sistematizadas num único texto, criadas por um órgão constituinte. Esse texto único é a única fonte formal do sistema constitucionalista. Exemplo: Constituição Federal de 1988;

b) não escritas – aquelas cujas normas não estão sistematizadas e codificadas num único texto. São baseadas em textos esparsos, jurisprudências, costumes, convenções, atos do parlamento etc. Há várias fontes formais do direito constitucional no país de constituição não escrita. Exemplo: Constituição Inglesa.

5.2. Quanto ao modo de elaboração, as Constituições podem ser classificadas em:

a) **dogmáticas** – partem da aceitação de dogmas, considerados o núcleo de uma doutrina. A constituição dogmática necessariamente é uma constituição escrita. As constituições escritas pressupõem a aceitação de dogmas ou de opiniões sobre a política do momento. Exemplo: Constituição Federal de 1988;

b) **históricas ou costumeiras** – diferentemente das constituições dogmáticas que sempre são escritas, as constituições históricas devem ser não escritas. Resultam da formação histórica, dos fatos sociais, da evolução das tradições. Exemplo: Constituição Inglesa.

5.3. Quanto à origem, as Constituições podem ser classificadas em:

a) **outorgadas** – aquelas elaboradas e impostas por uma pessoa ou por um grupo sem a participação do povo. As constituições outorgadas, na verdade, devem ser denominadas Cartas Constitucionais e não Constituições, pois a primeira denominação é a que corretamente designa a origem outorgada. A segunda nomenclatura diz respeito àquelas Constituições que tiveram como origem a democracia, foram promulgadas. Vale lembrar que muitos doutrinadores tratam essas expressões, Carta e Constituição, como sinônimas, embora não o sejam.

As Constituições outorgadas que tivemos no Brasil foram as seguintes:

✓ Carta do Império de 1824;

✓ Carta de 1937 (Vargas);

✓ Carta de 1967 (ditadura militar).

Há ainda aqueles que sustentam que a Emenda Constitucional 1/1969 deve ser considerada uma verdadeira Constituição outorgada, imposta pelo Comando Militar;

b) **promulgadas, populares ou democráticas** – são aquelas advindas de uma Assembleia Constituinte composta por representantes do povo. Sua elaboração se dá de maneira consciente e livre, diferentemente das Constituições outorgadas, que são criadas de forma imposta;

c) **cesaristas, plebiscitárias, referendárias ou bonapartistas** – são aquelas constituições que, embora elaboradas de maneira unilateral, impostas, após sua criação são submetidas a um referendo popular. Essa participação do povo não pode ser considerada democrática, pois apenas tem a finalidade de confirmar a vontade daquele que a impôs. Os nomes dados a essa Constituição têm por fundamento o caminho utilizado por Napoleão Bonaparte nos chamados "plebiscitos napoleônicos".

5.4. Quanto à estabilidade ou processo de mudança, as Constituições podem ser classificadas em:

a) **rígidas** – aquelas alteráveis somente por um processo mais solene, mais dificultoso que o processo de alteração das demais normas jurídicas. O exemplo que podemos dar é a Constituição Federal de 1988, na qual, em seu art. 60 (processo legislativo das emendas), encontramos o fundamento da rigidez constitucional;

b) **flexíveis** – aquelas modificáveis livremente pelo legislador, observando-se o mesmo processo de elaboração e modificação das leis;

c) **semirrígidas** – aquela Constituição que possui uma parte rígida e outra flexível. A parte rígida será alterável por um processo mais dificultoso que o das demais normas jurídicas e a parte flexível, alterável pelo mesmo processo de elaboração e modificação das leis. No Brasil, a única Constituição que tivemos classificada como semirrígida foi a de 1824. O art. 5º desta Constituição fundamentava seu caráter semirrígido;

d) **super-rígidas** – alguns doutrinadores sustentam que a Constituição de 1988 é classificada como super-rígida pelo fato de conter núcleos essenciais intangíveis (cláusulas pétreas – art. 60, § 4º, da CF).

Obs.: prevalece o entendimento de que a Constituição de 1988 é classificada como rígida.

5.5. Quanto à extensão, as Constituições podem ser classificadas em:

a) **concisas** – são as constituições sucintas, pequenas. Cuidam apenas de regras gerais, estruturais, do ordenamento jurídico estatal. O melhor exemplo de constituição concisa é a norte-americana, que contém apenas os princípios fundamentais e estruturais do Estado. A característica de uma Constituição concisa é o fato de ela ser mais estável que uma Constituição prolixa. A norte-americana, por exemplo, já conta com mais de 200 anos e foi emendada apenas 27 vezes;

b) **prolixas** – são as constituições longas, numerosas. Essas constituições não se restringem a tratar somente de normas materialmente constitucionais, normas estruturais, de organização do poder, de funcionamento do Estado. Cuidam de assuntos diversos, que poderiam certamente estar dispostos em legislações infraconstitucionais. São assim por pretenderem proteger institutos considerados importantes. O maior problema de uma constituição prolixa é que, por ser expansiva, torna-se muito mais instável do que a Constituição concisa. Um exemplo de constituição prolixa é a nossa, CF/88.

5.6. Quanto ao conteúdo, as Constituições podem ser classificadas em:

a) **materiais** – relacionam-se ao conteúdo criado para ser tratado especificamente numa constituição. São normas que cuidam de matéria constitucional. A matéria constitucional geralmente gira em torno do poder. Exemplificando, as normas que organizam o poder, que organizam o Estado e as que tratam dos direitos individuais são normas materialmente constitucionais.

Um exemplo de norma que, embora prevista na CF de 1988, **não** tem conteúdo materialmente constitucional, é o art. 242, § 2º, da CF que trata do Colégio Pedro II. Tal dispositivo determina que o Colégio localiza-se na cidade do Rio de Janeiro e é mantido na órbita federal;

b) **formais** – indicam o conjunto de regras dispostas formalmente na constituição escrita. As normas inseridas na constituição, ainda que não tratem de matéria constitucional, como o exemplo do Colégio Pedro II acima mencionado, são normas formalmente constitucionais. O fato de estarem alocadas na constituição escrita dá a elas a força de norma constitucional. São regidas pelo princípio da supremacia constitucional e só podem ser alteradas pelo processo legislativo das emendas (art. 60 da CF).

É relevante que se diga que a Constituição Federal determina que o grau máximo de eficácia das normas decorre da forma e não da matéria. Isso significa dizer que o que importa realmente é se a norma está ou não inserida no texto da Constituição. Se tiver conteúdo constitucional, mas não estiver contemplada no Texto Maior, certamente terá menor eficácia que as normas lá inseridas.

6. FENÔMENOS QUE OCORREM COM A ENTRADA EM VIGOR DE UMA NOVA CONSTITUIÇÃO

6.1. Recepção

É o fenômeno jurídico pelo qual se resguarda a continuidade do ordenamento jurídico anterior e inferior à nova constituição, desde que se mostre compatível materialmente com seu novo fundamento de validade (justamente a nova constituição).

Para melhor compreensão, acompanhem o exemplo: é sabido que o fundamento de validade de uma lei é a constituição vigente. Dessa forma, imaginemos que tenha sido editada uma lei na época em que vigia a Constituição de 1969. A essa lei fora atribuído o número 5.869/1973. Para que a lei mencionada fosse considerada válida, ela, necessariamente, teria que estar em conformidade com a Constituição de 1969, pois este era seu fundamento de validade. Em 1988, foi promulgada uma nova constituição, a Constituição da República Federativa do Brasil de 05.10.1988. Pergunta-se: a Lei 5.869/1973 continuou vigente, mesmo após a promulgação de uma nova Constituição? A resposta é depende. Se essa lei for materialmente compatível com a nova constituição, sim, ela será preservada e passará a ter um novo fundamento de validade (que é a nova constituição). Agora, se a lei editada à época da vigência da antiga constituição se mostrar materialmente incompatível com a nova, ela não será recepcionada.

A lei referida no exemplo acima é o antigo Código de Processo Civil que, embora seja de 1973 e a nossa Constituição de 1988, vigorou até antes da vigência da nova lei processual, ou seja, até 17 de março de 2016 (A Lei 13.105/2015, de 16/03/2015, e publicada no DOU em 17/03/2015, entrou em vigência no dia 18/03/2016). Quando foi promulgada a Constituição de 1988, ocorreu o fenômeno da recepção em relação a todos os dispositivos do antigo CPC que, na época, se mostraram materialmente compatíveis com ela.

Outro fator importante a respeito do fenômeno da recepção é que não importa a roupagem originalmente assumida pela lei, o que se verifica é o conteúdo da norma e não a forma pela qual ela foi exteriorizada. O Código Tributário Nacional (CTN) é um exemplo disso. Na época de sua elaboração, foi editado como lei ordinária, mas, como a CF/1988, em seu art. 146, determinou que as normas gerais em matéria de legislação tributária fossem disciplinadas por lei complementar, ele foi por ela recepcionado como se lei complementar fosse. Hoje, para se alterar o CTN, é necessária uma lei complementar.

O Código Penal, quando de sua elaboração, foi criado como um Decreto-Lei (n. 2.848/1940). Entretanto, a Constituição de 1988 determinou que a matéria Direito Penal fosse regulamentada por lei ordinária. Desse modo, os dispositivos do Código que guardavam relação de compatibilidade material com a Constituição foram por ela recepcionados como lei ordinária. Atualmente, para alterar o CP, basta uma lei ordinária.

Outra lembrança relevante no tocante ao fenômeno da recepção, é o fato de após a promulgação da Constituição, serem editadas emendas constitucionais. As leis também devem guardar relação de compatibilidade material com o disposto nas emendas constitucionais? Sim, necessariamente as leis promulgadas antes ou mesmo depois da edição da Constituição devem ser materialmente compatíveis tanto com as normas advindas do poder constituinte ordinário quanto das decorrentes de emendas constitucionais. O fundamento para isto é que as emendas constitucionais, como o próprio nome indica, têm natureza de normas constitucionais. Estão, juntamente com as demais normas da Constituição, no ápice da pirâmide de Kelsen.

O princípio que fundamenta a utilização do fenômeno da recepção é o da continuidade das normas.

6.2. Desconstitucionalização

O fenômeno da desconstitucionalização tem origem francesa. É um instituto pouco usado na prática. No Brasil, não utilizamos esse instituto porque a edição de uma nova Constituição produz o efeito de revogar por inteiro a antiga. A revogação total é denominada *ab-rogação*, já a parcial é conhecida como *derrogação*.

A antiga Constituição seria, valendo-nos do fenômeno da desconstitucionalização, recebida pelo novo ordenamento, ou seja, pela nova Constituição, com *status* de legislação infraconstitucional (seria recebida como se fosse lei). Esse fenômeno não é permitido no Brasil. Entretanto, admite-se a desconstitucionalização **expressa**, ou seja, se a nova Constituição a permitir expressamente.

6.3. Repristinação

É o fenômeno jurídico pelo qual se restabelece a vigência de uma lei que foi revogada pelo fato de a lei revogadora ter sido posteriormente revogada. Tal instituto interessa não apenas ao Direito Constitucional, mas ao Direito como um todo. Terá ligação com o direito constitucional se estiver associado ao instituto da recepção.

Vamos ao exemplo: imaginemos três constituições. Constituição "A", Constituição "B" e Constituição "C". A primeira é a mais antiga. A Constituição "A" determinou que o assunto X, garantido por ela, fosse disciplinado por lei infraconstitucional. Na época, sobreveio a lei disciplinando o assunto X. Passado um tempo, foi editada nova constituição, a Constituição "B". Ela não mais tratou do assunto X. Portanto, a lei editada na vigência da Constituição "A", que serviria para regulamentar o assunto X, não foi recepcionada (foi revogada) pela Constituição "B". Passado mais um tempo, outra nova Constituição foi editada, a Constituição "C". Essa Constituição voltou a prever o assunto X. Nesse caso, a lei que regulamentava o assunto X, editada na vigência da Constituição "A", seria restabelecida pela nova Constituição simplesmente pelo fato dela prever novamente o assunto X? A resposta é não. No ordenamento jurídico brasileiro não há repristinação automática. Se o legislador, por ventura, quiser restabelecer a vigência de uma lei anteriormente revogada por outra, terá que fazê-lo **expressamente**, conforme dispõe o § 3º do art. 2º da Lei de Introdução às Normas do Direito

Brasileiro (denominação dada pela Lei 12.376/10 à antiga "LICC" – Lei de Introdução ao Código Civil).

6.3.1. *Repristinação e o efeito repristinatório*

A repristinação difere do denominado efeito repristinatório. A primeira, como mencionado, faz com que seja restabelecida a vigência de uma lei revogada, por conta da lei que a revogou também ter sido revogada por outra lei. Isso só pode ocorrer na hipótese de expressa previsão legal, conforme determina o art. 2º, § 3º, da Lei de Introdução às Normas do Direito Brasileiro – Lei 4.657/42. O segundo, efeito repristinatório, decorre do controle abstrato de constitucionalidade das leis. Em regra, quando uma lei é declarada inconstitucional os efeitos dessa decisão retroagem à data da edição da lei (*ex tunc*). Desse modo, a lei que foi revogada por outra, que posteriormente foi declarada inconstitucional, pode voltar a produzir efeitos. Com a declaração de inconstitucionalidade da lei revogadora, todo o seu passado é apagado. É como se essa lei nunca tivesse existido e, portanto, não teria o poder de revogar outra norma. A antiga lei volta a produzir efeitos, pois a revogação advinda de uma norma inconstitucional não tem eficácia.

Vale lembrar que o art. 27 da Lei 9.868/99 admite a modulação dos efeitos. Assim, ao declarar a inconstitucionalidade de lei ou ato normativo, e tendo em vista razões de segurança jurídica ou de excepcional interesse social, pode o Supremo Tribunal Federal, por maioria de dois terços de seus membros, restringir os efeitos daquela declaração ou decidir que ela só tenha eficácia a partir de seu trânsito em julgado ou de outro momento que venha a ser fixado. Nessa hipótese, como os efeitos retroativos da lei são modificados, não há mais a incidência do efeito repristinatório.

Outra situação em que o efeito repristinatório se manifesta decorre do art. 11, § 2º, da Lei 9.868/99, o qual dispõe que a concessão da medida cautelar torna aplicável a legislação anterior acaso existente, salvo expressa manifestação em sentido contrário.

6.4. Mutação constitucional

A palavra mutação significa mudança. Tem relação não com o aspecto formal do texto constitucional, mas sim com a interpretação dada à Constituição. Não são necessárias técnicas de revisão ou reforma constitucional para que o fenômeno se opere. A mudança social, que se dá com o passar do tempo, já faz com que a interpretação seja modificada. É o que ocorreu, por exemplo, com a interpretação dada pelo Supremo Tribunal Federal ao art. 5º, inciso LXVII, da CF, que prevê: "não haverá prisão civil por dívida, salvo a do responsável pelo inadimplemento voluntário e inescusável de obrigação alimentícia e do depositário infiel". Durante algum tempo o STF admitiu a prisão civil do depositário infiel. No entanto, a Suprema Corte brasileira promoveu uma mutação constitucional, por meio da interpretação, passando a inadmitir a prisão do depositário infiel. A admissão da mutação constitucional não implica o reconhecimento, por parte do STF, de erro ou equívoco interpretativo das normas constitucionais em decisões pretéritas, mas, sim, reconhece e reafirma a necessidade da contínua e paulatina adaptação dos sentidos possíveis do texto constitucional às mudanças observadas na sociedade, que é marcada pela complexidade

e pelo pluralismo (STF – HC 90450 – 2ª T. – Rel. Min. Celso de Mello – DJ 06/02/2009).

6.5. *Vacatio constitucionis*

Pode ser conceituada como o período de transição entre uma Constituição e outra. Em regra, ao ser elaborada, promulgada e publicada, a nova Constituição entra em vigor imediatamente. Pelo fenômeno da *vacatio constitucionis*, que se assemelha ao instituto da *vacatio legis*, haveria um prazo, fixado pelo próprio poder constituinte, ou seja, por aqueles que estão elaborando a nova constituição, para que o texto constitucional entrasse em vigor. No Brasil, as constituições ao serem promulgadas e publicadas, já entram em vigor; não visualizamos aqui o fenômeno da *vacatio constitucionis*. No entanto, o art. 34, *caput*, do Ato das Disposições Constitucionais Transitórias da CF/88, previu expressamente outra data de início de vigência do sistema tributário nacional, ou seja, a partir do primeiro dia do quinto mês seguinte ao da promulgação da CF/88, mantido, até então, o da Constituição de 1967, com a redação dada pela Emenda nº 1, de 1969, e pelas posteriores.

7. EFICÁCIA JURÍDICA DAS NORMAS CONSTITUCIONAIS E HERMENÊUTICA CONSTITUCIONAL

Eficácia jurídica é a aptidão que as normas têm para produzirem efeitos no mundo jurídico. Essa eficácia, por vezes, será graduada conforme a classificação das normas constitucionais.

Segundo a teoria clássica, as normas constitucionais podem ser classificadas em:

a) Normas constitucionais de eficácia plena;

b) Normas constitucionais de eficácia contida; e

c) Normas constitucionais de eficácia limitada.

7.1. Eficácia plena

As normas de eficácia *plena* são aquelas que, por si só, produzem todos os seus efeitos no mundo jurídico e de forma imediata. São normas autoaplicáveis. Não dependem da interposição do legislador para que possam efetivamente produzir efeitos. Além disso, a norma de eficácia plena não admite que uma norma infraconstitucional limite ou reduza seu conteúdo.

São exemplos dessa espécie de norma os artigos: 1º – que trata dos fundamentos da República Federativa do Brasil; 2º – que trata da independência e harmonia que deve existir entre os poderes Legislativo, Executivo e Judiciário; 13 – que diz que a língua portuguesa é o idioma oficial do Brasil; 18, § 1º, que menciona que Brasília é a capital do Brasil, dentre outros.

7.2. Eficácia contida

Já as normas de eficácia *contida* são aquelas que produzem a integralidade de seus efeitos, mas que dão a possibilidade de outra norma restringi-los. Desse modo, até que outra norma sobrevenha e limite a produção de efeitos, a norma de eficácia contida é semelhante à norma de eficácia plena. O principal exemplo de norma de eficácia contida previsto na Constituição é o art. 5º, XIII, que diz que é livre o exercício de qualquer trabalho, ofício ou profissão, atendidas as qualificações profissionais que a lei estabelecer. Vejam que a Constituição, num primeiro momento, diz que há liberdade para o exercício da profissão, mas, num segundo, deixa aberta a possibilidade de o legislador infraconstitucional estabelecer qualificações. O Estatuto da OAB, Lei 8.906/1994, em seu art. 8º, incisos IV e VII, estabelece a obrigatoriedade do bacharel em Direito de prestar e ser aprovado no exame de ordem e de prestar compromisso perante a OAB para exercer a profissão de advogado. A lei infraconstitucional (Estatuto da OAB) conteve a abrangência da norma constitucional prevista no art. 5º, XIII, da CF, no que tange ao exercício da advocacia.

7.3. Eficácia limitada

As últimas, segundo a classificação de José Afonso da Silva, são as normas de eficácia *limitada*, ou seja, aquelas que, para produzirem seus efeitos, dependem da atuação do legislador infraconstitucional, necessitam de regulamentação. Tais normas possuem aplicabilidade postergada, reduzida, diferida ou mediata. Somente após a edição da norma regulamentadora é que efetivamente produzirão efeitos no mundo jurídico. São exemplos de normas constitucionais de eficácia limitada os art.: 88 – que trata da criação e extinção de Ministérios e órgãos da Administração pública, devendo ser feitas por lei; 7º, XXVII – que trata da proteção do trabalhador em face da automação, para a qual também é necessária lei regulamentando o assunto; 102, § 1º – que cuida da Arguição de Descumprimento de Preceito Fundamental, hoje regulamentada pela Lei 9.882/99.

Maria Helena Diniz também faz a classificação das normas constitucionais, só que com algumas peculiaridades. Vejamos essa classificação, pois é também bastante conhecida pela doutrina.

Tomando por base a produção de efeitos concretos, a mencionada autora diz que as normas constitucionais podem ser classificadas em:

a) normas supereficazes ou com eficácia absoluta;

b) normas com eficácia plena;

c) normas com eficácia relativa restringível; e

d) normas com eficácia complementável ou dependente de complementação legislativa.

As primeiras são aquelas em que não se pode tocar, nem mesmo por meio de emenda à Constituição. As normas com eficácia absoluta são encontradas no § 4º do art. 60 da CF, as denominadas cláusulas pétreas. Englobam a forma federativa de Estado, o voto secreto, direto, universal e periódico, a separação dos Poderes e os direitos e garantias individuais (que são espécies do gênero direitos fundamentais, como veremos adiante).

Já as normas com eficácia plena são as que contêm, em seu corpo, todos os recursos que as possibilitem produzir a integralidade de seus efeitos no mundo jurídico. Ainda que possam ser modificadas ou suprimidas por emendas constitucionais, estão aptas a produzirem todos os seus efeitos sem a necessidade da interposição do legislador. Essa classificação é muito semelhante à que adota José Afonso da Silva, conforme analisado anteriormente. Alguns exemplos nós podemos visualizar nos arts. 14, § 2º, 17, § 4º, 22, 37, III, 155, todos da Constituição Federal.

Ainda analisando os critérios de Maria Helena Diniz, há as normas com eficácia relativa restringível. Elas equivalem às normas de eficácia contida na classificação de José Afonso da Silva. Desse modo, remeto à releitura do início do capítulo se a memória não lhes trouxer a lembrança desse conceito.

As últimas, segundo Maria Helena Diniz, são as normas com eficácia relativa complementável ou dependente de complementação legislativa. São as que, como o próprio nome indica, dependem necessariamente de lei para que possam efetivamente produzir efeitos positivos no ordenamento jurídico.

Para completar, trazemos a informação de que estas últimas normas que analisamos se subdividem em *programáticas e de princípio institutivo*. Estas são as que fazem a previsão da existência de um órgão ou instituição, mas que só passariam a existir no plano da realidade após a atuação do legislador infraconstitucional, quando da feitura da lei pertinente. Aquelas, programáticas, são as que trazem em seu corpo programas a serem, necessariamente, concretizados pelos governantes. Os exemplos que se seguem são: arts. 25, § 3º, 43, § 1º, 224, entre outros da CF – normas de princípio institutivo; arts. 211, 215, 226, § 2º da CF – normas programáticas.

Segundo Uadi Lammêgo Bulos, podemos falar também em normas de eficácia *exaurida* ou *esgotada*, que seriam as que, após produzir os efeitos que delas se esperam, não servirão mais para nada. Muitas das normas que constam do ADCT – Ato das Disposições Constitucionais Transitórias – possuem eficácia exaurida. Exemplo: o art. 2º, que determinava a realização, em 1993, de um plebiscito para definir a forma de Estado – república ou monarquia constitucional – e o sistema de governo, que poderia ser parlamentarismo ou presidencialismo. O eleitorado manteve, nesse plebiscito, a forma republicana e o sistema presidencialista.

7.4. Hermenêutica constitucional

As normas constitucionais devem ser interpretadas, ou seja, delas devem ser extraídas seus exatos sentidos. Interpretar significa aclarar o sentido de algo, fazendo com que o conteúdo seja devidamente explanado.

A hermenêutica é a técnica de interpretar, composta de mecanismos próprios como, por exemplo, os métodos literal, sistemático, gramatical, histórico etc. Tais institutos são aplicáveis a todos os ramos do direito. Ocorre que a interpretação constitucional exige, pelo grau hierárquico que as normas constitucionais possuem no ordenamento jurídico brasileiro, mecanismos específicos, além dos tradicionalmente estudados.

Desse modo, para interpretar a Constituição é necessário valer-se dos seguintes princípios: unidade da Constituição, efeito integrador, máxima efetividade, harmonização ou concordância prática, força normativa da Constituição e correção funcional.

7.4.1. Unidade da Constituição

A Constituição deve ser analisada de forma integrada. Normas constitucionais formam um conjunto de regras que não devem ser vistas isoladamente. Sempre que possível, os comandos constitucionais não devem ser separados do todo.

É necessário que todos aqueles que interpretam a Constituição o façam de modo a impedir, ou pelo menos evitar, a existência de contradições com outras normas dispostas na própria Constituição.

Decorre também da ideia de unidade da Constituição o fato de não haver hierarquia formal entre as normas constitucionais.

7.4.2. Efeito integrador ou eficácia integradora

Tal princípio está relacionado com o primeiro e nos ensina que a análise dos conflitos jurídico-constitucionais deve se dar à luz dos critérios que beneficiam a integração política e social. A eficácia integradora reforça o princípio da unidade da Constituição.

7.4.3. Máxima efetividade

Técnica de interpretação constitucional também conhecida como eficiência ou interpretação efetiva, ela dispõe que as normas constitucionais devem ser interpretadas privilegiando sua maior eficiência. Por exemplo, quando se estiver diante de duas ou mais interpretações possíveis em relação a algum direito fundamental, deve-se optar por aquela que reflete a maior eficácia do dispositivo.

7.4.4. Harmonização ou concordância prática

Harmonizar significa colocar em harmonia, conciliar. É justamente esse o significado dessa técnica interpretativa. As normas constitucionais devem ser conciliadas para que possam coexistir sem que uma tenha de ser privilegiada em detrimento de outra.

Tal princípio também tem relação com o da unidade da constituição e com o princípio da igualdade, pois o todo é que deve ser analisado e de forma harmônica, evitando-se, ao máximo, a anulação de um direito por conta de outro. Vejam que a análise interpretativa deve ser feita *a priori* para que seja evitado esse sacrifício de um em detrimento de outro.

A concordância prática reforça a ideia de inexistência de hierarquia entre os princípios constitucionais.

7.4.5. Força normativa da Constituição

Pela força normativa, a interpretação constitucional deve priorizar a atualidade normativa do texto, fortalecendo tanto sua eficácia como sua permanência.

7.4.6. Correção funcional

Esse princípio interpretativo está relacionado com o sistema organizacional da Constituição. Por meio da correção funcional, conformidade funcional ou ainda princípio da justeza, aqueles que interpretam a Constituição devem se atentar fielmente às regras sobre separação dos poderes e repartição constitucional de competências.

7.4.7. Interpretação conforme a Constituição

A interpretação conforme a Constituição, como o próprio nome expressa, indica que as normas devem ser interpretadas de acordo com o que dispõe a Constituição Federal.

É, a um só tempo, mecanismo utilizado no controle de constitucionalidade, conforme veremos adiante, e técnica de interpretação da Constituição.

Tratando da "interpretação conforme" como técnica de interpretação, devemos lembrar que ela é utilizada quando estamos diante de normas que possuem mais de um significado. As conhecidas normas polissêmicas ou plurissignificativas (que possuem mais de uma interpretação).

Desse modo, se determinado dispositivo possui dois significados, o sentido que terá de ser atribuído à norma é o que encontra respaldo constitucional, devendo ser descartado aquele que vai de encontro ao Texto Maior, ou seja, aquele que vai contra a Constituição.

Cabe a observação de que o mecanismo da interpretação conforme a Constituição não dá ao intérprete a possibilidade de atuar como legislador, criando normas gerais e abstratas.

A doutrina aponta que: "Para que se obtenha uma *interpretação conforme* a Constituição, o intérprete poderá declarar a inconstitucionalidade parcial do texto impugnado, no que se denomina *interpretação conforme com redução do texto*, ou ainda, *conceder* ou *excluir* da norma impugnada determinada interpretação, a fim de compatibilizá-la com o texto constitucional. Essa hipótese é denominada *interpretação conforme sem redução do texto*." (MORAES, Alexandre de. **Direito constitucional**. 22. ed. São Paulo: Atlas, 2007, p. 12).

8. PODER CONSTITUINTE

Pode ser conceituado como o poder de estabelecer um novo ordenamento jurídico, por meio da criação de uma nova constituição ou pela modificação das regras existentes.

Toda e qualquer constituição é fruto de um poder maior que os poderes que ela própria instituiu. Por exemplo, citamos os poderes Executivo, Legislativo e Judiciário, todos *constituídos* pela Constituição. Esses, embora denominados desta forma, têm menos força que o poder que os instituiu, que é o *constituinte*. Este último, necessariamente, terá um titular e será composto por aqueles que exercitarão o poder, sempre em nome de seu titular.

Atualmente prevalece o entendimento de que o povo é o verdadeiro titular do poder. Esse posicionamento é respaldado pelo parágrafo único do art. 1º da CF, ao dispor que "todo o poder emana do *povo* que o exerce por meio de representantes eleitos ou direta ou indiretamente, nos termos desta Constituição".

Não podemos confundir titularidade com exercício do poder. O titular, como já mencionado, é sempre o povo. O exercente poderá ser uma Assembleia Constituinte (que é um órgão colegiado) ou um grupo de pessoas que se invistam desse poder. Essa distinção está diretamente relacionada com o processo de positivação da Constituição. No primeiro caso, ela advirá de uma convenção (votação); no segundo, de uma outorga (imposição).

8.1. Poder constituinte originário

O poder constituinte originário, genuíno, ou de primeiro grau, é aquele que cria a primeira constituição de um Estado ou a nova constituição de um Estado. No primeiro caso, é conhecido como poder constituinte *histórico*. Tem a função de instaurar e estruturar, pela primeira vez, o Estado. No segundo, é conhecido como poder constituinte *revolucionário*, porque ele rompe a antiga e existente ordem jurídica de forma integral, instaurando uma nova. Em ambos os casos, o poder constituinte impõe uma nova ordem jurídica para o Estado. É um poder de fato.

Podemos falar que esse poder é: inicial, autônomo, incondicionado e ilimitado.

É *inicial* porque não se fundamenta em outro poder que o anteceda. Nem mesmo a existência de um ato convocatório (Assembleia Constituinte para deliberar a respeito de uma nova constituição) retira essa característica do poder constituinte originário. Ele rompe integralmente a ordem jurídica precedente.

A *autonomia* do poder constituinte de primeiro grau é marcada pela opção do seu titular em escolher o conteúdo da nova constituição, aquele a quem o exercício do poder incumbe de determinar as regras autonomamente.

É também *incondicionado e ilimitado* porque esse poder não encontra condições, limitações, regras preestabelecidas pelo ordenamento jurídico anterior.

8.2. Poder constituinte derivado

O poder derivado, também denominado de instituído ou de 2º grau, como seu nome indica, decorre de algo. Fundamenta-se e decorre do poder que o criou, que é o constituinte originário. Por essa razão, é tido como poder jurídico.

Diferente do primeiro, o poder constituinte derivado é: secundário, não detém autonomia, é condicionado e limitado.

É secundário porque decorre do primeiro; limitado e condicionado, pois se sujeita às normas preestabelecidas por aquele que o criou.

É dividido em:

✓ poder constituinte derivado reformador;

✓ poder constituinte derivado decorrente; e

✓ poder constituinte derivado revisor (atualmente não aplicável).

Vejamos cada um deles:

8.2.1. Poder constituinte derivado reformador

Depende necessariamente da existência do constituinte originário, porque dele deriva e é subordinado. Tem por finalidade a reforma, a alteração do texto constitucional. A CF/1988 é classificada como rígida e possui um processo de modificação específico.

O procedimento mencionado vem previsto no art. 60 da Constituição Federal. Por meio de emendas à Constituição é que o poder constituinte derivado *reformador* será exercido. Nos incisos I, II e III desse artigo, há o rol de legitimados para a propositura de emendas constitucionais, no qual encontramos: o Presidente da República; um terço, no mínimo, dos membros da Câmara dos Deputados ou do Senado Federal; e mais da metade das Assembleias Legislativas das unidades da Federação. Somente eles poderão efetuar proposta de emenda constitucional.

O § 1º do mesmo art. trata do quórum para aprovação da emenda, que tem de ser de três quintos em cada casa, e ainda menciona que a emenda precisa, necessariamente, ser aprovada em dois turnos de votação.

Além disso, o poder constituinte originário traz, no § 4º do art. 60 da Constituição Federal, as chamadas cláusulas pétreas, ou núcleo material intangível, que são matérias que não podem ser suprimidas nem mesmo por meio do procedimento das emendas constitucionais.

Além disso, há previsão expressa na Constituição, trazida pelo poder constituinte originário, proibindo a edição de emendas constitucionais na vigência de intervenção federal ou dos estados de exceção (estado de sítio e estado de defesa).

O principal tema, no que tange ao poder constituinte derivado reformador, é o que cuida das limitações impostas pelo poder originário. Essa preocupação se dá pelo fato da possibilidade de existência de norma constitucional inconstitucional. Somente normas advindas do poder derivado é que poderão, eventualmente, ser declaradas inconstitucionais pelo Supremo Tribunal Federal. Tais limitações que foram citadas no parágrafo anterior serão analisadas detalhadamente no capítulo que trata das emendas constitucionais.

Vale lembrar que o STF decidiu sobre a possibilidade de uma emenda constitucional ser declarada formalmente inconstitucional quando houver demonstração de que sua aprovação se deu com votos "comprados" dos parlamentares e que os votos comprados comprometeram por completo o resultado do processo legislativo de aprovação da emenda (ADI 4887).

8.2.2. Poder constituinte derivado decorrente

É o poder que cada Estado-membro tem de elaborar sua própria constituição, em virtude da sua capacidade de auto-organização. Tem previsão constitucional no art. 11 do ADCT e no art. 25 da Constituição Federal. O primeiro determinava que cada Assembleia Legislativa, com poderes constituintes, deveria elaborar a Constituição do seu Estado no prazo de um ano, contado da promulgação da Constituição Federal, sempre observados os princípios por ela estabelecidos. O segundo, art. 25 da CF, reforça a ideia de simetria constitucional, dispondo que os Estados-membros se organizam pelas leis e constituições que adotarem, sempre respeitando seus princípios.

Assim, os Estados-membros, quando da elaboração de suas Constituições Estaduais, tiveram de ater-se aos preceitos estabelecidos na Constituição Federal, respeitando as limitações por ela impostas.

Vale acrescentar que o STF já decidiu que os estados-membros podem adotar a iniciativa popular de emendas às Constituições Estaduais (ADI 825/AP).

8.2.3. Poder constituinte derivado revisor

Hoje não há mais possibilidade de utilização desse poder. Segundo o art. 3º do ADCT, a revisão constitucional, portanto uma revisão apenas, teve de ser realizada após cinco anos da data da promulgação da Constituição, em sessão unicameral e pelo voto da maioria absoluta dos membros do Congresso Nacional.

Atualmente, para alterar a Constituição, somente pelo processo legislativo das emendas constitucionais previsto no art. 60.

Vejam que, no poder de revisão, não se exigiu o processo solene das emendas constitucionais (aprovação por 3/5 dos membros, nas duas casas e em 2 turnos), foi realizado uma única vez, em sessão unicameral e pelo voto da maioria absoluta dos membros. Seis emendas constitucionais de revisão foram fruto da manifestação desse poder (1 a 6/94).

9. DIREITOS E GARANTIAS FUNDAMENTAIS – ASPECTOS GERAIS

Os direitos fundamentais são gênero do qual são espécies os direitos individuais e coletivos, os direitos sociais e os direitos políticos.

O gênero *direitos fundamentais* é tratado pela doutrina com diversas nomenclaturas: direitos públicos subjetivos; liberdades públicas; direitos humanos; direitos do homem. Na doutrina internacionalista, há autores que fazem a seguinte diferença: a) direitos do homem – tem a ver com o direito natural, com a corrente jusnaturalista. São os direitos que estão além da regra positivada; b) direitos fundamentais – relacionam-se tipicamente com o direito constitucional. São os direitos positivados no ordenamento jurídico interno de determinado Estado. No Brasil, em especial, são aqueles direitos previstos no art. 5º da CF; e, por fim, c) direitos humanos – tem a ver com o direito internacional público. São, portanto, aqueles inseridos em normas consuetudinárias (no âmbito da comunidade internacional) e em tratados internacionais.

Vale observar o disposto no § 2º do art. 5º da CF: "os direitos e garantias expressos nesta Constituição não excluem outros decorrentes do regime e dos princípios por ela adotados, ou dos tratados internacionais em que a República Federativa do Brasil seja parte".

Por conta desse comando, o guardião da Constituição, Supremo Tribunal Federal, já afirmou reiteradas vezes que os direitos e garantias fundamentais não se esgotam no art. 5º da Lei Maior, podendo ser encontrados em diversos dispositivos inseridos na Constituição, como por exemplo o sistema tributário constitucional, a partir do art. 145 da CF. Também podem ser encontrados em tratados internacionais, como a proibição da prisão do depositário infiel, prevista no pacto São José da Costa Rica. Atualmente, temos a Súmula Vinculante 25 do STF, que corroborou o texto do tratado mencionando que é ilícita a prisão civil de depositário infiel, qualquer que seja a modalidade do depósito. E a súmula 419 do Superior Tribunal de Justiça – STJ, que trouxe disposição no mesmo sentido: "descabe a prisão civil do depositário judicial infiel".

A EC 45/2004 acrescentou o § 3º ao art. 5º da CF/88 e passou a prescrever que os tratados e convenções internacionais sobre direitos humanos serão **equivalentes às emendas constitucionais** se forem aprovados, em cada Casa do Congresso Nacional, em dois turnos, por três quintos dos votos dos respectivos membros.

Outra observação é a de que nenhum direito ou garantia individual pode ser retirado, suprimido do ordenamento jurídico brasileiro, por conta de serem considerados cláusulas pétreas, previstas no §4º do art. 60 da CF. Mas tal vedação se refere apenas à supressão de direito; desse modo, a inclusão de novos direitos individuais é plenamente cabível. O exemplo, trazido pela EC 45/04, foi a inserção de um novo inciso ao rol do art. 5º, tornando constitucional o princípio da razoável duração do processo (art. 5º, LXXVIII, CF). A EC 115/22 é outro exemplo de ampliação de direito ou garantia individual, em que se acrescentou o inciso LXXIX ao art. 5º da CF, onde se assegura, nos termos da lei, o direito à proteção dos dados pessoais, inclusive nos meios digitais.

Embora os direitos fundamentais não possam ser suprimidos do texto constitucional, há situações em que poderá ocorrer a suspensão ou restrição temporária de tais direitos e garantias. Isso ocorrerá quando o país estiver passando por um dos denominados "estados de exceção", ou seja, na vigência de estado de defesa, de sítio (arts. 136 e 137 da CF) e intervenção federal.

No que se refere aos direitos sociais, é necessário mencionar que o Texto Maior trata de direitos relativos à educação, à saúde, à alimentação, à moradia, ao transporte (EC 90/15), ao lazer, à segurança, à previdência social, à proteção à maternidade e à infância e à assistência aos desamparados (art. 6º da CF). A EC 114/21 acrescentou o parágrafo único ao art. 6º da CF prevendo que todo brasileiro em situação de vulnerabilidade social terá direito a uma renda básica familiar, que será garantida pelo poder público em programa permanente de transferência de renda, cujas normas e requisitos de acesso deverão ser determinados em lei, observando-se a legislação fiscal e orçamentária. Tais direitos dependem de prestações positivas do Estado, geram custos, mas isso não significa que os governantes podem deixar de implementá-los. Ainda que seja alegada, por parte do Poder Público, a "reserva do possível", o Judiciário deve, diante do caso concreto, se valer do princípio da razoabilidade e verificar se esse argumento não está sendo utilizado pelos governantes apenas como de forma a se escusar da prestação efetiva desses direitos.

Em relação à reserva do possível, vale a observação de que ela pode ser fática ou jurídica. A primeira diz respeito a impossibilidade concreta, por exemplo, quando o Estado não possui dinheiro para implementar uma política pública que vise concretizar um direito constitucionalmente assegurado. Em diversas situações isso ocorre, mas não basta que o Estado alegue que não tem dinheiro para deixar de aplicar uma norma constitucional, é necessário que ele comprove. Enfim, a efetividade dos direitos prestacionais de segunda dimensão precisa levar em conta a disponibilidade financeira estatal. Por outro lado, a reserva do possível jurídica tem relação com o princípio da razoabilidade. O Poder Público não pode, por exemplo, gastar todo o seu recurso financeiro custeando o tratamento médico especializado e de alto custo de uma única pessoa e, com isso, inviabilizar o atendimento básico que qualquer pronto socorro deve efetivar. Ainda sobre o tema direitos sociais, é importante mencionar que os direitos trabalhistas vêm previstos nos arts. 7º ao 10 da CF e que a EC 72/13, estendeu aos trabalhadores domésticos os seguintes direitos dados aos trabalhadores urbanos e rurais: a) proteção contra despedida arbitrária ou sem justa causa; b) seguro-desemprego; c) fundo de garantia do tempo de serviço; d) garantia de salário mínimo, quando a remuneração for variável; e) remuneração do trabalho noturno superior ao diurno; f) proteção do salário, constituindo crime sua retenção dolosa; g) salário-família; h) jornada de trabalho de oito horas diárias e quarenta e quatro semanais; i) adicional de serviço extraordinário; j) redução dos riscos inerentes ao trabalho; k) creches e pré-escolas para filhos e dependentes até seis anos de idade; l) reconhecimento dos acordos e convenções coletivas; m) seguro contra acidentes de trabalho; n) proibição de discriminação de salário, de função e de critério de admissão; o) proibição de discriminação em relação à pessoa com deficiência e p) proibição de trabalho noturno, perigoso ou insalubre a menores de dezesseis anos.

Sendo assim, além dos direitos ao salário mínimo, irredutibilidade de salários, 13º salário, repouso semanal remunerado, preferencialmente aos domingos, um terço a mais de salário nas férias; licenças maternidade e paternidade e aviso-prévio que já estavam assegurados no texto constitucional, a nova regra acrescenta outros.

O STF ao julgar a ADI 6327/DF, relator Min. Edson Fachin, conheceu a referida ADI como ADPF, e decidiu que: "Nos casos de internações pós-parto que durem mais de duas semanas, o termo inicial da licença-maternidade e do salário-maternidade é a alta hospitalar da mãe ou do recém-nascido – o que ocorrer por último –, prorrogando-se ambos os benefícios por igual período ao da internação, visto que não podem ser reduzidos de modo irrazoável e conflitante com o direito social de proteção à maternidade e à infância" (Informativo 1073). Assim, a proteção à maternidade e à infância (CF, arts. 6º, *caput*, 201, II, 203, I, e 227, *caput* e § 1º, I) se caracteriza, segundo o STF, como uma verdadeira liberdade positiva, cuja observância é obrigatória em um Estado Social de Direito que tem como objetivo a melhoria das condições de vida dos hipossuficientes e a concretização da igualdade social.

9.1. Direitos fundamentais e suas gerações

Fala-se, na doutrina, em gerações ou dimensões dos direitos fundamentais. Isso se deve ao fato de o nascimento desses direitos ter se dado ao longo do tempo, de forma gradativa.

As gerações indicam normalmente o momento em que os direitos foram devidamente reconhecidos.

Cada dimensão comporta certos direitos, mas uma não exclui a outra. Esses direitos se somam e convivem de forma harmônica.

Os direitos previstos nas primeiras gerações já estão sedimentados, consolidados no ordenamento. Já os advindos das últimas gerações ainda são objeto de discussão e dúvida por parte da doutrina, justamente pelo fato de inovarem certos aspectos ainda não cristalizados na sociedade.

A classificação das gerações dos direitos fundamentais pode ser resumida da seguinte forma:

1ª Geração: consubstancia-se fundamentalmente nas *liberdades públicas*. A finalidade dessa dimensão foi limitar o poder de atuação do Estado, impondo a ele o dever de não intervenção, de abstenção. Por conta disso, tais direitos também são conhecidos pela doutrina como *direitos negativos*. As revoluções francesa e norte-americana influenciaram, e muito, no surgimento dos direitos individuais. Os direitos políticos também se encontram nessa dimensão;

2ª Geração: a revolução industrial europeia, ocorrida no século XVIII, pode ser tida aqui como um marco. Valores ligados à igualdade eram prestigiados. As lutas trabalhistas, visando a melhores condições, também. Diferentemente dos direitos de primeira geração, os de *segunda exigiram uma conduta positiva do Estado, uma ação propriamente dita e, por conta disso, também são chamados de direitos positivos*. Encontram-se assegurados, aqui, os chamados *direitos sociais*, ou seja, aqueles *relacionados ao trabalho, à educação e à saúde;*

3ª Geração: a partir da concepção de que o indivíduo faz parte de uma coletividade e que necessita, para a própria subsistência, de um ambiente saudável, equilibrado, é exigida a participação dos indivíduos na busca efetiva dos *direitos da coletividade* e não apenas dos direitos individuais. Encontram-se aqui os denominados direitos transindividuais que abarcam, por exemplo, o direito ao *meio ambiente ecologicamente equilibrado e os direitos do consumidor;*

4ª Geração: para aqueles que sustentam a existência de uma quarta dimensão dos direitos fundamentais, são aqui mencionados os direitos relacionados à biogenética;

5ª Geração: para aqueles que sustentam a existência de uma quinta dimensão dos direitos fundamentais, são aqui mencionados os direitos relacionados à internet.

9.2. Diferença entre direitos e garantias

Os *direitos* são *vantagens conferidas às pessoas e que limitam o Estado em caso de atuação desgovernada*. São fundamentais aqueles inerentes ao ser humano. Para que o Estado não adentre em algo inerente à dignidade de cada um é que são estabelecidos os direitos fundamentais.

Já as *garantias* podem ser definidas como *mecanismos assecuratórios dos direitos* citados. Têm por objetivo garantir seu exercício e, ainda, sanar a lesividade quando os direitos não estiverem sendo respeitados. A garantia facilita a defesa do direito fundamental assegurado constitucionalmente. Para cada direito previsto, há uma garantia. Exemplo: a Constituição garante a liberdade de locomoção, que, sendo violada, poderá ser restaurada com o mecanismo assecuratório correspondente, que é o *habeas corpus*. Tal instrumento é um remédio constitucional, considerado espécie do gênero garantia.

9.3. Características dos direitos fundamentais

9.3.1. Universalidade

Significa que os direitos fundamentais são destinados a todas as pessoas indistintamente. Não podem ser estabelecidos ou dirigidos a determinada pessoa, grupo ou categoria. A forma universal é a única admitida quando da aplicação desses direitos.

9.3.2. Historicidade

Significa que a formação dos direitos fundamentais se dá no decorrer da história. A origem desses direitos tem por base movimentos como o constitucionalismo. Sua evolução concreta é demonstrada ao longo do tempo. As conhecidas gerações ou dimensões dos direitos fundamentais se fundamentam especificamente nessa característica.

9.3.3. Limitabilidade ou caráter relativo

Significa que ainda que sejam considerados fundamentais, não são direitos absolutos. Não há direito absoluto. Na crise advinda do confronto entre dois ou mais direitos fundamentais, ambos terão de ceder. Às vezes, será necessário fazer prevalecer um em detrimento do outro naquela situação específica. Um exemplo é o choque entre a liberdade de informação e o direito à vida privada. Até que momento a imprensa, a informação jornalística, deve ser prestigiada em detrimento da vida privada? Esse é um dos grandes questionamentos doutrinários e jurisprudenciais. Somente após análise do caso concreto é possível fazer apontamentos mencionando o que deve prevalecer.

Em suma, quando se tratar de colisão entre direitos fundamentais, deve ser buscada a conciliação entre eles, aplicando-se a cada um a extensão variável, a depender da relevância que apresentem na hipótese concreta.

9.3.4. Cumulatividade ou concorrência dos direitos fundamentais

Significa que os direitos fundamentais não se excluem, na verdade se somam. Para o exercício de um, não é necessário que outro seja eliminado. Como o próprio nome da característica indica, esses direitos são cumuláveis, podem ser exercidos de forma simultânea.

9.3.5. Irrenunciabilidade

Significa que ninguém pode recusar, abrir mão de um direito fundamental. O exercício desses direitos pode não ser efetivado por aquele que não o deseja, mas, ainda que não colocados em prática, pertencem ao seu titular. O Estado é o garantidor.

9.3.6. Irrevogabilidade

Significa que nem mesmo pelo processo de alteração da Constituição (emendas constitucionais) é possível revogar um direito fundamental. Essa afirmação é pacífica no tocante aos direitos inseridos no texto constitucional pelo poder constituinte *originário*. Em relação aos trazidos pelo poder constituinte derivado reformador, ou seja, advindos de emendas à Constituição, a doutrina diverge: há quem sustente que podem sim ser revogados, desde que por meio de uma nova emenda. É o caso do princípio da celeridade processual, art. 5º, LXXVIII, que foi introduzido no ordenamento jurídico pela Emenda Constitucional 45.

9.3.7. Imprescritibilidade

Os direitos fundamentais, por serem inerentes à pessoa humana, não prescrevem. Os titulares desses direitos, mesmo que não os exerçam, não os perdem.

9.4. Direitos fundamentais em espécie

Encontram-se previstos no art. 5º da CF e ao longo de todo o texto constitucional, além daqueles derivados do regime e dos princípios adotados pela nossa Carta Maior e, ainda, dos tratados internacionais de que o Brasil seja parte, nos termos do § 2º do art. 5º da CF, conforme já mencionado.

Vale lembrar que não há que se falar em hierarquia entre as normas definidoras dos direitos e garantias fundamentais e os demais comandos previstos na Constituição.

Direito à vida e à integridade: previsto no contexto do art. 5º, "caput", estabelece que "todos são iguais perante a lei, sem distinção de qualquer natureza, garantindo-se aos brasileiros e aos estrangeiros residentes no país a inviolabilidade do direito *à vida*, à liberdade, à igualdade, à segurança e à propriedade". Excepcionalmente, a CF admite a pena de morte em caso de guerra externa declarada, nos termos do art. 84, XIX (art. 5º, XLVII, "a").

O STF, ao julgar a ADI 3.510, declarou que o art. 5º da Lei de Biossegurança (Lei 11.105/05) é constitucional, autorizando, portanto, as pesquisas com células-tronco. A discussão era no sentido de que tais procedimentos violariam o direito à vida e princípio da dignidade da pessoa humana.

Outra decisão relevante da Corte Suprema (STF) é a relacionada ao feto anencéfalo. As mães que optam por interromper a gravidez de fetos anencefálicos e os médicos que executam tal ato não praticam crime. Os votos vencedores se pautaram no entendimento de que um feto que possui anencefalia é considerado natimorto e, por isso, a interrupção da gravidez nessa hipótese não é tida como aborto (ato considerado fato típico pelo Código Penal – arts. 124, 126 e 128, incisos I e II). Tal ensinamento é extraído do julgamento da ADPF 54-DF (Inform. STF 704).

Princípio da igualdade ou isonomia (art. 5º, I): homens e mulheres são iguais perante a lei, sem distinção de qualquer natureza. A realização efetiva da justiça busca o tratamento igual para os iguais, mas para tanto é preciso dar tratamento desigual aos desiguais, na exata medida da desigualdade; isso tem como objetivo a superação da igualdade meramente formal (perante a lei) e o alcance da igualdade material (real).

Sobre a igualdade material, podemos citar como exemplo a medida cautelar concedida na ADI 6039. O STF declarou a constitucionalidade da Lei Estadual 8.008/2018 do RJ a qual impõe a obrigatoriedade de que as crianças e adolescentes do sexo feminino vítimas de estupro sejam examinadas por perito legista mulher. Segundo a Corte, a especial proteção à mulher e o atendimento empático entre iguais evita a revitimização da criança ou adolescente, mulher, vítima de violência. [ADI 6.039 MC, rel. min. Edson Fachin, j. 13-3-2019, P, DJE de 1º-8-2019].

É decorrência do princípio da igualdade o entendimento da Suprema Corte de que o limite de idade para a inscrição em concurso público só se legitima em face do art. 7º, XXX, da Constituição, o qual proíbe diferença de salários, de exercício de função e de critérios de admissão por motivo de sexo, idade, cor ou estado civil, a não ser que esta desigualdade possa ser justificada pela natureza das atribuições do cargo a ser preenchido (Súmula 683, STF). Algumas Súmulas Vinculantes dizem respeito a esse princípio. De acordo com a de 44 (STF), "só por lei se pode sujeitar a exame psicotécnico a habilitação de candidato a cargo público. A de n. 43 determina que "É inconstitucional toda modalidade de provimento que propicie ao servidor investir-se, sem prévia aprovação em concurso público destinado ao seu provimento, em cargo que não integra a carreira na qual anteriormente investido".

A Suprema Corte reconheceu que os testes de aptidão física realizados em cursos públicos podem ser remarcados caso a candidata esteja grávida no momento em que foram realizados RE 1.058.333.

Também não se pode esquecer, quando o assunto é igualdade, do enunciado da Súmula Vinculante n. 13 que pôs fim ao nepotismo, vedando a possibilidade de contratação, sem concurso público, de parentes dos ocupantes dos Poderes Legislativo, Executivo e Judiciário.

Além disso, a Corte Maior já decidiu que o "O direito à igualdade sem discriminações abrange a identidade ou a expressão de gênero. A identidade de gênero é manifestação da própria personalidade da pessoa humana e, como tal, cabe ao Estado apenas o papel de reconhecê-la, nunca de constituí-la. A pessoa não deve provar o que é, e o Estado não deve condicionar a expressão da identidade a qualquer tipo de modelo, ainda que meramente procedimental. Com base nessas assertivas, o Plenário, por maioria, julgou procedente pedido formulado em ação direta de inconstitucionalidade para dar interpretação conforme a Constituição e o Pacto de São José da Costa Rica ao art. 58 da Lei 6.015/1973. Reconheceu aos transgêneros, independentemente da cirurgia de transgenitalização, ou da realização de tratamentos hormonais ou patologizantes, o direito à alteração de prenome e gênero diretamente no registro civil. O Colegiado assentou seu entendimento nos princípios da dignidade da pessoa humana, da inviolabilidade da intimidade, da vida privada, da honra e da imagem, bem como no Pacto de São José da costa Rica. Considerou desnecessário qualquer requisito atinente à maioridade, ou outros que limitem a adequada e integral proteção da identidade de gênero autopercebida. Além disso, independentemente da natureza dos procedimentos para a mudança de nome, asseverou que a exigência da via jurisdicional constitui limitante incompatível com essa proteção. Ressaltou que os pedidos podem estar baseados unicamente no consentimento livre e informado pelo solicitante, sem a obrigatoriedade de comprovar requisitos tais como certificações médicas ou psicológicas, ou outros que possam resultar irrazoáveis ou patologizantes. Pontuou que os pedidos devem ser confidenciais, e os documentos não podem fazer remissão a eventuais alterações. Os procedimentos devem ser céleres e, na medida do possível, gratuitos. Por fim, concluiu pela inexigibilidade da realização de qualquer tipo de operação ou intervenção cirúrgica ou hormonal". [ADI 4.275, rel. p/ o ac. Min. Edson Fachin, j. 01.03.2018, P, Informativo 892].

O STF ao julgar a ADI 2477/PR e a ADI 2572/PR, relatados pelo Min. Roberto Barroso, julgou a constitucionalidade de uma lei estadual do Paraná cujo objetivo é promover a igualdade ao dispor sobre o acesso, de maneira digna, a meios de transporte público e salas de projeções, teatros, espaços culturais às pessoas obesas. A Suprema Corte entendeu que: "É constitucional lei estadual que prevê a reserva de assentos especiais a serem utilizados por pessoas obesas, correspondente a 3% dos lugares em salas de projeções, teatros e espaços culturais localizados em seu território e a, no mínimo, 2 lugares em cada veículo do transporte coletivo municipal e intermunicipal" (Informativo 1073).

Princípio da legalidade (art. 5º, II): ninguém será obrigado a fazer ou deixar de fazer alguma coisa senão em virtude de lei; tal regra pressupõe que o Poder Público não pode impor qualquer exigência às pessoas sem previsão legal.

Decorre de tal princípio a edição de três súmulas por parte do Supremo Tribunal Federal. A primeira é a 711 que dispõe que "a lei penal mais grave aplica-se ao crime continuado e ao permanente se a sua vigência é anterior à cessação da continuidade ou da permanência". A segunda, 686, diz respeito à exigência de exame psicotécnico para a habilitação de candidato a cargo público, que só poderá existir se houver lei disciplinando o assunto. E a terceira, 636, menciona que não cabe recurso extraordinário por contrariedade a esse princípio quando sua verificação pressuponha a revisão de interpretação dada a normas infraconstitucionais.

É importante mencionar que o princípio da legalidade não se confunde com o da reserva legal. O primeiro está previsto no art. 5º, inciso II, da CF e tem sentido amplo, abrangendo todas as espécies normativas, previstas no art. 59 da CF. Já o da reserva legal pressupõe somente a lei em sentido estrito, ou seja, lei ordinária ou complementar.

Liberdade de manifestação de pensamento (art. 5ª, IV): é livre a manifestação do pensamento, sendo proibido o anonimato.

De acordo com o STF, "a Democracia não existirá e a livre participação política não florescerá onde a liberdade de expressão for ceifada, pois esta constitui condição essencial ao pluralismo de ideias, que por sua vez é um valor estruturante para o salutar funcionamento do sistema democrático. A livre discussão, a ampla participação política e o princípio democrático estão interligados com a liberdade de expressão, tendo por objeto não somente a proteção de pensamentos e ideias, mas também opiniões, crenças, realização de juízo de valor e críticas a agentes públicos, no sentido de garantir a real participação dos cidadãos na vida coletiva. São inconstitucionais os dispositivos legais que tenham a nítida finalidade de controlar ou mesmo aniquilar a força do pensamento crítico, indispensável ao regime democrático. Impossibilidade de restrição, subordinação ou forçosa adequação programática da liberdade de expressão a mandamentos normativos cerceadores durante o período eleitoral. Tanto a liberdade de expressão quanto a participação política em uma Democracia representativa somente se fortalecem em um ambiente de total visibilidade e possibilidade de exposição crítica das mais variadas opiniões sobre os governantes. O direito fundamental à liberdade de expressão não se direciona somente a proteger as opiniões supostamente verdadeiras, admiráveis ou convencionais, mas também aquelas que são duvidosas, exageradas, condenáveis, satíricas, humorísticas, bem como as não compartilhadas pelas maiorias. Ressalte-se que, mesmo as declarações errôneas, estão sob a guarda dessa garantia constitucional. Ação procedente para declarar a inconstitucionalidade dos incisos II e III (na parte impugnada) do artigo 45 da Lei 9.504/1997, bem como, por arrastamento, dos parágrafos 4º e 5º do referido artigo". [ADI 4.451, rel. min. Alexandre de Moraes, j. 21-6-2018, P, DJE de 6-3-2019].

Direito de resposta (art. 5º, V): é assegurado o direito de resposta, proporcional ao agravo, além da indenização por dano material, moral ou à imagem.

Recentemente o STF decidiu que: "A Lei 13.188/15 estabelece um rito especial para o exercício do direito de resposta. O art. 10 da lei, ao exigir deliberação colegiada para a concessão de efeito suspensivo a decisão de primeiro grau em que se concede ou nega direito de resposta, importa em inobservância ao poder geral de cautela do juiz, contraria a organicidade do Judiciário e subverte a hierarquia que inspira a estrutura desse Poder no texto constitucional, conforme indicado no art. 92 da Constituição Federal". [ADI 5.415, rel. min. Dias Toffoli, j. 11-3-2021, P, DJE de 25-5-2021.]

O direito de resposta tem relação com o que dispõe o art. 220 da CF, que trata da manifestação de pensamento, de informação e da vedação à censura política, ideológica ou artística. O mencionado dispositivo deve ser aplicado em consonância com o art. 5º.

Segundo o STF: "O direito de resposta possibilita que a liberdade de expressão seja exercida em sua plenitude, pois é acionado apenas após a livre e irrestrita manifestação do pensamento. Além disso, o direito de resposta concede ao ofendido espaço adequado para que exerça, com o necessário alcance, seu direito de voz no espaço público. O direito em tela é, ainda, complementar à liberdade de informar e de manter-se informado, já que possibilita a inserção no debate público de mais de uma perspectiva de uma controvérsia. No julgamento da ADPF 130, o Supremo Tribunal Federal considerou a Lei de Imprensa, em bloco, incompatível com a Constituição de 1988. Naquela assentada, não houve o cotejo entre os dispositivos relativos ao rito do direito de resposta – o qual, em certa medida, se assemelhava ao que está hoje previsto na Lei Federal 13.188/15 – e a Constituição de 1988. Prevaleceu que o direito de resposta previsto na Constituição tem aplicabilidade imediata e eficácia plena. Ademais, reconheceu-se a possibilidade de o Congresso Nacional elaborar lei específica sobre o tema. O direito de resposta não se confunde com direito de retificação ou retratação. Seu exercício está inserido em um contexto de diálogo e não se satisfaz mediante ação unilateral por parte do ofensor. Mesmo após a retratação ou a retificação espontânea pelo veículo de comunicação social, remanesce o direito do suposto ofendido de acionar o rito especial da Lei 13.188/15 para que exerça, em nome próprio, seu alegado direito de resposta, nos termos do art. 2º, § 3º, da Lei 13.188/15, declarado constitucional. Entendeu o legislador ordinário que, para o atendimento do critério da proporcionalidade, a resposta ou retificação deveria ter o mesmo destaque, publicidade, periodicidade e dimensão/duração da matéria que a ensejou. Ao assim dispor, a lei observa e detalha a orientação constitucional de proporcionalidade, pois delimita a medida paritária mediante a qual se considerará retorquido adequadamente o agravo, razão pela qual é constitucional o art. 4º da Lei 13.188/15. O exercício do direito de resposta é regido pelo princípio da imediatidade (ou da atualidade da resposta). Portanto, a ação que reconhece esse direito encerra procedimento cuja efetividade depende diretamente da celeridade da prestação jurisdicional, o que justifica os prazos estipulados pelos arts. 5º, § 2º; 6º e 7º da Lei 13.188/15, os quais não importam em violação do devido processo legal. A previsão do art. 5º, § 1º, da Lei 13.188/15 vai ao encontro da concretização do direito fundamental de resposta, pois, ao permitir que uma pessoa que se considera ofendida por uma matéria jornalística acione um veículo de comunicação social no foro de seu domicílio ou naquele em que o agravo tenha apresentado maior repercussão, viabiliza que o processo tramite justamente nos limites territoriais em que a alegada ofensa a direitos da personalidade se faz sentir com maior intensidade. [ADI 5.418, rel. min. Dias Toffoli, j. 11-3-2021, P, DJE de 25-5-2021].

No julgamento da ADPF 130, o Supremo menciona que o direito de resposta atua *a posteriori*, para inibir excessos, mas que as altas indenizações por danos morais ou materiais restringem a liberdade de imprensa e ferem o princípio da proporcionalidade. (**ADPF 130**, Rel. Min. Ayres Britto, julgamento em 30.04.2009, Plenário, *DJE* de 06.11.2009. **No mesmo sentido:** AI 787.215-AgR, Rel. Min. Carmen Lúcia, julgamento em 24.08.2010, Primeira Turma, *DJE* de 24.09.2010).

Princípio da liberdade religiosa (art. 5º, VI): o nosso país é considerado laico ou leigo (sem religião oficial), portanto neutro em relação às religiões; a CF garante o respeito à liberdade religiosa, que abrange a liberdade de crença e a liberdade de culto.

Recentemente O STF decidiu que: "É inconstitucional, por ofensa aos princípios da isonomia, da liberdade religiosa e da laicidade do Estado, norma que obrigue a manutenção de exemplar de determinado livro de cunho religioso em unidades escolares e bibliotecas públicas estaduais. [ADI 5.258, rel. min. Cármen Lúcia, j. 13-4-2021, P, *DJE* de 27-4-2021].

Além disso, o Supremo determina que "a liberdade religiosa não é exercível apenas em privado, mas também no espaço público, e inclui o direito de tentar convencer os outros, por meio do ensinamento, a mudar de religião. O discurso proselitista é, pois, inerente à liberdade de expressão religiosa. (...) A liberdade política pressupõe a livre manifestação do pensamento e a formulação de discurso persuasivo e o uso de argumentos críticos. Consenso e debate público informado pressupõem a livre troca de ideias e não apenas a divulgação de informações. O artigo 220 da Constituição Federal expressamente consagra a liberdade de expressão sob qualquer forma, processo ou veículo, hipótese que inclui o serviço de radiodifusão comunitária. Viola a Constituição Federal a proibição de veiculação de discurso proselitista em

serviço de radiodifusão comunitária".[ADI 2.566, rel. p/ o ac. min. Edson Fachin, j. 16-5-2018, P, DJE de 23-10-2018].

Por fim, a corte decidiu que "é constitucional a lei de proteção animal que, a fim de resguardar a liberdade religiosa, permite o sacrifício ritual de animais em cultos de religiões de matriz africana".[RE 494.601, rel. p/ o ac. min. Edson Fachin, j. 28-3-2019, P, DJE de 19-11-2019].

Assistência religiosa (art. 5º, VII): o dispositivo assegura, nos termos da lei, a prestação de assistência religiosa nas entidades civis e militares de internação coletiva. A liberdade religiosa se apresenta de diversas maneiras no texto constitucional e o seu exercício deve ser garantido, inclusive, às pessoas que estão em estabelecimentos prisionais. Essa prestação de assistência religiosa configura um dos direitos fundamentais dos internos;

Vale lembrar que o art. 19, I, da CF, **veda** aos entes federativos o **estabelecimento de cultos religiosos** ou igrejas, a concessão de subsídios, o embaraço ao funcionamento ou a manutenção, com eles ou seus representantes, de relações de dependência ou aliança, ressalvada, na forma da lei, a colaboração de interesse público.

De acordo com o STF: "O direito à liberdade de religião, como expectativa normativa de um princípio da laicidade, obsta que razões religiosas sejam utilizadas como fonte de justificação de práticas institucionais e exige de todos os cidadãos, os que professam crenças teístas, os não teístas e os ateístas, processos complementares de aprendizado a partir da diferença. O direito dos militares à assistência religiosa exige que o Estado se abstenha de qualquer predileção, sob pena de ofensa ao art. 19, I, da CRFB. Norma estadual que demonstra predileção por determinada orientação religiosa em detrimento daquelas inerentes aos demais grupos é incompatível com a regra constitucional de neutralidade e com o direito à liberdade de religião. [ADI 3.478, rel. min. Edson Fachin, j. 20-12-2019, P, DJE de 19-2-2020].

Fortificando essa liberdade, o art. 150, VI, "b", da CF traz imunidades tributárias aos templos de qualquer culto, inclusive quando forem apenas locatárias de bem imóvel, conforme dispõe o § 1º-A do art. 156 da CF (acrescentado pela EC 116/22). O STF já decidiu que tais benefícios abrangem também os cemitérios, que são considerados extensões de entidades de cunho religioso (RE 578.562, Rel. Min. Eros Grau, julgamento em 2105.2008, Plenário, *DJE* de 12.09.2008).

Sobre o ensino religioso, o § 1º do art. 210 da CF/88 determina ser de matrícula facultativa e disciplina dos horários normais das escolas públicas de ensino fundamental.

Vedação da privação de direitos por motivo de crença (art. 5º, VIII): ninguém será privado de direitos por motivo de crença religiosa ou de convicção filosófica ou política, salvo se as invocar para eximir-se de obrigação legal a todos imposta e recusar-se a cumprir prestação alternativa, fixada em lei.

Segundo o STF: "É constitucional a obrigatoriedade de imunização por meio de vacina que, registrada em órgão de vigilância sanitária, (i) tenha sido incluída no Programa Nacional de Imunizações, ou (ii) tenha sua aplicação obrigatória determinada em lei ou (iii) seja objeto de determinação da União, Estado, Distrito Federal ou Município, com base em consenso médico-científico. Em tais casos, não se caracteriza violação à liberdade de consciência e de convicção filosófica dos pais ou responsáveis, nem tampouco ao poder familiar".

[ARE 1.267.879, rel. min. Roberto Barroso, j. 17-12-2020, P, DJE de 8-4-2021, Tema 1.103].

Duas outras recentes e importantes decisões da Suprema Corte que se relacionam com esse direito dizem respeito à Administração Pública. A primeira admite a realização de etapas de concurso público em datas e horários distintos dos previstos em edital por candidato que invoca a escusa de consciência por motivo de crença religiosa, desde que presente a razoabilidade da alteração, a preservação da igualdade entre todos os candidatos e que não acarrete ônus desproporcional à Administração pública, que deverá decidir de maneira fundamentada [RE 611.874, rel. p/ o ac. min. Edson Fachin, j. 26-11-2020, P, DJE de 12-4-2021, Tema 386] e a segunda autoriza a Administração Pública, inclusive em estágio probatório, a estabelecer critérios alternativos para o regular exercício dos deveres funcionais inerentes aos cargos públicos, em face de servidores que invocam escusa de consciência por motivos de crença religiosa, desde que presente a razoabilidade da alteração, não se caracterize o desvirtuamento no exercício de suas funções e não acarrete ônus desproporcional à Administração Pública, que deverá decidir de maneira fundamentada. [ARE 1.099.099, rel. min. Edson Fachin, j. 26-11-2020, P, DJE de 12-4-2021, Tema 1.021].

Liberdade de expressão (art. 5º, IX): é livre a expressão da atividade intelectual, artística, científica e de comunicação, independentemente de censura ou licença. Essa garantia abrange também o direito de opinião, de informação e de escusa de consciência.

Julgamentos importantes devem ser mencionados aqui. O primeiro advém Plenário do STF "ao referendar, com efeito vinculante e eficácia contra todos, decisão monocrática que, em arguição de descumprimento de preceito fundamental (ADPF), suspendeu os efeitos de atos judiciais ou administrativos emanados de autoridade pública que possibilitem, determinem ou promovam o ingresso de agentes públicos em universidades públicas e privadas, o recolhimento de documentos, a interrupção de aulas, debates ou manifestações de docentes e discentes universitários, a atividade disciplinar docente e discente e a coleta irregular de depoimentos desses cidadãos pela prática de manifestação livre de ideias e divulgação do pensamento em ambientes universitários ou em equipamentos sob a administração de universidades públicas e privadas e serventes a seus fins e desempenhos. (...) A finalidade do art. 37 da Lei 9.504/1997, que regulamenta a propaganda eleitoral e impõe proibição de alguns comportamentos em períodos que especifica, é a de impedir o abuso do poder econômico e político e de preservar a igualdade entre os candidatos no processo. A norma visa resguardar a liberdade do cidadão, o amplo acesso às informações, para que ele decida conforme sua livre convicção, sem cerceamento direto ou indireto a seu direito de escolha. A vedação por ela estabelecida possui a finalidade específica de lisura do processo eleitoral. O que não estiver dentro dos limites dessa finalidade e, diversamente, atingir a livre manifestação do cidadão não se afina com a teleologia da norma eleitoral nem com os princípios constitucionais garantidores da liberdade de pensamento, manifestação, informação, ensino e aprendizagem. Portanto, as providências judiciais e administrativas impugnadas na ADPF, além de ferir o princípio garantidor de todas as formas de manifestação da liberdade, desrespeitam a autonomia das universidades e a liberdade dos docentes e discentes. As condutas limitadas pelos atos questionados restringem não os direitos dos candidatos, mas o livre pensar dos cidadãos". [ADPF 548 MC REF, rel. min. Cármen Lúcia, j. 31-10-2018, P, Informativo 922].

O segundo julgamento importante é dado pelo RE 511.961, que declarou como não recepcionado pela Constituição o art. 4º, V, do Decreto-Lei 972/1969, que exigia diploma de curso superior para o exercício da profissão de jornalista.

O terceiro vem trazido na ADPF 130 ao considerar como não recepcionada toda a Lei de Imprensa (Lei 5.250/1967).

Por fim, a ADPF 187/DF (informativo 621 do STF), guarda relação com a denominada "marcha da maconha". O STF, em decisão unânime, autorizou a realização de manifestações favoráveis à descriminalização da droga. A livre expressão do pensamento e o direito de reunião protegem a realização dessas marchas. Algumas premissas, como a não incitação ao consumo de drogas, a não estimulação à prática de atos ilegais, a ausência de crianças e adolescentes e a proteção do Estado, por meio de cautelas que visam a evitar abusos, foram mencionadas pelos ministros quando decidiram favoravelmente à marcha.

Direito à privacidade e à preservação da imagem (art. 5º, X): são invioláveis a intimidade, a vida privada, a honra e a imagem das pessoas, assegurado o direito à indenização pelo dano material ou moral decorrente de sua violação.

A Súmula vinculante 11 restringe o uso de algemas aos casos de resistência e de fundado receio de fuga ou de perigo à integridade física própria ou alheia por parte do preso ou de terceiros, desde que justificada por escrito, sob pena de responsabilidade. Isso decorre da preservação da imagem.

Vale trazer a informação de que " Plenário do STF, por maioria, "referendou medida cautelar em ações diretas de inconstitucionalidade para suspender a eficácia da Medida Provisória 954/2020, que dispõe sobre o compartilhamento de dados por empresas de telecomunicações prestadoras de Serviço Telefônico Fixo Comutado e de Serviço Móvel Pessoal com a Fundação Instituto Brasileiro de Geografia e Estatística (IBGE), para fins de suporte à produção estatística oficial durante a situação de emergência de saúde pública de importância internacional decorrente do Coronavírus (Covid-19). A Constituição Federal confere especial proteção à intimidade, à vida privada, à honra e à imagem das pessoas ao qualificá-las como invioláveis, enquanto direitos fundamentais da personalidade, assegurando indenização pelo dano material ou moral decorrente de sua violação (art. 5º, X). O assim chamado direito à privacidade e os seus consectários direitos à intimidade, à honra e à imagem emanam do reconhecimento de que a personalidade individual merece ser protegida em todas as suas manifestações. A fim de instrumentalizar tais direitos, a CF prevê, no art. 5º, XII, a inviolabilidade do sigilo da correspondência e das comunicações telegráficas, de dados e das comunicações telefônicas, salvo, no último caso, por ordem judicial, nas hipóteses e na forma que a lei estabelecer para fins de investigação criminal ou instrução penal." [ADI 6.387 MC-Ref, ADI 6.388 MC-Ref, ADI 6.389 MC-Ref, ADI 6.390 MC-Ref e ADI 6.393 MC-Ref, rel. min. Rosa Weber, j. 6 e 7-5-2020, P, Informativo 976].

Princípio da inviolabilidade domiciliar (art. 5º, XI): a casa é asilo inviolável do indivíduo, ninguém nela podendo penetrar sem consentimento do morador, salvo em caso de flagrante delito ou desastre, ou para prestar socorro, ou, durante o dia, por determinação judicial. Segundo a doutrina que adota a predeterminação do horário, entende-se como noite das 18 até as 6 horas; durante este horário somente é permitido ingressar em casa alheia em situações emergenciais e de urgência (desastre, flagrante delito, prestação de socorro).

O Supremo já decidiu que o mandado judicial de busca e apreensão em escritório de advocacia não pode ser expedido de modo genérico, mesmo sendo o advogado o investigado. Afirmou ainda que não se justifica e nem é jurídica a devassa indiscriminada em escritórios para recolher objetos que nada têm a ver com a causa (HC 91.610, Rel. Min. Gilmar Mendes, julgamento em 8-6-2010, Segunda Turma, **Informativo** 590).

Além disso, de acordo com a jurisprudência do Supremo, os quartos de hotel fazem parte do conceito de casa e, portanto, são abrangidos pela garantia da inviolabilidade domiciliar (RHC 90.376, Rel. Min. Celso de Mello). Tal garantia se estende também, por exemplo, ao escritório de contabilidade que funcione no próprio domicílio.

Garantia do sigilo da correspondência (art. 5º, XII): é inviolável o sigilo de correspondência e das comunicações telegráficas, de dados e das comunicações telefônicas. A Lei 9.296/1996 permite, de forma excepcional, a interceptação telefônica para fins de investigação criminal ou instrução processual penal e desde que por ordem judicial (cláusula de reserva jurisdicional).

Antes da Lei 9.296/1996, o entendimento do STF era no sentido da não possibilidade de interceptação telefônica, mesmo que houvesse autorização judicial, em investigação criminal ou instrução processual penal, levando em conta a não recepção do art. 57, II, "e", da Lei 4.117/1962 (Código Brasileiro de Telecomunicações).

Depois, foram estabelecidos nortes e regras para a realização dessa interceptação, sendo, portanto, possível, observados os requisitos constitucionais e legais; tal procedimento não afeta o direito ao silêncio, segundo o STF (HC 103.236, voto do Rel. Min. Gilmar Mendes, julgamento em 14.06.2010, Segunda Turma, *DJE* de 03.09.2010).

Vale lembrar que o Supremo admite que sejam utilizadas as gravações feitas na instrução processual penal como prova emprestada nos processos de natureza civil e administrativa.

Direito de exercer qualquer profissão (art. 5º, XIII): é livre o exercício de qualquer trabalho, ofício ou profissão, atendidas as qualificações profissionais que a lei estabelecer.

A Suprema Corte entende que "O art. 5º, XIII, da CR é norma de aplicação imediata e eficácia contida que pode ser restringida pela legislação infraconstitucional. Inexistindo lei regulamentando o exercício da atividade profissional dos substituídos, é livre o seu exercício." (MI 6.113-AgR, rel. Min. Cármen Lúcia, julgamento em 22.05.2014, Plenário, *DJE* de 13.06.2014).

Sendo assim, como existe lei regulamentadora (EOAB – Lei 8.906/1994), a exigência de **aprovação prévia em exame da Ordem dos Advogados do Brasil (OAB)** para que bacharéis em direito possam exercer a advocacia foi **considerada constitucional pelo** Plenário do STF (RE 603.583). Os ministros, em decisão unânime, negaram provimento ao Recurso Extraordinário mencionado que impugnava a obrigatoriedade do exame. Vale lembrar que tal recurso teve repercussão geral

reconhecida, de modo que a decisão será aplicada a todos os demais processos que possuam pedido idêntico.

Por outro lado, a Suprema Corte, ao julgar o RE 511.961/SP (**Informativo** 551) definiu que o exercício da atividade de jornalismo **não depende de prévia obtenção de diploma** universitário.

Também decidiu o STF (RE 414.426/SC), que o **músico**, para exercer a sua atividade profissional, **não necessita de registro** em entidade de classe. O precedente adveio de Santa Catarina. Um músico do respectivo estado ingressou com uma ação alegando na Justiça que só poderia atuar se estivesse vinculado à Ordem de Músicos do Brasil. O Supremo decidiu que não havia tal necessidade. A decisão, por se tratar de controle difuso, tem eficácia para o caso específico, mas os ministros decidiram que, ainda que de forma monocrática, essa será a solução adotada. Assim, se os estados continuarem exigindo, para o exercício da atividade de músico, o registro profissional, este será revertido quando chegar à Corte Suprema.

Acesso à informação (art. 5º, XIV): é assegurado a todos o acesso à informação e resguardado o sigilo da fonte, quando necessário ao exercício profissional. Vale lembrar que o STF, em decisão plenária (ADPF 130), declarou como não recepcionado pela CF/88 todo o conjunto de dispositivos da Lei 5.250/1967 (Lei de Imprensa).

Ainda sobre o tema, o STF analisou o chamado "direito ao esquecimento" e decidiu ser: "incompatível com a Constituição a ideia de um direito ao esquecimento, assim entendido como o poder de obstar, em razão da passagem do tempo, a divulgação de fatos ou dados verídicos e licitamente obtidos e publicados em meios de comunicação social analógicos ou digitais. Eventuais excessos ou abusos no exercício da liberdade de expressão e de informação devem ser analisados caso a caso, a partir dos parâmetros constitucionais – especialmente os relativos à proteção da honra, da imagem, da privacidade e da personalidade em geral – e das expressas e específicas previsões legais nos âmbitos penal e cível. [RE 1.010.606, rel. min. Dias Toffoli, j. 11-2-2021, P, DJE de 20-5-2021, Tema 786].

Locomoção em tempo de paz (art. 5º, XV): é livre a locomoção no território nacional em tempo de paz, podendo qualquer pessoa, nos termos da lei, nele entrar, permanecer ou dele sair com seus bens.

Direito de reunião (art. 5º, XVI): todos podem reunir-se pacificamente, sem armas, em locais abertos ao público, independentemente de autorização, desde que não frustrem outra reunião anteriormente convocada para o mesmo local, sendo apenas exigido prévio aviso à autoridade competente.

Segundo o Supremo, a liberdade de reunião e de associação para fins lícitos constitui uma das mais importantes conquistas da civilização. A restrição a esses direitos entraria em confronto com a vontade da Constituição (ADI 1.969, Rel. Min. Ricardo Lewandowski, julgamento em 28.06.2007, Plenário, *DJ* de 31.08.2007).

Direito de associação (art. 5º, XVII a XXI): é plena a liberdade de associação para fins lícitos, vedada a de caráter paramilitar. A criação de associações e, na forma da lei, a de cooperativas independe de autorização, sendo inclusive vedada a interferência estatal em seu funcionamento. As associações só poderão ser compulsoriamente dissolvidas ou ter atividades suspensas por decisão judicial, exigindo-se, no primeiro caso, o trânsito em julgado. Ademais, ninguém poderá ser compelido a associar-se ou a permanecer associado.

A Corte já decidiu que "é constitucional a norma estadual que assegura, no âmbito da educação superior: (i) a livre criação e a auto-organização de centros e diretórios acadêmicos, (ii) seu funcionamento no espaço físico da faculdade, (iii) a livre circulação das ideias por eles produzidas, (iv) o acesso dos seus membros às salas de aula e (v) a participação em órgãos colegiados, em observância aos mandamentos constitucionais da liberdade de associação (CF/1988, art. 5º, XVII), da promoção de uma educação plena e capacitadora para o exercício da cidadania (CF/1988, art. 205) e da gestão democrática da educação (CF/1988, art. 206, VI). [ADI 3.757, rel. min. Dias Toffoli, j. 17-10-2018, P, DJE de 27-4-2020].

Vale lembrar que a súmula 629 do STF dispensa a autorização dos associados quando a entidade de classe impetrar mandado de segurança coletivo em favor deles próprios.

A Suprema Corte entende que: "É inconstitucional o condicionamento da desfiliação de associado à quitação de débito referente a benefício obtido por intermédio da associação ou ao pagamento de multa" (RE 820823/DF, rel. Min. Dias Toffoli, j. 30/09/2022, Tema 922 Repercussão Geral, Informativo 1070).

Direito de propriedade (art. 5º, XXII a XXV): é garantido o direito de propriedade, desde que ela atenda à sua função social (art. 5º, XXIII). Ressalta-se que há limites a esse direito, pois a lei estabelecerá o procedimento para *desapropriação* por necessidade ou utilidade pública, ou por interesse social, mediante justa e prévia indenização em dinheiro, ressalvados os casos previstos na própria CF. De acordo com o art. 184 da CF, compete à União desapropriar por interesse social, para fins de reforma agrária, o imóvel rural que não esteja cumprindo sua função social, mediante prévia e justa indenização em títulos da dívida agrária, com cláusula de preservação do valor real, resgatáveis no prazo de até vinte anos, a partir do segundo ano de sua emissão, e cuja utilização será definida em lei. O § 1º do mesmo dispositivo determina que as benfeitorias úteis e necessárias devem ser pagas indenizadas em dinheiro.

Além disso, no caso de iminente perigo público, a autoridade competente poderá *usar de propriedade particular*, assegurada ao proprietário indenização ulterior, se houver dano. É o caso da denominada requisição administrativa.

Direito do autor (art. 5º, XXVII e XXIX): aos autores pertence o direito exclusivo de utilização, publicação ou reprodução de suas obras, transmissível aos herdeiros pelo tempo que a lei fixar. Escrito é qualquer texto expressado graficamente, seja em meio impresso, seja em meio eletrônico. Se o escrito for texto de obra literária, artística ou científica, haverá proteção especial na Lei 9.610/1998 (Lei de Direitos Autorais). Ademais, a lei assegurará aos autores de inventos industriais privilégio temporário para sua utilização, bem como proteção às criações industriais, à propriedade das marcas, aos nomes de empresas e a outros signos distintivos, tendo em vista o interesse social e o desenvolvimento tecnológico e econômico do País.

Segundo o STF: "A proteção à propriedade industrial, prevista como direito fundamental no art. 5º, inciso XXIX, da Constituição de 1988, se dá de forma temporária e com fundamento no interesse social e no desenvolvimento tecnológico

e econômico. Trata-se, portanto, de instituto com finalidade determinada pela Constituição e que não se circunscreve a um direito individual, pois diz respeito à coletividade e ao desenvolvimento do País..." [ADI 5.529, rel. min. Dias Toffoli, j. 12-5-2021, P, *DJE* de 1º-9-2021].

Dispositivo análogo ensejou a edição da súmula 386 do Supremo que dispõe que "pela execução de obra musical por artistas remunerados é devido direito autoral, não exigível quando a orquestra for de amadores".

Vale acrescentar que o STF já definiu que "o direito autoral é um conjunto de prerrogativas que são conferidas por lei à pessoa física ou jurídica que cria alguma obra intelectual, dentre as quais se destaca o direito exclusivo do autor à utilização, à publicação ou à reprodução de suas obras, como corolário do direito de propriedade intelectual (art. 5º, XXII e XXVII, da Constituição Federal). *In casu*, a Lei 92/2010 do Estado do Amazonas estabeleceu a gratuidade para a execução pública de obras musicais e literomusicais e de fonogramas por associações, fundações ou instituições filantrópicas e aquelas oficialmente declaradas de utilidade pública estadual, sem fins lucrativos. Ao estipular hipóteses em que não se aplica o recolhimento dos valores pertinentes aos direitos autorais, fora do rol da Lei federal 9.610/1998, a lei estadual usurpou competência privativa da União e alijou os autores das obras musicais de seu direito exclusivo de utilização, publicação ou reprodução das obras ou do reconhecimento por sua criação. [ADI 5.800, rel. min. Luiz Fux, j. 8-5-2019, P, DJE de 22-5-2019.]

Direito de herança (art. 5º, XXX e XXXI): é garantido o direito de herança. A sucessão de bens de estrangeiros situados no País será regulada pela lei brasileira em benefício do cônjuge ou dos filhos brasileiros sempre que não lhes seja mais favorável a lei pessoal do *de cujus*.

A capacidade para suceder é verificada no momento da abertura da sucessão (RE 162.350, Rel. Min. Octavio Gallotti, julgamento em 22.08.1995, Primeira Turma, *DJ* de 22.09.1995).

Direito do consumidor (art. 5º, XXXII): dispõe a Constituição que o Estado promoverá, na forma da lei, a defesa do consumidor; o Código de Defesa do Consumidor (Lei 8.078/1990) regulamentou este dispositivo.

Direito à informação (art. 5º, XXXIII): a Constituição garante que todos obtenham dos órgãos públicos informações de seu interesse particular, ou de interesse coletivo ou geral, com exceção daquelas cujo sigilo seja indispensável à segurança da sociedade e do Estado.

Vale lembrar que a Lei 12.527/11 regulamentou o **acesso a informações** impondo às entidades públicas e aos órgãos da Administração Pública em geral, além das entidades privadas sem fins lucrativos que recebam, para realização de ações de interesse público, recursos públicos diretamente do orçamento ou mediante subvenções sociais, contrato de gestão, termo de parceria, convênios, acordo, ajustes ou outros instrumentos congêneres (art. 2º), o dever de autorizar ou conceder o **acesso imediato** à informação disponível.

De acordo com o § 1º do art. 11 da Lei 12.527/11, caso não haja possibilidade da concessão do acesso imediato, o órgão ou entidade que receber o pedido deverá, em prazo não superior a 20 (vinte) dias: I – comunicar a data, local e modo para se realizar a consulta, efetuar a reprodução ou obter a certidão;

II – indicar as razões de fato ou de direito da recusa, total ou parcial, do acesso pretendido; ou III – comunicar que não possui a informação, indicar, se for do seu conhecimento, o órgão ou a entidade que a detém, ou, ainda, remeter o requerimento a esse órgão ou entidade, cientificando o interessado da remessa de seu pedido de informação.

Tal prazo, conforme o § 2º do mesmo dispositivo, poderá ser prorrogado por mais 10 (dez) dias, mediante justificativa expressa, da qual será cientificado o requerente.

Como demonstrado, a lei tem por objetivo assegurar o direito fundamental de acesso à informação. Desse modo, a execução dos atos deve ser feita em conformidade com os princípios básicos da administração pública e com as seguintes diretrizes (art. 3º):

I. observância da publicidade como preceito geral e do sigilo como exceção;

II. divulgação de informações de interesse público, independentemente de solicitações;

III. utilização de meios de comunicação viabilizados pela tecnologia da informação;

IV. fomento ao desenvolvimento da cultura de transparência na administração pública;

V. desenvolvimento do controle social da administração pública.

Determina o art. 8º da Lei 12.527/11 (lei do acesso a informações) que é dever dos órgãos e entidades públicas promover, **independentemente de requerimentos**, a **divulgação** em local de fácil acesso, no âmbito de suas competências, de informações de interesse coletivo ou geral por eles produzidas ou custodiadas.

A proteção do direito à informação também encontra respaldo nas decisões do STF, por exemplo, a trazida pela Súmula vinculante 14 que assegura o direito do defensor, sempre visando ao interesse do representado, de ter acesso amplo aos elementos de prova que, já documentados em procedimento investigatório realizado por órgão com competência de polícia judiciária, digam respeito ao exercício do direito de defesa.

Outra decisão importante do STF diz respeito à: "Homologação de Instrumento de Acordo Coletivo que prevê o pagamento das diferenças relativas aos Planos Econômicos Bresser, Verão e Collor II, bem como a não ressarcibilidade de diferenças referentes ao Plano Collor I. (...) Decisão do Supremo Tribunal Federal que assume o caráter de marco histórico na configuração do processo coletivo brasileiro, como forma de ampliação do acesso à Justiça, diante da disseminação das lides repetitivas no cenário jurídico nacional atual e da possibilidade de solução por meio de processos coletivos." [ADPF 165 Acordo, rel. min. Ricardo Lewandowski, j. 1º-3-2018, P, DJE de 1º-4-2020.] Além disso, o Supremo entende (ADI 3741, Rel. Min. Ricardo Lewandowski) que ofende o direito à informação e à liberdade de expressão lei que determine a proibição da divulgação de pesquisas eleitorais quinze dias antes do pleito.

Por fim, O STF determina que "(...) o parlamentar, na condição de cidadão, pode exercer plenamente seu direito fundamental de acesso a informações de interesse pessoal ou coletivo, nos termos do art. 5º, inciso XXXIII, da CF e das normas de regência desse direito". RE 865.401, rel. min. Marco Aurélio, j. 25-4-2018, P, DJE de 19-10-2018, Tema 832.

Princípio do livre acesso ao Judiciário (art. 5º, XXXV): a lei não excluirá da apreciação do Poder Judiciário lesão ou ameaça a direito. É o denominado princípio da inafastabilidade do controle jurisdicional.

De acordo com o STF: "(...) o tratamento adequado para a criança infratora é um desafio para a sociedade. A decisão do legislador de não aplicar medidas mais severas está em harmonia com a percepção de que a criança é um ser em desenvolvimento que precisa, acima de tudo, de proteção e educação, ou seja, trata-se de uma distinção compatível com a condição de maior vulnerabilidade e de pessoa em desenvolvimento, quando comparada a adolescentes e pessoas adultas. O legislador dispõe de considerável margem de discricionariedade para definir o tratamento adequado à criança em situação de risco criada por seu próprio comportamento. A opção pela exclusividade das medidas protetivas não é desproporcional; ao contrário, alinha-se com as normas constitucionais e internacionais. A atuação do conselho tutelar nesses casos de atos infracionais praticados por crianças não representa qualquer ofensa à Constituição nem viola a garantia da inafastabilidade da jurisdição. Nesse sentido, cumpre ressaltar que o conselho tutelar é um colegiado de leigos, assim como o tribunal do júri, previsto no inciso XXXVIII do art. 5º da CF. Trata-se de órgão que permite a participação direta da sociedade na implementação das políticas públicas definidas no art. 227 da CF, voltadas para a promoção e proteção da infância, em consonância com as mais atuais teorias de justiça, democracia e participação popular direta. A atuação do conselho tutelar não exclui a apreciação de eventuais demandas ou lides pelo Poder Judiciário, inexistindo, portanto, a alegada ofensa ao art. 5º, XXXV, da CF." [ADI 3.446, rel. min. Gilmar Mendes, j. 8-8-2019, P, Informativo 946].

Algumas súmulas editadas pelo Supremo decorrem do princípio da inafastabilidade do controle jurisdicional. Dispõe a de n. 667 que a taxa judiciária calculada sem limite sobre o valor da causa viola a garantia constitucional do acesso à justiça. A súmula vinculante 28 trata do depósito prévio como requisito de admissibilidade de ação judicial na qual se pretenda discutir a exigibilidade do crédito tributário, deixando claro que tal exigência é tida como inconstitucional.

Princípio da irretroatividade da lei (art. 5º, XXXVI): a lei não prejudicará o direito adquirido, o ato jurídico perfeito e a coisa julgada (segurança das relações jurídicas).

O inciso é curto, mas diversas ações judiciais decorrem da violação a esse princípio. Tanto é assim que posicionamentos diversos foram adotados e, por conta disso, muitas súmulas tiveram que ser editadas na intenção de sedimentar entendimentos jurisprudenciais. Vejamos:

Súmula Vinculante 9: "O disposto no art. 127 da Lei 7.210/1984 (LEP) foi recebido pela ordem constitucional vigente, e não se lhe aplica o limite temporal previsto no *caput* do art. 58."

Súmula Vinculante 1: "Ofende a garantia constitucional do ato jurídico perfeito a decisão que, sem ponderar as circunstâncias do caso concreto, desconsidera a validez e a eficácia de acordo constante de termo de adesão instituído pela LC 110/2001."

Súmula 725 do STF – "É constitucional o § 2º do art. 6º da Lei 8.024/1990, resultante da conversão da Medida Provisória 168/1990, que fixou o BTN fiscal como índice de correção monetária aplicável aos depósitos bloqueados pelo Plano Collor I."

Súmula 678 do STF – "São inconstitucionais os incisos I e III do art. 7º da Lei 8.162/1991, que afastam, para efeito de anuênio e de licença-prêmio, a contagem do tempo de serviço regido pela Consolidação das Leis do Trabalho dos servidores que passaram a submeter-se ao regime jurídico único."

Súmula 654 do STF – "A garantia da irretroatividade da lei, prevista no art. 5º, XXXVI, da Constituição da República, não é invocável pela entidade estatal que a tenha editado."

Súmula 524 do STF – "Arquivado o inquérito policial, por despacho do juiz, a requerimento do promotor de justiça, não pode a ação penal ser iniciada, sem novas provas."

Súmula 343 do STF – "Não cabe ação rescisória por ofensa a literal disposição de lei, quando a decisão rescindenda se tiver baseado em texto legal de interpretação controvertida nos tribunais."

Súmula 239 do STF – "Decisão que declara indevida a cobrança do imposto em determinado exercício não faz coisa julgada em relação aos posteriores."

Importante lembrar que o STF decidiu que "O direito à previdência social constitui direito fundamental e, uma vez implementados os pressupostos de sua aquisição, não deve ser afetado pelo decurso do tempo. Como consequência, inexiste prazo decadencial para a concessão inicial do benefício previdenciário. É legítima, todavia, a instituição de prazo decadencial de dez anos para a revisão de benefício já concedido, com fundamento no princípio da segurança jurídica, no interesse em evitar a eternização dos litígios e na busca de equilíbrio financeiro e atuarial para o sistema previdenciário. O prazo decadencial de dez anos, instituído pela MP 1.523, de 28-6-1997, tem como termo inicial o dia 1º-8-1997, por força de disposição nela expressamente prevista. Tal regra incide, inclusive, sobre benefícios concedidos anteriormente, sem que isso importe em retroatividade vedada pela Constituição. **Inexiste direito adquirido a regime jurídico não sujeito a decadência.**" (RE 626.489, rel. Min. Roberto Barroso, julgamento em 16.10.2013, Plenário, *DJE* de 23.09.2014, com repercussão geral.)

Princípio da reserva legal ou da legalidade penal (art. 5º, XXXIX): não há crime sem lei anterior que o defina, nem pena sem prévia cominação legal; tal princípio foi regulamentado pelo art. 1º do Código Penal, o qual o denomina de anterioridade penal.

O Supremo já decidiu, prestigiando o princípio da legalidade penal, que "a existência de tipo penal pressupõe lei em sentido formal e material. Lavagem de dinheiro – Lei 9.613/1998 – Crime antecedente. A teor do disposto na Lei 9.613/1998, há a necessidade de o valor em pecúnia envolvido na lavagem de dinheiro ter decorrido de uma das práticas delituosas nela referidas de modo exaustivo. Lavagem de dinheiro – Organização criminosa e quadrilha. O crime de quadrilha não se confunde com o de organização criminosa, até hoje sem definição na legislação pátria." (HC 96.007, rel. Min. Marco Aurélio, julgamento em 12.06.2012, Primeira Turma, *DJE* de 08.02.2013).

Princípio da retroatividade benéfica (art. 5º, XL): a lei penal não retroagirá, salvo para beneficiar o réu. Nesse sentido, preconiza o parágrafo único do art. 2º do Código Penal que, se a lei posterior de qualquer modo favorecer o agente, aplica-se aos fatos anteriores, ainda que decididos por sentença condenatória transitada em julgado.

Ocorre que há situações em que o Supremo entende de outra forma, por exemplo, a Súmula 711 determina que a lei penal mais grave seja aplicada ao crime continuado ou ao crime permanente se sua vigência é anterior à cessação da continuidade ou da permanência.

A aplicação da norma mais favorável, após o trânsito em julgado, é da competência do juízo das execuções penais, conforme nos ensina a súmula 611 do STF.

Proibição de discriminação atentatória dos direitos e liberdades fundamentais (art. 5º, XLI): a lei punirá qualquer discriminação atentatória dos direitos e liberdades fundamentais.

De acordo com o STF, "no tocante à violência doméstica, há de considerar-se a necessidade da intervenção estatal. (...) No caso presente, não bastasse a situação de notória desigualdade considerada a mulher, aspecto suficiente a legitimar o necessário tratamento normativo desigual, tem-se como base para assim se proceder a dignidade da pessoa humana – art. 1º, III –, o direito fundamental de igualdade – art. 5º, I – e a previsão pedagógica segundo a qual a lei punirá qualquer discriminação atentatória dos direitos e liberdades fundamentais – art. 5º, XLI. A legislação ordinária protetiva está em fina sintonia com a Convenção sobre a Eliminação de Todas as Formas de Violência contra a Mulher, no que revela a exigência de os Estados adotarem medidas especiais destinadas a acelerar o processo de construção de um ambiente onde haja real igualdade entre os gêneros. Há também de se ressaltar a harmonia dos preceitos com a Convenção Interamericana para Prevenir, Punir e Erradicar a Violência contra a Mulher – a Convenção de Belém do Pará –, no que mostra ser a violência contra a mulher uma ofensa aos direitos humanos e a consequência de relações de poder historicamente desiguais entre os sexos. (...) Procede às inteiras o pedido formulado pelo procurador-geral da República, buscando-se o empréstimo de concretude maior à CF. Deve-se dar interpretação conforme à Carta da República aos arts. 12, I, 16 e 41 da Lei 11.340/2006 – Lei Maria da Penha – no sentido de não se aplicar a Lei 9.099/1995 aos crimes glosados pela lei ora discutida, assentando-se que, em se tratando de lesões corporais, mesmo que consideradas de natureza leve, praticadas contra a mulher em âmbito doméstico, atua-se mediante ação penal pública incondicionada. (...) Representa a Lei Maria da Penha elevada expressão da busca das mulheres brasileiras por igual consideração e respeito. Protege a dignidade da mulher, nos múltiplos aspectos, não somente como um atributo inato, mas como fruto da construção realmente livre da própria personalidade. Contribui com passos largos no contínuo caminhar destinado a assegurar condições mínimas para o amplo desenvolvimento da identidade do gênero feminino." (ADI 4.424, voto do rel. Min. Marco Aurélio, julgamento em 09.02.2012, Plenário, *DJE* de 01.08.2014).

Racismo – crime inafiançável e imprescritível (art. 5º, XLII): a prática do racismo constitui crime inafiançável e imprescritível, sujeito à pena de reclusão, nos termos da lei.

Importante decisão da Suprema Corte reconheceu que condutas homofóbicas devem ser consideradas crimes de racismo, até que sobrevenha a edição de lei específica. Vale a leitura do julgado: "Em conclusão de julgamento, o Plenário, por maioria, julgou procedentes os pedidos formulados em ação direta de inconstitucionalidade por omissão (ADO) e em mandado de injunção (MI) para reconhecer a mora do Congresso Nacional em editar lei que criminalize os atos de homofobia e transfobia. Determinou, também, até que seja colmatada essa lacuna legislativa, a aplicação da Lei 7.716/1989 (que define os crimes resultantes de preconceito de raça ou de cor) às condutas de discriminação por orientação sexual ou identidade de gênero, com efeitos prospectivos e mediante subsunção. Prevaleceram os votos dos ministros Celso de Mello e Edson Fachin, relatores da ADO e do MI, respectivamente (Informativo 931). A corrente majoritária reconheceu, em suma, que a omissão do Congresso Nacional atenta contra a Constituição Federal (CF), a qual impõe, nos termos do seu art. 5º, XLI e XLII, inquestionável mandado de incriminação. Entendeu que as práticas homotransfóbicas se qualificam como espécies do gênero racismo, na dimensão de racismo social consagrada pelo Supremo Tribunal Federal (STF) no julgamento do HC 82.424/RS (caso Ellwanger). Isso porque essas condutas importam em atos de segregação que inferiorizam os integrantes do grupo de Lésbicas, Gays, Bissexuais e Transexuais (LGBT), em razão de sua orientação sexual ou de sua identidade de gênero. Considerou, ademais, que referidos comportamentos se ajustam ao conceito de atos de discriminação e de ofensa aos direitos e liberdades fundamentais dessas pessoas. Na ADO, o colegiado, por maioria, fixou a seguinte tese: 'Até que sobrevenha lei emanada do Congresso Nacional destinada a implementar os mandados de criminalização definidos nos incisos XLI e XLII do art. 5º da Constituição da República, as condutas homofóbicas e transfóbicas, reais ou supostas, que envolvem aversão odiosa à orientação sexual ou à identidade de gênero de alguém, por traduzirem expressões de racismo, compreendido este em sua dimensão social, ajustam-se, por identidade de razão e mediante adequação típica, aos preceitos primários de incriminação definidos na Lei 7.716, de 08-1-1989, constituindo, também, na hipótese de homicídio doloso, circunstância que o qualifica, por configurar motivo torpe (Código Penal, art. 121, § 2º, I, in fine); 2. A repressão penal à prática da homo-transfobia não alcança nem restringe ou limita o exercício da liberdade religiosa, qualquer que seja a denominação confessional professada, a cujos fiéis e ministros (sacerdotes, pastores, rabinos, mulás ou clérigos muçulmanos e líderes ou celebrantes das religiões afro-brasileiras, entre outros) é assegurado o direito de pregar e de divulgar, livremente, pela palavra, pela imagem ou por qualquer outro meio, o seu pensamento e de externar suas convicções de acordo com o que se contiver em seus livros e códigos sagrados, bem assim o de ensinar segundo sua orientação doutrinária e/ou teológica, podendo buscar e conquistar prosélitos e praticar os atos de culto e respectiva liturgia, independentemente do espaço, público ou privado, de sua atuação individual ou coletiva, desde que tais manifestações não configurem discurso de ódio, assim entendidas aquelas exteriorizações que incitem a discriminação, a hostilidade ou a violência contra pessoas em razão de sua orientação sexual ou de sua identidade de gênero; 3. O conceito de racismo, compreendido em sua dimensão social, projeta-se para além de aspectos estritamente bioló-gicos ou fenotípicos, pois resulta, enquanto manifestação de poder, de uma construção de índole histórico-cultural moti-vada pelo objetivo de justificar a desigualdade e destinada ao controle ideológico, à dominação política, à subjugação social e à negação da alteridade, da dignidade e da humanidade daqueles que, por integrarem grupo vulnerável (LGBTI+) e por não pertencerem ao estamento que detém posição de hegemonia em uma dada estrutura social, são considerados estranhos e diferentes, degradados à condição de marginais do ordenamento jurídico, expostos, em consequência de odiosa inferiorização e de perversa estigmatização, a uma injusta e lesiva situação de exclusão do sistema geral de proteção do direito". [ADO 26, rel. min. Celso de Mello e MI 4.733, rel. min. Edson Fachin, j. 13-6-2019, P, Informativo 944].

Tortura, tráfico e terrorismo (art. 5º, XLIII): a lei consi-derará crimes inafiançáveis e insuscetíveis de graça ou anistia a prática da tortura, o tráfico ilícito de entorpecentes e drogas afins, o terrorismo e os definidos como crimes hediondos, por eles respondendo os mandantes, os executores e os que, podendo evitá-los, se omitirem.

Vale lembrar que a Lei nº 13.260, de 16 de março de 2016 regulamentou o inciso XLIII do art. 5º da CF, disciplinando o terrorismo, tratando de disposições investigatórias e pro-cessuais e reformulando o conceito de organização terrorista, além de alterar as Leis nos 7.960, de 21 de dezembro de 1989, e 12.850, de 2 de agosto de 2013. Conforme determina o art. 2º da Lei nº 13.260/16, o terrorismo consiste na prática por um ou mais indivíduos dos atos previstos neste artigo, por razões de xenofobia, discriminação ou preconceito de raça, cor, etnia e religião, quando cometidos com a finalidade de provocar terror social ou generalizado, expondo a perigo pessoa, patrimônio, a paz pública ou a incolumidade pública. O § 1º do mesmo dispositivo legal menciona que configuram atos de terrorismo: I – usar ou ameaçar usar, transportar, guardar, portar ou trazer consigo explosivos, gases tóxicos, venenos, conteúdos biológicos, químicos, nucleares ou outros meios capazes de causar danos ou promover destruição em massa; II – (VETADO); III – (VETADO); IV – sabotar o funcionamento ou apoderar-se, com violência, grave ameaça a pessoa ou servindo-se de mecanismos cibernéticos, do controle total ou parcial, ainda que de modo temporário, de meio de comunicação ou de transporte, de portos, aeroportos, estações ferroviárias ou rodoviárias, hospitais, casas de saúde, escolas, estádios esportivos, instalações públicas ou locais onde funcionem serviços públicos essenciais, instalações de geração ou transmissão de energia, instalações militares, instalações de exploração, refino e processamento de petróleo e gás e instituições bancárias e sua rede de atendimento; V – atentar contra a vida ou a integridade física de pessoa. A pena prevista é de reclusão, de doze a trinta anos, além das sanções correspondentes à ameaça ou à violência.

De acordo com a súmula vinculante 26 do STF: "para efeito de progressão de regime no cumprimento de pena por crime hediondo, ou equiparado, o juízo da execução observará a inconstitucionalidade do art. 2º da Lei 8.072, de 25.07.1990, sem prejuízo de avaliar se o condenado preenche, ou não, os requisitos objetivos e subjetivos do benefício, podendo deter-minar, para tal fim, de modo fundamentado, a realização de exame criminológico."

Além disso, o plenário da Corte Maior, no julgamento do HC 104.339, declarou, incidentalmente, a inconstitucionali-dade da vedação da liberdade provisória constante do art. 44, *caput,* da Lei 11.343/2006 (Lei de Drogas).

Ação de grupos armados (art. 5º, XLIV): constitui crime inafiançável e imprescritível a ação de grupos armados, civis ou militares, contra a ordem constitucional e o Estado Democrático.

Segundo o STF: "Atentar contra a democracia e o Estado de Direito não configura exercício da função parlamentar a invocar a imunidade constitucional prevista no art. 53, *caput*, da Constituição Federal. (...) A CF não permite a propagação de ideias contrárias à ordem constitucional e ao Estado Democrático (...), nem tampouco a realização de manifestações nas redes sociais visando ao rompimento do Estado de Direito, com a extinção das cláusulas pétreas constitucionais – separação de Poderes (...), com a consequente instalação do arbítrio. [INQ 4.781 Ref, rel. min. Alexandre de Moraes, j. 17-2-2021, P, Informativo 1.006].

Princípio da responsabilidade pessoal ou da personalidade ou (art. 5º, XLV): nenhuma pena passará da pessoa do condenado, podendo a obrigação de reparar o dano e a decretação do perdimento de bens ser, nos termos da lei, estendidas aos sucessores e contra eles executadas, até o limite do valor do patrimônio transferido. Assim, a pena de prestação de serviços dentre outras, por exemplo, não pode transcender a pessoa do condenado, sob pena de ofensa ao princípio da pessoalidade ou intransmissibilidade da pena. Tema que já foi objeto de questionamento no exame de ordem.

Princípio da individualização das penas (art. 5º, XLVI): a lei regulará a individualização da pena e adotará, entre outras, as seguintes: a) privação ou restrição da liberdade; b) perda de bens; c) multa; d) prestação social alternativa; e) suspensão ou interdição de direitos

De acordo com o STF, "A Lei 9.268/1996, ao considerar a multa penal como dívida de valor, não retirou dela o caráter de sanção criminal, que lhe é inerente por força do art. 5º, XLVI, c, da Constituição Federal. Como consequência, a legitimação prioritária para a execução da multa penal é do Ministério Público perante a Vara de Execuções Penais. Por ser também dívida de valor em face do Poder Público, a multa pode ser subsidiariamente cobrada pela Fazenda Pública, na Vara de Execução Fiscal, se o Ministério Público não houver atuado em prazo razoável (90 dias). [ADI 3.150, rel. p/ o ac. min. Roberto Barroso, j. 13-12-2018, P, DJE de 6-8-2019].

Vale trazer algumas súmulas e decisões do Supremo sobre a individualização das penas merecem ser lembradas. A primeira é a descrita na Súmula Vinculante 26 a qual determina que "para efeito de progressão de regime no cumprimento de pena por crime hediondo, ou equiparado, o juízo da execução observará a inconstitucionalidade do art. 2º da Lei 8.072, de 25.07.1990, sem prejuízo de avaliar se o condenado preenche, ou não, os requisitos objetivos e subjetivos do benefício, podendo determinar, para tal fim, de modo fundamentado, a realização de exame criminológico."

A segunda vem disposta na Súmula 719, segundo a qual "a imposição do regime de cumprimento mais severo do que a pena aplicada permitir exige motivação idônea."

Por outro lado, conforme a Súmula 716, "admite-se a progressão de regime de cumprimento da pena ou a aplicação imediata de regime menos severo nela determinada, antes do trânsito em julgado da sentença condenatória".

Por fim, "a pena unificada para atender ao limite de trinta anos de cumprimento, determinado pelo art. 75 do Código Penal, não é considerada para a concessão de outros benefí-

cios, como o livramento condicional ou regime mais favorável de execução." É o que determina o teor da Súmula 715 do STF.

Vale lembrar que "o Plenário do STF, no julgamento do HC 97.256, declarou, incidentalmente, a inconstitucionalidade da proibição de substituição da pena privativa de liberdade pela pena restritiva de direitos prevista nos arts. 33, § 4º, e 44, *caput*, da Lei 11.343/2006 (Lei de Drogas). A execução da expressão "vedada a conversão em penas restritivas de direitos" do § 4º do art. 33 da Lei 11.343/2006 foi suspensa pela Resolução 5/2012 do Senado Federal, nos termos do art. 52, X, da Constituição".

Princípio da humanidade (art. 5º, XLVII): o Texto Maior proíbe alguns tipos de pena, por ferirem o princípio da humanidade. Sendo assim, não haverá penas: a) de morte, salvo em caso de guerra declarada, nos termos do art. 84, XIX; b) de caráter perpétuo; c) de trabalhos forçados; d) de banimento; e e) cruéis.

Sobre a pena de morte, o STF entende que "o ordenamento positivo brasileiro, nas hipóteses em que se delineia a possibilidade de imposição do *supplicium extremum*, impede a entrega do extraditando ao Estado requerente, a menos que este, previamente, assuma o compromisso formal de comutar, em pena privativa de liberdade, a pena de morte, ressalvadas, quanto a esta, as situações em que a lei brasileira – fundada na CF (art. 5º, XLVII, a) – permitir a sua aplicação, caso em que se tornará dispensável a exigência de comutação." (Ext 633, Rel. Min. Celso de Mello, julgamento em 28.08.1996, Plenário, *DJ* de 06.04.2001). No mesmo sentido: Ext 1.201, Rel. Min. Celso de Mello, julgamento em 17.02.2011, Plenário, *DJE* de 15.03.2011.

Já em relação à pena de prisão perpétua, a Corte Maior entende que "houve revisão duas vezes da jurisprudência da Corte quanto à obrigatoriedade de o Estado requerente assumir compromisso de comutar pena de prisão perpétua em pena não superior à duração máxima admitida na Lei Penal do Brasil (trinta anos). Inicialmente reputava-se necessário o compromisso, passou a ser desnecessário e voltou a ser exigido a partir do julgamento da Ext 855".

Além disso, recentemente o STF decidiu que: "Art. 137, parágrafo único, da Lei 8.112/1990. Direito Administrativo Disciplinar. Sanção perpétua. Impossibilidade de retorno ao serviço público. Inconstitucionalidade material. Afronta ao artigo 5º, XLVII, *b*, da Constituição da República. Norma impugnada que, ao impedir o retorno ao serviço público, impõe sanção de caráter perpétuo. Ação direta julgada procedente para declarar a inconstitucionalidade da norma questionada, sem pronuncia de nulidade. Comunicação ao Congresso Nacional, para que eventualmente delibere sobre o prazo de proibição de retorno ao serviço público a ser aplicável nas hipóteses do art. 132, I, IV, VIII, X e XI, da Lei 8.112/1990. [ADI 2.975, rel. min. Gilmar Mendes, j. 7-12-2020, P, DJE de 4-2-2021].

Sobre as penas cruéis, o STF menciona que: "Há, lamentavelmente, no Brasil, no plano do sistema penitenciário nacional, um claro, indisfarçável e anômalo 'estado de coisas inconstitucional' resultante da omissão do Poder Público em implementar medidas eficazes de ordem estrutural que neutralizem a situação de absurda patologia constitucional gerada, incompreensivelmente, pela inércia do Estado, que descumpre a Constituição Federal, que ofende a Lei de Execução Penal, que vulnera a essencial dignidade dos sentenciados e dos custodiados em geral, que fere o sentimento de decência dos cidadãos desta República e que desrespeita as convenções internacionais de direitos humanos (como o Pacto Internacional sobre Direitos Civis e Políticos, a Convenção contra a Tortura e outros Tratamentos ou Penas Cruéis, Desumanos ou Degradantes, a Convenção Americana de Direitos Humanos e as Regras Mínimas das Nações Unidas para o Tratamento de Reclusos – 'Regras de Nelson Mandela' –, entre outros relevantes documentos internacionais). O Estado brasileiro, agindo com absoluta indiferença em relação à gravidade da questão penitenciária, tem permitido, em razão de sua própria inércia, que se transgrida o direito básico do sentenciado de receber tratamento penitenciário justo e adequado, vale dizer, tratamento que não implique exposição do condenado (ou do preso provisório) a meios cruéis, lesivos ou moralmente degradantes (CF, art. 5º, incisos XLVII, e, e XLIX), fazendo-se respeitar, desse modo, um dos mais expressivos fundamentos que dão suporte ao Estado Democrático de Direito: a dignidade da pessoa humana (CF, art. 1º, III). Constitui verdadeiro paradoxo reconhecer-se, de um lado, o 'direito à saída da cela por 2 (duas) horas diárias para banho de sol' (LEP, art. 52, IV), em favor de quem se acha submetido, por razões de 'subversão da ordem ou disciplina internas' no âmbito penitenciário, ao rigorosíssimo regime disciplinar diferenciado (RDD) instituído pela Lei 10.792/2003, e negar, de outro, o exercício de igual prerrogativa de ordem jurídica a quem se acha recolhido a pavilhões destinados à execução de medidas disciplinares ordinárias ('Pavilhão Disciplinar') e à proteção de detentos ameaçados ('Pavilhão de Seguro'), tal como ora denunciado, com apoio em consistentes alegações, pela douta Defensoria Pública do Estado de São Paulo. A cláusula da reserva do possível é ordinariamente invocável naquelas hipóteses em que se impõe ao Poder Público o exercício de verdadeiras 'escolhas trágicas', em contexto revelador de situação de antagonismo entre direitos básicos e insuficiências estatais financeiras. A decisão governamental, presente essa relação dilemática, há de conferir precedência à intangibilidade do 'mínimo existencial', em ordem a atribuir real efetividade aos direitos positivados na própria Lei Fundamental da República e aos valores consagrados nas diversas convenções internacionais de direitos humanos. A cláusula da reserva do possível, por isso mesmo, é inoponível à concretização do 'mínimo existencial', em face da preponderância dos valores e direitos que nele encontram seu fundamento legitimador. [HC 172.136, rel. min. Nunes Marques, j. 10-10-2020, 2ª T, DJE de 1º-12-2020].

Pena e o seu cumprimento (art. 5º, XLVIII): a pena será cumprida em estabelecimentos distintos, de acordo com a natureza do delito, a idade e o sexo do apenado.

Vale lembrar que a falta de estabelecimento penal adequado não autoriza a manutenção do condenado em regime prisional mais gravoso, devendo-se observar, nessa hipótese, os parâmetros fixados no RE 641.320/RS. É que determina a Súmula Vinculante 56, publicada em 08/08/16.

Integridade física e moral do preso (art. 5º, XLIX): é assegurado aos presos o respeito à integridade física e moral.

A Súmula Vinculante 11 (STF) deve ser mencionada quando se trata de integridade do preso. Desse modo: "Só é lícito o uso de algemas em casos de resistência e de fundado receio de fuga ou de perigo à integridade física própria ou alheia, por parte do preso ou de terceiros, justificada a excepcionalidade por escrito, sob pena de responsabilidade disciplinar, civil e penal do agente ou da autoridade e de nulidade da prisão ou do ato processual a que se refere, sem prejuízo da responsabilidade civil do Estado."

Presidiárias, filhos e amamentação (art. 5º, L): às presidiárias serão asseguradas condições para que possam permanecer com seus filhos durante o período de amamentação.

Princípio do juiz natural (art. 5º, XXXVII e LIII): ninguém será processado nem sentenciado senão pela autoridade competente (a lei deve trazer regras objetivas de competência). É vedada, também, a criação de tribunal de exceção, que seria aquele que não faz parte do Poder Judiciário, constituído após um fato e para julgá-lo; o maior exemplo foi o Tribunal de Nuremberg. Esses dois incisos completam o princípio do juiz natural, garantindo a imparcialidade do Estado-juiz.

Dispõe a Súmula 704 do STF que não viola as garantias do juiz natural, da ampla defesa e do devido processo legal a atração por continência ou conexão do processo do corréu ao foro por prerrogativa de função de um dos denunciados.

Tribunal do Júri (art. 5º, XXXVIII): é reconhecida a instituição do júri, com a organização que lhe der a lei, assegurados: a) a plenitude de defesa; b) o sigilo das votações; c) a soberania dos veredictos e d) a competência para o julgamento dos crimes dolosos contra a vida.

De acordo com a Súmula Vinculante 45 (STF), a competência constitucional do Tribunal do Júri prevalece sobre o foro por prerrogativa de função estabelecido exclusivamente pela constituição estadual. Tal entendimento já vinha previsto na Súmula 721 do STF. Após essa conversão, a regra passou a ter caráter vinculante.

O STF estabeleceu a: "Execução imediata de condenação imposta pelo Tribunal do Júri" (RE 1235340/SC, rel. Min. Roberto Barroso, Tema 1068 Repercussão Geral). Verificou-se a constitucionalidade da execução imediata da condenação imposta pelo Tribunal do Júri, seja qual for o total da pena aplicada, independentemente do julgamento de qualquer recurso, inclusive da apelação (Informativo 1073).

Princípio da reserva legal ou da legalidade penal (art. 5º, XXXIX): não há crime sem lei anterior que o defina, nem pena sem prévia cominação legal. Tal princípio foi regulamentado pelo art. 1º do Código Penal, o qual o denomina de anterioridade penal.

Princípio do contraditório e da ampla defesa (art. 5º, LV): aos litigantes, em processo judicial ou administrativo, e aos acusados em geral, são assegurados o contraditório e a ampla defesa, com os meios e recursos a ela inerentes.

Vale lembrar que a súmula vinculante 3 do STF dispõe que "nos processos perante o Tribunal de Contas da União asseguram-se o contraditório e a ampla defesa quando da decisão puder resultar anulação ou revogação de ato administrativo que beneficie o interessado, excetuada a apreciação da legalidade do ato de concessão inicial de aposentadoria, reforma e pensão".

Outra súmula vinculante importante é a de n. 5 que determina que a falta de defesa técnica por advogado no processo administrativo disciplinar não ofende a Constituição. Tal súmula, por conta de seu caráter vinculante, tornou inaplicável o mandamento da Súmula 343 do STJ que dispunha de forma diversa.

Princípio do devido processo legal (art. 5º, LIV): ninguém será privado da liberdade ou de seus bens sem o devido processo legal. Este princípio abrange as seguintes garantias: direito a um órgão julgador imparcial, direito à ampla defesa, direito de igualdade entre as partes, direito ao contraditório e vedação ao uso de provas ilícitas.

A garantia constitucional mencionada sempre é trazida à tona nos julgamentos realizados pelo guardião da Constituição. Diversas súmulas já foram editadas pela Corte visando a fixar diretrizes na aplicação do devido processo legal.

Dentre os diversos julgamentos, destacam-se os seguintes entendimentos:

Súmula Vinculante 24 – "Não se tipifica crime material contra a ordem tributária, previsto no art. 1º, I a IV, da Lei 8.137/1990, antes do lançamento definitivo do tributo."

Súmula Vinculante 14 – "É direito do defensor, no interesse do representado, ter acesso amplo aos elementos de prova que, já documentados em procedimento investigatório realizado por órgão com competência de polícia judiciária, digam respeito ao exercício do direito de defesa."

"Sindicância. Acesso. Verbete 14 da Súmula Vinculante do Supremo. Inadequação. O Verbete 14 da Súmula Vinculante do Supremo não alcança sindicância administrativa objetivando elucidar fatos sob o ângulo do cometimento de infração administrativa." (Rcl 10.771-AgR, rel. Min. Marco Aurélio, julgamento em 04.02.2014, Primeira Turma, *DJE* de 18.02.2014).

Súmula 704 do STF – "Não viola as garantias do juiz natural, da ampla defesa e do devido processo legal a atração por continência ou conexão do processo do corréu ao foro por prerrogativa de função de um dos denunciados."

Súmula 547 do STF – "Não é lícito à autoridade proibir que o contribuinte em débito adquira estampilhas, despache mercadorias nas alfândegas e exerça suas atividades profissionais."

Súmula 323 do STF – "É inadmissível a apreensão de mercadorias como meio coercitivo para pagamento de tributos."

Súmula 70 do STF – "É inadmissível a interdição de estabelecimento como meio coercitivo para cobrança de tributo."

Além disso, o STF já decidiu que: "É inconstitucional, sob o ângulo da liberdade fundamental do exercício da profissão e do devido processo legal, preceito normativo a versar previsão de cancelamento automático do registro em conselho profissional, ante a inadimplência da anuidade, ausente prévia oitiva do associado." [RE 808.424, rel. min. Marco Aurélio, j. 19-12-2019, P, DJE de 30-4-2020, Tema 757].

Princípio da inadmissibilidade das provas ilícitas (art. 5º, LVI): são inadmissíveis, no processo, as provas obtidas por meios ilícitos. Prova ilícita, ou ilicitamente obtida, entende-se como a prova colhida com infração de normas ou princípios de direito material – sobretudo de ordem constitucional e as que delas derivarem (teoria dos frutos da árvore envenenada – adotada pelo STF).

O Supremo já decidiu, reiteradas vezes, que é lícita a gravação de conversa telefônica feita por um dos interlocutores, ou com sua autorização, sem ciência do outro, quando há investida criminosa deste último (HC 75.338, Rel. Min. Nelson Jobim, julgamento em 11.03.1998, Plenário, *DJ* de 25.09.1998). No mesmo sentido: AI 578.858-AgR, Rel. Min. Ellen Gracie, julgamento em 04.08.2009, Segunda Turma, *DJE* de 28.08.2009; HC 74.678, Rel. Min. Moreira Alves, julgamento em 10.06.1997, Primeira Turma, *DJ* de 15.08.1997; RE 212.081, Rel. Min. Octavio Gallotti, julgamento em 05.12.1997, Primeira Turma, *DJ* de 27.03.1998.

As provas derivadas (teoria norte-americana dos frutos da árvore envenenada) das provas ilícitas também são inadmissíveis. Se houver uma prova ilícita dentro dos autos e dela derivarem outras, ainda que lícitas, contaminará todo o processo. Por outro lado, se houver uma prova ilícita e outras provas de fonte independente, ou seja, que não derivaram daquela primeira, a nulidade do processo será só parcial. Por fonte independente, entenda-se aquela obtida pelos trâmites típicos ou normais, próprios da investigação ou instrução criminal, em que por si só seria capaz de conduzir ao fato, objeto da prova (LAZARI, Rafael. **Direito constitucional**. 6. ed. Belo Horizonte: D'Plácido, 2022, p. 464).

O STF já entendeu que o acesso a aparelho celular por policiais, sem autorização judicial, e a verificação de conversas em aplicativo WhatsApp viola um direito fundamental ao sigilo das comunicações e a proteção de dados. Há necessidade de ordem judicial. Neste caso, foi declarada a ilicitude da prova e de todas dela derivadas, pois os policiais apreenderam o aparelho celular de uma pessoa e, ali, procederam à investigação no aplicativo WhatsApp, em que se verificaram trocas de conversas, cujo teor indicaria a existência de tráfico de drogas. Ato contínuo, os agentes policiais ingressaram em seu domicílio, encontrando drogas e arma, gerando ação penal, com a consequente condenação em primeira instância, mantida pelo Tribunal de Justiça do Estado e pelo Superior Tribunal de Justiça. Como mencionado, o STF considerou o acesso ao conteúdo do celular, sem ordem judicial, uma prova ilícita e anulou todas as provas dela derivadas (STF – HC 168052/SP – 2ª T. = Rel. Min. Gilmar Mendes, DJe 02/12/2020).

Princípio da presunção de inocência (art. 5º, LVII): ninguém será considerado culpado até o trânsito em julgado de sentença penal condenatória.

O STF, no julgamento do HC 126.292, alterou a sua jurisprudência, pois admitiu a execução da pena após a condenação em segunda instância, ainda que não tenha havido o trânsito em julgado da ação penal. O fundamento para tanto repousa no fato do sistema processual e recursal brasileiro acabar promovendo a impunidade e contribuindo para a não punição de crimes em tempo razoável. Há críticas quanto a essa decisão.

As observações feitas em relação à súmula vinculante 11, que só admite o uso de algema em casos excepcionais, valem aqui, pois tais diretrizes também encontram abrigo no princípio da presunção de inocência.

Hipóteses de prisão civil (art. 5º, LXVII): não haverá prisão civil por dívida, salvo a do responsável pelo inadimplemento voluntário e inescusável de obrigação alimentícia e a do depositário infiel. O STF decidiu que é ilegal a prisão do depositário infiel, ou seja, a partir de agora, a única prisão por dívida admitida pela Corte é a decorrente de inadimplência de pensão alimentícia (*vide* Súmula Vinculante 25 – STF – e Súmula 419 do STJ).

Direito à assistência jurídica (art. 5º, LXXIV): o Estado prestará assistência jurídica integral e gratuita aos que comprovarem insuficiência de recursos.

Nesse sentido já decidiu o Supremo que "A isenção do pagamento de custas não fica jungida à inviabilidade de atuação da Defensoria Pública, sendo cabível no tocante a cidadão que, sem o prejuízo da assistência própria ou da família, não tenha condições de recolhê-las. Alcance do disposto no artigo 5º, inciso LXXIV, da Carta Federal, presentes princípios constitucionais explícitos e implícitos voltados ao pleno exercício de direitos inerentes à cidadania". [ADI 3.658, rel. min. Marco Aurélio, j. 10-10-2019, P, *DJE* de 24-10-2019].

Princípio da duração razoável do processo (art. 5º, LXXVIII): regra trazida pela EC 45/2004 (reforma do poder judiciário) assegura a todos, no âmbito judicial e administrativo, a razoável duração do processo. Além disso, o dispositivo também menciona que devem ser resguardados meios que facilitem e garantam a celeridade processual.

O STF já decidiu, em sede de controle concentrado de constitucionalidade, que: "A Lei 11.419/2006 tem o propósito de viabilizar o uso de recursos tecnológicos disponíveis de modo a garantir uma prestação jurisdicional mais célere e eficiente, tal como previsto como direito fundamental no art. 5º, LXXVII, incluído pela Emenda Constitucional 45/2004, a reforma do Judiciário. Na esteira dessa Emenda, a lei 11.419/06 inaugurou a informatização dos processos judiciais, disciplinando os parâmetros de incorporação dessas inovações, a fim de resguardar a segurança e a credibilidade do sistema processual". [ADI 3.880, rel. min. Edson Fachin, j. 21-2-2020, P, DJE de 8-7-2020.]. Tese: "A Lei 11.419/2006 tem o propósito de viabilizar o uso de recursos tecnológicos disponíveis de modo a garantir uma prestação jurisdicional mais célere e eficiente, tal como previsto como direito fundamental no art. 5º, LXXVII, incluído pela Emenda Constitucional 45/2004, a reforma do Judiciário."

Por fim, o Supremo Tribunal Federal já afirmou que o duplo grau de jurisdição não está previsto expressamente na Constituição; trata-se de uma garantia implícita, decorrente do próprio sistema.

9.5. Remédios constitucionais

Com a finalidade de promover a garantia dos direitos fundamentais previstos na Constituição, previu-se a existência dos chamados "remédios constitucionais", institutos que têm a função de impedir a violação desses direitos constitucionais. Assim, para cada direito desrespeitado, cabe a utilização de um "remédio".

Os "remédios constitucionais" podem ser classificados em administrativos e judiciais de acordo com a esfera em que forem impetrados.

9.5.1. *Remédios constitucionais administrativos (direito de petição e direito de certidão)*

De acordo com o art. 5º, inciso XXXIV, são a todos assegurados, independentemente do pagamento de taxas:

a) o direito de *petição* aos Poderes Públicos em defesa de direitos ou contra *ilegalidade ou abuso de poder*.

Nesse sentido, editou-se a Súmula Vinculante 21 a qual diz ser inconstitucional exigir depósito ou arrolamento prévios de dinheiro ou bens para admissibilidade de recurso administrativo;

b) a obtenção de *certidões* em repartições públicas para *defesa de direitos e esclarecimento de situações de interesse pessoal*.

De acordo com o STF, "(...) Essa garantia fundamental não depende de concretização ou regulamentação legal, uma vez que se trata de garantia fundamental dotada de eficácia plena e aplicabilidade imediata. O direito à gratuidade das certidões, contido no art. 5º, XXXIV, b, da Carta Magna, também inclui as certidões emitidas pelo Poder Judiciário, inclusive aquelas de natureza forense. A Constituição Federal não fez qualquer ressalva com relação às certidões judiciais, ou àquelas oriundas do Poder Judiciário. Todavia, a gratuidade não é irrestrita, nem se mostra absoluta, pois está condicionada à demonstração, pelo interessado, de que a certidão é solicitada para a defesa de direitos ou o esclarecimento de situações de interesse pessoal. Essas finalidades são presumidas quando a certidão pleiteada for concernente ao próprio requerente, sendo desnecessária, nessa hipótese, expressa e fundamentada demonstração dos fins e das razões do pedido. Quando o pedido tiver como objeto interesse indireto ou de terceiros, mostra-se imprescindível a explicitação das finalidades do requerimento." [ADI 2.259, rel. min. Dias Toffoli, j. 14-2-2020, P, DJE de 25-3-2020].

O direito à certidão, segundo o STF, "traduz prerrogativa jurídica, de extração constitucional, destinada a viabilizar, em favor do indivíduo ou de uma determinada coletividade (como a dos segurados do sistema de previdência social), a defesa (individual ou coletiva) de direitos ou o esclarecimento de situações. A injusta recusa estatal em fornecer certidões, não obstante presentes os pressupostos legitimadores dessa pretensão, autorizará a utilização de instrumentos processuais adequados, como o mandado de segurança ou a própria ação civil pública. O Ministério Público tem legitimidade ativa para a defesa, em juízo, dos direitos e interesses individuais homogêneos, quando impregnados de relevante natureza social, como sucede com o direito de petição e o direito de obtenção de certidão em repartições públicas." (RE 472.489-AgR, Rel. Min. Celso de Mello, julgamento em 29.04.2008, Segunda Turma, *DJE* de 29.08.2008). No mesmo sentido: RE 167.118-AgR, Rel. Min. Joaquim Barbosa, julgamento em 20.04.2010, Segunda Turma, *DJE* de 28.05.2010.

A Constituição assegurou que a Administração, na execução de suas funções precípuas, deve respeitar os direitos fundamentais do indivíduo, garantindo-lhe o direito a petição em caso de ilegalidade ou abuso de poder, de forma que a violação de um direito possa ser sanada pela própria Administração Pública. Garante também o direito de certidão, possibilitando à pessoa que faz uso desse direito tomar conhecimento de informações a seu respeito.

Os direitos de petição e de obtenção de certidões *são gratuitos* e podem ser exercidos sem a assistência de um advogado, ou seja, *independem de capacidade postulatória*, uma vez que ocorrem em âmbito administrativo.

9.5.2. *Remédios constitucionais judiciais*

Essa classe de remédios é impetrada em via judicial.

São cinco os remédios constitucionais judiciais: *habeas corpus, habeas data,* mandado de injunção, ação popular e mandado de segurança. Cada um desses institutos tem como objetivo proteger um ou mais direitos fundamentais.

9.5.2.1. *Habeas corpus – HC (art. 5º, LXVIII, da CF)*

É uma ação de natureza constitucional-penal que tem por finalidade a proteção da **liberdade de locomoção** contra abuso de poder ou ilegalidade. Tem por principal característica a informalidade.

Antigamente era utilizado não só para proteção da liberdade física, mas também contra qualquer ato que, de alguma forma, impedia ou restringia a locomoção em sentido amplo. Rui Barbosa e diversos constitucionalistas conferiam a esse remédio tanta amplitude que mencionavam que ele poderia ser utilizado mesmo quando não houvesse risco à liberdade de locomoção. Atualmente, só a liberdade de ir, vir e permanecer é resguardada pelo *habeas corpus*.

Foi a partir da Constituição de 1891 que esse remédio ganhou *status* constitucional. Hoje, vem previsto no capítulo que trata dos direitos fundamentais (art. 5º, inciso LXVIII) do texto constitucional, que dispõe: "conceder-se-á 'habeas--corpus' sempre que alguém sofrer ou se achar ameaçado de sofrer violência ou coação em sua liberdade de locomoção, por ilegalidade ou abuso de poder".

Dessa forma, o *habeas corpus* visa a proteger o disposto no inciso XV do mesmo art., ou seja, a liberdade de locomoção. A todo indivíduo é assegurado o direito de ir, vir e permanecer. Sempre que este direito sofrer *violação, ou ameaça de violação*, o *habeas corpus* pode ser usado a fim de que seja revista a ofensa à liberdade de locomoção.

Súmulas do STF sobre o *habeas corpus*:

Súmula 723: "Não se admite a suspensão condicional do processo por crime continuado, se a soma da pena mínima da infração mais grave com o aumento mínimo de um sexto for superior a um ano."

Súmula 695: "Não cabe *habeas corpus* quando já extinta a pena privativa de liberdade."

Súmula 694: "Não cabe *habeas corpus* contra a imposição da pena de exclusão de militar ou de perda de patente ou de função pública."

Súmula 693: "Não cabe *habeas corpus* contra decisão condenatória a pena de multa, ou relativo a processo em curso por infração penal a que a pena pecuniária seja a única cominada."

Súmula 692: "Não se conhece de *habeas corpus* contra omissão de relator de extradição, se fundado em fato ou direito estrangeiro cuja prova não constava dos autos, nem foi ele provocado a respeito."

Súmula 431: "É nulo julgamento de recurso criminal, na segunda instância, sem prévia intimação ou publicação da pauta, salvo em *habeas corpus*."

Súmula 395: "Não se conhece de recurso de *habeas corpus* cujo objeto seja resolver sobre o ônus das custas, por não estar mais em causa a liberdade de locomoção."

Quanto ao momento no qual o *habeas corpus* é impetrado, pode ser classificado da seguinte forma:

a) Preventivo ou salvo-conduto: não é necessário que um indivíduo sofra, de fato, a violação em sua liberdade de locomoção para impetrar o *habeas corpus*. Basta que se sinta ameaçado (justificadamente) em seu direito de ir, vir e permanecer para que possa fazer uso desse "remédio", impedindo que seja restringida sua liberdade. Desse modo, o HC preventivo visa a resguardar o indivíduo contra a ameaça a sua liberdade de locomoção;

b) Repressivo ou liberatório: é cabível quando o direito fundamental já foi violado. A partir deste momento, a medida

pode ser utilizada para reprimir a ofensa à liberdade de locomoção.

Em síntese, se o *habeas corpus* é concedido em momento anterior à violação, este é preventivo; se concedido em momento posterior, é repressivo.

Vale mencionar que é possível a concessão de *habeas corpus* **de ofício (independe de provocação)** pelo juiz, quando verificadas as hipóteses de restrição ilegal ou ameaça de violação à liberdade de locomoção.

A Constituição, em seu art. 142, § 2º, traz uma hipótese em que não é cabível a utilização do *habeas corpus*, que se dá no caso de **punições disciplinares militares**. Com isso, permite--se a existência de regras especiais de conduta, por vezes mais rígidas no âmbito militar, quando comparadas ao âmbito civil.

É necessário mencionar que o STF admite o *habeas corpus*, na hipótese acima mencionada, se a discussão for sobre a **legalidade** do procedimento aplicado e ou sobre a **competência** da autoridade responsável pela expedição da ordem. O que não é possível discutir por meio de *habeas corpus* é a análise do mérito da sanção administrativa, aplicada em virtude da prática de infração disciplinar militar.

Quanto à legitimação, o *habeas corpus* pode ser impetrado por qualquer interessado, independentemente de sua capacidade civil, sendo legítimo até mesmo ao menor de idade. A medida é gratuita e não necessita de assistência de um advogado, ou seja, independe de capacidade postulatória.

Embora o remédio heroico possa ser impetrado por qualquer pessoa, justamente pela relevância do bem jurídico protegido, a nomenclatura correta a ser utilizada é a seguinte:

✓ **Legitimado ativo**: impetrante
✓ **Legitimado passivo**: impetrado ou autoridade coatora
✓ **Beneficiário**: paciente

Ressalta-se que a figura do impetrante pode se confundir com a figura do paciente, pois o beneficiário do remédio pode ser ao mesmo tempo paciente e impetrante. Ex.: alguém ingressando com o HC em nome próprio.

Outra observação deve ser feita com base na decisão dada pela 1ª Turma do STF no HC 88.747 AgR/ES, no sentido de que não há possibilidade de impetração de *habeas corpus* em que o beneficiário seja pessoa jurídica, pois tal remédio protege a liberdade de locomoção.

Cabe HC em varas cíveis?

Sim, se houver risco à liberdade de locomoção em decorrência de eventual decretação de prisão civil.

Competência para análise do habeas corpus

Em regra, a competência para o julgamento de *habeas corpus* é determinada em razão da pessoa que figura no polo passivo (a autoridade coatora) e daquele que figura como paciente.

O art. 102, inciso I, alínea "d", da CF, diz que o *habeas corpus* será da competência originária do Supremo Tribunal Federal quando o paciente for, por exemplo, Presidente da República, Ministro de Estado, comandantes do exército, marinha e aeronáutica, entre outros.

Vale acrescentar que a jurisprudência da Segunda Turma do Supremo Tribunal Federal consolidou-se no sentido de "possibilitar a impetração de **habeas corpus coletivo**, notadamente nos casos em que se busca a tutela jurisdicional coletiva de direitos individuais homogêneos, sendo irrelevante, para esse efeito, a circunstância de inexistir previsão constitucional a respeito. [HC 172.136, rel. min. Nunes Marques, j. 10-10-2020, 2ª T, DJE de 1º-12-2020].

9.5.2.2. Habeas data – HD (art. 5º, LXXII, da CF)

Reza o inciso LXXII do art. 5º: "conceder-se-á *habeas data:*

a) para assegurar o conhecimento de informações relativas à pessoa do impetrante, constantes de registros ou bancos de dados de entidades governamentais ou de caráter público;

b) para a retificação de dados, quando não se prefira fazê-lo por processo sigiloso, judicial ou administrativo".

A ação tem como objetivo permitir ao interessado acesso às *informações a seu respeito,* presentes em banco de dados de caráter público. O banco de dados pode pertencer a entidades públicas ou privadas, mas, desde que tenha caráter público, o acesso é garantido. Assim, se entidade privada que visa à proteção ao crédito contiver registros ao qual se deseja ter acesso, cabe *habeas data* a fim de se ver o direito preservado.

Vale lembrar que, atualmente, existe o Cadastro Nacional de Adimplentes. As informações contidas nesse banco de dados também têm caráter público, portanto aplicam-se a elas as mesmas regras relativas ao *habeas data.*

Outra observação importante é a de que a ação de *habeas data*, por ter por objeto informações relativas a pessoa do impetrante, **não** pode ser impetrada em favor de terceiros. Desse modo, embora haja decisão do STJ admitindo a impetração de *habeas data* em favor de terceiro, prevalece o entendimento de que a ação não é cabível nessa hipótese.

Além disso, é entendimento pacífico que a ação de *habeas data* visa à proteção da privacidade do indivíduo contra abuso no registro e/ou revelação de dados pessoais falsos ou equivocados. O *habeas data, por outro lado,* não se revela meio idôneo para se obter vista de processo administrativo (HD 90-AgR, Rel. Min. Ellen Gracie, julgamento em 18.02.2010, Plenário, *DJE* de 19.03.2010). No mesmo sentido: HD 92-AgR, Rel. Min. Gilmar Mendes, julgamento em 18.08.2010, Plenário, *DJE* de 03.09.2010.

A Constituição Federal assegura duas formas de acesso aos registros:

a) Conhecimento: deseja-se apenas estar ciente das informações contidas no banco de dados;

b) Retificação: sabe-se que a informação presente no banco de dados é incorreta e deseja-se que o registro seja corrigido.

Desde 1997, com o advento da Lei 9.507, passou a ser prevista uma nova forma de acesso:

c) Complementação ou anotação: a informação está correta, porém incompleta. Deseja-se adicionar novos fatos relevantes ao registro a fim de que seja apresentado ao público de forma completa. Exemplo: existência de pendência judicial ou administrativa sobre o fato informado que possa modificar a informação ali constante.

Diferentemente do acesso comum ao Poder Judiciário, que pode ser provocado a qualquer momento, independentemente da existência de processo administrativo, o *habeas data* possui uma particularidade: *a ação só pode ser impetrada quando esgotada a via administrativa.* Assim, a medida poderá ser usada somente quando houver recusa por parte da entidade detentora do banco de dados em fornecer acesso às informações ou indeferimento do pedido. É necessário prova de tal recusa ou indeferimento para que se impetre o *habeas data,* sob pena de falta de interesse de agir e consequente indeferimento da petição por carência de ação (STJ, Súmula 2).

Sobre esse assunto, o art. 8º, parágrafo único, da Lei 9.507/1997 (que estabelece o procedimento do *habeas data*) determina que a inicial deva ser instruída com a recusa ao acesso às informações ou do decurso de mais de dez dias sem decisão; a recusa em fazer-se a retificação ou do decurso de mais de quinze dias, sem decisão; ou a recusa em fazer-se a anotação ou do decurso de mais de quinze dias sem decisão.

Já decidiu o STJ, no *habeas data* 149, que a informação incompleta equivale à recusa.

São legitimados para impetrar *Habeas data* pessoas físicas ou jurídicas. A ação é gratuita, ou seja, isenta de custas, mas é necessária assistência de advogado para impetração.

Segundo a Suprema Corte, há hipóteses de não cabimento do "remédio" como, por exemplo, para pedir informações sobre autores de agressões contra o interessado (seria informação de terceiro).

Vale acrescentar que o Plenário do STF "referendou medida cautelar em ações diretas de inconstitucionalidade para suspender a eficácia do art. 6º-B da Lei 13.979/2020, incluído pelo art. 1º da Medida Provisória (MP) 928/2020, atos normativos que dispõem sobre as medidas para enfrentamento da emergência de saúde pública de importância internacional decorrente do novo coronavírus (Covid-19). (...) o princípio da transparência e o da publicidade são corolários da participação política dos cidadãos em uma democracia representativa. Essa participação somente se fortalece em um ambiente de total visibilidade e possibilidade de exposição crítica das diversas opiniões sobre as políticas públicas adotadas pelos governantes. A publicidade e a transparência são absolutamente necessárias para a fiscalização dos órgãos governamentais. (...) a publicidade específica de determinada informação somente poderá ser excepcionada quando o interesse público assim determinar. Salvo situações excepcionais, a Administração Pública tem o dever de absoluta transparência na condução dos negócios públicos, sob pena de desrespeito aos arts. 5º, XXXIII e LXXII, e 37, caput, da CF. [ADI 6.351 MC-Ref, ADI 6.347 MC-Ref e ADI 6.353 MC-Ref, rel. min. Alexandre de Moraes, j. 30-4-2020, P, Informativo 975.]

9.5.2.3. Mandado de injunção – MI (art. 5º, LXXI, da CF)

9.5.2.3.1. Lei nº 13.300, de 23 de junho de 2016

9.5.2.3.1.1. Introdução

Após quase 28 anos de sua previsão constitucional, o mandado de injunção finalmente foi regulamentado pela lei 13.300/16. Tal norma disciplina o processo e o julgamento dos mandados de injunção individual e coletivo.

Antes disso, a impetração do remédio era realizada tomando por base as regras de procedimento previstas na lei que disciplina o mandado de segurança, Lei 12.16/2009. O Supremo Tribunal Federal já garantia a possibilidade da impetração da injunção desde 1989 (STF. Plenário. MI 107 QO, Rel. Min. Moreira Alves, julgado em 23.11.1989).

9.5.2.3.1.2. Finalidade

O mandado de injunção tem como objetivo atuar na inércia do legislador, ou seja, visa combater a omissão normativa que inviabiliza o **exercício dos direitos e liberdades constitucionais e das** prerrogativas inerentes à nacionalidade, à soberania e à cidadania. Alguns dos direitos previstos na CF/1988 podem ser exercidos somente após regulamentação em lei. Tratam-se das normas de eficácia limitada. O legislador tem obrigação imposta pela CF/1988 de regulamentar; entretanto, por inércia, não o faz. Com isso, o interessado fica impedido de exercer um direito garantido constitucionalmente.

Um exemplo é o que ocorre no inciso VII do art. 37 que determina que o direito de greve do servidor público deva ser exercido nos termos e nos limites definidos em lei específica.

Embora o direito tenha sido garantido pela CF/88, até o presente momento nenhuma lei foi editada com o objetivo de regulamentá-lo, o que faz com que, tecnicamente, não seja possível exercê-lo. Em casos como esse, é cabível a impetração de mandado de injunção.

Vale lembrar que o STF, após decisão dada em sede de mandado de injunção, já reconheceu que o direito de greve aos servidores públicos pode ser exercido sem que haja a edição de lei específica. Para tanto, deve ser utilizada a lei de greve da iniciativa privada (Lei 7.783/89), por analogia.

O remédio, portanto, visa combater a denominada "síndrome da inefetividade" das normas constitucionais que possuem eficácia limitada. O objetivo é a concretizar direitos fundamentais, com base no comando trazido pelo § 1º do art. 5º da CF que determina a aplicação imediata dos direitos e garantias fundamentais.

Vale acrescentar que no RE 970823 o STF reconheceu o cabimento do mandado de injunção para pleitear direito previsto em Constituição Estadual.

9.5.2.3.1.3. Previsão constitucional e legal

Dispõe o inciso LXXI do art. 5º da CF/1988 que: "conceder-se-á mandado de injunção sempre que a falta de norma regulamentadora **torne inviável o exercício dos direitos e liberdades constitucionais e das** prerrogativas inerentes à nacionalidade, à soberania e à cidadania".

A Lei 13.300/16, norma que disciplinou o processo e o julgamento dos mandados de injunção individual e coletivo, em seu art. 2º, determina que a concessão do mandado de injunção seja feita sempre que a falta **total ou parcial** de norma regulamentadora torne inviável o exercício dos direitos e liberdades constitucionais e das prerrogativas inerentes à nacionalidade, à soberania e à cidadania. O parágrafo único do mesmo dispositivo considera **parcial a regulamentação quando forem insuficientes as normas editadas** pelo órgão legislador competente. A inovação trazida pela lei tem a ver com a possibilidade da impetração do remédio ainda que exista norma regulamentadora, caso tal regra se mostre insuficiente.

Vale acrescentar que no RE 970823 o STF reconheceu o cabimento do mandado de injunção para pleitear direito previsto em Constituição Estadual.

9.5.2.3.1.4. Legitimidade

9.5.2.3.1.4.1. Ativa

O art. 3º da Lei 13.300/16 determina que as pessoas naturais ou jurídicas que se afirmam titulares dos direitos, das liberdades ou das prerrogativas referidos no art. 2º podem impetrar o mandado de injunção. Vale lembrar que existe a possibilidade de substituição processual quando o remédio tiver sendo impetrado na forma coletiva, algo admitido expressamente no art. 12 da mesma norma. A legitimidade ativa no mandado de injunção coletivo será analisada em tópico específico.

9.5.2.3.1.4.2. Passiva

No polo passivo do remédio, deve ser colocado o Poder, o órgão ou a autoridade com atribuição para editar a norma regulamentadora, conforme determina o mesmo art. 3º da Lei 13.300/16.

9.5.2.3.1.5. Procedimento

O procedimento vem previsto nos arts. 4º a 8º da Lei 13.300/16, mas, se tais regras não forem suficientes, o art. 14 da lei autoriza a aplicação subsidiária das normas do mandado de segurança, (2009) e do Código de Processo Civil – CPC

De acordo com o art. 4º da lei, a petição inicial deverá preencher os requisitos estabelecidos pela lei processual, ou seja, aqueles previstos no art. 319 do CPC, e indicará, além do órgão impetrado, a pessoa jurídica que ele integra ou aquela a que está vinculado.

O § 2º do art. 4º da lei estudada determina que quando o documento necessário à prova do alegado encontrar-se em repartição ou estabelecimento público, em poder de autoridade ou de terceiro, havendo recusa em fornecê-lo por certidão, no original, ou em cópia autêntica, será ordenada, a pedido do impetrante, a exibição do documento no prazo de 10 (dez) dias, devendo, nesse caso, ser juntada cópia à segunda via da petição.

Por outro lado, se a recusa em fornecer o documento for do impetrado, a ordem será feita no próprio instrumento da notificação, de acordo com o § 3º do mesmo dispositivo legal.

Após o recebimento da inicial, algumas providências serão ordenadas, conforme determina o art. 5º da lei objeto de estudo: I – a notificação do impetrado sobre o conteúdo da petição inicial, devendo-lhe ser enviada a segunda via apresentada com as cópias dos documentos, a fim de que, no prazo de 10 (dez) dias, preste informações; II – a ciência do ajuizamento da ação ao órgão de representação judicial da pessoa jurídica interessada, devendo-lhe ser enviada cópia da petição inicial, para que, querendo, ingresse no feito.

Após o término do prazo para apresentação das informações, o Ministério Público será ouvido, devendo opinar em 10 (dez) dias, após o que, com ou sem parecer, os autos serão conclusos para decisão, conforme determina o art. 7º da mencionada lei.

Fora isso, se a petição inicial for manifestamente incabível ou manifestamente improcedente, determina o art. 6º da lei do MI que ela será desde logo indeferida. O recurso para tanto vem previsto no parágrafo único desse mesmo art. 6º, de modo que contra a tal decisão caberá agravo, em 5 (cinco)

dias, para o órgão colegiado competente para o julgamento da impetração.

9.5.2.3.1.6. *Providências após o reconhecimento da mora legislativa*

De acordo com o art. 8º da mencionada lei, três providências podem ser tomadas pelo judiciário, ao reconhecer o estado de mora legislativa. Sendo assim, a injunção será deferida para:

I – determinar **prazo razoável para que o impetrado promova a edição da norma** regulamentadora;

II – **estabelecer as condições em que se dará o exercício dos direitos, das liberdades ou das prerrogativas reclamados** ou, se for o caso, a**s condições em que poderá o interessado promover ação própria visando a exercê-los**, caso não seja suprida a mora legislativa no prazo determinado.

O parágrafo único do art. 8º da lei do MI dispensa a determinação de prazo razoável para que o impetrado promova a edição da norma regulamentadora quando ficar comprovado que o impetrado deixou de atender, em mandado de injunção anterior, ao prazo estabelecido para a edição da norma.

9.5.2.3.1.7. *Eficácia subjetiva*

Determina o art. 9º da lei do MI que a decisão terá eficácia subjetiva limitada às partes e produzirá efeitos até o advento da norma regulamentadora. Sendo assim, em regra, somente as partes que participaram do processo serão beneficiadas pela decisão e apenas até que sobrevenha a regulamentação legal.

Excepcionalmente poderá ser conferida eficácia *ultra partes* ou *erga omnes* à decisão, quando isso for inerente ou indispensável ao exercício do direito, da liberdade ou da prerrogativa objeto da impetração. É o que determina o § 1º do art. 9º da mesma lei.

O § 2º do mesmo artigo determina que transitada em julgado a decisão, seus efeitos poderão ser estendidos aos casos análogos por decisão monocrática do relator.

Por fim, o indeferimento do pedido por insuficiência de prova não impede a renovação da impetração fundada em outros elementos probatórios, conforme dispõe o § 3º do art. 9º da lei estudada.

9.5.2.3.1.8. *Mandado de injunção coletivo*

Expressamente previsto na nova lei, o mandado de injunção coletivo, que já podia ser impetrado segundo o STF, possui agora os seguintes legitimados:

I – **o Ministério Público**, quando a tutela requerida for especialmente relevante para a defesa da ordem jurídica, do regime democrático ou dos interesses sociais ou individuais indisponíveis;

II – **o partido político com representação no Congresso Nacional**, para assegurar o exercício de direitos, liberdades e prerrogativas de seus integrantes ou relacionados com a finalidade partidária;

III – **a organização sindical, a entidade de classe ou a associação legalmente constituída e em funcionamento há pelo menos 1 (um) ano**, para assegurar o exercício de direitos, liberdades e prerrogativas em favor da totalidade ou de parte de seus membros ou associados, na forma de seus estatutos e desde que pertinentes a suas finalidades, **dispensada**, para tanto, **autorização especial**;

IV – **a Defensoria Pública**, quando a tutela requerida for especialmente relevante para a promoção dos direitos humanos e a defesa dos direitos individuais e coletivos dos necessitados, na forma do inciso LXXIV do art. 5º da CF/88.

A novidade trazida pela lei nesse tópico diz respeito à possibilidade da impetração do remédio pelo Ministério Público e pela Defensoria Pública. A lei do mandado de segurança, utilizada para suprir a omissão de regulamentação do próprio mandado de injunção, pois não existia uma lei específica tratando desse remédio, não prevê como legitimados o Ministério Público e a Defensoria Pública.

Vale lembrar que os direitos, as liberdades e as prerrogativas protegidos por mandado de injunção coletivo são os pertencentes, indistintamente, a uma coletividade indeterminada de pessoas ou determinada por grupo, classe ou categoria, conforme determina o parágrafo único do art. 12 da Lei 13.300/16.

A sentença no mandado de injunção coletivo, de acordo com o *caput* do art. 13 da Lei 13.300/16, fará coisa julgada limitadamente às pessoas integrantes da coletividade, do grupo, da classe ou da categoria substituídos pelo impetrante, sem prejuízo do disposto nos §§ 1º e 2º do art. 9º, ou seja, poderá ser conferida eficácia *ultra partes* ou *erga omnes* à decisão, quando isso for inerente ou indispensável ao exercício do direito, da liberdade ou da prerrogativa objeto da impetração e transitada em julgado a decisão, seus efeitos poderão ser estendidos aos casos análogos por decisão monocrática do relator.

Por fim, para que os impetrantes de mandados de injunção individuais se beneficiem da impetração coletiva, eles deverão desistir da demanda individual no prazo de 30 (trinta) dias a contar da ciência comprovada da impetração coletiva. Tal impetração não induz litispendência em relação aos mandados de injunção individuais, conforme determina o parágrafo único do art. 13 da Lei 13.300/16.

9.5.2.3.1.9. *Revisão*

De acordo com o art. 10 da mencionada lei, sem prejuízo dos efeitos já produzidos, a decisão poderá ser revista, a pedido de qualquer interessado, quando sobrevierem relevantes modificações das circunstâncias de fato ou de direito. O parágrafo único do mesmo dispositivo determina que a ação de revisão observará, no que couber, o procedimento estabelecido nesta Lei.

9.5.2.3.1.10. *Norma regulamentadora superveniente*

O que acontecerá se a lei regulamentadora for criada após a decisão? O art. 11 da lei do MI responde esse questionamento, ao determinar que a norma regulamentadora superveniente produzirá efeitos *ex nunc* em relação aos beneficiados por decisão transitada em julgado, salvo se a aplicação da norma editada lhes for mais favorável. O parágrafo único do mesmo art. 11 determina que fica prejudicada a impetração se a norma regulamentadora for editada antes da decisão, caso em que o processo será extinto sem resolução de mérito.

9.5.2.3.1.11. *Vigência*

De acordo com o último dispositivo da citada lei, art. 15, a norma já entrou em vigor na data de sua publicação.

9.5.2.4. Ação popular – AP (art. 5º, LXXIII, CF e Lei 4.717/1965)

O inciso LXXIII do art. 5º da CF assegura que qualquer cidadão (e a cidadania é comprovada com o título de eleitor) é parte legítima para propor ação popular que vise a anular ato lesivo ao patrimônio público ou de entidade de que o Estado participe, à moralidade administrativa, ao meio ambiente e ao patrimônio histórico e cultural, *ficando o autor, salvo comprovada má-fé, isento de custas judiciais e do ônus da sucumbência.*

De forma esquemática, conclui-se que a ação popular tem como objetivo proteger 3 elementos fundamentais:

1) o patrimônio público ou de entidade de que o Estado participe;

2) a moralidade administrativa;

3) o meio ambiente e o patrimônio histórico e cultural.

Com isso, o legislador constituinte pretende promover a cidadania, fazendo cada cidadão responsável pela fiscalização dos elementos protegidos pela ação popular.

Vale lembrar que a lei que regulamenta tal ação – Lei 4.717/65 – traz algumas regras, como, por exemplo, a de que a lesão à moralidade não pressupõe lesividade material, ou seja, não é necessário dano patrimonial para que a ação com fundamento na proteção à moralidade administrativa seja proposta.

Outra observação é a de que a ação popular não tem por objetivo a defesa do interesse individual e, além disso, não tem o condão de substituir a ação direta de inconstitucionalidade. Esta visa a anular ato normativo, que é abstrato, genérico e que encontra fundamento de validade direto na CF/1988. Sobre o tema o STF já decidiu que: "A ação direta de inconstitucionalidade não constitui sucedâneo da ação popular constitucional, destinada, esta sim, a preservar, em função de seu amplo espectro de atuação jurídico-processual, a intangibilidade do patrimônio público e a integridade do princípio da moralidade administrativa (CF, art. 5º, LXXIII)."[ADI 769 MC, rel. min. Celso de Mello, j. 22-4-1993, P, DJ de 8-4-1994.] Vide AO 1.725 AgR, rel. min. Luiz Fux, j. 24-2-2015, 1ª T, DJE de 11-3-2015.

De acordo com a Súmula 101 do STF, o mandado de segurança não substitui a ação popular.

É parte legítima para propor ação popular o *cidadão*, restringindo a proposição apenas àqueles que têm capacidade eleitoral ativa, ou seja, àqueles que já se alistaram e podem votar. Ademais, conforme a Súmula 365 do Supremo Tribunal Federal, pessoa jurídica não tem legitimidade para propor ação popular.

É bom lembrar que o *caput* do art. 9º da Lei 4.717/65 (Lei da Ação Popular) trata da atuação subsidiária do Ministério Público ou de qualquer outro cidadão, dispondo que ela ocorrerá caso o autor desista da ação ou dê motivo à absolvição da instância. Nessas hipóteses serão publicados editais com o prazo de 30 (trinta) dias, afixado na sede do juízo e publicado três vezes no jornal oficial do Distrito Federal, ou da Capital do Estado ou Território em que seja ajuizada a ação. A publicação será gratuita e deverá iniciar-se no máximo 3 (três) dias após a entrega, na repartição competente, sob protocolo, de uma via autenticada do mandado, de acordo com o art. 7º, II, da Lei 4.717/65. A ação popular é gratuita, salvo comprovação de má-fé, mas a assistência de advogado é necessária; depende, portanto, de capacidade postulatória, como se depreende da decisão abaixo.

"A Constituição da República estabeleceu que o *acesso à justiça* e o *direito de petição* são direitos fundamentais (art. 5.º, XXXIV, 'a', e XXXV), porém estes não garantem a quem não tenha capacidade postulatória litigar em juízo, ou seja, é **vedado o exercício do direito de ação sem a presença de um advogado**, considerado 'indispensável à administração da justiça' (art. 133 da Constituição da República e art. 1.º da Lei 8.906/1994), com as **ressalvas legais**. (...) Incluem-se, ainda, no rol das exceções, as ações protocoladas nos juizados especiais cíveis, nas causas de valor até vinte salários mínimos (art. 9.º da Lei 9.099/1995) e as ações trabalhistas (art. 791 da CLT), **não fazendo parte dessa situação privilegiada a ação popular**" (AO 1.531 -AgR, voto da Min. Cármen Lúcia, j. 03.06.2009, Plenário, *DJE* de 01.07.2009).

Sobre a decisão proferida em sede de ação popular, a Suprema Corte já decidiu: "Ação popular. Demarcação da terra indígena Raposa Serra do Sol. (...) A decisão proferida em ação popular é desprovida de força vinculante, em sentido técnico. Nesses termos, os fundamentos adotados pela Corte não se estendem, de forma automática, a outros processos em que se discuta matéria similar. Sem prejuízo disso, o acórdão embargado ostenta a força moral e persuasiva de uma decisão da mais alta Corte do País, do que decorre um elevado ônus argumentativo nos casos em se cogite da superação de suas razões." (Pet 3.388-ED, rel. Min. Roberto Barroso, julgamento em 23.10.2013, Plenário, *DJE* de 04.02.2014.)

Por fim, quanto à competência, o art. 5º da Lei 4.717/65 determina que se dará conforme a origem do ato impugnado. É competente, portanto, para conhecer da ação, processá-la e julgá-la **o juiz** (1º grau) que, de acordo com a organização judiciária de cada Estado, o for para as causas que interessem à União, ao Distrito Federal, ao Estado ou ao Município.

9.5.2.5. Mandado de segurança – MS (Art. 5º, LXIX e LXX, CF e Lei 12.016/09)

A Constituição de 1934 foi a primeira a prever expressamente a possibilidade da impetração de mandado de segurança. Depois disso, as Constituições que se seguiram trataram do tema, com exceção da de 1937 (da época de Getúlio Vargas).

O mandado de segurança pode ser conceituado como uma ação de natureza constitucional que tem por finalidade resguardar direito líquido e certo contra abuso de poder ou ilegalidade, praticado por autoridade pública ou por quem lhe faça as vezes, desde que tal direito não esteja protegido por *habeas corpus* ou *habeas data*.

Importante definição que deve ser trazida nesse momento é a de direito líquido e certo. Conforme ensinamento de Hely Lopes Meireles (**Mandado de Segurança**, 27ª Edição, p. 36 e 37), "direito líquido e certo é o que se apresenta manifesto na sua existência, delimitado na sua extensão e apto a ser exercitado no momento da impetração".

Em suma, líquido e certo é aquele direito em que há prova pré-constituída, que de plano é possível comprovar, não havendo necessidade de dilação probatória.

Para a proteção de tal direito cabe a impetração do mandado de segurança. Ele possui caráter residual e vem previsto no inciso LXIX e LXX do art. 5º da Constituição.

Desse modo, o mandado de segurança atua complementando a proteção dos direitos e garantias constitucionais quando nenhum outro remédio é cabível. Diz o inciso LXIX: "conceder-se-á mandado de segurança para proteger direito líquido e certo, não amparado por 'habeas-corpus' ou 'habeas-data', quando o responsável pela ilegalidade ou abuso de poder for autoridade pública ou agente de pessoa jurídica no exercício de atribuições do Poder Público".

Assim, não será cabível mandado de segurança para proteger o direito à liberdade de locomoção, pois esta proteção é feita pelo *habeas corpus*. Do mesmo modo, não cabe mandado de segurança para anular ato lesivo ao patrimônio público, pois esta requisição deve ser feita em via de ação popular.

Um exemplo de possibilidade de impetração desse remédio ocorre quando alguém, que não pretende efetuar o pagamento de determinado imposto, por considerar que a lei que criou o mencionado tributo é inconstitucional, ajuíza mandado de segurança.

Além da previsão constitucional, o mandado de segurança foi regulamentado pela Lei 12.016/09 e por algumas súmulas.

Por exemplo, o art. 25 da mencionada lei determina que o não cabimento, no processo de mandado de segurança, de embargos infringentes e de condenação ao pagamento dos honorários advocatícios, sem prejuízo da aplicação de sanções no caso de litigância de má-fé. A súmula 512 do STF reafirma que não cabe condenação em honorários de advogado na ação de mandado de segurança.

Ainda, não é possível a impetração de mandado de segurança contra ato judicial passível de recurso ou correição (Súmula 267 do STF).

Além das mencionadas, outras súmulas, editadas pela Suprema Corte, têm relevância quando se trata de mandado de segurança, quais sejam:

Súmula 510: "Praticado o ato por autoridade, no exercício de competência delegada, contra ela cabe o mandado de segurança ou a medida judicial."

Súmula 271: "Concessão de mandado de segurança não produz efeitos patrimoniais em relação a período pretérito, os quais devem ser reclamados administrativamente ou pela via judicial própria."

Súmula 270: "Não cabe mandado de segurança para impugnar enquadramento da Lei 3.780, de 12-7-1960, que envolva exame de prova ou de situação funcional complexa."

Súmula 269: "O mandado de segurança não é substitutivo de ação de cobrança."

Súmula 268: "Não cabe mandado de segurança contra decisão judicial com trânsito em julgado."

O não cabimento mencionado na súmula acima, também veio previsto no art. 5º da Lei 12.016/2009, além de outras impossibilidades de impetração desse remédio. Segundo o mencionado dispositivo, não se concederá mandado de segurança quando se tratar: I – de ato do qual caiba recurso administrativo com efeito suspensivo, independentemente de caução; II – de decisão judicial da qual caiba recurso com efeito suspensivo; III – de decisão judicial transitada em julgado. Determina ainda o § 2º do art. 1º da Lei que não cabe mandado de segurança contra os atos de gestão comercial praticados pelos administradores de empresas públicas, de sociedade de economia mista e de concessionárias de serviço público.

Súmula 101: "O mandado de segurança não substitui a ação popular."

São legitimadas para impetrar mandado de segurança pessoas físicas ou jurídicas. A ação não está isenta de custas perante o Poder Judiciário e a assistência de advogado é necessária.

Vale lembrar que, corroborando algo que já existia, a Lei 12.016/09, em seu art. 23, traz o prazo decadencial de **120 dias** para que o sujeito ingresse com a ação de mandado de segurança, contados da ciência do ato impugnado. A constitucionalidade de tal prazo já foi questionada, mas o STF entendeu que o prazo é constitucional, conforme disposto na **Súmula** 632.

Outro tema já sedimentado é no sentido de que o pedido de reconsideração feito na via administrativa não tem o condão de interromper o prazo para a impetração do mandado de segurança. É o que determina a Súmula 430 do STF.

Com base na súmula 625 do STF, controvérsia sobre matéria de direito não impede a concessão de mandado de segurança.

Vale lembrar que o art. 20 da Lei 12.016/09 determina que os processos de mandado de segurança e os respectivos recursos tenham a prioridade sobre todos os atos judiciais, salvo *habeas corpus*.

Ainda tratando da lei do mandado de segurança, é importante verificar que a Lei 13.676/18 alterou a 12.016/09 para permitir a **defesa oral do pedido de liminar** na sessão de julgamento do mandado de segurança. Sendo assim, a nova redação do art. 16 da Lei 12.016/09 determina que nos casos de competência originária dos tribunais, caberá ao relator a instrução do processo, sendo assegurada a **defesa oral** na sessão do julgamento do mérito **ou do pedido liminar**.

Além disso, de acordo com a Súmula 624 do STF, não cabe ao Pretório Excelso conhecer originariamente mandado de segurança contra atos de outros tribunais. Também, a Súmula 266 do STF determina que não é possível a impetração de mandado de segurança contra lei em tese.

A Constituição admite também a impetração de **mandado segurança coletivo**, conforme se verifica no inciso LXX do art. 5º da CF: "o mandado de segurança coletivo pode ser impetrado por:

a) partido político com representação no Congresso Nacional;

b) organização sindical, entidade de classe ou associação legalmente constituída e em funcionamento há pelo menos um ano, em defesa dos interesses de seus membros ou associados."

Entende o STF que a entidade de classe tem legitimação para o mandado de segurança, ainda quando a pretensão veiculada interesse apenas a uma parte da respectiva categoria (art. 21 da Lei 12.016/09 e Súmula 630). Também é jurisprudência da Suprema Corte que a impetração de mandado de segurança coletivo por entidade de classe em favor dos associados independe de autorização deles (Súmula 629).

De acordo com o Supremo, o mandado de segurança coletivo, quando impetrado pela Ordem dos Advogados do Brasil, deve ser proposto perante a Justiça Federal. Vale a leitura do julgado: "presente a Ordem dos Advogados do Brasil – autarquia federal de regime especial – no polo ativo de mandado de segurança coletivo impetrado em favor de seus membros, a competência para julgá-lo é da Justiça Federal, a despeito de a autora não postular direito próprio" (RE 266.689-AgR, Rel. Min. Ellen Gracie, julgamento em 17.08.2004, *DJ* de 03.09.2004).

De acordo com o art. 22 da lei do mandado de segurança, quando o remédio for impetrado na modalidade coletiva, a sentença fará coisa julgada limitadamente aos membros do grupo ou categoria substituídos pelo impetrante. Desse modo, não produz efeitos *erga omnes*.

O § 1º do mesmo dispositivo determina que o mandado de segurança coletivo não induz litispendência para as ações individuais, mas os efeitos da coisa julgada não beneficiarão o impetrante a título individual se não requerer a desistência de seu mandado de segurança no prazo de 30 (trinta) dias a contar da ciência comprovada da impetração da segurança coletiva.

Outro tópico importante sobre o MS coletivo diz respeito à liminar. De acordo com o § 2º do art. 22 da Lei 12.016/09, ela só poderá ser concedida após a audiência do representante judicial da pessoa jurídica de direito público, que deverá se pronunciar no prazo de 72 (setenta e duas) horas.

Por fim, ressaltamos que, de acordo com o art. 25 da lei do MS, não cabem, no processo de mandado de segurança, a interposição de embargos infringentes e a condenação ao pagamento dos honorários advocatícios, sem prejuízo da aplicação de sanções no caso de litigância de má-fé.

9.6. Nacionalidade

Nacionalidade pode ser conceituada como o vínculo de natureza jurídica e política que integra o indivíduo a um determinado Estado. Após isso, o sujeito passa a fazer parte do elemento pessoal do Estado e é denominado de nacional.

Os países são responsáveis pela elaboração das normas jurídicas que cuidam das formas de aquisição, perda e das espécies de nacionalidade. É atribuição de cada Estado definir quem são os seus nacionais.

É importante verificar-se os conceitos de povo, população, nação e cidadania:

a) **Povo** – é o conjunto de pessoas que tem o vínculo da nacionalidade com o Estado. É o conjunto de nacionais;

b) **População** – o conceito é demográfico. Pode ser conceituada como o conjunto de habitantes de cada território. Aqui se enquadram os nacionais e os estrangeiros. A diferença de população e povo é que no último só se inclui no conceito os nacionais, ou seja, natos ou naturalizados;

c) **Nação** – é o conjunto de pessoas ligadas por semelhanças, afinidades de etnia, costumes, idioma. Os nacionais se enquadram na definição de nação. Os estrangeiros não, pois cada país tem seus hábitos, costumes, cultura, tradição etc.;

d) **Cidadania** – a definição é taxativa, dá-se por meio de alistamento eleitoral; só o nacional pode ser detentor de direitos políticos. Portanto, diz-se que a nacionalidade é um requisito importante, mas não suficiente para a cidadania, haja vista a necessidade da obtenção do título de eleitor.

O pacto São José da Costa Rica, tratado internacional sobre direitos humanos, reconhece o direito à nacionalidade como direito fundamental do indivíduo em seu art. 20.

Os nacionais são divididos em natos ou naturalizados. O § 2º do art. 12 da Constituição proíbe que existam diferenças entre brasileiros natos e naturalizados, com exceção dos casos em que ela própria faz distinção. Desse modo, as diferenças só serão admitidas se decorrentes do texto constitucional.

9.6.1. Nato e naturalizado: distinções

9.6.1.1. Cargos privativos (art. 12, § 3º, CF)

O §3º do art. 12 traz o rol taxativo dos *cargos privativos* de brasileiro nato. São eles:

✓ Presidente e Vice-Presidente da República;

✓ Presidente da Câmara de Deputados;

✓ Presidente do Senado Federal;

✓ Ministro do Supremo Tribunal Federal;

✓ Da carreira diplomática;

✓ De oficial das Forças Armadas; e

✓ De Ministro de Estado da Defesa.

Os cargos de Presidente, Vice, Presidente da Câmara, do Senado e Ministro do Supremo Tribunal Federal devem ser preenchidos por natos por conta da Constituição não admitir que brasileiro naturalizado se torne Presidente da República. Dessa maneira, como esses indivíduos eventualmente ocuparão o cargo de Chefe do Poder Executivo, eles devem possuir nacionalidade brasileira originária, ou seja, devem ser natos.

Vale lembrar que o art. 89, VII, da CF determina que seis cadeiras do Conselho da República, órgão superior de consulta do Presidente da República, sejam preenchidas por cidadãos **brasileiros natos**, com mais de trinta e cinco anos de idade, sendo dois nomeados pelo Presidente da República, dois eleitos pelo Senado Federal e dois eleitos pela Câmara dos Deputados, todos com mandato de três anos, vedada a recondução. Desse modo, tais lugares também são destinados apenas a brasileiros natos.

Passemos então para as outras hipóteses de distinção entre brasileiros natos e naturalizados, admitidas pela Constituição.

9.6.1.2. Impossibilidade de extradição de brasileiro nato (art. 5º, LI, CF)

O art. 5º, LI, da CF dispõe que "nenhum brasileiro será extraditado, salvo o naturalizado, em caso de crime comum, praticado antes da naturalização, ou de comprovado envolvimento em tráfico ilícito de entorpecentes e drogas afins, na forma da lei". Dessa maneira, somente o naturalizado poderá ser extraditado e desde que configure uma das hipóteses mencionadas.

Vale lembrar que de acordo com o art. 5º, LII, da CF, o Brasil não pode conceder a extradição de estrangeiro por crime político ou de opinião. Assim, se um sujeito é acusado da prática de crime político, não poderá ser extraditado, independentemente de sua nacionalidade.

9.6.1.3. Situação que gera perda da nacionalidade apenas ao naturalizado (art. 12, § 4º, I, CF)

O inciso I do § 4º do art. 12 da CF, com nova redação dada pela EC n. 131/2023, prescreve que aquele que tiver sua naturalização cancelada por sentença judicial, em virtude de fraude relacionada ao processo de naturalização ou de atentado contra a ordem constitucional e o Estado Democrático, perde sua nacionalidade.

9.6.1.4. Conselho da República: membros

Dentre as cadeiras destinadas às pessoas que fazem parte do Conselho da República, conforme o art. 89, inciso VII, da CF, seis são destinadas a brasileiros natos. Assim, esses lugares não poderão ser ocupados por naturalizados. O Conselho da República é um órgão de consulta do Presidente da República.

9.6.1.5. Empresa jornalística e de radiodifusão: propriedade

Dispõe o art. 222 da Constituição Federal que brasileiros naturalizados podem ser proprietários dessas empresas, desde que tenham adquirido a nacionalidade brasileira há mais de dez anos.

9.6.2. Formas de aquisição da nacionalidade brasileira: originária ou secundária

9.6.2.1. Nacionalidade originária, primária ou involuntária

É a que o indivíduo detém por meio do nascimento. Existem critérios para a atribuição dessa nacionalidade: o territorial (*ius soli*) e sanguíneo (*ius sanguinis*). A Constituição de 1988 adotou ambos, conhecido como critério misto. Assim, em alguns momentos utiliza-se do local de nascimento para identificar o nato e em outros do critério sanguíneo.

Há quatro situações em que o sujeito é considerado brasileiro nato, vejamos:

9.6.2.1.1. Art. 12, inciso I, alínea "a", da Constituição Federal (critério territorial)

A primeira situação é aquela em que são considerados brasileiros natos *os nascidos* no território da República Federativa do Brasil, ainda que de pais estrangeiros, desde que estes não estejam a serviço de seu país.

Desse modo, nasceu no Brasil é considerado brasileiro nato, com exceção do indivíduo que possua pais estrangeiros que estejam no Brasil a serviço do país de origem. Basta que um dos pais esteja a serviço do país de origem para que o filho nascido no Brasil *não* seja considerado brasileiro nato.

9.6.2.1.2. Art. 12, inciso I, alínea "b", da Constituição Federal (critério sanguíneo)

O dispositivo considera nato aquele nascido no estrangeiro, de pai ou de mãe brasileira, desde que qualquer deles esteja a serviço da República Federativa do Brasil.

A expressão "a serviço de seu país" deve ser interpretada de forma a favorecer o indivíduo, o significado é amplo. Um dos pais ou os dois devem estar em território estrangeiro, a serviço do Brasil (critério funcional).

9.6.2.1.3. Art. 12, inciso I, alínea "c", da Constituição Federal (primeira parte)

O dispositivo mencionado teve sua redação alterada pela Emenda Constitucional 54/07.

A primeira parte menciona que são considerados brasileiros natos os indivíduos nascidos no estrangeiro, de pai ou mãe brasileira, desde que registrados na repartição brasileira competente (consular ou diplomática).

Essa hipótese constava do texto original da Constituição Federal de 1988. Só que em 1994, após a revisão constitucional, foi suprimida. A revogação da norma se deu em virtude de problemas gerados pela regra, como a existência de muitos brasileiros natos espalhados pelo mundo que não tinham relação alguma com o Brasil. A tentativa de sanar tais problemas restou infrutífera, gerando outro problema pior, que era a existência de apátridas.

Exemplo: um casal brasileiro faz uma viagem a passeio para a Itália. A mulher, grávida de 8 meses, passa mal e acaba tendo o filho na Itália. Esse indivíduo será considerado brasileiro, italiano, apátrida? Italiano não, pois na Itália o critério adotado para definir quem é considerado italiano é o *ius sanguinis*, somente filhos de pais italianos possuem a nacionalidade italiana. Será o sujeito, então, brasileiro? Não, porque os pais não estavam a serviço do Brasil, e sim numa viagem turística. Essa era uma hipótese em que a criança seria considerada um apátrida.

Por conta disso é que a Emenda Constitucional 54/07 admite o registro desse indivíduo no consulado ou repartição diplomática competente, pondo fim à situação de apatria; com o registro o sujeito será considerado brasileiro nato.

9.6.2.1.4. Art. 12, inciso I, alínea "c", da Constituição Federal (segunda parte)

Dispõe que são considerados brasileiros natos os indivíduos nascidos no estrangeiro, de pai brasileiro ou mãe brasileira, que venham a residir no Brasil e, uma vez atingida a maioridade, optem pela nacionalidade brasileira (três requisitos: residência no Brasil, maioridade e opção). Após o cumprimento dessas formalidades, o indivíduo detém a nacionalidade originária potestativa, isto é, o Brasil não possui competência para negar esse reconhecimento. Essa hipótese ocorrerá se os pais não tiverem registrado o filho em repartição brasileira competente.

Ressalta-se que a opção pela nacionalidade brasileira é ato personalíssimo, e, por conta disso, a Constituição exige a maioridade para a sua efetivação. Até esse momento é dada ao sujeito uma nacionalidade provisória.

9.6.2.2. Nacionalidade derivada, secundária, voluntária ou adquirida

É a que o indivíduo adquire, após o nascimento, por meio do processo de naturalização, por um ato voluntário. A pessoa manifesta sua intenção em se naturalizar, cumpre os requisitos previstos na Constituição e normas infraconstitucionais e faz o pedido de naturalização.

De forma discricionária, o Brasil concederá a nacionalidade ao estrangeiro que formulou pedido de naturalização.

Conforme dispõe o art. 64 da Lei 13.445/17 (Lei de Migração), a naturalização poderá ser: ordinária, extraordinária, especial ou provisória. Vejamos:

a) Ordinária (art. 12, II, "a", da CF e art. 65 da Lei 13.445/17 – Lei de Migração): obtida a partir da adoção dos procedimentos da Lei de Migração (art. 65). E, aos estrangeiros originários de países que falam a língua portuguesa, um ano de residência ininterrupta no Brasil e idoneidade moral. A naturalização ordinária será adquirida, portanto, após o preenchimento das condições previstas no citado art. 65 da Lei de Migração, quais sejam: I – ter capacidade civil, segundo a lei brasileira; II – ter residência em território nacional, pelo prazo mínimo de 4 (quatro) anos; III – comunicar-se em língua portuguesa, consideradas as condições do naturalizando; e IV – não possuir condenação penal ou estiver reabilitado, nos termos da lei. Além disso, o art. 66 da mesma norma traz a possibilidade da redução do prazo de residência fixado no inciso II do *caput* do art. 65 para, no mínimo, 1 (um) ano se o naturalizando preencher quaisquer das seguintes condições: ter filho brasileiro, ter cônjuge ou companheiro brasileiro e não estar dele separado legalmente ou de fato no momento de concessão da naturalização, haver prestado ou poder prestar serviço relevante ao Brasil ou recomendar-se por sua capacidade profissional, científica ou artística.

b) Extraordinária (art. 12, II, "b", da CF e art. 67 da Lei 13.445/17): é aquela que decorre de largo lapso temporal de residência no país, a qual justifica a presunção de fortes vínculos com o Brasil. Os requisitos para tanto são: residência ininterrupta há mais de 15 anos e não possuir condenação criminal. Determina o art. 67 da Lei de Migração que a naturalização extraordinária será concedida a pessoa de qualquer nacionalidade fixada no Brasil há mais de 15 (quinze) anos ininterruptos e sem condenação penal, desde que requeira a nacionalidade brasileira.

c) Especial (arts. 68 e 69 da Lei 13.445/17): de acordo com o art. 68 da citada lei, a naturalização especial poderá ser concedida ao estrangeiro que se encontre em uma das situações: I – seja cônjuge ou companheiro, há mais de 5 (cinco) anos, de integrante do Serviço Exterior Brasileiro em atividade ou de pessoa a serviço do Estado brasileiro no exterior; ou II – seja ou tenha sido empregado em missão diplomática ou em repartição consular do Brasil por mais de 10 (dez) anos ininterruptos. Os requisitos para a concessão da naturalização especial vêm previstos no art. 69 da mesma lei e são os seguintes: I – ter capacidade civil, segundo a lei brasileira; II – comunicar-se em língua portuguesa, consideradas as condições do naturalizando; e III – não possuir condenação penal ou estiver reabilitado, nos termos da lei.

d) Provisória (art. 70 da 13.445/17): poderá ser concedida ao migrante criança ou adolescente que tenha fixado residência em território nacional antes de completar 10 (dez) anos de idade e deverá ser requerida por intermédio de seu representante legal. Essa naturalização provisória, de acordo com o parágrafo único do art. 70 da citada lei, poderá ser convertida em definitiva se o naturalizando expressamente assim o requerer no prazo de 2 (dois) anos após atingir a maioridade.

9.6.3. Competência

A disciplina do tema nacionalidade é dada apenas pela Constituição quando se tratar de nacionalidade originária (natos) e da Constituição Federal e da lei infraconstitucional federal quando a nacionalidade for do tipo derivada (naturalizados). Tem de ser lei federal, pois a atribuição legislativa é da União (art. 22, XIII, da CF).

Vale lembrar que medida provisória não pode dispor sobre nacionalidade, por conta do comando constitucional previsto no art. 62, § 1º, I, *a*.

9.6.4. Perda da nacionalidade brasileira

As situações taxativas de perda da nacionalidade estão previstas no § 4º do art. 12 da Constituição, com nova redação dada pela EC n. 131/2023. Existem situações aplicáveis ao nato e ao naturalizado e outras relacionadas apenas ao segundo. São as abaixo tratadas:

9.6.4.1. Cancelamento judicial da naturalização

Pode ocorrer o cancelamento da naturalização por condenação transitada em julgado, em virtude de fraude relacionada ao processo de naturalização ou de atentado contra a ordem constitucional e o Estado Democrático (CF, art. 12, § 4º, I)..

9.6.4.2. Aquisição voluntária de outra nacionalidade

Com o advento da EC n. 131/2023 que deu nova redação ao inciso II do § 4º e ao § 5º do art. 12 da CF extinguiu-se a possibilidade de perda da nacionalidade para os brasileiros que vierem a adquirir voluntariamente outra nacionalidade. Por essa emenda, o brasileiro, nato ou naturalizado, perderá a nacionalidade somente se manifestar expressamente esse desejo, com possibilidade de sua reaquisição. O referido dispositivo constitucional passou a vigorar com a seguinte redação: "Art. 12 (...) § 4º Será declarada a perda da nacionalidade do brasileiro que: (...) II – fizer pedido expresso de perda da nacionalidade brasileira perante autoridade brasileira competente, ressalvadas situações que acarretem apatridia". Já o § 5º do art. 12 da CF dispõe: "Art. 12 (...) § 5º A renúncia da nacionalidade, nos termos do inciso II do § 4º deste artigo, não impede o interessado de readquirir sua nacionalidade originária, nos termos da lei".

9.6.5. Portugueses residentes no Brasil

A Constituição Federal determina que, havendo reciprocidade em favor dos brasileiros que residam em Portugal, sejam atribuídos aos portugueses com residência permanente no Brasil os mesmos direitos inerentes aos brasileiros naturalizados.

Tal hipótese não configura naturalização; o português apenas possui os direitos atribuídos ao naturalizado. Para tanto, são necessários dois requisitos: que o português resida de forma permanente no Brasil; e que haja igual tratamento, ou seja, reciprocidade, aos brasileiros que estejam permanentemente residindo em Portugal.

O Estatuto da Igualdade, tratado internacional de amizade e cooperação entre Brasil e Portugal, regulamenta esse assunto, fixando, dentre outras, as regras sobre a inviolabilidade da nacionalidade originária, as facilidades em relação à expedição de documentos pessoais, a proibição da concessão de extradição de portugueses e brasileiros, exceto se o solicitante for o Governo da nacionalidade do indivíduo.

De acordo com o Supremo, "a norma inscrita no art. 12, § 1º, da Constituição da República – que contempla, em seu texto, hipótese excepcional de quase nacionalidade – não opera de modo imediato, seja quanto ao seu conteúdo eficacial, seja no que se refere a todas as consequências jurídicas que dela derivam, pois, para incidir, além de supor o pronunciamento aquiescente do Estado brasileiro, fundado em sua própria soberania, depende, ainda, de requerimento do súdito português interessado, a quem se impõe, para tal efeito, a obrigação de preencher os requisitos estipulados pela Convenção sobre Igualdade de Direitos e Deveres entre brasileiros e portugueses." (Ext 890, Rel. Min. Celso de Mello, julgamento em 05.08.2004, Primeira Turma, *DJ* de 28.10.2004). No mesmo sentido: HC 100.793, Rel. Min. Marco Aurélio, julgamento em 02.12.2010, Plenário, *DJE* de 01.02.2011.

9.7. Direitos políticos

Os direitos políticos podem ser conceituados como o grupo ou conjunto de normas que disciplinam a atuação da soberania popular. Estão previstos nos arts. 14, 15 e 16 da Constituição Federal. O fundamento dessas normas advém do art. 1º da citada Constituição. Seu *caput* define o pacto federativo, seus incisos trazem os fundamentos da República Federativa do Brasil e seu parágrafo único indica quem é o titular do poder, o povo. Consagra, portanto, a *soberania popular.*

A doutrina divide os direitos políticos em *positivos* e *negativos*. Os primeiros dizem respeito à possibilidade das pessoas de votarem e serem votadas, ou seja, de participar das eleições tanto como eleitoras quanto como candidatas. São também conhecidos como direito de sufrágio ou capacidade eleitoral ativa e passiva. Tal direito é exercido nas eleições e por meio das consultas populares (plebiscito e referendo). É considerado o núcleo dos direitos políticos. Os segundos, direitos políticos negativos, estão relacionados aos impedimentos, aos fatos que impossibilitam a participação no processo eleitoral. Englobam tanto as inelegibilidades como a privação dos direitos políticos, que se dá com a perda ou suspensão desses direitos.

Analisaremos, em primeiro lugar, os direitos políticos positivos.

O exercício da soberania popular se dá de forma direta ou indireta. A forma indireta é aquela exercida por meio da democracia representativa, ou seja, por meio de representantes eleitos periodicamente; ao passo que a forma direta é a exercida mediante plebiscito, referendo e iniciativa popular das leis.

O plebiscito e o referendo são formas de consulta ao povo. As consultas visam à deliberação de matérias de grande relevância. A diferença entre os dois institutos diz respeito ao *momento* em que essa consulta é realizada.

No plebiscito, há a convocação do povo para se manifestar; a consulta à população sobre matéria de grande relevância se dá de forma *prévia*, ou seja, anteriormente à edição do ato normativo que tratará do assunto, podendo, ou não, autorizar o início do processo legislativo sobre o tema. O exemplo que temos é o que ocorreu em 1993, nos termos do art. 2º do ADCT, quando o povo foi convocado para decidir sobre a forma (república ou monarquia) e o sistema de governo (parlamentarismo ou presidencialismo). Naquele momento, o povo – titular do poder – decidiu que a forma de governo seria a república e o sistema continuaria sendo o presidencialismo. Outro exemplo, aliás, um caso em que é imprescindível a realização da consulta popular prévia diz respeito à formação de novos Estados ou de novos Municípios. Sempre que se falar em incorporação, fusão ou desmembramento de Estados e Municípios, tais atos somente terão validade se esta for a vontade do povo, e isso será verificado após a realização prévia de um plebiscito (art. 18, §§ 3º e 4º, da CF).

Diferentemente ocorre no referendo. Aqui a consulta ao povo é *posterior* ao ato legislativo. O referendo é uma forma de o povo ratificar (confirmar), ou não, o ato legislativo produzido. No ano de 2000, tivemos um exemplo dessa forma de consulta popular quando houve a convocação do povo para decidir sobre a possibilidade, ou não, da comercialização de armas de fogo. Nesse momento, o povo optou por autorizar a comercialização, confirmando a validade do dispositivo legal previsto no Estatuto do Desarmamento.

Ressalta-se que é da competência exclusiva do Congresso Nacional, conforme art. 49, XV, da CF, autorizar referendo e convocar plebiscito.

Em síntese, o plebiscito é uma consulta popular que se dá de forma prévia, ao passo que o referendo se dá posteriormente à edição do ato normativo.

Os direitos políticos mantêm estrita relação com a cidadania. Aliás, ela é atributo para o exercício de tais direitos. Tecnicamente, *cidadão* é aquele que possui título de eleitor, que já efetuou seu alistamento eleitoral por meio de inscrição perante a Justiça Eleitoral e que está no gozo de seus direitos políticos, ou seja, não houve perda ou não está com esses direitos suspensos. Fala-se, portanto, que esse sujeito é dotado de capacidade eleitoral ativa.

Segundo o STF, a basta a apresentação de documento oficial com fotografia para a identificação do eleitor no dia da votação [**ADI 4.467**, rel. min. Rosa Weber, j. 20-10-2020, P, DJE de 29-10-2020].

O *alistamento eleitoral*, inscrição na Justiça Eleitoral, é *obrigatório* para os brasileiros maiores de 18 anos de idade. Para que não fique sujeito ao pagamento de multa, o brasileiro nato deve se alistar até um ano, contado da data em que completar 18 anos, ou seja, deve se inscrever perante a Justiça Eleitoral até os 19 anos de idade. Os naturalizados, para se livrarem da multa, também têm um ano, a contar da aquisição da nacionalidade brasileira, para efetivar o alistamento eleitoral.

Para os maiores de 16 e menores de 18, os maiores de 70 anos e os analfabetos, o alistamento eleitoral e o voto são *facultativos*, conforme dispõe o inciso II do § 1º do art. 14 da Constituição Federal.

O mesmo art. traz, em seu § 2º, algumas pessoas que são *inalistáveis* e que, portanto, não podem ser eleitores: os estrangeiros e os conscritos. Os últimos são aqueles convocados para prestar o serviço militar obrigatório; durante esse período, não podem se alistar. Contudo, se após o cumprimento do período obrigatório o indivíduo ocupar o serviço militar de natureza permanente, a Constituição determina que seja feito o alistamento eleitoral. Vale lembrar que dispositivo que trata dos inalistáveis é considerado uma norma de eficácia plena, aplicabilidade direta, imediata e integral, tema já abordado no exame de ordem.

Além do alistamento, ou capacidade eleitoral ativa, existe a capacidade eleitoral passiva, ou *elegibilidade,* que compreende o direito de ser votado. Para que se adquira tal capacidade, é necessário o cumprimento de alguns requisitos. Conforme dispõe o § 3º do art. 14 da Constituição Federal, são condições de elegibilidade:

a) a nacionalidade brasileira;

b) o alistamento eleitoral;

c) o pleno exercício dos direitos políticos;

d) o domicílio eleitoral na circunscrição;

e) a filiação partidária (sobre esse tema, é importante ressaltar o STF, no julgamento das ADI 3.999 e 4.086, confirmou a constitucionalidade da Resolução 22.610/07 do TSE, que trata do processo de perda de mandato eletivo por infidelidade partidária);

f) a idade mínima de: 18 anos para Vereador; 21 anos para Deputado Federal, Deputado Estadual ou Distrital, Prefeito,

Vice-Prefeito e juiz de paz; 30 anos para Governador e Vice-Governador de Estado e do Distrito Federal; e 35 anos para Presidente e Vice-Presidente da República e Senador.

Quanto à *nacionalidade*, conclui-se que tanto o nato quanto o naturalizado são elegíveis, exceto em relação aos cargos de Presidente e Vice-Presidente, pois o § 3º do art. 12 da CF determina que tais cargos devem ser ocupados exclusivamente por brasileiros natos. Outra observação diz respeito àqueles que detêm a condição de portugueses equiparados: como a eles são atribuídos os direitos relativos aos brasileiros naturalizados, também não podem se candidatar aos cargos de Presidente e Vice-Presidente da República.

Fala-se que o sujeito está em *pleno exercício dos seus direitos políticos* quando ele pode não só votar, mas também ser votado. Tal plenitude é conhecida também como direito de sufrágio. Assim, fala-se que aquele que detém capacidade eleitoral ativa e passiva, ou seja, está em pleno exercício dos direitos políticos, possui o denominado direito de sufrágio.

Sabemos que, segundo a CF/88, o sufrágio é universal, a capacidade eleitoral é dada a todos os nacionais, indiscriminadamente. Aliás, a universalidade é uma característica do voto que consta das cláusulas pétreas (art. 60, § 4º, II, da CF). Opõe-se ao sufrágio universal a forma restrita que seria aquela em que apenas sujeitos que possuíssem condição econômica favorável (voto censitário) ou que detivessem alguma capacidade especial é que poderiam votar. Tal forma é proibida pela Constituição. Nem por emenda constitucional poderá haver discriminações quanto ao exercício do direito de voto.

Partindo da premissa de que para ser elegível o indivíduo precisa deter capacidade eleitoral ativa e passiva, conclui-se que os inalistáveis (estrangeiros e conscritos, durante o serviço militar obrigatório) são também inelegíveis, pois lhes falta o primeiro requisito para a plenitude de seus direitos políticos, que é o direito de votar, isto é, a capacidade eleitoral ativa.

Outra condição de elegibilidade (capacidade eleitoral passiva), conforme já mencionado, é o domicílio eleitoral na circunscrição equivalente ao cargo que pretende. Ressalta-se que o Tribunal Superior Eleitoral considera domicílio eleitoral de forma ampla, mencionando que pode ser o local onde o candidato possui vínculos políticos, sociais, profissionais, econômicos e até comunitários. Desse modo, domicílio eleitoral difere do domicílio civil, previsto no art. 70 do Código Civil. Este último é considerado o lugar onde a pessoa estabelece sua residência com o ânimo definitivo.

Em relação à fidelidade partidária, algumas observações devem ser feitas, tendo em vista a promulgação da EC 91/16. Essa norma alterou a Constituição para estabelecer a **possibilidade, excepcional e em período determinado, de desfiliação partidária, sem prejuízo do mandato**. Determina o art. 1º da mencionada emenda que é facultado ao detentor de mandato eletivo desligar-se do partido pelo qual foi eleito nos trinta dias seguintes à promulgação desta Emenda Constitucional, sem prejuízo do mandato, não sendo essa desfiliação considerada para fins de distribuição dos recursos do Fundo Partidário e de acesso gratuito ao tempo de rádio e televisão.

Para melhor compreensão do assunto, se faz necessária uma análise mais aprofundada do tema. A *filiação partidária* é considerada pelo ordenamento jurídico maior como uma das condições de elegibilidade, de modo que para se candidatar o sujeito precisa demonstrar a sua filiação a um partido político (art. 14, § 3º, V, da CF).

A Lei 13.165/15, ao alterar a Lei 9.096/95 (Partidos Políticos), disciplinou especificamente o assunto **infidelidade partidária**, que, embora anteriormente não tratado expressamente na CF/88 (antes da EC 91/16), já tinha direcionamento em resolução do TSE e em decisões do STF e do TSE.

De acordo com o parágrafo único do art. 22-A da Lei 9.096/95 (incluído pela Lei 13.165/15), **perderá o mandato o detentor de cargo eletivo que se desfiliar, sem justa causa, do partido pelo qual foi eleito**. Consideram-se justa causa para a desfiliação partidária somente as seguintes hipóteses: I – mudança substancial ou desvio reiterado do programa partidário; II – grave discriminação política pessoal; e III – mudança de partido efetuada durante o período de trinta dias que antecede o prazo de filiação exigido em lei para concorrer à eleição, majoritária ou proporcional, ao término do mandato vigente.

É possível perceber que a terceira situação trazida pela lei (mudança de partido efetuada durante o período de **trinta dias** que antecede o prazo de filiação exigido em lei para concorrer à eleição, majoritária ou proporcional, ao término do mandato vigente) acabou admitindo que o candidato que já detém mandato eletivo e que pretende ser reeleito possa "trocar" de partido sem que isso gere perda do mandato. Para tanto, é necessário que ele apenas faça isso um mês antes do final do prazo estabelecido para a filiação partidária.

Voltando para a EC 91/16, observa-se que nova possibilidade de "troca" de partido político fora criada, sem que isso gere perda do cargo. O detentor de mandato eletivo agora tem a faculdade de desligar-se do partido pelo qual foi eleito nos trinta dias seguintes à promulgação desta Emenda Constitucional, sem prejuízo do mandato, não sendo essa desfiliação considerada para fins de distribuição dos recursos do Fundo Partidário e de acesso gratuito ao tempo de rádio e televisão. Sendo assim, aqueles que possuem mandato eletivo poderão desligar-se partido político que fazem parte até o dia 19 de março de 2016. É claro que se esses políticos quiserem participar das eleições de 2016, eles terão de se filiar a outro partido político dentro do prazo constitucionalmente estabelecido, qual seja, de até seis meses antes do pleito eleitoral.

É importante ressaltar que embora a EC 91/16 tenha autorizado a troca de partido político, ela vedou a utilização, pelo novo partido, dos recursos do fundo partidário e do tempo de acesso gratuito ao rádio e a TV. O antigo partido do político mantém o tempo para rádio e TV que lhe fora concedido, por conta do número de deputados que possuía e o tempo de acesso gratuito ao rádio e a TV. Em suma, há algumas diferenças entre as duas possibilidades de troca de partido político. A legalmente admitida, prevista no inciso III do parágrafo único do art. 22-A da Lei 9.096/95 (incluído pela Lei 13.165/15), admite a mudança de partido efetuada durante o período de trinta dias que antecede o prazo de filiação exigido em lei para concorrer à eleição, majoritária ou proporcional, ao término do mandato vigente. A mudança assegurada pela EC 91/16 pode ser realizada apenas entre 19 de fevereiro de 2016 e 19 de março de 2016. Nesse período, o detentor de mandato eletivo poderá sair do partido pelo qual foi eleito sem perder o mandato por infidelidade partidária. Outra diferença é a de que a troca de partido prevista na lei é considerada como uma justa causa e, por ser assim, não geraria perda do mandato. A hipótese trazida pela EC 91/16 é tratada, não como justa causa, mas como uma autorização **temporária** para sujeito se desligar do partido pelo qual ele foi eleito. Por ser temporária, só tem validade durante o período de 19 de fevereiro de 2016 e 19 de março de 2016. A situação trazida pela lei, ao contrário, tem caráter durável, de modo que também pode ser aplicada nas futuras eleições.

Dispõe o art. 60, § 4º, inciso II, da CF que o voto tem de ser direto, secreto, universal e periódico. Tomando por base as disposições trazidas, podemos dizer que o voto possui as seguintes características:

1) é ato **direto**: o eleitor não vota em alguém para que esse alguém escolha quem o representará, não há intermediários, vota-se diretamente naquele que o representará. O voto direto é cláusula pétrea, ou seja, nem mesmo pelo poder constituinte derivado reformador (por emenda constitucional) isso poderá ser modificado. Vale lembrar que, conforme já mencionado, embora o voto seja direto, seu exercício é um exemplo de democracia indireta, pois o povo delega seu poder para o governante eleito para que ele o represente;

2) é ato **secreto**: o exercício do direito de voto é algo sigiloso, a opção do sujeito sobre qual candidato escolheu ou escolherá não precisa ser externada. O voto secreto é cláusula pétrea, não pode ser suprimido do texto constitucional. De acordo com o Supremo, o sigilo do voto é direito fundamental do cidadão. Assim, decidiu a Suprema Corte que "a exigência legal do voto impresso no processo de votação, contendo número de identificação associado à assinatura digital do eleitor, vulnera o segredo do voto, garantia constitucional expressa. A garantia da inviolabilidade do voto põe a necessidade de se garantir ser impessoal o voto para garantia da liberdade de manifestação, evitando-se qualquer forma de coação sobre o eleitor. A manutenção da urna em aberto põe em risco a segurança do sistema, possibilitando fraudes, impossíveis no atual sistema, o qual se harmoniza com as normas constitucionais de garantia do eleitor. Cautelar deferida para suspender a eficácia do art. 5º da Lei 12.034/2002" (ADI 4.543-MC, Rel. Min. Cármen Lúcia, julgamento em 03.11.2011, Plenário, *DJE* de 02.03.2012).

3) é ato **universal**: conforme já estudado, a capacidade eleitoral é dada a todos os nacionais, indiscriminadamente. A universalidade também consta das cláusulas pétreas;

4) é ato **periódico**: os governantes detêm mandatos por um período determinado. Assim, sempre que houver troca de governante, o povo deve ser chamado às urnas para exercer, de modo periódico, o direito de voto. A periodicidade do voto é uma das cláusulas pétreas;

5) é ato **personalíssimo**: significa que só pode ser exercido pela própria pessoa, não há possibilidade de se passar uma procuração para que outra pessoa vote em seu nome, o voto não pode ser efetivado por mandato;

6) é ato **obrigatório**: embora a obrigatoriedade do voto não seja considerada uma cláusula pétrea, ou seja, por emenda constitucional, tal determinação pode ser modificada, enquanto não houver mudança nessa regra o eleitor tem obrigação de ir até o local determinado e efetivamente votar. É claro que há a possibilidade de votar em branco ou anular seu voto, mas isso não significa que o sujeito possa deixar de comparecer fisicamente ao local, dia e horário determinados;

7) é **ato livre**: o conteúdo do voto é livre, por conta disso que as pessoas, além de poderem escolher em qual candidato votar, podem anular seu voto.

Passemos à análise dos direitos políticos negativos.

Os direitos políticos negativos dizem respeito às circunstâncias que impedem a participação no processo eletivo, são as inelegibilidades e a perda e suspensão dos direitos políticos.

Inelegibilidades: significam impedimentos relativos ou absolutos que atingem o direito de sufrágio, especificamente em relação à elegibilidade, à capacidade eleitoral passiva, ou seja, ao direito de ser votado.

Segundo o art. 14, § 4º, da CF são *absolutamente* inelegíveis os inalistáveis e os analfabetos. Os inalistáveis não podem se alistar, portanto, não votam. Se não podem o menos, que é votar, não poderão o mais, que é serem votados. Desse modo, é possível concluir que a inalistabilidade impede a elegibilidade, já que a primeira é pressuposto para aquisição da segunda.

Ocorre que o dispositivo menciona que também são inelegíveis os analfabetos. Vejam, eles detêm capacidade eleitoral ativa, os analfabetos podem votar, o que a Constituição proíbe é a elegibilidade. Assim, poderão votar, mas não poderão ser eleitos, pois não possuem capacidade eleitoral passiva, não são elegíveis.

Em suma, a inelegibilidade absoluta atinge os inalistáveis (estrangeiros e os conscritos, durante o serviço militar obrigatório) e os analfabetos.

Vale observar a seguinte decisão do Supremo: "as condições de elegibilidade (CF, art. 14, § 3º) e as hipóteses de inelegibilidade (CF, art. 14, § 4º a § 8º), inclusive aquelas decorrentes de legislação complementar (CF, art. 14, § 9º), aplicam-se de pleno direito, independentemente de sua expressa previsão na lei local, à eleição indireta para Governador e Vice-Governador do Estado, realizada pela Assembleia Legislativa em caso de dupla vacância desses cargos executivos no último biênio do período de governo" (**ADI 1.057-MC**, Rel. Min. **Celso de Mello**, julgamento em 20.04.1994, Plenário, *DJ* de 06.04.2001). **No mesmo sentido**: ADI 4.298-MC, Rel. Min. **Cezar Peluso**, julgamento em 07.10.2009, Plenário, *DJE* de 27.11.2009.

Passemos ao estudo da inelegibilidade relativa.

As inelegibilidades *relativas* não têm relação específica com a pessoa que quer se candidatar, mas sim com fatores externos, ou ainda, com pessoas ligadas àquela que pretende disputar o pleito eleitoral. Como o próprio nome esclarece, são obstáculos relativos ao direito de ser votado. Em princípio, o sujeito é elegível, mas para determinados cargos ou funções haverá impedimento.

Os motivos que levam à inelegibilidade relativa podem ser:

✓ funcionais (art. 14, §§ 5º e 6º, da CF);

✓ casamento, parentesco ou afinidade (art. 14, § 7º, da CF);

✓ legais (art. 14, § 9º, da CF);

✓ militares (art. 14, § 8º, da CF); e

✓ domicílio eleitoral.

Motivo funcional: o § 5º do art. 14 da CF traz a regra da reeleição, dispondo que o Presidente da República, os Governadores de Estado e do Distrito Federal, os Prefeitos e quem os houver sucedido ou substituído no curso dos mandatos, poderão ser reeleitos para um único período subsequente. Se o sujeito for reeleito após o término do primeiro mandato, será considerado inelegível para a próxima eleição. Verifica-se que há a impossibilidade de um terceiro mandato subsequente ao segundo. Tal proibição não impede que o sujeito ocupe o cargo de Chefe do Executivo por mais de duas vezes, apenas veda que essa ocupação se dê de forma sucessiva. Trata-se de hipótese de inexigibilidade por motivo funcional.

Sobre o art. 14, § 5º, da CF, é interessante notar o seguinte julgado do STF: "O instituto da reeleição tem fundamento não somente no postulado da continuidade administrativa, mas também no princípio republicano, que impede a perpetuação de uma mesma pessoa ou grupo no poder. O princípio republicado condiciona a interpretação e a aplicação do próprio comando da norma constitucional, de modo que a reeleição é permitida por apenas uma única vez. Esse princípio impede a terceira eleição não apenas no mesmo município, mas em relação a qualquer outro município da federação. Entendimento contrário tornaria possível a figura do denominado "prefeito itinerante" ou do "prefeito profissional", o que claramente é incompatível com esse princípio, que também traduz um postulado de temporiedade/ alternância do exercício do poder. Portanto, ambos os princípios – continuidade administrativa e republicanismo – condicionam a interpretação e aplicação teleológicas do art. 14, § 5º, da CF. O cidadão que exerce dois mandatos consecutivos como o prefeito de determinado município fica inelegível para o cargo da mesma natureza em qualquer outro município da federação" (RE 637.485-RJ, de 01.08.2012, rel. Min. Gilmar Mendes).

Outra situação em que se verifica a inelegibilidade por motivo funcional é a constante no § 6º do art. 14 da CF que dispõe que, para concorrerem a outros cargos, o Presidente da República, os Governadores de Estado e do Distrito Federal e os Prefeitos devem renunciar aos respectivos mandatos até seis meses antes do pleito. É a denominada regra da *desincompatibilização*.

Vale lembrar que apenas para outros cargos eletivos, e não para uma futura reeleição, é que é exigida, do Chefe do Executivo, a desincompatibilização, ou seja, o afastamento temporário ou a renúncia nos seis meses que antecedem o pleito eleitoral.

Casamento, parentesco ou afinidade: o § 7º do art. 14 da CF dispõe que são inelegíveis no território de jurisdição do titular o cônjuge e os parentes consanguíneos ou afins até o segundo grau, ou por adoção, do Presidente da República, de Governador de Estado ou Território, do Distrito Federal, de Prefeito ou de quem os haja substituído dentro dos seis meses anteriores ao pleito, salvo se já titular de mandato eletivo e candidato à reeleição. Trata-se da denominada *inelegibilidade reflexa*.

Em suma, pela inelegibilidade reflexa as pessoas relacionadas ao prefeito não poderão ser candidatas a vereador ou prefeito no mesmo município. Aquelas que têm relação com o governador não poderão concorrer aos cargos de vereador, deputado estadual, deputado federal, senador ou governador do respectivo estado. E, por último, os ligados ao Presidente não poderão ser candidatos a qualquer cargo eletivo no país.

Vale lembrar que o Supremo Tribunal Federal editou a súmula vinculante 18, que determina que a dissolução da sociedade ou do vínculo conjugal, no curso do mandato, não afasta a inexigibilidade prevista no § 7º do art. 14 da CF. Desse modo, não adianta os governantes, durante seus mandatos,

romperem suas relações matrimoniais para que seus futuros "ex-cônjuges" escapem da inexigibilidade reflexa.

Motivos legais: o § 9º do art. 14 da CF deixa claro que outros casos de inelegibilidade relativa poderão ser criados por meio de lei complementar. Assim, o rol de motivos previstos na CF é meramente exemplificativo.

Motivos militares: embora o § 8º do art. 14 da CF mencione que o militar alistável é também elegível, o art. 142, §3º, V, do Texto Maior proíbe sua filiação a partido político enquanto estiver na ativa. Por conta disso, o Tribunal Superior Eleitoral decidiu que nesse caso é dispensável a filiação partidária, que será sanada pelo registro da candidatura feita pelo partido político.

Além disso, o militar, para ser elegível, deverá obedecer às seguintes regras:

1) se contar com **menos de 10** anos de serviço, deverá **afastar-se** da atividade;

2) se contar com **mais de 10** anos de serviço, será **agregado** pela autoridade superior e, **se eleito**, passará automaticamente, no ato da diplomação, para a **inatividade.**

Vale lembrar que o Supremo já decidiu que "diversamente do que sucede ao militar com mais de dez anos de serviço, deve afastar-se definitivamente da atividade o servidor militar que, contando menos de dez anos de serviço, pretenda candidatar-se a cargo eletivo." (RE 279.469, Rel. p/ o ac. Min. **Cezar Peluso**, julgamento em 16.03.2011, Plenário, *DJE* de 20.06.2011).

"Ficha limpa" – Lei Complementar 135/10

A Lei da "Ficha Limpa" teve origem por iniciativa popular, com mais de um milhão e meio de assinaturas; foi sancionada como Lei Complementar 135/10. Sua aprovação é fruto da mobilização de milhões de cidadãos e se tornou um marco fundamental para a democracia e a luta contra a corrupção e a impunidade no Brasil.

Em suma, a lei em comento altera a Lei Complementar 64/90, que estabelece, de acordo com o § 9º do art. 14 da CF/88 casos de inelegibilidade, prazos de cessação e determina outras providências para incluir hipóteses de inelegibilidade que visam a proteger a probidade administrativa e a moralidade no exercício do mandato.

Entre outras restrições, a lei proíbe a candidatura de pessoas com condenação criminal por decisão colegiada da Justiça. Porém, a polêmica questão que girava acerca do tema, acalorando o debate, é se tal lei seria ou não constitucional. O Supremo entendeu que a referida lei é constitucional uma vez que o princípio da presunção de inocência só se aplica ao âmbito penal, enquanto que no direito eleitoral se aplica o princípio da prevenção, conforme entendimento de juristas como Fábio Konder Comparato e Celso Antônio Bandeira de Mello.

Ao analisar recurso de Jader Barbalho (PMDB-PA), segundo colocado na eleição para senador no Estado do Pará, o STF, mantendo a decisão do TSE, definiu que a lei já seria aplicada na eleição do ano de 2010, inclusive em todos os casos de políticos que renunciaram ao mandato para fugir de processo de perda da função.

Posteriormente, ao apreciar o recurso apresentado pelo ex-deputado estadual Leonídio Bouças (PMDB-MG), que havia sido impedido por conta de uma condenação advinda de uma ação de improbidade administrativa, o STF mudou o seu entendimento.

Com fundamento no art. 16 da CF/88, que determina que a lei que alterar o processo eleitoral entra em vigor na data de sua publicação, **não se aplicando à eleição que ocorra até um ano da data de sua vigência** (princípio da anualidade) e em princípios basilares que resguardam o estado democrático de direito, como o da **segurança jurídica**, o STF decidiu que a lei da ficha limpa valeria a partir de 2012.

Segundo a Corte Maior, "a elegibilidade é a adequação do indivíduo ao regime jurídico – constitucional e legal complementar – do processo eleitoral, razão pela qual a aplicação da Lei Complementar 135/10 com a consideração de fatos anteriores não pode ser capitulada na retroatividade vedada pelo art. 5º, XXXV, da Constituição, mercê de incabível a invocação de direito adquirido ou de autoridade da coisa julgada (que opera sob o pálio da cláusula *rebus sic stantibus*) anteriormente ao pleito em oposição ao diploma legal retromencionado (...) **A razoabilidade da expectativa de um indivíduo de concorrer a cargo público eletivo, à luz da exigência constitucional de moralidade para o exercício do mandato (art. 14, § 9º), resta afastada em face da condenação prolatada em segunda instância ou por um colegiado no exercício da competência de foro por prerrogativa de função, da rejeição de contas públicas, da perda de cargo público ou do impedimento do exercício de profissão por violação de dever ético-profissional. A presunção de inocência consagrada no art. 5º, LVII, da Constituição Federal deve ser reconhecida como uma regra e interpretada com o recurso da metodologia análoga a uma redução teleológica, que reaproxime o enunciado normativo da sua própria literalidade, de modo a reconduzi-la aos efeitos próprios da condenação criminal (que podem incluir a perda ou a suspensão de direitos políticos, mas não a inelegibilidade), sob pena de frustrar o propósito moralizante do art. 14, § 9º, da Constituição Federal.** Não é violado pela Lei Complementar 135/10 o princípio constitucional da vedação de retrocesso, posto não vislumbrado o pressuposto de sua aplicabilidade concernente na existência de consenso básico, que tenha inserido na consciência jurídica geral a extensão da presunção de inocência para o âmbito eleitoral. O direito político passivo (*ius honorum*) é possível de ser restringido pela lei, nas hipóteses que, *in casu*, não podem ser consideradas arbitrárias, porquanto se adequam à exigência constitucional da razoabilidade, revelando elevadíssima carga de reprovabilidade social, sob os enfoques da violação à moralidade ou denotativos de improbidade, de abuso de poder econômico ou de poder político. **O princípio da proporcionalidade resta prestigiado pela Lei Complementar 135/2010, na medida em que: (i) atende aos fins moralizadores a que se destina; (ii) estabelece requisitos qualificados de inelegibilidade e (iii) impõe sacrifício à liberdade individual de candidatar-se a cargo público eletivo que não supera os benefícios socialmente desejados em termos de moralidade e probidade para o exercício de referido *munus* público. O exercício do *ius honorum* (direito de concorrer a cargos eletivos), em um juízo de ponderação no caso das inelegibilidades previstas na Lei Complementar 135/10, opõe-se à própria democracia, que pressupõe a fidelidade política da atuação dos representantes populares.** A Lei Complementar 135/10 também não fere o núcleo essencial dos direitos políticos, na medida em que estabelece restrições temporárias aos direitos políticos passivos, sem prejuízo das situações políticas ativas. O cognominado desacordo moral razoável impõe o prestígio da manifestação legítima do legislador democraticamente eleito acerca do conceito jurídico indeterminado de vida pregressa, constante do art. 14, § 9.º, da Constituição Federal. O abuso de direito à renúncia é gerador de inelegibilidade dos detentores de mandato eletivo que renunciarem aos seus cargos, posto hipótese em perfeita compatibilidade com a repressão, constante do ordenamento jurídico brasileiro (*v.g.*, o art. 53, § 6º, da Constituição Federal e o art. 187 do Código Civil), ao exercício de direito em manifesta transposição dos limites da boa-fé. A inelegibilidade tem as suas causas previstas nos §§ 4º a 9º do art. 14 da Carta Magna de 1988, que se traduzem em condições objetivas cuja verificação impede o indivíduo de concorrer a cargos eletivos ou, acaso eleito, de os exercer, e não se confunde com a suspensão ou perda dos direitos políticos, cujas hipóteses são previstas no art. 15 da Constituição da República, e que importa restrição não apenas ao direito de concorrer a cargos eletivos (*ius honorum*), mas também ao direito de voto (*ius sufragii*). Por essa razão, não há inconstitucionalidade na cumulação entre a inelegibilidade e a suspensão de direitos políticos. A extensão da inelegibilidade por oito anos após o cumprimento da pena, admissível à luz da disciplina legal anterior, viola a proporcionalidade numa sistemática em que a interdição política se põe já antes do trânsito em julgado, cumprindo, mediante interpretação conforme a Constituição, deduzir do prazo posterior ao cumprimento da pena o período de inelegibilidade decorrido entre a condenação e o trânsito em julgado." (ADC 29; ADC 30 e ADI 4.578, Rel. Min. **Luiz Fux**, julgamento em 16.02.2012, Plenário, *DJE* de 29.06.2012).

Em relação ao mandato eletivo, vale observar a regra trazida pelo parágrafo 10 do art. 14 da CF o qual determina que o poderá ser impugnado ante a Justiça Eleitoral no prazo de quinze dias contados da diplomação, instruída a ação com provas de abuso do poder econômico, corrupção ou fraude. Ainda sobre o tema, o parágrafo seguinte menciona que a ação tramitará em segredo de justiça, respondendo o autor, na forma da lei, se temerária ou de manifesta má-fé.

Por fim, a **EC nº 111 de 28 de setembro de 2021**, além de outras alterações, acrescentou dois parágrafos ao art. 14 da CF. O primeiro (§ 12) determina a realização, concomitantemente às eleições municipais, de consultas populares sobre questões locais aprovadas pelas Câmaras Municipais e encaminhadas à Justiça Eleitoral até 90 (noventa) dias antes da data das eleições, observados os limites operacionais relativos ao número de quesitos. O segundo (§ 13) trata das manifestações favoráveis e contrárias às questões submetidas às consultas populares que deverão ocorrer durante as campanhas eleitorais e que isso seja feito sem a utilização de propaganda gratuita no rádio e na televisão.

Privação ou restrição dos direitos políticos

Há duas formas de restringir os direitos políticos: temporária ou definitivamente. A primeira é denominada suspensão dos direitos políticos e a segunda é conhecida como perda de tais direitos.

Ressalta-se que a Constituição proíbe a cassação dos direitos políticos em seu art. 15 e admite, em algumas hipóteses, a perda e a suspensão, conforme analisaremos adiante.

É da competência do Poder Judiciário, conforme dispõe o inciso XXXV do art. 5º da CF, analisar e decidir as questões relacionadas à perda e suspensão dos direitos políticos.

As hipóteses de *suspensão* são as seguintes: a) incapacidade civil absoluta; b) condenação criminal transitada em julgado, enquanto durarem seus efeitos; e c) prática de atos de improbidade administrativa, conforme art. 37, §4º, da CF.

De acordo com o STF, "a regra de suspensão dos direitos políticos, prevista no art. 15, III, da Constituição Federal, é autoaplicável e consequência imediata da sentença penal condenatória transitada em julgado, independentemente da natureza da pena imposta (privativa de liberdade, restritiva de direitos, suspensão condicional da pena, dentre outras hipóteses). [RE 601.182, voto do rel. p/ o ac. min. Alexandre de Moraes, j. 8-5-2019, P, DJE de 2-10-2019, Tema 370.]

De outra parte, haverá *perda* dos direitos políticos: a) quando houver cancelamento da naturalização por sentença transitada em julgado; e b) quando houver recusa em cumprir obrigação a todos imposta ou prestação alternativa, segundo art. 5º, VIII, da CF. Nesta última hipótese, há quem entenda que é suspensão e não de perda dos direitos políticos, por conta do art. 4º, § 2º, da Lei 8.239/1991.

Nesse tópico, há decisão do Supremo no sentido de que a inelegibilidade tem as suas causas previstas nos §§ 4º a 9º do artigo 14 da Carta Magna de 1988, que se traduzem em condições objetivas cuja verificação impede o indivíduo de concorrer a cargos eletivos ou, acaso eleito, de os exercer, **e não se confunde com a suspensão ou perda dos direitos políticos, cujas hipóteses são previstas no artigo 15 da Constituição da República, e que importa restrição não apenas ao direito de concorrer a cargos eletivos (*ius honorum*), mas também ao direito de voto (*ius sufragii*).** Por essa razão, não há inconstitucionalidade na cumulação entre a inelegibilidade e a suspensão de direitos políticos." (ADC 29; ADC 30 e **ADI 4.578**, Rel. Min. Luiz Fux, julgamento em 16.02.2012, Plenário, *DJE* de 29.06.2012).

Princípio da anterioridade ou anualidade eleitoral: dispõe o art. 16 da CF que a lei que alterar o processo eleitoral entrará em vigor na data de sua publicação, não se aplicando à eleição que ocorra até um ano da data de sua vigência.

De acordo com o STF, informativo 707, "A importância fundamental do princípio da segurança jurídica para o regular transcurso dos processos eleitorais está plasmada no princípio da anterioridade eleitoral positivado no art. 16 da CF. O STF fixou a interpretação desse art. 16, entendo-o como uma garantia constitucional (1) do devido processo legal eleitoral, (2) da igualdade de chances e (3) das minorias (RE 633.703). Em razão do caráter especialmente peculiar dos atos judiciais emanados do Tribunal Superior Eleitoral (TSE), os quais regem normativamente todo o processo eleitoral, é razoável concluir que a CF também alberga uma norma, ainda que implícita, que traduz o postulado da segurança jurídica como princípio da anterioridade ou anualidade em relação à alteração da jurisprudência do TSE. Assim, as decisões do TSE que, no curso do pleito eleitoral (ou logo após o seu encerramento), impliquem mudança de jurisprudência (e dessa forma repercutam sobre a segurança jurídica) não têm aplicabilidade imediata ao caso concreto e somente terão eficácia sobre outros casos no pleito eleitoral posterior" (**Informativo** 707 do STF).

Desincompatibilização: os Chefes do Executivo (Presidente da República, Governadores de Estado e do Distrito Federal ou Prefeitos) que pretendam concorrer à próxima eleição, segundo o § 6º do art. 14 da CF, deverão renunciar aos respectivos mandatos até seis meses antes do pleito. Nesses casos, os governantes terão de se afastar dos seus cargos de forma definitiva. Vale lembrar que há casos em que será necessário apenas o licenciamento; por exemplo, nas hipóteses de agentes administrativos e autoridades policiais que pretendam disputar o pleito eleitoral.

Reaquisição dos direitos políticos: no caso de suspensão dos direitos políticos, se os motivos que levaram à suspensão não mais persistirem, haverá reaquisição. Já nas hipóteses de perda, é necessário fazer uma divisão: se a perda se deu em razão de cancelamento da naturalização, em virtude de atividade nociva ao interesse nacional reconhecida em sentença transitada em julgado, a reaquisição somente ocorrerá mediante ação rescisória; se a perda decorreu da recusa em cumprir obrigação a todos imposta, o sujeito poderá readquirir os direitos políticos se cumprir tal obrigação ou, na hipótese de serviço militar obrigatório, o cumprimento da prestação de serviço alternativo.

9.8. Partidos políticos

Os partidos políticos têm por função assegurar a autenticidade do sistema representativo, além de defender o estado democrático, os direitos e garantias fundamentais. Podemos considerá-los como o agrupamento de pessoas que possuem os mesmos ideais e objetivos e que pretendem assumir o poder para fazer valer tais preceitos.

Segundo o art. 17 da CF, é livre a criação, fusão, incorporação e extinção de partidos políticos, resguardados a soberania nacional, o regime democrático, o pluripartidarismo e os direitos fundamentais da pessoa humana. O mesmo dispositivo constitucional menciona que devem ser observados os seguintes preceitos:

I. caráter nacional;

De acordo com o STF: "A determinação constitucional de caráter nacional dos partidos políticos objetiva impedir a proliferação de agremiações sem expressão política, que podem atuar como 'legendas de aluguel', fraudando a representação, base do regime democrático."[ADI 5.311, rel. min. Cármen Lúcia, j. 4-3-2020, P, DJE de 6-7-2020].

II. proibição de recebimento de recursos financeiros de entidade ou governo estrangeiros ou de subordinação a estes;

III. prestação de contas à Justiça Eleitoral;

IV. funcionamento parlamentar de acordo com a lei.

Desse modo, verifica-se que o princípio da liberdade partidária não é ilimitado e irrestrito: há condições para criação, fusão, incorporação e extinção dos partidos políticos.

O pluripartidarismo ou pluralismo partidário prestigia a democracia moderna, fazendo com que o eleitor tenha acesso à diversidade de candidatos e a vários partidos políticos. Os preceitos eleitorais devem ser definidos de forma clara e objetiva para que todos os partidos, independentemente de serem pequenos ou grandes, tenham os mesmos direitos.

Determina o STF que: "É constitucional a norma legal pela qual se impõe restrição temporal para a fusão ou incorporação de partidos políticos." [ADI 6.044, rel. min. Cármen Lúcia, j. 8-3-2021, P, DJE de 17-3-2021].

A Constituição assegura, ainda, no § 1º do art. 17 da CF, a autonomia dos partidos políticos, mencionando que eles definirão sua estrutura interna, organização e funcionamento e estabelecerão regras sobre escolha, formação e duração de seus órgãos permanentes e provisórios. Atenção especial deve ser dada a o mencionado parágrafo, pois sua redação foi alterada pela EC 97/17 a qual proibiu as coligações partidárias nas eleições proporcionais, estabeleceu normas sobre acesso dos partidos políticos aos recursos do fundo partidário e ao tempo de propaganda gratuito no rádio e na televisão, além de dispor sobre regras de transição.

Assim, o novo § 1º do art. 17 da CF, além de assegurar certa autonomia aos partidos, **mantém a possibilidade de coligações partidárias nas eleições que observam o sistema majoritário e proíbe nas eleições proporcionais**. Por fim, afirma a não obrigatoriedade de vinculação entre as candidaturas em âmbito nacional, estadual, distrital ou municipal, devendo seus estatutos estabelecer normas de disciplina e fidelidade partidária (quebra da verticalização constitucionalizada pela EC 52/06).

É importante frisar que os partidos políticos possuem natureza jurídica de **direito privado**, pois adquirem personalidade jurídica na forma da lei civil. Após tal aquisição, devem registrar seus estatutos no Tribunal Superior Eleitoral, conforme determina o § 2º do art. 17 da CF. Cumpridas essas formalidades, os partidos serão sujeitos de direito, podendo atuar em juízo.

O § 3º do art. 17 da CF, também com redação dada pela EC nº 97/17, estabelece regras para que os partidos políticos tenham o acesso aos **recursos do fundo partidário e ao tempo de propaganda gratuito no rádio e na televisão (direito de antena)**. Com a nova norma, apenas os partidos que se enquadrarem nas regras constitucionais abaixo descritas é que se beneficiarão de tais recursos. Quais sejam: I – que obtiverem, nas eleições para a Câmara dos Deputados, no mínimo, 3% (três por cento) dos votos válidos, distribuídos em pelo menos um terço das unidades da Federação, com um mínimo de 2% (dois por cento) dos votos válidos em cada uma delas; ou II – que tiverem elegido pelo menos quinze Deputados Federais distribuídos em pelo menos um terço das unidades da Federação.

Vale lembrar que o disposto acima só valerá a partir das eleições de 2030 (art. 3º da EC 97/17). Até lá, para que os partidos tenham acesso aos recursos do fundo partidário e à propaganda gratuita no rádio e na televisão, eles deverão respeitar as seguintes **regras de transição**:

I – na legislatura seguinte às eleições de 2018 usufruirão de tais benefícios os partidos políticos que:

a) obtiverem, nas eleições para a Câmara dos Deputados, no mínimo, 1,5% (um e meio por cento) dos votos válidos, distribuídos em pelo menos um terço das unidades da Federação, com um mínimo de 1% (um por cento) dos votos válidos em cada uma delas; ou

b) tiverem elegido pelo menos nove Deputados Federais distribuídos em pelo menos um terço das unidades da Federação;

II – na legislatura seguinte às eleições de 2022, os que:

a) obtiverem, nas eleições para a Câmara dos Deputados, no mínimo, 2% (dois por cento) dos votos válidos, distribuídos em pelo menos um terço das unidades da Federação, com um mínimo de 1% (um por cento) dos votos válidos em cada uma delas; ou

b) tiverem elegido pelo menos onze Deputados Federais distribuídos em pelo menos um terço das unidades da Federação;

III – na legislatura seguinte às eleições de 2026, os que:

a) obtiverem, nas eleições para a Câmara dos Deputados, no mínimo, 2,5% (dois e meio por cento) dos votos válidos, distribuídos em pelo menos um terço das unidades da Federação, com um mínimo de 1,5% (um e meio por cento) dos votos válidos em cada uma delas; ou

b) tiverem elegido pelo menos treze Deputados Federais distribuídos em pelo menos um terço das unidades da Federação.

Ainda em relação às novas regras, o § 5º do art. 17 da CF, incluído pela EC 97/17, determina que ao eleito por partido que não preencher os requisitos previstos no § 3º deste artigo é assegurado o mandato e facultada a filiação, sem perda do mandato, a outro partido que os tenha atingido, não sendo essa filiação considerada para fins de distribuição dos recursos do fundo partidário e de acesso gratuito ao tempo de rádio e de televisão.

O § 4º do art. 17 da CF proíbe a utilização, pelos partidos políticos, de organização paramilitar.

Ainda sobre o artigo 17 da CF, a Ec nº 111/21 acrescentou o § 6º no mencionado dispositivo determinando que os Deputados Federais, os Deputados Estaduais, os Deputados Distritais e os Vereadores que **se desligarem do partido pelo qual tenham sido eleitos perderão o mandato**, salvo nos casos de anuência do partido ou de outras hipóteses de justa causa estabelecidas em lei, não computada, em qualquer caso, a migração de partido para fins de distribuição de recursos do fundo partidário ou de outros fundos públicos e de acesso gratuito ao rádio e à televisão.

A EC 117/22 acrescentou os §§ 7º e 8º ao art. 17 da CF. Por esses dispositivos constitucionais, os partidos políticos devem aplicar no mínimo 5% dos recursos do fundo partidário na criação e na manutenção de programas de promoção e difusão da participação política das mulheres de acordo com os interesses intrapartidários e o montante do Fundo Especial de Financiamento de Campanha e da parcela do fundo partidário destinada a campanhas eleitorais, bem como o tempo de propaganda gratuita no rádio e na televisão a ser distribuído pelos partidos às respectivas candidatas, deverão ser de no mínimo 30% proporcional ao número de candidatas, e a distribuição deverá ser realizada conforme critérios definidos pelos respectivos órgãos de direção e pelas normas estatutárias, considerados a autonomia e o interesse partidário.

O art. 2º da EC 117/22 destaca que aos partidos políticos que não tenham utilizado os recursos destinados aos programas de promoção e difusão da participação das mulheres ou cujos valores destinados a essa finalidade não tenham sido reconhecidos pela Justiça Eleitoral é assegurada a utilização desses valores nas eleições subsequentes, vedando-se a condenação pela Justiça Eleitoral nos processos de prestação de contas de exercícios financeiros anteriores que ainda não tenham transitado em julgado até a data de promulgação da EC 117/22. O art. 3º da EC 117/22 prevê ainda que não serão aplicadas sanções de qualquer natureza, inclusive de devolução de valores, multa ou suspensão do fundo partidário, aos partidos que não preencheram a cota mínima de recursos ou que não destinaram os valores mínimos em razão de sexo e raça em eleições ocorridas antes da promulgação da mencionada EC.

Por fim, dois dispositivos da lei que estabelece as normas sobre as eleições merecem ser lembrados. O primeiro é o art. 10, § 3º, da Lei 9.504/97 (Lei das Eleições) que determina que cada partido ou coligação preencherá o mínimo de 30% (trinta por cento) e o máximo de 70% (setenta por cento) para candidaturas de cada sexo. E o segundo, art. 28, § 12, que trata da prestação de contas, pois foi objeto de ADI no STF. A Corte Maior entendeu que a necessidade de identificação dos particulares responsáveis pela doação ao partido configura exigência republicana de transparência. Prosseguiu mencionando que "...O grande desafio da democracia representativa é fortalecer os mecanismos de controle em relação aos diversos grupos de pressão, não autorizando o fortalecimento dos 'atores invisíveis de poder', que tenham condições econômicas de desequilibrar o resultado das eleições e da gestão governamental. Os princípios democrático e republicano repelem a manutenção de expedientes ocultos no que concerne ao funcionamento da máquina estatal em suas mais diversas facetas. É essencial ao fortalecimento da democracia que o seu financiamento seja feito em bases essencialmente republicanas e absolutamente transparentes. Prejudica-se o aprimoramento da democracia brasileira quando um dos aspectos do princípio democrático – a democracia representativa – se desenvolve em bases materiais encobertas por métodos obscuros de doação eleitoral. Sem as informações necessárias, entre elas a identificação dos particulares que contribuíram originariamente para legendas e para candidatos, com a explicitação também destes, o processo de prestação de contas perde em efetividade, obstruindo o cumprimento, pela justiça eleitoral, da relevantíssima competência estabelecida no art. 17, III, da CF.[ADI 5.394, rel. min. Alexandre de Moraes, j. 22-3-2018, P, *DJE* de 18-2-2019.]

10. CONTROLE DE CONSTITUCIONALIDADE

10.1. Conceito

É o mecanismo de verificação da compatibilidade de um ato normativo em face da Constituição Federal. Todo o ordenamento jurídico brasileiro, ou seja, todas as regras existentes no Brasil devem guardar relação de compatibilidade vertical com o Texto Maior. Não sendo consonantes com o que preconiza a Constituição, devem ser banidas do ordenamento, por meio do instituto denominado controle de constitucionalidade.

10.2. Fundamento

O controle de constitucionalidade tem por fundamento o princípio da *supremacia constitucional*, o qual dispõe que as normas constitucionais estão no ápice da pirâmide hierárquica de Kelsen. Todas as normas infraconstitucionais encontram seu fundamento de validade na Constituição Federal. Desse modo, os atos normativos em geral, por estarem abaixo da Constituição, devem ser compatíveis com o ordenamento jurídico maior.

10.3. Objeto

Podem ser objeto de controle tanto os atos legislativos quanto os atos normativos. Os primeiros estão previstos no art. 59 da Constituição Federal. São eles: emendas constitu-

cionais, leis complementares, leis ordinárias, medidas provisórias, decretos legislativos e resoluções. Os segundos, atos normativos ou administrativos, são os decretos, portarias etc.

É importante mencionar que o ato passível de controle é aquele que encontra fundamento de validade diretamente na Constituição e não em norma infraconstitucional.

10.4. Formas de inconstitucionalidade: por omissão e por ação

10.4.1. Por omissão

Verifica-se a inconstitucionalidade por omissão quando estamos diante de uma norma constitucional de eficácia limitada – aquela que depende de regulamentação por parte do legislador – e não há a edição dessa norma regulamentadora. Aquele que detém competência para elaborá-la não o faz, omite-se. Tal conduta é tida como inconstitucional, pois inviabiliza o exercício de um direito garantido constitucionalmente. Daí falar-se que estamos diante de uma omissão inconstitucional ou uma inconstitucionalidade por omissão.

Ressalta-se que, quando há um direito previsto na Constituição, em uma norma de eficácia limitada, implicitamente há um comando constitucional para que o legislador produza a devida regulamentação. Não é uma faculdade, mas uma ordem que, sendo descumprida, gera inconstitucionalidade. Exemplo: o art. 7º, XXVII, da Constituição prevê que a proteção dos trabalhadores em face da automação deve ser garantida, na forma da lei. É necessária a edição da referida lei para que o direito possa ser exercitado; enquanto não sobrevém a norma, fala-se que há inconstitucionalidade por omissão.

Outro exemplo é o direito de greve do servidor público, garantido constitucionalmente pelo inciso VII do art. 37. Dispõe tal comando que o direito de greve será exercido nos termos e nos limites definidos em lei específica. Há uma lei que regulamenta a greve para os empregados, ou seja, para as pessoas sujeitas ao regime celetista. Ocorre que para o servidor público ainda não há lei específica regulamentando a greve. Assim, pergunta-se: pode o servidor público fazer greve? Se sim, por quanto tempo? Quais os limites aplicáveis à greve no serviço público? O Supremo Tribunal Federal, ao analisar dois mandados de injunção impetrados por associações de servidores públicos, deu uma decisão inédita, determinando que enquanto não sobrevier a lei específica que tem por finalidade regulamentar a greve no serviço público, o servidor poderá fazer greve tomando por base as diretrizes estabelecidas pela lei geral de greve, ou seja, a lei que regulamenta a greve para os regidos pela CLT.

Analisaremos, mais adiante, as medidas judiciais cabíveis para sanar o problema gerado pela inconstitucionalidade por omissão que são: o mandado de injunção – meio em que se faz controle difuso de constitucionalidade (art. 5º, LXXI, CF) - e a Ação Direta de Inconstitucionalidade por Omissão – mecanismo de controle abstrato de constitucionalidade (art. 103, §2º, CF).

A inconstitucionalidade por omissão pode se dar de duas formas: parcial ou total. Na primeira hipótese, a norma constitucional de eficácia limitada é regulamentada, mas apenas parcialmente, ou seja, o direito garantido constitucionalmente não foi regulamentado em sua plenitude. Na segunda, nenhuma norma foi produzida a fim de regulamentar o direito. Não existe sequer norma incompleta tratando do assunto, impossibilitando qualquer forma de efetivo exercício do direito.

10.4.2. Por ação

Verifica-se a inconstitucionalidade por ação quando a lei o ou ato normativo está em desacordo com a Constituição. A lei nasceu, mas emanada com vício de inconstitucionalidade. O ato do legislador de produzir uma norma em desacordo com a Carta Magna gera inconstitucionalidade por ação.

A inconstitucionalidade por ação pode ser: material ou formal.

10.4.2.1. Inconstitucionalidade material

Ocorre quando o conteúdo da norma fere as disposições e princípios trazidos pela Constituição. A matéria disciplinada pelo ato normativo está em desacordo com o ordenamento jurídico maior. Tal inconstitucionalidade pode se dar por violação às cláusulas pétreas – aquelas previstas no § 4º do art. 60 da Constituição: I – forma federativa de Estado; II – o voto direto, secreto, universal e periódico; III – a separação dos Poderes; e IV – os direitos e garantias individuais; ou quando viola um direito materialmente garantido pela Constituição. Exemplo: uma lei que estabeleça a pena de morte, pois a Constituição, em seu art. 5º, inciso XLVII, *a*, veda a imposição de tal penalidade (exceto em caso de guerra declarada, nos termos do referido artigo).

10.4.2.2. Inconstitucionalidade formal

Ocorre quando é descumprido algum dos requisitos exigidos quando da elaboração de um ato normativo. As leis, ao serem produzidas, devem seguir um procedimento específico, denominado processo legislativo; se tal procedimento é violado, estamos diante de uma inconstitucionalidade formal. Aliás, o nome do instituto jurídico já nos ajuda a defini-lo, ou seja, a forma, o modo de elaboração é que é violado nessa modalidade de inconstitucionalidade.

Exemplo: um projeto de lei *complementar* aprovado pelo voto da maioria relativa é considerado formalmente inconstitucional, pois para que a lei complementar seja aprovada o quórum exigido, ao contrário do mencionado, é de maioria absoluta.

Outra hipótese de violação de regra de procedimento ocorre quando determinado projeto de lei, de iniciativa privativa, é instaurado, iniciado, por quem não detém competência para tanto; por exemplo, projeto de lei que disponha sobre a criação de cargos, funções ou empregos públicos na administração direta e autárquica ou aumento de sua remuneração iniciado por um Deputado. A competência para iniciar projeto de lei sobre esse tema é privativa do Presidente da República, conforme preconiza o art. 61, § 1º, II, *a*, da Constituição Federal.

Observação: parte da doutrina também fala em inconstitucionalidade formal "orgânica", que é a que ocorre quando há vício de iniciativa. O problema é de competência, o sujeito ou o órgão que iniciou um projeto de lei não era competente para tanto.

10.4.3. Inconstitucionalidade por arrastamento

De acordo com o STF (ADI 1923), é possível que seja declarada a inconstitucionalidade de dispositivos que, muito embora não tenham sido objeto de impugnação, estão relacionados com as normas declaradas inconstitucionais. Os preceitos não impugnados e que encontrem fundamento de validade na norma tida como inconstitucional serão, "por arrastamento", "por reverberação normativa", "por atração" ou "por inconstitucionalidade consequente de preceitos não impugnados", declarados inconstitucionais. É o que ocorre, por exemplo, com um regulamento de uma lei que teve sua aplicação afastada do ordenamento jurídico, após ser declarada inconstitucional pelo STF. A inconstitucionalidade por reverberação normativa é nomeada pela doutrina de diversas maneiras, conforme acima exemplificado.

Vale lembrar que no controle concentrado de constitucionalidade o Supremo, por não estar adstrito ao pedido, não deve submissão ao princípio da congruência ou da correlação.

10.4.4. "Inconstitucionalidade superveniente"

O Supremo não adota a teoria da inconstitucionalidade superveniente. As normas editadas antes da vigência da CF/1988 que não se mostrem de acordo com o texto não são recepcionadas ou meramente "revogadas". Nesse caso, utilizam-se as regras relativas ao direito intertemporal, em especial as atinentes ao fenômeno da recepção.

10.4.5. Bloco de constitucionalidade

É um instituto que tem por finalidade ampliar o padrão de controle de constitucionalidade. Tudo que é tido como conteúdo constitucional, até mesmo princípios e regras implícitas, integram o denominado bloco de constitucionalidade. Tal assunto possibilita a expansão dos preceitos constitucionais como liberdades públicas, direitos e garantias. Em sentido amplo, o bloco abrange princípios, normas, além de direitos humanos reconhecidos em tratados e convenções internacionais incorporados no ordenamento jurídico. De acordo com o Supremo, "a definição do significado de bloco de constitucionalidade – independentemente da abrangência material que se lhe reconheça – reveste-se de fundamental importância no processo de fiscalização normativa abstrata, pois a exata qualificação conceitual dessa categoria jurídica projeta-se como fator determinante do caráter constitucional, ou não, dos atos estatais contestados em face da Carta Política. – A superveniente alteração/supressão das normas, valores e princípios que se subsumem à noção conceitual de bloco de constitucionalidade, por importar em descaracterização do parâmetro constitucional de confronto, faz instaurar, em sede de controle abstrato, situação configuradora de prejudicialidade da ação direta, legitimando, desse modo – ainda que mediante decisão monocrática do Relator da causa (RTJ 139/67) – a extinção anômala do processo de fiscalização concentrada de constitucionalidade" (Informativo 295).

10.5. Classificação do controle de constitucionalidade

10.5.1. Quanto ao momento (preventivo ou repressivo)

Segundo essa classificação, o controle de constitucionalidade pode ser exercido de forma *prévia* ou *preventiva* e *posterior* ou *repressiva* à edição do ato normativo.

Será *prévio ou preventivo* quando o ato normativo impugnado ainda não estiver em vigor. O projeto de lei, e não a lei, é objeto de questionamento, é ele que tem sua constitucionalidade questionada. Exemplo: no trâmite do processo legislativo, há uma fase na qual o projeto é encaminhado ao Presidente da República para que ele o sancione ou o vete, a denominada deliberação executiva. Caso o projeto de lei seja vetado por razões de inconstitucionalidade, estaremos diante do *veto jurídico*, previsto no art. 66, § 1º, da Constituição Federal. Nessa hipótese o Presidente da República realiza controle preventivo de constitucionalidade. Ademais, quando o Chefe do Executivo considerar o projeto de lei contrário ao interesse público, estaremos diante do *veto político*.

Outro exemplo se dá na fase de deliberação legislativa, quando a Comissão de Constituição e Justiça (CCJ) analisa a constitucionalidade de um projeto de lei, expedindo parecer. Tal ato, em regra, tem natureza terminativa e a proposta de lei tida como inconstitucional será rejeitada e arquivada.

Excepcionalmente, o Poder Judiciário pode fazer controle preventivo de constitucionalidade, por exemplo, ao julgar mandado de segurança impetrado por parlamentares contra a continuidade de um processo legislativo em que esteja sendo deliberado assunto tendente a abolir uma das cláusulas pétreas.

Será *posterior ou repressivo (controle superveniente)* quando o ato normativo eivado de vício de inconstitucionalidade já tenha sido editado. A lei, a ser ou não declarada inconstitucional, já produz efeitos no mundo jurídico.

Normalmente quem faz controle repressivo de constitucionalidade é o Poder Judiciário e o faz pelas vias difusa e concentrada, tema que será abordado adiante. Vale destacar que a Constituição admite, de forma excepcional, que o Poder Legislativo também faça esse controle, por exemplo, na hipótese do art. 62, § 5º, da CF, em que ele rejeita medida provisória por considerá-la inconstitucional. Outra situação ocorre quando o Congresso Nacional susta, por meio de decreto legislativo, atos normativos do Poder Executivo que exorbitaram seu poder regulamentar ou excederam os limites da delegação legislativa, conforme disposição prevista nos arts. 49, V, 84, IV, e 68, todos da CF.

10.5.2. Quanto ao órgão competente (político ou judiciário)

O *controle político* é aquele realizado por alguém que não integra o Poder Judiciário. Exemplos: controle prévio realizado pelo Presidente da República ao vetar um projeto de lei inconstitucional; controle realizado pelas Comissões de Constituição e Justiça, no âmbito do Poder Legislativo.

Já o *controle judiciário* é aquele realizado por algum órgão do Poder Judiciário. Pode ser feito de duas maneiras: pela via difusa (via de exceção ou defesa) ou concreta (via de ação).

10.6. Controle difuso (via de exceção ou defesa)

É aquele realizado por qualquer juiz ou tribunal num caso concreto. Os magistrados, quando do julgamento de processos, podem fazer esse controle. É também denominado de controle incidental, pois a declaração de inconstitucionalidade se dá não de forma principal, mas incidentalmente, no processo. O pedido principal não é a declaração de inconstitucionalidade, mas um provimento jurisdicional num caso concreto, que depende da apreciação da constitucionalidade do ato normativo.

Exemplo: alguém não quer pagar um determinado imposto, pois acredita que a lei na qual o Fisco se baseia para cobrar tal tributo é inconstitucional. Desse modo, ingressa com uma ação perante o Judiciário para obter uma declaração de que não deve pagar o tributo. Vejam: o pedido principal é a declaração do não pagamento do tributo. A causa de pedir, ou seja, o fundamento do pedido é a declaração de inconstitucionalidade.

Embora a atribuição de fazer controle difuso seja dada a qualquer juiz ou tribunal, este último, ao fazê-lo, terá de observar o instituto previsto no art. 97 da Constituição Federal, denominado *cláusula de reserva de plenário*. Dispõe tal artigo que, se o controle de constitucionalidade for realizado por um tribunal, somente pela *maioria absoluta* dos seus membros ou dos membros do respectivo órgão especial é que poderá ser declarada a inconstitucionalidade de uma lei.

Vale lembrar o enunciado da Súmula vinculante 10, que prevê a violação da cláusula de reserva de plenário pela decisão de órgão fracionário de tribunal que, embora não declare expressamente a inconstitucionalidade de lei ou ato normativo do poder público, afasta sua incidência, no todo ou em parte.

Isso significa que os órgãos fracionários de um determinado tribunal, por exemplo, as Turmas e as Câmaras, não poderão declarar, sozinhas, a inconstitucionalidade de uma norma. Para que o façam, é necessário o voto da maioria absoluta de seus membros ou de seu órgão especial, quando existir.

Desse modo, para que a questão seja analisada, a Turma ou a Câmara do Tribunal deverá afetar a matéria ao pleno, ou seja, remeter a questão para ser julgada pelo plenário ou órgão especial. Tal ato só não será dessa maneira quando a Turma ou Câmara já tiver se manifestado sobre a questão ou quando o Supremo Tribunal Federal já tiver decidido sobre a matéria. É o que dispõe o parágrafo único do art. 481 do CPC (art. 949, parágrafo único, do CPC). Ou seja, nessas situações os órgãos fracionários não precisarão remeter ao pleno ou ao órgão especial a arguição de inconstitucionalidade.

Os *efeitos* produzidos, em sede de controle difuso, são, em regra, segundo o art. 468 do CPC (art. 503 do CPC), *inter partes*. Atingem somente as partes que participaram do processo. Se existirem pessoas em situação idêntica, elas próprias deverão ingressar com suas ações para que obtenham provimento jurisdicional semelhante.

Tais efeitos também são, em regra, *ex tunc*, ou seja, retroagem à data da expedição do ato normativo viciado. Diz-se "em regra", pois há um procedimento hábil para modificar esses efeitos. Dispõe o art. 52, X, da CF que compete privativamente ao Senado Federal *suspender* a execução, no todo ou em parte, de lei declarada inconstitucional por decisão definitiva do Supremo Tribunal Federal. Assim, pode o Supremo, após o trânsito em julgado da decisão, comunicar ao Senado os termos de sua deliberação para que ele, se desejar, edite uma resolução determinando a suspensão da execução da norma declarada inconstitucional a partir desse momento. Fazendo isso, os efeitos, que antes eram *inter partes* e *ex tunc*, passarão a ser *erga omnes*, ou seja, a lei ficará suspensa para todas as pessoas; e *ex nunc*, isto é, terá efeitos a partir do momento da expedição da resolução.

Vale lembrar que o STF declarou, "por maioria e incidentalmente, a inconstitucionalidade do art. 2º da Lei federal 9.055/1995, com efeito vinculante e *erga omnes*. O dispositivo já havia sido declarado inconstitucional, incidentalmente, no julgamento da ADI 3.937/SP (rel. orig. min. Marco Aurélio, red. p/ o ac. min. Dias Toffoli, julgamento em 24-8-2017). A partir da manifestação do ministro Gilmar Mendes, o Colegiado entendeu ser necessário, a fim de evitar anomias e fragmentação da unidade, equalizar a decisão que se toma tanto em sede de controle abstrato quanto em sede de controle incidental. O ministro Gilmar Mendes observou que o art. 535 do CPC reforça esse entendimento. Asseverou se estar fazendo uma **releitura do disposto no art. 52, X, da CF, no sentido de que a Corte comunica ao Senado a decisão de declaração de inconstitucionalidade, para que ele faça a publicação, intensifique a publicidade**. O ministro Celso de Mello considerou se estar diante de verdadeira **mutação constitucional que expande os poderes do STF em tema de jurisdição constitucional**. Para ele, o que se propõe é uma interpretação que confira ao **Senado Federal a possibilidade de simplesmente, mediante publicação, divulgar a decisão do STF. Mas a eficácia vinculante resulta da decisão da Corte**. Daí se estaria a reconhecer a inconstitucionalidade da própria matéria que foi objeto deste processo de controle abstrato, prevalecendo o entendimento de que a utilização do amianto, tipo crisotila e outro, ofende postulados constitucionais e, por isso, não pode ser objeto de normas autorizativas. A ministra Cármen Lúcia, na mesma linha, afirmou que a Corte está caminhando para uma inovação da jurisprudência no sentido de não ser mais declarado inconstitucional cada ato normativo, mas a própria matéria que nele se contém. O ministro Edson Fachin concluiu que a declaração de inconstitucionalidade, ainda que incidental, opera uma preclusão consumativa da matéria. Isso evita que se caia numa dimensão semicircular progressiva e sem fim. E essa afirmação não incide em contradição no sentido de reconhecer a constitucionalidade da lei estadual que também é proibitiva, o que significa, por uma simetria, que todas as legislações que são permissivas – dada a preclusão consumativa da matéria, reconhecida a inconstitucionalidade do art. 2º da lei federal – são também inconstitucionais.[ADI 3.406 e ADI 3.470, rel. min. Rosa Weber, j. 29-11-2017, P, Informativo 886.]

10.7. Controle concentrado (via de ação)

O controle por via de ação é aquele exercido por meio de uma ação própria, em que o pedido principal é a declaração da inconstitucionalidade ou da constitucionalidade de uma lei ou ato normativo. É o controle abstrato da lei através de um processo que será julgado pelo STF. Assim, a Corte somente irá apreciar a lei em tese e não esta diante de um caso concreto.

Diferentemente ocorre no controle por via de exceção, em que o pedido principal não é a declaração de inconstitucionalidade ou de constitucionalidade. Tais argumentos são utilizados apenas com o intuito de defesa, ou seja, o sujeito para ver seu pedido acolhido se defende alegando a inconstitucionalidade da norma.

O controle concentrado pode ser realizado por meio das seguintes ações: Ação Direta de Inconstitucionalidade (ADI) – genérica, por omissão e interventiva, Ação Declaratória de Constitucionalidade (ADC) e Arguição de Descumprimento de Preceito Fundamental (ADPF).

10.7.1. *Ação Direita de Inconstitucionalidade – ADI*

10.7.1.1. *Conceito e objeto*

A ADI está prevista no art. 102, I, "a", da CF e também na Lei 9.868/99. É uma ação constitucional que tem por objetivo verificar se uma lei ou ato normativo *federal* ou *estadual* está em conformidade com o que dispõe a Constituição Federal. Assim, o objeto da ADI pode ser uma lei estadual ou federal, entendida em sentido amplo, abarcando todas as espécies legislativas previstas no art. 59 da CF, quais sejam, emendas constitucionais, leis complementares, leis ordinárias, leis delegadas, medidas provisórias, decretos legislativos e resoluções.

10.7.1.2. *Legitimados*

O art. 103 da Constituição Federal dispõe que são legitimados para propor a ação direta de inconstitucionalidade e a ação declaratória de constitucionalidade as seguintes pessoas ou órgãos:

I. o Presidente da República;

II. a Mesa do Senado Federal;

III. a Mesa da Câmara dos Deputados;

IV. a Mesa de Assembleia Legislativa ou da Câmara Legislativa do Distrito Federal;

V. o Governador de Estado ou do Distrito Federal;

VI. o Procurador-Geral da República;

VII. o Conselho Federal da Ordem dos Advogados do Brasil;

VIII. partido político com representação no Congresso Nacional; e

IX. confederação sindical ou entidade de classe de âmbito nacional.

Dentre as pessoas e órgãos mencionados há os que possuem legitimidade *universal* ou neutra e os legitimados especiais, *temáticos* ou interessados, que são aqueles que precisam demonstrar *pertinência temática* ao ingressar com essas ações, ou seja, o conteúdo do ato deve ser pertinente aos interesses do legitimado, sob pena de carência da ação (falta de interesse de agir).

Devem vir acompanhadas de tal requisito as ações propostas pelos seguintes legitimados: a Mesa de Assembleia Legislativa ou da Câmara Legislativa do Distrito Federal (inciso IV); o Governador de Estado ou do Distrito Federal (inciso V); e confederação sindical ou entidade de classe de âmbito nacional (inciso IX). O Supremo já definiu que pertinência temática significa que a ação proposta pelo ente tem de estar de acordo com sua finalidade institucional.

Por fim, alguns questionamentos: 1º Seria possível o governador de um determinado Estado-Membro impugnar uma lei de outro? Sim, se ele demonstrar que a lei do outro Estado impacta economicamente ou de alguma outra maneira o estado que ele representa. A legitimidade ativa do governador para a propositura das ações do controle concentrado de constitucionalidade no STF (ADI, ADC e ADPF) vincula-se ao objeto da ação, de modo que deve haver pertinência da norma impugnada com os objetivos do autor da ação, mas isso **não** impede o governador de impugnar ato normativo oriundo de outro Estado da Federação; 2º Em relação aos partidos políticos, como é demonstrada a representação no Congresso Nacional? Basta que o partido político possua um membro integrante em qualquer das casas do Congresso (Câmara dos Deputados ou Senado Federal).

10.7.1.3. Regras trazidas pela Lei Federal 9.868/99

10.7.1.3.1. Possibilidade de cautelar em ADI (art. 10 da Lei 8.868/99)

A cautelar numa ADI é uma decisão de caráter provisório e que tem por finalidade antecipar os efeitos que serão dados quando do julgamento do mérito. Para que seja concedida, a votação no STF tem que se dar pelo quórum de maioria absoluta. Sendo deferida, a consequência prática é a suspensão da execução da lei objeto de questionamento no Supremo. Nesse caso, havendo legislação anterior à lei questionada, ela passará a ter aplicação até que sobrevenha a decisão de mérito. Essa situação está prevista no § 2º do art. 11 da Lei 9.868/99 e é denominada pela doutrina de *efeito repristinatório*.

Vale lembrar que o **efeito repristinatório** não se confunde com o instituto da **repristinação**. O primeiro indica que a eficácia de uma lei revogada é restaurada quando a lei que a revogou é declarada inconstitucional, por meio do controle concentrado de constitucionalidade. Esse efeito ocorre, pois a declaração de inconstitucionalidade de uma lei pela via concentrada possui, em regra, efeitos *ex tunc* (retroativos). Desse modo, se a lei é declarada inconstitucional desde o seu nascedouro, todos os efeitos por ela produzidos são considerados nulos. Assim, a lei que havia sido revogada por uma norma tida como inconstitucional voltará a valer. A repristinação, ao contrário, é um fenômeno que não decorre do controle de constitucionalidade, mas da entrada em vigor de novas leis. Para tanto, há necessidade de disposição expressa determinando a restauração da eficácia da lei revogada. De acordo com o art. 2º, § 3º, da LINDB, salvo disposição em contrário, a lei revogada não se restaura por ter a lei revogadora perdido a sua vigência. O efeito repristinatório, como mencionado, também é gerado quando há deferimento de cautelar em sede de ação direta de inconstitucionalidade.

A medida cautelar tem eficácia *erga omnes* e efeito *ex nunc*, ressalvada a hipótese da Corte entender que deve conceder eficácia *ex tunc* (retroativa).

10.7.1.3.2. Possibilidade de participação do amicus curiae (art. 7º, § 2º, da Lei 9.868/99)

Tal expressão significa literalmente amigo da corte. O § 2º do art. 7º da Lei 9.868/1999 traz a possibilidade do relator do processo, considerando a relevância da matéria e a representatividade dos legitimados, admitir a manifestação de outros órgãos ou entidades. Esta participação permitirá que a Corte profira uma decisão fundamentada não só com base técnica jurídica, mas também com subsídios específicos relacionados a outras áreas, como, por exemplo, a medicina, engenharia etc. O Supremo entende que a figura do *amicus curiae* tem por principal finalidade pluralizar o debate constitucional.

O maior exemplo desta figura se deu quando do julgamento da possibilidade de utilização das células-tronco embrionárias para tratamento de doenças e pesquisas medicinais.

10.7.1.3.3. Defesa promovida pelo Advogado-Geral da União

Em razão do princípio da presunção de constitucionalidade das leis, incumbe ao Advogado-Geral da União a defesa da lei ou ato normativo (curador especial). No entanto, caso haja decisão pela inconstitucionalidade proferida em controle na via de exceção pelo Pretório Excelso, este tem admitido que o AGU deixe de defender a lei em questão.

O Procurador-Geral da República será sempre ouvido na ADI, de acordo com o § 1º do art. 103 da Constituição, após o AGU.

10.7.1.3.4. Possibilidade de realização de audiência pública

O art. 9º, § 1º, também da Lei 9.868/99 autoriza que, em caso de necessidade de esclarecimento de matéria ou circunstância de fato ou de notória insuficiência das informações existentes nos autos, o relator requisite informações adicionais, designe perito ou comissão de peritos para que emita parecer sobre a questão, ou, ainda, realize *audiência pública* para ouvir depoimentos de pessoas com experiência e autoridade na matéria. As primeiras audiências públicas, algo inédito na Suprema Corte, ocorreram recentemente e tiveram origem quando da análise da possibilidade ou não do uso das células-tronco para pesquisas.

10.7.1.3.5. Votação

Os arts. 22 e 23 da Lei 9.868/99 exigem que a decisão da ação direta de inconstitucionalidade seja efetivada por pelo menos seis ministros (maioria absoluta) e desde que presentes na sessão o mínimo de oito ministros.

10.7.1.3.6. Efeitos

Quando declarada a constitucionalidade, o efeito sempre será *ex tunc*, ou seja, retroage à data da edição do ato normativo. Já se houver declaração da inconstitucionalidade, em regra, também produzirá efeitos *ex tunc*. Todavia, por motivos de *segurança jurídica* ou de excepcional *interesse social*, o STF poderá conceder eficácia *ex nunc* (a partir do trânsito em julgado da decisão ou de outro momento que venha a ser fixado), ou, ainda, restringir os efeitos da decisão, mediante votação por maioria de 2/3 de seus membros. É denominada pela doutrina de *modulação dos efeitos da decisão*.

Ademais, a decisão sempre terá eficácia *erga omnes* e será vinculante aos órgãos do Poder Judiciário e à Administração direta e indireta, nas esferas federal, estadual e municipal.

Frisa-se que a decisão é irrecorrível, não podendo nem ser objeto de ação rescisória; o único recurso possível são os embargos de declaração.

10.7.2. Ação Declaratória de Constitucionalidade – ADC

10.7.2.1. Conceito e objeto

A ADC também está prevista nos arts. 102, I, "a", e 103, I a IX, da CF e na Lei 9.868/99. É uma ação constitucional que tem por objetivo verificar a constitucionalidade de uma lei ou ato normativo *federal*.

A dúvida que pode surgir é a seguinte: se as leis são presumidamente constitucionais, por que existe uma ação para declarar a constitucionalidade de uma norma? Exatamente por conta de tal presunção, a Lei 9.868/99 traz em seu art. 14, III, a necessidade da observância de um requisito para a propositura dessa ação, qual seja, é imprescindível que haja *controvérsia judicial relevante* em relação à constitucionalidade da norma objeto de questionamento no Supremo. Sem a prova da existência de importante divergência jurisprudencial sobre a aplicação ou não de determinada norma a ADC não poderá ser conhecida.

Desse modo, ao ser editada uma norma, não há como, nos dias posteriores à edição, ingressar com tal ação, pois sequer houve tempo hábil para a existência de uma controvérsia judicial relevante – requisito indispensável para que a ação seja proposta.

Também se fala que a presunção de constitucionalidade de que todas as normas gozam é uma presunção relativa – *juris tantum,* ou seja, aquela que admite prova em contrário.

10.7.2.2.   Legitimados

São os mesmos da ADI – art. 103 da CF. Todas as observações que foram feitas em relação aos legitimados universais e aos temáticos ou especiais servem aqui.

10.7.2.3.   Possibilidade de cautelar em ADC

O art. 21 da Lei 9.868/99 admite a cautelar em ADC, desde que concedida por decisão da maioria absoluta dos membros do Supremo Tribunal Federal. O efeito produzido pela decisão que acolhe a cautelar será o de suspender, por 180 dias, o julgamento de todos os processos que envolvam a aplicação da norma objeto de questionamento.

10.7.2.4.   Defesa promovida pelo Advogado-Geral da União

Não há defesa pelo Advogado-Geral da União.

10.7.2.5.   Efeitos

Valem aqui todos os comentários feitos sobre os efeitos da ADI, diante da natureza dúplice das ações.

10.7.2.6.   Natureza da ADI e ADC

A doutrina menciona que a ADI e a ADC são ações de natureza dúplice, ambivalentes ou de sinais trocados porque a procedência em qualquer delas equivale à improcedência da outra.

O julgamento final de uma ADI, dando-a por procedente, faz com que a norma impugnada seja declarada inconstitucional. Agora, se uma ADI for julgada improcedente significa que a norma impugnada é declarada constitucional. Na ADC é o oposto; se ela for julgada procedente significa que a norma objeto de questionamento no Supremo é tida como constitucional. Já se for julgada improcedente a norma impugnada é declarada inconstitucional.

Por ser assim, a doutrina denomina tais ações de natureza dúplice, ambivalentes ou de sinais trocados. Quando uma for declarada procedente a outra, necessariamente, tem de ser declarada improcedente e vice-versa. Corroborando tal entendimento, o art. 24 da Lei Federal 9.868/99 menciona que, proclamada a constitucionalidade, julgar-se-á improcedente a ação direta ou procedente eventual ação declaratória; e,

proclamada a inconstitucionalidade, julgar-se-á procedente a ação direta ou improcedente eventual ação declaratória.

10.7.3.   Arguição de Descumprimento de Preceito Fundamental – ADPF

10.7.3.1.   Conceito e objeto

A ADPF está prevista no art. 102, § 1º, da CF e na Lei 9.882/99. É uma ação constitucional que tem por objetivo verificar se uma lei ou ato normativo viola um preceito fundamental previsto na Constituição. Tal ação surgiu com a finalidade de complementar o sistema de controle já existente.

O objeto da ADPF é o mais abrangente de todas as ações de controle concentrado. Desse modo, cabe tal ação quando uma lei ou ato normativo federal, estadual, municipal e ainda norma pré-constitucional, ou seja, normas editadas antes da vigência da constituição, violem preceitos fundamentais.

Vale lembrar que a ADPF pode ser utilizada para impugnar, por exemplo, decisões judiciais. Seu objeto não está adstrito às leis ou a atos normativos produzidos pelo Legislativo. Decisões judiciais e atos administrativos que atentem preceitos fundamentais da CF também podem ser impugnados por essa ação. De acordo com o *caput* do art. 1º da Lei 9.882/99, a ADPF visa evitar ou reparar lesão a preceito fundamental, resultante de ato do Poder Público. Podem ser incluídos no conceito de "atos do Poder Público" os normativos produzidos pelo Legislativo, as decisões judiciais, os atos administrativos que atentem preceitos fundamentais da CF, dentre outros.

A Lei 9.882/99 não conceitua preceito fundamental, de modo que não existe um rol taxativo nesse sentido. Ao contrário, deixa em aberto para que o Supremo, ao conhecer das ações, defina. A Corte Maior já mencionou, por exemplo, que os direitos fundamentais, as cláusulas pétreas e o sistema constitucional tributário são considerados preceitos fundamentais.

10.7.3.2.   Legitimados

São os mesmos da ADI e ADC, que estão no art. 103 da CF.

10.7.3.3.   Peculiaridades da Lei 9.882/99

10.7.3.3.1. Caráter subsidiário

Segundo o § 1º do art. 4º da Lei 9.882/99, a ADPF só será cabível quando não houver outro meio eficaz para sanar a lesividade. Havendo a possibilidade de solucionar o problema da violação da constituição por outro meio, inclusive com o ajuizamento de ADI ou ADC, será este outro meio que deverá ser utilizado.

10.7.3.3.2. Ausência de conceito de preceito fundamental

Não há uma definição legal de preceito fundamental. O Supremo Tribunal Federal que, ao conhecer das ADPFs propostas, determinará o que é e o que não é assim considerado.

10.7.3.3.3. Possibilidade de liminar

O art. 5º da Lei 9.882/99 prevê a possibilidade de concessão de medida liminar, que será declarada pela maioria absoluta dos membros do STF.

O § 1º do mesmo dispositivo determina que em caso de extrema urgência ou perigo de lesão grave, ou ainda, em período de recesso, poderá o relator conceder a liminar, ad referendum do Tribunal Pleno.

10.7.3.3.4. Defesa do AGU

A Lei 9.882/99 não exige a defesa do ato impugnado pelo Advogado-Geral da União.

O Procurador-Geral da República, quando não for o autor da ação, será ouvido.

10.7.3.3.5. Efeitos

Julgada a ação, far-se-á comunicação às autoridades ou órgãos responsáveis pela prática dos atos questionados, fixando-se as condições e o modo de interpretação e aplicação do preceito fundamental.

A decisão terá eficácia *erga omnes* e efeito vinculante relativamente aos demais órgãos do Poder Público.

10.7.4. ADI por omissão ou ADO

10.7.4.1. Conceito e objeto

A ADI por omissão está prevista no art. 103, § 2º, da CF e no Capítulo II-A da Lei 9.868/99. Tal capítulo foi acrescentado pela Lei Federal 12.063/09.

É uma ação constitucional que tem por objetivo sanar uma inconstitucionalidade por omissão ou, como também denominada, uma omissão inconstitucional.

Conforme já analisamos, as normas constitucionais podem ter eficácia plena, contida e limitada. A última, ou seja, aquela que depende de regulamentação para que o exercício do direito por ela garantido traz, implicitamente, um comando normativo para que o legislador infraconstitucional produza a norma regulamentadora. Quando ele não o faz, estamos diante de uma inconstitucionalidade por omissão. Fala-se que o legislador, nesta hipótese, encontra-se em mora, em atraso, pois não cumpre o comando constitucional de elaborar a norma para possibilitar o exercício de um direito constitucionalmente assegurado.

A omissão pode ser total ou parcial, conforme já estudado.

10.7.4.2. Legitimados

Segundo o art. 12-A da Lei 9.868/99, podem propor ADI por omissão os mesmos legitimados à propositura da ação direita de inconstitucionalidade (genérica) e da ação declaratória de constitucionalidade. Desse modo, todas as observações feitas em relação aos legitimados no item da ADI genérica valem aqui.

10.7.4.3. Possibilidade de cautelar em ADI por omissão

Havendo excepcional urgência e relevância da matéria poderá ser concedida medida cautelar em sede de ADI por omissão. O Tribunal, pelo voto da maioria absoluta dos membros e após a audiência dos órgãos ou autoridades responsáveis pela omissão, é competente para conceder a cautelar. Sendo concedida será aberto o prazo de cinco dias para que os responsáveis pela omissão se manifestem. Vale lembrar que essa possibilidade foi trazida pela Lei 12.063/09 que acrescentou, além de outros dispositivos, o art. 12-F à Lei 9.868/99.

É importante ressaltar que a medida cautelar, quando estivermos diante de uma omissão parcial, fará com que seja suspensa a aplicação da lei ou do ato normativo impugnado. Tal medida também poderá resultar na suspensão de processos judiciais ou de procedimentos administrativos em andamento, ou ainda, numa outra providência fixada pelo próprio Tribunal.

10.7.4.4. Defesa da AGU

Não há defesa pelo Advogado-Geral da União, devido à ausência de norma.

O Procurador-Geral da República será ouvido apenas se o relator do processo considerar indispensável. Se isso ocorrer, deverá ser feito dentro do prazo de 3 dias, conforme § 2º do art. 12-F da Lei 9.868/99.

10.7.4.5. Efeitos

Declarada a inconstitucionalidade por omissão, será dada ciência ao Poder competente para a adoção das providências necessárias e, em se tratando de órgão administrativo, para fazê-lo em 30 dias, conforme preceitua §1º do art. 12-H da Lei 9.868/99

10.8. Mecanismos de interpretação utilizados no controle de constitucionalidade

10.8.1. Interpretação conforme a Constituição ou apenas "interpretação conforme"

É um mecanismo de interpretação utilizado pelo Supremo que tem por finalidade "salvar" a norma, não a declarando inconstitucional e consequentemente banindo-a do ordenamento jurídico brasileiro. Tem por fundamento o princípio da conservação ou da preservação das normas. Aqui, o Supremo fixa uma interpretação que deve ser seguida. Em vez de declarar a norma inconstitucional, determina que a lei é constitucional desde que interpretada de tal maneira. Há apenas uma interpretação possível para aquela norma, que é a fixada por ele quando da análise de sua constitucionalidade.

10.8.2. Declaração de inconstitucionalidade parcial sem redução de texto

Também é considerado um mecanismo de interpretação utilizado pelo Supremo que tem por finalidade "salvar" a norma.

Da mesma maneira que a interpretação conforme, na declaração parcial a Corte não declara a norma inconstitucional e retira-a do ordenamento jurídico, mas apenas declara que determinada interpretação (parte) dada à norma é inconstitucional.

Sabemos que uma lei pode ser interpretada de mais de uma maneira e que, às vezes, uma interpretação dada não está de acordo com o que diz a Constituição. É exatamente nessa hipótese que o STF se vale da declaração parcial sem redução de texto. Em vez de declarar a norma inconstitucional, determina que uma interpretação, dentre as diversas que possam existir, é inconstitucional. Assim, a declaração não é total e sim parcial, haja vista que há mais de uma interpretação para aquela lei.

É, ainda, "sem redução de texto", pois a norma em si é preservada, o que é declarado parcialmente inconstitucional é a interpretação dada a ela. Também tem escopo no princípio da conservação ou preservação das normas.

10.8.3. Parcelaridade

Significa que o Supremo, ao analisar uma norma que esteja sendo impugnada por razões de inconstitucionalidade, pode declarar inconstitucional todo o seu conteúdo ou apenas parte dele. Exemplo: o Supremo, ao analisar a constitucionalidade do art. 7º, § 2º, do Estatuto da Ordem dos Advogados do Brasil, declarou inconstitucional apenas a expressão "desacato". Desse modo, pelo princípio da parcelaridade, o Supremo não fica adstrito ao texto de uma lei inteira ou um artigo, um inciso, um parágrafo ou uma alínea – pode entender que é inconstitucional apenas uma palavra, por exemplo. Diferentemente ocorre quando o Presidente da República veta uma lei. Nesse caso, somente poderá vetar juridicamente uma lei inteira ou um ou mais artigos, incisos, parágrafos ou alíneas. Não pode vetar apenas uma palavra, pois isso poderia fazer com que todo o sentido da lei fosse modificado.

10.8.4. Modulação dos efeitos produzidos pelo controle de constitucionalidade ou apenas "modulação de efeitos"

O nome do instituto já dá ideia do que venha a ser – modular significa mudar, alterar. Em regra, os efeitos produzidos no controle difuso são *inter partes* e *ex tunc*; no controle concentrado são *erga omnes*, vinculantes e *ex tunc*. A modulação serve justamente para que esses efeitos sejam modificados, conforme já estudado.

10.9. Controle de constitucionalidade estadual

O art. 125, §2º, da CF traz a possibilidade dos Estados instituírem a representação de inconstitucionalidade de leis ou atos normativos estaduais ou municipais em face da Constituição Estadual. Trata-se do controle estadual de constitucionalidade das leis, que visa ao exame da compatibilidade formal e material das normas estaduais e municipais em face das Constituições Estaduais.

A ação de inconstitucionalidade deve ser proposta perante Tribunal de Justiça do Estado. Para tanto, deve haver previsão e regulamentação nas próprias Constituições Estaduais, que não poderão atribuir a legitimação para agir a um único órgão, de acordo com a parte final do art. 125, § 2º, da CF.

Caso a norma estadual ou municipal contrarie, simultaneamente, o disposto na Constituição Estadual e na Federal, o Tribunal não poderá se manifestar quanto à constitucionalidade ou não de tal norma em face da Constituição Federal, sob pena de usurpação de função, pois somente o STF pode fazer o controle em comento.

Destaca-se que não é possível a propositura de ADI e ADC de lei municipal em face da Constituição Federal, devendo o controle ser realizado por meio de ADPF ou via controle difuso.

Ademais, nos termos da súmula 642 do STF, não cabe ADI perante o Pretório Excelso de lei do Distrito Federal decorrente de sua competência legislativa municipal.

11. ORGANIZAÇÃO DO ESTADO

11.1. Introdução

O Estado é formado por três elementos, quais sejam, o povo (indivíduos que habitam o mesmo local), o território (local que abriga os indivíduos) e a soberania.

Quanto à forma, fala-se que o Estado pode ser classificado em Unitário ou Federal. Unitário é aquele em que as capacidades legislativa, política e administrativa se concentram nas mãos de um único centro, de um único governo. A doutrina denomina os Estados Unitários, como Cuba e França, de Estados Simples. Já o Federal é aquele em que há repartição de competências e as capacidades mencionadas estão divididas em vários centros. É denominado pela doutrina de Estado Composto. O Brasil, a Alemanha e os Estados Unidos são alguns exemplos de Estado Federal ou Estado Composto.

A forma de governo é justamente a relação existente entre aqueles que governam e os que são governados. Por meio dela é que se verifica como é feita a instituição do poder. Fala-se em República ou Monarquia. Na primeira os governantes são eleitos, direta ou indiretamente, para que exerçam o poder por um período determinado. Já na segunda, monarquia, o poder advém da família, é vitalício e os governantes não precisam prestar contas para os governados.

Os sistemas de governo dizem respeito à maneira pela qual as funções legislativa, executiva e judiciária são relacionadas. No presidencialismo, além da independência entre os poderes, que são harmônicos entre si, o detentor do poder cumula as funções de chefe de Estado e chefe de governo. Normalmente nas repúblicas adota-se o presidencialismo. No parlamentarismo existe apoio e colaboração entre as funções e o poder é dividido. O presidente não cumula as funções de chefe de Estado e de governo, apenas chefia o Estado e delega a atribuição de cuidar do governo ao primeiro-ministro. Este, por sua vez, para comandar o país tem de ter o apoio do parlamento.

Determina o *caput* do art. 1º da CF/88 que a República Federativa do Brasil, formada pela união indissolúvel dos Estados e Municípios e do Distrito Federal, constitui-se em Estado Democrático de Direito. A forma federativa de Estado, portanto, foi adotada pelo Texto Constitucional. Tal forma é incompatível com o exercício do direito de separação (ou direito de secessão), pois é considerada **cláusula pétrea** (art. 60, § 4º, I, da CF/88).

Assim, ainda que houvesse, por exemplo, expressivo quórum favorável à separação de um determinado Estado-Membro da Federação, promovendo a dissolução do vínculo federativo, isso não seria possível.

Além disso, por conta de o estado federal fazer parte do rol de cláusulas pétreas, ainda que houvesse emenda constitucional autorizando a separação, ela seria considerada inconstitucional. Como já mencionado, é **vedado o exercício do direito de secessão** e a prática de tal ato pode ensejar intervenção federal.

O mencionado art. 1º da CF prossegue ensinando que o Brasil é considerado um Estado republicano e democrático.

As pessoas políticas que integram a federação, segundo o art. 18, *caput*, da Constituição Federal, são: a União, os Estados-membros, o Distrito Federal e os Municípios.

De acordo com o STF: "A lei estadual não pode impor o comparecimento de representante de uma entidade federal, no caso, a Ordem dos Advogados do Brasil, para integrar órgão da Administração Pública estadual, sob pena de ofensa à autonomia dos entes federativos (artigo 18 da Constituição Federal)" [ADI 4.579, rel. min. Luiz Fux, j. 13-2-2020, P, DJE de 28-4-2020].

Fortificando o pacto federativo e a autonomia dos entes que o compõem, o Supremo editou a súmula 681, que dispõe que é inconstitucional a vinculação do reajuste de vencimentos de servidores estaduais ou municipais a índices federais de correção monetária.

De acordo com o art. 19, I, da CF, é vedado aos entes federativos estabelecer cultos religiosos ou igrejas, subvencioná-los, embaraçar-lhes o funcionamento ou manter com eles ou seus representantes relações de dependência ou aliança, ressalvada, na forma da lei, a colaboração de interesse público. Sobre esse tema, o STF já decidiu que: "o direito à liberdade de religião, como expectativa normativa de um princípio da laicidade, obsta que razões religiosas sejam utilizadas como fonte de justificação de práticas institucionais e exige de todos os cidadãos, os que professam crenças teístas, os não teístas e os ateístas, processos complementares de aprendizado a partir da diferença. O direito dos militares à assistência religiosa exige que o Estado abstenha-se de qualquer predileção, sob pena de ofensa ao art. 19, I, da CRFB. Norma estadual que demonstra predileção por determinada orientação religiosa em detrimento daquelas inerentes aos demais grupos é incompatível com a regra constitucional de neutralidade e com o direito à liberdade de religião". [ADI 3.478, rel. min. Edson Fachin, j. 20-12-2019, P, DJE de 19-2-2020.]

11.2. União

No âmbito interno, é considerada pessoa jurídica de direito público, dotada de autonomia, pois detém tripla capacidade: a) auto-organização, b) autogoverno; e c) autoadministração. No âmbito internacional, a União tem por finalidade representar a República Federativa do Brasil, ou seja, tem por missão assegurar a soberania do país.

O art. 20 da Constituição Federal traz uma enumeração dos bens pertencentes à União, dentre eles estão, por exemplo, o mar territorial, os terrenos de marinha e seus acrescidos, os potenciais de energia elétrica, os recursos minerais, inclusive os do subsolo e as terras tradicionalmente ocupadas pelos índios. Vale lembrar que, conforme a súmula 650 do STF, os incisos I e XI do art. 20 da CF não alcançam terras de aldeamentos extintos, ainda que ocupadas por indígenas em passado remoto.

Ainda sobre o art. 20, o seu § 1º teve a redação alterada pela EC 102/19 e assegurou, nos termos da lei, à União, aos Estados, ao Distrito Federal e aos Municípios, a **participação no resultado da exploração de petróleo** ou gás natural, de recursos hídricos para fins de geração de energia elétrica e de outros recursos minerais no respectivo território, plataforma continental, mar territorial ou zona econômica exclusiva, ou compensação financeira por essa exploração. Tema que foi objeto de questionamento no exame de ordem.

Sobre o assunto, o STF já decidiu que: "os royalties são receitas originárias da União, tendo em vista a propriedade federal dos recursos minerais, e obrigatoriamente transferidas aos Estados e Municípios. (...) É constitucional a imposição legal de repasse de parcela das receitas transferidas aos Estados para os municípios integrantes da territorialidade do ente maior. [ADI 4.846, rel. min. Edson Fachin, j. 9-10-2019, P, *DJE* de 18-2-2020.]

O art. 153 do mesmo diploma legal enumera os impostos de competência da União, ou seja, os impostos federais. São os seguintes: imposto de importação (II), imposto de exportação (IE), imposto de renda e proventos de qualquer natureza (IR), imposto sobre produtos industrializados (IPI), imposto sobre operações de crédito, câmbio e seguro, ou relativas a títulos ou valores mobiliários (IOF), imposto sobre a propriedade territorial rural (ITR) e o imposto sobre grandes fortunas (IGF).

O Poder Executivo da União é composto pelo Presidente da República, Vice-Presidente, Ministros, Conselho da República e Conselho de Defesa Nacional, conforme dispõem os arts. 76 a 91 da Constituição Federal.

Já o Poder Judiciário no âmbito Federal é tratado a partir do artigo 101 até o 124 da Constituição. Dentre as matérias de competência dos juízes federais podemos destacar, conforme art. 109 da Constituição, as seguintes: as causas em que a União, entidade autárquica ou empresa pública federal forem interessadas na condição de autoras, rés, assistentes ou oponentes, exceto as de falência, as de acidentes de trabalho e as sujeitas à Justiça Eleitoral e à Justiça do Trabalho; os crimes políticos e as infrações penais praticadas em detrimento de bens, serviços ou interesses da União; as causas fundadas em tratados internacionais; os crimes cometidos a bordo de aeronaves, ressalvada a competência da justiça militar; e a disputa sobre direitos indígenas.

O Poder Legislativo da União é representado pelo Congresso Nacional (Câmara de Deputados e Senado Federal)

11.2.1. *Competências da União*

As competências da União podem ser de duas naturezas distintas:

11.2.1.1. *Competências não legislativas*

São também chamadas de competências administrativas ou materiais. Por meio delas é possível identificar o âmbito de atuação de cada ente federativo. Tais competências se dividem em exclusiva e comum.

A primeira, *exclusiva*, está prevista no art. 21 da Constituição Federal, o qual dispõe que compete à União, por exemplo, manter relações com Estados estrangeiros e participar de organizações internacionais; manter o serviço postal e o correio aéreo nacional; conceder anistia; permitir, nos casos previstos em lei complementar, que forças estrangeiras transitem pelo território nacional ou nele permaneçam temporariamente etc. Essas atribuições, dadas pela competência exclusiva, são *indelegáveis*, ou seja, somente a União poderá efetivá-las.

É importante ressaltar que o STF, em sessão plenária, no julgamento da ADPF 46, declarou como recepcionada pela Constituição de 1988 a Lei 6.538/78, que dispõe sobre o monopólio da Empresa Brasileira de Correios e Telégrafos na exploração dos serviços postais, emprestando interpretação conforme à Constituição ao seu art. 22, V.

Desse modo, a Corte Suprema determina que "a CF confere à União, em caráter exclusivo, a exploração do serviço postal e o correio aéreo nacional (art. 21, X). O serviço postal é prestado pela Empresa Brasileira de Correios e Telégrafos (ECT), empresa pública, entidade da administração indireta da União, criada pelo Decreto-Lei 509, de 10.03.1969." (**ADPF 46**, Rel. p/ o ac. Min. **Eros Grau**, julgamento em 05.08.2009, Plenário, *DJE* de 26.02.2010).

A competência *comum*, também denominada de paralela, concorrente ou cumulativa, tem a ver com as atribuições dadas a todos os entes da federação (União, Estados, Distrito

Federal e Municípios). O art. 23 da Constituição Federal traz o rol de assuntos que serão tratados pelas pessoas políticas mencionadas. O parágrafo único do mesmo artigo, com redação dada pela Emenda Constitucional 53/06, dispõe que leis complementares fixarão normas para a cooperação entre a União, os Estados, o Distrito Federal e os Municípios, tendo em vista o equilíbrio do desenvolvimento e do bem-estar em âmbito nacional. Agora, se mesmo focadas no objetivo mencionado, houver conflito de competência entre elas, tal problema deverá ser sanado com base no princípio da preponderância ou prevalência do interesse.

11.2.1.2. Competências legislativas

A constituição atribui, a cada ente político, competência para elaborar leis. A União pode editar normas sobre diversos assuntos. Fala-se que tal competência pode ter três naturezas distintas: privativa, concorrente e residual.

O parágrafo único do art. 22 da Constituição Federal, ao tratar da competência legislativa *privativa*, diz que a União, por meio de lei complementar, poderá autorizar os Estados a legislar sobre questões específicas das matérias relacionadas neste artigo. Desse modo, a **competência privativa é delegável**.

Segundo a Súmula Vinculante 46 (STF), a definição dos crimes de responsabilidade e o estabelecimento das respectivas normas de processo e julgamento são de competência legislativa privativa da União.

Já foi decidido, também pela Suprema Corte, que: "a obrigatoriedade de equipar os ônibus utilizados no serviço público de transporte coletivo com dispositivos redutores de estresse para motoristas e cobradores. Inconstitucionalidade. Competência privativa da União para legislar sobre trânsito e transporte bem como sobre direito do trabalho." [ADI 3.671, rel. min. Gilmar Mendes, j. 21-2-2020, P, DJE de 20-3-2020.]

Em relação à competência legislativa da União, de acordo com o STF, a competência para legislar sobre a **gratuidade dos estacionamentos em estabelecimentos privados**, como em instituições de ensino, **shopping**, mercados etc. é da **União**. O assunto se enquadra no art. 22, I, da CF, pois diz respeito ao **direito civil**, especificamente sobre o direito de **propriedade e suas limitações** (ADI 3.710/GO).

Outros temas que já foram objeto de questionamento no Exame de Ordem e que também vêm previstos no art. 22 da CF, assuntos da competência privativa da União, são: a legislação sobre **trânsito** (art. 22, XI, CF) – desse modo, se uma lei estadual regulamentar serviço de **mototáxi**, essa lei será tido como inconstitucional por ter o Estado usurpado da competência legislativa federal – e a legislação sobre **navegação marítima e transporte** (art. 22, X e XI, da CF).

De acordo com o STF, "a Lei Estadual 10.519/2015 do Estado da Paraíba. Bloqueio de aparelhos celulares pelas operadoras nas hipóteses de furto e roubo. Competência privativa da União para legislar sobre telecomunicações. (...) No caso dos autos, apesar de estar se discutindo a constitucionalidade do bloqueio de aparelhos celulares nas hipóteses de furto e roubo, resta claro que a finalidade da norma é justamente possibilitar o bloqueio de sinal de telecomunicações e/ou radiocomunicações (...). [ADI 5.574, rel. min. Edson Fachin, j. 27-9-2019, P, DJE de 15-10-2019.]

A competência *concorrente*, como o próprio nome menciona, é aquela em que mais de um ente político pode legislar. Está prevista no art. 24 da CF e são exemplos dessa competência a legislação sobre os seguintes temas: direito tributário, financeiro, penitenciário, econômico, urbanístico, educação, cultura, procedimentos em matéria processual, defesa dos recursos naturais, pesca, meio ambiente, controle da poluição etc. Nessas hipóteses, a União edita normas gerais e os Estados e o Distrito Federal, normas específicas. Diz o § 3º do art. 24 da Constituição Federal que, inexistindo lei federal sobre normas gerais, os Estados terão competência legislativa plena, ou seja, editarão tanto normas gerais quanto normas específicas. É a denominada competência suplementar dos Estados. Já o parágrafo 4º do mesmo dispositivo nos ensina que a superveniência de lei federal sobre normas gerais **suspende** a eficácia da lei estadual no que com ela colidir. É importante ressaltar que a suspensão não se confunde com a revogação.

Desse modo, enquanto a lei geral não for editada, a lei estadual continua valendo, mas, após a edição, pela União, da lei que trata de normas gerais, a lei estadual fica com sua eficácia suspensa naquilo que lhe for contrário. Isso significa que, se a norma geral da União for revogada, a lei estadual volta a valer em sua plenitude, pois não terá mais sua eficácia suspensa. A norma da União, por ter sido revogada, não tem mais força de suspender a eficácia de outra lei. Há de se reiterar, que não é caso de repristinação, pois a lei estadual não foi revogada, mas apenas teve a suspensão de sua eficácia.

A competência *residual* tem natureza tributária e é dada pela Constituição à União, conforme dispõe seu art. 154, I. Esse dispositivo menciona que a União poderá instituir, por meio de lei complementar, impostos não previstos no art. 153 – que define quais são os impostos federais – desde que sejam não cumulativos e não tenham fato gerador ou base de cálculo próprios dos determinados na Constituição Federal.

No campo do direito tributário também encontramos as competências tributárias expressas (art. 153), que são as que cada ente da federação possui para criar seus impostos, e a competência tributária extraordinária, que é dada à União para instituir, na hipótese de iminência ou no caso de guerra externa, impostos extraordinários (art. 154, II, da Constituição Federal).

Ainda em relação ao tema competência legislativa da União, o STF, ao analisar a ADI 4.369 (Informativo 592), mencionou que o Estado de São Paulo, ao editar a Lei 13.854/2009, que proibia a cobrança de assinatura mensal de telefonia fixa, teria usurpado a competência privativa da União para dispor sobre telecomunicações (art. 22, IV, CF).

Desse modo, se somente a União é competente para disciplinar tal assunto, a lei paulista é tida como inconstitucional.

A Suprema Corte, conforme já mencionado, também já definiu pela manutenção do monopólio da União em relação às atividades postais prestadas pela Empresa Brasileira de Correios e Telégrafos (Informativo 554). Assim, os cartões postais, as cartas comerciais, pessoais e os denominados malotes devem ser transportados somente pelos Correios.

Além disso, o STF já decidiu que: "a competência para legislar sobre condições para o exercício de profissões é privativa da União. (...) Não cabe à lei estadual regular as condições para o exercício da profissão de músico, mesmo que a pretexto de garantir a livre atuação dos artistas.[ADI 3.870, rel. min. Roberto Barroso, j. 27-9-2019, P, DJE de 24-10-2019.]

Por fim, o STF já decidi que "Os Estados-membros e o Distrito Federal não dispõem de competência para legislar sobre horário de verão, eis que falece a qualquer ente federado competência legislativa para dispor sobre o seu próprio horário, considerada a dimensão nacional que qualifica essa particular atribuição que a Constituição da República outorgou, em regime de exclusividade, à União Federal, sob pena de entendimento em sentido contrário gerar a possibilidade anárquica de o Brasil vir a submeter-se a tantas horas oficiais quantas forem as unidades da Federação. [ADI 158, rel. min. Celso de Mello, j. 1º-8-2018, P, DJE de 28-8-2018].

11.3. Estados

Os Estados são pessoas políticas dotadas de autonomia. Tal autonomia é marcada pelo fato de a Constituição Federal determinar que os Estados devam elaborar suas próprias Constituições Estaduais. É claro que os princípios e as normas trazidas pela Constituição Federal devem servir de diretrizes para os Estados quando da elaboração de suas Constituições, ou seja, só podem elaborar Constituições que estejam de acordo com a Federal e com base nas suas diretrizes. Deve haver, necessariamente, um paralelismo entre a Constituição Federal e as Constituições Estaduais. Daí falar-se em *princípio da simetria*. O art. 25 da CF/88 após mencionar que os Estados organizam-se e regem-se pelas Constituições e leis que adotarem, afirma que isso será feito desde que **observados os princípios desta Constituição (CF/88).**

O art. 26 da Constituição traz quais são os bens pertencentes aos Estados. Dentre eles podemos destacar as terras devolutas não compreendidas entre as da União e as ilhas fluviais e lacustres também não pertencentes à União.

O Poder Executivo dos Estados é composto pelo Governador e Vice-Governador. Cada Estado elegerá seu governador e vice. O art. 28 da Constituição Federal nos ensina que o mandato é de 4 anos, que as eleições ocorrem no primeiro domingo de outubro (1º turno) e no último domingo de outubro (2º turno, se houver), e que a **posse,** conforme nova redação dada ao art. 28 pela EC nº 111/21, ocorrerá em **6 de janeiro** do ano subsequente. Essa regra somente será aplicada a partir das eleições de 2026. Antes disso, a posse continua sendo no dia primeiro de janeiro do ano subsequente.

Os §§ 3º e 4º do art. 18 da Constituição trazem regras sobre a criação e a extinção dos Estados. Fala-se em incorporação (ou fusão), subdivisão (ou cisão) e desmembramento. Para todas as hipóteses há alguns requisitos comuns e cumulativos. São os seguintes:

a) realização de um **plebiscito**: significa que a população interessada deve, necessariamente, aprovar, por meio de um plebiscito, a formação de um novo Estado. Somente após essa aprovação é que será possível que o segundo requisito seja verificado. Desse modo, fala-se que a realização do plebiscito é condição essencial à fase posterior;

b) existência de um projeto de **lei complementar**: a Lei 9.709/98, que regulamentou as formas de execução da democracia direta (plebiscito, referendo e iniciativa popular das leis), determina que, após a aprovação pelo plebiscito, deve ser proposto um projeto de lei complementar que terá início

ou na Câmara de Deputados ou no Senado Federal, ou seja, em qualquer das Casas do Congresso Nacional;

c) audiência nas Assembleias Legislativas: dispõe o § 2º do art. 4º da Lei 9.709/98 que a Casa em que o projeto tenha iniciado deverá realizar a audiência para futura expedição de um parecer. É interessante lembrar que tal parecer é meramente opinativo, portanto, não tem caráter vinculativo (art. 48, VI, da Constituição Federal). Assim, o processo pode continuar ainda que o parecer dado pelas Assembleias Legislativas tenha sido desfavorável à formação de um novo Estado. Vejam que isso não ocorre em relação ao resultado do plebiscito. Tal consulta tem sim caráter vinculativo, portanto é condição prévia para as demais fases;

d) aprovação por parte do Congresso Nacional: passadas as fases anteriores, o Congresso Nacional tem de aprovar o projeto de lei complementar. Para tanto, necessita do quórum de maioria absoluta, conforme determina o art. 69 da Constituição Federal. Essa aprovação e a eventual sanção do projeto, pelo Presidente da República, são atos discricionários. Nessa fase, nem a manifestação favorável dada durante a realização do plebiscito obriga o Legislativo a aprovar o projeto e o Executivo a sancioná-lo. O Presidente, ao decidir se sanciona ou veta o projeto, é quem avalia a conveniência e a oportunidade do ato, sempre pautado pelo interesse público.

Passemos à análise de cada uma das modalidades de criação e extinção de Estados:

11.3.1. Fusão

Ocorre quando dois ou mais Estados se incorporam geograficamente, formando um novo, diferente dos demais. Aqueles que se uniram, consequentemente, perderão suas personalidades originárias, desaparecerão. Exemplo: suponham que existam os Estados "x", "y" e "z" e que os três sejam incorporados. Após a união, nasce o Estado "w", fruto da junção dos três.

11.3.2. Cisão

Ocorre quando um Estado existente subdivide-se para formar dois ou mais Estados novos, que terão personalidades distintas. Desse modo, o Estado que foi subdividido não mais deterá personalidade, desaparecerá. Exemplo: suponha que exista o Estado "x" e que ele seja subdividido formando os Estados "w", "y" e "z". Vejam que o estado originário "x" desaparece para que outros três sejam criados.

11.3.3. Desmembramento

Ocorre quando um ou mais Estados destinam parte de seu território com a finalidade de formar um novo Estado ou Território ou ainda para se anexarem a outro.

Na hipótese de desmembramento, em regra, o Estado que destina parte de seu território não deixa de existir. Aliás, como o próprio conceito nos ensina, destina "parte", apenas parte de seu território. Foi exatamente o que ocorreu com o Mato Grosso em relação ao Estado do Mato Grosso do Sul e o Estado de Goiás em relação a Tocantins, conforme o art. 13 do Ato das Disposições Constitucionais Transitórias.

De acordo com o STF (ADI 2.650 – **Informativo** 637), quando tiver de ser realizado o desmembramento de um Estado, é necessário que os dois territórios sejam ouvidos, tanto o da área desmembrada, como o da área remanescente.

11.3.4. Competência dos Estados

As competências dos Estados também podem ser legislativas ou não legislativas.

De qualquer forma, vale a leitura de julgado do STF segundo o qual: "O afastamento, por lei estadual, das exigências de revalidação de diploma obtido em instituições de ensino superior dos países membros do Mercosul para a concessão de benefícios e progressões a servidores públicos invade a competência privativa da União para legislar sobre diretrizes e bases da educação nacional (art. 22, XXIV, CRFB). Do mesmo modo, a extensão da possibilidade de utilização de títulos oriundos de instituições de ensino de países pertencentes ao Mercosul não validados no Brasil para além das atividades de docência e pesquisa vai de encontro ao estabelecido no Decreto 5.518/2005. [ADI 5.341, rel. min. Edson Fachin, j. 5-11-2019, P, DJE de 10-12-2019].

Nesse sentido: "compete à União legislar sobre 'diretrizes e bases da educação nacional' – artigo 22, inciso XXIV, da Constituição Federal –, incluída a disciplina relativa à confecção, emissão e registro de diplomas por instituições de ensino superior." [ADI 3.713, rel. min. Marco Aurélio, j. 15-5-2019, P, DJE de 7-6-2019].

11.3.4.1. Competências não legislativas

Também chamadas de administrativas ou materiais, dividem-se em comuns e residuais.

A **comum** vem prevista no art. 23 da Constituição Federal e é dada indistintamente a todos as pessoas políticas, União, Estados, Distrito Federal e Municípios, e já fora objeto de estudo quando da análise da competência da União.

Vale lembrar que o STF decidiu que a União não detém exclusividade na exploração de loterias. Unanimidade, o plenário entendeu que embora a União tenha o monopólio para legislar sobre o sistema de loterias, não há exclusividade na exploração da atividade lotérica. Sendo assim, os Estados e o Distrito Federal, no âmbito da competência administrativa (ou não legislativa), podem administrar ou explorar essa atividade no seu território (ADPFs 492 e 493 e ADI 4986).

A **residual** é dada aos Estados para tratar de assuntos que não sejam da competência da União (art. 21 da CF), do Distrito Federal (art. 23 da CF) e dos Municípios (art. 30 da CF). É também chamada de competência remanescente ou reservada aos Estados e vem prevista no § 1º do art. 25 da Constituição Federal que menciona que "são reservadas aos Estados as competências que não lhe sejam vedadas por esta Constituição". Em suma: o resíduo, aquilo que sobra, que não é de atribuição de outro ente político, pode ser disciplinado pelos Estados.

11.3.4.2. Competências legislativas

Tema já abordado quando analisamos as competências da União, momento em que também fizemos menção às dos Estados.

11.4. Distrito Federal

Constitui ente político autônomo, dotado de capacidade de auto-organização, autogoverno, autoadministração e autolegislação. Diferente do que ocorre com os Estados, que são regidos por Constituições Estaduais, o Distrito Federal é regido por Lei Orgânica. Tal lei deve ser aprovada em dois turnos, com um intervalo mínimo de 10 (dez) dias, pelo voto de 2/3 da Câmara Legislativa do DF, conforme dispõe o art. 32 da Constituição Federal.

A característica do autogoverno é marcada pela eleição de Governador, Vice-Governador e Deputados Distritais, conforme dispõem os §§ 2º e 3º do art. 32 da Constituição.

11.4.1. Competência do Distrito Federal

O Distrito Federal cumula duas competências: pode legislar tanto sobre matérias reservadas aos Estados, como as atribuídas aos Municípios. É o que se depreende do § 1º do art. 32 da Constituição Federal.

11.5. Municípios

Os Municípios são entes políticos dotados de capacidade administrativa, política e de auto-organização. A primeira tem a ver com as competências legislativas e administrativas dadas aos Municípios. A capacidade política é determinada pela eleição direta do Prefeito, Vice-Prefeito e Vereadores. E a capacidade de auto-organização é marcada pelo fato de os Municípios serem regidos por suas próprias Leis Orgânicas Municipais, conforme dispõe o *caput* do art. 29 da Constituição Federal. Tais leis devem ser votadas em dois turnos, com um interstício (intervalo) mínimo de dez dias, e aprovadas pelo voto de 2/3 dos membros da Câmara Municipal.

A autonomia municipal deve ser respeitada sob pena de intervenção federal. Desse modo, se um Estado desrespeitar a autonomia municipal, conforme o art. 34, inciso VII, alínea "c", da Constituição Federal, caberá intervenção naquele Estado.

As regras sobre criação, incorporação, fusão e desmembramento de Municípios são trazidas pelo § 4º do art. 18 da Constituição Federal. É necessário:

a) uma lei complementar federal determinando o período e o procedimento para a criação, incorporação, fusão ou desmembramento do município;

b) divulgação de estudos de viabilidade municipal;

c) realização de consulta prévia às populações diretamente interessadas, por meio de plebiscito (art. 7º da Lei 9.709/98) – tal consulta somente ocorrerá se os estudos de viabilidade demonstrarem a possibilidade de criação, incorporação, fusão ou desmembramento do município; e

d) existência de lei estadual, dentro do período determinado pela lei complementar federal, desde que os requisitos anteriores tenham sido devidamente cumpridos.

Um ponto importante a ser lembrado é o trazido pela Emenda Constitucional 57/08. Com essa emenda foi acrescentado o art. 96 ao ADCT, que assim dispõe: "ficam convalidados os atos de criação, fusão, incorporação e desmembramento de Municípios, cuja lei tenha sido publicada até 31.12.2006, atendidos os requisitos estabelecidos na legislação do respectivo Estado à época de sua criação". Esse dispositivo é na verdade um pedido ao Poder Legislativo para que elabore a tal lei complementar, exigida constitucionalmente, pois sem ela não há possibilidade de criação, fusão, incorporação e desmembramento de municípios. Desse modo, como muitos já haviam sido criados, sem a existência da lei complementar, eles foram convalidados para que a própria ordem constitucional não fosse posta em risco.

Vale lembrar que a EC 15/96 deu nova redação ao § 4º do art. 18 da CF, modificando os requisitos constitucionais para criação, fusão, incorporação e desmembramento de municípios. Houve controle da constitucionalidade da atuação do poder constituinte de reforma, entretanto decidiu-se pela inexistência de afronta à cláusula pétrea da forma federativa do Estado, decorrente da atribuição, à lei complementar federal, para fixação do período dentro do qual poderão ser efetivadas a criação, a incorporação, a fusão e o desmembramento de Municípios. (ADI 2.395, Rel. Min. Gilmar Mendes, julgamento em 09.05.2007, Plenário, *DJE* de 23.05.2008). No mesmo sentido: ADI 2.381-MC, Rel. Min. Sepúlveda Pertence, julgamento em 20.06.2001, Plenário, *DJ* de 14.12.2001.

A EC 84/14 alterou o art. 159 da Constituição Federal para aumentar a entrega de recursos pela União para o Fundo de Participação dos Municípios, de modo que 1% (um por cento) do produto da arrecadação dos impostos sobre renda e proventos de qualquer natureza e sobre produtos industrializados, será destinado ao Fundo de Participação dos Municípios, devendo ser entregue no primeiro decêndio do mês de julho de cada ano.

Por fim, segundo o STF: "O processo de emancipação municipal viciado não pode ser corrigido por mera retificação legislativa, sem a observância do artigo 18, § 4º, da Constituição Federal. Deveras, uma vez criada a nova entidade federativa, não se admite a alteração da lei que a formalizou sem novo processo de incorporação, fusão ou desmembramento, com prévia consulta plebiscitária às populações envolvidas. O plebiscito consultivo conflui para concretizar o princípio da soberania popular, da cidadania e da autonomia federativa, de forma que as populações afetadas possam exercer efetivamente suas prerrogativas de autogoverno. A criação, fusão, incorporação ou desmembramento municipal produz efeitos de ordem social, política e econômica, com sensíveis ressonâncias tributárias e institucionais, as quais afetaram de forma direta e imediata a população envolvida. Nesse prisma, a consulta plebiscitária é verdadeira condição de procedibilidade da norma que altera limites municipais, constituindo relevante meio de exercício da soberania popular." [ADI 1.825, rel. min. Luiz Fux, j. 15-4-2020, P, DJE de 20-5-2020].

11.5.1. *Competência dos municípios*

Podem ser comuns ou enumeradas. As primeiras são as que todos os entes políticos possuem (competência comum), de acordo com o art. 23 da Constituição, conforme já analisado. Já as segundas, as enumeradas, encontram abrigo no art. 30 da Constituição e têm por finalidade, principalmente, tratar de assuntos de interesse local e suplementar à legislação federal e estadual, no que for cabível. De acordo com o art. 30, VIII, da CF compete aos Municípios, por exemplo, a promoção, no que couber, do adequado ordenamento territorial, mediante planejamento e controle do uso, do parcelamento e da ocupação do solo urbano.

Vale lembrar que os municípios têm competência para fixar o horário de funcionamento de estabelecimento comercial (Súmula Vinculante 38), mas não podem criar leis que impeçam a instalação de estabelecimentos comerciais do mesmo ramo em determinada área, pois isso violaria o princípio da livre concorrência (Súmula Vinculante 49).

O STF no julgamento do RE 586.224, São Paulo definiu que "o Município é competente para legislar sobre meio ambiente com União e Estado, no limite de seu interesse local e desde que tal regramento seja e harmônico com a disciplina estabelecida pelos demais entes federados (art. 24, VI c/c 30, I e II da CRFB)".

11.6. Territórios federais

Os territórios federais, conforme dispõe o § 2º do art. 18 da CF, pertencem à União. Somente por meio de lei complementar é que poderão ser criados, transformados em Estado ou reintegrados ao Estado de origem. É dessa maneira, porque os territórios não possuem autonomia política, apenas administrativa.

Frisa-se que atualmente *não* existem territórios federais no Brasil; os últimos que existiram foram extintos pelos arts. 14 e 15 do ADCT. Os territórios de Roraima e Amapá foram transformados em Estados (art. 14 do ADCT) e o de Fernando de Noronha teve sua área incorporada ao Estado de Pernambuco (art. 15 do ADCT).

Os territórios, embora pertencentes à União, podem ser divididos em municípios. Se forem criados (os territórios), possuirão governador, nomeado pelo Presidente da República, após aprovação do Senado Federal, conforme dispõe o art. 84, XIV, da CF, e também poderão eleger quatro deputados federais, conforme determinação do § 2º do art. 45 da CF.

11.7. Intervenção federal e intervenção estadual

É possível extrair do texto constitucional que a regra é a autonomia das pessoas políticas. Desse modo, a União, os Estados, o Distrito Federal e os Municípios são independentes e autônomos, não podendo, como regra, um intervir no outro.

Já a intervenção é uma medida de exceção, consistente na supressão temporária das prerrogativas dos Estados e dos Municípios. Quando há intervenção, prevalece a vontade daquele que a concretizou, que poderá ser a União ou os Estados. Por ser medida de caráter excepcional (a regra é a não intervenção), somente poderá ser decretada nos casos taxativamente previstos na Constituição. Tem por principal finalidade assegurar o pacto federativo.

A intervenção federal somente pode se dar nos Estados e no Distrito Federal. Assim, não é correto afirmar que a União interveio num determinado município pertencente a um Estado. Em regra, somente um Estado pode intervir no município – intervenção estadual. O que poderá ocorrer é a União intervir num município que está localizado em um Território, mas isso só acontecerá se forem criados territórios federais, neles houver municípios e ainda se alguma hipótese de intervenção, taxativamente prevista na CF, estiver devidamente configurada.

Há duas formas de intervenção: a espontânea e a provocada. Será *espontânea* nas seguintes hipóteses:

I. para manter a integridade nacional;

II. para repelir invasão estrangeira ou de uma unidade da Federação em outra;

III. para pôr termo a grave comprometimento da ordem pública;

IV. para reorganizar as finanças da unidade da Federação que: a) suspender o pagamento da dívida fundada por mais de dois anos consecutivos, salvo motivo de força maior; b) deixar de entregar aos Municípios receitas tributárias fixadas na Constituição dentro dos prazos estabelecidos em lei.

Nesses casos o Presidente da República age de ofício, sem a necessidade de provocação.

Há também os casos em que a intervenção federal será decretada após provocação. São hipóteses de *intervenção provocada* as seguintes:

I. para garantir o livre exercício de qualquer dos Poderes nas unidades da Federação. Nesse caso se a coação for exercida contra os Poderes Executivos ou Legislativos dos Estados, a intervenção dependerá de solicitação do poder coagido ou impedido. Agora, se for exercida contra o Poder Judiciário, dependerá de requisição do STF;

II. para prover a execução de lei federal, ordem ou decisão judicial. Podemos desmembrar essa hipótese para melhor análise. Se houver desobediência à ordem ou decisão judiciária, a intervenção dependerá de requisição do STF, do STJ ou do TSE. Já para prover a execução de lei federal, a intervenção dependerá de requisição do STF, em caso de provimento de representação do Procurador-Geral da República;

III. para assegurar a observância dos *princípios constitucionais sensíveis,* que são os seguintes:

a) forma republicana, sistema representativo e regime democrático;

b) direitos da pessoa humana;

c) autonomia municipal;

d) prestação de contas da administração pública;

e) aplicação do mínimo exigido da receita resultante de impostos estaduais, compreendida a proveniente de transferências, na manutenção e desenvolvimento do ensino e nas ações e serviços públicos de saúde.

Nas hipóteses de violação a princípios constitucionais sensíveis, a intervenção deve ser antecedida por uma ação – ADI Interventiva ou Representação Interventiva (Lei 12.562/11). É necessária a requisição do STF, após ter dado provimento à representação do Procurador-Geral da República, que se materializa por meio da ADI Interventiva.

Os casos de intervenção provocada vêm previstos nos incisos IV, VI e VII do art. 34 da CF. Em tais situações, o Chefe do Executivo poderá agir de forma discricionária ou vinculada, conforme as peculiaridades de cada caso.

O decreto do Presidente da República, que concretizará a intervenção, deverá especificar a amplitude, o prazo e as condições de execução. Também deve constar a nomeação de um interventor, quando couber. O Congresso Nacional fará um controle político da intervenção, apreciando o ato em até 24 horas após sua edição. Se estiver em recesso, será feita convocação extraordinária, exceto nas hipóteses dos incisos VI e VII do art. 34 da CF.

Os casos de *intervenção estadual* também estão taxativamente previstos e são os seguintes:

I. quando deixar de ser paga, sem motivo de força maior, por dois anos consecutivos, a dívida fundada;

II. quando não forem prestadas as contas devidas, na forma da lei;

III. quando não tiver sido aplicado o mínimo exigido da receita municipal na manutenção e desenvolvimento do ensino e nas ações e serviços de saúde.

Nessas três situações mencionadas a intervenção estadual será espontânea;

IV. para assegurar a observância de princípios indicados na Constituição Estadual (depende de provimento de representação pelo Tribunal de Justiça);

V. para prover a execução de lei, de ordem ou de decisão judicial (depende de provimento de representação pelo TJ).

Nas hipóteses de provimento de execução de lei ordem ou decisão judicial e observância dos princípios constitucionais sensíveis, dispensada a apreciação pelo Congresso Nacional ou pela Assembleia Legislativa, o decreto limitar-se-á a suspender a execução do ato impugnado, se essa medida bastar ao restabelecimento da normalidade.

Em relação à Administração Pública, tema abordado a partir do art. 37 da CF, é importante lembrar que a EC nº 109/21 acrescentou o § 16 ao art. 37 da CF para determinar que os órgãos e entidades da administração pública, individual ou conjuntamente, devam realizar avaliação das políticas públicas, inclusive com divulgação do objeto a ser avaliado e dos resultados alcançados, na forma da lei.

O STF ao julgar a ADI/RO, relator Min. Gilmar Mendes, teve oportunidade de firmar o seguinte entendimento: "É inconstitucional – por violação aos princípios da simetria e da autonomia dos entes federados – norma de Constituição estadual que prevê hipótese de intervenção do estado no município fora das que são taxativamente elencadas no artigo 35 da Constituição Federal" (Informativo 1073).

12. ORGANIZAÇÃO DOS PODERES

O art. 2º da Carta Magna consagra a regra da separação dos poderes: "são poderes da União, independentes e harmônicos entre si, o Legislativo, o Executivo e o Judiciário".

Para evitar os abusos cometidos pelos detentores do poder, ou seja, a concentração do poder nas mãos de uma única pessoa ou órgão, foi necessário dividir as funções estatais. Isso se consagrou por meio do sistema dos freios e contrapesos (*checks and balances*), que menciona que os três Poderes são autônomos e independentes, porém subordinados ao princípio da harmonia. Tal regra resulta na técnica em que o poder é contido pelo próprio poder, sendo, portanto, uma garantia do povo contra o arbítrio e o despotismo.

12.1. Poder Legislativo

Suas funções típicas são a legislativa, ou seja, *legislar,* fazer as leis e *fiscalizar* a Administração Pública. Esta última é efetivada pelo Poder Legislativo com o auxílio dos Tribunais de Contas que, vale lembrar, embora levem o nome de "Tribunal", são órgãos do Poder Legislativo. Há quem entenda que a função fiscalizatória seria atípica.

Na União, o Poder Legislativo é um órgão bicameral, pois é formado por duas casas legislativas – a Câmara de Deputados, que representa o povo, e o Senado Federal, que representa os Estados. A junção dessas duas casas forma o denominado Congresso Nacional, conforme dispõe o art. 44 da CF/88. Os assuntos da competência exclusiva do Congresso Nacional são encontrados no art. 49 da CF/88. Sobre esse tema, vale a menção ao inciso XVIII, acrescentado pela EC 109/21, que determinou ser da competência exclusiva do Congresso a decretação do estado de calamidade pública de âmbito nacional previsto nos arts. 167-B a 167-G desta Constituição.

Nos Estados, diferente do que ocorre na União, o Poder Legislativo é unicameral, pois é formado por apenas uma casa, que é a Assembleia Legislativa, conforme previsão do art. 27 da CF/88.

No Distrito Federal, como nos Estados, o Poder Legislativo também é unicameral. O órgão legislativo do DF é denominado Câmara Legislativa. Nos Municípios o Poder Legislativo também é unicameral e é chamado de Câmara Municipal ou Câmara de Vereadores.

O funcionamento do Poder Legislativo é regido pelos arts. 57 e 44 da Constituição Federal. O art. 57 trata da *sessão legislativa*, que deve ser compreendida como o período de um ano de funcionamento do órgão. Diz o referido art. 57 que a sessão legislativa se inicia no dia 02 de fevereiro e vai até 17 de julho e depois reinicia-se no dia 1º de agosto e vai até o dia 22 de dezembro do mesmo ano.

O conceito de sessão legislativa difere do de *legislatura*, esta corresponde ao período de 4 (quatro) anos de funcionamento do Poder Legislativo, conforme disposto no parágrafo único do art. 44 da Constituição Federal.

Os períodos em que o Legislativo não funciona são denominados *recesso parlamentar*. Ocorrem do dia 18 de julho ao dia 31 do mesmo mês e do dia 23 de dezembro a 1º de fevereiro de cada ano (art. 57 da Constituição Federal, conforme redação dada pela EC 50/06).

Sessão ordinária: dentro da sessão legislativa ocorrem diversas sessões ordinárias. Cada uma corresponde a um dia de funcionamento do Poder Legislativo. Para que os parlamentares participem da sessão ordinária, existe a *convocação* ordinária, que é o ato formal pelo qual eles são chamados a participar das sessões.

Sessão extraordinária: como o próprio nome menciona, extraordinariamente os parlamentares podem ser convocados; tais sessões ocorrem fora do período comum, ordinário, ocorrem fora do período destinado à sessão legislativa. Têm por finalidade a deliberação de uma matéria específica, conforme determina o § 7º do art. 57 da CF/88.

O § 6º do mesmo art. traz as hipóteses de cabimento de convocação da sessão extraordinária, quais sejam:

a) pelo Presidente do Senado Federal, em caso de decretação de estado de defesa ou de intervenção federal, de pedido de autorização para a decretação de estado de sítio e para o compromisso e a posse do Presidente e do Vice-Presidente da República;

b) pelo Presidente da República, pelos Presidentes da Câmara dos Deputados e do Senado Federal ou a requerimento da maioria dos membros de ambas as Casas, em caso de urgência ou interesse público relevante, em todas as hipóteses com a aprovação da maioria absoluta de cada uma das Casas do Congresso Nacional.

12.1.1. *Composição dos Poderes Legislativos*

No âmbito federal, a Câmara de Deputados, representante do povo, conforme já mencionado, é composta por Deputados Federais em número proporcional à população de cada Estado e do Distrito Federal (art. 45, § 1º, CF). Cada Estado ou o DF terá no *mínimo 8 (oito)* e no *máximo 70 (setenta)* deputados federais, com mandato de 4 (quatro) anos.

O deputado federal deve ser brasileiro (nato ou naturalizado), maior de 21 anos e estar no exercício dos direitos políticos.

O art. 51 do Texto Maior estabelece as competências privativas da Câmara dos Deputados; essas competências são exercidas, sem a sanção do Presidente da República, através de Resolução. Um exemplo vem previsto no inciso I que determina ser competência privativa da Câmara a autorização, por dois terços de seus membros, da instauração de processo contra o Presidente e o Vice-Presidente da República e os Ministros de Estado. Sobre o tema o STF já decidiu que: "Não há necessidade de prévia autorização da Assembleia Legislativa para o recebimento de denúncia ou queixa e instauração de ação penal contra Governador de Estado, por crime comum, cabendo ao STJ, no ato de recebimento ou no curso do processo, dispor, fundamentadamente, sobre a aplicação de medidas cautelares penais, inclusive afastamento do cargo. " [ADI 5.540, rel. min. Edson Fachin, j. 3-5-2017, P, DJE de 28-3-2019.] = ADI 4.362, rel. p/ o ac. min. Roberto Barroso, j. 9-8-2017, P, DJE de 6-2-2018.

Sabemos que atualmente não existem territórios federais, mas como é possível sua criação, se existirem, poderão eleger quatro deputados.

O Senado Federal representa os Estados e o Distrito Federal, segundo o art. 46 da Constituição Federal. Cada Estado e o Distrito Federal elegerão 3 Senadores, que terão mandato de oito anos, e a representação será renovada de quatro em quatro anos, alternadamente, por um e dois terços, conforme nos ensina os parágrafos do art. 46. Outra informação extraída do § 3º é a de que cada Senador será eleito com dois suplentes.

O senador deve ser brasileiro (nato ou naturalizado), maior de 35 anos e estar no exercício dos direitos políticos.

Em relação à presidência das casas legislativas do Congresso Nacional, há limite temporal para o exercício: o mandato é de dois anos e é proibida a recondução para o mesmo cargo na eleição imediatamente subsequente, conforme determina o § 4º do art. 57 da CF/88;

O art. 52 da Carta Magna traz as competências privativas do Senado Federal, que são exercidas sem a sanção do Presidente da República, por meio de Resolução.

Sobre esse assunto, o STF já definiu que: "Os agentes políticos, com exceção do Presidente da República, encontram-se sujeitos a um duplo regime sancionatório, de modo que se submetem tanto à responsabilização civil pelos atos de improbidade administrativa, quanto à responsabilização político-administrativa por crimes de responsabilidade. Não há qualquer impedimento à concorrência de esferas de responsabilização distintas, de modo que carece de fundamento constitucional a tentativa de imunizar os agentes políticos das sanções da ação de improbidade administrativa, a pretexto de que estas seriam absorvidas pelo crime de responsabilidade. A única exceção ao duplo regime sancionatório em matéria de improbidade se refere aos atos praticados pelo Presidente da República, conforme previsão do art. 85, V, da Constituição. O foro especial por prerrogativa de função previsto na Constituição Federal em relação às infrações penais comuns não é extensível às ações de improbidade administrativa, de natureza civil. Em primeiro lugar, o foro privilegiado é destinado a abarcar apenas as infrações penais. A suposta gravidade das sanções previstas no art. 37, § 4º, da Constituição, não reveste a ação de improbidade administrativa de natureza penal. Em segundo lugar, o foro privilegiado submete-se a regime de direito estrito, já que representa exceção aos princípios estruturantes da igualdade e da república. Não comporta, portanto, ampliação a hipóteses não expressamente previstas no texto constitucional. E isso especialmente porque, na hipótese, não há lacuna constitucional, mas legítima opção do poder constituinte originário em não instituir foro privilegiado para o processo e julgamento de agentes políticos pela prática de atos de improbidade na esfera civil. Por fim, a fixação de competência para julgar a ação de improbidade no 1º grau de jurisdição, além de constituir fórmula mais republicana, é atenta às capacidades institucionais dos diferentes graus de jurisdição para a realização da instrução processual, de modo a promover maior eficiência no combate à corrupção e na proteção à moralidade administrativa. [Pet 3.240 AgR, rel. p/ o ac. min. Roberto Barroso, j. 10-5-2018, P, DJE de 22-8-2018].

De acordo com o § 2º do art. 50 da CF/88 as Mesas da Câmara dos Deputados e do Senado Federal poderão encaminhar pedidos escritos de informações a Ministros de Estado ou a qualquer das pessoas referidas no *caput* deste artigo, **importando em crime de responsabilidade a recusa**, ou o não atendimento, no prazo de trinta dias, bem como a prestação de informações falsa.

Por fim, verificamos que o sistema de eleição dos Deputados Federais e dos Senados são diferentes. Os primeiros seguem o *sistema proporcional,* que pretende consagrar o pluripartidarismo e a constante dialética entre ideais políticos diversos. Os segundos são eleitos pelo *sistema majoritário*, no qual consideram-se eleitos os candidatos com maior número de votos.

12.1.2. Comissões

São subconjuntos de parlamentares organizados com o fim de tratar de um assunto específico. Na constituição das Mesas e de cada Comissão, é assegurada, tanto quanto possível, a representação proporcional dos partidos ou dos blocos parlamentares que participam da respectiva Casa (art. 58, § 1º, da CF). As comissões podem ser:

12.1.2.1. Permanentes

Quando seu início se dá ao começo de cada legislatura. Analisa projeto de lei quanto a determinadas especificidades. Exemplo: Comissão de Constituição e Justiça (CCJ), que tem por função verificar a constitucionalidade do projeto de lei.

12.1.2.2. Provisórias ou temporárias

Quando um grupo de parlamentares se reúne provisoriamente para tratar de um assunto específico. Exemplo: comissão reunida para tratar do novo Código de Processo Civil e a Comissão Parlamentar de Inquérito (CPI).

12.1.2.3. Representativas

São aquelas reunidas durante o período de recesso parlamentar para que não sejam interrompidas as atividades do Congresso Nacional. Estão previstas no § 4º do art. 58 da Constituição.

12.1.2.4. Comissão Parlamentar de Inquérito – CPI

As CPIs encontram respaldo no § 3º do art. 58 da CF e têm por função apurar um *fato determinado*, por um *prazo certo*. São criadas no âmbito do Poder Legislativo, portanto são órgãos desse Poder e possuem natureza de comissão provisória ou temporária, pois, após ter sido apurado o fato, a comissão é desfeita.

A doutrina menciona que fato determinado é aquele em que é possível verificar seus requisitos essenciais. Por exemplo: não há como investigar de forma abstrata a corrupção no Brasil, tem de ser especificado o fato determinado para que o procedimento se inicie. O prazo certo, ou seja, aquele que tem início e fim, terá de ser fixado pelos regimentos internos das Casas, já que a CPI é uma comissão temporária e não permanente.

Tais comissões são formadas ou instaladas pelo requerimento de 1/3 dos membros. Podem ser criadas separadamente tanto pela Câmara de Deputados, quanto pelo Senado Federal ou, ainda, conjuntamente pelas duas casas. Nesse caso, teremos uma CPI mista, que será instalada após assinatura de 1/3 dos Deputados Federais e Senadores conjuntamente. Suas conclusões, se for o caso, serão encaminhadas ao Ministério Público, para que promova a responsabilidade civil ou criminal dos infratores.

As CPIs têm poderes próprios das autoridades judiciais e não de autoridades policiais. Tomando por base a jurisprudência do STF, é possível concluir que elas podem:

1. convocar testemunhas, investigados e autoridades para prestarem esclarecimentos, mesmo que de forma coercitiva. Aliás, o art. 50 da CF determina que os Ministros de Estado ou quaisquer titulares de órgãos diretamente subordinados à Presidência da República devem comparecer para prestarem informações, quando convocados, sob pena de responderem por crime de responsabilidade, na hipótese de ausência injustificada;

2. determinar a realização de certas perícias, necessárias à instrução da investigação;

3. determinar as buscas que sejam imprescindíveis à instrução da investigação;

4. quebrar sigilo fiscal, bancário, financeiro e telefônico (nessa última hipótese ocorrerá apenas a quebra em relação aos dados telefônicos, ou seja, as contas telefônicas).

De outra parte, é possível verificar que a CPI possui limites, há assuntos que estão resguardados pela denominada cláusula de reserva jurisdicional, ou seja, somente por ordem judicial tais atos podem ser determinados, em especial as medidas restritivas de direito. Desse modo, as CPIs não podem:

1. determinar a quebra do sigilo das comunicações telefônicas, ou seja, a CPI não pode determinar a interceptação telefônica, pois, segundo o art. 5º, XII, da CF, somente para fins de investigação criminal ou instrução processual penal é que poderá haver tal diligência. Ressalta-se que o acesso às contas telefônicas (dados telefônicos) não se confunde com quebra de comunicação telefônica (que é a interceptação ou escuta). A primeira se inclui nos poderes da CPI, já a segunda é acobertada pela cláusula de reserva de jurisdição e, portanto, não cabe à CPI determiná-la.

Outro detalhe: o STF já afirmou que, embora haja a vedação mencionada, se a interceptação foi realizada num processo criminal e a CPI quer emprestar a prova lá produzida, para ajudar nas suas investigações, isso poderá ser feito;

2. determinar e efetivar a busca domiciliar, que também depende de ordem judicial, conforme dispõe o inciso XI do art. 5º da CF;

3. decretar a prisão, ressalvadas as hipóteses de flagrante delito, conforme inciso LXI da art. 5º da CF, pois nesses casos não só a CPI, mas qualquer um do povo pode prender. Dispõe o art. 301 do Código de Processo Penal que qualquer pessoa do povo poderá e as autoridades policiais e seus agentes deverão prender quem quer que seja encontrado em flagrante delito.

De acordo com o STF, em decisão monocrática, "a estratégia inquisitiva relativa às testemunhas que invocarem o direito constitucional ao silêncio – dispensa do depoimento – foi objeto de específica deliberação e subsequente encaminhamento de votação no âmbito daquele órgão investigativo colegiado. Não obstante seja imperativo o respeito, tanto na organização quanto na dinâmica das comissões parlamentares de inquérito, das prerrogativas e direitos inerentes ao mandato parlamentar, titularizados pelos seus membros e individualmente exercíveis e exigíveis, estes **não se confundem com aquelas prerrogativas e poderes que a Carta Política assegura às próprias comissões, na qualidade de órgãos colegiados.** A prerrogativa de solicitar depoimentos de qualquer autoridade ou cidadão (art. 58, § 2º, V) e os poderes de investigação próprios das autoridades judiciais (art. 58, § 3º) são outorgados pelo texto da Lei Maior às comissões parlamentares de inquérito, colegiados, e não aos seus membros individualmente considerados. Nessa medida, desde que preservada a integridade da premissa maior contida no Texto Constitucional, as questões vinculadas aos específicos arranjos normativos conformadores de tais institutos extravasam da dimensão estritamente constitucional e judicialmente tutelável da matéria. (...) a verificação de eventual afronta aos preceitos constitucionais invocados está ligada à prévia aferição da inobservância de normas regimentais do Congresso Nacional, a caracterizar, portanto, assunto *interna corporis* do Poder Legislativo." (MS 31.475, rel. Min. **Rosa Weber**, decisão monocrática, julgamento em 07.08.2012, *DJE* de 10.08.2012).

Conforme a Suprema Corte (HC 100.341-AM), a existência de procedimento penal investigatório, em tramitação no órgão jurisdicional competente, não impede a realização de atividade apuratória por uma Comissão Parlamentar de Inquérito, ainda que seus objetos sejam correlatos, pois cada qual possui amplitude distinta, delimitada constitucional e legalmente, além de finalidades diversas.

No mesmo julgado, o STF definiu que a CPI pode estender o âmbito de sua apuração a fatos ilícitos ou irregulares que, no curso do procedimento investigatório, revelarem-se conexos à causa determinante da comissão.

Além disso, reiteradas vezes, a Suprema Corte tem garantido ao convocado a depor numa CPI o privilégio contra a autoincriminação, o direito ao silêncio e que possa comunicar-se com o seu advogado.

Outra decisão relevante do Supremo sobre as CPIs é a de que elas, no desempenho de seus poderes de investigação, estão sujeitas às mesmas normas e limitações que incidem sobre os magistrados, quando no exercício de igual prerrogativa. Vale dizer: as CPIs somente podem exercer as atribuições investigatórias que lhes são inerentes, desde que o façam nos mesmos termos e segundo as mesmas exigências que a Constituição e as leis da República impõem aos juízes, especialmente no que concerne ao necessário respeito às prerrogativas que o ordenamento positivo do Estado confere aos advogados. (...) A presença do advogado em qualquer procedimento estatal, independentemente do domínio institucional em que esse mesmo procedimento tenha sido instaurado, constitui fator inequívoco de certeza de que os órgãos do Poder Público

(Legislativo, Judiciário e Executivo) não transgredirão os limites delineados pelo ordenamento positivo da República, respeitando-se, em consequência, como se impõe aos membros e aos agentes do aparelho estatal, o regime das liberdades públicas e os direitos subjetivos constitucionalmente assegurados às pessoas em geral, inclusive àquelas eventualmente sujeitas, qualquer que seja o motivo, a investigação parlamentar, ou a inquérito policial, ou, ainda, a processo judicial. (...) não se revela legítimo opor, ao advogado, restrições, que, ao impedirem, injusta e arbitrariamente, o regular exercício de sua atividade profissional, culminem por esvaziar e nulificar a própria razão de ser de sua intervenção perante os órgãos do Estado, inclusive perante as próprias CPIs." (MS 30.906-MC, Rel. Min. **Celso de Mello**, decisão monocrática, julgamento em 05.10.2011, *DJE* de 10.10.2011).

Sobre a utilização de documentos oriundos de inquérito sigiloso numa CPI, o Supremo também já decidiu pela possibilidade. (HC 100.341, Rel. Min. **Joaquim Barbosa**, julgamento em 04.11.2010, Plenário, *DJE* de 02.12.2010).

Vale lembrar que a CPI não promove responsabilidades. Ao final das apurações, ela encaminha seus relatórios conclusivos ao Ministério Público para que este órgão, se entender pertinente, promova a responsabilização civil ou criminal dos investigados.

O Supremo já definiu que: "As CPIs possuem permissão legal para encaminhar relatório circunstanciado não só ao Ministério Público e à AGU, mas, também, a outros órgãos públicos, podendo veicular, inclusive, documentação que possibilite a instauração de inquérito policial em face de pessoas envolvidas nos fatos apurados (art. 58, § 3º, CRFB/1988, c/c art. 6º-A da Lei 1.579/1952, incluído pela Lei 13.367/2016). [MS 35.216 AgR, rel. min. Luiz Fux, j. 17-11-2017, P, DJE de 27-11-2017.]

Por último, cumpre mencionar que são cabíveis os remédios constitucionais, em especial mandado de segurança e *habeas corpus,* sempre que houver abusos no decorrer dos trabalhos realizados pelas comissões. A competência para o julgamento dessas ações dependerá da autoridade que pratica o ato abusivo. Se forem representantes do Congresso Nacional, o foro competente é o STF; se forem membros das Assembleias Legislativas ou da Câmara Legislativa do DF, o órgão destinado ao julgamento é o Tribunal de Justiça do respectivo Estado ou o Distrito Federal; e, se forem representantes de Câmara Municipal, o juiz de direito da Comarca respectiva é quem deverá julgar o remédio.

12.1.3. Imunidades parlamentares

Os parlamentares possuem garantias em razão da função que exercem. Tais prerrogativas têm por finalidade resguardar a liberdade e a independência durante o exercício do mandato eletivo. Bem, se o objetivo é garantir a independência e a liberdade dos parlamentares no período em que exercem seus mandatos, é correto afirmar que elas só se iniciam com a diplomação do sujeito. Esse ato, realizado pelo Tribunal Eleitoral, tem por fim validar o processo eletivo e, após, autorizar a posse do parlamentar. Da mesma maneira, o término do mandato, que pode se dar de diversas maneiras, por exemplo, pelo transcurso do prazo, pela renúncia etc., faz com que as imunidades não sejam mais cabíveis.

De acordo com a súmula 245 do STF a imunidade parlamentar não se estende ao corréu sem essa prerrogativa.

As imunidades podem ser de duas naturezas: material ou processual.

12.1.3.1. Imunidade material

Segundo o *caput* art. 53 da CF/88, a imunidade material torna o parlamentar inviolável civil e penalmente, por quaisquer palavras, opiniões e votos que proferir no curso de seu mandato. Todos os parlamentares gozam de imunidade material. No entanto, em relação aos Vereadores há uma particularidade, qual seja, a imunidade material é limitada, restringe-se à circunscrição do Município, conforme dispõe o inciso VIII do art. 29 da Constituição Federal.

O local em que as ofensas são proferidas (dentro ou fora do Congresso Nacional) não importa, o que se exige é que essas ofensas tenham relação com o exercício do mandato.

Ademais, as imunidades perduram, inclusive, nos períodos de recesso parlamentar, desde, é claro, que o ato praticado tenha sido motivado pela execução do mandato ou em decorrência dele.

É importante ressaltar que o Supremo determina que "(...) o fato de o parlamentar estar na Casa legislativa no momento em que proferiu as declarações não afasta a possibilidade de cometimento de crimes contra a honra, nos casos em que as ofensas são divulgadas pelo próprio parlamentar na Internet. (...) a inviolabilidade material somente abarca as declarações que apresentem nexo direto e evidente com o exercício das funções parlamentares. (...) O Parlamento é o local por excelência para o livre mercado de ideias – não para o livre mercado de ofensas. A liberdade de expressão política dos parlamentares, ainda que vigorosa, deve se manter nos limites da civilidade. Ninguém pode se escudar na inviolabilidade parlamentar para, sem vinculação com a função, agredir a dignidade alheia ou difundir discursos de ódio, violência e discriminação. [PET 7.174, rel. p/ o ac. min. Marco Aurélio, j. 10-3-2020, 1ª T, Informativo 969].

Por fim, vale acrescentar que quando a relação com o exercício da função existir as imunidades terão caráter absoluto. Isso significa que os parlamentares não responderão pelas palavras, opiniões e votos proferidos no exercício do mandato, nem durante, nem após a extinção do mandato.

12.1.3.2. Imunidade processual

Está relacionada a garantias relativas à prisão do parlamentar e ao processo criminal que corra contra ele. Ressalta-se que esta imunidade contempla apenas os crimes praticados *após a diplomação* do parlamentar, conforme § 3º do art. 53.

Outra peculiaridade de extrema importância é a de que os Vereadores não são beneficiados por essa garantia, ou seja, não gozam da imunidade processual, mas somente da material.

Para melhor compreensão é necessário separar a garantia relativa à impossibilidade de *prisão* da relacionada ao *processo criminal*.

Em relação à *prisão,* a Constituição diz que os membros do parlamento não poderão ser presos, desde a diplomação, exceto nos casos de prisão em flagrante por crime inafiançável. Aliás, nesta hipótese, conforme dispõe o § 2º do art. 53 da CF, os autos deverão ser remetidos dentro de 24 horas à Casa respectiva para que, pelo voto da maioria de seus membros, ela resolva sobre a prisão. Assim, o órgão legislativo que o parlamentar integra é quem vai decidir se o manterá preso ou solto.

No tocante ao *processo criminal*, o § 3º do art. 53 da CF determina que, recebida a denúncia contra o Senador ou Deputado, por crime ocorrido **após a diplomação**, o Supremo Tribunal Federal dará ciência à Casa respectiva, que, por iniciativa de partido político nela representado e pelo voto da maioria de seus membros, poderá, até a decisão final, suspender o andamento da ação. Assim, se o crime for praticado por um Deputado, a Câmara de Deputados é que poderá suspender o curso da ação; se o crime for praticado por um Senador, será o Senado Federal o órgão competente para tanto. Vale ressaltar que a Casa terá de apreciar o pedido dentro do prazo improrrogável de 45 dias, contados do seu recebimento pela Mesa Diretora, conforme § 4º do mesmo dispositivo.

Desse modo, se os parlamentares decidirem pela suspensão dos processos, a prescrição das infrações penais que estavam sendo apuradas também ficará suspensa. É o que determina o § 5º do art. 53 da CF. Tal suspensão valerá enquanto durar o mandato eletivo.

12.1.4. Limitação ao dever de testemunhar

O art. 53, § 6º, da CF estabelece que os parlamentares não serão obrigados a testemunhar sobre informações recebidas ou prestadas em razão do exercício do mandato nem sobre as pessoas que lhes confiaram ou deles receberam informações.

12.1.5. Prerrogativa de foro

Além das imunidades, os Deputados e Senadores gozam de prerrogativa de foro para julgamento dos processos criminais em que estejam litigando. Isso quer dizer que, desde a expedição do diploma, os membros do Congresso Nacional serão submetidos a julgamento perante o Supremo Tribunal Federal (arts. 53, §1º, e 102, I, "b", ambos da Constituição).

O STF decidiu na Ação Penal 937 que a prerrogativa de foro está limitada àqueles crimes cometidos no exercício do cargo e em razão dele, portanto crimes cometidos **após** a diplomação.

No âmbito estadual, em razão da isonomia, as Constituições Estaduais e a Lei Orgânica do Distrito Federal poderão atribuir aos Tribunais de Justiça respectivos a competência por prerrogativa de função para julgamento dos processos criminais contra Deputados estaduais e distritais, consoante os arts. 27, § 1º, e 32, § 3º, ambos da CF.

Em contrapartida, em nível municipal, os Vereadores não têm a prerrogativa de foro em razão da função, sendo processados e julgados perante a justiça comum, de primeiro grau, mesmo durante o curso dos seus mandatos.

12.1.6. Vedações

O art. 54 da CF enumera vedações impostas aos Deputados e Senadores, vejamos:

a) desde a *diplomação* não poderão os parlamentares:

✓ firmar ou manter contrato com pessoa jurídica de direito público, autarquia, empresa pública, sociedade de economia mista ou empresa concessionária de serviço público, salvo quando o contrato obedecer a cláusulas uniformes;

✓ aceitar ou exercer cargo, função ou emprego remunerado, inclusive os de que sejam demissíveis *ad nutum*, nas entidades constantes da alínea anterior;

b) desde a *posse* também não poderão os parlamentares:

✓ ser proprietários, controladores ou diretores de empresa que goze de favor decorrente de contrato com pessoa jurídica de direito público, ou nela exercer função remunerada;

✓ ocupar cargo ou função de que sejam demissíveis *ad nutum*, nas entidades referidas no primeiro item da letra "a";

✓ patrocinar causa em que seja interessada qualquer das entidades a que se refere o primeiro item da letra "a";

✓ ser titulares de mais de um cargo ou mandato público eletivo.

12.1.7. Perda do mandato

O art. 55 da CF enumera seis hipóteses de perda do mandato do parlamentar. Dentre essas situações, a doutrina distingue os casos de cassação e extinção do mandato. A cassação diz respeito à perda do mandato em virtude do parlamentar ter cometido falta funcional; já a extinção relaciona-se com a ocorrência de ato ou fato que torne automaticamente inexistente o mandato, como, por exemplo, renúncia, morte, ausência injustificada etc.

Nos casos de cassação (*violação das proibições estabelecidas no art. 54 da CF, falta de decoro parlamentar e condenação criminal transitada em julgado* – **art. 55, I, II e VI), a perda do mandato será decidida pela Câmara dos Deputados ou pelo Senado Federal, por maioria absoluta, mediante provocação da respectiva Mesa ou de partido político representado no Congresso Nacional (art. 55, § 2º, da CF).**

Vale acrescentar que o STF já decidiu que: "(...) a perda do mandato nos casos de condenação criminal transitada em julgado, em se tratando de deputados e senadores, regrada pelo art. 55, § 2º, da Lei Maior, não é automática. (...) quando o mandato resulta do livre exercício da soberania popular, ou seja, quando o parlamentar é legitimamente eleito, falece ao Judiciário competência para decretar a perda automática de seu mandato, pois ela será, nos termos do art. 55, VI, § 2º, da Constituição, "decidida pela Câmara dos Deputados ou pelo Senado Federal, por voto secreto e maioria absoluta, mediante provocação da respectiva Mesa ou de partido político representado no Congresso Nacional, assegurada ampla defesa". Vê-se, pois, que o Texto Magno é claro ao outorgar, nesse caso, à Câmara dos Deputados e ao Senado a competência de decidir, e não meramente declarar, a perda de mandato de parlamentares das respectivas Casas. [AP 996, rel. Min. Edson Fachin, voto do min. Ricardo Lewandowski, j. 29-5-2018, 2ª T, DJE de 8-2-2019.] Vide AP 694, rel. min. Rosa Weber, j. 2-5-2017, 1ª T, DJE de 31-8-2017.

Além disso, a EC 76/13, alterou o § 2º do art. 55 e o § 4º do art. 66 da Constituição Federal, para abolir a votação secreta nos casos de perda de mandato de Deputado ou Senador e de apreciação de veto.

Nas outras três situações de extinção (*deixar de comparecer injustificadamente a 1/3 das sessões ordinárias em cada sessão legislativa, perder ou tiver suspensos os direitos políticos e por decisão da Justiça Eleitoral* – **art. 55, III, IV e V), a perda do mandato independe de votação da Casa, sendo declarada pela Mesa respectiva de ofício ou por provocação de qualquer de seus membros, ou de partido político representado no Congresso Nacional (art. 55, § 3º, CF).**

Frisa-se que em ambas as hipóteses é assegurada a ampla defesa.

12.1.7.1. Decoro parlamentar

Como visto acima, a quebra do decoro parlamentar, previsto no inciso II do art. 55 da CF, é uma das hipóteses de perda do mandato do parlamentar que depende de votação da Casa Legislativa e é caracterizada pelo abuso das prerrogativas parlamentares ou pela percepção de vantagens indevidas, além dos casos definidos nos respectivos Regimentos Internos de cada Casa Legislativa (art. 55, § 1º, CF).

De acordo com o STF, "Cassação de mandato de deputado federal. Quebra de decoro parlamentar. (...) A suspensão do exercício do mandato do impetrante, por decisão desta Corte em sede cautelar penal, não gera direito à suspensão do processo de cassação do mandato: ninguém pode se beneficiar da própria conduta reprovável. Inexistência de violação à ampla defesa ou de direito subjetivo a dilações indevidas. [MS 34.327, rel. min. Roberto Barroso, j. 8-9-2016, P, DJE de 1º-8-2017]".

12.1.8. Processo legislativo

Para a criação de atos normativos, o art. 59 da CF determina um processo formal que deverá ser seguido pelos órgãos e pessoas que têm a função de elaborar as normas jurídicas, sob pena de, sendo violado, tornar a lei formalmente inconstitucional. As regras que integram o denominado processo legislativo vêm previstas nos arts. 59 a 69 da CF.

O procedimento de elaboração das normas normalmente obedecerá a três fases distintas: instrutória, constitutiva e complementar.

12.1.8.1. Fase instrutória

É composta da denominada *iniciativa* do projeto – o início do processo de construção de uma lei está condicionado a sua apresentação por alguém competente, possuidor de iniciativa legislativa. O rol dos órgãos e pessoas que podem deflagrar projetos de lei está estabelecido no art. 61 da CF e contempla: quaisquer membros ou Comissões do Congresso Nacional, do Senado Federal ou da Câmara dos Deputados; o Presidente da República; o Supremo Tribunal Federal; os Tribunais Superiores; o Procurador-Geral da República e até os cidadãos comuns.

Há alguns projetos, no entanto, que só podem ser iniciados pelo Presidente da República e, por simetria, nos âmbitos estaduais e municipais pelos governadores e prefeitos. Assim, de acordo com o § 1º do art. 61 da CF, são de iniciativa privativa do Presidente da República as leis que: I – fixem ou modifiquem os efetivos das Forças Armadas; II – disponham sobre: a) criação de cargos, funções ou empregos públicos na administração direta e autárquica ou aumento de sua remuneração; b) organização administrativa e judiciária, matéria tributária e orçamentária, serviços públicos e pessoal da administração dos Territórios; c) servidores públicos da União e Territórios, seu regime jurídico, provimento de cargos, estabilidade e aposentadoria; d) organização do Ministério Público e da Defensoria Pública da União, bem como normas gerais para a organização do Ministério Público e da Defensoria Pública dos Estados, do Distrito Federal e dos Territórios; e) criação e extinção de Ministérios e órgãos da administração pública, observado o disposto no art. 84, VI; f) militares das Forças Armadas, seu regime jurídico, provimento de cargos, promoções, estabilidade, remuneração, reforma e transferência para a reserva.

Se um projeto de iniciativa privativa do Presidente da República é iniciado por outro legitimado, ainda que o Presidente sancione tal projeto, ele continuará sendo inconstitucional, pois, segundo o STF, o **vício de iniciativa não é convalidado por posterior sanção presidencial**.

Sobre o tema o STF já decidiu que: "Legislação estadual paulista de iniciativa parlamentar que trata sobre a vedação de assédio moral na administração pública direta, indireta e fundações públicas. Regulamentação jurídica de deveres, proibições e responsabilidades dos servidores públicos, com a consequente sanção administrativa e procedimento de apuração. Interferência indevida no estatuto jurídico dos servidores públicos do Estado de São Paulo. Violação da competência legislativa reservada do chefe do poder executivo. Descumprimento dos arts. 2º e 61, §1º, II, c, da constituição federal. [ADI 3.980, rel. min. Rosa Weber, j. 29-11-2019, P, DJE de 18-12-2019].

Vale lembrar que, de acordo com o § 1º do art. 64 da CF, o Presidente da República poderá solicitar urgência para apreciação de projetos de sua iniciativa.

Seguindo, quando os cidadãos deflagram o processo legislativo, estamos diante da *iniciativa popular das leis*, prevista no art. 61, § 2º, da CF, que exige, no âmbito federal, que o projeto seja subscrito por, no mínimo, um por cento do eleitorado nacional, distribuído pelo menos por cinco Estados, com não menos de três décimos por cento dos eleitores de cada um deles.

Conforme os arts. 61, § 2º, e 64, da CF, os projetos de lei apresentados pelo Presidente da República, pelo Supremo Tribunal Federal, pelos Tribunais Superiores e pelos cidadãos terão obrigatoriamente início na Câmara dos Deputados (casa iniciadora) e concluído no Senado Federal (casa revisora). Seguirá tramitação idêntica, iniciando-se na Câmara, se o projeto for apresentado pelo Procurador-Geral da República, de acordo com o art. 109, § 1º, VII, do Regimento Interno da Câmara dos Deputados. Essas são os projetos de iniciativa *extraparlamentar* ou iniciativa "fora das casas".

Em relação aos projetos de lei de iniciativa *parlamentar*, a regra é clara: iniciam-se nas casas que abrigam seus propositores. Se proposto por membro ou Comissão da Câmara, iniciam-se na Câmara; se por membro ou Comissão do Senado, no Senado Federal.

12.1.8.2. *Fase constitutiva*

É composta por deliberações que ocorrerão tanto no âmbito do Poder Legislativo (deliberação parlamentar) quanto no do Poder Executivo (deliberação executiva).

12.1.8.2.1. Deliberação parlamentar ou legislativa

Nessa fase, os projetos passam por algumas comissões, em especial pela comissão temática, de acordo com o conteúdo do projeto, e pela comissão de constituição e justiça, que dará parecer terminativo quanto a sua constitucionalidade. Além disso, os projetos são deliberados e votados nesse momento.

Em relação às leis federais, essa deliberação ocorrerá de forma bicameral, ou seja, uma das casas será a iniciadora e a outra revisora. O projeto será debatido e votado em ambas. Primeiro na iniciadora e, se aprovado, terá o mesmo procedimento na casa revisora.

As discussões iniciam-se nas Comissões que abrangem a matéria tratada no projeto de lei, de acordo com o art. 58, § 2º, I, da CF.

Em seguida o projeto é votado em plenário para aprovação da casa iniciadora. Após esse processo, conforme art. 65 da CF, o texto aprovado deve ser remetido à casa revisora, também para discussão e votação. Nessa fase, o projeto poderá ser rejeitado, aprovado ou emendado. Na primeira hipótese será arquivado; na segunda, deverá ser encaminhado ao Executivo para sanção ou veto; na terceira, havendo emendas apostas pela casa revisora, elas deverão ser enviadas à apreciação da casa iniciadora, que poderá concordar ou discordar, mas não criar subemendas nem modificar o novo texto.

Vale observar que, segundo o STF, o **retorno** do projeto de lei à casa iniciadora deve se dar **apenas quando houver alteração no sentido jurídico da norma**. Uma emenda que visa apenas corrigir uma impropriedade técnica ou aprimorar a redação do projeto de lei não precisa voltar à casa iniciadora.

Aprovado o projeto, a Casa na qual a votação foi concluída deve encaminhá-lo ao Presidente da República para que ele o sancione ou vete.

12.1.8.2.2. Deliberação executiva

O veto poderá ter por fundamento dois motivos: inconstitucionalidade (é o denominado veto jurídico) ou contrariedade ao interesse público (o chamado veto político), conforme art. 66, § 1º, da CF.

Após o veto, o Presidente da República tem 48 horas para comunicar seus motivos ao Presidente do Senado Federal (art. 66, § 1º, *in fine*), que colocará a matéria para ser apreciada e votada em sessão conjunta, podendo ser mantido ou rejeitado pelo Congresso Nacional, dentro de 30 dias contados de seu recebimento, conforme redação do § 4º do art. 66 da CF.

Ressalta-se que a EC 76/13, retirou a expressão "escrutínio secreto" (voto secreto) do art. 66, § 4º, da CF. Desse modo, para que o veto do Presidente seja derrubado é obrigatória a apreciação em sessão conjunta e o voto da maioria absoluta dos Deputados e Senadores.

Derrubado o veto, o projeto volta ao Presidente da República para sua promulgação, segundo o § 5º do art. 66 da CF. A situação é peculiar, pois, embora a opinião do Presidente tenha sido no sentido de vetar o projeto, ele terá de promulgá-lo. O § 7º do art. 66 da CF determina que se a lei não for promulgada dentro de quarenta e oito horas pelo Presidente da República, nos casos dos §§ 3º e 5º, o Presidente do Senado a promulgará, e, se este não o fizer em igual prazo, caberá ao Vice-Presidente do Senado fazê-lo.

Se o veto for mantido, arquiva-se o projeto ou, se houver decisão da maioria absoluta dos membros de quaisquer das Casas (Câmara ou Senado), ele poderá ser submetido à nova votação, na mesma sessão legislativa. Sancionado o projeto de lei adentra-se à fase complementar. Tal dispositivo também prevê a sanção tácita do projeto caso o Presidente não se manifeste dentro do prazo de 15 dias (art. 66, § 3º, da CF).

12.1.8.3. *Fase complementar*

Essa fase compreende a *promulgação* e a *publicação* oficial do projeto de lei, ambas de competência do Presidente da República (art. 84, IV, CF). Promulgar significa ratificar o processo legislativo, validando a lei no ordenamento jurídico. É com a promulgação que a lei "cria vida jurídica".

Então a lei é publicada no Diário Oficial, ato que torna obrigatório seu cumprimento e vigora a presunção de conhecimento geral pelas pessoas. Contudo, sua eficácia está condicionada a *vacatio legis*, que é o período entre a publicação e a entrada em vigor da norma. Conforme o art. 1º da Lei de Introdução às Normas do Direito Brasileiro – LINDB, via de regra, em 45 dias a lei passa a vigorar em todo o território nacional e em três meses estabelece-se sua vigência no estrangeiro (art. 1º, § 1º, da LINDB). Esses prazos podem ser alterados (com supressão, redução ou ampliação) se dispostos na norma, conforme determina o art. 8º da Lei Complementar 95/98.

Por fim, vale lembrar que o art. 67 da CF determina que o projeto de lei rejeitado só possa ser reapresentado, na mesma sessão legislativa, por iniciativa da maioria absoluta dos membros de quaisquer das casas do Congresso Nacional, ou seja, maioria absoluta Câmara dos Deputados (257 deputados federais) ou Senado Federal (41 senadores).

12.1.8.4. Espécies normativas

As espécies legislativas ou normativas estão enumeradas no art. 59 da Constituição Federal. São elas: *emendas constitucionais, leis complementares, leis ordinárias, leis delegadas, medidas provisórias, decretos legislativos e resoluções.*

12.1.8.4.1. Emendas constitucionais

Conforme já exposto, nossa Constituição é classificada, quanto ao seu processo de alteração, como rígida, ou seja, para ser modificada depende de um procedimento mais solene, mais dificultoso que o processo de alteração das demais normas, ditas infraconstitucionais. Sendo assim, o mecanismo hábil para que se altere uma norma constitucional não é uma lei, mas sim a emenda constitucional.

Existem limitações para o exercício do poder de reforma que são determinadas pelo poder constituinte originário. São elas:

a) Limitações procedimentais ou formais

Como o próprio nome indica, essas limitações têm a ver com a forma, com as regras previstas na Constituição para sua alteração. Esse processo é complexo e compreende quatro partes: iniciativa, quórum, promulgação e rejeição (art. 60 da CF).

Passemos à análise de cada uma delas. Para que se altere a Constituição é necessária que seja proposta uma PEC – proposta de emenda constitucional. Somente algumas pessoas detêm competência para *iniciar* esse projeto. São elas: um terço da Câmara dos Deputados ou do Senado Federal, Presidente da República e mais da metade das Assembleias Legislativas – manifestando-se, cada qual, pelo voto da maioria relativa de seus membros.

Iniciado o projeto, há outra limitação que é relativa ao quórum de votação. É imprescindível que o projeto seja aprovado nas duas Casas do Congresso Nacional (Câmara de Deputados e Senado Federal), em dois turnos, e pelo voto de 3/5 dos membros.

Sendo aprovada a PEC, para que efetivamente se transforme em emenda constitucional, ela precisa ser *promulgada* pelas Mesas da Câmara dos Deputados e do Senado Federal.

Há ainda outra limitação formal ou procedimental que se refere à *rejeição* da PEC. A proposta de emenda rejeitada ou havida por prejudicada não poderá ser objeto de nova proposta na mesma sessão legislativa. Assim, somente na próxima sessão legislativa é que os membros do Legislativo poderão colocar em pauta novamente uma PEC que tenha sido rejeitada.

b) Limitações circunstanciais

Em determinadas circunstâncias, em situações de anormalidade, é proibida a edição de emendas constitucionais. Diz a Constituição que ela não poderá ser emendada na vigência de intervenção federal, de estado de defesa ou de estado de sítio (são os denominados "estados de exceção"). Nesses momentos, diz-se que a Constituição fica imutável.

c) Limitações materiais

Há algumas matérias que não poderão ser abolidas do texto constitucional, aliás, sequer poderão ser objeto de deliberação. O § 4º do art. 60 da Constituição traz as denominadas cláusulas pétreas ou núcleos essenciais intangíveis. O nome sempre nos ajuda a compreender o instituto jurídico. "Pétreas" vêm de pedra, algo tão consistente e rígido que é comparado a uma pedra. A outra nomenclatura utilizada pela doutrina também tem fundamento: núcleos, ou seja, apenas uma parte da constituição, um núcleo, é que é dotado dessa impossibilidade de supressão. Além disso, um núcleo essencial, ou seja, aquele relacionado com matérias tipicamente, essencialmente, constitucionais, ou seja, as que giram em torno do poder. E mais, algo intangível é algo não modificável.

As denominadas cláusulas pétreas são as seguintes: forma federativa de Estado; o voto secreto, direto, universal e periódico; a separação dos Poderes; e os direitos e garantias individuais.

12.1.8.4.2. Leis complementares

As leis complementares se diferenciam das ordinárias por possuírem duas características. A primeira está relacionada ao quórum de aprovação. Para ser aprovada é necessário o voto da maioria absoluta (art. 69 da CF). A segunda diferença se dá quanto ao conteúdo disciplinado. Somente será exigida a aprovação por meio de lei complementar em relação às matérias que a Constituição expressamente exige.

Assim, quando a constituição trata de um assunto e menciona que tal assunto deve ser regulamentado por lei, sem qualificar essa lei como "complementar", diz-se que não é necessário o voto da maioria absoluta, ou seja, presume-se que é lei ordinária. Por ser a lei complementar dotada das características mencionadas, alguns doutrinadores mencionam que há hierarquia entre ela e a lei ordinária, prevalecendo a complementar em relação à ordinária. Entretanto, prevalece uma segunda corrente que sustenta apenas a existência de âmbito de atuação diferente e quórum diferenciado, não havendo hierarquia entre ambas.

Agora, imaginemos que determinado assunto não esteja reservado à lei complementar, mas o Congresso Nacional decida discipliná-lo por meio de lei complementar. Nessa hipótese há inconstitucionalidade? Não, não há vício formal na lei complementar, pois o quórum para aprovação dessa espécie legislativa é superior (art. 69 da CF/88) ao da aprovação das leis ordinárias. Assim, se o tema pode ser disciplinado por lei ordinária que é aprovada por maioria simples, poderá também ser disciplinado por lei complementar que é aprovada pelo quórum fortificado de maioria absoluta.

Avançando no exemplo, imaginemos que após alguns anos de vigência da mencionada lei complementar, sobrevém uma lei ordinária dispondo sobre a mesma temática, mas alterando e derrogando alguns dispositivos da lei complementar. Isso seria possível? Sim, a lei ordinária poderia regulamentar o assunto de forma diversa, pois o tema não estava reservado à lei complementar. Além disso, não há superioridade hierárquica entre a lei complementar e a lei ordinária. Elas apenas tratam de conteúdos diversos e são aprovadas por quóruns diferenciados (art. 69 da CF/88). Por fim, a revogação de dispositivos da lei complementar apenas exigiria idêntica espécie normativa se o assunto por ela disciplinado fosse reservado à lei complementar.

12.1.8.4.3. Leis ordinárias

Espécie normativa responsável pela edição de normas gerais e abstratas. A denominação ordinária vem de algo que é comum. Em âmbito federal será elaborada pelo Congresso Nacional, na esfera estadual pelas Assembleias Legislativas dos Estados e na municipal pelas Câmaras de Vereadores. Tudo que não for disciplinado por lei complementar deve ser tratado por lei ordinária. O quórum para sua aprovação é de maioria simples, ou seja, basta aprovação por maioria dos votos, desde que presente a maioria absoluta dos membros da Casa. O que se leva em conta para apurar a maioria simples é o número de parlamentares presentes na sessão.

12.1.8.4.4. Leis delegadas

São leis elaboradas pelo Presidente da República, quando ele exerce, atipicamente, a função legislativa. Segundo o art. 68 da CF, para que o Presidente elabore essa lei deve solicitar a delegação ao Congresso Nacional. O ato que formaliza a autorização dada pelo Legislativo é uma resolução que deve especificar o conteúdo e os termos de seu exercício.

Ressalta-se que, segundo o § 1º do art. 68 da CF, não podem ser objetos de delegação os atos de competência exclusiva do Congresso Nacional, os de competência privativa da Câmara dos Deputados ou do Senado Federal, a matéria reservada à lei complementar, nem a legislação sobre: I – organização do Poder Judiciário e do Ministério Público, a carreira e a garantia de seus membros; II – nacionalidade, cidadania, direitos individuais, políticos e eleitorais; III – planos plurianuais, diretrizes orçamentárias e orçamentos.

A resolução do Congresso também pode mencionar que o projeto de lei, elaborado pelo Presidente, passe por sua apreciação; nessa hipótese, conforme o § 3º do art. 68 da CF, a verificação se dará em votação única e o Congresso não poderá fazer emendas ao texto.

12.1.8.4.5. Medida provisória

A possibilidade de edição de medidas provisórias pelo Chefe do Executivo vem prevista no art. 62 da CF. Desse modo, havendo *relevância* e *urgência*, o Presidente da República poderá adotar medidas provisórias, com *força de lei*, devendo submetê-las imediatamente ao Congresso Nacional.

A votação da medida provisória, segundo § 8º do art. 62 da CF, terá início na Câmara dos Deputados que deverá, antes de deliberar sobre seu mérito, verificar se os pressupos-

tos constitucionais da medida (relevância e urgência) foram atendidos. O mesmo vale para a votação no Senado Federal. É o que dispõe o § 5º do art. 62.

Além disso, a comissão mista de Deputados e Senadores deverá examinar e emitir parecer acerca das medidas provisórias, antes de serem apreciadas, em sessão separada, pelo plenário de cada uma das Casas do Congresso Nacional, conforme § 9º do art. 62.

Ressalta-se que há matérias, segundo o § 1º, inciso I, do art. 62 da CF, que *não* podem ser objeto de medida provisória. São as seguintes: a) nacionalidade, cidadania, direitos políticos, partidos políticos e direito eleitoral; b) direito penal, processual penal e processual civil; c) organização do Poder Judiciário e do Ministério Público, a carreira e a garantia de seus membros; d) planos plurianuais, diretrizes orçamentárias, orçamento e créditos adicionais e suplementares, ressalvado o previsto no art. 167, § 3º, da CF. O inciso II do mesmo dispositivo constitucional menciona que também é vedada a edição de medida provisória que vise a detenção ou sequestro de bens, de poupança popular ou qualquer outro ativo financeiro, além das matérias reservadas à lei complementar e as já disciplinadas em projeto de lei aprovado pelo Congresso Nacional e pendente de sanção ou veto do Presidente da República.

De acordo com o § 3º do art. 167 da CF, a abertura de crédito extraordinário somente será admitida para atender a despesas imprevisíveis e urgentes, como as decorrentes de guerra, comoção interna ou calamidade pública, observado o disposto no art. 62. Ou seja, **há possibilidade, ainda que excepcional, de abertura de créditos extraordinários por meio de medida provisória. Tema que já foi questionado na primeira fase do exame de ordem.** O prazo das medidas provisórias, contado a partir da publicação, é de 60 (sessenta) dias, prorrogável, uma única vez, por igual período (60 + 60). Esse prazo ficará suspenso durante o período de recesso do Congresso. Ressalta-se que a prorrogação ocorrerá se a medida não tiver sua votação encerrada nas duas Casas do Congresso dentro do prazo inicial de 60 dias, conforme § 7º do art. 62.

Não sendo convertidas em lei dentro desse período, conforme dispõe o § 3º do art. 62 da CF, as medidas *perderão sua eficácia*, desde a edição. Nessa hipótese, deve o Congresso Nacional, por meio de decreto legislativo, regulamentar as relações jurídicas formadas durante o período em que a medida vigorou.

Vale acrescentar que o STF já decidiu que: "Medida provisória não revoga lei anterior, mas apenas suspende seus efeitos no ordenamento jurídico, em face do seu caráter transitório e precário. Assim, aprovada a medida provisória pela Câmara e pelo Senado, surge nova lei, a qual terá o efeito de revogar lei antecedente. Todavia, caso a medida provisória seja rejeitada (expressa ou tacitamente), a lei primeira vigente no ordenamento, e que estava suspensa, volta a ter eficácia. [ADI 5.709, ADI 5.716, ADI 5.717 e ADI 5.727, rel. min. Rosa Weber, j. 27-3-2019, P, DJE de 28-6-2019.].

Exceções à regra de perda de eficácia da medida provisória:

1ª Se o decreto legislativo, que disciplinaria as relações formadas durante a vigência da medida, não tiver sido editado até (60) sessenta dias após sua rejeição ou perda de eficácia, as relações jurídicas constituídas e decorrentes de atos praticados naquele período continuarão sendo regidas pela medida provisória, conforme dispõe o § 11 do art. 62;

De acordo com o STF: "o § 11 do art. 62 da Constituição visa garantir segurança jurídica àqueles que praticaram atos embasados na medida provisória rejeitada ou não apreciada, mas isso não pode se dar ao extremo de se permitir a sobreposição da vontade do Chefe do Poder Executivo sob a do Poder Legislativo, em situações, por exemplo, em que a preservação dos efeitos da medida provisória equivalha à manutenção de sua vigência. Interpretação diversa ofenderia a cláusula pétrea constante do art. 2º da Constituição, que preconiza a separação entre os Poderes. Quanto aos pedidos de licença para exploração de CLIA não examinados na vigência da Medida Provisória n. 320/2006, não havia relação jurídica constituída que tornasse possível a invocação do § 11 do art. 62 da Constituição para justificar a aplicação da medida provisória rejeitada após o término de sua vigência. Interpretação contrária postergaria indevidamente a eficácia de medida provisória já rejeitada pelo Congresso Nacional, ofendendo não apenas o § 11 do art. 62 da Constituição, mas também o princípio da separação dos Poderes. [ADPF 216, rel. min. Cármem Lúcia, j. 14-3-2018, P, DJE de 23-3-2020.]

2ª Se o projeto de lei de conversão da medida provisória for aprovado, mas alterando o texto original, ela também permanecerá em vigor até que ele seja sancionado ou vetado, conforme § 12 do art. 62.

12.1.8.4.5.1. Regime de urgência ou trancamento de pauta

A medida provisória, conforme já mencionado, tem prazo de validade de 60 dias. Ocorre que há outro prazo, que é de 45 dias, para que ela seja apreciada sem que cause prejuízos. Assim, se não for apreciada em até quarenta e cinco dias contados de sua publicação, entrará em regime de urgência, subsequentemente, em cada uma das Casas do Congresso Nacional, ficando sobrestadas todas as demais deliberações legislativas da Casa em que estiver tramitando até que seja concluída sua votação. É o que determina o § 6º do art. 62 da CF.

Frisa-se que é expressamente proibida a reedição de medidas provisórias na mesma sessão legislativa em que ela tenha sido rejeitada ou que tenha perdido sua eficácia por decurso de prazo, conforme § 10 do art. 62 da CF.

Por fim, o § 2º do mesmo dispositivo constitucional determina que a medida provisória que implique instituição ou majoração de impostos, exceto os previstos nos arts. 153, I, II, IV, V, e 154, II, só produzirá efeitos no exercício financeiro seguinte se houver sido convertida em lei até o último dia daquele em que foi editada.

12.1.8.4.6. Decreto legislativo

As matérias de *competência exclusiva* do Congresso Nacional, previstas no art. 49 da CF, devem ser normatizadas por meio de decreto legislativo. Exemplo: quando o Congresso Nacional quiser sustar os atos normativos do Poder Executivo que exorbitem o poder regulamentar, poderá fazê-lo por meio de decreto legislativo. Outro exemplo seria o Congresso autorizando a realização de um referendo ou convocando um plebiscito. Tais atos serão formalizados por decreto legislativo.

Exceção: o Congresso Nacional, ao delegar a competência legislativa ao Presidente da República para que ele elabore uma lei delegada, o faz por meio de *resolução* e não por decreto legislativo, pois a Constituição assim determina.

Vale lembrar que o Presidente do Senado Federal é quem promulga um decreto legislativo, não passando por deliberação executiva (sanção ou veto presidencial).

12.1.8.4.7. Resolução

Tem por finalidade normatizar as matérias *de competência privativa da Câmara de Deputados* (art. 51 da CF), do *Senado Federal* (art. 52 da CF) e, ainda, algumas atribuições do *Congresso* Nacional, por exemplo, a delegação ao Presidente da República para que ele edite lei delegada (art. 68, §2º, da CF).

Quem promulga uma resolução é a Mesa da Casa Legislativa responsável por sua edição. Do mesmo modo que ocorre com o decreto legislativo, as resoluções não estão sujeitas a deliberação executiva (sanção ou veto presidencial).

12.1.8.4.7.1. Fiscalização contábil, financeira e orçamentária

Conforme dispõe o art. 70 da CF, a fiscalização contábil, financeira, orçamentária, operacional e patrimonial da União e das entidades da administração direta e indireta, quanto à legalidade, legitimidade, economicidade, aplicação das subvenções e renúncia de receitas, será exercida pelo Congresso Nacional, mediante controle externo, e pelo sistema de controle interno de cada Poder.

Todos os órgãos, pessoas, públicos ou privados, que utilizem, arrecadem, guardem, cuidem ou administrem o patrimônio público, têm o dever de prestar contas.

Para tanto, é necessária a realização de controle, que pode ser interno ou externo. O primeiro, como já mencionado, é aquele realizado pelo próprio poder. Já o controle externo é feito pelo Congresso Nacional com o auxílio do Tribunal de Contas da União, ao qual compete, dentre outras atribuições:

✓ apreciar as contas prestadas anualmente pelo Presidente da República;

✓ julgar as contas dos administradores e demais responsáveis por dinheiros, bens e valores públicos da administração direta e indireta, incluídas as fundações e sociedades instituídas e mantidas pelo Poder Público federal, e as contas daqueles que derem causa a perda, extravio ou outra irregularidade de que resulte prejuízo ao erário;

✓ realizar inspeções e auditorias de natureza contábil, financeira, orçamentária, operacional e patrimonial, nas unidades administrativas dos Poderes Legislativo, Executivo e Judiciário;

✓ fiscalizar a aplicação de quaisquer recursos repassados pela União mediante convênio, acordo, ajuste ou outros instrumentos congêneres, a Estado, ao Distrito Federal ou a Município;

✓ prestar as informações solicitadas pelo Congresso Nacional, por qualquer de suas Casas, ou por qualquer das respectivas Comissões, sobre a fiscalização contábil, financeira, orçamentária, operacional e patrimonial e sobre resultados de auditorias e inspeções realizadas;

✓ aplicar aos responsáveis, em caso de ilegalidade de despesa ou irregularidade de contas, as sanções previstas em lei;

✓ assinar prazo para que o órgão ou entidade adote as providências necessárias ao exato cumprimento da lei, se verificada ilegalidade;

✓ sustar, se não atendida, a execução do ato impugnado, comunicando a decisão à Câmara dos Deputados e ao Senado Federal;

✓ representar ao Poder competente sobre irregularidades ou abusos apurados.

De acordo com o art. 73 da CF, o Tribunal de Contas da União, integrado por nove Ministros, tem sede no Distrito Federal, quadro próprio de pessoal e jurisdição em todo o território nacional, exercendo, no que couber, as atribuições previstas no art. 96.

Sobre o tema, o STF já decidiu que: "Consideradas a autonomia e a independência asseguradas aos Tribunais de Contas pela Lei Maior, surge constitucional a limitação do padrão remuneratório dos auditores àqueles vinculados ao subsídio percebido por Conselheiro – cargo de maior hierarquia dentro dos órgãos." [ADI 3.977, rel. min. Marco Aurélio, j. 10-10-2019, P, DJE de 10-3-2020.]

É necessário ressaltar, conforme dispõe a Súmula Vinculante n. 3 do STF, que nos processos perante o Tribunal de Contas da União asseguram-se o contraditório e a ampla defesa quando da decisão puder resultar anulação ou revogação de ato administrativo que beneficie o interessado, excetuada a apreciação da legalidade do ato de concessão inicial de aposentadoria, reforma e pensão.

Além disso, de acordo com a jurisprudência do Supremo, os Tribunais de Contas gozam de autogoverno, autonomia e iniciativa reservada quanto à instauração de processo legislativo que pretenda alterar a sua organização e funcionamento. Sendo assim, é tida como inconstitucional lei estadual de iniciativa parlamentar que vise a alterar ou revogar dispositivos que cuidem de preceitos como competências, formas de atuação e organização do órgão, constantes de leis orgânicas das Cortes de Contas Estaduais (ADI 4.418-MC, Rel. Min. Dias Toffoli).

Conforme dispõe o § 3º do art. 71 da CF, que as decisões do Tribunal de Contas que decorram de imputação de débito ou multa valem como título executivo.

Além do exposto, deve o Tribunal de Contas enviar relatórios de suas atividades, trimestral e anualmente, ao Congresso Nacional.

Ressalta-se que, de acordo com o art. 130 da CF, o Tribunal de Contas possui Ministério Público próprio, que detém carreira diversa das que integram o MP da União e dos Estados.

É da competência originária do STF o processo e julgamento dos membros dos Tribunais de Contas da União e, do STJ, os processos relativos aos membros dos Tribunais de Contas Estaduais e do Distrito Federal (artigos 102, I, "c", e 105, I, "a", ambos da CF).

Vale lembrar que a Súmula 653 do STF determina que o Tribunal de Contas Estadual é composto por sete conselheiros dentre os quais quatro são escolhidos pela Assembleia Legislativa e três pelo Chefe do Executivo Estadual, cabendo a este indicar um dentre auditores, outro dentre membros do Ministério Público e um terceiro a sua livre escolha. Assim, verifica-se que a composição dos Tribunais de Contas Estaduais deve tomar por base a do Tribunal de Contas da União.

Em relação às contas municipais, algumas regras devem ser lembradas: a primeira é a de que o controle externo da Câmara Municipal será exercido com o auxílio dos Tribunais de Contas dos Estados ou do Município ou dos Conselhos ou Tribunais de Contas dos Municípios, onde houver (art. 31, § 1º, da CF); a segunda é a de que parecer prévio, emitido pelo órgão competente sobre as contas que o Prefeito deve anualmente prestar, só deixará de prevalecer por decisão de dois terços dos membros da Câmara Municipal (art. 31, § 2º, da CF); a terceira é a de essas contas ficarão, durante 60 dias, anualmente, à disposição de qualquer contribuinte, para exame e apreciação, o qual poderá questionar-lhes a legitimidade (art. 31, § 3º, da CF) e a última é que é proibida a criação de Tribunais, Conselhos ou órgãos de Contas Municipais (art. 31, § 4º, da CF).

12.2. Poder Executivo

A função típica do poder executivo é a de administrar. No Brasil, como adotamos o sistema presidencialista de governo, o Chefe do Executivo cumula as atribuições de chefe de estado (representa a República Federativa do Brasil perante a comunidade internacional) e chefe de governo (comanda e administra o país no âmbito interno).

De forma atípica, o Chefe do Executivo realiza funções legislativas ao vetar ou sancionar uma lei, ao iniciar um projeto de lei nas hipóteses de sua competência, e, ainda, ao editar medidas provisórias e leis delegadas.

Em todas as unidades federativas há o exercício do Poder Executivo. No âmbito federal, conforme art. 76 da CF, o Executivo é chefiado pelo Presidente da República, que se vale do auxílio dos Ministros de Estado. Para concorrer ao cargo de Presidente o sujeito precisa ser brasileiro nato e contar com mais de 35 anos (art. 14, § 3º, VI, "a", da CF). Já os Ministros que auxiliam o Chefe do Executivo são escolhidos e nomeados por ele, desde que contenham os seguintes requisitos: sejam brasileiros, maiores de vinte e um anos e estejam no exercício dos direitos políticos (art. 87 da CF).

Dentre os diversos ministros que auxiliam o Presidente da República, apenas um deles a Constituição exige que seja brasileiro *nato*, que é o Ministro de Estado da Defesa (art. 12, § 3º, VII). Os demais cargos de Ministros podem ser ocupados tanto por brasileiros natos quanto por naturalizados, conforme nos ensina os arts. 87 e 12, § 2º, ambos da CF.

No âmbito estadual, o Executivo é chefiado pelo Governador do Estado (art. 28 da CF). Tal cargo deve ser ocupado por um brasileiro que possua mais de 30 anos, segundo o art. 14, § 3º, VI, "b", da CF. Auxiliam o Chefe do Executivo estadual o Vice-Governador e os Secretários Estaduais. No Distrito Federal também é o Governador quem chefia o Executivo, valendo-se, para tanto, do auxílio dos seus Secretários Distritais (art. 32, § 2º, da CF).

No âmbito municipal, o Executivo é comandado pelo Prefeito, conforme art. 29, I, da CF. Para que alguém concorra ao cargo de Prefeito é necessário que seja brasileiro e que possua, pelo menos, 21 anos (art. 14, § 3º, VI, "c", da CF). O Vice-Prefeito e os Secretários Municipais auxiliam diretamente os Prefeitos.

12.2.1. Mandato e sistemas eleitorais

Os Chefes do Executivo possuem um **mandato** de quatro anos, admitida uma reeleição para um único período subsequente (art. 14, § 5º, CF). Segundo o art. 77 da CF, a eleição do Presidente e do Vice-Presidente ocorre no primeiro domingo de outubro, em primeiro turno, e, havendo a necessidade de um segundo turno, ou seja, quando nenhum dos candidatos que participaram do primeiro turno obtiverem a maioria absoluta dos votos válidos, tal votação se dará no último domingo de outubro do ano anterior ao término do mandato presidencial vigente.

Quanto aos **sistemas eleitorais**, utiliza-se o *majoritário absoluto* no caso do Presidente da República (Chefe do Executivo Federal), dos Governadores de Estado (Chefes dos Executivos Estaduais), do Governador do DF (Chefe do Executivo Distrital) e dos Prefeitos de municípios com mais de 200 mil eleitores. Nessas hipóteses, após a votação, considerar-se-á eleito o candidato que obtiver a maioria absoluta dos votos válidos, em primeiro ou segundo turno, não sendo computados os votos em branco e os nulos (art. 77, § 2º, da CF).

Nos municípios que possuem até 200 mil eleitores, o sistema eleitoral é o *majoritário simples*. Há apenas um turno de votação, portanto, será eleito aquele que obtiver mais votos.

Vale acrescentar que a EC 107, de 2 de julho de 2020 adiou, em razão da pandemia da **Covid-19**, as eleições municipais de outubro de 2020 e os prazos eleitorais respectivos. De acordo com o art. 1º, as eleições municipais previstas para outubro de 2020 realizar-se-ão no dia 15 de novembro, em primeiro turno, e no dia 29 de novembro de 2020, em segundo turno, onde houver, observado o disposto no § 4º deste artigo que trata da possibilidade de designação de novas datas, em virtude das condições sanitárias do local.

Conforme o § 3º do art. 77 da Constituição, se nenhum candidato alcançar maioria absoluta na primeira votação, far-se-á nova eleição em até vinte dias após a proclamação do resultado, concorrendo os dois candidatos mais votados e considerando-se eleito aquele que obtiver a maioria dos votos válidos

A posse do novo governante ocorrerá no dia primeiro de janeiro do ano seguinte à sua eleição. O parágrafo único do art. 78 dispõe que passados dez dias da data fixada para a posse e o governante, salvo motivo de força maior, não tiver assumido o cargo, este será declarado *vago*.

De acordo com o art. 82 da CF, com redação dada pela **EC nº 111 de 28 de setembro de 2021,** o mandato do Presidente da República é de 4 (quatro) anos e terá início em 5 de janeiro do ano seguinte ao de sua eleição (regra que valerá a partir das eleições de 2026).

As regras sobre sucessão e substituição do Presidente da República estão previstas nos arts. 79, 80 e 81 da CF e serão analisadas abaixo.

12.2.2. Sucessão

Nas hipóteses de sucessão presidencial, a ausência do Presidente se dá de forma definitiva, ou seja, ele sai do cargo e não volta mais. Os exemplos mais comuns são: morte do Presidente, afastamento em virtude de um processo de *impeachment*, invalidez permanente etc.

12.2.3. Substituição

Nas hipóteses de substituição presidencial, a ausência do Presidente se dá não de forma definitiva, mas de forma transitória, passageira, ou seja, ele sai e posteriormente retorna ao cargo. Isso ocorre, por exemplo, em virtude de um afastamento médico para eventual tratamento de doença ou se houverem sido suspensas suas funções em decorrência de um processo judicial etc. São as hipóteses em que o Presidente fica impedido de atuar.

Segundo o art. 80 da CF, o Presidente será substituído, em primeiro lugar, pelo Vice-Presidente; se ele também ficar impedido de assumir o cargo, será chamado ao exercício da Presidência da República o Presidente da Câmara, depois o Presidente do Senado e por último o Presidente do Supremo, sucessivamente. Vejam que na ordem de sucessão o Presidente da Câmara antecede o do Senado, pois este representa os Estados e aquele é quem representa o povo.

De acordo com o STF: "os substitutos eventuais do Presidente da República – o Presidente da Câmara dos Deputados, o Presidente do Senado Federal e o Presidente do Supremo Tribunal Federal (CF, art. 80) – ficarão unicamente impossibilitados de exercer, em caráter interino, a Chefia do Poder Executivo da União, caso ostentem a posição de réus criminais, condição que assumem somente após o recebimento judicial da denúncia ou da queixa-crime (CF, art. 86, § 1º, I). Essa interdição, contudo – por unicamente incidir na hipótese estrita de convocação para o exercício, por substituição, da Presidência da República (CF, art. 80) –, não os impede de desempenhar a chefia que titularizam no órgão de Poder que dirigem, razão pela qual não se legitima qualquer decisão que importe em afastamento imediato de tal posição funcional em seu órgão de origem. A *ratio subjacente* a esse entendimento (exigência de preservação da respeitabilidade das instituições republicanas) apoia-se no fato de que não teria sentido que os substitutos eventuais a que alude o art. 80 da Carta Política, ostentando a condição formal de acusados em juízo penal, viessem a dispor, para efeito de desempenho transitório do ofício presidencial, de maior aptidão jurídica que o próprio chefe do Poder Executivo da União, titular do mandato, a quem a Constituição impõe, presente o mesmo contexto (CF, art. 86, § 1º), o necessário afastamento cautelar do cargo para o qual foi eleito." [ADPF 402 MC-REF, rel. p/ o ac. min. Celso de Mello, j. 7-12-2016, P, DJE de 29-8-2018].

Vale lembrar que apenas o Vice-Presidente poderá ocupar o cargo da Presidência de forma definitiva. Os demais somente substituirão o Presidente de forma temporária, provisória. Determina o art. 81 da CF que, vagando os cargos de Presidente e de Vice, deverá ser realizada nova eleição, depois de aberta a última vaga, dentro de noventa dias. Tal pleito se dará de duas formas:

1º ocorrendo a vacância dos cargos de Presidente e Vice-Presidente da República nos dois primeiros anos do mandato presidencial, novas eleições diretas deverão ser feitas dentro do prazo de 90 dias, depois de aberta a última vaga (art. 81, *caput, CF*);

2º ocorrendo a vacância dos dois cargos (Presidente e Vice) nos últimos dois anos do mandato presidencial, o Congresso Nacional é que escolherá o novo Presidente e Vice-Presidente da República, por meio de uma eleição que se dará dentro do prazo de 30 dias depois de aberta a última vaga (art. 81, § 1º, CF). É importante destacar que é o único caso de *eleição indireta* previsto na Constituição Federal. É indireta e não direta, pois não será o povo quem escolherá o novo governante, mas sim seus representantes (Deputados Federais e Senadores). Haverá intermediários na escolha do novo Presidente e Vice.

Nas duas hipóteses, os eleitos, segundo o § 2º do art. 81, cumprirão tão somente o período que falta para terminar o mandato de seus antecessores. É a hipótese do chamado mandato-tampão.

Lembramos que os casos de novas eleições, diretas ou indiretas, ocorrerão somente nos casos de vacância, ou seja, nos casos em que o Presidente e o Vice se afastam do cargo de forma definitiva. Dispõe o art. 83 da CF que o Presidente e o Vice-Presidente não poderão ausentar-se do país por período superior a 15 dias, salvo se tiverem autorização do Congresso Nacional, sob pena de perderem o cargo.

12.2.4. Atribuições do Presidente da República

O art. 84 da CF traz as competências do Chefe do Executivo, cuja enumeração é meramente exemplificativa. Tais atribuições são, em regra, delegáveis. Destacam-se as seguintes:

12.2.4.1. Regulamentar normas

É de competência do Presidente, mediante decreto, sempre focado na fiel execução da lei, a regulamentação de normas.

12.2.4.2. Relacionar-se com Estados estrangeiros, atuando no âmbito internacional

Cabe ao Presidente manter relações com os Estados estrangeiros; acreditar seus representantes diplomáticos; celebrar tratados, convenções e atos internacionais, sujeitos a referendo do Congresso Nacional; e permitir, nos casos previstos em lei complementar, que forças estrangeiras transitem pelo território nacional ou nele permaneçam temporariamente.

12.2.4.3. Nomear autoridades para ocuparem cargos

Ao Presidente é dada a atribuição de nomear e exonerar os Ministros de Estado (art. 84, I, CF); nomear, após aprovação pelo Senado Federal, os Ministros do Supremo Tribunal Federal e dos Tribunais Superiores, os Governadores de Territórios, o Procurador-Geral da República, o presidente e os diretores do banco central e outros servidores, quando determinado em lei (art. 84, XIV, CF); nomear os Comandantes da Marinha, do Exército e da Aeronáutica, promover seus oficiais-generais e nomeá-los para os cargos que lhes são privativos (art. 84, XIII, CF); nomear, observado o disposto no art. 73, os Ministros do Tribunal de Contas da União (art. 84, XV, CF); nomear os magistrados, nos casos previstos na Constituição, e o Advogado-Geral da União (art. 84, XVI, CF); e nomear membros do Conselho da República, nos termos do art. 89, VII (art. 84, XVII, CF).

De acordo com a Súmula 627 do STF, "no mandado de segurança contra a nomeação de magistrado da competência do presidente da República, este é considerado autoridade coatora, ainda que o fundamento da impetração seja nulidade ocorrida em fase anterior ao procedimento".

12.2.4.4. Atuações no processo de formação das leis (processo legislativo)

O Presidente da República inicia projetos de lei e de emendas constitucionais, nos casos determinados pela Constituição. Também participa, quando da edição de leis, da fase deliberativa, vetando ou sancionando os respectivos projetos. O veto pode ser motivado por razões de interesse público (veto político) ou por inconstitucionalidade (veto jurídico).

Além dessas atuações, ao promulgar e mandar publicar as leis, o Presidente atua no processo legislativo na fase complementar. E, por último, ao *editar medidas provisórias* (art. 84, XXVI, CF) e leis delegadas (art. 68 da CF), o Presidente está exercendo uma função atípica, nesse caso, a legislativa. Vale lembrar que, de acordo com o § 1º do art. 64 da CF, o Presidente da República poderá solicitar urgência para apreciação de projetos de sua iniciativa.

12.2.4.5. Atuações nos "estados de exceção"

Ao Chefe do Executivo é dada a atribuição de decretar o estado de defesa e o estado de sítio (art. 84, IX, da CF); decretar e executar a intervenção federal (art. 84, X, da CF); declarar guerra, no caso de agressão estrangeira, autorizado pelo Congresso Nacional ou referendado por ele, quando ocorrida no intervalo das sessões legislativas; e, nas mesmas condições, decretar, total ou parcialmente, a mobilização nacional (art. 84, XIX, da CF).

Sobre esse assunto, a EC 109/21 acrescentou o inciso XXVIII ao art. 84 da CF mencionando que cabe ao Presidente **propor** ao Congresso Nacional a decretação do **estado de calamidade pública de âmbito nacional** previsto nos arts. 167-B a 167-G desta Constituição.

12.2.4.6. Direção superior da administração federal

Cabe ao Presidente da República exercer tal função, auxiliado pelos Ministros de Estado.

12.2.4.7. Disciplinar por meio de decreto

a) a organização e funcionamento da administração federal quando não implicar aumento de despesa nem criação ou extinção de órgãos públicos; e b) a extinção de funções ou cargos públicos, quando vagos (art. 84, VI "a").

Nessas hipóteses, os decretos encontrarão fundamento de validade direto na CF. Por conta disso, tais normas são conhecidas como decretos autônomos.

Vale acrescentar o julgado do STF que já determinou que: '(..) considerado o princípio da separação dos poderes, conflita com a Constituição Federal a extinção, por ato unilateralmente editado pelo Chefe do Executivo, de órgãos colegiados que, contando com menção em lei em sentido formal, viabilizem a participação popular na condução das políticas públicas – mesmo quando ausente expressa 'indicação de suas competências ou dos membros que o compõem'. [ADI 6.121 MC, rel. min. Marco Aurélio, j. 13-6-2019, P, DJE de 28-11-2019].

12.2.4.8. Conceder indulto e comutar penas

É da competência do Chefe do Executivo conceder tais benefícios por meio da expedição de decreto.

O indulto é normalmente concedido nos finais de ano, quando da comemoração do natal. Segundo o Supremo, "a concessão do benefício do indulto é uma faculdade atribuída ao Presidente da República. Desse modo, é possível a imposição de condições para tê-lo como aperfeiçoado, desde que em conformidade com a CF" (**AI 701.673-AgR, Rel. Min. Ricardo Lewandowski, julgamento em 05.05.2009, Primeira Turma,** *DJE* de 05.06.2009).

Também, segundo a Corte Suprema, "o art. 5º, XLIII, da Constituição, que proíbe a graça, gênero do qual o indulto é espécie, nos crimes hediondos definidos em lei, não conflita com o art. 84, XII, da Lei Maior. O decreto presidencial que concede o indulto configura ato de governo, caracterizado pela ampla discricionariedade" (**HC 90.364, Rel. Min. Ricardo Lewandowski, julgamento em 31.10.2007, Plenário,** *DJ* de 30.11.2007). No mesmo sentido: **HC 81.810, Rel. Min. Cezar Peluso, julgamento em 16.04.2009, Plenário,** *DJE* de 07.08.2009.

A anistia, em regra, é aplicada aos crimes políticos e depende de lei. De acordo com o STF, "tal instituto configura ato político, com natureza política e, excepcionalmente, estende-se a crimes comuns, certo que, para estes, há o indulto e a graça, institutos distintos da anistia (CF, art. 84, XII)" (**ADI 1.231, Rel. Min. Carlos Velloso, julgamento em 15.12.2005, Plenário,** *DJ* de 28.04.2006).

12.2.4.9. Comandar as forças armadas

O Presidente da República comanda as forças armadas. Elas têm por finalidade a proteção militar do país e a defesa da ordem interna, além de protegerem a lei e atuarem de acordo com o que ela determina. (art. 84, XIII, da CF)

12.2.4.10. Convocar e presidir Conselhos

O Chefe do Executivo é quem convoca e preside o Conselho da República e o Conselho de Defesa Nacional (art. 84, XVIII, da CF).

12.2.4.11. Celebrar a paz

O Congresso Nacional pode autorizar o Presidente a celebrar a paz ou referendar uma determinação já formulada por ele (art. 84, XX).

12.2.4.12. Demais atribuições

Cabe ainda ao Chefe do Executivo enviar ao Congresso Nacional o plano plurianual, o projeto de lei de diretrizes orçamentárias e as propostas de orçamento previstas na Constituição; prestar, anualmente, ao Congresso Nacional, dentro de 60 (sessenta) dias após a abertura da sessão legislativa, as contas referentes ao exercício anterior; prover e extinguir os cargos públicos federais, na forma da lei; além de outras atribuições dispostas na Constituição.

Vale lembrar que o parágrafo único do art. 84 da CF dispõe que o Presidente poderá delegar aos Ministros de Estado, ao Procurador-Geral da República ou ao Advogado-Geral da União as seguintes atribuições:

a) disciplina, por meio de decreto, sobre a organização e funcionamento da administração federal, quando não implicar aumento de despesa nem criação ou extinção de órgãos públicos e sobre a extinção de funções ou cargos públicos, quando vagos;

b) concessão de indulto e comutação de penas; e

c) provimento dos cargos públicos federais, na forma da lei.

Por fim, o STF firmou orientação no sentido da "legitimidade de delegação a ministro de Estado da competência do chefe do Executivo Federal para, nos termos do art. 84, XXV, e parágrafo único, da CF, aplicar pena de demissão a servidores públicos federais. (...) Legitimidade da delegação a secretários estaduais da competência do governador do Estado de Goiás para (...) aplicar penalidade de demissão aos servidores do Executivo, tendo em vista o princípio da simetria" (RE 633.009-AgR, Rel. Min. Ricardo Lewandowski, julgamento em 13.09.2011, Segunda Turma, *DJE* de 27.09.2011).

12.2.5. Responsabilidade do Presidente da República

Conforme dispõe o art. 86 da CF, o Chefe do Executivo federal pode ser responsabilizado pela prática de crime comum e por crime de responsabilidade. Pelo primeiro terá de responder perante o Supremo Tribunal Federal, já pelo segundo, crime de responsabilidade, estará sujeito a julgamento perante o Senado Federal.

Vale acrescentar que: "a imunidade formal prevista nos arts. 86, caput e 51, I, da Constituição Federal tem por finalidade tutelar o regular exercício dos cargos de Presidente da República e de Ministro de Estado, razão pela qual não é extensível a codenunciados que não se encontram investidos em tais funções. Incidência da Súmula 245 do Supremo Tribunal Federal. [Inq 4.483 AgR e Inq 4.327 AgR-segundo, rel. min. Edson Fachin, j. 19-12-2017, P, DJE de 9-8-2018].

A **definição dos crimes de responsabilidade** e o estabelecimento das respectivas normas de processo e julgamento são da competência legislativa da **União**. Vale lembrar que esse comando já vinha descrito na Súmula 722 do STF que foi convertida, em 09.04.2015, por unanimidade, na **Súmula vinculante 46**. Sendo assim, o entendimento já consolidado na jurisprudência do STF, passou a ter efeito vinculante. Os atos que atentem contra a Constituição Federal, em especial contra a existência da União, contra o livre exercício dos poderes, contra o exercício dos direitos políticos, individuais e sociais, contra a segurança interna do País, contra a probidade na administração, contra a lei orçamentária e contra o cumprimento das leis e das decisões judiciais são considerados *crimes de responsabilidade*. A definição de tais crimes é dada pelo art. 4º da Lei 1.079/50.

O procedimento para apuração e julgamento dos crimes praticados pelo Presidente, tanto dos crimes comuns quanto dos crimes de responsabilidade, obedece a um sistema bifásico no qual, em um primeiro momento, é necessária a autorização da Câmara dos Deputados (juízo de admissibilidade do processo), pelo voto de dois terços dos membros, conforme o *caput* do art. 86 da CF. Somente se a Câmara autorizar o julgamento é que haverá a segunda fase do procedimento bifásico, o julgamento propriamente dito. Fala-se que o Presidente possui imunidade formal no tocante à formação do processo, por conta da necessidade dessa autorização da Câmara. É necessário salientar que a imunidade mencionada não se aplica aos membros do Poder Legislativo.

Vale acrescentar que: "o juízo político de admissibilidade por dois terços da Câmara dos Deputados em face de acusação contra o Presidente da República, nos termos da norma constitucional aplicável (CRFB, art. 86, caput), precede a análise jurídica pelo Supremo Tribunal Federal, se assim autorizado for a examinar o recebimento da denúncia, para conhecer e julgar qualquer questão ou matéria defensiva suscitada pelo denunciado." [Inq 4.483 QO, rel. min. Edson Fachin, j. 21-9-2017, P, DJE de 13-6-2018.]

Ao adentrarmos na segunda fase do procedimento bifásico, é necessário diferenciarmos crime comum de crime de responsabilidade, pois cada um obedece a um trâmite processual diferente.

Se o Presidente praticar um crime de natureza *comum*, ou seja, aqueles crimes previstos na legislação penal, conforme dispõem os arts. 86 e 102, I, "b", da CF, será processado e julgado, conforme já mencionado, perante o Supremo Tribunal Federal. Se a denúncia ou queixa for recebida pelo Supremo, o Presidente ficará suspenso de suas funções pelo prazo de 180 dias. Após esse período, se o processo ainda não tiver chegado ao fim, o Presidente deverá retomar suas funções (art. 86, § 1º, I, e § 2º da CF).

Se o Presidente for condenado, além das sanções previstas na lei penal, poderá perder o cargo se a pena aplicada for privativa de liberdade por tempo igual ou superior a um ano e o crime for praticado com abuso de poder ou violação de dever para com a Administração Pública (art. 92, I, "a", do CP). Nessa hipótese a perda do cargo é um efeito da condenação criminal.

O § 3º do art. 86 nos ensina que, durante a vigência do mandato, se o Presidente praticar um crime comum, enquanto não houver sentença condenatória ele não poderá ser levado à prisão (imunidade formal no tocante às prisões de natureza cautelar). Desse modo, o Presidente não poderá ter restrita sua liberdade por nenhuma das modalidades de prisão cautelar, ou seja, não poderá ser preso em flagrante, preventiva ou provisoriamente, mesmo que presentes os requisitos para a decretação de tais custódias. Essas modalidades de prisão são decretadas de forma cautelar, isto é, sem que haja uma decisão condenatória transitada em julgado.

Vale lembrar que o STF já definiu, "no que concerne ao art. 86, § 3º e § 4º, da Constituição, na ADI 1.028, de referência à imunidade à prisão cautelar como prerrogativa exclusiva do presidente da República, insuscetível de estender-se aos governadores dos Estados, que institucionalmente, não a possuem" (**ADI 1.634-MC**, Rel. Min. **Néri da Silveira**, julgamento em 17.09.1997, Plenário, *DJ* de 08.09.2000).

Também segundo o § 4º do art. 86 da CF, durante a vigência do mandato, o Presidente não poderá ser responsabilizado por atos estranhos ao exercício de suas funções. Dessa maneira, só responderá por crime comum perante o Supremo se o crime tiver ligação com o exercício das atividades presidenciais.

Assim, crimes comuns praticados pelo Presidente que não tenham relação com o exercício de suas funções só serão julgados após o fim do mandato, perante a justiça comum e não perante o Supremo Tribunal Federal.

O STF já decidiu sobre o assunto: "O que o art. 86, § 4º, confere ao presidente da República não é imunidade penal, mas **imunidade temporária à persecução penal**: nele não se prescreve que o presidente é irresponsável por crimes não funcionais praticados no curso do mandato, mas apenas que, por tais crimes, não poderá ser responsabilizado, enquanto não cesse a investidura na presidência. Da impossibilidade, segundo o art. 86, § 4º, de que, enquanto dure o mandato, tenha curso ou se instaure processo penal contra o presidente da República por crimes não funcionais, decorre que, se o fato é anterior à sua investidura, o Supremo Tribunal não será originariamente competente para a ação penal, nem consequentemente para o *habeas corpus* por falta de justa causa para o curso futuro do processo. Na questão similar do impedimento temporário à persecução penal do congressista, quando não concedida a licença para o processo, o STF já extraíra, antes que a Constituição o tornasse expresso, a suspensão do curso da prescrição, até a extinção do mandato parlamentar: deixa-

-se, no entanto, de dar força de decisão à aplicabilidade, no caso, da mesma solução, à falta de competência do Tribunal para, neste momento, decidir a respeito. [HC 83.154, rel. min. Sepúlveda Pertence].

Salienta-se, ainda, que o Chefe do Executivo federal, diferentemente dos parlamentares, não possui a denominada imunidade material, ou seja, não é inviolável por suas palavras, opiniões e votos durante o curso do mandato.

O Presidente pode ser responsabilizado não apenas pela prática de crime comum, mas também em virtude da prática de crime de responsabilidade. A natureza jurídica de tal delito é controvertida na doutrina, mas a maioria entende que é de infração político-administrativa. Se o *Presidente* praticar *crime de responsabilidade*, ou seja, aqueles descritos no art. 85 da CF e regulamentados pela Lei 1.079/50, terá de se sujeitar ao chamado processo de *impeachment*.

Da mesma maneira que ocorre quando ele pratica um crime comum, é necessário o juízo de admissibilidade da Câmara. Somente após ter sido autorizado o julgamento do Presidente é que passaremos para a segunda fase do procedimento.

Nesse momento, o processo é instaurado no Senado Federal, que terá na presidência da sessão de julgamento o Presidente do Supremo Tribunal Federal (art. 52, parágrafo único, da CF). Ressalta-se que ao Senado não é dado juízo de discricionariedade: sendo o julgamento autorizado pela Câmara, o Senado tem de instaurar o processo.

São assegurados ao Presidente os princípios constitucionais da ampla defesa, contraditório e devido processo legal durante todo o trâmite do processo de *impeachment*.

Segundo o inciso II do § 1º do art. 86, a instauração do processo por crime de responsabilidade pelo Senado Federal faz com que o Presidente fique suspenso de suas funções. Se optarem por absolver o Presidente, o processo de *impeachment* será arquivado. Agora, para que o Chefe do Executivo federal seja condenado, é necessário o voto de dois terços dos membros da casa.

Vejam: o art. 86, § 1º, I e II, da CF determina dois momentos para o início da suspensão das funções do Presidente. Se o crime for comum, após o recebimento da denúncia ou queixa-crime pelo STF; se o crime for de responsabilidade, após a instauração do processo pelo Senado Federal.

As penas impostas, no caso de condenação do Presidente por crime de responsabilidade, são autônomas e aplicadas de forma cumulativa. São as seguintes: 1 – perda do cargo; 2 – inabilitação para o exercício de função pública por oito anos (art. 52, parágrafo único, da CF).

O julgamento dos Chefes do Executivo dos Estados, do Distrito Federal e dos Municípios é semelhante ao do âmbito federal. Vejamos.

Nos Estados e no Distrito Federal, os *Governadores* também podem ser responsabilizados por crimes comuns ou de responsabilidade. Pelos primeiros são julgados pelo Superior Tribunal de Justiça (art. 105, I, "a"). Pelos segundos são julgados pelo Tribunal de Justiça do Estado do qual são governantes. A composição desse Tribunal, especificamente para o julgamento do Governador, é dada pelo § 3º do art. 78 da Lei 1.079/50, que determina que o órgão será presidido pelo Presidente do próprio Tribunal e composto por cinco Deputados Estaduais e cinco Desembargadores.

Nos Municípios, os *Prefeitos* estão também sujeitos à responsabilização por crimes comuns e de responsabilidade. Pela prática de crime comum, conforme inciso X do art. 29 da CF, os Chefes do Executivo municipal são processados e julgados pelo Tribunal de Justiça do Estado de que o Município faz parte. Por crimes de responsabilidade, os prefeitos poderão ser responsabilizados de duas maneiras: se o crime de responsabilidade for próprio, isto é, tipificado no art. 4º do Decreto-Lei 201/1967, a Câmara de Vereadores é quem fará o julgamento; já se for um crime de responsabilidade impróprio, ou seja, aqueles não de natureza política, mas penal tão somente, é o Tribunal de Justiça do Estado respectivo o órgão competente para julgamento (art. 1º do Decreto-Lei 201/67).

12.3. Poder Judiciário

Um dos importantes princípios que regem esse poder é o da **imparcialidade.** Significa que o juiz, ao analisar os processos que foram a ele submetidos, deve agir com neutralidade.

Além disso, a jurisdição, em regra, pressupõe a existência de uma lide. Ela é inerte, depende de provocação da parte interessada, e é dotada da característica da definitividade, ou seja, transitada em julgado e passado o prazo para a propositura de ação rescisória, a decisão não poderá mais ser modificada.

De acordo com o art. 93, I, da CF, o ingresso na carreira da magistratura, cujo cargo inicial será o de juiz substituto, se dá mediante aprovação em concurso público de provas e títulos, com a participação da OAB em todas as fases. Além disso, o bacharel em Direito tem de comprovar três anos de atividade jurídica para ingressar na magistratura. É a chamada "**quarentena de entrada**", instituto inserido na CF pela EC 45/04 (reforma do Poder Judiciário).

Segundo o STF (ADI 3.460/DF), os três anos de atividade jurídica são contados da data de conclusão do curso, pois as atividades que terão de ser demonstradas são aquelas privativas do bacharel em Direito. Desse modo, os tempos de estágio, realizados durante o curso de Direito, não são computados para esse fim.

O assunto mencionado foi objeto de regulamentação pela Resolução 75/09 do Conselho Nacional de Justiça. O seu art. 59 menciona que pode ser computada como tempo de "atividade jurídica", dentre outras atividades, o efetivo exercício da advocacia, magistério superior, desde que predominantemente requeira a utilização de conhecimento jurídico, função de conciliador, mediador ou árbitro na composição de litígios etc.

12.3.1. *Funções, órgãos e principais institutos*

A Constituição Federal traz em seus arts. 92 ao 126 a organização do Poder Judiciário.

O Poder Judiciário tem como função típica a jurisdicional (solução de interesses por meio do devido processo legal). Realiza, de forma atípica, outras funções, como a de natureza *legislativa* (por exemplo, a elaboração do seu regimento interno) e de natureza *executiva-administrativa*, como a organização de suas secretarias.

I – o Supremo Tribunal Federal;

I-A o Conselho Nacional de Justiça; (Incluído pela EC nº 45/04)

II – o Superior Tribunal de Justiça;

II-A – o Tribunal Superior do Trabalho; (Incluído pela EC nº 92/16)

III – os Tribunais Regionais Federais e Juízes Federais;

IV – os Tribunais e Juízes do Trabalho;

V – os Tribunais e Juízes Eleitorais;

VI – os Tribunais e Juízes Militares;

VII – os Tribunais e Juízes dos Estados e do Distrito Federal e Territórios.

A EC n. 73/13 criou os Tribunais Regionais Federais da 6ª, 7ª, 8ª e 9ª Regiões. Ocorre que a Associação Nacional dos Procuradores Federais – ANPAF ajuizou ação direta de inconstitucionalidade, com pedido de medida liminar, contra a Emenda Constitucional 73/13. Em decisão monocrática, a ação teve a medida cautelar deferida, o que acarretou a suspensão dos efeitos da EC 73/13.

O Supremo Tribunal Federal, os Tribunais Superiores e o Conselho Nacional de Justiça têm sede na Capital Federal (Brasília) e os dois primeiros têm jurisdição em todo território nacional.

De acordo com a Súmula Vinculante 37 (STF), não cabe ao Poder Judiciário, que não tem função legislativa, aumentar os vencimentos de servidores públicos sob o fundamento de isonomia.

Vale lembrar que, em relação ao Poder Judiciário, os temas recorrentes em provas e exames são os atinentes à EC 45/04 (reforma do Poder Judiciário) dentre os quais se destacam os seguintes:

a) inserção do inciso LXXVIII no art. 5º da CF – princípio da **razoável duração do processo ou celeridade processual** no âmbito judicial e administrativo. Configura uma ampliação do rol de direitos e garantias fundamentais;

b) criação de um novo órgão no poder judiciário: CNJ – **Conselho Nacional de Justiça** (art. 103-B da CF);

c) fortificação do princípio da **imparcialidade**, pela criação de vedações aos membros da magistratura, como a proibição do exercício da advocacia no juízo ou tribunal ao qual se afastou pelo prazo de 3 anos;

d) criação de mais um requisito de admissibilidade ao recurso extraordinário: instituto da **repercussão geral**;

e) alterações nas **regras de competência,** em especial em relação à Justiça do Trabalho;

f) criação do instituto denominado **súmula vinculante** (art. 103-A da CF, regulamentado pela Lei 11.417/06).

12.3.1.1. Súmula Vinculante

Dispõe a CF, em seu art. 103-A, que o Supremo Tribunal Federal, e só ele, poderá, de ofício ou por provocação, aprovar súmula vinculante, mediante decisão de **dois terços** dos seus membros, após **reiteradas decisões** sobre **matéria constitucional**.

De acordo com o art. 3º da Lei 11.417/06, são legitimados a propor a edição, a revisão ou o cancelamento de enunciado de súmula vinculante: I – o Presidente da República; II – a Mesa do Senado Federal; III – a Mesa da Câmara dos Deputados; IV – o Procurador-Geral da República; V – o Conselho Federal da Ordem dos Advogados do Brasil; VI – o Defensor Público-Geral da União; VII – partido político com representação no Congresso Nacional; VIII – confederação sindical ou entidade de classe de âmbito nacional; IX – a Mesa de Assembleia Legislativa ou da Câmara Legislativa do Distrito Federal; X – o Governador de Estado ou do Distrito Federal;

XI – os Tribunais Superiores, os Tribunais de Justiça de Estados ou do Distrito Federal e Territórios, os Tribunais Regionais Federais, os Tribunais Regionais do Trabalho, os Tribunais Regionais Eleitorais e os Tribunais Militares.

Além disso, o § 1º do mesmo dispositivo determina que o Município também pode propor, incidentalmente ao curso de processo em que seja parte, a edição, a revisão ou o cancelamento de enunciado de súmula vinculante, o que não autoriza a suspensão do processo.

Tal súmula, a partir da publicação na imprensa oficial, terá **efeito vinculante** em relação aos demais órgãos do Poder Judiciário e à administração pública direta e indireta, nas esferas federal, estadual e municipal. A súmula não vincula a função legislativa, ainda que exercida de forma atípica.

Desse modo, havendo descumprimento do mandamento trazido pela súmula vinculante, ou aplicação indevida, caberá **reclamação ao STF** que, julgando-a procedente, anulará o ato administrativo ou cassará a decisão judicial reclamada, e determinará que outra seja proferida com ou sem a aplicação da súmula, conforme o caso (art. 103-A, §3º, da CF).

De acordo com os ensinamentos do Supremo: "**Não se admite reclamação** contra omissão da administração pública, sob fundamento de ofensa a súmula vinculante, **quando não demonstrado o esgotamento das vias administrativas**, conforme disposto no art. 7º, § 1º, da Lei 11.417/2006" (Rcl 14.343-AgR, rel. Min. Teori Zavascki, julgamento em 27.02.2014, Plenário, *DJE* de 28.03.2014).

Além disso, cabe ao STF não só editar como proceder a **revisão ou cancelamento da súmula**, na forma estabelecida em lei. Como mencionado anteriormente, a lei que regulamentou a súmula vinculante foi a de 11.417/06.

Vale lembrar que a Corte Maior já decidiu que: "A **arguição de descumprimento de preceito fundamental não é a via adequada para se obter a interpretação, a revisão ou o cancelamento de súmula vinculante**." (ADPF 147-AgR, Rel. Min. Cármen Lúcia, julgamento em 24.03.2011, Plenário, *DJE* de 08.04.2011). Vide: ADPF 80-AgR, Rel. Min. Eros Grau, julgamento em 12.06.2006, Plenário, *DJ* de 10.08.2006.

É importante ressaltar, ainda, que o objetivo da súmula vinculante será a validade, a interpretação e a eficácia de normas determinadas, acerca das quais haja controvérsia atual entre órgãos judiciários ou entre esses e a administração pública que acarrete grave insegurança jurídica e relevante multiplicação de processos sobre questão idêntica (art. 103-A, § 1º, da CF).

Por fim, no procedimento de edição, revisão ou cancelamento de enunciado da súmula vinculante, o relator poderá admitir, por decisão irrecorrível, a **manifestação de terceiros** na questão, nos termos do Regimento Interno do Supremo Tribunal Federal (art. 3º, § 2º, da Lei 11.417/06).

12.3.2. *Estatuto da Magistratura*

O art. 93 da Constituição Federal dispõe que cabe à *lei complementar*, de iniciativa do Supremo Tribunal Federal, dispor sobre o Estatuto da Magistratura (atualmente regulamentado pela Lei Complementar 35/79), devendo observar os princípios constitucionais elencados nos respectivos incisos.

Destaca-se que a Emenda Constitucional 45/04, chamada de "Reforma do Poder Judiciário", modificou razoavelmente o dispositivo supramencionado, vejamos:

a) Ingresso na carreira (inc. I): o cargo de juiz substituto se dá mediante concurso público de provas e títulos, com a participação da OAB em todas as fases, sendo exigido do bacharel em direito no mínimo *três anos de atividade jurídica*;

b) Residência do juiz titular (inc. VII): o juiz titular deve *residir* na respectiva *comarca*, salvo se houver autorização do tribunal;

c) Remoção ou disponibilidade por interesse público (inc. VIII): o quórum para determinar a remoção ou a disponibilidade do magistrado por interesse público é de *maioria absoluta* do respectivo tribunal ou do Conselho Nacional de Justiça, assegurando-se ao juiz a ampla defesa (redação dada pela EC 103/2019);

d) Remoção a pedido de magistrado (inc. VIII-A): a remoção a pedido de magistrado de comarca de igual entrância atenderá, no que couber, ao disposto nas alíneas "a", "b", "c" e "e" do inciso II do art. 93 e no art. 94 da CF (redação dada pela EC 130/2023);

e) Permuta de magistrados de comarca de igual entrância: a permuta de magistrados de comarca de igual entrância, quando for o caso, e dentro do mesmo segmento de justiça, inclusive entre os juízes de segundo grau, vinculados a diferentes tribunais, na esfera da justiça estadual, federal ou do trabalho, atenderá, no que couber, ao disposto nas alíneas "a", "b", "c" e "e" do inciso II do art. 93 e no art. 94 da CF;

f) Publicidade (inc. IX): todos os julgamentos dos órgãos do Poder Judiciário serão públicos, e fundamentadas todas as decisões, sob pena de nulidade, podendo a lei limitar a presença, em determinados atos, às próprias partes e a seus advogados, ou somente a estes, em casos nos quais a preservação do direito à intimidade do interessado no sigilo não prejudique o interesse público à informação;

g) Decisões administrativas dos Tribunais (inc. X): devem ser motivadas e tomadas em sessão pública, devendo as de natureza disciplinar ser tomadas pelo voto da maioria dos seus membros;

h) Composição do órgão especial (inc. XI): os Tribunais com número superior a 25 julgadores poderão constituir órgão especial com no mínimo 11 e no máximo 25 membros para exercício das atribuições administrativas e jurisdicionais, sendo a metade deles provida por antiguidade e a outra metade por eleição pelo tribunal pleno;

i) Férias forenses (inc. XII): a atividade jurisdicional será ininterrupta, sendo vedadas férias coletivas nos juízos e tribunais de segundo grau, nos quais deverão funcionar juízes em plantão permanente nos dias em que não houver expediente forense normal;

j) Número de juízes (inc. XIII): deve ser proporcional à demanda e à população da unidade jurisdicional;

k) Delegação de atos (inc. XIV): os servidores devem receber delegação para a prática de atos de administração e atos de mero expediente sem caráter decisório;

l) Distribuição de processos (inc. XV): deve ser imediata, em todos os graus de jurisdição.

12.3.3. *Quinto Constitucional*

O quinto constitucional (art. 94, CF) consiste na composição de um quinto (20%) dos Tribunais Regionais Federais e dos Tribunais de Justiça dos Estados por promotores de justiça e advogados de notório saber jurídico e de reputação ilibada, com mais de dez anos de efetiva atividade profissional.

Os órgãos de representação das respectivas classes indicarão uma lista sêxtupla. O Tribunal reduzirá esta para uma lista tríplice, encaminhando-a para o Chefe do Poder Executivo respectivo (Presidente da República, no caso dos Tribunais Regionais Federais, e Governador, na hipótese dos Tribunais de Justiça dos Estados), que terá 20 dias para a escolha e nomeação de um.

Ressalta-se que o magistrado nomeado pelo quinto constitucional faz jus, desde logo, à sua vitaliciedade.

12.3.4. Garantias dadas aos membros do poder judiciário

O art. 95 da Constituição Federal assegura três garantias aos juízes, desembargadores e ministros, quais sejam:

a) Vitaliciedade: garante aos magistrados a manutenção no cargo, cuja perda somente se dá por sentença judicial transitada em julgado. Essa garantia é adquirida após dois anos do estágio probatório, em relação aos que foram aprovados em concurso público, ou no momento da posse, na hipótese daqueles que ingressaram pela regra do quinto constitucional ou foram nomeados para atuar nos Tribunais Superiores;

b) Inamovibilidade: atribui a garantia aos juízes de não serem removidos de um lugar para outro, sem prévio consentimento, exceto por motivo de interesse público, desde que pelo voto da maioria absoluta do tribunal ou Conselho Nacional de Justiça, assegurando-se a ampla defesa, conforme dispõe o art. 93, VIII, da CF;

c) Irredutibilidade de subsídio: esta garantia impede a redução dos subsídios, que é a forma de remuneração dos magistrados (ressalvado o disposto nos arts. 37, X e XI, 39, § 4º, 150, II, 153, III e 153, § 2º, I).

12.3.5. Vedações impostas aos membros do Poder Judiciário

O parágrafo único do art. 95 do Texto Maior traz cinco vedações. Vejamos:

a) vedação de exercício de outro cargo ou função, salvo uma de magistério;

b) proibição quanto ao recebimento, a qualquer título ou pretexto, de custas ou participação em processo;

c) vedação de dedicação à atividade político-partidária;

d) proibição do recebimento, a qualquer título ou pretexto, de auxílios ou contribuições de pessoas físicas, entidades públicas ou privadas, ressalvadas as previstas em lei;

e) proibição de exercício da advocacia antes de decorridos três anos do afastamento por aposentadoria ou exoneração no juízo ou tribunal do qual se afastou – denominada "quarentena de saída", não impede que o magistrado afastado possa advogar, mas tão somente que este não poderá exercê-lo no juízo ou tribunal do qual se afastou ou exonerou antes de decorridos três anos do encerramento de sua função.

12.3.6. Supremo Tribunal Federal

O Supremo Tribunal Federal tem como função principal a guarda da Constituição. O art. 102 da CF traz as suas competências, por exemplo, a de processar e julgar originariamente o litígio entre Estado estrangeiro ou organismo internacional

e a União, o Estado, o Distrito Federal ou o Território e a extradição solicitada por Estado estrangeiro. O art. 101 da Carta Maior regula a composição do STF, que é integrado por 11 Ministros, escolhidos pelo Presidente da República dentre brasileiros natos, que tenham entre 35 e 70 anos de idade, notório saber jurídico e reputação ilibada. Segundo o parágrafo único do referido dispositivo, compete ao Senado Federal aprovar a indicação do Presidente da República por maioria absoluta de votos.

Observa-se que, nos casos de impedimento do Presidente da República, integra o Presidente do STF a linha sucessória, consoante ao art. 80 da CF.

Observa-se que, nos casos de impedimento do Presidente da República, integra o Presidente do STF a linha sucessória, consoante ao art. 80 da CF.

12.3.7. Superior Tribunal de Justiça

O Superior Tribunal de Justiça compõe-se de, no mínimo, 33 Ministros, devendo sua composição obedecer aos seguintes percentuais, estabelecidos no art. 104 da CF:

a) um terço será composto por membros dos Tribunais Regionais Federais, indicados em lista tríplice pelo próprio Tribunal;

b) um terço será formado por membros dos Tribunais de Justiça dos Estados, indicados em lista tríplice pelo próprio Tribunal;

c) um terço será composto por advogados e promotores, indicados pela regra do quinto constitucional, estabelecida no art. 94, CF (cabe aos respectivos órgãos de classe elaborar uma lista sêxtupla de representantes, cabendo ao STJ a indicação de uma lista tríplice dentre os apontados, enviando-a ao Presidente da República, que nomeará um dentre os três indicados).

Em qualquer das hipóteses descritas, incumbe ao Senado Federal aprovar por maioria absoluta a indicação do Presidente da República.

Em suma, os requisitos para o cargo de Ministro do STJ são os seguintes: (i) ser brasileiro nato ou naturalizado; (ii) ter entre 35 e 70 anos de idade; (iii) ter notório saber jurídico; (iv) ter reputação ilibada.

12.3.8. Conselho Nacional de Justiça

O art. 103-B, com redação dada pela EC 45/04 e alterada pela EC 61/09, instituiu o Conselho Nacional de Justiça (CNJ), que tem por função a fiscalização do Poder Judiciário quanto ao cumprimento dos deveres funcionais dos juízes e à administração financeira desse poder. Ressalta-se que **o CNJ**, contudo, **não tem funções jurisdicionais.** Tal órgão exerce uma espécie de controle interno.

O CNJ compõe-se de 15 membros, com mandato de dois anos (admissível somente uma recondução), sendo:

a) o Presidente do STF;

b) um Ministro do STJ, indicado pelo próprio Tribunal;

c) um Ministro do TST, indicado pelo próprio Tribunal;

d) um desembargador de Tribunal de Justiça, indicado pelo STF;

e) um juiz estadual, indicado pelo STF;

f) um juiz do TRF, indicado pelo STJ;

g) um juiz federal, indicado pelo STJ;

h) um juiz de Tribunal Regional do Trabalho, indicado pelo TST;

i) um juiz do trabalho, indicado pelo TST;

j) um membro do Ministério Público da União, indicado pelo PGR;

k) um membro do Ministério Público estadual, escolhido pelo PGR dentre os nomes indicados pelo órgão competente de cada instituição estadual;

l) dois advogados, indicados pelo Conselho Federal da OAB;

m) dois cidadãos, de notável saber jurídico e reputação ilibada, indicados um pela Câmara dos Deputados e um pelo Senado Federal.

Os membros do CNJ serão nomeados pelo Presidente da República, após a aprovação da escolha pelo Senado Federal, por votação de maioria absoluta (§ 2º do art. 103-B da CF).

Vale lembrar que a EC 61/09 alterou o § 1º do art. em comento estabelecendo que a presidência do CNJ incumbe ao Presidente do STF e, nas suas ausências e impedimentos, ao Vice-Presidente da citada Corte.

É importante salientar que o CNJ – embora incluído na estrutura constitucional do Poder Judiciário – qualifica-se como órgão de caráter eminentemente administrativo, não dispondo de atribuições institucionais que lhe permitam exercer fiscalização da atividade jurisdicional dos magistrados e Tribunais (MS 27.148, Rel. Min. Celso de Mello, decisão monocrática, julgamento em 20.05.2010, *DJE* de 26.05.2010). No mesmo sentido: MS 28.611-MC, Rel. Min. Celso de Mello, decisão monocrática, julgamento em 08.06.2010, *DJE* de 14.06.2010.

Além disso, sabe-se que o CNJ é absolutamente incompetente, não obstante seja órgão de controle interno do Poder Judiciário, para intervir em processos de natureza jurisdicional.

Já decidiu o Supremo sobre a "impossibilidade constitucional de o CNJ (órgão de caráter eminentemente administrativo) fiscalizar, reexaminar e suspender os efeitos decorrentes de ato de conteúdo jurisdicional, como aquele que concede mandado de segurança. Precedentes do STF. Magistério da doutrina." (MS 28.611-MC, Rel. Min. Celso de Mello, decisão monocrática, julgamento em 08.06.2010, *DJE* de 14.06.2010).

Outra decisão relevante foi dada pelo Supremo no julgamento da ADI 4.638-REF-MC, Rel. Min. **Marco Aurélio**, julgamento em 08.02.2012, Plenário. Nessa oportunidade, "o plenário concluiu julgamento de referendo em medida cautelar em ação direta de inconstitucionalidade ajuizada (...) contra a Resolução 135/2011 do Conselho Nacional de Justiça – CNJ." "Quanto ao art. 2º (...), o STF, por maioria, referendou o indeferimento da liminar. Consignou-se que o CNJ integraria a estrutura do Poder Judiciário, mas não seria órgão jurisdicional e não interviria na atividade judicante. Este Conselho possuiria, à primeira vista, caráter eminentemente administrativo e não disporia de competência para, mediante atuação colegiada ou monocrática, reexaminar atos de conteúdo jurisdicional, formalizados por magistrados ou tribunais do país. Ressaltou-se que a escolha pelo constituinte derivado do termo 'Conselho' para a instituição interna de controle do Poder Judiciário mostrar-se-ia eloquente para evidenciar a natureza administrativa do órgão e para definir, de maneira precisa, os limites de sua atuação. Sublinhou-se que o vocábulo 'Tribunal' contido no art. 2º em tela revelaria tão somente que

as normas seriam aplicáveis também ao CNJ e ao CJF." (ADI 4.638-REF-MC, Rel. Min. **Marco Aurélio**, julgamento em 2-2-2012, Plenário, *Informativos* 653 e 654).

Vale lembrar que as atribuições do CNJ estão previstas no § 4º do art. 103-B da CF, além das conferidas pelo Estatuto da Magistratura e, dentre elas, destacam-se as seguintes:

I. zelar pela autonomia do Poder Judiciário e pelo cumprimento do Estatuto da Magistratura, podendo expedir atos regulamentares, no âmbito de sua competência, ou recomendar providências;

II. zelar pela observância do art. 37 da CF e apreciar, de ofício ou mediante provocação, a legalidade dos atos administrativos praticados por membros ou órgãos do Poder Judiciário, podendo desconstituí-los, revê-los ou fixar prazo para que se adotem as providências necessárias ao exato cumprimento da lei, sem prejuízo da competência do Tribunal de Contas da União;

III. receber e conhecer das reclamações contra membros ou órgãos do Poder Judiciário, inclusive contra seus serviços auxiliares, serventias e órgãos prestadores de serviços notariais e de registro que atuem por delegação do poder público ou oficializados, sem prejuízo da competência disciplinar e correicional dos tribunais, podendo avocar processos disciplinares em curso e determinar a remoção, a disponibilidade ou a aposentadoria com subsídios ou proventos proporcionais ao tempo de serviço e aplicar outras sanções administrativas, assegurada ampla defesa;

III – **receber e conhecer das reclamações contra membros ou órgãos do Poder Judiciário**, inclusive contra seus serviços auxiliares, serventias e órgãos prestadores de serviços notariais e de registro que atuem por delegação do poder público ou oficializados, sem prejuízo da competência disciplinar e correicional dos tribunais, podendo avocar processos disciplinares em curso, determinar a remoção ou a disponibilidade e aplicar outras sanções administrativas, assegurada ampla defesa; **(Redação dada pela Emenda Constitucional nº 103, de 2019). Atenção:** no texto original (antes da alteração feita em 2019) era permitido ao CNJ determinar a aposentadoria com subsídios ou proventos proporcionais ao tempo de serviço. Atualmente isso **não** é mais possível.

IV. representar ao Ministério Público, no caso de crime contra a administração pública ou de abuso de autoridade;

V. rever, de ofício ou mediante provocação, os *processos disciplinares* de juízes e membros de tribunais julgados há menos de um ano;

VI. elaborar semestralmente *relatório estatístico* sobre processos e sentenças prolatadas, por unidade da Federação, nos diferentes órgãos do Poder Judiciário;

VII. elaborar relatório anual, propondo as providências que julgar necessárias, sobre a situação do Poder Judiciário no País e as atividades do Conselho, o qual deve integrar mensagem do Presidente do Supremo Tribunal Federal a ser remetida ao Congresso Nacional, por ocasião da abertura da sessão legislativa.

Ressalta-se que não é da competência do CNJ julgar magistrados por crime de responsabilidade, até porque tal órgão não tem função jurisdicional.

O STF tem analisado várias questões relacionadas ao CNJ, dentre as quais destacam-se as seguintes:

✓ O CNJ tem legitimidade para apuração administrativa de responsabilidades disciplinares dos membros da magistratura, nos casos de inércia, simulação investigatória, procrastinação indevida e/ ou incapacidade de atuação;

✓ O CNJ não pode, por conta do conteúdo nitidamente jurisdicional, suspender, fiscalizar e reexaminar decisão concessiva de mandado de segurança;

✓ O CNJ integra o Poder Judiciário, mas encontra-se hierarquicamente abaixo do Supremo Tribunal Federal.

12.3.9. *Tribunais Regionais Federais e Juízes Federais*

São órgãos da Justiça Federal: os Tribunais Regionais Federais e os Juízes Federais, que estão regulamentados nos arts. 106 a 110 da Constituição Federal. A competência dos Tribunais Regionais Federais vem prevista no art. 108 e a competência dos juízes federais no art. 109 do texto constitucional. Compete aos juízes federais, por exemplo, o processo e julgamento das causas entre Estado estrangeiro ou organismo internacional e Município ou pessoa domiciliada ou residente no País.

Embora já mencionado, vale lembrar que com a aprovação da **EC 73/13**, foram criados os Tribunais Regionais Federais da 6ª, 7ª, 8ª e 9ª Regiões. O TRF da 6.ª Região, com sede em Curitiba, tem jurisdição sobre os Estados de Santa Catarina e Mato Grosso do Sul. Além dele, também foram incluídos pela emenda os Tribunais Regionais Federais do Amazonas, Minas Gerais e Bahia.

Ocorre que, por conta do deferimento da cautelar na ADI 5017-DF, os efeitos da EC 73/13 estão suspensos. Os principais argumentos utilizados para a declaração de inconstitucionalidade da emenda mencionada foram: 1) "a criação dos novos tribunais regionais federais irá afetar profundamente a carreira dos procuradores federais. Devido à competência da Justiça Federal (arts. 108 e 109 da Constituição), a União será obrigada a alocar seus procuradores para atuação nos quatro novos tribunais. Para a requerente, essa necessidade de alocação abrupta irá desorganizar a estruturação da carreira e a expectativa de seus integrantes quanto às remoções; 2) Há vício de iniciativa, na medida em que qualquer modificação da estrutura da Justiça depende de projeto de iniciativa do Supremo Tribunal Federal ou dos Tribunais Superiores (art. 96, II, *a* e *d* da Constituição), requisito que não poderia ser burlado nem sequer com o uso de emenda constitucional; 3) Inexiste prévia dotação orçamentária para criação dos novos tribunais, com custo estimado de R$ 922 milhões ao ano pelo Instituto de Pesquisas Econômicas Aplicadas – IPEA, além dos custos iniciais necessários para estruturação física e funcional desses órgãos jurisdicionais; 4) A obrigatoriedade de aplicação de recursos numa finalidade fixada sem a iniciativa própria viola a autonomia administrativa e orçamentária do Judiciário; 5) A criação de novos tribunais é medida ineficiente e irracional para resolver o problema da celeridade da prestação jurisdicional (os quatro tribunais serão responsáveis apenas por 5,3% do total da carga enfrentada pela Justiça Federal); 6) O descaso com os Juizados Especiais Federais será potencializado com a canalização inadequada de recursos para a segunda instância, de forma a prejudicar ainda mais o jurisdicionado que depende da Justiça para obter a prestação mais básica da União; 7) Há o risco de que a tolerância para com a criação de tribunais pela iniciativa do Legislativo

crie precedente para algo mais gravoso à independência da Magistratura, a extinção de órgãos do Judiciário. h) A falta de previsão orçamentária impediria as mudanças necessárias para que os advogados públicos, essenciais à Justiça, pudessem defender os interesses da União perante esses tribunais". Os Tribunais Regionais Federais compõem-se de, no mínimo, 7 juízes, recrutados, quando possível, na respectiva região e nomeados pelo Presidente da República dentre brasileiros com mais de 30 e menos de 70 anos, sendo:

a) um quinto dentre advogados com mais de 10 anos de efetiva atividade profissional e membros do Ministério Público Federal com mais de 10 anos de carreira;

b) os demais, mediante promoção de juízes federais com mais de cinco anos de exercício, por antiguidade e merecimento, alternadamente.

Vale lembrar que o § 3º do art. 109 da CF determina o processo e julgamento na justiça estadual, no foro do domicílio dos segurados ou beneficiários, das causas em que forem parte instituição de previdência social e segurado, sempre que a comarca não seja sede de vara do juízo federal, e, se verificada essa condição, a lei poderá permitir que outras causas sejam também processadas e julgadas pela justiça estadual. Nessa hipótese, havendo recurso, este deve ser encaminhado ao Tribunal Regional Federal da área de jurisdição do juiz de primeiro grau.

Importante alteração trazida pela EC 45/04 foi a denominada "federalização", que estabelece a possibilidade do deslocamento de competência por violação de direitos humanos. De acordo com o § 5º do art. 109 da CF, nas hipóteses de *grave violação de direitos humanos*, o Procurador-Geral da República, com a finalidade de assegurar o cumprimento de obrigações decorrentes de tratados internacionais de direitos humanos dos quais o Brasil seja parte, poderá suscitar, perante o STJ, em qualquer fase do inquérito ou processo, incidente de deslocamento de competência para a Justiça Federal.

De acordo com o art. 107, § 2º, da CF os Tribunais Regionais Federais instalarão a justiça itinerante, com a realização de audiências e demais funções da atividade jurisdicional, nos limites territoriais da respectiva jurisdição, servindo-se de equipamentos públicos e comunitários.

O § 3º do mesmo dispositivo indica que os TRFs poderão funcionar de forma descentralizada constituindo Câmaras regionais, a fim de assegurar o pleno acesso do jurisdicionado à justiça em todas as fases do processo.

Por fim, de acordo com a Súmula 428 do STJ, compete ao Tribunal Regional Federal decidir os conflitos de competência entre juizado especial federal e juízo federal da mesma seção judiciária.

12.3.10. *Tribunais e Juízes do Trabalho*

São órgãos da Justiça do Trabalho: o Tribunal Superior do Trabalho, os Tribunais Regionais do Trabalho e os Juízes do Trabalho, que estão regulados nos arts. 111 a 116 da Constituição Federal. O art. 114 estabelece a competência da Justiça do Trabalho.

Sobre o art. 114, é importante o leitor conhecer o teor da Súmula Vinculante 53: "A competência da Justiça do Trabalho prevista no art. 114, VIII, da Constituição Federal alcança a execução de ofício das contribuições previdenciárias relativas ao objeto da condenação constante das sentenças que proferir e acordos por ela homologados."

De acordo com o art. 111-A, com redação dada pela EC nº 122/22, o Tribunal Superior do Trabalho compõe-se de 27 Ministros, escolhidos dentre brasileiros com mais de 35 e menos de 70 anos, **de notável saber jurídico e reputação ilibada**, nomeados pelo Presidente da República após aprovação pela maioria absoluta do Senado Federal, sendo:

a) um quinto dentre advogados com mais de 10 anos de efetiva atividade profissional e membros do Ministério Público do Trabalho com 10 (dez) anos de efetivo exercício, observado o disposto no art. 94;

b) os demais dentre juízes dos Tribunais Regionais do Trabalho, oriundos da magistratura da carreira, indicados pelo próprio Tribunal Superior.

Vale mencionar que a EC 92/16, além explicitar o Tribunal Superior do Trabalho como órgão do Poder Judiciário e alterar os requisitos para o provimento dos cargos de Ministros daquele Tribunal, modificou a sua competência. De acordo com o § 3º do art. 111-A, acrescentado pela mencionada emenda, ao Tribunal Superior do Trabalho foi dada a **competência para processar e julgar, originariamente, a reclamação para a preservação de sua competência e garantia da autoridade de suas decisões**.

Os Tribunais Regionais do Trabalho compõem-se de no mínimo 7 juízes, recrutados, quando possível, na respectiva região, e nomeados pelo Presidente da República dentre brasileiros com mais de 30 e menos de 70 anos, sendo:

a) um quinto dentre advogados com mais de 10 anos de efetiva atividade profissional e membros do Ministério Público do Trabalho com mais de 10 anos de efetivo exercício, observado o disposto no art. 94;

b) os demais, mediante promoção de juízes do trabalho por antiguidade e merecimento, alternadamente.

12.3.11. Tribunais Regionais Eleitorais e Juízes Eleitorais

São órgãos da Justiça Eleitoral: o Tribunal Superior Eleitoral, os Tribunais Regionais Eleitorais, os Juízes Eleitorais e as Juntas Eleitorais, que são regulamentados nos arts. 118 a 121 da Constituição Federal.

Segundo o art. 121 do Texto Maior, lei complementar disporá sobre a organização e competência dos tribunais, dos juízes de direito e das juntas eleitorais.

O Tribunal Superior Eleitoral compor-se-á, no mínimo, de sete membros, escolhidos:

a) mediante eleição, pelo voto secreto:

✓ três juízes dentre os Ministros do STF;

✓ dois juízes dentre os Ministros do STJ;

b) por nomeação do Presidente da República, dois juízes dentre seis advogados de notável saber jurídico e idoneidade moral, indicados pelo STF.

As decisões do Tribunal Superior Eleitoral são irrecorríveis, salvo as que contrariarem a Constituição e as denegatórias de *habeas corpus* ou mandado de segurança, das quais caberá recurso para o STF.

Os Tribunais Regionais Eleitorais são previstos em todos os Estados e no Distrito Federal e funcionarão nas Capitais. Esses tribunais compor-se-ão:

a) mediante eleição, pelo voto secreto:

✓ de dois juízes dentre os desembargadores do Tribunal de Justiça;

✓ de dois juízes, dentre juízes de direito, escolhidos pelo Tribunal de Justiça.

b) de um juiz do Tribunal Regional Federal com sede na Capital do Estado ou no Distrito Federal, ou, não havendo, de juiz federal, escolhido, em qualquer caso, pelo Tribunal Regional Federal respectivo;

c) por nomeação, pelo Presidente da República, de dois juízes dentre seis advogados de notável saber jurídico e idoneidade moral, indicados pelo Tribunal de Justiça.

Os juízes dos tribunais eleitorais, salvo motivo justificado, servirão por dois anos, no mínimo, e nunca por mais de dois biênios consecutivos, sendo os substitutos escolhidos na mesma ocasião e pelo mesmo processo, em número igual para cada categoria.

12.3.12. Tribunais e Juízes Militares

São órgãos da Justiça Militar: o Superior Tribunal Militar e os Tribunais e Juízes Militares instituídos por lei, trazidos nos arts. 122 a 124 da Constituição Federal.

De acordo com o art. 124, compete à Justiça Militar processar e julgar os crimes militares definidos em lei. A lei disporá sobre a organização, o funcionamento e a competência da Justiça Militar.

O Superior Tribunal Militar compor-se-á de 15 Ministros vitalícios, nomeados pelo Presidente da República, depois de aprovada a indicação pelo Senado Federal, sendo:

a) três dentre oficiais-generais da Marinha (da ativa e do posto mais elevado da carreira);

b) quatro dentre oficiais-generais do Exército (da ativa e do posto mais elevado da carreira);

c) três dentre oficiais-generais da Aeronáutica (da ativa e do posto mais elevado da carreira);

d) cinco civis, que serão escolhidos pelo Presidente da República dentre brasileiros maiores de 35 e menos de 70 anos de idade, sendo:

✓ três advogados de notório saber jurídico e conduta ilibada, com mais de 10 (dez) anos de efetiva atividade profissional;

✓ dois, por escolha paritária, dentre juízes auditores e membros do Ministério Público da Justiça Militar.

12.3.13. Tribunais e Juízes dos Estados

Os Estados organizarão sua Justiça, observados os princípios estabelecidos nesta Constituição, e a competência dos tribunais será definida na Constituição do Estado, sendo a lei de organização judiciária de iniciativa do Tribunal de Justiça.

Mediante proposta do Tribunal de Justiça do Estado, a lei estadual pode criar a Justiça Militar estadual, constituída, em primeiro grau, pelos juízes de direito e pelos Conselhos de Justiça e, em segundo grau, pelo próprio Tribunal de Justiça, ou por Tribunal de Justiça Militar nos Estados em que o efetivo militar seja superior a vinte mil integrantes.

Compete à Justiça Militar estadual processar e julgar os militares dos Estados, nos crimes militares definidos em lei e as ações judiciais contra atos disciplinares militares, ressalvada a competência do júri quando a vítima for civil, cabendo ao tribunal competente decidir sobre a perda do posto e da patente dos oficiais e da graduação das praças.

Frisa-se que é *residual* a competência da Justiça Estadual, portanto, não sendo matéria de competência das justiças especializadas (Eleitoral, Trabalhista e Militar) nem da Justiça Federal, será da Estadual.

13. FUNÇÕES ESSENCIAIS À JUSTIÇA

As funções essenciais à justiça vêm previstas a partir do art. 127 da Constituição Federal. Os órgãos que têm por atribuição exercer tais funções não são chamados de poderes, não fazem parte dos três poderes. Atuam ao lado do Executivo, Legislativo e Judiciário, mas não os compõem. Integram tais funções o Ministério Público, as Advocacias Pública e Privada e as Defensorias Públicas.

13.1. Ministério Público

O Ministério Público, segundo o art. 127 da Constituição Federal, constitui uma instituição de caráter permanente, que tem por função a defesa da ordem jurídica, do regime democrático e dos interesses sociais e individuais indisponíveis.

13.1.1. Princípios

Os princípios que regem a instituição do Ministério Público são: a unidade, a indivisibilidade e a independência funcional. Vejamos:

a) Unidade: os membros do Ministério Público integram um só órgão, sob uma mesma chefia do Procurador-Geral da República (área federal) e do Procurador-Geral de Justiça (área estadual);

b) Indivisibilidade: os membros do Ministério Público atuam somente e sempre em nome da toda a instituição;

c) Independência funcional: os membros do Ministério Público devem atuar em consonância com a lei e sua convicção, não estando sujeitos às imposições dos órgãos da administração superior da instituição.

Além de ser regido pelos princípios institucionais mencionados, o Ministério Público detém autonomia funcional e administrativa. Havendo dotação orçamentária e autorização legislativa, cabe a ele propor ao Poder Legislativo a criação e extinção de seus cargos e serviços auxiliares, os quais serão providos por concurso público.

É de atribuição da instituição a elaboração de proposta orçamentária, sempre respeitados os limites estabelecidos na lei de diretrizes orçamentárias.

De acordo com o STF, "o Poder Judiciário tem por característica central a estática ou o não agir por impulso próprio (*ne procedat iudex ex officio*). Age por provocação das partes, do que decorre ser próprio do Direito Positivo este ponto de fragilidade: quem diz o que seja 'de Direito' não o diz senão a partir de impulso externo. Não é isso o que se dá com o Ministério Público. Este age de ofício e assim confere ao Direito um elemento de dinamismo compensador daquele primeiro ponto jurisdicional de fragilidade. Daí os antiquíssimos nomes de 'promotor de justiça' para designar o agente que pugna pela realização da justiça, ao lado da 'procuradoria de justiça', órgão congregador de promotores e procuradores de justiça. Promotoria de justiça, promotor de justiça, ambos a pôr em evidência o caráter comissivo ou a atuação de ofício dos órgãos ministeriais públicos. Duas das competências constitucionais

do Ministério Público são particularmente expressivas dessa índole ativa que se está a realçar. A primeira reside no inciso II do art. 129 (...). É dizer: o Ministério Público está autorizado pela Constituição a promover todas as medidas necessárias à efetivação de todos os direitos assegurados pela Constituição. A segunda competência está no inciso VII do mesmo art. 129 e traduz-se no 'controle externo da atividade policial'. Noutros termos: ambas as funções ditas 'institucionais' são as que melhor tipificam o Ministério Público enquanto instituição que bem pode tomar a dianteira das coisas, se assim preferir" (HC 97.969, Rel. Min. **Ayres Britto**, julgamento em 01.02.2011, Segunda Turma, *DJE* de 23.05.2011).

13.1.2. Composição

O art. 128 da CF traz os órgãos que compõem o Ministério Público. Fala-se em Ministério Público da União, o qual engloba o MP Federal, o MP do Trabalho, o MP Militar e o MP do Distrito Federal e Territórios; e em MP Estaduais.

O Chefe do Ministério Público da União é o Procurador-Geral da República. O Presidente da República é quem o nomeia, após aprovação pela maioria absoluta dos membros do Senado Federal. Para tanto, deve o Procurador-Geral da República possuir mais de 35 anos e ser integrante da carreira do Ministério Público.

Após ser nomeado, cumprirá um mandato de dois anos, admitida a recondução. Durante o mandato, poderá ser destituído por iniciativa do Presidente da República, desde que haja autorização da maioria absoluta do Senado Federal.

O Chefe dos Ministérios Públicos dos Estados e do Distrito Federal e Territórios é o Procurador-Geral de Justiça. É atribuição dos membros dos citados Ministérios Públicos elaborarem lista tríplice, indicando os nomes, dentre integrantes da carreira, que possivelmente ocuparão o cargo de Procurador-Geral de Justiça. Feita tal lista, deve ser encaminhada ao chefe do Executivo do respectivo Estado ou do Distrito Federal, pois a ele caberá a escolha e nomeação do novo Procurador. Do mesmo modo que ocorre no âmbito da União, o mandato do Procurador é de dois anos, admitida uma recondução.

A destituição do Procurador-Geral de Justiça dos Estados e do DF e Territórios será realizada na forma da lei complementar regulamentadora após a deliberação da maioria absoluta dos membros do Poder Legislativo respectivo.

13.1.3. Funções institucionais

O art. 129 da CF traz as atribuições do Ministério Público, das quais se destacam as seguintes:

✓ promover, privativamente, a ação penal pública (art. 129, I);

✓ promover o inquérito civil e a ação civil pública para a tutela dos interesses difusos e coletivos (art. 129, III);

✓ promover a ação de inconstitucionalidade ou representação para fins de intervenção da União e dos Estados, nos casos previstos nesta Constituição (art. 129, IV);

✓ defender judicialmente os direitos e interesses das populações indígenas (art. 129, V).

13.1.4. Forma de ingresso na carreira

Em virtude de regra trazida pela Emenda Constitucional 45/04, além da aprovação em concurso público de provas e títulos, é exigida do bacharel em Direito a comprovação de três anos de atividade jurídica. É a denominada "quarentena de entrada".

13.1.5. Garantias

Os membros do Ministério Público gozam das mesmas garantias atribuídas aos membros do Poder Judiciário. São as seguintes:

a) Vitaliciedade: garante aos membros do Ministério Público a sujeição à perda do cargo somente por sentença judicial transitada em julgado. Esta garantia só é adquirida após dois anos do estágio probatório (art. 128, § 5º, I, "a");

b) Inamovibilidade: atribui a garantia aos membros do Ministério Público de não serem removidos, a não ser por motivo de interesse público, por voto da maioria absoluta do órgão colegiado competente, assegurando-se a ampla defesa (art. 128, § 5º, I, "b");

c) Irredutibilidade de subsídios: esta garantia impede a redução dos subsídios (ressalvado o disposto nos arts. 37, X e XI, 39, § 4º, 150, II, 153, III, e 153, § 2º, I), conforme o disposto na alínea "c" do § 5º do art. 128 da CF.

13.1.6. Vedações

O inciso II do § 5º do art. 128 da Constituição Federal traz as vedações aplicáveis aos membros do Ministério Público, quais sejam:

a) receber, a qualquer título e sob qualquer pretexto, honorários, percentagens ou custas processuais;

b) exercer a advocacia;

c) participar de sociedade comercial, na forma da lei;

d) exercer, ainda que em disponibilidade, qualquer outra função pública, salvo uma de magistério;

e) exercer atividade político-partidária;

f) receber, a qualquer título ou pretexto, auxílios ou contribuições de pessoas físicas, entidades públicas ou privadas, ressalvadas as exceções previstas em lei.

13.1.7. Conselho Nacional do Ministério Público (CNMP)

É o órgão de fiscalização do Ministério Público que atua no controle da atuação administrativa e financeira da instituição e do cumprimento dos deveres funcionais de seus membros, com as atribuições definidas no § 2º do art. 130-A do Texto Maior.

Composição: o CNMP é integrado por 14 membros, nomeados pelo Presidente da República, após votação pela maioria absoluta do Senado Federal, para um mandato de dois anos, admitida uma recondução, oriundos do próprio Ministério Público, da Magistratura, da Advocacia e da sociedade (2 cidadãos de notável saber jurídico e reputação ilibada, indicados um pela Câmara dos Deputados e outro pelo Senado Federal).

Vale lembrar que o STF recentemente decidiu que dirimir os conflitos de competência que ocorrem entre diferentes Ministérios Públicos é da competência do CNMP (Processo: 1.00424/2020-61 -proposição).

13.2. Advocacia pública

As instituições representadas por advogados públicos integram o que chamamos de advocacia pública. Tais órgãos visam a defender os interesses do Estado em juízo e extrajudicialmente, bem como prestar consultoria e assessoramento jurídico.

13.2.1. Advocacia-Geral da União

Segundo o art. 131 da Constituição Federal, a União é representada judicial e extrajudicialmente pela Advocacia-Geral da União, cabendo-lhe também as atividades de consultoria e assessoramento jurídico do Poder Executivo.

O ingresso na carreira depende da aprovação em concurso público de provas e títulos, conforme o § 2º do art. 131 do Texto Maior, salvo o cargo de chefia.

A instituição tem por chefe o Advogado-Geral da União, de livre nomeação pelo Presidente da República, dentre cidadãos maiores de 35 anos de notável saber jurídico e reputação ilibada. Salienta-se que o cargo em comento não precisa ser ocupado por integrantes da carreira, já que a nomeação se dá livremente pelo Chefe do Executivo.

13.2.2. Procuradoria-Geral do Estado

Os Procuradores do Estado e do Distrito Federal, além de representarem judicialmente as respectivas unidades federadas, prestam consultoria jurídica e assessoramento.

Igualmente como ocorre no modelo federal, o cargo de chefia é ocupado por pessoa de livre nomeação pelo Governador do Estado. O ingresso na carreira, exceto o do cargo de chefia, conforme mencionado, depende de aprovação em concurso público de provas e títulos, com a participação da Ordem dos Advogados do Brasil em todas as suas fases.

É assegurada a estabilidade aos procuradores, depois de três anos de efetivo exercício, mediante aprovação em avaliação de desempenho perante os órgãos próprios. Isso após relatório circunstanciado das corregedorias (art. 132, parágrafo único, da CF).Conforme a jurisprudência da Suprema Corte, no julgamento definitivo da ADI 175/PR, Rel. Min. Octavio Gallotti, "foi declarada a constitucionalidade do art. 56 e parágrafos do ADCT do Estado do Paraná, de 5-10-1989, que autorizou a permanência, em carreiras especiais criadas por lei, dos que já ocupavam com estabilidade, naquele momento, cargos e empregos públicos de advogados, assessores e assistentes jurídicos, para o exercício do assessoramento jurídico nos Poderes Executivo, Legislativo e Judiciário e da representação judicial das autarquias e fundações públicas. Os diplomas legais ora impugnados, ao reunirem numa única carreira os então ocupantes de empregos e cargos públicos preexistentes que já exerciam as mesmas funções de assessoramento jurídico ao Poder Executivo e de representação judicial das autarquias, nada mais fizeram do que atender ao comando expresso no mencionado art. 56 do ADCT paranaense, tratando-se, por certo, de hipótese de subsistência excepcional e transitória autorizada pelo art. 69 do ADCT da CF. A previsão de concurso público de provas e títulos para ingresso na nova carreira, contida no art. 5º da Lei estadual 9.422/1990, destinou-se, exclusivamente, àqueles que já eram, no momento de edição da norma constitucional transitória, ocupantes estáveis de cargos e empregos públicos de advogados, assessores e assistentes jurídicos e que viriam a preencher, mediante aproveitamento, os 295 cargos criados pelo art. 2º do mesmo diploma. Impossibilidade, na vacância, de provimento dos cargos da carreira especial de advogado do Estado do Paraná por outros servidores e, por conseguinte, de realização de novos concursos públicos para esse fim. Necessidade de obediência ao art. 132 da CF." (ADI 484, Rel. p/ o ac. Min. **Ricardo Lewandowski**, julgamento em 10.11.2011, Plenário, *DJE* de 01.02.2012).

13.2.3. *Defensoria Pública*

Os defensores públicos têm por função institucional a orientação jurídica e a defesa, em todos os graus, dos necessitados, na forma do art. 5º, LXXIV, da Constituição.

De acordo com o art. 134 da CF, já com a redação dada pela EC 80/14, a Defensoria Pública é instituição permanente, essencial à função jurisdicional do Estado, incumbindo-lhe, como expressão e instrumento do regime democrático, fundamentalmente, a orientação jurídica, a promoção dos direitos humanos e a defesa, em todos os graus, judicial e extrajudicial, dos direitos individuais e coletivos, de forma integral e gratuita, aos necessitados, na forma do inciso LXXIV do art. 5º desta Constituição Federal.

A EC 80/14, além de dar nova redação ao art. 134 da CF e alterar outros dispositivos, acrescentou o § 4º ao art. 134, o qual indicou os **princípios institucionais** da Defensoria Pública, quais sejam: **a unidade, a indivisibilidade e a independência funcional**, aplicando-se também, no que couber, o disposto no art. 93 e no inciso II do art. 96 desta Constituição Federal.

Vale lembrar que a organização da Defensoria Pública da União e do Distrito Federal e dos Territórios se dá por lei complementar a qual prescreverá normas gerais para sua organização nos Estados, conforme dispõe o § 1º do art. 134 da CF. Além disso, às Defensorias Públicas Estaduais são asseguradas autonomia funcional e administrativa e a iniciativa de sua proposta orçamentária dentro dos limites estabelecidos na lei de diretrizes orçamentárias e subordinação ao disposto no art. 99, § 2º, CF (art. 134, § 2º).

O ingresso na carreira depende de aprovação em concurso público de provas e títulos. É assegurada a seus integrantes a garantia da inamovibilidade e vedado o exercício da advocacia fora das atribuições institucionais.

De acordo com o Supremo, "a representação processual pela Defensoria Pública, *in casu*, Defensoria Pública da União, faz-se por defensor público integrante de seu quadro funcional, independentemente de mandato, ressalvados os casos nos quais a lei exija poderes especiais, consoante dispõe o art. 128, inciso XI, da LC 80/1994." (AI 616.896-AgR, voto do Rel. Min. **Gilmar Mendes**, julgamento em 14.06.2011, Segunda Turma, *DJE* de 29.06.2011).

Voltando às alterações das normas constitucionais que tratam do tema defensoria pública, é necessário acrescentar que a EC 69/12 alterou a redação dos arts. 21, 22 e 48 da Constituição Federal, para transferir da União para o Distrito Federal as atribuições de organizar e manter a Defensoria Pública do Distrito Federal.

Tal emenda, oriunda da proposta 445/09, concede competência ao Distrito Federal para organizar e manter a sua Defensoria Pública. Com base na regra antiga, competia à União a organização e manutenção a Defensoria Pública do Distrito Federal. Além disso, também era atribuição da União a competência para legislar sobre essa instituição. Desse modo, o Distrito Federal não possuía autonomia quanto à Defensoria Pública, embora pudesse, com fulcro no art. 24, XIII, primeira parte, da CF, legislar sobre assistência jurídica,

o que o fez, por exemplo, instituindo o CEAJUR- Centro de Assistência Jurídica gratuita. Com a aprovação da EC 69/12, a organização, manutenção da Defensoria Pública do Distrito Federal passou a ser de competência deste ente federativo e não mais da União. Foi excluída da competência da União a atribuição para organizar, manter e legislar sobre a Defensoria do Distrito Federal.

Além disso, a EC 74/13, acrescentou o § 3º ao art. 134, o qual estendeu as mesmas prerrogativas das Defensorias Públicas Estaduais à Defensoria Pública da União (DPU) e à do Distrito Federal. O § 2º do art. 134 da CF, assegura às Defensorias Públicas Estaduais (DPEs) autonomia funcional e administrativa e a iniciativa de sua proposta orçamentária dentro dos limites estabelecidos na Lei de Diretrizes Orçamentárias. O mesmo dispositivo não concedia tal autonomia e nem tal iniciativa à Defensoria Pública da União e do Distrito Federal. Com a alteração, portanto, ficam asseguradas às Defensorias Públicas da União, dos Estados e do Distrito Federal a autonomia funcional e administrativa e a iniciativa de sua proposta orçamentária dentro dos limites estabelecidos na lei de diretrizes orçamentárias.

Por fim, a EC 80/14 acrescentou o art. 98 ao ADCT determinando que o número de defensores públicos na unidade jurisdicional seja proporcional à efetiva demanda pelo serviço da Defensoria Pública e à respectiva população.

O § 1º do mencionado dispositivo determina que no prazo de 8 (oito) anos, a União, os Estados e o Distrito Federal contem com defensores públicos em todas as unidades jurisdicionais, observado o disposto no *caput* desse artigo.

E acrescenta, em seu § 2º, que durante o decurso do prazo previsto no § 1º do art. 98, a lotação dos defensores públicos ocorrerá, prioritariamente, atendendo as regiões com maiores índices de exclusão social e adensamento populacional.

13.3. Advocacia privada

Prescreve a Constituição da República em seu art. 133 que "o advogado é indispensável à administração da justiça, sendo inviolável por seus atos e manifestações no exercício da profissão, nos limites da lei".

O advogado é o bacharel em Direito e inscrito na Ordem dos Advogados do Brasil (art. 8º da Lei 8.906/94 – EOAB).

De acordo com o art. 6º do diploma legal citado, não há hierarquia entre os advogados, magistrados e membros do Ministério Público, devendo haver consideração e respeito entre eles.

Ao advogado é assegurada a inviolabilidade material, tendo em vista que no exercício da atividade profissional não pode ser punido por seus atos ou manifestações, ainda que constituam injúria ou difamação, sem prejuízo das sanções disciplinares perante a OAB pelos eventuais excessos que cometer (art. 7º, § 2º, EOAB).

Em consagração à essencialidade da função do advogado, foi editada a Súmula Vinculante 14, a qual prolata que é direito do defensor, no interesse do representado, ter acesso amplo aos elementos de prova que, já documentados em procedimento investigatório realizado por órgão com competência de polícia judiciária, digam respeito ao exercício do direito de defesa.

Muito importante ainda esclarecer que a OAB, mesmo prestando serviço público federal, não consubstancia uma entidade da administração indireta. Não está, assim, sujeita ao controle da Administração, nem a qualquer das suas partes está vinculada. Essa não vinculação é formal e materialmente necessária. A OAB ocupa-se de atividades atinentes aos advogados, que exercem função constitucionalmente privilegiada, na medida em que são indispensáveis à administração da Justiça, conforme inteligência do art. 133, da Constituição Federal. É entidade cuja finalidade é afeita a atribuições, interesses e seleção de advogados. Não há ordem de relação ou dependência entre a OAB e qualquer órgão público (ADI 3.026, Rel. Min. Eros Grau, julgamento em 08.06.2006, Plenário, *DJ* de 29.09.2006).

14. ESTADOS DE EXCEÇÃO

Os estados de exceção (estado de sítio e de defesa) configuram situações de anormalidade institucional, momentos de crise em que o próprio texto constitucional autoriza que o Estado adote medidas de repressão, limitando algumas garantias fundamentais.

Tanto no estado da defesa como no estado de sítio é necessária a existência de uma comissão que tem por função o acompanhamento e a fiscalização das medidas tomadas durante este período de anormalidade. Tal comissão, designada pela Mesa do Congresso, após a oitiva dos líderes partidários, será composta por 5 (cinco) membros.

14.1. Estado de defesa

O estado de defesa é decretado para **preservar** ou prontamente **restabelecer, em locais restritos e determinados**, a **ordem pública** ou a **paz social ameaçadas por grave e iminente instabilidade institucional ou atingidas por calamidades de grandes proporções na natureza**.

O Presidente da República, após ouvir o Conselho da República e o Conselho de Defesa, é quem decreta o estado de defesa. Vale lembrar que esse decreto, obrigatoriamente, deve conter o tempo de duração da medida, que não será superior a 30 dias, prorrogável uma vez por igual período, também deve constar as áreas abrangidas e ainda as medidas coercitivas que vigorarão neste período, dentre as seguintes:

a) restrições aos direitos de reunião (ainda que em associações);

b) sigilo de correspondência, de comunicação telegráfica e telefônica;

c) ocupação e uso temporário de bens e serviços públicos (caso de calamidade), **respondendo a União pelos danos e custos decorrentes**.

O decreto deve ser encaminhado em 24 horas para o Congresso Nacional, com as respectivas justificativas, que, no prazo de 10 (dez) dias, deverá aprová-lo ou rejeitá-lo por maioria absoluta. Rejeitado o decreto, cessa de imediato o estado de defesa.

Caso o congresso esteja em recesso, será convocado, extraordinariamente, no prazo de 5 (cinco) dias.

Durante a vigência do estado de defesa, qualquer crime cometido contra o Estado deverá ser comunicado imediatamente ao juiz competente pelo executor da medida; o juiz poderá relaxar a prisão caso esta seja ilegal, sendo facultado ao preso requerer exame de corpo de delito.

A comunicação da prisão será acompanhada de declaração, pela autoridade competente, do estado físico e mental do detido no momento de sua prisão, que não poderá ser superior a 10 (dez) dias, salvo quando autorizada pelo juízo competente.

É importante ressaltar que é vedada a incomunicabilidade do preso.

14.2. Estado de sítio

O estado de sítio é decretado nas hipóteses de comoção grave de repercussão nacional, ineficácia do estado de defesa, declaração de estado de guerra ou resposta a agressão estrangeira armada.

Do mesmo modo que o estado de defesa, o de sítio é decretado pelo Presidente da República, desde que sejam ouvidos os Conselhos da República e de Defesa Nacional. Além disso, nesse caso, é necessária a prévia autorização do Congresso Nacional pelo voto da maioria absoluta.

Assim, diferentemente do que ocorre no estado de defesa, no estado de sítio o Presidente deve primeiro solicitar a autorização do Congresso Nacional e, sendo esta deferida, então decretar a medida.

Se o Congresso estiver em recesso e for solicitada essa autorização para decretar o estado de sítio, o Presidente do Senado Federal, de imediato, deve fazer a convocação extraordinária para que se reúnam dentro de 5 (cinco) dias e apreciem o ato, permanecendo em funcionamento até o término das medidas coercitivas.

O prazo de duração é de no máximo 30 (trinta) dias, prorrogáveis, por igual período, indefinidamente, mas sempre com a prévia autorização do Congresso Nacional.

Além do prazo, o decreto presidencial deve conter as normas necessárias a sua execução e as garantias constitucionais que ficarão suspensas tais como:

a) obrigação de permanência em localidade determinada;

b) detenção em edifício não destinado a acusados ou condenados por crimes comuns;

c) restrições relativas à inviolabilidade da correspondência, ao sigilo das comunicações, à prestação de informações e à liberdade de imprensa, radiodifusão e televisão, na forma da lei (obs.: dispõe a Constituição que a difusão de pronunciamentos de parlamentares efetuados em suas Casas Legislativas, desde que liberada pela respectiva Mesa, não se inclui dentre essas restrições);

d) suspensão da liberdade de reunião;

e) busca e apreensão em domicílio;

f) intervenção nas empresas de serviços públicos;

g) requisição de bens.

14.3. Disposições gerais

Ao término dos estados de defesa e sítio, os efeitos por eles produzidos cessarão, mas os ilícitos praticados pelos agentes e executores da medida poderão ser apurados para que sejam determinadas eventuais responsabilizações.

O Presidente da República, assim que cessarem os estados de exceção, deve relatar ao Congresso Nacional as medidas que foram tomadas durante o período de anormalidade especificando e justificando as providências tomadas, indicando as restrições aplicadas.

14.4. Forças Armadas

De acordo com o art. 142 da CF, as Forças Armadas, formadas pela Marinha, pelo Exército e pela Aeronáutica, são instituições nacionais permanentes e regulares, organizadas com base na hierarquia e na disciplina, sob a autoridade suprema do Presidente da República, e destinam-se à defesa da Pátria, à garantia dos poderes constitucionais e, por iniciativa de qualquer destes, da lei e da ordem.

A utilização das Forças Armadas para a garantia da lei e da ordem depende da iniciativa do Supremo Tribunal Federal, da Presidência da República ou do Congresso Nacional, haja vista que tais atribuições são dadas de forma originária às forças da segurança pública.

As normas gerais a serem adotadas na organização, no preparo e no emprego das Forças Armadas são estabelecidas por lei complementar, conforme dispõe o § 1º do art. 142 da CF.

Vale lembrar que o § 2º do mesmo dispositivo determina a não possibilidade da impetração de *habeas corpus* em relação a punições disciplinares militares. Mas, segundo o STF, "a legalidade da imposição de punição constritiva da liberdade, em procedimento administrativo castrense, pode ser discutida por meio de habeas corpus. Precedentes." (RHC 88.543, Rel. Min. Ricardo Lewandowski, julgamento em 03.04.2007, Primeira Turma, *DJ* de 27.04.2007). A Corte Maior em outro julgado determinou que "Não há que se falar em violação ao art. 142, § 2º, da CF, se a concessão de habeas corpus, impetrado contra punição disciplinar militar, volta-se tão somente para os pressupostos de sua legalidade, excluindo a apreciação de questões referentes ao mérito" (RE 338.840, Rel. Min. Ellen Gracie, julgamento em 19.08.2003, Segunda Turma, *DJ* de 12.09.2003).

Conforme dispõe o art. 142, § 3º, da CF, os membros das Forças Armadas são denominados militares e a eles são aplicadas, além das disposições que a lei fixar, as seguintes:

I – as patentes, com prerrogativas, direitos e deveres a elas inerentes, são conferidas pelo Presidente da República e asseguradas em plenitude aos oficiais da ativa, da reserva ou reformados, sendo-lhes privativos os títulos e postos militares e, juntamente com os demais membros, o uso dos uniformes das Forças Armadas;

II – o militar em atividade que tomar posse em cargo ou emprego público civil permanente, ressalvada a hipótese prevista no art. 37, inciso XVI, alínea "c", será transferido para a reserva, nos termos da lei (Redação dada pela Emenda Constitucional 77/2014). Vale lembrar que a jurisprudência consolidada desta Corte já assentou que "a transferência para a reserva remunerada de militar aprovado em concurso público, subordina-se à autorização do presidente da República ou à do respectivo ministro." (AI 453.424-AgR, rel. Min. Ellen Gracie, julgamento em 29.11.2005, Segunda Turma, *DJ* de 10.02.2006). No mesmo sentido: RE 601.148-AgR, rel. Min. Eros Grau, julgamento em 29.09.2009, Segunda Turma, *DJE* de 23.10.2009;

III – o militar da ativa que, de acordo com a lei, tomar posse em cargo, emprego ou função pública civil temporária, não eletiva, ainda que da administração indireta, ressalvada a hipótese prevista no art. 37, inciso XVI, alínea "c", ficará agregado ao respectivo quadro e somente poderá, enquanto permanecer nessa situação, ser promovido por antiguidade, contando-se-lhe o tempo de serviço apenas para aquela promoção e transferência para a reserva, sendo depois de dois anos de afastamento, contínuos ou não, transferido para a reserva, nos termos da lei (redação dada pela EC 77/14);

IV – ao militar são proibidas a sindicalização e a greve. Conforme entendimento do Supremo: "Os servidores públicos são, seguramente, titulares do direito de greve. Essa é a regra. Ocorre, contudo, que entre os serviços públicos há alguns que a coesão social impõe sejam prestados plenamente, em sua totalidade. Atividades das quais dependam a manutenção da ordem pública e a segurança pública, a administração da Justiça – onde as carreiras de Estado, cujos membros exercem atividades indelegáveis, inclusive as de exação tributária – e a saúde pública não estão inseridos no elenco dos servidores alcançados por esse direito. Serviços públicos desenvolvidos por grupos armados: as atividades desenvolvidas pela polícia civil são análogas, para esse efeito, às dos militares, em relação aos quais a Constituição expressamente proíbe a greve (art. 142, § 3º, IV)" (Rcl 6.568, Rel. Min. Eros Grau, julgamento em 21.05.2009, Plenário, *DJE* de 25.09.2009). No mesmo sentido: Rcl 11.246-AgR, rel. Min. Dias Toffoli, julgamento em 27.02.2014, Plenário, *DJE* de 02.04.2014;

V – o militar, enquanto em serviço ativo, não pode estar filiado a partidos políticos;

VI – o oficial só perderá o posto e a patente se for julgado indigno do oficialato ou com ele incompatível, por decisão de tribunal militar de caráter permanente, em tempo de paz, ou de tribunal especial, em tempo de guerra;

VII – o oficial condenado na justiça comum ou militar a pena privativa de liberdade superior a dois anos, por sentença transitada em julgado, será submetido ao julgamento previsto no inciso anterior;

VIII – aplica-se aos militares o disposto no art. 7º, incisos VIII, XII, XVII, XVIII, XIX e XXV, e no art. 37, incisos XI, XIII, XIV e XV, bem como, na forma da lei e com prevalência da atividade militar, no art. 37, inciso XVI, alínea "c" (Redação dada pela Emenda Constitucional 77/14). A Suprema Corte já definiu que: "A estabilidade provisória advinda de licença-maternidade decorre de proteção constitucional às trabalhadoras em geral. O direito amparado pelo art. 7º, XVIII, da CF, nos termos do art. 142, VIII, da CF/1988, alcança as militares." (RE 523.572-AgR, rel. Min. Ellen Gracie, julgamento em 06.10.2009, Segunda Turma, *DJE* de 29.10.2009). No mesmo sentido: AI 811.376-AgR, rel. Min. Gilmar Mendes, julgamento em 01.03.2011, Segunda Turma, *DJE* de 23.03.2011;

IX – a lei disporá sobre o ingresso nas Forças Armadas, os limites de idade, a estabilidade e outras condições de transferência do militar para a inatividade, os direitos, os deveres, a remuneração, as prerrogativas e outras situações especiais dos militares, consideradas as peculiaridades de suas atividades, inclusive aquelas cumpridas por força de compromissos internacionais e de guerra. O STF entende que o dispositivo mencionado: "é expresso ao atribuir exclusivamente à lei a definição dos requisitos para o ingresso nas Forças Armadas. A Constituição brasileira determina, expressamente, os requisitos para o ingresso nas Forças Armadas, previstos em lei: referência constitucional taxativa ao critério de idade. Descabimento de regulamentação por outra espécie normativa, ainda que por delegação legal. Não foi recepcionada pela Constituição da República de 1988 a expressão 'nos regulamentos da Marinha, do Exército e da Aeronáutica' do art. 10 da Lei 6.880/80. O princípio da segurança jurídica impõe que, mais de vinte e dois anos de vigência da Constituição, nos quais dezenas de concursos foram realizados se observando aquela regra legal, modulem-se os efeitos da não recepção:

manutenção da validade dos limites de idade fixados em editais e regulamentos fundados no art. 10 da Lei 6.880/80 até 31.12.2011." (RE 600.885, Rel. Min. Cármen Lúcia, julgamento em 09.02.2011, Plenário, *DJE* de 01.07.2011, com repercussão geral.) Vide: RE 600.885-ED, rel. Min. Cármen Lúcia, julgamento em 29.06.2012, Plenário, *DJE* de 12.12.2012, com repercussão geral.

Ainda sobre as Forças Armadas, o art. 143 da CF determina que o serviço militar é obrigatório nos termos da lei. E acrescenta, em seu § 1º, que compete às Forças Armadas, na forma da lei, atribuir serviço alternativo aos que, em tempo de paz, após alistados, alegarem imperativo de consciência, entendendo-se como tal o decorrente de crença religiosa e de convicção filosófica ou política, para se eximirem de atividades de caráter essencialmente militar.

Vale lembrar que a Lei 8.239/91 regulamenta esse dispositivo constitucional e determina que o serviço militar alternativo, compreendido como o exercício de atividades de caráter administrativo, assistencial, filantrópico ou mesmo produtivo, em substituição às atividades de caráter essencialmente militar, seja prestado em organizações militares da ativa e em órgãos de formação de reservas das Forças Armadas ou em órgãos subordinados aos Ministérios Civis, mediante convênios entre estes e os Ministérios Militares, desde que haja interesse recíproco e, também, sejam atendidas as aptidões do convocado.

Por fim, as mulheres e os eclesiásticos ficam isentos do serviço militar obrigatório em tempo de paz, sujeitos, porém, a outros encargos que a lei lhes atribuir, conforme determina o § 2º do art. 143.

14.5. Segurança Pública

Determina o art. 144 da CF, a segurança pública, dever do Estado, direito e responsabilidade de todos, é exercida para a preservação da ordem pública e da incolumidade das pessoas e do patrimônio, através dos seguintes órgãos: I – polícia federal; II – polícia rodoviária federal; III – polícia ferroviária federal; IV – polícias civis; V – polícias militares e corpos de bombeiros militares; VI – **polícias penais federal, estaduais e distrital (acrescentada pela EC 104/19).**

Vale ressaltar que o STF, em sede de controle concentrado de constitucionalidade, já decidiu que: " (...) o rol de órgãos encarregados do exercício da segurança pública, previsto no art. 144, I a V, da CF, é **taxativo** e (...) esse modelo federal deve ser observado pelos estados-membros e pelo Distrito Federal." [ADI 2.575, rel. min. Dias Toffoli, j. 24-6-2020, P, Informativo 983.] Vide ADI 2.827, rel. min. Gilmar Mendes, j. 16-9-2010, P, DJE de 6-4-2011. Vide ADI 1.182, voto do rel. min. Eros Grau, j. 24-11-2005, P, DJ de 10-3-2006.

Passamos para a análise dos órgãos que integram a segurança pública, começamos pelo primeiro: **polícia federal**. É instituída por lei como órgão permanente, organizado e mantido pela União e estruturado em carreira. Suas atribuições vêm previstas nos incisos do § 1º do art. 144 da CF e são as seguintes: I – apurar infrações penais contra a ordem política e social ou em detrimento de bens, serviços e interesses da União ou de suas entidades autárquicas e empresas públicas, assim como outras infrações cuja prática tenha repercussão interestadual ou internacional e exija repressão uniforme, segundo se dispuser em lei; II – prevenir e reprimir o tráfico ilícito de entorpecentes e drogas afins, o contrabando e o descaminho, sem prejuízo da ação fazendária e de outros órgãos públicos

nas respectivas áreas de competência; III – exercer as funções de polícia marítima, aeroportuária e de fronteiras; IV – exercer, com exclusividade, as funções de polícia judiciária da União.

Já a **polícia rodoviária federal**, órgão permanente, organizado e mantido pela União e estruturado em carreira, destina-se, na forma da lei, ao patrulhamento ostensivo das rodovias federais, conforme determina o § 2º do art. 144 da CF

O § 3º também do art. 144 da CF determina que a **polícia ferroviária federal**, órgão permanente, organizado e mantido pela União e estruturado em carreira, destine-se, na forma da lei, ao patrulhamento ostensivo das ferrovias federais.

Em relação às **polícias civis**, dirigidas por delegados de polícia de carreira, o § 4º do art. 144 da CF impõe a incumbência, ressalvada a competência da União, das funções de polícia judiciária e a apuração de infrações penais, exceto as militares.

Às **polícias militares** cabem a polícia ostensiva e a preservação da ordem pública; aos corpos de bombeiros militares, além das atribuições definidas em lei, incumbe a execução de atividades de defesa civil, conforme determina o § 5º do art. 144 da CF.

O § 5º-A do art. 144, acrescentado pela EC 104/19, trata das **polícias penais** informando que elas estão vinculadas ao órgão administrador do sistema penal da unidade federativa a que pertencem e que a elas cabe a segurança dos estabelecimentos penais.

O § 6º do mesmo dispositivo, também com redação dada pela EC 104/19, determina que as polícias militares e os corpos de bombeiros militares, forças auxiliares e reserva do Exército subordinam-se, juntamente com as polícias civis e as polícias penais estaduais e distrital, aos Governadores dos Estados, do Distrito Federal e dos Territórios.

Vale lembrar que a organização e o funcionamento dos órgãos responsáveis pela segurança pública devem ser disciplinados por lei, de forma a garantir a eficiência de suas atividades, conforme o art. 144, § 7º, da CF.

O § 8º do art. 144 da CF determina que os Municípios podem constituir guardas municipais destinadas à proteção de seus bens, serviços e instalações, conforme dispuser a lei, mas esses órgãos não farão parte da estrutura denominada segurança pública. Suas atribuições terão caráter de proteção apenas patrimonial. Por fim, a EC 82/14, incluiu o § 10 ao art. 144 da Constituição Federal, para disciplinar a segurança viária no âmbito dos Estados, do Distrito Federal e dos Municípios.

Desse modo, de acordo com o dispositivo mencionado, a segurança viária, exercida para a preservação da ordem pública e da incolumidade das pessoas e do seu patrimônio nas vias públicas: I – compreende a educação, engenharia e fiscalização de trânsito, além de outras atividades previstas em lei, que assegurem ao cidadão o direito à mobilidade urbana eficiente; e II – compete, no âmbito dos Estados, do Distrito Federal e dos Municípios, aos respectivos órgãos ou entidades executivos e seus agentes de trânsito, estruturados em Carreira, na forma da lei.

15. ORDEM ECONÔMICA

Determina a Constituição que a ordem econômica tem por fundamento a valorização do trabalho humano e a livre-iniciativa, visando a assegurar a todos existência digna, conforme os ditames da justiça social.

Tais determinações estão previstas no final da Constituição, no capítulo da ordem econômica, que vai do art. 170 ao 192, mas decorre do início da Constituição, precisamente do art. 1º, inciso III, que trata da dignidade da pessoa humana.

A República Federativa do Brasil, Estado Democrático de Direito, é composta por diversos fundamentos, mas certamente o mais importante é a dignidade da pessoa humana.

15.1. Princípios

O art. 170 do texto constitucional enumera os princípios que regem a ordem econômica. São os seguintes:

I. soberania nacional;

II. propriedade privada;

III. função social da propriedade;

IV. livre concorrência;

V. defesa do consumidor;

VI. defesa do meio ambiente;

VII. redução das desigualdades regionais e sociais;

VIII. busca do pleno emprego;

IX. tratamento favorecido para as empresas de pequeno porte constituídas sob as leis brasileiras e que tenham sua sede e administração no País.

Analisemos cada um deles.

15.1.1. Soberania nacional

Quando estudamos tal tema, temos de ter como pressuposto a ideia de não imposição, não subordinação entre os países. Cada um dos Estados detém capacidade para tomar decisões sobre seu próprio governo, não se submetendo a qualquer tipo de imposição determinada por outrem.

15.1.2. Propriedade privada

Tem como fundamento o fato de o Brasil ser um país capitalista. Antigamente, essa propriedade tinha caráter absoluto; atualmente não se pode mais pensar assim, pois há muitas limitações. A função social da propriedade é a principal delas. Não basta ser dono, tem de dar utilidade sob pena de uma série de sanções como, por exemplo, IPTU progressivo no tempo, desapropriação etc.

15.1.3. Função social da propriedade

Está prevista nos incisos XXII e XXIII do art. 5º e nos arts. 182, § 2º, e 186, da Constituição. Consubstancia uma limitação imposta ao direito de propriedade, garantido constitucionalmente. Desse modo, o direito à propriedade não é absoluto, para que o sujeito exerça plenamente esse direito, ele deve dar função social ao seu bem.

15.1.4. Livre concorrência

O Estado tem o dever constitucional de participar preventiva e repressivamente no mercado econômico, atuando de forma a banir qualquer tipo de abuso, dominação de empresas etc. A concentração de poder numa mesma empresa ou grupo de empresas não está de acordo com o texto constitucional, pois diminui a livre concorrência, gera menos renda e fere a existência digna e o princípio da igualdade.

Dispõe o art. 173, § 4º, da Constituição que o abuso do poder econômico que vise à dominação de mercados, à eli-

minação da concorrência e ao aumento arbitrário dos lucros será reprimido, na forma da lei.

Determina o *caput* do art. 173 da CF/88 que ressalvados os casos previstos nesta Constituição, a exploração direta de atividade econômica pelo Estado só será permitida quando **necessária aos imperativos da segurança nacional ou a relevante interesse coletivo**, conforme definidos em lei. O § 5º do mesmo dispositivo determina que a lei estabeleça a responsabilidade das empresas nos atos praticados contra a ordem econômica e financeira e contra a economia popular, sujeitando-a às punições compatíveis com sua natureza e tudo isso sem prejuízo da responsabilidade individual dos dirigentes da pessoa jurídica.

É importante trazer aqui o enunciado da Súmula Vinculante 49 que determina que a lei municipal que impede a instalação de estabelecimentos comerciais do mesmo ramo em determinada área ofende o princípio da livre concorrência,

15.1.5. Defesa do consumidor

Não só o lucro deve ser protegido, mas também a parte vulnerável que é, segundo o CDC, presumidamente, o consumidor. É princípio da ordem econômica também a promoção da sua defesa.

15.1.6. Defesa do meio ambiente

Vejam, assim como a defesa do consumidor, a proteção ao meio ambiente configura princípio básico da ordem econômica. Tamanha é a importância disso que a Constituição destinou um capítulo para tratar do meio ambiente.

É direito de todos e dever do Estado a existência de um meio ambiente ecologicamente equilibrado, bem como a sadia qualidade de vida. Desse modo, tanto o Poder Público como toda a população e as empresas têm o dever constitucional de preservá-lo para as presentes e futuras gerações.

O mercado não pode apenas fortalecer economicamente o país, tem também o dever de promover um desenvolvimento sustentável. É exemplo disso a regra trazida no inciso VI do art. 170 que dá tratamento diferenciado às empresas, conforme o impacto ambiental dos produtos e serviços que criam.

15.1.7. Redução das desigualdades regionais e sociais

Essa ordem decorre do art. 3º, inciso III, da Constituição que, ao tratar dos objetivos fundamentais do Brasil, dispõe que um deles é erradicar a pobreza e a marginalização, além de reduzir as desigualdades sociais e regionais existentes.

Vale acrescentar um dispositivo que já foi questionado no exame de ordem que é o *caput* art. 43 da CF o qual determina que a União poderá articular sua ação em um mesmo complexo geoeconômico e social, visando a seu desenvolvimento e à **redução das desigualdades regionais**. O § 1º, I e II, do mesmo dispositivo autoriza a União, por meio de lei complementar, a dispor sobre as condições para integração de regiões em desenvolvimento e a composição dos organismos regionais que executarão, na forma da lei, os planos regionais, integrantes dos planos nacionais de desenvolvimento econômico e social, aprovados juntamente com estes. Por fim, o §2º também do art. 43, ao tratar dos incentivos regionais, informa que eles compreenderão, além de outros, a concessão de isenções, reduções ou diferimento temporário de tributos federais devidos por pessoas físicas ou jurídicas.

15.1.8. Busca do pleno emprego

As empresas devem atuar e incentivar a busca pelo pleno emprego, satisfazendo as exigências da coletividade.

15.1.9. Tratamento favorecido para as empresas de pequeno porte

Um exemplo de concretização desse princípio é a lei que cuida das micro e pequenas empresas, a Lei Complementar 123/2006.

15.2. Atuação estatal no domínio econômico

A atividade econômica é exercida, em regra, independentemente de autorização, conforme dispõe o parágrafo único do art. 170 da Constituição.

Vale mencionar que, embora a iniciativa privada é quem efetivamente deve atuar no mercado, o Estado também atua na atividade econômica. Isso ocorre de forma residual, subsidiária. Assim, determina o ordenamento que o Estado participa quando há relevante interesse coletivo ou quando o exista imperativo de segurança nacional, como, por exemplo, fabricação de material bélico.

O art. 177 do texto constitucional enumera atividades consideradas monopólio da União. Genericamente, são temas relacionados ao gás natural, petróleo e minérios. Segue a lista de atividades que constituem monopólio da União:

I. a pesquisa e a lavra das jazidas de petróleo e gás natural e outros hidrocarbonetos fluidos;

II. a refinação do petróleo nacional ou estrangeiro;

III. a importação e exportação dos produtos e derivados básicos resultantes das atividades previstas nos incisos anteriores;

IV. o transporte marítimo do petróleo bruto de origem nacional ou de derivados básicos de petróleo produzidos no País, bem assim o transporte, por meio de conduto, de petróleo bruto, seus derivados e gás natural de qualquer origem;

V. a pesquisa, a lavra, o enriquecimento, o reprocessamento, a industrialização e o comércio de minérios e minerais nucleares e seus derivados, com exceção dos radioisótopos cuja produção, comercialização e utilização poderão ser autorizadas sob regime de permissão, conforme as alíneas "b" e "c" do inciso XXIII do *caput* do art. 21 desta Constituição Federal.

As disposições trazidas nos incisos I a IV podem ser repassadas, pela União, a empresas estatais ou privadas, desde que sejam respeitadas certas condições, conforme dispõe o § 1º do art. 177 da Constituição Federal.

16. ORDEM SOCIAL

A ordem social é disciplinada a partir do art. 193 da Constituição e aborda diversos assuntos como, por exemplo, a seguridade social, a educação, a cultura, o desporto, o meio ambiente e a proteção à família, à criança, ao adolescente e ao idoso.

Conforme o art. 193 da CF, tal ordem tem como base o primado do trabalho e como objetivo o bem-estar e a justiça sociais.

Analisemos, então, os principais assuntos resguardados nesse capítulo da Constituição. São os seguintes: seguridade social, educação, cultura, desporto, meio ambiente e família.

16.1. Seguridade Social

A primeira observação a ser feita aqui é a de que a denominada seguridade social é composta por três assuntos importantes, quais sejam, a previdência social, a saúde e a assistência social.

São princípios e objetivos que norteiam a seguridade social:

I. universalidade da cobertura e do atendimento;

II. uniformidade e equivalência dos benefícios e serviços às populações urbanas e rurais;

III. seletividade e distributividade na prestação dos benefícios e serviços;

IV. irredutibilidade do valor dos benefícios;

V. equidade na forma de participação no custeio;

VI. diversidade da base de financiamento, identificando-se, em rubricas contábeis específicas para cada área, as receitas e as despesas vinculadas a ações de saúde, previdência e assistência social, preservado o caráter contributivo da previdência social;

VII. caráter democrático e descentralizado da administração, mediante gestão quadripartite, com participação dos trabalhadores, dos empregadores, dos aposentados e do Governo nos órgãos colegiados.

É possível observar que os recursos destinados à seguridade advirão de diversas fontes, como, por exemplo, da folha de salário dos empregados, da receita ou do faturamento das empresas etc.

16.1.1. Saúde

A Constituição garante a todos o direito à saúde, atribuindo ao Estado o dever de prestá-la, valendo-se, para tanto, de políticas públicas sociais e econômicas. É missão do Estado buscar reduzir o risco de doenças, promovendo campanhas públicas de prevenção, vacinação, dentre outras.

De acordo com o STF: "(...) (A) a vacinação compulsória não significa vacinação forçada, por exigir sempre o consentimento do usuário, podendo, contudo, ser implementada por meio de medidas indiretas, as quais compreendem, dentre outras, a restrição ao exercício de certas atividades ou à frequência de determinados lugares, desde que previstas em lei, ou dela decorrentes, e (i) tenham como base evidências científicas e análises estratégicas pertinentes, (ii) venham acompanhadas de ampla informação sobre a eficácia, segurança e contraindicações dos imunizantes, (iii) respeitem a dignidade humana e os direitos fundamentais das pessoas; (iv) atendam aos critérios de razoabilidade e proporcionalidade, e (v) sejam as vacinas distribuídas universal e gratuitamente; e (B) tais medidas, com as limitações expostas, podem ser implementadas tanto pela União como pelos Estados, Distrito Federal e Municípios, respeitadas as respectivas esferas de competência. [ADI 6.586 e ADI 6.587, rel. min. Ricardo Lewandowski, j. 17-12-2020, P, *DJE* de 7-4-2021].

Nesse sentido, o STF também decidiu que os pais de filhos menores não podem deixar de vacinar seus filhos. A alegação de convicção filosófica legitima essa conduta (ARE 1267879).

Além disso, o acesso ao sistema único de saúde deve ser universal e igualitário, ou seja, não podem ser feitas imposições e distinções para que se promova o atendimento à saúde.

Vale lembrar que a regulamentação, a fiscalização, o controle e a execução das ações e serviços de saúde cabem ao Poder Público. A última pode ser prestada de forma direta pelo próprio Estado ou indiretamente pelo particular.

A LC 141/12, ao regulamentar o § 3º do art. 198 da CF, determinou valores mínimos a serem aplicados anualmente pela União, Estados, Distrito Federal e Municípios em ações e serviços públicos de saúde. Além disso, estabeleceu os critérios de rateio dos recursos de transferências para a saúde e as normas de fiscalização, avaliação e controle das despesas com saúde nas 3 (três) esferas de governo.

O sistema único de saúde, financiado com recursos advindos do orçamento da seguridade social, da União, dos Estados, do Distrito Federal e dos Municípios e de outras fontes, é balizado pelas seguintes regras:

I. descentralização, com direção única em cada esfera de governo;

II. atendimento integral, com prioridade para as atividades preventivas, sem prejuízo dos serviços assistenciais; e

III. participação da comunidade.,

Vale acrescentar que a assistência à saúde é livre à iniciativa privada, conforme determina o *caput* do art. 199 da CF. O § 1º do mesmo dispositivo autoriza as instituições privadas a participar, de forma complementar do sistema único de saúde, segundo diretrizes deste, mediante contrato de direito público ou convênio, tendo preferência as entidades filantrópicas e as sem fins lucrativos. Além disso, o § 2º do citado artigo determina que é proibida a destinação de recursos públicos para auxílios ou subvenções às instituições privadas com fins lucrativos.

A EC 120/22 incluiu os §§ 7º a 11 ao art. 198 da CF voltados aos **agentes comunitários de saúde** e dos **agentes de combate às endemias** prevendo que: (a) os seus vencimentos ficam sob responsabilidade da União, e cabe aos Estados, ao Distrito Federal e aos Municípios estabelecer, além de outros consectários e vantagens, incentivos, auxílio, gratificações e indenizações, a fim de valorizar o trabalho desses profissionais; (b) os recursos destinados ao pagamento do vencimentos desses profissionais serão consignados no orçamento geral da União com dotação própria e exclusiva; (c) os seus vencimentos não serão inferiores a 2 salários mínimos, repassados pela União aos Municípios, aos Estados e ao Distrito Federal; (d) terão também, em razão dos riscos inerentes às funções desempenhadas, **aposentadoria especial** e, somado aos seus vencimentos, adicional de insalubridade; (e) os recursos financeiros repassados pela União aos Estados, ao Distrito Federal e aos Municípios para pagamento do vencimento ou de qualquer outra vantagem a esses profissionais não serão objeto de inclusão no cálculo para fins do limite de despesa com pessoal.

16.1.2. Previdência social

A previdência é estruturada pelo regime contributivo e a filiação a ela é obrigatória. É essa instituição que possui o denominado regime geral de previdência social. Dispõe o art. 201 da Constituição que, respeitados os critérios que preservem o equilíbrio financeiro e atuarial, a previdência dará cobertura dos eventos de incapacidade temporária ou permanente para o trabalho e idade avançada; proteção à maternidade, especialmente à gestante; proteção ao trabalhador em situação de desemprego involuntário; salário-família e auxílio-reclusão para os dependentes dos segurados de baixa renda; pensão por morte do segurado, homem ou mulher, ao cônjuge ou companheiro e dependentes.

A concessão de aposentadorias por parte da previdência não pode adotar requisitos e critérios diferenciados, exceto em relação às atividades exercidas sob condições especiais; é o que se pode extrair do § 1º do art. 201 da CF.

Vale lembrar a regra de que os valores dos benefícios concedidos pelo Instituto Nacional de Seguridade Social (INSS), desde que substituam o rendimento do trabalho do segurado, não poderão ser inferiores ao salário mínimo vigente.

16.1.2.1. Aposentadoria – regras constitucionais

a) Aposentadoria por idade: regra – homens 65 (sessenta e cinco) anos; mulheres – 62 (sessenta e dois) anos, observado o tempo mínimo de contribuição (CF, art. 201, § 7º, inciso I, alterado pela EC 103/19), ou seja, com 15 anos de tempo de contribuição, se mulher, e 20 anos de tempo de contribuição, se homem, até que lei disponha sobre o tempo de contribuição (art. 19 da EC 103/19);

b) Trabalhadores rurais e trabalhadores em regime de economia familiar, nestes incluídos o produtor rural, o garimpeiro e o pescador artesanal: homem – 60 (sessenta) anos de idade; mulher – 55 (cinquenta e cinco) anos de idade (CF, art. 201, § 7º, inciso II, alterado pela EC 103/19);

c) Professores: homem – 60 (sessenta) anos de idade; mulher 57 (cinquenta e sete) anos de idade, desde que comprove tempo de efetivo exercício das funções de magistério na educação infantil e no ensino fundamental e médio fixado em lei complementar (CF, art. 201, § 8º, alterado pela EC 103/19).

Vale ressaltar que a Constituição assegura também o regime de previdência privada para complementar o regime geral, devendo seguir, dentre outras, as seguintes diretrizes: facultatividade, autonomia, disciplina por meio de lei complementar e independência financeira (CF, art. 202).

O § 1º do art. 201 da CRFB/88 determina que é proibida a adoção de requisitos ou critérios diferenciados para a concessão de benefícios, ressalvada, nos termos de lei complementar, a possibilidade de previsão de idade e tempo de contribuição distintos da regra geral para concessão de aposentadoria exclusivamente em favor dos segurados: (a) com deficiência, previamente submetidos a avaliação biopsicossocial realizada por equipe multiprofissional e interdisciplinar; b) cujas atividades sejam exercidas com efetiva exposição a agentes químicos, físicos e biológicos prejudiciais à saúde, ou associação desses agentes, proibida a caracterização por categoria profissional ou ocupação (CF, art. 201, § 1º, incisos I e II, alterado pela EC 103/19).

A EC 20/98 prevê que: (a) nenhum benefício que substitua o salário de contribuição ou o rendimento do trabalho do segurado terá valor mensal inferior ao salário mínimo; (b) todos os salários de contribuição considerados para o cálculo de benefício serão devidamente atualizados, na forma da lei; (c) é assegurado o reajustamento dos benefícios para preservar-lhes, em caráter permanente, o valor real, conforme critérios definidos em lei; (d) é proibida a filiação ao regime geral de previdência social, na qualidade de segurado facultativo, de pessoa participante de regime próprio de previdência; (e) a gratificação natalina dos aposentados e pensionistas terá por base o valor dos proventos do mês de dezembro de cada ano (CF, art. 201, §§ 2º a 6º).

Em relação aos militares, o tempo de serviço militar exercido nas atividades de que tratam os arts. 42, 142 e 143 da CF e o tempo de contribuição ao Regime Geral de Previdência Social ou a regime próprio de previdência social terão contagem recíproca para fins de inativação militar ou aposentadoria, e a compensação financeira será devida entre as receitas de contribuição referentes aos militares e as receitas de contribuição aos demais regimes (CF, art. 201, § 9º-A, incluído pela EC 103/19).

Os ganhos habituais do empregado, a qualquer título, serão incorporados ao salário para efeito de contribuição previdenciária e consequente repercussão em benefícios, nos casos e na forma da lei (CF, art. 201, § 11, incluído pela EC 20/98).

Destaque-se também que a lei instituirá sistema especial de inclusão previdenciária, com alíquotas diferenciadas, para atender aos trabalhadores de baixa renda, inclusive os que se encontram em situação de informalidade, e àqueles sem renda própria que se dediquem exclusivamente ao trabalho doméstico no âmbito de sua residência, desde que pertencentes a famílias de baixa renda, sendo que a aposentadoria concedida neste caso terá valor de um salário-mínimo (CF, art. 201, §§ 12 e 13, com a redação dada pela EC 103/19).

É proibida a contagem de tempo de contribuição fictício para efeito de concessão dos benefícios previdenciários e de contagem recíproca (CF, art. 201, § 14, incluído pela EC 103/19) e lei complementar estabelecerá vedações, regras e condições para a acumulação de benefícios previdenciários (CF, art. 201, § 15, incluído pela EC 103/19).

Por fim, de acordo com o art. 40, § 1º, II, da CF, alterado pela EC 88/15, o limite de idade para a aposentadoria compulsória do servidor público em geral, com proventos proporcionais ao tempo de contribuição, é de 70 (setenta) anos de idade, ou 75 (setenta e cinco) anos de idade, na forma de lei complementar (Lei Complementar 152, de 3 de dezembro de 2015).

Vale lembrar que a mesma emenda acrescentou o art. 100 ao ADCT, mencionando que até que entre em vigor a lei complementar de que trata o inciso II do § 1º do art. 40 da Constituição Federal, os Ministros do Supremo Tribunal Federal, dos Tribunais Superiores e do Tribunal de Contas da União aposentar-se-ão, compulsoriamente, **aos 75 (setenta e cinco)** anos de idade, nas condições do art. 52 da Constituição Federal."

16.1.3. *Assistência social*

Completando o que chamamos de "seguridade social" (saúde, previdência e assistência), cabe a análise da assistência social.

A primeira observação importante é que ela deve ser prestada a todos aqueles que dela necessitarem, de forma gratuita, independentemente de contribuição. As próprias verbas destinadas ao gênero seguridade social é que mantêm a assistência social.

Conforme o art. 203 da Constituição, são objetivos da assistência social:

I. a proteção à família, à maternidade, à infância, à adolescência e à velhice;

II. o amparo às crianças e adolescentes carentes;

III. a promoção da integração ao mercado de trabalho;

IV. a habilitação e reabilitação das pessoas com deficiência e a promoção de sua integração à vida comunitária;

V. a garantia de um salário mínimo de benefício mensal à pessoa com deficiência e ao idoso que comprovem não possuir meios de prover a própria manutenção ou de tê-la provida por sua família. A Lei 8.742/93, conhecida como LOAS – Lei Orgânica da Assistência Social, é quem disciplina esse benefício.

VI. a redução da vulnerabilidade socioeconômica de famílias em situação de pobreza ou de extrema pobreza (incluído pela EC 114/21).

Conforme mencionado, os recursos advindos da seguridade social são destinados também à assistência. Mas, além disso, ela será mantida por outras fontes, organizadas com base na descentralização político-administrativa e na participação popular. A formulação de políticas públicas e fiscalização de tais ações cabem ao Estado e à população.

O parágrafo único do art. 204 da Constituição faculta aos Estados e ao Distrito Federal a vinculação de programa de apoio à inclusão e promoção social até cinco décimos por cento de sua receita tributária líquida, vedada a aplicação desses recursos no pagamento de despesas com pessoal e encargos sociais, serviço da dívida ou qualquer outra despesa corrente não vinculada diretamente aos investimentos ou ações apoiados.

16.2. Educação

Direito de todos e dever do Estado, conforme o art. 206 da Constituição, devem ser promovidos com base nos seguintes princípios:

I. igualdade de condições para o acesso e permanência na escola;

II. liberdade de aprender, ensinar, pesquisar e divulgar o pensamento, a arte e o saber;

III. pluralismo de ideias e de concepções pedagógicas, e coexistência de instituições públicas e privadas de ensino;

IV. gratuidade do ensino público em estabelecimentos oficiais;

V. valorização dos profissionais da educação escolar, garantidos, aos das redes públicas, na forma da lei, planos de carreira, com ingresso exclusivamente por concurso público de provas e títulos;

VI. gestão democrática do ensino público, na forma da lei;

VII. garantia de padrão de qualidade;

VIII. piso salarial profissional nacional para os profissionais da educação escolar pública, nos termos de lei federal. (EC 59/09)

IX. garantia do direito à educação e à aprendizagem ao longo da vida. (EC 108/20)

Importante e recente decisão do STF (ADPF 457) declarou inconstitucional as leis locais que vedam o ensino nas escolas sobre as denominadas "questões de gênero". Diversos assuntos são considerados "questões de gênero" como LGBT (lésbicas, gays, bissexuais e transgêneros), a discussão de identidade, sexualidade, gravidez na adolescência, violência doméstica etc.

Além disso, a Suprema Corte declarou inválido o "homeschooling", ou seja, o denominado ensino domiciliar (RE 888815). Não há regulamentos e regras sobre essa forma de ensino, portanto, diante do atual ordenamento jurídico, o ensino domiciliar não foi reconhecido.

O inciso IV determina a gratuidade do ensino público em estabelecimentos oficiais. Por conta dessa disposição, foi editada pelo STF a Súmula Vinculante 12, que determina que a cobrança de taxa de matrícula nas universidades públicas viola o disposto no art. 206, IV, da CF.

Vale lembrar que o acesso ao ensino obrigatório e gratuito é direito público subjetivo, conforme determina o § 1º do art. 208 da CF.

Além disso, o não oferecimento do ensino obrigatório pelo Poder Público, ou sua oferta irregular, importa responsabilidade da autoridade competente (art. 208, § 2º, da CF).

O art. 209 da CF informa que o ensino é livre à iniciativa privada, desde que sejam atendidas as seguintes condições: I – cumprimento das normas gerais da educação nacional e II – autorização e avaliação de qualidade pelo Poder Público.

A CF, embora respeite a posição multiculturalista (art. 210, *caput*, da CF), **não** abdica de definir uma língua específica como idioma oficial no território brasileiro. De acordo com o § 2º do art. 210, o ensino fundamental regular será ministrado em **língua portuguesa, assegurada às comunidades indígenas também a utilização de suas línguas maternas** e processos próprios de aprendizagem.

O Texto Maior ao tratar dos sistemas de ensino organiza-os entre os entes federativos em regime de colaboração dispondo do seguinte modo: a) a **União** organizará o sistema federal de ensino e o dos Territórios, financiará as instituições de ensino públicas federais e exercerá, em matéria educacional, **função redistributiva e supletiva, de forma a garantir equalização de oportunidades educacionais e padrão mínimo de qualidade do ensino** mediante assistência técnica e financeira aos Estados, ao Distrito Federal e aos Municípios (art. 211, § 1º, da CF); b) os **Municípios atuarão prioritariamente no ensino fundamental e na educação infantil** (art. 211, § 2º, da CF); c) **os Estados e o Distrito Federal atuarão prioritariamente no ensino fundamental e médio** (art. 211, § 3º, da CF)

Determina o § 4º do art. 211, com redação dada pela EC 108/20, que na organização de seus sistemas de ensino, os entes federativos definirão formas de colaboração, de modo a assegurar a universalização, a **qualidade e a equidade** do ensino obrigatório (grifos no que foi acrescentado).

O § 5º do mencionado art. 211 determina que a educação básica pública atenderá prioritariamente ao ensino regular.

Conforme disposição do § 6º do art. 211, também incluído pela EC 108/20, os entes federativos exercerão ação redistributiva em relação a suas escolas.

Por fim, o padrão mínimo de qualidade de que trata o § 1º do art. 211 considerará as condições adequadas de oferta e terá como referência o Custo Aluno Qualidade (CAQ), pactuados em regime de colaboração na forma disposta em lei complementar, conforme o parágrafo único do art. 23 da Constituição. É o que determina o § 7º do art. 211, incluído pela EC 108/20).

Em relação à verba destinada à concretização do direito fundamental social à educação, o *caput* do art. 212 da CF determina que a União deve aplicar, anualmente, nunca menos de dezoito, e os Estados, o Distrito Federal e os Municípios vinte e cinco por cento, no mínimo, da receita resultante de impostos, compreendida a proveniente de transferências, na manutenção e desenvolvimento do ensino.

Sobre esse tema, a EC 108, de 26 de agosto de 2020 acrescentou a letra A ao art. 212 da CF para instituir, em caráter permanente, o Fundo de Manutenção e Desenvolvimento da Educação Básica e de Valorização dos Profissionais da Educação (Fundeb). Essa emenda distribuiu o percentual do Imposto sobre Circulação de Mercadorias e Serviços (ICMS) aos municípios com melhoria na aprendizagem, aumentou a complementação de recursos distribuídos pela União e garantiu a participação da sociedade no planejamento das políticas sociais. Melhorar a qualidade da educação, investindo na manutenção, no desenvolvimento do ensino na educação básica e na remuneração condigna de seus profissionais, é o objetivo que essa emenda constitucional visa alcançar.

16.3. Cultura

É dever do Estado garantir o pleno exercício dos direitos culturais e o acesso às fontes da cultura nacional. Cabe a ele dar suporte e incentivar a valorização e difusão das manifestações culturais.

A promoção e a proteção do patrimônio cultural brasileiro é dever não apenas do Poder Público, mas também de toda a comunidade, conforme os ditames do § 1º do art. 216 da Constituição. São formas de proteção, dentre outras, o tombamento, a vigilância e os registros.

Vale lembrar que a EC 71/12, ao acrescentar o art. 216-A ao texto Constitucional, criou o **Sistema Nacional de Cultura** que tem por finalidade instituir um processo de gestão e promoção conjunta de políticas públicas de cultura, democráticas e permanentes, pactuadas entre os entes da Federação e a sociedade. Essas políticas objetivam promover o desenvolvimento humano, social e econômico com pleno exercício dos direitos culturais, além de prestigiar a transparência na aplicação de recursos para a cultura. Os entes terão maior autonomia, em regime de colaboração, e poderão integrar, articular e organizar a gestão neste setor.

Os princípios que regem o Sistema Nacional de Cultura, de acordo com o art. 216-A, § 1º, são: I – diversidade das expressões culturais; II – universalização do acesso aos bens e serviços culturais; III – fomento à produção, difusão e circulação de conhecimento e bens culturais; IV – cooperação entre os entes federados, os agentes públicos e privados atuantes na área cultural; V – integração e interação na execução das políticas, programas, projetos e ações desenvolvidas; VI – complementaridade nos papéis dos agentes culturais; VII – transversalidade das políticas culturais; VIII – autonomia dos entes federados e das instituições da sociedade civil; IX – transparência e compartilhamento das informações; X – democratização dos processos decisórios com participação e controle social; XI – descentralização articulada e pactuada da gestão, dos recursos e das ações; XII – ampliação progressiva dos recursos contidos nos orçamentos públicos para a cultura.

16.4. Desporto

De acordo com o art. 217 da CF, é dever do Estado apoiar práticas desportivas formais e não-formais, como direito de cada um, observadas as seguintes regras: I – a autonomia das entidades desportivas dirigentes e associações, quanto a sua organização e funcionamento; II – a destinação de recursos públicos para a promoção prioritária do desporto educacional e, em casos específicos, para a do desporto de alto rendimento; III – o tratamento diferenciado para o desporto profissional e o não- profissional; IV – a proteção e o incentivo às manifestações desportivas de criação nacional.

O § 1º do dispositivo citado determina que o Poder Judiciário apenas admita ações relativas à disciplina e às competições desportivas após **esgotarem-se as instâncias da justiça desportiva**, regulada em lei.

Desse modo, o Constituinte reconheceu a existência da justiça desportiva. Por outro lado, os processos por ela analisados possuem natureza administrativa, não transitam em julgado e **podem, desde que tenham sido esgotadas as suas instâncias, ser apreciados pelo Poder Judiciário.**

Por fim, a decisão final a ser dada pela justiça desportiva deve ocorrer em até o **prazo máximo de sessenta dias**, contados da instauração do processo, conforme determina o § 2º do art. 217 da CF.

16.5. Ciência, tecnologia e inovação (EC 85/15)

A EC 85/15 alterou e adicionou dispositivos na Constituição Federal com a finalidade de atualizar o tratamento das atividades de ciência, tecnologia e inovação.

Sendo assim, o caput do art. 218 da CF determina que o Estado promova e incentive o desenvolvimento científico, a pesquisa, a capacitação científica e tecnológica **e a inovação.**

Para concretizar tais objetivos, o Estado deve estimular a articulação entre entes, públicos ou privados, nas diversas esferas de governo. Além disso, deve promover e incentivar a atuação no exterior das instituições públicas de ciência, tecnologia e inovação. É o que determina §§ 6º e 7º do art. 218 da CF.

Além disso, de acordo com o art. 219-B da CF, o Sistema Nacional de Ciência, Tecnologia e Inovação (SNCTI) será organizado em regime de colaboração entre entes, tanto públicos quanto privados, com vistas a promover o desenvolvimento científico e tecnológico e a inovação.

Por fim, a Lei 13.243/016, fortalecendo a EC 85/15, dispôs sobre estímulos ao desenvolvimento científico, à pesquisa, à capacitação científica e tecnológica e à inovação.

16.6. Meio ambiente

Todas as pessoas têm direito ao meio ambiente ecologicamente equilibrado, sendo obrigação de todos defendê-lo e preservá-lo para as presentes e futuras gerações.

A Constituição trata do tema no art. 225. Há diversas normas infraconstitucionais cuidando do assunto, em especial a Lei 9.605/98, que dispõe sobre os crimes ambientais, possibilitando a responsabilização penal da pessoa jurídica, tema polêmico doutrinária e jurisprudencialmente.

16.7. Família

Dentre as principais regras constitucionais sobre o tema, é necessário observar as trazidas pelas Emendas Constitucionais 65 e 66, que são as seguintes: extensão ao jovem das proteções existentes às crianças e aos adolescentes e a possibilidade de divórcio direito, sem a necessidade da observância do prazo de dois anos contados da separação.

Sendo assim, a EC 65/10 alterou a denominação do Capítulo VII do Título VIII da Constituição Federal e modificou o art. 227 da CF, para cuidar dos interesses da juventude e a EC 66/10, emenda unicelular por conter apenas um art., promoveu a alteração do § 6º do art. 226 da CF/1988, suprimindo o requisito de separação judicial prévia, por mais de um ano ou a exigência de separação de fato por mais de dois anos, para a concessão do divórcio. Nos termos da legislação atual, portanto, nada impede que um casal contraia matrimônio em um dia e se divorcie logo após.

Vale lembrar que o STF recentemente rejeitou o reconhecimento de duas uniões estáveis simultâneas, com base no princípio da monogamia. Segundo os ministros, a validade das duas uniões acabaria caracteriza bigamia, crime tipificado no Código Penal (RE 1045273).

17. SISTEMA TRIBUTÁRIO NACIONAL

17.1. Definição de tributo

Conforme o art. 3º do Código Tributário Nacional:

> "**Art. 3º.** Tributo é toda prestação pecuniária compulsória, em moeda ou cujo valor nela se possa exprimir, que não constitua sanção de ato ilícito, instituída em lei e cobrada mediante atividade administrativa plenamente vinculada."

Sendo assim, tributo é prestação pecuniária, é compulsório, é instituído por lei, é cobrado por lançamento e não é multa.

17.2. Espécies de tributos

Vigora em nosso ordenamento a teoria pentapartida (pentapartite ou quinquipartida), a qual diferencia 5 (cinco) espécies de exações: impostos, taxas, contribuição de melhoria, empréstimos compulsórios e contribuições.

O respectivo entendimento nos foi trazido por meio do voto do Ministro do STF Carlos Velloso, em 1º/07/1992, no RE 138.284/CE (Pleno).

Passemos então ao breve estudo das espécies tributárias.

17.2.1. Impostos

São conhecidos como tributos não vinculados a uma prestação estatal. Possuem como fato gerador uma situação independente de qualquer atividade estatal específica, relativa somente à vida, patrimônio e atividades do contribuinte.

Todos os entes políticos, União, Estados, Distrito Federal e Municípios podem ser sujeitos ativos dessa espécie tributária.

17.2.2. Taxas

São tributos vinculados à ação estatal, relacionado à atividade pública e não a qualquer ação do particular. Podem ser cobradas em função do exercício do poder de polícia ou pela utilização, efetiva ou potencial, de serviços públicos específicos e divisíveis prestados ao contribuinte ou postos à sua disposição.

17.2.3. Contribuição de melhoria

Essa contribuição pressupõe uma obra pública (e não um serviço público) e depende da valorização do bem imóvel. Subordina-se ao princípio do custo-benefício, da capacidade contributiva do contribuinte e da equidade.

A cobrança de tal tributo se deve ao fato de que o Estado tem de ser indenizado por ter realizado uma vantagem econômica especial aos imóveis de certas pessoas, ainda que não a tenha querido.

Desse modo, se da obra pública decorre valorização mobiliária, é devida a cobrança da contribuição de melhoria que será cobrada, justamente, daqueles que se beneficiaram dessa valorização.

O fato gerador desse tributo é a valorização imobiliária decorrente de uma obra pública.

17.2.4. Empréstimos compulsórios

O empréstimo compulsório é um tributo federal em que a Constituição apresenta critérios materiais e formais para sua instituição. São pressupostos para sua cobrança: despesas extraordinárias decorrentes de calamidade pública, guerra externa ou sua iminência ou investimento público de caráter urgente e relevante interesse social (art. 148, I e II, CF).

17.2.5. Contribuições

O que caracteriza tal espécie tributária é que as contribuições financiam atividades de interesse público, beneficiando determinado grupo e, direta ou indiretamente, o contribuinte.

É possível visualizar aqui a ideia de parafiscalidade – o que quer dizer "aquele que fica ao lado do Estado", um "quase Estado", já que a contribuição parafiscal é devida a entidades que desempenham atividades especiais, paralelas às da Administração.

Conforme dispõe o art. 149 da CF, as contribuições federais são as seguintes: contribuições de interesse das categorias profissionais ou econômicas; contribuições de intervenção no domínio econômico e contribuições sociais.

17.3. Competência tributária

Nas palavras de Luciano Amaro, "competência tributária é a aptidão para criar tributos. (...) O poder de criar tributo é repartido entre os vários entes políticos, de modo que cada um tem competência para impor prestações tributárias, dentro da esfera que lhe é assinalada pela Constituição" (Amaro, Luciano. **Direito Tributário Brasileiro**, 14ª edição, p. 93).

A competência tributária é política, irrenunciável, indelegável, intransferível e facultativa, uma vez que o ente político pode ou não exercê-la. Tal competência é classificada em: privativa, comum, cumulativa, especial e residual.

17.3.1. Privativa

É o poder que todos os entes políticos têm para instituir os tributos enumerados pela própria Constituição Federal.

17.3.2. Comum

Refere-se aos tributos vinculados, quais sejam as taxas e contribuições de melhoria. A competência é comum uma vez que União, Estados, Municípios e Distrito Federal podem ser sujeitos ativos dos referidos tributos.

17.3.3. Cumulativa

Indica que a União tem competência para instituir impostos estaduais e municipais nos Territórios (art. 147, CF), assim como compete ao Distrito Federal os impostos municipais e estaduais (art. 155, CF).

17.3.4. Especial

Refere-se ao poder de instituir empréstimos compulsórios (art. 148, CF) e contribuições especiais (art. 149, CF).

17.3.5. Residual

É o poder de criar tributos diversos dos existentes, aqueles que podem ser instituídos sobre situações não previstas (arts. 154, I e 195, § 4º, da CF).

17.4. Capacidade tributária ativa

As atribuições das funções de arrecadar ou fiscalizar tributos, ou de executar leis, serviços, atos ou decisões administrativas, em matéria tributária, podem ser delegadas de uma pessoa jurídica de direito público a outra.

Exemplo disso são as autarquias como CREA, CRC, CRECI etc., que recebem a atribuição de exigir um tributo (contribuição profissional) dos profissionais vinculados a estas entidades corporativas.

É, portanto, delegável, diferentemente da competência tributária.

17.5. Dos princípios gerais

A Constituição Federal traz em si os princípios norteadores do ramo tributário.

Os entes políticos poderão instituir impostos, taxas (em razão do exercício do poder de polícia ou pela utilização de serviços públicos específicos e divisíveis) e contribuição de melhoria decorrente de obras públicas.

Somente por meio de lei complementar:

✓ que se pode dispor sobre conflitos de competência em matéria tributária entre a União, os Estados, os Municípios e o Distrito Federal;

✓ regulam-se as limitações constitucionais ao poder de tributar;

✓ estabelecem-se normas gerais de Direito Tributário.

Ademais, para prevenir desequilíbrios da concorrência, lei complementar poderá estabelecer critérios especiais de tributação, sem prejuízo da competência de a União, por lei, estabelecer normas de igual objetivo.

É muito importante lembrar que a União por lei complementar poderá instituir empréstimos compulsórios:

para atender a despesas extraordinárias, decorrentes de calamidade pública, de guerra externa ou sua iminência;

no caso de investimento público urgente e de relevante interesse nacional (desde que não seja no mesmo exercício financeiro em que haja sido publicada a lei que os instituiu).

Compete exclusivamente à União instituir contribuições sociais, de intervenção no domínio econômico e de interesse das categorias profissionais ou econômicas, como instrumento de sua atuação nas respectivas áreas.

Vale ressaltar que os Municípios e o Distrito Federal poderão instituir contribuição para custeio do serviço de iluminação pública, observados princípios da legalidade e anterioridade.

17.6. Das limitações do poder de tributar

O poder do Estado-Administração de tributar é disciplinado pelas normas de direito público, que, em sua atividade financeira, capta recursos materiais para manter sua estrutura e permitir ao cidadão-contribuinte os serviços que lhe compete.

Porém, há certos limites para que em sua função de arrecadar o Estado não se exceda. Nesse passo, determinados princípios devem ser respeitados. Vejamos:

I. Princípio da Legalidade Tributária

No plano do Direito Tributário, em defesa da ideia de segurança jurídica, ressalta-se o art. 150, I, CF/1988, o qual indica o princípio da legalidade tributária. Observe-o:

> "Art. 150. Sem prejuízo de outras garantias asseguradas ao contribuinte, é vedado à União, aos Estados, aos Municípios e ao Distrito Federal:
>
> I – exigir ou aumentar tributo sem lei que o estabeleça. (...)"

Desta forma, para ser instituído ou majorado (ou até reduzido) o tributo depende de lei. Este e tão somente este é o veículo normativo possível.

II. Princípio da Anterioridade Tributária

Este princípio tem duas facetas: a anterioridade anual ou comum (art. 150, III, "b", CF) e a anterioridade nonagesimal ou privilegiada (art. 150, III, "c", CF).

Tem como fundamento o sobreprincípio da segurança das relações jurídicas entre a Administração Pública e seus administrados, evitando que inesperadamente apareçam cobranças tributárias. É garantia individual do contribuinte.

III. Princípio da Isonomia Tributária

Expresso no art. 150, II, da Constituição Federal, este postulado veda o tratamento tributário desigual a contribuintes que se encontrem em situação de equivalência.

Assim como o *caput* do art. 5º da Constituição trata da igualdade de forma genérica, o supracitado art. explora-o de forma específica ao ramo tributário.

IV. Princípio da Irretroatividade Tributária

O art. 150, III, "a", da Constituição Federal, prevê expressamente tal princípio. Para Luciano Amaro, o que a Constituição pretende, obviamente, é vedar a aplicação da lei nova, que criou ou aumentou o tributo, a fato pretérito, que, portanto, continua sendo não gerador de tributo, ou permanece como gerador de menor tributo, segundo a lei da época de sua ocorrência (Amaro, Luciano. **Direito Tributário Brasileiro**, 14ª Edição, p. 118).

É isso que dá confiança e certeza na relação Fisco-contribuinte, uma vez que, se retroagissem leis cobrando tributos, insegura seria tal relação.

V. Princípio da Vedação ao Confisco

Tem se entendido que terá efeito confiscatório o tributo que exceder a capacidade contributiva do contribuinte. Entretanto, o art. 150, IV, da Constituição não traz critérios objetivos.

Sendo assim, cabe ao intérprete a tarefa de delimitar o "efeito de confisco", com base no conteúdo e alcance dos elementos descritos em cada caso concreto. Nesse passo, deve-se lembrar que proporcionalidade e razoabilidade são caracteres que devem ser levados em conta.

VI. Princípio da Não Limitação ao Tráfego de Pessoas e Bens

Segundo esse princípio (art. 150, V, da CF), as divisas municipais e estaduais não podem ser fatos geradores de quaisquer tributos (federais, estaduais ou municipais).

O tráfego de pessoas e bens tem proteção constitucional decorrente da unidade política do território brasileiro.

Ademais, já no art. 5º, XV, da Constituição Federal é prescrito que "é livre a locomoção no território nacional em tempo de paz, podendo qualquer pessoa, nos termos da lei, nele entrar, permanecer ou dele sair com seus bens".

17.7. Finanças públicas

O capítulo destinado às finanças públicas tem por objeto o estudo do Banco Central, dos princípios orçamentárias e das leis orçamentarias.

Determina o art. 163 da CF, com redação dada pela **EC 109 de 15 de março de 2021**, que a lei complementar deve dispor sobre finanças públicas; dívida pública externa e interna, incluída a das autarquias, fundações e demais entidades controladas pelo Poder Público; concessão de garantias pelas entidades públicas; emissão e resgate de títulos da dívida pública; fiscalização financeira da administração pública direta e indireta; operações de câmbio realizadas por órgãos e entidades da União, dos Estados, do Distrito Federal e dos Municípios; compatibilização das funções das instituições oficiais de crédito da União, resguardadas as características e condições operacionais plenas das voltadas ao desenvolvimento regional; **sustentabilidade da dívida**, especificando: a) indicadores de sua apuração; b) níveis de compatibilidade dos resultados fiscais com a trajetória da dívida; c) trajetória de convergência do montante da dívida com os limites definidos em legislação; d) medidas de ajuste, suspensões e vedações; e) planejamento de alienação de ativos com vistas à redução do montante da dívida. Parágrafo único. A lei complementar de que trata o inciso VIII do *caput* deste artigo pode autorizar a aplicação das vedações previstas no art. 167-A desta Constituição.

De acordo com o art. 163-A da CF, acrescentado pela EC 108/2020, A União, os Estados, o Distrito Federal e os Municípios disponibilizarão suas informações e dados contábeis, orçamentários e fiscais, conforme periodicidade, formato e sistema estabelecidos pelo órgão central de contabilidade da União, de forma a garantir a rastreabilidade, a comparabilidade e a publicidade dos dados coletados, os quais deverão ser divulgados em meio eletrônico de amplo acesso público.

Em relação à emissão de moeda no Brasil, o *caput* do art. 164 da CF determina que a competência é da União e deve ser exercida exclusivamente pelo banco central. O § 1º do citado dispositivo **proíbe ao banco central conceder, direta ou indiretamente, empréstimos ao Tesouro Nacional** e a qualquer órgão ou entidade que não seja instituição financeira.

Por outro lado, o § 2º do art. 164 da CF autoriza o banco central a comprar e vender títulos de emissão do Tesouro Nacional, com o objetivo de regular a oferta de moeda ou a taxa de juros. O parágrafo seguinte (§ 3º) determina que as disponibilidades de caixa da União serão depositadas no banco central; as dos Estados, do Distrito Federal, dos Municípios e dos órgãos ou entidades do Poder Público e das empresas por ele controladas, em instituições financeiras oficiais, ressalvados os casos previstos em lei.

Além disso, a **EC 109 de 15 de março de 2021** criou o art. 164-A. para determinar que os entes federativos conduzam suas políticas fiscais de forma a manter a dívida pública em níveis sustentáveis, na forma da lei complementar referida no inciso VIII do *caput* do art. 163 desta Constituição. O parágrafo único do mesmo dispositivo ao tratar da elaboração e da execução de planos e orçamentos determina que eles devem refletir a compatibilidade dos indicadores fiscais com a sustentabilidade da dívida

18. EMENDAS CONSTITUCIONAIS EM ESPÉCIE

18.1. Da Emenda Constitucional n. 131, de 3 de outubro de 2023

Alterou o art. 12 da CF para suprimir a perda da nacionalidade brasileira em razão da mera aquisição de outra nacionalidade, incluiu a exceção para situações de apatridia e acrescentou a possibilidade de a pessoa requerer a perda da própria nacionalidade.

18.2. Da Emenda Constitucional n. 130, de 3 de outubro de 2023

Essa emenda permite a permuta entre juízes de direito vinculados a diferentes tribunais.

18.3. Da Emenda Constitucional n. 125, de 14 de julho de 2022

Houve alteração do art. 105 da CF para instituir no **recurso especial** o requisito da **relevância** das questões de direito federal infraconstitucional. O § 2º do art. 105 da CF passou a ter a seguinte redação: "No recurso especial, o recorrente deve demonstrar a relevância das questões de direito federal infraconstitucional discutidas no caso, nos termos da lei, a fim de que a admissão do recurso seja examinada pelo Tribunal, o qual somente pode dele não conhecer com base nesse motivo pela manifestação de 2/3 (dois terços) dos membros do órgão competente para o julgamento". Já o § 3º do mesmo artigo prescreve que haverá a relevância nos seguintes casos: (a) ações penais; (b) ações de improbidade administrativa; (c) ações cujo valor da causa ultrapasse 500 (quinhentos) salários mínimos; (d) ações que possam gerar inelegibilidade; (e) hipóteses em que o acórdão recorrido contrariar jurisprudência dominante do STJ; (f) outras hipóteses previstas em lei. O art. 2º da EC 125/22 prevê que a relevância será exigida nos recursos especiais interpostos após a entrada em vigor da mencionada Emenda Constitucional, ocasião em que a parte poderá atualizar o valor da causa para os fins de que trata o inciso III do § 3º do art. 105 da CF.

Destaque-se que o Pleno do STJ aprovou o Enunciado Administrativo nº 8, com a seguinte redação: "A indicação, no recurso especial, dos fundamentos de relevância da questão de direito federal infraconstitucional somente será exigida em recursos interpostos contra acórdãos publicados após a data de entrada em vigor da lei regulamentadora prevista no artigo 105, parágrafo 2º, da Constituição Federal".

18.4. Da Emenda Constitucional n. 124, de 14 de julho de 2022

Essa EC instituiu o **piso salarial nacional do enfermeiro**, do técnico de enfermagem, do auxiliar de enfermagem e da parteira. Foram acrescentados os seguintes parágrafos ao art. 198 da CF:

"§ 12. Lei federal instituirá pisos salariais profissionais nacionais para o enfermeiro, o técnico de enfermagem, o auxiliar de enfermagem e a parteira, a serem observados por pessoas jurídicas de direito público e de direito privado.

"§ 13. A União, os Estados, o Distrito Federal e os Municípios, até o final do exercício financeiro em que for publicada a lei de que trata o § 12 deste artigo, adequarão a remuneração dos cargos ou dos respectivos planos de carreiras, quando houver, de modo a atender aos pisos estabelecidos para cada categoria profissional".

Posteriormente, foi editada a Lei nº 14.434, de 4 de agosto de 2022, que alterou a Lei nº 7.498, de 25 de junho de 1986, para instituir o piso salarial nacional do Enfermeiro, do Técnico de Enfermagem, do Auxiliar de Enfermagem e da Parteira. Estabelece a referida lei que o piso salarial nacional dos Enfermeiros contratados sob o regime da CLT e o regime dos servidores públicos civis da União, dos Estados, do Distrito Federal e dos Municípios e das respectivas autarquias e das fundações públicas será de R$ 4.750,00 (quatro mil setecentos e cinquenta reais) mensais. O piso salarial dos profissionais celetistas e dos servidores é fixado com base no piso estabelecido para o Enfermeiro, na razão de: (a) 70% (setenta por cento) para o Técnico de Enfermagem; (b) 50% (cinquenta por cento) para o Auxiliar de Enfermagem e para a Parteira.

O Ministro Luís Roberto Barroso concedeu liminar na Ação Direta de Inconstitucionalidade (ADI) 7222 para suspender o piso salarial nacional da enfermagem e o Pleno referendou a decisão e definiu o prazo de 60 (sessenta) dias para que entes públicos e privados da área da saúde esclareçam o impacto financeiro, os riscos para a empregabilidade no setor e eventual redução da qualidade dos serviços.

18.5. Da Emenda Constitucional n. 123, de 14 de julho de 2022

A emenda alterou o art. 225 da CF para estabelecer **diferencial de competitividade para os biocombustíveis**; incluiu o art. 120 no Ato das Disposições Constitucionais Transitórias para reconhecer o **estado de emergência** decorrente da elevação extraordinária e imprevisível dos preços do petróleo, combustíveis e seus derivados e dos impactos sociais dela decorrentes; autorizou a União a entregar auxílio financeiros aos Estados e ao Distrito Federal que outorgarem créditos tributários do Imposto sobre Operações relativas à Circulação de Mercadorias e sobre Prestações de Serviços de Transporte Interestadual e Intermunicipal e de Comunicação (ICMS) aos produtores e distribuidores de etanol hidratado; expandiu o auxílio Gás dos Brasileiros, de que trata a Lei nº 14.237, de 19/11/2021; instituiu **auxílio para caminhoneiros autônomos**; expandiu o **Programa Auxílio Brasil**, de que trata a Lei nº 14.284, de 29/12/2021; e instituiu auxílio para entes da Federação financiarem a gratuidade do transporte público.

18.6. Da Emenda Constitucional n. 122, de 17 de maio de 2022

Essa EC alterou a CF para **elevar para 70 anos a idade máxima** para a escolha e nomeação de membros do STF, do STJ, dos TRF's, do TST, dos TRT's, do TCU e dos Ministros civis do STM.

18.7. Da Emenda Constitucional n. 121, de 10 de maio de 2022

Houve alteração do inciso IV do § 2º do art. 4º da EC 109/21.

18.8. Da Emenda Constitucional n. 120, de 5 de maio de 2022

A emenda acrescentou os §§ 7º, 8º, 9º, 10 e 11 ao art. 198 da CF para dispor sobre a responsabilidade financeira da União, corresponsável pelo Sistema Único de Saúde (SUS), na política remuneratória e na valorização dos profissionais que exercem atividades de agente comunitário de saúde e de agente de combate às endemias.

18.9. Da Emenda Constitucional n. 119, de 27 de abril de 2022

Alterou o ADCT para determinar a impossibilidade de responsabilização dos Estados, do Distrito Federal, dos Municípios, e dos agentes públicos desses entes federados pelo descumprimento, nos exercícios financeiros de 2020 e 2021, do disposto no *caput* do art. 212 da CF e deu outras providências

18.10. Da Emenda Constitucional n. 118, de 26 de abril de 2022

Deu nova redação às alíneas, "b" e "c" do inciso XXIII do *caput* do art. 21 da CF, para autorizar a produção, a comercialização e a utilização de radioisótopos para pesquisa e uso médicos.

18.11. Da Emenda Constitucional n. 117, de 5 de abril de 2022

Acrescentou-se os §§ 7º e 8º ao art. 17 da CF para impor aos partidos políticos a aplicação de recursos do fundo partidário na promoção e difusão da **participação política das mulheres**, bem como a aplicação de recursos desse fundo e do Fundo Especial de Financiamento de Campanha e a divisão do tempo de propaganda gratuita no rádio e na televisão no percentual mínimo de 30% para candidaturas femininas.

18.12. Da Emenda Constitucional n. 116, de 17 de fevereiro de 2022

Foi acrescentado o § 1º-A ao art. 156 da CF para prever a **não incidência sobre templos de qualquer culto do Imposto sobre a Propriedade Predial e Territorial Urbana (IPTU)**, ainda que as entidades abrangidas pela imunidade tributária sejam apenas **locatárias do bem imóvel**.

18.13. Da Emenda Constitucional n. 115, de 10 de fevereiro de 2022

Houve alteração da CF para incluir a **proteção de dados pessoais** entre os **direitos e garantias fundamentais** e para fixar a competência privativa da União para legislar sobre proteção e tratamento de dados pessoais.

18.14. Da Emenda Constitucional n. 114, de 16 de dezembro de 2021

Essa emenda alterou a CF e o ADCT para estabelecer o **novo regime de pagamentos de precatórios**, modificou normas relativas ao Novo Regime Fiscal e autorizou o par-

celamento de débitos previdenciários dos Municípios e deu outras providências.

18.15. Da Emenda Constitucional n. 113, de 8 de dezembro de 2021

Alterou a CF e o ADCT para estabelecer o **novo regime de pagamento de precatórios**, modificou normas relativas ao Novo Regime Fiscal e autorizou o parcelamento de débitos previdenciários dos Municípios e deu outras providências.

18.16. Da Emenda Constitucional n. 112, de 27 de outubro de 2021

A referida emenda alterou o art. 159 da CF para disciplinar a distribuição de recursos pela União ao Fundo de Participação dos Municípios.

18.17. Da Emenda Constitucional n. 111, de 28 de setembro de 2021

Essa emenda alterou a CF para disciplinar a realização de consultas populares concomitantes às eleições municipais, tratou da fidelidade partidária acrescentando o parágrafo 6º ao art. 17 da CF, alterou data de posse dos Governadores e do Presidente da República, além de estabelecer regras transitórias de distribuição entre os partidos políticos dos recursos do fundo partidário e de Financiamento de Campanha.

Como forma de incentivar a participação feminina e dos negros na política brasileira, foi instituída a contagem em dobro de votos dados a **mulheres e pessoas negras para fins de distribuição** de recursos para o fundo partidário e o fundo especial de financiamento de campanha. Vale lembrar que o STF já havia decidido nesse sentido, como forma de minimizar os problemas decorrentes do denominado "racismo estrutural". (ADPF 738).

As datas das posses do Presidente e dos Governadores que ocorriam no dia primeiro de janeiro do ano seguinte ao da eleição passarão a ser: a) do Presidente da República: no dia 5 (cinco) de janeiro e b) dos Governadores: no dia 6 (seis) de janeiro, ambas a partir das eleições de 2026.

18.18. Da Emenda Constitucional n. 110, de 12 de julho de 2021

Teve por finalidade acrescentar o art. 18-A ao ADCT para convalidar os atos administrativos praticados no Estado do Tocantins entre 1º de janeiro de 1989 e 31 de dezembro de 1994.

18.19. Da Emenda Constitucional n. 109, de 15 de março de 2021

Alterou diversos dispositivos (arts. 29-A, 37, 49, 84, 163, 165, 167, 168 e 169 da Constituição Federal e os arts. 101 e 109 do Ato das Disposições Constitucionais Transitórias); acrescentou à Constituição Federal outros (arts. 164-A, 167-A, 167-B, 167-C, 167-D, 167-E, 167-F e 167-G), revogou dispositivos do Ato das Disposições Constitucionais Transitórias, instituiu regras transitórias sobre redução de benefícios tributários; desvincula parcialmente o superávit financeiro de fundos públicos; além de suspender condicionalidades para realização de despesas com concessão de auxílio emergencial residual para enfrentar as consequências sociais e econômicas da pandemia da Covid-19.

18.20. Da Emenda Constitucional n. 108, de 26 de agosto de 2020

A EC 108/20 instituiu, em caráter permanente, o Fundo de Manutenção e Desenvolvimento da Educação Básica e de Valorização dos Profissionais da Educação (Fundeb). Além disso, distribuiu o percentual do Imposto sobre Circulação de Mercadorias e Serviços (ICMS) aos municípios com melhoria na aprendizagem, aumentou a complementação de recursos distribuídos pela União e garantiu a participação da sociedade no planejamento das políticas sociais. Melhorar a qualidade da educação, investindo na manutenção, no desenvolvimento do ensino na educação básica e na remuneração condigna de seus profissionais, é o objetivo que essa emenda constitucional visa alcançar.

18.21. Da Emenda Constitucional n. 107, de 2 de julho de 2020.

A EC 107/20 adiou, em razão da pandemia da Covid-19, as eleições municipais de outubro de 2020 e os prazos eleitorais respectivos

18.22. Da Emenda Constitucional n. 106, de 7 de maio de 2020.

A EC 106/20 instituiu o **regime extraordinário fiscal**, financeiro e de contratações para enfrentamento de calamidade pública nacional decorrente de pandemia. Sendo assim, durante a vigência de estado de **calamidade pública** nacional reconhecido pelo Congresso Nacional em razão de emergência de saúde pública de importância internacional decorrente de pandemia, a União adotará regime extraordinário fiscal, financeiro e de contratações para atender às necessidades dele decorrentes, somente naquilo em que a urgência for incompatível com o regime regular (art. 1º).

18.23. Da Emenda Constitucional n. 105, de 12 de dezembro de 2019

A EC 105/19 acrescentou o art. 166-A à Constituição Federal para autorizar a **transferência de recursos** federais a Estados, ao Distrito Federal e a Municípios mediante emendas ao projeto de lei orçamentária anual.

18.24. Da Emenda Constitucional n. 104, de 04 de dezembro de 2019

A EC 104/19 alterou o inciso XIV do caput do art. 21, o § 4º do art. 32 e o art. 144 da Constituição Federal, para criar as **polícias penais** federal, estaduais e distrital.

18.25. Da Emenda Constitucional n. 103, de 12 de novembro de 2019

A EC 103/19 alterou o sistema de **previdência social** e estabeleceu regras de transição e disposições transitórias.

18.26. Da Emenda Constitucional n. 102, de 26 de setembro de 2019

A EC 102/19 deu nova redação ao art. 20 da CF e alterou o art. 165, além do art. 107 do ADCT. A finalidade foi a de executar o denominado orçamento impositivo criado pela EC 100/19.

Além disso, determina o § 1º do art. 20 da CF que é assegurada, nos termos da lei, à União, aos Estados, ao Distrito Federal e aos Municípios a **participação no resultado da exploração de petróleo ou gás natural, de recursos hídricos para fins de geração de energia elétrica e de outros recursos minerais** no respectivo território, plataforma continental, mar territorial ou zona econômica exclusiva, ou compensação financeira por essa exploração.

18.27. Da Emenda Constitucional n. 101, de 03 de julho de 2019

A EC 101/19 acrescentou o § 3º ao art. 42 da Constituição Federal para **estender aos militares dos Estados, do Distrito Federal e dos Territórios o direito à acumulação de cargos públicos** prevista no art. 37, inciso XVI.

18.28. Das Emendas Constitucionais 100, de 26 de junho de 2019 e 85, de 26/02/2015

Ambas tratam do orçamento. A finalidade do orçamento é prever as receitas e autorizar as despesas. A lei orçamentária, portanto, apenas **autoriza** as despesas públicas.

A emenda 100/19 (emenda do "orçamento impositivo") obrigou a execução da programação orçamentário advindas de emendas criadas pela bancada de parlamentares estaduais ou do Distrito Federal.

O STF já decidiu que a previsão de despesa, em lei orçamentária, não gera direito subjetivo, a ser assegurado por via judicial. (RExt 34.581). A lei orçamentária acaba funcionando como um teto para a utilização dos recursos. Sendo assim, se for previsto utilizar uma determinada quantia para tal despesa e ela não for utilizada, não haverá problema. Apenas de forma excepcional o orçamento terá o caráter impositivo, isto é, aquela despesa prevista terá de ser utilizada.

As emendas constitucionais 86/15 e 100/19 tratam do orçamento impositivo. De acordo com o § 9º do art. 166 da CF (incluído pela EC 85/15), as emendas individuais ao projeto de lei orçamentária serão aprovadas no limite de 1,2% (um inteiro e dois décimos por cento) da receita corrente líquida prevista no projeto encaminhado pelo Poder Executivo, sendo que a metade deste percentual será destinada a ações e serviços públicos de saúde.

O § 11 do art. 166 (também incluído pela EC 85/15) determina que é **obrigatória a execução orçamentária e financeira das programações a que se refere o § 9º** deste artigo. Temos aqui o orçamento impositivo.

A EC 100/19 ampliou, pois trouxe a possibilidade das emendas das bancadas de parlamentares de Estado ou do Distrito Federal também versarem sobre orçamento impositivo. O § 12 do art. 166 da CF (com redação dada pela EC 100/19) estendeu a garantia de execução de que trata o § 11 deste artigo às programações incluídas por todas as emendas de iniciativa de bancada de parlamentares de Estado ou do Distrito Federal, no montante de até 1% (um por cento) da receita corrente líquida realizada no exercício anterior.

Além disso, o §16 do art. 166 da CF (com redação dada pela EC 100/19) determina que quando a transferência obrigatória da União para a execução da programação prevista nos §§ 11 e 12 (emenda individual e emenda de bancada) deste artigo for destinada a Estados, ao Distrito Federal e a Municípios, **independerá da adimplência do ente federativo destinatário** e não integrará a base de cálculo da receita corrente líquida para fins de aplicação dos limites de despesa de pessoal de que trata o **caput** do art. 169.

O § 18 do art. 166 da CF (também com redação dada pela EC 100/19) dispõe sobre o contingenciamento de despesas, ou seja, que a despesa prevista na Lei Orçamentária seja postergada ou até mesmo não executada, por conta de não haver receitar para tanto. Assim, determina o mencionado parágrafo que se for verificado que a reestimativa da receita e da despesa poderá resultar no não cumprimento da meta de resultado fiscal estabelecida na lei de diretrizes orçamentárias, os montantes previstos nos §§ 11 e 12 deste artigo poderão ser reduzidos em até a mesma proporção da limitação incidente sobre o conjunto das demais despesas discricionárias

Por fim, o § 20 do art. 166 da CF (também com redação dada pela EC 100/19) determina que as programações de que trata o § 12 deste artigo, quando versarem sobre o início de investimentos com duração de mais de 1 (um) exercício financeiro ou cuja execução já tenha sido iniciada, deverão ser objeto de emenda pela mesma bancada estadual, a cada exercício, até a conclusão da obra ou do empreendimento. Ou seja, a regra busca evitar o que obras inacabadas assim permaneçam por falta de recursos.

18.29. Da Emenda Constitucional 87, de 16.04.2015

A EC 87/15 alterou o § 2º do art. 155 da Constituição Federal e incluiu o art. 99 no Ato das Disposições Constitucionais Transitórias, para tratar da sistemática de cobrança do imposto sobre operações relativas à circulação de mercadorias e sobre prestações de serviços de transporte interestadual e intermunicipal e de comunicação incidente sobre as operações e prestações que destinem bens e serviços a consumidor final, contribuinte ou não do imposto, localizado em outro Estado.

18.30. Da Emenda Constitucional 75, de 15.10.2013

A EC 75/13 acrescentou a alínea "e" ao inciso VI do art. 150 da Constituição Federal, instituindo **imunidade tributária** sobre os fonogramas e videofonogramas musicais produzidos no Brasil contendo obras musicais ou literomusicais de autores brasileiros e/ou obras em geral interpretadas por **artistas brasileiros** bem como os suportes materiais ou arquivos digitais que os contenham.

Em suma, a regra, que passou a vigorar a partir do dia 16.10.2013 e que teve por finalidade diminuir o valor dos CDs e DVDs, possibilitando ao consumidor final acesso à cultura com um menor custo, faz com que não incida ICMS e ISS sobre os citados produtos.

19. DISPOSIÇÕES CONSTITUCIONAIS GERAIS

A EC 81/14, pois tal norma deu nova redação ao art. 243 da CF que autorizou a desapropriação de propriedades rurais e urbanas de qualquer região do País onde forem localizadas culturas ilegais de plantas psicotrópicas ou a exploração de trabalho escravo, sem qualquer indenização ao proprietário.

O mencionado dispositivo passou a vigorar com a seguinte redação: "Art. 243. As **propriedades rurais e urbanas** de qualquer região do País **onde forem localizadas culturas ilegais de plantas psicotrópicas ou a exploração de trabalho escravo** na forma da lei **serão expropriadas** e destinadas à reforma agrária e a programas de habitação popular, **sem qualquer indenização** ao proprietário e sem prejuízo de outras sanções previstas em lei, observado, no que couber, o disposto no art. 5º.

O parágrafo único da mesma norma determina que todo e qualquer bem de valor econômico apreendido em decorrência do tráfico ilícito de entorpecentes e drogas afins e da exploração de trabalho escravo será confiscado e reverterá a fundo especial com destinação específica, na forma da lei.

20. REFLEXOS DO NOVO CÓDIGO DE PROCESSO CIVIL

As normas constitucionais são consideradas alicerces do ordenamento jurídico brasileiro. Fundamentam e validam os comandos infraconstitucionais. Por conta disso, tais normas só permanecem válidas quando se apresentam de forma compatível com o texto constitucional.

Partindo dessa premissa, o novo CPC, antes de irradiar reflexos nos preceitos constitucionais, deve se mostrar harmônico com a CF/88.

Logo no início, na exposição de motivos do novo CPC, fica clara a intenção do legislador de aproximar o código do texto constitucional. Vejamos: "Um sistema processual civil que não proporcione à sociedade o reconhecimento e a realização dos direitos, ameaçados ou violados, que têm cada um dos jurisdicionados, não se harmoniza com as garantias constitucionais de um Estado Democrático de Direito. Sendo ineficiente o sistema processual, todo o ordenamento jurídico passa a carecer de real efetividade. De fato, as normas de direito material transformam em pura ilusão, sem a garantia de sua correlata realização, no mundo empírico, por meio do processo".

Outra importante passagem mencionada na exposição de motivos do novo CPC faz menção ao saudoso Ministro SÁLVIO DE FIGUEIREDO TEIXEIRA que, em texto emblemático sobre a nova ordem trazida pela Constituição Federal de 1988, disse, acertadamente, que, apesar de suas vicissitudes, "nenhum texto constitucional valorizou tanto a 'Justiça', tomada aqui a palavra não no seu conceito clássico de 'vontade constante e perpétua de dar a cada um o que é seu', mas como conjunto de instituições voltadas para a realização da paz social" (O aprimoramento do processo civil como garantia da cidadania. In: FIGUEIREDO TEIXEIRA, Sálvio. As garantias do cidadão na Justiça. São Paulo: Saraiva, 1993. p. 79-92, p. 80).

Ainda na exposição de motivos no novo CPC preceitos constitucionais são fortificados, vejamos: "a coerência substancial há de ser vista como objetivo fundamental, todavia, e mantida em termos absolutos, no que tange à Constituição Federal da República. Afinal, é na lei ordinária e em outras normas de escalão inferior que se explicita a promessa de realização dos valores encampados pelos princípios constitucionais".

Ao adentrarmos especificamente aos artigos do novo CPC, verificamos que os doze primeiros tratam das normas fundamentais do processo civil, consideradas como um centro principiológico, o que ratifica e prioriza a constitucionalização do processo. Tendo em vista o atual Estado Constitucional de Direito, essa constitucionalização do processo passa a ser uma necessidade.

Sendo assim, o código reproduziu regras processuais previstas na CF/1988. Princípios como o devido processo legal, contraditório e ampla defesa, acesso à justiça (inafastabilidade do controle jurisdicional), razoável duração do processo, proibição de prova ilícita, foram positivados no novo código. Isso fortalece o entendimento de que tais mandamentos possuem força normativa e vínculo direto com o novo CPC.

Como mencionado, a constitucionalização do processo foi priorizada no novo código. Alguns dispositivos devem ser mencionados, pois fazem menção direta ao texto constitucional. O novo CPC já começa, em seu art. 1º, determinando que o **processo civil seja ordenado, disciplinado e interpretado conforme os valores e as normas fundamentais estabelecidos na Constituição da República Federativa do Brasil**.

O art. 3º do novo CPC, reforçando mandamento constitucional, determina que não seja excluída da apreciação jurisdicional ameaça ou lesão a direito. Tal princípio, inafastabilidade do controle jurisdicional, como mencionado, já vinha disciplinado no CF/88, em seu art. 5º, XXXV, o qual impõe que a lei não exclua da apreciação do Poder Judiciário lesão ou ameaça a direito. Não há norma correspondente no antigo código.

Seguindo, o art. 4º do novo CPC, aproximando da linguagem constitucional, determina que as partes tenham o direito de obter em prazo razoável a solução integral do mérito, incluída a atividade satisfativa. A velha norma determinava que os juízes, ao dirigirem os processos, deveriam velar pela rápida solução do litígio. Prazo razoável é o que consta do art. 5º, LXXVIII, da CF. Tal inciso garante não apenas no âmbito judicial, mas também no administrativo, a razoável duração do processo e os meios que garantam a celeridade de sua tramitação. Outro dispositivo que reforça esse princípio é o art. 6º do novo CPC, o qual menciona que todos os sujeitos do processo devem cooperar entre si para que se obtenha, em tempo razoável, decisão de mérito justa e efetiva. Além disso, o sistema recursal simplificado previsto no novo ordenamento processual civil contribui para a existência de um processo mais rápido.

Ainda sobre os princípios processuais previstos na CF/88 e que foram disciplinados também no novo CPC devemos lembrar do contraditório e da ampla defesa. Determina o art. 5º, LV, da CF que aos litigantes, em processo judicial ou administrativo, e aos acusados em geral são assegurados o contraditório e ampla defesa, com os meios e recursos a ela inerentes. Três artigos do novo CPC são importantes aqui. O primeiro é o art. 7º que assegurada às partes paridade de tratamento em relação ao exercício de direitos e faculdades processuais, aos meios de defesa, aos ônus, aos deveres e à aplicação de sanções processuais, competindo ao juiz zelar pelo efetivo contraditório. O ordenamento jurídico anterior mencionava apenas igualdade de tratamento entre as partes. O segundo é o art. 9º que dispõe que não seja proferida decisão contra uma das partes sem que ela seja previamente ouvida. Não há artigo correspondente no antigo código. Por fim, o art. 10 do novo código determina que o juiz não pode decidir, em grau algum de jurisdição, com base em fundamento a respeito do qual não se tenha dado às partes oportunidade de se manifestar, ainda que se trate de matéria sobre a qual deva decidir de ofício. As partes devem ser ouvidas sempre. Novamente não há norma correspondente no velho código.

Outras normas relevantes dizem respeito ao controle de constitucionalidade. Os arts. 948 e 949, *caput* e parágrafo único, do novo CPC praticamente reproduziram o disposto

nos arts. 480 e 481 do antigo regramento. Dispõe o art. 948 que arguida, **em controle difuso**, a inconstitucionalidade de lei ou de ato normativo do poder público, o relator, após ouvir o Ministério Público **e as partes**, submeterá a questão à turma ou à câmara à qual competir o conhecimento do processo. As partes sublinhadas foram acrescentadas, deixando clara a intenção do legislador de especificar o tipo de controle em que aplica-se a norma (controle difuso) e a necessidade de oitiva das partes antes da arguição de inconstitucionalidade ser submetida à turma ou câmara a qual competir o conhecimento do processo.

Avançando, o art. 949, I e II, do novo CPC determina o que ocorre após a análise prévia dessa arguição. Caso venha a ser rejeitada, à turma ou câmara a qual competir o conhecimento do processo prosseguirá o julgamento. Por outro lado, se a arguição de inconstitucionalidade for acolhida, a questão será submetida ao plenário do tribunal ou ao seu órgão especial, onde houver.

O parágrafo único do mencionado artigo apenas reproduz o descrito do art. 481, parágrafo único, do antigo código informando que os órgãos fracionários dos tribunais não submeterão ao plenário ou ao órgão especial a arguição de inconstitucionalidade quando já houver pronunciamento destes ou do plenário do Supremo Tribunal Federal sobre a questão.

Ainda sobre dispositivos relacionados ao controle de constitucionalidade, o art. 535, § 5º, do novo CPC determina que quando a Fazenda Pública impugnar a execução, arguindo inexequibilidade do título ou inexigibilidade da obrigação, pode ser considerado também inexigível a obrigação reconhecida em título executivo judicial fundado em lei ou ato normativo considerado inconstitucional pelo Supremo Tribunal Federal, ou fundado em aplicação ou interpretação da lei ou do ato normativo tido pelo Supremo Tribunal Federal como incompatível com a Constituição Federal, em controle de constitucionalidade concentrado ou difuso.

Os § 6º, 7º e 8º do mesmo artigo trouxeram regras aplicáveis na hipótese da incidência do § 5º. Vejamos: a) nos efeitos da decisão do Supremo Tribunal Federal poderão ser modulados no tempo, de modo a favorecer a segurança jurídica (§ 6º do art. 535 do novo CPC), b) a decisão do Supremo Tribunal Federal referida no § 5º deve ter sido proferida antes do trânsito em julgado da decisão exequenda (§ 7º do art. 535 do novo CPC) e c) se a decisão referida no § 5º for proferida após o trânsito em julgado da decisão exequenda, caberá ação rescisória, cujo prazo será contado do trânsito em julgado da decisão proferida pelo Supremo Tribunal Federal (§ 8º do art. 535 do novo CPC). Não há normas correspondentes no antigo código.

Por fim, sobre as regras relativas à petição inicial e à contestação no novo CPC, os artigos que devem ser ressaltados são o 319, 321 e 335. O primeiro, ao tratar da inicial, acrescenta requisitos, como a necessidade de indicação da existência de união estável, a profissão, o número de inscrição no Cadastro de Pessoas Físicas ou no Cadastro Nacional da Pessoa Jurídica e o endereço eletrônico, além das tradicionais informações. O segundo, 321, aumento o prazo (de 10 para 15 dias) para que o autor emende ou complete a inicial e informa que o juiz deve indicar, com precisão, o que deve ser corrigido ou completado. O terceiro, art. 335, ao tratar da contestação, fixa e especifica momentos para a contagem do prazo.

3. DIREITO CIVIL

Wander Garcia

1. PRINCÍPIOS DO DIREITO CIVIL E LEI DE INTRODUÇÃO ÀS NORMAS DO DIREITO BRASILEIRO – LINDB

1.1. Princípios do Direito Civil

Miguel Reale, coordenador da comissão que redigiu o anteprojeto que deu origem ao novo Código, salienta que esse é norteado por três **princípios**: o da socialidade, o da eticidade e o da operabilidade. Tais princípios fazem refletir os elementos acima apontados.

O **princípio da socialidade** é aquele que *impõe prevalência dos valores coletivos sobre os individuais.*

Já o **princípio da eticidade** é aquele que *impõe a justiça e a boa-fé nas relações civis.*

O **princípio da operabilidade**, por sua vez, é *aquele que impõe soluções viáveis, operáveis e sem grandes dificuldades na aplicação do direito.* Está contido nesse princípio o da **concreção**, pelo qual *o legislador deve criar leis pensando em situações as mais concretas possíveis, evitando ser muito abstrato, ou quando não possível, dando poderes ao juiz para resolver o conflito de modo a melhor atender às diretrizes legais.* O princípio da operabilidade é identificado no Código Civil, por exemplo, quando este confere ao juiz papéis mais abrangentes, tais como papel de *juiz moderador* (ex.: juiz que pode reduzir o valor de multas, caso abusivas) e de *juiz com maior discricionariedade* (ex.: juiz que está diante de cláusulas gerais e conceitos jurídicos indeterminados, que permitem que esse agente busque a melhor solução para o caso concreto, diante das diretrizes traçadas pela lei).

Apesar de não mencionado expressamente por Miguel Reale, entendemos que também norteia o Código Civil o princípio da **dignidade da pessoa humana**, que é *aquele que impõe respeito aos múltiplos aspectos da personalidade humana, como a moral, a intelectual e a física.* A existência de um capítulo no Código Civil destinado exclusivamente aos direitos da personalidade, somada à previsão constitucional da proteção da dignidade da pessoa humana demonstram que o princípio em tela informa o atual Código Civil.

E também não há como negar que o Código Civil ainda dá primazia à **propriedade individual**, à **autonomia da vontade** e à **igualdade**. A primeira é garantida pela Constituição e pelo Código Civil. A segunda ainda é a fonte inicial da formação das relações jurídicas civis. E a igualdade, entendida em seu sentido amplo (tratar igualmente os iguais e desigualmente os desiguais), é o princípio que fundamenta as relações privadas, na qual se busca o equilíbrio entre as partes, diferentemente do que ocorre nas relações públicas, em que há supremacia do interesse público sobre o interesse privado, em nítida situação de desequilíbrio.

A partir dessas observações, é possível criar uma Teoria dos Princípios Basilares, ou seja, uma teoria que visa a identificar quais são os princípios do Direito Civil que inspiram e norteiam todos os outros princípios e regras desse macrossistema.

Nesse sentido, pode-se dizer que são **princípios basilares** do Direito Civil os seguintes: a) **autonomia da vontade**; b) **igualdade**; c) **propriedade individual**; d) **solidariedade social** (contendo as ideias de socialidade, eticidade e dignidade da pessoa humana); e e) **operabilidade**.

Além dos princípios basilares, e abaixo deles, temos os **princípios-norma**, que são as *normas jurídicas aplicáveis a determinada categoria de relações, dotadas de especial relevância e alta carga valorativa.* São exemplos desses princípios os da função social dos contratos (aplicável aos contratos), da boa-fé objetiva (aplicável aos contratos), da função social da propriedade (aplicável ao direito de propriedade), da igualdade entre os filhos (aplicável ao direito de família e sucessões), entre outros.

Tais princípios têm as seguintes características: a) têm aplicação *direta e imediata* aos casos concretos; b) têm *hierarquia* em relação às meras regras-norma, hierarquia essa que é chamada de *hierarquia material* caso estejam previstos em leis da mesma categoria das regras (ex.: há hierarquia material, e não formal, entre um princípio previsto no Código Civil e uma mera regra prevista no mesmo Código); c) servem de *elemento integrativo* e de *vetor interpretativo* aos aplicadores do Direito.

Por fim, temos os **princípios gerais do direito**, que são as *diretrizes políticas, sociais e jurídicas extraídas do sistema jurídico como um todo.* Um exemplo desse princípio é o da *presunção de boa-fé.* Tais princípios somente são aplicados em caso de lacunas, ou seja, em casos de vazio no sistema jurídico. E, mesmo assim, tais princípios são só chamados caso a lacuna não possa ser resolvida com a *analogia* e os *costumes.* Dessa forma, tais princípios não têm aplicação direta e imediata aos casos concretos, dependendo, para sua aplicação, da existência de lacuna que não possa ser suprida pelos elementos mencionados.

1.2. LEI DE INTRODUÇÃO ÀS NORMAS DO DIREITO BRASILEIRO

1.2.1. Finalidade da Lei de Introdução às Normas do Direito Brasileiro

A primeira lei que tratou da introdução às normas do Direito Brasileiro foi a Lei 3.071/1916 (antigo Código Civil), que o fazia em seus artigos 1º a 21. Essas normas foram revogadas pelo Decreto-Lei 4.657/1942, atualmente em vigor.

A Lei de Introdução às Normas do Direito Brasileiro é norma introdutória do Direito como um todo, e não apenas do Direito Civil, como parecia ser, diante do nome que detinha antes (Lei de Introdução ao Código Civil). Tal lei, na verdade, tem **três finalidades**.

A primeira delas, e a que mais se sobressai, é a de **regular a forma de aplicação das leis em geral**: a) o início e a duração de sua obrigatoriedade (arts. 1º e 2º); b) os mecanismos de integração em caso de lacuna (art. 4º); c) os critérios de interpretação (art. 5º); e d) os meios de preservação da segurança jurídica em face da edição de novas normas (art. 6º).

A segunda finalidade é a de **regular o direito internacional privado brasileiro** (arts. 7º a 17).

A última é a de **regular os atos civis praticados no estrangeiro pelas autoridades consulares brasileiras** (arts. 18 e 19).

A primeira finalidade incide não só sobre a aplicação das normas de Direito Civil, mas sobre o Direito como um todo, ressalvada a existência de uma lei especial dispondo de modo contrário. Por exemplo, em Direito Penal, sob o argumento de que existe uma lacuna, não será possível valer-se da analogia para considerar crime um tipo de conduta ainda não regulada pelo Direito, por haver vedação dessa forma de integração na lei penal.

Neste texto veremos as principais regras da LINDB que interessam diretamente ao Direito Civil, devendo o leitor buscar os detalhes específicos de outros ramos jurídicos, tais como o Direito Internacional e a Hermenêutica, nos textos correspondentes.

1.2.2. Fontes do Direito

Quando se pergunta "quais são as fontes do Direito", fica sempre a dúvida sobre a qual fonte a indagação se refere. Existem *fontes criadoras* do Direito (legislador, por exemplo). Há *fontes formais* do Direito (a lei, por exemplo). Há *fontes históricas* do Direito (fatos históricos marcantes que deram origem à modificação de uma lei).

As **fontes formais** do Direito podem ser divididas em duas espécies: principais e acessórias.

As **fontes formais principais** são: a lei, a analogia, o costume e os princípios gerais do direito. Como adotamos o sistema romano-germânico, de início, só a lei é fonte formal principal. Apenas em caso de lacuna é que se admite que o aplicador se valha da analogia, do costume e dos princípios gerais, nessa ordem, como fonte formal jurídica (art. 4º da LINDB).

Para completo entendimento do assunto, é importante destacar que, por lei, deve-se entender norma constitucional, lei ordinária, lei complementar, lei delegada, resolução legislativa, decreto legislativo e medida provisória.

Já as **fontes formais secundárias ou acessórias** são: os decretos, as resoluções administrativas, as instruções normativas, as portarias etc. São acessórias pois guardam obediência a uma fonte principal.

Doutrina e jurisprudência são consideradas, tradicionalmente, como *fontes não formais* ou *fontes indiretas* (mediatas). Isso porque trazem preceitos não vinculantes. São também consideradas *fontes meramente intelectuais* ou *informativas*.

Há de se fazer alguns temperamentos com relação à jurisprudência. Isso porque, apesar de um entendimento reiterado pelos tribunais não ter força de lei, a Emenda Constitucional 45/2004 estabeleceu que o Supremo Tribunal Federal poderá, após reiteradas decisões sobre matéria constitucional, aprovar súmula, que terá efeito vinculante e incidirá sobre a validade, a interpretação e a eficácia de normas determinadas acerca das quais haja controvérsia (art. 103-A da CF).

Tais súmulas, ainda que declarativas em relação ao que é Direito, poderão ser consideradas verdadeiras fontes formais, já que têm eficácia *erga omnes*.

1.2.3. Lei

1.2.3.1. Conceito e características

Em sentido estrito, pode-se **conceituar** a **lei** como o *ato do Poder Legislativo imperativo, geral, originário e autorizador de se exigir do Estado a garantia de seu cumprimento mediante o uso de coação física, se necessário.*

1.2.3.2. Classificação

As leis podem ser **classificadas** a partir de diversos **critérios**. Vejamos alguns:

a) Quanto à sua **natureza**: podem ser *substantivas* ou *adjetivas*.

Substantivas *são as que estabelecem os direitos e deveres das pessoas em suas atividades e relações pessoais e profissionais.* São também chamadas de *materiais*.

Adjetivas *são as que regulamentam os atos de um processo, o qual tem por objetivo fazer valer as normas materiais.* São também chamadas de normas *processuais* ou *formais*;

b) Quanto à **hierarquia**: são escalonadas em *constitucionais*, *complementares* e *ordinárias*. As normas complementares estão em posição superior às ordinárias, não só porque exigem quórum especial (art. 69 da CF), como porque, segundo a Constituição, têm o condão de dispor sobre a elaboração das leis (art. 59, parágrafo único), o que se deu com a edição da Lei Complementar 95/1998;

c) Quanto à **competência** ou **extensão territorial**: são *federais*, *estaduais/distritais* e *municipais*;

d) Quanto ao **alcance**: podem ser *gerais* ou *especiais*.

Gerais *são as que regulam uma dada relação jurídica, a par de outra lei que regula um determinado aspecto daquela relação.* Assim, o Código Civil, ao tratar do contrato de locação é uma lei geral (arts. 565 e ss.), ao passo que a Lei 8.245/1991 é uma lei especial, pois trata apenas de um determinado aspecto da locação, no caso a locação de imóvel urbano.

Especiais *são as que regulam sozinhas uma relação jurídica por inteiro ou um determinado aspecto de uma relação jurídica regulada de modo genérico por outra lei.* Além da Lei de Locações, podem ser citados o Código de Defesa do Consumidor e o Estatuto da Criança e do Adolescente.

A classificação é importante para efeito de se descobrir qual é a lei aplicável ao caso concreto. Entre uma lei especial e uma lei geral, ainda que a lei geral seja posterior, deve-se aplicar a lei especial. Isso porque se presume que esta tratou com mais detalhe do assunto.

É importante ressaltar que **uma lei pode ser especial em relação a uma e geral em relação a outra**. Por exemplo, em relação à compra e venda prevista no Código Civil, as normas sobre o assunto previstas no CDC são especiais. Mas em relação à Lei de Alienação Fiduciária (Decreto-Lei 911/1969), as normas do CDC são consideradas gerais.

Outra observação importante é que **uma lei pode ser especial e ao mesmo tempo principiológica**. É o caso do CDC. Em relação ao CC, trata-se de uma lei especial. Em relação a outras leis especiais, como se viu acima, pode ser considerada lei geral. Nada obstante, como o CDC traz uma série de princípios, e como os princípios são normas que se sobrepõem a meras regras, é possível que o CDC prevaleça em relação a uma lei que, em princípio, traz normas especiais em relação às suas. Só que isso só acontecerá quando houver um conflito entre um princípio do CDC e uma mera regra da lei especial. É o que aconteceu em matéria de indenização por extravio de bagagens. Em que pese haver leis estipulando um tabelamento na indenização, prevalece na jurisprudência do STJ o princípio da reparação integral dos danos (art. 6º, VI, CDC).

1.2.3.3. Existência, validade, eficácia, vigência, vigor e desuso

O processo de elaboração das leis tem as seguintes etapas: iniciativa, discussão, votação, sanção (ou veto, com posterior recusa ao veto), promulgação e publicação.

A **sanção**, que pode ser expressa ou tácita (CF, art. 66, § 3º) é a *aquiescência dada pelo Chefe do Poder Executivo ao projeto de lei aprovado*. Permite-se também o veto, motivado pela inconstitucionalidade ou contrariedade do projeto ao interesse público, hipótese em que o Poder Legislativo poderá rejeitá-lo ("derrubá-lo"), por voto da maioria absoluta dos deputados e senadores, em sessão conjunta.

Após a sanção ou a recusa ao veto, passa-se à **promulgação**, que é o *ato pelo qual o Poder Executivo autentica a lei, atestando sua existência e determinando sua obediência*. O Executivo tem quarenta e oito horas contadas da sanção ou da comunicação da recusa ao veto para proceder à promulgação. Caso não o faça, o Presidente do Senado o fará e, se este não o fizer em igual prazo, caberá ao Vice-Presidente do Senado fazê-lo (CF, art. 66, § 7º).

Feita a promulgação, vem a **publicação**, que é *a divulgação oficial da nova lei, possibilitando seu conhecimento público*.

Em seguida à publicação, temos uma situação eventual pela qual pode passar uma lei, o chamado **período de vacância**, que é o *lapso temporal entre a data da publicação da lei e um termo prefixado na própria lei ou em outro diploma legislativo, durante o qual aquela não pode ainda produzir efeitos*. Esse intervalo entre a data da publicação da lei e sua entrada em vigor chama-se *vacatio legis*.

Segundo a LINDB, não havendo disposição em contrário, a lei começa a vigorar em todo o país quarenta e cinco dias após sua publicação. Nos estados estrangeiros, a obrigatoriedade da lei brasileira, quando for admitida, inicia-se três meses após oficialmente publicada (art. 1º, *caput* e § 1º). Adotou-se o princípio da *vigência sincrônica*, já que haverá vigência simultânea em todo o território nacional, ou seja, *prazo único* para entrada em vigor no país. Tal princípio se contrapõe ao da *vigência progressiva*, pelo qual a lei vai entrando em vigor no país segundo prazos que variam de acordo com a região[1]. Já nos estados estrangeiros, o prazo é outro, de modo que os agentes de nossas representações diplomáticas e os que têm fora do Brasil interesses regulados pela lei brasileira, por exemplo, só ficam obrigados após o período de três meses acima aludido.

Repare que, no silêncio, temos o período de vacância de quarenta e cinco dias, que poderá ser modificado mediante expressa indicação na lei de que entrará em vigor em outro termo. Segundo a Lei Complementar 95/1998, deve-se reservar a cláusula "entra em vigor na data da sua publicação" apenas para as leis de pequena repercussão. Quanto às demais, deve-se fixar um período de vacância que contemple prazo razoável para que dela se tenha amplo conhecimento (art. 8º, *caput*, da LC 95/1998). O Código Civil, por exemplo, entrou em vigor um ano após sua publicação (art. 2.044 do CC). A contagem do prazo dar-se-á com a inclusão da data da publicação e do último dia do prazo, entrando em vigor no dia subsequente à sua consumação integral (art. 8º, § 1º, da LC 95/1998).

Há períodos de vacância fixados na própria Constituição, como os previstos nos art. 150, III, "b" e "c", e 195, § 6º (no que concerne à cobrança de tributos).

Pode ocorrer de, no curso do período de vacância, ser necessária nova publicação da lei destinada a alguma correção. Nesse caso, o prazo de vacância começará a correr mais uma vez a partir da data da nova publicação (art. 1º, § 3º, da LINDB).

Pode ocorrer também de, após o período de vacância, ser necessária nova publicação da lei para o mesmo fim. Nesse caso, como a lei já estava em vigor, os efeitos que ela produziu até aquele momento serão respeitados. A LINDB é expressa no sentido de que as correções serão consideradas lei nova (art. 1º, § 4º), de modo que novo período de vacância deverá ser computado.

A partir dos eventos narrados (promulgação, publicação e período de vacância) é importante trazer à tona as noções de existência, vigência, vigor, validade e eficácia.

Segundo a maioria dos doutrinadores, a **existência** da lei ocorre *após a sanção ou a rejeição ao veto* (Pontes de Miranda, José Afonso da Silva, Manuel Gonçalves Ferreira Filho, Michel Temer, Luiz Alberto David Araujo e Alexandre de Moraes). A própria Constituição dá a entender que isso ocorre ao mencionar a "lei" como ato a ser promulgado (art. 66, § 7º). A promulgação, como se viu, apenas atesta a existência da lei. Nesse sentido é ato declaratório. E promulgação é uma verdadeira autenticação, ou seja, uma declaração de que a lei existe, é válida e que deverá ser cumprida, pois tem aptidão para vir a produzir efeitos.

A existência, todavia, não se confunde com a validade. Quando se tem existente uma lei, tem-se também uma presunção de que também é válida. A própria promulgação já atesta a existência e a validade da lei. Nada obstante, pode ser que o Poder Judiciário reconheça sua inconstitucionalidade. Se tal reconhecimento se der no bojo de uma ação direta de inconstitucionalidade, após seu trânsito em julgado será desfeita definitivamente a presunção de validade que a lei detinha. A **validade**, portanto, é *qualidade da lei de ter sido produzida segundo as condições formais e materiais previstas na ordem jurídica*.

Mas não basta que a lei exista e seja válida. Esta há de ter **eficácia**, que é a *qualidade da lei de poder produzir efeitos jurídicos*. A lei só a terá se cumprir as chamadas *condições de eficácia do ato normativo*, que são: a) a promulgação; b) a publicação; c) o decurso do período de vacância, quando existir. As duas primeiras condições também são chamadas de *atos de integração da eficácia da lei*. É importante anotar que algumas normas constitucionais, por dependerem de outra para produzirem efeitos, têm eficácia limitada.

---

1. Segundo a anterior LINDB, a obrigatoriedade das leis, quando não se fixasse outro prazo, "começaria no Distrito Federal, três dias depois de oficialmente publicada, quinze dias no Estado do Rio de Janeiro, trinta dias nos Estados Marítimos e no de Minas Gerais, cem dias nos outros, compreendidas as circunscrições não constituídas em Estado".

Diante de tais noções, passemos aos conceitos de vigor e de vigência.

Vigor é a *qualidade da lei de poder produzir efeitos jurídicos*. Vigor quer dizer força. A lei só tem força quando pode produzir efeitos. E a lei só pode produzir efeitos depois de preenchidas as condições anteriormente aludidas. É por isso que o art. 1º da LINDB dispõe que a lei começa a "vigorar" após publicada.

Já a **vigência** é o *tempo em que a lei existiu podendo produzir efeitos*. Para alguns é o *tempo em que a lei é válida*. Vigência não é qualidade. Vigência é período de tempo. Perceba que a vigência requer dois elementos: "existência" e "efeitos". Assim, uma lei promulgada, mas não publicada, não teve vigência, uma vez que, apesar de existir, não pode produzir "efeitos". O mesmo se dirá de uma lei que ainda estiver em período de vacância. Uma lei que ainda produza efeitos, mas que já estiver revogada não está em vigência. Isso porque, apesar de produzir efeitos, não tem mais "existência". Isso ocorre com o Código Civil anterior. Ele ainda regula algumas relações (produz "efeitos"), mas está revogado (não tem mais "existência").

Assim, pode ser que uma lei tenha vigor, mas não tenha mais vigência. O CC antigo ainda produz efeitos (tem vigor), mas não existe mais (não tem vigência).

Por fim, vale trazer à tona a noção de **desuso** e **costume negativo**, que são as *circunstâncias de a lei, em que pese poder produzir efeitos jurídicos, não ter utilidade, no primeiro caso, ou estar sendo descumprida por destinatários do Direito, sem que haja sua exigência ou aplicação pelos agentes estatais competentes, no segundo*. Um exemplo de *desuso* é a lei que trata da proibição de caça de um tipo de animal que já está extinto. E um exemplo de *costume negativo* é o que se deu em relação ao crime de adultério. O Código Penal, em que pese vigente quanto a esse crime, não vinha sendo aplicado quando cometido o tipo penal em questão, que veio a ser retirado da ordem jurídica.

Cabe anotar que existem juristas ou jusfilósofos que apresentam noções diferentes das que colocamos. É o caso de Kelsen, para quem a *eficácia* tem a ver com o plano concreto, tem relação com o que chamamos de desuso. E o que chamamos de eficácia, para Kelsen, é vigência.

1.2.3.4. Vigência da lei

1.2.3.4.1. Princípio da obrigatoriedade

Ao conceituarmos a lei, vimos que é um ato imperativo, um ato que prescreve conduta às pessoas. De nada valeria a lei se os destinatários de seus comandos tivessem a faculdade de cumpri-los ou não. É fundamental para a efetividade da ordem jurídica que as pessoas sejam de fato obrigadas a cumprir a lei.

Nesse sentido, o art. 3º da LINDB dispõe que "ninguém se escusa de cumprir a lei, alegando que não a conhece". Esse dispositivo consagra o princípio da obrigatoriedade (*ignorantia legis neminem excusat*).

A justificativa do princípio apresenta três teorias: a) a da *presunção legal* de que a lei, publicada, passa a ser de conhecimento de todos; b) a da *ficção* de que todos passam a conhecer a lei com sua publicação; c) e a da *necessidade social* de que assim seja, possibilitando uma convivência harmônica. Esta é a teoria mais aceita.

A Lei das Contravenções Penais, em seu art. 8º, mitiga o princípio ao dispor que "no caso de ignorância ou errada compreensão da lei, quando escusáveis, a pena pode deixar de ser aplicada".

A ignorância da lei, nos demais casos, é inescusável. O que se admite é que haja um erro (não ignorância) *sobre a ilicitude do fato* (art. 21 do CP) ou *de direito* (art. 139, III, do CC), a ensejar isenção ou diminuição de pena no primeiro caso e anulabilidade no segundo.

1.2.3.4.2. Vigência da lei no tempo

Neste tópico estuda-se o princípio da continuidade e a revogação das leis e também o conflito das leis no tempo.

Princípio da continuidade é *aquele pelo qual a lei terá vigência enquanto outra não a modificar ou a revogar*. Ou seja, a regra é a de que as leis têm caráter permanente. Mas há exceções à regra.

Há casos em que a lei tem **vigência temporária** (leis temporárias), que cessará nas seguintes hipóteses: a) advento de termo (prazo) fixado para sua duração; b) implemento de condição resolutiva (leis circunstanciais); c) consecução de seus fins.

A lei **também poderá perder vigência:** a) pela não recepção em função de nova ordem constitucional; b) por suspensão de sua execução pelo Senado, em razão de declaração incidental de inconstitucionalidade pelo STF; ou c) pelo trânsito em julgado de ação destinada ao controle concentrado de constitucionalidade, em caso de reconhecimento da inconstitucionalidade.

A revogação é a *supressão de uma lei por outra*. Existem variadas espécies de revogação, daí a pertinência de proceder a sua classificação:

a) Quanto à **extensão**: pode ser *total* ou *parcial*.

Revogação total (ou ab-rogação) é *a supressão integral da lei anterior*. O art. 2.045 do atual Código Civil revogou por inteiro o Código anterior.

Revogação parcial (ou derrogação) é *a supressão de parte da lei anterior*;

b) Quanto à **forma de sua execução**: pode ser *expressa* ou *tácita*.

Revogação expressa é *aquela em que a lei nova declara inequivocamente a supressão de dada lei*. O atual Código Civil, como se viu, revogou expressamente a Lei 3.071/1916 (CC anterior) em seu art. 2.045.

Revogação tácita é *aquela em que a lei nova, apesar de não declarar inequivocamente que a lei antiga está sendo suprimida, mostra-se incompatível com ela ou regule inteiramente a matéria de que essa tratava*.

A *incompatibilidade* se dá, por exemplo, quando uma lei nova permite algo que a antiga proibia. Ou quando a primeira proíbe algo que a segunda permite. Chama-se também revogação indireta.

A *regulamentação por inteiro de uma matéria* se dá quando a nova lei esgota a matéria da qual a lei anterior tratava. Assim, ainda que a nova Lei de Falências não fizesse referência expressa à revogação da lei anterior, o fato é que esta ficaria revogada, uma vez que aquela regula por inteiro a matéria dessa. Chama-se também revogação global.

Anote-se que é possível que uma lei revogada continue a produzir efeitos. Exemplo disso é a disposição do art. 2.038 do atual CC, que determina a continuidade da aplicação do CC/1916 para as enfiteuses já existentes quando da entrada em vigor do primeiro. Trata-se da *ultratividade* ou *pós-atividade da lei*.

É importante anotar que, "salvo disposição em contrário, a lei revogada não se restaura por ter a lei revogadora perdido a vigência" (art. 2º, § 3º, da LINDB). Ou seja, se uma lei "A" é revogada por uma lei "B", e a tal lei "B" é revogada pela lei "C", a lei "A" não fica restaurada. Isso quer dizer que não existe o efeito repristinatório (restaurador) da primeira lei revogada. O que pode acontecer é a lei "C" expressamente dizer que novamente entrará em vigor a lei "A". Neste caso teremos uma lei nova e não exatamente uma repristinação.

De qualquer forma, ainda que não adotado como regra pela nossa LINDB, vamos conceituar o instituto da **repristinação**, *que consiste na restauração da lei revogada, em virtude da lei revogadora ter perdido a vigência*. O instituto em tela só é admitido quando a lei expressamente restaurar a lei anterior.

Em resumo, a lei perde vigência nas seguintes hipóteses: a) fim do prazo ou do motivo que enseja sua vigência (lei temporária); b) suspensão da execução pelo Senado, em razão de declaração incidental de inconstitucionalidade pelo STF; c) trânsito em julgado de ação destinada ao controle concentrado de constitucionalidade, em caso de reconhecimento da inconstitucionalidade; d) não recepção em função de nova ordem constitucional; e) revogação por outra lei.

Tema pertinente a esse tópico é o conflito de leis no tempo. Será que toda lei posterior revoga a lei anterior? A resposta é negativa. O critério **cronológico** *ou* **temporal** (*lex posterior derogat legi priori*) cede em função dos critérios **hierárquico** (*lex superior derogat legi inferiori*) e da **especialidade** (*lex specialis derogat legi generali*).

Assim, uma lei nova não revoga um dispositivo constitucional que com ela esteja em contrariedade, pois a norma constitucional, em que pese mais antiga, tem *hierarquia* superior à norma infraconstitucional. Prevalece o critério hierárquico sobre o cronológico.

Do mesmo modo, uma lei geral nova não revoga uma lei especial velha, pois o critério da *especialidade* prevalece. A norma é especial quando possui em sua hipótese de incidência todos os elementos da norma geral e mais alguns *especializantes*. Presume-se que, na feitura da lei especial, procurou-se tratar com mais detalhe as particularidades do tema, da questão. O princípio da isonomia, que impõe tratar os desiguais de modo desigual, fundamenta a ideia de que o especial prevalece sobre o geral. Assim, o Estatuto da Criança e do Adolescente e o Código de Defesa do Consumidor não ficaram revogados pelo novo Código Civil, já que trazem normas especiais em relação a este. Prevalece o critério da especialidade sobre o cronológico.

Deve-se tomar cuidado, todavia, com um aspecto. Muitas vezes uma lei preponderantemente geral, como é o Código Civil, contém normas especiais, que, assim, podem revogar normas anteriores com ele incompatíveis. É o caso da matéria referente ao condomínio edilício, que é uma questão única, não passível de tratamento estanque, e que foi regulada por inteiro no atual Código Civil. Por trazer normas especiais, os arts. 1.331 a 1.358 do CC revogaram substancialmente a Lei 4.591/1964, mesmo sendo esta uma lei especial.

Deve-se tomar cuidado com a afirmativa de que "a lei especial revoga a lei geral". Às vezes, a lei especial apenas está regulando uma das categorias abrangidas pela lei geral, não a revogando, portanto. O Código Civil anterior, de modo geral, regulava os vícios redibitórios. Veio o CDC e regulou os vícios do produto ou do serviço para uma relação de consumo. A lei geral não ficou revogada. Continua a ser aplicada de modo genérico. Apenas não se aplica àquela categoria de negócios considerados *relação de consumo*. Ou seja, a lei especial não revogou a geral. Apenas retirou um espectro de sua incidência.

No tema aplicação da lei no tempo é, ainda, importante anotar que a lei nova, apesar de ter efeito imediato e geral, deve respeitar o ato jurídico perfeito, o direito adquirido e a coisa julgada (art. 6º da LINDB). A Constituição, em seu art. 5º, XXXVI, reforça o princípio ao dispor que "a lei não prejudicará o direito adquirido, o ato jurídico perfeito e a coisa julgada".

Trata-se do **princípio da irretroatividade da lei**.

A **coisa julgada** pode ser conceituada como a *qualidade da sentença de mérito de o seu comando ser imutável. Isso se dá com o trânsito em julgado da decisão*.

O **direito adquirido** é *aquele que já se incorporou ao patrimônio de seu titular, uma vez que preenchidos, sob a vigência da lei anterior, os requisitos para a aquisição do direito*. Para a LINDB, "consideram-se adquiridos assim os direitos que seu titular, ou alguém por ele, possa exercer, como aqueles cujo começo do exercício tenha termo prefixo, ou condição preestabelecida inalterável, a arbítrio de outrem" (art. 6º, § 2º).

O **ato jurídico perfeito** é *aquele já consumado segundo a lei vigente ao tempo em que se efetuou* (art. 6º, § 1º, da LINDB).

A lei não pode *prejudicar* tais valores, mas pode *beneficiar*. É por isso que a lei penal que beneficia o acusado retroage (art. 5º, XL, da CF) e que a lei tributária também retroage em alguns casos (art. 106 do CTN).

Não se deve confundir *retroatividade* com *aplicabilidade imediata*. A lei não pode atingir, para prejudicar, fatos passados, mas pode ser aplicada de modo imediato para fatos que ocorrerem depois de sua vigência, ainda que relacionados com fatos anteriores.

Nesse sentido, é importante trazer à tona a diferenciação feita pelo art. 2.035 do Código Civil, que, no tocante aos negócios e demais atos jurídicos constituídos antes da vigência do CC de 2002, traz as seguintes regras:

a) a *validade* desses atos subordina-se à legislação da época em que foram feitos;

b) os *efeitos* desses atos, produzidos após a vigência do novo Código, a esse se subordinam, salvo se as partes tiverem previsto determinada forma de execução.

Em suma, quanto aos fatos antigos (validade do negócio) aplica-se a lei antiga. Quanto aos fatos novos (efeitos ocorridos após a vigência da lei nova), aplica-se a lei posterior.

O problema é que o art. 2.035 foi além e criou uma norma bastante polêmica, que permite que o novo Código retroaja na seguinte situação:

c) convenção alguma prevalecerá, porém, se contrariar preceitos de ordem pública, tais como os estabelecidos pelo CC para assegurar a função social da propriedade e dos contratos.

Trata-se da chamada retroatividade média, em que se atingem os efeitos ainda pendentes de um ato jurídico anterior, verificados antes da lei nova[2]. Todavia, há diversas decisões do STF proibindo esse tipo de retroatividade, mesmo nos casos em que a lei nova é de ordem pública (ADI 493/DF; RE 188.366, RE 205.193, RE 205.999, RE 159.979 e RE 263.161).

Com efeito, é comum distinguir a retroatividade em três espécies[3].

A *retroatividade máxima*, também chamada de *restitutória*, consiste em alcançar situações jurídicas consolidadas (ato jurídico perfeito, direito adquirido e coisa julgada) cujos efeitos já se efetivaram no mundo jurídico e fenomênico. Ou seja, consiste em a nova lei *alcançar negócios e atos jurídicos findos*. Um exemplo de retroatividade máxima é a situação em que uma lei que diminuísse a taxa de juros para uma determinada obrigação estipulasse que os credores dessas obrigações, já satisfeitos por ocasião da nova lei, devolvessem as quantias recebidas a mais.

A *retroatividade média* consiste em alcançar situações jurídicas consolidadas e exigíveis (ato jurídico perfeito, direito adquirido e coisa julgada), mas que ainda não foram realizadas. Ou seja, consiste em a nova lei alcançar obrigações certas e já vencidas, mas ainda não pagas. Um exemplo de retroatividade média é a situação em que uma lei que diminuísse a taxa de juros para uma determinada obrigação estipulasse que os credores dessas obrigações, ainda não satisfeitos por ocasião da nova lei, tivessem que aceitar o pagamento dos juros passados e futuros com base na nova lei.

A *retroatividade mínima* consiste em alcançar efeitos *futuros* de situações jurídicas consolidadas e exigíveis (ato jurídico perfeito, direito adquirido e coisa julgada), mas ainda não realizadas. Ou seja, consiste em a nova lei alcançar efeitos *futuros* de obrigações já vencidas e ainda não pagas. Um exemplo de retroatividade mínima é a situação em que uma lei que diminuísse a taxa de juros para uma determinada obrigação estipulasse que os credores dessas obrigações, ainda não satisfeitos por ocasião da nova lei, tivessem que aceitar o pagamento dos juros futuros (juros após a edição da nova lei) com base no novo diploma legal.

Há, ainda, outro instituto jurídico relacionado ao tema, a chamada *aplicação imediata da lei*. Esta abrange a retroatividade mínima e também outra situação, qual seja, a situação de lei nova se aplicar a situações jurídicas ainda não consolidadas. Um exemplo desse segundo caso é a aplicação imediata da lei processual nova, em relação a processos judiciais em curso, desde que não se fira a coisa julgada e que se respeite os atos regularmente praticados com base na antiga lei.

É sempre bom lembrar que a proibição à retroatividade maléfica da lei está prevista na própria Constituição e não em uma lei infraconstitucional (art. 5º, XXXVI, da CF). Isso faz com que uma norma desta natureza não possa excepcionar uma norma constitucional, pouco importando se a lei infraconstitucional é ou não de ordem pública.

Nesse sentido, confira o posicionamento pacífico do Supremo Tribunal Federal;

> "Contrato de prestação de serviços. Lei 8.030/1990. <u>Retroatividade mínima. Impossibilidade. É firme, no Supremo Tribunal Federal, a orientação de que não cabe a aplicação da Lei 8.030/1990 a contrato já existente, ainda que para atingir efeitos futuros, pois redundaria em ofensa ao ato jurídico perfeito.</u> Agravo regimental a que se nega provimento." (RE 388607, Rel. Min. JOAQUIM BARBOSA, 2ª T., DJ 28.04.2006) (g.n.)

Mesmo a retroatividade mínima, segundo o Supremo Tribunal Federal, só é permitida se provier de uma norma constitucional. Confira:

> "Pensões especiais vinculadas a salário mínimo. Aplicação imediata a elas da vedação da parte final do inciso IV do artigo 7º da Constituição de 1988. <u>Já se firmou a jurisprudência desta Corte no sentido de que os dispositivos constitucionais têm vigência imediata, alcançando os efeitos futuros de fatos passados (retroatividade mínima).</u> Salvo disposição expressa em contrário – e a Constituição pode fazê-lo –, eles não alcançam os fatos consumados no passado nem as prestações anteriormente vencidas e não pagas (retroatividades máxima e média). Recurso extraordinário conhecido e provido" (RE 140499, Rel. Min. MOREIRA ALVES, 1ª T., DJ 09.09.1994) (g.n.).

Dessa forma, tirando as situações de aplicação imediata da lei, não se pode retroagir lei nova para prejudicar direito adquirido, coisa julgada e ato jurídico perfeito.

1.2.3.4.3. Vigência da lei no espaço

Nesse tema vige o princípio da **territorialidade**, para o qual *a lei tem aplicação dentro do território do Estado que a expediu*. Esse princípio decorre da soberania estatal. A ideia de território estende-se também a outros espaços, como os navios e aeronaves de guerra, onde se encontrarem.

Admite-se, todavia, que a lei estrangeira, em determinadas hipóteses, tenha eficácia em nosso território, ou seja, admite-se a **extraterritorialidade**. Isso se dá com fundamento na solidariedade internacional. A aplicação da lei estrangeira em outro território tem por finalidade proteger a pessoa em território estrangeiro e regular os efeitos de atos estrangeiros que venham a se cumprir no país. Em virtude da existência de exceções é que se diz que adotamos o princípio da **territorialidade moderada**.

Todavia, em nenhuma hipótese poderá ser aplicada uma lei estrangeira (bem como atos, sentenças e declarações de vontade) que ofenda a soberania nacional, a ordem pública e os bons costumes do país (art. 17 da LINDB).

Chama-se **estatuto pessoal** o conjunto de normas que rege o estrangeiro pela lei de seu país de origem. Um estrangeiro que estiver em nosso país poderá carregar consigo um conjunto de normas estrangeiras que regulará seus direitos no Brasil. Esses temas são estudados com profundidade no Direito Internacional.

1.2.3.5. Aplicação da lei

1.2.3.5.1. Interpretação da lei

Interpretar é *extrair o sentido e o alcance da lei, com vistas a sua posterior aplicação*.

A interpretação que nos interessa não é um fim em si mesmo. Ela objetiva extrair da lei normas jurídicas para apli-

---

2. A retroatividade máxima ocorre quando a lei nova ataca a coisa julgada ou fatos já consumados. Essa, não há dúvida, só pode se dar por atuação do Poder Constituinte Originário.

3. *Vide*, a respeito, José Carlos de Matos Peixoto (*Curso de Direito Romano*, Editorial Peixoto, 1943, tomo I, p. 212-213) e também a ADI 493/DF, do STF, cuja relatoria foi do Min. Moreira Alves (DJ 04.09.1992).

cação aos casos concretos, possibilitando que o Direito cumpra seu papel de garantir uma convivência justa entre as pessoas.

A grande questão é que a lei é estática em relação à realidade fenomênica. As leis permanecem vigentes anos a fio, ao passo que os fatos e valores sociais mudam com maior rapidez. É por isso que compete ao intérprete extrair da lei normas jurídicas, atentando para a situação fático-valorativa em que se encontram os fatos a serem subsumidos para efeito de aplicação da lei.

Cabe ao intérprete, portanto, dar vida ao texto da lei. Nesse sentido, várias comparações são feitas pela doutrina. O intérprete está para a lei, assim como o ator está para o texto que irá representar, ou assim como o cantor está para o texto da música que irá cantar. Atores e cantores darão vida àqueles textos, a partir da técnica e da emoção. Intérpretes darão vida aos textos de lei, a partir de técnicas que considerem os fenômenos fáticos e valorativos que envolvem a questão.

As **técnicas interpretativas** são tão importantes que, para seu estudo, foi se formando uma verdadeira ciência, que é chamada de **hermenêutica**. Pode-se defini-la, portanto, como *a ciência da interpretação*.

A **técnica gramatical** *consiste em verificar o significado das palavras, isolada e sintaticamente, atendendo à pontuação e à colocação dos vocábulos.* Usa-se também a expressão *interpretação literal* para fazer referência a essa técnica.

A **técnica lógica** *consiste na análise dos períodos da lei, combinando-os entre si mediante um raciocínio lógico, de modo a se atingir uma perfeita compatibilidade.*

A **técnica sistemática** *consiste em relacionar os vários dispositivos legais que guardam pertinência com o tema no sistema jurídico, de modo a buscar uma resposta única e trabalhada.*

A **técnica histórica** *consiste em averiguar os antecedentes da norma, desde as circunstâncias fáticas e valorativas que a precederam (occasio legis) até as discussões e deliberações legislativas, de modo a verificar a razão de sua existência (ratio legis).*

A **técnica teleológica** *consiste em averiguar o sentido e o alcance da lei partindo dos fins sociais a que ela se dirige, bem como adaptando-a às exigências do bem comum* (art. 5º da LINDB).

A utilização das técnicas de interpretação pode levar a **resultados** *declarativos (ou especificadores), restritivos* e *extensivos.* Em determinadas matérias existem óbices, decorrentes de sua própria natureza, a alguns dos resultados possíveis. Por exemplo, em Direito Penal, não se pode interpretar um tipo penal de modo a que se chegue a um resultado extensivo em relação ao texto da lei. Quando se tem uma exceção, também não se pode interpretar de modo a que se chegue a um resultado extensivo. A própria ordem jurídica se encarrega de colocar óbices a determinados resultados. O art. 114 do CC, por exemplo, dispõe que os negócios jurídicos benéficos (como uma doação) e a renúncia "interpretam-se estritamente".

1.2.3.5.2. Integração das lacunas

O Direito tem por objetivo regular o comportamento humano, de modo a garantir uma convivência justa entre as pessoas. Para tanto, são editadas inúmeras leis. Como se viu, é a partir dessas que se vão extrair as normas jurídicas destinadas a regular as variadas questões que se apresentarem no mundo fenomênico. O aplicador partirá da lei, adaptada à realidade fático-valorativa daquele momento histórico. O problema é quando não há lei regulando aquele fato. Estar-se-á diante de uma lacuna.

As **causas** das lacunas são as seguintes: a) impossibilidade de o legislador lograr êxito em regular todas as questões de interesse da sociedade; b) superveniência de modificações fáticas e sociais sem que a lei acompanhe a nova realidade.

É importante anotar que o juiz somente pode colmatar (preencher a lacuna) para o caso concreto que decide. Exceção a essa regra somente pode se dar por meio do mandado de injunção, importante na colmatagem da lacuna enquanto não sobrevier lei preenchendo o vazio. Tal possibilidade não vinha sendo admitida pelo Supremo Tribunal Federal. Todavia, no mandado de injunção que pedia o reconhecimento de mora abusiva do Congresso em legislar sobre o direito de greve do servidor público, o STF resolveu permitir que esse direito fosse exercido, aplicando-se a Lei de Greve para o setor privado por analogia.

Antes de verificarmos quais são as medidas que deve tomar o aplicador da lei para preencher uma lacuna, vejamos as **espécies** de lacuna reconhecidas pela doutrina: a) **normativa**, quando não houver lei regulando determinado caso; b) **ontológica**, quando houver norma regulando o caso, mas essa não corresponder à realidade fático-valorativa, tendo em vista modificações substanciais nos fatores sociais; c) **axiológica**, quando houver norma, mas essa for injusta, levar a situações iníquas, absurdas.

Seja qual for o tipo de lacuna, deve-se recorrer ao art. 4º da LINDB, que dispõe: "quando a lei for omissa, o juiz decidirá o caso de acordo com a analogia, os costumes e os princípios gerais do direito".

A lei não permite que o juiz se exima de decidir. Deve o magistrado aplicar a norma legal, e, na sua falta, as três fontes referidas, sucessivamente.

O juiz só decidirá por equidade nos casos previstos em lei (art. 140, parágrafo único, do NCPC), como o previsto no art. 11, II, da Lei 9.307/1996. Isso não impede que o juiz, ao aplicar a lei, busque a forma mais equânime de fazê-lo. Ou seja, deve o juiz agir com "equidade dentro da lei". O que não pode é ignorar a lei e simplesmente decidir do modo que entender ser mais equânime. Reconhece a doutrina que também é possível valer-se da equidade quando haja lacuna e nenhum dos critérios previstos na lei consiga integrá-la. De qualquer forma, entendemos ser difícil que isso se configure, pois, um dos princípios gerais de direito, último recurso a ser utilizado em caso de lacuna, é o da igualdade, que remete justamente à ideia de equidade.

Em matéria de prova, ou seja, no que concerne a questões de "fato" (e não de "direito"), "em falta de normas jurídicas particulares, o juiz aplicará as regras de experiência comum subministradas pela observação do que ordinariamente acontece e ainda as regras de experiência técnica, ressalvado, quanto a esta, o exame pericial" (art. 375 do NCPC).

A **integração** pode ser definida como *o processo de preenchimento de lacunas, mediante a aplicação da analogia, dos costumes e dos princípios gerais do direito, nessa ordem, criando-se norma individual para o caso.* Repare que há uma ordem de preferência na utilização das fontes. Comecemos com a primeira.

Decidir de acordo com a analogia *consiste em aplicar, a um acontecimento não regulado por uma norma jurídica, outra norma prevista para hipótese semelhante.* São necessários os seguintes procedimentos: a) comparar as semelhanças entre as hipóteses; b) avaliar se a semelhança justifica um tratamento jurídico idêntico. O fundamento da utilização da analogia é o princípio da igualdade. Utiliza-se muito aqui os argumentos vistos, especialmente o argumento *a fortiori*, que compreende o "a maiori ad minus" e o "a minori ad maius". Não sendo possível a utilização da analogia, deve-se recorrer aos costumes.

Decidir de acordo com o costume *consiste em aplicar as normas decorrentes da prática reiterada de determinado ato, com a convicção de sua obrigatoriedade jurídica.* O costume, que é fonte formal secundária do direito, tem dois elementos: a) o objetivo (o uso); e b) o subjetivo (a crença na sua obrigatoriedade). Em relação à lei, são divididos em: a) *contra legem* (contrários à lei); b) *praeter legem* (quando não estiver regulado em lei); c) *secundum legem* (quando a lei já o reconhece). As normas costumeiras a serem aplicadas na forma do art. 4º da LINDB são aquelas *praeter legem*. O costume contra a lei só poderá ser aplicado nos casos de lacuna superveniente, ou seja, naqueles casos em que a lei não acompanhou as mudanças na sociedade, continuando a prescrever comandos patentemente em descompasso com a nova realidade. Só em situações muito excepcionais é que se pode admitir tal possibilidade. Não sendo possível valer-se dos costumes, socorre-se dos princípios gerais de direito.

Decidir de acordo com os princípios gerais de direito *consiste em aplicar as ideias políticas, sociais e jurídicas subjacentes ao sistema jurídico.* Se a questão fática posta à aplicação da lei pode ser resolvida pela utilização de um princípio de direito pertinente aos fatos apresentados, não estaremos diante de lacuna. Deve-se a ela aplicar o princípio, que é lei voltada para o caso. Quando não houver lei ou princípio jurídico pertinente ao caso é que estaremos diante de lacuna. Não sendo possível recorrer à analogia e ao costume, recorre-se aos princípios gerais do direito, que, como o próprio nome diz, não são especiais em relação àquela questão. São princípios que norteiam o direito como um todo, como: o da igualdade, o da legalidade, o da presunção de boa-fé, o da proibição do locupletamento ilícito, o da dignidade da pessoa humana etc.

1.2.3.5.3. Correção das antinomias

Muitas vezes o problema não é de ausência de lei ou de normas, mas de existência de mais de uma norma conflitando entre si. Não se tem nesse caso lacuna, a ensejar uma integração; tem-se antinomia, a ensejar uma correção, que também só terá efeito para o caso concreto em que o Direito será aplicado.

Pode-se **conceituar** o instituto da **antinomia** como a *situação de conflito entre duas ou mais normas jurídicas.*

Quanto ao critério de solução do conflito, a antinomia pode ser dividida em duas **espécies**: a) **aparente**, *quando a própria lei tiver critério para a solução do conflito*; b) **real**, *quando não houver na lei critério para a solução do conflito.*

A ordem jurídica prevê critérios para a solução de antinomias aparentes. São eles: a) o **hierárquico** (*lex superior derogat legi inferiori*), pelo qual a lei superior prevalece sobre a de hierarquia inferior; b) o **cronológico** *ou* **temporal** (*lex posterior derogat legi priori*), pelo qual a lei posterior prevalece sobre a anterior; e c) o da **especialidade** (*lex specialis derogat legi generali*), pela qual a lei especial prevalece sobre a geral.

Caso não seja possível solucionar o conflito pela utilização dos critérios mencionados, estaremos diante de uma antinomia de segundo grau, já que o conflito não será entre simples normas, mas entre os critérios (hierárquico, cronológico e de especialidade). Confira-se os metacritérios para a solução de antinomias de segundo grau. Entre o: a) **hierárquico e o cronológico**, prevalece o hierárquico (norma superior-anterior), pois a competência é mais forte que o tempo; b) **da especialidade e o cronológico**, prevalece o da especialidade (norma especial-anterior), em face do princípio da igualdade, admitindo-se exceções no caso concreto; c) **hierárquico e o da especialidade**, não é possível estabelecer um metacritério de antemão, com alguma vantagem para o critério hierárquico, em virtude da competência.

2. PARTE GERAL

2.1. Pessoas naturais

2.1.1. *Generalidades*

O Direito regula a relação jurídica entre as pessoas. E quais são os elementos de uma relação jurídica? São três: a) **sujeitos de direito**, que são os entes que podem fazer parte de uma relação jurídica, normalmente pessoas (um animal, por exemplo, não pode fazer parte de uma relação jurídica, mas apenas ser um objeto dela); b) um **objeto**, que é, de modo imediato, uma obrigação (de dar, de fazer de não fazer), e, de modo mediato, o bem da vida buscado (um móvel, um imóvel, um semovente, a honra, a vida etc.); e c) um **acontecimento** que faz nascer a tal relação, uma vez que não é qualquer fato do mundo fenomênico que gera uma "relação jurídica", sendo necessário que essa situação esteja prevista numa norma jurídica como apta a fazer criar, a modificar ou a extinguir um direito.

A partir da noção do que regula o Direito (relação jurídica) e de que somente pessoas (naturais ou jurídicas) podem fazer parte de uma relação jurídica, mostra-se, assim, a importância de estudar as pessoas. Excepcionalmente, um ente não personalizado, ou seja, alguém que não seja uma pessoa também poderá fazer parte de uma relação jurídica, como o espólio e o nascituro. De qualquer forma, vamos ao estudo das pessoas naturais, que, como se viu, são, por excelência, elementos essenciais das relações jurídicas.

2.1.2. *Conceito de pessoa natural*

Pessoa natural *é o ser humano.* O Código Civil, em seu art. 1º, dota de personalidade o ser humano.

2.1.3. *Personalidade*

Personalidade *é a qualificação conferida pela lei a certos entes, que entrega a estes aptidão ou capacidade genérica para adquirir direitos e contrair obrigações.* Ou seja, é uma qualificação legal que confere capacidade jurídica a certos entes. O direito confere tal qualificação jurídica a toda pessoa, inclusive à pessoa jurídica.

Assim, a personalidade pode ser vista como o atributo que a ordem jurídica confere a entes de adquirir/contrair genericamente direitos e obrigações. Quem tem personalidade é, então, sujeito de direito, qualificação que não se pode dar a um animal, por exemplo, já que tais entes não podem adquirir direitos ou contrair obrigações.

Para *atuar* na vida jurídica é necessário, como regra, ter personalidade jurídica. A origem da palavra traz esse sentido. Em latim, *persona* significa a máscara que os atores usavam para a amplificação de sua voz. Para *atuar* no teatro, portanto, tais máscaras também eram necessárias (*per sonare*).

Deve-se tomar cuidado com a expressão **"sujeito de direito"**, visto que há entes que não têm personalidade, mas que são sujeitos de direitos, tais como o nascituro, o espólio, a massa falida, o condomínio edilício, a herança jacente e a herança vacante. Neste caso, não existe aptidão genérica para contrair direitos e obrigações, mas aptidão específica para contrair certos direitos e certas obrigações ligadas às finalidades do ente.

Enquanto uma pessoa, *sujeito de direito personificado*, por ter personalidade, pode fazer tudo o que a lei não proíbe (art. 5º, II, da CF), um *sujeito de direito não personificado* só pode fazer o que a lei permite.

O **nascituro**, por exemplo, não tem personalidade jurídica, mas a lei põe a salvo, desde a concepção, direitos que possa ter (art. 2º do CC). Isso significa que o nascituro é um sujeito de direito, mas não quer dizer que tenha personalidade, ou seja, que tenha aptidão genérica para realizar atos e negócios jurídicos.

O **condomínio edilício** também. Não tem personalidade, ou seja, não tem qualificação que o habilita a praticar qualquer ato jurídico que não seja proibido em lei, mas, por ser um *sujeito de direito despersonificado*, só está habilitado a praticar atos permitidos expressa ou implicitamente em lei, como contratar funcionários e serviços de manutenção. A **massa falida** também é um *sujeito de direito despersonificado*, tendo autorização especial para praticar atos úteis à administração dos bens arrecadados do empresário falido, podendo cobrar créditos desse, por exemplo.

Resta saber quando um ente passa a ser qualificado como dotado de personalidade. Ou seja, quando se tem o **início da personalidade**. No que concerne à pessoa jurídica, veremos em capítulo próprio. Quanto à pessoa natural, dispõe o art. 2º do CC que "a personalidade civil da pessoa começa do nascimento com vida".

O entendimento predominante sobre o que seja **nascimento com vida** é no sentido de que este se dá no exato instante em que a pessoa dada à luz respira. São dois requisitos, portanto: a) separação do ventre materno; e b) respiração. Das múltiplas funções vitais, o primeiro movimento de inspiração do ar atmosférico para os pulmões caracteriza o nascimento com vida. Caso respire, ainda que uma só vez, pode-se dizer que nasceu com vida, e que, portanto, chegou a adquirir personalidade, pouco importando se tem ou não forma humana e se tem ou não aptidão, perspectiva para viver[4].

Adotamos, portanto, a **teoria *natalista***, segundo a qual o nascimento com vida faz nascer a personalidade, em detrimento de outras teorias, como a *concepcionista*, para qual a personalidade já se inicia com a fecundação do óvulo e as que consideram que o início da personalidade depende de outros fatores, como a *viabilidade de vida*.

De qualquer forma, ainda que em perfeito estado quanto às demais faculdades de saúde, caso o ente que venha a nascer (separe-se do ventre materno) não respire, não terá adquirido personalidade. A entrada de ar nos pulmões da criança é que determina a aquisição da personalidade, ainda que por pouco instantes. Há vários exames periciais para que se faça tal constatação e o mais conhecido é a *docimasia hidrostática de Galeno*, pela qual se coloca fragmentos dos pulmões em meio líquido, a fim de se verificar se houve ou não inspiração.

O **nascituro**, ou seja, *aquele que já foi concebido, mas ainda não nasceu com vida*, não tem personalidade, como se viu. Todavia, dispõe o art. 2º do CC que "a lei põe a salvo, desde a concepção", seus direitos. Em outras palavras, o nascituro é um *sujeito de direito despersonificado*. Grande parte dos direitos atribuídos a esse sujeito de direito tem sua aquisição subordinada à implementação de uma condição suspensiva, qual seja, a de que *nasça com vida*. Caso nasça com vida, o direito do nascituro se consolida como existente desde a data da concepção, retroagindo, portanto, seus efeitos.

De qualquer forma, permite a lei que determinados interesses possam ser protegidos desde a concepção, por meio de provimentos cautelares. Dentre seus direitos, vale lembrar os direitos à vida (art. 5º da CF e CP), à filiação (art. 1.596 do CC), à integridade física, a alimentos, a uma adequada assistência pré-natal (art. 8º do ECA), a um curador que represente e zele por seus interesses, a ser contemplado por doação (art. 542 do CC), dentre outros.

2.1.4. *Capacidade jurídica*

Capacidade jurídica pode ser **conceituada** como *a aptidão conferida pela ordem jurídica para adquirir direitos e contrair obrigações*[5].

Só tem capacidade jurídica, ou seja, capacidade para praticar atos jurídicos, os entes eleitos pelo Direito. É a ordem jurídica que dirá quem tem capacidade.

Ao distribuir capacidade a certos entes o Direito faz algumas distinções. É por isso que há três **espécies de capacidade**: a) a capacidade de direito (de gozo ou de fruição); b) a capacidade de fato (ou de exercício); e c) a capacidade excepcional (ou especial).

Capacidade de direito consiste na *aptidão genérica conferida pela ordem jurídica para adquirir direitos e contrair deveres*.

Capacidade de fato consiste na *aptidão genérica conferida pela ordem jurídica para, sozinho, adquirir direitos e contrair deveres*.

Capacidade excepcional consiste na *aptidão especial conferida pelo Direito para adquirir direitos e contrair deveres*.

No primeiro caso, repare que a aptidão é genérica, ou seja, é possível adquirir todos os direitos e contrair todos os deveres que não forem vedados. Essa *aptidão genérica* para a prática de atos da vida civil é consequência de se ter personalidade, pois, segundo o CC, "toda *pessoa* é capaz de direitos e deveres

---

4. Na França condiciona-se a tutela dos direitos do nascituro à viabilidade da vida fora do útero por parte do nascido. Na Espanha, exige-se que o recém-nascido tenha forma humana e tenha vivido 24 horas, para que possa adquirir personalidade. A ideia de que se deve ter forma humana é um resquício do tempo em que se achava ser possível o nascimento de um ser da relação entre um ser humano e um animal. Na Argentina, a simples concepção já dá início à personalidade.

5. O termo capacidade tem origem no latim *capere*, que significa apoderar-se, adquirir, apanhar.

na ordem civil" (art. 1º). Assim, uma criança de três anos, um adulto, uma pessoa jurídica, todos, só por serem pessoas, terão capacidade de direito. Isso possibilita que uma criança receba uma herança (aquisição de direitos) e tenha um imóvel em seu nome locado (o que importa em contrair deveres).

No segundo caso, repare que a pessoa pode praticar sozinha os atos da vida jurídica. Trata-se de um *plus*. Confere-se aqui a possibilidade de se adquirir um direito e de se contrair uma obrigação por si só, ou seja, sem que seja necessário que o interessado seja representado ou assistido por outrem. Aqui é diferente. Nem toda pessoa tem a capacidade de fato. Não seria conveniente, por exemplo, que uma criança de três anos, que tem capacidade para adquirir direitos e contrair deveres, exercesse-os sozinha. Como regra, só tem capacidade de fato ou de exercício os maiores de dezoito anos.

Assim, uma criança pode receber uma doação (uma vez que, por ter personalidade, tem *capacidade de direito*, pode adquirir direitos) e também pode vender bens (já que, repita-se, tem aptidão genérica não só para adquirir direitos, como para contrair obrigações), mas não poderá praticar tais atos pessoalmente (diretamente), mas apenas por meio de seu representante legal (seus pais, por exemplo). Vale dizer, os pais dessa criança é que assinarão o contrato de compra e venda do bem que essa pessoa adquirir. Caso uma pessoa não tenha capacidade de fato, terá de ser representada ou assistida por outra pessoa, na forma da lei. Ou seja, quem não tiver capacidade de fato dependerá da *mediação* de outro para a prática de atos jurídicos válidos.

No terceiro caso, repare que o ente não tem aptidão genérica, mas aptidão especial. Não pode fazer tudo o que a lei não proíbe (aptidão genérica). Só pode fazer o que a lei autoriza (aptidões excepcionais). Essa terceira capacidade é própria daqueles entes que não são pessoas, mas em favor dos quais a lei faculta a prática de certos atos da vida jurídica. É o caso do nascituro, do espólio, da massa falida etc. O espólio não pode praticar qualquer ato, mas somente aqueles que a lei autoriza, e, mesmo assim, mediante autorização judicial como regra.

Diante das duas primeiras situações, surgem mais dois conceitos: a) o de capacidade de plena; e b) o de incapacidade.

Capacidade plena é a que *decorre da titularização das capacidades de direito e de fato*.

Incapacidade é a *inexistência de parte ou de toda capacidade de fato*. A incapacidade pode ser relativa ou absoluta. Será relativa quando não se tenha parte da capacidade de fato, como ocorre com o pródigo, por exemplo, que pode praticar alguns atos jurídicos sozinhos e outros, não. Será absoluta quando não haja qualquer capacidade de fato, como ocorre com uma criança de três anos, por exemplo.

Em outras palavras: na *incapacidade* ou se estará diante de um *absolutamente incapaz* (aquele que não pode praticar sozinho nenhum ato, devendo ser representado) ou de um *relativamente incapaz* (aquele que não pode praticar sozinho alguns atos, devendo ser assistido por alguém com capacidade plena para a sua prática).

É importante notar que a expressão "incapacidade" no Código Civil (arts. 3º e 4º) só se refere às *pessoas*, ficando de fora a análise da terceira situação (capacidade especial ou excepcional).

2.1.5. Legitimação

Não se deve confundir o instituto da capacidade, que abrange a capacidade de direito e de fato, como vimos, com o da legitimação.

A **legitimação** consiste na *aptidão específica do sujeito de direito para a prática de certos atos jurídicos*. A capacidade consiste na aptidão *genérica* para a prática de atos.

Assim, uma pessoa adulta, mesmo tendo capacidade (de direito e de fato) para praticar atos da vida civil, não tem legitimação para vender um imóvel a um dos filhos, sem autorização de seu cônjuge e dos demais descendentes (art. 496 do CC). Tem capacidade plena para vender seus bens, podendo fazê-lo em relação à pessoa que quiser num primeiro momento, mas não tem legitimação para fazê-lo em relação a um de seus filhos, sem que haja autorização dos demais. Se o fizer, o ato será inválido não por falta de capacidade, mas por falta de legitimação, ou seja, por falta de aptidão específica para a prática do ato "compra e venda".

A **ilegitimação**, portanto, pode ser conceituada como a *restrição específica ao sujeito de direito para a prática de determinados atos da vida civil com certas pessoas ou em relação a certos negócios ou bens*. São impedimentos circunstanciais. Outros exemplos de ilegitimidade são os seguintes: o tutor não pode adquirir bem do tutelado (art. 1.749, I, do CC); o casado, exceto no regime de separação absoluta de bens, não pode alienar imóveis sem a autorização do outro cônjuge (art. 1.647, I, do CC); o que comete ato de indignidade não pode herdar (art. 1.814, II, do CC); os casos de impedimento matrimonial (art. 1.521 do CC).

2.1.6. Incapacidade

Incapacidade também pode ser **conceituada** como a *restrição legal genérica ao exercício dos atos jurídicos*. Outro conceito é o seguinte: *inexistência de parte ou de toda capacidade de fato*.

Toda pessoa tem capacidade de *direito* (ou de *gozo*). Portanto, a incapacidade a que faz referência a lei (arts. 3º e 4º) é tão somente a incapacidade de *fato* (ou de *exercício*).

Como já dito, não seria conveniente, por exemplo, que uma criança de três anos, que tem capacidade para adquirir direitos e contrair deveres, exercesse-os sozinha.

Passemos, então, ao estudo dos absolutamente e dos relativamente incapazes.

2.1.7. Absolutamente incapazes

Absolutamente incapazes são *os que não podem exercer sozinhos qualquer ato jurídico* (art. 3º do CC).

Ou seja, são os completamente privados de praticar, por si sós, atos da vida civil. A prática de atos em seu nome só poderá ser feita por *representantes*, que assinam sozinhos os atos, sob pena de nulidade absoluta daqueles por ventura realizados pessoalmente pelo incapaz (art. 166, I, do CC).

O absolutamente incapaz, apesar de *ter* (de gozar) o direito, não pode *exercer* direta e pessoalmente nenhum aspecto dos atos da vida jurídica a ele relativos, que são praticados diretamente por seu representante legal, sob pena de serem declarados atos nulos.

A *representação* supre a incapacidade absoluta e é feita pelos pais, na hipótese de se tratar de menor sob o poder familiar (art. 1.690 do CC); pelo tutor, na hipótese de menor sob tutela (art. 1.747, I, do CC); e, quando a lei trazia outras hipóteses além da do menor de 16 anos, como absolutamente incapaz, pelo curador, nos demais casos (arts. 1.781 e 1.747, I, do CC).

A representação legal, ora comentada, não se confunde com a representação convencional (mandato). De qualquer forma, aplica-se às duas hipóteses o art. 119 do CC, pelo qual é "**anulável** o negócio concluído pelo **representante em conflito de interesses** com o representado, se tal fato era ou devia ser de conhecimento de quem com aquele tratou" (g.n.).

A **incapacidade absoluta**, portanto, pode ser conceituada como a *proibição total do exercício do direito pelo incapaz.* O direito é tão radical nesse ponto que, ainda que os atos beneficiem os absolutamente incapazes, serão nulos se não praticados por seus representantes.

Confiram-se as **espécies** de absolutamente incapazes antes da modificação no art. 3º do Código Civil, promovida pelo art. 114 da Lei 13.146/2015 (Estatuto da Pessoa com Deficiência), **que passou a considerar absolutamente incapazes <u>apenas os menores de 16 anos</u>:**

a) Os menores de 16 anos.

Os menores de 16 anos não teriam, segundo a lei, atingido o discernimento para distinguir o que podem ou não fazer e mesmo para discernir o que lhes é ou não conveniente.

Tais menores eram chamados de *impúberes,* reservando-se a expressão menores *púberes* aos que tinham entre 16 e 18 anos. Essas denominações são impróprias em relação ao que dispõe hoje a lei, visto que a puberdade não se inicia aos 16 anos, mas bem antes.

b) Os que, por enfermidade ou deficiência mental, não tiverem o necessário discernimento para a prática dos atos da vida civil.

Fábio Ulhoa Coelho distingue *enfermidade* de *deficiência* mental. Diz que deficiência mental é um *estado* e, como tal, em poucos casos, poderá ser evitada ou curada. Já a enfermidade mental é uma lesão à saúde, de efeitos mais ou menos prolongados, com maior possibilidade de cura.

Assim, aquele que é são e passa a desenvolver uma doença mental deve ser considerado um *enfermo* mental; aquele que já nascer com o problema mental, um *deficiente* mental.

Podemos **conceituar enfermidade** ou **deficiência mental** como o *comprometimento das faculdades mentais que possibilitam à pessoa discernir o que melhor atende ao seu bem-estar.*

Mas não basta que haja uma enfermidade ou uma deficiência mental para que se configure essa espécie de absolutamente incapaz. É necessário que, de tal problema, resulte a **ausência do necessário discernimento** para a prática de atos da vida civil.

Ou seja, é necessário que a pessoa não tenha um *mínimo* de discernimento para a prática dos atos da vida civil. Quando a lei faz referência à *ausência do necessário discernimento*, só pode ter em mente, dada a gravidade da restrição, aqueles que não têm discernimento nenhum para a prática de atos. Assim, deve-se ler a expressão "não tiverem o necessário discernimento" como "não tiverem o mínimo discernimento" ou "não tiverem discernimento algum". Aquele que tem algum discernimento, mas que seja um discernimento reduzido, será um relativamente incapaz, como se verá.

A **senilidade**, por si só, não é causa bastante para que a pessoa seja interditada, o que somente se dará se a velhice por ventura originar um estado patológico, como a arteriosclerose, devendo-se verificar se de fato o discernimento sofreu abalo. Se a doença apenas o reduziu, o idoso será considerado relativamente incapaz; se o extirpou por completo, absolutamente incapaz.

Também não gera a incapacidade jurídica a **deficiência física**. Um cego ou surdo, por exemplo, são pessoas capazes, podendo exercer diretamente seus direitos e deveres. Tornam-se incapazes ou plenamente capazes nas mesmas situações que o não deficiente físico.

O que existe são algumas regras protetivas em determinadas situações, como na feitura do testamento, na qual o cego, por exemplo, só pode fazê-lo na modalidade pública (art. 1.867 do CC).

Novidade trazida pelo atual Código Civil era a possibilidade de o enfermo (não necessariamente mental) e o deficiente físico, voluntariamente, requererem que o juiz nomeie curador para cuidar de todos ou alguns de seus negócios ou bens (art. 1.780), tudo a facilitar a prática de atos de seu interesse. Tal situação se assemelha a um mandato, com a diferença de que o curador tem o dever de prestar contas com muito mais rigor. Difere da curatela normal pelo fato de o curatelado poder, a qualquer tempo, pedir seu levantamento.

Essa disposição do art. 1.780 do Código Civil foi revogada pela Lei 13.146/2015, que, no seu lugar criou o instituto da "Tomada de Decisão Apoiada", previsto no art. 1.783-A, o qual tem o seguinte teor:

> **"Art. 1.783-A.** A tomada de decisão apoiada é o processo pelo qual a pessoa com deficiência elege pelo menos 2 (duas) pessoas idôneas, com as quais mantenha vínculos e que gozem de sua confiança, para prestar-lhe apoio na tomada de decisão sobre atos da vida civil, fornecendo-lhes os elementos e informações necessários para que possa exercer sua capacidade.
>
> § 1º Para formular pedido de tomada de decisão apoiada, a pessoa com deficiência e os apoiadores devem apresentar termo em que constem os limites do apoio a ser oferecido e os compromissos dos apoiadores, inclusive o prazo de vigência do acordo e o respeito à vontade, aos direitos e aos interesses da pessoa que devem apoiar.
>
> § 2º O pedido de tomada de decisão apoiada será requerido pela pessoa a ser apoiada, com indicação expressa das pessoas aptas a prestarem o apoio previsto no *caput* deste artigo.
>
> § 3º Antes de se pronunciar sobre o pedido de tomada de decisão apoiada, o juiz, assistido por equipe multidisciplinar, após oitiva do Ministério Público, ouvirá pessoalmente o requerente e as pessoas que lhe prestarão apoio.
>
> § 4º A decisão tomada por pessoa apoiada terá validade e efeitos sobre terceiros, sem restrições, desde que esteja inserida nos limites do apoio acordado.
>
> § 5º Terceiro com quem a pessoa apoiada mantenha relação negocial pode solicitar que os apoiadores contra-assinem o contrato ou acordo, especificando, por escrito, sua função em relação ao apoiado.
>
> § 6º Em caso de negócio jurídico que possa trazer risco ou prejuízo relevante, havendo divergência de opiniões entre a pessoa apoiada e um dos apoiadores, deverá o juiz, ouvido o Ministério Público, decidir sobre a questão.

§ 7º Se o apoiador agir com negligência, exercer pressão indevida ou não adimplir as obrigações assumidas, poderá a pessoa apoiada ou qualquer pessoa apresentar denúncia ao Ministério Público ou ao juiz.

§ 8º Se procedente a denúncia, o juiz destituirá o apoiador e nomeará, ouvida a pessoa apoiada e se for de seu interesse, outra pessoa para prestação de apoio.

§ 9º A pessoa apoiada pode, a qualquer tempo, solicitar o término de acordo firmado em processo de tomada de decisão apoiada.

§ 10. O apoiador pode solicitar ao juiz a exclusão de sua participação do processo de tomada de decisão apoiada, sendo seu desligamento condicionado à manifestação do juiz sobre a matéria.

§ 11. Aplicam-se à tomada de decisão apoiada, no que couber, as disposições referentes à prestação de contas na curatela."

c) Os que, mesmo por causa transitória, não puderem exprimir sua vontade.

Não poder exprimir a vontade é o mesmo que *ter obstruída, por motivo físico ou psíquico, a possibilidade de manifestação da vontade.* Quem estiver nessa condição, ainda que por uma causa transitória, será considerado absolutamente incapaz.

Pode até se tratar de alguém que tenha discernimento. Basta que não consiga manifestar sua vontade para que possa ser interditada a fim de que outro se expresse por ela.

É importante, ainda, notar que a impossibilidade de exprimir a vontade gerará a incapacidade absoluta, ainda que temporária. Vale trazer como exemplo a situação daquele que se encontra em coma profundo.

Os surdos-mudos que não consigam exprimir sua vontade, por não terem recebido educação adequada, também podem se enquadrar na espécie.

Essa hipótese de incapacidade absoluta (Os que, mesmo por causa transitória, não puderem exprimir sua vontade) agora é hipótese de incapacidade relativa (art. 4º, III, do Código Civil).

A modificação no art. 3º do Código Civil promovida pelo Estatuto da Pessoa com Deficiência teve *vacatio legis* de 180 dias, contados de 07 de julho de 2015.

Agora esses dois casos que não dizem respeito ao menor de 16 anos (os que, por enfermidade ou deficiência mental, não tiverem o necessário discernimento para a prática dos atos da vida civil; e os que, mesmo por causa transitória, não puderem exprimir sua vontade), caso acometam uma pessoa maior farão com que esta pessoa ou seja considerada plenamente capaz ou, caso se enquadre em qualquer dos casos do art. 4º do Código Civil (os ébrios habituais e os viciados em tóxico, aqueles que, por causa transitória ou permanente, não puderem exprimir sua vontade; e os pródigos), seja considerada relativamente incapaz.

O objetivo dessa lei é proteger a dignidade da pessoa com deficiência, eliminando os casos que davam ensejo à interdição absoluta de uma pessoa e diminuindo também os casos que davam ensejo à incapacidade relativa, já que ficou excluída essa incapacidade quanto àqueles que têm Síndrome de Down, por exemplo, dada a abolição da hipótese dessa incapacidade para aquele que não tivesse desenvolvimento mental completo.

Importante então que fique claro que, com a entrada em vigor da Lei, agora **somente o menor de 16 anos é considerado absolutamente incapaz**. Para entender melhor as consequências disso, confira a seguinte decisão do STJ:

"É inadmissível a declaração de incapacidade absoluta às pessoas com enfermidade ou deficiência mental. A questão consiste em definir se, à luz das alterações promovidas pelo Estatuto da Pessoa com Deficiência, quanto ao regime das incapacidades, reguladas pelos arts. 3º e 4º do Código Civil, é possível declarar como absolutamente incapaz adulto que, por causa permanente, encontra-se inapto para gerir sua pessoa e administrar seus bens de modo voluntário e consciente. A Lei n. 13.146/2015 tem por objetivo assegurar e promover a inclusão social das pessoas com deficiência física ou psíquica e garantir o exercício de sua capacidade em igualdade de condições com as demais pessoas. A partir da entrada em vigor da referida lei, a incapacidade absoluta para exercer pessoalmente os atos da vida civil se restringe aos menores de 16 (dezesseis) anos, ou seja, o critério passou a ser apenas etário, tendo sido eliminadas as hipóteses de deficiência mental ou intelectual anteriormente previstas no Código Civil. Sob essa perspectiva, o art. 84, § 3º, da Lei n. 13.146/2015 estabelece que o instituto da curatela pode ser excepcionalmente aplicado às pessoas portadoras de deficiência, ainda que agora sejam consideradas relativamente capazes, devendo, contudo, ser proporcional às necessidades e às circunstâncias de cada caso concreto." (STJ, REsp 1.927.423/SP, j. 27/04/2021).

2.1.8. Relativamente incapazes

Relativamente incapazes são *os que não podem exercer sozinhos a grande maioria dos atos civis, necessitando de assistência de alguém com capacidade plena, que praticará junto com o incapaz os atos jurídicos de seu interesse* (art. 4º do CC).

Será anulável a prática de ato jurídico sem a presença de assistente (art. 171, I, do CC). Essa supre a incapacidade. Uma diferença que se tem aqui é que, caso o incapaz não queira praticar o ato, esse não se realizará, pois ele é quem o pratica, ainda que assistido.

Além disso, a lei permite que o relativamente incapaz exerça sozinho alguns atos civis. Aquele que tem entre 16 e 18 anos, por exemplo, pode sozinho (sem assistência): aceitar mandato (art. 666 do CC), fazer testamento (art. 1.860, parágrafo único, do CC), ser testemunha em atos jurídicos (art. 228, I, do CC), dentre outros.

Os pródigos, por sua vez, podem praticar sozinhos todos os atos de mera administração de seu patrimônio (art. 1.782 do CC). Por fim, vale lembrar que o Código Civil em vigor inovou ao dispor que o juiz, quantos aos relativamente incapazes, assinará, segundo as potencialidades da pessoa, os limites da curatela, podendo dispor quais atos o incapaz poderá praticar sozinho (o art. 1.772 do CC trouxe a inovação em questão e, mesmo tendo sido revogado no ponto, foi substituído por regra equivalente – art. 755, I e II, do NCPC).

Com as modificações legislativas, hoje os relativamente incapazes são as seguintes pessoas:

a) entre 16 e 18 anos;

b) ébrios habituais e viciados em tóxico;

c) aqueles que, por causa transitória ou permanente, não puderem exprimir sua vontade;

d) pródigos.

Confiram-se as **espécies** de relativamente incapazes antes da modificação feita pelo Estatuto da Pessoa com Deficiência:

a) Os maiores de 16 e menores de 18 anos.

A experiência de vida dos que têm entre 16 e 18 anos não é, presume a lei, suficiente para que sejam considerados plenamente capazes. De outra parte, essas pessoas têm maior grau de amadurecimento que os menores de 16 anos, portanto, merecem tratamento diferenciado.

Praticado um ato civil que não esteja autorizado a fazer sozinho, sem a assistência de um responsável legal, o ato será anulável. Entretanto, o menor não poderá invocar sua pouca idade para eximir-se da obrigação que tenha contraído, quando dolosamente a tiver ocultado, ao ser inquirido pela outra parte, ou se espontaneamente se disser maior (art. 180 do CC).

Ademais, "a incapacidade relativa de uma das partes não pode ser invocada pela outra em benefício próprio, nem aproveita aos cointeressados capazes, salvo se, neste caso, for indivisível o objeto do direito ou da obrigação comum" (art. 105 do CC).

Apesar de não ser questão específica dos relativamente incapazes, deve-se destacar que "ninguém poderá reclamar o que, por uma obrigação anulada, pagou a um incapaz, se não provar que reverteu em proveito dele a importância paga" (art. 181 do CC).

O menor relativamente incapaz, além de poder aceitar mandato (art. 666 do CC), fazer testamento (art. 1.860, parágrafo único, do CC) e ser testemunha em atos jurídicos (art. 228, I, do CC), pode também celebrar contrato de trabalho e ser eleitor (art. 14, § 1º, II, "c", da CF).

Apesar de não se tratar de questão específica do relativamente incapaz, também vale ressaltar que, em matéria de responsabilidade civil, o CC inovou ao dispor, no art. 928, que "o incapaz responde pelos prejuízos que causar, se as pessoas por ele responsáveis não tiverem obrigação de fazê-lo ou não dispuserem de meios suficientes. Parágrafo único. A indenização prevista neste artigo, que deverá ser equitativa, não terá lugar se privar do necessário o incapaz ou as pessoas que dele dependam".

É importante destacar, quanto ao menor relativamente incapaz, que o art. 116 do ECA dispõe que o adolescente que praticar ato infracional com reflexos patrimoniais poderá responder pelo ressarcimento do dano. Daí o enunciado 40 do CJF, que tem o seguinte teor: "o incapaz responde pelos prejuízos que causar de maneira subsidiária ou excepcionalmente, como devedor principal, na hipótese do ressarcimento devido pelos adolescentes que praticarem atos infracionais, nos termos do art. 116 do Estatuto da Criança e do Adolescente, no âmbito das medidas socioeducativas ali previstas".

Essa hipótese de relativamente incapaz (os maiores de 16 e menores de 18 anos) foi mantida pela alteração promovida pela Lei 13.146/2015.

b) Os ébrios habituais, os viciados em tóxicos e os que, por deficiência mental, tenham discernimento reduzido.

Deve-se entender por **ébrio habitual** o *dependente de álcool, ou seja, o alcoólatra ou dispsômano.* Hoje vem sendo muito usada a expressão "alcoólico" para designar o dependente de álcool, uma vez que a expressão "alcoólatra" tem caráter muito pejorativo na sociedade.

Quanto aos **toxicômanos,** não há dúvida quanto à necessidade de haver dependência, já que a lei usa a expressão "viciados", que a identifica.

Quer-se evitar nos dois casos, principalmente, a ruína econômica do indivíduo. Vale salientar que, caso a dependência leve a situações como: a) impossibilidade de a pessoa se expressar; ou b) enfermidade mental que propicie a ausência do necessário discernimento, estaremos diante de hipótese de incapacidade absoluta.

O Decreto 4.294/1921 equiparava os toxicômanos a psicopatas, criando-se duas hipóteses de interdição, a depender do caso (plena ou limitada). O novo Código supera a matéria, valendo lembrar que, em se considerando o indivíduo relativamente incapaz, esse tem o benefício de verem fixados limites à curatela (art. 1.772 do CC, revogado pelo NCPC, que manteve a regra – art. 755, I e II, do NCPC), ou seja, o juiz assinará, segundo o estado ou o desenvolvimento mental do interdito, as restrições ao incapaz.

A terceira hipótese do dispositivo é a do **portador de deficiência mental que tiver um discernimento reduzido,** questão já tratada no tópico precedente. Vale lembrar que, aqui, existe ainda alguma capacidade de entendimento, mas menor que a daquele que está com a plena faculdade mental.

As hipóteses dos "ébrios habituais" e dos "viciados em tóxicos", como relativamente incapazes, foram mantidas pela alteração promovida pela Lei 13.146/2015, mas a hipótese daqueles que "por deficiência mental, tenham discernimento reduzido" foi excluída por essa lei.

c) Os excepcionais, sem desenvolvimento mental completo.

Maria Helena Diniz ensina que tal situação abrange os fracos de mente, os surdos-mudos e os portadores de anomalia psíquica, que apresentem sinais de desenvolvimento mental incompleto, comprovados e declarados em sentença de interdição, tornando-os incapazes de praticar atos na vida civil, sem a assistência de um curador.

Serve como exemplo, também, a situação de alguns portadores da síndrome de Down.

Excepcionais *com desenvolvimento mental completo* são totalmente capazes. Excepcionais *sem o desenvolvimento mental completo* são relativamente capazes. E excepcionais *sem o necessário discernimento* eram considerados absolutamente incapazes antes da edição da Lei 13.146/2015.

De qualquer forma, essa hipótese de relativamente incapaz (os excepcionais, sem desenvolvimento mental completo) foi excluída pela alteração promovida pela Lei 13.146/2015.

d) Os pródigos.

Podemos definir **pródigo** como *aquele que dissipa seu patrimônio sem controle.*

A prodigalidade pode se dar das seguintes formas: a) *oniomania,* perturbação mental que provoca o portador a adquirir descontroladamente tudo o que tiver vontade; b) *cibomania,* perturbação que leva à dilapidação patrimonial em jogos de azar; c) *imoralidade,* que leva ao descontrole de gastos para satisfação de impulsos sexuais.

O pródigo, em verdade, só fica privado da prática de atos que possam comprometer o seu patrimônio, não podendo, sem assistência de seu curador, alienar, emprestar, dar quitação, transigir, hipotecar, agir em juízo e praticar atos que não sejam de mera administração (*vide* arts. 1.767, V, e 1.782 do

CC). Pode casar (mas não dispor sobre o regime de bens sozinho), mudar de domicílio, exercer o poder familiar, contratar empregados domésticos etc.

Essa hipótese de relativamente incapaz (os pródigos) foi mantida pela alteração promovida pela Lei 13.146/2015.

A Lei 13.146/2015 estabeleceu como hipótese de relativamente incapaz a daqueles "que, por causa transitória ou permanente, não puderem exprimir a sua vontade". Tirando a hipótese dos dependentes químicos e dos pródigos é nessa hipótese que se tentará enquadrar casos mais graves de problemas mentais (por exemplo, os psicopatas), para que estes sejam considerados relativamente incapazes também e, assim, poderem ser interditados.

2.1.9. Interdição

No que se refere aos incapazes por motivo de idade, o simples fato de a terem inferior a 16 anos (absolutamente incapazes) e entre 16 e 18 anos (relativamente incapazes) já faz com que sejam reconhecidos como tais.

Já no que se refere aos demais casos de incapacidade, somente um pronunciamento judicial e o preenchimento de certas formalidades fará com que não se questione a condição de incapaz de uma dada pessoa.

O art. 1.767 do CC prevê os casos em que caberá a interdição ou a curatela, que, agora com a modificação feita pelo Estatuto da Pessoa com Deficiência, limitam-se aos casos de incapacidade relativa previstos nos incisos II, III e IV do art. 4º do Código Civil, quais sejam, os ébrios habituais e os viciados em tóxico; aqueles que, por causa transitória ou permanente, não puderem exprimir sua vontade; e os pródigos. Vale lembrar que, apesar da eliminação da interdição para pessoas com desenvolvimento mental incompleto ou sem o necessário discernimento, agora cabe interdição daqueles que não podem exprimir a sua vontade por motivo transitório, os quais, em que pese serem considerados incapazes naquela situação, não podiam ser interditados antes dessa modificação.

O processo de interdição é o meio adequado ao pronunciamento judicial da incapacidade. Seu objetivo é aferir a existência e, se for o caso, o grau de incapacidade de uma pessoa.

Segundo o art. 747 do NCPC, são legitimados ativos para a demanda: o cônjuge ou companheiro, os parentes ou tutores; pelo representante da entidade em que se encontra abrigado o interditando e o Ministério Público, este só em caso de doença mental grave se os demais legitimados não existirem ou não promoverem a interdição ou por serem incapazes.

Estranhamente, o novo Código de Processo Civil, que entrou em vigor em 18 de março de 2016, revogou os arts. 1.768 a 1.773 do Código Civil, dispositivos esses que, à exceção dos arts. 1.770 e 1.773, tiveram novas redações trazidas pelo Estatuto da Pessoa com Deficiência, norma posterior que acabou por trazer conteúdos muito próximos do que estava previsto antes da alteração feita pelo NCPC, sendo de rigor que o leitor leia o texto do Estatuto da Pessoa coma Deficiência.

Antes de pronunciar a interdição o juiz, que pode ser acompanhado de especialista, entrevistará minuciosamente o interditando (art. 751 do NCPC).

Pronunciada a interdição, o juiz determinará, segundo as potencialidades, habilidades, vontades e preferências da pessoa, os limites da curatela (art. 755, I e II, do CC). Segundo o § 1º do art. 755, "a curatela deve ser atribuída a quem melhor possa atender aos interesses do curatelado".

Segundo o art. 1.775, *caput* e parágrafos, do CC, a nomeação do curador segue a seguinte ordem preferencial: cônjuge ou companheiro; na falta, os pais; na falta desses, os descendentes mais próximos. São os casos de curatela legítima. Não havendo pessoas nessa condição, compete ao juiz a escolha do curador (curatela dativa).

Segundo o art. 1.775-A, acrescido pela Lei 13.146/2015, "Na nomeação de curador para a pessoa com deficiência, o juiz poderá estabelecer curatela compartilhada a mais de uma pessoa".

Quanto às pessoas que, por causa transitória ou permanente, não puderem exprimir a sua vontade, "receberão todo o apoio necessário para ter preservado o direito à convivência familiar e comunitária, sendo evitado o seu recolhimento em estabelecimento que os afaste desse convívio", nos termos da nova redação dada pela Lei 13.146/2015.

A autoridade do curador estende-se à pessoa e aos bens dos filhos do curatelado (art. 1.778 do CC).

Em que pese prevalecer o entendimento de que a sentença é declaratória (declara que a pessoa é incapaz), e não constitutiva, tende-se a proteger o terceiro de boa-fé nos negócios praticados antes das publicações retroindicadas. O terceiro só será preterido em seu direito no caso de não ter havido interdição quando da feitura do negócio se houver prova de que a incapacidade era notória.

Por fim, vale ressaltar que nosso direito não admite os chamados *intervalos lúcidos*, em que se tentaria provar que o incapaz estava bem quando da prática de um dado negócio. Assim, são sempre nulos os atos praticados pelo curatelado enquanto estiver nessa condição.

A lei prevê o levantamento da interdição cessada a causa que a determinou. A incapacidade termina, normalmente, por desaparecerem as causas que a determinaram, como na hipótese de cura de enfermidade mental. Deve ser feita a averbação no Registro Público competente da sentença que põe fim à interdição.

O novo Código de Processo Civil traz as normas processuais sobre a interdição em seus arts. 747 a 758, valendo salientar que, ao nosso ver, eventual dúvida entre norma do novo CPC e norma trazida pelo Estatuto da Pessoa com Deficiência sobre a mesma questão, prevalecerá este último diploma, por ser norma elaborada posteriormente, ainda que os diplomas entraram em vigor em momentos diferentes.

2.1.10. Emancipação

Emancipação pode ser **conceituada** como o *fim da menoridade antes da idade prevista em lei* ou como a antecipação da capacidade plena.

A **consequência** imediata da emancipação é *habilitar a pessoa à prática de todos os atos da vida civil* (art. 5º, *caput*, do CC). Outras consequências são a possibilidade de o emancipado ser responsabilizado civilmente sem benefício algum e a cessação do direito automático de pedir pensão alimentícia.

As espécies de emancipação são as seguintes:

a) Voluntária (ou direta): é a concedida pelos pais, ou por um deles na falta do outro, mediante instrumento público inscrito no Registro Civil competente (Lei 6.015/1973, art. 29, IV, 89 e 90), independentemente de homologação judicial, ao menor que tenha 16 anos completos.

Há de se ponderar que doutrina e jurisprudência consideram que a emancipação voluntária não exonera os pais da responsabilidade pelos atos ilícitos praticados pelo filho que ainda não tiver completado 18 anos. Confira-se: "a única hipótese em que poderá haver responsabilidade solidária do menor de 18 anos com seus pais é ter sido emancipado nos termos do art. 5º, parágrafo único, inciso I, do no Código Civil" (Enunciado 41 das JDC/CJF);

b) Judicial: é a concedida pelo juiz, ouvido o tutor, desde que o menor tenha 16 anos completos;

c) Legal: é a que decorre da ocorrência de certos eventos previstos em lei. Tal emancipação não depende de registro para produzir efeitos. Eventual demanda promovida para ver reconhecida a emancipação nos casos abaixo tem mera função de gerar maior segurança jurídica ao interessado.

O **casamento** é a primeira causa. Não faz sentido que uma pessoa que constituiu família continue sob a autoridade de outrem. O art. 1.517 do CC permite o casamento de um homem ou de uma mulher que tenham entre 16 e 18 anos, com autorização dos pais. Uma vez que alguém case nessas circunstâncias, a emancipação se dará automaticamente. A emancipação não é afetada pelo fim do casamento, salvo em caso de invalidação deste quanto ao que estiver de má-fé, segundo corrente majoritária.

Outra causa é o **exercício de emprego público efetivo**. Vale ressaltar que, aqui, também não há idade mínima prevista na lei. Estão excluídas situações temporárias, tais como estágios, contratações temporárias e investidura em cargo em comissão. De qualquer forma, será hipótese pouco provável de acontecer, visto que, normalmente, os estatutos do funcionalismo preveem a idade mínima de 18 anos para o ingresso em função pública.

Outro motivo é a **colação de grau em curso superior**, que também independe da idade. Trata-se de mais uma hipótese bastante rara, mormente agora em que a maioridade é atingida aos 18 anos.

E, ainda, pelo *estabelecimento civil ou comercial, ou pela existência de relação de emprego, desde que, em função deles, o menor com 16 anos completos tenha economia própria*. O fato de o menor ter economia própria, ou seja, conseguir prover seu próprio sustento, é demonstração de que é dotado de experiência e amadurecimento suficientes para a prática de atos da vida civil. Entendemos que eventual demissão superveniente do emancipado não o torna novamente incapaz, já que os requisitos para a emancipação são de difícil configuração e demonstram efetivamente o amadurecimento necessário para o exercício pleno dos atos da vida civil.

2.1.11. Fim da personalidade

Deve-se tratar, agora, do **fim da personalidade**. Dispõe o art. 6º do CC que "a existência da pessoa natural termina com a morte". Com a morte, extingue-se a personalidade, passando-se os direitos e as obrigações do morto (essas no limite das possibilidades da herança) aos seus sucessores. Tais direitos e obrigações, denominados espólio, não têm personalidade, ou seja, não têm a qualificação que lhes conferiria a autorização genérica para praticar atos jurídicos; mas são sujeitos de direitos, visto que estão autorizados, por meio das pessoas indicadas na lei, a praticar certos atos, como ingressar com ação para cobrar determinada quantia devida ao monte.

São **consequências** da morte as seguintes: extinção do poder familiar, dissolução do casamento, abertura da sucessão, extinção dos contratos personalíssimos; mas fica mantida a vontade expressada pelo falecido em testamento e preservam-se alguns direitos da personalidade (relativos ao cadáver, à imagem, ao nome e aos direitos de autor).

A **morte** pode ser de três tipos: real, civil e presumida.

Morte real é *aquela certa, que pode ser atestada por exame médico*. Constatada a morte de uma pessoa, um médico fará um atestado de óbito. Na falta desse profissional, duas pessoas qualificadas que tiverem presenciado ou verificado a morte o farão. Com base no atestado de óbito será feita a lavratura do assento de óbito no Registro Público competente. A partir desse assento é que será extraída a certidão de óbito. O enterro depende dessa certidão. A cremação será feita em virtude de vontade do falecido ou por motivo de saúde pública, dependendo de atestado de 2 (dois) médicos ou de médico legista e, caso se trate de morte violenta, de autorização judicial.

Comoriência é a *presunção de morte simultânea, que se aplica quando duas ou mais pessoas falecerem na mesma ocasião, sem que se possa determinar quem morreu primeiro*.

A importância do tema está no direito das sucessões. Se um dos mortos na mesma ocasião tiver falecido primeiro, isso poderá fazer com que o outro seja seu herdeiro. Se considerarmos que a morte se deu simultaneamente, nenhum dos dois herdará do outro.

Na França, a solução é diferente. Cria-se uma escala de possibilidades. Entre homem e mulher, presume-se que a mulher morreu primeiro. Entre o mais novo e o mais velho, presume-se que esse faleceu primeiro.

Morte civil é *aquela em que a lei considera morta para a prática de atos da vida jurídica pessoa ainda viva*. Trata-se de instituto abolido nas legislações modernas. No passado, era sanção que recaía sobre os escravos e sobre outras pessoas, por motivos políticos ou religiosos. Há resquícios do instituto em nossa lei na regulamentação da indignidade e da deserdação, nas quais o herdeiro excluído da sucessão é considerado "como se morto fosse" (arts. 1.814, 1.816 e 1.961 a 1.963 do CC).

Morte presumida é *a que decorre de declaração judicial da morte, sem decretação de ausência, em caso de perigo de vida ou guerra, ou de declaração de ausência quando se autoriza a abertura de sucessão definitiva*.

Com efeito, o art. 6º do CC diz que se tem a **morte presumida** "quanto aos ausentes, nos casos em que a lei autoriza a abertura da sucessão definitiva".

O art. 7º do CC assevera que "pode ser declarada a morte presumida, **sem a decretação de ausência**: I – se for extremamente provável a morte de quem estava em perigo de vida; II – se alguém, desaparecido em campanha ou feito prisioneiro, não for encontrado até 2 (dois) anos após o término da guerra", dispondo o dispositivo em seu parágrafo único que "a declaração da morte presumida, nesses casos, somente poderá ser requerida depois de esgotadas as buscas e averiguações, devendo a sentença fixar a data provável do falecimento".

2.1.12. Ausência

Em caso de *ausência*, ou seja, de uma pessoa **desaparecer** de seu domicílio sem deixar notícias ou procurador a quem caiba administrar seus bens e tenha interesse em fazê-lo, e de não ter se configurada nenhuma das hipóteses acima, pode o interessado ou o Ministério Público requerer ao juiz a **declaração de ausência** da pessoa, nomeando em favor dela um **curador** (o cônjuge, o companheiro, os pais ou os descendentes do desaparecido, nessa ordem, ou, na falta, alguém nomeado pelo juiz), que procederá à **arrecadação** dos bens do ausente, tudo na forma dos arts. 22 a 26 do CC (**fase da curadoria do ausente**).

Passado **1 (um) ano da arrecadação** dos bens do ausente, ou, se há procurador, passados 3 (três) anos, poderão os interessados requerer que se: a) declare a ausência; e que se b) **abra provisoriamente a sucessão**, que produzirá efeitos após 180 dias da publicação da respectiva sentença pela imprensa, efetuando-se o inventário e partilha dos bens (**fase da sucessão provisória**). *Vide* arts. 26 a 36 do CC.

Passados **10 (dez) anos do trânsito em julgado da sentença que abriu a sucessão provisória** ou 5 (cinco) anos das últimas notícias do ausente que já contar com 80 (oitenta) anos, poderão os interessados requerer a **sucessão definitiva**, procedendo-se ao **levantamento das cauções** que tiverem sido exigidas daqueles herdeiros que não eram ascendentes, descendentes ou cônjuges do ausente (**fase da sucessão definitiva**).

Caso o ausente não apareça nos 10 (dez) anos seguintes à abertura da sucessão definitiva, não terá mais direito algum às coisas deixadas. Se comparecer nesse período, terá direito aos bens existentes no estado em que se acharem, os sub-rogados em seu lugar, ou o preço que os herdeiros e demais interessados tiverem recebido pelos bens alienados depois daquele tempo.

Se, nos 10 (dez) anos a que se refere o parágrafo anterior, o ausente não regressar e **não houver interessado algum**, os bens arrecadados passarão ao Município ou ao Distrito Federal, se localizados nas respectivas circunscrições, incorporando-se à União se situados em território federal.

As disposições sobre a sucessão definitiva, no caso, estão nos arts. 37 a 39 do CC.

Por fim, vale anotar que, hoje, o ausente não é mais considerado um *incapaz*, mas alguém ***presumido morto*** pela lei a partir do momento em que é aberta a sucessão definitiva.

2.2. Direitos da Personalidade

2.2.1. Conceito de Direitos da Personalidade

Direitos da Personalidade *são aqueles que protegem características inerentes à pessoa*. São direitos que recaem sobre nossos atributos naturais e suas projeções sociais.

Os objetos de tais direitos são, portanto, os seguintes aspectos próprios da pessoa: a) sua integridade física (vida, corpo, partes do corpo); b) sua integridade intelectual (liberdades de pensamento e de expressão, autorias científica e artística); e c) sua integridade moral (intimidade, vida privada, honra, imagem e nome).

O CC preferiu não conceituar direitos da personalidade, mas dispôs que são intransmissíveis, irrenunciáveis e que seu exercício não é passível de sofrer limitações (art. 11 do CC).

De início, são protegidas as características próprias da pessoa natural. Todavia, o nascituro e a pessoa jurídica, no que couber, também estarão resguardados. O primeiro, em virtude do disposto no art. 2º, segunda parte, do CC. E o segundo, em razão do art. 52 do mesmo Código.

Já a pessoa jurídica terá protegidos interesses como o nome, a imagem e o segredo. Reconhecendo a existência de uma honra objetiva em favor desse tipo de pessoa, o STJ sumulou que "a pessoa jurídica pode sofrer dano moral" (Súmula 227).

2.2.2. Regime Jurídico Geral

Os direitos da personalidade são:

a) Absolutos: *oponíveis contra todos* ("erga omnes"). Esses direitos geram deveres de abstenção por parte de cada um de nós, inclusive do Estado. Enquanto num contrato há relatividade (só há efeitos relativamente a cada contratante), o direito à imagem, por exemplo, gera efeitos em face de todos, tratando-se, assim, de um direito oponível de modo absoluto;

b) Intransmissíveis: *não passíveis de cessão à esfera jurídica de outrem*. Adriano de Cupis ensina que "nos direitos da personalidade a intransmissibilidade reside na natureza do objecto, o qual (...) se identifica com os bens mais elevados da pessoa, situados, quanto a ela numa relação de natureza orgânica. Por força deste nexo orgânico o objecto é inseparável do originário sujeito: a vida, a integridade física, a liberdade, a honra etc., de Tício não podem vir a ser bens de Caio em virtude de uma impossibilidade que se radica na natureza das coisas. Nem o ordenamento jurídico pode consentir que o indivíduo se despoje daqueles direitos que, por corresponderem aos bens mais elevados, têm o caráter de essencialidade" (*Os direitos da personalidade*, Lisboa: Livraria Moraes, p. 46 e s., 1961).

É importante destacar que a *titularidade* do direito é que não pode ser transmitida. O *exercício* do direito, todavia, pode ser transferido. Um exemplo: não se pode transmitir a um terceiro direito moral de que conste o nome do autor (ou um pseudônimo por ele criado) na obra de sua autoria. Mas é possível que se transfira a uma editora o direito de explorar economicamente a obra, reproduzindo-a e vendendo vários de seus exemplares. No segundo caso não se transferiu o direito como um todo, mas *parcela dos poderes* que tem o seu titular;

c) Irrenunciáveis: *não são passíveis de rejeição por parte de seu titular*. Não se pode renegar direitos da personalidade. Difere da intransmissibilidade, pois aquela diz respeito à cessão a um terceiro, ao passo que a renúncia abrange situações de desistência, de renegação. Assim, não se pode vender um órgão em virtude da intransmissibilidade. Não se pode pôr fim à vida em virtude da irrenunciabilidade;

d) Indisponíveis: *não são passíveis de se abrir mão, de disposição*. Essa regra, na verdade, engloba as duas anteriores. Quer dizer que os direitos da personalidade não podem ser transmitidos, objetos de renúncia ou objetos de abandono. É bom anotar que alguns poderes inerentes aos direitos de personalidade podem ser objetos de disposição, tais como os poderes de doar em vida órgãos, preenchidos determinados requisitos, de consentir na exposição da imagem e de permitir o acesso a informações da vida privada (sigilo bancário, por exemplo). Aliás, quanto aos dois últimos interesses, é possível que razões de interesse público justifiquem sua exposição, mesmo sem o consentimento do titular do direito;

e) Ilimitados: *abrangem interesses imanentes ao ser humano, ainda que não mencionados expressamente pela lei ou que não identificados pela ciência.*

Assim, mesmo que não identificados expressamente como direitos da personalidade, têm essa natureza os direitos a alimentos, ao planejamento familiar, à dignidade, ao culto religioso etc.

f) Imprescritíveis: *não são passíveis de perda pelo decurso do tempo*. Não é porque o autor de um texto o fez há 30 anos, por exemplo, que perderá os direitos de personalidade correspondentes. Por outro lado, violado o direito, e nascida a pretensão de reparação civil, começa a correr prazo prescricional. Normalmente, o prazo para se pedir uma indenização pela violação do direito é de 3 anos. Exemplo da imprescritibilidade dos direitos da personalidade é o que diz respeito à pretensão para a compensação por danos morais em razão de acontecimentos que maculam tão vastamente os direitos da personalidade, como a tortura e a morte. Nesse sentido, o Superior Tribunal de Justiça reconhece ser imprescritível tal pretensão quando se tratar de perseguição política na época da ditadura: Súmula 647 – São imprescritíveis as ações indenizatórias por danos morais e materiais decorrentes de atos de perseguição política com violação de direitos fundamentais ocorridos durante o regime militar;

g) Impenhoráveis: *não são passíveis de constrição judicial*. Dessa forma, não posso penhorar um órgão de uma pessoa, nem o seu nome, muito menos os direitos morais que têm em relação à obra que tiver criado. Mas é possível a penhora de frutos econômicos dos interesses protegidos pelos direitos da personalidade, ressalvada a quantia correspondente ao necessário para a sobrevivência do autor (NCPC, art. 833, IV);

h) Inexpropriáveis: *não são passíveis de desapropriação*. O Estado pode, mediante indenização, despojar compulsoriamente uma pessoa de sua propriedade, em caso de interesse público. Nada obstante, não poderá fazê-lo em relação a direitos da personalidade, ideia que decorre de se tratar de direito indisponível;

i) Vitalícios: *acompanham a pessoa até a sua morte*. Alguns direitos, inclusive, são resguardados mesmo depois da morte, como o respeito ao corpo do morto, à sua honra e à sua memória, bem como os direitos morais do autor. Prova disso é que o parágrafo único do art. 12 do CC diz que tem legitimação para fazer cessar a ameaça ou a lesão a direito da personalidade do morto, o cônjuge sobrevivente, ou qualquer parente em linha reta, ou colateral até o quarto grau.

Vale também ressaltar que os direitos da personalidade, entre si, não excluem uns aos outros. Um direito pode até preponderar sobre outro, mas nunca o excluir. O Enunciado 274 JDC/CJF dispõe que "em caso de colisão entre eles, como nenhum pode sobrelevar os demais, deve-se aplicar a técnica da ponderação".

2.2.3. Garantias do Regime Jurídico Geral

Violado ou ameaçado de ser violado um direito da personalidade, pode-se reclamar em juízo as seguintes sanções (CC, art. 12):

a) cessação da ameaça ou da lesão ao direito;

b) perdas e danos;

c) demais sanções previstas em lei.

Assim, se alguém verificar a existência de uma foto sua num *outdoor* com fins publicitários, sem a necessária autorização, poderá pedir a retirada do cartaz (a) e uma indenização por danos materiais e morais porventura existentes (b). Um autor que verificar a reprodução indevida de sua obra também poderá pedir sua retirada de circulação (a), uma indenização

por danos materiais e morais (b), além de poder ficar com os exemplares da obra reproduzida e de poder representar o ofensor na esfera criminal (c).

Repare que a lei permite um atuar repressivo (para cessar a lesão) e uma atitude preventiva (em caso de ameaça de lesão). Para fins destas possibilidades, será de grande valia a ação cominatória, valendo trazer à tona as normas que se extraem do art. 497 do NCPC.

São partes legítimas para requerer a aplicação de tais sanções a própria pessoa lesada, por si ou por seu representante, e, caso já falecida, o cônjuge sobrevivente, ou qualquer parente em linha reta, ou colateral até o quarto grau (art. 12, parágrafo único, do CC). Repare que há uma lacuna nesse dispositivo. Não se incluiu o companheiro no rol dos legitimados. Se a finalidade da lei é possibilitar que pessoas presumidamente próximas ao morto e que também são sucessoras dele estejam legitimadas, não há justificativa para a exclusão do companheiro, que também tem presumida afetividade em relação ao falecido, além de ser sucessor deste.

Nesse sentido, o Enunciado 275 das Jornadas de Direito Civil entende que o rol dos legitimados presentes nos arts. 12 e 20 do CC compreende o companheiro.

E o Enunciado 398, das mesmas Jornadas, entende que as medidas previstas no art. 12, parágrafo único, do CC podem ser invocadas por qualquer uma das pessoas ali mencionadas de forma concorrente e autônoma. Por fim, o Enunciado 399 prevê que os poderes conferidos aos legitimados para a tutela *post mortem* dos direitos da personalidade, nos termos dos arts. 12, parágrafo único, e 20, parágrafo único, do CC, não compreendem a faculdade de limitação voluntária.

2.2.4. Regimes Jurídicos Especiais

O CC disciplina de modo especial a proteção do próprio corpo (arts. 13 a 15 do CC), o direito ao nome (arts. 16 a 19), a proteção aos escritos, à palavra e à imagem (art. 20) e a proteção à vida privada (art. 21).

2.2.4.1. Proteção do corpo

2.2.4.1.1. Disposição do corpo em vida

O art. 13 do CC traz a seguinte **regra**: *é defeso o ato de disposição do próprio corpo, quando importar diminuição permanente da integridade física, ou contrariar os bons costumes.*

O parágrafo único e o *caput* do art. 13 trazem as seguintes **exceções**: a) em caso de *exigência médica;* e b) *para fins de transplante*, na forma estabelecida em lei especial.

Isso significa que não se pode dispor do corpo em duas situações: a) se isso importar em diminuição permanente da integridade física; b) se houver contrariedade aos bons costumes. Mas se estará autorizado: a) em caso de exigência médica; e b) para fins de transplante.

A expressão *diminuição permanente* proíbe, portanto, que alguém corte o próprio braço ou a própria perna, uma vez que tais condutas são irreversíveis. E a frase *contrariar bons costumes* proíbe, por exemplo, que alguém se machuque intencionalmente, mesmo que sem diminuição permanente da integridade física.

Os bens jurídicos tutelados pelo dispositivo são a saúde humana e os bons costumes. Assim, não fere a lei a colocação de adereços (brincos, *piercings*), uma vez que, se é que importam em diminuição permanente, não afetam a saúde da pessoa. O mesmo se pode dizer de cirurgias plásticas, que, se feitas segundo as regras técnicas, não afetam a saúde da pessoa, além de não contrariarem os bons costumes.

Nos casos em que houver exigência médica, como quando se amputa uma perna por motivo de doença ou se retira parte do intestino em virtude de câncer, ou até quando se faz cirurgia para a redução do estômago, a diminuição permanente estará autorizada. Entende-se abarcado no requisito da "exigência médica" a cirurgia de mudança de sexo, já que a doutrina entende que essa expressão refere-se tanto ao bem-estar físico quanto ao bem-estar psíquico do disponente (v. Enunciados 6 e 276 das JDC/CJF). Nesse sentido, a Resolução 1.955/2010 do Conselho Federal de Medicina traz os requisitos para a cirurgia de mudança de sexo.

A outra exceção (para fins de transplante) está regulada na Lei 9.434/1997. Essa lei permite a disposição de tecidos (não se regula a disposição de sangue, de esperma e de óvulo), órgãos ou partes do corpo vivo, atendidos os seguintes requisitos (art. 9º da Lei):

a) deverá ser gratuita a disposição;

b) deverá o doador ser capaz; o incapaz só poderá doar medula óssea, desde que ambos os pais e o juiz autorizem e não haja risco para sua saúde; a gestante só poderá doar tecido para transplante de medula óssea, desde que não haja risco à sua saúde ou ao feto;

c) dever-se-á tratar de órgãos duplos, de partes de órgãos, tecidos ou partes do corpo cuja retirada não impeça o organismo doador de continuar vivendo sem risco para a sua integridade e não represente grave comprometimento de suas aptidões vitais e saúde mental e não cause mutilação ou deformação inaceitável;

d) deverá estar presente uma necessidade terapêutica comprovadamente indispensável ao receptor;

e) deverá o doador autorizar, preferencialmente por escrito e diante de testemunhas, especificamente o tecido, o órgão ou a parte do corpo objeto da retirada;

f) deverá o juiz autorizar a doação, salvo em relação à medula óssea e em relação à doação para cônjuge ou parentes consanguíneos até quarto grau inclusive;

g) poderá o doador revogar a doação a qualquer momento antes de sua concretização;

h) a realização de transplantes ou enxertos só poderá ser realizada por estabelecimento de saúde autorizado pelo SUS.

Questão de alta indagação diz respeito ao congelamento do corpo de alguém após a morte (criogenia). A respeito da questão, confira decisão do STJ: "os direitos de personalidade, e entre eles o direito ao cadáver, se orientam pela lógica do Direito Privado, primando pela autonomia dos indivíduos, sempre que esta não violar o ordenamento jurídico. Nesse contexto, a escolha feita pelo particular de submeter seu cadáver ao procedimento da criogenia encontra proteção jurídica, na medida em que sua autonomia é protegida pela lei e não há vedação à escolha por esse procedimento. Ademais, verifica-se que as razões de decidir do tribunal de origem estão embasadas na ausência de manifestação expressa de vontade do genitor das litigantes acerca da submissão de seu corpo ao procedimento de criogenia após a morte. Ocorre que, analisando as regras correlatas dispostas no ordenamento jurídico – que disciplinam diferentes formas de disposição do corpo humano após a morte –, em razão da necessidade de extração da norma jurídica a ser aplicada ao caso concreto, considerando a existência de lacuna normativa, verifica-se que não há exigência de formalidade específica acerca da manifestação de última vontade do indivíduo. Da análise do § 2º do art. 77 da Lei n. 6.015/1973 (Lei de Registros Públicos), extrai-se que, com exceção da hipótese de "morte violenta" – que necessita também de autorização judicial –, os requisitos para a realização da cremação do cadáver são: i) a existência de atestado de óbito assinado por 2 (dois) médicos ou por 1 (um) médico legista; e ii) a anterior manifestação de vontade do indivíduo de ser incinerado após a morte. Dessa maneira, não exigindo a Lei de Registros Públicos forma especial para a manifestação em vida em relação à cremação, será possível aferir a vontade do indivíduo, após o seu falecimento, por outros meios de prova legalmente admitidos. É de se ressaltar que, em casos envolvendo a tutela de direitos da personalidade do indivíduo *post mortem* (direito ao cadáver), o ordenamento jurídico legitima os familiares mais próximos a atuarem em favor dos interesses deixados pelo *de cujus*. Logo, na falta de manifestação expressa deixada pelo indivíduo em vida acerca da destinação de seu corpo após a morte, presume-se que sua vontade seja aquela apresentada por seus familiares mais próximos" (REsp 1.693.718-RJ, DJe 04/04/2019).

2.2.4.1.2. Disposição do corpo para depois da morte

O art. 14 do CC traz a seguinte **regra**: *é válida, com objetivo científico ou altruístico, a disposição gratuita do próprio corpo, no todo ou em parte, para depois da morte.*

A expressão *objetivo científico* diz respeito aos casos em que se deixa o corpo ou partes do corpo para fins de estudos (ex.: para uma faculdade de medicina). Já a expressão *objetivo altruístico* se refere aos casos em que está a se preocupar com o bem-estar alheio, como quando se deixa elemento do corpo para fins de transplante em favor de quem precisa de um tecido (ex.: córnea), de um órgão (ex.: coração) ou de parte do corpo (ex.: fígado).

A Lei 9.434/1997 permite a retirada *post mortem* de tecidos (não se regula a disposição de sangue, de esperma e de óvulo), órgãos ou partes do corpo humano, destinados a transplante ou tratamento, atendidos os seguintes requisitos (arts. 3º a 8º da Lei):

a) deverá ser gratuita a disposição;

b) deverá ser precedida de diagnóstico de morte encefálica, constatada e registrada por dois médicos não participantes das equipes de remoção e transplante; os prontuários médicos serão mantidos na instituição por um período mínimo de 5 anos;

c) deverá ser admitida a presença de médico de confiança da família do falecido no ato de comprovação e atestação da morte encefálica;

d) deverá ser feita mediante o *consenso afirmativo* do doador, não se presumindo sua vontade em doar; não existindo indicação da vontade do falecido (por meio de um documento, por exemplo), a retirada dependerá da autorização do cônjuge ou parente, maior de idade, obedecida a linha sucessória, reta ou colateral, até o segundo grau inclusive, firmada em documento subscrito por duas testemunhas presentes à verificação da morte (parece-nos haver lacuna na ausência do companheiro na regra); o Enunciado 277 das JDC/CJF é no sentido de que a manifestação expressa do doador de órgão em vida prevalece sobre a vontade dos familiares; assim, a aplicação do art. 4º da Lei 9.434/1997 (que trata da autorização ou não pelos familiares) ficou restrita à hipótese de silêncio do potencial doado. Ainda no que concerne ao consentimento, o art. 14, parágrafo único, do Código Civil, fundado no consentimento informado, não dispensa o consentimento dos adolescentes para a doação de medula óssea prevista no art. 9º, § 6º, da Lei 9.434/1997 por aplicação analógica dos arts. 28, § 2º (alterado pela Lei 12.010/2009), e 45, § 2º, do ECA (Enunciado 402 JDC/CJF);

e) poderá o doador revogar a doação a qualquer momento;

f) é vedada a remoção quanto a pessoas não identificadas;

g) após a retirada, o corpo será condignamente recomposto para ser entregue, em seguida, aos parentes do morto ou seus responsáveis legais para sepultamento;

h) a realização de transplantes ou enxertos só poderá ser realizada por estabelecimento de saúde autorizado pelo SUS.

Questão de alta indagação diz respeito ao congelamento do corpo de alguém após a morte (criogenia). A respeito da questão, confira decisão do STJ: "os direitos de personalidade, e entre eles o direito ao cadáver, se orientam pela lógica do Direito Privado, primando pela autonomia dos indivíduos, sempre que esta não violar o ordenamento jurídico. Nesse contexto, a escolha feita pelo particular de submeter seu cadáver ao procedimento da criogenia encontra proteção jurídica, na medida em que sua autonomia é protegida pela lei e não há vedação à escolha por esse procedimento. Ademais, verifica-se que as razões de decidir do tribunal de origem estão embasadas na ausência de manifestação expressa de vontade do genitor das litigantes acerca da submissão de seu corpo ao procedimento de criogenia após a morte. Ocorre que, analisando as regras correlatas dispostas no ordenamento jurídico – que disciplinam diferentes formas de disposição do corpo humano após a morte –, em razão da necessidade de extração da norma jurídica a ser aplicada ao caso concreto, considerando a existência de lacuna normativa, verifica-se que não há exigência de formalidade específica acerca da manifestação de última vontade do indivíduo. Da análise do § 2º do art. 77 da Lei n. 6.015/1973 (Lei de Registros Públicos), extrai-se que, com exceção da hipótese de "morte violenta" – que necessita também de autorização judicial –, os requisitos para a realização da cremação do cadáver são: i) a existência de atestado de óbito assinado por 2 (dois) médicos ou por 1 (um) médico legista; e ii) a anterior manifestação de vontade do indivíduo de ser incinerado após a morte. Dessa maneira, não exigindo a Lei de Registros Públicos forma especial para a manifestação em vida em relação à cremação, será possível aferir a vontade do indivíduo, após o seu falecimento, por outros meios de prova legalmente admitidos. É de se ressaltar que, em casos envolvendo a tutela de direitos da personalidade do indivíduo *post mortem* (direito ao cadáver), o ordenamento jurídico legitima os familiares mais próximos a atuarem em favor dos interesses deixados pelo *de cujus*. Logo, na falta de manifestação expressa deixada pelo indivíduo em vida acerca da destinação de seu corpo após a morte, presume-se que sua vontade seja aquela apresentada por seus familiares mais próximos" (REsp 1.693.718-RJ, DJe 04/04/2019).

2.2.4.1.3. Tratamento e intervenção cirúrgica

O art. 15 do CC traz a seguinte **regra**: *ninguém pode ser constrangido a submeter-se, com risco de vida, a tratamento médico ou intervenção cirúrgica.*

Três princípios permeiam a regra em questão.

Pelo **princípio da informação**, *o paciente tem o direito de receber todas as informações relativas à sua situação, à possibilidade de tratamento e aos respectivos riscos* (*vide* arts. 6º, III, e 31 do CDC).

De acordo com o **princípio da autonomia**, *o profissional deve respeitar a vontade do paciente ou de seu representante, se aquele for incapaz.*

Já pelo **princípio da beneficência**, *a atuação médica deve buscar o bem-estar do paciente, evitando, sempre que possível, danos e riscos.*

A partir de tais princípios e da regra enunciada, percebe-se que o paciente tem o *direito de recusa a tratamento arriscado*. Assim, informado de que uma cirurgia para retirada de um tumor da cabeça gera um risco de morte, este é quem escolherá se deseja ou não fazê-la.

Quando não for possível consultar o paciente, e havendo situação de iminentes riscos para sua vida, o tratamento ou a intervenção cirúrgica deverão ser realizados, não respondendo o médico por constrangimento ilegal (art. 146, § 3º, I, do CP). Em situações como essas, o médico age em verdadeiro estado de necessidade, que é uma excludente da ilicitude.

Todavia, considerando preceito constitucional, o Enunciado 403 das JDC/CJF faz a seguinte ressalva: "art. 15: O direito à inviolabilidade de consciência e de crença, previsto no art. 5º, VI, da Constituição Federal, aplica-se também à pessoa que se nega a tratamento médico, inclusive transfusão de sangue, com ou sem risco de morte, em razão do tratamento ou da falta dele, desde que observados os seguintes critérios: a) capacidade civil plena, excluído o suprimento pelo representante ou assistente; b) manifestação de vontade livre, consciente e informada; e c) oposição que diga respeito exclusivamente à própria pessoa do declarante".

2.2.4.2. Escritos, palavra e imagem

O art. 20 do CC traz a seguinte **regra**: *a divulgação de escritos, a transmissão da palavra, ou a publicação, a exposição ou a utilização da imagem de uma pessoa poderão ser proibidas, a seu requerimento e sem prejuízo da indenização que couber, se lhe atingirem a honra, a boa fama ou a respeitabilidade, ou se se destinarem a fins comerciais.*

O próprio art. 20 traz as seguintes **exceções** à impossibilidade de exposição daqueles interesses: a) se houver *autorização* da pessoa; b) se *necessário à administração da justiça*.

Ou seja, não se pode expor os escritos, a palavra e a imagem das pessoas em duas situações: a) se lhe atingir a honra; b) se tiver fins comerciais. Mas é possível expor tais interesses: a) se houver autorização; b) se necessário à administração da justiça.

A expressão *se lhe atingirem a honra, a boa fama ou a respeitabilidade* proíbe que alguém tenha, por exemplo, veiculada sua imagem de uma maneira difamatória. A frase *se se destinarem a fins comerciais* proíbe, por exemplo, que alguém tenha publicada sua foto em um informe publicitário ou em uma revista de "fofocas" sem sua autorização.

É importante lembrar que as **garantias** que a lei traz ao lesado são as seguintes: a) proibir a exposição; b) reclamar indenização. Apesar da não referência à aplicação das demais sanções previstas em lei, tal como está previsto no art. 12

(regime jurídico geral), tal providência é possível, como no caso em que a conduta do ofensor também configura crime (injúria, difamação ou calúnia, por exemplo). Ou quando se prevê o direito de resposta, proporcional ao agravo (art. 5º, V, da CF).

Em se tratando de morto ou de ausente, são partes **legítimas**: a) o cônjuge; b) os ascendentes ou descendentes. Em relação ao regime jurídico geral, repare que aqui não se elegeu os parentes colaterais até o quarto grau como legitimados. Repare, ainda, que mais uma vez parece haver uma lacuna, ao não se legitimar o companheiro.

São três os interesses protegidos pelas regras: a) os escritos (expressados em documento); b) a palavra (expressada pela voz); c) a imagem (retrato e atributo).

Os **escritos** encontram regramento especial na Lei 9.610/1998 (Lei sobre Direitos Autorais), que protege "os textos de obras literárias, artísticas ou científicas", dentre outros (art. 7º da Lei).

As **palavras** também encontram regramento especial nessa Lei, que protege "as conferências, alocuções, sermões e outras obras da mesma natureza", dentre outras (art. 7º da Lei).

Quanto à **imagem**, essa deve ser dividida em duas espécies.

a) imagem-retrato: *consiste na reprodução gráfica da figura humana, podendo se referir a partes do corpo também, como a voz e as pernas.* São exemplos: o retrato, o desenho, a fotografia e a filmagem de uma pessoa. A imagem-retrato está protegida pelo art. 5º, X, da CF, pelo qual "são invioláveis a intimidade, a vida privada, a honra e a *imagem* das pessoas, assegurado o direito a indenização pelo dano material ou moral decorrente de sua violação";

b) imagem-atributo: *consiste no conjunto de características sociais do indivíduo, ou de dada pessoa jurídica, que o identifica socialmente.* Enquanto a imagem-retrato condiz com o retrato físico da pessoa, a imagem-atributo se refere a seu retrato social. A proteção a essa imagem está prevista no art. 5º, X, da CF, pelo qual fica assegurado "o direito de resposta, proporcional ao agravo, além da indenização por dano material, moral ou à *imagem*". Nessa, os agentes danosos são os meios de comunicação, ideia tirada do texto do dispositivo, que fala também em direito de resposta, extensível às pessoas jurídicas. Havendo violação da imagem-atributo, deve haver indenização, independente de demonstração de prejuízo econômico ou mesmo existência de dor profunda, mas simplesmente pelo *dano à imagem*, devendo a indenização seguir critério facilitado, distinto do dano material e moral. Repare que fala em "indenização por dano material, moral ou à imagem".

É importante trazer à tona alguns **temperamentos** à proteção em tela. Nenhum direito é absoluto. O direito à preservação da imagem encontra pontos de atrito com a *liberdade de expressão e de comunicação* e com o *direito de acesso à informação*.

O Supremo Tribunal Federal, no julgamento da ADPF 130 (p. em 06.11.2009), ao julgar não recepcionada pela Constituição a Lei de Imprensa (Lei 5.250/1967), **exarou entendimento no sentido de que, na ponderação de interesses entre os dois blocos de direitos da personalidade citados (liberdade de imprensa e de expressão x imagem, honra, intimidade e vida privada) pondera o primeiro bloco, impedindo-se a censura prévia.** O segundo bloco incide pos-

teriormente para fins de direito de resposta e responsabilidade civil, penal e administrativa.

É claro que não é qualquer fato que poderá ser livremente veiculado pela imprensa. Deve-se tratar de fato relevante para o indivíduo em sociedade. Caso contrário, pode haver abuso e, portanto, ensejo à reparação do dano causado ao ofendido. Tal se dá, por exemplo, com a divulgação por um jornal ou uma revista de elementos da intimidade ou da vida privada de artistas sem seu consentimento. Nesse caso, não há fato relevante para a vida social, conceito nobre, mas "fuxico", "fofoca", o que não está protegido no relevante direito de informação jornalística.

A manifestação abusiva da expressão, apesar de não poder ser censurada, pode sofrer coerções posteriores, principalmente as que envolvem o direito de resposta e a indenização por danos materiais e morais. Segue decisão do STF a respeito:

"Não caracteriza hipótese de responsabilidade civil a publicação de matéria jornalística que narre fatos verídicos ou verossímeis, embora eivados de opiniões severas, irônicas ou impiedosas, sobretudo quando se trate de figuras públicas que exerçam atividades tipicamente estatais, gerindo interesses da coletividade, e a notícia e crítica referirem-se a fatos de interesse geral relacionados à atividade pública desenvolvida pela pessoa noticiada" (STJ, REsp 1.729.550-SP, j 14/05/2021).

2.2.4.3. Vida privada

O art. 21 do CC traz a seguinte **regra**: *a vida privada da pessoa natural é inviolável, e o juiz, a requerimento do interessado, adotará as providências necessárias para impedir ou fazer cessar ato contrário a esta norma.*

É importante destacar que a **garantia** que a lei traz ao lesado é a seguinte: pode-se pedir ao juiz que impeça ou faça cessar a violação da vida privada. Apesar de não prevista no dispositivo, eventual violação também dá ensejo a que se reclame indenização (art. 5º, X, da CF). E, em que pese também a não referência à aplicação das demais sanções previstas em lei, tal como está previsto no art. 12 (regime jurídico geral), tal providência é possível, como no caso em que a conduta do ofensor também configura crime (interceptação indevida de conversa telefônica, por exemplo), em que se faculta a persecução criminal.

Apesar de o dispositivo se referir apenas à vida privada, são dois os interesses protegidos pela regra: a) a própria vida privada; e b) a intimidade.

Os direitos de inviolabilidade da vida privada e da intimidade são espécies do gênero **direito à privacidade**, *que é aquele de a pessoa manter informações privadas a seu respeito sob seu controle exclusivo.* Tal direito se traduz no direito de ser deixado tranquilo ou em paz.

A **intimidade**, por sua vez, é *o espaço que a pessoa tem consigo.* Diz respeito aos seus pensamentos, segredos, dúvidas existenciais e sonhos. O diário particular de uma pessoa contém informações sobre sua intimidade.

A **vida privada** consiste nos *espaços exteriores privados, ligados às relações familiares, de amizade e profissionais das pessoas.* Aqui temos suas correspondências e conversas telefônicas, os sigilos bancário e fiscal, as relações amorosas etc.

Confira algumas decisões do STJ e do STF a esse respeito:

"É incompatível com a Constituição a ideia de um direito ao esquecimento, assim entendido como o poder de obstar, em razão da passagem do tempo, a divulgação de fatos ou dados verídicos e licitamente obtidos e publicados em meios de comunicação social analógicos ou digitais. Eventuais excessos ou abusos no exercício da liberdade de expressão e de informação devem ser analisados caso a caso, a partir dos parâmetros constitucionais – especialmente os relativos à proteção da honra, da imagem, da privacidade e da personalidade em geral – e as expressas e específicas previsões legais nos âmbitos penal e cível". (STF, RE 1010606/RJ, 11.02.21)

"A divulgação pelos interlocutores ou por terceiros de mensagens trocadas via WhatsApp pode ensejar a responsabilização por eventuais danos decorrentes da difusão do conteúdo (...) Assim, ao levar a conhecimento público conversa privada, além da quebra da confidencialidade, estará configurada a violação à legítima expectativa, bem como à privacidade e à intimidade do emissor, sendo possível a responsabilização daquele que procedeu à divulgação se configurado o dano. Por fim, é importante consignar que a ilicitude poderá ser descaracterizada quando a exposição das mensagens tiver como objetivo resguardar um direito próprio do receptor. Nesse caso, será necessário avaliar as peculiaridades concretas para fins de decidir qual dos direitos em conflito deverá prevalecer" (STJ, REsp 1.903.273-PR, Dje 30/08/2021);

"É vedado ao provedor de aplicações de internet fornecer dados de forma indiscriminada dos usuários que tenham compartilhado determinada postagem, em pedido genérico e coletivo, sem a especificação mínima de uma conduta ilícita realizada" (STJ, REsp 1.859.665-SC, j. 09/03/2021);

"Os provedores de aplicações de internet não são obrigados a guardar e fornecer dados pessoais dos usuários, sendo suficiente a apresentação dos registros de número IP" (STJ, REsp 1.829.821-SP, DJe 31/08/2020);

É inconstitucional — por violar os direitos à intimidade e à privacidade (CF/1988, art. 5º, X), bem como os princípios da proporcionalidade e da razoabilidade, na dimensão da proibição do excesso — norma estadual que determina a hospitais, casas de saúde e maternidades a coleta compulsória de material genético de mães e bebês na sala de parto e o subsequente armazenamento à disposição da Justiça para o fim de evitar a troca de recém-nascidos nas unidades de saúde. (STF, ADI 5.545/RJ, j. 13.4.2023);

"Em caso de ofensa ao direito brasileiro em aplicação hospedada no estrangeiro, é possível a determinação judicial, por autoridade brasileira, de que tal conteúdo seja retirado da internet e que os dados do autor da ofensa sejam apresentados à vítima" (STJ, REsp 1.745.657-SP, DJe 19/11/2020).

2.2.4.4. Direitos autorais

Quanto aos direitos autorais, a matéria é exaustivamente tratada na Lei 9.610/1998, que regula os direitos de autor e os que lhe são conexos, reputados bens móveis para fins legais (art. 3º).

Tal lei **protege**, por exemplo, os textos de obras literárias, artísticas ou científicas, as obras musicais, coreográficas, fotográficas e cinematográficas, o desenho, a pintura, a escultura, dentre outras (art. 7º).

Não são objeto da proteção dos direitos autorais ideias, sistemas, métodos, projetos ou conceitos matemáticos como tais, formulários em branco, texto de atos oficiais, informações de uso comum como calendários, nomes, títulos isolados etc. (art. 8º).

A proteção à obra intelectual abrange o seu título, se original. A lei considera **autor** a pessoa física criadora de obra literária, artística ou científica, sem prejuízo da proteção às pessoas jurídicas nos casos previstos em lei (art. 11).

Não depende de registro a proteção aos direitos autorais (art. 18), podendo o autor registrar sua obra no órgão público de que trata o art. 17 da Lei 5.988/1973 (art. 19).

Pertencem ao autor os direitos **patrimoniais** e **morais** sobre a obra que criou (art. 22). Os **direitos morais** do autor, inalienáveis e irrenunciáveis (art. 27), são, dentre outros, os seguintes: a) o de reivindicar, a qualquer tempo, a autoria da obra; b) o de ter seu nome ou sinal indicado como sendo o do autor na utilização de sua obra; c) o de conservar a obra inédita; d) o de assegurar sua integridade, opondo-se a quaisquer modificações; e e) o de modificá-la (art. 24).

Os primeiros quatro direitos são transmitidos aos sucessores por morte do autor. No que concerne aos direitos patrimoniais, depende de autorização prévia e expressa do autor a utilização da obra por outrem. Os herdeiros podem explorar economicamente a obra por 70 anos contados de 1º de janeiro do ano subsequente ao do falecimento do autor (como regra), ou da publicação da obra (no caso de obras anônimas ou pseudônimas), ou da sua divulgação (quanto às obras audiovisuais e fotográficas), conforme os arts. 41 a 44. Findo o período, a obra passará ao **domínio público**, o mesmo ocorrendo se não houver sucessores do autor falecido ou se for obra de autor desconhecido, ressalvada a proteção legal aos conhecimentos étnicos e tradicionais (art. 45).

Não constituem ofensa aos direitos autorais: a) a reprodução, em um só exemplar, de pequenos trechos, para uso privado do copista, desde que feita por este, sem intuito de lucro; b) a citação de passagens de qualquer obra, para fins de estudo ou crítica, indicando-se nome do autor e a origem da obra; c) o apanhado de lições em escola, vedada a publicação sem autorização expressa; d) a utilização de obras para demonstração à clientela; e) a representação teatral ou musical no recesso familiar ou para fins didáticos, na escola e sem fim lucrativo; f) as paráfrases e paródias que não forem reproduções da obra nem lhe impliquem descrédito; e g) a representação de obras situadas permanentemente em logradouros públicos (arts. 46 a 48).

A **transferência** dos direitos patrimoniais poderá ser dos seguintes tipos: a) transmissão total (salvo os direitos morais e os excluídos pela lei; se for definitiva, dependerá de contrato escrito); b) cessão total ou parcial (faz-se por escrito e se presume onerosa).

O titular do direito violado poderá requerer: i) a apreensão dos exemplares reproduzidos ou a suspensão da divulgação, ii) sem prejuízo da indenização cabível, iii) bem como a perda em seu favor dos exemplares apreendidos e iv) o pagamento do preço dos que tiverem sido vendidos (art. 102). Responde solidariamente com o contrafator aquele que vender, expuser, distribuir ou tiver a obra reproduzida com fraude.

2.2.4.5. Nome

Os arts. 16 a 18 do CC trazem a seguinte **regra**: *toda pessoa tem direito ao nome, que não pode ser empregado de modo que exponha a pessoa ao desprezo público, ainda que sem intenção difamatória, ou para fins de propaganda comercial sem autori-*

zação do seu titular. Neste espeque, no que tange a propaganda comercial, prevê o Enunciado 278 JDC/CJF: *A publicidade que divulgar, sem autorização, qualidades inerentes a determinada pessoa, ainda que sem mencionar seu nome, mas sendo capaz de identificá-la, constitui violação a direito da personalidade*

O art. 19 dispõe que *o pseudônimo adotado para atividades lícitas goza da proteção que se dá ao nome.*

Por ser objeto de direito da personalidade, o nome é intransferível, irrenunciável e indisponível. O **princípio da imutabilidade**, todavia, sofre **exceções,** quando houver:

a) modificação no estado de filiação ou de paternidade: em virtude da procedência de ação negatória de filiação; reconhecimento, judicial ou voluntário, de paternidade; ou realização ou desfazimento de adoção. Muda-se o sobrenome apenas, salvo no caso de adoção de menores, em que é possível que se altere inclusive o prenome, a pedido do adotante ou do adotado (art. 47, § 5º, do ECA);

b) alteração do nome de um dos pais: modificando-se o nome familiar de um dos pais, será necessário fazer o mesmo em relação aos filhos; o art. 1º do Provimento 82/2019 do CNJ dispõe que "poderá ser requerida, perante o Oficial de Registro Civil competente, a averbação no registro de nascimento e no de casamento das alterações de patronímico dos genitores em decorrência de casamento, separação e divórcio, mediante a apresentação da certidão respectiva"; além disso, "a certidão de nascimento e a de casamento serão emitidas com o nome mais atual, sem fazer menção sobre a alteração ou o seu motivo, devendo fazer referência no campo 'observações' ao parágrafo único art. 21 da Lei 6.015/1973."; esse procedimento administrativo não depende de autorização judicial;

c) casamento: qualquer um dos nubentes pode adotar o nome do outro (art. 1.565, § 1º, do CC); porém, "é admissível o retorno ao nome de solteiro do cônjuge ainda na constância do vínculo conjugal" (STJ, REsp 1.873.918-SP, DJe 04/03/2021);

d) dissolução da sociedade conjugal e do casamento: não é obrigatória a perda do nome do outro na separação e no divórcio (arts. 1.578 e 1.571, § 2º, do CC). Todavia, a requerimento do inocente e desde que não se revele prejuízo à outra parte, pode-se perder compulsoriamente o direito de continuar usando o nome de casado. Pode também o cônjuge inocente renunciar, a qualquer momento, ao direito de usar o sobrenome do outro; o STJ também decidiu que é admissível o restabelecimento do nome de solteiro na hipótese de dissolução do vínculo conjugal pelo falecimento do cônjuge (REsp 1.724.718-MG, DJe 29.05.2018); o § 3º do art. 1º do Provimento 82/2019 do CNJ dispõe que, "por ocasião do óbito do(a) cônjuge, poderá o(a) viúvo(a) requerer averbação para eventual retorno ao nome de solteiro(a)"; esse procedimento administrativo não depende de autorização judicial;

e) pela união estável: o companheiro pode pedir ao juiz a averbação do patronímico do companheiro no seu registro de nascimento;

f) vontade daquele que tem entre 18 e 19 anos: o art. 56 da LRP faculta ao interessado, no primeiro ano após ter atingido a maioridade civil, requerer a alteração de seu nome, desde que não prejudique os apelidos de família, averbando-se a alteração que será publicada pela imprensa. Presume-se que, nessa fase da vida, a alteração do nome não vá prejudicar interesses de terceiros e do próprio Estado, uma vez que, no período que antecede essa idade, a pessoa não comete crime,

nem tem capacidade para, sozinho, praticar atos da vida civil. Preserva-se também a individualidade da pessoa, que porventura não esteja satisfeita com o seu prenome. O pedido pode ser feito administrativamente. Admite-se também para tornar composto o prenome simples e para acrescentar o patronímico de um dos pais ou dos avós;

g) erro gráfico evidente: o art. 110 da LRP dispõe que, em caso de erros que não exijam qualquer indagação para a constatação imediata de necessidade de sua correção (aí incluso o erro gráfico evidente) e de outros erros ou inexatidões enumerados no dispositivo, o oficial retificará o registro, a averbação ou a anotação, de ofício ou a requerimento do interessado, mediante petição assinada pelo interessado, representante legal ou procurador, independentemente de prévia autorização judicial ou manifestação do Ministério Público. Exemplo dessa situação é o daquele que recebeu o nome de "Osvardo", quando deveria ser "Osvaldo". Também ocorre quando se troca o "i" pelo "e" ou o "s" pelo "x" quando da grafia do patronímico. Verifica-se ou prova-se o erro, neste caso, pela comparação com os documentos dos demais membros da família;

h) exposição do portador do nome ao ridículo: o art. 55, parágrafo único, da LRP impede que os oficiais do registro civil registrem prenome suscetíveis de expor ao ridículo seus portadores. Para que essa regra seja eficaz, há de se reconhecer que, caso o oficial atenda ao pedido dos pais numa situação dessas, nada impede que no futuro busque-se a modificação do nome em razão dessa circunstância. Nomes como Bin Laden e Adolph Hitler poderão dar ensejo ao pedido de modificação. Mas já houve casos em que se admitiu a modificação de nomes bastante comuns, como Raimunda;

i) apelido público notório: o art. 58 da LRP dispõe que o prenome é definitivo, admitindo-se sua substituição por apelidos públicos notórios. São exemplos: Lula, Xuxa e Pelé. A redação dada pela Lei 9.708/1998 ao dispositivo em questão permite a "substituição" do prenome e não a mera "inserção" apelido público notório. Houve casos de modificação de "Amarildo" para "Amauri" e de "Maria" para "Marina". Basta provar em juízo que a pessoa é conhecida publicamente (no trabalho, na família, entre amigos etc.) por nome diverso do que consta em seus documentos. A prova se faz por testemunhas, por correspondências, por cadastros etc.;

j) necessidade para a proteção de vítimas e testemunhas de crimes: o § 7º do art. 57 da LRP admite a alteração de nome completo para proteção de vítimas e testemunhas de crimes, bem como de seu cônjuge, convivente, ascendentes, descendentes, inclusive filhos menores e dependentes, mediante requerimento ao juiz competente dos registros públicos, ouvido o MP;

k) homonímia: a redação do art. 57, *caput*, da LRP, traz uma norma um tanto quanto aberta, que possibilita modificações em outras situações excepcionais, como a homonímia;

l) Transgêneros: os transgêneros, independentemente da cirurgia de transgenitalização ou tratamentos hormonais, têm direito à alteração tanto de seu **prenome** como de seu **gênero**, diretamente no Registro Civil (cartório), ou seja, sem pedido perante o Judiciário. Inexiste outro requisito (ex: idade mínima ou parecer médico). Basta o consentimento livre e informado do solicitante. O pedido é confidencial e os documentos não podem fazer remissão a eventuais alterações (STF, ADI 4275/DF, Plenário, 1º.03.2018).

2.3. Pessoas Jurídicas

2.3.1. Conceito

Pode-se **conceituar** pessoa jurídica como o *grupo humano criado na forma da lei e dotado de personalidade jurídica própria para a realização de fins comuns.*

As pessoas jurídicas são, então, *sujeitos de direito personalizados*, de modo que têm aptidão genérica para adquirir direitos e obrigações compatíveis com sua natureza.

No que concerne aos direitos da personalidade, o Código Civil assegura que "aplica-se às pessoas jurídicas, no que couber, a proteção dos direitos da personalidade" (art. 52).

A título de exemplo, é compatível com a pessoa jurídica a proteção de sua integridade moral, daí porque o Superior Tribunal de Justiça assegura indenização por danos morais a tais entes.

2.3.2. Requisitos para a sua regular constituição

As pessoas jurídicas de direito público são criadas pela Constituição ou por meio de leis específicas. Já as pessoas jurídicas de direito privado têm sua criação regulada pelo Código Civil.

A doutrina aponta diversos requisitos para a constituição de uma pessoa jurídica. São os seguintes:

a) vontade humana criadora, ou seja, intenção de criar pessoa jurídica distinta de seus membros;

b) observância das condições legais para a sua instituição;

c) objetivo lícito;

d) ato constitutivo, ou seja, documento escrito, denominado estatuto (nas associações e sociedades institucionais), escritura pública/testamento (nas fundações), contrato social (nas sociedades contratuais) e lei (nas autarquias);

e) autorização ou aprovação do Poder Executivo, quando necessário, ou seja, nos poucos casos em que a lei condiciona a criação da pessoa jurídica à autorização mencionada (exs.: empresas estrangeiras, montepio, caixas econômicas, bolsas de valores etc.);

f) autorização de lei específica, no caso de pessoas jurídicas de direito privado estatais;

e) registro, ou seja, arquivamento dos atos constitutivos no Registro Público competente, em se tratando de pessoa jurídica de direito privado.

O art. 45 do Código Civil dispõe que o **surgimento**, ou seja, a **existência legal** da pessoa jurídica de direito privado começa com sua **inscrição** no Registro Público competente. Dessa forma, o **início da personalidade** da pessoa jurídica de direito privado se dá com o **registro competente**.

O registro declarará o seguinte (art. 46 do CC):

I. a denominação, os fins, a sede, o tempo de duração e o fundo social, quando houver;

II. o nome e a individualização dos fundadores ou instituidores, e dos diretores;

III. o modo por que se administra e representa, ativa e passivamente, judicial e extrajudicialmente;

IV. se o ato constitutivo é reformável no tocante à administração, e de que modo;

V. se os membros respondem, ou não, subsidiariamente, pelas obrigações sociais;

VI. as condições de extinção da pessoa jurídica e o destino do seu patrimônio, nesse caso.

Havendo ilegalidade no ato de constituição da pessoa jurídica de direito privado, o interessado terá três anos para exercer o direito de anulá-lo, contado o prazo da publicação de sua inscrição no registro público (art. 45, parágrafo único, do CC). O prazo é decadencial e, após o seu decurso, todos os vícios ficarão convalidados.

O **ato constitutivo deve ser arquivado** nos seguintes registros públicos: a) na OAB (se se tratar de sociedade de advogados); b) na Junta Comercial (se se tratar de sociedade empresária); c) no Cartório de Pessoas Jurídicas (se se tratar de sociedades simples, fundações e associações).

Os partidos políticos, depois de arquivarem seus atos constitutivos no Cartório de Pessoas Jurídicas, adquirindo personalidade jurídica, devem registrar seus estatutos no Tribunal Superior Eleitoral (art. 17, § 2º, da CF). Os sindicatos, após o registro no Cartório, também devem comunicar sua criação ao Ministério do Trabalho.

As **sociedades empresárias** são pessoas jurídicas de direito privado, com fins lucrativos, cujo objeto é o exercício de atividade econômica organizada para a produção ou a circulação de bens ou de serviços (art. 982 c/c art. 966, ambos do CC). Por exemplo, uma indústria.

Já as **sociedades simples** são pessoas jurídicas de direito privado que admitem como objeto o exercício de profissão intelectual, de natureza científica, literária ou artística, ainda que com o concurso de auxiliares ou colaboradores, salvo se o exercício da profissão constituir elemento de empresa. Por exemplo, uma sociedade que reúne quatro médicos, que agem como profissionais liberais independentes um do outro.

As sociedades que não forem objeto de inscrição no Registro Público são consideradas **sociedades despersonificadas** (em comum, irregulares ou de fato).

O art. 986 do CC dispõe que, enquanto não inscritos os atos constitutivos, as **sociedades despersonificadas ficarão sujeitas às seguintes disposições**: a) os sócios, nas relações entre si ou com terceiros, somente por escrito podem provar a existência da sociedade, mas os terceiros podem prová-la de qualquer modo (art. 987); b) os bens e dívidas sociais constituem patrimônio especial, do qual os sócios são titulares em comum (art. 988); c) os bens sociais respondem pelos atos de gestão praticados por qualquer dos sócios, salvo pacto expresso limitativo de poderes, que somente terá eficácia contra o terceiro que o conheça ou deva conhecer (art. 989); d) todos os sócios respondem solidária e ilimitadamente pelas obrigações sociais, excluído do benefício de ordem, previsto no art. 1.024 do CC, aquele que contratou pela sociedade (art. 990); e) reger-se-á a sociedade pelas regras mencionadas, observadas, subsidiariamente e, no que com ela forem compatíveis, as normas da sociedade simples (art. 986).

2.3.3. Funcionamento das pessoas jurídicas

Cada espécie de pessoa jurídica tem sua peculiaridade no que concerne ao seu funcionamento.

Todavia, o Código Civil traz algumas regras a esse respeito, que são as seguintes:

a) obrigam a pessoa jurídica os atos dos administradores, exercidos nos limites de seus poderes definidos no ato constitutivo (art. 47); nesse sentido, aquele que tem contato com um administrador de uma pessoa jurídica deve verificar os poderes que o ato constitutivo outorga a essa pessoa; se os atos praticados pelo administrador da pessoa jurídica estiverem dentro dos limites definidos no ato constitutivo, a pessoa jurídica ficará obrigada, sejam quais forem os termos contratuais estabelecidos por seus administrador, ressalvada a aplicação da teoria da aparência em casos específicos.

b) se a pessoa jurídica tiver administração coletiva, as decisões se tomarão pela maioria de votos dos presentes, salvo se o ato constitutivo dispuser de modo diverso (art. 48);

c) decai em três anos o direito de anular as decisões a que se refere a alínea anterior, quando violarem a lei ou estatuto, ou forem eivadas de erro, dolo, simulação ou fraude (art. 48, parágrafo único);

d) se a administração da pessoa jurídica vier a faltar, o juiz, a requerimento de qualquer interessado, nomear-lhe-á administrador provisório (art. 49);

e) "a pessoa jurídica não se confunde com os seus sócios, associados, instituidores ou administradores" (art. 49-A, *caput*);

f) "a autonomia patrimonial das pessoas jurídicas é um instrumento lícito de alocação e segregação de riscos, estabelecido pela lei com a finalidade de estimular empreendimentos, para a geração de empregos, tributo, renda e inovação em benefício de todos" (art. 49-A, parágrafo único).

Verificadas as regras de funcionamento da pessoa jurídica, é o caso, agora, de verificarmos sua dissolução.

2.3.4. Extinção das pessoas jurídicas

A pessoa jurídica dissolve-se pelas seguintes causas:

a) convencional, por deliberação de seus membros, conforme o quórum estabelecido nos estatutos ou na lei;

b) administrativa, em razão de decisão administrativa que, nos termos da lei, determine o fim da pessoa jurídica, quando esta dependa de aprovação ou autorização do Poder Público para funcionar e pratique atos nocivos ou contrários aos seus fins;

c) judicial, quando se configura algum dos casos de dissolução previstos em lei ou no estatuto e a sociedade continua a existir, obrigando um dos sócios a ingressar em juízo.

Sobre a **dissolução** de uma pessoa jurídica do tipo **sociedade**, confira as **hipóteses legais** não abarcadas pelas causas *convencionais* e *administrativas* (arts. 1.033 e 1.034 do CC):

a) vencimento do prazo de duração;

b) falta de pluralidade de sócios, não reconstituída no prazo de cento e oitenta dias (não se aplica essa extinção caso o sócio remanescente requeira a transformação da sociedade para empresário individual ou empresa individual de responsabilidade limitada);

c) anulação da constituição, por ilegalidade;

d) exaurimento do seu fim social;

e) verificação da inexequibilidade dos fins sociais ou da existência de atividade nociva que justifique a extinção da sociedade (essa última hipótese é de ordem doutrinária e jurisprudencial, servindo de exemplo a extinção de algumas torcidas organizadas por ordem da Justiça).

Não se deve confundir as expressões **dissolução, liquidação** e **cancelamento** da inscrição da pessoa jurídica, a qual importará na sua extinção definitiva.

Num primeiro momento, verificam-se causas que levam à **dissolução** da pessoa jurídica (convenção, decisão administrativa ou decisão judicial). A pessoa jurídica, neste momento, ainda não está extinta, mas está em processo de extinção. Num segundo momento, inicia-se a **liquidação**, devendo os administradores providenciar imediatamente a investidura do liquidante e restringir a gestão própria aos negócios inadiáveis, vedadas novas operações, pelas quais responderão solidária e ilimitadamente. **Encerrada a liquidação**, promover-se-á o **cancelamento da inscrição** da pessoa jurídica.

Segundo o art. 51 do CC, nos casos de dissolução da pessoa jurídica ou cassada a autorização para seu funcionamento, ela **subsistirá** para os **fins de liquidação**, até que essa se conclua.

Far-se-á, no registro onde a pessoa jurídica estiver inscrita, **a averbação de sua dissolução**.

As disposições para a liquidação das **sociedades** aplicam-se, no que couber, **às demais pessoas jurídicas de direito privado**. Nesse sentido, vale ler as disposições acerca da liquidação das sociedades, presentes nos arts. 1.102 a 1.112 do CC. É também objetivo da liquidação a partilha dos bens entre os sócios. Tal partilha se fará de modo proporcional à participação de cada um no capital social. No caso das associações e fundações, há regras próprias que serão analisadas em seguida.

Quanto à transformação, incorporação, fusão e cisão das sociedades, matéria afeta ao Direito Empresarial, confira o disposto nos arts. 1.113 a 1.122 do CC.

2.3.5. Desconsideração da personalidade jurídica

2.3.5.1. Conceito

O instituto da desconsideração da personalidade jurídica pode ser conceituado como *a declaração de ineficácia da personalidade jurídica para determinados fins, atingindo diretamente o patrimônio de administradores ou de sócios da pessoa jurídica beneficiados direta ou indiretamente pelo abuso, a fim de evitar fraude ou abuso de direito.*

O art. 50 do Código Civil permite que *os efeitos de certas e determinadas relações de obrigações sejam estendidos* aos bens pessoais dos administradores ou sócios da pessoa jurídica cuja personalidade está sendo desconsiderada. Em outras palavras, admite-se que obrigações da pessoa jurídica sejam suportadas por sócios e administradores desta.

É por isso que o conceito faz referência à *declaração de ineficácia* da personalidade jurídica. Isso ocorre porque a pessoa jurídica não é desconstituída, mas declarada ineficaz em relação a certas e determinadas obrigações.

Assim, se uma pessoa natural utiliza uma pessoa jurídica para cometer fraudes, as obrigações contraídas por essa poderão repercutir na esfera dos bens pessoais da pessoa natural, com a desconsideração da sua personalidade.

A desconsideração prevista no Código Civil é chamada de *desconsideração direta*.

Resta saber se o Código Civil brasileiro também admite a **desconsideração inversa**. Nessa desconsideração, como o próprio nome diz, desconsidera-se a pessoa natural do sócio ou administrador de uma pessoa jurídica para o fim de atingir o patrimônio da própria pessoa jurídica da qual faz parte o primeiro. Um exemplo pode aclarar o instituto. Imagine que alguém que deseja se separar de seu cônjuge sem ter de repartir bens que está em seu nome, passe tais bens para uma pessoa jurídica da qual é sócio, ficando esvaziado patrimonialmente como pessoa natural. Nesse caso, a desconsideração inversa atua para o fim de, na separação judicial, o juiz desconsiderar a autonomia da pessoa natural em relação à pessoa jurídica, determinando que os bens que pertencem à última sejam partilhados com o cônjuge prejudicado, como se fossem bens pertencentes à pessoa natural do cônjuge que perpetrou a fraude.

A desconsideração inversa não estava expressa no Código Civil, mas a doutrina e a jurisprudência a admitiam, tendo em vista que essa desconsideração visa a evitar e reprimir justamente a mesma conduta, qual seja, o abuso da personalidade. Todavia, o atual Código de Processo Civil faz menção expressa à desconsideração inversa da personalidade jurídica (art. 133, § 2º).

A Lei da Liberdade Econômica (Lei 13.874/2019) introduziu algumas modificações no instituto da desconsideração da personalidade e uma delas foi justamente nesse ponto. Ela acabou por também admitir a desconsideração inversa da personalidade, ao dispor que a desconsideração da personalidade prevista no *caput* do art. 50 do CC, bem como as definições de desvio de finalidade e confusão patrimonial previstas nos §§ 1º e 2º do art. 50 (hipóteses que ensejam a desconsideração) "também se aplica à extensão das obrigações de sócios ou de administradores à pessoa jurídica" (art. 50, § 3º). Repare que, nesse segundo caso, as obrigações dos sócios ou administradores poderão se estender à pessoa jurídica da qual participem.

Confira também o Enunciado 283 das JDC/CJF, que comenta o art. 50 do CC: "é cabível a desconsideração da personalidade denominada inversa para alcançar bens de sócio que se valeu da pessoa jurídica para ocultar ou desviar bens pessoais, com prejuízo de terceiros".

2.3.5.2. Hipóteses que ensejam a desconsideração

O Código Civil adotou a *teoria maior* da desconsideração. De acordo com essa teoria, para que a desconsideração se dê, é necessário, além da dificuldade em responsabilizar a pessoa jurídica (normalmente, essa dificuldade ocorre quando a pessoa jurídica acionada está insolvente, mas a doutrina entende que não é necessária a demonstração da insolvência para que se proceda à desconsideração – Enunciado 281 das JDC/CJF), a presença de outros requisitos.

No caso, exige-se que tenha havido *abuso de personalidade*. Esse abuso, nos termos do art. 50 do Código Civil, pode ser de duas espécies:

a) desvio de finalidade: ou seja, a utilização da pessoa jurídica para fim diverso daquele para a qual foi criada. Por exemplo, utilização de pessoa jurídica para emissão de notas fiscais frias;

b) confusão patrimonial: ou seja, situação em que os bens dos sócios das pessoas jurídicas se confundem com os bens dela.

A Lei da Liberdade Econômica (Lei 13.874/2019) resolveu facilitar as coisas, introduzindo mais elementos sobre o que é o desvio de finalidade e a confusão patrimonial. Confira (art. 50, §§ 1º e 2º do CC):

a) desvio de finalidade: é a utilização da pessoa jurídica com o propósito de lesar credores e para a prática de atos ilícitos de qualquer natureza; vale salientar que a lei é clara no sentido de que não constitui desvio de finalidade a mera expansão ou a alteração da finalidade original da atividade econômica específica da pessoa jurídica (art. 50, § 5º)

b) confusão patrimonial: é a ausência de separação de fato entre os patrimônios, caracterizada por:

I – cumprimento repetitivo pela sociedade de obrigações do sócio ou do administrador ou vice-versa;

II – transferência de ativos ou de passivos sem efetivas contraprestações, exceto os de valor proporcionalmente insignificante; e

III – outros atos de descumprimento da autonomia patrimonial.

A confusão patrimonial é típica das situações em que o sócio recebe, para si, créditos da pessoa jurídica, ou em que esta recebe para si créditos do sócio.

Existem empresas que não têm bens em nome próprio, mas somente no nome dos sócios. Isso pode prejudicar credores, que poderão pedir a desconsideração da personalidade.

A *teoria menor* da desconsideração, não adotada pelo Código Civil, propugna que a desconsideração da personalidade jurídica pode se dar toda vez que ela for obstáculo ao ressarcimento do dano, não sendo necessária demonstração de fraude ou abuso. Essa teoria tem esse nome porque exige *menos* requisitos para que se dê a aplicação do instituto.

Há diversas situações que caracterizam o abuso de personalidade. Porém, a doutrina aponta que o encerramento irregular das atividades da pessoa jurídica não basta, por si só, para caracterizar o abuso da personalidade jurídica (Enunciado 282 das JDC/CJF), sendo necessário que tal encerramento tenha se dado com o objetivo de dificultar o cumprimento de suas obrigações, caracterizando o desvio de finalidade. Nesse sentido decidiu o STJ no EREsp 1.306.553-SC, DJ 12.12.2014.

Aliás, é bom remarcar que a doutrina entende que os casos que ensejam desconsideração da personalidade nas relações civis (*desvio de finalidade* e *confusão patrimonial*) devem ser interpretados restritivamente (Enunciado 146 das JDC/CJF), por serem exceções à regra que estabelece a autonomia entre a pessoa jurídica e a pessoa de seus sócios ou administradores. Há de se lembrar de que o Código Civil adotou a teoria maior da desconsideração, diferente da Lei de Crimes Ambientais e do CDC, que adotaram a teoria menor da desconsideração, que traz menos requisitos para que esta se dê.

2.3.5.3. Legitimado ativo

De acordo com o art. 50 do CC, podem requerer a desconsideração qualquer *interessado* ou o *Ministério Público*, esse quando couber sua intervenção.

O **Ministério Público** pode intervir em ações em que se estiver diante de interesses indisponíveis, bem como em ações coletivas e de falência, entre outras. Nesses casos, o *Parquet* é legitimado para requerer a desconsideração da personalidade.

O **interessado** é, normalmente, o credor da obrigação que está sendo satisfeita pela pessoa jurídica. Aqui se está diante de alguém que tem interesse jurídico na desconsideração.

A doutrina vem reconhecendo que a teoria de desconsideração, prevista no art. 50 do Código Civil, pode ser invocada pela pessoa jurídica, em seu favor. Exemplo dessa situação se dá quando bens da pessoa jurídica são passados para o nome de um dos sócios com o fito de prejudicar credores. A pessoa jurídica, interessada em solver suas obrigações, pode, em tese, requerer a desconsideração para que se atinja o patrimônio que está em nome do sócio que cometeu a fraude. Naturalmente, tal situação só acontecerá na prática se esse sócio não mais estiver no comando administrativo da empresa.

2.3.5.4. Legitimado passivo

De acordo com o art. 50 do CC, a desconsideração da personalidade pode atingir o patrimônio tanto de *sócios* como de *administradores da sociedade.*

Assim, deve-se ressaltar, de início, que não só sócios, como também mero administrador não sócio, estão sujeitos à incidência do instituto.

Outra observação importante é que, apesar da lei fazer referência à palavra "sócio", a desconsideração da pessoa jurídica pode atingir também associados e outros membros de pessoas jurídicas. Ou seja, o instituto não se aplica apenas à *sociedade,* mas também às associações, fundações e outras pessoas jurídicas que não têm fins lucrativos ou econômicos.

Nesse sentido, confira o Enunciado 284 das JDC/CJF: "as pessoas jurídicas de direito privado sem fins lucrativos ou de fins não econômicos estão abrangidas no conceito de abuso da personalidade jurídica".

Vale, ainda, indagar se, uma vez ocorrido abuso da personalidade (por desvio de finalidade ou confusão patrimonial), pode-se atingir o patrimônio de qualquer sócio e administrador, independente de dolo específico de sua parte quanto ao abuso perpetrado.

Como se viu, a Lei da Liberdade Econômica (Lei 13.874/2019) introduziu algumas modificações no instituto da desconsideração da personalidade e uma delas foi justamente nesse ponto. Agora, a lei é clara no sentido de que a desconsideração da personalidade pode atingir "bens particulares de administradores ou de sócios da pessoa jurídica beneficiados direta ou indiretamente pelo abuso".

A doutrina vinha discutindo se todos os sócios ou administradores estavam sujeito aos efeitos da desconsideração caso não tivessem participado da irregularidade que a ensejou. A alteração legislativa, agora, foi no sentido de que o critério para incluir ou afastar um sócio ou administrador é a existência de um benefício direto ou indireto em favor dele. Deve-se verificar no caso concreto se isso ocorreu e, assim, decidir se cabe ou não a desconsideração da personalidade.

Outro ponto importante sobre a sujeição passiva está no art. 50, § 4º, pelo qual: "a mera existência de grupo econômico sem a presença dos requisitos de que trata o *caput* deste artigo não autoriza a desconsideração da personalidade da pessoa jurídica".

2.3.5.5. Questões processuais

O Superior Tribunal de Justiça vem entendendo que aquele que sofre a desconsideração da personalidade num processo judicial, respondendo com seu próprio patrimônio por obrigações alheias, passa a ser **parte** do processo (REsp 258.812, DJ 18.12.2006).

O STJ também entende que a desconsideração da personalidade **é possível na fase da execução de sentença**, mesmo que quem sofra os efeitos da desconsideração não tenha sido chamado a participar do processo de conhecimento que levou à formação do título que se estiver executando (REsp 920.602, DJ 23.06.2008). Naturalmente, o afetado pela desconsideração terá direito de se defender, exercendo plenamente o contraditório e a ampla defesa, garantindo-se o devido processo legal.

O novo Código de Processo Civil regulamentou as questões processuais sobre a desconsideração da personalidade jurídica, trazendo as seguintes regras:

> "**Art. 133.** O incidente de desconsideração da personalidade jurídica será instaurado a pedido da parte ou do Ministério Público, quando lhe couber intervir no processo.
>
> § 1º O pedido de desconsideração da personalidade jurídica observará os pressupostos previstos em lei.
>
> § 2º Aplica-se o disposto neste Capítulo à hipótese de desconsideração inversa da personalidade jurídica.
>
> **Art. 134.** O incidente de desconsideração é cabível em todas as fases do processo de conhecimento, no cumprimento de sentença e na execução fundada em título executivo extrajudicial.
>
> § 1º A instauração do incidente será imediatamente comunicada ao distribuidor para as anotações devidas.
>
> § 2º Dispensa-se a instauração do incidente se a desconsideração da personalidade jurídica for requerida na petição inicial, hipótese em que será citado o sócio ou a pessoa jurídica.
>
> § 3º A instauração do incidente suspenderá o processo, salvo na hipótese do § 2º.
>
> § 4º O requerimento deve demonstrar o preenchimento dos pressupostos legais específicos para desconsideração da personalidade jurídica.
>
> **Art. 135.** Instaurado o incidente, o sócio ou a pessoa jurídica será citado para manifestar-se e requerer as provas cabíveis no prazo de 15 (quinze) dias.
>
> **Art. 136.** Concluída a instrução, se necessária, o incidente será resolvido por decisão interlocutória.
>
> **Parágrafo único.** Se a decisão for proferida pelo relator, cabe agravo interno.
>
> **Art. 137.** Acolhido o pedido de desconsideração, a alienação ou a oneração de bens, havida em fraude de execução, será ineficaz em relação ao requerente."

2.3.5.6. Outras leis

O instituto da desconsideração da personalidade, como se viu, não está previsto unicamente no Código Civil.

O instituto está previsto também em outras leis.

O Código de Defesa do Consumidor, por exemplo, admite expressamente a desconsideração da personalidade em seu art. 28. O dispositivo parece, num primeiro momento, adotar a teoria maior da desconsideração. Essa conclusão decorre do fato de que o dispositivo traz requisitos adicionais à insolvência para que a desconsideração se dê.

Todavia, o § 5º do art. 28 traz regra de extensão que admite a desconsideração da personalidade toda vez que esta for obstáculo ao ressarcimento do dano. Isso fez com que o STJ tenha entendimento de que o CDC adotou a Teoria Menor da Desconsideração, pela qual basta a demonstração de insolvência do devedor.

A Lei de Crimes Ambientais (Lei 9.605/1998) também adotou a Teoria Menor da Desconsideração, como se pode verificar do disposto no seu art. 4º.

A desconsideração também está presente na CLT (art. 2º, § 2º) e no CTN (art. 134, VII).

2.3.6. Classificação das pessoas jurídicas

2.3.6.1. Quanto à nacionalidade

Quanto à **nacionalidade**, as pessoas jurídicas podem ser divididas em **nacionais** e **estrangeiras**.

Pessoas jurídicas nacionais são aquelas organizadas e constituídas conforme a lei brasileira, tendo no País sua sede e administração (art. 1.126 do CC). **Pessoas jurídicas estrangeiras** são aquelas de fora do País, que não possuem as características citadas.

A sociedade estrangeira não poderá funcionar no País sem autorização do Poder Executivo. Se autorizada, sujeitar-se-á lei brasileira quanto aos atos aqui praticados, devendo ter representante no Brasil. Nesse caso, poderá nacionalizar-se, transferindo sua sede para o território nacional (arts. 1.134 a 1.141 do CC).

2.3.6.2. Quanto à estrutura interna

Quanto à **estrutura interna**, as pessoas jurídicas podem ser divididas em **corporações** e **fundações**.

As **corporações** (*universitas personarum*) são um conjunto ou reunião de pessoas que formam uma pessoa jurídica. O elemento marcante aqui são as *pessoas*. São exemplos de corporações as sociedades e as associações.

As **fundações** (*universitas bonorum*) são um conjunto ou reunião de bens que formam uma pessoa jurídica. O elemento marcante aqui são os bens. Diferentemente das corporações, que normalmente costumam ter fins voltados à satisfação de seus membros, as fundações têm objetivos externos, estabelecidos pelo instituidor da pessoa jurídica.

2.3.6.3. Quanto à atuação

Quanto à atuação, as pessoas jurídicas podem ser de direito público e de direito privado.

As **pessoas jurídicas de direito público** são de duas espécies:

a) externo: países e organizações internacionais;

b) interno: União, Estados, Distrito Federal, Municípios, autarquias, agências reguladoras, associações Públicas (consórcios públicos de direito público) e fundações públicas.

As **pessoas jurídicas de direito privado** podem ser subdivididas nas seguintes espécies (art. 44):

a) sociedades: *são pessoas jurídicas com objetivo de lucro*; as cooperativas são consideradas sociedades simples;

b) associações: *são pessoas jurídicas constituídas de pessoas que se reúnem para realização de fins não econômicos*; têm objetivos científicos, artísticos, educativos, culturais, políticos, corporativos, esportivos etc.;

c) fundações: *são acervos de bens, que recebem personalidade jurídica para realização de fins determinados de interesse público, de modo permanente e estável*; o elemento marcante é o patrimonial;

d) entidades religiosas: têm o regime jurídico das associações; são livres a criação, a organização, a estruturação interna e o funcionamento das organizações religiosas, sendo vedado ao poder público negar-lhes reconhecimento ou registro dos atos constitutivos e necessários ao seu funcionamento.

e) partidos políticos: têm o regime jurídico das associações; os partidos políticos serão organizados e funcionarão conforme o disposto em lei específica;

f) consórcios públicos de direito privado: são pessoas jurídicas formadas pela reunião de entes federativos para a gestão conjunta de serviços que podem ser exercidos por pessoas de direito privado;

De acordo o Enunciado 142 das JDC/CJF, "os partidos políticos, os sindicatos e as associações religiosas possuem natureza associativa, aplicando-se-lhes o Código Civil".

Acerca das organizações religiosas o Enunciado 143 das JDC/CJF defende que "a liberdade de funcionamento das organizações religiosas não afasta o controle de legalidade e legitimidade constitucional de seu registro, nem a possibilidade de reexame, pelo Judiciário, da compatibilidade de seus atos com a lei e com seus estatutos".

Com vistas a atender às necessidades do mundo moderno, a Lei 14.382/2022 passou a permitir expressamente que as pessoas jurídicas de direito privado fizessem suas assembleias gerais por meio eletrônico. Confira o art. 48-A do Código Civil: "As pessoas jurídicas de direito privado, sem prejuízo do previsto em legislação especial e em seus atos constitutivos, poderão realizar suas assembleias gerais por meio eletrônico, inclusive para os fins do disposto no art. 59 deste Código, respeitados os direitos previstos de participação e de manifestação".

2.3.7. Espécies de pessoa jurídica

2.3.7.1. Associações

Como se viu, **associações** *são pessoas jurídicas constituídas de pessoas que se reúnem para realização de fins não econômicos*. Ou seja, as associações não podem ter por objetivo gerar lucro. O instituto está regulamentado nos arts. 53 a 61 do Código Civil.

Não há, entre os associados, direitos e obrigações recíprocos. Nas associações todos têm um interesse comum, que no caso é o de realizar fins não econômicos relacionados à ciência, à arte, à educação, à cultura, ao esporte, à política, à defesa de classe, à defesa de minorias e de valores importantes para a sociedade, para a religião etc.

A CF assegura a liberdade de associação para fins lícitos. Qualquer pessoa pode se associar. Mas o associado pode se retirar a qualquer tempo, não podendo ser obrigado a permanecer associado. Quanto à liberdade de associação, vale anotar que, em relação às associações de moradores, o STJ decidiu que as taxas de manutenção criadas por estas não obrigam os não associados ou que a elas não anuíram (REsp 1356251/SP, DJE 01.07.2016). Quanto à liberdade de desfiliação da associação, vale trazer importante decisão do STF quanto à não necessidade de quitar débitos para exercer o direito de retirada: "É inconstitucional o condicionamento da desfiliação de associado à quitação de débito referente a benefício obtido por intermédio da associação ou ao pagamento de multa. (...) Condicionar a desfiliação de associado à quitação de débitos e/ou multas constitui ofensa à dimensão negativa do direito à liberdade de associação (direito de não se associar), cuja previsão constitucional é expressa". RE 820823/DF, relator Min. Dias Toffoli, julgamento virtual finalizado em 30.9.2022 (sexta-feira) às 23:59 (Informativo 1070)

Sob pena de **nulidade**, o **estatuto das associações conterá** (**art. 54**):

I. a denominação, os fins e a sede da associação;

II. os requisitos para a admissão, demissão e exclusão dos associados;

III. os direitos e deveres dos associados;

IV. as fontes de recursos para sua manutenção;

V. o modo de constituição e de funcionamento dos órgãos deliberativos;

VI. as condições para a alteração das disposições estatutárias e para a dissolução;

VII. a forma de gestão administrativa e de aprovação das respectivas contas.

Os associados devem ter **direitos iguais, mas** o estatuto poderá instituir categorias com vantagens especiais (**art. 55**).

Ainda quanto aos direitos, **nenhum associado poderá ser impedido de exercer direito ou função que lhe tenha sido legitimamente conferido**, a não ser nos casos e pela forma previstos na lei ou no estatuto. Assim, num clube, por exemplo, não é possível impedir a entrada de um associado que não esteja pagando sua colaboração mensal, salvo se o estatuto dispuser expressamente que o direito de frequentar o clube ficará cerceado em caso de inadimplemento (**art. 58**).

A **qualidade de associado é intransmissível se** o estatuto não dispuser o contrário. Assim, ninguém pode ceder sua qualidade de associado numa associação de classe por exemplo. Todavia, em se tratando de clubes esportivos, é comum que o estatuto permita a transmissão da qualidade de associado (**art. 56**).

Mesmo se o associado for titular de quota ou fração ideal do patrimônio da associação, a transferência daquela não importará, de per si, na atribuição da qualidade de associado ao adquirente ou ao herdeiro, salvo disposição diversa do estatuto. Essa regra decorre do fato de que a qualidade de associado é intransmissível.

A **exclusão** do associado é admitida, preenchidos os seguintes requisitos (**art. 57**):

a) reconhecimento de **justa causa**;

b) prévio **procedimento que assegure direito de defesa**, nos termos do estatuto;

c) direito a **recurso**, nos termos do estatuto.

Compete privativamente à **assembleia geral:** a) destituir os administradores; e b) alterar o estatuto. Para as deliberações mencionadas é exigido decisão da assembleia especialmente convocada para esse fim, cujo quórum será o estabelecido no estatuto, bem como os critérios de eleição dos administradores (**art. 59, parágrafo único**).

A **convocação dos órgãos deliberativos** far-se-á na forma do estatuto, garantido a 1/5 (um quinto) dos associados o direito de promovê-la (**art. 60**).

Dissolvida a associação, **o remanescente** do seu patrimônio líquido, depois de deduzidas, se for o caso, as quotas ou frações ideais pertencentes a algum associado, **será destinado** a entidade de fins não econômicos designada no estatuto, ou, omisso este, por deliberação dos associados, **a instituição municipal, estadual ou federal, de fins idênticos ou semelhantes (art. 61).**

Por cláusula do estatuto ou, em seu silêncio, por deliberação dos associados, podem esses, antes da destinação do remanescente referida, receber em restituição, atualizado o respectivo valor, as contribuições que tiverem prestado ao patrimônio da associação (**art. 61, § 1º**).

Não existindo no Município, no Estado, no Distrito Federal ou no Território, em que a associação tiver sede, instituição nas condições indicadas, o que remanescer do seu patrimônio deve ser se entregue à Fazenda do Estado, do Distrito Federal ou da União (**art. 61, § 2º**).

2.3.7.2. Fundações

Como se viu, **fundações** *são acervos de bens, que recebem personalidade jurídica para realização de fins determinados de interesse público, de modo permanente e estável.*

O elemento marcante nas fundações é o patrimonial. Aqui não se tem propriamente uma reunião de pessoas com vistas a dada finalidade. Aqui se tem reunião de bens com vistas à consecução de objetivos não econômicos.

O Código Civil estabelece que a fundação somente poderá constituir-se para fins religiosos, morais, culturais ou de assistência. O Enunciado 8 das JDC/CJF é no sentido de que "a constituição da fundação para fins científicos, educacionais ou de promoção do meio ambiente está compreendida no Código Civil, art. 62, parágrafo único". O Enunciado 9 vai além e defende que o art. 62, parágrafo único, do CC "deve ser interpretado de modo a excluir apenas as fundações com fins lucrativos".

No entanto, a Lei 13.151/2015 alterou o Código Civil para dispor, no parágrafo único de seu art. 62, que a fundação **somente** poderá constituir-se para fins de: "assistência social; cultura, defesa e conservação do patrimônio histórico e artístico; educação; saúde; segurança alimentar e nutricional; defesa, preservação e conservação do meio ambiente e promoção do desenvolvimento sustentável; pesquisa científica, desenvolvimento de tecnologias alternativas, modernização de sistemas de gestão, produção e divulgação de informações e conhecimentos técnicos e científicos; promoção da ética, da cidadania, da democracia e dos direitos humanos; atividades religiosas."

O instituto está regulamentado nos arts. 62 a 69 do CC.

A criação de uma fundação depende, *grosso modo*, de um ato de dotação de bens (por testamento ou escritura pública), da elaboração do estatuto (com apreciação do Ministério Público) e do registro no Cartório das Pessoas Jurídicas.

Para criar uma fundação, seu **instituidor** fará, por **escritura pública ou testamento, dotação especial de bens livres**, especificando o fim a que se destina e declarando, se quiser, a maneira de administrá-la. Quando insuficientes para constituir a fundação, os bens a ela destinados serão, se de outro modo não dispuser o instituidor, incorporados em outra fundação que se proponha a fim igual ou semelhante.

Constituída a fundação por negócio jurídico entre vivos, o instituidor é obrigado a transferir-lhe a propriedade, ou outro direito real, sobre os bens dotados, e, se não o fizer, serão registrados, em nome dela, por mandado judicial.

As pessoas responsabilizadas pelo instituidor pela aplicação do patrimônio, tendo ciência do encargo, formularão logo o estatuto da fundação projetada, submetendo-o, em seguida, à aprovação da autoridade competente (o Ministério Público), com recurso ao juiz. Se o estatuto não for elaborado no prazo assinado pelo instituidor ou, não havendo prazo, em cento e oitenta dias, a incumbência caberá ao Ministério Público.

Velará pelas fundações o **Ministério Público do Estado** onde situadas. O Código Civil dispõe que, se a fundação funcionar no Distrito Federal ou em Território, caberá o encargo ao Ministério Público Federal. No entanto, na ADI 2.794-8, o STF entendeu que o dispositivo é inconstitucional por violar as atribuições do Ministério Público do Distrito Federal. E a Lei 13.151/2015 veio a corrigir o problema introduzindo a regra de que "Se funcionarem no Distrito Federal ou em Território, caberá o encargo ao Ministério Público do Distrito Federal e Territórios" (art. 66, § 1º).

Se a fundação estender sua atividade por mais de um Estado, caberá o encargo, em cada um deles, ao respectivo Ministério Público.

Para que se possa **alterar o estatuto** da fundação, é mister que a reforma:

I. seja deliberada por **dois terços** dos indivíduos competentes para gerir e representar a fundação;

II. **não contrarie ou desvirtue o fim desta**;

III. seja **aprovada pelo órgão do Ministério Público** no prazo máximo de 45 (quarenta e cinco) dias, findo o qual ou no caso de o Ministério Público a denegar, poderá o juiz supri-la, a requerimento do interessado.

Quando a alteração não houver sido aprovada por **votação unânime**, os administradores da fundação, ao submeterem o estatuto ao órgão do Ministério Público, requererão que se dê ciência à minoria vencida para impugná-la, se quiser, em dez dias.

Tornando-se **ilícita**, **impossível** ou **inútil** a finalidade a que visa a fundação, **ou vencido o prazo de sua existência**, o órgão do Ministério Público, ou qualquer interessado, promover-lhe-á a **extinção**, **incorporando-se o seu patrimônio**, salvo disposição em contrário no ato constitutivo ou no estatuto, **em outra fundação**, designada pelo juiz, que se proponha a fim igual ou semelhante.

2.4. Domicílio

2.4.1. Conceito

Domicílio *é a sede jurídica da pessoa.*

O instituto do domicílio é de grande importância para o Direito. As pessoas fazem parte de diversas relações, de natureza civil, empresarial, processual, administrativa, tributária, eleitoral etc.; e, em todas essas, precisam ser encontradas para responder por suas obrigações. Esse ponto de referência é o domicílio, que vem do latim *domus,* que quer dizer "casa" ou "morada". O instituto está regulamentado nos arts. 70 a 78 do CC.

2.4.2. Domicílio da pessoa natural

O **domicílio da pessoa natural** *é local onde ela estabelece sua residência com ânimo definitivo.*

Repare que o domicílio da pessoa natural tem dois elementos, o **objetivo** (ato de fixação em determinado local) e o **subjetivo** (ânimo definitivo de permanência).

Não se deve confundir *morada* (local onde a pessoa natural se estabelece provisoriamente), *residência* (que, pressupondo maior estabilidade, é o lugar onde a pessoa natural se estabelece habitualmente) e *domicílio*, que requer *residência* com *ânimo definitivo.*

O **domicílio básico**, que é o local onde se estabelece a residência com ânimo definitivo, pode ser **modificado**, desde que a pessoa natural **transfira sua residência** com a **intenção manifesta de o mudar**. A prova da intenção resultará do que declarar a pessoa às municipalidades dos lugares, que deixa, e para onde vai, ou, se tais declarações não forem feitas, da própria mudança, com as circunstâncias que a acompanharem.

Caso a pessoa natural **tenha mais de uma residência**, considera-se domicílio *qualquer uma delas*. Trata-se do caso, por exemplo, daquele que reside numa cidade durante a semana e, em outra, nos finais de semana.

Caso a pessoa natural **não tenha residência habitual**, é domicílio *o lugar onde for encontrada* (*domicílio aparente ou ocasional*).

Quanto às **relações profissionais**, é **também** domicílio da pessoa natural *o local onde estas são exercidas*. Se a pessoa exercer profissão em lugares diversos, cada um deles constituirá domicílio para as relações que lhe corresponderem.

Tem **domicílio necessário**, ou seja, domicílio que não pode ser fixado por sua própria vontade, mas por vontade da lei, as seguintes pessoas: a) o **incapaz**, sendo seu domicílio o de seu representante ou assistente; b) o **servidor público**, sendo seu domicílio o local onde exerce permanentemente suas atribuições; c) o **militar**, sendo seu domicílio o local onde servir, e, sendo da Marinha ou da Aeronáutica, a sede do comando a que se encontrar imediatamente subordinado; d) o **marítimo**, sendo seu domicílio o do local onde o navio estiver matriculado; e) o **preso**, sendo seu domicílio o lugar em que cumprir a sentença.

Vale citar a Súmula 383 do Superior Tribunal de Justiça, pela qual "a competência para processar e julgar as ações conexas de interesse do menor é, em princípio, do foro do domicílio do detentor de sua guarda".

O **agente diplomático do Brasil**, que, citado no estrangeiro, alegar extraterritorialidade sem designar onde tem, no país, seu domicílio, poderá ser demandado no Distrito Federal ou no último ponto do território brasileiro onde o teve.

2.4.3. Domicílio das pessoas jurídicas

O domicílio da pessoa jurídica *é o local onde funcionarem as respectivas diretorias ou administrações, ou aquele eleito no estatuto.*

Caso tenha mais de um estabelecimento em lugares diferentes, cada um deles será considerado domicílio para os atos nele praticados.

Se a administração, ou diretoria, tiver a sede no estrangeiro, haver-se-á por domicílio da pessoa jurídica, no tocante às obrigações contraídas por cada uma das suas agências, o lugar do estabelecimento, sito no Brasil, a que ela corresponder.

Quanto às pessoas jurídicas de direito público, o domicílio é, da União, o Distrito Federal, dos Estados e Territórios, as respectivas capitais, e do Município, o lugar onde funcione a administração municipal.

2.4.4. Domicílio nos contratos

Admite-se nos contratos escritos que os contratantes especifiquem o domicílio onde se exercitem e cumpram os direitos e obrigações deles resultantes.

É possível, portanto, estabelecer o foro de eleição para a hipótese de se ingressar com ação judicial.

Em matéria de relação de consumo, caso o foro de eleição tenha sido fixado de modo a dificultar a defesa do aderente em juízo, pode o juiz declinar de ofício de sua competência, reconhecendo a ineficácia da cláusula de eleição de foro (art. 63, § 3º, do NCPC).

2.5. Bens

2.5.1. Conceito

Na acepção do Código Civil *bens são toda utilidade física ou ideal que sejam objeto de um direito subjetivo.*

Nesse sentido, não há como confundir *bens* com *coisas*. O primeiro abrange utilidades materiais e imateriais, ao passo que as coisas dizem respeito às utilidades materiais, corpóreas.

Dessa forma, há bens que não são coisas, tais como a honra e a imagem.

Os *bens* são vocacionados a ser *objetos* de uma *relação jurídica*, a qual também tem a *pessoa* como um de seus elementos.

2.5.2. Classificação dos bens

2.5.2.1. Bens considerados em si mesmos

2.5.2.1.1. Imóveis/móveis

Considerados em si mesmos, ou seja, analisados em seu aspecto intrínseco, os bens têm uma primeira classificação que leva em conta sua mobilidade ou não.

Saber se um bem é imóvel ou não é importante por diversos motivos. Por exemplo, bens imóveis só se adquirem pelo registro, ao passo que móveis, pela tradição. Ademais, os primeiros dependem de outorga uxória para alienação e os segundos, não. Os prazos para usucapião são distintos, sendo maiores em se tratando de bens imóveis. A hipoteca e o direito real de garantia incidem sobre imóvel, ao passo que o penhor, sobre móvel.

Bens imóveis *são aqueles que não podem ser transportados de um lugar para outro sem alteração de sua substância.* Por exemplo, um terreno. São bens **imóveis** os seguintes:

a) *imóveis por natureza*: o solo;

b) imóveis por acessão: tudo quanto se incorporar ao solo, natural ou artificialmente; aqui temos como exemplos de *bem imóvel por* **acessão natural** as árvores, frutos pendentes, pedras, fontes e cursos de água; já de *bens imóveis por* **acessão artificial** temos como exemplo as construções e as plantações, já que as últimas importam num atuar humano e não em nascimento espontâneo. Construções provisórias (que se destinam a remoção ou retirada), como os circos, parques de diversão, barracões de obra, entre outras, não são consideradas acessões. No Código Civil de 1916 havia ainda os bens imóveis por acessão intelectual, contudo tal modalidade foi extinta, nos termos do Enunciado 11 das JDC/CJF.

c) imóveis por determinação legal:

i) os **direitos reais sobre imóveis**, tais como a propriedade e a hipoteca;

ii) as **ações que asseguram direitos reais sobre imóveis**, tal como a ação reivindicatória;

iii) o **direito à sucessão aberta**, ou seja, o direito de herança, enquanto não tiver sido feita a partilha de bens, pouco importando a natureza dos bens deixados na herança; a renúncia de uma herança é, portanto, uma renúncia de bem imóvel, devendo ser feita mediante escritura pública ou termo nos autos (art. 1.806, CC) e autorização do cônjuge.

O Código Civil dispõe, ainda, que **não perdem o caráter de bens imóveis:**

a) as **edificações que, separadas do solo, mas conservando a sua unidade, forem removidas para outro local;** aqui se pode usar como exemplo casas pré-fabricadas, transportadas de um local para outro;

b) os **materiais provisoriamente separados de um prédio, para nele se reempregarem;** aqui se pode utilizar como exemplo parte de um telhado retirada para manutenção que depois será recolocada em seu lugar.

O atual Código Civil não faz referência aos imóveis por *acessão intelectual*, ou seja, àqueles bens que, mesmo não sendo imóveis, passavam a ser considerados como tal por vontade do proprietário da coisa. O instituto, previsto no Código anterior, era útil naquelas situações em que se queria unir um bem imóvel (uma fazenda, por exemplo) com bens nele empregados (tratores, máquinas, ferramentas etc.) para que tudo fosse considerado uma coisa só, o que repercutiria em caso de garantias, alienações e outros negócios. O atual Código não mais permite essa imobilização por vontade do dono e, em substituição, criou o instituto da *pertença*, que será visto logo adiante.

Bens móveis *são os passíveis de deslocamento sem alteração de sua substância.* Por exemplo, um livro. São bens móveis os seguintes:

a) móveis por natureza: os bens suscetíveis de remoção por força alheia, sem alteração da substância ou destinação econômico-social, ex.: um livro, um computador, alimentos, uma casa pré-fabricada, que, enquanto exposta à venda ou transportada, é um móvel também, porém, uma vez incorporada ao solo, passa a ser imóvel, permanecendo com essa natureza se for retirada do solo para ser incorporada em outro lugar, como se viu quando tratamos dos imóveis;

b) semoventes: também são móveis por natureza; a diferença é que esses bens são suscetíveis de movimento próprio, também sem que haja alteração da substância ou destinação econômico-social. Ex.: um cachorro.

c) móveis por determinação legal:

i) as **energias que tenham valor econômico**, como a energia elétrica;

ii) os **direitos reais sobre objetos móveis**, como o penhor;

iii) as **ações correspondentes a direitos reais sobre objetos móveis**, como a reintegração de posse em relação a bens móveis;

iv) os **direitos pessoais de caráter patrimonial**, como os créditos em geral, o fundo de comércio, as quotas e ações de sociedades e os direitos de autor;

v) as **ações sobre direitos pessoais de caráter patrimonial**, como a ação indenizatória;

d) móveis por antecipação: são os bens incorporados ao solo, mas com a intenção de separá-los e convertê-los em móveis, como as árvores destinadas ao corte e os frutos ainda não colhidos.

Não perdem o caráter de bens móveis os **materiais destinados a alguma construção enquanto não forem empregados**, como os materiais que acabam de ser comprados em uma loja de materiais de construção.

Readquirem a qualidade de bens móveis os provenientes da **demolição** de algum prédio. No caso da demolição, que é diferente daquela situação em que os bens serão reempregados no imóvel, os objetos de demolição (portas, batentes, azulejos etc.) voltam a ser móveis.

Os **navios** e as **aeronaves** são bens móveis. Porém, podem ser imobilizados para fins de hipoteca, que é direito real de garantia sobre imóveis (v. art. 1.473, VI e VII, do CC, bem como o art. 138 da Lei 7.656/1986 – Código Brasileiro de Aeronáutica).

2.5.2.1.2. Fungíveis/infungíveis

Bens fungíveis *são os móveis que podem ser substituídos por outros da mesma espécie, qualidade e quantidade.* Ex.: dinheiro.

Repare que, para ser fungível, o bem precisa, em primeiro lugar, ser *móvel*. Ademais, deve ser daquele tipo de móvel que pode ser substituído por outro da mesma espécie, qualidade e quantidade. Um quadro pintado por um renomado pintor, por exemplo, não pode ser considerado fungível, dada a impossibilidade de sua substituição por outro equivalente. O mesmo se pode dizer de uma casa, que, por se tratar de bem imóvel, é, nos termos da lei, infungível, **ressalvada** disposição convencional entre as partes em sentido contrário.

Bens infungíveis *são os imóveis ou os móveis que não podem ser substituídos por outros da mesma espécie, qualidade e quantidade.* Exs.: uma casa e uma obra de arte.

Essa classificação é útil, pois há contratos que só recaem sobre bens fungíveis (ex.: mútuo). E outros que só recaem sobre bens infungíveis (ex.: comodato). Ademais, para a compensação de dívidas, é necessário que estas sejam líquidas, vencidas e fungíveis. A expressão fungibilidade também aparece para classificar as obrigações e em matéria de ações possessórias e recursos, quando se admite o conhecimento de uma ação ou um recurso por outro.

2.5.2.1.3. Consumíveis/inconsumíveis

Bens consumíveis *são os móveis cujo uso importa sua destruição ou os destinados à alienação.* Ex.: alimentos em geral.

Repare que, para ser consumível, o bem precisa, em primeiro lugar, ser móvel. Ademais, deve ser daquele tipo de móvel que, uma vez usado, destrói-se imediatamente, como é o caso dos alimentos. Também são considerados consumíveis, para fins legais, os bens que forem destinados à alienação. Isso porque, uma vez alienados, também não têm mais utilidade para o vendedor.

Bens inconsumíveis *são os imóveis ou os móveis cujo uso não importa sua destruição e que não esteja destinado à alienação.* Ex.: uma obra de arte que ornamenta a casa de alguém, um carro, uma casa.

Essa classificação é útil, pois os bens consumíveis não podem ser objeto de usufruto. Se o forem, configurando-se o *usufruto impróprio*, o usufrutuário, ao final, deve devolver o equivalente.

Ademais, o CDC adotou classificação semelhante, que divide os bens em **duráveis** e **não duráveis**. Os primeiros ensejam reclamação por vícios em até 90 dias, ao passo que os segundos, em até 30 dias (art. 26 do CDC).

2.5.2.1.4. Divisíveis/indivisíveis

Bens divisíveis *são os que se podem fracionar sem alteração da substância, boa diminuição de valor ou prejuízo do uso a que se destinam.* Ex.: quantia em dinheiro.

Tais bens, mesmo sendo fisicamente divisíveis, podem tornar-se indivisíveis por disposição de *lei* ou por *vontade das partes*.

Bens indivisíveis *são os que, caso fracionados, sofrem alteração da substância, boa diminuição de valor ou prejuízo ao uso a que se destinam, bem como os que, em virtude da lei ou da vontade das partes, receberam essa qualificação.*

Os bens podem ser indivisíveis pelas seguintes causas: a) **por natureza**, como o animal, um carro, uma obra de arte; b) **por determinação legal**, como as servidões prediais (art. 1.386 do CC), a hipoteca (art. 1.421 do CC), o direito dos coerdeiros até a partilha (art. 1.791, CC) e a impossibilidade de desmembramento de lote cuja área seja inferior a 125 m² (art. 4º, II, da Lei 6.766/1979); c) **por vontade das partes**, por convenção que torna coisa comum indivisa por prazo não superior a 5 anos, suscetível de prorrogação (art. 1.320, § 1º, do CC).

Essa classificação é útil em matéria de cumprimento das obrigações em que houver mais de um devedor ou credor. Caso a prestação seja indivisível, mesmo que não haja solidariedade entre os devedores, cada um deles responderá pela dívida por inteiro (art. 259, CC). A classificação também tem relevância quando há um condomínio sobre um dado bem e se deseja extinguir esse condomínio. Se a coisa for divisível, a extinção será mais simples. Já, se for indivisível, diferente será o procedimento para a divisão (arts. 1.320 e 1.322 do CC).

2.5.2.1.5. Singulares/Coletivos

Bens singulares *são os bens que, embora reunidos, se consideram de per si, independentemente dos demais.* Ex.: são singulares, quando considerados em sua individualidade, um boi, uma árvore, um livro etc. Já se cada um deles for considerado agregado a outros, formando um todo, ter-se-á bens coletivos ou uma universalidade de fato. Assim, temos bens coletivos num rebanho de gado, numa floresta e numa biblioteca, respectivamente.

Os bens singulares podem ser de duas **espécies**:

a) *singulares simples*, quando suas partes, da mesma espécie, estão ligadas pela própria natureza (um boi, p. ex.);

b) *singulares compostos*, quando suas partes se acham ligadas pela indústria humana (uma casa, p. ex.).

O Código Civil anterior conceituava os **bens coletivos** ou **universais** como *aqueles que se encaram agregados em um todo*. Tais bens consistem na reunião de vários bens singulares, que acabam formando um todo com individualidade própria. Os bens coletivos são chamados também de universais ou de universalidades. Há duas espécies de universalidades:

a) *universalidades de fato*, que consistem na pluralidade de bens singulares que, pertinentes à mesma pessoa, tenham destinação unitária (exs.: rebanho e biblioteca); os bens que formam essa universalidade podem ser objeto de relações jurídicas próprias; assim, pode-se destacar um boi do rebanho e vendê-lo isoladamente;

b) *universalidade de direito*, que consiste no complexo de relações jurídicas de uma pessoa, dotadas de valor econômico (exs.: herança, patrimônio, fundo de comércio, massa falida etc.); a diferença entre a universalidade de fato e a de direito é que a primeira se forma a partir da vontade do titular, ao passo que a segunda decorre da lei, que pode, em determinados casos, criar alguns obstáculos à alienação em separado de partes desse todo.

2.5.2.2. Bens reciprocamente considerados

2.5.2.2.1. Principais/acessórios

Considerados em si mesmos, ou seja, analisados um em comparação com outro, os bens podem ser principais e acessórios.

Saber se um bem é principal ou acessório é importante, pois o acessório segue o principal. O contrário, não. E isso pode ter várias repercussões, como em matéria de formação, validade e extinção dos negócios jurídicos.

A doutrina aponta as seguintes relações entre o bem principal e o bem acessório: a) a natureza do acessório tende a ser a mesma do principal, tendo em vista o princípio da gravitação; assim, sendo o solo bem imóvel (por natureza), a árvore também o é (por acessão); b) o acessório acompanha o principal em seu destino, salvo disposição legal ou convencional em contrário; c) o proprietário do principal é proprietário do acessório.

Bens principais *são os bens que existem por si, ou seja, independentemente da existência de outros bens*. São exemplos o solo e um contrato de locação etc. Os bens principais têm existência própria, autônoma.

Bens acessórios *são aqueles cuja existência depende da existência de outro, do principal*. São exemplos uma árvore (que depende da existência do solo) e um contrato de fiança locatícia (que depende de um contrato de locação).

São **espécies de bens acessórios**:

a) os produtos: *utilidades da coisa que não se reproduzem*, por exemplo, os recursos minerais; são utilidades que se retiram da coisa, diminuindo-lhe a quantidade, porque não se reproduzem periodicamente, como pedras, metais etc.; o Código Civil dispõe que, apesar de ainda não separados do bem principal, os produtos podem ser objeto de negócio jurídico; assim, o dono de um sítio pode vender um caminhão de areia (produto) desse imóvel, mesmo antes de separar a areia do local;

b) os frutos: *utilidades que se reproduzem, podendo ser civis, naturais ou industriais*. Exs.: juros e alugueres (frutos civis), frutos de uma árvore (frutos naturais) e produção de uma fábrica (frutos industriais); quanto ao seu estado, os frutos podem ser *pendentes* (enquanto unidos à coisa que os produziu), *percebidos ou colhidos* (depois de separados da coisa que os produziu), *estantes* (os separados e armazenados ou acondicionados para venda), *percipiendos* (os que deviam ser, mas não foram colhidos e percebidos) e os *consumidos* (os que não existem mais porque foram utilizados); o Código Civil também dispõe que, apesar de ainda não separados do bem principal, os produtos podem ser objeto de negócio jurídico;

Obs.: saber o que é e o que não é produto e fruto, e a situação em que cada fruto se encontra é relevante principalmente em matéria possessória; o possuidor de boa-fé que venha a perder a coisa possuída tem direitos diferentes em relação a esses bens, comparado com o possuidor de má-fé, matéria vista no tópico de Direito das Coisas;

c) as pertenças: *são bens móveis que, não constituindo partes integrantes de outros bens, estão destinados a estes de modo duradouro*. São exemplos os móveis de uma casa e os tratores e equipamentos de uma fazenda. Repare que os bens citados a) são **móveis**, b) **não estão integrados na coisa** de modo que sua retirada comprometesse sua substância, e c) **são bens destinados de modo duradouro** à casa e à fazenda. As pertenças, como se percebe, são bens acessórios. E os bens acessórios, como regra, seguem o bem principal. Assim, em tese, a venda de uma fazenda importaria também na venda dos tratores e equipamentos da fazenda. No entanto, o atual Código Civil resolveu regulamentar o instituto das pertenças justamente para excepcionar essa regra. O art. 94 diz que os negócios jurídicos que digam respeito ao principal **não abrangem as pertenças**. No entanto, o próprio Código Civil dispõe que as pertenças seguirão o principal **caso** haja *disposição de lei, de vontade* ou *circunstancial* em contrário. Assim, vendida uma fazenda, os tratores não fazem parte desse negócio. Vendida uma casa, os móveis dela também não acompanham a venda. No entanto, se a lei dispuser o contrário, se as partes convencionarem o contrário (ex.: vende-se uma fazenda com "porteira fechada") ou se as circunstâncias em que o negócio estiver sendo feito der a entender que as pertenças acompanharão o bem principal, a regra de que a pertença não segue o principal fica excepcionada; o STJ decidiu que o equipamento de monitoramento acoplado a um caminhão por alguém que financiou o caminhão em contrato de alienação fiduciária é considerado pertença e pode ser retirado por aquele que financiou o veículo e tem que devolvê-lo porque não mais consegue pagar o financiamento (REsp 1.667.227-RS, DJe 29.06.2018);

d) as benfeitorias: *são melhoramentos feitos em coisa já existente*. Por exemplo, um novo quarto construído numa casa já pronta. Diferem das acessões, que consistem na criação de coisa nova, como é o caso de uma casa construída num terreno vazio. As benfeitorias têm as seguintes espécies: i) **voluptuárias** (*são as de mero deleite* – não aumentam o uso habitual do bem, ainda que o tornem mais agradável ou sejam de elevado valor), ii) **úteis** (*são as que aumentam ou facilitam o uso do bem*) e iii) **necessárias** (*são as indispensáveis à conservação do bem ou a evitar que este se deteriore*). Não se consideram benfeitorias os melhoramentos ou acréscimos sobrevindos ao bem sem a intervenção do proprietário, possuidor ou detentor. O instituto da benfeitoria se diferencia do instituto da pertença, pois a primeira passa a ser parte integrante da coisa. Assim, vendido o bem principal, a benfeitoria nele realizada, apesar de ser bem acessório, acompanhará o bem principal, ao contrário do que acontece ordinariamente com a pertença. Saber a natureza da benfeitoria (se voluptuária, útil ou necessária) também é relevante em matéria de Direito das Coisas, pois também há tratamento diferenciado acerca dos direitos que têm os possuidores de boa e de má-fé em relação à coisa que perderam. Em matéria de desapropriação o tema também é pertinente, pois, uma vez feito o decreto expropriatório, o expropriado não terá mais direito a indenizações decorrentes de benfeitorias que fizer posteriormente na coisa, salvo se se tratar de benfeitoria necessária, em qualquer caso, e se se tratar de benfeitoria útil autorizada pelo Poder Público.

2.5.2.3. Bens públicos

Essa temática é desenvolvida em Direito Administrativo, para onde remetemos o leitor.

2.6. Fatos Jurídicos

2.6.1. Fato jurídico em sentido amplo

Em sentido amplo, **fato jurídico** *é todo acontecimento natural ou humano que produz efeito jurídico,* ou seja, qualquer acontecimento que se dê no mundo fenomênico que gere uma consequência jurídica é considerado fato jurídico. Assim, se alguém jogar uma pedra em outra pessoa causando dano a esta, certamente se está diante de um fato jurídico, pois o acontecimento (jogar uma pedra causando dano) gera como consequência jurídica o dever de indenizar. Por outro lado, caso alguém pegue nas mãos uma pedra e a devolva ao chão, jogando-a, não haverá consequência jurídica alguma, caracterizando-se o que se convencionou chamar de **fato simples**.

O fato jurídico pode ser de variadas espécies. Confira:

1. **Fato jurídico em sentido estrito:** *é o acontecimento natural que produz efeitos jurídicos.* Exs.: nascimento, morte, decurso do tempo, raio, temporal etc. O fato jurídico em sentido estrito pode ser tanto um fato ordinário (como a morte natural e o decurso do tempo) como um fato extraordinário (como um tufão numa dada localidade);

2. **Ato jurídico:** *é o acontecimento humano que produz efeitos jurídicos.* O ato jurídico em sentido estrito pode ser dividido em duas espécies, quais sejam, os atos ilícitos e os atos lícitos:

2.1. **Atos ilícitos:** *são os atos humanos contrários ao Direito, que produzem efeitos jurídicos não queridos pelo agente.* Exemplo de ato ilícito é o atropelamento de A por B, tendo A agido com imprudência. Esse acontecimento terá como efeito o surgimento de um dever por parte de A de indenizar B, efeito certamente não querido por A;

2.2. **Atos lícitos:** *são os atos humanos conformes ao Direito, que geram efeitos jurídicos normalmente queridos pelo agente.* Os atos lícitos podem ser divididos em três espécies, quais sejam, os atos jurídicos em sentido estrito, os negócios jurídicos e os atos-fatos jurídicos:

a) **Atos jurídicos em sentido estrito (não negocial):** *são simples comportamentos humanos, voluntários, conscientes e conformes ao Direito, cujos efeitos jurídicos são predeterminados pela lei.* Aqui, não há liberdade de escolha por parte do agente dos efeitos jurídicos que resultarão de seu comportamento. São exemplos de ato jurídico em sentido estrito a tradição (entrega da coisa), o reconhecimento de um filho, o perdão, a confissão, a mudança de domicílio, a ocupação, o achado de um tesouro, a notificação etc. Para ilustrar as características

do instituto, tomemos o exemplo do reconhecimento de um filho. Esse ato humano é voluntário, consciente e conforme ao Direito. Porém, os efeitos que dele decorrem (por exemplo, quanto ao estado familiar e o dever de prestar alimentos) não podem ser negociados pelo agente. Não é possível, por exemplo, reconhecer um filho desde que os alimentos sejam fixados até determinado valor. Aqui há mera atuação da vontade, mera intenção. Costumam, por fim, ser potestativos;

b) **Negócio jurídico:** *são declarações de vontade qualificadas, cujos efeitos são regulados pelo próprio interessado.* Aqui, há liberdade de escolha por parte daquele ou daqueles que praticam o ato. Os agentes declaram sua vontade e têm poder de negociar os efeitos jurídicos que nasceram de sua declaração. São exemplos o testamento (negócio jurídico unilateral) e o contrato de compra e venda (negócio jurídico bilateral). Nos dois casos, os agentes têm como estipular as condições dos atos praticados. Vigora nos negócios jurídicos o princípio da liberdade negocial. Os efeitos jurídicos dos atos praticados não estão predeterminados na lei, como ocorre no ato jurídico em sentido estrito. Os efeitos jurídicos são negociados e estipulados pelos próprios interessados, respeitando a lei, é claro;

c) **Atos-fatos jurídicos:** *são simples comportamentos humanos conformes ao Direito, mas desprovidos de intencionalidade ou consciência (voluntariedade) quanto aos efeitos jurídicos que dele resultarão.* Ex.: quando uma criança ou algum outro absolutamente incapaz *acha um tesouro*, independente do elemento volitivo, ou seja, da intenção de procurar e de ficar dono do bem, o Direito atribuirá metade dos bens achados a essas pessoas (art. 1.264 do CC). Aqui, o direito leva em conta apenas o *ato material* de achar, pouco importando o elemento volitivo. É por isso que se fala em ato-fato, uma vez que o comportamento fica entre o *ato* (por ser humano) e o *fato* (da natureza, por não serem relevantes a consciência e a vontade).

Passaremos, agora, ao estudo dos **negócios jurídicos**, começando por sua classificação.

2.6.2. Classificação dos negócios jurídicos

2.6.2.1. Quanto ao número de vontades para a formação

Unilaterais *são negócios que se aperfeiçoam com uma única manifestação de vontade.* Ex.: testamento e renúncia de herança. Podem ser receptícios (a vontade deve se tornar conhecida do destinatário para produzir efeitos – ex.: revogação de mandato) ou não receptícios (conhecimento por parte de outras pessoas é irrelevante – ex.: testamento, confissão de dívida).

Bilaterais *são os negócios que se aperfeiçoam com duas manifestações, coincidentes sobre o objeto.* Ex.: contratos em geral. O fato de existir mais de uma pessoa em cada um dos dois polos contratuais não faz com que o ato deixe de ser bilateral.

Plurilaterais *são os negócios que envolvem mais de duas partes ou polos.* Ex.: contrato de sociedade com três ou mais sócios.

2.6.2.2. Quanto às vantagens

Gratuitos *são os negócios em que apenas uma das partes aufere benefícios.* Ex.: doação sem encargo.

Onerosos *são negócios em que todos os contratantes auferem vantagens e também encargos.* Ex.: compra e venda.

Bifrontes: *são tipos de negócios que podem ser gratuitos ou não, de acordo com a vontade das partes.* Ex.: mútuo, depósito e mandato. Os contratos citados podem ou não ser objetos de remuneração em favor do mutuante, do depositante e do mandante. Caso haja remuneração o contrato será um negócio jurídico oneroso. Caso não haja, o contrato será um negócio jurídico gratuito. Deve-se tomar cuidado para não confundir classificação dos negócios jurídicos com a classificação dos contratos. Na Parte Geral, estudam-se as classificações dos negócios jurídicos apenas.

2.6.2.3. Quanto à autonomia

Principais *são os negócios que existem independentemente da existência de outros.* Ex.: contrato de locação de imóvel.

Acessórios *são os negócios cuja existência depende da de outro, o negócio principal.* Ex.: o contrato de fiança locatícia.

Os negócios acessórios seguem a sorte dos negócios principais. Assim, se um contrato principal é considerado nulo e se extingue, o contrato de fiança também ficará extinto. O contrário não acontece, ou seja, o negócio acessório não determina a sorte do negócio principal. Decorre do princípio de que o acessório segue o principal a prorrogação automática da fiança (acessório) na renovação do contrato principal. Nesse caso, a exoneração do fiador depende da notificação prevista no art. 835 do CC (Súmula STJ 656).

2.6.2.4. Quanto à forma

Solenes (formais) *são os negócios que devem obedecer à forma prescrita em lei.* Ex.: escritura, se envolver compra e venda de imóvel; aliás, se essa compra e venda for de valor superior a 30 salários mínimos, será necessária escritura pública. Ressalta-se, contudo que, conforme Enunciado 289 JDC/CJF,

✓ *o valor de 30 salários mínimos constante no art. 108 do Código Civil brasileiro, em referência à forma pública ou particular dos negócios jurídicos que envolvam bens imóveis, é o atribuído pelas partes contratantes, e não qualquer outro valor arbitrado pela Administração Pública com finalidade tributária.*

Se a forma for exigida como condição de *validade* do negócio jurídico (ex.: escritura para a venda de imóveis) a sua falta torna o negócio jurídico nulo, por se tratar de formalidade *ad solemnitatem*. Mas, se determinada forma tiver por objetivo apenas a *prova* do ato (ex.: registro do compromisso de compra e venda no Registro de Imóveis), estar-se-á diante de formalidade *ad probationem tantum* e sua falta não gera a nulidade do ato, mas apenas sua ineficácia perante terceiros. Há casos especiais em que, como base no princípio da primazia da vontade, o descumprimento das formalidades legais do ato não gerará a sua nulidade. É o que se dá com determinados vícios de forma no testamento, se mantida a higidez da manifestação de vontade do testador (REsp 1.677.931-MG, Rel. Min. Nancy Andrighi, por unanimidade, julgado em 15/8/2017, DJe 22/8/2017).

Não solenes *são os negócios de forma livre.* Aliás, no Direito Privado, a regra é a liberdade das formas. Ou seja, quando a lei não impuser determinada forma para a prática de um negócio, os interessados poderão escolher a forma que mais lhe aprouverem, tais como a forma verbal, escrita etc.

2.6.3. Reserva mental

O atual Código Civil inovou em relação ao Código anterior ao regulamentar o instituto da reserva mental.

De acordo com este instituto, "a manifestação de vontade subsiste ainda que o seu autor haja feito a reserva mental de não querer o que manifestou, salvo se dela o destinatário tinha conhecimento" (art. 110).

A reserva mental é, na verdade, a emissão de uma declaração de vontade não querida em seu íntimo, tendo por objetivo enganar o destinatário dessa declaração de vontade.

Um exemplo pode aclarar a regra. Imagine que "A" manifeste perante "B" que emprestará a este determinada quantia em dinheiro, sendo que "A", no seu íntimo, faz uma reserva no sentido de que não fará o tal empréstimo. Essa situação pode se dar, por exemplo, numa situação de crise financeira de "B", que diz que irá se suicidar, caso não consiga um empréstimo.

Pois bem, o Código Civil dispõe que essa reserva mental feita por "A" não afeta a declaração de vontade que fez. Ou seja, a reserva mental feita é **irrelevante para o direito**.

Todavia, na hipótese de o destinatário da manifestação da vontade (no caso, "B") ter ciência dessa reserva mental (no caso, saiba que "A", no seu íntimo, não tem intenção declarada), o Código Civil dispõe que a manifestação de vontade de "A" **é como se não existisse e não precisa ser cumprida**. Tal solução se dá, pois, nesse caso, como "B" está ciente da reserva, não está sendo enganado e, portanto, não precisa da proteção legal.

2.6.4. Representação

Quando alguém tiver de praticar um negócio jurídico, pode praticar sozinho ou por meio de um representante. O representante é, então, aquele que atua em nome do representado.

Os **requisitos** e os **efeitos** da **representação legal** (que decorre da lei) são os estabelecidos nas normas respectivas; os da **representação voluntária** (que decorre de acordo entre as partes) são os da Parte Especial deste Código.

Assim, o estudo específico dos vários tipos de representação, que vai da representação legal que os pais fazem de seus filhos à representação que ocorre em relação às pessoas jurídicas e à representação em virtude de mandato, deve ser feito nas disposições pertinentes previstas no Código Civil e em outras leis.

Porém, a Parte Geral do Código, nos arts. 115 a 120, traz regras acerca da representação, regras essas que ora serão estudadas.

Os poderes de representação, como se sabe, podem ser conferidos por lei (representação legal) ou pelo interessado (representação voluntária).

No entanto, o representante, quando atua, é obrigado a demonstrar que é legítimo representante sob pena de, não o fazendo, responder pelos atos cometidos com excesso. Confira: "O representante é obrigado a provar às pessoas, com quem tratar em nome do representado, a sua qualidade e a extensão de seus poderes, sob pena de, não o fazendo, responder pelos atos que a estes excederem" (art. 118).

Essa regra faz com que o representante tenha todo interesse em ser bem transparente com as pessoas com quem contratar, para que estas, posteriormente, não possam alegar algo em seu desfavor. Além disso, compete ao representante apenas atuar nos limites de seus poderes.

Nesse sentido, o Código Civil assegura que "a manifestação de vontade pelo representante, nos limites de seus poderes, produz efeitos em relação ao representado" (art. 116 do CC). Ou seja, desde que o representante aja segundo os limites em que pode atuar, o representado, seja qual for o negócio praticado, fica vinculado à manifestação de vontade proferida pelo representante junto a terceiros.

Todavia, há negócios que o representante, mesmo tendo praticado nos limites dos poderes que tinha, não pode praticar, pelo fato de a lei trazer uma presunção de que esse tipo de negócio pode ser prejudicial ao representado.

O primeiro caso é dos negócios feitos pelo representante em **conflito de interesses** com o representado. Há casos em que o representante pratica atos em nome do representado, no qual há um interesse do representante que, se atendido, acabará prejudicando o representado. Tal se dá, por exemplo, quando um vizinho dá procuração a outro vizinho para que este vote em nome do primeiro numa assembleia condominial, e, numa das deliberações da assembleia, o procurador é chamado a votar sobre se o responsável pelo ressarcimento com gastos decorrentes de infiltração no prédio é ele, o representante, ou seu vizinho, o representado. Caso os outros vizinhos que participaram da votação tenham ciência de que o que está sendo votado está em conflito de interesses, o voto deste contra o vizinho representado deverá ser anulado. Confira, a respeito, o teor do art. 119 do CC: "É anulável o negócio concluído pelo representante em conflito de interesses com o representado, se tal fato era ou devia ser do conhecimento de quem com aquele tratou. Parágrafo único. É de cento e oitenta dias, a contar da conclusão do negócio ou da cessação da incapacidade, o prazo de decadência para pleitear-se a anulação prevista neste artigo".

Outro caso polêmico é o do chamado **contrato consigo** mesmo, em que o representante, em nome do representado, faz um contrato deste consigo mesmo. Por exemplo, "A" é representante de "B" e resolve comprar um imóvel de "B", usando a procuração que ele deu para si. O contrato terá como partes "A" e "B", mas "A" estará atuando, ao mesmo tempo, em nome próprio e como representante de "B". O Código Civil repudia esse tipo de situação e só permite o contrato consigo mesmo nos casos em que a **lei** o admite expressamente (p. ex., para alienar determinado bem, por determinado preço – art. 685 do CC) e também nos casos em que o **representante autorizar** previamente esse tipo de contratação. Confira, a respeito, o art. 117 do Código Civil: "Salvo se o permitir a lei ou o representado, é anulável o negócio jurídico que o representante, no seu interesse ou por conta de outrem, celebrar consigo mesmo. Parágrafo único. Para esse efeito, tem-se como celebrado pelo representante o negócio realizado por aquele em quem os poderes houverem sido subestabelecidos".

O parágrafo único do art. 117 trata da hipótese em que "A" recebe procuração de "B" e substabeleceu poderes de representação a "C". Nesse caso, se "A" celebrar contrato, em nome próprio, com "B", representado por "C", a lei considera que "A" está celebrando contrato consigo mesmo, afinal de contas "C" foi escolhido por "A" para esse intento, que se presume fraudulento.

Em suma, o contrato consigo mesmo (autocontrato) é vedado como regra, só se admitindo quando a lei permitir ou quando o representado expressamente o autorizar. A proibi-

ção, aliás, também existe no Código de Defesa do Consumidor (art. 51, VIII).

2.6.5. Planos da existência, da validade e da eficácia do negócio jurídico

O negócio jurídico pode ser analisado nos planos da existência, da validade e da eficácia.

O **plano da existência** tem em mira verificar os **elementos** necessários para que um negócio jurídico se repute **existente** no mundo jurídico.

Uma vez existente um negócio jurídico, é caso de perquirir acerca do **plano da validade**, no qual se verifica se o negócio está ou não **conforme à ordem jurídica**.

Mas não basta. Muitas vezes um negócio jurídico *existe* e é *válido*, porém ainda não produz *efeitos*. Por isso, há de se investigar acerca do **plano da eficácia**, no qual se analisa se o negócio jurídico está ou não **produzindo efeitos**.

Nossa tarefa, agora, é analisar os três planos, começando pelo plano da existência.

2.6.6. Elementos de existência do negócio jurídico

São elementos de existência do negócio jurídicos os seguintes: *manifestação de vontade, finalidade negocial* e *idoneidade do objeto*.

2.6.6.1. Manifestação de vontade

A vontade manifestada é pressuposto básico para que um negócio exista. Naturalmente, para que haja manifestação de vontade, faz-se necessária a presença de um *agente emissor* dessa vontade, daí porque é desnecessária a indicação desse elemento, assim como também entendemos desnecessária a indicação do elemento *forma*, uma vez que o elemento manifestação de vontade pressupõe a existência de uma dada forma.

A **manifestação de vontade** pode ser **expressa**, **tácita** e **presumida**.

A **manifestação expressa** é aquela que se realiza pela palavra *falada* ou *escrita*, ou por *gestos*, explicitando a intenção do agente.

A **manifestação tácita** é aquela que se revela pelo *comportamento* do agente. Exemplo de manifestação tácita é o fato de alguém, diante de uma doação com encargo ofertada por outrem, nada dizer a respeito, mas logo em seguida recolher imposto de transmissão por doação, comportamento esse que demonstra ter concordado com a oferta, operando a manifestação tácita de vontade.

A **manifestação presumida** é aquela que decorre de presunções legais. A diferença entre a manifestação tácita e a presumida é que esta decorre de situações regulamentadas expressamente pela lei, como as previstas nos arts. 322, 323, 324, 539 e 1.807 do CC. Um exemplo é a situação em que o doador fixa prazo para o donatário declarar se aceita ou não a liberalidade. Desde que o donatário, ciente do prazo, não faça dentro dele a declaração, entender-se-á que aceitou, se a doação não for sujeita a encargo (art. 539 do CC).

Resta a dúvida se o **silêncio**, por si só, pode importar anuência, que é um tipo de manifestação de vontade. O Código Civil, em seu art. 111, dispõe que o silêncio importa anuência, quando as circunstâncias ou os usos o autorizarem, e não for necessária a declaração de vontade expressa. Dessa forma, não basta mero silêncio para que se entenda ter havido manifestação de vontade tácita. É necessário que haja outras circunstâncias ou comportamentos (ou mesmo alguma disposição legal, como o art. 539 do CC) que levem à conclusão de anuência. Ademais, é necessário que o negócio não seja daqueles que reclamam declaração de vontade expressa.

2.6.6.2. Finalidade negocial

A simples existência de uma manifestação de vontade não garante que estamos diante de um negócio jurídico.

Como se viu, não há como confundir o ato jurídico em sentido estrito com o negócio jurídico. Este se diferencia daquele exatamente pela existência de uma finalidade negocial.

Isso porque negócios jurídicos *são aquelas declarações de vontade qualificadas, cujos efeitos são regulados pelo próprio interessado.* Os agentes declaram sua vontade e têm poder de negociar os efeitos jurídicos que nasceram de sua declaração.

Assim, o reconhecimento de um filho, por exemplo, não é um negócio jurídico, pois não tem fim negocial. Ao contrário, um testamento e um contrato são negócios jurídicos, pois têm fim negocial. Nos dois casos, os agentes têm como estipular as condições dos atos praticados. Vigora nos negócios jurídicos o princípio da liberdade negocial, como se viu.

2.6.6.3. Objeto idôneo

De nada valerá haver uma declaração de vontade se esta não recair sobre algum objeto. Ademais, também não é suficiente que a declaração recaia sobre um objeto que não tenha pertinência ao negócio que se deseja fazer.

2.6.7. Pressupostos de validade do negócio jurídico

São pressupostos de validade do negócio jurídico os seguintes: *manifestação de vontade livre, agente emissor da vontade capaz, legitimação, objeto lícito, possível e determinável, obediência à forma, quando prescrita em lei, inexistência de outras hipóteses de nulidade e anulabilidade.*

2.6.7.1. Manifestação de vontade livre

A existência de uma manifestação de vontade é requisito de existência do negócio jurídico. Mas a existência de uma manifestação de vontade *livre* é requisito de validade do negócio jurídico.

Assim, negócios praticados por alguém mediante erro, dolo ou coação são negócios inválidos, por não se configurar, em tais casos, vontade livre.

A coação moral irresistível (ex.: ameaça de matar alguém que não praticar um negócio jurídico) gera a invalidade do negócio jurídico. Já a coação física irresistível (ex.: pegar à força o dedo polegar de alguém com o fito de fazer a pessoa "assinar" um contrato com sua digital) não chega sequer a configurar uma manifestação de vontade, de modo que se está diante de um negócio inexistente, e não diante de um negócio inválido.

2.6.7.2. Agente capaz

Não basta que o agente tenha expressado vontade livre. Para que o negócio jurídico seja válido, é necessário que o agente tenha capacidade de fato, ou seja, capacidade de exercício.

Caso um absolutamente incapaz pratique um negócio jurídico por si só, ou seja, sem que o faça por meio de seu representante, ter-se-á uma nulidade absoluta. Já caso um relativamente incapaz pratique um negócio jurídico sozinho, ou seja, sem a presença de seu assistente, ter-se-á uma nulidade relativa.

2.6.7.3. Legitimação

Não basta a capacidade geral para que o ato seja válido. O agente também deve ter aptidão específica para a prática do ato que deseja. Nesse sentido, alguém casado pelo regime de comunhão parcial e com filhos não poderá alienar um imóvel a um dos filhos sem a autorização dos outros e do cônjuge, por carecer de legitimação.

2.6.7.4. Objeto lícito, possível e determinável

Objeto lícito é aquele que não contraria o direito como um todo. Aqui, analisa-se se não há alguma norma no sistema jurídico que considera ilícito dado objeto.

Objeto possível é aquele possível jurídica e fisicamente. A possibilidade jurídica diz respeito à inexistência de alguma proibição direta do Código Civil. A possibilidade física diz respeito à possibilidade, ainda que difícil, de o objeto ser reproduzido no mundo fenomênico.

2.6.8. Pressupostos de eficácia do negócio jurídico

2.6.8.1. Inexistência de termo suspensivo pendente

Termo suspensivo *é o evento futuro e certo que condiciona o início dos efeitos do contrato.* Por exemplo, um contrato de locação que traz uma cláusula estabelecendo que o locatário só poderá adentrar o imóvel após dez dias de sua celebração.

2.6.8.2. Inexistência de condição suspensiva pendente

Condição suspensiva *é o evento futuro e incerto que condiciona o início dos efeitos do contrato.* Por exemplo, um contrato de doação que prevê que o donatário só será proprietário da coisa se vier a se casar com determinada pessoa.

2.6.9. Elementos acidentais do negócio jurídico

2.6.9.1. Condição

Cláusula acertada pelas partes que subordina o efeito do negócio jurídico a evento futuro e incerto. Espécies:

a) condição suspensiva: *a que subordina a eficácia inicial do ato a sua implementação.* Ex.: "se você se casar, começarei a te pagar uma pensão";

b) condição resolutiva: *a que faz com que o ato deixe de produzir efeitos.* Ex.: "se você se casar, deixarei de te pagar a pensão".

Condições proibidas: as contrárias à lei, à ordem pública e aos bons costumes; as que privam o ato de todos os efeitos (perplexas); as que sujeitam o negócio ao puro arbítrio de uma das partes (as puramente potestativas é que são proibidas – ex.: pagarei se quiser; as simplesmente potestativas podem ser válidas – ex.: doarei se fores bem em sua apresentação); as físicas (nenhum ser humano seria capaz) ou juridicamente (proibida na lei) impossíveis. Todas elas tornam o negócio nulo. As condições impossíveis, quando resolutivas, têm-se por inexistentes.

Regras finais: reputa-se verificada a condição se maliciosamente retardada pela parte a quem prejudica. Por outro lado, reputa-se não verificada a condição se maliciosamente levada a efeito por quem dela aproveita.

2.6.9.2. Termo

É a data acertada à qual fica subordinado o efeito do negócio jurídico. Ou seja, é o dia em que começa ou em que se extingue a eficácia do negócio jurídico. O termo convencional consiste em evento futuro e certo. Mas a data exata pode ser certa (se definida) ou incerta (ex.: dia da morte).

2.6.9.3. Encargo (ou modo)

Cláusula acessória às liberalidades pela qual se impõe uma obrigação ao beneficiário. Considera-se não escrito o encargo ilícito ou impossível, salvo se constituir o motivo determinante da liberalidade, quando invalida o negócio jurídico.

2.6.10. Defeitos do negócio jurídico (geram sua anulabilidade – ato anulável)

2.6.10.1. Erro ou ignorância

O erro ou ignorância pode ser **conceituado** como *o engano cometido pelo próprio agente.* O instituto está previsto nos arts. 138 a 144 do CC.

Para tornar o ato anulável, o erro deve ser:

a) substancial (essencial): quanto à sua natureza, seu objeto, suas qualidades;

b) escusável.

c) real: o prejuízo deve ser a causa determinante do negócio.

Exemplo de erro é a situação em que alguém pensa estar fazendo um contrato de doação, mas está fazendo uma compra e venda.

O erro acidental (relativo a questões secundárias) não gera a anulabilidade do ato.

A respeito do erro, o Código Civil traz, ainda, as seguintes regras:

a) o falso motivo só vicia a declaração de vontade quando expresso como razão determinante;

b) a transmissão errônea da vontade por meios interpostos é anulável nos mesmos casos em que o é a declaração direta;

c) O erro de indicação da pessoa ou da coisa, a que se referir a declaração de vontade, não viciará o negócio quando, por seu contexto e pelas circunstâncias, se puder identificar a coisa ou pessoa cogitada;

d) o erro de cálculo apenas autoriza a retificação da declaração de vontade;

e) o erro não prejudica a validade do negócio jurídico quando a pessoa, a quem a manifestação de vontade se dirige, oferecer-se para executá-la na conformidade da vontade real do manifestante.

2.6.10.2. Dolo

O dolo pode ser **conceituado** como *o erro provocado pela parte contrária ou por terceiro, por meio de expediente malicioso.* O instituto está previsto nos arts. 145 a 150 do Código Civil.

Exemplo de dolo é a adulteração de quilometragem de veículo, feita pelo vendedor, em prejuízo do comprador.

Para tornar o ato anulável o dolo deve ser:

a) essencial;

b) com malícia;

c) determinante;

d) não recíproco.

O dolo acidental também não enseja a anulação do ato, mas enseja a reparação por perdas e danos, circunstância que não acontece no caso de erro acidental.

A respeito do dolo, o Código Civil traz, ainda, as seguintes regras:

a) nos negócios jurídicos bilaterais, o silêncio intencional de uma das partes a respeito de fato ou qualidade que a outra parte haja ignorado constitui omissão dolosa, provando-se que sem ela o negócio não se teria celebrado;

b) pode também ser anulado o negócio jurídico por dolo de terceiro se a parte a quem aproveite dele tivesse ou devesse ter conhecimento; em caso contrário, ainda que subsista o negócio jurídico, o terceiro responderá por todas as perdas e danos da parte a quem ludibriou;

c) o dolo do representante legal de uma das partes só obriga o representado a responder civilmente até a importância do proveito que teve; se, porém, o dolo for do representante convencional, o representado responderá solidariamente com ele por perdas e danos;

d) se ambas as partes procederem com dolo, nenhuma pode alegá-lo para anular o negócio ou reclamar indenização.

2.6.10.3. Coação

A coação pode ser **conceituada** como *a ameaça que constrange alguém à prática de um negócio.* O instituto está previsto nos arts. 151 a 155 do Código Civil.

Exemplo de coação é o contrato assinado por alguém mediante ameaça de morte.

Para tornar o negócio anulável, a ameaça deve ser:

a) da parte que aproveita ou de terceiro, com conhecimento daquela;

b) determinante;

c) grave: veem-se aspectos subjetivos das partes;

d) injusta: mal prometido não é exercício regular de direito; se for, a ameaça não é injusta;

e) iminente;

f) relativa ao paciente, sua família ou seus bens.

Se a coação disser respeito a pessoa não pertencente à família do paciente, o juiz, com base nas circunstâncias, decidirá se houve coação.

A respeito da coação, o Código Civil traz, ainda, as seguintes regras:

a) ao apreciar a coação, ter-se-ão em conta o sexo, a idade, a condição, a saúde, o temperamento do paciente e todas as demais circunstâncias que possam influir na gravidade dela;

b) não se considera coação a ameaça do exercício normal de um direito, nem o simples temor reverencial;

c) vicia o negócio jurídico a coação exercida por terceiro se dela tivesse ou devesse ter conhecimento a parte a que aproveite e esta responderá solidariamente com aquele por perdas e danos;

d) subsistirá o negócio jurídico se a coação decorrer de terceiro sem que a parte a que aproveite dela tivesse ou devesse ter

WANDER GARCIA

conhecimento; mas o autor da coação responderá por todas as perdas e danos que houver causado ao coacto.

2.6.10.4. Estado de perigo

O estado de perigo pode ser **conceituado** como *a assunção de obrigação excessivamente onerosa com o intuito de salvar a si ou a alguém de sua família de grave dano conhecido da outra parte*. O instituto está previsto no art. 156 do CC.

Exemplo de estado de perigo é a exigência de cheque-caução em hospital.

O ato cometido em situação de estado de perigo é anulável. Mas há corrente doutrinária que entende que o ato deveria ser válido, determinando-se apenas o ajuste das prestações.

2.6.10.5. Lesão

A lesão pode ser **conceituad**a como *a assunção de prestação manifestamente desproporcional ao valor da prestação oposta por premente necessidade ou inexperiência*. O instituto está previsto no art. 157 do CC.

Exemplo de lesão é a compra de imóvel que vale R$ 500 mil por R$ 100 mil, por inexperiência de quem vende. Outro exemplo é a venda de um apartamento por 40% do seu preço de mercado para pagar resgate de sequestro não conhecido da outra parte.

O STJ reconhece a configuração do instituto em contrato no qual o advogado, aproveitando-se de desespero do cliente, firmou contrato pelo qual sua remuneração seria de 50% do benefício econômico gerado pela causa (REsp 1.155.200, DJ 02.03.2011).

O instituto requer a configuração de dois **elementos** para se caracterizar:

a) elemento objetivo: prestação manifestamente desproporcional;

b) elemento subjetivo: premente necessidade ou inexperiência.

Quanto ao requisito subjetivo "inexperiência", o Enunciado 410 das Jornadas de Direito Civil traz o seguinte entendimento: "art. 157: A inexperiência a que se refere o art. 157 não deve necessariamente significar imaturidade ou desconhecimento em relação à prática de negócios jurídicos em geral, podendo ocorrer também quando o lesado, ainda que estipule contratos costumeiramente, não tenha conhecimento específico sobre o negócio em causa".

O instituto não incide quanto a atos unilaterais, pois há de se comparar a existência de duas prestações.

Na lesão, não há necessidade de existir: a) situação de perigo; b) conhecimento da situação pela outra parte.

O ato praticado mediante lesão é anulável. Porém, o negócio pode ser mantido se a parte prejudicada receber uma compensação.

2.6.10.6. Fraude contra credores

A fraude contra credores **dá-se com** *a transmissão de bens ou remissão de dívidas feitas pelo devedor já insolvente ou por elas reduzido à insolvência*. O instituto está previsto nos arts. 158 a 165 do CC.

São **requisitos** da fraude contra credores os seguintes:

a) consilium fraudis: conluio fraudulento (elemento subjetivo); nos negócios gratuitos, o conluio é presumido; nos

negócios onerosos, a existência de ações contra o alienante configuram-no;

b) evento danoso: prejuízo (elemento objetivo);

c) ação própria: pauliana ou revocatória.

Confira as diferenças entre a **fraude contra credores** e a **fraude à execução:** a) vício social X ato atentatório da Justiça; b) depende de ação própria X reconhecimento na própria execução; c) gera anulação do negócio X gera ineficácia do negócio perante o credor.

A respeito da fraude contra credores, o Código Civil traz, ainda, as seguintes regras:

a) se o adquirente dos bens do devedor insolvente ainda não tiver pagado o preço e este for, aproximadamente, o corrente, desobrigar-se-á depositando-o em juízo, com a citação de todos os interessados; se inferior, o adquirente, para conservar os bens, poderá depositar o preço que lhes corresponda ao valor real;

b) a ação poderá ser intentada contra o devedor insolvente, a pessoa que com ele celebrou a estipulação considerada fraudulenta, ou terceiros adquirentes que hajam procedido de má-fé;

c) o credor quirografário que receber do devedor insolvente o pagamento da dívida ainda não vencida ficará obrigado a repor, em proveito do acervo sobre que se tenha de efetuar o concurso de credores, aquilo que recebeu;

d) presumem-se fraudatórias dos direitos dos outros credores as garantias de dívidas que o devedor insolvente tiver dado a algum credor;

e) presumem-se, porém, de boa-fé e valem os negócios ordinários indispensáveis à manutenção de estabelecimento mercantil, rural, ou industrial, ou à subsistência do devedor e de sua família:

f) anulados os negócios fraudulentos, a vantagem resultante reverterá em proveito do acervo sobre que se tenha de efetuar o concurso de credores; se esses negócios tinham por único objeto atribuir direitos preferenciais, mediante hipoteca, penhor ou anticrese, sua invalidade importará somente na anulação da preferência ajustada.

g) Somente os credores do devedor que já o eram ao tempo do ato é que podem pleitear a anulação deste.

2.6.11. Atos nulos

São atos **nulos** os seguintes (art. 166 do CC):

a) os celebrados por pessoa absolutamente incapaz;

b) os de objeto ilícito, impossível ou indeterminável;

c) os que tiverem motivo determinante, comum a ambas as partes, ilícito;

d) os que não revestirem a forma prescrita em lei;

e) os que preterirem alguma solenidade que a lei considere essencial para sua validade;

f) os que tiverem por objeto fraudar lei imperativa;

g) os que a lei taxativamente declarar nulo, ou proibir-lhe a prática, sem cominar sanção;

h) o negócio jurídico simulado, mas subsistirá o que se dissimulou, se válido for na substância e na forma.

Qualquer interessado ou o MP, quando cabível, pode alegar a nulidade e o juiz pode pronunciá-la de ofício (art. 168 do CC).

O negócio nulo não pode ser convalidado pelo decurso do tempo e também não é suscetível à confirmação pela vontade das partes (art. 169 do CC), salvo situações excepcionais devidamente justificadas por outros valores de maior expressão protegidos pela lei.

A sanção de nulidade opera de pleno direito. Assim, a ação judicial respectiva resulta em sentença de natureza declaratória, com eficácia *ex tunc*.

Quanto à **simulação**, essa pode ser de duas espécies:

a) absoluta: *quando não se quer negócio algum* (ex.: divórcio simulado para fugir de responsabilidade civil);

b) relativa: *quando se encobre um negócio querido.*

Na simulação relativa, temos as seguintes situações:

i) **negócio simulado:** *o que se declara, mas não se quer. O negócio simulado é nulo.* Ex.: doação de um imóvel;

ii) **negócio dissimulado:** *o que se pretende de verdade.* O negócio dissimulado pode ser mantido, desde que válido na forma e na substância.

2.6.12. Atos anuláveis

São atos **anuláveis** os seguintes (art. 171 do CC):

a) os praticados por relativamente incapaz;

b) os com defeito (erro, dolo, coação, estado de perigo, lesão ou fraude contra credores);

c) outros previstos em lei, como no caso de falta de legitimação.

O negócio anulável pode ser confirmado pelas partes, inclusive tacitamente (caso já tenha sido cumprido com ciência do vício), salvo direito de terceiro.

Só os interessados podem alegar a anulabilidade.

O prazo decadencial para pleitear a anulação é de 2 anos, como regra. Todavia, para anulação nos casos "a" e "b", o prazo é de 4 anos.

A sanção de anulabilidade não opera de pleno direito, dependendo de provocação da parte interessada. Assim, a sentença respectiva tem natureza constitutiva e eficácia *ex nunc*.

2.6.13. Anulabilidade X Nulidade

Para fechar o tema das invalidades no Código Civil, faz-se necessário fazer uma análise comparativa entre os institutos da anulabilidade e da nulidade. Confira a comparação, que traz, primeiro, informação sobre a anulabilidade e, depois, sobre a nulidade:

a) interesse envolvido: privado x público;

b) legitimidade para alegar: só interessados x interessados, MP e juiz de ofício;

c) possibilidade confirmação: admite x não admite;

d) consequência do decurso do tempo: convalesce (em regra: 2 anos) x não convalesce;

e) ação cabível: anulatória x declaratória de nulidade;

f) efeitos da sentença: não retroage (*ex nunc*) x retroage (*ex tunc*);

g) possibilidade de aproveitamento: pela *convalidação* x pela *conversão* em outro ato.

2.6.14. Interpretação dos negócios jurídicos

Confira as principais regras de interpretação do negócio jurídico:

a) "Nas declarações de vontade se atenderá mais à intenção nelas consubstanciada do que ao sentido literal da linguagem" (art. 112);

b) "Os negócios jurídicos devem ser interpretados conforme a boa-fé e os usos do lugar de sua celebração" (art. 113, *caput*);

c) "A interpretação do negócio jurídico deve lhe atribuir o sentido que:

I – for confirmado pelo comportamento das partes posterior à celebração do negócio;

II – corresponder aos usos, costumes e práticas do mercado relativas ao tipo de negócio;

III – corresponder à boa-fé;

IV – for mais benéfico à parte que não redigiu o dispositivo, se identificável;

V – corresponder a qual seria a razoável negociação das partes sobre a questão discutida, inferida das demais disposições do negócio e da racionalidade econômica das partes, consideradas as informações disponíveis no momento de sua celebração (art. 113, § 1º);

d) "As partes poderão livremente pactuar regras de interpretação, de preenchimento de lacunas e de integração dos negócios jurídicos diversas daquelas previstas em lei" (art. 113, § 2º);

e) "Os negócios jurídicos benéficos e a renúncia interpretam-se estritamente" (art. 114).

2.7. Prescrição e decadência

2.7.1. Prescrição

2.7.1.1. Conceito

É a causa extintiva da pretensão por seu não exercício no prazo estipulado pela lei. Diz respeito às ações condenatórias.

2.7.1.2. Características

a) parte que se beneficia só pode renunciar ao direito após o decurso do prazo (art. 191 do CC);

b) prazos não podem ser alterados por convenção (art. 192 do CC);

c) pode-se reconhecê-la em qualquer grau de jurisdição (art. 193 do CC);

d) relativamente incapaz e PJ têm ação contra responsáveis por ela (art. 195 do CC);

e) prescrição iniciada contra uma pessoa continua a correr contra o seu sucessor (art. 196 do CC).

f) A exceção prescreve no mesmo prazo em que a pretensão.

2.7.1.3. Não corre prescrição

a) entre os cônjuges, na constância da sociedade conjugal; tendo em vista a finalidade legal, essa regra deve se estender também aos companheiros; vale salientar que a separação de fato por longo período afasta a regra de impedimento da fluência da prescrição entre cônjuges prevista no art. 197, I, do CC/2002 e viabiliza a efetivação da prescrição aquisitiva por usucapião (STJ, REsp 1.693.732-MG, DJe 11/05/2020);

b) entre ascendentes e descendentes, durante o poder familiar;

c) entre tutelados ou curatelados e seus tutores ou curadores, durante a tutela ou curatela;

d) contra os incapazes de que trata o art. 3º;

e) contra os ausentes do País em serviço público da União, dos Estados ou dos Municípios;

f) contra os que se acharem servindo nas Forças Armadas, em tempo de guerra;

g) pendendo condição suspensiva;

h) não estando vencido o prazo;

i) pendendo ação de evicção.

2.7.1.4. Interrompem a prescrição (uma única vez)

a) o despacho do juiz, mesmo incompetente, que ordenar a citação, se o interessado a promover no prazo e na forma da lei processual;

b) o protesto, nas condições do item antecedente;

c) o protesto cambial;

d) a apresentação do título de crédito em juízo de inventário ou em concurso de credores;

e) qualquer ato judicial que constitua em mora o devedor;

f) qualquer ato inequívoco, ainda que extrajudicial, que importe reconhecimento do direito pelo devedor.

Observações:

a) a prescrição interrompida recomeça a correr da data do ato interruptivo ou do último ato do processo que a interrompeu;

b) a prescrição pode ser interrompida por qualquer interessado;

c) a interrupção da prescrição por um credor não aproveita aos outros; semelhantemente, a interrupção operada contra o codevedor, ou seu herdeiro, não prejudica aos demais coobrigados (art. 204);

d) exceção: interrupção por um credor solidário aproveita aos outros, assim como a interrupção efetuada contra o devedor solidário envolve os demais e seus herdeiros;

e) a interrupção operada contra um dos herdeiros do devedor solidário não prejudica os outros herdeiros ou devedores senão quando se trate de obrigações e direitos indivisíveis (acessório não segue o acessório);

f) a interrupção produzida contra o principal devedor prejudica o fiador (acessório segue o principal);

g) a prescrição intercorrente observará o mesmo prazo de prescrição da pretensão, observadas as causas de impedimento, de suspensão e de interrupção da prescrição previstas no CC e observado o disposto no art. 921 do CPC.

2.7.1.5. Prazos

2.7.1.5.1. Geral

A prescrição ocorre em 10 anos quando a lei não lhe haja fixado prazo menor (art. 205 do CC). Um exemplo se dá em relação à pretensão indenizatória decorrente do inadimplemento contratual. De acordo com o STJ, esta pretensão fica sujeita ao prazo prescricional decenal (10 anos – art. 205 do Código Civil), se não houver previsão legal de prazo diferenciado. Assim, não se aplica a regra de 3 anos de prescrição relativa às reparações civis (art. 206, § 3º, V), pois essa regra diz

respeito à responsabilidade civil extracontratual ou aquiliana (STJ, EREsp 1.281.594-SP, DJe 23/05/2019).

2.7.1.5.2. Especiais (art. 206 do CC)

a) 1 ano: pretensão de hotéis, segurado contra segurador (pedido de pagamento suspende prazo), tabeliães, peritos etc.; quanto ao seguro de saúde não se deve confundir essa situação com o pedido de reembolso despesas médico-hospitalares alegadamente cobertas pelo contrato de plano de saúde (ou de seguro saúde), mas que não foram adimplidas pela operadora, pedido esse cujo prazo prescricional é decenal (de 10 anos, portanto), na forma da regra geral o subitem anterior (REsp 1.756.283- DJe 03/06/2020);

b) 2 anos: prestação de alimentos, a partir dos vencimentos;

c) 3 anos: alugueres, ressarcimento por enriquecimento sem causa, reparação civil, seguro obrigatório (ex. DPVAT) etc.

d) 4 anos: pretensão relativa à tutela, da prestação de contas;

e) 5 anos: cobrança de dívidas líquidas constantes de instrumentos; pretensão de profissionais liberais, contado da conclusão dos serviços; pretensão do vencedor para haver do vencido o que despendeu em juízo.

2.7.2. Decadência

2.7.2.1. Conceito

É a causa extintiva do direito potestativo pelo seu não exercício no prazo estipulado pela lei.

Diz respeito às ações constitutivas.

2.7.2.2. Características

a) salvo disposição legal, não se aplicam os casos de impedimento, suspensão e interrupção (art. 207 do CC);

b) não corre prazo decadencial contra absolutamente incapaz (art. 208 do CC);

c) é nula a renúncia à decadência legal (art. 209 do CC), mas a decadência convencional pode ser alterada;

d) o juiz deve conhecer de ofício decadência legal (art. 210 do CC);

e) pode-se reconhecê-la a qualquer tempo (art. 211 do CC);

f) "o prazo decadencial para o ajuizamento da ação rescisória prorroga-se para o primeiro dia útil seguinte, caso venha a findar no recesso forense, sendo irrelevante a controvérsia acerca da natureza do prazo para ajuizamento da ação, se prescricional ou decadencial, pois, em ambos os casos, o termo *ad quem* seria prorrogado (EREsp 667.672-SP, DJe 26.06.2008). Desse modo, na linha do precedente da Corte Especial e outros precedentes do STJ, deve-se entender cabível a prorrogação do termo *ad quem* do prazo prescricional no caso" (STJ, REsp 1.446.608-RS, j. 21.10.2014).

3. DIREITO DAS OBRIGAÇÕES

3.1. Introdução

3.1.1. Conceito

Obrigação *é o vínculo jurídico que confere ao credor (sujeito ativo) o direito de exigir do devedor (sujeito passivo) o cumprimento de determinada prestação positiva ou negativa.*

3.1.2. Elementos

3.1.2.1. Sujeitos

Trata-se do elemento subjetivo. De acordo com esse elemento, toda obrigação tem duas classes de sujeitos, o ativo (credor) e o passivo (devedor) **(devedor)**.

3.1.2.2. Objeto

Aqui temos o elemento objetivo. Toda obrigação requer um objeto, ou seja, uma *conduta humana* a ser cumprida. O objeto pode ser dividido em dois. O objeto imediato, que será dar, fazer ou não fazer. Já o objeto mediato será "o que" se vai dar, fazer ou não fazer. Por exemplo, quem tem uma dívida de R$ 500 está diante de uma obrigação cujo objeto imediato é "dar" e o objeto mediato é o "dinheiro". Para que o negócio seja válido, seu objeto (tanto o imediato como o mediato) deve ser lícito, possível jurídica e fisicamente, e determinável (art. 166, II, do CC). Assim, se um contrato estipular a obrigação de entregar a herança de pessoa viva, esse negócio será nulo, pois seu objeto é impossível juridicamente.

3.1.2.3. Vínculo jurídico

Não basta a existência de sujeitos e de um objeto para que se constitua uma obrigação. Se duas pessoas estiverem simplesmente conversando e uma delas estiver com um livro nas mãos, não terá se formado obrigação alguma. Agora, se essas pessoas combinarem a venda do livro, aí sim ter-se-á criado um vínculo jurídico, com obrigações para as duas partes, inclusive. Um fica obrigado a entregar o livro; o outro, a pagar um preço.

3.1.3. Fontes das obrigações

Como seu viu, para se criar uma obrigação não bastam sujeitos e objeto. Há de se ter um fato jurídico apto, ou seja, um acontecimento do mundo fenomênico que faça nascer a obrigação. Quais seriam, então, essas fontes das obrigações? Em última análise, a lei é sempre a fonte, pois é ela que estabelecerá os fatos que fazem nascer uma obrigação. Mas que tipos de fatos a lei considera aptos para nascer uma obrigação?

São fontes de obrigações os *atos ilícitos* (geram obrigações de indenizar, normalmente), os *contratos* (geram obrigações variadas, como entregar uma coisa, pagar um preço), as *declarações unilaterais de vontade* (*vide* a respeito a promessa de recompensa, a gestão de negócios, o pagamento indevido e o enriquecimento sem causa) e *outros fatos ou situações rotuladas especificamente pela lei* (como a obrigação de pagar tributo, a obrigação de pagamento de alimentos a parentes e a obrigação de indenizar por fato de terceiro).

3.2. Classificação das Obrigações

3.2.1. Quanto à possibilidade de exigência

3.2.1.1. Obrigação civil

É aquela que pode ser exigida por meio de ação judicial. São exemplos a obrigação de entregar uma coisa, na compra venda, e a obrigação de pagar alugueres, na locação.

3.2.1.2. Obrigação natural

É aquela que não pode ser exigida por meio de ação judicial, mas, caso cumprida voluntariamente, não pode ser repetida. Ou seja, o devedor não é obrigado a cumpri-la, mas, se o fizer, o credor não é obrigado a devolver o que recebeu. A retenção (*soluti retentio*) é único efeito da obrigação natural. São exemplos as obrigações relativas a dívidas prescritas (art. 882 do CC) e dívidas de jogo (art. 814 do CC). *Vide* também art. 564, III, do CC. A obrigação natural diz respeito a uma dívida inexigível, portanto, não passível de compensação.

3.2.2. Quanto à extensão

3.2.2.1. Obrigação de resultado

É aquela em que o devedor se compromete a atingir determinado fim, sob pena de responder pelo insucesso. São exemplos a obrigação do vendedor de entregar a coisa vendida, a obrigação do transportador de levar o passageiro são e salvo ao destino e a obrigação do cirurgião plástico em cirurgias de natureza estética.

3.2.2.2. Obrigação de meio

É aquela em que o devedor se compromete a empregar seus conhecimentos e técnicas com vistas a alcançar determinando fim, pelo qual não se responsabiliza. São exemplos as obrigações dos médicos e dos advogados. Tais profissionais se obrigam a fazer o melhor, mas não se obrigam, por exemplo, a curar, no primeiro caso, e a ganhar uma ação, no segundo.

Essa classificação é importante em matéria de responsabilidade civil contratual.

3.2.3. Quanto aos elementos acidentais

3.2.3.1. Obrigação pura e simples

É aquela que produz efeitos normalmente, por não estar sujeita a condição, termo ou encargo.

3.2.3.2. Obrigação condicional

É aquela cujos efeitos estão subordinados a evento futuro e incerto.

3.2.3.3. Obrigação a termo

É aquela cujos efeitos estão subordinados a evento futuro e certo.

3.2.3.4. Obrigação com encargo ou modal

É aquela que estabelece um gravame a ser cumprido pelo credor.

3.2.4. Quanto ao momento do cumprimento

3.2.4.1. Obrigação de execução instantânea ou momentânea

É aquela que se cumpre imediatamente após a sua constituição. Um exemplo é a obrigação de pagamento à vista.

3.2.4.2. Obrigação de execução diferida

É aquela que se cumpre em um só ato, mas em momento futuro. Por exemplo, quando se combina que a entrega será feita 60 dias após a constituição da obrigação.

3.2.4.3. Obrigação de execução continuada, periódica ou de trato de sucessivo

É aquela que se cumpre por meio de atos reiterados e protraídos no tempo. Um exemplo é a obrigação de pagar parcelas de um financiamento.

Essa classificação é importante para efeito de aplicação da regra da imprevisão (arts. 317 e 478 do CC).

3.2.5. Quanto à liquidez

3.2.5.1. Obrigação líquida

É aquela cujo objeto está determinado. Por exemplo, quando alguém se obriga a pagar R$ 500. Está-se diante de uma obrigação líquida.

3.2.5.2. Obrigação ilíquida

É aquela cujo objeto não está determinado. Por exemplo, quando alguém atropela uma pessoa, que sofre danos materiais diversos e morais. De início, a obrigação de indenizar não é líquida.

Essa classificação é importante em matéria de configuração da mora (o art. 397 do CC considera em mora, de pleno direito, o devedor que descumpre obrigações positivas e líquidas); de compensação (o art. 369 dispõe que esta só é possível entre dívidas vencidas, de coisas fungíveis e líquidas); e de imputação do pagamento (o art. 352 exige, para que o devedor indique a dívida que está pagando, que esta seja vencida e líquida).

3.2.6. Quanto à existência por si só

3.2.6.1. Obrigação principal

É aquela que existe por si só. São exemplos as decorrentes do contrato de compra e venda (de entregar uma coisa e de pagar um preço).

3.2.6.2. Obrigação acessória

É aquela cuja existência depende da existência da principal. São exemplos a multa (cláusula penal) e juros de mora.

Essa classificação é importante para efeito de aplicação da seguinte regra: "o acessório segue o principal". Por exemplo, a nulidade do principal leva à nulidade do acessório. O contrário não ocorre, claro. Nosso Código acolhe tal regra em vários dispositivos, como nos arts. 92, 184, 233 e 364.

3.2.7. Quanto à natureza do direito

3.2.7.1. Obrigação correspondente a direito pessoal

É aquela travada diretamente entre pessoas, em que o patrimônio do devedor fica sujeito ao seu cumprimento.

3.2.7.2. Obrigação correspondente a direito real

É aquela em que todas as pessoas ficam sujeitas a respeitar a relação entre uma pessoa e uma coisa. Também é chamada de ônus real.

3.2.7.3. Obrigação propter rem

É aquela à qual o titular de direito sobre uma coisa, exatamente por estar nessa situação jurídica, fica sujeito. Trata-se de uma obrigação híbrida. Recai sobre uma pessoa (direito pessoal), mas por força de um direito real. São exemplos a obrigação do possuidor de uma coisa de não prejudicar a segurança, o sossego e a saúde de um prédio vizinho (art. 1.277 do CC), a obrigação dos donos de imóveis confinantes de concorrerem para as despesas de tapumes divisórios (art. 1.297, § 1º, do CC), a obrigação de um condômino de contribuir para as despesas de conservação da coisa (art. 1.315 do CC), a obrigação do titular da coisa de arcar com os débitos tributários a ela pertinentes (art. 130 do CTN). Repare, no caso das despesas condominiais e tributárias, que o novo proprietário da coisa, tenha ou não dado causa à dívida contraída para o seu uso, fica sujeito ao seu pagamento, com possível penhora da coisa com vistas à satisfação do crédito. É por isso que a obrigação também é denominada *ambulatorial*.

3.2.8. Quanto aos seus elementos

3.2.8.1. Obrigação simples

É aquela que só tem um sujeito ativo, um sujeito passivo e um objeto. Por exemplo, a obrigação de "A" entregar um carro a "B".

3.2.8.2. Obrigação composta ou complexa

É aquela que tem mais de um sujeito ativo, de um sujeito passivo ou de um objeto. Por exemplo, obrigações com vários credores ou com vários devedores (pluralidade subjetiva). Nesses casos podem-se ter obrigações divisíveis, indivisíveis ou solidárias, o que será visto a seguir. Outro exemplo é a obrigação de "A" entregar a "B" uma casa e um carro, ou uma casa ou um carro (pluralidade objetiva). No primeiro caso temos obrigação cumulativa (ou conjuntiva). No segundo, obrigação alternativa (ou disjuntiva).

3.3. Modalidades das obrigações

3.3.1. Obrigação de dar

3.3.1.1. Conceito

É aquela de entregar ou restituir uma coisa. Na compra e venda, temos a *entrega* da coisa. No comodato, a *restituição*. Essas duas formas de dar são espécies do gênero *tradição*.

No nosso direito, só se adquire a propriedade de uma coisa móvel com a *tradição*, de modo que, enquanto essa não se der, o devedor da coisa (vendedor) permanece proprietário dela. Isso gera as seguintes consequências (art. 237 do CC): a) a coisa perece para o dono (*res perit domino*); b) os melhoramentos e acrescidos na coisa até a tradição beneficiam o dono, que poderá exigir aumento no preço.

3.3.1.2. Regras para o caso de perecimento da coisa (perda total)

a) *se ocorrer antes da tradição ou pendente condição suspensiva, sem culpa do devedor,* resolve-se a obrigação retornando as partes ao estado anterior. Por exemplo, se, por força maior, um carro a ser entregue pelo vendedor tem perda total em virtude de uma inundação. Eventual valor pago pelo comprador será devolvido pelo vendedor. No caso de pender condição suspensiva a situação é a mesma. Um exemplo é a disposição "se passar no vestibular, te dou este carro". Se antes da aprovação no vestibular o carro perecer sem culpa do devedor, a obrigação ficará resolvida. *Vide* art. 234 do CC;

b) *se ocorrer antes da tradição ou pendente condição suspensiva, com culpa do devedor*, o credor tem direito a receber o equivalente em dinheiro, mais perdas e danos. Por se exemplo, se, por imprudência do vendedor, esse, após ter vendido ou prometido carro, envolve-se em batida com perda total do veículo. Terá de devolver ao comprador o dinheiro que eventualmente receber, além de indenizá-lo por perdas e danos. No caso daquele que recebeu a promessa, terá de dar a ele o equivalente em dinheiro, mais perdas e danos. *Vide* arts. 234 e 236 do CC;

c) *se ocorrer antes da tradição e a obrigação for de restituir*, a obrigação ficará resolvida. São casos como o dever de restituir que cabe ao comodatário e ao depositário. Como se viu, a coisa perece para o dono, ou seja, o comodante e o depositando suportarão a perda. Todavia, se aquele que recebeu a coisa para restituir agir com culpa, responderá pelo equivalente em dinheiro, mais perdas e danos. Muitas vezes, inclusive, a culpa é presumida. Vide arts. 235 e 236 do CC;

d) *se ocorrer após a tradição*, o problema é do credor, pois a coisa perece para o dono. Mas há exceções. Por exemplo, se a coisa vier a perecer por já estar com problema quando da sua entrega (ex.: cavalo com moléstia respiratória). O devedor responderá por esse vício redibitório.

3.3.1.3. Regras para o caso de deterioração da coisa (perda parcial)

Um exemplo de deterioração da coisa é a perda do estepe do carro. As regras são semelhantes. Se não houver culpa do devedor, a obrigação fica resolvida, ressalvada a possibilidade de o credor ficar com a coisa, com abatimento no preço (art. 235 do CC). Já se houver culpa do devedor, poderá o credor exigir o equivalente em dinheiro mais perdas e danos, ou aceitar a coisa no estado, mais perdas e danos (art. 236). Quanto à deterioração da coisa nas obrigações de restituição, o credor a receberá no estado em que se encontre. Já se houver culpa do devedor, este responderá pelo equivalente, mais perdas e danos (art. 240).

3.3.1.4. Coisa certa ou incerta

A coisa incerta há de ser pelo menos determinável, de modo que a lei exige a indicação, pelo menos, do **gênero** e da **quantidade** da coisa. Se faltar um ou outro, o objeto será indeterminável. Então, se for indicado que a coisa é "laranja" e que a quantidade é "50 quilos" não haverá problema. A qualidade será determinada quando houver a escolha das laranjas pelo devedor. Esse, todavia, não pode escolher a de pior qualidade. Deve escolher pelo menos a de meio-termo. A escolha da coisa também tem o nome de **concentração** e, salvo estipulação em contrário, compete ao devedor. Feita a escolha e cientificado o credor, acaba a incerteza, a coisa torna-se certa, determinada. Antes da escolha, não pode o devedor alegar perda ou deterioração da coisa (art. 246 do CC), pois o gênero nunca perece (*genuus nunquam perit*). Ficaria estranho mesmo dizer que não há laranjas e que a obrigação não pode ser cumprida. Se o devedor não as possui mais, que as consiga com terceiro. Só se pode fazer esse tipo de alegação se se tratar de gênero limitado, ou seja, restrito a certo lugar. Por exemplo, quando se combina de entregar laranjas de certo sítio e elas não existirem mais.

3.3.2. Obrigação de fazer

3.3.2.1. Conceito

É aquela em que o devedor presta atos ou serviços.

3.3.2.2. Espécies

a) personalíssima (*intuitu personae*, infungível ou imaterial), em que só o devedor pode cumprir a obrigação, seja porque assim se estabeleceu (o contrato diz que o devedor cumprirá pessoalmente a obrigação), seja porque sua própria natureza impede a substituição do devedor (por exemplo, na contratação de um cantor para um show ou de um artista plástico para fazer uma escultura);

b) impessoal (fungível ou material), em que não é necessário que o devedor cumpra pessoalmente a obrigação, ou seja, para o credor o importante é que o objeto seja prestado, ainda que por terceiro.

Há também obrigação de fazer no contrato preliminar (*pacto de contrahendo*), que é aquele em que se faz uma promessa de fazer contrato futuro. É o caso do compromisso de compra e venda, por exemplo.

3.3.2.3. Regras em caso de não cumprimento da obrigação de fazer

a) *Se a obrigação for personalíssima e se tornar impossível sem culpa do devedor*, ficará resolvida (art. 248 do CC). Por exemplo, se o cantor não conseguir chegar a tempo ao show por ter ficado preso na estrada em virtude de deslizamento de terra na pista (*impossibilidade*);

b) *se a obrigação for personalíssima e se tornar impossível por culpa do devedor*, ficará transformada em obrigação de indenizar por perdas e danos (art. 248). Por exemplo, se o cantor sair com muito atraso para fazer o show e não chegar a tempo (*impossibilidade*);

c) *se a obrigação for personalíssima e houver recusa do devedor*, ficará transformada em obrigação de indenizar por perdas e danos (art. 247). Por exemplo, se o cantor, por vontade própria, avisar, a uma semana do show, que não irá comparecer para a apresentação (*recusa*). Repare que, nesse caso, a obrigação ainda não se tornou impossível. A solução dada pelo CC para o caso (perdas e danos) não é a única. O CC parte do pressuposto de que não se pode constranger fisicamente o devedor a cumprir a obrigação. Por outro lado, o NCPC, no art. 499, dispõe que a obrigação somente se converterá em perdas e danos se o autor o requerer ou se impossível a tutela específica ou a obtenção de tutela pelo resultado prático correspondente. No caso, sem forçar fisicamente o devedor, é possível valer-se de instrumento de coação indireta, a cominação de multa diária (*astreinte*) para fazê-lo cumprir a obrigação. Nesse sentido é também o art. 84 do CDC. Ou seja, há duas saídas para o caso: c1) pleitear a transformação da obrigação de fazer em obrigação de indenizar perdas e danos; c2) exigir judicialmente o cumprimento da obrigação, por meio de demanda cominatória, sem prejuízo de indenização por demais perdas e danos;

d) *se a obrigação for impessoal e se tornar impossível sem culpa do devedor*, ficará resolvida (art. 248 do CC). Por exemplo, se o eletricista não puder comparecer para fazer um reparo nas instalações elétricas de uma casa de show por ter ficado preso na estrada que dá acesso ao local em virtude de deslizamento de terra na pista;

e) *se a obrigação for impessoal e se tornar impossível por culpa do devedor,* ficará transformada em obrigação de indenizar por perdas e danos (art. 248). Por exemplo, se o eletricista não puder comparecer para fazer um reparo nas instalações elétricas de uma casa de show por ter saído com muito atraso e não chegar a tempo;

f) *se a obrigação for impessoal e houver recusa ou mora do devedor,* o credor tem três opções: f1) pleitear a transformação da obrigação de fazer em obrigação de indenizar perdas e danos; f2) exigir judicialmente o cumprimento da obrigação, por meio de demanda cominatória, sem prejuízo de indenização por demais perdas e danos; f3) fazer executar a obrigação por terceiro à custa do devedor (art. 249 do CC). A novidade está na terceira possibilidade, pois o atual Código faculta ao credor, em caso de urgência, executar ou mandar executar o fato independentemente de autorização judicial, sendo depois ressarcido (art. 249, parágrafo único). Por exemplo, se um encanador é contratado para comparecer num determinado dia para consertar um vazamento numa casa e, passado tal dia, e mesmo já tendo recebido, ele não comparecer e a casa ficar inundada ou na iminência de sê-lo, pode o credor contratar outro encanador, ressarcindo-se depois com o primitivo contratado;

g) *se a obrigação for de emitir declaração de vontade,* o credor poderá se aproveitar do disposto no art. 501 do NCPC. Se se tratar de imóvel, cabe a ação de adjudicação compulsória (Dec.-lei 58/1937; Lei 649/1949; Lei 6.766/1979).

3.3.3. Obrigação de não fazer

3.3.3.1. Conceito

É aquela em que o devedor deve se abster de praticar um ato ou uma atividade. Também é chamada de *obrigação negativa* ou *obrigação de abstenção.* São exemplos a obrigação de não construir acima de certa altura ou de não divulgar determinado segredo.

3.3.3.2. Regras para o caso de não cumprimento da obrigação de não fazer, ou seja, caso se faça o que se combinara não fazer

a) *Se a obrigação se tornar impossível sem culpa do devedor,* ficará resolvida (art. 250 do CC). Tal ocorre quando se tornar impossível a abstenção do ato. Por exemplo, se alguém que se obrigou a não construir um muro for obrigado pelo Município a fazê-lo;

b) *se a obrigação se tornar impossível por culpa do devedor,* ficará transformada em obrigação de indenizar por perdas e danos (art. 248, por analogia);

c) *se o devedor praticar o ato a cuja abstenção se obrigara,* o credor terá duas opções: c1) pleitear a transformação da obrigação de não fazer em obrigação de indenizar por perdas e danos; c2) exigir judicialmente o cumprimento da obrigação, por meio de demanda cominatória, sem prejuízo de indenização por demais perdas e danos;

d) *se o devedor praticar o ato por culpa sua,* ficará transformada em obrigação de indenizar por perdas e danos (art. 248, por analogia).

3.3.4. Obrigação alternativa

3.3.4.1. Conceito

É a aquela que tem dois ou mais objetos e que se extingue com a prestação de um deles. Há previsão de mais de um objeto, mas o devedor se exonera cumprindo apenas um deles. Por exemplo, uma pessoa se obriga a entregar seu carro ou sua moto. Entregando um ou outro, está exonerado da obrigação.

3.3.4.2. Escolha

Compete ao devedor como regra (*favor debitoris*). Mas as partes podem estipular que a escolha compete ao credor ou a terceiro. A escolha só se considera feita após comunicação à parte contrária. O não exercício do direito de escolha no prazo acarreta decadência para o seu titular.

3.3.4.3. Impossibilidade de uma das prestações

Subsiste o débito em relação à(s) outra(s). Se houver culpa do devedor e a escolha couber ao credor, caso esse tenha interesse na obrigação que se impossibilitou, terá direito ao valor dela com perdas e danos.

3.3.4.4. Impossibilidade de ambas as prestações

Se não houver culpa do devedor, a obrigação será extinta. Se houver culpa e competir a ele a escolha, pagará o valor da que se impossibilitou por último, mais perdas e danos; e se competir ao credor a escolha, esse poderá reclamar o valor de qualquer das obrigações, mais perdas e danos.

3.3.4.5. Obrigação alternativa x obrigação facultativa

Na segunda, existe faculdade para o devedor de substituir o objeto da prestação. Por exemplo, uma pessoa se obriga a entregar seu carro, podendo substituí-lo pela entrega de sua moto. A diferença é que se trata de obrigação simples (só tem um objeto). Se o carro perecer, a obrigação fica extinta. O credor só pode exigir o cumprimento da obrigação principal.

3.3.5. Obrigações divisíveis e indivisíveis

3.3.5.1. Conceito de obrigação divisível

É aquela em que cada um dos devedores só está obrigado a cumprir sua cota-parte da dívida e cada um dos credores só pode exigir sua parte do crédito. Por exemplo, se "A" e "B" (devedores) devem R$ 1.000,00 a "C" (credor), "A" está obrigado a pagar R$ 500 para "C".

3.3.5.2. Conceito de obrigação indivisível

É aquela em que, por conta da impossibilidade de divisão do objeto, cada devedor está obrigado pela totalidade da prestação e cada credor pode exigi-la por inteiro. Por exemplo, se "A" e "B" (devedores) devem um carro a "C", esse pode exigir de "A" ou de "B" a coisa, independentemente de cada um ser responsável por parte do débito. Aquele que cumprir a obrigação sub-roga-se no direito do credor em relação aos outros coobrigados. Se houver mais de um credor, o devedor deverá a todos conjuntamente. A indivisibilidade pode ser das seguintes espécies: a) física ou natural (ex.: animal vivo); b) legal (ex.: menor fração de imóvel rural); c) por motivo econômico (ex.: pedra preciosa); e d) por motivo determinante do negócio (ex.: terreno adquirido para construção de um shopping). A obrigação indivisível difere da solidária, pois, caso a primeira se converta em perdas e danos, cada devedor ficará obrigado apenas pela sua cota-parte.

3.3.6. Obrigação solidária

3.3.6.1. Conceito

É aquela em que há mais de um credor ou mais de um devedor, cada um com direito, ou obrigado, à dívida toda. Por exemplo, se "A" e "B" (devedores) devem R$ 1.000,00 a "C" e "D", os últimos podem exigir, juntos ou isoladamente, os R$ 1.000,00 integrais só de "A" ou só de "B". A solidariedade pode recair só sobre os devedores (solidariedade passiva), só sobre os credores (solidariedade ativa) ou sobre ambos os polos (solidariedade mista).

3.3.6.2. Formação da obrigação solidária

A solidariedade não se presume. Ela decorre da lei (solidariedade legal) ou da vontade das partes (solidariedade convencional).

3.3.6.3. Solidariedade ativa

É aquela em que qualquer um dos credores pode exigir sozinho a totalidade da obrigação junto ao devedor. Por exemplo, os titulares de uma conta-corrente. Eles são credores solidários dos valores depositados, podendo exigir do banco a entrega de todo o numerário. O devedor pode se exonerar da dívida pagando-a a qualquer dos credores. No entanto, se já tiver sido demandado por algum deles (é necessário citação), só poderá a esse pagar em razão do princípio da prevenção. O credor que tiver recebido a prestação responderá perante os outros. Com a morte do credor solidário, desaparece a solidariedade em relação aos herdeiros isoladamente considerados. Se a prestação for convertida em perdas e danos, subsiste a solidariedade.

3.3.6.4. Solidariedade passiva

É aquela em que cada um dos devedores pode ser demandado a cumprir a totalidade da obrigação junto ao credor. Com a morte de um dos devedores solidários, só se pode cobrar de um herdeiro, isoladamente, a quota correspondente ao seu quinhão hereditário. Se houver impossibilidade da obrigação por culpa de um dos devedores, todos continuam solidários pelo valor da coisa em dinheiro, mas pelas perdas e danos só responde o culpado. Se houver inexecução da obrigação, todos respondem pelos juros solidariamente, mas o culpado deverá ressarcir os demais. As defesas comuns (ex.: prescrição) podem ser alegadas por qualquer devedor solidário. Já as defesas pessoais (ex.: erro, coação) só podem ser alegadas pelo devedor a que disserem respeito. O credor pode renunciar à solidariedade total (em relação a todos os devedores) ou parcialmente (em relação a um deles, por exemplo). O devedor que tiver pagado a obrigação terá direito de regresso contra os demais. A presunção é a de que as cotas de cada devedor são iguais. Se um dos codevedores for insolvente, sua quota será dividida igualmente por todos.

3.3.6.5. Aspectos processuais

No processo de conhecimento, cabe ao devedor solidário valer-se do chamamento ao processo. Já no processo de execução, quando couber, é possível alegar o benefício de ordem, que é a faculdade de o executado indicar à penhora bens livres de outro devedor solidário.

3.4. Transmissão das obrigações

3.4.1. Introdução

O tema diz respeito à alteração no aspecto subjetivo da obrigação, no caso a substituição dos sujeitos que ocupam um dos polos da relação obrigacional. Aqui, não se fala em alteração nos demais elementos da obrigação (objeto e vínculo).

3.4.2. Cessão de crédito

3.4.2.1. Conceito

É o negócio jurídico bilateral pelo qual o credor transfere a outrem, a título oneroso ou gratuito, os seus direitos na relação obrigacional. Há três figuras: o cedente (credor que transmite o crédito), o cessionário (terceiro que recebe o crédito) e o cedido (o que continua devedor).

3.4.2.2. Limites materiais

Como regra, qualquer crédito pode ser objeto de cessão, salvo por impossibilidade decorrente: a) da natureza da obrigação (ex.: alimentos de direito de família); b) da lei (ex.: crédito penhorado); e c) da convenção com o devedor (*pacto de non cedendo*).

3.4.2.3. Forma

Como regra, cabe qualquer forma admitida em lei. Todavia, se a cessão tiver por objeto direito que só pode ser transmitido por escritura pública, há de se obedecer a esta forma (ex.: cessão de direitos hereditários).

3.4.2.4. Eficácia perante terceiros

Para que tenha eficácia frente a terceiros, a cessão deverá ser feita por instrumento público ou por instrumento particular com as formalidades da procuração e com registro no Cartório de Títulos e Documentos.

3.4.2.5. Eficácia perante o devedor cedido

Para tanto, a cessão depende de notificação do devedor ou de sua ciência manifestada por escrito. Antes da notificação, o devedor pode pagar ao cedente, exonerando-se da dívida. Depois, só se exonera se pagar ao cessionário. É no momento da ciência da cessão que o devedor deve alegar as exceções pessoais de que disponha em relação ao cedente, como a compensação, sob pena de se presumir que delas tenha aberto mão.

3.4.2.6. Responsabilidade do cedente

Se a cessão for a título oneroso, o cedente fica responsável pelo seguinte: a) pela existência do crédito quando da cessão; b) pela sua qualidade de credor; e c) pela validade da obrigação. Já se for a título gratuito, o cedente só responde pela existência do crédito se tiver procedido de má-fé. Em qualquer caso, só haverá responsabilidade pelo débito se o cedente tiver assumido expressamente a responsabilidade pela solvência do cedido. Nesse caso teremos a cessão pro solvendo, e a responsabilidade é apenas pelo que o cedente tiver recebido do cessionário, acrescido de juros e despesas com a cessão.

3.4.3. Assunção de dívida (cessão de débito)

3.4.3.1. Conceito

É o negócio jurídico bilateral pelo qual um terceiro (assuntor) assume a posição de devedor. O que ocorre é tão somente a substituição no plano passivo, sem que haja extinção da dívida, de modo que não se confunde com a novação subjetiva passiva, em que nasce uma obrigação nova.

3.4.3.2. Espécies

a) **Expromissão:** *é o contrato entre o credor e o terceiro, pelo qual esse assume a posição de novo devedor, sem a participação do devedor originário;*

b) **Delegação:** *é o contrato entre o devedor originário (delegante) e o terceiro (delegatário), com a concordância do credor.*

3.4.3.3. Efeitos

a) **Liberatórios:** o devedor *originário* fica desvinculado do pagamento da dívida. Essa é a regra;

b) **cumulativos:** o devedor originário continua vinculado, servindo a assunção de reforço da dívida, com solidariedade entre os devedores. A doutrina também chama a hipótese de adesão, coassunção ou adjunção à dívida. Trata-se de caso que depende de convenção expressa. Essa hipótese não se confunde com a fiança, pois o novo devedor responde por dívida própria.

3.5. Adimplemento e extinção das obrigações

3.5.1. Introdução

As obrigações podem ser extintas de dois modos. O modo satisfatório ocorre quando o credor recebe a prestação ou tira algum proveito. A satisfação pode ser direta (ex.: pagamento) ou indireta (ex.: compensação). O modo não satisfatório ocorre quando a obrigação fica extinta sem qualquer proveito para o credor (ex.: remissão, prescrição, novação etc.).

3.5.2. Pagamento

3.5.2.1. Conceito

É o efetivo cumprimento da prestação. O termo "pagamento" vale para designar o cumprimento de qualquer modalidade obrigação (de dar, fazer ou não fazer).

3.5.2.2. Elementos essenciais

a) Existência de obrigação que justifique o pagamento, sob pena de se tratar de pagamento indevido, possibilitando repetição de indébito;

b) intenção de pagar (*animus solvendi*), sob pena de se tratar de pagamento por engano, também possibilitando repetição;

c) cumprimento da prestação;

d) presença de sujeito que paga (*solvens*);

e) presença daquele a quem se paga (*accipens*).

3.5.2.3. Quem deve pagar

Qualquer interessado na extinção da obrigação pode pagar. Assim, além do devedor, pode pagar o terceiro interessado, ou seja, aquele que poderia ter seu patrimônio atingido caso a dívida não fosse paga (ex.: fiador, avalista, sócio, adquirente de imóvel hipotecado etc.). Nesse caso, o *solvens*

(terceiro interessado) fica sub-rogado nos direitos do credor originário. Já o pagamento feito por terceiro não interessado (por interesse moral ou afetivo, por exemplo), em nome próprio, apenas autoriza esse a reembolsar-se do que pagar, sem sub-rogação nos direitos do credor. A obrigação original fica extinta, nascendo obrigação nova. Se o terceiro não interessado agir em nome do devedor, terá feito uma liberalidade, ficando a obrigação resolvida, sem direito de regresso em face daquele. Por fim, é importante destacar que, se o devedor tinha meios de impedir a cobrança do credor, o terceiro que pagar sem sua autorização não terá direito a qualquer reembolso.

3.5.2.4. A quem se deve pagar

O pagamento deve ser feito ao credor, ao seu representante ou aos seus sucessores. O pagamento feito a qualquer outra pessoa não tem efeito liberatório. O devedor, apesar de poder acionar quem receber indevidamente, continuará obrigado ao pagamento. Porém, há situações em que o pagamento feito a terceiro desqualificado tem valor: a) se houver ratificação pelo credor; b) se reverter em proveito do credor; c) se for feito de boa-fé ao credor putativo, ou seja, àquele que parecia, objetivamente, ser o credor (ex.: herdeiro aparente). De outra parte, há situações em que o pagamento feito ao credor não terá valor: a) se for feito ao credor incapaz de dar quitação, salvo se reverteu em seu proveito; b) se o devedor tiver sido intimado da penhora e mesmo assim pagar ao credor.

3.5.2.5. Objeto do pagamento

O pagamento deve coincidir com a coisa devida. Assim, o credor não é obrigado a receber prestação diversa da pactuada, ainda que mais valiosa. Da mesma forma, só se pode constranger o credor a receber o todo, não em partes. As dívidas em dinheiro deverão ser pagas no vencimento, em moeda corrente (real) e pelo valor nominal. Quanto ao valor nominal, a própria lei admite a convenção de aumento progressivo de prestações sucessivas, dando força à ideia de dívida de valor (e não de dívida de dinheiro). O reajuste automático de prestação tem o nome de cláusula de escala móvel. A Lei 10.192/2001 considera nula de pleno direito a estipulação de reajuste em periodicidade inferior a um ano. Também se admite a revisão da obrigação "quando, por motivos imprevisíveis, sobrevier desproporção manifesta entre o valor da prestação devida e o do momento de sua execução" (art. 317 do CC). Adotou-se a teoria da imprevisão. Outrossim, são nulas as convenções de pagamento em ouro ou em moeda estrangeira. A ideia é preservar o curso forçado da moeda nacional. Há exceções no Dec.-Lei 857/1969 e na Lei 6.423/1977 (ex.: importação e exportação). Presumem-se a cargo do devedor as despesas com o pagamento e a quitação. Sobre a quitação ampla, geral e irrevogável efetivada em acordo extrajudicial o STJ consolidou o entendimento de que, "em regra, deve ser presumida válida e eficaz, não se autorizando o ingresso na via judicial para ampliar verbas indenizatórias anteriormente aceitas e recebidas. Contudo, em determinadas situações particulares, a jurisprudência aponta para adoção de solução distinta, como nas hipóteses de acréscimo da incapacidade parcial apurada em laudo médico posterior, seguro obrigatório pago a menor e expurgos inflacionários não pagos em restituição de reserva de poupança. No caso, o acordo foi celebrado em data muito próxima à do acidente, não havendo conhecimento da integralidade do prejuízo sofrido. Nota-se, portanto, situação excepcional que justifica a restrição da plena validade do ato de quitação (Informativo 671; AgInt no REsp 1.833.847-RS, DJe 24/04/2020).

3.5.2.6. Lugar do pagamento

É aquele onde o devedor deve cumprir a obrigação e o credor exigir seu cumprimento. A regra é o domicílio do devedor (dívida quesível ou *quérable*). Mas por motivo legal, convencional ou circunstancial é possível que a obrigação tenha de ser cumprida no domicílio do credor (dívida portável ou *portable*). Se o pagamento consistir na tradição de um imóvel ou em prestações relativas a imóvel, far-se-á no lugar onde estiver situado o bem. Será válido o pagamento feito em lugar diverso se houver motivo grave que justifique isso e não haja prejuízo para o credor. Vale ressaltar que o pagamento reiteradamente feito em outro lugar faz presumir que o credor renunciou à previsão respectiva feita em contrato. Trata-se da aplicação do princípio da boa-fé objetiva e da eticidade, por meio dos institutos da *supressio*, consistente na possibilidade de supressão de uma obrigação contratual pelo não exercício pelo credor, gerando uma legítima expectativa no devedor de que essa abstenção se prorrogará no tempo, e da *surrectio*, consistente na obtenção de um direito que não existia, face à reiterada prática de conduta diversa pelas partes.

3.5.2.7. Tempo do pagamento

Salvo disposição legal ou contratual em contrário, pode o credor exigir imediatamente o pagamento. O credor poderá cobrar a dívida antes do vencimento se: a) o devedor cair em falência ou concurso de credores; b) os bens do devedor, hipotecados ou empenhados, forem penhorados em execução por outro credor; c) cessarem, ou se tornarem insuficientes, as garantias do débito, fidejussórias ou reais, e o devedor, intimado, negar-se a reforçá-las.

3.5.3. Pagamento em consignação

3.5.3.1. Conceito

Forma especial de pagamento, por meio de depósito judicial ou em estabelecimento bancário, cabível quando houver mora do credor ou risco para o devedor na realização do pagamento direto. Serve para a entrega de qualquer objeto, só não se admite para a obrigação de fazer ou não fazer. Se for feito por processo de conhecimento, a sentença tem natureza declaratória. Para que o devedor fique exonerado da obrigação, a consignação deve cumprir os mesmos requisitos exigidos para a validade do pagamento quanto às pessoas, ao objeto, modo, tempo e lugar. O depósito em estabelecimento bancário só é admitido quando a prestação for em dinheiro.

3.5.3.2. Cabimento

a) Se o credor não puder, ou, sem justa causa, recusar receber o pagamento, ou dar quitação na devida forma;

b) se o credor não for, nem mandar receber a coisa no lugar, tempo e condição devidos;

c) se o credor for incapaz de receber, for desconhecido, declarado ausente, ou residir em lugar incerto ou de acesso perigoso ou difícil;

d) se ocorrer dúvidas sobre quem deva legitimamente receber o objeto do pagamento;

e) se pender litígio sobre o objeto do pagamento.

3.5.4. Pagamento com sub-rogação

3.5.4.1. Conceito

É a operação pela qual a dívida se transfere a terceiro que a pagou, com todos os seus acessórios. Tem-se aqui uma sub-rogação subjetiva, uma vez que há troca de devedor. Extingue-se a obrigação com relação ao credor original. Por outro lado, transferem-se ao novo credor todos os direitos, ações, privilégios e garantias do primitivo em relação à dívida.

3.5.4.2. Espécies

a) Legal ou automática: *é a que opera de pleno direito*, em favor:

a1) do credor que paga a dívida do devedor comum; aqui temos um devedor com dois credores, sendo que um desses paga o outro para evitar o fim do patrimônio do devedor, por exemplo;

a2) do adquirente do imóvel hipotecado, que paga o credor hipotecário, bem como do terceiro que efetiva o pagamento para não ser privado de direito sobre o imóvel;

a3) do terceiro interessado, que paga a dívida pela qual era ou podia ser obrigado, no todo ou em parte;

b) convencional: *é a que decorre da vontade das partes* e que se verifica nos seguintes casos:

b1) quando o credor recebe o pagamento de terceiro e expressamente lhe transfere todos os seus direitos;

b2) quando terceira pessoa empresta ao devedor a quantia precisa para solver a dívida, sob a condição de ficar o mutuante sub-rogado nos direitos do credor satisfeito. Ex.: contratos de mútuo pelo Sistema Financeiro da Habitação.

3.5.5. Imputação do pagamento

3.5.5.1. Conceito

É a indicação ou determinação da dívida a ser quitada quando uma pessoa obrigada por dois ou mais débitos, líquidos e vencidos, da mesma natureza e com o mesmo credor só pode pagar um deles.

3.5.5.2. Regra geral

Cabe ao devedor indicar, no ato do pagamento, qual dívida deseja saldar.

3.5.5.3. Ausência de indicação pelo devedor

Nesse caso, o credor fará a indicação por meio da quitação. Se a indicação não for feita, dar-se-á a imputação legal:

a) o pagamento será imputado primeiro nos juros vencidos e depois no capital;

b) o pagamento será imputado primeiro nas dívidas vencidas há mais tempo;

c) se todas forem vencidas no mesmo tempo, imputa-se na mais onerosa;

d) se todas forem iguais, imputa-se proporcionalmente.

Por fim, é importante trazer à colação a orientação fixada pela Súmula 464 do STJ: "a regra de imputação de pagamentos estabelecida no art. 354 do CC não se aplica às hipóteses de compensação tributária".

3.5.6. Dação em pagamento

3.5.6.1. Conceito

É o acordo de vontades por meio do qual o credor aceita receber prestação diversa da que lhe é devida. Na dação o que é alterado na relação obrigacional é apenas o objeto, sendo que credor e devedor permanecem os mesmos. Por exemplo, uma pessoa devia R$ 1.000,00 e combina com o credor que pagará com a entrega de uma bicicleta. Trata-se de contrato real, pois só se aperfeiçoa com a tradição. Se for determinado o preço da coisa dada em pagamento, as relações entre as partes regular-se-ão pelas normas do contrato de compra e venda.

3.5.6.2. Efeitos

Extingue a obrigação original. Todavia, se houver evicção, ficará restabelecida a prestação primitiva, ficando sem efeito a quitação dada.

3.5.7. Novação

3.5.7.1. Conceito

É a criação de obrigação nova para extinguir a anterior. Trata-se, ao mesmo tempo, de causa extintiva e geradora de obrigações. Decorre da vontade dos interessados, não da lei.

3.5.7.2. Requisitos de validade

a) Existência de obrigação anterior: assim, não podem ser objeto de novação obrigações nulas ou extintas. Todavia, sujeitam-se a novação as obrigações anuláveis, haja vista que esta pode ser confirmada pela novação;

b) constituição de nova dívida: há de ser algo efetivamente novo e válido. Se a nova dívida for nula será restabelecida a obrigação anterior;

c) intenção de novar ou *animus novandi*: o CC aduz que o ânimo de novar pode ser expresso ou tácito, porém deve ser *inequívoco*. Se assim não o for a segunda obrigação simplesmente confirma a primeira. Trata-se de requisito subjetivo, muitas vezes de difícil demonstração, mormente no que tange à forma tácita. Assim, o ideal é que a manifestação seja exarada de forma expressa para que não restem dúvidas.

3.5.7.3. Espécies

a) objetiva ou real: quando houver modificação no próprio objeto da obrigação. Por exemplo, substitui-se obrigação em dinheiro para obrigação de não fazer;

b) subjetiva ou pessoal: quando houver substituição de um dos sujeitos da obrigação anterior; não se confunde com a cessão de crédito e a assunção de dívida, pois na novação o vínculo anterior é extinto e cria-se um novo. Pode ser:

b1) **ativa:** quando houver substituição do credor, formando-se nova dívida entre devedor e terceiro;

b2) **passiva:** quando houver substituição do devedor. Será chamada novação por expromissão quando o devedor é substituído sem o seu consentimento; se for por ordem do devedor, chama-se delegação, sendo necessária a anuência do credor.

c) mista ou subjetiva-objetiva: quando, ao mesmo tempo, houver substituição do objeto e de algum dos sujeitos da obrigação anterior.

3.5.8. Compensação

3.5.8.1. Conceito

É a extinção das obrigações entre duas pessoas que são, ao mesmo tempo, credora e devedora uma da outra. As obrigações ficam extintas até onde se compensarem. Por exemplo, se "A" deve R$ 1.000,00 a "B" e este, R$ 800 a "A", pela compensação, a segunda obrigação fica extinta, remanescendo uma dívida de R$ 200 de "A" para "B".

3.5.8.2. Espécies

a) Legal: é a que decorre da lei, automaticamente. Nesse caso, o devedor poderá alegar a compensação na contestação (exceção de compensação) ou em embargos do devedor. Por se tratar de questão dispositiva, o juiz não pode pronunciá-la de ofício, salvo em relação a honorários advocatícios fixados na própria sentença;

b) Convencional: é a que decorre da vontade das partes.

3.5.8.3. Requisitos da compensação legal

a) Reciprocidade das obrigações; a exceção é a situação do fiador, que poderá opor compensação de crédito do devedor para com o credor;

b) prestações líquidas e vencidas; dívida prescrita não pode ser oposta, pois, de acordo com o art. 190 do CC, a exceção prescreve no mesmo prazo que a pretensão;

c) coisas fungíveis; ou seja, as coisas a serem compensadas devem ser do mesmo gênero e qualidade.

3.5.8.4. Impedimentos à compensação

Tanto a vontade (impedimento convencional) como a lei (impedimento legal) podem estabelecer restrições à compensação. São casos de impedimento legal:

a) se uma das dívidas provier de furto, roubo ou esbulho (atos ilícitos);

b) se uma das dívidas se originar de comodato (bem infungível), depósito (bem infungível) ou alimentos (crédito incompensável);

c) se uma das dívidas for de coisa não suscetível de penhora (bem fora do comércio);

d) se a compensação se der em prejuízo de terceiros (boa-fé objetiva).

Em relação a débitos fiscais, a legislação especial é que trata do tema.

3.5.9. Confusão

Confusão é a extinção da obrigação pela reunião, em uma única pessoa, das qualidades de credora e devedora na relação jurídica. A confusão pode ser total ou parcial. O processo será extinto, sem julgamento de mérito. Um exemplo é um herdeiro que recebe de herança um crédito contra si mesmo.

3.5.10. Remissão das dívidas

Consiste na exoneração da dívida do devedor, por liberalidade do credor. A lei exige concordância do devedor. Assim, trata-se de negócio jurídico bilateral. A remissão não pode prejudicar terceiros. Se isso ocorrer, pode ser configurada a fraude contra credores. A remissão pode ser expressa, tácita

3.6. Inadimplemento das obrigações

3.6.1. Introdução

Nem sempre a obrigação é cumprida como estipulado entre o credor e o devedor. Nesses casos, fala-se em inadimplemento, que pode ser absoluto (ou definitivo) ou relativo (ou mora). Aliás, o descumprimento de deveres acessórios, anexos e instrumentais (decorrentes do princípio da boa-fé objetiva) também podem configurar o inadimplemento.

O **inadimplemento absoluto** *ocorre na hipótese de o credor estar impossibilitado de receber a prestação devida, seja porque é impossível o cumprimento, seja porque a prestação já não lhe é útil.* Será total quando a prestação por inteiro não puder ser cumprida e parcial se apenas uma parte da prestação não puder ser cumprida. O critério para distinguir o inadimplemento absoluto da mora não é só a impossibilidade da prestação. Também ocorre o primeiro quando a prestação já não for útil ao credor. Assim, se o vestido de uma noiva chega após o casamento, não se tem simples mora, mas inadimplemento absoluto. O descumprimento de obrigação de não fazer acarreta, sempre, inadimplemento absoluto, uma vez que não há mais como cumprir o que foi combinado.

O **inadimplemento relativo** *ocorre na hipótese em que ainda for possível e útil a realização da prestação, apesar da inobservância do tempo, do lugar e da forma devidos.* No exemplo anterior, caso o vestido de noiva devesse ser entregue vinte dias antes do casamento, mas isso só ocorrer dez dias antes do evento, estar-se-á diante de mora, não de inadimplemento absoluto. A distinção entre a primeira e o segundo é importante, pois esse enseja cobrança de perdas e danos, sem direito à prestação, ao passo que aquela enseja cobrança de perdas e danos, bem como da própria prestação.

O **inadimplemento culposo** (absoluto ou relativo) faz com que o devedor tenha de responder por perdas e danos, juros, atualização monetária e honorários de advogado (caso tenha sido contratado um). É importante consignar que, na responsabilidade civil contratual ou negocial, a culpa é presumida. Assim, se alguém deixar de cumprir uma obrigação contratual, presume-se que agiu com culpa. Basta o credor fazer a prova do inadimplemento, não sendo necessário que prove algum fato imputável ao devedor. Esse só fica exonerado da responsabilidade se demonstrar alguma excludente, como o caso fortuito ou de força maior ou a culpa exclusiva de terceiro. Já na responsabilidade civil extracontratual subjetiva (culposa), o credor é que tem o ônus da prova da culpa do causador do dano. Nos contratos benéficos ou gratuitos, aquele que pratica a liberalidade só responde se agir com dolo. Assim, na doação pura e simples, o doador só responde pela impossibilidade de entrega da coisa doada caso tenha agido com dolo (ex.: se tiver destruído a coisa).

O **inadimplemento fortuito** não gera, em princípio, obrigação de indenizar. Segundo o art. 393 do CC, o devedor não responde pelos prejuízos resultantes do caso fortuito ou força maior, salvo se expressamente houver por eles se responsabilizado. Assim, só haverá responsabilidade no fortuito se o devedor assumir essa obrigação.

Dívida x responsabilidade: não se deve confundir as duas. A primeira é o elemento pessoal (*Schuld*), ao passo que a segunda, o patrimonial (*Haftung*). Um devedor, enquanto estiver em dia, tem uma dívida. Quando incorrer em inadimplência, passa a ter uma responsabilidade, ou seja, todos os seus bens passam a ser a garantia do pagamento da dívida, salvo bens impenhoráveis. O Direito coloca à disposição do credor meios para que este consiga satisfazer de modo específico seu crédito. Não sendo possível isso, a obrigação converte-se em perdas e danos, ficando o patrimônio do devedor sujeito a esse pagamento.

3.6.2. Mora

3.6.2.1. Conceito

Quanto ao devedor, consiste no não pagamento, e quanto ao credor, na não aceitação do pagamento no tempo, lugar e forma devidos. É importante ressaltar que a diferença entre mora e inadimplemento absoluto é que, na primeira, a obrigação ainda pode ser cumprida.

3.6.2.2. Mora do devedor (mora solvendi ou debitoris)

3.6.2.2.1. Espécies

a) Mora *ex re* (ou de pleno direito): *é aquela em que o fato que a ocasiona está previsto objetivamente na lei.* Assim, a mora é automática. Basta que ocorra o fato para que se configure a mora. Ex.: quando a obrigação tem data de vencimento. O CC estabelece que "o inadimplemento da obrigação, positiva e líquida, no seu termo, constitui de pleno direito em mora o devedor" (art. 397 do CC). Trata-se das chamadas obrigações impuras, em que se aplica a regra do *dies interpellat pro homine.* Outra regra de mora automática é a seguinte: "nas obrigações provenientes de ato ilícito, considera-se o devedor em mora, desde que o praticou" (art. 398 do CC);

b) mora *ex persona* (ou por ato da parte): *é aquela que depende de providência por parte do credor para que se caracterize.* Por exemplo, a que depende de interpelação judicial ou extrajudicial, protesto ou mesmo citação do devedor. Aliás, caso ainda não esteja configurada a mora num dado caso, a citação válida terá sempre esse efeito segundo o art. 240 do CPC. O CC estabelece que "não havendo termo, a mora se constitui mediante interpelação judicial ou extrajudicial" (art. 397, parágrafo único). Trata-se das chamadas obrigações perfeitas, em que, por não haver vencimento, a mora depende de notificação. Mas há casos em que, mesmo havendo termo (vencimento) estabelecido, a lei determina que a mora só se configurará após notificação extrajudicial ou judicial. É o caso dos compromissos de compra de venda e da alienação fiduciária em garantia. Outro exemplo dessa regra está na Súmula 616 do STJ, pela qual "A indenização securitária é devida quando ausente a comunicação prévia do segurado acerca do atraso no pagamento do prêmio, por constituir requisito essencial para a suspensão ou resolução do contrato de seguro". Também é exemplo disso a notificação de uma denúncia vazia (notificação premonitória) em contrato de locação que estiver vigendo por prazo indeterminado, já que, sem essa notificação, não cabe ação de despejo (REsp 1.812.465-MG, DJe 18/05/2020).

Ressalta-se que a cobrança de encargos e parcelas indevidas ou abusivas impede a caracterização da mora do devedor (Enunciado 354 JDC/CJF).

3.6.2.2.2. Pressupostos

a) Exigibilidade da prestação; ou seja, termo vencido ou condição suspensiva implementada;

b) inexecução culposa; assim, se o devedor conseguir provar que a inexecução ocorreu por caso fortuito ou força maior, fica excluída a mora;

c) viabilidade do cumprimento tardio; ou seja, não se estará diante de mora se a inexecução da obrigação tornar inútil ao credor seu cumprimento posterior; nesse caso tem-se inadimplemento absoluto.

Vale observar que a "simples propositura da ação de revisão de contrato não inibe a caracterização da mora do autor" (Súmula 380 do STJ).

3.6.2.2.3. Efeitos

Caracterizada a mora, o credor tem duas opções:

a) exigir o cumprimento da obrigação, mais o pagamento de todos os prejuízos que a mora causar, incluindo perdas e danos, juros, atualização monetária e honorários de advogado; quanto aos honorários de advogado, o STJ já decidiu que os custos decorrentes da contratação de advogado para o ajuizamento de ação, por si só, não são indenizáveis, sob pena de atribuir ilicitude a qualquer pretensão questionada judicialmente (AgInt no AREsp 2.135.717-SP, DJe 6/11/2023 – Inf. 797);

b) enjeitar a prestação, exigindo a satisfação de todas as perdas e danos, caso a prestação, devido à mora, tornar-se inútil aos seus interesses.

Obs.: estando o devedor em mora, esse responderá, inclusive, pela impossibilidade da prestação. Trata-se do efeito que a doutrina chama de perpetuação da obrigação (*perpetuatio obligationis*). O devedor responde mesmo que a impossibilidade decorra de caso fortuito ou de força maior. Só não responderá se provar que o dano teria ocorrido mesmo que tivesse cumprido a prestação a termo (*exceção de dano inevitável*).

3.6.2.3. Mora do credor (mora accipiendi ou credendi)

3.6.2.3.1. Pressupostos

a) Vencimento da obrigação; o credor não é obrigado a receber antes do tempo; todavia, se o vencimento já tiver ocorrido e o credor não quiser receber, estará configurada sua mora, independentemente de culpa do credor; se não houver vencimento, o devedor deverá notificar para constituição em mora;

b) efetiva oferta da prestação pelo devedor ao credor;

c) recusa injustificada em receber; assim, não se configura a mora se o credor tem justo motivo para não aceitar o pagamento, como no caso de haver diferença entre o que deveria ser cumprido e o que é oferecido.

Obs.: o ônus da prova da mora do credor é do devedor. É por isso que o devedor deve propor ação de consignação em pagamento, exonerando-se da obrigação e evitando a incidência de penalidades e indenizações.

3.6.2.4. Purgação da mora

É a atitude voluntária da parte que tem por finalidade sanar o cumprimento defeituoso da obrigação pelo seu efetivo adimplemento. O devedor em mora deve oferecer a prestação mais a importância dos prejuízos decorrentes do dia da oferta.

O credor em mora deve oferecer o recebimento, sujeitando-se aos efeitos da mora até a mesma data.

3.6.3. Perdas e danos. Características

a) Incidem quando há inadimplemento obrigacional;

b) dependem da existência de dano;

c) incluem os *danos emergentes* (o que efetivamente se perdeu) e os *lucros cessantes* (o que razoavelmente se deixou de lucrar);

d) incluem os danos materiais (ou patrimoniais) e os danos morais (ou de natureza extrapatrimonial);

e) só incluem os prejuízos efetivos e os lucros cessantes por efeito direto e imediato (nexo de causalidade entre os danos sofridos pelo credor e o inadimplemento do devedor);

f) quando se trata de dívida em dinheiro, as perdas e danos incluem os *danos emergentes* (a própria prestação + atualização monetária + custas e honorários de advogado) e os *lucros cessantes* (juros de mora); o juiz pode conceder *indenização suplementar*, quando for provado que os juros de mora não cobrem o prejuízo e não houver pena convencional;

g) os juros de mora são contados desde a citação; isso não ocorre nas indenizações por ato ilícito e nos casos de mora *ex re*.

Acerca dos lucros cessantes, o STJ decidiu que "o atraso na entrega do imóvel enseja pagamento de indenização por lucros cessantes durante o período de mora do promitente vendedor, sendo presumido o prejuízo do promitente comprador" (EREsp 1.341.138-SP, DJe 22.05.2018). Da mesma forma, "É devida indenização por lucros cessantes pelo período em que o imóvel objeto de contrato de locação permaneceu indisponível para uso, após sua devolução pelo locatário em condições precárias" (STJ, REsp 1.919.208/MA, j. 20/04/2021).

3.6.4. Juros legais

A lei usa a expressão juros legais no capítulo que trata dos juros moratórios. Como se sabe, juros moratórios são aqueles que têm caráter indenizatório pelo retardamento no cumprimento da obrigação. Esses juros também têm caráter punitivo. Não se deve confundir os juros moratórios com os juros remuneratórios (ou compensatórios). Esses são devidos como forma de remunerar o capital emprestado (ex.: taxa de juros do cheque especial). A lei estabelece as seguintes regras para os juros moratórios:

a) as partes podem convencionar os juros moratórios no percentual de até 12% ao ano;

b) se as partes não convencionarem os juros moratórios, estes serão fixados "segundo a taxa que estiver em vigor para a mora do pagamento de impostos devidos à Fazenda Nacional", ou seja, segundo a taxa Selic; o STJ vem entendendo que se aplica a taxa Selic, não incidindo, cumulativamente, correção monetária, uma vez que ela já embute essa correção (EResp 727.842/SP, DJ 20.11.2008).

c) ainda que não se alegue prejuízo, o devedor é obrigado ao pagamento de juros moratórios, inclusive quando não se deve dinheiro, fixando-se, nesse caso, valor pecuniário para o cálculo dos juros devidos.

3.6.5. Cláusula penal

3.6.5.1. Conceito

É a obrigação acessória que incide caso uma das partes deixe de cumprir a obrigação principal. Por exemplo, fixa-se o pagamento de uma multa de 10% caso o aluguel não seja pago em dia. Decorre de convenção entre as partes. Essa cláusula pode ser estipulada tanto para a mora como para o inadimplemento absoluto.

3.6.5.2. Finalidades

a) **meio de coerção:** trata-se incentivo ao fiel cumprimento da obrigação;

b) **prefixação de perdas e danos:** ou seja, independentemente de provar a existência de danos, o credor pode exigi-la do devedor em caso de não cumprimento da obrigação.

3.6.5.3. Indenização suplementar

Como regra, a cláusula penal é *substitutiva* (ou *disjuntiva)*, ou seja, o credor não poderá pedir indenização suplementar. Todavia, caso haja previsão de que a cláusula penal é apenas uma indenização mínima, o credor poderá pedir a complementação, hipótese em que teremos a *clausula penal cumulativa.*

Amenizando um pouco a regra, o Enunciado 430 das Jornadas de Direito Civil entende que, em se tratando de contrato de adesão, não há necessidade de convenção prevendo a possibilidade de indenização suplementar caso o valor do dano supere o valor da cláusula penal. Nesse sentido, confira: "art. 416, parágrafo único: no contrato de adesão, o prejuízo comprovado do aderente que exceder ao previsto na cláusula penal compensatória poderá ser exigido pelo credor independentemente de convenção".

Por sua vez, o STJ lembra que "a doutrina amplamente majoritária anota a natureza eminentemente indenizatória da cláusula penal moratória quando fixada de maneira adequada. Diante desse cenário, havendo cláusula penal no sentido de prefixar, em patamar razoável, a indenização, não cabe a cumulação posterior com lucros cessantes" (REsp 1.498.484-DF, DJe 25/06/2019).

3.6.5.4. Espécies

a) **compensatória:** *é a estipulada para a hipótese de total inadimplemento da obrigação*; nesse caso, o credor só poderá exigir a multa, uma vez que a prestação já não pode mais ser cumprida;

b) **moratória ou compulsória:** *é a estipulada para evitar o retardamento culposo no cumprimento da obrigação ou para dar segurança especial a uma cláusula determinada*; nesse caso, o credor poderá exigir a prestação e a multa.

Sobre a COVID e a moratória de planos de saúde, confira a seguinte decisão do STF:

"Por usurpar a competência da União para legislar privativamente sobre direito civil e política de seguros, é formalmente inconstitucional lei estadual que estabelece a possibilidade de o Poder Executivo proibir a suspensão ou o cancelamento de planos de saúde por falta de pagamento durante a situação de emergência do novo coronavírus (Covid-19)." (STF, ADI 6441/RJ, j. 14.05.21);

3.6.5.5. Limites da cláusula penal

a) **valor:** a multa não pode exceder o valor da obrigação principal, ou seja, seu valor máximo é de 100%. Já no CDC, a multa é de até 2% sobre o valor da prestação no fornecimento de crédito; a Lei de Usura limita a multa em 10% para os contratos de mútuo; a legislação que regula compromissos de compra e venda de imóveis também a limita em 10%; em relação às despesas de condomínio, a taxa máxima é de 2%;

b) **redução equitativa:** se a obrigação principal tiver sido cumprida em parte, ou se o montante da penalidade for manifestamente excessivo, a penalidade deve ser reduzida equitativamente pelo juiz (art. 413 do CC);

c) cumulação com taxa de ocupação: é possível a cumulação da multa fixada em cláusula penal compensatória, em montante único, com a taxa de ocupação na hipótese de extinção de contrato de compra e venda de imóvel por culpa do comprador (REsp 2.024.829-SC. J. 7/3/2023 – Inf. 766).

3.6.6. Arras ou sinal

3.6.6.1. Conceito

É o bem entregue por um dos contratantes a outro como confirmação do contrato e princípio de pagamento. Trata-se de pacto acessório e contrato real (só se aperfeiçoa com a entrega do dinheiro ou da coisa).

3.6.6.2. Espécies

a) **confirmatórias:** *são as utilizadas para confirmar o negócio.* Se quem pagar as arras desistir do contrato, ficará sem elas em favor da outra parte. Já se quem recebeu as arras desistir do contrato, deverá devolvê-las em dobro, com atualização monetária, juros e honorários de advogado; sobre essa devolucão em dobro, segue entendimento do STJ: "Da inexecução contratual imputável, única e exclusivamente, àquele que recebeu as arras, estas devem ser devolvidas mais o equivalente." (STJ, REsp 1.927.986-DF, Dje 25/06/2021), As arras confirmatórias servem de prefixação das perdas e danos. Se os prejuízos superarem seu valor, pode-se pedir indenização suplementar;

b) **penitenciais:** *são as utilizadas para a prefixação das perdas e danos, no caso de qualquer das partes desistir do contrato.* A regra é igual à das arras confirmatórias. A diferença é que aqui não cabe pedido de indenização suplementar.

Segundo o STJ, na hipótese de inexecução do contrato, revela-se inadmissível a cumulação das arras com a cláusula penal compensatória, sob pena de ofensa ao princípio do *non bis in idem*, sem prejuízo de a parte prejudicada pelo inadimplemento culposo exigir indenização suplementar, provando maior prejuízo, valendo as arras como taxa mínima (REsp 1.617.652-DF, Rel. Min. Nancy Andrighi, por unanimidade, julgado em 26/09/2017, DJe 29/09/2017).

4. DIREITO DOS CONTRATOS

4.1. Conceito, natureza jurídica, existência, validade, eficácia, formação, estipulação em favor de terceiro e promessa por fato de terceiro e contrato com pessoa a declarar

4.1.1. Conceito de contrato

Contrato *é o acordo de vontades para o fim de adquirir, resguardar, modificar ou extinguir direitos*, conforme lição de Clóvis Bevilaqua. Trata-se de uma das fontes humanas geradoras de obrigações. As outras são: a) as declarações unilaterais da vontade; b) os atos ilícitos. Esse conceito abrange tanto os contratos principais como os acessórios. O Direito Romano distinguia *contrato* de *convenção*. Essa era o gênero, que tinha como espécies o *contrato* e o *pacto* (hoje chamado contrato acessório).

4.1.2. Natureza jurídica do contrato

O contrato tem a seguinte natureza jurídica:

a) é fato jurídico (e não fato simples), pois o contrato é um acontecimento que gera *efeitos jurídicos*;

b) é fato jurídico em sentido amplo (e não fato jurídico em sentido estrito), pois o contrato é um fato jurídico *humano* e não da natureza;

c) é ato lícito (e não ato ilícito), pois o contrato produz efeitos *desejados* pelo agente;

d) é negócio jurídico (e não ato jurídico em sentido estrito), pois o contrato tem *fim negocial*, de regulamentar uma dada situação, não se tratando de mera intenção, como a escolha de um domicílio;

e) é negócio jurídico bilateral ou plurilateral (e não negócio jurídico unilateral), pois a *formação* de um contrato depende de mais de uma vontade, e não de apenas uma, como o testamento.

4.1.3. Existência, validade e eficácia

O negócio jurídico pode ser avaliado em três planos: da existência, da validade e da eficácia.

O **plano da existência** analisa os requisitos necessários para a *formação* do contrato. Não preenchidos quaisquer dos elementos de existência do contrato, o acontecimento sequer tem repercussão na esfera jurídica. Por exemplo, se uma pessoa não autoriza outra a prestar um serviço de manutenção de seu carro, o contrato respectivo não se formou, não existe na esfera jurídica.

O **plano da validade** analisa os requisitos necessários para que o contrato *não sofra as sanções* de nulidade ou de anulabilidade, sanções essas que podem impedir que o contrato produza efeitos.

O **plano da eficácia** analisa os momentos em que o contrato regular *inicia e termina a produção de seus efeitos*.

4.1.3.1. Elementos de existência do contrato

4.1.3.1.1. Exteriorização de vontade

Consiste na manifestação de vontade expressa ou tácita. A manifestação expressa *é aquela exteriorizada de modo inequívoco.* Pode ser verbal, escrita ou gestual. A manifestação tácita *é aquela que decorre de um comportamento.* Por exemplo, uma pessoa recebe uma proposta para ganhar um bem em doação e, sem nada dizer, recolhe o imposto de transmissão de bens, aceitando tacitamente a doação.

4.1.3.1.2. Acordo de vontades (consentimento)

Consiste na coincidência de vontades no sentido da formação do contrato. Assim, para existir um contrato, não basta a exteriorização de uma vontade. São necessárias duas vontades coincidentes. Não se admite, portanto, a existência do autocontrato ou contrato consigo mesmo. O que pode haver é que um mandatário celebre contrato figurando, de um lado, em nome do mandante e, de outro, em nome próprio. Por exemplo, "A" celebra um contrato com "B", sendo que "A" recebeu uma procuração de "B" para atuar em nome desse. Não é sempre que o Direito autoriza uma situação dessas. O

art. 117 do CC, inclusive, dispõe que, "salvo se o permitir a lei ou o representado, é anulável o negócio jurídico que o representante, no seu interesse ou por conta de outrem, celebrar consigo mesmo".

4.1.3.1.3. Finalidade negocial

Consiste na vontade de regulamentar uma dada relação jurídica, o que difere da simples intenção manifestada por uma determinada vontade. Assim, quem celebra um contrato de compra e venda busca regulamentar uma dada relação jurídica, celebrando um *negócio jurídico.* Já aquele que muda de domicílio manifesta apenas uma intenção, sem buscar a regulamentação de uma relação jurídica em especial.

4.1.3.1.4. Apreciação pecuniária

Consiste na existência de um elemento econômico no acordo de vontades. A patrimonialidade é considerada, pela doutrina, como ínsita a todo e qualquer tipo de contrato, ainda que existente apenas no caso de descumprimento do dever principal.

4.1.3.1.5. Elementos especiais

Há determinados contratos que exigem, para sua formação, a presença de outros elementos. É o caso dos contratos reais, que exigem, para a sua existência, a entrega da coisa. Por exemplo, o mútuo (empréstimo de coisa fungível) só passa a existir quando há tradição.

4.1.3.2. Pressupostos de validade do contrato

4.1.3.2.1. Vontade livre

Consiste na vontade externada sem vícios. O pressuposto não é preenchido, por exemplo, se a vontade resulta de erro, dolo ou coação, situações em que o contrato será considerado anulável (art. 171, II, CC).

4.1.3.2.2. Capacidade das partes

Consiste na aptidão genérica para, pessoalmente, praticar os atos da vida civil. O incapaz, para que seja parte de um contrato válido, deve ser assistido (se relativamente incapaz) ou representado (se absolutamente incapaz), sob pena de o ato ser anulável (art. 171, I, do CC) ou nulo (art. 166, I, do CC), respectivamente.

4.1.3.2.3. Legitimação das partes

Consiste na aptidão específica para a prática de certos atos da vida civil. O cônjuge que aliena bem imóvel sem a anuência de seu consorte, salvo no regime de separação absoluta, não tem legitimação. O ato por ele praticado é considerado anulável (art. 1.647, I, c/c art. 1.649, do CC).

4.1.3.2.4. Obediência à forma, quando prescrita em lei

Trata-se de requisito que só incidirá se houver forma imposta por lei. Se a lei civil nada dispuser sobre a forma, essa será de livre escolha das partes. Normalmente, um contrato de compra e venda de móvel não requer forma especial; já um contrato de compra e venda de imóvel sempre requer forma especial, no caso a forma escrita. Aliás, se o imóvel for de valor superior a 30 salários mínimos, a forma é ainda mais especial, uma vez que é exigida escritura pública. A desobediência à forma torna o contrato nulo (art. 166, IV, do

CC), salvo se se tratar de forma estabelecida em lei apenas para efeito probatório.

4.1.3.2.5. Objeto lícito, possível e determinável

Tanto o objeto *imediato*, ou seja, a obrigação de dar, fazer ou não fazer, como o objeto *mediato* da obrigação, isto é, o bem econômico sobre o qual ele recai (coisa ou serviço), devem respeitar tais imposições. **Objeto lícito** *é aquele que não atenta contra a ordem jurídica como um todo.* Um exemplo de contrato com objeto ilícito é o contrato de sociedade para a exploração de prostituição. **Objeto possível juridicamente** *é aquele que não está proibido expressamente pela lei.* Um exemplo de contrato impossível juridicamente é o que trata de herança de pessoa viva (art. 426 do CC). **Objeto determinável** *é aquele indicado ao menos pelo gênero e pela quantidade.* O contrato com objeto ilícito, impossível ou indeterminável é considerado nulo (art. 166, II, do CC).

4.1.3.2.6. Inexistência de configuração de outras hipóteses legais de ato anulável ou nulo

Além dos casos mencionados, a lei estabelece outras hipóteses que geram invalidade. São exemplos de ato anulável os casos de **fraude contra credores** (arts. 158 e ss. do CC) e de ato nulo os **contratos que tiverem como objetivo fraudar lei imperativa** (ex.: contratos que violarem o princípio da função social) e os que **a lei taxativamente declarar nulo, ou proibir a sua prática, sem cominar sanção** (art. 166, VI e VII, do CC).

4.1.3.3. Pressupostos de eficácia do contrato

4.1.3.3.1. Inexistência de termo suspensivo pendente

Termo suspensivo *é o evento futuro e certo que condiciona o início dos efeitos do contrato.* Por exemplo, um contrato de locação que traz uma cláusula estabelecendo que o locatário só poderá adentrar ao imóvel após dez dias de sua celebração.

4.1.3.3.2. Inexistência de condição suspensiva pendente

Condição suspensiva *é o evento futuro e incerto que condiciona o início dos efeitos do contrato.* Por exemplo, um contrato de doação que prevê que o donatário só será proprietário da coisa se vier a se casar com determinada pessoa.

4.1.4. Formação dos contratos

4.1.4.1. Introdução

Antes de se formar, o contrato passa por uma fase, a fase pré-contratual, que também é chamada de fase de puntuação, de tratativas ou de negociações preliminares. Em seguida, as partes podem fazer um contrato preliminar (que é aquele que acerta a celebração de um contrato futuro), podem fazer um contrato definitivo ou podem não fazer contrato algum.

Portanto, há de se separar bem três situações: a) fase de negociações preliminares à formação do contrato; b) contrato preliminar; c) contrato definitivo.

A fase de negociações preliminares não gera, como regra, obrigações entre aqueles que negociam. Todavia, a doutrina e a jurisprudência evoluíram no sentido de dar mais responsabilidade aos envolvidos nessa fase. Com base no princípio da boa-fé, vem se entendendo que, se na fase das negociações preliminares forem criadas fortes expectativas em um dos negociantes, gerando inclusive despesas de sua parte, o outro negociante deverá responder segundo a chamada responsabilidade pré-contratual, instituto jurídico que se aplica apenas à fase de negociações preliminares, daí o nome "pré-contratual". Nesse sentido, vale transcrever trecho da obra de Maria Helena Diniz sobre o assunto: "todavia, é preciso deixar bem claro que, apesar de faltar obrigatoriedade aos entendimentos preliminares, pode surgir, excepcionalmente, a responsabilidade civil para os que deles participam, não no campo da culpa contratual, mas no da aquiliana. Portanto, apenas na hipótese de um dos participantes criar no outro a expectativa de que o negócio será celebrado, levando-o a despesas, a não contratar com terceiro ou a alterar planos de sua atividade imediata, e depois desistir, injustificada e arbitrariamente, causando-lhe sérios prejuízos, terá, por isso, a obrigação de ressarcir todos os danos. Na verdade, há uma responsabilidade pré-contratual, que dá certa relevância jurídica aos acordos preparatórios, fundada não só no princípio de que os interessados deverão comportar-se de boa-fé, prestando informações claras e adequadas sobre as condições do negócio (...), mas também nos arts. 186 e 927 do Código Civil, que dispõem que todo aquele que, por ação ou omissão, dolosa ou culposa, causar prejuízo a outrem fica obrigado a reparar o dano" (*Curso de Direito Civil Brasileiro*, vol. 3, 26ª ed., São Paulo: Saraiva, p. 42, 2010).

Nada obstante, entre a fase de tratativas e a celebração do contrato em si, há atos com consequência jurídica relevante. Tais atos são a "oferta" e a "aceitação", essenciais à formação do contrato.

4.1.4.2. Oferta, proposta ou policitação

A oferta pode ser **conceituada** como *a declaração de vontade pela qual o proponente (policitante) leva ao conhecimento do oblato os termos para a conclusão de um contrato.*

Para que vincule, a oferta deve ter os seguintes **requisitos**:

a) seriedade: não pode ser brincadeira;

b) clareza: não pode ser ambígua;

c) completude: deve indicar todos os aspectos essenciais do contrato (preço e coisa);

d) com destinatário: deve ser dirigida a alguém ou ao público.

O **efeito** da oferta é *obrigar* o proponente aos seus termos, **salvo se**:

a) o contrário dela resultar;

b) a natureza ou as circunstâncias levarem a outra conclusão;

c) seus termos evidenciarem a falta de obrigatoriedade.

Ademais, a oferta **deixa de ser obrigatória** nos seguintes casos (art. 428 do CC):

a) *se feita sem prazo à pessoa presente, não for imediatamente aceita*; considera-se presente a pessoa que contrata por telefone ou outro meio semelhante; cuidado, pois, no CDC, o orçamento, caso não estipule prazo de validade, terá prazo de 10 dias;

b) *se feita sem prazo a pessoa ausente, tiver decorrido tempo suficiente para chegar a resposta ao conhecimento da outra parte (prazo moral)*; é exemplo de ausência a oferta feita por e-mail ou correspondência;

c) *se feita com prazo a pessoa ausente, não tiver sido expedida a resposta no tempo estipulado*;

d) *se houver retratação anterior ou simultânea à chegada da proposta ao conhecimento da outra parte.*

4.1.4.3. Aceitação

A aceitação pode ser **conceituada** como *a adesão integral do oblato à proposta formulada.*

Para que a aceitação leve à formação do contrato são necessários os seguintes **requisitos** (arts. 431 e 432 do CC):

a) deve ser expedida no prazo;

b) não deve conter adições, restrições ou modificações;

c) deve ser expressa.

A aceitação **tácita** só se admite se há costume entre as partes (art. 111 do CC) ou nos casos legais (ex.: silêncio do donatário em face de doação oferecida por alguém – art. 539 do CC).

Uma vez que a aceitação foi feita cumprindo os requisitos legais, seu **efeito** jurídico será a criação do vínculo contratual.

No entanto, o vínculo não será criado nos seguintes casos:

a) se houver retratação (art. 433 do CC); nesse caso, a retratação deve chegar ao conhecimento do proponente junto ou antes da aceitação;

b) se, embora expedida a tempo, por motivo imprevisto, a aceitação chegar tarde ao conhecimento do proponente (ex.: por problema nos correios), conforme art. 430 do CC; nesse caso, o proponente ficará liberado, mas deverá comunicar imediatamente o fato ao aceitante, sob pena de responder por perdas e danos.

4.1.4.4. Teorias sobre o momento da conclusão dos contratos entre ausentes

De acordo com o **sistema da informação (ou cognição)**, o contrato se forma no momento em que o policitante toma conhecimento da aceitação pelo oblato. O problema é que nunca se sabe exatamente quando isso ocorre.

Já o sistema da **agnição (declaração)** contempla as seguintes **espécies**:

a) declaração propriamente dita: o contrato se forma assim que se faz a declaração de aceitação, ou seja, assim que o oblato escreve a resposta com a aceitação; o problema é que essa resposta pode ser rasgada logo em seguida;

b) recepção: o contrato se forma no momento em que o proponente recebe a declaração de aceitação; também é complicada essa espécie, pois não há como o aceitante ter certeza do momento em que o proponente recebe a declaração de aceitação;

c) expedição: o contrato se forma no momento em que a declaração de aceitação é expedida; essa espécie é mais aceita, pois traz um dado mais objetivo; ademais, está prevista expressamente no *caput* do art. 434 do CC.

Porém, os contratos não se formarão nos seguintes casos (art. 434 do CC):

a) se houver retratação da aceitação;

b) se for estipulado prazo para chegar à aceitação e essa não chegar;

c) se for estipulado que o proponente deseja esperar a resposta (recepção).

Quanto ao contrato eletrônico, não há previsão expressa a respeito no Código Civil. Porém, a doutrina aponta que ele se forma com a recepção (Enunciado JDC/CJF 173).

4.1.5. Estipulação em favor de terceiro (arts. 436 a 438 do CC)

A estipulação em favor de terceiro pode ser **conceituada** como *o contrato pelo qual uma pessoa (estipulante) convenciona em seu próprio nome com outra (promitente) uma obrigação a ser prestada em favor de terceiro (beneficiário).*

São exemplos desse contrato o seguro de vida, a doação com encargo em favor de terceiro e os divórcios consensuais, nos quais se fazem estipulações em favor de filhos.

Esse contrato tem as seguintes características:

a) é uma exceção ao princípio da relatividade dos contratos;

b) contraentes devem ter capacidade de fato, mas, quanto aos beneficiários, basta que tenham capacidade de direito e legitimação (ex.: o concubino de alguém casado não tem legitimidade para ser beneficiário de contrato de seguro estipulado por esse);

c) o estipulante pode substituir o beneficiário, ou seja, o terceiro designado no contrato, independentemente da sua anuência e da do outro contratante;

d) o estipulante pode exigir o cumprimento da obrigação estipulada em favor de terceiro;

e) ao terceiro, em favor de quem se estipulou a obrigação, também é permitido exigi-la, ficando, todavia, sujeito às condições e normas do contrato, se a ele anuir.

4.1.6. Promessa de fato de terceiro (arts. 439 e 440 do CC)

A promessa de fato de terceiro pode ser **conceituada** como *o contrato pelo qual uma das partes se compromete a conseguir o consentimento de terceiro para a prática de um ato.*

Um **exemplo** desse tipo de promessa é uma produtora de eventos prometer que um cantor fará um show.

O **objeto** desse tipo de contrato é a *obrigação de conseguir o consentimento do outro.* Trata-se, então, de obrigação de *fazer,* do tipo obrigação de *resultado.*

O **descumprimento** do contrato pelo promitente gera perdas e danos. Não é possível fazer execução específica, pois é uma obrigação que envolve ato de terceiro, não havendo como obrigar o terceiro a cumprir o que não acertou.

Todavia, o promitente não terá de arcar com perdas e danos nos seguintes casos:

a) se a prestação se tornar impossível (ex.: pelo falecimento do cantor);

b) se o promitente tiver se obrigado a conseguir a anuência de seu cônjuge e, por conta do descumprimento, o cônjuge ficar sujeito ao pagamento das perdas e danos (ex.: promitente promete conseguir que a esposa assine contrato de fiança).

Quanto à situação do **terceiro**, há duas possibilidades:

a) num primeiro momento, o terceiro não tem obrigação alguma, pois não prometeu nada a ninguém;

b) porém, caso o terceiro venha a anuir com a promessa feita pelo promitente, o terceiro passa a ser devedor único, ao passo que o promitente, devedor primário, ficará liberado.

4.1.7. Contrato com pessoa a declarar (arts. 467 a 471 do CC)

O contrato com pessoa a declarar pode ser **conceituado** como *o contrato pelo qual uma pessoa (nomeante) reserva-se a* *faculdade de indicar outra (nomeado) para adquirir os direitos e assumir as obrigações respectivas.*

Esse contrato é muito comum em leilões de objeto de grande valor. Nesses casos, o verdadeiro comprador, não querendo revelar sua identidade, combina que uma outra pessoa irá fazer os lances e arrematar a coisa, podendo, depois, indicar o verdadeiro comprador para a assinatura dos documentos definitivos.

Em matéria de compromisso de compra e venda esse tipo de cláusula também é comum. Por exemplo, alguém faz um compromisso de compra e venda para comprar um terreno e consegue uma cláusula contratual pela qual o promitente vendedor, uma vez pagas todas as parcelas, deverá passar o imóvel em nome do compromissário comprador ou em nome de pessoa por esse indicada. Tal também ocorre quando um particular vende um carro numa loja de veículos, ficando estipulado que o carro será passado para o nome da pessoa indicada pela loja de automóveis. Nesses dois últimos exemplos, esse tipo de cláusula é utilizada para diminuir despesas com tributos e outras obrigações.

Essa **indicação deve ser comunicada** à outra parte no prazo de cinco dias da conclusão do contrato se outro não tiver sido estipulado.

A **aceitação** da pessoa nomeada deve cumprir os seguintes **requisitos**: a) deve ser expressa; b) deve se revestir da mesma forma que as partes usaram para o contrato originário.

Uma vez **aceita a nomeação**, a pessoa nomeada adquire os direitos e assume as obrigações decorrentes do contrato, a partir do momento em que esse foi celebrado, ou seja, a aceitação **retroage** à data do contrato originário.

Porém, se a **nomeação não for aceita**, o contrato **permanece** entre os contratantes originários.

Aliás, o contrato permanecerá entre contratantes originários nos seguintes casos:

a) se não houver indicação (nomeação) de alguma pessoa no prazo fixado;

b) se não houver aceitação pelo nomeado;

c) se for indicado um incapaz;

d) se for indicado um insolvente no momento da nomeação.

4.2. Princípios dos contratos

4.2.1. Princípio da autonomia da vontade

É aquele que assegura a liberdade de contratar, consistente na escolha entre celebrar ou não um contrato e na faculdade de escolher com quem, o que e como contratar.

A Lei 13.874/2019 (Lei da Liberdade Econômica) introduziu um novo dispositivo para reforçar o princípio da autonomia da vontade, criando uma presunção relativa de paridade e simetria nos contratos civis empresariais, com o nítido objetivo de frear o exagero nas modificações contratuais judiciais com base em outros princípios do CC. Confira:

"Art. 421-A. Os contratos civis e empresariais presumem-se paritários e simétricos até a presença de elementos concretos que justifiquem o afastamento dessa presunção, ressalvados os regimes jurídicos previstos em leis especiais, garantido também que:

I – as partes negociantes poderão estabelecer parâmetros objetivos para a interpretação das cláusulas negociais e de seus pressupostos de revisão ou de resolução;

II – a alocação de riscos definida pelas partes deve ser respeitada e observada; e

III – a revisão contratual somente ocorrerá de maneira excepcional e limitada."

Confira um exemplo de aplicação prática desse princípio pelo STF: "A cláusula que desobriga uma das partes a remunerar a outra por serviços prestados na hipótese de rescisão contratual não viola a boa-fé e a função social do contrato quando presente equilíbrio entre as partes contratantes no momento da estipulação. Em se tratando de contrato de prestação de serviços firmado entre dois particulares os quais estão em pé de igualdade no momento de deliberação sobre os termos do contrato, considerando-se a atividade econômica por eles desempenhada, inexiste legislação específica apta a conferir tutela diferenciada para este tipo de relação, devendo prevalecer a determinação do art. 421, do Código Civil." REsp 1.799.039-SP, Rel. Min. Moura Ribeiro, Rel. Acd. Min. Nancy Andrighi, Terceira Turma, por maioria, julgado em 04/10/2022, DJe 07/10/2022. (Informativo n. 754)

4.2.2. Princípio da força obrigatória (obrigatoriedade, intangibilidade)

É aquele pelo qual o contrato faz lei entre as partes. Esse princípio decorre do anterior e estabelece a ideia de *pacta sunt servanda.* Em virtude dele, as partes são obrigadas a cumprir o combinado e não podem modificar unilateralmente o contrato.

4.2.3. Princípio da relatividade

É aquele pelo qual os efeitos dos contratos só são produzidos entre as partes. Decorre do princípio da autonomia da vontade.

4.2.4. Princípio da função social dos contratos

Aquele que só legitima e protege contratos que objetivam trocas úteis, justas e não prejudiciais ao interesse coletivo. Na lei, essa ideia decorre do artigo 421, *caput*, do CC: "A liberdade contratual será exercida nos limites da função social do contrato". Tal princípio é inspirado na diretriz de sociabilidade do Código Civil, que, traduzida para o plano contratual, impõe que o ele seja instrumento de adequado convívio social.

A Lei 13.874/2019 (Lei da Liberdade Econômica) inseriu um parágrafo no art. 421, com o objetivo de frear o exagero nas modificações contratuais judiciais com base nesse princípio. Confira a regra: "Nas relações contratuais privadas, prevalecerão o princípio da intervenção mínima e a excepcionalidade da revisão contratual"

Dessa forma, há de se casar a ideia de que os contratos precisam ser úteis, justos e não prejudiciais aos contratantes, como a ideia de que o Judiciário deve intervir num contrato apenas quando estritamente necessário ("intervenção mínima" e "excepcionalidade da revisão contratual"). Na verdade, o princípio da autonomia da vontade já era suficiente para concluirmos que a intervenção judicial deveria ser excepcional, mas a lei hoje é explícita nesse sentido.

Consequências do princípio:

a) Os contratos devem ser **úteis**, ou seja, devem ser de interesse das partes. Assim, não é útil o contrato que estabelece a venda casada, em que um comerciante, por exemplo, é obrigado a adquirir cervejas e refrigerantes, quando seu interesse é apenas adquirir refrigerantes;

b) os contratos devem ser **justos**, ou seja, devem ser equilibrados. O contrato deve ser meio de negociação sadia de interesses e não meio de opressão. As cláusulas não podem ser abusivas, leoninas. Esse princípio impõe respeito à solidariedade, à justiça social e à dignidade da pessoa humana. Assim, não é justo o contrato que estabelece prestações exageradas ou desproporcionais, como, por exemplo, o contrato que estabelece que um contratante fica exonerado de qualquer responsabilidade pelo serviço prestado ou que estabelece que o comprador deve renunciar à indenização por benfeitorias necessárias que fizer no imóvel que tiver de ser devolvido.

c) os contratos devem **respeitar o interesse coletivo**, ou seja, não podem prejudicar os interesses difusos e coletivos, tais como o direito ao meio ambiente ecologicamente equilibrado. O próprio art. 170 da CF dispõe que um dos princípios da ordem econômica é a defesa do meio ambiente. A ideia central aqui é a promoção de um *desenvolvimento sustentável*.

O juiz, diante dessa cláusula geral, deverá se valer das *regras de experiência* e das *conexões sistemáticas*, ou seja, da utilização de regras previstas em outros diplomas legislativos que estabeleçam valores concernentes ao equilíbrio contratual.

Caso um juiz se depare com uma situação que fere frontalmente esse princípio, ele deve em primeiro lugar buscar corrigir essa situação intervindo o mínimo possível no contrato. Mas, no limite, é possível modificar cláusulas contratuais, anular cláusulas contratuais, anular o próprio contrato, sem prejuízo de estipular ressarcimentos e indenizações.

4.2.5. Princípio da boa-fé objetiva

Aquele que impõe aos contratantes guardar em todas as fases que envolvem o contrato o respeito à lealdade.

Consequências do princípio:

a) Os contratantes devem ser **leais**, ou seja, devem agir com honestidade, retidão, respeito, cuidado e probidade.

b) deve-se analisar a conduta dos contratantes segundo os parâmetros da **boa-fé objetiva**, ou seja, o que se entende como atitude de boa-fé na sociedade. Trata-se da concepção ética de boa-fé e não da concepção individual, subjetiva, de boa-fé. Assim, não se verifica o que pensa um dos contratantes sobre o que é agir de boa-fé. Verifica-se o que pensa a sociedade sobre isso. O juiz, diante dessa cláusula geral, também deverá se valer das *regras de experiência* e das *conexões sistemáticas*, ou seja, da utilização de regras previstas em outros diplomas legislativos que estabeleçam valores concernentes à boa-fé.

Exemplo de aplicação prática do princípio é o trazido no Enunciado 432 das Jornadas de Direito Civil, *in verbis*: "art. 422: Em contratos de financiamento bancário, são abusivas cláusulas contratuais de repasse de custos administrativos (como análise do crédito, abertura de cadastro, emissão de fichas de compensação bancária etc.), seja por estarem intrinsecamente vinculadas ao exercício da atividade econômica, seja por violarem o princípio da boa-fé objetiva".

O princípio se aplica desde a fase das tratativas contratuais, passando pela fase de celebração, execução, extinção e até após o contrato. E o juiz também usará o princípio para interpretar, corrigir e até declarar nulas uma cláusula contratual ou todo o contrato se, depois de todo esforço interpretativo, não puder mantê-lo.

O princípio da boa-fé objetiva também é fundamentado, hoje, na imposição de reparação de danos originados na fase pré-contratual. Com efeito, quando pessoas estão em tratativas para celebrar um contrato, mas tal tratativa é de tal monta que gera expectativa legítima de que o contrato vá ser concluído, havendo rompimento das tratativas e prejuízo material a alguma das partes, de rigor, em homenagem ao princípio da boa-fé objetiva, o reconhecimento da responsabilidade civil em desfavor da parte infratora.

O princípio da boa-fé objetiva também faz com que fique vedado às partes comportamento contraditório, ou seja, o chamado *venire contra factum proprium*, fazendo valer o dever de confiança e lealdade entre as partes.

O STJ entendeu não ser aplicável o instituto como forma de exoneração das responsabilidades contratuais da seguradora pelo fato de o segurado estar embriagado. Confira a Súmula 620, pela qual "A embriaguez do segurado não exime a seguradora do pagamento da indenização prevista em contrato de seguro de vida".

4.3. Classificação dos contratos

4.3.1. Quanto aos efeitos (ou quanto às obrigações)

4.3.1.1. Contratos unilaterais

São aqueles em que há obrigações para apenas uma das partes. São exemplos a doação pura e simples, o mandato, o depósito, o mútuo (empréstimo de bem fungível – dinheiro, p. ex.) e o comodato (empréstimo de bem infungível). Os três últimos são unilaterais, pois somente se formam no instante em que há entrega da coisa (são contratos reais). Entregue o dinheiro, por exemplo, no caso do mútuo, esse contrato estará formado e a única parte que terá obrigação será o mutuário, a de devolver a quantia emprestada (e pagar os juros, se for mútuo feneratício).

4.3.1.2. Contratos bilaterais

São aqueles em que há obrigações para ambos os contratantes. Também são chamados de sinalagmáticos. A expressão "sinalagma" confere a ideia de reciprocidade às obrigações. São exemplos a prestação de serviços e a compra e venda.

4.3.1.3. Contratos bilaterais imperfeitos

São aqueles originariamente unilaterais, que se tornam bilaterais por uma circunstância acidental. São exemplos o mandato e o depósito não remunerados. Assim, num primeiro momento, o mandato não remunerado é unilateral (só há obrigações para o mandatário), mas, caso esse incorra em despesas para exercê-lo, o mandante passará também a ter obrigações, no caso a de ressarcir o mandatário.

4.3.1.4. Contratos bifrontes

São aqueles que originariamente podem ser unilaterais ou bilaterais. São exemplos o mandato e o depósito. Se for estipulada remuneração em favor do mandatário ou do depositário, estar-se-á diante de contrato bilateral, pois haverá obrigações para ambas as partes. Do contrário, será unilateral, pois haverá obrigações apenas para o mandatário ou para o depositário.

Importância da classificação: a classificação é utilizada, por exemplo, para distinguir contratos em que cabe a exceção de contrato não cumprido. Apenas nos contratos bilaterais é que uma parte pode alegar a exceção, dizendo que só cumpre a sua obrigação após a outra cumprir a sua. Nos contratos unilaterais, como só uma das partes tem obrigações, o instituto não se aplica. Isso vale tanto para a inexecução total (hipótese em que se alega a *exceptio non adimplecti contractus*) como para a inexecução parcial (hipótese em que se alega a *exceptio non rite adimplecti contractus*), previstas no art. 476 do CC, e ainda para a exceção de insegurança, prevista no art. 477 do CC.

4.3.2. Quanto às vantagens

4.3.2.1. Contratos gratuitos

São aqueles em que há vantagens apenas para uma das partes. Também são chamados de benéficos. São exemplos a doação pura e simples, o depósito não remunerado, o mútuo não remunerado e o comodato.

4.3.2.2. Contratos onerosos

São aqueles em que há vantagens para ambas as partes. São exemplos a compra e venda, a prestação de serviços, o mútuo remunerado (feneratício) e a doação com encargo.

Não se deve confundir a presente classificação com a trazida anteriormente e achar que todo contrato unilateral é gratuito e que todo contrato bilateral é oneroso. Como exemplo de contrato unilateral e oneroso pode-se trazer o mútuo feneratício.

Importância da classificação: a) os institutos da evicção e dos vícios redibitórios somente são aplicados aos contratos onerosos; b) na fraude contra credores, em se tratando de contratos gratuitos celebrados por devedor insolvente ou reduzido à insolvência, o *consilium fraudis* é presumido. Nos contratos onerosos, por sua vez, tal *consilium* deve ser provado; c) na responsabilidade civil, essa se configura por mera culpa de qualquer das partes em contratos onerosos, ao passo que, nos contratos gratuitos, quem detém o benefício só responde se agir com dolo; d) na interpretação dos contratos, essa será estrita (não ampliativa) nos contratos gratuitos ou benéficos.

4.3.3. Quanto ao momento de formação

4.3.3.1. Contrato consensual

É aquele que se forma no momento do acordo de vontades. São exemplos a compra e venda e o mandato. Nesse tipo de contrato, a entrega da coisa (tradição) é mera execução.

4.3.3.2. Contrato real

É aquele que somente se forma com a entrega da coisa. São exemplos o comodato, o depósito e o mútuo. Nesses contratos a entrega da coisa é requisito para a formação, a existência do contrato.

4.3.4. Quanto à forma

4.3.4.1. Contratos não solenes

São aqueles de forma livre. São exemplos a compra e venda de bens móveis, a prestação de serviços e a locação. A regra é ter o contrato forma livre (art. 107 do CC), podendo ser verbal, gestual ou escrito, devendo obedecer a uma forma especial apenas quando a lei determinar.

4.3.4.2. Contratos solenes

São aqueles que devem obedecer a uma forma prescrita em lei. São exemplos a compra e venda de imóveis (deve ser escrita, e, se de valor superior a 30 salários mínimos, deve ser por escritura pública), o seguro e a fiança.

A forma, quando trazida na lei, costuma ser essencial para a validade do negócio (forma *ad solemnitatem*). Porém, em algumas situações, a forma é mero meio de prova de um dado negócio jurídico (forma *ad probationem tantum*).

4.3.5. Quanto às qualidades pessoais dos contratantes

4.3.5.1. Contratos impessoais

São aqueles em que a prestação pode ser cumprida, indiferentemente, pelo devedor ou por terceiro. Em obrigações de dar, por exemplo, não importa se é o próprio devedor ou terceiro quem cumpre a obrigação, mas sim que essa seja cumprida.

4.3.5.2. Contratos personalíssimos

São aqueles celebrados em razão de qualidades pessoais de pelo menos um dos contratantes, não podendo a respectiva prestação ser cumprida por terceiro. Também são chamados de contratos *intuitu personae*. Geralmente, nesse tipo de contrato, há obrigações de fazer. Os elementos confiança, qualidade técnica e qualidade artística são primordiais. São exemplos a contratação de um pintor renomado para realizar uma obra de arte e a contratação de um cantor para se apresentar numa casa de espetáculos. Nesses dois exemplos, a *pessoalidade* é da natureza do contrato. Entretanto, é possível que, por vontade dos contratantes, fique estipulado o caráter personalíssimo desse.

Importância da classificação: a) em caso de não cumprimento da obrigação, em se tratando de contrato impessoal, o credor tem, pelo menos, duas opções, quais sejam, mandar executar a obrigação por terceiro à custa do devedor ou simplesmente requerer indenização por perdas e danos; no caso de contrato personalíssimo, todavia, a obrigação não cumprida se converte em obrigação de pagar perdas e danos, já que só interessa seu cumprimento pelo devedor e não por terceiro; b) em caso de falecimento do devedor, em se tratando de contrato impessoal, a obrigação fica transmitida aos herdeiros, que deverão cumpri-la nos limites das forças da herança; no caso de contrato personalíssimo, por sua vez, o falecimento do devedor antes de incorrer em mora importa a extinção do contrato, não transferindo as obrigações respectivas aos herdeiros daquele. De acordo com o STJ, em razão da natureza personalíssima do contrato entre o cliente e o advogado, "Não é possível a estipulação de multa no contrato de honorários para as hipóteses de renúncia ou revogação unilateral do mandato do advogado, independentemente de motivação, respeitado o direito de recebimento dos honorários proporcionais ao serviço prestado" (REsp 1.346.171-PR, DJe 7/11/2016).

4.3.6. Quanto à existência de regramento legal

4.3.6.1. Contratos típicos (ou nominados)

São os que têm regramento legal específico. O CC traz pelo menos vinte contratos típicos, como a compra e venda, a doação e o mandato. Leis especiais trazem diversos outros contratos dessa natureza, como o de locação de imóveis urbanos (Lei 8.245/1991), de incorporação imobiliária (Lei 4.561/1964) e de alienação fiduciária (Decreto-Lei 911/1969).

4.3.6.2. Contratos atípicos (ou inominados)

São os que não têm regramento legal específico, nascendo da determinação das partes. Surgem da vida cotidiana, da necessidade do comércio. São exemplos o contrato de cessão de clientela, de agenciamento matrimonial, de excursão turística e de feiras e exposições. Apesar de não haver regulamentação legal desses contratos, o princípio da autonomia da vontade possibilita sua celebração, observados alguns limites impostos pela lei. O art. 425 do CC dispõe que "é lícito às partes estipular contratos atípicos, observadas as normas gerais fixadas neste Código". Assim, as pessoas podem criar novas figuras contratuais, desde que respeitem os seguintes preceitos do CC: os da parte geral (ex.: o objeto deve ser lícito, possível e determinável) e os da teoria geral das obrigações e dos contratos (ex.: deve atender ao princípio da função social dos contratos). De qualquer modo, nesse tipo de contrato as partes devem trazer maiores detalhes acerca de seu regramento, dada a inexistência de regulação legal da avença.

4.3.6.3. Contratos mistos

São os que resultam da fusão de contratos nominados com elementos particulares, não previstos pelo legislador, criando novos negócios contratuais. Exemplo é o contrato de exploração de lavoura de café, em que se misturam elementos atípicos com contratos típicos, como a locação de serviços, a empreitada, o arrendamento rural e a parceria agrícola.

4.3.7. Quanto às condições de formação

4.3.7.1. Contratos paritários

São aqueles em que as partes estão em situação de igualdade, podendo discutir efetivamente as condições contratuais.

4.3.7.2. Contratos de adesão

São aqueles cujas cláusulas são aprovadas pela autoridade competente ou estabelecidas unilateralmente sem que o aderente possa modificar ou discutir substancialmente seu conteúdo. Exemplos: contratos de financiamento bancário, seguro e telefonia. A lei estabelece que a inserção de uma cláusula no formulário não desnatura o contrato, que continua de adesão.

Importância da classificação: Os contratos de adesão têm o mesmo regime jurídico dos contratos paritários, mas há algumas diferenças pontuais. Se o contrato de adesão for regido pelo Direito Civil, há duas regras aplicáveis: a) as cláusulas ambíguas devem ser interpretadas favoravelmente ao aderente (art. 423 do CC); b) a cláusula que estipula a renúncia antecipada do aderente a direito resultante da natureza do contrato é nula (art. 424 do CC). Já se o contrato de adesão for regido pelo CDC, há duas regras peculiares a esse contrato (art. 54 do CDC): a) os contratos de adesão admitem cláusula resolutória, mas essas são alternativas, cabendo a escolha ao consumidor, ou seja, é ele quem escolhe se deseja purgar a mora e permanecer com o contrato ou se prefere a sua resolução; b) as cláusulas limitativas de direito devem ser redigidas com destaque, permitindo sua imediata e fácil identificação, sendo que o desrespeito a essa regra gera a nulidade da cláusula (art. 54, § 4º, c/c o art. 51, XV, do CDC).

4.3.8. Quanto à definitividade

4.3.8.1. Contratos definitivos

São aqueles que criam obrigações finais aos contratantes. Os contratos são, em sua maioria, *definitivos*.

4.3.8.2. Contratos preliminares

São aqueles que têm como objeto a realização futura de um contrato definitivo. Um exemplo é o compromisso de compra e venda. Os contratos preliminares devem conter os requisitos essenciais do contrato a ser celebrado, salvo quanto à forma. Assim, enquanto a compra e venda definitiva de um imóvel deve ser por escritura pública, o compromisso de compra e venda pode ser por escritura particular. Além disso, o contrato preliminar deve ser levado a registro para ter eficácia perante terceiros. Assim, um compromisso de compra e venda não precisa ser registrado para ser válido, mas sem a formalidade não há como impedir que um terceiro o faça antes, pois, não registrando, carregará esse ônus. De qualquer forma, o compromissário comprador, uma vez pagas todas as parcelas do compromisso, tem direito à adjudicação compulsória, independentemente da apresentação do instrumento no Registro de Imóveis. O compromissário deve apenas torcer para que alguém não tenha feito isso antes. As regras sobre o contrato preliminar estão nos artigos 462 e 463 do CC:

a) consequência imediata do contrato preliminar: desde que não conste cláusula de arrependimento, qualquer das partes pode exigir a celebração do contrato definitivo, assinalando prazo à outra. É importante ressaltar que, em matéria de imóveis, há diversas leis impedindo a cláusula de arrependimento;

b) consequência mediata do contrato preliminar: esgotado o prazo mencionado sem a assinatura do contrato definitivo, a parte prejudicada pode requerer ao Judiciário que supra a vontade do inadimplente, conferindo caráter definitivo ao contrato preliminar, salvo se a isso se opuser a natureza da obrigação.

4.3.9. Quanto ao conhecimento prévio das prestações

4.3.9.1. Contrato comutativo

É aquele em que as partes, de antemão, conhecem as prestações que deverão cumprir. Exs.: compra e venda, prestação de serviços, mútuo, locação, empreitada etc. A maior parte dos contratos tem essa natureza.

4.3.9.2. Contrato aleatório

É aquele em que pelo menos a prestação de uma das partes não é conhecida de antemão. Ex.: contrato de seguro.

4.3.10. Quanto ao momento de execução

4.3.10.1. Contratos instantâneos

São aqueles em que a execução se dá no momento da celebração. Um exemplo é a compra e venda de pronta entrega e pagamento.

4.3.10.2. Contratos de execução diferida

São aqueles em que a execução se dá em ato único, em momento posterior à celebração. Constitui exemplo a compra e venda para pagamento em 120 dias.

4.3.10.3. Contratos de trato sucessivo ou de execução continuada

São aqueles em que a execução é distribuída no tempo em atos reiterados. São exemplos a compra e venda em prestações, a locação e o financiamento pago em parcelas.

Importância da classificação: para efeito de discernir que tipo de contrato está sujeito à regra da imprevisão. Tal instituto, previsto nos arts. 478 a 480 do CC, só é aplicável aos contratos de execução diferida e de execução continuada, visto que não se pode conceber que uma prestação possa se tornar excessivamente onerosa por um fato novo em contratos em que a execução se dá no mesmo instante de sua celebração.

4.4. Onerosidade excessiva

4.4.1. Introdução

A Primeira Guerra Mundial trouxe sérias consequências à execução dos contratos, principalmente os de longo prazo. Isso fez com que ganhasse força a ideia de que está implícita em todo pacto uma cláusula pela qual a obrigatoriedade de seu cumprimento pressupõe a inalterabilidade da situação de fato que deu origem à sua formação. Tratava-se da chamada cláusula *rebus sic stantibus* ("enquanto as coisas estão assim"). Enquanto as condições fáticas existentes quando da celebração do contrato estiverem inalteradas, as disposições desse serão obrigatórias. Modificadas tais condições, causando desequilíbrio entre os contratantes, há de se alterar suas disposições. No Brasil, houve certa resistência a essa ideia, uma vez que o país acabara de ganhar um novo Código Civil (o de 1916), que não fazia referência ao assunto. Isso fez com que a ideia do *rebus sic stantibus* acabasse sendo aceita desde que os novos fatos fossem extraordinários e imprevisíveis, daí porque entre nós ganhou o nome de Teoria da Imprevisão. Mesmo assim, era só uma teoria. Algumas leis até trataram da questão, mas sempre de modo pontual. São exemplos a Lei de Alimentos, a Lei de Locações e a Lei de Licitações e Contratos Administrativos. Sobreveio o Código de Defesa do Consumidor, que inovou ao permitir a revisão contratual por onerosidade excessiva, independentemente de fato imprevisível. E em 2003, com a entrada em vigor do atual CC, previu-se para qualquer contrato regido pelo Direito Civil o instituto da "resolução por onerosidade excessiva", contudo novamente vinculada à ocorrência de fatos imprevisíveis. Como se verá, o CC adotou um nome infeliz ("resolução"), pois, em caso de onerosidade excessiva por fato imprevisível, deve-se, em primeiro lugar, buscar a revisão contratual e não a extinção do contrato.

4.4.2. Requisitos para aplicação da regra da imprevisão

O CC exige o seguinte para que se tenha direito à revisão ou à resolução do contrato:

a) o contrato deve ser de execução continuada ou diferida;

b) a prestação de uma das partes deve se tornar excessivamente onerosa;

c) a outra parte deve ficar com extrema vantagem;

d) o desequilíbrio deve ser decorrência de acontecimentos extraordinários e imprevisíveis.

O primeiro requisito é óbvio, pois num contrato de execução instantânea não há tempo para que a prestação fique excessivamente onerosa.

O segundo requisito impõe que a perda seja razoável. Pequenas perdas não possibilitam a revisão contratual.

O requisito de extrema vantagem para a outra parte vem sendo atenuado pela doutrina. Em virtude do princípio da função social dos contratos, basta que uma das partes fique com a prestação excessivamente onerosa para que possa pleitear a revisão contratual.

Por fim, exige-se acontecimento extraordinário e imprevisível. O requisito afasta acontecimentos ordinários, como é o caso da inflação. O problema é que, no mundo moderno e na realidade brasileira, quase tudo é previsível e quase tudo acontece com uma certa frequência. A inflação é previsível. O aumento do dólar também. Assim, num primeiro momento, somente situações extremas, como a guerra ou a ocorrência de uma catástrofe causada pela natureza, preencheriam o requisito. Isso fez com que a doutrina flexibilizasse a regra, apontando que os "motivos imprevisíveis" que autorizam a revisão contratual podem estar relacionados tanto com uma causa imprevisível (guerra, ciclone etc.) como um resultado imprevisível (o quanto aumenta o dólar, por exemplo).

4.4.3. Consequência da configuração do instituto

O devedor poderá pedir em juízo a resolução do contrato, retroagindo os efeitos da sentença para a data da citação (art. 478 do CC). Trata-se de consequência extremamente radical e que fere os princípios da conservação dos contratos, da função social, da boa-fé objetiva e da proibição de exercício abusivo dos direitos, bem como das disposições dos arts. 317 e 480 do CC. Assim, deve-se buscar, em primeiro lugar, a revisão contratual, que só não será efetivada se for inviável, para só então partir-se para a resolução do contrato.

Se a parte prejudicada ingressar diretamente com pedido de resolução do contrato, o art. 479 do CC dispõe que a medida poderá ser evitada se o réu se oferecer a modificar equitativamente as condições do pacto. O juiz analisará se a proposta é ou não equitativa, verificando se há ou não boa-fé dos contratantes.

4.4.4. Revisão no CDC

O CDC não exige fato extraordinário e imprevisível para que haja o direito de revisão contratual. Basta um fato superveniente que gere uma excessiva onerosidade (art. 6º, V, do CDC). Nesse particular, é bom lembrar que não se deve confundir o direito de *revisão* com o de *modificação contratual*. Essa existirá quando a cláusula contratual for originariamente desproporcional, ou seja, quando já nascer abusiva; e aquela existirá quando o contrato nascer equilibrado e se tornar excessivamente onerosa.

4.4.5. Revisão na locação de imóvel urbano

A revisão do aluguel requer apenas dois requisitos: a) aluguel fora do valor de mercado; b) 3 (três) anos de vigência do contrato ou de acordo anterior (arts. 19, 68, 69 e 70, da Lei do Inquilinato).

Durante a fase mais grave da pandemia do Covid-19 também foi admitida pelo STF a revisão contratual em uma situação específica de locação não residencial. Confira: "É cabível revisão judicial de contrato de locação não residencial – empresa de *coworking* – com redução proporcional do valor dos aluguéis em razão de fato superveniente decorrente da pandemia da Covid-19". REsp 1.984.277-DF, Rel. Min. Luis Felipe Salomão, Quarta Turma, por unanimidade, julgado em 16/08/2022.

4.5. Evicção

4.5.1. Conceito

É a perda da coisa adquirida onerosamente, em virtude de decisão judicial ou administrativa que a atribui a outrem por motivo anterior à aquisição. A expressão vem do latim *evincere*, que significa ser vencido. O exemplo comum é daquele que adquire onerosamente um bem de quem não é dono, vindo a perdê-lo por uma ação movida pelo verdadeiro proprietário da coisa. Quem aliena direito sobre o bem tem, assim, o dever de garantir que era seu titular e que a transferência o atribuirá realmente ao adquirente. Trata-se da garantia quanto a defeitos do direito, diferente da garantia concernente aos vícios redibitórios, que diz respeito ao uso e gozo da coisa. O instituto da evicção tem três personagens, quais sejam, o **alienante** (aquele que transferiu o direito sobre a coisa, e que não era seu verdadeiro titular), o **evicto** (aquele que adquiriu o direito sobre a coisa, mas foi vencido numa demanda promovida por terceiro, verdadeiro titular de tal direito) e o **evictor** ou **evencente** (terceiro reivindicante da coisa, que vence a demanda que promoveu contra o adquirente).

4.5.2. Incidência

O instituto incide tanto na perda da posse como na perda do domínio sobre a coisa; a perda pode ser parcial ou total; deve se tratar de contrato oneroso; a garantia subsiste mesmo na compra feita em hasta pública; a privação da coisa, configuradora da evicção, pode se dar tanto por decisão judicial, como por decisão administrativa.

4.5.3. Garantia

Ocorrendo a evicção, o evicto se voltará contra o alienante para fazer valer os seguintes direitos:

a) de *restituição integral do preço ou das quantias pagas*; o preço será o do valor da coisa na época em que se evenceu;

b) de *indenização dos frutos que tiver sido obrigado a restituir*;

c) de *indenização pelas despesas dos contratos e pelos prejuízos que diretamente resultarem da evicção*; assim, as despesas contratuais com escritura pública, registro e imposto de transmissão, bem como qualquer outra que decorra diretamente da perda da coisa, como a correção monetária e os juros, deverão ser indenizadas;

d) de *ressarcimento das custas judiciais e dos honorários do advogado por ele constituído*;

e) de *pagamento das benfeitorias necessárias ou úteis que fizer, não abonadas pelo reivindicante.*

Observação: no caso de a evicção ser parcial, mas considerável, como na hipótese de o evicto perder setenta por cento do bem que comprou, ele terá duas opções. Além de poder pedir a restituição da parte do preço correspondente ao desfalque sofrido, pode optar pela rescisão do contrato, com a devolução total do preço pago. Deve-se deixar claro, todavia, que, além de parcial, deve ser considerável a evicção (art. 455).

Segundo o STJ, "a pretensão deduzida em demanda baseada na garantia da evicção submete-se ao prazo prescricional de três anos." (REsp 1.577.229-MG, DJe 14/11/2016.).

4.5.4. Possibilidades de alteração da garantia

4.5.4.1. Possibilidades

Segundo o art. 448 do CC, é facultado às partes, desde que por cláusula expressa, reforçar, diminuir ou excluir a responsabilidade pela evicção.

Assim, pode-se estipular expressamente que, em caso de evicção, o adquirente terá direito à devolução do preço com um acréscimo de cinquenta por cento, por exemplo, punição que reforça a garantia.

Pode-se também diminuir e até excluir a responsabilidade pela evicção, estipulando-se expressamente que, em caso de perda da coisa, o adquirente não terá direito à devolução do preço por inteiro (diminuição) ou do valor total pago (exclusão).

Entretanto, o art. 449 do CC dispõe que, mesmo havendo cláusula excluindo a garantia contra evicção (a chamada cláusula genérica de exclusão ou cláusula de irresponsabilidade), se esta vier a ocorrer, o evicto ainda assim terá direito ao pagamento do preço pago pela coisa, salvo se tiver ciência do risco da evicção e assumido expressamente esse risco. Há, portanto, dois tipos de exclusão estabelecidos em lei: a exclusão parcial e a exclusão total.

4.5.4.2. Exclusão parcial

Dá-se quando há mera cláusula que exclui a garantia (ex.: fica excluída a garantia que decorre da evicção). Neste caso, o evicto continuará tendo direito à devolução do preço pago pela coisa, ficando excluídos somente os demais direitos que decorrem da evicção (indenização dos frutos, despesas, prejuízos, sucumbência e benfeitorias). Tal limitação da autonomia da vontade decorre da necessidade de dar guarida ao princípio do não enriquecimento sem causa. Aqui temos uma *cláusula genérica de exclusão da garantia.*

4.5.4.3. Exclusão total

Dá-se quando presentes três requisitos. O primeiro deles consiste na a) existência de uma cláusula de exclusão da garantia, como aquela dada anteriormente como exemplo. Além disso, é necessário que b) o evicto tenha ciência do risco da evicção, como na hipótese em que é informado que corre uma demanda reivindicatória promovida por terceiro em face do alienante. Por fim, é imprescindível que, ciente do risco de perda da coisa, c) o evicto o tenha assumido, vale dizer, é necessário assunção do risco por parte do adquirente. Trata-se da chamada *cláusula específica de exclusão da garantia.* O art. 449 do CC não impõe textualmente que os dois últimos requisitos (ciência e assunção do risco da evicção) estejam expressos numa cláusula contratual, de modo que se pode admitir sua comprovação de outra forma.

4.5.5. Requisitos para exercer a garantia que decorre da evicção

a) *perda total ou parcial* do domínio, da posse ou do uso da coisa alienada;

b) *onerosidade da aquisição*, salvo a doação para casamento com certa e determinada pessoa;

c) *inexistência de cláusula de irresponsabilidade.* Caso exista, só se terá direito ao preço pago.

d) *anterioridade do direito do evictor.* O alienante não responderá se o direito do evictor sobre a coisa só se der após sua transferência ao adquirente.

e) *denunciação da lide ao alienante.* Segundo o revogado art. 456 do CC, "para poder exercer o direito que da evicção lhe resulta o adquirente notificará do litígio o alienante imediato, ou qualquer dos anteriores, quando e como lhe determinarem as leis do processo". Tal notificação se dá por meio da denunciação da lide (art. 70, I, do antigo CPC, atual art. 125, I, do NCPC). Ao sofrer a ação por parte de terceiro, deveria o adquirente denunciar da lide ao alienante para que este possa conhecer da demanda e coadjuvá-lo na defesa do direito. Na vigência do dispositivo revogado ficava a dúvida se, não feita a denunciação da lide, teria o evicto algum direito. Num primeiro momento a resposta seria negativa, eis que tanto o CC quanto o antigo CPC dispunham que tal notificação (ou denunciação) era obrigatória para "poder exercer o direito que da evicção resulta". A explicação para tal obrigatoriedade, sob pena de perda do direito, encontrava-se no fato de que o alienante não pode sofrer os efeitos de uma demanda da qual não teve ciência. Nada obstante, no plano do direito processual, tem-se entendido que a obrigatoriedade existe para que se possa exercitar o direito de regresso no próprio processo. O STJ entende que a obrigatoriedade da denunciação é tão somente para exercer o direito de regresso no mesmo processo, não impedindo que se ingresse com ação autônoma em seguida, para o fim de fazer valer diante do alienante os direitos que decorrem da evicção, entendimento que encontra arrimo no princípio que veda o enriquecimento sem causa. A revogação do art. 456 do CC junto com o texto do NCPC sobre a denunciação da lide, dispondo que ela agora é "admissível" (e não mais "obrigatória") reforçam o entendimento que o STJ já tinha a respeito, tornando o requisito em questão apenas necessário quando se quiser aproveitar o próprio processo originário para resolver a questão.

4.6. Vícios redibitórios

4.6.1. Conceito

São problemas ocultos presentes em coisas recebidas em virtude de contrato comutativo, que as tornem impróprias ao uso a que são destinadas ou lhes diminuam o valor. O instituto está previsto nos arts. 441 a 446 do CC. São exemplos um carro com motor ruim e um apartamento com infiltração, vícios que o comprador nem sempre pode perceber. O fundamento do instituto é o princípio da garantia quanto à coisa. Não se deve confundir o instituto dos vícios redibitórios com o do erro e do dolo. O vício é um problema na coisa, ao passo que o erro e o dolo são problemas na vontade. Além disso, o vício possibilita a redibição do contrato ou o abatimento no preço, ao passo que o erro e o dolo ensejam a anulação do contrato.

4.6.2. Requisitos para a configuração do instituto

a) prejuízo sensível ao uso ou ao valor da coisa;
b) problema imperceptível à diligência ordinária do adquirente (vício oculto);
c) problema já existente ao tempo da entrega da coisa;
d) contrato oneroso e comutativo.

4.6.3. Efeitos

Configurado o vício, o adquirente poderá ingressar com uma das seguintes ações (denominadas ações edilícias):

4.6.3.1. Ação redibitória

É aquela que objetiva a rescisão do contrato. Nesta ação pede-se a extinção do contrato, com a devolução do valor recebido e o pagamento das despesas do contrato. Se o alienante sabia do vício, o adquirente pode também pedir indenização por perdas e danos.

4.6.3.2. Ação estimatória (quanti minoris)

É aquela que tem por finalidade a obtenção do abatimento do preço.

Observação: o prazo para ingressar com as ações acima é decadencial, uma vez que nos dois casos estamos diante de prazo previsto na Parte Especial do CC, bem como de pretensões de natureza constitutiva (rescisão e modificação do contrato, respectivamente).

4.6.4. Prazo para ingressar com a ação

a) se a coisa for móvel: 30 dias.
b) se a coisa for imóvel: 1 ano.

4.6.5. Termo a quo

Conta-se o prazo da (do):

4.6.5.1. Data da entrega efetiva

Quando o adquirente não estava na posse da coisa.

4.6.5.2. Data da alienação

Quando o adquirente estava na posse da coisa. Nesse caso, o prazo fica reduzido à metade.

4.6.5.3. No momento em que o adquirente tiver ciência do vício

Quando este, além de oculto, só poderá ser conhecido mais tarde, dada a sua natureza. Neste caso, a lei estipula um prazo máximo para *ciência* do vício. Esse prazo é de 180 dias para móvel e de 1 ano para imóvel. Assim, se uma pessoa comprar um carro com esse tipo de vício e vier a descobri-lo 170 dias depois, cumpriu o primeiro prazo, qual seja, o prazo de 180 dias para a tomada de ciência do problema na coisa. Em seguida, começará o segundo prazo, o de *garantia* para ingressar com uma das ações mencionadas. No caso, o prazo será de 30 dias, por se tratar de móvel. Mas, se a pessoa só tem ciência do vício 190 dias após a aquisição, o *prazo para ciência* do vício terá terminado, ficando prejudicado o direito. Nessa hipótese, nem se começa a contar o *prazo de garantia*.

Confira a respeito o seguinte acórdão do STJ: "Quando o vício oculto, por sua natureza, só puder ser conhecido mais tarde (art. 445, § 1º, CC), o adquirente de bem móvel terá o prazo de trinta dias (art. 445, *caput*, do CC), a partir da ciência desse defeito, para exercer o direito de obter a redibição ou abatimento no preço, desde que o conhecimento do vício ocorra dentro do prazo de cento e oitenta dias da aquisição do bem" (REsp 1.095.882-SP, DJ 19.12.2014).

4.6.6. Garantia contratual

O CC estabelece que "não correrão os prazos da garantia legal na constância da garantia contratual" (art. 446). Isso significa que, havendo garantia voluntária (ex.: até a próxima Copa do Mundo), primeiro se conta o prazo dela, para só depois se contar o prazo da garantia legal. Todavia, a lei dispõe que, havendo garantia voluntária (= a garantia contratual), o adquirente deve denunciar eventual defeito que a coisa tiver ao alienante no prazo de 30 dias após seu descobrimento, sob pena de decadência. Ou seja, a lei dá com uma mão (diz que os prazos de garantia voluntária e legal devem ser somados), mas tira com a outra (estabelece um procedimento diferente, que obriga o adquirente a avisar a ocorrência do defeito ao alienante 30 dias após essa descoberta), prazo independente do de garantia. Aqui temos o chamado "prazo de aviso". De qualquer forma, nunca haverá decadência em prazo menor que o próprio prazo de garantia legal (30 dias para móvel e 1 ano para imóvel).

4.6.7. Vício redibitório no CC X Vício no CDC

Abaixo elencamos 11 (onze) diferenças básicas entre o vício redibitório (instituto do Código Civil) e o vício (instituto do CDC):

a) O CC trata de vícios em coisas; o CDC, de vício em produto ou serviço;

b) No CC, o vício tem de ser oculto; no CDC, pode ser oculto ou aparente;

c) No CC, a doutrina exige sensível prejuízo; no CDC, não há essa exigência;

d) No CC, a garantia é de 30 dias para móvel e de 1 ano para imóvel; no CDC, de 90 dias para produto durável e de 30 dias para produto não durável;

e) No CC, o termo *a quo* do prazo pode ser as datas da entrega (vício oculto simples), da alienação (adquirente já na posse da coisa) e da ciência do vício (vício oculto de conhecimento tardio); no CDC, as datas da entrega (vício aparente) e da ciência do vício (vício oculto);

f) No CC, há prazo máximo para tomar ciência de vício oculto de conhecimento tardio (180 dias para móvel e 1 ano para imóvel) e prazo para avisar o defeito quando há garantia contratual (30 dias); no CDC, não existem tais prazos;

g) No CC, o prazo de garantia é para entrar com ação redibitória ou estimatória; no CDC, é para pedir o conserto da coisa aos fornecedores (o fornecedor terá 30 dias para consertar), salvo se a coisa for essencial ou o conserto puder comprometê-la, quando se autoriza pedir diretamente outra coisa;

h) No CC, o prazo de garantia não se suspende, nem se interrompe; no CDC, com a reclamação (comprovada) pedindo o conserto da coisa, o prazo de garantia fica suspenso, voltando a correr com a recusa em consertar, quando então o prazo restante passa a ser para entrar com uma ação contra o fornecedor;

i) No CC, cabem as ações redibitória (extinção do contrato) e estimatória (abatimento do preço); no CDC, as ações redibitória, estimatória e a ação para substituição do produto por outro da mesma espécie;

j) No CC, o adquirente só tem direito a perdas e danos se o alienante sabia do vício; no CDC, todo dano deve ser indenizado, independentemente da ciência do vício pelo fornecedor (responsabilidade objetiva);

k) No CC, é possível diminuir ou excluir a garantia, se houver circunstância justificável; no CDC, só é possível a limitação da garantia e, mesmo assim, se o consumidor for pessoa jurídica.

4.7. Extinção dos contratos

4.7.1. Execução

Esta é a forma normal de extinção dos contratos. Na compra e venda a execução se dá com a entrega da coisa (pelo vendedor) e com o pagamento do preço (pelo comprador).

4.7.2. Invalidação

O contrato anulável produz seus efeitos enquanto não for anulado pelo Poder Judiciário. Uma vez anulado (decisão constitutiva), o contrato fica extinto com efeitos "ex nunc". Já o contrato nulo recebe do Direito uma sanção muito forte, sanção que o priva da produção de efeitos desde o seu início. A parte interessada ingressa com ação pedindo uma decisão declaratória, decisão que deixa claro que o contrato nunca pode produzir efeitos, daí porque essa decisão tem efeitos "ex tunc". Se as partes acabaram cumprindo "obrigações", o juiz as retornará ao estado anterior.

4.7.3. Resolução

Confira as hipóteses de extinção do contrato pela resolução:

4.7.3.1. Por inexecução culposa

É aquela que decorre de culpa do contratante. Há dois casos a considerar:

a) se houver cláusula resolutiva expressa (pacto comissório), ou seja, previsão no próprio contrato de que a inexecução deste gerará sua extinção, a resolução opera de pleno direito, ficando o contrato extinto. Presente a cláusula resolutiva expressa, o credor que ingressar com ação judicial entrará apenas com uma ação declaratória, fazendo com que a sentença tenha efeitos *ex tunc*. A lei protege o devedor em alguns contratos, estabelecendo que, mesmo existindo essa cláusula, ele tem o direito de ser notificado para purgar a mora (fazer o pagamento atrasado) no prazo estabelecido na lei;

b) se não houver cláusula resolutiva expressa, a lei estabelece a chamada **"cláusula resolutiva tácita"**, disposição que está implícita em todo contrato, e que estabelece que o seu descumprimento permite que a outra parte possa pedir a resolução do contrato. Neste caso, a resolução dependerá de interpelação judicial para produzir efeitos, ou seja, ela não ocorre de pleno direito. Repare que não basta mera interpelação extrajudicial. Os efeitos da sentença judicial serão "ex nunc".

É importante ressaltar que a parte lesada pelo inadimplemento (item *a* ou *b*) tem duas opções (art. 474 do CC): a) pedir a resolução do contrato; ou b) exigir o cumprimento do contrato. Em qualquer dos casos, por se tratar de inexecução culposa, caberá pedido de indenização por perdas e danos. Se houver cláusula penal, esta incidirá independentemente de prova de prejuízo (art. 416 do CC). Todavia, uma indenização suplementar dependerá de convenção no sentido de que as perdas e os danos não compreendidos na cláusula penal também serão devidos.

Quanto à resolução do contrato quando há cláusula resolutiva expressa, mesmo não havendo previsão legal a respeito, havia há uma tendência jurisprudencial de se exigir ação judicial para operar a resolução do contrato em casos que envolvessem imóveis. Porém, o art. 474 do CC não traz essa exigência, que também não existe em diversas leis, como a de loteamentos. De um tempo para cá, cada vez mais o Judiciário tem se posicionado para não exigir uma ação judicial para operar a mora e a resolução do contrato nesses casos, especialmente se há notificação prévia da parte infratora, com prazo para purgar a mora. Confira algumas decisões:

> "É possível o manejo de ação possessória, fundada em cláusula resolutiva expressa, decorrente de inadimplemento contratual do promitente comprador, sendo desnecessário o ajuizamento de ação para resolução do contrato." (STJ, REsp 1.789.863-MS, j. 10/08/2021);

> "A constituição em mora para fins de rescisão de contrato de compromisso de compra e venda de imóvel em loteamento, sujeito à disciplina da Lei n. 6.766/1979, pode se dar por carta com aviso de recebimento, desde que assinado o recibo pelo próprio devedor, nos termos do art. 49 da norma mencionada." (STJ, REsp 1.745.407-SP, DJe 14/05/2021).

4.7.3.2. Por inexecução involuntária

É aquela que decorre da impossibilidade da prestação. Pode decorrer de caso fortuito ou força maior, que são aqueles fatos necessários, cujos efeitos não se consegue evitar ou impedir. Esta forma de inexecução exonera o devedor de responsabilidade (art. 393 do CC), salvo se este expressamente assumiu o risco (art. 393 do CC) ou se estiver em mora (art. 399 do CC).

4.7.3.3. Por onerosidade excessiva

Conforme vimos, no caso de onerosidade excessiva causada por fato extraordinário e imprevisível, cabe revisão contratual. Não sendo esta possível, a solução deve ser pela resolução do contrato, sem ônus para as partes. A resolução por onerosidade excessiva está prevista no art. 478 do CC.

4.7.4. Resilição

4.7.4.1. Conceito

É a extinção dos contratos pela vontade de um ou de ambos contratantes. A palavra-chave é *vontade*. Enquanto a resolução é a extinção por inexecução contratual ou onerosidade excessiva, a resilição é a extinção pela vontade de uma ou de ambas as partes.

4.7.4.2. Espécies

a) bilateral, *que é o acordo de vontades para pôr fim ao contrato* (**distrato**). A forma para o distrato é a mesma que a lei exige para o contrato. Por exemplo, o distrato de uma compra e venda de imóvel deve ser por escritura, pois esta é a forma que a lei exige para o contrato. Já o distrato de um contrato de locação escrito pode ser verbal, pois a lei não exige documento escrito para a celebração de um contrato de locação. É claro que não é recomendável fazer um distrato verbal no caso, mas a lei permite esse procedimento.

b) unilateral, *que é a extinção pela vontade de uma das partes* (**denúncia**). Essa espécie de resilição só existe por exceção, pois o contrato faz lei entre as partes. Só é possível a denúncia unilateral do contrato quando: i) houver previsão contratual ou ii) a lei expressa ou implicitamente autorizar. Exemplos: em contratos de execução continuada com prazo indeterminado, no mandato, no comodato e no depósito (os três últimos são contratos feitos na base da confiança), no arrependimento de compra feita fora do estabelecimento comercial (art. 49 do CDC) e nas denúncias previstas na Lei de Locações (arts. 46 e 47 da Lei 8.245/1991). A lei exige uma formalidade ao

denunciante. Este deverá notificar a outra parte, o que poderá ser feito extrajudicialmente. O efeito da denúncia é "ex tunc". Há uma novidade no atual CC, que é o "aviso prévio legal". Esse instituto incide se alguém denuncia um contrato prejudicando uma parte que fizera investimentos consideráveis. Nesse caso, a lei dispõe que a denúncia unilateral só produzirá efeitos após um prazo compatível com a amortização dos investimentos (art. 473, parágrafo único).

4.7.5. Morte

Nos contratos impessoais, a morte de uma das partes não extingue o contrato. Os herdeiros deverão cumpri-lo segundo as forças da herança. Já num contrato personalíssimo (contratação de um advogado, contratação de um cantor), a morte da pessoa contratada extingue o contrato.

4.7.6. Rescisão

A maior parte da doutrina encara a rescisão como gênero, que tem como espécies a resolução, a resilição, a redibição etc.

4.8. Compra e venda

4.8.1. Introdução

Na fase primitiva da civilização havia apenas troca ou permuta de objetos. Isso porque não havia denominador comum de valores. Em seguida, algumas mercadorias passaram a ser utilizadas como padrão monetário (ouro, prata, cabeça de gado). Aliás, cabeça de gado chamava *pecus*, o que deu origem à palavra pecúnia. Até que surgiu o papel-moeda, que é um elemento representativo de um padrão monetário. Isso possibilitou grande circulação de riqueza, tornando o contrato de compra e venda o mais comum dos contratos.

4.8.2. Conceito

É o contrato pelo qual um dos contratantes (vendedor) se obriga a transferir o domínio de coisa corpórea ou incorpórea, e outro (comprador), a pagar-lhe certo preço em dinheiro ou valor fiduciário equivalente. Ou seja, um dá uma coisa (um alimento, um móvel, um eletrodoméstico) e o outro dá dinheiro ou outro valor fiduciário (cheque, por exemplo). Perceba que compra e venda não transfere a propriedade da coisa, mas apenas obriga uma das partes a transferir a coisa a outro.

4.8.3. Sistemas

Quanto aos efeitos dos contratos de compra e venda, existem três:

4.8.3.1. Francês

Nesse sistema o contrato tem o poder de transferir o domínio da coisa. Ou seja, celebrado o contrato de compra e venda, independentemente da tradição (na coisa móvel) ou do registro (na coisa imóvel), a propriedade dela já é do comprador.

4.8.3.2. Romano

Nesse sistema o contrato apenas cria obrigações. O descumprimento do contrato gera perdas e danos.

4.8.3.3. Brasileiro

Adotamos o sistema romano, com poucas exceções. Assim, o contrato de compra e venda gera obrigações e não transferência direta da propriedade.

4.8.4. Classificação

O contrato de compra e venda é bilateral, consensual, oneroso, comutativo e não solene (salvo os direitos reais sobre imóveis).

4.8.5. Elementos

4.8.5.1. Consentimento

a) deve recair sobre uma coisa e um preço (elemento de existência);

b) deve recair sobre a natureza do contrato e sobre o objeto (elemento de validade); não recaindo, pode-se estar diante de erro ou dolo;

c) deve ser livre e espontâneo (elemento de validade); não o será se houver coação;

d) deve surgir de agente capaz (elemento de validade).

4.8.5.2. Preço

a) deve ter peculiaridade (ser ou representar dinheiro), seriedade (ser verdadeiro, real, sob pena de ser simulação) e certeza (certo ou determinável);

b) a lei admite o preço segundo: i) acordo entre os contratantes; ii) arbítrio de terceiro escolhido pelas partes; iii) tabelamento oficial; iv) taxa de mercado ou bolsa em certo dia e lugar; v) índices ou parâmetros (p. ex.: valor do petróleo);

c) a lei admite, excepcionalmente, convenção de venda sem fixação de preço, desde que essa seja a intenção das partes, hipótese em que se considera o tabelamento oficial ou o preço corrente das vendas habituais do vendedor;

d) o preço é livre, mas existem alguns temperamentos, que podem tornar o contrato anulável, como, por exemplo, em "Negócios da China" (aplicação do instituto da lesão – art. 157 do CC) e no estado de perigo (art. 156 do CC).

4.8.5.3. Coisa

a) pode ser corpórea (móveis e imóveis) ou incorpórea (ações, direito de autor, créditos);

b) deve ser existente, ainda que de modo potencial; se for inexistente por ter perecido (ex.: casa destruída), a venda é nula; se for sobre coisa futura sem assunção de risco, a venda é sob condição; se for coisa futura com assunção de risco, a venda é aleatória;

c) deve ser individuada, ou seja, determinada ou determinável; se for coisa incerta, deve ser indicada ao menos quanto ao gênero e à quantidade; o devedor escolherá, pelo menos, a de termo médio;

d) deve ser disponível, ou seja, alienável natural, legal e voluntariamente (não pode conter cláusula de inalienabilidade) e pertencente ao vendedor. Neste caso, não sendo o vendedor dono da coisa, a venda poderá ser convalidada se ele vier a adquiri-la posteriormente e estiver de boa-fé (art. 1.268 do CC).

4.8.6. Efeitos da compra e venda

4.8.6.1. Principais

a) gera obrigações recíprocas de entregar a coisa e pagar o preço;

b) gera responsabilidades por vícios redibitórios e pela evicção.

4.8.6.2. Secundários

a) responsabilidade pelos riscos da coisa: até a tradição, é do vendedor; se houver mora no recebimento, é do comprador; se for entregue ao transportador indicado ao vendedor, é do comprador;

b) responsabilidade pelos riscos do preço: até o pagamento, é do comprador; após o pagamento e em caso de mora em receber, é do vendedor;

c) responsabilidade pelas despesas de escritura e registro: é do comprador, salvo convenção diversa;

d) responsabilidade pela tradição: é do vendedor, salvo convenção diversa;

e) responsabilidade pelas dívidas pretéritas que gravam a coisa até a tradição: é do vendedor, salvo convenção diversa; se a obrigação for *propter rem*, o comprador terá direito de regresso contra o vendedor;

f) direito de retenção da coisa: até o pagamento, o vendedor não é obrigado a entregar a coisa, salvo nas vendas a crédito e convenção em contrário.

4.8.7. Limitações à compra e venda

4.8.7.1. Venda de ascendente a descendente

É anulável, salvo se houver consentimento dos outros descendentes e do cônjuge. A ideia é impedir vendas por preços mais baixos, prejudicando herdeiros. Repare que isso só ocorre na venda. A doação não precisa do consentimento. Porém, o donatário deverá colacionar os bens recebidos em vida, no inventário do doador, quando este falecer, salvo se houver dispensa disso.

4.8.7.2. Aquisição por pessoa encarregada de zelar pelos interesses do vendedor

É nula. Exemplos: aquisição pelo tutor, curador, administrador, juiz, servidor público etc.

4.8.7.3. Venda de fração ideal de coisa indivisível em condomínio

Os consortes terão direito de preferência. Um exemplo é de três pessoas donas de um mesmo imóvel. Caso uma delas queira vender sua parte, deverá oferecer às outras, que terão preferência na aquisição. Não respeitada tal preferência, o prejudicado poderá depositar o preço dentro de 180 dias da transmissão. Se os dois consortes prejudicados tiverem interesse na coisa, tem primazia o que tiver benfeitorias de maior valor na coisa, o que tiver maior quinhão e o que fizer o primeiro depósito, nessa ordem.

4.8.7.4. Venda entre cônjuges

Só é possível em relação a bens excluídos da comunhão.

4.8.8. Venda ad mensuram

4.8.8.1. Conceito

Aquela em que o preço estipulado é feito com base nas dimensões do imóvel. Ex.: alguém compra um terreno em que se deixou claro que os 360 m² têm o valor de R$ 50 mil.

4.8.8.2. Consequência

A área do imóvel deverá efetivamente corresponder às dimensões dadas.

4.8.8.3. Tolerância

A lei admite uma diferença de até 1/20 da área total enunciada.

4.8.8.4. Exclusão da tolerância

a) se houver exclusão expressa no contrato;
b) se o comprador provar que não teria realizado o negócio se soubesse da diferença.

4.8.8.5. Direitos do comprador

Poderá pedir o complemento da área (ação *ex empto* ou *ex vendito*). Não sendo possível, terá a opção entre pedir a resolução do contrato ou o abatimento proporcional do preço. Vale salientar que "Na hipótese em que as dimensões de imóvel adquirido não correspondem às noticiadas pelo vendedor, cujo preço da venda foi estipulado por medida de extensão (venda *ad mensuram*), aplica-se o prazo decadencial de 1 (um) ano, previsto no art. 501 do CC/2002, para exigir o complemento da área, reclamar a resolução do contrato ou o abatimento proporcional do preço" (STJ, REsp 1.890.327/SP, j. 20/04/2021)".

4.8.9. Venda ad corpus

4.8.9.1. Conceito

Aquela em que o imóvel é vendido como coisa certa e discriminada, sendo meramente enunciativa eventual referência às suas dimensões. Ex.: consta do contrato que a área tem mais ou menos 20.000 m².

4.8.9.2. Consequência

Pouco importa a área efetiva do imóvel. Não haverá complemento ou devolução do preço.

4.8.10. Retrovenda

4.8.10.1. Conceito

Cláusula pela qual o vendedor reserva-se o direito de reaver o imóvel que está sendo alienado, em certo prazo, restituindo o preço mais despesas feitas pelo comprador (art. 505 do CC). Ou seja, é aquela situação em que alguém vende um imóvel, mas assegura o direito de recomprá-lo em certo prazo, pelo mesmo preço da venda anterior. Infelizmente esse instituto é muito utilizado na agiotagem. O Judiciário vem reconhecendo a simulação quando o intuito da retrovenda é servir de garantia para uma dívida.

4.8.10.2. Direito de retrato

O prazo máximo para esse direito é de 3 anos. Trata-se de prazo decadencial.

4.8.11. Preferência

4.8.11.1. Conceito

Convenção em que o comprador se obriga a oferecer ao vendedor a coisa que aquele vai vender, para que este use seu direito de prelação na compra, tanto por tanto (art. 513). Por exemplo, é aquela situação em que alguém compra um andar de um prédio comercial para instalar sua empresa e, já pensando no futuro crescimento, estabelece com o vendedor, que é dono da sala vizinha, que quer preferência na aquisição da segunda sala, caso o vendedor queira vendê-la no futuro.

4.8.11.2. Exercício do direito

Havendo interesse em vender a coisa, o vendedor deverá notificar o titular do direito de preferência para que este diga se tem interesse em adquiri-la, no mínimo, pelo mesmo valor da proposta recebida pelo vendedor. Não havendo prazo estipulado, o titular do direito de preferência terá 3 dias, se a coisa for móvel, e 60 dias, se a coisa for imóvel, para manifestar-se, sob pena de decadência. O prazo máximo que pode ser convencionado para esse tipo de manifestação é de 180 dias, se a coisa for móvel, e de 2 anos, se imóvel.

4.8.11.3. Descumprimento do direito

A preferência contratual, se preterida, enseja apenas direito de o prejudicado pedir perdas e danos ao ofensor. Não há direito de perseguir a coisa. Por isso, não se deve confundir esse direito de preferência com outros direitos de preferência que decorrem da lei, que admitem a persecução da coisa, como no caso da preferência que existe entre coproprietários de um bem indivisível, quando um deles deseja vender sua fração ideal

4.8.12. Contratos com incorporadoras e loteadoras (Lei 13.786/2018; altera as Leis 4.591/64 e 6.766/79)

4.8.12.1. Incidência

Sobre negócios que envolvam a aquisição de apartamentos, casas e terrenos, desde que comprados de incorporadoras ou de loteadores, aplicando-se quando o comprador ou promitente comprador ficar inadimplente e, assim, tiver que devolver o imóvel comprado e arcar com as consequências financeiras daí decorrentes.

4.8.12.2. Transparência contratual na incorporação imobiliária

Os contratos de compra e venda, promessa de venda, cessão ou promessa de cessão de unidades autônomas integrantes de INCORPORAÇÃO IMOBILIÁRIA serão iniciados por quadro-resumo, que deverá conter, entre outras obrigações legais, as seguintes disposições:

I – o preço total;

II – o valor da entrada e os percentuais sobre o valor total do contrato;

III – o valor da corretagem, condições de pagamento e a identificação precisa de seu beneficiário;

IV – a forma de pagamento do preço, com indicação clara dos valores e vencimentos das parcelas;

V – os índices de correção monetária aplicáveis ao contrato;

VI – as consequências do desfazimento do contrato, por distrato ou por resolução contratual por inadimplemento do adquirente ou do incorporador, com destaque negritado para as penalidades aplicáveis e para os prazos para devolução de valores; sendo que a efetivação dessas consequências dependerá de anuência prévia e específica do adquirente a seu respeito, mediante assinatura junto a essas cláusulas;

VII – as taxas de juros, se mensais ou anuais, se nominais ou efetivas, o seu período de incidência e o sistema de amortização;

VIII – as informações do direito de arrependimento previsto no art. 49 do CDC para contratos feitos fora de estabelecimento comercial.

4.8.12.3. Sanção pela falta de transparência

Caso o contrato não traga essas informações e as demais previstas em lei ele não será nulo ou passível de resolução imediatamente. Primeiro será concedido prazo de 30 dias para aditamento e saneamento da omissão, findo o qual, se não sanada, caracterizará justa causa para rescisão contratual por parte do adquirente.

4.8.12.4. Atraso do incorporador

A lei admite que incorporador atrase entrega do imóvel até 180 dias após o prazo fixado no contrato, desde que haja expressa menção dessa possibilidade no contrato.

Já se a entrega do imóvel ultrapassar esse prazo extra, poderá ser promovida pelo adquirente a resolução do contrato, sem prejuízo da devolução da integralidade de todos os valores pagos e da multa estabelecida, em até 60 dias corridos contados da resolução, corrigidos. Todavia, "optando o adquirente pela resolução antecipada de contrato de compra e venda por atraso na obra, eventual valorização do imóvel não enseja indenização por perdas e danos" (STJ, REsp 1.750.585-RJ, j. 01/06/2021).

Importante: outra opção, caso o adquirente queira ficar com o imóvel é receber, por ocasião da entrega da unidade, indenização de 1% do valor efetivamente pago à incorporadora, para cada mês de atraso, *pro rata die*, corrigido.

4.8.12.5. Inadimplemento do comprador

Nos casos em que o adquirente não quiser ou não puder prosseguir com o contrato, este pode ser desfeito por distrato ou resolução por inadimplemento, sendo que o adquirente fará jus à restituição das quantias que houver pagado ao incorporador, atualizadas. Porém, esse dinheiro que o adquirente receberá de volta terá os seguintes abatimentos:

I – da comissão de corretagem;

II – da pena convencional, sendo que tal multa não poderá exceder a 25% da quantia paga, não sendo necessário que o incorporador alegue prejuízo; quando a incorporação estiver submetida ao regime do patrimônio de afetação, a lei admite multa de até 50%; a jurisprudência até essa mudança legislativa somente aceitava retenção de multa de até 10% da quantia paga, tratando-se, assim, de uma importante modificação legal.

III – caso o adquirente já tenha recebido o imóvel, arcará ainda com: a) os impostos e condomínios ou contribuições do imóvel; b) o valor correspondente à fruição do imóvel, equivalente à 0,5% sobre o valor atualizado do contrato, *pro rata die*;

Importante: tais débitos do comprador poderão ser pagos mediante compensação com a quantia a ser restituída. Por outro lado, esses descontos e retenções estão limitados aos valores efetivamente pagos pelo adquirente, salvo em relação às quantias relativas à fruição do imóvel.

Cuidado: a lei também permite que as partes entrem num acordo sobre as condições para o desfazimento do contrato. Basta entrar num acordo e fazer um distrato.

4.8.12.6. Prazo para restituição

Como regra, a restituição de valores ao adquirente será realizada em parcela única, após o prazo de 180 dias, contado da data do desfazimento do contrato. Já quando a incorporação estiver submetida ao regime do patrimônio de afetação, a restituição se dará até 30 dias após o habite-se ou documento equivalente.

4.8.12.7. Exoneração da multa contratual

Quando o adquirente é quem dá causa ao desfazimento do contrato, a lei dá a ele a oportunidade de não ter que pagar a multa contratual (25% ou 50%). Basta que ele encontre um comprador substituto que o sub-rogue nos direitos e obrigações originalmente assumidos, com a devida anuência do incorporador e a aprovação dos cadastros e da capacidade financeira e econômica do comprador substituto.

4.8.12.8. Transparência contratual nos loteamentos

No que concerne aos LOTEAMENTOS, os contratos de compra e venda, cessão ou promessa de cessão também devem ser iniciados por quadro-resumo, que deverá conter regras semelhantes às da incorporação, como preço total a ser pago pelo imóvel, beneficiário da corretagem, forma de pagamento, correção, juros etc.

Importante: Há também aquela regra que concede prazo de 30 dias para o aditamento contratual para saneamento de omissões.

4.8.12.9. Inadimplemento do comprador nos loteamentos

Quanto à resolução contratual por culpa do adquirente, deverão ser restituídos os valores pagos por ele, atualizados, podendo ser descontados desses valores os seguintes itens:

I – o valor de eventual fruição do imóvel, até 0,75% sobre o valor atualizado do contrato, cujo prazo será contado a partir da data da transmissão da posse do imóvel ao adquirente até sua restituição ao loteador;

II – o montante devido por cláusula penal e despesas administrativas, inclusive arras ou sinal, limitado a um desconto de 10% do valor atualizado do contrato;

III – os encargos moratórios relativos às prestações pagas em atraso pelo adquirente;

IV – os débitos de impostos, contribuições condominiais e associativas;

V–- a comissão de corretagem.

4.8.12.10. Prazo para restituição no loteamento

O pagamento da restituição ocorrerá em até 12 (doze) parcelas mensais, com início após o seguinte prazo de carência:

I – em loteamentos com obras em andamento: até 180 dias após o prazo previsto em contrato para conclusão das obras;

II – em loteamentos com obras concluídas: até 12 (doze) meses após a formalização da rescisão contratual.

Importante: para garantir que o loteador irá cumprir a lei e devolver as quantias pagas pelo adquirente, a lei estabelece que somente será efetuado um novo registro de um contrato de nova venda se for comprovado o início da restituição do valor pago pelo vendedor ao titular do registro cancelado na forma e condições pactuadas no distrato, dispensada essa comprovação nos casos em que o adquirente não for localizado ou não tiver se manifestado.

4.9. Contrato estimatório (venda em consignação)

O contrato estimatório pode ser **conceituado** como *aquele em que o consignante entrega bens móveis ao consignatário, para que este os venda, pagando àquele o preço ajustado, ou restitua a coisa ao consignante no prazo ajustado.*

Trata-se da famosa **venda em consignação**, muito comum nas vendas de carros, livros, joias, obra de arte, artesanato, bebidas. Atualmente, há muitas lojas de veículo consignado. O dono do veículo leva o automóvel à loja, deixando-o lá, em consignação, para que a loja tente vender o veículo. Uma vez vendido o veículo, o valor mínimo combinado será entregue ao dono do veículo, ficando o valor pago a mais com a loja de veículos.

A vantagem desse contrato é que o vendedor final (ex.: a loja de veículos) não precisar ter um grande capital de giro, pois não tem que comprar bens para revender.

Quanto à **coisa consignada**, há de se observar as seguintes regras:

a) não pode ser objeto de constrição em favor dos credores do consignatário, enquanto não pago integralmente o preço (art. 536 do CC); isso ocorre, porque o consignatário (ex.: loja de veículos consignados) não é dono da coisa, mas apenas a mantém para tentar vendê-la a terceiro;

b) não pode ser alienada pelo consignante antes de lhe ser restituída ou de ser comunicada restituição (art. 537 do CC); ou seja, o consignante (dono da coisa) deve respeitar a posição do consignatário; porém, o consignante pode pedir a coisa de volta, sendo que, uma vez restituída a coisa, o consignante poderá vendê-la a quem bem entender;

c) se não puder ser restituída, ainda que por fato não imputável ao consignatário, este deverá pagar o preço (art. 535 do CC); por exemplo, se o carro, que estava na loja de carros, vier a se perder, o consignatário (loja de veículos) deverá pagar o preço da coisa ao consignante (dono do carro).

Quanto à **classificação**, o contrato é *típico*, *bilateral*, *oneroso* e *real*.

O contrato estimatório tem, ainda, as seguintes **características**:

a) transfere-se a posse e o poder de disposição (e não a propriedade);

b) a propriedade continua com o consignante, até que seja vendida a terceiro ou adquirida pelo consignatário, mas o consignante não pode alienar a coisa antes de ser devolvida ou comunicada a sua restituição (art. 537 do CC);

c) o consignante fixa **preço de estima**, ou seja, o preço mínimo que ele deseja receber pela coisa consignada; esse preço deve ser abaixo do de mercado e o consignatário deve pagar esse preço, ficando com a diferença do valor pago a maior;

d) o consignatário, findo o contrato, pode devolver o bem, ficar com ele (pagando o preço estimado) ou vendê-lo a terceiro (pagando o preço estimado);

e) decorrido o prazo sem entrega da coisa pelo consignatário, cabe reintegração de posse;

f) o consignante, caso não receba o valor pela coisa vendida pelo consignatário, não deve acionar o terceiro, mas o consignatário.

Quanto ao **consignatário**, temos as seguintes regras:

a) tem poderes de posse e de disposição (ou seja, tem um *mandato* para vender a coisa);

b) tem por obrigação principal uma obrigação alternativa, qual seja, de vender a coisa, de ficar com a coisa ou de devolver a coisa no prazo combinado, sendo que, nos dois últimos casos, deve pagar o preço estimado;

c) tem por obrigação acessória arcar com as despesas de custódia e venda da coisa, salvo acordo entre as partes.

Quanto ao **consignante**, temos as seguintes regras:

a) tem poderes de fixar o preço de estima;

b) tem poder de propriedade compatível com o poder do consignatário; tem a posse indireta apenas, podendo retomar após o decurso do prazo; notificado o consignatário sem que este devolva a coisa, caberá reintegração de posse;

c) tem por obrigação não poder dispor da coisa no curso do contrato.

4.10. Doação

O contrato de doação pode ser **conceituado** como *o contrato em que uma pessoa, por liberalidade, transfere de seu patrimônio bens ou vantagens para o de outra, mediante aceitação desta* (art. 538 do CC).

Quanto à **classificação**, a doação é contrato:

a) gratuito: há vantagem apenas para uma das partes;

b) unilateral: há obrigação apenas para uma das partes, salvo na doação com encargo (contrato bilateral);

c) consensual: constitui-se com o mero acordo de vontades, não sendo necessária a entrega da coisa, ou seja, não é contrato *real*;

d) solene/formal: ou seja, há forma prescrita em lei, que deve ser obedecida; no caso, o art. 541, *caput*, e parágrafo único, do CC impõe forma escrita (pública ou privada), salvo bens móveis e de pequeno valor, se lhes seguir incontinenti a tradição.

São **características** do contrato de doação as seguintes:

a) a contratualidade: trata-se de contrato "inter vivos", não se confunde com o testamento, que é ato "causa mortis"; ademais, a doação gera direitos pessoais, direitos típicos de um contrato;

b) o "animus donandi": a doação depende da existência de intenção de praticar uma liberalidade;

c) a transferência de bens ou direitos do patrimônio do doador ao patrimônio do donatário; ou seja, é necessário que haja enriquecimento de um lado e empobrecimento de outro;

d) a necessidade de aceitação do donatário: ou seja, a doação não se aperfeiçoa enquanto beneficiário não a aceitar (art. 539 do CC); a aceitação pode ser das seguintes espécies:

d1) expressa: por exemplo, a feita no próprio instrumento de doação; na doação com encargo só cabe aceitação expressa;

d2) tácita: é aquela que decorre de comportamento do donatário; por exemplo, se o donatário recolhe imposto de transmissão, é sinal que aceitou tacitamente a doação;

d3) presumida: é aquela em que o doador fixa prazo para aceitação ou não da doação, sendo que o donatário é notificado das condições e do prazo para aceitação, deixando transcorrer o prazo "in albis".

No contrato de doação, há **casos particulares**, em que se têm regras específicas:

a) absolutamente incapaz: dispensa-se aceitação, se a doação for pura e simples (art. 543 do CC), já que, nesse tipo de doação, presume-se o benefício para o incapaz; porém, na doação com encargo, o representante legal deve aceitar ou não a doação;

b) nascituro: nesse caso a aceitação será feita pelo representante legal deste (art. 542 do CC);

c) doação em contemplação de casamento futuro: não pode ser impugnada por falta de aceitação; ficará sem efeito se o casamento não se realizar (art. 546 do CC).

Vejamos, agora, aos **requisitos especiais** da doação:

a) subjetivos:

Os **absoluta ou relativamente incapazes** não podem, em regra, doar, nem por seu representante.

Os **cônjuges** não podem doar sem autorização (salvo no regime de separação absoluta), salvo doações remuneratórias de móveis (serviço prestado), doações módicas, doações *propter nuptias* (art. 1.647, parágrafo único, do CC) e doação de bens próprios (salvo imóveis – art. 1.642, II, do CC).

O **cônjuge adúltero** não pode fazer doação a seu cúmplice, sob pena de anulabilidade.

Art. 550 do CC; aliás, "a doação do cônjuge adúltero ao seu cúmplice pode ser anulada pelo outro cônjuge, ou por seus herdeiros necessários, até dois anos depois de dissolvida a sociedade conjugal".

A doação entre **consortes** não é possível, se casados pelo regime de comunhão universal, mas é possível nos demais casos, sendo que essa doação importará em adiantamento do que cabe ao cônjuge donatário, na herança.

O falido não pode doar porque não está na administração da coisa, além do que a doação seria lesiva; é cabível, em alguns casos, a ação pauliana (fraude contra credores – art. 158 do CC).

O ascendente pode doar a **descendente**, mas tal doação importará em adiantamento da legítima (art. 544 do CC), devendo o valor da doação ser colacionado no inventário (arts. 2.002 do CC e 639 do NCPC), salvo se o doador, no instrumento de doação ou por testamento, dispensar a colação, dispondo que a doação está saindo da metade disponível (arts. 1.847, 2.005 e 2.006 do CC).

Cabe doação a **sociedade não constituída** (entidade futura), mas tal doação caducará se a entidade não for criada em dois anos da liberalidade (art. 554 do CC).

b) objetivos:

Só podem ser doadas as coisas *in commercio*; partes do corpo não podem ser doadas, portanto; salvo excepcionalmente, nos casos previstos em lei;

É nula a **doação universal**, ou seja, a doação de todos os bens, sem reserva de parte do patrimônio ou renda suficiente para subsistência do doador (art. 548 do CC). A finalidade da regra é evitar a penúria do doador, garantindo-lhe a dignidade (art. 1º, III, da CF). É possível evitar a sanção de nulidade, fazendo-se reserva de usufruto em favor do doador.

É também nula a **doação inoficiosa**, ou seja, de parte excedente à de que o doador poderia dispor em testamento no momento em que doa (art. 549 do CC), prejudicando os herdeiros necessários.

Essa regra vem se aplicando não só aos contratos de doação pura e simples, como nos de doação remuneratória. Confirma o entendimento do STJ a respeito: "a doação remuneratória, caracterizada pela existência de uma recompensa dada pelo doador pelo serviço prestado pelo donatário e que, embora quantificável pecuniariamente, não é juridicamente exigível, deve respeitar os limites impostos pelo legislador aos atos de disposição de patrimônio do doador, de modo que, sob esse pretexto, não se pode admitir a doação universal de bens sem resguardo do mínimo existencial do doador, tampouco a doação inoficiosa em prejuízo à legítima dos herdeiros necessários sem a indispensável autorização desses, inexistente na hipótese em exame" (REsp 1.708.951-SE, DJe 16/05/2019).

c) requisito formal:

A doação deve ser escrita, podendo ser verbal nos casos já mencionados.

Confira, agora, as **espécies** de doação:

a) pura e simples: é a doação feita por mera liberalidade, sem condição, termo, encargo ou outra restrição. Não perdem esse caráter as doações meritórias (p. ex., para um grande cientista) e a doação remuneratória ou gravada, no que exceder o valor dos serviços ou gravame.

b) modal ou com encargo (ou onerosa): é a doação em que o doador impõe ao donatário uma incumbência específica em benefício próprio (ex.: cuidar do doador), de terceiro (ex.: cuidar do tio doente do doador) ou do interesse geral (ex.: construir uma escola). Se o encargo for ilícito ou impossível, deve ser ignorado. Havendo encargo, é interessante que haja um prazo para o seu cumprimento. Não havendo, deve-se notificar o donatário, assinando prazo razoável para cumprir (art. 562 do CC). Podem exigir o cumprimento o doador, seus herdeiros, os beneficiários do encargo e o Ministério Público, neste caso, se o encargo for do interesse geral, desde que depois da morte do doador, sem que este tenha agido. Em caso de mora no cumprimento da obrigação, o doador pode, ainda, revogar a doação.

c) doação remuneratória: é a doação em que, sob aparência de liberalidade, há firme propósito do doador de pagar serviços prestados pelo donatário ou alguma vantagem que haja recebido deste. Não perde caráter de liberalidade no valor excedente ao valor dos serviços remunerados.

d) doação condicional: é a doação que produz ou deixa de produzir efeitos segundo evento futuro e incerto.

e) doação em forma de subvenção periódica: essa doação parece com a prestação de alimentos (art. 545 do CC), ficando extinta com a morte do doador, salvo se este dispôs de modo diverso, ou seja, que a subvenção periódica continuará.

f) doação com cláusula de reversão: é aquela doação em que o doador estipula a volta dos bens ao seu patrimônio se sobreviver ao donatário (art. 547 do CC). A venda da coisa, estando ainda vivo o doador, é anulável.

g) doação a termo: é aquela doação que tem termo final ou inicial. Ex.: pelo prazo de 10 anos.

h) doação conjuntiva: é a doação feita em comum a mais de uma pessoa. A lei presume que a doação é distribuída por igual. Haverá direito de acrescer, caso venha a faltar um dos donatários, apenas no caso de doação para marido e mulher, subsistindo na totalidade a doação para o cônjuge sobrevivo (art. 551 do CC).

Quanto à **revogação da doação**, pode ser por ingratidão ou por inexecução da obrigação.

Vejamos primeiro a revogação por **ingratidão**.

O art. 556 do CC dispõe que não se pode renunciar antecipadamente ao direito de revogar uma doação, por ingratidão.

Confira as **hipóteses** de **revogação da doação por ingratidão** (art. 557 do CC):

a) se o donatário atentou contra a vida do doador ou cometeu crime de homicídio doloso contra ele;

b) se cometeu contra ele ofensa física;

c) se o injuriou gravemente ou o caluniou;

d) se, podendo ministrá-los, recusou ao doador os alimentos de que este necessitava.

A revogação também é possível se as ofensas mencionadas se derem contra o cônjuge, ascendente, descendente, ainda que adotivo, ou irmão do doador (art. 558 do CC).

O prazo decadencial para ingressar com ação com vistas à revogação da doação é de 1 ano, contado da chegada ao conhecimento do doador o fato que autorizar a sua autoria (art. 559 do CC).

A **legitimidade ativa** para ingressar com essa ação é apenas do doador (trata-se de ação personalíssima), não se transmitindo aos herdeiros, que podem, no máximo, prosseguir na ação intentada pelo doador, caso este venha a falecer.

No caso de homicídio doloso a ação caberá aos herdeiros do doador, salvo perdão por parte deste (art. 561 do CC).

Já a **legitimidade passiva** para a ação visando à revogação da doação é do donatário.

A revogação por ingratidão não prejudica os direitos adquiridos por **terceiros**, nem obriga o donatário a restituir os frutos percebidos antes da citação válida; mas o sujeita a pagar os posteriores, e, quando não possa restituir em espécie as coisas doadas, a indenizá-la pelo meio-termo do seu valor (art. 563 do CC).

Não se revogam por ingratidão (art. 564 do CC):

a) as doações puramente remuneratórias;

b) as oneradas com encargo já cumprido;

c) as que se fizerem em cumprimento de obrigação natural;

d) as feitas para determinado casamento.

Passemos agora ao estudo da revogação da doação por **inexecução do encargo** se o donatário incorrer em mora (art. 562 do CC). Não havendo prazo para o cumprimento, o doador poderá notificar judicialmente o donatário, assinando-lhe prazo razoável para que cumpra a obrigação assumida. Podem exigir o cumprimento do encargo o doador, os herdeiros, os beneficiários do encargo e o Ministério Público (se o encargo for de interesse geral, depois da morte do doador, se este nada tiver feito – art. 553 do CC).

4.11. Empréstimo

O empréstimo é o gênero, que tem como espécies o *comodato* e o *mútuo*.

O empréstimo permite que alguém utilize coisa alheia, com o dever de restituir a coisa ao final.

4.11.1. Comodato

O comodato pode ser **conceituado** como o *empréstimo gratuito de coisas não fungíveis* (art. 579 do CC).

Outro conceito de comodato é o seguinte: *é o contrato pelo qual uma pessoa entrega a outra, gratuitamente, coisa não fungível para que a utilize e depois restitua.*

O comodato é um *empréstimo de uso*, já que a coisa é devolvida depois, ao passo que o mútuo é um *empréstimo de consumo*, já que a coisa (fungível) acaba sendo consumida, devolvendo-se o equivalente.

O comodato tem as seguintes **características**:

a) é unilateral: ou seja, gera obrigações apenas para o comodatário, já que é um contrato que se forma apenas com a entrega da coisa; acidentalmente, o comodato pode gerar obrigações para o comodante, hipótese em que se terá um contrato bilateral imperfeito;

b) é gratuito: ou seja, somente o comodatário aufere vantagens; se for estipulada remuneração, desfigura-se para aluguel; não desfigura o contrato a existência de pequeno encargo, como cuidar das plantas, dos pássaros, ou seja, não pode ser uma contraprestação;

c) é real: ou seja, perfaz-se com a tradição do objeto (art. 579, 2ª parte, do CC); na falta de entrega não se tem comodato, mas no máximo contrato preliminar (promessa de comodato);

d) é não solene: ou seja, não há forma especial para sua validade.

O comodato tem os seguintes **requisitos**:

a) subjetivos:

✓ administradores de bens alheios, especialmente de incapazes (tutores, curadores), não podem dá-los em comodato, pois não seria administração normal a cessão gratuita do uso; nesses casos, o comodato só seria possível mediante autorização judicial;

✓ não há necessidade de que o comodante seja proprietário da coisa dada em comodato; por exemplo, o usufrutuário pode dar a coisa em comodato; porém, o locatário não pode assim agir, sob pena de despejo.

b) objetivos:

Deve se tratar de coisa não fungível, podendo ser móvel ou imóvel.

Quanto à **duração**, o contrato de comodato tem as seguintes características:

a) é temporário; se fosse perpétuo, seria uma doação;

b) possibilidades:

b1) se não tiver prazo convencional (duração indeterminada), tem-se o comodato "ad usum" ou com "tempo presumido"; nesse caso presumir-se-lhe-á pelo tempo necessário para o uso concedido (art. 581 do CC); exs.: empréstimo para fazer um curso em São Paulo por 6 meses ou empréstimo de um trator para uma colheita; a retomada antes do prazo, nesse caso, só será possível em caso de necessidade imprevista e urgente reconhecida pelo juiz, como quando o comodante fique doente e precise fazer um tratamento na cidade onde se encontra o imóvel dado em comodato;

b2) se tiver prazo convencional certo, deve-se respeitá-lo; a retomada antes do termo final só será possível em caso de necessidade imprevista e urgente (art. 581 do CC).

Quanto às **obrigações do comodatário**, temos as seguintes:

a) como obrigação principal, deve *conservar* a coisa como se sua fosse (art. 582 do CC); não basta o cuidado elementar;

correndo risco o objeto, o comodatário deve dar preferência à coisa comodada no salvamento (art. 583 do CC), mas não é necessário que arrisque a própria vida;

b) *não usar* a coisa, senão de acordo com o contrato ou a natureza dela (art. 582 do CC; não é possível cedê-la a terceiro, mudar a sua destinação (ex.: de residencial para comercial), sob pena de responsabilidade por perdas e danos;

c) arcar com as *despesas* normais com uso e gozo da coisa emprestada (ex.: limpeza, condomínio, tributos), não podendo recobrá-las do comodante (art. 584 do CC); porém, o comodatário não responde por despesas extraordinárias (ex.: infiltração, problemas na fundação), mas, se urgentes, deve reparar e depois cobrar do comodante; o comodante só será responsável pelas despesas ordinárias da coisa em caso de consentimento expresso (STJ, AgInt no AREsp 1.657.468-SP, DJe 23/8/2023 – Inf. 785);

d) restituir a coisa "in natura", o que deverá ser feito no prazo ajustado ou, na falta, quando lhe for reclamado, ressalvado o tempo necessário ao uso concedido (finalidade), ou, ainda, em caso de necessidade imprevista e urgente (art. 581 do CC); não restituída a coisa, deve-se constituir em mora o comodatário (por meio de notificação), com posterior ingresso com ação de reintegração de posse; constituído o comodatário em mora, este responderá, até restituir a coisa, pelo aluguel desta que for arbitrado pelo comodante (art. 582 do CC);

e) responder pelo dano à coisa, por culpa ou dolo; responderá também por caso fortuito ou de força maior se, correndo risco o objeto dado em comodato, salvar seus bens primeiro (art. 583 do CC) ou se estiver em mora (arts. 582 e 399 do CC);

f) responder solidariamente se houver mais de um comodatário simultaneamente sobre uma coisa (arts. 585 e 275 a 285, do CC).

São **obrigações do comodante**:

a) reembolsar o comodatário pelas despesas extraordinárias e urgentes que este fizer, ressalvado o direito de retenção em favor deste; porém, o comodante não tem obrigação de restituir as despesas normais e o valor das benfeitorias úteis e voluptuárias não autorizadas por ele;

b) indenizar o comodatário pelos vícios ocultos que escondeu dolosamente e não preveniu.

O comodato fica **extinto** nas seguintes hipóteses:

a) com o advento do termo convencionado;

b) pela resolução, por iniciativa do comodante, em caso de descumprimento de suas obrigações;

c) por sentença, a pedido do comodante, provada a necessidade imprevista e urgente;

d) pela morte do comodatário, se o contrato for "intuito personae"; ex.: morte de paralítico que recebeu cadeira de rodas;

e) pelo distrato;

f) pela alienação da coisa emprestada.

4.11.2. Mútuo

O mútuo pode ser **conceituado** como o *empréstimo de coisas fungíveis* (art. 586 do CC).

Trata-se de contrato pelo qual uma das partes transfere uma coisa fungível a outra, obrigando-se esta a restituir-lhe coisa do mesmo gênero, da mesma qualidade e na mesma quantidade.

Diferentemente do comodato, que é um empréstimo de uso, o mútuo é um empréstimo de consumo.

Um exemplo é o empréstimo de dinheiro, já que este é coisa fungível. O dinheiro emprestado será consumido pelo mutuário, que, mais tarde, devolverá a mesma quantia, mas não necessariamente o mesmo dinheiro que recebeu.

Outro exemplo é empréstimo de café que um vizinho faz para o outro. Quem recebe o café irá consumi-lo. Em seguida, deverá restituir o café, procurando comprar outro da mesma marca e na mesma quantidade emprestada.

Por conta dessa característica do mútuo (empréstimo de consumo), a doutrina aponta que esse contrato transfere a propriedade da coisa emprestada, o que pode ser visualizado com tranquilidade no exemplo do empréstimo de café. O café a ser devolvido em seguida será outro.

O mútuo tem as seguintes **características**:

a) é unilateral: ou seja, gera obrigações apenas para o mutuário; isso ocorre porque o mútuo só se forma com a entrega da coisa, e, uma vez formado, somente o mutuário tem deveres;

b) é gratuito, se não houver remuneração para o mutuante; e é oneroso, se houver remuneração para o mutuante; o mútuo oneroso é denominado mútuo feneratício; em caso de mútuo destinado a fins econômicos (empréstimo de dinheiro feito em favor de uma empresa) presumem-se devidos juros (art. 591 do CC), vale dizer, presume-se que se trata de mútuo oneroso; mútuo destinado a fins econômicos é aquele não feito por amizade, cortesia ou espírito de solidariedade;

c) é real, pois somente passa a existir com a tradição da coisa; assim, o empréstimo de dinheiro somente se perfaz quando há a entrega do dinheiro; mesmo que já haja um contrato de mútuo assinado, enquanto não houver a entrega de dinheiro, o contrato não é considerado existente, tratando-se, nessa fase, de mera promessa de mutuar;

d) é não solene: ou seja, não se exige forma especial.

O mútuo tem os seguintes **requisitos**:

a) subjetivos:

o mutuante deve estar habilitado a obrigar-se;

o mutuário também deve estar habilitado; por exemplo, no caso de mútuo feito a pessoa menor, sem prévia autorização do representante legal, o valor emprestado não pode ser reavido nem do mutuário nem de seus fiadores (art. 588 do CC); trata-se de proteção contra a exploração gananciosa da sua inexperiência; porém, deixa-se de aplicar a pena nos seguintes casos (art. 589 do CC): i) se o representante ratificar posteriormente; ii) se o menor, ausente o representante, contrair empréstimo para seus alimentos habituais; iii) se o menor tiver bens ganhos com seu trabalho, de modo a que eventual execução futura não ultrapasse as forças do patrimônio do menor; iv) se o empréstimo reverter em benefício do menor; v) se o menor entre 16 e 18 anos tiver obtido o empréstimo maliciosamente (art. 180 do CC).

b) objetivos:

É necessário que a coisa seja fungível e de propriedade do mutuante.

Quanto à **duração**, o contrato de mútuo tem as seguintes características (arts. 590 e 592 do CC):

a) a restituição da coisa emprestada deve ser feita no prazo convencionado, que, inexistindo, dá ensejo às seguintes regras:

a1) se for produtos agrícolas: devolve-se até a próxima colheita;

a2) se for dinheiro: o prazo do mútuo será de 30 dias, pelo menos;

a3) se for outra coisa fungível: o mútuo se dará pelo período de tempo que declarar mutuante; ou seja, este, a todo tempo, poderá intimar o devedor para restituir no prazo razoável que estipular;

a4) se o mutuário sofrer notória mudança em sua situação econômica: pode-se exigir a restituição antes do vencimento (art. 590 do CC).

São **obrigações do mutuário:**

a) restituir o que recebeu, em coisas do mesmo gênero, qualidade e quantidade, no prazo estipulado (art. 586 do CC); é válida a cláusula de devolver a coisa equivalente ou seu valor no momento da restituição; em relações de consumo, a restituição total ou parcial do valor emprestado antes do prazo definido no contrato acarreta a redução proporcional dos juros e demais acréscimos (art. 52, § 2º, do CDC); não sendo possível a devolução do gênero, por causa não imputável ao devedor, substitui-se pelo equivalente pecuniário; indenização por perdas e danos só se houver culpa do mutuário;

b) pagar juros, se convencionados, ou se se trata de mútuo com fins econômicos; não se deve confundir os juros compensatórios (remuneração do capital) com os juros moratórios ou legais (pela mora); os juros legais são devidos desde a citação; quanto aos limites legais aos juros compensatórios, o art. 591 do CC estabelece que estes não podem exceder a taxa estipulada no art. 406 do CC (taxa dos juros legais), que é a Taxa Selic, a qual já contém correção monetária e juros; a capitalização de juros é vedada, salvo se feita anualmente e expressamente prevista em contrato (REsp 1.388.972-SC, DJe 13/3/2017); a cumulação de juros compensatórios com juros moratórios é possível, pois cada um tem sua origem, mas não é possível cumulá-los com comissão de permanência; todavia, a regra de limitação de juros e de proibição de capitalização de juros não se aplica às instituições financeiras, inclusive às administradoras de cartão de crédito (Medida Provisória 2.170-36/2001); o conceito de instituição financeira pode ser encontrado no art. 17 da Lei 4.595/1964 e na LC 105/2001); uma empresa varejista (que venda eletrodomésticos, por exemplo) não está autorizada a financiar mercadorias com taxa superior aos juros legais (arts. 406 e 591 do CC), por não ser uma instituição financeira (REsp 1.720.656-MG, DJe 07/05/2020); vale lembrar que muitas dessas lojas têm uma instituição financeira parceira, então é preciso ver se se trata mesmo de um financiamento da loja em si, que seria ilegal acima dos juros legais, ou se se trata uma instituição financeira parceira, situação em que juros acima do previsto no art. 406 do CC são admitidos;

c) pagar correção monetária, também chamada de cláusula de escala móvel; essa correção não se confunde com os juros; porém, quando aplicada a Taxa Selic, é importante observar que essa taxa já embute juros e correção monetária; porém, se os juros e a correção monetária forem estipulados especificamente, há de se tomar cuidado para que os juros estejam dentro dos limites (salvo instituição financeira), bem como se a correção monetária também está dentro dos limites, valendo salientar que a Lei do Plano Real (Lei 10.192/2001) considera nula a estipulação de correção monetária em periodicidade inferior a um ano;

d) responder pelos riscos da coisa desde a tradição (art. 587 do CC).

Em acréscimos às informações dadas sobre o mútuo praticado por **instituições financeiras** (item "b" acima vale trazer alguns entendimentos do STJ a esse respeito:

a) são inaplicáveis aos juros remuneratórios dos contratos de mútuo bancário as disposições do art. 591 c/c o art. 406 do CC/2002. (AgRg no AREsp 602087/RS, DJE 07.08.2015);

b) as instituições financeiras não se sujeitam à limitação dos juros remuneratórios estipulada na Lei de Usura (Decreto 22.626/1933) (AgRg no REsp 1543201/SC, DJE 09.10.2015);

c) as cooperativas de crédito e as sociedades abertas de previdência privada são equiparadas a instituições financeiras, inexistindo submissão dos juros remuneratórios cobrados por elas às limitações da Lei de Usura. (AgRg no REsp 1264108/RS, DJE 19.03.2015);

d) as empresas administradoras de cartão de crédito são instituições financeiras e, por isso, os juros remuneratórios por elas cobrados não sofrem as limitações da Lei de Usura. (Súmula 283/STJ) (AgRg no AREsp 387999/RS, DJE 12.02.2015);

e) É inviável a utilização da taxa referencial do Sistema Especial de Liquidação e Custódia – SELIC como parâmetro de limitação de juros remuneratórios dos contratos bancários (AgRg no AREsp 287604/RS, DJE 0.12.2014);

f) O simples fato de os juros remuneratórios contratados serem superiores à taxa média de mercado, por si só, não configura abusividade. (AgRg no AgRg no AREsp 602850/MS, DJE 11.09.2015);

g) É admitida a revisão das taxas de juros remuneratórios em situações excepcionais, desde que caracterizada a relação de consumo e que a abusividade (capaz de colocar o consumidor em desvantagem exagerada – art. 51, § 1 º, do CDC) fique cabalmente demonstrada, ante às peculiaridades do julgamento em concreto. (AgRg no AREsp 720099/MS, DJE 11.09.2015);

h) Nos contratos bancários, na impossibilidade de comprovar a taxa de juros efetivamente contratada – por ausência de pactuação ou pela falta de juntada do instrumento aos autos –, aplica-se a taxa média de mercado, divulgada pelo Bacen, praticada nas operações da mesma espécie, salvo se a taxa cobrada for mais vantajosa para o devedor. (Súmula 530/STJ) (REsp 1545140/MS, DJE 05/10/2015; AgRg no REsp 1380528/RS, DJE 15.09.2015);

i) Nos contratos bancários, é vedado ao julgador conhecer, de ofício, da abusividade das cláusulas. (Súmula 381/STJ) (AgRg no REsp 1419539/RS, DJE 07.05.2015);

j) Os empréstimos com desconto em folha de pagamento (consignação facultativa/voluntária) devem limitar-se a 30% (trinta por cento) dos vencimentos do trabalhador, ante a natureza alimentar do salário e do princípio da razoabilidade. (AgRg no AREsp 435294/MG, DJE 08.10.2015);

k) Podem as partes convencionar o pagamento do Imposto sobre Operações Financeiras e de Crédito (IOF) por meio de financiamento acessório ao mútuo principal, sujeitando-o aos mesmos encargos contratuais. (AgRg no REsp 1532484/PR, DJE 11.09.2015);

l) É possível a cobrança de comissão de permanência durante o período da inadimplência, à taxa média de juros do mercado, limitada ao percentual previsto no contrato, e desde que não cumulada com outros encargos moratórios. (Súmula 472/STJ) (AgRg no AREsp 722857/PR, DJE 24.09.2015).

5. RESPONSABILIDADE CIVIL

5.1. Introdução

Esse tema é dividido em duas partes. A primeira referente às pessoas que têm a obrigação de indenizar, bem como as hipóteses em que a indenização é devida. E a segunda referente à própria indenização, em temas como a extensão do valor da indenização e as características das indenizações por danos morais, materiais e estéticos.

Não se deve confundir o regime de responsabilidade civil previsto no Código Civil, com o regime previsto no Código de Defesa do Consumidor e em outras leis especiais em relação ao primeiro código. Se uma dada situação fática se caracterizar como relação de consumo, o que pressupõe a existência de um fornecedor, de um lado, e um consumidor destinatário final, de outro, aplica-se o regime do CDC, que é diferente do regime do Código Civil.

5.2. Responsabilidade subjetiva

5.2.1. Hipótese de incidência (art. 186)

De acordo com o art. 186 do Código Civil, aquele que, por ação ou omissão voluntária, negligência ou imprudência, violar direito e causar dano a outrem, ainda que exclusivamente moral, comete ato ilícito.

Essa é hipótese de incidência da responsabilidade subjetiva. Ou seja, aquele cuja conduta se subsumir na hipótese legal mencionada, que traz elementos subjetivos para se configurar (dolo ou culpa ou sentido estrito), terá de indenizar a pessoa que sofrer o dano respectivo.

Observe que o texto legal traz, assim, os seguintes pressupostos para configuração dessa responsabilidade:

conduta + culpa *lato sensu* (culpa *stricto sensu*/dolo) + nexo de causalidade + dano

a) Conduta humana comissiva ou omissiva; naturalmente que a omissão só será juridicamente relevante se o agente tinha o dever jurídico de agir, pois ninguém é obrigado a fazer ou deixar de fazer algo senão em virtude de lei;

b) Culpa *lato sensu*; ou seja, a presença de dolo (ação ou omissão voluntária, ou seja, intencional) ou culpa em sentido estrito, podendo esta se tratar de negligência (deixar de agir com cuidado), imprudência (agir sem cuidado) ou imperícia (falta de observância das regras técnicas);

c) Nexo de causalidade: é a relação entre a conduta do agente e ao dano experimentado pela vítima.

d) Dano: é o prejuízo efetivamente sofrido, podendo ser de ordem material, estética ou moral.

Repare que o elemento subjetivo (culpa ou dolo) deve ser preenchido e, o autor da ação tem o ônus de provar isso. Porém, há situações em que a jurisprudência presume a culpa do autor do dano, hipótese em que caberá a ele provar alguma excludente da sua responsabilidade. Veja um caso em que isso acontece: "Em ação destinada a apurar a responsabilidade civil decorrente de acidente de trânsito, presume-se culpado o condutor de veículo automotor que se encontra em estado de embriaguez, cabendo-lhe o ônus de comprovar a ocorrência de alguma excludente do nexo de causalidade." (REsp 1.749.954-RO, DJe 15/03/2019).

Em relação ao nexo de causalidade é importante ressaltar que se a conduta do ofensor levar a danos que somam a outros danos com liame causal com os primeiros danos, o nexo de causalidade é considerado presente quanto aos demais danos. Nesse sentido, o STJ decidiu que a infecção hospitalar que, reconhecidamente tem liame causal com os danos sofridos por recém-nascido, impõe o afastamento das concausas – a prematuridade e o baixo peso do bebê recém-nascido –, atraindo, assim, a responsabilidade do hospital pelo pagamento integral das indenizações, à luz da teoria da causalidade adequada (dano direto e imediato). (Informativo STJ 778)

Exemplo atual de culpa ou dolo ensejador de responsabilidade civil é o do companheiro que com seu comportamento assume o risco de transmissão do vírus HIV à parceira. Nesse caso, ele responderá civilmente pelo dano, configurando a culpa (ou o dolo eventual) quando a pessoa transmissora do vírus da AIDS está ciente da alta probabilidade de contaminação, notadamente pelo comportamento de risco adotado, e ainda assim mantém relação sexual com sua parceira sem a prevenção adequada. "De fato, o parceiro que suspeita de sua condição soropositiva, por ter adotado comportamento sabidamente temerário (vida promíscua, utilização de drogas injetáveis, entre outros), deve assumir os riscos de sua conduta. Conclui-se, assim, que a negligência, incúria e imprudência ressoam evidentes quando o cônjuge/companheiro, ciente de sua possível contaminação, não realiza o exame de HIV (o Sistema Único de Saúde – SUS disponibiliza testes rápidos para a detecção do vírus nas unidades de saúde do país), não informa o parceiro sobre a probabilidade de estar infectado nem utiliza métodos de prevenção, notadamente numa relação conjugal, em que se espera das pessoas, intimamente ligadas por laços de afeto, um forte vínculo de confiança de uma com a outra" (REsp 1.760.943-MG, DJe 06/05/2019).

5.2.2. Consequência (art. 927)

Aquele que cometer ato ilícito, ou seja, aquele que praticar ato que se enquadra na hipótese de incidência mencionada, *fica obrigado a reparar dano*. Trata-se do dever de indenizar, previsto como consequência legal da prática de um ato ilícito, no bojo do art. 927 do CC.

5.3. Responsabilidade objetiva

Diferentemente da responsabilidade subjetiva, que depende de dolo ou de culpa em sentido estrito para se configurar, a responsabilidade objetiva se configura sem esses elementos subjetivos, bastando, assim, a presença dos seguintes requisitos: a) conduta humana; b) nexo de causalidade; c) dano.

O nexo de causalidade também é necessário na responsabilidade objetiva. Confira um exemplo disso: "A proprietária, na qualidade de arrendadora de aeronave, não pode ser responsabilizada civilmente pelos danos causados por acidente aéreo, quando há o rompimento do nexo de causalidade [no caso, conduta culposa do piloto], afastando-se o dever de indenizar" (STJ, REsp 1.414.803-SC, j. 04/05/2021).

Cada vez mais nosso ordenamento jurídico há hipóteses legais de responsabilidade objetiva, muitas delas inclusive previstas como regras específicas no próprio Código Civil. Também se verifica importantes hipóteses dessa responsabilidade nos direitos administrativo, ambiental e do consumidor, entre outros.

Confira, agora, casos em que se tem ou responsabilidade objetiva no Código Civil.

5.3.1 Casos previstos em lei

5.3.1.1. Produtos postos em circulação (art. 931)

De acordo com o art. 931 do CC, os empresários individuais e as empresas respondem independentemente de culpa pelos danos causados pelos **produtos** postos em circulação. Tem-se aqui típica responsabilidade objetiva. Um exemplo é o dano causados por insumo vendido a uma indústria. Repare que essa hipótese até se parece com a prevista nos arts. 12 e 14 do CDC, mas há diferença. A primeira é que no CDC a regra vale tanto para produto, como para serviço. E no CC só vale para produto. Outra diferença é que, em se tratando de uma relação regida pelo CC, somente empresários individuais e empresas respondem dessa forma, o mesmo não acontecendo se for outro tipo de pessoa, tais como meras pessoas naturais, pessoas jurídicas não empresariais e entes despersonalizados.

5.3.1.2. Responsabilidade pelo fato de 3º (arts. 932 e 933)

Aqui tem-se a chamada responsabilidade **indireta**. Trata-se daquela situação em que alguém não fez nada, mas acaba respondendo pelo ato de alguém que causou um dano a outrem, daí porque se fala em responsabilidade pelo fato de terceiro. Nesses casos, cujas hipóteses já serão vistas, o verdadeiro causador do dano geralmente pode responder por este, mas a lei permite que se acione um responsável no seu lugar.

Vejamos as hipóteses:

a) Pais por filhos menores sob sua autoridade e companhia; para o STJ, a emancipação voluntária não exclui responsabilidade do pai;

b) Tutor e curador nos mesmos casos;

c) Empregador por empregados, no exercício do trabalho; para o STF, é presumida a culpa do patrão (Súmula 341); para o STJ, o tomador de serviço não responde por empresa terceirizada;

d) Dono de hotel por hóspedes;

e) Partícipe de crime, sem ganho, até o limite de sua participação.

5.3.1.3. Dono ou detentor de animal (art. 936)

De acordo com o art. 936 do CC, o dono ou detentor do animal ressarcirá o dano por este causado, se não provar culpa da vítima ou força maior.

De acordo com o Enunciado 452 JDC/CJF, a responsabilidade no caso é objetiva, admitindo duas excludentes, quais seja, culpa exclusiva da vítima e força maior.

5.3.1.4. Prédio em ruína (art. 937)

De acordo com o art. 937 do CC, o dono de edifício ou construção responde pelos danos que resultarem de sua ruína se esta provier de falta de reparos, cuja necessidade fosse manifesta.

5.3.1.5. Coisas caídas ou lançadas (art. 938)

De acordo com o art. 938 do CC, aquele que habitar prédio, ou parte dele, responde pelo dano proveniente das coisas que dele caírem ou forem lançadas em lugar indevido.

5.3.2. Atividade de risco (art. 927, parágrafo único)

Também se tem hipótese de responsabilidade objetiva no CC a decorrente da atividade de risco. Todavia, pela sua importância, de rigor tratar em item separado.

Com efeito, o art. 927, parágrafo único, do CC dispõe que quando a atividade normalmente desenvolvida pelo autor do dano implicar, por sua natureza, risco para os direitos de outrem, haverá obrigação de reparar o dano, independentemente de culpa.

Importante consignar que a expressão "direitos de outrem" abrange não apenas a vida e a integridade física, mas também outros direitos, de caráter patrimonial ou extrapatrimonial (Enunciado 555 JDC/CJF).

Um exemplo dessa situação é um acidente com um helicóptero particular, matando terceiros. Repare que não há uma relação de consumo no caso, de modo que não se aplica a responsabilidade objetiva prevista no CDC. Porém, em se tratando o ato de andar de helicóptero uma conduta que, por sua natureza, traz riscos para terceiros, a responsabilidade no caso é objetiva e sequer é necessário que o autor da ação indenizatória tenha de provar que houve dolo ou culpa em sentido estrito no caso.

De acordo com os Enunciados 38 e 448 do JDC/CJF, configura-se o risco quando a atividade causar a pessoa determinada um ônus maior do que aos demais membros da coletividade ou sempre que a atividade normalmente desenvolvida, mesmo sem defeito e não essencialmente perigosa, induza, por sua natureza, risco especial e diferenciado aos direitos de outrem, salientando-se que são critérios de avaliação desse risco, entre outros, a estatística, a prova técnica e as máximas de experiência.

Seguem mais exemplos da aplicação dessa modalidade de responsabilidade objetiva, baseada na teoria do risco criado:

a) dano causado em passageiro de trem decorrente de ato de vandalismo que resulta no rompimento de cabos elétricos de vagão de trem; em virtude da aplicação dessa teoria, o ato de vandalismo não exclui a responsabilidade da concessionária/ transportadora, pois cabe a ela cumprir protocolos de atuação para evitar tumulto, pânico e submissão dos passageiros a mais situações de perigo (REsp 1.786.722-SP, DJe 12/06/2020);

b) falecimento de advogado nas dependências do fórum, por disparos de arma de fogo efetuados por réu em ação criminal; trata-se de omissão estatal em atividade de risco anormal (REsp 1.869.046-SP, DJe 26/06/2020);

c) acerca da responsabilidade civil objetiva e acidente de trabalho, o STF exarou importantíssima decisão no sentido de que o art. 927, parágrafo único, do CC é compatível com o art. 7º, XXVIII, da CF, sendo constitucional a responsabilização objetiva do empregador por danos decorrentes de acidentes de trabalho nos casos especificados em lei ou quando a atividade normalmente desenvolvida, por sua natureza, apresentar exposição habitual a risco especial, com potencialidade lesiva, e implicar ao trabalhador ônus maior do que aos demais membros da coletividade. (RE 828040/DF, j. em 12.3.2020);

d) "Convite para cobertura jornalística. Benefício econômico para empresa. Fornecimento de transporte e hospedagem. Acidente automobilístico. Falecimento de jornalista. Responsabilidade civil objetiva. Teoria do risco. Incidência. Art. 927 do Código Civil. A empresa que expede convites a jornalistas para a cobertura e divulgação de seu evento, ou seja, em benefício de sua atividade econômica, e se compromete a prestar o serviço de transporte destes, responde objetivamente pelos prejuízos advindos de acidente automobilístico ocorrido quando de sua prestação". STJ, REsp 1.717.114-SP, Rel. Min. Marco Aurélio Bellizze, Terceira Turma, por unanimidade, julgado em 29/03/2022.

5.3.3. Ato ilícito por abuso de direito (art. 187)

Outro caso importante de responsabilidade objetiva, apesar de se ter um ato definido pela lei como "ato ilícito" (tradicionalmente associado com a responsabilidade subjetiva), é o da responsabilidade por abuso de direito.

De acordo com o art. 187 do CC, *"também comete ato ilícito o titular de um direito que, ao exercê-lo, excede manifestamente os limites impostos pelo seu fim econômico ou social, pela boa-fé ou pelos bons costumes"*.

E, como se sabe, quem comete ato ilícito, tem o dever de reparar o dano.

Porém, repare que na definição de abuso de direito a lei em momento algum exige conduta dolosa ou culposa em sentido estrito daquele que propicia o dano, de modo que a doutrina aponta que se tem, no caso, responsabilidade objetiva, conforme já mencionado.

O abuso de direito também é chamado de **ato emulativo.**

Como exemplos dessa conduta, temos os seguintes:

✓ excesso na liberdade de informação;

✓ excesso no exercício da propriedade (direito de vizinhança);

✓ excesso na legítima defesa.

Acerca da temática do abuso de direito, confira, ainda, os seguintes enunciados das Jornadas de Direito Civil:

a) 413 – Art. 187: Os bons costumes previstos no art. 187 do CC possuem natureza subjetiva, destinada ao controle da moralidade social de determinada época, e objetiva, para permitir a sindicância da violação dos negócios jurídicos em questões não abrangidas pela função social e pela boa-fé objetiva.

b) 414 – Art. 187: A cláusula geral do art. 187 do Código Civil tem fundamento constitucional nos princípios da solidariedade, devido processo legal e proteção da confiança, e aplica-se a todos os ramos do direito.

Um caso interessante de reconhecimento de abuso de direito se deu quando um pai, ao registrar o nome do filho, acabou registrando com nome diferente do combinado com a mãe. A consequência foi a seguinte: "É admissível a exclusão de prenome da criança na hipótese em que o pai informou, perante o cartório de registro civil, nome diferente daquele que havia sido consensualmente escolhido pelos genitores" (STJ, REsp 1.905.614-SP, DJe 06/05/2021).

5.4. Excludentes de responsabilidade em geral

As excludentes de responsabilidade são as hipóteses previstas expressa ou implicitamente na lei que afastam a responsabilidade civil, ou seja, o dever de indenizar. Confira-se:

5.4.1. Legítima defesa

Consiste naquela situação atual ou iminente de injusta agressão a si ou terceiro, propiciando que o agente use dos meios necessários para repelir essa agressão. Um exemplo é aquela situação em que uma pessoa atira em outro que está apontando contra si uma arma de fogo e ameaçando atirar. Naturalmente que o agente que agir em legítima defesa terá sua responsabilidade afastada, salvo se agir com excesso, pelo qual responderá.

5.4.2. Exercício regular de direito

Consiste na conduta de alguém que, mesmo causando um prejuízo a outrem, é considerada regular pela lei, não se enquadrando em hipótese de legítima defesa ou de estado de necessidade. Por exemplo, se você protestar um devedor que não lhe pagar um título protestável, naturalmente estará causando um prejuízo ao devedor, mas este não terá direito de ser indenizado pelo simples fato de você estar atuando no exercício regular de um direito.

5.4.3. Estrito cumprimento de dever legal

Consiste na conduta de alguém que tem o dever legal de atuar, mesmo causando um dando a outrem. Um exemplo é o do policiar que prende alguém em flagrante pela prática de um crime. Naturalmente que a pessoa que está sendo presa sofre um prejuízo, mas não se trata de um dano indenizável.

5.4.4. Estado de necessidade

Consiste em deteriorar ou distribuir coisa alheia, ou mesmo em causar uma lesão a uma pessoa, *a fim de remover perigo iminente*. A lei considera que esse ato *será legítimo quando as circunstâncias o tornarem absolutamente necessário, não excedendo os limites do indispensável para a remoção do perigo*. Porém, se o terceiro atingido não for o causador do perigo, o agente responde perante esse terceiro, com direito de ação regressiva contra verdadeiro culpado pela situação que o levou a agir premido do estado de necessidade. Um exemplo é o seguinte: "A", fechado por "B", desvia carro, batendo em um terceiro ("C") para não atropelar alguém; "A", apesar do estado de necessidade, responderá perante o terceiro ("C"), podendo ingressar com ação de regresso contra "B", culpado por tudo.

5.4.5. Caso fortuito ou de força maior

Consiste no fato necessário, cujos efeitos não são passíveis de se evitar ou impedir (art. 393, parágrafo único, do CC). Um exemplo é de um tornado de grande expressão ou de um terremoto, que venha a causar danos a certas pessoas.

De acordo com o Enunciado 443 das Jornadas de Direito Civil, "o caso fortuito e a força maior somente serão considerados como excludentes da responsabilidade civil quando o fato gerador do dano não for conexo à atividade desenvolvida".

Por conta disso, para o STJ, roubo em posto de gasolina é considerado força maior, excluindo a responsabilidade do estabelecimento. Já roubo em agência bancária é evento previsível e esperado em se tratando desse tipo de atividade (bancária), não caracterizando, assim, força maior, ou seja, não afastando a responsabilidade de indenizar por parte do banco.

Outro entendimento importante é o fixado na Súmula 479 do STJ: "As instituições financeiras respondem objetivamente pelos danos gerados por fortuito interno relativo a fraudes e delitos praticados por terceiros no âmbito de operações bancárias".

Outro exemplo é o seguinte: "a concessionária de transporte ferroviário pode responder por dano moral sofrido por passageira, vítima de assédio sexual, praticado por outro usuário no interior do trem" (REsp 1.662.551-SP, DJe 25.06.2018).

Um caso importante diz respeito aos roubos à mão armada ocorridos em estacionamento de estabelecimentos comerciais. Nessa situação, de acordo com o caso concreto, haverá um tipo de solução. Confira o entendimento do STJ a respeito (EREsp 1.431.606-SP, DJe 02/05/2019):

a) roubo em estacionamento pago: nesse caso, tem-se fortuito interno (interno ao contrato oneroso que se tem), então o estabelecimento deve arcar com a indenização;

b) roubo em estacionamento gratuito: nesse caso, tem-se fortuito externo, então o estabelecimento deve arcar com a indenização; um exemplo é um roubo à mão armada que ocorre no estacionamento externo e gratuito oferecido por um restaurante *fast food*;

c) roubo em estacionamento gratuito de grandes shoppings, de hipermercados ou de estabelecimento que venda a ideia de segurança: nesse caso o STJ entende que esses estabelecimentos respondem pelos assaltos à mão armada praticados contra os clientes pelo fato de esses locais oferecerem a legítima expectativa de segurança ao cliente em troca dos benefícios financeiros indiretos decorrentes desse acréscimo de conforto aos consumidores; trata-se de uma interpretação extensiva da Súmula 130 do STJ, que se aplica apenas a furtos; vale mencionar que o shopping center e o estacionamento vinculado a ele podem ser responsabilizados por roubo à mão armada ocorrido também na cancela para ingresso no estabelecimento comercial, em via pública, considerando que essa barreira (cancela) é imposta para benefício do estabelecimento empresarial, que tem então o dever de fiscalização, podendo responder civilmente em virtude de fortuito interno (REsp 2.031.816-RJ, j. 14/3/2023 – Inf. 767).

5.4.6. Culpa exclusiva da vítima

Consiste em dano casado exclusivamente por conduta da vítima deste, sem que haja qualquer tipo de liame necessário entre a conduta de terceiros e o dano causado. Ex.: alguém se joga na frente de um carro e é atropelado.

Vale observar que se o caso envolver a chamada culpa concorrente (ou seja, ao mesmo tempo há culpa da vítima e do ofensor), não se estará diante de excludente de responsabilidade, mas apenas de uma hipótese de alteração do valor da indenização.

5.4.7. Fato de terceiro

Consiste em dano causado exclusivamente por conduta de terceiro, sem que haja qualquer tipo de liame necessário entre a conduta de alguém que se deseja imputar e o dano causado. Ex.: arremesso de pedra em ônibus, ferindo passageiro (STJ). Vale salientar que a extinção da punibilidade criminal não acarreta exoneração da responsabilidade, salvo negativa de autoria ou do fato.

5.5. Sujeitos passivos do direito à indenização

5.5.1. Autores e coautores da ofensa

5.5.2. Responsáveis indiretos

a) Responsáveis por atos de terceiros (arts. 932 e 933);

b) Súmula STJ 130: a **empresa responde, perante o cliente, pela reparação de dano/furto em seu estacionamento;**

c) Súmula STF 492: empresa **locadora** de veículos responde civil e solidariamente com o locatário pelos danos por este causados a terceiro, no uso do carro locado;

d) Súmula STJ 132: a ausência de registro da transferência não implica responsabilidade do antigo dono resultante de acidente que envolva o **veículo alienado.**

5.5.3. Solidariedade

Se a ofensa tiver mais de um autor, todos responderão solidariamente pela reparação (art. 942).

Um exemplo de solidariedade está na Súmula STJ 221: são civilmente responsáveis pelo ressarcimento de dano, decorrente de publicação pela imprensa, tanto o autor do escrito quanto o proprietário do veículo de divulgação. Essa regra também vale para matérias em rádio e televisão, respondendo solidariamente tanto o órgão de imprensa como o autor das declarações que ensejam reparação civil. Nesse tema, vale mencionar que a irresponsabilidade da imprensa ao exibir, em rede nacional, programa que veicule matéria ofensiva à honra e à dignidade de cidadão enseja dano moral indenizável e este deve ser suficiente para reparar o dano, servir de sanção da conduta praticada e coibir novos abusos (Informativo STJ 762).

Porém, a súmula e a decisão citadas não se aplicam em relação aos provedores de internet e redes sociais. Nesse sentido, se um usuário de rede social posta conteúdo ofensivo a terceiro, este não poderá pedir indenização por danos materiais e morais junto à empresa provedora daquele portal. Tal empresa só poderá ser acionada se, mesmo após ter sido comunicada a respeito da mensagem ofensiva, não a tiver excluído.

Outro exemplo de solidariedade é o trazido pelo STJ, no REsp 343.649, quando se decidiu que, quem permite que terceiro conduza seu veículo, é responsável solidário pelos danos culposamente causados por este.

5.6. Sujeitos ativos do direito à indenização

5.6.1. Vítima direta

Ex.: aquele que sofreu o acidente.

5.6.2. Vítima indireta

Ex.: os familiares próximos da vítima do acidente.

Tem-se no caso danos morais **reflexos** ou por **ricochete.** Neste passo, ressalta-se que no plano patrimonial, a manifestação do dano reflexo ou por ricochete não se restringe às hipóteses previstas no art. 948 do Código Civil (Enunciado n. 560 JDC/CJF).

Trata-se do *préjudice d'affection*, pois o instituto é fundado no princípio da afeição.

O STJ admite o dano indireto, sendo comum fixar-se indenização por danos morais em favor de pessoas muito próximas da vítima de um homicídio, tais como pais, filhos, irmãos, cônjuge e companheiro.

5.7. Reparação dos danos

5.7.1. Regra

De acordo com o art. 942 do Código Civil, "Os bens do responsável pela ofensa ou violação do direito de outrem ficam sujeitos à reparação do dano causado; e, se a ofensa tiver mais de um autor, todos responderão solidariamente pela reparação".

Repare que essa regra vale para qualquer tipo de responsabilidade civil, seja ela objetiva ou subjetiva.

Uma vez fixada essa vinculação entre os bens do responsável pela ofensa e o direito do ofendido em ver o seu dano reparado, de rigor entender como se fixará a indenização.

A primeira regra a ser considerada é a seguinte: a indenização mede-se pela extensão do dano. Parece óbvio, mas é regra fundamental. Trata-se do princípio da reparação integral dos danos. Exemplo de aplicação prática do princípio é a Súmula 281 do STJ, que impede a tarifação do dano moral.

Todavia, há exceções a essa regra, que serão vistas agora.

5.7.2. Exceções ao princípio da reparação integral

a) Se houver **excessiva desproporção** entre a *gravidade da culpa* e o *dano* o juiz pode reduzir equitativamente a indenização (art. 944, parágrafo único);

b) Se houver **culpa recíproca**, a indenização será *proporcional*, levando em conta os graus de culpa;

c) O **incapaz** responde *subsidiária* e *equitativamente*.

Neste último caso responde subsidiariamente, pois só terá a obrigação de indenizar se o seu responsável não responder ou não dispuser de meios. E responde **equitativamente,** pois, caso o incapaz responda, o valor da indenização não poderá privá-lo do necessário para a sua subsistência. Um exemplo de situação que abarca os dois requisitos é caso de um incapaz rico, cujo curador não tenha meios para responder. Adotou-se na hipótese a **Teoria do Patrimônio Mínimo**, de modo a garantir sempre um patrimônio para o incapaz, criando a **Responsabilidade Mitigada e Subsidiária**. Por fim, importante mencionar que há entendimento doutrinário no sentido de que pais, tutores e curadores também se beneficiam dessa limitação quando o pagamento da indenização puder prejudicar a subsistência do incapaz (Enunciado CJF 39).

5.7.3. Espécies de danos

5.7.3.1. Dano material

O dano a material pode ser classificado nas seguintes espécies:

a) danos emergentes: *o que efetivamente se perdeu;* ex.: conserto do veículo, medicamentos, tratamentos;

b) lucros cessantes: *o que razoavelmente se deixou de lucrar*; ex.: renda que profissional liberal deixa de auferir por ficar 30 dias sem trabalhar;

c) decorrente da **"Perda de uma Chance":** aquele decorrente da possibilidade de buscar posição jurídica mais vantajosa que **muito provavelmente** ocorreria; ex.: voo atrasado a impedir posse de aprovado em concurso. De acordo com o Enunciado 444 das Jornadas de Direito Civil, "a responsabilidade civil pela perda de chance não se limita à categoria de danos extrapatrimoniais, pois, conforme as circunstâncias do caso concreto, a chance perdida pode apresentar também a natureza jurídica de dano patrimonial. A chance deve ser séria e real, não ficando adstrita a percentuais aprioristicos". O STJ reconheceu a aplicabilidade dessa teoria no seguinte caso: "Tem direito a ser indenizada, com base na teoria da perda de

uma chance, a criança que, em razão da ausência do preposto da empresa contratada por seus pais para coletar o material no momento do parto, não teve recolhidas as células-tronco embrionárias. No caso, a criança teve frustrada a chance de ter suas células embrionárias colhidas e armazenadas para, se eventualmente fosse preciso, fazer uso delas em tratamento de saúde. (...) Essa chance perdida é, portanto, o objeto da indenização" (REsp 1.291.247-RJ, J. em 19.08.2014).

5.7.3.2. Dano estético

Consiste em modalidade de dano própria das situações de alteração corporal que causa desagrado e repulsa, tais como cicatrizes, marcas e aleijões. Sobre esse dano o STJ editou a Súmula 387, dispondo o dano estético é cumulável com o dano moral.

5.7.3.3. Dano moral

O dano moral, que será adiante visto com mais vagar, além de cumulável com o dano estético, conforme visto, é cumulável com o dano material, conforme Súmula 37 do STJ.

5.7.4. Na demanda antes de vencida a dívida (art. 939)

Nesse caso o credor ficará obrigado a i) esperar o tempo que faltava para o vencimento; ii) descontar os juros correspondentes, embora estipulados; iii) pagar as custas em dobro.

5.7.5. Na demanda por dívida já paga (art. 940)

Nesse caso o credor ficará obrigado a pagar ao devedor o dobro do que houver cobrado.

5.7.6. Na demanda com pedido maior que o devido (art. 940)

Nesse caso o credor ficará obrigado a pagar ao devedor o equivalente do que dele exigir. Porém, há uma **excludente**: as penas previstas nos arts. 939 e 940 não se aplicarão quando o autor **desistir** da ação antes de contestada a lide, salvo ao réu o direito de haver indenização por algum prejuízo que prove ter sofrido.

5.7.7. Homicídio (art. 948)

Nesse caso, os familiares que ingressarem com ação contra o ofensor para requerer:

a) despesas com tratamento da vítima, seu funeral e o luto da família (ex.: médico + enterro + dano moral);

b) alimentos às pessoas a quem o morto os devia, levando-se em conta a duração provável da vida da *vítima*, tratando-se da famosa "pensão".

5.7.8. Lesão à saúde (art. 949)

Nesse caso, a vítima pode ingressar com ação contra o ofensor para requerer:

a) despesas do tratamento e dos lucros cessantes até o fim da convalescença, além de prejuízos provados (art. 949);

b) se resultar defeito impedindo o ofendido de exercer profissão ou diminuindo sua capacidade de trabalho, a indenização incluirá pensão correspondente à importância do trabalho para quem se inabilitou ou da depreciação sofrida (art. 950);

c) o prejudicado, se preferir, poderá exigir que a indenização seja arbitrada e paga de uma só vez, em vez de pensão.

O disposto nos arts. 948 a 950 aplica-se ao caso de danos causados no exercício de atividade profissional.

5.7.9. Esbulho (art. 952)

Nesse caso, a vítima pode ingressar com ação contra o ofensor para requerer:

a) havendo usurpação ou esbulho do alheio, indenização, que abrange: i) valor das deteriorações; ii) lucros cessantes;

b) faltando a coisa, reembolsa-se o equivalente pelo preço ordinário e de afeição, desde que este não supere àquele.

5.7.10. Injúria, difamação e calúnia (art. 953)

Nesse caso, a vítima pode ingressar com ação contra o ofensor para requerer:

a) indenização, que consistirá na reparação do dano que delas resulte ao ofendido.

b) se o ofendido não puder provar prejuízo material, o juiz fixará, equitativamente, o valor da indenização.

5.7.11. Ofensa à liberdade pessoal (art. 954)

Nesse caso tem-se dano causado por cárcere privado e prisão ilegal (por denúncia falsa ou má-fé). A indenização consistirá no pagamento das perdas e danos que sobrevierem ao ofendido, e, se este não provar prejuízo, juiz fixará equitativamente o valor da indenização.

5.8. Dano moral

5.8.1. Conceito

Consiste na **ofensa ao patrimônio moral** *de pessoa, tais como o nome, a honra, a fama, a imagem, a intimidade, a credibilidade, a respeitabilidade, a liberdade de ação, a autoestima, o respeito próprio e a afetividade.*

5.8.2. Sujeitos passivos do dano moral

a) Pessoas naturais; qualquer pessoa natural pode sofrer dano moral e, mesmo que essa pessoa venha a falecer, o direito à ser indenizado é transmitido aos herdeiros da vítima; nesse sentido confira a Súmula STJ 642: "O direito à indenização por danos morais transmite-se com o falecimento do titular, possuindo os herdeiros da vítima legitimidade ativa para ajuizar ou prosseguir a ação indenizatória";

b) Pessoas jurídicas (Súmula 227 do STJ), sendo que, nesse caso, o dano moral advém da ofensa à honra **objetiva** da pessoa jurídica. A honra objetiva consiste na reputação, no conceito que a sociedade possui acerca do sujeito; ex.: difamação do nome de um restaurante da cidade; já no caso do condomínio é diferente; este, por ser uma massa patrimonial, não possui honra objetiva apta a sofrer dano moral (REsp 1.736.593-SP, DJe 13/02/2020); as pessoas jurídicas de direito público também têm essa proteção: "Pessoa Jurídica de Direito Público tem direito à indenização por danos morais relacionados à violação da honra ou da imagem, quando a credibilidade institucional for fortemente agredida e o dano reflexo sobre os demais jurisdicionados em geral for evidente." (STJ, REsp 1.722.423-RJ, DJe 18/12/2020);

c) Coletividade: o STJ está dividido sobre essa possibilidade, apesar de haver disposição legal expressa acerca do cabimento de indenização por dano moral em caso de danos coletivos ou difusos (art. 6º, VII, do CDC).

5.8.3. Prova do dano moral

a) Pessoa natural: a simples lesão ao patrimônio moral da pessoa natural caracteriza o dano moral, não sendo necessário prova da ocorrência desse dano; ex.: mãe não precisa demonstrar que sentiu morte do filho; na inexecução de um contrato não existe tal presunção;

b) Pessoa jurídica: o fato lesivo deve ser devidamente demonstrado para caracterizar o dano moral (Enunciado 189/CJF).

c) Dano moral *in re ipsa*: para o STJ, determinadas condutas geram dano moral, sem necessidade de demonstração ou prova da ocorrência deste, mesmo quando a vítima for pessoa jurídica; por exemplo, a inscrição indevida em cadastro de inadimplentes e a publicação não autorizada da imagem de pessoa, com fins econômicos ou comerciais (Súmula STJ 403). Porém, o dano moral *in re ipsa* não se configura quando nos acidentes de veículos automotores sem vítimas (REsp 1.653.413-RJ, DJe 08.06.2018). Da mesma forma, o vazamento de dados pessoais não gera dano moral presumido (AREsp 2.130.619-SP, DJe 10/3/2023 – Inf. 766).

5.8.4. Exemplos de casos em que cabe dano moral

Súmula STJ 388
A simples devolução indevida de cheque caracteriza dano moral.

Súmula STJ 370
Caracteriza dano moral a apresentação antecipada de cheque pré-datado.

Súmula STJ 227
A pessoa jurídica pode sofrer dano moral.

Outros casos são os seguintes: a) de abandono afetivo; vide, por exemplo, STJ, REsp 1.159.242, j. 24.04.2012; b) de ocultação da verdade, por cônjuge, quanto à paternidade biológica; vide, por exemplo, STJ, REsp 922.462, j. 04.04.2013. Na mesma decisão em que se reconheceu a responsabilidade do cônjuge infiel, afastou-se a responsabilidade do cúmplice ("amante"). c) abandono material (REsp 1.087.561-RS, Rel. Min. Raul Araújo, por unanimidade, julgado em 13/6/2017, DJe 18/8/2017).

5.8.5. Exemplos de casos em que não cabe dano moral

Súmula STJ 385
Anotação irregular em cadastro de crédito não gera dano moral se já existe legítima inscrição.

Informativo 350 STJ
Descumprimento de contrato, por si só, não gera dano moral.

Outro caso em que não cabe dano moral é aquele em que um produto é comprado e, por ter problema, precisa ir ao conserto, sendo certo que esse mero dissabor, salvo situações excepcionais, não enseja indenização por dano moral.

5.8.6. Critérios para fixação da indenização

Nessa difícil tarefa o juiz deve ter em vista que a condenação por danos morais atende um critério reparador à vítima ao mesmo tempo que deve ter cunho pedagógico-punitivo ao autor da lesão. Não obstante a existência de tais parâmetros, o tema sobre a fixação do *quantum* indenizatório ainda é bastante controvertido na jurisprudência e costuma levar em conta parâmetros como os seguintes:

a) Reflexos pessoais e sociais da ação ou omissão;

b) Possibilidade de superação física ou psicológica;

c) Extensão e duração dos efeitos da ofensa;

d) Situação social, política e econômica dos envolvidos;

e) Condições em que ocorreu a ofensa ou prejuízo moral;

f) Intensidade do sofrimento ou humilhação;

g) Grau de dolo ou culpa;

h) Existência de retratação espontânea;

i) Esforço efetivo para minimizar a ofensa;

j) Perdão, tácito ou expresso.

5.8.7. Valores médios fixados pelo STJ

a) falecimento: R$ 200 mil em favor de filhos, pais, cônjuges, companheiros e irmãos;

b) lesão grave, gerando incapacidade irreversível: R$ 150 mil em favor da vítima direta, R$ 50 mil em favor de pais ou cônjuge e R$ 10 mil para irmão;

c) prisão indevida: R$ 100 mil;

d) publicação de notícia inverídica: R$ 22,5 mil;

e) recusa em cobrir tratamento médico: R$ 20 mil;

f) protesto indevido: R$ 10 mil;

g) cancelamento injustificado de voo: R$ 8 mil.

Ressalta-se, contudo, que se trata apenas de valores médios, pois consoante Enunciado 550 JDC/CJF a quantificação da reparação por danos extrapatrimoniais não deve estar sujeita a tabelamento ou a valores fixos.

Vale citar que o STJ vem **reformando** decisões que fixam indenização em valor não aproximado dos valores médios por ele praticados.

5.8.8. Encargos de condenação

a) correção monetária: é devida desde a data da fixação da indenização por dano moral (sentença ou acórdão); segundo a Súmula 362 do STJ, "A correção monetária do valor da indenização do dano moral incide desde a data do arbitramento";

b) juros moratórios: são devidos desde a data do evento danoso (Súmula STJ 54);

c) honorários: incidem também sobre o valor fixado a título de danos morais.

5.9. Pensão segundo o STJ

Seguem alguns parâmetros para a fixação de pensão em caso de falecimento no âmbito do STJ:

5.9.1. Falecimento de pai/mãe, com filhos menores

Pensão devida até 25 anos do filho, quando presumidamente este terá concluído sua formação.

5.9.2. Falecimento de cônjuge ou companheiro

Pensão devida até quando a vítima fizesse 70 anos.

5.9.3. Falecimento de filho menor em família de baixa renda

Pensão devida desde quando a vítima tivesse 14 anos, até quando fizesse 65 anos; valor cairá à metade quando vítima fizesse 25, pois se presume que teria contraído família e não mais poderia ajudar tanto os pais.

5.9.4. Falecimento de filho maior que ajudava família

Pensão devida vitaliciamente à família, diminuindo o valor quando a vítima fizesse 25 anos.

5.9.5. Encargos de condenação

a) correção monetária: é devida desde o evento danoso;

b) juros moratórios: são devidos desde a data do evento danoso (Súmula STJ 54);

c) honorários: incidem sobre as parcelas vencidas e 12 parcelas vincendas.

5.10. Cumulação de indenização por danos materiais ou morais com pensão previdenciária

A jurisprudência do STJ é pacífica no sentido de que "o benefício previdenciário é diverso e independente da indenização por danos materiais ou morais, porquanto, ambos têm origens distintas. Este, pelo direito comum; aquele, assegurado pela Previdência. A indenização por ato ilícito é autônoma em relação a qualquer benefício previdenciário que a vítima receba" (AgRg no AgRg no REsp 1.292.983-AL, DJe 07.03.2012) (REsp 776.338-SC, J. 06.05.2014).

6. DIREITO DAS COISAS

6.1. Introdução

Para formar uma relação jurídica são necessários três elementos: a) *sujeitos de direito*, b) *bens* e um c) *fato* que faça nascer a relação. Para visualizarmos esses três elementos, vamos imaginar um contrato de compra e venda, que é uma das principais relações jurídicas de que trata o Direito. Esse contrato requer a existência de um vendedor e de um comprador (*sujeito de direito*), de uma coisa de expressão econômica (*bem*) e de um acordo de vontade sobre o preço da coisa (*fato* que faz nascer a relação jurídica).

A Parte Geral do Direito Civil trata da capacidade dos *sujeitos de direito*. Cuida ainda das classificações e do regime jurídico básico dos *bens*. E também cuida de trazer regulamentação básica acerca dos *fatos e negócios jurídicos*.

O Direito das Obrigações e o Direito Contratual focam na relação jurídica obrigacional formada. Tratam principalmente dos direitos e deveres das *pessoas* que entabulam negócios jurídicos. Repare que o objetivo maior aqui é regulamentar **direitos pessoais**, ou seja, *direitos e deveres entre pessoas determinadas, em que uma pode exigir uma prestação da outra.*

Já o Direito das Coisas tem como objetivo maior regulamentar relações jurídicas em que o elemento marcante é uma coisa corpórea (a posse, por exemplo), bem como relações que estabeleçam **direito reais**, que *são direitos que estabelecem um poder jurídico, direto e imediato, do titular sobre a coisa, com exclusividade e contra todos.*

Em suma, no Direito das Coisas estuda-se a **posse** (de bens móveis ou imóveis) e os **direitos reais**, ou seja, aqueles direitos que se têm sobre uma coisa, com exclusividade e contra todos (propriedade, superfície, servidão, usufruto, uso, habitação, penhor, hipoteca e anticrese).

Nossa primeira tarefa será tratar da posse para em seguida tratar dos direitos reais sobre coisas móveis e imóveis.

6.2. Posse

6.2.1. Conceito de posse

É o exercício, pleno ou não, de algum dos poderes inerentes à propriedade (art. 1.196 do CC). É a *exteriorização da propriedade*, ou seja, a *visibilidade da propriedade*. Os poderes inerentes à propriedade são *usar, gozar* e *dispor* da coisa, bem como *reavê-la* (art. 1.228). Assim, se alguém estiver, por exemplo, *usando* uma coisa, como o locatário e o comodatário, pode-se dizer que está exercendo *posse* sobre o bem.

6.2.2. Teoria adotada

Há duas teorias sobre a posse. A primeira é a **Teoria Objetiva** (de Ihering), para a qual a posse se configura como a mera *conduta de dono*, pouco importando a apreensão física da coisa e a vontade de ser dono dela. Já a segunda, a **Teoria Subjetiva** (de Savigny), entende que a posse só se configura se houver a apreensão física da coisa (*corpus*), mais a vontade de tê-la como própria (*animus domini*). Nosso CC adotou a Teoria Objetiva de Ihering, pois não trouxe como requisito para a configuração da posse a apreensão física da coisa ou a vontade de ser dono dela, mas apenas que se tenha uma conduta de proprietário. Assim, uma pessoa que paga os impostos de um sítio e coloca um caseiro para cuidar da área, mesmo não tendo apreensão física sobre a coisa por inteiro e que não tenha em sua cabeça um ânimo de dono, exerce posse, pois sua conduta revela uma conduta de proprietário, ou seja, uma exteriorização da propriedade.

6.2.3. Detenção

É aquela situação em que alguém conserva a posse em nome de outro e em cumprimento às suas ordens e instruções. É muito importante entender o instituto da detenção, pois ele traz exceções ao conceito de posse. Um exemplo típico é o do caseiro. Quem olhasse de longe poderia chegar à conclusão de que um caseiro exerce posse sobre um imóvel de que cuida. Em geral, caseiros usam e cuidam da coisa, exteriorizando um dos poderes da propriedade. Todavia, o próprio art. 1.198 do CC exclui do conceito de posse a situação em que se encontra um detentor. Assim, o caseiro em relação a imóvel de que cuida e o funcionário público em relação aos móveis da repartição têm mera *detenção* sobre a coisa, não recebendo os direitos típicos daquele que exerce *posse*.

6.2.4. Classificação da posse

6.2.4.1. Posse direta e indireta

Quanto ao campo de seu exercício (art. 1.197 do CC).

a) posse indireta: *é aquela exercida por quem cedeu, temporariamente, o uso ou o gozo da coisa a outra pessoa.* São exemplos as exercidas pelo locador, nu-proprietário, comodante e depositante. O possuidor indireto ou mediato pode se valer da proteção possessória.

b) posse direta: *é aquela exercida por quem recebeu o bem, temporariamente, para usá-lo ou gozá-lo, em virtude de direito pessoal ou real.* Vale lembrar que o possuidor direto ou imediato também pode se valer de proteção possessória, inclusive contra o proprietário da coisa que exerça a posse indireta e que perturbe a sua posse.

6.2.4.2. Posse individual e composse

Quanto à simultaneidade de seu exercício (art. 1.199 do CC).

a) posse individual: *é aquela exercida por apenas uma pessoa.*

b) composse: *é a posse exercida por duas ou mais pessoas sobre coisa indivisa.* São exemplos a posse dos cônjuges sobre o patrimônio comum e dos herdeiros antes da partilha. Na composse *pro diviso* há uma divisão de fato da coisa.

6.2.4.3. Posse justa e injusta

Quanto à existência de vícios objetivos (art. 1.200 do CC).

a) posse justa: *é aquela que não for violenta, clandestina ou precária.* Assim, é justa a posse não adquirida pela força física ou moral (não violenta), não estabelecida às ocultas (não clandestina) e não originada do abuso de confiança por parte de quem recebe a coisa com o dever de restituí-la (não precária). Perceba que os vícios equivalem, no Direito Penal, aos crimes de roubo, furto e apropriação indébita.

b) posse injusta: *é aquela originada do esbulho.* Em caso de violência ou clandestinidade, a posse só passa a existir após a cessação da violência ou da clandestinidade (art. 1.208 do CC). Já em caso de precariedade (ex.: um comodatário passa a se comportar como dono da coisa), a posse deixa de ser justa e passa a ser injusta diretamente. É importante ressaltar que, cessada a violência ou a clandestinidade, a posse passa a existir, mas o vício que a inquina faz com que o Direito a considere injusta. E, mesmo depois de um ano e dia, a posse continua injusta, só deixando de ter essa característica se houver aquisição da coisa, o que pode acontecer pela usucapião, por exemplo. A qualificação de posse injusta é relativa, valendo apenas em relação ao anterior possuidor da coisa. Em relação a todas as outras pessoas, o possuidor injusto pode defender a sua posse.

6.2.4.4. Posse de boa-fé e de má-fé

Quanto à existência de vício subjetivo (art. 1.201 do CC).

a) posse de boa-fé: *é aquela em que o possuidor ignora o vício ou o obstáculo que impede a aquisição da coisa.* É de boa-fé a posse daquele que crê que a adquiriu de quem legitimamente a possuía. Presume-se de boa-fé o possuidor com **justo título**, ou seja, *aquele título que seria hábil para transferir o direito à posse, caso proviesse do verdadeiro possuidor ou proprietário da coisa.*

b) posse de má-fé: *é aquela em que o possuidor tem ciência do vício ou do obstáculo que impede a aquisição da coisa.* A posse de boa-fé pode se transmudar em posse de má-fé em caso de ciência posterior do vício. A citação para a demanda que visa à retomada da *coisa* tem o condão de alterar o caráter da posse.

Obs.: saber se a posse de alguém é de boa-fé ou de má-fé interfere no direito à indenização pelas benfeitorias feitas, no direito de retenção, no direito aos frutos, no prazo de prescrição aquisitiva (usucapião), na responsabilidade por deterioração da coisa etc.

6.2.4.5. Posse nova e velha

Quanto ao tempo da posse.

a) posse nova: *é aquela de menos de ano e dia.*

b) posse velha: *é aquela de mais de ano e dia.* Essa classificação, prevista no CC anterior, não tem correspondente no atual CC. Não se deve confundir esse conceito com os de **ação de força nova** (que é a ação possessória promovida dentro de ano e dia da turbação ou do esbulho) e **ação de força velha** (que é a ação possessória promovida após ano e dia do esbulho). Esses conceitos decorrem do art. 558 do NCPC, que estabelece que na ação de força velha o autor da demanda não poderá se valer do rito especial possessório, que prevê a concessão de liminar. Deve o interessado ingressar com ação pelo procedimento comum, nada impedindo, todavia, que seja beneficiado com tutela de urgência, preenchidos seus requisitos, conforme vem entendendo o STJ.

6.2.4.6. Posse natural e jurídica

Quanto à origem.

a) posse natural: *é a que decorre do exercício do poder de fato sobre a coisa.*

b) posse civil ou jurídica: *é que decorre de um título,* não requerendo atos físicos ou materiais.

6.2.5. Aquisição da posse

6.2.5.1. Conceito

Adquire-se a posse desde o momento em que se torna possível o exercício, em nome próprio, de qualquer dos poderes inerentes à propriedade (art. 1.204).

6.2.5.2. Aquisição originária

É aquela que não guarda vínculo com a posse anterior. Ocorre nos casos de: **a) Apreensão,** *que consiste na apropriação unilateral da coisa sem dono* (abandonada – *res derelicta,* ou de ninguém – *res nullius*) ou na retirada da coisa de outrem sem sua permissão (cessadas a violência ou a clandestinidade); **b) Exercício do direito**, como no caso da servidão constituída pela passagem de um aqueduto em terreno alheio; **c) Disposição**, que consiste em alguém dar uma coisa ou um direito, situação que revela o exercício de um poder de fato (posse) sobre a coisa.

6.2.5.3. Aquisição derivada

É aquela que guarda vínculo com a posse anterior. Nesse caso, a posse vem gravada dos eventuais vícios da posse anterior. Essa regra vale para a sucessão a título universal (art. 1.206 do CC), mas é abrandada na sucessão a título singular (art. 1.207 do CC). Ocorre nos casos de **tradição**, *que consiste na transferência da posse de uma pessoa para outra, pressupondo acordo de vontades.* A tradição pode ser de três tipos:

a) Tradição real: *é aquela em que há a entrega efetiva, material da coisa.* Ex.: entrega de um eletrodoméstico para o comprador. No caso de aquisição de grandes imóveis não há necessidade de se colocar fisicamente a mão sobre toda a propriedade, bastando a referência a ela no título. Trata-se da chamada *traditio longa manu.*

b) Tradição simbólica: *é aquela representada por ato que traduz a entrega da coisa.* Exemplo: entrega das chaves de uma casa.

c) Tradição consensual: é aquela decorrente de contrato, de acordo de vontades. Aqui temos duas possibilidades. A primeira é a ***traditio brevi manu***, que *é aquela situação em que um possuidor em nome alheio passa a possuir a coisa em nome próprio.* É o caso do locatário que adquire a coisa. Já a segunda é o **constituto possessório**, *que é aquela situação em que um possuidor em nome próprio passa a possuí-la em nome de outro, adquirindo a posse indireta da coisa.* É o caso do dono que vende a coisa e passa a nela ficar como locatário ou comodatário.

6.2.6. Perda da posse

6.2.6.1. Conceito

Perde-se a posse quando cessa, embora contra a vontade do possuidor, o poder sobre o bem. É importante ressaltar, quanto ao ausente (no sentido de não ter presenciado o esbulho), que este só perde a posse quando, tendo notícia desta, abstém-se de retomar a coisa ou, tentando recuperá-la, é violentamente repelido (art. 1.224).

6.2.6.2. Hipóteses de perda posse

a) Abandono: *é a situação em que o possuidor renuncia à posse, manifestando voluntariamente a intenção de largar o que lhe pertence;* ex.: quando alguém atira um objeto na rua;

b) Tradição com intenção definitiva: *é a entrega da coisa com o ânimo de transferi-la definitivamente a outrem;* se a entrega é transitória, não haverá perda total da posse, mas apenas perda temporária da posse direta, remanescendo a posse indireta;

c) Destruição da coisa e sua colocação fora do comércio;

d) Pela posse de outrem: nesse caso a perda da posse se dá por esbulho, podendo a posse perdida ser retomada.

6.2.7. Efeitos da posse

Aquele que exerce posse tem uma série de direitos. Esses direitos vão variar de acordo com o tempo de posse (usucapião), o fato de ser de boa-fé ou não, dentre outras variáveis. Confira-se os efeitos:

6.2.7.1. Percepção dos frutos

Quando o legítimo possuidor retoma a coisa de outro possuidor, há de se resolver a questão dos frutos percebidos ou pendentes ao tempo da retomada. De acordo com o caráter da posse (de boa ou de má-fé) haverá ou não direitos para aquele que teve que entregar a posse da coisa. Antes de verificarmos essas regras, vale trazer algumas definições.

6.2.7.1.1. Conceito de frutos

São utilidades da coisa que se reproduzem (frutas, verduras, filhotes de animais, juros etc.). Diferem dos **produtos**, que *são as utilidades da coisa que não se reproduzem* (minerais, por exemplo).

6.2.7.1.2. Espécies de frutos quanto à sua natureza

a) civis (como os alugueres e os juros), b) naturais (como as maçãs de um pomar) e c) industriais (como as utilidades fabricadas por uma máquina).

6.2.7.1.3. Espécies de frutos quanto ao seu estado

a) pendentes (são os ainda unidos à coisa que os produziu); b) percebidos ou colhidos (são os já separados da coisa que os produziu); c) percebidos por antecipação (são os separados antes do momento certo); d) percipiendos (são os que deveriam ser colhidos e não o foram); e) estantes (são os já separados e armazenados para fim de venda); f) consumidos (são os que não existem mais porque foram utilizados).

6.2.7.1.4. Direitos do possuidor de boa-fé

Tem direito aos frutos que tiver percebido enquanto estiver de boa-fé (art. 1.214).

6.2.7.1.5. Inexistência de direitos ao possuidor de boa-fé

Não tem direito às seguintes utilidades: **a)** aos frutos pendentes quando cessar a sua boa-fé; **b)** aos frutos percebidos antecipadamente, estando já de má-fé no momento em que deveriam ser colhidos; **c)** aos produtos, pois a lei não confere esse direito, como faz com os frutos. De qualquer forma, é importante ressaltar que nos casos dos itens "a" e "b", apesar de ter que restituir os frutos colhidos ou o seu equivalente em dinheiro, terá direito de deduzir do que deve as despesas com a produção e o custeio.

6.2.7.1.6. Situação do possuidor de má-fé

Este responde por todos os frutos colhidos e percebidos, bem como pelos que, por sua culpa, deixou de perceber, desde o momento em que se constituiu de má-fé. Todavia, tem direito às despesas de produção e custeio (art. 1.216 do CC), em virtude do princípio do não enriquecimento sem causa.

6.2.7.2. *Responsabilidade por perda ou deterioração da coisa*

Quando o legítimo possuidor retoma a coisa de outro possuidor, também há de se resolver a questão de eventual perda ou destruição da coisa, bem como de eventual deterioração ou degradação da coisa, que passa a ter seu valor diminuído.

6.2.7.2.1. Responsabilidade do possuidor de boa-fé

Não responde pela perda ou deterioração às quais não der causa (art. 1.217 do CC).

6.2.7.2.2. Responsabilidade do possuidor de má-fé

Como regra, responde pela perda ou deterioração da coisa, só não tendo esse dever se provar que de igual modo esses acontecimentos se dariam, caso a coisa estivesse com o reivindicante dela (art. 1.218 do CC). Um exemplo de exoneração da responsabilidade é a deterioração da coisa em virtude de um raio que cai sobre a casa.

6.2.7.3. *Indenização por benfeitorias e direito de retenção*

Outra questão importante de se verificar quando o legítimo possuidor retoma a coisa de outro possuidor é a de eventual benfeitoria feita pelo segundo. De acordo com o caráter da posse (de boa ou de má-fé) haverá ou não direitos para aquele que teve que entregar a posse da coisa. Antes de verificarmos essas regras, é imperativo trazer algumas definições.

6.2.7.3.1. Conceito de benfeitorias

São os melhoramentos feitos em coisa já existente. São bens acessórios. Diferem da **acessão**, que *é a criação de coisa nova.*

Uma casa construída no solo é acessão, pois é coisa nova, já uma garagem construída numa casa pronta é benfeitoria, pois é um melhoramento em coisa já existente.

6.2.7.3.2. Espécies de benfeitorias

a) benfeitorias necessárias são as que se destinam à conservação da coisa (ex.: troca do forro da casa, em virtude do risco de cair); b) benfeitorias úteis são as que aumentam ou facilitam o uso de uma coisa (ex.: construção de mais um quarto numa casa pronta); c) benfeitorias voluptuárias são as de mero deleite ou recreio (ex.: construção de uma fonte luminosa na entrada de uma casa).

6.2.7.3.3. Direitos do possuidor de boa-fé

Tem direito à **indenização** pelas benfeitorias necessárias e úteis que tiver feito, podendo, ainda, levantar as benfeitorias voluptuárias, desde que não deteriore a coisa. A indenização se dará pelo valor atual da benfeitoria. Outro direito do possuidor de boa-fé é o de retenção da coisa, enquanto não for indenizado por benfeitorias úteis e necessárias que tiver realizado na coisa (art. 1.219 do CC). Significa que o possuidor não é obrigado a entregar a coisa enquanto não for ressarcido. O direito deve ser exercido no momento da contestação da ação que visa à retomada da coisa, devendo o juiz se pronunciar sobre a sua existência. Trata-se de um excelente meio de coerção para recebimento da indenização devida. Constitui verdadeiro direito real, pois é direito que não se converte em perdas e danos. Segundo o STJ, nos contratos de locação, é válida a cláusula de renúncia à indenização das benfeitorias e ao direito de retenção (REsp 1411420/DF, REPDJE 01.02.2016). Ademais, aplicam-se, por analogia, os direitos de indenização e retenção previstos no art. 35 da Lei de Locações às acessões edificadas no imóvel locado (REsp 1411420/DF, REPDJE 01.02.2016).

6.2.7.3.4. Direitos do possuidor de má-fé

Tem direito apenas ao ressarcimento das benfeitorias necessárias que tiver feito, não podendo retirar as benfeitorias voluptuárias (art. 1.220 do CC). Trata-se de uma punição a esse possuidor, que só é ressarcido pelas benfeitorias necessárias, pois são despesas que até o possuidor legítimo teria que fazer. O retomante escolherá se pretende indenizar pelo valor atual ou pelo custo da benfeitoria. O possuidor de má-fé não tem direito de retenção da coisa enquanto não for indenizado pelas benfeitorias necessárias que eventualmente tiver realizado.

6.2.7.4. *Usucapião*

A posse prolongada, e que preenche outros requisitos legais, dá ensejo a outro efeito da posse, que é a aquisição da coisa pela usucapião.

6.2.7.5. *Proteção possessória*

A posse também tem por efeito o de gerar direito de o possuidor defendê-la contra a perturbação e a privação de seu exercício, provocadas por terceiro.

6.3. Direitos reais

6.3.1. *Conceito de direito real*

É o poder, direto e imediato, do titular sobre a coisa, com exclusividade e contra todos. Perceba que esses direitos envolvem os seguintes elementos: a) sujeito ativo, que pode ser qualquer pessoa; b) sujeito passivo, que é toda a coletividade, ou seja, todos nós temos que respeitar os direitos reais das pessoas; em caso de violação do direito real, passa-se a ter um sujeito passivo determinado; c) bem: é a coisa de expressão econômica sobre a qual o titular do direito tem poder; d) poder direto e imediato sobre a coisa. O direito real difere do direito pessoal, pois este gera uma relação entre pessoas determinadas (princípio da relatividade) e, em caso de sua violação, converte-se em perdas e danos. No direito real, ao contrário, seu titular pode perseguir a coisa sobre a qual tem poder, não tendo que se contentar com a conversão da situação em perdas e danos.

6.3.2. Princípios do direito real

6.3.2.1. Princípio da aderência

Aquele pelo qual se estabelece um vínculo entre o sujeito e a coisa, independentemente da colaboração do sujeito passivo. No direito pessoal, o vínculo depende da colaboração de pelo menos duas pessoas, ou seja, o gozo do direito depende da intermediação de outra pessoa.

6.3.2.2. Princípio do absolutismo

Aquele pelo qual os direitos reais são exercidos contra todos ("erga omnes"). Por exemplo, quando alguém é proprietário de um imóvel, todos têm que respeitar esse direito. Daí surge o *direito de sequela* ou o *jus persequendi*, pelo qual, violado o direito real, a vítima pode perseguir a coisa, em vez de ter de se contentar com uma indenização por perdas e danos.

6.3.2.3. Princípio da publicidade (ou visibilidade)

Aquele pelo qual os direitos reais só se adquirem depois do registro do título na matrícula (no caso de imóvel) ou da tradição (no caso de móvel). Por ser o direito real oponível *erga omnes*, é necessária essa publicidade para que sejam constituídos. Os direitos pessoais, por sua vez, seguem o consensualismo, ou seja, basta o acordo de vontades (o consenso) para que sejam constituídos.

6.3.2.4. Princípio da taxatividade

Aquele pelo qual o número de direitos reais é limitado pela lei. Assim, por acordo de vontades não é possível criar uma nova modalidade de direito real, que são *numerus clausus*. São direitos que afetam terceiros, daí a necessidade de previsão legal. Os direitos pessoais, por sua vez, não são taxativos, podendo ser criados pelas partes interessadas (art. 425 do CC), daí porque são chamados *numerus apertus*.

6.3.2.5. Princípio da tipificação

Aquele pelo qual os direitos reais devem respeitar os tipos existentes em lei. Assim, o acordo de vontades não tem o condão de modificar o regime jurídico básico dos direitos reais.

6.3.2.6. Princípio da perpetuidade

Aquele pelo qual os direitos reais não se perdem pelo decurso do tempo, salvo as exceções legais. Esse princípio se aplica ao direito de propriedade. Os direitos pessoais, por sua vez, têm a marca da transitoriedade.

6.3.2.7. Princípio da exclusividade

Aquele pelo qual não pode haver direitos reais, de igual conteúdo, sobre a mesma coisa. Por exemplo, o nu-proprietário e o usufrutuário não têm direitos iguais quanto ao bem objeto do usufruto. No caso de condomínio (duas ou mais pessoas proprietárias de um bem), cada uma tem porção ideal na coisa, exclusivas e distintas.

6.3.2.8. Princípio do desmembramento

Aquele que permite o desmembramento do direito matriz (propriedade), constituindo-se direitos reais sobre coisas alheias. Ou seja, pelo princípio é possível desmembrar um direito real (propriedade, por exemplo) em outros direitos reais (uso, por exemplo).

6.3.3. Espécies de direito real

Propriedade, superfície, servidão, usufruto, uso, habitação, direito do promitente comprador de imóvel, penhor, hipoteca e anticrese.

6.4. Propriedade

6.4.1. Características gerais

6.4.1.1. Conceito

É o direito real que faculta ao seu titular (o proprietário) os poderes de usar, gozar e dispor da coisa, bem como de reavê-la de quem quer que injustamente a possua ou detenha (art. 1.228 do CC).

6.4.1.2. Função social da propriedade

O direito de propriedade deve ser exercido em consonância com as suas finalidades econômicas e sociais e de modo que sejam preservados, de conformidade com o estabelecido em lei especial, a flora, a fauna, as belezas naturais, o equilíbrio ecológico e o patrimônio histórico e artístico, bem como evitada a poluição do ar e das águas (art. 1.228, § 1º).

6.4.1.3. Vedação ao abuso de direito

São defesos os atos que não trazem ao proprietário qualquer comodidade, ou utilidade, e sejam animados pela intenção de prejudicar outrem (art. 1.228, § 2º).

6.4.1.4. Extensão física da propriedade do solo

Abrange a do espaço aéreo e subsolo correspondentes, em altura e profundidade úteis ao seu exercício. Todavia, essa propriedade não abrange os recursos minerais (salvo os de emprego imediato na construção civil, desde que não submetidos a transformação industrial) e os potenciais de energia hidráulica (arts. 1.229 e 1.230).

6.4.2. Formas de aquisição da propriedade imóvel

A propriedade imóvel pode ser adquirida por diversas formas. O modo corrente é a aquisição pelo **registro** do título (escritura de compra e venda, escritura de doação) na matrícula. É possível também a aquisição pela **usucapião**, pela **acessão**, pela **sucessão *causa mortis*** e pela **desapropriação**.

6.4.2.1. Registro na matrícula do imóvel

6.4.2.1.1. Conceito

Consiste no ato de registrar o título translativo da alienação do imóvel (escritura de compra e venda ou de doação) na matrícula existente no Registro de Imóveis (art. 1.245 do CC).

6.4.2.1.2. Momento da aquisição da propriedade imóvel

No Direito Brasileiro, a propriedade imóvel não se adquire com o contrato de compra e venda ou de doação. Enquanto o contrato não for registrado na matrícula do imóvel, o comprador não adquirirá a propriedade do bem (art. 1.245, § 1º, do CC). Isso porque o Brasil adotou o sistema romano-germânico. No sistema francês, a propriedade imóvel é adquirida no momento da conclusão do contrato de compra e venda ou de doação.

6.4.2.1.3. Presunção de veracidade do Registro Público

Nosso Direito estabelece a presunção de veracidade nas informações constantes do Registro de Imóveis. Assim, enquanto não há ação para a decretação da invalidade do registro, e o respectivo cancelamento, o adquirente continua a ser considerado dono do imóvel (art. 1.245, § 2º, do CC).

6.4.2.1.4. Início dos efeitos do registro

O registro é eficaz desde o momento em que se apresentar o título ao oficial do registro e este prenotar no protocolo. Esse efeito só não existirá se o interessado tiver de complementar a documentação apresentada e não o fizer no prazo de trinta dias (art. 1.246 do CC; art. 188 da Lei de Registros Públicos).

6.4.2.2. Usucapião

6.4.2.2.1. Conceito

É a forma de aquisição originária da propriedade, pela posse prolongada no tempo e o cumprimento de outros requisitos legais. A usucapião também é chamada de prescrição aquisitiva. Essa forma de aquisição da propriedade independe de registro no Registro de Imóveis. Ou seja, cumpridos os requisitos legais, o possuidor adquire a propriedade da coisa. Assim, a sentença na ação de usucapião é meramente declaratória da aquisição da propriedade, propiciando a expedição de mandado para registro do imóvel em nome do adquirente, possibilitando conhecimento de todos da nova situação. A aquisição é originária, ou seja, não está vinculada ao título anterior. Isso faz com que eventuais restrições que existirem na propriedade anterior não persistam quanto ao novo proprietário.

6.4.2.2.2. Requisitos

São vários os requisitos para a aquisição da propriedade pela usucapião. Vamos enumerar, neste item, apenas os requisitos que devem ser preenchidos em todas as modalidades de usucapião, deixando os requisitos específicos de cada modalidade para estudo nos itens abaixo respectivos. Os requisitos gerais são os seguintes:

a) posse prolongada no tempo: não basta mera detenção da coisa, é necessária a existência de posse, e mais, de posse que se prolongue no tempo, tempo esse que variará de acordo com o tipo de bem (móvel ou imóvel) e outros elementos, como a existência de boa-fé, a finalidade da coisa etc.;

b) posse com *animus domini*: não basta a mera posse; deve se tratar de posse com ânimo de dono, com intenção de proprietário; essa circunstância impede que se considere a posse de um locatário do bem, como hábil à aquisição da coisa;

c) posse mansa e pacífica: ou seja, posse sem oposição; assim, se o legítimo possuidor da coisa se opôs à posse, ingressando com ação de reintegração de posse, neste período não se pode considerar a posse como mansa e pacífica, como sem oposição;

d) posse contínua: ou seja, sem interrupção; não é possível computar, por exemplo, dois anos de posse, uma interrupção de um ano, depois mais dois anos e assim por diante; deve-se cumprir o período aquisitivo previsto em lei sem interrupção.

6.4.2.2.3. Usucapião extraordinário – Requisitos

a) tempo: 15 anos; o prazo ficará reduzido para 10 anos se o possuidor houver estabelecido no imóvel a sua moradia habitual, <u>ou</u> nele realizado obras ou serviços de caráter produtivo (art. 1.238, *caput* e parágrafo único, do CC);

b) requisitos básicos: posse "mansa e pacífica" (sem oposição), "contínua" (sem interrupção) e com "ânimo de dono".

6.4.2.2.4. Usucapião ordinário – Requisitos

a) tempo: 10 anos; o prazo ficará reduzido para 5 anos se preenchidos dois requisitos: a) se o imóvel tiver sido adquirido onerosamente com base no registro constante do respectivo cartório; b) se os possuidores nele tiverem estabelecido a sua moradia <u>ou</u> realizado investimentos de interesse social e econômico (art. 1.242, *caput* e parágrafo único, do CC);

b) requisitos básicos: posse "mansa e pacífica" (sem oposição), "contínua" (sem interrupção) e com "ânimo de dono";

c) boa-fé e justo título: como o prazo aqui é menor, exige-se do possuidor, no plano subjetivo, a boa-fé, e no plano objetivo, a titularidade de um título hábil, em tese, para transferir a propriedade.

6.4.2.2.5. Usucapião especial urbano – Requisitos

a) tempo: 5 anos (art. 1.240 do CC);

b) requisitos básicos: posse "mansa e pacífica" (sem oposição), "contínua" (sem interrupção) e com "ânimo de dono";

c) tipo de imóvel: i) área urbana; ii) tamanho de até 250 m2;

d) finalidade do imóvel: utilização para a moradia do possuidor ou de sua família;

e) requisitos negativos: i) que o possuidor não seja proprietário de outro imóvel urbano ou rural; ii) que o possuidor não tenha já sido beneficiado pelo direito à usucapião urbana.

De acordo com o STJ, "não obsta o pedido declaratório de usucapião especial urbana o fato de a área do imóvel ser inferior à correspondente ao "módulo urbano" (a área mínima a ser observada no parcelamento de solo urbano por determinação infraconstitucional). Isso porque o STF, após reconhecer a existência de repercussão geral da questão constitucional suscitada, fixou a tese de que, preenchidos os requisitos do artigo 183 da CF, cuja norma está reproduzida no art. 1.240 do CC, o reconhecimento do direito à usucapião especial urbana não pode ser obstado por legislação infraconstitucional que estabeleça módulos urbanos na respectiva área em que situado o imóvel (dimensão do lote)" (RE 422.349-RS, DJe 27.05.2016).

O STJ também decidiu que a destinação de parte do imóvel para fins comerciais não impede o reconhecimento da usucapião especial urbana sobre a totalidade da área (REsp 1.777.404-TO, DJe 11/05/2020). A área pleiteada, naturalmente, precisa ser utilizada para a moradia do requerente ou de sua família, mas não se exige que esta área não seja produtiva, especialmente quando é utilizada para o sustento próprio dessa família.

6.4.2.2.6. Usucapião urbano coletivo – Requisitos

a) tempo: 5 anos (art. 10 da Lei 10.257/2001 – Estatuto da Cidade);

b) requisitos básicos: posse "mansa e pacífica" (sem oposição), "contínua" (sem interrupção) e com "ânimo de dono";

c) tipo de imóvel: a) área urbana; b) tamanho superior a 250 m2;

d) finalidade do imóvel: tratar-se de núcleo urbano informal cuja área total dividida pelo número de possuidores seja inferior a 250 m² por possuidor (Lei 13.465/17);

e) requisitos negativos: i) que o possuidor não seja proprietário de outro imóvel urbano ou rural; ii) que seja impossível identificar o terreno ocupado por cada possuidor.

6.4.2.2.7. Usucapião especial rural – Requisitos

a) tempo: 5 anos (art. 1.239 do CC);

b) requisitos básicos: posse "mansa e pacífica" (sem oposição), "contínua" (sem interrupção) e com "ânimo de dono";

c) tipo de imóvel: i) área de terra em zona rural; ii) tamanho de até 50 hectares;

d) finalidade do imóvel: i) utilização para a moradia do possuidor ou de sua família; ii) área produtiva pelo trabalho do possuidor ou de sua família;

e) requisito negativo: a terra não pode ser pública.

6.4.2.2.8. Usucapião especial urbana familiar – Requisitos (introduzida pela Lei 12.424/2011)

a) tempo: 2 anos (art. 1.240-A do CC);

b) requisitos básicos: posse "mansa e pacífica" (sem oposição), "contínua" (sem interrupção) e com "ânimo de dono";

c) tipo de imóvel: a) área urbana; b) tamanho de até 250 m2;

d) finalidade do imóvel: utilização para a moradia do possuidor ou de sua família;

e) tipo de posse: posse direta, com exclusividade;

f) requisito específico: imóvel cuja propriedade o possuidor dividia com ex-cônjuge ou ex-companheiro que tenha abandonado o lar;

g) requisitos negativos: i) que o possuidor não seja proprietário de outro imóvel urbano ou rural; ii) que o possuidor não tenha já sido beneficiado pelo direito ao usucapião urbano;

h) consequência: o possuidor abandonado adquire o domínio integral do imóvel.

Confira agora alguns Enunciados das Jornadas de Direito Civil sobre a usucapião especial urbana familiar:

a) "498 – A fluência do prazo de 2 (dois) anos previsto pelo art. 1.240-A para a nova modalidade de usucapião nele contemplada tem início com a entrada em vigor da Lei 12.424/2011";

b) "499 – A aquisição da propriedade na modalidade de usucapião prevista no art. 1.240-A do Código Civil só pode ocorrer em virtude de implemento de seus pressupostos anteriormente ao divórcio. O requisito "abandono do lar" deve ser interpretado de maneira cautelosa, mediante a verificação de que o afastamento do lar conjugal representa descumprimento simultâneo de outros deveres conjugais, tais como assistência material e sustento do lar, onerando desigualmente aquele que se manteve na residência familiar e que se responsabiliza unilateralmente pelas despesas oriundas da manutenção da família e do próprio imóvel, o que justifica a perda da propriedade e a alteração do regime de bens quanto ao imóvel objeto de usucapião";

c) "500 – A modalidade de usucapião prevista no art. 1.240-A do Código Civil pressupõe a propriedade comum do casal e compreende todas as formas de família ou entidades familiares, inclusive homoafetivas";

d) "501 – As expressões "ex-cônjuge" e "ex-companheiro", contidas no art. 1.240-A do Código Civil, correspondem à situação fática da separação, independentemente de divórcio";

e) "502 – O conceito de posse direta referido no art. 1.240-A do Código Civil não coincide com a acepção empregada no art. 1.197 do mesmo Código".

6.4.2.3. Posse pro labore (desapropriação privada)

O atual CC criou nova hipótese que dá ensejo à aquisição forçada da propriedade. Essa hipótese prevê, de um lado, que o possuidor que sofra a reivindicação da coisa tenha utilizado esta em obras e serviços de relevante interesse social e econômico, e que, de outro, tenha interesse em pagar indenização para o proprietário da área. Tanto a doutrina como a jurisprudência já se manifestaram no sentido de que esta modalidade de desapropriação é constitucional (Enunciado 82 JDC/CJF).

6.4.2.3.1. Conceito

Consiste no direito de o possuidor de extensa área permanecer/adquirir compulsoriamente a coisa, pagando justa indenização ao proprietário do imóvel, desde que preenchidos os demais requisitos legais.

6.4.2.3.2 Requisitos

a) posse ininterrupta por mais de 5 anos; b) boa-fé do possuidor; c) extensa área; d) considerável número de possuidores; e) realização de obras e serviços considerados pelo juiz de interesse social e econômico relevante. Perceba que, diferentemente da usucapião coletiva, a desapropriação privada não requer moradia, mas requer boa-fé e pagamento de justa indenização.

6.4.2.3.3. Operacionalização

Por ocasião da reivindicação da coisa, os interessados deverão requerer ao juiz a fixação de justa indenização devida ao proprietário, que, paga, ensejará registro da sentença no Registro de Imóveis para o fim de atribuir a propriedade aos possuidores (art. 1.228, §§ 4º e 5 º).

6.4.2.4. Acessão

6.4.2.4.1. Conceito

É modo originário de aquisição da propriedade, pelo qual fica pertencendo ao proprietário tudo quanto se une ou se incorpora ao seu bem (art. 1.248 do CC).

6.4.2.4.2. Espécies

a) natural: consiste na união do acessório ao principal advinda de acontecimento natural (formação de ilhas, aluvião, avulsão e abandono);

b) artificial (industrial): resulta de trabalho humano.

6.4.2.4.3. Requisitos

a) conjunção entre duas coisas, até então separadas;

b) caráter acessório de uma das duas, em confronto com a outra; uma é principal (coisa acedida) e a outra, acessória (coisa acedente).

6.4.2.4.4. Princípios básicos para a solução de problemas quando o acessório vem de terceiro

a) princípio de que o acessório segue o principal: assim, normalmente o dono da coisa principal fica com a coisa acessória vinda do bem de terceiro.

b) princípio do não enriquecimento sem causa: faz com que, sempre que possível, o proprietário prejudicado tenha direito à indenização pela incorporação de coisa sua a um bem de outra pessoa.

6.4.2.4.5. Formação de ilhas em rios não navegáveis (art. 1.248, I, do CC, e art. 23 do Código de Águas)

a) conceito: *depósito paulatino de materiais (trazidos pela corrente) ou rebaixamento de águas, deixando descoberta e a seco parte do fundo ou do leito.*

b) titularidade: a área de terras formada passa a ser do proprietário ribeirinho, a depender de sua formação.

c) ilha formada no meio do rio: passa a pertencer aos proprietários ribeirinhos fronteiros, na proporção de suas testadas.

d) ilha formada entre a linha que divide o álveo: quando a ilha se forma na metade mais próxima a uma das margens, esta pertencerá ao proprietário ribeirinho do lado da formação.

e) ilha formada pelo desdobramento de um novo braço do rio: nesse caso, os proprietários das margens que perderam o braço serão donos da área.

6.4.2.4.6. Aluvião (art. 1.250 do CC)

a) conceito: *acréscimo natural e imperceptível de terras às margens dos rios.* Ocorre quando a terra vai se depositando em uma margem do rio, formando um novo pedaço de terra. A doutrina denomina aluvião imprópria aquela situação em que esse pedaço de terra se forma pelo afastamento de águas, que descobrem parte do álveo, ou seja, parte da área coberta pelas águas.

b) titularidade: essa nova área de terra passa a ser do proprietário dos terrenos marginais, na proporção de suas testadas.

6.4.2.4.7. Avulsão (art. 1.251 do CC)

a) conceito: *deslocamento de uma porção de terra de um prédio a outro por força natural violenta.*

b) consequências: i) o dono do outro prédio adquire propriedade do acréscimo se indenizar ou não houver reclamação em 1 ano; ii) se não houver o pagamento da indenização reclamada, o dono do prédio deve aquiescer na remoção do acréscimo.

6.4.2.4.8. Abandono de álveo (art. 1.252 do CC)

a) conceito: *é o rio que seca ou que se desvia em virtude de fenômeno natural.* O álveo é a superfície coberta pelas águas, de modo que o abandono de álveo é a seca do rio, que fica descoberto, abandonado.

b) titularidade: a área formada pertencerá aos proprietários ribeirinhos das duas margens, ficando, cada um, proprietário até o local onde se tinha a linha média do álveo.

6.4.2.4.9. Acessões artificiais

a) conceito: *são as que resultam de um comportamento humano.* São exemplos as construções e as plantações.

b) características: i) dá-se de móveis a imóveis; ii) a acessão existente em terreno presume-se feita pelo proprietário e à sua custa, até prova em contrário; iii) fazendo ou não a acessão, como regra, o proprietário do bem principal fica dono do acessório (da acessão); iv) não pode haver enriquecimento sem causa.

c) acessão em terreno próprio com elementos alheios: por exemplo, planta em seu terreno com semente alheia; nesse caso o proprietário do terreno adquire a propriedade da semente, mas deve pagar ao dono do material o seu valor, bem como pagar perdas e danos, se agiu de má-fé (art. 1.254 do CC).

d) acessão com elementos próprios em terreno alheio: por exemplo, uma pessoa planta sementes suas no terreno de alguém ou edifica com materiais próprios no terreno de outrem; nesse caso, o proprietário das sementes ou dos materiais os perde para o proprietário do terreno, tendo direito de indenização pelo valor dos elementos, caso esteja de boa-fé. Se o valor da acessão exceder consideravelmente o valor do terreno e aquele que plantou ou edificou estiver de boa-fé, este poderá adquirir a propriedade do solo se pagar indenização (art. 1.255 do CC).

e) construção em solo próprio, que invade solo alheio: é o caso de alguém que constrói em terreno próprio, mas que acaba por invadir parte de terreno alheio. A lei permite que o construtor de boa-fé que invadiu área de até um vigésimo do solo alheio fique dono da parte invadida, desde que o valor da construção exceda o dessa parte e que pague indenização que represente o valor da área perdida e a desvalorização da área remanescente. O possuidor de má-fé só terá o mesmo direito na hipótese de não ser possível demolir a porção invasora sem grave prejuízo à sua construção, desde que paguem indenização correspondente a dez vezes o valor que pagaria se estivesse de boa-fé. Para o caso de construções que excedam um vigésimo do terreno alheio, o invasor de má-fé pagará indenização em dobro, ao passo que o possuidor de boa-fé tem direito de adquirir a área invadida se também pagar o valor que a invasão acrescer à sua construção (arts. 1.258 e 1.259).

6.4.3. Perda da propriedade imóvel

6.4.3.1. Alienação

6.4.3.1.1. Conceito

Consiste na venda, na doação, na troca ou na dação em pagamento.

6.4.3.1.2. Efeitos

Os efeitos da perda da propriedade são subordinados ao registro do título translatício no Registro de Imóvel (art. 1.275, parágrafo único, do CC).

6.4.3.2. Renúncia

6.4.3.2.1. Conceito

Ato unilateral pelo qual o proprietário declara expressamente o seu intuito de abrir mão da coisa. Tem como condição não acarretar prejuízos a terceiro.

6.4.3.2.2. Efeitos

Os efeitos da perda da propriedade dependem do registro do ato renunciativo, que deverá se consubstanciar numa escritura pública (art. 108 do CC) ou num termo judicial (art. 1.806 do CC – herança).

6.4.3.3. Abandono

6.4.3.3.1. Conceito

Ato unilateral pelo qual o proprietário se desfaz da coisa, a partir de conduta que revela não mais querer conservá-la em seu patrimônio.

6.4.3.3.2. Presunção absoluta da intenção de abandonar

O atual CC presumiu o abandono de forma absoluta na hipótese de o proprietário da coisa a) cessar os atos de posse sobre ela e b) deixar de satisfazer os ônus fiscais (deixar de pagar o IPTU ou o ITR). Nesse caso, não se encontrando o imóvel na posse de outrem, deverá ser arrecadado como bem vago, passando, três anos depois, à propriedade do Município onde se encontrar, se se tratar de imóvel urbano, ou à propriedade da União, se se tratar de imóvel rural.

6.4.3.4. Perecimento do imóvel

6.4.3.4.1 Conceito

Consiste na sua destruição por ato voluntário ou involuntário. Exemplo do primeiro caso é o incêndio proposital. E, do segundo, o raio, o furacão e o terremoto.

6.4.3.4.2. Efeitos

Em última análise, o dono da construção ou da plantação continua proprietário do solo.

6.4.3.5. Desapropriação

6.4.3.5.1. Conceito

Consiste no despojamento compulsório do proprietário do imóvel por parte do Poder Público, que fica obrigado a pagar justa indenização.

6.4.3.5.2. Efeitos

A desapropriação só se consuma com o pagamento integral da indenização devida. Até este momento, o Poder Público poderá desistir da aquisição da área. Não desistindo e havendo o pagamento da indenização, o juiz determina o registro da sentença respectiva no Registro de Imóveis.

6.4.3.6. Outras hipóteses

Também se perde a propriedade pela usucapião, pela dissolução da sociedade conjugal, pela sentença em ação reivindicatória, pelo implemento de condição resolutiva, pelo confisco (art. 243 da CF) e pela desapropriação privada (art. 1.228, §§ 4º e 5º, CC), dentre outros casos.

6.4.4. Aquisição da propriedade móvel

6.4.4.1. Ocupação

6.4.4.1.1. Conceito

Modo de aquisição originário da propriedade de coisa móvel e sem dono, por não ter sido ainda apropriada ("res nullius") ou por ter sido abandonada ("res derelicta") (art. 1.263 do CC).

6.4.4.1.2. Ocupação x Descoberta

A descoberta difere da ocupação, por se referir a coisa perdida pelo seu proprietário. O regime jurídico da **descoberta** determina que aquele que ache coisa alheia perdida há de restituí-la ao dono ou legítimo possuidor. Se não o encontrar, entregará a coisa achada à autoridade competente. Aquele que restituir terá direito a uma recompensa não inferior a 5% do seu valor, e à indenização pelas despesas que houver feito, se o dono não preferir abandoná-la. Decorridos sessenta dias da divulgação da notícia pela autoridade por imprensa ou edital, não se apresentando quem comprove a propriedade da coisa, será esta vendida em hasta pública e, deduzidas do preço as despesas, mais a recompensa do descobridor, pertencerá o remanescente ao Município onde se achou o objeto perdido. Sendo a coisa de pequeno valor, o Município poderá dá-la a quem a achou (art. 1.233 a 1.237 do CC). A doutrina chama a recompensa pela entrega da coisa de "achádego" e o descobridor de "inventor".

6.4.4.2. Achado do tesouro

6.4.4.2.1. Conceito de tesouro

Consiste no depósito antigo de coisas preciosas, oculto e de cujo dono não haja memória (art. 1.264 do CC).

6.4.4.2.2. Conceito do achado do tesouro

Consiste na descoberta casual desse depósito antigo.

6.4.4.2.3. Consequências possíveis

a) será dividido por igual entre o proprietário do prédio e aquele que achar a coisa; b) pertencerá por inteiro ao proprietário do prédio se foi quem achou, se foi quem determinara a pesquisa para encontrá-lo ou se achado por terceiro não autorizado a procurar; c) havendo enfiteuse, este terá o direito que corresponde ao proprietário da coisa.

6.4.4.3. Usucapião

6.4.4.3.1. Conceito

Modo originário de aquisição da propriedade pela posse prolongada da coisa. Também se aplicam à usucapião de bem móvel as regras dos arts. 1.243 e 1.244 do CC.

6.4.4.3.2. Usucapião ordinário

Requer posse ininterrupta e sem oposição por três anos, além de boa-fé e justo título (art. 1.260 do CC).

6.4.4.3.3. Usucapião extraordinário

Requer apenas posse ininterrupta e sem oposição por cinco anos (art. 1.261 do CC).

6.4.4.4. Tradição
6.4.4.4.1. Conceito

Consiste na entrega da coisa móvel ao adquirente, com a intenção de lhe transferir o domínio, em razão de título translativo da propriedade. Aqui, vale a mesma observação feita para a aquisição de bens imóveis pelo registro na matrícula, ou seja, vale lembrar que o simples acordo de vontades (contrato) não transfere a propriedade da coisa móvel, sendo necessária a tradição, que é o que dá visibilidade, publicidade ao negócio, daí o fato de o Direito estabelecer que só ela tem o condão de transferir a propriedade (art. 1.267 do CC).

6.4.4.4.2. Espécies de tradição

Vide aquisição e perda da posse (itens 6.2.5 e 6.2.6).

6.4.4.4.3. Tradição por quem não é proprietário

Nesse caso, não há alienação da propriedade, exceto se forem preenchidos os seguintes requisitos: a) a coisa for oferecida ao público (em leilão público ou estabelecimento comercial); b) a coisa for transferida em circunstâncias tais que, ao adquirente de boa-fé, pareça que o alienante é dono da coisa. Outra possibilidade de o negócio valer é o vendedor adquirir posteriormente a propriedade, estando o adquirente de boa-fé (art. 1.268 do CC).

6.4.4.4.4. Tradição decorrente de negócio nulo

O CC dispõe que não transfere a propriedade a tradição, quando tiver por título um negócio nulo. Um exemplo é a entrega de um bem vendido por um absolutamente incapaz (art. 1.268, § 2º, do CC).

6.4.4.5. Especificação
6.4.4.5.1. Conceito

É modo de aquisição da propriedade pela transformação de coisa móvel em espécie nova, em virtude de trabalho ou indústria do especificador, desde que não seja possível reduzi-la à forma primitiva (art. 1.269 do CC). Um exemplo é o trabalho feito por artesão em matéria-prima da qual não é dono. O fundamento do instituto é a valorização do trabalho e da função social da propriedade.

6.4.4.5.2. Requisitos

a) bem móvel; b) matéria-prima alheia; c) impossibilidade de retorno ao estado anterior.

6.4.4.5.3. Consequências

a) **especificador de boa-fé:** vira proprietário da coisa se o valor da coisa especificada exceder consideravelmente o da matéria-prima; deve indenizar o prejudicado; se o valor da coisa especificada não exceder o da matéria-prima, o possuidor de boa-fé tem direito de ser indenizado.

b) **especificador de má-fé:** a coisa especificada pertencerá ao dono da matéria-prima, sem direito de indenização em favor do especificador.

6.4.4.6. Confusão/Comissão/Adjunção
6.4.4.6.1. Incidência dos institutos

Nas situações em que coisas pertencentes a pessoas diversas se mesclarem, sem possibilidade de separá-las (art. 1.272, § 1º, do CC).

6.4.4.6.2. Confusão

É a mistura entre coisas líquidas. Ex.: água e álcool.

6.4.4.6.3. Comissão

É a mistura entre coisas secas ou sólidas. Ex.: açúcar e farinha.

6.4.4.6.4. Adjunção

É a justaposição de coisas, sem possibilidade de destacar acessório do principal. Ex.: duas coisas coladas.

6.4.4.6.5. Consequências

a) **se for possível a separação:** não haverá problema, bastando a entrega de cada coisa ao seu proprietário;

b) **se não for possível a separação ou esta exigir gasto excessivo:** nasce um condomínio forçado, cabendo, a cada um, quinhão proporcional ao valor da coisa que entrou para a mistura.

c) **se uma das coisas for principal:** o dono dela ficará proprietário de tudo, indenizando os outros.

d) **se a mescla foi operada de má-fé:** aquele que estiver de boa-fé decidirá se pretende ou não ficar com a coisa, assegurado, em qualquer caso, o direito de receber uma indenização.

6.5. Condomínio
6.5.1. Conceito

É o direito de propriedade de mais de uma pessoa sobre a mesma coisa, cabendo a cada uma delas a totalidade dos poderes inerentes ao domínio, sendo que o exercício desses poderes é limitado pelos direitos dos demais (art. 1.314 do CC).

6.5.2. Direitos e exercício dos direitos

No plano qualitativo, todos os condôminos podem usar, reivindicar e gravar a coisa, bem como alhear parte ideal dela; por outro lado, não podem alterar a destinação da coisa e dar posse a estranhos; já no plano quantitativo, os condôminos devem dividir as despesas proporcionalmente, deliberar sobre a administração da coisa pela maioria e dividir os frutos na proporção de seus quinhões.

6.5.3. Classificação
6.5.3.1. Quanto à origem

a) **convencional (voluntário):** *é o resultante do acordo de vontades,* como a aquisição conjunta de um bem; b) **incidental (eventual):** *é o resultante de causas alheias à vontade dos condôminos,* como a herança deixada para vários herdeiros; c) **forçado (legal):** *é o resultante de imposição da ordem jurídica, como consequência do estado de indivisão da coisa,* como as paredes, cercas, muros e valas.

6.5.3.2. Quanto à forma

a) **pro diviso:** *é aquele em que a comunhão existe juridicamente, mas não de fato, dado que cada condômino exerce atos sobre parte certa e determinada do bem;* b) **pro indiviso:** *é aquele em que a comunhão existe de fato e de direito.*

6.5.4. Quota ideal
6.5.4.1. Conceito

É a fração que, no bem indiviso, cabe a cada consorte. Repare que o direito recai sobre o bem todo, mas com algumas limitações quantitativas em relação a alguns poderes de proprietário.

6.5.4.2. Consequências

a) possibilita o cálculo do montante das vantagens e ônus atribuíveis a cada um dos comunheiros;

b) possibilita direitos plenos (de usar e reivindicar, por exemplo) e direitos limitados (aos frutos, à repartição de despesas e a deliberações);

c) a fração deve estar no título; no silêncio, presumem-se iguais os quinhões.

6.5.5. Direitos dos condôminos

6.5.5.1. Usar da coisa conforme sua destinação e sobre ela exercer todos os direitos compatíveis com a indivisão

Assim, não é possível impedir ou atrapalhar o uso por parte do outro, nem mudar a destinação do bem, muito menos dar posse, uso ou gozo a estranhos, sem autorização dos demais.

6.5.5.2. Reivindicar os bens de terceiros

O condômino pode ingressar sozinho com a ação reivindicatória ou reintegratória de posse.

6.5.5.3. Alhear ou gravar sua parte

A alienação deve respeitar o direito de preferência em favor dos demais condôminos (art. 504 do CC); já o gravame (instituição de hipoteca, por exemplo) só incidirá sobre a parte ideal pertencente ao condômino.

6.5.5.4. Direito de pedir a divisão

6.5.6. Deveres dos condôminos

1. **Concorrer para as despesas** de conservação e divisão da coisa, na proporção de sua parte.

2. **Responder pelas dívidas** contraídas em proveito da comunhão, presumindo-se o rateio na proporção dos quinhões.

3. **Responder pelos frutos** que percebeu da coisa e pelo **dano** que lhe causou.

6.5.7. Extinção do condomínio

6.5.7.1. Regra geral

A todo tempo será lícito ao condomínio exigir a divisão da coisa comum (art. 1.320 do CC).

6.5.7.2. Exceções

a) existindo pacto de não dividir, cujo prazo máximo é de cinco anos, suscetível de prorrogação posterior; b) pela vontade do doador ou do testador; c) por determinação judicial, se houver graves razões aconselhando.

6.5.7.3. Meios

a) Coisa divisível: divide-se fisicamente, de acordo com os quinhões.

b) Coisa indivisível: a) verifica-se se um dos consortes tem interesse em adjudicar tudo para si, com a concordância de todos; não sendo possível, b) vende-se e reparte-se o apurado,

sendo que há direito de preferência do condômino em relação a estranhos. É importante ressaltar que as regras do direito de preferência em caso de venda voluntária de fração ideal (art. 504 do CC) são diferentes das regras do mesmo direito em caso de divisão forçada (art. 1.322 do CC).

6.5.8. Administração do condomínio

6.5.8.1. Escolha do administrador

A maioria escolherá o administrador, que pode ser estranho ao condomínio (art. 1.323 do CC).

6.5.8.2. Poderes do administrador

Este não poderá praticar atos que exigem poderes especiais, como alienar, por exemplo.

6.5.8.3. Quórum para deliberações

Estas serão tomadas pela maioria absoluta; a maioria será calculada pelo valor dos quinhões. Em caso de empate, decidirá o juiz, a requerimento de qualquer condômino, ouvidos os outros (art. 1.325, §§ 1º e 2º, do CC).

6.5.9. Condomínio edilício

6.5.9.1. Conceito

É o condomínio caracterizado pela existência de uma propriedade comum ao lado de uma propriedade privativa (art. 1.331 do CC). Nesse caso temos a) *unidades autônomas*, tais como apartamentos, escritórios, salas, lojas e garagens; e b) *partes comuns*, tais como o terreno, a estrutura do edifício, o telhado, os corredores, as escadas, as áreas de lazer.

6.5.9.2. Natureza

É um sujeito de direito despersonificado, já que a lei autoriza sua atuação em juízo, bem como a contratação de serviços e de funcionários.

6.5.9.3. Instituição

Ocorre com o a) **Ato de Instituição**, que discrimina e individualiza as unidades, e nasce de ato *inter vivos* ou de testamento, registrado no Registro de Imóveis (art. 1.332, *caput* e I, do CC); b) **Convenção**, que, aprovada por 2/3 das frações ideais, traz os direitos e deveres dos condôminos, devendo ser também registrada no Registro Imobiliário para ser oponível contra terceiros. c) **Regulamento** (ou Regimento Interno), que consiste no documento que completa a convenção, tecendo minúcias sobre o funcionamento do condomínio edilício. O quórum para alteração do regimento interno do condomínio edilício pode ser livremente fixado na convenção (Enunciado 248 JDC/CJF). A alteração da convenção depende do voto de 2/3 dos condôminos.

6.5.9.4. Estrutura interna do condomínio

a) Unidades autônomas: nenhuma unidade pode ser privada de saída para a via pública; o proprietário pode alugar, ceder ou gravar sua unidade, independente de autorização dos outros condôminos, que também não têm direito de preferência na aquisição da unidade do vizinho; o direito de preferência só existe no caso de o condômino resolver alugar sua garagem a estranhos; para efeitos tributários, cada unidade é prédio isolado; vale salientar que, de acordo com a alteração promovida pela lei 12.607/2012 junto ao art. 1.331, § 1º, do CC, os abrigos para veículos só poderão ser alienados ou alugados a pessoas estranhas ao condomínio se houver autorização expressa na convenção de condomínio;

b) Áreas comuns: cada consorte pode utilizá-las sem dano, incômodo ou embaraço aos demais; são insuscetíveis de divisão e de alienação.

6.5.9.5. Deveres e sujeições dos condôminos

a) contribuir para as despesas na proporção de sua fração ideal, salvo disposição em contrário na convenção, não podendo votar na assembleia se não estiver quite;

b) pagar juros de 1% ao mês e multa de até 2% caso não pague sua contribuição; quanto à multa, o Enunciado 505 das Jornadas de Direito Civil entende que "é nula a estipulação que, dissimulando ou embutindo multa acima de 2%, confere suposto desconto de pontualidade no pagamento da taxa condominial, pois configura fraude à lei (Código Civil, art. 1336, § 1º), e não redução por merecimento";

c) não alterar a fachada;

d) preservar o sossego, a salubridade, a segurança e os bons costumes;

e) pagar multa correspondente até o quíntuplo do valor atribuído à contribuição para as despesas condominiais, se não cumprir reiteradamente os seus deveres perante o condomínio, conforme a gravidade das faltas e a reiteração, independentemente das perdas e danos que se apurem, mediante deliberação de três quartos dos condôminos restantes. O condômino ou o possuidor que, por seu comportamento antissocial gerar incompatibilidade de convivência com os demais condôminos ou possuidores poderá ser compelido a pagar multa de até dez vezes o valor de sua contribuição, de acordo com as disposições legais e convencionais aplicáveis ao caso concreto; o Enunciado 508 das Jornadas de Direito Civil entende que "verificando-se que a sanção pecuniária mostrou-se ineficaz, a garantia fundamental da função social da propriedade (arts. 5º, XXIII, da CRFB e 1.228, § 1º, do CC) e a vedação ao abuso do direito (arts. 187 e 1.228, § 2º, do CC) justificam a exclusão do condômino antissocial, desde que a ulterior assembleia prevista na parte final do parágrafo único do art. 1.337 do Código Civil delibere a propositura de ação judicial com esse fim, asseguradas todas as garantias inerentes ao devido processo legal.

Seguem algumas decisões jurisprudenciais do STJ a respeito:

a) o prazo prescricional aplicável à pretensão de cobrança de taxas condominiais é de cinco anos, de acordo com art. 206, § 5º, I, do Código Civil (AgInt no AREsp 883973/DF, DJE 20.06.2016);

b) havendo compromisso de compra e venda não levado a registro, a responsabilidade pelas despesas de condomínio pode recair tanto sobre o promitente vendedor quanto sobre o promissário comprador, dependendo das circunstâncias de cada caso concreto. (AgInt no AREsp 733185/SP, DJE 01.06.2016);

c) as cotas condominiais possuem natureza *proptem rem*, razão pela qual os compradores de imóveis respondem pelos débitos anteriores à aquisição (AgRg no AREsp 215906/RO, DJE 28.03.2016);

d) é possível a penhora do bem de família para assegurar o pagamento de dívidas oriundas de despesas condominiais do próprio bem (AgRg no AgRg no AREsp 198372/SP, DJE 18.12.2013);

e) "o condomínio, independentemente de previsão em regimento interno, não pode proibir, em razão de inadimplência, condômino e seus familiares de usar áreas comuns, ainda que destinadas apenas a lazer. Isso porque a adoção de tal medida, a um só tempo, desnatura o instituto do condomínio, a comprometer o direito de propriedade afeto à própria unidade imobiliária, refoge das consequências legais especificamente previstas para a hipótese de inadimplemento das despesas condominiais e, em última análise, impõe ilegítimo constrangimento ao condômino (em mora) e aos seus familiares, em manifesto descompasso com o princípio da dignidade da pessoa humana" (REsp 1.564.030-MG, DJe 19.08.2016);

f) "acerca da regulamentação da criação de animais pela convenção condominial, podem surgir três situações: a) a convenção não regula a matéria; b) a convenção veda a permanência de animais causadores de incômodos aos demais condôminos e c) a convenção proíbe a criação e guarda de animais de quaisquer espécies. Na primeira hipótese, o condômino pode criar animais em sua unidade autônoma, desde que não viole os deveres previstos nos arts. 1.336, IV, do CC/2002 e 19 da Lei n. 4.591/1964. Se a convenção veda apenas a permanência de animais causadores de incômodos aos demais moradores, a norma condominial não apresenta, de plano, nenhuma ilegalidade. Contudo, se a convenção proíbe a criação e a guarda de animais de quaisquer espécies, a restrição pode se revelar desarrazoada, haja vista determinados animais não apresentarem risco à incolumidade e à tranquilidade dos demais moradores e dos frequentadores ocasionais do condomínio. O impedimento de criar animais em partes exclusivas se justifica na preservação da segurança, da higiene, da saúde e do sossego. Por isso, a restrição genérica contida em convenção condominial, sem fundamento legítimo, deve ser afastada para assegurar o direito do condômino, desde que sejam protegidos os interesses anteriormente explicitados" (REsp 1.783.076-DF, DJe 24/05/2019);

g) "Existindo na Convenção de Condomínio regra impondo destinação residencial, é indevido o uso de unidades particulares para fins de hospedagem. É possível, no entanto, que os próprios condôminos deliberarem em assembleia, por maioria qualificada, permitir a utilização das unidades condominiais para fins de hospedagem atípica, por intermédio de plataformas digitais ou outra modalidade de oferta, ampliando o uso para além do estritamente residencial. (...) Existindo na Convenção de Condomínio regra impondo destinação residencial, mostra-se inviável o uso das unidades particulares que, por sua natureza, implique o desvirtuamento daquela finalidade residencial (CC/2002, arts. 1.332, III, e 1.336, IV). Com isso, fica o condômino obrigado a "dar às suas partes a mesma destinação que tem a edificação" (CC, art. 1.336, IV), ou seja, destinação residencial, carecendo de expressa autorização para dar destinação diversa, inclusive para a relativa à hospedagem remunerada, por via de contrato atípico" (STJ, REsp 1.819.075-RS, j. 20/04/2021).

6.5.9.6. Administração do condomínio

a) Exercício: dá-se pelo síndico, cujo mandato é de até dois anos, permitida a reeleição.

b) Competência do síndico: representa ativa e passivamente o condomínio, em juízo ou fora dele; pode ser condômino ou pessoa natural ou jurídica estranha.

c) Assembleia: a Geral Ordinária tem por objeto aprovar, por maioria dos presentes, o orçamento das despesas, a contribuição dos condôminos e a prestação de contas. Já a Extraordinária é convocada pelo síndico ou por 1/4 dos condôminos.

d) Quórum: salvo quando exigido quórum especial, as deliberações da assembleia serão tomadas, em primeira convocação, por maioria dos votos dos condôminos presentes que representem pelo menos metade das frações ideais. Em segunda votação, a assembleia poderá deliberar por maioria dos votos presentes. Depende da aprovação de 2/3 dos votos dos condôminos a alteração da convenção. A mudança de destinação do edifício ou da unidade imobiliária dependia antes da unanimidade, mas agora também depende de apenas 2/3 dos votos dos condôminos, nos termos da nova redação dada ao art. 1.351 do CC.

Segue decisão importante sobre a administração do condomínio na fase mais difícil do Covid-19: "Autorização para entrar em unidade condominial. Direito de propriedade. Pandemia da Covid-19. Medidas para evitar a disseminação da doença. Competência do síndico. Proibição absoluta ao proprietário de acessar sua unidade condominial. Conflito de direitos fundamentais. Existência de outras medidas menos gravosas igualmente adequadas. Indevida restrição ao direito de propriedade. – A medida adotada por síndico de condomínio, ao vedar totalmente o acesso do prédio aos proprietários, em razão da disseminação da Covid-19, é indevida e restringe o direito de propriedade". STJ, REsp 1.971.304-SP, Rel. Min. Nancy Andrighi, Terceira Turma, por unanimidade, julgado em 14/06/2022, DJe 21/06/2022.

6.5.9.7. Condomínio de lotes

A Lei 13.465/2017 introduziu o art. 1.358-A no Código Civil, o qual estabeleceu que pode haver, em terrenos, partes designadas de lotes que são propriedade exclusiva e partes que são propriedade comum dos condôminos.

Essa disposição é importante para regularizar os chamados "condomínios fechados de casas", cuja ausência de uma melhor regulamentação em lei federal propiciou que alguns municípios proibissem esse tipo de condomínio, gerando enormes problemas a empreendedores e pessoas que querem morar num condomínio fechado de casas.

Além de resolver de vez essa questão, permitindo esse tipo de condomínio, que pode ser ou não fechado, essa lei também resolveu uma outra questão, que é acerca de qual lei deve ser aplicada na relação entre os moradores desse condomínio. No caso, a nova lei estabeleceu expressamente que se aplica, no que couber, ao condomínio de lotes o disposto sobre condomínio edilício no Código Civil, respeitada a legislação urbanística. Aplica-se também ao condomínio de lotes, no que couber, o regime jurídico das incorporações imobiliárias de que trata o Capítulo I do Título II da Lei nº 4.591/1964, equiparando-se o empreendedor ao incorporador quanto aos aspectos civis e registrários. Para fins de incorporação imobiliária, a implantação de toda a infraestrutura ficará a cargo do empreendedor.

Uma questão importante decorrente dessa lei é a das associações de moradores e a cobranças de taxas dos moradores locais. Confira a seguinte decisão do STF a respeito:

"É inconstitucional a cobrança por parte de associação de taxa de manutenção e conservação de loteamento imobiliário urbano de proprietário não associado até o advento da Lei nº 13.465/17, ou de anterior lei municipal que discipline a questão, a partir da qual se torna possível a cotização dos proprietários de imóveis, titulares de direitos ou moradores em loteamentos de acesso controlado, que i) já possuindo lote, adiram ao ato constitutivo das entidades equiparadas a administradoras de imóveis ou (ii) sendo novos adquirentes de lotes, o ato constitutivo da obrigação esteja registrado no competente Registro de Imóveis." (STF, RE 695911/SP, 15.12.20).

De acordo com a nova lei, a fração ideal de cada condômino poderá ser proporcional à área do solo de cada unidade autônoma, ao respectivo potencial construtivo ou a outros critérios indicados no ato de instituição.

Por fim, a lei também estabeleceu que, para fins de incorporação imobiliária, a implantação de toda a infraestrutura ficará a cargo do empreendedor.

6.5.10. Condomínio em Multipropriedade

A Lei 13.777, publicada em 21 de dezembro de 2018, regulamentou um instituto muito comum nos Estados Unidos e que já se tentava praticar no Brasil há algum tempo, mas com muitas dificuldades, em razão da ausência de regulamentação legal da matéria, que, por envolver direitos reais, reclama previsão em lei, em função do princípio da taxatividade de direitos dessa natureza.

Apesar de haver algumas decisões judiciais admitindo essa prática, a insegurança jurídica decorrente fez com que a questão fosse levada ao processo legislativo e, enfim, agora temos uma lei regulamentando com detalhe essa matéria.

A nova lei veio sem período de *vacatio legis*, de modo que entrou em vigor imediatamente com a sua publicação.

Esse novo instituto com previsão em nosso Código Civil, tem o nome de **condomínio em multipropriedade** e pode ser conceituado como "o regime de condomínio em que cada um dos proprietários de um mesmo imóvel é **titular de uma fração de tempo**, à qual corresponde a faculdade de uso e gozo, com exclusividade, da totalidade do imóvel, a ser exercida pelos proprietários de forma alternada" (art. 1.358-C do Código Civil; g.n.).

Em outras palavras, o instituto consiste na existência de vários proprietários de um mesmo imóvel, mas, cada um deles, proprietário de uma fração de tempo de uso e gozo exclusivo da totalidade desse imóvel.

Trata-se, assim, de um compartilhamento de propriedade no tempo, daí porque o instituto também é conhecido pelo nome de *time-sharing*.

Um exemplo concreto aclarará mais a sua importância prática.

Imagine que você deseja ter uma casa na praia, mas saiba de antemão que só terá interesse em usar essa casa uma vez por ano, pelo período de 1 mês. Nesse caso você pode adquirir a propriedade dessa fração de tempo de 1 mês por ano do imóvel e, no período destinado à sua fração de tempo, você terá direito ao uso e gozo exclusivo daquele imóvel.

Quanto aos outros 11 meses de fração de tempo daquele imóvel é possível que haja mais 11 proprietários ou *até mais* de 11 proprietários com períodos menores, ou mesmo *menos* de 11 proprietários com períodos maiores. Tudo vai depender do tamanho de cada fração de tempo estabelecida para aquele único imóvel.

Vale dizer que a lei estabelece apenas um requisito quanto à **duração de cada fração de tempo** nesse condomínio, qual seja, cada uma delas será de, no mínimo, 7 dias, seguidos ou intercalados, e poderá ser:

"I – fixo e determinado, no mesmo período de cada ano;

II – flutuante, caso em que a determinação do período será realizada de forma periódica, mediante procedimento objetivo que respeite, em relação a todos os multiproprietários, o princípio da isonomia, devendo ser previamente divulgado; ou

III – misto, combinando os sistemas fixo e flutuante." (art. 1.358-E)".

O § 2º do art. 1.358-E acrescenta que "todos os multiproprietários terão direito a uma mesma quantidade mínima de dias seguidos durante o ano, podendo haver a aquisição de frações maiores que a mínima, com o correspondente direito ao uso por períodos também maiores".

O que vai definir o tamanho da fração de tempo de cada proprietário é o **tamanho do investimento** que ele está disposto a fazer. Quem investir mais conseguirá adquirir uma fração de tempo maior ou mesmo várias frações de tempo de um mesmo imóvel.

De qualquer forma, **cada fração de tempo instituída é indivisível**, não sendo possível que se tente no futuro buscar a sua divisão (art. 1.358-E, *caput*).

De rigor dizer ainda que o **imóvel objeto da multipropriedade também é indivisível**, não se sujeitando a ação de divisão ou de extinção de condomínio, bem como que esse imóvel inclui as instalações, os equipamentos e o mobiliário destinados a seu uso e gozo (art. 1.358-D).

Bom, imagine agora que uma incorporadora tenha um imóvel à venda e deseja fazer essa venda no regime do novo instituto. Ela, como instituidora desse condomínio em multipropriedade, fará essa instituição por **testamento** ou **escritura** registrados no cartório de imóveis, devendo constar do ato a duração dos períodos de cada fração de tempo (art. 1.358-F).

Essa mesma incorporadora poderá estabelecer quantas frações de tempo ela deseja vender em relação ao imóvel, valendo lembrar que cada fração de tempo deve ter no mínimo 7 dias, que equivale a 1 semana.

Partindo dessa fração mínima de 7 dias e considerando que 1 ano tem 52 semanas, imaginemos, hipoteticamente, que a incorporadora institua e coloque à venda 52 frações de tempo em relação a um imóvel. Em qualquer caso, uma mesma pessoa poderá comprar mais de uma fração de tempo. E mesmo que uma pessoa só acabe por comprar todas as frações de tempo, a multipropriedade não se extinguirá automaticamente (art. 1.358-C, parágrafo único), pois pode ser que essa pessoa queira no futuro vender parte das frações de tempo que tem ou mesmo alugar ou dar em comodato uma parte delas.

Mas voltando ao exemplo, imagine ainda que uma pessoa tenha comprado uma fração de tempo de 7 dias desse imóvel. Essa pessoa é a proprietária dessa fração de tempo, que pode ser de dias fixos do ano ou de dias flutuantes, respeitando a isonomia e também a critérios objetivos (um sorteio de dias, por exemplo). Uma vez proprietária dessa fração de tempo esse multiproprietário tem várias opções. Pode simplesmente *usar e gozar* por si mesmo o imóvel no período a que tem direito (art. 1.358-I, I). Pode também *ceder* a fração de tempo em locação ou comodato (art. 1.358-I, II). E pode até mesmo *alienar* e *onerar* essa fração de tempo (art. 1.358-I, III).

Vale salientar que a *transferência* do direito de multipropriedade e a sua produção de efeitos perante terceiros não depende da anuência ou cientificação dos demais multiproprietários, não havendo direito de preferência em favor dos demais multiproprietários, salvo se essa preferência tiver sido estabelecida no instrumento de instituição ou na convenção do condomínio em multipropriedade em favor dos demais multiproprietários ou mesmo do instituidor do condomínio em multipropriedade (art. 1.358-L, § 1º).

Uma vez instituído o condomínio em multipropriedade, há de estabelecer a **convenção de condomínio**, que trará, além de outras cláusulas que os multiproprietários estipularem, as seguintes disposições (art. 1.358-G):

I – os poderes e deveres dos multiproprietários, especialmente em matéria de instalações, equipamentos e mobiliário do imóvel, de manutenção ordinária e extraordinária, de conservação e limpeza e de pagamento da contribuição condominial;

II – o número máximo de pessoas que podem ocupar simultaneamente o imóvel no período correspondente a cada fração de tempo;

III – as regras de acesso do administrador condominial ao imóvel para cumprimento do dever de manutenção, conservação e limpeza;

IV – a criação de fundo de reserva para reposição e manutenção dos equipamentos, instalações e mobiliário;

V – o regime aplicável em caso de perda ou destruição parcial ou total do imóvel, inclusive para efeitos de participação no risco ou no valor do seguro, da indenização ou da parte restante;

VI – as multas aplicáveis ao multiproprietário nas hipóteses de descumprimento de deveres.

De acordo com o art. 1.358-H, o instrumento de instituição da multipropriedade ou a convenção de condomínio em multipropriedade poderá estabelecer o **limite máximo de frações de tempo no mesmo imóvel** que poderão ser detidas pela mesma pessoa natural ou jurídica, sendo que, em caso de instituição da multipropriedade para posterior venda das frações de tempo a terceiros, o atendimento a eventual limite de frações de tempo por titular estabelecido no instrumento de instituição será obrigatório somente após a venda das frações.

Além dos direitos de usar/gozar, ceder, alienar e onerar sua fração de tempo, o multiproprietário também tem o **direito de participar e votar**, pessoalmente ou por intermédio de representante ou procurador, desde que esteja quite com as obrigações condominiais, em (art. 1.358-I, IV):

a) assembleia geral do condomínio em multipropriedade, e o voto do multiproprietário corresponderá à quota de sua fração de tempo no imóvel;

b) assembleia geral do condomínio edilício, quando for o caso, e o voto do multiproprietário corresponderá à quota de sua fração de tempo em relação à quota de poder político atribuído à unidade autônoma na respectiva convenção de condomínio edilício.

Confira agora as **obrigações do multiproprietário**, além daquelas previstas no instrumento de instituição e na convenção de condomínio em multipropriedade (art. 1.358-J):

I – pagar a contribuição condominial do condomínio em multipropriedade e, quando for o caso, do condomínio edilício, ainda que renuncie ao uso e gozo, total ou parcial, do imóvel, das áreas comuns ou das respectivas instalações, equipamentos e mobiliário;

II – responder por danos causados ao imóvel, às instalações, aos equipamentos e ao mobiliário por si, por qualquer de seus acompanhantes, convidados ou prepostos ou por pessoas por ele autorizadas;

III – comunicar imediatamente ao administrador os defeitos, avarias e vícios no imóvel dos quais tiver ciência durante a utilização;

IV – não modificar, alterar ou substituir o mobiliário, os equipamentos e as instalações do imóvel;

V – manter o imóvel em estado de conservação e limpeza condizente com os fins a que se destina e com a natureza da respectiva construção;

VI – usar o imóvel, bem como suas instalações, equipamentos e mobiliário, conforme seu destino e natureza;

VII – usar o imóvel exclusivamente durante o período correspondente à sua fração de tempo;

VIII – desocupar o imóvel, impreterivelmente, até o dia e hora fixados no instrumento de instituição ou na convenção de condomínio em multipropriedade, sob pena de multa diária, conforme convencionado no instrumento pertinente;

IX – permitir a realização de obras ou reparos urgentes.

X – conforme previsão que deverá constar da respectiva convenção de condomínio em multipropriedade, estar sujeito a: multa, no caso de descumprimento de qualquer de seus deveres; multa progressiva e perda temporária do direito de utilização do imóvel no período correspondente à sua fração de tempo, no caso de descumprimento reiterado de deveres.

XI – responsabilizar-se pelas despesas referentes a reparos no imóvel, bem como suas instalações, equipamentos e mobiliário, sendo essa responsabilidade de todos os multiproprietários, quando decorrentes do uso normal e do desgaste natural do imóvel; e exclusivamente do multiproprietário responsável pelo uso anormal, sem prejuízo de multa, quando decorrentes de uso anormal do imóvel.

De acordo com o art. 1.358-K, para os efeitos direitos e obrigações, são **equiparados aos multiproprietários** os promitentes compradores e os cessionários de direitos relativos a cada fração de tempo.

Quanto à **administração da multipropriedade**, a administração do imóvel e também de todas as suas instalações, equipamentos e mobiliário será de responsabilidade da pessoa indicada no instrumento de instituição ou na convenção de condomínio em multipropriedade, ou, na falta de indicação, de pessoa escolhida em assembleia geral dos condôminos (art. 1.358-M, *caput*).

Já quanto ao **administrador em si da multipropriedade**, a lei estabelece as seguintes atribuições a ele, além de outras previstas no instrumento de instituição e na convenção de condomínio (art. 1.358-M, § 1º):

I – coordenação da utilização do imóvel pelos multiproprietários durante o período correspondente a suas respectivas frações de tempo;

II – determinação, no caso dos sistemas flutuante ou misto, dos períodos concretos de uso e gozo exclusivos de cada multiproprietário em cada ano;

III – manutenção, conservação e limpeza do imóvel;

IV – não havendo disposição em contrário na convenção de condomínio, troca ou substituição de instalações, equipamentos ou mobiliário, inclusive:

a) determinar a necessidade da troca ou substituição;

b) providenciar os orçamentos necessários para a troca ou substituição;

c) submeter os orçamentos à aprovação pela maioria simples dos condôminos em assembleia;

V – elaboração do orçamento anual, com previsão das receitas e despesas;

VI – cobrança das quotas de custeio de responsabilidade dos multiproprietários;

VII – pagamento, por conta do condomínio edilício ou voluntário, com os fundos comuns arrecadados, de todas as despesas comuns.

Tudo o que escrevemos até agora vale tanto para condomínio em multipropriedade em imóvel em geral, como também para condomínio em multipropriedade relativos às unidades autônomas de condomínios edilícios, como são, por exemplo, os prédios de apartamentos residenciais.

Porém, para que um **condomínio edilício** adote o regime de multipropriedade em parte ou na totalidade de suas unidades autônomas, será necessário (art. 1.358-O):

I – previsão no instrumento de instituição do condomínio edilício; ou

II – deliberação da maioria absoluta dos condôminos, caso já instituído o condomínio edilício.

Vale salientar que as convenções dos condomínios edilícios, os memoriais de loteamentos e os instrumentos de venda dos lotes em loteamentos urbanos poderão limitar ou impedir a instituição da multipropriedade nos respectivos imóveis, vedação que também somente poderá ser *alterada* no mínimo pela maioria absoluta dos condôminos (art. 1.358-U).

Essa regulamentação é importante, pois muitos condomínios edilícios no Brasil proíbem a locação de imóveis por períodos curtos, inviabilizando, por exemplo, a locação via aplicativos como o "Airbnb".

Porém, instituída a multipropriedade num condomínio edilício, ao menos quanto às unidades desse condomínio que permitem esse regime, a princípio não haverá como se proibir a locação via "Airbnb", considerando que a até mesmo a propriedade do imóvel se dá em frações de tempo, com diversos proprietários e cessionários da fração de tempo se alternando, o que colocaria por terra o argumento usado para proibir locações via "Airbnb", no sentido de que a alta rotatividade de pessoas diferentes no imóvel atrapalha na tranquilidade e na segurança dos titulares das demais unidades do condomínio.

Aliás, é da essência do condomínio em multipropriedade essa rotatividade não só dos proprietários dessas frações de tempo, como também dos locatários dessas respectivas frações de tempo, sendo que uma das poucas limitações previstas na nova lei que atingirá diretamente a locação do imóvel via "Airbnb" é quanto a possibilidade de o regimento interno do condomínio edilício estipular o número máximo de pessoas que podem ocupar simultaneamente o imóvel no período correspondente a cada fração de tempo (art. 1.358-Q, V), limitação essa que nos parece inclusive bem razoável.

Bom, mas instituído o condomínio em multipropriedade num condomínio edilício, além da observância às regras da convenção de condomínio e instituição do condomínio previstas nos artigos 1.332 e 1.334 (típicas do condomínio edilício), e às regras do art. 1.358-G (típicas do condomínio em multipropriedade), **a convenção de condomínio edilício** deve ainda conter as seguintes regulamentações (art. 1.358-P):

I – a identificação das unidades sujeitas ao regime da multipropriedade, no caso de empreendimentos mistos;

II – a indicação da duração das frações de tempo de cada unidade autônoma sujeita ao regime da multipropriedade;

III – a forma de rateio, entre os multiproprietários de uma mesma unidade autônoma, das contribuições condominiais relativas à unidade, que, salvo se disciplinada de forma diversa no instrumento de instituição ou na convenção de condomínio em multipropriedade, será proporcional à fração de tempo de cada multiproprietário;

IV – a especificação das despesas ordinárias, cujo custeio será obrigatório, independentemente do uso e gozo do imóvel e das áreas comuns;

V – os órgãos de administração da multipropriedade;

VI – a indicação, se for o caso, de que o empreendimento conta com sistema de administração de intercâmbio, na forma prevista no § 2º do art. 23 da Lei 11.771, de 17 de setembro de 2008, seja do período de fruição da fração de tempo, seja do local de fruição, caso em que a responsabilidade e as obrigações da companhia de intercâmbio limitam-se ao contido na documentação de sua contratação;

VII – a competência para a imposição de sanções e o respectivo procedimento, especialmente nos casos de mora no cumprimento das obrigações de custeio e nos casos de descumprimento da obrigação de desocupar o imóvel até o dia e hora previstos;

VIII – o quórum exigido para a deliberação de adjudicação da fração de tempo na hipótese de inadimplemento do respectivo multiproprietário;

IX – o quórum exigido para a deliberação de alienação, pelo condomínio edilício, da fração de tempo adjudicada em virtude do inadimplemento do respectivo multiproprietário.

Já o **regimento interno** de condomínio edilício com multipropriedade, que poderá ser instituído por escritura pública ou por instrumento particular, deve prever o seguinte (art. 1.358-Q):

I – os direitos dos multiproprietários sobre as partes comuns do condomínio edilício;

II – os direitos e obrigações do administrador, inclusive quanto ao acesso ao imóvel para cumprimento do dever de manutenção, conservação e limpeza;

III – as condições e regras para uso das áreas comuns;

IV – os procedimentos a serem observados para uso e gozo dos imóveis e das instalações, equipamentos e mobiliário destinados ao regime da multipropriedade;

V – o número máximo de pessoas que podem ocupar simultaneamente o imóvel no período correspondente a cada fração de tempo;

VI – as regras de convivência entre os multiproprietários e os ocupantes de unidades autônomas não sujeitas ao regime da multipropriedade, quando se tratar de empreendimentos mistos;

VII – a forma de contribuição, destinação e gestão do fundo de reserva específico para cada imóvel, para reposição e manutenção dos equipamentos, instalações e mobiliário, sem prejuízo do fundo de reserva do condomínio edilício;

VIII – a possibilidade de realização de assembleias não presenciais, inclusive por meio eletrônico;

IX – os mecanismos de participação e representação dos titulares;

X – o funcionamento do sistema de reserva, os meios de confirmação e os requisitos a serem cumpridos pelo multiproprietário quando não exercer diretamente sua faculdade de uso;

XI – a descrição dos serviços adicionais, se existentes, e as regras para seu uso e custeio.

Outro ponto interessante sobre a instituição da multipropriedade em condomínio edilício é que a lei, dada a complexidade das relações daí advindas, determina que nesse caso necessariamente haverá um **administrador profissional** para o condomínio (art. 1.358-R), sendo que a duração do contrato de administração será livremente convencionada.

Vale ressaltar que o administrador do condomínio será nesse caso também o administrador de todos os condomínios em multipropriedade de suas unidades autônomas, tratando-se do mandatário legal de todos os multiproprietários, exclusivamente para a realização dos atos de gestão ordinária da multipropriedade, incluindo manutenção, conservação e limpeza do imóvel e de suas instalações, equipamentos e mobiliário.

Considerando a possibilidade de haver esse tipo de regime jurídico em *flats* ou mesmo em hotéis com regime de condomínio, o administrador pode ser ou não um prestador de serviços de hospedagem.

Na hipótese de **inadimplemento**, por parte do multiproprietário, da obrigação de custeio das despesas ordinárias ou extraordinárias, é cabível, na forma da lei processual civil, a **adjudicação** ao condomínio edilício da fração de tempo correspondente (art. 1.358-S). Essa previsão pode facilitar muito o ressarcimento do condomínio em caso de inadimplência reiterada de cotas condominiais.

Outra previsão interessante é a possibilidade de o multiproprietário **renunciar de forma translativa** a seu direito de multipropriedade em favor do condomínio edilício (art. 1.358-T), desde que esteja em dia com as contribuições condominiais, com os tributos imobiliários e, se houver, com o foro ou a taxa de ocupação.

6.6. Direitos reais de fruição

6.6.1. Introdução

Os direitos reais sobre coisas alheias podem ser de gozo ou fruição (superfície, servidão, usufruto, uso, habitação), de garantia (penhor, hipoteca, anticrese) ou de aquisição (compromisso de compra e venda). Os direitos reais estudados neste capítulo consistem no desmembramento do direito de propriedade para permitir que o beneficiário do direito use e/ou goze da coisa alheia.

6.6.2. Superfície

6.6.2.1. Conceito

Direito real pelo qual o proprietário concede a outrem, por tempo determinado, gratuita ou onerosamente, a faculdade de construir ou de plantar em seu terreno (art. 1.369 do CC, e arts. 21 a 24 da Lei 10.257/2001).

6.6.2.2. Instituição

Mediante escritura pública devidamente registrada no Registro de Imóvel; não é possível por meio de testamento.

6.6.2.3. Direitos do proprietário do solo (fundieiro ou concedente)

a) pode receber quantia (à vista ou parceladamente), caso se combine a onerosidade do direito de superfície; o nome do pagamento é "solarium";

b) pode adquirir a construção ou a plantação, extinto o direito, independentemente de indenizar o superficiário, salvo convenção em contrário;

c) tem direito de preferência na alienação do direito de superfície.

6.6.2.4. Direitos do superficiário

a) pode plantar ou construir no terreno; não se autoriza obra no subsolo, salvo se inerente ao objeto da concessão;

b) pode transferir o direito a terceiros, e, por morte, a herdeiros; não há a figura do laudêmio, comissão devida ao dono da coisa, na enfiteuse;

c) tem direito de preferência na alienação do imóvel.

6.6.2.5. Deveres do superficiário

a) deve pagar o "solarium", se onerosa;

b) responde pelos encargos e tributos incidentes sobre o imóvel.

c) deve manter a destinação para o qual foi prevista.

6.6.2.6. Extinção

a) pela consolidação, que ocorre pela fusão, na mesma pessoa, do direito de superfície e do direito de propriedade; b) por ter se dado destinação diversa da estabelecida pelo bem; c) pelo advento do termo; d) pela renúncia do superficiário; e) pelo distrato; f) pelo perecimento do bem gravado; g) pelo não uso do direito de construir, no prazo convencionado; h) pela desapropriação do solo ou do direito.

6.6.2.7. Diferenças em relação à enfiteuse

Esta se constitui por testamento; o enfiteuta tem direito ao resgate da coisa, preenchidos requisitos legais; a enfiteuse confere todos os poderes inerentes ao domínio; a enfiteuse é perpétua, ao passo que a superfície é temporária; a enfiteuse prevê pagamento de laudêmio (comissão) ao proprietário, em caso de venda do direito.

6.6.2.8. Diferenças em relação ao direito de superfície do Estatuto da Cidade (EC)

Este vale para imóveis urbanos, ao passo que o do CC, para imóveis rurais; o previsto no EC pode ser por tempo determinado ou indeterminado; abrange o direito de usar o solo, o subsolo e o espaço aéreo; não limita o direito à feitura de construção ou plantação.

6.6.3. Servidão

6.6.3.1. Conceito

É o direito real de gozo que proporciona utilidade para o prédio dominante e grava o prédio serviente, que pertence a dono diverso

(art. 1.378). Um exemplo é a servidão pela qual um prédio fica proibido de construir acima de certa altura, a fim de beneficiar outro. Outro exemplo é a servidão de passagem, em que um prédio que não tem entrada para a rua (prédio dominante) se beneficia com a possibilidade de utilização do prédio vizinho (prédio serviente) para passagem de pessoas e veículos. É importante ressaltar que o direito só recai sobre imóveis, bem como que não se liga a uma pessoa, mas a um prédio. O dono deste fica adstrito apenas pelo fato de ser proprietário da coisa. O imóvel que se beneficia com a servidão leva o nome de *dominante*, ao passo que o que recebe o gravame é chamado *serviente*.

6.6.3.2. Finalidade

Proporcionar valorização do prédio dominante, tornando-o mais útil, agradável ou cômodo. O instituto é muito utilizado para corrigir desigualdades naturais entre prédios ou para estabelecer padrões estéticos ou de comodidade entre imóveis.

6.6.3.3. Características do direito de servidão

a) perpétuo: tem duração indefinida, como regra. Mas é possível instituir servidão a termo ou com condição (servidão *ad tempus*).

b) indivisível: mesmo no caso de divisão do prédio dominante ou do prédio serviente, a restrição continua a gravar cada uma das partes do prédio serviente, salvo se a restrição perder sentido (art. 1.386 do CC).

c) inalienável: como a restrição é feita pela necessidade do prédio dominante, não há que se falar em transferência da restrição, por alienação, a outro prédio.

6.6.3.4. Classificação quanto ao modo de exercício

a) servidões contínuas: *são as que subsistem e se exercem independentemente de ato humano direto.* São exemplos as servidões de passagem de água (aqueduto), de energia elétrica (passagem de fios, cabos ou tubulações), de iluminação (postes) e de ventilação.

b) servidões descontínuas: *são as que dependem de ação humana atual para seu exercício e subsistência.* São exemplos a servidão de trânsito, de tirar água de prédio alheio e de pastagem em prédio alheio. Essas servidões podem ser positivas ou negativas. Serão **positivas** quando o proprietário dominante tem direito a uma utilidade do serviente (exs.: servidão de passagem ou de retirada de água). Serão **negativas** quando o proprietário dominante tiver simplesmente o direito de ver o proprietário serviente se abster de certos atos (ex.: servidão de não edificar em certo local ou acima de dada altura).

6.6.3.5. Classificação quanto à exteriorização

a) servidões aparentes: *são as que se revelam por obras ou sinais exteriores, visíveis e permanentes.* São exemplos a servidão de trânsito e de aqueduto.

b) servidões não aparentes: *são as que não se revelam externamente.* São exemplos as de não construir em certo local ou acima de dada altura.

Obs.: a classificação é importante, pois somente as servidões aparentes podem ser adquiridas por usucapião (art. 1.379 do CC).

6.6.3.6. Classificação quanto à origem

a) servidões legais: *são as que decorrem de lei.* Ex.: passagem forçada.

b) servidões materiais: *são as que derivam da situação dos prédios.* Ex.: servidão para escoamento de águas.

c) servidões convencionais: *são as que resultam da vontade das partes.* Ex.: as constituídas por contrato ou testamento, com posterior registro no Registro de Imóveis.

6.6.3.7. Constituição das servidões

As servidões se constituem por **negócio jurídico** (contrato ou testamento) registrado no Registro de Imóveis; por **sentença judicial** (em ação de divisão, para possibilitar a utilização dos quinhões partilhados – arts. 596 e 597 do NCPC) e por **usucapião**.

6.6.3.8. Ações judiciais

a) ação confessória: *é a que visa ao reconhecimento da existência da servidão;* é promovida pelo dono do prédio dominante; b) **ação negatória:** *é a que visa à negativa da existência da servidão;* é promovida pelo dono do prédio serviente; c) **manutenção ou reintegração de posse:** *promovidas para reprimir algumas violações ao exercício da servidão.*

6.6.3.9. Extinção da servidão

a) pela **renúncia**; b) pela **cessação da utilidade**; c) pelo **resgate**, pelo dono do prédio serviente; d) pela **confusão** (dono dos dois prédios passa a ser uma pessoa só); e) pela **usucapião**, nas servidões aparentes; f) pelo **perecimento** da coisa; g) pelo **decurso do prazo ou da condição**; h) pela **desapropriação**.

6.6.3.10. Passagem forçada

a) conceito: *direito assegurado ao proprietário do prédio encravado (sem acesso para a via pública) de, mediante pagamento de indenização, constranger vizinho a lhe dar passagem* (art. 1.285 do CC).

b) finalidade: *atender a função econômica e social da propriedade.*

c) sujeito passivo: normalmente, é o proprietário contíguo; porém, se não for suficiente a colaboração deste, pode-se atingir o vizinho não imediato; procura-se o imóvel que mais natural e facilmente se preste à passagem.

d) requisitos: i) **encravamento natural**, que é aquele não provocado pelo dono do prédio encravado (ex.: não tem esse direito quem vendeu a área que possibilitava sua passagem, salvo contra quem tiver comprado a área – art. 1.285, § 2º, do CC); ii) **encravamento absoluto**, que é aquele em que não há outra saída, ainda que uma saída difícil e penosa; iii) **menor ônus possível ao serviente**, ou seja, procura-se a passagem junto ao vizinho cujo imóvel mais natural e facilmente se prestar ao intento, bem como a passagem que menos atrapalhe o vizinho no uso de seu imóvel; iv) **pagamento de indenização**, ou seja, o vizinho que tiver que dar a passagem deverá ser indenizado pelos danos que suportar com essa medida forçada.

e) extinção: a passagem forçada fica extinta i) no caso de abertura de estrada que passe ao lado da divisa do prédio encravado, bem como ii) no caso de a área encravada ser anexada a outra não encravada.

f) diferenças entre "servidão de passagem ou de trânsito" e "passagem forçada": a primeira decorre de negócio jurídico, ao passo que a segunda decorre da lei; a primeira nem sempre decorre de um imperativo (pode ser instituída apenas para mais comodidade ou facilidade), ao passo que a segunda decorre de um imperativo, já que se tem um prédio encravado; na primeira não se fala em indenização (pode até envolver pagamento, pois muitas vezes decorre de um contrato), já na segunda a indenização decorre da própria lei; a primeira está regulada no âmbito dos direitos reais, ao passo que a segunda, mesmo encerrando as características de direito real, está no âmbito do direito de vizinhança.

6.6.4. Usufruto

6.6.4.1. Conceito

É o direito real conferido a alguém de retirar temporariamente de coisa alheia os frutos e as utilidades que ela produz, sem alterar-lhe a substância (art. 1.390 do CC). Repare que o usufrutuário pode não só *usar* a coisa (por exemplo, habitar uma casa dada em usufruto), como também pode *fruir*, tirar os frutos da coisa (no mesmo exemplo, pode alugar a coisa para terceiro, tirando renda dela). O proprietário da coisa é chamado *nu-proprietário*, ao passo que o beneficiário do usufruto e denominado *usufrutuário*.

6.6.4.2. Características

a) temporário: o usufruto extingue-se no prazo ajustado ou com a morte do usufrutuário; no caso da pessoa jurídica, a lei traz com prazo máximo o de 30 anos do início do exercício do usufruto (art. 1.410, III, do CC).

b) direito real: diferente do comodato, que é um empréstimo de coisa infungível que gera mero direito pessoal, no usufruto tem-se um direito real, ou seja, um direito que é oponível *erga omnes*.

c) inalienável: não é possível ceder *o direito ao usufruto*; todavia, o mero *exercício do direito* ao usufruto pode ser transmitido, de modo gratuito ou oneroso (art. 1.393 do CC); assim, se "A" for titular de um usufruto, não poderá passar esse direito para "B". "A" será sempre o usufrutuário da coisa. Mas poderá passar o exercício desse direito, possibilitando, por exemplo, que "B" possa usar e fruir da coisa na qualidade de locatário dela, por exemplo. Em virtude da inalienabilidade do direito ao usufruto, não é possível penhorá-lo para vender *o direito ao usufruto* a terceiro. Todavia, pode o juiz penhorar *o exercício do direito ao usufruto*, por exemplo, nomeando um administrador para alugar a coisa a terceiro, de modo a gerar renda para pagamento da dívida exequenda. Quando a dívida toda tiver sido paga, será levantada a penhora sobre o *exercício do direito ao usufruto*, e o titular do *direito ao usufruto* volta a gozar integralmente da coisa.

6.6.4.3. Constituição do usufruto

O usufruto se constitui por **determinação legal** (ex.: a lei estabelece o usufruto dos pais sobre os bens do filho menor – art. 1.689, I, do CC); por **negócio jurídico** (contrato ou testamento) registrado no Registro de Imóveis; e por **usucapião**.

6.6.4.4. Objeto

O usufruto pode recair sobre a) um ou mais bens **móveis** ou **imóveis** (assim, pode recair até sobre títulos de crédito); ou sobre b) a totalidade ou parte de um **patrimônio**.

6.6.4.5. Classificação quanto à origem

a) usufruto legal: *é o que decorre da lei.* Ex.: dos pais em relação aos bens dos filhos menores;

b) usufruto convencional: *é o que decorre de negócio jurídico.* Ex.: o pai doa imóveis aos seus filhos, mas estipula que ficará com usufruto desses bens.

6.6.4.6. Classificação quanto à duração

a) usufruto temporário: *é o que tem prazo certo de vigência.*
b) usufruto vitalício: *é o que perdura até a morte do usufrutuário ou enquanto não sobrevier causa legal extintiva.*

6.6.4.7. Classificação quanto ao objeto

a) usufruto próprio: *é o que tem por objeto coisas inconsumíveis, cujas substâncias são conservadas, podendo ser restituídas ao nu-proprietário.*
b) usufruto impróprio: *é o que incide sobre bens consumíveis.* Com a extinção do usufruto, devolve-se coisa equivalente.

6.6.4.8. Classificação quanto aos titulares

a) usufruto simultâneo: *é o constituído em favor de duas ou mais pessoas, ao mesmo tempo, extinguindo-se gradativamente em relação a cada uma das que falecerem, salvo expressa estipulação de direito de acrescer.* Assim, a regra é que, instituído usufruto em favor de mais de duas pessoas, com o falecimento de uma delas, a sua parte não vai para quem continuar vivo. A parte da pessoa falecida só será acrescida aos que sobreviverem se houver estipulação expressa desse direito de acrescer (art. 1.411 do CC) ou no caso de legado de usufruto (art. 1.946 do CC).
b) usufruto sucessivo: *é o constituído em favor de uma pessoa, para que depois de sua morte transmita a terceiro. É vedado pela lei.*

6.6.4.9. Direitos do usufrutuário

a) de posse, uso, administração e percepção dos frutos da coisa; **b)** de transferir o exercício do direito ao usufruto, gratuita ou onerosamente.

6.6.4.10. Deveres do usufrutuário

a) inventariar, antes de assumir o usufruto, os bens que receber, determinando o estado em que se acham; b) dar caução (fidejussória ou real) se lhe exigir o dono da coisa; se o usufrutuário não der caução, não poderá administrar a coisa; no caso de doação em que o doador reserva a si o usufruto da coisa doada (ex.: pai doa ao filho, mantendo o usufruto da coisa), não haverá obrigação de prestar caução; c) velar pela conservação dos bens e entregá-los, findo o usufruto; d) pagar as despesas ordinárias de conservação, bem como prestação e tributos devidos pela posse ou rendimento da coisa usufruída; e) dar ciência ao dono de qualquer lesão contra a posse da coisa, ou contra o direito do usufrutuário.

6.6.4.11. Extinção

O usufruto fica extinto com a) a renúncia ou desistência do direito; b) a morte do usufrutuário; c) o advento do termo final; d) a extinção da pessoa jurídica ou, se ela perdurar, após o decurso de 30 anos; e) a cessação do motivo que deu origem ao direito; f) a destruição da coisa (salvo se for consumível); g) a consolidação da propriedade e do usufruto na mesma pessoa; h) a culpa do usufrutuário prevista no art. 1.410, VII, do CC; i) pelo não uso, a não fruição da coisa.

6.6.5. Uso

6.6.5.1. Conceito

É o direito real que, a título gratuito ou oneroso, autoriza uma pessoa a retirar temporariamente de coisas alheias todas as utilidades para atender às suas próprias necessidades e às de sua família (art. 1.412 do CC). Repare que *direito real de uso* autoriza não só o uso da coisa, como também a percepção de frutos dela. Nesse sentido, é instituto que se aproxima do usufruto. A diferença é que o *usuário* não pode retirar os frutos além das necessidades próprias e de sua família. Essas necessidades serão avaliadas segundo a condição social e o lugar onde viver o *usuário*. É também chamado de *usufruto restrito*.

6.6.5.2. Características

É temporário, indivisível, intransmissível e personalíssimo (ou seja, deve ser exercido pessoalmente pelo *usuário* e sua família).

6.6.5.3. Objeto

O *uso* pode recair sobre bens móveis ou imóveis.

6.6.5.4. Constituição

Corre por negócio jurídico (contrato ou testamento), sentença judicial ou usucapião.

6.6.5.5. Regime jurídico

É o previsto acima, aplicando-se, no que couber, as disposições relativas ao usufruto.

6.6.6. Habitação

6.6.6.1. Conceito

É o direito real temporário de ocupar gratuitamente coisa alheia, para morada do titular e de sua família (art. 1.414 do CC). Perceba que é ainda mais restrito que o uso, pois só permite a *morada* do titular do direito e de sua família. Outra diferença é que é gratuito, ou seja, não há contrapartida em favor do dono da coisa.

6.6.6.2. Características

É temporário, indivisível, intransmissível, personalíssimo e gratuito.

6.6.6.3. Objeto

A habitação só pode recair sobre "casa", cujo conceito abrange apartamentos.

6.6.6.4. Constituição

Corre por negócio jurídico (contrato ou testamento) ou lei (*vide* art. 1.831 do CC – cônjuge sobrevivente).

6.6.6.5. Regime jurídico

É o previsto anteriormente, aplicando-se, no que couber, as disposições relativas ao usufruto. É importante ressaltar que o habitador não pode alugar ou emprestar a coisa, mas tão somente morar nela.

6.6.7. Laje

A lei 13.465/2017 inseriu no rol de direitos reais do Código Civil a **laje**, regulamentada nos arts. 1.510-A e seguintes.

Esse direito real consiste em o proprietário de uma construção-base ceder a superfície superior ou inferior de sua construção a fim de que o titular da laje mantenha unidade distinta daquela originalmente construída sobre o solo, contemplando o espaço aéreo ou o subsolo de terrenos públicos ou privados, tomados em projeção vertical, como unidade imobiliária autônoma, e não contemplando as demais áreas edificadas ou não pertencentes ao proprietário da construção-base.

Confira outras características desse direito real:

a) o titular do direito real de laje responderá pelos encargos e tributos que incidirem sobre a sua unidade;

b) os titulares da laje, unidade imobiliária autônoma constituída em matrícula própria, poderão dela usar, gozar e dispor;

c) é expressamente vedado ao titular da laje prejudicar com obras novas ou com falta de reparação a segurança, a linha arquitetônica ou o arranjo estético do edifício, observadas as posturas previstas em legislação local.

6.7. Direitos reais em garantia

6.7.1. Introdução

Como se viu, os direitos reais sobre coisas alheias podem ser de gozo ou fruição (superfície, servidão, usufruto, uso, habitação), de garantia (penhor, hipoteca, anticrese) ou de aquisição (compromisso de compra e venda). Os direitos reais estudados neste capítulo têm por objeto servir de garantia especial para o recebimento de créditos. Todo credor tem direito de cobrar a dívida do devedor, com penhora de bens deste para satisfação do crédito. Mas muitas vezes os credores têm interesse em convencionar segurança especial para o recebimento do crédito. Essa garantia pode ser pessoal (fidejussória) ou real. Exemplo de garantia pessoal é o aval ou a fiança. O problema é que essa garantia não é tão segura como a real, pois o fiador ou o avalista podem ficar sem patrimônio, caso em que o credor não terá como satisfazer o seu crédito. Já a garantia real, que será estudada agora, é muito mais segura, pois, independentemente de quem estiver com a coisa dada em garantia, o credor com garantia real poderá persegui-la para satisfação do seu crédito. Ou seja, a garantia real é muito mais eficaz, pois o bem dado em garantia fica vinculado ao pagamento da dívida. Como os direitos reais em garantia estão sempre ligados a uma dívida, sua natureza é de direitos reais *acessórios*. O credor ou futuro credor beneficiário de um direito real em garantia poderá nomear um agente de garantia, que poderá atuar em nome próprio e em benefício do credor, para constituir, levar a registro, gerir e ter a sua execução pleiteada judicial ou extrajudicialmente, nesse último caso apenas quando houver previsão legal para a execução extrajudicial (art. 853-A, CC, introduzido pela Lei 14.711/2023).

6.7.2. Efeitos

Os direitos reais em garantia geram os seguintes efeitos:

a) direito de preferência: os credores hipotecários (de hipoteca) e pignoratícios (de penhor) têm preferência no pagamento de seus créditos, em relação a outros credores que não tiverem o mesmo direito (art. 1.422 do CC). Uma vez arrematada em juízo a coisa, o credor com garantia real receberá primeiro, e, havendo sobras, serão pagos os demais credores. Havendo mais de uma hipoteca, terá preferência aquele que tiver prioridade na inscrição, ou seja, aquele que tiver a garantia mais antiga.

b) direito de sequela: consiste no poder de o credor com garantia real perseguir e reclamar a coisa dada em garantia de qualquer pessoa.

c) direito de excussão: consiste no poder de promover a venda judicial da coisa dada em garantia, após o vencimento da dívida. Esse direito é diferente na anticrese.

d) indivisibilidade: o pagamento de uma ou mais prestações da dívida não importa em exoneração da garantia, salvo convenção entre as partes.

6.7.3. Requisitos para a validade da garantia

a) **Capacidade geral** para os atos da vida civil; b) **Capacidade especial para alienar**; c) **Legitimidade** (ex.: presença de outorga uxória); d) **Existência de bem suscetível de alienação** (ex.: não pode ser dado em garantia um bem público).

6.7.4. Requisitos para a constituição e a eficácia da garantia

a) **especialização**, que consiste na descrição pormenorizada do bem, do valor do crédito, do prazo para pagamento e da taxa de juros; b) **publicidade**, que consiste no Registro de Imóveis (para hipoteca, anticrese e penhor rural) ou no Registro de Títulos e Documentos (para penhor convencional).

6.7.5. Cláusula comissória

Consiste na estipulação que autoriza o credor a ficar com a coisa dada em garantia, caso a dívida não seja paga. Nosso direito proíbe essa cláusula, considerando nula estipulação nesse sentido. Assim, deixando o devedor de pagar em dia sua dívida, estará sujeito à execução judicial da coisa, e não à perda automática dela (art. 1.428 do CC). O objetivo da lei é evitar a agiotagem.

6.7.6. Penhor

Esse direito real em garantia recai sobre coisa **móvel** e fica constituído de acordo com a **tradição**, a transferência efetiva da posse da coisa ao credor (art. 1.431 do CC), que passa a ser depositário da coisa. No penhor rural, industrial, mercantil e de veículos as coisas empenhadas ficam na posse do devedor, que as deve guardar e conservar.

Por se tratar de contrato solene, deverá ser levado a registro, sendo que no penhor comum este se dará no Cartório de Títulos de Documentos.

Extingue-se o penhor extinguindo-se a obrigação, perecendo a coisa, renunciando o credor, com a confusão, com a adjudicação judicial, a remissão ou a venda da coisa empenhada.

6.7.7. Hipoteca

Esse direito real em garantia recai sobre os **imóveis** e seus acessórios, o domínio direto, o domínio útil, as estradas de ferro, os navios, as aeronaves, dentre outros. A hipoteca abrange as ações e melhoramentos feitos posteriormente no imóvel (arts. 1.473 e 1.474 do CC).

A hipoteca deve ser registrada no cartório do lugar do imóvel.

A lei considera nula a cláusula que proíbe o proprietário alienar a coisa, mas o adquirente terá de suportar a garantia que recai sobre o bem.

O inadimplemento da obrigação garantida por hipoteca faculta ao credor declarar vencidas as demais obrigações de que for titular garantidas pelo mesmo imóvel (art. 1.477, § 2º, CC, introduzido pela Lei 14.711/2023).

O dono do imóvel hipotecado pode constituir outra hipoteca sobre ele, mediante novo título, em favor do mesmo ou de outro credor, respeitada a prioridade da primeira hipoteca.

Extingue-se a hipoteca pela extinção da obrigação principal, pelo perecimento da coisa, pela resolução da propriedade, pela renúncia do credor, pela remição, pela arrematação ou adjudicação, e pela averbação do cancelamento do registro.

6.7.8. Anticrese

Pode-se conceituar a anticrese *como o direito real em garantia em que o devedor entrega imóvel ao credor, que recebe o direito de perceber os frutos e rendimentos da coisa, para compensação da dívida* (art. 1.506 do CC).

O credor anticrético pode administrar os bens dados em anticrese e fruir seus frutos e utilidades, mas deverá apresentar anualmente balanço, exato e fiel, de sua administração.

4. Direito Processual Civil

Luiz Dellore

INTRODUÇÃO: SISTEMA PROCESSUAL À LUZ DO CÓDIGO DE PROCESSO CIVIL DE 2015 (LEI 13.105/2015 E POSTERIORES ALTERAÇÕES)

Em março de 2015 foi publicada a Lei 13.105/2015, o Código de Processo Civil (CPC), que entrou em vigor um ano depois. Depois de sua vigência, o Código foi alterado diversas vezes, praticamente em todo ano (desde a Lei 13.256/2016 até a Lei 14.365/2022), além de existirem outras leis que alterarem o sistema processual (como as Lei n. 13.728/2018 e 13.994/2020, que tratam dos Juizados Especiais).

Apesar do tempo de vigência, muitas questões polêmicas ainda estão em aberto. De qualquer forma, alguns temas polêmicos já foram definidos pela jurisprudência do STJ, e – o que é ruim para o candidato da OAB – em sentido distinto da interpretação gramatical do Código (como no caso da "taxatividade mitigada" do agravo de instrumento), e isso pode ser pedido na prova. Em regra, em uma 1ª fase de OAB, a resposta deve ser de acordo com a letra seca da lei; contudo, no caso de já existir uma decisão de Tribunal Superior, é isso que prevalecerá.

O CPC é dividido em Parte Geral e Parte Especial, além de contar com um Livro Complementar (para as disposições transitórias).

A **Parte Geral do CPC** se aplica a *todos os processos e procedimentos* e regula questões como princípios (Livro I), regras de competência (Livro II), juiz e partes (Livro III), forma do ato processual (Livro IV), tutela provisória (Livro V) e formação, suspensão e extinção do processo (Livro VI). Ela vai do art. 1º ao 317. Assim, se algum **tema estiver regulado na Parte Geral**, pode-se concluir que isso *se aplica não só ao processo de conhecimento, mas também ao processo de execução e aos recursos.*

A **Parte Especial do CPC** é dividida em **três livros**: I – processo de conhecimento e cumprimento de sentença; II – processo de execução e III – processo nos tribunais e meios de impugnação das decisões; ela vai do art. 318 ao 1.044.

No **Livro I da Parte Especial**, o *Título I* regula o **Processo de Conhecimento**, especificamente o *procedimento comum* (não mais se fala em rito ordinário, pois *deixa de existir o rito sumário*). Trata da petição inicial e da defesa do réu, passando pelas provas e audiências, para chegar até a sentença e a coisa julgada. Vai do art. 319 ao 512. O *Título II* regula **Cumprimento da Sentença** (ou seja, o adimplemento do título executivo judicial) e a defesa desse devedor, via impugnação. Vai do art. 513 ao 538. Por fim, *Título III* regula os **procedimentos especiais**. Vai do art. 539 ao 770.

O **Livro II da Parte Especial** regula o **Processo de Execução**. As regras, que regulam tanto a postulação do exequente como do executado (defesa por meio dos embargos à execução), vão do art. 771 ao 925.

Já o **Livro III da Parte Especial**, em seu *Título I* regula a tramitação dos **processos nos tribunais**, abordando as atribuições do relator e como se dará o julgamento colegiado.

O regramento vai do art. 926 ao 993. Por sua vez, o *Título II* trata do importante tema dos *recursos*, compreendendo os arts. 994 ao 1.044.

Após essas duas partes, há ainda o **Livro Complementar** (fora da Parte Geral ou Especial) trata das *regras de transição*, ou seja, as *disposições finais e transitórias* (revogações e direito intertemporal). O assunto é tratado do art. 1.045 ao 1.072.

Sugere-se ao leitor que, ao estudar, sempre leve em consideração essa análise do Código do ponto de vista macro, a partir desses seus livros e títulos. Tendo a visão do todo, fica mais fácil compreender cada um dos temas.

Feita essa introdução a respeito do CPC, passa-se à análise do processo civil brasileiro.

1. TEORIA GERAL DO PROCESSO CIVIL (PARTE GERAL DO CPC)

1.1. Lide e Formas de solução da lide

1.1.1. Introdução

O homem vive em sociedade e necessita dos mais diversos bens, que não existem em número suficiente para todos – ou seja, são escassos. Diante disso, há conflitos entre as pessoas que compõem a sociedade para a obtenção de determinados bens. Para tentar regular a vida em sociedade, surgem regras de comportamento (direito positivo).

Porém, a existência de regras não é suficiente para evitar ou eliminar todos os conflitos que podem surgir. Nessas situações, caracteriza-se a *insatisfação* – que é um fator de instabilidade. Ou seja, para se manter a paz social, os *conflitos, litígios ou lides devem ser eliminados.*

1.1.2. Lide

A **lide** é a *pretensão qualificada pela resistência*, conforme clássica definição do autor italiano Carnelutti.

Já que a lide é um fator antissocial, deve ser pacificada. Se os litigantes não observam espontaneamente as regras de comportamento (*normas primárias*), então deverá haver a aplicação de sanções (*normas secundárias*).

1.1.3. Formas de solução da lide

A evolução da solução da lide, ao longo da história, pode ser assim sintetizada:

(i) Autotutela: *imposição da decisão por uma das partes, especialmente pela força.*

(ii) Autocomposição: *um ou ambos os litigantes abrem mão da sua pretensão.*

(iii) Arbitragem facultativa: *os litigantes, espontaneamente, buscam um terceiro de sua confiança para decidir a lide (normalmente o ancião ou líder religioso).*

(iv) Arbitragem obrigatória: *o Estado impõe a obrigação de se solucionar a lide via um árbitro, vedando a autotutela.*

(v) Jurisdição: *poder estatal de aplicar o direito em relação a uma lide.*

(vi) MASC ou ADRs: *formas alternativas de decisão da lide.*

1.1.4. ADR (alternative dispute resolution – formas alternativas de solução da lide) ou MASC (meios alternativos de solução de conflitos)

Nos últimos anos – e especialmente com o CPC – há um estímulo no Brasil aos **métodos alternativos** de solução da lide, dentre os quais se destacam:

a) conciliação: *o conciliador busca o consenso entre os litigantes e tem uma postura propositiva, sugerindo soluções para as partes.* Tem previsão no CPC.

b) mediação: *o mediador busca o consenso entre os litigantes e tem uma postura de induzir que as próprias partes encontrem a solução.* Após longo período sem regulamentação legal, passou a ser *previsto no CPC* e, também, *na Lei 13.140/2015* (diploma aprovado após o CPC, mas com vigência anterior – e que tem *alguns conflitos com o Código*).

c) arbitragem: *as partes estabelecem que a decisão da lide será proferida por um árbitro privado, que conheça a matéria em debate e não por um juiz do Poder Judiciário.* Uma vez que haja a opção pela arbitragem, não é possível a utilização da jurisdição. É prevista pela *Lei 9.307/1996, que sofreu importantes reformas com a Lei 13.129/2015*. Não se deve confundir a moderna arbitragem (ADR / MASC) com a arbitragem facultativa mencionada no tópico anterior.

Um ponto comum às ADRs é que não há decisão judicial. Uma forma de distinguir as três figuras é a seguinte:

✓ o **mediador** é *terceiro* que busca o acordo entre as partes, *mas sem sugerir a solução* (CPC, art. 165, § 3º), sendo a mediação destinada a situações em que há prévio contato entre as partes (como questões de família ou vizinhança);

✓ o **conciliador** é *terceiro* que busca o acordo entre as partes, *sugerindo a solução* (CPC, art. 165, § 2º), *sendo a conciliação mais adequada para situações em que não havia prévio contato entre as partes (como nas indenizações, tal qual um acidente de veículo)*;

✓ o **árbitro** é *terceiro* que irá *decidir a lide, cuja decisão independerá da vontade das partes em acolhê-la (Lei 9.307/1996, art. 31)*.

Os métodos alternativos de solução da lide têm sido muito estimulados. Nesse sentido, o CNJ editou a Resolução 125, cuja ementa é a seguinte "Dispõe sobre a Política Judiciária Nacional de tratamento adequado dos conflitos de interesses no âmbito do Poder Judiciário e dá outras providências". E, com o CPC (que prevê uma *audiência de conciliação e mediação praticamente obrigatória*), a Lei 13.140/2015 (Lei da Mediação) e a Lei 13.129/2015 (que alterou a Lei de Arbitragem), o panorama é que haverá ainda mais estímulo a esses métodos de solução, inclusive para desafogar a jurisdição que está absolutamente abarrotada. Para aprofundar a distinção entre conciliação e mediação, conferir item 1.4.8. abaixo, momento em que se trata da figura do conciliador e do mediador.

Vale destacar ainda que, em virtude do uso da tecnologia, começa-se a falar, ao lado de ADR, de **ODR** (*Online Dispute Resolution*), ou seja, as ADRs realizadas não de forma presencial, mas por meio virtual, com o auxílio da internet. É o que se tem, por exemplo, com o *site* consumidor.gov, mantido pelo Ministério da Justiça.

Por fim, ainda que a nomenclatura consagrada mencione o termo **alternativo** para essa forma de solução de conflitos, há quem prefira falar que esses seriam os métodos **preferenciais**, ao passo que a solução do litígio pela *jurisdição* é que deveria ser considerada *alternativa*. Mas o aprofundamento desse debate foge dos objetivos desta obra.

1.2. Jurisdição e competência

1.2.1. Conceito de jurisdição: poder estatal de aplicar o direito (decidir) em relação a um caso concreto (lide).

A jurisdição é exercida pelos juízes, que são escolhidos pelo próprio Estado. Apesar de a jurisdição ser una e indivisível, como função estatal, existem algumas classificações.

1.2.2. Divisão da jurisdição conforme a lide debatida (matéria objeto do conflito)

Por questões de conveniência e melhor divisão do trabalho, não é todo juiz do Brasil que irá julgar toda e qualquer causa. Entende-se que é conveniente uma divisão conforme a lide em discussão.

Desta forma, há uma especialização conforme a matéria debatida em juízo. Assim, há diversos ramos da jurisdição. No atual sistema constitucional brasileiro, a divisão existente é a seguinte:

Ordinária (comum)	Federal (CF, art. 109, I)
	Estadual (CF, art. 125)

Extraordinária (especializada)	Eleitoral (CF, art. 118)
	Trabalhista (CF, art. 111)
	Penal Militar (CF, art. 122)

Conforme a lide discutida em juízo, um dos ramos do Poder Judiciário será o competente para apreciar a causa em detrimento dos demais.

A partir da natureza da lide debatida, deve-se analisar se a questão é da competência de uma das três Justiças Especializadas (Eleitoral, Trabalhista ou Penal Militar). Se não for, conclui-se se tratar de causa de competência da Justiça Comum (Federal ou Estadual). Assim, a Justiça Comum é residual em relação à Justiça Especializada.

Na Justiça Comum, deve-se analisar se algum ente federal é parte do processo (CF, art. 109, I: União, autarquias ou empresas públicas federais): se for, a competência será da Justiça Federal; se não for, a competência será da Justiça Estadual – que, portanto, é a residual. Mas, ainda que a Justiça Estadual seja a que vai ser escolhida por exclusão, é a que tem a maior quantidade de causas e juízes.

1.2.3. Conceito de competência

É a medida, parcela, parte da jurisdição. Ou seja, apesar de todo juiz ser investido na jurisdição, *cada magistrado tem uma parcela, um pedaço da jurisdição*, para julgar determinadas causas. Isto é a competência.

1.2.4. Divisão da competência

Existem diversos critérios para a classificação da competência. Aqui destacamos os mais relevantes.

1.2.4.1. Em relação ao juiz brasileiro ou juiz estrangeiro

Há **competência concorrente** quando o *juiz brasileiro e o juiz de outro país podem tratar da matéria* (CPC, arts. 21 e 22). Isso ocorre nas seguintes situações:

(i) réu, qualquer que seja a sua nacionalidade, domiciliado no Brasil;

(ii) obrigação tiver de ser cumprida no Brasil;

(iii) o fundamento da demanda seja fato ocorrido ou de ato praticado no Brasil.

(iv) ação de alimentos, se o autor for domiciliado ou residente no Brasil ou se o réu tiver algum vínculo no Brasil (bens, renda ou benefícios econômicos);

(v) ação envolvendo relação de consumo, e o consumidor for domiciliado ou residente no Brasil (compras pela internet se inserem aqui).

(vi) ação em que as partes se submetem à jurisdição nacional (ou seja, quando há o processo no Brasil e não há impugnação pelo réu, *ainda que não se esteja diante de uma das hipóteses anteriores*).

Nestes casos, a decisão estrangeira, para ser executada no Brasil, deve inicialmente passar pelo procedimento de **homologação de decisão estrangeira (CPC, arts. 960 e ss.)**, procedimento de competência *exclusiva do STJ* (CPC, art. 960, § 2º e CF, art. 105, I, "i").

Excepcionalmente, a **decisão estrangeira de tutela de urgência**, poderá ser executada no Brasil, via carta rogatória, *pelo próprio juiz competente para cumprir tal medida de urgência, sem a homologação do STJ,* (CPC, art. 960, § 4º).

Além disso, fala-se em **competência exclusiva** quando *somente o juiz brasileiro pode tratar da matéria* (CPC, art. 23). Verifica-se nas seguintes hipóteses:

(i) ações relativas a imóveis situados no Brasil;

(ii) ações relativas à sucessão hereditária, para proceder à confirmação de testamento particular e ao inventário e à partilha de bens situados no Brasil, ainda que o autor da herança seja de nacionalidade estrangeira ou tenha domicílio fora do território nacional. Nesses casos, *sempre terá de existir um processo perante um juiz brasileiro*;

(iii) em *divórcio, separação judicial ou dissolução de união estável, para* proceder à *partilha de bens situados no Brasil,* ainda que o titular seja de nacionalidade estrangeira ou tenha domicílio fora do território nacional. Nesses casos, tal qual no anterior, sempre terá de existir um processo perante um juiz brasileiro.

O art. 25 do CPC afirma *não competir à Justiça brasileira* o julgamento da demanda quando houver **cláusula de eleição de foro exclusivo estrangeiro em contrato internacional**, arguida pelo réu na contestação. Tal regra, por certo, *não se aplica nos casos de competência internacional exclusiva.*

Além disso, os arts. 26 e ss. do CPC tratam da **Cooperação Internacional**. Há diversos novos dispositivos sobre o tema,

no sentido do *cumprimento de uma decisão estrangeira do Brasil ou o contrário.* O tema será regido por tratado do qual o Brasil é signatário. Devem ser observadas algumas *premissas, para que uma decisão proferida no exterior possa ser cumprida no Brasil ou vice-versa:*

(i) devido processo legal no Estado requerente;

(ii) igualdade de tratamento entre nacionais e estrangeiros, residentes ou não no Brasil, assegurada a assistência judiciária aos necessitados;

(iii) publicidade, salvo nos casos de segredo de justiça;

(iv) autoridade central, para recepção e transmissão de pedidos de cooperação;

(v) espontaneidade na transmissão de informações a autoridades estrangeiras.

A **autoridade central** é o *órgão administrativo responsável por dar andamento às atribuições referentes à cooperação internacional.* Na ausência de previsão específica, *no Brasil será realizada pelo Ministério da Justiça* (CPC, art. 26, § 4º).

São três os **instrumentos de cooperação jurídica internacional**: *auxílio direto, carta rogatória e homologação de decisão estrangeira* (esta última já mencionada acima).

O **auxílio direto** é *modalidade simplificada de cooperação internacional,* na qual é desnecessária qualquer análise pelo STJ (CPC, art. 28). Como exemplo, requerimento de informações a respeito do andamento de processos judiciais no Brasil (CPC, art. 30, I).

A **carta rogatória** (*exequatur* – possibilidade de cumprimento da ordem estrangeira no Brasil) tramitará perante o STJ e terá natureza de jurisdição contenciosa, de modo que deve observar o princípio do devido processo legal. Contudo, é vedada a revisão do mérito da decisão estrangeira no Brasil (CPC, art. 36).

1.2.4.2. Tipos e espécies de competência:

A questão é regulada pelo CPC, arts. 62 e 63.

Os dois *tipos* são a **competência absoluta**, *fundada em interesse público, que não pode ser alterada por vontade das partes,* e a **competência relativa**, *fundada no interesse das partes, e que pode ser alterada se estas assim quiserem.*

Como *espécies da competência absoluta* há:

✓ **(i) competência em razão da matéria:** *Justiça Federal, Estadual ou Trabalhista? Vara Cível, Criminal ou Família?*

✓ **(ii) competência em razão da pessoa: o fato de a** *União* **participar do litígio influencia na fixação da competência?**

✓ **(iii) competência em razão da função** ou **competência hierárquica:** *competência originária em 1º grau (regra) ou em grau superior? (Exceção, como em casos de foro por prerrogativa de função).*

Em relação ao item ii, se houver participação de *ente federal no processo* (União, empresa pública federal, autarquia federal, fundação federal e ainda conselhos de fiscalização profissional, como a OAB), a causa deverá ser julgada pela Justiça Federal – salvo nas exceções constitucionais (CF, art. 109, I, parte final).

Assim, não são julgadas pela Justiça Federal as sociedades de economia mista, ou seja, as empresas que têm capital da União e privado, especialmente com ações na Bolsa de Valores. Assim, Petrobrás e Banco do Brasil (sociedades de economia mista) são julgadas pela Justiça Estadual, ao passo que Caixa Econômica Federal e Correios (empresas públicas) são julgados na Justiça Federal. Mas, considerando a especialidade, (i) tratando-se de ação discutindo questões trabalhistas contra essas empresas, a competência será da Justiça do Trabalho e (ii) sendo caso de falência ou recuperação judicial, a competência sempre será da Justiça Estadual.

Em relação à *discussão entre Justiça Federal e Estadual*, duas súmulas do STJ foram reproduzidas no art. 45 do CPC: (i) cabe ao juiz federal apreciar se há necessidade de participação do órgão federal (Súmula 150/STJ) e (ii) se o ente federal for excluído, deve o juiz federal devolver o processo ao juiz estadual, e não suscitar conflito de competência (Súmula 224/STJ).

No caso das três espécies de competência absoluta, ainda que haja contrato entre as partes escolhendo que a lide será solucionada por outro órgão judiciário, isso não será aceito pelo juiz (exatamente porque se trata da competência absoluta, em que não há liberdade das partes para alterá-la).

Como espécies da competência relativa há:

✓ **(i) competência territorial**: *São Paulo ou Rio de Janeiro? Belo Horizonte ou Curitiba?*

✓ **(ii) competência em razão do valor**: *Juizado Especial ou Vara tradicional da Justiça Estadual?*

Nestes casos, diferentemente do que se expôs em relação à competência absoluta, é possível se falar em **foro de eleição**: *podem as partes optar, em contrato, por um órgão judiciário situado em comarca distinta daquela prevista em lei como a territorialmente competente.* Exatamente porque esta competência se funda no interesse das partes.

No tocante à **competência em razão do valor,** apesar de se tratar de incompetência relativa, no sistema brasileiro atual não há espaço para contrato entre as partes a seu respeito. *A única possibilidade que se tem é a escolha, pelo autor, do JEC ou da vara tradicional da Justiça Estadual.*

Das espécies acima indicadas, as mais debatidas na OAB são a competência em razão da matéria / pessoa e a competência territorial.

Conforme o tipo de competência (absoluta ou relativa), há distinções em relação às consequências para o processo. E isso é importante especialmente em relação às **situações de incompetência**. Além disso, importante modificação do CPC é que, a partir de agora, a **forma de arguir a incompetência** é *sempre a mesma*, seja incompetência absoluta ou relativa.

No quadro a seguir, verificam-se as distinções entre os tipos de competência (absoluta e relativa) em relação a três situações: (i) se o juiz pode se reconhecer como incompetente de ofício, (ii) como a parte pode alegar a incompetência e (iii) caso a parte não alegue a incompetência no momento esperado, qual a consequência para o processo. Vejamos o quadro a seguir:

Tipo de competência/ Distinções	Conhecimento de ofício pelo juiz (ou a parte precisa provocar?)	Forma de arguição pelo réu	Consequências da não arguição
Absoluta	Sim, de ofício (CPC, art. 64, § 1º)	Preliminar de contestação (CPC, art. 64)	Pode ser alegada / conhecida a qualquer tempo e grau de jurisdição (CPC, art. 64, § 1º) Após coisa julgada, cabe rescisória (CPC, art. 966, II)
Relativa	Não, a parte precisa provocar* (CPC, art. 65)	Preliminar de contestação (CPC, art. 64)	Prorrogação da competência (CPC, art. 65)

Em regra, o juiz deve *conhecer de ofício a incompetência absoluta* e *não pode conhecer de ofício a incompetência relativa* (Nesse sentido, STJ, Súmula 33: "A incompetência relativa não pode ser declarada de ofício").

Contudo, em relação ao **conhecimento de ofício da incompetência relativa pelo juiz**, há uma **exceção** (CPC, art. 63, § 3º– por isso o asterisco no quadro acima). Tratando-se de situação em que há *eleição de foro, com cláusula abusiva, poderá o juiz de ofício declarar que a cláusula é ineficaz*, remetendo os autos ao juízo do foro do domicílio do réu. Como exemplo (mas não a única situação*)*, *em relação de consumo, cláusula de eleição de foro em prejuízo do consumidor*.

Para arguir a incompetência, a parte ré sempre deverá se valer da *contestação*, alegando essa defesa em *preliminar*.

Alegada a incompetência, deverá a parte autora se manifestar, por força do contraditório. Acolhida a incompetência, os autos serão remetidos ao juiz competente; rejeitada a incompetência, os autos permaneceram perante o mesmo juízo. Dessa decisão que aprecia a incompetência, pelo CPC (art. 1.015), *não cabe agravo de instrumento*. Contudo, a jurisprudência do STJ *aceita o agravo de instrumento* (interpretando o rol do art. 1.015 como de "taxatividade mitigada" – vide item relativo ao agravo de instrumento) para debater a incompetência; assim, em uma pergunta na OAB sobre o tema, a resposta deve ser no sentido do cabimento do agravo de instrumento, apesar do que consta do CPC.

Em relação à incompetência absoluta, o § 3º do art. 64 do CPC regula o que ocorre com decisões proferidas por magistrado que posteriormente se dá por incompetente de forma absoluta: (i) em regra, serão *conservados os efeitos da decisão já proferida* pelo juiz, até nova decisão do juiz competente; (ii) excepcionalmente, poderá ser revogada a decisão, *pelo próprio juiz que a prolatou*, ao reconhecer sua incompetência.

No tocante a não arguir a incompetência, é conveniente debater o **conceito de preclusão**: trata-se da *perda de uma faculdade processual pela parte*. Ou seja, a parte poderia ter realizado algum ato processual, mas não o fez – e, assim, perdeu a possibilidade de fazê-lo.

Como a incompetência absoluta pode ser alegada a qualquer tempo e grau de jurisdição, percebe-se que não há a preclusão. E, inclusive, após a formação da coisa julgada, ainda é possível se utilizar a ação rescisória pelo prazo de dois anos contados do trânsito em julgado (CPC, arts. 966, II e 975, *caput*).

Por outro lado, se a parte não impugnar a incompetência relativa no prazo da contestação (como preliminar), não será possível realizar essa alegação posteriormente. Portanto, percebe-se que a incompetência relativa preclui. Denomina-se **prorrogação da competência** o fenômeno pelo qual *o juiz antes relativamente incompetente passa a ser relativamente competente, diante da ausência de alegação de incompetência territorial*. Somente ocorre a prorrogação no tocante à incompetência relativa.

1.2.5. *Critérios para fixação da competência territorial*

O CPC e leis extravagantes bem regulam a fixação da competência territorial.

No tocante à competência para o ajuizamento, existem *duas regras gerais e diversas exceções* (CPC, arts. 48 e 53).

As **regras gerais** são as seguintes:

✓ **(i)** na hipótese de **direito pessoal** ou **direito real sobre móveis**, a competência para o julgamento da causa será o *foro do domicílio do réu* (CPC, art. 46).

✓ **(ii)** tratando-se de **direito real sobre imóveis**, competente para julgar a lide será o *foro do local da coisa* (CPC, art. 47).

Em relação ao art. 46 do CPC, existem algumas situações adicionais previstas no dispositivo legal. Se o *réu tiver mais de um domicílio*, "será demandado no foro de qualquer deles"; se tiver *domicílio incerto ou desconhecido*, "será demandado onde for encontrado ou no foro do domicílio do autor"; caso *não tenha domicílio ou residência no Brasil*, a ação "será proposta no foro do domicílio do autor", sendo que *se também o autor residir fora do Brasil*, a ação "será proposta em qualquer foro"; se houver litisconsórcio passivo com *réus com domicílios distintos*, o autor poderá optar por qualquer dos foros; a *execução fiscal* será proposta no foro do domicílio / residência do réu ou no lugar onde for encontrado (CPC, art. 46, §§ 1º a 5º).

Já em relação ao art. 47 do CPC, apesar de se tratar de competência territorial (e, portanto, em regra passível de modificação pela vontade das partes), o § 1º traz casos em que **não cabe foro de eleição**: "O autor pode optar pelo foro do domicílio do réu ou de eleição, **se o litígio não recair** sobre *direito de propriedade, vizinhança, servidão, divisão e demarcação de terras e nunciação de obra nova*". Por sua vez, o § 2º destaca que a ação possessória imobiliária será proposta no foro da situação da coisa.

Assim, nesses casos, obrigatoriamente a competência será do local do imóvel, *não se admitindo a modificação por vontade das partes*. Trata-se, nesses casos, por opção legislativa, de *competência absoluta*, mesmo que envolva território.

Ademais, como já exposto, *além destas duas regras gerais* (arts. 46 e 47 do CPC), existem diversas **exceções** tanto no próprio CPC como em leis extravagantes.

No CPC, o tema é tratado nos arts. 48 e 53:

✓ no **inventário, partilha, arrecadação, cumprimento de disposições de última vontade ou impugnação de partilha extrajudicial**: foro do *último domicílio do falecido* – mesmo foro competente para todas as ações em que o espólio for réu (CPC, art. 48);

✓ porém, se o falecido **não possuía domicílio certo**, competente será o *foro da situação dos bens imóveis* (CPC, art. 48, parágrafo único, I); se existiam bens imóveis em lugares diferentes, o *foro de qualquer desses bens* (CPC, art. 48, parágrafo único, II); ou, se não houver bens imóveis, *foro de qualquer dos bens do espólio* (CPC, art. 48, parágrafo único, III);

✓ nas demandas em que o **ausente for réu**: *foro de seu último domicílio* (CPC, art. 49);

✓ quando o **réu for incapaz**: *foro do domicílio de seu representante ou assistente* (CPC, art. 50);

✓ no momento em que a **União for autora**: seção judiciária (termo para foro na Justiça Federal) do *domicílio do réu* (CF, art. 109, § 1º e CPC, art. 51);

✓ quando a **União for ré**, há 3 possíveis foros, cuja escolha é do autor (*foros concorrentes*): (a) domicílio do autor, (b) local do ato ou fato que deu origem à demanda ou onde está a coisa objeto do litígio, (c) Distrito Federal (CF, art. 109, § 2º e CPC, art. 51, parágrafo único).

✓ quanto ao Estado ou DF, aplicam-se as mesmas regras relativas à União – sendo possível o ajuizamento, quando o Estado for réu, não no DF, mas na capital do respectivo Estado (CPC, art. 52);

✓ no **divórcio (e ações correlatas quanto à vida em comum)**: a) foro do *domicílio do guardião do filho incapaz; b)* se não houver filho incapaz, do último domicílio do casal; c) se nenhum morar no último domicílio, no do réu (CPC, art. 53, I). E não se trata de foros concorrentes (ou seja, livre escolha do autor em qualquer dos 3, mas sim há ordem de preferência). O fato é que **não** existe mais a previsão legal de *foro da mulher*, como existia no sistema anterior; além disso, se houver **violência doméstica e familiar** (aplicação Lei Maria da Penha), a competência será o *domicílio da vítima* (previsão inserida pela Lei 13.894/2019);

✓ na **ação de alimentos**: foro do domicílio de *quem pleiteia alimentos* (CPC, art. 53, II);

✓ na ação envolvendo **estatuto do idoso** (Lei 10.741/2003), na residência do idoso (CPC, art. 53, III, *e*);

✓ na ação **indenizatória relativa à serventia notarial ou de registro**, na *sede do próprio cartório extrajudicial* (CPC, art. 53, III, *f*);

✓ nas ações de **reparação de dano**s, no *lugar do ato ou fato* (CPC, art. 53, IV, *a*);

✓ nas indenizações decorrentes de **acidente de veículo (inclusive aeronave) ou dano decorrente de delito**: foro do *local do fato* ou do *domicílio do autor* (CPC, art. 53, V);

✓ nas lides envolvendo **relações de consumo**: foro do *domicílio do consumidor* (CDC, art. 101, I);

✓ nas **ações de despejo**, se não houver foro de eleição: foro do *local do imóvel* (Lei 8.245/1991, art. 58, II).

Como se pode perceber, em muitas dessas situações de exceção, o legislador buscou facilitar o acesso à justiça para a parte mais fraca, ou seja, para a parte **hipossuficiente** (salvo em relação ao tabelião ou registro). Assim, inverteu a regra de que é competente o foro do domicílio do réu.

Contudo, vale destacar que, como se está diante de competência territorial (relativa) e como essas exceções servem para facilitar a postulação em juízo para os autores, nada impede que o autor ajuíze a causa no domicílio do réu.

Se a **União ou ente federal intervier**, haverá a *remessa do processo ao juízo federal* – salvo se for recuperação judicial, falência, insolvência, acidente do trabalho, causa de competência da justiça eleitoral ou do trabalho (CPC, art. 45, I e II).

1.2.6. Exemplos de fixação de Justiça e foro competentes

Para concluir este tópico, vale analisar alguns exemplos de fixação de competência, tanto em relação à competência em razão da matéria e pessoa, como em relação à competência territorial.

a) batida de carro entre particulares, ocorrida em São Paulo, autor domiciliado em Santos e réu domiciliado em Campinas:

Justiça Estadual, foro competente: São Paulo ou Santos (CPC, art. 53, V);

b) batida de carro entre uma ambulância da Secretaria de Saúde do Estado do Rio de Janeiro e um particular, ocorrida no Rio de Janeiro, autor domiciliado em Niterói:

Justiça Estadual, foro competente: Rio de Janeiro ou Niterói (CPC, art. 53, V);

c) batida de carro entre uma ambulância do Ministério da Saúde e um particular, ocorrida em Belo Horizonte, autor domiciliado em Betim:

Justiça Federal (CF, art. 109, I), foro competente: Belo Horizonte ou Betim (CPC, art. 53, V);

d) usucapião de imóvel situado em São José dos Pinhais, possuidor e proprietários particulares, domiciliados em Curitiba:

Justiça Estadual, foro competente: São José dos Pinhais (CPC, art. 47);

e) despejo por falta de pagamento de imóvel situado em Recife, locador domiciliado em Olinda, locatário domiciliado em Recife:

Justiça Estadual, foro competente: Recife (Lei 8.245/1991, art. 58, II – local do imóvel, salvo se houver foro de eleição);

f) reclamação trabalhista de empregado da Caixa Econômica Federal (empresa pública federal com sede no DF), que reside e trabalha em Manaus:

Justiça do Trabalho, foro competente: Manaus. Apesar de a reclamada ser ente federal, a justiça especializada atrai a competência em relação à Justiça Comum (CF, art. 109, I, parte final e CPC, art. 45, II);

g) ação indenizatória de danos morais de empregado contra sua empregadora. Empregado domiciliado e empresa sediada em Vitória:

Justiça do Trabalho, foro competente: Vitória. Apesar de o dano moral ser um instituto típico do direito civil e não da área trabalhista, a competência é da Justiça do Trabalho (CF, art. 114, VI e CPC, art. 45, II);

h) acidente do trabalho em que o acidentado pleiteia uma diferença em relação ao que é pago pelo INSS a título de auxílio-acidente. Acidente ocorrido na Comarca de Imbituba/SC, que não tem Justiça Federal (subseção judiciária mais próxima: Florianópolis):

Justiça Estadual, foro competente: Imbituba. Apesar do INSS ser Federal, no acidente do trabalho, por previsão constitucional, considerando o objetivo de facilitar o acesso à justiça do acidentado, a competência é da Justiça Estadual – com recurso julgado pelo TJ (CF, art. 109, I, parte final e CPC, art. 45, I);

i) acidente do trabalho em que o acidentado pleiteia danos morais afirmando que o acidente somente ocorreu por culpa do seu empregador. Acidente ocorrido em Porto Alegre:

Justiça do Trabalho, foro competente: Porto Alegre. A jurisprudência do STF fixou a competência da Justiça do Trabalho para se pleitear danos decorrentes de acidente do trabalho em face do empregador (CF, art. 114, VI – STF, CC 7204, j. 29.06.2005 e CPC, art. 45, I).

1.2.7. Alterações da competência após o ajuizamento da demanda

A regra prevista na legislação processual, acerca da modificação da competência, é a ***perpetuatio jurisdictionis***, ou seja, *a competência é fixada no momento do registro ou distribuição da inicial, sendo irrelevantes as posteriores alterações que porventura ocorram* (CPC, art. 43). Contudo, por questões de celeridade e conveniência, algumas vezes é possível que haja a modificação da competência.

Assim, em regra, se o réu mudar de endereço durante o trâmite do processo, não haverá redistribuição da causa.

Porém, o próprio art. 43 do CPC, que prevê a *perpetuatio*, traz *exceções*: haverá a redistribuição se (i) houver supressão do órgão judiciário perante o qual tramitava a causa ou (ii) houver alteração da competência absoluta (matéria, pessoa ou hierarquia/função).

Assim, se uma vara for extinta ou se mudar a competência da vara (de vara cível para vara de família), aí será possível a redistribuição da causa.

Por sua vez, a competência pode ser alterada se houver **conexão** (*duas ou mais demandas que têm a mesma causa de pedir ou o pedido* – CPC, art. 55) ou **continência** (*duas ou mais demandas em que há identidade de partes e de causa de pedir, mas o pedido de uma é mais amplo que o das demais* – CPC, art. 56).

A **consequência da conexão** é a *reunião dos processos*, para que haja julgamento conjunto. A finalidade é (i) evitar decisões contraditórias e (ii) prestigiar a economia processual. Porém, **só haverá a reunião** de processos *se ambos estiverem no mesmo grau de jurisdição* (CPC, art. 55, § 1º – exatamente como previsto na Súmula 235 do STJ).

O CPC traz *situações concretas em que há conexão* (**conexão legal** – CPC, art. 55, § 2º). Há 2 hipóteses de conexão legal no Código: (i) execução de título executivo extrajudicial e processo de conhecimento relativo à mesma dívida e (ii) execuções fundadas no mesmo título executivo.

Prevê também o Código a possibilidade de **reunião de processos semelhantes**, *mesmo que não haja conexão* (CPC, art. 55, § 3º). Contudo, a regulamentação dessa situação foi muito sucinta, sem maiores explicações de quais os requisitos ou vedações para que isso ocorra. Porém, *não parece ser possível aplicar esse dispositivo às "ações de massa"* (situações que se repetem às centenas ou milhares no país), pois o sistema prevê o incidente de resolução de demandas repetitivas para solucionar esses casos (CPC, art. 976 e ss.).

Como **consequência da continência** (CPC, art. 57), pode haver (i) a *reunião dos processos* (pelos motivos já expostos em relação à conexão) ou (ii) a *extinção de um deles*. O critério para verificar se deve haver reunião ou extinção consta da legislação: a) se a **ação que tiver o pedido mais amplo** *for ajuizada antes* (ou seja, o pedido continente), a demanda posterior é uma repetição, em grau menor. Sendo assim, haverá a *extinção do segundo processo*; b) se a **ação menos abrangente for anterior**, a ação continente, que trará mais argumentos e pedido mais amplo, não poderá ser extinta, caso em que *haverá a reunião*.

Se a situação de conexão ou continência determinar a *reunião das demandas*, a **prevenção** é que *determinará qual o juízo responsável pelo julgamento de ambas as demandas*, ou seja, o juiz que primeiro tiver tido contato com a lide é que julgará as causas conexas ou continentes. O **critério de prevenção** eleito pelo CPC é o seguinte: a *prevenção sempre será apurada pela distribuição ou registro* (CPC, art. 59)

Utiliza-se o **conflito de competência** se *um ou mais juízes entenderem que são competentes ou incompetentes para julgar a mesma causa* (CPC, art. 66). O conflito será usado se houver dúvida entre dois ou mais juízes a respeito de quem deverá julgar a causa (por força de conexão, continência, prevenção, acessoriedade).

O conflito pode ser suscitado pelo juiz, MP ou partes (CPC, art. 951). O conflito pode ser **negativo** (os dois juízes entendem que são *incompetentes* para julgar a causa) ou **positivo** (os dois juízes entendem que são *competentes* para julgar a causa).

O conflito é decidido pelo Tribunal que seja hierarquicamente superior aos dois juízes envolvidos no conflito. Ou seja:

✓ se o conflito for entre o juiz de direito da 1ª Vara Cível do Rio de Janeiro e o juiz de direito da 2ª Vara Cível de Niterói, competente para julgar o conflito será o TJRJ;

✓ se o conflito for entre o juiz da 1ª Vara Federal do Rio de Janeiro e o juiz de direito da 2ª Vara Cível de Niterói, competente para julgar o conflito será o STJ.

1.3. Princípios processuais

Os **princípios** são a *base na qual se assenta qualquer ramo do Direito, permeando toda sua aplicação. Dão ao sistema um aspecto de coerência e ordem.* Assim, os princípios processuais dão coerência e lógica ao sistema processual.

Existem princípios na Constituição e na legislação infraconstitucional. O CPC, além de trazer novos princípios processuais, optou por *positivar, no âmbito infraconstitucional, diversos princípios que antes eram somente constitucionais*. A repetição de princípios processuais constitucionais no âmbito do CPC acaba por *impedir que se discuta*, no âmbito do STF, via recurso extraordinário, os princípios processuais civis. Isso porque a jurisprudência do STF é firme ao apontar que não cabe RE para discutir "violação reflexa" à Constituição: se há algum dispositivo violado do ponto de vista infraconstitucional, só existe eventual violação à CF de forma reflexa, e isso não pode ser discutido pela via do RE.

Os artigos iniciais do CPC tratam dos princípios processuais – sob a nomenclatura de **"normas fundamentais do processo civil"**. A seguir, serão analisados os princípios

do processo civil brasileiro – tanto os previstos na CF, quanto os previstos no CPC (bem como os que estão previstos em ambos os diplomas). Além disso, ao final deste tópico serão analisados dispositivos legais que também estão inseridos no tópico inicial do CPC, ainda que não sejam tecnicamente princípios.

1.3.1. Princípio do acesso à justiça (inafastabilidade do controle jurisdicional)

O **princípio do acesso à justiça** garante que *o jurisdicionado, diante de uma lide, poderá buscar a solução via jurisdição, sendo indevidas quaisquer limitações à possibilidade de se acionar o Judiciário.* É previsto na CF, art. 5º, XXXV: "a lei não excluirá da apreciação do Poder Judiciário lesão ou ameaça a direito". E também no CPC, art. 3º: "não se excluirá da apreciação jurisdicional ameaça ou lesão a direito".

Como subprincípio decorrente do acesso à justiça, CPC aponta que o "Estado promoverá, sempre que possível, a solução consensual dos conflitos" (art. 3º, § 2º), destacando o forte incentivo à conciliação e à mediação no novo sistema processual (a mediação prevista tanto no CPC como na Lei 13.140/2015 – sendo que existem algumas incompatibilidades entre os dois diplomas).

Um exemplo de limitação do acesso à justiça seria a dificuldade de a parte pobre arcar com as custas do processo. Para tanto, de modo a garantir o acesso à justiça, há a previsão da assistência jurídica (CF, art. 5º, LXXIV, e art. 98 e ss. do CPC).

Por fim, destaque-se que houve discussão se a arbitragem (forma de ADR/MASC, como já visto) violaria o acesso à justiça, já que veda a possibilidade de discussão da lide perante o Judiciário. Prevalece a posição de que, diante da opção das partes pela arbitragem, não há violação ao princípio (STF, SE 5206 AgR, Tribunal Pleno, j. 12.12.2001, *DJ* 30.04.2004). Para reforçar esse entendimento, o art. 3º, § 1º, do CPC expressamente aponta que é "permitida a arbitragem, na forma da lei" (o diploma que trata da arbitragem é a Lei 9.307/1996).

1.3.2. Princípio do devido processo legal

Este é um princípio pelo qual muito dos demais princípios são extraídos. É previsto na CF, art. 5º, LIV: "ninguém será privado da liberdade ou de seus bens sem o devido processo legal". Para o processo civil, é certo que o princípio se refere à perda de bens.

O princípio se aplica a diversas situações (há alta abstração) e indica as condições mínimas para o trâmite do processo.

Pode-se definir o **princípio do devido processo legal** como o *princípio que determina que o Estado-juiz não deve agir de qualquer forma, mas sim de uma forma específica, prevista em lei (regras previamente estabelecidas).* E, sem essa forma, não é possível à parte perder seus bens em virtude de um processo judicial. Tanto o autor como o réu são beneficiários do princípio.

Mais recentemente, doutrina e jurisprudência têm falado em **devido processo legal formal** (conceito acima exposto) e, também, em **devido processo legal substancial** (ou **material**), o qual *assegura que uma sociedade só será submetida a leis razoáveis* (também denominado princípio da razoabilidade das leis).

1.3.3. Princípio da ampla defesa

O **princípio da ampla defesa** é a *garantia de qualquer réu de ter plenas condições de apresentar seus argumentos de defesa*. Pode ser entendido como o princípio do acesso à justiça sob a perspectiva do réu. É positivado no art. 5º, LV, da CF: "aos litigantes (...) são assegurados o contraditório e ampla defesa, com os meios e recursos a ela inerentes".

O dispositivo constitucional faz menção a "recursos" inerentes à ampla defesa. Não se deve entender o termo em seu sentido técnico processual (ato que busca revisão de uma decisão judicial), mas sim como meios para que a defesa seja plenamente exercitada.

Porém, a ampla defesa não significa que tudo aquilo que o réu pretende alegar ou provar deve ser levado em consideração. O juiz deve analisar a pertinência e a conveniência das provas e das alegações.

1.3.4. Princípio do contraditório

O **princípio do contraditório** pode ser assim definido: *quando uma parte se manifesta, a outra também deve ter a oportunidade de fazê-lo*. É positivado no art. 5º, LV, da CF, reproduzido no tópico acima.

Trata-se de um binômio: "informação e possibilidade de manifestação". O primeiro é indispensável; o segundo é opcional, ou seja, não haverá violação ao princípio se a parte, ciente (informada), não se manifestar.

Além da previsão constitucional, o contraditório é encontrado no CPC, em dois dispositivos.

O art. 9.º traz a visão clássica de o juiz não decidir sem ouvir a parte contrária, salvo exceções previstas no parágrafo único, como no caso de tutela de urgência.

Assim, em casos de urgência, a concessão de alguma medida pelo juiz antes da manifestação da parte contrária *não importa em violação ao princípio* – desde que, posteriormente, a outra parte seja ouvida. Este seria o pedido de liminar *inaudita altera parte* (sem que se ouça a outra parte). Não é que o contraditório não existe, ele é apenas diferido (adiado) para um momento seguinte, considerando a urgência do caso concreto.

O art. 7º do CPC preceitua que a igualdade (vide item 1.3.6) é uma das formas pelas quais se atinge o efetivo contraditório.

1.3.4.1. Princípio da vedação de decisões surpresa

O CPC traz, no art. 10, o contraditório sob outro ângulo: o da *impossibilidade de o juiz decidir sem que tenha dado às partes oportunidade de se manifestar*. Mesmo que se trate de matéria que possa ser apreciada de ofício. Trata-se da **vedação de "decisões surpresa"**.

Como exemplo, se o juiz for reconhecer a prescrição, ainda que possa fazer isso de ofício, *terá antes de ouvir a parte a respeito desse tema*. Se assim não proceder, haverá uma decisão surpresa, o que é vedado por este dispositivo.

Assim, o binômio (vide item acima) passa a ser um **trinômio**: informação + possibilidade de manifestação + **resposta do Judiciário**. Trata-se do **contraditório efetivo** previsto no CPC.

A ideia da vedação de prolação de decisão surpresa é permitir que a parte apresente argumentos para afastar a tese que possivelmente seria acolhida – ou seja, para efetivamente ter a *oportunidade de convencer o magistrado*, antes da prolação da decisão (*visão mais moderna do princípio do contraditório*).

Debate-se qual seria a amplitude da aplicação desse princípio. Para **todas as situações,** deve o juiz antes ouvir as partes? Ou para algumas não há necessidade? O Código, por exemplo, parece apontar como desnecessário ouvir a parte autora antes de julgar liminarmente improcedente o pedido (CPC, art. 332 – vide item 2.2.3.2). Em encontro de juízes, a ENFAM (Escola Nacional de Formação e Aperfeiçoamento de Magistrado) editou enunciado afirmando que, no caso de incompetência absoluta, não há necessidade de ouvir a parte (Enunciado 4: Na declaração de incompetência absoluta não se aplica o disposto no art. 10, parte final, do CPC/2015). Resta verificar como se sedimentará a jurisprudência do STJ – ainda não se tem a exata definição do tema.

Para alguns autores, isso nada mais é que o princípio do contraditório. Porém, como o próprio CPC o aponta em dispositivo que não o do contraditório, é importante conhecer as duas facetas do tema.

Por fim, vale destacar que, inegavelmente, a aplicação do princípio faz com que o *processo demore mais* – o que poderia trazer algum conflito com o princípio da razoável duração do processo – vide item 1.3.10.

1.3.5. Princípio do juiz natural (princípio da vedação do tribunal de exceção)

O **princípio do juiz natural** preceitua que o *órgão julgador competente para determinada causa deve existir e ser conhecido antes de ocorrido o fato a ser julgado*. É previsto no art. 5º da CF, em dois incisos: "XXXVII – não haverá juízo ou tribunal de exceção" e "LIII – ninguém será processado nem sentenciado senão pela autoridade competente".

Assim, o juiz natural é o juiz competente previsto em lei (Constituição e Códigos) para julgar a lide em abstrato, antes mesmo de sua ocorrência.

O objetivo do princípio é garantir a *imparcialidade* do julgador, a qual é usualmente deixada de lado quando se cria um tribunal *ad hoc* (para determinado ato, após a sua ocorrência).

Não se deve confundir o juiz natural com a identidade física do juiz (princípio processual que existia no CPC/1973 e não mais existe no CPC).

1.3.6. Princípio da isonomia (princípio da igualdade)

Pelo **princípio da isonomia** *o juiz deve tratar, no âmbito do processo, as partes da mesma forma*. Há previsão na CF, art. 5º, *caput* ("Todos são iguais perante a lei") e no CPC, art. 7º (o qual prevê que o juiz deve assegurar "às partes paridade de tratamento em relação ao exercício de direitos e faculdades processuais"). A igualdade deve ser observada em todos os aspectos do processo.

Assim, prevê o princípio que o Judiciário deve tratar os litigantes da mesma forma, sem que haja benefícios em prol de um e em detrimento do outro. Como exemplo, os prazos processuais devem ser os mesmos tanto para o autor como para o réu.

Contudo, por vezes a própria legislação cria situações processuais distintas entre os litigantes. E isso se justifica pela necessidade de se equilibrar a posição entre as partes, em virtude de uma prévia desigualdade, ou seja, o princípio da igualdade também significa tratar desigualmente os desiguais – na medida de suas desigualdades (ex.: isenção de custas somente para a parte hipossuficiente).

1.3.7. Princípio da proibição de provas ilícitas

O princípio da **proibição da prova ilícita** deixa claro que "são inadmissíveis, no processo, as provas obtidas por meios ilícitos" (CF, art. 5º, LVI). O valor que se busca proteger é a intimidade das pessoas (também protegida na CF, art. 5º, X).

Se uma prova ilícita for levada ao processo, esta não deverá ser levada em conta pelo magistrado no momento do julgamento.

Derivada uma prova lícita de uma inicialmente ilícita, o entendimento majoritário é de que persiste a nulidade (esta é a denominada **teoria do fruto da árvore envenenada**).

1.3.8. Princípio da publicidade

O **princípio da publicidade** prevê que *os atos processuais e a tramitação do processo devem ser, em regra, públicos.* É previsto no art. 93, IX, da CF: "todos os julgamentos dos órgãos do Poder Judiciário serão públicos (...)". No CPC, há repetição desse comando no art. 11 e também menção à publicidade no art. 8º.

Porém, não se trata de um princípio absoluto, já que há situações em que o processo pode ser sigiloso. E isso é previsto na própria CF, no art. 5º, LX: "a lei só poderá restringir a publicidade dos atos processuais quando a defesa da intimidade ou o interesse social o exigirem".

Assim, em certos casos – como nas discussões envolvendo direito de família –, tendo em vista a defesa da intimidade, o processo não será público para terceiros, em virtude do **segredo de justiça** (CPC, arts. 11 e 189).

1.3.9. Princípio da motivação (princípio da fundamentação)

Pelo **princípio da motivação** *toda decisão proferida pelo Poder Judiciário deverá ser fundamentada, explicada, motivada pelo magistrado que a profere.* É positivado na CF, art. 93, IX: "todos os julgamentos dos órgãos do Poder Judiciário serão públicos, e fundamentadas todas as decisões (...)". Tal qual na CF, o CPC prevê no art. 11 a publicidade e a fundamentação das decisões.

A finalidade é que as partes saibam a razão pela qual seus argumentos foram aceitos ou, principalmente, negados. Inclusive de modo a se ter condições de impugnar a decisão, via recurso. Caso não haja motivação, a decisão será nula.

Merece destaque, no CPC, a forma pela qual a motivação das decisões judiciais é tratada. O art. 489, § 1º, aponta situações em que **não há** *adequada motivação*. Por esse dispositivo, não são fundamentadas decisões (sentença, acórdão ou interlocutória) que (i) se limitem à *indicação, à reprodução ou à paráfrase de ato normativo,* sem explicar sua relação com a causa ou a questão decidida; (ii) empreguem *conceitos jurídicos indeterminados,* sem explicar o motivo concreto de sua incidência no caso; (iii) invoquem motivos que se *prestariam a justificar qualquer outra decisão;* (iv) *não enfrentem todos os argumentos deduzidos no processo* capazes de, em tese, *infirmar (afastar) a conclusão adotada pelo*

julgador; (v) se limitem a *invocar precedente ou enunciado de súmula,* sem demonstrar que o *caso sob julgamento se ajusta àqueles fundamentos;* (vi) *deixarem de seguir súmula ou jurisprudência* invocadas pela parte, *sem demonstrar a existência de distinção no caso em julgamento ou a superação do entendimento.* A respeito do tema, vide item 2.3.7.1.

1.3.10. Princípio da duração razoável do processo (princípios da economia e da celeridade)

O **princípio da duração razoável do processo** foi inserido na Constituição pela EC 45/2004 (Reforma do Judiciário). Nos termos do art. 5º, LXXVIII, "a todos, no âmbito judicial e administrativo, são assegurados a razoável duração do processo e os meios que garantam a celeridade de sua tramitação".

E, no CPC, o art. 4º também faz menção específica à satisfação da parte, o que sinaliza que o princípio não se restringe apenas à fase de conhecimento, mas também ao cumprimento de sentença e execução.

É a expressão positivada dos princípios implícitos da economia processual e da celeridade (parte da doutrina trata estes dois princípios como sinônimos).

Para os que entendem existir diferença, o **princípio da economia processual** busca *um processo econômico não só em relação ao tempo, como também recursos humanos, recursos materiais, custos etc.* Já quando se fala em **princípio da celeridade,** *a ideia é um processo que não tenha uma duração prolongada.*

1.3.11. Princípio do duplo grau de jurisdição

Como não se tem previsão explícita (pois não previsto na CF ou na legislação infraconstitucional), há quem entenda não se tratar de um princípio. Contudo, a posição majoritária é que se trata de um *princípio implícito,* que decorre do devido processo legal e, também, da previsão de recursos e tribunais no sistema processual-constitucional brasileiro.

O **princípio do duplo grau de jurisdição** pode ser definido como a *possibilidade de reexame de uma decisão judicial, por um outro órgão jurisdicional, usualmente superior.*

Contudo, reconhece-se que em algumas hipóteses o princípio pode ser excepcionado. Como exemplos, podem ser apontados os acórdãos proferidos em causas de competência originária do STF (ex.: ADI – Ação Direta de Inconstitucionalidade). A questão é mais complexa no âmbito processual penal, pois há previsão do duplo grau no Pacto de San José da Costa Rica (Convenção Americana sobre Direitos Humanos); porém, não há essa previsão para o processo civil.

1.3.12. Princípio da inércia (princípio dispositivo)

O **princípio da inércia** determina que, *para a atuação do Judiciário visando a solucionar uma lide, há necessidade de manifestação da parte interessada.* Ou seja, o Judiciário fica inerte até que seja provocado pelo autor. O princípio está previsto no art. 2º do CPC e tem por objetivo garantir a imparcialidade do juiz. Mas o mesmo artigo preceitua que, uma vez retirado o Judiciário da inércia, aí o processo tramita por impulso oficial.

Apesar de a *regra* ser o Judiciário inerte, existem algumas *exceções* no sistema, em que a própria legislação afirma que o juiz poderá agir *de ofício* (ou seja, sem provocação da parte).

Por exemplo, ao apreciar matérias de ordem pública, como vícios processuais (CPC, art. 485, § 3º) – porém, reitere-se que, mesmo nesses casos, deverá ser dada à parte a oportunidade de se manifestar, para evitar a prolação de decisão-surpresa (vide item 1.3.4.1 acima).

1.3.13. Princípio da congruência (princípio da adstrição do juiz ao pedido ou da correlação)

Como decorrência do princípio dispositivo, há o **princípio da congruência**, o qual aponta que *o juiz apenas pode conceder o que foi pedido pela parte*. É previsto nos arts. 141 e 492 do CPC.

Se o Judiciário somente pode se movimentar se provocado pela parte (princípio dispositivo), é certo que tal Poder não deve conceder algo além do que foi pleiteado pela parte.

Se o juiz conceder algo fora do que foi pedido, fala-se em decisão *extra petita* (a parte pede dano material e o juiz concede dano moral). Se o juiz conceder algo além do que foi pedido, fala-se em decisão *ultra petita* (a parte pede R$ 10 mil de dano moral e o juiz concede R$ 20 mil de dano moral). Nesses dois casos, há nulidade da decisão.

1.3.14. Princípio do convencimento motivado do juiz ("livre" convencimento?)

O **princípio do convencimento motivado** regula a avaliação das provas existentes nos autos e está previsto no art. 371 do CPC. Assim, *o juiz não está vinculado a qualquer prova em específico, mas ao conjunto probatório como um todo – contudo, ao decidir, terá de indicar os motivos que deram base a seu convencimento*.

Ou seja, uma prova não vale mais que a outra. E um exemplo claro disto é que o juiz não está vinculado à conclusão do perito no laudo pericial (CPC, art. 479). Porém, reitere-se, deverá fundamentar o porquê de não acolher ou acolher determinada prova. Relembre-se que o princípio da motivação (item 1.3.9 acima) já aponta esta necessidade.

No CPC/1973, este princípio era denominado de **livre convencimento motivado**. No CPC, como se percebe, houve a supressão da palavra "livre". Alguns autores sustentam que essa alteração legislativa *muda a forma de apreciação da prova pelo juiz*; outros afirmam que *não houve qualquer alteração*, pois o juiz sempre terá de apreciar a prova e, com base nas especificidades do caso concreto e sua percepção, julgar (pois o julgador não é uma máquina, mas um ser humano). Independentemente desse debate, o importante é conhecer que houve a alteração legislativa quanto ao princípio.

1.3.15. Princípio da oralidade

O **princípio da oralidade** é aquele que *estimula a realização dos atos processuais por meio verbal; ou seja, mediante a realização de audiências*. Para que se compreenda este princípio, é de se entender que a **finalidade da oralidade** é *aproximar o juiz das partes e das provas*, o que se verificar a partir de alguns *subprincípios*.

No CPC, houve uma sensível redução da oralidade em relação ao que era previsto no CPC/1973 (exatamente porque, no sistema anterior, a jurisprudência acabou por afastar do cotidiano forense alguns aspectos da oralidade).

Houve, por exemplo, a *supressão do princípio da identidade física do juiz*, que determinava que o juiz que produziu a prova era o juiz que deveria julgar a causa.

Em relação à *audiência* será *conduzida por mediador ou conciliador*, quando se tratar do *ato inaugural* (CPC, art. 334, § 1º). Porém, prevê o CPC que o juiz poderá determinar o comparecimento das partes em juízo, para "inquiri-las sobre os fatos da causa" (art. 139, VIII), o que demonstra que o CPC ainda prevê o contato entre juízes e partes e prova (**princípio da imediatidade**).

Assim, não houve a total abolição da oralidade, mas sua mitigação. Além da imediatidade, podemos apontar que permanece no CPC:

a) princípio da concentração: a *instrução deve ser reduzida a um número mínimo de audiências* (**audiência una – CPC, art. 365**), **e a um rápido julgamento após o término da instrução (30 dias, segundo o CPC, art. 366);**

b) princípio da irrecorribilidade das interlocutórias: na linha do acima exposto, deve-se *evitar que, a cada interlocutória, o processo seja suspenso*. Assim, apenas algumas situações de interlocutórias, devidamente previstas em lei, é que poderão ser impugnadas por agravo de instrumento (CPC, art. 1.015).

1.3.16. Princípio da boa-fé (lealdade processual)

O processo acarreta sempre a manifestação de ambas as partes (vide princípio do contraditório). É certo que a ida ao Judiciário decorre da existência da lide, o que muitas vezes significa um grau acentuado de animosidade entre os litigantes. Contudo, o processo em si não pode ser um local de conflito.

Daí o **princípio da boa-fé**, que *busca evitar uma atuação desleal ou fraudulenta das partes e de seus advogados, no âmbito do processo, prevendo sanções processuais para quem assim atue*. Apesar do foco do princípio ser as partes, aplica-se, também, a todos que atuam no processo (CPC, art. 5º).

Como expressão do princípio pode-se destacar a existência da **litigância de má-fé**, *figura processual que prevê multa à parte que agir contra a boa-fé ou deslealmente no processo* (CPC, arts. 80 e 81).

A parte (autor, réu, terceiro) é considerada litigante de má-fé *quando* (CPC, art. 80):

✓ I – deduzir pretensão ou defesa contra texto expresso de lei ou fato incontroverso;

✓ II – alterar a verdade dos fatos;

✓ III – usar do processo para conseguir objetivo ilegal;

✓ IV – opuser resistência injustificada ao andamento do processo;

✓ V – proceder de modo temerário em qualquer incidente ou ato do processo;

✓ VI – provocar incidentes manifestamente infundados;

✓ VII – interpuser recurso com intuito manifestamente protelatório.

A condenação em litigância de má-fé importa, conforme art. 81 do CPC, em:

✓ (i) *multa entre 1% e 10% do valor corrigido da causa*; se o valor da causa for irrisório ou inestimável, a multa poderá ser de até 10 salários mínimos (CPC, art. 81, § 2º);

✓ (ii) *indenização* à parte contrária pelos danos sofridos, honorários advocatícios e despesas. Essa indenização será desde logo fixada pelo juiz ou, se não for possível, liquidada por arbitramento, nos próprios autos – *inexistindo limite legal para o seu valor.*

A imposição da pena por litigância de má-fé poderá ser imposta **de ofício ou a requerimento da parte** (CPC, art. 81), sendo revertida para a parte contrária (CPC, art. 96).

Se houver litisconsórcio entre os litigantes de má-fé, haverá condenação de forma proporcional ou mesmo de forma solidária, se os litigantes se coligaram para lesar a parte contrária (CPC, art. 81, § 1º).

Figura *análoga* à litigância de má-fé é o "**ato atentatório à dignidade da Justiça**".

É previsto na parte geral do CPC, para duas das condutas esperadas das partes (previstas no art. 77, deveres das partes):

✓ - cumprir com exatidão as decisões jurisdicionais, de natureza provisória ou final, e não criar embaraços à sua efetivação (inc. IV);

✓ - não praticar inovação ilegal no estado de fato de bem ou direito litigioso (inc. VI).

Assim, entendeu o CPC que essas duas *condutas são mais graves que as demais.* Assim, são qualificadas de ato atentatório à dignidade da justiça (não litigância de má-fé), sendo aplicável *multa de até 20% do valor da causa,* que será *revertida ao Estado* e não à parte contrária (art. 77, §§ 2º e 3º). Não se cumula a multa por ato atentatório com a multa por litigância de má-fé, mas é possível que haja a cumulação com outras multas processuais (art. 77, § 4º).

Além disso, prevê o CPC o **ato atentatório à dignidade da justiça no processo de execução** (aplicado analogicamente para o cumprimento de sentença), para quando o executado (CPC, art. 774):

I – fraude a execução;

II – se opõe maliciosamente à execução, empregando ardis e meios artificiosos;

III – dificulta ou embaraça a realização da penhora;

IV – resiste injustificadamente às ordens judiciais;

V – intimado, não indica quais são e onde se encontram os bens sujeitos à penhora e os respectivos valores, nem exibe prova da propriedade.

Se o executado assim proceder, o juiz poderá aplicar **multa** *de até 20% do valor atualizado do débito* objeto da execução, sem prejuízo de outras sanções, sendo que a *multa* reverterá em proveito do **exequente** e será exigível na própria execução (CPC, art. 774, parágrafo único).

Ou seja, (i) na parte geral há multa por litigância de má-fé e ato atentatório, com valores distintos (até 10% e até 20%, respectivamente), (ii) nada impede que na execução haja multa por má-fé e ato atentatório e (iii) o destinatário da multa por ato atentatório à dignidade da justiça é distinto em relação à parte geral (Estado) ou na execução e cumprimento de sentença (parte contrária).

1.3.17. Princípio da cooperação

O art. 6º do CPC prevê o **princípio da cooperação**, destacando que *todos os sujeitos do processo devem "cooperar entre si para que se obtenha, em tempo razoável, decisão de mérito justa e efetiva".* Qual seria efetivamente o significado desse novo princípio?

Não há dúvida de que apresenta alguma correlação com o princípio da boa-fé, acima exposto. Do ponto de vista das partes, a cooperação poderia ser vista como um limite ao contraditório, no sentido de não se ter um contraditório nocivo, que viole a boa-fé. É certo que cooperar *não pode significar que um advogado tenha de abrir mão da estratégia de atuar em prol de seu cliente.*

Como exemplos, (i) saneamento compartilhado, em que as partes apontam quais são os pontos controvertidos (CPC, art. 357, § 3º), (ii) dever de exibição de documentos (CPC, art. 396 e ss.), (iii) dever de manter endereço (inclusive *e-mail*) atualizado perante o Judiciário (CPC, art. 246, § 1º) e (iv) de uma forma geral, a possibilidade de se definir o procedimento da demanda, por meio do negócio jurídico processual (o NJP, previsto no CPC, art. 190 – vide item 1.7.2).

Do ponto de vista do juiz, o princípio seria o dever de cooperar com a parte, informando e esclarecendo-a antes de proferir alguma decisão.

Como exemplos, (i) a vedação de decisão-surpresa, prevista no art. 10 do CPC (e já analisada no item 1.3.4.1 acima), (ii) a necessidade de decisão quanto à distribuição do ônus da prova antes da instrução (CPC, art. 357, III) e (iii) o dever de o magistrado indicar qual ponto da inicial deve ser emendado, não cabendo apenas se falar "emende a inicial" (CPC, art. 321).

1.3.18. Princípios relacionados às nulidades

É importante que, no processo, haja a observância de formas, de maneira que se garanta segurança aos litigantes (princípio do devido processo legal). Contudo, dúvida não há de que a observância irrestrita das formas engessa o andamento do processo (em violação ao princípio da razoável duração do processo).

Neste contexto é que se inserem os princípios relacionados às nulidades (isso porque a inobservância de forma, a rigor, acarreta a nulidade do ato processual, ou seja, sua repetição).

Merecem destaque os seguintes princípios:

a) princípio da instrumentalidade das formas, pelo qual *ainda que a forma prevista em lei não seja observada, o juiz considerará válido o ato se, realizado de outro modo, alcançar-lhe a finalidade* (CPC, art. 277). Logo, *só haverá nulidade se houver prejuízo* (regra do *pas de nullitè sans grief* – CPC, art. 282, § 1º).

b) princípio da causalidade: *decretada a nulidade de um ato, os que dele decorrerem também devem ser reconhecidos como nulos* (CPC, art. 281).

c) princípio da conservação: *não há nulidade dos atos posteriores que sejam independentes daquele que foi anteriormente anulado* (CPC, art. 283).

1.3.19. Princípio da eventualidade

O processo tem por finalidade a solução da lide e deve seguir sempre com essa finalidade. Nesta linha, para evitar demora na tramitação do processo (princípio da razoável duração do processo), fala-se em **preclusão**. Ou seja, em regra, o processo não pode voltar para uma fase anterior.

Assim, o **princípio da eventualidade** aponta que *a parte, no momento em que se manifestar, deverá trazer todos os argumentos e pedidos possíveis, visto que, em regra, não é possível fazê-lo em momento posterior.*

Para ilustrar, vale trazer o exemplo da contestação, em que réu deverá apresentar *todos* seus argumentos de defesa, ainda que contraditórios (CPC, art. 336).

1.3.20. Outros princípios mencionados nos artigos iniciais do CPC

Em um contexto de trazer para o CPC cláusulas gerais – que permitem ao juiz uma margem de discricionariedade (e, assim, maior liberdade no julgar) – o art. 8º do Código destaca que o juiz, ao decidir, deverá observar o ordenamento jurídico (leis), mas observando os *fins sociais* e as *exigências do bem comum*, promovendo a *dignidade da pessoa humana* e observando a *proporcionalidade* e a *razoabilidade*.

Esse mesmo art. 8º do CPC destaca que o juiz deverá observar os princípios da *legalidade* (CF, art. 5º, II), da *publicidade* (CF, art. 93, IX – já tratado no item 1.3.8 acima) e da *eficiência* (CF, art. 37, *caput*). Ou seja, mais três princípios constitucionais reproduzidos no CPC – sendo que a publicidade é reforçada no art. 11, em conjunto com o *princípio da motivação* (também presente na CF, art. 93, IX e igualmente já visto no item 1.3.9 supra).

1.3.21. Regra do julgamento em ordem cronológico

Finalizando a parte inicial do CPC (que trata das normas fundamentais, ou seja, a parte principiológica), mas não se tratando tecnicamente de um princípio, há a previsão de **julgamento das demandas em ordem cronológica** (art. 12). Este é um dos dispositivos já alterados no Código (Lei 13.256/2016).

O que se tem hoje é o seguinte: "Art. 12. Os juízes e os tribunais atenderão, **preferencialmente**, à ordem cronológica de conclusão para proferir sentença ou acórdão".

Tem-se, portanto, uma mera sugestão ao magistrado (*preferencialmente*).

Pelo Código, em cada uma das varas de juízes ou gabinetes de desembargadores ou de ministros, deverá ser elaborada uma **lista com a ordem dos processos** que estão conclusos para decisão final (CPC, art. 12, § 1º). Essa lista deverá estar *disponível não só na vara ou gabinete, mas também na internet* (e, por certo, demandará considerável tempo dos servidores do cartório para sua elaboração) – do ponto de vista prático, poucas são as varas e tribunais que adotam essa lista.

Não há *previsão, no CPC de consequência ou qualquer penalidade caso a ordem cronológica não seja observada* (há previsão de processo disciplinar contra o escrevente se esse servidor não *publicar* as decisões em ordem cronológica – CPC, art. 153, § 5º). Em tese, seria possível representação perante a Corregedoria local ou CNJ. Em virtude da ausência de sanção processual, é possível vislumbrar que esse dispositivo não será efetivamente aplicado em muitos órgãos do Judiciário. Mas, para fins de exames, o texto legal deve ser conhecido.

O próprio CPC traz diversas **exceções à ordem cronológica**: são pelo menos *29 hipóteses, divididas em 9 incisos*. Ou seja, nesses diversos casos, a ordem cronológica não precisará ser observada. Destacamos aqui as principais situações em que isso ocorre (CPC, art. 12, § 2º):

✓ homologação de acordo,

✓ julgamento de causas massificadas (seja em julgamento de recursos repetitivos ou incidente de resolução de demandas repetitivas),

✓ sentença sem resolução do mérito (art. 485),

✓ decisão monocrática do relator, no âmbito dos tribunais (art. 932),

✓ julgamento de embargos de declaração e agravo interno;

✓ preferências legais, como no caso de idoso;

✓ metas do CNJ;

✓ situações de urgência.

Por fim, reitere-se que, como o julgamento em ordem cronológica é *opcional*, tudo o quanto foi exposto quanto ao julgamento cronológico acaba tendo pouca relevância prática – e mesmo nas provas de OAB.

1.4. Partes, procuradores, sucumbência e justiça gratuita, Juiz, Conciliador e Mediador, Ministério Público, Defensoria Pública e Fazenda Pública em juízo

1.4.1. Partes e capacidades

Para que se saiba quem pode figurar como parte no âmbito do Poder Judiciário, é necessário que se conheça as diversas capacidades existentes:

a) capacidade de ser parte: *pode ser parte em um processo judicial quem tem a possibilidade de ser titular de direitos – assim, trata-se de conceito ligado à personalidade jurídica* (CC, art. 1º).

Apesar disso, para resolver questões de ordem prática, a legislação processual por vezes concede capacidade de ser parte a entes despersonalizados. É, por exemplo, o caso do espólio, que é representado pelo inventariante (cf. CPC, art. 75, V, VI, VII e XI). Uma situação concreta que gerou polêmica foi pacificada com a edição da Súmula 525 do STJ: "A Câmara de Vereadores não possui personalidade jurídica, apenas personalidade judiciária, somente podendo demandar em juízo para defender os seus direitos institucionais".

Como se percebe, ou há ou não há capacidade de ser parte, não sendo possível falar em correção dos polos da relação processual no caso de incapacidade de ser parte – o processo será extinto.

Tema que tem sido objeto de discussão mas que, até o momento, não tem previsão legal é em relação à capacidade de ser parte de animais domésticos: há notícia de processos que trazem cães e gatos no polo ativo ou passivo. Porém, pela lei, isso não é possível, exatamente por faltar capacidade de ser parte – pois animais não têm personalidade jurídica pela atual legislação civil.

b) capacidade processual (*legitimatio ad processum*): *é a capacidade de figurar no processo judicial por si mesmo, sem o auxílio de outrem*.

Não se deve confundir esta figura com a condição da ação *legitimidade de parte* (*legitimatio ad causam*), adiante enfrentada.

A regra do CPC (art. 71) é que os absolutamente incapazes (CC, art. 3º) devem ser representados, ao passo que os relativamente incapazes (CC, art. 4º) devem ser assistidos.

Há de se atentar que o Estatuto da Pessoa com Deficiência (Lei 13.146/2015) alterou o Código Civil, especificamente para passar a prever que pessoas com deficiência não são incapazes.

Para exemplificar: uma criança tem capacidade de ser parte (pode pleitear alimentos, por exemplo), mas não pode figurar, sozinha, no processo. Assim, não tem capacidade processual, devendo estar acompanhada para que haja a supressão de sua incapacidade processual. Diferentemente da incapacidade de ser parte, a incapacidade processual pode ser suprida (CPC, art. 76).

Por sua vez, há algumas pessoas que, apesar de não serem incapazes à luz da legislação civil, têm restrições em sua capacidade processual. É a hipótese dos *litigantes casados*.

Em regra, não há qualquer distinção entre solteiros e casados. A *exceção* envolve as **ações reais imobiliárias**, *salvo no caso do regime* de separação total de bens (CPC, art. 73). Neste caso, ou há litisconsórcio ou há autorização do cônjuge para se ingressar em juízo – via outorga uxória (prestada pela esposa ao marido) ou outorga marital (prestada pelo marido à esposa). Isso se aplica tanto ao casamento, quanto à *união estável* (CPC, art. 73, § 3º). A lei prevê a necessidade de participação do companheiro *apenas quando constar dos autos a informação de que existe união estável* – isso de modo a evitar atitudes de má-fé, no sentido de trazer essa informação para os autos após anos de tramitação do processo, de modo a acarretar a nulidade do processo.

O legislador assim previu considerando que a discussão envolvendo direitos reais imobiliários em tese pode influenciar toda a família. É uma visão que dá maior valor ao bem imóvel que se justificava na década de 1970, mas não na segunda década do século XXI (e não houve qualquer alteração sobre isso no CPC).

c) capacidade postulatória: *é a capacidade plena de representar as partes em juízo; a capacidade de falar, de postular perante os órgãos do Poder Judiciário.* Em regra, o advogado é o titular da capacidade postulatória (CPC, art. 103).

Porém, há casos em que a lei concede capacidade postulatória à própria parte – mas isso não impede a postulação por meio de um advogado. As situações são as seguintes:

Juizados Especiais Cíveis, nas causas de até 20 salários mínimos (Lei 9.099/1995, art. 9º) – e, também, Juizado Especial Federal e Juizado da Fazenda Pública Estadual (nesses casos, diante da omissão legislativa, o entendimento majoritário é que não há a limitação de 20 salários, sendo cabível a atuação da parte sem advogado até o teto desses juizados, regulados pela Lei 10.259/2001 e Lei 12.153/2009, respectivamente);

✓ ação de alimentos (Lei 5.478/1968, art. 2º);

✓ *habeas corpus*;

✓ reclamações trabalhistas (CLT, art. 791), cabendo lembrar que essa capacidade, para o TST, não é irrestrita (Súmula 425 do TST: "O *jus postulandi* das partes, estabelecido no art. 791 da CLT, limita-se às Varas do Trabalho e aos Tribunais Regionais do Trabalho, não alcançando a ação rescisória, a ação cautelar, o mandado de segurança e os recursos de competência do Tribunal Superior do Trabalho").

A prova de que houve a outorga de poderes ao advogado se dá pelo contrato de mandato, cujo instrumento é a procuração (vide item 1.4.4 abaixo).

Existindo **vício de capacidade que possa ser sanado**, inicialmente o juiz deverá determinar a *correção* da falha (CPC, art. 76, *caput*). Se não houver a correção da falha,

existem *consequências distintas*, conforme o grau de jurisdição e o polo da parte.

Caso o vício não seja sanado e o **processo estiver em 1º grau**, existem *3 possibilidades* (CPC, art. 76, § 1º): (i) *extinção* do processo *sem resolução de mérito* (art. 485, IV), se o vício tivesse de ser *sanado pelo autor*; (ii) *revelia* (art. 344), se o vício tivesse de ser *sanado pelo réu*; (iii) *exclusão do processo ou revelia*, se o vício tivesse de ser *sanado por terceiro* (terceiro no polo ativo: exclusão do processo; terceiro no polo passivo: revelia).

Caso o vício não seja sanado e o **processo estiver no tribunal** (intermediário ou superior), existem 2 possibilidades (CPC, art. 76, § 2º): (i) *não conhecimento* do recurso, se o vício tivesse de ser *sanado pelo recorrente*; (ii) *desentranhamento das contrarrazões*, se o vício tivesse de ser *sanado pelo recorrido*. Assim, não mais poderá ser aplicado o entendimento de tribunal superior de impossibilidade de correção de procuração (vício de capacidade postulatória) no âmbito do STJ ou STF.

1.4.2. Alteração das partes após o ajuizamento da demanda (sucessão processual)

Em regra, *realizada a citação, descabe a alteração do pedido ou da causa de pedir; consequentemente, impede-se a modificação das partes* (CPC, art. 329).

Contudo, existem algumas *exceções*. Dá-se o nome **sucessão processual** à *alteração das partes em um processo judicial* (CPC, art. 108). Não deve ser confundida com a **substituição processual**, que *importa em pleitear direito alheio em nome próprio* (CPC, art. 18).

Um exemplo de sucessão processual é a hipótese de *falecimento* de uma das partes (CPC, art. 110) quando – após a suspensão do processo (CPC, art. 313, I) – o sucessor ingressará nos autos para assumir a posição processual do falecido. Isso ocorrerá mediante um procedimento especialmente denominado *habilitação* (CPC, art. 687).

Outro exemplo em que pode ocorrer a sucessão é a *alienação de objeto litigioso*. Neste caso, quem adquire o bem poderá ingressar no processo no lugar da parte que alienou o bem – desde que haja consentimento da parte contrária (CPC, art. 109, § 1º). Se não houver o consentimento, o adquirente poderá intervir no processo como assistente litisconsorcial do alienante (CPC, art. 109, § 2º).

1.4.3. Curador especial

O CPC prevê, para determinados casos, a figura de um **curador especial**. Trata-se de um *advogado nomeado pelo juiz para postular em nome de determinada parte que apresenta uma situação de hipossuficiência*.

Deverá existir a curatela especial nas seguintes situações (CPC art. 72):

(i) *ao incapaz sem representante legal ou se os interesses deste colidirem com os daquele, enquanto durar a incapacidade* (estabelece o CPC que a curatela durará *enquanto subsistir a incapacidade*);

(ii) ao *réu preso*, que for revel (ou que venha a ser preso durante a fluência do prazo de contestação – STJ, REsp 1.032.722/PR, 4.ª T., j. 28.08.2012, *DJe* 15.10.2012, **Informativo/STJ** 503) e

(iii) ao réu revel citado por edital ou por hora certa (ou seja, *citação ficta*).

Em regra, compete à própria parte buscar o seu advogado. Mas, nesses casos, diante de alguma dificuldade (*situação de hipossuficiência*), o magistrado é quem providencia o patrono (que recebe o nome de curador especial), em observância aos princípios da ampla defesa e do contraditório.

1.4.4. Mandato

Como visto acima, a parte usualmente será representada em juízo por um advogado. O *contrato que regula a relação cliente – advogado* é o **mandato**. A **procuração** é o *instrumento do mandato e prova que a parte é representada pelo advogado*.

Em regra, ao apresentar qualquer manifestação, o advogado já junta ao processo a procuração. Contudo, em *situações de urgência*, é possível que o advogado pleiteie alguma providência jurisdicional sem a apresentação da procuração, requerendo prazo para tanto – de 15 dias, prorrogáveis por mais 15 dias (CPC, art. 104).

A **procuração geral para o foro** (procuração com a cláusula *ad judicia*) permite que o advogado realize os principais atos do processo.

Para *situações específicas*, há necessidade de constar da procuração os *poderes especiais*, que são os seguintes (CPC, art. 105):

(i) receber citação,

(ii) confessar,

(iii) reconhecer a procedência do pedido,

(iv) transigir,

(v) desistir,

(vi) renunciar ao direito sobre o qual se funda a ação,

(vii) receber,

(viii) dar quitação,

(ix) firmar compromisso e

(x) assinar declaração de hipossuficiência econômica.

Determina o CPC que da procuração conste o *nome, número de inscrição e endereço da sociedade de advogados* – se o advogado fizer parte de alguma, por certo (CPC, art. 105, § 3º). Além disso, a procuração, salvo previsão em sentido contrário constante do próprio instrumento, é eficaz por toda a tramitação do processo, inclusive o cumprimento de sentença (CPC, art. 105, § 4º).

1.4.4.1. Formas de extinção do mandato

A legislação civil prevê o **término do mandato** nas seguintes hipóteses (CC, art. 682):

(i) renúncia ou revogação;

(ii) morte ou interdição das partes (seja cliente ou advogado);

(iii) mudança de estado que inabilite o mandante a conferir poderes (como uma alteração societária que altere quem, na empresa, possa outorgar mandato) ou o mandatário para exercê-los (perda da capacidade postulatória pelo advogado, que pode ocorrer por força de uma suspensão perante a OAB, dentre outras razões);

(iv) pelo término do prazo ou pela conclusão do negócio.

A **renúncia** é o *ato pelo qual o advogado deixa de representar o cliente*. Pode o advogado "renunciar ao mandato a qualquer tempo, *provando (...) que comunicou a renúncia*

ao mandante, a fim de que este nomeie substituto" (CPC, art. 112). Ou seja, se não houver a comprovação no processo de que houve a ciência ao cliente, a renúncia não será válida. Mas, mesmo que comprovada a ciência da renúncia, *o advogado continuará a representar o mandante nos autos por 10 dias*, de modo a não lhe causar prejuízo (CPC, art. 112, § 1º). Porém, se houver *mais de um advogado com poderes* e só houver a *renúncia de um* dos advogados, não há necessidade processual de comunicar a renúncia.

Por outro lado, a **revogação** é o *ato pelo qual o cliente desconstitui o advogado da sua função de mandatário*. Do ponto de vista processual, o CPC não traz a necessidade de o cliente (mandante) comprovar que deu ciência ao advogado (mandatário) da revogação. Pela lei processual, a parte que revoga o mandato deve, no mesmo ato, constituir novo advogado (CPC, art. 111). Contudo, à luz da ética profissional, o novo mandatário deve dar ciência ao anterior de que está assumindo a causa.

Havendo **morte do advogado**, sua **interdição** ou a **perda de sua capacidade postulatória**, é fácil concluir que haverá um defeito de representação, já que o cliente não terá quem o represente dotado de capacidade postulatória. Nesse caso, *o processo será suspenso* (CPC, art. 313, I) e o juiz concederá *prazo de 15 dias para que seja nomeado novo advogado* pelo cliente, sob pena de extinção (se a morte envolver o patrono do autor) ou revelia (se em relação ao advogado do réu). É o que prevê o CPC, art. 313, § 3º.

Por fim, caso não se verifique qualquer uma das hipóteses acima indicadas, com o término do processo (trânsito em julgado e arquivamento), também há a extinção do mandato.

1.4.5. Sucumbência e honorários sucumbenciais

O **ônus da sucumbência** é *a condenação ao pagamento das despesas (custas processuais, honorários periciais e outras) e honorários advocatícios, pela parte vencida*, ou seja, os honorários estão incluídos no ônus de sucumbência. Tem previsão no CPC, art. 85.

Ainda que o advogado atue em causa própria e seja o vencedor, há a condenação na sucumbência.

O CPC traz diversas regras quanto aos honorários (o art. 85 é o que mais tem parágrafos no CPC, sendo que reforma de 2022 já inseriu mais parágrafos).

São devidos honorários *não só na ação principal*, mas também (CPC, art. 85, § 1º):

✓ na reconvenção;

✓ no cumprimento de sentença, provisório ou definitivo;

✓ na execução, resistida ou não, e

✓ nos recursos, cumulativamente ao fixado em 1º grau.

Os honorários serão fixados, em 1º grau, entre 10% e 20%. A base de cálculo será (i) o valor da condenação ou (ii) do proveito econômico ou (iii) do valor atualizado da causa (art. 85, § 2º). Esse critério se aplica mesmo ao caso de improcedência de pedido. Se o valor da causa for muito baixo ou o proveito econômico irrisório, o juiz fixará os honorários de forma equitativa (CPC, art. 85, § 8º) – ou seja, fixará os honorários em quantia superior, considerando as especificidades do caso concreto.

A Lei 14.365/2022 alterou o CPC na parte dos honorários. De acordo com a nova redação do art. 85, § 6º -A, é proibida a apreciação equitativa (ou seja, fixação sem ter base um critério objetivo, mas sim o entendimento do juiz) de honorários advocatícios quanto o valor da condenação, do proveito econômico ou do valor da causa for líquido ou liquidável, salvo nas hipóteses previstas do § 8º do art. 85.

Essa alteração está em linha com o entendimento firmado pelo STJ no âmbito do tema repetitivo 1.076: a fixação dos honorários por apreciação equitativa não é permitida quando os valores da condenação, da causa ou o proveito econômico da demanda forem elevados. Isso significa dizer que se uma causa tiver o valor de R$ 1 milhão e for julgada improcedente ou extinta sem mérito, deve haver a fixação dos honorários em no mínimo 10% (e não quantia inferior, como muitos juízes faziam).

Para a hipótese de fixação equitativa dos honorários sucumbenciais, o § 8º-A do art. 85 estabelece que o magistrado deverá observar os valores recomendados pelo Conselho Seccional da Ordem dos Advogados do Brasil ou o limite mínimo de 10% previsto no § 2º, aplicando o que for maior.

Nas causas em que a Fazenda Pública for parte, a fixação dos honorários observará critérios legais e percentuais de modo escalonado, entre 10%/20% até 1%/3%. Quanto maior a base de cálculo, menor o percentual. Por exemplo:

(i) mínimo de 10% e máximo de 20% sobre o valor da condenação/proveito econômico obtido até 200 salários mínimos;

(ii) mínimo de 8% e máximo de 10% sobre o valor da condenação/proveito econômico obtido entre 200 e 2.000 salários (art. 85, § 3º) – e assim sucessivamente.

Prevê o Código, também, a **fixação de honorários em grau recursal**. O tribunal, ao julgar o recurso, *majorará os honorários fixados anteriormente*, levando em conta o trabalho adicional realizado em grau recursal. Assim, se em primeiro grau foi fixado o montante de 10% da condenação a título de honorários, o tribunal poderá fixar mais 5% quando do julgamento do recurso. Contudo, será *vedado*, no cômputo geral da fixação de honorários devidos ao advogado do vencedor, *ultrapassar os limites estabelecidos para a fase de conhecimento*, ou seja, o teto de 20%, quando esse for o critério a ser aplicado (art. 85, § 11).

A lei é omissa em apontar **quais recursos** admitirão a sucumbência recursal. É cabível na maior parte dos recursos, como a apelação, o recurso especial e o recurso extraordinário. Algumas dúvidas têm de ser solucionadas pela jurisprudência.

Usualmente *não haverá* sucumbência recursal no **agravo de instrumento**, pois a previsão legal aponta a *majoração* de honorários, o que significa dizer que, somente se houver fixação em 1º grau haverá aumento em 2º grau. E, no caso de decisão interlocutória, em regra não haverá fixação de honorários em 1º, pois a decisão é de questão incidente. Porém, no caso de **julgamento antecipado parcial de mérito**, haverá fixação de honorários em 1º grau e, se houver, recurso (e cabível agravo de instrumento), então existirá a majoração dos honorários (vide, a respeito do tema, item 2.3.5.3). Da mesma forma, no caso de **exclusão de litisconsórcio**, haverá fixação de honorário e, no caso de agravo, haverá a majoração dos honorários.

O STJ vem afirmando que que NÃO cabe sucumbência recursal em (i) embargos de declaração, (ii) agravo interno e (iii) recurso em que na origem não houve fixação de honorários (EDcl no AgInt no REsp 1.573.573/RJ);

Porém, existem alguns julgados do STF apontando o cabimento nos embargos de declaração e no agravo interno – de qualquer forma, quem pacifica isso do ponto de vista do CPC é o STJ.

Recentemente, o STJ fixou o entendimento de que não cabe a majoração, em grau recursal, da verba honorária quando o recurso é provido no todo ou em parte (Tema 1.059; REsp: 1.864.633/RS e REsp 1.865.223/SC). Ou seja; se o recurso for **provido**, não haverá majoração de honorários com base no § 11.

Os honorários fixados em grau recursal são *cumuláveis* com multas e outras sanções processuais (§ 12).

O CPC reafirma que os *honorários constituem direito do advogado* e têm *natureza alimentar*, sendo titulares dos mesmos privilégios de créditos oriundos da legislação trabalhista (art. 85, § 14). Apesar disso, a Corte Especial do STJ decidiu, pela "impossibilidade da penhora de salário de credor para pagamento de honorários advocatícios" (REsp 1.815.055).

O § 14 do art. 85 do CPC *veda a compensação dos honorários* advocatícios em caso de *sucumbência parcial*, promovendo a superação da Súmula 306 do STJ ("Os honorários advocatícios devem ser compensados quando houver sucumbência recíproca, assegurado o direito autônomo do advogado à execução do saldo sem excluir a legitimidade da própria parte").

Se a decisão transitada em julgado for *omissa quanto ao direito aos honorários* ou seu valor, será cabível *ação autônoma* para sua definição e cobrança (art. 85, § 18); a previsão gera a *superação da parte final da Súmula 453 do STJ* ("Os honorários sucumbenciais, quando omitidos em decisão transitada em julgado, não podem ser cobrados em execução ou em ação própria").

Vale frisar que as *Súmulas 306 e 453* ainda **não foram canceladas** pelo STJ, embora não sejam mais aplicadas.

Advogados públicos *perceberão honorários sucumbenciais nos termos da lei* (art. 85, § 19). Assim, salvo regras específicas de determinadas carreiras da advocacia pública (que já recebem honorários de sucumbência), *enquanto não houver edição de lei específica, não haverá o pagamento dos honorários*. Decidiu o STF que essa previsão é constitucional (ADI 6053).

No caso de **sucumbência mínima**, a responsabilidade pela sucumbência será na íntegra do outro litigante (art. 86, parágrafo único).

Se houver **litisconsórcio**, haverá o *pagamento dos honorários pelos vencidos*, devendo a sentença distribuir expressamente quanto cada parte arcará. Contudo, se a *sentença for omissa* – e não houver embargos de declaração quanto ao ponto – então haverá *solidariedade entre todos os vencidos* (CPC, § 2º do art. 87).

No caso de **transação**, se não houver previsão de *quem arca* com as despesas, estas serão *divididas igualmente* (art. 90, § 2º). Se a transação ocorrer antes da sentença, haverá dispensa do pagamento de eventuais custas remanescentes (art. 90, § 3º).

Se o réu **reconhecer a procedência do pedido** e, ao mesmo tempo, **cumprir a obrigação** que reconheceu, haverá redução dos honorários pela metade. Trata-se de mais uma situação envolvendo desconto nos honorários sucumbenciais para estimular o cumprimento da obrigação (e esta novidade do CPC – art. 90, § 4º).

1.4.6. *Justiça Gratuita*

No sistema anterior, a questão relativa à justiça gratuita era tratada fora do CPC, na Lei 1.060/1950. No CPC, o assunto passa a ser regulado no próprio Código.

O assunto é regulado dos arts. 98 ao 102 do CPC. Apesar disso, não houve a total revogação da Lei 1.060/1950 (vide art. 1.072, III, do CPC).

O CPC regula a **concessão e revogação da gratuidade de justiça**, que é a *isenção de custas e despesas, para os que têm insuficiência de recursos.*

Distingue-se a justiça gratuita da **assistência judiciária gratuita** (que é a *prestação de serviços jurídicos no Judiciário* – ou seja, a indicação do advogado, principalmente a cargo da Defensoria Pública – vide item 1.4.10 abaixo) da **assistência jurídica** (que é a *prestação completa de serviços jurídicos ao necessitado* – não só a prestação jurisdicional, mas também esclarecimento de eventuais dúvidas; vide CF, art. 5º, LXXIV).

Nada impede que uma parte que contrata *advogado particular* pleiteie e receba a gratuidade de justiça (CPC, art. 99, § 3º).

O CPC afirma que a gratuidade de justiça *engloba não só as taxas e custas*, mas também (i) honorários do *perito*, (ii) exame de DNA e *outros exames* necessários no caso concreto, (iii) depósito para *interposição de recurso ou propositura de ação rescisória* e (iv) valores devidos a *cartórios extrajudiciais* em decorrência de registros ou averbações necessários à efetivação da decisão judicial (art. 98, § 1º).

Contudo, *não estão incluídas* na gratuidade eventuais multas processuais impostas ao beneficiário da justiça gratuita (art. 98, § 4º).

Se o beneficiário da justiça gratuita **não tiver êxito na causa** (seja figurando do lado ativo ou passivo da demanda), *deverá ser condenado a arcar com os honorários advocatícios da parte contrária* (art. 98, § 2º). Mas somente será possível executar os honorários se, no *prazo de 5 anos*, o credor demonstrar que o beneficiário está com *condições financeiras* aptas a responder pelo débito (art. 98, § 3º).

A gratuidade de justiça é **direito da parte**, seja *pessoa física ou jurídica* (art. 98). Porém, *só a pessoa física tem presunção* na afirmação da hipossuficiência econômica (art. 99, § 3º), devendo a pessoa jurídica provar sua situação econômica (exatamente como previsto na Súmula 481 do STJ, editada ainda à luz do CPC anterior: "Faz jus ao benefício da justiça gratuita a pessoa jurídica com ou sem fins lucrativos que demonstrar sua impossibilidade de arcar com os encargos processuais)".

A justiça gratuita pode ser **requerida a qualquer momento** (CPC, art. 99): (i) na petição inicial; (ii) na contestação; (iii) na petição de ingresso de terceiro e (iv) no recurso. Ou seja, cabe pleitear a gratuidade em qualquer momento do processo – mesmo durante a tramitação da causa em primeiro grau, após a inicial e antes do recurso.

Se o requerimento de gratuidade for formulado *quando da interposição do recurso*, o recorrente *não terá de recolher o preparo* – não sendo possível se falar em deserção até eventual decisão do relator que indeferir e determinar o recolhimento das custas (CPC, art. 99, § 7º).

Quanto ao **critério para a concessão da gratuidade**, a lei não traz critérios objetivos, tratando-se de decisão que ficará a cargo do magistrado, conforme o caso concreto. O CPC apenas traz o *direito à gratuidade no caso de "insuficiência de recursos para pagar as custas, despesas processuais e honorários advocatícios"* (CPC, art. 98).

Não é possível ao juiz indeferir de plano a gratuidade (CPC, art. 99, § 2º). Se o magistrado não estiver convencido da presença dos requisitos, deverá determinar que a parte *comprove sua situação* de hipossuficiência econômica.

Prevê CPC a concessão de **justiça gratuita parcial**, que pode se configurar de duas formas distintas: (i) reconhecimento da *gratuidade para alguns dos atos do processo* ou apenas a *redução de parte das despesas* (CPC, art. 98, § 5º) e (ii) *parcelamento de despesas*, "se for o caso" (CPC art. 98, § 6º). O Código, porém, não traz qualquer *critério* para a aplicação dessas duas novas figuras.

Concedida a gratuidade, pode a parte contrária **impugnar a concessão da justiça gratuita**. Inicialmente, haverá a discussão do tema *perante o próprio juiz que concedeu o benefício* (e não por recurso), *nos próprios autos*. Assim, deferido o pedido, a parte contrária *poderá oferecer impugnação na contestação, na réplica, nas contrarrazões* de recurso ou, nos casos de pedido superveniente ou formulado por terceiro, por meio de *petição simples*, a ser apresentada no prazo de 15 dias (CPC, art. 100).

Da decisão que *aprecia a impugnação*, cabe **recurso** (CPC, art. 101). Assim: (i) se o juiz *indeferir a gratuidade* pleiteada por qualquer das partes, o recurso cabível será o *agravo de instrumento*; (ii) se a *impugnação* à justiça gratuita *for acolhida*, o recurso cabível será o *agravo de instrumento*; (iii) se o magistrado decidir quanto à gratuidade (para deferi-la ou não, seja relacionada à impugnação ou não) *na própria sentença*, o recurso cabível será a *apelação*.

Transitada em julgado a decisão que revogou a gratuidade, a parte que teve o benefício cassado deverá *recolher todas as despesas do processo*, em prazo fixado pelo juiz (CPC, art. 102). *Caso não haja o recolhimento*, se o ex-beneficiário for o *autor*, o processo será *extinto*; se for o *réu*, não haverá o deferimento de qualquer ato requerido por essa parte até que haja o pagamento (CPC, art. 102, parágrafo único) – dispositivo de duvidosa constitucionalidade.

1.4.7. *Juiz (poderes, impedimento e suspeição)*

O CPC, em relação aos **poderes do juiz**, em parte repete o Código anterior (ao destacar que o juiz deve assegurar *igualdade de tratamento às partes*, velar pela *duração razoável do processo*, reprimir *ato contrário à dignidade da justiça* e tentar a *autocomposição entre as partes*). Mas existem algumas novidades, com destaque para as seguintes (CPC, art. 139):

(i) possibilidade de (a) *dilação dos prazos processuais* e (b) *alteração da ordem de produção das provas*, considerando o caso concreto (a dilação de prazos só pode ser determinada antes de encerrado o prazo regular);

(ii) possibilidade de determinar *medidas coercitivas* para assegurar o cumprimento de *ordem judicial*, inclusive nas ações que tenham por objeto *prestação pecuniária* (ou seja: é possível se cogitar de multa-diária para uma obrigação de pagar). Além disso, a doutrina começa a debater se seria possível, com base no art. 139, IV do CPC, a **atipicidade das medidas executivas** mais incisivas. Ou seja, a possibilidade de o juiz, diante da ineficiência da penhora e mesmo da multa, aplicar outras medidas, como por exemplo a retenção de carteira de motorista e de passaporte – tema que terá de ser definido pelos tribunais. Por exemplo, o STJ decidiu que a "adoção de meios executivos atípicos é cabível desde que, verificando-se a existência de (i) indícios de que o devedor possua *patrimônio expropriável*, (ii) tais medidas sejam adotadas de modo *subsidiário*, (iii) por meio de decisão que contenha *fundamentação adequada* às especificidades da hipótese concreta, (iv) com observância do *contraditório substancial* e do *postulado da proporcionalidade*" (REsp nº 1.788.950-MT, rel. min. Nancy Andrighi, 3ª Turma, DJe 26/4/2019);

(iii) possibilidade de o juiz determinar o *suprimento de pressupostos processuais* e o *saneamento de outros vícios processuais*;

(iv) quando *diante de diversas demandas individuais repetitivas*, pode o juiz oficiar o MP, a Defensoria Pública e outros legitimados *para que se promova a ação coletiva*.

Como não poderia deixar de ser, busca o CPC que o magistrado seja imparcial – bem como seus auxiliares, pois não só o magistrado pode ser parcial, mas outros partícipes do processo (CPC, art. 148). Assim, seguem existindo as figuras do **impedimento e suspeição**.

São hipóteses de *impedimento* do juiz (CPC, art. 144):

I – atuar em processo que antes *interveio como mandatário da parte, perito, MP* ou prestou depoimento como testemunha;

II – atuar em processo em *outro grau de jurisdição*, se *antes proferiu decisão*;

III – atuar em processo no qual *estiver postulando* (como defensor, advogado ou MP) *cônjuge, companheiro ou parente até o terceiro grau*;

IV – atuar em processo quando *ele próprio, cônjuge ou companheiro, ou parente (consanguíneo ou afim) até o terceiro grau for parte*;

V – atuar em processo quando for *sócio ou membro da direção de pessoa jurídica que for parte no processo*;

VI – atuar em processo quando for herdeiro presuntivo, donatário ou empregador de qualquer das partes;

VII – atuar em processo que for *parte instituição de ensino com a qual tenha relação de emprego ou decorrente de contrato de prestação de serviços*;

VIII –quando for parte *cliente do escritório de advocacia de seu cônjuge, companheiro ou parente, consanguíneo ou afim, em linha reta ou colateral, até o terceiro grau inclusive*, mesmo que patrocinado por advogado de outro escritório;

Atenção: esse inciso VIII foi **declarado inconstitucional** pelo STF (ADI 5953, julgada em 2023). Assim, ainda que siga presente no Código, não é mais aplicado – e, portanto, se for perguntado na prova de OAB, deve ser considerando que essa **não é hipótese de impedimento**, já que inconstitucional.

IX – quando o magistrado for autor de demanda contra a parte ou seu advogado.

São hipóteses de *suspeição* do juiz (CPC, art. 145):

I – o magistrado que for *amigo íntimo ou inimigo* das *partes ou de seus advogados*;

II – o magistrado que *receber presentes* de pessoas que tiverem interesse na causa, que *aconselhar alguma das partes* acerca do objeto da causa ou que *subministrar meios para atender às despesas do litígio*;

III – quando *qualquer das partes for sua credora ou devedora*, de seu cônjuge ou companheiro ou de parentes destes, em linha reta até o terceiro grau, inclusive;

IV – se for *interessado no julgamento* do processo em favor de qualquer das partes.

Cabe, ainda, a suspeição por *motivo de foro íntimo* (CPC, art. 145, § 1º).

Quanto à **forma** de se apontar a parcialidade do juiz e de seus auxiliares, , no prazo de 15 dias a partir do conhecimento do fato, *a parte deve alegar o impedimento ou a suspeição", em petição específica dirigida ao juiz do processo*. Nessa peça, será indicado o fundamento da recusa quanto ao magistrado e poderá haver juntada de documentos e indicação de testemunhas (CPC, art. 146).

Se o juiz não se declarar impedido ou suspeito, o incidente será encaminhado ao tribunal, e haverá o sorteio de um relator, que poderá conceder efeito suspensivo ou não (CPC, art. 146, § 2º).

1.4.8. Conciliador e Mediador

Considerando o grande estímulo que o CPC dá às formas alternativas de solução dos conflitos (ADR, especialmente conciliação e mediação – vide item 1.1.4. acima), é certo que a figura do conciliador e mediador ganha força no Código. Assim, traz o CPC uma seção específica para esses profissionais (arts. 165 a 175).

✓ **Conciliadores e mediadores** são *profissionais alheios ao conflito, cuja intervenção imparcial busca permitir que as partes cheguem ao consenso*. Como já exposto no item 1.1.4, o **mediador** é *terceiro* que busca o acordo entre as partes, *mas sem sugerir a solução, atuando preferencialmente nos casos em que houver vínculo anterior entre as partes, como no direito de família* (CPC, art. 165, § 3º), ao passo que o **conciliador** é *terceiro* que busca o acordo entre as partes, *sugerindo a solução*, atuando preferencialmente nos casos em que *não houver vínculo anterior entre as partes*, como em acidentes de veículos (CPC, art. 165, § 2º).

Considerando as especificidades de cada situação, a mediação pode ser desenvolvida *em mais de uma sessão*, ao passo que a conciliação, em regra, se realiza com *uma reunião*. Contudo, não há vedação para que haja mais de uma audiência para a conciliação.

A mediação não era regulada no CPC/1973 (que só tratava da conciliação), mas é prevista no CPC e, também, na Lei 13.140/2015 (que é posterior ao CPC). Apesar de existirem *pontos comuns*, há *distinções entre as duas leis*, o que já é objeto de polêmica.

Prevê a legislação a criação dos **centros judiciários de solução consensual de conflitos**, ou "Cejuscs" (CPC, art. 165, Lei 13.140/2015, art. 24 e Resolução CNJ 125/2010, art. 8º). Esses centros serão "responsáveis pela *realização de sessões e audiências de conciliação e mediação e pelo desenvolvimento de programas* destinados a auxiliar, orientar e *estimular a autocomposição*" (CPC, art. 165).

A composição e a organização dos centros serão definidas em cada tribunal, observando-se as normas do CNJ (CPC, art. 165, § 1º; Lei 11.340/2015, art. 24, parágrafo único). Assim, há espaço para se reconhecer as especificidades de cada local.

São **princípios da mediação e da conciliação** a *independência*, a *imparcialidade*, a *autonomia da vontade*, a *confidencialidade*, a *oralidade*, a *informalidade* e a *decisão informada* (CPC, art. 166). Por sua vez, a Lei 13.140/2015, prevê que a mediação será orientada pelos seguintes princípios (art. 2º): I – *imparcialidade* do mediador; II – *isonomia* entre as partes; III – *oralidade*; IV – *informalidade*; V – *autonomia da vontade* das partes; VI – *busca do consenso*; VII – *confidencialidade*; VIII – *boa-fé*. A seguir, são analisados os princípios mais relevantes.

Pelo **princípio da independência**, os *conciliadores e mediadores devem atuar de forma autônoma*, sem subordinação, vinculação ou influência de pessoas ou órgãos. Pode o mediador ou conciliador recusar, suspender ou interromper a sessão se ausentes as condições necessárias para seu bom desenvolvimento (Resolução CNJ 125/2010, anexo III, art. 1º, V).

A **imparcialidade**, tal qual em relação ao juiz, representa a *ausência de comprometimento de qualquer ordem em relação aos envolvidos no conflito*. Na Resolução CNJ 125/2010, imparcialidade é o dever de agir com ausência de favoritismo, preferência ou preconceito, assegurando que valores e conceitos pessoais não interfiram no resultado do trabalho – jamais sendo possível aceitar qualquer espécie de favor ou presente (Resolução CNJ 125/2010, anexo III, art. 1º, IV).

A **autonomia da vontade** é a *intenção manifestada por pessoa capaz, com liberdade*. A Resolução 125/2010 do CNJ reconhece ser a autonomia da vontade o dever de respeitar os diferentes pontos de vista dos envolvidos, assegurando-lhes que cheguem a uma decisão voluntária e não coercitiva com liberdade para tomar as próprias decisões (Anexo III, art. 2º, II).

Pelo **princípio da decisão informada**, a parte deve ser *plenamente informada quanto aos seus direitos em relação à sessão consensual* (Resolução 125/2010 do CNJ, anexo III, art. 1º, II). Porém, mediadores e conciliadores *não devem atuar como advogados de qualquer das partes*, por força da imparcialidade acima exposta.

A **confidencialidade** é fundamental para que as *partes possam negociar com tranquilidade e transparência*, contando com a *garantia de que o que disserem não será usado contra eles posteriormente*. Assim, se infrutífera a conciliação ou mediação, a *proposta formulada na audiência não deverá constar no termo* – salvo se houver acordo entre as partes (CPC, art. 166, § 1º). Caso haja violação da confidencialidade, *essa prova deverá ser considerada ilícita*.

Ainda que a doutrina aponte qual seria o caminho para as sessões consensuais, há *flexibilidade no procedimento*, inclusive considerando a **informalidade** dos métodos alternativos (CPC, art. 166, § 4º). Como exemplo, a possibilidade de o mediador se reunir com as partes, *em conjunto ou separadamente* (Lei 13.140/2015, art. 19).

O CPC prevê a necessidade de **duplo cadastramento**, ou seja, o *profissional* (pessoa física) ou *câmaras privadas de conciliação e mediação* (pessoa jurídica) deverão se inscrever em *cadastro nacional* e, também em *cadastro perante o TJ ou TRF* que atuarão (CPC, art. 167).

Quanto à **capacitação mínima**, o conciliador ou mediador deverá realizar um "*curso realizado por entidade*

credenciada, conforme parâmetro curricular definido pelo CNJ em conjunto com o Ministério da Justiça" (CPC, art. 167, § 1º). Em relação ao mediador, a lei própria exige que o profissional seja *pessoa capaz graduada há pelo menos dois anos em curso de ensino superior* de instituição reconhecida pelo Ministério da Educação (Lei 11.340/2015, art. 11).

Além disso, a lei permite que haja **concurso público para mediadores e conciliadores judiciais**. Escolhido o profissional, o tribunal remeterá ao diretor do foro os dados necessários para que seu nome passe a *constar da respectiva lista a ser observada na distribuição alternada e aleatória*, respeitado o princípio da igualdade dentro da mesma área de atuação profissional (CPC, art. 167, § 2º). A Lei de Mediação **não se refere a concurso**, mas ao cadastramento de mediadores pelos tribunais e ao custeio das despesas pelas partes (Lei 13.140/2015, arts. 12 e 13)

No cadastro deverão ser informados todos os *dados relevantes para a atuação do profissional*, como o número de processos de que participou, o sucesso ou insucesso da atividade, a matéria sobre a qual versou a controvérsia e outros dados que o tribunal julgar relevantes (CPC, art. 167, § 3º). O objetivo é que, a partir desses dados, que serão classificados sistematicamente e publicados ao menos anualmente pelos tribunais, possa haver *conhecimento da população, realização de estatísticas e avaliação dos meios consensuais e dos profissionais* (CPC, art. 167, § 4º).

O conciliador e o mediador *podem ser advogados*. Porém, onde estiverem cadastrados, estarão **impedidos** *para a advocacia nos juízos em que desempenham suas funções* (CPC, art. 167, § 5º). Vale destacar que essa restrição *não consta* na Lei 13.140/2015.

Pode o tribunal optar por estruturar **quadro próprio de conciliadores e mediadores** (ou seja, não de terceiros cadastrados), a ser **preenchido por concurso público de provas e títulos** (CPC, art. 167, § 6º).

Em linha com a liberdade das partes quanto ao procedimento (vide, adiante, o negócio jurídico processual), o Código permite que as **partes escolham o facilitador** (seja o conciliador, mediador ou câmara privada de meios consensuais – CPC, art. 168), sendo que o *escolhido poderá ou não estar cadastrado no tribunal* (CPC, art. 168, § 1º). Se não houver esse acordo, então haverá *distribuição aleatória entre os profissionais cadastrados no tribunal* (CPC, art. 168, § 2º). Vale esclarecer que a legislação permite, se recomendável à luz das especificidades do caso concreto, a designação de *mais de um mediador ou conciliador* (CPC, art. 168, § 3º).

Quanto à **remuneração**, o facilitador será remunerado pelo *trabalho realizado, conforme tabela fixada pelo tribunal, a partir de parâmetros do CNJ* (CPC, art. 169). Apesar disso, o próprio Código prevê a possibilidade de **trabalho voluntário** (CPC, art. 169, § 1º). Além disso, será exigida **atuação gratuita de pessoas jurídicas**; se uma câmara privada se cadastrar para atuar mediante remuneração, deverá suportar percentual de atuações gratuitas como contrapartida de seu credenciamento (CPC, art. 169, § 2º).

Considerando a necessária imparcialidade, o **mediador ou conciliador pode ser impedido** (CPC, art. 148, II, sendo que as hipóteses de impedimento, tratadas no tópico acima, estão no art. 144). Nesse caso, o próprio facilitador deverá informar isso ao coordenador do Cejusc, que procederá a nova distribuição (CPC, art. 170). Se o impedimento se verificar *depois de já iniciado o procedimento*, este será interrompido, para nova distribuição (CPC, art. 170, parágrafo único). Não há menção, neste art. 170, à *suspeição* do mediador ou conciliador. Contudo, há menção no art. 173, II (ao tratar da atuação indevida do conciliador) e na Lei 13.140/2015, que aponta serem *aplicáveis ao mediador as hipóteses legais de impedimento e suspeição* do juiz (art. 5º). Portanto, dúvida não há quanto à aplicação do impedimento e suspeição aos conciliares e mediadores.

Também para garantir a imparcialidade, a legislação cria **impedimento para o conciliador ou mediador exercer a advocacia**, para as *partes litigantes*, no prazo de *1 ano contado do término da última audiência em que atuaram* (CPC, art. 172). De se destacar que o tema não foi tratado no Estatuto da OAB dentre os impedimentos, o que pode gerar debates quanto à sua legalidade (Lei 8.906/1994, art. 28).

A legislação ainda prevê uma **impossibilidade temporária para o exercício da função** (por questões de saúde, férias ou quaisquer outras razões). Nesse caso, o conciliador ou mediador informará o fato ao centro, para evitar *novas distribuições* e morosidade (CPC, art. 171).

A **exclusão de conciliadores e mediadores** é prevista para aquele *facilitador que atuar indevidamente*. O Código tipifica as seguintes situações (CPC, art. 173):

I – agir com *dolo ou culpa* na condução da conciliação ou da mediação ou violar os deveres decorrentes do art. 166, §§ 1º e 2º (princípios acima analisados);

II – atuar em procedimento de mediação ou conciliação, apesar de *impedido ou suspeito*.

A apuração dessas faltas será realizada por meio de procedimento administrativo, sendo cabível o afastamento cautelar do facilitador pelo juiz, pelo prazo de 180 dias (CPC, art. 173, §§ 1º e 2º).

A União, Estados, DF e Municípios poderão criar câmaras de mediação e conciliação com atribuições relacionadas à solução consensual de **conflitos no âmbito administrativo**, para (i) dirimir conflitos entre órgãos e entes da própria administração, (ii) conciliação em conflitos envolvendo o ente estatal e (iii) celebração de TAC – termo de ajustamento de conduta (CPC, art. 174 e Lei 13.140/2015, art. 32).

1.4.9. Ministério Público

O **Ministério Público**, **MP** ou *Parquet* é *instituição permanente, essencial à função jurisdicional e destinada à preservação dos valores fundamentais do Estado* (defesa da ordem jurídica, regime democrático e interesses sociais – CF, art. 127).

A Constituição Federal (art. 128) divide o MP em MPE (Ministério Público Estadual – atua perante a Justiça Estadual) e MPU (Ministério Público da União). O MPU compreende o MP Federal (atua perante o STF, o STJ e a Justiça Federal) e, também, MP do Trabalho (Justiça do Trabalho), MP Militar (Justiça Militar da União) e MPDFT (Distrito Federal e Territórios).

No que interessa para o processo civil, pertinente à atuação do MPE e do MPF, as carreiras são assim divididas:

Órgão	1º grau	2º grau	Chefia
MPE	Promotor de Justiça	Procurador de Justiça	Procurador-Geral de Justiça
MPF	Procurador da República	Procurador Regional da República	Procurador-Geral da República

A atuação do MP em um processo judicial pode se dar de duas formas:

✓ parte em que o MP postula como qualquer autor, principalmente no âmbito coletivo, mediante a ação civil pública (defesa do consumidor, meio ambiente, educação, criança, idoso, patrimônio público etc.);

✓ fiscal da ordem jurídica (*custos legis*), em que o MP se manifesta opinando e verificando se o interesse da coletividade em debate está sendo adequadamente analisado pelo Judiciário. Esta atuação se dá em processos individuais e coletivos; mas, se o MP não for autor de uma demanda coletiva, obrigatoriamente atuará como fiscal da ordem jurídica (no CPC/1973 o termo utilizado era "fiscal da lei", por vezes ainda utilizado).

O MP atuará "na defesa da ordem jurídica, do regime democrático e dos interesses e direitos sociais e individuais indisponíveis" (CPC, art. 176) e, especificamente como fiscal da ordem jurídica, se manifestará nas seguintes hipóteses (CPC, art. 178):

I – em demandas que envolvam interesse público ou social (ou seja, basicamente as que envolvam a participação de um ente estatal ou em que a lide interesse à coletividade);

II – em demandas que envolvam interesses de incapazes;

III – em litígios coletivos pela posse de terra rural ou urbana;

Vale destacar que o CPC *não prevê* a atuação do MP em discussões envolvendo *estado da pessoa e direito de **família*** (poder familiar, tutela, curatela, interdição, casamento, declaração de ausência e disposições de última vontade) – salvo se se tratar de interesse de menor, pois aí será incapaz (inc. II).

A não manifestação do MP quando ele deveria ter sido ouvido acarreta a nulidade do processo (CPC, art. 279).

Em relação às **prerrogativas processuais** do MP, há o direito de ser intimado pessoalmente e a existência de prazos em dobro (CPC, art. 180) – salvo se a legislação trouxer prazo específico para o MP (CPC, art. 180, § 2º).

Apesar da existência de prazo diferenciado, se após o decurso do prazo fixado pelo juiz não houver a manifestação do MP quando estiver atuando como fiscal da ordem jurídica (e, portanto, não apresentar seu parecer), o juiz determinará o prosseguimento dos autos mesmo sem a manifestação ministerial (CPC, art. 180, § 1º).

1.4.10. Defensoria Pública

A **Defensoria Pública** é instituição destinada à "*orientação jurídica*, a promoção dos direitos humanos e a defesa dos direitos individuais e coletivos *dos necessitados, em todos os graus, de forma integral e gratuita*" (CPC, art. 185 – vide, também, CF, art. 134).

Trata-se, assim, da instituição encarregada de prestar *assistência jurídica integral e gratuita aos cidadãos financeiramente hipossuficientes*.

A Defensoria, para realizar sua função institucional de maneira adequada, goza de *vantagens (prerrogativas) processuais*, as quais devem ser observadas em qualquer processo e grau de jurisdição.

Dentre as principais **prerrogativas processuais**, destacam-se as seguintes:

(i) *intimação pessoal do defensor* (CPC, art. 186, § 1º). Pela lei específica da Defensoria, a **intimação** será necessariamente para o próprio defensor, *por entrega dos autos com vista* (LC 80/1994, art. 44, I).

(ii) *prazo em dobro* para manifestação nos processos judiciais (CPC, art. 186 e LC 80/1994: art. 44, I). Essa regra diz respeito a *todos* os *prazos processuais* (cuja inobservância poderia ensejar na preclusão) – inclusive para *escritórios de prática de faculdades ou outras entidades* que prestem assistência jurídica mediante convênio com a Defensoria (CPC, art. 186, § 2º).

Porém, *não se aplica o prazo em dobro* às situações *de direito material* (prescrição e decadência). Também não se aplica a hipóteses em que houver previsão legal expressa de prazo para a Defensoria (CPC, art. 186, § 4º).

A pedido da Defensoria, pode o juiz determinar a intimação da parte assistida, quando o ato processual depender de providência específica da parte (CPC, art. 186, § 2º) – regra que se justifica pelo fato de, muitas vezes, o defensor ter dificuldade de contato com o assistido.

Além disso, a Defensoria é responsável pelo exercício da **curadoria especial** (CPC, art. 72, parágrafo único e LC 80/1994, art. 4º, XVI).

No âmbito do processo civil, como já visto (item 1.4.3 acima), o juiz dará curador especial **(i)** ao incapaz, se não tiver representante legal, ou se os interesses deste colidirem com os daquele, enquanto durar a incapacidade; **(ii)** ao réu preso, bem como ao revel citado por edital ou com hora certa, enquanto não for constituído advogado (CPC, art. 72). Ressalte-se que, nesses casos, *não é necessária a comprovação da incapacidade econômica* para que haja a atuação da Defensoria Pública.

1.4.11. Fazenda Pública em juízo e Advocacia Pública

Por **Fazenda Pública** entenda-se o *Estado em juízo*. No conceito incluem-se a *União, os Estados, os Municípios, o Distrito Federal e as respectivas autarquias e fundações*, excluindo-se as empresas públicas e as sociedades de economia mista (cuja natureza é de pessoa jurídica de direito privado e, portanto, sujeitam-se à disciplina processual destinada às *entidades privadas*).

Na qualidade de instituição que está em juízo postulando em nome do Estado (zelando pelo interesse público), ostenta situação processual diferenciada, seja no polo ativo ou passivo. O CPC prevê regras processuais específicas para a Fazenda e, também, tem capítulo para a Advocacia Pública.

1.4.11.1. Prazos processuais diferenciados

A Fazenda Pública dispõe de **prazo** em *dobro para todas as suas manifestações processuais (CPC, art. 183).*

Isto se aplica em qualquer procedimento (comum ou especial) e qualquer processo (conhecimento ou execução). A prerrogativa só não aplicará quando houver regra específica fixando prazo próprio *(CPC, art. 183, § 2º)*, como no caso dos Juizados Especiais, em que os prazos para a Fazenda Pública são todos especificamente previstos em lei (Lei 10.259/2001, art. 9º e Lei 12.153/2009, art. 7º).

1.4.11.2. Citação

A citação, de uma forma geral, será analisada mais adiante nesta obra. Apenas se diga, no momento, que quando a **Fazenda Pública for ré**, *a citação ocorrerá por oficial de justiça, não sendo possível sua realização por correio (CPC, art. 247, III).*

A citação da União, dos Estados, do DF, dos Municípios e de suas respectivas autarquias e fundações de direito público: o ato citatório deverá ser realizado *perante o órgão de Advocacia Pública* responsável pela representação judicial de tais entes (CPC, art. 242, § 3º).

Ainda, a Lei 11.419/2006, que dispõe sobre a informatização do processo judicial, prevê a possibilidade de a citação da Fazenda ocorrer por **meio eletrônico**, *desde que o ente público tenha se cadastrado previamente no Poder Judiciário*, devendo os autos ser disponibilizados na íntegra para o citando (arts. 2º, 5º e 6º da lei em questão). Avançando no assunto, o CPC destaca que União, Estados, DF, Municípios e entidades da administração indireta deverão manter cadastro nos sistemas de processo eletrônico, para que recebam citação por correio eletrônico (CPC, art. 246, § 2º).

Portanto, em **autos físicos**, a citação da Fazenda será por *oficial de justiça, perante a Procuradoria*; em **autos eletrônicos**, onde houver citação por *correio eletrônico*, esse será o meio de citação da Fazenda. Isso se reforça, inclusive, com a previsão de citação como regra (CPC, art. 246, com a redação da L. 14.195/2021).

1.4.11.3. Custas e honorários

A Fazenda Pública está *dispensada do pagamento* das **custas** e dos **emolumentos** (que ostentam natureza tributária e cuja dispensa encontra fundamento na confusão como causa excludente da obrigação), mas *não do pagamento* das **despesas em sentido estrito** (que se destinam a remunerar terceiros cuja responsabilidade é auxiliar a atividade do Estado-juiz, como por exemplo, os *honorários do perito judicial* – Súmula 232 do STJ: "A Fazenda Pública, quando parte no processo, fica sujeita à exigência do depósito prévio dos honorários do perito").

Quanto aos **honorários advocatícios**, o CPC traz diversas previsões em relação à Fazenda, especialmente trazendo uma situação de escalonamento dos honorários (percentual menor quanto maior for o valor da causa ou conteúdo econômico da demanda – CPC, art. 85, § 3º). O assunto já foi enfrentado no item 1.4.5 acima.

1.4.11.4. Dispensa de pagamento de preparo e do depósito da ação rescisória

São *dispensados de preparo os recursos interpostos pela Fazenda Pública* (CPC, art. 1.007, § 1º), a qual também se encontra liberada de depósito prévio recursal, quando exigido (art. 1º-A da Lei 9.494/1997).

A Fazenda também não tem de recolher o *depósito de 5% para ajuizamento da ação rescisória* (CPC, art. 968, § 1º – dispositivo que dispensa o recolhimento "À União, aos Estados, ao Distrito Federal, aos Municípios, às suas respectivas autarquias e fundações de direito público, ao Ministério Público, à Defensoria Pública e aos que tenham obtido o benefício de gratuidade da justiça").

1.4.11.5. Remessa necessária

Em regra, para que haja a apreciação da causa por parte do Tribunal, necessária a interposição de recurso (vide capítulo 5). Porém, para resguardar o interesse público, *mesmo que não haja recurso, a decisão desfavorável à Fazenda será examinada pelo 2º grau*. É esta a figura da **remessa necessária** (CPC, art. 496), que não tem natureza recursal.

Importante consignar que isso não impede que haja o recurso por parte da Fazenda. Assim, (i) se houver recurso, o Tribunal o analisará – e, também, caso algo não tenha sido impugnado, o reexame necessário; (ii) se não houver o recurso, haverá exclusivamente a análise do reexame necessário.

Assim, em síntese, a eficácia da sentença de mérito está condicionada à confirmação da decisão pelo Tribunal de segundo grau, nas seguintes hipóteses:

✓ sentença proferida contra a União, os Estados, o Distrito Federal, os Municípios, e as respectivas autarquias e fundações de direito público (CPC, art. 496, I);

✓ sentença que julgar procedentes, no todo ou em parte, os embargos à execução fiscal (CPC, art. 496, II).

Porém, **não haverá remessa necessária** quando:

(i) a *condenação, ou o proveito econômico obtido, for de valor certo e líquido* inferior a (CPC, art. 496, § 3º): (a) 1000 salários mínimos, para a União e entes federais, (b) 500 salários mínimos, para Estados, DF e respectivos entes, bem como capitais dos Estados e (c) 100 salários mínimos, para os demais municípios e respectivos entes;

(ii) a *sentença estiver fundada em forte precedente jurisprudencial*, a saber (CPC, art. 496, § 4º): (a) súmula de tribunal superior, (b) acórdão proferido em recurso repetitivo, (c) entendimento firmado em incidente de resolução de demandas repetitivas ou assunção de competência; (d) entendimento constante em orientação vinculante firmada no âmbito do respectivo ente público ("súmula administrativa" da AGU, por exemplo).

1.4.11.6. Tutela provisória contra a Fazenda Pública

Existem **restrições legais quanto ao uso dos provimentos de urgência em face da Fazenda Pública**.

O CPC, como se verá adiante, trata da tutela de urgência e tutela da evidência sob o título de "tutela provisória". Considerando a visão restritiva da concessão de medidas sumárias contra a Fazenda, muito possivelmente a jurisprudência irá firmar-se no sentido de que as *restrições existentes aplicam-se a todas as espécies de tutelas provisórias*.

Os óbices à concessão de medidas de urgência contra a Fazenda estão especificados no art. 1º da Lei 8.437/1992 e art. 1º da Lei 9.494/1997, e se refere *tanto à tutela antecipada* (CPC, art. 303) quanto à *tutela específica das obrigações de fazer* (CPC, art. 497).

Em síntese, não se afigura cabível a tutela antecipada contra a Fazenda Pública nos seguintes casos:

(a) quando providência semelhante não puder ser concedida em ações de mandado de segurança, em virtude de vedação legal (art. 1º da Lei 8.437/1992); ou seja, que tenha por objeto a compensação de créditos tributários, a entrega de mercadorias e bens provenientes do exterior, a reclassificação ou equiparação de servidores públicos e a concessão de aumento ou a extensão de vantagens ou pagamento de qualquer natureza (art. 7º, § 2º, da Lei 12.016/2009);

(b) quando impugnado ato de autoridade sujeita, na via de mandado de segurança, à competência originária de Tribunal (art. 1º, § 1º, da Lei 8.437/1992), o que, todavia, não se aplica aos processos de ação popular e de ação civil pública (art. 1º, § 2º, da Lei 8.437/1992);

(c) quando esgotar, no todo ou em qualquer parte, o objeto da ação (art. 1º, § 3º, da Lei 8.437/1992);

(d) quando o objeto for a compensação de créditos tributários ou previdenciários (art. 1º, § 5º, da Lei 8.437/1992 e Súmula 212 do STJ: "A compensação de créditos tributários não pode ser deferida em ação cautelar ou por medida liminar cautelar ou antecipatória").

Apesar dessas limitações legais, a *jurisprudência admite a concessão de tutela antecipada contra a Fazenda em situações de extrema urgência* para a parte, como no caso de pedidos de remédios não concedidos no sistema de saúde e necessários à sobrevivência do autor.

1.5. Litisconsórcio e intervenção de terceiros

1.5.1. Litisconsórcio

Entende-se por **litisconsórcio** a *situação em que há pluralidade de partes na relação jurídica processual em qualquer dos polos*.

Justifica-se o litisconsórcio considerando que a lide pode envolver não apenas a parte "A" de um lado e a parte "X" do outro, mas sim as partes "A" e "B" contra as partes "X" e "Y".

Não se deve confundir o litisconsórcio com o processo coletivo. No litisconsórcio, há pluralidade de partes, todas devidamente indicadas; no processo coletivo um autor coletivo formula algum pedido em prol de uma coletividade de pessoas (determinadas, determináveis ou indetermináveis, conforme o caso).

No que se refere ao litisconsórcio, o CPC não trouxe mudanças.

Existem diversas *classificações* envolvendo o litisconsórcio, sendo que as provas da OAB usualmente indagam exatamente a respeito de tais divisões.

1.5.1.1. Classificação quanto ao polo da relação processual

Em relação ao polo em que os litisconsortes se encontram, é possível se falar em:

(i) litisconsórcio passivo: aquele em que *existem, no mesmo processo, dois ou mais réus*;

(ii) litisconsórcio ativo: verifica-se quando *há, no mesmo processo, dois ou mais autores*;

(iii) litisconsórcio misto ou **recíproco**: situação na qual, *ao mesmo tempo, há mais de um autor e mais de um réu*.

Como se percebe, não há maiores dificuldades em relação a esta classificação. A base legal para estas situações encontra-se no CPC, art. 113, *caput*.

1.5.1.2. Classificação quanto ao momento de formação do litisconsórcio

Existem dois momentos em que o litisconsórcio pode ter início:

(iv) litisconsórcio originário ou **inicial**: aquele *formado desde o início da demanda, já indicado na petição inicial*;

(v) litisconsórcio superveniente, incidental ou **ulterior**: o qual *é formado em momento posterior ao início da demanda*.

O litisconsórcio superveniente usualmente se verifica por força de uma determinação de emenda da inicial por parte do juiz.

1.5.1.3. Classificação quanto à necessidade de existência do litisconsórcio

A classificação que ora se apresenta responde à seguinte indagação: em determinado caso, é *obrigatória* a existência do litisconsórcio para que o processo tenha sua tramitação válida? Conforme a resposta, haverá:

(vi) litisconsórcio facultativo: situação na qual *há pluralidade de litigantes por opção das partes* (ou seja, apesar de existir, o litisconsórcio *não é obrigatório* para a validade do processo);

(vii) litisconsórcio necessário: situação na qual *há pluralidade de litigantes porque a lei ou a relação jurídica objeto do litígio assim determinam* (ou seja, o litisconsórcio *é obrigatório* sob pena de extinção do processo sem resolução do mérito).

Para facilitar a compreensão, vale apresentar exemplos.

Dois vizinhos de um mesmo condomínio assinam a mesma operadora de TV a cabo. Por força de problemas da empresa, há cobrança indevida, inscrição em cadastros restritivos de crédito e cancelamento do sinal. É *possível* que ambos ingressem em juízo com uma única ação indenizatória? Sim. Mas é *obrigatório* que assim procedam? Não.

O exemplo trata de uma situação de *litisconsórcio facultativo*. Nos termos do CPC, art. 113, essa modalidade de litisconsórcio é possível nas seguintes situações:

I – comunhão de direitos ou obrigações em relação à lide;

II – conexão pelo pedido ou pela causa de pedir;

III – afinidade de questões por ponto comum de fato ou de direito.

Contudo, a experiência mostrou que um *litisconsórcio ativo facultativo com muitos autores não é conveniente* para a tramitação de um processo. Isso porque há dificuldades tanto para o juiz organizar o processo como para o réu se defender. Imagine que o problema com a TV a cabo envolve todos os 300 apartamentos de um condomínio com vários edifícios. Seria complicada a tramitação de uma demanda com inúmeros autores.

Denomina-se **(viii) litisconsórcio multitudinário, plúrimo** ou **múltiplo** *o grande número de litisconsortes ativos facultativos em um processo judicial*. Neste caso, o Código permite que o *juiz desmembre o processo*, criando *vários outros com um número menor de autores*. Aponta o CPC que o juiz pode assim proceder, no processo de conhecimento (inclusive liquidação e cumprimento de sentença) ou execução, quando o elevado número de litisconsortes "comprometer a rápida solução do litígio ou dificultar a defesa" (CPC, art. 113, § 1º). Se o réu requerer o desmembramento ao juiz, será *interrompido o prazo para contestar*, que reiniciará quando da intimação da decisão judicial a respeito da limitação do litisconsórcio multitudinário (CPC, art. 113, § 2º).

Outro exemplo: autor ingressa em juízo pleiteando a usucapião de um terreno cuja proprietária, no registro de imóveis, é uma mulher casada. Nesse caso, o polo passivo *deverá trazer*, obrigatoriamente, o cônjuge. Isso porque em demandas envolvendo direitos reais imobiliários, a lei assim determina (CPC, art. 73, § 1º, I). Se o marido não estiver no polo passivo, o juiz determinará a emenda da inicial. Se não for cumprida a determinação do juiz, *o processo será extinto, sem resolução do mérito* (CPC, art. 115, parágrafo único). Ou seja, a participação do litisconsorte *é obrigatória* para a normal tramitação do processo. Este segundo exemplo, portanto, é de uma situação de *litisconsórcio necessário* (CPC, art. 114).

Quando **não observado o litisconsórcio necessário**, as consequências estão no art. 115 do CPC: (i) se o litisconsórcio for *necessário unitário* (vide item abaixo), haverá total nulidade da sentença, com a devolução dos autos para a origem para que haja a integração (mediante citação) dos litisconsortes necessários; (ii) se o litisconsórcio for *necessário simples*, a decisão proferida será válida, mas apenas ineficaz em relação a quem não integrou a relação processual.

1.5.1.4. Classificação quanto à necessidade de mesma decisão para os litisconsortes

Uma vez existente o litisconsórcio, a pergunta que se faz a seguir é: a decisão a ser proferida no processo tem de ser a mesma para os litisconsortes? Conforme a resposta, teremos:

(ix) litisconsórcio comum ou **simples**: situação na qual *a decisão de mérito não necessariamente será a mesma para os litisconsortes*;

(x) litisconsórcio unitário: situação na qual *a decisão de mérito deverá ser a mesma para os litisconsortes, invariavelmente* (CPC, art. 116).

Vale destacar que, no litisconsórcio simples, a decisão judicial *poderá* ou não ser a mesma – o juiz terá liberdade para julgar o pedido procedente para um e improcedente para o outro, ou mesmo procedente ou improcedente para ambos. Como exemplo, vale imaginar uma demanda indenizatória em virtude de um "engavetamento" em que dois motoristas que sofreram o dano acionam, em um único processo (litisconsórcio ativo) o réu, causador do acidente. Conforme a prova dos autos, poderá o juiz julgar o pedido procedente para ambos ou procedente para um e improcedente para o outro.

Já no litisconsórcio unitário, ao contrário, uma vez que determinada decisão for proferida para um, *obrigatoriamente também o será no mesmo sentido para o outro* – seja pela procedência ou improcedência. Basta visualizar, a título de exemplo, uma demanda em que o MP ingressa em juízo pleiteando a anulação de um casamento. Ora, é certo que a decisão para a esposa e para o marido terá de ser a mesma (CPC, art. 116). Não há como o casamento ser nulo para um e não o ser para o outro cônjuge. Outro exemplo de litisconsórcio unitário envolve uma situação em que se busca a anulação de um contrato de compra e venda, sendo que os vendedores são 2 (cônjuges). Ou se anula a compra e venda para ambos, ou não se anula; não há como se ter decisões distintas quanto à anulação da contratação celebrada.

Os litisconsortes serão considerados como **litigantes distintos**. Porém, afirma o CPC que isso *não se aplica no litisconsórcio unitário*, momento em que os "atos e as omissões de um não prejudicarão os outros, mas os poderão beneficiar" (CPC, art. 117).

1.5.1.5. Litisconsórcio facultativo é sempre simples? E litisconsórcio necessário é sempre unitário?

Em regra, o litisconsórcio facultativo é simples. Da mesma forma, *em regra*, o litisconsórcio necessário é unitário. Para ilustrar, basta analisar os exemplos mencionados nos tópicos anteriores, que fazem parte da regra.

Contudo, não estamos diante de sinônimos. Assim, nem todo litisconsórcio facultativo é simples. E nem todo litisconsórcio unitário é necessário. Há exceções.

Há situações nas quais o **litisconsórcio é necessário e simples**: ou seja, *precisa existir o litisconsórcio, mas a decisão pode ser distinta para os litisconsortes* (ex.: usucapião de área que compreende mais de um imóvel no cartório de imóveis, sendo que são distintos os proprietários de cada uma delas).

E há casos em que o **litisconsórcio é facultativo e unitário**: ou seja, *não precisa existir o litisconsórcio, mas, já que existe, a decisão tem de ser a mesma para os litigantes* (ex.: dois condôminos ingressam em juízo pleiteando a anulação de determinada reunião de condomínio).

1.5.2. Intervenção de terceiros

A **intervenção de terceiros**, como se depreende do próprio nome, *permite que terceiro (ou seja, alguém que não é o autor ou o réu) passe a participar da relação processual.* A finalidade da intervenção é a economia processual: considerando que já existe uma lide em debate, aproveita-se para discuti-la em todos os aspectos, inclusive naquele envolvendo terceiro.

1.5.2.1. Visão geral das intervenções

No CPC/1973 existiam 5 intervenções de terceiro (assistência, oposição, nomeação, denunciação e chamamento).

No CPC/2015 (atual):

(i) *oposição deixou de ser intervenção de terceiro* e passou a ser procedimento especial (CPC, art. 682 e ss. – vide item 3.10.),

(ii) houve *inserção do incidente de desconsideração da personalidade jurídica* (CPC, arts. 133 a 137) e do *amicus curiae* (CPC, art. 138), e

(iii) *nomeação à autoria deixou de existir*, cabendo agora ao réu, ao alegar ilegitimidade, apontar quem é o efetivo réu (CPC, art. 339).

Assim, **o réu, na contestação, ao alegar ilegitimidade passiva**, *deverá indicar quem deveria figurar como réu, desde que tenha conhecimento dessa informação*. Se assim não fizer, terá de arcar com as *despesas processuais* e *indenizar o autor* pelos prejuízos decorrentes da falta de indicação. Trata-se de algo totalmente novo no sistema.

Voltando às intervenções de terceiro, existem duas *modalidades* de intervenção no sistema processual:

✓ **intervenção espontânea**: aquela em que *o terceiro, que está fora do processo, espontaneamente busca seu ingresso em uma determinada demanda*;

✓ **intervenção provocada**: aquela na qual *uma das partes litigantes (autor ou réu) busca trazer o terceiro para o processo*.

No CPC:

a) são intervenções espontâneas: (i) assistência; e (ii) *amicus curiae*.

b) são intervenções provocadas: (i) denunciação; (ii) chamamento; (iii) incidente de desconsideração da personalidade jurídica e (iv) *amicus curiae*.

Como se percebe, a intervenção do *amicus curiae* pode ser espontânea ou provocada.

1.5.2.2. Assistência

Na **assistência,** o *terceiro busca seu ingresso no processo para auxiliar o assistido* (seja o autor, seja réu).

Contudo, para que a assistência seja possível, é necessário existir **interesse jurídico**, e não meramente interesse econômico ou moral (CPC, art. 119).

Para entender o que significa interesse jurídico, basta verificar se *a decisão judicial proferida na demanda proposta entre "A" e "B" irá influenciar a esfera jurídica de "C"*. Se a resposta for positiva, haverá interesse jurídico e, portanto, será admitida a assistência. Se o interesse não for jurídico, *talvez* possa ser hipótese (dependendo de quem for o terceiro e das especificidades da causa) de ingresso como *amicus curiae*.

Para visualizar o exposto, basta imaginar um despejo entre locador e locatário – sendo que existe sublocação. Se houver a decretação do despejo, a esfera jurídica do sublocatário estará sendo violada – daí a existência do interesse jurídico para justificar a figura da assistência.

Por outro lado, analisando a discussão judicial envolvendo o título de um campeonato, dois clubes de futebol litigam para saber quem deve ficar com tal troféu. Um torcedor, por mais fanático que seja, não terá a sua *esfera jurídica* alterada se a taça permanecer ou não com seu time. Assim, nesse caso não existiria interesse jurídico capaz de permitir o uso da assistência.

Logo, reitere-se, cabe a assistência quando houver interesse jurídico do terceiro. Contudo, há uma *exceção*. Tratando-se de causa que interesse à União, há lei permitindo a assistência mesmo que exista apenas interesse econômico (Lei 9.469/1997, art. 5º, parágrafo único). É a chamada **assistência anômala ou anódina**.

Quanto ao **cabimento**, a assistência cabe em *qualquer procedimento e em todos os graus de jurisdição*, mas o assistente receberá o processo no estado em que ele se encontra. Ou seja, não se voltará a uma fase anterior para que o assistente possa realizar algum ato (CPC, art. 119, parágrafo único). Como a assistência está inserida na parte geral do Código, é de concluir que, a partir do CPC, também será admitida no processo de execução.

Quanto ao **procedimento**, o terceiro atravessará uma petição pleiteando seu ingresso no feito. Se a parte contrária do assistido ou mesmo o assistido não concordarem com o pedido de ingresso do assistente, caberá *impugnação*, sem suspender o processo– a ser ofertada em 15 dias (prazo agora é maior – CPC, art. 120). Além disso, pode *o juiz, de plano, rejeitar o ingresso do assistente*, especialmente se clara a ausência de interesse jurídico (CPC, art. 120, parte final).

Da decisão quanto ao ingresso do assistente é cabível o **recurso** de *agravo de instrumento* (CPC, art. 1.015, IX).

Existem duas modalidades de assistência:

1) assistência simples ou **adesiva** (CPC, arts. 121 a 123): *o assistente não dispõe da lide, ou seja, o assistente não pode ir além do que fizer o assistido*. Assim, se o assistido não recorrer, não pode o assistente fazê-lo; não pode o assistente se opor à desistência ou reconhecimento do pedido assistido.

A decisão a ser proferida irá influenciar a relação jurídica existente entre assistente e assistido. É o exemplo do sublocatário.

O assistente simples não é parte, por isso não é coberto pela coisa julgada, mas por uma estabilização distinta denominada *justiça da decisão*, que eventualmente poderá ser afastada (CPC, art. 123).

2) assistência litisconsorcial (CPC, art. 124): *o assistente dispõe da lide, ou seja, o assistente pode ir além do que fizer o assistido*. Logo, se não houver recurso do assistido, poderá o assistente recorrer; se o assistido desistir do processo, pode prosseguir o assistente.

A decisão a ser proferida irá *influenciar a relação jurídica entre o assistente e a parte contrária do assistido*. Como exemplo, uma ação possessória envolvendo um imóvel que é um condomínio; se houver o ajuizamento por parte de apenas um dos condôminos, o outro poderá ingressar no feito como assistente litisconsorcial.

O art. 124 afirma expressamente que o assistente litisconsorcial é "litisconsorte da parte principal". Assim, diferentemente do assistente simples, o *assistente litisconsorcial é parte* (litisconsórcio superveniente). Poderia ter sido desde o início, mas não o foi.

1.5.2.3. Denunciação da lide

A **denunciação da lide** tem por finalidade *fazer com que terceiro venha a litigar em conjunto com o denunciante e, se houver a condenação deste, o denunciado irá ressarcir o prejuízo do denunciante.*

Ou seja, como se pode perceber é, na realidade, uma *ação de regresso* – a qual tramita em conjunto com a ação principal.

No CPC, diferentemente do Código anterior, a denunciação **é admissível** (art. 125, *caput*). Assim, se a denunciação for indeferida, não for proposta ou não for permitida, não há qualquer problema: *sempre será possível utilizar ação autônoma* (CPC, art. 125, § 1º).

Pela legislação (CPC, art. 125), duas são as hipóteses em que é cabível a denunciação:

(i) o *comprador pode denunciar o vendedor* na hipótese de *evicção* (CC, art. 447 – ou seja, se "A" vende para "B" um imóvel e, posteriormente, "C" ingressa em juízo contra "B" afirmando que o imóvel é seu, "B" pode denunciar "A" – que terá de indenizar "B" se o pedido de "C" for procedente e a denunciação for acolhida).

(ii) o réu pode denunciar *aquele que tem obrigação de indenizar, por força de lei ou contrato* (o exemplo típico é o réu em uma ação indenizatória acionar sua seguradora).

Em relação à denunciação na evicção, há novidade: o sistema passa a **vedar sucessivas denunciações da lide**, dentro do mesmo processo. No CPC, só é possível a denunciação do alienante imediato (ou seja, quem vendeu) e de mais uma. Logo, somente são possíveis duas denunciações nos mesmos autos.

No exemplo acima, "B" pode denunciar "A" (que foi quem lhe vendeu o imóvel) e "A" poderá (em *única denunciação sucessiva*) denunciar "Z", que foi quem lhe vendeu. Mas, "Z" não poderá denunciar "X", que foi de quem ele adquiriu o bem. Mas poderá se valer, como visto, de *ação autônoma*.

Cabe a **denunciação pelo autor**, realizada na *petição inicial*, hipótese em que o denunciado *pode passar a ser litisconsorte ativo do denunciante e aditar a inicial* (CPC, art. 127).

A **denunciação pelo réu** (a mais comum) é realizada na *contestação*. E o CPC prevê três possibilidades (art. 128):

(i) *denunciado contesta o pedido do autor* (nesse caso, a demanda principal terá de um lado o autor e, do outro, em litisconsórcio, o denunciante [réu original] e o denunciado);

(ii) *denunciado revel em relação à denunciação*, ou seja, o denunciado se abstém de contestar a denunciação (nessa hipótese, para o denunciado, há revelia em relação à denunciação e o denunciante, réu na ação principal, poderá (a) prosseguir normalmente com a sua defesa apresentada na ação principal ou (b) abrir mão dessa defesa na ação principal e prosseguir apenas com a busca da procedência da denunciação, de modo a transferir para o denunciado a provável condenação da ação principal);

(iii) *denunciado confessa o alegado na ação principal*, ou seja, o denunciado admite como verdadeiros, os fatos narrados pelo autor na petição inicial da ação principal (nesse caso, surge a possibilidade de o denunciante (a) prosseguir normalmente com a sua defesa apresentada na ação principal ou (b) abrir mão dessa defesa na ação principal, para prosseguir apenas com a busca da procedência na ação de regresso).

Por falta de previsão legal, o processamento da denunciação **não suspende o processo**.

A **sentença**, ao final, julgará o pedido e a denunciação ao mesmo tempo. Se o *denunciante for vencido na ação principal*, passa o juiz à análise da denunciação (CPC, art. 129). Se o *denunciante for vencedor* na ação principal, então a denunciação não será analisada, por falta de interesse de agir – mas haverá custas e honorários *em favor do denunciado* (CPC, art. 129, parágrafo único).

Assim, no caso de procedência da ação e denunciação do réu, tem-se que *a sentença condena o réu a ressarcir o autor e também condena o denunciado a ressarcir o denunciante*. Nessa situação, pode o autor requerer o **cumprimento da sentença contra o denunciado**, nos limites da condenação na ação de regresso (CPC, art. 128, parágrafo único). Por sua vez, no tocante à denunciação e contrato de seguro, a questão consta da Súmula 537 do STJ: "Em ação de reparação de danos, a seguradora denunciada, se aceitar a denunciação ou contestar o pedido do autor, pode ser condenada, direta e solidariamente junto com o segurado, ao pagamento da indenização devida à vítima, nos limites contratados na apólice".

1.5.2.4. Chamamento ao processo

O **chamamento ao processo** tem por finalidade *fazer com que terceiros (outros devedores solidários) venham a litigar em conjunto com o chamante. A principal distinção* entre o chamamento e a denunciação é que *neste não há a necessidade de se provar que o terceiro também é responsável pelo débito* (diferentemente da denunciação, em que há uma verdadeira ação de regresso). Ou seja, aceito o chamamento, já é certo que haverá responsabilização do chamado.

As hipóteses de cabimento do chamamento são as seguintes (CPC, art. 130):

(i) do devedor principal (afiançado), quando apenas o fiador tiver sido colocado no polo passivo (situação frequente, na qual o fiador chama o locatário que não pagou o aluguel);

(ii) dos demais fiadores, quando apenas um fiador tiver sido colocado no polo passivo (basta pensar, também, dois fiadores no contrato de locação, mas apenas um é acionado);

(iii) dos demais devedores solidários, quando apenas um tiver sido colocado no polo passivo.

Como se pode perceber das três hipóteses, *o chamante é responsável pelo débito, mas também existem outros responsáveis* (devedores solidários, fiadores, devedor principal).

Só cabe o **chamamento pelo réu**, e a intervenção deverá ser apresentada pelo réu na contestação (CPC, art. 131).

Se o chamamento for deferido pelo juiz, o chamado terá de ser citado. E deve o *réu-chamante providenciar as diligências necessárias* para esse ato processual (como, por exemplo, pagamento de custas ou retirada de carta precatória para distribuição). A inércia do réu-chamante acarretará a revogação da decisão que determinou o chamamento. Concede o CPC o prazo de *30 dias* para o réu providenciar a citação (*mesma comarca*) e *2 meses para comarcas distintas* (art. 131, parágrafo único). Eventual falha ou morosidade no serviço forense, por óbvio, não poderá prejudicar a parte interessada.

A sentença que julgar *procedente o pedido* em face do réu-chamante também será título executivo para que aquele que pagar o débito possa exigi-lo do devedor principal ou dos demais codevedores, na proporção que couber a quem pagou (CPC, art. 132).

Exemplo: determinada obrigação tem dois devedores solidários. Apenas "A" é colocado no polo passivo. "A" – mesmo sendo responsável pela dívida na sua totalidade – chama "B" para que venha também a figurar no polo passivo. Se "A" for condenado e pagar todo o débito, poderá executar "B" para receber metade do valor pago (se for essa a proporção da garantia de cada um prevista no contrato).

1.5.2.5. Incidente de desconsideração da personalidade jurídica

O **incidente de desconsideração da personalidade jurídica** é *procedimento necessário para que permita a desconsideração da personalidade jurídica*. É cabível em todas as fases do processo de conhecimento, no cumprimento de sentença e na execução de título executivo extrajudicial (CPC, art. 134). O incidente é usado tanto na desconsideração da personalidade da pessoa jurídica, para se chegar aos bens do sócio, como também na desconsideração da personalidade do sócio, para se chegar nos bens da pessoa jurídica (a chamada **desconsideração inversa** – CPC, art. 133, § 2º).

O requerimento do incidente de desconsideração deverá demonstrar o *preenchimento dos requisitos legais para a desconsideração* (a saber: CDC, art. 28 ou CC, art. 50). Considerando que o CPC se aplica subsidiariamente ao processo do trabalho, a rigor técnico o incidente deveria ser *também aplicado na Justiça do Trabalho* (resta saber como será a jurisprudência trabalhista, mas a tendência é que não se aplique).

A instauração do incidente *suspenderá o processo* (CPC, art. 134, § 2º).

O CPC prevê que, instaurado o incidente, o sócio ou a pessoa jurídica serão *citados para se manifestar* e requerer as provas cabíveis em até 15 dias (CPC, art. 135).

Concluída a instrução, se necessária, o incidente de desconsideração da personalidade jurídica será resolvido por *decisão interlocutória*, de modo que cabível *agravo de instrumento* (CPC, art. 1.015, IV); se a decisão for proferida pelo *relator*, caberá *agravo interno* (CPC, art. 136).

É possível que, desde a *petição inicial do processo de conhecimento já se pleiteie a desconsideração* da personalidade jurídica. Nesse caso, não haverá necessidade de incidente, pois o tema será debatido no próprio processo principal. Assim, portanto, não será o caso de suspensão do processo (CPC, art. 134, § 3º).

Acolhido o pedido de desconsideração, eventual alienação ou oneração de bens será considerada **fraude de execução e**, portanto, será *ineficaz em relação ao requerente* (CPC, art. 137).

1.5.2.6. Amicus curiae

O CPC passa a regular a figura do **amicus curiae ou "amigo da Corte"**. A proposta é que este *terceiro, defendendo uma posição institucional* (que não necessariamente coincida com a das partes) *intervenha para apresentar argumentos e informações proveitosas à apreciação da demanda.*

O magistrado, considerando a *relevância da matéria, a especificidade do tema objeto da demanda ou a repercussão social da controvérsia*, poderá, *por decisão irrecorrível*, de ofício ou a requerimento das partes – ou de quem pretenda ser o *amicus curiae* – solicitar ou admitir a participação de pessoa natural ou jurídica, órgão ou entidade especializada, com representatividade adequada, no prazo de *15 dias de sua intimação* (CPC, art. 138).

Seria possível, então, se falar em *amicus curiae* em todos os graus de jurisdição e processos? E mesmo em demandas individuais ou somente coletivas?

Considerando a redação do art. 138 (que não faz restrição) e a localização do tema no CPC (parte geral), é de se concluir pelo amplo cabimento do *amicus* – desde que uma causa relevante, tema que tenha especificidade ou repercussão social da controvérsia (ou seja, situações um tanto quanto subjetivas). E, pelo Código, essa decisão quanto ao ingresso do amigo da corte seria *irrecorrível*.

Vale destacar que o interesse do amigo da Corte *não é jurídico*, mas institucional, moral, político, acadêmico, intelectual ou outro. O interesse jurídico, como já visto, refere-se ao ingresso do assistente no processo.

O *amicus* não era previsto no CPC/1973, mas já era previsto em leis específicas, e utilizado no controle concentrado de constitucionalidade no STF e no *julgamento de recursos repetitivos* (hipótese expressamente mencionada no CPC – art. 138, § 3º).

O grande objetivo do *amicus curiae* é **qualificar o contraditório**.

Admitido o amigo da Corte, o juiz definirá quais são seus **poderes** (CPC, art. 138, § 2º). A lei apenas prevê que o *amicus curiae* não poderá recorrer, salvo para *embargar de declaração* e no caso de julgamento do incidente de *resolução de demandas repetitivas*, quando, portanto, admissíveis outros recursos (CPC, art. 138, §§ 1º e 3º).

1.6. Pressupostos processuais, elementos da ação e condições da ação

1.6.1. Introdução

Como já visto, pelo princípio da inércia, o Poder Judiciário só atua se provocado. E a forma de provocar o Estado é mediante o **processo**, que é o *instrumento que o Estado coloca à disposição dos litigantes para solucionar a lide (administrar justiça)*.

Por sua vez, já que a autotutela em regra é vedada, é direito da parte poder acionar o Judiciário. Assim, **ação** é o *direito que as partes têm ao processo*.

Esses conceitos usualmente não são pedidos em provas de OAB, mas sua compreensão é importante para que se tenha a base para entender os três temas objeto deste tópico – os quais são usualmente perguntados em conjunto, apesar de serem institutos distintos.

1.6.2. Pressupostos processuais

A análise dos processos e dos procedimentos existentes no CPC será realizada mais adiante, no próximo capítulo, por questões didáticas.

No momento, analisa-se a figura dos **pressupostos processuais**, que *são requisitos que devem estar presentes para que o processo tenha seu início (pressupostos de existência) e desenvolvimento (pressupostos de validade) de forma regular*.

Conforme o autor consultado, há variação entre a classificação dos pressupostos processuais. Optamos por seguir a nomenclatura existente no CPC, que fala em *pressupostos de constituição e de desenvolvimento válido e regular do processo* (CPC, art. 485, IV).

Assim:

✓ **pressupostos de existência**: são *aqueles sem os quais não é possível sequer se falar em processo* (jurisdição, citação, capacidade postulatória e petição inicial);

✓ **pressupostos de validade**: *são aqueles necessários para que o processo seja válido e regular* (petição inicial apta, citação válida, capacidade processual do autor, competência do juízo e imparcialidade do juiz).

Nestas situações, ausentes os pressupostos de existência ou validade, o processo será extinto, sem resolução do mérito (novamente, CPC, art. 485, IV).

Contudo, há também os **pressupostos negativos**, que *são aqueles requisitos que, uma vez presentes, acarretam a extinção do processo sem resolução de mérito* (CPC, art. 485, V). Seriam a litispendência (CPC, art. 337, §§ 1º a 3º), coisa julgada (CPC, art. 337, § 4º) e perempção (CPC, art. 486, § 3º). E, para alguns autores, também a convenção de arbitragem (CPC, art. 337, X).

1.6.3. Elementos identificadores da ação

Os **elementos identificadores da ação** ou **elementos identificadores da demanda** são *elementos que permitem concluir que uma ação é idêntica ou semelhante à outra. São as partes, causa de pedir e pedido* (CPC, art. 319, II, III e IV).

Para que se compreenda melhor tais elementos, cabe uma breve explicação:

✓ - **partes**: *autor e réu na relação jurídica processual*;

✓ - **causa de pedir**: *fatos e fundamentos jurídicos pelos quais o autor ingressa em juízo*;

✓ - **pedido**: *objetivo da parte quando busca o Judiciário*.

A importância concreta dos elementos identificadores é (i) verificar se uma ação é idêntica à outra e (ii) saber o que ocorrerá diante de ações idênticas ou semelhantes.

Se houver a **tríplice identidade** – ou seja, *mesmas partes, causa de pedir ou pedido* –, haverá *litispendência ou coisa julgada* (CPC, art. 337, §§ 1º a 4º).

A **litispendência** se verifica quando *estão em trâmite, ao mesmo tempo, duas ações idênticas*; a **coisa julgada** ocorre *quando a primeira ação idêntica já transitou em julgado*. Nestes casos, haverá a extinção do segundo processo, sem resolução do mérito (CPC, art. 485, V).

Em outras palavras, *a partir da análise dos elementos da ação é que se poderá verificar se há pressupostos processuais negativos* – e por isso é que há alguma dificuldade na compreensão do tema.

De seu turno, se houver semelhança entre duas demandas, fala-se em *conexão* ou *continência* – o que acarreta a reunião dos dois processos para julgamento conjunto. O tema já foi antes debatido (item 1.2.7 supra).

1.6.4. Condições da ação

Para que haja a apreciação do mérito (solução da lide), é necessário que estejam presentes tanto os pressupostos processuais como as condições da ação.

As **condições da ação** podem ser definidas como os *requisitos para que uma ação possa existir e ser processada perante o Judiciário*. Ou seja, o direito de ação não é irrestrito, mas sim *condicionado* pelas condições de ação – trata-se de uma disciplina do direito de agir, para que o Judiciário não se manifeste a respeito de demandas que seriam absolutamente inviáveis.

No CPC/1973, três eram as condições da ação. No CPC, são duas – seguindo a evolução do pensamento do autor italiano LIEBMAN, que inicialmente defendia três, mas posteriormente passou a defender duas condições da ação (houve supressão da possibilidade jurídica do pedido).

Assim, pelo CPC, art. 485, VI, são condições da ação:

✓ **legitimidade de partes**: *coincidência/identidade entre as partes na relação jurídica processual e na relação jurídica material* (para o processo judicial do divórcio [relação material], são partes legítimas no processo o marido e a mulher);

✓ **interesse de agir**: *necessidade e adequação do provimento jurisdicional pleiteado* (se ainda não houve o vencimento de uma dívida, não há falta de pagamento e, então, não há *necessidade* de se buscar o Judiciário; se o autor utiliza um processo ou procedimento indevido em relação ao pedido formulado, fala-se em *inadequação*);

A **carência da ação** (CPC, art. 337, XI) é a *ausência de uma das condições da ação*. Nesta situação, *o autor será carecedor da ação*. Diante disso, o processo será extinto sem resolução do mérito (CPC, art. 485, VI).

Em relação às mudanças existentes no CPC, vale destacar:

✓ a situação que antes era configurada como *possibilidade jurídica do pedido* (como um pedido de usucapião de área pública, vedado pelo sistema), poderia ser hoje qualificada como de falta de interesse de agir – ou seja, o fim dessa condição da ação *não significa que o sistema passe a permitir pedidos impossíveis*;

1.7. Dos atos processuais

1.7.1. Da forma dos atos processuais

A questão relativa à forma do ato processual envolve duas forças opostas: (i) necessidade de forma para garantia da sociedade (decorrente do devido processo legal) *versus* (ii) evitar que o processo se reduza a mera observância de formas (o que se pretende afastar com o princípio da instrumentalidade das formas).

Forma é aquilo que dá *eficácia e validade ao ato ao processual*, o que se consegue com a observância do **tempo, lugar e modo** referente a tal ato (ou seja: onde, quando e como é realizado o ato processual). Não observada a forma prevista em lei, haverá a nulidade do ato processual.

O CPC prevê o **princípio da liberdade das formas** (art. 188: os *atos processuais independem de forma determinada*, salvo quando a lei a exigir) e **instrumentalidade das formas** (art. 188, parte final: são válidos os atos que, realizados de outro modo, *preencham a finalidade essencial e, também, art. 276*). Assim, só há nulidade se houver prejuízo, conforme brocardo *pas de nullitè sans grief* (não há nulidade sem prejuízo – art. 282, § 1º).

Em linha com a instrumentalidade, o CPC prevê que, caso o MP não seja ouvido em processo que deveria intervir, **somente após** a manifestação do MP quanto à *existência ou a inexistência de prejuízo* é que decretara a nulidade.

Tem-se, portanto, no Código, a chamada **primazia do mérito**: a nulidade somente será reconhecida em último caso; sempre que possível, a causa será julgada no mérito (CPC, art. 282, § 2º. Quando puder decidir o mérito a favor da parte a quem aproveite a decretação da nulidade, o juiz não a pronunciará nem mandará repetir o ato ou suprir-lhe a falta). Isso se verifica tanto em 1º grau quanto na parte recursal.

Além disso, quem deu causa à nulidade não pode dela se beneficiar, ou seja, alegá-la e ter a nulidade a partir de algo que provocou (art. 276). Isso seria "alegar a própria torpeza".

Reafirmando o princípio da publicidade (CPC, art. 8º), o art. 189 destaca que os atos processuais são públicos, mas há processos que tramitam em **segredo de justiça**:

(i) quando o *"interesse público ou social"* assim exigirem;

(ii) nas causas de *direito de família* (casamento, separação de corpos, divórcio, separação, união estável, filiação, alimentos e guarda de crianças e adolescentes);

(iii) em processos nos quais constem dados protegidos pelo *direito constitucional à intimidade*;

(iv) relativos à *arbitragem* e cumprimento de carta arbitral – desde que haja confidencialidade comprovada em juízo.

Prevê o Código que, mesmo nos processos que tramitam em segredo de justiça, o *terceiro que demonstra interesse jurídico* na causa pode requerer ao juiz "certidão do dispositivo da sentença", e da partilha de bens decorrentes de divórcio ou separação (art. 189, § 2º).

1.7.2. Negócio Jurídico Processual (NJP) e calendarização

Prevê o CPC a ampla realização do **negócio jurídico processual**, que permite a *alteração procedimental*. Se o processo debater *direitos que admitam autocomposição*, é lícito às *partes plenamente capazes estipular mudanças no procedimento* para ajustá-lo às especificidades da causa e *convencionar sobre seus ônus, poderes, faculdades e deveres processuais* (CPC, art. 190). Isso pode ser definido antes (em cláusula contratual que tratar da solução de eventuais conflitos) ou durante o processo (por contrato ou petição conjunta nos autos).

Em síntese: *as partes poderão, de comum acordo, alterar o procedimento para o julgamento de sua causa*.

O juiz, de ofício ou a requerimento, *controlará a validade das convenções sobre procedimento*, recusando-lhes aplicação em casos de nulidade, inserção abusiva em contrato de adesão (o que, portanto, tende a afastar o NJP de relações de consumo) ou situações em que uma parte se encontre em manifesta situação de vulnerabilidade (CPC, art. 190, parágrafo único). A dúvida, aqui, é saber *quais os limites do NJP* celebrado entre as partes. Isso somente será efetivamente definido pela jurisprudência do STJ, após diversos debates.

Como **exemplos** de NJP podem ser cogitados:

✓ escolha de *foro de eleição* onde tramitará a demanda (o que já existia no sistema processual anterior);

✓ *não realização da audiência* de conciliação ou mediação (art. 334);

✓ estipulação acerca do *ônus da prova*, de modo distinto do que previsto em lei (art. 373, *caput* e § 3º);

✓ escolha do perito e sua remuneração, bem como dos quesitos (art. 471).

Há polêmica acerca dos limites do NJP (até onde as partes podem ir?). A questão ainda não está totalmente definida pela jurisprudência. Diversos **enunciados do CJF** (Conselho da Justiça Federal) foram editados acerca do tema, durante as *Jornadas de Direito Processual do CJF*:

ENUNCIADO 16 – As disposições previstas nos arts. 190 e 191 do CPC poderão aplicar-se aos procedimentos previstos nas leis que tratam dos juizados especiais, desde que não ofendam os princípios e regras previstos nas Leis n. 9.099/1995, 10.259/2001 e 12.153/2009.

ENUNCIADO 17 – A Fazenda Pública pode celebrar convenção processual, nos termos do art. 190 do CPC.

Enunciado 112: A intervenção do Ministério Público como fiscal da ordem jurídica não inviabiliza a celebração de negócios processuais.

Enunciado 113: As disposições previstas nos arts. 190 e 191 do CPC poderão ser aplicadas ao procedimento de recuperação judicial.

Enunciado 114: Os entes despersonalizados podem celebrar negócios jurídicos processuais.

Enunciado 115: O negócio jurídico processual somente se submeterá à homologação quando expressamente exigido em norma jurídica, admitindo-se, em todo caso, o controle de validade da convenção.

Além disso, prevê o CPC, na sequência, o **"calendário processual"** (art. 191). Isso significa que *as partes e o juiz podem, de comum acordo, fixar calendário para a prática de atos processuais*. Quando isso ocorrer, tal calendário *vincula as partes e o juiz*, e os prazos nele previstos somente serão modificados em casos excepcionais e devidamente justificados (CPC, art. 191, § 1º). No mais, considera-se *dispensada a intimação das partes* para a prática de ato processual ou a realização de audiência cujas datas tiverem sido designadas no calendário (CPC, art. 191, § 2º).

Ou seja, se as partes estipularem no calendário que o prazo para apresentação de quesitos é a data "x" e a audiência será realizada na data "y", não haverá necessidade de intimação para esses atos processuais.

1.7.3. Dos pronunciamentos do juiz (atos do juiz)

A **sentença** é definida como o pronunciamento pelo qual o juiz, com ou sem resolução de mérito, finda a fase cognitiva do procedimento comum ou extingue a execução (CPC, art. 203, § 1º).

A **decisão interlocutória** é considerada todo pronunciamento judicial de *natureza decisória* que não se enquadra na definição de sentença (CPC, art. 203, § 2º). Ou seja, um critério por exclusão, em relação à sentença.

Os **despachos** são os demais pronunciamentos do juiz praticados no processo, de ofício ou a requerimento (CPC, art. 203, § 3º). Ou seja, um critério por exclusão, em relação à sentença e interlocutória.

O **acórdão** é o julgamento colegiado do tribunal (CPC, art. 204).

O CPC também prevê **a decisão monocrática do relator** (CPC, art. 932, III, IV e V), que é a decisão proferida por desembargador ou ministro (membro de tribunal, portanto), mas de forma individual, apenas pelo relator.

Os despachos, as decisões interlocutórias, o dispositivo das sentenças e a ementa dos acórdãos serão **publicados no Diário de Justiça Eletrônico** (CPC, art. 205, § 3º). E por certo que isso também se refere à monocrática, mas o legislador foi omisso no artigo em questão – quanto a ela, se houver ementa poderá ser apenas a ementa publicada; caso contrário, deverá ser publicada a decisão na íntegra.

1.7.4. Do tempo dos atos processuais

Os atos processuais devem ser realizados nos **dias úteis, das 6h às 20h** (CPC, art. 212). Diferentemente do CPC/1973, não há mais necessidade de *autorização do juiz* para realizar as citações, intimações e penhoras "no período de férias forenses, onde as houver, e nos feriados ou dias úteis *fora do horário estabelecido neste artigo*" (CPC, art. 212, § 2º). Porém, deve ser respeitada a inviolabilidade do domicílio à noite (CF, art. 5º, XI).

São **feriados**, além dos declarados em lei, "os sábados, os domingos e os dias em que não haja expediente forense" (CPC, art. 216).

Se o processo não for eletrônico, a petição deverá "ser protocolada no horário de funcionamento do fórum ou tribunal" (CPC, art. 212, § 3º). Sendo processo eletrônico, o ato pode ser realizado a qualquer hora do dia (CPC, art. 213).

1.7.5. Dos prazos

Existem importantes novidades no CPC quanto aos prazos.

Se o **prazo não estiver previsto em lei**, *o juiz determinará em quanto tempo* deverá ser realizado determinado ato processual, levando em conta a "complexidade do ato" (CPC, art. 218, § 1º). Se o juiz não determinar prazo, este será de *5 dias* (CPC, art. 218, § 3º).

O CPC prevê que o **ato praticado antes do início do prazo será tempestivo** (art. 218, § 4º). Ou seja, o advogado pode recorrer antes da publicação da decisão, sem risco de que se fale em intempestividade.

A **contagem de prazos** teve mudanças significativas:

(i) na contagem de *prazo em dias*, estabelecido por lei ou pelo juiz, *apenas os dias úteis serão computados* (CPC, art. 219) – sendo que essa previsão somente se aplica aos **prazos processuais** e não aos prazos de direito material, como os prescricionais (CPC, art. 219, parágrafo único).

A dúvida é saber quais são os prazos processuais, pois existem algumas situações polêmicas, como o prazo para pagar (no cumprimento de sentença e na execução). A respeito desse tema, houve a edição do Enunciado 89 das Jornadas do Conselho da Justiça Federal: "Conta-se em dias úteis o prazo do *caput* do art. 523 do CPC" (ou seja, no cumprimento de sentença o prazo para pagamento deve ser contado em dias úteis – nesse sentido, também já há um precedente do STJ: REsp 1.693.784).

Outro debate é se nos Juizados Especiais, no processo penal e processo do trabalho também terão a contagem de prazos dessa forma.

No CPP, há previsão de contagem de prazo em dias corridos, assim se aplica essa forma de prazo.

Na CLT, em alteração posterior ao CPC, há previsão expressa de contagem de prazos processuais também em dias úteis (art. 775 da CLT, com a alteração da Lei 13.467/2017).

No âmbito dos Juizados, após muita polêmica, foi aprovada lei apontando que o prazo também é em dias **úteis** (Lei 13.728/2018, que inclui artigo na Lei 9.099/1995: "Art. 12-A. Na contagem de prazo em dias, estabelecido por lei ou pelo juiz, *para a prática de qualquer ato processual*, inclusive para a interposição de recursos, computar-se-ão *somente os dias úteis*").

Assim, a regra é termos prazos em **dias úteis**, salvo quando houver **expressa previsão em sentido inverso**, como no *CPP* e nos procedimentos relativos ao *ECA* (Lei 8.069/90, art. 152, § 2º, com a redação dada pela Lei 13.509/2017). Para a *recuperação judicial e falência* também há previsão de contagem de prazos em dias corridos, mas o assunto ainda é objeto de polêmica e indefinição pela jurisprudência, quanto aos prazos processuais (vide art. 189, § 1º, I, da Lei 11.101/2005, com a redação da Lei 14.112/2020).

(ii) haverá *suspensão de curso do prazo entre 20 de dezembro e 20 de janeiro*, período no qual não poderão ocorrer audiências – exatamente para que o advogado possa usufruir alguns dias de descanso e férias (CPC, art. 220). Apesar de prazos suspensos nesse período, pela lei o Poder Judiciário deverá seguir em funcionamento (CPC, art. 220, § 1º).

A **forma de contagem de prazo** é que inicialmente há a *disponibilização* no diário oficial, depois *publicação* no próximo dia útil, com a exclusão do dia do início e inclusão do dia do término (CPC, art. 224) – lembrando que somente há contagem nos dias úteis (art. 219).

Também há previsão de **prazos para magistrados e auxiliares**. O juiz proferirá: despachos em até 5 dias; decisões interlocutórias em 10 dias e sentenças em 30 dias (CPC, art. 226). Em qualquer grau de jurisdição, havendo motivo justificado, o juiz pode exceder, por igual tempo, os prazos a que está submetido (CPC, art. 227).

É mantida a previsão de **prazo em dobro para litisconsortes com advogados distintos** (art. 229). A novidade é a menção do CPC quanto ao prazo em dobro para todas as manifestações e "em qualquer juízo ou tribunal, independentemente de requerimento". Contudo, *não se aplica* a regra do prazo em dobro *nos processos eletrônicos* (CPC, art. 229, § 2º).

1.7.6. *Da comunicação dos atos processuais*

O CPC prevê a existência de 4 cartas (art. 237). Três já existentes no sistema anterior: **carta precatória** (*realização de atos entre comarcas distintas*), **carta rogatória** (*realização de atos entre países distintos*), **carta de ordem** (*realização de atos entre graus de jurisdição distintos* – do tribunal para o 1º grau, por exemplo). E uma novidade: **carta arbitral** (*realização de atos entre órgão do Poder Judiciário e juízo arbitral*).

Caso exista *sentença de mérito favorável ao réu que transitar em julgado antes da citação*, deverá o escrivão comunicar o resultado do julgamento ao réu (CPC, art. 241).

Citação é o ato pelo qual o *réu, executado ou interessado é convocado para integrar a relação processual* (CPC, art. 238).

A citação poderá ser feita por **5 formas**: correio, oficial de justiça, escrivão, edital ou meio eletrônico (CPC, art. 246, *caput* e § 1º-A).

Até 2021, *a regra era a citação por correio*. Porém, com a Lei 14.195/2021, estipulou-se que "A citação *será feita preferencialmente por meio eletrônico*, no prazo de até 2 (dois) dias úteis, contado da decisão que a determinar". A nova previsão legal tem uma série de polêmicas, inclusive relativas à sua constitucionalidade (formal e material).

O art. 246 prevê que mais detalhes acerca do tema serão previstos em "regulamento do Conselho Nacional de Justiça" (CNJ).

Realizada a citação por meio eletrônico (seja por correio eletrônico ou outros aplicativos de celular), **o citando** (réu no processo de conhecimento ou executado no processo de execução) deverá **confirmar o recebimento** da citação eletrônica, em 3 dias úteis – ou seja, mandar um e-mail ou responder no aplicativo que foi citado. *Somente nesse caso a citação será válida*.

Se o citando não confirmar o recebimento do ato citatório, então *haverá a citação por* **algum dos outros quatro meios** – especialmente por correio ou oficial justiça (CPC, art. 246, § 1º-A).

Se realizada a citação por outro meio que não o eletrônico, deverá o citando "apresentar *justa causa* para a **ausência de confirmação** do recebimento da citação enviada eletronicamente" (CPC, art. 246, § 1º-B).

Além disso, caso o citando deixe *"de confirmar no prazo legal,* **sem justa causa**, o recebimento da citação recebida por meio eletrônico", estaremos diante de *"ato atentatório à dignidade da justiça,* passível de **multa de até 5%** (cinco por cento) do valor da causa" (CPC, art. 246, § 1º-C).Todas as *empresas (públicas ou privadas), bem como* **entes públicos** *(administração direta e indireta), são obrigadas a manter* **cadastro** *nos sistemas de processo eletrônico*, para fins de recebimento de citações e intimações (CPC, art. 246, §§ 1º e 2º).

Não confirmada a citação por meio eletrônico, em regra será realizada a citação por correio.

Não *será feita* a citação por *meio eletrônico* nem *por correio*nas ações de estado, quando o citando for incapaz, pessoa de direito público ou residir em local não atingido pelo serviço postal (CPC, art. 247, I, II, III e IV). Também *não se realizará a citação por correio* se o autor, desde a petição inicial, requerer, *de forma justificada*, que ela seja feita de outra forma (CPC, art. 247, V).

A *citação por escrivão ou chefe de secretaria* ocorrerá se o citando comparecer em cartório (CPC, art. 246, III).

Se a **citação for para pessoa jurídica**, e não for por meio eletrônico, será *válido o ato* se a carta for entregue (i) a pessoa com *poderes de gerência* ou (ii) a funcionário *responsável pelo recebimento de correspondências*. Ou seja, a entrega para o porteiro (CPC, art. 248, § 2º).

Além disso, o CPC prevê especificamente a **citação de pessoas físicas em condomínios** edilícios ou loteamentos com controle de acesso. Nesses casos, será válida a citação entregue a *funcionário da portaria* responsável pelo recebimento de correspondência (ou seja, o porteiro). Porém, o porteiro poderá *negar-se a recebê-l*a se declarar, por escrito e sob as penas da lei, que o destinatário da correspondência está ausente (CPC, art. 248, § 4º).

A **citação por oficial de justiça** (ou mandado) será realizada quando não possível a citação por meio eletrônico ou correio (os casos do art. 247 do CPC), ou quando for infrutífera a citação por correio (CPC, art. 249).

O oficial de justiça é quem fará a **citação por hora certa**: quando, por *duas vezes*, o oficial de justiça tiver procurado o citando em seu domicílio ou residência sem o encontrar, deverá, havendo suspeita de ocultação, intimar qualquer pessoa da família ou, em sua falta, qualquer vizinho de que, no dia útil imediato, voltará a fim de efetuar a citação na hora que designar (CPC, art. 252).

Por sua vez, na *citação por hora certa referente a moradores de condomínios* edilícios ou loteamentos com controle de acesso, será válida a intimação feita a funcionário da portaria responsável pelo recebimento de correspondência (CPC, art. 252, parágrafo único).

A **citação por edital** será feita (CPC, art. 256): (i) quando *desconhecido ou incerto o citando*; (ii) quando *ignorado*, incerto ou inacessível *o lugar em que se encontrar o citando* e (iii) nos demais casos expressos em lei (por exemplo, se o país recusar o cumprimento de carta rogatória – CPC, art. 256, § 1º).

Para fins de citação por edital, o citando será considerado em local ignorado ou incerto quando *infrutíferas as tentativas de localização do réu*. E isso ocorre inclusive mediante requisição pelo juízo de informações sobre seu *endereço nos cadastros* de órgãos públicos ou de concessionárias de serviços públicos (CPC, art. 256, § 3º).

Vale destacar que a **publicação do edital na internet e não mais em jornal**. Tanto na *página do próprio tribunal*, quanto na *plataforma de editais do CNJ* (CPC, art. 257, II).

Apesar dessa previsão de publicação do edital na internet, *poderá o juiz*, conforme as peculiaridades da comarca, determinar a publicação do edital *também em "jornal local de ampla circulação"* ou "outros meios" (CPC, art. 257, parágrafo único).

A parte que requerer citação por edital, alegando *dolosamente* a ocorrência das circunstâncias autorizadoras para sua realização, incorrerá em *multa de 5 salários mínimos* (CPC, art. 258).

Afirma o Código ser necessária a publicação de editais em três hipóteses (art. 259): I – na ação de usucapião de imóvel; II – nas ações de recuperação ou substituição de título ao portador; III – em qualquer ação em que seja necessária, por determinação legal, a provocação, para participação no processo, de interessados incertos ou desconhecidos.

Intimação é o ato pelo qual se dá ciência a alguém dos atos do processo (CPC, art. 269).

Pode o **próprio advogado promover a intimação do advogado da parte contrária**, *por meio do correio*, juntando aos autos *cópia do ofício de intimação e do aviso de recebimento*; o ofício de intimação deverá ser instruído com *cópia do despacho, da decisão ou da sentença* (CPC, art. 269, §§ 1º e 2º). Cabe também a *intimação da Fazenda Pública* dessa forma – devendo a intimação ser enviada para o órgão de Advocacia Pública responsável pela representação judicial do respectivo ente (CPC, art. 269, § 3º).

Sempre que possível (ou seja, se já houver tecnologia nesse sentido), as intimações serão realizadas por meio eletrônico (CPC, art. 270).

Além de seguir existindo a intimação em nome do advogado, será possível requerer a **intimação em nome da sociedade de advogados** inscrita na OAB – seja em conjunto com o nome do advogado, seja apenas em nome da sociedade (CPC, art. 272, §§ 1º e 2º).

Conforme jurisprudência sedimentada do STJ no sistema anterior, se houver **requerimento expresso para publicação em nome de determinado profissional**, as intimações deverão trazer o nome desse patrono, *sob pena de nulidade* (CPC, art. 272, § 5º).

1.8. Da tutela provisória

1.8.1. Visão geral do tema no CPC

Em relação ao sistema anterior, houve sensíveis mudanças em relação às **situações de urgência**.

Antes, **tutela antecipada e processo cautelar** eram *requeridos de maneiras distintas*. Agora, ainda que haja distinção entre as duas, ambas as formas de se tutelar a urgência estão previstas em conjunto e com *forma de se requerer bastante semelhante*.

Sob a denominação **tutela provisória** o CPC reuniu o *regramento referente à tutela de urgência e à tutela de evidência*.

Nas disposições gerais relativas ao assunto, consta que a "**tutela provisória** pode ter por fundamento *urgência ou evidência*" (CPC, art. 294).

Assim, **tutela provisória é gênero**, dentro do qual existem *duas espécies*: **tutela de urgência e tutela de evidência**. De seu turno, a espécie *tutela de urgência* se divide em duas subespécies: tutela de urgência **cautelar** e tutela de urgência **antecipada** (art. 294, parágrafo único). Vejamos no quadro:

Gênero	Espécies	Subespécies
Tutela provisória	Tutela de urgência	Tutela cautelar
		Tutela antecipada
	Tutela de evidência	--

A **distinção** entre a tutela cautelar e a tutela antecipada está na sua finalidade: a tutela cautelar busca *resguardar* o resultado do processo, ou seja, evitar o perecimento do bem ou do direito objeto de discussão até que o processo termine (tutela *acautelatória*); já a tutela antecipada busca *satisfazer* o direito da parte, desde logo, antes do término do processo (tutela *satisfativa*). Do ponto vista teórico é possível vislumbrar claramente a distinção; porém, na prática, a questão é subjetiva e há rica divergência (pois é possível que o advogado entenda a retirada de nome de cadastro restritivo é uma medida acautelatória, mas o juiz entenda que isso é medida satisfativa).

A **tutela de urgência** (qualquer delas) poderá ser *requerida em caráter antecedente ou incidental* (CPC, art. 294, parágrafo único). A tutela antecedente é aquela pleiteada *antes – ou em conjunto – com o pedido principal* formulado pela parte. Já a incidental é pleiteada *depois de já existir o processo principal*, mediante simples petição.

No caso da **concessão em caráter antecedente**, teremos algo *semelhante com a antiga cautelar preparatória*, com recolhimento de custas, mas *sem se falar em processo em apartado*. Tudo será pleiteado nos mesmos autos, de forma concomitantemente o pedido principal e o pedido de urgência, ou apenas o pedido de urgência.

Em relação à **tutela de urgência incidental**, o *procedimento passa a ser bem simples*: em processo que já tramita, basta apresentar uma *petição apontando os requisitos e requerendo uma medida de urgência*. Sem custas (CPC, art. 295), cópias de autos ou qualquer outra formalidade.

O juiz poderá determinar as medidas que considerar adequadas para **efetivar a tutela provisória**, que observará, no que couber, as *normas referentes ao cumprimento provisório da sentença* (CPC, art. 297, *caput*, e parágrafo único).

Na **decisão** que conceder, negar, modificar ou revogar a tutela provisória *o juiz motivará seu convencimento de modo claro e preciso* (CPC art. 298).

1.8.2. Da tutela de urgência

São **requisitos da tutela de urgência**: a) elementos que evidenciem a *probabilidade do direito*; b) *perigo de dano* ou risco ao resultado útil do processo (CPC, art. 300). Assim, tem-se uma *coincidência de requisitos entre a cautelar e a antecipação de tutela* (subespécies da espécie tutela de urgência, como já visto). Não há mais menção aos termos *fumus boni iuris* (fumaça do bom direito) e *periculum in mora* (perigo da demora); de qualquer forma, pela tradição, é possível concluir que continuarão a ser utilizados no cotidiano forense.

Para deferir a tutela de urgência o juiz poderá, conforme o caso, exigir **caução** real ou fidejussória idônea para ressarcir danos que a outra parte possa vir a sofrer, podendo a *caução ser dispensada se a parte economicamente hipossuficiente não puder oferecê-la* (CPC, art. 300, § 1º). Ou seja, ficará a critério do juiz, caso a caso, determinar a prestação de caução ou não.

A **concessão** da tutela de urgência poderá se verificar *liminarmente* ou após *audiência de justificação prévia*, quando se poderá fazer prova dos requisitos para sua concessão (CPC, art. 300, § 2º). Ou seja, ficará a critério do juiz, caso a caso, designar essa audiência ou não.

Tal qual no sistema anterior, há dispositivo **vedando a concessão de tutela antecipada** ("tutela de urgência de natureza antecipada") se **houver perigo de irreversibilidade** (CPC, art. 300, § 3º). *Ou seja, não se concede a tutela de urgência antecipada se a situação não puder voltar ao que era antes (ao status quo ante).*

Porém, no sistema anterior, a jurisprudência temperava essa regra. Isso porque há muitas situações em que, *ainda que haja o risco de irreversibilidade, se não concedida a antecipação de tutela, haverá o risco de perecimento de um direito de grande relevância* (como, por exemplo, o direito à vida). É o que alguns denominam de **irreversibilidade recíproca** (não é um termo usual na jurisprudência, mas já foi utilizado por bancas examinadoras em provas anteriores).

Nesses casos, o juiz deve avaliar qual o direito que deve prevalecer e, se o caso, *conceder a antecipação de tutela, ainda que irreversível*, com base nos princípios da proporcionalidade e razoabilidade. É a posição dominante formada à luz do Código anterior e que, possivelmente, seguirá no CPC. Como exemplo, o debate relativo a questões de saúde, como se percebe do seguinte trecho de julgado do STJ:

"É possível a antecipação da tutela, ainda que haja perigo de irreversibilidade do provimento, quando o mal irreversível for maior, como ocorre no caso de não pagamento de pensão mensal destinada a custear tratamento médico da vítima de infecção hospitalar, visto que a falta de imediato atendimento médico causar-lhe-ia *danos irreparáveis de maior monta do que o patrimonial"* (STJ, REsp 801.600/CE, *DJe* 18.12.2009).

Como já apontado em tópico anterior (item 1.4.11.6 acima), existem diversas **restrições quanto à concessão de tutela antecipada contra o Estado** (Lei 9.494/1997, art. 1º) – o que deve ser lido, à luz do CPC, como **vedação à tutela provisória**. Contudo, exatamente como em relação à irreversibilidade, *a situação vem sendo mitigada pela jurisprudência.*

Assim, quando envolver direito à vida e à saúde, admite-se a concessão de tutela antecipada mesmo em face da Fazenda Pública, como se percebe do seguinte julgado, ao se manifestar a respeito do art. 1º da Lei 9.494/1997: "(...) o referido artigo deve ser interpretado de forma restritiva, *de modo a não existir vedação legal à concessão de antecipação dos efeitos da tutela contra a Fazenda Pública nas hipóteses em que envolvam o pagamento de verba de natureza alimentar,* como ocorre no presente caso" (STJ, AgRg no REsp 726.697/PE, *DJe* 18.12.2008).

A **tutela de urgência cautelar** pode ser efetivada mediante *arresto, sequestro, arrolamento de bens, registro de protesto contra alienação de bem* e qualquer outra medida idônea para asseguração do direito (CPC, art. 301).

Temos, aqui, uma grande dificuldade: qual o **requisito e procedimento para essas medidas cautelares?** A lei é absolutamente omissa. Frise-se que essa é a **única menção** às antigas cautelares nominadas do CPC/1973. Assim, há total *ausência de regulamentação dessas medidas* – mas que, já que mencionadas expressamente, seguem sendo utilizadas (especialmente arresto e sequestro, as mais frequentes no cotidiano forense).

Considerando a omissão legislativa, apenas destaca-se, aqui, a principal distinção entre o arresto, sequestro e arrolamento (repita-se, à luz do Código anterior, sendo que a jurisprudência segue aplicando esse entendimento):

a) arresto:

✓ utilizado por um *credor qualificado* (com título executivo ou outro documento representativo da dívida) em face de um *devedor desqualificado* (que busca se ausentar ou alienar bens para ficar sem patrimônio);

✓ tem por finalidade *evitar a dilapidação do patrimônio,* de modo que o requerente tenha êxito numa futura execução de quantia certa (isto é, que ainda existam bens penhoráveis);

✓ tem por objeto *qualquer bem* do requerido;

✓ o arresto tende a se converter, na sequência da demanda, em *penhora;*

b) sequestro:

✓ utilizado quando houver *disputa a respeito da posse ou propriedade de um bem;*

✓ tem por finalidade *evitar o perecimento de determinado bem,* de modo que o requerente tenha êxito numa futura execução de entrega de coisa certa;

✓ tem por objeto um *bem específico* do requerido;

✓ o sequestro tende a se converter, na sequência da demanda, em *depósito;*

c) arrolamento:

✓ utilizado quando houver *disputa a respeito da posse ou propriedade de bens indeterminados;*

✓ tem por finalidade *evitar o perecimento de tais bens,* além de se saber *quais são* e quantos são os bens em disputa;

✓ ou seja, é instrumento próximo ao sequestro. A distinção entre as duas cautelares é que, no sequestro, sabe-se exatamente qual bem se quer proteger; no arrolamento, *quer-se saber quais são os bens, além de protegê-los;*

✓ tem por objetivo *arrolar* (obter um rol, uma relação) e *proteger* um conjunto de bens na posse do requerido (como em casos de direito de família e entre sócios).

Efetivada a tutela de urgência (cautelar ou antecipatória) e **posteriormente reformada,** deverá o *autor reparar o dano processual causado ao réu* (CPC, art. 302), com a indenização fixada preferencialmente nos mesmos autos (CPC, art. 302, parágrafo único).

1.8.2.1. Do procedimento da tutela antecipada antecedente

A **tutela antecipada antecedente** vem prevista para os casos em que a urgência for *anterior ou contemporânea (conjunta) à propositura da ação.* Nessas hipóteses, a petição inicial *pode limitar-se ao requerimento da tutela antecipada* e à indicação do pedido de tutela final com a exposição da lide, do direito que se busca realizar e do perigo de dano ou risco ao resultado útil do processo (CPC, art. 303). Sendo essa a escolha do autor, haverá *recolhimento de custas* e o *valor da causa* deverá levar em consideração o *pedido de tutela final,* e não apenas o valor relativo à antecipação de tutela (CPC, art. 303, § 4º).

Ou seja, **pode se pedir somente a tutela antecipada** indicando a petição *qual será o pedido principal* – que não mais será uma "ação principal", pois o pedido será elaborado posteriormente, nos mesmos autos. Haverá, posteriormente, um complemento da petição inicial.

Se concedida a tutela antecipada antecedente, o autor deverá **aditar a petição inicial** para complementar sua argumentação, juntar novos documentos e confirmar o pedido de tutela final, em 15 dias ou outro prazo maior que o juiz fixar (CPC, art. 303, § 1º, I). No aditamento, *não haverá* a necessidade de recolhimento de *novas custas* (CPC, art. 303, § 3º). Feito o aditamento, o réu será *citado para comparecer à audiência de conciliação ou de mediação* (CPC, art. 303, § 1º, II); não havendo acordo, somente aí haverá o início do prazo para contestação (CPC, art. 303, § 1º, III).

Se o autor não aditar a petição inicial para elaborar o pedido principal, haverá a *extinção do processo sem resolução do mérito* (CPC, art. 303, § 2º).

Se a **tutela antecipada for indeferida,** o juiz determinará a *emenda da inicial*, em *5 dias, sob pena de extinção do processo sem resolução do mérito* (art. 303, § 6º). Atenção para esse *prazo de 5 dias*, que é um dos poucos prazos do CPC de poucos dias – e, inclusive, bem inferior ao prazo de aditamento no caso de concessão da liminar (15 dias ou mais, como exposto acima).

Prevê ainda o CPC a **estabilização da tutela antecipada:** a *tutela antecipada concedida se tornará estável se da decisão que a conceder não for interposto recurso* (CPC, art. 304). Debate a doutrina se a menção a "recurso" deve ser entendida como o *uso do agravo ou se é possível se interpretar que seria qualquer impugnação à decisão judicial concessiva da antecipação de tutela* – inclusive a própria contestação. A questão ainda não foi definida pelo STJ, existindo decisões em sentidos opostos.

Uma vez estabilizada a antecipação de tutela, o *processo será extinto* e qualquer das partes poderá **ingressar com novo processo judicial** para *rever, reformar ou invalidar a tutela antecipada estabilizada* em até 2 anos contados da ciência da decisão extintiva (CPC, art. 304, §§ 1º, 2º e 5º). Assim, se não houver essa ação para afastar a estabilidade da tutela antecipada, estaríamos diante de **coisa julgada?** Pelo Código, não, pois se afirma que a decisão que concede a tutela *não fará coisa julgada* (CPC, art. 304, § 6º), mas sim que há **estabilidade dos efeitos da tutela antecipada,** que só será *afastada por decisão na demanda que buscar alterar a tutela estabilizada*. Também já diverge a doutrina a respeito de a estabilização ser ou não coisa julgada.

Do cotejo dos arts. 303 e 304 percebe-se uma **incongruência quanto à estabilização da antecipação de tutela.** De um lado, o CPC afirma que, *não realizado o aditamento*, o processo será *extinto* (art. 303, § 2º). Do outro, afirma o Código que *só há estabilização* se não houver recurso do réu e *aditamento do autor* (art. 304, § 1º). O tema já é polêmico.

Uma *possível interpretação* é entender que, **não havendo recurso do réu** contra a decisão que concede a tutela antecipada, há **2 opções ao autor:** (i) *aditar a inicial* – e, assim, não haverá a estabilização da tutela antecipada, mas o prosseguimento do processo ou (ii) *não aditar a inicial* – hipótese em que não haverá a extinção, mas sim a estabilização da tutela antecipada (e, eventualmente, poderá o autor ingressar com nova medida judicial para pleitear o pedido principal).

Para melhor compreensão, vale exemplificar. Pensemos uma inscrição indevida em cadastro restritivo de crédito. Tutela provisória de urgência antecipada requerida de forma antecedente (apenas a exclusão de cadastro restritivo), apontando como futuro pedido principal indenização por danos morais. **Tutela antecipada deferida para excluir o nome do cadastro restritivo de crédito.** Possibilidades:

(i) *réu agrava* e *autor não adita* a inicial: *não há estabilização* da tutela antecipada e o processo será *extinto sem resolução do mérito;*

(ii) *réu agrava* e *autor adita* a inicial, pleiteando danos morais: não há estabilização da tutela antecipada e o processo prosseguirá;

(iii) *réu não agrava* e *autor não adita* a inicial: *estabilização da tutela antecipada* (no sentido de a inscrição ser indevida) e *extinção do processo*, com mérito (procedência do pedido de tutela antecipada). Se o autor quiser pleitear danos morais, poderá, mas por meio de nova demanda.

A tutela antecipada **conservará seus efeitos** enquanto não revista, reformada ou invalidada por decisão de mérito (art. 304, § 3º).

1.8.2.2. *Do procedimento da tutela cautelar antecedente*

No tópico anterior, houve a análise da tutela antecipada antecedente. Neste tópico, analisa-se a outra tutela de urgência que pode ser requerida de forma antecedente: a **tutela cautelar antecedente**.

Neste caso, a *petição inicial* da ação que buscar tal tutela *indicará a lide e seu fundamento*, a *exposição sumária do direito* que visa assegurar e o *perigo de dano* ou risco ao resultado útil do processo (CPC, art. 305). Também deverá existir valor da causa e recolhimento de custas (interpretação que decorre do CPC, art. 308, *caput*, parte final).

Se o autor assim quiser, o *pedido principal pode ser formulado juntamente com o pedido de tutela cautelar* (CPC, art. 308, § 1º). Exatamente como previsto para a tutela antecipada antecedente.

Se o juiz entender que o **pedido tem natureza antecipada**, deverá observar o *regramento relativo à tutela antecipada* (CPC, art. 305, parágrafo único). Ou seja, é a **fungibilidade entre as tutelas de urgência**. Contudo, *não há artigo específico no sentido inverso*, quanto à antecipação de tutela. Assim, não há previsão legal de possibilidade de o juiz receber a antecipação de tutela como cautelar. Mas resta verificar como será a jurisprudência em relação ao tema (no sistema anterior, da mesma forma só existia previsão de fungibilidade da antecipada para a cautelar, mas a jurisprudência admitia a fungibilidade de mão dupla). De qualquer forma, é certo que **somente há estabilização da tutela antecipada (que tem natureza** *satisfativa***) e não da tutela cautelar** (que busca apenas *resguardar* o direito debatido) – afinal, incongruência falar que algo acautelatório se estabilize.

No caso da tutela cautelar antecedente, o réu será **citado para contestar** em *5 dias* (CPC, art. 306). Trata-se de um *prazo curto*, que não é a regra no CPC. Se não houver contestação, haverá **revelia**, com a presunção de veracidade dos fatos narrados, afirmando o Código que o juiz deverá *decidir em 5 dias* (CPC, art. 307). Se houver contestação, o trâmite da demanda será pelo **procedimento comum** do processo de conhecimento (CPC, art. 307, parágrafo único).

Efetivada a tutela cautelar, o *pedido principal terá de ser formulado pelo autor no prazo de 30 dias*, caso em que será apresentado nos *mesmos autos* em que já deduzido o pedido cautelar (CPC, art. 308). O complemento da demanda, em relação ao pedido principal, *não demandará novas custas* processuais (CPC, art. 308) e será possível *aditar a causa de pedir* (CPC, art. 308, *caput* e § 2º).

Apresentado o pedido principal, as *partes serão intimadas para comparecer à audiência de conciliação ou mediação*; não havendo autocomposição, o prazo para contestação terá fluência a partir desse momento (CPC, art. 308, §§ 3º e 4º).

Cessa a eficácia da tutela cautelar antecedente se (CPC, art. 309):

I – não houver a *apresentação do pedido principal* em 30 dias;

II – a tutela cautelar não for *efetivada* em 30 dias;

III – o *pedido principal for improcedente* ou o *processo for extinto sem mérito*.

Se isso ocorrer, somente será possível formular novo pedido se houver novo fundamento (nova causa de pedir).

Em regra, o **indeferimento do pedido cautelar não obsta a formulação do pedido principal**. A exceção se refere à hipótese em que *reconhecida a prescrição e decadência na análise do pedido cautelar* (CPC, art. 310). Ou seja, nesse caso a coisa julgada do processo cautelar terá de ser observada no processo principal.

1.8.3. Da tutela da evidência

A **tutela da evidência** busca resguardar um *direito evidente*; ou seja, é uma *tutela provisória que não depende de urgência* (exatamente por isso não é denominada de tutela de urgência, a outra espécie de tutela provisória).

A **tutela da evidência será concedida**, *independentemente* da demonstração de *perigo de dano ou de risco ao resultado útil do processo*. O Código a prevê em **4 situações** (art. 311):

I – ficar caracterizado *abuso do direito de defesa* ou manifesto propósito protelatório da parte (tutela de evidência **penalizadora da má-fé**);

II – *as alegações de fato puderem ser comprovadas apenas documentalmente* e houver *tese firmada em julgamento de casos repetitivos ou súmula vinculante* (tutela de evidência fundada em **tese firmada em tribunal superior**);

III – se tratar de *pedido reipersecutório fundado em prova documental* adequada do *contrato de depósito*, caso em que será decretada a ordem de entrega do objeto custodiado sob cominação de multa (tutela de evidência em **contrato de depósito**);

IV – a petição inicial for instruída com *prova documental suficiente dos fatos constitutivos do direito do* autor, a que o *réu não oponha prova* capaz de gerar dúvida razoável (tutela de evidência **fundada em prova incontroversa**).

Afirma o Código que nos casos dos incs. II e III será possível a **concessão liminar** da tutela de evidência (art. 311, parágrafo único).

Exemplo, ainda que não haja uma situação de perigo grave, a tese debatida é tão firme que já consta de súmula vinculante; nesse caso, o autor não deve aguardar o término do processo para usufruir o seu pedido (tutela de evidência fundada em tese firmada em tribunal superior – que poderá ser concedida em caráter liminar).

1.8.4. Síntese da tutela provisória no CPC

Como se sabe, a resposta do Poder Judiciário a um pedido formulado pelo autor não é imediata. Contudo, há situações

nas quais não é necessário aguardar o término do processo para que o Judiciário conceda o pleiteado pela parte. É para isso que se pleiteia uma "**liminar**", ou seja, *uma decisão no início do processo*.

No CPC, o tema é tratado sob o título **tutela provisória**.

A tutela provisória pode ser concedida com base na **urgência**: *antecipação de tutela* e *cautelar*. Do ponto de vista formal, ambas são pleiteadas da mesma forma: ou *durante o processo* de conhecimento que já tramita (**incidentalmente**) ou mesmo *antes de se debater o pedido principal* (tutela de urgência **antecedente**). É possível, também, pedi-las *junto com o pedido principal*, na mesma petição inicial. *Não se pede* em **processo apartado**. Se a tutela de urgência for pleiteada de forma antecedente, há necessidade de se **aditar a petição inicial**, para se *formular o pedido principal*, sob pena de extinção.

Mas qual a **distinção entre antecipação de tutela e cautelar**?

A **finalidade da cautelar** *é resguardar o pedido principal* (caráter *conservativo* – visa a evitar o perecimento do direito).

A **finalidade da antecipação de tutela** *é, desde logo, antecipar os efeitos de uma futura decisão de mérito* (caráter *satisfativo* – já se quer a fruição do direito).

Apesar de na teoria ser simples diferenciar o cabimento de cada uma (*distinção entre assegurar e satisfazer*), na prática há dificuldades. Tanto porque cada juiz pode ter um entendimento, como porque há situações que podem ser enquadradas nas duas hipóteses.

Diante disso, haveria **fungibilidade entre as tutelas de urgência**, ou seja, entre cautelar e antecipação de tutela? O CPC apenas prevê que o pedido cautelar possa ser apreciado, pelo juiz, como de tutela antecipada (CPC, art. 305, parágrafo único). Mas, diante de somente essa previsão, pode existir também o contrário, ou seja, o juiz receber um *pedido cautelar como se fosse tutela antecipada*? O tema ainda está em aberto. De qualquer forma, é certo que **apenas a tutela antecipada pode ser estabilizada**, e não o pedido cautelar (art. 304). Por essa razão, se a parte pleitear uma tutela antecipada e o juiz a receber como tutela cautelar, não será possível sua estabilização. Mas, resta verificar como a jurisprudência fixará o tema.

Por fim, além da tutela provisória fundada na urgência, o CPC prevê ainda a tutela provisória (antes da sentença, em cognição sumária) *fundada no direito evidente*: **tutela de evidência**. Há 4 hipóteses em que isso é cabível, sendo que em duas delas é possível a *concessão liminar*. A **finalidade da tutela de evidência** é *inverter o ônus do tempo do processo*: se já existe direito razoavelmente plausível em favor do autor, por que haveria necessidade de se aguardar a sentença para sua fruição? Essa é a ideia da tutela da evidência.

1.9. Formação, suspensão e extinção do processo (parte geral)

O presente tópico trata da formação, suspensão e extinção do processo em relação a todos os processos e procedimentos. Cada um dos processos (conhecimento e execução) terá especificidades, especialmente em relação à extinção.

1.9.1. Formação

Como já visto, a *jurisdição é inerte (princípio dispositivo)*, razão pela qual a parte deve provocar o Judiciário para que tenha início o processo (CPC, art. 2º).

A regra constante da parte inicial do art. 312 é a seguinte: "considera-se proposta a ação quando a petição inicial for protocolada (...)". Porém, para o réu, somente surtem os efeitos da formação após a sua citação. Vide art. 240 quanto aos efeitos da citação para o réu

De qualquer forma, há a **formação do processo** *no momento em que a petição inicial é protocolada em juízo.*

Assim, são **requisitos de constituição da relação processual**:

✓ *petição inicial escrita em português* (CPC, art. 192);

✓ *subscrita por advogado ou defensor público;* e

endereçada a juiz.

1.9.2. Suspensão do processo

Apesar de os princípios da celeridade e da duração razoável do processo permearem todo o sistema processual, por vezes se faz necessária a **suspensão do processo**, ou seja, *a paralisação do trâmite processual.*

Não obstante, qualquer que seja a hipótese de suspensão, *atos urgentes podem ser praticados durante o período em que o processo está suspenso* – salvo se houver alegação de *impedimento ou suspeição* do juiz (CPC, art. 314).

É importante consignar que suspensão do processo é algo distinto da suspensão ou interrupção do prazo processual.

É necessária previsão legal para que haja a suspensão do processo, sendo que o Código prevê diversas situações para tanto.

O principal dispositivo que trata do tema é o art. 313 do CPC, que traz as seguintes **hipóteses de suspensão**:

(i) Pela *morte ou perda da capacidade processual* de qualquer das *partes*, de seu representante legal ou de seu procurador.

O autor, quando falece, deixa de deter capacidade de ser parte. Um idoso que é interditado perde sua capacidade processual. Um advogado que é desligado dos quadros da OAB não é mais dotado de capacidade postulatória. Nestes três exemplos, o processo não pode prosseguir. Mas preferível à extinção de plano é a *suspensão, até que a incapacidade seja solucionada.*

Contudo, se a falha não for suprida, sendo em relação ao autor, o processo será extinto sem mérito; sendo em relação ao réu, será decretada a revelia (CPC, art. 313, § 3º). Aponta o CPC que, no caso de óbito da parte, se não houver habilitação, o juiz determinará a suspensão de ofício e buscará que haja o ingresso dos herdeiros (CPC, art. 313, § 2º).

(ii) Por *convenção das partes.*

Se as partes estão em vias de celebrar um acordo para pôr fim ao processo, o prosseguimento do feito pode dificultar as negociações. Daí a conveniência de suspender o processo.

Contudo, o *prazo máximo para que o processo fique suspenso é de seis meses* (CPC, art. 313, § 4º). Após tal período, o processo deverá retomar seu curso;

(iii) Quando houver *arguição de impedimento ou suspeição.*

Lembrando que não há mais a figura da exceção, se a parte impugnar a imparcialidade do juiz (ou de outro auxiliar do juízo), é conveniente que se aguarde a decisão dessa questão com a suspensão do processo.

(iv) Quando for admitido o *incidente de resolução de demandas repetitivas.*

O IRDR (art. 976) é uma das grandes novidades do CPC. Quando ele for admitido, para que se decida a questão repetitiva, impõe-se a suspensão de todos os outros processos que discutam a mesma tese jurídica. A rigor, o prazo máximo de suspensão é de 1 ano, mas eventualmente poderá esse prazo ser majorado (CPC, art. 980, parágrafo único).

(v) Quando a *sentença de mérito depender do julgamento de outra causa ou de prova requisitada a outro juízo*, ou seja, quando houver *prejudicialidade externa.*

Ao se falar em prejudicialidade, significa dizer que *antes da solução da questão principal* (o pedido, aquilo que deverá ser apreciado pelo juiz), *deve ser solucionada a questão prejudicial em debate em outro processo*. O objetivo da suspensão pela prejudicialidade externa é evitar que haja a prolação de decisões conflitantes.

No que diz respeito à suspensão decorrente de prova a ser produzida em outro juízo, o exemplo é a *expedição de carta precatória para oitiva de testemunha*. Ou seja, o processo "principal" fica sobrestado até que a prova em questão seja produzida.

Considerando a morosidade que isso acarreta, houve alteração legislativa: apenas quando se tratar de prova "imprescindível" é que a carta terá o condão de suspender o processo (CPC, art. 377).

Por fim, o processo só poderá ficar suspenso pela alínea V pelo prazo máximo de 1 ano (CPC, art. 313, § 4º);

(vi) Por motivo de *força maior.*

Para fins deste inciso, deve-se entender por força maior a situação imprevisível, alheia à vontade das partes e do juiz que torne impossível a realização de determinado ato processual. Se isso ocorrer, o processo estará suspenso e, consequentemente, prorrogados os prazos para realização daquele ato processual. Como exemplo da segunda década do século XXI, as fortes chuvas que destruíram diversos fóruns em cidades do Sudeste do Brasil.

(vii) Quando se discutir em juízo *questão decorrente de acidentes e fatos da navegação de competência do Tribunal Marítimo.*

O Tribunal Marítimo é órgão administrativo que aprecia questões relativas ao Direito Marítimo (tema que ganha prestígio no CPC). Assim, se houver o debate de acidente marítimo em apreciação perante o Tribunal Marítimo, eventual processo judicial sobre esse tema deverá ser suspenso. Trata-se, portanto, de mais uma situação de prejudicialidade externa (como no inc. V). Não há previsão legal de prazo máximo de suspensão, mas por uma interpretação teleológica, também deve ser aplicado o prazo máximo de 1 ano (CPC, art. 313, § 4º).

(viii) Quando do *nascimento ou adoção de filho*, sendo a mãe ou o pai a *única advogada ou advogado* da causa. Trata-se de inovação decorrente da Lei 13.363/2016.

Essa previsão consta dos incisos IX e X do art. 313 do CPC. Assim, haverá a suspensão do processo quando houver parto ou adoção. Porém, não se trata de algo automático e que ocorre em todas as situações de paternidade ou maternidade.

Para que haja a suspensão do processo, (i) o pai ou mãe devem ser o *único(a)* patrono(a) do processo, (ii) deve ser *apresentada nos autos* a certidão de nascimento para comprovar o parto ou o termo judicial que tenha concedido a adoção e (iii) deve o advogado(a) ter *notificado o cliente* a respeito do tema.

O prazo de suspensão é diferenciado entre pai e mãe: 30 dias para a mulher e 8 dias para o homem.

1.9.3. Extinção do processo

O processo em determinado momento terá de chegar a seu final. *O término do processo se dará pelas mais diversas razões.* É o que se denomina de **extinção do processo**.

Termina o CPC sua parte geral falando de extinção do processo, e que ela **se dará por sentença** (art. 316). Porém, as hipóteses de sentença com e sem resolução de mérito (*conhecimento*) ou quando cabe a extinção na *execução* estão previstas apenas na parte especial (arts. 485, 487 e 924).

Em linha com o princípio da cooperação e do contraditório, destaca o CPC que, **antes de proferir decisão sem resolução de mérito**, o juiz deverá *conceder prazo* à parte para que, se possível, corrija o vício que acarretaria a extinção (CPC, art. 317).

2. PROCESSO DE CONHECIMENTO

2.1. Processos e procedimentos

O processo mais regulamentado no Código é o processo de conhecimento, que será analisado neste capítulo.

Mas, para que se entenda bem o tema, é necessário, inicialmente, realizar uma breve análise dos conceitos de processo, procedimento e rito.

✓ **Processo** é o *instrumento que o Estado coloca à disposição dos litigantes para solucionar a lide (administrar justiça).*

✓ **Procedimento** é a *forma, modo, maneira pela qual o processo se exerce.*

✓ **Rito** é a *forma, modo, maneira pela qual o procedimento se desenvolve.* No CPC, deixa de ter relevância esta subclassificação de rito – pois não mais existem os ritos sumário e ordinário, como se verá abaixo.

Ou seja, são três conceitos correlacionados, porém distintos.

2.1.1. Processos no CPC

O CPC conhece 2 tipos de processos (cf. Livro I e II da Parte Especial do Código):

a) Processo de conhecimento (tutela cognitiva): *há crise de certeza, ou seja, não se sabe quem tem razão até que o juiz decida. Visa a uma sentença de mérito, que decidirá a lide.*

Por sua vez, o processo de conhecimento pode ser classificado conforme o pedido formulado, o provimento pretendido ou a sentença obtida, da seguinte forma:

(i) pedido condenatório: impõe ao réu uma obrigação de pagar, dar, fazer, não fazer etc.;

(ii) pedido constitutivo (positivo ou negativo): constitui, modifica ou extingue uma relação jurídica (na constitutiva positiva, há a constituição de uma relação jurídica; na constitutiva negativa, há a extinção de uma relação jurídica);

(iii) pedido declaratório (positivo ou negativo): declara a (in)existência de uma relação jurídica.

Ainda, para alguns, há ainda o pedido **mandamental** e **executivo** *lato sensu,* que podem ser vistos como uma variação do pedido condenatório. Nesses pedidos, não há necessidade de novo processo para executar a decisão judicial, mas haverá a sequência do procedimento, seja por uma ordem do juízo para alguém cumprir a obrigação (tutela *mandamental*), seja com atos realizados pelo próprio Judiciário, os chamados atos de sub-rogação (tutela *executiva lato sensu*).

b) Processo de execução (tutela satisfativa): *há crise de adimplemento, ou seja, já se sabe quem tem razão, mas não há a satisfação do direito do credor por parte do devedor. Para ser utilizado, é necessário título executivo e inadimplemento.*

Como se vê, no CPC **o processo cautelar foi extinto** (e existia no CPC/1973). No atual Código, a cautelar (não mais processo autônomo) pode ser requerida de forma antecedente ou junto com a petição inicial (vide capítulo 1.8, a respeito da tutela provisória).

2.1.2. Procedimentos no CPC

Como já exposto, procedimento é a forma pela qual o processo se desenvolve. Cada processo terá seus próprios procedimentos.

No CPC, o panorama é o seguinte:

a) No *processo de conhecimento*, há os seguintes procedimentos:

(i) comum, *que é o procedimento-padrão, a ser utilizado na maior parte das causas* (CPC, art. 318);

(ii) especial, *que apresenta distinções em relação ao procedimento comum*, de modo a decidir a lide de forma mais adequada (CPC, Título III do Livro I da Parte Especial, art. 539 e ss., além de leis extravagantes).

O procedimento comum (que é o procedimento padrão, o mais amplo e usual), é aplicado de forma subsidiária aos procedimentos especiais e também ao processo de execução (art. 318, parágrafo único).

b) No *processo de execução*, não há um procedimento comum e outros especiais. O que existem são **diversos tipos de procedimentos**, *cada um correspondente a cada uma das diversas espécies de execução* (alimentos, entrega de coisa, contra a Fazenda etc.).

No tocante ao **procedimento comum do processo de conhecimento,** há importante *mudança* em relação ao que existia no CPC/1973. No Código anterior, o procedimento comum *se dividia no rito ordinário e sumário.* No CPC, houve a **extinção do rito sumário**; sendo assim, **não mais se justifica a existência de um rito ordinário.** Logo, no CPC somente existe, *no processo de conhecimento, procedimento comum* (art. 318 e ss.) *e especial* (art. 539 e ss.).

Diante do exposto, é possível apresentar o seguinte quadro síntese em relação ao CPC:

Processo	Procedimento
1) Conhecimento	1.1) Comum; 1.2) Especial.
2) Execução	2.1) pagar quantia; 2.2) fazer ou não fazer; 2.3) alimentos etc. (Diversos, conforme a espécie de obrigação).

2.1.3. Procedimentos no processo de conhecimento

Considerando o panorama geral exposto, é possível analisar os procedimentos no processo de conhecimento:

(i) procedimento comum: *é a base, a norma que se aplica de forma subsidiária aos demais.*

É o procedimento regulado com mais vagar pelo CPC, é o mais completo, com maior número de atos (inicial, contestação, réplica etc.) e fases mais facilmente distinguíveis (postulatória, saneadora, instrutória, decisória e cumprimento de sentença);

(ii) procedimentos especiais: *surgem diante da impossibilidade de solução a determinados problemas pelo procedimento comum. A finalidade é adequar o procedimento ao direito material debatido.*

As diferenças, em relação ao procedimento paradigma (comum), são previstas em lei e podem estar nos prazos, na previsão de liminar, na modificação/concentração das fases processuais etc.

2.1.4. Distinção concreta entre os procedimentos

Para visualizar a distinção entre os diversos procedimentos, cabe apresentar exemplos.

Basta visualizar um **pedido condenatório**, que pode tramitar:

✓ pelo procedimento *comum*;

✓ pelo procedimento *especial* (condenação a pagar alimentos).

Procedimento comum (trâmite em 1º grau) – possível algumas variações
1) inicial;
2) audiência de conciliação ou mediação (CPC, art. 334);
3) contestação, em 15 dias (CPC, art. 335).
4) réplica, em 15 dias (CPC, art. 351)
5) saneamento (CPC, art. 357);
6) audiência de instrução (CPC, art. 358);
7) alegações finais/memoriais (CPC, art. 364);
7) sentença (passível de recurso).

Procedimento especial – alimentos (Lei 5.478/1968, trâmite em 1º grau)
1) inicial
2) audiência de conciliação, instrução e julgamento: – tentativa de conciliação;   – apresentação de contestação;   – produção de provas;   – alegações finais.
3) sentença – que inclusive poderá ser proferida na própria audiência (passível de recurso, que será recebido só no efeito devolutivo).

Como se percebe da análise dos dois trâmites, as diferenças de procedimento são eminentemente práticas e perceptíveis de verificação a partir da análise do passo a passo procedimental das demandas.

2.2. Formação, suspensão e extinção do processo de conhecimento

Uma vez verificada a distinção entre processo e procedimento, é possível verificar como todos os processos de conhecimento (independentemente do procedimento) se formam e chegam a seu término. Aqui se retoma o que inicialmente foi exposto em relação a todos os processos (parte geral, item 1.9).

2.2.1. Formação do processo de conhecimento

✓ *Não há significativas distinções entre a formação de qualquer processo e o processo de conhecimento. Assim, vide item 1.9.1.*

2.2.2. Suspensão do processo de conhecimento

Idem acima. Vide Item 1.9.2.

2.2.3. Extinção do processo de conhecimento

✓ No tocante à formação, suspensão e extinção do processo, o ponto em que há distinção entre a parte geral (muito genérica) e a parte especial (específica) é este, relativo à **extinção do processo**.

✓ Tal qual no sistema anterior, o CPC separa a **extinção sem resolução do mérito** (por *questões formais*) e a **extinção com resolução do mérito** (em que há a composição da lide, com o *pedido efetivamente apreciado*). Curioso é destacar que a parte geral para expressamente em **extinção** do processo, por sentença (art. 316), mas os artigos específicos que tratam do tema no processo de conhecimento não se referem nem à extinção, nem à sentença.

2.2.3.1. Decisão sem resolução do mérito

A decisão sem resolução do mérito (CPC, art. 485) em regra, *extinguirá* o processo. Porém, se houver mais de um pedido ou litisconsorte, e houver decisão sem mérito em relação a tal pedido ou parte, então não haverá extinção do processo, pois prosseguirá a relação processual em relação ao outro pedido ou parte. Por isso é que o CPC não se refere à extinção no *caput* do artigo que trata da hipótese em que o juiz não resolve o mérito.

São hipóteses de **decisão sem resolução do mérito**:

(i) *indeferimento da inicial* (CPC, art. 330; o § 1º traz casos de *inépcia da inicial*).

Nas hipóteses em que o *vício da petição inicial for sanável*, deverá o juiz determinar *sua emenda* (CPC, arts. 317 e 321). Contudo, (i) se, mesmo após a determinação, *não houver a emenda* ou (ii) *se o vício for grave e não admitir correção*, então haverá o indeferimento da inicial e *o magistrado extinguirá o processo, sem resolução do mérito.*

(ii) *o processo ficar parado* por mais de um ano por *negligência das partes.*

Este inciso retrata o *abandono do processo por ambos* os litigantes;

(iii) *autor abandona* a causa por mais de 30 dias.

Já este inciso retrata o *abandono do autor.*

Nos 2 casos de abandono (incs. II e III), *as partes devem ser intimadas pessoalmente, antes da decisão sem mérito* (CPC, art. 485, § 1º). A providência se justifica por força de hipóteses como, por exemplo, a morte do advogado sem ciência do cliente. Se houver a decisão sem mérito por abandono de ambas as partes, as *custas do processo* serão pagas proporcionalmente pelas partes; se for abandono do autor, o autor arcará integralmente com custas e honorários (CPC, art. 485, § 2º).

Se o *réu já tiver apresentado a contestação*, a extinção pelo abandono do autor depende de requerimento do réu (CPC, art. 485, § 6º).

(iv) *falta de requisitos de constituição* ou *validade* do processo.

Haverá extinção do processo *se não estiverem presentes os pressupostos processuais de existência e validade* (tema já antes tratado – cf. item 1.6.2 supra);

(v) *perempção, litispendência e coisa julgada.*

A litispendência e a coisa julgada (CPC, art. 337, §§ 1º a 4º) já foram analisadas no item 1.6.3. A **perempção** é a *situação na qual, se o autor provocar a extinção do processo por 3 vezes por força do abandono, o juiz, no 4º ajuizamento extinguirá o processo sem resolução do mérito* – nesse caso, porém, será possível à parte alegar em defesa seu direito (CPC, art. 486, § 3º).

(vi) falta de legitimidade ou interesse processual (*carência de ação*).

A *falta de uma das condições da ação* já foi antes analisada (item 1.6.4);

(vii) *convenção de arbitragem ou* reconhecimento de *competência pelo juízo arbitral.*

Se as partes celebraram contrato no qual estipulam que, *diante da lide, a solução será pela via da arbitragem, a causa não pode ser decidida pelo Poder Judiciário,* mas sim por um árbitro (Lei 9.307/1996). Daí a extinção sem resolução de mérito. O CPC menciona a possibilidade de reconhecimento da competência pelo juiz arbitral; ou seja, o árbitro, ao reconhecer sua competência para apreciar determinada lide, acaba por esvaziar a competência do Poder Judiciário.

(viii) *autor desiste* da ação.

A desistência é distinta da renúncia (CPC, art. 487, III, "c"). *A primeira, por ser sem mérito, admite a repropositura da mesma ação. A segunda, por ser com mérito, forma coisa julgada e impede a repropositura.* Assim, o autor *desiste do processo,* ao passo que *renuncia ao direito.*

A partir do momento em que é *oferecida a contestação pelo réu, a desistência do autor depende da concordância do réu* (CPC, art. 485, § 4º). Além disso, define o CPC que a desistência *só é admitida até a sentença* – afinal, com a sentença, ou a parte recorre ou se submete à decisão, não mais sendo possível a desistência do processo (CPC, art. 485, § 5º).

(ix) ação for *intransmissível.*

Se o direito discutido em juízo for **intransmissível** (basicamente as hipóteses de direito personalíssimo), *o falecimento da parte* (o suposto titular do direito) *não permite que haja a sucessão da posição jurídica processual.* O grande exemplo é o divórcio; assim, com a morte de uma das partes, extingue-se o processo de divórcio e passa a parte sobrevivente a ser viúva.

Em todos os incisos do art. 485 do CPC ora apresentados, *a sentença é terminativa,* ou seja, processual, não decide a lide. Assim, **em regra, admite-se a repropositura da ação**. Porém, se a extinção se deu por litispendência, indeferimento, falta de pressupostos ou condição da ação ou convenção de arbitragem, a propositura da nova ação depende da correção do vício que causou a extinção anteriormente (CPC, art. 486, § 1º). Contudo, para a repropositura ou nova propositura, é necessário o recolhimento das custas e honorários do processo anterior (CPC, art. 486, § 2º).

A relação do art. 486, § 1º leva à confirmação de que *não cabe a repropositura no caso de coisa julgada e perempção.*

Se for **possível ao juiz apreciar o mérito a favor do réu** (item abaixo), mas também houver um *argumento capaz de levar o processo à extinção sem mérito,* deverá o juiz apreciar o mérito (CPC, art. 488). Trata-se de uma opção do Código que prestigia a decisão do mérito – pois essa resolve a lide e é coberta pela coisa julgada.

Por fim, vale destacar que houve supressão de inciso em relação ao CPC/1973: no Código anterior, havia também a previsão de extinção do processo sem mérito no caso de *confusão* entre autor e réu (**confusão** se verifica *quando as duas partes da relação processual se encontram em uma única parte na relação jurídica de direito material.* Como não é lícito alguém litigar contra si mesmo, o processo deve ser extinto. Como exemplo, a fusão de duas empresas que estavam litigando). A supressão não significa que seja possível a parte litigar contra si mesmo – mas sim que a extinção se dará por outro motivo – como a falta de interesse de agir superveniente (art. 485, VI).

2.2.3.2. Decisão com resolução do mérito

O art. 487 do CPC contém 3 incisos e **5 situações de decisão de mérito**. Apesar disso, apenas na hipótese prevista no *inc. I é que há efetivamente decisão do juiz,* aceitando ou não o pedido apresentado pelas partes. Nas demais hipóteses, o magistrado simplesmente se manifesta a respeito de uma situação que, pelo Código, também tem o condão de resolver o mérito.

Não se trata de extinção do processo, pois, a rigor, após a sentença haverá o prosseguimento do feito, com a fase de cumprimento de sentença. Além disso, na nova sistemática do Código, cabe também a decisão parcial de mérito (CPC, art. 356, vide item 2.3.5.3).

São **hipóteses em que há resolução do mérito** (CPC, art. 487):

(i) juiz julga *procedente ou improcedente* o pedido do autor na inicial ou do réu, na reconvenção.

É a conclusão esperada – e mais frequente – de um processo judicial.

Além disso, o sistema prevê a improcedência liminar do pedido, ou seja, a hipótese em que, sem a citação do réu, o pedido já é julgado improcedente. Isso já existia no Código anterior, mas passou por modificações no CPC. **Não existe a procedência liminar do pedido**, pois isso importaria em *violação do contraditório e da ampla defesa.* O que pode haver diante de um direito muito plausível é a concessão de tutela de evidência (vide item 1.8.3. acima), mas não sentença de procedência.

Cabe a **improcedência liminar** nos seguintes casos (CPC, art. 332):

a) quando o pedido contrariar *súmula* do STJ, STF – e também do Tribunal de Justiça, quanto a direito local;

b) decisão proferida em *recurso repetitivo* (STF ou STJ), incidente de resolução de demandas repetitivas ou incidente de assunção de competência;

c) quando o juiz verificar, desde logo, prescrição ou decadência (CPC, art. 332, § 1º).

Apelando o autor contra a sentença de improcedência liminar, o juiz poderá se retratar em 5 dias; caso o faça, o processo seguirá; se não, determinará a citação do réu para apresentar contrarrazões em 15 dias (CPC, art. 332, §§ 3º e 4º). Não interposta apelação contra a sentença de improcedência liminar, o réu será intimado do trânsito em julgado da sentença (CPC, art. 332, § 2º).

(ii) juiz reconhece a *decadência* ou a *prescrição*.

Transcorrido determinado lapso temporal, não será mais lícito à parte buscar o Judiciário para satisfazer sua pretensão – com isso ocorre a consumação da **prescrição e decadência**. Vale destacar que o juiz pode conhecer de ofício da prescrição, antes mesmo da contestação do réu (como visto no item "c" logo acima); mas, fora esse caso, por força do princípio da vedação de decisões surpresa, deverá o juiz ouvir as partes antes de reconhecer a prescrição ou decadência (CPC, art. 487, parágrafo único).

Este tema é usualmente objeto de questões de OAB, com respostas erradas: *prescrição e decadência importam em extinção com resolução do mérito*. Foi uma opção legislativa para que a sentença fosse coberta pela *coisa julgada*;

(iii) *réu reconhece a procedência do pedido (seja na ação ou reconvenção).*

Reconhecimento do pedido é a *concordância do réu com o pedido formulado pelo autor*. É importante destacar que *não se trata de revelia* (ausência de contestação), mas sim de submissão à pretensão do autor;

(iv) as partes *transigem*.

É a hipótese de *acordo entre as partes*. Como se sabe, a **transação** *envolve concessões recíprocas para encerrar o litígio*, ou seja, cada parte cede um pouco de sua pretensão e resistência;

(v) autor *renuncia ao direito* sobre que se funda a ação.

Como já exposto em relação ao art. 485, é *fundamental que se diferencie a desistência* (CPC, art. 485, VIII) *da renúncia* (CPC, art. 487, III, "c"). A desistência atinge o direito processual, acarreta a extinção sem mérito e assim permite uma nova propositura da mesma ação. Já na **renúncia** *o autor abre mão de sua pretensão, o ato atinge o direito material*. E isso acarreta a extinção com mérito, a sentença é coberta pela coisa julgada e assim não cabe a repropositura.

As três últimas hipóteses estão inseridas no art. 487, III, dispositivo que se refere à **homologação** por parte do juiz. Assim, não há propriamente decisão (como no inc. I), mas sim homologação de uma solução decorrente da atuação das partes.

As hipóteses ora enfrentadas, em que há *análise do mérito*, importam em **decisão definitiva** (CPC, art. 487). Com o *trânsito em julgado de uma decisão definitiva*, tem-se a *coisa julgada material* (CPC, art. 502).

2.3. Procedimento comum

Como já acima exposto, este é o procedimento-padrão, a base dos demais processos e procedimentos e que, portanto, encontra a maior regulação por parte do CPC.

2.3.1. Hipóteses de utilização do procedimento comum

Será utilizado o procedimento comum por *exclusão*: se não for hipótese de algum procedimento especial (previsto no CPC ou em lei extravagante), então este será o utilizado.

Trata-se, portanto, do procedimento residual.

2.3.2. Petição inicial e seus requisitos

Os **requisitos da petição inicial** estão previstos no CPC, art. 319.

Diante da clareza, vale reproduzir o artigo:

Art. 319. A petição inicial *indicará*:

I – o juízo a que é dirigida (*endereçamento*);

II – os nomes, os prenomes, o estado civil, a existência de união estável, a profissão, o número de inscrição no Cadastro de Pessoas Físicas ou no Cadastro Nacional da Pessoa Jurídica, o endereço eletrônico, o domicílio e a residência do autor e do réu (*qualificação*);

III – o fato e os fundamentos jurídicos do pedido (*causa de pedir*);

IV – o pedido com as suas especificações (*pedido*);

V – o *valor da causa*;

VI – as provas com que o autor pretende demonstrar a verdade dos fatos alegados (*provas*);

VII – a opção do autor pela realização ou não de audiência de conciliação ou de mediação (*interesse na audiência inaugural*).

O atual Código trouxe as seguintes alterações:

✓ *deixou* de ser requisito da inicial o **requerimento de citação do réu**. Mas, claro, se o advogado quiser colocar esse requisito (especialmente para indicar a forma de citação) não haverá qualquer problema;

✓ quanto à **qualificação** das partes, o autor *deverá indicar na petição inicial mais dados*: a existência de união estável e o endereço eletrônico de autor e réu;

✓ caso não disponha dos **dados necessários para qualificar de modo completo o réu**, o autor poderá, na petição inicial, *requerer ao juiz diligências para que isso seja obtido* (CPC, art. 319, § 1º).

✓ o autor deverá indicar **se quer ou não a audiência inaugural de conciliação ou mediação**;

✓ nas hipóteses de **revisão de contratos bancários** (art. 330, § 2º), há previsão específica: "Nas ações que tenham por objeto a *revisão de obrigação* decorrente de empréstimo, de financiamento ou de alienação de bens, o autor terá de, *sob pena de inépcia*, discriminar na petição inicial, dentre as obrigações contratuais, *aquelas que pretende controverter, além de quantificar o valor incontroverso do débito*". E, nesse caso, o *incontroverso terá de continuar a ser pago* (§ 3º).

Existe a previsão de o **juiz poder oficiar algum ente legitimado para ajuizar ação coletiva**, quando vislumbrar *multiplicidade de causas*. A previsão está no art. 139, X, destacando ser **poder do juiz**, quando se deparar com diversas *demandas individuais repetitivas*, oficiar o *Ministério Público, a Defensoria Pública e outros legitimados* para, se for o caso, promover a propositura da ação coletiva respectiva.

Os requisitos ora analisados são previstos para a *inicial do procedimento comum*. Mas, como já dito, também se aplicam aos *demais processos e procedimentos*, com algumas diferenças.

Se a **petição inicial não trouxer algum dos requisitos**, o juiz determinará a *emenda da inicial* (CPC, arts. 317 e 321). Contudo, se o autor não proceder à emenda, haverá o *indeferimento da inicial*, com a extinção do processo sem resolução do mérito (CPC, art. 485, I). Por sua vez, **se o vício da inicial for grave** e sequer permitir a emenda, poderá o magistrado *desde logo extinguir o processo* (CPC, art. 330). Nessas situações, fala-se em **indeferimento liminar da inicial**, hipóteses em que o processo é extinto sem resolução do mérito e *sem haver a citação do réu*.

Também é possível se falar em **improcedência liminar da inicial**, situação na qual *o pedido é julgado improcedente (portanto, decisão de mérito), sem a citação do réu* (o assunto já foi tratado no item 2.2.3.2 acima).

Descabe a procedência liminar do pedido, pois é necessário o contraditório e ampla defesa do réu (porém, o sistema prevê a figura da tutela de evidência, como já enfrentado).

Considerando os diversos **requisitos da petição inicial**, na sequência será feita a análise de alguns dos requisitos com mais vagar (daqueles que não foram analisados em outros momentos).

2.3.2.1. Causa de pedir

Causa de pedir: na terminologia do CPC, *são os fatos e fundamentos jurídicos do pedido* (Por que o autor pede em juízo determinada providência?). Não basta a indicação da relação jurídica (por exemplo, locação), mas sim os *fatos* que dão base ao que se busca em juízo (como a falta de pagamento do contrato de locação, para se buscar o despejo). Essa é a chamada **teoria da substanciação**, adotada no Brasil.

Observemos que não se deve confundir **fundamentos jurídicos** (consequência jurídica pretendida pelo autor, decorrente dos fatos narrados) com **fundamentos legais** (base legal, artigos de lei).

A causa de pedir é integrada *apenas pelos fundamentos jurídicos*. Assim, ainda que a parte mencione determinados artigos na inicial, poderá o juiz julgar com base em outros dispositivos – desde que não altere os fatos ou fundamentos jurídicos levados aos autos pelo autor.

Para que haja a **alteração da causa de pedir** após o ajuizamento da inicial, deve ser observado o seguinte (CPC, art. 329):

(i) até a citação: *permitido, sem qualquer restrição*, bastando uma petição do autor;

(ii) após a citação: permitido, *desde que o réu concorde* (hipótese em que haverá possibilidade de manifestação do réu, no prazo mínimo de 15 dias, sendo possível requerimento de prova suplementar);

(iii) após o saneamento do processo: *inadmissível*.

Essa é exatamente a **mesma regra em relação à alteração do pedido** após o ajuizamento.

2.3.2.2. Pedido

Pedido: *é aquilo que o autor pede quando aciona o Judiciário.*

O **pedido deve ser certo** (art. 322) **e determinado** (art. 324).

A **certeza do pedido** diz respeito ao verbo, à *providência jurisdicional*. Ou seja, fazer menção, no pedido, a condenar, declarar ou constituir.

Ainda que a parte não peça, compreende-se no pedido (CPC, art. 322, § 1º – o que por alguns é chamado de *pedido implícito*):

(i) *juros legais*;

(ii) *correção monetária*;

(iii) verbas de *sucumbência*, ou seja, custas e honorários;

(iv) *prestações sucessivas* que se vencerem durante o processo, enquanto durar a obrigação (CPC, art. 323);

(v) *multa diária* (astreintes), na tutela específica das obrigações de fazer, não fazer ou entregar coisa (CPC, art. 536, *caput* e § 1º).

Interpretação do pedido: o CPC prevê que o pedido vai ser *interpretado conforme "o conjunto da postulação e observará o princípio da boa-fé"* (art. 322, § 2º). Ou seja, o juiz terá mais margem para interpretar o pedido: não só com base naquilo que estiver ao final da petição inicial, no tópico "do pedido", mas também na peça como um todo.

A **determinação do pedido** diz respeito ao complemento, ao *bem da vida*. Ou seja, ao se pedir a condenação (certeza do pedido), indicar de *quanto* se quer a condenação.

Apesar de a regra ser a determinação do pedido, o CPC admite a formulação de **pedido genérico**, em hipóteses específicas (art. 324, § 1º):

I – nas *ações universais*, se o autor não puder individuar os bens demandados (ações que envolvem *um conjunto de bens, uma universalidade*, tais como o espólio, uma biblioteca, a massa falida. Basta imaginar um filho buscando o patrimônio de um pai falecido. O autor ingressará com uma petição de herança [réus *condenados* a entregar ao autor seu quinhão – pedido certo], mas não conseguirá delimitar *o valor exato dos bens correspondentes ao seu quinhão*, pois não se sabe o *quantum debeatur*);

II – quando *não for possível determinar*, desde logo, as *consequências do ato ou do fato* (como exemplo, um acidente envolvendo a explosão de um botijão de gás em um restaurante. O cliente poderá ter de ficar meses em tratamento médico. Mesmo antes de ficar totalmente recuperado, o cliente já poderá ingressar em juízo contra o restaurante. E os danos, porém, ainda não podem ser determinados de modo definitivo);

III – quando a determinação do objeto ou do valor da condenação *depender de ato que deva ser praticado pelo réu* (o exemplo típico para esta situação é a *prestação de contas: conforme as contas prestadas, será possível verificar se há e quanto é o valor a ser pago*).

Tomando posição em relação a uma polêmica doutrinária, o CPC deixa clara a **impossibilidade de indenização por dano moral como pedido genérico**, o que era admitido pela jurisprudência do STJ no Código anterior (considerando ser uma situação em que "não era possível determinar, desde logo, as consequências" do ato ou fato, inc. II). O CPC aponta que, na demanda indenizatória, *inclusive a fundada em dano moral*, o valor da causa será a *quantia pretendida* (art. 292, V); com isso, não se mostra mais possível pleitear o dano moral sem indicar, na inicial, o valor pretendido. Porém, apesar da clareza do texto legal, há na doutrina quem discorde dessa posição (sustentando ser ainda possível o pedido genérico no dano moral), mas o STJ ainda não se manifestou acerca do tema.

O sistema admite a **cumulação de pedidos**, ou seja, a elaboração de *mais de um pedido, mesmo que não conexos*, *em face do mesmo réu.* Será possível a **cumulação** quando (CPC, art. 327, § 1º):

1) os pedidos forem *compatíveis*;

2) competente o *mesmo juízo;*

3) adequado o *mesmo procedimento* (ou utilização do procedimento comum, sem prejuízo do uso de "técnicas processuais diferenciadas previstas nos procedimentos especiais" para um dos pedidos cumulados, desde que não haja incompatibilidade com o procedimento comum).

A legislação permite o **pedido alternativo**, *que é aquele em que o autor formula dois pedidos para ver acolhido um, indistintamente.* Pede-se a entrega do bem comprado ou o dinheiro de volta (CPC, art. 325 – o devedor pode cumprir a prestação de mais de um modo), sem preferência por parte do autor. Se qualquer dos pedidos for acolhido, estará satisfeito o autor.

O **pedido subsidiário** se verifica quando *o autor formula um pedido principal e, somente se este não puder ser acolhido, formula um pedido subsidiário/eventual.* Pede-se o cumprimento do contrato como pedido principal e, somente se isso não for possível, pleiteia-se indenização por perdas e danos (CPC, art. 326). Aqui há, portanto, preferência por parte do autor – que somente estará totalmente satisfeito se for acolhido o pedido principal.

A doutrina também fala em **pedido sucessivo** (não previsto na legislação), quando há cumulação de pedidos, mas *o segundo pedido depende, do ponto de vista lógico, do acolhimento do primeiro.* Assim, numa investigação de paternidade cumulada com alimentos, somente após o acolhimento do pedido de reconhecimento da paternidade é que se pode cogitar de concessão do pedido de alimentos.

Em relação à **modificação do pedido**, repete-se o acima exposto quanto à causa de pedir (CPC, art. 329):

(i) até a citação: *permitido, sem qualquer restrição*, bastando uma petição do autor;

(ii) após a citação: permitido, *desde que o réu concorde* (hipótese em que haverá possibilidade de manifestação do réu, no prazo mínimo de 15 dias, sendo possível requerimento de prova suplementar);

(iii) após o saneamento do processo: *inadmissível.*

2.3.2.3. Provas

Prova: o objetivo da prova *é influir no convencimento do juiz quanto aos fatos trazidos pelas partes (CPC, art. 369).*

Cabe relembrar que, pela Constituição, *provas ilícitas são inadmissíveis* (CF, art. 5º, LVI).

O **momento principal de produção de prova oral** é a *audiência de instrução* (CPC, art. 361). Tratando-se de *documentos, já na inicial e contestação* devem ser juntados.

A regra é que *somente os fatos devem ser provados*, mas não o direito (há *exceção* prevista no CPC, art. 376: o juiz poderá determinar que a parte prove "direito municipal, estadual, estrangeiro ou consuetudinário").

Fato incontroverso (aquele que *não é objeto de impugnação pela parte contrária*) e **fato notório** (aquele que *é de conhecimento comum dos litigantes*) *independem de prova* (CPC, art. 374).

Da mesma forma, *aquilo que ordinariamente ocorre* – as chamadas **máximas de experiência** – também não precisa ser provado (CPC, art. 375). Como exemplo, a culpa num acidente de veículo, com base no que ordinariamente ocorre, é do veículo que está atrás.

O **momento de requerer a produção das provas** é na *inicial e na contestação.* O **juiz irá decidir a respeito de qual prova será produzida** *no saneamento* (CPC, art. 357, II: fixação dos pontos controvertidos a respeito dos quais haverá prova). Além disso, *cabe ao juiz deferir provas de ofício* (CPC, art. 370).

O CPC contempla previsão sobre a **prova emprestada**: o juiz *poderá admitir o uso* de prova produzida em outro processo, atribuindo-lhe o *valor que considerar adequado, observado o contraditório* (art. 372).

No CPC/1973, havia o princípio do *livre convencimento motivado* do juiz. No CPC, há o **princípio do convencimento motivado**, pois fala-se em "razões da formação" do convencimento, mas sem a menção a "livre" (art. 371): "O juiz apreciará a *prova constante dos autos*, independentemente do sujeito que a tiver promovido, e *indicará na decisão as razões da formação de seu convencimento*" (a respeito da supressão do "livre", vide item 1.3.14. acima).

Quanto ao **ônus da prova**, *em regra, é de quem alega.*

Assim, compete:

✓ **ao autor**, provar *o fato constitutivo do seu direito* (CPC, art. 373, I);

✓ **ao réu**, provar *o fato impeditivo, modificativo ou extintivo do direito do autor* (CPC, art. 373, II).

Prevê o Código é a **distribuição dinâmica do ônus da prova** (ou carga dinâmica do ônus da prova), mecanismo que já vinha sendo aplicado pela jurisprudência e debatido pela doutrina mesmo antes do CPC.

Em casos previstos em lei ou diante de peculiaridades da causa relacionadas: (i) à impossibilidade ou excessiva *dificuldade de cumprir o encargo de provar* ou (ii) à *maior facilidade de obtenção* da prova do fato contrário, *poderá o juiz atribuir o ônus da prova de modo diverso por meio de decisão fundamentada*, caso em que deverá dar à parte a oportunidade de se desincumbir do ônus que lhe foi atribuído (CPC, art. 373, § 1º).

Em linha com a carga dinâmica, vale destacar, como exemplos, nas **relações de consumo**, em que é possível a *inversão do ônus da prova*, desde que presente a hipossuficiência do consumidor ou verossimilhança da alegação (CDC, art. 6º, VIII).

Se o autor não se desvencilhar de seu ônus: *improcedência do pedido*, sendo vedada a repropositura, diante da coisa julgada que se forma (CPC, art. 487, I).

2.3.2.3.1. Meios de provas

No tocante aos **meios de prova**, o Código traz os seguintes:

(i) *ata notarial* (CPC, art. 384);

(ii) *depoimento pessoal* (CPC, art. 385);

(iii) *confissão* (CPC, art. 389);

(iv) *exibição de documento ou coisa* (CPC, art. 396);

(v) *documental* (CPC, art. 405);

(vi) *testemunhal* (CPC, art. 442);

(vii) *pericial* (CPC, art. 464); e

(viii) *inspeção judicial* (CPC, art. 481).

A seguir, segue análise dos principais aspectos de cada um dos meios de prova.

(i) ata notarial

A ata notarial é meio de prova que não existia no CPC/1973, apesar de já ser utilizado no cotidiano forense. Sua previsão é conveniente para não haver dúvidas quanto à sua utilização.

Realizada em cartório extrajudicial (e, por isso, dotada de fé pública), a ata notarial serve para a produção de prova em uma situação *em que a prova possa desaparecer* (como para provar o conteúdo de páginas da internet, que podem ser alteradas ou excluídas posteriormente; a ata certifica o que foi visualizado naquele momento em que se acessou determinada página).

A ata notarial poderá atestar ou documentar a *existência e o modo de existir de algum fato*. É possível que *imagem ou som gravados* em arquivos eletrônicos constem da ata notarial (CPC, art. 384, parágrafo único).

Começa-se a se discutir a realização de ata notarial via novas tecnologias, como no caso de *blockchain* – mas não há qualquer previsão legal acerca disso.

(ii) Depoimento pessoal

É o *interrogatório das partes*, seja o *autor ou o réu* (CPC, art. 385).

Existem *limitações ao dever de depor em juízo*, como em situações de sigilo ou autoincriminação (CPC, art. 388) – que **não se aplicam** em causas de estado e de direito de família (CPC, art. 388, parágrafo único).

O depoimento pessoal é *requerido pelo juiz ou pela parte contrária* (CPC, art. 385, *caput*). Assim, não é requerido *pelo próprio depoente.*

Pode ocorrer, no depoimento pessoal, a **pena de confesso**: se a *parte não comparecer* ou, comparecendo, *recusar-se a responder* o que lhe for perguntado, *presumir-se-ão confessados os fatos contra ela* alegados (CPC, art. 385, § 1º).

No momento da colheita da prova, *quem ainda não depôs não pode ficar na sala de audiência* ouvindo o outro depoimento pessoal (CPC, art. 385, § 2º).

A parte depoente *não pode ler suas respostas*, mas é permitido levar *breves anotações* (CPC, art. 387). A parte não presta compromisso de dizer a verdade – e, assim, não há crime se a parte mentir (não existe no Brasil o crime de perjúrio).

O depoimento pessoal da parte que residir em comarca, seção ou subseção judiciária diversa daquela onde tramita o processo poderá ser **colhido por meio de videoconferência** ou outro recurso tecnológico de transmissão de sons e imagens em tempo real, o que poderá ocorrer, inclusive, *durante a realização da audiência de instrução e julgamento* (CPC, art. 385, § 3º).

Dúvida que surgirá é se o depoimento pessoal das partes será feito **mediante reperguntas** (como no Código anterior) **ou mediante perguntas dos próprios advogados** – como é a novidade em relação à prova testemunhal (CPC, art. 459). Como não há previsão do tema na seção própria do depoimento pessoal, é de se concluir que a forma de inquirição

será a mesma da prova testemunhal – ou seja, perguntas formuladas pelos advogados e não pelo juiz.

(iii) Confissão

Entende-se por **confissão** a *situação na qual a parte admite a verdade de um fato contrário ao seu interesse* (CPC, art. 389).

A confissão pode ser *judicial ou extrajudicial.*

A **confissão judicial** pode ser:

✓ *real*, ou seja, efetivamente aconteceu; ou

✓ *ficta*, quando resulta de sanção por alguma recusa da parte.

A **confissão judicial real** pode ser:

✓ *espontânea*, quando realizada *pelo próprio confitente*, sem provocação; ou

✓ *provocada*, quando obtida mediante *interrogatório.*

Assim, percebe-se que a confissão pode ocorrer por meio *documental* ou no *depoimento pessoal.*

(iv) Exibição de documento ou coisa

Pode o *juiz determinar que seja exibido determinado documento ou coisa* (CPC, arts. 396 e 401).

O destinatário da ordem pode ser:

✓ *o réu* (CPC, art. 396). Se o réu estiver com o documento/coisa e não o exibir, *admitem-se como verdadeiros os fatos que o requerente queria provar* com o que seria exibido (CPC, art. 400).

✓ *terceiro* (CPC, art. 401). Se terceiro estiver com o documento/coisa e não o exibir, o *juiz poderá determinar apreensão*, inclusive com força policial, sendo que o terceiro incorrerá no crime de desobediência (CPC, art. 403, parágrafo único).

Permite o Código que o juiz adote medidas coercitivas (tais como multa diária) para que se obtenha o documento ou coisa (CPC, art. 400, parágrafo único) – diferentemente da jurisprudência quanto ao tema à luz do sistema anterior (Súmula 372 do STJ, ainda não cancelada).

(v) Prova documental

O **momento de produção** da prova documental é *na inicial e na contestação* (CPC, art. 434).

Fora estes momentos, só podem ser juntados (CPC, art. 435):

a) *documentos novos* (prova de fatos posteriores aos narrados à inicial);

b) documentos para *rebater documentos produzidos pela parte contrária.*

Toda vez que um *documento for juntado, a parte contrária deverá ter a oportunidade de se manifestar, em 15 dias* (CPC, art. 437, § 1º).

Se uma das partes entender que o documento é falso, deverá **arguir a falsidade** – na contestação, réplica ou em petição simples, 15 dias após a juntada do documento (CPC, art. 430).

Apresentado o documento por uma das partes, se a outra não o *impugnar no momento seguinte* (arguição de falsidade na contestação, réplica ou simples petição, como visto acima), há *preclusão* e considera-se autêntico o documento (CPC, art. 411, III).

Em relação à reprodução realizada por **foto, vídeo ou áudio**, o CPC afirma que isso é válido (art. 422). Mas trata-se de presunção relativa, pois é certo que a parte contrária pode impugnar esse documento.

Tratando-se de **foto digital ou obtida na internet**, *deverá ser apresentada a "autenticação mecânica", que deve ser interpretado como (i) o arquivo digital que traz a foto ou (ii) o arquivo e as informações da página na internet de onde essa foto foi retirada. Tratando-se de foto obtida na internet, ainda é possível se realizar a ata notarial (art. 384).*

Se a foto estiver em **jornal ou revista impressa**, *deverá ser juntado aos autos o original onde apareceu essa foto. Contudo, muitas vezes isso pode ser insuficiente para eventual perícia – e talvez seja necessária a apresentação do próprio arquivo eletrônico (existente junto à imprensa), conforme o caso concreto. E o juiz, por certo, terá poderes para isso.*

O § 3º do art. 422 destaca que o **e-mail**, *para fins de prova, equipara-se a fotografia. Assim, deverá ser juntada a "autenticação eletrônica" (arquivo eletrônico e não só a mensagem impressa, para fins de eventual perícia). Mas o dispositivo não trata da força probante do e-mail (como o CPC fez com o telegrama), mas sim dos aspectos formais para aceitação da prova. E cabe sempre lembrar que o juiz tem o convencimento motivado (art. 371).*

(vi) Prova testemunhal

É o *interrogatório de terceiros, que não são parte no processo* (CPC, art. 442).

A parte deve apresentar *rol de testemunhas* no saneamento (CPC, art. 357, §§ 4º e 5º).

Há a apresentação do rol de testemunhas para (i) permitir que haja a *intimação das testemunhas* se as partes assim requererem e (ii) para que a *parte contrária saiba*, antes da audiência, *quem são as testemunhas*.

Cada parte poderá apresentar *até 10 testemunhas*, mas o juiz pode dispensar *mais do que 3 sobre o mesmo fato* (CPC, art. 357, § 6º), sendo possível, conforme a complexidade da causa, limitar o número de testemunhas (CPC, art. 357, § 7º).

Após a apresentação do rol, só cabe a **substituição da testemunha** que (CPC, art. 451):

✓ *falecer*;

✓ por *enfermidade* não tiver condições de depor; ou

✓ que mudou de endereço e *não foi encontrada pelo oficial* de justiça.

Em regra, a **testemunha será ouvida em juízo**, perante o juiz da causa, na audiência de instrução. Porém, pode haver (i) *produção antecipada de prova* (art. 381), (ii) oitiva por *carta* (precatória, rogatória ou de ordem – art. 453, II) ou ainda, (iii) oitiva por *videoconferência* (que passou a ser muito comum com a pandemia) – que pode até mesmo ocorrer durante a própria audiência de instrução (art. 453, § 1º).

O art. 455 do CPC aponta que compete ao **próprio advogado intimar a testemunha** para que compareça em juízo, e isso será feito via carta com aviso de recebimento, pelos *correios*. Se não houver o envio do AR pelo advogado e a testemunha não comparecer, presume-se sua *desistência*. Se o advogado preferir, pode apenas comunicar a testemunha por outros meios – mas, se a testemunha se ausentar, também se presume a desistência.

Contudo, ainda permanece a possibilidade de **intimação da testemunha pelo Judiciário** (CPC, § 4º do art. 455): (i) se frustrada a intimação via AR (ou se, desde logo, o juiz assim determinar), (ii) quando a testemunha for servidor público,

(iii) quando a testemunha for arrolada pelo MP ou Defensoria ou (iv) quando a testemunha for autoridade.

A testemunha, *no início do depoimento*, presta o **compromisso de dizer a verdade** (CPC, art. 458), sendo que existe o *crime de falso testemunho* caso a testemunha falte com a verdade (CP, art. 342).

Quanto ao **procedimento da oitiva**, serão ouvidas primeiro as testemunhas que foram arroladas pelo *autor*, depois pelo *réu*. E uma testemunha não ouve o depoimento da outra. Porém, é possível que o juiz, em comum acordo com as partes, *altere a ordem de oitiva das testemunhas*, qualquer que seja a ordem (CPC, art. 456, parágrafo único).

Quanto à **indagação das testemunhas**, deixa de existir o modelo das *reperguntas* (em que o advogado pergunta ao juiz, que então formula a repergunta para a testemunha) e passa o *advogado a formular as perguntas diretamente para o depoente* (CPC, art. 459). Isso já consta do art. 212 do CPP, por força de reforma de 2008.

As perguntas são inicialmente formuladas pelo advogado que arrolou a testemunha e, posteriormente, pelo outro advogado. Pode o juiz (i) formular perguntas, antes ou depois das partes e (ii) indeferir as perguntas que forem impertinentes, repetição de outra ou quiserem induzir a resposta.

Pode o juiz determinar a oitiva da **testemunha referida** (mencionada por uma das testemunhas ouvidas) ou realização de acareação entre testemunhas ou entre testemunha e parte. O CPC esclarece que a *acareação poderá ser feita por videoconferência*– por reperguntas do juiz e não por perguntas diretas dos advogados (art. 461).

Não podem ser testemunhas as pessoas (CPC, art. 447):

a) incapazes, ou seja:

✓ o *interdito* por enfermidade mental;

✓ o que, acometido por retardamento mental, ao tempo em que *ocorreram os fatos, não podia discerni-los*; ou não está *habilitado a transmitir as percepções*;

✓ o *menor de 16 anos*;

✓ o *cego e o surdo*, quando a *ciência do fato depender dos sentidos* que lhes faltam;

b) impedidas, a saber:

✓ o *cônjuge, o companheiro, o ascendente e o descendente* em qualquer grau, ou colateral, até o terceiro grau;

✓ o que é *parte* na causa;

✓ o que *intervém em nome de uma parte* (tutor, representante legal da pessoa jurídica ou o advogado que assista ou tenha assistido as partes);

c) suspeitas, que são:

✓ o *inimigo* da parte, ou o seu *amigo* íntimo;

✓ o que tiver *interesse no litígio*.

Se necessário, *pode o juiz ouvir essas pessoas,* mas não como testemunhas e sim como *informantes*, que não prestam compromisso (CPC, art. 447, §§ 4º e 5º).

Se o juiz aceitar ouvir uma testemunha que não deveria ser ouvida, o advogado da parte contrária poderá apresentar a **contradita**, *que é exatamente a alegação de que a testemunha é incapaz, suspeita ou impedida* (CPC, art. 457, § 1º).

(vii) Prova pericial

A **prova pericial** consiste em *exame, vistoria ou avaliação* (CPC, art. 464) e é utilizada *quando há a necessidade de conhecimentos técnicos a respeito de qualquer disciplina – salvo direito* (CPC, art. 464, § 1º, I).

De início, já se esclareça que há **três possibilidades de perícia** no CPC: (i) *prova técnica simplificada* (art. 464, § 2º), (ii) perícia *comum* (arts. 465 e ss.) e (iii) perícia *consensual* (art. 471).

Como já visto, houve importante **alteração quanto à escolha do perito**. Deverá o juiz escolher os peritos a partir de um *cadastro mantido pelo tribunal* (CPC, art. 156, § 1º). *Somente* se não houver profissional cadastrado para o local onde está a vara é que haverá livre escolha pelo juiz (§ 5º) – sempre devendo ser escolhido profissional que tenha conhecimento técnico para a perícia.

Permite o CPC a possibilidade de substituição da perícia por **prova técnica simplificada**, quando o "ponto controvertido for de menor complexidade" (art. 464, § 2º). Contudo, o Código não especifica o que seja esse ponto de menor complexidade, de modo que isso terá de ser verificado no caso concreto. Como exemplo, podemos cogitar o de um *tablet* com um problema e a verificação do que causou esse problema (defeito ou mau uso); isso, em tese, seria algo mais simples que permitiria a substituição.

A prova técnica simplificada é uma *perícia mais informal* que conta apenas com o *depoimento verbal do especialista* (esse é o termo utilizado pelo CPC, e não perito) sem a necessidade de formalizar quesitos, assistente técnico ou apresentação de laudo escrito (art. 464, § 3º). O especialista poderá realizar apresentação ao prestar os esclarecimentos ao juiz (art. 464, § 4º), sendo que sua oitiva ocorrerá na audiência de instrução ou em outra audiência designada pelo juiz especificamente para ouvi-lo.

Em situação complexa que demande conhecimentos técnicos de mais de uma área do conhecimento, pode o juiz nomear **mais de um perito** e podem as partes indicar mais de um assistente técnico (art. 475 do CPC).

Quanto ao **procedimento da perícia**, vale destacar alguns pontos.

De início, diante da *necessidade de prova pericial*, deverá o juiz nomear um *perito especialista no objeto da perícia*, fixando prazo para apresentação do laudo (CPC, art. 465).

Após a **nomeação do perito**, as partes terão o prazo de 15 para se manifestarem, quanto (i) impedimento ou suspeição do perito, (ii) indicação de assistente técnico e (iii) apresentação de quesitos.

Após essa manifestação, será a vez do perito falar nos autos, em 5 dias, momento em que (i) formulará *proposta de honorários*, (ii) *apresentará seu currículo*, principalmente demonstrando sua especialização na área objeto da perícia e (iii) indicará seus *contatos profissionais*, inclusive correio eletrônico, para ser intimado.

A seguir, nova manifestação das partes, no prazo de 5 dias, para que digam a respeito dos honorários sugeridos pelo perito.

Com essas informações, o **juiz fixará os honorários periciais** e determinará o pagamento da quantia. A responsabilidade pelo pagamento é de *quem requereu a perícia* ou de ambas as partes (metade para cada), se (a) a prova for determinada de ofício ou (b) a perícia foi requerida pelo autor e pelo réu. Em regra, apenas após o pagamento integral dos honorários é que terá início a confecção do laudo. O CPC permite o **pagamento de metade antes da perícia** e a outra metade somente após a apresentação do laudo e prestados os esclarecimentos (art. 465, § 4º). Isso será requerido pelas partes e decidido pelo juiz.

Quanto aos honorários periciais há previsão de sua *redução*, pelo juiz, caso a perícia seja inconclusiva ou deficiente (art. 465, § 5º).

Se a perícia for realizada por *carta precatória*, é possível que o perito e assistentes técnicos sejam definidos apenas no juízo de destino (art. 465, § 6º). Como exemplo, a situação em que será realizada a perícia para avaliar um imóvel em Comarca distante 500 km do juízo de origem. Muito melhor, por certo, a nomeação de perito no juízo deprecado.

O **perito deve ser imparcial**, mas não os assistentes técnicos, que são de confiança das partes (CPC, art. 466). Assim, *há impedimento e suspeição para o perito*, mas não para os assistentes. Porém, isso não significa que os assistentes podem agir de má-fé, podendo ser penalizados se isso ocorrer.

Caso requerido pelas partes, admite-se que o *perito ou assistente técnico preste esclarecimentos em audiência*. Para isso, as perguntas a serem respondidas pelo perito devem ser formuladas na *forma de quesitos* (CPC, art. 477, § 3º).

Considerando o princípio do convencimento motivado, *o juiz não está vinculado ao laudo pericial* (CPC, art. 479) e pode, quando entender que a questão não está bem esclarecida, determinar a realização de *nova perícia* (CPC, art. 480).

Fundada na maior liberdade que o Código dá às partes de definirem o procedimento, existe a **perícia consensual** (CPC, art. 471).

Somente é possível o uso da perícia consensual se: (i) as partes forem *capazes* e (ii) o litígio puder ser revolvido por *acordo* entre as partes. Ao requererem essa modalidade de perícia, as partes já deverão indicar: (a) o *perito* (escolhido de comum acordo pelas partes, sem interferência do juiz), (b) os *assistentes técnicos*, (c) *data e local* da realização da perícia e (d) *quesitos* que deverão ser respondidos pelo perito. Uma vez apresentado o requerimento de perícia consensual, o juiz poderá deferir ou indeferir o pleito.

O Código é expresso ao destacar que a perícia consensual é efetiva prova pericial (art. 471, § 3º), *não sendo caso de uma perícia consensual e perícia usual* ao mesmo tempo.

O CPC ao traz os **requisitos do laudo pericial** (art. 473):

a) relatório, que é a exposição do objeto da perícia,

b) fundamentação, que é composta da análise técnica do perito somada à indicação do método utilizado e justificativa de sua escolha (inclusive em relação a ser um método usualmente utilizado nessa área do conhecimento),

c) conclusão, com a resposta a todos os quesitos deferidos pelo juiz.

Concluído o laudo, o perito deverá protocolá-lo em juízo. A seguir, as *partes e assistentes técnicos poderão se manifestar no prazo comum de 15 dias*. Existindo alguma dúvida, terá o perito mais 15 dias para esclarecer os pontos levantados nas manifestações. Após os esclarecimentos periciais, se ainda existir alguma dúvida, as partes poderão requerer novos esclarecimentos (formulando novos quesitos), que serão prestados na audiência de instrução (art. 477).

(viii) Inspeção judicial

A **inspeção** é meio de prova no qual *o juiz vai ao local dos fatos inspecionar pessoas ou coisas, a fim de se esclarecer sobre determinada questão que interesse à decisão da causa* (CPC, art. 481).

A lei parte da premissa que, em determinadas hipóteses, *somente a observação pessoal é que poderá subsidiar a tomada de decisão* (CPC, art. 483). Assim, o juiz irá até onde se encontra a pessoa ou coisa.

É possível que *o juiz seja acompanhado por peritos* (CPC, art. 482) e *pelas partes* (CPC, art. 483, parágrafo único).

2.3.2.4. Requerimento de citação

No CPC anterior, era requisito da inicial o "requerimento de citação". No atual CPC, isso não é mais requisito da inicial.

Mas, usualmente, indica-se na peça qual o meio de citação que se pretende.

O assunto já foi anteriormente tratado (vide item 1.7.6. acima), valendo destacar que, desde a Lei 14.195/2021, a regra é a citação por meio eletrônico.

2.3.2.5. Valor da causa

Valor da causa: *toda* demanda cível, seja de jurisdição contenciosa ou voluntária, ação ou reconvenção, terá *valor certo da causa* (CPC, art. 291).

A *fixação* do valor da causa é realizada por dois critérios:

✓ **fixação legal ou obrigatória**: a atribuição do valor *já foi previamente definida pelo legislador*.

✓ **fixação voluntária**: como não há previsão legal para fixar o valor da causa, este será *livremente fixado a partir de uma estimativa do autor*.

As hipóteses de fixação legal estão no CPC, art. 292:

(i) na *ação de cobrança de dívida*, a soma monetariamente corrigida do principal, dos juros e de eventuais outras penalidades, até a propositura da ação;

(ii) na ação que tiver por objeto a existência, validade, cumprimento, modificação, resolução, resilição ou rescisão de *ato jurídico*, o *valor do ato ou de sua parte controvertida* (hipótese de discussão relativa a contrato);

(iii) na *ação de alimentos*, a soma de *12 prestações mensais* pedidas pelo autor;

(iv) na ação de *divisão, de demarcação e de reivindicação*, o valor de avaliação da área ou do bem objeto do pedido;

(v) na ação *indenizatória*, **inclusive a de** *dano moral*, **o valor pretendido** (portanto, pela letra da lei não **mais cabe dano moral como pedido genérico**, sem se especificar, na inicial, o valor que se quer receber – vide item 2.3.2.2.);

(vi) havendo *cumulação de pedidos*, a quantia correspondente à *soma dos valores* de todos eles;

(vii) sendo *alternativos os pedidos*, o de *maior valor*;

(viii) se houver também *pedido subsidiário*, o valor do *pedido principal*.

Quando se tratar de *relação continuativa* com *prestações vencidas e vincendas*, o valor da causa deverá *levar em conta ambas*, da seguinte forma (CPC, art. 292, §§ 1º e 2º):

✓ *soma das prestações vencidas e vincendas se a obrigação tem tempo inferior a um ano* (ex.: o contrato é de 10 meses. Há débito de 2 parcelas e ainda faltam 5. O valor da causa será a soma das 2 já vencidas mais as 5 restantes = 7 parcelas);

✓ *soma das parcelas vencidas mais 1 ano das prestações vincendas se a obrigação for por tempo indeterminado ou durar mais de um ano* (ex.: não foram pagas 2 prestações e ainda faltam 20; nesse caso, o valor da causa considerará as 2 vencidas mais 12 vincendas = 14 parcelas).

Também há hipótese de fixação legal em legislação extravagante. O principal exemplo é a Lei do Inquilinato (Lei 8.245/1991), que prevê, na *ação de despejo*, o valor da causa em *12 vezes o valor mensal do aluguel* (art. 58, III).

Se o **valor da causa estiver errado**, o *juiz poderá corrigi-lo de ofício* (não mais determinando que o autor emende a inicial), inclusive intimando o autor para que recolha as custas faltantes (CPC, art. 292, § 3º).

Para **impugnar o valor da causa**, há simplificação: deixa de existir a peça específica para isso e passa a ser cabível a discussão do tema em *preliminar de contestação* (CPC, art. 293).

A **importância do valor da causa** é *processual e fiscal*:

(i) no *Juizado Especial Cível* é determinante para a fixação da competência (até 40 salários mínimos) e também para a obrigatoriedade ou não de advogado (até 20 salários a própria parte é dotada de capacidade postulatória);

(ii) é base de cálculo para *multas e outras penas* impostas pelo juiz (como litigância de má-fé);

(iii) *pode ser o parâmetro para a fixação dos honorários do advogado* (CPC, art. 85, §§ 2º e 6º);

(iv) do ponto de vista fiscal, o valor da causa *é a base de cálculo para o pagamento das custas*.

2.3.3. Audiência de conciliação ou de mediação

Na mais relevante **alteração procedimental do procedimento comum**, o CPC prevê a designação de uma **audiência inaugural de conciliação ou mediação**, a ser *conduzida, onde houver, por conciliador ou mediador* (CPC, art. 334, § 1º). A respeito de quem é o conciliador ou mediador (e informações adicionais quanto à mediação e conciliação), vide item 1.4.8.

As previsões do CPC quanto ao tema, **no tocante à mediação**, terão de ser *compatibilizadas com a Lei da Mediação* (Lei 13.140/2015, lei posterior ao CPC, mas que entrou antes em vigor).

Estando *em termos a petição inicial* (observância dos requisitos acima expostos) e *não sendo caso de improcedência liminar*, o **juiz designará audiência de conciliação ou mediação** com *antecedência mínima de 30 dias*, devendo ser *citado o réu pelo menos 20 dias antes* (CPC, art. 334). Ou seja, pelo Código, é uma audiência que ocorrerá na maior parte das vezes.

É possível, se o caso concreto assim demandar, **mais de uma audiência consensual** que terá de ser realizada, no máximo, até *2 meses da data de realização da primeira* (CPC, art. 334, § 2º).

Pelo CPC, **somente não haverá a audiência de conciliação ou mediação** nas seguintes hipóteses (art. 334, § 4º):

I – se *ambas as partes manifestarem*, expressamente, *desinteresse* na composição consensual;

O *autor* deixará clara essa vontade na *petição inicial* (CPC, art. 319, VII) e o *réu*, em *petição própria* para isso, *10 dias antes da audiência* (CPC, art. 334, § 5º).

II – quando *não se admitir a autocomposição* – como, por exemplo, nos casos envolvendo a Fazendo Pública em que não for possível acordo, tratando-se de direito indisponível (como uma discussão tributária ainda não pacificada na jurisprudência).

A Lei de Mediação **não prevê** *hipótese em que a audiência de mediação não ocorra*. Porém, na Lei 13.140/2015, há previsão do princípio da autonomia (art. 2º, V) – de modo que, eventualmente, será possível sustentar a não realização da audiência com base nesse princípio.

Do ponto de vista prática, diversos juízes, no Brasil inteiro, não estão designando essas audiências, muitas vezes afirmando a falta de estrutura para sua realização. Mas, frise-se, não há base legal para isso.

Em polêmica previsão, o **não comparecimento injustificado da parte à audiência conciliatória** é considerado *ato atentatório à dignidade da justiça* e sancionado com *multa de até 2% da vantagem econômica pretendida ou do valor da causa*, revertida em favor da União ou do Estado (CPC, art. 334, § 8º).

Vale destacar que essa previsão somente faz menção à *conciliação*. Além disso, na Lei de Mediação não há previsão de multa para a ausência. Resta verificar se a jurisprudência fará a distinção entre as duas figuras (audiência de conciliação e de mediação) e, especialmente, como será a interpretação relativa à multa.

As partes deverão comparecer à audiência de conciliação ou mediação **acompanhadas por advogado** (CPC, art. 334, § 9º), sendo possível a **constituição de representante**, desde que *com poderes para negociar* (CPC, art. 334, § 10).

Pelo Código, a **pauta das audiências de conciliação e mediação** será organizada de modo a respeitar o *intervalo mínimo de 20 minutos* entre o início de cada audiência (CPC, art. 334, § 12).

Será possível a realização da **audiência de conciliação ou mediação por meio eletrônico** (CPC, art. 334, § 7º).

Se houver acordo nessa audiência, será reduzido a termo e homologado por sentença (CPC, art. 334, § 11). A Lei de Mediação prevê que, se o **conflito for solucionado pela mediação antes da citação do réu**, *não serão devidas custas judiciais finais* (art. 29).

Não realizado o acordo, terá início o prazo para contestação.

2.3.4. Defesa do réu

O tema foi objeto de profundas modificações no CPC.

Antes, o réu, citado, poderia apresentar uma série de peças para se defender (exceções e impugnações). Há importante **simplificação**, sendo basicamente cabível a contestação.

2.3.4.1. Contestação

A **contestação** é a *resistência do réu ao pedido do autor*.

O réu poderá oferecer **contestação**, no **prazo de 15 dias**, *contado* a partir (CPC, art. 335):

I – da *audiência de conciliação/ mediação*, ou da última sessão de conciliação, quando qualquer parte não comparecer ou, comparecendo, não houver autocomposição;

II – do *protocolo do pedido de cancelamento da audiência* de conciliação/mediação apresentado pelo réu, quando ambas as partes tiverem manifestado desinteresse na via consensual;

III – da *juntada* aos autos do mandado ou carta de citação, nos demais casos.

Pelo **princípio da eventualidade**, *toda matéria de defesa*, ainda que contraditória, *deve ser alegada* na contestação, sob pena de *preclusão* (CPC, art. 336).

Contudo, há *exceções*. Tratando-se de *matéria de ordem pública* (como condições da ação e pressupostos processuais), cabe a alegação em momento posterior (portanto, não há preclusão – CPC, art. 485, § 3º).

Decorrente do princípio da eventualidade, há o **ônus da impugnação específica** (CPC, art. 341). Ou seja, *se determinado fato não for especificamente impugnado, presume-se que seja verdadeiro*.

Portanto, em regra, não cabe a **contestação por negativa geral** (situação em que o réu simplesmente afirma que "tudo que está na inicial não é verdadeiro", sem trazer sua versão aos fatos). A *exceção* é a contestação apresentada pelo *defensor público, advogado dativo e curador especial* (CPC, art. 341, parágrafo único).

A **defesa do réu**, na contestação, pode ser de *mérito* ou *processual*.

A **defesa de mérito** (CPC, art. 336 e 341) *impugna os fatos e é baseada na relação jurídica de direito material*.

Pode tanto ser a *resistência às alegações da inicial* (negam-se os fatos) ou a apresentação de *fato impeditivo, modificativo ou extintivo do direito do autor* (apresenta-se um fato que afasta a pretensão do autor – CPC, art. 350).

Como exemplo de **fato impeditivo**, a *incapacidade do contratante*; como exemplo de **fato modificativo**, a *compensação*, e como exemplo de **fato extintivo**, o *pagamento*.

A apresentação de *defesa de mérito busca a improcedência do pedido* (prolação de sentença em que há resolução do mérito – CPC, art. 487, I).

Já a **defesa processual** (CPC, arts. 337, 485 e 330) *impugna a relação de direito processual, ou seja, aspectos formais-burocráticos da causa* (pressupostos processuais e condições de ação). Como é *anterior ao mérito*, costuma também ser denominada **preliminar**.

A alegação de uma *defesa processual* pode acarretar:

✓ a *extinção do processo sem resolução de mérito*, desde que haja a respectiva previsão no CPC, art. 485 (ex.: litispendência: art. 337, V, c/c art. 485, V);

✓ a *possibilidade de correção da falha* (emenda) sob pena de extinção (ausência de recolhimento de custas: art. 337, XII, c/c art. 330, I);

✓ a *alteração do juízo que julgará a causa* (incompetência absoluta: art. 337, II).

Defesas processuais trazidas pelo Código, que o réu irá alegar antes de discutir o mérito (preliminarmente – CPC, art. 337):

I – *vício de citação*;

II – *incompetência absoluta e relativa* (**novidade** *no CPC, quanto à relativa*);

III – *incorreção do valor da causa* (**novidade** *no CPC);*

IV – *inépcia da inicial* (CPC, art. 330, § 1º);

V – *perempção;*

VI – *litispendência;*

VII – *coisa julgada;*

VIII – *conexão (apesar da ausência de menção na lei, também a continência – curioso que o CPC não corrigiu essa omissão);*

IX – *incapacidade de parte, defeito de representação, falta de autorização (incapacidade: criança sem representação; defeito de representação: falta de procuração do advogado nos autos; falta de autorização: há casos em que o cônjuge precisa de autorização para litigar – CPC, art. 73);*

IX – *convenção de arbitragem;*

XI – *ausência de legitimidade de parte ou interesse processual (no sistema anterior, falava-se em* **carência de ação**, termo que segue sendo utilizado em provas de OAB);

XII – falta de *caução* ou *prestação prevista em lei (como principal exemplo de prestação prevista em lei, a ausência de recolhimento de custas);*

XIII – *indevida concessão de gratuidade de justiça* (**novidade** *no CPC).*

Como se percebe, *diversos argumentos de defesa já foram analisados em momentos anteriores.* Seja ao se discutir condições da ação e pressupostos processuais, seja ao se tratar das hipóteses de extinção do processo sem mérito. Isso demonstra que o processo civil é um sistema, em que *inicial, contestação e decisão estão conectadas.*

O atual Código muda o sistema anterior em relação à **reconvenção**. Antes, em peça apartada; agora, na própria contestação. A reconvenção é o *pedido formulado pelo réu, contra o autor, nos próprios autos do processo.*

Assim, no CPC, o réu deverá formular, *na própria contestação, pedido contra o autor* (CPC, art. 343) – bastando abrir um tópico específico para isso na peça de defesa (preliminar, mérito e reconvenção).

Oferecida a reconvenção pelo réu, o *autor será intimado,* na pessoa do seu advogado, para apresentar resposta (contestar) em 15 dias (CPC, art. 343, § 1º).

Uma vez apresentada, a reconvenção passa a ser **autônoma** *em relação à ação*; assim, a desistência ou extinção da ação não obsta o prosseguimento da reconvenção (CPC, art. 343, § 2º).

A reconvenção pode ser proposta com *litisconsórcio passivo* – contra o autor e terceiro; ou em *litisconsórcio ativo* – pelo réu e terceiro (CPC, art. 343, §§ 3º e 4º).

Apresentada a reconvenção, haverá a **anotação no distribuidor**, de modo que se saiba que o *autor é réu na reconvenção*, para fins de expedição de *certidão negativa de feitos judiciais* (CPC, art. 286, parágrafo único).

2.3.4.2. Alterações em relação ao CPC/1973

Como se percebe do tópico anterior, inúmeras são as mudanças na defesa do réu em relação ao sistema do Código anterior. A banca examinadora ainda segue formulando questões em relação a esse tema. Por isso, para facilitar, este tópico é uma síntese daquilo que mudou.

Deixa de existir no CPC:

(i) a exceção de incompetência relativa: o tema passa a ser alegado em *preliminar de contestação* (CPC, art. 337, II).

(ii) a exceção de impedimento e suspeição: o tema passa a ser alegado em *petição específica para isso*, sem maiores formalidades ou necessidade de autuação em apartado (CPC, art. 146) – mas há a suspensão do processo (CPC, art. 313, III).

(iii) a ação declaratória incidental, pois a *questão prejudicial será coberta pela coisa julgada* (CPC, art. 503, § 1º).

(iv) a impugnação ao valor da causa: a matéria será *alegada na própria contestação*, em preliminar (CPC, arts. 293 e 337, III).

(v) a impugnação à justiça gratuita: a gratuidade será impugnada *nos próprios autos*, na próxima peça que a parte impugnante apresentar, após a concessão da gratuidade (CPC, art. 100).

(vi) a reconvenção como peça autônoma, que agora será apresentada como um tópico da própria contestação (CPC, art. 343);

(vii) a nomeação à autoria: Se o réu alegar, na contestação, que é *parte ilegítima* e tiver conhecimento de quem é a parte legítima, *deverá indicar isso na defesa*, sob pena de arcar com as despesas processuais e indenizar o autor pelos prejuízos (CPC, art. 339).

Por sua vez, quando houver essa **indicação do réu correto**, poderá o autor, em 15 dias, *alterar a petição inicial para promover a troca de réus* (CPC, art. 338). Nesse caso, haverá pagamento de *honorários* entre 3% e 5% do valor da causa, *em favor do advogado do réu excluído* (CPC, art. 338, parágrafo único).

2.3.4.3. Revelia

Como já visto, o princípio do contraditório pode ser traduzido em um binômio: informação e possibilidade de manifestação. Assim, é obrigatório que o réu seja citado para, querendo, contestar.

Mas, o que é obrigatório é a *oportunidade de contestar.* Portanto, para a validade do processo, *não é obrigatória a existência de contestação.*

Nesse contexto, há a **revelia**, que é a *ausência de contestação* (CPC, art. 344).

As **consequências** ou **efeitos** da revelia são:

(i) a *presunção de veracidade* dos fatos alegados pelo autor (CPC, art. 344) e

(ii) os *prazos contra o revel* sem advogado nos autos fluirão da *data de publicação da decisão no diário oficial* (CPC, art. 346).

Assim, numa investigação de paternidade, se o réu for revel, por se tratar de direito indisponível, *ainda assim haverá necessidade de dilação probatória* (DNA). E, diante de dois réus, se um contestar, *em relação à matéria que for comum à defesa dos dois*, o fato será controvertido e, portanto, haverá *necessidade de prova.*

Contudo, há *exceções* em relação aos dois efeitos da revelia:

Assim, **não haverá presunção de veracidade**, mesmo que haja ausência de contestação, se (CPC, art. 345):

I – houver *litisconsórcio passivo* e algum dos réus *contestar;*

II – o litígio versar sobre *direitos indisponíveis;*

III – a petição inicial não trouxer *instrumento que a lei considere indispensável à prova do ato*;

IV – as *alegações* de fato do autor forem *inverossímeis ou* forem *contraditórias* com a prova dos autos

A partir do momento em que o revel constituir advogado, então seu *patrono será normalmente* **intimado das decisões pelo diário oficial**. Pode, a qualquer tempo, o revel nomear advogado – mas isso não importará em qualquer repetição de ato, pois o processo é recebido "no estado em que se encontrar" (CPC, art. 346, parágrafo único).

Além disso, o Código aponta que será **lícita a produção de provas pelo revel**, desde que o réu nomeie advogado a tempo de praticar os "atos processuais indispensáveis" à produção da prova (CPC, art. 349).

Assim, o réu revel tem, no CPC, muito mais direitos processuais que no Código anterior.

2.3.4.4. Síntese da defesa do réu

Em importante simplificação quanto ao que existia no CPC/1973, o réu pode, no prazo da contestação:

1) arguir o impedimento ou suspeição do juiz

2) contestar, momento em que poderá:

a) utilizar de intervenções de terceiro provocadas (denunciar da lide, chamar ao processo, requerer a desconsideração da personalidade jurídica ou o ingresso de *amicus curiae*);

b) apresentar diversas preliminares, dentre as quais a ilegitimidade, com possibilidade de *indicação do réu correto*;

c) discutir o mérito, via defesa direta ou indireta.

Dessas manifestações, apenas o impedimento ou suspeição **suspendem o processo**.

2.3.5. Providências preliminares e julgamento conforme o estado do processo

2.3.5.1. Visão geral

No procedimento comum, após a inicial e contestação, os autos voltam para o juiz verificar qual deve ser o desenrolar do processo. Conforme as alegações realizadas no processo, é possível que algumas **providências preliminares** sejam tomadas.

É o que se verifica no caso de *necessidade de produção de prova* (CPC, arts. 348 e 349) ou *contestação* que traga matéria de *mérito* (CPC, art. 350) ou *processual* (CPC, art. 351).

Assim, após a manifestação do réu em defesa, é possível que as partes sejam instadas a se manifestar a respeito da produção de provas e/ou a apresentar réplica.

Depois de cumpridas as providências preliminares, ou caso estas não sejam necessárias, então procederá o juiz ao **julgamento conforme o estado do processo** (CPC, art. 353).

Assim, antes do início da fase instrutória, o juiz deve verificar se estão presentes os requisitos para que se verifique uma dessas quatro situações: (i) *extinção do processo*, (ii) *julgamento antecipado do mérito*, (iii) *julgamento antecipado parcial do mérito* e (iv) *saneamento e organização do processo*.

2.3.5.2. Providências preliminares

Como acima exposto, são duas:

a) especificação de provas (CPC, arts. 348 e 349). É cabível em 2 hipóteses:

(i) o juiz deve determinar a produção de provas pelo *autor* quando, apenas da *ausência de contestação, não houver a presunção de veracidade* e o autor ainda não tiver requerido as provas;

(ii) o juiz aceitará a produção de provas *pelo réu* que, mesmo *revel, ingresse nos autos com advogado a tempo de realizar os atos relativos à produção de provas* (como, por exemplo, apresentar rol de testemunhas tempestivamente).

Como já visto, há casos em que a ausência de contestação não acarreta a presunção de veracidade – como nos casos de *direito indisponível* (CPC, art. 345).

b) réplica (CPC, arts. 350 e 351): de modo a *garantir o contraditório*, o autor apresentará sua manifestação em relação aos argumentos e documentos apresentados pelo réu na contestação.

O prazo para réplica foi *ampliado*. Se o réu alegar *fato impeditivo, modificativo ou extintivo* do direito do autor, este será ouvido no prazo de 15 dias, permitindo-lhe o juiz a produção de prova.

Do mesmo modo, caso o *réu alegue qualquer das matérias preliminares* (previstas no art. 337), o juiz determinará a oitiva do autor no prazo de 15 dias, permitindo-lhe a produção de prova.

Vale destacar que o termo "réplica" não consta nos artigos ora analisados, apesar de aparecer em 3 dispositivos do CPC (arts. 100, 430 e 437).

Verificando a existência de **irregularidades ou de vícios sanáveis**, o juiz determinará sua correção em *prazo não superior a 30 dias* (CPC, art. 352).

2.3.5.3. Julgamento conforme o estado do processo

Findas as providências preliminares, o juiz deverá apreciar se o processo tem condições de prosseguir ou se já é possível a prolação de sentença. É o julgamento de que ora se trata.

São 4: (i) extinção do processo, (ii) julgamento antecipado do mérito, (iii) julgamento antecipado parcial do mérito e (iv) saneamento e organização do processo.

a) extinção do processo (CPC, art. 354)

Se presente uma das hipóteses do art. 485 do CPC (ou seja, *defesa processual*), o magistrado proferirá *sentença terminativa* (extinção sem resolução do mérito).

Se não ocorrer nenhuma das hipóteses de sentença terminativa (CPC, art. 485), deverá o juiz analisar se está presente alguma das *hipóteses previstas no art. 487, II e III*. Se isso ocorrer, também o feito já será sentenciado – mas sentença *com resolução de mérito*.

Relembrando, as hipóteses do art. 487 em questão são as seguintes:

✓ prescrição e decadência;

✓ transação;

✓ renúncia à pretensão formulada na ação;

✓ reconhecimento da procedência do pedido.

Acerca da extinção do processo, vide também item 1.9.3. acima.

b) julgamento antecipado do mérito ou do pedido (CPC, art. 355 – no CPC/1973, julgamento antecipado da *lide***)**

Se não for o caso de extinção (art. 354), passa o magistrado a analisar a possibilidade de **julgamento antecipado do**

mérito (art. 355), que *é a decisão de mérito em que o juiz acolhe ou rejeita o pedido (CPC, art. 487, I), sem dilação probatória* (daí o "*antecipado*" do julgamento).

O **julgamento antecipado é permitido** nas seguintes hipóteses (CPC, art. 355):

(i) quando *não houver a necessidade de produção de outras provas* além das já constantes nos autos – ou seja, (a) a questão de *mérito for unicamente de direito*, ou, (b) sendo de *direito e de fato, não houver necessidade de outra prova além da documental*;

(ii) quando ocorrer à *revelia e houver presunção de veracidade*.

Assim, nessas hipóteses, sinaliza a lei que *a causa já reúne elementos suficientes para o seu julgamento*, sendo desnecessária a produção de provas;

c) julgamento antecipado parcial do mérito (CPC, art. 356 – novidade do CPC)

O CPC contempla a possibilidade de serem proferidas *decisões parciais quanto aos pedidos formulados pelo autor*, ao prever o **julgamento antecipado parcial do mérito**.

O juiz decidirá parcialmente o mérito quando um ou mais dos pedidos formulados ou parcela deles (art. 355):

I – mostrar-se *incontroverso*;

II – estiver em condições de imediato julgamento (*julgamento antecipado do mérito*, como acima analisado).

Ou seja, se houver um *pedido de dano moral cumulado com dano material*, e o juiz entender que o dano moral já tem os seus requisitos previstos sem a necessidade de prova oral, mas que o dano material demanda perícia, o juiz deverá: (i) proferir **decisão parcial quanto ao dano moral**, já julgando procedente o pedido e (ii) determinar a **instrução quanto ao dano material**.

Para evitar dúvidas, afirma o CPC que o **recurso** cabível da decisão que *julga parcialmente o mérito é o agravo de instrumento* (CPC, art. 356, § 5º).

A parte poderá **liquidar ou executar**, desde logo, a *obrigação reconhecida na decisão que julgar parcialmente o mérito*, independentemente de caução, *ainda que haja recurso interposto* contra ela (art. 356, § 2º). *Com o trânsito em julgado* da decisão, a execução será *definitiva* (art. 356, § 3º).

d) saneamento e organização do processo (CPC, art. 357)

O CPC busca reforçar o **saneamento do processo**, ou seja, o momento em que *o juiz "limpa" o processo das questões formais burocráticas, de modo a partir para a instrução do feito*.

Assim, *não sendo o caso* de extinção do processo ou julgamento antecipado da lide (total ou parcial), o juiz proferirá *decisão de saneamento e de organização do processo* para (CPC, art. 357):

I – resolver as *questões processuais pendentes*, se houver;

II – delimitar as *questões de fato* sobre as quais recairá a *atividade probatória*, especificando os meios de prova admitidos;

III – definir a distribuição do *ônus da prova*;

IV – delimitar as *questões de direito relevantes* para a decisão do mérito;

V – designar, se necessário, *audiência de instrução e julgamento*.

Realizado o saneamento do processo, as partes terão o direito de pedir **esclarecimentos** ou solicitar ajustes no prazo comum de *5 dias*, findo o qual a decisão se torna estável (CPC, art. 357, § 1º).

Prevê o CPC que as partes poderão apresentar ao juiz, para homologação, a **delimitação consensual** sobre as *questões de fato* sobre as quais recairá a prova e as *questões de direito* relevantes para a decisão de mérito. Esse acordo, uma vez *homologado, vinculará as partes e o juiz* (CPC, art. 357, § 2º).

Outra novidade é o **saneamento compartilhado**: se a causa apresentar *complexidade* em matéria de fato ou de direito, o juiz deverá designar *audiência para que o saneamento seja feito em cooperação com as partes*. Nesse caso, o juiz convidará as partes a *esclarecer suas alegações* (CPC, art. 357, § 3º). Se essa audiência for designada, esse será o momento para se apresentar o **rol de testemunhas** (CPC, art. 357, § 5º).

Se não houver a audiência de saneamento compartilhado, mas tiver sido determinada a produção de **prova testemunhal**, o juiz fixará *prazo comum não superior a 15 dias* para que as partes apresentem **rol de testemunhas** (CPC art. 357, § 4º). O número máximo de testemunhas será 10, sendo 3, no máximo, para a prova de cada fato (CPC, art. 357, § 6º). Apesar disso, será possível a **limitação do número de testemunhas pelo juiz** levando em conta a *complexidade da causa* e dos *fatos individualmente considerados* (CPC, art. 357, § 7º).

Caso determine a produção de **prova pericial**, o juiz deverá *nomear perito* especializado no objeto da perícia, e, se possível, estabelecer, desde logo, *calendário* para sua realização (CPC, art. 357, § 8º).

Pelo CPC, as **pautas de audiência** deverão ser preparadas com *intervalo mínimo de 1 hora* entre as audiências (CPC, art. 357, § 9º).

2.3.6. Audiência de instrução

Não sendo hipótese de *julgamento antecipado da lide* e se houver *prova a ser produzida em audiência*, será designada **audiência de instrução e julgamento** (CPC, art. 358 e ss.).

No início da audiência (antes da instrução), o juiz tentará a *conciliação, mesmo que antes tenha se utilizado algum método de solução consensual* (CPC, art. 359).

Quanto ao **poder de polícia** do juiz para organizar a audiência, cabe ao magistrado (CPC, art. 360):

I – manter a *ordem* e o decoro na audiência;

II – ordenar que se *retirem da sala de audiência* os que se comportarem inconvenientemente;

III – requisitar, quando necessário, *força policial*;

IV – tratar com *urbanidade* as partes, os advogados, os membros do Ministério Público e da Defensoria Pública e qualquer pessoa que participe do processo;

V – *registrar em ata*, com exatidão, *todos os requerimentos* apresentados em audiência.

A **ordem das provas**, na audiência de instrução, é, *preferencialmente*, a seguinte (CPC, art. 361):

(i) oitiva do *perito e dos assistentes técnicos* para esclarecimentos, a partir de quesitos antes formulados (destaque-se que o laudo já terá sido elaborado previamente);

(ii) *depoimento pessoal das partes*; primeiro do autor, depois do réu (é proibido, a quem ainda não depôs, assistir ao interrogatório da outra parte – CPC, art. 385, § 2º);

(iii) oitiva de *testemunhas*; primeiro do autor, depois do réu.

Enquanto **estiver ocorrendo depoimentos** (do perito, assistentes técnicos, partes ou testemunhas), *não poderão os* advogados e o Ministério Público intervir ou apartear, *sem licença do juiz* (CPC, art. 361, parágrafo único).

Pode ocorrer o **adiamento da audiência** nas seguintes situações (CPC, art. 362):

(i) *convenção* das partes;

(ii) *impossibilidade de comparecer*, por *motivo justificado*, relativa a *qualquer pessoa* que dela deva necessariamente participar;

(iii) *atraso injustificado* do início da audiência, em tempo *superior a 30 minutos* do horário marcado.

Havendo **antecipação ou adiamento da audiência**, o juiz, de ofício ou a requerimento da parte, determinará a *intimação dos advogados* ou da sociedade de advogados para ciência da nova designação (CPC, art. 363).

Ao **final da audiência**, as partes apresentam *alegações finais orais*, ou por escrito (*memoriais*), em *prazo sucessivo de 15 dias*, sendo garantido o acesso aos autos (*CPC, art. 364, caput e § 2º*).

O **prazo para a prolação de decisão** é ao *final da audiência ou 30 dias* (CPC, art. 366).

A **audiência poderá ser integralmente gravada** em imagem e em áudio, em meio digital ou analógico, desde que assegure o rápido acesso das partes e dos órgãos julgadores, observada a legislação específica. A gravação também *poderá ser realizada diretamente por qualquer das partes*, independentemente de autorização judicial (CPC, art. 367, §§ 5º e 6º).

No mais, prevê o Código que a **audiência será pública**, ressalvadas as exceções legais de segredo de justiça (CPC, art. 368).

Por fim, vale destacar que, apesar da inexistência de previsão legal expressa (salvo em relação aos Juizados Especiais, conforme art. 22, § 2º da L. 9.099/1995), é possível a realização da audiência totalmente por meio eletrônico (juiz, partes, advogados e testemunhas remotamente), como se viu a partir da pandemia.

2.3.7. Sentença, coisa julgada e ação rescisória

2.3.7.1. Sentença

Sentença, de maneira didática, pode ser entendida *como o ato em que juiz aprecia o pedido em 1º grau de jurisdição*. A sentença pode ser com ou sem resolução de mérito (CPC, arts. 485 e 487).

Pela redação do Código (art. 203, § 1º), sentença é "o pronunciamento por meio do qual o juiz, com fundamento nos arts. 485 e 487, põe fim à *fase cognitiva do procedimento comum*, bem como *extingue a execução*".

Porém, nos arts. 485 e 487 o CPC *não faz menção à sentença*, pois o novo sistema permite que uma *decisão interlocutória também aprecie o mérito*.

Quanto às situações de decisão com e sem mérito, o tema já foi enfrentado nos itens 2.2.3.1 e 2.2.3.2 supra.

São **elementos para a sentença**: *relatório, fundamentação e dispositivo* (CPC, art. 489).

Exige o CPC uma **motivação robusta das decisões**. Trata-se de tema ligado ao princípio da fundamentação das decisões (vide item 1.3.9 acima).

Assim, prevê o Código que não será considerada fundamentada a *decisão* (seja interlocutória, sentença ou acórdão – e, ainda que não haja menção expressa na lei, deve-se incluir nessa relação também a decisão monocrática) que (CPC, art. 489, § 1º):

I – se *limitar a indicar*, reproduzir ou parafrasear *ato normativo*, sem explicar sua relação com a causa ou a questão decidida;

II – empregar *conceitos jurídicos indeterminados* sem explicar a causa concreta de sua incidência;

III – invocar motivos que se prestariam a *justificar qualquer outra decisão*;

IV – não enfrentar *todos os argumentos deduzidos no processo* capazes de, em tese, infirmar a conclusão adotada;

V – se limitar a *invocar precedente* ou enunciado de súmula, sem identificar seus fundamentos determinantes nem demonstrar que o caso se ajusta àqueles fundamentos;

VI – *deixar de seguir enunciado de súmula*, jurisprudência ou precedente invocado pela parte, sem demonstrar a existência de distinção no caso ou a superação do entendimento.

Além disso, no caso de **colisão entre normas**, "o juiz deve *justificar o objeto e os critérios gerais da ponderação efetuada*, enunciando as razões que autorizam a interferência na norma afastada e as premissas fáticas que fundamentam a conclusão" (CPC, art. 489, § 2º).

Se essa nova fundamentação da decisão **não for observada**, cabíveis *embargos de declaração* (CPC, art. 1.022, parágrafo único, II). Contudo, ainda que a sentença esteja com vício de fundamentação, se o processo estiver em **condições de imediato julgamento**, deverá o tribunal *desde logo decidir o mérito* – ao invés de anular a decisão e determinar a prolação de nova por parte do juiz de origem (CPC, art. 1.013, § 3º, IV). Do ponto de vista prático, a alteração legislativa pouco alterou a realidade brasileira em relação à fundamentação; mas, como se sabe, em provas de OAB, a resposta deve ser dada de acordo com a previsão legislativa.

A sentença deve *refletir o pedido* formulado pela parte na inicial sob pena de ser *viciada* (CPC, art. 141 e 492):

✓ se o juiz conceder *além do que foi pedido* (foi pleiteado R$ 10 mil de danos e o juiz concedeu R$ 15mil), haverá julgamento *ultra petita*;

✓ se o juiz conceder algo *diferente do que foi pedido* (a parte pediu dano moral, o juiz concedeu dano material), haverá julgamento *extra petita*;

✓ se o juiz conceder *aquém do que foi pedido* (a parte formulou pedidos cumulados: danos materiais e danos morais, mas o juiz somente aprecia o dano material pleiteado), haverá julgamento *infra petita* (ou *citra petita*).

A decisão condenatória produz **hipoteca judiciária** (CPC, art. 495, § 1º), ou seja, a *possibilidade de averbar a sentença na matrícula do imóvel* – para que terceiros tenham ciência dessa situação ao eventualmente cogitar de adquirir o bem. Constituída a hipoteca, que não depende de ordem expressa do juiz, garante ao credor "o direito de preferência, quanto ao pagamento, em relação a outros credores, observada a prioridade no registro". (CPC, art. 495, § 4º). Porém, se houver *reforma ou invalidação dessa decisão*, o autor responderá, independentemente de culpa, pelos *danos* decorrentes da constituição da garantia (CPC, art. 495, § 5º).

Em relação à **tutela específica**, o CPC (art. 497 e ss.) em grande parte repete o Código anterior (art. 461 e ss.).

Assim, na ação que tenha por objeto a **prestação de fazer ou de não fazer**, o juiz concederá a *tutela específica ou determinará providências que assegurem a obtenção de tutela* pelo resultado prático equivalente (CPC, art. 497).

Na concessão da *tutela específica* destinada a inibir a prática, a reiteração ou a continuação de um *ilícito*, ou a sua remoção, é *irrelevante a demonstração da ocorrência de dano* ou da existência de culpa ou dolo (CPC, art. 497, parágrafo único). Ou seja, o réu não pode apontar a inexistência de culpa para não ser compelido a cumprir uma determinada prática.

Somente haverá **conversão da obrigação em perdas e danos** (CPC, art. 499) se:

(i) o *autor* assim requerer;

(ii) for *impossível a tutela específica* ou a obtenção de tutela pelo resultado prático equivalente.

Caberá **indenização por perdas e danos** independentemente da multa fixada para *compelir o réu ao cumprimento específico da obrigação* (CPC, art. 500). Logo, não há *bis in idem* na *astreinte e na indenização*, pois as naturezas são distintas.

A multa periódica (**astreinte**) *independe de requerimento da parte* e poderá ser aplicada em *qualquer momento* (na tutela provisória ou na sentença no processo de conhecimento, ou na fase de execução). A multa deve ser *suficiente e compatível* com a obrigação e que se determine prazo razoável para cumprimento do preceito (CPC, art. 537).

A *multa* poderá, de ofício ou a requerimento da parte, ser *alterada pelo juiz*, seja quanto ao valor ou periodicidade – e inclusive ser *excluída* (CPC, art. 537, § 1º). Ou seja, **não há preclusão quanto à multa**, conforme já definido pela jurisprudência do STJ.

E essa **modificação da multa** poderá ocorrer quando (CPC, art. 537, § 1º):

I – se tornar *insuficiente ou excessiva*;

II – o obrigado demonstrou *cumprimento parcial superveniente da obrigação* ou justa causa para o descumprimento.

De modo a evitar debates jurisprudenciais, o CPC expressamente define que o **beneficiário da multa** é o *credor / exequente* (CPC, art. 537, § 2º), e não o Estado.

2.3.7.2. Coisa julgada

Coisa julgada é definida, no CPC, como a *imutabilidade e indiscutibilidade da decisão de mérito não mais sujeita a recurso* (CPC, art. 502).

Imutabilidade e indiscutibilidade não são sinônimos, mas tampouco são definidos pela lei, de modo que seus conceitos são objeto de divergência doutrinária.

Imutabilidade é a *impossibilidade de nova análise de uma lide já antes julgada e com trânsito em julgado*, o que se atinge com a *extinção do segundo processo, sem mérito*.

Já a **indiscutibilidade** é a *impossibilidade de se rediscutir, em 2ª demanda* semelhante à primeira (não idêntica, pois aí seria imutabilidade) aquilo que foi decidido com força de coisa julgada na 1ª demanda (algo que se verifica com mais frequência em relações jurídicas continuativas ou sucessivas).

Divide-se a coisa julgada em duas espécies:

▪**coisa julgada formal:** é a imutabilidade da sentença, no próprio processo em que foi prolatada, não admitindo mais reforma (atinge qualquer sentença – inclusive as sentenças terminativas, processuais). Uma vez transitada em julgado a decisão, cabe a repropositura (CPC, art. 486). Contudo, se a extinção for por litispendência, inépcia da inicial, arbitragem, falta de pressupostos processuais ou condições da ação, somente será admitida a repropositura se houver a correção do vício (CPC, art. 486, § 1º);

▪**coisa julgada material:** é a verdadeira coisa julgada, a imutabilidade e indiscutibilidade da sentença não só no processo em que foi proferida – mas também para qualquer outro processo (atinge somente as decisões com julgamento de mérito).

Muda o CPC os **limites objetivos da coisa julgada** (*qual parte* da decisão é coberta pela coisa julgada), antes, abrangendo apenas a questão principal. Agora, *há coisa julgada também quanto à resolução de questão prejudicial*, decidida *expressa e incidentemente* no processo, se:

I – dessa resolução *depender o julgamento do mérito*;

II – a seu respeito tiver havido *contraditório prévio e efetivo*, não se aplicando no caso de revelia;

III – o juízo tiver *competência em razão da matéria* e da pessoa para resolvê-la como questão principal (art. 503, § 1º).

Por isso, não há, no CPC, a previsão da *ação declaratória incidental* (CPC/1973, art. 325), que existia no sistema anterior. Mas nada impede que se formule uma ação declaratória para pleitear que a questão prejudicial seja apreciada, de modo que não existirá dúvidas quanto à formação da coisa julgada. Nesse sentido, o Enunciado 35/CJF: *Considerando os princípios do acesso à justiça e da segurança jurídica, persiste o interesse de agir na propositura de ação declaratória a respeito da questão prejudicial incidental, a ser distribuída por dependência da ação preexistente, inexistindo litispendência entre ambas as demandas (arts. 329 e 503, § 1º, do CPC)*.

Não haverá a extensão da coisa julgada se no processo houver *restrições probatórias* ou *limitações à cognição* que impeçam o aprofundamento da análise da questão prejudicial (art. 503, § 2º).

Muda o CPC também os **limites subjetivos da coisa julgada** (*quem* é atingido pela coisa julgada). Quanto ao tema, o CPC/1973 destacou que a *coisa julgada não beneficiaria nem prejudicaria* terceiros. No CPC, afirma o art. 506 que a sentença **não prejudica** terceiros. Contudo, a parte inicial deste dispositivo destaca que a sentença "faz coisa julgada às partes entre as quais é dada". Também já debate a doutrina o real alcance dessa modificação – mesmo se algum. Resta aguardar a jurisprudência. Acerca do tema, o Enunciado 36/CJF: *O disposto no art. 506 do CPC não permite que se incluam, dentre os beneficiados pela coisa julgada, litigantes de outras demandas em que se discuta a mesma tese jurídica*.

O art. 508 do CPC traz a previsão da **eficácia preclusiva da coisa julgada** (princípio do *deduzido e dedutível*): com o trânsito em julgado "considerar-se-ão deduzidas e repelidas todas as alegações e as defesas que a parte poderia opor assim ao acolhimento como à rejeição do pedido".

Uma vez transitada em julgado a decisão e tendo esta sido coberta pela coisa julgada, há ainda possibilidade de impugnação. Trata-se da ação rescisória (CPC, art. 966).

2.3.7.3. Ação Rescisória (AR)

2.3.7.3.1. Finalidade e cabimento

A **finalidade da AR** é *rescindir decisão de mérito transitada em julgado*. Assim, trata-se de uma *revisão da coisa julgada* em hipóteses expressamente previstas na legislação.

É possível, conforme o caso, não só *a rescisão do julgado* (**juízo rescindente**), mas também que *seja proferida uma nova decisão* (**juízo rescisório**).

Decisões que podem ser impugnadas por AR:

✓ *sentença*;

✓ *decisão interlocutória*, que tenha apreciado o mérito da causa;

✓ *acórdão*, proferido por Tribunal de 2º grau ou Tribunal Superior;

✓ *decisão monocrática*, proferida por relator no Tribunal e que tenha julgado o mérito.

Percebe-se, então, que *qualquer decisão que apreciar o mérito de maneira final* poderá ser impugnada por AR (o que pode ser percebido a partir do *caput* do art. 966, o qual destaca que a **decisão de mérito**, *transitada em julgado*, pode ser rescindida). Assim, se houver uma decisão interlocutória final (como a que decide o julgamento antecipado parcial ou reconhece parte da prescrição de um crédito), não impugnada por recurso (agravo de instrumento), será possível o uso da AR.

Cabimento da AR. As decisões que admitem **o uso da rescisória** estão especificamente previstas em lei (CPC, art. 966):

I – proferidas por *juiz corrupto (prevaricação, concussão ou corrupção)*;

II –proferidas por *juiz impedido* ou *juízo absolutamente incompetente*;

III – resultarem de *dolo ou coação da parte vencedora* ou de *colusão* entre as partes;

IV – que *ofenderem coisa julgada* anteriormente formada;

V – que *violem manifestação norma jurídica*;

VI – fundadas em *prova falsa – seja apurada em processo crime, seja demonstrada na própria rescisória*;

VII – quando o autor, após o trânsito em julgado, obtiver *prova nova*;

VIII – fundadas em *erro de fato verificável* do exame dos autos;

Quanto às hipóteses de cabimento, merece destaque o seguinte:

(i) deixa de ser cabível AR fundada na *invalidação de confissão, desistência ou transação* (art. 485, VIII, do CPC/1973). Para tentar diminuir os *debates quanto ao cabimento da AR ou da ação anulatória*, o CPC estipula que os "atos de disposição de direitos, praticados pelas partes ou por outros participantes do processo e homologados pelo juízo, bem como os atos homologatórios praticados no curso

da execução, estão *sujeitos à anulação*, nos termos da lei" (art. 966, § 4º). Ou seja, utiliza-se, nesse caso, a anulatória (ajuizada em 1º grau) e não a rescisória.

(ii) admite-se **AR para impugnar decisão processual** (não de mérito) que *impeça nova propositura da demanda ou a admissibilidade de recurso* (CPC, art. 966, § 2º);

(iii) é possível a **AR fundada em um capítulo da decisão** (CPC, art. 966, § 3º).

2.3.7.3.2. Prazo

Prazo decadencial para ajuizamento da AR: *2 anos, contados do trânsito em julgado* da última decisão proferida no processo (CPC, art. 975).

A menção a "última decisão" parece adotar a jurisprudência do STJ quanto ao tema, definida antes do CPC.

Imaginemos o trânsito em julgado de um *capítulo da sentença* em 1º grau e de outro capítulo da decisão no Tribunal. Nesses casos, haveria *mais de um prazo para ajuizamento da AR*? O STJ pacificou a questão, afirmando que era *somente um prazo* e contado do *trânsito da última decisão*. A questão foi definida na Súmula 401: "O prazo decadencial da ação rescisória *só se inicia quando não for cabível qualquer recurso do último pronunciamento judicial*".

Se o dia final do prazo expirar em dia não útil (férias, recesso, feriados ou dia sem expediente forense), o prazo será prorrogado até o 1º dia útil subsequente (CPC, art. 975, § 1º), como já pacificado pelo STJ no sistema anterior.

O **termo inicial de AR fundada em prova nova** (CPC, art. 966, VII), *não será o trânsito em julgado*, mas sim a *data de "descoberta da prova nova"*. Porém, nesse caso, será observado o *prazo máximo de 5 anos*, contado do trânsito em julgado da última decisão proferida no processo (CPC, art. 975, § 2º). Portanto, o próprio Código traz uma situação de prova nova com prazo superior a 2 anos do trânsito.

Os defensores da tese da **relativização da coisa julgada** (ou coisa julgada inconstitucional) buscam desconstituir a coisa julgada mesmo após o prazo de 2 anos. Para esses, em *casos graves, situações repugnantes*, quando em jogo a *dignidade da pessoa humana*, deveria ser aceita a AR mesmo após o prazo previsto em lei.

Como exemplos:

(i) a situação em que se decidiu a investigação de paternidade quando ainda não existia o DNA. E, hoje, com esse exame, percebe-se que a decisão judicial não refletiu a realidade (a tese já foi acolhida pelo STJ e STF – neste último, com julgado com repercussão geral, RE 363.889);

(ii) os casos em que há decisão condenando a Fazenda Pública a indenizar alguém em valores elevados e, posteriormente, descobre-se que a condenação era indevida (como numa desapropriação milionária em que, depois do prazo da AR, descobre-se que a área já era do ente expropriante). Neste aspecto, segue a divergência jurisprudencial, mas há precedentes favoráveis à relativização.

2.3.7.3.3. Competência

Trata-se de ação **competência originária** *dos Tribunais*.

Se ajuizada para atacar *sentença ou decisão interlocutória*, sempre será *competente o Tribunal de 2º grau*.

Se for atacar *acórdão de Tribunal, o próprio Tribunal* (de 2º grau ou Superior) julgará a AR.

Porém, se *o Tribunal Superior se limitou a não conhecer do recurso*, daí a competência *é do Tribunal de 2º grau*.

Ou seja, tratando-se de acórdão a ser rescindido, a *competência é do último Tribunal que apreciou o mérito da causa*.

Prevê o CPC que, se for **reconhecida a incompetência de determinado tribunal** para o julgamento da AR, o *autor será intimado para emendar a inicial*, adequando ao outro tribunal que se entender competente (art. 968, § 5º). A previsão é relevante para evitar que haja extinção e, assim, decadência na repropositura (o que muito ocorria no sistema anterior).

2.3.7.3.4. Petição inicial e procedimento

A **petição inicial da AR** deve observar o art. 968 c/c art. 319 do CPC e deve trazer:

✓ endereçamento (*tribunal*);

✓ partes (*partes, terceiro prejudicado ou MP* – CPC, art. 967);

✓ causa de pedir (fundada no *art. 966 do CPC*);

✓ pedido (*rescisão* [juízo rescindente] e, eventualmente, *nova decisão* [juízo rescisório] – CPC, art. 968, I);

✓ valor da causa;

✓ além de custas, deve haver recolhimento de **5% sobre o valor da causa**, que reverterá à parte ré em caso de improcedência (CPC, art. 968, II), existindo teto de *1000 salários mínimos* (CPC, art. 968, § 2º). Contudo, *não necessita ser recolhido* pela União, Estados, Municípios, autarquias e fundações ligadas a esses entes, MP, Defensoria e beneficiários da gratuidade de justiça (CPC, art. 968, § 1º).

A AR tem **procedimento especial** (CPC, art. 966 e ss.) e tem o seguinte trâmite:

Procedimento especial da AR (ressalvadas as distinções, o CPC determina a observância do procedimento comum –art. 970, parte final)
1) inicial diretamente no Tribunal;
2) citação;   – cabe tutela provisória para obstar o cumprimento de sentença (CPC, art. 969).
3) contestação (prazo: 15 a 30 dias – CPC, art. 970);
4) instrução (pode ser realizada por carta de ordem para o órgão que proferiu a decisão rescindenda– CPC, art. 972);
5) após a instrução, memoriais no prazo de 10 dias, sucessivamente às partes (CPC, art. 973);
6) decisão (acórdão);   – cabe, conforme o resultado da ação, embargos de declaração, REsp e RE do acórdão que julga a AR.

2.3.7.4. Liquidação de sentença

A **liquidação** se insere no *processo de conhecimento* e é a última atividade *antes que tenha início a fase de cumprimento de sentença*. É principalmente utilizada para *título executivo judicial*, mas também é possível sua utilização para o título executivo extrajudicial.

Pelo CPC, somente há **2 modalidades de liquidação**: *por arbitramento* e *pelo procedimento comum* (denominada, no sistema anterior, de liquidação por artigos).

A **liquidação por cálculo** *deixou de ser tratada como modalidade de liquidação* no CPC. Contudo, é necessária a *indicação do valor exato a ser executado* (apresentação da **memória de cálculo atualizada**) para o início do cumprimento de sentença (CPC, art. 509, § 2º). Portanto, no CPC a liquidação por cálculo não demanda um incidente prévio de liquidação, o que é necessário nas demais formas de liquidação.

A **liquidação por arbitramento** será utilizada quando "determinado pela sentença, convencionado pelas partes ou exigido pela natureza do objeto da liquidação" (CPC, art. 509, I). Será realizada por *documentos juntados pelas partes* (produzidos fora dos autos e submetidos posteriormente ao contraditório) ou, se o juiz entender insuficiente para chegar ao valor do dano, por *perícia* (CPC, art. 510). No sistema anterior, somente era admitida a perícia.

A **liquidação pelo procedimento comum** ocorrerá quando "houver *necessidade de alegar e provar fato novo*" (CPC, art. 509, II), ou seja, será possível ampla produção probatória (por documentos, testemunhas ou perícia). Nessa hipótese, discute-se um *fato novo nunca debatido no processo*.

Para diferenciar as duas liquidações: na liquidação pelo procedimento comum, como visto, o fato novo não foi debatido no processo, ao passo que na liquidação por arbitramento discute-se fato já antes debatido no processo de conhecimento – porém, à época, não houve necessidade ou conveniência de se apurar o prejuízo decorrente de tal fato.

Para exemplificar:

(i) queda de material de uma construção, atingindo pessoa que passava na rua. Pedido genérico de condenação (para pagamento de *todos* os danos decorrentes dessa situação) e sentença ilíquida. Na liquidação, pede-se o pagamento da fisioterapia. Isso não foi debatido no processo, de modo que se trata de fato novo, cabível a **liquidação pelo procedimento comum**.

(ii) queda de um poste em fazenda, matando um animal. Pedido genérico de condenação para lucros cessantes (tudo que aquele animal poderia ter produzido em vida) e sentença ilíquida. Na liquidação, aponta-se qual seria, em média, o tempo útil de vida do animal e quais seriam os valores daí decorrentes. Algo que já foi mencionado desde o início do processo, mas que antes da verificação da responsabilidade do réu, talvez não fosse conveniente fazer. No caso, **liquidação por arbitramento** – seja por documentos (laudos realizados fora dos autos) ou por perito designado pelo juiz.

3. PROCEDIMENTOS ESPECIAIS (TÍTULO III DO LIVRO I DA PARTE ESPECIAL DO CPC)

3.1. Visão geral

Como já exposto, o CPC conhece 2 processos (conhecimento e execução).

No **processo de conhecimento**, existem *dois procedimentos*: comum e especial (não mais existe a subdivisão, no procedimento comum, em rito ordinário e sumário).

O **procedimento é especial** quando apresentar *algo de distinto do procedimento comum*.

Em síntese, a divisão procedimental no processo de conhecimento é a seguinte:

(i) procedimento comum: *é a base, a tramitação que se aplica de forma subsidiária a todos os processos e procedimentos*;

(ii) procedimentos especiais: *surgem diante da impossibilidade de solução de determinados problemas pelo procedimento comum. A finalidade é adequar o procedimento ao direito material debatido.*

As diferenças dos procedimentos especiais, em relação ao procedimento paradigma (comum), são previstas em lei e podem estar nos prazos, na previsão de liminar, na modificação/concentração das fases processuais etc.

Mas é importante destacar que *não há apenas um procedimento especial*. São diversos procedimentos especiais, cada qual com alguma distinção em relação ao procedimento padrão.

Assim, diante de uma lide que deve ser solucionada via processo de conhecimento, **deve-se inicialmente verificar se existe algum procedimento especial**.

Se existir, deverá ser utilizado referido procedimento. Se não existir, parte-se para o procedimento comum.

Assim, **a escolha do procedimento é feita por exclusão**: 1º) verificar se há *procedimento especial*; se não houver, parte-se para; 2º) *procedimento comum.*

Portanto, é importante que **bem se conheça quais são os procedimentos especiais** – e são diversos. Há procedimentos especiais no CPC e também em leis extravagantes.

No CPC, há procedimentos especiais de **jurisdição contenciosa** e procedimentos especiais **de jurisdição voluntária**. Fora do CPC, diversas leis extravagantes preveem procedimentos especiais.

3.1.1. Jurisdição contenciosa e voluntária

Consoante visto desde o início, a base para que exista o processo é a lide.

Contudo, há situações nas quais, mesmo sem a lide, há necessidade de se acionar o Judiciário. Nestes casos, fala-se em *jurisdição voluntária* por oposição à *jurisdição contenciosa.*

Assim:

✓ **jurisdição contenciosa**: *existe conflito entre as partes, o Judiciário atuará para compor a lide* (refere-se a tudo o quanto já foi exposto ao longo dos capítulos);

✓ **jurisdição voluntária** ou **graciosa**: não há lide, trata-se de verdadeira *administração pública, via Judiciário, de interesses privados.*

A respeito das distinções entre jurisdição voluntária e contenciosa, cabe apresentar o seguinte quadro:

Jurisdição contenciosa	Jurisdição voluntária (CPC, art. 719)
Existe lide	Inexiste lide
Existem partes (CPC, art. 77)	Existem interessados (CPC, art. 720)
Juízo de legalidade estrita (CPC, art. 140, parágrafo único)	Juízo de equidade (CPC, art. 723, parágrafo único)

No sistema anterior, havia previsão legal no sentido de a *sentença da jurisdição voluntária não fazer coisa julgada* (CPC/1973, art. 1.111). Esse dispositivo *não foi repetido no CPC*, de modo que, como já apontado por parte da doutrina no sistema anterior, é de se concluir que a **decisão da jurisdição voluntária é coberta pela coisa julgada**, tal qual ocorre com a decisão da jurisdição contenciosa.

De qualquer forma, se houver alteração do quadro fático (modificação da causa de pedir), será possível a propositura de nova demanda – exatamente porque **não haverá a tríplice identidade** que configura a existência de demandas idênticas.

3.1.2. Procedimentos especiais no CPC

Há novidades nos procedimentos especiais, em relação ao sistema anterior.

De início, apresenta-se um panorama geral de como o tema é tratado no CPC:

Título III – Dos Procedimentos Especiais

Capítulo I – Da Ação de Consignação em Pagamento

Capítulo II – Da Ação de Exigir Contas

Capítulo III – Das Ações Possessórias

Capítulo IV – Da Ação de Divisão e da Demarcação de Terras Particulares

Capítulo V – Da Ação de Dissolução Parcial de Sociedade

Capítulo VI – Do Inventário e da Partilha

Capítulo VII – Dos Embargos de Terceiro

Capítulo VIII – Da Oposição

Capítulo IX – Da Habilitação

Capítulo X – Das Ações de Família

Capítulo XI – Da Ação Monitória

Capítulo XII – Da Homologação do Penhor Legal

Capítulo XIII – Da Regulação de Avaria Grossa

Capítulo XIV – Da Restauração de Autos

Capítulo XV – Dos Procedimentos de Jurisdição Voluntária

Seção I – Disposições Gerais

Seção II – Da Notificação e da Interpelação

Seção III – Da Alienação Judicial

Seção IV – Do Divórcio e da Separação Consensuais, da Extinção Consensual de União Estável e da Alteração do Regime de Bens do Matrimônio

Seção V – Dos Testamentos e dos Codicilos

Seção VI – Da Herança Jacente

Seção VII – Dos Bens dos Ausentes

Seção VIII – Das Coisas Vagas

Seção IX – Da Interdição

Seção X – Disposições Comuns à Tutela e à Curatela

Seção XI – Da Organização e da Fiscalização das Fundações

Seção XII – Da Ratificação dos Protestos Marítimos e dos Processos Testemunháveis Formados a Bordo

Em síntese, em relação ao sistema anterior há procedimentos especiais que foram mantidos (como possessórias e monitórias), outros que foram excluídos (como ação de depósito e ação de nunciação de obra nova) e outros incluídos (como dissolução parcial de sociedade, ações de família e procedimentos relativos ao direito marítimo).

Outra exclusão como procedimento especial que merece destaque é da **ação de usucapião** (que, portanto, passa a seguir o procedimento comum), mas que passa a ser prevista a possibilidade de **usucapião extrajudicial** (CPC, art. 1.071 – vide item 3.6 abaixo).

No mais, além dos procedimentos especiais previstos no Código, há outros previstos em legislação extravagante (como ação de alimentos, mandado de segurança e os processos coletivos de uma forma geral).

É certo que inviável a análise, nesta obra, considerando sua finalidade e por limitações de espaço, de **todos os procedimentos especiais** existentes no sistema processual brasileiro.

Assim, opta-se por apresentar aqui **os procedimentos especiais mais utilizados** e aqueles que têm a **maior probabilidade de estarem nas provas da OAB** – considerando as *provas anteriores* e o *momento de transição* entre Códigos que vivemos.

Mas a **sugestão ao leitor** é que ao menos faça a *leitura do texto seco do CPC*, entre os arts. 539 a 770 (artigos que tratam dos procedimentos especiais no Código).

Assim, a seguir, passa-se à análise de **alguns** procedimentos especiais em espécie. Iniciando por procedimentos previstos no CPC para, a seguir, tratar de alguns procedimentos especiais previstos em legislação extravagante.

3.2. Ações possessórias

Na legislação civil, o **possuidor** é definido como *quem "tem de fato o exercício (...) de algum dos poderes inerentes à propriedade"* (CC, art. 1.196).

Quando a *causa de pedir* de uma demanda **tiver por base a posse**, estaremos diante de uma *ação possessória*.

Quando a *causa de pedir* de uma demanda **tiver por base a propriedade**, estaremos diante de uma *ação petitória*. Dentre as petitórias, há a ação de imissão na posse e a reivindicatória (que buscam a obtenção da *posse a partir de sua propriedade*), que seguem o procedimento comum, pois não há previsão específica dessas demandas no CPC.

Assim, somente as possessórias é que têm um procedimento especial. Vale destacar que, em grande parte, há repetição do Código anterior no CPC, em relação às possessórias.

O CPC prevê **3 ações possessórias**:

(i) reintegração de posse, no caso de *esbulho* (*perda* da posse);

(ii) manutenção de posse, no caso de *turbação* (*perturbação* da posse, sem perdê-la);

(iii) interdito proibitório (*ameaça* de ser molestado na posse).

O **procedimento das possessórias é** *distinto do comum* pelos seguintes motivos:

a) possibilidade de liminar:

Cabe *liminar na possessória* (CPC, arts. 558 e 562) na hipótese de posse nova (ou seja, de *menos de ano e um dia*). Não se trata de uma tutela provisória (CPC, art. 294), mas sim de uma liminar com requisitos distintos: *prova da posse e tempo da moléstia*;

b) fungibilidade das ações possessórias:

Em virtude do *dinamismo dos fatos* em relação à posse, mesmo se o autor ajuizar uma determinada ação e a situação for (ou se transformar) em outra, *desde que provados os fatos, deverá o juiz conceder a proteção possessória* (CPC, art. 554).

c) audiência de justificação:

Se o juiz não se convencer, pelos documentos, a respeito da *concessão ou não da liminar*, deverá ser **designada audiência de justificação** para formar a convicção (CPC, art. 562).

A **petição inicial** da possessória deve trazer a (i) posse do autor, (ii) moléstia ocorrida em relação à posse e (iii) data da turbação ou esbulho (CPC, art. 561). A inicial pode **cumular pedidos**, além da proteção da posse, (i) condenação em perdas e danos, (ii) indenização dos frutos, (iii), imposição de medida de apoio (tal como multa) para (a) evitar nova violação à posse e (b) para que haja cumprimento da tutela provisória ou final (CPC, art. 555).

Na **contestação**, pode o réu *formular pedido em face do autor*, em relação a: (i) perdas e danos e (ii) própria proteção possessória (CPC, art. 556 – o que será feito pela reconvenção, na própria contestação).

Traz o CPC novidades quanto às possessórias envolvendo **litígio coletivo pela posse** ou propriedade de imóvel.

Na possessória em que figure no **polo passivo grande número de pessoas**, serão feitas a *citação pessoal dos ocupantes* encontrados no local e a *citação por edital dos demais*, determinando-se a intimação do MP e, se envolver pessoas em situação de hipossuficiência econômica, da Defensoria Pública. Para tal citação pessoal, o oficial de justiça *procurará os ocupantes no local por uma vez*, citando-se por edital os que não forem encontrados (CPC, art. 554, § 2º). O juiz deverá determinar que se dê **ampla publicidade** da existência dessa ação e dos prazos processuais, podendo, para tanto, valer-se de *anúncios em jornal ou rádio locais*, da publicação de cartazes na região do conflito e de outros meios (CPC, art. 554, § 3º).

Além disso, quando o *esbulho ou a turbação afirmado tiver ocorrido há mais de ano e dia*, o juiz, antes de apreciar o pedido de liminar, deverá designar *audiência de mediação* a realizar-se em até 30 dias (CPC, art. 565).

Se **concedida, mas não executada a liminar** possessória no prazo de 1 ano a contar da data de distribuição, caberá ao juiz designar *audiência de mediação* com a presença do Ministério Público (CPC, art. 565, §§ 1º e 2º).

O juiz poderá comparecer à área objeto do litígio (**inspeção judicial**) quando sua *presença se fizer necessária à efetivação da tutela jurisdicional* (CPC, art. 565, § 3º). Essa prova pode ser realizada de ofício, mas também, por certo, requerida pelas (CPC, art. 481).

Os **órgãos responsáveis pela política agrária e pela política urbana** da União, Estado e Município onde se situe a área objeto do litígio, *poderão ser intimados para a audiência*, a fim de se manifestarem sobre seu interesse no processo e sobre a existência de possibilidade de solução para o conflito possessório (CPC, art. 565, § 4º).

3.3. Ação monitória

A **ação monitória** é *procedimento mais célere para os casos em que autor dispõe de prova escrita sem eficácia de título executivo, que traduza obrigação de (i) pagar quantia, (ii) entregar coisa móvel ou imóvel ou (iii) adimplir obrigação de fazer ou não fazer* (CPC, art. 700).

Assim, no CPC há ampliação do cabimento da monitória, para incluir a entrega de coisa imóvel e obrigação de fazer e não fazer.

Não é possível a utilização do processo de execução, por *falta de título executivo*, mas *já há prova escrita* de onde decorre o dever de pagar, de entregar coisa ou de obrigação de fazer.

Por **prova escrita sem eficácia de título** deve-se entender:

(i) aquele *produzido pelo réu ou que tenha sua participação*; mas "o que interessa, na monitória, é a possibilidade de formação da convicção do julgador a respeito de um crédito, e não a adequação formal da prova apresentada a um modelo predefinido" (STJ, REsp 925.584/SE, 4.ª T., j. 09.10.2012, *DJe* 07.11.2002, Informativo 506);

(ii) também a *prova oral documentada*, produzida de forma antecipada (CPC, art. 700, § 1º).

Havendo **dúvida quanto à idoneidade de prova** documental apresentada na inicial, o juiz *intimará o autor para, querendo, emendar a petição inicial*, adaptando-a ao procedimento comum (CPC, art. 700, § 5º). Essa previsão busca evitar que se discuta o cabimento da monitória, para se focar na análise do mérito.

Na **petição inicial** da monitória, incumbe ao autor indicar, conforme o caso (CPC, art. 700, § 2º), sob pena de indeferimento (CPC, art. 700, § 4º):

I – a *importância devida* (com *memória de cálculo*);

II – o *valor atual da coisa* reclamada;

III – o *conteúdo patrimonial em discussão* ou o proveito econômico perseguido.

Cabe **monitória contra a Fazenda Pública** (CPC, art. 700, § 6º e Súmula 339 do STJ). Sendo ré a Fazenda Pública, não apresentada defesa, serão aplicadas as *regras do reexame necessário*, observando-se a seguir, no que couber, o cumprimento de sentença (CPC, art. 701, § 4º).

Na monitória, admite-se a **citação por qualquer meio** permitido para o procedimento comum (CPC, art. 700, § 7º e Súmula 282 do STJ, especificamente quanto à permissão de citação por edital).

Na monitória **cabe a reconvenção**, mas é vedado o oferecimento de *reconvenção à reconvenção* (CPC, art. 702, § 6º e Súmula 292 do STJ).

Além disso, com base na jurisprudência do STJ (formada no sistema anterior), não é necessário, na **monitória fundada em cheque prescrito**, tratar do negócio que deu origem ao débito. Nesse sentido, *Súmula 531 do STJ*: "Em ação monitória fundada em cheque prescrito ajuizada contra o emitente, é dispensável a menção ao negócio jurídico subjacente à emissão da cártula".

Sendo evidente o direito do autor, o juiz deferirá a **expedição de mandado** de pagamento, de entrega de coisa ou para execução de obrigação de fazer ou de não fazer, concedendo ao réu *prazo de 15 dias* para o *cumprimento e o pagamento de honorários* advocatícios de *5% do valor atribuído à causa* (CPC, art. 701).

Haverá a **constituição do título executivo judicial**, independentemente de qualquer formalidade, *se não realizado o pagamento e não apresentados embargos*, observando-se, no que couber, o procedimento do cumprimento de sentença (CPC, art. 701, § 2º); verificada tal hipótese, **cabe ação**

rescisória da decisão de *deferimento da expedição do mandado de pagamento* (CPC, art. 701, § 3º).

Admite-se, na ação monitória, o pedido de **parcelamento da dívida** previsto no art. 916 do CPC (art. 701, § 5º).

Os **embargos à ação monitória** (contestação da monitória) podem se fundar em *matéria passível de alegação como defesa no procedimento comum* (CPC, art. 702, § 1º).

Quando o réu alegar que o autor pleiteia quantia superior à devida, deverá declarar de imediato o valor que entende correto, apresentando demonstrativo discriminado e atualizado da dívida. Se não o fizer, os embargos serão liminarmente rejeitados, se esse for o seu único fundamento, e, se houver outro fundamento, os embargos serão processados, mas o juiz deixará de examinar a alegação de excesso (CPC, art. 702, §§ 2º e 3º).

O autor será **intimado para responder aos embargos** no prazo de *15 dias* (CPC art. 702, § 5º);

A *critério do juiz*, os **embargos serão autuados** em *apartado*, se parciais, constituindo-se de pleno direito o título executivo judicial em relação à parcela incontroversa (CPC, art. 702, § 7º).

Cabe **apelação** contra a sentença que *acolhe ou rejeita os embargos* (CPC, art. 702, § 9º).

Os embargos monitórios **somente suspendem a ação monitória até o julgamento de primeiro grau**. Daí porque pode se concluir que, de forma distinta da regra geral de duplo efeito no CPC, o *recurso de apelação da sentença da monitória será recebido sem efeito suspensivo* (CPC, art. 702, § 4º). Resta verificar se esse será mesmo o entendimento jurisprudencial.

O juiz condenará ao pagamento de **multa de até 10% sobre o valor da causa** nos seguintes casos (CPC, art. 702, § 10):

a) se o *autor propuser, indevidamente e de má-fé*, a monitória; multa em favor do réu;

b) se o réu opuser *embargos de má-fé*; multa em favor do autor.

3.4. Ações de família

O CPC traz um capítulo próprio para regular o procedimento das **ações familiares**, para as demandas contenciosas de *divórcio, separação, reconhecimento e extinção de união estável, guarda visitação e filiação*.

Em linha com o novo sistema processual, o CPC afirma que nessas ações "todos os esforços serão empregados para a solução consensual da controvérsia, devendo o juiz dispor do auxílio de profissionais de outras áreas de conhecimento para a mediação e a conciliação" (CPC, art. 694).

Cabe a **suspensão do processo** enquanto os litigantes se submetem a *mediação extrajudicial* ou *atendimento multidisciplinar* (CPC, art. 694, parágrafo único). A Lei de Mediação vai além, afirmando que a *suspensão se impõe* (Lei 13.140/2015, art. 16) e que é *irrecorrível a decisão que suspende o processo*, apesar de ser possível o deferimento de *medidas urgentes* mesmo durante a suspensão (Lei 13.140/2015, art. 16 §§ 1º e 2º).

Além disso, a **citação do réu**, para a audiência de conciliação ou mediação, será realizada **sem cópia da petição inicial** (contrafé). O *mandado conterá apenas os dados necessários à audiência*, sendo assegurado ao réu o direito de examinar o conteúdo da inicial a qualquer tempo, em cartório

(CPC, art. 695, § 1º). A Lei de Mediação **não traz previsão nesse sentido**. Há dúvidas quanto à constitucionalidade desse dispositivo. Resta verificar como será a jurisprudência.

A **citação** para a ação familiar será feita na *pessoa do réu* e deve ocorrer com *antecedência mínima de 15 dias da data da audiência* de mediação ou conciliação (CPC, art. 695, §§ 2º e 3º).

Na **audiência**, as partes devem estar acompanhadas de *advogado* (CPC, art. 695, § 4º). Na **mediação extrajudicial**, não há essa obrigatoriedade, mas é *mera opção* (Lei 13.140/2015, art. 10).

O **MP** somente intervirá quando houver *interesse de incapaz*, e deverá ser *ouvido previamente à homologação de eventual acordo* (CPC, art. 698).

Quando houver, no processo, discussão sobre fato relacionado a **abuso ou a alienação parental**, o juiz, ao tomar o depoimento do incapaz, deverá estar *acompanhado por especialista* (CPC, art. 699).

Vale destacar que a Lei nº 14.713/2023 incluiu o art. 699-A no CPC, segundo o qual o juiz, nas **ações de guarda**, antes de iniciar a audiência de mediação e conciliação, indagará às partes e o Ministério Público se **há risco de violência doméstica** ou familiar e, se o caso, fixará um prazo de 5 dias para a apresentação de provas ou indícios pertinentes.

3.5. Divórcio, separação e extinção de união estável consensuais (jurisdição voluntária)

Como exemplo de jurisdição voluntária, há o **divórcio consensual**. De início, cabe recordar que, desde a EC 66/2010, a rigor, não haveria mais a necessidade de se falar em separação, visto que é possível *desde logo partir-se para o divórcio*. Contudo, o CPC optou por seguir utilizando o termo **separação consensual**.

Assim, se marido e mulher não mais querem continuar casados, se estão de acordo a respeito de bens e alimentos, ou seja, se não há nenhuma pendência, *inexiste lide*. Contudo, ainda assim há necessidade de participação estatal no divórcio.

Se não houver filhos menores (ou nascituro), será inclusive possível que se vá a um cartório extrajudicial para se proceder ao *divórcio via escritura pública*, devendo os cônjuges estar assistidos por advogado (CPC, art. 733). A escritura *independe de homologação* judicial e é título hábil para qualquer *ato de registro*, bem como para *levantamento de importância depositada em instituições financeiras* (CPC, art. 733, § 1º).

Não obstante, se assim preferirem ou **se houver filhos menores**, será realizado um divórcio consensual *perante o Judiciário* (CPC, art. 731).

A legislação prevê requisitos mínimos para a petição do divórcio e separação consensuais, que será instruída com certidão de casamento e eventual pacto antenupcial, bem como assinada por ambos os cônjuges (CPC, art. 731):

(i) a *descrição e partilha dos bens* comuns;

(ii) a *pensão alimentícia* entre os *cônjuges*;

(iii) o acordo relativo à *guarda dos filhos incapazes e visita*;

(iv) a *contribuição para criar e educar os filhos (alimentos)*.

Diante da inexistência de lide, é possível que um único advogado postule em favor de ambos os cônjuges.

Assim, mediante a *verificação dos requisitos* previstos em lei, o *juiz homologará o divórcio* e a sentença será levada aos registros civis (CPC, art. 733).

A lei processual **deixa de prever a audiência de ratificação** que constava no sistema anterior.

O **mesmo procedimento** se aplica para a *extinção de união estável consensual* (CPC, art. 732) e para *mudança de regime de bens de casamento* (CPC, art. 734).

Quanto à **alteração do regime de bens do casamento** o juiz, ao receber a petição inicial, determinará a *intimação do Ministério Público* e a *publicação de edital* que divulgue a pretendida alteração de bens, somente podendo *decidir depois de 30 dias* da publicação do edital (CPC, art. 734, § 1º). Os cônjuges podem propor ao juiz *meio alternativo de divulgação da alteração do regime de bens*, a fim de resguardar direitos de terceiros (CPC, art. 734, § 2º).

3.6. Ação de usucapião

A **usucapião** *é uma das formas de aquisição originária da propriedade, quando há o exercício da posse por determinado tempo* (CC, arts. 1.238 a 1.244).

Para que seja reconhecida a usucapião, é necessária a conjugação de 4 elementos:

(i) *posse ininterrupta*, isto é, a posse vem sendo exercida ao longo dos anos sem que tenha ocorrido sua perda em algum momento (admite-se a soma das posses dos antecessores com a finalidade de obter o tempo exigido pela lei);

(ii) *posse incontestada*, que implica o exercício pacífico da posse, sem oposição;

(iii) o possuidor esteja com *ânimo de dono*, exteriorizando atos condizentes à figura do proprietário;

(iv) o *decurso do tempo* exigido em lei.

a) Espécies de usucapião:

(i) extraordinária (CC, art. 1.238): independe de título ou de boa-fé, basta o exercício manso, pacífico e ininterrupto da posse por 15 (quinze) anos (CC, art. 1.238, parágrafo único. O prazo será de dez anos se o possuidor houver estabelecido no imóvel a sua moradia habitual, ou nele realizado obras ou serviços de caráter produtivo);

(ii) ordinária (CC, art. 1.242): depende de justo título e boa-fé, quando o possuidor estabeleceu sua moradia habitual ou realize serviços de caráter produtivo, pelo prazo de 10 (dez) anos (CC, art. 1.242, parágrafo único. O prazo para a aquisição será de cinco anos quando o imóvel for adquirido onerosamente, com base no registro em cartório, cancelado posteriormente, desde que o possuidor tenha estabelecido moradia);

(iii) especial rural (CC, art. 1.239): o prazo é de 5 (cinco) anos quando o possuidor morar no imóvel rural ou o utilizar para a produção de seu trabalho, não possuir outro imóvel em seu nome e a área não exceda a 50 hectares;

(iv) especial urbana (CC, art. 1.240): o prazo é 5 (cinco) anos, para área de até 250 metros quadrados, desde que o possuidor não seja proprietário de outro imóvel e utilize para moradia;

(v) coletivo (Lei 10.257/2001, art. 10 – Estatuto da Cidade): o prazo para aquisição da propriedade coletiva é de 5 (cinco) nos casos em que a área, com mais de 250 metros quadrados, esteja ocupada por população de baixa renda com destinação para moradia, não sendo possível identificar os terrenos ocupados por cada família e não havendo proprietários de outros imóveis;

(vi) familiar (CC, art. 1.240-A): o prazo para o ex-cônjuge ou companheiro adquirir a propriedade do imóvel urbano, de até 250 metros quadrados, que dividia com o parceiro até o abandono, é de 2 (dois) anos, desde que permaneça utilizando o imóvel para moradia, ininterruptamente e sem oposição.

Havia previsão de procedimento especial no CPC/1973 para a ação de usucapião. Porém, isso não foi repetido no CPC. Logo, o procedimento passa a ser o comum.

Porém, ainda que o procedimento seja o comum, há algumas especificidades no procedimento da ação de usucapião, como por exemplo a publicação de edital, para que terceiros eventualmente tenham ciência da existência desse processo (art. 259, I) – exatamente como o procedimento especial antes existente previa.

Merece mais atenção a usucapião no âmbito extrajudicial.

O art. 1.071 do CPC **alterou a Lei de Registros Públicos** (Lei 6.015/1973), para inserir o art. 216-A, que trata da **usucapião extrajudicial** (a Lei 11.977/2009 já trazia a possibilidade de usucapião reconhecida em cartório, no caso do art. 183 da CF).

Assim, agora há **opção** entre o pedido extrajudicial de usucapião e via jurisdicional. Pode a parte optar por formular o pedido **diretamente no cartório do registro de imóveis da comarca em que se situa o imóvel** usucapiendo. Não há menção a tamanho ou utilização do imóvel.

O interessado deverá apresentar **requerimento** ao cartório competente, instruindo-o com *diversos documentos*: (i) *ata notarial* atestando o tempo de posse, (ii) *planta e memorial descritivo* assinado por profissional legalmente habilitado, (iii) *certidões negativas* dos distribuidores da comarca da situação do imóvel e do domicílio do requerente, (iii) justo título ou outros documentos que demonstrem *origem da posse*, continuidade, natureza e tempo, tais como o pagamento dos impostos e taxas incidentes sobre o imóvel.

Se a planta (item ii acima) não tiver a assinatura de qualquer um dos titulares de direitos registrados ou averbados na matrícula do imóvel usucapiendo ou na matrícula dos imóveis confinantes, o titular será notificado pelo registrador competente, pessoalmente ou pelo correio com aviso de recebimento. Feita a notificação, o titular terá o prazo de 15 dias para manifestar consentimento expresso, interpretado o **silêncio como concordância** (art. 216-A, § 2º importante *novidade* inserida pela Lei 13.465/2017).

O oficial de registro de imóveis dará **ciência** à União, ao Estado, ao Município, para que se manifestem, em quinze dias, sobre o pedido; tal comunicação será feita pessoalmente, pelo oficial de registro de títulos e documentos, ou por correio, com aviso de recebimento (art. 216-A, § 3º).

Para que **terceiros interessados tenham ciência** e possam se manifestar em até 15 dias, o oficial de registro de imóveis promoverá a *publicação de edital em jornal de grande circulação*, onde houver (art. 216-A, § 4º).

Se não houver impugnações, estando a documentação em ordem, não havendo pendência de diligências e constando a concordância expressa dos titulares de direitos reais e de outros direitos registrados ou averbados na matrícula do imóvel e na matrícula dos imóveis confinantes, o *oficial*

de registro de imóveis registrará a aquisição do imóvel com as descrições apresentadas, sendo permitida a abertura de matrícula, se for o caso (art. 216-A, § 6º).

Se o **pedido extrajudicial for rejeitado**, isso *não impedirá o ajuizamento de ação de usucapião* (art. 216-A, § 9º).

3.7. Ação de exigir contas

No Código anterior havia a "ação de prestação de contas", que poderia ser proposta tanto por quem poderia exigir como por quem deveria prestar as contas. No CPC, **deixa de existir** procedimento especial *para quem pretende prestar as contas*. Por isso a nova legislação altera o nome para "**ação de exigir contas**".

Quem afirmar ser titular do direito de exigir contas requererá a citação do réu para que as *preste ou ofereça contestação no prazo de 15 dias* (CPC, art. 550).

Se as *contas forem prestadas*, o autor terá também 15 dias para se manifestar (CPC, art. 550, § 2º).

Na **petição inicial**, o autor especificará as *razões pelas quais exige as contas*, instruindo a peça com *documentos comprobatórios dessa necessidade*, se existirem.

A **impugnação das contas** apresentadas pelo réu deverá ser fundamentada e *especificar o lançamento questionado* (CPC, art. 550, *caput* e § 3º).

A decisão que julgar **procedente o pedido** condenará o réu a *prestar as contas no prazo de 15 dias*, sob pena de não lhe ser lícito impugnar as que o autor apresentar (art. 550, § 5º).

Apresentando o réu as contas, o feito terá prosseguimento. **Se o réu não fizer isso**, o *autor as apresentará* no prazo de 15 dias, podendo o juiz determinar a realização de exame pericial, se necessário (CPC, art. 550, § 6º).

As contas do réu serão **apresentadas na forma adequada**, especificando-se as *receitas*, a aplicação das *despesas* e os investimentos, se houver (CPC, art. 551).

Se o autor apresentar impugnação específica e fundamentada, o juiz estabelecerá prazo razoável para que o réu apresente os documentos justificativos dos lançamentos individualmente impugnados (art. 550, § 1º).

3.8. Ação de divisão e demarcação de terras particulares

Em grande parte, houve repetição do procedimento da ação divisória e demarcatória.

Merecem destaque as seguintes **modificações**:

✓ retiradas as regras relativas ao *trabalho de campo dos técnicos*.

✓ possibilidade de realização da *divisão e demarcação por escritura pública*, desde que todos os interessados sejam maiores, capazes e estejam de acordo (CPC, art. 571).

✓ tratando-se de imóvel georreferenciado, com averbação no registro de imóveis, pode o juiz *dispensar a realização de prova pericial* (CPC, art. 573).

A **ação demarcatória pode ser cumulada com reintegração de posse**, porque, além de julgar procedente o pedido determinando o traçado da linha demarcanda, a sentença proferida na ação demarcatória *determinará a restituição da área invadida*, se houver, declarando o domínio ou a posse do prejudicado, ou ambos (CPC, art. 581, parágrafo único).

A **citação** dos réus será feita por *correio*, mas também há previsão de *publicação por edital* (CPC, art. 576).

Quanto à **prova**, antes de proferir a sentença, o *juiz nomeará um ou mais peritos* para levantar o traçado da linha demarcanda (CPC, art. 579).

Na **ação de divisão**, o juiz nomeará *um ou mais peritos para promover a medição do imóvel* e as operações de divisão deverão observar a legislação especial que dispõe sobre a identificação do imóvel rural (CPC, art. 590). O **perito** deverá indicar *diversas informações* (as vias de comunicação existentes, as construções e as benfeitorias, com a indicação dos seus valores e dos respectivos proprietários e ocupantes, as águas principais que banham o imóvel e quaisquer outras informações que possam concorrer para facilitar a partilha – CPC, art. 590, parágrafo único).

As partes serão ouvidas sobre o cálculo e o plano da divisão no **prazo comum** de *15 dias*. Após, o juiz deliberará a partilha (CPC, art. 596).

3.9. Da ação de dissolução parcial de sociedade

Regula o CPC o procedimento para **dissolução parcial de sociedade**.

A ação de dissolução parcial de sociedade pode ter por **pedido** (CPC, art. 599):

I – a *resolução da sociedade* empresária contratual ou simples em relação ao sócio falecido, excluído ou que exerceu direito de retirada ou recesso; **e**

II – a *apuração de haveres do sócio falecido*, excluído ou que exerceu direito de retirada ou recesso; **ou**

III – *somente a resolução ou a apuração de haveres*.

A ação pode ter por objeto também a *sociedade anônima de capital fechado* quando demonstrado, por acionista(s) que representem 5% ou mais do capital social, que não pode preencher o seu fim (CPC, art. 599, § 2º).

Em relação à **legitimidade**, a ação de dissolução parcial de sociedade pode ser proposta (CPC, art. 600):

I – pelo *espólio do sócio falecido*, quando a totalidade dos sucessores não ingressar na sociedade;

II – pelos *sucessores*, após concluída a partilha do sócio falecido;

III – pela *sociedade*, se os sócios sobreviventes não admitirem o ingresso do espólio ou dos sucessores do falecido na sociedade, quando esse direito decorrer do contrato social;

IV – pelo *sócio que exerceu o direito de retirada ou recesso*, se não tiver sido providenciada, pelos demais sócios, a alteração contratual consensual formalizando o desligamento, depois de transcorridos 10 dias do exercício do direito;

V – pela *sociedade*, nos casos em que a lei não autoriza a exclusão extrajudicial;

VI – pelo *sócio excluído*.

Também o *cônjuge ou companheiro do sócio* cujo casamento, união estável ou convivência terminou poderá requerer a apuração de seus haveres na sociedade, que serão pagos à conta da quota social titulada por este sócio (CPC, art. 600, parágrafo único).

Quanto ao **procedimento**, os sócios e a sociedade serão citados para, *no prazo de 15 dias, concordar com o pedido ou apresentar contestação* (CPC, art. 601). Afirma o CPC que a **sociedade não precisa ser citada** se *todos os seus sócios forem citados*; mas, ainda assim, ficará *sujeita aos efeitos da decisão e à coisa julgada* (CPC, art. 601, parágrafo único).

Em síntese, o pedido da ação poderá compreender (i) *dissolução parcial* da sociedade, (ii) *apuração de haveres* e (iii) pedido de *indenização compensável com o valor dos haveres* a apurar (CPC, art. 602).

Se houver manifestação expressa e unânime pela **concordância da dissolução**, o juiz a *decretará*, passando-se imediatamente à fase de *liquidação* (CPC, art. 603). Nesse caso, *não haverá condenação em honorários advocatícios* de nenhuma das partes, e as custas serão rateadas segundo a participação das partes no capital social (CPC, art. 603, § 1º).

Se houver **contestação**, observar-se-á o *procedimento comum*, mas a liquidação da sentença seguirá o procedimento especial ora em análise (CPC, art. 603, § 2º).

Em relação à **apuração dos haveres** (ou seja, o valor que terá de ser recebido pelo sócio que deixa a sociedade), o juiz (CPC, art. 604):

I – fixará a *data da resolução* da sociedade;

II – definirá o *critério de apuração dos haveres*, a partir do disposto no contrato social;

III – nomeará o *perito*.

O juiz determinará à sociedade ou aos sócios que nela permanecerem que *deposite em juízo a parte incontroversa dos haveres devidos*, sendo que o depósito poderá ser *desde logo levantando* pelo ex-sócio, espólio ou sucessores (CPC, art. 604, §§ 1º e 2º).

Quanto à **data da resolução da sociedade**, esta será (CPC, art. 605):

I – no caso de *falecimento* do sócio, a do *óbito*;

II – na *retirada imotivada*, o *sexagésimo dia seguinte ao do recebimento*, pela sociedade, da *notificação do sócio retirante*;

III – no *recesso*, o dia do recebimento, pela sociedade, da *notificação do sócio dissidente*;

IV – na *retirada por justa causa* de sociedade por prazo determinado e na exclusão judicial de sócio, a do *trânsito em julgado da decisão que dissolver a sociedade*; e

V – na *exclusão extrajudicial*, a data da assembleia ou da reunião de sócios que *a tiver deliberado*.

Se o contrato social for omisso, o juiz definirá, como critério de apuração de haveres, o *valor patrimonial apurado em balanço* de determinação, tomando-se por referência a *data da resolução* e avaliando-se bens e direitos do ativo, tangíveis e intangíveis, a preço de saída, além do passivo também a ser apurado de igual forma (CPC, art. 606). Em todos os casos em que seja necessária a realização de perícia, a nomeação do perito recairá preferencialmente sobre especialista em avaliação de sociedades (CPC, art. 606, parágrafo único).

A *data da resolução e o critério de apuração* de haveres podem ser *revistos pelo juiz*, a pedido da parte, a qualquer tempo antes do início da perícia (CPC, art. 607).

Até a data da resolução, integram o *valor devido* ao ex-sócio, ao espólio ou aos sucessores a *participação nos lucros ou os juros sobre o capital próprio* declarados pela sociedade e, se for o caso, a remuneração como administrador (CPC, art. 608) porém, *após a data da resolução*, o ex-sócio, o espólio ou os sucessores terão direito apenas à *correção monetária* dos valores apurados e aos *juros contratuais ou legais* (CPC, art. 608, parágrafo único).

Uma vez apurados, os haveres do sócio retirante serão *pagos conforme disciplinar o contrato social* e, no caso de omissão do contrato social, conforme § 2º do art. 1.031 do CC (CPC, art. 609).

3.10. Da Oposição

Como já exposto, no CPC/1973 a oposição era intervenção de terceiros (vide 1.5.2.1.). O Código atual a classifica como procedimento especial.

Apesar dessa modificação topológica, seu **cabimento** segue o mesmo previsto no sistema anterior: *quem pretender, no todo ou em parte, a coisa ou o direito sobre que controvertem autor e réu* poderá, até ser proferida a sentença, *oferecer oposição* contra ambos (CPC, art. 682).

Como grande exemplo, uma situação em que A e B litigam afirmando que são titulares de determino bem imóvel; se *C entende que ele é o efetivo titular, ingressa com a oposição contra A e B*, em litisconsórcio passivo necessário. Assim, o **opoente litiga contra todos**.

O **procedimento** também não sofreu alterações em relação ao sistema anterior:

✓ a oposição deve seguir os requisitos de uma petição inicial – que é, pois se trata de ação (CPC, art. 683);

✓ a oposição será *distribuída por dependência*;

✓ os opostos serão *citados pessoa de seus advogados*, para contestar em 15 dias (CPC, art. 683, parágrafo único).

✓ a oposição será *apensada aos autos* e tramitará *simultaneamente* à ação originária, sendo ambas julgadas pela mesma sentença (CPC, art. 685);

✓ se a oposição for proposta *após o início da audiência de instrução*, o juiz suspenderá o curso do processo ao fim da produção das provas, salvo se concluir que a unidade da instrução atende melhor ao princípio da duração razoável do processo (CPC, art. 685, parágrafo único).

O juiz, ao sentenciar, se for o caso de julgar ambas ações ao mesmo tempo, apreciará *inicialmente a oposição* – que é prejudicial em relação ao pedido original, constante da ação (CPC, art. 686). Afinal, retomando o exemplo anterior, se o juiz reconhecer que o opoente C é o titular do bem imóvel, por óbvio que prejudicado o pedido de A contra B quanto à titularidade do mesmo bem.

A oposição é tema bastante pedido nas provas de OAB.

3.11. Dos procedimentos de Direito Marítimo

O CPC/1973 não tratava do Direito Marítimo. O CPC tem uma série de dispositivos a respeito do tema (inclusive um objeto de veto). O tribunal marítimo não é órgão jurisdicional, mas sua atuação passa a ser chancelada pelo CPC, nos 2 procedimentos ora analisados – um deles de jurisdição contenciosa (há lide); outro de jurisdição voluntária (sem lide). Considerando a sua atuação limitada, o assunto vem sendo muito pouco perguntado na OAB.

3.11.1. *Regulação de Avaria Grossa (jurisdição contenciosa)*

O procedimento se refere a situações envolvendo *acidente de navios*.

A maior parte dos problemas relativos a acidentes de navios é resolvida consensualmente. Porém, se houver uma situação *sem acordo*, cabível a *regulação da avaria grossa*.

Assim, quando *inexistir consenso* acerca da nomeação de um regulador de avarias, o juiz de direito da **comarca do primeiro porto onde o navio houver chegado**, provocado por *qualquer parte interessada*, nomeará um *regular de notório conhecimento* (CPC, art. 707).

O regulador declarará justificadamente se os *danos são passíveis de rateio* na forma de avaria grossa e exigirá das partes envolvidas a apresentação de garantias idôneas para que possam ser *liberadas as cargas* aos consignatários (CPC, art. 708).

As partes deverão apresentar nos autos os *documentos necessários à regulação da avaria grossa* em prazo razoável a ser fixado pelo regulador (CPC, art. 709).

Oferecido o regulamento da avaria grossa, dele terão *vista as partes pelo prazo comum de 15 dias*, e, não havendo impugnação, o regulamento será *homologado por sentença* (CPC, art. 710, § 1º). Se houver impugnação ao regulamento, o juiz *decidirá no prazo de 10 dias*, após a oitiva do regulador (CPC, art. 710, § 2º).

3.11.2. *Da ratificação dos protestos marítimos e dos processos testemunháveis formados a bordo (jurisdição voluntária)*

Prevê o CPC, também, a ratificação dos protestos marítimos e dos processos testemunháveis formados a bordo (*lançamentos de informações realizadas no livro marítimo denominado "Diário da Navegação"*).

Todos os protestos e os processos testemunháveis formados a bordo e lançados no livro Diário da Navegação *deverão ser apresentados pelo comandante ao juiz de direito do primeiro porto, nas primeiras 24 horas de chegada da embarcação, para sua ratificação* judicial (CPC, art. 766).

A petição inicial conterá a *transcrição dos termos lançados no livro Diário da Navegação* e deverá ser instruída com cópias das páginas que contenham os termos que serão ratificados, dos documentos de identificação do comandante e das testemunhas arroladas, do rol de tripulantes, do documento de registro da embarcação e, quando for o caso, do manifesto das cargas sinistradas e a qualificação de seus consignatários, traduzidos, quando for o caso, de forma livre para o português (CPC, art. 767).

A petição inicial deverá ser *distribuída com urgência* e encaminhada ao juiz, que ouvirá, sob compromisso a ser prestado no mesmo dia, *o comandante e as testemunhas* em número mínimo de 2 e máximo de 4, que deverão comparecer ao ato independentemente de intimação (CPC, art. 768).

Aberta a audiência, o juiz mandará apregoar os consignatários das cargas indicados na petição inicial e outros eventuais interessados, nomeando para os ausentes curador para o ato (CPC, art. 769).

Inquiridos o comandante e as testemunhas, o juiz, convencido da veracidade dos termos lançados no Diário da Navegação, em audiência, *ratificará por sentença o protesto ou o processo testemunhável* lavrado a bordo, dispensado o relatório (CPC, art. 770). Independentemente do trânsito em julgado, o juiz determinará a *entrega dos autos ao autor* ou ao seu advogado, mediante a apresentação de traslado (CPC, art. 770, parágrafo único).

3.12. Mandado de segurança individual

A partir deste tópico, passa-se à análise de alguns procedimentos especiais previstos fora do CPC.

O **mandado de segurança** *é o instrumento adequado para proteger direito líquido e certo não amparado por* habeas corpus *ou* habeas data, *quando o responsável pela ilegalidade ou abuso de poder for autoridade pública ou agente de pessoa jurídica no exercício de atribuições do Poder Público* (Lei 12.016/2009, art. 1º).

O direito líquido é certo é aquele que independe de outra prova que não a documental.

O prazo para impetração do mandado de segurança é decadencial de 120 (cento e vinte) dias contados da ciência do ato impugnado (Lei 12.016/2009, art. 23). A decadência se refere ao uso do instrumento, sendo possível o ajuizamento da demanda pelas vias ordinárias até a prescrição da pretensão.

Procedimento:

1) Petição inicial: deverá demonstrar a ofensa ao direito líquido e certo, indicando a autoridade coatora do ato;
2) Liminar: é possível a concessão de liminar (Lei 12.016/2009, art. 7º, III) – sendo que existem restrições à concessão de liminares contra a Fazenda Pública (Lei 9.494/1997);
3) Após prestadas as informações pela autoridade coatora, o MP será ouvido (Lei 12.016/2009, art. 12);
4) Se a sentença for concessiva da ordem, há reexame necessário (Lei 12.016/2009, art. 14, § 1º).

Vale destacar que a Lei 13.676/2018 alterou a Lei 12.016/2009 para permitir a realização de **sustentação oral**, quando da apreciação do **pedido liminar em MS**. Trata-se do art. 16, que na nova redação prevê o seguinte: "Art. 16. Nos casos de competência originária dos tribunais, caberá ao relator a instrução do processo, sendo assegurada a defesa oral na sessão do julgamento do mérito ou do pedido liminar".

3.13. Ação de despejo por falta de pagamento

*O inadimplemento do inquilino quanto à obrigação de pagar os aluguéis autoriza o ajuizamento da **ação de despejo**.* Essa ação pode ainda ser cumulada com a cobrança dos aluguéis e acessórios da locação (Lei 8.245/1991, art. 62, I).

Portanto, a **legitimidade ativa** é do locador, enquanto a **legitimidade passiva** recai sobre o inquilino e seus fiadores (quanto a esses, em relação à cobrança, não quanto ao despejo em si).

O foro competente para o ajuizamento da ação é da situação do imóvel, salvo se houver cláusula de foro de eleição no contrato (Lei 8.245/1991, art. 58, II).

Procedimento:

1) Petição inicial: deverá fazer prova do contrato de locação e das parcelas vencidas e não pagas pelo locatário, através de demonstrativo de débito;
2) Citação do réu: o réu pode contestar (negando o direito constitutivo do autor) ou purgar a mora (com o objetivo de evitar a rescisão do contrato) no prazo de 15 dias contados da citação;

2.a) o depósito efetuado como purgação da mora admite complementação, em caso de insuficiência (Lei 8.245/1991, art. 62, III);
3) Sentença: com o julgamento de procedência da ação será expedido mandado de despejo, que conterá o prazo de 30 (trinta) dias para a desocupação voluntária. Se após a notificação do decurso do prazo o inquilino permanecer no imóvel, na realização do despejo poderá ser utilizada a força (Lei 8.245/1991, art. 65).

A dúvida é se, com o CPC, haverá a audiência de conciliação e mediação (art. 334) na ação de despejo. A resposta tende a ser negativa, considerando o procedimento próprio da ação de despejo. Contudo, resta verificar como será a jurisprudência a respeito do tema.

3.14. Juizados Especiais

Atualmente existem três Juizados, que compõem um *sistema*.

No âmbito da Justiça Estadual existe o **Juizado Especial Cível** (Lei 9.099/1995), uma *opção* (em relação à Justiça Comum Estadual) para os litigantes com causas de *até 40 salários mínimos*.

De seu turno, na área federal, há o **Juizado Especial Federal** (Lei 10.259/2001), que tem *caráter obrigatório* para o julgamento das demandas com valor *até 60 salários mínimos*, bem como a aplicação subsidiária da Lei 9.099/1995.

E, também na esfera estadual, há o **Juizado da Fazenda Pública Estadual** (Lei 12.153/2009), para o julgamento de causas com valor de *até 60 salários mínimos* – sendo que, *onde estiver instalado, terá caráter obrigatório*. A lei teve sua vigência a partir de junho de 2010 e prevê que os juizados *devem ser instalados em até 2 anos*.

Mas, afinal, **o que são os Juizados?**

Trata-se tanto de (i) um *procedimento distinto* do comum previsto no CPC, como também (ii) a criação de uma *estrutura paralela* em relação à usual formatação da Justiça (em 2º grau, Colégio Recursal e não Tribunal).

Assim, é certo que haverá distinção em relação ao procedimento de causas perante os Juizados e causas perante a Justiça tradicional. Tanto é assim que no capítulo de recursos foi aberto um tópico específico para recursos nos Juizados.

3.14.1. *JEC (Lei 9.099/1995)*

Os Juizados buscam **a simplificação e a desburocratização do processo** (art. 2º).

Nesta linha, a inicial será mais simples que o CPC, art. 319. São **requisitos da inicial** (art. 14, § 1º):

(i) *qualificação* das partes;

(ii) fatos e fundamentos de forma *sucinta*;

(iii) *pedido e valor*.

Podem ser **autores no JEC** (art. 8º, § 1º):

✓ pessoas físicas *capazes*;

✓ *ME, EPP e microempreendedores individuais*;

✓ Organização da Sociedade Civil de Interesse Público (*OSCIP*);

✓ *sociedades de crédito ao microempreendedor*.

No tocante à capacidade postulatória, a própria parte é dotada nas *causas até 20 salários mínimos*, não havendo necessidade de advogado (art. 9º).

Não podem ser réus (art. 8º, *caput*):

✓ *incapaz*;

✓ *preso*;

✓ pessoas jurídicas de *direito público*;

✓ *massa falida;*

✓ *insolvente civil;*

Causas que **não são admitidas no JEC** (art. 3º, § 2º):

✓ *família* (alimentos e estado);

✓ *fiscal;*

✓ *falência;*

✓ interesse do *Estado.*

Visando à simplificação, há **institutos do CPC vedados no JEC:**

✓ intervenção de *terceiros* (art. 10 – salvo o incidente de desconsideração da personalidade jurídica);

✓ citação por *edital* (art. 18, § 2º);

✓ *reconvenção* (art. 31 – admite-se pedido contraposto);

✓ *ação rescisória* (art. 59).

O procedimento do JEC é:

1) inicial;
2) audiência de conciliação (que pode ser por meio eletrônico);
3) audiência de instrução (apresentação de contestação/oitiva de testemunhas e depoimento pessoal, se for o caso/alegações finais);
4) sentença (passível de recurso para o Colégio Recursal) que não poderá ser ilíquida (art. 38, parágrafo único);
5) após trânsito em julgado: formação do título – cumprimento de sentença perante o próprio JEC (art. 52).

Como já exposto, houve polêmica quanto à contagem do prazo nos Juizados, mas agora superada, pois há lei que expressamente prevê a contagem em **dias úteis**. Trata-se do art. 12-A da L. 9.099/1995, inserido pela Lei 13.728/2018: "Art. 12-A. Na contagem de prazo em dias, estabelecido por lei ou pelo juiz, para a prática de qualquer ato processual, inclusive para a interposição de recursos, computar-se-ão *somente os dias úteis*". Esse dispositivo aplica-se a **todos os Juizados**.

Por fim, outra alteração legislativa previu expressamente a realização de **audiências por meio eletrônico** nos Juizados (Art. 22, § 2º da Lei 9.099/1995, incluído pela Lei 13.994/2020: "É cabível a *conciliação não presencial* conduzida pelo Juizado mediante o emprego dos recursos tecnológicos disponíveis de transmissão de sons e imagens em tempo real, devendo o resultado da tentativa de conciliação ser reduzido a escrito com os anexos pertinentes").

3.14.2. JEF (Lei 10.259/2001) e JEFP (Lei 12.153/2009)

Aplica-se de forma subsidiária aos demais Juizados a Lei 9.099/1995.

Além do procedimento, o destaque para o JEF e o JEFP é que no polo passivo encontram-se entes estatais. No **JEF**, *entes públicos federais*; no **JEFP**, *entes públicos estaduais e municipais.*

Outro destaque é que o pagamento não é feito por precatório, mas sim por requisição de pequeno valor, *muito mais ágil.*

Quanto ao **procedimento**:

JEF
1) inicial;
2) audiência de conciliação e instrução OU; 2a) contestação em 30 dias e, se necessário, audiência de instrução;
3) sentença (passível de recurso para o Colégio Recursal);
4) após trânsito em julgado: formação do título – pagamento será efetuado em 60 dias, independentemente de precatório (requisição de pequeno valor – "RPV" – art. 17).

JEFP
1) inicial;
2) audiência de conciliação (com supervisão do juiz – art. 16);
3) audiência de instrução;
4) sentença;
5) após trânsito em julgado, formação do título – execução perante o próprio juizado. – quanto à execução, poderá ser por "obrigação de pequeno valor", em até 60 dias, ou precatório (art. 13): lei específica de cada ente estipulará até qual quantia será via OPV e a partir de qual valor será por precatório. – o art. 13, § 3º, estipula que, na ausência de lei, serão os seguintes valores para pagamento via OPV: (i) 40 salários mínimos, quanto aos Estados e ao Distrito Federal; (ii) 30 salários mínimos, quanto aos Municípios. – se não houver o pagamento da OPV no prazo, será possível o sequestro de renda pública, dispensada a oitiva da Fazenda (art. 13, § 1º).

3.14.3. Recursos nos Juizados

O sistema recursal dos Juizados é distinto em relação ao previsto no CPC. O assunto será tratado no item 5.3. abaixo.

3.15. Ação de alimentos (processo de conhecimento)

Considerando a **urgência na prestação de alimentos**, para a sobrevivência de quem deles necessita, é certo que *o procedimento-padrão seria insuficiente.*

Daí o procedimento previsto na *Lei 5.478/1968 para o processo de conhecimento*, bem como o *CPC, art. 538 para o cumprimento de sentença e art. 911 para o processo de execução.*

Trata-se, portanto, de um **procedimento mais concentrado** que o comum:

1) inicial;
2) alimentos provisórios (art. 4º);
3) audiência de conciliação, instrução e julgamento (art. 9º): – tentativa de conciliação; – apresentação de contestação; – produção de provas; – alegações finais.
3) sentença – que inclusive poderá ser proferida na própria audiência (art. 11, parágrafo único).

O art. 4º da Lei 5.478/1968 prevê a figura dos **alimentos provisórios**, que serão concedidos pelo juiz até mesmo de ofício, no momento em que determina a citação do réu.

Cabe esclarecer que a lei em questão somente pode ser utilizada quando se estiver diante de **dever alimentar pré-constituído** (ou seja, paternidade, cônjuge, companheiro).

Se não se tratar dessa hipótese, não cabe o uso do célere procedimento previsto na Lei 5.478/1968. Então terá de ser utilizado o *procedimento comum*. É, por exemplo, o que ocorre com a *investigação de paternidade*.

Portanto, **não cabe**, na *investigação de paternidade, a figura dos alimentos provisórios*. Mas, para resguardar a parte, cabe **tutela de urgência para os alimentos,** *desde que presentes os requisitos* (CPC, art. 300 – elementos que evidenciem a *probabilidade do direito* e o *perigo de dano* ou ao resultado útil do processo).

É certo que é mais fácil obter os alimentos provisórios (pois decorrem de prova pré-constituída) do que alimentos via tutela de urgência (pois dependem de prova).

Em relação à execução e cumprimento de sentença, o assunto é regulado no próprio CPC (vide item 4.5 abaixo).

3.16. Normas processuais presentes em outras leis extravagantes

Além dos procedimentos especiais acima analisados, cabe, por fim, destacar alguns aspectos processuais em determinadas leis com relevo no cenário jurídico. Não se trata de diplomas eminentemente processuais, mas que trazem regras processuais que são relevantes.

3.16.1. Código de Defesa do Consumidor

O CDC, do ponto de vista processual, traz normas que se prestam à tutela individual e coletiva.

Quanto à tutela coletiva, o tema será brevemente tratado no capítulo final desta obra.

Quanto à tutela individual, arrolamos a seguir os principais aspectos:

✓ *principiologia*: **acesso à justiça** e **assistência jurídica** aos necessitados (arts. 4º, 5º e 6º do CDC);

✓ **inversão do ônus da prova** (art. 6º, VIII, do CDC): para sua aplicabilidade, exige (i) verossimilhança das alegações do consumidor e (ii) hipossuficiência. Vale destacar que o CPC trata da carga dinâmica do ônus da prova (vide item 2.3.2.3. e prevê que o juiz deve esclarecer às partes se for ocorrer a inversão do ônus da prova, definindo isso na decisão saneadora (CPC, art. 373, § 1º). Assim, parece superada a divergência antes existente de ser o ônus da prova *regra de produção de prova* (também chamada de regra de procedimento, pela qual o juiz deverá, antes da produção da prova, destacar de quem é o ônus) ou *regra de julgamento* (somente quando proferindo a sentença, na análise das provas, é que o juiz observará se é hipótese de inversão do ônus); com o CPC, a tendência é se afirmar que prevalece a 1ª corrente.

✓ **descabimento de arbitragem de forma compulsória** (art. 51, VII, do CDC): são *abusivas* cláusulas que determinem a utilização compulsória da arbitragem;

✓ **tutela específica das obrigações de fazer ou não fazer** (art. 84 do CDC): é a presença, no âmbito do CDC, da situação prevista no art. 497 do CPC. A multa prevista no art. 500

poderá ser fixada de ofício (AgRg no Ag 546.698/RS, Rel. Min. Fernando Gonçalves);

✓ **má-fé processual** (art. 87 do CDC): *não pode ser presumida e deve ser cabalmente comprovada*. Seus efeitos, uma vez verificada sua ocorrência, serão aplicados com base no art. 80 e ss. do CPC;

✓ **vedação da denunciação à lide** (art. 88 do CDC): descabe, nas demandas envolvendo consumo, a denunciação da lide. *O fundamento é evitar a morosidade processual e se buscar a reparação efetiva e integral dos danos causados ao consumidor*. Majoritariamente, entende-se que as modalidades de intervenção de terceiros não podem ser deferidas em prejuízo do consumidor (AgRg no Ag 184.616/RJ, Rel. Min. Nancy Andrighi);

✓ **competência do foro do domicílio do consumidor** (art. 101, I, do CDC): nas ações de indenização amparadas na responsabilidade civil do fornecedor, o feito poderá ser ajuizado, *a critério do consumidor, em seu domicílio ou no do fornecedor*. Será nula a cláusula de foro de eleição que importe em dificuldade de acesso ao Poder Judiciário.

3.16.2. Estatuto da Criança e do Adolescente

O ECA (Lei 8.069/1990), do ponto de vista processual civil, também merece algumas considerações:

✓ **acesso à justiça** (art. 141 do ECA): toda criança ou adolescentes terá acesso à Defensoria Pública, Ministério Público e Poder Judiciário, por qualquer de seus órgãos. Vale destacar, porém, que isso não significa a desconsideração das regras de capacidade existentes no sistema;

✓ **capacidade processual** (art. 142 do ECA): assim como previsto no CC, os absolutamente incapazes serão representados e os relativamente incapazes serão assistidos em juízo;

✓ **criação de varas especializadas**: a lei prevê a criação de *varas especializadas e exclusivas da infância e da juventude* (art. 145 do ECA), nas quais haverá isenção de custas e emolumentos, ressalvada a hipótese de litigância de má-fé (art. 141, § 2º, do ECA). A competência territorial será determinada (art. 147 do ECA): (i) pelo domicílio dos pais ou responsável (inciso I); (ii) pelo lugar onde se encontre a criança ou adolescente, à falta dos pais ou responsável (inciso II).

✓ **competência das varas especializadas, no âmbito processual civil**: (i) adoção e seus incidentes (art. 148, III, do ECA); (ii) ações civis fundadas em interesses individuais, difusos ou coletivos afetos à criança e ao adolescente (art. 148, IV, do ECA); (iii) *quando a criança ou o adolescente estiverem sob medida de proteção* (previstas no art. 98 e ss. do ECA) também caberá à justiça da infância e juventude: (a) conhecer de pedidos de guarda e tutela; (b) conhecer de ações de destituição do poder familiar, perda ou modificação da tutela ou guarda; (c) suprir a capacidade ou o consentimento para o casamento; (d) conhecer de pedidos baseados em discordância paterna ou materna, em relação ao exercício do poder familiar; (e) conceder a emancipação, nos termos da lei civil, quando faltarem os pais; (f) designar curador especial em casos de apresentação de queixa ou representação, ou de outros procedimentos judiciais ou extrajudiciais em que haja interesses de criança ou adolescente; (g) conhecer de ações de alimentos; (h) determinar o cancelamento, a retificação e o suprimento dos registros de nascimento e óbito;

✓ **aplicação subsidiária do CPC, inclusive em relação a recursos** (arts. 152 e 198 do ECA): os procedimentos regulados no ECA terão aplicação subsidiária das normas previstas na legislação processual pertinente, também no tocante aos recursos, observadas as seguintes adaptações: (i) os recursos serão interpostos *independentemente de preparo*; (ii) *em todos os recursos*, salvo nos embargos de declaração, *o prazo para o MP e para a defesa será sempre de 10 (dez) dias*; (iii) os recursos terão preferência de julgamento e dispensarão revisor (que, de modo geral, deixou de existir no CPC; (iv) antes de determinar a remessa dos autos à superior instância, no caso de apelação, ou do instrumento, no caso de agravo, a autoridade judiciária proferirá despacho fundamentado, mantendo ou reformando a decisão, no prazo de cinco dias; (v) mantida a decisão apelada ou agravada, o escrivão remeterá os autos ou o instrumento à superior instância dentro de vinte e quatro horas, independentemente de novo pedido do recorrente; se a reformar, a remessa dos autos dependerá de pedido expresso da parte interessada ou do Ministério Público, no prazo de cinco dias, contados da intimação.

Além disso: (i) a sentença que deferir a adoção produz *efeito desde logo*, embora sujeita a *apelação, que será recebida exclusivamente no efeito devolutivo*, salvo se se tratar de *adoção internacional ou se houver perigo de dano irreparável ou de difícil reparação ao adotando*; (ii) a sentença que *destituir ambos ou qualquer dos genitores do poder familiar* fica sujeita a apelação, que deverá ser recebida apenas no efeito devolutivo; (iii) os recursos nos procedimentos de adoção e de destituição de poder familiar, em face da relevância das questões, serão processados com *prioridade absoluta*, devendo ser imediatamente distribuídos, ficando vedado que aguardem, em qualquer situação, oportuna distribuição, e serão colocados em mesa para julgamento sem revisão e com parecer urgente do ministério público; (iv) o relator deverá colocar o processo em mesa para julgamento no prazo máximo de 60 (sessenta) dias, contado da sua conclusão; (v) o MP será intimado da data do julgamento e poderá na sessão, se entender necessário, apresentar oralmente seu parecer.

Por sua vez, prevê o CPC a preferência de trâmite dos processos envolvendo o ECA, de modo a se tentar imprimir maior velocidade a esses processos (art. 1.048, II). Além disso, ainda com foco na celeridade, o ECA foi alterado para prever expressamente os **prazos em dias corridos** em *todos os procedimentos* fundados nessa lei (Lei 8.069/90, art. 152, § 2º, com a redação dada pela Lei 13.509/2017).

3.16.3. *Estatuto do Idoso*

O Estatuto do Idoso (Lei 10.741/2003) também tem normas processuais, a seguir expostos os principais pontos:

✓ **varas especializadas** (art. 70 do EI): a lei prevê a criação de varas especializadas e exclusivas do idoso;

✓ **prioridade na tramitação do processo** (art. 71 do EI): a partir dos *60 (sessenta) anos de idade*, a parte terá prioridade na tramitação processual. O benefício deve ser requerido pela parte, mediante documento probatório da idade. Contudo, há entendimento no sentido de que o benefício pode ser concedido de ofício por se tratar de norma de ordem pública. Essa previsão é repetida no CPC (art. 1.048, I);

✓ **competência** (art. 80 do EI): as causas envolvendo direitos de idosos deverão ser propostas no próprio domicílio do idoso – e o artigo afirma que isso se trata de *competência absoluta*, ressalvada a competência da Justiça Federal e a

competência originária dos tribunais superiores. O CPC traz regra de competência no mesmo sentido (art. 53, III, "e").

4. PROCESSO DE EXECUÇÃO E CUMPRIMENTO DE SENTENÇA

4.1. Visão geral e pontos em comum entre execução e cumprimento

Como já exposto, o CPC tem dois processos: conhecimento e execução.

Porém, a parte final do processo de conhecimento envolve o cumprimento de sentença (que é o adimplemento do título judicial). Assim, o cumprimento de sentença é tratado no Livro I da Parte Especial, ao passo que o processo de execução é tratado no Livro II da Parte Especial.

Contudo, existem **inúmeras semelhanças** entre cumprimento de sentença e execução. Por isso, por questões didáticas e para facilitar o estudo, opta-se por tratar dos dois assuntos em sequência, e não separadamente, como consta do CPC.

A fase de **cumprimento de sentença**, inserida no final do processo de conhecimento (Título II do Livro I da Parte Especial do CPC), regula o *inadimplemento de uma obrigação decorrente de uma decisão judicial* (ou, de forma mais ampla, de um *título executivo judicial*).

Por sua vez, o **processo de execução** (Livro II da Parte Especial do CPC) regula o *inadimplemento de uma obrigação decorrente de um título executivo extrajudicial*.

Portanto, o panorama é o seguinte:

Forma de execução	Requisitos
Processo de execução (Livro II da Parte Especial do CPC – processo autônomo)	Inadimplemento + Título executivo extrajudicial
Cumprimento de sentença (Livro II da Parte Especial do CPC – parte final do processo de conhecimento)	Inadimplemento + Título executivo judicial

Essas são as premissas para que se entenda o quadro executivo do processo civil brasileiro. Apesar de serem sistemas distintos, por vezes *o procedimento* a ser observado no processo de execução e na fase de cumprimento de sentença é o mesmo. Daí a necessidade de muita atenção para não confundir um sistema com o outro.

No mais, **aplica-se o procedimento de um ao outro**, de forma *subsidiária*. Nesse sentido:

(i) Art. 513. O cumprimento da sentença será feito segundo as regras deste Título, *observando-se, no que couber e conforme a natureza da obrigação, o disposto no Livro II da Parte Especial* deste Código (ou seja, aplica-se ao cumprimento de sentença as regras da execução);

(ii) Art. 771. Este Livro regula o procedimento da *execução fundada em título extrajudicial*, e suas disposições aplicam-se, também, no que couber, aos procedimentos especiais de execução, *aos atos executivos realizados no procedimento de cumprimento de sentença*, bem como aos efeitos de atos ou fatos processuais a que a lei atribuir força executiva. Parágrafo único. *Aplicam-se subsidiariamente à execução as disposições do Livro I da Parte Especial* (ou seja, este artigo afirma que se aplica ao cumprimento de sentença as regras da execução e vice-versa).

Portanto, são **requisitos necessários para a execução e para o cumprimento de sentença** o *inadimplemento* e o *título executivo*. Vale destacar que, na nomenclatura do CPC, o termo utilizado é **exigibilidade da obrigação** e não inadimplemento (CPC, art. 786).

De seu turno, se houver *inadimplemento,* mas *não houver título executivo*, não cabe a execução. No caso, terá de ser utilizado o **processo de conhecimento** (com diversas opções de procedimento, conforme o caso).

Por sua vez, se *não houver inadimplemento,* mas houver *título executivo*, tampouco cabe a execução. No caso, a rigor, *terá de se esperar* até que haja o *vencimento do título* e eventual inadimplemento (basta imaginar uma nota promissória com data futura). Contudo, caso o devedor, antes do vencimento do título, passe a alienar seu patrimônio, então se estará diante de uma *situação de urgência,* sendo cabível a tutela de urgência cautelar (no caso, o *arresto* – CPC, art. 301).

Vale destacar que, **se existir título executivo extrajudicial,** mas a parte tiver alguma *dúvida* quanto à sua liquidez, certeza ou exigibilidade, é **possível optar pelo processo de conhecimento.** É a previsão do art. 785: A existência de título executivo extrajudicial *não impede a parte de optar pelo processo de conhecimento,* a fim de obter título executivo judicial.

Conforme o **tipo de obrigação,** haverá um *procedimento distinto* para tramitar a execução ou cumprimento de sentença. E aqui mais um ponto em comum entre as duas modalidades.

São **procedimentos do processo de execução:**

(i) para a *entrega de coisa*

(ii) das obrigações de *fazer ou de não fazer*

(iii) por *quantia certa*

(iv) *contra a Fazenda Pública*

(v) de *alimentos*

São **procedimentos da fase de cumprimento de sentença:**

(i) de obrigação de *pagar quantia,*

(ii) de obrigação de prestar *alimentos,*

(iii) de obrigação de pagar quantia certa pela *Fazenda Pública,*

(iv) que reconheça a exigibilidade de *obrigação de fazer, de não fazer ou de entregar coisa.*

Assim, ainda que, em número, haja distinção, a divisão é exatamente a mesma.

4.2. Processo de execução

4.2.1. Princípios da execução

É certo que, em regra, *os princípios processuais do processo* (vistos na parte geral) **também se aplicam à execução.**

Como exemplo: devido processo legal, contraditório, ampla defesa, lealdade e boa-fé, publicidade, motivação etc.

Contudo, existem **princípios específicos** do processo executivo.

4.2.1.1. Princípio do título executivo

O **princípio do título executivo** significa que a *atividade executiva demanda existência de prévio título,* no qual se reconhece a existência de uma obrigação.

E o título pode decorrer de *atos jurisdicionais anteriores* (título executivo judicial) ou de documento reconhecido pela lei como capaz de dar início à execução (título executivo extrajudicial).

Ou seja: sem título, não há execução.

Dessa afirmação tem-se que *nulla executio sine titulo* (nula a execução se não houver título).

A base legal para o princípio está no art. 798, I, "a" do CPC: Ao propor a execução, incumbe ao exequente: I – instruir a petição inicial com: *a)* o título executivo extrajudicial.

Cabe destacar que, considerando a previsão de tutela provisória no sistema processual, há quem afirme ser possível uma **"execução sem título permitida"** – ou seja, a existência de *atos executivos mesmo sem a efetiva formação do título.* Contudo, a posição majoritária é no sentido de que os atos executivos decorrentes da tutela de urgência têm previsão legal. Assim, *o título seria a decisão antecipatória* (em regra, por meio de decisão interlocutória).

4.2.1.2. Princípio da taxatividade dos títulos executivos

Só é *título executivo o documento expressamente previsto em lei.* Esse é o **princípio da taxatividade dos títulos executivos.**

Não é possível às partes – ainda que credor e devedor assim entendam – *criar um título executivo que não esteja previsto em lei.*

Contudo, vale destacar que a legislação prevê uma considerável *liberdade em relação à criação de título* – como, por exemplo, quanto à confissão de dívida a partir de um documento assinado pelo devedor e duas testemunhas (CPC, art. 784, III).

Alguns ainda apontam a existência do princípio da **tipicidade dos títulos executivos.** A distinção seria no sentido de, além de estar previsto em lei, o *título deve preencher os requisitos exigidos pela lei.*

A justificativa para a existência do princípio da taxatividade (e / ou da tipicidade) é que o executado deve ter a segurança de saber se está participando – ou não – da formação de um título executivo.

4.2.1.3. Princípio do resultado / da efetividade da execução forçada

O processo executivo é voltado para a satisfação do direito do exequente. E o *objetivo do processo é entregar ao exequente,* na medida do possível, *tutela idêntica a que obteria mesmo sem o processo.*

Assim, interessa ao exequente a obtenção do bem da vida pretendido – e não a substituição por dinheiro. Este é o **princípio do resultado** ou da **efetividade da execução forçada.**

Contudo, vale destacar que, por vezes – especialmente pensando em uma obrigação de fazer – *talvez não seja possível a opção pretendida (a tutela específica),* de modo que, então, a possibilidade que resta é a conversão dessa obrigação em perdas e danos (dinheiro). Nesse sentido, o CPC, art. 499: *A obrigação somente será convertida em perdas e danos se o autor o requerer ou se impossível a tutela específica* ou a obtenção de tutela pelo resultado prático equivalente.

4.2.1.4. Princípio da atipicidade dos meios executivos

O **princípio da atipicidade** (ou da **concentração dos poderes de execução**) destaca que o juiz tem um *rol exemplificativo de poderes para se atingir o resultado da execução* (vide princípio do resultado, tratado acima).

Como exemplo, próprio para a **tutela específica**: CPC, art. 536, § 1º: (...) o juiz poderá determinar, *entre outras medidas*, a imposição de multa, a busca e apreensão, a remoção de pessoas e coisas, o desfazimento de obras e o impedimento de atividade nociva, podendo, caso necessário, requisitar o auxílio de força policial.

A menção a "entre outras medidas" é que se refere à atipicidade. No CPC/1973, isso somente era permitido para a tutela específica das obrigações de fazer, não fazer e entrega de coisa.

Porém, o CPC afirma que **também para a obrigação de pagar** existe a possibilidade de atipicidade dos meios executivos. É a previsão do art. 139, IV, ao apontar que o juiz poderá "*determinar todas as medidas indutivas, coercitivas, mandamentais ou sub-rogatórias necessárias para assegurar o cumprimento de ordem judicial*, inclusive nas ações que *tenham por objeto prestação pecuniária*". A respeito da atipicidade na jurisprudência, vide item 1.4.7. acima.

4.2.1.5. Princípio da menor onerosidade

O **princípio da menor onerosidade** é um dos mais importantes da execução, e busca *proteger o executado*.

Sem dúvidas deve a execução permitir que se atinja o adimplemento do título executivo (princípio do resultado).

Contudo, *isso não pode ser feito a qualquer custo. Assim,* o princípio visa a proteger o executado contra *atos que sejam excessivos para a satisfação do direito do exequente, de modo que o executado fique em situação muito desfavorável*. Como exemplo, a previsão de *impenhorabilidade do bem de família*.

O princípio está positivado no CPC, art. 805: *Quando por vários meios o exequente puder promover a execução, o juiz mandará que se faça pelo modo menos gravoso para o executado*.

Porém, o CPC exige, também, uma postura ativa do executado para que haja a aplicação do princípio da menor onerosidade: não basta ao executado buscar a aplicação do princípio, mas ele deve também indicar alternativas para que a execução prossiga. É a previsão do parágrafo único do art. 805: *Ao executado que alegar ser a medida executiva mais gravosa incumbe indicar outros meios mais eficazes e menos onerosos*, sob pena de manutenção dos atos executivos já determinados. Importante previsão que traz o equilíbrio entre a defesa do executado e a efetividade da execução.

4.2.1.6. Princípio da disponibilidade

Na execução busca-se a *satisfação do direito do exequente*, o que se atinge por uma série de atos (penhora, avaliação, expropriação etc.). Portanto, não se discute se o executado deve ou não. Logo, *o resultado do processo* **somente beneficia ao exequente**, *mas não ao executado*.

Nessa perspectiva, a *disponibilidade de quem está no polo ativo* (**princípio dispositivo** – parte dispõe da lide) *no processo executivo é ainda maior* do que no processo de conhecimento.

No processo de conhecimento, como visto, para o autor desistir do processo após a apresentação da contestação, o réu deve concordar (CPC, art. 485, § 4º).

Na execução, *o exequente pode desistir do processo independentemente da apresentação de defesa do executado*.

Assim, pelo **princípio da disponibilidade**, *pode o exequente, sem qualquer interferência do executado* (CPC, art. 775):

(i) prosseguir com a execução por completo;

(ii) desistir dela por completo;

(iii) desistir de alguns atos executivos.

Porém, em relação à **defesa do executado** (seja via embargos à execução ou impugnação ao cumprimento de sentença), a regra é um pouco distinta, assemelhando-se ao que se verifica no processo de conhecimento. (CPC, art. 775, parágrafo único). Assim, na desistência da execução, observar-se-á o seguinte:

a) serão extintos os embargos e impugnação que versarem apenas sobre questões processuais, pagando o exequente as custas e os honorários advocatícios;

b) nos demais casos, a extinção dependerá da concordância do impugnante ou embargante.

4.2.1.7. Princípio da patrimonialidade

Pelo **princípio da patrimonialidade** tem-se que *a execução atinge o patrimônio da pessoa, e não a própria pessoa*.

Os bens do executado é que são os responsáveis pela satisfação do direito do exequente – e não seu corpo. Afinal, a execução é voltada para a satisfação do direito do exequente (*princípio do resultado / efetividade*), mas é preciso que se respeite os direitos fundamentais do executado (*princípio da menor onerosidade*).

Nesse sentido, a **vedação da prisão civil por dívida**, salvo em relação ao devedor de alimentos (Súmula Vinculante 25: É ilícita a prisão civil de depositário infiel, qualquer que seja a modalidade de depósito).

O debate que se tem hoje, pós-CPC, é o de como conjugar a menor onerosidade e patrimonialidade com a atipicidade das medidas executivas, especialmente em relação a medidas atípicas como restrição ao direito de dirigir ou retenção de passaporte. A jurisprudência já começa a delinear a questão (vide item 1.4.7.).

4.2.2. Legitimidade de parte

Tal qual se fala em legitimidade no processo de conhecimento, isso se verifica *também no processo de execução*.

A **regra** é no sentido de a *parte legítima ativa ser o credor da obrigação*, ao passo que a *parte legítima passiva ser o devedor*.

4.2.2.1. Legitimidade ativa

A **legitimidade ativa para a execução** é tratada no art. 778 do CPC.

A *classificação* é a seguinte:

a) Legitimidade ativa ordinária, que pode ser:

a.1) primária ou originária;

a.2) derivada ou superveniente.

b) Legitimidade ativa extraordinária

Na legitimidade **ordinária**, o *exequente vai a juízo em nome próprio, postular direito próprio.*

Na legitimidade **extraordinária** (admissível apenas nos casos previstos em lei), o *exequente vai a juízo em nome próprio postular direito de outro.*

Na legitimidade ativa ordinária **primária**, *a obrigação foi constituída em favor do credor que consta no título, ou a quem a lei atribui o título.*

De seu turno, na legitimidade ativa ordinária **derivada**, a obrigação *foi constituída em favor de um credor, mas houve ato de transmissão para um novo credor* (seja de título extrajudicial ou judicial).

O art. 778, *caput*, do CPC trata da legitimidade *ativa ordinária primária*:

Art. 778. Pode promover a execução forçada *o credor a quem a lei confere título executivo.*

Ocorre em qualquer título de crédito, como um cheque.

Mas, também, verifica-se em relação ao advogado e seus honorários sucumbenciais. Isso porque a legislação aponta que o advogado é titular dos honorários de sucumbência. Lei 8.906/1994, art. 23:

Os honorários incluídos na condenação, por arbitramento ou sucumbência, pertencem ao advogado, tendo este direito autônomo para executar a sentença nesta parte (...).

Porém, é possível à própria parte exequente, em nome próprio, executar os honorários do advogado (o que é frequente no cotidiano forense).

Nesse caso: *legitimidade ativa extraordinária* (parte pleiteando, em seu próprio nome, o direito de seu advogado).

O art. 778, § 1º, do CPC trata da legitimidade *ativa ordinária derivada*:

§ 1º Podem *promover a execução forçada ou nela prosseguir, em sucessão* ao exequente originário: (...) II – o *espólio*, os herdeiros ou os sucessores do credor, sempre que, por morte deste, lhes for transmitido o direito resultante do título executivo;

Ou seja, situação típica de falecimento do pai e sequência da execução pelo filho; contudo, não se aplica a direitos personalíssimos.

Além disso, há outros incisos:

III – o cessionário, quando o direito resultante do título executivo lhe foi transferido por *ato entre vivos*;

A distinção deste inciso em relação ao II é que, no anterior, o ato de transferência do crédito é *mortis causa*.

IV – o sub-rogado, nos casos de sub-rogação legal ou convencional.

A situação típica deste inciso é a do fiador que paga a dívida, para então assumir a mesma posição jurídica do credor originário, em relação ao devedor principal.

Em relação à legitimidade ativa *extraordinária*, uma das principais situações diz respeito à atuação do MP. Tanto que é a previsão legislativa constante do CPC.

§ 1º Podem promover a execução forçada ou nela prosseguir, em sucessão ao exequente originário:

I – o Ministério Público, nos casos previstos em lei.

4.2.2.2. *Legitimidade passiva*

A **legitimidade passiva** para a execução, de forma análoga ao exposto quanto à ativa, pode ser dividida em ordinária **primária** e ordinária **derivada ou superveniente**. Considerando o princípio do título, *não se fala em legitimidade extraordinária passiva.*

A legitimidade passiva *primária* trata da situação mais usual. Nesse sentido:

Art. 779. A execução pode ser promovida contra:

I – o *devedor*, reconhecido como tal no título executivo."

Já a legitimidade passiva derivada se verifica quando há a transmissão da obrigação do devedor originário para outrem, em hipóteses previstas em lei.

"**Art. 779** (...):

II – o *espólio, os herdeiros ou os sucessores do devedor.*"

Contudo, vale destacar que, tratando-se de obrigação personalíssima, isso não se transmite aos herdeiros do falecido.

"**Art. 779** (...) III – o *novo devedor*, que assumiu, *com o consentimento do credor, a obrigação* resultante do título executivo;"

Como se percebe, a "cessão do débito" (*assunção da dívida por terceiro*) *depende do consentimento do credor* (e a cessão do crédito, porém, *independe do consentimento do devedor*).

"**Art. 779** (...) IV – o *fiador do debito constante em título extrajudicial*;"

O inciso trata do garantidor do direito do exequente em juízo.

"**Art. 779** (...) V – o responsável *titular do bem vinculado por garantia real* ao pagamento do débito";

Existindo bem que tenha garantia real, ainda que haja a transferência, o ônus segue a coisa (característica do direito real)

"**Art. 779** (...) VI – o responsável tributário, assim definido em lei".

Hipótese em que a legislação tributária cria a obrigação para terceiro que não necessariamente o devedor original.

4.2.3. *Responsabilidade patrimonial*

Não se deve confundir *legitimidade com responsabilidade*.

A **responsabilidade patrimonial** ou **executiva** se refere ao *patrimônio que será invadido em virtude do processo de execução.*

É *possível* que haja coincidência entre as figuras, mas *não necessariamente o devedor é o responsável patrimonial.*

O **executado**:

✓ é legitimado passivo para a execução,

✓ pode ter seu patrimônio invadido,

✓ tem responsabilidade executiva.

É a situação de **responsabilidade patrimonial primária**.

É o mais usual, em que o *próprio executado tenha responsabilidade patrimonial*. E isso se refere aos seus bens "presentes e futuros" (CPC, art. 789) – enquanto não verificada a prescrição.

Mas também existe a **responsabilidade patrimonial secundária**. Nesse caso, desde que previsto em lei, *admite-se a sujeição de bens de terceiro à execução judicial* (principal artigo: CPC, 790).

Cabe destacar que a responsabilidade executiva é uma situação de *sujeição que independe da vontade da parte*, mas sim *da lei*.

O texto legal tem a seguinte redação:

> **"Art. 790.** São sujeitos à execução os bens:
>
> I – do **sucessor a título singular**, tratando-se de execução fundada em *direito real ou obrigação reipersecutória*.
>
> II – do **sócio**, nos termos da lei;
>
> III – do **devedor**, ainda que *em poder de terceiros*;
>
> IV – do **cônjuge ou companheiro**, nos casos em que *seus bens próprios* ou de sua meação *respondem pela dívida*.
>
> V – *alienados ou gravados* com ônus real em **fraude à execução**;
>
> VI – cuja *alienação ou gravação* com ônus real tenha sido *anulada em razão* do reconhecimento, em ação autônoma, de **fraude contra credores**;
>
> VII – do responsável, nos casos de **desconsideração da personalidade jurídica**.

Por fim, cabe analisar a responsabilidade dos **herdeiros**. O tema é regulado no CPC, art. 796:

> **"Art. 796.** O espólio responde pelas dívidas do falecido; mas, feita a partilha, *cada herdeiro responde por elas na proporção da parte que na herança lhe coube."*

Assim, se o devedor contrai a dívida e falece, a *responsabilidade executiva poderá recair sobre patrimônio do espólio*, se ainda houver inventário pendente. Mas **não se herda dívida** e não se fala em responsabilidade secundária dos herdeiros. Os herdeiros só pagam com base naquilo que eventualmente perceberam a título de sucessão.

4.2.4. Dos requisitos necessários para qualquer execução

Retomando o exposto anteriormente, são requisitos necessários para se realizar qualquer execução autônoma:

(i) inadimplemento / exigibilidade: *devedor não satisfaz a obrigação certa, líquida e exigível prevista no título executivo* (CPC, art. 786);

(ii) título executivo extrajudicial: *documento que traduz uma obrigação e permite a propositura do processo de execução* (CPC, art. 784).

Somente cabe o processo de execução autônomo quando *existirem ambos os requisitos*.

Além disso, a execução deve estar fundada em **título de obrigação líquida, certa e exigível** (CPC, art. 783).

O processo de execução *busca a satisfação do crédito do exequente*. Mas essa satisfação deve respeitar o executado. Daí a legislação prever expressamente o **princípio da menor onerosidade** (vide CPC, art. 805 e item 4.2.1.5 acima).

4.2.5. Do título executivo extrajudicial

Os títulos executivos extrajudiciais estão previstos no CPC, art. 784:

(i) *títulos de crédito* (letra de câmbio, nota promissória, duplicata, debênture e cheque);

Contudo, não há total identidade entre títulos de crédito e executivo: existem títulos de crédito que não são títulos executivos e existem títulos executivos que não são títulos de crédito.

(ii) *escritura pública ou outro documento público assinado pelo devedor*;

(iii) *documento particular assinado pelo devedor e por 2 testemunhas* (um dos mais usuais no cotidiano forense);

Importante apontar que a Lei n. 14.620/2023 inseriu o § 4º ao art. 784, com a seguinte redação: "Nos títulos executivos constituídos ou atestados por meio eletrônico, é admitida qualquer modalidade de assinatura eletrônica prevista em lei, dispensada a assinatura de testemunhas quando sua integridade for conferida por provedor de assinatura". Portanto, importante prestar atenção se o enunciado falar em **documento "assinado por meio eletrônico"**; nesse caso, mesmo sem qualquer testemunha, o documento já será título executivo extrajudicial.

(iv) *instrumento de transação* referendado pelo MP, Defensoria Pública, advocacia pública, advogado das partes ou conciliador / mediador credenciado por tribunal;

(v) os *contratos com garantia real* (hipoteca, penhor, anticrese) e *contratos garantidos com caução*

(vi) *contrato de seguro de vida em caso de morte*;

(vii) o *crédito decorrente da enfiteuse*, ou seja, *foro* (pensão anual paga ao senhorio – CC/1916, art. 678) e *laudêmio* (compensação dada ao senhorio quando da alienação do domínio útil do imóvel – CC/1916, art. 683);

(viii) o *crédito, documentalmente comprovado, decorrente de aluguel de imóvel*, e *acessórios* (taxas e despesas de condomínio);

Este inciso (que não prevê a necessidade de duas testemunhas, como no inc. II) permite a *execução de crédito de aluguel de imóvel não pago*, bem como de *encargos*, tais como IPTU, luz, condomínio – desde que comprovados documentalmente e com os acessórios previstos em contrato.

(ix) a *CDA* (certidão de dívida ativa), ou seja, os créditos tributários devidos à União, aos Estados, ao Distrito Federal e Territórios, e aos Municípios;

(x) o *crédito referente ao condomínio (contribuições ordinárias ou extraordinárias de condomínio edilício), previstas na respectiva convenção ou aprovada em assembleia, desde que documentalmente comprovada*;

Cabe destacar que, em relação ao *condomínio*, trata-se de inovação como título executivo, pois no sistema anterior isso demandava *processo de conhecimento do condomínio contra o condômino inadimplente* (e era uma das hipóteses de utilização do rito sumário).

(xi) a *certidão expedida por cartório extrajudicial (serventia notarial ou de registro), relativa a emolumentos e despesas* *devidas pelos atos cartoriais, conforme tabelas estabelecidas em lei;*

(xi-A) *o contrato de contragarantia ou qualquer outro instrumento que materialize o direito de ressarcimento da seguradora contra tomadores de seguro-garantia e seus garantidores;* (Incluído pela Lei nº 14.711, de 2023).

São também executivos outros títulos mencionados em leis esparsas (CPC, art. 784, XII). Como exemplos:

✓ TAC – termo de ajustamento de conduta (Lei 7.347/1985, art. 5º, § 6º);

✓ decisão do TCU que determine pagamento de quantia (CF. art. 71, § 3º);

✓ cédula de crédito bancário (CCB – Lei 10.931/2004, art. 28: "seja pela soma nela indicada, seja pelo saldo devedor demonstrado em planilha de cálculo, ou nos extratos da conta-corrente").

Como se percebe da leitura do rol acima, *os títulos executivos extrajudiciais são criados sem a participação do Poder Judiciário.*

A origem é a vontade das partes, desde que observados os requisitos previstos na legislação. Assim, uma confissão de dívida assinada somente pelo devedor, apesar de ser prova documental, não é título executivo. Já uma confissão de dívida assinada pelo devedor e por duas testemunhas é título executivo (CPC, art. 784, III).

A legislação admite a **cumulação de execuções**. Ou seja, *é lícito ao exequente, sendo o mesmo executado, cumular várias execuções, mesmo que em títulos diferentes, desde que o juiz seja competente e o procedimento seja o mesmo* (CPC, art. 780).

É conveniente destacar que a *sentença arbitral não é título executivo extrajudicial*, visto que não se encontra nos incisos do mencionado art. 784 (vide item 4.3.2 infra).

4.2.6. Das diversas espécies de execução

Conforme o **tipo de obrigação inadimplida**, a execução terá um *trâmite diferenciado*. Assim, não há uma única, mas sim *diversas espécies de execução*, sendo que cada uma dessas espécies terá um *procedimento próprio*.

Abaixo, indicamos as **espécies de execução previstas no CPC**, destacando como se *dá seu início*, visto que é exatamente neste momento da tramitação que se percebe a distinção entre elas. Além disso, há execuções previstas em leis extravagantes, como a execução fiscal (Lei 6.830/1980).

É certo que a espécie mais relevante é a execução de quantia certa (obrigação de pagar), em que o executado é citado para pagar, sob pena de penhora; por isso, esta modalidade de execução será tratada com maior atenção.

Mas, antes de analisar as diversas execuções, vejamos os pontos comuns a todas as execuções.

4.2.6.1. Dos requisitos de todas as execuções

Porém, o CPC aponta alguns **requisitos que se referem a qualquer execução.**

A petição inicial deve ser **instruída** com (CPC, art. 798, I):

(i) o *título executivo* extrajudicial;

(ii) o *demonstrativo do débito atualizado* até a data de propositura da ação (no caso de *execução por quantia certa*);

O **demonstrativo de débito** tem novos requisitos (CPC, art. 798, parágrafo único): o *índice de correção monetária* adotado; a *taxa de juros* aplicada; os *termos inicial e final* de incidência do índice de correção monetária e da taxa de juros utilizados; a *periodicidade da capitalização* dos juros, se for o caso; a especificação de *desconto obrigatório* realizado.

(iii) a *prova* de que se verificou a *condição ou ocorreu o termo*, se for o caso;

(iv) a *prova*, se for o caso, de que *adimpliu a contraprestação* que lhe corresponde ou que lhe assegura o cumprimento.

No mais, a petição inicial deve **indicar** (CPC, art. 798, II):

a) a *espécie de execução* de sua preferência, quando por mais de um modo puder ser realizada;

b) os *nomes completos do exequente e do executado* e seus *números de inscrição* no Cadastro de Pessoas Físicas ou no Cadastro Nacional da Pessoa Jurídica;

c) os *bens suscetíveis de penhora*, sempre que possível.

Deve ainda o exequente requerer a **intimação de terceiros** que possam ter *alguma relação com o bem penhorado* (CPC, art. 799, que menciona o *credor hipotecário*, titular do usufruto, promitente comprador ou vendedor, superficiário, sociedade em caso de penhora de quota etc.). Ainda, se o exequente assim requerer, deverá a petição inicial trazer o pedido de **tutela de urgência** (CPC, art. 799, VIII).

Existindo **falha na inicial** (incompleta ou sem documentos indispensáveis, como o demonstrativo de débito), o juiz determinará a *emenda*, no prazo de 15 dias, sob pena de indeferimento (CPC, art. 801).

Se a inicial estiver em termos, o juiz determinará a **citação** (CPC, art. 802), o que interrompe a prescrição (que retroage à data da propositura da ação – CPC, art. 802, parágrafo único). Vale relembrar que a citação na execução poderá ser realizada pelo *correio*, ou mesmo por meio eletrônico, considerando a alteração da Lei n. 14.195/2021.

4.2.6.1.1. Da prescrição intercorrente

O CPC prevê expressamente a **prescrição intercorrente**. E houve alteração no tema com a Lei 14.195/2021.

A premissa para o instituto é a seguinte: se o executado ou seus bens não forem encontrados, o processo, após determinado período, deve ser extinto. Caso contrário, os processos ficariam tramitando sem fim. Para isso, inicialmente há a suspensão do processo e, depois, sua extinção. Isto se aplica tanto ao processo de execução, quanto ao processo de conhecimento (CPC, art. 921, § 7º).

A citação do executado (no processo de execução) ou sua intimação (no cumprimento de sentença) ou constrição de bens interrompe a prescrição (CPC, art. 921, § 4º-A).

Nesse sentido, prevê o CPC que a execução será *suspensa se não for localizado o executado ou não forem localizados bens penhoráveis* (CPC, art. 921, III). Nesse caso, o processo ficará suspenso pelo prazo de 1 ano, durante o qual se suspenderá a prescrição (CPC, art. 921, § 1º).

Após esse prazo, se ainda não existirem bens penhoráveis, o processo será arquivado (CPC, art. 921, § 2º). Se forem encontrados bens, haverá o desarquivamento (CPC, art. 921, § 3º). *Passado o prazo de 1 ano* de suspensão (CPC, art. 921, § 1º), então **começa a correr o prazo da prescrição intercorrente** – sendo que o *termo inicial da prescrição* será a <u>ciência da</u>

primeira tentativa infrutífera de localização do devedor ou de bens penhoráveis (CPC, art. 921, § 4º).

Ocorrido o prazo da prescrição, após oitiva das partes, o juiz poderá, mesmo de ofício, reconhecer a prescrição intercorrente e extinguir o processo, sendo que não haverá ônus (custas e honorários) para quaisquer das partes (art. 921, § 5º e 924, V).

Existem diversas questões ainda em aberto na jurisprudência quanto à prescrição intercorrente no CPC, especialmente após a alteração da Lei 14.195/2021. Mas, pensando em 1ª fase de OAB, seriam esses os principais pontos de análise.

4.2.6.2. Da execução para entrega de coisa

Prevista no CPC, art. 806 e ss., é utilizada diante do *inadimplemento de uma obrigação de entregar*, conforme previsto no título executivo extrajudicial. É também denominada de **tutela específica das obrigações**, exatamente porque se busca que o executado *cumpra especificamente a obrigação de entregar a que se comprometeu.*

O executado é citado para, dentro de 15 dias, *entregar a coisa. Cabe a fixação de multa diária (astreinte)* para o caso de não haver a entrega (CPC, art. 806, § 1º). Ou seja, a forma de se compelir o executado a entregar a coisa é a *astreinte.*

Se a coisa já tiver sido alienada, será expedido mandado contra o terceiro adquirente, que somente será ouvido após o depósito da coisa (CPC, art. 808).

4.2.6.3. Da execução de obrigação de fazer e de não fazer

Prevista no CPC, art. 814 e ss., é utilizada diante do *inadimplemento de uma obrigação de fazer ou não fazer*, prevista em título executivo extrajudicial. É também denominada de **tutela específica das obrigações**, exatamente porque se busca que o executado *cumpra especificamente a obrigação de fazer a que se comprometeu.*

O executado é citado para *fazer ou não fazer algo*, no prazo que o juiz fixar, se não houver previsão no título (CPC, art. 815).

O juiz, ao despachar a inicial, fixará **multa** por período de atraso e data a partir do qual será devida (CPC, art. 814). Ou seja, a forma de se compelir o executado a fazer ou deixar de fazer algo é a *astreinte.* Se o título já tiver previsão do valor da multa, o juiz poderá reduzi-lo, se for excessivo (CPC, art. 814, parágrafo único).

Se no prazo fixado o executado não satisfizer a obrigação, *poderá o exequente requerer* que (i) *seja a obrigação realizada por terceiro à custa do executado* ou (ii) converter a obrigação de fazer em *indenização* (CPC, arts. 816 e 817). E isso nos próprios autos da execução, sem a necessidade de um novo processo.

Já ao executado cabe *cumprir a obrigação* ou apresentar *embargos à execução*, que não dependem de penhora (CPC, art. 914).

4.2.6.4. Da execução contra a Fazenda Pública

Prevista no CPC, art. 910, é utilizada diante do *inadimplemento de uma obrigação de pagar, em que o devedor é a Fazenda Pública* (União, Estados, Municípios e suas autarquias e fundações – ou seja, pessoas jurídicas de direito público).

Assim, entes estatais com personalidade jurídica de direito privado não se inserem no conceito. Portanto, *empresas públicas e sociedades de economia mista são executadas pelo regime geral*, possuindo patrimônio próprio e penhorável.

A execução poderá ser fundada em título executivo judicial ou extrajudicial. No sistema anterior, havia alguma dúvida quanto à possibilidade de execução de título extrajudicial contra a Fazenda, afastada pela Súmula 279 do STJ: "*É cabível execução por título extrajudicial contra a Fazenda Pública*".

Quanto ao título extrajudicial, há *apenas o art. 910*, cujo § 3º remete aos arts. 534 e 535 do CPC (vide item *4.3.3.1* abaixo). Além disso, aplica-se o art. 100 da CF.

O ente estatal é citado para *apresentar embargos, no prazo de 30 dias* (art. 910, *caput*). Nos embargos, poderá a Fazenda apresentar **qualquer matéria de defesa**, que poderia ser alegada no processo de conhecimento (art. 910, § 2º). Assim, os embargos da Fazenda não apresentam distinção procedimental quanto aos embargos em geral (CPC, art. 914 e ss.).

Não há penhora, já que *bens públicos são impenhoráveis* (CPC, art. 833, I e CC, art. 100).

Não opostos embargos ou transitada em julgado a decisão que os rejeitar, o pagamento se dará mediante **precatório** (CF, art. 100), que *é a requisição de pagamento de dívida judicial que o Tribunal encaminha ao órgão estatal devedor.*

A depender da natureza do débito (se dívida alimentícia ou não – CF, art. 100, § 1º), este será ou não pago com preferência sobre os demais, destacando-se que as **obrigações ou requisições de pequeno valor** (OPV ou RPV) não se submetem ao regime dos precatórios.

Assim, os precatórios se classificam em:

1) Comuns: são expedidos por ordem própria e decorrem de verbas que não são diferenciadas.

2) De natureza alimentícia (CF, art. 100, § 1º): compreendem aqueles *decorrentes de salários, vencimentos, proventos, pensões e suas complementações, benefícios previdenciários e indenizações por morte ou por invalidez*, fundadas em responsabilidade civil, em virtude de sentença judicial transitada em julgado.

3) Alimentícios de pessoas idosas (60 anos ou mais) **ou que possuem doença grave** (CF, art. 100, § 2º): além de alimentícios tais quais os anteriores, há a característica específica do credor.

4) RPV ou OPV: nesse caso, o pagamento deve ser prontamente realizado pela Fazenda, *sem necessidade de precatório.*

4.2.6.5. Da execução de alimentos

Ainda que se trate de uma obrigação de pagar, há um procedimento próprio para a execução dos alimentos, considerando que o direito em questão é necessário à sobrevivência do credor.

Há distinção entre a execução de título extrajudicial (arts. 911 a 913) e o cumprimento de sentença de alimentos (art. 528 a 533).

Contudo, como há pontos em comuns, o assunto será tratado em conjunto, em tópico próprio (item *4.5.* abaixo).

4.2.7. Da execução de quantia certa

Esta é a espécie de execução mais utilizada no cotidiano forense, é a mais regulada pelo CPC, suas regras aplicam-se de forma subsidiária às demais espécies de execução (especialmente no tocante à expropriação de bens) e, também, esta é a *mais pedida em provas de OAB.* Assim, será a execução analisada com mais vagar.

No CPC/1973 havia a *execução de quantia certa contra devedor solvente* (a que agora é analisada) e a *execução de quantia contra devedor insolvente* (a "falência civil"), que **não é regulada pelo atual CPC**. O art. 1.052 do CPC destaca que, até edição de lei específica, as execuções contra devedor insolvente *serão reguladas pelas regras do CPC/1973* (portanto, não houve a revogação total do CPC/1973). Além disso, ligado ao tema de pessoa física sem condições de pagamento das dívidas, há ainda a "Lei do Superendividamento" (Lei 14.181/2021).

4.2.7.1. Petição inicial

Diante do *inadimplemento* e de um *título executivo extrajudicial que traga obrigação de pagar,* será utilizada a **execução por quantia certa** (CPC, art. 829).

A petição inicial do processo de execução segue a lógica da inicial do processo de conhecimento, com os seguintes requisitos:

(i) endereçamento (CPC, art. 319, I)

A **competência para ajuizar a execução** (CPC, art. 781) é ampla, sendo possível a propositura no *foro do domicílio do executado, foro de eleição constante do título ou foro da situação dos bens* que serão penhorados.

(ii) qualificação das partes (CPC, art. 319, II)

A **legitimidade para a execução** é apurada a partir da análise do título executivo extrajudicial;

(iii) demonstração do *inadimplemento / exigibilidade da obrigação* e da *existência de título* (CPC, art. 319, III)

São **documentos essenciais** à propositura da execução o *título executivo* e o *demonstrativo de débito*;

(iv) valor da causa (CPC, art. 319, V)

Nos termos do CPC, art. 292, I, o valor da causa será a *quantia pleiteada na execução.*

Quando admitida a execução, é permitido ao credor **dar publicidade a respeito da existência da execução**. Para tanto, o exequente poderá obter *certidão*, com identificação das partes e valor da causa, "*para fins de averbação no registro de imóveis, de veículos ou de outros bens sujeitos a penhora, arresto ou disponibilidade*" (CPC, art. 828). *Essa averbação não impede a alienação do bem, mas dá ciência a terceiros, os quais não poderão alegar desconhecimento a respeito da execução.*

Estando em termos a petição inicial, o juiz determinará a *citação do executado*, que poderá ser feita por correio.

Se o executado não for encontrado pelo correio, será realizada nova diligência pelo oficial de justiça e, se o caso, haverá citação por hora certa ou por edital.

4.2.7.2. Penhora

No caso de execução de quantia, se não houver o pagamento do débito, haverá a **penhora**, que *é a constrição judicial de bem do executado, capaz de garantir o pagamento do débito exequendo*. Uma vez efetivada a penhora, a avaliação do bem será realizada pelo oficial de justiça (CPC, art. 870).

O devedor responde pela execução com seus *bens presentes e futuros* (CPC, art. 789). Ou seja, se durante a tramitação do processo o devedor adquirir algum bem, será possível a penhora.

Pode o exequente, já na inicial do processo de execução, *indicar os bens do executado que devem ser penhorados* (CPC, art. 829, § 1º), que serão penhorados – salvo se outros forem *indicados pelo executado* e aceitos pelo juiz, diante da *demonstração de que a constrição será menos onerosa e não trará prejuízo ao exequente*.

Poderá o juiz determinar que o *executado indique quais são, onde estão e quanto valem os bens passíveis de penhora*, sob pena de ato atentatório à dignidade da justiça, que acarreta a imposição de multa (CPC, art. 774, V).

Efetivada a penhora, será nomeado um **depositário** (e, como já exposto, não há mais a prisão do depositário infiel). E o *depositário só será o executado se o exequente concordar ou nos casos de difícil remoção do bem* (CPC, art. 840, § 2º).

Se o oficial, *ao tentar citar o devedor, não encontrá-lo, mas encontrar bens penhoráveis* poderá **arrestar tais bens** (CPC, art. 830). Não se trata de penhora, visto que esta somente pode ocorrer após a citação e se não houver o pagamento do débito. Uma vez efetivado o arresto e não encontrado o devedor, o credor deverá providenciar sua citação por edital. Após tal ato, *o arresto será convertido em penhora* (CPC, art. 830, § 3º). Não se deve confundir esse arresto do processo executivo com o arresto cautelar (CPC, art. 301 – vide item 1.8.2.), pois são figuras distintas. Essa constrição do art. 830 é denominada **arresto executivo ou pré-penhora**. A jurisprudência admite que esse arresto seja feito por *meio eletrônico* (on-line – STJ, REsp 1.370.687-MG, Informativo 519 do STJ).

Pode o exequente requerer a **penhora *on-line* de bens do executado** (CPC, art. 854 e ss.). Inicialmente, após requerimento do exequente, o juiz, *sem dar ciência ao executado*, determinará às instituições financeiras que *tornem indisponíveis ativos financeiros* do executado (CPC, art. 854). O juiz deverá cancelar, em 24 horas, eventual *indisponibilidade excessiva* (CPC, art. 854, § 1º).

Efetivada a indisponibilidade, o executado será intimado e terá prazo de 5 dias para comprovar que (§ 2º e 3º):

I – as quantias tornadas indisponíveis são impenhoráveis;

II – ainda remanesce indisponibilidade excessiva de ativos financeiros.

Somente *após essa manifestação* é que haverá **efetivamente a penhora**, e então a instituição financeira deverá transferir o montante penhorado para conta à disposição do juízo (§ 5º).

Assim, a penhora *on-line* somente ocorrerá **após a citação**; já o arresto executivo do art. 830 (inclusive *on-line*), ocorrerá **antes da citação** (REsp 1.370.687-MG, informativo 519 do STJ).

No mais, o CPC ainda prevê expressamente a **penhora** de:

✓ *créditos* (art. 855);

✓ *quotas ou ações de sociedades* (art. 861);

✓ *empresa*, outros *estabelecimentos e semoventes* (art. 862);

✓ *percentual de faturamento* de empresa (art. 866);

✓ *frutos e rendimentos* de coisa móvel ou imóvel (art. 867 – o que era denominado "*usufruto* de bem móvel ou imóvel" no sistema anterior).

4.2.7.2.1. Impenhorabilidades

O sistema brasileiro tem diversas **impenhorabilidades**, *situações nas quais, por força de lei, a penhora não é permitida, com o fim de proteger o executado e a sociedade.*

A Lei 8.009/1990 trata da *impenhorabilidade do bem de família*, apontando ser impenhorável o imóvel destinado à residência, bem como os móveis que o guarnecem (art. 1º e parágrafo único).

Mas há exceções à impenhorabilidade, previstas na própria lei. Dentre outras, merecem destaque as seguintes situações nas quais se admite a penhora (Lei 8.009/1990, art. 3º):

"III – pelo credor de pensão alimentícia, resguardados os direitos, sobre o bem, do coproprietário que, com o devedor, integre união estável ou conjugal (inclusão da ressalva quanto ao cônjuge pela Lei 13.144/2015);

IV – para cobrança de impostos, predial ou territorial, taxas e contribuições devidas em função do imóvel familiar;

VII – por obrigação decorrente de fiança concedida em contrato de locação." – seja em relação a locação residencial ou comercial (polêmica já pacificada pelo STF, no tema 1.127 da repercussão geral).

Vale destacar que o inc. I do art. 3º da Lei 8.009/1990, que previa a possibilidade de penhora do bem de família em virtude de créditos de trabalhadores da própria residência, foi *revogado* pela LC 150/2015 (Lei do Trabalho Doméstico).

De seu turno, o CPC trata do tema no art. 833, trazendo diversas impenhorabilidades:

(i) os *bens inalienáveis* e os declarados, por ato voluntário, não sujeitos à execução (exemplo dos *bens públicos*);

(ii) os *móveis*, pertences e utilidades domésticas que guarnecem a *residência do executado* – salvo os de *elevado valor* e os *supérfluos* (os não utilizados para as necessidades de um médio padrão de vida);

(iii) os *vestuários* e os *bens de uso pessoal* do executado – salvo se de *elevado valor*;

(iv) os *salários*, remunerações, aposentadorias e pensões de uma forma geral – *salvo* para pagamento de *pensão alimentícia* e quando o valor mensal percebido for **superior a 50 salários mínimos** (CPC, art. 883, § 2º); apesar da expressa previsão de penhora de salário apenas acima desse valor, existem decisões do STJ no sentido de que (como no EREsp 1582475, em que se decidiu caber a penhora de salário desde que a quantia que sobrar for suficiente para um "confortável nível de vida"); atenção pois esse julgado pode ser objeto de prova;

(v) os *instrumentos* necessários ao *exercício da profissão* (livros, ferramentas etc. – salvo se tais bens tenham sido *objeto de financiamento e estejam vinculados em garantia* a negócio jurídico ou quando *respondam por dívida de natureza alimentar, trabalhista ou previdenciária* – § 3º);

(vi) o *seguro de vida*;

(vii) os *materiais necessários para obras em andamento*, salvo se essas forem penhoradas;

(viii) a *pequena propriedade rural*, desde que trabalhada pela família;

(ix) os *recursos públicos* recebidos por instituições privadas para aplicação compulsória em *educação, saúde ou assistência social*;

(x) *até o limite de 40 salários mínimos*, a quantia depositada em *caderneta de poupança* (para o STJ, qualquer aplicação e não só a poupança – REsp 1.230.060-PR, informativo 547 do STJ); cabendo a penhora no caso de verba alimentar, como exposto em "iv");

(xi) os *recursos do fundo partidário*, recebidos por partido político;

(xii) os *créditos* oriundos de *alienação de unidades imobiliárias sob regime de incorporação*, vinculados à execução da obra.

4.2.7.3. Procedimento da execução por quantia certa

A finalidade desta espécie de execução é expropriar bens do executado para satisfazer o crédito do exequente.

Na sequência, é apresentado o procedimento desta modalidade de execução:

1) Inicial é instruída com: – título executivo extrajudicial (CPC, art. 798, I, *a*); e – demonstrativo do débito atualizado (CPC, art. 798, I, *b*).
2) Estando em termos a inicial, o juiz: – fixa, no despacho inicial, *honorários de 10%* sobre o valor da causa. Se houver o pagamento em 3 dias, os *honorários serão reduzidos à metade* (art. 827, § 1º). Se houver embargos protelatórios, honorários majorados para 20% (§ 2º); – determina a *citação do executado*, para *pagar o débito em 3 dias*, contados da citação. (CPC, art. 829); – se não houver pagamento, haverá a *penhora e avaliação*, por oficial de justiça (CPC, art. 870) – dos bens indicados pelo exequente; salvo se o executado indicar bens que configurem situação menos onerosa a ele e que não traga prejuízo ao exequente (CPC, art. 829, § 1º e 2º). 2.1) Recebida a petição inicial executiva, poderá o exequente obter *certidão da execução* (identificadas as partes e valor da causa), para "averbação no registro de imóveis, de veículos ou de outros bens sujeitos a penhora, arresto ou indisponibilidade" (CPC, art. 828). Quando isso for efetivado, deverá ser *comunicado ao juízo* (§ 1º). Se for realizada penhora no valor total da dívida, o exequente deverá providenciar, em 10 dias, o *cancelamento das averbações* dos bens não penhorados (§ 2º). Se o exequente assim não fizer, o *juiz fará de ofício* (§ 3º). No caso de averbação indevida ou não cancelada, caberá indenização por *perdas e danos* (§ 5º).
2.2) Além disso, cabe a inscrição do devedor em cadastro restritivo de crédito. A previsão está no art. 782 do CPC. – § 3º. A requerimento da parte, o juiz *pode determinar a inclusão do nome do executado em cadastro de inadimplentes*. – § 4º A *inscrição será cancelada imediatamente se for efetuado o pagamento*, se for *garantida a execução* ou se a *execução for extinta* por qualquer outro motivo. Além disso, prevê o CPC que o mesmo se aplica ao cumprimento de sentença definitivo de título judicial (CPC, art. 782, § 5º).

3) Se o oficial de justiça não encontrar o executado: *arresto executivo* dos bens (art. 830) que, segundo jurisprudência do STJ, poderá ser *on-line*.

A citação pode ser feita por *correio* (CPC, art. 247). E há menção específica à *citação por hora certa e edital* (CPC, art. 830, § 1º e 2º).

O executado, *reconhecendo o crédito do exequente* e comprovando o *depósito de 30%* do valor devido, pode requerer o *parcelamento do restante em 6 vezes* (com juros e correção). Com isso, renuncia ao direito de embargar (CPC, art. 916).

4) Após a citação, cabem embargos.

5) Não suspensa a execução ou rejeitados os embargos: tentativa de alienação do bem penhorado (CPC, art. 875).

6) **Prosseguindo a execução, haverá a tentativa de expropriação do bem penhorado**, que poderá ocorrer de três maneiras, na seguinte ordem:

(i) adjudicação ao exequente, *em que o próprio exequente receberá o bem como forma de pagamento*, pelo valor da avaliação (CPC, art. 876);

(ii) alienação por iniciativa particular, *em que o exequente tentará alienar o bem para quem não é parte no processo* (CPC, art. 880); ou

(iii) leilão judicial eletrônico ou presencial, *alienação realizada no bojo do processo judicial* (CPC, art. 881).

7) A *primeira opção* é a *adjudicação* por parte do exequente, *pelo preço da avaliação*. Se não houver êxito nessa, passa-se às demais. Se, ao final, não houver êxito, há nova oportunidade para adjudicar, podendo ser requerida nova avaliação (CPC, art. 878).

8) A *segunda opção* é a *alienação por iniciativa particular*, mediante *requerimento do exequente*, também pelo valor da avaliação, por conta própria ou corretor ou leiloeiro credenciados perante o Judiciário (CPC, art.880).

9) **Se não houver êxito nas hipóteses anteriores, haverá** *leilão, preferencialmente presencial (CPC, art. 882).*

A definição do *preço mínimo do bem no leilão, condições de pagamento e garantia* serão definidas pelo *juiz* (CPC, 885).

Será **preço vil** (e, portanto, não poderá ser aceito) o preço inferior ao mínimo estipulado pelo juiz ou, não tendo sido fixado preço mínimo, o preço inferir a 50% do valor da avaliação (CPC, art. 891, parágrafo único).

Será publicado edital com todas as informações do bem, inclusive data do 1º e 2º leilões – o 2º para o caso de não haver interessados no 1º (CPC, art. 886, V).

Não podem oferecer lance algumas pessoas, dentre as quais o juiz e demais servidores na localidade onde servirem, leiloeiros e advogados (CPC, art. 890). Portanto, o próprio *exequente pode oferecer lance.*

10) *Expropriado o bem* (seja pela adjudicação, alienação ou arrematação), é possível ao executado impugnar a expropriação, via ação autônoma (CPC, art. 903, § 4º).

Portanto, **deixam de existir os embargos de 2ª fase (embargos à arrematação/adjudicação)** e passa a ser cabível uma ação autônoma par desconstituir a expropriação, em que o arrematante será litisconsorte necessário.

11) Ao final, **extinção** da execução.
CPC, art. 924. Extingue-se a execução quando:
I – a petição inicial for indeferida;
II – a obrigação for satisfeita;
III – o executado obtiver, por qualquer outro meio, a extinção total da dívida;
IV – o exequente renunciar ao crédito;
V – ocorrer a prescrição intercorrente.

4.2.8. Da defesa do executado: embargos

A defesa do executado, na execução de título executivo extrajudicial, dá-se via **embargos do devedor** ou **embargos à execução**.

Os embargos correspondem a um *processo de conhecimento*, com trâmite por um *procedimento especial* (CPC, art. 914 e ss.). Na execução, em regra, não se discute defesa. Assim, a defesa é por petição inicial, em processo autônomo – distribuído por dependência.

Não há necessidade de **garantir o juízo** para embargar (CPC, art. 914).

Matérias que podem ser alegadas nos embargos (CPC, art. 917):

(i) *inexequibilidade do título* ou *inexigibilidade da obrigação*;

(ii) *penhora incorreta* ou *avaliação errônea*;

(iii) *excesso de execução* ou *cumulação indevida* de execuções;

(iv) *retenção por benfeitorias* necessárias ou úteis, nos casos de *entrega de coisa certa*;

(v) *incompetência absoluta ou relativa do juízo da execução*;

(vi) *qualquer matéria de defesa*, visto que **ainda não houve prévia manifestação do Poder Judiciário**.

Há **excesso de execução** quando (CPC, art. 917, § 2º):

(i) o exequente pleiteia *quantia superior à do título*;

(ii) *recai sobre coisa diversa* daquela declarada no título;

(iii) *processa-se de modo diferente* do que foi determinado na sentença;

(iv) o exequente, *sem cumprir a prestação* que lhe corresponde, *exige o adimplemento da prestação do devedor*;

(v) o *exequente não prova que a condição se realizou*.

Caso se alegue **excesso de execução com base em quantia superior à devida**, o *embargante deverá indicar o valor que entende correto*, com demonstrativo de cálculo, *sob pena de rejeição liminar dos embargos ou não consideração desse argumento* (CPC, art. 917, § 4º).

4.2.8.1. Prazo para embargar

O prazo para embargar é de *15 dias*, contado da *juntada aos autos do mandado de citação* da execução ou da juntada do AR (CPC, arts. 915 e 231, I e II).

Diferentemente do que ocorre no processo de conhecimento:

✓ se houver *mais de um executado*, o prazo será contado *individualmente, salvo na hipótese de cônjuges* ou companheiros, quando o prazo será contado a partir da juntada do comprovante de citação do último (CPC, art. 915, § 1º);

✓ ainda que existam litisconsortes com advogados distintos, *não haverá aplicação do prazo em dobro* do art. 229 do CPC (CPC, art. 915, § 3º).

Como já mencionado, no prazo para embargar pode o executado reconhecer que deve depositar 30% do valor devido e requerer o parcelamento do restante em 6 parcelas mensais (CPC, art. 916).

4.2.8.2. Efeito suspensivo nos embargos

Em regra, os embargos não terão efeito suspensivo; ou seja, mesmo quando apresentados os embargos, prossegue normalmente a execução (CPC, art. 919).

Contudo, poderá o juiz, a requerimento do embargante, conceder **efeito suspensivo aos embargos** quando (CPC, art. 919, § 1º):

✓ presentes os requisitos para a *tutela provisória*;

✓ garantida a execução por penhora, depósito ou caução.

Ou seja: os embargos não dependem de penhoras, mas o efeito suspensivo depende.

No mais, ainda que concedido o efeito suspensivo, isso *não impedirá a penhora ou avaliação* dos bens (CPC, art. 919, § 5º).

Da decisão que negar a concessão de efeito suspensivo aos embargos à execução caberá a interposição de agravo de instrumento (CPC, art. 1.015, X – STJ, Informativo 617).

4.2.8.3. Procedimento dos embargos à execução

Trata-se de processo de conhecimento que tramita por procedimento especial (CPC, art. 914 e ss.):

1) Citado, o executado pode (a) parcelar a dívida, (b) permanecer silente ou (c) embargar, em 15 dias.   **2) Inicial:**   – **é distribuída** *por dependência* à execução e será *autuada em apartado* (CPC, art. 914, § 1º);   – será instruída com *cópias* das peças relevantes presentes na execução (CPC, art. 914, § 1º);   – *independe de penhora* (CPC, art. 914).   2.1) O juiz **rejeitará liminarmente** os embargos quando (CPC, art. 918):   – intempestivos   – no indeferimento ou improcedência liminar   – se protelatórios (* ato atentatório à dignidade justiça)
3) *Em regra*, os embargos *não são recebidos no efeito suspensivo* (CPC, art. 919).   *3.1) Somente* será atribuído efeito suspensivo (com a suspensão de quaisquer atos executivos) se estiverem *presentes, ao mesmo tempo, os seguintes requisitos* (CPC, art. 919, § 1º):   **(i)** *garantia do juízo* (penhora, depósito ou caução);   **(ii)** requisitos da tutela de urgência (*relevantes alegações* e perigo de dano).   A concessão do efeito suspensivo *não impede a penhora* nem avaliação dos bens (CPC, art. 919, § 5º).
3) **Recebidos os embargos, réu nos embargos (embargado) poderá se** *manifestar em 15 dias* (CPC, art. 920).
4) *Se necessário, haverá* **dilação probatória**. Caso contrário, julgamento antecipado do mérito (CPC, art. 920, II)
5) *Decisão mediante* **sentença** da qual caberá apelação   Embargos protelatórios são penalizados com *multa por ato atentatório à dignidade da justiça* (CPC, art. 918, parágrafo único).

4.2.9. Da defesa de terceiro no processo de execução: embargos de terceiro

Se há execução entre "A" e "B" e o executado entende que a penhora ou o valor são indevidos, a defesa se dá via embargos à execução, como visto acima.

Contudo, é possível que na execução entre "A" e "B" ocorra a penhora de bem de "C". Neste caso, a defesa se dá via **embargos de terceiro**.

4.2.9.1. Cabimento

Os **embargos de terceiro** são utilizados *quando há turbação ou esbulho por ato judicial* (penhora, depósito, arresto etc.) *de bem daquele que não é parte no processo*, seja processo de execução, de conhecimento ou cautelar.

Os embargos podem ser utilizados por quem tem *propriedade e posse* (senhor e possuidor) ou apenas por quem tem *posse* (possuidor).

Cabe também a *utilização pelo cônjuge* para defesa de sua *meação* (CPC, art. 674, § 2º, I).

4.2.9.2. Procedimento

Trata-se de *processo de conhecimento* que tramita por *procedimento especial* (CPC, art. 674 e ss.). Distribuídos por dependência, são autuados em apartado (CPC, art. 676).

Quanto ao **prazo, não há um termo específico** (CPC, art. 675):

✓ sendo constrição ocorrida **em** *processo de conhecimento*, **não há prazo** específico, sendo possível a oposição dos embargos *até o trânsito em julgado da sentença*;

✓ sendo constrição ocorrida em *processo de execução ou cumprimento de sentença*, até *5 dias* após a adjudicação, alienação ou arrematação, mas *antes da assinatura da respectiva carta*.

Será **réu nos embargos de terceiro** a *parte que pleiteou e/ ou que teve proveito com a constrição judicial (CPC, art. 677, § 4º)*. No tocante à **sucumbência**, assim preceitua a Súmula 303 do STJ: "Em embargos de terceiro, *quem deu causa à constrição indevida deve arcar com os honorários advocatícios*".

Deverá o embargante *provar a posse ou propriedade e a qualidade de terceiro*, juntando documentos e indicando testemunhas (CPC, art. 677).

Se o juiz entender que está *provada a posse ou propriedade*, poderá *suspender as medidas constritivas sobre o bem litigioso* (CPC, art. 678), podendo determinar a prestação de caução, salvo se a parte for economicamente hipossuficiente (CPC, art. 678, parágrafo único).

O embargado poderá apresentar *contestação* no prazo de *15 dias*, a partir daí se seguirá o procedimento comum (CPC, art. 679).

Ao final, o juiz proferirá sua sentença.

4.3. Cumprimento de sentença

4.3.1. Dos requisitos necessários para o cumprimento de sentença

Retomando o já explanado acima, são requisitos necessários para o cumprimento de sentença:

(i) inadimplemento / exigibilidade: *o não cumprimento espontâneo da obrigação fixada na sentença* (CPC, art. 786);

(ii) título executivo judicial: *documento que traduz uma obrigação e permite o início da fase de cumprimento de sentença* (CPC, art. 515).

Somente cabe o cumprimento de sentença quando *existirem ambos os requisitos*.

4.3.2. Do título executivo judicial

Os títulos executivos judiciais estão previstos no CPC, art. 515:

(i) as *decisões proferidas no processo civil* (obrigação de pagar quantia, obrigação de fazer, não fazer, entregar coisa – destaque para a menção à **decisão** e não mais *sentença*, considerando a nova sistemática do CPC, com a possibilidade de diversas decisões de mérito ao longo do procedimento);

(ii) a *decisão homologatória de autocomposição judicial;*

(iii) a *decisão homologatória de autocomposição extrajudicial de qualquer natureza;*

O inc. II e o inc. III são iguais? Não. No inc. II, há demanda na qual se formula pedido e, depois, há o acordo. No inc. III, não há demanda prévia, e as partes apenas celebram o acordo e o submetem à homologação do juiz (e o acordo pode, eventualmente, não passar pelo Judiciário e poderá ser título executivo extrajudicial).

(iv) o *formal e a certidão de partilha*, quanto aos participantes do processo de inventário (inventariante, herdeiros e sucessores);

(v) **o** *crédito do auxiliar da justiça (custas, emolumentos ou honorários aprovados por decisão judicial – isso era, no CPC/1973, título executivo extrajudicial);*

(vi) a *sentença penal condenatória transitada em julgado;*

(vii) a *sentença arbitral;*

(viii) a *sentença estrangeira homologada pelo STJ;*

(ix) a *decisão interlocutória estrangeira, após exequatur do STJ;*

Na redação aprovada pelo Legislativo, havia um inciso X: seria título judicial o "acórdão proferido pelo Tribunal Marítimo quando do julgamento de acidentes e fatos da navegação" (trata-se de um órgão administrativo e não jurisdicional). Contudo, o dispositivo foi vetado.

Dos títulos executivos judiciais, vale destacar que:

✓ como se percebe do inc. VII, a **sentença arbitral**, que é a *decisão proferida por um árbitro no bojo da arbitragem*, apesar de *não ter a intervenção do Judiciário* (se há arbitragem, não se manifesta o Judiciário) é considerada título judicial;

✓ a atividade do árbitro se restringe apenas à fase de conhecimento. Para a execução forçada (no caso, cumprimento de sentença), apenas o Estado pode ingressar no patrimônio do executado;

✓ nas hipóteses de decisões proferidas fora do Judiciário (sentença arbitral, penal ou estrangeira), *não houve prévia manifestação do juízo cível*, razão pela qual haverá necessidade de **citação do devedor** para o cumprimento de sentença – isso porque o processo de conhecimento foi realizado (i) perante árbitro, (ii) Judiciário estrangeiro ou (iii) Judiciário brasileiro no âmbito penal (CPC, art. 515, § 1º);

✓ já em relação aos *demais casos*, como já houve um *processo perante o juízo cível*, haverá necessidade apenas de **intimação do devedor** para o cumprimento de sentença.

4.3.3. Das diversas espécies de cumprimento de sentença

Tal qual exposto em relação ao processo de execução, conforme o *tipo de obrigação prevista no título executivo judicial*, será *variável a forma do cumprimento de sentença*.

Conforme o CPC:

✓ tratando-se de *obrigação de fazer, não fazer e entregar coisa*, deve ser observado o art. 536 e ss. (análogo à execução de título extrajudicial – vide itens 4.2.6.2 e 4.2.6.3);

✓ tratando-se de *obrigação de pagar alimentos,* deve ser observado o art. 538 e ss. (vide item 4.5 infra);

✓ tratando-se de *obrigação de pagar quantia pela Fazenda,* deve ser observado o art. 534 e s., que será analisado abaixo.

✓ tratando-se de *obrigação de pagar,* deve ser observado o art. 523 e ss., que será analisado abaixo.

4.3.3.1. Do cumprimento de sentença de obrigação de pagar quantia pela Fazenda Pública

O CPC regula o procedimento do **cumprimento de sentença contra a Fazenda** (inclusive sendo *aplicável de forma subsidiária ao procedimento de execução* contra a Fazenda – item 4.2.6.4 supra). No sistema anterior, apenas havia a execução contra a Fazenda, mesmo em relação a título judicial.

Contudo, apesar de se aplicar o cumprimento de sentença, **não se aplica à Fazenda a multa** para o *não pagamento em 15 dias* (art. 534, § 2º).

O art. 534 do CPC regula a petição que dá início ao cumprimento, que deverá trazer um **completo demonstrativo de débito**, que conterá: (i) o *nome completo* e o número de inscrição no Cadastro de Pessoas Físicas ou no Cadastro Nacional da Pessoa Jurídica do exequente; (ii) o índice de *correção monetária* adotado; (iii) os *juros* aplicados e as respectivas taxas; (iv) o *termo inicial e o termo final dos juros e da correção* monetária utilizados; (v) a *periodicidade da capitalização* dos juros, se for o caso; (vi) a especificação dos *eventuais descontos obrigatórios* realizados. Trata-se de demonstrativo igual ao que deve ser apresentado na execução e no cumprimento de sentença.

Se houver mais de um exequente, cada um deverá apresentar seu próprio demonstrativo (art. 534, § 1º).

Em relação à defesa pela Fazenda, o ente estatal será *intimado*, na pessoa do seu representante judicial, por carga, remessa ou meio eletrônico, para, querendo, **impugnar o cumprimento de sentença**, no prazo de *30 dias* (CPC, art. 535).

Podem ser alegadas as seguintes matérias (CPC, art. 535):

I – *falta ou nulidade da citação* se, na fase de conhecimento, o processo correu à *revelia;*

II – *ilegitimidade* de parte;

III – *inexequibilidade* do título ou *inexigibilidade* da obrigação;

IV – *excesso de execução* ou *cumulação indevida* de execuções;

V – *incompetência absoluta ou relativa* do juízo da execução;

VI – *qualquer causa modificativa ou extintiva da obrigação,* como pagamento, novação, compensação, transação ou prescrição, desde que *supervenientes ao trânsito em julgado da sentença.*

Existe **restrição para a matéria de defesa** a ser alegada considerando a *coisa julgada* que se formou no processo de conhecimento. Por isso, somente matéria posterior ao trânsito.

Se não houver impugnação ou for rejeitada a impugnação (CPC, art. 535, § 3º):

I – expedir-se-á, por intermédio do presidente do tribunal, *precatório* em favor do exequente;

II – por ordem do juiz, dirigida à autoridade na pessoa de quem o ente público foi citado para o processo, o pagamento de *obrigação de pequeno valor* será realizado no *prazo de 2 meses* contado da entrega da requisição, mediante depósito na agência de banco oficial mais próxima da residência do exequente.

Se houver impugnação parcial, caberá execução da parte não impugnada (CPC, art. 535, § 4º).

4.3.4. Do cumprimento de sentença para obrigação de pagar

4.3.4.1. Competência e natureza da execução

Como já exposto, a fase de cumprimento de sentença é a fase final do processo de conhecimento com pedido condenatório.

A **competência para a fase de cumprimento de sentença** é prevista no CPC, art. 516:

(i) *tribunais*, nas causas de sua *competência originária*;

(ii) *juízo que processou a causa no primeiro grau.*

(iii) *juízo cível competente*, no caso de *sentença penal condenatória*, *arbitral ou estrangeira* (a rigor, o domicílio do executado)

Poderá o *exequente, em II e III, optar* pelo juízo do *local onde se encontram bens* sujeitos à expropriação OU pelo do *atual domicílio do executado* – casos em que o credor requererá a remessa dos autos ao novo juízo competente (CPC, art. 516, parágrafo único).

Em relação à **natureza do cumprimento**, conforme a *estabilidade do título executivo*, é possível que o cumprimento de sentença seja provisório ou definitivo.

Utiliza-se o **cumprimento definitivo** quando se tratar de *decisão transitada em julgado ou não mais passível de impugnação, como a sentença arbitral.*

Já a **execução provisória** é utilizada quando (i) *a decisão ainda não transitou em julgado, e o recurso interposto não foi recebido no efeito suspensivo*; ou seja, somente é dotado de efeito devolutivo e (ii) na *tutela provisória*.

Nesse sentido, art. 520: *O cumprimento provisório da sentença impugnada por recurso desprovido de efeito suspensivo* será realizado da mesma forma que o cumprimento definitivo, sujeitando-se ao seguinte regime: (...)

E não se refere apenas à sentença, nos termos do art. 519: Aplicam-se as disposições relativas ao *cumprimento da sentença, provisório* ou *definitivo*, e à liquidação, no que couber, *às decisões que concederem tutela provisória*.

Como no cumprimento provisório há possibilidade de alteração da decisão exequenda, há *regras especiais* para seu prosseguimento (CPC, art. 520):

(i) corre por *iniciativa e responsabilidade do exequente*, que se obriga, se a sentença for reformada, a *reparar os danos* que o executado haja sofrido;

(ii) exigência de *caução* para: a) levantamento de dinheiro, e b) atos que importem transferência de posse ou alienação de propriedade.

É possível que a **caução seja dispensada** (CPC, art. 521) desde que:

(i) o *crédito for alimentar, qualquer que seja sua origem*;

(ii) o exequente demonstrar *estado de necessidade*;

(iii) pender o agravo contra decisão de inadmissão do REsp ou RE com base em repetitivo (art. 1.042, II e III);

(iv) a decisão a ser provisoriamente cumprida estiver em consonância com firme decisão de tribunal (*súmula ou repetitivo*).

Como são situações distintas (não complementares), é de se concluir que os **requisitos não são cumulativos**.

Ainda que presente alguma das situações que dispensem a caução, ela poderá ser mantida, se sua dispensa puder resultar "manifesto risco de grave dano de difícil ou incerta reparação" (CPC, art. 521, parágrafo único).

4.3.4.2. Penhora e expropriação de bens

No tocante à penhora (e impenhorabilidades) e à expropriação dos bens (adjudicação, alienação por iniciativa particular e hasta pública), *aplica-se integralmente ao cumprimento de sentença as regras previstas para o processo de execução* (cf. item 4.2.7.2 supra).

4.3.4.3. Procedimento da fase de cumprimento de sentença de pagar quantia

Da mesma forma que a execução de quantia é a mais frequente, também o *cumprimento de sentença para pagar quantia* é o mais usual no cotidiano forense, o mais regulado pelo CPC e o mais pedido nas provas de OAB.

O procedimento está previsto no art. 523 e ss. do CPC.

1) Proferida decisão condenatória e não havendo pagamento espontâneo pelo réu, o *autor requererá o início do cumprimento de sentença* (art. 523). 1.1) Esse requerimento deverá ser *instruído com completa memória do débito*, bem como já indicar bens (art. 524) – sendo possível requerer a penhora *on-line*.
2) Intimado o réu, se não houver *pagamento no prazo de 15 dias, incidirá multa e honorários*, no valor de 10% cada (art. 523, § 1º). 2.1) Na falta de pagamento, haverá *penhora e avaliação* de bens necessários à satisfação do débito (art. 523).
3) Poderá o executado apresentar *impugnação* (art. 525).
4) Se a impugnação não suspender o cumprimento de sentença ou, ao final, for rejeitada, ocorrerá a alienação do bem penhorado.
5) **Expropriação de bens segue as regras da execução de título extrajudicial**: – adjudicação pelo credor; – alienação por iniciativa particular; – leilão.
6) A seguir, a extinção da fase de cumprimento de sentença. Aplicação subsidiária: – destas regras para o cumprimento provisório (*Art. 527. Aplicam-se as disposições deste Capítulo ao cumprimento provisório da sentença, no que couber*); – das regras do processo de execução para o cumprimento de sentença (art. 513).

Uma questão que foi objeto de grande polêmica é **termo inicial do prazo de 15 dias para pagamento, sob pena de multa de 10%**: a partir da intimação do executado ou do trânsito em julgado da decisão? A lei anterior era omissa.

O *caput* do art. 523 do CPC é claro: o início do prazo depende da intimação do executado (essa foi a posição a que chegou o STJ, no REsp 940.274/MS, *DJe* 31.05.2010). Porém, não especificou o legislador se esse prazo seria em *dias úteis ou corridos*; ou seja, se o prazo de pagamento é processual ou de direito material (CPC, art. 219, parágrafo único). A doutrina está dividida – em meu entender, é prazo processual, por trazer consequência para o processo (logo, o prazo é em dias úteis). Resta verificar qual será a posição do STJ a respeito do tema.

Outra questão polêmica: cabe a regra do parcelamento da dívida na execução (CPC, art. 916 ao cumprimento de sentença? No sistema anterior, a jurisprudência do STJ admitia (REsp 1.264.272-RJ, Informativo 497 do STJ). Contudo, o art. 916, § 7º foi expresso ao **vedar o parcelamento para o cumprimento de sentença**. Resta verificar se a legislação realmente será cumprida pela jurisprudência.

4.3.5. Da defesa do devedor no cumprimento de sentença

4.3.5.1. Da impugnação

A **impugnação** é a *defesa do executado prevista no CPC para a fase de cumprimento de sentença*.

O **prazo** para impugnar é de 15 dias, contados a partir do término do prazo de 15 dias para pagamento voluntário (item acima).

A regra está prevista no art. 525 do CPC:

Transcorrido *o prazo previsto no art. 523* sem o pagamento voluntário, *inicia-se o prazo de 15 (quinze) dias para que o executado* (...) apresente, nos próprios autos, sua *impugnação*.

Há **prazo em dobro** no caso de litisconsortes com advogados distintos (CPC, art. 525, § 3º).

A impugnação será sempre nos **mesmos autos**, e não há **desnecessidade de penhora para impugnar** (CPC, art. 525, *caput*).

Considerando que o cumprimento de sentença tem por *base um título executivo judicial* e, assim, *já houve prévia manifestação do Poder Judiciário*, há **restrição quanto à matéria** a ser alegada na impugnação. Não se pode discutir novamente o mérito (se a quantia a ser paga é ou não devida), pois aí haveria *violação à coisa julgada*.

Assim, **somente as seguintes matérias podem ser alegadas na impugnação** (CPC, art. 525, § 1º):

(i) *falta ou nulidade da citação*, se na fase de conhecimento o processo correu à *revelia*;

(ii) *ilegitimidade* **de parte;**

(iii) *inexigibilidade do título* ou *inexigibilidade da obrigação*

(iv) *penhora incorreta* ou *avaliação errônea*;

(v) *excesso de execução* ou *cumulação indevida* de execuções (aqui se aplica tudo quanto foi *antes exposto* a respeito do tema nos embargos à execução; inclusive deverá o impugnante *declarar de imediato o valor que entende correto*, sob pena de rejeição liminar da impugnação – CPC, art. 525, §§ 4 e 5º).

(vi) *incompetência absoluta ou relativa do juízo da execução*;

(vii) qualquer *causa impeditiva, modificativa ou extintiva da obrigação* (pagamento, compensação, transação etc.), desde que *superveniente à sentença* (porque se anterior à sentença, isso já está protegido pela coisa julgada).

Considera-se também **inexigível** o *título judicial fundado em lei declarada inconstitucional pelo STF, seja* em controle difuso ou concentrado (CPC, art. 525, § 12), sendo que a decisão do STF deve ser anterior ao trânsito em julgado da decisão exequenda (§ 14) – se a decisão for posterior, deverá ser utilizada a rescisória, cujo prazo será contado a partir do trânsito em julgado da decisão do STF (§ 15).

4.3.5.1.1. Do procedimento da impugnação

O procedimento da impugnação é o seguinte:

1) Findo o prazo de 15 dias para pagar, o executado pode impugnar (CPC, art. 525).
2) Somente algumas matérias podem ser *alegadas na impugnação* (CPC, art. 525, § 1º).   2.1) Cabe rejeição liminar se impugnação (i) intempestiva ou (ii) no excesso de execução, não houver indicação do valor.
3) Em *regra*, a impugnação **não suspende** *o cumprimento de sentença* (CPC, art. 525, § 6º).   Contudo, poderá ser **concedido o efeito suspensivo**, desde que presentes, *ao mesmo tempo*:   (i) *fundamentos* **da impugnação forem** *relevantes*; e   (ii) prosseguimento do cumprimento possa causar ao executado *grave dano de difícil ou incerta reparação*.
4) A impugnação será autuada nos mesmos autos (CPC, art. 525, *caput*).
5) Recebida a impugnação, deve ser aberta vista ao impugnado, para exercer o contraditório, no prazo de 15 dias (não há previsão legal nesse sentido)
6) *Se necessário*, **dilação probatória.**
7) Após instrução ou se esta desnecessária: *decisão do juiz,* **que poderá colocar fim ao cumprimento (se acolher integralmente a impugnação que entender nada ser devido) ou não (se rejeitada, total ou parcialmente, ou se for impugnação parcial – pois aí prossegue a fase de cumprimento).**   7.1) Sendo assim, variável o recurso cabível, conforme a extinção do cumprimento ou não (apelação ou agravo de instrumento).

4.4. Da exceção de pré-executividade

Não há previsão no Código a respeito desta defesa – seja no anterior, seja no CPC. Trata-se de criação jurisprudencial e doutrinária.

Em síntese, a **exceção de pré-executividade** ou de **não executividade** (ou ainda **objeção de executividade**) busca *permitir a defesa do devedor sem que haja a penhora*. No sistema anterior, sem penhora, não cabia a defesa do executado.

Cabe a exceção em situações nas quais *há grave vício no cumprimento de sentença, em relação à matéria a respeito da qual o juiz poderia se manifestar de ofício,* tais como:

✓ ausência de uma das *condições da ação*;

✓ ausência de *pressupostos processuais*;

✓ *prescrição*.

Só cabe a exceção se o *vício for flagrante* e for *desnecessária a dilação probatória*.

Porém, em 2006 para os embargos à execução e no CPC para a impugnação, **a defesa do executado independe de** penhora. Assim, a rigor, não mais haveria interesse no uso da exceção de pré-executividade.

Contudo, se a defesa não foi utilizada (intempestiva) ou foi usada sem que determinado argumento tenha sido apresentado? Se o argumento for de ordem pública, cabe a sua alegação extemporânea?

Vejamos o que diz o CPC (itálicos nossos). "Art. 803. É nula a execução se:

I – o título executivo extrajudicial não corresponder a obrigação certa, líquida e exigível;

II – o executado não for regularmente citado;

III – for instaurada antes de se verificar a condição ou de ocorrer o termo.

Parágrafo único. *A nulidade de que cuida este artigo* será pronunciada pelo juiz, de ofício ou a requerimento da parte, *independentemente de embargos à execução.*"

Ora, esse parágrafo aponta o uso de defesa sem embargos, por simples petição – ou seja, exatamente a ideia da exceção de pré-executividade. Assim, ainda que o CPC não mencione seu nome, essa defesa segue sendo possível no novo sistema, para as situações graves da execução.

Além das 3 situações mencionadas no art. 803, cabe ainda a exceção para prescrição, desde que seja reconhecível de plano (STJ, REsp 915.503/PR, 4.ª T., j. 23.10.2007, *DJ* 26.11.2007).

4.5. Da execução e cumprimento de sentença de alimentos

Como antes exposto, existem diversos pontos em comum quanto à execução e cumprimento de alimentos. Por isso, o tema será tratado em conjunto, neste momento.

Inicialmente, haverá a análise dos institutos que se aplicam a ambos os tipos de títulos; após, haverá a análise procedimento separada.

4.5.1. Disposições comuns à execução e ao cumprimento

O **crédito alimentar** é diferenciado, pois dele decorre a *sobrevivência do alimentando* (dever de prover do alimentante).

Por isso, há a consequência de **prisão civil** do devedor de alimentos, no caso de "inadimplemento voluntário e inescusável de obrigação alimentar" (CF, art. 5º, LXVII).

A respeito da **prisão**, indaga-se:

1) Em qual **regime** ocorre a prisão?

Art. 528 (...) § 4º A prisão será cumprida em *regime fechado*, devendo o preso ficar *separado dos presos comuns.*

2) A prisão **afasta o débito?**

Art. 528 (...) § 5º O *cumprimento da pena não exime o executado do pagamento* das prestações vencidas e vincendas.

3) Qual **período de débito** permite a prisão?

Foi inserido no CPC o que já constava da Súmula 309 do STJ (prisão civil somente em relação às últimas três parcelas).

Art. 528 (...) § 7º O débito alimentar que *autoriza a prisão civil* do alimentante é o que compreende *até as 3 (três) prestações anteriores* ao ajuizamento da execução e *as que se vencerem no curso do processo.*

Portanto, somente é possível executar os **alimentos sob pena de prisão** em relação às *últimas 3 prestações mensais.*

Quanto às *demais parcelas vencidas*, executa-se os **alimentos sob pena de penhora.**

E vale lembrar que, apesar da previsão constitucional de *prisão civil em duas hipóteses* (dívida alimentar e depositário infiel – CF, art. 5º, LXVII), o STF pacificou que **não cabe a prisão do depositário infiel** (Súmula Vinculante 25: É ilícita a prisão civil de depositário infiel, *qualquer que seja a modalidade do depósito*).

O CPC prevê o **protesto** da decisão que fixa de alimentos:

Art. 528, § 1º. Caso o executado, no prazo referido no *caput*, não efetue o pagamento, não prove que o efetuou ou não apresente justificativa da impossibilidade de efetuá-lo, *o juiz mandará protestar* o pronunciamento judicial, aplicando-se, no que couber, o disposto no art. 517.

Assim, antes mesmo da prisão civil, o juiz *determinará o protesto da decisão* que fixou os alimentos.

O CPC já prevê o protesto de qualquer decisão (art. 517).

Porém, há distinções entre o protesto da decisão de alimentos e das demais:

(i) nas outras decisões condenatórias, há *necessidade de trânsito em julgado;*

(ii) nas demais decisões condenatórias, o protesto é feito *a requerimento da parte*; no caso dos alimentos, é *determinado de ofício pelo juiz.*

Outra novidade é a possibilidade de **desconto de até 50% dos vencimentos** do executado:

Art. 529, § 3º Sem prejuízo do *pagamento dos alimentos vincendos*, o débito objeto de execução pode ser *descontado dos rendimentos ou rendas* do executado, *de forma parcelada*, nos termos do *caput* deste artigo, contanto que, *somado à parcela devida, não ultrapasse cinquenta por cento de seus ganhos líquidos.*

Assim, se um devedor de alimentos passa a receber salário, poderá haver, além do desconto em folha das parcelas mensais, um desconto adicional em relação às parcelas devidas.

Quanto ao **procedimento**, no CPC há 4 possibilidades. A distinção se dá em relação ao **tipo de título** (*judicial ou extrajudicial*) e **tempo de débito** (*pretérito ou recente*):

4.5.2. Cumprimento de sentença de alimentos

Tratando-se de título executivo judicial (sentença de alimentos), é possível que existam dois procedimentos:

(i) cumprimento de sentença, sob pena de prisão (arts. 528 a 533): para débitos recentes, *executado intimado pessoalmente para pagar, em 3 dias;*

(ii) cumprimento de sentença, sob pena de penhora (art. 528, § 8º): para débitos pretéritos, *executado intimado para pagar, em 15 dias, sob pena de multa de 10% (art. 523);*

Em relação à **defesa no cumprimento de sentença:**

(i) sendo procedimento **sob pena de prisão**, o executado deverá pagar, provar que pagou ou apresentar *justificativa de alimentos*, apontando motivos que justifiquem o inadimplemento (CPC, art. 528, § 1º). Porém, somente será aceita a justificativa de fato "que gere a impossibilidade absoluta de pagar justificará o inadimplemento" (§ 2º).

(ii) sendo procedimento **sob pena de penhora**, cabível será a *impugnação*, sem qualquer especificidade.

4.5.3 Execução de alimentos

Tratando-se de título executivo extrajudicial (escritura pública ou outro título extrajudicial de alimentos), também é possível que existam dois procedimentos:

(iii) execução de alimentos, fundada em título executivo extrajudicial, **sob pena de prisão**, para débitos recentes (arts. 911 e 912): *executado será citado para pagar, em 3 dias (art. 528)*;

(iv) execução de alimentos, fundada em título executivo extrajudicial, **sob pena de penhora**, para débitos pretéritos (art. 913): *executado será citado para pagar, em 3 dias (art. 829)*.

Em relação à **defesa na execução** de alimentos:

✓ quanto ao exposto em (iii) acima (sendo o procedimento **sob pena de prisão**), cabível também a *justificativa de alimentos*, tal qual no cumprimento de sentença (art. 911, parágrafo único. Aplicam-se, no que couber, os §§ 2º a 7º do art. 528).

✓ quanto ao exposto em (iv) acima (sendo o procedimento **sob pena de penhora**): cabíveis os *embargos*, sem qualquer especificidade.

4.6. Outros conceitos relacionados ao processo de execução

Estes temas são usualmente pedidos em provas de OAB.

4.6.1. Fraudes

Diante da *alienação de bens que poderiam ser objeto de penhora*, fala-se em fraudes:

a) fraude à execução: é a *ineficácia de alienação feita pelo devedor após a citação em processo – de conhecimento ou execução –, que possa levá-lo à insolvência* (CPC, art. 792).

A Súmula 375 do STJ pacificou que: "O reconhecimento da fraude à execução depende do registro da penhora do bem alienado ou da prova de má-fé do terceiro adquirente".

Para ser reconhecida a fraude à execução, *não há necessidade de uma nova ação judicial*; o reconhecimento será requerido no bojo do processo que já tramita e no qual já houve a citação. Assim, se o réu, citado no processo judicial, alienar seus bens a ponto de ficar sem patrimônio, poderá ser reconhecida a fraude;

A hipótese mais frequente é a seguinte:

"Art. 792. A alienação ou a oneração de bem é considerada fraude à execução:

(...)

IV – quando, *ao tempo da alienação* ou da oneração, *tramitava contra o devedor ação capaz de reduzi-lo à insolvência*;"

Mas não é a única hipótese

"Art. 792. A alienação ou a oneração de bem é considerada fraude à execução:

I – quando sobre o bem pender *ação fundada em direito real* ou com pretensão reipersecutória, desde que a pendência do processo tenha sido *averbada* no respectivo registro público, se houver;

II – quando tiver sido *averbada, no registro do bem, a pendência do processo de execução*, na forma do art. 828;

III – quando tiver sido averbado, no registro do bem, *hipoteca judiciária* ou outro ato de constrição judicial originário do processo onde foi arguida a fraude;"

Como exemplo, uma demanda reivindicatória em que se pleiteia determinado imóvel. O réu aliena o imóvel durante a tramitação desse processo.

Se o resultado da demanda for:

1) extinção sem resolução de mérito – não há problema;

2) improcedência – não há problema

3) procedência – problema: autor tem direito à propriedade, mas o bem foi alienado. Nesse caso, pode-se falar em fraude, nos termos do inc. I do art. 792.

Além disso, o inc. V do art. 792 fala "nos demais casos expressos em lei". Um dos exemplos é a alienação após o incidente de desconsideração da personalidade jurídica (arts. 133 e 792, § 3º).

No mais, vale ainda destacar o seguinte em relação à fraude à execução:

✓ afirma o Código, tal qual já reconhecia a doutrina, que a alienação em fraude é **ineficaz** quanto ao exequente (art. 792, § 1º);

✓ no caso de aquisição de bem *não sujeito a registro*, o **terceiro adquirente tem o ônus** de provar que adotou as cautelas necessárias para a aquisição do bem, mediante a *exibição das certidões pertinentes*, obtidas no domicílio do vendedor e no local onde se encontra o bem (§ 2º).

✓ **antes de declarar a fraude** à execução, o juiz deverá *intimar o terceiro adquirente*, que poderá se defender via *embargos de terceiro, no prazo de 15 dias* (§ 4º).

b) fraude contra credores: é a *alienação realizada pelo devedor, que o levará à insolvência, com finalidade de prejudicar o credor em eventual processo judicial* (CC, arts. 158 e ss.).

Ocorre *antes da citação em qualquer processo judicial*. Tem como **requisitos** o *eventum damni* (dano – reduzir o devedor à insolvência) e o *consilium fraudis* (fraude – prejudicar o credor).

Há necessidade de um processo judicial (*ação pauliana*), em que serão litisconsortes passivos quem alienou e quem adquiriu o bem.

Trata-se de demanda que tramita pelo procedimento comum ordinário, que necessita de prova dos dois requisitos para que seja reconhecida a fraude e o juiz determine que a situação volte ao *status quo ante* (ou seja, que o bem deixe a esfera do terceiro e volte à do alienante – para que seja possível, no processo oportuno, ser objeto de penhora).

Vale destacar que somente há legitimidade do credor quirografário (CC, art. 158) e somente é possível o ajuizamento por quem já era credor quando da alienação (CC, art. 158, § 2º).

4.6.2. Remição e remissão

Estas figuras podem acarretar a extinção da execução. Mas são distintas, o que, usualmente, acarreta dúvidas:

(i) remissão da dívida: *perdão da dívida pelo credor* (CC, art. 385), hipótese que acarreta a extinção da execução (CPC, art. 924, IV);

(ii) remição da execução: *liberação total da execução em virtude do pagamento, antes da adjudicação, alienação ou arrematação* (CPC, art. 826), hipótese que também acarreta a extinção da execução (CPC, art. 924, II).

Perceba-se que a *remição depende do pagamento total da execução*. Assim, **não há remição envolvendo um bem específico**.

Se estiver para ser adjudicado ao credor *um determinado bem*, poderão pessoas ligadas ao devedor obter a liberação daquele bem específico.

Ou seja, *poderão adjudicar, nas mesmas condições do credor, o cônjuge, ascendente e descendente do executado,* bem como o credor com garantia real ou outros credores que tenham penhorado o bem (CPC, art. 876, § 5º).

Havendo mais de um interessado, haverá licitação; para a mesma oferta, *a preferência será do cônjuge / companheiro, ascendente e descendente, nessa ordem* (CPC, art. 876, § 6º).

5. RECURSOS E PROCESSOS NOS TRIBUNAIS

5.1. Teoria Geral dos Recursos

O tema recursos é muito frequente na OAB.

Inicialmente será apresentada uma visão geral dos recursos (ou seja, a teoria geral dos recursos) para, depois, tratar-se especificamente de cada um deles.

É importante ter a visão do todo, bem como dos recursos excluídos no CPC, visto que as perguntas da banca podem tratar de vários recursos ao mesmo tempo (e mesmo de recursos do sistema anterior) – e não apenas de um aspecto específico de determinado recurso.

5.1.1. Conceito

Recurso, na linha da definição do saudoso Professor Barbosa Moreira, é o "remédio voluntário e idôneo a ensejar, dentro do mesmo processo, a reforma, a invalidação, o esclarecimento ou a integração da decisão judicial impugnada".

A existência dos recursos decorre dos princípios processuais da ampla defesa, do contraditório e do duplo grau de jurisdição.

Pelo **princípio da taxatividade**, *somente a lei pode prever quais são os recursos* – que são os previstos no CPC, art. 994.

Da soma do conceito de recurso e do princípio da taxatividade, é possível concluir que:

a) a remessa necessária não é recurso.

A **remessa necessária (reexame necessário no CPC/1973)** é a *situação na qual a sentença é contrária à Fazenda Pública (União, Estados, Municípios e suas autarquias e fundações) e, mesmo sem recurso, a decisão de 1º grau tem de ser confirmada pelo Tribunal* (CPC, art. 496).

Só não haverá a remessa necessária se (CPC, art. 496, §§ 3º e 4º):

✓ (i) quando a *condenação ou proveito econômico for de valor certo e líquido inferior* a (a) 1.000 salários mínimos para a União, autarquias e fundações federais; (b) 500 salários mínimos para os Estados, o Distrito Federal, autarquias e fundações de direito público estaduais e os Municípios que forem capitais dos Estados; (c) 100 salários mínimos para todos os demais Municípios e autarquias e fundações de direito público municipais;

(ii) quando a *sentença estiver fundada* em (a) súmula de tribunal superior; (b) acórdão proferido pelo STF ou pelo STJ em julgamento de recursos repetitivos; (c) entendimento firmado em incidente de resolução de demandas repetitivas ou de assunção de competência; (d) entendimento coincidente com orientação vinculante firmada no âmbito administrativo do próprio ente público, consolidada em manifestação, parecer ou súmula administrativa.

b) ações de impugnação autônomas não são recursos.

As **ações de impugnação autônomas**, *apesar de impugnarem decisões judiciais, assim o fazem mediante a instauração de uma nova relação processual,* ou seja, *não se trata da mesma relação processual na qual a decisão foi proferida.*

Como exemplos, a *ação rescisória* (que busca desconstituir a coisa julgada – CPC, art. 966), o mandado de segurança e o *habeas corpus* contra decisão judicial. Nessas três situações, há a instauração de uma nova relação processual;

c) pedido de reconsideração não é recurso.

O **pedido de reconsideração** é a *petição na qual a parte, uma vez que um pleito seu não foi atendido, busca a reconsideração por parte do juiz.* No cotidiano forense é utilizado com frequência pelos advogados, mas, como não está previsto no art. 994, não é recurso.

Assim, não modifica em nada o prazo para interposição do recurso cabível. Ou seja: se o juiz indeferir a tutela de urgência e a parte apresentar pedido de reconsideração, esta peça *não alterará* o prazo para interposição do agravo de instrumento.

5.1.1.1. Incidentes e ações previstas nos tribunais (CPC)

Além disso, os seguintes *incidentes* e *ações* que tramitam nos tribunais e estão previstos no Livro III da Parte Geral do CPC também não são recursos:

(i) incidente de **arguição de inconstitucionalidade** (CPC, art. 948): considerando o sistema difuso-concreto brasileiro, qualquer juiz pode declarar a inconstitucionalidade de um diploma legal, incidentalmente no processo (como questão prejudicial).

Mas quando isso ocorrer no âmbito dos tribunais há necessidade de decisão da maioria dos membros do tribunal, em obediência à "cláusula de reserva de plenário" (CF, art. 97 e Súmula Vinculante 10).

(ii) conflito de competência (CPC, art. 951): quando *dois ou mais juízes se considerarem competentes ou incompetentes para julgar uma mesma causa*, cabe o conflito de competência (vide item 1.2.7 acima).

O conflito será suscitado no Tribunal, e o relator determinará a manifestação dos juízos envolvidos. Se um juiz for o suscitante, poderá somente ser ouvido o suscitado (art. 954).

Pode o relator designar um dos juízes para decidir, em caráter provisório, as questões urgentes.

Se já houver jurisprudência dominante, cabe o julgamento do conflito de forma monocrática (art. 955, parágrafo único).

(iii) homologação de decisão estrangeira (CPC, art. 960): a decisão estrangeira, para ingressar no sistema processual brasileiro, depende de *prévia homologação perante o STJ*. Isso porque é necessário verificar se a decisão estrangeira pode ser aqui aplicada, considerando as regras de competência internacional concorrente e exclusiva (vide item 1.2.4.1 acima), não se admitindo a homologação de decisão em caso de competência exclusiva do juiz brasileiro (CPC, art. 964).

Por isso, eventualmente cabe *decisão homologatória parcial* (CPC, art. 961, § 2º).

Prevê o CPC também a **decisão interlocutória estrangeira** pode ser homologada, via carga rogatória (CPC, art. 960, § 1º) – inclusive a que concede medida de urgência (CPC, art. 962). Também há previsão de homologação de **decisão arbitral estrangeira** (CPC, art. 960, § 3º).

A decisão estrangeira de **divórcio consensual não precisa ser homologada no STJ**, cabendo a *qualquer juiz apreciar a validade da decisão estrangeira*, quando o tema por submetido perante o Judiciário brasileiro (CPC, art. 961, §§ 5º e 6º).

São **requisitos** para a homologação da decisão estrangeira (CPC, art. 963):

I – ser proferida por *autoridade competente*;

II – ser *precedida de citação regular*, ainda que verificada a revelia;

III – ser *eficaz no país em que foi proferida*;

IV – *não ofender a coisa julgada brasileira*;

V – estar acompanhada de *tradução oficial*, salvo disposição que a dispense prevista em tratado;

VI – não conter manifesta *ofensa à ordem pública*.

(iv) incidente de resolução de demandas repetitivas (IRDR – CPC, art. 976): busca a *racionalidade e igualdade na apreciação de processos de massa, em que se debata o mesmo tema repetitivo*. Assim, busca maior agilidade e rapidez em causas repetitivas.

O **IRDR será instaurado** quando houver, simultaneamente (CPC, art. 976): I – efetiva *repetição de processos* que contenham *controvérsia sobre a mesma questão unicamente de direito*; II – *risco* de ofensa à *isonomia e à segurança jurídica*.

Não será cabível o IRDR quando um dos tribunais superiores (STF ou STJ), no âmbito de sua respectiva competência, *já tiver afetado recurso repetitivo* para definição de tese sobre questão de direito material ou processual repetitiva (CPC, art. 976, § 4º).

Admitido o incidente, o relator (CPC, art. 982):

I – *suspenderá os processos pendentes, individuais ou coletivos*, que tramitam no Estado ou na região, conforme o caso;

II – poderá *requisitar informações* a órgãos em cujo juízo tramita processo no qual se discute o objeto do incidente, que as prestarão em 15 dias;

III – intimará o *MP* para, querendo, manifestar-se em até 15 dias.

O relator *ouvirá partes e interessados*, que no prazo comum de 15 dias, poderão requerer juntada de documentos e diligências necessárias para a elucidação da questão de direito controvertida (CPC, art. 983).

O julgamento, realizado perante o órgão previsto no regimento interno como responsável pela uniformização de jurisprudência do tribunal, deverá **ocorrer em até um ano** (CPC, arts. 978 a 980). **Se não for julgado em até 1 ano**, *cessa a suspensão dos demais processos* – salvo se o relator decidir em sentido contrário (CPC, art. 980, parágrafo único).

Julgado o incidente, a tese jurídica será aplicada (CPC, art. 985):

I – a *todos os processos* individuais ou coletivos que versem sobre *idêntica questão de direito* e que tramitem *na área de jurisdição do tribunal*, inclusive àqueles que tramitem nos *juizados especiais* do respectivo Estado ou região;

II – aos *casos futuros que versem idêntica questão de direito* e que venham a tramitar no território de competência do tribunal, salvo hipótese de revisão.

Não observada a tese adotada no IRDR, além do recurso cabível, será possível o uso de *reclamação* (CPC, art. 985, § 1º).

Do julgamento do mérito do incidente *caberá recurso extraordinário ou especial* (CPC, art. 987), que será recebido no efeito suspensivo, sendo presumida a repercussão geral para o RE (CPC, art. 987, § 1º). Da decisão do IRDR será admitido *recurso do amicus curiae* (CPC, art. 138, § 3º).

Apreciado o **mérito do recurso por tribunal superior**, a tese jurídica adotada será *aplicada em todo o território nacional a todos os processos* individuais ou coletivos que versem sobre idêntica questão de direito (CPC, art. 987, § 2º).

(v) incidente de assunção de competência (IAC – CPC, art. 947): novidade no sistema, este incidente é cabível quando o julgamento de recurso, de remessa necessária ou de processo de competência originária envolver *relevante questão de direito, com grande repercussão social, sem repetição em múltiplos processos* (art. 947).

Ou seja, o órgão para fixação de jurisprudência do tribunal avocará o julgamento de determinado recurso, tal qual ocorre com o IRDR, mas sem se tratar de questão de massa. Vale pensar em uma situação que cause grande repercussão e que seria originariamente julgada por uma câmara ou turma, mas que se entenda conveniente já ser julgada por um órgão do tribunal composto por mais magistrados, mas que não *exista a repetição de processos* a justificar o uso do IRDR. Como exemplo, a discussão a respeito de ser cabível ou não agravo de instrumento nas ações de recuperação judicial: existe uma divergência relevante, mas não existe um número suficiente para que se esteja diante de uma ação repetitiva.

O relator proporá, de ofício ou a requerimento, que seja o recurso, a remessa necessária ou o processo de competência originária julgado pelo órgão colegiado que o regimento indicar. Reconhecido o interesse público, o órgão colegiado apreciará o incidente e o acórdão proferido vinculará todos os juízes e órgãos fracionários (§ 3º). Aplica-se o IAC quando ocorrer *relevante questão de direito* a respeito da qual seja *conveniente a prevenção ou a composição de divergência* entre câmaras ou turmas do tribunal (§ 4º).

O debate que poderá surgir é se o IAC importaria na violação do juiz natural, pois poderia haver, desde logo, o julgamento por parte de um determinado órgão que já se sabe, de antemão, a composição (especialmente se for o órgão especial ou corte especial o responsável regimental pelo julgamento). Mas isso não tem impedido tribunais de instaurarem e julgarem IACs.

(vi) reclamação (CPC, art. 988): trata-se de *ação*, não de recurso. Já é prevista em diversos outros diplomas, como a Lei 8.038/1990, art. 13 e ss. com a finalidade de preservar a autoridade de tribunal.

No CPC, a reclamação é o meio cabível para (art. 988):

I – *preservar a competência* do tribunal;

II – garantir a *autoridade das decisões* do tribunal;

III – garantir a *observância de decisão do STF* em controle concentrado de constitucionalidade e súmula vinculante;

IV – garantir a *observância de acórdão proferido em julgamento de IRDR* ou em incidente de *assunção de competência*.

Ou seja, será **possível utilizar a reclamação**, para qualquer tribunal (intermediário ou superior):

a) se a *competência ou decisão* de tribunal não for observada;

b) se a decisão de *ADIN, ADC, ADPF, súmula vinculante, IRDR e IAC* não forem observadas;

Por sua vez, **não será admitida a reclamação** (CPC, art. 988, § 5º):

a) proposta *após o trânsito em julgado* da decisão reclamada (de modo que, além da reclamação, *deverá ser utilizado o recurso cabível*);

b) proposta para garantir a *observância de acórdão de recurso extraordinário com repercussão geral* reconhecida ou de acórdão proferido em *RE ou REsp repetitivos*, quando **não esgotadas as instâncias ordinárias**.

Porém, apesar desta última previsão do Código – de cabimento de reclamação se REsp repetitivo não for observado, desde que esgote as instâncias ordinárias – foi decidido que "não cabe reclamação para o controle da aplicação de entendimento firmado pelo STJ em recurso especial repetitivo" (Rcl 36.476).

Ou seja: pelo CPC, se a tese fixada em um repetitivo não fosse observada por um acórdão do Tribunal intermediário, seria possível interpor o REsp e, em conjunto, a reclamação. Com essa decisão do STJ, **isso não é possível**.

Vale destacar que:

(i) como se trata de uma decisão vinculante, o candidato deve se atentar para isso, pois pode ser pedido na prova da OAB;

(ii) resta verificar qual será o meio processual para que se tente buscar a observância de um repetitivo não observado (tema ainda aberto na jurisprudência)

Ao **despachar a reclamação**, o relator (CPC, art. 989):

I – *requisitará informações* da autoridade a quem for imputada a prática do ato impugnado, que as prestará em 10 dias;

II – se necessário, *ordenará a suspensão do processo* ou do ato impugnado para evitar dano irreparável;

III – determinará a *citação do beneficiário da decisão impugnada*, que terá prazo de 15 dias para apresentar sua *contestação*.

Ao final, julgando **procedente a reclamação**, o tribunal *cassará a decisão exorbitante* de seu julgado ou *determinará medida adequada à solução da controvérsia* (CPC, art. 992).

5.1.2. Finalidade dos recursos

Como já visto, o recurso impugna a decisão judicial e três são as possíveis finalidades de um recurso: invalidação, reforma e integração.

a) invalidação ou **anulação da decisão**: *caso a decisão impugnada não tenha observado a forma processual prevista para determinado ato, deverá ser anulada*. Portanto, a decisão será retirada do mundo jurídico e haverá a repetição do ato anulado pelo juiz de origem.

Assim, a decisão será viciada em virtude de um erro procedimental (*error in procedendo*), defeito de forma que macula a sua validade. O vício de forma ocorre porque uma norma de natureza processual não foi observada (como, por exemplo, a manifestação do MP quando uma das partes for menor).

b) reforma da decisão: *caso a decisão impugnada não tenha aplicado a correta solução para lide, deverá ser reformada*. Isto é, o Tribunal já proferirá uma decisão que substituirá a anterior.

Assim, a decisão será viciada não em relação à forma, mas sim quanto ao conteúdo, ao mérito, à lide, ou seja, houve um erro de julgamento (*error in judicando*). Em tal situação, o Tribunal reformará a decisão;

c) integração da decisão: *caso a decisão impugnada seja obscura, contraditória ou omissa cabem esclarecimentos ou complementos – ou seja, a integração da decisão.*

Neste caso, o próprio órgão prolator da decisão (e não um órgão superior) é que irá complementá-la. Os embargos de declaração são o recurso típico para a integração de uma decisão.

Além disso, o CPC destaca também outra função dos recursos: a de **uniformização da jurisprudência**. Nesse sentido, os arts. 926 e 927 são relevantes para buscar uma *valorização e vinculação da jurisprudência aos precedentes*.

Nesse sentido, os tribunais deverão dar *publicidade aos seus precedentes*, organizando-os por questão jurídica decidida e divulgando-os, preferencialmente, na rede mundial de computadores (CPC, art. 927, § 5º).

Os tribunais devem **uniformizar sua jurisprudência** e mantê-la *estável, íntegra e coerente* (CPC, art. 926).

Para tanto, juízes e tribunais *observarão* (CPC, art. 927):

I – as decisões do STF em *controle concentrado* de constitucionalidade;

II – os enunciados de *súmula vinculante*;

III – os acórdãos em *incidente de assunção de competência* ou de *resolução de demandas repetitivas* e em julgamento de *recursos extraordinário e especial repetitivos*;

IV – os enunciados das *súmulas do STF* em matéria constitucional e do *STJ* em matéria infraconstitucional; (ou seja, todas as súmulas, agora, deverão ser observadas)

V – a orientação do *plenário ou do órgão especial* aos quais estiverem vinculados.

Considera-se **julgamento de casos repetitivos**, que poderão enfrentar questões de direito *material ou processual*, a decisão proferida em (CPC, art. 928:

I – incidente de resolução de demandas repetitivas (*IRDR*);

II – recursos *especial e extraordinário repetitivos*.

A **alteração de tese jurídica** adotada em enunciado de súmula ou em julgamento de casos repetitivos poderá ser *precedida de audiências públicas* e da participação de pessoas, órgãos ou entidades que possam contribuir para a rediscussão da tese (art. 927, § 2º). E, caso haja mudança da orientação jurisprudencial, os tribunais superiores poderão *modular os efeitos da alteração*, considerando razões de interesse social ou segurança jurídica (CPC, art. 927, § 3º) – ou seja, mudar a jurisprudência, mas apenas a partir determinado momento.

A mudança de jurisprudência observará a *necessidade de fundamentação adequada e específica*, considerando os princípios da segurança jurídica, da proteção da confiança e da isonomia (art. 927, § 4º).

5.1.3. Enumeração dos recursos existentes no processo civil brasileiro

São recursos no processo civil (CPC, art. 994):

I – apelação (CPC, art. 1.009);

II – agravo de instrumento (CPC, art. 1.015);

III – agravo interno (CPC, art. 1.021);

IV – embargos de declaração (CPC, art. 1.022);

V – recurso ordinário constitucional (ROC – CPC, art. 1.027, e CF, art. 102, II, e 105, II);

VI – recurso especial (REsp – CPC, art. 1.029, e CF, art. 105, III);

VII – recurso extraordinário (RE – CPC, art. 1.029, e CF, art. 102, III);

VIII – agravo em recurso especial ou extraordinário (CPC, art. 1.042);

IX – embargos de divergência (CPC, art. 1.043).

Além destes, há ainda a modalidade de **recurso adesivo** para alguns dos acima arrolados (CPC, art. 997, § 1º):

✓ apelação adesiva;

✓ RE adesivo;

✓ REsp adesivo.

Por fim, é de se destacar que existem algumas distinções em relação ao JEC (vide último item deste capítulo 5).

5.1.4. Cabimento de cada recurso

Para cada espécie de decisão judicial a lei processual prevê um determinado recurso. E apenas um recurso. Este é **princípio da unirrecorribilidade ou unicidade**: *para cada decisão só cabe um tipo de recurso.*

Assim, não é possível, ao mesmo tempo, para uma mesma decisão e com a mesma finalidade, utilizar-se de apelação e agravo.

Para saber o cabimento de cada recurso, a regra mais fácil é analisar a natureza da decisão: *conforme a natureza da decisão impugnada, determina-se o recurso cabível.*

Para tanto, é necessário que se saiba quais são as possíveis decisões que o Poder Judiciário pode proferir. E isso é variável conforme o grau de jurisdição.

O sistema processual diferencia as decisões proferidas por um juiz de 1º grau das decisões proferidas no âmbito dos Tribunais intermediários – seja Tribunal de Justiça (TJ – Justiça Estadual), Tribunal Regional Federal (TRF – Justiça Federal) ou Tribunais Superiores (STJ e STF).

Em 1º grau de jurisdição, *três são as possíveis decisões de um juiz* (CPC, art. 203):

a) sentença (§ 1º): *decisão que põe fim à fase de conhecimento em 1º grau de jurisdição, resolvendo o mérito* (CPC, art. 487) *ou não* (CPC, art. 485);

b) decisão interlocutória (§ 2º): *decisão que soluciona questão incidente, mas não põe fim ao processo – ou seja, que não é sentença;* e

c) despacho (§ 3º): *decisão que simplesmente dá andamento ao processo, sem ser dotada de efetivo caráter decisório por não resolver qualquer ponto controvertido – ou seja, o que não é sentença nem interlocutória.*

A partir da identificação das decisões, fica mais simples compreender o cabimento dos recursos:

✓ da *sentença* cabe *apelação* (CPC, art. 1.009);

✓ da *decisão interlocutória*, cabe *agravo de instrumento*, nas hipóteses previstas em lei (CPC, art. 1.015 – agravo retido deixa de existir);

✓ do *despacho* não cabe recurso, trata-se, portanto, de *decisão irrecorrível* (CPC, art. 1.001).

Destaca-se que esta apresentação é apenas uma visão geral, já que o estudo de cada recurso, individualmente, será feito adiante, inclusive o problema relativo ao cabimento do agravo de instrumento.

No âmbito dos **Tribunais,** *duas são as possíveis decisões de um desembargador (TJ ou TRF) ou Ministro (STJ ou STF):*

d) acórdão: *decisão colegiada, proferida por três ou mais julgadores* (CPC, art. 204);

e) decisão monocrática: *decisão proferida por apenas um julgador (relator), possível em hipóteses específicas* (CPC, art. 932, III, IV e V).

É certo que o relator poderá proferir decisões monocráticas sem efetiva carga decisória ("despacho"). Porém, a lei não traz essa previsão legal em relação aos atos proferidos nos Tribunais. Assim, a rigor técnico, temos apenas em decisão monocrática e acórdão no âmbito dos Tribunais.

Quando um recurso é distribuído ao Tribunal, é sorteado um **relator**, *julgador que será o responsável pela elaboração do relatório e, na sessão de julgamento, lerá aos demais julgadores o seu relatório e voto.* Assim, é a figura central no julgamento colegiado.

Não mais existe o revisor, magistrado que, no sistema anterior, após o estudo do caso pelo relator, também analisava o processo. Assim, além do relator, em um tribunal intermediário, *outros dois magistrados também votarão*, mas sem acesso prévio aos autos (salvo pedido de vista): o **segundo** e o **terceiro** magistrados.

Quando o recurso tiver *falha processual* ou quando a *matéria já estiver pacificada, poderá o relator julgar sem a participação dos pares*: esta é a **decisão monocrática**. São 3 os possíveis resultados do julgamento monocrático:

✓ **não conhecer** do recurso inadmissível, prejudicado ou que não tenha impugnado os fundamentos da decisão recorrida (CPC, art. 932, III);

✓ **conhecer e negar provimento** ao recurso que for contrário à jurisprudência dominante (CPC, art. 932, IV);

✓ **conhecer e dar provimento** ao recurso, após a possibilidade de contrarrazões, se a decisão recorrida for contrária a jurisprudência dominante (CPC, art. 932, V).

Pela redação do art. 932, IV e V, *somente será possível o julgamento monocrático de mérito* se houver (i) *súmula* do STF, STF ou tribunal local (portanto, seja súmula vinculante do STF ou não); (ii) *acórdão* dos tribunais superiores em *RE ou REsp repetitivos* e (iii) *decisão* em incidente de resolução de demandas repetitivas ou incidente de assunção de competência (*IRDR ou IAC*). No sistema anterior, para o julgamento monocrático bastava *jurisprudência dominante*, a critério do relator. Assim, pelo texto legal, houve **diminuição da possibilidade de julgamento monocrático** – mas, na prática, isso não vem sendo observado, de modo que seguem as decisões monocráticas mesmo sem existir a jurisprudência firmada em caso repetitivo (e o STJ chegou até mesmo a editar uma súmula para permitir o julgamento monocrático com base em qualquer precedente; trata-se da Súmula 568/STJ: "O relator, monocraticamente e no Superior Tribunal de Justiça, poderá dar ou negar provimento ao recurso *quando houver entendimento dominante acerca do tema*".

Diferenciado um acórdão de uma decisão monocrática, novamente fica mais simples a compreensão dos recursos cabíveis:

(i) de *decisões monocráticas* cabe:

✓ *agravo interno* – no sistema anterior também conhecido por "legal" ou "regimental" (CPC, art. 1.021);

✓ *agravo em recurso especial e em recurso extraordinário* (CPC, art. 1.042, com cabimento restrito).

Lembrando que, no caso de decisão monocrática sem carga decisória ("despacho"), não haverá interesse recursal para impugnar essa decisão;

(ii) de *acórdãos* cabem *os demais recursos* (ou seja, que *não são cabíveis de decisão de 1º grau ou de monocrática*):

✓ Recurso ordinário (ROC – CPC, art. 1.027);

✓ Recurso especial (REsp – CPC, art. 1.029);

✓ Recurso extraordinário (RE – CPC, art. 1.029); e

✓ Embargos de divergência (EREsp ou ERE – CPC, art. 1.043).

Reitera-se que aqui apenas se traz uma visão geral, já que o estudo de cada recurso, individualmente, será feito adiante.

Além disso, há recurso **cabível de qualquer ato judicial com carga decisória**: *embargos de declaração* (CPC, art. 1.022 – obscuridade, omissão, contradição e erro material).

5.1.4.1. Síntese do cabimento dos recursos no processo civil

De modo a sintetizar o cabimento de cada um dos recursos, tal qual acima indicado, cabe apresentar um quadro:

Grau de jurisdição	Decisão	Recurso cabível
1º grau	Sentença	– Apelação
1º grau	Decisão interlocutória	– Agravo de instrumento (nos casos do art. 1.015 e tema 988 repetitivo do STJ)
1º grau	Despacho	– Irrecorrível
2º grau ou grau Superior	Decisão monocrática	– Agravo interno – Agravo em REsp e em RE
2º grau ou grau Superior	Acórdão	– REsp – RE – ROC – Embargos de divergência
* Todos	* Qualquer uma com carga decisória (menos despacho)	* Embargos de declaração

Como é possível perceber, os *embargos de declaração* assumem uma *função distinta* no sistema recursal: como servem para *esclarecer* uma decisão, podem ser utilizados para *qualquer tipo delas*.

Mas não cabe de uma sentença, ao mesmo tempo, apelação e embargos de declaração. Inicialmente a parte deverá ingressar com embargos de declaração e, depois, se ainda houver necessidade, ingressará com a apelação. Trata-se do princípio da unirrecorribilidade, como já visto.

E o cabimento de cada recurso é bem especificado na legislação processual. Assim, salvo algumas poucas situações, não há dúvida a respeito de qual o recurso cabível. Daí não ser positivado, em nosso país, o **princípio da fungibilidade recursal** – que *é a possibilidade do recebimento de um recurso por outro, quando houver dúvida objetiva a respeito de qual é o recurso cabível para determinada situação*.

Reitere-se: tal princípio *não está previsto na lei* e somente é admitido pela jurisprudência em pouquíssimas situações, nas quais haja divergência a respeito do recurso cabível, na doutrina e na jurisprudência. Apesar de não positivar a fungibilidade como princípio, o CPC prevê ao menos 3 situações de *recebimento de um recurso pelo outro* (sem, contudo, mencionar o termo fungibilidade): (i) embargos de declaração recebidos como agravo interno (art. 1.024, § 3º), (ii) recurso especial recebido como extraordinário (art. 1.032) e (iii) recurso extraordinário recebido como especial (art. 1.033).

Uma situação que ainda provoca erros no cotidiano forense e em provas de OAB – mas que *não* permite o uso da fungibilidade, já que pacificada na jurisprudência e na doutrina – é a *exclusão de um litisconsorte do processo*: se "A" ingressa em juízo em face de "B" e "C" e o juiz exclui "C" da relação processual, alegando ser ele parte ilegítima, qual a natureza da decisão? Sentença ou interlocutória? E qual o recurso cabível? Apelação ou agravo?

Conforme firme jurisprudência, como o processo prossegue entre "A" e "B", não houve extinção. Assim, é cabível o *agravo* (STJ, AgRg no REsp 1.204.587/MG, *DJe* 04.02.2011). Corroborando esse entendimento, o art. 1.015, VII, do CPC destaca caber *agravo de instrumento* da decisão que *exclui litisconsorte*.

5.1.4.2. Cabimento do recurso adesivo

O recurso pode ser interposto na sua modalidade principal ou, quando cabível, na sua modalidade adesiva. Nos termos do art. 997, § 2º, II, do CPC, cabe o recurso adesivo para a apelação, REsp e RE.

O **recurso principal** *é aquele interposto pela parte no prazo previsto, sem se preocupar com a conduta da parte contrária*. Não havendo o total acolhimento do que foi pleiteado (ou seja, sucumbência), *cada parte pode interpor seu recurso de forma independente*.

Já o **recurso adesivo** *é aquele interposto fora do prazo originalmente previsto; se "A" recorreu de forma principal, mas "B" não, este terá uma segunda chance: no prazo das contrarrazões poderá interpor recurso adesivo*. Só cabe em caso de *sucumbência recíproca* (ou seja, cada parte perdeu um pouco).

Para bem entender o recurso adesivo, é necessária a compreensão do **princípio da vedação da *reformatio in pejus*,** ou seja, *vedação da reforma para pior em desfavor do recorrente, no âmbito de apenas um recurso por ele interposto*. Assim, em regra, o Tribunal não pode, ao apreciar o recurso interposto por "A" (sendo que "B" não recorreu), piorar sua situação. Assim, *se apenas uma das partes recorreu, sua situação ou é melhorada ou é mantida*. A vedação da *reformatio in pejus* decorre do princípio da inércia. Contudo, a jurisprudência afirma que, caso se trate de *matéria de ordem pública, será possível ao Tribunal analisar a questão*, sem que isso importe em *reformatio in pejus* (STJ, EDcl nos EDcl no REsp 998.935/DF, 3.ª T., *DJe* 04.03.2011).

Para ilustrar o exposto, vale um exemplo: "A" ingressa em juízo pleiteando indenização por danos materiais de R$ 10 mil. O juiz concede R$ 5 mil a título de danos. Podem autor e réu apelar de forma autônoma (porque ambos sucumbiram, ainda que parcialmente – CPC, art. 997). Mas, se somente "A" apelar pleiteando a majoração da indenização, o Tribunal somente poderá manter em R$ 5 mil ou aumentar a condenação – nunca diminuir (*reformatio in pejus*). *Contudo*, se no prazo de resposta da apelação "B" apresentar *apelação adesiva* (em peça apartada à das contrarrazões – CPC, art. 997, § 1º), *poderá o Tribunal também diminuir a indenização*.

É importante destacar que a admissibilidade do recurso adesivo vincula-se à do recurso principal. Ou seja: se o principal não for conhecido por intempestividade ou houver a desistência do recurso, também não será conhecido o recurso adesivo (CPC, art. 997, § 2º, III).

5.1.5. *Juízo de admissibilidade e juízo de mérito*

O recurso pode ser objeto de duas análises: inicialmente, uma análise da *admissibilidade recursal* e, se esta for positiva, passa-se à análise do *mérito recursal*.

No **juízo de admissibilidade** *será verificado se estão presentes os requisitos formais para que o recurso seja analisado* (requisitos de admissibilidade, semelhante à verificação das condições da ação e pressupostos processuais em 1º grau).

Se tais requisitos estiverem *ausentes*, o recurso **não será conhecido** ou *não será admitido*.

Por outro lado, uma vez *presentes os requisitos*, então o recurso **será conhecido** ou *admitido*.

Somente se conhecido o recurso passa-se à próxima fase, que é o **juízo de mérito**, ou seja, *a efetiva análise da impugnação realizada pelo recorrente em seu recurso*.

No mérito recursal é que haverá a análise dos erros da decisão impugnada, isto é, do *error in procedendo* (erro no processamento) e/ou do *error in judicando* (erro no julgamento).

O resultado do juízo de mérito pode ser pelo **provimento** ou **não provimento** do recurso.

Em *síntese*: inicialmente há o *conhecimento* (admissão) do recurso para que depois seja analisado o mérito (objeto) recursal, com o *provimento* ou *não provimento*. Assim, a ausência dos pressupostos ou requisitos de admissibilidade leva ao *não conhecimento* ou à *não admissão* do recurso – e, se isso ocorrer, *não* se fala em provimento ou desprovimento.

5.1.5.1. *Requisitos de admissibilidade recursal*

Há grande divergência na doutrina a respeito da classificação dos requisitos de admissibilidade recursal –

mas, pelo foco desta obra, não é viável a análise das diversas classificações. Uma das mais aceitas (e já perguntada em *prova de OAB*) é a divisão dos requisitos de admissibilidade em *intrínsecos e extrínsecos*. Assim, será esta a classificação aqui apresentada.

Os **requisitos intrínsecos** (ou **pressupostos intrínsecos**) *se referem à própria decisão impugnada*. Ou seja, são *verificados considerando-se conteúdo e forma de uma decisão judicial*. Há de se analisar a decisão judicial para apurar esses requisitos. Três são os requisitos intrínsecos: *cabimento, legitimidade recursal* e *interesse recursal*.

Por outro lado, os **requisitos extrínsecos** (ou **pressupostos extrínsecos**) *se referem a fatores externos à decisão judicial impugnada*. Assim, *para sua verificação, não se leva em conta a decisão em si*. Os requisitos extrínsecos são os seguintes: *tempestividade, preparo, regularidade formal* e *inexistência de fato impeditivo ao direito de recorrer*.

Do acima exposto, percebe-se que são sete os requisitos de admissibilidade. Na sequência, haverá a análise de cada um deles.

(i) cabimento: *o recurso interposto deverá ser aquele previsto na lei para a impugnação do tipo de decisão atacada*. É o que já foi exposto no item 5.1.4.1 acima.

Se for interposto agravo de uma sentença, o recurso não será conhecido por não ser o cabível.

Traçando um paralelo com as condições da ação, este requisito pode ser entendido como a *possibilidade jurídica* de interposição do recurso conforme a decisão.

(ii) legitimidade para recorrer: *o recurso somente poderá ser interposto por quem tem legitimidade recursal, ou seja, partes, MP e terceiro prejudicado* (CPC, art. 996).

O MP pode recorrer seja na condição de parte, seja como fiscal da lei. O terceiro prejudicado, quando afetado por uma decisão, pode recorrer: trata-se de intervenção de terceiros na fase recursal.

Se o filho do autor ingressar com recurso para impugnar uma decisão, o recurso não será conhecido por ausência de legitimidade para recorrer.

Traçando um paralelo com as condições da ação, este requisito pode ser entendido como a *legitimidade de parte na esfera recursal*.

(iii) interesse em recorrer: *o recorrente só tem necessidade na interposição do recurso quando houver perdido (ou seja, quando houver sucumbência)*.

Há sucumbência ainda que a parte tenha decaído de mínima parte do pedido. Assim, se o autor pediu 100 e recebeu 99,99, há sucumbência e, portanto, interesse recursal.

Logo, se o pedido foi julgado totalmente improcedente e o réu recorrer, o recurso não será conhecido por falta de interesse recursal – já que não houve qualquer sucumbência de sua parte, salvo se não tiver ocorrido condenação dos honorários e custas em favor do réu (mas aí haverá sucumbência).

Traçando um paralelo com as condições da ação, este requisito pode ser entendido como o *interesse de agir na esfera recursal*.

(iv) tempestividade: *interposição do recurso no prazo fixado em lei*. Será considerado intempestivo o recurso interposto fora do prazo previsto na legislação processual.

Há situações em que o prazo recursal é em dobro:

✓ - para o MP, Fazenda Pública e Defensoria (CPC, arts. 180, 183 e 186);

✓ - para os litisconsortes com advogados distintos (CPC, art. 229).

Se houver interposição de agravo no prazo de 20 dias, o recurso não será conhecido pela intempestividade – salvo se estivermos diante de alguma das hipóteses acima indicadas.

Em regra, os recursos no CPC terão **prazo de 15 dias**; como *exceção, os embargos de declaração*, cujo prazo é de 5 dias (CPC, art. 1.003, § 5º).

Quanto ao recurso remetido pelo correio, será considerada como data de interposição a *data da postagem* (CPC, art. 1.003, § 4º).

Compete ao *recorrente* demonstrar, no *ato da interposição do recurso*, a ocorrência de feriado local (CPC, art. 1.003, § 6º). A respeito do tema, a Corte Especial do STJ já decidiu que "ou se comprova o feriado local no ato da interposição do respectivo recurso, ou se considera intempestivo o recurso" (AREsp 957821)

Ainda em relação à comprovação de feriado, em movimento típico de "jurisprudência defensiva", o STJ vem entendendo que feriados não expressamente previstos em lei – ainda que absolutamente notórios – devem ser comprovados, sob pena de intempestividade. Nesse sentido: "O dia do servidor público (28 de outubro), a segunda-feira de carnaval, a quarta-feira de cinzas, os dias que precedem a sexta-feira da paixão e, também, o dia de Corpus Christi – não são feriados nacionais, sendo imprescindível a comprovação de suspensão do expediente forense na origem" (AgInt no REsp n. 1.715.972/MA, Relator Ministro Mauro Campbell Marques, Segunda Turma, DJe 18/5/2018).

Afastando jurisprudência defensiva que antes existia no STJ, agora o Código expressamente prevê que é tempestivo o *recurso interposto antes da publicação da decisão* judicial impugnada (CPC, art. 218, § 4º).

(v) preparo: *a interposição de alguns recursos depende do pagamento de custas e porte de remessa e retorno (custo do correio), sob pena de deserção.*

Em processo eletrônico, não há porte de remessa e retorno (CPC, art. 1007, § 3º).

Se houver recolhimento *a menor*, cabe a complementação do preparo, no prazo de 5 dias; se mesmo após a concessão de prazo não houver o complemento, então o recurso será deserto (CPC, art. 1.007, § 2º).

Se não houver *nenhum recolhimento*, haverá a possibilidade de pagamento do preparo e porte, *em dobro*, sob pena de não será conhecido pela deserção (CPC, art. 1.007, § 4º). Contudo, nesse caso do pagamento em dobro, não será possível a complementação do preparo (CPC, art. 1.007, § 5º).

Caso haja erro no preenchimento da guia de custas, não poderá se falar em deserção, devendo o relator intimar o recorrente para sanar o vício, em 5 dias (CPC, art. 1.007, § 7º).

(vi) inexistência de fato impeditivo ao direito de recorrer: este requisito, diferentemente dos demais, é negativo – assim, *se houver algum fato impeditivo, o recurso não será conhecido.*

Existem três fatos impeditivos:

a) desistência: *uma vez interposto, pode a parte, a qualquer momento e sem a concordância da parte contrária, desistir do recurso* (CPC, art. 998). Havendo a desistência, prevalecerá a decisão que foi impugnada pelo recurso que posteriormente foi objeto da desistência.

Contudo, a desistência não impede a análise da *questão que já tenha sido reconhecida para julgamento via REsp ou RE repetitivos* (**CPC, art. 998, parágrafo único**).

b) renúncia: *antes da interposição do recurso, podem as partes (ou uma das partes) renunciar ao direto de recorrer, também sem a necessidade de concordância da parte contrária* (CPC, art. 999).

A diferença entre a renúncia e a desistência é que, na primeira, ainda não houve a interposição do recurso; na segunda, isso já ocorreu.

c) aquiescência (concordância): *a concordância decorre de um ato incompatível com a vontade de recorrer* (CPC, art. 1.000). Pode ser expressa ou tácita.

Se, ao ser prolatada uma sentença condenatória, o réu prontamente realizar o pagamento, isso significa concordância com a decisão. Assim, se posteriormente vier a ser interposto recurso, *não será conhecido pela aquiescência.*

Se, após a prolação de uma sentença, o autor apresentar petição afirmando que abre mão do direito de recorrer e, posteriormente, interpuser apelação, *o recurso não será conhecido pela renúncia.*

Se, após a prolação de uma sentença e interposição da apelação, a parte recorrente peticionar afirmando que não mais quer a análise do recurso, *este não será conhecido pela desistência.*

(vii) regularidade formal: *este é um requisito de admissibilidade que não se insere em nenhum dos outros antes expostos e que se refere a aspectos formais envolvendo os recursos.* Existem requisitos gerais, iguais para todos os recursos, bem como requisitos específicos, variando conforme os recursos.

Como exemplos de requisitos gerais, a apresentação do recurso em petição escrita, em português, assinada pelo advogado, além da existência de impugnação que tenha relação com a decisão recorrida. Como exemplo de requisitos específicos, a juntada das cópias necessárias para instruir o agravo de instrumento.

Assim, se um agravo de instrumento for interposto sem as peças necessárias, o recurso não será conhecido por falta de regularidade formal.

A regularidade formal diz respeito aos requisitos formais que não se inserem em nenhum dos outros requisitos de admissibilidade acima expostos.

No CPC/1973, *em regra, havia preclusão consumativa* quanto aos requisitos de admissibilidade: ou seja, se a parte interpusesse o recurso sem determinado requisito, usualmente, não seria possível a correção da falha e o recurso não seria conhecido.

Há importante alteração nesse ponto no CPC. Pelo art. 938, § 1º, **constatada a ocorrência de vício sanável**, inclusive que possa ser conhecido de ofício, o relator determinará a *correção da falha*, no próprio tribunal ou em 1º grau. O CPC não explicita o que seria o *vício sanável*, mas uma interpretação sistemática e pautada no acesso à justiça leva à conclusão de que, considerando os 7 requisitos de admissibilidade acima expostos, somente a intempestividade e existência de fato impeditivo ao direito de recorrer não poderiam ser sanados.

5.1.6. *Efeitos da interposição dos recursos*

Uma vez interposto o recurso e recebido pelo magistrado, este indicará em quais *efeitos o recurso será recebido*.

Os *dois principais efeitos* são o devolutivo e o suspensivo. Mas parte da doutrina aponta a existência de outros requisitos – e aqui apresentaremos o que já foi objeto de pergunta em provas anteriores de OAB e concursos jurídicos.

a) efeito suspensivo: *impede que a decisão judicial surta seus efeitos imediatamente*. Portanto, apesar da prolação de uma decisão judicial a favor de uma das partes, o efeito suspensivo impede que os efeitos de tal decisão sejam desde logo observados. Assim, se uma sentença condena o réu a pagar R$ 10 mil e há interposição da apelação, o efeito suspensivo impede a efetiva execução da quantia.

Como *regra*, os recursos **não possuem efeito suspensivo**, não impedindo a eficácia da decisão (CPC, art. 995). Contudo, sempre será possível pleitear ao relator a atribuição de efeito suspensivo, se (i) houver risco de dano grave e (ii) ficar demonstrada a probabilidade de provimento do recurso (CPC, art. 995, parágrafo único).

b) efeito devolutivo: *é a possibilidade de nova discussão da matéria impugnada por parte do Poder Judiciário* (a "devolução" não é ao mesmo juiz que prolatou a decisão recorrida, mas sim ao Judiciário).

Como se pode concluir, todos os recursos são dotados de efeito devolutivo.

A regra do efeito devolutivo é que o Tribunal somente irá apreciar o que foi objeto de apelação. Assim, se houve sentença condenando a pagar danos morais e materiais e o réu somente apela dos danos morais, usualmente o Tribunal somente apreciará a questão dos danos morais – até por força do princípio da vedação da *reformatio in pejus*, como já visto.

Contudo, tratando-se de matérias que o juiz pode conhecer *de ofício*, será possível a *atuação do Tribunal mesmo sem provocação da parte*. Como exemplo, as condições da ação. Portanto, na hipótese acima, mesmo que a apelação apenas trate dos danos morais, se o desembargador entender que alguma parte é legítima, poderá assim concluir, extinguindo o processo;

c) efeito translativo: como visto acima, a base do efeito devolutivo é o princípio dispositivo. O Tribunal só aprecia o que a parte impugnar no recurso. Porém, por vezes o Tribunal pode ir além (como no exemplo acima, exatamente por força de matérias que podem ser conhecidas de ofício pelo Tribunal).

Para alguns autores, como Nelson Nery Jr., esse seria o **efeito translativo** do recurso, ou seja, *a possibilidade de que o Tribunal aprecie algumas questões não apresentadas na impugnação da parte*;

d) efeito expansivo: o mesmo autor indicado no trecho anterior reconhece também a existência do **efeito expansivo** do recurso, o que significa dizer que, por vezes, *a apreciação do recurso pode acarretar uma decisão mais abrangente que seu próprio objeto*. Como exemplo, o fato de o recurso de um dos litisconsortes unitários, uma vez provido, aproveitar ao outro litisconsorte (CPC, art. 1.005).

Tanto o *efeito translativo* como o *efeito expansivo* podem ser interpretados como *variações do efeito devolutivo*. Porém, como já exposto, por vezes as provas de OAB e concursos jurídicos mencionam textualmente esses dois efeitos. Mas, no texto legal, não há menção a esses termos.

5.2. Recursos em espécie

5.2.1. *Apelação*

5.2.1.1. *Cabimento*

Cabe apelação de *sentença*, qualquer que seja o *procedimento*, seja *sentença definitiva* (mérito – CPC, art. 487) ou *sentença terminativa* (sem resolução de mérito – CPC, art. 485).

Portanto, só cabe de *decisão proferida por juiz de 1º grau*.

Da sentença proferida no JEC cabe recurso inominado (Lei 9.099/1995, art. 41).

5.2.1.2. *Prazo/custas*

O prazo para apelar é de *15 dias* (CPC, art. 1.003, § 5º). Da mesma forma, é de 15 dias o prazo para responder ao recurso (contrarrazões de apelação – CPC, art. 1.010, § 1º).

Há custas.

5.2.1.3. *Efeitos*

Há, como em todos os recursos, efeito devolutivo.

Em regra, há o *efeito suspensivo* (CPC, art. 1.012).

As *exceções*, nas quais não há o efeito suspensivo, estão previstas em lei – tanto no CPC (art. 1.012, § 1º, incisos) como em legislação extravagante:

(i) sentença que homologa divisão ou demarcação;

(ii) sentença que condena a pagar alimentos;

(iii) sentença que extingue sem resolução de mérito ou julga improcedente os embargos à execução;

(iv) sentença que julga procedente o pedido de instituição de arbitragem;

(v) sentença que confirma, concede ou revoga a tutela provisória;

(vi) sentença que decreta a interdição;

(vii) sentenças previstas na Lei de Locação, como a que decreta o despejo (Lei 8.245/1991, art. 58, V).

Nesses casos, publicada a sentença, poderá a parte interesse pleitear o cumprimento provisório depois da publicação da sentença (CPC, art. 1.012, § 2º), sendo que o apelante poderá formular eventual pedido de concessão de efeito suspensivo, diretamente no tribunal (§ 3º).

5.2.1.4. *Processamento (interposição/julgamento)*

A seguir será apresentada a tramitação de uma apelação, desde sua interposição em 1º grau até a conclusão do julgamento, no Tribunal. Vale esclarecer que o processamento da apelação é a base do processamento dos demais recursos.

5.2.1.4.1. Em 1º grau

A apelação é *interposta em 1º grau* (juízo *a quo*), em petição que deverá trazer (CPC, art. 1.010) o nome e a qualificação das partes, exposição do fato e do direito, razões do pedido de reforma ou de decretação de nulidade (*error in judicando* e *error in procedendo*) e pedido de nova decisão.

O juiz intimará o apelado para apresentar contrarrazões e, se houver apelação adesiva, também intimará o apelante para as contrarrazões (CPC, art. 1.010, §§ 1º e 2º).

Não haverá juízo de admissibilidade e o juiz remeterá o processo ao tribunal. Portanto, *não cabe o não conhecimento pelo juiz* de origem nem a indicação de *quais são os efeitos do recurso de apelação*.

Em regra, ao receber a apelação, *o juiz não pode reconsiderar a sentença*. Contudo, há *exceções*:

(i) tratando-se de *indeferimento da inicial* (CPC, art. 331), ou seja, quando *houver grave vício processual na inicial, que sequer permita a emenda*; e

(ii) tratando-se de qualquer extinção sem resolução de mérito (CPC, art. 485, § 7º), portanto, a hipótese mencionada no item anterior (art. 485, I), também está inserida nesta previsão; e

(iii) tratando-se de *improcedência liminar* (CPC, art. 332, § 3º), ou seja, quando *já houver jurisprudência pacífica contrária ao pedido do autor*.

Somente nestes casos, *poderá o juiz reconsiderar a sentença, determinando a citação do réu e o* normal prosseguimento da causa. *Caso não haja a reconsideração* por parte do juiz, os autos serão encaminhados ao Tribunal. Se ainda não tiver havido a citação do réu (sempre nos casos i e iii e às vezes no caso ii), apenas *após a citação do réu*, para apresentar contrarrazões do recurso, é que os autos irão ao Tribunal (CPC, arts. 331, § 1º e 332, § 4º).

5.2.1.4.2. No Tribunal

Uma vez remetida a apelação ao Tribunal, será *distribuída a um relator* (desembargador que ficará responsável pela principal análise do recurso). Essa distribuição será realizada imediatamente (CPC, art. 1.011) – ou seja, ainda que não venha a ser julgada desde logo, já se saberá quem é o relator responsável pela causa (CF, art. 93, XV).

Como já exposto, sendo a hipótese de vício processual ou de jurisprudência dominante (CPC, art. 932), *poderá o relator decidir a apelação monocraticamente*, seja para não conhecer, seja para conhecer e dar ou negar provimento. Não sendo a hipótese de julgamento monocrático, *o relator elaborará relatório e voto*, para julgamento pelo órgão colegiado (CPC, art. 1.011). Reitere-se que não mais há a necessidade de envio prévio para outro desembargador (o revisor, no sistema anterior).

Quando o recurso estiver em condições de julgamento (afirma o CPC que será em 30 dias – art. 931), o relator enviará os autos, já com relatório, para a secretaria do tribunal. O presidente do órgão julgador designará *dia para julgamento*, devendo ser a pauta publicada no diário oficial, para ciência das partes e interessados (CPC, art. 934). Deve haver prazo mínimo de 5 dias entre a publicação da pauta e a sessão de julgamento (CPC, art. 935).

No dia da sessão de julgamento, a ordem será a seguinte (CPC, art. 937):

✓ leitura do relatório pelo relator;

✓ se assim quiserem, sustentação oral dos advogados das partes, cabível não só na apelação, mas também nos seguintes recursos: ROC, REsp, RE, embargos de divergência, ação rescisória, MS (inclusive na apreciação colegiada da liminar – inovação da Lei 13.676/2018), reclamação e agravo de instrumento interposto contra interlocutórias que versem sobre tutela provisória – sustentação essa que poderá ser feita via videoconferência (§ 4º); portanto, **não cabe sustentação oral** no agravo interno, embargos de declaração e parte dos agravos de instrumento (vale destacar que, na versão aprovada no congresso, era **admissível** a *sustentação em agravo interno* interposto de decisão monocrática que julgou apelação, recurso ordinário, REsp ou RE – porém, o dispositivo foi **vetado**);

✓ leitura do voto do relator;

✓ voto do segundo e terceiro magistrados.

Se algum dos magistrados não estiver em condições de proferir o voto (dúvida quanto ao julgamento), poderá **pedir vista** – ou seja, *retirar de julgamento o recurso para estudo, retomando-o futuramente.*

Pelo Código, o prazo de vista é de 10 dias, após o qual o recurso será reincluído em pauta na sessão seguinte à data da inclusão (CPC, art. 940). Poderá o relator pedir prorrogação de prazo por mais 10 dias (§ 1º). Passado esse prazo, *o presidente do órgão julgador requisitará o processo* para julgamento na próxima sessão. Se o magistrado que pediu vista ainda não se sentir habilitado a votar, o presidente convocará *substituto para proferir voto* (§ 2º). Resta verificar se, na prática forense, esse procedimento será observado ou se será ignorado nos tribunais (como ocorreu com qualquer outra tentativa de limitar prazo de vista).

Se houver voto vencido, deverá necessariamente ser declarado e considerado parte do acórdão, inclusive para fins de prequestionamento (CPC, art. 941, § 3º). E, nesse caso, ainda que não mais existam embargos infringentes, deverá haver o prosseguimento do julgamento (CPC, art. 942, vide item 5.2.10.2 infra).

Se o acórdão não for publicado no prazo de 30 dias contados da data da sessão do julgamento (e isso pode ocorrer com a demora na revisão e liberação do voto pelo relator), as notas taquigráficas do julgamento serão publicadas, independentemente de revisão, e substituirão o acórdão (CPC, art. 944). Competira ao presidente do órgão julgador (turma, câmara, seção ou pleno / órgão especial) lavrar as "conclusões e a ementa" e mandar publicar o acórdão (CPC, art. 944, parágrafo único).

O tribunal apreciará a matéria impugnada pela parte, na apelação (efeito devolutivo – CPC, art. 1.013). Porém, poderá o tribunal julgar todas as questões suscitadas e discutidas no processo, ainda que não tenham sido solucionadas, *desde que relativas ao capítulo impugnado* (CPC, art. 1.013, § 1º).

A **teoria da causa madura** é ampliada no Código. Ou seja, se o processo estiver em condições de imediato julgamento, o tribunal *deve decidir desde logo o mérito* quando (CPC, art. 1.013, §§ 3º e 4º):

I – reformar *sentença sem resolução de mérito*;

II – decretar a *nulidade da sentença por não ser ela congruente* com os limites do pedido ou da causa de pedir (ou seja, decisão *extra ou ultra petita*);

III – constatar a *omissão no exame de um dos pedidos*, hipótese em que poderá julgá-lo (ou seja, decisão *infra petita*);

IV – decretar a *nulidade de sentença por falta de fundamentação* (portanto, se a sentença não observar a exaustiva fundamentação, a rigor, não haverá a volta ao 1º grau para nova fundamentação, mas sim o julgamento de mérito perito pelo tribunal).

V – se reformada *sentença que reconheça a decadência ou a prescrição*, o tribunal, se possível, *julgará desde logo o mérito*, sem determinar o retorno do processo ao juízo de primeiro grau.

Em relação à teoria da causa madura, a dúvida que se coloca é se essa previsão viola o princípio do duplo grau. A jurisprudência responde de forma negativa, sempre lembrando que (i) cabe recurso dessa decisão e (ii) que o princípio do duplo grau, em algumas situações, pode ser afastado.

O exposto neste tópico, acerca do julgamento da apelação no Tribunal, traz a base de como um recurso é julgado em 2º grau – assim, o procedimento ora exposto não se aplica apenas à apelação.

5.2.1.5. Apelação adesiva

Conforme já exposto, cabe o recurso adesivo quando houver *sucumbência recíproca*. Assim, se a sentença for de parcial procedência, autor e réu poderão *apelar de forma autônoma*.

Mas, *se apenas uma das partes apelar de forma autônoma*, a outra pode, no prazo das contrarrazões, apresentar **apelação adesiva**. O objetivo da apelação adesiva é *tentar melhorar a situação do apelante adesivo* quando do julgamento pelo Tribunal (a qual somente poderia piorar no julgamento da apelação da outra parte, em virtude da vedação da *reformatio in pejus*).

A apelação adesiva apresenta *todos os requisitos de admissibilidade*, tal qual a apelação principal. A única distinção envolve o prazo de interposição: em vez de 15 dias contados da intimação da sentença, são 15 dias contados a partir da intimação para apresentação de contrarrazões à apelação da parte contrária – ou seja, no prazo para responder à apelação, poderá a parte interpor sua apelação adesiva.

Outra distinção entre a apelação adesiva e a autônoma diz respeito à admissibilidade. No caso de duas apelações autônomas, cada qual terá sua admissibilidade apreciada separadamente. Em outras palavras, se a apelação do autor for deserta, não será conhecida, se a apelação do réu tiver as custas recolhidas, será conhecida.

Já no caso da apelação adesiva, sua *admissibilidade dependerá da admissibilidade da apelação principal*. Ou seja, inicialmente há o juízo de admissibilidade da apelação principal e, somente se esta for conhecida, haverá o juízo de admissibilidade da apelação adesiva. É certo que, conforme a observância ou não dos requisitos de admissibilidade, *pode ser conhecida a principal e não conhecida a adesiva*.

Contudo, *o inverso não pode ocorrer*. Se por qualquer razão a *apelação principal não for conhecida, não será conhecida a apelação adesiva* (CPC, art. 997, § 2º, III). Assim, se a apelação principal for deserta, a apelação adesiva não será conhecida – ainda que traga corretamente as custas. Outro exemplo: interpostas as apelações principal e adesiva, se o apelante principal desistir da sua apelação, nenhuma das duas apelações será processada.

5.2.2. Agravo de instrumento

No sistema anterior, além do instrumento, havia o retido, que ora deixa de existir (vide item 5.2.10.1 infra).

A respeito do cabimento de agravo no JEC (Lei 9.099/1995), consultar o último tópico deste capítulo.

5.2.2.1. Cabimento

Cabe agravo de instrumento de *decisão interlocutória* (CPC, art. 203, § 2º), proferida por magistrado de 1º grau.

Contudo, o CPC apresenta um **rol taxativo de hipóteses de cabimento** do agravo. Assim, somente caberá agravo de instrumento das decisões interlocutórias que versem sobre (CPC, art. 1.015):

I – *tutelas provisórias*;

II – *mérito* do processo;

III – rejeição da alegação de *convenção de arbitragem*;

IV – *incidente de desconsideração da personalidade jurídica*;

V – rejeição do *pedido de gratuidade* da justiça ou acolhimento do pedido de sua revogação;

VI – *exibição ou posse de documento ou coisa*;

VII – *exclusão de litisconsorte*;

VIII – rejeição do pedido de *limitação do litisconsórcio*;

IX – admissão ou inadmissão de *intervenção de terceiros*;

X – concessão, modificação ou revogação do *efeito suspensivo aos embargos à execução*;

XI – *redistribuição do ônus da prova* nos termos do art. 373, § 1º;

XII – inciso vetado;

XIII – *outros casos* expressamente referidos em lei (como exemplos, a decisão que extingue apenas parte do processo e a decisão de julgamento antecipado parcial o mérito – respectivamente, CPC, arts. 354, parágrafo único e 356, § 5º).

Também cabe AI contra decisões interlocutórias proferidas na *liquidação de sentença*, no *cumprimento de sentença*, na *execução* e no procedimento especial do *inventário* (CPC, art. 1.015, parágrafo único).

Assim, pelo CPC, somente nessas hipóteses caberia o agravo de instrumento. Porém, existem **outras situações relevantes** (como a incompetência, especialmente a absoluta) que ficaram de fora do rol de cabimento do AI. Para esses casos, houve debate na doutrina *se cabível agravo de instrumento de forma ampliativa* (portanto, o rol não seria taxativo) ou se seria o uso de *mandado de segurança*.

A questão já foi definida pelo STJ, via recurso repetitivo, no tema repetitivo 988. Decidiu esse Tribunal que: "O rol do art. 1.015 do CPC é de **'taxatividade mitigada'**, por isso admite a interposição de agravo de instrumento quando verificada a *urgência decorrente da inutilidade do julgamento da questão no recurso de apelação*." Ou seja, decidiu o STJ que estamos diante da "taxatividade mitigada" – mas isso não resolveu o problema, mas há dúvidas, em diversos casos concretos, se a hipótese seria de agravo de instrumento ou não.

5.2.2.2. Prazo/custas

O prazo para interposição do agravo de instrumento é de *15 dias* (CPC, art. 1.003, § 5º). Da mesma forma, é de 15 dias o prazo para responder ao recurso (contraminuta ou contrarrazões de agravo de instrumento – CPC, art. 1.019, II).

Há possibilidade de cobrança de custas e porte de retorno (CPC, art. 1.017, § 1º), sendo que isso é regulamentado no âmbito de cada Tribunal (no âmbito da Justiça Federal, é cobrado em todas as regiões; na Justiça Estadual, a maioria dos Estados cobra). Para fins de OAB, a posição mais segura é entender pela *existência de custas de preparo*.

5.2.2.3. Efeitos

Há, como em todos os recursos, efeito devolutivo.

Em regra, não há o *efeito suspensivo*. Mas, poderá o relator, se presentes os requisitos, atribuir *efeito suspensivo ou antecipação de tutela recursal*. Apesar da omissão da lei (CPC, art. 1.019, I) é de se entender que são os requisitos usuais da tutela provisória (boa fundamentação e perigo da demora).

Cabe o **efeito suspensivo** *se a decisão de 1º grau for positiva*, ou seja, se o juiz conceder a liminar pleiteada pelo autor, *o réu agrava de instrumento pleiteando a suspensão dos efeitos daquela decisão*.

Por sua vez, cabe a **antecipação de tutela recursal** *se a decisão de 1º grau for negativa*. Ou seja, se o juiz negar a liminar pleiteada pelo autor, *o autor agrava de instrumento pleiteando a concessão da antecipação de tutela recursal*. Seria o denominado "efeito suspensivo ativo", *terminologia não técnica*, que por vezes é utilizada no cotidiano forense e em provas de OAB (o termo pode aparecer em alguma prova, mas deve ser evitado pelo candidato na prova discursiva de 2ª fase).

5.2.2.4. Processamento (interposição/julgamento)

O agravo de instrumento é interposto *diretamente no Tribunal*. Trata-se do *único* recurso interposto diretamente no juízo *ad quem* (CPC, art. 1.016).

A petição do agravo deve trazer (CPC, art. 1.016):

I – os nomes das *partes*;

II – a exposição do *fato e do direito*;

III – as *razões do pedido de reforma ou de invalidação* da decisão e o próprio *pedido*;

IV – o *nome e o endereço completo dos advogados* constantes do processo.

O agravante desde logo se dirige ao Tribunal. Assim, para que se saiba qual a discussão, o recurso deverá trazer *cópias do processo*. Exatamente essas cópias é que *formam o instrumento*, que dá nome ao recurso (ainda que os autos sejam eletrônicos).

Existem **cópias necessárias ou obrigatórias** e **cópias facultativas**. São as seguintes (CPC, art. 1.017):

I – *obrigatoriamente*, com cópias da *petição inicial*, da *contestação*, da *petição que ensejou a decisão agravada*, da própria *decisão agravada* (para que se saiba qual a decisão recorrida), da *certidão da respectiva intimação* ou outro documento oficial que comprove a *tempestividade* e das *procurações* outorgadas aos advogados do agravante e do agravado (para que se saiba se o advogado do agravante tem poderes e quem é o advogado do agravado que deverá ser intimado para responder ao agravo);

II – com *declaração de inexistência de qualquer dos documentos referidos no inciso I*, feita pelo advogado do agravante, sob pena de sua responsabilidade pessoal;

III – *facultativamente*, com *outras peças* que o agravante reputar úteis.

Se faltar alguma cópia obrigatória – ou existir outro vício sanável – o relator deverá intimar o agravante para que corrija o recurso (CPC, arts. 932, parágrafo único e 1.017, § 3º). Vale destacar que *se os autos forem eletrônicos*, **não há a necessidade de juntada das cópias** (CPC, art. 1.017, § 5º).

O agravo é interposto diretamente no Tribunal, de modo que o juiz de origem não tem ciência da interposição do recurso. Por isso, **poderá** o agravante requerer a juntada, no juízo de origem, da petição do agravo interposto e da relação de documentos que o instruíram (CPC, art. 1.018). Quando o juiz de 1º grau receber essa petição, poderá reconsiderar a decisão agravada (juízo de retratação), caso em que o agravo de instrumento será considerado prejudicado (CPC, art. 1,018, § 1º).

Frise-se que a juntada do agravo na origem é uma **opção** do agravante, tratando-se de *processo eletrônico*.

Se os autos forem físicos, a juntada do agravo na origem é um **dever**, cabendo ao agravante providenciar a juntada do recurso na origem, *no prazo de 3 dias* (CPC, art. 1.018, § 2º). Caso o agravante não cumpra essa providência, desde que *alegado e provado pelo agravado*, o recurso não será conhecido (CPC, art. 1.018, § 3º). Assim, não poderá o agravo não ser conhecido pela falta da observância pelo relator, de ofício – isso *depende da provocação do agravado*. A lógica dessa previsão é que o agravado tem de ter ciência do agravo de instrumento perante o juízo de origem, não sendo obrigado a se locomover ao tribunal para ter ciência de qual o teor do recurso (ou seja, se o processo for eletrônico, não há essa necessidade – daí a distinção proposta pelo legislador entre autos físicos e eletrônicos).

O agravo de instrumento será distribuído a um relator, que poderá proceder da seguinte forma (CPC, art. 1.019):

✓ **julgar de forma monocrática**, *não conhecendo ou conhecendo e negando provimento ao recurso* (CPC, art. 932, III e IV) – se houver grave vício processual ou jurisprudência pacífica contra o agravante;

✓ conceder, liminarmente, **efeito suspensivo ou antecipação de tutela recursal**;

✓ intimar o agravado para apresentar resposta, em 15 dias;

✓ determinar a intimação do MP, para se manifestar em 15 dias.

Não há mais a previsão de pedir *informações ao juiz de origem* ou *conversão do agravo de instrumento em retido* (exatamente porque não mais existe o agravo retido).

Após a manifestação do agravado, poderá o relator: (i) julgar monocraticamente, para dar provimento ao recurso (CPC, art. 932, V) ou (ii) elaborar voto para julgamento colegiado, pautando o recurso. Pelo Código, o agravo deve julgado em até 1 mês contado da intimação do agravado (CPC, art. 1.020).

5.2.3. Embargos de declaração

5.2.3.1. Cabimento

Cabem **embargos de declaração** (CPC, art. 1.022) de *qualquer pronunciamento judicial com caráter decisório* (sentença, decisão interlocutória, decisão monocrática e acórdão). Apenas não há, pela jurisprudência, o cabimento de declaratórios da decisão que inadmite recurso especial ou extraordinário (cf. AgRg nos EDcl no AREsp 1866941, DJe 16/08/2021).

O recurso se presta a complementar uma decisão judicial que contenha *obscuridade, omissão, contradição ou erro material*.

Decisão **obscura** *é aquela que não é clara, que não permite a correta compreensão de seus termos.*

Decisão **omissa** *é aquela na qual o juiz não se manifesta a respeito de questão ou pedido que ele deveria se manifestar.*

Decisão **contraditória** *é aquela que apresenta em seu bojo duas afirmações inconciliáveis.*

Erro material é a *situação na qual haja alguma informação impertinente à lide em análise* (como o nome errado na parte)

Nestes casos, há vício na decisão, a qual precisa ser aclarada, complementada e esclarecida. E isso deve ser realizado *pelo próprio órgão que prolatou a decisão.*

O CPC traz algumas situações que, por força de lei, já são consideradas como de **omissão** (CPC, art. 1.022, parágrafo único):

I – deixe de se manifestar sobre *tese firmada em julgamento de casos repetitivos ou em incidente de assunção de competência* aplicável ao caso sob julgamento;

II – incorra em qualquer das *condutas descritas no art. 489, § 1º (fundamentação exaustiva da sentença).*

5.2.3.2. Prazo/custas

Os embargos de declaração serão opostos em *5 dias* (CPC, art. 1.023). Trata-se do único recurso cujo prazo não é de 15 dias. Caso existam litisconsortes com advogados distintos, há prazo em dobro (CPC, art. 229 e 1.023, § 1º).

Se houver necessidade de contraditório nos embargos (vide item 5.2.3.4 abaixo), o prazo também será de 5 dias (CPC, art. 1.023, § 2º).

Não há preparo (CPC, art. 1.023, parte final).

5.2.3.3. Efeitos

Há, como em todos os recursos, efeito devolutivo. E, neste caso, haverá a devolução não só ao Judiciário como *ao próprio órgão prolator* da decisão embargada.

Quanto ao *efeito suspensivo*, o CPC afastou polêmica antes existente: não há efeito suspensivo (CPC, art. 1.026).

Além disso, opostos os declaratórios, haverá a *interrupção do prazo para interposição do outro recurso cabível* para impugnar a decisão, *para ambas as partes* (CPC, art. 1.026). A interrupção do prazo significa que há novo prazo para recorrer, na íntegra.

Logo, diante da prolação de uma sentença de parcial procedência, se o autor embarga de declaração no 5º dia do prazo, há a interrupção do prazo para apelar tanto do autor quanto do réu. Ou seja, quando da decisão dos embargos, haverá novo prazo de 15 dias para ambas as partes apelarem.

5.2.3.4. Processamento (interposição/julgamento)

Os embargos de declaração são *opostos perante o órgão prolator da decisão embargada* (juiz ou relator no âmbito dos Tribunais). O recurso será julgado exatamente por tal órgão (CPC, art. 1.024, *caput* e § 1º), ou seja, tratando-se de embargos de declaração, *os juízos a quo e ad quem são o mesmo.*

Pelo CPC, os embargos devem ser julgados pelo juiz em 5 dias (art. 1024) e devem ser apresentados em mesa pelo relator, na sessão subsequente (art. 1.024, § 1º).

Tratando-se de *declaratórios opostos de decisão monocrática*, os embargos deverão ser julgados *apenas pelo relator*, novamente de forma unipessoal. Contudo, caso se entenda que os embargos buscam reformar a decisão embargada, será possível ao relator *converter os declaratórios em agravo interno*, mas intimando previamente o recorrente para complementar as razões recursais (CPC, art. 1.024, §§ 2º e 3º), para julgamento colegiado.

Não cabe a utilização, ao mesmo tempo, de embargos de declaração e de outro recurso. Portanto, diante de uma sentença, inicialmente a parte deve opor declaratórios para, somente após a decisão dos embargos, interpor a apelação. Assim é, pois (i) não se sabe se haverá ou não a modificação da sentença (o que pode alterar o interesse recursal); e (ii) por força do princípio da unirrecorribilidade recursal.

Portanto, em síntese, o processamento dos embargos de declaração será o seguinte:

✓ oposição pela parte recorrente;

✓ apreciação dos embargos pelo próprio órgão prolator da decisão embargada;

✓ com a publicação da decisão dos embargos, recomeça a correr o prazo recursal para ambas as partes.

A rigor, o objetivo dos embargos é esclarecer a decisão. Contudo, excepcionalmente, haverá efetivamente uma *mudança da decisão*. Nestes casos, fala-se em *efeitos infringentes* ou *modificativos* dos embargos de declaração. Nessa situação, deverá o embargado ser intimado para exercer o contraditório, no prazo de 5 dias (CPC, art. 1.023, § 2º). Ou seja, havendo a *possibilidade de efeitos infringentes*, deverá ser exercido o contraditório, com a apresentação de *contrarrazões de embargos de declaração*, para garantir a igualdade entre as partes e evitar a prolação de decisão surpresa.

É possível que, diante de uma sentença, uma das partes apele e a outra embargue de declaração. Nesse caso, *se houver modificação da sentença pelos embargos*, a parte que apelou poderá *complementar ou alterar suas razões recursais*, nos limites da modificação da decisão, no prazo de 15 dias (CPC, art. 1.024, § 4º). Contudo, se os embargos não forem providos e a sentença permanecer a mesma, *não haverá necessidade de ratificação da apelação, que será conhecida independentemente de qualquer motivo* (CPC, art. 1.024, § 5º – dispositivo que afasta a Súmula 418 do STJ, a qual foi cancelada pelo STJ e, em seu lugar, foi editada a Súmula 579).

Outra possibilidade de utilização dos embargos é para fins de *prequestionamento* em relação aos recursos especial e extraordinário. Logo, se o acórdão é omisso no tocante aos dispositivos de lei apontados como violados, cabem declaratórios para que haja a manifestação do Tribunal nesse sentido. Afirma o CPC que a *simples oposição dos declaratórios já supre o requisito do prequestionamento*, ainda que os declaratórios sejam inadmitidos ou rejeitados (CPC, art. 1.025).

Por fim, se o recurso for utilizado de forma protelatória, há previsão de multa de 2% sobre o valor da causa. No caso de reiteração de declaratórios protelatórios, a multa é majorada para 10% – e para a interposição de qualquer outro recurso há a necessidade de recolhimento da multa, salvo se o recorrente for a Fazenda ou beneficiário da justiça gratuita, que recolherão o valor ao final do processo (CPC, art. 1.026, §§ 2º e 3º). Se já tiverem sido rejeitados e considerados protelatórios 2 declaratórios, não se admitirá novo recursos de embargos (CPC, art. 1.026, § 4º).

5.2.4. Recurso ordinário (recurso ordinário constitucional)

5.2.4.1. Cabimento

O **recurso ordinário** tem um cabimento bem específico (CPC, art. 1.027): é apenas cabível de acórdão denegatório de ação constitucional (mandado de segurança, *habeas corpus, habeas data*, mandado de injunção) originária de Tribunal.

Cabe, portanto, de *decisão não concessiva da ordem* de ações propostas diretamente nos Tribunais, e será julgado pelo STJ ou STF. Como tem previsão constitucional (CF, art. 102, II e 105, II), é também denominado de recurso ordinário constitucional. Caso a *decisão seja concessiva, não caberá ROC*, mas sim outro recurso para Tribunal Superior (REsp ou RE).

A hipótese mais comum de cabimento de ROC para o STJ é a de decisão denegatória de HC ou MS de competência originária do TJ ou TRF (CF, art. 105, II, *a* e *b*). Já a hipótese mais frequente de ROC para o STF ocorre no momento em que é denegado HC ou MS de competência originária dos Tribunais Superiores (CF, art. 102, II, *a*).

Há, ainda, *outra hipótese, pouco frequente, de cabimento de ROC* (CPC, art. 1.027, II, *b*): causas em que forem partes, de um lado, Estado estrangeiro ou organismo internacional e, do outro, Município ou pessoa residente ou domiciliada no País. *Tais causas tramitam, em 1º grau, perante a Justiça Federal* (CF, art. 109, II) e o *ROC será julgado pelo STJ*. Assim, da sentença proferida nesse processo, caberá ROC, a ser julgado pelo STJ. E da interlocutória, caberá agravo de instrumento, igualmente julgado pelo STJ (CPC, art. 1.027, § 1º). Ou seja, excepcionalmente, não haverá julgamento por Tribunal de 2º grau, mas somente pelo 1º grau da Justiça Federal e o recurso ordinário ou agravo, pelo STJ.

5.2.4.2. Prazo/custas

No âmbito cível, o prazo para interposição do recurso ordinário é de *15 dias* (CPC, art. 1.003, § 5º). Da mesma forma, é de 15 dias o prazo para responder ao recurso (contrarrazões de recurso ordinário – CPC, art. 1.028, § 2º).

Há necessidade de *custas* (STJ, RMS 29.228/SE, 2.ª T., j. 26.05.2009, *DJe* 04.06.2009).

Tratando de *recurso ordinário de decisão denegatória de HC* (ainda que interposto de hipótese de prisão civil, como no caso de alimentos não pagos), o prazo de interposição é de *5 dias* (Lei 8.038/1990, art. 30), não havendo custas de preparo.

5.2.4.3. Efeitos

Há, como em todos os recursos, efeito devolutivo.

Não há efeito suspensivo.

5.2.4.4. Processamento (interposição/julgamento)

A tramitação do ROC tem por modelo a *tramitação da apelação,* inclusive em relação à *teoria da causa madura* (CPC, art. 1.027, § 2º).

O recurso ordinário será interposto na origem (CPC, art. 1.028, § 2º) e, após as contrarrazões, será remetido para o Tribunal de destino (juízo *ad quem* – STJ ou STF), independentemente de juízo de admissibilidade (CPC, art. 1.028, § 3º).

A competência para julgamento será:

✓ do *STJ*, no caso de acórdão denegatório *proferido nos TJs ou TRFs;*

✓ do *STF*, no caso de acórdão denegatório *proferido por Tribunais Superiores.*

O ROC garante o duplo grau de jurisdição de decisão denegatória de ações constitucionais.

Por fim, para afastar eventuais dúvidas, cabe esclarecer que, se um *mandado de segurança for impetrado em 1º grau* e for negado por sentença, *cabe apelação* a ser julgada pelo Tribunal de 2º grau. Mas, se a *competência originária desse mandado de segurança for de Tribunal de 2º grau, caberá recurso ordinário para o STJ.*

5.2.5. Agravos de 2º grau

De decisões monocráticas proferidas no âmbito dos Tribunais (por desembargadores ou Ministros), é cabível agravo, em duas modalidades: **agravo interno** e **agravo em recurso especial e em recurso extraordinário**. Cada um dos recursos será analisado de forma separada.

5.2.5.1. Agravo interno (regimental ou legal)

5.2.5.1.1. Cabimento

Cabe **agravo interno** *de decisão monocrática proferida por relator de recurso* (CPC, art. 1.021). No sistema anterior, por ausência de nomenclatura específica, era também chamado de *agravo regimental ou agravo legal.* Com a opção legislativa de nominá-lo, a tendência é a *prevalência do nome agravo interno.*

Já se apontou que é possível ao relator, diante de erro processual ou jurisprudência pacífica, decidir monocraticamente o recurso (CPC, art. 932, III a V – vide item 5.1.4 acima). Também é possível ao relator apreciar, de forma unipessoal, uma tutela de urgência. *Contra essas decisões monocráticas é que cabe o agravo interno.*

Com a interposição do agravo, provido ou não o recurso, *a decisão monocrática irá se transformar em decisão colegiada (acórdão).*

5.2.5.1.2. Prazo/custas

O prazo para interposição do agravo interno de *15 dias* (CPC, art. 1.003, § 5º). Há contrarrazões, a ser apresentada também em 15 dias (CPC, art. 1.021, § 2º).

Não há custas na maioria dos Estados e no âmbito da Justiça Federal (mas, em alguns tribunais estaduais, há previsão de custas).

5.2.5.1.3. Efeitos

Há, como em todos os recursos, efeito devolutivo.

Não há o efeito suspensivo.

5.2.5.1.4. Processamento (interposição/julgamento)

A interposição do recurso é bem simples e segue o procedimento previsto no regimento interno dos Tribunais (CPC, art. 1.021). *Não há necessidade de cópias* (instrumento) *ou qualquer outra formalidade.*

O recurso é interposto nos próprios autos (por isso *agravo interno*), *dirigido ao relator* que proferiu a decisão monocraticamente. Deverá o argumento *impugnar especificadamente os fundamentos da decisão agravada*, sob pena de não conhecimento do recurso (CPC, art. 1.021, § 1º).

Deverá ser aberta vista ao agravo, para apresentar contrarrazões, no prazo de 15 dias (CPC, art. 1.021, § 2º), sendo que no sistema anterior, não havia previsão (no Código ou nos regimentos internos dos tribunais) nesse sentido.

Se o *relator reconsiderar* (revogando a decisão monocrática), o recurso antes interposto volta a ter sua tramitação normal (CPC, art. 1.021, § 2º). Assim, se uma apelação foi julgada monocraticamente e o relator reconsiderar, haverá o processamento normal da apelação para um julgamento colegiado.

Caso o relator não reconsidere, o recurso será *pautado, para julgamento colegiado e prolação de acórdão*.

Ainda prevê o CPC, quanto ao agravo interno:

✓ *vedar que o relator, ao julgar o agravo interno, apenas se limite a reproduzir os fundamentos da decisão agravada* (CPC, art. 1.021, § 3º);

✓ se o agravo interno for declarado *inadmissível ou improcedente em votação unânime*, **deverá** ser imposta multa, em decisão fundamentada, entre 1% e 5% do valor atualizado da causa; a interposição de qualquer outro recurso fica condicionado ao depósito prévio da multa – salvo para a Fazenda e beneficiário da justiça gratuita, que recolherão a multa ao final do processo (CPC, art. 1.021, §§ 4º e 5º).

Logo, pelo CPC, se for proferida decisão monocrática e a parte interpuser o agravo interno, para esgotar as vias ordinárias e poder, depois, valer-se do especial, já haverá multa e necessidade de seu recolhimento para ser possível o especial.

5.2.5.2. Agravo em recurso especial e em recurso extraordinário

5.2.5.2.1. Cabimento

Ou seja, o cabimento do agravo em recurso especial e extraordinário (CPC) é o mesmo do antigo agravo nos próprios autos (CPC/1973), com algumas modificações quanto ao seu trâmite.

Assim, caberá o agravo quando o tribunal de origem, por seu presidente ou vice-presidente, **inadmitir recurso extraordinário ou recurso especial**, *salvo* quando fundada na aplicação de entendimento firmado em regime de *repercussão geral ou em julgamento de recursos repetitivos* (CPC, art. 1.042): Em relação à situação decidida com base em repetitivo, vide item 5.2.8 infra.

Também é utilizado no âmbito processual penal e no processo do trabalho (em relação ao recurso de revista).

No sistema processual anterior, no cotidiano forense, o nome mais comum para esse recurso era "agravo de decisão denegatória" – que não constava da lei. Assim, é possível que esse nome siga sendo usado no dia a dia.

5.2.5.2.2. Prazo/custas

O prazo para interposição do agravo em REsp ou RE é de *15 dias* (CPC, art. 1.003, § 5º). Da mesma forma, é de 15 dias o prazo para responder ao recurso (contraminuta ou contrarrazões de agravo – CPC, art. 1.042, § 3º).

Não há custas (CPC, art. 1.042, § 2º).

5.2.5.2.3. Efeitos

Há, como em todos os recursos, efeito devolutivo.

Não há o *efeito suspensivo*. Eventualmente, em casos de urgência, é possível a concessão de efeito suspensivo ao REsp e RE, mas não ao agravo.

5.2.5.2.4. Processamento (interposição/julgamento)

O agravo será *interposto no Tribunal de origem*, endereçado ao órgão responsável pelo processamento do recurso especial e extraordinário (presidência ou vice-presidência, conforme o regimento interno de cada tribunal) e que prolatou a decisão agravada (CPC, art. 1.042, § 2º).

Não há necessidade de qualquer documento, porque se está recorrendo nos próprios autos, que já traz todas as peças do processo.

O agravado será intimado para apresentar resposta e – caso não haja retratação (ou seja, a admissibilidade que antes foi negativa passe a ser positiva) – *os autos serão remetidos ao Tribunal Superior*, para apreciação do agravo (CPC, art. 1.042, § 4º). Se houver retratação, os autos serão remetidos para o Tribunal Superior, para apreciação do REsp ou RE (e não do agravo).

Se forem dois recursos concomitantes (REsp e RE) e ambos não forem admitidos, deverá o recorrente interpor **dois agravos** (CPC, art. 1.042, § 6º). Nesse caso, os autos primeiro irão para o STJ (§ 7º) e, depois, se ainda for o caso de julgamento do agravo em RE, para o STF (§ 8º).

No Tribunal Superior, será possível o julgamento do agravo em conjunto com o próprio REsp e RE – hipótese em que será possível sustentação oral (CPC, art. 1.042, § 5º).

Quanto ao julgamento do agravo, será observado tanto o CPC (que permite até mesmo o julgamento monocrático – art. 932, III, IV e V), bem como o regimento interno do STJ e do STF.

5.2.6. Recurso especial (REsp)

5.2.6.1. Cabimento

Cabe **recurso especial** *de acórdão que violar legislação infraconstitucional ou quando Tribunais diversos derem interpretação distinta a um mesmo dispositivo legal infraconstitucional* (CF, art. 105, III e CPC, art. 1.029).

Destaca-se que é cabível o REsp pela **divergência externa** e não pela divergência interna, ou seja, deve-se apontar o *dissenso jurisprudencial em relação a outro Tribunal* e não no próprio Tribunal. Nesse sentido, caso se ingresse com o REsp de um julgado do TJSP, *não cabe apontar que o próprio TJSP tem posição divergente* ao do acórdão recorrido (Súmula 13 do STJ: A divergência entre julgados do mesmo tribunal não enseja recurso especial) – mas sim que a decisão do TJSP diverge da de qualquer outro Tribunal do país, inclusive o próprio STJ ou mesmo o TRF da 3ª Região (Tribunal Regional Federal situado em São Paulo).

Para o cabimento do REsp, o acórdão *não* deve admitir outros recursos, ou seja, *não cabe REsp de decisão monocrática* (será cabível o REsp após o agravo regimental). Portanto, só cabe REsp quando **esgotados os demais recursos.**

Na hipótese de o acórdão violar, ao mesmo tempo, dispositivo do CPC e da CF, serão **cabíveis, simultaneamente,** recurso especial e recurso extraordinário. Porém, cada recurso irá atacar matérias distintas: *REsp, a violação à legislação infraconstitucional; RE, a violação à Constituição.*

Nesse caso de interposição conjunta, os autos serão *remetidos ao STJ*; se o relator do recurso especial considerar prejudicial o recurso extraordinário, em decisão irrecorrível sobrestará o julgamento e remeterá os autos ao STF. Se o *relator do recurso extraordinário*, em decisão irrecorrível, rejeitar a prejudicialidade, devolverá os autos ao STJ para o julgamento do recurso especial (CPC, art. 1.031, §§ 2º e 3º).

5.2.6.2. Prazo/custas

O prazo para interposição do REsp é de *15 dias* (CPC, art. 1.003, § 5º). Da mesma forma, é de 15 dias o prazo para responder ao recurso (contrarrazões de REsp – CPC, art. 1.030).

Há *custas* (Lei 11.636/2007).

5.2.6.3. Outros requisitos de admissibilidade

Além dos requisitos de admissibilidade usualmente existentes, o REsp tem também outros requisitos. E isso se justifica porque se trata de um recurso cuja finalidade não é simplesmente rediscutir a causa (como ocorre na apelação), mas discutir a *unidade da interpretação da legislação infraconstitucional.*

Assim, com o REsp o STJ busca *evitar a regionalização do direito*. Exatamente por isso **não se discute matéria fática** em tal recurso, mas apenas *matéria de direito* (Súmula 5 do STJ: A simples interpretação de cláusula contratual não enseja recurso especial; Súmula 7 do STJ: A pretensão de simples reexame de prova não enseja recurso especial).

Ou seja, não será conhecido REsp que discuta se determinado fato ocorreu ou não. Debate-se no REsp, *à luz de determinados fatos já fixados no Tribunal de origem, qual o direito aplicável.*

Apesar de não ser possível discutir fato, o REsp permite a **discussão de matéria de mérito ou processual**. Cabe, portanto, o recurso tanto por *violação ao CC* (ou CDC ou Lei de Locação etc.) como por *violação ao CPC*.

Para que bem se delimite a discussão da matéria de direito, é também requisito do REsp o **prequestionamento**, que *é a apreciação do artigo de lei pelo Tribunal* a quo *durante o julgamento do acórdão recorrido*. Ou seja, é o debate, pelos julgadores de origem, dos dispositivos apontados como violados no REsp (Súmula 282 do STF: É inadmissível o recurso extraordinário, quando não ventilada, na decisão recorrida, a questão federal suscitada).

Assim, *se o Tribunal de origem não tiver se manifestado sobre determinado dispositivo legal apontado como violado no REsp, não terá ocorrido o prequestionamento.*

Para bem se entender a questão, vale mencionar um exemplo. Diante de uma sentença de improcedência, o autor recorre e, em sua apelação, destaca que houve a violação de determinado artigo do CC. *Na própria apelação, requer a expressa manifestação do Tribunal a respeito daquele dispositivo legal para fins de prequestionamento*. Se o Tribunal não se manifestar a respeito do dispositivo, não haverá prequestionamento. Nesse caso, *pode a parte se valer dos embargos de declaração*, apontando *omissão* no acórdão quanto à análise do dispositivo legal apontado como violado. E, como

já antes visto, pelo CPC, acolhido ou não os embargos de declaração, o **prequestionamento ficto** *estará realizado* (CPC, art. 1.025). Fica, portanto, superada a posição do STJ pacificada no sistema anterior (Súmula 211 do STJ: Inadmissível recurso especial quanto à questão que, a despeito da oposição de embargos declaratórios, não foi apreciada pelo Tribunal *a quo*).

Afirma o art. 1.029, § 3º que o STJ poderá *"desconsiderar vício formal de recurso tempestivo"* ou determinar sua correção, desde que *não o repute grave"*. Ou seja, é uma oportunidade que se dá para que o mérito recursal seja apreciado – resta verificar qual a amplitude que a jurisprudência dará à expressão **vício formal grave**.

Em 2022 houve a edição da Emenda Constitucional 125, que alterou o art. 105 da CF e trouxe mais um requisito de admissibilidade para o Recurso Especial, a existência de "relevância das questões de direito feral infraconstitucional" (relevância da questão federal).

Nos termos do previsto na EC – e já confirmado administrativamente pelo STJ – há necessidade de uma lei regulamentadora sobre o assunto (seja alteração no CPC ou outra lei infraconstitucional). Assim, somente após a edição essa lei é que será exigido, como preliminar de REsp, a indicação da existência da relevância da questão federal.

De qualquer forma, é certo que essa alteração pode ser cobrada pela OAB.

O art. 105, § 3º da CF passa a reconhecer hipóteses que existe a relevância. Ou seja: nessas situações, a relevância é presumida.

Essas situações podem ser divididas em três blocos: a) relevância pela natureza da discussão (matéria); b) relevância pela expressão econômica (valor da causa) e c) relevância pelo teor da decisão recorrida (discrepante da jurisprudência dominante).

Vejamos, com base nos incisos do art. 105, § 3º:

a) relevância presumida pela matéria:

Inciso I – ações penais;

Inciso II – ações de improbidade administrativa e;

Inciso IV – ações que possam gerar inelegibilidade.

Importante pontuar que têm presunção de relevância as ações penais. E, como não há nenhuma restrição da EC, falamos de relevância presumida em qualquer ação penal – seja relativa a crimes de "colarinho branco", seja crimes famélicos.

b) relevância presumida pelo valor da causa:

Inciso III – Ações cujo valor da causa ultrapasse 500 (quinhentos) salários-mínimos;

A EC menciona exclusivamente o critério valor da causa, existindo apenas a previsão de possibilidade de sua atualização monetária, nos termos do art. 2º da EC.

c) relevância presumida considerando a jurisprudência do STJ:

Inciso V – Hipótese em que o acórdão recorrido contrariar jurisprudência dominante do Superior Tribunal de Justiça.

5.2.6.4. Efeitos

Há, como em todos os recursos, efeito devolutivo.

Não há, em regra, o *efeito suspensivo*.

Contudo, é possível que se tente atribuir *efeito suspensivo ao REsp. A previsão está no* CPC, art. 1.029, § 5º – dispositivo cuja redação original foi alterada pela Lei 13.256/2016). A petição requerendo o efeito suspensivo será dirigida:

I– ao *STJ*, no período compreendido entre a *publicação da decisão de admissão do recurso e sua distribuição*, ficando o relator designado para seu exame prevento para julgá-lo;

II – ao *relator no STJ*, se já distribuído o recurso;

III – ao presidente ou ao vice-presidente do *tribunal recorrido*, no período compreendido entre a *interposição do recurso e a publicação da decisão de admissão* do recurso, assim como no caso de o *recurso ter sido sobrestado*, por força de recurso repetitivo.

Tem-se, portanto, no que se refere à competência, basicamente a reprodução, no CPC, daquilo que foi sedimentado na jurisprudência do STF, à luz do CPC/1973 (Súmula 634/STF: Não compete ao Supremo Tribunal Federal conceder medida cautelar para dar efeito suspensivo a recurso extraordinário que ainda não foi objeto de juízo de admissibilidade na origem. Súmula 635/STF: Cabe ao Presidente do Tribunal de origem decidir o pedido de medida cautelar em recurso extraordinário ainda pendente do seu juízo de admissibilidade).

5.2.6.5. Processamento (interposição/julgamento)

O REsp é interposto no *Tribunal de origem*, endereçado à presidência ou vice-presidência, conforme o regimento interno próprio de cada tribunal (CPC, art. 1.029). Deve a petição recursal indicar (i) exposição do *fato e do direito*, (ii) demonstração do *cabimento* e (iii) *razões do pedido* de reforma ou invalidação da decisão recorrida.

Tratando-se de REsp fundado em *dissídio jurisprudencial* (divergência em relação a julgado de outro Tribunal – CF, art. 105, III, *c*), obrigatoriamente terá de ser instruído com o *acórdão paradigma* (a decisão do outro Tribunal). A *divergência é comprovada* mediante certidão, cópia ou citação do repositório de jurisprudência oficial (inclusive em mídia eletrônica), ou ainda via *reprodução do julgado disponível na internet*, com indicação da fonte (art. 1.029, § 1º). Deverá o recorrente mencionar as *circunstâncias que identifiquem ou assemelhem os casos confrontados* (o chamado "**cotejo analítico**" entre o acórdão recorrido e paradigma).

Nesse REsp fundado em dissídio jurisprudencial, é muito comum o recurso não ser admitido ao argumento de "situações fáticas distintas" entre os acórdãos. Por causa disso, inicialmente foi incluído o § 2º ao art. 1.029 do CPC ("Quando o recurso estiver fundado em dissídio jurisprudencial, é vedado ao tribunal inadmiti-lo com base em fundamento genérico de que as circunstâncias fáticas são diferentes, sem demonstrar a existência da distinção"). Contudo, com a Lei 13.256/2016, **esse parágrafo foi revogado.**

Interposto o REsp, a *parte contrária é intimada* para apresentar as contrarrazões, em 15 dias (CPC, art. 1.030). Em tal peça é possível impugnar não só o mérito, mas também a admissibilidade do recurso. Com as razões e contrarrazões do REsp, o recurso estará pronto para sua admissibilidade.

Em relação à **admissibilidade do REsp**, com a **Lei 13.256/2016**, a admissibilidade *é do Tribunal de origem*, sendo que, no caso de inadmissão do REsp, **cabível o agravo em recurso especial** para *tentar que o REsp seja admitido* (como exposto no item 5.2.5.2 acima).

Ao proceder à admissibilidade, existem **diversas possibilidades** ao desembargador que a realiza (inovações da Lei 13.256/2016), a saber (art. 1.030).

I – **negar seguimento** a recurso especial interposto contra acórdão que esteja em conformidade com entendimento do STJ, proferido com base em julgamento de *recursos repetitivos*;

II – **encaminhar o processo ao órgão julgador** (a turma ou câmara que proferiu o acórdão), para realização do *juízo de retratação*, se o acórdão recorrido divergir do entendimento do STJ proferido com base em julgamento de *recursos repetitivos* (ou seja, depois da prolação do acórdão, houve a decisão do repetitivo no STJ);

III – **sobrestar o recurso** que versar sobre *controvérsia de caráter repetitivo* ainda *não decidida* pelo STJ;

IV – **selecionar o recurso como representativo de controvérsia**, para que venha a ser *julgado como repetitivo* pelo STJ;

V – proceder à **admissibilidade do REsp**, e, no caso de **admissão,** *remeter o recurso ao STJ*, desde que: a) o recurso ainda *não tenha sido submetido* ao regime de *julgamento de recursos repetitivos*; b) o *recurso tenha sido selecionado como representativo da controvérsia*; ou c) o tribunal recorrido tenha *refutado o juízo de retratação*.

Dessas **decisões monocráticas** acima arroladas, é possível **recorrer** (art. 1.030, §§ 1º e 2º):

(i) tratando-se de **inadmissão** por ausência de requisito de admissibilidade (inciso V), cabe *agravo em recurso especial* (art. 1.042, já exposto no item 5.2.5.2);

(ii) tratando-se de decisão *relativa a recurso repetitivo* (**negar seguimento**, inciso I ou **sobrestar**, inciso III), cabe *agravo interno* (art. 1.021), a ser julgado perante o próprio tribunal de origem, sem que haja possibilidade – pela legislação – de se chegar ao tribunal superior.

Como se percebe, é um sistema complexo, com diversas possibilidades de julgamento e variação quanto aos recursos (e, pelo Código, somente recorríveis as decisões acima indicadas).

No mais, uma vez o REsp no STJ, se o ministro relator entender que o *recurso especial versa sobre questão constitucional*, concederá *prazo de 15 dias* para que o recorrente *demonstre a repercussão geral e se manifeste sobre a questão constitucional*; cumprida a diligência, o relator remeterá o recurso ao STF que, em juízo de admissibilidade, poderá devolvê-lo ao STJ (CPC, art. 1.032). Ou seja, tem-se uma situação de conversão do recurso especial em recurso extraordinário (e existe também a previsão no sentido inverso – vide item 5.2.7.5 abaixo).

Não mais existe a figura do *REsp retido, que* existia no sistema anterior.

5.2.7. Recurso extraordinário (RE)

O RE apresenta uma série de similitudes em relação ao REsp. Assim, grande parte do que foi acima exposto também aqui se aplica.

5.2.7.1. Cabimento

Cabe **recurso extraordinário** de *acórdão que violar a Constituição* (CF, art. 102, III e CPC, art. 1.029).

Há uma situação posterior à EC 45/2004 à qual se deve atentar: nos termos do art. 102, III, *d*, da CF, *cabe RE de acórdão que julgar válida* **lei local contestada em face de lei federal**. A tendência, diante dessa situação, seria afirmar que caberia o REsp (e era assim antes da EC 45/2004). Mas houve a alteração porque a *competência legislativa* (que disciplina a solução do problema) *é prevista na Constituição*.

Para o cabimento do RE, o acórdão não deve admitir outros recursos, ou seja, não cabe RE de acórdão que admita infringentes ou de decisão monocrática. Portanto, tal qual ocorre quanto ao REsp, só cabe RE quando **esgotados os demais recursos**.

Na hipótese de o acórdão violar, ao mesmo tempo, dispositivo do CPC e da CF, serão **cabíveis, simultaneamente, recurso especial e recurso extraordinário**. Porém, cada recurso irá atacar matérias distintas: *REsp, a violação à legislação infraconstitucional; RE, a violação à Constituição*.

Nesse caso de interposição conjunta, os autos serão *remetidos ao STJ*; se o relator do recurso especial considerar prejudicial o recurso extraordinário, em decisão irrecorrível sobrestará o julgamento e remeterá os autos ao STF. Se o *relator do recurso extraordinário*, em decisão irrecorrível, rejeitar a prejudicialidade, devolverá os autos ao STJ para o julgamento do recurso especial (CPC, art. 1.031, §§ 2º e 3º).

5.2.7.2. Prazo/custas

O prazo para interposição do RE é de *15 dias* (CPC, art. 1.003, § 5º). Da mesma forma, é de 15 dias o prazo para responder ao recurso (contrarrazões de RE – CPC, art. 1.030).

Há custas (tabela divulgada pelo STF).

5.2.7.3. Outros requisitos de admissibilidade

Tal qual o REsp, também o RE tem distinções quanto à admissibilidade. Assim, além dos requisitos de admissibilidade usualmente existentes, o RE tem também outros requisitos. E isso se justifica porque se trata de um recurso cuja finalidade não é simplesmente rediscutir a causa (como ocorre, por exemplo, na apelação), mas sim buscar o *respeito* e a *unidade na interpretação da Constituição*.

Ou seja, com o RE, busca o STF *zelar pela supremacia da Constituição*, por isso **não se discute matéria fática** em tal recurso, mas apenas *matéria de direito*. Mas o RE permite a **discussão de matéria de mérito ou processual**, isto é, cabe o recurso tanto por *violação a norma processual ou norma material contida na Constituição*.

Também há a necessidade de **prequestionamento**, nos moldes do já debatido quando se tratou do tema no REsp.

Igualmente ao já exposto para o REsp, o art. 1.029, § 3º prevê que o STF poderá *"desconsiderar vício formal de recurso tempestivo* ou determinar sua correção, desde que *não o repute grave"*. Ou seja, é uma oportunidade que se dá para que o mérito recursal seja apreciado – resta verificar qual a amplitude que a jurisprudência dará à expressão **vício formal grave**.

Por fim, a partir da EC 45/2004 (CF, art. 102, § 3º), também passou a ser requisito de admissibilidade específico para o RE: a **repercussão geral da questão constitucional**. Por esse requisito, *o STF somente conhecerá um RE que seja relevante não só para as partes, mas para a sociedade como um todo (ou seja, a existência de questões relevantes do ponto de vista econômico, político, social ou jurídico, que ultrapassem os interesses subjetivos da causa)*.

Isso significa que o STF não irá se manifestar a respeito de uma "briga de vizinhos". O tema está regulado, do ponto de vista infraconstitucional, no CPC pelos arts. 1.035.

A **competência** para apreciar a existência da repercussão geral é *exclusiva do STF*. O recurso *não será conhecido se 2/3 (dois terços) dos Ministros do STF* (8 dos 11) entenderem pela *ausência da repercussão geral*. A decisão sobre a presença da repercussão é irrecorrível (CPC, art. 1.035, *caput*).

O recorrente deverá demonstrar, em preliminar do RE, a existência da repercussão geral (CPC, art. 1.035, § 2º).

A repercussão geral decorre de lei (ou seja, há *repercussão geral presumida*) se o acórdão recorrido (CPC, art. 1.035, § 3º):

I – *contrariar súmula ou jurisprudência dominante* do STF;

II – tenha reconhecido a *inconstitucionalidade de tratado ou de lei federal*, nos termos do art. 97 da Constituição Federal.

Além dessas duas situações, na versão original do CPC, havia ainda menção a repercussão geral presumida quando a decisão tivesse sido proferida "em *julgamento de casos repetitivos*" – mas esse inciso foi **revogado** por força da Lei 13.256/2016.

Reconhecida a repercussão geral, o relator determinará a *suspensão de todos os processos*, individuais ou coletivos, que tratem daquele tema, em todo o país (CPC, art. 1.035, § 5º). Prevê o Código que o recurso que tiver a repercussão geral reconhecida deverá ser "julgado no **prazo de 1 ano**" (§ 9º). Contudo, se não ocorrer o julgamento do RE com repercussão geral em 1 ano, *não há qualquer consequência prevista na lei* (na versão original do CPC, o § 10º previa que cessaria a suspensão dos processos passado esse prazo de 1 ano – porém, o dispositivo foi **revogado** pela Lei 13.256/2016).

Negada a repercussão geral, a presidência do tribunal intermediário *negará seguimento aos recursos extraordinários sobrestados na origem que versem sobre matéria idêntica* (art. 1.035, § 8º).

5.2.7.4. Efeitos

Há, como em todos os recursos, efeito devolutivo.

Não há, em regra, o *efeito suspensivo*.

Quanto à concessão de efeito suspensivo, a regra é a mesma do REsp: é possível que haja a atribuição de efeito suspensivo ao RE, sendo a competência variável (vide item 5.2.6.4 acima).

5.2.7.5. Processamento (interposição/julgamento)

O processamento do RE é igual ao do REsp (vide item 5.2.6.5 acima):

✓ interposto no *Tribunal de origem*, endereçado à Presidência (CPC, art. 1.029);

✓ a parte contrária terá prazo de 15 dias para apresentar contrarrazões, podendo impugnar o mérito e a admissibilidade do RE (CPC, art. 1.030);

✓ o CPC inicialmente previa a admissibilidade apenas no destino, mas a Lei 13.256/2016 devolveu a admissibilidade à origem (vide, novamente, item 5.2.6.5).

Ao proceder à admissibilidade, existem **diversas possibilidades** ao desembargador que a realiza (inovações da Lei 13.256/2016), a saber (art. 1.030).

I – **negar seguimento** a RE que discuta questão à qual o *STF não tenha reconhecido a existência de repercussão geral* ou a RE interposto contra acórdão que esteja em *conformidade com entendimento do STF proferido no regime de repercussão geral* ou a RE interposto contra acórdão que esteja em conformidade com *entendimento do STF* proferido no julgamento de *recursos repetitivos*;

II – **encaminhar o processo ao órgão julgador** (a turma ou câmara que proferiu o acórdão), para realização do *juízo de retratação,* se o acórdão recorrido divergir do entendimento do STF proferido nos regimes de *repercussão geral ou de recursos repetitivos* (ou seja, depois da prolação do acórdão, houve a decisão do repetitivo no STJ);

III – **sobrestar o recurso** que versar sobre controvérsia de *caráter repetitivo* ainda não decidida pelo STF;

IV – **selecionar o recurso como representativo de controvérsia** constitucional, para *julgamento como repetitivo*;

V – proceder à **admissibilidade do RE**, e, no caso de **admissão,** *remeter o recurso ao STF,* desde que: a) o recurso ainda *não tenha sido submetido* ao regime de *repercussão geral* ou *de recursos repetitivos*; b) *o recurso tenha sido selecionado como representativo da controvérsia;* ou c) o tribunal recorrido tenha *refutado o juízo de retratação.*

Dessas **decisões monocráticas** acima arroladas, é possível **recorrer** (art. 1.030, §§ 1º e 2º):

(i) tratando-se de **inadmissão** por ausência de requisito de admissibilidade (inciso V), cabe *agravo em recurso especial* (art. 1.042, já exposto no item 5.2.5.2);

(ii) tratando-se de decisão *relativa a recurso repetitivo* (**negar seguimento**, inciso I ou **sobrestar**, inciso III), cabe *agravo interno* (art. 1.021), a ser julgado perante o próprio tribunal de origem, sem que haja possibilidade – pela legislação – de se chegar ao tribunal superior.

Como se percebe, é um sistema complexo, com diversas possibilidades de julgamento e variação quanto aos recursos (e, pelo Código, somente recorríveis as decisões acima indicadas).

No mais, uma vez o RE no STF, se o relator considerar como **reflexa a ofensa à Constituição** afirmada no recurso extraordinário, por pressupor a revisão da interpretação de lei federal ou de tratado, *o tribunal remeterá o recurso ao STJ para julgamento como recurso especial* (CPC, art. 1.033). Trata-se da conversão do RE em REsp. Nesse caso, não há necessidade de se intimar o recorrente para emendar seu recurso (o que existe no caso de conversão do REsp para o RE – vide item 5.2.6.5 acima).

Não mais existe o *RE retido*, o qual existia no sistema anterior.

5.2.8. REsp e RE repetitivos

Considerando a *massificação das causas* e a necessidade de *segurança jurídica e isonomia,* foram buscadas alternativas para a racionalidade do sistema processual. Assim, em reforma do CPC/1973, surgiu o REsp repetitivo.

No CPC, REsp e RE repetitivos são regulados da mesma forma.

Assim, **REsp repetitivo** e **RE repetitivo** (CPC, arts. 1.036 a 1.041) se prestam a tutelar situações em que *houver multiplicidade de recursos com fundamento em idêntica questão de direito. Sendo este o caso, os recursos mais representativos serão* **afetados para julgamento como repetitivo***, ficando os demais suspensos. A decisão a ser proferida pelo tribunal superior nesse recurso repetitivo servirá como base para os demais recursos que estavam suspensos.*

E, como já visto, essa decisão deverá ser **observada pelos demais magistrados** (CPC art. 927, III); caso não seja, será possível a *utilização da reclamação* (CPC, art. 988, II e § 5º, II).

De forma simplificada, a tramitação de um repetitivo observa a seguinte ordem:

(i) escolha dos recursos representativos (somente recursos com a presença de todos os requisitos de admissibilidade)

(ii) decisão de afetação, com suspensão de outros processos análogos (que discutam a mesma tese jurídica)

(iii) julgamento do repetitivo

(iv) aplicação e observância do procedente em relação aos demais processos que envolvam a mesma tese jurídica.

Se, dentre os **recursos sobrestados**, houver *algum que seja intempestivo,* o interessado pode requerer que esse recurso seja inadmitido. Diante disso, o recorrente será ouvido, em 5 dias e, a seguir, haverá decisão do presidente. Se a decisão não afastar a afetação, cabe o agravo interno, para o próprio tribunal (CPC, art. 1.036, § 3º, com a redação da Lei 13.256/2016).

Feita a escolha dos recursos, o *relator, no tribunal superior,* (i) identificará qual a questão a ser submetida, (ii) sobrestará todos os processos que versem sobre a questão, em todo país (não só recursos, mas qualquer demanda, individual ou coletiva), (iii) poderá requisitar o envio, pelos tribunais, de um recurso representativo da controvérsia (ou, ele mesmo, escolher outros recursos, já existentes no Tribunal Superior, independentemente da escolha pelo tribunal de origem).

Prevê o Código que o recurso repetitivo deverá ser "julgado no **prazo de 1 ano**" (CPC, art. 1.037, § 4º). Contudo, se não ocorrer o julgamento do repetitivo em 1 ano, *não há qualquer consequência prevista na lei* (na versão original do CPC, o § 5º previa que cessaria a suspensão dos processos passado esse prazo de 1 ano – porém, o dispositivo foi **revogado** pela Lei 13.256/2016).

Após a **decisão de afetação**, o relator poderá (CPC, art. 1.038):

I – *solicitar ou admitir amicus curiae*

II – designar *audiência pública*

III – requisitar *informações aos tribunais*

Em relação aos **processos sobrestados** (CPC, art. 1.037, §§ 8º a 13):

a) haverá a *intimação das partes*;

b) as partes podem pedir *prosseguimento de seu recurso* com fundamento em *distinção*

c) se *indeferido esse pedido de afastar o sobrestamento,* caberá agravo de instrumento (se processo estiver em 1º grau) ou agravo interno (se o processo estiver no Tribunal).

Julgado o recurso repetitivo, ocorrerá o seguinte em relação aos recursos sobrestados (CPC, arts. 1.039 a 1.041):

I – se o recurso sobrestado for REsp ou RE e estiver na origem: (a) inadmissão dos recursos (se a tese for contrária à fixada no repetitivo) ou reexame pela Câmara ou Turma (se a tese fixada for no sentido do pleiteado pelo recorrente);

II – se a causa for sobrestada antes desse momento processual, o juiz ou relator deverão *aplicar a tese definida*, sob pena de *reclamação;*

III – haverá, ainda, a *comunicação a órgãos, entes ou agências* com atribuição para *fiscalizar o cumprimento* da decisão proferida no repetitivo. Assim, por exemplo, se houver um repetitivo contra banco, o BACEN será oficiado para fiscalizar a obrigação imposta pela decisão judicial.

Por fim, o **julgamento do repetitivo ainda permite**:

(i) a *desistência nos sobrestados em 1º grau, sem concordância do réu* (só haverá isenção de custas e honorários se a desistência ocorrer antes da citação); e

(ii) autoriza *julgamento liminar de improcedência, dispensa remessa necessária* e permite o *julgamento monocrático pelo relator.*

5.2.9. Embargos de divergência

5.2.9.1. Cabimento

Os **embargos de divergência** são utilizados somente no âmbito do STJ e STF, após o julgamento do REsp ou do RE. Assim, *são cabíveis quando o acórdão proferido no julgamento do REsp/RE divergir do julgamento proferido por outro órgão colegiado do próprio Tribunal* (CPC, art. 1.043).

Portanto, a finalidade é *pacificar internamente as divergências de entendimento.*

Assim, quando do julgamento de algum REsp, se o STJ já tiver julgado de alguma outra maneira a questão, por algum outro órgão interno do Tribunal, serão cabíveis os embargos de divergência. O mesmo se diga quando do julgamento de um RE pelo STF.

Na redação original do CPC havia um aumento nas hipóteses de cabimento dos embargos de divergência, admitindo o recurso também no tocante à *admissibilidade do recurso* (e não só mérito) e também, nos processos de competência originária, de quaisquer julgados que divergissem do tribunal (ou seja, poderia haver divergência entre reclamação e REsp). Contudo, a **Lei 13.256/2016 revogou** essas duas inovações, que constavam dos incisos II e IV do art. 1.043.

Em síntese, o cabimento ficou da seguinte forma (CPC, art. 1.043, I e III):

a) em recurso extraordinário ou em recurso especial, *divergir do julgamento de qualquer outro órgão do mesmo tribunal*, sendo os acórdãos, embargado e paradigma, *de mérito;*

b) em recurso extraordinário ou em recurso especial, *divergir do julgamento de qualquer outro órgão do mesmo tribunal*, sendo um *acórdão de mérito* e *outro que não tenha conhecido do recurso*, embora tenha apreciado a controvérsia;

Cabe o recurso para discutir teses firmadas entre dois recursos, de órgão internos distintos – seja de matéria processual ou material (CPC, art. 1.043, § 2º). Cabe ainda o recurso de julgado da *mesma turma*, se tiver havido *mudança na composição* (CPC, art. 1.043, § 3º).

O recurso é previsto em um único artigo no CPC, comparado com os demais recursos, não é muito frequente, seja no cotidiano forense ou em provas de OAB – na maior parte das vezes, as bancas colocam este recurso como uma resposta errada, para *confundir o candidato* em relação a outros recursos.

5.2.9.2. Prazo/custas

O prazo para interposição dos embargos de divergência é de *15 dias* (CPC, art. 1.003, § 5º). Da mesma forma, é de 15 dias o prazo para responder ao recurso (contrarrazões de embargos de divergência) – o CPC não prevê tal prazo, mas essa é a praxe nos regimentos internos e, ainda, é o prazo por força do princípio da isonomia entre os litigantes.

Há necessidade de *custas* (STJ, Lei 11.636/2007 e STF, RISTF, art. 57 e Tabela B de custas).

5.2.9.3. Efeitos

Há, como em todos os recursos, efeito devolutivo.

Não há efeito suspensivo, tal qual ocorre com o REsp e o RE.

Além disso, a interposição do recurso no STJ interrompe o prazo para interposição do RE, por qualquer das partes (CPC, art. 1.044, § 1º).

5.2.9.4. Processamento (interposição/julgamento)

Os embargos de divergência são endereçados ao próprio relator do recurso. Após a vista à parte contrária para contrarrazões, haverá o julgamento.

O art. 1.044 do CPC dispõe que o procedimento dos embargos de divergência seguirá o previsto nos regimentos internos dos Tribunais (RISTJ, arts. 266 e 267; RISTF, arts. 330 a 336).

5.2.10. Recursos que deixaram de existir no CPC

Buscando simplificar o sistema, o CPC extinguiu dois recursos que existiam no sistema anterior. Contudo, na verdade não se trata de uma extinção plena, mas sim uma transformação envolvendo os recursos.

Por essa razão, vale visualizar o que foi extinto e qual a modificação realizada, pois isso vem sendo objeto de algumas perguntas na prova da OAB.

5.2.10.1. Agravo retido

No sistema do CPC/1973, ao lado do agravo de instrumento, havia também o agravo retido para impugnar decisões interlocutórias. No Código anterior, tratando-se de decisão interlocutória, *a regra era o cabimento do agravo retido*, pois somente cabia o agravo de instrumento em hipóteses de urgência.

E, se a parte não interpusesse o agravo retido, haveria preclusão quanto àquela decisão interlocutória. Por isso, o agravo retido era utilizado para *evitar a preclusão.*

No CPC, **deixa de existir o agravo retido**. Assim, proferida uma decisão interlocutória não agravável de instrumento, se a parte não fizer nada, *não haverá preclusão.* Mas, após a prolação da sentença, *em preliminar de apelação ou de contrarrazões de apelação, a questão deverá ser impugnada – sob pena de preclusão* (ou seja, a preclusão dessa interlocutória não ocorrerá em 15 dias após sua publicação, mas somente após o prazo de apelação da sentença – por isso parte da doutrina fala em *preclusão elástica*).

A questão vem assim regulada no CPC.

Art. 1.009, § 1º As *questões resolvidas na fase de conhecimento*, se a *decisão a seu respeito não comportar agravo de instrumento*, não são cobertas pela preclusão e devem ser *suscitadas em preliminar de apelação*, eventualmente interposta contra a decisão final, *ou nas contrarrazões.*

5.2.10.2. Embargos infringentes

No sistema do CPC/1973, cabiam *embargos infringentes de acórdão não unânime que reformasse decisão de mérito, no bojo de apelação ou rescisória*. Ou seja, quando houvesse uma decisão "m.v." (maioria de votos, "2x1") seria possível a utilização dos infringentes.

Existiam muitas *divergências quanto ao cabimento dos embargos infringentes*, de modo que, em um primeiro momento de tramitação do Código, o recurso simplesmente deixou de existir. Mas, ao final da tramitação, a ideia de *voto vencido justificar novo julgamento voltou*. Não como recurso, mas como técnica de julgamento.

Assim, deixou de existir o recurso de embargos infringentes. Porém, se houver **voto vencido no momento do julgamento de apelação** (não de agravo), o *julgamento não termina*. Diante de um 2x1, serão convocados novos desembargadores, para que haja nova sessão de julgamento, com 5 desembargadores (os 3 que inicialmente votaram, mais 2 magistrados). Inclusive, se no órgão julgador houver número suficiente de magistrados, poderá o julgamento prosseguir a mesma sessão.

Portanto, mesmo sem vontade da parte, de ofício, haverá novo julgamento do recurso, inclusive com possibilidade de novas sustentações orais.

A referida técnica de julgamento vem assim prevista no CPC:

> **"Art. 942.** Quando o *resultado da apelação for não unânime*, o julgamento terá *prosseguimento em sessão a ser designada com a presença de outros julgadores*, que serão convocados nos termos previamente definidos no regimento interno, em *número suficiente para garantir a possibilidade de inversão do resultado* inicial, assegurado às partes e a eventuais terceiros o *direito de sustentar oralmente suas razões* perante os novos julgadores.
>
> § 1º *Sendo possível, o prosseguimento do julgamento dar-se-á na mesma sessão*, colhendo-se os votos de outros julgadores que porventura componham o órgão colegiado."

5.3. Recursos nos Juizados Especiais

5.3.1. Visão geral

Até o tópico anterior houve a apresentação dos recursos previstos no CPC. No âmbito dos Juizados Especiais, porém, existe sensível distinção no que diz respeito aos recursos – o que justifica, portanto, um tópico específico para enfrentar o tema.

Contudo, neste momento não se apresenta exatamente o que são os Juizados Especiais (para tanto, conferir o item 3.14 supra, quando se tratou de procedimentos especiais).

De qualquer forma, apenas é necessário esclarecer que hoje existem três Juizados Especiais Cíveis, a saber:

✓ Juizado Especial Cível (causas cíveis entre particulares, até 40 salários mínimos – Lei 9.099/1995);

✓ Juizado Especial Federal (causas cíveis com ente federal como réu até 60 salários mínimos – Lei 10.259/2001); e

✓ Juizado Especial da Fazenda Pública (causas cíveis com entes estatais estaduais e municipais como réus, até 60 salários mínimos – Lei 12.153/2009).

Considerando o objetivo de *celeridade*, o sistema recursal dos Juizados é bem mais *simples* do que o previsto no CPC. E há alguma distinção entre o JEC e os demais Juizados, como se verá a seguir.

5.3.2. JEC (Lei 9.099/1995)

Considerando a Lei 9.099/1995 e a Constituição, no JEC existem três recursos:

✓ recurso inominado;

✓ embargos de declaração; e

✓ recurso extraordinário.

A Lei 9.099/1995 prevê *recurso para impugnar a sentença*. Diante da ausência de nome, a doutrina e a jurisprudência passaram a denominá-lo de **recurso inominado** (art. 41), a ser interposto no *prazo de 10 dias* (art. 42), dependendo de *preparo* (art. 42, § 2º), em regra, *somente com efeito devolutivo* (art. 43).

Quanto ao *processamento* do recurso inominado, é *semelhante ao da apelação*. Após o recebimento, será aberta vista à parte contrária para *contrarrazões* e então o recurso será encaminhado ao **Colégio Recursal**, *órgão que é composto de juízes de 1º grau e que, de forma colegiada, decidirão o recurso*.

No mais, segundo entendimento majoritário, não cabe o recurso na modalidade adesiva, por falta de previsão legal.

Das decisões de 1º e 2º grau do Juizado cabem **embargos de declaração** (art. 48), no prazo de *5 dias* (art. 49).

O art. 1.064 do CPC alterou o art. 48 da Lei 9.099/1995 para *deixar as hipóteses de cabimento dos declaratórios, no JEC, iguais às do Código de Processo*. Outra alteração promovida pelo CPC (art. 1.065) foi apontar que, também no JEC, os embargos de declaração *interrompem o prazo para os outros recursos* (antes, a Lei 9.099/1995 previa a suspensão).

Portanto, as alterações que o CPC fez na Lei 9.099/1995 foram para **igualar o regime dos embargos de declaração** no JEC e CPC – o que é excelente, pois não se justificam as decisões antes existentes.

No JEC é admissível, também, o **recurso extraordinário**, *se o acórdão do Colégio Recursal violar a Constituição* (CF, art. 102, III) – com todos os requisitos e formas como já acima exposto.

Por outro lado, **não cabe no JEC**, por falta de previsão legal:

✓ *agravo ou qualquer recurso contra decisões interlocutórias*. Em alguns Estados, em casos de urgência, admite-se o agravo (como em São Paulo). Mas o entendimento que prevalece (e, portanto, o *mais seguro para a prova de OAB* – também constante do FONAJE, Enunciado 15: "Nos Juizados Especiais não é cabível o recurso de agravo, exceto nas hipóteses dos artigos 544 e 557 do CPC") é pelo *não cabimento do agravo*, com a admissão, em situações excepcionais, do *mandado de segurança*; esse enunciado faz referência ao CPC/1973;

✓ *recurso especial*. Mesmo que uma decisão do Colégio Recursal viole legislação federal ou jurisprudência do STJ, não será cabível o REsp (neste sentido, Súmula 203 do STJ: "Não cabe recurso especial contra decisão proferida por órgão de segundo grau dos Juizados Especiais").

Contudo, diante de dificuldades que essa situação causou no cotidiano forense, inicialmente se admitiu a *reclamação para o STJ*, de modo a impugnar decisões do Colégio Recursal em claro confronto com a jurisprudência do Tribunal (STF, EDcl no RE 571.572/BA, Tribunal Pleno, j. 26.08.2009, *DJe* 27.11.2009 e Resolução STJ 12/2009). Mas, com a vigência do CPC (e aumento do uso da reclamação), o STJ editou nova resolução, determinando a competência da reclamação para os TJs (Resolução 3/2016). Isso *até que se crie, no JEC, um incidente de uniformização de jurisprudência* (vide item abaixo).

5.3.3. JEF (Lei 10.259/2001) e JEFP (Lei 12.153/2009)

As leis que criaram o JEF e o JEFP, no tocante aos recursos, são muito semelhantes.

A base recursal é a mesma já prevista no JEC (*a Lei 9.099/1995 é aplicada de forma subsidiária*). Assim, tal qual acima exposto, *são cabíveis*:

✓ recurso inominado;

✓ embargos de declaração; e

✓ recurso extraordinário.

Mas, além disso, há a previsão de:

✓ **recurso de decisão interlocutória** (ou seja, **agravo** – apesar de a Lei não fazer menção a este nome), *desde que se trate de tutela de urgência* (Lei 10.259/2001, arts. 4º e 5º; e Lei 12.153/2009, arts. 3º e 4º);

✓ **incidente ou pedido de uniformização**, *a ser utilizado caso haja divergência entre os diversos Colégios Recursais ou entre estes e o STJ* (Lei 10.259/2001, art. 14; e Lei 12.153/2009, art. 18). Mas vale destacar que o incidente, apesar de impugnar acórdão de Colégio Recursal, *não tem natureza recursal*.

5.3.4. Interação entre CPC e Juizados

Do exposto em relação aos Juizados, percebe-se que estamos diante de sistemas distintos (inclusive considerando a necessidade de uso da reclamação, conforme exposto no item 5.3.2 acima).

Porém, o CPC, em alguns pontos, busca aproximar os 2 sistemas:

✓ **a tese firmada no IRDR** *também deverá ser observada perante os Juizados*, qualquer deles (CPC, art. 985, I, parte final);

✓ aplica-se o **incidente de desconsideração da personalidade jurídica** *aos Juizados Especiais* (CPC, art. 1.062).

Porém, não há previsão quanto à aplicação de diversos dispositivos do CPC aos Juizados, o que será decidido paulatinamente pela jurisprudência. Como exemplo de dúvida, a *contagem de prazos em dias úteis*. Até recentemente, não havia previsão de como seriam contados os prazos nos Juizados (situação que gerou bastante polêmica e decisões com entendimentos conflitantes em todo o país). Entretanto, com a edição da Lei 13.728/2018 foi estabelecida a contagem dos prazos somente em dias úteis (inserindo o art. 12-A na Lei 9.099/1995). Considerando a aplicação subsidiária da Lei 9.099/95 no âmbito dos JEFs e dos JEFPs, não há mais espaço para dúvida.

6. REVOGAÇÕES E VIGÊNCIA

Vale ainda tecer alguns comentários a respeito de algumas previsões constantes das disposições finais e transitórias.

Ao entrar em vigor, as disposições do CPC **se aplicam desde logo aos processos pendentes**, observado o ato jurídico processual perfeito – ou seja, o que já foi realizado não terá de ser refeito (direito intertemporal).

Apesar da aplicação imediata do CPC, as disposições relativas ao **rito sumário e procedimentos especiais revogados** *serão aplicadas* às ações propostas até o início da vigência do Código, *desde que ainda não tenham sido sentenciadas* (CPC, art. 1.046, § 1º).

Fica, portanto, **revogado o CPC/1973** (CPC, art. 1.046). Enquanto não editada lei específica, **as execuções contra devedor insolvente** (procedimento não previsto no atual CPC, vide item 4.2.7.) seguirão o *previsto no CPC/1973*, arts. 748 e ss. (portanto, apesar do Código revogado, seguirá sendo aplicado nesse ponto).

Além disso, o CPC prevê a **prioridade de tramitação** para alguns processos:

(i) em que figure como parte ou interessado (a) **idoso** (pessoa com idade igual ou superior a 60 anos) ou (b) pessoa portadora de **doença grave** (o que estiver previsto art. 6º, inciso XIV, da Lei 7.713/1.988);

(ii) **regulados pelo ECA**;

(iii) em que figure como parte a **vítima de violência doméstica e familiar**, conforme previsto na Lei Maria da Penha (inclusão pela Lei 13.894/2019);

(iv) em que se discuta questões relativas a **licitação** e contratação pública (inclusão pela Lei 14.133/2021).

O art. 1.072 traz a **revogação de inúmeros artigos de diversos diplomas legislativos**, com destaque para revogações no *Código Civil* (8 artigos, dentre os quais o art. 456), Lei 1.060/1950 – *Lei da Justiça Gratuita* (8 artigos), Lei 8.038/1990 – *Lei dos Recursos* (11 artigos) e Lei 5.478/1968 – *Lei de Alimentos* (3 artigos).

Em relação ao término da *vacatio legis* e efetivo **início da vigência do CPC**, o art. 1.045 destaca que o Código entra em vigor "após decorrido *1 (um) ano da data de sua publicação oficial*". A sanção ocorreu em 16.03.2015, ao passo que a publicação no *D.O.U.* se deu em 17.03.2015. A partir daí, houve divergência quanto à efetiva vigência do Código.

Prevaleceu o entendimento de que o Código entrou em vigor no dia 18.03.2016, após manifestação administrativa do STJ e do CNJ.

7. VISÃO GERAL DO PROCESSO COLETIVO

Para concluir, conveniente brevemente destacar alguns pontos relativos ao processo coletivo. Trata-se apenas de uma visão geral, sem que se aprofunde no tema, que não é enfrentado no CPC, mas em legislação extravagante.

7.1. Introdução

O CPC e o CPC tratam a lide do ponto de vista do *indivíduo* versus *indivíduo* (ou, eventualmente, vários autores contra vários réus, em litisconsórcio). É a *atomização* das demandas.

Na *sociedade de massas* em que vivemos, muitos conflitos passaram a ocorrer em grande quantidade, de forma análoga (consumidor, meio ambiente, idoso, criança etc.).

Assim, a solução clássica do CPC não *mais se mostra a adequada*: surge a necessidade de solução desses litígios de uma única vez, em uma demanda coletiva (tanto pela **economia processual**, como de modo a **evitar decisões contraditórias**). Daí se falar em *molecularização das demandas, em detrimento da atomização.*

Nesse contexto é que surge a tutela coletiva. Isso porque os institutos clássicos do CPC não se aplicam, da mesma forma, ao processo coletivo – especialmente do ponto de vista da **legitimidade, objeto (pedido) e coisa julgada**.

7.2. Conceito

Segundo Antonio Gidi: "Ação coletiva é a ação proposta por um *legitimado autônomo (legitimidade)*, em defesa de um *direito coletivamente considerado (objeto)*, cuja *imutabilidade* do comando da sentença atingirá uma comunidade ou *coletividade (coisa julgada)".*

7.3. Instrumentos para a tutela coletiva

1) Ação popular (Lei 4.717/1965).

Quando surgiu, não tinha a abrangência coletiva que hoje a ela se dá (não era vista como um instrumento de defesa dos direitos coletivos).

A *legitimidade ativa é do cidadão* (prova da cidadania é feita com *título de eleitor*).

Presta-se à *defesa do patrimônio público* (declaração de nulidade dos atos lesivos a qualquer ente ligado ao Estado).

É um *procedimento especial* por apresentar diversas distinções em relação ao procedimento comum ordinário:

✓ *prazo para contestar* de 20 dias, prorrogáveis por mais 20 (art. 7º, § 2º, IV);

✓ *coisa julgada* (art. 18)

✓ *duplo grau* no caso de *improcedência ou carência* (art. 19).

A decisão que reconhecer a lesividade de um ato ao patrimônio público beneficiará a toda a coletividade.

2) Ação civil pública (Lei 7.34719/85 – LACP).

Marca o *efetivo início* na defesa dos *interesses coletivos.* Pode ser utilizada para a defesa do:

(i) meio ambiente;

(ii) consumidor;

(iii) bens de valor artístico, estético, histórico, turístico e paisagístico.

Em relação aos direitos difusos, coletivos e individuais homogêneos dos consumidores, vale mencionar que o MP possui legitimidade ativa para atuar na defesa desses direitos, ainda que sejam decorrentes da prestação de serviço público (Súmula 601/STJ).

7.4. Distinção entre direitos difusos, coletivos e individuais homogêneos

A partir do CDC, é possível diferenciar as três categorias de direitos coletivos *lato sensu:*

(i) os **direitos difusos** são dotados de *natureza transindividual*, com destaque para a *indivisibilidade do bem jurídico* em litígio (CDC, art. 81, parágrafo único, I).

Os titulares *são pessoas indeterminadas e indetermináveis*, ligadas por *circunstâncias de fato* (não idênticas circunstâncias).

Se houver *solução para um*, haverá solução *para todos.*

Ex.: publicidade enganosa via TV ou jornal; direito a respirar ar puro; existência de um remédio perigoso no mercado.

(ii) os **direitos coletivos** (*stricto sensu*) também têm *natureza transindividual* e também há a *indivisibilidade do bem jurídico* em litígio (CDC, art. 81, parágrafo único, II).

Mas há um *número determinável de titulares*, ligados entre si ou com a parte contrária, *por uma relação jurídica base* (há um grupo, categoria ou classe de pessoas). Essa relação entre as pessoas *não nasce com a lesão*, mas é anterior.

Ao se atender o interesse de um dos titulares, por ser indivisível, irá atender a todos.

Ex.: advogados de determinada comarca com dificuldades de acesso ao fórum; membros de determinado sindicato em relação a um problema bancário; estudantes de uma mesma escola quanto às mensalidades.

(iii) os **direitos individuais homogêneos** têm *natureza individual*, há homogeneidade e o dano *decorre de origem comum* (CDC, art. 81, parágrafo único, III).

O titular é perfeitamente *individualizado e determinado*, trata-se de um *direito divisível.*

Assim, a *defesa coletiva é por conveniência.*

Ex.: consumidores que adquiriram o mesmo carro com defeito; pessoas que sofreram danos com a queda de um avião ou explosão de um *shopping.*

É de se destacar que **não há litispendência entre ação coletiva e ação individual**, porém, *se houver ciência da ação coletiva, o indivíduo deverá requerer a suspensão de seu processo, caso contrário não irá se beneficiar da decisão coletiva* (CDC, art. 104).

7.5. Coisa julgada

A coisa julgada no processo coletivo é *secundum eventum litis*, ou seja, *depende do resultado da demanda* (CDC, art. 103).

(i) Tratando-se de **direitos difusos**, a coisa julgada será *erga omnes* no caso de procedência, ou seja, a coisa julgada só terá *eficácia em relação a todos* (entes coletivos e indivíduos) se o pedido for julgado *procedente.*

Se for *improcedente por insuficiência de provas*, qualquer legitimado poderá intentar *outra ação, mediante nova prova.*

Se for improcedente, mas não por falta de provas, *outro legitimado não poderá ingressar em juízo*, mas será possível o *ajuizamento da ação individual* (CDC, art. 103, § 1º).

(ii) Tratando-se de **direitos coletivos**, a situação é semelhante aos direitos difusos.

A coisa julgada será *ultra partes*, mas *limitada* ao grupo, categoria ou classe. Assim:

✓ se *procedente*, atinge os *entes legitimados* para a ação coletiva e os *indivíduos pertencentes ao grupo;*

✓ se *improcedente por falta de provas*, é possível a propositura de nova ação coletiva por qualquer legitimado;

✓ se improcedente (desde que não por falta de provas) atinge os legitimados coletivos, *mas não impede a propositura de demandas individuais.*

(iii) Por fim, tratando-se de **direitos individuais homogêneos,** haverá coisa julgada *erga omnes* na hipótese de *procedência.*

No caso de improcedência (qualquer que seja a causa), o indivíduo, salvo se não tiver se habilitado como litisconsorte, *poderá propor ação individual.*

Outro ponto de relevo é a **abrangência territorial da decisão coletiva**. Apesar de o art. 16 da LACP afirmar que *o limite é a competência do órgão jurisdicional prolator da decisão*, a jurisprudência do STJ, apesar de ainda não sedimentada, *vem afastando essa regra,* dizendo que a abrangência é conforme o dano (ou seja, pode ser nacional).

7.6. Execução/cumprimento de sentença da tutela coletiva.

Diante da condenação em processo coletivo, *cada um dos indivíduos* (vítima ou sucessores) pode, com base na sentença coletiva, *habilitar-se para buscar a execução da quantia que lhe beneficia* (CDC, art. 97).

Também cabe a liquidação e a execução pelos legitimados coletivos, mas a jurisprudência, em regra, restringe-a para uma atuação subsidiária, caso não haja efetiva execução dos legitimados (CDC, art. 98).

Caso não existam habilitados em número suficiente em comparação com o tamanho do dano, pode existir a **execução em prol de um fundo** (fundo federal de direitos difusos ou fundos em cada um dos Estados) cujos *recursos serão aplicados em favor da coletividade.* É a denominada *fluid recovery* (recuperação fluída), prevista no art. 100 do CDC.

5. Direito Penal

Arthur Trigueiros

Parte Geral

1. CONSIDERAÇÕES INICIAIS SOBRE O DIREITO PENAL

1.1. Introdução ao Direito Penal

1.1.1. Considerações iniciais

Desde os primórdios da vida em sociedade, o homem passou a encontrar dificuldades de relacionamento, seja entre dois indivíduos, seja entre um indivíduo e um grupo, seja entre grupos distintos.

Por esse motivo, a criação do direito tornou-se um imperativo de sobrevivência harmônica, sem o qual o respeito ao próximo e as limitações dos direitos individuais constituiriam barreira intransponível ao regular desenvolvimento do corpo social.

Os conflitos, é certo, sempre existiram, em maior ou menor intensidade. Sem sombra de dúvida, a forma de litígio mais grave sempre foi aquela que envolveu bens jurídicos protegidos pelo **Direito Penal**. Em outras palavras, das formas de ilícito, **o mais grave deles é o penal**, já que ofende os direitos e os interesses mais caros à sociedade, tais como: a vida, a honra, a liberdade, o patrimônio etc.

Daí o motivo de surgir o Direito Penal: para a proteção da sociedade contra os ilícitos de índole criminal.

1.1.2. Denominação

Inúmeras denominações surgiram para designar o ramo do direito responsável pelo estudo criminal, a saber: Direito Criminal, Direito Repressivo, Direito Punitivo, Direito Sancionador, Direito Protetor dos Criminosos, dentre outros.

Todavia, é de reconhecimento comum que o designativo mais aceito pelos doutrinadores é o Direito Penal. Tanto é assim que temos um Código Penal, um Código de Processo Penal, as Leis Penais Especiais...

Porém, na prática forense, deparamo-nos com as Varas Criminais, com as Varas de Execuções Criminais (VECs), destoando, portanto, da designação amplamente acolhida pelos juristas.

1.1.3. Definição/conceito

O *conceito* de Direito Penal é trazido, de maneira peculiar, por cada doutrinador que almeja traduzir da melhor forma esse ramo do direito.

Assim, Basileu Garcia já o definiu como o "conjunto de normas jurídicas que o Estado estabelece para combater o crime, através das penas e das medidas de segurança" (**Instituições de Direito Penal**).

Segundo Edgard Magalhães Noronha, "direito penal é o conjunto de normas jurídicas que regulam o poder punitivo do Estado, tendo em vista os fatos de natureza criminal e as medidas aplicáveis a quem os pratica" (**Direito Penal**, vol. 1).

Por fim, a magistral lição de José Frederico Marques, para quem o Direito Penal é o "conjunto de normas que ligam ao crime, como fato, a pena como consequência, e disciplinam também as relações jurídicas daí derivadas, para estabelecer a aplicabilidade das medidas de segurança e a tutela do direito e liberdade em face do poder de punir do Estado" (**Curso de Direito Penal**, vol. 1).

Em suma, o Direito Penal é o ramo do *direito público* cujo objeto corresponde às *infrações penais* e às *respectivas sanções*, aplicáveis aos infratores da lei penal.

1.1.4. Objetos de estudo do Direito Penal

Como já dissemos, são dois:

a) infrações penais; e

b) sanções penais.

Em matéria de infrações penais, o Brasil adotou o *critério dicotômico*, dividindo-as em *crimes ou delitos e contravenções penais*, definidos no art. 1º da Lei de Introdução ao Código Penal (LICP).

Em breves e singelas distinções, o crime (ou delito) é espécie de infração penal mais grave do que a contravenção penal (denominada, por tal motivo, de crime-anão por Nelson Hungria), punida pelo Estado, portanto, com menor rigor.

Não há, no Brasil, diferença entre os termos "crime" e "delito", considerados como sinônimos, o que não ocorria na antiguidade.

No tocante ao segundo objeto do Direito Penal, temos que as sanções penais são gênero do qual são espécies:

a) penas;

b) medidas de segurança.

No momento oportuno, estudaremos cada uma das espécies referidas. Por ora, é suficiente saber que as medidas de segurança somente são aplicadas àquelas pessoas que possuem algum problema mental, ao passo que as penas são exclusivas das pessoas dotadas de discernimento (total ou parcial), desde que maiores de 18 anos.

Aos menores de 18 anos (denominados pela lei de *inimputáveis*), não se pode aplicar pena, mas sim as regras específicas do Estatuto da Criança e do Adolescente (ECA – Lei 8.069/1990).

1.1.5. Diplomas normativos aplicáveis ao Direito Penal

Ao Direito Penal aplicam-se inúmeros diplomas normativos, a saber:

a) a Constituição Federal (especialmente a parte dos direitos e garantias fundamentais);

b) o Código de Processo Penal (ex.: regras aplicáveis à ação penal);

c) o Código Civil (ex.: conceitos como casamento e morte);

d) a Legislação de Direito Comercial (ex.: títulos de crédito, falência...);

e) a Legislação de Direito Tributário (ex.: crimes contra a ordem tributária);

f) as regras de Direito Internacional (tratados que versam sobre Direito Penal);

g) a Lei de Execuções Penais (especialmente no tocante às formas de cumprimento de pena) etc.

É importante registrar que o Direito Penal não se esgota num Código Penal, mas se serve de inúmeros outros diplomas normativos que o completam.

1.1.6. Ciências correlatas ao Direito Penal

Iremos mencionar apenas algumas ciências auxiliares ao Direito Penal:

a) medicina legal: conhecimentos médicos aplicáveis à solução e demonstração da ocorrência de crimes e suas causas (ex.: exames de corpo de delito);

b) psiquiatria forense: tem por objetivo aferir se o criminoso (agente), no momento do crime, tinha capacidade de entender o que estava fazendo;

c) polícia técnica ou científica: reunindo conhecimento de várias ciências, contribui para a descoberta de crimes e seus autores (ex.: engenharia química, genética...);

d) sociologia: analisa o crime como fenômeno social;

e) criminologia: busca estudar os processos de gênese da criminalidade e do criminoso.

1.1.7. Estrutura do Código Penal

O diploma legal básico do Direito Penal é exatamente o Código Penal.

Fundamentalmente, vem estruturado em 2 partes: a) **Parte Geral (arts. 1º a 120); e b) Parte Especial (arts. 121 a 361).**

A Parte Geral do Código Penal, como o nome diz, contém as *regras* sobre Direito Penal, aplicáveis de modo geral a todo crime (salvo se houver regra expressa em outras leis). Não existem, na parte geral do CP, *crimes.*

Já a Parte Especial do Código Penal contém, basicamente, *artigos que definem crimes e cominam penas.* Todavia, nem todo artigo desta parte específica diz respeito a crimes (existem, portanto, normas de índole não criminal, denominadas não incriminadoras).

1.1.8. O Direito Penal e as Leis Especiais

Com a evolução social e o surgimento de novos problemas e conflitos, torna-se impossível que um só diploma normativo regule todos os temas de interesse penal.

É verdade que o Código Penal é a "lei básica" do Direito Penal, mas podemos assegurar que se trata de uma pequena parte desse ramo do direito, já que existem centenas de leis que tratam do mesmo assunto, definindo crimes e cominando penas.

Apenas para exemplificar, podemos encontrar regras de Direito Penal nas seguintes leis:

a) Decreto-Lei 3.688/1941 – Lei das Contravenções Penais;

b) Lei 8.072/1990 – Lei dos Crimes Hediondos;

c) Lei 8.069/1990 – Estatuto da Criança e do Adolescente;

d) Lei 8.078/1990 – Código de Defesa do Consumidor;

e) Lei 9.503/1997 – Código de Trânsito Brasileiro;

f) Lei 9.605/1998 – Lei dos Crimes Ambientais;

g) Lei 8.137/1990 – Crimes tributários e contra as relações de consumo;

h) Lei 11.343/2006 – Lei de Drogas;

i) Lei 13.869/2019 – Lei de Abuso de Autoridade; etc.

Embora existam, como já dissemos, centenas de leis de índole penal, o Código Penal aplica-se aos casos em que não houver disposição expressa em contrário (art. 12 do CP).

1.1.9. As escolas penais

Para os fins da presente obra, traremos algumas breves considerações sobre as Escolas Penais. Vamos aos estudos!

1.1.9.1. Escola Clássica

Nasceu no final do século XVIII, em reação ao totalitarismo do Estado Absolutista, durante o período do Iluminismo.

A Escola Clássica pautou-se nos estudos de *Beccaria*, sendo um de seus principais expoentes *Francesco Carrara.*

Utilizava-se o método racionalista e dedutivo (lógico).

Em regra, os pensadores desta escola eram jusnaturalistas.

Os pontos marcantes são: a) crime era visto como sendo um conceito meramente jurídico; b) predominava o livre-arbítrio; c) a função da pena era retributiva.

"Foi sob a influência dos pensamentos de Kant e Hegel que a concepção retribucionista do Direito Penal se desenvolveu. Ou seja, a única finalidade da pena consistia na aplicação de um mal ao infrator da lei penal. A sanção penal era, na verdade, um castigo necessário para o restabelecimento do Direito e da Justiça. (...) Em decorrência do ideal iluminista, prevaleceu a tendência de eliminar as penas corporais e os suplícios (...)" (MASSON, Cleber. **Direito Penal Esquematizado** – Parte Geral. Editora Método, 2ª edição).

1.1.9.2. Escola Positiva

A preocupação com o combate do fenômeno da criminalidade dentro dos parâmetros cientificistas dos séculos XVIII e XIX foi a responsável pelo surgimento do denominado Positivismo Criminológico.

Um dos principais expoentes da Escola Positiva, juntamente com Enrico Ferri e Rafael Garofalo, foi *Cesare Lombroso*, "por sua construção do 'criminoso nato', indivíduo essencialmente voltado à delinquência e passível de identificação anatômica" (CUNHA, Rogério Sanches. **Manual de Direito Penal**. Parte Geral. Editora JusPodivm).

Inicia-se a fase antropológica, com a aplicação do método experimental no estudo da criminalidade.

Para *Lombroso*, o homem não era livre em sua vontade, já que sua conduta era predeterminada por forças inatas e por características antropológicas. Inicia-se, assim, a fase antropológica, com a aplicação do método experimental no estudo da criminalidade.

Não há livre-arbítrio, já que o criminoso é um ser anormal, sob as óticas biológica e psicológica.

Por sua vez, na fase sociológica, *Ferri* passou a levar em conta fatores físicos, naturais e sociais, juntamente com características antropológicas do criminoso.

Por fim, na fase jurídica da Escola Positiva, *Garofalo* utilizou a expressão "Criminologia", conferindo aspectos estritamente jurídicos.

1.1.9.3. Correcionalismo penal

Para a Escola Correcionalista, preconizada por *Karl David August Röeder*, o crime não é um fato natural, mas uma criação da sociedade, onde o criminoso possui uma vontade reprovável.

A pena busca a ressocialização do criminoso, pois é instrumento de correção de sua vontade.

Desse modo, a sanção penal deve ser indeterminada, até que cesse a sua necessidade.

A finalidade da pena é a prevenção especial, já que se busca corrigir o criminoso.

"A Escola Correcionalista sustenta que o direito de reprimir os delitos deve ser utilizado pela sociedade com fim terapêutico, isto é, reprimir curando. Não se deve pretender castigar, punir, infligir o mal, mas apenas regenerar o criminoso". (...) "Modernamente, pode-se dizer que o correcionalismo idealizado por Röeder, transfundido e divulgado nas obras de Dorado Montero e Concépcion Arenal, teve em Luis Jiménez de Asúa seu maior entusiasta e o mais eficiente dos expositores, ao defender a ressocialização como finalidade precípua da sanção penal" (MASSON, Cleber. **Direito Penal Esquematizado** – Parte Geral. Editora Método, 2ª edição).

1.1.9.4. Tecnicismo jurídico-penal

Aproxima-se da Escola Clássica.

Utilizou-se o método positivo, pois o Direito Penal estava restrito às leis vigentes, com conteúdo dogmático, sem qualquer caráter antropológico ou filosófico.

O Tecnicismo jurídico-penal caracterizava-se por se utilizar da exegese (para buscar o alcance e a vontade da lei), da dogmática (para a integração do Direito Penal, por meio da sistematização dos princípios) e da crítica (para propostas de reforma, como ocorre na política criminal).

1.1.9.5. A defesa social

Para a Escola da Nova Defesa Social, o crime desestabiliza a ordem social, motivo pelo qual o criminoso precisa cumprir uma pena, a fim de que seja adaptado socialmente.

Tal doutrina busca proteger a sociedade contra o crime.

Tem caráter humanista.

"O Estado não deve punir, pois sua função é melhorar o indivíduo. A causa da antissocialidade está na organização social. Contra ela o Estado deve operar preventivamente e não somente pela repressão. Os cárceres são inúteis e prejudiciais, devendo ser abolidos. As penas devem ser substituídas por medidas educativas e curativas. O violador da lei não perigoso pode ser perdoado, não necessitando sanção. A pena, como medida de defesa social, deve ser fixa ou dosada, não na base do dano, mas segundo a personalidade do agente" (MASSON, Cleber. **Direito Penal Esquematizado** – Parte Geral. Editora Método, 2ª edição).

1.2. A EVOLUÇÃO HISTÓRICA DO DIREITO PENAL

1.2.1. Povos primitivos. Vingança divina

Na sociedade primitiva, a conduta do homem regulava-se pelo temor religioso ou mágico. Baseava-se nos *totens*, divindades que influenciavam o comportamento das pessoas, em razão da crença da premiação ou do castigo, assumindo variadas formas (animal, vegetal ou fenômeno natural). Tais sociedades eram chamadas de totêmicas.

"Pelo fato de que para esses povos a lei tinha origem divina e, como tal, sua violação consistia numa ofensa aos deuses, punia-se o infrator para desagravar a divindade, bem como para purgar o seu grupo das impurezas trazidas pelo crime. Uma das reações contra o criminoso era a expulsão do grupo (desterro), medida que se destinava, além de eliminar aquele que se tornara um inimigo da comunidade e dos seus deuses e forças mágicas, a evitar que a classe social fosse contagiada pela mácula que impregnava o agente, bem como as reações vingativas dos seres sobrenaturais a que o grupo estava submetido" (MASSON, Cleber. **Direito Penal Esquematizado** – Parte Geral. Editora Método, 2ª edição).

1.2.2. Vingança privada

A infração era vista como uma ofensa ao próprio grupo ao qual o ofensor pertencia. Assim, o ofendido ou qualquer pessoa do grupo – e não mais a divindade – voltava-se contra o ofensor, fazendo "justiça pelas próprias mãos", disseminando o ódio e provocando guerras, inexistindo qualquer proporção entre o delito praticado e a pena imposta.

Neste contexto, surge a Lei do Talião, adotado pelo Código de Hamurabi (Babilônia), pelo Êxodo (hebreus) e pela Lei das XII Tábuas (romanos).

1.2.3. Vingança pública

Nessa fase há um fortalecimento do Estado, tendo em vista que as autoridades competentes passam a ter legitimidade para intervir nos conflitos sociais. A pena assume um caráter público, tendo por finalidade a proteção do Estado Soberano. Um dos principais crimes era o da lesa-majestade, bem como aqueles que atingissem a ordem pública e os bens religiosos.

"Cabia a uma terceira pessoa, no caso o Estado – representante da coletividade e em tese sem interesse no conflito existente –, decidir impessoalmente a questão posta à sua análise, ainda que de maneira arbitrária. Nessa época, as penas ainda eram largamente intimidatórias e cruéis, destacando-se o esquartejamento, a roda, a fogueira, a decapitação, a forca, os castigos corporais e amputações, entre outras" (MASSON, Cleber. **Direito Penal Esquematizado** – Parte Geral. Editora Método, 2ª edição).

1.2.4. Idade Antiga

1.2.4.1. Direito Penal grego

Conforme explicitado por Rogério Sanches Cunha, "na Grécia não existem escritos a propiciar análise aprofundada da legislação penal então existente, senão algumas passagens em obras filosóficas. Por meio dessas obras, pôde-se notar que o direito penal grego evoluiu da vingança privada, da vingança religiosa para um período político, assentado sobre uma base moral e civil" (**Manual de Direito Penal**. Parte Geral. Editora JusPodivm). Assim, passou-se a discutir o fundamento do direito de punir e a finalidade da pena.

1.2.4.2. Direito Penal romano

O Direito Penal era exclusivo do cidadão romano, excluindo-se as mulheres, os escravos e os estrangeiros. As decisões passaram a ser fundamentadas, gerando maior segurança jurídica, muito embora não existisse o princípio da reserva legal.

Passou-se a dividir os delitos em públicos – aqueles que envolviam a traição ou a conspiração política contra o Estado e o assassinato – e em privados – os demais. "O julgamento dos crimes públicos era atribuição do Estado, por meio de um magistrado, e realizado por tribunais especiais. A sanção aplicada era a pena capital. Já o julgamento dos crimes privados era confiado ao particular ofendido, interferindo o Estado apenas para regular o seu exercício" (MASSON, Cleber. **Direito Penal Esquematizado** – Parte Geral. Editora Método, 2ª edição).

1.2.5. Idade Média

1.2.5.1. Direito Penal germânico

Neste período não havia leis escritas, sendo que o Direito Penal se pautava no direito consuetudinário. Posteriormente, adotou-se a Lei do Talião e o sistema da composição pecuniária, em que predominava a responsabilidade penal objetiva.

Isso porque, "o delinquente, quando sua infração ofendia os interesses da comunidade, perdia seu direito fundamental à vida, podendo qualquer cidadão matá-lo. Quando a infração atingia apenas uma pessoa ou família, o direito penal germânico fomentava o restabelecimento da paz social por via da reparação, admitindo também a vingança de sangue" (CUNHA, Rogério Sanches. **Manual de Direito Penal**. Parte Geral. Editora JusPodivm).

Adotou-se, ainda, o sistema de prova das ordálias ou juízos de deus, cuja prova da inocência se baseava em superstições e atos cruéis (ex.: caminhar sofre o fogo ou mergulhar em água fervente sem suportar ferimentos para que fosse provada a inocência do réu), o que gerava punições injustas.

1.2.5.2. Direito Penal canônico

É o Ordenamento Jurídico da Igreja Católica Apostólica Romana. Aplicava-se a religiosos e leigos, desde que os fatos tivessem conotação religiosa.

Importante ressaltar que o Direito Penal Canônico serviu para o procedimento de inquisição, no qual filósofos, cientistas e pensadores que divergissem do pensamento católico eram condenados a sanções cruéis.

A pena se destinava à cura do delinquente, buscando o seu arrependimento perante a divindade. "O cárcere, como instrumento espiritual de castigo, foi desenvolvido pelo Direito Canônico, uma vez que, pelo sofrimento e pela solidão, a alma do homem se depura e purga o pecado. A penitência visava aproximar o criminoso de Deus" (MASSON, Cleber. **Direito Penal Esquematizado** – Parte Geral. Editora Método, 2ª edição).

1.2.6. Idade Moderna

Desenvolveu-se o período humanitário, durante o Iluminismo, no século XVIII, tendo como principal expoente o marquês de Beccaria, o qual escreveu a clássica obra "Dos delitos e das penas". Pugnava pela abolição da pena de morte,

antecipando as ideias consagradas na Declaração Universal dos Direitos do Homem e do Cidadão.

Baseia seu pensamento no "contrato social" de Rousseau, sendo o criminoso reputado como violador do pacto social.

Preconiza que a pena deve ser legalmente prevista, já que o indivíduo tem o livre-arbítrio de praticar ou não um crime, estando consciente de seus atos e suas consequências.

Ainda, a pena deve ser proporcional, sendo as leis certas, claras e precisas.

"Finalmente, para que cada pena não seja uma violência de um ou de muitos contra um cidadão privado, deve ser essencialmente pública, rápida, necessária, a mínima possível nas circunstâncias dadas, proporcional aos delitos e ditadas pelas leis" (MASSON, Cleber. **Direito Penal Esquematizado** – Parte Geral. Editora Método, 2ª edição).

Após o período Iluminista, surgiram as Escolas Penais (vide item 1.1.9 supra).

1.3. Histórico do Direito penal brasileiro

Com o descobrimento do Brasil, a partir de 1500, passou a vigorar o Direito Lusitano.

Inicialmente, vigoravam as Ordenações Afonsinas (promulgadas em 1446 por D. Afonso V), as quais foram revogadas pelas Ordenações Manuelinas (promulgadas em 1514 por D. Manuel). Em ambas predominava a arbitrariedade do juiz, já que tais ordenações não definiam a quantidade da pena. Assim, esse período foi marcado pela crueldade das penas, bem como pela ausência dos princípios da legalidade e da ampla defesa.

Posteriormente surgiu o Código Sebastiânico, em razão da compilação de leis esparsas realizada por D. Duarte Nunes Leão.

Em substituição, surgiram as Ordenações Filipinas (promulgadas em 1603 pelo Rei Filipe II), as quais eram fundadas em preceitos religiosos, sendo que as penas continuavam a ser cruéis e desumanas, com arbitrariedade do juiz e ausência dos princípios da legalidade e da ampla defesa.

Com a Proclamação da Independência e com a Constituição de 1824, surgiu o Código Criminal do Império de 1830, de cunho penal protetivo e humanitário, com a primeira manifestação do princípio da personalidade da pena no Brasil.

Com a Proclamação da República, surgiu o Código Criminal da República de 1890.

Em 1932, com o escopo de compilar leis penais extravagantes, surge a Consolidação das Leis Penais – Consolidação de Piragibe (Dec. 22.213/1932).

Por fim, em 1942, surge o atual Código Penal (Decreto-lei 2.848/1940), o qual passou por uma reforma em sua parte geral, com o advento da Lei 7.209/1984.

2. DIREITO PENAL E SUA CLASSIFICAÇÃO. PRINCÍPIOS

2.1. Classificação do Direito Penal

2.1.1. Direito Penal objetivo e Direito Penal subjetivo

Segundo Guilherme de Souza Nucci (**Manual de Direito Penal**, 3ª ed., Editora RT, pág. 53-54), *direito penal objetivo* "é o corpo de normas jurídicas destinado ao combate à criminalidade, garantindo a defesa da sociedade".

Já *direito penal subjetivo* corresponde ao "direito de punir" do Estado, ante a violação do direito penal objetivo. Em outras palavras, praticada uma infração penal, surgiria o *jus puniendi* (direito de punir) estatal.

Essa segunda classificação é criticada por Aníbal Bruno, para quem a denominação de "direito penal subjetivo" desnatura a ideia de poder soberano do Estado em punir. Na realidade, não se trata de um simples "direito" de punir, mas sim *poder-dever* de punir, eis que é sua função coibir a criminalidade.

2.2. Princípios do Direito Penal

A palavra "princípio" é designativa de "origem", "fonte", "causa".

Assim, em matéria penal, temos que os princípios são regras explícitas ou implícitas inspiradoras da criação de regras jurídicas positivas e da aplicação do Direito Penal ao caso concreto.

Alguns princípios estão expressamente previstos na CF e em legislação infraconstitucional, ao passo que outros são implícitos, decorrem do sistema jurídico como um todo.

Vejamos alguns dos mais importantes:

a) **Princípio da legalidade**: previsto no art. 5º, inc. XXXIX, da CF/1988, traduz a regra segundo a qual nenhum crime ou pena podem ser criados senão em virtude de lei. Vem repetido no art. 1º do CP, sob a rubrica "anterioridade penal";

b) **Princípio da anterioridade**: corolário do princípio da legalidade, expressa a garantia de que o cidadão não poderá ser criminalmente responsabilizado se a sua conduta não estiver expressa em lei anterior à prática do fato (não há crime sem *lei anterior* que o defina – art. 5º, XXXIX, da CF/1988);

c) **Princípio da retroatividade penal benéfica**: em regra aplicam-se ao fato as leis vigentes à época de sua ocorrência (*tempus regit actum*). Ocorre que, em matéria penal, é possível que o agente seja beneficiado por leis anteriores ou posteriores ao fato criminoso que tenha praticado (art. 5º, XL, da CF/1988). Impõe-se, aqui, o estudo da atividade da lei penal, que será posteriormente por nós analisada;

d) **Princípio da personalidade ou da responsabilidade pessoal**: previsto no art. 5º, XLV, da CF/1988, expressa que a punição criminal jamais poderá passar da pessoa do condenado, afetando, por exemplo, seus parentes. Isso não significa que terceiros que não o próprio criminoso não devam arcar com a responsabilidade *civil* decorrente do ilícito;

e) **Princípio da individualização da pena**: não se pode criar uma "tabela fixa" de punição às pessoas que tenham praticado a mesma conduta criminosa. Deve-se garantir que cada um responda na exata medida de sua culpabilidade, conforme preconiza o art. 5º, XLVI, da CF/1988. Foi com base nesse princípio que o STF, no julgamento do HC 82.959-SP, declarou inconstitucional o art. 2º, § 1º, da Lei 8.072/1990 (Lei dos Crimes Hediondos), que previa o regime integralmente fechado de cumprimento de pena;

f) **Princípio da humanidade**: embora criminosos, os agentes delitivos devem ser tratados de maneira digna, e não como seres inanimados (coisas). Embora tenham errado e devam responder por seus atos, devem ser tratados com um mínimo de humanidade. Daí porque a CF, em seu art. 5º, XLVII, veda as penas de morte (salvo em caso de guerra declarada), de caráter perpétuo, de trabalhos forçados, de banimento e as cruéis (castigos físicos, por exemplo);

g) **Princípio da intervenção mínima**: o Direito Penal deve intervir minimamente na esfera do indivíduo, já que a CF garante o direito à liberdade como uma regra a ser observada. Em maior ou menor grau, o Direito Penal é sinônimo de violência, embora institucionalizada. Daí porque esse ramo do direito deve ser encarado como de *ultima ratio*, e não de *prima ratio*. Em outras palavras, o legislador somente deve criar leis de índole penal quando não houver solução mais branda para proteger direitos. Se outros ramos do direito forem suficientes para coibir a violação às regras da sociedade, o direito penal não deverá intervir. Entra em cena, como decorrência da intervenção mínima, o princípio da subsidiariedade, segundo o qual as normas e institutos de índole jurídico-penal somente deverão ser utilizados, como dito, apenas se os demais ramos do direito revelarem uma insuficiência protetiva dos bens jurídicos;

h) **Princípio da fragmentariedade**: como consequência da intervenção mínima, a fragmentariedade do Direito Penal significa que esse ramo do direito é apenas uma parcela, um fragmento do ordenamento jurídico, que somente deve se ocupar das situações mais graves que aflijam a sociedade. Em razão da força negativa que o Direito Penal pode tomar para aqueles que a ele se submeterem, deverá intervir minimamente. É o caso das infrações de trânsito, que não precisam ser sempre punidas pelo Direito Penal, sendo suficiente para disciplinar a conduta dos motoristas o Direito Administrativo (ex.: multas);

i) **Princípio da insignificância ou bagatela**: se o Direito Penal somente deve intervir em casos importantes/relevantes, não é admitido que atue diante de fatos insignificantes, de somenos importância. Se a conduta do agente lesar ou expuser a perigo de lesão infimamente bens jurídicos de terceiros, não deverá o Direito Penal ser aplicado ao caso concreto, sob pena de transformá-lo em conjunto de regras de *prima ratio*, e não de *ultima ratio*. Temos como exemplo o furto de um botão de camisa, ou de uma moeda de cinquenta centavos, ou de um arranhão no braço de um adulto. Se as lesões forem muito pequenas, não chegando, de fato, a atingir o bem jurídico protegido pela norma penal, não poderá o juiz condenar o agente, mas sim absolvê-lo. De acordo com a doutrina e jurisprudência majoritárias, o princípio da insignificância atua como causa de exclusão da tipicidade penal (tipicidade material). Para o STF, a aplicação do princípio em comento exige a conjugação dos seguintes *vetores: a) mínima ofensividade da conduta; b) nenhuma periculosidade social da ação; c) reduzido grau de reprovabilidade do comportamento; e d) inexpressividade da lesão jurídica provocada* (STF, HC 98.152-MG, 2ª T., rel. Min. Celso de Mello, 19.05.2009). Questão interessante para provas/ exames é aquela que diz respeito à possibilidade – ou não – de aplicação da insignificância penal para réus reincidentes. Confiram-se os excertos a seguir:

Contrabando: princípio da insignificância e reincidência

"A 1ª Turma denegou *habeas corpus* em que se requeria a incidência do princípio da insignificância. Na situação dos autos, a paciente, supostamente, internalizara maços de cigarro sem comprovar sua regular importação. De início, assinalou-se que não se aplicaria o aludido princípio quando se tratasse de parte reincidente, porquanto não haveria que se falar em reduzido grau de reprovabilidade do comportamento lesivo. Enfatizou-se que estariam em curso 4 processos-crime por delitos de mesma natureza, tendo sido condenada em outra ação penal por fatos análogos. Acrescentou-se que houvera lesão, além de ao erário e à atividade arrecadatória do Estado, a outros interesses públicos, como à saúde e à atividade industrial interna. Em seguida, asseverou-se que a conduta configuraria contrabando e que, conquanto houvesse sonegação de tributos com o ingresso de cigarros, tratar-se-ia de mercadoria sob a qual incidiria proibição relativa, presentes as restrições de órgão de saúde nacional. Por fim, reputou-se que não se aplicaria, à hipótese, o postulado da insignificância – em razão do valor do tributo sonegado ser inferior a R$ 10.000,00 – por não se cuidar de delito puramente fiscal. O Min. Marco Aurélio apontou que, no tocante ao débito fiscal, o legislador teria sinalizado que estampa a insignificância, ao revelar que executivos de valor até R$ 100,00 seriam extintos." HC 100367/RS, rel. Min. Luiz Fux, 09.08.2011. (HC-100367) (Inform. STF 635)

Reincidência e princípio da insignificância

"Ante o empate na votação, a 2ª Turma deferiu *habeas corpus* impetrado em favor de condenado à pena de 10 meses de reclusão, em regime semiaberto, pela prática do crime de furto tentado de bem avaliado em R$ 70,00. Reputou-se, ante a ausência de tipicidade material, que a conduta realizada pelo paciente não configuraria crime. Aduziu-se que, muito embora ele já tivesse sido condenado pela prática de delitos congêneres, tal fato não poderia afastar a aplicabilidade do referido postulado, inclusive porque estaria pendente de análise, pelo Plenário, a própria constitucionalidade do princípio da reincidência, tendo em vista a possibilidade de configurar dupla punição ao agente. Vencidos os Ministros Joaquim Barbosa, relator, e Ayres Britto, que indeferiam o *writ*, mas concediam a ordem, de ofício, a fim de alterar, para o aberto, o regime de cumprimento de pena." HC 106510/MG, rel. orig. Min. Joaquim Barbosa, red. p/o acórdão Min. Celso de Mello, 22.03.2011. (HC-106510) (Inform. STF 620).

Outra questão relevante diz respeito à possibilidade – ou não – de aplicação do princípio da insignificância quando se está diante de crime perpetrado em detrimento da Administração Pública. Confira-se:

PRINCÍPIO. INSIGNIFICÂNCIA. ADMINISTRAÇÃO PÚBLICA.

"Na impetração, foi requerida a alteração da capitulação legal atribuída na denúncia, o que é inviável no *habeas corpus*, uma vez que exige o revolvimento do conjunto fático-probatório. No caso, a acusação descreve fato criminoso com todas as circunstâncias, satisfazendo os requisitos do art. 77 do CPPM. De acordo com a peça acusatória, os fatos revelam indícios suficientes para justificar apuração mais aprofundada do caso. Mesmo que a capitulação esteja equivocada, como alegam os impetrantes, o que somente será verificado na instrução criminal, a defesa deve combater os fatos indicados na denúncia e não a estrita capitulação legal, não havendo assim qualquer prejuízo ao exercício da ampla defesa e do contraditório. Quanto ao princípio da insignificância, a Turma entendeu não ser possível sua aplicação aos crimes praticados contra a Administração, pois se deve resguardar a moral administrativa. Embora o crime seja militar, em última análise, foi praticado contra a Administração Pública." Precedentes citados: HC 154.433-MG, *DJe* 20.09.2010, e HC 167.915-MT, *DJe* 13.09.2010. HC 147.542-GO, Rel. Min. Gilson Dipp, julgado em 17.05.2011. (Inform. STJ 473).

O STJ, em sua **Súmula 599**, assentou o entendimento de que o princípio da insignificância é inaplicável aos crimes contra a Administração Pública.

Ainda, releva trazer à baila entendimento do STF acerca da inaplicabilidade do princípio da insignificância para o crime de **moeda falsa**, tendo em vista o bem jurídico tutelado (fé pública). Vale a transcrição da ementa veiculada no Informativo 622 de referida Corte:

Princípio da insignificância e moeda falsa

"A 2ª Turma indeferiu *habeas corpus* no qual pretendida a aplicação do princípio da insignificância em favor de condenado por introduzir duas notas falsas de R$ 10,00 em circulação (CP, art. 289, § 1º). Na espécie, a defesa sustentava atipicidade da conduta em virtude do reduzido grau de reprovabilidade da ação, bem como da inexpressiva lesão jurídica provocada. Afastou-se, inicialmente, a hipótese de falsificação grosseira e considerou-se que as referidas cédulas seriam capazes de induzir a erro o homem médio. Aduziu-se, em seguida, que o valor nominal derivado da falsificação de moeda não seria critério de análise de relevância da conduta, porque o objeto de proteção da norma seria supraindividual, a englobar a credibilidade do sistema monetário e a expressão da própria soberania nacional." HC 97220/MG, rel. Min. Ayres Britto, 05.04.2011. (HC-97220) (Inform. STF 622).

Muito interessante o entendimento do STJ acerca da inexistência de um critério quantitativo fixo para o reconhecimento da insignificância penal:

INSIGNIFICÂNCIA. VALOR MÁXIMO. AFASTAMENTO.

"A Turma afastou o critério adotado pela jurisprudência que considerava o valor de R$ 100,00 como limite para a aplicação do princípio da insignificância e deu provimento ao recurso especial para absolver o réu condenado pela tentativa de furto de duas garrafas de bebida alcoólica (avaliadas em R$ 108,00) em um supermercado. Segundo o Min. Relator, a simples adoção de um critério objetivo para fins de incidência do referido princípio pode levar a conclusões iníquas quando dissociada da análise do contexto fático em que o delito foi praticado – importância do objeto subtraído, condição econômica da vítima, circunstâncias e resultado do crime – e das características pessoais do agente. No caso, ressaltou não ter ocorrido repercussão social ou econômica com a tentativa de subtração, tendo em vista a importância reduzida do bem e a sua devolução à vítima (pessoa jurídica)." Precedentes citados: REsp 778.795-RS, *DJ* 05.06.2006; HC 170.260-SP, *DJe* 20.09.2010, e HC 153.673-MG, *DJe* 08.03.2010. REsp 1.218.765-MG, Rel. Min. Gilson Dipp, julgado em 01.03.2011. (Inform. STJ 465)

A jurisprudência do STJ também não admite a aplicação do princípio da insignificância em caso de transmissão clandestina de sinal de internet, a teor do que dispõe a **Súmula 606**: "Não se aplica o princípio da insignificância a casos de transmissão clandestina de sinal de internet via radiofrequência, que caracteriza o fato típico previsto no art. 183 da Lei n. 9.472/1997".

Por fim, importante trazer à baila o entendimento do STF (RHC 133043/MT, julgado pela 2ª Turma, *DJe* de 20.05.2016) e do STJ (HC 333.195/MS, 5ª Turma, *DJe* de 26.04.2016) acerca da inaplicabilidade do princípio da insignificância no tocante às infrações penais praticadas em contexto de violência doméstica e familiar contra a mulher. A questão, agora, está pacificada com o advento da **Súmula 589 do STJ**: *É inaplicável o princípio da insignificância nos crimes ou* *contravenções penais praticados contra a mulher no âmbito das relações domésticas.*

j) Princípio da culpabilidade ou da responsabilidade subjetiva: não é possível que alguém seja punido se não houver atuado com dolo ou culpa. Em outras palavras, não se admite, como regra, em Direito Penal, a responsabilidade objetiva;

l) Princípio da taxatividade: não se admite, em Direito Penal, que as leis que criem crimes sejam muito genéricas (pouco detalhadas). Deve o legislador editar leis que veiculem crimes bem definidos, sem que se possam gerar dúvidas quanto à sua aplicação e alcance. Em suma: as leis penais devem ser claras e precisas. Trata-se de princípio dirigido especificamente ao legislador. É uma decorrência lógica do princípio da legalidade. Afinal, cabe à lei definir os crimes. Definir indica pormenorizar, detalhar;

m) Princípio da proporcionalidade: a sanção penal deve ser proporcional ao gravame causado pelo agente. Assim, deve existir uma proporcionalidade entre a conduta do agente e a resposta estatal que lhe será imposta. Para um crime de furto simples, atentaria contra a proporcionalidade a condenação de 15 anos de reclusão. O mesmo ocorreria se, para um estupro, o legislador fixasse pena de 2 meses de detenção, ou multa;

n) Princípio da vedação da dupla punição (*ne bis in idem*): constituiria abuso por parte do Estado se pudesse punir alguém, pelo mesmo fato, duas ou mais vezes. Assim, veda-se que alguém seja duplamente apenado (ou processado) pela mesma infração penal. Se "A" foi absolvido de um estupro, não poderá ser novamente processado caso sejam descobertas novas provas que o incriminam.

3. FONTES DO DIREITO PENAL

3.1. Fontes do Direito Penal

A origem de um ramo do direito, ou de normas jurídicas, corresponde ao conceito de *fonte*, que vem do latim *fons, fontanus* e *fontis*. Significa, portanto, etimologicamente, nascente, nascedouro ou manancial.

As fontes podem ser analisadas sob dois aspectos ou enfoques: a) origem legislativa das normas; b) conteúdos ou formas de manifestação das normas jurídicas.

Esses dois aspectos dão margem à criação da classificação das fontes em espécies:

a) fontes materiais, substanciais ou de produção; e

b) fontes formais, de cognição ou de revelação.

3.2. Espécies de fontes

3.2.1. Fontes materiais, de produção ou substanciais

Para essa espécie de fonte, leva-se em conta a *entidade criadora das normas jurídicas penais*. Assim, compete à *União* legislar sobre Direito Penal (art. 22, I, da CF/1988). Todavia, o parágrafo único do referido dispositivo constitucional permite que a União, mediante lei complementar, autorize os Estados a legislar em qualquer matéria nele prevista, inclusive direito penal. Porém, não se tem notícia de situação como esta.

Assim, as normas penais decorrem da atividade legislativa federal (União), em regra pela edição de leis ordinárias, que devem ser aprovadas pela Câmara dos Deputados e Senado Federal.

3.2.2. Fontes formais, de cognição ou de revelação

Para essa espécie de fonte, levam-se em conta os *meios de exteriorização das normas jurídicas*, ou seja, a forma pela qual surgem no ordenamento jurídico.

As fontes formais podem ser subdivididas em:

✓ **a) fonte formal direta ou imediata** = é a *lei* (aqui entendida em sua forma mais ampla, ou seja, como atividade legislativa do Poder Público). Temos como exemplos de fontes formais diretas do direito penal: i) Código Penal; ii) Leis extravagantes em matéria penal (são as denominadas Leis Penais Especiais, tais como a Lei de Drogas, a Lei dos Crimes Hediondos, a Lei dos Crimes Ambientais etc.); iii) Constituição Federal.

✓ **b) fonte formal indireta ou mediata** = *i) costumes; ii) princípios gerais de direito; e iii) atos administrativos.*

Os *costumes* constituem um conjunto de normas comportamentais, obedecidas pelas pessoas como se fossem obrigatórias. Podem influenciar diretamente o direito penal, como, por exemplo: conceito de *repouso noturno* como majorante no crime de furto.

Os *princípios gerais de direito* são regras éticas que inspiram a criação das normas e sua aplicação ao caso concreto. Esses princípios, evidentemente, não estão expressos no ordenamento jurídico.

Segundo Guilherme de Souza Nucci, um princípio geral de direito é o de que *ninguém pode beneficiar-se da própria torpeza ou má-fé*. Assim, se o juiz verificar que o réu está arrolando testemunhas em outros Estados apenas para que atinja a prescrição do crime, poderá fixar um prazo para o retorno de seus depoimentos (cartas precatórias). Se não retornarem, poderá julgar o acusado ainda assim, se perceber que sua finalidade era apenas aquela (arrolar testemunhas fora da comarca para que, em razão da demora, fosse reconhecida a prescrição).

Também compete à União (Presidente da República) celebrar *tratados e convenções internacionais* que eventualmente poderão dispor sobre Direito Penal. Temos como exemplo a Convenção Americana dos Direitos Humanos (Pacto de São José da Costa Rica – Decreto 678/1992), que, após referendado pelo Congresso Nacional, criou algumas garantias em matéria processual penal, dentre elas: a) direito de julgamento do réu por um juiz ou tribunal imparcial; b) vedação de mais de um processo pelo mesmo fato (*ne bis in idem*). O próprio Código de Processo Penal, em seu art. 1º, I, admite a aplicação de regras processuais oriundas de tratados e convenções internacionais.

Por fim, os *atos administrativos* constituem, no mais das vezes, o complemento das chamadas *normas penais em branco*, assim denominadas aquelas cujos preceitos primários são incompletos. É o caso do art. 33 da Lei 11.343/2006 (Lei de Drogas), que traz o tipo penal de tráfico de drogas, sem, contudo, explicitar o que vem a ser "droga". Esta expressão, por não constar na lei, exige que o intérprete-aplicador do direito se socorra da Portaria 344/1998 da SVS/MS, que é, em suma, um ato administrativo.

3.2.3. A súmula vinculante e o Direito Penal

A Constituição Federal, em seu art. 103-A (inserido pela EC 45/2004), prevê a denominada *súmula vinculante*.

O STF poderá "de ofício ou por provocação, mediante decisão de dois terços dos seus membros, após reiteradas decisões sobre matéria constitucional, aprovar súmula que, a partir de sua publicação na imprensa oficial, terá efeito vinculante em relação aos demais órgãos do Poder Judiciário e à administração pública direta e indireta, nas esferas federal, estadual e municipal".

A súmula vinculante veio a ser regulamentada pela Lei 11.417, de 19.12.2006.

Assim, poderá o STF, de acordo com o texto constitucional, editar súmulas em matéria penal com o intuito de uniformizar o entendimento sobre certos temas, dando maior celeridade à prestação jurisdicional.

São, sem sombra de dúvida, fontes formais do Direito Penal. Temos, como exemplo de Súmulas vinculantes em matéria penal, a de número 24, que trata da necessidade de exaurimento da esfera administrativa para a configuração dos crimes materiais contra a ordem tributária, bem como a de número 26, que permite a realização de exame criminológico em condenados por crimes hediondos, desde que as circunstâncias do caso indiquem a necessidade da medida.

Serão elas, sem sombra de dúvida, fontes formais do Direito Penal.

4. INTERPRETAÇÃO DO DIREITO PENAL

4.1. Interpretação. Conceito

Segundo Mirabete, a interpretação "é o processo lógico que procura estabelecer a vontade da lei, que não é, necessariamente, a vontade do legislador".

Prossegue dizendo que "na interpretação da lei, deve-se atender aos fins sociais a que ela se dirige e às exigências do bem comum", nos termos do art. 5º da LINDB. Compreende-se nos imperativos do bem comum a tutela da liberdade individual. Deve-se lembrar que o art. 1º da LEP preconiza que o fim da pena é promover a integração social do condenado.

A ciência que se ocupa da interpretação da lei chama-se *hermenêutica*.

Em suma, interpretar é *buscar a finalidade e o alcance das leis*. Antecede, portanto, à aplicação da norma jurídica. Afinal, sem interpretá-la, impossível aplicá-la.

O brocardo latino *in claris cessat interpretatio* não tem razão, uma vez que, por mais simples que possa parecer uma norma jurídica, ela será objeto de interpretação.

4.2. Finalidades da interpretação

Segundo Edílson Mougenot Bonfim (**Curso de Processo Penal** – editora Saraiva), dois são os aspectos que conduzem o estudo da finalidade da interpretação. São eles:

a) Teoria subjetivista ou da vontade: para os que adotam essa teoria, o intérprete deverá buscar o conteúdo da vontade do *legislador*. Em outras palavras, ao interpretar a norma jurídica, deve-se tentar buscar a vontade do legislador, reconstruindo suas intenções (é a chamada *mens legislatoris*);

b) Teoria objetivista: deve o intérprete buscar não a vontade do legislador, mas a *vontade da própria norma*. Em razão do dinamismo social, por vezes a vontade do legislador, ao criar a lei, afasta-se de seu conteúdo com o passar do tempo. Em suma, a lei ganha "vida própria" com o decurso do tempo. Deve-se buscar, portanto, a *mens legis* (vontade da lei).

4.3. Espécies de interpretação

4.3.1. Sujeito

Quanto ao **sujeito** que realiza a interpretação, ela pode ser:

a) autêntica;

b) jurisprudencial;

c) doutrinária.

Considera-se *interpretação autêntica* aquela cuja origem é a mesma da norma interpretada (lei), portanto tem força vinculante. Afinal, se a interpretação (busca do alcance da lei) decorre da mesma fonte, obviamente deverá ser observada. Temos como exemplo o conceito de "casa", previsto no art. 150, § 4º, do CP.

Considera-se *interpretação jurisprudencial* (ou judicial) aquela que decorre do entendimento dos tribunais acerca do alcance e finalidade de determinadas normas jurídicas. Lembre-se que jurisprudência corresponde a decisões reiteradas dos tribunais acerca de determinado tema, pacificando o entendimento. Deve-se ressaltar que tal forma interpretativa *não tem força vinculante*, ou seja, os juízes e tribunais não são obrigados a julgar de acordo com a jurisprudência. Porém, em se tratando de *súmula vinculante*, já dissemos que, como fonte do direito, será obrigatoriamente observada (*vide* art. 103-A da CF/1988 e a EC 45/2004).

Considera-se *interpretação doutrinária* aquela proveniente do entendimento conferido por juristas às normas jurídicas. É a denominada *communis opinio doctorum*. Obviamente não tem força vinculante.

4.3.2. Meio empregado

Quanto ao **meio empregado**, a interpretação pode ser:

a) gramatical (literal);

b) teleológica.

Considera-se *interpretação gramatical* aquela decorrente da análise da "letra da lei", ou seja, de seu sentido no léxico. Em outras palavras, a lei é interpretada tal como decorre do vernáculo (conjunto de palavras componentes de uma língua). É o caso do termo "autoridade", previsto no art. 10, §§ 1º, 2º e 3º, do CPP, que indica para "autoridade policial". Igualmente, o termo "queixa", previsto no art. 41 do CPP, deve ser interpretado não em seu sentido literal, mas como petição inicial nos crimes de ação penal privada.

Considera-se *interpretação teleológica* aquela que se vale da lógica para que se busque o alcance e finalidade das leis. Assim, deve-se buscar não apenas a literalidade da norma, mas sua *finalidade*.

4.3.3. Resultados

Quanto aos **resultados** decorrentes da interpretação, temos:

a) declarativa;

b) restritiva;

c) extensiva.

Considera-se *interpretação declarativa* aquela que não exige do intérprete ir além ou aquém do texto legal fornecido.

É o caso de interpretar a expressão *"casa habitada"*, no art. 248 do CPP, entendendo-se como tal todo compartimento em que viva uma ou mais pessoas.

Considera-se *interpretação restritiva* aquela que exigirá do intérprete uma restrição ou redução ao alcance da lei, buscando sua real vontade.

Considera-se *interpretação extensiva* aquela em que o intérprete deve ampliar o alcance da norma jurídica, que disse menos do que deveria ter dito. É o caso, por exemplo, da interpretação a ser conferida ao delito de bigamia – art. 235 do CP (que, por óbvio, também pune o agente por poligamia) ou mesmo ao delito de outras fraudes – art. 176 do CP (que pune, também, a conduta daquela pessoa que toma refeição sem dispor de recursos para efetuar o pagamento não apenas em restaurantes, conforme enuncia a lei, mas em pensões, bares, boates...).

4.3.4. Outras classificações

Temos, ainda, a *interpretação progressiva*, que se verifica em razão da evolução da sociedade e do próprio Direito. Assim, algumas expressões constantes na lei devem ser interpretadas de acordo com a atualidade, como é o caso do chamado "Tribunal de Apelação", que hoje é o Tribunal de Justiça, ou o "Chefe de Polícia", atualmente interpretado como Secretário de Segurança Pública.

Fala-se, também, em *interpretação analógica*, que se verifica quando a lei, após uma enumeração casuística, fornece uma cláusula genérica, que, por similitude às anteriores, será extraída por analogia. É o caso do art. 6º, IX, do CPP.

Por fim, Edílson Mougenot Bonfim (obra citada) trata da *interpretação conforme* (à Constituição). Trata-se da regra básica de que o texto constitucional é hierarquicamente superior às demais espécies normativas, razão pela qual estas devem ser interpretadas em harmonia (conforme, portanto) com a Carta Magna. Segundo Canotilho, jurista português, trata-se do *princípio da conformidade*, que determina ao intérprete que, ao ler um dispositivo legal, se forem possíveis duas ou mais interpretações, deverá adotar aquela que guardar compatibilidade com a Constituição Federal.

4.4. Analogia

Não se pode dizer que a analogia é uma forma de interpretação da lei penal, mas sim de autointegração do sistema. Em outras palavras, não havendo norma específica para regular um caso concreto, aplica-se uma norma incidente a outro caso, porém semelhante (análogo).

Consiste a analogia, portanto, em "criar uma norma penal onde, originalmente, não existe" (Guilherme de Souza Nucci – **Manual de Direito Penal** – ed. RT, pág. 82).

A doutrina majoritária defende a impossibilidade de se adotar a analogia em prejuízo do réu (denominada de analogia *in malam partem*), mas apenas para beneficiá-lo. Ademais, não se pode olvidar que o direito penal é fortemente regido pelo princípio da legalidade (*não há crime sem lei que o defina*), motivo pelo qual não se pode utilizar da analogia para criar situações não previstas em lei, de modo a prejudicar o agente delitivo.

Já o emprego da analogia em benefício do réu é largamente aceito pela doutrina e jurisprudência, mas apenas em casos excepcionais, também por força do princípio da legalidade.

Nesse caso, denomina-se de analogia *in bonam partem* a situação em que é possível a criação de norma não prevista expressamente, com o escopo de beneficiar e até mesmo absolver o réu.

5. APLICAÇÃO DA LEI PENAL

5.1. Aplicação da lei penal

5.1.1. Considerações iniciais

Para o estudo da aplicação da lei penal, impõe-se o conhecimento de um princípio basilar do Direito Penal: o princípio da *legalidade*.

Expresso pelo brocardo latino *nullum crimen nulla poena sine praevia lege*, da lavra de Feurbach, a doutrina mais moderna costuma dividi-lo em dois subprincípios, a saber: **a) reserva legal; b) anterioridade**.

Antes de ingressarmos na análise do princípio da legalidade e seus desdobramentos, é importante ressaltar que referido princípio vem definido *no art. 5º, XXXIX, da CF/1988*, com a seguinte redação: "não há crime sem lei anterior que o defina, nem pena sem prévia cominação legal".

O *Código Penal*, em seu *art. 1º*, basicamente repete, *ipsis literis*, a redação do dispositivo constitucional mencionado, sob a rubrica "Anterioridade da lei".

Discordamos do *nomen juris* conferido ao disposto no art. 1º, do aludido diploma legal, na medida em que reflete apenas uma parcela do princípio da legalidade.

Com efeito, reza a Constituição Federal que "nenhum crime ou pena podem ser criados sem a existência de lei anterior que os defina e comine". Em outras palavras, a criação de crimes (infrações penais) e penas (espécie de sanção penal) depende da existência de *lei*. É aqui que encontramos o *princípio da reserva legal*: não há crime nem cominação de pena sem *lei*.

Todavia, não basta a existência de *lei* criando um crime e cominando uma pena. É indispensável que essa *lei* seja *anterior* ao fato praticado pelo agente. Aqui estudamos o princípio da anterioridade da lei penal: *crime somente é a conduta descrita em lei anterior ao seu cometimento*.

5.1.2. Características específicas da lei penal decorrentes do princípio da legalidade

O princípio da legalidade preleciona que o *crime* deve ser *definido* por lei. A palavra "definição" revela muito mais do que um simples "conjunto de palavras" previstos em uma lei.

Definir, no sentido ora estudado, significa delinear os contornos da conduta criminosa, pormenorizando-a ou, ao menos, conferindo todas as circunstâncias essenciais à caracterização do crime. Daí resultam algumas características peculiares da lei penal, a saber: a) a lei penal deve ser *certa*; b) a lei penal deve ser *minuciosa*.

Diz-se que a lei penal deve ser certa para que não crie situações em que seja difícil constatar o que quis dizer o legislador, tornando insegura a aplicação do diploma legal.

5.1.3. O tipo penal

Chama-se de *tipo penal* o "modelo legal de conduta" descrita em lei como proibida (imperativos de proibição) ou como necessária (imperativos de comando).

Assim, todos os crimes previstos, por exemplo, no Código Penal (arts. 121 e seguintes), vêm definidos em **tipos penais** (ex.: art. 121: "matar alguém"; art. 155: "subtrair, para si ou para outrem, coisa alheia móvel"; art. 317: "solicitar ou receber, para si ou para outrem, direta ou indiretamente, ainda que fora da função ou antes de assumi-la, mas em razão dela, vantagem indevida, ou aceitar promessa de tal vantagem").

5.1.4. O que se entende por "lei"?

Dissemos que é o princípio da legalidade que rege o Direito Penal, sendo que a criação de crimes e cominação de penas dependem da existência de lei.

Deve-se, aqui, entender por lei a *atividade que decorre do Poder Legislativo Federal* (afinal, a fonte material do Direito Penal é a União – art. 22, I, Constituição Federal).

Assim, podem criar crimes e cominar penas as seguintes espécies normativas:

a) Lei Complementar;
b) Lei Ordinária.

Lei Delegada, Medida Provisória, Decreto legislativo e Resoluções *não podem criar crimes e cominar penas!*

5.1.5. O princípio da retroatividade benéfica (ou irretroatividade prejudicial)

5.1.5.1. Lei penal no tempo

Nos termos da CF/1988, art. 5º, XL, a **lei penal não retroagirá, salvo para beneficiar o réu**. Assim, a regra é a de que a lei penal é *irretroativa*, segundo o princípio *tempus regit actum*, ou seja, aplica-se a lei do momento do fato (o tempo rege o ato).

Todavia, a CF manda que a lei benéfica retroaja em benefício do réu. Nesse compasso, é possível a ocorrência do chamado *conflito intertemporal de leis*, ou *conflito de leis penais no tempo*.

Em outras palavras, poderá o juiz deparar-se com situações em que a lei vigente à época do crime fosse uma, e, no momento de sentenciar, outra estivesse em vigor. Que lei deverá aplicar? Para tal questionamento, estuda-se o já mencionado *conflito de leis penais no tempo*, existindo quatro regras que o resolverão.

Quatro são as hipóteses, portanto, de conflitos:

A) *abolitio criminis*: também chamada *de lei posterior supressiva de incriminação*. Pressupõe a edição de lei posterior que deixa de considerar o fato como crime (art. 2º do CP), por isso *retroagirá* em favor do réu, seja na fase de processo (ação penal) ou da execução penal, e mesmo após o trânsito em julgado;

B) *novatio legis in mellius*: é a *lei posterior mais benéfica*, mantendo-se, no entanto, a incriminação. Poderá *retroagir* em benefício do réu em qualquer fase, mesmo após o trânsito em julgado (parágrafo único, art. 2º do CP);

C) *novatio legis in pejus*: é a lei posterior que, embora mantenha a incriminação, é *prejudicial* ao réu. Por isso, é *irretroativa*, aplicando-se a lei anterior mais benéfica, que terá a característica da *ultratividade*.

D) *novatio legis incriminadora*: é a lei que passa a considerar um fato criminoso. Por óbvio, não retroagirá, até porque a prática do fato, até então, não tem amparo legal.

Obs.: CUIDADO – as leis processuais, conforme art. 2º do CPP, aplicam-se desde logo, ficando preservados os atos processuais praticados até então. Pouco importa se são benéficas ou prejudiciais ao réu. Em relação a elas, vigora o *tempus regit actum*. Situação diversa ocorre no Direito Penal. Lembre-se que se uma lei penal posterior ao fato for benéfica ao réu, haverá retroatividade dela; caso contrário, será irretroativa.

5.1.6. Leis excepcionais e temporárias

São leis com *vigência temporária*, também chamadas de leis intermitentes. São autorrevogáveis, sem necessidade de que lei posterior as revogue. Vêm descritas no art. 3º do CP.

A *lei excepcional* é aquela que *vigora durante um período de exceção*, como, por exemplo, em período de guerra, calamidades etc. Quando cessar o período de exceção, as leis excepcionais serão revogadas automaticamente.

A *lei temporária* é aquela que contém, em seu próprio texto, o *período de vigência*. São leis "marcadas para morrer", com contagem regressiva de "vida" (vigência). Atingindo o termo final, cessará sua vigência. Claro exemplo de materialização de referida espécie de lei se verificou com a edição da Lei 12.663, de 05.06.2012, denominada de "Lei Geral da Copa" (em razão da Copa do Mundo de 2014, realizada no Brasil). Os tipos penais previstos em referido diploma legal, nos termos do seu art. 36, tiveram vigência até o dia 31.12.2014.

Em ambas as leis, aplica-se a *ultratividade*, ou seja, ainda que revogadas, atingirão os agentes delitivos em momento ulterior à revogação.

5.2. Conflito aparente de leis penais (ou conflito aparente de normas)

É possível que, apenas no *plano da aparência*, duas ou mais leis penais incidam sobre um mesmo fato. Na realidade, apenas uma delas deverá reger o ato praticado pelo agente. É o que se denomina *conflito aparente de leis ou conflito aparente de normas*.

Para a resolução desse conflito, quatro princípios serão utilizados:

a) princípio da especialidade: a lei especial prevalece sobre a geral. Será especial a lei que contiver todos os elementos da geral e mais alguns denominados especializantes. Ex.: homicídio (lei geral) e infanticídio (lei especial);

b) princípio da subsidiariedade: a lei primária prevalece sobre a subsidiária. Lei subsidiária é aquela que descreve um grau menor de violação de um mesmo bem jurídico integrante da descrição típica de outro delito mais grave. Ex.: lesão corporal (lei primária) e periclitação da vida ou saúde de outrem (lei subsidiária);

c) princípio da consunção ou absorção: o crime mais grave absorve outro menos grave quando este integrar a descrição típica daquele (quando for meio de execução de outro mais grave). É verificado em 3 hipóteses:

c.1) crime progressivo: dá-se quando o agente pretende, desde o início, produzir resultado mais grave, praticando sucessivas violações ao mesmo bem jurídico. Ex.: querendo matar, o agente dá golpes de taco de beisebol em todo o corpo da vítima até matá-la. Pratica, portanto, lesões corporais até chegar ao resultado morte;

c.2) crime complexo: é aquele composto de vários tipos penais autônomos. Prevalece o fato complexo sobre os autônomos. Ex.: para roubar, o agente furta o bem e emprega violência ou grave ameaça. Não responderá por furto, lesões corporais e/ou ameaça, mas só pelo roubo;

c.3) progressão criminosa: o agente, de início, pretende produzir resultado menos grave. Contudo, no decorrer da conduta, decide por produzir resultado mais grave. Ex.: primeiro o agente pretendia lesionar e conseguiu seu intento. Contudo, após a prática das lesões corporais, decide matar a vítima, o que efetivamente faz. Nesse caso, o resultado final (mais grave) absorve o resultado inicial (menos grave).

Atenta a doutrina, ainda, para o *princípio da alternatividade*, que, em verdade, não soluciona conflito aparente de normas, mas um *conflito interno* de normas. É o que ocorre nos *crimes de ação múltipla, de tipo alternativo misto ou de conteúdo variado*, que são aqueles formados por várias condutas típicas possíveis (vários verbos), tais como o art. 33 da Nova Lei de Drogas (tráfico de drogas), ou o art. 180, do CP (receptação). Se o agente praticar dois ou mais verbos do mesmo tipo penal, responderá por um único crime (ex.: Se "A" importar dez quilos de cocaína e vendê-los a "B", não responderá por dois tráficos de drogas, mas por um só crime de tráfico).

5.3. Aplicação da lei penal no tempo

O estudo da aplicação da lei penal no tempo responde às seguintes indagações: *Qual o momento do crime? Quando é que se considera praticado um crime?*

O art. 4º do CP trata exatamente da aplicação da lei penal no tempo, ao prescrever: "Considera-se praticado o crime no **momento** da ação ou omissão, ainda que outro seja o **momento** do resultado".

Grifamos a palavra "momento" para demonstrar que referido dispositivo legal trata da aplicação da lei penal no *tempo*.

Acerca disso, a doutrina nos traz três teorias, a saber:

a) teoria da atividade: considera-se praticado o crime no momento da ação ou da omissão, pouco importando o momento do resultado;

b) teoria do resultado: considera-se praticado o crime no momento em que se verifica o resultado, independentemente do momento da ação ou omissão;

c) teoria mista ou da ubiquidade: considera-se praticado o crime tanto no momento da ação ou omissão, quanto no momento do resultado.

O Código Penal, em seu art. 4º, adotou a **teoria da atividade**, querendo o legislador, com isso, definir que o **tempo do crime** é o da *atividade do agente* (ação ou omissão), independentemente do momento em que o resultado ilícito se verificar.

Temos como exemplo o seguinte: "*A, em 10 de março, efetuou três disparos de arma de fogo contra B, que faleceu apenas em 17 de março, após uma semana na UTI*".

No exemplo citado, verificam-se dois momentos distintos: o dos disparos (atividade) e o da morte (resultado). Considera-se, de acordo com o art. 4º do CP, praticado o homicídio (art. 121) no momento dos disparos (10 de março – ação), e não no momento da morte da vítima (17 de março – resultado).

A análise do tempo do crime é relevante para a aferição da **imputabilidade penal** (capacidade pessoal do agente para entender o caráter ilícito do fato – ex.: menoridade penal), bem

como para a análise de **qual lei é mais ou menos benéfica para o agente** (princípio da irretroatividade prejudicial).

5.4. Aplicação da lei penal no espaço

5.4.1. Considerações iniciais

O estudo da **aplicação da lei penal no espaço** é relevante para que seja possível a **resolução de conflitos de soberania** entre dois ou mais países, especialmente quando um crime violar interesses deles, seja porque a conduta criminosa teve início no nosso território nacional e o resultado ocorreu em outro país, seja pelo fato de o início da execução do crime ter ocorrido no exterior e o resultado em nosso território nacional.

5.4.2. Princípios relacionados com a aplicação da lei penal no espaço

A doutrina nos traz cinco princípios relativos à aplicação da lei penal no espaço, apresentando, assim, a solução para possíveis conflitos entre dois ou mais países em matéria criminal. São eles:

a) princípio da territorialidade: versa que a lei nacional será aplicada aos fatos (crimes ou contravenções penais) praticados em território nacional (art. 5º do CP);

b) princípio da nacionalidade: também denominado de princípio da personalidade, define que a lei penal de um país será aplicada ao seu cidadão, ainda que fora do território nacional;

c) princípio da defesa: também conhecido como princípio real ou princípio da proteção, dita que será aplicada a lei do país do bem jurídico lesado ou ameaçado de lesão, independentemente da nacionalidade do agente ou do local da infração penal;

d) princípio da justiça penal universal: também denominado de princípio universal, princípio da universalidade da justiça, ou princípio da justiça cosmopolita, designa que o sujeito que tenha praticado uma infração penal deverá ser punido pela justiça do local onde se encontre, ainda que tenha outra nacionalidade ou o interesse do bem jurídico lesionado seja de outro território;

e) princípio da representação: também conhecido como princípio da bandeira (lei da bandeira) ou do pavilhão, reza que o agente deverá ser punido por infração praticada no estrangeiro pelo país de origem de embarcações e aeronaves privadas, quando praticadas em seu interior, e desde que não tenha sido punido no país em que tenha praticado a infração penal.

O Brasil adotou, como regra, o **princípio da territorialidade**, ao prescrever: "Aplica-se a lei brasileira, sem prejuízo de convenções, tratados e regras de direito internacional, ao crime cometido no território nacional". Porém, também albergou os demais princípios, de maneira excepcional, no art. 7º do CP, que trata da extraterritorialidade da lei penal (aplicação da lei penal brasileira a crimes praticados no estrangeiro).

5.4.3. A territorialidade temperada e o art. 5º do CP

Como já dissemos anteriormente, o CP adotou, em seu art. 5º, o princípio da territorialidade, segundo o qual a lei brasileira será aplicada aos crimes cometidos em território nacional. Todavia, referido dispositivo legal não traduz uma territorialidade absoluta, mas relativa, ou *temperada*, como enuncia a doutrina. Quer-se dizer que, como regra, aos crimes praticados em território nacional, aplicar-se-á a lei local, ressalvadas as **convenções, tratados e regras de direito internacional**.

5.4.4. Conceito de território

O art. 5º do CP faz menção ao "território" nacional. E o que vem a ser **território**? Tal deve ser entendido em seu **sentido jurídico** como todo o *espaço terrestre, marítimo, aéreo e fluvial*, base esta na qual a **soberania nacional** será amplamente exercida (salvo nos casos de tratados, convenções e regras de direito internacional!).

Entende-se por **espaço terrestre** toda a extensão até as fronteiras territoriais, abarcando, nesse conceito, o **solo** e o **subsolo**.

Já o **espaço aéreo** é aquele correspondente à **coluna atmosférica acima do espaço terrestre**, nos termos do disposto no Código Brasileiro de Aeronáutica (Lei 7.565/1966, art. 11).

Por **espaço marítimo** deve-se entender a *extensão do mar territorial*, que corresponde a uma faixa de **12 (doze) milhas marítimas**, conforme art. 1º, *caput*, da Lei 8.617/1993.

Por derradeiro, entende-se por **espaço fluvial** todo o conjunto de **rios** pertencentes ao território nacional.

5.4.5. Conceito de território por equiparação (ou território ficto)

Os §§ 1º e 2º, ambos do art. 5º do CP, ampliando o conceito de território, prescrevem que, para efeitos penais, consideram-se como **extensão** do território nacional as **embarcações** e **aeronaves brasileiras**, de natureza **pública** ou a **serviço do governo brasileiro** onde quer que se encontrem, bem como as **aeronaves** e as **embarcações brasileiras**, **mercantes** ou de **propriedade privada**, que se achem, respectivamente, no **espaço aéreo correspondente** ou em **alto-mar**.

Ainda, as **aeronaves** ou **embarcações estrangeiras de propriedade privada**, mas que se achem aquelas em **pouso no território nacional** ou em **voo** no **espaço aéreo correspondente**, e estas em **porto** ou **mar territorial** brasileiros, serão consideradas, para efeitos penais, *território nacional*.

Em suma:

✓ embarcações e aeronaves brasileiras públicas ou a serviço do governo brasileiro = *território nacional;*

✓ embarcações e aeronaves brasileiras mercantes ou de propriedade privada em espaço aéreo correspondente ou alto-mar = *território nacional;*

✓ embarcações e aeronaves estrangeiras de propriedade privada, pousadas ou em voo no espaço aéreo nacional, ou em porto ou mar territorial = *território nacional.*

5.4.6. Lugar do crime (art. 6º do CP)

Estudado o conceito de território nacional, o art. 6º do CP define o "lugar do crime", vale dizer, **onde** foi praticada a infração penal.

Impõe-se o alerta de que referido dispositivo não cuida de definir o **foro competente** para o julgamento do agente delitivo, questão tratada no estudo da **competência no processo penal** (arts. 69 e seguintes do CPP). Aqui, estudamos o **território** ou o **país** com soberania para aplicar sua legislação penal.

Assim, o art. 6º do CP somente é aplicado na hipótese de uma infração penal **ter início em nosso território nacional, e o resultado ocorrer em outro** (exterior), ou vice-versa. Tal situação é denominada pela doutrina como **crime à distância** ou de **espaço máximo,** que é aquele cuja execução se inicia em um país, mas o resultado é verificado em outro.

Voltando ao lugar do crime, a legislação pátria o definiu com base na **teoria mista** ou da **ubiquidade**, segundo a qual se considera como lugar do crime tanto o da ação ou omissão quanto aquele em que se verificar o resultado. Ex.: "A" ministra veneno na xícara de café que "B" ingeriu em um trem, que partiu do Brasil rumo à Bolívia. Se "B" morrer na Bolívia, ainda assim o Brasil poderá aplicar a lei penal a "A". Se o contrário ocorresse ("A" tivesse envenenado "B" na Bolívia e o resultado morte se verificasse no Brasil), ainda assim nossa legislação poderia ser aplicada.

5.4.7. Extraterritorialidade (art. 7º do CP)

Por vezes, ainda que uma infração penal seja praticada fora do território nacional, a lei penal brasileira poderá ser aplicada ao agente que a tiver realizado, por força da denominada **extraterritorialidade**.

O art. 7º do CP distingue duas formas de extraterritorialidade: a incondicionada e a condicionada.

O **inciso I**, de referido dispositivo legal, cristaliza a **extraterritorialidade incondicionada,** segundo a qual a mera prática do delito em outro país que não o Brasil já é suficiente para provocar a aplicação da lei penal brasileira, independentemente de qualquer requisito. Assim, será o caso de ser aplicada a lei nacional, embora o crime tenha sido praticado no estrangeiro, ainda que o agente seja absolvido ou condenado no estrangeiro, aos crimes contra:

a) a vida ou a liberdade do Presidente da República;

b) o patrimônio ou a fé pública da União, do DF, de Estado, Território, Município, de empresa pública, sociedade de economia mista, autarquia ou fundação instituída pelo Poder Público;

c) a administração pública, por quem está a seu serviço;

d) de genocídio, quando o agente for brasileiro ou domiciliado no Brasil.

Já o inciso II do mesmo artigo traz-nos as hipóteses de **extraterritorialidade condicionada,** que, como o próprio nome diz, somente admitirá a aplicação da lei penal brasileira se satisfeitas algumas condições (definidas no § 2º do art. 7º do CP). São os seguintes casos:

a) crimes que, por tratado ou convenção, o Brasil se obrigou a reprimir;

b) crimes praticados por brasileiro;

c) crimes praticados em aeronaves ou embarcações brasileiras, mercantes ou de propriedade privada, quando em território estrangeiro e aí não sejam julgados.

As **condições** para a aplicação da lei penal nos casos acima mencionados são:

a) entrar o agente no território nacional;

b) ser o fato punível também no país em que foi praticado;

c) estar o crime incluído entre aqueles pelos quais a lei brasileira autoriza a extradição;

d) não ter sido o agente absolvido no estrangeiro ou não ter aí cumprido a pena;

e) não ter sido o agente perdoado no estrangeiro ou, por outro motivo, não estar extinta a punibilidade, segundo a lei mais favorável.

Por fim, o § 3º, complementando o rol de condições para a aplicação da lei penal se o crime foi praticado fora do Brasil, determina que **nossa lei seja aplicada ao estrangeiro que tenha praticado crime contra brasileiro** no exterior, se:

a) não foi pedida ou negada a extradição;

b) houve requisição do Ministro da Justiça.

Fala-se, no caso do art. 7º, § 3º, do CP, em **extraterritorialidade hipercondicionada.**

5.5. Aplicação da lei penal com relação às pessoas (imunidades)

Em decorrência do disposto nos arts. 5º e 7º do CP, combinados com o art. 1º do CPP, em princípio, todas as regras de processo penal deverão ser aplicadas a qualquer pessoa que deva se submeter à jurisdição brasileira. Entretanto, a Constituição Federal e o art. 1º, II, do CPP arrolam as pessoas que, excepcionalmente, terão regras próprias para a verificação da sua culpabilidade. Tais regras são denominadas imunidades.

A imunidade é uma prerrogativa conferida a certas pessoas em virtude das atividades por elas desempenhadas como forma de garantir, assim, o livre exercício de suas funções. A imunidade pode ser *diplomática* ou *parlamentar*.

5.5.1. Imunidade diplomática

A imunidade diplomática é aplicada a qualquer delito praticado por agente diplomático (embaixador, secretários da embaixada, pessoal técnico e administrativo das representações), estendendo-se à sua família, a funcionários de organismos internacionais em serviço (exemplos: ONU, OEA) e quando em visita oficial. Trata-se de uma imunidade irrenunciável. Os chefes de Estados estrangeiros e os membros de sua comitiva também estão acobertados pela imunidade diplomática.

O agente diplomático não é obrigado a prestar depoimento como testemunha, salvo se o depoimento estiver relacionado com o exercício de suas funções.

5.5.2. Imunidade parlamentar

Essa espécie de imunidade garante ao parlamentar (deputado federal e senador) a ampla liberdade de palavra no exercício de suas funções (denominada imunidade material – art. 53, *caput*, da CF/1988), bem como a garantia de que não possam ser presos, exceto em flagrante por delito inafiançável (art. 53, § 2º, 1ª parte, da CF/1988 – é a denominada imunidade formal). Por decorrerem da função exercida e não da figura (pessoa) do parlamentar, não se admite a sua renúncia (é, portanto, irrenunciável).

Estende-se também (a imunidade material) aos vereadores se o crime foi praticado no exercício do mandato e na circunscrição do Município. Porém, referidos membros do Poder Legislativo não gozam de imunidade formal (também denominada processual ou relativa).

Resumindo:

✓ **Imunidade parlamentar (gênero):**

a) *imunidade material* (absoluta) = deputados (federais e estaduais), senadores e vereadores (só nos limites do município);

b) *imunidade formal* (relativa ou processual) = deputados (federais e estaduais) e senadores (vereadores não a têm).

6. TEORIA GERAL DO CRIME

6.1. Teoria do Crime

6.1.1. Considerações iniciais

O estudo da denominada **Teoria do Crime** tem por objetivo destacar os aspectos jurídicos acerca deste fenômeno social que, infelizmente, assola a sociedade.

Para tanto, iniciaremos com as seguintes noções, a partir de agora enfrentadas.

6.1.2. Critério dicotômico

O Brasil, em matéria de **infração penal**, adotou o critério denominado pela doutrina de **dicotômico,** eis que aquela é gênero que comporta **duas espécies**, a saber:

a) crimes (ou delitos – são sinônimos); e

b) contravenções penais.

Em um primeiro momento, basta saber que, intrinsecamente, crimes e contravenções penais não guardam diferenças entre si. Não é demais lembrar que ambos dependem de **lei** para sua criação (princípio da legalidade – art. 5º, XXXIX, da CF).

Aqui, o legislador, ao criar uma infração penal, deverá sopesar os bens jurídicos protegidos por ela e escolher se prefere criar um crime ou uma contravenção penal. De qualquer forma, importa destacar que esta é mais branda do que aquele, vale dizer, a resposta estatal pela prática do primeiro é mais rígida do que pela segunda.

6.1.3. Conceitos de crime

Melhor ingressando no estudo da teoria do crime, faz-se necessária a colação de três conceitos ou concepções de crime definidas pela doutrina. São elas:

a) conceito material: crime é todo comportamento humano que **lesa** ou **expõe a perigo de lesão** bens jurídicos tutelados pelo Direito Penal. Trata-se de conceito que busca traduzir a essência de crime, ou seja, busca responder à seguinte indagação: o que é um crime?

b) conceito formal: crime corresponde à **violação da lei penal**. Em outras palavras, corresponde à relação de subsunção ou de concreção entre o fato e a norma penal incriminadora (ex.: Se "A" matar "B", terá violado a norma penal inserida no art. 121 do CP);

c) conceito analítico: se se adotar a **concepção bipartida** (defendida por Damásio de Jesus, Julio Mirabete e Fernando Capez, por exemplo), crime é **fato típico e antijurídico.** Já se for adotada a concepção tripartida (defendida pela doutrina majoritária), **crime é fato típico, antijurídico e culpável**. É a teoria (a tripartida, ou tripartite) mais aceita em nível doutrinário, e pela própria OAB.

Partindo-se do pressuposto que crime é fato típico e antijurídico, a culpabilidade será elemento estranho à sua caracterização, sendo imprescindível sua análise apenas para que seja possível, verificada a reprovação da conduta praticada pelo agente, a aplicação de sanção penal ao infrator.

6.2. Fato típico

O fato típico é o primeiro requisito do crime. Portanto, podemos afirmar que não existe crime se não houver um **fato típico**. E o que vem a ser isso?

Pode-se afirmar que fato típico é o **fato material** descrito em lei como **crime**.

A **estrutura** do fato típico é a seguinte:

a) conduta;

b) resultado;

c) nexo causal (ou de causalidade, ou, ainda, relação de causalidade);

d) tipicidade.

Conduta, resultado, nexo causal e tipicidade são os **elementos** do fato típico. Os três primeiros correspondem ao que denominamos de **fato material.** Já o último será o responsável pela **descrição** deste fato material em **lei**.

Em verdade, estudar o fato típico nada mais é do que estudar seus elementos constitutivos. Vamos a eles.

6.2.1. Conduta

Tem como clássica definição ser **todo comportamento humano, positivo ou negativo, consciente e voluntário, dirigido a uma finalidade específica**.

Evidentemente, não é possível imaginarmos crime sem conduta (*nullum crimen sine conducta*). É ela a responsável pelo "atuar" do homem, causador de uma lesão ou perigo de lesão ao bem jurídico tutelado pela norma penal incriminadora.

Diz-se que a conduta é um **comportamento humano** na medida em que somente o homem, ser racional que é, pode agir ou deixar de agir, causando com isso uma lesão ou ameaça de lesão ao bem da vida que o legislador tencionou proteger.

O que muito se discute é a possibilidade da prática de **crimes por pessoas jurídicas**, que são entes fictícios criados pela lei com o objetivo maior de separar o patrimônio dos sócios que as compõem com o da sociedade. Discussões à parte, a doutrina majoritária entende que pessoa jurídica somente pode praticar crimes ambientais, por força do art. 225, § 3º, da CF, regulamentado pela Lei 9.605/1998 (Lei dos Crimes Ambientais).

Retornando ao conceito de conduta, a par de ser um comportamento humano, é certo que sua expressão no mundo fenomênico poderá decorrer de uma **ação** (daí o comportamento ser positivo, gerador dos **crimes comissivos**) ou de uma **omissão** (comportamento negativo, gerador dos crimes **omissivos**). Boa parte dos crimes é praticada mediante ação (que corresponde a um fazer, a um atuar positivamente). Excepcionalmente, quando o legislador expressamente previr, será possível que um crime seja praticado por uma inação, uma conduta negativa, uma omissão (ex.: omissão de socorro – art. 135 do CP). Isso porque, como regra, uma inação, um não fazer, não gera qualquer efeito ("do nada, nada vem").

No tocante à **omissão**, esta pode ser de **duas espécies**:

a) omissão própria (*crimes omissivos próprios ou puros*) – vem descrita na lei. O dever de agir deriva da própria norma. Frise-se que os crimes omissivos próprios não admitem tentativa, visto que basta a omissão para o crime se consumar. Ex.: omissão de socorro (art. 135, CP);

b) omissão imprópria (*crimes omissivos impróprios, impuros, espúrios ou comissivos por omissão*) – o agente tem o dever jurídico de agir para evitar um resultado. Não o fazendo, responderá por sua omissão (art. 13, § 2º, CP). O agente somente responderá por crime omissivo impróprio se tiver o **dever de agir e puder** agir. Na *omissão imprópria*, o **dever jurídico de agir** do agente decorrerá de uma das seguintes situações:

i. quando tenha por **lei** obrigação de cuidado, proteção ou vigilância (ex.: dever dos pais de zelar pela integridade dos filhos, decorrente do poder familiar, expresso no Código Civil);

ii. quando, de **outra forma**, assumiu a responsabilidade de impedir o resultado, assumindo a posição de *garante* ou *garantidor* (ex.: enfermeira contratada para cuidar de pessoa idosa, tendo por incumbência ministrar-lhe medicamentos);

iii. quando, com o seu **comportamento anterior**, criou o risco da ocorrência do resultado. Trata-se do que a doutrina denomina de *dever de agir por ingerência na norma* (ex.: veteranos arremessam calouro em piscina, não sabendo este nadar. Terão o dever de salvá-lo, sob pena de responderem pelo resultado que não evitaram).

Em prosseguimento aos elementos da conduta, esta deve corresponder a um comportamento humano **consciente e voluntário**, ou seja, o indivíduo deve saber o que está fazendo, bem como ter liberdade locomotora para agir (ou deixar de agir). Portanto, excluirá a conduta (e, via de consequência, inexistirá fato típico) as seguintes situações mencionadas pela doutrina:

a) atos reflexos;

b) sonambulismo e hipnose;

c) coação física irresistível;

d) caso fortuito; e

e) força maior.

Por fim, à luz da teoria finalista da ação, adotada por boa parte da doutrina, **não há conduta que não tenha uma finalidade**. O agir humano é sempre voltado à realização de algo, lícito ou ilícito.

6.2.2. Resultado

A consequência ou decorrência natural da conduta humana é o **resultado**. A doutrina costuma classificá-lo de duas formas: a) resultado naturalístico e; b) resultado normativo (ou jurídico).

Segundo Damásio E. de Jesus, **resultado naturalístico** é a modificação do mundo exterior provocada pela conduta. Em outras palavras, é a percepção dos efeitos do crime pelos sentidos humanos (ex.: morte, redução patrimonial, destruição de coisa alheia etc.). Todavia, nem todo crime acarreta um resultado naturalístico, como é o caso da violação de domicílio ou do ato obsceno, que não geram qualquer resultado perceptível pelos sentidos humanos. Daí a doutrina, considerando-se o resultado naturalístico, distinguir os crimes em três espécies:

a) crimes materiais (**ou de resultado**) – são os que exigem resultado (ex.: homicídio, furto, roubo);

b) crimes formais (**ou de consumação antecipada**) – são os que, embora possam ter um resultado, restarão caracterizados mesmo sem sua verificação (ex.: extorsão mediante sequestro – basta o arrebatamento da vítima para a consumação do crime, ainda que o resgate não seja pago pelos familiares);

c) crimes de mera conduta (ou de simples atividade) –

como o próprio nome diz, são aqueles que não têm resultado naturalístico, que é impossível de acontecer (ex.: violação de domicílio e ato obsceno).

6.2.3. Nexo de causalidade

O nexo causal (ou de causalidade) corresponde ao terceiro elemento do fato típico.

Nada mais é do que o **elo entre a conduta praticada pelo indivíduo e o resultado dela decorrente**.

O art. 13, primeira parte, do CP determina que "o resultado, de que depende a existência do crime, somente é imputável a quem lhe deu causa". Em outras palavras, somente é possível imputar (atribuir) a uma pessoa um resultado se este for **causado** por ela.

Considerando o conceito de **resultado naturalístico** (e o art. 13 do CP somente pode ser aplicável aos crimes materiais!), este somente pode ser atribuído a alguém se for o seu causador.

6.2.3.1. Causas

Para o Direito Penal, não existe diferença entre causa ou condição. Enfim, tudo o que concorrer para a existência de um resultado será considerado causa. Daí a segunda parte do referido dispositivo legal salientar: "considera-se causa toda a ação ou omissão sem a qual o resultado não teria ocorrido".

Em matéria de nexo causal, o Código Penal adotou a chamada teoria da *conditio sine qua non*, ou **teoria da equivalência dos antecedentes**.

Todavia, embora tudo o que concorrer para o crime possa, em princípio, ser considerado causa, se esta for **superveniente** (à conduta do agente) e, **por si só, produzir o resultado**, este não poderá ser atribuído ao indivíduo, uma vez que a situação estará fora da linha de desdobramento normal da conduta. É caso de "A" que, querendo matar "B", atira em sua direção produzindo-lhe lesões corporais graves. Este é socorrido por uma ambulância que, em alta velocidade, colide com um caminhão, o que foi o efetivo motivo da morte de "B". Portanto, embora "B" tenha morrido somente pelo fato de estar em uma ambulância que o socorreu por força de disparo de arma de fogo desferido por "A", o que configuraria a causa de sua morte, o fato é que este evento acidental não pode ser atribuído ao atirador. Portanto, a solução dada pelo Código Penal é a de que o sujeito responderá apenas pelos atos até então praticados (tentativa de homicídio, no caso).

No caso de verificação de causa superveniente (art. 13, § 1º, do CP), a doutrina aponta que o Código Penal adotou a **teoria da causalidade adequada**, e não da equivalência dos antecedentes.

Apenas para reforçar, nos crimes formais e de mera conduta, nos quais não se exige a ocorrência de resultado (naturalístico), não haverá que se falar em nexo causal, já que este é o elo entre a conduta e o **resultado.** Se referidos tipos de crimes não exigem resultado, evidentemente não existirá nexo causal.

Em resumo:

I. Causas dependentes: São aquelas que decorrem (dependem) diretamente da *conduta* do agente. Ex.: "A" atira em

"B", que morre em razão da perfuração. A causa do resultado dependeu da conduta do agente;

II. Causas independentes: São aquelas que produzem o resultado, guardando alguma ou nenhuma relação com a *conduta* do agente. Subdividem-se em:

a) Absolutas (ou absolutamente independentes) = são aquelas que por si sós produzem o resultado, independentemente da conduta do agente. A consequência é que o agente não responderá pelo resultado. Ex.: "A" quer matar "B" envenenado. Para tanto, coloca veneno em sua comida. No entanto, antes de "B" comer, morre por ataque cardíaco. O agente, no máximo, responderá por tentativa de homicídio, desde que tenha iniciado a execução do crime;

b) Relativas (ou relativamente independentes) = são aquelas que por si só não produzem o resultado, sendo a conduta do agente decisiva para a sua produção. A consequência é que o agente responderá, em regra, pelo resultado. Ex.: "A", sabendo que "B" é portador de hemofilia (concausa), neste provoca uma lesão corporal, da qual advém a morte em razão de uma hemorragia. "A" responderá por homicídio, visto que sua conduta (lesão corporal), aliada à concausa (hemofilia), foi decisiva para o resultado naturalístico.

Exceção: **causas supervenientes relativamente independentes** que por si só produzem o resultado. O agente *não responderá pelo resultado*, mas, apenas, pelo que efetivamente causou (art. 13, § 1º, CP). Ex.: "A" atira em "B", querendo matá-lo. No entanto, "B", socorrido por uma ambulância, morre em virtude da explosão desta, envolvida em um acidente automobilístico. Se o acidente tiver sido a causa efetiva da morte de "B", este resultado não será imputado a "A", que somente responderá por tentativa de homicídio. Não se aplica, aqui, a teoria da *conditio sine qua non*, mas, sim, a **teoria da causalidade adequada,** segundo a qual causa é tudo aquilo apto e suficiente à produção de um resultado.

6.2.4. Tipicidade

Finalmente, o último elemento do fato típico é a **tipicidade**, que nada mais é do que a subsunção (adequação) entre o fato concreto e a norma penal incriminadora.

Em outras palavras, haverá **tipicidade penal** quando a ação ou omissão praticada pelo indivíduo tiver **previsão legal** (ex.: Se "A" mata "B", realizou o fato descrito no art. 121 do CP; se "A" subtrair (furtar) o carro de "B", terá realizado o fato descrito no art. 155 do CP). Aqui, fala-se em **tipicidade formal**. Contudo, necessária, também, para o reconhecimento da tipicidade penal, a chamada **tipicidade material**, vale dizer, a lesão ou perigo de lesão provocados ao bem jurídico pelo comportamento praticado pelo agente.

Quando houver a descrição de uma conduta proibida em lei, estaremos diante do chamado **tipo penal,** que é um **modelo legal e abstrato** daquela conduta que deve ou não ser realizada pelo agente.

É importante salientar que toda conduta realizada pelo homem deverá ser preenchida por um elemento subjetivo, qual seja o **dolo** ou a **culpa.**

Portanto, se um crime for doloso, significa que a conduta praticada pelo agente terá sido dolosa. Já se o crime for culposo, a conduta terá sido culposa.

Passaremos, mais adiante, ao estudo do dolo e da culpa. Porém, antes disso, é mister trazermos algumas explicações sobre as espécies de tipos penais e seus elementos.

6.2.4.1. Categorias de tipos penais

Os tipos penais são divididos em duas grandes categorias:

a) Tipos penais incriminadores (ou legais) = são aqueles que descrevem a figura criminosa ou contravencional, cominando as respectivas penas;

b) Tipos penais permissivos (ou justificadores, ou justificantes) = são aqueles que descrevem a forma pela qual a conduta humana será considerada lícita. Traduzem-se nas causas excludentes da ilicitude ou antijuridicidade (ex.: legítima defesa – art. 25, CP; estado de necessidade – art. 24, CP).

6.2.4.2. Elementos dos tipos penais incriminadores

Os tipos penais incriminadores ou legais podem conter os seguintes elementos:

a) Objetivos = também chamados de descritivos, são aqueles que traduzem as circunstâncias em que a conduta criminosa ou contravencional é praticada. São elementos que podem ser compreendidos de forma bastante simples, sem que se necessite de qualquer juízo de valor. Ex.: no homicídio, temos o verbo "matar", seguido da expressão "alguém". Esta é considerada elemento objetivo do tipo, visto que de fácil assimilação e compreensão;

b) Subjetivos = são aqueles que dizem respeito à intenção do agente. Nem todo tipo penal contém elementos subjetivos. Ainda que impropriamente, a doutrina diz que o elemento subjetivo do tipo é o "dolo específico", ou, ainda, o "especial fim de agir do agente". Ex.: no crime de furto, não basta ao agente agir com dolo na subtração da coisa alheia móvel, sendo imprescindível que atue com *animus rem sibi habendi*, ou seja, com a intenção de assenhorear-se definitivamente da coisa furtada;

c) Normativos = são aqueles que não conseguirão ser compreendidos sem a emissão de um juízo de valor. Os elementos normativos podem exigir uma compreensão puramente *jurídica* (**elementos normativos jurídicos**), traduzindo-se em expressão que são explicadas pelo direito (ex.: conceito de documento para fins de caracterização do crime de falsificação de documento), ou, ainda, extrajurídica (moral, cultural), redundando nos **elementos normativos extrajurídicos**. É o que ocorre, por exemplo, com o crime de ato obsceno. A expressão "obsceno" exige, para sua compreensão, um juízo de valor moral (extrajurídico).

Os tipos penais que somente contiverem elementos objetivos serão denominados de **tipos normais**. Já aqueles que contiverem elementos subjetivos e/ou normativos são chamados de **tipos anormais**.

6.2.4.3. Crime doloso

O conceito de dolo é bastante simples: corresponde à **vontade livre e consciente do sujeito ativo (agente) em realizar os elementos do tipo**.

O CP, art. 18, I, adotou, quanto ao dolo, a **teoria da vontade** e a **teoria do assentimento**. Diz-se o crime doloso quando o agente **quis** produzir o resultado (dolo direto) ou **assumiu o risco** de produzi-lo (dolo eventual).

Apenas para frisar, o dolo pode ser **direto**, quando o agente tem a vontade livre e consciente de produzir o resultado, ou **indireto**, que se subdivide em **eventual** (o agente assume o risco de produzir o resultado, não se importando que ele ocorra) e **alternativo** (o agente não se importa em produzir um ou outro resultado). O CP não tratou do dolo alternativo, mas, apenas, do eventual.

6.2.4.4. Crime culposo

O CP, art. 18, II, considera culposo o crime quando o agente dá causa ao resultado por **imprudência, negligência ou imperícia**. Essas são as **modalidades** de culpa.

Assim, um crime será considerado culposo quando o agente, *mediante uma conduta inicial voluntária, produzir um resultado ilícito involuntário, previsto ou não, decorrente da violação de um dever objetivo de cuidado*.

A **imprudência**, primeira modalidade de culpa, corresponde a um **agir perigosamente** (portanto, uma ação). A **negligência**, que corresponde à segunda modalidade de culpa, estará verificada quando o sujeito **deixar de fazer algo que deveria ter feito** (portanto, uma omissão). Por fim, a **imperícia** somente se verifica quando o sujeito realiza algo **sem aptidão técnica para tanto**. É a denominada **culpa profissional**.

O crime culposo apresenta os seguintes **elementos**:

a) conduta inicial voluntária (o agente age sem ser forçado);

b) quebra do dever objetivo de cuidado (o agente rompe o dever de cuidado ao agir com imprudência, negligência ou imperícia);

c) resultado involuntário (sobrevém da quebra do dever objetivo de cuidado em relação a um resultado não querido pelo agente);

d) nexo de causalidade (entre a conduta voluntária e o resultado involuntário deve existir relação de causalidade);

e) tipicidade (a forma culposa do delito deve estar expressamente prevista em lei – art. 18, parágrafo único, CP);

f) previsibilidade objetiva (terceira pessoa, que não o agente, dotada de prudência e discernimento medianos, conseguiria prever o resultado);

g) ausência de previsão (apenas na culpa inconsciente).

Ainda quanto à culpa, destacamos duas **espécies** ou **tipos**:

a) culpa consciente: é aquela em que o agente acredita sinceramente que o resultado não se produzirá, embora o preveja. É a exceção. Difere do **dolo eventual**, visto que neste o agente não só prevê o resultado, mas *pouco se importa com sua produção*, ou seja, consente com o resultado. Já na culpa consciente, ainda que o agente preveja o resultado, *acredita sinceramente que este não ocorrerá*;

b) culpa inconsciente: é aquela em que o agente não prevê o resultado, embora seja previsível. É a regra.

Por fim, no Direito Penal não existe **compensação de culpas**, critério que se verifica no Direito Civil. É possível, todavia, a **concorrência de culpas**, ou seja, duas ou mais pessoas concorrerem culposamente para a produção de um resultado naturalístico. Neste caso, todos responderão na medida de suas culpabilidades.

Impõe referir que os **crimes culposos não admitem tentativa**, visto que esta somente é compatível com os crimes dolosos. Afinal, nestes, o resultado decorre da vontade livre e consciente do agente, que o quer ou assume o risco de produzi-lo, o que não se verifica nos crimes culposos.

6.2.4.5. Crime preterdoloso (ou preterintencional)

É um misto de dolo e culpa. Há dolo na **conduta antecedente** e culpa no **resultado consequente**. Trata-se de uma das espécies de crimes qualificados pelo resultado (art. 19 do CP).

O crime preterdoloso também é chamado de **preterintencional**.

Pelo fato de o **crime preterdoloso** ser formado por um resultado culposo agravador (culpa no consequente), é **inadmissível a tentativa**. Se esta não é cabível para os crimes culposos, pela mesma razão é incompatível com os crimes preterdolosos, que necessariamente são materiais (exige-se o resultado naturalístico para sua produção).

6.3. Iter criminis

Todo crime passa (ou pode passar) por pelo menos **quatro fases**. Em latim, diz-se que o caminho percorrido pelo crime é o **iter criminis**, composto das seguintes etapas:

a) cogitação (fase interna);

b) preparação (fase externa);

c) execução (fase externa);

d) consumação (fase externa).

A **cogitação**, por ter relação direta com o aspecto volitivo (vontade) do agente, é impunível, correspondendo à **fase interna** do *iter criminis*. Em outras palavras, não se pode punir o simples **pensamento**, ainda que corresponda a um crime (ex.: "A" cogita matar "B", seu desafeto).

A **preparação**, primeira etapa da **fase externa** do *iter criminis*, corresponde, como o nome diz, à tomada de providências pelo agente para ser possível a realização do crime. Portanto, prepara todas as circunstâncias que antecedem à prática criminosa. Em regra, a mera preparação de um crime é impunível, na medida em que a infração penal toma corpo a partir do momento em que se inicia sua execução, saindo os atos da esfera do agente e ingressando na esfera da vítima. Por vezes o Código Penal, aparentemente, incrimina típicos atos preparatórios, como o crime de quadrilha ou bando (art. 288), cuja denominação, a partir do advento da "Nova Lei do Crime Organizado" (Lei 12.850/2013), passou a ser o de *associação criminosa*.

A **execução** se verifica quando da prática do **primeiro ato idôneo e inequívoco**, hábil a consumar o crime. Trata-se, evidentemente, de **fase externa** do delito.

Por fim, a **consumação** é a última etapa do *iter criminis*, verificando-se de acordo com cada crime (material, formal, mera conduta...). Também pertence à **fase externa** do ilícito penal.

E como saber a diferenciação entre atos preparatórios e executórios?

Pois bem. O *iter criminis* somente passa a ter relevância penal quando o agente sai da etapa preparatória e inicia a executória. Mas quando é que se inicia a execução do crime? Três são os critérios trazidos pela doutrina:

a) critério material: quando iniciada a lesão ou perigo ao bem jurídico;

b) critério formal: quando iniciada a execução do verbo (ação nuclear) do tipo. É o que prevalece;

c) critério objetivo-individual: atos imediatamente anteriores à execução da conduta típica, mas voltados à realização do plano criminoso do agente.

6.3.1. Crime consumado

Nos termos do art. 14, I, CP, diz-se que o crime foi consumado quando **nele se reunirem todos os elementos de sua definição legal (tipo penal)**.

Ter-se-á por consumado o crime quando o fato concreto se amoldar ao tipo abstratamente previsto pela lei penal.

Os crimes materiais consumam-se no momento em que se verificar o resultado naturalístico. Já os crimes formais, ou de consumação antecipada, consumam-se independentemente de o agente delitivo alcançar seu intento. Finalmente, os crimes de mera conduta, como o próprio nome sugere, consumam-se com a simples atividade.

6.3.2. Crime tentado (conatus)

Nos termos do art. 14, II, CP, diz-se que o crime é tentado quando, iniciada sua execução, não se consumar por **circunstâncias alheias à vontade do agente**. Portanto, embora o sujeito ativo do crime a este dê início, revelando sua intenção (dolo), não conseguirá prosseguir em seu intento por circunstâncias estranhas à sua vontade (ex.: a vítima foge; a polícia impede a consumação do crime; populares não permitem o prosseguimento da infração penal).

O agente será punido com a mesma pena do crime consumado, mas reduzida de 1/3 a 2/3, adotando-se como critério para o *quantum* de diminuição a "*proximidade da consumação*" (quanto mais próximo o crime tiver chegado da consumação, menor será a redução).

Acolheu o Código Penal, em matéria de tentativa, a denominada **teoria objetiva**, segundo a qual não se pode punir o agente com o mesmo rigor (pena) em caso de consumação da infração. Contrapõe-se à **teoria subjetiva**, que preconizava que a punição pela tentativa deveria ser a mesma correspondente à do crime consumado.

Excepcionalmente, o crime tentado será punido com o mesmo rigor do consumado, tal como ocorre no art. 352 do CP (evasão de preso). É o que se denomina de *crime de atentado*.

Quanto ao *iter criminis* percorrido, a doutrina divide a tentativa nas seguintes espécies:

a) tentativa imperfeita (ou inacabada): é aquela em que o agente é interrompido na execução do crime enquanto ainda o praticava, por circunstâncias alheias a sua vontade, não conseguindo esgotar todo o seu potencial ofensivo;

b) tentativa perfeita (ou acabada, ou crime falho): é aquela em que o agente esgota toda sua potencialidade ofensiva, indo até o fim com os atos executórios. Contudo, o crime não se consuma por circunstâncias alheias à vontade do agente.

Quanto ao grau de lesividade, a tentativa subdivide-se em:

c) tentativa branca (ou incruenta): é aquela em que o objeto material (pessoa ou coisa sobre a qual recai a conduta) não é atingido;

d) tentativa vermelha (ou cruenta): é aquela em que o objeto material é atingido, mas mesmo assim o crime não se consuma.

Algumas infrações penais **não admitem tentativa**:

a) crimes culposos;

b) crimes preterdolosos;

c) contravenções penais (art. 4º da LCP);

d) crimes omissivos próprios;

e) crimes unissubsistentes;

f) crimes habituais;

g) crimes condicionados, em que a lei exige a ocorrência de um resultado (ex.: art. 122, CP);

h) crimes de atentado ou de empreendimento, cuja figura tentada recebe a mesma pena do crime consumado (ex.: art. 352, CP).

6.3.3. Desistência voluntária e arrependimento eficaz

São espécies da chamada **tentativa abandonada**. Vêm previstos no artigo 15 do CP.

Aquele que, **voluntariamente**, desiste de prosseguir na execução do crime só responderá pelos atos **anteriormente praticados**. É a denominada **desistência voluntária**. O agente inicia a execução do crime, mas não o leva à consumação porque desiste voluntariamente de prosseguir no intento criminoso. Nesse caso, só são puníveis os atos até então praticados, sendo **atípica a tentativa do crime inicialmente visado**.

Já o agente que, **esgotando os atos executórios**, toma atitude e **impede** a consumação do crime, não responde pela tentativa do crime inicialmente visado, mas apenas pelos atos já praticados. Aqui há o **arrependimento eficaz**. Caso o agente se arrependa, tentando impedir o resultado decorrente de sua conduta, mas este é verificado, o arrependimento terá sido **ineficaz**. A consequência é a mesma da desistência voluntária: a tentativa do crime inicialmente visado pelo agente é atípica, remanescendo apenas os atos que efetivamente haja praticado.

Em resumo:

I. Desistência voluntária:

    a) início de execução do crime;

    b) não consumação do crime;

    c) ato voluntário do agente que abandona a execução

I.I. Consequência: não responde pela tentativa do crime inicialmente executado, mas, apenas, pelos **atos efetivamente praticados** (Ex.: "A", querendo matar "B", inicia a execução de um homicídio. Tendo efetuado um disparo, podendo efetuar outros, desiste de prosseguir em seu intento criminoso, abandonando o local. Se "B" não morrer, "A" responderá apenas por lesões corporais);

II. Arrependimento eficaz:

    a) início de execução do crime;

    b) não consumação do crime;

    c) ato voluntário do agente que impede a consumação;

II.I. Consequência: não responde pela tentativa do crime inicialmente executado, mas, apenas, pelos **atos efetivamente praticados** (Ex.: "A", querendo matar "B", inicia a execução de um homicídio. Tendo efetuado todos os disparos, arrepende-se e socorre a vítima, levando-a ao hospital. Se "B" não morrer, "A" responderá apenas por lesões corporais).

6.3.3.1. Diferença entre desistência voluntária e arrependimento eficaz

Na **desistência voluntária**, o agente **não esgota todos os atos executórios** tendentes à consumação do crime. Já no **arrependimento eficaz**, o agente **pratica todos os atos executórios** aptos à consumação. No entanto, arrependido, pratica conduta suficiente a impedir a consumação.

Seja na desistência voluntária ou no arrependimento eficaz, caso a consumação ocorra, o agente responderá pelo crime em sua forma consumada. Nesse caso, de nada teria adiantado a desistência ou o arrependimento. Ambos devem ser **eficazes**.

6.3.4. Arrependimento posterior

Vem previsto no art. 16 do CP. Pressupõe os seguintes **requisitos:**

a) crime cometido sem violência ou grave ameaça à pessoa;

b) reparação integral do dano ou restituição da coisa;

c) conduta voluntária – não se exige espontaneidade;

d) reparação do dano ou restituição da coisa até o recebimento da denúncia ou queixa – se for feito posteriormente, incidirá uma atenuante genérica, prevista no art. 65, III, do CP.

Trata-se de causa genérica de **diminuição de pena**. A intenção do legislador foi "premiar" o agente que, embora tenha cometido um crime, arrepende-se e procure minorar os efeitos do ilícito praticado.

Todavia, não se admite a incidência do instituto em comento em qualquer crime, mas apenas naqueles cometidos **sem violência ou grave ameaça à pessoa** (ex.: roubo, extorsão, extorsão mediante sequestro).

Aponta a doutrina, ainda, que a **reparação do dano** não pode ser parcial, mas sim **integral**. Se "A" causou um prejuízo de mil reais a "B", deve restituí-lo integralmente das perdas. Pode-se, em determinadas hipóteses, restituir-se a própria coisa (ex.: no furto de um DVD, por exemplo, pode-se devolvê-lo *in specie* ao seu dono). Neste caso, não poderá estar danificado, sob pena de o agente não ver sua pena reduzida.

Por fim, tencionou o legislador "premiar" o sujeito que repara o dano até determinado lapso temporal expressamente definido no art. 16 do CP: até o **recebimento da denúncia ou queixa**. Se a reparação for **posterior** ao referido ato processual, o agente, quando da fixação de sua pena, terá direito apenas à incidência de uma **circunstância atenuante**, certamente **inferior à diminuição** prevista para o **arrependimento posterior** (se é que poderá incidir, já que, se a pena-base for fixada no piso legal, aponta a jurisprudência majoritária, bem como a doutrina, pela sua não aplicação, o que conduziria a pena aquém do mínimo legal).

Em determinados crimes, a reparação do dano poderá gerar efeitos outros que não a mera redução de pena. É o caso do peculato culposo (art. 312, § 3º, 1ª parte do CP), no qual a reparação do dano **antes da sentença irrecorrível** é **causa extintiva da punibilidade** e, **após referido ato decisório**, é causa de **diminuição da pena**, à base de 1/2 (art. 312, § 3º, 2ª parte, do CP).

6.3.5. Crime impossível

Vem previsto no art. 17 do CP. É também chamado de **tentativa impossível, tentativa inidônea, tentativa inadequada ou quase crime**.

É verificado quando a consumação do crime tornar-se impossível em virtude da **absoluta ineficácia do meio empregado** ou pela **impropriedade absoluta do objeto material do crime**.

Trata-se, segundo aponta a doutrina, de hipótese de **atipicidade da tentativa do crime inicialmente visado pelo agente**.

Como definiu o legislador, somente haverá crime impossível por força de duas circunstâncias:

a) ineficácia absoluta do meio: quando o agente valer-se de meio para a prática do crime que jamais poderia levar à sua consumação, estar-se-á diante de meio absolutamente ineficaz. É o caso de ser ministrada água, em um copo de suco, para matar a vítima, ou dose absolutamente inócua de substância apontada como veneno, que jamais causaria sua morte;

b) impropriedade absoluta do objeto: quando a ação criminosa recair sobre objeto que absolutamente não poderá sofrer lesão em face da conduta praticada pelo agente, estar-se-á diante de objeto absolutamente impróprio. É o caso de "A" que atira em "B", morto há duas horas, ou de uma mulher que pratica manobras abortivas (ex.: toma medicamento abortivo) não estando grávida.

Ressalva a doutrina, contudo, que, se a impropriedade for **relativa**, o agente responderá pela tentativa do crime que tiver iniciado, não havendo que se falar em crime impossível. Adota-se, aqui, a denominada **teoria objetiva temperada**. É o caso de "A" que, querendo matar "B", coloca em sua comida quantidade de veneno insuficiente para a morte, mas cuja substância seria apta a provocá-la. Embora o meio para o homicídio tenha sido ineficaz, certo é que não o foi absoluta, mas sim relativamente impróprio, não se podendo afastar a tentativa (inocorrência da consumação por circunstâncias alheias à vontade do agente).

6.4. Erro de tipo (art. 20 do CP)

Considera-se **erro** uma **falsa percepção da realidade**, um equívoco em que incorre o agente. Quando essa falsa percepção da realidade recair sobre uma **elementar** ou **circunstância do crime**, estaremos diante de **erro de tipo**; já quando o equívoco recair sobre a **ilicitude do comportamento**, haverá **erro de proibição**.

6.4.1. Espécies de erro de tipo

O erro de tipo pode ser de duas espécies:

a) **erro de tipo incriminador** = é aquele que recai sobre elementares ou circunstâncias do crime;

b) **erro de tipo permissivo** = é aquele que recai sobre os pressupostos fáticos de uma causa excludente da ilicitude (**descriminante putativa**).

6.4.1.1. Erro de tipo incriminador

No **erro de tipo incriminador**, como dito, o agente, por uma falsa percepção da realidade, se equivoca quanto a uma **elementar** típica, ou quanto a uma **circunstância** do crime. Considera-se **elementar** todo dado fundamental à caracte-

rização do crime. Sua ausência acarreta a atipicidade total (eliminação da figura criminosa) ou parcial (transformação de um crime em outro). Já a **circunstância** é todo dado objetivo ou subjetivo de natureza acessória, ou seja, secundário, incapaz de influenciar na existência, em si, do crime, refletindo, porém, na pena (ex.: agravantes, qualificadoras, causas de aumento e diminuição).

O **erro de tipo incriminador** pode ser:

a) essencial = é aquele que recai sobre elementares ou circunstâncias do crime. No primeiro caso, o agente comete crime sem saber que assim age. No segundo, o agente desconhece que está incidindo em figura qualificada ou agravada do crime.

O **erro de tipo essencial** pode ser de duas formas:

invencível (inevitável, escusável ou desculpável) = o agente, embora tivesse empregado todas as cautelas, incidiria no erro, ou seja, não teria como evitá-lo. Nesse caso, haverá **exclusão do DOLO e da CULPA**. Se o erro invencível recair sobre elementar, não haverá crime (ausência de dolo ou culpa); se o erro invencível recair sobre circunstância (qualificadora, causa de aumento, agravante etc.), esta estará excluída.

vencível (evitável, inescusável ou indesculpável) = o agente poderia ter evitado o erro caso tivesse empregado maior cuidado no caso concreto, ou seja, seria possível evitá-lo. Haverá exclusão do dolo, mas caberá a punição do agente por culpa, se prevista esta forma para o crime.

b) acidental = é aquele que recai sobre dados acessórios do crime, não afastando a responsabilização do agente. Aqui, ele sabe que está praticando o crime. Essa modalidade de erro se materializa por uma das seguintes hipóteses:

- **Erro sobre o objeto** = o equívoco do agente recai sobre o objeto do crime. Pretende atingir determinado objeto, mas, por falsa percepção da realidade, atinge outro. Ex: "A" pretende furtar um colar de ouro, mas subtrai um colar de bronze.

- **Erro sobre a pessoa** = o equívoco do agente recai sobre a pessoa contra a qual pretende cometer o crime. Há uma confusão por parte do agente, que acaba lesionando pessoa diversa (vítima efetiva) da inicialmente visada (vítima virtual). Ex.: "A" pretende matar um artista famoso, mas, por erro, acaba matando seu sósia. De acordo com o art. 20, § 3º, CP, levar-se-ão em consideração as características da vítima visada, e não da vítima efetiva.

- **Erro na execução (aberratio ictus)** = o equívoco do agente recai na execução do fato pelo agente, geralmente por sua inabilidade ou pela ocorrência de alguma circunstância inesperada, atingindo pessoa diversa da pretendida. Daí também ser chamada de **desvio na execução** ou **erro no golpe**. Nesse caso, o agente responderá normalmente pelo crime, embora atinja pessoa diversa da pretendida, seguindo-se as mesmas regras do art. 20, § 3º, CP (art. 73, CP).

Há **duas espécies** de *aberratio ictus*:

a) **Com unidade simples ou resultado único** = nesse caso, o agente, por erro na execução, lesiona pessoa diversa da pretendida. Esta não é atingida, não sofre qualquer lesão;

b) **Com unidade complexa ou resultado duplo** = nesse caso, o agente, por erro na execução, atinge a vítima visada e, também, pessoa diversa da pretendida (terceiro). Nesse caso, o agente responderá pelos dois crimes, em concurso formal.

- **Resultado diverso do pretendido (aberratio criminis ou delicti)** = o agente, por acidente ou por erro na execução, atinge bem jurídico diverso do pretendido, vale dizer, comete, na prática, um crime diverso do que almejava. Não se confunde com a *aberratio ictus*, em que o agente atinge pessoa diversa da pretendida em razão de acidente ou erro nos meios de execução.

De acordo com o art. 74 do CP, o agente **responderá pelo resultado (diverso do pretendido) produzido**, que lhe será imputado a **título de culpa**, desde que tal forma esteja prevista em lei. Ex.: "A", querendo danificar a vitrine de uma loja, arremessa uma pedra, que, porém, atinge um pedestre, causando-lhe lesões corporais. Responderá por lesões corporais CULPOSAS, e não por tentativa de dano.

E se o resultado produzido não ensejar o reconhecimento de crime culposo? Ex: "A", pretendendo matar um pedestre, efetua um disparo em sua direção, mas erra o alvo, atingindo a vitrine da loja. Nesse caso, houve *aberratio criminis*. Porém, inexiste a forma culposa de dano (art. 163, CP), razão por que será ignorada a regra do art. 74 do CP, respondendo o agente por tentativa de homicídio. Assim não fosse, haveria impunidade.

- **Erro sobre o nexo causal (aberratio causae)** = dá-se quando o agente pretende alcançar um resultado mediante determinada relação de causalidade, mas, por erro, alcança sua finalidade mediante curso causal diverso do esperado, porém igualmente por ele produzido, razão pela qual responderá normalmente pelo crime. Ex.: "A", querendo matar "B" por afogamento, golpeia-o na cabeça quando este passava por uma ponte sobre um rio, arremessando-o para a água. Assim, a pretensão era a de que "B" morresse por asfixia (homicídio qualificado). Contudo, durante a queda, a vítima colide com os pilares da ponte, causando-lhe morte imediata por traumatismo craniano. "A", decerto, responderá por homicídio doloso, porém, a qualificadora da asfixia não incidirá, pois outra foi a causa da morte.

6.4.1.2. Erro de tipo permissivo

O **erro de tipo permissivo (art. 20, § 1º, CP)** corresponde às chamadas **descriminantes putativas**. Verificam-se quando o agente, por **erro**, **supõe presentes os pressupostos de fato de causas de exclusão da ilicitude**. A partir de então, fala-se em legítima defesa putativa, estado de necessidade putativo, estrito cumprimento de dever legal putativo e exercício regular de direito putativo.

Se o erro for **inevitável**, haverá afastamento do dolo e da culpa. Porém, se **evitável**, permanece o afastamento do dolo, mas o agente responderá por crime culposo (se previsto em lei). Fala-se, aqui, em culpa imprópria (assim chamada pois, em verdade, a conduta é dolosa, mas, em razão do erro, pune-se o agente a título de culpa). Admite tentativa.

Se o erro recair sobre a **existência** ou sobre os **limites** de uma causa de justificação, estaremos diante de **descriminantes putativas por erro de proibição**, que afastará a culpabilidade. Fala-se, aqui, em **erro de proibição indireto ou erro de permissão**.

6.5. Antijuridicidade

6.5.1. Conceito

Corresponde a ilicitude a relação de **contradição entre a conduta praticada pelo agente e o ordenamento jurídico**.

Assim, ilicitude (ou antijuridicidade) é a contrariedade entre o comportamento praticado pelo agente e aquilo que o ordenamento jurídico prescreve (proíbe ou fomenta).

É importante recordar que, pela concepção bipartida, crime é **fato típico e antijurídico**. Portanto, ausente a antijuridicidade, não há que se falar em crime.

6.5.2. Caráter indiciário da ilicitude

Diz a doutrina que a tipicidade é um indício de antijuridicidade. Em outras palavras, em princípio, todo fato típico é antijurídico (contrário ao direito). A isso se dá o nome de **caráter indiciário da ilicitude**.

Podemos dizer, portanto, que todo fato típico é, em regra, antijurídico. Somente não o será se estiver presente uma das causas excludentes da antijuridicidade, previstas no art. 23 do CP.

Estudar a antijuridicidade é, portanto, estudar as causas que a excluem. Verificada qualquer delas, embora possa existir fato típico, não se cogitará da ocorrência de crime, que exige a presença de referido elemento.

6.5.3. Causas excludentes da antijuridicidade (ou ilicitude)

O art. 23 do CP é bastante claro ao definir que "não há crime" se o fato for praticado em estado de necessidade, legítima defesa, estrito cumprimento de dever legal ou em exercício regular de um direito.

Portanto, inegavelmente a antijuridicidade é requisito indispensável à caracterização do crime. Tanto é verdade que, presente uma causa que a exclua, o próprio legislador apontou a inexistência de crime ("não há crime..." – art. 23, Código Penal).

Conforme já referimos, são causas de exclusão da ilicitude as hipóteses previstas em referido dispositivo legal, também chamadas de **causas justificantes ou excludentes da criminalidade**:

a) legítima defesa;

b) estado de necessidade;

c) estrito cumprimento do dever legal;

d) exercício regular de um direito.

6.5.3.1. Estado de necessidade (EN)

Traduz a ideia de um conflito de interesses penalmente protegidos. Contudo, diante de uma **situação de perigo**, permite-se o sacrifício de um bem jurídico para a proteção de outro, desde que haja **razoabilidade**.

Não sendo razoável exigir-se o sacrifício do bem efetivamente lesado (bem ameaçado é de valor inferior ao bem lesado), não se pode falar em **estado de necessidade**. Contudo, o **art. 24, § 2º**, do CP, prevê a possibilidade de **redução de pena** de 1/3 a 2/3.

Assim, para que se possa validamente invocar o EN, são necessários os seguintes requisitos:

a) subjetivo: o agente que invoca o EN deve saber que sua conduta é voltada à proteção de um bem jurídico próprio ou alheio;

b) objetivos: são aqueles previstos no art. 24 do CP

b.1) perigo atual (parte da doutrina entende que o perigo iminente também pode ensejar o EN). Este perigo pode derivar de conduta humana, ato animal ou eventos da natureza;

b.2) existência de ameaça a bem jurídico próprio (EN próprio) ou de **terceiro** (EN de terceiro);

b.3) perigo não causado pela vontade de quem invoca o EN – a doutrina admite que o perigo culposamente provocado por alguém não afasta a possibilidade de invocar o EN;

b.4) inexigibilidade de sacrifício do direito ameaçado – o bem jurídico que se pretende salvar do perigo deve ser de igual ou maior relevância do que aquele que será sacrificado;

b.5) inexistência do dever legal de enfrentar o perigo – não pode invocar o EN aquela pessoa que, por força de lei, tiver o dever de enfrentar a situação de perigo (ex.: bombeiros e policiais).

6.5.3.1.1. EN próprio e de terceiro; EN real e putativo; EN defensivo e agressivo

Fala-se em **EN próprio** quando quem invocar a excludente da ilicitude em tela agir para salvaguardar direito próprio. Já se a excludente for invocada por pessoa que atuar para a salvaguarda de direito alheio, estaremos diante do **EN de terceiro**.

Diz-se que o **EN é real** quando os requisitos objetivos da causa excludente estão presentes no caso concreto. No entanto, será **putativo** se quem o invocar acreditar que se encontra amparado pela excludente (art. 20, § 1º, CP).

Finalmente, o **EN defensivo** dá-se quando o bem jurídico lesado pertence ao causador da situação de perigo. Será **agressivo** quando o bem jurídico lesado pertencer à pessoa diversa da causadora da situação de perigo.

6.5.3.1.2. Excesso no EN

Havendo excesso na excludente analisada, o agente responderá pelo resultado a título de dolo ou culpa.

6.5.3.2. Legítima defesa (LD)

A ideia da legítima defesa é vinculada à de *agressão injusta*. Assim, a pessoa que a invocar, para fazer cessar a agressão injusta, ataca bem jurídico alheio, repelindo o ataque a bem jurídico próprio ou de terceiro.

Contudo, primordial é que a pessoa que invocar a legítima defesa utilize moderadamente dos meios necessários, suficiente à cessação da agressão injusta a direito próprio ou de terceiro.

São necessárias duas ordens de requisitos:

a) subjetivo: ciência da situação de agressão injusta e a atuação voltada a repelir tal situação;

b) objetivos: são aqueles descritos no art. 25 do CP, a saber:

✓ **agressão injusta atual ou iminente** – a agressão sempre deriva de conduta humana, jamais de animal ou evento natural;

✓ **direito próprio ou alheio agredido ou próximo de sê-lo** – admite-se a legítima defesa própria ou de terceiro;

✓ **uso dos meios necessários** – para repelir a agressão injusta, atual ou iminente, a pessoa deverá valer-se dos meios indispensáveis à cessação da agressão;

✓ **moderação no uso dos meios necessários** – ao escolher o meio (havendo mais de um deve-se optar pelo menos lesivo), a pessoa que invocar a legítima defesa deve ser moderada na sua utilização, atuando com razoabilidade.

6.5.3.2.1. LD própria ou de terceiro; LD real ou putativa; LD recíproca; LD sucessiva

Chama-se de **LD própria** aquela em que a pessoa que a invoca repele agressão injusta a direito ou bem jurídico próprio, ao passo que a **LD de terceiro** pressupõe que haja agressão a bem jurídico alheio e a pessoa rechace a agressão, defendendo, pois, um terceiro. Com a aprovação do *Pacote Anticrime* (Lei.13.964/2019), acrescentou-se ao art. 25 do CP um parágrafo único, que dispôs expressamente sobre a aplicabilidade da legítima defesa aos agentes de segurança pública que repelirem agressão ou risco de agressão a vítima mantida refém durante a prática de crimes. Fala-se, aqui, em *legítima defesa funcional*, que, a bem da verdade, não passa de uma legítima defesa de terceiro.

A **LD será real** quando, de fato, estiverem presentes os requisitos do art. 25 do CP, ao passo que será **putativa** se o agente, pelas circunstâncias de fato, acreditar que se encontra amparado pela legítima defesa (**art. 20, § 1º, CP**).

Quanto à **LD recíproca**, tal é **inviável em nosso ordenamento**, tendo em vista que é impossível que, ao mesmo tempo, uma pessoa esteja agredindo a outra injustamente e vice-versa. Ou uma está sendo agredida, e poderá invocar a LD, ou a outra estará sofrendo agressão, quando, então, poderá agir amparada pela excludente em apreço.

Finalmente, **LD sucessiva**, perfeitamente admissível, ocorre em caso de **excesso**. Assim, inicialmente, alguém é vítima de agressão injusta. Para tanto, passa a atacar o agressor. No entanto, utiliza-se imoderadamente dos meios necessários, excedendo-se no revide, deixando de ser agredido e passando a ser agressor.

6.5.3.3. Estrito cumprimento de um dever legal (ECDL) e exercício regular de direito (ERD)

As causas excludentes acima referidas não estão detalhadas no Código Penal. A explicação sobre seus conteúdos decorre de ensinamentos da doutrina e jurisprudência.

No tocante ao ECDL, geralmente esta é causa excludente da ilicitude invocada por **agentes públicos**, cujas condutas, muitas vezes, estão pautadas (e determinadas) por lei. É o caso, por exemplo, do policial, que tem o dever de prender quem se encontre em flagrante delito (art. 301 do CPP). Em caso de resistência, o uso da força poderá ocorrer, desde que nos limites do razoável. Nesse caso, terá atuado em ECDL para que efetive a prisão.

Já quanto ao ERD, temos a regra de que **podemos fazer tudo o que a lei permite ou não proíbe**. Assim, se agirmos de forma regular no exercício de um direito, ainda que isto seja tipificado em lei (fato típico), não será contrário ao direito (antijurídico).

É o caso, por exemplo, das **intervenções cirúrgicas** e das **práticas desportivas**.

6.5.4. Descriminantes putativas

É possível que alguém, pela análise das circunstâncias concretas, acredite que se encontre amparado por alguma das causas excludentes da ilicitude já vistas. Se, supondo sua existência por uma falsa percepção da realidade (erro), o agente viole bem jurídico alheio, ainda assim não responderá criminalmente pelo fato, desde que o erro seja plenamente justificado.

É o que vem previsto no art. 20, § 1º, do CP.

Temos como clássico exemplo a **legítima defesa putativa** verificada por "A", inimigo de "B", quando este, prometendo-lhe a morte, enfiou, de repente, a mão em sua blusa, fazendo crer que iria sacar um revólver. Ato seguinte, "A", acreditando estar diante de uma agressão injusta iminente, saca uma arma e atira em "B", que, em verdade, iria tirar do bolso uma carta com pedido de desculpas.

Se o erro em que incorreu "A" for plenamente justificável pelas circunstâncias, terá incidido em erro de tipo permissivo (no caso, legítima defesa putativa), respondendo apenas por **homicídio culposo**.

Embora discutível a **natureza jurídica das descriminantes putativas**, prevalece o seguinte entendimento:

a) se o erro recair sobre os pressupostos fáticos de uma causa excludente da ilicitude, estaremos diante de um erro de tipo (permissivo). É o caso do agente que, acreditando piamente ser vítima de uma agressão injusta atual ou iminente, mata seu suposto agressor. Nesse caso, terá incidido em um erro de tipo permissivo, que irá recair sobre o pressuposto fático da excludente (no caso, a agressão injusta, indispensável ao reconhecimento da legítima defesa);

b) se o erro recair sobre a existência de uma causa excludente da ilicitude, configurar-se-á o erro de proibição. É o que se verifica quando o agente, crendo que sua conduta é permitida pelo direito (portanto, uma conduta que não seja antijurídica), pratica um fato típico. Nesse caso, faltará ao agente a potencial consciência da ilicitude, pelo que será afastada a culpabilidade; e

c) se o erro recair sobre os limites de uma causa excludente da ilicitude, igualmente restará configurado o erro de proibição. Ocorrerá nos casos em que o agente incidir em excesso (por exemplo, na legítima defesa, quando, após cessada a agressão injusta, o agente prosseguir no contra-ataque ao agressor original acreditando que ainda está agindo em LD).

As conclusões acima decorrem da adoção, pelo Código Penal, da **teoria limitada da culpabilidade**.

6.6. Culpabilidade

Trata-se de **pressuposto de aplicação da pena**. Se adotada a **concepção bipartida** (crime enquanto fato típico e antijurídico), não integra o conceito de crime, estando **fora de sua estrutura básica**.

Contudo, não sendo o agente culpável, é absolutamente inviável a inflição de pena. No entanto, mesmo ao **inculpável**, admissível será a aplicação de **medida de segurança** (ex.: ao inimputável por doença mental não se aplica pena, mas medida de segurança).

6.6.1. Elementos/requisitos que integram a culpabilidade

A culpabilidade é formada pelos seguintes elementos/requisitos:

a) imputabilidade;

b) potencial consciência da ilicitude;

c) exigibilidade de conduta diversa.

Os elementos acima são **cumulativos**. Em outras palavras, se algum deles "falhar" (leia-se: estiver ausente), ao agente não se poderá impor pena.

As situações em que os elementos da culpabilidade serão afetados (causas excludentes da culpabilidade) estão logo a seguir.

6.6.1.1. Causas excludentes da imputabilidade (primeiro elemento da culpabilidade)

São as seguintes:

a) inimputabilidade por doença mental ou desenvolvimento mental incompleto ou retardado – art. 26 do CP. Adotou-se o **critério biopsicológico**. Não basta a doença mental (**critério biológico**), sendo indispensável que, em razão dela, o agente no momento da ação ou omissão seja inteiramente incapaz de **entender** o caráter ilícito do fato ou de **determinar-se de acordo com esse entendimento** (**critério psicológico**);

b) menoridade – o menor de 18 anos é penalmente inimputável. Trata-se de presunção absoluta. Aqui, o legislador adotou o **critério biológico** (não se leva em conta se o adolescente entendia o caráter ilícito do fato). O adolescente que praticar crime ou contravenção terá cometido ato infracional, de acordo com o art. 103 do ECA, apurado pela Vara da Infância e Juventude;

c) embriaguez completa, decorrente de caso fortuito ou força maior – art. 28, § 1º, CP. Apenas a embriaguez involuntária e completa retira a capacidade do agente de querer e entender, tornando-o inimputável. Se a embriaguez for incompleta e involuntária, o agente será penalmente responsabilizado, porém com possibilidade de pena reduzida. Acerca da embriaguez, o CP adotou a teoria da *actio libera in causa*. Se o agente deliberadamente (voluntariamente) ingeriu álcool ou substância com efeitos análogos, ainda que no momento da prática da infração não tenha capacidade de entendimento e autodeterminação, ainda assim será responsabilizado (art. 28, II, CP). Apenas se a embriaguez for involuntária, e desde que completa, ficará o agente isento de pena.

Pela relevância do item "b" acima, sem nos olvidarmos à finalidade precípua da presente obra, que é a de trabalharmos com os principais aspectos abordados pela banca examinadora, faremos algumas breves considerações acerca do ato infracional.

Primeiramente, o **ato infracional** corresponde à conduta prevista como **crime** ou **contravenção**, praticada por criança ou adolescente, nos termos do art. 103 do ECA. Caso o ato infracional seja praticado por **criança**, ser-lhe-á aplicada **medida de proteção**, pouco importando a gravidade da infração. Por outro lado, caso o ato infracional seja praticado por **adolescente**, a ele serão aplicadas **medidas socioeducativas**.

São **pressupostos** da aplicação da medida socioeducativa:

i) existência do fato;

ii) certeza da autoria;

iii) inescusabilidade da conduta.

Ainda, alguns **princípios** devem ser analisados pelo juiz para aplicação das medidas socioeducativas, a saber:

i) estrita legalidade

ii) princípio da proporcionalidade (art. 112, § 1º, do ECA)

iii) princípio da impossibilidade das medidas infamantes (art. 112, § 2º, do ECA)

iv) critério da cumulatividade (art. 113 do ECA)

v) princípio da substitutividade (art. 113 do ECA)

vi) Prescrição

As medidas socioeducativas podem ser:

a) de meio aberto; e

b) restritiva da liberdade.

Vejamos.

a) Medidas socioeducativas de meio aberto:

i) *prestação de serviços à comunidade* – nos termos do art. 117 do ECA, a prestação de serviços à comunidade consiste na realização de tarefas gratuitas de interesse geral, por período não excedente a seis meses, junto a entidades assistenciais, hospitais, escolas e outros estabelecimentos congêneres, bem como em programas comunitários ou governamentais. Importante ressaltar que as tarefas serão atribuídas conforme as aptidões do adolescente, devendo ser cumpridas durante jornada máxima de oito horas semanais, aos sábados, domingos e feriados ou em dias úteis, de modo a não prejudicar a frequência à escola ou à jornada normal de trabalho.

ii) *liberdade assistida* – a liberdade assistida pauta-se fundamentalmente na figura do orientador, cujo papel é o de promover o adolescente socialmente, conduzindo-o para a prática de boas condutas pessoais. A liberdade assistida não tem prazo determinado, mas deve ser aplicada por no mínimo 6 meses.

iii) *obrigação de reparar o dano* – a obrigação de reparar o dano tem como finalidade o ressarcimento da vítima ou, em não sendo possível, a compensação do dano.

b) Medidas socioeducativas restritivas de liberdade:

i) *regime de semiliberdade* – o regime de semiliberdade insere o adolescente em entidade que desenvolva o programa, com permissão para sua saída apenas nas hipóteses de trabalho ou estudo. A medida de semiliberdade pode ser aplicada desde o início ou como forma de transição para medidas socioeducativas em meio aberto.

ii) *internação* – internação significa a "reclusão" do adolescente em estabelecimento adequado e que desenvolva o programa. Há cerceamento total de sua liberdade de ir e vir. Nos termos do art. 227, § 3º, V, da CF os princípios que regem a medida socioeducativa de internação são: brevidade, excepcionalidade e respeito à condição peculiar.

6.6.1.2. Causa excludente da potencial consciência da ilicitude (segundo elemento da culpabilidade)

Apenas o **erro de proibição** (art. 21 do CP) é causa excludente da potencial consciência da ilicitude.

Um agente somente poderá sofrer pena se puder saber que sua conduta é profana, contrária ao direito, ainda que não saiba que se trata de crime ou contravenção penal. Afinal, ninguém pode escusar-se de cumprir a lei alegando ignorância (art. 3º da LINDB).

Assim, a depender das condições socioculturais do agente, poderá ele, de fato, desconhecer que sua conduta é errada, profana, contrária às regras usuais da sociedade. Nesse caso, se faltar potencial consciência da ilicitude, o agente ficará isento de pena.

Temos duas modalidades de erro de proibição:

a) invencível, inevitável ou escusável: aqui, é impossível que o agente pudesse superar o erro sobre a ilicitude do fato. Neste caso, ficará **isento de pena;**

b) vencível, evitável ou inescusável: nesse caso, se o agente tivesse sido um pouco mais diligente, poderia superar o erro. Responderá criminalmente, porém com **pena reduzida de 1/6 a 1/3.**

6.6.1.3. Causas excludentes da exigibilidade de conduta diversa (terceiro elemento da culpabilidade)

Somente será culpável a pessoa da qual se puder exigir uma conduta diversa da praticada, vale dizer, seu comportamento poderia ter sido de acordo com o direito, mas não foi.

Todavia, há duas situações em que é *inexigível conduta diversa* da praticada pelo agente, a saber:

a) coação moral irresistível – art. 22 do CP – aqui, o agente (ou familiares ou pessoas muito próximas) é vítima de coação irresistível (não física, que afastaria a conduta, mas moral), não lhe sendo exigível conduta diversa da praticada. É o caso do gerente de banco cujos familiares são sequestrados. A libertação apenas ocorrerá se subtrair dinheiro do cofre do banco em que trabalha. Sabendo da senha, subtrai o montante e entrega aos sequestradores. Nesse caso, o gerente de banco ficará isento de pena, respondendo pelo crime os coatores (sequestradores);

b) obediência hierárquica a ordem não manifestamente ilegal – art. 22 do CP – nesse caso, será imprescindível a existência de uma relação de direito público entre superior hierárquico e subordinado. Este, por força da hierarquia, tem o dever de cumprir as ordens de seus superiores, sob pena de incorrer em falta disciplinar. Assim, se o subordinado receber ordem do superior hierárquico e cumpri-la, ficará isento de pena caso sua execução redunde na prática de um crime. Contudo, somente se a ordem não for *manifestamente ilegal* é que poderá socorrer-se da causa excludente da culpabilidade. Caso contrário, se cumprir ordem ilegal, responderá por sua ação ou omissão.

6.7. Concurso de pessoas

6.7.1. Conceito

Concurso de pessoas, ou concurso de agentes, codelinquência ou concurso de delinquentes, consiste na *reunião consciente e voluntária, de duas ou mais pessoas, para a prática de infrações penais.*

Tem como requisitos (**PRIL**):

a) Pluralidade de agentes (cada pessoa tem comportamento próprio);

b) Relevância causal de cada uma das ações;

c) Identidade de fato (ou identidade de crime); e

d) Liame subjetivo ou vínculo psicológico entre os agentes (todos devem visar a um mesmo objetivo, um aderindo à conduta dos outros – não se exige, contudo, o ajuste prévio, ou seja, o acordo de vontades anterior à prática do crime).

A *falta do liame subjetivo* acarreta o que a doutrina chama de *autoria colateral*. Nesta, duas ou mais pessoas, desconhecendo a existência da(s) outra(s), praticam atos executórios com o mesmo objetivo. Nesse caso, não haverá concurso de agentes, sendo que cada um responderá pelos atos que cometeu. Havendo dúvida acerca de qual dos agentes deu causa ao resultado, mas sendo constatada a prática de atos executórios, cada qual responderá pela tentativa (ex.: homicídio). É a denominada *autoria incerta*.

6.7.2. Classificação dos crimes quanto ao concurso de pessoas

De acordo com o número de pessoas que concorram de qualquer modo para o crime, este pode receber os seguintes rótulos:

a) crimes unissubjetivos (ou monossubjetivos, ou de concurso eventual): são aqueles que podem ser perpetrados por um ou mais agentes, não fazendo o tipo penal qualquer distinção. Ex.: roubo, furto, estelionato, homicídio;

b) crimes plurissubjetivos (ou crimes coletivos, ou de concurso necessário): são aqueles que, para sua própria tipificação, exigem a presença de dois ou mais agentes delitivos. Ex.: associação criminosa (denominado de quadrilha ou bando antes do advento da Lei 12.850/2013), que exige, pelo menos, três pessoas (art. 288 do CP); rixa, que também exige um mínimo de três pessoas (art. 137 do CP); associação para o tráfico, a exigir, pelo menos, duas pessoas (art. 35 da Lei 11.343/2006).

6.7.3. Autoria

Existem três teorias acerca da autoria, a saber:

a) teoria material-objetiva (ou extensiva): autor é aquele que concorre com qualquer causa para o implemento de um resultado, e não só o que realiza o verbo-núcleo do tipo penal incriminador. Assim, não há distinção entre autor, coautor e partícipe;

b) teoria formal-objetiva (ou restritiva): autor é somente aquela pessoa que pratica a conduta típica descrita em lei (matar, subtrair, constranger...), executando o verbo-núcleo do tipo. Toda ação que não for propriamente a correspondente ao verbo do tipo será acessória. Contudo, se, de qualquer modo, concorrer para a prática do crime, a pessoa será considerada partícipe. **Esta é a teoria adotada pelo CP, mas com algumas críticas, por não abranger a autoria mediata;**

c) teoria normativa-objetiva (ou do domínio do fato): autor é aquele que tem o controle final do fato, ou seja, domina finalisticamente a empreitada criminosa. Enfim, é o "chefe", que determina cada passo do crime. Será partícipe aquele que colaborar com o autor, mas sem ter o domínio final do fato.

A teoria do domínio do fato consegue explicar a autoria mediata, motivo pelo qual deve ser agregada à teoria restritiva.

6.7.3.1. Autoria mediata

De acordo com a teoria do domínio do fato, **autor mediato** (ou indireto) é aquele que *"usa" alguém, por exemplo, desprovido de imputabilidade ou que atue sem dolo, para a execução de determinado comportamento criminoso. Em outras palavras, o autor mediato se vale de um executor material (autor imediato) como instrumento para o cometimento do ilícito penal.* Exemplo: uma pessoa, querendo matar outra, pede a um louco que a esfaqueie, o que é por este cumprido. O louco (executor material) não responderá pelo homicídio, mas apenas seu mandante.

A autoria mediata pode resultar das seguintes hipóteses:

a) *ausência de capacidade mental* da pessoa utilizada como instrumento (inimputável);

b) *coação moral irresistível*;

c) *provocação de erro de tipo escusável* (ex.: médico que quer matar paciente e determina que a enfermeira aplique uma injeção de "medicamento", mas que, na realidade, é veneno);

d) *obediência hierárquica* a ordem não manifestamente ilegal.

Em qualquer caso, responderá pelo crime não o executor deste (autor imediato ou direto), mas o autor mediato (ou indireto).

6.7.4. Formas do concurso de agentes

A participação, em sentido amplo, é assim dividida:

a) coautoria: será coautor aquele que, juntamente com o autor do crime, com ele colaborar diretamente, de forma consciente e voluntária, para a realização do verbo-núcleo do tipo. A coautoria pode ser *parcial*, quando cada um dos agentes realizar atos executórios diversos, mas que, somados, redundem na consumação do crime (ex.: enquanto "A" segura a vítima, com uma faca em sua barriga, "B" subtrai seus pertences. Ambos respondem por roubo, em coautoria), ou a coautoria pode ser *direta*, quando todos os agentes praticarem a mesma conduta típica (ex.: "A" e "B", cada um com um revólver, atiram na vítima "C". Serão coautores no homicídio);

b) participação: será partícipe aquele que não realizar o verbo-núcleo do tipo, mas, de qualquer modo, concorrer para o crime. A participação pode ser:

✓ *(i) moral*: corresponde ao induzimento ou instigação do autor à prática de um crime;

✓ *(ii) material*: corresponde ao auxílio.

Quanto à participação, adotou-se a **teoria da acessoriedade limitada**. Só será partícipe aquele que realizar conduta acessória (não realização do verbo-núcleo do tipo) a do autor e desde que esse pratique conduta típica e ilícita.

6.7.5. Teorias acerca do concurso de pessoas

São três:

a) teoria unitária (monista ou monística): ainda que duas ou mais pessoas realizem condutas diversas e autônomas, considera-se praticado um só crime (o mesmo, para todas). Contudo, o art. 29, § 1º, do CP, prevê a figura da *participação de menor importância*, que acarreta na diminuição da pena do agente. Já o art. 29, § 2º, também do CP, traz a figura da *cooperação dolosamente distinta*, segundo a qual o agente que se desviar do "plano original" e praticar crime diverso, por este responderá, enquanto que o coautor ou partícipe responderá pelo crime "originalmente combinado", sendo que sua pena poderá ser aumentada de metade caso o resultado mais grave fosse previsível. Pela relevância do tema, confira-se:

Concurso de Pessoas: Teoria Monista e Fixação de Reprimenda mais Grave a um dos Corréus

"Por reputar não observada a teoria monista adotada pelo ordenamento pátrio (CP, art. 29) – segundo a qual, havendo pluralidade de agentes e convergência de vontades para a prática da mesma infração penal, todos aqueles que contribuem para o crime incidem nas penas a ele cominadas, ressalvadas as exceções legais –, a Turma deferiu *habeas corpus* cassar decisão do STJ que condenara o paciente pela prática de roubo consumado. No caso, tanto a sentença condenatória quanto o acórdão proferido pelo tribunal local condenaram o paciente e o corréu por roubo em sua forma tentada (CP, art. 157, § 2º, I e II, c/c o art. 14, II). Contra esta decisão, o

Ministério Público interpusera recurso especial, apenas contra o paciente, tendo transitado em julgado o acórdão da Corte estadual relativamente ao corréu. Assentou-se que o acórdão impugnado, ao prover o recurso especial, para reconhecer que o paciente cometera o crime de roubo consumado, provocara a inadmissível situação consistente no fato de se condenar, em modalidades delitivas distintas quanto à consumação, os corréus que perpetraram a mesma infração penal. Destarte, considerando que os corréus atuaram em acordo de vontades, com unidade de desígnios e suas condutas possuíram relevância causal para a produção do resultado decorrente da prática do delito perpetrado, observou-se ser imperioso o reconhecimento uniforme da forma do delito cometido. Assim, restabeleceu-se a reprimenda anteriormente fixada para o paciente pelo tribunal local." **HC 97652/RS, rel. Min. Joaquim Barbosa, 4.8.2009.** (HC-97652) (**Inform. STF** 554).

b) teoria pluralística: para esta teoria, cada agente responde por um crime, independentemente do outro. Excepcionalmente, o Código Penal adota exceções pluralísticas ao princípio monístico. É o caso do binômio corrupção ativa/ corrupção passiva e aborto com o consentimento da gestante e o terceiro que o provocou;

c) teoria dualística: para esta teoria, há um crime para os autores e outro crime para os partícipes. Não foi adotada pelo CP.

Apenas para não haver dúvidas, o CP adotou a *teoria unitária* ou *monista*.

6.7.6. Comunicabilidade e incomunicabilidade de elementares e circunstâncias

Considerando que o CP adotou, como regra, a **teoria unitária** de concurso de pessoas, nada mais "justo" do que todos os agentes que concorrerem para o mesmo fato responderem pela mesma infração penal.

No entanto, em algumas situações, a imputação de um mesmo crime a duas ou mais pessoas pode soar estranho. É o caso de "A", em estado puerperal, durante o parto, auxiliada por "B", matar o próprio filho. Não há dúvidas de que "A" deverá responder por infanticídio (art. 123 do CP). E quanto a "B", responderá por qual delito? Também por infanticídio!

O mesmo ocorre quando "A", funcionário público, valendo-se dessa condição, apropria-se de um computador do Estado, por ele utilizado em seu dia a dia na repartição pública em que trabalha, cometendo, assim, o crime de peculato (art. 312 do CP). Se "B", particular (leia-se: não funcionário), auxiliar "A" em seu intento criminoso, responderá por qual delito? Também por peculato!

Assim, a regra do art. 30 do CP é a de que as **condições de caráter pessoal, somente quando elementares do tipo** (leia-se: dados essenciais à caracterização do crime), **comunicam-se aos coautores ou partícipes**.

Temos, pois, **três regras**, extraídas, ainda que implicitamente, do já citado dispositivo legal:

a) as elementares comunicam-se aos demais agentes (coautores ou partícipes), desde que conhecidas por estes;

b) as circunstâncias objetivas (reais ou materiais) comunicam-se aos demais agentes (coautores ou partícipes), desde que, é claro, delas tenham conhecimento;

c) as circunstâncias subjetivas (de caráter pessoal) jamais se comunicam aos demais agentes (coautores ou partícipes) quando não forem elementares.

7. DAS PENAS

7.1. Penas

7.1.1. Conceito

Pena é a *consequência jurídica do crime*. A prática de qualquer ato ilícito, em nosso ordenamento jurídico, deve gerar uma sanção, sob pena de nenhuma pessoa ser desestimulada a delinquir. Na seara penal, não poderia ser diferente.

Importa lembrar que **pena** é *espécie de sanção penal*, ao lado das **medidas de segurança**.

7.1.2. Finalidades das penas

São três:

a) retributiva: é a retribuição do mal pelo mal;

b) preventiva: a cominação abstrata de uma pena impõe à coletividade um temor (prevenção geral) e sua efetiva aplicação ao agente delitivo tem por escopo impedir que venha a praticar novos delitos (prevenção especial);

c) ressocializadora: a imposição de pena tem por escopo a readaptação do criminoso à vida em sociedade.

7.1.3. Classificação ou espécies de penas

De acordo com o art. 32 do CP, as penas podem ser:

a) privativas de liberdade (PPL): restringem a plena liberdade de locomoção do condenado. São de 3 espécies: *reclusão, detenção e prisão simples*;

b) restritivas de direitos (PRD): são sanções *autônomas* que substituem as penas privativas de liberdade. Não são, como regra, cominadas abstratamente em um tipo penal incriminador;

c) multa: consiste no pagamento ao FUNPEN de quantia fixada na sentença e calculada em dias-multa (art. 49 do CP).

7.2. As penas privativas de liberdade (PPLs)

As PPLs se subdividem em:

a) reclusão (apenas para os crimes);

b) detenção (apenas para os crimes);

c) prisão simples (apenas para as contravenções penais).

Quem comete crime punido com **reclusão** poderá iniciar o cumprimento da pena em **regime fechado, semiaberto** ou, desde logo, **aberto**. Assim, não pode o leitor-examinando se equivocar e imaginar que o agente que comete crime punido com reclusão iniciará o cumprimento da pena, obrigatoriamente, em regime fechado. Trata-se de uma falsa impressão decorrente do próprio nome da PPL: reclusão. Ao falarmos em reclusão, vem à nossa mente a ideia do regime fechado. No entanto, reafirma-se, um delito punido com reclusão pode impor que o condenado inicie, desde logo, o cumprimento da pena em regime semiaberto ou até aberto.

Já para os crimes punidos com **detenção**, os regimes iniciais de cumprimento de pena podem ser o **semiaberto** ou o **aberto**. Assim, não se pode impor ao condenado por crime punido com detenção o regime inicial fechado.

Por fim, a **prisão simples**, espécie de PPL cabível **apenas** para as **contravenções penais**, será cumprida em regime **semiaberto ou aberto**, sem rigor penitenciário (art. 6º, *caput*, e § 1º, da LCP). Não há, pois, regime fechado para essa espécie de pena.

ARTHUR TRIGUEIROS

Em suma:

a) Reclusão = regime *fechado, semiaberto ou aberto;*

b) Detenção = regime *semiaberto ou aberto*;

c) Prisão Simples = regime *semiaberto ou aberto* (apenas para as contravenções penais).

Para melhor compreensão das diferenças entre as espécies de PPLs, mister que se entenda, primeiramente, que cada uma delas traz regras próprias quanto aos regimes penitenciários, o que já se viu no presente item. No entanto, para o aprofundamento do assunto, precisamos passar ao estudo dos regimes de cumprimento de pena, bem assim dos estabelecimentos penais em que eles serão cumpridos.

7.2.1. Regimes de cumprimento de pena (ou regimes penitenciários)

São três, a saber:

a) Fechado: somente pode ser o regime inicial fixado quando a pena privativa de liberdade cominada for de **reclusão**. Contudo, ainda que se trate de detenção, será possível o regime fechado a título de regressão de regime (o que será visto mais à frente). Será o regime inicial fechado indicado ao agente condenado a **pena superior a 8 (oito anos)**, *reincidente ou não*. Também será este o regime quando a pena aplicada for de reclusão, **superior a 4 (quatro) e inferior a 8 (oito anos) anos**, mas sendo o condenado *reincidente* (art. 33, § 2º, *b*, CP). O regime fechado deve ser cumprido em **estabelecimentos penais de segurança máxima ou média** (art. 33, § 1º, *a*, CP). De acordo com o art. 2º, § 1º, da Lei 8.072/1990 (Lei dos Crimes Hediondos), será o regime inicial fechado obrigatório a todos aqueles que cometerem crimes hediondos ou equiparados. Contudo, o **STF**, no julgamento do **HC 111.840**, em 2012, **declarou incidentalmente a inconstitucionalidade** do referido dispositivo legal, reconhecendo que até mesmo o regime inicialmente fechado não pode ser obrigatório, sob pena de ofensa ao princípio da individualização da pena (art. 5º, XLVI, CF). Em suma, até aos condenados por crimes hediondos ou equiparados admitir-se-ão os regimes semiaberto e aberto, desde que satisfeitos os requisitos legais;

b) Semiaberto: é o regime inicial mais gravoso dos crimes punidos com **detenção**. Também poderá ser imposto, desde logo, aos condenados punidos com delito apenado com **reclusão**. Será também escolhido quando a pena aplicada ao condenado for **superior a 4 (quatro) e inferior a 8 (oito) anos**, desde que *não seja reincidente* (art. 33, § 2º, "b", CP). Será cumprido em **colônia penal agrícola, industrial ou estabelecimento similar** (art. 33, § 1º, "b", CP);

c) Aberto: poderá ser imposto esse regime, desde logo, aos agentes condenados por crimes punidos com **reclusão** ou **detenção**, desde que a pena seja **igual ou inferior a 4 (quatro) anos** e que o condenado *não seja reincidente* (art. 33, § 2º, "c", CP). Será cumprido em Casa do Albergado ou estabelecimento adequado (art. 33, § 1º, "c", CP).

Perceba você que a **reincidência**, *independentemente da quantidade de pena*, imporá ao condenado, em princípio, o cumprimento da pena em regime inicial mais gravoso.

Em resumo:

I. Regime Fechado

a) cumprido em estabelecimento penal de segurança máxima ou média;

b) regime penitenciário mais gravoso para os crimes punidos com reclusão;

c) regime inicial obrigatório para os condenados por crimes hediondos ou equiparados (lembre-se, porém, do HC 111.840, julgado pelo STF em 2012, reconhecendo-se a inconstitucionalidade do regime inicialmente fechado obrigatório!);

d) será imposto quando a PPL for superior a 8 (oito) anos;

II. Regime Semiaberto

a) cumprido em colônia agrícola, industrial ou estabelecimento similar;

b) regime penitenciário mais gravoso para os crimes punidos com detenção;

c) será imposto quando a PPL for superior a 4 (quatro) e não exceder a 8 (oito), desde que o condenado não seja reincidente;

III. Regime Aberto

a) cumprido em Casa do Albergado ou estabelecimento adequado;

b) regime penitenciário mais benigno, cabível desde logo tanto para os crimes punidos com reclusão ou detenção;

c) somente será fixado se o condenado tiver sido punido com PPL igual ou inferior a quatro anos e desde que não seja reincidente.

As regras acima devem ser adotadas como um **padrão**. No entanto, algumas circunstâncias poderão intervir no momento da fixação do regime inicial de cumprimento de pena, quais sejam:

a) Análise do art. 59 do CP (circunstâncias judiciais) = independentemente da quantidade de pena imposta, respeitadas, porém, as espécies de PPL (reclusão, detenção ou prisão simples), a culpabilidade, os antecedentes, a conduta social e a personalidade do agente, bem como os motivos, circunstâncias e consequências do crime e o comportamento da vítima, poderão ser levados em consideração pelo magistrado para a escolha do regime inicial de cumprimento de pena. A título de exemplo, ainda que "A" tenha praticado o crime de roubo com emprego de arma de fogo, que, em tese, poderia redundar em uma pena de reclusão de 5 (cinco) anos e 4 (quatro) meses, a depender do grau de reprovabilidade da conduta, o juiz poderá impor-lhe regime inicial fechado, ainda que, em princípio, a PPL superior a 4 (quatro) e inferior a 8 (oito) anos devesse gerar a imposição de regime semiaberto. Confira-se, por oportuno, o entendimento jurisprudencial:

FIXAÇÃO. PENA-BASE. SUPERIOR. MÍNIMO. CABIMENTO.

"A Turma reiterou o entendimento de que, conforme o grau de reprovabilidade da conduta e a existência de circunstâncias desfavoráveis, é cabível a fixação de regime mais severo aos condenados à pena inferior a oito anos desde que devidamente fundamentada a decisão. E considera-se devidamente fundamentada a sentença que estabeleceu regime fechado para o cumprimento de pena com base no nível de organização do bando criminoso, na quantidade de drogas e armamentos apreendidos, na nítida desproporção entre uma tentativa de homicídio realizada por meios de explosivos em estabelecimento jornalístico e sua motivação (veiculação de reportagem cujo conteúdo desagradou a um dos membros do grupo criminoso), no *modus operandi* do delito e na especial reprovação da vingança privada devido à tentativa de cerceamento da imprensa. Com esse entendimento, a Turma denegou a ordem." HC 196.485-SP, Rel. Min. Gilson Dipp, julgado em 01.09.2011. (Inform. STJ 482)

b) Súmulas 269 e 440 do STJ

✓ Súm. 269: "é admissível a adoção do regime prisional semiaberto aos reincidentes condenados a pena igual ou inferior a quatro anos se favoráveis as circunstâncias judiciais".

✓ Súm. 440: "fixada a pena-base no mínimo legal, é vedado o estabelecimento de regime prisional mais gravoso do que o cabível em razão da sanção imposta, com base apenas na gravidade abstrata do delito".

c) Súmulas 718 e 719 do STF

✓ Súm. 718: "a opinião do julgador sobre a gravidade em abstrato do crime não constitui motivação idônea para a imposição de regime mais severo do que o permitido segundo a pena aplicada".

✓ Súm. 719: "a imposição do regime de cumprimento mais severo do que a pena aplicada permitir exige motivação idônea".

Confira-se o excerto abaixo:

CIRCUNSTÂNCIAS JUDICIAIS DESFAVORÁVEIS. REGIME FECHADO.

"A Turma denegou a ordem de *habeas corpus* e reafirmou que as circunstâncias judiciais desfavoráveis – *in casu*, culpabilidade, circunstâncias do crime e maus antecedentes (duas condenações transitadas em julgado) – autorizam a adoção do regime inicial fechado para o cumprimento da reprimenda, ainda que o paciente tenha sido condenado à pena de cinco anos e oito meses de reclusão (homicídio tentado). Precedente citado: HC 126.311-SP, *DJe* 15.06.2009. HC 193.146-MG, Rel. Min. Napoleão Nunes Maia Filho, julgado em 24.05.2011". (Inform. STJ 474)

Por fim, cabe trazermos algumas regras sobre cada um dos regimes penitenciários:

a) Regras específicas do regime fechado

Conforme reza o art. 34 do CP, o condenado a cumprir pena em regime fechado será submetido inicialmente a exame criminológico a fim de que seja possível a classificação e individualização da pena.

Um dos deveres do preso no regime fechado é o trabalho durante o dia, recolhendo-se à noite a cela individual. Portanto, a ideia do legislador foi a de submeter o preso a um isolamento mais rigoroso.

Contudo, durante o dia trabalhará com os demais detentos em lugar comum. É admissível o trabalho externo do preso durante o cumprimento da pena em regime fechado em serviços ou obras públicas.

b) Regras do regime semiaberto

São semelhantes às regras do regime fechado, submetendo-se o condenado a trabalho em comum durante o dia em colônias penais agrícolas, industriais ou similares. É admissível o trabalho externo e também que os condenados frequentem cursos profissionalizantes. Durante a noite os condenados serão recolhidos às celas coletivas.

c) Regras do regime aberto

A ideia central deste regime é a de testar a autodisciplina do condenado e seu senso de responsabilidade. Será dever do condenado exercer trabalho, frequentar curso ou outras atividades autorizadas durante o dia, recolhendo-se à noite e nos dias de folga às casas do albergado.

7.2.2. *Progressão de regime penitenciário*

A legislação penal brasileira adota, atualmente, o sistema progressivo de penas, materializado no art. 112 da LEP e art. 33, § 2º, do CP. Assim, a pessoa condenada a cumprir sua pena em determinado regime, desde que preenchidos alguns requisitos, poderá migrar para o mais benigno, até que, com o cumprimento total da pena, esta restará extinta.

Para que se admita a progressão de regime penitenciário, é necessária a satisfação de dois requisitos:

a) Objetivo = cumprimento de parte da pena privativa de liberdade;

b) Subjetivo = mérito do condenado.

O **requisito objetivo**, a depender da natureza do crime praticado, dos meios executórios, das condições pessoais do agente, poderá variar. Antes da aprovação do "Pacote Anticrime" (Lei 13.964/2019), havia as seguintes situações:

i) para os **crimes "comuns"**, o condenado deveria cumprir **1/6 (um sexto)** da pena para que pudesse migrar para o regime mais benigno;

ii) para os **crimes hediondos** (assim definidos no art. 1º da Lei 8.072/1990) e **equiparados** (tráfico de drogas, tortura e terrorismo), o condenado deveria cumprir **2/5 (dois quintos)** da pena, se **primário**, ou **3/5 (três) quintos** da pena, se **reincidente**.

Com o advento da precitada **Lei 13.964/2019** (Pacote Anticrime), que alterou substancialmente inúmeros dispositivos do Código Penal, Código de Processo Penal e Legislação Extravagante, a matéria relativa à progressão de regime sofreu brutal alteração.

Destarte, a partir do início de vigência da sobredita lei, que se deu em **23 de janeiro de 2020**, a progressão de regime prisional dependerá de o condenado ter cumprido:

I – 16% (dezesseis por cento) da pena, se o apenado for primário e o crime tiver sido cometido sem violência à pessoa ou grave ameaça;

II – 20% (vinte por cento) da pena, se o apenado for reincidente em crime cometido sem violência à pessoa ou grave ameaça;

III – 25% (vinte e cinco por cento) da pena, se o apenado for primário e o crime tiver sido cometido com violência à pessoa ou grave ameaça;

IV – 30% (trinta por cento) da pena, se o apenado for reincidente em crime cometido com violência à pessoa ou grave ameaça;

V – 40% (quarenta por cento) da pena, se o apenado for condenado pela prática de crime hediondo ou equiparado, se for primário;

VI – 50% (cinquenta por cento) da pena, se o apenado for:

a) condenado pela prática de crime hediondo ou equiparado, com resultado morte, se for primário, vedado o livramento condicional;

b) condenado por exercer o comando, individual ou coletivo, de organização criminosa estruturada para a prática de crime hediondo ou equiparado; ou

c) condenado pela prática do crime de constituição de milícia privada;

VII – 60% (sessenta por cento) da pena, se o apenado for reincidente na prática de crime hediondo ou equiparado;

VIII – 70% (setenta por cento) da pena, se o apenado for reincidente em crime hediondo ou equiparado com resultado morte, vedado o livramento condicional.

Doravante, inúmeros fatores contribuem para a quantidade de pena a ser cumprida pelo condenado para que se admita sua progressão ao regime mais benigno, a saber: (i) se o crime foi cometido com violência ou grave ameaça à pessoa; (ii) se o agente é primário ou reincidente, interessando saber, inclusive, se se trata de reincidência em crime perpetrado com ou sem violência ou grave ameaça à pessoa; (iii) se o crime é hediondo ou equiparado e, nestes casos, se o agente é primário ou reincidente em crimes dessa natureza, bem como se adveio o resultado morte etc.

Além das oito hipóteses de progressão de regime listadas detalhadamente nos incisos do art. 112 da LEP, a **Lei 13.769**, de 19 de dezembro de 2018, acrescentou ao art. 112 da LEP (Lei 7.210/84) os §§ 3º e 4º, que tratam da denominada *progressão especial*. Trata-se, em verdade, do benefício da progressão de regime penitenciário, mas com previsão de requisitos específicos e destinatários certos, a saber: *mulher gestante ou que for mãe ou responsável por crianças ou pessoas com deficiência*. Assim, será deferida a progressão a referidas pessoas se satisfeitos, cumulativamente, os seguintes requisitos:

I – não ter cometido crime com violência ou grave ameaça a pessoa;

II – não ter cometido o crime contra seu filho ou dependente;

III – ter cumprido ao menos 1/8 (um oitavo) da pena no regime anterior;

IV – ser primária e ter bom comportamento carcerário, comprovado pelo diretor do estabelecimento;

V – não ter integrado organização criminosa.

Repise-: às mulheres gestantes ou que forem mães ou responsáveis por crianças ou pessoas com deficiência, a progressão de regime, desde que satisfeitos os requisitos enunciados no art. 112, §3º, I, II, IV e V, da LEP, será deferida após o cumprimento de **1/8 (um oitavo)** da pena no regime anterior. Tal quantidade de pena se aplica, inclusive, para condenação por crimes hediondos ou equiparados, eis que a predita Lei 13.769/2018 alterou a redação do art. 2º, §2º, da Lei 8.072/90, que assim passou a dispor: "*A progressão de regime, no caso dos condenados pelos crimes previstos neste artigo, dar-se-á após o cumprimento de 2/5 (dois quintos) da pena, se o apenado for primário, e de 3/5 (três quintos), se reincidente, observado o disposto nos §§ 3º e 4º do art. 112 da Lei nº 7.210, de 11 de julho de 1984 (Lei de Execução Penal).*"

Importante registrar que a progressão especial será **revogada** caso haja cometimento de novo crime doloso ou falta grave (art. 112, §4º, da LEP).

Além dos requisitos objetivos já estudados, é indispensável que o condenado satisfaça o **requisito subjetivo**, qual seja, a **boa conduta carcerária**, assim comprovada em atestado emitido pela autoridade administrativa competente (diretor do estabelecimento penal), conforme enuncia o art. 112, §1º, da LEP. Perceba que em caso de progressão especial, não bastará à mulher gestante ou mãe ou responsável por criança ou pessoa com deficiência ter tido bom comportamento car-

cerário, exigindo a LEP, ainda, que seja *primária e não tenha integrado organização criminosa*.

Ainda acerca das alterações promovidas pelo *Pacote Anticrime* (Lei 13.964/2019), o art. 112, §2º, da LEP, passou a dispor expressamente que a decisão do juiz que determinar a progressão de regime será sempre motivada e precedida de manifestação do Ministério Público e do defensor, procedimento que também será adotado na concessão de livramento condicional, indulto e comutação de penas, respeitados os prazos previstos nas normas vigentes.

Ainda, relevante anotar que o § 6º do art. 112 da LEP dispõe que o cometimento de **falta grave** durante a execução da pena privativa de liberdade **interrompe** o prazo para a obtenção da progressão no regime de cumprimento da pena, caso em que o reinício da contagem do requisito objetivo terá como base a pena remanescente, sedimentando, com isso, a jurisprudência consolidada.

Outro ponto relevante que se coloca, ainda acerca dos requisitos para a progressão de regime, é o seguinte: *exige-se que o condenado obtenha parecer favorável em exame criminológico?*

Desde a edição da Lei 10.792/2003, o exame criminológico, mencionado no art. 112 da LEP, deixou de ser requisito indispensável à progressão de regime. Assim, em uma leitura mais apressada do dispositivo legal, poder-se-ia concluir que jamais se poderia exigir aludido exame (perícia multidisciplinar) para a admissão do benefício.

Contudo, o STF, após editar a **Súmula vinculante 26**, passou a admitir a exigência de exame criminológico àqueles condenados por crimes hediondos, desde que as peculiaridades do caso indiquem que a medida é necessária. O mesmo se deu no âmbito do STJ, que editou a **Súmula 439**, que, em suma, prevê ser admissível o exame criminológico, desde que as peculiaridades do caso indiquem que seja necessário e desde que haja decisão motivada nesse sentido.

Portanto, podemos assim concluir: **como regra, não se exigirá o exame criminológico** como condição para a progressão de regime, **salvo se as peculiaridades do caso indicarem que sua realização seja necessária**, desde que haja **motivação idônea em decisão judicial**.

Com relação aos **crimes cometidos contra a administração pública** (ex.: peculato, art. 312 do CP), a progressão de regime, consoante determina o art. 33, § 4º, do CP, somente será admissível após o condenado haver **reparado o dano causado** ao erário ou devolvido o produto do ilícito cometido, com os devidos acréscimos legais.

No tocante aos **crimes hediondos e equiparados**, após o advento da Lei 11.464/2007, inspirada no julgamento, pelo STF, do HC 82.959-SP, no qual se declarou incidentalmente a inconstitucionalidade do regime integralmente fechado previsto, àquela ocasião, no art. 2º, § 1º, da Lei 8.072/1990, não mais se pode falar em vedação à progressão de regime. Apenas se imporá ao condenado o **regime inicialmente fechado**, admitindo-se a progressão após o cumprimento de 40% a 70% da pena, conforme art. 112, incisos V a VIII, da LEP. Ressalte-se, porém, que o STF, ao julgar, em 2012, o **HC 111.840**, impetrado pela Defensoria Pública do Espírito Santo em favor de paciente condenado por tráfico de drogas, declarou, incidentalmente, a **inconstitucionalidade do regime inicial fechado obrigatório** aos condenados por crimes hediondos ou equiparados. Assim, a despeito da existência de norma impositiva do regime inicialmente fechado obrigatório (art. 2º, § 1º, da Lei 8.072/1990 – Lei dos Crimes Hediondos), pode-se sustentar, como visto, sua inconstitucionalidade, motivo pelo qual se poderá admitir regime inicial semiaberto ou até aberto aos condenados por crimes hediondos e equiparados.

A doutrina majoritária, bem assim a jurisprudência, objetam a ideia de uma **"progressão por salto"**, vale dizer, o condenado que cumpre pena no regime fechado migrar, diretamente, para o regime aberto, sem passar pelo semiaberto. É o que restou estampado, inclusive, na **Súmula 491 do STJ**: "é inadmissível a chamada progressão *per saltum* de regime prisional".

No entanto, em situações excepcionais, poderá ser admitido, na prática, o "salto" ao regime mais brando. É o que ocorre, por exemplo, com um condenado em regime fechado que já tenha satisfeito os requisitos para a progressão ao semiaberto e neste não haja vagas. A ineficiência estatal não pode ser um óbice à progressão de regime. Destarte, o condenado será transferido do regime fechado ao aberto, até que surja uma vaga no semiaberto, oportunidade em que será "realocado" à condição juridicamente correta.

A esse respeito, o STF editou a **Súmula vinculante 56**: "A falta de estabelecimento penal adequado não autoriza a manutenção do condenado em regime prisional mais gravoso, devendo-se observar, nessa hipótese, os parâmetros fixados no RE 641.320/RS" (STF. Plenário. Aprovada em 29.06.2016). Em resumo, podemos aduzir o seguinte[1]:

a) A falta de estabelecimento penal adequado não autoriza a manutenção do condenado em regime prisional mais gravoso;

b) Os juízes da execução penal podem avaliar os estabelecimentos destinados aos regimes semiaberto e aberto, para qualificação como adequados a tais regimes. São aceitáveis estabelecimentos que não se qualifiquem como "colônia agrícola, industrial" (regime semiaberto) ou "casa de albergado ou estabelecimento adequado" (regime aberto) (art. 33, § 1º, "b" e "c", do CP). No entanto, não deverá haver alojamento conjunto de presos dos regimes semiaberto e aberto com presos do regime fechado.

c) Havendo déficit de vagas, deverá determinar-se: (i) a saída antecipada de sentenciado no regime com falta de vagas; (ii) a liberdade eletronicamente monitorada ao sentenciado que sai antecipadamente ou é posto em prisão domiciliar por falta de vagas; (iii) o cumprimento de penas restritivas de direito e/ou estudo ao sentenciado que progride ao regime aberto.

d) Até que sejam estruturadas as medidas alternativas propostas, poderá ser deferida a prisão domiciliar ao sentenciado. STF. Plenário. RE 641320/RS, Rel. Min. Gilmar Mendes, julgado em 11.05.2016 (repercussão geral) (Info 825).

Importa registrar que o STJ, em sua **Súmula 534**, editada em 2015, consolidou o entendimento de que: "A prática de falta grave interrompe a contagem do prazo para a progressão de regime de cumprimento de pena, o qual se reinicia a partir do cometimento dessa infração" (**REsp 1364192**).

Por fim, de acordo com a **Súmula 493 do STJ**, é inadmissível a fixação de pena substitutiva (art. 44, CP) como condição especial ao regime aberto, medida muito utilizada por juízes da execução penal. Ora, não se pode admitir que um condenado, para progredir de regime prisional, seja submetido a mais uma pena, ainda que alternativa à prisão!

7.2.3. *Regressão de regime penitenciário, remição e detração*

A **regressão** de regime penitenciário é o oposto da **progressão**. Nosso sistema penitenciário é o progressivo. Contudo, o condenado poderá ser transferido de regime mais benigno para outro mais gravoso quando (art. 118 da LEP):

a) cometer crime doloso ou falta grave. Importante anotar o teor das Súmulas 526 e 533 do STJ, ambas editadas em 2015, respectivamente: "O reconhecimento de falta grave decorrente do cometimento de fato definido como crime doloso no cumprimento da pena prescinde do trânsito em julgado de sentença penal condenatória no processo penal instaurado para apuração do fato" e "Para o reconhecimento da prática de falta disciplinar no âmbito da execução penal, é imprescindível a instauração de procedimento administrativo pelo diretor do estabelecimento prisional, assegurado o direito de defesa, a ser realizado por advogado constituído ou defensor público nomeado" (**REsp 1.378.557**);

b) sofrer condenação por crime anterior, cuja pena, somada àquela que está sendo executada, supere o teto permitido para aquele regime em que estiver o condenado;

c) o condenado frustrar os fins da execução ou não pagar, podendo, a multa cumulativamente imposta;

d) o condenado submetido à vigilância indireta eletrônica (monitoração eletrônica) deixar de adotar os cuidados necessários com o equipamento, bem como não observar os deveres que lhe são inerentes (art. 146-C, parágrafo único, I, da LEP).

Admite-se a regressão do regime aberto, por exemplo, para o fechado, diretamente, o que não ocorre na progressão de regime, que não pode ser "por salto". Em outras palavras, admite-se a "regressão por salto", o que, como regra, não se pode admitir na progressão.

Ressalte-se que o condenado que esteja cumprindo pena por crime punido com **detenção**, muito embora esta espécie de PPL não admita, como regra, a imposição de regime inicial fechado, poderá regredir a este regime. Assim não fosse, quem cumprisse pena de detenção, caso cometesse, por exemplo, falta grave em regime semiaberto, não sofreria qualquer penalidade, o que serviria até de estímulo ao cometimento de transgressões disciplinares.

A **remição** é benefício a que o condenado faz jus, desde que esteja cumprindo a pena em *regime fechado* ou *semiaberto*, reduzindo-se sua pena em razão do trabalho ou do estudo. De acordo com o art. 126, § 1º, da LEP, alterado pela Lei 12.433, de 29.06.2011, com vigência a partir de sua publicação no dia seguinte, a contagem do prazo, para fins de remição, será feito da seguinte maneira:

a) 1 (um) dia de pena a cada 12 (doze) horas de frequência escolar – atividade de ensino fundamental, médio, inclusive profissionalizante, ou superior, ou ainda de requalificação profissional – divididas, no mínimo, em 3 (três) dias;

b) 1 (um) dia de pena a cada 3 (três) dias de trabalho.

O estudo, nos termos do art. 126, § 2º, da LEP, já com as alterações promovidas pelo diploma legal acima referido, poderá ser desenvolvido de forma presencial ou por metodo-

---

1.. Resumo extraído do sítio eletrônico Dizer o Direito (https://dizero-direitodotnet.files.wordpress.com/2016/08/sv-56.pdf).

logia de ensino a distância, sendo de rigor a certificação pelas autoridades educacionais competentes dos cursos frequentados.

Será perfeitamente possível a cumulação do trabalho e do estudo do preso para fins de remição (ex.: trabalho na parte da manhã e estudo à noite). Nesse caso, a cada 3 dias de estudo e trabalho, será recompensado com o abatimento de dois dias de pena.

Ainda, deve-se registrar que o preso impossibilitado, por acidente, de prosseguir no trabalho ou nos estudos, continuará a beneficiar-se com a remição (art. 126, § 4º, LEP).

Ao preso que, durante o cumprimento da pena, concluir o ensino fundamental, médio ou superior, desde que haja certificado expedido pelo órgão competente, terá acrescido 1/3 (um terço) às horas de estudo que serão utilizadas para a remição (art. 126, § 5º, LEP).

Em caso de falta grave, o juiz poderá revogar até 1/3 (um terço) do tempo remido, recomeçando a contagem a partir da data da infração disciplinar (art. 127, LEP). Assim, a Súmula Vinculante 9 do STF, que afirmava que o condenado perderia, em razão da falta grave, todos os dias remidos, está tacitamente revogada pela Lei 12.433/2011, que alterou a redação do art. 127 da LEP.

Por oportuno, e tratando-se de inovação, deve-se destacar que a remição, até o advento da já citada Lei 12.433/2011, somente era admissível aos condenados que cumprissem pena em regime fechado ou semiaberto, visto que o trabalho era requisito indispensável à progressão ao regime aberto. No entanto, acrescentado o estudo do preso como fator de remição, mesmo o condenado que cumpra pena em regime aberto ou semiaberto, bem assim o que usufrui do livramento condicional, poderá beneficiar-se da remição pela frequência a curso de ensino regular ou de educação profissional (a cada 12 horas de estudo, divididas em no mínimo três dias, verá descontado 1 dia de sua pena, ou, ainda, 1 dia do período de prova do livramento condicional).

Para que se implemente os novos comandos da LEP, a Lei 12.245/2010 determinou a **instalação de salas de aula** nos estabelecimentos penais, destinadas a **cursos do ensino básico e profissionalizante**.

Por fim, vale destacar o teor da **Súmula 562 do STJ**: "*É possível a remição de parte do tempo de execução da pena quando o condenado, em regime fechado ou semiaberto, desempenha atividade laborativa, ainda que extramuros*".

A **detração, por sua vez,** é o cômputo (ou desconto, ou abatimento), na pena privativa de liberdade ou na medida de segurança, do tempo de prisão provisória ou de internação, cumprida no Brasil ou no estrangeiro (art. 42, CP). Assim, aquele tempo em que o agente ficou preso ou internado cautelarmente será descontado, abatido do tempo definitivo de pena privativa de liberdade ou, no caso de medida de segurança, em seu tempo mínimo de duração. Importante registrar que, nos termos do art. 387, § 2º, do CPP, o tempo de prisão provisória será computado para fins de fixação do regime inicial de cumprimento de pena.

Questão bastante relevante é a que diz respeito à possibilidade – ou não – de uma prisão cautelar decretada ou mantida em determinado processo-crime ser utilizada como "abatimento" em outro processo-crime. Confira-se a posição consolidada da doutrina e jurisprudência estampada nos excertos a seguir:

DETRAÇÃO. CUSTÓDIA CAUTELAR.

"A Turma denegou a ordem de *habeas corpus* e reafirmou ser inviável aplicar o instituto da detração penal nos processos relativos a crimes cometidos após a custódia cautelar". Precedentes citados do STF: HC 93.979-RS, *DJe* 19.06.2008; do STJ: REsp 1.180.018-RS, *DJe* 04.10.2010; HC 157.913-RS, *DJe* 18.10.2010, e REsp 650.405-RS, *DJ* 29.08.2005. HC 178.129-RS, Rel. Min. Og Fernandes, julgado em 07.06.2011. (**Inform. STJ** 476)

DETRAÇÃO PENAL. CRIME POSTERIOR. PRISÃO CAUTELAR.

"A Turma denegou a ordem de *habeas corpus*, reafirmando a jurisprudência deste Superior Tribunal de ser inviável a aplicação da detração penal em relação aos crimes cometidos posteriormente à custódia cautelar. No *writ*, a Defensoria sustentava constrangimento ilegal na decisão de não concessão da detração ao paciente que permaneceu preso cautelarmente em outro feito criminal no período de 27/9/2006 a 7/9/2007 e buscava a detração da pena pela prática de crime perpetrado em 27.11.2007". Precedentes citados do STF: HC 93.979-RS, *DJe* 19.06.2008; do STJ: REsp 650.405-RS, *DJ* 29.08.2005; HC 157.913-RS, *DJe* 18.10.2010, e REsp 1.180.018-RS, *DJe* 04.10.2010. HC 197.112-RS, Rel. Min. Og Fernandes, julgado em 19.05.2011. (Inform. STJ 473)

7.2.4. Fixação das PPLs (dosimetria da pena)

Nosso CP, em seu art. 68, consagrou o denominado sistema trifásico de fixação de pena, idealizado pelo grande mestre penalista Nelson Hungria.

Como o próprio nome sugere, o magistrado, no momento em que for aplicar a pena ao agente, deverá fazê-lo em três etapas:

a) Primeira fase: análise das **circunstâncias judiciais** do art. 59 do CP. Aqui, o juiz irá verificar a *culpabilidade, os antecedentes, a conduta social, a personalidade do agente, os motivos, as circunstâncias e as consequências do crime*, bem como o *comportamento da vítima*, a fim de que se fixe a **pena-base**. Quanto aos maus antecedentes, é mister ressaltar que o STJ, ao editar a **Súmula 444**, assentou ser **vedada a utilização de inquéritos policiais e ações penais em curso para agravar a pena-base**. Isso, é certo, decorre do princípio constitucional da presunção de inocência (ou de não culpabilidade);

b) Segunda fase: análise das **circunstâncias atenuantes e agravantes genéricas** (previstas na Parte Geral do CP), que vêm indicadas, respectivamente, nos arts. 65, 66, 61 e 62, todos do CP.

As **circunstâncias atenuantes** previstas no art. 65 do CP são as seguintes:

I – ser o agente menor de 21 (vinte e um), na data do fato, ou maior de 70 (setenta) anos, na data da sentença;

II – o desconhecimento da lei;

III – ter o agente:

a) cometido o crime por motivo de relevante valor social ou moral;

b) procurado, por sua espontânea vontade e com eficiência, logo após o crime, evitar-lhe ou minorar-lhe as consequências, ou ter, antes do julgamento, reparado o dano;

c) cometido o crime sob coação a que podia resistir, ou em cumprimento de ordem de autoridade superior, ou sob a influência de violenta emoção, provocada por ato injusto da vítima;

d) confessado espontaneamente, perante a autoridade, a autoria do crime;

e) cometido o crime sob a influência de multidão em tumulto, se não o provocou.

O **art. 66 do CP** trata das atenuantes inominadas:

A pena poderá ser ainda atenuada em razão de circunstância relevante, anterior ou posterior ao crime, embora não prevista expressamente em lei.

As **circunstâncias agravantes** do art. 61 do CP são:

I – a reincidência;

II – ter o agente cometido o crime:

a) por motivo fútil ou torpe;

b) para facilitar ou assegurar a execução, a ocultação, a impunidade ou vantagem de outro crime;

c) à traição, de emboscada, ou mediante dissimulação, ou outro recurso que dificultou ou tornou impossível a defesa do ofendido;

d) com emprego de veneno, fogo, explosivo, tortura ou outro meio insidioso ou cruel, ou de que podia resultar perigo comum;

e) contra ascendente, descendente, irmão ou cônjuge;

f) com abuso de autoridade ou prevalecendo-se de relações domésticas, de coabitação ou de hospitalidade, ou com violência contra a mulher na forma da lei específica;

g) com abuso de poder ou violação de dever inerente a cargo, ofício, ministério ou profissão;

h) contra criança, maior de 60 (sessenta) anos, enfermo ou mulher grávida;

i) quando o ofendido estava sob a imediata proteção da autoridade;

j) em ocasião de incêndio, naufrágio, inundação ou qualquer calamidade pública, ou de desgraça particular do ofendido;

l) em estado de embriaguez preordenada.

O art. 62 do CP trata de **circunstâncias agravantes** que somente se aplicam em caso de concurso de pessoas. Vejamos:

I – promove, ou organiza a cooperação no crime ou dirige a atividade dos demais agentes;

II – coage ou induz outrem à execução material do crime;

III – instiga ou determina a cometer o crime alguém sujeito à sua autoridade ou não punível em virtude de condição ou qualidade pessoal;

IV – executa o crime, ou nele participa, mediante paga ou promessa de recompensa.

Havendo o concurso de circunstâncias atenuantes e agravantes, caberá ao juiz impor a pena que se aproxime do limite indicado pelas **circunstâncias preponderantes**, entendendo-se como tais as que resultam dos motivos determinantes do crime, da personalidade do agente e da reincidência (art. 67, CP). Há precedentes do STJ no sentido de que a **menoridade relativa** (agente maior de dezoito anos, mas menor de vinte e um) prevalece sobre as demais, inclusive sobre a reincidência.

Finalmente, de acordo com a **Súmula 231 do STJ**, a incidência de circunstância atenuante não pode conduzir à redução da pena abaixo do mínimo legal. Por evidente, o mesmo se aplica às agravantes, que não podem conduzir ao aumento da pena acima do máximo legal.

c) Terceira fase: análise das causas de diminuição (minorantes) e aumento (majorantes) de pena. Podem ser genéricas, quando previstas na Parte Geral do CP, ou específicas, quando na Parte Especial ou legislação extravagante. São representadas por *frações ou índices multiplicadores* (1/6, 1/3, 1/2, 2/3, dobro, triplo etc.).

Diversamente do que ocorre com as atenuantes e agravantes, as causas de diminuição e aumento de pena podem, respectivamente, conduzir à fixação de reprimenda **abaixo do mínimo ou acima do máximo** previsto em lei.

7.3. As penas restritivas de direitos (PRDs)

7.3.1. Características

Também conhecidas como *penas alternativas*, visto que são uma alternativa à pena de prisão, as PRDs são **autônomas**, eis que têm regras e princípios próprios, não podendo coexistir com as PPLs, bem como **substitutivas**, ou seja, substituem as PPLs impostas em sentença.

Cabe mencionar que o crime de porte de drogas para consumo pessoal, tipificado no art. 28 da Lei de Drogas (Lei 11.343/2006), prevê, já abstratamente, penas alternativas à prisão (advertência, prestação de serviços à comunidade e comparecimento à programa ou curso educativo), tratando-se de uma exceção à regra que dita que as PRDs têm caráter substitutivo.

7.3.2. Requisitos para a substituição da PPL por PRD

A PRD somente poderá substituir uma PPL imposta em sentença se preenchidos os seguintes **requisitos**, de **forma cumulativa**, previstos no art. 44, I a III, do CP:

A) Requisitos objetivos:

a.1) crime cometido sem violência ou grave ameaça à pessoa;

a.2) que a PPL a ser substituída seja de até 4 (quatro) anos, e, quanto aos crimes culposos, qualquer que seja a quantidade de pena imposta;

B) Requisitos subjetivos:

b.1) *réu não reincidente em crime doloso* (não se tratando de **reincidência específica**, ou seja, não tendo o agente sido condenado em virtude da prática do mesmo crime, até **será possível a substituição** da PPL por PRD, **d**esde que a **medida seja socialmente recomendável** – art. 44, § 3º, CP);

b.2) *a culpabilidade, os antecedentes, a conduta social, a personalidade do agente, bem como os motivos e as circunstâncias do crime indiquem que a substituição é suficiente*. É o que se convencionou chamar de **princípio da suficiência**.

7.3.3. Espécies de PRDs

As PRDs estão previstas, em rol taxativo, no **art. 43 do CP**, a saber:

I – Prestação pecuniária (art. 45, § 1º, CP);

II – Perda de bens e valores (art. 45, § 3º, CP);

III – Prestação de serviços à comunidade ou a entidades públicas (art. 46, CP);

IV – Interdição temporária de direitos (art. 47, CP); e

V – Limitação de fim de semana (art. 48).

Na condenação igual ou inferior a um ano, a substituição pode ser feita por multa ou por uma pena restritiva de direitos; se superior a um ano, a pena privativa de liberdade pode ser substituída por uma pena restritiva de direitos e multa ou por duas restritivas de direitos (art. 44, § 2º, CP).

7.3.3.1. Prestação pecuniária

Consiste no **pagamento em dinheiro** à *vítima, a seus dependentes ou a entidade pública ou privada com destinação social*, de importância fixada pelo juiz, não inferior a **1 (um) salário mínimo**, nem superior a **360 (trezentos e sessenta) salários mínimos**. O valor será deduzido do montante de eventual ação de reparação civil, desde que coincidentes os beneficiários. A prestação pecuniária poderá ser substituída por prestação de outra natureza desde que haja aceitação, nesse sentido, do beneficiário (art. 45, § 2º, CP).

Diversamente do que ocorre com a pena de multa, que é considerada dívida de valor (art. 51 do CP), se o condenado não cumprir a prestação pecuniária imposta, esta será convertida em PPL, conforme se depreende da regra geral imposta no art. 44, § 4º, do CP.

7.3.3.2. Perda de bens e valores

Consiste no "confisco" (retirada compulsória) de bens e valores que componham o **patrimônio lícito** do condenado, em favor do FUNPEN (Fundo Penitenciário Nacional), ressalvada a legislação especial. Será correspondente, ao que for maior, ao **montante do prejuízo** causado ou ao **proveito** obtido pelo agente com a **prática do crime** (art. 45, § 3º, CP).

7.3.3.3. Prestação de serviços à comunidade ou a entidades públicas

Trata-se de PRD que impõe ao condenado o cumprimento de **tarefas gratuitas** em *entidades assistenciais, hospitais, escolas, orfanatos e outros estabelecimentos congêneres, em programas comunitários e estatais* (art. 46, *caput*, e §§ 1º e 2º, CP).

Somente é aplicável essa espécie de pena restritiva às **condenações que superarem 6 (seis) meses de PPL**.

As tarefas não poderão atrapalhar a jornada de trabalho normal do condenado, motivo pelo qual corresponderão a **1 (uma) hora de tarefa por dia de condenação** (art. 46, § 3º, CP). Em caso de a PPL substituída **superar 1 (um) ano**, o condenado poderá cumprir a prestação de serviços à comunidade ou entidades públicas em **tempo menor**, respeitado, é bom que se diga, período jamais **inferior à metade** da pena privativa de liberdade substituída (art. 46, § 4º, CP).

7.3.3.4. Interdição temporária de direitos

Esta espécie de PRD somente será imposta quando o crime **violar deveres inerentes a cargo, atividade, ofício ou função pública**.

São elas:

I. proibição para o exercício de cargo, função ou atividade pública, bem como mandato eletivo;

II. proibição do exercício de profissão, atividade ou ofício que dependam de habilitação especial, de licença ou autorização do poder público;

III. suspensão de CNH (somente para os crimes culposos de trânsito);

IV. proibição de frequentar determinados lugares (art. 47, CP); e

V. proibição de inscrever-se em concurso, avaliação ou exames públicos (inovação trazida pela Lei 12.550/2011).

7.3.3.5. Limitação de fim de semana

Consiste na obrigação de o condenado permanecer, por **5 (cinco) horas diárias**, aos **sábados e domingos**, em Casa do Albergado, para que ouça palestras ou realize atividades educativas e participe de cursos (art. 48, parágrafo único, CP).

7.3.4. Descumprimento das PRDs

Conforme enuncia o art. 44, § 4º, do CP, a pena restritiva de direitos **converte-se** em privativa de liberdade quando ocorrer o **descumprimento injustificado** da restrição imposta. Trata-se da conversão ou reconversão da PRD pela PPL.

É claro que antes da decretação da conversão/reconversão é mister a prévia oitiva do condenado, em respeito ao contraditório e ampla defesa, sob pena de nulidade da decisão que converta, de plano, a PRD em PPL.

Em caso de condenação a PPL por outro crime, o juiz da execução penal decidirá sobre a conversão, podendo deixar de aplicá-la se for possível ao condenado cumprir a pena substitutiva anterior. Trata-se de **conversão ou reconversão facultativa**, visto que, se for possível ao condenado prosseguir no cumprimento da PRD anterior e cumprir, concomitantemente, a nova PRD imposta pela prática de outro crime, não haverá razões para a conversão da primeira.

7.4. A pena de multa

A pena de multa é de cunho eminentemente **pecuniário**. Consiste no **pagamento de um certo montante** ao Fundo Penitenciário Nacional (FUNPEN) ou fundos estaduais (para os crimes de competência da Justiça Estadual), fixado em sentença e calculado em **dias-multa**.

7.4.1. Sistema de aplicação da multa

Conforme a doutrina nos ensina, a multa segue um **sistema bifásico**, visto que, primeiramente, será estabelecido o **número de dias-multa**, seguindo-se ao cálculo de seu **valor unitário**.

Assim, na primeira fase, o juiz fixará a quantidade da multa entre **10 (dez)** e **360 (trezentos e sessenta) dias-multa**. Em ato seguinte, fixará o valor de cada dia-multa, que não poderá ser inferior a **1/30 (um trigésimo)** do salário mínimo, nem superior a **5 (cinco)** vezes esse valor, levando-se em conta a **capacidade econômica do réu** (arts. 49 e 60, ambos do CP).

Se o magistrado entender que o poder econômico do réu poderá revelar **ineficácia** da sanção penal, o valor da multa poderá ser elevado até o **triplo** (art. 60, § 1º, CP).

7.4.2. Natureza jurídica e execução da multa

Conforme preconizava o art. 51 do CP, transitada em julgado a sentença condenatória, a **multa** seria considerada **dívida de valor**, aplicando-se-lhe as normas da legislação relativa à **dívida ativa da Fazenda Pública**, inclusive no que concerne às causas interruptivas e suspensivas da prescrição.

Referido dispositivo legal sofreu alteração redacional pelo Pacote Anticrime (Lei 13.964/2019), passando a dispor que transitada em julgado a sentença condenatória, a **multa** será **executada perante o juiz da execução penal** e será considerada **dívida de valor**, aplicáveis as normas relativas à dívida ativa da Fazenda Pública, inclusive no que concerne às causas interruptivas e suspensivas da prescrição.

Em essência, foi mantida a natureza da multa como uma **dívida de valor**, o que vale dizer, em outras palavras, que caso o condenado não a pague, esta não poderá ser convertida em PPL, visto que o CP a considera, repise-se, mera dívida de valor.

Prevalecia, antes do Pacote Anticrime, o entendimento doutrinário e jurisprudencial de que **a execução da pena de multa**, caso não ocorresse o pagamento voluntário no prazo de 10 (dez) dias após o trânsito em julgado da sentença condenatória (art. 50, CP), deveria ser promovida pela Procuradoria da **Fazenda Pública** federal ou estadual, a depender da competência jurisdicional (crimes federais ou estaduais), nas **Varas das Execuções Fiscais**. Nesse sentido, a *Súmula 521* do STJ: *"A legitimidade para execução fiscal de multa pendente de pagamento imposta em sentença condenatória é exclusiva da Procuradoria da Fazenda Pública"*. O STF, no julgamento da **ADI 3150**, inclusive havia firmado entendimento, por maioria de votos, de que a legitimidade ativa para executar multa penal seria do **Ministério Público, ficando, pois, superada, a referida Súmula**. Confira-se notícia extraída diretamente do sítio eletrônico de referida Corte[2]: *"Por maioria de votos, o Plenário do Supremo Tribunal Federal (STF) definiu que o Ministério Público é o principal legitimado para executar a cobrança das multas pecuniárias fixadas em sentenças penais condenatórias. Na sessão desta quinta-feira (13), os ministros entenderam que, por ter natureza de sanção penal, a competência da Fazenda Pública para executar essas multas se limita aos casos de inércia do MP.*

O tema foi debatido conjuntamente na Ação Direta de Inconstitucionalidade (ADI) 3150, de relatoria do ministro Marco Aurélio, e na 12ª Questão de Ordem apresentada na Ação Penal (AP) 470, de relatoria do ministro Luís Roberto Barroso. A controvérsia diz respeito ao artigo 51 do Código Penal, que estabelece a conversão da multa pecuniária em dívida de valor após o trânsito em julgado da sentença condenatória, e determina que a cobrança se dê conforme as normas da legislação relativa à dívida ativa. A Procuradoria-Geral da República ajuizou a ADI 3150 pedindo que o texto seja interpretado de forma a conferir legitimidade exclusiva ao MP para executar essas dívidas. A União, por sua vez, argumentou que a competência seria da Fazenda Pública.

O julgamento foi retomado com o voto do ministro Roberto Barroso, que reafirmou o entendimento apresentado na 12ª Questão de Ordem na AP 470 no sentido da procedência parcial da ADI 3150. Segundo ele, o fato de a nova redação do artigo 51 do Código Penal transformar a multa em dívida de valor não retira a competência do MP para efetuar sua cobrança. Ele lembrou que a multa pecuniária é uma sanção penal prevista na Constituição Federal (artigo 5º, inciso XLVI, alínea "c"), o que torna impossível alterar sua natureza jurídica por meio de lei. Ressaltou, também, que a Lei de Execuções Penais (LEP),

em dispositivo expresso, reconhece a atribuição do MP para executar a dívida.

Segundo Barroso, o fato de o MP cobrar a dívida, ou seja, executar a condenação, não significa que ele estaria substituindo a Fazenda Pública. O ministro destacou que a condenação criminal é um título executivo judicial, sendo incongruente sua inscrição em dívida ativa, que é um título executivo extrajudicial. Reafirmando seu voto na 12ª Questão de Ordem na AP 470, o ministro salientou que, caso o MP não proponha a execução da multa no prazo de 90 dias após o trânsito em julgado da sentença, o juízo da vara criminal comunicará ao órgão competente da Fazenda Pública para efetuar a cobrança na vara de execução fiscal. "Mas a prioridade é do Ministério Público, pois, antes de ser uma dívida, é uma sanção criminal", reiterou.

Seguiram essa corrente os ministros Alexandre de Moraes, Rosa Weber, Luiz Fux, Cármen Lúcia, Ricardo Lewandowski e Dias Toffoli (presidente). Ficaram vencidos os ministros Marco Aurélio e Edson Fachin, que votaram pela improcedência da ADI por entendem ser competência da Fazenda Pública a cobrança da multa pecuniária.

A ADI 3150 foi julgada parcialmente procedente para dar interpretação conforme a Constituição ao artigo 51 do Código Penal, explicitando que, ao estabelecer que a cobrança da multa pecuniária ocorra segundo as normas de execução da dívida pública, não exclui a legitimidade prioritária do Ministério Público para a cobrança da multa na vara de execução penal. A questão de ordem foi resolvida no sentido de assentar a legitimidade do MP para propor a cobrança de multa com a possibilidade de cobrança subsidiária pela Fazenda Pública."

Com a novel redação que a **Lei 13.964/2019** (Pacote Anticrime) deu ao art. 51 do CP, parece não mais haver dúvida acerca da legitimidade ativa do **Ministério Público** para promover a execução da pena de multa, tendo como juízo competente a **Vara das Execuções Criminais**, o que nos faz levar a crer que mesmo em caso de inércia ministerial, será impossível que a Procuradoria da Fazenda Pública promova a cobrança judicial, ficando superado, pois, o entendimento firmado pelo STF na precitada ADI 3150. Nesse sentido leciona Rogério Sanches, para quem *"(...) a Lei 13.964/2019 (Pacote Anticrime) alterou a redação do art. 51 do CP, que passou a prever expressamente a competência do juízo da execução penal, no qual, evidentemente, deve atuar o Ministério Público. Aboliu-se a legitimidade subsidiária da procuradoria da Fazenda Pública"* (Manual de Direito Penal, Parte Geral, p. 595, 8ª edição, Ed. Juspodivm).

Por fim, caso sobrevenha ao condenado doença mental, suspende-se a execução da pena de multa, conforme determina o art. 52 do CP.

8. CONCURSO DE CRIMES

8.1. Conceito

Concurso de crimes ocorre quando o(s) agente(s), mediante a prática de **uma ou várias condutas**, pratica(m) **dois ou mais crimes**. Pressupõe, portanto, **pluralidade de fatos**.

8.2. Espécies de concurso de crimes

Os arts. 69, 70 e 71 do CP trazem, respectivamente, o **concurso material**, o **concurso formal** e o **crime continuado**.

---

2. http://www.stf.jus.br/portal/cms/verNoticiaDetalhe. asp?idConteudo=398607. Acesso em 07 de janeiro de 2019.

8.2.1. Concurso material (ou real)

Previsto no art. 69 do CP, resta caracterizado quando o agente, mediante **mais de uma ação ou omissão**, pratica **dois ou mais crimes, idênticos ou não**. Como consequência, serão aplicadas, cumulativamente, as penas privativas de liberdade em que haja incorrido.

Assim, são **requisitos do concurso material**: *pluralidade de condutas e pluralidade de crimes.*

Reconhecida essa espécie de concurso, o juiz, na sentença, fixará as penas de cada uma das infrações penais separadamente para, somente então, somá-las. Isso é importante para fins de análise de prazo prescricional, que corre separadamente para cada crime (art. 119, CP).

Aplica-se no concurso material o **sistema do cúmulo material** (soma das penas).

Caso o agente tenha praticado diversos crimes em concurso material ou real, e havendo penas privativas de liberdade distintas (reclusão e detenção, por exemplo), a execução ocorrerá primeiramente da mais grave (reclusão, *in casu*).

8.2.2. Concurso formal (ou ideal)

Previsto no art. 70 do CP, resta caracterizado quando o agente, mediante **uma só ação ou omissão**, pratica **dois ou mais crimes, idênticos ou não**, aplicando-se a pena mais grave, se distintas, ou, se idênticas, qualquer uma delas, mas, em qualquer caso, aumentada de 1/6 (um sexto) até 1/2 (metade).

São **requisitos**, portanto, **do concurso formal**: *unidade de conduta e pluralidade de crimes.*

A depender dos crimes cometidos, existem 2 (duas) espécies de concurso formal:

a) concurso formal homogêneo: verifica-se quando os crimes cometidos forem **idênticos** (ex.: dois homicídios culposos de trânsito, praticados mediante uma só ação imprudente do condutor do veículo automotor);

b) concurso formal heterogêneo: verifica-se na hipótese de o agente, mediante uma só ação ou omissão, praticar dois ou mais **crimes distintos** (ex.: dirigindo imprudentemente, o condutor do veículo mata um pedestre e provoca lesões corporais em outro).

Ainda, quanto ao desígnio do agente para o cometimento dos crimes, classifica-se o concurso formal em:

a) concurso formal perfeito (ou próprio – é a regra): dá-se quando o agente, mediante uma só ação ou omissão, pratica dois ou mais crimes, idênticos ou não, mas com **unidade de desígnio**. É o caso do atropelamento culposo de 3 (três) pessoas;

b) concurso formal imperfeito (ou impróprio): dá-se quando o agente, mediante uma só ação ou omissão, pratica dois ou mais crimes, mas com **pluralidade de desígnios** (mais de uma vontade). É o caso do homem que efetua um só disparo, matando cinco pessoas enfileiradas.

No primeiro caso (concurso formal perfeito), a pena será acrescida de 1/6 a 1/2, aplicando-se o chamado **critério ou sistema da exasperação**. O critério que se adotará para o quantum de aumento de pena é o do número de crimes cometidos pelo agente, e da seguinte forma: (i) dois crimes = +1/6; (ii) três crimes = +1/5; (iii) quatro crimes = +1/4; (iv) cinco crimes = +1/3. (v) seis ou mais crimes = +1/2.

Se da **exasperação da pena** (1/6 a 1/2) decorrer pena **superior** àquela que seria verificada com a soma das penas, aplicar-se-á a regra do **cúmulo material benéfico**, ou seja, as penas serão somadas (art. 70, parágrafo único, CP). Afinal, a regra do concurso formal objetivo, em última análise, beneficia o réu: em vez de sofrer condenação por cada um dos crimes, responderá, na prática, pela pena de um deles, acrescida de 1/6 a 1/2. No entanto, se referida regra se afigurar prejudicial, as penas dos crimes serão somadas.

8.2.3. Crime continuado (ou continuidade delitiva)

Previsto no art. 71 do CP, resta configurado quando o agente, mediante **mais de uma ação ou omissão**, pratica **dois ou mais crimes da mesma espécie,** em que, pelas *circunstâncias de tempo, lugar, maneira de execução e outras semelhantes, devem os subsequentes ser havidos como continuação do primeiro,* hipótese em que será aplicada a pena de um só dos crimes, se idênticas, ou a mais grave, se diversas, aumentadas, em qualquer caso, de 1/6 (um sexto) a 2/3 (dois terços). Aplica-se, aqui, o **critério ou sistema da exasperação**.

O *quantum* de aumento de pena, à semelhança do concurso formal perfeito, variará de acordo com o número de crimes cometidos, a saber: (i) dois crimes = +1/6; (ii) três crimes = +1/5; (iii) quatro crimes = +1/4; (iv) cinco crimes = +1/3; (v) seis crimes = +1/2; (vi) sete ou mais crimes = +2/3.

O art. 71, parágrafo único, do CP traz a regra do **crime continuado qualificado ou específico**, pela qual o juiz poderá aumentar a pena até o **triplo** na hipótese de terem sido cometidos **crimes dolosos com violência ou grave ameaça à pessoa, contra vítimas diferentes**. Todavia, deve-se observar, em qualquer caso, o cúmulo material benéfico (se a exasperação revelar-se prejudicial, as penas deverão ser somadas).

Como se vê da redação do art. 71, *caput*, do CP, a continuidade delitiva depende do reconhecimento de uma **tríplice semelhança** entre os crimes praticados, qual seja:

a) circunstâncias de tempo semelhantes: de acordo com a doutrina e jurisprudência majoritárias, entre um crime e outro não pode transcorrer lapso superior a 30 (trinta) dias;

b) circunstâncias de lugar semelhantes: os crimes devem ser perpetrados na mesma cidade ou cidades vizinhas (contíguas); e

c) modo de execução semelhante: os crimes devem ser praticados com um mesmo padrão (*modus operandi*).

Se não houver o preenchimento das três condicionantes acima, todas de **caráter objetivo**, não será possível o reconhecimento da continuidade delitiva.

Além disso, a jurisprudência do STJ está consolidada no sentido de que a configuração do crime continuado exige um **requisito subjetivo**, qual seja, um nexo de continuidade entre os delitos (*unidade de desígnios*). Confira-se a ementa a seguir:

Habeas corpus. Penal. Pleito de unificação de penas aplicadas em crimes de roubo e de unificação de penas pela prática de crimes de estupro indeferido pelas instâncias ordinárias. Reconhecimento de reiteração criminosa em ambas as condutas delituosas. Inexistência dos requisitos necessários para o reconhecimento da continuidade delitiva. Decisão fundamentada do juízo das execuções e do tribunal de origem. Impropriedade da via eleita para reexame de provas. Precedentes. Ordem de habeas corpus denegada. 1. Para o reconhecimento da continuidade delitiva, exige-se, além da comprovação dos requisitos objetivos, a unidade de desígnios, ou seja, o liame volitivo entre os delitos, a demonstrar que os atos criminosos se apresentam entrelaçados. Ou seja, a conduta posterior deve constituir um desdobramento da anterior. 2. Se as instâncias ordinárias reconheceram que existe, de fato, a reiteração de delitos e a habitualidade na prática criminosa, mostra-se irrepreensível a conclusão de refutar a aplicação do art. 71 do Código Penal. Entender diversamente, outrossim, implicaria acurada avaliação probatória, o que, na angusta via do habeas corpus, não se admite. 3. Habeas Corpus denegado (HC 245.029/SP, Rel. Ministra Laurita Vaz, 5ª Turma, DJe 25.04.2013).

8.3. Pena de multa em caso de concurso de crimes

De acordo com o art. 72 do CP, no concurso de crimes (material, formal ou continuado), as penas de multa serão aplicadas distinta e integralmente. Em outras palavras, independentemente do critério a ser adotado (exasperação ou cúmulo material), a pena de multa eventualmente fixada subsistirá para cada um dos crimes de forma integral.

8.4. Limite das penas (art. 75 do CP)

Nos termos do art. 5º, XLVII, "b", da CF, nenhuma pena terá caráter perpétuo, submetendo-se ao lapso temporal máximo de **40 (quarenta) anos, conforme nova redação dada ao art. 75 do CP pelo** *Pacote Anticrime* **(Lei 13.964/2019)**.

No entanto, na sentença condenatória, em virtude do concurso de crimes, o juiz poderá condenar o réu a uma pena superior aos referidos 30 (trinta) anos. Imaginemos um *serial killer* condenado por 10 (dez) homicídios dolosos qualificados em concurso material. Ainda que tenha sido condenado à pena mínima (doze anos de reclusão) por cada um deles, a soma delas resultará em 120 (cento e vinte) anos de reclusão.

A condenação é perfeitamente possível no caso acima relatado. Contudo, em sede de execução penal, a pena deverá ser **unificada**, a fim de que se respeite o lapso temporal máximo de 30 (trinta) anos, consoante determina o art. 75, *caput* e § 1º, CP.

Nas contravenções penais, o tempo máximo de prisão simples é de **5 (cinco) anos** (art. 10 da LCP).

Para evitar impunidade, o STF editou a Súmula 715, que determina que para a concessão de benefícios legais (livramento condicional e progressão de regimes), será levada em conta não a pena unificada na execução, mas a pena aplicada na decisão condenatória.

Apenas para ilustrar: se o já mencionado *serial killer* foi condenado a cento e vinte anos, somente poderá obter a progressão de regime após o cumprimento de um percentual da pena total imposta. Não se levará em conta a pena unificada para atingir o limite máximo de execução (40 anos), mas sim a pena aplicada (120 anos).

9. SUSPENSÃO CONDICIONAL DA PENA *(SURSIS)*

9.1. Conceito de *sursis*

Sursis, do francês *surseoir*, consiste na suspensão da execução da pena privativa de liberdade imposta ao condenado mediante o cumprimento de certas **condições**. Daí ser chamado de **suspensão condicional da pena**.

9.2. Sistemas

São dois os sistemas de *sursis* mais conhecidos no mundo:

a) *probation system* (sistema anglo-americano): o juiz reconhece a culpabilidade do réu, mas não profere sentença condenatória, suspendendo o processo;

b) *franco-belga* (ou belga-francês, ou europeu continental): o juiz não só reconhece a culpabilidade como condena o réu. Todavia, preenchidas as condições impostas por lei, suspende a execução da pena. **É o sistema adotado pelo nosso CP.**

9.3. Concessão e audiência admonitória

O *sursis* é concedido pelo juiz na própria sentença. Haverá a condenação do réu a uma PPL, mas o juiz, no mesmo ato, desde que presentes os requisitos legais, concede a suspensão condicional da pena ao réu. Para tanto, será de rigor que, na hipótese, **não seja cabível a substituição da PPL por PRD ou por multa** (art. 77, III, do CP).

Transitada em julgado a sentença que impôs o *sursis*, o condenado será intimado a comparecer a uma audiência de advertência (também chamada de **admonitória**), oportunidade em que será avisado das condições impostas e alertado das consequências de seu descumprimento. Se o condenado não comparecer à audiência admonitória, o *sursis* será **cassado**, impondo-lhe, portanto, o cumprimento da PPL que lhe fora imposta.

9.4. Requisitos para o *sursis* (art. 77, CP)

São de duas ordens:

a) objetivos:

a.1) condenação a PPL não superior a 2 (dois) anos (em regra);

a.2) impossibilidade de substituição da PPL por PRD.

b) subjetivos:

b.1) não ser reincidente em crime doloso (exceto se a condenação anterior foi exclusivamente à pena de multa – art. 77, § 1º, CP e Súmula 499 do STF);

b.2) circunstâncias judiciais favoráveis (culpabilidade, antecedentes, conduta social e personalidade do agente, assim como os motivos e as circunstâncias do crime autorizarem a concessão do *sursis*).

9.5. Espécies de *sursis*

São 4 (quatro):

a) *sursis* simples ou comum (art. 77, CP): aplicável aos condenados, não reincidentes, a PPL não superior a 2 (dois) anos. Será cabível quando o condenado não houver reparado o dano, salvo se tiver comprovado a impossibilidade de fazê-lo e/ou as circunstâncias judiciais previstas no art. 59 do CP não lhe forem completamente favoráveis. É a regra. O período de prova, que será explicado mais à frente, será de 2 (dois) a 4 (quatro) anos;

b) *sursis* especial (art. 78, § 2º, CP): aplicável aos condenados, não reincidentes, a PPL não superior a 2 (dois) anos, desde que as circunstâncias judiciais do art. 59 do CP lhe sejam completamente favoráveis, bem como se houver reparado o dano, salvo impossibilidade justificada. Seus requisitos são mais rígidos do que para o *sursis* simples, mas as condições são mais brandas. O período de prova será de 2 (dois) a 4 (quatro) anos;

c) *sursis* **etário** (art. 77, § 2º, CP): aplicável aos condenados que contarem com mais de **70 (setenta) anos** de idade na data da sentença, cuja PPL imposta não seja superior a 4 (quatro) anos. Contudo, o período de prova será de 4 (quatro) a 6 (seis) anos;

d) *sursis* **humanitário** (art. 77, § 2º, CP): aplicável aos condenados a PPL não superior a 4 (quatro) anos, desde que o estado de saúde justifique a suspensão da pena (pacientes terminais). O período de prova será de 4 (quatro) a 6 (seis) anos.

9.5.1. Condições para o sursis

Para o *sursis* **simples**, impõem-se as seguintes **condições**:

a) prestação de serviços à comunidade ou limitação de fim de semana (primeiro ano do período de prova – art. 78, § 1º, CP).

Para o *sursis* **especial**, impõem-se as seguintes **condições**, cumulativamente:

a) proibição de frequentar determinados lugares;

b) proibição de se ausentar da comarca sem a autorização do juiz; e

c) comparecimento pessoal mensalmente para justificar as atividades exercidas.

Essas são as chamadas **condições legais**, ou seja, impostas pela lei. Há, ainda, as **condições judiciais**, nos termos do art. 79 do CP, que poderão ser impostas pelo juiz, além daquelas que a lei determinar.

Por fim, há as **condições legais indiretas**, que são aquelas causas ensejadoras da revogação do *sursis* (art. 81, CP), conforme veremos mais à frente.

9.5.2. Período de prova

É o lapso temporal dentro do qual o condenado beneficiado pelo *sursis* deverá **cumprir as condições impostas**, bem como demonstrar **bom comportamento**. É também denominado de **período depurador**.

Como já foi dito, o período de prova será de **2 (dois) a 4 (quatro) anos** nos *sursis* simples e especial, e de **4 (quatro) a 6 (seis) anos** nos *sursis* etário e humanitário.

9.5.3. Revogação do sursis

Poderá ser obrigatória (art. 81, I a III, CP) ou facultativa (art. 81, § 1º, CP).

Será **obrigatória a revogação** do *sursis* se:

a) o beneficiário vier a ser condenado irrecorrivelmente por crime doloso;

b) o agente frustra, embora solvente, a execução de pena de multa, ou não repara o dano, salvo motivo justificado;

c) descumprir as condições do *sursis* simples.

Será **facultativa a revogação** do *sursis* se:

a) o beneficiário vier a ser condenado irrecorrivelmente por contravenção ou crime culposo, salvo se imposta pena de multa;

b) descumprir as condições do *sursis* especial;

c) descumprir as condições judiciais.

9.5.4. Prorrogação do período de prova

Conforme reza o art. 81, § 2º, do CP, se o beneficiário estiver sendo processado por outro crime ou contravenção, considerar-se-á prorrogado o prazo da suspensão até o julgamento definitivo.

Ainda, o § 3º do precitado dispositivo legal aduz que, quando facultativa a revogação, o juiz pode, em vez de decretá-la, prorrogar o período de prova até o máximo, se este não foi o fixado.

9.5.5. Extinção da punibilidade

Com a expiração do prazo (período de prova) sem que tenha havido revogação, considerar-se-á extinta a pena privativa de liberdade suspensa (art. 82, CP).

10. LIVRAMENTO CONDICIONAL

10.1. Conceito

É a **libertação antecipada do condenado**, mediante o cumprimento de certas condições, pelo prazo restante da pena que deveria cumprir. Trata-se, segundo a doutrina, de **direito público subjetivo do condenado,** ou seja, não pode ser negado por mera discricionariedade do magistrado. Preenchidos os requisitos, deverá ser concedido.

A competência para a concessão do livramento condicional (LC), ao contrário do *sursis* (em regra), é do **juiz da execução penal**.

10.2. Requisitos para a concessão do LC

São de 2 ordens:

a) Objetivos:

a.1) condenação a PPL igual ou superior a 2 (dois) anos (art. 83, CP);

a.2) reparação do dano, salvo impossibilidade de fazê-lo (art. 83, IV, CP);

a.3) cumprimento de parte da pena (art. 83, I e II, CP):

i) mais de 1/3, para condenado de bons antecedentes e primário;

ii) mais de 1/2, se o condenado for reincidente em crime doloso;

iii) entre 1/3 e 1/2, se o condenado não for reincidente em crime doloso, mas tiver maus antecedentes;

iv) mais de 2/3, nos casos de condenação por crime hediondo, prática de tortura, tráfico ilícito de entorpecentes e drogas afins, tráfico de pessoas e terrorismo, se o apenado não for reincidente específico em crimes dessa natureza.

b) Subjetivos:

✓ **b.1)** bom comportamento durante a execução da pena, conforme enuncia a nova redação do art. 83, III, "a", do CP, alterado pelo *Pacote Anticrime*;

✓ **b.2)** não cometimento de falta grave nos últimos 12 (doze) meses (art. 83, III, "b", CP, introduzido pela Lei 13.964/2019 – Pacote Anticrime);

✓ **b.3)** bom desempenho no trabalho que lhe foi atribuído (art. 83, III, "c", do CP);

✓ **b.4)** aptidão para prover a própria subsistência mediante trabalho honesto (art. 83, III, "d", do CP);

✓ **b.5)** prova da cessação de periculosidade para os condenados por crime doloso cometido com violência ou grave ameaça *(art. 83, parágrafo único, do CP)*

10.2.1. Condições para o LC

Podem ser:

a) Obrigatórias

a.1) obter o condenado ocupação lícita;

a.2) comunicar periodicamente ao juiz sua ocupação;

a.3) não mudar da comarca da execução sem prévia autorização;

b) Facultativas (ou Judiciais)

b.1) não mudar de residência sem comunicar o juízo;

b.2) recolher-se à habitação em hora fixada;

b.3) não frequentar determinados lugares;

c) Legais indiretas – ausências das causas geradoras de revogação do benefício.

De acordo com o art. 112, § 2º, da LEP, com a redação que lhe foi dada pelo Pacote Anticrime, *a decisão do juiz que determinar a progressão de regime será sempre motivada e precedida de manifestação do Ministério Público e do defensor, procedimento que também será adotado na concessão de livramento condicional, indulto e comutação de penas, respeitados os prazos previstos nas normas vigentes.*

10.2.2. Revogação do LC

Pode ser:

a) Obrigatória: condenação irrecorrível a PPL pela prática de crime havido **antes** ou **durante o benefício** (art. 86, I e II, CP);

b) Facultativa: condenação irrecorrível, por crime ou contravenção, à pena não privativa de liberdade ou se houver descumprimento das condições impostas (art. 87, CP).

10.2.3. Período de prova no LC

É o período em que o condenado observará as condições impostas, pelo prazo restante da PPL que havia para cumprir. Findo este período **sem revogação** do LC, o juiz **julgará extinta a punibilidade** do agente (art. 90, CP).

10.2.4. Prorrogação do período de prova

Se durante o período de prova o liberado (condenado) responder a ação penal por **crime** (e não contravenção penal!) **havido durante a vigência** do livramento condicional, deverá o juiz da execução penal prorrogar o período de prova até o trânsito em julgado, não podendo declarar extinta a punibilidade enquanto isso (art. 89, CP).

A prorrogação ora tratada **não é automática**, consoante doutrina e jurisprudência majoritárias, exigindo-se, pois, **decisão judicial** nesse sentido.

A ausência de *suspensão* ou *revogação* do livramento condicional *antes do término do período de prova* enseja a **extinção da punibilidade pelo integral cumprimento da pena**, consoante dispõe a **Súmula 617 do STJ**.

10.2.5. Crimes hediondos com resultado morte

A Lei 13.964/2019 (Pacote Anticrime) promoveu alteração prejudicial – irretroativa, portanto – àqueles que cometeram crimes hediondos ou equiparados antes de 23 de janeiro de 2020.

De acordo com o art. 112, VI, "a", da LEP (Lei 7.210/84), ao condenado pela prática de crime hediondo ou equiparado, desde que com **resultado morte**, é vedado o livramento condicional, pouco importando a primariedade ou a reincidência em crime dessa natureza.

Tal proibição, como já dito, não existia antes do Pacote Anticrime, tratando-se de *novatio legis in pejus*.

11. EFEITOS DA CONDENAÇÃO E REABILITAÇÃO

11.1. Conceito

Diz-se que são efeitos da condenação todas as consequências advindas de uma sentença penal condenatória transitada em julgado.

11.1.1. Efeitos da condenação

De forma bastante didática, a doutrina divide os efeitos da condenação em dois grandes grupos, a saber: **efeitos principais** e **efeitos secundários**.

11.1.2. Efeitos principais

Decorrem, como dito, de sentença penal condenatória transitada em julgado, resumindo-se à **imposição das penas**, sejam elas privativas de liberdade, restritivas de direitos ou multa.

Mister mencionar que os efeitos ora tratados são impostos aos **imputáveis** e **semi-imputáveis** que revelarem periculosidade, os quais serão condenados a uma pena reduzida (art. 26, parágrafo único, do CP), substituída por medida de segurança. Aos inimputáveis (art. 26, *caput*, do CP), aplicam-se as medidas de segurança, fruto de **sentença absolutória imprópria**.

Em suma, apenas a sentença condenatória gera, evidentemente, os efeitos da condenação, os quais não ocorrem na sentença absolutória.

11.1.3. Efeitos secundários

Os efeitos secundários podem ser de **natureza penal** ou **extrapenal**.

a) Efeitos secundários de natureza penal:

✓ reincidência;

✓ impede a concessão do *sursis*;

✓ revoga o *sursis* se o crime for doloso;

✓ revoga o LC se o crime redundar em PPL;

✓ aumenta o prazo da prescrição da pretensão executória etc.;

b) Efeitos secundários de natureza extrapenal:

b1. Genéricos – são automáticos, sem necessidade de constar da sentença (art. 91, CP):

i. torna certa a obrigação de reparar o dano, sendo que a sentença penal condenatória trânsita é título executivo no cível;

ii. confisco, pela União, dos instrumentos ilícitos e produtos do crime;

iii. suspensão dos direitos políticos (art. 15, III, CF);

b2. Específicos – não automáticos, devendo constar da sentença (art. 92, CP):

i. perda do cargo, função pública ou mandato eletivo em virtude da prática de crimes funcionais (pena igual ou superior a 1 ano) ou em crimes de qualquer natureza se a pena for superior a 4 anos;

ii. incapacidade para o exercício do poder familiar, da tutela ou da curatela nos crimes dolosos sujeitos à pena de reclusão cometidos contra outrem igualmente titular do mesmo poder familiar, contra filho, filha ou outro descendente ou contra tutelado ou curatelado, conforme nova redação dada ao inc. II do art. 92 do CP pela Lei 13.715/2018;

iii. inabilitação para dirigir veículo desde que o crime seja doloso e que o veículo tenha sido usado como instrumento do crime (difere da suspensão de CNH, nos delitos culposos de trânsito).

Com a aprovação do *Pacote Anticrime* (Lei 13.964/2019), incluiu-se ao CP o **art. 91-A**, denominado doutrinariamente de **confisco alargado**, que nos trouxe uma espécie de confisco do acréscimo patrimonial cuja origem não seja comprovadamente lícita, correspondente à diferença entre o valor do patrimônio do condenado e aquele que seria compatível com o seu rendimento lícito. Vejamos:

> *Art. 91-A. Na hipótese de condenação por infrações às quais a lei comine pena máxima superior a 6 (seis) anos de reclusão, poderá ser decretada a perda, como produto ou proveito do crime, dos bens correspondentes à diferença entre o valor do patrimônio do condenado e aquele que seja compatível com o seu rendimento lícito.*
>
> *§ 1º Para efeito da perda prevista no **caput** deste artigo, entende-se por patrimônio do condenado todos os bens:*
>
> *I – de sua titularidade, ou em relação aos quais ele tenha o domínio e o benefício direto ou indireto, na data da infração penal ou recebidos posteriormente; e*
>
> *II – transferidos a terceiros a título gratuito ou mediante contraprestação irrisória, a partir do início da atividade criminal.*
>
> *§ 2º O condenado poderá demonstrar a inexistência da incompatibilidade ou a procedência lícita do patrimônio.*
>
> *§ 3º A perda prevista neste artigo deverá ser requerida expressamente pelo Ministério Público, por ocasião do oferecimento da denúncia, com indicação da diferença apurada.*
>
> *§ 4º Na sentença condenatória, o juiz deve declarar o valor da diferença apurada e especificar os bens cuja perda for decretada.*
>
> *§ 5º Os instrumentos utilizados para a prática de crimes por organizações criminosas e milícias deverão ser declarados perdidos em favor da União ou do Estado, dependendo da Justiça onde tramita a ação penal, ainda que não ponham em perigo a segurança das pessoas, a moral ou a ordem pública, nem ofereçam sério risco de ser utilizados para o cometimento de novos crimes.*

Dada a exigência de provocação do Ministério Público para que o confisco em comento seja decretado (art. 91-A, §3º), bem como a necessidade de o juiz declarar o valor da diferença apurada e especificar os bens cuja perda tenha decretado (art. 91-A, §4º), temos para nós que se trata de efeito específico da condenação, vale dizer, não automático.

11.2. Reabilitação

É o instituto pelo qual o condenado terá **restabelecida parte dos direitos atingidos pela condenação**, assegurando **sigilo dos registros** sobre seu processo (arts. 93 a 95, CP).

Especificamente quanto ao sigilo, é verdade que o art. 202 da LEP (Lei 7.210/1984) assegura, de forma automática, o sigilo quanto à "folha de antecedentes" do condenado. Contudo, trata-se de efeito mais amplo, visto que qualquer autoridade judiciária, membro do Ministério Público ou autoridade policial terá acesso àquele antecedente. Já com a reabilitação, o sigilo será mais restrito, somente podendo ser "quebrado" por juiz criminal, mediante requisição.

11.2.1. Requisitos para a reabilitação

São **quatro** os requisitos para que o condenado obtenha sua reabilitação:

a) Decurso de dois anos do dia em que tiver sido extinta, de qualquer modo, a pena ou terminar sua execução;

b) Ter tido domicílio no país no prazo acima mencionado;

c) Demonstrar efetivamente constante bom comportamento público e privado; e

d) Ter ressarcido o dano, ou demonstrado a impossibilidade de fazê-lo, até o dia do pedido, ou que exiba documento comprobatório de que a vítima renunciou ao direito de ser indenizada ou que tenha havido novação da dívida.

11.2.2. Juízo competente para conceder a reabilitação

Compete ao juízo de 1º grau, e não ao da execução penal, como se poderia imaginar, a apreciação do pedido de reabilitação.

11.2.3. Revogação da reabilitação

A reabilitação poderá ser revogada se o reabilitado vier a ser condenado irrecorrivelmente, como reincidente, a pena que não seja de multa (art. 95, CP).

11.2.4. Possibilidade de novo pedido de reabilitação

Conforme preleciona o art. 94, parágrafo único, do CP, negada a reabilitação, poderá ela ser requerida novamente, a qualquer tempo, desde que o pedido seja instruído com novos elementos dos requisitos necessários.

Significa dizer que o indeferimento de um pedido de reabilitação não faz coisa julgada material, admitindo-se a renovação do pedido, desde que, desta feita, seja instruído com as provas necessárias à sua concessão.

12. MEDIDAS DE SEGURANÇA

12.1. Conceito

É **espécie de sanção penal** imposta pelo Estado a um **inimputável** ou **semi-imputável** com reconhecida periculosidade, desde que se tenha praticado um fato típico e antijurídico.

12.2. Natureza jurídica e objetivo

Como se viu no item anterior, a medida de segurança é **espécie do gênero sanção penal**. Não se trata de pena, que também é modalidade de sanção penal, visto que aquela pressupõe culpabilidade; já esta pressupõe periculosidade (prognóstico de que a pessoa portadora de um déficit mental poderá voltar a delinquir).

Diversamente das penas, que apresentam forte caráter retributivo, as medidas de segurança objetivam a **cura** do inimputável ou semi-imputável. Trata-se aqui de forte **aspecto preventivo**.

12.3. Sistema vicariante

Após a reforma da Parte geral do CP, que ocorreu com o advento da Lei 7.209/1984, adotou-se o **sistema vicariante**, pelo qual se aplica aos semi-imputáveis **pena reduzida** *ou* **medida de segurança**, desde que, neste último caso, verifique-se a periculosidade real mediante perícia. Antes de referida legislação, admitia-se a imposição de pena e medida de segurança àquelas pessoas que revelassem periculosidade. Era o **sistema do duplo binário**, substituído pelo vicariante.

12.4. Natureza jurídica da sentença que impõe medida de segurança

A sentença que impõe medida de segurança, com fundamento no art. 26, *caput*, do CP, é denominada pela doutrina de **absolutória imprópria** (art. 386, VI, CPP). É **absolutória,** pois a inimputabilidade é **causa que isenta o réu de pena; imprópria,** pois a sentença, embora absolva o réu, impõe-lhe **sanção penal** (medida de segurança).

Já se estivermos falando de réu **semi-imputável** (art. 26, parágrafo único, do CP), o juiz proferirá **sentença condenatória**, seja para aplicar-lhe pena reduzida de um a dois terços, seja para substituí-la por medida de segurança.

12.5. Espécies de medidas de segurança

São duas:

a) detentiva: será imposta em caso de o crime cometido ser apenado com **reclusão** (crimes mais graves). Consiste na **internação** do inimputável ou semi-imputável em **hospital de custódia e tratamento psiquiátrico** ou em outro estabelecimento adequado;

b) restritiva: será imposta em caso de o crime cometido ser apenado com detenção, consistindo na sujeição do inimputável ou semi-imputável a **tratamento ambulatorial**. Todavia, adverte a doutrina que, no caso de pena de detenção, a escolha entre as medidas de segurança detentiva e restritiva deve ser guiada pelo grau de periculosidade do réu.

12.5.1. Prazo de duração da medida de segurança

As medidas de segurança apresentam dois prazos de duração:

a) mínimo: variável de **1 (um) a 3 (três) anos**, conforme art. 97, § 1º, parte final, do CP. Ao término desse prazo, que deverá expressamente constar na sentença, o agente deverá ser submetido a exame de cessação de periculosidade;

b) máximo: pelo texto legal (art. 97, § 1º, CP), a medida de segurança poderia ser eterna, visto que seu prazo seria **indeterminado**. No entanto, o STF, à luz da regra constitucional que veda as **penas de caráter perpétuo**, convencionou que o prazo máximo de duração é de **30 (trinta) anos**. Já o STJ decidiu, com base no princípio da proporcionalidade e isonomia, que a duração da medida de segurança **não pode superar o limite máximo de PPL. Nesse sentido,** a Súmula 527 de referida Corte: "O tempo de duração da medida de segurança não deve ultrapassar o limite máximo da pena abstratamente cominada ao delito praticado." Trata-se de **posição mais garantista**, interessante para ser sustentada em **Exames da OAB.**

A fim de complementarmos o tema em discussão, confira-se:

Medida de segurança e hospital psiquiátrico

"A 1ª Turma deferiu parcialmente *habeas corpus* em favor de denunciado por homicídio qualificado, perpetrado contra o seu próprio pai em 1985. No caso, após a realização de incidente de insanidade mental, constatara-se que o paciente sofria de esquizofrenia paranoide, o que o impedira de entender o caráter ilícito de sua conduta, motivo pelo qual fora internado em manicômio judicial. Inicialmente, afastou-se a alegada prescrição e a consequente extinção da punibilidade. Reafirmou-se a jurisprudência desta Corte no sentido de que o prazo máximo de duração de medida de segurança é de 30 anos, nos termos do art. 75 do CP. Ressaltou-se que o referido prazo não fora alcançado por haver interrupção do lapso prescricional em face de sua internação, que perdura há 26 anos. No entanto, com base em posterior laudo que atestara a periculosidade do paciente, agora em grau atenuado, concedeu-se a ordem a fim de determinar sua internação em hospital psiquiátrico próprio para tratamento ambulatorial". HC 107.432/RS, rel. Min. Ricardo Lewandowski, 24.05.2011. (HC-107432) (Inform. STF 628)

MEDIDA. SEGURANÇA. DURAÇÃO.

"A Turma concedeu a ordem de *habeas corpus* para limitar a duração da medida de segurança à pena máxima abstratamente cominada ao delito praticado pelo paciente, independentemente da cessação da periculosidade, não podendo ainda ser superior a 30 anos, conforme o art. 75 do CP". Precedentes citados: HC 135.504-RS, *DJe* 25/10/2010; HC 113.993-RS, *DJe* 04.10.2010; REsp 1.103.071-RS, *DJe* 29.03.2010, e HC 121.877-RS, *DJe* 08.09.2009. HC 147.343-MG, Rel. Min. Laurita Vaz, julgado em 05.04.2011. (Inform. STJ 468)

12.5.2. Cessação de periculosidade

Ao término do prazo mínimo de duração da medida de segurança, deverá ser aferida a **cessação da periculosidade** do agente. Em outras palavras, deverá ser submetido a um **exame** a fim de que se constate se houve sua cessação. Em caso positivo, o juiz deverá determinar a **suspensão da execução da medida de segurança e** a desinternação (medida de segurança detentiva) ou liberação (medida de segurança restritiva) do indivíduo. Em caso negativo, a medida de segurança persistirá. Após essa primeira, anualmente novas perícias (exames de cessação de periculosidade) deverão ser realizadas.

Importa ressaltar que as referidas desinternação e liberação são **condicionais**, tal como ocorre com o livramento condicional, devendo o agente atentar às mesmas condições daquele benefício, nos termos do art. 178 da LEP.

12.5.3. Revogação da desinternação ou liberação

Considerando que a desinternação ou a liberação do agente serão condicionadas, é certo que, se antes do decurso de **1 (um) ano ele praticar fato indicativo de que a periculosidade persiste**, deverá retornar ao *status quo ante*, ou seja, a medida de segurança será **restabelecida**.

12.5.4. Desinternação progressiva

Embora não exista expressa previsão legal, a **desinternação progressiva** vem sendo admitida pela doutrina mais moderna e pela jurisprudência. Em síntese, consiste na **transferência** do agente do regime de internação em hospital de custódia e tratamento psiquiátrico para o **tratamento ambulatorial**, especialmente quando aquela espécie de medida de segurança se revelar desnecessária.

Assemelha-se a desinternação progressiva à progressão de regime penitenciário.

12.5.5. Possibilidade de conversão de PPL em medida de segurança

Se durante a execução da PPL sobrevier ao condenado **doença ou perturbação mental permanente**, o art. 183 da

LEP determina que o juiz da execução penal, de ofício ou a requerimento do Ministério Público, da Defensoria Pública ou autoridade administrativa, **substitua a pena por medida de segurança,** persistindo pelo restante da pena que deveria ser cumprida.

Se estivermos diante de **doença ou perturbação mental transitória ou temporária**, aplicar-se-á o art. 41 do CP, que determina que seja o condenado recolhido a hospital de custódia e tratamento psiquiátrico ou estabelecimento adequado pelo prazo máximo de 30 (trinta) anos (posição do STF) ou pelo máximo da PPL cominada (posição do STJ), ou, ainda, por prazo indeterminado (art. 97, § 1º, parte final, CP).

13. PUNIBILIDADE E SUAS CAUSAS EXTINTIVAS

13.1. Conceito de punibilidade

É a possibilidade jurídica de se impor a um agente culpável uma pena. Não integra a punibilidade o conceito de crime, que, analiticamente, é fato típico e antijurídico (concepção bipartida). Importa ressaltar que, para a maioria dos doutrinadores, a punibilidade é mera consequência jurídica da prática de uma infração penal (crimes e contravenções penais).

13.2. Surgimento da punibilidade

A punibilidade existe em estado latente, ou seja, abstratamente, até que um agente pratique um crime ou uma contravenção penal. A partir deste momento, a punibilidade se transmuda para um direito de punir concreto (*jus puniendi* estatal), tendo por objetivo a imposição da pena.

13.3. Causas extintivas da punibilidade

Nem sempre após a prática de um fato típico e antijurídico, verificada a culpabilidade, o Estado poderá, automaticamente, impor a respectiva pena ao agente delitivo. Por vezes, ainda que o direito de punir em concreto surja, falecerá ao Estado a possibilidade de imposição ou de execução da pena.

É nesse momento que o exercício do direito de punir sofre restrições, dentre elas as causas extintivas da punibilidade, previstas, exemplificativamente, no art. 107 do CP.

13.3.1. *Estudo das causas extintivas da punibilidade em espécie*

Conforme dito alhures, as causas extintivas da punibilidade não se esgotam no art. 107 do CP, embora seja este dispositivo legal aquele que agrega as mais importantes delas. Vamos estudá-las!

13.3.1.1. *Morte do agente (art. 107, I, CP)*

Por evidente, com a morte do acusado no processo penal, a ação penal perderá seu objeto, qual seja, a pessoa do agente. Se todo o processo tem por escopo a aplicação de uma pena ao agente delitivo, com a morte deste, a persecução penal resta prejudicada.

Ademais, reza o art. 5º, XLV, da CF, que nenhuma pena passará da pessoa do condenado. Quer isso dizer que, diferentemente do processo civil, em que, proposta uma ação, se seu autor falecer, poderão os parentes sucedê-lo, salvo se se tratar de lide personalíssima, no processo penal isso não será possível. Em outras palavras, morto o acusado, não poderão seus parentes sofrer os efeitos de uma pena criminal. Todavia,

a obrigação de reparar o dano e o perdimento de bens poderão se estender aos sucessores nos limites das forças da herança.

Assim, a morte do agente extingue a punibilidade. A prova da morte faz-se por certidão de óbito a ser juntada nos autos.

13.3.1.2. *Anistia, graça ou indulto (art. 107, II, CP)*

A **anistia** consiste na edição, pelo Congresso Nacional, de uma lei, de âmbito federal, capaz de promover a exclusão do crime imputado ao agente delitivo, atingindo todos os efeitos penais da condenação, subsistindo, contudo, os extrapenais (genéricos e específicos – arts. 91 e 92 do CP).

A anistia pode atingir crimes políticos (denominada *anistia especial*) ou crimes não políticos (*anistia comum*). Outrossim, poderá ser concedida antes (*anistia própria*) ou após o trânsito em julgado da sentença condenatória (*anistia imprópria*). Pode, por fim, ser *condicionada* (quando a lei anistiadora impuser algum encargo ao agente) ou *incondicionada* (quando nada exigir do criminoso para produzir efeitos).

A **graça** (denominada pela LEP de indulto individual) consiste no benefício por meio do qual o agente terá excluído o efeito principal da condenação, qual seja, a pena, remanescendo os efeitos penais e extrapenais (lembre-se de que, na anistia, subsistem apenas os extrapenais). Dependerá a graça de pedido do condenado, do MP, Conselho Penitenciário ou da autoridade administrativa (art. 187 da LEP) e será concedida mediante despacho do Presidente da República, que poderá delegar tal mister a Ministros de Estado (geralmente Ministro da Justiça), Procurador-Geral da República (PGR) e Advogado-Geral da União (AGU).

O **indulto**, diferentemente da graça, tem caráter coletivo, sendo concedido mediante decreto presidencial. Atingirá, também, os efeitos principais da condenação (penas), subsistindo os efeitos secundários de natureza penal e extrapenal. Nesse sentido, confira-se a **Súmula 631 do STJ**: "O indulto extingue os efeitos primários da condenação (pretensão executória), mas não atinge os efeitos secundários, penais ou extrapenais".

Graça e indulto devem ser concedidos somente após o trânsito em julgado da sentença condenatória, diferentemente da anistia, que poderá ser concedida antes ou após tal marco processual.

Insta registrar, por fim, o teor da **Súmula 535 do STJ**, editada em 2015: "A prática de falta grave não interrompe o prazo para fim de comutação de pena ou indulto" (**REsp 1364192**).

13.3.1.3. *Abolitio criminis (art. 107, III, CP)*

É a **lei posterior ao fato que deixa de considerá-lo como criminoso**. É também denominada de **lei supressiva de incriminação**, gerando, por ser **benéfica**, efeitos retroativos (*ex tunc*).

Com a *abolitio criminis*, que pode ocorrer durante a ação penal ou mesmo no curso da execução, será declarada extinta a punibilidade do agente, fazendo desaparecer todos os efeitos penais da condenação (inclusive a pena – efeito principal), remanescendo apenas os efeitos civis (ex.: obrigação de reparar o dano).

Ainda é mister ressaltar que somente haverá *abolitio criminis* se houver uma dupla revogação do crime: a) revogação do tipo penal (revogação formal); e b) revogação da figura típica (revogação material). Não basta, portanto, a simples revogação do tipo penal, sendo imprescindível que a figura criminosa tenha "desaparecido" do mundo jurídico. Tal não ocorreu, por exemplo, com o crime de atentado violento ao pudor. Embora a Lei 12.015/2009 tenha revogado o art. 214 do CP, a figura criminosa "constranger alguém, mediante violência ou grave ameaça, a praticar ou permitir que com ele se pratiquem atos libidinosos diversos de conjunção carnal" migrou para o art. 213 do CP (crime de estupro). Não houve, portanto, *abolitio criminis* no caso relatado.

13.3.1.4. Decadência, perempção e prescrição (art. 107, IV, CP)

A **decadência** consiste na perda do direito de intentar a queixa ou oferecer a representação pelo decurso do prazo. Em regra, esse lapso temporal é de **6 (seis) meses**, contados do **conhecimento da autoria delitiva** pelo ofendido, seu representante legal, ou CADI (cônjuge, ascendente, descendente ou irmão – art. 38, CPP e 103, CP). No caso de ação penal privada subsidiária da pública (art. 29, CPP), a fluência do prazo decadencial tem início a partir da data em que o Ministério Público deveria ter se manifestado. Frise-se, porém, que, neste caso, o Estado não perderá a possibilidade de iniciar a persecução penal em juízo, haja vista que o titular da ação (Ministério Público), respeitado o prazo de prescrição da pretensão punitiva, poderá ofertar denúncia.

A decadência é, portanto, instituto que se verifica somente nos crimes de ação penal privada ou pública condicionada à representação.

Importa ressaltar que o **prazo decadencial** tem **natureza penal**, vale dizer, é contado nos termos do art. 10 do CP (inclui-se o dia do começo e exclui-se o dia do vencimento). Trata-se, ainda, de prazo fatal, ou seja, é improrrogável, não se suspende ou se interrompe.

A **perempção** é a perda do direito de prosseguir com a ação penal em virtude de negligência ou desídia processual. Somente será cabível na ação penal privada propriamente dita (ou exclusivamente privada), já que, na ação privada subsidiária da pública, a perempção não acarretará a extinção da punibilidade em favor do querelado, mas a retomada da titularidade da ação pelo Ministério Público.

As causas de perempção vêm previstas no art. 60 do CPP, a saber:

i) abandono processual (mais de 30 dias sem andamento da ação pelo querelante);

ii) inocorrência de sucessão processual (no caso de falecimento do querelante, ou sobrevindo sua incapacidade, não se habilitarem no processo, em 60 dias, o CADI – cônjuge, ascendente, descendente ou irmão);

iii) falta de comparecimento injustificado a qualquer ato do processo em que a presença do querelante seja necessária;

iv) inexistência de pedido de condenação em alegações finais (a falta de apresentação delas também redunda em perempção); e

v) sendo o querelante pessoa jurídica, esta se extinguir sem deixar sucessor.

Com relação à **prescrição**, temos que esta consiste na **perda do direito de punir** (*jus puniendi*) ou **de executar a pena** (*jus punitionis*) do Estado **pelo decurso de determinado lapso de tempo previsto em lei**.

A prescrição, portanto, deve ser contada, salvo disposição especial em contrário, de acordo com a "tabela" do art. 109 do CP, que fixa o prazo prescricional mínimo de **3 (três) anos**, consoante nova redação dada ao inciso VI pela Lei 12.234/2010, e máximo de **20 (vinte anos) anos**, de acordo com a pena prevista para o crime. Insta ressaltar que o prazo prescricional tem **natureza penal**, motivo pelo qual conta-se nos termos do art. 10 do CP (inclui o dia do começo e exclui o do vencimento).

A prescrição comporta duas grandes espécies, quais sejam: **prescrição da pretensão punitiva (PPP)** e **prescrição da pretensão executória (PPE)**.

Com relação à PPP, temos três possibilidades:

a) Prescrição da pretensão punitiva propriamente dita (ou pura) = rege-se nos termos do precitado art. 109 do CP. É calculada levando-se em conta o máximo da pena privativa de liberdade abstratamente cominada ao crime. Ex.: para o homicídio simples, cuja pena é de 6 a 20 anos, calcular-se-á a prescrição tomando por base a pena máxima cominada ao delito, qual seja, 20 anos. Comparando aquela quantidade de pena (20 anos) com a "tabela" do art. 109 do CP, verifica-se que a prescrição ocorrerá em 20 anos. É importante frisar que a prescrição pura deverá ser verificada enquanto não houver pena aplicada, ou seja, até momento anterior à sentença penal condenatória;

b) Prescrição da pretensão punitiva intercorrente (ou superveniente) = ocorre somente após a publicação da sentença penal condenatória, em que haverá uma pena fixada (pena em concreto, e não mais em abstrato, como na prescrição pura). Assim, se entre a publicação da sentença condenatória e o trânsito em julgado para a acusação decorrer lapso de tempo superior ao previsto no art. 109 do CP (aqui, frise-se, levamos em conta a pena aplicada!), ocorrerá a prescrição superveniente, rescindindo os efeitos da condenação. A previsão legal da prescrição intercorrente (ou superveniente) consta do art. 110, § 1º, do CP;

c) Prescrição da pretensão punitiva retroativa = pressupõe, sempre, a fixação de uma pena em concreto (sentença penal condenatória), tendo por pressuposto o trânsito em julgado para a acusação. Também aqui temos como parâmetro a tabela do art. 109 do CP. Importa ressaltar que, ao contrário da prescrição intercorrente, que se verifica após a sentença condenatória, a prescrição retroativa deve ser verificada em momento **anterior** à publicação da sentença, mas analisada, no máximo, até a denúncia ou queixa, consoante nova redação dada ao art. 110, § 1º, do CP. Daí ser chamada de **retroativa**. Frise-se que o STJ, ao editar a **Súmula 438**, pacificou o entendimento segundo o qual não se admite a extinção da punibilidade pela prescrição da pretensão punitiva com fundamento em pena hipotética, independentemente da existência ou sorte do processo penal. O que tratou, aqui, aludida Corte, foi de objetar a denominada "prescrição virtual", que levava em consideração uma condenação eventual do réu, com base em pena hipotética.

Temos, ainda, a **prescrição da pretensão executória (PPE)**, segunda espécie de prescrição, que não se confunde com a prescrição da pretensão punitiva. Enquanto esta é verificada *antes do trânsito em julgado* da condenação (conhecida por prescrição da ação), aquela somente pode ocorrer *após o trânsito em julgado*. Daí ser chamada de prescrição da pena.

Também na prescrição executória leva-se em conta a tabela do art. 109 do CP e a pena aplicada em concreto. Pela literalidade do art. 112, I, do CP, começará a fluir não do trânsito em julgado para ambas as partes processuais (acusação e defesa), mas a partir do trânsito em julgado para a acusação. Todavia, o STJ, por meio de sua 3ª Seção, em novembro de 2022, pacificou o entendimento de que o termo inicial de contagem da PPE é o trânsito em julgado para ambas as partes, em consonância, inclusive, com decisões monocráticas do STF no mesmo sentido. Assim, se do trânsito em julgado para acusação e defesa o Estado permanecer inerte, sem efetivamente dar início à execução da pena, e referida inércia for por tempo superior ao correspondente à pena aplicada, opera-se a prescrição executória, não podendo mais o Estado executar a pena imposta ao agente delitivo na sentença.

Impõe ressaltar que o prazo prescricional admite situações em que será **interrompido**, ou seja, recomeçará sua contagem (art. 117, CP), bem como circunstâncias em que ficará **suspenso** (art. 116, CP).

No tocante às **causas interruptivas** da prescrição, vale citar quais são as hipóteses legais: I – pelo recebimento da denúncia ou da queixa; II – pela pronúncia; III – pela decisão confirmatória da pronúncia; IV – pela publicação da sentença ou acórdão condenatórios recorríveis; V – pelo início ou continuação do cumprimento da pena; VI – pela reincidência.

Interessante anotar a posição jurisprudencial (STF) acerca da interrupção da prescrição pelo recebimento da denúncia, ainda que o despacho que tenha recebido a prefacial acusatória tenha sido exarado por autoridade judiciária incompetente. Confira-se:

Prescrição: recebimento da denúncia e autoridade incompetente

"O recebimento da denúncia por magistrado absolutamente incompetente não interrompe a prescrição penal (CP, art. 117, I). Esse o entendimento da 2ª Turma ao denegar *habeas corpus* no qual a defesa alegava a consumação do lapso prescricional intercorrente, que teria acontecido entre o recebimento da denúncia, ainda que por juiz incompetente, e o decreto de condenação do réu. Na espécie, reputou-se que a prescrição em virtude do interregno entre os aludidos marcos interruptivos não teria ocorrido, porquanto apenas o posterior acolhimento da peça acusatória pelo órgão judiciário competente deteria o condão de interrompê-la". HC 104907/PE, rel. Min. Celso de Mello, 10.05.2011. (HC-104907) (Inform. STF 626)

No tocante às **causas suspensivas**, o art. 116 do CP, já com a redação que lhe foi dada pelo ***Pacote Anticrime*** (Lei 13.964/2019), dispõe que a prescrição não correrá: I – enquanto não resolvida, em outro processo, questão de que dependa o reconhecimento da existência do crime (são as causas prejudiciais); II – enquanto o agente cumpre pena no exterior; III – na pendência de embargos de declaração ou de recursos aos Tribunais Superiores (são os recursos excepcionais, de estrito direito, como os especial e extraordinário), quando inadmissíveis; e IV – enquanto não cumprido ou não rescindido o acordo de não persecução penal (vide art. 28-A, CPP). Importante anotar que, depois de passada em julgado a sentença condenatória, a prescrição não corre durante o tempo em que o condenado está preso por outro motivo.

Há, também, as situações previstas no art. 111, CP, que dizem respeito ao termo inicial de contagem da prescrição da pretensão punitiva, a saber: I – do dia em que o crime se consumou; II – no caso de tentativa, do dia em que cessou a atividade criminosa; III – nos crimes permanentes, do dia em que cessou a permanência; IV – nos de bigamia e nos de falsificação ou alteração de assentamento do registro civil, da data em que o fato se tornou conhecido; V – nos crimes contra a dignidade sexual ou que envolvam violência contra a criança e o adolescente, previstos no CP ou em legislação especial, da data em que a vítima completar 18 (dezoito) anos, salvo se a esse tempo já houver sido proposta a ação penal.

O inciso V do art. 111 foi inserido pela Lei 12.650/2012, com redação alterada pela Lei 14.344/2022 (Lei Henry Borel), que inovou nosso ordenamento jurídico ao prever que não começará a correr a prescrição nos crimes contra a dignidade sexual de crianças e adolescentes antes de a vítima completar a maioridade penal, salvo se a ação penal já houver sido proposta. Assim, como exemplo, se uma criança de seis anos for estuprada, a prescrição somente começará a fluir a partir do dia em que completar dezoito anos (salvo, repita-se, se a ação penal já houver sido proposta antes disso, caso em que a prescrição começará a fluir, segundo entendemos, a partir do recebimento da denúncia).

Finalmente, importa destacar que o art. 115 do CP trata de situações em que o prazo prescricional será reduzido pela metade:

a) se o agente, à época do fato, contar com mais de dezoito anos, porém, menos de vinte e um anos;

b) se o agente, à época da sentença, for maior de setenta anos.

Pela relevância do tema, confira-se:

Prescrição e art. 115 do CP

"A causa de redução do prazo prescricional constante do art. 115 do CP (*'São reduzidos de metade os prazos de prescrição quando o criminoso era, ao tempo do crime, menor de vinte e um anos, ou, na data da sentença, maior de setenta anos'*) deve ser aferida no momento da sentença penal condenatória. Com base nesse entendimento, a 2ª Turma indeferiu *habeas corpus* em que se pleiteava o reconhecimento da prescrição da pretensão punitiva em favor de condenado que completara 70 anos entre a data da prolação da sentença penal condenatória e a do acórdão que a confirmara em sede de apelação". HC 107398/RJ, rel. Min. Gilmar Mendes, 10.05.2011. (HC-107398) (Inform. STF 626)

No tocante à prescrição da pena de multa, destaque-se o teor do art. 114 do CP:

a) em 2 (dois) anos, quando a multa for a única cominada ou aplicada (art. 114, I, CP);

b) no mesmo prazo estabelecido para a prescrição da pena privativa de liberdade, quando a multa for alternativa ou cumulativamente cominada ou cumulativamente aplicada.

Assim, se a pena de multa for a única abstratamente prevista no tipo penal (isso pode ocorrer com as contravenções penais), a prescrição irá operar-se em um biênio. O mesmo ocorrerá se a multa, ainda que cominada alternativamente no preceito secundário do tipo penal, for a única aplicada.

Já se a multa for alternativa ou cumulativamente cominada, ou, ainda, cumulativamente aplicada, a prescrição irá operar no mesmo prazo estabelecido para a prescrição da pena privativa de liberdade.

Quanto às penas restritivas de direitos, nos termos do art. 109, parágrafo único, CP, temos que se aplicam os mesmos prazos prescricionais previstos para as penas privativas de liberdade. Extrai-se, portanto, da lei, que a prescrição de qualquer das penas previstas no art. 43, CP, por serem substitutivas à pena de prisão, seguirá a mesma sorte da prescrição das penas privativas de liberdade (reclusão, detenção e prisão simples).

13.3.1.5. Renúncia do direito de queixa e perdão aceito (art. 107, V, CP)

Dá-se a **renúncia do direito de queixa** quando o ofendido, em **crime de ação penal privada**, toma determinada atitude incompatível com a vontade de ver o agente delitivo processado.

A renúncia poderá decorrer de **ato expresso** (ex.: mediante petição escrita e assinada) ou **tácito** (ex.: o ofendido passa a andar diariamente com seu ofensor).

É importante ressaltar que se a renúncia é o **ato unilateral** pelo qual o ofendido (ou seu representante legal, ou procurador com poderes especiais) dispõe do direito de oferecer a queixa-crime, tal só poderá ocorrer **antes do oferecimento da ação**. No curso desta terá vez o perdão do ofendido, que, frise-se, é ato bilateral.

No JECRIM (Juizado Especial Criminal), o recebimento de indenização (composição civil) em crimes de menor potencial ofensivo, de ação penal privada, importa em **renúncia tácita ao direito de queixa**, conforme art. 74 da Lei 9.099/1995, situação que já não se verifica com relação aos crimes "comuns" (leia-se: os que não são considerados infrações de menor potencial ofensivo), consoante prescreve o art. 104, parágrafo único, parte final, CP.

A renúncia ao direito de queixa quanto a um dos autores do crime, a todos os demais (se existirem) se estenderá, vendo todos eles extintas suas punibilidades (art. 49, CPP). Portanto, pode-se dizer ser a renúncia **indivisível**.

O **perdão do ofendido**, que somente pode ser admitido nos crimes de ação penal privada, diversamente da renúncia, é **ato bilateral**, visto que somente produz efeitos se for aceito. Será possível apenas após o início da ação penal, mas desde que antes do trânsito em julgado (art. 106, § 2º, CP). Consoante prevê o art. 51 do CPP, o perdão concedido a um dos querelados irá estender-se aos demais. Contudo, somente produzirá efeitos (leia-se: extinguirá a punibilidade) com relação àqueles que o aceitarem.

O perdão deve ser aceito pelo querelado no prazo de 3 (três) dias após ser cientificado (art. 58, *caput*, CPP). Se ficar silente no tríduo legal, a inércia implicará aceitação. Findo o prazo sem manifestação, ou tendo havido a aceitação do perdão, o juiz decretará extinta a punibilidade (art. 58, parágrafo único, CPP).

13.3.1.6. Retratação do agente nos casos em que a lei admite (art. 107, VI, CP)

Retratar-se é o mesmo que **desdizer**, ou, pedindo escusas pelo pleonasmo, **"voltar atrás"**. Assim, em determinados crimes, a retratação do agente irá causar a extinção de sua punibilidade. É o que ocorre, por exemplo, com os crimes de calúnia e difamação (art. 143, CP), bem como com o falso testemunho (art. 342, § 2º, CP).

Indispensável que haja **expressa previsão legal** da admissibilidade da retratação.

13.3.1.7. Perdão judicial nos casos previstos em lei

O perdão judicial é causa extintiva da punibilidade aplicável apenas por magistrados (daí o nome perdão judicial). No entanto, não se trata de medida discricionária da autoridade judiciária, exigindo **expressa previsão legal** para sua aplicabilidade.

Em geral, identificamos o perdão judicial pela previsão, em lei, da seguinte expressão: **"o juiz poderá deixar de aplicar a pena"**. É o que se vê, por exemplo, no art. 121, § 5º, do CP, que admite o perdão judicial em caso de homicídio culposo, situação em que o juiz poderá deixar de aplicar a pena se as consequências do crime atingirem o agente de forma tão grave que a imposição daquela se afigure desnecessária.

Conforme o entendimento do STJ, consagrado na Súmula 18, a sentença concessiva do perdão judicial tem natureza **declaratória** de extinção da punibilidade. Tanto é verdade que o art. 120 do CP prevê que o perdão judicial não será considerado para efeitos de reincidência.

Parte Especial

1. CLASSIFICAÇÃO DOUTRINÁRIA DOS CRIMES. INTRODUÇÃO À PARTE ESPECIAL DO CP

1.1. Introdução aos crimes em espécie

Antes de ingressarmos no estudo propriamente dito dos crimes (Parte Especial do CP), entendemos ser necessário trazer à baila algumas classificações doutrinárias, bem como fazermos o resgate de alguns conceitos analisados no início do presente trabalho.

1.2. Classificação geral dos crimes

1.2.1. Com relação ao sujeito ativo

a) crime comum: é aquele que pode ser praticado por qualquer pessoa, não se exigindo nenhuma qualidade especial do agente delitivo (sujeito ativo). Ex.: homicídio (art. 121, CP);

b) crime próprio: é aquele que não pode ser praticado por qualquer pessoa, mas somente por aquelas que apresentem algumas qualidades específicas determinadas pela lei. O crime próprio admite coautoria e participação, desde que o terceiro tenha conhecimento da condição especial do agente (ex.: funcionário público). Ex.: peculato (art. 312, CP);

c) crime de mão própria: é aquele que, além de exigir qualidades especiais do sujeito ativo, demandam uma atuação pessoal, sendo incabível a coautoria. Trata-se de crime de atuação personalíssima, não podendo o agente ser substituído por terceiro. No entanto, é admissível a participação. Ex.: autoaborto (art. 124, CP).

1.2.2. Com relação aos vestígios do crime

a) crime transeunte: é aquele que, uma vez praticado, não deixa vestígios materiais. Ex.: injúria praticada verbalmente (art. 140, CP);

b) crime não transeunte: é aquele cuja prática deixa vestígios materiais. Ex.: homicídio praticado mediante disparo de arma de fogo (art. 121, CP).

1.2.3. Com relação ao momento consumativo

a) **crime instantâneo**: é aquele em que a consumação ocorre em um determinado momento, sem continuidade no tempo. Ex.: injúria verbal (art. 140, CP);

b) **crime permanente**: é aquele cuja consumação se prolonga no tempo por vontade do agente delitivo. Ex.: extorsão mediante sequestro (art. 159, CP);

c) **crime instantâneo de efeitos permanentes**: é aquele que se consuma num dado instante, mas seus resultados são irreversíveis. Ex.: homicídio (art. 121, CP).

1.2.4. Com relação à quantidade de atos

a) **crime unissubsistente**: é aquele cuja conduta dá-se por um só ato. Ex.: injúria verbal (art. 140, CP);

b) **crime plurissubsistente**: é aquele cuja conduta dá-se por dois ou mais atos executórios. Ex.: homicídio em que a vítima é diversas vezes esfaqueada (art. 121, CP).

1.2.5. Com relação à exposição de lesão ao bem jurídico

a) **crime de dano**: é aquele que, para atingir a consumação, exige um dano efetivo ao bem jurídico. Ex.: homicídio (art. 121, CP);

b) **crime de perigo**: é aquele que, para ser consumado, exige a mera probabilidade da ocorrência de dano. Pode ser crime de **perigo concreto** (presunção relativa), que exige a **demonstração efetiva** do perigo de lesão, ou **crime de perigo abstrato** (presunção absoluta), que não exige a demonstração da situação de perigo, que é presumida. Ex.: periclitação da vida ou saúde (art. 132, CP).

1.2.6. Com relação ao tipo de conduta

a) **crime comissivo**: é aquele praticado mediante um comportamento positivo, vale dizer, por ação. Ex.: roubo (art. 157, CP);

b) **crime omissivo**: é aquele praticado mediante um comportamento negativo, vale dizer, por omissão. Pode ser **omissivo próprio**, quando a própria lei previr o comportamento negativo (ex.: omissão de socorro – art. 135, CP), ou **omissivo impróprio**, quando o crime for cometido por alguém que tenha o dever jurídico de agir para impedir o resultado (art. 13, § 2º, CP). Ex.: a mãe que deixa de amamentar o filho recém-nascido responderá por homicídio – art. 121, c.c. art. 13, § 2º, "a", CP.

1.2.7. Outras classificações

a) **crime vago**: é aquele cujo sujeito passivo é um ente desprovido de personalidade jurídica. Ex.: tráfico de drogas (art. 33, Lei 11.343/2006);

b) **crime habitual**: é aquele que exige uma reiteração de atos que, reunidos, traduzem um modo de vida do sujeito ativo. Ex.: manter casa de prostituição (art. 229, CP);

c) **crime material**: também chamado de *crime causal*, é aquele que se caracteriza pela exigência de um resultado naturalístico (modificação do mundo exterior provocada pela conduta do agente) para a sua consumação. Assim, por exemplo, o homicídio (art. 121 do CP) somente se consuma com a morte da vítima; a sonegação fiscal prevista no art. 1º da Lei dos Crimes contra a Ordem Tributária (Lei 8.137/1990) somente se consumam quando o agente, empregando fraude, suprimir ou reduzir tributo ou contribuição social;

d) **crime formal**: também chamado de crime de consumação antecipada, é aquele que, para a sua caracterização (e consumação), não exige a ocorrência de um resultado naturalístico, ainda que este seja possível. É o que se verifica, por exemplo, com o crime de concussão (art. 316 do CP), que se consumará no momento em que o funcionário público exigir da vítima, em razão de sua função, uma vantagem indevida;

e) **crime de mera conduta**: também chamado de crime de simples atividade, se consumará, como o próprio nome sugere, com a prática do comportamento ilícito descrito no tipo penal, sendo impossível a ocorrência de um resultado naturalístico. É o que se verifica, por exemplo, com o crime de violação de domicílio (art. 150 do CP), bastando, para sua caracterização, que o agente delitivo ingresse ou permaneça em casa alheia sem o consentimento do morador.

1.3. Introdução à Parte Especial do Código Penal

O CP é dividido em dois Livros. O Livro I trata da Parte Geral, enquanto o Livro II traz a Parte Especial.

Na Parte Especial, a maior parte das normas tem natureza *incriminadora*, vale dizer, encerram descrições de **condutas típicas e as respectivas penas**. Todavia existem também, na mesma Parte Especial *normas penais permissivas*, que são aquelas que autorizam alguém a realizar uma conduta típica, mas sem incriminá-lo posteriormente. É o caso do art. 128 do CP (aborto legal).

Por fim, a Parte Especial traz, ainda, *normas penais explicativas*, que são aquelas que **esclarecem outras normas ou limitam o âmbito de sua aplicação**. É o caso do art. 327 do CP, que encerra o conceito de funcionário público para fins de tipificação dos delitos previstos nos arts. 312 a 326.

Por essas considerações, verificamos que a Parte Especial não traz apenas crimes, mas também contém outras espécies de normas penais.

1.3.1. Normas penais incriminadoras

As normas penais incriminadoras são dotadas de duas partes, denominadas **preceitos**. O **preceito primário** da norma penal incriminadora diz respeito à *conduta descrita pelo legislador como criminosa* (ex.: art. 121: *matar alguém*). Já o **preceito secundário** traz a respectiva *pena cominada abstratamente ao delito* (ex.: Pena – *reclusão, de 6 a 20 anos*).

O preceito primário, quando for incompleto e depender de outra norma para ser completado, trará à cena a *norma penal em branco*. Já o preceito secundário jamais poderá ser incompleto. Afinal, não há crime sem pena!

1.3.2. Conceitos básicos para o estudo dos crimes

É importante para o estudo da Parte Especial o conhecimento de alguns conceitos básicos, a saber:

a) **Objetos do crime**

Dois podem ser os objetos de um crime:

✓ **objeto material** = *é a pessoa ou coisa sobre a qual recai a conduta típica*. Ex.: no furto (art. 155 do CP), é o bem subtraído; no homicídio (art. 121 do CP), é a vítima, a pessoa;

✓ **objeto jurídico** = *é o bem jurídico tutelado pela lei penal*. Ex.: no furto (art. 155 do CP), é o patrimônio móvel alheio; no homicídio (art. 121 do CP), é a vida humana extrauterina;

b) **Sujeitos do crime**

✓ **sujeito ativo** = *é aquele que direta ou indiretamente pratica a conduta típica ou concorre para sua prática.* Ex.: "A" desfere um tiro em "B", praticando, pois, a conduta típica prevista no art. 121 do CP (matar alguém). Logo, "A" foi sujeito ativo do crime de homicídio, já que ele realizou a conduta descrita no tipo penal;

✓ **sujeito passivo** = *é aquele titular do bem jurídico lesado ou exposto a perigo de lesão.* Ex.: no exemplo acima, enquanto "A" foi sujeito ativo, "B" é o sujeito passivo do homicídio, já que é o titular do bem jurídico lesado, qual seja, a própria vida.

Quando o tipo penal incriminador não exigir nenhuma qualidade especial do sujeito ativo do crime, estaremos diante de um **crime comum**, ou seja, *aquele que pode ser praticado por qualquer pessoa.* Já se o tipo penal trouxer alguma qualidade específica do sujeito ativo do crime, sem a qual a conduta será atípica, estaremos diante de um **crime próprio** ou de **mão própria**. Essas duas classificações não se confundem. Enquanto o crime próprio pode ser praticado por duas ou mais pessoas ao mesmo tempo, em coautoria ou participação (ex.: peculato doloso – art. 312 do CP), o crime de mão própria admite apenas a participação, jamais a coautoria, já que se trata de crime de atuação pessoal (ex.: falso testemunho – art. 342 do CP);

c) Tipo objetivo

O tipo objetivo corresponde à descrição dos **elementos objetivos do tipo**;

d) Tipo subjetivo

Corresponde à descrição do **elemento subjetivo do crime**, qual seja, o dolo (crimes dolosos) ou a culpa (crimes culposos). O tipo subjetivo não se confunde com o **elemento subjetivo do tipo**, ou, como dizem alguns, "dolo específico". Nem todo tipo penal tem elemento subjetivo, visto ser este um "especial fim de agir do agente", tal como ocorre com o crime de furto (não basta o dolo na subtração da coisa alheia móvel, sendo necessário, ainda, um "especial fim de agir do agente", qual seja, o de subtrair a coisa "para si ou para outrem");

e) Consumação e tentativa

A consumação de um crime nem sempre é igual em todos os casos. Se o **crime for material**, *a consumação somente restará configurada com a ocorrência do resultado naturalístico.* Já se o **crime for formal** ou de **mera conduta**, *bastará a conduta do agente delitivo* (prática da ação ou omissão prevista em lei) para que se atinja o momento consumativo.

De outra borda, veremos mais à frente que nem todo crime admite tentativa, especialmente os culposos e os preterdolosos, ou, ainda, aqueles que somente se consumarem após a verificação de determinado resultado.

2. CRIMES CONTRA A VIDA

2.1. Homicídio (art. 121, CP)

2.1.1. Considerações iniciais

Trata-se do mais grave crime previsto no Código Penal, não necessariamente na pena que lhe é cominada, mas no bem jurídico atacado pelo agente: **a vida humana**.

Corresponde, portanto, à conduta do agente de exterminar a vida humana extrauterina, agindo com vontade livre e consciente (no caso do homicídio doloso) de eliminá-la, embora seja possível a prática de tal delito por negligência, imprudência ou imperícia, situações configuradoras do homicídio culposo.

Vem o homicídio previsto no art. 121 do CP, embora, especificamente em matéria de trânsito, o homicídio também venha previsto no Código de Trânsito Brasileiro (Lei 9.503/1997), desde que praticado culposamente. Isso porque a morte de alguém causada pelo agente, na condução de veículo automotor, querendo tal resultado, não configura delito de trânsito, aplicando-se, pois, o Código Penal.

2.1.2. Espécies de homicídio

O CP prevê seis **hipóteses/espécies de homicídio**, a saber:

a) homicídio doloso simples (previsto no *caput* do art. 121 do CP);

b) homicídio doloso privilegiado (previsto no § 1º);

c) homicídio doloso qualificado (previsto nos §§ 2º e 2º-A);

d) homicídio culposo (previsto no § 3º);

e) homicídio culposo majorado (previsto no § 4º, 1ª parte);

f) homicídio doloso majorado (previsto no § 4º, 2ª parte e §§ 6º e 7º).

2.1.2.1. Homicídio doloso simples (art. 121, caput, CP)

Corresponde à forma básica do crime, vale dizer, ao tipo fundamental. É punido o agente que o praticar com a pena de 6 a 20 anos de reclusão.

O **sujeito ativo** do crime pode ser qualquer pessoa. Trata-se, portanto, de **crime comum** (pode, frise-se, ser praticado por qualquer pessoa).

Já o **sujeito passivo** do homicídio é o ser humano vivo, com **vida extrauterina**. Inicia-se a vida extrauterina quando tem início o parto, ou seja, com a ruptura do saco amniótico em que se encontrava o feto.

O **tipo objetivo**, ou seja, a **conduta típica**, consiste no verbo "matar", que significa eliminar, exterminar a vida humana da vítima cujo parto já teve início. Pouco importa se teria horas ou minutos de sobrevida. Caracteriza-se como homicídio a simples aceleração ou antecipação de uma morte futura, ainda que iminente.

Se a tentativa de eliminação recair sobre um cadáver, ocorrerá exemplo típico de **crime impossível**, dada a absoluta impropriedade do objeto, nos termos do art. 17 do CP.

A morte da vítima pode ser realizada por qualquer maneira, seja mediante uma ação (ex.: disparos de arma de fogo) ou omissão (ex.: mãe que deixa de alimentar o filho recém-nascido). Trata-se, portanto, de **crime de ação livre**. Dependendo da forma utilizada pelo agente para a prática do delito em tela, poderemos verificar hipóteses da modalidade qualificada (ex.: homicídio por meio de veneno, fogo, explosivo...). É possível matar até por meio de violência psíquica, como palavras de terror, susto etc.

O **tipo subjetivo** é o dolo, ou seja, o agente age, de forma livre e consciente, querendo a morte do agente (é o denominado *animus necandi*).

Consuma-se o crime com a morte do agente, pelo que o homicídio é doutrinariamente reconhecido como **material** (exige-se o resultado, portanto).

A **tentativa** é plenamente possível, já que o *iter criminis* é fracionável, tratando-se, pois, de delito plurissubsistente.

Frise-se que será considerado **hediondo** o homicídio doloso simples, desde que **praticado em atividade típica de grupo de extermínio**, ainda que por uma só pessoa (art. 1º, I, da Lei 8.072/1990 – Lei dos Crimes Hediondos). Trata-se do denominado **homicídio condicionado** (na modalidade simples, somente será considerado hediondo se preenchida a condição citada, qual seja, ter sido praticado em atividade típica de grupo de extermínio).

2.1.2.2. Homicídio doloso privilegiado (art. 121, § 1º, CP)

Previsto no § 1º, do art. 121, do CP, trata-se de crime cuja pena será reduzida de 1/6 a 1/3, por situações ligadas à motivação do crime.

Assim, considera-se privilegiado o homicídio quando o agente praticá-lo **impelido** por:

a) motivo de relevante valor social – é o motivo relacionado com os interesses de uma coletividade (daí ser mencionado o "valor social");

b) motivo de relevante valor moral – é o motivo relacionado com os interesses individuais do criminoso, tais como o ódio, misericórdia, compaixão. É o caso da eutanásia, que é punida no Brasil;

c) domínio de violenta emoção, logo em seguida a injusta provocação da vítima – trata-se de homicídio praticado pelo agente que se encontra com estado anímico bastante abalado (a emoção deve ser violenta, e não simplesmente passageira). No caso de violenta emoção, o agente atua em verdadeiro "choque emocional". O CP exige que a reação seja imediata à provocação da vítima, vale dizer, sem um interstício longo. Assim não fosse, o Direito Penal estaria privilegiando a vingança (a reação efetivada muito tempo após a provocação da vítima configura vingança, pensada e planejada).

Destaque-se que não bastará, para o reconhecimento do homicídio privilegiado, que o agente mate a vítima simplesmente por **motivo de relevante valor social ou moral**, sendo indispensável que aja **impelido**, ou seja, tomado, dominado por referidas motivações. O mesmo se pode dizer quando o homicídio for praticado por agente que estiver sob a **influência** (e não sob o *domínio*) **de violenta emoção**. Nesses casos, incidirão meras circunstâncias atenuantes genéricas, nos termos do art. 65, III, alíneas "a" e "c", do CP.

No caso de concurso de agentes, as "privilegiadoras" previstas no dispositivo legal analisado são incomunicáveis aos coautores e partícipes por se tratarem de circunstâncias de caráter pessoal não elementares do crime de homicídio.

Por fim, a natureza jurídica do privilégio é de causa especial/específica de diminuição de pena, incidente na terceira fase do esquema trifásico de sua aplicação.

2.1.2.3. Homicídio qualificado (art. 121, §§ 2º e 2º-A, CP)

Vem previsto no art. 121, §§ 2º e 2º-A, do CP, sendo punido o agente com pena que varia entre 12 e 30 anos de reclusão. Cumpre ressaltar, desde logo, que todas as qualificadoras do homicídio tornam-no crime hediondo (art. 1º, I, da Lei 8.072/1990).

São 7 as hipóteses de homicídio qualificado, a saber:

I. *mediante paga ou promessa de recompensa, ou por outro motivo torpe* – trata-se de qualificadora considerada de **caráter subjetivo**, já que ligada à motivação do agente para a prática do crime. Enquanto a "paga" pressupõe o prévio acertamento do agente com o executor da morte (ex.: entrega de dinheiro, bens suscetíveis de apreciação econômica ou mesmo vantagens econômicas, como promoções no emprego), a promessa de recompensa traduz a ideia de pagamento futuro, ainda que não se verifique de fato. Em matéria de concurso de agentes, fica evidente que a qualificadora em comento exige a intervenção de duas pessoas, pelo que configurada a situação de concurso necessário (delito plurissubjetivo, portanto): um mandante e um executor. Pela doutrina majoritária, ambos responderão com a mesma pena (inclusive o mandante, que não executa a morte), por força do art. 30 do CP. Por fim, o motivo torpe significa um motivo vil, abjeto, repugnante, revelador da personalidade distorcida do agente. Tem-se, como exemplo, o caso de um homicídio praticado para recebimento de herança;

II. *por motivo fútil* – trata-se, também, de qualificadora de **caráter subjetivo**, já que vinculada à motivação do delito. É a morte provocada por um motivo de somenos importância, ínfimo, desproporcional, desarrazoado. É necessário que se demonstre a existência de um motivo "pequeno" para a morte, sob pena de, não sendo encontrado qualquer motivo para o crime, não restar configurada a qualificadora em comento. É exemplo de motivo fútil aquele causado por uma brincadeira da vítima, por um "tapinha nas costas", por uma refeição ruim servida ao agente;

III. *com emprego de veneno, fogo, explosivo, asfixia, tortura ou outro meio insidioso ou cruel, ou de que possa resultar perigo comum* – trata-se de qualificadora considerada de **caráter objetivo**, uma vez que não está vinculada à motivação do crime, mas sim ao modo/meio de execução de que se vale o agente para a sua prática. Considera-se "meio insidioso" aquele disfarçado, utilizado pelo criminoso "às escondidas", camuflando o futuro fato (ex.: remoção das pastilhas dos freios de um veículo);

IV. *à traição, de emboscada, ou mediante dissimulação ou outro recurso que dificulte ou torne impossível a defesa do ofendido* – trata-se de qualificadora de caráter objetivo, já que, igualmente ao inciso anterior, não está ligada aos motivos do crime, mas à forma como será praticado. Nas circunstâncias previstas nessa qualificadora, o agente se prevalece de situações que dificultam a defesa da vítima, como no caso da traição (o agente e a vítima já guardam alguma relação de confiança, o que possibilita a ação daquele – ex.: matar a namorada enquanto dorme). Já na emboscada, o agente age sem que a vítima o perceba, eis que se encontra escondido (tocaia). Por fim, a dissimulação consiste em ser utilizado algum recurso pelo agente que engane a vítima (ex.: uso de uma fantasia/disfarce; agenciador de modelos – foi o caso do "maníaco do parque");

V. *para assegurar a execução, a ocultação, a impunidade ou vantagem de outro crime* – trata-se de qualificadora de **caráter subjetivo**, uma vez que também está relacionada com a motivação do crime. *In casu*, o agente pratica o homicídio como forma de assegurar a **execução** de outro crime (conexão teleológica – ex.: para estuprar uma mulher famosa, o agente mata, antes de ingressar em seu quarto, o segurança da residência), ou ainda para a garantia da **ocultação**, **impunidade ou vantagem** de outro crime. Nesses três casos (ocultação, impunidade e vantagem), existe a denominada conexão consequencial, já que o agente primeiramente pratica outro crime para, somente então, cometer o homicídio. É hipótese de ocultação de crime antecedente a situação do funcionário público corrupto que, após receber vantagem indevida em razão da função pública que ocupa, mata o cinegrafista que filmou o momento do "suborno". Terá o agente matado alguém para ocultar delito antecedente. Verifica-se a situação da impunidade quando o agente não quer ocultar o crime, mas garantir que fique impune, como no caso de matar uma mulher após estuprá-la. Por fim, configura homicídio qualificado quando o agente pratica um homicídio como forma de assegurar a vantagem (os proveitos) de outro crime, como no caso de um roubador matar o comparsa para ficar com todo o produto do dinheiro subtraído de um banco;

VI. *contra a mulher por razões da condição de sexo feminino* – trata-se da nova modalidade qualificada de homicídio, denominada de *feminicídio,* incluída no CP pela Lei 13.104/2015. Estamos diante, importante registrar, de qualificadora de **caráter subjetivo,** nada obstante exista divergência jurisprudencial a esse respeito, havendo precedentes do STJ no sentido de se tratar de qualificadora de **caráter objetivo**, sendo compatível sua coexistência com a qualificadora do motivo torpe, de natureza subjetiva (HC 430.222/MG, julgado em 15.03.2018; REsp 1.707.113/MG, de Relatoria do Ministro Felix Fischer, publicado no dia 07.12.2017). Nos termos do novel § 2º-A, do art. 121, considera-se que *há razões de condição de sexo feminino* quando o crime envolve *violência doméstica e familiar* ou *menosprezo ou discriminação à condição de mulher.* Trata-se de qualificadora que, para sua configuração, exige uma violência baseada no gênero, ou seja, a violência perpetrada contra a vítima deverá ter por motivação a *opressão à mulher.* Importante registrar que o feminicídio também integra o rol dos crimes hediondos, ao lado das demais modalidades qualificadas de homicídio e modalidade simples (desde que praticada em atividade típica de grupo de extermínio, ainda que por uma só pessoa);

VII. *contra autoridade ou agente descrito nos arts. 142 e 144 da Constituição Federal, integrantes do sistema prisional e da Força Nacional de Segurança Pública, no exercício da função ou em decorrência dela, ou contra seu cônjuge, companheiro ou parente consanguíneo até terceiro grau, em razão dessa condição* – trata-se de mais uma qualificadora do homicídio, inserida no CP pela Lei 13.142/2015. Podemos denominar a novel situação de "**homicídio funcional**", visto que a circunstância em comento, para sua incidência, exigirá que o agente delitivo esteja ciente da condição especial da vítima ou de seus parentes, cônjuges ou companheiros. Estamos, aqui, diante de um crime próprio quanto ao sujeito passivo. Trata-se de qualificadora de natureza subjetiva, vinculada, portanto, à motivação delitiva. Tencionou o legislador punir mais gravemente o agente que elimina a vida de pessoas que, de forma geral, se dedicam ao combate à criminalidade;

VIII. *com emprego de arma de fogo de uso restrito ou proibido* – trata-se de qualificadora que somente foi incorporada ao Código Penal com a derrubada de vetos ao Pacote Anticrime. Como referido meio executório não constituía circunstância modificativa da pena do agente, estamos diante de *novatio legis in pejus*, de caráter irretroativo;

IX. *contra menor de 14 (quatorze_ anos)* – trata-se de qualificadora relativamente recente, introduzida no CP pela Lei 14.344/2022, denominada de "Lei Henry Borel". Se a vítima do homicídio for uma criança ou adolescente com

14 anos incompletos (ou seja, menor de 14 anos), estaremos, então, diante, de crime qualificado. Trata-se, é bom lembrar, de figura hedionda. Caso a vítima seja pessoa com deficiência ou com doença que implique o aumento de sua vulnerabilidade, a pena será majorada em 1/3 (art. 121, § 2º-B, I, do CP, acrescentado pela já referida Lei Henry Borel). Ainda, se o autor do homicídio contra menor de 14 anos for ascendente, padrasto ou madrasta, tio, irmão, cônjuge, companheiro, tutor, curador, preceptor ou empregador da vítima ou por qualquer outro título tiver autoridade sobre ela, a pena será acrescida de 2/3 (art. 121, § 2º-B, II, do CP, acrescentado pela sobredita Lei 14.344/2022). Por fim, se o homicídio contra pessoa menor de 14 anos for praticado em instituição de educação básica pública ou privada, a pena será majorada em 2/3, consoante inciso III, do §2º-B, do art. 121 do CP, incluído pela Lei 14.811/2024.

Cabe consignar, ainda, que é possível a prática de **homicídio qualificado privilegiado (ou homicídio híbrido)**, situação compatível apenas com as **qualificadoras de caráter objetivo** (ex.: eutanásia praticada com emprego de veneno). Não se admitiria, até pela absoluta incompatibilidade, a coexistência de uma das "privilegiadoras", todas de caráter subjetivo, com as qualificadoras de igual roupagem (ex.: homicídio praticado por relevante valor moral qualificado pelo motivo fútil). Registre-se que o homicídio híbrido **não será considerado hediondo**.

Interessante, por fim, anotar a posição do então Min. Joaquim Barbosa (STF) acerca da incompatibilidade do dolo eventual com as qualificadoras relativas ao modo de execução do homicídio. Segue a notícia:

HC N. 95.136-PR – RELATOR: MIN. JOAQUIM BARBOSA

"Habeas Corpus. Homicídio qualificado pelo modo de execução e dolo eventual. Incompatibilidade. Ordem concedida.

O dolo eventual não se compatibiliza com a qualificadora do art. 121, § 2º, IV, do CP ('traição, emboscada, ou mediante dissimulação ou outro recurso que dificulte ou torne impossível a defesa do ofendido'). Precedentes. Ordem concedida". (Inform. STF 621) – noticiado no Informativo 618.

Dolo eventual e qualificadora: incompatibilidade

"São incompatíveis o dolo eventual e a qualificadora prevista no inc. IV do § 2º do art. 121 do CP ('§ 2º Se o homicídio é cometido: ... IV – à traição, de emboscada ou mediante dissimulação ou outro recurso que dificulte ou torne impossível a defesa do ofendido'). Com base nesse entendimento, a 2ª Turma deferiu *habeas corpus* impetrado em favor de condenado à pena de reclusão em regime integralmente fechado pela prática de homicídio qualificado descrito no artigo referido. Na espécie, o paciente fora pronunciado por dirigir veículo, em alta velocidade, e, ao avançar sobre a calçada, atropelara casal de transeuntes, evadindo-se sem prestar socorro às vítimas. Concluiu-se pela ausência do dolo específico, imprescindível à configuração da citada qualificadora e, em consequência, determinou-se sua exclusão da sentença condenatória". Precedente citado: HC 86163/SP (DJU de 3.2.2006). HC 95136/PR, rel. Min. Joaquim Barbosa, 01.03.2011. (HC-95136) (Inform. STF 618)

2.1.2.4. *Homicídio culposo (art. 121, § 3º, CP)*

Previsto no art. 121, § 3º, do CP, é punido com detenção de 1 a 3 anos. Será verificado quando o agente não querendo ou não assumindo o risco, produzir a morte de alguém **por imprudência, negligência ou imperícia.**

2.1.2.5. *Homicídio majorado (se culposo – art. 121, § 4º, CP)*

Vem prevista no art. 121, § 4º, do CP, em sua 1ª parte, a situação de, no **homicídio culposo**, o *agente não observar regra técnica de profissão, arte ou ofício,* ou se o agente *deixa de prestar imediato socorro à vítima, não procura diminuir as consequências do seu ato, ou foge para evitar prisão em flagrante.*

Nesses casos, sua **pena será aumentada** em 1/3. Verifique que a situação acima transcrita somente incidirá se o homicídio for *culposo.*

Ex.: "A", limpando um revólver, não verificou se estava municiado, ocasião em que, acionando o gatilho por engano, efetuou um disparo e acertou pessoa que passava próximo ao local. Em vez de socorrê-la imediatamente, foge do local temendo sua prisão.

2.1.2.6. *Homicídio majorado (se doloso – art. 121, §§ 4º, 6º e 7º, CP)*

No mesmo § 4º do art. 121 do CP, vem prevista a situação de o **homicídio doloso** ser praticado contra *pessoa menor de 14 ou maior de 60 anos.*

Nesses casos, a pena será aumentada também em 1/3, seja o homicídio simples, privilegiado ou qualificado. Entendemos, porém, que haverá *bis in idem* se o agente responder por homicídio doloso majorado pelo fato de a vítima ser menor de 14 anos e, simultaneamente, por homicídio qualificado pela mesma circunstância (art. 121, § 2º, IX, do CP). É que a Lei Henry Borel (Lei 14.344/2022) criou nova qualificadora para o homicídio, decorrente exatamente de a vítima ser menor de 14 anos.

Assim, entendemos que a majorante em comento somente remanesce com relação à vítima maior de 60 anos. E, nesse caso, **deverá o agente saber que a vítima conta com mais de 60 anos**, sob pena de ser punido objetivamente, vale dizer, sem a exata consciência da condição do sujeito passivo.

Ainda, o § 6º do art. 121 do CP, inserido pela Lei 12.720/2012, passou a prever aumento de pena de 1/3 até a 1/2 se o homicídio for praticado por milícia privada, sob o pretexto de prestação de serviço de segurança, ou por grupo de extermínio. Entende-se por "**milícia privada**" o grupo de pessoas que se instala, geralmente, em comunidades carentes, com o suposto objetivo de restaurar a "paz" e a "tranquilidade" no local, criando, com isso, verdadeiro "grupo paralelo de segurança pública". Já por "**grupo de extermínio**" entende-se a reunião de pessoas popularmente chamadas de "justiceiros", cujo objetivo é a eliminação de pessoas identificadas supostamente como "perigosas" ao corpo social.

Finalmente, no tocante ao **feminicídio** (art. 121, § 2º, VI, CP), a pena será aumentada de um 1/3 até a 1/2, conforme determina o art. 121, § 7º, do CP, com as alterações promovidas pela Lei 13.771, de 19 de dezembro de 2018, nos seguintes casos:

I – durante a gestação ou nos 3 (três) meses posteriores ao parto;

II – contra pessoa maior de 60 (sessenta) anos, com deficiência ou com doenças degenerativas que acarretem condição limitante ou de vulnerabilidade física ou mental;

III – na presença física ou virtual de descendente ou de ascendente da vítima;

IV – em descumprimento das medidas protetivas de urgência previstas nos incisos I, II e III do caput do art. 22 da Lei nº 11.340, de 7 de agosto de 2006.

2.1.3. *Perdão judicial*

Trata-se de **causa extintiva da punibilidade**, conforme art. 107, IX, do CP.

Irá incidir quando as **consequências da infração atingirem o próprio agente de forma tão grave que a sanção penal se torne desnecessária.**

Assim verificando, o **juiz poderá (deverá) deixar de aplicar a pena.**

É o caso de um pai atingir o próprio filho por um disparo acidental de arma de fogo. As consequências para ele são tão gravosas que a maior pena é a perda do ente querido. O mesmo se diga se um pai, por imprudência, atropela o próprio filho, ao sair de sua garagem.

A **Súmula 18 do STJ**, tratando do perdão judicial, prescreve que "a sentença concessiva do perdão judicial é declaratória da extinção da punibilidade, não subsistindo qualquer efeito condenatório". Assim, a sentença do juiz, em caso de perdão judicial, **não tem natureza condenatória**, mas **declaratória**, pelo que não pode remanescer qualquer dos efeitos da condenação (ex.: obrigação de reparar o dano, reincidência, lançamento do nome do réu no rol dos culpados etc.).

2.2. Induzimento, instigação ou auxílio a suicídio ou a automutilação (art. 122 do CP)

2.2.1. *Considerações iniciais*

O Direito Penal não pune aquela pessoa que quer dar cabo de sua própria vida, mas sim o agente que induz, instiga ou auxilia alguém a praticar suicídio (também denominado de autocídio ou autoquíria). Em outras palavras, a atividade do suicida é atípica, já que, em regra, não se pode punir a destruição de um bem próprio, somente alheio (princípio da alteridade). Daí explicar-se que a autolesão é impunível, já que o agente pode fazer o que bem quiser de seu corpo (desde que não o faça para recebimento de seguro contra acidentes pessoais, o que configuraria fraude).

Embora o *nomen juris* do crime ora analisado seja de "induzimento, instigação ou auxílio" a suicídio (art. 122 do CP), não se trata de situação semelhante à participação, espécie de concurso de pessoas. Isso porque o partícipe é aquele que tem conduta acessória para a prática de um crime realizado por um executor do verbo do tipo (autor).

No caso em tela, **a participação do agente consiste na atuação principal**, e não acessória, como no caso do concurso de pessoas. Quem induzir, instigar ou auxiliar alguém a tirar sua própria vida será **autor** do crime e **não partícipe**.

Trata-se de crime contra a vida.

Com o advento da **Lei 13.968/2019**, passou-se a incriminar não somente a conduta daquele que induz, instiga ou auxílio alguém ao suicídio, mas, também, à **automutilação,** vale dizer, a autolesão intencional. Não nos parece, nesse caso, que se trata de crime contra a vida, mas, sim, contra a integridade corporal da vítima, à semelhança da lesão corporal.

2.2.2. Tipo objetivo

O CP prevê, em seu art. 122, o delito de "induzimento, instigação ou auxílio a suicídio ou a automutilação", com a seguinte redação:

> "Induzir ou instigar alguém a suicidar-se ou a praticar automutilação ou prestar-lhe auxílio material para que o faça".
>
> Pena – reclusão, de 6 (seis) meses a 2 (dois) anos.
>
> § 1º Se da automutilação ou da tentativa de suicídio resulta lesão corporal de natureza grave ou gravíssima, nos termos dos §§ 1º e 2º do art. 129 deste Código:
>
> Pena – reclusão, de 1 (um) a 3 (três) anos
>
> § 2º Se o suicídio se consuma ou se da automutilação resulta morte:
>
> Pena – reclusão, de 2 (dois) a 6 (seis) anos.
>
> § 3º A pena é duplicada:
>
> I – se o crime é praticado por motivo egoístico, torpe ou fútil;
>
> II – se a vítima é menor ou tem diminuída, por qualquer causa, a capacidade de resistência.
>
> § 4º A pena é aumentada até o dobro se a conduta é realizada por meio da rede de computadores, de rede social ou transmitida em tempo real.
>
> § 5º Aumenta-se a pena em dobro se o autor é líder, coordenador ou administrador de grupo, de comunidade ou de rede virtual, ou por estes é responsável.
>
> § 6º Se o crime de que trata o § 1º deste artigo resulta em lesão corporal de natureza gravíssima e é cometido contra menor de 14 (quatorze) anos ou contra quem, por enfermidade ou deficiência mental, não tem o necessário discernimento para a prática do ato, ou que, por qualquer outra causa, não pode oferecer resistência, responde o agente pelo crime descrito no § 2º do art. 129 deste Código.
>
> § 7º Se o crime de que trata o § 2º deste artigo é cometido contra menor de 14 (quatorze) anos ou contra quem não tem o necessário discernimento para a prática do ato, ou que, por qualquer outra causa, não pode oferecer resistência, responde o agente pelo crime de homicídio, nos termos do art. 121 deste Código.

Verifica-se, portanto, que o crime em tela pode ser cometido por três maneiras, que correspondem às condutas típicas (verbos do tipo):

a) induzir – nesse caso, o agente faz nascer na mente da vítima a ideia de praticar suicídio ou automutilação;

b) instigar – aqui, o agente apenas reforça a ideia, que já existia no espírito da vítima, de realizar o suicídio ou a automutilação;

c) auxiliar – trata-se da ajuda material para a concretização do suicídio ou da automutilação pela vítima. É o caso de fornecimento dos instrumentos para que ela ceife sua própria vida ou se autolesione (ex.: faca, revólver). Esse "auxílio" deve ter uma **relação acessória** com o suicídio ou automutilação e não positiva nos atos de execução, sob pena de o agente responder por homicídio ou lesão corporal (ex.: "A" empresta a "B" um revólver, e a seu pedido o "auxilia", apertando o gatilho. Terá, então, matado "B", situação configuradora do crime de homicídio).

O crime poderá ser praticado por ação ou mesmo por omissão (neste último caso, desde que o sujeito ativo tenha o dever jurídico de agir para evitar o resultado, o que configura a omissão imprópria).

2.2.3. Tipo subjetivo

É o dolo, ou seja, a vontade livre e consciente do agente em induzir, instigar ou auxiliar alguém a suicidar-se ou a automutilar-se.

Admite-se, inclusive, a forma eventual (dolo eventual), ou seja, o agente pode praticar o crime em tela, embora não querendo que a vítima se suicide ou se autolesione, assumindo o risco de que o faça. É o caso do pai que, sabendo das tendências suicidas da filha, a expulsa de casa, fazendo com que ela, desamparada, dê cabo de sua própria vida.

2.2.4. Sujeito passivo

É considerada vítima do crime a pessoa com um mínimo de discernimento e poder de resistência. Assim não sendo, estaremos diante de homicídio (ex.: o pai induz o filho de 4 anos de idade a pular da janela, eis que, com a capa do Super-Homem, conseguirá voar) ou de lesão corporal gravíssima. Em outras palavras, quanto à automutilação, a pessoa induzida ou instigada a praticá-la deverá ter um mínimo de discernimento para compreender a conduta do agente. Com efeito, preveem os §§ 6º e 7º do art. 122, incluídos pela Lei 13.968/2019, que se a vítima da figura descrita no §1º for menor de 14 anos, ou for portadora de enfermidade ou deficiência mental, ou, ainda, que não tenha o necessário discernimento para a prática do ato (vítima vulnerável), responderá o agente não pelo crime do art. 122, mas, sim, por lesão corporal gravíssima (art. 129, §2º). Ainda, se se tratar de vítima vulnerável induzida, instigada ou auxiliada ao suicídio ou automutilação, advindo o resultado morte, responderá o agente, conforme prevê o art. 122, §7º, pelo crime de homicídio.

2.2.5. Consumação e tentativa

Antes do advento da Lei 13.968/2019, que alterou radicalmente o crime em estudo, parte da doutrina dizia que não se admitia a tentativa, o que se extraía do preceito secundário do tipo: se o suicídio efetivamente ocorresse, a pena do sujeito ativo seria de 2 a 6 anos de reclusão; já se resultasse lesão corporal grave, seria de 1 a 3 anos de reclusão. Em outras palavras, o crime estaria consumado com a efetiva morte da vítima ou com a ocorrência de lesão corporal de natureza grave.

Já outros doutrinadores, como Cezar Bittencourt, admitiam a punição do crime a título de tentativa, que já havia sido prevista no próprio tipo penal (pena de 1 a 3 anos de reclusão). Tratava-se, segundo ele, de uma "tentativa qualificada", já que o agente do crime deveria ser punido com menor rigor quando a vítima não conseguisse tirar sua própria vida, mas sofresse, em decorrência da tentativa, lesões corporais de natureza grave.

De qualquer forma, se a vítima tentasse se matar, mas sofresse apenas lesões leves, o fato seria atípico.

Com a nova redação do art. 122 do CP, promovida pela já referida Lei 13.968/2019, alterou-se o panorama do momento consumativo, bem assim da configuração da tentativa.

Doravante, a consumação do induzimento, instigação ou auxílio ao suicídio ou a automutilação não mais está vinculada à ocorrência de um resultado material. Em outras palavras, estará consumado o crime com o simples induzimento, instigação ou auxílio prestado pelo agente à vítima, ainda que esta não elimine, efetivamente, a própria vida, ou não se autolesione. Trata-se, assim, em nosso entendimento, de crime formal.

Haverá tentativa se, por circunstâncias alheias à vontade do agente, a vítima, induzida, instigada ou auxiliada materialmente, não praticar qualquer comportamento atentatório à própria vida ou integridade corporal.

2.2.6. Causas de aumento de pena e qualificadoras

O § 3º prevê que a pena será duplicada (majorante) se o crime é praticado por motivo egoístico, torpe ou fútil (inciso I) ou se a vítima for menor, ou tiver diminuída, por qualquer causa, a capacidade de resistência (inciso II).

Já o §4º impõe majorante que poderá resultar pena de até o dobro da cominada no *caput* se a conduta for praticada por determinados meios de comunicação (no caso, internet), ou em rede social ou em tempo real. Estamos, aqui, é bom destacar, de **crime hediondo**, tendo em vista que a Lei 14.811/2024 incluiu o crime em comento ao rol do art. 1º da Lei 8.072/1990 (vide art. 1º, X).

Por sua vez, se o agente for líder, coordenador ou administrador de grupo, de comunidade ou de rede virtual, ou por estes for responsável, a pena será aplicada em dobro, conforme Lei 14.811/2024 (§ 5º).

As formas qualificadas vêm previstas nos §§ 1º e 2º. Vejamos as hipóteses: (i) se da automutilação ou da tentativa de suicídio resultar lesão corporal grave ou gravíssima; (ii) se o suicídio se consumar ou se a automutilação resultar morte. Parece-nos que as formas ora indicadas são preterdolosas, inexistindo, por parte do agente, dolo de produzir os resultados agravadores.

2.2.7. Competência jurisdicional

Com a mudança redacional do art. 122 do CP, notadamente pela inclusão da figura da automutilação, o crime em testilha deverá ser "cindido" para fins de delimitação da competência jurisdicional.

Assim, se o agente houver induzido, instigado ou auxiliado a vítima ao suicídio, estaremos diante de inegável crime contra a vida, de competência do Tribunal do Júri. Porém, se o comportamento do influenciador for voltado à automutilação, o bem jurídico tutelado não é a vida, mas a integridade física, razão por que sustentamos a competência do juízo singular (Vara Criminal comum).

2.3. Infanticídio (art. 123 do CP)

2.3.1. Considerações iniciais

Trata-se de crime doloso contra a vida.

Corresponde à eliminação, pela própria mãe, durante ou logo após o parto, do próprio filho, estando ela sob influência do estado puerperal.

Intrinsecamente, não há diferença entre o infanticídio e o homicídio. Afinal, ocorre a morte de alguém. Porém, esse "alguém" não é qualquer pessoa, mas o próprio filho da genitora, que é quem realiza os elementos do tipo penal.

2.3.2. Tipo objetivo

A conduta nuclear (verbo do tipo) é a mesma do homicídio, qual seja, **matar.** Ocorre, portanto, a eliminação da vida humana extrauterina. Indispensável é, portanto, que o nascente esteja vivo no momento da ação ou omissão da genitora.

Difere o infanticídio do homicídio por uma situação anímica em que se encontra o agente, vale dizer, a mãe: o estado puerperal.

Segundo Guilherme de Souza Nucci, "estado puerperal é aquele que envolve a parturiente durante a expulsão da criança do ventre materno. Há profundas alterações psíquicas e físicas, que chegam a transformar a mãe, deixando-a sem plenas condições de entender o que está fazendo. (...) O puerpério é o período que se estende do início do parto até a volta da mulher às condições de pré-gravidez" (**Manual de Direito Penal** – 3ª edição – editora RT – pág. 621).

O tipo penal exige que a mãe esteja sob "influência" do estado puerperal. Que toda mãe passa pelo puerpério, isto é fato incontroverso. Porém, deve-se demonstrar que tal estado anímico tirou-lhe a plena capacidade de entendimento, levando-a a cometer o homicídio do próprio filho.

Ademais, o elemento cronológico do tipo ("durante o parto ou logo após") é algo a ser analisado, revelando que o legislador impõe reprimenda mais branda à mãe que matar o próprio filho quase que numa "imediatidade" ao parto (simultaneamente a este, ou logo após). Todavia, é possível que a acusação comprove que, mesmo transcorrido um lapso considerável de tempo, a mãe estivesse, ainda, sob influência do estado puerperal, o que não descaracterizaria o delito.

Porém, quanto mais tempo passar do parto, menor é a chance de que a mãe sofra com as alterações que o puerpério lhe acomete. Daí haver uma "inversão" do ônus da prova, no sentido de que caberá à defesa demonstrar, transcorrido tempo razoável do parto, que a mãe ainda se encontrava influenciada pela alteração anímica.

2.3.3. Tipo subjetivo

É o dolo, não sendo punida a modalidade culposa do infanticídio. Se tal situação ocorrer, poderá ser verificado o homicídio culposo, ainda que a mãe esteja sob influência do estado puerperal (é o posicionamento de Cezar Roberto Bittencourt).

Já Damásio de Jesus entende que a mulher, influenciada pelo estado puerperal, não tem a diligência normal que a todos se impõe, razão pela qual sequer por homicídio culposo poderia responder, caso viesse a matar o próprio filho por imprudência ou negligência. É que, explica o doutrinador, nesse caso, seria inviável a demonstração da ausência de prudência normal na mulher que, pelo momento peculiar de sua vida, padece de certo desequilíbrio psíquico.

2.3.4. Sujeitos do crime

O **sujeito ativo** do crime é a mãe (parturiente), que, influenciada pelo estado puerperal, mata o próprio filho. Trata-se, pois, de **crime próprio**.

Já o **sujeito passivo** é o recém-nascido (neonato) ou aquele que ainda está nascendo (nascente). Isso é extraído do próprio tipo penal: "durante o parto (nascente) ou logo após (neonato)".

Embora o estado puerperal seja algo típico da mulher que está em trabalho de parto ou que há pouco tempo a ele se submeteu, tal situação configura uma **circunstância pes-**

soal, que, por ser elementar, comunica-se aos coautores ou partícipes, nos termos do art. 30 do CP.

Se a mãe, por engano, influenciada pelo estado puerperal, dirige-se até o berçário do hospital e mata um bebê que não o seu filho, ainda assim responderá por infanticídio, já que presente um erro de tipo acidental (erro quanto à pessoa – art. 20, § 3º, do CP).

2.3.5. Consumação e tentativa

O crime de infanticídio exige, para sua consumação, a morte do neonato ou do nascente (crime material). Caso isso não ocorra, estaremos diante da tentativa.

2.4. Aborto (arts. 124 a 128 do CP)

2.4.1. Considerações iniciais

Por primeiro, cabe ressaltar que o termo "aborto" não corresponde à ação de se eliminar a vida de um feto, mas sim o resultado da ação criminosa. A lei trocou, conforme explica Rogério Sanches Cunha, *a ação pelo seu produto* (**Direito Penal** – Parte Especial – ed. RT, pág. 52). Melhor seria falar-se em "abortamento".

Assim, o "aborto" corresponde à eliminação do produto da concepção, tutelando a lei a **vida humana intrauterina**.

A lei trata de **5 (cinco) espécies** de aborto:

a) autoaborto (art. 124, 1ª parte, do CP);

b) aborto consentido (art. 124, 2ª parte, do CP);

c) aborto provocado por terceiro com o consentimento da gestante (art. 126 do CP);

d) aborto provocado por terceiro sem o consentimento da gestante (art. 125 do CP);

e) aborto qualificado (art. 127 do CP).

2.4.2. Autoaborto

Vem definido no art. 124, 1ª parte, do CP: "provocar aborto em si mesma...".

Trata-se de **crime de mão própria** (segundo Cezar Roberto Bittencourt, por exemplo), já que é a própria mãe quem irá realizar o abortamento, efetivando ela própria as manobras abortivas (ex.: ingestão de medicamentos abortivos; inserção, no útero, de agulhas ou curetas etc.). Admite-se, portanto, apenas a **participação** (conduta acessória), jamais a coautoria.

Se terceiro realiza manobras abortivas junto com a gestante, ela responderá por autoaborto e ele pelo crime do art. 126 do CP (aborto provocado por terceiro com o consentimento da gestante).

O **sujeito passivo** do crime é o feto (produto da concepção), ainda que, para a lei civil, não tenha personalidade jurídica (que se adquire com o nascimento com vida). Por esse motivo, alguns doutrinadores chegam a declarar que a vítima é a sociedade, já que o feto não é considerado "pessoa".

Consuma-se o crime com a morte do feto ou a destruição do produto da concepção, ainda que não seja expelido pelo corpo da mulher. Mesmo que o feto nasça com vida após as manobras abortivas, mas venha a morrer em decorrência de uma "aceleração do parto", a mãe responderá por autoaborto.

Admite-se a **tentativa**, já que se trata de crime material e plurissubsistente (vários atos).

2.4.3. Aborto consentido

Corresponde à 2ª parte do art. 124, do CP: "... ou consentir que outrem lho provoque".

Trata-se de conduta omissiva (a gestante permite que terceira pessoa pratique manobras abortivas, provocando a morte do feto ou do produto da concepção).

Também, aqui, o crime é de mão própria, cujo sujeito ativo é apenas a gestante. O terceiro responderá pelo crime do art. 126 do CP.

2.4.4. Aborto provocado por terceiro sem o consentimento da gestante (art. 125 do CP)

O crime, descrito no art. 125 do CP, consiste na ação de "provocar aborto" (tipo objetivo), havendo **dissenso real** (violência física) ou **presumido** (quando a gestante não é maior de 14 anos, ou é alienada ou débil mental, ou se o consentimento é obtido mediante fraude, grave ameaça ou violência – art. 126, parágrafo único, do CP).

Trata-se da forma mais grave de aborto, punida com 3 a 10 anos de reclusão.

O **sujeito ativo** pode ser qualquer pessoa (crime comum). Já o **sujeito passivo** é o feto ou produto da concepção e a gestante (dupla subjetividade passiva).

O crime é **material**, consumando-se com a morte do feto ou produto da concepção.

2.4.5. Aborto provocado por terceiro com o consentimento da gestante (art. 126 do CP)

O crime em tela vem descrito no art. 126 do CP, configurando nítida **exceção pluralística à teoria unitária**, eis que o agente responderá por crime diverso da gestante que consentiu com o aborto (art. 124, 2ª parte, do CP).

Em outras palavras, o provocador do aborto responderá pelo crime do art. 126, ao passo que a gestante que consentiu com tal ação responderá por aborto consentido (art. 124, 2ª parte, do CP).

Trata-se de **crime comum**, ou seja, pode ser praticado por qualquer pessoa.

O crime em tela somente estará configurado se houver **consentimento válido** da gestante, ou seja, se ausente qualquer das hipóteses do **parágrafo único do art. 126 do CP**. Se assim não ocorrer, responderá o agente pelo crime do art. 125 do CP (aborto sem consentimento da gestante), enquanto que a gestante ficará isenta de pena (se alienada ou débil mental, ou não maior de 14 anos, presumindo-se a invalidade de seu consentimento nesses casos).

Consuma-se o crime com a morte do feto/produto da concepção (crime material), admitindo-se a **tentativa**.

2.4.6. Aborto qualificado (art. 127 do CP)

A pena será aumentada em 1/3 caso a gestante sofra lesão corporal de natureza grave, resultando dos meios empregados para o aborto ou como sua consequência.

No caso de morte da gestante, as penas serão duplicadas.

O art. 127 do CP somente pode ser aplicado aos crimes previstos nos arts. 125 e 126, já que o art. 124 é próprio da gestante, não podendo ela ser mais gravemente punida se sofrer lesão corporal grave (a lei não pune a autolesão) ou morte (hipótese em que haverá extinção da punibilidade – art. 107, I, do CP).

A ocorrência de lesão corporal leve não acarreta a exacerbação da pena, eis que implicitamente vem prevista no tipo penal. Afinal, abortamento sem um mínimo de lesão é quase impossível.

Em qualquer hipótese (lesão corporal grave ou morte da gestante), o delito será preterdoloso, ou seja, o resultado agravador terá sido praticado pelo agente a título de culpa. Por se tratar de delito preterdoloso, não se admite tentativa, respondendo o agente, segundo Fernando Capez, pela forma consumada do crime, ainda que não ocorra o aborto, mas a gestante morra ou sofra lesão corporal grave.

Se quiser a morte ou lesão corporal grave na gestante, além do aborto, responderá o agente em concurso de crimes.

2.4.7. Aborto legal (art. 128 do CP)

O CP admite, em duas situações, a prática do aborto:

a) se a gravidez gerar risco de vida à gestante;
b) se a gravidez resultou de estupro, desde que a gestante consinta com o abortamento, ou, se incapaz, haja autorização do representante legal.

A primeira hipótese é denominada **aborto terapêutico ou necessário**, já que praticado para que não se sacrifique a vida da gestante, em risco por conta da gravidez.

Já a segunda hipótese é chamada de **aborto humanitário, sentimental ou ético,** eis que a lei admite que a mulher estuprada não leve a cabo uma gravidez cujo produto resulta de ato violento contra sua liberdade sexual.

Em qualquer caso, somente poderá realizar o abortamento o *médico*, conforme reza o art. 128, *caput*, do CP ("não se pune o aborto praticado por médico").

Se terceira pessoa, que não médico, realizar o aborto na primeira hipótese, poderá ser excluído o crime se a gestante correr perigo de vida atual, caracterizador do **estado de necessidade**.

No caso do **aborto humanitário**, é imprescindível que haja **autorização da gestante para sua prática, ou de seu representante legal**, caso incapaz. A lei não exige que o estuprador tenha sido irrecorrivelmente condenado, nem mesmo autorização judicial para que seja efetivado.

Todavia, na prática, é bom que o médico se cerque de alguns cuidados, como a exigência de boletim de ocorrência, declarações de testemunhas etc.

2.4.8. O aborto eugênico (feto anencefálico)

Não vem definida no CP a possibilidade de realizar o aborto se o feto possuir má formação ou mesmo anencefalia (ausência de tronco cerebral).

O STF, na ADPF 54 (Arguição de Descumprimento de Preceito Fundamental), decidiu pela possibilidade de realização do aborto do anencéfalo, desde que haja laudo médico dando conta da situação do feto.

Entendeu-se que a vedação ao aborto, nesse caso, atenta contra a dignidade humana, impondo à gestante um sofrimento desnecessário e cruel, visto que a anencefalia culminará, necessariamente, com a morte do feto. Pode-se, aqui, argumentar, que a vida se encerra com a cessação da atividade

encefálica, nos termos do art. 3º da Lei 9.434/1997, razão pela qual o fato (aborto de feto anencefálico) é atípico.

Interessante anotar que a ANADEP – Associação Nacional dos Defensores Públicos levou ao STF, por meio de ADI e ADPF propostas perante o STF, postulou a possibilidade de interrupção de gravidez em caso de feto acometido por microcefalia, haja vista a verdadeira epidemia de casos supostamente decorrentes da contaminação da gestante pelo vírus *zika*. A questão é tormentosa, havendo quem sustente ser inadmissível o aborto nesse caso, eis que não se trata de feto com vida inviável (a despeito das inúmeras complicações de saúde que poderão atingi-lo). Porém, importante registrar, a posição adotada pelo MPF foi no sentido da possibilidade da interrupção da gravidez, em contraposição ao parecer da AGU, que entende que o aborto, em caso de microcefalia, afronta o direito à vida.

Até o fechamento dessa edição não havia decisão do STF. Aguardemos!

2.4.9. A (des)criminalização do aborto até o terceiro mês de gestação

A 1ª Turma do STF, em polêmica decisão tomada no julgamento do HC 124306, em 29 de novembro de 2016, no qual se analisava a questão da prisão cautelar (preventiva) decretada em desfavor dos dois pacientes, denunciados pela prática dos crimes de aborto com o consentimento da gestante e associação criminosa (arts. 126 e 288 do CP), decidiu pela revogação do encarceramento dos acusados ante a ausência dos requisitos autorizadores da medida processual restritiva da liberdade, bem como em razão de a *criminalização do aborto ser incompatível com diversos direitos fundamentais, entre eles os direitos sexuais e reprodutivos e a autonomia da mulher, a integridade física e psíquica da gestante e o princípio da igualdade.*

Em voto-visto, o Min. Luís Roberto Barroso, seguido pela Min. Rosa Weber e Edson Fachin, sustentou: "*No caso aqui analisado, está em discussão a tipificação penal do crime de aborto voluntário nos artigos 124 e 126 do Código Penal, que punem tanto o aborto provocado pela gestante quanto por terceiros com o consentimento da gestante*". E prosseguiu dizendo que se deve dar interpretação conforme à Constituição aos arts. 124 e 126 do Código Penal para o fim de afastar a interrupção voluntária da gestação até o fim do primeiro trimestre de gravidez. Em verdade, por se tratar de norma anterior à CF, concluiu o Ministro que, "*como consequência, em razão da não incidência do tipo penal imputado aos pacientes e corréus à interrupção voluntária da gestação realizada nos três primeiros meses, há dúvida fundada sobre a própria existência do crime, o que afasta a presença de pressuposto indispensável à decretação da prisão preventiva*".

Os principais fundamentos invocados pela maioria da 1ª Turma do STF foram: (i) a criminalização do aborto antes de concluído o primeiro trimestre de gestação viola diversos direitos fundamentais da mulher (autonomia, o direito à integridade física e psíquica, os direitos sexuais e reprodutivos e a igualdade de gênero); (ii) a criminalização do aborto não observa, de forma suficiente, o princípio da proporcionalidade; (iii) a criminalização do aborto acarreta discriminação social e impacto desproporcional, especialmente às mulheres pobres.

Sustentou o Min. Barroso, ainda, que "*o aborto é uma prática que se deve procurar evitar, pelas complexidades físicas, psíquicas e morais que envolve. Por isso mesmo, é papel do Estado e da sociedade atuar nesse sentido, mediante oferta de educação sexual, distribuição de meios contraceptivos e amparo à mulher que deseje ter o filho e se encontre em circunstâncias adversas".*

Importante frisar que não se trata de decisão com efeitos vinculantes, até porque tomada em controle difuso de constitucionalidade. Também não reflete, necessariamente, o pensamento de toda a Corte, eis que tomada por órgão fracionário (1ª Turma). Porém, relevante nosso leitor ter conhecimento desse importante – e, repita-se, polêmico – precedente de nossa Excelsa Corte.

Tramita, também, perante o STF, a ADPF 442, movida pelo Partido Socialismo e Liberdade (PSOL), na qual "sustenta que a criminalização do aborto compromete a dignidade da pessoa humana e a cidadania das mulheres e afeta desproporcionalmente mulheres negras e indígenas, pobres, de baixa escolaridade e que vivem distante de centros urbanos, onde os métodos para a realização de um aborto são mais inseguros do que aqueles utilizados por mulheres com maior acesso à informação e poder econômico, afrontando também o princípio da não discriminação. Outro aspecto apontado como violado é o direito à saúde, à integridade física e psicológica das mulheres, e ainda o direito à vida e à segurança, "por relegar mulheres à clandestinidade de procedimentos ilegais e inseguros" que causam mortes evitáveis e danos à saúde física e mental. A legenda entende que o questionamento apresentado na ADPF deve ser analisado no contexto de um processo "cumulativo, consistente e coerente" do STF no enfrentamento da questão do aborto como matéria de direitos fundamentais. E cita, para demonstrar esse processo, a Ação Direta de Inconstitucionalidade (ADI) 3510, julgada em 2008, na qual a Corte liberou pesquisas com células-tronco embrionárias; a ADPF 54, em 2012, que garantiu às gestantes de fetos anencefálicos o direito à interrupção da gestação; e o Habeas Corpus (HC) 124306, em 2016, em que a Primeira Turma afastou a prisão preventiva de acusados da prática de aborto."[3]

3. LESÃO CORPORAL

3.1. Lesão corporal (art. 129 do CP)

3.1.1. Considerações iniciais

Embora o crime de lesões corporais atente contra a pessoa, não se trata de infração que ofenda a vida, mas a integridade física ou a saúde corporal.

Para que se verifique o crime em tela, é imprescindível que a vítima sofra uma efetiva alteração de seu corpo ou saúde, de modo a causar-lhe um dano. É importante mencionar que a causação de dor, por si só, é insuficiente à configuração de lesões corporais. É possível, inclusive, praticar este crime sem que se cause dor no ofendido (ex.: corte, contra a vontade da vítima, de seus cabelos).

3.1.2. Espécies de lesão corporal

A lesão corporal, vale frisar de início, pode ser praticada nas formas dolosa ou culposa, podendo ser classificada da seguinte forma:

a) leve (*caput*)

b) grave (§ 1º);

c) gravíssima (§ 2º);

d) seguida de morte (§ 3º);

e) privilegiada (§ 4º)

f) culposa (§ 6º)

g) majorada (§§ 7º, 10, 11 e 12)

h) qualificada pela violência doméstica (§§ 9º e 13)

3.1.3. Tipo objetivo

O CP prevê, em seu art. 129, o delito de "lesão corporal", com a seguinte redação: "ofender a integridade corporal ou a saúde de outrem".

Verifica-se, portanto, que o verbo do tipo (conduta típica) é *ofender*, que pressupõe causação de dano ao corpo (integridade corporal) ou à saúde (segundo Bento de Faria, "dano à saúde é a desordem causada às atividades psíquicas ou ao funcionamento regular do organismo" – **Código Penal Brasileiro Comentado** – Parte Especial – v. 4, p. 67-68).

Embora um dano à integridade física ou à saúde alheia venha, de regra, acompanhado de dor, tal circunstância não consta como elementar do tipo penal em estudo, pelo que se torna dispensável no caso concreto.

Como já dissemos, a depender da intenção do agente, é possível que o corte de cabelo da vítima configure lesão corporal, o que, por certo, não causa dor.

A pluralidade de ofensas à integridade física ou à saúde de terceiro caracteriza *crime único* e não vários crimes (ex.: 1 ou 10 facadas na vítima, com a intenção de lesionar, caracteriza o mesmo delito – lesões corporais – e não dez crimes idênticos). Todavia, o magistrado, ao fixar a pena do agente, irá levar em conta a pluralidade de lesões provocadas na vítima (o art. 59 do CP, que trata da fixação da pena-base, determina ao magistrado, dentre outras circunstâncias, que analise a personalidade do agente, bem como as consequências do crime).

A ofensa à integridade corporal é de fácil entendimento: provocação de hematomas, equimoses, perfurações, quebradura de ossos etc.

Um pouco mais difícil de se avaliar é a ofensa à saúde, que, conforme já mencionamos, consiste no conjunto de atividades psíquicas ou o funcionamento regular dos órgãos. Assim, configurada estará uma lesão corporal se o agente provocar falta de ar na vítima (ex.: deitar-se em seu tórax; atirar um gás que cause irritação nasal) ou mesmo se redundar em vômitos (regular funcionamento do sistema digestivo – ex.: dar comida estragada ao ofendido).

Questão que se coloca na doutrina é a respeito do grau de disponibilidade do bem jurídico protegido pelo crime de lesão corporal: a integridade física ou a saúde. Seria ele disponível ou indisponível?

Para um entendimento mais ultrapassado, a integridade física e a saúde são indisponíveis, não cabendo qualquer consentimento da vítima como forma de exclusão do crime. Já para o entendimento mais moderno, encampado, inclusive, por Cezar Roberto Bittencourt (**Tratado de Direito Penal** – vol. 2, ed. Saraiva), trata-se de bem relativamente disponível, vale dizer, o consentimento da vítima na produção de lesões é válida, desde que não contrarie os bons costumes e não se caracterize como algo extremamente grave.

---

3. Trecho extraído de notícia divulgada no sítio eletrônico do STF, datada de 08 de março de 2017. Confira-se em [http://www.stf.jus.br/portal/cms/verNoticiaDetalhe.asp?idConteudo=337860].

Em outras palavras, a provocação de pequenas lesões, desde que contem com o consentimento do ofendido, não caracteriza crime de lesão corporal. É o caso de colocação de brincos e *piercings*. Quem o faz não comete crime!

E o médico que pratica cirurgia plástica, quebrando cartilagens (nariz, por exemplo), ou retirando ossos e tecidos, comete lesão corporal? Entende-se que não, visto que não tem o dolo de causar um *dano* à vítima, mas, ao contrário, de melhorar seu corpo ou saúde.

3.1.4. Tipo subjetivo

A lesão corporal pode ser punida por três formas: dolo, culpa e preterdolo.

A lesão corporal culposa vem prevista no art. 129, § 6º, do CP, ao passo que a preterdolosa típica é a lesão corporal seguida de morte (art. 129, § 3º, do CP), mas também admitida tal modalidade nas formas grave e gravíssima, conforme veremos a seguir.

De qualquer forma, na lesão dolosa, o agente tem a intenção (dolo direto) ou assume o risco de produzir um dano à integridade física ou à saúde de outrem. Age, portanto, com o chamado *animus laedendi*.

Se "A" atinge "B" com uma pedra, com a intenção de matá-lo (*animus necandi*), mas a morte não se verifica, responderá por tentativa de homicídio e não por lesão corporal dolosa consumada. Afinal, deve-se verificar a intenção do agente.

3.1.5. Sujeitos do crime

O sujeito ativo da lesão corporal pode ser qualquer pessoa (salvo no caso de violência doméstica, o que veremos mais à frente). Trata-se, em regra, de crime comum.

Adverte Rogério Sanches Cunha (**Direito Penal** – Parte Especial – ed. RT) que, se o agressor for policial militar, caberá à Justiça Militar processá-lo pelas lesões corporais, sem prejuízo do delito de abuso de autoridade, que será de competência da Justiça Comum.

O Direito Penal não pune a autolesão, ou seja, se o agente ofender sua própria integridade física ou saúde, não poderá referido ramo do Direito intervir para puni-lo.

Porém, se alguém se vale de um inimputável (menor de idade), ou de alguém que tenha a capacidade de discernimento reduzida ou suprimida (doente mental, ébrio), determinando-lhe a causar em si próprio uma lesão, haverá situação de autoria mediata. Assim, quem induzir ou instigar a pessoa a praticar autolesão responderá pelas ofensas que se verificarem na vítima (ex.: "A" induz "B", embriagado, a cravar uma faca na própria mão, o que é feito. "A" é autor mediato da lesão corporal provocada por "B" em si mesmo).

Por fim, em algumas situações, o sujeito passivo do crime em estudo será especial, como é o caso da lesão corporal que causa aceleração do parto (lesão grave) ou aborto (lesão gravíssima), tendo por vítima a mulher grávida. O mesmo se pode dizer com relação ao § 7º do art. 129 do CP, que prevê causa de aumento de pena quando a vítima for menor de 14 ou maior de 60 anos.

3.1.6. Consumação e tentativa

A lesão corporal é crime material, vale dizer, somente se consuma com a efetiva ofensa à integridade corporal ou à saúde de outrem. Logo, é perfeitamente possível a tentativa quando se tratar de lesões dolosas, embora seja de difícil comprovação na prática (como condenar alguém por tentativa de lesões corporais graves ou gravíssimas?).

3.1.7. Lesão corporal dolosa leve

Vem prevista no art. 129, *caput*, do CP.

Estará caracterizada quando não se verificar qualquer das outras espécies de lesão corporal (grave, gravíssima, seguida de morte).

A pena é de detenção de 3 meses a 1 ano.

O art. 88 da Lei 9.099/1995 determina que a vítima represente (condição de procedibilidade da ação penal) quando se tratar de lesão corporal leve, sob pena de decadência, o que implicará a impossibilidade de o Ministério Público oferecer denúncia e a consequente extinção da punibilidade em favor do agente (art. 107, IV, do CP). Frise-se que se se tratar de lesão corporal praticada contra mulher, em **violência doméstica e familiar**, a teor do art. 41 da Lei 11.340/2006, a jurisprudência pacificou o entendimento de que não será aplicado o referido art. 88 da Lei do JECRIM, tratando-se, pois, de crime de **ação penal pública incondicionada**. Nessa esteira, o STJ, em junho de 2015, editou a **Súmula 536**, segundo a qual "a suspensão condicional do processo e a transação penal não se aplicam na hipótese de delitos sujeitos ao rito da Lei Maria da Penha".

O caráter residual da lesão corporal leve (tudo o que não configurar lesão grave, gravíssima ou seguida de morte) não comporta reconhecimento de adequação típica quando a ofensa à integridade corporal for levíssima (ex.: um microfuro provocado por "A" em "B", por meio de uma agulha; um arranhão de unha produzido por "A" em "B"). Aqui, é de ser aplicado o princípio da insignificância penal.

3.1.8. Lesão corporal grave

A pena para as situações previstas no § 1º do art. 129, do CP, varia de 1 a 5 anos de reclusão.

Será verificada tal espécie de lesão corporal quando:

a) resultar incapacidade para as ocupações habituais, por mais de 30 (trinta) dias: aqui, tal incapacidade pode ser física ou mental. Pressupõe que a vítima, em razão da ofensa à sua integridade corporal ou à sua saúde, não consiga, por lapso superior a 30 dias, realizar as tarefas do dia a dia, não necessariamente relacionadas com o trabalho (ex.: tomar banho, vestir-se sozinha, erguer peso, andar normalmente).

Deve-se ressaltar que a vergonha da vítima em realizar as suas ocupações habituais, em razão das lesões, não configura a qualificadora em análise. É o que ensina Damásio E. de Jesus. Exemplifica a situação da vítima que, ferida no rosto, tem vergonha de realizar suas ocupações habituais (trabalho) por mais de 30 dias.

Por fim, a comprovação da qualificadora em comento depende de um exame pericial complementar, a ser realizado no trigésimo dia subsequente ao dia do crime (art. 168, § 2º, do CPP):

b) resultar perigo de vida: tal qualificadora exige que, em razão da lesão causada à vítima, experimente ela um efetivo perigo de morte, com probabilidade concreta de ocorrência. Tal situação deve ser constatada em exame de corpo de delito, devendo o médico legista apontar qual foi o perigo causado ao ofendido, não bastando mencionar que as lesões causaram perigo de morte. Trata-se de qualificadora atribuída ao agente a título de preterdolo, eis que, quisesse ele o risco de morte da vítima, deveria responder por tentativa de homicídio;

c) resultar debilidade permanente de membro, sentido ou função: entende-se por membro todos os apêndices ligados ao corpo humano (braços, pernas, mãos, pés), responsável pelos movimentos. Já o sentido pode ser definido como tudo o quanto permita ao homem ter sensações (visão, audição, paladar, tato e olfato). Por fim, função é todo o complexo de órgãos responsáveis por atividades específicas em nosso organismo (sistema respiratório, circulatório, digestivo, reprodutivo).

A qualificadora estará presente se das lesões sofridas pela vida resultar a diminuição ou o enfraquecimento de membros, sentidos ou funções. Entende-se por debilidade não uma situação que se perdura para sempre, mas que seja de difícil ou incerta recuperação.

Pergunta-se: um soco na boca da vítima, do qual resulte a perda de 3 dentes, pode ser considerada lesão corporal grave? Resposta: depende do laudo pericial. A função mastigatória pode ser seriamente abalada pela perda de determinados dentes, mas de outros, não (ex.: queda do último dente molar);

d) se resultar aceleração de parto: se em decorrência das lesões, o agente provoca, em mulher grávida, a aceleração do parto (nascimento adiantado do feto), sem que disso haja a morte da criança, configurada estará a qualificadora em tela.

Indispensável que o agente, no momento de praticar as lesões na mulher, saiba do seu estado gravídico, sob pena de ser verificada responsabilidade objetiva, vedada no Direito Penal. Caso desconheça a gravidez da vítima, responderá por lesões corporais leves (desde que não se configure qualquer outra qualificadora).

3.1.9. Lesão corporal gravíssima

Vem prevista no § 2º do art. 129 do CP, cuja pena varia de 2 a 8 anos de reclusão.

Temos as seguintes qualificadoras caracterizadoras dessa espécie de lesão corporal:

a) incapacidade permanente para o trabalho: diferentemente da lesão corporal grave da qual resulta incapacidade para as ocupações habituais por mais de trinta dias, aqui a vítima, em razão das lesões, ficará incapacitada (recuperação impossível ou sem previsão de cessação) para o trabalho.

A doutrina majoritária defende que a incapacidade deve ser para qualquer tipo de trabalho e não necessariamente para o desempenhado pela vítima antes de sofrer as lesões. Já para a doutrina minoritária, basta a incapacidade para o trabalho até então desempenhado para que se configure a qualificadora em comento;

b) enfermidade incurável: verifica-se essa qualificadora quando a vítima, em razão das lesões à sua saúde, adquire doença para a qual não exista cura. A transmissão da patologia, nesse caso, deve ser intencional (o agente deve querer que a vítima adquira enfermidade incurável).

Não importa se, anos após a transmissão da doença, a medicina tenha a cura. O que importa é que, no momento do crime, não havia tratamento para a enfermidade.

A doutrina entende, ainda, que a enfermidade que somente possa ser extirpada por intervenção cirúrgica con-figura a qualificadora, já que não se pode obrigar a vítima a se submeter a tais procedimentos difíceis ou a tratamentos incertos, ainda não implantados e testados exaustivamente pela medicina;

c) perda ou inutilização de membro, sentido ou função: perda de membro, sentido ou função pressupõe a amputação ou mutilação de um deles, ao passo que a inutilização corresponde à perda da sua capacidade, ainda que ligado ao corpo.

Assim, furar os 2 olhos da vítima configura a inutilização de um sentido (visão). Arrancar uma perna do ofendido, amputando-a, também configura a perda de um membro. Também configura a qualificadora em análise a amputação total ou parcial do pênis do homem (perda da função reprodutora).

No tocante aos órgãos duplos (olhos, rins, orelhas, pulmões), a supressão ou inutilização de apenas um deles acarreta debilidade permanente de membro, sentido ou função, que configura lesão corporal grave e não gravíssima (perda ou inutilização de membro, sentido, ou função);

d) deformidade permanente: trata-se de qualificadora ligada ao dano estético permanente, provocado pelas lesões corporais causadas pelo agente à vítima. Não é qualquer dano, ainda que perene, que se enquadrará na circunstância em análise. Deve ser um dano sério, capaz de gerar constrangimento à vítima e a quem a cerca.

Há quem sustente que a deformidade permanente deva ser analisada no caso concreto, diferenciando-se vítima a vítima (ex.: uma marca permanente no rosto de uma jovem Miss Universo ou no rosto de um indigente idoso desprovido de beleza);

e) aborto: se as lesões corporais provocarem a morte do feto, a título de preterdolo, configurada estará a qualificadora. Exige-se, por evidente, que o agente tenha conhecimento do estado gravídico da vítima e que não queria ou assumiu o risco de provocar-lhe o abortamento. Assim não sendo, responderá por aborto (art. 125 do CP).

Nos termos da Lei 13.142/2015, se qualquer das hipóteses de lesão corporal gravíssima forem cometidas contra autoridade ou agente descrito nos arts. 142 e 144 da Constituição Federal, integrantes do sistema prisional e da Força Nacional de Segurança Pública, no exercício da função ou em decorrência dela, ou contra seu cônjuge, companheiro ou parente consanguíneo até terceiro grau, em razão dessa condição, estaremos diante de crime hediondo (art. 1º, I-A, da Lei 8.072/1990).

3.1.10. Lesão corporal seguida de morte

Prevista no § 3º do art. 129 do CP, pressupõe que o agente atue com dolo na causação das lesões corporais e com culpa na produção do resultado agravador (morte).

O próprio tipo penal já exclui tal crime se o agente atuar querendo a morte da vítima ou assumindo o risco de produzi-la. Trata-se, portanto, de típico exemplo de crime preterdoloso.

Se o evento antecedente à morte não for lesão corporal, mas qualquer outra conduta (ex.: ameaça, vias de fato), não se verificará a lesão corporal seguida de morte, mas sim o homicídio culposo.

Impossível a modalidade tentada do crime em tela, eis que o resultado agravador, produzido a título de culpa, impede tal figura (afinal, a culpa é incompatível com a tentativa).

Nos termos da Lei 13.142/2015, se a lesão corporal seguida de morte for praticada contra autoridade ou agente descrito nos arts. 142 e 144 da Constituição Federal, integrantes do sistema prisional e da Força Nacional de Segurança Pública, no exercício da função ou em decorrência dela, ou contra seu cônjuge, companheiro ou parente consanguíneo até terceiro grau, em razão dessa condição, estaremos diante de crime hediondo (art. 1º, I-A, da Lei 8.072/1990).

3.1.11. Lesão corporal privilegiada

Nos mesmos termos já estudados no tocante ao homicídio, se o agente age por motivo de relevante valor moral ou social, ou sob o domínio de violenta emoção, logo em seguida a injusta provocação da vítima, o magistrado poderá reduzir a pena de um sexto a um terço.

3.1.12. Substituição da pena

Nos casos de lesão corporal privilegiada, poderá o juiz, não sendo grave, substituir a pena de detenção pela de multa. Também poderá fazê-lo quando houver lesões recíprocas.

3.1.13. Lesão corporal culposa

O art. 129, § 6º, do CP trata da lesão corporal culposa, punida com 2 meses a 1 ano de detenção.

Qualquer situação em que o agente atue com imprudência, negligência ou imperícia, causando ofensa à integridade corporal ou à saúde de outrem, será caracterizadora do crime em tela.

Por se tratar de crime culposo, inadmissível a tentativa.

Se a lesão corporal culposa for praticada na direção de veículo automotor, não será aplicado o CP, mas sim o CTB (Lei 9.503/1997, art. 303).

3.1.14. Lesão corporal majorada e perdão judicial

O art. 129, § 7º, do CP, bem assim o § 8º, recebem a mesma disciplina do homicídio culposo e doloso majorados e perdão judicial.

No tocante à majoração da pena em 1/3 (um terço) do crime em estudo, remetemos o leitor aos itens 2.1.2.5 e 2.1.2.6, *supra*.

3.1.15. Lesão corporal e violência doméstica

A Lei 10.886/2004 introduziu ao art. 129 o §§ 9º e 10, que receberam o nome de "violência doméstica".

Ocorre que a Lei 11.340/2006 (Lei Maria da Penha) alterou a pena da lesão corporal quando praticada com violência doméstica, que passou a ser de 3 meses a 3 anos de detenção (e não mais 6 meses a 1 ano de detenção!).

Assim, quando a lesão corporal for praticada contra ascendente (pais, avós), descendente (filhos, netos, bisnetos), irmão (colateral em segundo grau), cônjuge (pressupõe casamento), companheiro (união estável), ou com quem o agente conviva ou tenha convivido, ou prevalecendo-se ele das relações domésticas, de coabitação ou de hospitalidade, responderá pelo crime denominado "violência doméstica".

Saliente-se, por oportuno, que a figura típica ora analisada incidirá, segundo entendemos, apenas quando não se tratar de vítima mulher, ou mesmo que mulher, que a violência não seja baseada no gênero, pois, com o advento da Lei 14.188/2021, que incluiu o § 13 ao art. 129 do CP, se a lesão for praticada contra a mulher, por razões da condição do sexo feminino, nos termos do § 2º-A do art. 121, estaremos diante de crime qualificado, punido com reclusão, de 1 a 4 anos, diversamente da violência doméstica (art. 129, § 9º), punida com detenção, de 3 meses a 3 anos.

Nos termos da **Súmula 588 do STJ**, a prática de crime ou contravenção penal contra mulher com violência ou grave ameaça no ambiente doméstico impossibilita a substituição da pena privativa de liberdade por restritiva de direitos.

Também é importante anotar a inaplicabilidade do princípio da insignificância com relação às infrações praticadas contra a mulher no ambiente doméstico, conforme dispõe a **Súmula 589 do STJ**: "É inaplicável o princípio da insignificância nos crimes ou contravenções penais praticados contra a mulher no âmbito das relações domésticas".

3.1.16. Causa de aumento de pena

A Lei Maria da Penha inseriu mais um parágrafo ao art. 129, o de número 11, prevendo aumento da pena em um terço se, no caso de violência doméstica (§ 9º), for a vítima deficiente (física ou mental). Também, aqui, pouco importa se a vítima for homem ou mulher!

3.1.17. Lesão corporal praticada contra autoridade ou agente de segurança pública

A Lei 13.142/2015 acrescentou o § 12 ao art. 129 do CP, que passou a dispor que a pena da lesão corporal (dolosa, nas modalidades leve, grave, gravíssima ou seguida de morte) será majorada de um a dois terços quanto praticada contra autoridade ou agente descrito nos arts. 142 e 144 da Constituição Federal, integrantes do sistema prisional e da Força Nacional de Segurança Pública, no exercício da função ou em decorrência dela, ou contra seu cônjuge, companheiro ou parente consanguíneo até terceiro grau, em razão dessa condição.

Repise-se que se a lesão corporal de natureza gravíssima (art. 129, § 2º, CP) e a seguida de morte (art. 129, § 3º, CP) forem perpetradas contra as pessoas acima referidas, estaremos diante de crimes hediondos (art. 1º, I-A, da Lei 8.072/1990). Trata-se da denominada **lesão corporal funcional**.

4. CRIMES DE PERIGO INDIVIDUAL

4.1. Crimes de perigo. Considerações iniciais

O Código Penal, a partir do art. 130, passa a tratar dos denominados "crimes de perigo", nos quais o agente atua não com a intenção de causar um efetivo dano ao bem jurídico protegido pela norma penal incriminadora, mas apenas com **"dolo de perigo"**, vale dizer, pratica a conduta querendo causar um risco ao objeto jurídico do crime.

Dentre os chamados "crimes de perigo", a doutrina distingue os de:

a) perigo abstrato: a lei presume, de maneira absoluta, o perigo provocado pela conduta do agente, não se exigindo demonstração efetiva do risco causado pela conduta típica;

b) perigo concreto: a lei exige que se comprove, concretamente, o perigo provocado pela conduta do agente, sem o que o fato será atípico.

A doutrina penal mais comprometida com os postulados constitucionais chega a defender a inadmissibilidade dos crimes de perigo abstrato, na medida em que todo crime deve provocar uma lesão ou probabilidade efetiva de lesão ao bem jurídico protegido pelo tipo incriminador. Sustenta-se o adágio *nullum crimen sine injuria*, ou seja, não há crime sem lesão.

Infelizmente, trata-se de corrente minoritária na doutrina e jurisprudência, embora o STF já tenha decidido que o crime de porte ilegal de arma (crime de perigo) não se configura se não estiver municiado referido artefato ou se o agente não dispuser de projéteis ao seu alcance para rápido municiamento. Entendeu o Pretório Excelso que a ausência de potencialidade lesiva faz tornar atípica a conduta de portar arma sem a respectiva munição.

4.2. Perigo para a vida ou saúde de outrem (art. 132 do CP)

4.2.1. Considerações iniciais

O art. 132 do CP pune a conduta do agente que simplesmente expõe a perigo direto e iminente a vida ou a saúde de outrem, tratando-se, pois de **crime de perigo concreto**.

Tenciona o legislador, portanto, proteger a vida ou saúde alheia não contra um risco efetivo, mas meramente potencial.

4.2.2. Tipo objetivo

A conduta típica corresponde ao verbo "expor", vale dizer, deve o agente, para praticar o crime em comento, colocar em risco/perigo efetivo, direto, a vida ou a saúde de outrem. Entende a doutrina que se deve colocar em perigo a vida ou saúde de pessoa ou pessoas **certas e determinadas**, não de uma coletividade.

Admite-se, inclusive, a prática do crime por conduta omissiva (ex.: o patrão que, explorando uma atividade de risco, não fornece aos empregados equipamentos para o trabalho, ficando os obreiros expostos a perigo de vida ou saúde direto e iminente).

É em razão de o tipo penal, em seu preceito secundário, expressamente estabelecer que a pena é de 3 meses a 1 ano de detenção, desde que o fato não constitua crime mais grave, que a doutrina denomina o crime em análise de **subsidiário**. Ou seja, somente restará configurado o crime de perigo para a vida ou saúde de outrem se não constituir meio de execução de infração mais gravosa (ex.: tentativa de homicídio; tentativa de lesão corporal).

Por esse motivo, ensina a doutrina que é **inadmissível o concurso de crimes** (ao menos entre o crime principal e o subsidiário – ex.: art. 132 e art. 121 c.c. art. 14, II, todos do CP), salvo se várias forem as vítimas do crime de perigo em tela (mediante mais de uma ação, o agente expõe a vida de várias pessoas determinadas a risco direto e iminente – *vide* art. 70 do CP).

4.2.3. Tipo subjetivo

O crime do art. 132 do CP é doloso. Lembre-se que, *in casu*, o dolo é de perigo, já que o agente não quer causar uma lesão efetiva à vida ou saúde de outrem, mas apenas colocá-las em risco direto e iminente (dolo de perigo e não dolo de dano!).

Não se admite a modalidade culposa do crime em estudo.

4.2.4. Sujeitos do crime

Qualquer pessoa pode ser autora do crime de perigo para a vida ou saúde de outrem, o mesmo valendo para a vítima.

Porém, ensina a doutrina que o sujeito passivo do delito deve ser pessoa certa e determinada e não uma coletividade (sob pena de restar configurado crime de perigo comum, previsto entre os arts. 250 a 259 do CP).

4.2.5. Consumação e tentativa

O crime atinge a consumação quando, com a conduta do agente, a vida ou a saúde da vítima é efetivamente posta em perigo direto e iminente.

Somente se admite a tentativa na forma comissiva do crime (ex.: "A", quando esticava o braço para atirar uma pedra na direção de "B", querendo apenas provocar um perigo à integridade corporal deste, é impedido por um transeunte).

Na modalidade omissiva, é inadmissível a tentativa.

4.2.6. Crime majorado

Nos termos do parágrafo único do art. 132 do CP, a pena é aumentada de 1/6 a 1/3 se a exposição da vida ou da saúde de outrem a perigo decorre do transporte de pessoas para a prestação de serviços em estabelecimentos de qualquer natureza, em desacordo com as normas legais.

Segundo Julio F. Mirabete, o espírito da lei foi o de proteger os boias-frias, que transitam em transportes sem o mínimo de segurança, em direta violação ao Código de Trânsito Brasileiro (arts. 26 a 67 e 96 a 113 – Lei 9.503/1997).

Todavia, não basta a mera violação de regras de segurança no transporte, sendo imprescindível que, em razão disso, os passageiros corram um risco efetivo de vida ou à saúde.

4.3. Abandono de incapaz (art. 133 do CP)

4.3.1. Considerações iniciais

Pretendeu o legislador, na edição do art. 133 do CP, proteger a integridade física e psíquica de determinadas pessoas, que, conforme o próprio *nomen juris* demonstra, são incapazes de, sozinhas, manterem íntegras a própria vida ou saúde.

4.3.2. Tipo objetivo

O verbo do tipo é "abandonar", ou seja, deixar ao desamparo, sem assistência. Assim, pratica o crime em tela o agente que abandona determinadas pessoas, incapazes de defender-se dos riscos resultantes de tal ato.

O crime pode ser praticado de maneira comissiva (mediante ação, portanto) ou omissiva (obviamente por omissão).

A questão que se coloca é o "tempo" do abandono. Por qual espaço de tempo o agente deve abandonar a vítima para que o crime esteja caracterizado? Responde a doutrina que deve ser por período "juridicamente relevante", ou seja, pelo tempo suficiente para que o sujeito passivo da conduta corra um risco efetivo de sua integridade física ou psíquica.

Por se tratar de crime de perigo concreto, deve-se comprovar o risco efetivo à vítima abandonada. Daí porque não configura o crime de abandono de incapaz a conduta daquela pessoa que abandona, por exemplo, a vítima, sendo que o local é rodeado de pessoas que podem prestar-lhe assistência (ex.: o filho abandona o pai, idoso e doente, ao lado de um hospital movimentado). Também não configura o crime se o agente abandona a vítima e aguarda que seja socorrida por terceiros.

4.3.3. Tipo subjetivo

O crime em tela é doloso, agindo o agente com a intenção de colocar a vítima em perigo, abandonando-a (dolo de perigo).

Se tiver o autor do delito a intenção de, mediante o abandono, provocar efetivo dano à integridade física ou à saúde da vítima, poderá responder por tentativa de homicídio, de lesão corporal, de infanticídio etc.

4.3.4. Sujeitos do crime

O *caput* do art. 133 do CP revela que o sujeito ativo do crime não pode ser qualquer pessoa, mas sim aquela que guardar alguma relação com a vítima: a) cuidado; b) guarda; c) vigilância; e d) autoridade.

Verifica-se que essas "qualidades" do sujeito ativo denotam uma obrigação que ele tem para com a vítima (deve dela cuidar, ser guardião, vigiar ou estar em posição de autoridade). Trata-se de verdadeiro "garantidor" do sujeito passivo, sendo o crime denominado **próprio.**

Já a vítima deve ser a pessoa que está sob os cuidados, a guarda, a vigilância ou a autoridade do sujeito ativo, de tal modo que dependa dela. Se do abandono sofrer riscos para a saúde ou integridade física, caracterizado estará o crime em comento.

4.3.5. Consumação e tentativa

O delito se consuma com o abandono da pessoa que deve estar sob o resguardo do sujeito ativo, independentemente de resultado naturalístico. Adverte-se que, se do abandono não advier um perigo concreto à vida ou saúde do sujeito passivo, não se configura o crime.

Admissível a tentativa se o crime for praticado por ação.

4.3.6. Formas qualificadas

O § 1º do art. 133 do CP traduz a forma qualificada do crime, punido com reclusão de 1 a 5 anos se, em razão do abandono, a vítima sofrer lesão corporal de natureza grave. O resultado agravador, nesse caso, é atribuído ao agente a título de culpa (trata-se de crime preterdoloso). Impossível que iniciasse o agente um crime com dolo de perigo e o encerrasse com dolo de dano (querendo as lesões corporais).

Se, em razão do abandono, a vítima morrer, a pena do agente será de 4 a 12 anos (§ 2º do art. 133 do CP). Aqui, igualmente, o resultado agravador não pode ser imputado ao autor do crime a título de dolo, mas sim de culpa (crime preterdoloso).

4.3.7. Formas majoradas

As penas serão aumentadas em 1/3 se:

a) o abandono ocorre em lugar ermo: se o lugar em que o agente abandonar a vítima for pouco frequentado ou desabi-

tado no momento do abandono, aumenta-se a pena, eis que a chance de o perigo se concretizar é mais elevado. Todavia, se o lugar for absolutamente inóspito (ex.: lugar com forte nevasca ou deserto), muito provavelmente a intenção do agente será de causar risco efetivo (e não meramente potencial) à vida ou saúde de pessoa sob seu resguardo;

b) se o agente é ascendente ou descendente, cônjuge, irmão, tutor ou curador da vítima: trata-se de pessoas que têm um maior dever de vigilância para com as vítimas (pai em relação ao filho, filho em relação ao pai, marido e mulher, irmãos, tutor para com o tutelado e o curador para com o curatelado). Não se admite analogia (ex.: agente que abandona mulher doente, vivendo com ela em união estável);

c) se a vítima é maior de 60 anos (majorante acrescentada pelo *Estatuto do Idoso – Lei 10.741/2003*): tal majorante tem plena razão para existir, eis que as pessoas com idade mais avançada têm maior dificuldade na sua própria defesa se abandonadas.

4.4. Omissão de socorro (art. 135)

4.4.1. Considerações iniciais

No delito que será objeto de comentário a partir de agora, tencionou o legislador punir a conduta daquela pessoa que demonstra insensibilidade perante terceiros que se vejam em situação de perigo, desde que possam agir sem risco à própria vida ou integridade corporal.

A todos existe um dever geral de solidariedade humana, conforme as palavras de Magalhães Noronha. Não se trata de conduta que a lei proíbe (em regra os crimes se traduzem em condutas proibidas – ex.: matar, furtar, estuprar, roubar), mas que impõe um "fazer" (imperativo de comando).

Não se incrimina apenas a conduta daquela pessoa que, podendo agir, deixa de prestar assistência a determinadas pessoas, mas também aquela que, não podendo fazê-lo sem risco pessoal, deixa de pedir o necessário socorro à autoridade pública.

4.4.2. Sujeitos do crime

No tocante ao sujeito ativo, o crime é considerado **comum**, eis que qualquer pessoa pode praticar a conduta descrita no *caput* do art. 135 do CP.

Já as pessoas que deveriam ser assistidas pelo sujeito ativo, mas que não o foram, são:

a) criança abandonada ou extraviada;

b) pessoa inválida ou o ferido desamparado;

c) pessoa que se encontre em grave e iminente perigo.

Considera-se *criança abandonada*, segundo Rogério Sanches Cunha (**Direito Penal** – *Crimes contra a pessoa* – ed. RT, pág. 115), a que foi deixada sem os cuidados de que necessitava para a sua subsistência. Já *criança extraviada* é a que se perdeu, sem saber retornar à sua residência.

Pessoa inválida, ao desamparo, é aquela, segundo o mesmo autor, sem vigor físico, ou adoentada. Por fim, *pessoa que se encontre em grave e iminente perigo* é aquela que se vê diante de algum mal sério, de grandes proporções, prestes a se verificar.

4.4.3. Tipo objetivo

O crime em tela se verifica quando o agente "deixar de prestar assistência". Trata-se de *crime omissivo puro*, ou seja, o sujeito ativo responde por "nada fazer", sendo que a lei, como já dissemos anteriormente, impõe a todos um dever de solidariedade diante daquelas pessoas descritas no tipo penal (criança abandonada ou extraviada; pessoa inválida ou ferida ao desamparo; pessoa que se encontre em grave e iminente perigo).

A omissão caracterizadora do crime em comento pode ser praticada de duas formas:

1ª – o agente, podendo auxiliar as pessoas descritas no *caput* do art. 135 do CP, não o faz;

2ª – o agente, não podendo ajudá-las sem que sofra um risco pessoal, não solicita socorro à autoridade pública.

4.4.4. Tipo subjetivo

Trata-se de crime doloso, ou seja, o agente, agindo de forma livre e consciente, deixa de prestar socorro a determinadas pessoas em situações periclitantes, ou, não podendo fazê-lo, deixa de solicitar socorro à autoridade pública competente.

Segundo a doutrina, o dolo pode ser **direto** ou **eventual**.

Inexiste a modalidade culposa da omissão de socorro, situação que, se verificada no caso concreto, tornaria a conduta atípica (princípio da excepcionalidade do crime culposo).

4.4.5. Consumação e tentativa

Consuma-se o delito, esgotando-se o *iter criminis*, quando o agente efetivamente deixa de prestar assistência a quem a precisa ou não comunica a autoridade pública competente. Enfim, *consuma-se o crime com a omissão do sujeito ativo*.

Por se tratar de crime omissivo próprio (ou puro), *inadmissível a tentativa*, por se tratar de *crime unissubsistente* (o *iter criminis* não é fracionável).

4.4.6. Forma majorada de omissão de socorro

O parágrafo único do art. 135 do CP pune mais gravosamente o agente que, em razão da omissão, provocar **lesão corporal de natureza grave** na vítima (aumenta-se de **metade** a reprimenda).

Já se resultar a **morte** do ofendido, a pena é **triplicada**.

Em ambas as hipóteses, o crime será **preterdoloso** (dolo na omissão e culpa no tocante ao resultado agravador – lesão corporal grave ou morte).

4.5. Condicionamento de atendimento médico hospitalar emergencial (art. 135-A do CP)

4.5.1. Considerações iniciais

Trata-se de nova figura típica inserida no CP pela Lei 12.653/2012, muito semelhante, em verdade, ao crime estudado anteriormente. Estamos, na prática, diante de uma nova modalidade de omissão de socorro, mas com elementares e características próprias. Vamos aos estudos!

4.5.2. Sujeitos do crime

O crime em tela, embora não haja expressa previsão na redação típica, será cometido por administradores ou funcionários do hospital, visto que a conduta será de "*exigir* cheque-caução, nota promissória ou qualquer garantia, bem como o preenchimento prévio de formulários administrativos, como condição para o atendimento médico hospitalar emergencial".

Ora, emerge nítido que a exigência de "burocracias" e/ou de garantia antecipada de pagamento dos serviços hospitalares somente poderá ser feita por funcionários ou administradores do hospital, motivo pelo qual entendemos que se trata de um crime próprio, visto ser necessária uma qualidade especial do agente (ser funcionário ou administrador da entidade hospitalar).

4.5.3. Tipo objetivo

O crime em comento restará caracterizado quando o agente delitivo *condicionar* o atendimento médico hospitalar emergencial ao próprio paciente ou seus familiares, em caso de impossibilidade daquele, exigindo:

✓ *cheque-caução* – trata-se de um título de crédito (ordem de pagamento à vista) emitido como garantia do pagamento dos serviços médicos e hospitalares prestados;

✓ *nota promissória* – trata-se, também, de um título de crédito (promessa futura de pagamento), dado como garantia do pagamento dos serviços médicos e hospitalares prestados;

✓ *qualquer garantia* – aqui, o legislador, em exercício de interpretação analógica, após enumeração casuística (cheque-caução e nota promissória), inseriu uma "cláusula genérica", a fim de garantir que haverá tipicidade penal se, por exemplo, o agente delitivo exigir, como condição do atendimento ao paciente, qualquer outra garantia, tais como endosso de uma duplicata ou letra de câmbio (Rogério Sanches Cunha – **Curso de Direito Penal**, vol. 2 – pág. 156 – Ed. JusPodivm).

Repare que a "omissão de socorro" por parte do agente delitivo fica nítida: caso a exigência não seja atendida (cheque-caução, nota promissória ou qualquer outra garantia), não haverá a prestação do serviço médico hospitalar de emergência!

Frise-se que a simples exigência de garantia do pagamento dos serviços hospitalares e médicos de emergência será fato atípico quando não houver o condicionamento prévio ao atendimento do paciente.

4.5.4. Tipo subjetivo

O crime em comento é doloso, vale dizer, impõe que o agente delitivo, de forma livre e consciente, condicione ao paciente ou aos familiares deste o atendimento médico hospitalar emergencial à emissão de um cheque-caução, ou a assinatura de uma nota promissória ou qualquer outra garantia.

4.5.5. Consumação e tentativa

Haverá consumação do crime ora estudado no exato momento em que o agente fizer ao paciente, ou aos seus familiares, a exigência, condicionando o atendimento emergencial à entrega de um cheque-caução, ou à assinatura de uma nota promissória ou qualquer outra forma de garantia do pagamento dos serviços médicos hospitalares de emergência.

4.5.6. Formas majoradas

A pena, que é de 3 meses a 1 ano, e multa, será aumentada até o dobro se, em razão da omissão (negativa de atendimento médico hospitalar de emergência), resultar **lesão corporal grave** à vítima-paciente. Porém, se da negativa advier a **morte** do ofendido, a pena será aumentada até o triplo. Estamos, aqui, diante de figuras preterdolosas (dolo na negativa de atendimento e culpa na lesão corporal grave ou morte).

4.6. Maus-tratos (art. 136 do CP)

4.6.1. Considerações iniciais

Trata-se de crime que atenta contra a incolumidade física de determinadas pessoas descritas no tipo penal. Apenas a título de curiosidade, foi o Código de Menores, de 1927, que pela primeira vez tratou do delito de maus-tratos contra menores de 18 anos.

4.6.2. Sujeitos do crime

Conforme enuncia o tipo penal, o crime de maus-tratos não pode ser praticado por qualquer pessoa, mas apenas por aquelas que tenham alguma relação (de subordinação, diga-se de passagem) com a vítima.

Logo, pode-se afirmar que se trata de **crime próprio**, já que será praticado:

a) por quem exercer autoridade sobre alguém;

b) pelo guardião de alguém;

c) por quem exercer vigilância sobre alguém.

Ressalte-se que a relação existente entre sujeito ativo e passivo pode ser de direito público ou privado (ex.: o diretor do presídio e o detento; a mãe em relação ao filho).

Salienta-se que o crime é biprópio, já que tanto do autor quanto da vítima são exigidas qualidades especiais (a vítima deve estar sob a autoridade, guarda ou vigilância de alguém).

4.6.3. Tipo objetivo

A conduta típica é a de "expor a perigo a vida ou a saúde" de determinadas pessoas (pessoa que esteja sob a guarda, autoridade ou vigilância do sujeito ativo do crime).

Portanto, exige-se que o agente inflija maus-tratos à vítima, mediante os seguintes meios executórios (o que transforma a figura ora estudada em crime de ação vinculada):

a) privação de alimentação (conduta omissiva);

b) privação de cuidados indispensáveis (conduta omissiva);

c) sujeição a trabalho excessivo (conduta comissiva);

d) sujeição a trabalho inadequado (conduta comissiva);

e) abuso dos meios de correção (conduta comissiva);

f) abuso dos meios de disciplina (conduta comissiva).

Enfim, o agente exporá a risco a vida ou a saúde da vítima, realizando umas das ações acima mencionadas, seja por omissão (letras "a" e "b"), seja por ação (letras "c" a "f").

Especialmente quanto ao abuso dos meios de correção e disciplina, adverte-se que o "guardião" (pai, mãe e família substituta) tem o direito de corrigir e impor disciplina ao que está sob sua guarda. O que pune a lei é o excesso nos meios de correção e disciplina, expondo, em razão disso, a vida ou a saúde da vítima a perigo de dano.

Importante registrar que o ECA (Lei 8.069/1990), alterado pela denominada "Lei da Palmada", recebeu, dentre outros, novo dispositivo (art. 18-A), assim redigido:

Art. 18-A. A criança e o adolescente têm o direito de ser educados e cuidados sem o uso de castigo físico ou de tratamento cruel ou degradante, como formas de correção, disciplina, educação ou qualquer outro pretexto, pelos pais, pelos integrantes da família ampliada, pelos responsáveis, pelos agentes públicos executores de medidas socioeducativas ou por qualquer pessoa encarregada de cuidar deles, tratá-los, educá-los ou protegê-los. (Incluído pela Lei 13.010, de 2014)

Parágrafo único. Para os fins desta Lei, considera-se: (Incluído pela Lei 13.010, de 2014)

I – castigo físico: ação de natureza disciplinar ou punitiva aplicada com o uso da força física sobre a criança ou o adolescente que resulte em: (Incluído pela Lei 13.010, de 2014)

a) sofrimento físico; ou (Incluído pela Lei 13.010, de 2014)

b) lesão; (Incluído pela Lei 13.010, de 2014)

II – tratamento cruel ou degradante: conduta ou forma cruel de tratamento em relação à criança ou ao adolescente que: (Incluído pela Lei 13.010, de 2014)

a) humilhe; ou (Incluído pela Lei 13.010, de 2014)

b) ameace gravemente; ou (Incluído pela Lei 13.010, de 2014)

c) ridicularize. (Incluído pela Lei 13.010, de 2014)

O dispositivo acima transcrito, cremos, ainda causará muita discussão acerca dos limites do poder familiar e da condução da educação das crianças e adolescentes. Nada obstante, trata-se de uma boa "fonte" para que os operadores do Direito busquem aquilo que poderá ser considerado excessivo na disciplina e correção de menores de dezoito anos.

Atua o agente, no crime em comento (art. 136, CP), não com dolo de dano, mas com dolo de perigo ao abusar desses meios.

Frise-se que, quando os maus-tratos se devem à correção, por exemplo, do próprio filho, excedendo-se os pais em tal situação, não responderão por lesões corporais se tiverem agido com *animus corrigendi*. Todavia, se a intenção for a de lesionar, responderão pelo referido delito.

Por fim, o abuso nos meios de correção deve ser apto a causar um perigo de dano à vida ou saúde da vítima, não restando configurado se causar apenas simples "vergonha" (ex.: a mãe, querendo "emendar" a filha, raspa-lhe os cabelos, em razão de ser "menina fácil").

4.6.4. Tipo subjetivo

O crime é doloso, exigindo-se do agente que atue com a consciência de que sua conduta expõe a risco a vida ou saúde da vítima, excedendo-se da normalidade.

Não se pune a forma culposa do crime.

4.6.5. Consumação e tentativa

Consuma-se o crime quando a vítima efetivamente sofrer um risco à sua integridade física (vida ou saúde).

As modalidades comissivas admitem tentativa, ao passo que as omissivas, não.

4.6.6. Formas qualificadas e majorada

Os §§ 1º e 2º do art. 136 do CP punem mais gravosamente o agente que, em razão dos maus-tratos, causa na vítima lesão corporal de natureza grave (1 a 4 anos de reclusão) ou morte (4 a 12 anos de reclusão).

Evidentemente que qualquer das qualificadoras aponta para a ocorrência de crime preterdoloso, atribuindo-se o resultado agravador (lesão corporal grave ou morte) ao agente a título de culpa. Assim não fosse, responderia por lesão corporal consumada ou homicídio.

Por fim, o § 3º do precitado artigo determina o aumento da pena em 1/3 se o crime for praticado contra menor de 14 anos (dispositivo acrescentado pelo ECA).

Se o crime for praticado contra idoso (mais de 60 anos), o crime não é o de maus-tratos do CP, mas o do Estatuto do Idoso (art. 99 da Lei 10.741/2003).

4.7. Rixa (art. 137 do CP)

4.7.1. Considerações iniciais

Considera-se rixa a briga ou a contenda travada entre mais de duas pessoas (no mínimo, portanto, três!), **sem que se possa identificar, de maneira individualizada, agressor e agredido**.

Embora possa parecer contraditório, na rixa o **sujeito ativo e o sujeito passivo se confundem** (agressor pode ser agredido e vice-versa).

Trata-se de crime que protege, a um só tempo, a **incolumidade física** dos próprios contendores, bem assim a **incolumidade pública**, que pode ser posta em xeque em uma briga generalizada.

4.7.2. Sujeitos do crime

Qualquer pessoa pode ser sujeito ativo do delito em questão.

Pela particularidade de exigir, no mínimo, três pessoas para que a conduta seja típica, temos um crime de **concurso necessário** (ou **plurissubjetivo**).

O sujeito passivo do crime pode ser o próprio participante da rixa, bem como terceiras pessoas que venham a se ferir com o tumulto.

4.7.3. Tipo objetivo

O crime de rixa, previsto no art. 137 do CP, prevê como conduta típica "participar da rixa", ou seja, **tomar parte** na contenda travada entre, pelo menos, três pessoas.

Pune-se o delito, em sua forma simples, com detenção de 2 meses a 1 ano, ou multa (trata-se de **infração penal de menor potencial ofensivo – art. 61 da Lei 9.099/1995**).

O delito que ora se comenta somente restará caracterizado se houver um tumulto generalizado, sem que se possa identificar/individualizar agressores e agredidos. Se houver tal possibilidade (constatação individual de cada contendor e agredido), tratar-se-á de lesões corporais recíprocas, não rixa.

Pode-se tomar parte na rixa diretamente (ou seja, sendo um dos rixosos), ou mediante participação moral (partícipe da rixa – art. 29 do CP), induzindo ou instigando os contendores a tomarem parte na briga generalizada.

A doutrina faz menção a dois tipos de rixa:

a) *ex proposito* – é a rixa preordenada, na qual dois ou mais grupos de contendores, de maneira prévia, ajustam a "briga" generalizada. Nesse caso, sendo possível a identificação de cada um, não se poderia falar em crime de rixa, mas de lesões corporais qualificadas;

b) *ex improviso* – é a rixa que ocorre sem um prévio ajuste, de inopino, subitamente. Para alguns doutrinadores, essa é a típica rixa.

4.7.4. Tipo subjetivo

O delito de rixa é doloso, mas não agem os rixosos com dolo de lesionar (dolo de dano), mas sim de causar perigo à integridade física de terceiros (**dolo de perigo**).

Trata-se, portanto, de mais um **crime de perigo**, segundo a doutrina, abstrato (presume-se o perigo, não se exigindo sua comprovação em concreto).

O terceiro que apenas ingressa na contenda para "separar" os rixosos, por falta de dolo, não responderá pelo crime, exceto se, durante sua intervenção, passar a agredir os partícipes do tumulto.

4.7.5. Consumação e tentativa

Consuma-se o crime com a efetiva participação do agente na contenda generalizada, trocando agressões com os demais partícipes do evento.

Segundo a doutrina majoritária, inadmissível a tentativa, já que o delito se consuma com o ingresso do contendor no tumulto, exaurindo-se a infração simultaneamente com o início da execução (delito unissubsistente e instantâneo).

Para outros, admite-se a tentativa apenas na rixa *ex proposito* (preordenada).

Ademais, se o tumulto sequer tivesse início, não ocorreria a forma tentada do delito, mas sim meros atos preparatórios.

4.7.6. Rixa qualificada

Conforme o parágrafo único do art. 137 do CP, se ocorrer morte ou lesão corporal de natureza grave, a pena será de 6 meses a 2 anos de detenção.

Trata-se de dispositivo que pune objetivamente (independentemente de comprovação de dolo ou culpa) o participante da rixa se do tumulto decorrer resultado mais grave do que simples vias de fato ou lesões corporais leves.

Em suma, ainda que o rixoso não tenha diretamente provocado a lesão corporal grave ou a morte de outro contendor, o só fato de participar do tumulto já será suficiente para receber reprimenda mais gravosa. Aqui, identifica-se um resquício da responsabilização penal objetiva.

Se um dos contendores for o que sofrer a lesão corporal grave, ele próprio responderá por rixa qualificada.

5. CRIMES CONTRA A HONRA

5.1. Crimes contra a honra (arts. 138 a 145, CP). Considerações iniciais

A honra é bem jurídico constitucionalmente protegido, conforme se infere do art. 5º, X, da CF: "são invioláveis a intimidade, a vida privada, a honra e a imagem das pessoas, assegurado o direito a indenização pelo dano material e moral decorrente de sua violação".

A doutrina costuma dividir a honra sob dois aspectos: um objetivo e outro subjetivo.

Sob o enfoque objetivo, que dá ensejo à denominada **honra objetiva**, diz-se que se trata daquilo que terceiros pensam do sujeito. Em outras palavras, a honra objetiva condiz com o conceito que a pessoa goza de seu meio social (reputação).

Já no tocante ao aspecto subjetivo, do qual se origina a **honra subjetiva**, diz-se que se trata daquilo que a pessoa pensa de si própria, um sentimento sobre a própria dignidade.

Embora a doutrina costume diferenciar honra objetiva de subjetiva, é certo que não se pode tratá-las de forma estanque, eis que, por vezes, segundo adverte Rogério Greco, "uma palavra que pode ofender a honra subjetiva do agente também pode atingi-lo perante a sociedade da qual faz parte. Chamar alguém de mau-caráter, por exemplo, além de atingir a dignidade do agente, macula sua imagem no meio social" (**Curso de Direito Penal** – vol. 2 – Parte Especial – ed. Impetus).

A distinção a que ora fazemos referência guarda importância apenas para a distinção dos três tipos penais incriminadores que serão doravante estudados (bem como os momentos consumativos): a **injúria** (que ofende a *honra subjetiva* da vítima), a **calúnia** e a **difamação** (ambas ofendendo a *honra objetiva* do sujeito passivo das condutas ilícitas).

5.2. Calúnia (art. 138 do CP)

5.2.1. Considerações iniciais

O art. 138 do CP prevê o crime de calúnia, que, como já dito anteriormente, ofende a **honra objetiva** da vítima, vale dizer, sua reputação e fama perante terceiros.

5.2.2. Tipo objetivo

A conduta típica é *caluniar*, ou seja, fazer uma falsa acusação, tendo o agente, com tal conduta, a intenção de afetar a reputação da vítima perante a sociedade.

O tipo penal em comento enuncia: "caluniar alguém, imputando-lhe falsamente fato definido como crime".

Guilherme de Souza Nucci (**Manual de Direito Penal** – Parte Geral e Parte Especial – 3ª ed., editora RT, pág. 657), criticando a redação do art. 138 do CP, faz a seguinte ressalva: "portanto, a redação feita no art. 138 foi propositadamente repetitiva (fala duas vezes em *'atribuir'*: caluniar significa *atribuir* e imputar também significa *atribuir)*. Melhor seria ter nomeado o crime como sendo 'calúnia', descrevendo o modelo legal de conduta da seguinte forma: *Atribuir a alguém, falsamente, fato definido como crime.* Isto é caluniar".

Em suma, o crime de calúnia fica caracterizado quando o agente atribui, imputa a alguém, *falsamente*, fato definido como crime.

Deve o agente delitivo, portanto, imputar um **fato determinado**, e não genérico, sob pena de restar descaracterizada a calúnia, tipificando, eventualmente, a conduta prevista no art. 140 do CP (injúria). Exemplo de fato determinado: "João foi quem ingressou no Banco Real, na semana passada, e comandou o roubo à agência". Nesse caso, verifica-se a atribuição de um fato determinado (no espaço e no tempo), que somente configura o crime em comento se for falso.

Considera-se falso o fato atribuído à vítima se ele sequer ocorreu ou, tendo ocorrido, não teve como autor, coautor ou partícipe, o ofendido.

Se o agente atribuir à vítima fato definido como contravenção penal (ex.: "João é o dono da banca do jogo do bicho do bairro X, tendo recebido, somente na semana passada, mais de 300 apostas em sua banca"), não se configura o crime de calúnia, que pressupõe a falsa imputação de fato *criminoso*. No exemplo dado, poderíamos estar diante de uma difamação (art. 139 do CP).

5.2.3. Tipo subjetivo

O elemento subjetivo da conduta é o dolo, ou seja, a vontade livre e consciente do agente de atribuir a alguém, sabendo ser falso, um fato definido como crime.

Exige-se, ainda, o elemento subjetivo do tipo específico (dolo específico), qual seja, o *animus diffamandi*, a intenção de ofender a honra da vítima.

5.2.4. Sujeitos do crime

O **sujeito ativo** do crime pode ser qualquer pessoa, razão pela qual a calúnia é doutrinariamente qualificada como **crime comum**.

O **sujeito passivo** também pode ser **qualquer pessoa**.

Diverge a doutrina acerca da possibilidade de **pessoa jurídica** ser vítima de calúnia. Entende-se que sim, apenas em se tratando de **crimes ambientais**, nos quais a pessoa jurídica pode ser autora da conduta típica (*vide* Lei 9.605/1998).

Se a vítima for o Presidente da República e o crime tiver conotação política o fato será regulado pela Lei de Segurança Nacional (art. 26 da Lei 7.170/1983).

Antes do julgamento, pelo STF, da ADPF 130, no mês de abril de 2009, se o meio de dispersão da calúnia à sociedade fosse a imprensa (escrita ou falada), o delito seria aquele previsto na Lei de Imprensa (Lei 5.250/1967). Frise-se que referido diploma legal foi declarado não recepcionado pela nova ordem constitucional. Nesse sentido, confira-se parte da ementa do julgado:

> Arguição de descumprimento de preceito fundamental (ADPF). Lei de imprensa. Adequação da ação. Regime constitucional da "liberdade de informação jornalística", expressão sinônima de liberdade de imprensa. A "plena" liberdade de imprensa como categoria jurídica proibitiva de qualquer tipo de censura prévia.
>
> (...)
>
> 10. Não recepção em bloco da Lei 5.250 pela nova ordem constitucional
>
> (...)
>
> 12. Procedência da ação. Total procedência da ADPF, para o efeito de declarar como não recepcionado pela Constituição de 1988 todo o conjunto de dispositivos da Lei federal 5.250, de 09.02.1967.

Atualmente (leia-se: desde o julgamento da já citada ADPF 130), se o crime de calúnia for perpetrado por meio da imprensa, aplicar-se-ão as regras "comuns" do Código Penal.

5.2.5. Consumação e tentativa

Consuma-se o crime de calúnia no momento em que a falsa atribuição de fato criminoso **chegar ao conhecimento de terceiros** (ainda que a só uma pessoa), independentemente de a circunstância macular a honra da vítima.

Assim, ainda que, de fato, a reputação do ofendido não seja abalada, entende-se consumado o delito (trata-se, pois, de **crime formal**).

É **possível a tentativa** se, por exemplo, os atos executórios ocorrerem por escrito e os papéis caluniadores não chegarem ao conhecimento de terceiros.

5.2.6. Propalar ou divulgar a calúnia

O § 1º do art. 138 do CP também pune a conduta daquele que simplesmente propala ou divulga a falsa imputação de fato definido como crime, desde que saiba ser falsa.

Nesse caso, aquele que simplesmente repassar a calúnia estará, por óbvio, caluniando a vítima, eis que a ele estará atribuindo fato definido como crime, sabendo-o falso.

5.2.7. Calúnia contra os mortos

O § 2º do art. 138 do CP também pune a **calúnia contra os mortos**. Nesse caso, como as pessoas já morreram, as vítimas não serão propriamente elas, que já sequer contam com personalidade jurídica (que se encerra, para as pessoas naturais, com a morte), mas seus **familiares**.

5.2.8. Calúnia contra inimputáveis. É possível?

Aos adeptos da teoria tripartida de crime (**fato típico, antijurídico e culpável**), o inimputável por doença mental, desenvolvimento mental incompleto ou desenvolvimento mental retardado (art. 26 do CP), embora pratique os dois primeiros elementos do crime, é isento de pena, pelo que a culpabilidade estaria afastada. Em outras palavras, o "louco" não praticaria *crime*.

O mesmo se pode dizer com relação aos inimputáveis por idade (menores de dezoito anos), que não se submetem ao Código Penal, mas apenas à legislação específica (ECA).

Entende a maioria, entretanto, que contra os inimputáveis é possível a prática de calúnia, embora não possam *praticar crime*.

É que o legislador utilizou os termos "fato definido como crime", e não "prática de crime". Dessa forma, é possível que se atribua a um "louco", ou a um menor de idade, um *fato* definido em lei como crime (ex.: homicídio, aborto, roubo, furto etc.).

Concluindo, percebe-se que é possível, portanto, que inimputáveis, embora não pratiquem crime (em seu sentido técnico-jurídico), possam ser vítimas de calúnia.

5.2.9. Exceção da verdade

O § 3º do art. 138 do CP prevê o instituto da "exceção da verdade". Trata-se de um incidente processual, que deve ser obrigatoriamente enfrentado pelo magistrado antes da sentença final, visto que pode conduzir à absolvição do suposto agente delitivo.

A lei penal admite que a pessoa que atribui a terceiro fato definido como crime comprove a *veracidade* da imputação. Logo, se o crime de calúnia pressupõe a atribuição falsa de um fato definido como crime, a exceção (defesa) da verdade pode tornar a conduta atípica.

Assim, pode o autor da suposta calúnia provar que a pretensa vítima realmente praticou o fato definido como crime, razão pela qual a imputação seria verdadeira e não falsa.

Todavia, a lei previu algumas situações em que **a exceção da verdade é vedada**:

a) inciso I – se, constituindo o fato imputado crime de ação privada, o ofendido não foi condenado por sentença irrecor-rível: aqui, se o crime for de ação privada e a vítima sequer intentou a competente queixa-crime, torna-se impossível que um terceiro, que não a própria vítima, queira provar a ocorrência de um crime que o diretamente interessado não julgou oportuno investigá-lo e processar seu autor. Outra situação ocorre se o autor da calúnia atribui a alguém um fato definido como crime de ação privada e ainda não houve a condenação definitiva (irrecorrível);

b) inciso II – se o fato é imputado a qualquer das pessoas indicadas no n. I do art. 141: referido dispositivo faz alusão ao Presidente da República e a chefe de governo estrangeiro. Nesse caso, ainda que referidas pessoas houvessem praticado crime, o CP não admite sua comprovação. Há quem sustente que essa vedação à exceção da verdade viola o princípio constitucional da ampla defesa, entendimento que também comungamos;

c) inciso III – se do crime imputado, embora de ação pública, o ofendido foi absolvido por sentença irrecorrível: no caso em tela, se a Justiça já absolveu, de maneira irrecorrível, a vítima do crime de calúnia, não poderá o agente querer provar algo sobre o qual não mais cabe discussão (coisa julgada).

5.3. Difamação (art. 139 do CP)

5.3.1. Considerações iniciais

Trata-se de crime que atenta contra a **honra objetiva** da vítima, vale dizer, sua reputação e fama no meio social. É esse, portanto, o **objeto jurídico** do crime em comento.

5.3.2. Tipo objetivo

A conduta típica corresponde ao verbo do tipo **difamar**, que significa desacreditar uma pessoa, maculando sua reputação no meio social. Parecida com a calúnia, a difamação pressupõe que haja imputação de um **fato** (não definido como crime, mas que tenha a possibilidade de ofender a reputação da vítima).

O tipo penal, segundo Guilherme de Souza Nucci (op. cit., pág. 659), também foi repetitivo, já que difamar significa exatamente imputar um fato "desairoso", silenciando a respeito da veracidade ou falsidade dele.

Em suma, difamar a vítima significa imputar-lhe fatos maculadores de sua fama (honra objetiva), ainda que verídicos (ex.: "João, todas as sextas-feiras, é visto defronte a um bordel, consumindo drogas e bebida alcóolica, na esquina do viaduto da Rua 'X'").

5.3.3. Tipo subjetivo

É o dolo, ou seja, a vontade livre e consciente do agente em atribuir a alguém (ainda que verdadeiramente) fato ofensivo à reputação. Além disso, exige-se o elemento subjetivo do tipo (dolo específico), qual seja, o *animus diffamandi*.

5.3.4. Sujeitos do crime

A difamação pode ser praticada por qualquer pessoa, tratando-se, pois, de crime comum. A vítima também pode ser qualquer pessoa.

Antes do julgamento, pelo STF, da ADPF 130, no mês de abril de 2009, se o meio de dispersão da difamação à sociedade fosse a imprensa (escrita ou falada), o delito seria aquele previsto na Lei de Imprensa (Lei 5.250/1967). Frise-se que referido diploma legal foi declarado não recepcionado pela nova ordem constitucional. Nesse sentido, confira-se parte da ementa do julgado:

> Arguição de Descumprimento De Preceito Fundamental (ADPF). Lei de imprensa. Adequação da ação. Regime constitucional da "liberdade de informação jornalística", expressão sinônima de liberdade de imprensa. A "plena" liberdade de imprensa como categoria jurídica proibitiva de qualquer tipo de censura prévia.
>
> (...)
>
> 10. Não recepção em bloco da Lei 5.250 pela nova ordem constitucional.
>
> (...)
>
> 12. Procedência da ação. Total procedência da ADPF, para o efeito de declarar como não recepcionado pela Constituição de 1988 todo o conjunto de dispositivos da Lei federal 5.250, de 09.02.1967.

Atualmente (leia-se: desde o julgamento da já citada ADPF 130), se o crime de difamação for perpetrado por meio da imprensa, aplicar-se-ão as regras "comuns" do Código Penal.

Questiona-se se a **pessoa jurídica pode ser vítima de difamação**. Entende-se, majoritariamente, que **sim**, eis que as empresas gozam de reputação no mercado. Em suma, as pessoas jurídicas têm uma imagem a ser preservada, pelo que sua "honra objetiva" pode ser maculada (ex.: "a empresa 'Y' trata muito grosseiramente seus empregados, especialmente o Joaquim, que foi escorraçado de seu posto de trabalho na semana passada").

Interessante para o Exame da OAB que se conheça a posição do STF acerca de difamação perpetrada por advogado, que, de acordo com o art. 7º, § 2º, do Estatuto da OAB (Lei 8.906/1994) é imune por suas manifestações em juízo ou fora dele, desde que no exercício da profissão, a referido crime.

Confira-se:

Difamação e imunidade profissional de advogado

"A 1ª Turma, por maioria, denegou *habeas corpus* em que se pleiteava o trancamento da ação penal. Na espécie, a paciente – condenada pelo crime de difamação – teria ofendido a reputação de magistrada, desmerecendo a sua capacitação funcional, diante dos serventuários e demais pessoas presentes no cartório da vara judicial. De início, aduziu-se que as alegações de atipicidade da conduta e de inexistência de dolo não poderiam ser apreciadas nesta via, uma vez que, para chegar a conclusão contrária à adotada pelas instâncias ordinárias, seria necessário o reexame do conjunto fático-probatório, não admissível nesta sede. Em seguida, ponderou-se estar diante de fato, em tese, típico, ilícito e culpável, revestido de considerável grau de reprovabilidade. Ressaltou-se que o comportamento da paciente amoldar-se-ia, em princípio, perfeitamente à descrição legal da conduta que a norma visaria coibir (CP, art. 139). Desse modo, afirmou-se que não haveria falar em atipicidade da conduta. Ante as circunstâncias dos autos, reputou-se, também, que não se poderia reconhecer, de plano, a ausência do *animus diffamandi*, identificado na sentença condenatória e no acórdão que a confirmara. No tocante à alegação de que teria agido acobertada pela imunidade conferida aos advogados, asseverou-se que seria inaplicável à espécie a excludente de crime (CP, art. 142), haja vista que a ofensa não teria sido irrogada em juízo, na discussão da causa. Acrescentou-se que

a mencionada excludente não abrangeria o magistrado, que não poderia ser considerado parte na relação processual, para os fins da norma. Frisou-se, também, que a jurisprudência e a doutrina seriam pacíficas nesse sentido, na hipótese de ofensa a magistrado. O Min. Luiz Fux enfatizou que a frase proferida pela advogada encerraria uma lesão penal bifronte. Vencidos os Ministros Marco Aurélio, relator, e Dias Toffoli, que concediam a ordem. Aquele, para assentar a atipicidade da conduta da paciente sob o ângulo penal; este, porquanto afirmava que a difamação estaria expressamente imunizada pelo § 2º do art. 7º do Estatuto da Advocacia". HC 104385/SP, rel. orig. Min. Marco Aurélio, red. p/ o acórdão Min. Ricardo Lewandowski, 28.6.2011. (HC-104385) (Inform. STF 633).

5.3.5. Consumação e tentativa

Consuma-se o crime de difamação quando a ofensa à reputação da vítima chega ao conhecimento de terceiros (ainda que a uma só pessoa), independentemente de haver um resultado lesivo à sua fama. Trata-se, portanto, de crime formal, que independe de resultado naturalístico.

Admissível a tentativa, por exemplo, se a difamação for feita por escrito e não chegar ao conhecimento de terceiros por extravio dos papéis.

5.3.6. Exceção da verdade (parágrafo único)

Somente é admitida a exceção (defesa) da verdade se o agente tentar comprovar que o fato ofensivo à reputação de funcionário público foi efetivamente praticado se tiver relação direta com o exercício de suas funções.

Diz-se que a Administração Pública admite a exceção da verdade nesses casos pelo fato de que tem entre seus princípios informadores o da moralidade e o da eficiência.

Imagine que "A" imputa a "B", juiz de direito, o seguinte fato: "o Dr. 'B', juiz da vara criminal da cidade 'X', ao invés de presidir a audiência do dia 20.03.2015, na qual eu era advogado do autor, ficou bebendo no bar da esquina".

Se o juiz ingressasse com queixa-crime contra o advogado, dizendo-se vítima de difamação, poderia ele demonstrar a verdade do fato atribuído ao magistrado. Como dissemos, a lei tem o interesse de provar um fato desonroso atribuído a um funcionário público que o tenha praticado no exercício de suas funções. Quer-se, com isso, proteger a própria imagem da Administração Pública, que pode ser maculada por um funcionário que aja de maneira vexatória, já que sua imagem, querendo ou não, acaba sendo vinculada ao Poder Público.

5.4. Injúria (art. 140 do CP)

5.4.1. Considerações iniciais

Trata-se de crime que ofende a **honra subjetiva** da vítima, vale dizer, sua dignidade ou seu decoro ("autoimagem da pessoa, isto é, a avaliação que cada um tem de si mesmo" – Guilherme de Souza Nucci – op. cit., pág. 661).

Portanto, o objeto jurídico do crime em estudo é a honra subjetiva, e não a objetiva, protegida pelos delitos de calúnia e difamação.

5.4.2. Tipo objetivo

Enquanto nos delitos de calúnia e difamação o agente imputa um fato (definido como crime, na primeira, ou ofensivo à reputação, na segunda), na injúria este não se verifica.

No crime previsto no art. 140 do CP, o agente ofende a vítima atribuindo-lhe uma **qualidade negativa**, infamante àquilo que ela pensa de si mesma, ofendendo sua autoestima.

5.4.3. Tipo subjetivo

Além do dolo (vontade livre e consciente de ofender a honra subjetiva da vítima), exige-se o elemento subjetivo do tipo, ou seja, o *animus injuriandi*, a intenção de, com sua fala, gesto ou escrito, lesar a autoestima do ofendido.

5.4.4. Sujeitos do crime

O sujeito ativo da injúria pode ser qualquer pessoa, tratando-se, pois, de crime comum.

Em tese, o sujeito passivo também pode ser qualquer pessoa. Dizemos "em tese" pelo fato de o crime em análise depender da ofensa à dignidade ou decoro da vítima. Em algumas circunstâncias, torna-se impossível que o ofendido entenda que sua autoestima foi ferida (ex.: crianças de tenra idade; doentes mentais sem capacidade de discernimento).

Lembremos que o crime pressupõe que a vítima se veja (e entenda) lesada em sua autoimagem, o que nem sempre é possível.

Não se admite crime de injúria contra pessoa jurídica, já que a honra subjetiva é própria de pessoas naturais e não de uma ficção legal.

Até mesmo aos "desonrados" é possível a configuração de injúria. Diz-se que sempre há uma gota de dignidade ou decoro a se resguardar, por mais "desonrada" que seja a pessoa (ex.: pode-se injuriar uma prostituta, ainda que se tente ofender sua autoimagem no que tange à atividade sexual).

5.4.5. Consumação e tentativa

Consuma-se o crime no momento em que a imputação de qualidades negativas **chega ao conhecimento da própria vítima**, e não de terceiros, como na calúnia e difamação.

Não se exige que a pessoa se sinta, de fato, ofendida, bastando a potencialidade lesiva da conduta, chamando-se o delito em estudo de **formal** (ex.: chamar alguém de verme fétido e imundo tem potencialidade de causar um dano à autoestima, ainda que, no caso concreto, não se verifique).

Admite-se a forma **tentada**, por exemplo, se a injúria for **por escrito** e o papel não chegar às mãos da vítima por extravio.

5.4.6. Exceção da verdade

Obviamente não é admitida. Seria absurdo, por exemplo, imaginar-se a prova de que a vítima é, de fato, um verme fétido e imundo.

Como no crime de injúria não se atribuem fatos, mas qualidades, torna-se impossível querer prová-las verdadeiras, diferentemente da calúnia e difamação (nelas se atribuem fatos, os quais podem não ter ocorrido).

5.4.7. Perdão judicial

Poderá o juiz deixar de aplicar a pena (perdão judicial – causa extintiva da punibilidade – v. art. 107, IX, do CP) nas seguintes hipóteses, previstas no § 1º do art. 140:

a) quando o ofendido, de forma reprovável, provocou diretamente a injúria (inc. I);

b) quando houver retorsão imediata, que consista em outra injúria (inc. II).

No primeiro caso, a vítima, dadas as provocações, cria no espírito do agente a raiva, combustível para que o injurie.

Na segunda hipótese, embora o agente injurie a vítima, esta revida imediatamente (logo após a injúria), de tal forma que também atribua ao seu "agressor inicial" um fato ofensivo à dignidade ou decoro. Com a devida vênia, aqui se aplica perfeitamente a famosa frase: "chumbo trocado não dói". Nesse caso, ninguém responderá por injúria, dada a incidência do perdão judicial, causa extintiva da punibilidade.

5.4.8. Injúria qualificada

5.4.8.1. Injúria real

Vem prevista no § 2º do art. 140 do CP. Ocorre quando o agente, valendo-se de lesões corporais ou vias de fato, tenciona não diretamente atingir a integridade corporal ou a saúde da vítima, mas atingir-lhe a dignidade ou o decoro.

Opta o agente, em vez de injuriar a vítima com palavras ou escritos, produzir-lhe um insulto de maneira mais agressiva (ex.: tapa no rosto; cusparada na face; empurrão diante de várias pessoas). Contudo, de tal situação, deve-se vislumbrar que a intenção do agente foi a de ofender a autoestima da vítima. Daí a palavra "aviltante" prevista na qualificadora ora analisada.

De qualquer modo, o legislador irá punir o agente pela violência de maneira autônoma (ex.: se do tapa, a boca da vítima fica machucada e sangra, além da injúria qualificada, irá responder o agente por lesão corporal leve). No tocante às vias de fato, a doutrina defende que serão absorvidas pelo crime contra a honra.

5.4.8.2. Injúria qualificada pelo preconceito

Até o advento da Lei 14.532/2023, a denominada "injúria racial" ou "injúria preconceituosa" vinha prevista no § 3º do art. 140 do CP, configurando-se quando o agente, para injuriar a vítima, se utilizasse de elementos referentes a **raça**, **cor**, **etnia**, **religião** ou **origem**, ou caso explicitada a condição de **pessoa idosa** ou de **deficiente** da vítima.

Ocorre que referido dispositivo legal, como dito, foi modificado pela predita Lei 14.532, que transferiu para a Lei 7.716/89, conhecida como "Lei de Racismo", quase que a totalidade do tipo penal, que, desde então passou a estar previsto em seu art. 2º-A, assim dispondo: "Injuriar alguém, ofendendo-lhe a dignidade ou o decoro, em razão de raça, cor, etnia ou procedência nacional."

Assim, estaremos diante de injúria racial (que, desde 2023, tornou-se crime de racismo) se o agente, por exemplo, ofender um judeu dizendo a ele que "todo judeu é corrupto e mão de vaca", ou a um negro dizendo que "todo negro é ladrão e desonesto".

Em conclusão, o art. 140, §3º, do CP, será aplicado apenas quando o agente injuriar a vítima utilizando de elementos referentes a **religião** ou à condição de **pessoa idosa** ou com **deficiência**. Aqui estaremos diante de crime contra a honra.

Já se a injúria for praticada em razão de **raça, cor, etnia ou procedência nacional** da vítima, haverá crime de racismo (art. 2º-A da Lei 7.716/89), que, lembre-se, é inafiançável e imprescritível (art. 5º, XLII, CF).

5.5. Disposições gerais dos crimes contra a honra (arts. 141 a 145 do CP)

5.5.1. Formas majoradas

As penas são aumentadas de 1/3 se os crimes já estudados (calúnia, difamação ou injúria) forem praticados:

a) contra Presidente da República ou chefe de governo estrangeiro (inc. I, art. 141);

b) contra funcionário público, em razão de suas funções (inc. II, art. 141);

c) na presença de várias pessoas, ou por meio que facilite a divulgação da calúnia, da difamação ou da injúria (inc. III, art. 141);

d) contra criança, adolescente, pessoa maior de 60 (sessenta) anos ou portadora de deficiência, exceto no caso de injúria (inc. IV, art. 141). Frise-se que a Lei Henry Borel (Lei 14.344/2022) deu nova redação ao dispositivo em comento, protegendo ainda mais a honra de crianças e adolescentes.

Na última hipótese *supra*, excetuou-se a injúria pelo fato de o art. 140, § 3º, do CP, punir mais gravosamente a injúria contra pessoa idosa ou deficiente. Assim não fosse, estaríamos diante de inegável *bis in idem*. Prevalece, contudo, para os crimes de calúnia e difamação.

Com o advento do **Pacote Anticrime** (Lei 13.964/2019), outras duas majorantes (causas de aumento de pena) foram incluídas ao dispositivo legal em comento:

a) se o crime é cometido mediante paga ou promessa de recompensa, aplica-se a pena em dobro (art. 141, § 1º);

b) se o crime é cometido ou divulgado em quaisquer modalidades das redes sociais da rede mundial de computadores, aplica-se em triplo a pena (art. 141, § 2º).

5.5.2. Exclusão do crime

O art. 142 do CP traz algumas causas específicas de exclusão do crime (excludentes de ilicitude), apenas no tocante à **difamação e à injúria**, a saber:

a) a ofensa irrogada (atribuída, praticada) em juízo, na discussão da causa (limite material da excludente), pela parte ou por seu procurador (advogado);

b) a opinião desfavorável da crítica literária, artística ou científica, salvo quando inequívoca a intenção de injuriar ou difamar;

c) o conceito desfavorável emitido por funcionário público, em apreciação ou informação que preste no cumprimento do dever de ofício (ex.: certidão assinada por um escrivão, dando conta da existência dos maus antecedentes do réu).

Nos casos das letras "a" e "c", pune-se o terceiro que dá publicidade aos fatos ocorridos (parágrafo único do art. 142 do CP).

5.5.3. Retratação (art. 143 do CP)

Extingue-se a punibilidade daquela pessoa que atribuiu a alguém um falso fato definido como crime (calúnia) ou desonroso (difamação) se, até a sentença de 1º grau, retratar-se do que fez, vale dizer, "voltar atrás", desmentir-se.

Se o faz até a prestação jurisdicional ser efetivada em 1ª instância, o querelado (réu na ação penal privada) ficará isento de pena. Tal instituto tem por objetivo restabelecer a **honra objetiva** da vítima, que se vê, com a atitude do réu, "livre" da má reputação conferida pelo agente.

Antes do julgamento, pelo STF, da ADPF 130, no mês de abril de 2009, se o meio de dispersão da injúria à sociedade fosse a imprensa (escrita ou falada), o delito seria aquele previsto na Lei de Imprensa (Lei 5.250/1967). Frise-se que referido diploma legal foi declarado não recepcionado pela nova ordem constitucional. Nesse sentido, confira-se parte da ementa do julgado:

> Arguição de Descumprimento de Preceito Fundamental (ADPF). Lei de imprensa. Adequação da ação. Regime constitucional da "liberdade de informação jornalística", expressão sinônima de liberdade de imprensa. A "plena" liberdade de imprensa como categoria jurídica proibitiva de qualquer tipo de censura prévia.
>
> (...)
>
> 10. Não recepção em bloco da Lei 5.250 pela nova ordem constitucional
>
> (...)
>
> 12. Procedência da ação. Total procedência da ADPF, para o efeito de declarar como não recepcionado pela Constituição de 1988 todo o conjunto de dispositivos da Lei federal 5.250, de 09.02.1967.

Atualmente (leia-se: desde o julgamento da já citada ADPF 130), se o crime de injúria for perpetrado por meio da imprensa, aplicar-se-ão as regras "comuns" do Código Penal. Logo, não mais se pode admitir que a injúria praticada pela imprensa admita a retratação, o que era possível pelo art. 26 da Lei 5.250/1967, a qual, como se sabe, foi declarada não recepcionada pelo STF.

Atualmente (leia-se: desde o julgamento da já citada ADPF 130), se o crime de injúria for perpetrado por meio da imprensa, aplicar-se-ão as regras "comuns" do Código Penal. Logo, não mais se pode admitir que a injúria praticada pela imprensa admita a retratação, o que era possível pelo art. 26 da Lei 5.250/1967, a qual, como se sabe, foi declarada não recepcionada pelo STF. Contudo, no tocante à difamação e a calúnia, aplicável o disposto no art. 143, parágrafo único, do CP, acrescentado pela Lei 13.188/2015, que assim dispõe: "Nos casos em que o querelado tenha praticado a calúnia ou a difamação utilizando-se de meios de comunicação, a retratação dar-se-á, se assim desejar o ofendido, pelos mesmos meios em que se praticou a ofensa."

5.5.4. Pedido de explicações (art. 144 do CP)

Não havendo certeza da intenção do agente ao proferir impropérios contra alguém, poderá o suposto ofendido pedir explicações em juízo ao suposto ofensor, a fim de que se tenha certeza ou probabilidade de que tenha havido injúria, calúnia ou difamação.

Se o suposto ofensor não comparecer em juízo para prestar esclarecimentos, ou, a critério do juiz, não der as explicações de maneira satisfatória, poderá vir a ser criminalmente processado.

Exemplo seria dizer a uma mulher "extravagante", em uma roda de pessoas: "Fulana, você é uma mulher cara". Ora, essa frase poderia tanto significar que a mulher "cobra caro" em seus serviços, ou é uma pessoa dileta, querida. Havendo dúvidas, poderá a mulher formular pedido de explicações ao suposto agressor de sua honra.

5.5.5. Ação penal

Em regra, os crimes contra a honra (calúnia, difamação e injúria) exigem atuação da vítima, que deverá, no prazo legal, oferecer a competente queixa-crime. Trata-se, portanto, de crimes de **ação penal privada**.

Todavia, poderá a **ação ser pública** no caso de injúria real (praticada com violência ou vias de fato).

Já se o crime for praticado contra o Presidente da República ou chefe de governo estrangeiro, a ação será **pública condicionada à requisição do Ministro da Justiça.**

Em se tratando de crime contra a honra de funcionário público em razão de suas funções, a ação será **pública condicionada à representação**. Todavia, o STF, ao editar a Súmula 714, permite a legitimidade concorrente do ofendido, mediante queixa, e do Ministério Público, mediante denúncia, desde que haja representação, quando o crime for contra a honra de servidor público em razão do exercício de suas funções. Trata-se de entendimento jurisprudencial consolidado na mais alta corte de nosso país, embora seja nitidamente *contra legem*.

Por fim, a **injúria preconceituosa** (art. 140, § 3º, CP), igualmente, é crime de **ação penal pública condicionada à representação**, nos termos do art. 145, parágrafo único, parte final, do CP.

6. CRIMES CONTRA A LIBERDADE PESSOAL

6.1. Constrangimento ilegal (art. 146 do CP)

6.1.1. Considerações iniciais

O art. 146 do CP vem inserido no capítulo dos **crimes contra a liberdade pessoal**.

Segundo Rogério Sanches Cunha, "liberdade significa, em síntese, **ausência de coação**. Com esse conceito amplo, protege-se, neste capítulo, **a faculdade do homem de agir ou não agir, querer ou não querer, fazer ou não fazer aquilo que decidir, sem constrangimento**, prevalecendo a sua autodeterminação" (**Direito Penal** – Parte Especial – ed. RT, pág. 167).

No tocante ao crime de constrangimento ilegal, tencionou o legislador proteger o **livre-arbítrio** do ser humano, que não pode ser compelido a fazer ou deixar de fazer alguma coisa senão em virtude de lei (v. art. 5º, II, da CF/1988).

6.1.2. Objeto jurídico

O art. 146 do CP protege a liberdade individual da pessoa, que, como já dissemos, não pode ser obrigada a fazer ou deixar de fazer algo senão de acordo com sua própria vontade ou quando a lei dispuser em tal ou qual sentido.

6.1.3. Sujeitos do crime

O constrangimento ilegal é crime que pode ser praticado por qualquer pessoa. Logo, trata-se de **crime comum**.

Com relação ao **sujeito passivo**, diz-se que deve ser pessoa que possua capacidade de autodeterminação, ou seja, com capacidade de "decidir sobre os seus atos" (Rogério Sanches Cunha, op. cit., pág. 169).

Assim, não podem ser vítimas as pessoas de pouca idade, os loucos, os embriagados, já que não têm capacidade de "vontade natural".

6.1.4. Tipo objetivo

Estará configurado o crime de constrangimento ilegal quando o sujeito ativo "constranger" a vítima a fazer algo ou a não fazer algo, mediante violência, grave ameaça ou qualquer outro meio que reduza a capacidade de resistência.

Portanto, a conduta típica é "constranger", vale dizer, *obrigar, forçar, coagir*.

O legislador trouxe três hipóteses (meios executórios) de o crime em estudo ser praticado:

a) mediante violência: lesões corporais, vias de fato (é a denominada *vis corporalis* ou *vis absoluta*);

b) mediante grave ameaça: corresponde à violência moral (*vis compulsiva*), ou seja, à promessa de um mal injusto e grave;

c) mediante qualquer outro meio que reduza a capacidade de resistência da vítima: é o que se denomina de *violência imprópria*. Trata-se de meio executório subsidiário, que importa em uma redução da capacidade de autodeterminação ou resistência do ofendido. Exemplo disso é o uso da hipnose, de álcool ou substância de efeitos análogos, situações estas que excluiriam a maior chance de a vítima resistir à vontade do agente.

Salienta a doutrina que, se o constrangimento tiver por objetivo uma **pretensão legítima** do sujeito ativo, não se poderá falar em constrangimento ilegal, mas sim em **exercício arbitrário das próprias razões**, nos termos do art. 345 do CP (ex.: "A", empregado de "B", demitido sem justa causa, ao ver que seu patrão não iria pagar seus direitos trabalhistas, mediante emprego de socos e pontapés, obriga-o a assinar um cheque com o exato valor das verbas rescisórias).

O sujeito ativo irá constranger, portanto, a vítima, mediante violência, grave ameaça ou qualquer outro meio que reduza sua resistência a:

a) fazer algo: pressupõe uma atuação não querida pelo ofendido, que é levado a realizar alguma coisa contra sua vontade. Ex.: viagem, dirigir veículo, escrever uma carta;

b) não fazer algo: pressupõe que o agente constranja a vítima a não fazer alguma coisa, ou a tolerar que o próprio sujeito ativo faça algo.

6.1.5. Tipo subjetivo

O elemento subjetivo da conduta é o dolo. Em outras palavras, o crime de constrangimento ilegal é doloso, não admitindo a modalidade culposa.

Age o agente sabendo que aquilo que constrange a vítima a fazer ou deixar de fazer é ilegítimo.

6.1.6. Consumação e tentativa

Consuma-se o crime em análise no instante em que a vítima faz ou deixa de fazer algo, atuando, portanto, contra a sua vontade, em observância ao imposto pelo agente.

Admissível a tentativa se a vítima, coagida a fazer ou deixar de fazer algo, desatende à determinação do sujeito ativo.

6.1.7. Constrangimento ilegal e concurso com outros crimes

Se o sujeito ativo coage a vítima, mediante violência ou grave ameaça, a fazer algo considerado pela lei como crime, responderá pelo crime de constrangimento ilegal (art. 146 do CP) em concurso com o outro delito praticado por aquela.

A depender da violência ou ameaça impingidas à vítima, poderá ficar caracterizada a **tortura**, prevista no art. 1º, I, "b", da Lei 9.455/1997.

Já se a coação à vítima for para que ela pratique contravenção penal, estaremos diante de concurso material entre o delito de constrangimento ilegal e a infração penal por ela praticada.

6.1.8. Aumento de pena

O § 1º do art. 146 do CP prevê duas situações em que a pena será aplicada cumulativamente e em dobro:

a) se para a execução do crime se reúnem mais de três pessoas: nesse caso, se pelo menos quatro pessoas se reúnem para o cometimento do crime de constrangimento ilegal, dificultando ainda mais a possibilidade de resistência da vítima, o legislador entendeu por bem exacerbar a resposta penal, o que fez com acerto;

b) se para a execução do crime há emprego de armas: parte da doutrina exige que haja o efetivo emprego (uso) da arma para o cometimento do crime, não bastando o mero porte da arma. Deve-se entender por "arma" todo artefato, bélico ou não, com potencialidade lesiva (ex.: armas de fogo, facas, foices, machado, canivete etc.). Não se pode considerar como "arma" o simulacro de arma de fogo, ou seja, a réplica de brinquedo do artefato bélico, mormente com o cancelamento da Súmula 174 do STJ.

No caso do **§ 2º** do art. 146 do CP, diz-se que, além da pena do constrangimento ilegal, **serão aplicadas as correspondentes à violência** (leia-se: lesões corporais). Assim, será o caso de concurso material entre o art. 146 e o art. 129, ambos do CP, somando-se, pois, as penas.

6.1.9. Causas de exclusão do crime

O § 3º do art. 146 do CP traz duas situações em que não ficará configurado o crime de constrangimento ilegal. Entende-se majoritariamente que são duas as causas excludentes da antijuridicidade, a saber:

a) intervenção médica ou cirúrgica, sem o consentimento do paciente ou de seu representante legal, se justificada por iminente perigo de vida;

b) se a coação é exercida para impedir suicídio.

6.2. Intimidação sistemática (bullying)

Trata-se de novo tipo penal, previsto no art. 146-A do CP, incluído pela Lei 14.811/2024.

Criou-se a seguinte figura típica:

Intimidar sistematicamente, individualmente ou em grupo, mediante violência física ou psicológica, uma ou mais pessoas, de modo intencional e repetitivo, sem motivação evidente, por meio de atos de intimidação, de humilhação ou de discriminação ou de ações verbais, morais, sexuais, sociais, psicológicas, físicas, materiais ou virtuais: (Incluído pela Lei nº 14.811, de 2024)

Pena – multa, se a conduta não constituir crime mais grave.

Por primeiro, importante registrarmos que, a rigor, a partir do preceito secundário do novel tipo penal, estamos diante de uma **contravenção penal**. Considerando-se o critério dicotômico de infração penal trazido pelo art. 1º da Lei de Introdução ao Código Penal, temos que será considerado crime a infração penal a que a lei comine as penas de reclusão ou de detenção, cumulada ou não com multa; já a contravenção é a infração penal a que a lei comine pena de prisão simples ou **multa**, quer alternativa ou cumulativamente com a pena de multa, ou esta sendo a **única pena cominada**, como é o caso do bullying (punido exclusivamente com multa).

Com relação ao **sujeito ativo**, trata-se de infração comum, ou seja, qualquer pessoa pode cometê-la. O mesmo se pode dizer quanto ao **sujeito passivo**, que poderá ser, igualmente, qualquer pessoa.

Pode-se, ainda, dizer, que se trata de **infração penal habitual**, eis que o tipo penal fala em "intimidar sistematicamente", exigindo-se, para a tipificação penal, uma reiteração de comportamentos intimidatórios por parte do agente.

Pelos motivos acima, a **consumação** dependerá, também, de uma prática reiterada de intimidações pelo sujeito ativo. Logo, a tentativa fica de difícil caracterização, quiçá, impossível.

Do ponto de vista **subjetivo**, estamos diante de figura dolosa, eis que o próprio tipo penal exige que a intimidação sistemática ocorra de "modo intencional", o que, com o devido respeito, é absolutamente supérfluo, eis que o art. 18 do CP já preconiza que, em regra, os crimes são dolosos. Pode-se, contudo, extrair, que a expressão contida no tipo penal em comento afasta a possibilidade de "dolo eventual", somente sendo possível de ser perpetrada a infração com dolo direto.

6.2.1. Intimidação sistemática virtual (cyberbullying)

A mesma Lei 14.811/2024 criou a figura do **cyberbullying**, prevista no art. 146-A, parágrafo único, do CP, quando a conduta prevista no caput for realizada por meio de computadores, de rede social, de aplicativos, de jogos on-line ou por qualquer outro meio ou ambiente digital, ou transmitida em tempo real.

Trata-se, aqui, de tipo penal qualificado, eis que, comparado ao bullying (art. 146-A, caput), punido exclusivamente com multa, a pena é de reclusão, de 2 a 4 anos, e multa.

Veja-se, pois, que o crime em comento se caracterizará quando a intimidação sistemática à vítima ocorrer, em resumo, em "ambiente virtual", situação, porém, já prevista no próprio caput. Confira-se:

Intimidar sistematicamente, individualmente ou em grupo, mediante violência física ou psicológica, uma ou mais pessoas, de modo intencional e repetitivo, sem motivação evidente, **por meio de atos de intimidação**, de humilhação ou de discriminação ou de ações verbais, morais, sexuais, sociais, psicológicas, físicas, materiais ou **virtuais.**

A partir da redação contida no tipo penal de bullying, este se caracterizará quando a intimidação sistemática ocorrer mediante "atos de intimidação" (veja que pleonasmo lamentável! Intimidar sistematicamente por meio de atos de intimidação!!!), dentre outros, por **meio virtual**. Eis, aqui, o cyberbullying.

O legislador, ante a completa atecnia, criou situação que, decerto, gerará debater nos Tribunais: bullying cometido por computador é figura simples ou qualificada? Enfim, o tempo dirá!

6.3 Ameaça (art. 147 do CP)

6.3.1. Considerações iniciais

O crime de ameaça ofende, assim como o constrangimento ilegal, a liberdade pessoal da vítima, que, *in casu*, vê-se abalada com o prenúncio de um mal injusto e grave que lhe foi atribuído pelo sujeito ativo.

Pretendeu o legislador, portanto, punir a conduta que perturba a tranquilidade e a sensação de segurança da vítima, que deixa de ter sua autodeterminação (ir e vir, fazer ou não fazer) intocada.

6.3.2. Sujeitos do crime

Pode ser autor do delito em tela qualquer pessoa, tratando-se, pois, de **crime comum**.

Já a vítima deve ser pessoa certa e determinada com a capacidade de atinar para o mal injusto e grave que lhe tenha sido prometido. Quer-se dizer que somente pode ser sujeito passivo de ameaça a pessoa que possa reconhecer o caráter intimidatório do mal injusto e grave prenunciado pelo agente.

Não se admite, portanto, que se considere vítima de ameaça uma criança de tenra idade, sem a menor possibilidade de compreender a violência moral, bem como os doentes mentais, os ébrios ou pessoas indeterminadas. Ressalte-se que a lei prescreve "ameaçar *alguém*", do que se infere que somente pode ser pessoa certa e determinada.

6.3.3. Tipo objetivo

O verbo do tipo é "ameaçar", que significa intimidar, prometer um malefício.

O art. 147 do CP descreve, como meios executórios do mal prometido, os seguintes:

a) palavra: pode-se ameaçar alguém por meio de palavras, faladas ou escritas;

b) escrito: são palavras graficamente materializadas;

c) gesto: são sinais feitos com movimentos corporais ou com o emprego de objetos;

d) qualquer outro meio simbólico: trata-se de hipótese residual, não abarcada pelas três situações anteriores.

Vê-se, portanto, que o crime em análise pode ser praticado por diversas formas, desde que aptas a amedrontar a vítima. Trata-se, pois, de crime de **ação livre**.

O mal prometido à vítima, segundo exige a lei, deve ser *injusto e grave*.

Não basta, portanto, a injustiça do malefício prometido, devendo ser grave. Também, não basta a gravidade do mal prometido, devendo ser injusto (ex.: prometer ao furtador de sua carteira que irá requerer instauração de inquérito policial).

A doutrina ensina, ainda, que o mal prometido deve ser iminente (prestes a ocorrer) e verossímil (crível). Não configuraria o crime de ameaça, por exemplo, prometer que irá pedir ao *diabo* que mate a vítima, ou que irá despejar toda a água dos oceanos em sua casa, para que morra afogada.

Deve a promessa de mal injusto e grave ser, repita-se, crível e apta a intimidar, ainda que a vítima, de fato, não se sinta intimidada. Nesse particular, estamos diante de **crime formal**.

6.3.4. Tipo subjetivo

É o dolo, ou seja, a vontade livre e consciente do agente em ameaçar a vítima, prometendo-lhe, mediante palavra, escrito, gesto ou qualquer outro meio, mal injusto e grave.

Ainda que o sujeito profira a ameaça, sabendo que não irá cumpri-la, caracterizado estará o crime em análise.

Inadmissível a modalidade culposa de ameaça.

Alerta a doutrina que o crime de ameaça exige seriedade de quem a profere, não se coadunando em momentos de cólera, raiva, ódio, enfim, desequilíbrio emocional.

Há quem sustente que a embriaguez do sujeito ativo retira a plena seriedade do mal injusto e grave prometido. Todavia, o art. 28, II, do CP, prescreve que não exclui a imputabilidade a embriaguez. Portanto, o crime remanesceria, mesmo que o agente esteja embriagado.

6.3.5. Consumação e tentativa

A ameaça é crime que se consuma quando a vítima toma conhecimento do mal injusto e grave prometido pelo agente, ainda que com ele não se intimide. Trata-se, pois, de **crime formal**.

É possível a forma **tentada** do crime se praticado por **meio escrito**. Por palavras ou gestos, o delito é unissubsistente, não admitindo fracionamento no *iter criminis*.

6.3.6. Ação penal

O parágrafo único do art. 147 do CP exige a representação da vítima para a instauração da *persecutio criminis in judicio*. Assim, sem a manifestação de vontade da vítima, no sentido de ver o agente processado, não poderá o Ministério Público dar início à ação penal.

Trata-se, portanto, de crime de **ação penal pública condicionada**.

6.4. Sequestro e cárcere privado (art. 148 do CP)

6.4.1. Considerações iniciais

Tutela o art. 148 do CP a **liberdade de locomoção** do ser humano, vale dizer, seu livre-arbítrio, sua vontade de ir, vir ou permanecer onde bem entender, sem intromissão de quem quer que seja. Daí o crime em análise estar inserido no capítulo dos crimes contra a liberdade pessoal.

6.4.2. Sujeitos do crime

Pode ser **sujeito ativo** do crime **qualquer pessoa** (crime comum).

Já o sujeito passivo, segundo parte da doutrina, somente pode ser aquela pessoa que tenha a capacidade de ir e vir livremente, não se incluindo, em tese, os paralíticos, os portadores de doenças graves, ou aqueles que não tenham a compreensão do que vem a ser a privação de sua liberdade.

Todavia, Magalhães Noronha já advertiu que "a liberdade de movimento não deixa de existir quando se exerce à custa de aparelhos ou com o auxílio de outrem. Por outro lado, não é menos certo que o incapaz, na vida em sociedade, goza dessa liberdade corpórea, tutelada pela lei incondicional e objetivamente" (citação feita por Rogério Sanches Cunha, op. cit., pág. 178).

Se o sujeito ativo do crime for **funcionário público**, no exercício de suas funções, poderá praticar **abuso de autoridade**, não sequestro.

6.4.3. Tipo objetivo

A conduta típica corresponde ao verbo "**privar**", ou seja, reduzir à total ou parcial impossibilidade a liberdade de locomoção da vítima, que se vê, em maior ou menor grau, impedida de seu direito de ir e vir, não conseguindo se "desvencilhar do sequestrador sem que corra perigo pessoal" (Fernando Capez. **Curso de Direito Penal**, vol. 3, pág. 305, ed. Saraiva).

A privação da liberdade da vítima, segundo o art. 148 do CP, far-se-á mediante **sequestro** ou **cárcere privado**.

Na prática, sequestro e cárcere privado não ostentam diferenças relevantes, já que o agente responderá pelo crime em análise. Todavia, a doutrina cuidou de diferenciar ambas as formas de privação da liberdade da vítima.

Entende-se por **sequestro** a privação de liberdade que **não implica confinamento** da vítima (ex.: manter a pessoa em um apartamento, em uma casa, em uma chácara, sem que consiga se desvencilhar normalmente do sequestrador).

Já **cárcere privado** traduz a ideia de privação da liberdade da vítima em local fechado, havendo, portanto, **confinamento** (ex.: manter a vítima em um quarto, em uma solitária, em uma cela, em um buraco).

Podemos dizer, seja no tocante ao sequestro ou ao cárcere privado, que ambas as formas de privação da liberdade de locomoção da vítima implicam a existência de violência. A só privação da liberdade já configura forma de **violência**.

O **tempo de privação da liberdade** da vítima não vem previsto em lei como elementar do tipo. Porém, doutrina e jurisprudência divergem a respeito, entendendo-se que a curta privação já é suficiente à caracterização do crime, ou que, nesse caso, não se pode falar no tipo penal em comento.

6.4.4. Tipo subjetivo

Trata-se de crime doloso. Se a finalidade do agente na privação da vítima for o recebimento de alguma vantagem (dinheiro, por exemplo), estaremos diante do crime de extorsão mediante sequestro (art. 159 do CP).

6.4.5. Consumação e tentativa

Consuma-se o crime no momento em que a vítima é privada de sua liberdade de locomoção, total ou parcialmente.

Trata-se de **crime permanente**, ou seja, somente tem fim quando cessar a privação da liberdade. Logo, admite-se a prisão em flagrante do sequestrador enquanto mantiver a vítima sequestrada ou em cárcere privado.

Admite-se a **tentativa**, já que o *iter criminis* é fracionável.

No caso de sobrevir **legislação mais rígida** a respeito do sequestro ou cárcere privado, impondo, por exemplo, pena mais gravosa ao agente que o cometer, será aplicada mesmo em prejuízo do réu. Isso porque estamos diante, como já dissemos, de **crime permanente**, que se protrai no tempo pela vontade do próprio agente.

Tal é o entendimento da Súmula 711 do STF: "a lei penal mais grave aplica-se ao crime continuado ou ao crime permanente, se a sua vigência é anterior à cessação da continuidade ou da permanência".

Pelo fato de o sequestro ou cárcere privado ser considerado **crime permanente** (repita-se: aquele cuja consumação se protrai no tempo por vontade do agente), nada mais justo do que o agente ser mais gravosamente punido por legislação superveniente ao momento em que a vítima foi arrebatada, se, ainda assim, a mantiver com sua liberdade restringida.

6.4.6. Formas qualificadas

O § 1º do art. 148 do CP traz formas qualificadas do crime de sequestro ou cárcere privado, nas seguintes hipóteses:

a) se a vítima é ascendente, descendente, cônjuge do agente ou maior de 60 anos;

b) se o crime é praticado mediante internação da vítima em casa de saúde ou hospital;

c) se a privação da liberdade dura mais de 15 dias;

d) se o crime é praticado contra menor de 18 anos (neste caso, o crime será **hediondo**, conforme art. 1º, XI, da Lei 8.072/1990, com a redação que lhe foi dada pela Lei 14.811/2024);

e) se o crime é praticado com fins libidinosos (inovação da Lei 11.106/2005).

Nos cinco casos acima, a pena será de 2 a 5 anos de reclusão.

Já na situação prevista no § 2º do mesmo artigo, a pena variará de 2 a 8 anos de reclusão se, em razão dos maus-tratos ou da natureza da detenção, a vítima experimentar **grave sofrimento físico ou moral**. A depender da intenção do agente, poderá ficar configurado o crime de tortura (Lei 9.455/1997).

6.5. Violação de domicílio (art. 150 do CP)

6.5.1. Considerações iniciais

Tencionou o legislador proteger a **inviolabilidade do domicílio**, constitucionalmente garantido no art. 5º, XI, da Carta Magna. A objetividade jurídica do crime em tela não é a proteção da posse ou da propriedade, mas da tranquilidade e da liberdade doméstica, punindo-se aquele que a perturbar.

6.5.2. Sujeitos do crime

O **sujeito ativo** do crime pode ser qualquer pessoa. Alerta a doutrina que o proprietário do bem imóvel também pode ser autor do crime de violação de domicílio se ingressar na casa habitada pelo inquilino sem o seu consentimento (protege-se, portanto, a tranquilidade doméstica e não a propriedade).

Sujeito passivo é o **morador**, a pessoa que ocupa o bem imóvel, não necessariamente o proprietário.

No caso de habitações coletivas, prevalece a vontade de quem proibiu o ingresso ou permanência de determinada pessoa no local (ex.: república de estudantes).

No caso de residências familiares, prevalece a vontade do dono (*dominus*) do imóvel. Em relação aos demais moradores, suas vontades valem nos limites de seus aposentos.

6.5.3. Tipo objetivo

Duas são as condutas típicas (verbos) caracterizadoras do crime de violação de domicílio:

a) entrar; ou

b) permanecer.

No **primeiro caso** (letra "a"), o agente **invade**, ingressa em casa alheia, seja em sua totalidade, seja em determinadas dependências. Já no **segundo caso** (letra "b"), o agente já se encontrava em casa alheia, mas, cessada a autorização para lá estar, **permanece contra a vontade da vítima**, deixando de se deslocar para fora do imóvel.

A entrada ou permanência do agente em casa alheia deve dar-se:

a) clandestinamente: o agente ingressa na casa da vítima sem que ela saiba ou perceba sua presença;

b) astuciosamente: o agente emprega alguma fraude (ex.: o agente ingressa ou permanece em casa alheia disfarçado de funcionário dos correios ou de companhia telefônica);

c) contra a vontade expressa de quem de direito: manifestação induvidosa, clara, do morador, que dissente com a entrada ou permanência do agente em sua casa;

d) contra a vontade tácita de quem de direito: manifestação implícita do morador de dissentir o ingresso ou permanência do agente em sua casa, o que se pode deduzir das circunstâncias.

Proíbe a lei, portanto, a perturbação doméstica, que pode se dar pelo ingresso ou permanência de alguém em casa alheia ou em suas dependências.

6.5.4. Tipo subjetivo

O crime que ora se estuda é doloso, não admitindo, portanto, a modalidade culposa.

6.5.5. Consumação e tentativa

A violação de domicílio é considerada pela doutrina como **crime de mera conduta**, do qual não se pode extrair um resultado naturalístico (modificação do mundo exterior provocada pelo ato). **Consuma-se**, portanto, no momento em que o agente entra completamente (e não apenas com parte do corpo) em casa alheia ou nela permanece contra a vontade de quem de direito. Nesse último caso, estaremos diante de um **crime permanente**.

Por se tratar de crime de mera conduta, inadmissível a tentativa, até mesmo pelo fato de o delito não permitir a ocorrência de resultado: ou se entra ou permanece em casa alheia ou, assim não sendo, não se pode falar em crime, sequer tentado.

6.5.6. Caráter subsidiário do crime de violação de domicílio

Se a violação de domicílio for meio de execução para a prática de crime mais grave, por este ficará absorvida (ex.: violação de domicílio para o furto de bens que guarnecem o imóvel).

6.5.7. Formas qualificadas

A violação de domicílio será punida de 6 meses a 2 anos de detenção, sem prejuízo da pena correspondente à violência, quando:

I. for praticada durante a noite: a palavra "noite" designa a inexistência de luz solar. Assim, pune-se com maior rigor o agente nessa hipótese, eis que a probabilidade de se consumar seu intento criminoso será maior, dada a menor vigilância sobre a casa nesse período;

II. for praticada em lugar ermo: se a violação de domicílio ocorre em local despovoado, a pena será maior, eis que a probabilidade de lesão ao bem jurídico é incrementada pelo fato de o local contar com poucos habitantes;

III. se houver emprego de violência: aqui, tanto física (empregada contra pessoa) quanto contra a própria coisa;

IV. se houver o emprego de arma: entende-se por "arma" tanto aquela previamente construída para o ataque (revólver, por exemplo) quanto o artefato que ostente potencialidade lesiva (faca, machado, facão, por exemplo);

V. se o crime for praticado por duas ou mais pessoas.

6.5.8. Causa de aumento de pena

O § 2º do art. 150 do CP traz que a pena será aumentada em um terço se o crime for praticado por funcionário público, fora dos casos previstos em lei, ou com abuso de poder.

Fernando Capez entende que tal circunstância foi revogada desde a antiga Lei de Abuso de Autoridade (Lei 4.898/1965), por força do princípio da especialidade.

6.5.9. Exclusão do crime

Não se configura a violação de domicílio nas hipóteses previstas no § 3º do art. 150 do CP, excluindo-se, portanto, a ilicitude da conduta praticada pelo agente.

São as hipóteses:

I. durante o dia, com observância das formalidades legais, para efetuar prisão ou outra diligência;

II. a qualquer hora do dia ou da noite, quando algum crime está sendo ali praticado, ou na iminência de o ser.

Além dessas hipóteses, **outras podem ser invocadas como forma de exclusão do crime em tela**: a legítima defesa, o estado de necessidade, o estrito cumprimento do dever legal, o exercício regular de direito (todas previstas no **art. 23 do CP**), em caso de desastre ou para prestar socorro (estas duas últimas hipóteses vêm consagradas na Constituição Federal – art. 5º, XI).

6.5.10. Conceito de casa

Os §§ 4º e 5º do art. 150 do CP, em típico exemplo de normas penais não incriminadoras explicativas, definem o conceito (positivo e negativo) de "casa" para fins de caracterização do crime de violação de domicílio.

6.6. Novas figuras criminosas: Leis 14.132/2021 e 14.188/2021

6.6.1. Perseguição

A Lei 14.132 de 2021 incluiu ao Código Penal o art. 147-A, com o *nomen juris* **perseguição** (também conhecido como *stalking*). Segue o novel tipo penal:

> *Art. 147-A. Perseguir alguém, reiteradamente e por qualquer meio, ameaçando-lhe a integridade física ou psicológica, restringindo-lhe a capacidade de locomoção ou, de qualquer forma, invadindo ou perturbando sua esfera de liberdade ou privacidade.*
>
> *Pena – reclusão, de 6 (seis) meses a 2 (dois) anos, e multa.*
>
> *§ 1º A pena é aumentada de metade se o crime é cometido:*
>
> *I – contra criança, adolescente ou idoso;*
>
> *II – contra mulher por razões da condição de sexo feminino, nos termos do § 2º-A do art. 121 deste Código;*
>
> *III – mediante concurso de 2 (duas) ou mais pessoas ou com o emprego de arma.*

§ 2º As penas deste artigo são aplicáveis sem prejuízo das correspondentes à violência.

§ 3º Somente se procede mediante representação

Vejamos os pontos mais relevantes do crime em testilha:

A) Objeto jurídico:

– *Crime contra a **liberdade individual** (privacidade, direito de locomoção, autodeterminação)*

B) Tipo objetivo:

– **Verbo**: *perseguir*

– **Alguém**: *pessoa ou pessoas determinadas, certas.*

– **Reiteradamente**: *habitualidade (ato único será atípico).*

– **Por qualquer meio**: *admissível qualquer meio de execução (a perseguição poderá ser física, pessoal, presencial, ou até mesmo virtual). Fala-se em **cyberstalking**.*

C) Formas de cometimento *do stalking:*

✓ *ameaçar a integridade física ou psicológica da vítima (intimidação)*

✓ *restringir a capacidade de locomoção da vítima*

✓ *de qualquer forma, invadir ou perturbar a esfera de privacidade da vítima.*

D) Conduta: *o crime pode ser praticado por ação ou omissão.*

E) Sujeitos do crime

✓ **ativo**: *qualquer pessoa (crime comum). Se praticado em concurso de agentes, a pena será aumentada de 1/2 (art. 147-A, § 1º, III).*

✓ **passivo**: *qualquer pessoa. Se criança, adolescente, idoso ou mulher (neste caso, desde que o crime seja praticado por razões da condição do sexo feminino), pena aumentada pela **metade** (art. 147-A, § 1º, I e II)*

F) Elemento subjetivo do crime

– *Dolo (não se exige especial fim de agir, ou seja, motivo específico).*

G) Consumação e tentativa

– **Consumação**: *trata-se de crime habitual. Há a elementar "reiteradamente", exigindo, portanto, perseguição reiterada, sistemática, ainda que no mesmo dia. Fala-se que o **crime é formal**, ou seja, não exige efetiva intimidação da vítima. Basta potencialidade intimidatória.*

– **Tentativa**: *por ser crime habitual, não deve caber tentativa. Porém, no caso concreto, pode-se admitir.*

H) Causas de aumento de pena (+1/2)

– **idade da vítima**: *criança, adolescente e idoso (ciência da idade pelo agente)*

– **contra mulher**, *por razões da condição do sexo feminino, nos termos do § 2º-A do art. 121 do CP*

– **mediante concurso de duas ou mais pessoas** *(coautoria ou participação) – trata-se de crime acidentalmente coletivo*

– **emprego de arma** *(qualquer tipo de arma, própria ou imprópria). Se empregada arma de fogo, cabível o concurso com delito do Estatuto do Desarmamento.*

I) Ação penal

– *Pública condicionada à representação*

J) Concurso material obrigatório (art. 147-A, § 2º, CP)

– *O agente também responderá pela violência (soma das penas)*

Importante recordar, por fim, que a Lei 14.132/2021 expressamente revogou o art. 65 da LCP, que tipificava a contravenção penal de perturbação da tranquilidade.

6.6.2. Violência psicológica contra a mulher

A Lei 14.188/2021 inseriu ao Código Penal o art. 147-B, cuja redação é a seguinte:

> Art. 147-B. Causar dano emocional à mulher que a prejudique e perturbe seu pleno desenvolvimento ou que vise a degradar ou a controlar suas ações, comportamentos, crenças e decisões, mediante ameaça, constrangimento, humilhação, manipulação, isolamento, chantagem, ridicularização, limitação do direito de ir e vir ou qualquer outro meio que cause prejuízo à sua saúde psicológica e autodeterminação: (Incluído pela Lei nº 14.188, de 2021)
>
> Pena – reclusão, de 6 (seis) meses a 2 (dois) anos, e multa, se a conduta não constitui crime mais grave.

A técnica redacional empregada pelo legislador foi sofrível. Basta ver que o tipo penal se inicia pelo "resultado", qual seja, o de "causar dano emocional" à vítima, trazendo, após, as condutas que podem produzi-lo.

São oito os verbos previstos no tipo penal, o que o torna um clássico exemplo de tipo misto alternativo ou crime de ação múltipla.

Vejamos:

1 – ameaçar, *que consiste na promessa de causar mal injusto e grave;*

2 – constranger, *que significa tentar impedir de realizar algo que a lei não proíbe;*

3 – humilhar, *que significa depreciar, rebaixar;*

4 – isolar, *que consiste em deixar a pessoa só, sem um apoio por amigos e familiares;*

5 – manipular, *que é interferir na vontade de outrem, obrigando-a a fazer ou deixar de fazer algo, contra sua vontade;*

6 – chantagear, *que consiste em proferir ameaças perturbadoras;*

7 – ridicularizar, *que significa submeter à zombaria; e*

8 – limitar o direito de ir e vir, *que significa impedir a livre locomoção ou encarcerar.*

O **sujeito ativo** do crime pode ser qualquer pessoa. Já o **sujeito passivo** será a mulher. O tipo penal é claro ao prever a causação de dano à mulher, razão por que estamos diante de crime próprio.

O **elemento subjetivo** do crime é o dolo.

Consuma-se com a provocação de dano emociona à mulher, o que, segundo entendemos, poderá ser comprovado por laudos de psicólogos e psiquiatras, por exemplo. A tentativa é admissível caso o agente não consiga provocar efetivo dano emocional à vítima ou causar-lhe prejuízo à saúde psicológica ou autodeterminação.

7. CRIMES CONTRA O PATRIMÔNIO

7.1. Crime de furto (art. 155, CP). Considerações iniciais

O crime de **furto**, previsto no art. 155 do CP, é a primeira figura inserida no Capítulo dos **crimes contra o patrimônio**, que se encerra com o art. 184 do mesmo diploma legal.

Trata-se de infração penal cuja **objetividade jurídica** é a **proteção do patrimônio alheio**, mais especificamente dos bens móveis alheios.

7.1.1. Tipo objetivo

O verbo do tipo (conduta típica) é **"subtrair"**, que corresponde à ação do agente de tirar alguma coisa da vítima, desapossá-la, apoderando-se dos bens a ela pertencentes.

A subtração exige, portanto, a **inexistência de consentimento da vítima**, já que o patrimônio é **bem jurídico disponível**, podendo ser suprimido por sua própria vontade.

Ainda, ressalta a doutrina que a subtração tem implícita em si a intenção do agente em se apoderar dos bens, seja para si, seja para outrem, de modo **definitivo**.

Atentam os doutrinadores, também, que a **subtração** abarca não só a retirada do bem da vítima sem o seu consentimento, mas a situação em que é entregue ao agente pelo ofendido, espontaneamente, e ele, sem permissão, retira-o da **esfera de vigilância** da vítima (ex.: "A", em uma loja, solicita um produto para manuseio, o que é feito por "B", vendedora. No entanto, sem o consentimento dela, "A" foge do local em poder do produto).

Ademais, não se exige, para a caracterização do furto, que a vítima esteja presente no momento da subtração. Em outras palavras, presenciando ou não a subtração, haverá o crime de furto.

Também configura elementar do tipo que a **coisa** subtraída seja **alheia** e **móvel**. Entende-se por "coisa" todos os bens suscetíveis de **apreciação econômica** (afinal, o furto protege o **patrimônio** alheio).

Outrossim, não basta que o agente subtraia um bem, devendo este pertencer, obviamente, a **terceira pessoa** (não se poderia cogitar de furto de coisa própria!).

Por fim, somente **bens móveis** podem ser objeto do crime em estudo, conforme determina a lei penal. Ainda que assim não estivesse previsto, se o furto pressupõe a retirada do bem da esfera de vigilância da vítima, somente os passíveis de mobilização é que podem ser literalmente "removidos", "retirados" de um local para outro. **Impossível, portanto, furto de bem imóvel**.

Se eventualmente a lei civil considera, por ficção, um bem móvel como imóvel (ex.: navios e aeronaves), ainda assim poderão ser objeto material do crime em comento. Basta que possam ser transportados de um lugar a outro.

Até mesmo os animais (semoventes) podem ser objeto de furto, desde que tenham um proprietário (ex.: gados, cachorros etc.). Especificamente quanto ao furto de gado e outros semoventes, a doutrina o denomina de **abigeato**, previsto, atualmente, como modalidade qualificada do crime em comento (art. 155, § 6º, do CP).

Coisas de uso comum não podem ser objeto de furto (ex.: água de rios, mares, ar), salvo se destacados de seu meio natural e exploradas por alguém (ex.: água encanada; gás).

Também não podem ser furtadas as **coisas que não têm ou nunca tiveram dono** (é a chamada *res nullius*). Igualmente ocorre com as **coisas abandonadas** (*res derelicta*), que nos termos da lei civil serão de propriedade de quem as encontrar (ex.: embora com alto valor econômico, se um cachorro *pit bull* for abandonado, não poderá ser objeto de furto se alguém o encontrar e o levar para sua casa).

O § 3º do art. 155 do CP **equipara** a **"coisa alheia"** a energia elétrica, bem assim outras formas de energia, o que veremos mais à frente.

E o **cadáver**, pode ser objeto de furto? Segundo aponta a doutrina, se ele pertencer a uma universidade, ou a um laboratório, por exemplo, terá apreciação econômica, podendo ser considerado objeto material do crime em análise. Em qualquer outra hipótese, a subtração de cadáver configurará o crime previsto no art. 211 do CP.

A **subtração de órgão humanos**, para fins de transplante, configura crime específico definido na **Lei 9.434/1997** (Lei de remoção de órgãos e tecidos).

7.1.2. Tipo subjetivo

Além do **dolo** (vontade livre e consciente do agente em subtrair coisa alheia móvel), exige-se o **elemento subjetivo do tipo** (**dolo específico**), vale dizer, o sujeito ativo deve ter a intenção de apoderar-se definitivamente do bem subtraído, ou de fazê-lo para que terceira pessoa dele se apodere em caráter definitivo.

O elemento subjetivo do tipo, no crime de furto, é denominado *de animus rem sibi habendi*. Em outras palavras, o agente deve subtrair o bem com o fim de **assenhoreamento definitivo**.

A exigência do "dolo específico" pode vir a desnaturar o crime de furto se o agente **subtrai o bem temporariamente, sem a intenção de ficar com ele indefinidamente**.

Assim, se o furtador subtrai um carro, por exemplo, com a simples intenção de utilizá-lo e posteriormente restituí-lo ao seu legítimo proprietário, estaremos diante de fato atípico, dada a inexistência do *animus rem sibi habendi*. Tal figura é denominada pela doutrina de **furto de uso**.

Para a configuração do furto de uso, há a necessidade de existirem dois requisitos:

a) subjetivo: intenção, *ab initio*, de utilizar temporariamente o bem subtraído, sem a intenção, portanto, de permanecer indefinidamente com ele;

b) objetivo: deve-se restituir a coisa subtraída com um intervalo temporal não muito longo (cláusula aberta), bem como em sua integralidade e sem danos.

Se a subtração de uma coisa alheia ocorrer para a superação de uma **situação de perigo**, nem mesmo podemos aventar furto de uso, mas sim de estado de necessidade, que afasta a criminalidade da conduta (**causa excludente da antijuridicidade**). É o caso, por exemplo, do *furto famélico*, que se caracteriza pela subtração de alimentos por uma pessoa para saciar a fome de seus filhos, em atual ou iminente estado de desnutrição.

7.1.3. Sujeitos do crime

O **sujeito ativo** do crime de furto pode ser qualquer pessoa, desde que não seja o proprietário ou possuidor da coisa subtraída (o tipo penal exige que a coisa subtraída seja **alheia**).

Se se tratar o furtador de **funcionário público**, no exercício das funções ou em razão delas, poderá praticar o crime de peculato (art. 312 do CP).

Já o **sujeito passivo** do crime de furto é o proprietário, possuidor ou detentor do bem subtraído. Poderá ser pessoa natural ou pessoa jurídica.

7.1.4. Consumação e tentativa

Predomina na jurisprudência, quanto ao momento consumativo do furto, a denominada **teoria da *amotio (apprehensio)***. Assim, para referida teoria, a consumação exige, além do contato, a apreensão da coisa alheia, independentemente do seu deslocamento, desde que a vítima não possa mais exercer o poder de livre disposição da coisa.

Segundo parte da doutrina, consuma-se o furto com a **inversão da posse do bem subtraído**. Não basta, portanto, a mera subtração da coisa alheia móvel, exigindo-se que o objeto seja, de fato, retirado da esfera de vigilância (ou de disponibilidade) da vítima, ainda que por breve espaço de tempo. Não se exige a posse mansa e pacífica da coisa furtada. É a posição, inclusive, do STJ e STF.

Logo, ocorrerá **tentativa** se o bem for subtraído da vítima e esta iniciar perseguição ao furtador, conseguindo reaver seu bem. A **inexistência de retirada do bem da esfera de disponibilidade da vítima** enseja o reconhecimento, pois, da tentativa de furto.

Doutrinariamente, o furto é denominado crime material já que para sua consumação é exigido o resultado naturalístico (retirada do bem da vítima e consequente redução patrimonial).

7.1.5. Crime impossível

Se a vítima não carregar nenhum objeto de valor consigo e o agente der início à execução do crime, abrindo, por exemplo, sua bolsa, sem nada encontrar, estaremos diante de **crime impossível (art. 17 do CP)**. Essa é a concepção de Celso Delmanto e Damásio de Jesus.

Importante anotarmos o teor da **Súmula 567 do STJ**: "*Sistema de vigilância realizado por monitoramento eletrônico ou por existência de segurança no interior de estabelecimento comercial, por si só, não torna impossível a configuração do crime de furto*". Portanto, não se pode falar, *a priori*, em crime impossível quando, por exemplo, o agente for monitorado por circuito interno de televisão durante a execução do furto.

7.1.6. Forma majorada (repouso noturno)

O § 1º do art. 155 do CP pune mais gravosamente o furto praticado durante o **repouso noturno**.

Segundo a doutrina majoritária, somente se aplica a causa de aumento de pena em comento ao furto simples (*caput*), não incidindo nas demais modalidades.

Entende-se por repouso noturno o período de descanso das pessoas, o que deve ser interpretado de região a região. Há quem entenda que o período noturno vai das 18hs às 6hs, o que não deve ser o melhor conceito, eis que o conceito de "noite" melhor coaduna com ausência de luz solar.

Todavia, tencionou o legislador punir mais gravosamente o furto cometido durante o período de descanso/repouso das pessoas. Tal situação deve ser interpretada no caso concreto, levando em conta as peculiaridades de cada região do Brasil (ex.: no meio rural, certamente o repouso noturno é bem mais cedo do que no meio urbano).

Não se deve confundir **repouso noturno** com **noite**, eis que, como já se disse, o crime deve ser cometido durante o *repouso* noturno, ou seja, nos momentos de menor vigília por parte das pessoas.

Na jurisprudência, bem assim para boa parte da doutrina, prevalece o entendimento de que a causa de aumento de pena em análise incide não somente se o furto for praticado em **casa ou suas dependências, mas, também, estabelecimentos comerciais ou mesmo em locais desabitados**. O que importa para a incidência da majorante é o **período** em que o delito é praticado e não as condições do local (se habitado, desabitado, se residencial ou comercial).

7.1.7. Forma privilegiada (furto privilegiado)

O § 2º do art. 155 do CP, cuja natureza jurídica é de **causa especial de diminuição de pena**, é denominado pela doutrina de **furto privilegiado**.

Incidirá quando o agente for **primário** (ausência de reincidência – art. 64, I, CP – **aspecto subjetivo**) e a coisa furtada for de pequeno valor (**aspecto objetivo**). Entende a doutrina e jurisprudência majoritárias como de **pequeno valor** o bem que não ultrapasse **um salário mínimo** no momento do crime.

Verificados os dois requisitos (primariedade e pequeno valor da coisa), o juiz poderá (em realidade, *deverá* – trata-se de direito subjetivo do acusado) **substituir a pena de reclusão pela de detenção, diminuí-la de um a dois terços ou aplicar somente a pena de multa**.

Dentre as opções grifadas, sem dúvida **a mais benéfica é a aplicação da *pena de multa***, eis que o seu descumprimento não poderá ensejar a restrição da liberdade do agente, mas ser cobrada como dívida de valor (*vide* art. 51 do CP).

Se o bem subtraído for de *ínfimo valor* (e não apenas de pequeno valor), pode-se sustentar a **insignificância penal**, por ausência de lesividade ao bem jurídico protegido pelo crime (ex.: furto de um botão de camisa ou de uma agulha em uma loja).

Frise-se que há diversas decisões dos Tribunais Superiores admitindo a incidência do privilégio mesmo para o furto qualificado, conforme será melhor visto no item a seguir.

7.1.8. Formas qualificadas

O § 4º do art. 155 do CP pune o crime de furto de 2 a 8 anos de reclusão nas seguintes hipóteses:

a) inciso I – se o furto for cometido com **destruição ou rompimento de obstáculo** à subtração da coisa: deve haver, nessa hipótese, efetiva destruição daquilo que pode ser considerado como obstáculo à subtração do bem efetivamente visado (ex.: a janela de um carro; as portas de uma residência). Não configura a qualificadora em comento se a destruição ou o rompimento ocorre na própria coisa para a sua subtração (ex.: quebrar o vidro do carro para, posteriormente, subtraí-lo). Acerca da imprescindibilidade de perícia para a configuração da qualificadora em comento, confira o entendimento do STJ:

FURTO. ROMPIMENTO. OBSTÁCULO. PERÍCIA.

"A Turma reiterou que, tratando-se de furto qualificado pelo rompimento de obstáculo, de delito que deixa vestígio, torna-se indispensável a realização de perícia para a sua comprovação, a qual somente pode ser suprida por prova testemunhal quando desaparecerem os vestígios de seu cometimento ou esses não puderem ser constatados pelos peritos (arts. 158 e 167 do CPP). No caso, cuidou-se de furto qualificado pelo arrombamento de porta e janela da residência, porém, como o rompimento de obstáculo não foi comprovado por perícia técnica, consignou-se pela exclusão do acréscimo da referida majorante". Precedentes citados: HC 136.455-MS, *DJe* 22.02.2010; HC 104.672-MG, *DJe* 06.04.2009; HC 85.901-MS, *DJ* 29.10.2007, e HC 126.107-MG, *DJe* 03.11.2009. HC 207.588-DF, Rel. Min. Og Fernandes, julgado em 23.08.2011. (Inform. STJ 481);

b) inciso II – se o furto for cometido com **abuso de confiança**, ou mediante **fraude, escalada ou destreza**: no primeiro caso (abuso de confiança), a vítima deve ter uma ligação com o agente delitivo (amizade, parentesco, relações profissionais), sob pena de não ficar caracterizada a qualificadora. O mero vínculo empregatício não a configura, exigindo-se do empregado *confiança* para o desempenho de determinada função, diminuindo, consequentemente, a vigilância do bem por parte do patrão.

O furto mediante fraude (segunda hipótese) exige que o agente se valha de um meio enganoso, de um artifício, capaz de reduzir a vigilância da vítima sobre o bem, o que permitirá sua subtração com menores dificuldades (o bem é subtraído da vítima sem que ela perceba). É o caso do falso funcionário de concessionárias de energia elétrica ou de empresa telefônica, que, sob o argumento de serem funcionários das citadas empresas, ingressam em casa alheia e subtraem bens que as guarneçam.

Com o advento da Lei 14.155/2021, a pena é de reclusão, de 4 (quatro) a 8 (oito) anos, e multa, se o furto mediante fraude é cometido por meio de dispositivo eletrônico ou informático, conectado ou não à rede de computadores, com ou sem a violação de mecanismo de segurança ou a utilização de programa malicioso, ou por qualquer outro meio fraudulento análogo, conforme novo § 4º-B, incluído ao art. 155 do CP.

E a pena prevista no citado § 4º-B, que podemos denominar de furto mediante fraude eletrônica, considerada a relevância do resultado gravoso, será aumentada de 1/3 (um terço) a 2/3 (dois terços), se o crime é praticado mediante a utilização de servidor mantido fora do território nacional; também será aumentada de 1/3 (um terço) ao dobro, se o crime é praticado contra idoso ou vulnerável.

Por fim, a terceira hipótese é a do furto mediante escalada (utilização de via anormal para o ingresso em determinado lugar, exigindo um esforço incomum do agente – ex.: escalar muro de 5m e ingressar em casa alheia, subtraindo bens de seu interior) ou mediante destreza (é a habilidade que permite ao agente subtrair bens sem que a vítima perceba – ex.: punguista);

c) inciso III – se o furto for cometido com **emprego de chave falsa**. Entende-se como "chave falsa" a imitação da verdadeira (cópia executada sem autorização de seu dono) ou qualquer instrumento que faça as vezes da chave, mas que não seja ela, capaz de abrir fechaduras sem arrombamento (ex.: chave "mixa"). Se for utilizada a chave verdadeira, anteriormente subtraída do dono, não estaremos diante dessa qualificadora, mas, eventualmente, daquela em que se emprega fraude;

d) inciso IV – se o furto for cometido em **concurso de duas ou mais pessoas**. Nessa situação, basta que duas ou mais pessoas (ainda que uma ou mais sejam inimputáveis – ex.: doença

mental ou menoridade) concorram para a subtração. O STJ já chegou a entender que, se um maior de dezoito anos e um menor de idade, juntos, cometerem um furto, não se configura a qualificadora, em razão da inimputabilidade deste último. Não concordamos, pois a lei exige a concorrência de *pessoas* e não de *imputáveis*. Importante anotar que se um imputável (maior de idade) cometer o furto em concurso com um menor (inimputável, portanto), responderá, também, pelo crime de corrupção de menores (art. 244-B, ECA). Por fim, ainda quanto à qualificadora em exame, decidiu o STJ ser inaplicável a majorante do roubo (aumento até a metade quando praticado em concurso de agentes) ao furto, caso em que a mesma circunstância (concurso de pessoas) tem o condão de dobrar a pena. A despeito da desproporcionalidade de tratamento, referido Tribunal Superior assim decidiu: ***Súmula nº 442.*** *É inadmissível aplicar, no furto qualificado, pelo concurso de agentes, a majorante do roubo.*

Questão interessante diz respeito à possibilidade – ou não – da conjugação do **furto qualificado** (art. 155, § 4º, CP) com a **figura do privilégio** (art. 155, § 2º, CP), o denominado **furto híbrido**. A despeito da disposição topográfica (para parte da doutrina, seria inviável o furto ser, concomitantemente, qualificado e privilegiado, visto que referido privilégio vem previsto no § 2º do art. 155, ao passo que as qualificadoras vêm dispostas mais "abaixo", vale dizer, no § 4º), a jurisprudência dos Tribunais Superiores admite a conjugação dos dispositivos em comento. Confira-se:

FURTO QUALIFICADO. PRIVILÉGIO. PRIMARIEDADE. PEQUENO VALOR. RES FURTIVA.

"A Seção, pacificando o tema, julgou procedente os embargos de divergência, adotando orientação de que o privilégio estatuído no § 2º do art. 155 do CP mostra-se compatível com as qualificadoras do delito de furto, desde que as qualificadoras sejam de ordem objetiva e que o fato delituoso não seja de maior gravidade. Sendo o recorrido primário e de pequeno valor a *res furtiva*, verificando-se que a qualificadora do delito é de natureza objetiva – concurso de agentes – e que o fato criminoso não se revestiu de maior gravidade, torna-se devida a incidência do benefício legal do furto privilegiado, pois presente a excepcionalidade devida para o seu reconhecimento na espécie". Precedentes citados do STF: HC 96.843-MS, *DJe* 23/4/2009; HC 100.307-MG, *DJe* 03.06.2011; do STJ: AgRg no HC 170.722-MG, *DJe* 17.12.2010; HC 171.035-MG, *DJe* 01.08.2011, e HC 157.684-SP, *DJe* 04.04.2011. EREsp 842.425-RS, Rel. Min. Og Fernandes, julgados em 24.08.2011. (Inform. STJ 481)

Importa anotar o teor da **Súmula 511 do STJ**, aprovada pela Corte em junho de 2014: "É possível o reconhecimento do privilégio previsto no § 2º do art. 155 do CP nos casos de crime de furto qualificado, se estiverem presentes a primariedade do agente, o pequeno valor da coisa e a qualificadora for de ordem objetiva".

O § 5º do art. 155 do CP comina pena de 3 a 8 anos se a subtração for **de veículo automotor que venha a ser transportado para outro Estado ou para o exterior**. Trata-se de qualificadora que leva em conta não o meio de execução do crime (como as definidas no § 4º), mas sim o resultado obtido com o furto.

Por fim, com o advento da Lei 13.330/2016, incluiu-se ao precitado art. 155 do CP **mais uma qualificadora**, qual seja, a do § 6º, que cuida do **abigeato**. Com efeito, será punido com reclusão de 2 a 5 anos o agente que subtrair semovente domesticável de produção (ex.: gado, porcos, galinhas, carneiros, ovelhas), ainda que abatido ou dividido em partes no local da subtração. Tencionou o legislador reprimir com mais severidade essa espécie de crime patrimonial, bastante comum em municípios onde predominam as práticas rurais.

Para a melhor compreensão dessa nova qualificadora, reputam-se bens semoventes aqueles que possuem movimento próprio, tais como os animais. Estes, por sua vez, serão domesticáveis de produção quando forem utilizados como rebanho e/ou produção, gerando algum retorno de índole econômica ao criador. Logo, não serão considerados objetos materiais do abigeato que ora tratamos os animais selvagens (ex.: ursos, leopardos, macacos etc.) e os animais domésticos não voltados à produção (ex.: o cachorro ou o gato de determinada pessoa).

7.1.8.1. Novas qualificadoras do furto (art. 155, §§ 4-A e 7º, CP)

Cuidou o legislador, com a edição da Lei 13.654, de 23 de abril de 2018, de incluir ao CP, mais precisamente no seu art. 155, novas *formas qualificadas* de furto, a saber:

> **§ 4º-A A pena é de reclusão de 4 (quatro) a 10 (dez) anos e multa, se houver emprego de explosivo ou de artefato análogo que cause perigo comum.**

Nesse caso, a pena será a mesma cominada ao roubo simples (art. 157, *caput*, do CP) se o agente, para furtar coisa alheia móvel, *empregar explosivo ou qualquer outro artefato semelhante* que cause perigo comum (ou seja, a uma coletividade). É o que se vê, usualmente, com furto de dinheiro em caixas eletrônicos, nos quais os criminosos se utilizam de explosivos (dinamites, por exemplo) para que consigam romper seus cofres e, então, subtrair as quantias lá existentes. Tal tipo de comportamento, além de causar alarma, coloca em risco não somente o patrimônio de instituições financeiras, mas, também, de proprietários ou possuidores de prédios vizinhos, bem como a incolumidade física das pessoas que se encontrem nas imediações no momento da explosão.

Interessante registrar que *antes* do advento dessa nova qualificadora, era possível a imputação de *dois crimes* aos agentes que praticassem comportamentos como os descritos acima, quais sejam, *furto qualificado pelo rompimento de obstáculo* (art. 155, § 4º, I, do CP) e *explosão* (art. 251, § 2º, do CP), ambos em concurso formal impróprio. Porém, com a alteração legislativa e a inclusão da qualificadora em comento, inviável se torna a imputação de dois crimes, aplicando-se uma única figura qualificada (no caso, art. 155, § 4º-A, do CP).

Imprescindível anotar que o **Pacote Anticrime** (Lei 13.964/2019) tornou **crime hediondo** o furto qualificado pelo emprego de explosivo ou artefato análogo, conforme dispõe o novel inciso IX, do art. 1º, da Lei 8.072/1990. Por se tratar de inovação prejudicial, é irretroativa.

Houve, também, a inclusão de mais uma qualificadora ao furto, que se deu com o novel § 7º do art. 155 do CP. Confira-se:

> **§ 7º A pena é de reclusão de 4 (quatro) a 10 (dez) anos e multa, se a subtração for de substâncias explosivas ou de acessórios que, conjunta ou isoladamente, possibilitem sua fabricação, montagem ou emprego.**

Trata-se, aqui, da subtração do próprio explosivo ou de acessórios que possibilitem a fabricação, montagem ou

emprego de engenhos explosivos, pouco importando sua efetiva utilização para outros fins.

Referidos comportamentos merecem forte repressão estatal, eis que, por evidente, alimentam o comércio clandestino de explosivos, viabilizando a prática de outros crimes, especialmente aquele descrito no precitado § 4º-A, do art. 155 do CP.

7.1.9. Equiparação de coisa alheia móvel

O § 3º do art. 155 do CP equipara a coisa alheia móvel, para fins de caracterização do crime de furto, a energia elétrica ou qualquer outra que tenha valor econômico.

Assim, a energia elétrica, ainda que impalpável, imaterial, é considerada "coisa alheia móvel", podendo, pois, ser objeto material do crime de furto. O mesmo se pode dizer com relação à energia solar, radioativa, genética (de animais reprodutores) etc., desde que tenham valor econômico.

Interessante o entendimento do STF acerca do "furto" de sinal de TV a cabo. Veja-se:

> **Furto e ligação clandestina de TV a cabo**
>
> "A 2ª Turma concedeu *habeas corpus* para declarar a atipicidade da conduta de condenado pela prática do crime descrito no art. 155, § 3º, do CP ("*Art. 155 – Subtrair, para si ou para outrem, coisa alheia móvel: ... § 3º – Equipara-se à coisa móvel a energia elétrica ou qualquer outra que tenha valor econômico.*"), por efetuar ligação clandestina de sinal de TV a cabo. Reputou-se que o objeto do aludido crime não seria 'energia' e ressaltou-se a inadmissibilidade da analogia *in malam partem* em Direito Penal, razão pela qual a conduta não poderia ser considerada penalmente típica". HC 97261/RS, rel. Min. Joaquim Barbosa, 12.04.2011. (HC-97261) (**Inform. STF** 623)

7.2. Roubo (art. 157, CP). Considerações iniciais

O crime de **roubo**, previsto no art. 157 do CP, é um dos mais violentos ilícitos contra o patrimônio, já que, conforme veremos mais à frente, tem como elementares a violência ou a grave ameaça contra a vítima, que se vê acuada diante do roubador.

Trata-se de infração penal cuja **objetividade jurídica imediata** é a **proteção do patrimônio alheio**, mais especificamente dos bens móveis alheios. Todavia, também tutela, a um só tempo, a **liberdade individual** e a **integridade corporal**.

Por proteger, portanto, dois bens jurídicos (patrimônio e liberdade individual/integridade pessoal), a doutrina denomina o roubo de **crime pluriofensivo** (ofende mais de um bem).

A doutrina também aponta o roubo como um **crime complexo**, já que sua conformação típica pressupõe a existência de duas figuras que, isoladas, configuram crimes autônomos: **furto + violência** (vias de fato – contravenção penal; lesões corporais – crime) ou **furto + ameaça**.

7.2.1. Tipo objetivo

O verbo do tipo (conduta típica) é o mesmo do furto, qual seja, "subtrair", que corresponde à ação do agente de tirar alguma coisa da vítima, desapossá-la, apoderando-se dos bens a ela pertencentes.

A subtração exige, portanto, a **inexistência de consentimento da vítima**, já que o patrimônio é **bem jurídico disponível**, podendo ser suprimido pela sua própria vontade.

Ainda ressalta a doutrina que a subtração tem implícita em si a intenção do agente em se apoderar dos bens, seja para si, seja para outrem, de modo **definitivo**.

Três podem ser os meios de execução do roubo, tendentes à **subtração** de coisa alheia móvel:

a) grave ameaça – corresponde à **violência moral**, ou seja, a promessa, à vítima, de um mal injusto e grave;

b) violência – corresponde ao emprego de **força física** contra a vítima, seja por meio de vias de fato, seja mediante lesões corporais (leves, graves ou gravíssimas). A jurisprudência admite que mesmo fortes empurrões, efetuados com a finalidade de subtrair bens da vítima, são aptos a caracterizar o roubo. Porém, as "trombadas" leves, que somente objetivam um desvio de atenção da vítima, caracterizariam, se tanto, o delito de furto;

c) qualquer meio que reduza ou impossibilite a resistência da vítima – trata-se do emprego da **interpretação analógica** no tipo incriminador, cuja intenção é a de conferir maior proteção à vítima, **ampliando o espectro de incidência da norma penal**. São exemplos típicos o emprego de **narcóticos** ou **anestésicos** contra a vítima, tornando-a "presa fácil", já que, sob o efeito de referidas substâncias, sua capacidade de resistência à ação alheia fica bastante diminuída (ou até mesmo eliminada). Aqui, tem-se a denominada **violência imprópria**.

Também configura elementar do tipo que a **coisa** subtraída seja **alheia** e **móvel**. Entende-se por "coisa" todos os bens suscetíveis de **apreciação econômica** (afinal, o roubo, assim como o furto, protege o **patrimônio** alheio).

Outrossim, não basta que o agente subtraia um bem, devendo este pertencer, obviamente, a **terceira pessoa** (não se poderia cogitar de roubo de coisa própria!).

Por fim, somente **bens móveis** podem ser objeto do crime em estudo, conforme determina a lei penal. Ainda que assim não estivesse previsto, se o roubo pressupõe a retirada do bem da esfera de disponibilidade da vítima, somente os passíveis de mobilização é que podem ser literalmente "removidos", "retirados" de um local para outro. **Impossível, portanto, roubo de bem imóvel**.

Se eventualmente a lei civil considera, por ficção, um bem móvel como imóvel (ex.: navios e aeronaves), ainda assim poderão ser objeto material do crime em comento. Basta que possam ser transportados de um lugar a outro.

Até mesmo os animais (semoventes) podem ser objeto de roubo, desde que tenham um proprietário (ex.: gados, cachorros etc.).

7.2.2. Tipo subjetivo

Além do **dolo** (vontade livre e consciente do agente em subtrair coisa alheia móvel), exige-se o **elemento subjetivo do tipo** (**dolo específico**), vale dizer, o sujeito ativo deve ter a intenção de apoderar-se definitivamente do bem subtraído, ou de fazê-lo para que terceira pessoa dele se apodere em caráter definitivo.

O elemento subjetivo do tipo, no crime de roubo, é denominado de *animus rem sibi habendi*. Em outras palavras, o agente deve subtrair o bem com o fim de **assenhoreamento definitivo**.

A exigência do "dolo específico" pode vir a desnaturar o crime de roubo se o agente **subtrai o bem temporariamente, sem a intenção de ficar com ele indefinidamente**.

Assim, se o roubador subtrai um carro, por exemplo, com a simples intenção de utilizá-lo e posteriormente restituí-lo ao seu legítimo proprietário, estaremos diante de fato atípico, dada a inexistência do *animus rem sibi habendi*. Tal figura é denominada pela doutrina de **roubo de uso**, à semelhança do furto de uso. Contudo, trata-se de entendimento minoritário, seja na doutrina, seja na jurisprudência, pelo fato de se tratar de crime complexo, que ofende a integridade física ou a liberdade individual da vítima.

Se a subtração de uma coisa alheia ocorrer para a superação de uma **situação de perigo**, podemos invocar o estado de necessidade, que afasta a criminalidade da conduta (**causa excludente da antijuridicidade**), ainda que contra a vítima seja empregada violência ou grave ameaça. Nessa situação, embora típica, a conduta não será antijurídica. É o caso, por exemplo, de um agente que subtrai, mediante grave ameaça, o veículo da vítima, com o fim de levar o filho, à beira da morte, atingido por disparo de arma, ao hospital, já que, acionada a ambulância, esta não compareceu para a prestação de socorro.

7.2.3. Sujeitos do crime

O **sujeito ativo** do crime de roubo pode ser qualquer pessoa, desde que não seja o proprietário ou possuidor da coisa subtraída (o tipo penal exige que a coisa subtraída seja **alheia**).

Já o **sujeito passivo** do crime em tela é o proprietário, possuidor ou detentor do bem subtraído. Poderá ser pessoa natural ou pessoa jurídica. Admite-se, ainda, que **existam duas ou mais vítimas e a ocorrência de um só roubo**, na hipótese em que terceiros sejam atingidos pela violência ou grave ameaça, ainda que não sejam os donos do bem subtraído. Ex.: João aluga seu veículo a José, que, em determinado semáforo da cidade, é abordado e, mediante grave ameaça e violência física, vê o veículo ser subtraído pelos roubadores. No caso, João foi vítima do crime em razão do desfalque patrimonial sofrido e José por ter suportado a ação delituosa (meios executórios).

7.2.4. Consumação e tentativa

Apontam a doutrina e jurisprudência, basicamente, **duas** situações caracterizadoras da **consumação do roubo (próprio)**:

a) retirada do bem da esfera de vigilância da vítima, existindo a inversão da posse da *res*, à semelhança do que ocorre com o furto;

b) com o apoderamento do bem subtraído, logo após empregar a violência ou a grave ameaça para consegui-lo. Nesse caso, não se exige a posse tranquila, havendo a consumação ainda que a polícia chegue ao local em seguida ao apoderamento da *res*. Trata-se da posição adotada pelo STF.

O STJ editou a Súmula 582, pacificando a adoção da segunda corrente, que, em suma, retrata a teoria da amotio ou da **apprehensio**. Confira-se: "Consuma-se o crime de roubo com a inversão da posse do bem mediante emprego de violência ou grave ameaça, ainda que por breve tempo e em seguida à perseguição imediata ao agente e recuperação da coisa roubada, sendo prescindível a posse mansa e pacífica ou desvigiada."

Admissível, evidentemente, a **tentativa** do crime de roubo, seja pelo fato de o agente não ter obtido a posse tranquila do bem (primeira corrente), seja porque não conseguiu apoderar-se do bem da vítima, ainda que haja empregado violência ou grave ameaça.

Confira-se a posição do STF que segue abaixo acerca do acompanhamento da ação delituosa por policiais, caso em que restará caracterizada a tentativa:

Roubo e momento consumativo

"A 1ªTurma, por maioria, deferiu *habeas corpus* para desclassificar o crime de roubo na modalidade consumada para a tentada. Na espécie, os pacientes, mediante violência física, subtraíram da vítima quantia de R$ 20,00. Ato contínuo, foram perseguidos e presos em flagrante por policiais que estavam no local do ato delituoso. Inicialmente, aludiu-se à pacífica jurisprudência da Corte no sentido da desnecessidade de inversão de posse mansa e pacífica do bem para haver a consumação do crime em comento. Entretanto, consignou-se que essa tese seria inaplicável às hipóteses em que a conduta fosse, o tempo todo, monitorada por policiais que se encontrassem no cenário do crime. Isso porque, no caso, ao obstar a possibilidade de fuga dos imputados, a ação da polícia teria frustrado a consumação do delito por circunstâncias alheias à vontade dos agentes (*"Art. 14. Diz-se o crime:... II – tentado, quando, iniciada a execução, não se consuma por circunstâncias alheias à vontade do agente"*). Vencida a Min. Cármen Lúcia, por reputar que, de toda sorte, os réus teriam obtido a posse do bem, o que seria suficiente para consumação do crime". Precedente citado: HC 88259/SP *(DJU de 26.05.2006)*. HC 104593/MG, rel. Min. Luiz Fux, 08.11.2011. (HC-104593) (Inform. STF 647).

Doutrinariamente, é bom que se diga, o roubo é denominado crime material, já que para sua consumação é exigido o resultado naturalístico (retirada do bem da vítima e consequente redução patrimonial).

Quanto ao momento consumativo do roubo impróprio, veremos no item próprio dessa modalidade.

7.2.5. Espécies de roubo

A doutrina aponta duas espécies ou tipos de roubo:

a) roubo próprio – é o previsto no art. 157, *caput*, do CP;

b) roubo impróprio – é o estabelecido no § 1º do mesmo dispositivo legal. Trata-se de crime que, inicialmente, assemelha-se ao furto (subtração de coisa alheia móvel). Todavia, para a consumação, visando o agente a **assegurar a impunidade ou a garantia da subtração** da coisa, **emprega violência ou grave ameaça contra a vítima**.

No caso de roubo impróprio, há o entendimento de que se **consuma** com o efetivo **emprego da violência ou grave ameaça, não se admitindo a tentativa** (Damásio de Jesus, **por exemplo**). Porém, há quem sustente ser admissível, sim, a tentativa de roubo impróprio, desde que o agente, após o apoderamento da coisa, não consiga, por circunstâncias alheias à sua vontade, empregar a grave ameaça ou a violência física. No mais, todas as características do roubo próprio são aplicáveis ao impróprio (sujeitos do crime, objeto jurídico, tipo objetivo, tipo subjetivo). Frise-se, porém, que, para o cometimento do roubo impróprio, é inadmissível o emprego de violência imprópria, admitida apenas no *caput* do art. 157 do CP, mas não em seu § 1º.

7.2.6. Formas majoradas (causas de aumento de pena – art. 157, § 2º, do CP)

O § 2º do art. 157 do CP pune mais gravosamente (exacerbação de **um terço à metade da pena**) o roubo nas hipóteses previstas em seus cinco incisos, a saber:

a) inciso I – se a violência ou ameaça é exercida com emprego de arma: neste caso, pune mais severamente o legislador o agente que se vale do emprego de um artefato que garanta maior facilidade para a subtração, reduzindo-se ainda mais as chances de a vítima resistir à agressão ao seu patrimônio. Deve-se entender por arma tanto os artefatos previamente confeccionados para o ataque ou defesa (**arma própria** – ex.: revólver, espingarda, pistola, metralhadora etc.) quanto qualquer objeto que tenha potencialidade lesiva (**arma imprópria** – ex.: faca, machado, cutelo, foice, punhal etc.). No caso do emprego de arma de brinquedo, embora tenha esta chance de causar maior temor à vítima, não resultará em reconhecimento da circunstância ora estudada. Tanto é verdade que o STJ cancelou a antiga Súmula 174, pacificando-se o entendimento de que quis o legislador agravar a reprimenda do agente que se vale de uma *arma*, com **maior potencialidade ofensiva à vítima (aspecto objetivo)**, pouco importando o aspecto intimidativo (**aspecto subjetivo**). A exibição de arma de brinquedo em um roubo caracterizará, tão somente, a modalidade simples (art. 157, *caput*, do CP), já que sua exibição perfaz a elementar "grave ameaça". Acerca da (des)necessidade de apreensão da arma para a configuração da majorante em comento, confira-se a posição do STF e, na sequência, a do STJ:

HC N. 105.263-MG – RELATOR: MIN. DIAS TOFFOLI

***Habeas corpus*. Penal. Sentença penal condenatória. Crime do art. 157, § 2º, inciso I, do CP. Incidência da majorante em razão do emprego da arma. Precedentes.**

1. Firmado nesta Corte Suprema o entendimento de que a incidência da majorante do inciso I do § 2º do art. 157 do CP prescinde da apreensão da arma, se comprovado, por outros meios, o seu emprego. 2. *Habeas corpus* denegado. (**Inform. STF** 619);

ARMA. FOGO. INIDONEIDADE. PERÍCIA. OUTROS MEIOS. PROVA.

"A Turma, entre outras questões, reiterou o entendimento adotado pela Terceira Seção, com ressalva da Min. Relatora, de que é prescindível a apreensão e perícia de arma de fogo para a aplicação da causa de aumento de pena prevista no art. 157, § 2º, I, do CP, impondo-se a verificação, caso a caso, da existência de outras provas que atestem a utilização do mencionado instrumento. No caso, o magistrado de primeiro grau e a corte estadual assentaram a existência de prova pericial suficiente a demonstrar a inidoneidade da arma de fogo utilizada pelo réu, dada sua ineficácia para a realização dos disparos. Assim, a Turma concedeu a ordem a fim de afastar a causa de aumento prevista no art. 157, § 2º, I, do CP e reduziu a pena para cinco anos e quatros meses de reclusão a ser cumprida inicialmente no regime semiaberto, mais 13 dias-multa". HC 199.570-SP, Rel. Min. Maria Thereza de Assis Moura, julgado em 21.06.2011. (**Inform. STJ** 478);

Importante registrar que a **Lei 13.654/2018**, que também alterou o crime de furto, a ele incluindo novas qualificadoras, promoveu a revogação da causa de aumento de pena em análise, ou seja, desde então, se o agente, para roubar, empregasse uma arma imprópria ou arma branca (ex.: faca, martelo, machado, enxada etc.), não mais responderia por roubo majorado (art. 157, § 2º, I, CP), mas, sim, por roubo simples (art. 157, *caput*, CP). Tal modificação, evidentemente, foi benéfica ao réu, razão pela qual operou efeitos retroativos, atingindo roubos praticados antes do início da vigência de referida lei.

Somente o roubo com emprego de arma de fogo (arma própria), desde a precitada Lei 13.654/2018, teria a pena aumentada em 2/3 (dois terços), conforme art. 157, § 2º-A, do CP, que será melhor estudado adiante.

Ocorre que o *Pacote Anticrime* (Lei 13.964/2018) "devolveu" o emprego de arma branca ao rol das causas de aumento de pena do roubo, incluindo-a no art. 157, § 2º, VII. Portanto, desde o dia 23 de janeiro de 2020, data em que entrou em vigor referida alteração, praticar roubo com emprego de arma branca tornou-se crime majorado. Por se tratar de alteração prejudicial, não alcançará os fatos anteriores ao início de sua vigência.

b) inciso II – se há o concurso de duas ou mais pessoas: andou bem o legislador ao punir com maior rigor o roubo praticado por duas ou mais pessoas em concurso. Isto porque a vítima, diante de uma pluralidade de pessoas, terá menores chances de resistir à ação criminosa, ficando mais desprotegida. Pouco importa se, no "grupo", existirem pessoas maiores (imputáveis) ou menores de idade (inimputáveis). Tratou a lei de prever o concurso de duas ou mais **pessoas e não dois ou mais imputáveis.** Todavia, o STJ já proferiu entendimento no sentido de que o concurso de um maior de idade e um adolescente desnatura a causa de aumento de pena em estudo, eis que o Código Penal é um diploma normativo aplicado apenas aos imputáveis. Trata-se de posição isolada;

c) inciso III – se a vítima está em serviço de transporte de valores e o agente conhece tal circunstância: trata-se de causa de aumento de pena que nitidamente visa a proteger as pessoas que se dedicam ao transporte de valores (bancos e joalherias, p.ex.). Exige-se, *in casu*, que o agente saiba que a vítima labora na área de transporte de valores (dolo direto), não se admitindo o dolo eventual (assunção do risco);

d) inciso IV – se a subtração for de veículo automotor que venha a ser transportado para outro Estado ou para o exterior: neste caso, é imprescindível que o veículo, de fato, saia dos limites de um Estado e ingresse em outro, ou saia do país e ingresse no exterior, transpondo as fronteiras;

e) inciso V – se o agente mantém a vítima em seu poder, restringindo sua liberdade: inserido pela Lei 9.426/1996, colocou-se um fim à celeuma que envolvia o roubo e a restrição de liberdade da vítima. Prevalece, hoje, o entendimento de que incide a causa de aumento de pena ora analisada se o agente, para a subtração dos bens, mantém a vítima privada de sua liberdade pelo espaço de tempo suficiente à consumação do roubo ou para evitar a ação policial. Todavia, se desnecessária a privação de liberdade do sujeito passivo, já tendo se consumado o roubo, é possível o concurso entre o roubo e o sequestro ou cárcere privado (art. 148 do CP). Importante frisar que o *Pacote Anticrime* (Lei 13.964/2019) incluiu a majorante em comento no rol dos **crimes hediondos** (art. 1º, II, "a", da Lei 8.072/1990). Trata-se de inovação prejudicial, portanto, irretroativa.

7.2.6.1. *Novas formas majoradas (causas de aumento de pena – art. 157, § 2º-A, do CP)*

A **Lei 13.654/2018**, além das alterações promovidas no crime de furto (inclusão dos §§4º-A e 7º, no art. 155 do CP) e roubo (revogação do inciso I, do §2º, do art. 157 do CP), acrescentou a este último mais um parágrafo. Vale a pena a transcrição:

§ 2º-A A pena aumenta-se de 2/3 (dois terços):

I – se a violência ou ameaça é exercida com emprego de arma de fogo;

II – se há destruição ou rompimento de obstáculo mediante o emprego de explosivo ou de artefato análogo que cause perigo comum.

No tocante ao inciso I, tal como já alertamos no item 7.2.6. *supra*, desde o advento da já citada Lei 13.654/2018, o roubo só teria a pena aumentada se praticado com emprego de arma própria, ou seja, **arma de fogo**. Haveria, aqui, majoração da pena em 2/3 (dois terços), tratando-se de alteração prejudicial se comparado ao cenário anterior à aludida lei alteradora. É que, antes da revogação do art. 157, § 2º, I, do CP, se o agente empregasse, para o roubo, qualquer tipo de arma (própria ou imprópria), sua pena seria aumentada de **1/3 (um terço)** a **1/2 (metade)**. Com o acréscimo ao art. 157 do § 2º-A ora estudado, o emprego de arma de fogo, como visto, ensejou o aumento da pena em **2/3 (dois terços)**, motivo pelo qual a modificação ora comentada é irretroativa, não alcançando fatos praticados antes de sua vigência.

Porém, importante registrar que ao juiz caberá, em caso de roubo com emprego de **arma imprópria** praticado antes das alterações promovidas pela Lei 13.654/2018, aplicar retroativamente o novel dispositivo legal, desclassificando a figura majorada (roubo com emprego de arma) para a forma **simples** (art. 157, *caput*, CP).

Como já anotamos anteriormente, o *Pacote Anticrime* (Lei 13.964/2019) restituiu ao art. 157, §2º, do CP, em seu novo inciso VII, o emprego de **arma branca** como causa de aumento de pena (de 1/3 a 1/2). Portanto, o emprego de arma, doravante, exigirá do aplicador do Direito a constatação da natureza da arma: (i) se **própria**, incidirá o aumento de pena do § 2º-A (**arma de fogo** – acréscimo de **2/3** à pena); (ii) se **imprópria**, incidirá a majorante do § 2º, VII (**arma branca** – acréscimo de **1/3 a 1/2**).

Outro ponto importante, no tocante ao emprego de arma de fogo, é enquadrá-la como de **uso restrito ou proibido**. É que o Pacote Anticrime (Lei 13.964/2019) incluiu nova majorante ao roubo, qual seja, o **§ 2º-B**, que definiu que a pena será aplicada em **dobro** àquela cominada para o roubo simples quando o agente, para a violência ou grave ameaça, empregar arma de fogo de uso **restrito** ou **proibido**.

Questão que certamente voltará à tona é a (des)necessidade de apreensão da arma de fogo para a configuração da causa de aumento. Como já trouxemos no item 7.2.6 supra, inclusive com transcrição de precedentes do STJ e STF, prevalece a tese da prescindibilidade da apreensão do artefato bélico, sendo suficientes outros meios de prova para a demonstração de seu emprego pelo roubador. Porém, a novel majorante exige que a arma de fogo seja de uso restrito ou proibido. Como saber a espécie de arma empregada sem sua apreensão? Assim, parece-nos que vozes surgirão no sentido da indispensabilidade da apreensão da arma de fogo para a majoração da pena na forma estabelecida pelo art. 157, § 2º-B, do CP.

Finalmente, também como resultado do *Pacote Anticrime* (Lei 13.964/2019), as figuras majoradas do roubo pelo emprego de arma de fogo (art. 157, §2º-A, I), bem como se a arma utilizada for de uso restrito ou proibido (art. 157, §2º-B), foram incluídas expressamente ao rol dos **crimes hediondos** (Lei 8.072/1990, art. 1º, II, "b"). A alteração é prejudicial, eis que o roubo majorado não era considerado crime hediondo, razão pela qual é irretroativa, somente alcançando os fatos praticados a partir de 23 de janeiro de 2020.

Quanto ao inciso II, tal como analisado no tocante à nova qualificadora do furto (art. 155, § 4º-A, CP), tencionou o legislador punir mais gravosamente o agente que, para roubar, promover a destruição ou rompimento de obstáculo mediante o emprego de **explosivo** ou **artefato análogo** que cause perigo comum. Assim, por exemplo, se para conseguir subtrair dinheiro do interior de um caixa eletrônico, o agente render o segurança da instituição financeira e utilizar uma dinamite para a explosão do equipamento, terá sua pena aumentada de 2/3 (dois terços).

7.2.7. Formas qualificadas (roubo qualificado)

O § 3º do art. 157 do CP elenca situações cuja natureza jurídica não é de **causas especiais de aumento de pena**, mas sim de **qualificadoras**.

Verificamos, pois, as seguintes hipóteses:

a) Se da violência resulta lesão corporal de natureza grave – pena de reclusão de 7 a 18 anos, além da multa: neste caso, pune o legislador com maior rigor a intensificação, por parte do agente, de sofrimento físico à vítima da subtração, que suporta lesões corporais graves para ser despojada de seus bens. As **lesões corporais leves** serão absorvidas pelo roubo simples (art. 157, *caput*, do CP), não configurando a qualificadora em comento. As lesões corporais graves poderão ser causadas na vítima a título de dolo ou culpa (neste último caso, a figura será preterdolosa). Com o advento da Lei 13.964/2018 (*Pacote Anticrime*), o roubo qualificado pela lesão corporal grave foi incluído ao rol dos **crimes hediondos** (art. 1º, II, "c", da Lei 8.072/1990). Até então, apenas o roubo qualificado pela morte (latrocínio) era hediondo. Trata-se de inovação prejudicial, portanto, irretroativa;

b) Se resulta morte – reclusão de 20 a 30 anos, sem prejuízo da multa: trata-se do denominado **latrocínio**, considerado **crime hediondo** pela Lei 8.072/1990, daí advindo efeitos penais mais severos ao agente (insuscetibilidade de anistia, graça, indulto, progressão de regime mais demorada, livramento condicional mais demorado). A **morte da vítima** poderá ser **dolosa** ou **culposa** (neste caso, o resultado agravador configurará hipótese preterdolosa de latrocínio). No tocante à **tentativa de latrocínio**, podemos verificar **quatro situações**: 1ª) roubo e morte consumados – evidentemente haverá latrocínio consumado; 2ª) roubo e morte tentados – latrocínio tentado; 3ª) roubo tentado e morte consumada – latrocínio consumado (Súmula 610 do STF); 4ª) roubo consumado e morte tentada – latrocínio tentado (entendimento do STF). Se o agente, por erro na execução (*aberratio ictus*), mata o comparsa no roubo, tendo mirado a vítima, responderá por latrocínio. Por fim, ainda que a morte causada à vítima seja dolosa, o crime de latrocínio **não será julgado pelo Tribunal do Júri**, mas sim por juízo criminal comum, exatamente por se tratar de crime contra o patrimônio e **não contra a vida**. Por fim, confira-se a posição do STJ acerca da imputação a coautor de roubo seguido de morte da vítima, ainda que não tenha efetuado os disparos:

ROUBO ARMADO. DISPAROS. COAUTORIA.

"A Turma entendeu, entre outras questões, que o paciente condenado por roubo armado seguido de morte responde como coautor, ainda que não tenha sido o responsável pelos disparos que resultaram no óbito da vítima. Na espécie, ficou demonstrado que houve prévio ajuste entre o paciente e os outros agentes, assumindo aquele o risco do evento morte". Precedentes citados: REsp 622.741-RO, *DJ* 18.10.2004; REsp 418.183-DF, *DJ* 04.08.2003, e REsp 2.395-SP, *DJ* 21.05.1990. HC 185.167-SP, Rel. Min. Og Fernandes, julgado em 15.03.2011. (**Inform. STJ** 466)

7.3. Extorsão (art. 158, CP)

7.3.1. Considerações iniciais

O crime de **extorsão**, previsto no art. 158 do CP, consiste em **constranger alguém**, mediante **violência** ou **grave ameaça**, e com o **intuito de obter** para si ou para outrem **indevida vantagem econômica**, a fazer, deixar de fazer ou tolerar que se faça algo.

Trata-se de infração penal cuja **objetividade jurídica imediata** é a **proteção do patrimônio alheio**, mais especificamente dos bens móveis alheios. Todavia, também tutela, a um só tempo, a **liberdade individual** e a **integridade corporal**.

Por proteger, portanto, dois bens jurídicos (patrimônio e liberdade individual/integridade pessoal), a doutrina denomina a extorsão de **crime pluriofensivo** (ofende mais de um bem jurídico), assim como ocorre com o roubo.

A doutrina também aponta a extorsão como um **crime complexo**, já que sua conformação típica pressupõe a existência de duas figuras que, isoladas, configuram crimes autônomos: **constrangimento ilegal + violência** (vias de fato – contravenção penal; ou lesões corporais – crime) ou **constrangimento ilegal + grave ameaça**.

7.3.2. Tipo objetivo

O verbo do tipo (conduta típica) é o mesmo do constrangimento ilegal, qual seja, "constranger", **coagir, obrigar** a vítima a fazer, deixar de fazer ou tolerar que se faça algo mediante violência ou grave ameaça. Todavia, enquanto no constrangimento ilegal busca-se a restrição da liberdade, na extorsão a finalidade é o locupletamento ilícito.

O constrangimento exige, portanto, a **inexistência de consentimento da vítima,** a qual é obrigada a fazer alguma coisa (ex.: entregar dinheiro, efetuar depósito bancário etc.), deixar de fazer algo (ex.: devedor que ameaça o credor para que ele não promova a execução) ou tolerar que se faça algo (ex.: tolerar o uso de um imóvel que lhe pertence sem cobrar aluguel).

Assim, a vítima pode ter uma conduta **comissiva** (fazer) ou **omissiva** (deixar de fazer ou tolerar), enquanto que o autor do crime de extorsão sempre realiza uma **ação** (constranger, mediante violência ou grave ameaça).

Dois podem ser os meios de execução da extorsão, para obtenção da indevida vantagem econômica, após o constrangimento da vítima:

a) grave ameaça – corresponde à **violência moral**, ou seja, a promessa, à vítima, de um mal injusto e grave;

b) violência – corresponde ao emprego de **força física** contra a vítima, seja por meio de vias de fato, seja mediante lesões corporais (leves, graves ou gravíssimas).

É oportuno frisar que, se a indevida vantagem econômica for obtida mediante **fraude, artifício ou ardil,** poderá restar configurado o crime de estelionato.

Também configura elementar do tipo que a obtenção da **indevida vantagem econômica** seja para **si** ou para **outrem**. Entende-se por "indevida vantagem econômica" toda vantagem suscetível de **apreciação econômica** (afinal, a extorsão, assim como o furto e o roubo, protege o **patrimônio** alheio).

7.3.3. Tipo subjetivo

Além do **dolo** (vontade livre e consciente do agente em constranger a vítima), exige-se o **elemento subjetivo do tipo** (**dolo específico**), vale dizer, o sujeito ativo deve ter a intenção de obter para si ou para outrem **indevida vantagem econômica**.

A exigência do "dolo específico" (**especial fim de agir**) pode vir a desnaturar o crime de extorsão. Se a intenção for a de obter vantagem econômica devida, o crime será o exercício arbitrário das próprias razões. Por outro lado, se a vantagem não for econômica, mas moral, o crime será o constrangimento ilegal; se sexual, poderá caracterizar crime contra a liberdade sexual (estupro, por exemplo).

7.3.4. Sujeitos do crime

O **sujeito ativo** do crime de extorsão pode ser qualquer pessoa, não se exigindo nenhuma qualidade especial (crime comum). Já o **sujeito passivo** do crime em tela é aquele que suporta diretamente a violência ou a grave ameaça, bem como o titular do patrimônio visado.

7.3.5. Consumação e tentativa

O crime de extorsão **consuma-se** no momento em que a **vítima faz, deixa de fazer ou tolera** que se faça algo. Ou seja, não basta o mero constrangimento da vítima, sendo imprescindível que haja uma ação ou omissão.

Entretanto, para a consumação do delito se dispensa a obtenção da indevida vantagem econômica (**Súmula 96, STJ**). A obtenção do enriquecimento ilícito constitui **exaurimento do crime**. Portanto, doutrinariamente, a extorsão é denominada **crime formal (ou de consumação antecipada)**, já que para sua consumação não é exigido o resultado naturalístico (obtenção da indevida vantagem econômica).

Há **tentativa** do crime de extorsão quando, apesar da exigência realizada pelo autor do delito, mediante o emprego de violência ou grave ameaça, a vítima não realiza a conduta que lhe fora exigida, por circunstâncias alheias à sua vontade.

Em suma, quando houver mera exigência, o crime será tentado. Mas se a vítima realizar o que lhe fora exigido, haverá crime consumado. E, por fim, se o agente obtiver a indevida vantagem econômica, haverá exaurimento do crime.

7.3.6. Espécies de extorsão

A extorsão pode ser:

a) simples: art. 158, *caput*, CP;

b) majorada: quando presente uma das causas de aumento de pena – art. 158, § 1º, do CP;

c) qualificada: art. 158, §§ 2º e 3º, do CP.

7.3.7. Formas majoradas (causas de aumento de pena – art. 158, § 1º, do CP)

O § 1º do art. 158 do CP pune mais gravosamente (exacerbação de **um terço à metade da pena**) a extorsão:

a) se cometida por duas ou mais pessoas: aplica-se aqui o que já fora explicitado no crime de roubo;

b) se cometida mediante o emprego de arma: de igual modo aplica-se o que já fora explicitado no crime de roubo, quanto ao conceito de arma.

7.3.8. Extorsão qualificada (art. 158, § 2º, CP)

Há duas espécies de extorsão qualificada previstas no artigo 158, § 2º do CP:

a) extorsão qualificada pela lesão corporal de natureza grave;

b) extorsão qualificada pelo resultado morte.

Tudo o que foi dito a respeito do roubo qualificado pela lesão grave ou morte (art. 157, § 3º, CP) aplica-se ao crime de extorsão qualificada. Frisa-se que as formas qualificadas de extorsão configuram **crimes preterdolosos**.

Como se verá mais adiante, há, ainda, outras formas qualificadas de extorsão, previstas no § 3º também do art. 158 do CP, que prevê que a pena será de reclusão de 6 a 12 anos, além da multa, se o crime é cometido com restrição da liberdade da vítima e essa condição é necessária para a obtenção da vantagem econômica (sequestro-relâmpago). Se resultar, porém, lesão corporal grave ou morte, as penas serão aquelas cominadas aos §§ 2º e 3º, respectivamente, do art. 159 do CP.

7.3.9. Diferença entre extorsão e roubo

Para a doutrina amplamente majoritária, a diferença havida entre os crimes acima referidos é que no roubo **o bem é retirado da vítima** enquanto que na extorsão ela própria é quem o **entrega ao agente**.

Assim, a principal distinção entre o crime de extorsão e o de roubo se faz pela colaboração da vítima. Se for **imprescindível a colaboração** para o agente obter a vantagem econômica, tem-se o **crime de extorsão**. No entanto, se for **dispensável a colaboração** da vítima, ou seja, mesmo que a vítima não entregue o bem o agente iria subtraí-lo, aí há o **crime de roubo**.

Há crime de roubo, portanto, quando o próprio agente subtraiu o bem ou quando o agente poderia ter subtraído, mas determinou que a vítima lhe entregasse o bem após empregar violência ou grave ameaça.

7.3.10. "Sequestro relâmpago" (art. 158, § 3º, CP)

Essa distinção entre extorsão e roubo tinha relevância na doutrina quando se discutia sobre o denominado "sequestro relâmpago". Mas, com a Lei 11.923/2009, o legislador colocou fim à discussão, com a tipificação do art. 158, § 3º, CP.

Em verdade, o "sequestro relâmpago" é uma modalidade de crime de extorsão cometido mediante a **restrição da liberdade** da vítima (e não a privação total), necessária para a obtenção da vantagem econômica.

A **colaboração** da vítima se torna **imprescindível** para que ocorra a vantagem, como, por exemplo, no caso típico em que o agente aborda a vítima, restringindo-lhe a liberdade e a conduzindo até um caixa eletrônico para que efetue o saque de dinheiro, que somente será realizado com a utilização da senha do cartão bancário. A colaboração da vítima é indispensável, pois o agente não poderia adivinhar a senha do cartão, sem a qual não seria possível a realização do saque.

Outrossim, cumpre ressaltar que antes do advento do Pacote Anticrime (Lei 13.964/2019), havia discussão a respeito de ser ou não crime hediondo o "sequestro relâmpago" qualificado pela lesão corporal grave ou morte. Para uma corrente, não havia que se falar em hediondez, na medida em que o critério adotado pelo legislador foi o legal e, no caso, não se incluía a extorsão qualificada (art. 158, § 3º, CP) no rol taxativo do art. 1º da Lei 8.072/1990. Todavia, para outra corrente seria possível sustentar o tratamento mais rigoroso dos crimes hediondos, eis que o § 3º do art. 158, CP faz alusão ao art. 159, §§ 2º e 3º, do CP, o qual foi expressamente previsto na Lei dos Crimes Hediondos.

Porém, como dito, a **Lei 13.964/2019** promoveu diversas alterações na Lei dos Crimes Hediondos, tornando delito dessa natureza o sequestro-relâmpago, seja em sua forma básica (art. 158, §3º, 1ª parte), seja quando existentes resultados agravadores (art. 158, §3º, 2ª parte). Nesse sentido dispõe o art. 1º, III, da Lei 8.072/1990. Portanto, sequestro-relâmpago, doravante, sempre será crime hediondo.7.4. Extorsão mediante sequestro (art. 159, CP)

7.4. Extorsão mediante sequestro (art. 159, CP)

7.4.1. Considerações iniciais

Trata-se de crime previsto no art. 159, CP, modalidade de extorsão, qualificada, porém, pelo sequestro, consistente na **privação da liberdade** da vítima para o **fim de obter, para si ou para outrem, qualquer vantagem, como condição ou preço do resgate**.

Trata-se de **crime pluriofensivo**, em que são tutelados vários bens jurídicos: liberdade de locomoção, integridade física e patrimônio.

7.4.2. Tipo objetivo

O núcleo do tipo é **sequestrar,** o que significa privar a liberdade de **alguém** por tempo juridicamente relevante.

Muito embora o tipo penal faça alusão a "qualquer vantagem", prevalece o entendimento doutrinário no sentido de que a vantagem deve ser **econômica,** haja vista se tratar de crime contra o patrimônio. Caso a natureza da vantagem seja outra, poderá restar caracterizado o crime de sequestro (art. 148, CP).

Ainda, a jurisprudência exige que a vantagem, além de econômica, deve ser **indevida,** apesar da omissão do legislador. Isso porque, se a vantagem visada pelo sequestrador for devida, poderá configurar o exercício arbitrário das próprias razões (art. 345, CP), em concurso formal com o crime de sequestro (art. 148, CP).

7.4.3. Tipo subjetivo

Além do **dolo** (vontade livre e consciente de sequestrar a vítima), exige-se o **elemento subjetivo do tipo (dolo específico)**, vale dizer, o sujeito ativo deve ter a intenção de obter para si ou para outrem **indevida vantagem econômica,** como condição ou preço do resgate.

7.4.4. Sujeitos do crime

O **sujeito ativo** pode ser qualquer pessoa (**crime comum**). De igual modo, o sujeito passivo pode ser qualquer pessoa, mas necessariamente deve ser **pessoa**. Ou seja, se houver o sequestro de um animal para o fim de se exigir resgate, não se caracterizará o crime de extorsão mediante sequestro, mas simplesmente o crime de extorsão (art. 158, CP). Será **sujeito passivo** tanto a pessoa que teve a sua liberdade de locomoção tolhida como aquela que sofreu a lesão patrimonial.

7.4.5. Consumação e tentativa

O crime se **consuma** com a **privação da liberdade**, ou seja, no momento em que há a captura da vítima, sendo que o **pagamento do resgate** (obtenção da indevida vantagem econômica) é mero **exaurimento** do crime. Daí dizer-se que se trata de **crime formal** (ou de consumação antecipada).

Ainda, trata-se de **crime permanente**, visto que, enquanto a vítima é privada de sua liberdade, a infração se consuma a cada instante, motivo pelo qual é admitida a **prisão em flagrante** a qualquer tempo (art. 303, CPP).

A **tentativa** é **admissível**, desde que o agente já tenha iniciado os atos executórios do crime (privação da liberdade da vítima), o qual somente não se consumou por circunstâncias alheias à sua vontade.

7.4.6. Espécies de extorsão mediante sequestro

São **espécies** de extorsão mediante sequestro:

a) simples: art. 159, *caput,* CP;

b) qualificada:

b.1) art. 159, § 1º, CP:

b.1.1) se o sequestro dura mais de 24 horas;

b.1.2) se o sequestrado é menor de 18 anos ou maior de 60 anos;

b.1.3) se o crime é cometido por bando ou quadrilha, denominado, desde o advento da Lei 12.850/2013 de "associação criminosa";

b.2) art. 159, § 2º, CP: se do fato resulta **lesão corporal de natureza grave**, dolosa ou culposa;

b.3) art. 159, § 3º, CP: se resulta **morte**, dolosa ou culposa.

Quanto às qualificadoras relativas à lesão corporal grave e à morte, cumpre salientar que somente serão aplicadas quando tais resultados ocorrerem na própria pessoa sequestrada. Se outra pessoa for atingida, haverá crime autônomo.

Como o legislador não restringiu, tais qualificadoras ocorrem tanto no caso de lesão corporal/morte dolosa como culposa, assim como ocorre com o latrocínio.

Ainda, se no caso concreto a conduta dos sequestradores se enquadrar em todos os parágrafos das qualificadoras mencionadas acima, a subsunção será feita no § 3º, cuja pena é maior e mais grave, sendo que as demais qualificadoras serão consideradas como circunstâncias judiciais, quando da fixação da pena-base pelo juiz.

Todas as espécies de extorsão mediante sequestro são consideradas **hediondas** (simples ou qualificadas).

7.4.7. Delação premiada na extorsão mediante sequestro

Se o crime é cometido em **concurso**, o concorrente que o **denunciar** à autoridade, **facilitando a liberação da vítima**, terá sua pena diminuída de **1/3 a 2/3** – art. 159, § 4º, CP. Portanto, trata-se de **causa especial de diminuição da pena**, sendo que o critério para a redução é a colaboração para a soltura da vítima, ou seja, a pena será diminuída proporcionalmente ao auxílio prestado pelo delator.

7.4.8. Diferença entre sequestro relâmpago e extorsão mediante sequestro

O "sequestro relâmpago", como já mencionado, é uma modalidade de crime de extorsão cometido mediante a **restrição da liberdade** da vítima (e não a privação total), necessária para a obtenção da indevida vantagem econômica.

Isso não se confunde com a também restrição da liberdade, que pode ser causa de aumento de pena do crime de **roubo** (art. 157, § 2º, V, CP), mas desde que realizada pelo tempo necessário para a abordagem da vítima e para que esta não delate o agente (e não como condição necessária para a obtenção da vantagem almejada pelo roubador).

Por sua vez, há que se distinguir da **extorsão mediante sequestro**, a qual se caracteriza pela **privação total da liberdade de locomoção** da vítima, a qual é capturada pelo agente, com o fim de obter, para si ou para outrem, qualquer vantagem (econômica e indevida) como condição ou preço do resgate.

7.5. Apropriação indébita (art. 168 do CP). Considerações iniciais.

O crime de **apropriação indébita**, previsto no art. 168 do CP, evidentemente é crime contra o patrimônio, já que inserido exatamente neste título do referido diploma legal.

Portanto, o **bem jurídico** tutelado pelo crime em comento é o direito de propriedade (patrimônio).

7.5.1. Tipo objetivo

O verbo do tipo (conduta típica) é "apropriar", indicando que o agente irá apoderar-se, assenhorear-se, fazer sua a coisa de outrem. Enfim, o sujeito ativo passa a portar-se como se fosse dono da coisa.

Diz-se que a **apropriação indébita** é crime que se aperfeiçoa por conta da quebra ou violação de uma **confiança**, já que a vítima entrega a coisa ao agente por livre e espontânea vontade. Ocorre que, em momento posterior ao recebimento da coisa, o agente **inverte seu ânimo sobre o bem**, passando a comportar-se com *animus domini*.

Assim, são requisitos para a configuração da apropriação indébita:

1º) entrega livre do bem pela vítima ao agente;

2º) a posse ou detenção do bem deve ser desvigiada;

3º) ao entrar na posse ou detenção do bem, o agente não deve, desde logo, querer dele apoderar-se ou deixar de restituí-lo ao dono.

Vê-se, pois, que na apropriação indébita a primeira atitude do agente não é banhada de má-fé, eis que recebe o bem sem a intenção inicial de tê-lo para si. Porém, ato seguinte à posse ou detenção, modifica seu ânimo sobre a coisa, passando a comportar-se como se dono fosse.

A doutrina aponta duas formas de execução da apropriação indébita:

a) comportamento do agente como se dono fosse: ato seguinte ao recebimento da coisa, o agente passa a ter atitude típica de dono, dispondo da coisa ou dela se utilizando como se lhe pertencesse. Trata-se da denominada **apropriação indébita propriamente dita**;

b) negativa ou recusa na restituição da coisa: quando o legítimo proprietário da coisa a pede de volta, o agente nega-se a restituí-la, caracterizando a chamada **negativa de restituição**.

7.5.2. Tipo subjetivo

Trata-se do dolo, ou seja, a vontade livre e consciente do sujeito de apoderar-se de bem (coisa) alheio, passando a comportar-se como se fosse dono.

Diz-se que o **dolo** somente deve ser **posterior** ao recebimento da coisa. Assim não sendo, estaremos diante de possível estelionato (ex.: "A" recebe dinheiro de "B" querendo, desde logo, obter o montante para si). A doutrina, neste caso, denomina *dolo subsequens*, ou seja, a intenção de apropriar-se da coisa deve ser subsequente/posterior ao seu recebimento.

Exige-se, ainda, o *animus rem sibi habendi*, configurador do elemento subjetivo do tipo (especial fim de agir do agente).

7.5.3. Sujeitos do crime

Quanto ao **sujeito ativo**, poderá sê-lo **qualquer pessoa** que tenha a posse ou a detenção do bem, recebido de maneira **lícita** (entregue voluntariamente pela vítima).

Já o **sujeito passivo** é quem sofre a **perda patrimonial** (proprietário, possuidor etc.).

7.5.4. Consumação e tentativa

Consuma-se a apropriação indébita com a **efetiva inversão do ânimo do agente sobre a coisa** entregue pela vítima. Trata-se de aspecto de difícil aferição por se tratar de intenção. Porém, estará consumada a infração, no caso de apropriação propriamente dita, quando o agente começar a portar-se como se dono da coisa fosse (ex.: venda do bem, locação, utilização etc.). Já na negativa de restituição, estará caracterizado o momento consumativo exatamente quando o agente negar-se a devolver o bem da vítima.

Admissível a **tentativa** na apropriação indébita **propriamente dita**, não sendo possível na **negativa de restituição**.

7.5.5. Causas majoradas

A pena será aumentada em 1/3 (um terço) quando:

a) o agente receber a coisa em depósito necessário (vide arts. 647 e 649 do CC);

b) o agente receber a coisa na qualidade de tutor, curador, síndico, liquidatário, inventariante, testamenteiro ou depositário judicial;

c) o agente receber a coisa em razão de ofício, emprego ou profissão.

7.6. Estelionato (art. 171 do CP). Considerações iniciais

Trata-se de crime contra o **patrimônio**, cuja objetividade jurídica é a proteção do patrimônio alheio.

Caracteriza-se o estelionato pela existência de uma **fraude**, pela qual o agente, valendo-se de artimanhas, ludibria o ofendido a entregar-lhe uma coisa, daí obtendo vantagem ilícita.

7.6.1. Tipo objetivo

No estelionato, o agente **obtém uma vantagem.** Assim, com o emprego de **fraude**, o sujeito ativo consegue alcançar uma vantagem ilícita.

O *caput* do art. 171 do CP descreve em que pode consistir referida fraude. Poderá, portanto, o agente, para obter vantagem ilícita para si ou para outrem empregar:

a) artifício: é o uso, pelo agente, de objetos aptos a enganar a vítima (ex.: documentos falsos, roupas ou disfarces);

b) ardil: corresponde ao "bom de papo". É a conversa enganosa;

c) qualquer outro meio fraudulento: tudo o quanto puder ludibriar a vítima. Utilizou-se o legislador da interpretação analógica a fim de que outras condutas não escapem da tipicidade penal.

O agente, valendo-se do artifício, ardil ou qualquer outro meio fraudulento, induzirá a vítima ou irá mantê-la em erro, obtendo, com isso, vantagem ilícita.

Não haverá, aqui, **subtração** da coisa. Ao contrário, será ela entregue pela vítima ao agente mediante algum expediente fraudulento (artifício, ardil ou outra fraude), tendo ele, desde logo, a intenção de locupletar-se à custa alheia. Esta é a diferença maior entre o estelionato e a apropriação indébita.

Diz a doutrina que o estelionato é **crime material**, exigindo, portanto, que o agente obtenha vantagem ilícita, provocando um prejuízo material à vítima.

Apontam os juristas, ainda, que não se exige que o engodo seja crível pelo **homem médio**. Assim não fosse, as pessoas mais simples estariam desassistidas pela lei penal. Basta, portanto, que o artifício ou o ardil tenham sido suficientes a enganar a vítima.

7.6.2. Tipo subjetivo

É o **dolo**. Atua o agente, portanto, com a intenção, desde logo, de locupletar-se à custa da vítima, induzindo-a ou mantendo-a em erro.

7.6.3. Sujeitos do crime

O **sujeito ativo** é tanto o que emprega a fraude quanto o que aufere a vantagem ilícita.

Sujeito passivo será a pessoa que sofrer o prejuízo, ou ainda aquela que for enganada. Em se tratando de vítima idosa, importante destacar que a pena será aplicada em dobro. Estamos diante do denominado "Estelionato contra idoso", inserido ao Código Penal, em seu art. 171, § 4º, pela Lei 13.228/2015.

A vítima deve ser pessoa determinada. No caso de a conduta visar a vítimas indeterminadas, poderemos estar diante de crime contra a economia popular, definido na Lei 1.521/1951 (ex.: correntes, pirâmides, adulteração de combustíveis, de balanças etc.).

Se o sujeito passivo do estelionato for **pessoa idosa**, a pena será aumentada, consoante dispõe o art. 171, §4º, do CP, incluído pela Lei 13.228/2015.

7.6.4. Consumação e tentativa

Como já afirmado, o crime de estelionato é **material**, exigindo-se a verificação do resultado (obtenção da vantagem ilícita e prejuízo patrimonial à vítima).

Admissível a **tentativa** se a vítima não é enganada, de fato, pelo agente, ou, ainda que enganada, não sofre prejuízo patrimonial.

Diz-se que se o meio utilizado pelo agente for absolutamente inidôneo, não se pode cogitar de tentativa, mas sim **crime impossível** pela **ineficácia absoluta do meio**.

7.6.5. Concurso de crimes

Se o sujeito ativo, para empregar a fraude, falsifica títulos de crédito ou documentos, visando à obtenção de vantagem ilícita, poderá ser responsabilizado da seguinte maneira:

a) estelionato e falsificação, por violarem bens jurídicos distintos (patrimônio e fé pública), terão suas penas somadas (concurso material);

b) estelionato e falsificação serão atribuídos ao agente a título de concurso formal (mediante uma só ação, o sujeito praticou dois crimes);

c) a falsificação de documento, por ser crime mais grave, absorve o estelionato, de menor pena;

d) o estelionato, por ser crime-fim, absorve a falsificação (crime-meio), por conta do princípio da consunção. Este é o posicionamento do STJ, ao editar a Súmula 17: "quando o falso se exaure no estelionato, sem mais potencialidade lesiva, é por este absorvido".

7.6.6. Estelionato privilegiado

Previsto no § 1º do art. 171, terá o mesmo tratamento do furto privilegiado (pequeno valor e primariedade).

7.6.7. Formas assemelhadas

O § 2º do mesmo dispositivo legal traz outras seis hipóteses de estelionato, porém com algumas especificidades:

a) quem vende, permuta, dá em pagamento, em locação ou em garantia coisa alheia como própria;

b) quem vende, permuta, dá em pagamento ou em garantia coisa própria inalienável, gravada de ônus ou litigiosa, ou imóvel que prometeu vender a terceiro, mediante pagamento em prestações, silenciando sobre qualquer dessas circunstâncias;

c) quem defrauda, mediante alienação não consentida pelo credor ou por outro modo, a garantia pignoratícia, quando tem a posse do objeto empenhado;

d) quem defrauda substância, qualidade ou quantidade de coisa que deve entregar a alguém;

e) quem destrói, total ou parcialmente, ou oculta coisa própria, ou lesa o próprio corpo ou saúde, ou agrava as consequências da lesão ou doença, com o intuito de haver indenização ou valor de seguro;

f) quem emite cheque sem suficiente provisão de fundos em poder do sacado ou lhe frustra o pagamento (ver Súmula 554 do STF).

7.6.8. Formas majoradas

A Lei 14.155 de 2021 incluiu ao art. 171 do CP os §§ 2º-A e 2º-B, cujas redações são as seguintes:

§ 2º-A. A pena é de reclusão, de 4 (quatro) a 8 (oito) anos, e multa, se a fraude é cometida com a utilização de informações fornecidas pela vítima ou por terceiro induzido a erro por meio de redes sociais, contatos telefônicos ou envio de correio eletrônico fraudulento, ou por qualquer outro meio fraudulento análogo.

§ 2º-B. A pena prevista no § 2º-A deste artigo, considerada a relevância do resultado gravoso, aumenta-se de 1/3 (um terço) a 2/3 (dois terços), se o crime é praticado mediante a utilização de servidor mantido fora do território nacional.

Outra forma majorada de estelionato, prevista no § 3º do art. 171 do CP, que acarreta majoração da pena em 1/3 (um terço), se caracteriza pelo fato de o crime ser cometido em detrimento de entidade de direito público ou de instituto de economia popular, assistência social ou beneficência.

Se o estelionato for praticado contra idoso ou vulnerável, a pena será aumentada de 1/3 (um terço) ao dobro.

7.6.9. Ação Penal

O *Pacote Anticrime* (Lei 13.964/2019) passou a dispor da ação penal no crime de estelionato. Até então, dado o silêncio da lei, a ação seria pública incondicionada. Contudo, a partir de 23 de janeiro de 2020, data da entrada em vigor das alterações promovidas por referido diploma legal, o estelionato tornou-se crime de ação penal pública *condicionada à representação*.

A referida mudança na ação penal, que passou a exigir a representação como condição de procedibilidade, é retroativa?

O Superior Tribunal de Justiça, no julgamento do **HC 573.093-SC** (em 09/06/2020) pela sua **5ª Turma**, entendeu que a retroatividade da representação no crime de estelionato não alcança aqueles processos cuja denúncia já tenha sido oferecida, tratando-se, aqui, de ato jurídico perfeito. Já a **6ª Turma** reconheceu a possibilidade de aplicação retroativa do Pacote Anticrime, inclusive aos processos em curso, aplicando-se analogicamente o art. 91 da Lei 9.099/95 para o fim de a vítima ser intimada a manifestar interesse no prosseguimento da persecução penal, sob pena de decadência (**HC 583.837**).

Em razão de referida divergência, a 3ª Seção do STJ acabou por consolidar o entendimento de que a exigência de representação da vítima como pré-requisito para a ação penal por estelionato, introduzida pelo Pacote Anticrime, não pode ser aplicada retroativamente para beneficiar o réu nos processos que já estavam em curso.

Excepcionalmente, a ação penal no crime de estelionato será **pública incondicionada**, conforme dispõem os incisos I a IV, do novel §5º do art. 171 do CP:

> § 5º Somente se procede mediante representação, salvo se a vítima for:
>
> I – a Administração Pública, direta ou indireta;
>
> II – criança ou adolescente;
>
> III – pessoa com deficiência mental; ou
>
> IV – maior de 70 (setenta) anos de idade ou incapaz.

7.7. Receptação (art. 180, CP)

7.7.1. Tipo objetivo

O tipo previsto no art. 180 do CP é dividido em receptação própria (1ª parte) e imprópria (2ª parte).

Na receptação própria, o verbo do tipo (conduta típica) é "**adquirir, receber, transportar, conduzir ou ocultar**" em proveito próprio ou alheio, coisa que **sabe ser produto de crime**.

Já na receptação imprópria, o verbo do tipo (conduta típica) é "**influir**" para que terceiro, de boa-fé adquira, receba ou oculte coisa que sabe ser produto de crime. Assim, é possível dizer que o agente não é o receptador, mas o intermediário da atividade criminosa.

Caso o agente influa para que terceiro de boa-fé transporte ou conduza coisa que seja produto de crime, o fato será atípico, diante da omissão legislativa.

Tanto na receptação própria como na imprópria deve existir um crime antecedente, cujo objeto material coincidirá com o produto receptado.

Oportuno ressaltar que a receptação é punível, ainda que desconhecido ou isento de pena o autor do crime de que proveio a coisa, nos termos do art. 180, § 4º, do CP.

Interessante trazer à baila a posição do STJ acerca da receptação de folhas de cheque. Confira-se:

FOLHAS DE CHEQUE E OBJETO MATERIAL DO CRIME.

"A Turma, ao reconhecer a atipicidade da conduta praticada pelo paciente, concedeu a ordem para absolvê-lo do crime de receptação qualificada de folhas de cheque. Reafirmou-se a jurisprudência do Superior Tribunal de Justiça no sentido de que o talonário de cheque não possui valor econômico intrínseco, logo não pode ser objeto material do crime de receptação". HC 154.336-DF, Rel. Min. Laurita Vaz, julgado em 20.10.2011. (Inform. STJ 485)

7.7.2. Tipo subjetivo

Trata-se do dolo direto, ou seja, a vontade livre e consciente do sujeito de "adquirir, receber, transportar, conduzir ou ocultar", em proveito próprio ou alheio (elemento subjetivo do tipo), coisa que sabe ser produto de crime, ou "influir" para que terceiro, de boa-fé, adquira, receba ou oculte.

Caso o agente não soubesse ser a coisa produto de crime, muito embora pudesse saber ou tivesse dúvida a respeito, poderá configurar o crime previsto no art. 180, § 3º, do CP (receptação culposa).

7.7.3. Sujeitos do crime

Quanto ao **sujeito ativo**, poderá sê-lo qualquer pessoa, exceto o coautor ou partícipe do crime antecedente. Trata-se, portanto, de **crime comum**.

Já o **sujeito passivo** é o mesmo do delito antecedente.

7.7.4. Consumação e tentativa

O delito se consuma no momento em que a coisa sai da esfera de disponibilidade da vítima (crime material) ou quando o agente influi para que terceiro de boa-fé adquira, receba ou oculte coisa produto de crime (crime formal).

É admissível a **tentativa**.

7.7.5. Receptação qualificada

§ 1º – Adquirir, receber, transportar, conduzir, ocultar, ter em depósito, desmontar, montar, remontar, vender, expor à venda, ou de qualquer forma utilizar, em proveito próprio ou alheio, no exercício de atividade comercial ou industrial, coisa que deve saber ser produto de crime: (Redação dada pela Lei 9.426/1996)

Pena – reclusão, de três a oito anos, e multa. (Redação dada pela Lei 9.426/1996)

§ 2º – Equipara-se à atividade comercial, para efeito do parágrafo anterior, qualquer forma de comércio irregular ou clandestino, inclusive o exercício em residência. (Redação dada pela Lei 9.426/1996)

Tal modalidade de receptação configura espécie de crime próprio, já que somente poderá ser praticado por aquele que exerce atividade comercial, inclusive clandestina.

Importante ressaltar que a forma qualificada traz outras condutas típicas distintas do *caput*, tais como ter em depósito, desmontar, montar, remontar, vender, expor à venda, ou de qualquer forma utilizar, em proveito próprio ou alheio.

Ainda, o § 1º do art. 180 do CP utiliza a expressão "deve saber", ao invés de "sabe", o que gerou grande discussão doutrinária e jurisprudencial.

Para alguns, somente abarcaria o dolo eventual, razão pela qual o agente que atua com dolo direto deve responder por crime menos grave (art. 180, *caput*, CP).

Em contrapartida, para outros, tal solução seria incongruente, motivo pelo qual o § 1º englobaria tanto o dolo direito como o eventual.

7.7.6. Receptação culposa

§ 3º – Adquirir ou receber coisa que, por sua natureza ou pela desproporção entre o valor e o preço, ou pela condição de quem a oferece, deve presumir-se obtida por meio criminoso: (Redação dada pela Lei 9.426/1996).

Pena – detenção, de um mês a um ano, ou multa, ou ambas as penas. (Redação dada pela Lei 9.426/1996).

São requisitos configuradores da receptação culposa: a) adquirir ou receber coisa; b) que por sua natureza ou pela manifesta desproporção entre o valor e o preço ou pela condição de quem a oferece; c) deva presumir ser obtida por meio criminoso.

7.7.7. Perdão judicial e privilégio

§ 5º – Na hipótese do § 3º, se o criminoso é primário, pode o juiz, tendo em consideração as circunstâncias, deixar de aplicar a pena. Na receptação dolosa aplica-se o disposto no § 2º do art. 155. (Incluído pela Lei 9.426/1996).

O perdão judicial é aplicável somente no caso de receptação culposa. Já no caso do privilégio, aplica-se o mesmo instituto previsto para o delito de furto, mas somente à receptação dolosa.

O § 2º do art. 155 do CP, cuja natureza jurídica é de **causa especial de diminuição de pena**, é denominado pela doutrina de **furto privilegiado**.

Incidirá quando o agente for **primário** (ausência de reincidência – art. 64, I, CP – **aspecto subjetivo**) e a coisa for de pequeno valor (**aspecto objetivo**). Entende a doutrina e jurisprudência majoritárias como de **pequeno valor** o bem que não ultrapasse **um salário mínimo** no momento do crime.

Verificados os dois requisitos (primariedade e pequeno valor da coisa), o juiz poderá (em realidade, DEVERÁ – trata-se de direito subjetivo do acusado) **substituir a pena de reclusão pela de detenção, diminuí-la de um a dois terços ou aplicar somente a pena de multa.**

Dentre as opções grifadas, sem dúvida **a mais benéfica é a aplicação da PENA DE MULTA**, eis que o seu descumprimento não poderá ensejar a restrição da liberdade do agente, mas ser cobrada como dívida de valor (*vide* art. 51 do CP).

Se o bem receptado for de **ÍNFIMO VALOR** (e não apenas de pequeno valor), pode-se sustentar a **insignificância penal**, por ausência de lesividade ao bem jurídico protegido pelo crime.

7.7.8. Causas de aumento de pena

Nos termos do art. 180, § 6º, do CP, com a redação que lhe foi dada pela Lei 13.531, de 7 de dezembro de 2017, tratando-se de bens e instalações do patrimônio da União, Estado, Distrito Federal, Município ou autarquia, fundação pública, empresa pública, sociedade de economia mista ou empresa concessionária de serviços públicos, a pena prevista no *caput* deste artigo aplica-se em dobro.

7.7.9. Ação penal

A ação penal é pública incondicionada, em regra.

7.7.10. Receptação de semovente domesticável de produção

Com o advento da Lei 13.330/2016, que incluiu ao art. 155 do CP mais uma qualificadora (§ 6º), optou o legislador por dispor, em tipo penal autônomo, acerca do crime de **receptação de semovente domesticável de produção** (art. 180-A, CP).

Assim, responderá pelo crime em comento aquele que adquirir, receber, transportar, conduzir, ocultar, tiver em depósito ou vender, com a finalidade de produção ou de comercialização, semovente domesticável de produção, ainda que abatido ou dividido em partes, que deve saber ser produto de crime.

Trata-se, evidentemente, de crime doloso. Diante da redação prevista no tipo penal ("... que deve saber ser produto de crime"), conclui-se que o agente poderá agir com dolo direto ou eventual.

A pena para essa modalidade de receptação é a mesma prevista para o furto de semovente domesticável de produção, qual seja, de 2 a 5 anos de reclusão.

7.8. Escusas absolutórias (arts. 181 a 183, CP)

7.8.1. Conceito

As escusas absolutórias previstas nos arts. 181 e 182, CP são **imunidades penais** instituídas por razões **de política criminal**. A fim de que o Estado não interfira sobremaneira nas relações familiares, prevê o CP, em alguns casos, a **isenção de pena** àqueles que cometerem certos crimes contra o patrimônio (arts. 155 a 180, CP) em face de determinadas pessoas próximas.

Nas situações previstas no precitado art. 181, analisado a seguir, sequer inquérito policial deverá ser instaurado, visto que a persecução penal, inclusive a extrajudicial, fica comprometida pela inviabilidade de futura punição. Todavia, caso a autoridade policial somente constate a ocorrência de qualquer das imunidades absolutas previstas no item abaixo no curso das investigações, deverá relatar o IP e remetê-lo ao Poder Judiciário, cabendo ao Ministério Público requerer o arquivamento dos autos.

Vejamos.

7.8.2. Imunidades penais absolutas (art. 181, CP)

Haverá a **isenção** de pena do agente nos seguintes casos:

a) Crime cometido em prejuízo de **cônjuge**, na **constância da sociedade conjugal** (estende-se ao companheiro, por isonomia);

b) Crime cometido contra **ascendente** ou **descendente,** qualquer que seja o grau.

7.8.3. Imunidades penais relativas (art. 182, CP)

As imunidades penais relativas, ou processuais, **não isentam de pena** o agente. Contudo, será de rigor a necessidade de **representação do ofendido** nos seguintes casos:

a) Crime cometido em prejuízo de **ex-cônjuge** (estende-se, por analogia *in bonam partem*, ao ex-companheiro);

b) Crime praticado entre irmãos; e

c) Crime cometido contra tio ou sobrinho, desde que exista coabitação.

Nos casos acima, a autoridade policial somente poderá instaurar inquérito policial se houver a representação do ofendido ou de seu representante legal. Se não verificada a condição de procedibilidade, inviável a persecução penal extrajudicial.

7.8.4. Exceção às imunidades penais (art. 183, CP)

Não haverá incidência dos arts. 181 e 182, CP (imunidades penais absoluta e relativas) nos seguintes casos:

a) Se o crime for cometido com violência ou grave ameaça à pessoa;

b) Com relação ao terceiro que participa/concorre para o crime;

c) Se a vítima for idosa (idade igual ou superior a sessenta anos).

8. CRIMES CONTRA A DIGNIDADE SEXUAL

8.1. Nova nomenclatura (Lei 12.015/2009)

Com o advento da Lei 12.015/2009, o crime contra os costumes passou a se denominar **crime contra a dignidade sexual**.

Antes se falava em crime **contra os costumes**, pois era o comportamento sexual da sociedade que preocupava, ou seja, dizia respeito a uma ética sexual (comportamento mediano esperado pela sociedade quanto à atividade sexual). Com a alteração, passou-se a tutelar a **dignidade sexual** como um reflexo da pessoa humana e não somente da mulher. Isso porque a **dignidade humana** também gera um reflexo sexual.

8.2. Estupro (art. 213 do CP)

8.2.1. Considerações iniciais

Trata-se de crime que atenta contra a **liberdade sexual**. Desse modo, o bem jurídico tutelado é o direito fundamental de todo ser humano (e não apenas a mulher) de **escolher** o seu parceiro sexual e o **momento** em que com ele vai praticar a relação sexual.

8.2.2. Tipo objetivo

O verbo do tipo (conduta típica) é "constranger", que transmite a ideia de forçar ou compelir (fazer algo contra a sua vontade). É, em verdade, um constrangimento ilegal com uma finalidade específica, qual seja, a prática de um ato sexual.

Após a Lei 12.015/2009, o agente constrange alguém, mediante violência ou grave ameaça, a ter conjunção carnal ou a praticar ou a permitir que com ele se pratique outro ato libidinoso.

Assim, o agente constrange a vítima (homem ou mulher) à prática de **conjunção carnal**. Entende-se esta como a relação sexual "natural" entre homem e mulher. Diz-se, portanto, que o estupro exige, para sua configuração, que o homem introduza seu pênis na cavidade vaginal da mulher, total ou parcialmente.

Também será crime de estupro o **constrangimento** de alguém à prática de **ato libidinoso diverso da conjunção carnal**, ou ainda, que haja o constrangimento da vítima a **consentir que com ela seja praticada referida espécie de ato (antigo crime de atentado violento ao pudor)**.

Diz-se que o **ato libidinoso** é todo aquele que decorre da **concupiscência humana**. O ato diverso **da conjunção carnal** é, por exemplo, o coito anal, sexo oral, masturbação etc.

Todo estupro pressupõe o **dissenso da vítima**, ou seja, sua não concordância com o ato sexual.

A discordância decorre da prática de **violência (emprego de força física contra vítima) ou grave ameaça (promessa de um mal injusto e grave, passível de realização)** pelo agente. São estes os dois **meios executórios** do estupro.

Após a alteração, não há mais a violência presumida, antes prevista no art. 224, CP, o qual foi revogado expressamente pela Lei 12.015/2009. De igual modo foi revogado tacitamente o art. 9º da Lei dos Crimes Hediondos, o qual fazia alusão ao art. 224, CP.

Segundo parte da doutrina, o **uso de instrumentos mecânicos ou artificiais**, desde que acoplados ao pênis do estuprador, não desnaturam o delito em comento.

8.2.3. Tipo subjetivo

Trata-se do **dolo**, ou seja, a vontade livre e consciente do sujeito de constranger alguém a manter relacionamento sexual contra sua vontade.

A lei não exige o elemento subjetivo específico de satisfação da própria lascívia. Assim, também restaria configurado o crime de estupro por qualquer outro motivo (ex.: por vingança, para humilhar etc.).

8.2.4. Sujeitos do crime

Quanto ao **sujeito ativo**, antes da alteração somente era o homem, visto que exigia a conjunção carnal, que pressupõe a introdução total ou parcial do pênis (órgão sexual masculino) na vagina (órgão sexual feminino).

Já o **sujeito passivo, por consequência,** somente poderia ser a **mulher**. Era absolutamente errada a afirmação de que homem poderia ser estuprado.

Agora, os sujeitos ativo e passivo podem ser qualquer pessoa, tanto o homem quanto a mulher (crime bicomum e não mais bipróprio).

8.2.5. Consumação e tentativa

Consuma-se o estupro com a introdução ou penetração (ainda que parcial) do pênis na cavidade vaginal da vítima. Ainda, em relação a outros atos diversos da conjunção carnal, consumam-se quando da sua realização.

Desse modo, classifica-se o estupro como sendo um crime material, cujo tipo penal prevê uma conduta (constranger alguém, mediante violência ou grave ameaça) e um resultado naturalístico (prática de conjunção carnal ou outro ato libidinoso diverso).

Admissível a **tentativa** se o agente não conseguir introduzir o membro viril na genitália feminina ou não consegue realizar qualquer outro ato sexual, por circunstâncias alheias à sua vontade.

8.2.6. Espécies de estupro

Há três espécies de estupro:

a) **simples**: art. 213, *caput*, CP;

b) **qualificado**:

b.1) art. 213, § 1º, CP:

b.1.1.) se da conduta resulta lesão corporal de natureza grave (culposa);

b1.2) se a vítima é menor de 18 anos ou maior de 14 anos;

b.2) art. 213, § 2º, CP: se da conduta resulta morte (culposa).

No caso das qualificadoras relativas à lesão corporal grave e morte, ambas são figuras **preterdolosas,** de acordo com entendimento majoritário na doutrina e jurisprudência. O estupro é doloso, mas o resultado agravador é culposo. Corrente minoritária entende que pode haver dolo ou culpa no resultado agravador;

c) **majorado**: arts. 226 e art. 234-A, do CP, tratam das causas de aumento de pena para o estupro, já com as alterações promovidas pela Lei 13.718/2018:

c.1) aumenta-se de 1/3 a 2/3, quando o crime é cometido mediante concurso de duas ou mais pessoas. Fala-se, aqui em **estupro coletivo**, cuja majorante foi acrescentada pela precitada Lei 13.718/2018 (art. 226, IV, "a", do CP);

c.2) aumenta-se de 1/3 a 2/3 se o crime for praticado para controlar o comportamento social ou sexual da vítima. Trata-se de nova majorante, prevista no art. 226, IV, "b", do CP, denominada de **estupro corretivo**. Tenciona o agente, ao estuprar a vítima, "corrigir" seu comportamento sexual ou social supostamente "incorreto" (ex.: "A" estupra "B", lésbica, para demonstrar-lhe que o correto é a relação heterossexual);

c.3) aumenta-se de 1/2, se o agente é ascendente, padrasto ou madrasta, tio, irmão, cônjuge, companheiro, tutor, curador, preceptor ou empregador da vítima ou por qualquer outro título tiver autoridade sobre ela (art. 226, II, do CP, com redação que lhe foi dada pela Lei 13.718/2018);

c.4) aumenta-se de 1/2 a 2/3, se do crime resulta gravidez (majorante ampliada pela Lei 13.718/2018). Trata-se de majorante prevista no art. 234-A, III, CP;

c.5) aumenta-se de 1/3 a 2/3, se o agente transmite à vítima doença sexualmente transmissível de que sabe ou deveria saber ser portador, ou se a vítima é idosa ou pessoa com deficiência (majorante ampliada pela Lei 13.718/2018). A causa de aumento em tela vem prevista no art. 234-A, IV, do CP. Exige-se, aqui, a efetiva transmissão da doença sexualmente transmissível.

Outrossim, cumpre ressaltar que o estupro, em todas as suas modalidades, é **hediondo** (simples, qualificado e de vulnerável).

8.2.7. Do antigo atentado violento ao pudor (art. 214 do CP)

O artigo 214, CP, foi formalmente revogado, tendo a sua conduta sido absorvida pelo art. 213, CP.

Como já ressaltado acima, o novo art. 213 é uma soma do antigo estupro mais o revogado crime de atentado violento ao pudor.

Assim, não há que falar em *abolitio criminis* da conduta prevista no revogado crime de atentado violento ao pudor, na medida em que somente houve a revogação formal do tipo penal, mas não material, continuando o fato a ser típico, porém em outro tipo penal, qual seja, o de estupro, previsto no art. 213, CP (princípio da continuidade típico-normativa).

8.3. Estupro de vulnerável (art. 217-A, CP)

8.3.1. Tipo objetivo

Aplica-se aqui tudo o que já fora explicitado ao delito de estupro.

8.3.2. Tipo subjetivo

De igual modo, aplica-se o que já fora explicitado ao delito de estupro.

8.3.3. Sujeitos do crime

Há importante ressalva a ser feita quanto ao sujeito passivo, qual seja, a de que somente as pessoas vulneráveis podem ser vítimas do crime de estupro de vulnerável. Entende-se por pessoa vulnerável: a pessoa menor de 14 anos (art. 217-A, *caput*, CP), enferma ou doente mental que não tenha o necessário discernimento para o ato sexual ou que, por qualquer outra causa, não possa oferecer resistência (art. 217-A, § 1º, CP).

Quanto à vítima menor de 14 (quatorze) anos, o STJ, por meio da **Súmula 593**, pacificou o entendimento segundo o qual o consentimento do ofendido para a prática do ato sexual é absolutamente indiferente para a caracterização do crime em comento, bem como a prévia experiência sexual. Confira-se: *"O crime de estupro de vulnerável configura com a conjunção carnal ou prática de ato libidinoso com menor de 14 anos, sendo irrelevante o eventual consentimento da vítima para a prática do ato, experiência sexual anterior ou existência de relacionamento amoroso com o agente."*

Registre-se, por oportuno, que a Lei 13.718/2018 acrescentou ao art. 217-A o § 5º, assim redigido: "As penas previstas no **caput** e nos §§ 1º, 3º e 4º deste artigo aplicam-se independentemente do consentimento da vítima ou do fato de ela ter mantido relações sexuais anteriormente ao crime."

No tocante à vulnerabilidade decorrente da idade, o STJ, conforme já mencionado anteriormente, sumulou o entendimento de que o eventual consentimento do ofendido não afasta o crime, bem como a existência de relacionamento amoro ou prévia experiência sexual.

Já com relação às demais hipóteses de vulnerabilidade, quais sejam, aquelas referentes aos portadores de enfermidade ou deficiência mental e àqueles que, por qualquer outra causa, não possam oferecer resistência, parece-nos que o legislador se equivocou.

No tocante às pessoas com deficiência mental, tal aspecto, de índole biológica, não poderá, por si só, atribuir-lhes a pecha de vulneráveis sexuais. É que o art. 6º, II, do Estatuto da Pessoa com Deficiência (Lei 13.146/2015), expressamente prevê que a deficiência não afeta a plena capacidade civil da pessoa, inclusive para **exercer direitos sexuais e reprodutivos**.

Assim, fazendo-se uma interpretação sistemática, e não meramente estanque do art. 217-A, §5º, do CP, chegamos à conclusão de que os deficientes mentais somente serão considerados vulneráveis, do ponto de vista sexual, e, portanto, vítimas de estupro de vulnerável, quando, em razão da deficiência, não tiverem o necessário discernimento para a prática do ato sexual. Caso contrário, estar-se-á retirando dos deficientes mentais a liberdade sexual, ínsita à dignidade da pessoa humana, transformando seus eventuais parceiros em "estupradores de vulneráveis".

8.3.4. Consumação e tentativa

Aplica-se o que já foi dito ao estupro.

8.3.5. Espécies de estupro de vulnerável

Há três espécies de estupro de vulnerável:

a) **simples**: art. 217-A, *caput*, CP;

b) **qualificado**:

b.1) art. 217-A, § 3º, CP: se da conduta resulta lesão corporal de natureza grave (culposa);

b.2) art. 217-A, § 4º, CP: se da conduta resulta morte (culposa).

No caso das qualificadoras relativas à lesão corporal grave e morte, ambas são figuras **preterdolosas,** de acordo com entendimento majoritário na doutrina e jurisprudência. O estupro é doloso, mas o resultado agravador é culposo. Corrente minoritária entende que pode haver dolo ou culpa no resultado agravador;

c) **majorado**: arts. 226 e art. 234-A, do CP, tratam das causas de aumento de pena para o estupro, já com as alterações promovidas pela Lei 13.718/2018:

c.1) aumenta-se de 1/3 a 2/3, quando o crime é cometido mediante concurso de duas ou mais pessoas. Fala-se, aqui, em **estupro coletivo**, cuja majorante foi acrescentada pela precitada Lei 13.718/2018 (art. 226, IV, "a", do CP);

c.2) aumenta-se de 1/3 a 2/3 se o crime for praticado para controlar o comportamento social ou sexual da vítima. Trata-se de nova majorante, prevista no art. 226, IV, "b", do CP, denominada de **estupro corretivo**. Tenciona o agente, ao estuprar a vítima, "corrigir" seu comportamento sexual ou social supostamente "incorreto" (ex.: "A" estupra "B", lésbica, para demonstrar-lhe que o correto é a relação heterossexual);

c.3) aumenta-se de 1/2, se o agente é ascendente, padrasto ou madrasta, tio, irmão, cônjuge, companheiro, tutor, curador, preceptor ou empregador da vítima ou por qualquer outro título tiver autoridade sobre ela (art. 226, II, do CP, com redação que lhe foi dada pela Lei 13.718/2018);

c.4) aumenta-se de 1/2 a 2/3, se do crime resulta gravidez (majorante ampliada pela Lei 13.718/2018). Trata-se de majorante prevista no art. 234-A, III, CP;

c.5) aumenta-se de 1/3 a 2/3, se o agente transmite à vítima doença sexualmente transmissível de que sabe ou deveria saber ser portador, ou se a vítima é idosa ou pessoa com deficiência (majorante ampliada pela Lei 13.718/2018). A causa de aumento em tela vem prevista no art. 234-A, IV, do CP. Exige-se, aqui, a efetiva transmissão da doença sexualmente transmissível.

Outrossim, cumpre ressaltar que o estupro, em todas as suas modalidades, é **hediondo** (simples, qualificado e de vulnerável).

8.3.6. Questões polêmicas

8.3.6.1. Concurso de crimes

Um dos grandes reflexos da alteração pela Lei 12.015/2009 nos crimes sexuais foi a caracterização do concurso de crimes.

Era pacífico na doutrina que, em havendo um ato de conjunção carnal e outro ato libidinoso diverso de conjunção carnal, no mesmo contexto fático, haveria concurso material entre as infrações.

Segundo o STF, pelo fato de o estupro e de o atentado violento ao pudor não pertencerem ao mesmo tipo penal, não eram considerados crimes da mesma espécie e, por conseguinte, não restaria caracterizada a continuidade delitiva entre eles, mas o concurso material de crimes. No mesmo sentido era o entendimento da 5ª Turma do STJ.

Outro era o entendimento da 6ª Turma do STJ, no sentido de que estupro e atentado violento ao pudor eram crimes da mesma espécie, pois ofendiam ao mesmo bem jurídico (liberdade sexual), o que ensejava a caracterização do crime continuado.

Todavia, com a junção das condutas em um tipo penal não seria mais cabível, em tese, sustentar a aplicação do concurso material, quando houvesse vários atos libidinosos em um mesmo contexto fático. Afastou também a discussão de ser impossível a continuidade delitiva.

Daí ter surgido outra discussão: se o art. 213, CP, é um tipo misto alternativo ou cumulativo.

Vem-se defendendo, tanto na doutrina quanto na jurisprudência, que se trata de um tipo misto alternativo. Consequentemente, aquele que constrange alguém à conjunção carnal e também a outro ato diverso da conjunção carnal, no mesmo contexto fático, responderá por um crime apenas. Somente haverá concurso material no caso de haver vítimas diversas ou contextos fáticos diversos, desde que não preenchidos os requisitos da continuidade delitiva.

Por outro lado, há quem sustente que se trata de um tipo misto cumulativo, ou seja, se houve atos libidinosos diversos, será aplicável o concurso material. Esse entendimento é corroborado pela 5ª Turma do STJ.

Tal discussão ainda não foi pacificada na jurisprudência.

8.3.6.2. Aniversário de 14 anos

Outra questão polêmica que surgiu com o advento da Lei 12.015/2009 foi o enquadramento típico quando a vítima for estuprada no dia do seu aniversário de 14 anos.

Isso porque, segundo o art. 213, § 1º, CP, o crime de estupro será qualificado se a vítima for menor de 18 anos ou *maior* de 14 anos.

Já o art. 217-A, CP, preleciona que será estupro de vulnerável o fato de ter conjunção carnal ou praticar outro ato libidinoso com *menor* de 14 anos.

Pela mera interpretação literal, se a vítima for estuprada no dia do seu 14º aniversário, seria estupro simples.

Assim, a melhor interpretação, para se evitar injustiças por falha do legislador, é afastar a hipótese de estupro simples, pois no dia seguinte ao 14º aniversário já seria estupro qualificado, crime mais grave, gerando um contrassenso.

Portanto, deve-se considerar como sendo estupro qualificado ou estupro de vulnerável. Como se trata de analogia, a melhor opção é a primeira, cuja pena é menor e mais benéfica ao réu.

8.3.6.3. Ação penal

Até o advento da Lei 12.015/2009, consoante se depreendia da redação original do art. 225, *caput*, do CP, a ação penal era, em regra, **privada**. Dependia, porém, de **representação**, quando a vítima ou seus pais não pudessem prover às despesas do processo sem que isso causasse prejuízo à manutenção própria ou familiar, caso em que se exigia a representação como condição de procedibilidade (antigo art. 225, § 1º, I e §2º, CP). Finalmente, a ação era pública **incondicionada** nos casos de abuso do poder familiar (antigo pátrio poder), ou da qualidade de padrasto, tutor ou curador.

Porém, quando das alterações promovidas pela precitada Lei 12.015/2009, a regra passou a ser a de que a ação penal nos crimes contra a dignidade sexual seria **pública condicionada à representação**. Excepcionalmente, a ação penal seria **pública incondicionada**, quando a *vítima fosse menor de 18 anos ou quando a pessoa fosse vulnerável*, conforme o então art. 225, parágrafo único, do CP.

Ocorre que a **Lei 13.718/2018** alterou completamente o panorama. Doravante, a ação penal nos crimes contra a dignidade sexual tratados nos Capítulos I e II, do Título VI, da Parte Especial do CP, será **pública incondicionada**. Com esta alteração, não há mais a exigência de manifestação de vontade da vítima, cabendo à autoridade policial, ciente da prática de crime sexual, instaurar o inquérito policial de ofício, bem como ao Ministério Público oferecer a denúncia.

Com a modificação da natureza da ação penal, perde completamente o sentido anterior discussão doutrinária e jurisprudencial acerca do estupro qualificado pela lesão corporal grave e pela morte, que, pelo regime anterior, também, a rigor, dependeriam de representação da vítima. Em razão disso, o então Procurador-Geral da República ajuizou uma ADI (de n. 4301) contra o art. 225, CP, para reconhecer a ofensa ao princípio da proporcionalidade, pela proteção insuficiente ao bem jurídico. Ou seja, a ação penal pública condicionada no crime sexual de estupro qualificado protegeria o bem jurídico de forma insuficiente e, em muitos casos, gerando até a impunidade (risco de extinção da punibilidade pela decadência do direito de representação). Com as alterações promovidas pela Lei 13.718/2018, a referida ADI perdeu seu sentido.

Também não há mais sentido em sustentar-se a aplicabilidade da **Súmula 608 do STF**, segundo a qual no estupro praticado com violência real, a ação penal é pública incondicionada. Referida Súmula, diga-se de passagem, é anterior até mesmo à CF/88, tendo sido editada quando a regra geral para os crimes sexuais (antigos crimes contra os costumes) era a ação penal ser privada. Agora, sendo os crimes contra a liberdade sexual e os crimes sexuais contra vulnerável de ação penal pública incondicionada, está superada a discussão acerca da incidência da aludida Súmula 608.

8.3.7. Novos crimes contra a dignidade sexual incluídos ao CP pela Lei 13.718/2018

A Lei 13.718/2018, além de promover algumas relevantes alterações no Título VI da Parte Especial do CP, como já analisamos nos itens antecedentes, cuidou de incluir duas novas figuras criminosas aos Capítulos I e II, quais sejam, a importunação sexual (art. 215-A) e a divulgação de cena de estupro ou de cena de estupro de vulnerável, de cena de sexo ou pornografia (art. 218-C).

Analisemos, brevemente, cada uma das infrações penais referidas.

8.3.7.1. Importunação sexual (art. 215-A do CP)

O novel dispositivo legal, introduzido ao CP pela Lei 13.718/2018 assim dispõe:

> Art. 215-A. Praticar contra alguém e sem a sua anuência ato libidinoso com o objetivo de satisfazer a própria lascívia ou a de terceiro:
>
> Pena – reclusão, de 1 (um) a 5 (cinco) anos, se o ato não constitui crime mais grave.

Veremos, adiante, os principais aspectos do tipo penal em comento.

a) **sujeitos do crime**: tanto autor como vítima poderão ser homem ou mulher. Basta analisar a expressão "alguém" contida no art. 215-A, denotando, pois, ausência de condição especial de agente e vítima. Estamos, portanto, diante de crime comum.

b) **conduta nuclear**: é praticar ato libidinoso. Assim, configura-se o crime quando o agente praticar atos com conotação sexual contra a vítima, sem o seu consentimento, com a finalidade de satisfazer a própria lascívia ou a de terceiro. É o caso, por exemplo, de homem que se masturba no interior de transporte coletivo, ejaculando em alguém. Houve, com o advento do art. 215-A do CP, a revogação do art. 61 da Lei das Contravenções Penais, que tipificava a contravenção de importunação ofensiva ao pudor. Doravante, aquilo que constituía mera contravenção, agora passa a ser crime. Não se trata, aqui, de abolitio criminis, mas de nítida continuidade normativo-típica.

c) **consumação e tentativa**: consuma-se a importunação sexual quando o agente, efetivamente, praticar o ato libidinoso contra a vítima, afrontando, assim, sua dignidade sexual. Será admissível a tentativa, por se tratar de infração plurissubsistente.

d) **subsidiariedade expressa**: o crime em comento é subsidiário, ou seja, somente se caracterizará quando a importunação sexual não constituir crime mais grave. É o que se vê no preceito secundário do art. 215-A: "reclusão, de 1 (um) a 5 (cinco) anos, se o ato não constitui crime ais grave". Portanto, se o agente praticar atos libidinosos contra a vítima, sem sua anuência, empregando grave ameaça ou violência, cometerá estupro (art. 213), ou, se se tratar de vítima vulnerável, ainda que com seu consentimento, estupro de vulnerável (art. 217-A).

8.3.7.2. Divulgação de cena de estupro ou de cena de estupro de vulnerável, de cena de sexo ou de pornografia (art. 218-C do CP)

Trata-se de nova figura criminosa prevista no art. 218-C do CP, introduzido pela Lei 13.718/2018. Confira-se:

> Art. 218-C. Oferecer, trocar, disponibilizar, transmitir, vender ou expor à venda, distribuir, publicar ou divulgar, por qualquer meio – inclusive por meio de comunicação de massa ou sistema de informática ou telemática -, fotografia, vídeo ou outro registro audiovisual que contenha cena de estupro ou

de estupro de vulnerável ou que faça apologia ou induza a sua prática, ou, sem o consentimento da vítima, cena de sexo, nudez ou pornografia: (Incluído pela Lei 13.718, de 2018).

Pena – reclusão, de 1 (um) a 5 (cinco) anos, se o fato não constitui crime mais grave.

Analisemos, a seguir, os principais aspectos do crime em testilha.

a) **sujeitos do crime**: poderá ser sujeito ativo qualquer pessoa, ou seja, homem ou mulher (crime comum). Igualmente, a vítima poderá ser qualquer pessoa (homem ou mulher). Importante registrar que se se tratar de pessoa que mantenha ou tenha mantido relação íntima de afeto com a vítima, a pena será majorada (art. 218-C, §1º, CP).

b) **condutas típicas**: o art. 218-C, *caput*, do CP, contém nove verbos (oferecer, trocar, disponibilizar, transmitir, vender, expor à venda, distribuir, publicar ou divulgar), tratando-se, pois, de **crime de ação múltipla** (tipo misto alternativo). Assim, caso o agente realize mais de um verbo no mesmo contexto fático, terá cometido crime único, porém, com possibilidade de majoração da pena-base pelo juiz.

c) **meios de execução**: o sujeito ativo poderá praticar qualquer dos verbos do tipo por **qualquer meio**, vale dizer, inclusive por meio de comunicação de massa ou sistema de informática ou telemática, como redes sociais, Whatsapp, Telegram, Messenger etc.

d) **objetos materiais**: a conduta do agente terá em mira **fotografias**, **vídeos** ou **outros registros audiovisuais** que contenham cena de estupro (art. 213 do CP) ou de estupro de vulnerável (art. 217-A do CP). Importante registrar que a divulgação de cenas de estupro de crianças e adolescentes menores de quatorze anos (que também são vulneráveis, de acordo com o art. 217-A, caput) configurará crime especial (arts. 241 ou 241-A do ECA). Portanto, somente a divulgação de cena de estupro de pessoas enfermas ou deficientes mentais que não tenham o necessário discernimento para a prática do ato, ou que por qualquer outra causa não possam oferecer resistência, constituirá crime do art. 218-C do CP. Também configura o crime em comento a dispersão de material que faça apologia ou induza a prática de estupro, como, por exemplo, vídeos em que alguém incite a prática de referido crime sexual. Finalmente, também praticará o crime aquele que divulgar cenas de sexo, nudez ou pornografia sem o consentimento da vítima. Aqui, não se fala em cenas de violência sexual (estupro ou estupro de vulnerável), mas, simplesmente, de cenas não autorizadas pela pessoa fotografada ou gravada. Assim, praticará crime o homem que, durante relação sexual com determinada mulher, gravá-la e posteriormente compartilhá-la em grupos ou redes sociais, sem a anuência da vítima.

e) **consumação e tentativa**: haverá consumação no momento da prática de qualquer um dos verbos do tipo. Alguns deles constituem crimes permanentes, como, por exemplo, nas modalidades "expor à venda", "disponibilizar" e "divulgar". Assim, enquanto as cenas estiverem disponíveis para acesso, o crime estará se consumando. Admissível a tentativa, exceto com relação à conduta de "oferecer". Uma vez ofertada a cena de estupro ou de nudez, o crime já estará consumado.

f) **formas majoradas**: a pena será aumentada de um a dois terços, conforme dispõe o art. 218-C, §1º, se *o crime é praticado por agente que mantém ou tenha mantido relação íntima de afeto com a vítima ou com o fim de vingança ou humilhação.*

Na primeira parte, pune-se com maior rigor o agente que tenha cometido o crime contra pessoa com a qual tenha mantido, ou ainda mantenha, relação íntima de afeto, como a decorrente de casamento, noivado, namoro prolongado. Na segunda parte, a punição será mais rigorosa quando o agente, independentemente de relação íntima pretérita com a vítima, tenha praticado o crime com finalidade específica (vingança ou humilhação). É o que se denomina de *revenge porn*, ou pornografia de vingança, que ocorre, geralmente, após o término de um relacionamento amoroso, quando uma das pessoas, por raiva pelo fim da relação, divulga cenas de nudez ou de sexo com a outra.

g) **exclusão da ilicitude**: nos termos do art. 218-C, §2º, do CP, não há crime quando o agente pratica as condutas descritas no **caput** deste artigo em publicação de natureza jornalística, científica, cultural ou acadêmica com a adoção de recurso que impossibilite a identificação da vítima, ressalvada sua prévia autorização, caso seja maior de 18 (dezoito) anos.

8.3.7.3. Registro não autorizado da intimidade sexual (art. 216-B do CP)

A Lei 13.772, de 19 de dezembro de 2018, promoveu a inclusão de mais um crime contra a dignidade sexual, cujo *nomem juris* escolhido pelo legislador foi o de **registro não autorizado da intimidade sexual,** inserido no Capítulo I-A do Título VI da Parte Especial do Código Penal, denominado "Da exposição da intimidade sexual". Confira-se o novel tipo penal:

Art. 216-B. Produzir, fotografar, filmar ou registrar, por qualquer meio, conteúdo com cena de nudez ou ato sexual ou libidinoso de caráter íntimo e privado sem autorização dos participantes:

Pena – detenção, de 6 (seis) meses a 1 (um) ano, e multa.

Parágrafo único. Na mesma pena incorre quem realiza montagem em fotografia, vídeo, áudio ou qualquer outro registro com o fim de incluir pessoa em cena de nudez ou ato sexual ou libidinoso de caráter íntimo.

Analisemos a seguir os principais aspectos do crime em comento:

a) **sujeitos do crime**: poderá ser sujeito ativo qualquer pessoa, ou seja, homem ou mulher (crime comum). Igualmente, a vítima poderá ser qualquer pessoa (homem ou mulher). Trata-se, portanto, de um crime bicomum.

b) **condutas típicas**: o art. 216-B, *caput*, do CP, contém quatro verbos (produzir, fotografar, filmar ou registrar), tratando-se, pois, de **crime de ação múltipla** (tipo misto alternativo). Assim, caso o agente realize mais de um verbo no mesmo contexto fático, terá cometido crime único, porém, com possibilidade de majoração da pena-base pelo juiz. Perceba que, diferentemente do crime do art. 218-C, que pune, notadamente, a divulgação de cenas de sexo, o tipo em análise criminaliza a conduta do agente que, de maneira geral, capta indevidamente as cenas de nudez ou de atos sexuais ou libidinosos de caráter íntimo e privado. É certo que o anterior registro de cenas de nudez, não autorizadas pelos participantes, e posterior disponibilização delas em meios de comunicação (ex.: internet), acarretará, até porque perpetradas em contextos fáticos distintos, o reconhecimento de concurso material de crimes (arts. 216-B e 218-C, ambos do CP). Consideram-se cenas de nudez ou atos sexuais ou libidinosos de caráter íntimo e privado aquelas que ocorrem em locais onde a intimidade dos participantes se mantenha resguardada. A *contrario sensu*, caso uma relação sexual ocorra em um local público ou acessível ao público (ex.: praias, estacionamentos de shopping centers etc.), a filmagem das cenas não configurará, ainda que sem autorização dos participantes, o crime sob enfoque, eis que a intimidade sexual não estará sendo efetivamente violada. Tencionou o legislador, obviamente, tutelar a intimidade sexual em ambientes privados.

c) **meios de execução**: o sujeito ativo poderá praticar qualquer dos verbos do tipo por **qualquer meio**. Em regra, os registros de imagens ocorrem por equipamentos eletrônicos, tais como câmeras fotográficas, filmadoras, ou, mais modernamente, até por smartphones.

d) **objetos materiais**: a conduta do agente terá em mira **cena de nudez** ou **ato sexual** ou **libidinoso** de **caráter íntimo e privado**. Não estamos, aqui, diferentemente do crime do art. 218-C do CP, diante e cenas de estupro ou estupro de vulnerável, mas de cenas de nudez ou de atos com conotação sexual praticados no âmbito íntimo e privado.

e) **consumação e tentativa**: haverá consumação no momento da prática de qualquer um dos verbos do tipo. Perfeitamente admissível a tentativa se, por circunstâncias alheias à vontade do agente, não conseguir fotografar, filmar, registrar ou produzir as cenas de nudez ou de atos sexuais ou libidinosos de terceiros.

8.3.8. Sigilo processual

O art. 234-B, CP prevê expressamente que deverá haver segredo de justiça em todos os processos relativos aos crimes sexuais.

9. CRIMES CONTRA A ORGANIZAÇÃO DO TRABALHO

9.1. Crimes contra a organização do trabalho (arts. 197 a 207, CP). Objeto jurídico

O CP, implementando e materializando a proteção aos direitos sociais (especialmente os previstos nos arts. 6º a 8º da CF/1988), criminalizou condutas atentatórias à organização e normal desenvolvimento das atividades laborativas do trabalhador. Aqui reside o bem jurídico (ou objetividade jurídica) dos crimes que passaremos a analisar.

9.2. Competência para julgamento dos crimes contra a organização do trabalho

De acordo com as jurisprudências do STJ e STF, caberá à Justiça Estadual o conhecimento e julgamento das ações penais que identifiquem a lesão a interesse individual do trabalhador, ao passo que será da Justiça Federal a competência para analisar processos criminais que envolvam lesões a interesses coletivos dos obreiros.

9.3. Análise dos principais crimes contra a organização do trabalho

9.3.1. Atentado contra a liberdade de contrato de trabalho e boicotagem violenta (art. 198, CP)

9.3.1.1. Considerações iniciais

Trata-se de crime que objetiva proteger a liberdade do trabalhador na escolha do trabalho que pretender executar,

bem como a de manter a normalidade nas relações laborais. Temos, em verdade, duas situações (fatos típicos) distintas:

a) atentado contra a liberdade de contrato de trabalho; e

b) boicotagem violenta.

9.3.1.2. Conduta típica

Consiste em *constranger* alguém, mediante *violência ou grave ameaça*, a *celebrar contrato de trabalho*. Aqui estamos diante do *atentado contra a liberdade de contrato de trabalho*.

Ainda, estaremos diante da *boicotagem violenta* quando o agente constranger alguém, mediante violência ou grave ameaça, a não fornecer a outrem ou não adquirir de outrem matéria-prima ou produto industrial ou agrícola.

9.3.1.3. Elemento subjetivo do crime

É o dolo.

9.3.1.4. Consumação e tentativa

No caso da primeira figura (*atentado contra a liberdade de contrato*), estará consumada a infração quando ocorrer a **celebração do contrato** (seja de forma escrita ou oral).

Em se tratando de *boicotagem violenta*, haverá consumação no momento em que a **vítima deixar de fornecer ou adquirir o produto ou matéria-prima** da pessoa boicotada.

Cabível a tentativa nas duas figuras típicas.

9.3.2. Atentado contra a liberdade de associação (art. 199, CP)

9.3.2.1. Considerações iniciais

Trata-se de crime que objetiva proteger a liberdade do trabalhador em *associar-se ou sindicalizar-se* (arts. 5º, XVII, e 8º, V, ambos da CF/1988).

9.3.2.2. Conduta típica

Consiste em *constranger alguém, mediante violência ou grave ameaça, a participar ou deixar de participar de determinado sindicato ou associação profissional*.

Assim, a vítima será compelida, mediante desforço físico ou grave ameaça, a associar-se ou deixar de associar-se a determinada associação profissional, ou, ainda, a participar, ou não, de determinado sindicato.

9.3.2.3. Elemento subjetivo do crime

É o dolo.

9.3.2.4. Consumação e tentativa

O crime em tela estará consumado no momento em que a vítima for impedida de participar de associação profissional ou de sindicato, ou, ainda, quando ela aderir a uma das duas entidades, filiando-se.

Cabível a tentativa.

9.3.3. Paralisação de trabalho, seguida de violência ou perturbação da ordem (art. 200, CP)

9.3.3.1. Considerações iniciais

O crime que ora se analisa protege a liberdade de trabalho, que se vê violada em caso de suspensão do trabalho (*lockout*) ou abandono coletivo (greve ou parede).

Importante frisar que o art. 9º, *caput*, da CF/1988 dispõe ser "(...) assegurado o direito de greve, competindo aos trabalhadores decidir sobre a oportunidade de exercê-lo e sobre os interesses que devam por meio dele defender".

Assim, a greve configura um exercício regular de direito. Contudo, a lei penal não permite que o exercício desse direito se faça de forma violenta contra pessoas ou coisas. Aqui haverá crime.

9.3.3.2. Conduta típica

Consiste em *participar de suspensão ou abandono coletivo de trabalho, praticando violência contra a pessoa ou contra coisa.*

Aqui, temos duas situações distintas:

✓ **participar de suspensão**, praticando violência contra a pessoa ou contra coisa: o sujeito ativo é o empregador, que é quem determina o *lockout;*

✓ **participar de abandono coletivo de trabalho**, praticando violência contra a pessoa ou contra coisa: o sujeito ativo é o trabalhador, que participa de movimento grevista e, para tanto, pratica violência. Nesse caso, exige-se que pelo menos 3 empregados estejam reunidos. Estamos diante de um crime *plurissubjetivo* (parágrafo único, art. 200).

Seja a greve legítima ou não, haverá crime (o legislador não diferenciou).

O legislador previu como único meio executório para o crime a prática de violência contra pessoa ou coisa. Se o agente delitivo valer-se da *grave ameaça, não estaremos diante do crime em tela, mas sim do art. 147 do CP.*

9.3.3.3. Elemento subjetivo do crime

É o dolo.

9.3.3.4. Consumação e tentativa

O crime em tela estará consumado no momento em que houver o emprego de violência durante o *lockout* ou a greve. Cabível a tentativa.

9.3.4. Paralisação de trabalho de interesse coletivo (art. 201, CP)

9.3.4.1. Considerações iniciais

Trata-se de crime que não protege propriamente a organização do trabalho, mas sim o interesse coletivo voltado às obras públicas ou serviços públicos.

Há quem considere ter sido o crime do art. 201 do CP revogado pela Lei 7.783/1989, conhecida como "Lei de Greve", já que esta permite a greve mesmo de trabalhadores que atuem na prestação de serviços essenciais. Além disso, a CF, em seu art. 9º, não excepcionou o exercício do direito de greve nessas situações.

Todavia, para outra parte da doutrina, o crime permanece íntegro. Contudo, somente restará configurado quando a obra ou serviço de interesse público sejam essenciais para a preservação do interesse público.

9.3.4.2. Conduta típica

Consiste em *participar de suspensão ou abandono coletivo de trabalho, provocando a interrupção de obra pública ou serviço de interesse coletivo.*

Aqui, temos duas situações distintas:

✓ **participar de suspensão** (*lockout*), provocando, com isso, a interrupção de obra pública ou serviço de interesse coletivo;

✓ **participar de abandono coletivo de trabalho** (greve), provocando, igualmente, a interrupção de obra pública ou serviço de interesse coletivo.

9.3.4.3. Elemento subjetivo do crime

É o dolo.

9.3.4.4. Consumação e tentativa

O crime em tela estará consumado quando houver a efetiva interrupção da obra ou serviço de interesse público. Cabível a tentativa.

9.3.5. Frustração de lei sobre nacionalização do trabalho (art. 204, CP)

9.3.5.1. Breves considerações

A doutrina mais abalizada entende que o art. 204 do CP *não foi recepcionado pela CF/1988*, na medida em que esta não faz diferenciação/discriminação entre brasileiros e estrangeiros para fim de preenchimento de postos de trabalho.

Todavia, à época em que o CP foi editado (1940), vigorava a CF/1937, que previa regra que *vedava a contratação de mais estrangeiros do que brasileiros nas empresas nacionais, o que foi repetido pela EC 1/1969.*

Porém, com a CF/1988, consagrou-se a *liberdade do exercício profissional* (art. 5º, XIII, CF). Assim, é inviável qualquer forma de discriminação, salvo quando a Lei Maior admitir.

Muito embora a CLT, em seus arts. 352 a 370, traga regras no sentido de ser garantido percentual de vagas para brasileiros, entende-se que não foram recepcionados pela Ordem Constitucional vigente.

9.3.6. Aliciamento para o fim de emigração (art. 206, CP)

9.3.6.1. Considerações iniciais

Trata-se de crime cujo bem jurídico tutelado é o interesse do Estado em que permaneça no Brasil mão de obra, que, se levada para fora, poderá trazer danos à economia nacional.

9.3.6.2. Conduta típica

Consiste em *recrutar trabalhadores, mediante fraude, com o fim de levá-los para território estrangeiro.* Trata-se, pois, de conduta do agente que visa a atrair trabalhadores, com emprego de *fraude* (engodo/meios ardilosos), objetivando levá-los para fora do país.

Questões interessantes que se colocam são as seguintes:

1ª) quantos trabalhadores devem ser aliciados para que o crime reste configurado? R.: para Mirabete são exigidos pelo menos 3 trabalhadores. Já para Celso Delmanto, bastam 2 trabalhadores, tendo em vista que o tipo penal fala em "trabalhadores", no plural.

2ª) qual o sentido da expressão "trabalhadores"? R.: entende José Henrique Pierangelli que a expressão abrange não só os empregados, mas todos aqueles que desenvolvem *trabalhos* *lícitos.* Assim, se houver aliciamento de trabalhadores avulsos ou autônomos, estará configurado o crime.

9.3.6.3. Elemento subjetivo do crime

É o dolo. No entanto, exige-se um especial fim de agir, decorrente da expressão "com o fim de levá-los para território estrangeiro". Portanto, o crime estará configurado quando o agente agir com essa específica intenção. Caso contrário, o fato será atípico, por falta do elemento subjetivo do injusto ("dolo específico").

9.3.6.4. Consumação e tentativa

O crime em tela estará consumado quando houver o recrutamento fraudulento dos trabalhadores, ainda que, de fato, não saiam do território nacional. Estamos diante de um crime formal (não se exige o resultado).

Cabível a tentativa.

10. CRIMES CONTRA A FÉ PÚBLICA

10.1. Considerações gerais

O Capítulo III do Título X da Parte Especial do CP prevê os delitos de falsidade documental como espécies dos crimes contra a fé pública.

São chamados de *crimes de falso*, divididos em 2 categorias:

a) Falso material;

b) Falso moral (ou falsidade ideológica).

Em qualquer caso, o que se tutela é a fé pública, ou seja, a crença das pessoas na legitimidade dos documentos (públicos ou particulares).

10.2. Principais crimes contra a fé pública

10.2.1. Falsificação de documento público (art. 297, CP)

10.2.1.1. Conduta típica

Consiste em *falsificar, no todo ou em parte, documento público, ou alterar documento público verdadeiro.*

Aqui, o legislador tutela a crença das pessoas quanto à legitimidade dos documentos públicos.

Duas são as condutas típicas possíveis:

a) falsificar, no todo ou em parte, documento público (contrafação);

b) alterar documento público verdadeiro (no todo ou em parte).

A primeira conduta típica pressupõe a formação total ou parcial de um documento público (contrafação). Assim, ou o agente cria um documento por inteiro, ou acresce dizeres, letras, símbolos ou números ao documento verdadeiro.

A segunda conduta típica pressupõe a existência prévia de um documento público verdadeiro, emanado de funcionário público competente. Contudo, o agente altera, modifica o conteúdo desse documento verdadeiro.

A título de exemplo:

i) (falsificar = contrafação): Gaio adquire uma máquina de xerox colorido de alta definição e passa a falsificar (criar, reproduzir enganosamente) carteiras de identidade (RG). Nesse caso, o RG é um documento público e a confecção deste configura o crime de falsificação de documento público, na modalidade "falsificar";

ii) (alterar = modificar): Gaio retira a fotografia de Tício de uma cédula de identidade (RG) e insere a sua. Nesse caso, ele modificou um documento público verdadeiro preexistente à sua conduta.

10.2.1.2. Conceito de documento público

Segundo a doutrina, *documento é toda peça escrita que condensa graficamente o pensamento de alguém, podendo provar um fato ou a realização de algum ato dotado de significação ou relevância jurídica.*

Para ser considerado "público", este documento deverá ser elaborado por um *funcionário público.*

Para configurar o crime de falsificação de documento público, a contrafação ou alteração deverá ser apta a iludir o homem médio. Se for grosseira, não há crime.

Se documento é uma "peça escrita", não configuram documento: escritos a lápis, pichação em muro, escritos em porta de ônibus, quadros ou pinturas, fotocópia não autenticada. É possível que uma tela seja documento, desde que haja algo escrito em vernáculo.

Os escritos apócrifos (anônimos) não são considerados documentos, por inexistir autoria certa.

10.2.1.3. Consumação e tentativa

Para que se atinja a consumação do crime em estudo, basta a mera falsificação ou alteração do documento público. Pouco importa se o documento falsificado ou alterado vem a ser utilizado.

Trata-se, pois, de *crime de perigo abstrato e formal.*

É possível a tentativa, tal como se vê, por exemplo, no caso de o agente ser surpreendido no momento em que começava a impressão de cédulas de identidade.

10.2.1.4. Materialidade delitiva

A comprovação do crime de falsificação de documento público, por deixar vestígios, exige a realização de exame de corpo de delito (art. 158 do CPP). Chama-se **exame documentoscópico.**

10.2.1.5. Tipo subjetivo

É o dolo.

10.2.2. Falsificação de documento particular (art. 298, CP)

10.2.2.1. Conduta típica

Consiste em *falsificar, no todo ou em parte, documento particular ou alterar documento particular verdadeiro.*

Em que difere documento público do particular? R.: o documento particular é aquele que não é público ou equiparado a público. Em síntese, diferem um do outro pelo fato de o público emanar de funcionário público, enquanto que o particular, não.

São exemplos de documentos particulares: contrato de compra e venda por instrumento particular, nota fiscal, recibo de prestação de serviços etc.

Por desnecessidade de repetição, ficam reiteradas as demais considerações feitas no tocante ao crime anterior, com a diferença de o objeto material do presente delito ser, como dito, documento particular.

Lembre-se de que a falsificação, se grosseira, desnatura o crime, que pressupõe aptidão ilusória. Afinal, trata-se de crime contra a fé pública, que somente será posta em xeque se o documento falsificado for apto a enganar terceiros.

10.2.2.2. Consumação e tentativa

Idem quanto à falsificação de documento público.

10.2.2.3. Materialidade delitiva

Idem quanto à falsificação de documento público.

10.2.2.4. Tipo subjetivo

É o dolo.

10.2.3. Falsidade ideológica (art. 299, CP)

10.2.3.1. Conduta típica

Consiste em *omitir, em documento público ou particular, declaração que dele devia constar, ou nele inserir ou fazer inserir declaração falsa ou diversa da que devia ser escrita, com o fim de prejudicar direito, criar obrigação ou alterar a verdade sobre fato juridicamente relevante.*

Na falsidade ideológica, como se vê acima, o documento (público ou particular) é materialmente verdadeiro, mas seu conteúdo é falso. Daí ser chamado de falsidade intelectual, falsidade moral ou ideal.

Quais são as condutas típicas?

a) *Omitir declaração que devia constar*: aqui, a conduta é omissiva. O agente deixa de inserir informação que devia constar no documento;

b) *Inserir declaração falsa ou diversa da que devia constar*: aqui, a conduta é comissiva;

c) *Fazer inserir declaração falsa ou diversa da que devia constar*: aqui, o agente vale-se de 3ª pessoa para incluir no documento informação falsa ou diversa da que devia constar.

Em qualquer caso, a falsidade deve ser idônea, capaz de enganar.

10.2.3.2. Tipo subjetivo

O crime é doloso. Contudo, o legislador disse: "...com o fim de prejudicar direito, criar obrigação ou alterar a verdade sobre fato juridicamente relevante". Trata-se de elemento subjetivo do tipo (dolo específico). Assim, não bastará o dolo, sendo indispensável a verificação do especial fim de agir do agente.

10.2.3.3. Consumação e tentativa

Consuma-se o crime com a simples omissão ou inserção direta (inserir) ou indireta (fazer inserir) da declaração falsa ou diversa da que devia constar, seja em documento público, seja em particular.

É possível tentativa nas modalidades inserir ou fazer inserir, visto que, na modalidade omitir, estaremos diante de crime omissivo próprio.

10.2.4. Uso de documento falso (art. 304, CP)

10.2.4.1. Conduta típica

Consiste em *fazer uso de qualquer dos papéis falsificados ou alterados, a que se referem os arts. 297 a 302. Aqui, o verbo-núcleo do tipo é "fazer uso", que significa usar, empregar, utilizar, aplicar.*

Será objeto material do crime em análise qualquer dos papéis falsificados ou alterados previstos nos arts. 297 a 302 do CP.

São exemplos de prática do crime em comento:

a) uso de CNH falsa (documento público – art. 297);

b) uso de um instrumento particular de compra e venda falso (documento particular – art. 298);

c) uso de uma escritura pública que contenha uma declaração falsa (documento público com falsidade ideológica – art. 299);

d) uso de um atestado médico falso (falsidade de atestado médico – art. 302).

O tipo penal previsto no art. 304 do CP é chamado de *tipo remetido*. Isso porque o preceito primário da norma penal incriminadora será compreendido pela análise de outros tipos penais ("...fazer uso de qualquer dos papéis dos *arts. 297 a 302...*").

O crime de uso de documento falso é comum, ou seja, qualquer pessoa pode praticá-lo.

10.2.4.2. Tipo subjetivo

É o dolo.

10.2.4.3. Consumação e tentativa

Estará consumado no momento do efetivo uso. Há quem admita que o *iter criminis* possa ser fracionado, pelo que seria possível a tentativa.

Ressalte-se que o crime é formal, ou seja, basta a realização da conduta típica, independentemente da produção de um resultado naturalístico (prejuízo para o Estado ou para terceiros).

10.2.4.4. Uso de documento falso e autodefesa

Questão muito discutida diz respeito à possibilidade – ou não – de o agente valer-se de um documento falso para ocultar seu passado criminoso, ou, então, para tentar "despistar" autoridades policiais acerca de mandados de prisão. Parcela da doutrina e jurisprudência argumenta que referido expediente usado por agentes delitivos é fato atípico, visto que tal conduta estaria circunscrita à autodefesa (não se poderia compelir o agente a exibir o documento verdadeiro e ser preso).

Porém, essa não é a posição mais atual da jurisprudência. Confira:

USO. DOCUMENTO FALSO. AUTODEFESA. IMPOSSIBILIDADE.
"A Turma, após recente modificação de seu entendimento, reiterou que a apresentação de documento de identidade falso no momento da prisão em flagrante caracteriza a conduta descrita no art. 304 do CP (uso de documento falso) e não constitui um mero exercício do direito de autodefesa". Precedentes citados STF: HC 103.314-MS, *DJe* 08.06.2011; HC 92.763-MS, *DJe* 25.04.2008; do STJ: HC 205.666-SP, *DJe* 08.09.2011. REsp 1.091.510-RS, Rel. Min. Maria Thereza de Assis Moura, julgado em 08.11.2011. (Inform. STJ 487)

Mutatis mutandis, aplicável a Súmula 522 do STJ: "a conduta de atribuir-se falsa identidade perante autoridade policial é típica, ainda que em situação de alegada autodefesa".

11. CRIMES CONTRA A ADMINISTRAÇÃO PÚBLICA

11.1. Considerações iniciais

O Capítulo I do Título XI da Parte Especial do CP regula os crimes praticados por funcionário público contra a administração em geral. Assim, será sujeito ativo de qualquer dos crimes previstos nos arts. 312 a 326 do CP o *funcionário público*.

Importante anotar que a doutrina cuidou de classificá-los em dois grupos:

a) **crimes funcionais próprios** (ou puros, ou propriamente ditos) – são aqueles em que, eliminada a condição de funcionário público do agente delitivo, inexistirá crime (atipicidade penal absoluta). É o que se verifica, por exemplo, com o crime de prevaricação (art. 319 do CP);

b) **crimes funcionais impróprios** (ou impuros, ou impropriamente ditos) – são aqueles que, eliminada a condição de funcionário público do agente delitivo, este responderá por outro crime (atipicidade penal relativa). É o que ocorre, por exemplo, com o crime de peculato (art. 312 do CP). Se o agente não for funcionário público e se apropriar de coisa alheia móvel particular que estiver em sua posse, responderá por apropriação indébita (art. 168 do CP) e, não, peculato (art. 312 do CP).

11.2. Conceito de funcionário público (art. 327, CP)

De acordo com o art. 327 do CP, "considera-se funcionário público, para os efeitos penais, quem, embora transitoriamente ou sem remuneração, exerce cargo, emprego ou função pública".

Assim, de acordo com o *caput* do precitado dispositivo legal, é funcionário público aquele que exerce, embora transitoriamente ou sem remuneração:

a) **Cargo público**: é aquele criado por lei, em número determinado, com especificação certa, pago pelos cofres públicos (ex.: juiz, promotor, oficial de justiça, delegado de polícia...);

b) **Emprego público**: pressupõe vínculo celetista (CLT) com a Administração Pública (ex.: guarda patrimonial de repartições públicas);

c) **Função pública**: conjunto de atribuições que a Administração Pública confere a cada categoria profissional (ex.: jurados, mesários eleitorais...).

11.2.1. Conceito de funcionário público por equiparação

Preconiza o art. 327, § 1º, do CP: "equipara-se a funcionário público quem exerce cargo, emprego ou função em entidade paraestatal, e quem trabalha para empresa prestadora de serviço contratada ou conveniada para a execução de atividade típica da Administração Pública".

Equipara-se, pois, a funcionário público:

a) Quem exerce cargo, emprego ou função em **entidade paraestatal** (empresas públicas, sociedades de economia mista, fundações e os serviços autônomos – pessoas jurídicas de direito privado);

b) Quem trabalha para empresa **prestadora de serviço contratada ou conveniada** para a execução de **atividade típica da Administração Pública** (ex.: empresas de telefonia, transporte público, saúde, iluminação pública...).

Será que médico conveniado pelo SUS, ainda que em hospital particular, é considerado funcionário público? Confira-se:

Médico conveniado pelo SUS e equiparação a funcionário público

"Considera-se funcionário público, para fins penais, o médico particular em atendimento pelo Sistema Único de Saúde – SUS, antes mesmo da alteração normativa que explicitamente fizera tal equiparação por exercer atividade típica da Administração Pública (CP, art. 327, § 1º, introduzido pela Lei 9.983/2000). Essa a orientação da 2ª Turma ao, por maioria, negar provimento a recurso ordinário em *habeas corpus* interposto por profissional de saúde condenado pela prática do delito de concussão (CP, art. 316). Na espécie, o recorrente, em período anterior à vigência da Lei 9.983/2000, exigira, para si, vantagem pessoal a fim de que a vítima não aguardasse procedimento de urgência na fila do SUS. A defesa postulava a atipicidade da conduta. Prevaleceu o voto do Min. Ayres Britto, relator, que propusera novo equacionamento para solução do caso, não só a partir do conceito de funcionário público constante do art. 327, *caput*, do CP, como também do entendimento de que os serviços de saúde, conquanto prestados pela iniciativa privada, consubstanciar-se-iam em atividade de relevância pública (CF, arts. 6º, 197 e 198). Asseverou que o hospital ou profissional particular que, mediante convênio, realizasse atendimento pelo SUS, equiparar-se-ia a funcionário público, cujo conceito, para fins penais, seria alargado. Reputou, dessa forma, não importar a época do crime em comento. Vencido o Min. Celso de Mello, que provia o recurso, ao fundamento da irretroatividade da *lex gravior*, porquanto a tipificação do mencionado crime, para aqueles em exercício de função delegada da Administração, somente teria ocorrido a partir da Lei 9.983/2000." RHC 90523/ES, rel. Min. Ayres Britto, 19.04.2011. (RHC-90523) (Inform. STF 624)

11.3. Principais crimes contra a Administração Pública

11.3.1. Peculato (art. 312, CP)

11.3.1.1. Conduta típica

Consiste em *apropriar-se o funcionário público de dinheiro, valor ou qualquer outro bem móvel, público ou particular, de que tem a posse em razão do cargo, ou desviá-lo, em proveito próprio ou alheio.*

11.3.1.2. Espécies de peculato (art. 312, caput e §§ 1º e 2º, CP)

✓ **Peculato-apropriação**: "*apropriar-se* o funcionário público...";

✓ **Peculato-desvio**: "... ou *desviá-lo*, em proveito próprio ou alheio...";

✓ **Peculato-furto**: "subtrair ou concorrer para que terceiro subtraia...";

✓ **Peculato culposo**: "se o funcionário concorre culposamente para o crime de outrem".

As duas primeiras espécies são denominadas de **peculato próprio**. Já o peculato-furto é chamado de **peculato impróprio**.

Apropriar-se significa "fazer sua a coisa de outra pessoa", invertendo o ânimo sobre o objeto. Nessa espécie de peculato próprio, o funcionário público tem a **posse** (ou mera detenção) do bem. Porém, passa a agir como se a coisa fosse sua (*animus domini*). Trata-se de verdadeira apropriação indébita, porém cometida por um funcionário público.

A referida posse deve ser em **razão do cargo**, obtida de forma lícita. Ex.: *apreensão de produtos objeto de contrabando. O policial condutor das mercadorias tem a detenção lícita destas, já que as apreendeu legalmente. Se, em dado momento, apropriar-se de um rádio, por exemplo, invertendo o ânimo sobre a coisa, pratica o crime de peculato-apropriação.*

Desviar significa empregar a coisa de forma diversa à sua destinação original. Assim, o funcionário, embora sem o ânimo de ter a coisa como sua (*animus domini*), emprega-a em destino diverso àquele que se propõe.

O art. 312, § 1º, CP, que trata do denominado **peculato-furto**, também denominado de **peculato impróprio,** assim prevê: "aplica-se a mesma pena, se o funcionário público, embora não tendo a posse do dinheiro, valor ou bem, o subtrai, ou concorre para que seja subtraído, em proveito próprio ou alheio, valendo-se de facilidade que lhe proporciona a qualidade de funcionário".

Aqui, o funcionário não tem sequer a posse ou detenção do dinheiro, valor ou bem móvel público ou particular. Deverá, porém, valer-se de alguma facilidade em virtude do cargo.

Duas são as condutas típicas com relação ao peculato-furto:

a) subtrair; ou

b) concorrer para que terceiro subtraia. Nesse caso, exige-se um *concurso necessário de pessoas.*

Por fim, no tocante ao peculato culposo, previsto no art. 312, § 2º, do CP, temos o seguinte: "se o funcionário concorre culposamente para o crime de outrem".

Assim, pressupõe o crime em questão:

a) Conduta culposa do funcionário público (imprudência, negligência ou imperícia);

b) Que terceiro pratique um crime doloso aproveitando-se da facilidade culposamente provocada pelo funcionário público.

11.3.1.3. Objeto material das espécies de peculato doloso (art. 312, caput e § 1º, CP)

a) dinheiro: é o papel-moeda ou a moeda metálica de curso legal no país;

b) valor: é o título representativo de dinheiro ou mercadoria (ações, letras...);

c) ou qualquer outro bem móvel, público ou particular: nesse caso, a lei tutela não só os bens móveis públicos, mas também aqueles pertencentes aos particulares, mas que estejam sob a custódia da Administração (ex.: veículo furtado apreendido em uma Delegacia de Polícia).

11.3.1.4. Reparação do dano no peculato culposo (art. 312, § 3º, CP)

No caso do peculato culposo, a reparação do dano, se **precede à sentença irrecorrível, extingue a punibilidade**; se lhe é **posterior, reduz de metade a pena** imposta.

Haverá, portanto, reparação do dano quando o agente que praticou peculato culposo devolver o bem ou ressarcir integralmente o prejuízo suportado pela Administração Pública.

Inaplicável essa benesse a qualquer das espécies de peculato doloso (apropriação, desvio ou furto). No entanto, cabível será o arrependimento posterior, desde que preenchidos os requisitos do art. 16 do CP.

11.3.2. Emprego irregular de verbas ou rendas públicas (art. 315, CP)

11.3.2.1. Conduta típica

Consiste em *dar às verbas ou rendas públicas aplicação diversa da estabelecida em lei.* Trata-se, portanto, de norma penal em branco (em sentido homogêneo), visto que, para a tipificação do delito, é indispensável que se verifique o conteúdo da lei (orçamentária ou especial). Assim, basta o emprego irregular das verbas ou rendas públicas, o que implica a alteração do destino preestabelecido na lei orçamentária ou qualquer outra lei especial.

O **objeto material** do crime em comento poderá ser:

a) Verba pública: fundos com destinação específica detalhada em lei orçamentária para atendimento de obras e/ou serviços públicos ou de utilidade pública;

b) Renda pública: receitas obtidas pela Fazenda Pública, independentemente da sua origem.

11.3.2.2. Tipo subjetivo

Aqui, é suficiente o *dolo*, ou seja, a vontade livre e consciente do agente (funcionário público) de dar destino diverso do prescrito em lei às verbas ou rendas públicas.

11.3.2.3. Consumação e tentativa

Consuma-se o crime no momento em que as verbas ou rendas públicas receberem destinação diversa daquela estabelecida em lei. Admissível, em tese, a tentativa, caso o agente não consiga empregá-las de forma diversa da determinada em lei.

11.3.3. Concussão (art. 316, CP)

11.3.3.1. Conduta típica

Consiste em *exigir, para si ou para outrem, direta ou indiretamente, ainda que fora da função ou antes de assumi-la, mas em razão dela, vantagem indevida.*

Assim, a conduta nuclear é *exigir*, que significa ordenar, impor como obrigação. O funcionário público *ordena, para si ou para outrem*, de maneira *direta* (sem rodeios, face a face) ou *indireta* (disfarçadamente ou por interposta pessoa), que lhe seja entregue *vantagem indevida* (qualquer lucro, ganho, privilégio contrário ao direito).

Ao que se vê da descrição típica, essa vantagem pode ser exigida **fora da função**, ou mesmo **antes de assumi-la**, mas, sempre, **em razão dela** (o funcionário se prevalece da função).

A exigência não precisa, necessariamente, ser feita mediante ameaça. Basta que o sujeito passivo sinta-se atemorizado em virtude da própria função pública exercida pela autoridade (sujeito ativo), temendo represálias. É o que a doutrina chama de *metus publicae potestatis* (medo do poder exercido pelo funcionário público).

A mera insinuação do funcionário público em obter a vantagem indevida pode descaracterizar o crime, desde que a exigência não se faça de forma implícita.

Ainda, de acordo com a redação do *caput* do art. 316, a exigência pelo sujeito ativo poderá ocorrer mesmo que não esteja no exercício da função (ex.: férias, licença-prêmio, afastamento...). Porém, é imprescindível que a exigência seja feita em razão da função exercida pela autoridade.

O *Pacote Anticrime* (Lei 13.964/2019) majorou a pena da concussão, até então punida com reclusão, de 2 a 8 anos. Aumentou-se a pena máxima cominada para 12 anos, nivelando-a com a corrupção passiva, que tinha pena variável entre 2 e 12 anos. Corrigiu-se, pois, uma distorção existente, eis que, inegavelmente, o comportamento do agente que comete concussão é mais gravoso, do ponto de vista da vítima, do que na corrupção passiva. Nesta, há solicitação da vantagem indevida; naquela, exigência.

11.3.3.2. Tipo subjetivo

É o dolo.

11.3.3.3. Consumação e tentativa

O crime de concussão estará consumado no momento em que a **exigência é feita**. É certo que a vítima deverá tomar conhecimento da exigência, seja por escrito, oralmente ou qualquer meio de comunicação. Se por escrito, caberá tentativa, caso ela não chegue ao destinatário por circunstâncias alheias à vontade do agente (se unissubsistente, será impossível o *conatus*).

Com isso, não é necessário que a vantagem exigida seja efetivamente recebida pelo funcionário público. Porém, se ocorrer, ter-se-á exaurido a concussão.

Trata-se, portanto, de **crime formal** ou de consumação antecipada.

11.3.3.4. Excesso de exação (art. 316, § 1º, CP)

11.3.3.4.1. Conduta típica

Verificar-se-á quando *o funcionário público exigir tributo ou contribuição social que sabe ou deveria saber indevido, ou, quando devido, empregar na cobrança meio vexatório ou gravoso, que a lei não autoriza.*

A conduta nuclear é a mesma da concussão: *exigir*. Todavia, aqui, a lei pune o funcionário que se **exceder na cobrança de uma exação** (dívida ou imposto). A norma penal fala em "tributo", abarcando os impostos, taxas e contribuição de melhoria, bem como a contribuição social e os empréstimos compulsórios (arts. 148 e 149 da CF/1988).

Duas são as formas de cometimento do crime em questão:

a) Exigir tributo ou contribuição indevida – nesse caso, o sujeito passivo não está obrigado a recolhê-los, seja porque já pagou, ou porque a lei não exige, ou o valor cobrado é superior ao devido;

b) Emprego de meio vexatório ou gravoso na cobrança de tributo ou contribuição – nesse caso, o tributo ou contribuição são devidos. Contudo, o funcionário se vale de meios humilhantes ou muito onerosos para a cobrança da exação. É o que se chama de **exação fiscal vexatória.**

11.3.3.4.2. Tipo subjetivo

Em qualquer caso, exige-se o **dolo** (direto ou eventual), decorrente da expressão "que sabe ou deveria saber indevido...".

11.3.3.4.3. Consumação e tentativa

Idem à concussão.

11.3.4. Corrupção passiva (art. 317, CP)

11.3.4.1. Conduta típica

Consiste em *solicitar ou receber, para si ou para outrem, direta ou indiretamente, ainda que fora da função ou antes de assumi-la, mas em razão dela, vantagem indevida, ou aceitar promessa de tal vantagem.*

Três são, portanto, as ações nucleares:

a) *solicitar* = pedir, explícita ou implicitamente, requerer;

b) *receber* = obter, aceitar em pagamento;

c) *aceitar* = anuir, consentir em receber dádiva futura.

O **objeto material** da corrupção passiva é a **vantagem indevida** ou a **promessa** de *vantagem indevida*, que corresponde ao elemento normativo do tipo. Assim, o agente (funcionário público) *solicita*, *recebe* ou *aceita a promessa* de uma *vantagem indevida*, que pode ter *natureza econômica*, *patrimonial* ou até *moral*, desde que seja, repita-se, indevida, vale dizer, contrária ao direito ou mesmo aos bons costumes.

O funcionário público corrupto irá solicitar, receber ou aceitar a promessa de vantagem indevida para **praticar, deixar de praticar ou retardar um ato de ofício** contrariamente à lei. Literalmente, irá "vender" sua atuação, seja esta devida ou indevida.

Quando do julgamento da AP 470 pelo STF, conhecida como "**ação penal do mensalão**", referida Corte decidiu que o Ministério Público não precisará demonstrar ou identificar exatamente qual o "**ato de ofício**" (*assim considerado aquele que é de competência ou atribuição do funcionário público*) que seria omitido, retardado ou praticado irregularmente pelo acusado, bastando a demonstração de que, valendo-se da condição de funcionário, solicitou, recebeu ou aceitou promessa de vantagem indevida.

Só se fala em corrupção passiva se o funcionário público supostamente corrupto puder realizar determinado ato que seja de sua **competência**. Assim, a título de exemplo, se o diretor de presídio solicita dinheiro a um detento para conceder-lhe graça (indulto individual), ou anistia, e efetivamente recebe o montante, pratica corrupção? R.: não, visto que a concessão da graça é de competência do Presidente da República e a anistia depende da edição de lei federal. O diretor, no caso, não responderia por corrupção passiva, mas, certamente, por improbidade administrativa (Lei 8.429/1992).

Nada obstante o quando sustentado acima, é de se trazer ao conhecimento do leitor que o **STJ**, no julgamento do **REsp 1745410**, interposto pelo Ministério Público Federal, reconheceu que não é indispensável, para a configuração de corrupção passiva, que a vantagem indevida solicitada, recebida ou cuja promessa tenha sido aceita tenha, como contrapartida, um ato que tenha relação direta com a competência funcional ou atribuição do agente. Basta, para tanto, que a função pública exercida pelo agente facilite a prática da conduta almejada, seja esta lícita ou ilícita.

Dependendo do momento em que a vantagem for entregue ao funcionário público, será considerada **antecedente** ou **subsequente**. Assim, se o funcionário público *receber a vantagem antes da ação ou omissão funcional*, teremos a *corrupção antecedente*. Já se o *recebimento da vantagem for após o ato funcional*, haverá a *corrupção subsequente*.

11.3.4.2. Tipo subjetivo

É o dolo.

11.3.4.3. Consumação e tentativa

O crime em estudo é **formal**, consumando-se quando a solicitação chega ao conhecimento de terceira pessoa ou quando há o recebimento ou a aceitação de promessa de uma vantagem indevida.

Destarte, não se exige que o agente, de fato, pratique, deixe de praticar ou retarde a prática de ato de ofício, sendo bastante, por exemplo, a mera solicitação da vantagem, já restando consumado o ilícito.

11.3.4.4. Corrupção passiva agravada (art. 317, § 1º, do CP)

A pena é aumentada de **um terço** se, em consequência da vantagem ou promessa, o funcionário retarda ou deixa de praticar qualquer ato de ofício ou o pratica infringindo dever funcional.

Em se tratando de crime formal, pouco importa, a princípio, que o agente, após receber a vantagem indevida ou a promessa de seu recebimento, pratique ou deixe de praticar ato funcional concernente a suas funções. Contudo, o legislador, aqui, pune mais severamente o *exaurimento da corrupção*.

11.3.4.5. Corrupção passiva privilegiada (art. 317, § 2º, CP)

Restará configurada se o funcionário praticar, deixar de praticar ou retardar ato de ofício, com infração de dever funcional, **cedendo a pedido ou influência de outrem**.

Aqui, o agente não "vende" um ato funcional, não recebendo vantagem indevida. Na verdade, simplesmente atende a pedido de terceira pessoa.

11.3.5. Prevaricação (art. 319, CP)

11.3.5.1. Conduta típica

Consiste em *retardar ou deixar de praticar, indevidamente, ato de ofício, ou praticá-lo contra disposição expressa de lei, para satisfazer interesse ou sentimento pessoal*.

Assim, as condutas típicas possíveis são:

a) **retardar**: o funcionário não realiza o ato inerente a sua função no prazo legalmente estabelecido, ou deixa fluir prazo relevante para fazê-lo;

b) **deixar de praticar**: é a inércia do funcionário em praticar ato de ofício;

c) **praticar ato de ofício** contra disposição expressa de lei: aqui o agente pratica ato de ofício, porém, em sentido contrário àquilo que a lei prescreve.

O retardamento ou a não prática do ato funcional deverão ser **indevidos**, ou seja, não permitidos por lei. O crime em tela também poderá ocorrer quando o agente, embora não retarde e não deixe de praticar ato de ofício, faça-o *contra disposição expressa de lei*. Ou seja, o funcionário praticará um ato contrário aos seus deveres funcionais, em discordância com a lei.

11.3.5.2. Tipo subjetivo

O tipo exige, além do dolo, o elemento subjetivo do tipo (ou do injusto), qual seja, "para satisfazer interesse ou sentimento pessoal". Em qualquer das ações nucleares, o agente atua não para auferir uma vantagem indevida, mas por razões íntimas. É a chamada *autocorrupção*.

11.3.5.3. Consumação e tentativa

O crime se consuma no momento em que o funcionário público retardar, deixar de praticar ou praticar o ato de ofício contra disposição expressa da lei. Pouco importa se o agente alcança o que pretende, vale dizer, a satisfação de seu interesse ou sentimento pessoal.

Admissível a tentativa na forma comissiva (ação) do crime, correspondente à conduta de praticar ato de ofício contra disposição expressa da lei. Nas demais modalidades (retardar e deixar de praticar), que se traduzem em omissão, impossível o *conatus*.

11.3.5.4. Distinção com a corrupção passiva privilegiada

Embora a prevaricação (art. 319, CP) seja bastante semelhante à corrupção passiva privilegiada (art. 317, § 2º, CP), ambas não se confundem. Naquela, o agente pretende alcançar um interesse ou um sentimento pessoal (ex.: por amizade, o funcionário público deixa de praticar um ato de ofício); nesta, o agente simplesmente cede a influência ou pedido de outrem (ex: um Delegado de Polícia deixa de lavrar auto de prisão em flagrante contra o filho de um Promotor de Justiça após receber telefonema deste, que lhe pede que não prenda o rapaz, que ainda tem "futuro" pela frente. De fato, são situações (tipos penais) semelhantes, mas, frise-se, na prevaricação, o agente pratica, deixa de praticar ou retarda a prática de um ato de ofício em razão de amizade, raiva ou pena, por exemplo, ao passo que na corrupção passiva privilegiada, independentemente de qualquer interesse ou sentimento pessoal, simplesmente cede à influência ou ao pedido de outrem, demonstrando ser um "fraco" (além de corrupto, claro!).

11.3.6. Causa de aumento de pena

Para os crimes contra a Administração Pública praticados por funcionários públicos, a pena será aumentada da **terça parte** quando os autores forem ocupantes de **cargos em comissão** ou de função de **direção ou assessoramento** de órgão da administração direta, sociedade de economia mista, empresa pública ou fundação instituída pelo poder público (art. 327, § 2º, CP).

11.4. Princípio da insignificância nos crimes contra a Administração Pública

De acordo com a Súmula 599 do STJ, "o princípio da insignificância é inaplicável aos crimes contra a Administração Pública".

Tal entendimento repousa nas seguintes razões: os referidos crimes objetivam resguardar não apenas o patrimônio público, mas, também, a moralidade administrativa, cuja ofensa é imensurável.

Importa registrar, porém, que o STF tem precedentes em que admitiu a aplicação da insignificância penal em crimes funcionais. Nesse sentido: HC 107370, Rel. Min. Gilmar Mendes, julgado em 26/04/2011 e HC 112388, Rel. p/ Acórdão Min. Cezar Peluso, julgado em 21/08/2012.

Legislação Penal Especial

1. CRIMES HEDIONDOS (LEI 8.072/1990)

1.1. Questões constitucionais

Conforme enuncia o art. 5º, XLIII, da CF/1988, "a lei considerará crimes inafiançáveis e insuscetíveis de graça ou anistia a prática da tortura, o tráfico ilícito de entorpecentes e drogas afins, o terrorismo e os definidos como crimes hediondos, por eles respondendo os mandantes, os executores e os que, podendo evitá-los, se omitirem".

Trata-se de verdadeiro **mandado de criminalização,** visto que o legislador constituinte determinou a edição de uma lei penal, qual seja, a Lei dos Crimes Hediondos, até então inexistente.

Conforme se extrai do texto constitucional, aos crimes hediondos incidem as seguintes **vedações:**

a) Fiança;

b) Anistia; e

c) Graça.

1.2. Critério adotado sobre crimes hediondos

Existem, basicamente, dois critérios sobre crimes hediondos: **legal** ou **judicial**.

✓ - **Critério legal:** os crimes são enumerados na lei.

✓ - **Critério judicial:** caberia ao juiz, no caso concreto, afirmar se o crime é ou não hediondo.

O Brasil adotou o critério legal para crimes hediondos, porque o legislador incumbiu-se de dizer quais são esses crimes.

Temos, pois, uma Lei dos Crimes Hediondos (Lei 8.072/1990).

1.3. Crimes hediondos em espécie

O **rol taxativo** dos crimes considerados hediondos consta no **art. 1º da Lei 8.072/1990**, já com as alterações promovidas pelo *Pacote Anticrime* (Lei 13.964/2019), a saber:

I – homicídio (art. 121), quando praticado em atividade típica de grupo de extermínio, ainda que cometido por um só agente, e homicídio qualificado (art. 121, § 2º, I, II, III, IV, V, VI, VII e VIII);

I-A – lesão corporal dolosa de natureza gravíssima (art. 129, § 2º) e lesão corporal seguida de morte (art. 129, § 3º), quando praticadas contra autoridade ou agente descrito nos arts. 142 e 144 da Constituição Federal, integrantes do sistema prisional e da Força Nacional de Segurança Pública, no exercício da função ou em decorrência dela, ou contra seu cônjuge, companheiro ou parente consanguíneo até terceiro grau, em razão dessa condição (incluído pela Lei 13.142/2015)

II – roubo:

a) circunstanciado pela restrição de liberdade da vítima (art. 157, § 2º, inciso V);

b) circunstanciado pelo emprego de arma de fogo (art. 157, § 2º-A, inciso I) ou pelo emprego de arma de fogo de uso proibido ou restrito (art. 157, § 2º-B);

c) qualificado pelo resultado lesão corporal grave ou morte (art. 157, § 3º);

III – extorsão qualificada pela restrição da liberdade da vítima, ocorrência de lesão corporal ou morte (art. 158, § 3º);

IV– extorsão mediante sequestro e na forma qualificada (art. 159, *caput*, e §§ 1º, 2º e 3º);

V– estupro (art. 213, *caput*, e §§ 1º e 2º);

VI – estupro de vulnerável (art. 217-A, *caput*, e §§ 1º, 2º, 3º e 4º);

VII – epidemia com resultado morte (art. 267, § 1º);

VII-B – falsificação, corrupção, adulteração ou alteração de produto destinado a fins terapêuticos ou medicinais (art. 273, *caput*, e § 1º, § 1º-A e § 1º-B, com a redação dada pela Lei 9.677, de 02.07.1998);

VIII – favorecimento da prostituição ou de outra forma de exploração sexual de criança ou adolescente ou de vulnerável (art. 218-B, *caput*, e §§ 1º e 2º);

IX – furto qualificado pelo emprego de explosivo ou de artefato análogo que cause perigo comum (art. 155, § 4º-A);

X -– induzimento, instigação ou auxílio a suicídio ou a automutilação realizados por meio da rede de computadores, de rede social ou transmitidos em tempo real (art. 122, *caput* e § 4º); (Incluído pela Lei 14.811, de 2024)

XI -— sequestro e cárcere privado cometido contra menor de 18 (dezoito) anos (art. 148, § 1º, inciso IV); (Incluído pela Lei 14.811, de 2024)

XII -– tráfico de pessoas cometido contra criança ou adolescente (art. 149-A, *caput*, incisos I a V, e § 1º, inciso II). (Incluído pela Lei 14.811, de 2024).

Ainda, de acordo com o parágrafo único, do precitado art. 1º da Lei, também com a redação alterada pela Lei 13.964/2019, consideram-se também hediondos, tentados ou consumados:

I – o crime de genocídio, previsto nos arts. 1º, 2º e 3º da Lei nº 2.889, de 1º de outubro de 1956;

II – o crime de posse ou porte ilegal de arma de fogo de uso proibido, previsto no art. 16 da Lei nº 10.826, de 22 de dezembro de 2003;

III – o crime de comércio ilegal de armas de fogo, previsto no art. 17 da Lei nº 10.826, de 22 de dezembro de 2003;

IV – o crime de tráfico internacional de arma de fogo, acessório ou munição, previsto no art. 18 da Lei nº 10.826, de 22 de dezembro de 2003;

V – o crime de organização criminosa, quando direcionado à prática de crime hediondo ou equiparado;

VI – os crimes previstos no Decreto-Lei nº 1.001, de 21 de outubro de 1969 (Código Penal Militar), que apresentem identidade com os crimes previstos no art. 1º desta Lei. (Incluído pela Lei nº 14.688, de 2023)

VII -— os crimes previstos no § 1º do art. 240 e no art. 241-B da Lei nº 8.069, de 13 de julho de 1990 (Estatuto da Criança e do Adolescente). (Incluído pela Lei 14.811, de 2024).

1.4. Vedações penais e processuais aos crimes hediondos e outras particularidades

Art. 5º, XLIII, CF e art. 2º, da Lei 8.072/1990: são inafiançáveis e insuscetíveis de graça e anistia os crimes hediondos e os crimes equiparados a hediondos (tráfico de drogas, tortura e terrorismo – TTT). De acordo com a doutrina, embora não haja expressa previsão na CF, o indulto também é incabível;

Art. 2º, § 1º, da Lei 8.072/1990: os crimes hediondos e equiparados submetem-se, obrigatoriamente, à imposição de regime inicial fechado. No entanto, o STF, em 2012, reconheceu, incidentalmente, a inconstitucionalidade de referido dispositivo legal, no julgamento do HC 111.840. Logo, de acordo com referida decisão, o regime inicial fechado não pode ser o único cabível aos condenados por crimes hediondos ou equiparados. Assim, por exemplo, se alguém for condenado por tráfico de drogas (art. 33, *caput*, da Lei 11.343/2006) à pena mínima de 5 anos de reclusão, desde que primário, poderá iniciar o cumprimento da pena em regime semiaberto;

Art. 2º, § 2º, da Lei 8.072/1990: os crimes hediondos admitem progressão de regime, o que era vedado antes da edição da Lei 11.464/2007 e do julgamento do HC 82.959-SP pelo STF. Assim, atualmente, a progressão de regime a esses crimes será admissível após o cumprimento o cumprimento dos percentuais previstos no art. 112 da LEP, com as alterações promovidas pelo Pacote Anticrime (Lei 13.964/2019). Aos condenados por crimes hediondos e equiparados em data anterior à Lei 11.464/2007, a progressão de regime deverá ser alcançada após o cumprimento de 1/6 da pena, nos termos da redação original do precitado art. 112 da LEP. Importante registrar que, com o advento da **Lei 13769/2018**, que instituiu a ***progressão especial*** às mulheres gestantes e mães ou responsáveis por crianças ou pessoas com deficiência, o benefício em questão será concedido após o cumprimento de 1/8 da pena, atendidos os demais requisitos listados no art. 112, §3º, da LEP;

Art. 83, CP – Livramento condicional: para os crimes hediondos e equiparados, admite-se a concessão de livramento condicional desde que o condenado tenha cumprido mais de 2/3 da pena e desde que não seja reincidente específico (condenação irrecorrível por crime hediondo ou equiparado e, posteriormente, prática de outro crime hediondo ou equiparado. É importante frisar que os crimes não precisam ser idênticos);

Prisão temporária – Lei 7.960/1989: prazo diferenciado para crime hediondo ou equiparado, qual seja, de 30 (trinta) dias, podendo ser prorrogado por mais 30 dias, em caso de comprovada e extrema necessidade (art. 2º, § 4º, da Lei 8.072/1990).

Crimes equiparados a hediondos: **T**ráfico de drogas, **T**ortura e **T**errorismo ("**TTT**"). São chamados de equiparados ou assemelhados, pois possuem o mesmo *status* constitucional, sendo todos tratados no art. 5º, XLIII, CF.

1.5. Estabelecimento penal para crimes hediondos ou equiparados

O art. 3º da Lei 8.072/1990 diz que caberá à **União** manter estabelecimentos penais de **segurança máxima**, destinados aos condenados com alta periculosidade, quando incorrer em risco à ordem pública a permanência deles em estabelecimentos comuns.

1.6. Crime de associação criminosa especial (art. 8º, Lei 8.072/1990)

Não se trata de crime hediondo, embora estabelecido nesta lei, e a prova disso é o rol taxativo do art. 1º da Lei 8.072/1990. O art. 8º faz alusão ao crime de quadrilha (cujo

nomen juris passou a ser o de *associação criminosa* com o advento da Lei 12.850/2013) previsto no art. 288, CP. É um crime contra a paz pública. No entanto, diversamente do CP, a Lei dos Crimes Hediondos prevê pena mais elevada se a quadrilha for formada para a prática de crimes dessa natureza (hediondos ou equiparados).

Em suma:

Associação criminosa especial art. 8º, Lei 8.072/1990	Associação criminosa art. 288, CP
Pena de 3 a 6 anos	Pena de 1 a 3 anos
Não cabe substituição por pena restritiva de direitos se a pena privativa de liberdade superar 4 anos	Cabe substituição de pena privativa de liberdade por restritiva de direito, desde que preenchidos os requisitos legais
Não cabe *sursis processual*	Cabe *sursis processual*

1.6.1. Delação premiada ou traição benéfica no crime de associação criminosa especial

O parágrafo único art. 8º da Lei dos Crimes Hediondos consagra uma causa especial de diminuição de pena que será concedida ao condenado que delatar os demais comparsas (membros da associação) à autoridade pública. A pena será reduzida, pois, de um terço a dois terços se preenchidos os seguintes requisitos:

a) Delação de um ou mais dos componentes da associação para a autoridade pública (Delegado, Juiz, Ministério Público);

b) A delação deverá ser voluntária (o sujeito não poderá ser forçado a delatar), mas não precisa ser espontânea;

c) É necessária, em virtude da delação, a apuração da autoria dos demais integrantes e o desmantelamento da associação. Portanto, a delação deverá ser eficaz.

A redução da pena incide quanto ao ***crime de quadrilha*** em comento (art. 8º da Lei 8.072/1990) e não com relação aos *crimes cometidos pela quadrilha*.

1.7. Causas de aumento de pena quando houver violência presumida

O art. 9º da Lei 8.072/1990 previa que, se a vítima se encontrasse em situação de **violência presumida** (art. 224, CP – revogado), a pena seria aumentada da **metade** nos seguintes casos:

a) latrocínio (art. 157, § 3º, final, CP);

b) extorsão com morte (art. 158, § 2º, CP);

c) extorsão mediante sequestro (art. 159, CP);

d) estupro (art. 213, CP); e

d) atentado violento ao pudor (art. 214, CP – foi revogado).

Tendo em vista o **art. 224, CP** (violência presumida) ter sido **revogado** pela Lei 12.015/2009 (Lei dos Crimes contra a Dignidade Sexual), tacitamente está revogado o art. 9º da Lei 8.072/1990.

O que antes se chamava de violência presumida hoje equivale à vulnerabilidade do art. 217-A, *caput* e parágrafos, CP. A doutrina majoritária e o STJ entendem que o art. 9º está **revogado tacitamente** pela já citada Lei 12.015/2009.

2. LEI DE TORTURA (LEI 9.455/1997)

2.1. Aspectos constitucionais

O art. 5º, XLIII, da CF/1988, ao fazer menção à tortura, crime que sequer era tipificado em lei, materializou-se em verdadeiro **mandado da criminalização**, visto que, repita-se, não havia regulamentação no Brasil, em 1988, de aludido crime.

Em suma, a CF diz que a lei considerará inafiançáveis e insuscetíveis de graça ou de anistia a prática de **tortura**, tráfico de drogas, terrorismo e os crimes hediondos.

O crime de tortura é considerado **equiparado** ou **assemelhado** a **hediondo**.

2.2. Previsão legal

A tipificação penal da tortura foi criada no Brasil com a edição da **Lei 9.455/1997.** No entanto, já tínhamos a previsão da tortura como crime no art. 233 do ECA, que cuidava apenas da prática de referida conduta contra crianças e adolescentes. Contudo, referido dispositivo foi revogado expressamente pela precitada Lei 9.455/1997, que passou a regulamentar por completo o tema.

2.3. Espécies de tortura

Vêm previstas no art. 1º da Lei 9.455/1997, a saber:

a) Tortura-prova: também chamada de persecutória;

b) Tortura-crime;

c) Tortura-racismo: também chamada de discriminatória;

d) Tortura-maus-tratos: também chamada de *tortura corrigendi*;

e) Tortura do preso ou de pessoa sujeita a medida de segurança;

f) Tortura imprópria;

g) Tortura qualificada;

h) Tortura majorada.

2.3.1. *Regra*

De forma geral, todas as espécies de tortura irão gravitar em torno de duas ideias: **sofrimento físico ou mental**.

A tortura pressupõe o núcleo do tipo *constranger*, o que será feito com o emprego de violência ou grave ameaça, causando sofrimento físico ou mental.

2.3.1.1. *Tortura – prova*

Também chamada de persecutória, vem prevista no art. 1º, I, "a", da Lei 9.455/1997. Neste caso, o torturador constrangerá a vítima, com emprego de violência ou grave ameaça, causando-lhe sofrimento físico ou mental, para o fim de que ela lhe preste **informação**, **declaração** ou **confissão**.

O **sujeito ativo** será qualquer pessoa, tratando-se de crime comum.

Dá-se a **consumação** com o sofrimento físico ou mental suportado pela vítima.

A tentativa é possível teoricamente, por ser a tortura um crime plurissubsistente, vale dizer, praticado mediante vários atos.

2.3.1.2. *Tortura – crime*

Vem prevista no art. 1º, I, "b", da Lei 9.455/1997. Neste caso, o torturador constrangerá a vítima, com emprego de violência ou grave ameaça, causando-lhe sofrimento físico ou mental, para que ela **pratique ação ou omissão de natureza criminosa**.

Vê-se, à evidência, que o crime praticado pela vítima somente o foi por **coação moral irresistível.** Neste caso, a vítima torturada ficará isenta de pena pelo crime praticado, respondendo o torturador (autor mediato) pelo crime por ela cometido (art. 22, CP). Assim, o agente (torturador) responderá pela tortura-crime, além do crime cometido pela vítima, em concurso material (art. 69, CP).

O **sujeito ativo** poderá ser qualquer pessoa, tratando-se, pois, de crime comum.

Alcança-se a **consumação** com o sofrimento físico ou mental suportado pela vítima.

2.3.1.3. *Tortura – racismo*

Também chamada de **tortura discriminatória**, vem prevista no art. 1º, I, "c", da Lei 9.455/1997. Aqui, o torturador constrangerá a vítima, com emprego de violência ou grave ameaça, causando-lhe sofrimento físico ou mental, **em razão de discriminação racial ou religiosa**.

Assim, duas são as hipóteses de discriminação tratadas no tipo penal: racial ou religiosa. Não se confunde essa espécie de tortura com os crimes de racismo previstos na Lei 7.716/1989. Confira-se:

Racismo – Lei 7.716/1989	Tortura racismo – Lei 9.455/1997
Praticado em razão de raça, cor, etnia, religião ou procedência nacional.	Praticada somente em razão de raça ou religião.
A vítima é privada de alguns direitos básicos em razão de raça, cor, etnia, religião ou procedência nacional.	A vítima é constrangida pelo torturador, sofrendo física ou mentalmente, em razão de discriminação racial ou religiosa.

Não se enquadra na tortura racismo o preconceito com relação à orientação sexual, visto que o tipo penal somente fala em "raça" ou "religião".

O **sujeito ativo** pode ser qualquer pessoa, tratando-se de crime comum.

Dá-se a **consumação** quando a vítima suporta o sofrimento físico ou mental.

2.3.1.4. *Tortura – maus-tratos ou tortura corrigendi*

Vem definida no art. 1º, II, da Lei 9.455/1997, consistindo em submeter alguém sob sua **guarda, poder ou autoridade**, com emprego de violência ou grave ameaça, a intenso sofrimento físico ou mental, como forma de aplicar **castigo pessoal** ou **medida de caráter preventivo**.

O sujeito passivo, nesse caso, será obrigatoriamente alguém que esteja sob a guarda, poder ou autoridade do torturador. Assim, estamos diante de crime próprio, visto que se exige uma qualidade especial do agente, qual seja, a de alguma "ascendência" sobre a vítima (guarda, poder ou autoridade).

Nessa modalidade de tortura, o objetivo do torturador é o de aplicar um **castigo pessoal** ou **medida de caráter preventivo**.

A **consumação** dá-se quando a vítima sofrer intensamente em seu aspecto físico ou mental. Trata-se de crime de dano, visto que deve haver efetiva lesão ao bem jurídico.

Difere essa espécie de tortura do crime de **maus-tratos**, previsto no art. 136, CP, visto ser este um crime de perigo, bastando a mera exposição a risco do bem jurídico. Já na tortura maus-tratos ocorre efetiva lesão ao bem jurídico (integridade física/psíquica da vítima).

2.3.1.5. Tortura do preso ou de pessoa sujeita a medida de segurança

Vem prevista no art. 1º, § 1º, da Lei 9.455/1997. Consiste em **submeter pessoa presa ou sujeita a medida de segurança** a um sofrimento físico ou mental, por meio da **prática de ato não previsto** ou **não autorizado por lei**. Assim, os atos praticados pelo torturador devem estar em *desacordo* com a lei.

O **sujeito ativo**, segundo predomina, deve ser agente público que tenha contato com o preso ou com a pessoa que está cumprindo medida de segurança, tratando-se, pois, de **crime próprio**.

O **sujeito passivo** será:

✓ **Preso**: provisório ou definitivo;

✓ **Pessoa submetida à medida de segurança**: inimputáveis ou semi-imputáveis com periculosidade.

2.3.1.6. Tortura imprópria

Vem prevista no art. 1º, § 2º, da Lei 9.455/1997. Consiste no ato daquele que se **omite** em face destas condutas (todas as espécies de tortura descritas), desde que tenha o **dever de evitá-las** ou de **apurá-las**.

O agente, tecnicamente, não praticou uma conduta típica de tortura, apenas se omitiu diante de seu dever de apurar ou de evitar referido crime, tendo este sido praticada por outrem.

Diversamente das demais espécies de tortura, a ora estudada é punida com detenção de um a quatro anos, motivo pelo qual sequer o regime inicial fechado será imposto ao agente. Por essa razão, entende-se, também, que o crime em questão **não é equiparado a hediondo**.

O **sujeito ativo** é aquele que tiver o **dever de evitar** ou o **dever de apurar** a tortura. Assim, será, em regra, o **funcionário público**.

Como estamos diante de um **crime omissivo**, não se admite tentativa.

2.3.1.7. Tortura qualificada

Vem prevista no art. 1º, § 3º, da Lei 9.455/1997.

A tortura será **qualificada**:

a) pela lesão corporal grave/gravíssima (art. 129, § 1º e § 2º, CP); ou

b) pela morte.

Em ambas as situações, estaremos diante de um **crime preterdoloso** (dolo na prática da tortura e culpa quanto ao resultado agravador – lesão corporal grave, gravíssima ou morte).

Não se confunde a tortura qualificada pela morte com o homicídio qualificado pela tortura, sendo esta um meio de execução utilizado para matar a vítima. Vejamos:

Homicídio qualificado pela tortura	Tortura qualificada pela morte
Pena de 12 a 30 anos	Pena de 8 a 16 anos.
Dolo de matar, ou seja, ânimo homicida.	Dolo de torturar, ou seja, causar sofrimento físico ou mental.

Homicídio qualificado pela tortura	Tortura qualificada pela morte
Resultado morte decorre de dolo.	Resultado morte decorre de culpa.
Tortura é um meio de execução.	A tortura é um fim em si mesma.
_____	Se o agente tortura e mata com dolo, ele responderá pelos dois crimes.
Julgado pelo Tribunal do Júri.	Julgado pela Justiça Comum.

2.3.1.8. Tortura majorada

Vem prevista no art. 1º, § 4º, da Lei 9.455/1997. Trata-se de causa obrigatória de aumento de pena (1/6 a 1/3), incidente nas seguintes situações:

a) Se o torturador for agente público;

b) Se a vítima for criança, adolescente, idoso, gestante ou deficiente físico/mental;

c) Se a tortura for praticada mediante sequestro. O sequestro não será crime autônomo, ele será enquadrado como majorante da pena.

2.3.2. Efeitos da condenação

Conforme reza o art. 1º, § 5º, da Lei 9.455/1997, a condenação pelo crime de tortura imporá ao agente a perda do cargo, função ou emprego público, bem como a interdição para seu exercício pelo dobro do prazo da pena aplicada.

Trata-se, é bom que se diga, de efeito obrigatório da condenação, que se subdivide em:

a) Direto: perda do cargo, emprego ou função;

b) Indireto: interdição de direitos, ou seja, a impossibilidade de ocupação de cargo, emprego, função, pelo dobro do prazo da pena aplicada.

Este efeito é automático, também chamado pela doutrina de não específico, não exigindo, pois, fundamentação específica em sentença.

2.3.3. Aspectos penais e processuais penais

De acordo com o art. 1º, § 6º, da Lei 9.455/1997, são inadmissíveis para os crimes de tortura a concessão de **fiança**, **graça** e **anistia**. Trata-se de mera repetição do quanto consta no art. 5º, XLIII, CF.

Muito embora a lei não vede o **indulto**, a concessão deste não é permitida de acordo com a jurisprudência majoritária.

Embora não se admita a concessão de liberdade provisória com fiança (crimes inafiançáveis), admissível pensar-se em deferimento de **liberdade provisória sem fiança**, desde que ausentes os requisitos autorizadores da prisão preventiva. Afinal, não se pode admitir prisão cautelar obrigatória no Brasil, sob pena de ofensa ao princípio constitucional da presunção de inocência (ou não culpabilidade).

Quanto ao **regime inicial de cumprimento de pena**, este será o fechado, exceto para a tortura imprópria. Admite-se, pois, progressão de regime penitenciário, desde que preenchidos os requisitos legais, seguindo-se, para tanto, as mesmas regras aplicáveis aos crimes hediondos (lembre-se: a tortura é crime equiparado a hediondo!).

Considerando que a tortura é crime equiparado a hediondo, entendemos, de todo, aplicável a decisão do STF acerca da **incons-**

titucionalidade do regime inicial fechado obrigatório (HC 111.840). Logo, mesmo para um torturador, será cabível, desde que preenchidos os requisitos legais, regime inicial semiaberto ou até aberto, a depender da quantidade de pena imposta.

No tocante ao **livramento condicional**, seguiremos o mesmo regramento para os crimes hediondos, vale dizer, admite-se a concessão do benefício em comento, desde que cumpridos mais de 2/3 da pena e desde que o réu não seja reincidente específico.

3. LEI DE DROGAS (LEI 11.343/2006)

3.1. Previsão legal

Os crimes envolvendo drogas vêm previstos na Lei 11.343/2006, que revogou expressamente a antiga "Lei de Tóxicos" (Lei 6.368/1976).

3.2. Questão terminológica

Embora a expressão possa parecer "chula", o adequado é que se fale em *droga*, e não mais *substâncias entorpecentes*, tal como previsto na legislação revogada.

3.2.1. Conceito de drogas

Droga é toda **substância capaz de causar dependência**, assim reconhecida em **lei ou listas atualizadas** pelo Executivo Federal (art. 1º, parágrafo único, Lei 11.343/2006).

Hoje, para buscarmos quais são as substâncias consideradas "drogas", devemos analisar o quanto se contém na **Portaria 344/1998 da SVS/MS** (Superintendência de Vigilância Sanitária do Ministério da Saúde). Esta portaria traz uma lista de substâncias entorpecentes, o que equivale às drogas. Trata-se de um ato infralegal, motivo pelo qual, toda vez que a lei mencionar a expressão "drogas", estaremos diante de uma **norma penal em branco em sentido estrito ou heterogêneo**, visto que o ato complementar (portaria) é de hierarquia diversa da norma complementada (lei ordinária federal).

3.3. Principais crimes da Lei de Drogas

3.3.1. Art. 28 – posse ilegal de droga para consumo pessoal

Primeiramente, é bom que se diga que o **uso** de droga é **fato atípico**, visto que o art. 28 não contempla a conduta de "usar ou fazer uso". Ainda que assim não fosse, a não criminalização do uso de drogas decorre do **princípio da alteridade**, segundo o qual o direito penal somente pode proteger condutas direcionadas à lesão de direitos alheios, no caso, à saúde pública (o crime em estudo viola a **saúde pública**).

Destarte, quem usa droga, trazendo-a consigo, não responderá propriamente pelo uso, mas sim pelo **porte**.

3.3.1.1. Condutas típicas

São as seguintes:

a) adquirir;

b) guardar;

c) ter em depósito;

d) transportar; ou

e) trazer consigo.

Estamos diante de um **tipo misto alternativo** ou, ainda, um **crime de ação múltipla**.

3.3.1.2. Objeto material do crime

É a **droga**, assim considerada com base na **Portaria 344/1998** da SVS/MS.

3.3.1.3. Penas

Diversamente do que acontece com todos os demais crimes, o delito de porte de drogas para consumo pessoal, fugindo à regra, estabelece **penas não privativas de liberdade**, já de forma abstrata, motivo pelo qual, em um primeiro momento, chegou-se a discutir sobre a eventual descriminalização das condutas típicas estudadas.

Temos, portanto, as **seguintes penas** cominadas ao art. 28:

a) Advertência sobre os efeitos da droga;

b) Prestação de serviços à comunidade; e

c) Medida educativa de comparecimento aà programa ou curso educativo.

As penas poderão ser **alternativa** ou **cumulativamente** impostas. Poderá, pois, o juiz, aplicar as três penalidades cumulativamente, de acordo com o caso concreto.

Pacificou-se na jurisprudência o entendimento de que o crime em questão sofreu apenas uma **despenalização** ou **descarcerização** (redução da resposta penal diante da prática da infração). Não há que se falar, portanto, em descriminalização.

3.3.1.4. Tipo subjetivo

É o **dolo**, sem prejuízo do **especial fim de agir do agente** ("dolo específico"), qual seja, praticar uma das condutas típicas "para consumo pessoal".

3.3.1.5. Figura equiparada (art. 28, § 1º)

Equipara-se ao art. 28, *caput*, submetendo-se às mesmas penas, aquela pessoa que **semear**, **cultivar** ou **colher** plantas destinadas ao preparo de **pequena quantidade de drogas** para consumo pessoal.

A expressão "pequena quantidade de drogas" é o **elemento normativo** do tipo, exigindo-se uma valoração diante do caso concreto.

3.3.1.6. Prazo de duração das medidas coercitivas

No caso de imposição de pena alternativa de prestação de serviços à comunidade ou determinação de comparecimento a programas educativos, o período máximo de duração será de **até 5 meses**.

Impõe salientar que **não caberá privação de liberdade** pelo descumprimento das penas restritivas de direitos impostas pelo juiz na sentença. Em caso de descumprimento, duas são as medidas coercitivas:

a) Admoestação verbal;

b) Multa destinada ao Fundo Nacional Antidrogas.

Se o agente não comparecer em juízo para se submeter à admoestação verbal, será aplicada a multa, sucessivamente.

3.3.1.7. Reincidência no art. 28

Em caso de o réu ser reincidente específico (condenações pelo crime de porte de drogas para consumo pessoal), as penas restritivas de direitos poderão ser impostas pelo prazo de **até 10 meses** (art. 28, § 4º).

3.3.1.8. Prisão em flagrante

Não se imporá a prisão em flagrante do usuário para o crime do art. 28, consoante determina o art. 48, § 2º, da Lei 11.343/2006. A Lei de Drogas veda a chamada **prisão-lavratura**, que é a materialização de uma prisão em flagrante no respectivo auto. No entanto, a denominada prisão-captura é perfeitamente cabível, a fim de que o agente delitivo seja conduzido coercitivamente à Delegacia de Polícia, fazendo, com isso, cessar a atividade criminosa.

Aplicar-se-á ao art. 28 da Lei de Drogas o disposto na Lei 9.099/1995 (Lei dos Juizados Especiais Criminais), motivo pelo qual o crime em questão é considerado de **menor potencial ofensivo**.

3.3.1.9. Prescrição do crime do art. 28

Consoante reza o art. 30 da Lei 11.343/2006, o Estado perderá o direito de punir ou de executar a pena após o decurso de **2 (dois) anos**. Trata-se de regra especial, que prevalece sobre o art. 109 do CP (tabela do prazo prescricional).

3.3.2. Art. 33 – Tráfico de drogas

3.3.2.1. Condutas típicas

O art. 33, *caput*, da Lei 11.343/2006, consubstancia-se em tipo misto alternativo ou crime de ação múltipla, visto que formado por 18 (dezoito) verbos, a saber: *importar, exportar, remeter, preparar, produzir, fabricar, adquirir, vender, expor à venda, oferecer, ter em depósito, transportar, trazer consigo, guardar, prescrever, ministrar, entregar a consumo ou fornecer*.

Importante anotar o teor da **Súmula 528 do STJ**, editada em 2015: "Compete ao juiz federal do local da apreensão da droga remetida do exterior pela via postal processar e julgar o crime de tráfico internacional".

3.3.2.2. Objeto material do crime

O objeto material é a droga, assim definida pela Portaria 344/1998 da SVS/MS.

Será que a quantidade de droga apreendida influencia na dosimetria da pena? Confira-se a posição do STF:

> **Dosimetria e quantidade de droga apreendida**
>
> "A 2ª Turma, em julgamento conjunto de habeas corpus e recurso ordinário em habeas corpus, reafirmou orientação no sentido de que a quantidade de substância ilegal entorpecente apreendida deve ser sopesada na primeira fase de individualização da pena, nos termos do art. 42 da Lei 11.343/2006, sendo impróprio invocá-la por ocasião da escolha do fator de redução previsto no § 4º do art. 33 da mesma lei, sob pena de bis in idem. Com base nesse entendimento, determinou-se a devolução dos autos para que as instâncias de origem procedam a nova individualização da pena, atentando-se para a adequada motivação do fator reducional oriundo da causa especial de diminuição". HC 108513/RS, rel. Min. Gilmar Mendes, 23.8.2011. (HC-108513) RHC 107857/DF, rel. Min. Gilmar Mendes, 23.8.2011. (RHC-107857) (**Inform**. STF 637)

3.3.2.3. Tipo subjetivo

É o **dolo**. Contudo, é necessário que a intenção do traficante seja a de **"entregar" a droga a consumo de terceiros**, diversamente do que ocorre com o art. 28 da Lei 11.343/2006, em que a intenção do agente é a de consumir a droga.

3.3.2.4. Consumação e tentativa

Pelo fato de o art. 33 trazer dezoito verbos no tipo, alguns deles são considerados **crimes instantâneos**, consumando-se com a só prática da conduta (ex.: importar, exportar, adquirir...). Já outras modalidades de tráfico são consideradas **permanentes**, motivo pelo qual a consumação se protrairá no tempo (ex.: expor à venda, ter em depósito, trazer consigo, guardar...).

Em tese, é admissível a **tentativa**, embora esta seja difícil, visto que, pelo fato de o crime ser de ação múltipla, provavelmente a infração já estará consumada.

3.3.2.5. Art. 33, § 3º – Cedente eventual

A doutrina vem chamando de **cedente eventual** a pessoa que oferecer droga eventualmente, sem objetivo de lucro, a pessoa de seu relacionamento, para juntos a consumirem. Trata-se de um tráfico privilegiado, visto que a pena é bastante menor do que a cominada para o tráfico previsto no *caput* do art. 33.

São **requisitos** para configuração do crime em questão:

✓ oferecer droga;

✓ caráter eventual;

✓ sem objetivo de lucro;

✓ a pessoa de seu relacionamento;

✓ para juntos a consumirem.

Neste caso, a pena será de 6 (seis) meses a 1 (um) ano de detenção, sem prejuízo das penas do art. 28.

Por ser punido com detenção, o crime é afiançável.

Trata-se, finalmente, de crime de **menor potencial ofensivo**. Em virtude de a pena máxima ser de (um) 1 ano, aplica-se a Lei 9.099/1995.

3.3.2.6. Art. 33, § 4º – Causa de diminuição de pena

Se preenchidos os requisitos abaixo, de forma cumulativa, o agente terá a pena reduzida de 1/6 (um sexto) a 2/3 (dois terços):

✓ o agente primário;

✓ de bons antecedentes;

✓ que não integre facção criminosa; e

✓ que não se dedique a atividades criminosas.

Trata-se do "traficante de primeira viagem".

A causa de diminuição de pena em comento não era prevista na antiga Lei de Tóxicos. Daí ser considerada *lex mitior* ou *novatio legis in mellius* – lei nova benéfica.

Por ser benéfica, deve ter **efeitos retroativos**. Assim, se o sujeito já estiver cumprindo pena, advindo lei nova benéfica, deverá esta retroagir para beneficiá-lo.

A **questão** que se coloca, contudo, é a seguinte:

✓ **Lei antiga**: a pena do tráfico de drogas variava de 3 (três) a 15 (quinze) anos. Não havia causa de diminuição de pena;

✓ **Lei nova**: a pena do tráfico varia de 5 (cinco) a 15 (quinze) anos. Há causa de diminuição de pena (art. 33, § 4º);

Questão: esta causa de diminuição de pena (1/6 a 2/3) deverá retroagir e incidir sobre qual pena, caso o agente tenha praticado tráfico de drogas sob a égide da lei anterior? De 3 a 15 anos (pena antiga) ou de 5 a 15 anos (pena nova)?

R.: existem **dois posicionamentos**. São eles:

a) Primeira posição: a diminuição deverá incidir sobre a pena antiga, já que o traficante respondeu sob a égide da lei anterior. Esta posição adota aquilo que o STF, historicamente, sempre repudiou, qual seja, a combinação de leis penais no tempo;

b) Segunda posição: a diminuição incidirá sobre a pena nova. De acordo com esta posição, não é possível combinação de leis penais, pois violaria a tripartição de Poderes (o Judiciário estaria legislando).

Tanto o STF, quanto o STJ, proferiram decisões nos dois sentidos.

Em notícia extraída do sítio eletrônico desta última Corte, vê-se que a sua 3ª Seção pôs fim à celeuma instaurada desde a edição da Lei 11.343/2006 no que tange à possibilidade – ou não – de combinação de leis no tempo. Confira-se:

> "No STJ, a Sexta Turma entendia ser possível a combinação de leis a fim de beneficiar o réu, como ocorreu no julgamento do HC 102.544. Ao unificar o entendimento das duas Turmas penais, entretanto, prevaleceu na Terceira Seção o juízo de que não podem ser mesclados dispositivos mais favoráveis da lei nova com os da lei antiga, pois ao fazer isso o julgador estaria formando uma terceira norma.
>
> A tese consolidada é de que a lei pode retroagir, mas apenas se puder ser aplicada na íntegra. Dessa forma, explicou o Ministro Napoleão Nunes Maia Filho no HC 86.797, caberá ao "magistrado singular, ao juiz da vara de execuções criminais ou ao tribunal estadual decidir, diante do caso concreto, aquilo que for melhor ao acusado ou sentenciado, sem a possibilidade, todavia, de combinação de normas".
>
> O projeto de súmula foi encaminhado pela Min. Laurita Vaz e a redação oficial do dispositivo ficou com o seguinte teor: "É cabível a aplicação retroativa da Lei 11.343, desde que o resultado da incidência das suas disposições, na íntegra, seja mais favorável ao réu do que o advindo da aplicação da Lei n. 6.368, sendo vedada a combinação de leis". (http://www.stj. jus.br/portal_stj/publicacao/engine.wsp?tmp.area=398&tmp. texto=111943 – acesso em 06.11.2013).
>
> Destarte, com a edição da **Súmula 501 do STJ**, consolidou-se o entendimento segundo o qual é inadmissível a combinação de leis penais no tempo: *"É cabível a aplicação retroativa da Lei 11.343, desde que o resultado da incidência das suas disposições, na íntegra, seja mais favorável ao réu do que o advindo da aplicação da Lei 6.368, sendo vedada a combinação de leis".*
>
> Por fim, importantíssimo registrar que era entendimento do STJ que a verificação, em caso concreto, da causa de diminuição de pena em comento (art. 33, § 4º, da Lei de Drogas), não afastava a hediondez do crime em testilha (tráfico privilegiado). Nesse sentido, a **Súmula 512 do STJ**, aprovada em junho de 2014: *"A aplicação da causa de diminuição de pena prevista no art. 33, § 4º, da Lei 11.343/2006 não afasta a hedionodez do crime de tráfico de drogas".*

Contudo, referida Corte, por meio de sua 3ª Seção, ao julgar a Pet 11.796, alinhando-se ao entendimento do STF, decidiu **cancelar a Súmula 512**. Em outras palavras, STJ e STF comungam do mesmo entendimento, vale dizer, de que o tráfico de drogas privilegiado não é crime equiparado a hediondo.

Para reforçar a tese acima, o ***Pacote Anticrime*** (Lei 13.964/2019), ao promover alterações ao art. 112 da LEP, expressamente dispôs em seu novel §5º que, para fins de progressão de regime, não se considera hediondo ou equiparado o crime de tráfico de drogas previsto no § 4º do art. 33 da Lei nº 11.343, de 23 de agosto de 2006.

Importante registrar que o STF editou a **Súmula vinculante 59**, que cristalizou o entendimento da Corte no sentido de que o tráfico de drogas privilegiado não se harmoniza com a hediondez, razão por que o regime inicial de cumprimento de pena a ser imposto ao agente deverá ser o aberto, bem como a necessidade de substituição da pena privativa de liberdade por restritiva de direitos quando presentes os requisitos contidos no Código Penal. Confira-se a redação do verbete sumular:

> É impositiva a fixação do regime aberto e a substituição da pena privativa de liberdade por restritiva de direitos quando reconhecida a figura do tráfico privilegiado (art. 33, § 4º, da Lei 11.343/06) e ausentes vetores negativos na primeira fase da dosimetria (art. 59 do CP), observados os requisitos do art. 33, § 2º, alínea c, e do art. 44, ambos do Código Penal.

3.3.2.7. *Vedações penais e processuais ao tráfico*

De acordo com o art. 44 da Lei 11.343/2006, os crimes previstos nos arts. 33, *caput* e § 1º, 34 a 37, são:

a) Inafiançáveis;

b) Insuscetíveis de *sursis*, graça, indulto e anistia;

c) Insuscetível de liberdade provisória;

d) Impassíveis de conversão das penas privativas de liberdade por restritivas de direitos.

> Tanto com relação à liberdade provisória, quanto com relação à impossibilidade de conversão de PPL por PRD para tráfico de drogas, o STF, em controle difuso (HC 97.256), reconheceu a inconstitucionalidade das vedações. Não se trata de posicionamento pacífico, mas, pelo menos, existe um norte de nossa mais alta Corte: a vedação abstrata de benefícios penais e processuais afronta a presunção de inocência e a razoabilidade.
>
> Acerca da vedação à conversão de pena privativa de liberdade em restritiva de direitos, confira-se abaixo a posição da Suprema Corte:
>
> #### Tráfico de drogas: "sursis" e substituição de pena por restritiva de direitos
>
> "A 1ª Turma julgou prejudicado *habeas corpus* em que condenado à reprimenda de 1 ano e 8 meses de reclusão em regime fechado e 166 dias-multa, pela prática do crime de tráfico ilícito de entorpecentes (Lei 11.343/2006, art. 33), pleiteava a suspensão condicional da pena nos termos em que concedida pelo Tribunal de Justiça estadual. Em seguida, deferiu, de ofício, a ordem para reconhecer a possibilidade de o juiz competente substituir a pena privativa de liberdade por restritiva de direitos, desde que preenchidos os requisitos objetivos e subjetivos previstos na lei. A impetração questionava acórdão que, em 09.03.2010, ao dar provimento a recurso especial do *parquet*, não admitira o *sursis*, em virtude de expressa vedação legal. Consignou-se que, ao julgar o HC 97256/RS (*DJe* de 16.12.2010), o Supremo concluíra, em 01.09.2010, pela inconstitucionalidade dos arts. 33, § 4º; e 44, *caput*, da Lei 11.343/2006, ambos na parte em que vedavam a substituição da pena privativa de liberdade por restritiva de direitos em condenação pelo delito em apreço. Asseverou-se, portanto, estar superado este impedimento. Salientou-se que a convolação da reprimenda por restritiva de direitos seria mais favorável ao paciente. Ademais, observou-se que o art. 77, III, do CP estabelece a aplicabilidade de suspensão

condicional da pena quando não indicada ou cabível a sua substituição por restritiva de direitos (CP, art. 44)". HC 104361/ RJ, rel. Min. Cármen Lúcia, 30.05.2011. (HC-104361) (Inform. STF 625).

Quanto à vedação de *sursis*, contraditoriamente, a 1ª Turma do STF, que, como visto acima, reconheceu a inconstitucionalidade da vedação abstrata à conversão de pena privativa de liberdade por restritivas de direitos, negou a possibilidade, por maioria de votos, de concessão de referido benefício. Veja a seguir:

Tráfico ilícito de entorpecentes e suspensão condicional da pena

"A 1ª Turma iniciou julgamento de *habeas corpus* em que se pleiteia a suspensão condicional da pena a condenado pela prática do crime de tráfico ilícito de entorpecentes (Lei 11.343/2006, art. 33). O Min. Marco Aurélio, relator, denegou a ordem. Reputou não se poder cogitar do benefício devido à vedação expressa contida no art. 44 do referido diploma (*'Os crimes previstos nos arts. 33, caput e § 1º, e 34 a 37 desta Lei são inafiançáveis e insuscetíveis de sursis, graça, indulto, anistia e liberdade provisória, vedada a conversão de suas penas em restritivas de direitos'*), que estaria em harmonia com a Lei 8.072/1990 e com a Constituição, em seu art. 5º, XLIII (*"a lei considerará crimes inafiançáveis e insuscetíveis de graça ou anistia a prática da tortura, o tráfico ilícito de entorpecentes e drogas afins, o terrorismo e os definidos como crimes hediondos, por eles respondendo os mandantes, os executores e os que, podendo evitá-los, se omitirem"*). Após, pediu vista o Min. Dias Toffoli". HC 101919/MG, rel. Min. Marco Aurélio, 26.04.2011. (HC-101919) (Inform. STF 624)

Tráfico ilícito de entorpecentes e suspensão condicional da pena – 2

"Em conclusão de julgamento, a 1ª Turma denegou, por maioria, *habeas corpus* em que se pleiteava a suspensão condicional da pena a condenado pela prática do crime de tráfico ilícito de entorpecentes (Lei 11.343/2006, art. 33) – v. Informativo 624. Reputou-se não se poder cogitar do benefício devido à vedação expressa contida no art. 44 do referido diploma (*"Os crimes previstos nos arts. 33, caput e § 1º, e 34 a 37 desta Lei são inafiançáveis e insuscetíveis de sursis, graça, indulto, anistia e liberdade provisória, vedada a conversão de suas penas em restritivas de direitos"*), que estaria em harmonia com a Lei 8.072/1990 e com a Constituição, em seu art. 5º, XLIII (*"a lei considerará crimes inafiançáveis e insuscetíveis de graça ou anistia a prática da tortura, o tráfico ilícito de entorpecentes e drogas afins, o terrorismo e os definidos como crimes hediondos, por eles respondendo os mandantes, os executores e os que, podendo evitá-los, se omitirem"*). Vencido o Min. Dias Toffoli, que deferia a ordem ao aplicar o mesmo entendimento fixado pelo Plenário, que declarara incidentalmente a inconstitucionalidade do óbice da substituição da pena privativa de liberdade por restritiva de direito em crime de tráfico ilícito de droga". HC 101919/MG, rel. Min. Marco Aurélio, 06.09.2011. (HC-101919) (Inform. STF 639)

Por fim, importantíssimo registrar que a 3ª Seção do STJ, acompanhando a posição do STF, para o qual o tráfico privilegiado não pode ser considerado hediondo, sob pena de ofensa à proporcionalidade (HC 118.533/MS, Rel. Min. Cármen Lúcia, j. 23.06.2016), revisou seu anterior entendimento e cancelou a Súmula 512, aprovada em junho de 2014, que trazia a seguinte redação: "A aplicação da causa de diminuição de pena prevista no art. 33, § 4º, da Lei 11.343/2006 não afasta a hediondez do crime de tráfico de drogas".

4. ESTATUTO DO DESARMAMENTO (LEI 10.826/2003)

4.1. Evolução legislativa

Inicialmente, o porte ilegal de arma era considerado contravenção penal, prevista no art. 19 da Lei de Contravenções Penais (Decreto-lei 3.688/1941). Com o tempo, o porte ilegal de arma passou a ser considerado crime, após a edição da Lei 9.437/1997. Hoje, o porte ilegal de armas continua sendo crime, regido, porém, pelo Estatuto do Desarmamento (Lei 10.826/2003).

4.2. Objetos materiais do Estatuto do Desarmamento

Os tipos penais previstos no Estatuto do Desarmamento (arts. 12 a 18) trazem, basicamente, os seguintes objetos materiais:

a) arma de fogo;

b) munição; e

c) acessórios.

4.3. Crimes em espécie (arts. 12 a 18)

✓ Art. 12 – posse irregular de arma de fogo, munição e acessório de uso permitido;

✓ Art. 13 – omissão de cautela;

✓ Art. 14 – porte ilegal de arma de fogo, munição e acessório de uso permitido;

✓ Art. 15 – disparo de arma de fogo;

✓ Art. 16 – posse ou porte ilegal de arma de fogo, munição e acessório de uso restrito;

✓ Art. 17 – comércio ilegal de arma de fogo, munição e acessório;

✓ Art. 18 – tráfico internacional de arma de fogo, munição e acessório.

4.3.1. Art. 12: posse irregular de arma de fogo, munição e acessório de uso permitido

✓ **Conduta típica:** *possuir* ou *manter* sob sua guarda;

✓ **Objetos materiais:** arma de fogo, munição e acessório de uso permitido;

✓ **Elemento normativo do tipo:** *sem autorização ou em desacordo com determinação legal ou regulamentar;*

✓ **Elementos modais:** *interior da residência ou dependências ou no local do trabalho;*

Sujeito ativo: se a arma de fogo, munição e acessório for encontrado na **residência**, o sujeito ativo será o legítimo possuidor ou proprietário. Se a arma de fogo, munição e acessório for localizado no **local de trabalho,** é necessário que o sujeito ativo seja o responsável legal ou titular do estabelecimento. Estranhos que estejam na residência ou no local do trabalho responderão por crime mais grave, e não pelo art. 12. O Estatuto do Desarmamento autoriza que pessoas possuam armas de **uso permitido** ou em sua residência ou em seu local de trabalho, desde que preenchidos alguns requisitos (art. 4º).

No tocante a alguém poder possuir a arma de fogo, munição ou acessório de uso permitido no local de trabalho, somente poderá ter autorização o responsável legal ou titular da empresa.

O certificado do registro permite a posse e não o porte da arma de fogo, munição e acessório.

A posse se torna ilegal quando estiver dentro da casa ou local do trabalho arma de fogo, munição e acessório sem autorização.

Importante registrar a posição jurisprudencial acerca da posse de munição de uso permitido e de uso proibido em um mesmo contexto fático (STJ):

CRIME ÚNICO. GUARDA. MUNIÇÃO.

"O crime de manter sob a guarda munição de uso permitido e de uso proibido caracteriza-se como crime único, quando houver unicidade de contexto, porque há uma única ação, com lesão de um único bem jurídico, a segurança coletiva, e não concurso formal, como entendeu o tribunal estadual". Precedente citado: HC 106.233-SP, *DJe* 03.08.2009. HC 148.349-SP, Rel. Min. Maria Thereza de Assis Moura, julgado em 22.11.2011. (Inform. STJ 488)

Entendemos que, no caso acima, deverá o agente ser condenado pela posse de munição de uso restrito, considerado crime mais grave.

4.3.2. Art. 13 – omissão de cautela

✓ **Conduta típica**: deixar de observar as cautelas necessárias para impedir que menores de dezoito anos ou pessoas portadoras de deficiência mental se apoderem de arma de fogo;

✓ **Crime omissivo próprio**: trata-se de crime omissivo, que se aperfeiçoa pela prática de uma conduta negativa (deixar de observar...). Não se admite tentativa;

✓ **Crime culposo**: de acordo com a doutrina, trata-se de crime culposo, visto que a expressão "deixar de observar as **cautelas necessárias**" denota negligência, que é modalidade de culpa. Inadmissível a tentativa por estarmos diante de crime culposo;

✓ **Consumação**: no momento que houver o efetivo apoderamento da arma de fogo;

✓ **Objeto material**: somente arma de fogo. O tipo penal não menciona os acessórios e as munições. Qualquer que seja a arma de fogo o crime estará configurado, tendo em vista a omissão do legislador em dizer se a arma seria de uso permitido, restrito ou proibido.

4.3.2.1. Figura equiparada à omissão de cautela – art. 13, parágrafo único

Caso o dono ou responsável legal por empresa de segurança de transporte de valores tome conhecimento da perda, furto, roubo ou, de maneira geral, extravio de arma de fogo, munição e acessório, deverá registrar a ocorrência e comunicar à Polícia Federal.

Se aludidas providências não forem tomadas no prazo de 24 horas, o dono ou responsável legal por empresa de segurança e transporte de valores responderá pelas mesmas penas do *caput* do art. 13.

Em suma:

✓ **Sujeito ativo**: dono ou responsável legal por empresa de segurança e transporte de valores. Trata-se de crime próprio;

✓ **Crime omissivo próprio**: a conduta típica decorre de uma omissão do agente em comunicar o fato à Polícia Federal e registrar a ocorrência;

✓ **Objeto material**: arma de fogo, munição e acessório de uso permitido, restrito ou proibido;

✓ **Consumação**: após 24 horas da ciência do fato pelo dono ou responsável legal por empresa de segurança e transporte de valores. É doutrinariamente chamado de crime a prazo.

4.3.3. Art. 14 – porte ilegal de arma de fogo, munição e acessório de uso permitido

✓ **Condutas típicas**: portar, deter, adquirir, fornecer, receber, ter em depósito, transportar, ceder, ainda que gratuitamente, emprestar, remeter, empregar, manter sob guarda ou ocultar arma de fogo, acessório ou munição, de uso permitido, sem autorização e em desacordo com determinação legal ou regulamentar. Trata-se de crime de ação múltipla ou tipo misto alternativo.

✓ Não se confunde com o crime do art. 12 do Estatuto do Desarmamento, pois naquele caso o agente possui ou mantém em sua residência ou local de trabalho (intramuros), irregularmente, arma de fogo, acessório ou munição de uso permitido. No crime ora estudado, referidos objetos encontram-se fora da residência ou local de trabalho (extramuros);

✓ **Objetos materiais**: arma de fogo, acessório ou munição, todos de uso permitido;

✓ **Sujeito ativo**: é crime comum, qualquer pessoa pode cometer;

✓ **Sujeito passivo**: é a coletividade, a Segurança Pública.

Acerca da discussão se o porte de arma desmuniciada constitui ou não o crime em comento, predomina no STF o posicionamento de que estamos diante de **crime de mera conduta** e de **perigo abstrato**, pouco importando se arma está sem munição.

No entanto, para o Exame da OAB, trazemos abaixo a posição que poderia ser adotada, especial e principalmente em na fase escrita:

ARMA DESMUNICIADA. USO PERMITDO. ATIPICIDADE.

"Conforme o juízo de primeiro grau, a paciente foi presa em flagrante quando trazia consigo uma arma de fogo calibre 22 desmuniciada que, periciada, demonstrou estar apta a realizar disparos. Assim, a Turma, ao prosseguir o julgamento, por maioria, concedeu a ordem com base no art. 386, III, do CPP e absolveu a paciente em relação à acusação que lhe é dirigida por porte ilegal de arma de fogo de uso permitido, por entender que o fato de a arma de fogo estar desmuniciada afasta a tipicidade da conduta, conforme reiterada jurisprudência da Sexta Turma". Precedentes citados do STF: RHC 81.057-SP, *DJ* 29.04.2005; HC 99.449-MG, *DJe* 11.02.2010; do STJ: HC 76.998-MS, *DJe* 22.02.2010, e HC 70.544-RJ, *DJe* 03.08.2009. HC 124.907-MG, Rel. Min. Og Fernandes, julgado em 06.09.2011. (Inform. STJ 482)

4.3.3.1. Art. 14, parágrafo único – inafiançabilidade

De acordo com o dispositivo legal em comento, o crime previsto no *caput* é **inafiançável**, salvo se a arma estiver registrada em nome do agente. Todavia, no julgamento da ADI 3.112, o STF declarou a inconstitucionalidade do dispositivo. Portanto, o crime em questão **admite a concessão de fiança**.

4.3.4. Art. 15 – disparo de arma de fogo

✓ **Condutas típicas**: *disparar* arma de fogo ou *acionar* munição (não necessita da arma de fogo);

✓ **Objeto material**: não se faz distinção se a arma ou munição são de uso permitido, restrito e proibido;

✓ **Locais do disparo ou acionamento da munição**: lugar habitado ou em suas adjacências, em via pública ou em direção a ela. São chamados de *elementos modais do tipo* estes locais.

Assim, se o disparo ocorrer em local ermo, não se configura o crime do art. 15;

✓ **Crime subsidiário expresso**: somente se configura este crime se o disparo ou acionamento da munição não forem efetuados com a finalidade da prática de outro crime;

✓ **Concurso de crimes**: vários disparos no mesmo contexto = crime único, com a diferença de que a pena poderá ser aumentada. Vários disparos em contextos distintos haverá concurso de crimes.

4.3.4.1. Art. 15, parágrafo único – inafiançabilidade

De acordo com o dispositivo legal em comento, o crime previsto no *caput* é inafiançável. Todavia, no julgamento da ADI 3.112, o STF declarou a inconstitucionalidade do dispositivo. Portanto, o crime em questão **admite a concessão de fiança**.

4.3.5. Art. 16 – posse ou porte ilegal de arma de fogo, munição e acessório de uso restrito

✓ **Condutas típicas**: possuir, deter, portar, adquirir, fornecer, receber, ter em depósito, transportar, ceder, ainda que gratuitamente, emprestar, remeter, empregar, manter sob sua guarda ou ocultar arma de fogo, acessório ou munição de uso proibido ou restrito, sem autorização e em desacordo com determinação legal ou regulamentar;

✓ **Objetos materiais**: arma de fogo, munição e acessórios de uso restrito ou proibido;

✓ **Elementos normativos**: as condutas devem ser praticadas *sem autorização e em desacordo com determinação legal ou regulamentar* (registro/porte);

✓ **Quem controla as armas de uso restrito e proibido?** R.: é o Comando do Exército.

4.3.5.1. Figuras equiparadas – art. 16, §1º

O **§1º do art. 16, com as alterações promovidas pelo** *Pacote Anticrime* **(Lei 13.964/2019), assim dispõe:**

Nas mesmas penas incorre quem:

I – suprimir ou alterar marca, numeração ou qualquer sinal de identificação de arma de fogo ou artefato;

II – modificar as características de arma de fogo, de forma a torná-la equivalente a arma de fogo de uso proibido ou restrito ou para fins de dificultar ou de qualquer modo induzir a erro autoridade policial, perito ou juiz;

III – possuir, deter, fabricar ou empregar artefato explosivo ou incendiário, sem autorização ou em desacordo com determinação legal ou regulamentar;

IV – portar, possuir, adquirir, transportar ou fornecer arma de fogo com numeração, marca ou qualquer outro sinal de identificação raspado, suprimido ou adulterado;

V – vender, entregar ou fornecer, ainda que gratuitamente, arma de fogo, acessório, munição ou explosivo a criança ou adolescente; e

VI – produzir, recarregar ou reciclar, sem autorização legal, ou adulterar, de qualquer forma, munição ou explosivo.

Notadamente com relação ao inciso IV, usualmente cobrado nos concursos e exames, seguem algumas ponderações. Vejamos:

Condutas típicas: portar, possuir, adquirir, transportar ou fornecer arma de fogo com *numeração, marca ou qualquer outro sinal de identificação raspado, suprimido ou adulterado;*

Questões polêmicas a respeito deste crime:

1. Arma de uso permitido obliterada (adulterada), estando *no interior de residência ou local de trabalho,* configura o crime do art. 16, §1º, IV. Importa saber apenas que a arma está obliterada;

2. Portar arma de uso permitido obliterada configura o crime do art. 16. Não importa se a arma for de uso permitido, o que prevalece é a obliteração.

Importante ressaltar, a respeito do crime em comento, entendimento jurisprudencial do STJ que se consolidou acerca da data para considerar como crime a posse de arma de uso permitido com identificação raspada. Com efeito, quando da edição do Estatuto de Desarmamento, fixou-se o prazo de 180 dias, a partir da publicação da lei, para registro dessas armas "irregulares". Porém, os prazos foram prorrogados diversas vezes por leis posteriores. Assim, a 3ª Seção do STJ, após muita discussão em referida Corte, e nos Tribunais Estaduais, estabeleceu qual o prazo final da abolição criminal temporária (*abolitio criminis temporalis*) para o crime de posse de armas sem identificação e sem registro.

Em julgamento de recurso especial repetitivo, a referida Seção decidiu que é crime a posse de arma de fogo de uso permitido com numeração, marca ou qualquer outro sinal de identificação raspado, suprimido ou adulterado, praticada **após 23.10.2005**. Segundo a decisão, foi nesta data que a *abolitio criminis* temporária cessou, pois foi exatamente o termo final (*dies ad quem*) da prorrogação dos prazos previstos na redação original dos arts. 30 e 32 da Lei 10.826/2003.

O entendimento sob análise recebeu o seguinte enunciado: "**Súmula 513**: A *abolitio criminis* temporária prevista na Lei 10.826/2003 aplica-se ao crime de posse de arma de fogo de uso permitido com numeração, marca ou qualquer outro sinal de identificação raspado, suprimido ou adulterado, praticado somente até 23.10.2005".

4.3.5.2. Forma qualificada

O *Pacote Anticrime* (Lei 13.964/2019) incluiu uma qualificadora ao crime em comento, qual seja, aquela prevista no *§2º do art. 16* do Estatuto do Desarmamento. Assim, se o objeto material de uma ou mais condutas descritas no *caput* for **arma de fogo de uso proibido**, a pena será de reclusão de 4 a 12 anos.

4.3.5.3. Crime hediondo

A posse ou o porte ilegal de arma de fogo de uso restrito, com o advento da Lei 13.497/2017, foi incluído ao rol dos **crimes hediondos**, mais especificamente no art. 1º, parágrafo único, II, da Lei 8.072/1990. Ocorre que, com o Pacote Anticrime, somente a posse ou porte ilegal de arma de fogo de **uso proibido** é considerado hediondo. Até então, se o objeto material do crime também fosse arma de fogo de uso restrito, igualmente receberia a nota da hediondez. Estamos, portanto, diante de inovação benéfica (posse ou porte ilegal de arma de fogo de uso restrito, com a Lei 13.964/2019, deixou de ser crime hediondo).

4.3.6. Art. 17 – comércio ilegal de arma de fogo, munição e acessório

✓ **Condutas típicas**: adquirir, alugar, receber, transportar, conduzir, ocultar, ter em depósito, desmontar, montar, remontar, adulterar, vender, expor à venda, ou de qualquer forma utilizar, em proveito próprio ou alheio, no exercício de atividade comercial ou industrial, arma de fogo, acessório ou munição, sem autorização ou em desacordo com determinação legal ou regulamentar. Trata-se de crime de ação múltipla ou tipo misto alternativo. A prática de mais de 1 verbo configura crime único;

✓ **Objetos materiais**: arma de fogo, munição e acessório de qualquer tipo, seja de uso permitido, restrito ou proibido;

✓ **Sujeito ativo**: pessoa que exerce atividade comercial ou industrial (envolvendo arma de fogo, munição e acessório).

✓ **Pena**: com o *Pacote Anticrime* (Lei 13.964/2019), a pena, que era de reclusão, de 4 a 8 anos, foi majorada para 6 a 12 anos, além da multa.

✓ Trata-se, é bom dizer, de crime hediondo (art. 1º, parágrafo único, III, da Lei 8.072/1990), assim considerado após o advento da **Lei 13.964/2019**.

4.3.6.1. Equiparação a atividade comercial – art. 17, §1º

Equipara-se a atividade comercial *qualquer forma de prestação de serviços, inclusive o serviço exercido dentro de residência*. É uma norma de extensão.

✓ **Sujeito ativo**: qualquer pessoa pode praticar este crime se prestar o serviço de forma profissional ou não tão profissional.

4.3.6.2. Equiparação a comércio ilegal de arma de fogo – art. 17, §2º

✓ O *Pacote Anticrime* incluiu ao art. 17 do Estatuto do Desarmamento uma figura equiparada ao comércio ilegal de arma de fogo (§2º). Assim, responderá pelo crime em estudo aquele que vender ou entregar arma de fogo, acessório ou munição, sem autorização ou em desacordo com a determinação legal ou regulamentar, a **agente policial disfarçado**, quando presentes elementos probatórios razoáveis de conduta criminal preexistente.

4.3.7. Art. 18 – tráfico internacional de arma de fogo, munição e acessório

✓ **Condutas típicas**: importar, exportar, favorecer a entrada ou saída do território nacional, a qualquer título, de arma de fogo, acessório ou munição, sem autorização da autoridade competente;

✓ **Objeto material**: arma de fogo, acessório ou munição;

✓ **Elementos normativos do tipo**: sem autorização ou em desacordo com determinação legal ou regulamentar;

✓ **Competência de julgamento**: é da Justiça Federal, pois envolve fronteiras.

✓ **Pena: antes do Pacote Anticrime (Lei 13.964/2019), era de reclusão, de 4 a 8 anos. Doravante, será de 8 a 16 anos, além de multa.**

✓ **Sujeito ativo**: nas modalidades importar e exportar, este crime pode ser cometido por qualquer pessoa, pois é crime comum. Nas modalidades favorecer a entrada ou saída, é crime próprio de funcionários públicos que tenham o dever de fiscalização em aduana.

✓ **Crime hediondo:** o Pacote Anticrime (Lei 13.964/2019) tornou o tráfico internacional de arma de fogo crime hediondo (art. 1º, parágrafo único, IV, da Lei 8.072/1990).

4.3.8. Art. 21 – vedação de liberdade provisória

Os crimes de porte ou posse ilegal, comércio ilegal e tráfico internacional de arma de fogo, munição e acessórios (art. 16, 17 e 18 do Estatuto) são **inafiançáveis e insuscetíveis de liberdade provisória**, consoante prevê o art. 21 do Estatuto do Desarmamento.

Todavia, a ADI 3.112, julgada pelo STF, reconheceu a **inconstitucionalidade** do precitado dispositivo legal. Portanto, desde que preenchidos os requisitos do CPP, admitir-se-á, em tese, a concessão de liberdade provisória aos crimes acima mencionados.

5. CRIMES DE TRÂNSITO – LEI 9.503/1997 – PRINCIPAIS ASPECTOS

5.1. Abrangência da Lei 9.503/1997

O Código de Trânsito Brasileiro (CTB) cuidou de tratar não apenas das infrações administrativas relativas às regras de circulação, mas também da parte criminal, que, doravante, será abordada em seus principais aspectos (arts. 291 a 312).

5.2. Aplicação subsidiária do Código Penal, Código de Processo Penal e Lei 9.099/1995

Confira-se a redação do art. 291 do CTB:

Art. 291. Aos crimes cometidos na direção de veículos automotores, previstos neste Código, aplicam-se as normas gerais do Código Penal e do Código de Processo Penal, se este Capítulo não dispuser de modo diverso, bem como a Lei 9.099, de 26 de setembro de 1995, no que couber.

§ 1º Aplica-se aos crimes de trânsito de lesão corporal culposa o disposto nos arts. 74, 76 e 88 da Lei 9.099, de 26 de setembro de 1995, exceto se o agente estiver:

I – sob a influência de álcool ou qualquer outra substância psicoativa que determine dependência;

II – participando, em via pública, de corrida, disputa ou competição automobilística, de exibição ou demonstração de perícia em manobra de veículo automotor, não autorizada pela autoridade competente;

III – transitando em velocidade superior à máxima permitida para a via em 50 km/h (cinquenta quilômetros por hora).

§ 2º Nas hipóteses previstas no § 1º deste artigo, deverá ser instaurado inquérito policial para a investigação da infração penal.

Vê-se que o legislador determinou a aplicação subsidiária dos Códigos Penal e Processo Penal aos crimes de trânsito sempre que o CTB não dispuser de modo diverso. Trata-se, evidentemente, da materialização do princípio da especialidade, vale dizer, aplicar-se-á a legislação "geral" (CP, CPP e Lei 9.099/1995) se nada for estipulado de modo diverso na legislação "especial" (*in casu*, a Lei 9.503/1997).

Especificamente no tocante ao crime de lesão corporal culposa na direção de veículo automotor (art. 303 do CTB), que é considerado de *menor potencial ofensivo* quando praticada pelo agente a conduta descrita no tipo básico ou fundamental, determinou-se a incidência dos institutos despenalizadores da Lei 9.099/1995 (arts. 74, 76 e 88 – composição civil, transação penal e necessidade de representação), exceto se presentes algumas das situações previstas no art. 291, § 1º, do CTB, quais sejam:

a) se o agente estiver sob a influência de álcool ou qualquer outra substância psicoativa que determine dependência;

b) se o agente estiver participando, em via pública, de corrida, disputa ou competição automobilística ("racha"), de exibição ou demonstração de perícia em manobra de veículo automotor, não autorizada pela autoridade competente; e

c) se o agente estiver transitando em velocidade superior à máxima permitida para a via em 50 km/h (cinquenta quilômetros por hora).

Destarte, nas situações adrede destacadas, a despeito de o agente haver praticado crime de menor potencial ofensivo (art. 303, *caput*, do CTB), não lhe será dado beneficiar-se dos institutos despenalizadores da Lei 9.099/1995, sendo o caso, inclusive, de instauração de inquérito policial, conforme determina o art. 291, § 2º, da lei em comento.

Por fim, de acordo com o art. 291, § 4º, do CTB, incluído pela Lei 13.546, de 19 de dezembro de 2017, com *vacatio legis* de 120 (cento e vinte) dias, o juiz fixará a pena-base segundo as diretrizes previstas no art. 59 do Decreto-Lei no 2.848, de 7 de dezembro de 1940 (Código Penal), dando especial atenção à culpabilidade do agente e às circunstâncias e consequências do crime.

5.3. A medida cautelar do art. 294 do CTB

Reza o dispositivo que:

Art. 294. Em qualquer fase da investigação ou da ação penal, havendo necessidade para a garantia da ordem pública, poderá o juiz, como medida cautelar, de ofício, ou a requerimento do Ministério Público ou ainda mediante representação da autoridade policial, decretar, em decisão motivada, a suspensão da permissão ou da habilitação para dirigir veículo automotor, ou a proibição de sua obtenção.

Parágrafo único. Da decisão que decretar a suspensão ou a medida cautelar, ou da que indeferir o requerimento do Ministério Público, caberá recurso em sentido estrito, sem efeito suspensivo.

Trata-se de medida cautelar de suspensão ou proibição da permissão ou da habilitação para a condução de veículo automotor, que, por óbvio, exigirá o binômio *fumus boni iuris* e *periculum in mora*.

Nas palavras de Cláudia Barros Portocarrero, que endossamos, "entendemos que a aplicação da medida cautelar em estudo somente é possível nas hipóteses em que o legislador comina a suspensão ou proibição como pena, ou seja, nas hipóteses de estar o agente respondendo pelos crimes descritos nos arts. 302, 303 e 308" (**Leis Penais Especiais para Concursos** – 2010, Ed. Impetus, p. 243).

Frise-se que da decisão que houver decretado a medida em questão será cabível o manejo de recurso em sentido escrito (art. 581 do CPP), mas sem efeito suspensivo. Se for gritante

o desacerto na decretação da medida cautelar, que é gravosa, visto que trará consequências gravosas aos condutores de veículos automotores, cremos viável a impetração de mandado de segurança para a atribuição de efeito suspensivo ao recurso.

Uma vez decretada a suspensão para dirigir veículo automotor ou a proibição de se obter a permissão ou a habilitação, deverá ser comunicada pela autoridade judiciária ao CONTRAN e ao órgão de trânsito estadual em que o indiciado ou réu for domiciliado ou residente (art. 295 do CTB). Trata-se de providência necessária à garantia da eficácia da medida, que seria inócua caso não houvesse a formal comunicação dos órgãos de trânsito.

5.4. Inadmissibilidade de prisão em flagrante e exigência de fiança

Nos termos do art. 301 do CTB, ao condutor de veículo, nos casos de acidentes de trânsito de que resulte vítima, não se imporá a prisão em flagrante, nem se exigirá fiança, se prestar pronto e integral socorro àquela.

Trata-se de regra extremamente salutar, visto que estimula a prestação de socorro às vítimas de acidentes automobilísticos, trazendo ao agente delitivo certa "tranquilidade" em permanecer no local do crime (ex.: lesão corporal culposa) prestando socorro. Porém, caso não o faça, impor-se-á, em tese, a prisão em flagrante.

5.5. Os principais crimes do CTB

Para os fins a que se destina esta obra, que garante ao candidato-leitor uma "super-revisão" da matéria, traremos comentários aos principais – e mais relevantes – crimes previstos no Código de Trânsito Brasileiro.

Vamos a eles!

5.5.1. Homicídio culposo (art. 302 do CTB)

Art. 302. Praticar homicídio culposo na direção de veículo automotor:

Penas – detenção, de dois a quatro anos, e suspensão ou proibição de se obter a permissão ou a habilitação para dirigir veículo automotor.

5.5.1.1. Diferença com o homicídio culposo previsto no art. 121, § 3º, CP

O art. 302 em comento trata do homicídio culposo, figura que muito se assemelha àquela descrita no art. 121, § 3º, do CP. No entanto, embora ambos os tipos penais tratem de "homicídio culposo", não se confundem, a despeito de o evento "morte" estar presente nos dois casos.

É que na legislação especial – *in casu*, no CTB –, o agente mata a vítima "na direção de veículo automotor", ou seja, em situação especial se comparada ao Código Penal. Neste, o agente, por imprudência, negligência ou imperícia, mata alguém. Naquele, também por imprudência, negligência ou imperícia, o agente mata alguém, mas, como dito, "na direção de veículo automotor" (elemento especializante).

Embora tal diferenciação pareça inútil, visto que, em ambos os casos, o agente responderá por homicídio culposo, o fato é que o crime definido no CTB é punido com maior rigor (detenção, de *dois a quatro anos*, e suspensão ou proibição de se obter a permissão ou a habilitação para dirigir veículo automotor) do que aquele previsto no CP (detenção, de *um a três anos*).

Em síntese: a) se o agente matar alguém na condução de veículo automotor, responderá por homicídio culposo de trânsito (art. 302 do CTB); b) se a morte culposamente provocada pelo agente ocorrer em outras situações – que não na direção de veículo automotor –, aplicar-se-á o art. 121, § 3º, do CP.

5.5.1.2. Desnecessidade de a morte ocorrer em via pública

A despeito de o crime do art. 302 do CTB ser conhecido como "homicídio culposo de trânsito", transmitindo a ideia de que a conduta culposa perpetrada pelo agente deva ocorrer em via pública, o fato é que o tipo penal em testilha não exige tal condição.

Assim, exemplificando, responderá pelo crime em análise o agente que, imprudentemente, imprimindo velocidade excessiva em garagem de um prédio, atropelar e matar uma criança em referido local. Perceba que o comportamento delituoso não foi praticado em via pública, elementar inexistente no art. 302 do CTB. Contudo, a conduta foi perpetrada enquanto o agente se encontrava "na direção de veículo automotor".

Frise-se, ainda, que se um atropelamento ocorrer em via pública, mas estando o agente a conduzir um veículo de tração animal (ex: charrete), responderá pelo crime de homicídio culposo "comum", ou seja, aquele tipificado no art. 121, § 3º, do CP. Isto porque o comportamento ilícito não teria ocorrido "na direção de veículo automotor".

Em suma: pouco importa o local em que o crime de homicídio culposo tenha sido praticado. Imprescindível, para a incidência do CTB, é que a morte tenha sido provocada por imprudência, negligência ou imperícia do agente – modalidades de culpa – *na direção de veículo automotor*.

5.5.1.3. Tipo penal aberto

O crime de homicídio culposo (art. 302 do CTB) é aberto, ou seja, não há expressa previsão do comportamento do agente, bastando que pratique o crime *culposamente* na direção de veículo automotor.

Assim, caberá ao intérprete-aplicador do Direito, na análise do caso concreto, verificar se a conduta perpetrada pelo condutor do veículo violou o dever objetivo de cuidado (elemento do crime culposo), seja por imprudência, negligência ou imperícia.

5.5.1.4. A culpa consciente e o dolo eventual no homicídio praticado no trânsito

Questão tormentosa é aquela que diz respeito à tipificação do homicídio praticado no trânsito como doloso ou culposo. E, aqui, a diferenciação não é apenas relevante do ponto de vista teórico, mas, é claro, decisiva para uma adequada imputação criminal. Se se tratar de dolo – direto ou eventual –, o crime será grave e julgado pelo Tribunal do Júri. Já se culposo, a competência será do juízo singular, com consequências jurídico-penais muito mais reduzidas.

Não há dúvida de que se o agente se valer de um veículo automotor como instrumento para a prática de homicídio, responderá pela forma dolosa, aplicando-se o Código Penal. No entanto, a questão deixa de ser simples quando o homi-

cídio praticado no trânsito ocorre quando o agente conduz o veículo automotor com excesso de velocidade. E, aqui, surge a questão: homicídio doloso ou culposo?

É sabido e ressabido que *dolo eventual* e *culpa consciente* têm um ponto de contato: em ambos, o resultado é previsível e previsto pelo agente. Porém, no primeiro caso, o agente não apenas prevê o resultado, mas, mais do que isso, assume o risco de produzi-lo, pouco se importando com sua ocorrência. Já no segundo caso, a despeito de o resultado ilícito ser previsível e previsto pelo agente, este, talvez por excesso de confiança, acredita sinceramente em sua inocorrência, não o aceitando. Aqui reside a distinção!

Portanto, para o Exame da OAB, ainda mais na segunda fase, deve-se sustentar que, remanescendo dúvida sobre o elemento subjetivo da conduta, vale dizer, se o agente aceitou ou não a produção do resultado morte, deve-se imputar o crime de homicídio culposo tipificado no CTB, na modalidade "culpa consciente".

Especificamente no tocante ao homicídio praticado na direção de veículo automotor quando o motorista estiver embriagado, o STJ, por sua 6ª Turma, desclassificou para crime culposo a conduta de uma motorista que foi mandada ao Tribunal do Júri após acidente de trânsito que resultou morte. Segundo a Corte, no caso analisado, o ministro relator Rogério Schietti destacou que, apesar de a primeira instância e o TJSC apontarem, em tese, para o dolo eventual, devido ao possível estado de embriaguez da recorrente, não é admissível a presunção – quando não existem outros elementos delineados nos autos – de que ela estivesse dirigindo de forma a assumir o risco de provocar acidente sem se importar com eventual resultado fatal de seu comportamento.

Segundo o relator, as instâncias ordinárias partiram da premissa de que a embriaguez ao volante, por si só, já justificaria considerar a existência de dolo eventual. "Equivale isso a admitir que todo e qualquer indivíduo que venha a conduzir veículo automotor em via pública com a capacidade psicomotora alterada em razão da influência de álcool responderá por homicídio doloso ao causar, por violação a regra de trânsito, a morte de alguém", disse o ministro. Ainda, afirmou que "é possível identificar hipóteses em que as circunstâncias do caso analisado permitem concluir pela ocorrência de dolo eventual em delitos viários. Entretanto, não se há de aceitar a matematização do direito penal, sugerindo a presença de excepcional elemento subjetivo do tipo pela simples verificação de um fato isolado, qual seja, a embriaguez do agente causador do resultado." Tal entendimento foi materializado no julgamento do REsp 1689173.

5.5.1.5. Sujeitos do crime

O crime em comento poderá ser praticado por qualquer pessoa, tratando-se, pois, de crime comum ou geral.

O sujeito passivo direto será a vítima da conduta culposa perpetrada pelo agente. Já o sujeito passivo indireto será a coletividade, posta em risco em razão do comportamento perigoso do agente.

5.5.1.6. Objeto jurídico

Ora, tratando-se de homicídio culposo, o bem jurídico tutelado pelo legislador é a vida humana.

5.5.1.7. Consumação e tentativa

O crime em comento atingirá a consumação com a morte da vítima. Trata-se, pois, de crime material ou de resultado.

Considerando que o elemento subjetivo da conduta é a culpa, inviável o reconhecimento da tentativa.

5.5.1.8. Causas de aumento de pena e qualificadora

Nos termos do art. 302, § 1º, do CTB, a pena será majorada de um terço à metade nas seguintes situações:

I. *se o agente não possuir Permissão para Dirigir ou Carteira de Habilitação*: aqui, tencionou o legislador punir mais gravosamente aquele que não possui sequer a habilitação para a condução do veículo automotor. Entende-se caracterizada a causa de aumento, também, quando o condutor, embora habilitado para determinado tipo de veículo (ex.: veículo de passeio), esteja a conduzir outro (ex.: motocicleta), ocasião em que pratica o homicídio culposo;

II. *praticá-lo em faixa de pedestres ou na calçada*: haverá aumento da reprimenda apenas se for possível identificar o início e o fim da faixa de pedestres ou da calçada. É que, muitas vezes, em razão de omissão dos órgãos competentes, a faixa de pedestres, simplesmente, "deixa de existir", ficando absolutamente "apagada". O mesmo se pode dizer no tocante às calçadas, que, pela falta de manutenção, podem, na prática, simplesmente "desaparecer", dando a impressão de que se trata de "via pública". Ademais, não incidirá a majorante em comento se, em razão de acidente automobilístico, o veículo, por força de colisão, houver sido projetado para a calçada e, ali, ocorrer atropelamento fatal;

III. *deixar de prestar socorro, quando possível fazê-lo sem risco pessoal, à vítima do acidente*: aqui, a majorante somente incidirá se o condutor, em razão de seu comportamento imprudente, negligente ou imperito, der causa ao acidente, deixando de prestar socorro, caso possa fazê-lo, à vítima. No entanto, se se tratar de condutor que se envolver em acidente automobilístico, mas desde que não tenha sido o causador, responderá por crime autônomo (art. 304 do CTB), e não pelo homicídio majorado. Por fim, caso seja possível constatar que houve morte instantânea da vítima (ex.: em razão do atropelamento, a cabeça da vítima foi totalmente decepada do corpo), entendemos que a majorante não poderá incidir, pois o objetivo da lei – e do legislador – não poderia ser alcançado, qual seja, o de tentar preservar a vida da vítima;

IV. *no exercício de sua profissão ou atividade, estiver conduzindo veículo de transporte de passageiros*: repare que a majorante incidirá apenas se o agente for "condutor profissional", ou seja, que no momento do acidente esteja no desempenho de sua profissão ou atividade, e desde que se trate de veículo de transporte de passageiros. Assim, por exemplo, o motorista "familiar" (empregado doméstico), que, por excesso de velocidade, perde o controle da condução do veículo e colide com um poste, matando os passageiros (seus empregadores), não responderá por homicídio culposo majorado. Afinal, não estava conduzindo "veículo de transporte de passageiros", tal como exigido pela lei.

Também, criou-se com o advento da precitada Lei 12.971/2014, **forma qualificada** de homicídio culposo de trânsito (art. 302, § 2º, do CTB). Confira-se: "*§ 2º Se o agente conduz veículo automotor com capacidade psicomotora alterada em razão da influência de álcool ou de outra substância psicoativa que determine dependência ou participa, em via, de corrida, disputa ou competição automobilística ou ainda de exibição ou demonstração de perícia em manobra de veículo automotor, não autorizada pela autoridade competente: Penas – reclusão, de 2 (dois) a 4 (quatro) anos, e suspensão ou proibição de se obter a permissão ou a habilitação para dirigir veículo automotor.*" Importante registrar, de início, que, em razão de *vacatio legis* expressamente prevista na lei citada, apenas a partir de 01.11.2014 a novel disposição gravosa poderia incidir diante de caso concreto. Ainda, o dispositivo em comento difere do *caput* não no tocante à quantidade de pena, mas, sim, na espécie de pena privativa de liberdade. Isto porque o homicídio culposo simples (art. 302, caput, do CTB) é punido com **detenção** de 2 a 4 anos, ao passo que a forma qualificada em estudo era punida com **reclusão** de 2 a 4 anos.

Ocorre que com o advento da Lei 13.281/2016, com início de vigência em novembro de 2016, operou-se a expressa revogação do § 2º do art. 302 em comento, razão por que extraímos, naquela ocasião, duas consequências: (i) se o agente estivesse na condução de veículo automotor sob efeito de álcool ou outra substância psicoativa que causasse dependência, daí advindo alteração em sua capacidade psicomotora, e, nessa condição, praticasse homicídio culposo de trânsito, responderia, em concurso, com o crime do art. 306 do CTB; (ii) se o agente estivesse participando de "racha" e causasse a morte de alguém, responderia pelo crime do art. 308, § 2º, do CTB.

Em razão de toda a polêmica causada pela revogação do precitado § 2º do art. 302, o legislador entendeu por bem reincluir a "antiga qualificadora", mas nos seguintes termos: § 3º *Se o agente conduz veículo automotor sob a influência de álcool ou de qualquer outra substância psicoativa que determine dependência: Penas – reclusão, de cinco a oito anos, e suspensão ou proibição do direito de se obter a permissão ou a habilitação para dirigir veículo automotor.*

Referido dispositivo foi incluído ao CTB pela Lei 13.546, de 19 de dezembro de 2017, com *vacatio legis* de 120 (cento e vinte) dias.

Perceba o leitor que com a novel qualificadora, não mais se cogita de concurso de crimes (homicídio culposo de trânsito e embriaguez ao volante).

5.5.1.9. Perdão judicial no homicídio culposo de trânsito

Considerando que o art. 291 do CTB autoriza a aplicação subsidiária do Código Penal aos crimes que define, será perfeitamente possível a aplicação do art. 121, § 5º, deste último *Codex*, caso, por exemplo, um pai, sem atentar aos espelhos retrovisores, atropele e mate o próprio filho, que brincava atrás do veículo.

Tratando-se de perdão judicial, a punibilidade será extinta, nos moldes do art. 107, IX, do CP.

5.5.1.10. Constitucionalidade da pena de suspensão da CNH

O STF decidiu ser constitucional a pena de suspensão de CNH ao motorista profissional que tenha cometido homicídio culposo na direção de veículo automotor, não havendo violação à liberdade de trabalho.

Por unanimidade, foi dado provimento ao RE 607107 na sessão de julgamento ocorrida em 12/02/2020 para restabelecer a condenação de primeira instância, eis que o TJMG, em recurso de apelação, havia excluído referida pena da sentença condenatória. A tese de repercussão geral fixada (Tema 486) foi a seguinte: *"É constitucional a imposição da pena de suspensão de habilitação para dirigir veículo automotor ao motorista profissional condenado por homicídio culposo no trânsito".*

5.6. Lesão corporal culposa (art. 303 do CTB)

Art. 303. Praticar lesão corporal culposa na direção de veículo automotor:

Penas – detenção, de seis meses a dois anos e suspensão ou proibição de se obter a permissão ou a habilitação para dirigir veículo automotor.

5.6.1. *Diferença com o crime de lesão corporal culposa previsto no art. 129, § 6º, do CP*

Tal como visto com relação ao homicídio culposo, a diferença da lesão corporal culposa definida no art. 303 do CTB e aquela tipificada pelo art. 129, § 6º, do CP é a de que, neste caso, o agente, por imprudência, negligência ou imperícia, produz lesões na vítima. Porém, caso o faça "na direção de veículo automotor", responderá de acordo com a legislação especial (*in casu*, o CTB).

Frise-se, também, que é desnecessário que o fato ocorra "em via pública", já que se trata de elementar não prevista no tipo penal em comento. Bastará, repita-se, que o agente provoque lesões corporais na vítima estando na condução de veículo automotor.

O crime tipificado no CTB é punido com detenção, de *seis meses a dois anos*, sem prejuízo da *suspensão ou proibição de se obter a permissão ou a habilitação para dirigir veículo automotor*, ao passo que a lesão culposa prevista no CP tem cominada a pena de detenção, de *dois meses a um ano*.

5.6.2. *Tipo penal aberto*

Igualmente ao homicídio culposo de trânsito, o crime de lesão corporal culposa (art. 303 do CTB) expressa-se por meio de tipo penal aberto, ou seja, não há expressa previsão do comportamento do agente, bastando que pratique o crime *culposamente* na direção de veículo automotor.

Assim, caberá ao intérprete-aplicador do Direito, na análise do caso concreto, verificar se a conduta perpetrada pelo condutor do veículo violou o dever objetivo de cuidado (elemento do crime culposo), seja por imprudência, negligência ou imperícia, daí produzindo lesões corporais à vítima.

5.6.3. *A intensidade das lesões corporais: consequências jurídico-penais*

Tratando-se de crime culposo, pouco importava se a conduta perpetrada pelo agente provocasse à vítima lesões corporais de natureza leve, grave ou gravíssima. Não haveria, aqui, alteração na tipificação, tal como ocorreria se se tratassem de lesões corporais dolosas.

No entanto, com o advento da Lei 13.541, de 19 de dezembro de 2017, com *vacatio legis* de 120 (cento e vinte) dias, inseriu-se figura qualificada à lesão corporal culposa de trânsito, que se configurará no seguinte caso (art. 303, § 3º): *A pena privativa de liberdade é de reclusão de dois a cinco anos, sem prejuízo das outras penas previstas neste artigo, se o agente conduz o veículo com capacidade psicomotora alterada*

em razão da influência de álcool ou de outra substância psicoativa que determine dependência, e se do crime resultar lesão corporal de natureza grave ou gravíssima.

Se o agente estiver dirigindo embriagado e, nessa condição, provocar lesão corporal culposa de natureza grave ou gravíssima, incidirá a qualificadora em comento, não se admitindo a imputação, também, do delito do art. 306 do CTB (embriaguez ao volante), sob pena de caracterização de *bis in idem*.

Não se pode deslembrar que, por se tratar de crime culposo, desde que preenchidos os requisitos legais, será cabível a substituição da pena privativa de liberdade por restritiva de direitos (art. 44 do CP), independentemente da quantidade de pena aplicada.

5.6.4. *Causas de aumento de pena*

Nos termos do art. 303, parágrafo único, do CTB, as majorantes incidentes sobre o homicídio culposo (art. 302, § 1º) são aplicáveis à lesão corporal culposa. Assim, remetemos o leitor aos comentários feitos no item 5.5.1.8 *supra*.

5.6.5. *Consumação e tentativa*

Tal como o homicídio culposo de trânsito, a lesão corporal culposa (art. 303 do CTB), por ser crime material ou de resultado, somente atingirá o momento consumativo quando a vítima, efetivamente, suportar os efeitos do comportamento do agente, vale dizer, quando da produção das lesões (resultado naturalístico).

Por se tratar de crime culposo, inadmissível o *conatus* (tentativa).

5.7. Omissão de socorro (art. 304 do CTB)

Art. 304. Deixar o condutor do veículo, na ocasião do acidente, de prestar imediato socorro à vítima, ou, não podendo fazê-lo diretamente, por justa causa, deixar de solicitar auxílio da autoridade pública:

Penas – detenção, de seis meses a um ano, ou multa, se o fato não constituir elemento de crime mais grave.

Parágrafo único. *Incide nas penas previstas neste artigo o condutor do veículo, ainda que a sua omissão seja suprida por terceiros ou que se trate de vítima com morte instantânea ou com ferimentos leves.*

5.7.1. *Crime omissivo próprio*

Semelhante ao crime de omissão de socorro tipificado no CP (art. 135), o CTB nos trouxe um crime omissivo próprio ou puro, tendo o legislador expressamente previsto um comportamento negativo do agente (*deixar de prestar imediato socorro à vítima*).

5.7.2. *Possibilidade de agir: elementar típica*

Da simples leitura do tipo penal, percebe-se que o crime em comento somente restará caracterizado se o agente, na ocasião do acidente, deixar de prestar imediato socorro à vítima, desde que possa fazê-lo. Em outras palavras, não haverá tipicidade penal na conduta do agente que, envolvido em acidente automobilístico, deixar de prestar imediato socorro à vítima por ter, também, ficado ferido em razão do infortúnio.

Perceba que a "possibilidade de agir" é essencial à caracterização do crime de omissão de socorro (art. 304 do CTB).

E tal (im)possibilidade de atuação poderá ser verificada em dois casos:

a) se o agente envolvido no acidente deixar de prestar, *diretamente*, o socorro à vítima; ou

b) se o agente envolvido no acidente, embora não preste socorro imediato, *deixe de solicitar auxílio à autoridade pública*.

Logo, percebe-se que a prestação de socorro poderá ser imediata (atuação direta do agente, que socorrerá "pessoalmente" a vítima) ou mediata (atuação indireta do agente, que solicitará ajuda da autoridade pública para socorrer o ofendido).

5.7.3. Elemento subjetivo da conduta

O crime em tela é doloso, inexistindo possibilidade de punição a título de culpa em razão da ausência de expressa previsão legal.

5.7.4. Sujeitos do crime

A omissão de socorro é crime que tem como sujeito passivo a vítima do acidente de trânsito.

Já o sujeito ativo será o condutor que, envolvido em acidente automobilístico, não tiver sido o responsável pela sua ocorrência. Em outras palavras, autor do delito em tela é aquele que se envolveu diretamente com o acidente de trânsito, mas sem que o tenha provocado. Caso contrário, ou seja, se tiver sido o agente causador do acidente, responderá, em caso de morte, pelo crime do art. 302 do CTB, com a pena majorada pela omissão de socorro (art. 302, § 1º, III), ou, em caso de lesões corporais, pelo crime do art. 303, parágrafo único (aumento da reprimenda pela omissão na prestação do socorro).

Por fim, se uma pessoa que não tiver se envolvido no acidente deixar de prestar socorro às vítimas, responderá pelo crime do art. 135 do CP.

5.7.5. Se terceiros prestarem socorro à vítima?

Caso a omissão do agente na prestação de socorro à vítima seja suprida por terceiros, ainda assim restará caracterizado o crime ora analisado, consoante dispõe o art. 304, parágrafo único, do CTB.

5.7.6. Consumação e tentativa

A omissão de socorro restará consumada no instante em que o agente, podendo agir (prestar socorro mediato ou imediato), deixar de fazê-lo deliberadamente.

Por se tratar de crime omissivo próprio ou puro, inadmissível o reconhecimento da tentativa.

5.7.7. Caracterização do crime em caso de morte instantânea

Nos termos do art. 304, parágrafo único, do CTB, a omissão de socorro restará configurada ainda que se trate de vítima com morte instantânea.

Para o Exame da OAB, pode-se sustentar que se trata de verdadeiro crime impossível (absoluta impropriedade do objeto material). De que adiantaria socorrer um cadáver?

Todavia, importante registrar que há entendimento jurisprudencial, inclusive do STF, no sentido da criminalidade do comportamento daquele que deixa de prestar socorro, mesmo em caso de morte instantânea. A explicação para tanto é a de que deve existir um "dever de solidariedade" no trânsito, desrespeitado em caso de omissão de socorro.

5.8. Embriaguez ao volante (art. 306 do CTB)

> **Art. 306.** Conduzir veículo automotor com capacidade psicomotora alterada em razão da influência de álcool ou de outra substância psicoativa que determine dependência: (Redação dada pela Lei 12.760/2012)
>
> Penas – detenção, de seis meses a três anos, multa e suspensão ou proibição de se obter a permissão ou a habilitação para dirigir veículo automotor.

5.8.1. Redação anterior e caracterização da embriaguez

Antes do advento da Lei 12.760/2012, a redação do art. 306 do CTB era a seguinte:

> Conduzir veículo automotor, na via pública, estando com concentração de álcool por litro de sangue igual ou superior a 6 (seis) decigramas, ou sob a influência de qualquer outra substância psicoativa que determine dependência.

Tal redação permitia a conclusão – correta, diga-se de passagem – de que, em razão de elemento "numérico" do tipo, qual seja, *seis decigramas* de álcool por litro de sangue, a tipificação da conduta dependeria de prova pericial capaz de atestar a embriaguez.

O parágrafo único do art. 306 do CTB preconizava que o Poder Executivo federal estipularia a equivalência entre distintos testes de alcoolemia, para efeito de caracterização do crime em comento. E tal ocorreu com o advento do Decreto 6.488/2008, que, em seu art. 2º, admitia como teste de alcoolemia aquele elaborado em aparelho de ar alveolar pulmonar (etilômetro, ou, vulgarmente, bafômetro), considerando como equivalente ao "elemento numérico do tipo" a concentração de álcool igual ou superior a *três décimos de miligrama por litro de ar expelido dos pulmões*.

Ora, se a embriaguez decorria da condução de veículo automotor com concentração de álcool por litro de sangue igual ou superior a seis decigramas, ou três décimos de miligrama por litro de ar alveolar, a única forma de o crime restar caracterizado seria a prova pericial, sem possibilidade de substituição. Afinal, frise-se, era elementar típica a concentração de álcool por litro de sangue do condutor do veículo automotor ou teste equivalente em etilômetro.

Como é sabido, ninguém poderá ser compelido a produzir prova contra si mesmo (*nemo tenetur se detegere*). Sob tal dogma, decorrente implicitamente das garantias fundamentais previstas no texto constitucional, a embriaguez ao volante tornou-se "crime natimorto".

5.8.2. Redação atual e caracterização da embriaguez ao volante

Com a redação dada ao art. 306 do CTB pela Lei 12.760/2012, aparentemente, a configuração do crime deixou de exigir a constatação de quantidade predeterminada de álcool por litro de sangue, tal como se verificava na redação anterior do tipo penal.

Atualmente, haverá crime, ao menos por uma análise apressada do tipo incriminador, sempre que o agente estiver conduzindo o veículo automotor, em via pública, com a capacidade psicomotora alterada em razão da influência de álcool ou outra substância psicoativa que determine dependência.

Confira, porém, os parágrafos acrescentados ao precitado dispositivo legal:

§ 1º As condutas previstas no *caput* serão constatadas por: (Incluído pela Lei 12.760/2012)

I – concentração igual ou superior a 6 decigramas de álcool por litro de sangue ou igual ou superior a 0,3 miligrama de álcool por litro de ar alveolar; ou (Incluído pela Lei 12.760/2012)

II – sinais que indiquem, na forma disciplinada pelo Contran, alteração da capacidade psicomotora. (Incluído pela Lei 12.760/2012)

§ 2º A verificação do disposto neste artigo poderá ser obtida mediante teste de alcoolemia *ou toxicológico*, exame clínico, perícia, vídeo, prova testemunhal ou outros meios de prova em direito admitidos, observado o direito à contraprova. *(Incluído pela Lei 12.760, de 2012, e alterado pela Lei 12.971/2014)*

§ 3º O Contran disporá sobre a equivalência entre os distintos testes de alcoolemia ou toxicológicos para efeito de caracterização do crime tipificado neste artigo *(Incluído pela Lei 12.760/2012, e alterado pela Lei 12.971/2014)*

§ 4º Poderá ser empregado qualquer aparelho homologado pelo Instituto Nacional de Metrologia, Qualidade e Tecnologia – INMETRO – para se determinar o previsto no **caput**. (Incluído pela Lei 13.840, de 2019)

Assim, da análise do art. 306, § 1º, do CTB, verifica-se que a embriaguez ao volante restará configurada nas seguintes situações:

a) se o agente conduzir veículo automotor, em via pública, com concentração igual ou superior a seis decigramas de álcool por litro de sangue ou igual ou superior a três décimos de miligrama de álcool por litro de ar alveolar. Nesta primeira hipótese, entendemos que o teste de alcoolemia será imprescindível para que se afirme a ocorrência do crime, tendo em vista que as "elementares numéricas" persistem no tipo penal; ou

b) se o agente dirigir veículo automotor, em via pública, com alteração de sua capacidade psicomotora. Assim, estando o agente sob o efeito de drogas, por exemplo, responderá por embriaguez ao volante.

5.8.3. Regulamentação pelo CONTRAN

De acordo com a Resolução 432/2013 do CONTRAN, o crime de embriaguez ao volante poderá ser demonstrado nos seguintes casos, conforme dispõe seu art. 7º:

O crime previsto no artigo 306 do CTB será caracterizado por qualquer um dos procedimentos abaixo:

I – exame de sangue que apresente resultado igual ou superior a 6 (seis) decigramas de álcool por litro de sangue (6 dg/L);

II – teste de etilômetro com medição realizada igual ou superior a 0,34 miligrama de álcool por litro de ar alveolar expirado (0,34 mg/L), descontado o erro máximo admissível nos termos da "Tabela de Valores Referenciais para Etilômetro" constante no Anexo I;

III – exames realizados por laboratórios especializados, indicados pelo órgão ou entidade de trânsito competente ou pela Polícia Judiciária, em caso de consumo de outras substâncias psicoativas que determinem dependência;

IV – sinais de alteração da capacidade psicomotora obtido na forma do artigo 5º.

§ 1º A ocorrência do crime de que trata o *caput* não elide a aplicação do disposto no artigo 165 do CTB.

§ 2º Configurado o crime de que trata este artigo, o condutor e testemunhas, se houver, serão encaminhados à Polícia Judiciária, devendo ser acompanhados dos elementos probatórios.

Verifica-se, pois, que o crime em comento ficará caracterizado se a concentração de álcool por litro de sangue do condutor for igual ou superior a seis decigramas, ou igual ou superior a trinta e quatro decigramas por litro de ar alveolar, donde se conclui que, sem os testes de alcoolemia (exame de sangue ou etilômetro), inviável a aferição da embriaguez.

No entanto, tal como permite o art. 306, § 1º, II, do CTB, também haverá crime se o agente conduzir veículo automotor, em via pública, sob a influência de qualquer outra substância psicoativa que cause dependência, desde que presentes sinais de alteração da capacidade psicomotora.

Para este caso, dispõe o art. 5º da Resolução 432/2013 do CONTRAN:

Os sinais de alteração da capacidade psicomotora poderão ser verificados por:

I – exame clínico com laudo conclusivo e firmado por médico perito; ou

II – constatação, pelo agente da Autoridade de Trânsito, dos sinais de alteração da capacidade psicomotora nos termos do Anexo II.

§ 1º Para confirmação da alteração da capacidade psicomotora pelo agente da Autoridade de Trânsito, deverá ser considerado não somente um sinal, mas um conjunto de sinais que comprovem a situação do condutor.

§ 2º Os sinais de alteração da capacidade psicomotora de que trata o inciso II deverão ser descritos no auto de infração ou em termo específico que contenha as informações mínimas indicadas no Anexo II, o qual deverá acompanhar o auto de infração.

5.8.4. Uma análise crítica do art. 306 do CTB

Para o Exame da OAB, ainda mais na segunda fase, podemos sustentar que a embriaguez ao volante é crime de perigo abstrato de perigosidade real, nas palavras de Luiz Flávio Gomes (http://www.conjur.com.br/2013-fev-01/luiz-flavio-gomes-lei-seca-nao-sendo-interpretada-literalmente), não podendo ser interpretado com as amarras dos "elementos numéricos" ou "matemáticos" do tipo.

Parece-nos adequado sustentar que somente haverá crime, a despeito da quantidade de álcool por litro de sangue ser igual ou superior a seis decigramas, ou trinta e quatro decigramas por litro de ar alveolar, se o agente conduzir o veículo de maneira anormal, causando perigo à incolumidade pública.

O próprio tipo penal (art. 306, *caput*, do CTB) exige que, em razão do álcool ou substâncias psicoativas que causem dependência, o agente esteja com sua *capacidade psicomotora alterada*. Assim, caso esteja conduzindo o veículo, por exemplo, com concentração de álcool por litro de ar alveolar correspondente a quarenta decigramas, mas a direção esteja "normal", sem produzir qualquer perigo, não nos parece adequado concluir pela criminalidade do comportamento.

E, novamente, nos socorrendo dos ensinamentos de Luiz Flávio Gomes, destacamos: "Os operadores jurídicos, destacando-se os advogados, não podem se conformar com a interpretação automática e midiática do novo artigo 306. Se o legislador mudou de critério, modificando a redação da lei, não se pode interpretar o novo com os mesmos critérios procustianos da lei antiga. O poder punitivo estatal, aliado à propaganda midiática, está ignorando a nova redação da lei. Para ele, mudou-se a lei para ficar tudo como era antes dela, para que ela fique como era. Trata-se de uma postura malandra do poder punitivo estatal e da criminologia midiática (Zaffaroni: 2012a, p. 10 e ss.), que os intérpretes e operadores jurídicos não podem aceitar." (http://www.conjur.com.br/2013-fev-01/luiz--flavio-gomes-lei-seca-nao-sendo-interpretada-literalmente).

5.8.5. Consumação e tentativa

O crime em comento se consuma no momento em que o agente, em via pública, conduz veículo automotor na forma descrita no art. 306, *caput*, e § 1º, do CTB.

Tratando-se de crime plurissubsistente, a tentativa é admissível (ex.: o agente, após entrar totalmente embriagado em seu veículo, é impedido de sair do local por terceiros, que lhe tomam as chaves em razão da nítida alteração da capacidade psicomotora).

5.8.6. Concurso de crimes

Se o agente estiver na condução de veículo automotor sob efeito de álcool ou outra substância psicoativa que cause dependência, daí advindo alteração em sua capacidade psicomotora, e, nessa condição, praticar homicídio culposo de trânsito, responderá, em concurso, com o crime do art. 306 do CTB. Já se estivermos diante das lesões corporais culposas (art. 303 do CTB), por se tratar de crime menos grave, com pena menor do que a cominada para a embriaguez ao volante (art. 306), não haverá absorção, respondendo o agente pelo crime mais grave.

5.9. Participação em competição não autorizada. "Racha" (art. 308 do CTB)

Art. 308. *Participar, na direção de veículo automotor, em via pública, de corrida, disputa ou competição automobilística não autorizada pela autoridade competente, gerando situação de risco à incolumidade pública ou privada:* (nova redação dada pela Lei 12.971/2014)

Penas – detenção, de 6 (seis) meses a 3 (três) anos, multa e suspensão ou proibição de se obter a permissão ou a habilitação para dirigir veículo automotor. (nova redação dada pela Lei 12.971/2014).

Com o advento da Lei 13.546, de 19 de dezembro de 2017, com vacatio legis de 120 (cento e vinte) dias, nova redação foi dada ao tipo penal. Confira-se:

Art. 308. Participar, na direção de veículo automotor, em via pública, de corrida, disputa ou competição automobilística ou **ainda de exibição ou demonstração de perícia em manobra de veículo automotor**, não autorizada pela autoridade competente, gerando situação de risco à incolumidade pública ou privada.

5.9.1. Tipo objetivo

Estamos, aqui, diante de crime amplamente conhecido como "racha". O agente participará de competições automobilísticas, corridas ou disputas, sem autorização da autoridade competente, em via pública, causando, com isso, *risco à incolumidade pública ou privada*. Na redação anterior às mudanças implementadas ao CTB pela Lei 12.971/2014, o tipo penal mencionava *"dano potencial à incolumidade pública ou privada"*. Aqui, a intenção do legislador foi a de tornar evidente que o crime em tela é de **perigo abstrato**.

Percebe-se que o crime em comento somente restará caracterizado se ocorrer em "via pública". Assim, caso o "pega" ou o "racha" ocorra em lugares fechados, ou em propriedades privadas ou estradas particulares (ex.: estrada de terra que ligue a porteira da fazenda até a casa-sede), ausente estará a elementar típica.

Ainda, com o advento da Lei 13.546, de 19 de dezembro de 2017, mais uma situação, até então configuradora de infração administrativa (art. 174 do CTB), foi inserida ao tipo penal em comento, qual seja, a de o agente **exibir ou demonstrar perícia em manobra de veículo automotor (art. 308)**, quando não autorizado pela autoridade competente, gerando situação de risco à incolumidade pública ou privada. Assim, cometerá o crime o motorista que der os denominados "cavalos-de-pau", ou, no caso de motocicletas, "empinando-as" e trafegando com uma só roda, desde que, repita-se, o façam em via pública e, desse comportamento, gerem situação de risco à incolumidade pública ou privada.

5.9.2. Crime de perigo concreto x crime de perigo abstrato

Extraía-se da redação típica original que o crime em testilha era de perigo concreto, visto ser necessária, até então, a efetiva demonstração de que a conduta perpetrada pelo agente expunha pessoas a situação de perigo.

Tal conclusão, como dito, decorria da própria leitura do tipo penal (art. 308 do CTB), que, em sua parte final, enunciava: "desde que resulte dano potencial à incolumidade pública ou privada".

Todavia, como dito no item antecedente, a alteração da redação do tipo penal pela Lei 12.971/2014 demonstrou a franca e clara intenção do legislador de "endurecer" o ordenamento jurídico-penal, reforçando a tutela criminal em matéria de trânsito. Destarte, pode-se sustentar, doravante, que a participação em "racha" é crime de **perigo abstrato**, bastando que a conduta praticada pelo agente seja capaz de gerar situação de risco à incolumidade pública ou privada (e não mais a causação de dano potencial).

5.9.3. Crime de médio potencial ofensivo

Antes da Lei 12.971/2014, considerando que a pena cominada variava de seis meses a dois anos de detenção, aplicáveis eram os ditames da Lei 9.099/1995, inclusive a transação penal (instituto despenalizador previsto no art. 76 de referido diploma legal).

Porém, com o advento de referido diploma legal alterador do CTB, aumentou-se a pena máxima cominada ao crime em testilha, tornando-o de **médio potencial ofensivo**.

5.9.4. Formas qualificadas

Com o advento da Lei 12.971/2014, dois parágrafos foram acrescentados ao art. 308 do CTB, in verbis:

§ 1º Se da prática do crime previsto no caput resultar lesão corporal de natureza grave, e as circunstâncias demonstrarem que o agente não quis o resultado nem assumiu o risco de produzi-lo, a pena privativa de liberdade é de reclusão, de 3 (três) a 6 (seis) anos, sem prejuízo das outras penas previstas neste artigo.

§ 2º Se da prática do crime previsto no caput resultar morte, e as circunstâncias demonstrarem que o agente não quis o resultado nem assumiu o risco de produzi-lo, a pena privativa de liberdade é de reclusão de 5 (cinco) a 10 (dez) anos, sem prejuízo das outras penas previstas neste artigo.

Em virtude da redação de referidos dispositivos, percebe-se claramente que o legislador previu formas preterdolosas do crime, ou seja, os resultados agravadores (lesão corporal grave – § 1º e morte – § 2º) decorrem de culpa do agente.

5.9.5. Penas restritivas de direitos e crimes do CTB

A Lei 13.281/2016 inseriu ao Código de Trânsito Brasileiro o art. 312-A, que dispõe sobre as penas restritivas de direitos aplicadas aos condenados por crimes tipificados em referido diploma legal. Confira-se:

Art. 312-A. Para os crimes relacionados nos arts. 302 a 312 deste Código, nas situações em que o juiz aplicar a substituição de pena privativa de liberdade por pena restritiva de direitos, esta deverá ser de prestação de serviço à comunidade ou a entidades públicas, em uma das seguintes atividades:

I – trabalho, aos fins de semana, em equipes de resgate dos corpos de bombeiros e em outras unidades móveis especializadas no atendimento a vítimas de trânsito;

II – trabalho em unidades de pronto-socorro de hospitais da rede pública que recebem vítimas de acidente de trânsito e politraumatizados;

III – trabalho em clínicas ou instituições especializadas na recuperação de acidentados de trânsito;

IV – outras atividades relacionadas ao resgate, atendimento e recuperação de vítimas de acidentes de trânsito.

Pela redação do caput do dispositivo legal em comento, infere-se que, preenchidos os requisitos do art. 44 do CP, ao juiz somente será dado substituir a pena privativa de liberdade por restritiva de direitos consistente em prestação de serviços à comunidade ou a entidades públicas, mas nas atividades expressamente delineadas nos incisos acima transcritos.

6. CRIMES CONTRA O CONSUMIDOR – LEI 8.078/1990

6.1. Crimes contra as relações de consumo.

6.1.1. Breves considerações. Relação entre o CDC e a CF.

O CDC, Lei 8.078/1990, constitui importante diploma legal criado para a defesa/proteção do consumidor, encontrando fundamento constitucional para sua existência: o art. 5º, XXXII ("O Estado promoverá, na forma da lei, a defesa do consumidor") e art. 170, V, ambos da CF/1988 ("A ordem econômica, fundada na valorização do trabalho humano e na livre iniciativa, tem por fim assegurar a todos existência digna, conforme os ditames da justiça social, observados os seguintes princípios: (...) V – defesa do consumidor").

Destarte, cuidou o legislador infraconstitucional de implementar os ditames constitucionais, criando mecanismos legais para a facilitação da defesa do consumidor, não se podendo olvidar da característica de hipossuficiência que o torna digno de todo um sistema protetivo.

6.1.2. Conceitos básicos para a compreensão do Direito Penal do Consumidor

Para que se compreenda na integralidade o sistema penal protetivo do consumidor, mister que se conheça alguns conceitos e aspectos basilares a respeito do tema, a saber:

✓ Consumidor: é toda pessoa física ou jurídica que adquire ou utiliza produto ou serviço como destinatário final. Também é possível equiparar-se a consumidor a coletividade de pessoas, ainda que indetermináveis, que haja intervindo nas relações de consumo (art. 2º e parágrafo único do CDC);

✓ Fornecedor: é toda pessoa física ou jurídica, pública ou privada, nacional ou estrangeira, bem como os entes despersonalizados, que desenvolvem atividade de produção, montagem, criação, construção, transformação, importação, exportação, distribuição ou comercialização de produtos ou prestação de serviços (art. 3º do CDC).

No tocante ao fornecedor, importa registrar que somente assim será considerado se desempenhar atividade mercantil ou civil de forma habitual, sob pena de restar descaracterizada a figura em apreço. Assim, a pessoa física ou jurídica que ocasionalmente fornece produto ou serviço, não fazendo desta atividade sua fonte de renda, não se insere no conceito de fornecedor, afastando-se, pois, a relação de consumo.

✓ Produto: é qualquer bem, móvel ou imóvel, material ou imaterial (art. 3º, § 1º, do CDC);

✓ Serviço: é qualquer atividade fornecida no mercado de consumo, mediante remuneração, inclusive as de natureza bancária, financeira, de crédito e securitária, salvo as decorrentes das relações de caráter trabalhista (art. 3º, § 2º, do CDC).

6.1.3. Características gerais dos crimes contra o consumidor definidos no CDC

Como regra, as infrações penais definidas no CDC trazem características comuns, quais sejam:

a) *sujeito ativo*: fornecedor;

b) *sujeito passivo*: a coletividade (sujeito passivo principal) e o consumidor (sujeito passivo secundário);

c) *objeto material*: produto ou serviço;

d) *objeto jurídico*: as relações de consumo (conotação coletiva);

e) *elemento subjetivo da conduta*: dolo (regra) ou culpa (poucos casos).

Importa destacar que os crimes contra as relações de consumo não se esgotam no CDC, podendo ser encontrados em outros diplomas normativos, como a Lei 8.137/1990 (Lei dos crimes contra a ordem tributária, econômica e relações de consumo). Isso, por vezes, gera conflito aparente de normas, geralmente resolvido pela aplicação do princípio da especialidade.

No momento, analisaremos os crimes contra as relações de consumo definidos especificamente no CDC.

6.2. Crimes no CDC

Ao todo, o Código de Defesa do Consumidor nos traz 12 (doze) tipos penais incriminadores, sem esgotar, é verdade, a proteção jurídico-penal, presente em outros diplomas legais (CP, Lei dos crimes contra a economia popular, Lei de Sonegação Fiscal etc.).

Prova disso é o que dispõe o art. 61 do CDC: "Constituem crimes contra as relações de consumo previstas neste Código, sem prejuízo do disposto no Código Penal e leis especiais, as condutas tipificadas nos artigos seguintes".

6.3. Crimes em espécie

6.3.1. Substância avariada (art. 62)

Embora esta figura típica originalmente viesse no art. 62 do CDC, foi este vetado pelo Presidente da República. Todavia, o que nele estava disposto foi basicamente repetido no art. 7º, IX, da Lei 8.137/1990, *verbis*: "Vender, ter em depósito para vender ou expor à venda ou, de qualquer forma, entregar matéria-prima ou mercadoria, em condições impróprias ao consumo".

O CDC, em seu art. 18, § 6º, define o que se entende por produtos impróprios para o consumo: I – os produtos cujos prazos de validade estejam vencidos; II – os produtos deteriorados, alterados, adulterados, avariados, falsificados, corrompidos, fraudados, nocivos à vida ou à saúde, perigosos ou, ainda, aqueles em desacordo com as normas regulamentares de fabricação, distribuição ou apresentação; III – os produtos que, por qualquer motivo, se revelem inadequados ao fim a que se destinam.

Passemos, pois, à análise do tipo penal em comento:

a) Sujeito ativo: fornecedor.

b) Sujeito passivo: coletividade (sujeito passivo imediato ou principal) e o próprio consumidor (sujeito passivo mediato ou secundário), caso o crime afete pessoa certa e determinada.

c) Condutas típicas: vender, ter em depósito para vender, expor à venda ou, de qualquer forma, entregar.

d) Objeto material: matéria-prima ou mercadoria em condições impróprias ao consumo. Aqui, trata-se de norma penal em branco, já que o conceito de "produtos impróprios para o consumo" vem previsto no art. 18, § 6º, do CDC, anteriormente reproduzido.

e) Elemento subjetivo da conduta: dolo e culpa (admite-se a modalidade culposa, de acordo com o art. 7º, parágrafo único, da Lei 8.137/1990, que pune o agente com pena reduzida de 1/3 ou de multa, igualmente reduzida, à quinta parte).

f) Classificação doutrinária: crime de mera conduta.

g) Consumação e tentativa: consuma-se o crime com a mera atividade, pouco importando a ocorrência de resultado lesivo. Logo, inadmissível a tentativa, por ser esta modalidade incompatível com os crimes de mera conduta.

Peculiaridade do crime: **parcela d**a doutrina dispensa a realização de perícia nos produtos apreendidos e ditos como impróprios para o consumo, pois se trata de crime de perigo abstrato, presumindo-se, pois, a ofensa ao bem jurídico tutelado (relações de consumo), existindo, inclusive, precedentes nesse sentido (STJ: REsp 221.561/PR e REsp 472.038/PR; STF: RT 781/516. No entanto, no próprio STJ já se decidiu o seguinte, revelando-se a divergência jurisprudencial que ainda existe sobre a questão: "Penal. Crime contra as relações de consumo. Art. 7, inciso IX, da Lei 8.137/1990. Produto impróprio para consumo. Pericia. Necessidade para constatação da nocividade do produto apreendido. Recurso especial desprovido. 1. *Esta Corte Superior de Justiça pacificou o entendimento no sentido de que, para caracterizar o crime previsto no artigo 7, inciso IX, da Lei 8.137/1990, é **imprescindível a realização de perícia** a fim de atestar se as mercadorias apreendidas estavam em condições impróprias para o consumo.* 2. Recurso especial desprovido. (REsp 1184240/TO, Rel. Ministro Haroldo Rodrigues (Desembargador convocado do TJ/CE), 6ª Turma, *DJe* 20.06.2011)".

6.3.2. Omissão de dizeres ou sinais ostensivos sobre a nocividade ou periculosidade de produtos (art. 63)

Reza o *caput* do art. 63 do CDC: "Omitir dizeres ou sinais ostensivos sobre a nocividade ou periculosidade de produtos, nas embalagens, nos invólucros, recipientes ou publicidade". A pena é de detenção, de *6 meses a 2 anos e multa*.

Referido dispositivo decorre de regra inserida no CDC acerca da proteção à saúde e segurança dos consumidores, prevista especificamente no art. 9º: "O fornecedor de produtos e serviços potencialmente nocivos ou perigosos à saúde ou segurança deverá informar, de maneira ostensiva e adequada, a respeito da sua nocividade ou periculosidade, sem prejuízo da adoção de outras medidas cabíveis em cada caso concreto".

Vejamos cada item atinente ao tipo penal incriminador em comento:

a) Sujeito ativo: fornecedor.

b) Sujeito passivo: coletividade (sujeito passivo imediato ou principal) e o consumidor (sujeito passivo mediato ou secundário).

c) Conduta típica: omitir (clara sinalização de que o crime é OMISSIVO, mais precisamente, omissivo próprio ou puro).

d) Elementos normativos do tipo: nocividade e periculosidade. Trata-se de conceitos que devem ser valorados pelo magistrado, a fim de que afira se há adequação típica. Considera-se nocivo o produto que possa causar algum malefício ao consumidor, ao passo que a periculosidade do produto indica um conjunto de circunstâncias que se traduzem em um mal ou dano provável para alguém ou alguma coisa.

e) Elemento subjetivo: dolo (regra) e culpa (§ 2º – pena de 1 a 6 meses de detenção ou multa).

f) Consumação e tentativa: por se tratar de crime omissivo, bastará, é claro, a inatividade do agente para que se repute consumado. Por ser o crime em tela omissivo próprio, inadmissível a tentativa, por absoluta incompatibilidade.

6.3.3. Omissão na comunicação de nocividade ou periculosidade de produtos (art. 64)

Prescreve o art. 64 do CDC: "Deixar de comunicar à autoridade competente e aos consumidores a nocividade ou periculosidade de produtos cujo conhecimento seja posterior à sua colocação no mercado". A pena é de *detenção de 6 meses a 2 anos e multa*.

O art. 10 do CDC, bem assim seus parágrafos, tratam da vedação ao fornecedor de "colocar no mercado de consumo produto ou serviço que sabe ou deveria saber apresentar alto grau de nocividade ou periculosidade à saúde ou segurança". Tão logo tenha conhecimento da periculosidade que apresentem, "o fornecedor de produtos e serviços que, posteriormente à sua introdução no mercado de consumo" dela souber, "deverá comunicar o fato imediatamente às autoridades competentes e aos consumidores, mediante anúncios publicitários".

Vejamos o tipo penal em comento:

a) Sujeito ativo: fornecedor.

b) Sujeito passivo: coletividade (sujeito passivo imediato ou principal) e o consumidor (sujeito passivo mediato ou secundário).

c) Conduta típica: deixar de comunicar. Trata-se, é evidente, de crime omissivo próprio, dada a inatividade do sujeito ativo frente às autoridades competentes e consumidores acerca da informação de periculosidade e nocividade de produtos inseridos no mercado de consumo.

d) Elementos normativos do tipo: nocividade e periculosidade.

e) Elemento subjetivo da conduta: dolo (não há modalidade culposa).

f) Consumação e tentativa: por se tratar de crime omissivo próprio, bastará a mera inatividade do agente para restar caracterizado. Pelo fato de se tratar de conduta omissiva ("deixar de..."), impossível a tentativa.

6.3.4. *Execução de serviço de alto grau de periculosidade (art. 65)*

Preconiza o art. 65 do CDC: "Executar serviço de alto grau de periculosidade, contrariando determinação de autoridade competente". A pena é de *detenção de 6 meses a 2 anos e multa.*

Relevante é saber o que se entende por serviço de "alta periculosidade". Parte da doutrina entende que se trata de norma penal em branco, tendo em vista que não cuidou o tipo penal de especificar o que é serviço de alta periculosidade. Assim, aqueles assim reconhecidos por autoridades competentes (as sanitárias, em regra), se executados em contrariedade ao disposto por referidas autoridades, configurarão o crime em tela. É o caso, por exemplo, de dedetização, que envolve o uso de produtos tóxicos. Tal tarefa é possível, desde que se observem as prescrições legais a respeito, tais como as previstas no Código Sanitário dos estados.

Vejamos o tipo penal incriminador de modo fracionado:

a) Sujeito ativo: fornecedor.

b) Sujeito passivo: coletividade (sujeito passivo imediato ou principal) e o consumidor (sujeito passivo mediato ou secundário).

c) Conduta típica: executar. Pela análise do verbo, é possível que se conclua que se trata de crime comissivo, vale dizer, deve o agente realizar uma ação, com as características descritas no tipo.

d) Elemento subjetivo da conduta: é o dolo (não há previsão de modalidade culposa).

e) Consumação e tentativa: não se exige, para sua configuração, resultado lesivo. Portanto, pode ser classificado como crime de mera conduta, sendo absolutamente desnecessário (quiçá impossível) o implemento de resultado naturalístico. Por ser crime comissivo, é, em tese, cabível a tentativa, muito embora seja de improvável verificação.

6.3.5. *Afirmação falsa ou enganosa (art. 66)*

O *caput* do art. 66 do CDC assim prescreve: "Fazer afirmação falsa ou enganosa, ou omitir informação relevante sobre a natureza, característica, qualidade, quantidade, segurança, desempenho, durabilidade, preço ou garantia de produtos ou serviços". A pena é de *detenção de 3 meses a 1 ano e multa.*

O crime em tela tenciona proteger as corretas informações que devem ser prestadas ao consumidor, nos moldes preconizados pelo art. 31 do CDC: "A oferta e apresentação de produtos ou serviços devem assegurar informações corretas, claras, precisas, ostensivas e em língua portuguesa sobre suas características, qualidades, quantidade, composição, preço, garantia, prazos de validade e origem, entre outros dados, bem como sobre os riscos que apresentam à saúde e segurança dos consumidores".

Ademais, o art. 6º, do mesmo diploma legal, que traz um rol dos direitos basilares do consumidor, afirma, em seu inciso III, que cabe ao fornecedor "a informação adequada e clara sobre os diferentes produtos e serviços, com especificação correta de quantidade, características, composição, qualidade, tributos incidentes e preço, bem como sobre os riscos que apresentem".

Vejamos o tipo penal em tela:

a) Sujeito ativo: fornecedor (*caput*) ou o patrocinador (§ 1º).

b) Sujeito passivo: coletividade (sujeito passivo imediato ou principal) e o consumidor (sujeito passivo mediato ou secundário).

c) Condutas típicas: fazer afirmação falsa ou enganosa ou omitir informação relevante. Na primeira conduta, verifica-se seu caráter comissivo, ao passo que, na segunda figura, identifica-se o caráter omissivo do crime em análise. Assim, seja por ação, fazendo afirmação falsa ou enganosa sobre produtos ou serviços, seja por omissão de informação relevante sobre estes, o agente incorrerá na figura penal estudada. Nas mesmas penas do *caput* incorrerá quem *patrocinar* a oferta.

d) Elemento subjetivo da conduta: dolo (*caput* e § 1º) ou culpa (§. 2º). Neste último caso, a pena será de detenção de *1 a 6 meses ou multa.*

e) Consumação e tentativa: na modalidade comissiva, admissível a tentativa, enquanto que na omissiva, por óbvio, não se admite.

Peculiaridades do crime: a infração penal ora analisada, embora muito se assemelhe ao crime de estelionato, definido no art. 171 do CP, com este não se confunde. É que, para a configuração deste último, exige-se resultado lesivo ao patrimônio da vítima, enquanto que no código consumerista, basta a informação falsa ou enganosa, ou a mera omissão de informações relevantes sobre o produto ou serviço. Entende-se que, em caso de propaganda falsa ou enganosa, se a vítima experimentar prejuízo, haverá concurso material com estelionato, nos moldes do art. 69 do CP. Todavia, possível entender que a propaganda enganosa pode ser o meio empregado pelo agente para perpetrar o delito patrimonial, ficando por este absorvido, por força do princípio da consunção.

6.3.6. *Publicidade enganosa (art. 67)*

O art. 67 do CDC assim dispõe: "Fazer ou promover publicidade que sabe ou deveria saber ser enganosa ou abusiva". A pena é de *detenção de 3 meses a 1 ano e multa.*

Inegavelmente, o crime em tela protege o direito básico do consumidor de não receber ou ter acesso a "publicidade enganosa e abusiva, métodos comerciais coercitivos ou desleais", bem como "práticas e cláusulas abusivas ou impostas no fornecimento de produtos e serviços", de acordo com o prescrito no art. 6º, IV, do CDC.

Analisemos o tipo penal incriminador em comento:

a) Sujeito ativo: é o publicitário, profissional cuja atividade é regida pela Lei 4.680/1965 e Decreto 57.690/1966.

b) Sujeito passivo: coletividade (sujeito passivo imediato ou principal) e o consumidor (sujeito passivo secundário ou mediato).

c) Condutas típicas: fazer ou promover. Ambas são formas comissivas de se perpetrar o crime, que pressupõe, portanto, uma ação no sentido de criar ou executar publicidade enganosa ou abusiva. Considera-se enganosa, nos termos do art. 37, § 1º, do CDC, "qualquer modalidade de informação ou comunicação de caráter publicitário, inteira ou parcialmente falsa, ou, por qualquer outro modo, mesmo por omissão, capaz de induzir em erro o consumidor a respeito da natureza, características, qualidade, quantidade, propriedades, origem, preço e quaisquer outros dados sobre produtos e serviços". Diz-se, ainda, abusiva, "a publicidade discriminatória de qualquer natureza, a que incite à violência, explore o medo ou a superstição, se aproveite da deficiência de julgamento e experiência da criança, desrespeita valores ambientais, ou que seja capaz de induzir o consumidor a se comportar de forma prejudicial ou perigosa à sua saúde ou segurança" (art. 37, § 2º).

d) Elemento subjetivo da conduta: é o dolo, tanto na forma direta (fazer ou promover publicidade que sabe), quanto na eventual (ou deveria saber). Não se admite, por falta de previsão legal, a modalidade culposa. Não se pode, ainda, interpretar que o "deveria saber" se enquadra em qualquer modalidade de culpa (imprudência, negligência ou imperícia), já que seria absurdo o legislador punir a conduta dolosa ou culposa com a mesma intensidade, já que ao *caput* aplica-se a pena de 3 meses a 1 ano de detenção, e multa.

e) Consumação e tentativa: doutrinariamente, diz-se que o crime em comento é formal, razão pela qual se reputará consumado com a mera publicidade enganosa, pouco importando a ocorrência de resultado lesivo. A tentativa é possível, já que se trata de crime comissivo (as condutas "fazer" ou "promover" são realizadas por ação do agente).

6.3.7. Publicidade capaz de induzir o consumidor (art. 68)

Reza o art. 68: "Fazer ou promover publicidade que sabe ou deveria saber ser capaz de induzir o consumidor a se comportar de forma prejudicial ou perigosa a sua saúde ou segurança". A pena cominada varia de *6 meses a 2 anos de detenção e multa.*

Trata-se de norma penal em branco, já que a tipicidade dependerá da análise do art. 37, § 2º, do CDC, que trata da publicidade abusiva ("... *capaz de induzir o consumidor a se comportar de forma prejudicial ou perigosa à sua saúde ou segurança*").

O tipo penal em estudo tem a seguinte estrutura:

a) Sujeito ativo: é o profissional ligado à publicidade, que a promove de maneira enganosa ou abusiva. Trata-se, pois, de crime próprio.

b) Sujeito passivo: coletividade (sujeito passivo imediato ou principal) e o consumidor (sujeito passivo secundário ou mediato).

c) Condutas típicas: fazer ou promover (publicidade apta a induzir o consumidor a portar-se de forma prejudicial à saúde ou segurança).

d) Elemento normativo do tipo: publicidade apta a determinar que o consumidor passe a se portar de maneira perigosa à saúde ou segurança.

e) Elemento subjetivo da conduta: é o dolo, tanto na forma direta (sabe) quanto eventual (ou deveria saber).

f) Consumação e tentativa: consuma-se o crime em tela com a veiculação da publicidade enganosa ou abusiva que possa redundar em comportamento do consumidor perigoso à saúde ou segurança. A tentativa é admissível por ser tratar de crime plurissubsistente (composto de vários atos).

6.3.8. Omissão na organização de dados que dão base à publicidade (art. 69)

O art. 69 do CDC assim preleciona: "Deixar de organizar dados fáticos, técnicos e científicos que dão base à publicidade". A pena é de *detenção de 1 a 6 meses ou multa.*

Trata-se de crime que tutela a veracidade das informações que se destinam aos consumidores.

Assim, temos que:

a) Sujeito ativo: fornecedor ou publicitário.

b) Sujeito passivo: consumidor (diretamente/indiretamente) e a coletividade (direta/indiretamente).

c) Conduta típica: deixar de organizar. Trata-se de crime omissivo próprio.

d) Elemento subjetivo da conduta: é o dolo.

e) Consumação e tentativa: consuma-se o crime com a simples omissão (crime instantâneo). Impossível a tentativa, tendo em vista que os crimes omissivos não a admitem.

6.3.9. Emprego de peças ou componentes de reposição usados (art. 70)

O art. 70 do CDC prescreve: "Empregar na reparação de produtos, peça ou componentes de reposição usados, sem autorização do consumidor". A pena é de *detenção de 3 meses a 1 ano e multa.*

Trata-se de infração penal que tutela o direito do consumidor de ver seus pertences reparados com peças originais e novas, salvo se anuir que assim não sejam, de acordo com o art. 21 do CDC.

Destarte, verifiquemos os seguintes itens:

a) Sujeito ativo: fornecedor.

b) Sujeito passivo: consumidor e coletividade.

c) Conduta típica: empregar, ou seja, usar, utilizar, aplicar. O fato será atípico se o consumidor autorizar que peças ou componentes usados sejam utilizados na reparação de produtos danificados. Portanto, o consentimento do ofendido, na espécie, torna atípica a conduta. Entende-se que a anuência provoca a exclusão da antijuridicidade, por se tratar de causa supralegal que torna lícita a conduta.

d) Elemento subjetivo da conduta: é o dolo. Não se admite a forma culposa. Portanto, se o fornecedor, por descuido (negligência), empregar no conserto de produto peças usadas, não praticará o crime em tela.

e) Consumação e tentativa: há quem sustente que o crime é de mera atividade, vale dizer, não se exige que o consumidor experimente prejuízo. Há quem diga que o crime em comento é de perigo abstrato, cujo prejuízo é presumido. Todavia, possível entender-se que o crime exige prejuízo ao consumidor, sob pena de estarmos diante de mero ilícito civil. Se se entender que o crime é material, admite-se a tentativa.

6.3.10. Cobrança vexatória (art. 71)

O art. 71 do CDC assim prevê: "Utilizar, na cobrança de dívidas, de ameaça, coação, constrangimento físico ou moral, afirmações falsas, incorretas ou enganosas ou de qualquer outro procedimento que exponha o consumidor, injustificadamente, a ridículo ou interfira com seu trabalho, descanso ou lazer". A pena cominada varia de *3 meses a 1 ano de detenção e multa.*

Trata-se de crime que vem a reforçar o direito do consumidor de não ser exposto a ridículo, nem submetido a qualquer tipo de constrangimento ou ameaça, *ex vi* do art. 42 do CDC.

Vejamos os elementos do tipo e sujeitos do crime:

a) Sujeito ativo: é o fornecedor (credor) ou quem, a seu mando, efetue a cobrança ao consumidor.

b) Sujeito passivo: coletividade e consumidor (devedor).

c) Conduta típica: utilizar (empregar, usar). Assim, verifica-se o crime quando o credor ou terceira pessoa, a seu mando, emprega meios vexatórios para a cobrança de dívida, tais como: ameaça, coação, constrangimento físico ou moral. Referidos meios são meramente exemplificativos, tendo em vista que o tipo penal admite uso da interpretação analógica (ou qualquer outro procedimento que exponha o consumidor a ridículo, ou interfira em seu trabalho, descanso ou lazer).

d) Elemento normativo do tipo: o meio utilizado para a cobrança deve ser indevido ou injustificado.

e) Elemento subjetivo da conduta: é o dolo. Não se admite a modalidade culposa, por ausência de previsão legal.

f) Consumação e tentativa: consuma-se o crime com a cobrança vexatória da dívida, de maneira injustificada. Diz-se que o crime é de mera conduta. Admissível a tentativa (ex.: cobrança por escrito, mas extraviada).

6.3.11. Impedimento de acesso às informações do consumidor (art. 72)

Reza o art. 72 do CDC: "Impedir ou dificultar o acesso do consumidor às informações que sobre ele constem em cadastros, banco de dados, fichas e registros". A pena é de *detenção de 6 meses a 1 ano ou multa.*

Trata-se de crime que vem a inserir no campo penal o disposto no art. 43 do mesmo código, que assim dispõe: "O consumidor, sem prejuízo do disposto no art. 86, terá acesso às informações existentes em cadastros, fichas, registros e dados pessoais e de consumo arquivados sobre ele, bem como sobre as suas respectivas fontes".

Vejamos o tipo penal em detalhes:

a) Sujeito ativo: qualquer pessoa responsável pelo controle das informações sobre o consumidor.

b) Sujeito passivo: coletividade e consumidor.

c) Condutas típicas: impedir (oferecer obstáculo) ou dificultar (estorvar, complicar).

d) Elemento subjetivo da conduta: é o dolo. Não se admite a modalidade culposa, por ausência de previsão legal.

e) Consumação e tentativa: consuma-se o crime com o impedimento ou dificuldade criada pelo agente ao acesso, pelo consumidor, de informações suas que constem em cadastros, bancos de dados, fichas e registros. Não se pode admitir a tentativa tendo em vista que a conduta "dificultar", por si só, basta à consumação do delito.

6.3.12. Omissão na correção de informações com inexatidões (art. 73)

O crime em tela vem previsto no art. 73 do CDC, *in verbis*: "Deixar de corrigir imediatamente informação sobre consumidor constante de cadastro, banco de dados, fichas ou registros que sabe ou deveria saber ser inexata". A pena varia de *1 a 6 meses de detenção ou multa.*

A infração em comento tutela, a um só tempo, a honra e o crédito do consumidor, nos termos do art. 43, § 3º, do CDC: "O consumidor, sempre que encontrar inexatidão nos seus dados e cadastros, poderá exigir sua imediata correção, devendo o arquivista, no prazo de cinco dias úteis, comunicar a alteração aos eventuais destinatários das informações incorretas".

Vejamos os elementos do tipo e sujeitos:

a) Sujeito ativo: pessoa que deixa de corrigir a informação, desde que responsável para tanto.

b) Sujeito passivo: consumidor cuja informação deixou de ser corrigida.

c) Conduta típica: deixar de corrigir. Trata-se, por evidente, de crime omissivo próprio.

d) Elemento subjetivo da conduta: dolo direto ("sabe") ou eventual ("deveria saber").

e) Elemento normativo do tipo: a expressão imediatamente, prevista no tipo em tela, deve ser interpretada como passível de realização em até 5 dias (art. 43, §3º, CDC).

f) Consumação e tentativa: com a mera omissão o crime estará consumado. Por se tratar de crime omissivo, inadmissível a tentativa.

6.3.13. Omissão na entrega de termo de garantia (art. 74)

O art. 74 do CDC assim prescreve: "Deixar de entregar ao consumidor o termo de garantia adequadamente preenchido e com especificação clara de seu conteúdo". A pena varia de *1 a 6 meses de detenção ou multa.*

O crime em comento protege a relação contratual havida entre consumidor e fornecedor, nos termos do art. 50, *caput*, e parágrafo único, do CDC: "A garantia contratual é complementar à legal e será conferida mediante termo escrito. Parágrafo único. O termo de garantia ou equivalente deve ser padronizado e esclarecer, de maneira adequada, em que consiste a mesma garantia, bem como a forma, o prazo e o lugar em que pode ser exercitada e os ônus a cargo do consumidor, devendo ser-lhe entregue, devidamente preenchido pelo fornecedor, no ato do fornecimento, acompanhado de manual de instrução, de instalação e uso do produto em linguagem didática, com ilustrações".

Vejamos os sujeitos do crime e elementos do tipo:

a) Sujeito ativo: fornecedor.

b) Sujeito passivo: consumidor e coletividade.

c) Conduta típica: deixar de entregar. Trata-se de crime omissivo próprio, que se configura pela falta de entrega ao consumidor do termo de garantia (contratual) devidamente preenchido e com especificações claras de seu conteúdo.

d) Elemento subjetivo da conduta: é o dolo. Não há modalidade culposa prevista.

e) Consumação e tentativa: o delito em questão se consuma com a omissão na entrega do termo de garantia. Por ser crime omissivo, impossível a tentativa.

6.4. Concurso de pessoas (art. 75)

O art. 75 do CDC, de acordo com a doutrina, encontra-se revogado pelo art. 11 da Lei 8.137/1990 (crimes contra a ordem tributária, econômica e relações de consumo).

De qualquer forma, o dispositivo é absolutamente dispensável, já que seu conteúdo é semelhante ao art. 29 do CP.

6.5. Circunstâncias agravantes (art. 76)

A aplicação das circunstâncias alteradoras da reprimenda não impede que aquelas definidas no CP sejam aplicadas, desde que não configurem *bis in idem*.

6.6. Pena de multa (art. 77)

Por ser regra especial, aplica-se o CDC e não as prescrições acerca da pena de multa prevista no CP.

Por força do art. 77, "a pena pecuniária prevista nesta Seção será fixada em dias-multa, correspondente ao mínimo e ao máximo de dias de duração da pena privativa da liberdade cominada ao crime. Na individualização desta multa, o juiz observará o disposto no art. 60, § 1º, do Código Penal".

Referido dispositivo do CP permite ao juiz elevar a pena de multa até o triplo, se a capacidade econômica do réu for suficientemente boa a tal ponto de tornar ineficaz a pena pecuniária legalmente prevista.

6.7. Penas restritivas de direitos (art. 78)

Diferentemente do CP, as penas restritivas de direitos previstas no CDC não têm caráter substitutivo à privativa de liberdade, mas cumulativo (ou alternativo também).

Dado o princípio da especialidade, são penas restritivas de direitos aplicáveis aos crimes contra as relações de consumo: I – a interdição temporária de direitos; II – a publicação em órgãos de comunicação de grande circulação ou audiência, às expensas do condenado, de notícia sobre os fatos e a condenação; III – a prestação de serviços à comunidade.

Por ausência de previsão legal, as demais penas alternativas previstas no CP não se aplicam aos agentes que tenham praticado crimes previstos no CDC.

6.8. Fiança (art. 79)

De acordo com o art. 79 do CDC, o valor da fiança variará entre 100 a 200 mil vezes o valor do BTN. Porém, como este índice foi extinto em 01.02.1991, com valor então de CR$ 126,86, será utilizado como parâmetro, após atualizado, para pagamento da contracautela.

6.9. Assistente de acusação e ação penal subsidiária (art. 80)

Admite-se que intervenham como assistentes de acusação, nos crimes contra as relações de consumo, sem prejuízo das próprias vítimas diretas (consumidores), os legitimados previstos no art. 82, III e IV, do CDC, a saber:

"III – entidades e órgãos da administração pública, direta ou indireta, ainda que sem personalidade jurídica, especificamente destinados à defesa dos interesses e direitos protegidos por este código [CDC];

"IV – as associações legalmente constituídas há pelo menos um ano e que incluam entre seus fins institucionais a defesa dos interesses e direitos protegidos por este código [CDC] (...)."

Ademais, referidos legitimados também o serão para a propositura de ação penal privada subsidiária da pública, desde que haja inércia ministerial, nos termos do art. 5º, LIX, da CF/1988, e art. 29 do CPP.

7. CRIMES FALIMENTARES – LEI 11.101/2005

7.1. Previsão legal e considerações iniciais

A Lei 11.101, de 09.02.2005, com *vacatio legis* de 120 dias, substituiu, integralmente, a antiga "Lei de Falências" (Decreto 7.661/1945). Com a nova lei, não há mais falar-se apenas em falência, mas, também, em recuperação judicial e extrajudicial, deixando de existir a "antiga" concordata.

Acerca da origem histórica da falência, fala-se que dizia respeito ao adimplemento das dívidas e seus instrumentos de garantia. Antigamente, garantia-se o pagamento de dívidas com castigos físicos, apreensão de bens do devedor pelo próprio credor, que os alienava e "quitava" a dívida.

Com o desenvolvimento da economia e das relações comerciais, tornou-se imprescindível a criação de mecanismos de proteção do crédito e das relações cliente-mercado, do que se extraiu a edição da Lei dos Crimes Falimentares. Na atualidade, torna-se um pouco equivocada a menção a "Crimes Falimentares", visto que crimes há que dependem não da sentença que declara a falência, mas daquela que concede recuperação judicial ou que homologa a recuperação extrajudicial. Todavia, por tradição, prossegue-se dizendo "Crime Falimentar".

7.2. Direito intertemporal e a problemática do conflito de leis penais no tempo

A antiga Lei de Falências (Decreto 7.661/1945), em diversos pontos, frente à nova lei, é considerada mais benéfica (*lex mitior*), especialmente no tocante às penas. Portanto, em alguns casos, configurar-se-á a *novatio legis in pejus* (nova lei prejudicial), razão pela qual, nesse ponto, será irretroativa.

Todavia, houve situações em que a nova lei (Lei 11.101/2005) operou a descriminalização de certas condutas, extirpadas do cenário jurídico. Nesse caso, havendo *abolitio criminis*, certamente a lei nova é benéfica, operando efeitos imediatamente (extinção da punibilidade – art. 107, III, CP).

Ainda, a Lei 11.101/2005 introduziu no ordenamento jurídico penal novas figuras típicas, até então inexistentes. Logo, por se tratar, nesse ponto, de *novatio legis* incriminadora, somente poderá gerar efeitos a partir de sua edição. Assim não fosse, estar-se-ia violando, a um só tempo, o princípio da reserva legal e da anterioridade.

Assim, concluímos o seguinte:

a) para crimes falimentares praticados sob a égide do Decreto 7.661/1945, mas que a persecução penal não tenha sido iniciada, ou, se iniciada, não havia se encerrado, deve-se analisar se a "nova lei" (Lei 11.101/2005) foi mais benéfica – caso em que irá operar-se a retroatividade – ou prejudicial – caso em que haverá a ultratividade da lei revogada;

b) para figuras criminosas inexistentes à época da vigência do Decreto 7.661/1945, evidentemente a tipicidade penal somente existirá a partir da edição da Lei 11.101/2005.

7.3. Crimes de dano e de perigo na Lei de Falências

Em sua maioria, os crimes falimentares serão considerados "crimes de perigo", tendo em vista que a conduta praticada pelo agente não precisará, de fato, causar lesão a um bem ou interesse, bastando que os ameacem de lesão.

Todavia, certos crimes exigirão efetivo dano ao bem jurídico protegido, sem o que não estará configurada a infração penal, ou estar-se-á diante da tentativa.

7.4. Classificação dos crimes falimentares quanto ao sujeito ativo

Alguns dos crimes falimentares são considerados *próprios*, levando-se em conta certa característica ostentada pelo sujeito ativo. São os chamados *crimes falimentares próprios* (arts. 168, 171, 172, 176 e 178 – o sujeito ativo será o devedor; art. 177 – sujeitos ativos: juiz, promotor, administrador judicial, perito, avaliador, escrivão, oficial de justiça ou leiloeiro).

Em outros casos, os crimes falimentares serão *impróprios ou comuns*, tendo em vista que qualquer pessoa poderá ser sujeito ativo. É o caso dos arts. 169, 170, 173, 174 e 175.

7.5. Classificação dos crimes falimentares levando-se em consideração o momento de realização dos atos executórios

a) *Crimes antefalimentares* (ou *pré-falimentares*): são aqueles cuja consumação ocorre em momento anterior (prévio) à declaração judicial da falência (sentença declaratória da falência). Também são assim denominados, após a entrada em vigor da Lei de Falências (Lei 11.101/2005), os crimes cometidos antes da sentença concessiva de recuperação judicial e da que homologa o plano de recuperação extrajudicial. São crimes antefalimentares os descritos nos arts. 168, 169, 172 e 178 da lei em comento.

b) *Crimes pós-falimentares*: são aqueles cuja consumação é verificada após a decretação da falência, da recuperação judicial ou extrajudicial. São assim considerados os crimes previstos nos arts. 168, 170, 171, 172, 173, 174, 175, 176, 177 e 178 da lei em análise.

7.6. Crimes concursais e condição objetiva de punibilidade

Os crimes falimentares são definidos como *crimes concursais*, visto que, para sua configuração, dependem do concurso de alguma causa estranha ao próprio Direito Penal. Assim, somente se pode cogitar de crime falimentar se concorrer uma outra causa (fato/ato jurídico).

Com efeito, o art. 180 da Lei de Falências assim dispõe: "A sentença que decreta a falência, concede recuperação judicial ou concede a recuperação extrajudicial de que trata o art. 163 desta Lei é condição objetiva de punibilidade das infrações penais descritas nesta Lei".

Logo, todos os crimes falimentares dependem da existência de uma condição exterior à conceituação legal (tipicidade penal), sob pena de não se cogitar de sua prática. Daí dizer-se que o crime falimentar é concursal, já que depende do concurso de uma causa externa, estranha ao Direito Penal, que é a sentença que decreta a quebra, ou que concede a recuperação judicial ou extrajudicial.

7.7. Unidade ou universalidade

Segundo Manoel de Pedro Pimentel (**Legislação penal especial**, RT, 1972), "unidade ou universalidade é o que caracteriza o crime falimentar. Cada crime falimentar é, em si mesmo, uma ação delituosa e basta a existência de um só para justificar a punição". Ainda, o mesmo mestre ensinou que "se várias forem as ações delituosas, passarão a ser consideradas como atos e a unidade complexa se transforma em uma universalidade, punindo-se o todo e não as partes, com uma só pena".

Portanto, prevalece o entendimento doutrinário (e jurisprudencial), que, concorrendo diversos fatos descritos como delitos falimentares, dá-se uma só ação punível, e não pluralidade de ações, visto tratar-se de crime de estrutura complexa, em que o comportamento dos falidos (ou em recuperação judicial ou extrajudicial) deve ser unificado. Enfim, a "pluralidade de crimes" será considerado de maneira universal, como se se tratasse de um só crime, composto de uma pluralidade de atos.

7.8. Investigação criminal na Lei de Falências

De acordo com o Decreto 7.661/1945, a investigação pela prática de crime falimentar era realizada pelo juízo universal da falência, vale dizer, pelo magistrado responsável pela decretação da quebra do empresário ou empresa.

Todavia, a doutrina criticava a disposição legal que previa tal procedimento, na medida em que o art. 144 da CF/1988 atribui à Polícia Judiciária a tarefa de investigar e apurar as infrações penais no âmbito dos Estados.

Com a nova Lei de Falências (Lei 11.101/2005), pôs-se um fim a esse absurdo. Hoje, a investigação de crimes falimentares é feita pela Polícia Judiciária, conforme se infere da leitura dos arts. 187 e 188, respeitando-se, assim, a CF/1988 e a indispensável separação entre o órgão julgador e aquele que apura a infração penal.

7.9. Ação penal nos crimes falimentares

De acordo com o art. 184 da Lei 11.101/2005, os crimes falimentares são de ação penal pública incondicionada. Ainda, em seu parágrafo único, que entendemos desnecessário, tendo em vista o disposto no art. 5º, LIX, da CF/1988 e art. 29 do CPP, há previsão de cabimento de ação penal privada subsidiária da pública, caso o Ministério Público não ofereça denúncia no prazo legal.

7.10. Crimes em espécie

Os crimes falimentares estão definidos nos arts. 168 a 178 da Lei 11.101/2005. Para os fins da presente obra, traremos, de forma objetiva, os principais aspectos de cada um deles.

7.10.1. Fraude a credores (art. 168)

Art. 168. Praticar, antes ou depois da sentença que decretar a falência, conceder a recuperação judicial ou homologar a recuperação extrajudicial, ato fraudulento de que resulte ou possa resultar prejuízo aos credores, com o fim de obter ou assegurar vantagem indevida para si ou para outrem.

Pena – reclusão, de 3 (três) a 6 (seis) anos, e multa.

Este crime corresponde à antiga "falência fraudulenta" prevista no Decreto 7.661/1945.

a) Sujeito ativo: empresário, sócios, gerentes, administradores e conselheiros das sociedades empresárias.

b) Sujeito passivo: os credores.

c) Condutas típicas: corresponde à prática de ato fraudulento, cometido antes ou depois da falência, da recuperação judicial ou extrajudicial (trata-se, portanto, de crime antefalimentar e pós-falimentar). Assim, o autor do crime irá praticar qualquer ato contrário à lei (com fraude), visando, com sua conduta, lesionar os credores. O dano patrimonial, mesmo que não ocorra, não descaracteriza o crime.

d) Elemento subjetivo da conduta e do tipo: o crime é doloso. Exige-se um "especial fim de agir" (elemento subjetivo do tipo), decorrente da expressão "com o fim de...". Assim, o agente atua com a intenção de obter ou assegurar alguma vantagem indevida para si ou para terceira pessoa.

e) Causas de aumento de pena: nos termos do art. 168, § 1º, a pena aumenta-se de 1/6 (um sexto) a 1/3 (um terço), se o agente: I – elabora escrituração contábil ou balanço com dados inexatos; II – omite, na escrituração contábil ou no balanço, lançamento que deles deveria constar, ou altera escrituração ou balanço verdadeiros; III – destrói, apaga ou corrompe dados contábeis ou negociais armazenados em computador ou sistema informatizado; IV – simula a composição do capital social; V – destrói, oculta ou inutiliza, total ou parcialmente, os documentos de escrituração contábil obrigatórios. A pena será majorada de 1/3 (um terço) até metade em caso de "contabilidade paralela", ou seja, se o devedor manteve ou movimentou recursos ou valores paralelamente à contabilidade exigida pela legislação.

f) Concurso de pessoas: nos termos do art. 168, § 3º nas mesmas penas incidem os contadores, técnicos contábeis, auditores e outros profissionais que, de qualquer modo, concorrerem para as condutas criminosas descritas neste artigo, na medida de sua culpabilidade.

g) Causa de diminuição ou de substituição de pena: tratando-se de falência de microempresa ou de empresa de pequeno porte, e não se constatando prática habitual de condutas fraudulentas por parte do falido, poderá o juiz reduzir a pena de reclusão de 1/3 (um terço) a 2/3 (dois terços) ou substituí-la pelas penas restritivas de direitos, pelas de perda de bens e valores ou pelas de prestação de serviços à comunidade ou a entidades públicas (art. 168, § 4º).

7.10.2. Violação de sigilo empresarial (art. 169)

Art. 169. Violar, explorar ou divulgar, sem justa causa, sigilo empresarial ou dados confidenciais sobre operações ou serviços, contribuindo para a condução do devedor a estado de inviabilidade econômica ou financeira.

Pena – reclusão, de 2 (dois) a 4 (quatro) anos, e multa.

Trata-se de *novatio legis* incriminadora. Ou seja, a figura típica em análise inexistia no Decreto 7.661/1945.

a) Sujeito ativo: qualquer pessoa (crime comum).

b) Sujeito passivo: o empresário (devedor).

c) Condutas típicas: Decorre da prática de um dos verbos – violar, explorar ou divulgar. Assim, comete o crime aquela pessoa que viola, explora ou divulga sigilo empresarial ou dados confidenciais referentes a operações e serviços. Com isso, o agente, se contribuir para a bancarrota do devedor, terá cometido o crime.

d) Elemento subjetivo da conduta: o crime é doloso.

7.10.3. Divulgação de informações falsas (art. 170)

Art. 170. Divulgar ou propalar, por qualquer meio, informação falsa sobre devedor em recuperação judicial, com o fim de levá-lo à falência ou de obter vantagem.

Pena – reclusão, de 2 (dois) a 4 (quatro) anos, e multa.

Trata-se de *novatio legis* incriminadora, ou seja, a figura típica ora analisada inexistia na antiga legislação falimentar (Decreto 7.661/1945).

a) Sujeito ativo: qualquer pessoa (crime comum).

b) Sujeito passivo: o empresário (devedor) em recuperação judicial.

c) Condutas típicas: Decorre da prática de um dos verbos – divulgar ou propalar. Assim, comete o crime aquela pessoa que divulga ou retransmite informações inverídicas (falsas) sobre o empresário que esteja em recuperação concedida judicialmente. Com isso, o agente tenciona obter alguma vantagem ou levar o devedor à falência.

d) Elemento subjetivo da conduta: o crime é doloso. Exige-se, ainda, dolo específico (elemento subjetivo do tipo), consistente no especial fim do agente de levar o sujeito passivo à falência.

7.10.4. Induzimento a erro (art. 171)

Art. 171. Sonegar ou omitir informações ou prestar informações falsas no processo de falência, de recuperação judicial ou de recuperação extrajudicial, com o fim de induzir a erro o juiz, o Ministério Público, os credores, a assembleia geral de credores, o Comitê ou o administrador judicial.

Pena – reclusão, de 2 (dois) a 4 (quatro) anos, e multa.

Trata-se de *crime de mera conduta*.

a) Sujeito ativo: qualquer pessoa (crime comum).

b) Sujeito passivo: o empresário (devedor) em recuperação judicial, extrajudicial ou o falido.

c) Condutas típicas: Decorre da prática de um dos verbos – sonegar ou omitir; prestar informações. Trata-se, portanto, de crime omissivo nas condutas sonegar ou omitir, e comissivo, na conduta de prestar informações falsas. Assim, comete o crime aquela pessoa que sonega (esconde) ou omite informações, bem como a que prestar falsas informações, no curso de um processo falimentar, tencionando induzir a erro o juiz, especialmente no tocante às informações relativas à "saúde financeira" do réu da ação.

d) Elemento subjetivo da conduta: o crime é doloso. Exige-se, ainda, dolo específico (elemento subjetivo do tipo), consistente no especial fim do agente de levar o juiz, o membro do Ministério Público, os credores, a Assembleia Geral de credores, o comitê e o administrador judicial a erro.

7.10.5. Favorecimento de credores (art. 172)

> **Art. 172.** Praticar, antes ou depois da sentença que decretar a falência, conceder a recuperação judicial ou homologar plano de recuperação extrajudicial, ato de disposição ou oneração patrimonial ou gerador de obrigação, destinado a favorecer um ou mais credores em prejuízo dos demais.
>
> Pena – reclusão, de 2 (dois) a 5 (cinco) anos, e multa.

Trata-se de *crime pré-falimentar ou pós-falimentar*.

a) Sujeito ativo: o devedor (crime próprio). Porém, nos termos do art. 172, parágrafo único, da lei ora analisada, nas mesmas penas incorrerá o credor que, em conluio, possa beneficiar-se de ato previsto no *caput* do mesmo artigo.

b) Sujeito passivo: os credores.

c) Conduta típica: Decorre da prática de um ato de disposição ou oneração patrimonial. Trata-se, portanto, de crime pelo qual o agente (devedor), em detrimento da universalidade dos credores (*par conditio*), desvia bens que integrem a massa falida diretamente a certos credores, violando a ordem de recebimento. O que faz o devedor é privilegiar um ou mais credores, em detrimento dos outros.

d) Elemento subjetivo da conduta: o crime é doloso.

7.10.6. Desvio, recebimento ou uso ilegal de bens (art. 173)

> **Art. 173.** Apropriar-se, desviar ou ocultar bens pertencentes ao devedor sob recuperação judicial ou à massa falida, inclusive por meio da aquisição por interposta pessoa.
>
> Pena – reclusão, de 2 (dois) a 4 (quatro) anos, e multa.

a) Sujeito ativo: qualquer pessoa (crime comum), inclusive o devedor ou mesmo um credor.

b) Sujeito passivo: os credores lesados pela conduta.

c) Conduta típica: Decorre da prática de um dos verbos – apropriar, desviar ou ocultar. Assim, o agente que se apropriar (tomar para si), desviar (dar destinação diversa) ou ocultar (esconder) bens da massa falida, cometerá o crime em tela. Com uma das condutas, o agente irá causar prejuízo aos demais credores, por retirar do devedor ou da massa falida bens que eventualmente seriam reduzidos a dinheiro e distribuídos aos credores, de acordo com a classificação de seus créditos.

d) Elemento subjetivo da conduta: o crime é doloso.

7.10.7. Aquisição, recebimento ou uso ilegal de bens

> **Art. 174.** Adquirir, receber, usar, ilicitamente, bem que sabe pertencer à massa falida ou influir para que terceiro, de boa-fé, o adquira, receba ou use.
>
> Pena – reclusão, de 2 (dois) a 4 (quatro) anos, e multa.

Trata-se de figura penal muito semelhante à receptação (art. 180 do CP). Alguns denominam o crime em tela de "receptação falimentar".

a) Sujeito ativo: qualquer pessoa (crime comum), inclusive o devedor ou mesmo um credor.

b) Sujeito passivo: os credores.

c) Conduta típica: Decorre da prática de um dos verbos – adquirir, receber, usar ou influir. Assim, o agente que praticar uma das condutas típicas cometerá o crime, já que o fez em desconformidade com as regras legais. A aquisição, recebimento e uso de bens pertencentes a uma massa falida exigem autorização judicial. Ainda, se o autor do crime influir terceiro de boa-fé a adquirir, receber ou usar bem da massa falida, também cometerá a infração em testilha.

d) Elemento subjetivo da conduta: o crime é doloso. Ou seja, exige-se que o agente tenha conhecimento da origem do bem (pertencente a uma massa falida).

7.10.8. Habilitação ilegal de crédito (art. 175)

> **Art. 175.** Apresentar, em falência, recuperação judicial ou recuperação extrajudicial, relação de créditos, habilitação de créditos ou reclamação falsas, ou juntar a elas título falso ou simulado.
>
> Pena – reclusão, de 2 (dois) a 4 (quatro) anos, e multa.

Trata-se de figura penal que se assemelha a uma falsidade ideológica ou material (documental).

a) Sujeito ativo: qualquer pessoa (crime comum).

b) Sujeito passivo: os credores, o devedor e a administração pública.

c) Conduta típica: Decorre da apresentação de créditos ou habilitações falsas.

d) Elemento subjetivo da conduta: o crime é doloso. Consuma-se o crime mesmo se não houver prejuízo a qualquer pessoa. Trata-se, pois, de crime formal.

7.10.9. Exercício ilegal de atividade (art. 176)

> **Art. 176.** Exercer atividade para a qual foi inabilitado ou incapacitado por decisão judicial, nos termos desta Lei.
>
> Pena – reclusão, de 1 (um) a 4 (quatro) anos, e multa.

Trata-se de figura penal que se assemelha a uma desobediência.

a) Sujeito ativo: devedor (crime próprio). É efeito da condenação por crime falimentar a inabilitação para o exercício de atividade empresarial, ou para cargos ou funções no conselho de administração, diretoria ou gerência de sociedades empresárias. Por isso, apenas o réu na ação falimentar que haja decretado a quebra é que poderá cometer o crime em tela.

b) Sujeito passivo: a coletividade (em especial a Administração Pública, já que sua decisão – inabilitação para ser empresário ou exercer certos cargos – está sendo desrespeitada).

c) Conduta típica: Decorre do exercício de atividade para o qual o agente foi inabilitado ou incapacitado por decisão judicial. Daí tratar-se de verdadeira desobediência à decisão judicial.

d) Elemento subjetivo da conduta: o crime é doloso.

7.10.10. Violação de impedimento (art. 177)

> **Art. 177.** Adquirir o juiz, o representante do Ministério Público, o administrador judicial, o gestor judicial, o perito, o avaliador, o escrivão, o oficial de justiça ou o leiloeiro, por si ou por interposta pessoa, bens de massa falida ou de devedor

em recuperação judicial, ou, em relação a estes, entrar em alguma especulação de lucro, quando tenham atuado nos respectivos processos.

Pena – reclusão, de 2 (dois) a 4 (quatro) anos, e multa.

a) Sujeito ativo: cometerá o crime em comento o juiz, o representante do Ministério Público, o administrador judicial, o gestor judicial, o perito, o avaliador, o escrivão, o oficial de justiça ou o leiloeiro. Trata-se, portanto, de crime próprio.

b) Sujeito passivo: a coletividade (Estado).

c) Conduta típica: Decorre da aquisição de bens da massa falida ou de devedor em recuperação judicial, por qualquer das pessoas previstas no tipo penal, desde que, é claro, tenham exercido alguma função ou múnus público no processo. Assim, inexistirá crime, por exemplo, de um juiz federal da Justiça do Trabalho que tenha adquirido um bem da massa falida apurada em processo falimentar em trâmite na Justiça Estadual comum.

d) Elemento subjetivo da conduta: o crime é doloso.

7.10.11. Omissão dos documentos contábeis obrigatórios (art. 178)

Art. 178. Deixar de elaborar, escriturar ou autenticar, antes ou depois da sentença que decretar a falência, conceder a recuperação judicial ou homologar o plano de recuperação extrajudicial, os documentos de escrituração contábil obrigatórios.

Pena – detenção, de 1 (um) a 2 (dois) anos, e multa, se o fato não constitui crime mais grave.

a) Sujeito ativo: é o devedor.

b) Sujeito passivo: será o credor (sujeito passivo imediato) e a coletividade (sujeito passivo mediato).

c) Conduta típica: consiste no fato de o agente deixar de elaborar, escriturar ou autenticar, antes (crime pré-falimentar) ou depois da sentença que decretar a falência, conceder a recuperação judicial ou homologar plano de recuperação extrajudicial (crime pós-falimentar) os documentos de escrituração contábil obrigatórios. Trata-se, por evidente, de conduta omissiva. Logo, estamos diante de crime omissivo próprio ou puro, razão pela qual a tentativa é inadmissível.

d) Elemento subjetivo: é o dolo.

7.11. Efeitos da condenação por crimes falimentares

Nos termos do art. 181 da Lei 11.101/2005, temos que são efeitos da condenação:

I – a inabilitação para o exercício de atividade empresarial;

II – o impedimento para o exercício de cargo ou função em conselho de administração, diretoria ou gerência das sociedades sujeitas a esta Lei;

III – a impossibilidade de gerir empresa por mandato ou por gestão de negócio.

Referidos efeitos da condenação não são automáticos (portanto, estamos diante de *efeitos específicos*), devendo ser motivadamente declarados na sentença, e perdurarão até 5 (cinco) anos após a extinção da punibilidade, podendo, contudo, cessar antes pela reabilitação penal (art. 181, § 1º).

Nos termos do art. 181, § 2º, transitada em julgado a sentença penal condenatória, será notificado o Registro Público de Empresas para que tome as medidas necessárias para impedir novo registro em nome dos inabilitados.

7.12. Prescrição dos crimes falimentares

Nos termos do art. 182 da Lei 11.101/2005, a prescrição dos crimes falimentares reger-se-á pelas disposições do Decreto-Lei 2.848, de 07.12.1940 – Código Penal, começando a correr do dia da decretação da falência, da concessão da recuperação judicial ou da homologação do plano de recuperação extrajudicial. Portanto, o termo inicial do prazo prescricional é o implemento da condição objetiva de punibilidade, qual seja, a decretação da falência, da recuperação judicial ou extrajudicial. Porém, referido termo a quo do prazo prescricional só terá cabimento para os crimes pré-falimentares, visto que para os pós-falimentares, cometidos em momento posterior à sentença que tenha decretado a falência ou concedido a recuperação judicial ou homologado o plano de recuperação extrajudicial, não será possível o início de fluência do prazo a partir de um daqueles citados marcos processuais. É que, se assim fosse, a prescrição teria início antes mesmo do cometimento do crime (ex.: falência decretada em 01/01/2016 => crime pós-falimentar praticado em 01/01/2017 => início da prescrição= 01/01/2017).

Frise-se que a decretação da falência do devedor interrompe a prescrição cuja contagem tenha iniciado com a concessão da recuperação judicial ou com a homologação do plano de recuperação extrajudicial (art. 182, parágrafo único).

8. CRIMES AMBIENTAIS – LEI 9.605/1998

8.1. Aspectos constitucionais e legais

De início, cabe a transcrição do art. 225, *caput*, da CF/1988:

Todos têm direito ao meio ambiente ecologicamente equilibrado, bem de uso comum do povo e essencial à sadia qualidade de vida, impondo-se ao Poder Público e à coletividade o dever de defendê-lo e preservá-lo para as presentes e futuras gerações.

No § 3º do sobredito dispositivo constitucional, lê-se que "as condutas e atividades consideradas lesivas ao meio ambiente sujeitarão os infratores, pessoas físicas ou jurídicas, a sanções penais e administrativas, independentemente da obrigação de reparar os danos causados".

Destarte, identifica-se na Lei Maior verdadeiro mandamento de criminalização. Ou seja, o legislador constituinte, em verdadeira "ordem" ao infraconstitucional, determinou que as condutas lesivas à qualidade ambiental sujeitarão os infratores a um tríplice sistema sancionatório: administrativo, civil e criminal.

Anos mais tarde, com o advento da Lei 9.605/1998, foram tipificadas condutas lesivas ao meio ambiente, dando-lhes conotação – e proteção – penal.

8.2. Breves linhas acerca das discussões doutrinárias sobre a responsabilidade penal das pessoas jurídicas por crimes ambientais

Considerando que o objetivo da presente obra é trazer ao leitor um "resumo" sobre os principais assuntos da matéria, traremos, brevemente, os pontos fulcrais acerca da responsabilização penal das pessoas jurídicas por danos causados ao meio ambiente.

Pois bem. As divergências doutrinárias cingem-se, basicamente, a duas linhas:

a) admissibilidade da responsabilidade penal da pessoa jurídica; e

b) inadmissibilidade da responsabilidade penal da pessoa jurídica.

O principal argumento para a *primeira corrente* é o de que a própria CF, em seu art. 225, § 3º, previu expressamente a responsabilidade penal da pessoa jurídica.

Já para a *segunda corrente*, as bases fundamentais da sistemática penal (responsabilidade subjetiva – condutas dolosas ou culposas; imposição de penas privativas de liberdade; vedação da responsabilidade objetiva; princípio da culpabilidade e personalização das penas) impossibilitam o reconhecimento de condutas criminosas perpetradas por pessoas jurídicas.

A tendência moderna é a da *aceitação* da responsabilização penal das pessoas jurídicas por crimes ambientais, afirmando-se que a moderna criminalidade exige mecanismos eficientes – e atualizados – de combate aos comportamentos lesivos aos direitos transindividuais, sendo necessário que o intérprete-aplicador do Direito se distancie de alguns "dogmas" criados na seara criminal, especialmente o de que apenas o "ser humano" pode cometer infrações penais. Ainda, sustenta-se que a pessoa jurídica deve, sim, responder por seus atos, sendo necessária uma adaptação da culpabilidade às suas características.

Nada obstante, doutrinadores de renome defendem a irresponsabilidade penal das pessoas jurídicas pela prática de crimes, dentre eles Luiz Regis Prado, Miguel Reale Junior, José Henrique Pierangelli e Claus Roxin (Alemanha). Sustenta-se que desde o Direito Romano já se afirmava que a sociedade não pode delinquir (*societas delinquere non potest*), bem como que a pessoa jurídica não tem "vontade", motivo pelo qual não pode ter um "comportamento delituoso". Também se afirma que a pessoa jurídica não tem a indispensável consciência, elemento constitutivo da conduta penalmente relevante, bem como que não é possível que se lhe impute um fato ilícito em razão de sua ausência de capacidade de entendimento e autodeterminação (imputabilidade). Por fim, diz-se que é inviável a imposição de penas privativas de liberdade às pessoas jurídicas. Para a corrente que admite a responsabilização criminal, afirma-se que o Direito Penal não se resume à aplicação de penas de prisão, sendo perfeitamente possível que se imponham aos entes morais penas restritivas de direitos e pecuniárias.

Assim, seguindo a corrente que reconhece a possibilidade de punição das pessoas jurídicas por crimes ambientais, foi editada a Lei 9.605/1998, que, em seu art. 3º, *caput*, e parágrafo único, prescreve que as pessoas jurídicas serão responsabilizadas administrativa, civil e penalmente conforme o disposto nesta Lei, nos casos em que a infração seja cometida por decisão de seu representante legal ou contratual, ou de seu órgão colegiado, no interesse ou benefício da sua entidade. Determina, ainda, que a responsabilidade das pessoas jurídicas não exclui a das pessoas físicas, autoras, coautoras ou partícipes do mesmo fato.

Para o STJ, "admite-se a responsabilidade penal da pessoa jurídica em crimes ambientais desde que haja a imputação simultânea do ente moral e da pessoa física que atua em seu nome ou em seu benefício, uma vez que não se pode compreender a responsabilização do ente moral dissociada da atuação de uma pessoa física, que age com elemento subjetivo próprio" (REsp 889.528/SC, rel. Min. Felix Fischer, j. 17.04.2007).

O entendimento acima sedimenta o **sistema paralelo de imputação**, também conhecido como **teoria da dupla imputação**. Para que o Ministério Público ofereça denúncia contra pessoa jurídica pela prática de crime ambiental, será indispensável que haja, também, a imputação de conduta a uma pessoa física que atue em seu nome ou em seu benefício.

Nada obstante, a 1ª Turma do STF, em análise de Agravo Regimental interposto pelo Ministério Público Federal nos autos do Recurso Extraordinário 548.181/PR, por maioria de votos, reconheceu **a desnecessidade da dupla imputação** para o reconhecimento da responsabilidade penal das pessoas jurídicas por crimes ambientais. Confira-se:

> ""*Recurso extraordinário. Direito penal. Crime ambiental. Responsabilidade penal da pessoa jurídica. Condicionamento da ação penal à identificação e à persecução concomitante da pessoa física que não encontra amparo na constituição da república. 1. O art. 225, § 3º, da Constituição Federal não condiciona a responsabilização penal da pessoa jurídica por crimes ambientais à simultânea persecução penal da pessoa física em tese responsável no âmbito da empresa. A norma constitucional não impõe a necessária dupla imputação. 2. As organizações corporativas complexas da atualidade se caracterizam pela descentralização e distribuição de atribuições e responsabilidades, sendo inerentes, a esta realidade, as dificuldades para imputar o fato ilícito a uma pessoa concreta. 3. Condicionar a aplicação do art. 225, § 3º, da Carta Política a uma concreta imputação também a pessoa física implica indevida restrição da norma constitucional, expressa a intenção do constituinte originário não apenas de ampliar o alcance das sanções penais, mas também de evitar a impunidade pelos crimes ambientais frente às imensas dificuldades de individualização dos responsáveis internamente às corporações, além de reforçar a tutela do bem jurídico ambiental. 4. A identificação dos setores e agentes internos da empresa determinantes da produção do fato ilícito tem relevância e deve ser buscada no caso concreto como forma de esclarecer se esses indivíduos ou órgãos atuaram ou deliberaram no exercício regular de suas atribuições internas à sociedade, e ainda para verificar se a atuação se deu no interesse ou em benefício da entidade coletiva. Tal esclarecimento, relevante para fins de imputar determinado delito à pessoa jurídica, não se confunde, todavia, com subordinar a responsabilização da pessoa jurídica à responsabilização conjunta e cumulativa das pessoas físicas envolvidas. Em não raras oportunidades, as responsabilidades internas pelo fato estarão diluídas ou parcializadas de tal modo que não permitirão a imputação de responsabilidade penal individual. 5. Recurso Extraordinário parcialmente conhecido e, na parte conhecida, provido.*"

Embora não seja uma decisão que tenha sido tomada pelo Plenário da Excelsa Corte, trata-se de entendimento que poderá influenciar a jurisprudência pátria, alterando-se o que já anteriormente estava pacificado acerca do sistema da dupla imputação.

A despeito disso, para o Exame da OAB, entendemos ainda ser possível defender a teoria que exige a simultaneidade de imputações (pessoas físicas e jurídicas) em matéria de crimes ambientais.

8.3. Considerações gerais sobre os crimes ambientais

Para os fins da presente obra, iremos nos ater aos mais importantes aspectos dos principais crimes definidos na Lei 9.605/1998, que estão distribuídos da seguinte forma:

a) Crimes contra a fauna (arts. 29 a 37);

b) Crimes contra a flora (arts. 38 a 53);

c) Crimes de poluição e outros crimes ambientais (arts. 54 a 61);

d) Crimes contra o ordenamento urbano e o patrimônio cultural (arts. 62 a 65);

e) Crimes contra a administração ambiental (arts. 66 a 69-A).

Como dito, não esgotaremos todos os crimes ambientais. Porém, iremos abordar os principais e mais relevantes pontos da lei em comento.

8.3.1. Dos crimes contra a fauna (arts. 29 a 37)

Todos os crimes previstos neste capítulo têm por objetividade jurídica a *fauna*, vale dizer, o conjunto de animais de qualquer espécie que viva naturalmente fora do cativeiro.

8.3.1.1. Crime do art. 29

Art. 29. Matar, perseguir, caçar, apanhar, utilizar espécimes da fauna silvestre, nativos ou em rota migratória, sem a devida permissão, licença ou autorização da autoridade competente, ou em desacordo com a obtida:

Pena – detenção, de seis meses a um ano, e multa.

a) Conduta típica: são os verbos-núcleos do tipo *matar, perseguir, caçar, apanhar* ou *utilizar*.

b) Objeto material: espécimes de fauna silvestre, nativos ou em rota migratória.

Entende-se por fauna o conjunto de animais próprios de uma região ou de um período geológico. *Espécimes nativas* são aquelas nascidas naturalmente em uma região. Já as *espécimes migratórias* são aquelas que mudam periodicamente de região (ex.: aves).

c) Elementos normativos do tipo: sem a devida permissão, licença ou autorização da autoridade competente, ou em desacordo com a obtida.

d) Consumação e tentativa: este crime estará *consumado* com a morte, perseguição, atos de caça, a captura ou a utilização dos espécimes, de forma indevida. É admissível a *tentativa* nas condutas de *matar e apanhar*, que exigem resultado (material). Já nos verbos *perseguir e caçar*, o crime será de mera conduta, não sendo possível a tentativa. Por fim, o verbo *utilizar* pressupõe a perseguição ou o ato de apanhar as espécimes, também não admitindo tentativa.

Será admissível o perdão judicial, que é causa extintiva da punibilidade (art. 107, IX, do CP), caso presente a hipótese descrita no art. 29, § 2º, da lei em comento. Assim, tratando-se de guarda doméstica da espécie silvestre, desde que não ameaçada de extinção (nos termos de ato normativo específico editado pela autoridade competente), a punibilidade do agente poderá ser extinta.

O art. 29, § 4º, I a VI, e § 5º, retrata causas de aumento de pena quando o crime for cometido: § 4º: I – contra espécie rara ou considerada ameaçada de extinção, ainda que somente no local da infração; II – em período proibido à caça; III – durante a noite; IV – com abuso de licença; V – em unidade de conservação; VI – com emprego de métodos ou instrumentos capazes de provocar destruição em massa; § 5º: se o crime decorre do exercício de caça profissional.

8.3.1.2. Crime do art. 30

Art. 30. Exportar para o exterior peles e couros de anfíbios e répteis em bruto, sem a autorização da autoridade ambiental competente:

Pena – reclusão, de um a três anos, e multa.

a) Conduta típica: tem base no verbo-núcleo do tipo, qual seja, *exportar*, que significa remeter para fora do país.

b) Objeto material: o objeto material do crime pode ser: *pele* (é o tecido menos espesso, que constitui o revestimento externo do corpo de animais) e *couro* (é a pele mais espessa, que reveste exteriormente o corpo de animais – ex.: couro de jacaré).

A pele ou o couro devem ser de anfíbios (vivem na terra e na água – ex.: rã, salamandras etc.) ou répteis (que se arrastam ao andar – ex.: cobras e crocodilos).

c) Consumação e tentativa: Para o crime em comento restar consumado, basta a remessa para o exterior das peles ou couros. Todavia, em razão de o *iter criminis* ser fracionável, admite-se a tentativa.

d) Competência: Tratando-se de delito transnacional (exportação para o exterior), a competência será da Justiça Federal.

8.3.1.3. Crime do art. 31

Art. 31. Introduzir espécime animal no País, sem parecer técnico oficial favorável e licença expedida por autoridade competente:

Pena – detenção, de três meses a um ano, e multa.

a) Conduta típica: introduzir, que significa fazer entrar ou penetrar.

b) Objeto material: o objeto material deste crime é animal "exótico", no sentido de estrangeiro, não nativo, proveniente ou oriundo de outro país.

c) Elemento subjetivo: o crime é doloso, pressupondo a vontade livre e consciente do agente em introduzir no Brasil espécime animal estrangeiro sem parecer técnico oficial e licença expedida por autoridade competente.

d) Consumação e tentativa: consuma-se com a introdução da espécime animal no país, desde que sem parecer técnico oficial favorável e licença expedida por autoridade competente. Admite-se a tentativa, desde que o último ato de execução seja praticado no estrangeiro, uma vez que, entrando em nossas fronteiras, o crime estará consumado.

8.3.1.4. Crime do art. 32

Art. 32. Praticar ato de abuso, maus-tratos, ferir ou mutilar animais silvestres, domésticos ou domesticados, nativos ou exóticos:

Pena – detenção, de três meses a um ano, e multa.

a) Condutas típicas: praticar (realizar, efetuar); abuso (uso errado, excessivo); maus-tratos (tratar com violência); ferir (provocar ferimentos); mutilar (cortar, decepar membros ou partes do corpo).

b) Objeto material: este crime pode ser praticado contra: animais silvestres (pertencentes à fauna silvestre); animais domésticos (vivem ou são criados em casa – ambiente humano); animais domesticados (animal silvestre que foi amansado – ex.: cavalos, gado etc.).

O crime em análise também pode ser praticado pelo agente que optar por realizar *experiência dolorosa ou cruel em animal vivo, ainda que para fins didáticos ou científicos, quando existirem recursos alternativos* (art. 32, § 1º). Neste caso, não basta o dolo, mas o tipo exige um fim especial de agir, qual seja, para "fins didáticos ou científicos". O tipo, neste caso, somente se perfaz quando, existindo "recursos alternativos" (elemento normativo do tipo), o agente preferir por realizar as experiências dolorosas ou cruéis em animais vivos. E com relação aos animais criados para abate: há crime? Entendemos que não, desde que o processo de morte seja indolor (ex.: gado de corte, galinhas, frangos, perus etc.). Nesse caso, a morte dos animais é socialmente aceita, sendo atípica.

Importante registrar que a **Lei 14.064, publicada no D.O.U. em 30 de setembro de 2020,** incluiu ao crime em comento o §1º-A, que retrata forma qualificada quando se tratar de cão ou gato que tenham sido submetidos a atos de abuso, maus-tratos ou sofrido ferimentos ou mutilações. A pena para as condutas descritas no **caput** deste artigo será de reclusão, de 2 (dois) a 5 (cinco) anos, multa e proibição da guarda.

Ocorrendo a morte do animal, a pena será majorada em um sexto (art. 32, §2º).

O crime em tela será de dano nas modalidades *ferir e mutilar,* sendo de perigo nas modalidades *abuso e maus-tratos.*

8.3.1.5. Crime do art. 33

Art. 33. Provocar, pela emissão de efluentes ou carreamento de materiais, o perecimento de espécimes da fauna aquática existentes em rios, lagos, açudes, lagoas, baías ou águas jurisdicionais brasileiras:

Pena – detenção, de um a três anos, ou multa, ou ambas cumulativamente.

a) Conduta típica: *provocar,* que significa *causar, ocasionar, produzir.* Assim, o agente produz, pela emissão de efluentes (líquidos ou fluidos que emanam de um corpo, processo, dispositivo, equipamento ou instalação), o perecimento (morte) de espécimes aquáticas (ex.: peixes, crustáceos, moluscos, algas etc.).

O parágrafo único, do art. 33, traz, ainda, os seguintes crimes:

1) Causar degradação em viveiros, açudes ou estações de aquicultura de domínio público;

2) Exploração de campos naturais de invertebrados aquáticos e algas, sem licença, permissão ou autorização da autoridade competente;

3) Fundear (ancorar) embarcações ou lançar detritos de qualquer natureza sobre bancos de moluscos ou corais devidamente demarcados em carta náutica.

8.3.1.6. Crime do art. 34

Art. 34. Pescar em período no qual a pesca seja proibida ou em lugares interditados por órgão competente.

Pena – detenção, de um a três anos, ou multa, ou ambas cumulativamente.

a) Conduta típica: *pescar,* que significa retirar peixes da água. Porém, para efeitos da Lei dos Crimes Ambientais, *considera-se pesca todo ato tendente a retirar, extrair, coletar, apanhar, apreender ou capturar espécimes dos grupos dos peixes, crustáceos, moluscos e vegetais hidróbios, suscetíveis ou não de aproveitamento econômico, ressalvadas as espécies ameaçadas de extinção, constantes nas listas oficiais da fauna e da flora (art. 36).*

A pesca comercial, desportiva ou científica é, como regra, permitida (Lei 11.959/2009). O que é vedado é a pesca em período ou local proibidos por autoridade competente, ou, ainda, em certas quantidades ou por métodos considerados muito lesivos ao meio ambiente (IBAMA).

8.3.1.7. Crime do art. 35

Art. 35. Pescar mediante a utilização de:

I – explosivos ou substâncias que, em contato com a água, produzam efeito semelhante;

II – substâncias tóxicas, ou outro meio proibido pela autoridade competente:

Pena – reclusão, de um a cinco anos.

a) Conduta típica: *pescar,* aqui se entendendo a acepção constante do art. 36 da Lei 9.605/1998. Porém, a pesca será considerada criminosa se:

I. forem utilizados explosivos ou substâncias que produzam efeitos análogos aos de uma explosão;

II. substâncias tóxicas (são aquelas capazes de provocar envenenamento ou intoxicação – ex.: venenos e agrotóxicos).

8.3.1.8. Causas especiais de exclusão da ilicitude (art. 37)

Art. 37. Não é crime o abate de animal, quando realizado:

I – em estado de necessidade, para saciar a fome do agente ou de sua família;

II – para proteger lavouras, pomares e rebanhos da ação predatória ou destruidora de animais, desde que legal e expressamente autorizado pela autoridade competente;

III – (Vetado.);

IV – por ser nocivo o animal, desde que assim caracterizado pelo órgão competente.

Esse dispositivo nos traz causas específicas de exclusão da antijuridicidade. Portanto, o abate de animal, quando realizado na forma prevista no tipo penal permissivo em análise, não caracterizará crime ambiental.

8.3.2. Dos crimes contra a flora (arts. 38 a 53)

Doravante, passaremos a tratar dos principais crimes contra a flora.

8.3.2.1. Crime do art. 38

Art. 38. Destruir ou danificar floresta considerada de preservação permanente, mesmo que em formação, ou utilizá-la com infringência das normas de proteção:

Pena – detenção, de um a três anos, ou multa, ou ambas as penas cumulativamente.

a) Conduta típica: se evidencia por três verbos nucleares do tipo, a saber: *destruir* (significa eliminar, por completo, devastar, desintegrar, arruinar totalmente); *danificar* (causar dano ou estrago parcial); *utilizar* (empregar, fazer uso) com infringência das normas de proteção. Aqui, o agente faz uso de floresta de preservação permanente com infração a normas de preservação. Trata-se de norma penal em branco, pois exige complemento, qual seja, exatamente as normas de preservação.

b) Objeto material: "floresta de preservação permanente", ainda que em formação. Entende-se por *floresta* uma formação vegetal geralmente densa, em que predominam as árvores ou espécies lenhosas de grande porte. À época em que editada a Lei 9.605/1998, eram consideradas "florestas" (atualmente denominadas de áreas) de *preservação permanente* todas as florestas e demais formas de vegetação natural relacionadas nos arts. 2º e 3º do "antigo" Código Florestal (Lei 4.771/1965), revogado pela Lei 12.651/2012, que tratou das áreas de preservação permanente (APP´s) nos arts. 4º e 6º.

c) Elemento subjetivo: o crime em tela é doloso. Todavia, nos termos do art. 38, parágrafo único, da lei em testilha, previu-se a possibilidade de o crime ser praticado culposamente, hipótese em que a pena será reduzida pela metade.

8.3.2.2. Crime do art. 39

Art. 39. Cortar árvores em floresta considerada de preservação permanente, sem permissão da autoridade competente:

Pena – detenção, de um a três anos, ou multa, ou ambas as penas cumulativamente.

a) Conduta típica: *cortar*, ou seja, derrubar pelo corte. Embora o tipo penal fale em cortar árvores (no plural), basta o corte de uma só, em floresta (leia-se: área) considerada de preservação permanente, para o crime em tela estar consumado.

b) Objeto material: corresponde às árvores em florestas consideradas de preservação permanente (em verdade, áreas de preservação permanente, assim definidas, atualmente, nos arts. 4º e 6º do "novo" Código Florestal – Lei 12.651/2012).

Árvore é toda planta lenhosa, cujo caule ou tronco, fixado no solo com raízes, é despido na base e carregado de galhos e folhas na parte superior. Para a botânica, somente se considera árvore a planta que tiver altura superior a sete metros. Abaixo disto, estaremos diante de arbustos.

c) Elemento normativo do tipo: consubstanciado na expressão "sem permissão da autoridade competente". Portanto, somente haverá crime se o corte de árvores em APP ocorrer sem permissão da autoridade competente.

8.3.2.3. Crime do art. 41

Art. 41. Provocar incêndio em mata ou floresta:

Pena – reclusão, de dois a quatro anos, e multa.

a) Conduta típica: corresponde ao fato de o agente *provocar incêndio*, ou seja, causar, ocasionar fogo de grandes propor-

ções. Entende-se, aqui, que o fogo deve atingir um grande número de árvores, mas não se exige que o incêndio queime toda a mata ou floresta; deverá atingir proporção relevante (análise do caso concreto – perícia).

b) Objeto material: pode ser a *mata* (formação vegetal constituída por árvores de pequeno e médio portes) ou a *floresta* (formação vegetal geralmente densa, em que predominam as árvores ou espécies lenhosas de grande porte).

c) Elemento subjetivo: o crime em tela é doloso. Todavia, admite-se a modalidade culposa (art. 41, parágrafo único – pena de detenção de seis meses a um ano, e multa), caso em que a tentativa será inadmissível.

8.3.2.4. Crime do art. 42

Art. 42. Fabricar, vender, transportar ou soltar balões que possam provocar incêndios nas florestas e demais formas de vegetação, em áreas urbanas ou qualquer tipo de assentamento humano:

Pena – detenção, de um a três anos, ou multa, ou ambas as penas cumulativamente.

a) Condutas típicas: são quatro: *fabricar* (manufaturar, produzir em fábrica); *vender* (alienar onerosamente); *transportar* (levar de um para outro lugar); *soltar* (deixar sair vagueando pelos ares).

Assim, *fabrica-se*, *vende-se*, *transporta-se* ou *solta-se balão* (invólucro de papel que, aquecido, sobe por força da expansão do ar, tendo fogo em sua base), provocando, com isso, risco potencial de incêndio em florestas e demais formas de vegetação, pouco importando se se trata de área urbana ou rural.

b) Objeto material: florestas e demais formas de vegetação integrantes da flora brasileira.

c) Elemento subjetivo: esse crime apresenta *dolo de perigo*, ou seja, o agente age de forma livre e consciente, não com a finalidade de causar efetivo resultado, mas apenas de colocar em perigo o bem jurídico tutelado pela norma penal incriminadora. Porém, exige-se a provocação de um *perigo concreto*, não bastando que o agente solte um balão. Deve-se demonstrar que, com referida conduta, alguma floresta ou outra forma de vegetação foi exposta a risco de incêndio. Trata-se, pois, de *crime de perigo concreto*.

8.3.2.5. Crime do art. 44

Art. 44. Extrair de florestas de domínio público ou consideradas de preservação permanente, sem prévia autorização, pedra, areia, cal ou qualquer espécie de minerais:

Pena – detenção, de seis meses a um ano, e multa.

a) Conduta típica: corresponde à realização do verbo *extrair*, que significa tirar, retirar, sem prévia autorização (elemento normativo do tipo).

b) Objeto material: florestas de domínio público (são aquelas componentes do patrimônio de um dos entes federativos – União, Estados, Municípios e DF); florestas consideradas de preservação permanente (em verdade, aqui, o objeto material será qualquer área de preservação permanente – APP, assim identificada nos termos dos arts. 4º e 6º do Código Florestal – Lei 12.651/2012); pedra, areia e cal, ou qualquer espécie de minerais (interpretação analógica).

c) Consumação e tentativa: consuma-se o crime com a prática do verbo-núcleo do tipo, vale dizer, no momento em que o agente extrair pedra, areia, cal ou qualquer espécie de minerais, de florestas de domínio público ou de preservação permanente, sem prévia autorização. Por ser crime material, admite-se a tentativa.

8.3.2.6. Crime do art. 49

> **Art. 49.** Destruir, danificar, lesar ou maltratar, por qualquer modo ou meio, plantas de ornamentação de logradouros públicos ou em propriedade privada alheia:
>
> Pena – detenção, de três meses a um ano, ou multa, ou ambas as penas cumulativamente.

a) Condutas típicas: as ações nucleares, adiante analisadas, devem ser perpetradas em *logradouros públicos* (são os bens públicos de uso comum do povo, como, por exemplo, as ruas, praças, jardins) ou mesmo em *propriedades privadas alheias* (são os bens imóveis pertencentes a terceiras pessoas que não o próprio agente delitivo).

As *condutas típicas* são *destruir* (eliminar por completo), *danificar* (causar estrago parcial), *lesar* (mutilar) ou *maltratar* (tratar de maneira inadequada). Assim, cometerá o crime o agente que mutilar uma orquídea!

Neste crime, a conduta típica pode dar-se por *ação ou omissão dolosas*.

b) Objeto material: corresponde às *plantas de ornamentação*, assim consideradas aquelas usadas em áreas internas ou externas, para a simples decoração (ex.: samambaias, azaleias, crisântemos etc.).

c) Elemento subjetivo: o crime sob análise é doloso. Porém, nos termos do art. 49, parágrafo único, admissível a modalidade culposa. Destarte, a destruição, dano, lesão ou "maus tratos" podem decorrer de imprudência, negligência ou imperícia por parte do agente delitivo. Entende-se que, nesse caso, a culpa deve derivar não de uma conduta comissiva (ação), mas sim de uma omissão. Exemplifiquemos: "A", jardineiro, por negligência, deixa de aguar plantar ornamentais de um jardim público, causando a morte das mesmas.

8.3.2.7. Crime do art. 51

> **Art. 51.** Comercializar motosserra ou utilizá-la em florestas e nas demais formas de vegetação, sem licença ou registro da autoridade competente.
>
> Pena – detenção, de três meses a um ano, e multa.

a) Conduta típica: *comercializar* (colocar no mercado), não sendo necessária a venda – crime de perigo; *utilizar* (fazer uso de), exigindo-se a efetiva utilização – crime de dano.

Assim, o agente comercializa ou utiliza motosserra, que é a serra dotada de motor elétrico ou a explosão, servindo para cortar ou serrar madeira. Somente haverá crime se a comercialização ou utilização ocorrer "sem licença ou registro da autoridade competente" (elemento normativo do tipo).

b) Objeto material: floresta e demais formas de vegetação.

Perceba que o legislador não exigiu que se tratem de "florestas de preservação permanente" (APP).

c) Consumação e tentativa: consuma-se o crime com a comercialização de motosserra ou sua simples utilização, sem licença ou registro da autoridade competente. Entende-se admissível a tentativa.

8.3.2.8. Crime do art. 52

> **Art. 52.** Penetrar em Unidades de Conservação conduzindo substâncias ou instrumentos próprios para caça ou para exploração de produtos ou subprodutos florestais, sem licença da autoridade competente.
>
> Pena – detenção, de seis meses a um ano, e multa.

a) Conduta típica: o tipo objetivo perfaz-se com as seguintes condutas: *penetrar* (entrar, adentrar) e *conduzir* (carregar, transportar).

Assim, o agente entra ou transporta, em unidades de conservação, substâncias químicas ou carrega instrumentos adequados para a caça de animais silvestres, ou para a exploração de produto florestal (é todo bem que uma floresta produz) ou subproduto florestal (ex.: lenha), *sem licença da autoridade competente* (trata-se de elemento normativo do tipo).

b) Objeto material: será qualquer Unidade de Conservação (UC), assim consideradas aquelas previstas nos arts. 40, § 1º, e 40-A, § 1º, ambos da Lei 9.605/1998. Portanto, o tipo penal em comento abarca qualquer espécie de UC, vale dizer, as de proteção integral e as de uso sustentável, na forma estabelecida na Lei 9.985/2000 (Lei do SNUC).

8.3.3. Dos crimes contra o ordenamento urbano e o patrimônio cultural (arts. 62 a 65)

Doravante, trataremos de alguns crimes contra o ordenamento urbano e o patrimônio cultural, destacando suas principais características.

8.3.3.1. Crime do art. 62

> **Art. 62.** Destruir, inutilizar ou deteriorar:
>
> I – bem especialmente protegido por lei, ato administrativo ou decisão judicial;
>
> II – arquivo, registro, museu, biblioteca, pinacoteca, instalação científica ou similar protegido por lei, ato administrativo ou decisão judicial;
>
> Pena – reclusão, de um a três anos, e multa.

a) Sujeito ativo: pode ser qualquer pessoa (crime comum), inclusive o proprietário do bem especialmente protegido.

b) Conduta típica: *destruir* (eliminar, arruinar por inteiro, totalmente); *inutilizar* (tornar algo inútil, inadequado aos fins a que se destina); *deteriorar* (é o mesmo que causar danos parciais).

c) Objeto material: são os seguintes:

1. *Bem especialmente protegido por lei, ato administrativo ou decisão judicial*: trata-se de qualquer objeto palpável, corpóreo, que conte com especial proteção legal, infralegal ou mesmo judicial (aqui, não se exige o trânsito em julgado, já que a lei nada disse) – inc. I;

2. *Arquivo*: é o conjunto de documentos;

3. *Registro*: é o livro ou repartição em que se faz o assentamento oficial de certos atos ou dados;

4. *Museu*: é o lugar que tem por escopo "eternizar" obras de arte, bens culturais, históricos, científicos ou técnicos;

5. *Biblioteca*: coleção de livros;

6 *Pinacoteca*: coleção de pinturas;

7. *Instalação científica*: local destinado ao estudo e desenvolvimento de determinada área da ciência;

8. *ou similar protegido por lei, ato administrativo ou decisão judicial*: aqui, o legislador valeu-se da interpretação analógica. Portanto, também configurará crime qualquer conduta lesiva ao patrimônio cultural brasileiro.

d) Objeto jurídico: é a *preservação do meio ambiente cultural* (patrimônio cultural brasileiro). Dispõe o art. 216 da CF/1988 que "*constituem o patrimônio cultural brasileiro os bens de natureza material e imaterial, tomados individualmente ou em conjunto, portadores de referência à identidade, à ação, à memória dos diferentes grupos formadores da sociedade brasileira, nos quais se incluem (...)*". No § 4º, do referido dispositivo, lê-se que "*os danos e ameaças ao patrimônio cultural serão punidos, na forma da lei*".

e) Elemento normativo: o tipo penal em testilha traz alguns *elementos normativos*, quais sejam, "especialmente protegido por lei, ato administrativo ou decisão judicial" e "ou similar protegido por lei, ato administrativo ou decisão judicial". Assim, haverá crime apenas se o agente destruir, deteriorar ou inutilizar, por exemplo, bens ou arquivos protegidos por lei, ato administrativo ou decisão judicial.

f) Elemento subjetivo: de regra, o crime em análise é doloso. Porém, admite-se a modalidade *culposa*, nos termos do art. 62, parágrafo único, da Lei 9.605/1998.

8.3.3.2. Crime do art. 63

> **Art. 63.** Alterar o aspecto ou estrutura de edificação ou local especialmente protegido por lei, ato administrativo ou decisão judicial, em razão de seu valor paisagístico, ecológico, turístico, artístico, histórico, cultural, religioso, arqueológico, etnográfico ou monumental, sem autorização da autoridade competente ou em desacordo com a concedida:
>
> Pena – reclusão, de um a três anos, e multa.

a) Conduta típica: consiste no fato de o agente *alterar*, ou seja, mudar, modificar, dar outra forma ao *aspecto ou estrutura de edificação ou local* protegido por lei, ato administrativo ou decisão judicial, sem autorização da autoridade competente, ou em desacordo com a obtida (elementos normativos do tipo).

Entende-se por *edificação* qualquer construção ou edifício e por *local* um determinado ponto ou lugar, desde que especialmente protegido por lei, ato administrativo ou decisão judicial. Todavia, não bastará isso para que se caracterize o crime em comento. Para a completa tipificação do crime, impõe-se que o edifício ou local alterado pelo agente tenha *valor paisagístico* (refere-se a uma vista, uma beleza natural), *ecológico* (refere-se ao meio ambiente), *turístico* (refere-se ao turismo e a atividade dos turistas de visitarem locais que despertem o interesse), *artístico* (refere-se às belas artes), *histórico* (refere-se a todo objeto de interesse da História), *cultural* (refere-se à cultura, a tudo aquilo que a criatividade humana produz), *arqueológico* (refere-se às antigas civilizações), *etnográfico* (refere-se às atividades de grupos humanos – etnografia) e *monumental* (refere-se a monumentos – obras grandiosas).

Os valores acima referidos são taxativos, não se admitindo interpretação analógica.

8.3.3.3. Crime do art. 64

> **Art. 64.** *Promover construção em solo não edificável, ou no seu entorno, assim considerado em razão de seu valor paisagístico, ecológico, artístico, turístico, histórico, cultural, religioso, arqueológico, etnográfico ou monumental, sem autorização da autoridade competente ou em desacordo com a concedida:*
>
> *Pena – detenção, de seis meses a um ano, e multa.*

a) Conduta típica: é *promover*, ou seja, pôr em prática, executar. Assim, cometerá crime o agente que promover *construção* (toda obra ou elemento material que tenha por objeto a edificação de uma casa, um prédio etc.), pouco importando se a obra for ou não finalizada. Basta a construção dos alicerces para o crime estar consumado. Lembre-se que somente haverá crime se referida construção for empreendida em solo não edificável ou no seu entorno, desde que tenha valor paisagístico, ecológico, artístico, turístico, histórico, cultural, religioso, arqueológico, etnográfico ou monumental, e desde que se o faça "*sem autorização da autoridade competente ou em desacordo com a concedida*" (elementos normativos do tipo).

b) Objeto material: é o *solo não edificável*, vale dizer, a porção de terra em que é vedada qualquer edificação (construção, edifício), bem como em seu *entorno* (região que cerca o solo não edificável).

8.3.3.4. Crime do art. 65

> **Art. 65.** Pichar ou por outro meio conspurcar edificação ou monumento urbano:
>
> Pena – detenção, de 3 (três) meses a 1 (um) ano, e multa.

a) Condutas típicas: são expressas pelos seguintes verbos: *pichar* (é o mesmo que escrever palavras ou desenhos com tinta ou *spray* em paredes, muros ou monumentos urbanos); ou *conspurcar* (é o mesmo que sujar, manchar, por qualquer outro meio – ex.: atirar óleo enegrecido em paredes ou monumentos).

b) Objeto material: *edificação* (toda obra ou atividade de uma construção, ainda que inacabada); *monumento urbano* (uma obra grandiosa, que tenha por finalidade imortalizar a memória de uma pessoa ou fato relevante, em uma cidade).

Incorrerá na forma qualificada do crime em tela o agente que praticar qualquer das condutas típicas em monumento ou coisa tombada em virtude do seu valor artístico, arqueológico ou histórico, cominando-se a pena é de 6 (seis) meses a 1 (um) ano de detenção e multa (art. 65, § 1º).

Nos termos do § 2º do tipo penal em comento, não constitui crime a prática de grafite realizada com o objetivo de valorizar o patrimônio público ou privado mediante manifestação artística, desde que consentida pelo proprietário e, quando couber, pelo locatário ou arrendatário do bem privado e, no caso de bem público, com a autorização do órgão competente e a observância das posturas municipais e das normas editadas pelos órgãos governamentais responsáveis pela preservação e conservação do patrimônio histórico e artístico nacional.

Portanto, as "grafitagens", que são tão comuns nos centros urbanos, constituirão crime ambiental se inexistir consentimento do proprietário, locatário ou arrendatário, quando se tratar de bem privado, ou da autoridade competente, em se tratando de patrimônio público.

8.4. Da aplicação da pena nos crimes ambientais

O art. 6º da Lei dos Crimes Ambientais preconiza que, para imposição e gradação da penalidade, a autoridade competente observará:

I. a gravidade do fato, tendo em vista os motivos da infração e suas consequências para a saúde pública e para o meio ambiente;

II. os antecedentes do infrator quanto ao cumprimento da legislação de interesse ambiental;

III. a situação econômica do infrator, no caso de multa.

8.5. Penas restritivas de direitos

Conforme determina o art. 7º da Lei 9.605/1998, as penas restritivas de direitos são autônomas e substituem as privativas de liberdade quando:

I. tratar-se de crime culposo ou for aplicada a pena privativa de liberdade inferior a quatro anos;

II. a culpabilidade, os antecedentes, a conduta social e a personalidade do condenado, bem como os motivos e as circunstâncias do crime indicarem que a substituição seja suficiente para efeitos de reprovação e prevenção do crime.

Adverte o parágrafo único, do precitado dispositivo legal, que as penas restritivas de direitos a que se refere esse artigo terão a mesma duração da pena privativa de liberdade substituída.

8.5.1. Espécies de penas restritivas de direitos

A Lei dos Crimes Ambientais prevê cinco espécies de penas restritivas de direitos, a saber (art. 8º):

I. *prestação de serviços à comunidade*: nos termos do art. 9º, consistirá na atribuição ao condenado de tarefas gratuitas junto a parques e jardins públicos e unidades de conservação, e, no caso de dano da coisa particular, pública ou tombada, na restauração desta, se possível.

II. *interdição temporária de direitos*: conforme determina o art. 10, são a proibição de o condenado contratar com o Poder Público, de receber incentivos fiscais ou quaisquer outros benefícios, bem como de participar de licitações, pelo prazo de cinco anos, no caso de crimes dolosos, e de três anos, no de crimes culposos.

III. *suspensão parcial ou total de atividades*: somente será aplicada quando estas não estiverem obedecendo às prescrições legais (art. 11);

IV. *prestação pecuniária*: consiste no pagamento em dinheiro à vítima ou à entidade pública ou privada com fim social, de importância, fixada pelo juiz, não inferior a um salário mínimo nem superior a trezentos e sessenta salários mínimos. O valor pago será deduzido do montante de eventual reparação civil a que for condenado o infrator (art. 12);

V. *recolhimento domiciliar*: baseia-se na autodisciplina e senso de responsabilidade do condenado, que deverá, sem vigilância, trabalhar, frequentar curso ou exercer atividade autorizada, permanecendo recolhido nos dias e horários de folga em residência ou em qualquer local destinado a sua moradia habitual, conforme estabelecido na sentença condenatória (art. 13).

8.5.2. Penas aplicáveis às pessoas jurídicas

Nos termos do art. 21 da Lei 9.605/1998, as penas aplicáveis isolada, cumulativa ou alternativamente às pessoas jurídicas, de acordo com o disposto no art. 3º, são:

I. multa;

II. restritivas de direitos;

III. prestação de serviços à comunidade.

Nos termos do art. 18 da lei sob análise, a *multa* será calculada segundo os critérios do Código Penal; se revelar-se ineficaz, ainda que aplicada no valor máximo, poderá ser aumentada até três vezes, tendo em vista o valor da vantagem econômica auferida.

Se admitida a responsabilização penal das pessoas jurídicas por crimes ambientais, aceita majoritariamente pela jurisprudência atual, impor-se-ão as seguintes *penas restritivas de direitos* (art. 22):

I. *suspensão parcial ou total de atividades*: art. 22, § 1º – será aplicada quando estas não estiverem obedecendo às disposições legais ou regulamentares, relativas à proteção do meio ambiente.

II. *interdição temporária de estabelecimento, obra ou atividade*: art. 22, § 2º – será aplicada quando o estabelecimento, obra ou atividade estiver funcionando sem a devida autorização, ou em desacordo com a concedida, ou com violação de disposição legal ou regulamentar;

III. proibição de contratar com o Poder Público, bem como dele obter subsídios, subvenções ou doações: art. 22, § 3º – não poderá exceder o prazo de dez anos.

A prestação de serviços à comunidade imposta às pessoas jurídicas consistirá em (art. 23):

I. custeio de programas e de projetos ambientais;

II. execução de obras de recuperação de áreas degradadas;

III. manutenção de espaços públicos;

IV. contribuições a entidades ambientais ou culturais públicas.

Finalmente, se a pessoa jurídica constituída ou utilizada, preponderantemente, com o fim de permitir, facilitar ou ocultar a prática de crime definido nesta Lei terá decretada sua liquidação forçada, seu patrimônio será considerado instrumento do crime e como tal perdido em favor do Fundo Penitenciário Nacional (art. 24).

8.5.3. Circunstâncias atenuantes e agravantes dos crimes ambientais (arts. 14 e 15)

Nos termos do art. 14 da Lei 9.605/1998, são circunstâncias que atenuam a pena:

I. baixo grau de instrução ou escolaridade do agente;

II. arrependimento do infrator, manifestado pela espontânea reparação do dano, ou limitação significativa da degradação ambiental causada;

III. comunicação prévia pelo agente do perigo iminente de degradação ambiental;

IV. colaboração com os agentes encarregados da vigilância e do controle ambiental.

Já o art. 15, do mesmo diploma legal, elenca as circunstâncias que agravam a pena, quando não constituem ou qualificam o crime:

I. reincidência nos crimes de natureza ambiental;

II. ter o agente cometido a infração:

a) para obter vantagem pecuniária;

b) coagindo outrem para a execução material da infração;

c) afetando ou expondo a perigo, de maneira grave, a saúde pública ou o meio ambiente;

d) concorrendo para danos à propriedade alheia;

e) atingindo áreas de unidades de conservação ou áreas sujeitas, por ato do Poder Público, a regime especial de uso;

f) atingindo áreas urbanas ou quaisquer assentamentos humanos;

g) em período de defeso à fauna;

h) em domingos ou feriados;

i) à noite;

j) em épocas de seca ou inundações;

l) no interior do espaço territorial especialmente protegido;

m) com o emprego de métodos cruéis para abate ou captura de animais;

n) mediante fraude ou abuso de confiança;

o) mediante abuso do direito de licença, permissão ou autorização ambiental;

p) no interesse de pessoa jurídica mantida, total ou parcialmente, por verbas públicas ou beneficiada por incentivos fiscais;

q) atingindo espécies ameaçadas, listadas em relatórios oficiais das autoridades competentes;

r) facilitada por funcionário público no exercício de suas funções.

8.5.4. O sursis na Lei dos Crimes Ambientais

A suspensão condicional da pena (*sursis*) recebeu tratamento com algumas peculiaridades na Lei 9.605/1998. Confira-se:

> **Art. 16.** Nos crimes previstos nesta Lei, a suspensão condicional da pena pode ser aplicada nos casos de condenação a pena privativa de liberdade não superior a três anos.

Lembre-se que no CP, o *sursis*, como regra, será cabível quando a pena privativa de liberdade for não superior a 2 (dois) anos, nos termos de seu art. 77, *caput*.

A verificação da reparação a que se refere o § 2º do art. 78 do CP (condição para o *sursis* especial) será feita mediante *laudo de reparação do dano ambiental*, e as condições a serem impostas pelo juiz deverão relacionar-se com a proteção ao meio ambiente (art. 17 da Lei 9.605/1998).

8.5.5. Da ação e do processo penal na Lei dos Crimes Ambientais (arts. 26 a 28)

Nos termos do art. 26 da Lei 9.605/1998, todos os crimes ambientais são de *ação penal pública incondicionada*.

Nos crimes ambientais de menor potencial ofensivo, a proposta de aplicação imediata de pena restritiva de direitos ou multa, prevista no art. 76 da Lei 9.099, de 26.09.1995 (transação penal), somente poderá ser formulada desde que tenha havido a prévia composição do dano ambiental, de que trata o art. 74 da mesma lei, salvo em caso de comprovada impossibilidade (art. 27).

Finalmente, de acordo com o art. 28, as disposições do art. 89 da Lei 9.099, de 26.09.1995, aplicam-se aos crimes de menor potencial ofensivo definidos nesta Lei (leia-se: na Lei dos Crimes Ambientais), com as seguintes modificações:

I. a declaração de extinção de punibilidade, de que trata o § 5º do artigo referido no *caput*, dependerá de laudo de constatação de reparação do dano ambiental, ressalvada a impossibilidade prevista no inciso I do § 1º do mesmo artigo;

II. na hipótese de o laudo de constatação comprovar não ter sido completa a reparação, o prazo de suspensão do processo será prorrogado, até o período máximo previsto no artigo referido no *caput*, acrescido de mais um ano, com suspensão do prazo da prescrição;

III. no período de prorrogação, não se aplicarão as condições dos incisos II, III e IV do § 1º do artigo mencionado no *caput*;

IV. findo o prazo de prorrogação, proceder-se-á à lavratura de novo laudo de constatação de reparação do dano ambiental, podendo, conforme seu resultado, ser novamente prorrogado o período de suspensão, até o máximo previsto no inciso II deste artigo, observado o disposto no inciso III;

V. esgotado o prazo máximo de prorrogação, a declaração de extinção de punibilidade dependerá de laudo de constatação que comprove ter o acusado tomado as providências necessárias à reparação integral do dano.

6. Processo Penal

Márcio Rodrigues e Fernando Leal Neto

1. SISTEMAS (OU TIPOS) PROCESSUAIS PENAIS

Ao longo da história, o Estado, para impor o seu direito de punir, utilizou-se de diferentes sistemas processuais penais, *que continham ora mais ora menos garantias em prol do indivíduo*. Nesse sentido, costume-se apontar três espécies de sistemas (tipos históricos/ideais) processuais penais: acusatório, inquisitivo e misto.

1.1. Sistema acusatório

Tem como uma de suas principais características o fato de as *funções de acusar, julgar e defender estarem acometidas a órgãos distintos*. Além disso, essa espécie de sistema processual *contempla a ampla defesa, o contraditório, a presunção de inocência, a oralidade e a publicidade dos atos processuais, o tratamento isonômico das partes, a imparcialidade do julgador e a incumbência do ônus da prova às partes (e não ao juiz)*. Ademais, no *tipo de processo penal acusatório* o sistema de *apreciação das provas* é o do *livre convencimento motivado* (ou *persuasão racional do juiz*), *i. e.*, o magistrado é *livre* para julgar a causa, mas deverá fazê-lo de forma *fundamentada*. Há, por fim, *liberdade de prova*, ou seja, em regra, admitem-se todos os meios de prova, inexistindo um valor previamente fixado para cada uma delas. Inexiste, assim, hierarquia, *a priori*, entre as provas – todas têm, a princípio, o mesmo valor; sendo todas potencialmente capazes de influenciar, de igual modo, o convencimento do magistrado.

1.2. Sistema inquisitivo (ou inquisitório)

De forma antitética ao acusatório, uma das características mais marcantes do sistema inquisitivo é a de *concentrar num mesmo órgão as funções de acusar, julgar e defender*. Ou seja, o órgão que acusa será o mesmo que, posteriormente, defenderá e julgará o indivíduo. Além disso, é *marcado por um processo escrito e sigiloso, pela inexistência de contraditório e ampla defesa, pela produção probatória realizada pelo próprio juiz-inquisidor* (e não pelas partes). Nesse sistema, o réu, na realidade, não é tratado como um *sujeito de direitos*, mas como um verdadeiro *objeto* da persecução penal. No que tange ao sistema de *apreciação das provas*, vigora a *íntima convicção* do julgador (leia-se: a fundamentação da decisão é desnecessária). Assim, o magistrado decide pautado num convencimento íntimo, sem oferecer quaisquer porquês, quaisquer razões para tanto. Por fim, no sistema inquisitivo, cada prova tem *valor previamente fixado* (chamado de *sistema da prova tarifada ou legal*), sendo que a *confissão* do acusado costuma ser considerada a *rainha das provas* (*i. e.*, prova máxima da culpabilidade do réu). Há, portanto, hierarquia entre as provas – cada uma delas possui seu valor previamente fixado pelo legislador.

1.3. Sistema misto (ou acusatório formal)

Configura uma tentativa de *reunião dos dois sistemas anteriores*. Marcado por uma *instrução preliminar* (sigilosa, escrita e conduzida por um juiz que produz provas) e por uma *fase judicial* em que se assegura o contraditório, a ampla defesa, a publicidade etc.

Qual o sistema processual penal brasileiro? Apesar da polêmica que o tema encerra, *predomina* no âmbito da doutrina e jurisprudência (STF, ADI 5104MC/DF, *DJe* 30.10.2014 e STF, ADI 4693MC/BA, DJe 07.11.2017 *v. g.*) que, tendo em vista os seguintes dispositivos constitucionais – arts. 129, I, 93, IX, 5º, XXXVII, LIII, LIV, LV, LVII – o Brasil teria adotado o **sistema acusatório**. Diversos informativos jurisprudenciais do STJ acolhem tal posicionamento, vide: Inf. 577, 5ª e 6ª Turmas, do período de 20.02.2016 a 02.03.2016, Inf. 565, da Corte Especial, do período de 01.07.2015 a 07.08.2015 e Inf. 558, de 19.03.2015 a 06.04.2016, da Corte Especial. Vale lembrar que, no Brasil, as funções de acusar, defender e julgar são desempenhadas por órgãos distintos e independentes entre si (Ministério Público; Defensoria ou Advogado; e Magistratura), haja vista que o sistema ora em comento impõe a separação orgânica das funções concernentes à persecução penal, vide entendimento esposado pela 2ª Turma do STF no HC 115015/SP, DJ 12/09/2013. Porém, como diz Rangel (2008, p. 54), o sistema acusatório brasileiro *não é "puro"* (vide também STJ, HC 196421/SP, *DJe* 26.02.2014). Isto porque há diversas passagens em nosso ordenamento jurídico que representam verdadeiros resquícios de sistema inquisitivo, como, por exemplo, as que tratam da produção probatória *de ofício* pelo magistrado (art. 156, CPP, *v. g.*). Ademais, para além de questões teóricas, é possível vislumbrar flagrante *autoritarismo* em diversas *práticas* "reais" do processo penal brasileiro, o que, também, inegavelmente, reforça a ideia de um sistema acusatório *impuro*. Por outro lado, a criação do juiz das garantias pelo chamado "Pacote Anticrime" (L. 13.964/2019) trouxe um reforço ao sistema acusatório brasileiro. Isso porque a criação desse juiz busca, dentre outras, evitar a contaminação do juiz da instrução pela fase investigativa (fase esta que costuma produzir material sem o crivo do contraditório e da ampla defesa). Era esse o sentido da seguinte passagem: "Os autos que compõem as matérias de competência do juiz das garantias ficarão acautelados na secretaria desse juízo, à disposição do Ministério Público e da defesa, e não serão apensados aos autos do processo enviados ao juiz da instrução e julgamento, ressalvados os documentos relativos às provas irrepetíveis, medidas de obtenção de provas ou de antecipação de provas, que deverão ser remetidos para apensamento em apartado." (§ 3º, art. 3-C, CPP). O STF, contudo, alterou o referido dispositivo, declarando a inconstitucionalidade com redução de texto e impondo uma série de alterações ao instituto, lamentavelmente mantendo nuances do sistema inquisitivo na atuação do 'juiz das garantias'. Voltaremos a tratar do juiz das garantias mais adiante.

2. PRINCÍPIOS CONSTITUCIONAIS E PROCESSUAIS PENAIS

2.1. Devido processo legal

Oriundo do direito anglo-americano (*due processo of law*), o princípio do devido processo legal vem expressamente previsto no art. 5º, LIV, CF com os seguintes dizeres: *"ninguém será privado da liberdade ou de seus bens sem o devido processo legal"*. Perceba, desde já, o leitor que esse princípio deve ser encarado como uma espécie de fonte a partir da qual emanam diversas garantias e princípios processuais fundamentais. Assim, dizer que *ninguém será privado da liberdade ou de seus bens sem o devido processo legal* significa, em última análise, afirmar a necessidade de um processo prévio, informado pelo contraditório; ampla defesa; juiz natural; motivação das decisões; publicidade; presunção de inocência; direito de audiência; direito de presença do réu; e duração razoável do processo (BADARÓ, 2008, p. 36). Assim, pode-se afirmar que o Estado, para poder fazer valer o seu *jus puniendi*, deve rigorosamente respeitar *as regras do jogo* – compreendendo-se por esta expressão não apenas o respeito a aspectos procedimentais, mas também a todas as garantias e direitos expostos anteriormente. Por fim, é necessário notar que, em suma, busca-se com o *due process of law* assegurar ao acusado um processo penal efetivamente justo e equilibrado.

2.2. Presunção de inocência (estado de inocência ou não culpabilidade)

Expressamente previsto no art. 5º, LVII, CF, que diz: *"ninguém será considerado culpado até o trânsito em julgado de sentença penal condenatória[1]"*, esse princípio estabelece uma presunção de inocência (*jurídica* e *relativa*) do acusado que só cede diante de um decreto condenatório definitivo.

Mas não é só, pois o princípio do estado de inocência tem grande impacto em, pelo menos, mais dois campos: no **ônus da prova** e na **prisão provisória** (cautelar ou processual). Vejamos.

No campo do **ônus da prova**, o referido princípio faz recair sobre a acusação o ônus de provar a culpa *lato sensu* do acusado. Trata-se, inclusive, de comando presente no CPP (*vide* art. 156, primeira parte). Desse modo, não cabe ao réu demonstrar a sua inocência (até porque goza do direito de permanecer calado – art. 5º, LXIII, CF), mas sim à acusação comprovar a culpa daquele. Caso a acusação não se desincumba desse ônus, *i.e.*, não logre êxito em provar cabalmente a culpa do réu, deverá ser aplicada a regra pragmática de julgamento do *in dubio pro reo*, absolvendo-se, por conseguinte, o acusado.

Ainda sobre o assunto, note o leitor que *prevalece* na comunidade jurídica o entendimento de que o ônus da prova se *reparte* entre a acusação e a defesa. À primeira (a acusação) incumbe provar a existência do fato e sua respectiva autoria, a tipicidade da conduta, o elemento subjetivo da infração (dolo ou culpa), bem como eventuais agravantes, causas de aumento e/ou qualificadoras alegadas. A defesa, por sua vez, tem o ônus de provar eventuais alegações que faça sobre excludentes de tipicidade, ilicitude e/ou culpabilidade, circunstâncias atenuantes e/ou causas de diminuição da pena.[2]

No campo da **prisão provisória**, o princípio do estado de inocência também desempenha um papel decisivo. Desde logo, advirta-se que o instituto da prisão provisória *não é incompatível* com o princípio do estado de inocência. Posto de outra forma: o princípio em questão não é absoluto. Atente-se que a própria Constituição previu a possibilidade de prisão provisória, por exemplo, no art. 5º, LXI – além do que, há na Magna Carta o princípio da segurança pública, que também torna possível falar em prisão decretada *antes do trânsito em julgado*.

Se não são incompatíveis, então como harmonizar esses institutos aparentemente antagônicos (prisão provisória e estado de inocência)? Na realidade, o princípio da presunção de inocência força-nos a assumir uma posição *contrária à banalização* da prisão provisória. Explica-se melhor. O referido princípio, ao propor que *"ninguém será considerado culpado até o trânsito em julgado de sentença penal condenatória"*, força-nos a encarar a prisão provisória como medida *extrema*, *excepcional*. É dizer: só se prende alguém antes do trânsito em julgado se for absolutamente necessário. Esse princípio institui entre nós a **regra da liberdade**, leia-se: *em regra, o indivíduo deve ser conservado em liberdade, apenas se "abusar" desta (liberdade) poderá vir a ser encarcerado*. Essa ideia foi reforçada pela Lei 12.403/2011 que, em diversas passagens, estabelece a prisão provisória como *ultima ratio – entendimento também firmado pelo* STF, no HC 127186/PR, Info 783 bem como no Inq. 3842, Ag. Reg. no segundo Ag. Reg. no Inquérito, DJ, 17.03.2015. Ademais, não é outro o entendimento do STJ, vide HC 353.167/SP, 6ª Turma, DJ 21.06.2016 e HC 330.283/PR, 5ª Turma, DJ 10.12.2015. Veremos o tema de forma mais detalhada oportunamente.

Nessa senda, uma pergunta pode aflorar na mente do leitor. Dissemos anteriormente que só se prende alguém antes do trânsito em julgado se for absolutamente necessário. Mas, como saberei quando é necessária a prisão de alguém? A resposta está na prisão preventiva. Colocado de outra forma: a comunidade jurídica elegeu a prisão preventiva (arts. 311 e ss., CPP) como pedra de toque para a demonstração de necessidade de prisão provisória (TOURINHO FILHO, 2010). A escolha não se deu ao acaso, pois é a preventiva que possui, dentre as demais modalidades de prisão, os requisitos mais rígidos para a sua decretação. Assim, para que alguém seja (ou permaneça) preso durante a persecução penal, é fundamental que os requisitos da preventiva estejam presentes, sob pena de ilegalidade da medida e, concomitantemente, de violação ao estado de inocência.

Diante do que foi dito no parágrafo anterior, pode-se afirmar que não há no Brasil qualquer modalidade de *prisão automática*. Ou seja: a) inexiste prisão (automática) decorrente de sentença condenatória recorrível ou decorrente de decisão de pronúncia; b) não se pode condicionar a interposição de recurso defensivo à prisão do réu (nem mesmo em sede de RE e RESP); c) não vale a "regra" de que aquele que ficou preso durante a instrução deverá ser conservado nesta condição no momento da sentença condenatória recorrível (consoante § 1º, art. 387, CPP e STJ, 5ª Turma, HC 271757/SP, DJ 25.06.2015). Em suma: ou os requisitos da preventiva se mostram concretamente presentes (devendo o juiz expô-los *fundamentadamente* em uma decisão) ou, do contrário, o réu, por imperativo constitucional (estado de inocência), deverá ser conservado em liberdade (regra da liberdade), ainda que

---

1. Sobre esta questão, o STF mudou, mais uma vez, a orientação jurisprudencial, declarando a constitucionalidade do art. 283, CPP, e fazendo prevalecer também a própria literalidade da CF/1988 (art. 5º, LVII). Por maioria, os Ministros entenderam pelo não cabimento da execução provisória da pena. Assim, a execução penal terá início após o trânsito em julgado de sentença penal condenatória. Nesse sentido, ver ADC's 43, 44 e 54. Informativo 958/STF, de 28 de outubro a 8 de novembro de 2019.

2. O pensamento, com a devida licença, é deveras equivocado. Sendo o crime um todo indivisível (fato típico, ilícito e culpável) é imperioso que a acusação prove cabalmente esse todo indivisível para que possa, assim, ver atendida a sua pretensão punitiva. Pensando dessa maneira estão, por exemplo: Afrânio Silva Jardim, Luiz Flávio Gomes, dentre outros.

esta liberdade se dê com algumas restrições (medidas cautelares pessoais substitutivas da prisão – conforme dispõem as Leis 12.403/2011 e 13.964/2019, a serem examinadas em ocasião oportuna).

Uma consideração derradeira: na fixação da pena-base e do regime prisional, os tribunais superiores[3] entendem que há ofensa ao estado de inocência considerar *maus antecedentes* os eventuais registros criminais do acusado (processos em andamento, por exemplo)[4]. Tais registros não podem, pois, ser valorados para aumentar a pena-base ou para exasperar o regime de cumprimento da pena. Ademais, aduziu o STJ a possibilidade de desconsideração das condenações anteriores para fins de maus antecedentes em hipóteses específicas da Lei 11.343/2006 (Lei de Drogas), vide Informativo nº 580, 02 a 13/04/2016, 6ª Turma. Ver também: Súmula 444 do STJ. Entretanto, há de se pontuar o entendimento do STJ no que se refere à possibilidade de utilização de inquéritos policiais e ações penais em curso para afastar o benefício do tráfico privilegiado previsto no art. 33, § 4º da Lei 11.343/2006 (STJ, EREsp 1431091/SP, DJ 14.12.2016), por possibilitar a formação da convicção de que o réu se dedica a atividades criminosas.

Por fim, consulte-se a recente Súmula 636/STJ, que enuncia que "a folha de antecedentes criminais é documento suficiente a comprovar os maus antecedentes e a reincidência".

Atenção: O STF, no julgamento dos HC's 94620 e 94680, indicou possível mudança de orientação quanto à consideração de registros criminais como maus antecedentes. A sessão do Pleno gerou confusão quanto ao resultado, motivo pelo qual a Suprema Corte apreciará o tema novamente, em breve.[5]

2.3. Inexigibilidade de autoincriminação e direito ao silêncio

No Processo Penal, o indivíduo goza do *direito de não se autoincriminar*. O reconhecimento deste direito decorre de uma *interpretação extensiva* dada pela comunidade jurídica brasileira à primeira parte do inciso LXIII, do art. 5º, CF, que diz: *"o preso será informado de seus direitos, entre os quais o de permanecer calado"*. Tal dispositivo consagra entre nós o *direito ao silêncio*, que significa que *toda a vez que a fala do indivíduo (preso ou solto) puder incriminá-lo, este poderá conservar-se em silêncio, sem que se possa extrair qualquer consequência jurídica negativa dessa conduta*. Isto é assim porque, sendo o silêncio um *direito* do indivíduo, aquele que o exercita, sob pena de total contrassenso, não poderá sofrer qualquer tipo de prejuízo jurídico.

Nesse sentido, o STJ firmou entendimento de que a informação do direito de permanecer calado, uma vez fornecido

de forma irregular, será causa de nulidade relativa, desde que haja a comprovação de prejuízo (STJ, RHC 67.730/PE, DJe 04.05.2016).

Dois momentos bastante comuns de incidência do direito ao silêncio são o ato do interrogatório do acusado (art. 185 e ss., CPP) e a oitiva do indiciado pelo delegado de polícia (art. 6º, V, CPP) – embora, note-se bem, o direito ao silêncio não se limite a esses dois momentos. Costuma-se afirmar que o direito ao silêncio incide em sua plenitude durante o chamado "interrogatório de mérito" (momento em que o juiz indaga o réu sobre a veracidade da acusação que recai sobre a sua pessoa. Confira-se o art. 187, *caput*, e seu § 1º, CPP). Com efeito, a doutrina majoritária costuma rechaçar a existência do direito ao silêncio no ato de qualificação do acusado, ato que precede o chamado "interrogatório de mérito". Assim, de acordo com a majoritária doutrina, quando indagado sobre a sua qualificação (nome, estado civil, endereço etc.) não pode o réu permanecer em silêncio. Não haveria aqui um "direito ao silêncio". Segundo os autores, caso permaneça em silêncio durante a sua qualificação, o réu poderá vir a responder pela contravenção penal prevista no art. 68 da Lei das Contravenções Penais (DL 3.688/1941), que diz: "Recusar à autoridade, quando por esta, justificadamente solicitados ou exigidos, dados ou indicações concernentes à própria identidade, estado, profissão, domicílio e residência". Ver também: decisões do STF nos ARE 870572 AgR, 1ª Turma, DJ 06.08.2015 e RE 640139 RG/DF, DJ 14.10.2011.

Por outro lado, vale notar que a comunidade jurídica não parou por aí (direito ao silêncio), pois, partindo do art. 5º, LXIII, CF, reconheceu que, na realidade, o direito ao silêncio seria apenas um aspecto (uma das facetas) de um direito muito mais abrangente: o da não autoincriminação. Por este direito (não autoincriminação), assegura-se ao sujeito o poder de negar-se a *colaborar* com qualquer tipo de produção probatória que dele dependa, sem que qualquer prejuízo possa ser extraído dessa inércia (*nemo tenetur se detegere*). Consequentemente, o indivíduo pode se negar a participar da reprodução simulada do crime (reconstituição do delito), como também se recusar a realizar qualquer exame cuja realização dependa do seu próprio corpo (bafômetro, grafotécnico, DNA, sangue etc. – as chamadas provas *invasivas*)[6].

O STF, em recente julgado, declarou a nulidade de "entrevista" realizada pela autoridade policial com o investigado, durante a busca e apreensão em sua residência, sem que tenha sido oportunizada a consulta prévia ao seu advogado e sem que tenha sido comunicado sobre o seu direito de permanecer em silêncio e não produzir provas contra si mesmo. Na opinião dos ministros, tratou-se de um "interrogatório travestido de entrevista", com violação do direito ao silêncio e não autoincriminação (Informativo 944/STF, de 10 a 14 de junho de 2019). No mesmo sentido, o Supremo fixou o entendimento de que a CF impõe ao Estado a obrigação de informar ao preso seu direito ao silêncio não apenas no interrogatório formal, mas também no momento da abordagem, quando recebe voz de prisão pelo policial. Desse modo, seria inválida a confissão obtida no momento da prisão em flagrante sem que fosse observado o direito ao silêncio (Informativo 1016/STF, de 14 de maio de 2021).

---

3. STF, Pleno, Julgamento do mérito da repercussão geral no RE 591054, DJ 26.02.2015 e HC 104266/RJ, DJ 26.05.2015 e STJ, HC 234.438/PR, 5ª Turma, DJ, 24.08.2016, HC 335.937/AC, 6ª Turma, DJ 29.06.2016 e HC 289895/SP, DJe 01.06.2015.

4. Necessário se faz ressaltar que o princípio da presunção de inocência não possui caráter absoluto, havendo hipóteses, aceitas pela jurisprudência, de abrandamento do referido princípio, a exemplo do posicionamento do STJ no sentido de que inquéritos e ações penais em curso poderiam demonstrar o risco de reiteração da conduta, de modo a fundamentar a decretação de prisão preventiva para garantia da ordem pública (STJ, RHC 70698/MG, *DJe* 01.08.2016).

5. Disponível em: [http://jota.info/stf-muda-e-decide-que-inqueritos--em-curso-podem-ser-considerados-maus-antecedentes].

6. STF, HC 111567 AgR, 2ª Turma, DJ 30/10/2014 e HC 99289/RS, DJ 04.0.2011. STJ, AgRg no REsp 1497542/PB, 1ª Turma, DJ 24.02.2016.

Assim, pelo que vimos, numa eventual sentença, o juiz jamais poderá valorar negativamente a inércia do acusado, usando fórmulas como: "quem cala consente", "quem não deve, não teme" etc.

2.4. Contraditório (bilateralidade da audiência ou bilateralidade dos atos processuais)

Expresso na CF (art. 5º, LV), consiste esse princípio no binômio: *ciência + participação*, ou seja, trata-se do *direito que possuem as partes de serem cientificadas sobre os atos processuais (ciência), como também do direito que possuem de se manifestar, de interagir (participação) sobre esses mesmos atos.* Um exemplo: finda a instrução processual, o juiz profere sentença sobre o caso. Nesta hipótese, as partes serão cientificadas (intimadas) dessa decisão (ciência), bem como poderão participar recorrendo do *decisium* (participação).[7] Com efeito, entende-se que essa dialética das partes torna o julgamento do acusado mais justo.

Contraditório diferido, retardado ou postergado: em certos casos, diante do *perigo de perecimento* de determinada prova considerada relevante, deve-se produzi-la de plano, *relegando-se o contraditório para um momento posterior* (daí o nome *postergado*). Exemplo: perícia sobre lesão corporal. Não fosse o exame realizado imediatamente, os vestígios, a depender da lesão, poderiam terminar desaparecendo e comprometer a materialidade delitiva (art. 158, CPP). Nesse caso, realiza-se o exame e, em momento posterior (no curso do processo), assegura-se o contraditório às partes, podendo estas se manifestar sobre a perícia anteriormente realizada.

Por outro lado, há casos em que o contraditório pode ser antecipado. Isto ocorre também por conta da possibilidade de *perecimento da prova.* Ex.: testemunha em estado terminal de saúde que presenciou o crime. Procede-se então à *produção antecipada de prova* (art. 225, CPP), assegurando-se, *antecipadamente,* o contraditório às "partes".[8] Sobre este ponto consultar a parte final do art. 155, CPP.

2.5. Ampla defesa

Assim como o contraditório, a ampla defesa está igualmente prevista no art. 5º, LV, CF. Significa *que o réu tem o direito de defender-se de uma acusação da forma mais ampla possível, podendo empregar todos os recursos cabíveis para o cumprimento desta finalidade.* No processo penal, a defesa só é ampla quando presentes os seus dois aspectos: autodefesa e defesa técnica.

A **autodefesa** *é facultativa,* realizando-a, portanto, o acusado se assim entender conveniente. Isto é assim – facultatividade da autodefesa – por conta do *direito ao silêncio* que possui o réu. Como este tem o direito de permanecer calado, por óbvio, só exerce a sua própria defesa se assim o desejar.[9]

A sua manifestação dar-se-á sob formas diversas, como o direito de audiência, o direito de presença ou o direito de postular pessoalmente. Exemplo do direito de audiência, momento dos mais marcantes, ocorre durante o interrogatório (art. 185, CPP). O direito de presença está materializado na possibilidade de comparecimento do acusado a todos os atos instrutórios. Por óbvio, não estamos falando em direito absoluto, uma vez que a presença do réu pode ser evitada em determinadas hipóteses, voluntariamente ou por ordem judicial, realizando o ato por videoconferência ou determinando a sua retirada. Por fim, o reconhecimento da capacidade postulatória do réu acontece de forma ampla, como a possibilidade de interposição de recursos (art. 577, *caput,* CPP), a impetração de *habeas corpus* (art. 654, *caput,* CPP) ou a propositura de ação de revisão criminal (art. 623, *caput,* CPP).

Já a **defesa técnica** *é absolutamente indispensável.* O réu deve, obrigatoriamente, contar com profissional habilitado atuando em juízo na defesa de seus interesses (seja ele defensor dativo, público ou constituído) – *vide* art. 261, CPP. Note o leitor que se o acusado for advogado regularmente inscrito nos quadros da OAB, poderá, se quiser, promover a sua própria defesa técnica.

Consulte-se, por fim, a Súmula 523, STF, que diz: "no processo penal, a falta da defesa constitui nulidade absoluta, mas a sua deficiência só o anulará se houver prova de prejuízo para o réu".[10]

2.6. Verdade real (material ou substancial)

Tradicionalmente, diz-se que o citado princípio impõe *certa postura* do juiz diante do processo penal. É que, conforme sustentam alguns, dada a indisponibilidade do bem jurídico tratado pelo processo penal (liberdade ambulatorial), o magistrado deve se esforçar ao máximo em desvendar o que realmente ocorreu – e não apenas se contentar com as provas eventualmente colacionadas pelas partes. Desse modo, diante de eventual inércia das partes, deve o juiz produzir provas a fim de esclarecer a verdade dos fatos.

Ademais, *ainda dentro dessa visão tradicional,* é bastante comum opor o princípio da verdade real ao da "verdade formal". Tal oposição tem por base os diferentes bens jurídicos em jogo nos processos penal e civil. Argumenta-se que, como no processo civil os bens jurídicos são geralmente disponíveis, não há que se falar em verdade real, mas sim em verdade formal (ou ficta), querendo isto significar que o juiz cível deve se contentar com as provas trazidas pelas partes.

Essa visão tradicional do princípio da verdade real encontra respaldo no CPP (vide arts. 156 e 209, § 1º); na atual jurisprudência dos tribunais superiores (STF, ARE 666424 AgR, 1ª Turma, DJ 01/04/2013 e STJ, REsp 1440165/DF, DJe 29.05.2015, e HC 282322/RS, DJe 01.07.2014 e REsp 1658481/ SP, DJ 29.06.2017). Outrossim, há recente contemporização ao princípio da verdade real, conforme atualizações oriundas da prática do STJ: Inf. nº 0577, 6ª Turma, 20/02 a 02/03/2016 e Inf. nº 0569, 6ª Turma, 17/09 a 30/09/2015.

Uma das principais críticas à verdade real é que, ao estimular o ativismo probatório por parte do juiz, termina-se

---

7.   Outro exemplo: art. 409, CPP.

8.   Note o leitor que, como não há processo, não há que se falar propriamente em partes.

9.   O direito à autodefesa, no entanto, não retira a tipicidade da conduta do agente que atribui falsa identidade perante autoridade policial com o objetivo de ocultar maus antecedentes. Nesse sentido, Súmula 522/STJ: "A conduta de atribuir-se falsa identidade perante autoridade policial é típica, ainda que em situação de alegada autodefesa.".

---

10.   Importante destacar também a Súmula 708, STF: "É nulo o julgamento da apelação se, após a manifestação nos autos da renúncia do único defensor, o réu não foi previamente intimado para constituir outro."

violando a imparcialidade deste (deturpação da atividade judicante) e, no limite, afrontando o sistema acusatório pretendido pelo Constituinte de 1988.

Diante disso, melhor seria falar em *verdade processual (verdade apenas no processo)*, *verdade jurídica*, ou, como quer Pacelli (2015, p. 333) numa "certeza" exclusivamente jurídica, representada pela tentativa de reconstrução histórica dos fatos por meio de parâmetros estabelecidos pela lei.

2.7. Juiz natural

Decorre do art. 5º, LIII, CF, que diz: "*ninguém será processado nem sentenciado senão pela autoridade competente*". Em suma, significa que *o indivíduo só pode ser privado de seus bens ou liberdade se processado por autoridade judicial imparcial e previamente conhecida por meio de regras objetivas de competência fixadas por lei anteriormente à prática da infração*. Exemplo de violação ao juiz natural: o sujeito pratica um crime da competência da justiça estadual e termina sendo julgado pela justiça federal. O juiz federal, neste caso, não é o natural para a causa em questão.

Decorre desse princípio o fato de *não ser possível a criação de juízo ou tribunal de exceção, i. e., não pode haver designação casuística de magistrado para julgar este ou aquele caso* (art. 5º, XXXVII, CF).

Ademais, no âmbito processual penal, não é possível às partes acordarem para subtrair ao juízo natural o conhecimento de determinada causa.

Note bem: *não configura violação ao princípio do juiz natural*: a) a convocação de juiz de 1ª instância para compor órgão julgador de 2ª instância (STJ HC 332.511/ES, 5ª, Turma, DJ 24/02/2016); b) a redistribuição da causa decorrente da criação de nova Vara – com a finalidade de igualar os acervos dos Juízos (STJ HC 322.632/BA, 6ª Turma, DJ 22/09/2015 e HC 283173/CE, DJ 09.04.2015); c) a atração por continência do processo do corréu ao foro especial do outro denunciado – ex.: prefeito e cidadão comum praticam furto em concurso (Súmula 704, STF). Nesta situação, ambos serão julgados pelo TJ sem que se possa falar em violação ao juiz natural – art. 78, III, CPP; e d) a fundamentação *per relationem*, que ocorre quando o magistrado utiliza como motivação da sentença ou acórdão as alegações de uma das partes ou texto de algum precedente ou decisão anterior do mesmo processo (STJ HC 353.742/RS, 6ª Turma, DJ 16/05/2016).

É a motivação por meio da qual se faz remissão ou referência às alegações de uma das partes, a precedente ou a decisão anterior nos autos do mesmo processo.

2.8. Identidade física do juiz

Significado: *o magistrado que acompanhar a instrução probatória – logo, que tiver tido contato direto com as provas produzidas ao longo do processo – deverá ser o mesmo a proferir sentença.*

Antes de 2008, tal princípio existia apenas no Processo Civil (art. 132, CPC), mas não no Processo Penal. Entretanto, hoje, após a reforma promovida pela Lei 11.719/2008, passou a ser expressamente adotado pelo Direito Processual Penal. Segue o teor do novo § 2º do art. 399, CPP: "*o juiz que presidiu a instrução deverá proferir a sentença*".

O princípio da identidade física do juiz não é, porém, absoluto. Há exceções. Desse modo, não viola o referido prin-

cípio: a) o interrogatório do réu por meio de carta precatória (STJ RHC 47.729/SC, DJ 01.08.2016); b) casos de convocação, licença, afastamento, promoção ou aposentadoria do juiz que presidiu a instrução de provas (STJ HC 306.560/PR, DJe 01.09.2015, AgInt no AREsp 852.964/AL, DJ 23.08.2016 e Informativo nº 494); c) o julgamento de embargos de declaração por outro juiz (STJ, HC 46408/SP, DJe 03.11.2009); e d) casos relacionados ao Estatuto da Criança e do Adolescente (STJ AgRg no AREsp 465.508/DF, DJ 26.02.2015 e HC 164369/DF, DJ 09.11.2011).

Ademais, conforme jurisprudência do STJ, se faz necessária a comprovação de prejuízo à parte, sobretudo no que tange aos princípios da ampla defesa e do contraditório, para que haja a nulidade do *decisum* prolatado por juiz diverso daquele que presidiu a instrução do feito (STJ, AgRg no AREsp306388/SC, *Dje* 01.06.2015).

2.9. Duplo grau de jurisdição

Significa que *as decisões judiciais são, em regra, passíveis de revisão por instâncias superiores através da interposição de recursos*. Além disso, o princípio estabelece a *impossibilidade de supressão de instância* (GRINOVER et. al., 2001), ou seja, em caso de anulação da decisão recorrida, não pode o tribunal ingressar no mérito da causa, se este não foi apreciado pelo juízo *a quo* (pela instância inferior).

Tal princípio não vem expressamente previsto no texto da CF/1988. Porém, trata-se de *garantia materialmente constitucional*. Isto porque a Convenção Americana de Direitos Humanos (CADH – Pacto de San José da Costa Rica) – ratificada pelo Brasil por meio do Decreto 678/1992 – prevê em seu texto o referido princípio (art. 8º, 2, "h"). Note-se que, para a melhor doutrina, os direitos e garantias contidos nesse Pacto possuem *status* normativo de *norma materialmente constitucional* (PIOVESAN, 2011). É que, segundo essa autora, por força do art. 5º, § 2º, CF, todos os tratados de direitos humanos, independentemente do *quorum* de sua aprovação, são normas materialmente constitucionais. O STF, por outro lado, entende atualmente (ADI 5240 / SP, Julgamento: 20/08/2015) que tratados e convenções internacionais com conteúdo de direitos humanos (como é o caso do Pacto de San José), uma vez ratificados, possuem caráter supralegal. Supralegal significa neste contexto: inferior à Constituição Federal, mas superior à legislação interna. Assim, os atos estatais infraconstitucionais que estiverem em dissonância com a norma supralegal devem ser suprimidos.

Por outro lado, o duplo grau não é um princípio absoluto. *Dentre outras*, segue uma exceção: competência originária do STF (*vide* art. 102, I, CF).

Ademais, por óbvio, a garantia do duplo grau não afasta a necessidade de a parte observar corretamente os pressupostos recursais (ex.: prazo), sob pena de o recurso não ser conhecido.

2.10. Publicidade

Vem expresso na CF nas seguintes passagens: arts. 5º, LX; e 93, IX. Trata-se do *dever que tem o Judiciário de dar transparência aos seus atos*. A publicidade dos atos processuais é a *regra*. Porém, a própria CF autoriza a restrição da publicidade quando se mostrar necessária a *preservação da intimidade ou do interesse social*. *Exemplos de* restrição à publicidade: a) CF: arts. 93, IX, parte final, e art. 5º, LX; b) CPP: arts. 201, § 6º; 485, § 2º; 792, § 1º; c) CP: 234-B; e d) Lei 9.296/1996: art. 1º.

Um ponto relevante a ser tratado diz respeito ao posicionamento do STF quanto à aplicação da norma protetiva prevista no art. 234-B, CP, acima indicado, ao entender que o agente do fato delituoso não se constitui como destinatário da norma, mas somente a vítima. (STF, ARE1074786/RJ, *Dje* 26.10.2017).

2.11. Iniciativa das partes, demanda ou ação (ne procedat judex ex officio)

Significa que *cabe à parte interessada o exercício do direito de ação, uma vez que a jurisdição é inerte*. A propositura da ação penal incumbe, assim, ao MP (no caso de ação penal pública) ou à vítima (no caso de ação penal privada), sendo vedado ao juiz proceder de ofício nessa seara.

Notemos que tal princípio tem total ligação com o *sistema acusatório* (pretendido pelo Constituinte de 1988 – art. 129, I), que tem por uma de suas principais características a separação das funções de acusar e julgar.

Desse modo, *não foi recepcionado* pela CF o art. 26, CPP, o qual prevê que, no caso de contravenção penal, a ação penal será iniciada por portaria expedida pelo delegado ou pelo juiz (chamado de procedimento *judicialiforme*).

Não se deve confundir o princípio da *iniciativa das partes* com o do *impulso oficial*. Enquanto o primeiro determina que o exercício do direito de ação incumbe à parte interessada, o segundo (impulso oficial) estabelece que cabe ao juiz, de ofício, impulsionar o regular desenvolvimento do processo "até que a instância se finde" (MIRABETE, 2001, p. 49) – *vide* art. 251, CPP.

2.12. Igualdade processual (igualdade das partes ou paridade de armas)

As partes devem contar com tratamento igualitário e com oportunidades iguais. Decorre tal princípio do art. 5º, *caput*, CF (princípio da isonomia). Em certos casos, porém, quando justificável, admite-se o tratamento diferenciado da parte, a fim de ser promovida uma igualdade mais *substancial*. Trata-se aqui da antiga máxima: "tratar desigualmente os desiguais na medida de suas desigualdades". Seguem exemplos desse tratamento "desigual" à parte que objetiva uma igualdade mais *substancial* no âmbito do processo penal: *favor rei* (princípio segundo o qual os interesses da defesa prevalecem sobre os da acusação – art. 386, VII, CPP); a revisão criminal é ação exclusiva da defesa; a Defensoria Pública possui prazos mais longos, contados em dobro, por força do art. 128, I, LC 80/1994, e do art. 5º, § 5º, Lei 1.060/1950 (Ver STF, ADI 2144, DJ 14.06.2016 e HC 81.019/MG, Inf. 247); admite-se a prova ilícita *pro reo*, mas não a *pro societate* etc.

2.13. Imparcialidade do juiz

O juiz deve ser pessoa neutra, estranha à causa e às partes. O magistrado eventualmente interessado no feito – suspeito (art. 254, CPP) ou impedido (art. 252, CPP) – deve ser afastado.

2.14. Duração razoável do processo

Expressamente previsto no art. 5º, LXXVIII, CF, que diz: *"a todos, no âmbito judicial e administrativo, são assegurados a razoável duração do processo e os meios que garantam a*

celeridade de sua tramitação" e na CADH, art. 8º, 1, consiste no *direito que as partes possuem de exigir do Estado que preste a jurisdição em tempo razoável*. Assim, as dilações indevidas devem ser banidas.

Representa, na atualidade, um dos maiores problemas/desafios do Judiciário mundial (inclua-se aí o brasileiro): assegurar uma prestação jurisdicional célere e de qualidade sem atropelar direitos e garantias fundamentais das partes.

É por conta desse princípio que os tribunais superiores, em diversas oportunidades, têm reconhecido a *ilegalidade da prisão provisória do acusado quando o processo apresenta demora injustificada* (v. g.: STF, HC140.312/PR, *Dje* 04.05.2017, STJ, HC 359.508/PE, DJ 01.09.2016 e HC 281741/SP, DJe 24.06.2015).

A crítica que significativo setor da comunidade costuma fazer é que a falta de um prazo claro e determinado para o fim do processo, aliada à ausência de sanção em caso de expiração desse mesmo prazo, tem o poder de reduzir significativamente a efetividade do referido princípio.

Inspirado por esse princípio, o legislador ordinário criou os seguintes parâmetros de prazo, cujo desrespeito, como dissemos antes, não produz uma sanção jurídica automática: a) no rito ordinário, a instrução deverá ser concluída em 60 dias (art. 400, CPP); b) no júri, 90 dias (art. 412, CPP); c) no caso de processo que apure crime cometido por organização criminosa (art. 22, parágrafo único, Lei 12.850/2013), 120 dias (se o réu estiver preso), "prorrogáveis em até igual período, por decisão fundamentada, devidamente motivada pela complexidade da causa ou por fato procrastinatório atribuível ao réu"; dentre outros.

Entretanto, há que se pontuar que os tribunais superiores, a exemplo do STF, posicionam-se no sentido de que o princípio em exame não poderia ser analisado de *maneira isolada e descontextualizada das peculiaridades do caso concreto*, de modo que seria também necessário considerar a sobrecarga de processos em trâmite nos tribunais. (STF, HC 143726/SP, *DJe* 22.05.2017; HC 158414/SE AgR, *Dje* 25.09.2018)

2.15. Obrigatoriedade de motivação das decisões judiciais

Expressamente previsto na CF (art. 93, IX), trata-se de um dos pilares das democracias contemporâneas. Significa que *toda decisão judicial necessita ser fundamentada, sob pena de nulidade*. A exigência de fundamentação possibilita um controle das partes e de toda a sociedade das razões de decidir do magistrado. Assim, se, por exemplo, um juiz decretar a preventiva do acusado sem fundamentar (*i. e.*: sem explicar concretamente os porquês da prisão), será possível impetrar HC por conta da nulidade da decisão.

Nesta seara, o STF possui jurisprudência consolidada no sentido de admitir a denominada fundamentação *per relationem, já definida anteriormente*. Assim como o STJ, a Suprema Corte entende que tal prática não ofende o disposto no art. 93, IX, CF (RHC 120351 AgR/ES, *DJe* 18.05.2015).

Atenção: Não confundir fundamentação *per relationem* com a mera indicação de parecer ministerial ou de decisão anterior no processo. Nessa hipótese será nula a decisão, haja vista a carência de motivação (STF HC 214049/SP, *DJe* 10.03.2015).

3. JUIZ DAS GARANTIAS

3.1. Notas introdutórias

Das inovações mais importantes trazidas pelo chamado pelo "Pacote Anticrime" (L. 13.964/2019), o juiz das (ou de) garantias é, em linhas gerais, um instituto que visa a submeter a fase investigativa a um maior controle pelo Poder Judiciário e, consequentemente, assegurar mais efetivamente os direitos e garantias de suspeitos, indiciados e conduzidos. Somado a isso (e como veremos), o instituto procura aprofundar entre nós o sistema acusatório (sistema que, como vimos, prevê a separação entre as funções de acusar, julgar e defender) e, por tabela, reforçar a imparcialidade do juiz da instrução. Neste tópico, examinaremos sinteticamente as principais inovações trazidas por esse instituto.

É preciso destacar, de início, que o STF, ao julgar as ADIs 6298, 6299, 6300 e 6305/DF (DJe 19/12/2023), impôs uma série de alterações no instituto, pela declaração de inconstitucionalidades, mas principalmente pelas interpretações em conformidade com a CF. Tais alterações, em nossa percepção, desconfiguram muito a natureza do juiz das garantias, remetendo novamente a nuances inquisitoriais do magistrado. Há interpretações ditas "em conformidade com a CF" que em nada se harmonizam com os valores da Carta Magna.

Começaremos aqui por mais uma decisão de prorrogação do início da sua vigência. O STF determinou um prazo de 12 (doze) meses, contados da publicação da ata do julgamento, para que sejam adotadas as medidas legislativas (alterações nas leis de organização judiciária, p. ex.) e administrativas (dotação orçamentária, instalações prediais etc.) para a sua efetiva implementação. Tal prazo, contudo, pode ser prorrogado uma vez por igual período.

No referido julgamento, foi fixada a tese unânime de que as ações penais já instauradas no momento da efetiva implementação do juiz das garantias pelos tribunais não terão a competência modificada pela eficácia da lei. Tal tese é absolutamente desnecessária por duas razões: a) a redação original já previa que a competência do juiz das garantias cessava com o recebimento da denúncia ou queixa; b) a redação alterada pela "interpretação conforme" do STF estabelece que a competência cessa no momento do oferecimento da denúncia ou queixa.

3.2. Conceito de juiz das garantias

Trata-se de um magistrado de carreira (concursado), como outro qualquer, cuja função principal é controlar a legalidade dos atos praticados no curso da investigação preliminar, zelando pelos direitos e garantias do suspeito, indiciado e conduzido (art. 3º-B, CPP). Tal juiz tem competência para atuar no âmbito das investigações preliminares (excetuados os casos de competência originária dos tribunais, do Tribunal do Júri, de violência doméstica e do JECRIM – art. 3º-C, CPP com interpretação conforme decorrente do julgamento das ADIs já mencionadas). A competência do juiz das garantias vai até o oferecimento da denúncia ou da queixa, momento em que a competência do caso passará ao juiz da instrução e julgamento (ADIs 6298, 6299, 6300 e 6305/DF (DJe 19/12/2023).

3.3. Juiz das garantias e sistema acusatório

A lei que introduziu o juiz das garantias no CPP buscou impulsionar a estrutura acusatória do processo penal brasi-leiro, mas conforme falamos acima, o STF impediu parcialmente tal objetivo. Conforme diz o art. 3º-A, CPP, "o processo penal terá estrutura acusatória, vedadas a iniciativa do juiz na fase de investigação e a substituição da atuação probatória do órgão de acusação"[11]. Assim, clara a intenção do legislador de reforçar a separação entre funções de acusar, julgar e defender; e, mais especificamente, de separar as funções de investigação e julgamento. Ao menos dois dispositivos confirmavam tal ideia, mas um deles foi declarado inconstitucional (art. 3º-D, *caput*, CPP) e o outro (§ 3º, art. 3º-C, CPP) teve a sua redação alterada justamente para o sentido oposto: os autos que compõem as matérias de competência do juiz das garantias serão remetidos ao juiz da instrução e julgamento. Tanto o primeiro dispositivo (art. 3º-D, *caput*, CPP), como a regra deste último artigo (de vedação de acesso aos elementos de investigação pelo juiz da instrução) visavam a salvaguardar o contraditório, a ampla defesa, a imparcialidade do juiz da instrução e, de forma mais ampla, o sistema acusatório. Isso porque, como veremos mais adiante, os elementos produzidos no curso de uma investigação (ex.: depoimento de uma testemunha), embora possam servir para embasar uma ação penal, são imprestáveis para fundamentar uma sentença, uma vez que tais elementos não costumam se submeter ao crivo do contraditório e ampla defesa.

3.4. Competências do juiz das garantias

O art. 3º-B, CPP, estabelece uma lista (não exaustiva) de competências do juiz das garantias, a ser apresentada a seguir.

I – receber a comunicação imediata da prisão, nos termos do inciso LXII do *caput* do art. 5º da Constituição Federal.

Comentário: Segundo o art. 5, LXII, CF, "a prisão de qualquer pessoa e o local onde se encontre serão comunicados imediatamente ao juiz competente e à família do preso ou à pessoa por ele indicada". O magistrado competente para receber tal comunicação passa a ser o juiz das garantias. Este ficará responsável pelo controle da legalidade da prisão.

II – receber o auto da prisão em flagrante para o controle da legalidade da prisão, observado o disposto no art. 310 deste Código.

Comentário: de acordo com o art. 310, CPP, ocorrida a prisão em flagrante de alguém, os autos deverão, em 24h, ser encaminhados ao juiz das garantias que, por sua vez, deverá promover audiência de custódia com a presença do acusado, seu advogado constituído ou membro da Defensoria Pública e o membro do Ministério Público. Nesta audiência, o juiz das garantias decidirá de forma fundamentada pelo: (a) relaxamento da prisão (no caso de a prisão ser ilegal); (b) conversão do flagrante em prisão preventiva (quando presentes os requisitos da prisão preventiva estabelecidos pelo art. 312, CPP); ou (c) deferimento de liberdade provisória (no caso de o flagrante ser legal, mas de a sua conversão em preventiva se mostrar descabida).

Relevante destacar que o STF possui entendimento no sentido de que a audiência de custódia constitui direito público

---

11. No julgamento das ADIs apontadas no início desse capítulo, o STF criou uma exceção à vedação da iniciativa do juiz de garantias, estabelecendo que este "nos limites legalmente autorizados, pode determinar a realização de diligências suplementares, para o fim de dirimir dúvida sobre questão relevante para o julgamento do mérito" (ADI 6298, DJe 19/12/2023)

subjetivo, de caráter fundamental, e portanto não suprimível (Informativo 994/STF, de 5 a 9 de outubro de 2020).

III – zelar pela observância dos direitos do preso, podendo determinar que este seja conduzido à sua presença, a qualquer tempo.

Comentário: a CF e a legislação infraconstitucional estabelecem direitos para os presos (ex.: o direito ao silêncio). Nesse sentido, cabe ao juiz das garantias zelar por tais direitos, podendo determinar a condução do preso à sua presença a qualquer tempo a fim de verificar o fiel cumprimento àqueles direitos.

IV – ser informado sobre a instauração de qualquer investigação criminal.

Comentário: A informação obrigatória ao juiz das garantias sobre a instauração de investigação criminal permite àquele, ao mesmo tempo, controlar a legalidade dos atos de investigação e zelar pelos direitos e garantias dos suspeitos, indiciados e conduzidos.[12]

V – decidir sobre o requerimento de prisão provisória ou outra medida cautelar, observado o disposto no § 1º deste artigo.

Comentário: O § 1º do art. 3º-B trata da necessidade de, em 24h, apresentar o preso provisório ao juiz para fins de realização de audiência com participação de defensor e do MP.VI – prorrogar a prisão provisória ou outra medida cautelar, bem como substituí-las ou revogá-las, assegurado, no primeiro caso, o exercício do contraditório em audiência pública e oral, na forma do disposto neste Código ou em legislação especial pertinente.

Comentário: notar que, como diz o dispositivo, no caso de prorrogação de prisão provisória ou de outra medida cautelar, tal decisão deverá passar pelo crivo do contraditório em audiência pública e oral.

VI – prorrogar a prisão provisória ou outra medida cautelar, bem como substituí-las ou revogá-las, assegurado, no primeiro caso, o exercício do contraditório [preferencialmente][13] em audiência pública e oral, na forma do disposto neste Código ou em legislação especial pertinente.

Comentário: esse dispositivo reflete um ato essencial na atuação do juiz das garantias, que é a análise das prisões ocorridas antes da existência de ação penal, bem como da necessidade de imposição de medidas cautelares diversas, como busca e apreensão, quebras de sigilo das comunicações etc.

VII – decidir sobre o requerimento de produção antecipada de provas consideradas urgentes e não repetíveis, assegurados o contraditório e a ampla defesa [preferencialmente] em audiência pública e oral.

Comentário: há casos específicos em que a produção de prova não pode aguardar a fase instrutória e precisa ser realizada o quanto antes já na fase de investigação preliminar. É o que ocorre com uma perícia em caso de estupro. Caso esse tipo de prova não seja produzida com brevidade, é bastante provável que os vestígios do crime desapareçam. Tal prova é chamada de não repetível e, sendo necessária a sua produção, será o juiz das garantias que irá decidir a respeito, assegurando em qualquer caso o contraditório e a ampla defesa em audiência pública e oral. O juiz poderá deixar de realizar a audiência se julgar que há risco ao processo, ou mesmo diferir/adiar, caso haja alguma necessidade concreta Nesse sentido, ver STF, ADIs 6298, 6299, 6300 e 6305/DF – DJe 19/12/2023.

VIII – prorrogar o prazo de duração do inquérito, estando o investigado preso, em vista das razões apresentadas pela autoridade policial e observado o disposto no § 2º deste artigo.

Comentário: o prazo de duração do inquérito, estando o indiciado preso, pode ser prorrogado uma única vez pelo juiz das garantias por até 15 dias, após o que, se ainda assim a investigação não tiver sido concluída, a prisão será imediatamente relaxada. Conforme estabelece o § 2º do art. 3º-B, CPP, a prorrogação depende de representação do delegado e de prévia ouvida do MP.

IX – determinar o trancamento do inquérito policial quando não houver fundamento razoável para sua instauração ou prosseguimento.

Comentário: quando uma investigação preliminar não tem o mínimo de elementos para existir, ela deve ser trancada (leia-se arquivada). Percebendo o juiz das garantias que esse é o caso, deverá determinar de ofício o trancamento (arquivamento) da investigação.

X – requisitar documentos, laudos e informações ao delegado de polícia sobre o andamento da investigação.

Comentário: Como fiscal da legalidade que é, o juiz das garantias poderá requisitar documentos, laudos e informações ao delegado a respeito do andamento da investigação.

XI – decidir sobre os requerimentos de:

a) interceptação telefônica, do fluxo de comunicações em sistemas de informática e telemática ou de outras formas de comunicação;

b) afastamento dos sigilos fiscal, bancário, de dados e telefônico;

c) busca e apreensão domiciliar;

d) acesso a informações sigilosas;

e) outros meios de obtenção da prova que restrinjam direitos fundamentais do investigado.

Comentário: o inciso em questão elenca uma série de requerimentos que podem ser realizados no curso da investigação. No passado, a apreciação de alguns desses requerimentos na fase investigativa (ex.: interceptação telefônica) tornava o juiz prevento (isto é, tornava o juiz competente para a instrução e julgamento). Com o advento do juiz das garantias, não mais. Conforme vimos enfatizando, o instituto do juiz das garantias veio para, dentre outras coisas, reforçar a divisão de papéis entre o magistrado que controla a legalidade da investigação e aquele que julga o caso. Essa divisão tem como um dos objetivos principais fomentar a imparcialidade do juiz de julgamento, evitando que se deixe influenciar pelos elementos de investigação (notoriamente inquisitivos e unilaterais).

XII – julgar o *habeas corpus* impetrado antes do oferecimento da denúncia.

---

12. O STF atribuiu interpretação conforme (art. 3º-B, IV, VIII e IX) para que os atos/procedimentos praticados na investigação direta pelo MP sejam submetidos ao controle judicial no prazo de 90 (noventa) dias, contados da data da publicação da ata do julgamento, sob pena de nulidade. O endereçamento deverá ser feito ao juiz natural, ainda que o juiz das garantias não tenha sido implementado (ADIs 6298, 6299, 6300 e 6305/DF – DJe 19/12/2023).

13. A expressão "preferencialmente" foi introduzida pelo STF (ADIs 6298, 6299, 6300 e 6305/DF – DJe 19/12/2023).

Comentário: como afirmado antes, uma das funções principais do juiz das garantias é zelar pelos direitos e garantias do suspeito, indiciado ou conduzido. Caso haja violação desses direitos, poderá o interessado manejar o HC, sendo o juiz das garantias a figura competente para apreciá-lo.

XIII – determinar a instauração de incidente de insanidade mental.

Comentário: notando que o indiciado não está na plenitude de suas faculdades mentais, deve o juiz das garantias, de ofício ou a pedido, determinar a instauração do incidente de insanidade mental, na forma dos arts. 149 a 154, CPP.

XIV – decidir sobre o recebimento da denúncia ou queixa, nos termos do art. 399 deste Código.

Atenção: o STF decidiu que a competência do juiz das garantias cessa com o oferecimento da denúncia, declarando inconstitucional o referido dispositivo (Ver ADIs 6298, 6299, 6300 e 6305/DF – DJe 19/12/2023). Nesse sentido, oferecida a denúncia ao juízo de instrução e julgamento, o juiz das garantias deverá remeter os autos ao juiz da instrução.

XV – assegurar prontamente, quando se fizer necessário, o direito outorgado ao investigado e ao seu defensor de acesso a todos os elementos informativos e provas produzidos no âmbito da investigação criminal, salvo no que concerne, estritamente, às diligências em andamento.

Comentário: como mencionado antes, o investigado e seu defensor terão amplo acesso aos elementos produzidos no âmbito da investigação preliminar. Exceção a essas regras são as diligências em andamento, como ocorre no caso de interceptação telefônica.

XVI – deferir pedido de admissão de assistente técnico para acompanhar a produção da perícia.

Comentário: o assistente técnico trata-se de especialista contratado pelo interessado (indiciado, vítima, MP etc.), tendo a função de emitir parecer crítico sobre o exame elaborado pelo perito oficial. Quando o pedido para a admissão de assistente técnico ocorrer durante a investigação preliminar, será o juiz das garantias que decidirá a respeito.

XVII – decidir sobre a homologação de acordo de não persecução penal ou os de colaboração premiada, quando formalizados durante a investigação.

Comentário: Quando o acordo de delação premiada ou de não persecução penal ocorrer durante a investigação preliminar, a sua homologação será da competência do juiz das Garantias.

XVIII – outras matérias inerentes às atribuições definidas no *caput* deste artigo.

Comentário: como dito acima, trata-se de rol não taxativo. Assim, o juiz das garantias poderá decidir sobre outras matérias relacionadas à sua atuação.

Finalmente, segundo o art. 3º-F, *caput*, CPP, "o juiz das garantias deverá assegurar o cumprimento das regras para o tratamento dos presos, impedindo o acordo ou ajuste de qualquer autoridade com órgãos da imprensa para explorar a imagem da pessoa submetida à prisão, sob pena de responsabilidade civil, administrativa e penal". E o parágrafo único do mesmo dispositivo continua: "por meio de regulamento, as autoridades deverão disciplinar, em 180 dias, o modo pelo qual as informações sobre a realização da prisão e a identidade do preso serão, de modo padronizado e respeitada a progra-

mação normativa aludida no *caput* deste artigo, transmitidas à imprensa, assegurados a efetividade da persecução penal, o direito à informação e a dignidade da pessoa submetida à prisão" (STF, ADIs 6298, 6299, 6300 e 6305/DF – DJe 19/12/2023 – a divulgação de informações sobre a realização da prisão e a identidade do preso pelas autoridades policiais, Ministério Público e magistratura deve assegurar a efetividade da persecução penal, o direito à informação e a dignidade da pessoa submetida à prisão).

Comentário: cabe ao juiz das garantias fiscalizar o cumprimento de regras que proíbem negociações entre autoridades e imprensa para explorar a imagem de presos. Trata-se de medida que, dentre outras coisas, busca preservar a imagem e dignidade da pessoa submetida à prisão, evitando, assim, usos sensacionalistas e degradantes.

3.5. Implementação do juiz das garantias

Há muitas questões sendo discutidas sobre a implementação do juiz das garantias, inclusive após a decisão do STF, questões essas que fugiriam ao escopo deste trabalho. A seguir, indicamos apenas algumas normas gerais referentes à implementação do juiz das garantias.

Finalmente, o art. 3º-E, CPP, diz que "o juiz das garantias será investido[14] conforme as normas de organização judiciária da União, dos Estados e do Distrito Federal, observando critérios objetivos a serem periodicamente divulgados pelo respectivo tribunal."

Atenção: Recomendamos a leitura atenta do acórdão das ADIs 6298, 6299, 6300 e 6305/DF – DJe 19/12/2023 porque há uma grande quantidade de alterações decorrentes do julgamento pelo STF. Em linhas gerais, 26 dispositivos tiveram a constitucionalidade contestada. Destes, 23 foram declarados inconstitucionais, sendo atribuída interpretação conforme a 19 deles, com alteração da redação.

4. INQUÉRITO POLICIAL (IP)

4.1. Notas introdutórias

Para que a ação penal possa ser oferecida é indispensável que esteja previamente embasada em um mínimo de provas (aquilo que a doutrina costuma chamar de *justa causa* para a ação penal ou *suporte probatório mínimo*). Sem esses elementos mínimos, a inicial penal não deve ser oferecida e, se for, deverá ser rejeitada por parte do magistrado (art. 395, III, CPP).[15] Isto é assim porque se concebe o *processo penal* como algo notoriamente estigmatizante à pessoa. Dessa forma, os responsáveis pela acusação (MP e querelante)[16] devem necessariamente pautar suas ações penais em um mínimo de provas, procedendo com cautela nesse campo, evitando, assim, a formulação de acusações temerárias, infundadas.

Nesse contexto, o inquérito policial (IP) é uma das investigações preliminares (das mais "famosas", diga-se de passagem) que podem fornecer subsídios à acusação para o oferecimento de ação penal. Entretanto, embora o IP seja uma das peças investigativas mais conhecidas, não é a única, uma

---

14. Interpretação conforme atribuída pelo STF nas ADIs 6298, 6299, 6300 e 6305/DF – DJe 19/12/2023).

15. Ou, ainda, combatida por HC trancativo (art. 648, I, CPP).

16. Querelante é o nome que se dá à vítima (ou seu representante legal) quando promove a ação penal privada.

vez que a ação penal também pode se fundamentar em: CPI (art. 58, § 3º, CF); investigação direta pelo MP;[17] investigação efetuada pelo próprio particular; investigação levada a cabo por tribunais (em caso de foro por prerrogativa de função do indiciado[18]); inquérito policial militar (IPM – art. 8º, CPPM); dentre outras. Estes exemplos são chamados de **inquéritos extrapoliciais ou não policiais**. Há, ainda, a possibilidade de outros procedimentos de investigação criminal serem conduzidos pela autoridade policial, nos termos da Lei 12.830/2013, art. 2º, § 1º.

Com efeito, nas próximas linhas nos debruçaremos detalhadamente sobre uma das investigações preliminares mais "populares": o *inquérito policial*. Porém, antes, cabe um esclarecimento: a expressão **persecução penal** (ou *persecutio criminis*) significa a soma das atividades de perseguição ao crime (investigação preliminar + ação penal).

4.2. Polícia administrativa (preventiva, ostensiva ou de segurança) e polícia judiciária (repressiva ou investigativa) – arts. 4º, CPP, e 144, CF

A polícia administrativa visa a *impedir* a prática de infrações penais. Exemplos: polícia militar, polícia rodoviária federal e polícia federal.

A judiciária, atuando *após* a prática delituosa, visa a *apurar* as infrações penais e suas respectivas autorias, assim como tem o papel de *auxiliar o Poder Judiciário* (cumprindo mandados de prisão, por exemplo) no desenrolar da persecução penal. Exemplos: polícia civil e polícia federal.[19]

O art. 2º da nova Lei 12.830/2013 considera que: "as funções de polícia judiciária e a apuração de infrações penais exercidas pelo delegado de polícia são de natureza jurídica, essenciais e exclusivas de Estado".

4.3. Conceito de inquérito policial

Conjunto de diligências realizadas pela autoridade policial (delegado) que tem por finalidade a apuração de uma infração penal e sua respectiva autoria, de modo a fornecer subsídios ao titular da ação penal (MP ou querelante) – art. 4º, caput, CPP.

4.4. Natureza jurídica

O IP tem natureza de **procedimento administrativo** *e não de processo*. Assim, não se trata de ato de jurisdição, mas de procedimento administrativo que *visa a tão somente informar (caráter informativo) o titular da ação penal (MP e querelante), fornecendo-lhe elementos para formar a sua opinião a respeito da infração penal e respectiva autoria.*

4.5. "Competência" (art. 4º, parágrafo único, CPP)

A "competência" (tecnicamente, atribuição, já que competência é termo relacionado à jurisdição) para presidir o IP é do *delegado de carreira* (bacharel em direito aprovado em con-

curso público – art. 3º, Lei 12.830/2013). Em regra, o delegado que preside o IP é aquele que atua no *local* (**circunscrição**[20]) onde o crime se consumou (**critério territorial** – *ratione loci*). Porém, caso exista uma *delegacia especializada* na Comarca (delegacia de homicídios, por exemplo), prevalecerá o **critério material** (*ratione materiae*) sobre o critério territorial. Nenhum problema nisso. Na última década também vêm sendo implementadas delegacias especializadas pelo **critério pessoal** (*ratione personae*), em razão da pessoa ofendida, a exemplo das delegacias do idoso e da mulher.

Ademais, conforme diz o art. 22, CPP, nas comarcas onde houver mais de uma circunscrição policial, o delegado com exercício em uma delas (em uma das circunscrições) poderá diligenciar nas demais, *independentemente de precatórias ou requisições*. Dentro de sua comarca de atuação, o delegado tem, portanto, "livre-trânsito" para diligenciar nas várias circunscrições policiais.

A Lei 12.830/2013 (cuja leitura recomendamos) reforçou a ideia de que o delegado é o presidente do IP, trazendo ainda outras disposições importantes, dentre elas a questão da possibilidade de avocação do IP (ou de outra modalidade de investigação criminal conduzida pelo delegado): "o inquérito policial ou outro procedimento previsto em lei em curso somente poderá ser avocado ou redistribuído por superior hierárquico, mediante despacho fundamentado, por motivo de interesse público ou nas hipóteses de inobservância dos procedimentos previstos em regulamento da corporação que prejudique a eficácia da investigação" (art. 2º, § 4º).

4.6. Características do IP

4.6.1. Inquisitivo

Tradicional setor da comunidade jurídica costuma justificar que o caráter inquisitivo do IP é fundamental para o "sucesso" desse tipo de procedimento. Segundo dizem, o caráter inquisitivo confere ao IP o "dinamismo" que este tipo de procedimento requer. Pensamos, pelo contrário, que a manutenção desse tipo de discurso (e, pior, de práticas inquisitivas) em sede de procedimento investigativo tem sido um dos grandes responsáveis pela substancial erosão de legitimidade e confiabilidade no IP. Vale dizer, a insistência em um modelo predominantemente inquisitivo de investigação contribui para uma injustificável fratura entre o IP e o sistema de direitos e garantias da CF.

Diz-se que o inquérito policial é inquisitivo em razão, principalmente, dos seguintes motivos: (1) não há clara separação de funções (acusação, defesa e julgamento) no IP. Pelo contrário, o delegado acumula, em grande medida, as funções de "acusação" e "julgamento" (exacerbada discricionariedade), não sendo sequer possível arguir suspeição contra ele (*vide* art. 107, CPP). (2) Não há contraditório e ampla defesa em sede inquérito policial. Sobre esta segunda afirmação é preciso fazer alguns comentários importantes.

Primeiro, há procedimentos investigativos que, em razão de lei, possuem previsão expressa de contraditório e ampla defesa. Exemplos: inquérito para a decretação da expulsão de

---

17. Conforme STJ, REsp 1525437/PR, 6ª Turma, DJ 10.03.2016 e Informativo 463, STJ (14 a 18 de fevereiro de 2011).

18. *Vide* STF: Inq 3983, Tribunal Pleno, DJ 12/05/2016 e Rcl 24138 AgR, Segunda Turma, DJ 14.09.2016, e **Informativo** 483, STF (8 a 11 de outubro de 2007).

19. Note o leitor que a polícia federal tanto pode desempenhar o papel de polícia administrativa (evitando a prática de crimes) como de judiciária (auxiliando a justiça federal).

20. Circunscrição é o espaço territorial em que o delegado exerce suas atividades. Uma comarca pode estar dividida em várias circunscrições policiais.

estrangeiro e inquérito que apura falta disciplinar de servidor público.[21]

Segundo, a nova redação do art. 7º da Lei 8906/1994 (EOAB), alterada pela Lei 13.245/2016, trouxe uma inovação importante nesse campo. De acordo com o inc. XXI desse artigo, é direito do advogado: "assistir a seus clientes investigados durante a apuração de infrações, sob pena de nulidade absoluta do respectivo interrogatório ou depoimento e, subsequentemente, de todos os elementos investigatórios e probatórios dele decorrentes ou derivados, direta ou indiretamente, podendo, inclusive, no curso da respectiva apuração: a) apresentar razões e quesitos". O dispositivo em questão passou prever que, sob pena de nulidade absoluta, o advogado tem direito de participar dos atos que investiguem seu cliente (interrogatório, depoimento, p. ex.), devendo também ser garantidos nessa situação o contraditório e a ampla defesa (formulação de quesitos pelo advogado, p. ex.).

O novo inc. XXI do art. 7º do EOAB (examinado acima) minimiza (mas não elimina) o forte caráter inquisitivo do IP (e das demais modalidades de investigação criminal). Dentre outras, uma questão que pode ser levantada aqui é se essa inovação do EOAB teria tornado obrigatórios, em todos os procedimentos investigativos (inquérito policial, inclusive): a presença de defensor (advogado ou defensor público); e a incidência dos princípios do contraditório e ampla defesa. Numa leitura literal (e pobre) do dispositivo, responderíamos que não, ou seja, o artigo não teria tornado obrigatórios, no âmbito de todos procedimentos investigativos, a presença de defensor e nem a incidência dos princípios do contraditório e ampla defesa. Esta, porém, como dissemos, seria uma interpretação pobre. Pensamos, pelo contrário, que o novo dispositivo torna obrigatórios, em todos os procedimentos investigativos: a presença de defensor (advogado ou defensor público); e a incidência de contraditório e ampla defesa. Acreditamos que esta última interpretação é a que mais se alinha com o sistema de direitos e garantias da CF. De todo modo, diante da divergência dos processualistas penais sobre esse tema, ainda não é possível marcar aqui uma posição dominante da doutrina sobre o assunto. O STF, porém, em recente análise sobre o tema, reforçou a natureza inquisitiva do inquérito policial, firmando o entendimento de que as alterações do art. 7º do EOAB reforçaram as prerrogativas da defesa técnica, sem, contudo, conferir ao advogado o direito subjetivo de intimação prévia e tempestiva do calendário de inquirições a ser definido pela autoridade policial (Informativo 933/STF, de 11 a 15 de março de 2019).

Similarmente, a L. 13.964/2019 estabeleceu que os "servidores vinculados às instituições dispostas no art. 144, CF, figurarem como investigados em inquéritos policiais, inquéritos policiais militares e demais procedimentos extrajudiciais, cujo objeto for a investigação de fatos relacionados ao uso da força letal praticados no exercício profissional, de forma consumada ou tentada, incluindo as situações dispostas no art. 23, CP, o indiciado poderá constituir defensor" (art. 14-A, *caput*, CPP). Segundo o § 1º deste mesmo artigo: "para os casos previstos no *caput* deste artigo, o investigado deverá ser citado da instauração do procedimento investigatório, podendo constituir defensor no prazo de até 48h a contar do

recebimento da citação." E complementa o § 2º "esgotado o prazo disposto no § 1º deste artigo com ausência de nomeação de defensor pelo investigado, a autoridade responsável pela investigação deverá intimar a instituição a que estava vinculado o investigado à época da ocorrência dos fatos, para que essa, no prazo de 48h, indique defensor para a representação do investigado." Finalmente, o § 6º deste artigo afirma que: "as disposições constantes deste artigo se aplicam aos servidores militares vinculados às instituições dispostas no art. 142, CF, desde que os fatos investigados digam respeito a missões para a Garantia da Lei e da Ordem."

Vale acrescentar ainda o seguinte. Embora o IP continue sendo um procedimento inquisitivo, isto não significa que o investigado, sob nenhum pretexto, possa ser tratado como uma espécie de objeto da investigação policial. O investigado, como qualquer outra pessoa, mantém sua condição de sujeito de direitos. Há direitos/garantias irrecusáveis ao investigado, como, p. ex., direito ao silêncio, possibilidade de impetrar de *habeas corpus* e mandado de segurança etc.

Com o advento do juiz das garantias (anteriormente examinado), o controle sobre a legalidade da investigação preliminar e a observância dos direitos e garantias de suspeitos, indiciados e conduzidos o caráter inquisitivo do IP e ampla discricionariedade com que o delegado conduz esta investigação deverão sofrer uma redução. Isso porque um dos principais papéis do juiz das garantias é precisamente controlar a legalidade da investigação criminal, bem como zelar pelos direitos e garantias do indiciado (art. 3º-B, CPP).

4.6.2. *Dispensável (arts. 27 e 46, § 1º, CPP)*

Significa que *o IP não é um caminho necessário para o oferecimento da ação penal*. Segundo vimos anteriormente, esta (a ação) poderá se fundamentar em diversas outras investigações preliminares (CPI; investigação produzida por particular; peças de informação[22] etc.), que não o IP.

4.6.3. *Sigiloso*

Diferentemente da fase processual, no IP, consoante estabelece o art. 20, CPP, *não vige o princípio da publicidade*. Assim, *os atos do inquérito não são públicos* (não pode, por exemplo, uma pessoa do povo assistir à oitiva do indiciado na delegacia).

Esse sigilo, porém, *não alcança o MP, o juiz, o defensor público e o advogado do indiciado*.

No que tange ao advogado do investigado, estabelece o art. 7º, XIV, EOAB, alterado pela Lei 13.245/2016, que, dentre outros, é direito do patrono: "examinar, em qualquer instituição responsável por conduzir investigação, mesmo sem procuração, autos de flagrante e de investigações de qualquer natureza, findos ou em andamento, ainda que conclusos à autoridade, podendo copiar peças e tomar apontamentos, em meio físico ou digital". Este dispositivo, de forma bastante positiva, expandiu significativamente o direito de acesso do advogado aos autos de investigação, valendo notar os seguintes aspectos: (1) o dispositivo garantiu expressamente ao advogado o direito de acessar todo e qualquer procedimento investigativo (ex: procedimento investigativo realizado diretamente pelo MP, CPI etc.); e não

---

21. A antiga Lei de Falências (DL 7.661/1945), que previa inquérito em contraditório e presidido por autoridade *judicial* (chamado de inquérito judicial), foi revogada pela Lei 11.101/2005. Hoje, não há mais contraditório em IP que investiga crime falimentar.

22. As peças de informação podem ser definidas como *qualquer outra peça que não o IP que seja capaz de subsidiar elementos para o titular da ação penal.*

apenas acesso ao IP. (2) Em regra, a apresentação de procuração por parte do advogado é desnecessária. Apenas nos procedimentos em que for decretado o sigilo (segredo de justiça), o acesso do advogado aos autos do procedimento investigativo dependerá de procuração emitida pelo investigado (*vide* art. 7°, XIV, § 10, EOAB). (3) Pode o advogado tomar apontamentos em meio físico ou digital, ou seja, agora é possível a utilização de recursos tecnológicos para efeito de registro do conteúdo das peças produzidas no procedimento investigativo, tais como telefone celular, *scanner* manual, etc.

Acrescente-se que o desrespeito ao direito de acesso do advogado aos autos de investigação (art. 7°, XIV, EOAB), assim como "o fornecimento incompleto de autos ou o fornecimento de autos em que houve a retirada de peças já incluídas no caderno investigativo, implicará responsabilização criminal e funcional por abuso de autoridade do responsável que impedir o acesso do advogado com o intuito de prejudicar o exercício da defesa, sem prejuízo do direito subjetivo do advogado de requerer acesso aos autos ao juiz competente." (*vide* § 12 do mesmo artigo).

Por outro lado, cabe a pergunta: o acesso do advogado ou defensor público do investigado a um procedimento investigativo (IP, inclusive) é *ilimitado*? A resposta está na Súmula vinculante 14, STF: "é direito do defensor, no interesse do representado, ter acesso amplo aos elementos de prova que, já documentados em procedimento investigatório realizado por órgão com competência de polícia judiciária, digam respeito ao exercício do direito de defesa" (ver: STJ, REsp 1668815/PR, *DJe* 19.06.2017). Nessa mesma linha, o art. 7°, § 11, EOAB, diz: "a autoridade competente poderá delimitar o acesso do advogado aos elementos de prova relacionados a diligências em andamento e ainda não documentados nos autos, quando houver risco de comprometimento da eficiência, da eficácia ou da finalidade das diligências."

Note, portanto, que o acesso do defensor público ou advogado abrange aqueles elementos de prova (atos de investigação) já produzidos, já documentados – não abrangendo, portanto, aqueles elementos sigilosos pendentes de produção. Explica-se com um exemplo já anteriormente mencionado. Decretada a interceptação telefônica do indiciado no curso do IP, por óbvio, o defensor daquele não será intimado dessa decisão e, muito menos, poderá participar da produção da prova, sob risco de total inutilidade da diligência. Entretanto, concluída a produção dessa prova (*i. e.*, efetuada a transcrição da conversa telefônica), terá o defensor amplo acesso às informações eventualmente obtidas contra o indiciado.

Essas ideias também foram reproduzidas na Lei que trata do crime organizado (Lei 12.850/2013). Ao prever a ação controlada da polícia (consistente em retardar a prisão em flagrante relativa à ação praticada por organização criminosa para que o flagrante se concretize no momento mais eficaz à formação de provas e obtenção de informações), dispõe que: "até o encerramento da diligência, o acesso aos autos será restrito ao juiz, ao Ministério Público e ao delegado de polícia, como forma de garantir o êxito das investigações" (§ 3° do art. 8°).

Vale repetir aqui que, nos procedimentos em que for decretado o sigilo (segredo de justiça), o acesso do advogado aos autos do procedimento investigativo dependerá de procuração emitida pelo investigado (art. 7°, XIV, § 10, EOAB). Em geral, como vimos, a procuração é desnecessária. Porém, sendo decretado o sigilo da investigação, a apresentação da procuração pelo advogado passa a ser exigida.

Finalmente, ainda sobre o sigilo do IP, vale mencionar o novo parágrafo único, do art. 20, CPP, alterado pela Lei 12.681/2012, que diz: "nos atestados de antecedentes que lhe forem solicitados, a autoridade policial não poderá mencionar quaisquer anotações referentes à instauração de inquérito contra os requerentes". Ou seja, o sigilo aqui visa a proteger a pessoa do indiciado.

4.6.4. Indisponível

Ao delegado não é dado arquivar o IP (art. 17, CPP). Mesmo que a autoridade policial esteja convencida de que, por exemplo, o fato é atípico, deve, *necessariamente*, remeter os autos do IP ao titular da ação penal para que este possa decidir o que fazer com a investigação preliminar.

4.6.5. Discricionário

No âmbito do IP, *não há um procedimento rígido a ser seguido pela autoridade policial* (consoante se observa no processo). Ao contrário, o delegado, visando ao sucesso da investigação, tem *discricionariedade* para adotar as medidas e diligências que entender adequadas (*vide* arts. 6° e 7°, CPP; e o art. 2°, § 2°, Lei 12.830/2013). Prova dessa discricionariedade é o art. 14, CPP, que diz que o delegado pode ou não atender aos requerimentos de diligência solicitados pela vítima[23] e pelo indiciado. *Discricionariedade não significa, entretanto, arbitrariedade.* O delegado, obviamente, não é livre para agir como quiser. Trata-se, portanto, de uma discricionariedade dentro da legalidade (há que se respeitar as garantias e direitos fundamentais do indiciado e o ordenamento jurídico como um todo).

Ademais, embora não haja hierarquia entre magistrados, membros do MP e delegados, é oportuno recordar que as "solicitações" de diligências dos dois primeiros (juiz e MP) ao delegado, chamadas tecnicamente de requisição, têm, segundo a doutrina, conotação de *ordem*. Assim, não há aqui discricionariedade para o delegado, devendo, portanto, acatá-las (art. 13, II, CPP).

4.6.6. Escrito

O art. 9°, CPP, estabelece que todas as peças do IP serão reduzidas a escrito e rubricadas pela autoridade policial. Os atos realizados oralmente (oitiva do indiciado, por exemplo) deverão, igualmente, ser reduzidos a termo. Tudo isso visa a fornecer subsídios ao titular da ação penal. Embora consagrada a forma escrita do IP, lembre-se que a reforma de 2008 estabeleceu que, sempre que possível, deve-se lançar mão de outros mecanismos de apreensão das informações (audiovisual, por exemplo), como forma de conferir maior fidedignidade a esses atos (art. 405, § 1°, CPP).

4.6.7. Oficialidade[24]

O IP é presidido e conduzido por órgão *oficial* do Estado (polícia judiciária) – *vide* art. 144, § 4°, CF.

---

23. Conforme doutrina, a *única* diligência que o delegado está obrigado a acatar é o exame de corpo de delito (art. 158, CPP). Deixando vestígio a infração e solicitando a vítima o respectivo exame, deve a autoridade policial acatar esse requerimento.

24. A Lei 13.432/2017 tratou da atividade do detetive particular e trouxe, de forma expressa, a possibilidade deste profissional colaborar com a investigação policial, desde que expressamente autorizado pelo Delegado.

4.6.8. Oficiosidade

Em caso de crime de ação penal pública incondicionada, deve o delegado agir de ofício, instaurando o IP (art. 5º, I, CPP). Ou seja, deve a autoridade policial atuar independentemente de provocação de quem quer que seja. Por outro lado, nos crimes de ação penal privada e condicionada à representação, não pode o delegado agir (instaurar o IP) sem ser provocado pela vítima (ou seu representante legal) – art. 5º, §§ 4º e 5º, CPP.

4.7. Instauração ou início do IP (art. 5º, CPP)

4.7.1. Se o crime for de ação penal pública incondicionada (ex.: roubo – art. 157, CP)

O IP será instaurado:

a) De ofício pelo delegado (art. 5º, I): tomando conhecimento da prática de crime de ação penal pública *incondicionada* por meio de suas atividades rotineiras, deve o delegado *agir de ofício*, instaurando o IP[25]. O nome da peça inaugural do IP nesse caso é a **portaria**.[26] A doutrina costuma denominar essa hipótese de instauração do IP de ***notitia criminis***[27] (notícia do crime) **espontânea** (*de cognição direta ou imediata*) exatamente por conta da descoberta do crime se dar *espontaneamente* pelo delegado;

b) Por requisição de membro do MP ou da magistratura[28] (art. 5º, II, primeira parte): igualmente, em se tratando de crime que se procede por meio de ação penal pública *incondicionada*, o IP poderá ser instaurado por meio de *requisição* de membro do MP ou da magistratura. Vale recordar que a *requisição* nesse contexto, conforme visto anteriormente, tem caráter de ordem para que o delegado instaure o IP. A doutrina costuma apelidar essa instauração do IP de ***notitia criminis* provocada** (*de cognição indireta ou mediata)*. Isto porque o delegado toma conhecimento do crime por meio de *provocação* de membro do MP ou da magistratura. Nesse caso, a *peça inaugural* do IP será a própria requisição (MIRABETE, 2001, p. 84). Notar ainda que, entre os autores, há quem critique (com razão, segundo pensamos) a requisição de magistrado para instaurar o IP por vislumbrar burla ao sistema acusatório. O juiz não deve se envolver em atividade de persecução penal;

c) Por requerimento do ofendido (art. 5º, II, segunda parte):[29] a vítima de crime de ação penal pública *incondicionada* também poderá provocar a autoridade policial para fins de instauração de IP. Os autores também denominam essa hipótese de ***notitia criminis* provocada** (*de cognição indireta ou mediata)*,

visto que o delegado toma conhecimento do crime por meio de provocação do ofendido. Nessa situação, a peça inaugural do IP será o próprio *requerimento* (*op. cit.*, 2001, p. 84). No caso de *indeferimento* desse requerimento do ofendido, cabe *recurso administrativo* ao Chefe de Polícia (art. 5º, § 2º), que, hoje, é representado ou pelo Delegado-Geral de Polícia ou pelo Secretário de Segurança Pública, conforme a legislação de cada Estado Federado;

d) Por provocação de qualquer um do povo (art. 5º, § 3º): em caso de delito que se processe por via de ação penal pública *incondicionada*, *qualquer pessoa* pode provocar a autoridade policial para que instaure o IP. A doutrina nomeia essa hipótese de ***delatio criminis*** (delação do crime) **simples**. Nessa situação, a peça inaugural do IP será a *portaria* (*op. cit.*, 2001, p. 84);

e) Pela prisão em flagrante do agente: ocorrendo a prisão em flagrante do indivíduo que cometeu crime de ação penal pública incondicionada, instaura-se o IP, tendo este como peça inaugural o *auto de prisão em flagrante* (APF). Os autores costumam denominar essa hipótese de instauração do IP de ***notitia criminis* de cognição coercitiva**.

4.7.2. Se o crime for de ação penal pública condicionada à representação (ex.: ameaça – art. 147, CP) ou à requisição do Ministro da Justiça (ex.: crime contra a honra do Presidente da República – art. 145, parágrafo único, do CP)

O IP será instaurado por meio, respectivamente, da **representação** da vítima e da **requisição**[30] do Ministro da Justiça. Sem as referidas autorizações (representação e requisição) não poderá o delegado instaurar o IP. A doutrina costuma apelidar essa situação de instauração do IP de ***delatio criminis* postulatória**.

4.7.3. Se o crime for de ação penal privada (ex. injúria simples – art. 140, caput, CP)

O IP só poderá ser instaurado por meio de **requerimento** da vítima (ou seu representante legal).

Observação final: no Brasil, a **denúncia anônima** (delação apócrifa ou *notitia criminis* inqualificada) é imprestável para, *isoladamente,* provocar a instauração de inquérito policial. A delação apócrifa (ex.: disque-denúncia) somente é admitida se for usada para *movimentar* os órgãos responsáveis pela persecução penal (apenas isto). Neste caso, tais órgãos deverão proceder com a máxima cautela (averiguações preliminares) e só instaurar inquérito policial caso descubram outros elementos de prova idôneos. Consultar os seguintes julgados STF: HC 106152, DJ 24.05.2016 e HC 180709/SP, Segunda Turma, (Info. 976, 04 a 08.05.2020).

4.8. Vícios no IP

Tendo em vista que o IP possui natureza de procedimento *administrativo informativo* (e não de processo), costuma a doutrina dizer que *eventuais vícios que ocorram durante a investigação não têm o condão de contaminar a futura ação penal*[31]. Possíveis vícios do IP têm, normalmente, força apenas

---

25. Segundo o STJ, "é possível a deflagração de investigação criminal com base em matéria jornalística." (Informativo 652/STJ, de 16 de agosto de 2019).

26. *"Peça singela, na qual a autoridade policial consigna haver tido ciência da prática do crime de ação penal pública incondicionada, declinando, se possível, o dia, lugar e hora em que foi cometido, o prenome e o nome do pretenso autor e o prenome e nome da vítima (...)"* (MIRABETE, 2001, p. 84).

27. *Notitia criminis é o conhecimento por parte do delegado, espontâneo ou provocado, de um fato aparentemente delituoso.*

28. Há quem critique a requisição de magistrado para instaurar o IP por vislumbrar burla ao sistema acusatório. O juiz não deve se envolver em atividade de persecução penal.

29. Tecnicamente, não se deve usar a expressão "dar uma queixa na delegacia". Isto porque "queixa", para o Processo Penal, é sinônimo de queixa-crime (ação penal privada). Assim, em sentido técnico, deve-se falar em "noticiar a prática de um crime" (notícia do crime).

---

30. **Atenção:** a requisição aqui *não tem* conotação de ordem, mas de mera autorização para o MP agir.

31. Nesse sentido, vide também STJ. 5ª Turma. AgRg no RHC 124.024/SP, julgado em 22/09/2020; STF, ARE 868516 AgR/DF, *DJe* 23.06.2015 e Informativo/824, de 2 a 6 de maio de 2016.

para produzir a *ineficácia do próprio ato inquinado (viciado)*. Exemplo: se, no curso do IP, o delegado prende ilegalmente o indiciado, a ação penal, ainda assim, poderá ser oferecida por seu titular. A prisão, entretanto, deverá ser declarada ilegal pelo Judiciário (ineficácia do ato prisional, no caso).

Entretanto, embora seja verdade que os eventuais vícios do IP não contaminam a ação penal, é também correto que a inicial acusatória *não pode estar amparada tão somente em elementos viciados*. Ocorrendo isto (ação penal só fundamentada em elementos viciados), é de se reconhecer a falta de justa causa (suporte probatório mínimo) para o oferecimento da inicial (art. 395, III, CPP).

4.9. Incomunicabilidade do indiciado preso

O art. 21, CPP, prevê que, a pedido do delegado ou do MP, o juiz poderá decretar a *incomunicabilidade* do indiciado preso.

Ficar incomunicável, nesse contexto, consiste na *limitação de comunicação do detido com outros presos e com o mundo exterior (familiares, por exemplo), podendo, tão somente, comunicar-se com o seu advogado, o magistrado, o MP, o delegado e demais funcionários responsáveis pela sua custódia*.

Com essa medida, busca-se, *v. g.*, evitar que o preso possa instruir terceiros a destruir material probatório.

Entretanto, segundo pensa a *majoritária* doutrina, o dispositivo em questão *não foi recepcionado pela CF*. Segue o porquê desse entendimento.

A Lei Maior, ao tratar do Estado de Defesa (situação em que diversas garantias individuais poderão ser suprimidas), estabelece expressamente que *o preso não poderá ficar incomunicável* (art. 136, § 3º, IV, CF). Ora, se é vedada a incomunicabilidade do preso num estado *alterado, anormal* (Estado de Defesa), com muito mais razão, também se deve vedá-la (a incomunicabilidade) num estado de absoluta normalidade (que é o tratado pelo art. 21, CPP).

4.10. Valor probatório do IP

Consoante vimos anteriormente, as provas produzidas no âmbito do IP objetivam, em regra, dar suporte à ação penal (caráter informativo do IP). Porém, cabe a pergunta: *pode o IP dar suporte também à sentença condenatória?* Em outros termos: *pode o juiz fundamentar um decreto condenatório em provas obtidas no IP?* Vejamos.

Conforme posicionamento firme da comunidade jurídica, as provas obtidas em sede de IP *não podem*, *de modo exclusivo*, fundamentar uma sentença penal condenatória.[32] Isso porque, como no IP não há contraditório, ampla defesa, bem como diversas outras garantias, uma condenação proferida nesses moldes (pautada *exclusivamente* em provas[33] obtidas na fase policial), configuraria violação frontal às garantias mais elementares do acusado. Aliás, não é o outro o comando da primeira parte do art. 155, CPP.

Nesse mesmo sentido, o STJ, em recente decisão, entendeu que a decisão que pronuncia o acusado não poderá basear-se exclusivamente em elementos informativos colhidos no inquérito policial (Informativo 638/STJ, de 19 de dezembro de 2018).

Com efeito, embora o IP não possa funcionar como suporte *único* de um decreto condenatório, majoritário setor da doutrina e jurisprudência admitem que a peça investigativa possa ser valorada em caráter *supletivo* (*subsidiariamente*). Segundo dizem, quando as provas produzidas na fase policial forem renovadas ou confirmadas em juízo (em contraditório judicial, portanto) será sim possível valorar o IP para dar mais robustez à condenação.[34] Exemplo: o depoimento de uma testemunha prestado durante o IP e, posteriormente, renovado em juízo, atestando a autoria do acusado. Neste caso, poderá o magistrado, na sentença condenatória, valorar, além do testemunho prestado em juízo, o efetuado na polícia. Por conta disso, costuma-se dizer que o valor probatório do IP é *relativo* (depende de renovação/confirmação em juízo).

Mas não é só. Há certas provas que, mesmo sendo produzidas no curso do IP, dadas as suas peculiaridades, podem ser amplamente valoradas pelo juiz num decreto condenatório. Mirabete (2001, p. 79) afirma que tais provas possuem valor idêntico àquelas produzidas em juízo. São as chamadas **provas cautelares**, **não repetíveis** e **antecipadas**[35] (*vide* parte final do *caput* art. 155, CPP).

Prova cautelar *é aquela que necessita ser produzida em caráter de urgência para evitar o seu desaparecimento*. Exemplos: busca e apreensão e interceptação telefônica. Admite-se a valoração dessa prova em sentença condenatória, pois se entende que ela se submete ao chamado **contraditório diferido, retardado ou postergado**. Significa isto que, *apesar de produzida no curso do inquérito, a prova, ao integrar o processo, poderá ser combatida pelas partes*.

Prova não repetível *é aquela em que a renovação em juízo revela-se praticamente impossível*. Ex.: perícia sobre um crime de estupro. Caso esse exame não seja realizado de plano na fase policial, é quase certo que o vestígio da infração penal desaparecerá. Também vige aqui o chamado contraditório diferido.

Prova antecipada *é aquela que, por conta da ação do tempo, apresenta alta probabilidade de não poder ser mais realizada em juízo*. Ex.: o testemunho de uma pessoa bastante idosa. Nesse caso, conforme sustentam, deve-se fazer uso do instituto da produção antecipada de prova (art. 225 do CPP) a fim de assegurar às futuras partes a garantia do contraditório. Procedida à produção antecipada de prova, torna-se possível valorá-la em uma eventual sentença penal condenatória.

4.11. Providências que podem ser tomadas no curso do IP

No curso do IP, uma série de diligências podem ser tomadas pelo delegado com a finalidade de elucidar a eventual

---

32. Ver STF: RHC 122493 AgR, DJ 09.09.2015 e HC 119315/PE, DJe 13.11.2014.

33. Na realidade, alguns autores mencionam que, tecnicamente, sequer poderíamos dizer que, em sede de inquérito policial, há "provas". É que, faltando o contraditório, a ampla defesa, bem como um controle judicial sobre os elementos produzidos, não poderíamos falar em "provas", mas apenas em "atos de investigação", "atos de inquérito" ou "informações". Nesse sentido: Lopes Jr. (2003, p. 190).

34. Entretanto, há duras críticas a essa postura. Sobre o tema, consultar o nosso livro *Questões Polêmicas de Processo Penal*, Bauru: Edipro, 2011, tópico 2.4, oportunidade em que fizemos uma pesquisa minuciosa do assunto.

35. Os conceitos de prova cautelar, antecipada e não repetível, não são claros na doutrina, nem na lei (art. 155, CPP). Por isso, não se assuste o leitor se perceber certa inexatidão neles. O importante aqui é apreender os exemplos de cada um dos conceitos e entender quando o contraditório se antecipa e quando se posterga.

prática de uma infração penal e sua respectiva autoria (art. 2º, § 2º, Lei 12.830/2013). Tais providências constam dos arts. 6º e 7º, CPP, que, note-se bem, não são dispositivos taxativos, mas meramente exemplificativos. Abaixo, examinaremos algumas dessas principais medidas.[36]

4.11.1. Oitiva do indiciado (art. 6º, V, CPP)

Ao longo do IP, o delegado deverá ouvir o indiciado observando, no que for aplicável, as regras do interrogatório judicial (art. 185 e ss., CPP). Note o leitor que não serão aplicadas *todas* as regras do interrogatório judicial à oitiva do indiciado efetuada na polícia, mas apenas aquelas que não colidirem com a natureza inquisitorial do IP. Desse modo, a presença de defensor no momento da ouvida do indiciado (exigida no interrogatório judicial – art. 185, § 5º) é considerada dispensável na fase policial. É dizer, com ou sem a presença de defensor, que a oitiva do indiciado será realizada pelo delegado. Por outro lado, o direito ao silêncio deve ser totalmente assegurado nessa etapa pela autoridade policial. Seja como for, com o advento do juiz das garantias (art. 3º-A e seguintes, CPP) há um reforço no que tange à observância dos direitos e garantias do indiciado.

Observações finais: a) o art. 15, CPP, encontra-se revogado pelo atual Código Civil. Ou seja, dispensa-se o curador para o chamado indiciado "menor" (que possui entre 18 e 21 anos). É que o vigente CC tornou os maiores de 18 anos plenamente capazes para os atos da vida civil (nova maioridade civil), sendo que ser ouvido na condição de indiciado não deixa de ser um ato da vida civil; b) O STF, em recente julgado, entendeu como inconstitucional a condução coercitiva do acusado para o interrogatório, de modo que a conduta que contrarie esse entendimento poderá ensejar a responsabilização disciplinar, civil e penal da autoridade e agente, bem como a responsabilidade civil do Estado. O Supremo modulou os efeitos da decisão, de forma que os interrogatórios anteriormente realizados não serão desconstituídos (Informativo 906/STF, de 11 a 15 de junho de 2018).

4.11.2. Realização do exame de corpo de delito (art. 6º, VII, CPP)

Quando a infração deixar vestígios (ex.: estupro, homicídio etc.), o delegado *não poderá* se negar a realizar o exame de corpo de delito, por ser este indispensável nessa situação (art. 158, CPP).[37]

4.11.3. Identificação do indiciado pelo processo datiloscópico (art. 6º, VIII, primeira parte, CPP)

A CF, em seu art. 5º, LVIII, garante que "o civilmente identificado não será submetido à identificação criminal, salvo nas hipóteses previstas em lei".

Identificar-se civilmente é apresentar qualquer documento capaz de precisar a sua identidade (carteira de motorista, RG, carteira funcional etc. – vide o art. 1º, Lei 12.037/2009), quando solicitado a fazê-lo pelos órgãos responsáveis pela perseguição penal.

Assim, via de regra, de acordo com a CF, basta o fornecimento de identificação civil para satisfazer a eventual necessidade de esclarecimento da identidade de alguém.

Excepcionalmente, porém, será necessária a realização de identificação criminal. Identificar alguém criminalmente significa submeter o indivíduo à coleta de material datiloscópico, fotográfico, dentre outros.

Dessa forma, o art. 6º, VIII, primeira parte, CPP, que trata da "identificação do indiciado pelo processo datiloscópico", como uma das providências possíveis a serem tomadas pelo delegado no curso do IP, precisa ser lido à luz da CF. O delegado não pode, de modo automático, realizar a identificação do indiciado pelo processo datiloscópico (identificação criminal) – segundo se poderia pensar a partir de uma leitura simplista do art. 6º, VIII, CPP. Ao contrário, somente deve proceder à identificação criminal do indiciado se ocorrer alguma das hipóteses excepcionais previstas no art. 3º, Lei 12.037/2009. Vejamos quais essas hipóteses:

> **Art. 3º** Embora apresentado documento de identificação, poderá ocorrer identificação criminal quando:
>
> I – o documento apresentar rasura ou tiver indício de falsificação;
>
> II – o documento apresentado for insuficiente para identificar cabalmente o indiciado;
>
> III – o indiciado portar documentos de identidade distintos, com informações conflitantes entre si;
>
> IV – a identificação criminal for essencial às investigações policiais, segundo despacho da autoridade judiciária competente, que decidirá de ofício ou mediante representação da autoridade policial, do Ministério Público ou da defesa;
>
> V – constar de registros policiais o uso de outros nomes ou diferentes qualificações;
>
> VI – o estado de conservação ou a distância temporal ou da localidade da expedição do documento apresentado impossibilite a completa identificação dos caracteres essenciais.

Vale notar que a Lei 12.654/2012, alterando a Lei de Identificação Criminal, estabeleceu que, em relação ao inciso IV, destacado antes, será possível, para fins de identificação criminal, coletar material biológico do indivíduo para a obtenção do perfil genético (DNA) deste (parágrafo único do art. 5º da Lei de Identificação Criminal).

Sobre o tema, destaque-se o seguinte.

Na hipótese de a coleta de material biológico ser autorizada pelo juiz, as informações do perfil genético serão armazenadas em banco de dados próprio ("Biobanco"), **sigiloso**, a ser gerenciado por uma unidade oficial de perícia criminal (Ex: IML ou instituto de criminalística) – art. 5º-A, seu § 2º e art. 7º-B.

As informações genéticas **não** poderão revelar traços somáticos ou comportamentais, admitindo-se uma **exceção**, que é a determinação de gênero – art. 5º-A, § 1º. A medida visa a evitar que se façam futuras relações entre práticas criminosas e a estrutura genética de indivíduos, dando margem a possíveis estudos discriminatórios (da área da neurocriminologia, p. ex.) que relacionem o crime à determinada etnia, faixa etária etc.

---

36. Para as provas de concurso, recomendamos a leitura *integral* desses dispositivos e não apenas os tratados aqui. Selecionamos neste tópico apenas as diligências mais relevantes.

37. A Lei 13.721/2018 elencou alguns crimes em que a realização do exame de corpo de delito deverá ser prioridade, sendo eles aqueles que envolvam: violência doméstica e familiar contra a mulher; violência contra criança, adolescente, idoso ou pessoa com deficiência. Quanto ao assunto, ver tópico 12.2.1.

Quanto à possibilidade de exclusão dos perfis genéticos dos bancos de dados, o art. 7º-A (alterado pelo Pacote Anticrime) dispõe que será possível excluir um dado perfil genético nos seguintes casos: I. no caso de absolvição do acusado; e II. no caso de condenação do acusado, mediante requerimento, após decorridos 20 anos do cumprimento da pena.

Cabe, finalmente, destacar que o tema "coleta de material biológico para a obtenção de perfil genético" tem sido objeto de polêmica na doutrina. Dentre as diversas implicações de fundo ético que esse tipo de prática apresenta, um dos pontos criticados diz respeito à ofensa ao direito a não autoincriminação do indivíduo. Explica-se. Embora o material coletado tenha, a priori, a finalidade de promover a identificação criminal do indivíduo, é possível que esse material venha, futuramente, a ser utilizado contra o indivíduo como meio de prova. Os "Biobancos" passariam a servir como meios de prova, ultrapassando, portanto, a sua finalidade de mecanismo de identificação criminal. É por isso que vários autores afirmam que pode o acusado se negar a fornecer esse tipo de material, fazendo então valer o seu direito a não autoincriminação. O assunto ainda deverá ser bastante debatido, sendo que, certamente, chegará aos tribunais superiores. Esperemos.

Além do "Biobanco", o novo art. 7º-C, da Lei 12.037/2009, institui Banco Nacional Multibiométrico e de Impressões Digitais, vinculado ao Ministério da Justiça e Segurança Pública. O seu funcionamento dependerá de regulamentação posterior, mas o Banco destina-se ao armazenamento dos "registros biométricos, de impressões digitais e, quando possível, de íris, face e voz, para subsidiar investigações criminais federais, estaduais ou distritais" (§ 2º, art. 7º-C). Vale ressaltar que é expressamente vedada a sua utilização para fins diversos dos previstos na referida Lei (§§ 8º e 10º, art. 7º-C). Por fim, para que tenham acesso aos dados do Banco, a autoridade policial e o MP deverão requerer ao juiz competente e demonstrar a finalidade em favor de investigação criminal ou ação penal (§ 11, art. 7º-C).

4.11.4. Vida pregressa do indiciado (Art. 6º, IX, CPP)

São elementos que podem influir na fixação da pena em caso de condenação futura. Assim, poderão ser identificadas qualificadoras, causas de isenção de pena, privilégio ou circunstâncias por meio desta providência.

4.11.5. Informação sobre a existência de filhos (Art. 6º, X, CPP)

Trata-se de alteração introduzida pela Lei 13.257/2016, dentro das políticas públicas para crianças da primeira infância, que são aquelas até os 6 anos de idade (art. 2º, Lei 13257/2016). Não obstante, as informações também dizem respeito a crianças de outras idades, adolescentes e dos filhos que possuam alguma necessidade especial.

Aqui é importante lembrar que há necessidade de uma rede integrada de acolhimento, com participação dos Conselhos Tutelares, MP, Polícia, Judiciário, Defensoria, etc.

4.11.6. Reprodução simulada ou reconstituição do crime (art. 7º, CPP)

Busca verificar a possibilidade de o crime ter sido praticado de certo modo. Não pode contrariar a moralidade, nem a ordem pública (é ofensiva a reconstituição de um estupro, por exemplo). Destaque-se que o indiciado não está obrigado

a colaborar com essa diligência, uma vez que goza do direito a não autoincriminação. Porém, segundo defende significativa parcela da doutrina, mesmo que não colabore com a diligência, tem o indiciado, ainda assim, o dever de comparecimento (vide art. 260, CPP).

4.11.7. Indiciamento

Outra medida que pode ser tomada pelo delegado no curso do IP é o indiciamento do investigado. Indiciar significa que há nos autos do IP elementos sérios, razoáveis de que determinada pessoa (ou pessoas) cometeu, aparentemente, uma infração penal (ou várias infrações).

Perceba-se que o delegado deve agir com cautela aqui, vez que o indiciamento já produz um estigma naquele sobre quem esse ato recai. Logo, não pode ser um ato temerário, é preciso que existam, de fato, elementos no IP (atos de investigação) que apontem para a autoria e materialidade delitiva.

Foi promulgada uma lei (Lei 12.830/2013) que, dentre outras coisas, trata do indiciamento. Vejamos uma passagem sobre o assunto: "art. 2º, § 6º O indiciamento, privativo do delegado de polícia, dar-se-á por ato fundamentado, mediante análise técnico-jurídica do fato, que deverá indicar a autoria, materialidade e suas circunstâncias[38]".

Note-se que há autoridades com prerrogativa de função que não podem ser indiciadas pelo delegado, p. ex: magistrados (art. 33, parágrafo único, LC 35/1979); membros do MP (arts. 18, parágrafo único, LC 75/1993, e 41, parágrafo único, Lei 8.625/1993); parlamentares federais. No que tange aos parlamentares federais, oportuno destacar que o STF entende ser possível o seu indiciamento, desde que haja prévia autorização do Ministro Relator do IP, responsável pela supervisão do inquérito (a respeito, confira-se os seguintes julgados do STF AP 933 QO, 2ª Turma, DJ 03.02.2016 e Pet 3825 QO, DJ 04.04.2008). Além do Informativo nº 825 STF, de 9 a 13 de maio de 2016.

4.12. Prazo de conclusão do IP

4.12.1. Regra

Conforme o art. 10, CPP: se o indiciado estiver **preso**, 10 dias; se **solto**, 30 dias. Apenas o prazo do indiciado *solto* pode ser prorrogado (§ 3º do art. 10, CPP). Nesta última hipótese, necessário se faz que o caso seja de difícil elucidação e que haja pedido do delegado ao juiz nesse sentido, fixando este último o prazo de prorrogação.

Atenção: Conforme art. 3º-B, §2º, incluído pela Lei 13.964/2019, o juiz das garantias poderá prorrogar, uma única vez, o inquérito policial por até 15 dias, mediante representação da autoridade policial e ouvido o Ministério Público. Após o prazo, caso a investigação ainda não tenha sido concluída, o juiz competente deverá reavaliar os motivos que ensejaram a prisão (STF, ADI nº 6.298/DF)

4.12.2. Prazos especiais de conclusão do IP

a) **IP a cargo da polícia federal** (art. 66, Lei 5.010/1966): se o indiciado estiver **preso**, 15 dias. Este prazo é prorrogável por

---

38. Ver: STJ, Inf. nº 552, período de 17.12.2014, 5ª Turma. O magistrado não pode requisitar o indiciamento em investigação criminal. Isso porque o indiciamento constitui atribuição exclusiva da autoridade policial.

mais 15 dias, desde que o delegado formule pedido fundamentado ao juiz, este o defira e que o preso seja apresentado ao magistrado. Se o indiciado estiver **solto**, 30 dias (também prorrogável na forma do § 3º do art. 10, CPP);

b) Lei de drogas (art. 51, Lei 11.343/2006): **preso**, 30 dias; **solto**, 90 dias. Ambos os prazos são duplicáveis por decisão judicial. Para que isso ocorra, é preciso que o delegado formule pedido fundamentado ao juiz e que o MP seja ouvido (art. 51, parágrafo único);

c) Crimes contra a economia popular (art. 10, § 1º, Lei 1.521/1951): indiciado **preso ou solto**, 10 dias. Prazo improrrogável em qualquer caso;

d) Inquérito militar (art. 20, *caput* e § 1º, CPPM): **preso**, 20 dias; **solto**, 40 dias. Este último podendo ser prorrogado por mais 20 dias pela autoridade militar superior.

4.13. Contagem do prazo de conclusão do IP

Embora não haja consenso na doutrina sobre o tema, *em relação aos inquéritos de investigado preso, prevalece* o entendimento de que o prazo de conclusão do IP possui natureza processual, devendo, portanto, ser contado na forma do art. 798, § 1º, CPP (exclui-se o dia do começo e inclui-se o dia final).[39] Exemplo: Fulano foi preso em flagrante no dia 06.04.2011 (quarta-feira). Como se trata de indiciado preso, pela regra do art. 10, CPP, o IP deverá ser concluído em 10 dias. Assim, seguindo a fórmula do art. 798, § 1º (prazo processual), a contagem dos 10 dias se iniciará no dia útil seguinte à prisão em flagrante (no caso, 7 de abril, quinta-feira). Por outro lado, o último dia do prazo *seria* 16 de abril (sábado). Como não há expediente forense no sábado, nem no domingo (e como o prazo é processual), haverá a prorrogação para o dia útil imediato (ou seja, 18 de abril, segunda-feira, se não for feriado). Conclusão: o último dia do prazo (*i. e.*, o último dia para que o delegado conclua o IP e o envie ao MP) será o dia 18 de abril (segunda-feira)[40].

4.14. Encerramento do IP

Ao encerrar o IP, a autoridade policial deverá elaborar minucioso relatório do que tiver sido apurado (arts. 10, §§ 1º e 2º, e 11, CPP).[41] Nesse contexto, vejamos algumas distinções entre o encerramento de um IP que teve por objeto um crime de ação pública e o que teve por objeto um crime de ação privada.

4.14.1. *Crime de ação penal pública*

Em se tratando de crime de ação penal pública, concluído o IP, a depender das normas estaduais aplicáveis à Comarca, deverá ser encaminhado a juízo (oportunidade em que ficará à disposição do MP) ou deverá ser encaminhado diretamente ao MP. De um jeito ou de outro, este órgão (o MP), ao receber os autos do inquérito, deverá tomar uma das 3 medidas seguintes: a) oferecer denúncia; b) requisitar novas diligências; ou c) requerer o arquivamento. Examinemos estas opções de per si.

a) Oferecimento de denúncia: neste caso, significa que *o MP está satisfeito com a investigação realizada*. Ou seja, há suporte probatório mínimo (indício de autoria e de materialidade do crime) para o oferecimento da ação penal;

b) Requisição de novas diligências (art. 16, CPP): significa que *o MP não está satisfeito com o resultado da investigação, necessitando de ulteriores diligências*. Não é demais lembrar que a requisição do MP ao delegado tem caráter de ordem;

c) Requerimento (ou promoção) de arquivamento: como já dito, a autoridade policial não pode arquivar o IP (art. 17, CPP). Por outro lado, o arquivamento do IP ou de elementos informativos similares passou por uma significativa mudança após a L. 13.964/2019.

Antes da L. 13.964/2019, o arquivamento se dava por meio de dupla manifestação: pedido do MP + homologação do juiz. Mais especificamente, a coisa se passava assim. Caso o MP não vislumbrasse suporte probatório mínimo para o oferecimento da denúncia, deveria requerer ao juiz o arquivamento da investigação criminal ou peças de informação. Este (o juiz), por sua vez, poderia homologar o arquivamento ou, discordando do pedido, enviá-lo à cúpula do MP para (re)análise. Esta cúpula, ao seu turno, poderia: ou insistir no arquivamento do IP (hipótese em que o juiz estaria obrigado a acolhê-lo); ou requisitar novas diligências; ou oferecer denúncia (ele mesmo ou por meio de outro membro do MP). Após a L. 13.964/2019 e a decisão do STF em sede das ADIs 6298, 6299, 6300 e 6305/ DF, essa dinâmica sofreu uma discreta alteração. Pela interpretação conforme atribuída pelo STF, o MP deverá submeter a sua manifestação de arquivamento ao "juiz competente e comunicará à vítima, ao investigado e à autoridade policial, podendo encaminhar os autos para o Procurador-Geral ou para a instância de revisão ministerial, quando houver, para fins de homologação". Assim, decidindo pelo arquivamento da investigação criminal, o MP deverá fundamentar tal orientação em peça própria, encaminhando esta à instância com atribuição para tal do próprio MP. Essa instância, por sua vez, irá exercer o controle sobre o arquivamento, concordando ou não com este. No caso de concordância, o arquivamento será homologado, a investigação arquivada e o juiz das garantias comunicado para respectiva baixa do controle (art. 3º-B, IV, CPP). No caso de a instância do MP discordar da proposta de arquivamento, poderá: (a) ela mesma, por meio de um de seus membros, oferecer a denúncia; (b) designar um novo membro do MP para o exercício da ação penal;[42] ou (c) requisitar novas diligências.

Uma outra novidade trazida pela L. 13.964/2019 a ser notada é que, ao optar pelo arquivamento, o MP deverá comunicar tal fato à vítima, ao investigado e à autoridade policial (art. 28, *caput*, CPP). Com efeito, "se a vítima, ou seu representante legal, não concordar com o arquivamento do

---

39. Contudo, como dissemos, o assunto é polêmico. Há respeitáveis autores que defendem a natureza penal desse prazo (contando-o, portanto, na forma do art. 10, CP).

40. Em sentido contrário: Távora e Alencar (2016, p. 152); e Lima (2015, p. 150). Para os autores mencionados, em se tratando de investigado preso, conta-se o prazo nos termos do art. 10, CP, e não há que se falar em prorrogação do prazo para o primeiro dia útil, pois as delegacias funcionam de forma ininterrupta, em regime de plantão.

41. Em regra, não é necessário ao delegado tipificar a conduta do indiciado no relatório. Porém, na Lei de Drogas, o art. 52, I, exige que o delegado tipifique a conduta do agente no relatório.

42. Há antiga polêmica na doutrina se o membro do MP designado pelo PGJ estaria ou não obrigado a oferecer denúncia. *Prevalece* o entendimento de que sim, *i. e.*, que o membro designado do MP atuaria como *longa manus* do PGJ, logo, estaria obrigado a denunciar. Nesse contexto, cabe enunciar julgado do STF no qual restou consignado que "Cabe ao Procurador-Geral da República a apreciação de conflitos de atribuição entre órgãos do ministério público" (STF. Plenário. ACO 1567 QO/SP, rel. Min. Dias Toffoli, 17.8.2016).

inquérito policial, poderá, no prazo de 30 dias do recebimento da comunicação, submeter a matéria à revisão da instância competente do órgão ministerial, conforme dispuser a respectiva lei orgânica" (§ 1º do mesmo artigo). E o § 2º do mesmo dispositivo arremata: "nas ações penais relativas a crimes praticados em detrimento da União, Estados e Municípios, a revisão do arquivamento do inquérito policial poderá ser provocada pela chefia do órgão a quem couber a sua representação judicial." O STF alterou a interpretação do § 1º, art. 28, CPP para estabelecer a possibilidade do juiz submeter a matéria à instância revisora do MP, caso "verifique" "patente ilegalidade ou teratologia no ato de arquivamento".

A opção do MP pelo arquivamento pode amparar-se em diversos motivos. Exemplos: atipicidade da conduta do indiciado; desconhecimento da autoria do crime; inexistência de elementos mínimos de prova para denunciar o indiciado; ausência de representação (nos crimes que a exigem – v.g. ameaça, art. 147, CP); e mais recentemente o que o STF denomina ausência de base empírica idônea e de indicação plausível do fato delituoso a ser apurado (Inq 3847AgR/GO, DJe 08.06.2015). Trata-se da delação anônima sem qualquer elemento indiciário ou fático complementar ou uma notícia de internet sem que haja a devida descrição de um fato concreto.

Outro aspecto importante a destacar é a recente decisão do STF que determinou, de ofício, o arquivamento de inquérito diante do longo prazo de pendência da investigação sem que se reunisse indícios mínimos de autoria ou materialidade. No caso concreto, a PGR requereu a remessa dos autos do inquérito à 1ª instância, diante do fim do foro por prerrogativa de função do investigado. No entanto, o STF negou o pedido e determinou, de ofício, o arquivamento das investigações, já que as inúmeras diligências tentadas não obtiveram sucesso, de modo que o declínio para a 1ª instância seria fadada ao insucesso (Informativo 912/STF, de 20 a 24 de agosto de 2018).

Ainda a respeito das hipóteses de arquivamento do IP, note o leitor que o CPP não tratou expressamente do tema. Entretanto, esse Código, em seu art. 395, apresenta situações em que a denúncia será *rejeitada* pelo juiz. Ora, podemos concluir disso o seguinte: as hipóteses em que a denúncia deverá ser rejeitada pelo juiz (estabelecidas no art. 395) são exatamente os casos em que o MP não deverá oferecer denúncia, requerendo, ao revés, o arquivamento do IP. Trata-se de interpretação *a contrario sensu* do art. 395.

Pois bem, conforme mencionado, sendo hipótese de arquivamento, o MP deverá formular pedido fundamentado nesse sentido ao magistrado que, também de forma fundamentada (art. 93, IX, CF), decidirá sobre o caso.

Ademais, diante da mudança na dinâmica de arquivamento (em que não há mais controle judicial da manifestação do MP), pensamos que os dispositivos que previam recurso de ofício da decisão que arquiva o IP em casos de crime contra a economia popular e contra a saúde pública (art. 7º, Lei 1.521/1951) e recurso em sentido estrito da decisão que arquiva o IP em casos de contravenção de jogo do bicho e de aposta de corrida de cavalos fora do hipódromo (art. 6º, Lei 1.508/1951 c/c arts. 58 e 60, DL 6.259/1944) estão ambos prejudicados. Não há mais que se falar de controle judicial da manifestação de arquivamento.

Ressalte-se que, arquivado o IP, nada impede que o delegado proceda a *novas diligências*, visando a encontrar elementos mais contundentes acerca da autoria e/ou materialidade

do delito. É que, em regra, a decisão de arquivamento faz apenas coisa julgada formal[43] (incide aqui a chamada cláusula *rebus sic stantibus*[44]). Agora, para que o MP possa oferecer a denúncia (depois de consumado o arquivamento do IP), é imprescindível a existência de *provas substancialmente novas*. Em resumo, temos então o seguinte: em regra, arquivado o IP, nada impede que o delegado proceda a novas diligências. Porém, para que haja a deflagração de ação penal, é preciso que o MP possua *provas substancialmente novas*. É assim que devem ser lidos o art. 18, CPP, e a Súmula 524, STF.

A regra, portanto, é: arquivado o IP, pode o delegado realizar novas diligências (art. 18, CPP) e o MP oferecer denúncia (se conseguir provas substancialmente novas – Súm. 524, STF). Porém, há casos em que a decisão de arquivamento faz **coisa julgada formal e material** *também*, impedindo, portanto, a reabertura do caso. *Já decidiram os tribunais superiores que não pode haver reabertura do caso na seguinte situação* (coisa julgada material): **arquivamento que tenha por base a atipicidade ou a extinção da punibilidade (mesmo que a decisão tenha sido proferida por juiz absolutamente incompetente)** – *vide* STF, **HC 100161 AgR/RJ,** *DJe* **16.09.2011.**[45] Demais disso, cumpre enunciar o seguinte julgado do STF, no qual o arquivamento de inquérito, a pedido do MP, em virtude da prática de conduta acobertada pela excludente de ilicitude do estrito cumprimento do dever legal (CPM, art. 42, III) não obstaria o desarquivamento diante de novas provas, deste modo, não haveria configuração de coisa julgada material (HC 125101, 2ª Turma, DJ 11.09.2015 HC 87395/PR, j. 23/03/2017)[46].

Impende registrar a divergência de entendimentos entre os tribunais superiores, uma vez que, o STJ, em decisão proferida no ano de 2014, entendeu que o arquivamento pela prática de ato acobertado por excludente de ilicitude formaria coisa julgada material apta a obstar o posterior desarquivamento (STJ, 6ª Turma, REsp791471, *DJe* 16.12.2014).

Ainda em relação ao tema arquivamento, há construções da doutrina e da jurisprudência que buscam conferir a natureza de arquivamento a certas situações práticas que veremos a seguir:

I. arquivamento implícito ou tácito: caracteriza-se quando o MP (ações penais públicas, portanto) "deixa de incluir na denúncia algum fato investigado ou algum dos indiciados, sem expressa manifestação ou justificação deste procedimento" e o juiz deixa de se manifestar (art. 28, CPP) em relação àquilo que foi omitido (JARDIM, 2001, p. 170).

Pressupõe, portanto, a dúplice omissão: do MP, que oferece a denúncia sem incluir algum dos fatos (objetivo) ou dos indiciados (subjetivo) sem justificar o porquê[47]; e do juiz, que

---

43. Sobre a distinção entre coisa julgada material e formal, aduz Gomes (2005, p. 330): "há duas espécies de coisa julgada: 1. Coisa julgada *formal:* impede que o juízo da causa reexamine a sentença [ou decisão]; 2. Coisa julgada *material:* impede que qualquer outro juízo ou tribunal examine a causa já decidida". (Incluiu-se).

44. Significa nesse contexto: arquive-se o IP *desde que perdurem as mesmas circunstâncias e condições*.

45. Para uma leitura mais aprofundada, consultar o nosso *Questões Polêmicas de Processo Penal*, Bauru: Edipro, 2011 (tópico 2.2).

46. Ver Informativo nº 858, STF, de 20 a 24 de março de 2017.

47. Ver nossas anotações sobre obrigatoriedade e indivisibilidade da ação penal pública no próximo Capítulo.

não adota a providência do art. 28 e dá seguimento ao trâmite, recebendo a denúncia.

Ex: imagine o leitor que 6 indivíduos são investigados acerca do delito de roubo. Concluído o inquérito e remetido ao MP, esse oferece a denúncia em face de 5 dos investigados sem fazer qualquer menção ao 6º deles. O juiz, ao analisar a denúncia, despacha pelo seu recebimento. Nesse caso, haveria de se reconhecer o arquivamento implícito em relação ao último indiciado.

Destaque-se, porém, que tal modalidade não tem sido acolhida pela jurisprudência[48] e pela maior parte da doutrina, especialmente pela ausência de previsão legal e por considerar que o pedido de arquivamento deverá ser explícito, por força do princípio da obrigatoriedade da ação penal pública.

Com o advento da L. 13.964/2019, a figura do arquivamento implícito (tal como a descrevemos acima) deverá perder a razão de ser. É que, como dissemos, o arquivamento não irá mais passar pelo controle judicial; ficando com o próprio MP o controle sobre tal manifestação.

II. arquivamento indireto: trata-se de construção do STF[49] para resolver o conflito entre o juiz e o MP quando esse último recusa atribuição para o feito. O MP (ao invés de oferecer a denúncia, requerer o arquivamento ou requisitar novas diligências), recusa a própria atribuição por entender que o juízo perante o qual oficia é incompetente para processar e julgar a causa. O juiz, discordando, deve interpretar a situação como uma manifestação indireta de arquivamento e remeter os autos ao órgão revisor do MP (PGJ ou Câmara de Coordenação e Revisão). Ex.: promotor, ao receber os autos do IP, entende que o crime praticado ofendeu interesse da União e, portanto, a ação penal é atribuição do MPF (cujo membro é o Procurador da República). Nesse caso, requer ao juiz perante o qual oficia a remessa dos autos ao órgão competente. Se o juiz discordar, entenderá a manifestação como pedido indireto de arquivamento e remeterá os autos para o PGJ. Perceba, portanto, que a questão gira em torno da divergência entre MP e juiz quanto à atribuição do órgão acusatório.

Assim como dissemos no caso do arquivamento implícito, pensamos que, com o advento da L. 13.964/2019, a figura do arquivamento indireto deverá perder a razão de ser. É que, como dissemos, o arquivamento não irá mais passar pelo controle judicial; ficando com o próprio MP (dentro da mesma instituição) o controle sobre tal manifestação.

d) Acordo de não persecução penal (ANPP), art. 28-A, CPP: aqui temos uma outra opção que se abre ao MP quando este órgão estiver diante de uma investigação criminal. O ANPP trata-se de mais uma novidade trazida pela L. 13.964/2019, configurando-se em um outro instrumento de justiça penal consensual, ao lado dos já utilizados: suspensão condicional do processo nos crimes cuja pena mínima seja igual ou inferior a um ano (art. 89, L. 9.099/1995) e transação penal nos crimes de menor potencial ofensivo (art. 76, L. 9.099/1995). Tal novidade vem na esteira da polêmica Resolução 181/2017, alterada pela resolução 183/2018, do Conselho Nacional do Ministério Público (CNMP), que também previu a possibilidade de acordo de não persecução penal. Tal resolução foi polêmica, pois previu por meio de resolução, e não de lei (como seria o correto), a realização de acordo entre o MP e o investigado.. Eis o texto do art. 28-A, CPP, seguido de comentários nossos quando necessário.

Art. 28-A: "Não sendo caso de arquivamento e tendo o investigado confessado formal e circunstancialmente a prática de infração penal sem violência ou grave ameaça e com pena mínima inferior a 4 (quatro) anos, o Ministério Público poderá propor acordo de não persecução penal, desde que necessário e suficiente para reprovação e prevenção do crime, mediante as seguintes condições ajustadas cumulativa e alternativamente:"

Comentário: de acordo com o dispositivo, são requisitos para a realização do ANPP: (a) não ser hipótese de arquivamento; (b) ter o investigado confessado formal e circunstancialmente a prática de infração penal; (c) infração cometida sem violência ou grave ameaça; (d) pena mínima da infração inferior a 4 (quatro) anos; e (e) o MP considerar o ANPP medida necessária e suficiente à reprovação e prevenção do crime.

Primeiro ponto a ser notado é que tais requisitos são cumulativos e não alternativos. Outro ponto: o requisito (b) "ter o investigado confessado formal e circunstancialmente a prática de infração penal" é um dos pontos sensíveis do ANPP. Tal ponto vem sendo debatido por alguns autores, sobretudo no que diz respeito à ofensa ao princípio do estado jurídico de inocência. Porém, até o fechamento desta edição, não há uma orientação dominante a esse respeito.

No caso de recusa do MP em oferecer o ANPP, o investigado poderá requerer a remessa dos autos à instância superior do MP. Esta, por sua vez, poderá: insistir na ação penal (negando, portanto, a realização do acordo); ou optar pelo ANPP, ocasião em que a própria instância superior elaborará o acordo ou então designará um outro membro do MP para fazê-lo. Nesse sentido, diz o § 14 do art. 28-A, CPP: "No caso de recusa, por parte do Ministério Público, em propor o acordo de não persecução penal, o investigado poderá requerer a remessa dos autos a órgão superior, na forma do art. 28 deste Código."[50]

Por outro lado, os incisos do art. 28-A, CPP, estabelecem as condições às quais o investigado poderá ser submetido. Tais condições podem ser cumuladas ou aplicadas de forma isolada. Sublinhe-se que, na elaboração do acordo, essas condições deverão ser bem ponderadas pelo MP, haja vista que eventuais excessos ou faltas poderão vir a ser confrontadas pelo juiz quando da homologação do acordo (vide § 5º deste mesmo dispositivo). Vamos às condições às quais o investigado poderá ser submetido:

I – reparar o dano ou restituir a coisa à vítima, exceto na impossibilidade de fazê-lo;

---

48. STF, HC 127011 AgR/RJ, DJe 21.05.2015 e STJ, Info. 569, período 17/09 a 30.09.2015, 5ª Turma e Info. 540, período 28.05.2014, 6ª Turma e HC 197886/RS, DJ 25.04.2012.

49. STF, HC 88877, 1ª Turma, DJ 27/06/2008 e Pet 3528/BA, DJ 03.03.2006. Ver também, no STJ, o AgRg nos EDcl no REsp 1550432/SP, 6ª TURMA, DJ 29/02/2016 e o CAt 222/MG, DJ 16.05.2011.

50. Destaque-se que o STF possui entendimento no sentido de que o juiz não pode impor ao MP a obrigação de ofertar acordo de não persecução penal (ANPP). Afinal, o Poder Judiciário não detém atribuição para participar de negociações na seara investigatória (Informativo 1017/STF, de 21 de maio de 2021). Desse modo, de acordo com a redação do § 14 do art. 28-A do CPP, resta claro que a legitimidade para requerer a remessa dos autos ao órgão superior no caso de recusa do MP, é do investigado.

II – renunciar voluntariamente a bens e direitos indicados pelo Ministério Público como instrumentos, produto ou proveito do crime;

III – prestar serviço à comunidade ou a entidades públicas por período correspondente à pena mínima cominada ao delito diminuída de um a dois terços, em local a ser indicado pelo juízo da execução, na forma do art. 46, CP.

IV – pagar prestação pecuniária, a ser estipulada nos termos do art. 45, CP, a entidade pública ou de interesse social, a ser indicada pelo juízo da execução, que tenha, preferencialmente, como função proteger bens jurídicos iguais ou semelhantes aos aparentemente lesados pelo delito; ou

V – cumprir, por prazo determinado, outra condição indicada pelo Ministério Público, desde que proporcional e compatível com a infração penal imputada.

Por outro lado, o § 1º deste mesmo artigo afirma que "para aferição da pena mínima cominada ao delito a que se refere o *caput* deste artigo, serão consideradas as causas de aumento e diminuição aplicáveis ao caso concreto."

Já o § 2º estabelece hipóteses em que o ANPP **não** se aplica. São elas:

I – se for cabível transação penal de competência dos Juizados Especiais Criminais, nos termos da lei;

II – se o investigado for reincidente ou se houver elementos probatórios que indiquem conduta criminal habitual, reiterada ou profissional, exceto se insignificantes as infrações penais pretéritas;

III – ter sido o agente beneficiado nos 5 (cinco) anos anteriores ao cometimento da infração, em acordo de não persecução penal, transação penal ou suspensão condicional do processo. Vale notar que o descumprimento do ANPP, dentre outras coisas, também poderá obstar a proposta de suspensão condicional do processo (art. 89, L. 9.099/1995). Nesse sentido, o § 11 diz que "o descumprimento do acordo de não persecução penal pelo investigado também poderá ser utilizado pelo Ministério Público como justificativa para o eventual não oferecimento de suspensão condicional do processo".

IV – o ANPP também não se aplica aos crimes praticados no âmbito de violência doméstica ou familiar, ou praticados contra a mulher por razões da condição de sexo feminino, em favor do agressor.

Ademais, o § 3º estabelece que "o acordo de não persecução penal será formalizado por escrito e será firmado pelo membro do Ministério Público, pelo investigado e por seu defensor."

O § 4º, por sua vez, diz que "para a homologação do acordo de não persecução penal, será realizada audiência na qual o juiz deverá verificar a sua voluntariedade, por meio da oitiva do investigado na presença do seu defensor, e sua legalidade". Em regra, será o juiz das garantias o competente para conduzir essa audiência (vide art. 3º-B, XVII, CPP).

O juiz fará o controle da adequação e pertinência do ANPP, podendo inclusive se recusar a homologar o acordo quando notar neste alguma inconsistência. Nesse sentido, o § 5º afirma: "se o juiz considerar inadequadas, insuficientes ou abusivas as condições dispostas no acordo de não persecução penal, devolverá os autos ao Ministério Público para que seja reformulada a proposta de acordo, com concordância do investigado e seu defensor"; e o § 7º complementa: "o juiz poderá recusar homologação à proposta que não atender aos requisitos legais ou quando não for realizada a adequação a que se refere o § 5º deste artigo". Por outro lado, percebendo o juiz se tratar de caso de denúncia (exercendo função anômala e criticada pelos autores), deve remeter os autos ao MP para complementação das investigações ou o oferecimento da denúncia. É o que diz o § 8º: "recusada a homologação, o juiz devolverá os autos ao Ministério Público para a análise da necessidade de complementação das investigações ou o oferecimento da denúncia".

Uma vez homologado judicialmente o ANPP, o § 6º diz que "juiz devolverá os autos ao Ministério Público para que inicie sua execução perante o juízo de execução penal".

Por outro lado, conforme o § 9º, "a vítima será intimada da homologação do acordo de não persecução penal e de seu descumprimento".

No caso de descumprimento do ANPP, o § 10 determina que o MP "deverá comunicar ao juízo, para fins de sua rescisão e posterior oferecimento de denúncia".

Cumprido o ANPP, ele não figurará como antecedentes criminais, salvo para fins de avaliação de concessão do mesmo benefício (ANPP), para avaliação do cabimento de transação penal ou para avaliação do cabimento de suspensão condicional do processo. Nesse sentido o § 12, diz "a celebração e o cumprimento do acordo de não persecução penal não constarão de certidão de antecedentes criminais, exceto para os fins previstos no inciso III do § 2º deste artigo."

Similarmente, o § 13 estabelece que "cumprido integralmente o acordo de não persecução penal, o juízo competente decretará a extinção de punibilidade."

Atenção 1: Segundo entendimento dos tribunais superiores, o acordo de não persecução penal se aplica aos fatos ocorridos antes da Lei 13.964/2019, desde que não recebida a denúncia (Informativo 683/STJ, de 18 de dezembro de 2020 e STF. 1ª Turma. HC 191464 AgR, julgado em 11/11/2020).

Atenção 2: É cabível o ANPP nas hipóteses em que ocorram alterações supervenientes que venham a enquadrar a situação nos requisitos legais para a sua celebração, tais como: relevante modificação do quadro fático-jurídico; ou a desclassificação do delito (*ementatio* ou *mutatio libelli*) – STJ, AgRg no REsp 2.016.905/SP, DJe 14/04/2023).

Ex: julgamento do recurso de apelação interposto pela defesa, deu-lhe parcial provimento, a fim de reconhecer a continuidade delitiva entre os crimes de falsidade ideológica (CP, art. 299), tornando, assim, objetivamente viável a realização do referido acordo, em razão do novo patamar de apenamento – pena mínima cominada inferior a 4 (quatro) anos.

4.14.2. Crime de ação penal privada

Em se tratando de crime de ação penal privada, concluído o IP, deverá este ser encaminhado a juízo, oportunidade em que ficará à disposição da vítima – art. 19, CPP. Esta, tomando ciência da conclusão do IP, poderá adotar as seguintes medidas: a) oferecer a queixa-crime; b) requerer novas diligências; c) renunciar ao direito de ação; e d) permanecer inerte, deixando escoar o seu prazo de 6 meses para o oferecimento de queixa. Analisemos tais opções.

a) Oferecimento de queixa: significa que *a vítima deu-se por satisfeita com a investigação realizada, vislumbrando suporte probatório mínimo para o oferecimento de ação penal;*

b) Requerimento de novas diligências: ao contrário, *a vítima não se deu por satisfeita, necessitando de ulteriores diligências.* Note que incide aqui a *discricionariedade* do delegado, ou seja, pode este atender ou não as diligências solicitadas pela vítima (art. 14, CPP);

c) Renúncia ao direito de ação: o ofendido poderá renunciar ao seu direito de queixa, dando causa à extinção da punibilidade do agente (art. 107, V, CP). Note que se trata de ato unilateral da vítima (não depende da aceitação do indiciado para que possa concretizar seus efeitos);

d) Inércia: nesta situação, o ofendido deixa simplesmente escoar o seu prazo decadencial de 6 meses para o oferecimento de queixa (art. 38, CPP), resultando também na extinção da punibilidade do agente (art. 107, IV, CP).

Observação final: perceba o leitor que, tecnicamente, *não há* a figura do pedido de arquivamento em sede de ação penal privada (conforme vimos na ação penal pública). O ofendido não precisa requerer ao juiz o arquivamento do IP. Basta renunciar ao seu direito de ação ou mesmo deixar escoar o prazo de 6 meses para a queixa. De todo o modo, caso a vítima elabore um "pedido de arquivamento" ao magistrado, esse pedido será compreendido como renúncia expressa ao direito de ação.

4.15. Inquéritos extrapoliciais, não policiais ou investigações administrativas

Não obstante o disposto no art. 144, CF, que confere à polícia civil e à polícia federal a atribuição para investigar as infrações penais, a Carta Magna não o faz de modo a estabelecer exclusividade da função investigativa.

Desse modo, há autoridades não policiais que também possuem a prerrogativa de realizar investigação. Algumas dessas modalidades veremos a seguir.

4.15.1. Inquéritos parlamentares (art. 58, § 3º, CF)

As Comissões Parlamentares de Inquérito (CPI's) são criadas para *apuração de fato determinado e por prazo certo, sendo suas conclusões, se for o caso, encaminhadas ao Ministério Público para que promova a responsabilidade civil ou criminal dos infratores.*

Os parlamentares buscarão, através de sua atuação na CPI, colher elementos que permitam elucidar o fato determinado. Sendo assim, terão amplo espectro de atuação visando à coleta de documentos e dos depoimentos dos investigados e das testemunhas.

As CPI's possuem poderes inerentes às autoridades judiciais. Em razão disso, as pessoas convocadas a depor não podem, por exemplo, recusar o comparecimento e podem ser conduzidas coercitivamente.

As testemunhas deverão prestar o compromisso legal de dizer a verdade,[51] mas não estarão obrigadas a falar sobre fatos que a incriminem (direito ao silêncio – *nemo tenetur se detegere*).

Aos investigados, apesar da obrigatoriedade de comparecimento, são assegurados todos os direitos inerentes àqueles que são alvo de investigação. Alguns exemplos são o direito ao silêncio (evitando a autoincriminação); à assistência por advo-gado, com possibilidade de comunicação durante a inquirição; e a dispensa do compromisso legal de dizer a verdade. Para um aprofundamento em relação ao pensamento jurisprudencial sobre o tema, consultar o HC 119941/DF, *DJe* 29.04.2014, e MC HC 135286/DF, *DJe* 30.06.2016, ambos do STF.

Ao final do procedimento investigativo, os parlamentares deverão elaborar um relatório das investigações e, caso haja indícios dos fatos ilícitos, devem proceder à remessa ao MP, para que o *parquet* adote as providências cabíveis.

Exemplo do resultado de investigação realizada por CPI é a AP 470, STF, que julga diversos réus acusados de peculato, corrupção ativa, passiva, formação de quadrilha, entre outros, em fato divulgado pela mídia como "mensalão". As investigações foram realizadas pelos parlamentares e posteriormente remetidas ao MPF, que ofereceu a denúncia por meio do PGR.

Por fim, vale ressaltar que o relatório da CPI, uma vez recebido, terá prioridade de trâmite sobre os demais atos, exceto em relação aos pedidos de *habeas corpus*, *habeas data* e mandado de segurança (art. 3º, Lei 10.001/2000).

4.15.2. Inquéritos por crimes praticados por autoridades com foro por prerrogativa de função

Diante da prática de crime por autoridade com foro por prerrogativa de função, não pode o delegado instaurar inquérito ou realizar o seu indiciamento, devendo remeter a investigação ao tribunal perante o qual a autoridade goza de foro privilegiado[52]. Ex.: deputado federal que é flagrado na prática de crime inafiançável pode ser preso em flagrante, mas a partir daí o STF deve ser comunicado, pois presidirá a investigação. Caso o referido procedimento não seja observado, o indiciamento ou o próprio inquérito será nulo, cf. STF HC 117338 ED, 1ª Turma, DJ 21.06.2016 e Inq. 2411 QO, DJe 25.04.2008.

Ademais, no INF 1054/STF, 2022, o Supremo entendeu ser constitucional norma de Regimento Interno de TJ que condiciona a instauração de inquérito à autorização do desembargador-relator nos feitos de competência originária daquele órgão (TJ, no caso). De acordo com o informativo, a constitucionalidade apoia-se no argumento de que "a previsão regimental decorre da normativa constitucional que determina o foro específico, sujeitando investigações contra determinadas autoridades a maior controle judicial". Similarmente, já decidiu o STF (INF/STF 1040, 2021) que deve o MP "requerer judicialmente a prévia instauração de investigação contra autoridade com foro por prerrogativa de função em tribunal de justiça – ou, ao menos, deve cientificar o aludido tribunal para fins de possibilitar o exercício da atividade de supervisão judicial. A exigência de supervisão judicial se impõe mesmo em relação aos procedimentos investigativos instaurados no âmbito do próprio Ministério Público".

Nos casos em que o investigado é magistrado ou membro do MP, a investigação será conduzida pelos órgãos da mais elevada hierarquia das respectivas carreiras.

Assim, quanto aos magistrados, a investigação caberá ao órgão especial competente para o julgamento (art. 33, pará-

---

51. Veremos de forma detalhada quando tratarmos da prova testemunhal, mais à frente.

52. Ver também ADI 7.447 MC-Ref/PA, DJe 19/12/2023.

grafo único, LC 35/1979, LOMAN: Lei Orgânica Nacional da Magistratura).[53]

Aqui, oportuna a crítica feita por Denilson Feitoza Pacheco (2009, p. 217) quanto à investigação realizada por órgão jurisdicional. Apesar de **não acolhida pela jurisprudência**, a tese defendida pelo autor é de que tal permissão revela-se incompatível com a separação dos poderes e o sistema acusatório.

Lembremos que a natureza do procedimento investigativo é administrativa e está dissociada da função jurisdicional, adstrita ao Poder Judiciário. Tal dissociação é característica da separação dos poderes, que divide as funções estatais entre os poderes da República: a) administrativa, para o Poder Executivo; b) legislativa, para o Poder Legislativo; e c) jurisdicional, para o Poder Judiciário. Portanto, a concentração de função inerente às autoridades policiais (investigação), de natureza administrativa, com a função jurisdicional ofenderia o princípio da separação de poderes.

De igual modo, reconhece a ofensa ao sistema acusatório em razão da investigação ser presidida pelo próprio órgão que a julgará.

Em relação aos crimes cometidos por membro do MP, estadual ou federal, também caberá à cúpula dos respectivos órgãos a presidência da investigação,[54] mas como não são titulares da função jurisdicional, e sim da administrativa, as críticas acima não são aplicáveis.

5. AÇÃO PENAL

5.1. Conceito

Direito público subjetivo de pedir ao Estado-juiz a aplicação do Direito Penal objetivo a um caso concreto.

Com efeito, para que o indivíduo possa exercer regularmente o seu direito de ação, é preciso que observe (preencha) certas condições. E são exatamente essas condições que estudaremos na sequência.

5.2. Condições genéricas da ação

Conforme dito, a presença de tais condições visa a proporcionar o regular exercício do direito de ação. Assim, tais condições funcionam como requisitos para que, legitimamente, seja possível exigir o provimento jurisdicional do Estado.

Segundo LIMA (2015, p. 193), a teoria eclética aduz a existência do direito independe da existência do direito material, dependendo, de outro lado, do preenchimento de requisitos formais – que são as condições da ação. Tais condições, por sua vez, são aferidas à luz da relação jurídica material discutida no processo, não se confundindo com o mérito. Em verdade, são analisadas em caráter preliminar e, quando ausentes, culminam em sentença terminativa de carência da ação (CPC-73, art. 267, VI e art. 485, VI, CPC-2015). No entanto, neste caso não há a formação de coisa julgada material, o que permite, pelo menos em tese, a renovação futura da demanda, desde

que haja a correção do vício que ensejou a sentença sem resolução de mérito (CPC-73, at. 268 e art. 486, § 1º, CPC-2015).

A despeito das enunciações da citada teoria, LIMA (2015, p. 193) chama a atenção para o surgimento de nova teoria na doutrina processual civil que acaba refletindo no processo penal, a saber, a teoria da asserção, segundo a qual a presença das condições da ação deve ser analisada judicialmente com base em elementos fornecidos pelo próprio autor em sede de petição inicial, os quais devem ser tomados como verdadeiro, sem nenhum desenvolvimento cognitivo.

Ademais, ressalte-se que a presença dessas condições deve ser examinada pelo juiz no momento do recebimento da inicial acusatória. Caso uma (ou várias delas) esteja ausente, será hipótese de rejeição da inicial penal (*vide* art. 395, CPP). Neste contexto, explana LIMA (2015, p. 194) que, em não havendo tal análise das condições da ação no momento da admissibilidade da inicial acusatória, há possibilidade do reconhecimento de nulidade absoluta do processo, em qualquer instância, com fundamento no art. 564, II, CPP – sendo que o dispositivo apenas se refere à ilegitimidade de parte, mas, analogicamente, também pode ser aplicado às demais condições da ação penal. Ainda há quem entenda, diante de tal situação, a possibilidade de extinção do processo sem julgamento de mérito, aplicando analogicamente o art. 267, VI, CPC/1973/art. 485, VI, CPC/2015 c/c art. 485, § 3º, CPC/2015.

Examinemos, finalmente, as condições da ação penal.

5.2.1. Possibilidade jurídica do pedido

Primeiramente, é imprescindível que aquilo que está sendo pedido seja admitido pelo direito objetivo, ou seja, o pedido deve ter amparo na lei. Diante disso, podemos inferir que, se o fato narrado na inicial acusatória for notoriamente atípico, *i. e.*, não previsto na lei como infração penal, não será possível instaurar a ação penal por impossibilidade jurídica do pedido.

Cabe ressaltar, todavia, que a nova sistemática do novo diploma processual civil, que não mais referencia a possibilidade jurídica do pedido como hipótese que gera decisão de inadmissibilidade do processo. Deste modo, vem se consolidando o entendimento praticamente majoritário até então de que o reconhecimento da impossibilidade jurídica do pedido opera como decisão de mérito, e não de inadmissibilidade. (LIMA, 2015, p. 195).

Há quem entenda, contudo, que de acordo com o CPC-2015, a despeito da extinção da possibilidade jurídica do pedido, não fez desaparecer as condições da ação. No entanto, tal categoria foi eliminada do nosso ordenamento jurídico, pois há apenas as possibilidades de serem as questões de mérito ou de admissibilidade, como informa LIMA (2015, p. 195).

5.2.2. Interesse de agir

Esse requisito implica verificação de que a pretensão formulada seja suficiente para satisfazer o interesse contido no direito subjetivo do titular (MIRABETE, 2006, p. 88). Esse interesse deve ser analisado sob 3 aspectos: necessidade; adequação; e utilidade.

a) Interesse-necessidade: tem por objetivo identificar se a lide pode ser solucionada extrajudicialmente, ou seja, se de fato é necessário o uso da via judicial para resolver o conflito.

---

53. Em relação à investigação de magistrados, o STF, no informativo 1057, 2022, decidiu ser inconstitucional a criação de norma estadual que imponha a necessidade de prévia autorização de órgão colegiado do tribunal competente para prosseguir com investigação que objetive apurar prática de crime cometido por juiz.

54. Art. 41, parágrafo único, Lei 8.625/1993 (MP estadual); e 18, parágrafo único, LC 75/1993 (MPF).

Na esfera penal, o interesse-necessidade é presumido, pois há vedação da solução extrajudicial dos conflitos penais (diferentemente do que ocorre no processo civil, por exemplo);

b) Interesse-adequação: aqui, deve-se fazer uma checagem se há adequação entre o pedido formulado e a proteção jurisdicional que se pretende alcançar. Será adequado o pedido quando, narrada uma conduta típica, o acusador requerer a condenação do réu, de acordo com os parâmetros do tipo incriminador, que estabelece a punição objetivamente adequada para cada delito (BONFIM, 2010, p. 181).

Porém, advirta-se que o *interesse-adequação* não possui capital importância no âmbito do processo penal, uma vez que o juiz pode se valer da *emendatio libelli* (art. 383, CPP) para corrigir eventual falha da acusação no tocante à classificação do crime e da pena a ser aplicada ao réu (PACELLI, 2015, p. 107-108);

c) Interesse-utilidade: só haverá utilidade quando for possível a realização do *jus puniendi* estatal (*i. e.*, quando for viável a aplicação da sanção penal). Se não é possível a punição, a ação será inútil. Ex.: ação penal por fato prescrito. De nada adiantará o exercício da ação penal se já estiver extinta a punibilidade do agente.

5.2.3. Legitimidade (ou legitimatio ad causam)

Diz respeito à pertinência subjetiva da ação. Os sujeitos devem ser legitimados para figurar na causa. Assim, a ação deve ser proposta somente pelo sujeito ativo pertinente e apenas contra aquele legitimado para figurar no polo passivo da causa.

No polo ativo da ação figura, em regra, o MP (art. 129, I, CF), já que a maioria das infrações penais tem a sua persecução por meio de ações penais públicas.

Nas ações privadas, o autor é o ofendido (a vítima), denominado querelante, que é pessoa física ou jurídica titular de um interesse.

Do lado oposto, no polo passivo, figura o réu (ações penais públicas) ou querelado (ações penais privadas).

Saliente-se que a CF prevê a possibilidade de responsabilização criminal da pessoa jurídica nas infrações penais praticadas em detrimento da economia popular, da ordem econômica e financeira (art. 173, § 5º, CF) e nas condutas lesivas ao meio ambiente (art. 225, § 3º, CF).

Importante dizer que a previsão no texto constitucional não conduz à automática inserção da pessoa jurídica no polo passivo, pois os dispositivos condicionam à previsão específica em lei ordinária. Nesse caso, o nosso ordenamento prevê a responsabilidade penal da pessoa jurídica apenas por danos ambientais (art. 3º, Lei 9.605/1998).

Ademais, nos tribunais superiores vinha sendo aplicada a teoria da dupla imputação, segundo a qual é imprescindível a imputação simultânea do ente moral (empresa) e da pessoa física responsável pela sua administração (STJ, RMS 37293/SP, *DJe* 09.05.2013). Sucede que há uma mudança no entendimento do STF, pois a primeira turma decidiu que "o art. 225, § 3º, CF não condiciona a responsabilização penal da pessoa jurídica por crimes ambientais à simultânea persecução penal da pessoa física em tese responsável no âmbito da empresa"[55]. Outrossim, também vem o STJ se afastando da

tese da dupla imputação, vide AgRg no RMS 48.085/PA, 5ª Turma, DJ 20.11.2015 e AgRg no RMS 48.379/SP, 5ª, Turma, DJe 12.11.2015. Conclui, portanto, que inexiste imposição constitucional da dupla imputação (RE 548181/PR, *DJe* 06.08.2013).

5.2.4. Justa causa

Para o exercício da ação penal, não basta que o pedido seja juridicamente possível, que a ação seja necessária, adequada e útil, e proposta pelo legítimo titular em face do legítimo ofensor. A presença de todos esses requisitos será insuficiente se não existir lastro probatório mínimo quanto à autoria e prova da materialidade do fato. É o que estatui o art. 395, III, CPP.

A justa causa nada mais é do que o *fumus comissi delicti*, ou seja, *a identificação de que há elementos probatórios concretos acerca da materialidade do fato delituoso*[56] *e indícios razoáveis de autoria.* É essencial a presença desses elementos para justificar a instauração da ação penal e a movimentação do aparato estatal.

Reflexos do *Novo Código de Processo Civil*

O NCPC suprimiu a expressão "condições da ação" para determinar a extinção do processo, sem resolução do mérito e tampouco faz referência à possibilidade jurídica do pedido. Art. 485, IV, NCPC.

Para Távora e Alencar (2015, p. 214), a supressão da expressão "condição da ação" não repercute na seara do Processo Penal porque o CPP prevê condições específicas para o exercício da ação penal, que torna os institutos distintos. Noutro sentido, a subtração da possibilidade jurídica do pedido terá reflexos na esfera processual penal. Vale ressaltar que, mesmo antes do NCPC, a delimitação da possibilidade jurídica do pedido no âmbito das ações penais já era controverso.

Ainda de acordo com a doutrina, no entendimento de Lima (2015, p. 197), a impossibilidade jurídica do pedido passará a ser considerada no exame do mérito e não mais no juízo de admissibilidade da ação. Para o referido Autor, apenas a legitimidade e o interesse de agir serão considerados como condições da ação penal.

5.3. Condições específicas da ação penal

Para além das condições genéricas anteriormente analisadas (comuns a todas as modalidades de ação penal), certas ações penais exigem também condições específicas para que sejam propostas ou tenham efeito.

Condições de procedibilidade: estas condicionam o exercício da ação penal. Possuem caráter essencialmente processual e dizem respeito à admissibilidade da persecução penal. A representação da vítima na ação penal pública condicionada à representação (crime de ameaça, *v. g.*), é uma condição de procedibilidade (condição específica desta ação penal). Sem ela, sequer é possível instaurar a ação penal.

Condições objetivas de punibilidade: *são aquelas condições estabelecidas em lei para que o fato seja concretamente punível* (GOMES, 2005, p. 87).

---

55. Ver também o Informativo nº 714, STF, de 5 a 9 de agosto de 2013.

56. A título de exemplo, ver decisão do STJ determinando o trancamento de ação penal, ante a manifesta atipicidade do fato, no HC RHC 70.596/MS, 5ª Turma, DJ 09.09.2016 e HC 326.959/SP, 5ª Turma, DJ 06.09.2016.

Podemos aqui citar dois exemplos de condições objetivas de punibilidade.

O primeiro é a sentença anulatória do casamento, que condiciona o exercício da ação penal no crime de induzimento a erro no matrimônio (art. 236, parágrafo único, CP).

Outro é a sentença que decreta a falência, a recuperação judicial ou extrajudicial nos crimes falimentares (art. 180, Lei 11.101/2005). Sem a decretação da falência ou da recuperação não será possível processar alguém por crime falimentar.

Importante destacar que o momento processual adequado para o juiz verificar o preenchimento de todas as condições da ação, genéricas ou específicas, é a fase de recebimento da denúncia ou da queixa (art. 395, II e III, CPP). Consiste o ato em um juízo sumário de admissibilidade da ação penal.

Atenção para não confundir as espécies anteriores com as **condições de prosseguibilidade**. Essas últimas, ao contrário, pressupõem a ação penal já instaurada, criando óbice à sua continuidade.

Exemplo ocorre nos casos em que o réu/querelado manifesta insanidade mental superveniente. Impõe-se a necessidade de o agente recobrar a sanidade mental para que a ação penal tenha a sua regular continuidade. Enquanto não retomar a sanidade (condição de prosseguibilidade), o processo ficará paralisado e a prescrição correrá normalmente (art. 152, CPP).

5.4. Classificação da ação penal

A comunidade jurídica costuma classificar a ação penal tomando por base a legitimação ativa. Assim, a ação penal será pública quando a legitimação ativa pertencer ao MP e será privada quando a legitimação ativa pertencer à vítima. Faremos abaixo uma breve exposição sobre o tema para, na sequência, esmiuçarmos cada espécie de ação penal *de per si*.

a) Ação penal pública: é a encabeçada pelo MP. Pode ser:

I. **Incondicionada**: quando inexiste necessidade de autorização para que o MP possa agir (deflagrar a ação);

II. **Condicionada**: quando há necessidade de autorização (preenchimento de condição). Esta condição pode ser a representação da vítima (ex.: crime de ameaça) ou a requisição do Ministro da Justiça (ex.: calúnia contra o Presidente da República). Somente após o preenchimento da condição é que o MP estará autorizado a agir;

b) Ação penal privada: é a encabeçada pela própria vítima. Pode ser:

I. **Exclusivamente privada**: a característica fundamental aqui é que, no caso de incapacidade, morte ou ausência da vítima, o representante legal desta ou o CCADI,[57] conforme o caso, poderá ingressar com a ação penal. Ou seja, é possível que, em casos específicos, alguém, em lugar da vítima, ingresse com ação penal. Ex.: imagine-se que uma vítima de injúria vem a falecer. Havendo prazo hábil, é possível que o CCADI venha a ingressar com a ação penal privada;

II. **Personalíssima**: a característica fundamental aqui é que, no caso de incapacidade, morte ou ausência da vítima, ninguém poderá ingressar/continuar com a ação penal. Assim, somente a vítima pode ingressar com a ação (personalíssima).

Ex.: imagine-se que a vítima do crime previsto no art. 236, CP, vem a falecer. Nesse caso, ninguém poderá ingressar/prosseguir com a ação penal;

III. **Subsidiária da pública**: em caso de ação pública, quando o MP permanecer inerte nos prazos do art. 46, CPP, pode, excepcionalmente, a própria vítima do crime, ingressar com a ação penal. Ex.: num crime de roubo, pense-se que, nos prazos do art. 46, o MP permaneceu inerte. Diante dessa situação, pode a vítima do roubo ingressar com a ação penal privada subsidiária da pública.

Após essa sucinta apresentação das espécies de ação penal, aprofundemos cada uma delas, a começar pela ação penal pública, mais especificamente, pelos princípios que a regem.

5.5. Princípios que regem a ação penal pública

5.5.1. Obrigatoriedade ou legalidade processual

Significa que, *presentes os requisitos legais, as condições da ação, o Ministério Público está obrigado a patrocinar a persecução criminal, oferecendo a denúncia*. Não cabe ao órgão ministerial qualquer juízo de conveniência ou oportunidade quanto ao oferecimento da denúncia. Só pode o MP requerer (promover) o arquivamento se ocorrer uma das hipóteses dos arts. 395 e 397, CPP. Do contrário, será caso de denúncia.

Por outro lado, a doutrina costuma apontar que, no âmbito do JECRIM,[58] o princípio da obrigatoriedade sofre *mitigação (abrandamento)* – ou exceção, conforme preferem uns. É que, em se tratando de IMPO,[59] presentes os requisitos estabelecidos no art. 76, Lei 9.099/1995, deve o MP, em *vez de denunciar* (como normalmente faria), propor transação penal ao autor do fato. Assim, dizem os autores que, em relação às IMPO's, vigora o princípio da obrigatoriedade mitigada ou discricionariedade regrada.

Outras exceções mais recentes ao princípio da obrigatoriedade são a colaboração premiada e o acordo de leniência (também denominado de acordo de brandura ou de doçura).

Está previsto nos arts. 86 e 87, Lei 12.529/2011, e consiste no acordo celebrado entre o Conselho Administrativo de Defesa Econômica (CADE) e pessoas físicas ou jurídicas visando à efetiva colaboração nas investigações nos crimes contra a ordem econômica (Lei 8.137/1990), nos demais crimes diretamente relacionados à prática de cartel (Lei 8.666/1993), além daqueles previstos no art. 288, CP.

Sucede que esta colaboração precisa ser efetiva, ou seja, é imprescindível que dela resultem frutos para a persecução penal. Nesse sentido, os incisos I e II do art. 86, Lei 12.529/2011 impõem os seguintes resultados: I – identificação dos demais envolvidos na infração; II – obtenção de informações e documentos que comprovem a infração noticiada ou sob investigação.

A celebração do acordo enseja a suspensão do curso do prazo prescricional e o impede o oferecimento da denúncia com relação ao agente beneficiário da leniência (art. 87, Lei 12.529/2011). Ademais, o parágrafo único do referido dispositivo prevê a automática extinção da punibilidade pelo cumprimento do acordo pelo agente.

---

57. Sigla para os seguintes legitimados, estatuídos pelo art. 31, CPP: Cônjuge/companheiro(a); ascendentes; descendentes; e irmãos. Vale ressaltar que a ordem de indicação deve ser observada no momento da atuação. É, pois, preferencial.

---

58. Juizado Especial Criminal – Lei 9.099/1995.

59. Infração de menor potencial ofensivo – art. 61, Lei 9.099/1995.

5.5.2. Indisponibilidade

Decorre do princípio da obrigatoriedade, mas não se confunde com esta, já que pressupõe a ação em andamento. Desse modo, uma vez proposta a ação penal, não pode o Ministério Público dela dispor (art. 42, CPP), ou seja, é vedada a desistência, não podendo, inclusive, dispor de eventual recurso interposto (art. 576, CPP).

Entretanto, o fato de o MP não poder desistir da ação penal não implica necessário pedido de condenação em qualquer hipótese. Na realidade, é possível que o órgão de acusação peça a absolvição na fase de memoriais/alegações finais orais, impetre *habeas corpus* em favor do réu e, até mesmo, recorra em favor deste.

Segundo a doutrina, o princípio da indisponibilidade também sofre mitigação (exceção). Nas infrações que possuem pena mínima de até 1 ano, preenchidos os demais requisitos legais (art. 89, Lei 9.099/1995), deve o MP, juntamente com a denúncia, propor a suspensão condicional do processo. Aceita esta proposta pelo autor do fato e havendo homologação pelo magistrado, o processo ficará suspenso por um período de 2 a 4 anos. Aponta, portanto, a doutrina, que essa situação configura caso de mitigação do princípio da indisponibilidade.

5.5.3. Oficialidade

A persecução penal em juízo está a cargo de um órgão oficial, que é o MP.

5.5.4. Intranscendência ou pessoalidade

A ação só pode ser proposta em face de quem se imputa a prática do delito, ou seja, só pode figurar no polo passivo da ação penal quem supostamente cometeu a infração penal (e não os pais, parentes etc. do suposto autor do fato).

5.5.5. Indivisibilidade

Atenção: os Tribunais Superiores *não reconhecem a* **indivisibilidade** como princípio reitor da ação penal pública, mas apenas da privada (STJ, RHC 67.253/PE, 6ª Turma, DJ 18.04.2016, APn 613/SP, Corte Especial, DJ 28.10.2015 e Info. 0562, período de 18 a 28.05.2015, 5ª Turma e STF, Inq 2915 ED, Tribunal Pleno, DJ 11.12.2013, HC 117589, DJe 25.11.2013 e RHC 111211, 1ª Turma, DJ 20.11.2012).

Antes de aprofundarmos o assunto, cabe alertar que **indivisibilidade** significa que, em caso de concurso de pessoas, *a acusação não pode fracionar (dividir) o polo passivo da ação penal, escolhendo quem irá processar.*

Porém, como dito, por mais estranho que possa soar, o STF entende que tal princípio não é aplicável à ação pública. Motivos que levam a Corte Suprema a assumir essa posição:

I. O art. 48, CPP, ao tratar da indivisibilidade, só se referiu à ação privada e não à pública;

II. O MP pode deixar de denunciar alguns indivíduos a fim de recolher mais elementos contra estes ao longo do processo e, assim, aditar a denúncia.

O argumento do STF parece partir de uma errônea compreensão do princípio em tela. Crê o STF que, como pode ocorrer aditamento posterior à denúncia, é possível sim dividir a ação penal pública, logo não haveria que se falar em indivisibilidade.

Porém, esse conceito de indivisibilidade não é preciso. Indivisibilidade não significa impossibilidade de aditamento posterior (como sugere o STF). Não é este o ponto. Indivisibilidade significa que a acusação não pode excluir arbitrariamente agentes do polo passivo da ação (apenas isto). É lógico que, em caso de inexistência de elementos suficientes para o oferecimento da denúncia em relação a algum agente, o MP deverá promover o arquivamento (explícito) em relação a este, sendo certo que, surgindo elementos ao longo do processo da participação de mais algum agente na infração penal, deverá promover o aditamento à denúncia.

Na realidade, a indivisibilidade da ação penal decorre do próprio princípio da obrigatoriedade. Preenchidos os requisitos legais todos os agentes deverão ser denunciados.

Apesar de nossos argumentos, não se esqueça da posição do STF assinalada anteriormente: incabível a *indivisibilidade na ação penal pública.*

5.6. Ação penal pública incondicionada

5.6.1. Conceito

Modalidade de ação penal que dispensa qualquer condicionamento para o seu exercício. É a regra em nosso ordenamento jurídico.

5.6.2. Titularidade

A CF/1988 estabeleceu o MP como o legitimado privativo para a acusação nas ações penais públicas (art. 129, I, CF). Diante disso, é importante lembrar a incompatibilidade do art. 26, CPP, com o referido dispositivo constitucional, que implica a não recepção do processo judicialiforme, também denominado ação penal *ex officio,* pelo nosso ordenamento constitucional.

Atenção: A recente Lei 13.718/2018 tornou todos os crimes contra a dignidade sexual processáveis mediante ação penal pública incondicionada.

5.7. Ação penal pública condicionada

5.7.1. Conceito

Modalidade de ação penal que exige certas condições para o seu exercício por parte do MP. Trata-se de opção de política criminal do Estado que, levando em conta a natureza do bem jurídico violado, deixa a cargo da vítima (ou do Ministro da Justiça, conforme o caso) a autorização para que a ação penal possa ser instaurada pelo MP. Sem a autorização da vítima ou do Ministro da Justiça, conforme o caso, o MP não pode deflagrar a ação penal.

Analisemos alguns importantes institutos da ação penal pública condicionada: representação da vítima e requisição do Ministro da Justiça.

5.7.2. Representação da vítima

Trata-se de autorização (anuência) dada pelo ofendido para que o MP possa deflagrar a ação penal. Conforme diz a doutrina, a representação configura uma *condição de procedibilidade* para instauração da persecução penal.

a) Características da representação

I. **Quem pode representar (legitimidade)?** Vítima (pessoalmente ou por procurador com poderes especiais) ou representante legal (caso a vítima seja menor de 18 ou doente mental) – arts. 24 e 39, CPP. Acrescente-se ainda que o civilmente emancipado também necessita de representante legal no campo processual penal;

II. Havendo **discordância** entre a vítima menor de 18 (ou doente mental) e seu representante legal, haverá nomeação de curador especial – art. 33, CPP. Curador especial é qualquer pessoa maior de 18 anos e mentalmente sã que, analisando o caso concreto, decidirá livremente pela representação ou pela não representação. É, pois, quem dará o "voto de Minerva" em caso de celeuma entre a vítima e seu representante legal;

III. Vítima menor ou doente mental que **não possui representante legal**: também nessa situação entrará em cena a figura do curador especial que decidirá livremente pela representação ou pela não representação;

IV. No caso de **morte ou declaração de ausência da vítima,** poderão oferecer representação em lugar do ofendido, nesta ordem, o cônjuge (ou companheiro), o ascendente, o descendente e o irmão (CCADI) – art. 24, § 1º. Conforme a doutrina, trata-se de *substituição processual*, em que a pessoa (CCADI) atua em nome próprio, mas em defesa de interesse alheio (o do falecido ou ausente);

V. Em se tratando de **pessoa jurídica**, a representação deve ser feita por aquele que estiver designado no contrato ou estatuto social da empresa. Diante da inércia destes, os diretores ou sócios-gerentes também poderão representar (art. 37, CPP).

VI. **Prazo para a representação:** prazo decadencial de 6 meses *contados a partir do conhecimento da autoria da infração* (art. 38, CPP). Dizer que um prazo é decadencial significa que não se suspende, interrompe ou prorroga. A contagem desse prazo segue os parâmetros do art. 10, CP: inclui-se o dia do conhecimento da autoria e exclui-se o último dia.

Atenção que a contagem desse prazo se inicia a partir do conhecimento da autoria do crime (a partir do momento em que a vítima descobre quem é o autor do delito) e não da consumação da infração. Normalmente, o conhecimento da autoria se dá no mesmo instante da consumação do delito. Mas isto pode não ocorrer, já que, embora consumado hoje o crime, posso vir a descobrir apenas meses mais tarde quem foi o seu autor. Será, pois, a partir desta última data que se contará o prazo de 6 meses. Ex.: em 10.02.2010, Fulano foi vítima de ameaça (data da consumação do crime). Porém, Fulano teve conhecimento da autoria do crime que sofrera apenas em **02.02.2011**. Assim, Fulano terá até o dia **01.08.2011** para ingressar com a representação;

VII. **Ausência de rigor formal** (art. 39, CPP): não há formalismos no ato de representação. Esta pode ser realizada por escrito ou oralmente perante o delegado, o MP ou o juiz. Exemplo da informalidade que estamos tratando aqui: considera a jurisprudência que há representação no simples ato da vítima de comparecimento a uma delegacia para relatar a prática de um crime contra si.

Ademais, basta a vítima oferecer a representação uma única vez. Explica-se com um exemplo: após ter representado perante o delegado, não precisa a vítima, novamente, representar perante o MP para que esse possa agir;

VIII. **Destinatários:** delegado, MP ou juiz – art. 39, CPP.

IX. **Retratação:** é possível ao ofendido retratar-se ("voltar atrás") da representação ofertada anteriormente até o oferecimento da denúncia (*i. e.*, até o protocolo da denúncia em juízo) – art. 25, CPP, c/c o art. 102, CP. Após este prazo, não haverá mais como a vítima impedir a atuação do MP. No caso da Lei Maria da Penha (art. 16), é possível a retratação até o recebimento da denúncia[60]-[61];

X. **Eficácia objetiva da representação:** efetuada a representação contra um só agente, caso o MP vislumbre que outros indivíduos também contribuíram para a empreitada criminosa, poderá incluí-los na denúncia. É que a vítima, ao representar, está autorizando o MP a agir não só contra o agente objeto da representação, mas contra todos os outros possíveis participantes da prática delituosa. A representação incide sobre os fatos narrados pelo ofendido e não sobre os seus autores;

XI. **Inexistência de vinculação do MP:** a representação não vincula a *opinio delicti* do MP. Mesmo que a vítima represente (*i. e.*, autorize o MP a agir), o órgão acusador pode discordar do ofendido (oferecendo denúncia por crime diverso do contido na representação, por exemplo), ou, ainda, requerer o arquivamento da representação por não vislumbrar elementos acerca da materialidade e/ou da autoria delitiva no caso concreto;

XII. **Alguns exemplos de crime que se procede por meio de ação penal pública condicionada à representação:** ameaça (art. 147, CP); violação de correspondência comercial (art. 152, CP); furto de coisa comum (art. 156, CP).

Destaque-se que, após a Lei 13.964/2019, o crime de estelionato passou a ser, em regra, de ação pública condicionada à representação. A ação será pública incondicionada tão somente quando a vítima for a Administração Pública direta e indireta, criança ou adolescente, pessoa com deficiência mental, maior de 70 anos ou incapaz (§ 5º do art. 171).

Outro exemplo de crime que, em regra, se procede mediante ação pública condicionada à representação é o novo crime de invasão de dispositivo informático expresso no art. 154-A do CP, incluído pela Lei 14.155/2021. Segundo o art. 154-B do CP, a ação será pública incondicionada somente nos casos em que o crime é cometido contra a administração pública direta ou indireta de qualquer dos Poderes da União, Estados, Distrito Federal ou Municípios ou contra empresas concessionárias de serviços públicos.

5.7.3. Requisição do Ministro da Justiça (MJ)

Para que o MP possa agir, certos crimes exigem a necessidade de autorização por parte do MJ. A requisição nada mais é do que um *ato de conveniência política a respeito da persecução penal*. Nessa hipótese, a possibilidade de intervenção punitiva está submetida inicialmente à discricionariedade do MJ.

a) Características da requisição do MJ

I. **Atenção:** a palavra requisição nesse contexto não tem conotação de "ordem" (como ocorre no caso de requisição de diligência do MP ao delegado). Ao contrário, como visto, trata-se de mera autorização do MJ para que o MP possa atuar. Logo, a requisição do MJ não vincula o entendimento

---

60. AgRg no AREsp 828.197/SC, 6ª Turma, DJ 30.06.2016 e PET no RHC 44.798/RJ, 6ª Turma, DJ 16.11.2015.

61. **ATENÇÃO:** No julgamento da ADI 7267/DF, o STF declarou inconstitucional a designação de ofício da audiência prevista no referido art. 16 da Lei Maria da Penha e, consequentemente, declarou a inconstitucionalidade do entendimento de que haveria retratação tácita ou renúncia tácita do direito de representação, apenas pela ausência da vítima na audiência (DJe 11/09/2023).

do MP. Este poderá discordar do MJ (oferecendo denúncia por crime diverso do contido na requisição, p. ex), ou, ainda, requerer o arquivamento da requisição por não vislumbrar elementos acerca da materialidade e/ou da autoria delitiva no caso concreto;

II. **Quem pode requisitar (legitimidade)?** Ministro da Justiça;

III. **Destinatário da requisição:** MP (é dirigida ao chefe da instituição);

IV. **Prazo:** não há previsão legal. A requisição é possível enquanto o crime não estiver prescrito;

V. **Retratação:** não há previsão legal. Predomina na doutrina a impossibilidade de retratação da requisição.

VI. **Eficácia objetiva:** idem à representação;

VII. **Exemplo de crime que se procede por meio de ação penal pública condicionada à requisição:** crime contra a honra do Presidente da República (art. 145, parágrafo único, CP).

5.8. Ação penal privada

5.8.1. Conceito

É aquela modalidade de ação penal em que o legislador, por questão de política criminal, atribuiu a titularidade à vítima (querelante). Entendeu por bem o legislador atribuir a titularidade da ação penal à vítima nesses casos por entender que a violação à esfera de intimidade da vítima é superior ao interesse público em jogo. Assim, *grosso modo*, cabe à vítima optar por ingressar com a ação penal, expondo a sua intimidade em juízo, ou permanecer inerte.

5.8.2. Princípios que regem a ação penal privada

a) **Oportunidade ou conveniência:** fica à conveniência da vítima ingressar ou não com a ação penal (questão de foro íntimo). Inexiste obrigatoriedade aqui. Vale lembrar que a vítima não tem o dever de peticionar pela renúncia do direito de ação. Caso não queira processar o agente, basta deixar escoar o seu prazo decadencial de 6 meses. Não há, portanto, necessidade de pedido de arquivamento do IP;

b) **Disponibilidade:** o querelante dispõe do conteúdo material do processo. Assim, poderá desistir da ação penal intentada. Pode dar causa, por exemplo, à perempção (consultar o art. 60, CPP);

c) **Indivisibilidade** (arts. 48 e 49, CPP): em caso de concurso de agentes, o querelante está obrigado a oferecer a ação penal contra todos aqueles que praticaram o fato delituoso contra si. Busca-se com isso evitar que a ação seja usada como mecanismo de vingança privada (processando-se uns e outros não)[62].

O Ministério Público desempenha fundamental papel de fiscalização da indivisibilidade da ação privada (art. 48, CPP). Em caso de exclusão indevida de agente(s) por parte do querelante, conforme sustenta a doutrina, não deve o MP aditar (ele próprio) a queixa.[63] Deve, no prazo previsto pelo § 2º do art. 46 do CPP, provocar a vítima para que promova o aditamento. Caso a vítima insista na exclusão dos agentes, deve o MP requerer ao magistrado a extinção da punibilidade de todos os acusados (em razão da ocorrência de renúncia tácita nessa situação);

d) **Intranscendência ou pessoalidade:** a ação penal só pode ser intentada contra quem é imputada a prática da infração penal, ou seja, somente aquele que supostamente a praticou pode figurar como querelado.

5.8.3. Características da ação penal privada (mutatis mutandis, iguais as da representação)

I. **Quem pode ingressar com a ação penal privada (legitimidade)?** Em regra (art. 30), a vítima (pessoalmente ou por procurador com poderes especiais) ou o seu representante legal (no caso de vítima menor de 18 ou doente mental)[64]. **Nota:** o art. 34 está revogado pelo atual CC. Completados 18 anos (e estando na plenitude de suas faculdades mentais), apenas a vítima pode ingressar com a ação penal.

Ademais, a pessoa jurídica também pode ingressar com a ação penal privada. É o que diz o art. 37, CPP: "as fundações, associações ou sociedades legalmente constituídas poderão exercer a ação penal, devendo ser representadas por quem os respectivos contratos ou estatutos designarem ou, no silêncio destes, pelos seus diretores ou sócios-gerentes";

II. **Havendo discordância entre a vítima menor de 18 (ou doente mental) e seu representante legal:** haverá nomeação de curador especial – art. 33, CPP;

III. Vítima menor ou doente mental que **não possui representante legal**: também nessa situação entrará em cena a figura do curador especial que decidirá livremente pelo processo ou não processo;

IV. **No caso de morte ou declaração de ausência da vítima:** como já mencionado anteriormente, poderão suceder, nesta ordem, o cônjuge (ou companheiro), o ascendente, o descendente e o irmão (CCADI) – art. 31, CPP;

V. **Prazo:** 6 meses contados a partir do conhecimento da autoria da infração (art. 38, CPP).

5.8.4. Espécies de ação penal privada

O tema já foi apresentado anteriormente, porém, agora iremos detalhá-lo um pouco mais.

a) **Exclusivamente privada:** é aquela em que a propositura/continuação da ação pode ser efetuada pela vítima ou, na impossibilidade desta (por morte, ausência ou doença mental), pelo representante legal/CCADI. Em suma, a ação penal exclusivamente privada admite o instituto da substituição processual (a pessoa atua em nome próprio, mas em defesa de interesse alheio), admite, pois, que, quando a vítima se encontrar impossibilitada de agir/prosseguir com a ação, outras pessoas especificadas por lei a substituam. Representa a

---

62. Ver Informativo 813, STF, de 1º a 5 de fevereiro de 2016 e STF, Inq 3526/DF, j. 02.02.2016.

63. Na ação privada o MP só pode aditar se for para correções formais (indicação do procedimento adequado, dia, hora e local do crime etc.).

64. A Primeira Turma do STF, reconheceu a legitimidade ativa *ad causam* da mulher de deputado federal para formalizar queixa-crime com imputação do crime de injúria, prevista no art. 140 do Código Penal, em tese perpetrada por senador contra a honra de seu marido. A querelante se diz ofendida com a declaração do querelado, no Twitter, na qual insinua que seu marido mantém relação homossexual extraconjugal com outro parlamentar. O Supremo reconheceu a legitimidade ativa em face da apontada traição. (Informativo 919, de 8 a 12 de outubro de 2018).

esmagadora maioria dos crimes de ação penal privada. É, pois, a ação penal privada por excelência. Ex.: imagine-se que uma vítima de injúria vem a falecer. Havendo prazo hábil, é possível que o CCADI venha a ingressar com a ação penal privada;

b) **Personalíssima:** somente a vítima pode ingressar com a ação. Ninguém, em seu lugar, pode agir. Logo, descabe a substituição processual. Há um único exemplo em nosso ordenamento jurídico: induzimento a erro essencial e ocultação de impedimento ao casamento (art. 236, CP). No caso deste crime, se a vítima, por exemplo, vier a falecer, não poderá o CCADI atuar em seu lugar. Haverá a extinção da punibilidade do querelado;

c) **Subsidiária da pública** (*queixa subsidiária*) – art. 29, CPP: em caso de ação pública, quando o MP permanecer inerte nos prazos do art. 46, CPP, pode, excepcionalmente, a própria vítima do crime ingressar com a ação penal. Ex.: num crime de roubo, pense-se que, nos prazos do art. 46, o MP permaneceu inerte. Diante desta situação, pode a vítima do roubo ingressar com a ação penal privada subsidiária da pública (ou simplesmente queixa subsidiária). A finalidade principal dessa ação é fiscalizar a atuação do Ministério Público, buscando, assim, evitar a desídia do Estado-acusação.

Note que "permanecer inerte" significa que o MP não fez absolutamente nada, *i. e.*, nos prazos do art. 46, CPP, não ingressou com a denúncia, não requisitou diligências e nem requereu o arquivamento. Não é possível ingressar com a queixa subsidiária quando o MP pediu o arquivamento ou quando requisitou diligências. Repita-se: só cabe a queixa subsidiária em caso de inércia total do MP (STF, ARE 859251 ED-segundos, Tribunal Pleno, DJ 09.11.2015).

Prazo da queixa subsidiária: 6 meses contados a partir da consumação da inércia do MP. **Atenção:** são 6 meses a partir da consumação da inércia e não do conhecimento da autoria do crime.

Ademais, é oportuno frisar que a ação penal, apesar de assumida excepcionalmente pela vítima nesse caso, *não perde a sua* natureza pública. Isto significa que a ação penal permanece regida pelo princípio da indisponibilidade, motivo pelo qual o ofendido não poderá desistir da ação, dar causa à perempção (art. 60, CPP) ou mesmo perdoar o réu. Insista-se: apesar da mudança ocorrida no polo ativo da ação, esta permanece sob forte interesse público. Assim, a qualquer sinal de desídia/desistência por parte da vítima, retomará o MP a ação como parte principal. Aprofundemos o assunto a respeito dos poderes do MP na queixa subsidiária.

Na ação penal privada subsidiária da pública, o MP é verdadeiro interveniente adesivo obrigatório, pois será chamado a se manifestar em todos os termos do processo, sob pena de nulidade.

As suas **atribuições** estão enumeradas no art. 29, CPP, podendo o MP:

I. Aditar a queixa, acrescentando-lhe novos fatos/agentes;

II. Repudiar a queixa e oferecer denúncia substitutiva. Não pode o MP repudiar a queixa de forma arbitrária. Deve fundamentar porque o faz;

III. Intervir em todos os termos do processo;

IV. Fornecer elementos de prova;

V. Interpor recursos;

VI. A todo tempo, no caso de negligência do querelante, retomar a ação como parte principal.

5.8.5. *Instituto da ação penal privada: renúncia, perdão e perempção*

a) **Renúncia ao direito de ação:** é a *manifestação de vontade do querelante no sentido de não promover a ação penal.*

A renúncia somente é possível antes do ingresso da queixa. Trata-se de ato unilateral (não necessita da anuência do agente).

Pode se dar de forma expressa ou tácita (ex.: convívio íntimo entre vítima e seu ofensor).

É, ainda, ato irretratável e indivisível (no caso de existir pluralidade de querelados, por força do princípio da indivisibilidade, a renúncia em favor de um aproveitará os demais).

Gera a extinção da punibilidade do agente.

Por fim, admite-se qualquer meio de prova para atestá-la.

Consultar os arts. 49, 50 e 57, CPP;

b) **Perdão do ofendido:** somente possível após o ingresso da queixa, porém, antes do trânsito em julgado.

Trata-se de ato bilateral (para que produza efeitos depende da aceitação do querelado). É ato bilateral porque o querelado tem o direito de buscar a comprovação da sua inocência, objetivando a sentença absolutória e não a extintiva de punibilidade.

É importante dizer que o silêncio do querelado importa em anuência. Para ilustrar melhor a situação, há o exemplo de quando o querelante oferece o perdão nos autos e o querelado é notificado para dizer se concorda, no prazo de 03 dias. Decorrido o lapso temporal, o silêncio implicará concordância.

O perdão pode se dar de forma expressa ou tácita (*idem* à renúncia).

É irretratável e indivisível (no caso de existir pluralidade de querelados, por força do princípio da indivisibilidade, o perdão em favor de um aproveitará os demais).

Gera a extinção da punibilidade do agente.

Admite-se também qualquer meio de prova para atestá-la.

Consultar os arts. 51, 53 a 55 e 59, CPP;

c) **Perempção:** significa a desídia do querelante após a instauração do processo. O efeito desse desinteresse é a extinção da punibilidade, consoante estatuído pelo art. 107, IV, CP. Vejamos quando ela ocorre (análise do art. 60, CPP):

> "**Art. 60.** Nos casos em que somente se procede mediante queixa, considerar-se-á perempta a ação penal:
>
> I – quando, iniciada esta, o querelante deixar de promover o andamento do processo durante 30 dias seguidos;[65]
>
> II – quando, falecendo o querelante, ou sobrevindo sua incapacidade, não comparecer em juízo, para prosseguir no processo, dentro do prazo de 60 (sessenta) dias, qualquer das pessoas a quem couber fazê-lo, ressalvado o disposto no art. 36;

---

65. Em recente julgado, o STF reconheceu a ocorrência de perempção em razão da inércia do querelante no fornecimento do endereço de um dos querelados, o que culminou na extinção da punibilidade de todos os acusados. Nesse sentido, ver STF, Pet 5230/AP, *Dje* 12.09.2017.

III – quando o querelante deixar de comparecer, sem motivo justificado, a qualquer ato do processo a que deva estar presente, ou deixar de formular o pedido de condenação nas alegações finais;

IV – quando, sendo o querelante pessoa jurídica, esta se extinguir sem deixar sucessor."

5.8.6. Custas processuais e honorários advocatícios (art. 806, CPP)

Em primeiro lugar, é importante dizer que a discussão diz respeito apenas às ações penais privadas propriamente ditas (exclusiva e personalíssima), excluindo, portanto, a subsidiária da pública (que mantém a natureza de ação penal pública).

Em regra, a parte que requer a diligência (querelante ou querelado) deverá recolher previamente o valor correspondente às custas processuais, sob pena de ser tida como renunciada a diligência requerida.

Por óbvio, há substanciais exceções, quais sejam: querelantes ou querelados comprovadamente pobres (art. 32, CPP); e Estados que não estabelecem custas processuais em processos de natureza criminal. Ver STJ, AgRg no REsp 1595611/RS, 6ª Turma, DJ 14.06.2016.

Nos casos de preparo do recurso em ação penal pública, o STF possui entendimento consolidado de que o pagamento só é exigível após o trânsito em julgado da sentença condenatória. Não será negado seguimento ao recurso, sob pena de ofensa à presunção de inocência e à ampla defesa (HC 95128/RJ, *DJe* 05.03.2010).

No que concerne aos honorários advocatícios, em que pesem divergências, há precedentes[66] em relação à sucumbência nas ações de iniciativa privada e aos advogados nomeados pelo juiz para o patrocínio da causa. Nesse último caso, são devidos pelo Estado e fixados pelo magistrado de acordo com a tabela da seccional da OAB (art. 22, § 1º, Lei 8.906/1994).

Ainda no que tange aos honorários advocatícios, importante ressaltar que o STJ firmou entendimento no sentido de que os honorários de sucumbência ainda seriam devidos mesmo nos casos em que a ação penal privada fosse extinta sem resolução do mérito. (Ver: STJ, EREsp1218726/RJ, *DJe* 01.07.2016).

5.9. Temas especiais em ação penal

Para além da classificação convencional das ações penais, que acabamos de trabalhar nos itens anteriores, há uma série de peculiaridades legais e de construções doutrinárias e jurisprudenciais que devem ser aqui abordadas pela sua crescente presença em provas de concursos, em especial nas fases subjetiva e oral.

5.9.1. Ação de prevenção penal

Trata-se de ação penal destinada a aplicar medida de segurança ao acusado. Explica-se: toda ação penal requer a imposição de sanção penal, seja pena (aos réus imputáveis) ou medida de segurança (aos inimputáveis), mas essa modalidade

é destinada **apenas** à aplicação de medida de segurança aos absolutamente incapazes.[67]

A denúncia, portanto, é oferecida visando à aplicação de medida de segurança por tratar-se de acusado inimputável.

5.9.2. Ação penal pública subsidiária da pública

Tal denominação é oriunda de construção doutrinária e decorre do art. 2º, § 2º, Dec.-lei 201/1967 (crimes praticados por prefeitos e vereadores). O dispositivo prevê a atuação do PGR nos casos em que a autoridade policial ou o MP estadual não atendam às providências para instauração de inquérito policial ou ação penal.

Em outras palavras, da inércia do MP estadual ou da autoridade policial civil surge a atribuição do PGR, chefe do Ministério Público Federal (MPF), para atuar no polo ativo da persecução.

A crítica pertinente a essa modalidade é que tal dispositivo não está em harmonia com a CF, que estabelece a independência funcional do MP estadual. O *parquet* estadual possui autonomia e deve ser visto como um órgão independente. Não há qualquer relação hierárquica entre os MP's estaduais e o MPF. Desse modo, a ação aqui estudada não foi recepcionada pela CF/1988.

5.9.3. Ação penal popular

Construção doutrinária a partir do art. 14, Lei 1.079/1950,[68] que define os crimes de responsabilidade praticados pelo Presidente da República (PR), Ministros de Estado, do STF, PGR, Governadores e Secretários estaduais.

Para a fração minoritária da doutrina que a admite, a pessoa que denunciar o PR assume o polo ativo da ação, que depende de autorização da Câmara dos Deputados e tramitará perante o Senado Federal, configurando, assim, uma terceira modalidade de ação penal.

Sucede que a doutrina majoritária entende que o referido dispositivo legal diz respeito tão somente à *delatio criminis* feita por qualquer do povo à Câmara dos Deputados, ou seja, ciente da prática de um crime de responsabilidade pelo PR, toda pessoa pode comunicar o fato formalmente à Casa Legislativa, que poderá, ou não, dar seguimento de acordo com a análise combinada dos arts. 51, I, e 86, CF.

Percebe-se, portanto, que o que a minoria entende ser uma modalidade de ação penal exercida por qualquer do povo na realidade é o reconhecimento de que todos podem denunciar à Câmara dos Deputados a prática de infração político-administrativa (crime de responsabilidade) pelas autoridades federais indicadas.

5.9.4. Ação penal adesiva

Acontece quando houver conexão ou continência entre uma ação penal pública e uma ação penal privada. Essa situação implica dupla legitimação ativa na tutela de interesses

---

66. STF: RHC 125283, 1ª Turma, DJ 17.09.2015 e RHC 99293/AC, DJ 07.02.2011.

67. Assim compreendidos nos termos do art. 26, CP: "o agente que, por doença mental ou desenvolvimento mental incompleto ou retardado, era, ao tempo da ação ou da omissão, inteiramente incapaz de entender o caráter ilícito do fato ou de determinar-se de acordo com esse entendimento".

68. Art. 14. "É permitido a qualquer cidadão denunciar o Presidente da República ou Ministro de Estado, por crime de responsabilidade, perante a Câmara dos Deputados."

conexos, quais sejam, do MP e do querelante, embora em ações penais distintas. A unificação das ações é facultativa, funcionando de modo similar ao litisconsórcio ativo facultativo do processo civil.

5.9.5. Ação penal secundária (legitimação secundária)

Acontece quando a lei estabelece um titular ou uma modalidade de ação penal para determinado crime, mas, mediante o surgimento de circunstâncias especiais, prevê, secundariamente, uma nova espécie de ação penal para aquela mesma infração.

Ex: crimes contra a honra são, em regra, de ação privada, mas, no caso de ofensa à honra do Presidente da República, a própria lei estabelece que a ação penal é condicionada à requisição do MJ (art. 145, parágrafo único, CP).

Diz-se legitimação secundária porque há uma alteração ou condicionamento do polo ativo da ação penal. A ação penal pública transforma-se em ação penal privada ou a ação penal pública incondicionada torna-se condicionada.

5.9.6. Ação penal nos crimes contra a honra de funcionário público

A discussão desse tema justifica-se pelo excepcional tratamento conferido ao polo ativo da ação penal.

Quando um funcionário público, em razão do exercício da sua função (*propter officium*), é ofendido em sua honra, a ação penal decorrente do fato é pública condicionada à representação. É o regramento da parte final do parágrafo único, art. 145, CP.

Sucede que o STF, buscando ampliar os mecanismos de defesa da honra do servidor público, construiu entendimento que resulta em legitimidade ativa concorrente. Nesse sentido, diz a Súmula 714: "é concorrente a legitimidade do ofendido, mediante queixa, e do Ministério Público, condicionada à representação do ofendido, para a ação penal nos crimes contra a honra de servidor público em razão do exercício de suas funções".

A opção do servidor ofendido, portanto, é dúplice, cabendo a ele escolher a modalidade de ação que entender mais efetiva.

O que acontece quando o ofendido opta pela representação e o MP manifesta-se pelo arquivamento? Ao contrário do que acontece na ação privada subsidiária, em que o ofendido nada pode fazer, aqui ele pode oferecer a queixa-crime, desde que não tenha decorrido o prazo decadencial.[69] Lembremos que o caso é de **legitimação concorrente** (simultânea) e **não** subsidiária (supletiva), que pressupõe a inércia do MP.

O STF vem entendendo que se o funcionário público ofendido optar pela representação ao MP, haverá preclusão em relação à ação penal privada. Caberá, contudo, a ação penal privada subsidiária da pública se o MP não oferecer denúncia dentro do prazo e não requerer o arquivamento do IP (Inq 3438, 1ª Turma, DJ 10.02.2015 e HC 84659/MS, DJ 19.08.2005).

5.10. Inicial acusatória

5.10.1. Conceito

Peça inaugural da ação penal, contendo a imputação formulada pelo órgão legitimado para a acusação. Nas ações penais públicas (incondicionada e condicionada), cuja legitimidade ativa pertence ao MP, a peça é denominada denúncia. Nas ações privadas, cuja legitimidade pertence, em regra, à vítima, chama-se queixa-crime ou, simplesmente, queixa.

5.10.2. Requisitos comuns à denúncia e à queixa (art. 41, CPP)

Para que possa ser recebida pelo juiz e para que a defesa possa se realizar adequadamente, a inicial penal precisa observar certos requisitos, a saber:

a) Exposição (descrição) do fato criminoso com todas as suas circunstâncias: narrativa de um acontecimento que se encaixe perfeitamente a um tipo penal (preenchimento de todos os elementos do tipo penal). Deve-se descrever a conduta delitiva, o elemento subjetivo (dolo ou culpa), instrumentos do crime, mal produzido, motivos do crime, bem como qualquer circunstância que influa na caracterização do delito (qualificadoras, majorantes, agravantes etc.).

A ausência ou deficiência da exposição do fato criminoso com todas as suas circunstâncias enseja a rejeição por inépcia da inicial penal – art. 395, I, CPP. Nessa hipótese, a inépcia deve ser arguida até o momento anterior à prolação da sentença (art. 569, CPP).

Finalmente, perceba o leitor que a correta exposição do fato criminoso com todas as suas circunstâncias é de suma importância para direito de defesa do réu. Isto porque uma inicial mal elaborada, lacônica, prejudica inegavelmente o direito de defesa (o réu termina não sabendo ao certo do que está sendo acusado). Não se deve esquecer que, no processo penal, o acusado defende-se não da classificação legal dada ao crime, mas dos fatos a ele imputados. A seguir, analisaremos algumas situações práticas que dizem respeito à relevância da descrição adequada dos fatos na exordial acusatória:

I. Denúncia genérica (imputação genérica)

Há hipóteses em que o concurso de infratores torna difícil a individualização das respectivas condutas, da participação de cada um deles na infração penal. Vimos acima que o réu defende-se dos fatos imputados na peça acusatória, motivo pelo qual a descrição da conduta de cada um deles é essencial para o pleno exercício da defesa, do contraditório. Se a conduta não está delimitada, o acusado não pode formular a sua tese defensiva, contrapondo argumentos que demonstrem comportamento distinto daquele descrito na denúncia/queixa.

Por essa razão, a denúncia formulada de modo genérico não tem sido admitida em nossos tribunais e também pela doutrina.

Há, contudo, duas **exceções** construídas pelos tribunais superiores.

Nos crimes de autoria coletiva, que são os crimes societários e os multitudinários (derivado de multidão), onde uma coletividade de pessoas pratica diversas infrações penais, a pormenorização das condutas no momento da elaboração da denúncia é mais difícil. Exemplo de crime multitudinário: uma multidão de torcedores promove a depredação em estádio de futebol e arredores.

---

69. STF, Inq 2134, Tribunal Pleno, DJ 02.02.2007 e AgR Inq 726/RJ, DJ 29.04.1994.

Admite-se uma descrição que permita a individualização da conduta, mas sem os aspectos minuciosos que seriam naturalmente exigidos. Destaque-se que a instrução probatória deverá demonstrar esses aspectos que ficaram de fora da peça inicial. Ver STF, HC 128435, 1ª Turma, DJ 16.11.2015; HC 118891, 1ª Turma, 20.10.2015 e STJ, HC 469631, Dje 17.10.2018.

Quanto aos crimes societários, a questão não é tão pacífica. No STF, por exemplo, há certa divisão entre duas turmas. Vejamos.

Diz a 2ª Turma, no Inq 3644/AC, *DJe* 13.10.2014: "para a aptidão da denúncia por crimes praticados por intermédio de sociedades empresárias, basta a indicação de ser a pessoa física e sócia responsável pela condução da empresa." A turma reconhece que a mera indicação do vínculo societário basta para tornar apta a peça exordial.

Divergindo em parte, a 1ª Turma, no HC 122450/MG, *DJe* 20.11.2014, decidiu que "a denúncia, na hipótese de crime societário, não precisa conter descrição minuciosa e pormenorizada da conduta de cada acusado, sendo suficiente que, demonstrando o vínculo dos indiciados com a sociedade comercial, narre as condutas delituosas de forma a possibilitar o exercício da ampla defesa", vide, também HC 128435, 1ª Turma, DJ 16.11.2015 e HC 149328/SP, 1ª Turma, *DJe* 25/10/2017. Há, portanto, a necessidade de demonstrar o vínculo com a empresa e descrever a conduta individualizada dos acusados, embora sem pormenorização.

Percebe-se a divergência entre as turmas do STF.

E qual a posição do STJ? A referida Corte mitiga a exigência de descrição pormenorizada da conduta, mas entende que é necessária a demonstração de relação entre o acusado e o delito a ele imputado (AgRg no REsp 1474419/RS, DJe 10.06.2015). No entanto, é importante destacar aqui recente entendimento da 6ª Turma do STJ no RHC 71.019/PA, DJ 26.08.2016, segundo o qual: "Tem esta Turma entendido que, não sendo o caso de grande pessoa jurídica, onde variados agentes poderiam praticar a conduta criminosa em favor da empresa, mas sim de pessoa jurídica de pequeno porte, onde as decisões são unificadas no gestor e vem o crime da pessoa jurídica em seu favor, pode então admitir-se o nexo causal entre o resultado da conduta constatado pela atividade da empresa e a responsabilidade pessoal, por culpa subjetiva, de seu gestor". No mesmo sentido: RHC 39.936/RS, 6ª Turma, DJ 28.06.2016, REsp 1579096, 6ª Turma, *DJe* 25/09/2017.

II. Denúncia alternativa (imputação alternativa)

Consiste na possibilidade de imputação de uma infração a várias pessoas ou de várias infrações a uma pessoa, sempre de modo alternativo.

Para melhor compreensão, é importante atentar para as espécies através dos exemplos abaixo.

Imputação alternativa subjetiva: acontece quando o órgão de acusação está em dúvida em relação à autoria (se "A" ou se "B" cometeu o crime) e oferece a denúncia/queixa contra um ou outro, alternativamente, acreditando que a instrução processual revelará quem, de fato, o cometeu. Incide, pois, sobre o sujeito ativo da infração penal (autor do fato).

Em síntese, na dúvida sobre o autor do crime, todos são incluídos na expectativa de que a instrução demonstre qual deles é o agente.

Imputação alternativa objetiva: nesse caso, a dúvida da acusação diz respeito à infração penal efetivamente cometida. Ex: se o MP não possuir elementos suficientes para concluir se um objeto foi subtraído com ou sem grave ameaça, oferecerá a denúncia por furto ou por roubo, alternativamente, considerando que a instrução processual certificará se houve violência ou grave ameaça à pessoa.

Do exposto sobre a imputação alternativa, podemos inferir que há clara impossibilidade de exercício da ampla defesa pelo acusado. Em uma hipótese, sequer há indícios consistentes sobre quem é o autor do fato. Na outra, não há ciência exata de qual fato está sendo imputado contra si. Ver STJ HC 307842, DJ 27.11.2014 e REsp 399858/SP, DJ 24.03.2003.

b) Qualificação do acusado ou fornecimento de dados que permitam a sua identificação: deve a inicial penal trazer a qualificação do acusado (nome, estado civil, profissão etc.). Essa qualificação deve ser a mais completa possível a fim de se evitar o processo criminal em face de uma pessoa por outra.

Porém, caso não seja possível a obtenção da qualificação do acusado, será, ainda assim, viável o oferecimento da inicial penal, desde que se possa identificar fisicamente o réu. Nessa linha, confira-se o art. 259, CPP: "a impossibilidade de identificação do acusado com o seu verdadeiro nome ou outros qualificativos não retardará a ação penal, quando certa a identidade física. A qualquer tempo, no curso do processo, do julgamento ou da execução da sentença, se for descoberta a sua qualificação, far-se-á a retificação, por termo, nos autos, sem prejuízo da validade dos atos precedentes".

Assim, admite-se que a inicial penal seja oferecida com apenas características físicas marcantes do acusado, como: idade aproximada, altura aproximada, tatuagens, cicatrizes, marcas de nascença, cor de cabelo etc.;

c) Classificação do crime: após expor o fato criminoso com todas as suas circunstâncias, deve a inicial penal tipificar a conduta delituosa.

Lembre-se de que essa classificação dada pelo MP ou querelante não vinculará o juiz, que poderá, aplicando o art. 383, CPP (*emendatio libelli*), reconhecer definição jurídica diversa da narrada na inicial;

d) Rol de testemunhas: a indicação do rol de testemunhas é facultativa na inicial penal. Trata-se, portanto, de requisito facultativo. Porém, caso a acusação não o indique nessa ocasião, haverá a preclusão (*i. e.*, não poderá ser efetuado posteriormente);

Contudo, recente julgado do STJ permitiu que o Ministério Público emendasse a inicial acusatória, desde que antes da formação da relação processual, para incluir o rol de testemunhas, sob o argumento de que este seria um reflexo do princípio da cooperação processual e de que a posterior juntada não traria qualquer prejuízo à defesa (STJ, RHC 37587/SC, DJe 23.02.2016 e Informativo nº 577, STJ, de 20 de fevereiro a 2 de março de 2016).

e) Pedido de condenação: o pedido de condenação será, preferencialmente, expresso. Contudo, excepcionalmente, pode-se admiti-lo de modo implícito quando a sua dedução for possível a partir da leitura da imputação descrita na peça inicial;

f) Endereçamento: observando as regras de competência, a peça deverá indicar expressamente qual o órgão jurisdicional competente que conhecerá o caso;

g) Nome e assinatura do órgão acusador: ao final da peça, o órgão legitimado para a acusação deve identificar-se e assiná-la, sob pena de inexistência do ato. Entretanto, essa inexistência somente terá efeito se for impossível a identificação do autor no bojo da peça.

Atenção: É jurisprudência pacífica do STJ que "a propositura da ação penal exige tão somente a presença de indícios mínimos de autoria. A certeza, a toda evidência, somente será comprovada ou afastada após a instrução probatória, prevalecendo, na fase de oferecimento da denúncia o princípio do *in dubio pro societate*." (STJ, RHC 93363/SP, Dje 04.06.2018). Quanto à matéria, a 1ª Turma do STF, no julgamento do Inq 4506/DF, também se posicionou no mesmo sentido, ao afirmar que "No momento da denúncia, prevalece o princípio do *in dubio pro societate*" (Informativo 898/STF, de 16 a 20 de abril de 2018).

5.10.3. Requisito específico da queixa-crime (art. 44, CPP)

A queixa precisa vir acompanhada de procuração com poderes especiais. Esses "poderes especiais" (requisitos) consistem: no nome do querelado[70] e na menção do fato criminoso.[71] Tais poderes especiais têm a sua razão de ser, pois servem para "blindar" a pessoa do defensor. É dizer: em caso de denunciação caluniosa, quem responderá pelo crime será o querelante (que outorgou a procuração) e não o advogado.

5.11. Prazo para o oferecimento da denúncia

a) Regra (art. 46, CPP): estando o indiciado preso, tem o MP 5 dias para oferecer denúncia; estando solto, 15 dias;

b) Prazos especiais:

I. **Crime eleitoral:** indiciado preso ou solto, 10 dias (art. 357, CE);

II. **Tráfico de drogas:** indiciado preso ou solto, 10 dias (art. 54, III, Lei 11.343/2006);

III. **Abuso de autoridade:** indiciado preso ou solto, 48 horas (art. 13, Lei 4.898/1965);

IV. **Crimes contra a economia popular:** indiciado preso ou solto, 2 dias (art. 10, § 2º, Lei 1.521/1951);

c) Contagem do prazo para o oferecimento da denúncia: o tema não é pacífico, porém prevalece que se trata de prazo processual, devendo ser contado na forma do art. 798, § 1º, CPP; portanto, exclui-se o dia do começo, incluindo-se, porém, o do vencimento;

d) Consequências para o caso de descumprimento do prazo para oferecimento da denúncia:

I. Possibilidade de a vítima ingressar com a ação penal privada subsidiária da pública (art. 29, CPP);

II. Estando preso o indiciado, a prisão passará a ser ilegal, devendo ser imediatamente relaxada pelo juiz (art. 5º, LXV, CF);

III. Possibilidade de responsabilizar o MP por crime de prevaricação, se dolosa a conduta omissiva desse agente público (art. 319, CP).

5.12. Prazo para o oferecimento da queixa-crime

a) Regra: 6 meses (art. 38, CPP), contados a partir do conhecimento da autoria. Esse prazo possui natureza decadencial e, portanto, deve ser contado segundo o art. 10, CP, incluindo-se o dia do começo e excluindo-se o dia final. Justamente por se tratar de prazo decadencial, pode findar em feriado ou final de semana, não sendo prorrogado para o primeiro dia útil subsequente, tampouco sujeito a interrupção ou suspensão.

Atenção para os casos de **crime continuado** porque a contagem do prazo é feita isoladamente, considerando a ciência da autoria de cada uma das condutas cometidas.

b) Exemplos de prazo especial de queixa-crime:

I. **Crime de induzimento a erro essencial e ocultação de impedimento ao casamento** (art. 236, parágrafo único, CP): o prazo aqui também é decadencial e de 6 meses. Porém, a sua contagem se inicia com o trânsito em julgado da sentença de anulação do casamento;

II. **Crimes contra a propriedade imaterial que deixarem vestígios** (ex.: art. 184, CP): primeiro, é oportuno lembrar que, no caso de haver o crime contra a propriedade imaterial deixado vestígio, será imprescindível a inicial penal vir acompanhada de laudo pericial, sob pena de rejeição da peça acusatória (art. 525, CPP). Visto isso, vamos ao prazo da queixa.

Nessa espécie de delito, a vítima também conserva os 6 meses para ingressar com a queixa, contados a partir do conhecimento da autoria (até aqui nada de novo).

Porém, uma vez homologado o laudo pericial, terá a vítima apenas 30 dias para ingressar com a queixa, sob pena de decadência. Ex.: suponha-se que o conhecimento da autoria deu-se há 3 meses e o laudo pericial foi homologado na data de hoje. Pois bem, a partir de hoje terá a vítima 30 dias para ingressar com a queixa;

c) Consequência para a perda do prazo do oferecimento de queixa: extinção da punibilidade pela decadência (art. 107, IV, CP).

6. AÇÃO CIVIL *EX DELICTO*

6.1. Noções gerais

A prática de um crime, além de gerar para o Estado o direito de punir o infrator, pode acarretar prejuízo de ordem patrimonial à vítima, fazendo surgir para esta o direito de ser indenizada. Nesse sentido, estabelece o art. 91, I, CP: "*são efeitos da condenação: I – tornar certa a obrigação de indenizar o dano causado pelo crime*".

A vítima pode optar por ingressar, desde logo, com a ação civil, assim como pode aguardar a sentença condenatória penal definitiva para então executá-la no cível. No primeiro caso, teremos a ação civil *ex delicto* (em sentido estrito), com natureza de ação de conhecimento e, no segundo, teremos a execução *ex delicto (em sentido amplo)*. Porém, advirta-se, desde já, que vasto setor da comunidade jurídica não efetua essa divisão, lançando mão da denominação ação civil *ex delicto* em ambos os casos.

---

70. O art. 44, CPP, menciona nome do *querelante*. Porém, a doutrina considera que houve erro de grafia quando da promulgação do CPP. Trata-se do nome do querelado.

71. Os tribunais superiores admitem, inclusive, que a menção ao fato criminoso pode ser resumida à indicação do dispositivo legal (STJ RHC 69.301/MG, 6ª Turma, DJ 09.08.2016).

Optando pela ação civil ex delicto antes do trânsito em julgado, a competência para processar e julgar tal ação será definida de acordo com os arts. 46 a 53 do NCPC.

> **Reflexos do Novo Código de Processo Civil**
>
> No art. 53, V, está mantida a possibilidade de escolha entre o domicílio da vítima e o local do fato para as ações de reparação de dano sofrido em razão de delito.
>
> Já em relação à execução da sentença penal transitada em julgado, o art. 516, parágrafo único, estatui que a escolha se dará entre o juízo do atual domicílio do executado, pelo juízo do local onde se encontrem os bens sujeitos à execução ou pelo juízo do local onde deva ser executada a obrigação de fazer ou de não fazer.

6.2. Hipóteses que autorizam a propositura da ação civil

Conforme dito, para ingressar em juízo com o pedido de ressarcimento do dano não é necessário o trânsito em julgado da sentença penal condenatória, em que pese o teor do art. 63, CPP. Conforme estabelece o art. 64, CPP: *"sem prejuízo do disposto no artigo anterior, a ação para ressarcimento do dano poderá ser proposta no juízo cível, contra o autor do crime e, se for o caso, contra o responsável civil"*.

Assim, segundo mencionado, ficam evidenciadas duas hipóteses para a propositura da ação civil *ex delicto*:

I. execução da sentença penal condenatória transitada em julgado (título executivo judicial), que deve ser precedida de liquidação para quantificação da indenização (art. 63, parágrafo único, CPP, e art. 515, VI, NCPC);

II. ação civil indenizatória para reparação do dano (intentada com o processo penal ainda em curso ou, mesmo, durante o IP – *vide* art. 64, parágrafo único, CPP).

A ação *ex delicto* de execução pode ser feita com base no valor mínimo fixado pelo juiz na sentença penal condenatória (art. 387, IV, CPP); ou, também, pode ser feita com base naquele valor mínimo *acrescido do montante apurado em liquidação da sentença penal condenatória*.

Por outro lado, apesar do comando do art. 387, IV, CPP, nem sempre será possível ao juiz penal fixar um *quantum* indenizatório na sentença, dadas a complexidade do caso e as limitações inerentes à competência material do magistrado penal.

A ação civil indenizatória, noutro giro, será proposta como ação de conhecimento, havendo instrução de forma ampla, mas sofre limitação quanto à matéria a ser apreciada, como veremos logo adiante.

6.3. As hipóteses de absolvição do art. 386, CPP e a ação civil ex delicto

Se é correto dizer que a sentença penal condenatória definitiva torna certa a obrigação de indenizar pelo dano causado (art. 91, I, CP), em caso de *absolvição do réu* há certos fundamentos da sentença que irão inviabilizar o pedido de indenização. Analisemos, pois, as hipóteses de absolvição do art. 386, CPP, a fim de descobrir quando caberá ou não a ação civil *ex delicto*.

O juiz absolverá o réu quando (art. 386, CPP):

I. **Estiver provada a inexistência do fato** (arts. 386, I, e 66): se o fato não existiu no campo penal (que exige uma carga probatória muito maior que a do campo civil), com muito mais razão, também não existiu na seara cível. Este fundamento da sentença absolutória obsta, portanto, a propositura de ação civil *ex delicto*;

II. **Não houver prova da existência do fato** (art. 386, II): este fundamento da sentença absolutória não fecha as portas do cível. Note-se que a prova não foi suficiente para o campo penal (debilidade probatória), mas poderá sê-lo para o campo civil;

III. **Não constituir o fato infração penal** (art. 386, III): também não fecha as portas do cível. O ilícito não foi penal, mas poderá ser civil (art. 67, III, CPP);

IV. **Estiver provado que o réu não concorreu para a infração penal** (art. 386, IV, CPP): fecha as portas do cível. Se restou provado no campo penal que o réu não praticou qualquer conduta lesiva, automaticamente estará excluído do polo passivo de qualquer ação indenizatória;

V. **Não existir prova de ter o réu concorrido para a infração penal** (art. 386, V, CPP): não fecha as portas do cível, pois a prova da autoria do réu não foi suficiente para o campo penal (debilidade probatória), mas poderá ser suficiente para o campo civil;

VI. **Existirem circunstâncias que excluam o crime ou isentem o réu de pena, ou mesmo se houver fundada dúvida sobre a existência dessas circunstâncias** (art. 386, VI, CPP): o reconhecimento de excludente de ilicitude (legítima defesa, por exemplo) fecha, em regra, as portas do cível (arts. 188, I, CC, e 65, CPP). Excepcionalmente, porém, será possível a ação civil *ex delicto*, quando ocorrer:

a) Estado de necessidade agressivo, que é aquele que importa em sacrifício de bem pertencente a terceiro inocente. Ex.: buscando fugir de um desafeto, Fulano termina destruindo o veículo de terceiro inocente. Nesse caso, o terceiro inocente poderá acionar civilmente o causador do dano, restando a este promover ação de regresso contra quem provocou a situação de perigo (arts. 929 e 930, **CC**);

b) Legítima defesa em que, por erro na execução, atinge-se 3º inocente. Ex.: o indivíduo, defendendo-se de agressão injusta, termina acidentalmente atingindo 3º inocente. Nesse caso, o terceiro inocente poderá acionar civilmente o causador do dano, restando a este promover ação de regresso contra quem provocou a situação de perigo (art. 930, parágrafo único, **CC**);

c) Legítima defesa putativa ou imaginária, que se configura quando *o agente, por erro, acredita que está sofrendo ou irá sofrer uma agressão e revida, causando dano a outrem* (GRECO, v. I, 2005, p. 384), já que esta, em essência, não constitui legítima defesa autêntica ou real e por esse motivo não exclui a ilicitude da conduta. (STJ, Info. 314, 3ª Turma, período 19 a 23 de março de 2007);

VII. **Não existir prova suficiente para a condenação:** não fecha as portas do cível, pois a prova não foi suficiente para o campo penal (debilidade probatória), mas poderá ser suficiente para o campo civil.

Ademais, também não fecha as portas do cível (art. 67, CPP):

a) o despacho de arquivamento do inquérito ou das peças de informação;

b) a decisão que julgar extinta a punibilidade.

6.4. Legitimidade ativa

Cabe à vítima (se maior e capaz) ou ao seu representante legal (se o ofendido for incapaz) a legitimidade para propor a ação civil *ex delicto*.

Nos casos de morte ou ausência da vítima, os seus herdeiros poderão figurar no polo ativo (art. 63, parte final, CPP).

Sendo vítima pobre, nos termos do art. 68, CPP, esta deve requerer ao MP a execução da sentença penal condenatória ou a propositura de ação civil indenizatória. O MP atuará como substituto processual do ofendido. Entretanto, importante dizer que o STF reconheceu a inconstitucionalidade progressiva do referido dispositivo. Explica-se. A Suprema Corte entendeu que a função de advocacia pública dos interesses individuais das pessoas economicamente hipossuficientes cabe à Defensoria Pública. Sucede que a implementação da Defensoria nos Estados ainda não foi plenamente concluída no Brasil, muito menos interiorizada, motivo pelo qual o MP poderá, temporariamente, figurar como substituto processual nas comarcas onde a Defensoria Pública ainda não tiver sido instalada (STF, RE 341717 SP, 2ª Turma, DJ 05.03.2010 e AI 549750 ED/SP, DJe 02.03.2007). Nesse sentido, o STJ consolidou o entendimento de que o reconhecimento da ilegitimidade do Ministério Público depende da intimação prévia da Defensoria Pública, tendo em vista evitar prejuízos à parte hipossuficiente que vinha sendo assistida pelo órgão ministerial. Isto é, nos locais em que a Defensoria Pública estiver em funcionamento e o Ministério Público ingressar com a ação civil, o magistrado, antes de reconhecer a ilegitimidade do MP, deverá intimar a Defensoria, para que esta se manifeste sobre o interesse de atuar na demanda (Informativo 592/STJ, de 19 de outubro a 8 de novembro de 2016).

6.5. Legitimidade passiva

A ação civil *ex delicto* deve ser proposta contra o autor do crime. Porém, em certos casos, é possível acionar solidariamente o responsável civil.

Exemplo de situação em que o responsável civil poderá ser instado a reparar o dano: imagine-se que Tício, na direção de um automóvel pertencente a Caio, causou o atropelamento de um transeunte. Pois bem, nesse caso, o motorista (Tício) responderá civil e penalmente, enquanto o proprietário do veículo (Caio) poderá ser incluído solidariamente no polo passivo da ação cível.

Entretanto, note-se que a inclusão no polo passivo do responsável civil *somente* acontecerá na ação indenizatória (ação civil *ex delicto* de conhecimento). Isto porque a execução da sentença penal condenatória só poderá ser efetuada contra a pessoa que sofreu a condenação (*i. e.*, contra o autor do crime).

6.6. Suspensão da ação civil ex delicto

À luz da concepção de unicidade da jurisdição, o objetivo da suspensão é evitar a proliferação de decisões contraditórias, haja vista a pendência de questão prejudicial na esfera penal. Sendo assim, as hipóteses de suspensão são as seguintes: a) quando a ação civil for proposta antes da ação penal; b) quando as ações civil e penal forem propostas simultaneamente perante os respectivos juízos.

No primeiro caso (quando a ação civil for proposta antes da ação penal), a suspensão poderá ser determinada pelo juiz até que seja proposta a ação penal. Entretanto, nos termos do art. 315, § 1º, NCPC, "*Se a ação penal não for proposta no prazo de 3 (três) meses, contado da intimação do ato de suspensão, cessará o efeito desse, incumbindo ao juiz cível examinar incidentemente a questão prévia*". Em suma, após suspensa a ação indenizatória, a ação penal deve ser proposta em até 3 meses após a intimação do ato de suspensão. Caso isso não aconteça, o juízo cível decidirá a questão e a ação indenizatória prosseguirá normalmente.

> **Reflexos do Novo Código de Processo Civil**
>
> De acordo com o art. 315, § 1º, o prazo de suspensão da ação cível será majorado dos atuais 30 (trinta) dias para 3 (três) meses.

Na segunda hipótese (ações civil e penal propostas simultaneamente perante os respectivos juízos), poderá haver sobrestamento pelo período máximo de 1 ano, consoante expressa previsão do art. 315, § 2º, NCPC: "*Proposta a ação penal, o processo ficará suspenso pelo prazo máximo de 1 (um) ano, ao final do qual aplicar-se-á o disposto na parte final do § 1º*."

Por fim, diga-se que a suspensão da ação civil *ex delicto* é facultativa, apesar de algumas posições em contrário na doutrina. Esse entendimento decorre principalmente da redação do art. 64, parágrafo único, CPP, que diz: "*intentada a ação penal, o juiz da ação civil **poderá** suspender o curso desta, até o julgamento definitivo daquela*." O verbo "poderá" está empregado no sentido de faculdade do magistrado. Trata-se, como defende Pacelli de Oliveira (2015, p. 186), de poder discricionário conferido ao juiz da esfera cível, que fará a análise da conveniência e oportunidade da suspensão da ação civil. Nessa linha, STJ, REsp 1443634/SC, 3ª Turma, DJ 12.05.2014 e REsp 401720, DJ 04.08.2003.

6.7. Prazo

O prazo prescricional para ingressar com a ação de execução civil *ex delicto* é de 3 anos (art. 206, § 3º, V, CC), contados a partir do trânsito em julgado da sentença penal condenatória, por força do disposto no art. 200, CC, e STJ, AgRg no AREsp 496307/RS, *DJe* 16.06.2014.

Percebe-se, portanto, que a vítima que deseja a reparação civil do dano pode ingressar em juízo simultaneamente ou, em último caso, até 3 anos após o trânsito em julgado da sentença penal condenatória.

6.8. Revisão criminal e ação rescisória

Se houver ação de revisão criminal em trâmite e essa for julgada procedente, o título judicial deixa de existir, pois a sentença condenatória será desconstituída. Isso implica a inexistência de coisa julgada em desfavor do réu na esfera criminal (art. 622, CPP).

Alguns efeitos decorrerão do julgamento da ação de revisão criminal e afetarão a execução:

a) se a execução civil não teve início, não poderá acontecer;

b) se a execução teve início, será extinta por força do novo título judicial;

c) se o pagamento ocorreu, caberá ação de restituição do valor pago.

Se a ação civil foi proposta simultaneamente à ação penal e nessa última houve absolvição com base nas causas que "fecham as portas" da ação civil *ex delicto* (art. 386, I, IV e VI, CPP, com as ressalvas já feitas), caberá a propositura de ação rescisória, nos termos do art. 975, NCPC.

7. JURISDIÇÃO E COMPETÊNCIA

7.1. Noções básicas de jurisdição

Superada a fase de autotutela dos conflitos penais (exceção aqui para alguns casos excepcionais permitidos pela lei como, por exemplo, a legítima defesa), o Estado, *por meio da atividade jurisdicional*, avocou para si a pacificação desses conflitos, substituindo, assim, a vontade das partes.

Pode-se conceituar a jurisdição como o *poder-dever do Estado, exercido precipuamente pelo Judiciário, de aplicar o direito ao caso concreto por meio de um processo*. Ou ainda, jurisdição, do latim, significa *juris dictio* (*dizer o direito*).

7.2. Princípios que norteiam a atividade jurisdicional

7.2.1. Investidura

Significa que a jurisdição só pode ser exercida por magistrado, ou seja, aquele que está investido na função jurisdicional, empossado no cargo de juiz.

7.2.2. Indelegabilidade

Não pode um órgão jurisdicional delegar a sua função a outro, ainda que este também seja um órgão jurisdicional. Tal princípio, contudo, comporta exceções, como no caso de expedição de carta precatória e de carta rogatória e também na hipótese de substituição de um juiz por outro em situação de férias, aposentadoria etc. Examinaremos o tema mais adiante.

7.2.3. Juiz natural

Manifesta-se através de dois incisos do art. 5º, CF: LIII (*"ninguém será processado nem sentenciado senão pela autoridade competente"*); e XXXVII (*"não haverá juízo ou tribunal de exceção"*). Significa que o *indivíduo só pode ser privado de seus bens ou liberdade se processado por autoridade judicial imparcial e previamente conhecida por meio de regras objetivas de competência fixadas anteriormente à prática da infração*.

7.2.4. Inafastabilidade ou indeclinabilidade

Está contido no art. 5º, XXXV, CF: "*a lei não excluirá da apreciação do Poder Judiciário lesão ou ameaça a direito*". À luz do monopólio da função jurisdicional pelo Poder Judiciário, nem mesmo a lei pode excluir de sua apreciação a lesão ou a ameaça a um direito.

7.2.5. Inevitabilidade ou irrecusabilidade

A jurisdição não está sujeita à vontade das partes, aplica-se necessariamente para a solução do processo penal. É, pois, decorrência da natureza obrigatória da solução jurisdicional para os conflitos na esfera penal.

Lembre-se de que na esfera cível há "equivalentes jurisdicionais" como a mediação e a arbitragem, que serão utilizados a depender da vontade das partes, mas o mesmo não ocorre no âmbito da justiça criminal em que a atividade jurisdicional, como vimos, é irrecusável.

7.2.6. Improrrogabilidade ou aderência

O exercício da função jurisdicional pelo magistrado somente pode ocorrer dentro dos limites que lhe são traçados pela lei, seja na abrangência territorial, seja pela matéria a ser apreciada.

7.2.7. Correlação ou relatividade

Aplicável à sentença, consiste na vedação ao julgamento *extra*, *citra* ou *ultra petita*. Dessa forma, impõe-se a correspondência entre a sentença e o pedido formulado na inicial acusatória.

7.2.8. Devido processo legal

Art. 5º, LIV, CF: "*ninguém será privado da liberdade ou de seus bens sem o devido processo legal*". Significa, em última análise, afirmar a necessidade de um processo prévio, informado pelo contraditório; ampla defesa; juiz natural; motivação das decisões; publicidade; presunção de inocência; direito de audiência; direito de presença do réu; e duração razoável do processo (BADARÓ, 2008, p. 36).

7.3. Características da jurisdição

O exercício da atividade jurisdicional é marcado pelas seguintes características:

7.3.1. Inércia

A atuação inicial dos órgãos jurisdicionais depende de provocação da parte. É totalmente vedado ao juiz dar início à ação penal. A inércia dos órgãos jurisdicionais decorre do princípio *ne procedat judex ex officio* como também do sistema acusatório pretendido pelo Constituinte de 1988 (art. 129, I, CF).

7.3.2. Substitutividade

Com o fim da autotutela, coube ao Estado monopolizar a função de solucionar eventuais conflitos de interesses entre as pessoas. O Estado, por meio da jurisdição, passou, portanto, a *substituir* a vontade das partes.

7.3.3. Atuação do Direito

A atividade jurisdicional tem por objetivo aplicar o direito ao caso concreto, buscando, assim, restabelecer a paz social.

7.3.4. Imutabilidade

Na verdade, a imutabilidade se relaciona ao efeito do provimento final da atividade jurisdicional (*i. e.*, ao efeito da sentença). Significa que, após o trânsito em julgado da sentença, tornar-se-á imutável aquilo que ficou decidido pelo órgão julgador. Entretanto, é preciso estar atento que, no processo penal, somente a sentença absolutória definitiva é imutável (não podendo, portanto, haver a reabertura do caso). A imutabilidade não se aplica às sentenças condenatórias definitivas, uma vez que é possível impugná-las por meio de ação de revisão criminal (*vide* art. 621 e ss., CPP). Estudaremos melhor esse tema quando tratarmos de revisão criminal.

7.4. Competência

7.4.1. Compreendendo o tema

Todos os juízes possuem jurisdição (poder-dever de dizer o direito aplicável ao caso concreto).

Porém, a atividade jurisdicional se tornaria inviável caso todas as ações penais fossem concentradas na pessoa de um só juiz.

É nesse contexto que se insere o instituto da competência – como forma de *racionalizar, de tornar viável a prestação jurisdicional*. Dessa forma, é certo que todos os juízes possuem jurisdição (conforme dissemos anteriormente), porém é igualmente verdadeiro que esses mesmos juízes só podem dizer o direito objetivo aplicável ao caso concreto dentro dos limites de sua competência. Competência é, pois, *a medida da jurisdição*. Com Karam (2002, p. 16), podemos arrematar dizendo que enquanto abstratamente todos os órgãos do Poder Judiciário são investidos de jurisdição, as regras de competência é que concretamente atribuem a cada um desses órgãos o efetivo exercício da função jurisdicional.

7.4.2. Critérios de fixação da competência

Os critérios de fixação da competência são parâmetros estabelecidos pela CF e pela legislação ordinária que objetivam definir o âmbito de atuação de cada um dos órgãos jurisdicionais (*i. e.*, quem julga o quê). Note-se, desde já, que os critérios abaixo não estão dissociados. Pelo contrário, para se definir o órgão julgador competente, faz-se necessário examinar tais critérios de modo integrado, já que, em diversas situações, um serve para complementar o outro.

A seguir, veremos sucintamente cada um desses critérios (apenas para que o nosso leitor se familiarize com o tema). Mais adiante, esse assunto será estudado com mais vagar.

a) Competência em razão da matéria (*ratione materiae*): este critério de fixação da competência leva em consideração a *natureza* (a matéri**a**) da infração praticada. Ex.1: a Justiça Eleitoral é competente *em razão da matéria* para processar e julgar os crimes eleitorais. Ex.2: o Tribunal do Júri é competente *em razão da matéria* para processar e julgar os crimes dolosos contra a vida (homicídio, *v. g.*);

b) Competência em razão da pessoa (*ratione personae*): este critério de fixação da competência leva em consideração a *relevância do cargo* ocupado por determinadas pessoas para definir qual o órgão competente para o processamento da infração penal. É a chamada *competência por prerrogativa de função* ou, também, *foro privilegiado*. Ex.: nos termos do art. 102, I, "b", CF, o STF tem competência para processar e julgar, nos crimes comuns, os parlamentares federais (deputados federais e senadores). Posto de outra forma: estes parlamentares, em caso de prática de crime comum, possuem foro por prerrogativa de função (ou foro privilegiado) perante o STF. Conforme o atual posicionamento do STF, note-se que o foro por prerrogativa de função somente se aplicará aos crimes praticados após a diplomação e que tenham relação como exercício do cargo.

c) Competência em razão do lugar (*ratione loci*): este critério de fixação da competência leva em consideração os seguintes aspectos: o *local onde ocorreu a consumação* do delito, bem como o *domicílio ou a residência do réu*. Ex.: tendo o crime de furto sido consumado na Comarca de Marília (SP), é lá que deverá ser processado e julgado – e não em Bauru (SP), *v. g.*;

d) Competência funcional: este critério de fixação da competência leva em consideração a *função* que cada um dos vários órgãos jurisdicionais pode vir a exercer num processo. Ex.: nas grandes comarcas, é comum que um juiz fique responsável pela fase de conhecimento do processo e outro pela fase de execução da pena.

A competência funcional, a seu turno, classifica-se em:

I. Competência funcional por fase do processo: implica repartição de competência a mais de um órgão julgador, cada qual atuando em determinada fase do processo. Em regra, um só juiz é que praticará os atos do processo. Porém, há situações em que os atos de um mesmo processo serão praticados por mais de um órgão julgador. Ex. (já dado anteriormente): nas grandes comarcas, é comum que um juiz fique responsável pela fase de conhecimento do processo e outro pela fase de execução da pena (*vide* arts. 65 e 66, LEP);

II. Competência funcional por objeto do juízo: cada órgão jurisdicional pode vir a exercer a competência sobre determinadas questões a serem decididas no processo. Ex.: a sentença no Tribunal do Júri. Na sentença no âmbito do Júri, os jurados são responsáveis pela absolvição ou condenação do acusado e o juiz-presidente é responsável pela aplicação (dosimetria) da pena (em caso de condenação, por óbvio). Há, assim, uma repartição de tarefas para cada órgão jurisdicional que leva em conta determinada questão específica a ser decidida no processo;

III. Competência funcional por grau de jurisdição: nesta modalidade de competência funcional, leva-se em conta a *hierarquia* (o escalonamento) jurisdicional determinada pela lei aos vários órgãos julgadores. Ex.: o TJ é o órgão julgador competente (competência funcional por grau de jurisdição) para conhecer e julgar eventual recurso de apelação interposto pela parte contra a sentença prolatada pela instância *a quo* (*i. e.*, pelo juiz de 1º grau).

7.4.3. Determinação do juízo competente

Atente o leitor que a determinação do juízo competente é tarefa das mais complexas. Conforme visto, são diversos os critérios que devem ser levados em consideração, podendo, inclusive, em certas situações, um preponderar sobre o outro (veremos esse ponto mais adiante).

Porém, ao longo do tempo, a doutrina buscou sistematizar melhor a questão da determinação do juízo competente, trilhando um raciocínio que parte de critérios mais genéricos para critérios mais específicos.

Dessa forma, para saber qual o juízo competente para processar e julgar determinado caso, deve-se, por exemplo, levar em conta:

I. Qual a justiça competente? É crime da competência da Justiça Comum (Federal ou Estadual) ou da Justiça Especial (Militar ou Eleitoral)?;

II. É o acusado possuidor de foro por prerrogativa de função? Ex.: sendo o réu parlamentar federal, deverá ser processado e julgado pelo STF (prerrogativa de função);

III. Não sendo detentor de foro por prerrogativa de função, passa-se ao exame da competência territorial (local em que foi consumado o crime; ou domicílio ou residência do réu);

IV. Existe, no caso em questão, situação de conexão ou continência (que são critérios de modificação de competência, a serem examinados mais adiante)?

V. Por fim, passa-se ao exame da competência de juízo: qual é a vara, câmara ou turma competente? Há, por exemplo, vara especializada com competência para apreciar o caso?

7.4.4. Competência em razão da matéria (ratione materiae) ou em razão natureza da infração penal

Conforme visto, esse critério de fixação de competência leva em conta a natureza da infração penal praticada. A depender dessa (da matéria em questão) será competente a Justiça Comum (Federal ou Estadual) ou a Justiça Especial[72] (Militar ou Eleitoral). Assim, temos que:

a) A Justiça Eleitoral (JE – arts. 118 a 121, CF, e Lei 4.737/1965) é competente em razão da matéria para julgar os crimes eleitorais. Ex.: calúnia cometida em período de campanha eleitoral será julgada pelo Tribunal Regional Eleitoral;

Em caso de conexão entre crimes da Justiça Comum e crimes eleitorais, caberá à Justiça Eleitoral o julgamento de ambos, sendo também desta Justiça a competência para analisar, caso a caso, a existência de conexão entre os delitos eleitorais e comuns e, não havendo, remeter à justiça competente (Informativo 933/STF, de 11 a 15 de março).

b) A Justiça Militar (JM – art. 124, CF) é competente *ratione materiae* para julgar os crimes militares definidos no art. 9º, CPM.

A competência da Justiça Militar comporta três exceções: o crime de abuso de autoridade (Lei 4.898/1965), conforme Súmula 172, STJ; o crime de tortura, por ausência de correspondência no Código Penal Militar (STJ, AgRg no CC 102.619/RS, DJ 30.04.2015, Info. 436 e AgRg no AREsp 17.620/DF, 6ª Turma, DJe 06.06.2016; (STF, HC 117254, DJ 15.10.2014 e AI 769637 AgR-ED-ED/MG, DJe 16.10.2013); assim como os crimes dolosos praticados contra a vida de civil não são julgados pela JM Estadual[73] (art. 125, § 4º, CF).

Vale ressaltar, contudo, alteração introduzida pela Lei 12.432/2011, que modificou a redação do parágrafo único do art. 9º, CPM.[74] O referido dispositivo legal, em leitura combinada com o art. 303, CBA (Código Brasileiro de Aeronáutica),[75] introduz situação excepcional de manutenção da competência da Justiça Militar.

Trata-se das hipóteses de invasão irregular do espaço aéreo brasileiro e das medidas adotadas para a sua devida repressão. No caso mais extremo, após advertências e tentativas de pouso forçado, o piloto-militar está autorizado a destruir a aeronave, pois a prioridade é a preservação da segurança e da soberania nacionais.

Desse modo, se da conduta descrita resultar processo criminal em face do militar que efetuou o abate da aeronave, causando a morte dos seus ocupantes, **ainda que civis**, a **competência para processar e julgar será da Justiça Militar**.

Ademais, houve recente alteração na competência da Justiça Militar com a nova Lei nº 13.491, de 16 de outubro de 2017, que alterou o Código Penal Militar. A lei novel também teve como alvo o art. 9º do CPM, ao modificar o seu inciso II e acrescentar os §§ 1º e 2º. A inovação legislativa ampliou a competência da Justiça Militar ao prever que serão considerados crimes militares, em tempo de paz, *"os crimes previstos neste Código e os previstos na legislação penal, quando praticados"* conforme as alíneas, que não foram objeto de modificação. A redação anterior limitava a competência aos crimes tipificados no CPM. Nesse sentido, a ampliação da competência se torna clara ao vislumbrarmos que além dos crimes previstos no CPM, também estarão à cargo da JM os crimes comuns previstos na legislação penal comum e extravagante que sejam praticados nos moldes das alíneas do inciso II do art. 9º

A JM encontra-se estruturada nos âmbitos Estadual e Federal:

I. Justiça Militar Estadual (art. 125, § 4º, CF): detém competência para processar e julgar os crimes militares praticados por policiais militares e bombeiros.

Por outro lado, a JM estadual não tem competência para julgar civil – mesmo que este cometa crime em concurso com um militar. Nesse sentido, consultar a Súmula 53, STJ.[76]

Ademais, nos termos da Súmula 75, STJ, em caso de crime de promoção ou facilitação da fuga de preso em estabelecimento prisional praticado por militar, a competência será da Justiça Comum Estadual e não da JM;

A competência territorial da Justiça Militar Estadual será a do local onde o policial estadual desempenha suas funções, mesmo que crime tenha se consumado em Estado diverso, conforme se depreende do enunciado da Súmula 78, STJ, nos seguintes termos: *"Compete à Justiça Militar processar e julgar policial de corporação estadual, ainda que o delito tenha sido praticado em outra unidade federativa"*.

II. Justiça Militar da União: detém a competência para julgar membros das Forças Armadas (Exército, Marinha e Aeronáutica) – art. 124, CF. A competência da JM da União, abrange inclusive, os crimes dolosos contra a vida praticados pelos militares das Forças Armadas contra civil, desde que praticados no contexto dos incisos I, II e III do art. 9º, §2º do CPM, conforme recentes mudanças implementadas pela Lei 13.491/2017. No entanto, caso o crime não se enquadre nas

---

72. Para o estudo aqui empreendido, considera-se justiça especial aquela que tem competência criminal, mas cuja regulação ocorra por sistema legal próprio, autônomo, nos âmbitos material e processual.

73. Relevante apontar que com a novel Lei 13.491/2017, a Justiça Militar da União passou a ter competência para o julgamento de crimes dolosos contra a vida praticados por militar das Forças Armadas contra civil, se executados no contexto de suas funções, conforme especifica o art. 9º, § 2º do Código Penal Militar.

74. "Os crimes de que trata este artigo quando dolosos contra a vida e cometidos contra civil serão da competência da justiça comum, **salvo quando praticados no contexto de ação militar realizada na forma do art. 303 da Lei 7.565, de 19.12.1986 – Código Brasileiro de Aeronáutica."**

75. "Art. 303. A aeronave poderá ser detida por autoridades aeronáuticas, fazendárias ou da Polícia Federal, nos seguintes casos: I – se voar no espaço aéreo brasileiro com infração das convenções ou atos internacionais, ou das autorizações para tal fim; II – se, entrando no espaço aéreo brasileiro, desrespeitar a obrigatoriedade de pouso em aeroporto internacional; III – para exame dos certificados e outros documentos indispensáveis; IV – para verificação de sua carga no caso de restrição legal (artigo 21) ou de porte

proibido de equipamento (parágrafo único do artigo 21); V – para averiguação de ilícito. (...) § 2º Esgotados os meios coercitivos legalmente previstos, a aeronave será classificada como hostil, ficando sujeita à medida de destruição, nos casos dos incisos do *caput* deste artigo e após autorização do Presidente da República ou autoridade por ele delegada."

76. "Compete à Justiça Comum Estadual processar e julgar civil acusado de prática de crime contra as instituições militares estaduais".

hipóteses previstas nos referidos incisos, a fixação da competência seguirá a regra geral, devendo ser julgado na Justiça Comum (Tribunal do Júri) – art. 9º, §1º.

A JM da União pode, por sua vez, vir a processar e julgar civil quando este vier a praticar infração em concurso com membro das Forças Armadas.

Atenção: O STF editou a Súmula Vinculante 36 com o seguinte teor: *Compete à Justiça Federal comum processar e julgar civil denunciado pelos crimes de falsificação e de uso de documento falso quando se tratar de falsificação da Caderneta de Inscrição e Registro (CIR) ou de Carteira de Habilitação de Amador (CHA), ainda que expedidas pela Marinha do Brasil.*

A Suprema Corte entende que não se trata de crime militar por conta da natureza da atividade de arrais amador, que é civil. Nesse caso, há ofensa a serviço e interesse da União, motivo pelo qual a competência é da Justiça (Comum) Federal.

c) A Justiça (Comum) Estadual tem sua esfera de competência composta de forma residual. É determinada pela exclusão das demais (Justiça Comum Federal; Justiça Especial). Isto é, processa e julga o crime quando não se tratar de competência da Justiça Especial (Militar ou Eleitoral) nem da Justiça Comum Federal. Abarca a maioria das questões penais. Ex.: crime de incitação à discriminação cometido via internet, quando praticado contra pessoas determinadas e que não tenha ultrapassado as fronteiras territoriais brasileiras será julgado pela Justiça Estadual (STF, HC 121283, Info. 744). Outro exemplo diz respeito ao crime de disponibilizar ou adquirir material pornográfico envolvendo crianças ou adolescentes, que será da competência da Justiça Estadual se a troca de informação for privada (Whatsapp, chat de Facebook). Caso a postagem tenha sido em ambiente virtual de livre acesso, a competência será da Justiça Federal (STJ, CC 150564/MG, DJe 02/05/2017 e Info. 603). Em decisão recente, o STF, superando posicionamento fixado pelo STJ, entendeu pela competência da Justiça Estadual para julgar crime cometido por brasileiro no exterior e cuja extradição tenha sido negada. O Supremo, no bojo da decisão, asseverou que o fato de o delito ter sido praticado por brasileiro no exterior, por si só, não atrai a competência da Justiça Federal, devendo se enquadrar em alguma das hipóteses do art. 109, CF (Informativo 936, de 8 a 12 de abril de 2019).

d) A Justiça (Comum) Federal tem sua competência expressamente fixada no art. 109, CF. Costuma-se sustentar que tais dispositivos não são meramente exemplificativos, mas taxativos. Vejamos. Compete à Justiça Federal processar e julgar:

d1) Os crimes políticos (art. 109, IV, primeira parte): a definição de crime político encontra-se na Lei 7.170/1983. É aquele dirigido contra o Estado como unidade orgânica das instituições políticas e sociais, além de atentar contra a soberania nacional e a estrutura política;

d2) As infrações penais praticadas em detrimento de bens, serviços ou interesses da União ou de suas entidades autárquicas e empresas públicas, excluídas as contravenções (art. 109, IV, parte final). Examinemos de forma detalhada o presente tópico.

Primeiro, note-se que a JF julga apenas os crimes praticados "em detrimento de bens, serviços ou interesses da União

(...)". As contravenções[77] penais foram expressamente excluídas da competência da JF. Assim, ainda que uma contravenção seja praticada contra um bem da União, não será julgada pela JF, mas pela Justiça Estadual. Atenção, todavia, para o HC 127011 AgR, Segunda Turma, DJ 21.05.2015 do STF, o qual aduziu que a exploração de peças eletrônicas utilizadas na confecção das máquinas "caça-níqueis", denominadas "noteiros", de procedência estrangeira e introduzidas clandestinamente no território nacional, atraem a competência da Justiça Federal.

Além disso, é oportuno fornecer ao nosso leitor uma noção mais precisa de bens, serviços ou interesses da União:

I. Bens: representam o patrimônio de um ente federal e a sua descrição está positivada no art. 20, I a XI, CF (bens da União);

II. Serviços: consistem na própria atividade do ente federal e sua finalidade. Para melhor compreensão prática, recomendamos a consulta ao informativo do STJ 572;

III. Interesse: possui conteúdo bastante amplo, podendo ser delimitado como aquilo que está ligado ao ente federal e lhe diz respeito. A título de exemplo, ver STF, HC 93938/SP, *DJe* 23.11.2011, RE 835558/SP, *Dje* 08.08.2017, bem como, os informativos do STJ de 555 e 527.

Ainda, a lei menciona crimes praticados contra bens, serviços ou interesses da *União ou de suas entidades autárquicas e empresas públicas*. Vejamos um significado mais preciso para as expressões: *União, entidades autárquicas e empresas públicas*.

I. União: aqui tratada como a *pessoa jurídica de direito público interno, a Administração Direta;*

II. Autarquias: conceituadas no art. 5º, I, DL 200/1967, como *"o serviço autônomo, criado por lei, com personalidade jurídica, patrimônio e receita próprios, para executar atividades típicas da Administração Pública, que requeiram, para seu melhor funcionamento, gestão administrativa e financeira descentralizada."* Ex.: BACEN (Banco Central); INSS; agências reguladoras etc.; Neste contexto: (STJ, CC 134.747/MT, DJ 21.10.2015).

III. Empresas públicas: estão definidas no art. 5º, II, DL 200/1967, como a *"entidade dotada de personalidade jurídica de direito privado, com patrimônio próprio e capital exclusivo da União, criado por lei para a exploração de atividade econômica que o Governo seja levado a exercer por força de contingência ou de conveniência administrativa podendo revestir-se de qualquer das formas admitidas em direito".* Ex.: Correios; Caixa Econômica Federal.

Atenção: houve *omissão indevida do texto constitucional* a respeito das *fundações públicas*, definidas no art. 5º, IV, DL 200/1967. Porém, doutrina e jurisprudência construíram entendimento segundo o qual as fundações possuem natureza equiparada à autarquia (STJ, CC 113079/DF, *DJe* 11.05.2011). Desse modo, estão contidas entre os entes federais do dispositivo em comento. Logo, um crime contra um bem de uma fundação pública federal, por exemplo, é sim da competência da JF. Imperioso, todavia, observar o quanto enunciado no Info. 513, Terceira Seção, 06.03.2013, de acordo com o qual "segundo o entendimento do STJ, a justiça estadual deve processar e julgar o feito na hipótese de inexistência de interesse jurídico que justifique a presença da União, suas autarquias ou

---

77. No que se refere à competência para julgar contravenções, a exceção existe apenas nos casos em que o autor do fato possui prerrogativa de foro, que prevalecerá (STJ, Rp 179/DF, DJ 10.06.2002).

empresas públicas no processo, de acordo com o enunciado da súmula 150 deste Tribunal".

Por fim, ressalte-se que eventual crime praticado contra bens, serviços ou interesses **de sociedade de economia mista** (art. 5º, III, DL 200/1967) não será da competência da JF. A CF não a incluiu no rol de competência da JF. Eventual crime contra uma sociedade de economia mista será da competência da Justiça Estadual (*vide* Súmula 42, STJ). São exemplos de sociedades de economia mista federais o Banco do Brasil e a Petrobras. Haverá exceção se ficar demonstrado interesse jurídico da União. Nesse caso, a competência será da JF, conforme precedente do STF (RE 614115 AgR/PA, Info. 759);

d3) também são da competência da JF os crimes previstos em tratados ou convenções internacionais, quando, iniciada a execução no país, o resultado tenha ou devesse ter ocorrido no estrangeiro, ou reciprocamente (art. 109, V, CF)[78]

São dois os elementos cruciais (concomitantes) aqui: internacionalidade (início da execução no Brasil ou o resultado tenham ocorrido no exterior) + crime previsto em tratado ou convenção internacional. Ex.: tráfico internacional de drogas (Vide STJ, CC 170464/MS, DJe 16.06.2020). Excluído o caráter internacional, a competência será da Justiça Estadual (Súmula 522, STF; e STJ, CC 171206/SP, DJe 16.06.2020). Idem (*i. e.*, competência da Justiça Estadual) se o crime não estiver previsto em tratado ou convenção internacional;

d4) as causas relativas a direitos humanos (art. 109, V-A, CF)

Esse dispositivo foi acrescentado pela EC 45/2004, criando em nosso ordenamento a possibilidade de federalização dos crimes contra os direitos humanos.

Com efeito, nesses casos, o Procurador-Geral da República, com a finalidade de assegurar o cumprimento de obrigações decorrentes de tratados internacionais de direitos humanos dos quais o Brasil seja parte, poderá suscitar, perante o Superior Tribunal de Justiça, em qualquer fase do inquérito ou processo, incidente de deslocamento de competência (IDC) para a Justiça Federal (art. 109, § 5º, CF).

Aqui, em qualquer fase do procedimento (inquérito ou fase judicial), se o IDC for julgado procedente, deve o processo ser remetido à Justiça Federal e todos os atos refeitos, conforme interpretação dos arts. 564, I, e 573, CPP. Se ocorrer durante o inquérito, as investigações realizadas pela polícia civil serão aproveitadas.

Conforme jurisprudência do STJ, para que exista o deslocamento é preciso comprovar a existência de obstáculos concretos na esfera estadual. Desse modo, "o incidente só será instaurado em casos de grave violação aos direitos humanos, em delitos de natureza coletiva, com grande repercussão, e para os quais a Justiça Estadual esteja, por alguma razão, inepta à melhor apuração dos fatos e à celeridade que o sistema de proteção internacional dos Direitos Humanos exige" (STJ, Info. 453, CC 107397/DF, Info. 549 e IDC 3/GO, DJ 02.02.2015);

d5) os crimes contra a organização do trabalho (art. 109, VI, 1ª parte, CF)

Tais delitos estão tipificados nos arts. 197 a 207, CP. Entretanto, para que seja caso de competência da JF, é preciso que a conduta ofenda não apenas a individualidade do trabalhador, mas a própria organização geral do trabalho ou os direitos dos trabalhadores coletivamente considerados. Ex.: atentado contra a liberdade de associação – art. 199, CP, e a omissão de anotação do vínculo empregatício na CTPS (STJ CC 135200/SP, *DJe* 02.02.2015 e CC 131.319/SP, DJ 11.09.2015 CC 154.345/CE, *DJ* 21/09/2017).

d6) os crimes contra o sistema financeiro e contra a ordem econômico-financeira, nos casos determinados pela lei (art. 109, VI, parte final, CF)

Primeiramente, devemos destacar que o sistema financeiro é composto por instituições financeiras, públicas e privadas, bem como por pessoas a estas equiparadas (art. 1º e seu parágrafo único, Lei 7.492/1986).

Note o leitor que, em regra, para que seja hipótese de competência da JF são dois os requisitos estabelecidos pela CF.

É preciso que a conduta afete o sistema financeiro ou a ordem econômica e é necessário também que exista previsão expressa de competência da JF para o caso. Ex.: o art. 26, Lei 7.492/1986 (crimes contra o sistema financeiro) prevê expressamente a competência da JF.

Não é o que ocorre com os crimes contra a ordem econômica, pois as Leis 8.137/1990 e 8.176/1991 não possuem previsão a esse respeito. A regra, portanto, é que serão julgados pela justiça estadual, **exceto** nos casos em que houver ofensa a bens, serviços ou interesse dos entes federais. STJ, CC 153116/SP, DJ 10/08/2017, CC 119.350/PR, DJ 04.12.2014, HC 76555/SP, DJe 22.03.2010 e CC 82961/SP, DJe 22.06.2009;

Atenção: O STJ possui entendimento consolidado no sentido de que a captação de recursos por meio de "pirâmides financeiras" não configuram atividade financeira e, portanto, são condutas que enquadradas na esfera dos crimes contra a economia popular, sujeitos à competência da Justiça Estadual (CC 170392/SP, DJe 16.06.2020).

d7) compete também à JF processar e julgar o HC e o MS quando relacionados à matéria de sua competência (*art. 109, VII e VIII, CF*)

Para que a competência seja da Justiça Federal a autoridade coatora deve estar sujeita à jurisdição federal ou a nenhuma outra;

d8) os crimes cometidos a bordo de navios ou aeronaves, ressalvada a competência da Justiça Militar (art. 109, IX, CF)

Desde já, atente-se que caso o crime seja cometido a bordo de navio ou de aeronave militar não será competente a JF, mas a JM.

Navio: embarcação de grande porte e com aptidão a viagens internacionais. Barcos a motor de pequeno porte não se enquadram nesse conceito. Logo, eventuais crimes praticados em barcos de pequeno porte não serão da competência da JF. Ver o julgado do STJ no CC 118.503/PR, *DJe* 28/04/2015.

Aeronave: aparelho manobrável em voo, que possa sustentar-se e circular no espaço aéreo, com autonomia, apto a transportar pessoas ou coisas.

O STJ possui entendimento no sentido de que balões de ar quente tripulado não se enquadram no conceito de "aero-

---

78. Note-se que o dispositivo é claro ao mencionar "iniciada a execução do país", excluindo, assim, da competência da Justiça Federal, os crimes em que apenas os atos meramente preparatórios foram executados no Brasil. Nesse sentido, ver o recente julgado do STF no HC 105461/SP, *Dje* de 02.08.2016.

nave", de modo que os crimes ocorridos a bordo destes balões deverão julgados pela Justiça Estadual (Informativo 648/STJ, de 7 de junho de 2019).

Atenção: a competência da JF subsiste mesmo que o navio esteja atracado ou a aeronave esteja pousada. Assim, caso o crime seja praticado a bordo, por exemplo, de aeronave *pousada*, permanecerá competente a JF para o processo e julgamento do caso.

Por outro lado, não é demais recordar que a JF *não julga contravenção penal*. Desse modo, eventual contravenção praticada a bordo, por exemplo, de navio não será da competência da JF, mas da competência da Justiça Estadual.

Ainda sobre os crimes cometidos a bordo de aeronaves e embarcações. Sabemos que a competência será, em regra, da Justiça Federal. Entretanto, em qual Seção Judiciária da JF tramitará a ação penal? Vejamos os casos (arts. 89 e 90, CPP):

I. viagens nacionais: se a viagem iniciar e terminar em território brasileiro, o juízo competente é o do local onde primeiro a aeronave pousar ou o navio atracar, após a ocorrência a infração;

II. viagens internacionais: competente é o juízo do local da chegada ou da partida;

d9) crimes relacionados ao ingresso ou à permanência irregular de estrangeiro (art. 109, X, CF)

O ingresso ou a permanência do estrangeiro, em si, não são tipificados como crime. A competência da JF refere-se aos crimes praticados com o objetivo de assegurar o ingresso ou a permanência do estrangeiro no Brasil. Ex.: falsificação de passaporte ou de visto;

d10) disputa por direitos indígenas (art. 109, XI, CF)

Para que a Justiça Federal seja competente, deve haver ofensa à cultura indígena ou a direitos seus, como território (STF, RE 419528/PR, *DJ* 09.03.2007 e STJ, HC 208.634/RS, DJ 23.06.2016).

Importante vislumbrar a abrangência de tais direitos, bem como o que não configura disputa por direitos indígenas, vide, respectivamente, RHC 117097, DJ 03.02.2014 e RE 844036 AgR, DJ 04.02.2016. Ademais, cumpre ressaltar o quanto enunciado pelo STJ acerca dos direitos indígenas, vide Info. 527, Terceira Seção, do período de 09.10.2013, segundo o qual "compete à Justiça Federal – e não à Justiça Estadual – processar e julgar ação penal referente aos crimes de calúnia e difamação praticados no contexto de disputa pela posição de cacique em comunidade indígena", bem como o Info. 508, Terceira Seção, de 05 a 12.11.2012, o qual aduziu ser "a competência da Justiça Federal para processar e julgar ações penais de delitos praticados contra indígena somente ocorre quando o processo versa sobre questões ligadas à cultura e aos direitos sobre suas terras".

O crime praticado por/contra silvícola, isoladamente considerado, é da competência da justiça comum estadual (Súmula 140, STJ).

7.4.5. Competência em razão da pessoa (por prerrogativa de função ou foro privilegiado)

Para o legislador, certas pessoas, em razão do cargo ou função que ocupam, devem ser julgadas por uma instância superior (considerada mais isenta de possíveis influências políticas/econômicas). É o que se chama de competência por prerrogativa de função, foro privilegiado ou, ainda, competência em razão da pessoa.

Por outro lado, cessado o cargo/função/mandato, o indivíduo volta a ser processado normalmente pelas instâncias ordinárias. Possui *caráter itinerante* a competência *ratione personae* (permanece enquanto durar o cargo/função/mandato). Ex.: imagine-se um crime cometido antes do exercício do cargo e cuja ação penal teve início perante o juiz singular. Quando o réu assumir o cargo que esteja amparado por foro por prerrogativa de função, os autos deverão ser remetidos ao Tribunal competente. Após a cessação do exercício do cargo, se ainda estiver em curso a ação penal, esta será remetida de volta ao juízo singular.

Atenção: Relevante apontar o recente entendimento do STF que aplicou interpretação restritiva às normas constitucionais que tratam do foro por prerrogativa de função. Quanto ao tema, o Supremo consolidou o entendimento de que o "foro privilegiado" somente é aplicável aos crimes praticados após a diplomação e que tenham relação com o exercício das funções[79]. Ademais, ainda fixou o fim da instrução processual como marco definidor da prolongação da competência do Tribunal. Isto é, caso o acusado venha perder o cargo após o fim da instrução, os autos permanecerão no Tribunal, não sendo remetidos para a 1ª instância.[80]

O rol de situações de foro por prerrogativa de função encontra-se principalmente na CF. Porém, é possível, em certos casos, desde que não haja afronta à Lei Maior, a fixação dessa modalidade de competência por meio de Constituição Estadual[81] (será preciso observar um critério de simetria[82]). Nesse sentido, em recente decisão, o Supremo entendeu pela inconstitucionalidade da norma da Constituição Estadual que criava foro por prerrogativa de função para os vereadores e vice-prefeitos, tendo em vista que, conforme a CF/88, a única autoridade municipal que goza de tal prerrogativa é o prefeito (STF. Plenário. ADI 558/RJ, julgado em 22/04/2021). Abaixo, examinaremos a competência *ratione personae* dos tribunais brasileiros.

a) Competência *ratione personae* do STF

I. **Nas infrações penais comuns compete ao STF processar e julgar** (art. 102, I, "b", CF): o Presidente; o Vice-Presidente; os membros do Congresso Nacional (deputados e senadores)[83]; os Ministros do STF; e o PGR (Procurador-Geral da República).

---

79. O STJ, privilegiando a independência e imparcialidade do órgão julgador, decidiu que será o tribunal competente para julgar desembargador por crime não relacionado às suas funções, quando a remessa dos autos à primeira instância implicar no seu julgamento por juiz de primeiro grau vinculado ao mesmo tribunal do desembargador (Informativo 639/STJ, de 1º de fevereiro de 2019). Ver também STF, Inq 4619 AgR, Dje 06.03.2019.

80. Quanto à matéria, relevante a leitura do tópico 4.3.2 Imunidades Parlamentares, b.4 Prerrogativa de Foro.

81. Súmula Vinculante 45 – A competência constitucional do Tribunal do Júri prevalece sobre o foro por prerrogativa de função estabelecido exclusivamente pela constituição estadual.

82. "A autonomia dos estados para dispor sobre autoridades submetidas a foro privilegiado não é ilimitada, não pode ficar ao arbítrio político do constituinte estadual e deve seguir, por simetria, o modelo federal" (Informativo 1010/STF, de 26 de março de 2021). No mesmo sentido, INF 1067/STF, 2022.

83. Quanto à matéria, relevante a leitura do tópico 4.3.2 Imunidades Parlamentares, b.4 Prerrogativa de Foro.

A respeito dos membros do Congresso Nacional, o STF decidiu que deputados e senadores que respondam a procedimento penal na Corte Suprema mantêm a prerrogativa de foro em casos de "mandato cruzado", isto é, "quando o parlamentar investigado ou processado por um suposto delito em razão do cargo que ocupa é eleito para outra Casa Legislativa durante a tramitação do inquérito ou da ação penal" (INF 1049, 2022). Por outro lado, havendo interrupção do mandato parlamentar, sem que o investigado ou acusado tenha sido novamente eleito para os cargos de deputado ou senador, o declínio da competência torna-se, obviamente, obrigatório.

II. **Nas infrações penais comuns e nos crimes de responsabilidade compete ao STF processar e julgar** (art. 102, I, "c", CF): os membros dos Tribunais Superiores (STJ; TST; TSE; STM); os membros do TCU; os chefes de missão diplomática permanente; os Ministros de Estado; e os Comandantes das Forças Armadas. Note que, no caso destes dois últimos (Ministros de Estado e Comandantes das Forças Armadas), se praticarem crime de responsabilidade em conexão com o do Presidente da República ou com o Vice-Presidente, a competência será do Senado Federal (e não do STF) – *vide* art. 52, I, CF.

Com efeito, frise-se que, certas autoridades, embora não tenham sido mencionadas pelo art. 102, I, "c", CF (examinado anteriormente), terminaram, por força de lei federal (art. 25, parágrafo único, Lei 10.683/2003), sendo equiparadas a Ministros de Estado. São elas: o AGU; o Presidente do BACEN; o Chefe da Casa Civil; e o Controlador-Geral da União. Assim, essas autoridades, caso pratiquem infrações penais comuns ou crimes de responsabilidade, *também serão processadas e julgadas pelo STF*.

Noutro giro, destaque-se que crimes de responsabilidade são, na verdade, *infrações político-administrativas cujas penalidades costumam ser a perda do cargo ou a inabilitação temporária para o exercício de cargo ou função (previstos na Lei 1.079/1950)*. Ex.: ato do Presidente da República que atente contra a segurança interna do país;

b) Competência *ratione personae* do STJ

I. **Nos crimes comuns, o STJ tem competência *ratione personae* para processar e julgar** (art. 105, I, "a", CF): os Governadores dos Estados e do Distrito Federal;

II. **Nos crimes comuns e de responsabilidade, o STJ tem competência *ratione personae* para processar e julgar:** os Desembargadores dos TJs e do TJDFT; membros dos TCEs e TCDF; membros dos TRFs, TREs e TRTs; membros dos Conselhos ou TCMs; e os do MPU que oficiem perante os Tribunais (Procuradores Regionais da República, por exemplo);

c) Competência *ratione personae* do TRF

Nos crimes comuns e de responsabilidade, o TRF tem competência *ratione personae* para processar e julgar (art. 108, I, "a", CF): os juízes federais de sua área de jurisdição, incluindo aqueles da Justiça Militar e da Justiça do Trabalho; os membros do Ministério Público da União (inclusive os do MPDFT – conforme STJ, HC 67416/DF, *DJe* 10.09.2007). Neste contexto, firmou o STF o entendimento acerca da competência do TRF da 1ª Região para processar e julgar habeas corpus conta ato de membro do MPDFT: RE 467.923/DF, DJ 04.08.2006.

Há, contudo, exceção expressa quanto aos crimes eleitorais, ou seja, se uma das autoridades apontadas praticar crime eleitoral, a competência será da Justiça Eleitoral (e não do TRF).

No que tange aos crimes militares praticados por essas autoridades, o julgamento será perante o TRF por ausência de ressalva expressa da Constituição Federal;

d) Competência *ratione personae* do TJ

Nos crimes comuns e de responsabilidade, o TJ tem competência *ratione personae* para processar e julgar (art. 96, III, CF): os juízes estaduais e membros do MP dos Estados da sua esfera de jurisdição.

O **Prefeito**, por força do art. 29, X, CF, caso pratique crime comum, também deverá ser julgado pelo TJ. Agora, se praticar crime eleitoral ou federal, a competência passará, respectivamente, ao TRE e TRF (critério de simetria) – consultar Súmula 702, STF, e Súmulas 208 e 209, STJ.

O **Deputado estadual**, em razão do art. 27, § 1º, c/c art. 25, CF, caso pratique crime comum, também deverá ser julgado pelo TJ. Agora, se praticar crime eleitoral ou federal, a competência passará, respectivamente, ao TRE e TRF (critério de simetria).

Atenção: Conforme recente decisão do STF, apenas haverá a prorrogação do foro por prerrogativa de função no caso de reeleição, que ocorre quando o agente, de forma ininterrupta, assume o segundo mandato público. O mesmo não ocorre, entretanto, quando o agente é eleito para novo mandato após ter ficado sem ocupar a função pública (Informativo 940/STF, de 13 a 17 de maio de 2019 e Informativo 649/STJ, de 21 de junho de 2019).

7.4.6. *Competência em razão do lugar (ratione loci)*

Depois de verificar as regras de competência que levam em conta a natureza da infração e o eventual cargo que o agente ocupa, é momento de examinar a regra de fixação de competência que leva em conta o local em que o crime foi praticado (critério territorial).

a) Lugar da infração (art. 70, CPP)

Em regra, adota-se a **teoria do resultado**, ou seja, o local da consumação do crime será aquele onde a infração deverá ser processada.[84-85]

Nos crimes de homicídio, o STJ tem adotado a teoria da atividade, isto é, a competência será fixada pelo local da ação. O posicionamento da Corte baseia-se na necessidade de facilitar a colheita de provas e esclarecimento dos fatos (STJ, HC 95853/RJ, Dje 04/10/2012 e RHC 53020/RS, *Dje* 16/06/2015).

---

84. **Atenção:** no caso de IMPO, adota-se a teoria da atividade (e não do resultado), *i. e.*, a competência será fixada pelo local da ação ou omissão – *vide* art. 63, Lei 9.099/1995.

85. **Atenção:** *competência territorial da Justiça Federal*. A regra é a aplicação da teoria do resultado, mas a Justiça Federal não possui capilaridade suficiente, ou seja, ainda não está plenamente interiorizada no país. Sendo assim, se a comarca onde ocorreu o resultado não for sede de JF, seguir-se-á o disposto no art. 109, § 3º, parte final, CF, delegando-se a competência à Justiça Comum Estadual, para o processamento da causa em 1º grau, sendo o eventual recurso endereçado ao TRF (art. 109, § 4º, CF). Há, porém, exceção no art. 70, parágrafo único, Lei 11.343/2006 (Lei de Drogas), que determina que os crimes praticados nos Municípios que não sejam sede de vara federal serão processados e julgados na vara federal da circunscrição respectiva (e não na justiça comum estadual).

Tratando-se de tentativa, será competente o local onde o último ato de execução foi praticado.

Por outro lado, se, iniciada a execução no território nacional, a infração se consumar fora dele, a competência será determinada pelo lugar em que tiver sido praticado, no Brasil, o último ato de execução (art. 70, § 1º, CPP). Essa situação que acabamos de descrever é chamada pela doutrina de "crime à distância".

Ademais, quando o último ato de execução for praticado fora do território nacional, será competente o juiz do lugar em que o crime, embora parcialmente, tenha produzido ou devia produzir seu resultado (art. 70, § 2º, CPP). Note o leitor que essa hipótese trata de situação inversa à descrita anteriormente (art. 70, § 1º). Aqui, o último ato de execução se deu fora do Brasil, e a consumação, total ou parcial, ocorreu em território nacional.

Porém, em certas situações, pode ser que o local da consumação do crime seja impossível de precisar. Nestes casos, fixa-se a competência por **prevenção.**

Prevenção significa que o primeiro juiz a tomar conhecimento do fato irá se tornar competente (art. 83, CPP). Na prática, significa dizer que o primeiro juiz a receber a denúncia ou queixa será competente para a ação ou, na fase de IP, aquele que apreciar medidas cautelares inerentes ao futuro processo. Vide STJ, RHC 47956/CE, *DJe* 04.09.2014 e CC 87.589/SP, 3ª Seção, *DJ* 24.04.2009. Sobre esse ponto (prevenção do juiz em razão de decisão de recebimento da denúncia ou de apreciação de medidas cautelares), tudo indica que o instituto do juiz das garantias (art. 3º-A e seguintes do CPP) irá varrer esse tipo de compreensão. É que, como vimos em tópico próprio sobre o assunto, o instituto buscou vedar o contato do juiz da instrução e julgamento com elementos de investigação (medidas cautelares, inclusive). A competência tanto para o recebimento da denúncia como para apreciar medidas cautelares durante a investigação será do juiz das garantias e não do juiz da instrução.

Conforme os arts. 70, § 2º, e 71, CPP, fixa-se a competência por prevenção nas seguintes hipóteses:

I. Quando o crime ocorre na divisa entre duas comarcas ou for incerto o limite entre elas;

II. Em caso de crime continuado ou permanente praticado em território de duas ou mais "jurisdições" (comarcas, na verdade – o texto do CPP foi impreciso neste particular);

Consoante LIMA (2015, p. 546), são duas as condições para fixação da competência por prevenção, a saber: **a existência de prévia distribuição** – aduzindo que o art. 83 do CPP deve ser compreendido conjuntamente ao art. 75, parágrafo único do mesmo diploma, de modo que só se pode cogitar de prevenção de competência quando a decisão que a determina tenha sido precedida de distribuição, posto que não previnem a competência decisões de juízes plantonistas, nem as facultadas, em casos de urgência, a quaisquer dos juízes criminais do foro – e a apresentação da medida ou diligência de caráter cautelar ou contra cautelar encontrado nas hipóteses exemplificativas do parágrafo único do art. 75 do CPP, tais como concessão de fiança, conversão de prisão em flagrante em temporária, decretação de prisão preventiva ou temporária, pedidos de medida assecuratórias dos arts. 125 a 144-A do CPP, bem como pedidos de provas, como expedição de mandado de busca e apreensão (ver STJ – HC: 131937 SP

2009/0052844-8, 5ª Turma, DJ 19.04.2012), interceptação telefônica (ver STJ, HC 222.707/ES, 5ª, Turma, DJ 12.08.2016 ou quebra de sigilo bancário.

Cumpre observar, todavia, a dicção do enunciado de Súmula 706 do STF, segundo o qual "é relativa à nulidade decorrente da inobservância da competência por prevenção". Este entendimento, inclusive, vem sendo reiterado pelo STF, vide: HC 81.124/RS, 1ª Turma DJ 05.09.2007.

Quanto ao tema, vale atentar para o novo § 4º do art. 70, CPP, inserido pela Lei 14.155/2021, segundo o qual o crime de estelionato (art. 171, CP) "quando praticados mediante depósito, mediante emissão de cheques sem suficiente provisão de fundos em poder do sacado ou com o pagamento frustrado ou mediante transferência de valores, a competência será definida pelo **local do domicílio da vítima**, e, em caso de pluralidade de vítimas, a competência firmar-se-á pela prevenção"[86].

Há, pelo menos, mais um caso de interesse: o crime de injúria quando praticado via internet (*Instagram direct*, por exemplo). Segundo o informativo 724, 2022, do STJ, "o crime de injúria praticado pela internet por mensagens privadas, as quais somente o autor e o destinatário têm acesso ao seu conteúdo, consuma-se no local em que a vítima tomou conhecimento do conteúdo ofensivo".

b) Lugar do domicílio ou residência do réu (art. 72, CPP)

Trata-se de um critério subsidiário ao anterior. Não sendo conhecido o lugar da infração, será competente o foro do domicílio ou residência do réu. É oportuno, ainda, recordar os conceitos de domicílio e residência:

I. Domicílio deve ser entendido como o lugar onde a pessoa estabelece a sua residência com ânimo definitivo, ou, subsidiariamente, o local onde a pessoa exerce as suas ocupações habituais, o ponto central dos seus negócios;

II. Residência é aquele lugar onde a pessoa tem a sua morada, mas não há o ânimo definitivo.

Nessa situação (competência em razão do domicílio ou residência do réu), a competência será fixada pela prevenção se:

I. o réu tiver mais de uma residência;

II. não possuir residência certa;

III. for ignorado o seu paradeiro.

Atenção: em caso de ação penal exclusivamente privada, o querelante poderá optar entre propor a ação no local da consumação ou no domicílio do réu (art. 73, CPP);

c) Crimes praticados no exterior (art. 88, CPP)

Sendo o crime praticado no exterior, a competência será fixada de acordo com a última residência em território brasileiro, ou, caso nunca tenha residido aqui, na capital da República.

7.5. Competência absoluta versus competência relativa

Embora não haja na lei disposição expressa sobre o tema, a comunidade jurídica costuma dividir as espécies de competência em absoluta e relativa. Dessa distinção, importantes efeitos são extraídos. Vejamos.

---

86. Por tratar-se de norma processual, entende o STF que o § 4º do art. 70 CPP deve ser aplicado de forma imediata, alcançando até mesmo os fatos anteriores à nova lei (Informativo 706/STF, de 30 de agosto de 2021).

a) Competência absoluta

I. A regra de competência absoluta é criada com base no interesse público;

II. É insuscetível de modificação pela vontade das partes ou do órgão julgador;

III. A incompetência absoluta é causa de nulidade absoluta, podendo ser arguida a qualquer tempo (inclusive de ofício pelo juiz), sendo que o prejuízo é presumido nesse caso;

IV. Exemplos de competência absoluta: *ratione personae*, *materiae* e competência funcional;

b) Competência relativa

I. As regras de competência relativa são criadas com base no interesse preponderante das partes;

II. Por ter natureza infraconstitucional, é possível sua flexibilização ou relativização, à luz do exame de determinada relação processual, bem como do interesse das partes. Exemplo disso é o que ocorre nas ações exclusivamente privadas, em que o querelante opta, no momento do oferecimento da queixa, pelo foro do lugar do crime ou o do domicílio/residência do querelado;

III. A incompetência relativa é causa de nulidade relativa. Logo, deve ser arguida pelas partes em momento oportuno (não pode o juiz de ofício fazê-lo), sendo que o prejuízo precisará ser demonstrado. Do contrário, haverá prorrogação[87] (modificação) da competência (*vide* STJ, AgInt no HC 187.760/MS, DJ 07.06.2016);

IV. Exemplo de competência relativa: competência territorial.

7.6. Modificação da competência

É possível que em algumas situações seja necessária a modificação da competência visando à uniformidade dos julgados, à segurança jurídica e à economia processual.

Tais alterações não implicam ofensa ao princípio do juiz natural porque o órgão jurisdicional para o qual é modificada a competência preexiste à infração penal e não foi criado unicamente para julgá-la.

São exemplos de modificação da competência: a conexão, a continência e o instituto do desaforamento no Tribunal do Júri.

7.6.1. Conexão (art. 76, CPP)

É o nexo, o vínculo entre duas ou mais infrações que aconselha a junção dos processos, proporcionando ao julgador uma melhor visão sobre o caso. **A conexão pode ser classificada em:**

a) Conexão intersubjetiva (*art. 76, I, CPP*): ocorre quando duas ou mais infrações interligadas forem praticadas por duas ou mais pessoas. É denominada intersubjetiva justamente pela sua pluralidade de criminosos, sendo subdividida em três modalidades:

a1) *conexão intersubjetiva por simultaneidade:* são "várias infrações, praticadas ao mesmo tempo, por várias pessoas reunidas". Nesse caso, o liame se apresenta pelo fato de terem sido praticadas nas mesmas circunstâncias de tempo e espaço, simultaneamente, mas sem anterior ajuste entre os infratores. Ex.: torcida que, sem prévia combinação, após o rebaixamento do time, destrói o estádio de futebol;

a2) *conexão intersubjetiva concursal:* caracteriza-se quando vários indivíduos, previamente ajustados, praticam diversas infrações, em circunstâncias distintas de tempo e de lugar. Ex.: ataques do PCC à cidade de São Paulo;

a3) *conexão intersubjetiva por reciprocidade:* quando forem cometidas duas ou mais infrações, por diversas pessoas, mas umas contra as outras. O vínculo é caracterizado pela pluralidade de infrações penais praticadas e pela reciprocidade na violação de bens jurídicos. Ex.: confronto agendado por duas ou mais pessoas em que todas acabam sofrendo e provocando lesões corporais reciprocamente;

b) Conexão objetiva (art. 76, II, CPP): ocorre quando uma infração é praticada para facilitar ou ocultar outra, ou para conseguir impunidade ou vantagem. Aqui, há um vínculo relacionado à motivação do crime. Divide-se em:

b1) teleológica: quando uma infração é cometida para facilitar a prática de outra. Ex.: lesão corporal contra o pai de uma criança para sequestrá-la;

b2) consequencial: quando uma infração é cometida para conseguir a ocultação, impunidade ou vantagem de outra já praticada. Ex.: homicídio de testemunha para conseguir a impunidade de outro crime;

c) Conexão probatória ou instrumental (art. 76, III, CPP): ocorre quando a prova de uma infração influi na prova de outra. Ex.: a prova da existência do furto influi na prova da receptação.

7.6.2. Continência

Ocorre quando uma causa está contida na outra, sendo impossível separá-las. Explicando melhor, a continência pode ser compreendida como o vínculo que liga uma pluralidade de infratores a apenas uma infração ou a reunião em decorrência do concurso formal de crimes, em que várias infrações decorrem de uma conduta. **A continência classifica-se em:**

a) Continência por cumulação subjetiva (art. 77, I, CPP): ocorre quando duas ou mais pessoas estão sendo acusadas da mesma infração. Ex.: dois agentes sendo acusados de um roubo a banco;

b) Continência por cumulação objetiva (art. 77, II, CPP): ocorre em todas as modalidades de concurso formal (art. 70, CP), incluindo o *aberratio ictus* (art. 73, 2ª parte, CP) e *aberratio criminis* (art. 74, CP). Ex.: motorista dirigindo imprudentemente termina atropelando vários transeuntes.

7.6.3. Foro prevalente

Caracterizada a conexão ou a continência, impõe-se a definição de qual o foro competente, ou seja, aquele perante o qual haverá a reunião de processos.

As regras de prevalência estão estabelecidas no art. 78, CPP. São elas:

a) Concurso entre crime doloso contra a vida e crime de competência da jurisdição comum ou especializada (art. 78, I)

Quando houver ligação entre crime doloso contra a vida e crime de competência da justiça comum a atração ocorrerá

---

87. Pacheco (2009, p. 329) define a prorrogação da competência como: "a modificação na esfera de competência de um órgão jurisdicional, que seria abstratamente incompetente, mas se tornou concretamente competente com referência a determinado processo, em razão de um fato processual modificador".

em favor do Tribunal do Júri. Em caso de IMPO,[88] prevalecerá a competência do Júri, mas deverá ser aberta a oportunidade da transação penal e a composição civil ao indivíduo (art. 60, *in fine*, Lei 9.099/1995).

Concorrendo crime doloso contra a vida e crime com processamento na justiça especializada (Eleitoral, Militar) impõe-se a separação dos processos. Ex.: homicídio e crime eleitoral. Haverá separação de processos. O Júri julgará o homicídio e a JE o crime eleitoral;

b) No concurso de jurisdições da mesma categoria (art. 78, II)

I. Preponderará a do lugar da infração à qual for cominada a pena mais grave.

Ex.: roubo consumado em São Paulo conexo com receptação cometida em Ribeirão Preto. Atração do foro de São Paulo, pois o roubo tem a pena em abstrato mais grave;

II. Prevalecerá a do lugar em que houver ocorrido o maior número de infrações se as respectivas penas forem de igual gravidade.

Ex.: furto em Belo Horizonte conexo com duas receptações em Governador Valadares. Competência do juízo de Governador Valadares, pois as infrações, isoladamente, possuem a mesma pena em abstrato (1 a 4 anos), mas o número de infrações foi maior em Governador Valadares;

III. Firmar-se-á a competência pela prevenção, nos outros casos.

Ex.: infrações de igual gravidade e quantidade;

c) No concurso de jurisdições de diversas categorias, predominará a de maior graduação (art. 78, III)

Quando acontecer de haver conexão ou continência entre delitos a serem processados em graus distintos, prevalecerá, em regra, a competência daquele de maior graduação. Ex.: Prefeito que comete crime em concurso com pessoa comum. Em regra, ambos serão julgados pelo Tribunal de Justiça em razão da continência por cumulação subjetiva (Súmula 704, STF).

Atenção: O plenário do STF firmou entendimento no sentido de que "o desmembramento de inquéritos ou de ações penais de competência do STF deve ser regra geral, admitida exceção nos casos em que os fatos relevantes estejam de tal forma relacionados que o julgamento em separado possa causar prejuízo relevante à prestação jurisdicional". (STF, Rcl 24138 AgR, DJ 14.09.2016 e Inq 3515 AgR/SP, Info. 735);

d) No concurso entre a jurisdição comum e a especial, prevalecerá esta (art. 78, IV)

Ex.: quando um crime eleitoral é conexo a crime comum haverá reunião dos processos e a competência para decidir a causa será da Justiça Eleitoral.

Atenção: a competência da Justiça Federal (justiça comum no âmbito da jurisdição penal) exerce o papel de justiça especial quando confrontada com a justiça comum estadual (competência residual). Sendo assim, havendo conexão entre um crime com ação penal perante a justiça estadual e outro na federal, esta última atrairá a competência para o julgamento dos processos (Súmula 122, STJ). Ex.: crime praticado a bordo de aeronave (JF) conexo com crime de competência da justiça estadual. Neste caso, a JF será competente para processar e julgar ambas as infrações. Exerce a JF, conforme dito, o papel de justiça especial diante da justiça estadual.

7.6.4. Separação de processos

Ainda que haja conexão ou continência, é possível que os processos tramitem separadamente.

a) Separação obrigatória (art. 79, CPP)

Impõe-se a separação dos processos nos seguintes casos:

a1) Concurso entre jurisdição comum e militar: por exemplo, crime de roubo conexo com crime militar. Haverá separação – *vide* Súmula 90, STJ;

a2) Concurso entre jurisdição comum e juízo de menores (art. 228, CF, c/c art. 104, Lei 8.069/1990 – ECA)**:** não é possível reunir processos em que respondam um adulto, por infração penal, e um adolescente, por ato infracional. Haverá cisão;

a3) Doença mental superveniente: podemos citar como exemplo a situação em que três réus estão sendo processados e um deles passa a sofrer de insanidade mental. Haverá o desmembramento dos processos e o processo ficará suspenso quanto ao réu insano;

b) Separação facultativa (art. 80, CPP)

Poderá ocorrer nas seguintes hipóteses:

b1) quando as infrações forem praticadas em circunstância de tempo e lugar diferentes: a depender do caso, pode ser conveniente a separação dos processos para uma melhor colheita probatória;

b2) quando houver número excessivo de acusados: o grande número de acusados pode acarretar sério prejuízo à duração do processo, pois deve ser dada a oportunidade às oitivas de todas as testemunhas, à apresentação de provas por todos eles, bem como às suas defesas técnicas e interrogatórios. Assim, o juiz, à luz do caso concreto, poderá proceder à separação dos processos;

b3) quando surgir qualquer outro motivo relevante: a lei aqui não é específica, deixando, portanto, ao prudente arbítrio do juiz a decisão a respeito da separação de processos. De todo o modo, essa decisão deverá ser fundamentada.

7.7. Conflito de competência

Acontece quando dois ou mais juízes ou tribunais consideram-se competentes ou incompetentes para processar e julgar a causa.

Nesse sentido, duas são as possibilidades que veremos a seguir.

7.7.1. Conflito positivo (art. 114, I, primeira parte, CPP)

Ocorre quando dois ou mais órgãos jurisdicionais entendem ser competentes para processar e julgar a causa.

7.7.2. Conflito negativo (art. 114, I, segunda parte, CPP)

Quando dois ou mais órgãos jurisdicionais julgam-se incompetentes para apreciar a causa.

7.7.3. Competência para decidir o conflito

Mais uma vez servimo-nos da CF, onde estão localizadas as competências para dirimir os conflitos nas diversas esferas.

Por opção didática, apresentamos abaixo as hipóteses por tribunal:

---

88. Infração de menor potencial ofensivo – art. 61, Lei 9.099/1995.

a) STF (art. 102, I, "o") – possui competência para decidir os conflitos entre:

I. STJ e quaisquer tribunais. Ex: STJ x TRF;

II. Tribunais superiores. Ex: STJ x TSE;

III. Tribunais superiores e qualquer outro tribunal. Ex: TSE x TJ;

b) STJ (105, I, "d") – decide conflitos entre:

I. Quaisquer tribunais, exceto os superiores. Ex: TRF x TJ;

II. Tribunal e juízes não vinculados. Ex: TRF 1ª Região x juiz federal do TRF 5ª Região;

III. juízes vinculados a tribunais distintos. Ex: juiz federal x juiz estadual;

c) TRF (art. 108, I, "e") – decide conflitos entre juízes federais vinculados ao próprio tribunal;

d) TJ – pelo critério da simetria, compete-lhe julgar conflito de competência entre juízes estaduais a ele vinculados, abrangendo os magistrados da vara comum, dos juizados criminais, das turmas recursais etc. Ver os seguintes julgados a respeito: STF, RE 590409/RJ, *DJe* 29.10.2009; STJ EDcl no AgRg no CC 105796/RJ, *DJ* 30.09.2010.

7.8. Colegiado em primeiro grau de jurisdição (Lei 12.694/2012)

7.8.1. Compreendendo o tema

Quando um juiz singular tiver fundado motivo para temer por sua **integridade física** em virtude da atuação que vem desempenhando em **processo ou investigação** que examine crime(s) praticado(s) por **organização criminosa**, pode aquele magistrado instaurar um colegiado de juízes em primeiro grau a fim de praticar atos jurisdicionais de forma conjunta. A medida (instituição de colegiado em 1º grau) visa, portanto, retirar do juiz singular a responsabilidade exclusiva (despersonalização) por atos jurisdicionais que venha a praticar no curso de perseguição penal de crime(s) praticado(s) por organização criminosa.

Desde o ano de 2020, os Tribunais de Justiça e os Tribunais Regionais Federais têm a possibilidade de instalar, nas comarcas sede de circunscrição ou seção judiciária, mediante resolução, Varas Criminais Colegiadas com competência para o processo e julgamento de crimes relacionados a organizações criminosas armadas, do crime do art. 288-A, CP (Constituir, organizar, integrar, manter ou custear organização paramilitar, milícia particular, grupo ou esquadrão com a finalidade de praticar qualquer dos crimes previstos neste Código) e suas infrações conexas (art. 1º-A, I, II e III, Lei 12.694/2012).

Vejamos, a seguir, alguns pontos fundamentais sobre o tema.

a) Definição de organização criminosa

A Lei 12.694/2012 conceituou organização criminosa pela primeira vez em nosso ordenamento. Sucede que foi publicada a Lei 12.850/2013, que regula integralmente a definição e aspectos penais e processuais inerentes às organizações criminosas, revogando o dispositivo anterior. Nesse sentido, o art. 1º, § 1º, Lei 12.850/2013 conceitua organização criminosa como "a associação de 4 (quatro) ou mais pessoas estruturalmente ordenada e caracterizada pela divisão de tarefas, ainda que informalmente, com objetivo de obter, direta ou indiretamente, vantagem de qualquer natureza, mediante a prática

de infrações penais cujas penas máximas sejam superiores a 4 (quatro) anos, ou que sejam de caráter transnacional".

b) Iniciativa

Conforme visto antes, a iniciativa para a formação do colegiado em 1º grau de jurisdição será do juiz singular, devendo este indicar "os motivos e as circunstâncias que acarretam risco à sua integridade física em decisão fundamentada, da qual será dado conhecimento ao órgão correicional" (art. 1º, § 1º, Lei 12.694/2012).

c) Condições

c.1) Juiz singular: Existência de processo criminal ou mesmo de investigação a respeito de crime (excluídas as contravenções) imputado à organização criminosa.

Crimes com pena máxima superior a 4 anos. Aqui deverão ser levadas em conta as normas que resultem em redução ou majoração da pena, **excetuadas** as circunstâncias agravantes e as atenuantes.

Existência de razões concretas que apontem para risco à incolumidade física do magistrado. O mero receio não será suficiente para a aplicação da medida.

c.2) Varas Criminais Colegiadas: crimes pertinentes a organizações criminosas armadas; crime do art. 288-A, CP (Constituir, organizar, integrar, manter ou custear organização paramilitar, milícia particular, grupo ou esquadrão com a finalidade de praticar qualquer dos crimes previstos neste Código) e suas infrações conexas

d) Momento

Poderá o colegiado ser formado na fase de investigação (tendo aqui natureza preparatória), ou na fase processual, quando assumirá natureza incidental.

No caso da Vara Criminal Colegiada, por ter caráter de permanência na estrutura do Judiciário, será preexistente ao fato, funcionando de acordo com as regras convencionais de distribuição de processos ou de procedimentos de investigação que tenham como objeto os crimes indicados nesta Lei. Sendo assim, o magistrado, ao receber da distribuição o processo ou procedimento, deverá declinar da competência, remetendo à Vara Colegiada (§ 2º, art. 1º-A).

e) Indicação do ato (ou atos) a ser praticado

O juiz singular indicará qual ato (ou atos) que deverá ser praticado pelo colegiado. Embora a lei determine que o juiz deva indicar o ato (ou atos) a ser praticado, não há limite de atos aqui, podendo, portanto, o magistrado indicar quantos atos entender necessários.

O rol, de natureza exemplificativa, está indicado no art. 1º, I a VII, da Lei 12.694/2012.

I. decretação de prisão ou de medidas assecuratórias;

II. concessão de liberdade provisória ou revogação de prisão;

III. sentença;

IV. progressão ou regressão de regime de cumprimento de pena;

V. concessão de liberdade condicional;

VI. transferência de preso para estabelecimento prisional de segurança máxima; e

VII. inclusão do preso no regime disciplinar diferenciado.

No caso das Varas Criminais Colegiadas, a competência será para todos os atos jurisdicionais desde a fase de investigação até a execução da pena (§ 1º, art. 1º-A),

f) Composição

O colegiado será formado por 3 (três) juízes de primeiro grau. Um deles necessariamente será o juiz natural da causa, aquele que decidiu pela instituição do colegiado. Os demais serão definidos por sorteio eletrônico dentre todos os juízes de primeiro grau com competência criminal. Caso os juízes sorteados se encontrem em cidades diversas, "a reunião poderá ser feita pela via eletrônica" – art. 1º, § 5º, da Lei 12.694/2012. Estão excluídos da composição do colegiado os magistrados afastados das suas funções, os impedidos e os suspeitos. A citada Lei é silente quanto à composição da Vara Criminal Colegiada. Entendemos que esta será determinada por meio da resolução do tribunal que a instituir.

g) Comunicação

Após a decisão pela formação do órgão colegiado, o juiz deverá comunicar diretamente à corregedoria do tribunal ao qual estiver vinculado para a adoção das providências necessárias ao sorteio, bem como para fins de registro e controle administrativo.

h) Prazo

A sua duração dependerá da decisão que o instituiu, pois a competência do colegiado está limitada ao(s) ato(s) para o(s) qual(is) foi convocado. Havendo convocação para todo o processo, a sua atuação se dará até o exaurimento de todos os atos jurisdicionais de primeiro grau. Caso seja fracionada, a sua duração estará adstrita à prática do ato.

i) Decisões

As decisões deverão ser fundamentadas e assinadas por todos os membros do colegiado, **sem exceção**. As decisões serão tomadas com base na maioria dos votos, mas não haverá menção à divergência. O objetivo da medida é preservar os juízes com a desconcentração da responsabilidade pela atuação jurisdicional.

j) Sigilo das reuniões

"As reuniões poderão ser sigilosas sempre que houver risco de que a publicidade resulte em prejuízo à eficácia da decisão judicial" – art. 1º, § 4º, da Lei 12.694/2012.

Note-se que, para que seja justificado o sigilo, será necessário demonstrar que a publicidade pode concretamente afetar a eficácia da decisão judicial. Por esse motivo é que devem ser observados alguns requisitos, cumulativos, para a decretação do sigilo, a saber:

I. Decisão fundamentada com indicação da extensão da medida;

II. Indicação do risco de ineficácia da medida, condicionando o seu êxito ao sigilo prévio;

III. Acesso irrestrito do defensor público ou do advogado aos autos, inclusive aos documentos e atas produzidos durante os atos sigilosos.

7.8.2. Críticas

Há severas críticas ao instituto do colegiado em primeiro grau, notadamente em relação a dois aspectos: violação ao princípio do juiz natural; vedação à menção do voto divergente.

Em relação à violação do juiz natural, é possível sustentar a inconstitucionalidade do dispositivo porque a formação do colegiado se dá em momento posterior à prática do fato. Nessa linha de entendimento, estaríamos diante de órgão assemelhado a um tribunal/juiz de exceção. Por outro lado, a inovação trazida pelo novo art. 1º-A (Vara Criminal Colegiada) nos parece uma tentativa de correção, que poderá esvaziar naturalmente o instituto do colegiado de primeiro grau.

Por outro lado, podemos defender a interpretação conforme a Constituição a partir da estrita obediência a regramentos claros e prévios ao fato delituoso, quais sejam: permanência do juiz natural como membro do colegiado; decisão motivada em risco concreto à integridade física do juiz natural; e o sorteio eletrônico de dois juízes de primeiro grau com competência criminal. O STF já se manifestou em sentido parecido na ADI 4414, Info 667 (organização criminosa e vara especializada).

No que tange à vedação de menção a voto divergente, vislumbra-se 3 (três) possibilidades.

A primeira linha de argumentação parte da inconstitucionalidade plena do dispositivo em razão da ausência de publicidade dos fundamentos do voto divergente (art. 93, IX, CF). Importante dizer também que, com base nos fundamentos do voto divergente, o recurso da parte poderia ser melhor estruturado nos casos de condenação. Restaria, em última análise, certa restrição ao direito de recorrer.

O segundo aspecto diz respeito a um temperamento da crítica acima. Seria preservada a identidade do juiz que divergiu, mas o conteúdo do seu voto deveria ser publicizado pelas razões já expostas.

Por fim, uma terceira via segue o entendimento de que não se impõe a divulgação de voto divergente na sentença porque "a divulgação do voto divergente retiraria a eficácia do objetivo da lei que é a de diluir a responsabilidade, atribuindo-a conjuntamente a três membros. (...) o conhecimento do voto divergente não ampliaria para o acusado o seu direito de recorrer, pois não cabem contra as decisões do juízo de primeiro grau embargos de divergência ou de nulidade." (TÁVORA; ALENCAR. 2013. p. 275).

8. QUESTÕES E PROCESSOS INCIDENTES

8.1. Compreendendo o tema

Por vezes, surgem incidentes no curso do processo penal que, embora acessórios, afiguram-se relevantes para o deslinde da causa, devendo ser resolvidos antes da sentença final. Tais incidentes são classificados pelo CPP como: **questões prejudiciais** e **processos incidentes**

8.2. Questões prejudiciais (arts. 92 a 94, CPP)

8.2.1. Conceito

São as questões relacionadas ao direito material, penal ou extrapenal, mas que possuem ligação com o mérito da causa penal, motivo pelo qual se impõe a sua solução antes do julgamento do processo criminal. Ex.: Fulano está sendo processado pelo crime de bigamia e alega em sua defesa, entre outros aspectos, a invalidade do 1º casamento.

Da situação anteriormente indicada, identificamos como questão prejudicial a nulidade do 1º casamento, que tem natureza cível (extrapenal), e como questão prejudicada, ou seja, a que está condicionada à solução da prejudicial, o crime de bigamia. Se o casamento for nulo, não há que se falar em bigamia.

8.2.2. Classificação das questões prejudiciais

a) Quanto à matéria acerca da qual versam

a1) Homogêneas: *quando a questão prejudicial versa sobre matéria do mesmo ramo do Direito da questão principal.* Ex.: furto em relação à receptação, pois esta última pressupõe a procedência criminosa do bem;

a2) Heterogêneas: *quando pertencem a outro ramo do Direito que não o da questão principal.* Ex.: validade do casamento (cível) em relação ao crime de bigamia (penal).

Por sua vez, questões prejudiciais heterogêneas *quanto à necessidade do juiz penal suspender ou não o curso do processo criminal,* subdividem-se em:

I. **Heterogêneas obrigatórias (necessárias ou devolutivas absolutas):** o processo criminal será obrigatoriamente suspenso pelo juiz penal até que a questão prejudicial seja resolvida pelo juiz cível. Ocorre quando há questão prejudicial sobre o estado civil das pessoas (art. 92, CPP). Ex.: validade do 1º casamento (estado civil) e bigamia.

Atenção: nessa hipótese, não há prazo determinado para a suspensão (provas urgentes poderão ser produzidas, no entanto); sendo que o prazo prescricional ficará suspenso, por força do disposto no art. 116, I, CP;

II. **Heterogêneas facultativas (devolutivas relativas):** essa espécie está consubstanciada no art. 93, CPP. Nesse caso, embora haja uma questão prejudicial a ser resolvida no cível, o juiz penal não está obrigado a suspender o curso do processo criminal. Caso não o suspenda, o próprio juiz, na sentença, decidirá a prejudicial, que não terá efeito *erga omnes.* Ex.: crime de furto e discussão da propriedade do bem no juízo cível.

Atenção: a questão prejudicial não pode versar sobre o estado das pessoas, pois, se for este o caso, haverá suspensão obrigatória (art. 92, CPP). Para que seja possível a suspensão, é preciso que já haja ação cível em andamento (conforme redação do referido dispositivo).

8.2.3. Considerações sobre o procedimento

Como já visto, seja a questão prejudicial obrigatória ou facultativa, a suspensão do processo criminal poderá ser determinada de ofício pelo juiz ou via requerimento das partes, nos termos do art. 94, CPP, que preconiza: "a suspensão do curso da ação penal, nos casos dos artigos anteriores, será decretada pelo juiz, de ofício ou a requerimento das partes".

Dessa decisão que determina a suspensão do processo criminal cabe recurso em sentido estrito (RESE), cuja previsão consta do art. 581, XVI, CPP. No sentido contrário, ou seja, da decisão que indefere a suspensão, não há previsão de recurso.

É importante dizer, ainda, que uma vez suspenso o processo, e tratando-se de crime de ação penal pública, incumbirá ao Ministério Público promover a ação civil, na função de legitimado extraordinário (art. 92, parágrafo único, CPP, c/c Art. 18, NCPC), ou atuar como fiscal da Lei (*custos legis*) para o fim de promover-lhe o rápido andamento, na forma prescrita pelo art. 93, § 3º, CPP c/c art. 178, NCPC.

> **Reflexos do Novo Código de Processo Civil**
>
> O novo diploma legal mantém a intervenção do MP nas ações cíveis (arts. 178 e 179), mas amplia a sua esfera de atuação, que atualmente é de fiscal da lei, e passa a ser o de fiscal da ordem jurídica.

Por fim, insta salientar que o prazo prescricional ficará suspenso enquanto a questão prejudicial não for resolvida (art. 116, I, CP).

8.2.4. Distinção entre questões prejudiciais e questões preliminares

Nesse momento, após vislumbrarmos os aspectos inerentes às questões prejudiciais, compete elucidar os traços diferenciais entre estas e as questões preliminares.

Pudemos compreender que as questões prejudiciais estão intimamente relacionadas ao mérito da causa e por tal razão devem ter a sua solução anterior à decisão definitiva.

Já as questões preliminares incidem diretamente sobre o processo e o seu desenvolvimento regular (NUCCI, 2008, p. 322). Não se confundem ou relacionam, portanto, com o mérito. Tal solução pode se dar nos autos da própria ação penal, como ocorre, por exemplo, com a alegação de nulidade formulada nos memoriais/alegações finais orais, ou por meio de processos incidentes, como veremos a seguir, de forma mais detalhada.

8.3. Processos incidentes

Assim como as questões prejudiciais, os processos incidentes também precisam ser resolvidos pelo juiz antes de decidir a causa principal. Enquanto as prejudiciais ligam-se ao mérito da questão principal, os processos incidentes dizem respeito ao processo (à sua regularidade formal), podendo ser solucionados pelo próprio juiz criminal.

8.3.1. Exceções (art. 95, CPP)

Trata-se de meio de defesa indireta, de natureza processual, que versa sobre a ausência das condições da ação ou dos pressupostos processuais. Subdividem-se em **exceções peremptórias**, *aquelas que objetivam a extinção do processo* (ex.: exceção de coisa julgada); e **exceções dilatórias,** *aquelas que objetivam apenas prolongar o curso do processo* (ex.: exceção de incompetência).

As exceções são processadas em apartado e, em regra, não suspendem o curso da ação penal (art. 111, CPP). Examinemos as modalidades de exceções:

a) Exceção de suspeição (arts. 96 a 107, CPP): visa a combater a parcialidade do juiz. Precede às outras exceções, pois, antes de qualquer coisa, é preciso haver um juiz imparcial.

a1) Hipóteses de suspeição do magistrado (art. 254, CPP): considera-se suspeito o juiz quando:

I. for amigo íntimo ou inimigo capital de qualquer das partes;

II. ele, seu cônjuge, ascendente ou descendente, estiver respondendo a processo por fato análogo, sobre cujo caráter criminoso haja controvérsia;

III. ele, seu cônjuge, ou parente, consanguíneo, ou afim, até o terceiro grau, inclusive, sustentar demanda ou responder a processo que tenha de ser julgado por qualquer das partes;

IV. tiver aconselhado qualquer das partes;

V. for credor ou devedor, tutor ou curador, de qualquer das partes;

VI. se for sócio, acionista ou administrador de sociedade interessada no processo.

> **Reflexos do Novo Código de Processo Civil**
>
> Art. 145 – Suspeição; Para Alencar e Távora (2015, p. 482-483), como o rol das hipóteses de suspeição previstas no CPP é exemplificativo, a única alteração relevante é a necessidade de fundamentação da declaração de suspeição por motivo de foro íntimo.

a2) Aspectos procedimentais da exceção de suspeição

O juiz poderá reconhecer a sua suspeição, de ofício, ou mediante requerimento das partes. Caso o magistrado a reconheça de ofício, remeterá os autos ao seu substituto legal, após intimação das partes.

Se apresentada por meio de exceção, o juiz, reconhecendo a suspeição, sustará a marcha do processo e mandará juntar aos autos a petição do recusante com os documentos que a instruíram, e, por despacho, declarar-se-á suspeito, ordenando a remessa dos autos ao substituto (*vide* arts. 97 e 99, CPP).

Não reconhecendo o juiz a suspeição, mandará autuar em apartado a petição, irá respondê-la em até 3 dias e remeterá os autos, em 24h, ao órgão competente para julgamento da exceção (art. 100, CPP).

Se o tribunal julgar procedente a suspeição, serão declarados nulos todos os atos praticados pelo juiz (art. 101, CPP).

Além da suspeição do magistrado, as partes poderão também arguir a suspeição do membro do MP, do perito, do intérprete, dos demais funcionários da Justiça e dos jurados (arts. 105 e 106, CPP). Nesse sentido, ver STF, AS 89/DF, DJ. 13/09/2017 e Info. nº 877, de 11 a 15 de setembro de 2017.

Recorde-se que não se pode opor suspeição às autoridades policiais nos atos do inquérito, embora estas devam declarar-se suspeitas quando houver motivo legal.

No que tange ao membro do MP, rememore-se que, de acordo com a Súmula 234, STJ: "a participação de membro do Ministério Público na fase investigatória criminal não acarreta o seu impedimento ou suspeição para o oferecimento da denúncia".

Da decisão que reconhecer a suspeição inexiste recurso. Nesse caso, a doutrina entende que os meios de impugnação cabíveis são o *habeas corpus ou o mandado de segurança;*

b) Exceção de incompetência (arts. 108 e 109, CPP): visa a corrigir a competência do juiz.

Com relação a essa modalidade de exceção, é preciso que as partes estejam atentas à natureza da competência, se absoluta ou relativa, pois, em se tratando desta última (relativa), caso não reconhecida de ofício pelo juiz[89] ou não arguida oportunamente pela parte interessada, poderá ocorrer a preclusão. Assim, quando se tratar de incompetência territorial, cuja natureza é relativa, a exceção deve ser oposta no prazo de resposta à acusação, sob pena de convalidação.

Tratando-se de incompetência em razão da matéria, por prerrogativa de função ou funcional, todas de natureza absoluta, poderão ser arguidas a qualquer tempo, inclusive reconhecidas de ofício pelo juiz. Assim, não precisam ser arguidas por meio da exceção em comento.

Caso se trate de exceção de incompetência *relativa*, julgada procedente a exceção, serão anulados os atos decisórios, aproveitando-se os instrutórios.

Caso se trate de exceção de incompetência *absoluta*, julgada procedente a exceção, serão anulados todos os atos (decisórios e instrutórios). O processo será, pois, anulado *ab initio*.

Da decisão que acolhe essa exceção, cabe RESE (art. 581, II, CPP);

c) Exceção de ilegitimidade de parte (art. 110, CPP)

Abrange tanto a ilegitimidade *ad causam,* que é a titularidade para figurar nos polos ativo e passivo da causa, como a ilegitimidade *ad processum,* que é a capacidade para a prática de atos processuais.

Exemplo de ilegitimidade *ad* causam: MP que oferece denúncia em crime de ação privada. Como se sabe, a titularidade aqui é do ofendido e não do MP.

Exemplo de ilegitimidade *ad processum*: vítima menor que, desejando ingressar com queixa-crime, outorga procuração a advogado para o cumprimento dessa finalidade. A vítima menor não possui legitimidade *ad processum* porque lhe falta capacidade para a prática de atos processuais.

Por se tratar de matéria de ordem pública, a ilegitimidade de parte (*ad causam* ou *ad processum*) pode ser arguida a qualquer momento, pelas partes, ou reconhecida de ofício pelo juiz.

Da decisão que acolhe essa exceção, cabe RESE (art. 581, III, CPP).

d) Exceção de litispendência (art. 110, CPP)

Ocorre quando há duas ou mais ações em andamento com a mesma causa de pedir (fato-crime) e o mesmo réu.

Sendo matéria de ordem pública, pode ser arguida a qualquer tempo pelas partes ou reconhecida de ofício, pelo juiz.

Da decisão que acolhe essa exceção, cabe RESE (art. 581, III, CPP);

e) Exceção de coisa julgada (*exceptio rei judicatae* – art. 110, CPP)

Ocorre quando, proposta uma ação penal, já existir outra ação idêntica definitivamente julgada. Decorre da premissa de que ninguém pode ser julgado duas vezes pelo mesmo fato-crime.

Não confundir a exceção de coisa julgada com a exceção de litispendência. Nesta última, as ações idênticas *encontram-se em curso*. Naquela outra, uma das ações idênticas já foi julgada em definitivo.

Destaque-se que o manejo da exceção de coisa julgada refere-se à coisa julgada material (aquela que impede que qualquer outro juízo ou tribunal examine a causa já decidida) e não à coisa julgada formal (aquela que impede que o juízo da causa reexamine a decisão). É que, como cediço, neste último caso (CJ formal), o efeito de imutabilidade ocorre apenas dentro do próprio processo, sendo que, preenchidos

---

89. Há autores que entendem ser possível o reconhecimento *ex officio* da incompetência relativa, desde que o magistrado o faça até a fase de instrução ou do julgamento antecipado do mérito (respectivamente, OLIVEIRA, 2014, p. 302; e TÁVORA, 2016, p. 428).

os requisitos faltantes, será sim possível a repropositura da ação. Ex.: decisão de impronúncia. Preenchidos os requisitos e desde que não prescrito o crime, será possível apresentar novamente a ação penal.

Da decisão que acolhe essa exceção, cabe RESE (art. 581, III, CPP).

8.3.2. Restituição de coisas apreendidas (arts. 118 a 124, CPP)

Em regra, os objetos apreendidos em decorrência do crime praticado, não sendo ilícitos e não havendo dúvidas quanto àquele que os reclama, serão devolvidos à pessoa pelo delegado ou pelo juiz, por meio de simples pedido de restituição.

Porém, se tais objetos importarem ao processo, não poderão ser restituídos até o trânsito em julgado da sentença (art. 118, CPP). Ex.: o veículo furtado no qual foi encontrada a vítima do homicídio não poderá ser devolvido ao legítimo proprietário enquanto não for periciado.

Há coisas, entretanto, que mesmo com o trânsito em julgado não serão restituídas (art. 91, II, CP). Ex.: o instrumento cujo uso é proibido. A arma pertencente ao exército – de uso proibido pelo civil – empregada na prática do crime não retornará ao réu, ainda que ele seja absolvido. A exceção desse confisco se dá em relação ao direito do lesado ou do terceiro de boa-fé, ou seja, se, na mesma situação, a arma proibida pertencia a um colecionador, essa será restituída a ele.

Com efeito, o *incidente de restituição* deverá ser instaurado toda vez que houver dúvida a respeito do direito do reclamante sobre a coisa.

a) Aspectos procedimentais do incidente de restituição de coisas apreendidas

A instauração do incidente será feita pelo juiz, de ofício, ou por meio de provocação do delegado ou do interessado, nos seguintes casos:

I. Dúvida quanto ao direito do reclamante sobre a coisa (art. 120, § 1º, CPP);

II. Quando os bens reclamados tiverem sido apreendidos com terceiro de boa-fé (art. 120, § 2º, CPP). Ex.: vítima do bem furtado e terceiro de boa-fé que estava investido na posse do bem no momento da apreensão. Nesse caso, o reclamante e o terceiro de boa-fé serão chamados para fazer prova do seu direito. Persistindo a dúvida sobre qual o verdadeiro dono do bem, o juiz remeterá as partes para o juízo cível, ordenando o depósito.

Nos pedidos de restituição, o Ministério Público **sempre** deverá ser ouvido (120, § 3º, CPP).

b) Recurso

Conforme o art. 593, II, CPP, cabe apelação da decisão que defere ou indefere a restituição de coisas apreendidas. Esse entendimento decorre da natureza da decisão que resolve o incidente. Como será visto no item sobre decisões judiciais, o ato judicial que soluciona o processo incidente tem natureza de decisão definitiva ou com força de definitiva. Nesse sentido, ver STJ: Info. 522 e RMS 33274/SP, *DJe* 04.04.2011.

Atenção: No caso do perdimento dos bens determinado por sentença condenatória transitada em julgado, que ocorrerá sem prejuízo do que estabelece o art. 120, CPP, será realizado leilão público e, do valor apurado, será restituída a parte que couber ao lesado ou ao terceiro de boa-fé (art. 133 e § 1º, CPP).

8.3.3. Medidas assecuratórias (arts. 125 a 144-A, CPP)

São aquelas que visam a assegurar, de forma preventiva, a reparação dos danos à vítima e à coletividade em caso de futura sentença penal condenatória. Possuem, portanto, natureza acautelatória. Dividem-se em: sequestro, hipoteca legal, arresto e alienação antecipada.

a) Sequestro: conforme Nucci (2006, p. 324): *"é medida assecuratória consistente em reter os bens imóveis e móveis do indiciado ou acusado, ainda que em poder de terceiros, quando adquiridos com o proveito da infração penal".* Ex.: imóvel adquirido pelo réu com valor proveniente do desvio de verba pública.

Examinemos abaixo algumas de suas características mais marcantes:

a1) Requisito para a realização do sequestro: indícios veementes da proveniência ilícita dos bens – art. 126;

a2) Momento: o sequestro poderá ser realizado no curso do processo, da investigação criminal (IP, por exemplo), ou até antes da fase investigativa – art. 127;

a3) Quem determina? O juiz, de ofício, ou a pedido do MP, do delegado, do ofendido ou de seus herdeiros – art. 127. Acrescente-se que o sequestro é medida deferida *inaudita altera pars, i. e.,* a constrição do bem se dá independentemente de oitiva da pessoa cujo bem será atingido;

a4) Peça defensiva: realizado o sequestro, admitem-se embargos (peça defensiva) opostos por terceiro (ex.: pessoa que adquiriu o imóvel de boa-fé) ou pelo próprio réu (ex.: o bem foi, na verdade, adquirido de forma lícita) – arts. 129 e 130;

a5) Levantamento do sequestro: significa *a perda da eficácia da medida* (do sequestro). Vejamos as hipóteses. Ocorrerá o levantamento quando (art. 131):

I. a ação penal não for intentada no prazo de 60 dias, contado da data da conclusão da diligência;

II. terceiro, a quem tiverem sido transferidos os bens, prestar caução;

III. ocorrer a absolvição definitiva do réu ou a extinção da punibilidade deste (também definitiva);

IV. os embargos (vistos anteriormente) forem julgados procedentes;

a6) Destinação final do bem em caso de sentença condenatória definitiva:

A nova redação introduzida pela Lei n. 13.964/2019 trouxe algumas alterações e maior detalhamento ao procedimento.

Como já mencionado, uma vez determinado o perdimento dos bens em sentença condenatória transitada em julgado, o magistrado, de ofício ou a pedido do interessado ou do MP, determinará a avaliação e a venda dos bens em leilão público (art. 133, CPP). Do valor arrecadado nesse leilão, será recolhido ao Fundo Penitenciário Nacional aquilo que não couber ao ofendido (denominado lesado pela nova redação) ou ao terceiro de boa-fé (art. 133, §§ 1º e 2º, CPP).

Em determinadas hipóteses o juiz poderá, ainda, autorizar temporariamente a utilização do bem sequestrado, apreendido ou sujeito a qualquer medida assecuratória pelos órgãos de segurança pública instituídos pelo art. 144, CF, além do sistema prisional, do sistema socioeducativo, da Força Nacional de Segurança Pública e do Instituto Geral de Perícia. Para tanto, será imperiosa a configuração do interesse público na adoção da medida (art. 133-A, CPP). Assim, os referidos órgãos poderão adaptar e utilizar veículos para patrulhamento, equipamentos diversos para perícia, computadores etc.

No caso da utilização de veículos, embarcações ou aeronaves, o juiz determinará à autoridade de trânsito ou ao órgão de registro e controle a emissão do certificado provisório de registro e licenciamento em favor do órgão público beneficiado (art. 133-A, § 3º, CPP).

Trata-se, em nossa visão, de medida positiva que pode garantir a utilização de bens móveis que estariam sujeitos à deterioração, em favor do interesse público. Cumpre, entretanto, aos órgãos/entidades de controle (CNJ, CNMP, Tribunais de Contas etc.), fiscalizar a aplicação e execução de tais medidas para que sejam evitados eventuais desvios de finalidade, entre outros problemas com repercussão jurídica.

Por fim, é importante ressaltar que, uma vez consumado o perdimento dos bens em sentença condenatória definitiva, "o juiz poderá determinar a transferência definitiva da propriedade ao órgão público beneficiário ao qual foi custodiado o bem". Aqui permanece a ressalva de que o bem pode ir a leilão caso haja necessidade de reparação do ofendido ou de terceiro de boa-fé (art. 133-A, § 4º, CPP).

b) Hipoteca legal (art. 134, CPP): *recai sobre os bens imóveis de origem lícita do réu*. Visa a assegurar que o réu tenha patrimônio suficiente para ressarcir os danos experimentados pela vítima.

Examinemos abaixo algumas de suas **características mais marcantes:**

b1) Requisitos para a efetivação da hipoteca legal: certeza da infração (leia-se: prova da materialidade do fato imputado) e indícios suficientes de autoria – art. 134;

b2) Momento: sua decretação só é cabível durante o curso do processo, apesar da redação do art. 134, CPP, utilizar a expressão "indiciado" em seu bojo. A redação deste dispositivo é considerada equivocada pela majoritária doutrina;

b3) Quem pode requerê-la? Ofendido, seus herdeiros, ou o MP (quando o ofendido for pobre ou quando houver interesse da Fazenda Pública – sonegação fiscal, por exemplo) – *vide* arts. 134 e 142, CPP. Não pode o juiz decretá-la de ofício;

b4) Da decisão que defere ou indefere hipoteca legal, cabe apelação art. 593, II, CPP;

b5) Em caso de absolvição definitiva ou de extinção da punibilidade definitiva, a hipoteca será cancelada – art. 141, CPP;

b6) Em caso de condenação definitiva, a vítima poderá executar no cível a hipoteca;

c) Arresto prévio ou preventivo (art. 136, CPP)

c1) Entendendo o tema: o processo de especialização de bens em hipoteca legal (tema visto anteriormente) é um procedimento demorado. Pois bem, "percebendo qualquer dos legitimados para a hipoteca que há possibilidade premente de o réu desfazer-se de seu patrimônio [transferência de bens a 3º, p. ex], poderá promover, perante o juízo criminal em que tramita o processo penal contra o acusado, o pedido de **arresto preventivo**, demonstrando ao magistrado o *periculum in mora*" (AVENA, 2010, p. 439) (Incluiu-se).

Presentes os pressupostos legais dessa medida cautelar, poderá o juiz penal, de plano, determinar o arresto preventivo dos bens do réu, "medida esta que, inscrita no registro imobiliário, torna insuscetíveis de alienação os bens que constituem o seu objeto" (*op. cit.*, 2010, p. 439);

c2) Revogação do arresto preventivo: se, em 15 dias a partir da efetivação do arresto preventivo, não for promovido o processo de hipoteca legal dos bens constritos, haverá a revogação da medida (art. 136, parte final, CPP);

d) Arresto (arts. 137 a 144, CPP): *é uma medida semelhante à hipoteca legal, recaindo, porém, sobre **bens móveis** lícitos do agente*. Esta medida não deve ser confundida com o arresto preventivo (visto anteriormente). Podem ser objeto de arresto apenas os bens passíveis de penhora. O rol desses bens é residual, ou seja, parte-se da exclusão dos bens impenhoráveis, contidos no art. 649, CPC, e na Lei 8.009/1990. Excluídos os bens impenhoráveis ali enumerados, todos os demais estão sujeitos ao arresto.

Consoante entendimento do STF, para que seja decretada a medida do arresto, não é necessário que o réu esteja adotando atos concretos de desfazimento de bens, embora seja essencial a demonstração da plausibilidade do direito e o perigo da demora (Informativo 933/STF, de 11 a 15 de março de 2019).

Maiores considerações sobre o arresto do art. 137, CPP, são dispensadas, pois, no que diz respeito ao momento processual de requerimento, aos requisitos, à legitimidade para requerer, ao recurso cabível e ao seu levantamento, aplicam-se as mesmas disposições inerentes à hipoteca legal.

e) Alienação antecipada (art. 144-A, CPP): trata-se de medida destinada à preservação do valor de bens, móveis ou imóveis, que estejam sujeitos a depreciação ou deterioração, ou que tenham dificuldade de manutenção. Eis o procedimento a ser adotado nas hipóteses indicadas:

e1) os bens deverão ser vendidos pelo valor fixado na avaliação judicial ou por valor maior. Não alcançado o valor estipulado pela administração judicial, será realizado novo leilão, em até 10 (dez) dias contados da realização do primeiro, podendo os bens ser alienados por valor não inferior a 80% (oitenta por cento) do estipulado na avaliação judicial;

e2) o produto da alienação ficará depositado em conta vinculada ao juízo até a decisão final do processo, procedendo-se à sua conversão em renda para a União, Estado ou Distrito Federal, no caso de condenação, ou, no caso de absolvição, à sua devolução ao acusado;

e3) quando a indisponibilidade recair sobre dinheiro, inclusive moeda estrangeira, títulos, valores mobiliários ou cheques emitidos como ordem de pagamento, o juízo determinará a conversão do numerário apreendido em moeda nacional corrente e o depósito das correspondentes quantias em conta judicial;

e4) no caso da alienação de veículos, embarcações ou aeronaves, o juiz ordenará à autoridade de trânsito ou ao equivalente órgão de registro e controle a expedição de certificado de registro e licenciamento em favor do arrematante, ficando este livre do pagamento de multas, encargos e tributos anteriores, sem prejuízo de execução fiscal em relação ao antigo proprietário;

e5) o valor dos títulos da dívida pública, das ações das sociedades e dos títulos de crédito negociáveis em bolsa será o da cotação oficial do dia, provada por certidão ou publicação no órgão oficial.

8.3.4. Incidente de falsidade documental (arts. 145 a 148, CPP)

Visa a impugnar documento tido como inidôneo. A noção de documento, para efeito do incidente aqui tratado, é bastante ampla. Dessa forma, a gravação de áudio, vídeo etc. é considerada como documento para fins desse incidente.

a) Momento de instauração desse incidente: somente no curso do processo;

b) Quem pode instaurá-lo? Juiz (de ofício ou a pedido do MP, querelante ou acusado). O advogado, neste caso, precisará de procuração com poderes especiais para essa finalidade, visto que a imputação de falsidade de documento acostado aos autos importa, em regra, atribuição de prática delituosa (*vide* art. 146). Assim, o advogado para atuar numa hipótese dessas precisa estar "blindado" pela procuração por poderes especiais. Havendo crime de denunciação caluniosa pelo requerente, será este que responderá pelo crime e não o advogado;

c) Recurso: da decisão que julgar o incidente procedente ou improcedente, cabe RESE (art. 581, XVIII, CPP);

d) A decisão sobre o incidente não faz coisa julgada em posterior processo civil ou criminal – art. 148, CPP. Não haverá vinculação, portanto, de posterior processo civil ou criminal sobre o fato.

8.3.5. Incidente de insanidade mental (arts. 149 a 154, CPP)

Trata-se de incidente que visa a averiguar a higidez mental do réu/indiciado.

a) Momento: qualquer fase do processo ou do inquérito. Se realizado no curso do processo, provocará a suspensão deste. Porém, poderão ser realizadas diligências que possam ser prejudicadas pelo sobrestamento. Ex.: o depoimento de uma testemunha com enfermidade grave (risco de óbito). Anote-se, ainda, que, mesmo suspenso o processo, o prazo prescricional não se suspenderá;

b) Quem pode instaurá-lo? O juiz (de ofício, ou a requerimento do MP, do delegado, do curador[90], do defensor ou do CCADI do acusado);

c) Requisito fundamental: deve haver dúvida razoável sobre a sanidade mental do acusado/indiciado;

d) Necessidade de nomeação de curador uma vez instaurado o incidente;

e) Perícia: no âmbito da perícia de insanidade mental, será fundamental determinar se o réu era, ao tempo do crime, de fato, inimputável (art. 26, CP). Constatada a inimputabilidade, o processo seguirá com a presença do curador, podendo, inclusive, resultar na absolvição imprópria do acusado (aquela que absolve o réu, porém aplica-lhe medida de segurança).

Por outro lado, se os peritos entenderem que a inimputabilidade se deu depois da prática da infração, o processo continuará suspenso até que o acusado se restabeleça – art. 149, § 2º, CPP. É o que se chama de inimputabilidade superveniente;

f) Prazo: O laudo pericial possui prazo de 45 dias para ser concluído. O prazo poderá ser mais elástico caso o perito demonstre a necessidade de maior tempo para a conclusão do laudo (art. 150, § 1º, CPP);

g) Vinculação do magistrado: no momento da sentença, não ficará o juiz vinculado à conclusão da perícia (art. 182, CPP). Entretanto, considerando que o magistrado não possui a habilitação técnica necessária para atestar a respeito da sanidade mental e capacidade de autodeterminação do réu, o laudo médico-legal será elemento indispensável para a formação da sua convicção (STJ, 1802845/RS, DJe 30.06. 2020);

h) Doença mental no curso da execução penal: aplica-se a substituição prevista no art. 183, LEP, *in verbis*: "*quando, no curso da execução da pena privativa de liberdade, sobrevier doença mental ou perturbação da saúde mental, o Juiz, de ofício, a requerimento do Ministério Público, da Defensoria Pública ou da autoridade administrativa, poderá determinar a substituição da pena por medida de segurança*[91]".

Por fim, cumpre dizer que não há recurso contra a decisão que instaura ou indefere o incidente de insanidade. Em hipótese de indeferimento absurdo, reconhece a doutrina a possibilidade de impetrar HC ou mesmo de ingressar com correição parcial.

Atenção: STJ RHC 38499/SP, Info. 537 – "É ilegal a manutenção da prisão de acusado que vem a receber medida de segurança de internação ao final do processo, ainda que se alegue ausência de vagas em estabelecimentos hospitalares adequados à realização do tratamento", vide: STJ, HC 300976/SP, DJ 16.03.2015.

Ademais, segundo julgado do STF o "incidente de insanidade mental é prova pericial constituída em favor da defesa. Logo, não é possível determiná-lo compulsoriamente na hipótese em que a defesa se oponha à sua realização." (STF, HC 133078/RJ, DJe 22/09/2016 e Informativo nº 838, de 5 a 9 de setembro de 2016).

9. PROVA

9.1. Teoria geral da prova

9.1.1. Conceito

A palavra "prova" possui diversos significados, mas trabalharemos com apenas uma dessas acepções, segundo a qual prova é *todo elemento pelo qual se procura demonstrar a veracidade de uma alegação ou de um fato, buscando, com isso, influenciar o convencimento do julgador.*

9.1.2. Cuidado para não confundir

Objetivo da prova, objeto *da* prova e objeto *de* prova. Vejamos.

a) objetivo (finalidade) da prova: a prova visa a convencer (influenciar) o juiz a respeito de determinado fato/argumento;

b) objeto *da* prova: são os fatos, principais ou secundários, que, por serem capazes de gerar dúvida no magistrado, precisam ser demonstrados (provados). Ex.: se o MP imputa a Fulano um homicídio, este fato será objeto *da* prova, *i. e.*, sendo necessária a demonstração (prova) da autoria e da materialidade pela acusação;

---

90. Curador é qualquer pessoa maior de 18 anos que esteja na plenitude de suas faculdades mentais.

91. Ver STJ: RHC 38499/SP, Info. 537 e HC 130162/SP, DJ 15.08.2012.

c) objeto *de* prova diz respeito ao que é e ao que não é necessário ser demonstrado. Explica-se melhor. Certos fatos não precisam ser provados, não sendo, portanto, objeto *de* prova. Vejamos quais são eles:

I. **fatos notórios:** não precisa ser demonstrado ao juiz que, por exemplo, no dia 25 de dezembro se comemora o Natal;

II. **fatos axiomáticos:** são os considerados evidentes. Ex.: não será preciso fazer exame interno no cadáver quando o falecimento tiver decorrido de decapitação. É que a decapitação é causa (fato axiomático) evidente da morte da pessoa. *Vide* art. 162, CPP;

III. **presunções absolutas:** não precisa ser demonstrado ao juiz que, por exemplo, o menor de 18 é inimputável, pois se trata de presunção legal absoluta (critério biopsicológico adotado pelo legislador);

IV. **fatos inúteis:** não tendo qualquer relevância para o processo, os fatos inúteis também não serão objeto *de* prova. Ex.: a religião da vítima, não tendo qualquer relação com o fato criminoso, não será objeto *de* prova, visto ser considerado fato inútil.

Observação em relação aos fatos incontroversos: fatos incontroversos são aqueles que não foram refutados pelas partes. Ex.: o MP imputa um furto a Fulano e este confessa inteiramente a prática deste crime (fato incontroverso). Porém, note-se que, no Processo Penal, o fato incontroverso também poderá ser posto em xeque pelo magistrado, que pode não admiti-lo como verdadeiro. O juiz, nessa situação, conforme aponta certo setor da doutrina, pode inclusive produzir prova de ofício, na tentativa de desvelar o que, de fato, ocorreu (art. 156, CPP). Assim, nesse particular, o Processo Penal distancia-se do Processo Civil, que, em termos de fatos incontroversos, dispensa, em regra, a necessidade de demonstração (*vide* art. 374, III, NCPC).

9.1.3. Sistemas de apreciação da prova pelo juiz

Dentre outros, a doutrina costuma apontar os seguintes sistemas de apreciação da prova pelo juiz:

a) Sistema da prova legal ou tarifada (certeza moral do legislador): nesse sistema, a lei estipula o valor de cada prova, estabelecendo inclusive hierarquias, engessando o julgador. Resquício deste sistema entre nós: parágrafo único do art. 155, CPP (o estado das pessoas deve ser provado de acordo com a lei civil. Assim, a filiação não pode ser provada por meio de prova testemunhal). Nesse sistema, era comum a confissão do réu ser considerada a "rainha das provas" (prova máxima da autoria);

b) Sistema da convicção íntima (ou certeza moral do julgador): o julgador decide com base na sua íntima convicção, sendo desnecessária a fundamentação. Vigora entre nós apenas em relação aos jurados no Tribunal Júri. Recorde-se que, no Júri, os 7 jurados (pessoas escolhidas do povo) decidem a sorte do acusado por meio de cédulas ("sim" e "não"), sem a necessidade de emitir qualquer tipo de fundamentação a respeito de sua decisão;

c) Sistema do livre convencimento motivado (ou persuasão racional do juiz): o juiz é livre para julgar. Porém, deve fazê-lo de forma fundamentada – art. 93, IX, CF. É a regra que vigora entre nós. A fundamentação das decisões judiciais é de capital importância, pois permite um *controle da racionalidade* da decisão do juiz pelas partes e pela própria sociedade (LOPES JR., 2010).

Observações: por força do princípio constitucional do contraditório, a apreciação das provas pelo magistrado deve, em regra, recair sobre os elementos produzidos em contraditório judicial (ao longo da instrução criminal). Impossível, portanto, uma condenação amparada exclusivamente em elementos obtidos na fase de investigação preliminar (inquérito policial). Isto porque tais elementos (chamados de "atos de investigação") não foram submetidos ao contraditório, ampla defesa etc. Assim, uma condenação prolatada nesses moldes afrontaria todos esses princípios constitucionais, padecendo, portanto, de nulidade absoluta.

Porém, cabem exceções aqui (ou seja, situações em que o juiz poderá sim pautar uma sentença condenatória em elementos colhidos no âmbito da investigação preliminar). São as chamadas provas cautelares, não repetíveis e antecipadas. Dois exemplos marcantes:

Ex.1: no curso do IP, caso uma testemunha esteja em estado grave de saúde, pode o juiz determinar a produção antecipada de prova (art. 225, CPP), permitindo às "partes"[92] o contraditório antecipado. Nesta situação, o testemunho colhido poderá ser normalmente valorado pelo juiz no momento da sentença, embora a prova tenha sido produzida em sede de IP.

Ex.2: em caso de crime de lesão corporal, deve-se realizar imediatamente o exame de corpo de delito, sob pena dos vestígios do crime desaparecem. Esta prova submete-se ao chamado contraditório diferido (retardado), *i. e.*, apesar de produzida na fase de IP, quando integra o processo, submete-se ao contraditório (diferido) das partes. Também nesta situação a prova poderá ser normalmente valorada pelo juiz na sentença.

Ademais, ainda sobre o tema, o STF, em recente julgado, ressaltou que o princípio do livre convencimento motivado faculta ao juiz o indeferimento de provas consideradas irrelevantes, impertinentes ou protelatórias, vez que o direito à produção de provas não é absoluto (STF. 2ª Turma. HC 191858 e 628075, julgado em 30/11/2020). No entanto, entendeu como constrangimento ilegal o indeferimento de todas as testemunhas de defesa pelo juiz, considerando haver afronta ao devido processo legal (Informativo 901/STF, de 9 a 11 de maio de 2018).

Sobre tudo o que dissemos aqui, é oportuno o leitor consultar os arts. 155 e 400, §1º, CPP.

9.1.4. Princípios da prova

a) Princípio da autorresponsabilidade das partes: diz respeito à conduta probatória das partes, que será determinante para o seu êxito ou fracasso ao final do processo. As partes devem suportar os efeitos da sua atividade ou da inatividade probatória;

b) Princípio da audiência contraditória: remete à dialeticidade do processo, à obrigatoriedade da produção da prova sob a égide do contraditório;

c) Princípio da aquisição ou da comunhão da prova: a prova, uma vez produzida, pertence ao processo e não à parte que a produziu. Desse modo, o depoimento da testemunha arrolada pela acusação poderá ser aproveitado pela defesa e vice-versa.

---

92. Usamos "partes" entre aspas porque, tecnicamente, não há partes ainda, já que estamos em fase de IP.

Igualmente, se uma das partes resolver desistir de uma prova (ex.: depoimento de testemunha arrolada em comum), a outra deverá ser ouvida para saber se tem interesse na dispensa ou na sua oitiva;

d) Princípio da oralidade: consiste na predominância da colheita probatória através da palavra falada. Ex: interrogatório; depoimentos das testemunhas; inquirição de peritos etc.;

e) Princípio da publicidade: os atos, em regra, devem ser públicos. Contudo, há diversas exceções, que serão analisadas pelo juiz, caso a caso, nos termos do art. 792, § 2º, CPP.

9.1.5. Ônus da prova (art. 156, CPP)

Aquele que alega algo tem o ônus de provar o que alegou. Desde logo, rememore-se que, em Processo Penal, o tema "ônus da prova" está intimamente ligado ao princípio do estado de inocência (já estudado anteriormente). É que o referido princípio faz recair sobre a acusação o ônus de provar a culpa *lato sensu* do acusado. Trata-se, inclusive, de comando presente no CPP (*vide* art. 156, primeira parte). Desse modo, não cabe ao réu demonstrar a sua inocência (até porque, para além do estado de inocência, goza do direito de permanecer calado – art. 5º, LXIII, CF), mas sim à acusação comprovar a culpa daquele. Caso a acusação não se desincumba desse ônus, *i. e.*, não logre êxito em provar cabalmente a culpa do réu, deverá ser aplicada a regra pragmática de julgamento do *in dubio pro reo*, absolvendo-se, por conseguinte, o acusado.

Ainda sobre o assunto, note o leitor que *prevalece* na comunidade jurídica o entendimento de que o ônus da prova se *reparte* entre a acusação e a defesa. À primeira (à acusação) incumbe provar a existência do fato e sua respectiva autoria, a tipicidade da conduta, o elemento subjetivo da infração (dolo ou culpa), bem como eventuais agravantes, causas de aumento e/ou qualificadoras alegadas. A defesa, por sua vez, tem o ônus de provar eventuais alegações que faça sobre excludentes de tipicidade, ilicitude e/ou culpabilidade, circunstâncias atenuantes e causas de diminuição da pena.

Por outro lado, embora o ônus da prova incumba primordialmente às partes, permite o CPP que o juiz produza provas de ofício (algo que é considerado, por vários autores, como ofensivo ao sistema acusatório pretendido pelo constituinte). Em todo o caso, conforme o art. 156, CPP, é facultado ao juiz:

I. ordenar, mesmo antes de iniciada a ação penal, a produção antecipada de provas consideradas urgentes e relevantes, observando a necessidade, adequação e proporcionalidade da medida;

II. determinar, no curso da instrução, ou antes de proferir sentença, a realização de diligências para dirimir dúvida sobre ponto relevante.

Para certo setor da doutrina, a produção probatória judicial deve ser cautelosa e supletiva, sob pena de ofensa ao sistema acusatório (transformando-se o juiz em órgão acusador).

9.1.6. Meios de prova e vedação à prova ilícita

Meio de prova é *tudo aquilo que "possa servir, direta ou indiretamente, à comprovação da verdade que se procura no processo: testemunha, documento, perícia" etc.* (TOURINHO FILHO, 2010, p. 555).

Os meios de prova não têm caráter taxativo no Processo Penal. Vale dizer, as partes poderão se valer não apenas daqueles meios de prova expressamente previstos no CPP (prova testemunhal, documental, perícias etc.), mas de todos os outros ao seu alcance (denominados *provas inominadas*), desde que não sejam ilícitos.

Apesar de as partes possuírem amplo direito à prova (direito de tentar, por meio de provas, influenciar o convencimento julgador), este direito *não é*, logicamente, ilimitado, sendo vedada a utilização de prova ilícita (ex.: confissão mediante tortura). Diz a CF: *"são inadmissíveis, no processo, as provas obtidas por meios ilícitos"* (art. 5º, LVI).

É importante dizer que a doutrina construiu classificação considerando que **provas vedadas, proibidas ou inadmissíveis** *são aquelas cuja produção viole a lei ou os princípios inerentes ao direito material ou processual.*[93]

Com base no conceito acima, são estabelecidas como suas **espécies**: a) **prova ilícita**, que, conforme a atual definição do art. 157, *caput*, CPP, *é aquela obtida "em violação a normas constitucionais ou legais", ou seja, aquela que "viola regra de direito material, seja constitucional ou legal, no momento da sua obtenção"*[94] (ex: confissão obtida sob tortura); e b) **prova ilegítima**, violadora de normas e princípios de direito processual (ex: art. 159, § 1º, CPP).

Destaque-se que a classificação decorre da doutrina, pois a CF e a lei não fazem qualquer distinção, optando unicamente pela denominação "provas ilícitas".

Reconhecida a ilicitude da prova, deverá ser ela desentranhada dos autos por meio de decisão judicial.[95] Preclusa esta decisão, a prova deverá então ser inutilizada, também por meio de decisão judicial (*vide* § 3º do art. 157, CPP).

Ainda de acordo com o art. 157, § 1º, CPP, são igualmente consideradas ilícitas as provas que derivem da ilícita (chamadas de *ilícitas por derivação*)[96]. Trata-se da adoção da teoria norte-americana *fruits of the poisonous tree* (frutos da árvore envenenada). Ex.: após obter uma confissão mediante tortura

---

93. A 5ª Turma do STJ decidiu que "Sem consentimento do réu ou prévia autorização judicial, é ilícita a prova, colhida de forma coercitiva pela polícia, de conversa travada pelo investigado com terceira pessoa em telefone celular, por meio do recurso "viva-voz", que conduziu ao flagrante do crime de tráfico ilícito de entorpecentes". (STJ, HC 1630097/RJ, DJe 28/04/2017 e Informativo 603). Já o STF, no julgamento do HC 129678/SP, DJe 18/08/2017, entendeu que "A prova obtida mediante interceptação telefônica, quando referente a infração penal diversa da investigada, deve ser considerada lícita se presentes os requisitos constitucionais e legais". Isto é, caso haja autorização judicial para interceptação telefônica do réu para apurar a suposta prática de tráfico de drogas, e no bojo das gravações se descubra que o acusado foi autor de crime diverso, a prova obtida a respeito do novo crime descoberto será lícita (Informativo 869. STF, do período de 12 a 16 de junho de 2017). Ainda sobre o tema, o STJ entendeu como ilícita a prova obtida por revista pessoal realizada por agentes de segurança privada, uma vez que somente autoridades judiciais, policiais e seus agentes estão autorizados a realizar buscas pessoais e domiciliares (Informativo 651/STJ, de 2 de agosto de 2019). O mesmo tribunal posicionou-se pela ilegalidade da prova obtida mediante a habilitação de chip da autoridade policial em substituição ao do investigado titular da linha (Informativo 696/STJ, de 17 de maio de 2021).

94. GOMES, Luiz Flávio. *Lei 11.690/2008 e provas ilícitas: conceito e inadmissibilidade.* Disponível em: [http://www.lfg.com.br]. Acesso em: 12.11.2014.

95. As peças processuais que fazem referência à prova declarada ilícita, contudo, não devem ser desentranhadas (Informativo 849/STF, de 28 de novembro a 2 de dezembro de 2016).

96. Ver: STF, ARE 939172/RJ. DJe 10/04/2017.

(prova ilícita), agentes policiais descobrem o local onde certa quantidade de droga estava escondida e a apreendem observando a lei (prova, em tese, lícita, que, por derivação, acaba se tornando igualmente ilícita).

Note bem que a descoberta do local onde a droga foi encontrada decorreu diretamente da confissão obtida ilicitamente. Daí surge a derivação.

No sentido oposto, há teorias destinadas a afastar a ilicitude das provas. Algumas são autônomas e outras buscam mitigar a teoria dos frutos da árvore envenenada.

As que optamos por denominar autônomas são aquelas fundadas na inexistência do nexo de causalidade entre a prova ilícita e a outra prova. Tal exceção nos parece óbvia, pois se inexiste nexo causal não há que se falar em derivação. São absolutamente independentes.

A origem das teorias está no direito estadunidense e algumas delas foram incorporadas de forma explícita ou implícita pelos §§ 1º e 2º, art. 157, CPP.

Analisaremos as duas que são notoriamente acolhidas a seguir.

a) Teoria da fonte independente (*independent source doctrine*)

Segundo teor do § 2º, art. 157, CPP, entende-se por fonte independente *"aquela que por si só, seguindo os trâmites típicos e de praxe, próprios da investigação ou instrução criminal, seria capaz de conduzir ao fato objeto da prova."*

Com a devida vênia, o conceito nacional não corresponde à sua origem norte-americana (*Bynum v. U.S.*, 1960). Ao contrário, o dispositivo legal utiliza a definição da teoria da descoberta inevitável.

Considera-se fonte independente aquela que não possui ligação causal e cronológica com a prova ilícita já produzida. Em decorrência disso, estará livre de qualquer vício e será aproveitada no processo. A independência reside, pois, na ausência do nexo causal entre as duas provas por e, em regra, dos momentos distintos em que foram colhidas.

Ex: no crime de roubo, a busca e apreensão do bem subtraído, sem autorização judicial (ilícita e, portanto, inadmissível), não tem o condão de macular os depoimentos de testemunhas que presenciaram o roubo e que foram colhidos antes ou simultaneamente à apreensão. Logo, a materialidade e autoria da infração penal podem ser demonstradas mesmo com a desconsideração da busca e apreensão. Quanto ao tema, o STF entendeu que eventual nulidade de prova, em razão da inobservância da prerrogativa de foro, não se estende aos agentes que não se enquadrem nesta condição (Informativo 945/STF, de 24 a 28 de junho de 2019)[97];

b) Teoria da descoberta inevitável (*inevitable discovery exception*)

Aproveita-se a prova derivada da ilícita se esta seria obtida de qualquer maneira, por meio de diligências válidas na investigação, afastando-se o vício. A contaminação foi afastada porque as diligências conduziram, inevitavelmente, à sua descoberta. A sua vinculação à prova ilícita foi meramente circunstancial.

Ex: um indivíduo que cometeu homicídio e ocultou o corpo confessa o crime e o local onde deixou o cadáver, mas a confissão foi obtida ilegalmente. Porém, uma busca no local estava em andamento ou estava no planejamento da investigação e foi/seria suficiente para descobrir o corpo, ainda que não houvesse a confissão. A prova, portanto, deve ser admitida.

Atenção: É preciso deixar claro que o local onde está o corpo deve ser plausível para uma operação de busca ou varredura, ou seja, em local sujeito às diligências de praxe. A análise da inevitabilidade da descoberta será feita pelo magistrado à luz do caso concreto, num juízo de proporcionalidade marcado pela ponderação entre os bens jurídicos envolvidos. Ver STF, HC 91867/PA, DJ 20.09.2012 e STJ, Info. 447, período de 13 a 17.09.2010 e HC 152.092/RJ, DJ 28.06.2010.

Finalmente, é preciso dizer que a comunidade jurídica tem amplamente aceito a prova ilícita quando utilizada em *prol do réu*. É que aqui se entende que o *status libertatis* do indivíduo deve suplantar a vedação à prova ilícita.

Reflexos do Novo Código de Processo Civil

Cooperação jurídica internacional para a produção de prova (arts. 26 a 41) – É fato que a cooperação internacional já acontece, tendo como base legal tratados plurilaterais e bilaterais. Por meio destes, os Estados signatários comprometem-se a facilitar os trâmites da persecução penal além das fronteiras nacionais.

A relevância do NCPC é introduzir na legislação infraconstitucional matéria que foi recepcionada pelo nosso ordenamento jurídico e que já vinham sendo aplicados no Brasil. Há, nesse sentido, uma regulação ampla da atividade de cooperação, as hipóteses de cabimento, os limites e procedimentos que serão adotados pelo sistema de justiça brasileiro.

Prova emprestada – Os Tribunais Superiores admitem a utilização de prova emprestada no Processo Penal, desde que sejam observados o contraditório e a ampla defesa, ou seja, as partes precisam ter a oportunidade de analisar, manifestar, impugnar e/ou contestar a sua utilização ou o seu conteúdo (STJ HC 155149/RJ, Info. 432; e STF HC 114074/SC, *DJe* 27.05.2013).

O NCPC, em seu art. 372 vem positivar tal possibilidade, que pode ser aplicável subsidiariamente ao processo penal.

9.2. Provas em espécie

Passaremos, agora, a examinar as provas em espécie previstas no CPP, a começar pelo exame de corpo de delito.

9.2.1. *Exame de corpo de delito, cadeia de custódia e das perícias em geral. Noções introdutórias*

*Primeiro, anote-se que, segundo Pacelli (2015, p. 426-427), a **prova pericial** é "uma prova técnica, na medida em que pretende certificar a existência de fatos cuja certeza, segundo a lei, somente seria possível a partir de conhecimentos específicos".*

---

97. Explica-se: caso juiz de 1ª instância venha a autorizar interceptação telefônica de 2 pessoas investigadas e uma delas seja Senador, a prova produzida será nula somente quanto ao parlamentar, uma vez que por este possuir prerrogativa de foro, a medida cautelar deveria ter sido autorizada pelo STF. Quanto ao investigado sem prerrogativa, a prova será válida.

A produção da prova pericial deve seguir determinado procedimento desde o momento inicial até o encerramento do seu ciclo. Por esse motivo, entendemos ser mais didático explicar inicialmente como funciona a cadeia de custódia para depois adentrarmos na perícia em si.

9.2.1.1. Cadeia de custódia

Na definição trazida por Joseli Pérez Baldasso[98], a cadeia de custódia "é a aplicação de uma série de procedimentos destinados a assegurar a originalidade, a autenticidade e a integridade do vestígio, garantindo assim a idoneidade e transparência na produção da prova técnica" (TOCCHETTO, 2020, p. 4). A definição legal, contida no art. 158-A, diz que "Considera-se cadeia de custódia o conjunto de todos os procedimentos utilizados para manter e documentar a história cronológica do vestígio coletado em locais ou em vítimas de crimes, para rastrear sua posse e manuseio a partir de seu reconhecimento até o descarte."

Os novos dispositivos (arts. 158-A a 158-F, CPP) introduzidos pela Lei n. 13.964/2019 trazem para o CPP a procedimentalização da produção da prova técnica, que deve ser obedecida por todos os sujeitos que tenham contato (§§ 2º, art. 158-A, CPP), direto ou indireto, com o material probatório (TOCCHETTO, 2020, p. 4). Aqui cabe um alerta. A partir desse regramento legal, a inobservância do procedimento pode acarretar a nulidade da prova e, em algum grau, a responsabilização dos agentes que descumpriram as normas (art. 158-C, § 2º, CPP).

A cadeia de custódia tem início logo quando os agentes do Estado chegam ao local do crime ou têm o primeiro contato com o objeto da perícia (art. 158-A, § 1º, CPP). Nesse sentido, inclusive, o § 3º do dispositivo em comento traz para o corpo do CPP o conceito de vestígio, definido como "todo objeto ou material bruto, visível ou latente, constatado ou recolhido, que se relaciona à infração penal".

As etapas da cadeia de custódia são 10 (dez):

a) o **reconhecimento** (art. 158-B, I, CPP) do potencial interesse do objeto ou material bruto para a produção da prova pericial;

b) o **isolamento** (art. 158-B, II, CPP) do ambiente Imediato, mediato, que esteja relacionado aos vestígios e ao local do crime;

c) a **fixação** (art. 158-B, III, CPP), que consiste na "descrição detalhada do vestígio conforme se encontra no local de crime ou no corpo de delito, e a sua posição na área de exames" Ex.: fotografias, filmagens ou croqui. É indispensável a sua descrição no laudo pericial produzido pelo perito responsável pelo atendimento;

d) a **coleta** (art. 158-B, IV, CPP) do vestígio, de modo a preservar as suas características e natureza. A coleta deve ser feita preferencialmente por perito oficial (art. 158-C, *caput*, CPP);

e) o **acondicionamento** (art. 158-B, V, CPP) de cada vestígio coletado, que deve ser feito de modo individualizado (art. 158-D), conforme as características do objeto ou material. Ex.: sangue e ossos coletados não devem ser acondicionados conjuntamente;

f) o **transporte** (art. 158-B, VI, CPP) do vestígio (Ex.: do local da coleta ao laboratório de análises), que deve ser feito de modo a preservar as suas características originais, bem como o controle da sua posse;

g) o **recebimento** (art. 158-B, VII, CPP), que é a transferência da posse do vestígio entre agentes, deve ser devidamente documentado com informações que se refiram ao número do procedimento, unidade de polícia judiciária relacionada, local de origem, identificação de quem transportou e recebeu, entre outros aspectos;

h) o **processamento** (art. 158-B, VIII, CPP), que é o exame pericial em si, a ser realizado por peritos e sua conclusão formalizada pelo laudo pericial;

i) o **armazenamento** (art. 158-B, IX, CPP), ou seja, o ato referente à guarda, sempre nas condições adequadas à preservação, do objeto ou material que foi objeto da análise pericial. A guarda pode ter como finalidade uma contraperícia, o descarte ou novo transporte;

j) por fim, a última fase da cadeia é o **descarte** (art. 158-B, X, CPP), procedimento pelo qual é feita a liberação do vestígio em observância à legislação vigente ou a autorização judicial.

Em termos de estrutura, a Lei estabelece que os Institutos de Criminalística deverão ter uma central de custódia para a guarda e controle dos vestígios, sendo que a gestão estará necessariamente vinculada ao órgão central de perícia criminal oficial (art. 158-E e §§, CPP).

Entretanto, estabelece exceção no parágrafo único do art. 158-F, CPP, nos seguintes termos: "Caso a central de custódia não possua espaço ou condições de armazenar determinado material, deverá a autoridade policial ou judiciária determinar as condições de depósito do referido material em local diverso, mediante requerimento do diretor do órgão central de perícia oficial de natureza criminal". Da forma como está enunciado, não se trata de uma norma de transição. Ao dispor dessa forma, o Legislador possibilita que uma situação que deveria ser excepcional (falta de uma central de custódia adequada) seja a regra. É sabido que o investimento na polícia técnica não está entre as prioridades da segurança pública, então será preciso verificar ao longo do tempo se tal norma tratará, em verdade, da regra, e não da exceção.

9.2.1.2. Exame de corpo de delito

Ademais, vale notar que o **exame de corpo de delito** não se confunde com o **corpo de delito**. Enquanto este último significa o *conjunto de elementos sensíveis (rastros) deixados pelo fato criminoso*, aquele (o exame de corpo de delito) é a perícia realizada por especialista no corpo de delito (ou seja, é o exame realizado no conjunto de elementos sensíveis deixados pela prática da infração penal). Ademais, note-se que tal exame (de corpo de delito) só será realizado nos delitos *facti permanentis* (aqueles que deixam resultados perceptíveis) e não nos *facti transeuntis* (que não deixam resultados perceptíveis).

Segundo ponto: não se deve confundir o exame de corpo de delito com as demais perícias. A falta do exame de corpo de delito gera a nulidade do processo. A falta das demais perícias influencia apenas no convencimento do julgador (podendo tornar o conjunto probatório dos autos mais frágil). Isto é assim porque o exame de corpo de delito refere-se à constatação dos vestígios resultantes da conduta do núcleo do tipo penal. Ex.: num homicídio, o exame de corpo de delito (a necropsia) relaciona-se diretamente com os vestígios resultantes da conduta do núcleo do tipo penal (matar

---

98. TOCCHETTO, Domingos. Balística Forense – Aspectos Técnicos e Jurídicos. 10 ed. Salvador: Juspodivm, 2010.

alguém – art. 121, CP). Por outro lado, as demais perícias não pertencem ao corpo do delito (vestígios resultantes da conduta do núcleo do tipo penal), tendo apenas o papel de influenciar no convencimento do julgador. Ex.: imagine-se um exame de DNA realizado em determinado indivíduo, visando a estabelecer a autoria do crime. A perícia, neste caso, recai sobre o convencimento do magistrado a respeito da responsabilidade pela prática da infração, não estando relacionada com o núcleo do tipo penal.

Atenção: Quanto à matéria, houve recente inovação legislativa com a publicação de Lei 13.721/2018, que acrescentou o parágrafo único ao artigo 158 do CPP, prevendo a realização prioritária do exame de corpo de delito quando o crime envolver violência doméstica e familiar contra mulher ou violência contra criança, adolescente, idoso ou pessoa com deficiência.

a) Conceito de exame de corpo de delito: é a *perícia realizada por especialista nos elementos sensíveis do crime, podendo ser realizada em qualquer dia/hora (art. 161, CPP);*

b) Base legal: art. 158 e ss., CPP;

c) Obrigatoriedade: a lei prevê a obrigatoriedade do exame de corpo de delito nos casos de crimes que deixam vestígios (delitos *facti permanentis* – aqueles que deixam resultados perceptíveis). Inclusive, a eventual falta do referido exame não poderá ser suprida pela confissão do acusado. Veja:

> **"Art. 158.** Quando a infração deixar vestígios, será indispensável o exame de corpo de delito, direto ou indireto, não podendo supri-lo a confissão do acusado."

Ademais, não sendo realizado o exame (direto ou indireto), o processo será considerado nulo (art. 564, III, *b*, CPP);

d) Observações: I) no âmbito do JECRIM,[99] o exame de corpo de delito pode ser substituído por boletim médico ou prova equivalente (art. 77, § 1º, Lei 9.099/1995); **II)** no âmbito da Lei de Drogas, para que a autoridade possa lavrar o APF,[100] é preciso realizar um laudo (chamado de laudo de constatação ou provisório) que ateste a natureza e a quantidade da droga apreendida (art. 50, § 1º, Lei 11.343/2006). Este laudo será firmado por perito oficial ou, na falta deste, por pessoa idônea. No curso do processo, porém, deverá ser realizado um laudo definitivo sobre a natureza e a quantidade da droga apreendida (§ 2º)[101]; **III)** na hipótese de crime contra a propriedade imaterial, estabelece o art. 525, CPP, que, no caso de haver o crime deixado vestígio, a queixa ou a denúncia não será recebida se não for instruída com o exame pericial dos objetos que constituam o corpo de delito; **IV)** conforme certo setor da doutrina, o exame de corpo de delito é o único caso em que o delegado de polícia não poderá negar à vítima a realização da diligência (*vide* arts. 14 e 184, CPP).

e) Modalidades do exame de corpo de delito (exame direto ou indireto):

Em regra, o exame de corpo de delito deve se dar de forma direta, ou seja, deve ser realizado diretamente sobre o corpo de delito (sobre os elementos sensíveis deixados pela prática do crime).

Porém, excepcionalmente, quando não for possível realizar o exame direto (em razão dos vestígios da infração terem desaparecido, por exemplo), será possível a realização do exame de corpo de delito de modo indireto (pautado em outras provas idôneas – testemunhal, documental etc.) – STF, HC 114567, *DJe* 07.11.2012, Info 684 e HC 152092/RJ, DJ 28.06.2010. Ex.: imagine-se que o corpo da vítima de homicídio tenha sido ardilosamente retirado da cena do crime pelo autor da infração. Neste caso, permite a lei que o perito, baseando-se no depoimento de testemunhas, por exemplo, realize o exame de corpo de delito indireto, como forma de atestar a materialidade (existência) do crime (STJ, AgRg no REsp 1556961/RS, DJ 22.02.2016 e HC 170.507, *DJe* 05.03.2012, Inf. 491). Segue dispositivo sobre o tema:

> **"Art. 167.** Não sendo possível o exame de corpo de delito [direto], por haverem desaparecido os vestígios, a prova testemunhal poderá suprir-lhe a falta." (Incluímos).

Comentário: conforme visto, não só a prova testemunhal pode suprir o exame direto, mas outras igualmente idôneas, como a documental, por exemplo (Ver STF, HC 136964/RS (Info. 967, 17 a 28.02.2020);

f) Quem realiza o exame de corpo de delito? O exame de corpo de delito e outras perícias serão realizados por **perito oficial, portador de diploma de curso superior** – art. 159, CPP.

E mais: nos termos do § 1º do art. 159, CPP, na falta de perito oficial, o exame será realizado por 2 pessoas idôneas, portadoras de diploma de curso superior preferencialmente na área específica do exame[102].

Tratando-se de perícia complexa que abranja mais de uma área de conhecimento especializado, poder-se-á designar a atuação de mais de um perito oficial, e a parte indicar mais de um assistente técnico (art. 159, § 7º, CPP);

Na Lei de Drogas, em seu art. 50, §§ 1º e 2º, é permitida a elaboração do laudo preliminar ou de constatação por apenas um perito, oficial ou não, sendo que ele não ficará impedido de participar da elaboração do laudo definitivo.

g) Formulação de quesitos e indicação de assistente técnico:

Segundo dispõe o § 3º do art. 159 do CPP, durante o curso da persecução penal, faculta-se ao MP, ao assistente de acusação, à vítima, ao querelante e ao acusado a formulação de quesitos e a indicação de assistente técnico.

A formulação de quesitos tem como destinatário o perito oficial (ou, na falta deste, as duas pessoas portadoras de diploma de curso superior) e visa a acentuar o contraditório em torno dos exames periciais. São perguntas que podem ser elaboradas pelas pessoas indicadas (MP, acusado etc.) ao perito, buscando tornar mais clara a perícia realizada.

Por outro lado, o assistente técnico trata-se de especialista contratado por uma das pessoas indicadas (MP, acusado, vítima etc.), tendo a função de emitir parecer crítico sobre o exame elaborado pelo perito oficial. Atua a partir de sua admissão pelo juiz e após a conclusão do exame e da elaboração de laudo pelo perito oficial (§ 4º).

---

99.   Juizado Especial Criminal – Lei 9.099/1995.

100. Auto de prisão em flagrante.

101. Conforme STF, RHC 110429, j 06.03.2012, Inf. 657: "a juntada do laudo definitivo após sentença – não ocasiona a nulidade da sentença se demonstrada a materialidade delitiva por outros meios probatórios".

---

102. Ver STF, Súmula 361: "No Processo Penal, é nulo o exame realizado por um só perito, considerando-se impedido o que tiver funcionado, anteriormente, na diligência de apreensão". Note o leitor que o teor da Súmula enseja nulidade relativa e é aplicável aos peritos **não oficiais.**

Consoante dispõe o § 6º do art. 159, "havendo requerimento das partes, o material probatório que serviu de base à perícia será disponibilizado no ambiente do órgão oficial, que manterá sempre sua guarda, e na presença de perito oficial, para exame pelos assistentes, salvo se for impossível a sua conservação".

Ademais, durante a persecução penal, quanto à perícia, é permitido às partes, (§ 5º):

I – requerer a oitiva dos peritos para esclarecerem a prova ou para responderem a quesitos, desde que o mandado de intimação e os quesitos ou questões a serem esclarecidas sejam encaminhados com antecedência mínima de 10 dias, podendo apresentar as respostas em laudo complementar;

II – indicar assistentes técnicos que poderão apresentar pareceres em prazo a ser fixado pelo juiz ou ser inquiridos em audiência;

h) Valor de prova do exame de corpo de delito e das perícias em geral:

Tal qual as demais provas, o exame de corpo de delito e as perícias em geral possuem valor probatório relativo. Não vinculam o juiz. Confira-se:

"**Art. 182.** O juiz não ficará adstrito ao laudo, podendo aceitá-lo ou rejeitá-lo, no todo ou em parte."

9.2.2. Interrogatório do acusado (art. 185 e ss., CPP)

a) Conceito: ato em que o acusado poderá, se quiser, apresentar sua versão dos fatos (exercer a sua autodefesa) perante a autoridade, vigendo plenamente neste momento o direito ao silêncio.

Nota: há quem utilize a palavra "interrogatório" para também designar o ato de oitiva (ouvida) do indiciado pelo delegado de polícia no curso do IP. Fala-se então em interrogatório policial (realizado na fase policial) e interrogatório judicial (em juízo). Neste tópico, examinaremos apenas o judicial (o policial já foi examinado quando tratamos do IP);

b) Natureza: tem prevalecido na doutrina de que se trata de um meio de prova e de defesa. Com Nucci (2006), podemos colocar a questão da seguinte maneira: o interrogatório é, fundamentalmente, um meio de defesa, visto que a CF confere ao réu o direito ao silêncio. Porém, se o réu quiser falar, aquilo que disser, poderá sim ser um meio de prova;

c) Momento: enquanto não houver trânsito em julgado, será possível realizar o interrogatório (bem como repeti-lo) de ofício ou a pedido fundamentado de qualquer das partes (art. 196, CPP). Não pode esse ato ser suprimido arbitrariamente pelo juiz (sob pena de violação à ampla defesa e consequente nulidade do processo);

d) Procedimento do interrogatório:

Primeiro, registre-se que a **presença** do defensor (constituído, dativo ou público) do acusado no ato do interrogatório é **indispensável**, gerando nulidade a sua eventual ausência. A figura do defensor é incontornável nesse momento, pois proporciona a efetivação da ampla defesa do acusado.

É igualmente imprescindível assegurar ao réu o **direito de entrevista prévia** com o seu defensor (i. e., antes de iniciar o interrogatório), possibilitando, assim, que ambos tracem a melhor estratégia defensiva (art. 185, § 5º, CPP).

Ainda, o acusado deve ser alertado do seu **direito constitucional de permanecer calado** (inciso LXIII do art. 5º, CF). Assim, antes de iniciar o interrogatório, deve o juiz advertir o acusado a respeito desse direito (conferir o art. 186, CPP)[103].

Nota: em sede de "interrogatório" policial (oitiva do indiciado), predomina o entendimento de que a presença do defensor (bem como o direito de entrevista prévia entre este e o indiciado) é **dispensável.** Assim, não necessita o delegado aguardar a chegada do defensor do indiciado para iniciar a ouvida ("interrogatório") deste. Por outro lado, o direito ao silêncio tem aplicação total na oitiva do indiciado. Deve, portanto, a autoridade policial alertá-lo a respeito desse seu direito.

A seguir, vejamos como se dá o interrogatório do réu solto e do réu preso;

e) Interrogatório do réu que se encontra em liberdade: nessa situação, o interrogatório será realizado em juízo, ou seja, o réu deverá comparecer perante a autoridade judicial para ser interrogado;

f) Interrogatório do réu que se encontra preso (art. 185, CPP): aqui é preciso ter atenção.

I. Encontrando-se preso o acusado, o interrogatório, em regra, deverá ser realizado no próprio estabelecimento prisional em que estiver o acusado, em sala própria, desde que estejam garantidas a segurança do magistrado, do MP e dos auxiliares, bem como a presença do defensor e a publicidade do ato (§ 1º);

II. Não sendo possível a realização no próprio estabelecimento prisional, o interrogatório será então realizado por videoconferência (§ 2º), i. e., o juiz permanecerá no fórum e o acusado no presídio, empregando-se os meios tecnológicos necessários para assegurar a realização em tempo real do ato e a fidedignidade da imagem e som transmitidos. Esmiuçaremos mais abaixo essa modalidade de interrogatório;

III. Não sendo possível o interrogatório por meio de videoconferência, o preso será então conduzido a juízo (ao fórum) – com escolta policial (§ 7º);

g) Requisitos para a realização do interrogatório por meio de videoconferência

g1) Impossibilidade de o interrogatório ser realizado no presídio;

g2) Necessidade de decisão fundamentada do juiz, de ofício ou a requerimento das partes;

g3) Necessidade de atender a uma das seguintes finalidades:

I. prevenir risco à segurança pública, quando exista fundada suspeita de que o preso integre organização criminosa ou de que, por outra razão, possa fugir durante o deslocamento;

---

103. O STJ, HC 244.977, j. 25.09.2012, Inf. 505, considerou ilícita a gravação de conversa informal entre policiais e o conduzido quando da lavratura do auto de prisão em flagrante, por não ter havido a prévia comunicação do direito de permanecer em silêncio. Posteriormente, considerou o STJ no Info. 543, 6ª Turma, período de 13.08.2014 que "Em processo que apure a suposta prática de crime sexual contra adolescente absolutamente incapaz, é admissível a utilização de prova extraída de gravação telefônica efetivada a pedido da genitora da vítima, em seu terminal telefônico, mesmo que solicitado auxílio técnico de detetive particular para a captação das conversas". Outrossim, restou consignado no RHC 48.397/RJ, DJ 16.09.2016, que a gravação de diálogo pelo cliente com seu advogado, para defesa de direito próprio, não configura prova ilícita ou violação ao sigilo profissional.

II. viabilizar a participação do réu no referido ato processual, quando haja relevante dificuldade para seu comparecimento em juízo, por enfermidade ou outra circunstância pessoal;

III. impedir a influência do réu no ânimo de testemunha ou da vítima, desde que não seja possível colher o depoimento destas por videoconferência, nos termos do art. 217, CPP;

IV. responder a gravíssima questão de ordem pública.

E mais:

g4) Da decisão que determinar a realização de interrogatório por videoconferência, as partes deverão ser intimadas com 10 (dez) dias de antecedência em relação à sua data de realização;

g5) No interrogatório realizado por videoconferência, o direito de prévia entrevista do réu com o seu defensor será também garantido por meio de acesso a canais telefônicos reservados para comunicação entre o defensor que esteja no presídio e o advogado presente na sala de audiência do Fórum, e entre este e o preso;

g6) A sala reservada no estabelecimento prisional para a realização de atos processuais por sistema de videoconferência será fiscalizada pelos corregedores e pelo juiz de cada causa, como também pelo Ministério Público e pela Ordem dos Advogados do Brasil;

h) Conteúdo do interrogatório

O interrogatório está dividido em duas partes (arts. 186 e 187, CPP):

h1) Interrogatório de qualificação do réu (perguntas sobre a pessoa do acusado): nessa primeira parte do interrogatório, o réu será perguntado sobre a sua residência, meios de vida ou profissão, oportunidades sociais, lugar onde exerce a sua atividade, vida pregressa, notadamente se foi preso ou processado alguma vez e, em caso afirmativo, qual o juízo do processo, se houve suspensão condicional ou condenação, qual a pena imposta, se a cumpriu e outros dados familiares e sociais (art. 187, § 1º).

Para muitos autores, o direito ao silêncio não abrange essa parte do interrogatório (NUCCI, 2006, por exemplo).

Atenção: O STJ sumulou entendimento de que a atribuição de falsa identidade perante autoridade policial é típica, ainda que feita em situação de autodefesa (Súmula 522)

h2) Interrogatório de mérito (perguntas sobre os fatos imputados ao acusado – art. 187, § 2º): nesta parte do interrogatório, o réu será perguntado sobre a acusação que recai sobre si. É comum o juiz iniciar essa etapa formulando a seguinte indagação ao réu: *é verdadeira a imputação que recai sobre si?".*

O direito ao silêncio vige plenamente nessa parte do interrogatório. Inclusive, o juiz deverá informá-lo (o direito ao silêncio) ao réu, antes de iniciar o interrogatório de mérito (*vide* art. 186, CPP).

Atenção: segundo a melhor doutrina, o disposto no art. 198, CPP, que diz: "o silêncio do acusado não importará confissão, mas poderá constituir elemento para a formação do convencimento do juiz", não foi recepcionado pela CF por não se alinhar com direito ao silêncio e também está em manifesta contradição com a redação do parágrafo único do art. 186. Vale dizer, sendo o silêncio um direito, não pode haver interpretação jurídica negativa por parte do juiz dessa conduta do réu;

i) Questões finais:

I. **contraditório no momento interrogatório:** diz o art. 188, CPP: "após proceder ao interrogatório, o juiz indagará as partes se restou algum fato para ser esclarecido, formulando as perguntas correspondentes se o entender pertinente e relevante". Incide o contraditório no ato do interrogatório (podem as partes, após as perguntas do juiz, formularem as suas próprias ao acusado).

Essas perguntas[104] das partes devem ser feitas de acordo com o chamado sistema presidencialista, ou seja, as partes devem direcioná-las ao juiz e esse, por sua vez, as fará ao acusado.

No procedimento do júri (art. 474, § 1º, CPP), porém, as perguntas das partes poderão ser efetuadas diretamente ao réu (sem passar pela intermediação do juiz, portanto). Este modelo de perguntas diretas ao réu pelas partes chama-se sistema ***cross examination*** ou ***direct examination.*** Note-se, por fim, que no júri, os jurados, caso queiram efetuar perguntas ao réu, devem seguir o sistema presidencialista, ou seja, intermediação das perguntas pelo juiz-presidente, conforme § 2º do art. 474, CPP.

II. **interrogatório de mais de um acusado:** art. 191, CPP. Havendo mais de um acusado, serão interrogados separadamente.

III. **momento do interrogatório:** Os tribunais superiores entendem que o art. 400, CPP, que prevê o interrogatório do réu como último ato da instrução, é aplicável no âmbito do processo penal militar e nos casos de incidência da Lei de Drogas. O mesmo ocorre no âmbito dos processos criminais que tramitam perante o STF e STJ, em que pese não tenha havido alteração no art. 7º da Lei 8.038/90, lei que rege o procedimento nestes tribunais (Informativo 816/STF, de 29 de fevereiro a 4 de março de 2016, Informativo 918/STF, de 1 a 5 de outubro de 2018 e Informativo 609/STJ, de 13 de setembro de 2017.) No entanto, ainda não há entendimento consolidado quanto a necessidade de comprovação dos prejuízos para que seja obtida a nulidade do ato, caso o art. 400 não seja observado. Enquanto a 5ª Turma do STJ entende ser imprescindível a demonstração do prejuízo, a 6ª Turma se posiciona como sendo desnecessária tal comprovação, vez que "o prejuízo à defesa é evidente e corolário da própria inobservância da máxima efetividade das garantias constitucionais do contraditório e da ampla defesa." (Informativo 683/STJ, de 18 de dezembro de 2020). Por fim, destaque-se o recente entendimento do STJ, fixado no HC 585.492, julgado em 09/12/2020, no sentido de que o interrogatório deve ser o último ato da instrução, mesmo nos casos em que é expedida carta precatória para oitiva de testemunha. Explica-se: segundo o art. 222, § 1º do CPP, a expedição de carta precatória não suspende a instrução criminal. Desse modo, de acordo com a literalidade da lei, seria possível que o acusado fosse interrogado antes de saber o que disse a testemunha deprecada. No entanto, o Superior Tribunal de Justiça, em atenção aos princípios do contraditório e ampla defesa, entendeu que mesmo nos casos de expedição de carta precatória, deve ser garantido ao réu o direito de ter o seu interrogatório como último ato.

---

104. A doutrina costuma chamar as perguntas das partes ao réu e às testemunhas de "reperguntas".

9.2.3. Confissão

A confissão não é a "rainha das provas" no Processo Penal brasileiro. Tem valor relativo. Para que possa levar à condenação do réu, é preciso que esteja em harmonia com as demais provas do processo (art. 197, CPP).

Ademais, a confissão não tem força para substituir a obrigatoriedade do exame de corpo de delito nos crimes que deixam vestígios (*vide* art. 158, CPP).

O silêncio do réu no processo penal não importa em confissão presumida ou ficta. Não esquecer que o silêncio do réu é um direito, e, sendo um direito, não pode trazer consequência jurídica negativa para o acusado. Não valem as fórmulas: "quem cala consente"; "quem não deve não teme" etc. Por tudo isso, a parte final do art. 198, CPP, deve ser considerada inconstitucional.

a) Características da confissão (*vide* art. 200, CPP):

a1) divisibilidade: a confissão é divisível, *i. e.*, pode o juiz aceitá-la apenas em parte (pode aceitar apenas aquilo que lhe pareça mais verossímil);

a2) retratabilidade: o réu pode se retratar ("arrepender--se") da confissão prestada. Porém, a eventual retratação do réu não impede que o juiz, na sentença, valore livremente (desde que de forma fundamentada) a confissão anteriormente efetuada. O que queremos dizer é que, mesmo que ocorra a retratação da confissão, o juiz, ainda assim, poderá se apoiar na anterior confissão do acusado como modo de formar o seu convencimento sobre o caso;

a3) pessoalidade: apenas o réu pode realizar a confissão, sendo vedada a outorga de poderes ao seu defensor com essa finalidade.

a4) liberdade e espontaneidade: o acusado não pode ser compelido de forma alguma (física, moral ou psíquica) a confessar a prática do fato delituoso. Nesse sentido, vale a leitura do art. 1º, I, Lei 9.455/1997 (Lei de Tortura).

b) Classificação. A confissão pode ser:

b1) explícita: quando o acusado explicitamente confessa a prática do delito;

b2) implícita: quando determinada conduta do acusado puder, de forma inequívoca, ser compreendida como confissão. Ex.: réu que espontaneamente ressarcir a vítima;

b3) simples: quando o réu apenas confessa a prática do crime imputado, sem proceder a qualquer acréscimo ou modificação dos fatos;

b4) complexa: quando confessa a prática de mais de um fato delituoso;

b5) qualificada: quando confessa, porém invoca justificante ou dirimente. Ex.: confessa o crime, porém afirma que praticou o fato em legítima defesa;

b6) judicial: quando realizada em juízo (perante o magistrado);

b7) extrajudicial: quando realizada na delegacia ou perante outra pessoa que não o magistrado.

9.2.4. Perguntas ao ofendido (art. 201, CPP)

Sempre que possível, a vítima deverá ser chamada para ser ouvida no processo como forma de auxiliar a formação do convencimento do magistrado a respeito do caso concreto. O depoimento do ofendido tem valor de prova relativo (é uma prova como outra qualquer).

a) obrigatoriedade de comparecimento: "se, intimado para esse fim, deixar de comparecer sem motivo justo, o ofendido poderá ser conduzido à presença da autoridade" (§ 1º). Vê-se, portanto, que o ofendido pode ser conduzido coercitivamente à presença da autoridade, caso, intimado para depor, não compareça;

b) comunicações necessárias ao ofendido: "o ofendido será comunicado dos atos processuais relativos ao ingresso e à saída do acusado da prisão, à designação de data para audiência e à sentença e respectivos acórdãos que a mantenham ou modifiquem" (§ 2º).

Com efeito, essas "comunicações ao ofendido deverão ser feitas no endereço por ele indicado, admitindo-se, por opção do ofendido, o uso de meio eletrônico" (§ 3º).

É necessário providenciar ao ofendido, antes do início da audiência e durante a sua realização, espaço separado e reservado para aquele, como forma de evitar contato com o seu agressor (§ 4º).

"Se o juiz entender necessário, poderá encaminhar o ofendido para atendimento multidisciplinar, especialmente nas áreas psicossocial, de assistência jurídica e de saúde, a expensas do ofensor ou do Estado" (§ 5º).

Ademais, é dever do juiz adotar "as providências necessárias à preservação da intimidade, vida privada, honra e imagem do ofendido, podendo, inclusive, determinar o segredo de justiça em relação aos dados, depoimentos e outras informações constantes dos autos a seu respeito para evitar sua exposição aos meios de comunicação" (§ 6º).

Outra medida que pode ser adotada para viabilizar a oitiva do ofendido, preservando-lhe os direitos fundamentais, é a coleta do seu depoimento por videoconferência (art. 185, § 8º, CPP).

9.2.5. Prova testemunhal

a) Conceito: *testemunha é pessoa desinteressada que depõe no processo acerca daquilo que sabe sobre o fato;*

b) Características do depoimento da testemunha:

b1) oralidade (art. 204, CPP): o depoimento será prestado oralmente, não sendo permitido à testemunha trazê-lo por escrito. Porém, é possível consultar breves apontamentos.

Exceção à regra da oralidade: o Presidente e o Vice--Presidente da República, os presidentes do Senado Federal, da Câmara dos Deputados e do Supremo Tribunal Federal poderão optar pela prestação de depoimento por escrito, caso em que as perguntas, formuladas pelas partes e deferidas pelo juiz, ser-lhes-ão transmitidas por ofício – art. 221, § 1º, CPP;

b2) objetividade (art. 213, CPP): deve a testemunha responder objetivamente ao que lhe for perguntado;

b3) individualidade: cada testemunha indicada deve ser ouvida individualmente;

b4) incomunicabilidade: as testemunhas não podem se comunicar (art. 210, CPP);

b5) prestação de compromisso: normalmente, a pessoa arrolada para depor no processo deve, antes de iniciar o seu depoimento, prestar o compromisso de dizer a verdade perante o magistrado. O compromisso é, consoante definição legal do art. 203, CPP, a promessa, feita pela testemunha, sob palavra de honra, "de dizer a verdade do que souber e lhe for perguntado".

Certas pessoas, porém, estão dispensadas de prestar o referido compromisso (ex.: o pai do acusado), não sendo tecnicamente consideradas como "testemunha" por certo setor da doutrina. Tais pessoas (que não prestam o compromisso de dizer a verdade) são apelidadas pela doutrina de informantes ou declarantes.

Para esses autores, que fazem a distinção entre "testemunhas" (aquelas pessoas que têm o dever de prestar o compromisso de dizer a verdade) e "informantes" (as pessoas que depõem no processo, mas que, por lei, são dispensadas do referido compromisso), apenas as primeiras (as testemunhas, portanto) é que, em caso de falta com a verdade, responderiam pelo delito de falso testemunho (art. 342, CP):

> "**Art. 342.** Fazer afirmação falsa, ou negar ou calar a verdade, como testemunha, perito, contador, tradutor ou intérprete em processo judicial, ou administrativo, inquérito policial, ou em juízo arbitral:
>
> Pena – reclusão, de 2 (dois) a 4 (quatro) anos, e multa."

Os informantes (aqueles que, por lei, não possuem o dever de prestar o compromisso de dizer a verdade), exatamente por não terem a obrigação de dizer a verdade, caso faltem com esta, não responderiam, segundo essa doutrina, pelo crime de falso testemunho.

Ressaltamos, porém, que há divisão de posicionamento dos **tribunais superiores.**

Em 2004 o STF não acatava essa distinção (HC 83254/PE, *DJe* **03.09.2004**). Para a Suprema Corte, nesta época, o compromisso do art. 203, CPP, seria mera formalidade, pouco importando se a pessoa prestou ou não o compromisso (*i. e.*, se é informante ou testemunha), pois, caso falte com a verdade, responderá sim pelo delito do art. 342, CP. Sustenta essa ideia porque, em suma, entende que o compromisso não é elementar do tipo penal (*i. e.*, a lei não menciona ser necessário o compromisso para configurar o delito em comento). No entanto, nota-se mudança de posicionamento, em virtude do consignado na AP 465, DJ 30.10.2014, no qual restou sedimentado que "o depoimento de informante não pode servir como elemento decisivo para a condenação, notadamente porque não lhes são exigidos o compromisso legal de falar a verdade".

Para o STJ, "o crime disposto no art. 342, CP é de mão própria, só podendo ser cometido por quem possui a qualidade legal de testemunha, a qual não pode ser estendida a simples declarantes ou informantes, cujos depoimentos, que são excepcionais, apenas colhidos quando indispensáveis, devem ser apreciados pelo Juízo conforme o valor que possam merecer". (HC 192659/ES, *DJe* 19.12.2011)

O tema, como se vê, é polêmico. Em se tratando de questão objetiva, sugerimos que o leitor analise o que pede a questão e siga a posição de cada um dos tribunais superiores. Já em caso de questão subjetiva, o mais recomendável é expor as duas correntes acima indicadas;

b6) obrigatoriedade: em regra, todas as pessoas arroladas como testemunha estão **obrigadas a depor** (art. 206, primeira parte, CPP). Porém, há especificidades aqui que precisam ser notadas:

I. Há **pessoas que estão dispensadas de depor** (art. 206, *in fine*, CPP). São elas: ascendente ou descendente, o afim em linha reta, cônjuge (ainda que separado judicialmente ou divorciado), o companheiro (art. 226, § 3º, CF), o irmão e o pai, a mãe, ou o filho adotivo do acusado. Tais indivíduos só irão depor quando não for possível, por outro modo, obter-se ou integrar-se a prova do fato e de suas circunstâncias. Nesta hipótese, caso venham a depor, não prestarão compromisso (serão considerados informantes);[105]

II. **Pessoas impedidas de depor** (art. 207, CPP): certas pessoas, em razão da função, ministério, ofício ou profissão que desempenham, têm o dever de guardar segredo. Exs.: padre, psicólogo, advogado. As pessoas impedidas de depor somente falarão no processo se, desobrigadas pela parte interessada, quiserem dar o seu testemunho;

b7) Perguntas das partes à testemunha: até bem pouco tempo atrás, adotávamos, como regra, o chamado *sistema presidencialista*. Segundo este, as partes deveriam formular perguntas à testemunha *por intermédio do juiz*. Exemplo: no curso da audiência, o MP, desejando inquirir a testemunha, deveria dirigir a sua pergunta ao magistrado. Este, por sua vez, deveria repetir a pergunta à testemunha.

Esse panorama foi sensivelmente modificado com a reforma de 2008 no CPP. Isto porque passamos a adotar, como regra, o sistema *direct* ou *cross examination* (art. 212, primeira parte, CPP). Por esse sistema, as partes passaram a poder perguntar diretamente à testemunha – sem a necessidade, portanto, de intermediação por parte do juiz[106]. Vale ressaltar que o magistrado pode realizar inquirição complementar sobre aqueles pontos que entender obscuros, não esclarecidos. Conforme entendimento do STF, o magistrado, no âmbito da produção da prova testemunhal, mais especificamente no que tange a formulação das perguntas, exerce "papel subsidiário, secundário, de modo que somente é legítima sua atividade instrutória após o prévio exercício do direito à prova pelas partes e para saneamento de dúvida quanto a aspectos não esclarecidos e relevantes". Assim, o Supremo posiciona-se no sentido de que não cabe ao juiz, na audiência de instrução e julgamento de processo penal, iniciar a inquirição de testemunha, cabendo-lhe, apenas, complementar a inquirição sobre os pontos não esclarecidos (Informativo 1012/STF, de 16 de abril de 2021).

Em que pesem as alterações, destaque-se que o sistema presidencialista (perguntas à testemunha por intermédio do juiz) não foi entre nós totalmente banido. No rito do júri, desejando os *jurados* efetuar perguntas às testemunhas, deverão fazê-lo através do juiz-presidente, sendo vedada, assim, a indagação direta (art. 473, § 2º, CPP).

Por fim, chamamos a atenção do caro leitor para o posicionamento dos Tribunais Superiores quando da inobservância da ordem de inquirição insculpida no art. 212, CPP. Há o reconhecimento da nulidade relativa, desde que comprovado o prejuízo e requerido tempestivamente. Ver STJ: HC 315252/MG, DJ 30.08.2016 e AgRg no AREsp 760571/MT, DJ

---

105. Apesar de que, conforme vimos anteriormente, os tribunais superiores consideram o compromisso uma mera formalidade, cuja dispensa não permite que a pessoa falte com a verdade.

106. O desrespeito ao que dispõe o art. 212 do CPP gera nulidade de caráter relativo, necessitando, portanto, da comprovação dos prejuízos para que seja reconhecida a invalidade do ato judicial (STJ, AgRg no REsp 1712039 / RO, Dje 09.05.2018).

12.08.2016. STF: HC 109051, DJ 21.10.2014, RHC 110623, *DJe* 26.03.2012 e Informativo 885, de 13 a 24 de novembro de 2017.

c) Condução coercitiva: art. 218, CPP. Se, regularmente intimada, a testemunha deixar de comparecer sem motivo justificado, o juiz poderá requisitar à autoridade policial a sua apresentação ou determinar que seja conduzida por oficial de justiça, que poderá solicitar o auxílio da força pública.

E, ainda, nos termos do art. 219, CPP, "o juiz poderá aplicar à testemunha faltosa a multa prevista no art. 453 [atualmente se trata do art. 442, CPP: 1 (um) a 10 (dez) salários mínimos], sem prejuízo do processo penal por crime de desobediência, e condená-la ao pagamento das custas da diligência". (Incluímos)

d) Número máximo de testemunhas por procedimento[107]

✓ Ordinário e 1ª fase do júri: 8;

✓ Plenário (2ª fase) do júri: 5;

✓ Sumário: 5;

✓ Sumaríssimo: 3;

✓ Drogas: 5.

Observação: não se incluem nesse número as testemunhas referidas (que são aquelas que são mencionadas por outras testemunhas), os informantes e as pessoas que nada sabem (chamadas de testemunhas inócuas);

e) Depoimento agendado: algumas pessoas, em razão do cargo que ocupam, podem agendar (local, dia e hora) seu depoimento. Alguns exemplos: membros do Congresso Nacional, Presidente da República, juízes etc. Recomenda-se a leitura do art. 221, CPP (rol não taxativo);

f) Testemunho de militares: sendo a testemunha um militar, deverá haver requisição ao superior hierárquico;

g) Testemunho de funcionários públicos: além da intimação pessoal do funcionário público é preciso comunicar o fato também ao chefe da repartição;

h) Oitiva de ofício pelo juiz e testemunhas referidas: nos termos do art. 209, CPP, o juiz, quando julgar necessário, poderá ouvir outras testemunhas, além das indicadas pelas partes:

> "§ 1º Se ao juiz parecer conveniente, serão ouvidas as pessoas a que as testemunhas se referirem."
>
> **Nota:** São as denominadas testemunhas referidas.
>
> "§ 2º Não será computada como testemunha a pessoa que nada souber que interesse à decisão da causa."

Nota: São as denominadas testemunhas inócuas.

i) Presença ameaçadora do réu na audiência de oitiva da testemunha: quando a testemunha se sentir intimidada pela presença do réu em audiência, autoriza a lei, nessa situação, a realização de sua oitiva por meio de videoconferência. Sendo impossível o uso dessa tecnologia, deve então o réu ser retirado da sala de audiência enquanto a testemunha depõe (art. 217, CPP);

j) Testemunha que reside fora da comarca: pode a sua oitiva ser realizada por carta precatória ou videoconferência (art. 222, CPP).

Nesse contexto, vale a pena transcrever a Súmula 273, STJ: "intimada a defesa da expedição da carta precatória, torna-se desnecessária intimação da data da audiência no juízo deprecado".

Se a testemunha residir fora do país, a carta rogatória só será expedida se ficar provada a imprescindibilidade de seu depoimento, arcando o requerente com os custos da diligência (art. 222-A, CPP);

l) Testemunha e direito ao silêncio: quando o depoimento da testemunha puder incriminá-la, será possível a invocação do direito ao silêncio por aquela. O direito ao silêncio não incide apenas em relação àquele que está sendo submetido a uma persecução penal, mas a todo o indivíduo *que se encontra numa tal situação em que a sua fala possa vir a prejudicar-lhe penalmente*;

m) Contradita e arguição de defeito: são figuras distintas, apesar de o art. 214, CPP, não deixar isso muito claro. Vejamos primeiro o que diz o dispositivo:

> "**Art. 214.** Antes de iniciado o depoimento, as partes poderão contraditar a testemunha ou arguir circunstâncias ou defeitos, que a tornem suspeita de parcialidade, ou indigna de fé. O juiz fará consignar a contradita ou arguição e a resposta da testemunha, mas só excluirá a testemunha ou não lhe deferirá compromisso nos casos previstos nos arts. 207 e 208."

Em resumo, temos:

Contradita: ocorre em relação às pessoas proibidas de depor e no caso de depoimento que deve ser tomado sem compromisso;

Arguição de defeito: invoca-se quando a testemunha for indigna de fé ou suspeita de parcialidade. Visa a diminuir o "valor" do depoimento: amigo, inimigo etc.[108]

9.2.6. Reconhecimento de pessoas e coisas

Tem por escopo identificar o acusado, o ofendido ou testemunhas, podendo ser determinado no curso da investigação preliminar (pelo delegado) ou do processo (pelo juiz).

Existindo a possibilidade da pessoa que irá realizar o reconhecimento sentir-se intimidada pelo indivíduo a ser reconhecido, deve a autoridade providenciar que este não veja aquela (por meio de "espelho mágico", por exemplo). Porém, essa estratégia não poderá ser empregada em juízo (no curso do processo), nem no procedimento do júri, sob pena de ofensa à publicidade e à ampla defesa (art. 226, parágrafo único, CPP).

Conforme o CPP, havendo necessidade, o reconhecimento de pessoa será efetuado da seguinte forma (incisos do art. 226):

---

107. O STF, em recente julgado, entendeu como constrangimento ilegal o indeferimento de todas as testemunhas de defesa pelo juiz, considerando haver afronta ao devido processo legal (Informativo 901/STF, de 9 a 11 de maio de 2018).

108. STF, RHC 122279/RJ, Info. 754: "Ofende o princípio da não autoincriminação denúncia baseada unicamente em confissão feita por pessoa ouvida na condição de testemunha, quando não lhe tenha sido feita a advertência quanto ao direito de permanecer calada". Neste contexto, no Inq. 3983, entendeu o Pleno do STF, em 12.05.2016, que "à luz dos precedentes do Supremo Tribunal, a garantia contra a autoincriminação se estende às testemunhas, no tocante às indagações cujas respostas possam, de alguma forma, causar-lhes prejuízo (cf. HC 79812, Tribunal Pleno, DJ de 16.02.2001)". Cabe notar que nos autos da AP 611, o STF através da 1ª Turma em 10.12.2014 entendeu, no que tange à vedação à autoincriminação do réu, que "o direito do réu ao silêncio é regra jurídica que goza de presunção de conhecimento por todos, por isso que a ausência de advertência quanto a esta faculdade do réu não gera, por si só, uma nulidade processual a justificar a anulação de um processo penal".

I. a pessoa que tiver de fazer o reconhecimento será convidada a descrever a pessoa que deva ser reconhecida;

II. a pessoa, cujo reconhecimento se pretender, será colocada, se possível, ao lado de outras que com ela tiverem qualquer semelhança, convidando-se quem tiver de fazer o reconhecimento a apontá-la;

III. se houver razão para recear que a pessoa chamada para o reconhecimento, por efeito de intimidação ou outra influência, não diga a verdade em face da pessoa que deve ser reconhecida, a autoridade providenciará para que esta não veja aquela;

IV. do ato de reconhecimento lavrar-se-á auto pormenorizado, subscrito pela autoridade, pela pessoa chamada para proceder ao reconhecimento e por duas testemunhas presenciais.

Parágrafo único. O disposto no n. III deste artigo não terá aplicação na fase da instrução criminal ou em plenário de julgamento.

Seriam as formalidades previstas no art. 226 mera recomendação legal (sendo, portanto, válido o reconhecimento realizado em desacordo com aquelas formalidades)? Ou, pelo contrário, seriam tais formalidades uma garantia mínima do suspeito (sendo, portanto, nulo o reconhecimento efetuado em desacordo com as citadas formalidades)?

A 6ª Turma do STJ fixou o entendimento de que o art. 226 constitui garantia mínima daquele que se encontra na condição de suspeito, de forma que a inobservância das formalidades tornaria inválido o reconhecimento da pessoa, não podendo servir de lastro para eventual condenação, mesmo se confirmado o reconhecimento em juízo (Informativo 684/STJ, de 5 de fevereiro de 2021). Nessa mesma linha, o STF, no informativo 1045/2022, confirmou que o procedimento do art. 226, CPP, não se trata de mera recomendação, mas, ao contrário, de "garantia mínima para quem se encontra na condição de suspeito da prática de um crime".

No que tange ao reconhecimento de coisas, o procedimento a ser adotado é, *mutatis mutandis*, o mesmo descrito anteriormente (*vide* art. 227, CPP).

Por fim, no que tange ao reconhecimento de pessoas por meio fotográfico, apesar de não ser um meio de prova vedado pela lei, é preciso atentar que se trata de mecanismo extremamente precário, sujeito a inúmeros equívocos. Deve, portanto, a autoridade proceder com a máxima cautela aqui. Em recente decisão sobre o assunto, entendeu a 6ª Turma do STJ que "o reconhecimento do suspeito por simples exibição de fotografia(s) ao reconhecedor, a par de dever seguir o mesmo procedimento do reconhecimento pessoal, há de ser visto como etapa antecedente a eventual reconhecimento pessoal e, portanto, não pode servir como prova em ação penal, ainda que confirmado em juízo." Ver Informativo 684/STJ, de 5 de fevereiro de 2021, Informativo 946/STF, de 1º a 9 de agosto de 2019 e STF, RHC 117980/SP, *DJe* 23.06.2014.

9.2.7. Acareação

Acarear é pôr face a face pessoas que apresentaram depoimentos divergentes nos autos. Pode se dar entre testemunhas, acusados, ofendidos, entre acusado e testemunha, entre acusado e ofendido ou entre testemunha e ofendido (*vide* art. 229, CPP).

Consoante o parágrafo único desse dispositivo, os acareados serão indagados pela autoridade para que expliquem os pontos de divergências, reduzindo-se a termo o ato de acareação.

É possível também a acareação por meio de carta precatória quando as pessoas a serem acareadas estiverem em comarcas distintas (consultar o art. 230, CPP).

9.2.8. Prova documental

a) Conceito: de acordo com o art. 232, CPP, documentos são quaisquer escritos, instrumentos ou papéis, públicos ou particulares.

Atualmente, porém, em termos jurídicos, considera-se documento tudo aquilo capaz de demonstrar determinado fato. Ex.: áudio, vídeo etc. (documento em sentido amplo);

b) Requisitos:

São requisitos da prova documental: a verdade (a constatação do que está contido no documento) e a autenticidade (identificação de quem produziu o documento);

c) Algumas notas importantes sobre a prova documental:

c1) Ressalvadas algumas exceções legais, as partes poderão apresentar documentos em qualquer fase do processo – art. 231, CPP. Segue caso de restrição de apresentação da prova documental: apresentação de documentos em plenário do júri. Confira-se o seguinte dispositivo:

"Art. 479. Durante o julgamento não será permitida a leitura de documento ou a exibição de objeto que não tiver sido juntado aos autos com a antecedência mínima de 3 (três) dias úteis, dando-se ciência à outra parte";

c2) O juiz poderá providenciar a juntada de documento que considerar relevante independentemente de requerimento das partes – art. 234, CPP;

c3) A letra e firma dos documentos particulares serão submetidas a exame pericial, quando contestada a sua autenticidade – art. 235, CPP;

c4) Os documentos em língua estrangeira, sem prejuízo de sua juntada imediata, serão, se necessário, traduzidos por tradutor público, ou, na falta, por pessoa idônea nomeada pela autoridade – art. 236, CPP.

> **Reflexos do Novo Código de Processo Civil**
>
> **Os arts. 439 a 441 do novo diploma legal trazem a possibilidade de utilização de documentos eletrônicos como prova. Trata-se da incorporação da tecnologia ao processo. Dada a sua aplicação subsidiária no Processo Penal, é provável que seja incorporada pelo sistema de justiça criminal.**
>
> **Nesse sentido, vejamos o teor do art. 439: "a utilização de documentos eletrônicos no processo convencional dependerá de sua conversão à forma impressa e da verificação de sua autenticidade".**

9.2.9. Indícios

a) Conceito: segundo o art. 239, CPP, *"considera-se indício a circunstância conhecida e provada, que, tendo relação com o fato, autorize, por indução, concluir-se a existência de outra ou outras circunstâncias"*.

Segundo a doutrina, indício não se confunde com presunção. Esta *"é um conhecimento fundado sobre a ordem normal das coisas e que dura até prova em contrário"* (PIERANGELLI *apud* MIRABETE, 2002, p. 317).

Tanto o indício como a presunção são provas indiretas, ou seja, a representação do fato a provar se faz por meio de uma construção lógica (MIRABETE, 2002, p. 316).

Embora os indícios e presunções possuam, em tese, o mesmo valor que as demais provas é preciso que o julgador os avalie com cautela.

9.2.10. Busca e apreensão

a) Conceito: trata-se não propriamente de um meio de prova (consoante sugere o CPP), mas de um meio de obtenção da prova (BADARÓ, 2008, t. I, p. 271), de natureza acautelatória e coercitiva, consistente no apossamento de objetos ou pessoas;

b) O que pode ser objeto de busca e apreensão? Os objetos sobre os quais podem recair a busca e apreensão encontram-se nos §§ 1º e 2º do art. 240, CPP. Enquanto o § 1º trata da busca domiciliar (realizada em domicílio), o § 2º trata da busca pessoal (realizada na própria pesso**a**). Analisemos esses parágrafos:

> **"Art. 240, § 1º:** Proceder-se-á à busca domiciliar, quando fundadas razões a autorizarem, para:"

a) prender criminosos.

Nota: salvo nos casos de prisão em flagrante, será necessária prévia ordem judicial para efetuar a busca e apreensão de criminosos. Não pode o delegado, portanto, determiná-la sem prévia ordem de um juiz, salvo se se tratar de flagrante delito;

b) apreender coisas achadas ou obtidas por meios criminosos;

c) apreender instrumentos de falsificação ou de contrafação e objetos falsificados ou contrafeitos;

d) apreender armas e munições, instrumentos utilizados na prática de crime ou destinados a fim delituoso;

e) descobrir objetos necessários à prova de infração ou à defesa do réu[109];

f) apreender cartas, abertas ou não, destinadas ao acusado ou em seu poder, quando haja suspeita de que o conhecimento do seu conteúdo possa ser útil à elucidação do fato.

Nota: vale notar que, conforme determina o art. 5º, XII, CF, a comunicação por meio de carta é inviolável. A CF, inclusive, não previu exceções aqui (consoante fez no caso de comunicação telefônica). Apesar disso, o STF (MS 25686/DF, DJ 14.03.2016 e HC 70814/SP, *DJ* 24.06.1994) e o STJ (HC 203371, *DJe* 17.09.2012, Inf. 496) já decidiram que o sigilo das correspondências não é absoluto, podendo sim, em certos casos, ser violado. Ver também: decisão do STJ sobre a quebra de sigilo de correio eletrônico – HC 315.220/RS, DJ 09.10.2015. Partindo desses julgados dos tribunais superiores, pensamos que, na falta de disciplina legal sobre o tema, para que se possa violar a correspondência de alguém, são neces-

sários os mesmos requisitos da interceptação telefônica (art. 2º, Lei 9.296/1996), *i. e.*: necessidade de prévia ordem judicial, crime punido com reclusão etc.;

g) apreender pessoas vítimas de crimes;

h) colher qualquer elemento de convicção.

Nota: é oportuno salientar que a busca domiciliar, conforme impõe o art. 5º, XI, CF, deverá ser realizada, como regra, de dia e se houver ***prévio mandado judicial***. Ver exceções relacionadas a crimes permanentes no STF (RE 603616/RO, DJe 10.05.2016). Assim, é inconstitucional o art. 241, CPP, quando afirma que, no caso de o próprio delegado realizar a busca domiciliar, será *desnecessário o mandado judicial*. Confira-se o dispositivo:

> **"Art. 241.** Quando a própria autoridade policial ou judiciária não a realizar pessoalmente, a busca domiciliar deverá ser precedida da expedição de mandado."

Desse modo, mesmo que a busca domiciliar seja realizada pela *própria autoridade policial*, o mandado judicial revela-se **indispensável**. Isto é assim porque o art. 5º, XI, da CF estabelece, de maneira expressa, a necessidade de mandado judicial para ingressar em casa alheia, *sem fazer exceção em relação à autoridade policial. Acrescente-se que a busca realizada no interior de veículo automotor não necessita de prévio mandado judicial, salvo se o veículo for utilizado como moradia (trailer, p. ex.)* – STJ, HC 216437, *DJe* 08.03.2013, Inf. 505.

Ademais, entende o STJ que o mandado de busca e apreensão não precisa detalhar o tipo de documento a ser apreendido, ainda que o documento seja de natureza sigilosa (Informativo 694/STJ, de 3 de maio de 2021). Destaque-se ainda que deve ser assegurado à defesa o acesso à íntegra dos dados obtidos no cumprimento do mandado judicial. Desse modo, pode o MP selecionar o material que irá subsidiar a acusação, mas o material restante (não utilizado) deve ser de livre acesso da defesa (Informativo 692/STJ, de 19 de abril de 2021).

Por outro lado, vale atentar para o seguinte entendimento reiterado do STJ: no caso de tráfico de drogas, por se tratar de um delito de natureza permanente (assim compreendido aquele em que a consumação se protrai no tempo), **não se exige a apresentação de mandado de busca e apreensão para o ingresso dos policiais na residência do acusado** a fim de fazer cessar a atividade criminosa, conforme ressalva prevista no art. 5º, XI, CF (prisão em flagrante), HC 349.248/SP, 5ª Turma, DJ 19.05.2016 e HC 406536/SP, DJe 17/10/2017. Contudo, a 6ª Turma do STJ já assinalou que "a mera intuição acerca de eventual traficância praticada pelo agente, embora pudesse autorizar abordagem policial em via pública para averiguação, não configura, por si só, justa causa a autorizar o ingresso em seu domicílio, sem o seu consentimento e sem determinação judicial" (STJ, REsp 1574681, *Dje* 30/05/2017). O mesmo posicionamento é adotado pela Corte no caso do crime de posse ilegal de arma de fogo (HC 349109/RS, *DJe* 06/11/2017). Também nesse sentido, vale transcrever o entendimento do STJ no Informativo 687, de 8 de março de 2021: "O tráfico ilícito de entorpecentes, em que pese ser classificado como crime de natureza permanente, nem sempre autoriza a entrada sem mandado no domicílio onde supostamente se encontra a droga. Apenas será permitido o ingresso em situações de urgência, quando se concluir que do atraso decorrente da obtenção de mandado judicial se possa

---

109. Em caso de busca e apreensão de telefone celular, por determinação judicial, não há óbice para se adentrar ao conteúdo já armazenado no aparelho, porquanto necessário ao deslinde do feito, sendo dispensável nova autorização judicial para análise e utilização dos dados neles armazenados(STJ, RHC 77232 / SC, Dje 16.10.2017). Contudo, no caso de prisão em flagrante, mesmo sendo dispensável determinação judicial para apreensão do telefone celular, o conteúdo armazenado no aparelho está acobertado pelo sigilo telefônico, de modo que a autoridade policial não poderá ter acesso sem autorização judicial (STJ, RHC 67379 /RN, Dje 09.11.2016).

objetiva e concretamente inferir que a prova do crime (ou a própria droga) será destruída ou ocultada."

Por fim, vale destacar o seguinte entendimento do STJ: "A indução do morador a erro na autorização do ingresso em domicílio macula a validade da manifestação de vontade e, por consequência, contamina toda a busca e apreensão" (INF/STJ 725, 2022).

Passemos, agora, ao exame da busca pessoal:

"Art. 240, § 2º: Proceder-se-á à busca pessoal quando houver fundada suspeita de que alguém oculte consigo arma proibida ou algum dos objetos mencionados nas letras *b* a *f* e letra *h* do parágrafo anterior."

Conforme sublinha Badaró (2008, t. I, p. 274), a busca pessoal importa em restrição à garantia constitucional da intimidade (art. 5º, X, CF), incidindo sobre a pessoa humana, abrangendo o seu corpo, suas vestes (que é um provável meio de ocultação de coisa) e outros objetos que estejam em contato com o corpo da vítima (bolsas, mochilas etc.).

Assim como a busca domiciliar, a pessoal exige ordem prévia de juiz. Excepcionalmente, porém, admite-se a dispensa da ordem judicial no caso de prisão ou quando houver fundada suspeita de que a pessoa esteja na posse de arma proibida ou de objetos ou papéis que constituam corpo de delito, ou quando a medida for determinada no curso de busca domiciliar (art. 244, CPP).

É oportuno ainda frisar que a busca em mulher será feita por outra mulher, se não importar retardamento ou prejuízo da diligência (art. 249, CPP);

c) **Momento para proceder à busca e apreensão:** dada a urgência da medida, costuma a doutrina afirmar que busca e apreensão podem ocorrer inclusive antes da instauração do IP, durante o curso deste, durante o processo e, até mesmo, na fase de execução da pena;

d) **Quem pode determiná-la?** Pode ser determinada de ofício pela autoridade ou a requerimento das partes (art. 242, CPP);

e) **Mandado de busca:** o mandado deverá:

I. indicar, o mais precisamente possível, a casa em que será realizada a diligência e o nome do respectivo proprietário ou morador;[110] ou, no caso de busca pessoal, o nome da pessoa que terá de sofrê-la ou os sinais que a identifiquem;

II. mencionar o motivo e os fins da diligência;

III. ser subscrito pelo escrivão e assinado pela autoridade que o fizer expedir;

f) **Emprego de força:** em caso de resistência por parte do morador, é permitido o uso da força, podendo-se inclusive arrombar a porta e usar de força contra os demais obstáculos existentes (§§ 2º e 3º do art. 245, CPP). Estando ausente o morador, qualquer vizinho poderá ser intimado para assistir a diligência (§ 4º do art. 245, CPP);

g) **Lavratura do auto:** finda a diligência, os executores lavrarão auto circunstanciado, assinando-o com duas testemunhas presenciais (§ 7º do art. 245, CPP).

---

110. É possível que juiz da 1ª instância determine a busca e apreensão nas dependências do Congresso Nacional, desde que o investigado não seja congressista (Informativo 945/STF, de 24 a 28 de junho de 2019). Na decisão, os ministros do Supremo pontuaram que as imunidades parlamentares, ao contrário das imunidades diplomáticas, não se estendem ao local onde os parlamentares exercem suas funções.

Nota: O STJ possui decisão no sentido de que somente autoridades judiciais, policiais e seus agentes estão autorizados a realizar buscas pessoais e domiciliares. No caso concreto, a Corte considerou como ilícitas as provas colhidas em revista pessoal realizada por agentes de segurança privada, concedendo *habeas corpus* ao condenado (Informativo 651/STJ, de 2 de agosto de 2019).

9.2.11. Meios de obtenção da prova na Lei do Crime Organizado (Lei 12.850/2013)

Esta Lei consolidou em nosso ordenamento a conceituação de organização criminosa e disciplinou uma série de meios de obtenção da prova.

9.2.11.1. Investigação e obtenção da prova (art. 3º)

No art. 3º estão elencados os meios de obtenção da prova admitidos durante a investigação, mas é importante lembrar que o rol **NÃO** é exaustivo, conforme ressalva feita no próprio *caput*.

a) **Captação ambiental (art. 3º, II):** conversa pessoal entre os interlocutores, ocorrida em determinado ambiente, que possibilita a um deles a colheita do conteúdo da conversa por determinados meios, tais como gravação de voz, fotografia, filmagem (NUCCI, V. 2, 2014, p. 687). Neste conceito não se incluem as comunicações realizadas por meio de telefone e carta (Ver STJ: HC 161.780/PR, DJ 23.02.2016).

Validade da prova: A *priori*, todos têm o direito de gravar a própria conversa, motivo pelo qual não há que se falar em ilicitude da gravação, vide STF, AI 578858 AgR, DJ 28.08.2009.

É preciso ressaltar que a prova poderá ser utilizada em duas hipóteses, sob risco de serem reputadas ilícitas. São elas: para provar a inocência do acusado **ou** para provar a investida criminosa de um dos interlocutores (STF, RE 402717, DJ 13.02.2009 e AI 503617/PR, *DJ* 04.03.2005).

Nucci, por exemplo, defende que se o ambiente for local aberto e público (Ex: parques, praças, restaurantes, bares etc.) não é necessária prévia autorização judicial para que seja feito o registro da conversa por um dos interlocutores. No caso de local privado, porém, (Ex: residências, escritórios, quarto de hotel etc.), impõe-se a prévia autorização judicial para que a coleta seja realizada por um dos interlocutores, não incluindo aí as comunicações realizadas por meio de telefone e carta (V.2, 2014, p. 687). Nesse sentido, ver: STF, ARE 1079951/SP, *Dje* 27/10/2017.

b) **Interceptação ambiental:** trata-se da captação ambiental da conversa feita por um terceiro, seguindo o mesmo regramento acima indicado, ou seja, se a conversa se der em ambiente privado será imprescindível autorização judicial prévia para a colheita do registro (STF, **Inq 2424/RJ,** *DJe* **26.03.2010).**

A Lei n. 13.964/2019 introduziu disposições sobre a interceptação ambiental, denominada no texto da lei como captação ambiental. O novo art. 8º-A da Lei 9.296/1996 dispõe que é possível a captação quando "a prova não puder ser feita por outros meios disponíveis e igualmente eficazes; e houver elementos probatórios razoáveis de autoria e participação em infrações criminais cujas penas máximas sejam superiores a 4 (quatro) anos ou em infrações penais conexas" (art. 8º-A, I e II, Lei 9.296/1996). Em resumo, para que seja autorizada a captação, deverá o requerente (autoridade policial ou MP, vide *caput*, art. 8º-A) trazer elementos probatórios consistentes sobre a autoria e a participação da pessoa que será objeto da captação em infrações penais de maior gravidade. Além disso, também é necessário demonstrar que há uma impossibilidade, ou dificuldade extrema, da coleta de provas por outros meios. Além disso, no requerimento deverá ser indicado o local e forma de instalação do dispositivo de captação (art. 8º-A, § 1º, Lei 9.296/1996). Por fim, é importante destacar que a captação terá ciclos quinzenais de funcionamento, sendo que eventuais prorrogações somente ocorrerão por decisão judicial, que levará em consideração, concomitantemente, a sua indispensabilidade e que a atividade criminal seja permanente, habitual ou continuada (§ 3º, art. 8º-A).

c) Acesso a registros de ligações telefônicas e telemáticas, a dados cadastrais de bancos de dados públicos ou privados e a informações eleitorais ou comerciais (art. 3º, IV c/c art. 15).

Delegados e MP podem ter acesso a dados referentes à qualificação pessoal, filiação e domicílio/residência, sem necessitar de autorização judicial.

Desse modo, dados como o nome completo, RG, CPF, nomes dos pais e endereços residencial e comercial são de livre acesso às autoridades acima indicadas.

Os demais dados, a exemplo do conteúdo de e-mails, ligações telefônicas, entre outros, dependem de autorização judicial por estarem na esfera de intimidade do indivíduo.

Por outro lado, o art. 16 da Lei obriga empresas de transporte (aéreo, terrestre e marítimo) a armazenar dados de reservas e registros de viagens pelo prazo de 5 (cinco) anos e conceder acesso aos juízes, delegados e membros do MP, sem necessitar de ordem judicial.

Da mesma forma, o art. 17 faz o mesmo em relação aos registros de ligações de telefonia fixa e móvel. Há, contudo, recusa doutrinária à possibilidade de acesso aos dados sem autorização judicial.

d) Colaboração premiada (art. 4º)

Trata-se de instituto oriundo do direito norte-americano que tem como objetivo transacionar fração da pena a ser imposta a coautor ou partícipe de fato delituoso relacionado à atuação de organizações criminosas em troca de informações essenciais na investigação.

d1) Conceito: *técnica especial de investigação por meio da qual o coautor e/ou partícipe da infração penal, além de confessar seu envolvimento no fato delituoso, fornece voluntariamente aos órgãos responsáveis pela persecução penal informações objetivamente eficazes para a consecução de um dos objetivos previstos em lei, recebendo, em contrapartida, determinado prêmio legal* (LIMA, 2015, p. 760). O conceito legal, inserido no novo art. 3º-A, diz que a colaboração premiada é negócio jurídico processual e meio de obtenção de prova[111], que pressupõe utilidade e interesse públicos. Aqui temos mais a definição da sua natureza jurídica do que uma conceituação.

d2) Requisitos (art. 4º, I a V)

Em qualquer hipótese, como visto no conceito acima, a colaboração deve ser **voluntária** (não deve sofrer coação

física ou moral)[112] e **efetiva** (deve propiciar resultados, como os previstos a seguir). São eles:

I. identificação dos demais coautores e partícipes da organização criminosa e das infrações penais por eles praticadas (delação premiada ou chamamento de corréu)

Nesta hipótese, além de confessar a própria participação, o colaborador fornece informações efetivas sobre a participação dos demais agentes da organização criminosa, bem como indica as infrações penais cometidas por todos eles.

II. revelação da estrutura hierárquica e da divisão de tarefas da organização criminosa

Nem todos os membros conhecem plenamente a estrutura da organização criminosa, de modo que a eficácia das informações nessa hipótese é mais restrita.

III. Prevenção de infrações penais decorrentes das atividades da organização criminosa

Trata-se de disposição abstrata, cuja eficácia é bastante questionável. A prevenção de crimes futuros dependerá, por exemplo, da desestruturação da organização criminosa.

IV. recuperação total ou parcial do produto ou do proveito das infrações penais praticadas pela organização criminosa

É o retorno das vantagens obtidas pela organização criminosa, com a restituição de bens e valores às vítimas, ao Estado.

V. localização de eventual vítima com a sua integridade física preservada

Diz respeito, em regra, à colaboração quando há extorsão mediante sequestro. Nesse caso, a eficácia da colaboração é evidente.

d3) Prêmio: é a contrapartida dada pelo Estado pela colaboração do acusado. Na atribuição, além da eficácia da colaboração, o juiz considerará a personalidade do colaborador, a natureza, as circunstâncias, a gravidade e a repercussão social do fato delituoso (art. 4º, § 1º).

Espécies:

I. Perdão judicial: o juiz decreta a extinção da punibilidade quando a colaboração atingiu o seu máximo grau de eficácia para as investigações. Não há qualquer efeito condenatório.

II. Substituição da pena privativa de liberdade por restritiva de direitos: Há condenação, mas o juiz substitui a pena (art. 43, CP) considerando os efeitos razoáveis da colaboração do réu para as investigações.

III. Redução de até 2/3 da pena: na sentença, o juiz condena o réu, mas pode aplicar redução de acordo com o grau de colaboração do acusado. O teto desta redução é de 2/3 e se aplica quando a colaboração teve efeitos de baixa a moderada eficácia. Ver: STF, HC 129877/RJ, *Dje* 01.08.2017 e Informativo 861 de 10 a 21 de abril de 2017.

IV. Não oferecimento da denúncia (§ 4º, I e II): o Ministério Público poderá deixar de oferecer denúncia se o colaborador não for o líder da organização criminosa **E** for o primeiro a prestar efetiva colaboração nos termos deste artigo. Os requisitos são concomitantes para a medida.

---

111. Nesse sentido, vide STF, Pet 7356 AgR/DF (Info. 968, 02 a 06.03.2020).

112. O juízo da Quinta Vara Federal Criminal na Seção Judiciária do Rio de Janeiro afastou o perdão judicial por entender que a colaboração do agente não teria sido espontânea. A exigência da espontaneidade da colaboração gerou discussão jurisprudencial, decidindo o STF, no julgamento do HC 129877/RJ, DJe 01.08.2017, que os vocábulos "voluntariedade" e "espontaneidade" são sinônimos.

Trata-se de exceção ao princípio da obrigatoriedade da ação penal, uma vez que ensejará o arquivamento do IP. Renato Brasileiro (2014, p. 744) entende que o fundamento material do arquivamento seja, por analogia, o art. 87, parágrafo único, da Lei 12.529/2011, em que o cumprimento do acordo de colaboração premiada determina a extinção da punibilidade em relação ao colaborador.

d4) Legitimidade e momento procedimental do perdão judicial (art. 4º, § 2º): Caso não tenha sido previsto na proposta inicial de prêmio, o MP pode requerer a concessão do perdão judicial a qualquer tempo. O delegado só pode representar pelo perdão judicial durante o IP.

Na fase de inquérito, a manifestação pode se dar por três meios:

I. O delegado promove a representação, nos autos do IP, com manifestação favorável simultânea do MP, que posteriormente é direcionada ao juiz;

II. O delegado representa, nos autos do IP, com manifestação favorável posterior do MP, para então seguir até o juiz;

III. O MP, mesmo durante o inquérito, requer ao juiz a aplicação do perdão judicial.

d5) Procedimento (arts. 3º-B, 3º-C, 4º §§ 3º a 18)

I. Início das negociações (*caput*, art. 3º-B): Tem como marco o recebimento da proposta de acordo de colaboração. Ao mesmo tempo, tem como efeito a confidencialidade, que veda a divulgação tanto das tratativas iniciais quanto de documentos relacionados à sua formalização. O sigilo só pode ser levantado por decisão judicial. Trata-se de um grande desafio, pois é notório o vazamento de informações sigilosas dos acordos de delação no país.

II. Proposta de colaboração (art. 3º-C, *caput*, e § 4º): É uma peça jurídica que deve conter a descrição adequada dos fatos que serão objeto da colaboração, com todas as suas circunstâncias, além da indicação de provas e outros elementos de corroboração das suas informações. Deverá ser instruída com procuração com poderes específicos para dar início ao procedimento de tratativas da colaboração (a procuração pode ser firmada pessoalmente)

III. Indeferimento sumário (art. 3º-B, § 1º): É possível que a proposta de acordo de colaboração premiada seja sumariamente indeferida pelo MP, mas é imprescindível que essa negativa seja devidamente fundamentada e que o interessado em colaborar seja cientificado do indeferimento e suas razões.

IV. Termo de confidencialidade (art. 3º-B, § 2º): Caso o MP entenda que deverá prosseguir com as tratativas para o acordo de colaboração, será necessária a assinatura do Termo de Confidencialidade pelas partes (celebrante – MP ou delegado –, o colaborador e seu advogado ou defensor público com poderes específicos – vide § 5º, art. 3º-B) . Além do efeito óbvio do sigilo, o referido termo vinculará os órgãos envolvidos na negociação.

V. Suspensão do prazo de oferecimento da denúncia (art. 3º-B, § 3º, e art. 4º, § 3º): O prazo para oferecimento de denúncia ou o processo, relativos ao colaborador, poderá ser suspenso por até 6 (seis) meses, prorrogáveis por igual período, até que sejam cumpridas as medidas de colaboração, suspendendo-se o respectivo prazo prescricional.

Por vezes, pode ser necessário aguardar o cumprimento de algumas diligências para confirmar as informações passadas pelo colaborador. Nesse caso, é possível suspender o prazo de oferecimento da denúncia por seis meses, inicialmente, e por igual período caso seja necessário.

Atenção: Nos termos do § 3º, art. 3º-B, não configuram, em regra, hipóteses de suspensão da investigação, o recebimento da proposta de colaboração ou a assinatura do Termo de Confidencialidade. Eventual acordo poderá estabelecer uma impossibilidade de aplicação de medidas cautelares ou assecuratórias penais, a exemplo de sequestro de bens, uso de tornozeleira eletrônica, entre outras.

O prazo prescricional fica suspenso durante o período.

VI. Possibilidade de instrução do acordo (art. 3º-B, § 4º): É possível que seja realizada uma instrução com o fim de identificação ou complementação do objeto da colaboração, dos fatos narrados, sua definição jurídica, relevância, utilidade e interesse público. Caso ocorra na fase pré-processual, pela sistemática introduzida pela Lei n. 13.964/2019, deverá tramitar perante o Juiz das Garantias. Com a suspensão da vigência, contudo, estará vinculada ao juízo criminal competente. Caso haja uma negativa de celebração do acordo pelo celebrante (MP ou delegado), as provas e informações trazidas pelo colaborador não poderão ser utilizadas para outras finalidades (§ 6º, art. 3º-B). Trata-se aqui da proteção ao colaborador de boa-fé em face de eventual seletividade por parte do celebrante.

VII. Imparcialidade do juízo (art. 4º, § 6º): O juiz não participará das negociações realizadas entre as partes para a formalização do acordo de colaboração, que ocorrerá entre o delegado de polícia, o investigado e o defensor, com a manifestação do Ministério Público, ou, conforme o caso, entre o Ministério Público e o investigado ou acusado e seu defensor.

O Supremo Tribunal Federal, inclusive, possui entendimento no sentido de que o acordo de delação premiada constitui-se como ato insuscetível de imposição judicial, inexistindo direito líquido e certo a compelir o Ministério Público à celebração do acordo. Assim, a análise da conveniência e oportunidade para celebração do acordo está submetida à discricionariedade do órgão ministerial, não se subordinando ao escrutínio do Estado-juiz (Informativo 942/STF, de 27 a 31 de maio de 2019). Tampouco pode o magistrado extrapolar a sua função e atuar no suporte ao órgão de acusação, configurando manifesta ilegalidade e fulminando o acordo com a nulidade pela violação da imparcialidade do juízo (STF, HC 144615 AgR/PR, Info. 988, 24 a 28.08.2020).

A referida Corte também já havia consolidado o entendimento de que delegado de polícia pode formalizar acordos de colaboração premiada na fase de inquérito policial, respeitadas as prerrogativas do Ministério Público, o qual deverá se manifestar, sem caráter vinculante, previamente à decisão judicial (Informativo 907/STF, de 18 a 22 de junho de 2018).

VIII. Conteúdo do termo de acordo (art. 3º-C, § 3º, e art. 6º): Nos termos dos dispositivos, o termo de acordo deverá conter a narração do colaborador sobre todos os fatos ilícitos para os quais concorreu e que tenham relação direta com os fatos investigados. Além disso, deverão constar o relato da colaboração e seus possíveis resultados; as condições da proposta do Ministério Público ou do delegado de polícia; a declaração de aceitação do colaborador e de seu defensor; as assinaturas do representante do Ministério Público ou do delegado de polícia, do colaborador e de seu defensor; e a especificação das medidas de proteção ao colaborador e à sua família, quando necessário.

IX. Homologação do acordo (art. 4º, § 7º): Uma vez celebrado, o acordo será autuado à parte e distribuído para apreciação do juiz competente, "o respectivo termo, as declarações do colaborador e cópia da investigação". O termo deverá ser encaminhado diretamente ao juiz, devidamente lacrado (art. 7º, § 1º), no prazo de 48 horas, que não é preclusivo. Após o recebimento, deverá o magistrado ouvir sigilosamente o colaborador, na presença do seu defensor. Para que seja homologado o acordo, serão considerados os seguintes aspectos, **simultaneamente**:

a) regularidade e legalidade: se todos os aspectos formais e materiais previstos na Lei foram observados;

b) adequação dos benefícios pactuados ao rol previsto no **caput** e nos §§ 4º e 5º do art. 4º: estabelece, expressamente, a vedação de benefício que viole o "critério de definição do regime inicial de cumprimento de pena do" art. 33, CP, "as regras de cada um dos regimes previstos no" CP e na Lei de Execução Penal "e os requisitos de progressão de regime não abrangidos pelo § 5º deste artigo". Essa previsão decorre da constatação de que, por meio da celebração dos acordos de colaboração, havia uma subversão dos critérios legais para início do cumprimento da pena ou da progressão de regime prisional. Por meio desses acordos, alguns colaboradores vinham, por exemplo, progredindo do regime fechado para o domiciliar, sem cumprir os requisitos legais. Outros começavam o cumprimento da pena em regime semiaberto, mesmo com a expressa previsão legal de que o regime correto seria o fechado.

c) adequação dos resultados da colaboração aos resultados mínimos exigidos nos incisos I a V do **caput do art. 4º**: além dos aspectos da legalidade e regularidade indicados acima, o juiz deverá analisar se o acordo de colaboração realmente atende aos resultados mínimos, quais sejam: "a identificação dos demais coautores e partícipes da organização criminosa e das infrações penais por eles praticadas; a revelação da estrutura hierárquica e da divisão de tarefas da organização criminosa; a prevenção de infrações penais decorrentes das atividades da organização criminosa; a recuperação total ou parcial do produto ou do proveito das infrações penais praticadas pela organização criminosa; e a localização de eventual vítima com a sua integridade física preservada".

d) voluntariedade da manifestação de vontade: aqui ocorrerá o exame sobre a autonomia da vontade do colaborador, em especial quanto à espontaneidade da colaboração. Em nosso sentir, ao permitir a celebração de acordo por pessoas sujeitas a medidas cautelares, como a prisão preventiva, a Lei falha quanto ao objetivo enunciado. Não é razoável entender que um colaborador preso provisoriamente celebrou o acordo por livre e espontânea vontade.

Observações:

O colaborador deve ser acompanhado por defensor com poderes específicos desde o momento da proposta de colaboração até a homologação do acordo, para que sejam observadas todas as garantias constitucionais e legais inerentes ao regime democrático, a exemplo do direito ao silêncio, da ampla defesa, do contraditório, da vedação à autoincriminação etc.

A eficácia do acordo homologado está condicionada ao cumprimento dos deveres assumidos pelo colaborador (Informativo 870, STF, de 19 a 30 de junho de 2017).

O STF firmou entendimento no sentido de que, após a homologação, o acordo de delação premiada somente poderá ser revisto pelo plenário em caso de descumprimento dos termos pelo colaborador. Contudo, ressaltou que eventual ilegalidade descoberta, mesmo após a homologação, poderá levar à anulação de todo o acordo.

Caso a proposta de acordo de colaboração ocorra entre a sentença e o julgamento pelo órgão recursal, a homologação ocorrerá no julgamento pelo Tribunal e constará do acórdão (Informativo 1004/STF, de 1º a 6 de fevereiro de 2021).

Ainda sobre o assunto, o STF entendeu que no caso de o delatado ser autoridade com prerrogativa de foro, a homologação da colaboração deve ser feita no Tribunal competente, com a participação do Ministério Público respectivo. No caso apreciado pelo STF, o delator trouxe à tona fatos criminosos praticados por Governador, que possui foro especial no STJ, de modo que somente esta Corte seria competente para homologar a colaboração, independentemente de o delator possuir ou não foro por prerrogativa de função (Informativo 895/STF, de 19 a 30 de março de 2018).

X. Rejeição da proposta (art. 4º, § 8º): Se o juiz recusar a homologação do acordo por entender que este não atende aos requisitos legais, deverá devolvê-lo às partes para as adequações necessárias.

Diante da inexistência de previsão legal do recurso cabível contra a decisão de não homologação do acordo de colaboração premiada, o STF entende ser possível a impetração de *habeas corpus* (Informativo 1004/STF, de 1º a 6 de fevereiro de 2021). O STJ, por sua vez, entende que o recurso cabível seria a apelação, sem prejuízo da aplicação do princípio da fungibilidade ante a existência de dúvida razoável (Informativo 683/STJ, de 18 de dezembro de 2020).

O juiz não participa da negociação em razão da necessidade de assegurar a sua imparcialidade, uma vez que fará o juízo de admissibilidade do acordo. No caso de eventual ajuste no termo, antes da Lei n. 13.964/2019, o juiz poderia fazer apenas limitados ajustes no que concerne à legalidade das disposições, mas não poderia adentrar às minúcias do conteúdo, sob pena de contaminação. Agora, justamente para assegurar que o juiz não tenha o seu convencimento maculado, nenhuma alteração ou ajuste poderá ser feito por ele.

XI. Providências posteriores (art. 4º, § 9º): Depois de homologado o acordo, o colaborador poderá, sempre acompanhado pelo seu defensor, ser ouvido pelo membro do Ministério Público ou pelo delegado de polícia responsável pelas investigações. Em suma, a colaboração acontecerá, de fato, após a homologação do acordo.

XII. Retratação (art. 4º, § 10): As partes podem retratar-se da proposta, caso em que as provas autoincriminatórias produzidas pelo colaborador não poderão ser utilizadas exclusivamente em seu desfavor.

Significa dizer que tudo o que foi confessado e indicado pelo colaborador não poderá ser utilizado contra ele no processo, embora possa ser aproveitado em relação aos demais investigados ou corréus.

XII. Da oitiva do colaborador (art. 4º, § 12): Ainda que beneficiado por perdão judicial ou não denunciado, o colaborador poderá ser ouvido em juízo a requerimento das partes ou por iniciativa da autoridade judicial.

Desde o ano de 2020, sempre que for ouvido, haverá o registro (**obrigatório**) dos atos de colaboração pelos meios ou recursos de gravação magnética, estenotipia, digital ou técnica similar, inclusive audiovisual, destinados a obter maior fidelidade das informações (**art. 4º, § 13**).

Nos depoimentos que prestar, o colaborador renunciará, na presença de seu defensor, ao direito ao silêncio e estará sujeito ao compromisso legal de dizer a verdade (art. 4º, § 14), ou seja, deverá ser esclarecido sobre o direito ao silêncio e a sua incompatibilidade com o acordo de colaboração, assim como deverá prestar juramento em relação à veracidade do seu depoimento.

As provas obtidas com a colaboração premiada poderão ser compartilhadas com outros órgãos e autoridades públicas, desde que haja delimitação dos fatos e respeito aos limites do acordo. O juiz homologador da colaboração é o competente para analisar as pretensões de compartilhamento (STF, Info. 922, 29.10 a 09.11.2018). Aqui temos mais uma questão para reflexão e acompanhamento no futuro. Caso o juiz das garantias venha a ter a sua vigência confirmada, será o competente para decidir acerca dos pedidos de compartilhamento de colaboração por ele homologada, mesmo que estejamos diante de processo já em curso?

XIII. Sentença (art. 4º, § 11): A sentença levará em consideração os termos do acordo homologado e sua eficácia. Vale ressaltar também que o valor probatório das declarações do colaborador é diminuto, para não dizer nulo. É necessária a apresentação de provas e informações que as corroborem. Sendo assim, não poderão ser decretadas, recebidas ou proferidas: medida cautelar (real ou pessoal); denúncia ou queixa-crime; e sentença condenatória com fundamento **apenas** nas declarações de agente colaborador (art. 4º, § 16).

XIV. Ampla defesa (art. 4º, § 15): Como já informado anteriormente, em todos os atos de negociação, confirmação e execução da colaboração, o colaborador deverá estar assistido por defensor. Entendemos que a ausência de defensor acarreta nulidade absoluta do termo de colaboração.

Também foram inseridas novas disposições pela Lei n. 13.964/2019, em especial uma proteção ao **réu delatado**, nos seguintes termos: "Em todas as fases do processo, deve-se garantir ao réu delatado a oportunidade de manifestar-se após o decurso do prazo concedido ao réu que o delatou" (art. 4º, § 10-A). Em suma, o réu delatado deve ter a oportunidade de se manifestar após o delator em todas as fases do processo. Entendemos que a sua inobservância é hipótese de nulidade absoluta. Ademais, cf. o informativo STF 978, 27.05.20, o acesso por parte do delatado numa delação deve abranger somente documentos em que o delatado é de fato mencionado (requisito positivo), "excluídos os atos investigativos e diligências que ainda se encontram em andamento e não foram consubstanciados e relatados no inquérito ou na ação penal em trâmite (requisito negativo)".

XV. Colaboração na fase de execução penal (art. 4º, § 5º): Se a colaboração for posterior à sentença, a pena poderá ser reduzida até a metade ou será admitida a progressão de regime ainda que ausentes os requisitos objetivos.

A exclusão dos requisitos objetivos mitiga o cumprimento dos percentuais previstos no art. 112 da LEP. Nesse caso, permanece válido o requisito subjetivo, como o bom comportamento carcerário do colaborador.

A amplitude da medida permanece sem a devida consolidação, de modo que os tribunais brevemente serão instados a delimitar a real extensão do benefício na fase de execução penal.

XVI. Descumprimento e rescisão do acordo (art. 4º, §§ 17 e 18): Os novos dispositivos incluem duas possibilidades de desfazimento do acordo de colaboração, que denominou "rescisão", em razão da natureza jurídica explicitada (negócio jurídico processual). São elas: a) omissão dolosa sobre os fatos objeto da colaboração; e b) cessar o envolvimento do colaborador em condutas ilícitas relacionadas ao objeto da colaboração.

Na primeira hipótese é necessário identificar se a lacuna ou omissão sobre os fatos ocorreu por lapso de memória ou mera imprecisão, normalmente quando o objeto da colaboração ocorreu há muito tempo, dificultando uma lembrança precisa e minuciosa, ou também quando há uma complexidade de condutas/fatos que seja factível o esquecimento de alguns detalhes relevantes. Nesses casos, uma complementação da delação será necessária e suficiente para suprir a omissão. Por outro lado, caso seja verificada que a omissão ocorreu de forma consciente e deliberada, aí sim, estaremos diante da hipótese prevista no § 17.

No segundo caso, entendemos que o dispositivo é vago por falar em "pressuposição de cessar o envolvimento em conduta ilícita relacionada ao objeto da colaboração". Entendemos que a certeza acerca do envolvimento em tal conduta ilícita, que deverá ser dolosa, somente pode ocorrer após sentença condenatória definitiva, ou seja, a simples instauração de inquérito ou mesmo o oferecimento de denúncia não devem ter o condão de rescindir o acordo de colaboração. Não há espaço para pressuposições nessa esfera. Mas certamente o dispositivo será objeto de melhor sedimentação no futuro próximo, tanto pela doutrina, quanto pela jurisprudência.

Observação 1: Sobre a rescisão do acordo de colaboração pelo descumprimento de avenças por parte do colaborador, o STF decidiu recentemente pela nulidade de eventual segundo acordo de colaboração. A Suprema Corte considerou, entre outras situações de ilegalidade peculiares ao caso, a perda da confiabilidade das informações prestadas pelo colaborador (HCs 142205/PR e 143427/PR, Info. 988, 24 a 28.08.2020).

Observação 2: Segundo julgado do STF, o descumprimento da colaboração não justifica, por si só, a decretação da prisão preventiva (STF, HC 138207/PR, DJe 26.06.2017, Info. 862 de 24 a 28 de abril de 2017, STF e Info. 609, STJ).

Observação 3: Serão nulas as cláusulas do acordo de colaboração que estipularem renúncia ao direito de impugnação da sua homologação (art. 4º, § 7º-B), ou seja, o direito à impugnação da decisão de homologação do acordo é irrenunciável.

d6) Direitos do colaborador (art. 5º):

Novamente entendemos necessário destacar que o colaborador, ao depor, renunciará ao direito ao silêncio e prestará o compromisso de dizer a verdade. A renúncia ao silêncio também ocorre porque a informações fornecidas não poderão ser utilizadas contra si, pelo MP ou pelo delegado (art. 4º, § 14). Como forma de estimular a efetiva colaboração dos membros de organizações criminosas, a Lei estabeleceu alguns direitos peculiares.

São eles:

I. usufruir das medidas de proteção previstas na legislação específica;

II. ter nome, qualificação, imagem e demais informações pessoais preservadas;

III. ser conduzido, em juízo, separadamente dos demais coautores e partícipes;

IV. participar das audiências sem contato visual com os outros acusados;

V. não ter sua identidade revelada pelos meios de comunicação, nem ser fotografado ou filmado, sem sua prévia autorização por escrito;

VI. cumprir pena ou prisão cautelar em estabelecimento penal diverso dos demais corréus ou condenados.

O STF, em atenção aos princípios do contraditório e ampla defesa, fixou o entendimento de que o réu delatado tem o direito de apresentar suas alegações finais somente após o réu colaborador, ou seja, após o réu que o delatou. Afinal, admitir que o réu delatado se manifeste antes ou simultaneamente com os colaboradores retiraria do delatado a possibilidade de refutar os argumentos incriminatórios trazidos pelo delator (Informativo 949/STF, de 26 a 30 de agosto de 2019).

e) Ação controlada (art. 8º)

e1) Noção: consiste em retardar a intervenção policial ou administrativa relativa à ação praticada por organização criminosa ou a ela vinculada (art. 8º, Lei n. 12.850/2013), bem como nos crimes de lavagem ou ocultação de bens, direitos e valores (art. 1º, § 6º, Lei n. 9.613/1998), desde que mantida sob observação e acompanhamento para que a medida legal se concretize no momento mais eficaz à formação de provas e obtenção de informações. Ver a nossa explicação sobre o flagrante controlado.

e2) Procedimento (§§ 1º a 4º): o retardamento da intervenção policial ou administrativa será previamente comunicado ao juiz competente que, se for o caso, estabelecerá os seus limites e comunicará ao Ministério Público.

A comunicação será sigilosamente distribuída, de forma a não conter informações que possam indicar a operação a ser efetuada. O sigilo é fundamental para o êxito da operação.

Até o encerramento da diligência, o acesso aos autos será restrito ao juiz, ao Ministério Público e ao delegado de polícia, como forma de garantir o êxito das investigações.

Ao término da diligência, elaborar-se-á auto circunstanciado acerca da ação controlada.

e3) Repercussão internacional (art. 9º): caso seja necessário transpor fronteiras, o retardamento da intervenção policial ou administrativa somente poderá ocorrer com a cooperação das autoridades dos países que figurem como provável itinerário ou destino do investigado, de modo a reduzir os riscos de fuga e extravio do produto, objeto, instrumento ou proveito do crime.

No âmbito nacional, é uma sólida hipótese de repercussão interestadual, que pode resultar na atuação da PF pela necessidade de centralização das investigações, dos dados e da repressão uniforme.

f) Infiltração de agentes (art. 10 e ss.)

f1) Conceito: Trata-se de ação autorizada judicialmente, por meio da qual um agente policial disfarçado atua de forma regular, omitindo a sua identidade, como um membro de organização criminosa, se fazendo passar por criminoso, com o objetivo de identificar fontes de provas de crimes graves (NEISTEIN, 2006).

f2) Procedimento (§§ 1º a 5º): A infiltração de agentes de polícia em tarefas de investigação deve ser encaminhada ao juiz por meio de representação do delegado de polícia ou de requerimento do Ministério Público (após prévia manifestação técnica do delegado de polícia).

O requerimento do MP ou a representação do delegado conterão a demonstração da necessidade da medida, o alcance das tarefas dos agentes e, quando possível, os nomes ou apelidos das pessoas investigadas e o local da infiltração (art. 11).

O pedido de infiltração será sigilosamente distribuído, de forma a não conter informações que possam indicar a operação a ser efetivada ou identificar o agente que será infiltrado (art. 12).

Na hipótese de ser encaminhado pelo delegado, o juiz, ao decidir sobre a infiltração (prazo de 24 horas – art. 12, § 1º), deverá ouvir previamente o MP. A decisão terá o seu conteúdo circunstanciado, motivado e sigiloso, estabelecendo, ainda, limites da atuação do agente infiltrado (art. 13).

O STF, em recente julgado, declarou a ilicitude de infiltração policial e determinou o desentranhamento das provas, em razão da ausência de autorização judicial para a realização da medida (Informativo 932/STF, de 25 de fevereiro a 8 de março de 2019).

Será admitida a infiltração se houver indícios de infração penal de que trata o art. 1º e se a prova não puder ser produzida por outros meios disponíveis.

A infiltração será autorizada pelo prazo de até 6 (seis) meses, sem prejuízo de eventuais renovações, desde que comprovada sua necessidade (art. 10, § 3º). Encerrado o prazo, relatório circunstanciado será apresentado ao juiz competente, que imediatamente cientificará o Ministério Público.

Nada obsta que no curso do inquérito policial, o delegado de polícia poderá determinar aos seus agentes, e o Ministério Público poderá requisitar, a qualquer tempo, relatório da atividade de infiltração (art. 10, § 5º).

Os autos contendo as informações da operação de infiltração acompanharão a denúncia do Ministério Público, quando serão disponibilizados à defesa, assegurando-se a preservação da identidade do agente (art. 12, § 2º). Trata-se de hipótese em que o contraditório é diferido ou postergado.

Havendo indícios seguros de que o agente infiltrado sofre risco iminente, a operação será sustada mediante requisição do Ministério Público ou pelo delegado de polícia, dando-se imediata ciência ao Ministério Público e à autoridade judicial. É imprescindível lembrar que a segurança do agente infiltrado deve estar em primeiro lugar, de modo que diante de sinais de perigo concreto ele deve ser retirado imediatamente da operação (art. 12, § 3º).

Há importante novidade legislativa quanto à matéria, uma vez que a Lei 13.441/2017 alterou o Estatuto da Criança e do Adolescente para prever a infiltração de agentes de polícia na internet com o fim de investigar crimes contra a dignidade sexual de criança e de adolescente. A Lei n. 13.964/2019 também trouxe essa possibilidade para o âmbito das organizações criminosas, conforme veremos a seguir. Por fim, a Lei de lavagem ou ocultação de bens, direitos e valores passou a prever a infiltração de agentes como uma forma de apuração dos delitos nela tipificados (art. 1º, § 6º, Lei n. 9.613/1998).

f3) infiltração virtual de agentes (art. 10-A e ss.): O novo dispositivo estabelece que a ação dos agentes infiltrados virtuais seguirá os requisitos do *caput* do art. 10, e terá como fim a investigação dos crimes previstos na Lei n. 12.850/2013, praticados por organizações criminosas. Para tanto, deverá restar demonstrada a necessidade concreta da infiltração, além da indicação do "alcance das tarefas dos policiais, os nomes ou apelidos das pessoas investigadas e, quando possível, os dados de conexão ou cadastrais que permitam a identificação dessas pessoas". Nesse sentido, o § 1º estabelece o que são considerados dados de conexão e dados cadastrais (recomendamos a leitura).

f3.1) Procedimento (§§ 2º a 7º e arts. 10-B e 10-D): Da mesma forma que na infiltração presencial, o delegado deverá representar ao juiz competente **(Atenção: ver o tópico Juiz das Garantias)** o pedido de infiltração, que será necessariamente remetido ao MP para manifestação (§ 2º).

O juiz poderá deferir a infiltração após a análise de dois aspectos: I – se há indícios de infração penal contida no art. 1º da Lei 12.850/2013; e II – se não há outro meio disponível para a produção das provas (§ 3º). Caso a resposta seja afirmativa para ambos os aspectos, será autorizada a infiltração.

A duração da medida será de até 6 (seis) meses, podendo ser renovada de forma reiterada até o seu limite, que é de 720 (setecentos e vinte dias). É importante enfatizar que qualquer renovação dependerá da demonstração concreta da sua necessidade (§ 4º).

Ao final da infiltração, seja por ter atingido os seus objetivos, seja pelo decurso do prazo, será elaborado um relatório circunstanciado da operação. O relatório e "todos os atos eletrônicos praticados durante a operação, deverão ser registrados, gravados, armazenados e apresentados ao juiz competente, que imediatamente cientificará o Ministério Público" (§ 5º).

É possível que, durante o IP ou durante a operação de infiltração, o delegado determine aos agentes a apresentação do relatório parcial da atividade de infiltração. O MP ou o juiz **(das garantias ou da instrução processual)** podem requisitar o relatório a qualquer tempo (§ 6º).

O próprio Legislador estabelece que a inobservância das normas contidas no artigo 10-A acarretará a nulidade da prova obtida por meio da infiltração virtual (§ 7º).

O art. 10-B institui o sigilo sobre a operação de infiltração, que caberá ao juiz que deferiu a medida, bem como ao delegado e ao MP. Vale ressaltar que no curso da operação somente essas autoridades deverão ter acesso aos autos da infiltração. (parágrafo único, art. 10-B).

O *caput* do art. 10-D traz uma desnecessária reiteração do § 5º, do art. 10-A, sobre o registro, gravação, armazenamento e encaminhamento dos atos eletrônicos da infiltração juntamente com o relatório circunstanciado. O seu parágrafo único, por outro lado, informa que os referidos atos "serão reunidos em autos apartados e apensados ao processo criminal juntamente com o inquérito policial", devendo ser assegurado o sigilo sobre a identidade do "agente policial infiltrado e a intimidade dos envolvidos."

10. PRISÃO, MEDIDAS CAUTELARES E LIBERDADE PROVISÓRIA

A L. 12.403/2011, que alterou o CPP, trouxe uma série de novidades para o universo da prisão provisória (cautelar ou processual) e da liberdade provisória, criando, ainda, diversas medidas cautelares pessoais diversas da prisão. Acrescente-se ainda as inúmeras inovações trazidas pela L. 13.964/2019 (Pacote Anticrime), a qual trouxe significativas mudanças no âmbito das prisões e medidas cautelares do Processo Penal. Ao longo deste capítulo, analisaremos as alterações trazidas por essas novas leis.

10.1. Prisão: noções introdutórias

Prisão é a *supressão da liberdade de locomoção do indivíduo*. A doutrina costuma dividir a prisão em: **prisão-pena** (que é aquela que *decorre* de sentença penal condenatória *transitada em julgado*) e **prisão sem pena** (que é a que ocorre *antes* da uma sentença penal definitiva). São **espécies** de **prisão sem pena**: prisão civil e prisão provisória (cautelar ou processual). Examinemos brevemente cada uma delas.

10.1.1. Prisão civil

Atualmente, esta modalidade de prisão só existe para o devedor (voluntário e inescusável) de alimentos (art. 5º, LXVII, CF)[113], pois, com o advento da Súmula vinculante 25 do STF, passou-se a considerar "ilícita a prisão civil do depositário infiel, qualquer que seja a modalidade de depósito". Ademais, vale recordar que o Pacto de São José da Costa Rica, em seu art. 7º, § 7º, já previa: "ninguém deve ser detido por dívida".

10.1.2. Prisão provisória (cautelar ou processual)

Consiste no encarceramento cautelar do indivíduo (antes de sentença penal definitiva, portanto). Atualmente, são **espécies** de prisão provisória: *a prisão em flagrante, a prisão temporária e a prisão preventiva*. Note o leitor que *foram revogadas a prisão decorrente de sentença condenatória recorrível (antigo art. 594, CPP) e a prisão decorrente de pronúncia (antigo art. 408, § 1º, CPP)*. Isto porque as Leis 11.689/2008 e 11.719/2008, coroando contundente entendimento da comunidade jurídica, revogaram essas duas modalidades de prisão provisória. Mais adiante, estudaremos de forma mais detalhada as espécies de prisão provisória. Por ora, que fique claro que, conforme determina o novo art. 300, CPP (alterado pela **Lei 12.403/2011**), as pessoas presas provisoriamente ficarão separadas das que já estiverem definitivamente condenadas, nos termos da lei de execução penal. O militar, por sua vez, preso em flagrante delito, após a lavratura dos procedimentos legais, será recolhido a quartel da instituição a que pertencer, onde ficará preso à disposição das autoridades competentes (parágrafo único do art. 300, CPP).

---

113. Registre-se que recentemente, a 3ª Turma do STJ, em julgamento que não teve seu número divulgado em virtude do segredo de justiça decretado, entendeu que a prisão civil do alimentante só poderá ser aplicada em relação às três últimas parcelas da pensão, devendo o restante da dívida ser cobrado pelos meios ordinários. Disponível em: http://www.stj.jus.br/sites/STJ/default/pt_BR/Comunicação/noticias/Notícias/Terceira-Turma-reconhece-excesso-em-prisão--de-homem-que-deve-quase-R$-200-mil-de-pensão-à-ex-mulher.

10.2. Prisão decorrente de ordem judicial

Inicialmente, convém transcrever o famoso art. 5º, LXI, CF, que diz: "ninguém será preso senão em flagrante delito ou *por ordem escrita e fundamentada de autoridade judiciária competente*, salvo nos casos de transgressão militar ou crime propriamente militar, definidos em lei" (grifo nosso). Com efeito, *salvo* os casos explicitados por esse dispositivo (prisão em flagrante, transgressão militar e crime propriamente militar) – e algumas outras hipóteses que veremos no tópico logo abaixo – *vige no Brasil a regra da necessidade de ordem judicial prévia para a imposição de prisão ao indivíduo*. Exemplos: sentença penal condenatória transitada em julgado, decisão pela preventiva etc.[114]

Pois bem, sendo o caso de prisão decorrente de ordem judicial (preventiva, por exemplo), o magistrado que decretou a prisão deverá expedir o competente mandado prisional. Segundo o art. 291, CPP, entende-se realizada a prisão por mandado quando "o executor, fazendo-se conhecer do réu, lhe apresente o mandado e o intime a acompanhá-lo". Há, porém, uma série de formalidades ligadas ao *mandado* que, na sequência, serão analisadas.

O art. 285, parágrafo único, CPP, por exemplo, estabelece que o mandado deverá: a) ser lavrado pelo escrivão e assinado pela autoridade (juiz); b) designar a pessoa, que tiver de ser presa, por seu nome, alcunha ou sinais característicos; c) mencionar a infração penal que motivar a prisão; d) declarar o valor da fiança arbitrada, quando afiançável a infração; e e) ser dirigido a quem tiver qualidade para dar-lhe execução.

O art. 286, CPP, por sua vez, diz que "o mandado será passado em duplicata, e o executor entregará ao preso, logo depois da prisão, um dos exemplares com declaração do dia, hora e lugar da diligência. Da entrega deverá o preso passar recibo no outro exemplar; se recusar, não souber ou não puder escrever, o fato será mencionado em declaração, assinada por duas testemunhas".

Ademais, estabelece o art. 288, CPP, que ninguém poderá ser recolhido à prisão sem que o mandado seja exibido ao respectivo diretor do presídio ou carcereiro. Para tanto, o executor deverá entregar ao diretor ou carcereiro uma cópia assinada do mandado ou apresentar a guia expedida pela autoridade competente. De uma forma ou de outra, deverá ser passado recibo (até no próprio exemplar do mandado) com declaração de dia e hora da entrega do preso.

Noutro giro, de acordo com a alteração promovida pela Lei 12.403/2011 no CPP, o juiz, ao expedir o mandado de prisão, deverá providenciar o imediato **registro** desse documento em **banco de dados** mantido pelo Conselho Nacional de Justiça (CNJ) para essa finalidade (novo art. 289-A).

Estabelece o § 1º deste mesmo dispositivo (art. 289-A) que qualquer agente policial poderá efetuar a prisão determinada no mandado de prisão registrado no CNJ, *ainda que fora da competência territorial do juiz que o expediu*.

Mas não é só, pois o § 2º diz que mesmo que o mandado *não esteja registrado* no referido banco de dados do CNJ, *ainda assim será possível a prisão do indivíduo por parte de qualquer agente policial*. Entretanto, neste caso, o agente policial responsável pela prisão do sujeito deverá, primeiro, adotar as precauções necessárias para averiguar a autenticidade do mandado e, segundo, comunicar a prisão ao juiz que a decretou. O magistrado, por sua vez, ao ser comunicado da prisão que decretou, deverá providenciar, em seguida, o registro do mandado no mencionado banco de dados do CNJ.

Efetuada a prisão, esta será "imediatamente comunicada ao juiz do local de cumprimento da medida (leia-se: do local da captura) o qual providenciará a certidão extraída do registro do Conselho Nacional de Justiça e informará ao juízo que a decretou" – § 3º do art. 289-A, CPP.

Finalmente, ocorrida a prisão, o preso será informado de seus direitos, nos termos do inciso LXIII do art. 5º, CF (direito de permanecer calado[115], sendo-lhe assegurada a assistência da família e de advogado), e, caso o autuado não informe o nome de seu advogado, será comunicado o fato à Defensoria Pública – § 4º do art. 289-A, CPP.

Nessa última hipótese, a ausência de comunicação do flagrante em 24h ensejará a sua nulidade, **exceto:**

a) se na comarca e adjacências **não houver Defensoria Pública**, como se depreende do **STJ, HC 186.456/MG, *DJe* 19.10.2011**: "no caso concreto, o juízo homologou a prisão em flagrante no prazo de 24 horas, nos termos do art. 306, CPP, razão por que não há falar em constrangimento ilegal. A não comunicação à Defensoria Pública se justificou pela ausência da instituição na localidade ou mesmo nas proximidades, denotando-se, assim, a impossibilidade de cumprimento do art. 306, § 1º, CPP". Cabe ressaltar que é assente na jurisprudência do STJ que "o Estado deverá suportar o pagamento dos honorários advocatícios ao defensor dativo nomeado pelo juiz ao réu juridicamente hipossuficiente, nos casos em que não houver Defensoria Pública instalada ou quando for insuficiente para atender à demanda da circunscrição judiciária", vide AREsp 697019 PR 2015/0089106-9, DJ 21.05.2015.

b) se houver a comunicação em prazo razoável, segundo entendimento do **STJ no RHC 25.633/SP, *DJe* 14.09.2009**, a seguir transcrito: "I – Na linha de precedentes desta Corte, não há que se falar em vício formal na lavratura do auto de prisão em flagrante se sua comunicação, mesmo tendo ocorrida a destempo da regra prevista no art. 306, § 1º, do CPP, foi feita em lapso temporal que está dentro dos limites da razoabilidade (precedentes). (...) Preso em 29.08.2008, sua prisão foi notificada à defensoria pública em 02.09.2008. Desse modo, em razão da regularidade da prisão em flagrante, entendo que o atraso na comunicação do órgão de defesa constitui-se em mera irregularidade que não tem o condão de ensejar o relaxamento de sua segregação". Ver também: RHC 27.067/SP, 5ª Turma, DJ 12.04.2010.

10.3. Prisão sem prévia ordem judicial

Em casos específicos, o indivíduo poderá ser preso *sem* a ordem prévia de um juiz. São eles:

---

114. Reforça essa ideia o novel art. 283, *caput*, do CPP, que, alterado pela Lei 12.403/2011, diz: "ninguém poderá ser preso senão em flagrante delito ou por ordem escrita e fundamentada da autoridade judiciária competente, em decorrência de sentença condenatória transitada em julgado ou, no curso da investigação ou do processo, em virtude de prisão temporária ou prisão preventiva".

115. Nesse sentido, é inválida a confissão obtida no momento da prisão em flagrante sem que seja observado o direito ao silêncio (Informativo 1016/STF, de 14 de maio de 2021).

10.3.1. Prisão em flagrante

Situação em que qualquer pessoa poderá efetuar a prisão do indivíduo sem a necessidade de prévia ordem judicial (*vide* art. 301, CPP). Sobre esta modalidade, aprofundaremos a abordagem mais adiante.

10.3.2. Transgressões militares ou crimes propriamente militares

A prisão aqui será decretada por autoridade militar (competência da Justiça Militar, portanto).

10.3.3. Prisão durante o Estado de Defesa e de Sítio (arts. 136, § 3º, I, e 139, II, CF, respectivamente)

São situações anômalas (guerra, por exemplo) em que autoridades *não judiciárias*, em certos casos, poderão decretar a prisão das pessoas.

10.3.4. Recaptura de réu evadido (art. 684, CPP)

Conforme Mirabete (2006, p. 1.788), qualquer pessoa poderá efetuar a prisão do acusado/condenado que se evadiu da cadeia.[116]

10.3.5. Prisão do réu por crime inafiançável sem a posse prévia de ordem judicial (art. 287, CPP)

Na verdade, nesse caso, os agentes policiais, no momento da captura do indivíduo praticante de crime inafiançável, sabem da existência de prévia ordem judicial expedida, porém, não a possuem no exato instante da prisão. Nessa situação, autoriza a lei que os agentes policiais efetuem a prisão do indivíduo sem a referida ordem judicial, desde que apresentem imediatamente o capturado ao juiz expedidor do mandado para que seja realizada a audiência de custódia (**Atenção**: nova redação do dispositivo introduzida pela Lei n. 13.964/2019).

10.4. Uso de força e de algemas no momento da prisão

Sobre o **emprego de força** no momento da prisão (com ou sem ordem judicial), estabelece o CPP, no art. 284, que "não será permitido o emprego de força, salvo a indispensável no caso de resistência ou de tentativa de fuga do preso". E, mais adiante, no art. 292: "se houver, ainda que por parte de terceiros, resistência à prisão em flagrante ou à determinada por autoridade competente, o executor e as pessoas que o auxiliarem poderão usar dos meios necessários para defender-se ou para vencer a resistência, do que tudo se lavrará auto subscrito também por duas testemunhas".

Nesse sentido, a Lei 13.060/2014 estabelece as diretrizes para o uso da força priorizando os instrumentos de menor potencial ofensivo, que são definidos no art. 4º como "aqueles projetados especificamente para, com baixa com baixa probabilidade de causar mortes ou lesões permanentes, conter, debilitar ou incapacitar temporariamente pessoas".

Temos como exemplos desses instrumentos: *tasers*, algemas, gás lacrimogênio, balas de borracha, entre outros. São alternativas ao uso das armas de fogo, que são letais.

As diretrizes de uso desses instrumentos estão contidas no art. 2º, quais sejam: I – legalidade; II – necessidade; e III – razoabilidade e proporcionalidade.

Fica vedado o uso de arma de fogo nas seguintes situações: I – contra pessoa em fuga que esteja desarmada ou que não represente risco imediato de morte ou de lesão aos agentes de segurança pública ou a terceiros;

II – contra veículo que desrespeite bloqueio policial em via pública, exceto quando o ato represente risco de morte ou lesão aos agentes de segurança pública ou a terceiros.

Por fim, importante destacar que esta Lei necessita de regulamentação pelo Poder Executivo no que tange à classificação e disciplina do uso dos instrumentos não letais (art. 7º).

Por fim, importante destacar que esta Lei necessita de regulamentação pelo Poder Executivo no que tange à classificação e disciplina do uso dos instrumentos não letais (art. 7º).

Em resumo: só se deve empregar a força absolutamente necessária para efetuar a prisão do indivíduo, podendo os eventuais excessos das autoridades caracterizar abuso de autoridade, lesão corporal etc.[117]

No que tange ao **uso de algemas**, a Súmula Vinculante 11, STF, diz que: "só é lícito o uso de algemas em caso de resistência e de fundado receio de fuga ou de perigo à integridade física própria ou alheia, por parte do preso ou de terceiros, justificada a excepcionalidade por escrito, sob pena de responsabilidade disciplinar civil e penal do agente ou da autoridade e de nulidade da prisão ou do ato processual a que se refere, sem prejuízo da responsabilidade civil do Estado".

A utilização de algemas no Tribunal do Júri somente será possível caso seja absolutamente necessária à ordem dos trabalhos, à segurança das testemunhas ou à garantia da integridade física dos presentes, nos termos do § 3º da art. 474 do CPP. Nesse sentido, em julgado recente, a 6ª Turma do STJ anulou júri por conta do uso indevido de algemas (STJ, AgRg no AREsp 1053049/SP, *Dje* 02/08/2017).

Ainda quanto à matéria, importante apontar a introdução do parágrafo único ao art. 292, CPP que veda o uso de algemas em mulheres grávidas durante os atos médico-hospitalares preparatórios para a realização do parto e durante o trabalho de parto, bem como em mulheres durante o período de puerpério imediato.

Acrescente-se os seguintes julgados: STJ, HC 140718, *DJe* 25.10.2012, Inf. 506 – "não há nulidade processual na recusa do juiz em retirar as algemas do acusado durante a audiência de instrução e julgamento, desde que devidamente justificada a negativa" e HC 351219/SP, DJ 30.06.2016.

10.5. Prisão e (in)violabilidade do domicílio

Estabelece o art. 5º, XI, CF, que: "a casa é asilo inviolável do indivíduo, ninguém nela podendo penetrar sem consentimento do morador, salvo em caso de flagrante delito ou desastre, ou para prestar socorro, ou, durante o dia, por determinação judicial". Dessa passagem extrai-se que é possível penetrar em casa alheia, sem o consentimento do morador, nas seguintes situações:

---

116. Há, porém, quem afirme que este dispositivo estaria revogado por conta da revogação tácita de todo o Livro IV do CPP pela Lei de Execução Penal (7.210/1984).

117. Eventuais excessos praticados pelo indivíduo a ser preso poderão caracterizar: resistência (art. 329, CP); desobediência (art. 330, CP); ou mesmo evasão mediante violência contra a pessoa (art. 353, CP).

10.5.1. Durante o dia

Por meio de flagrante delito; para prestar socorro; em caso de desastre; e através de mandado judicial. A expressão "dia", segundo majoritária doutrina, compreende o período das 06h00 às 18h00.

10.5.2. Durante a noite

Por meio de flagrante delito; para prestar socorro; e em caso de desastre. Impossível, portanto, durante o período noturno, adentrar em casa alheia (seja a do próprio infrator, seja a de terceiros) para dar cumprimento a mandado judicial. Nesse ponto, oportuno transcrever o art. 293, CPP, que dispõe: "se o executor do mandado verificar, com segurança, que o réu entrou ou se encontra em alguma casa, o morador será intimado a entregá-lo, à vista da ordem de prisão. Se não for obedecido imediatamente, o executor convocará duas testemunhas e, sendo dia, entrará à força na casa, arrombando as portas, se preciso; sendo noite, o executor, depois da intimação ao morador, se não for atendido, fará guardar todas as saídas, tornando a casa incomunicável, e, logo que amanheça, arrombará as portas e efetuará a prisão. Parágrafo único. O morador que se recusar a entregar o réu oculto em sua casa será levado à presença da autoridade, para que se proceda contra ele como for de direito".[118]

Pontos importantes sobre o tema "prisão e possibilidade de ingresso em domicílio alheio":

1. A expressão "casa", constante da passagem constitucional citada, possui ampla abrangência. Para o CP (art. 150, § 4º), o termo "casa" compreende: "I – qualquer compartimento habitado; II – aposento ocupado de habitação coletiva; III – compartimento não aberto ao público, onde alguém exerce profissão ou atividade". Para tornar mais claro, seguem alguns exemplos de "casa": estabelecimento comercial (HC 106566, 2ª Turma, DJ 19.03.2015); escritório de contabilidade (HC 103325, 2ª Turma, 30.10.2014 e STF HC 93050/RJ, *DJe* 01.08.2008); quarto de hotel ocupado (STF RHC 90376/RJ, *DJe* 18.05.2007); escritório de advocacia; consultório médico; quarto de pensão (NUCCI, 2006, p. 510). Por outro lado, para o CP, *não se* compreendem na expressão "casa" (art. 150, § 5º): "I – hospedaria, estalagem ou qualquer outra habitação coletiva, enquanto aberta, salvo a restrição do n. II do § 4º (*i. e.*: aposento *ocupado* de habitação coletiva); II – taverna, casa de jogo e outras do mesmo gênero".

2. Uma denúncia anônima, por si só, não autoriza a entrada da polícia na residência de uma pessoa sem ordem judicial, ainda que a polícia suspeite da prática de crime permanente no interior da residência. Vide informativo 666 STJ, 27.03.20.

3. Em caso de suspeita de crime em flagrante dentro do ambiente domiciliar, exige-se a existência de fundadas razões (justa causa), aferidas de modo objetivo e devidamente justificadas, de maneira a indicar que dentro da casa ocorre situação de flagrante delito (Informativo 687/STJ, de 8 de março de 2021).

4. Em que pese o crime de tráfico drogas ser classificado como delito permanente, ele nem sempre autoriza a entrada sem mandado no domicílio onde supostamente se encontra a droga. Apenas será permitido o ingresso em situações de urgência, quando se concluir que do atraso decorrente da obtenção de mandado judicial se possa objetiva e concretamente inferir que a prova do crime (ou a própria droga) será destruída ou ocultada (Informativo 687/STJ, de 8 de março de 2021).

5. O consentimento do morador, para validar o ingresso de agentes estatais em sua casa e a busca e apreensão de objetos relacionados ao crime, precisa ser voluntário e livre de qualquer tipo de constrangimento. A prova da legalidade e da voluntariedade do consentimento para o ingresso na residência do suspeito incumbe, em caso de dúvida, ao Estado, e deve ser feita com declaração assinada pela pessoa que autorizou o ingresso domiciliar, indicando-se, sempre que possível, testemunhas do ato. Em todo caso, a operação deve ser registrada em áudio-vídeo e preservada tal prova enquanto durar o processo (Informativo 687/STJ, de 8 de março de 2021). Similarmente, o STJ (HC 663.055-MT, 2022) já decidiu: "admitir a entrada na residência especificamente para efetuar uma prisão não significa conceder um salvo-conduto para que todo o seu interior seja vasculhado indistintamente, em verdadeira pescaria probatória (*fishing expedition*), sob pena de nulidade das provas colhidas por desvio de finalidade".

6. Por fim, a violação às regras acima indicadas para o ingresso no domicílio alheio resulta na ilicitude das provas obtidas em decorrência da medida, bem como das demais provas que dela decorrerem em relação de causalidade, sem prejuízo de eventual responsabilização penal do(s) agente(s) público(s) que tenha(m) realizado a diligência (Informativo 687/STJ, de 8 de março de 2021).

10.6. Prisão do indivíduo que se encontra em Comarca diversa da do juiz que expediu a ordem

Nessa situação, a prisão se dará por carta precatória, devendo esta conter o inteiro teor do mandado prisional (art. 289, *caput*, CPP). Havendo *urgência*, o juiz poderá requisitar a prisão por qualquer meio de comunicação (*fax*, telefone, *e-mail*, telegrama etc.), do qual deverá constar o motivo da prisão, bem como o valor da fiança se arbitrada (*vide* § 1º do art. 289, alterado pela Lei 12.403/2011).[119]

Ademais, o § 2º desse mesmo dispositivo (art. 289) estabelece que "a autoridade a quem se fizer a requisição tomará as precauções necessárias para averiguar a autenticidade da comunicação".

---

118. Algumas observações sobre este parágrafo único. O morador que não apresentar o infrator às autoridades, só será responsabilizado criminalmente (art. 348, CP, por exemplo) se: a) se tratar de prisão em flagrante desse último (infrator). É que, nesse caso, conforme a CF, a prisão pode ser realizada em casa alheia, de dia ou de noite, pelas autoridades, sem necessidade de concordância do morador; e b) se tratar de prisão por mandado judicial cumprida durante o dia. Nessa hipótese (durante o dia), como vimos, também é possível penetrar em casa alheia sem o consentimento do morador. Por outro lado, o morador não será responsabilizado se negar a entrada das autoridades para dar cumprimento a mandado judicial *durante a noite*. O morador, neste último caso, está amparado pela CF e, por isso, enquanto durar a noite, não sofrerá qualquer consequência jurídica negativa se negar-se a entregar o infrator.

---

119. Confirma essa ideia, o novo art. 299, CPP, alterado pela Lei 12.403/2011, que diz: "a captura poderá ser requisitada, à vista de mandado judicial, por qualquer meio de comunicação, tomadas pela autoridade, a quem se fizer a requisição, as precauções necessárias para averiguar a autenticidade desta".

Finalmente, o § 3º sublinha que "o juiz processante deverá providenciar a remoção do preso no prazo máximo de 30 dias, contados da efetivação da medida" (leia-se: da prisão). Ou seja, o preso deverá ser removido para o distrito da culpa (*i. e.*, para o local onde está sendo processado criminalmente).

10.7. Prisão em perseguição

O § 1º do art. 290, CPP, afirma que a perseguição ocorre quando o executor: a) avista o infrator e o persegue sem interrupção, embora depois o perca de vista; e b) sabe, por indícios ou informações fidedignas, que o infrator passou, há pouco tempo, em tal ou qual direção, pelo lugar em que o procure, vai a seu encalço (chama a doutrina esta situação de "encalço fictício").

Pois bem, quando em perseguição (seja por conta de flagrante delito seja por conta de ordem judicial), é perfeitamente possível realizar a prisão do sujeito em território de *outra Comarca* (sendo *desnecessária*, nesse caso, a expedição de carta precatória). Efetuada a captura nessa situação (Comarca diversa), o executor deverá apresentar imediatamente o capturado à *autoridade local* (leia-se: delegado, conforme Nucci, 2006, p. 576). Tratando-se de prisão em flagrante, incumbirá à autoridade do local da captura (delegado) lavrar o *auto* de prisão em flagrante, providenciando-se, posteriormente, a remoção do preso. Em caso de prisão por mandado judicial, capturado o infrator e apresentado à autoridade local (delegado), também deverá ocorrer a posterior remoção do preso para que fique à disposição do juiz que decretou a ordem.

Finalmente, o § 2º do art. 290 afirma que, quando as autoridades locais tiverem fundadas razões para duvidar da legitimidade da pessoa do executor ou da legalidade do mandado judicial apresentado, poderão pôr em custódia o réu, até que fique esclarecida a dúvida.

10.8. Prisão especial

Entendendo o tema: quis o legislador ordinário que determinadas pessoas, por conta do *cargo/função* que exercem, em caso de prisão *provisória* (flagrante, preventiva e temporária), ficassem segregadas em *estabelecimentos distintos* da prisão comum. A isso, convencionou-se chamar de "prisão especial".

A pessoa que faz jus a esse tipo de prisão deverá permanecer encarcerada em local distinto da prisão comum (§ 1º do art. 295, CPP). Inexistindo estabelecimento específico, o preso especial deverá ficar em cela separada dentro de estabelecimento penal comum (§ 2º). De um jeito ou de outro, "a cela especial poderá consistir em alojamento coletivo, atendidos os requisitos de salubridade do ambiente, pela concorrência dos fatores de aeração, insolação e condicionamento térmico adequados à existência humana" (§ 3º).

Sendo realmente impossível acomodar o preso especial em local apropriado, permite a Lei 5.256/1967 que, ouvido o MP, o juiz submeta o indivíduo à *prisão domiciliar*, oportunidade em que ficará detido em sua própria residência.

Além de ter direito a ficar segregado em local distinto da prisão comum, o preso especial também faz jus a não ser transportado juntamente com os presos comuns (§ 4º).

Mas *quem seriam essas pessoas com direito à prisão especial?* Há uma extensa lista de pessoas no arts. 295 e 296, CPP (cuja leitura recomendamos). Porém, esse rol não é exaustivo, visto que diversos outros indivíduos também gozam do direito

à prisão especial. Destaque aqui para o advogado (art. 7º, V, EOAB) que, se preso provisoriamente, tem direito a ser recolhido em sala de Estado Maior,[120] com instalações e comodidades condignas, garantida a sua privacidade, e, na sua falta, prisão domiciliar. Contudo, não terá direito ao recolhimento provisório em sala de Estado Maior o advogado que estiver suspenso dos quadros da OAB (STJ, Info. 591). Ver também o art. 84, § 2º, LEP.

O direito de permanecer preso em sala de Estado Maior é uma prerrogativa aplicável somente à prisão cautelar e não à prisão-pena. (STJ, HC 356158/SP, DJe 06.06.2016 e STF, RHC 155360, Dje 21.06.2018).

Observações finais: a) note o leitor que a prisão especial só tem cabimento enquanto não ocorrer o trânsito em julgado da sentença penal condenatória, nos termos do art. 7º, V, EOAB.[121] Ocorrendo este, deve o preso ser encaminhado ao estabelecimento penal comum, *salvo* se, à época do fato, era funcionário da administração da *justiça criminal*, caso em que, mesmo após a sentença definitiva, deverá permanecer *separado* dos demais presos (art. 84, § 2º, LEP); e b) apesar de apoiada por significativo setor da comunidade jurídica, a prisão especial, segundo pensamos, salvo no caso do art. 84, § 2º, LEP, configura vergonhosa ofensa ao princípio da isonomia (art. 5º, *caput*, CF). Ilustrativamente, recorde-se a prisão especial para "os diplomados em curso superior". O tratamento "especial" (elitista) aqui dispensado pauta-se, na verdade, no padrão social/cultural ao qual pertence o indivíduo (algo absurdo). Assim, somente os que conseguem acesso a um curso superior fazem jus a esse tratamento distinto (leia-se: desigual). Nesse sentido, o STF decidiu, no julgamento da ADPF 334/DF (DJe 26/05/2023), que o inciso VII, art. 295/CPP não foi recepcionado pela Constituição Federal, justamente por reconhecer a sua natureza discriminatória em favor de pessoas diplomadas em curso universitário superior. Sugerimos, ainda consultar as afiadas críticas que Nucci (2006, p. 580) faz sobre o tema.

10.9. Prisão em flagrante (arts. 301 a 310, CPP)

10.9.1. Conceito

É a prisão que ocorre no momento em que uma infração penal está sendo cometida ("certeza visual do crime") ou pouco tempo depois de seu cometimento. Nessa modalidade de prisão, vale recordar, *dispensa-se* a necessidade de *ordem judicial* (art. 5º, LXI, CF).

10.9.2. Natureza

É *controversa* a natureza jurídica da prisão em flagrante. *Prevalece*, no entanto, o entendimento de que se trata de *ato complexo* (ato administrativo + ato processual). Explica-

---

120. "'Sala de Estado Maior' deve ser interpretada como sendo uma dependência em estabelecimento castrense, sem grades, com instalações condignas" (STF, Rcl 4713/SC, *DJ* 17.12.2007). Cabe ressaltar que "O recolhimento do paciente em local não condizente com as características de sala de Estado Maior, previstas no art. 7º, inc. V, da Lei 8.906/1994, está em descompasso com a jurisprudência desta Suprema Corte, que autoriza, à sua falta, a adoção de medida cautelar diversa", vide STF, HC 131555, 2ª Turma, DJ 28.03.2016".

121. Contudo, pertinente considerar os recentes julgados citados que revelam o posicionamento dos tribunais superiores no sentido de não estender a prerrogativa ao momento de execução provisória da pena.

-se. No ato da *captura*, a prisão em flagrante teria natureza *administrativa*. Por outro lado, no momento da *comunicação* do flagrante ao juiz competente (conforme impõe o art. 5º, LXII, CF), em caso de *manutenção* do ato prisional por parte deste, a prisão em flagrante passaria a ter natureza *processual* (cautelar) (TOURINHO FILHO, 2005, v. 1, p. 711).

10.9.3. Quem pode efetuar a prisão em flagrante (sujeito ativo – art. 301, CPP)?

a) Ocorrendo uma situação de flagrante delito, qualquer pessoa do povo poderá vir a efetuar a prisão do infrator. Veja que se trata de faculdade e não de obrigação. Da mesma forma, os agentes das guardas municipais. Apelida a doutrina essa hipótese de *flagrante facultativo;*

b) por outro lado, as autoridades policiais e seus agentes têm o *dever* de prender quem quer que se encontre em flagrante delito (chamado de *flagrante obrigatório ou compulsório*). Conforme acentua certa doutrina, esse dever de prender ocorre inclusive no período de *folga, licença ou férias* **do delegado e dos policiais, militares ou civis.**

10.9.4. Quem pode ser preso em flagrante (sujeito passivo)?

Em regra, todos. Porém, há certas especificidades aqui. Vamos a elas:

a) Presidente da República: não pode ser preso cautelarmente (nem em flagrante). O Presidente goza da mais ampla imunidade prisional em nosso país – só pode ser preso em virtude de sentença penal condenatória transitada em julgado (art. 86, § 3º, CF);

b) Diplomatas estrangeiros (ex.: embaixador): não podem ser presos em flagrante (art. 1º, I, CPP c/c Convenção de Viena, art. 41). *Também não podem (por extensão) ser presos em flagrante:* os familiares dos diplomatas, os funcionários de organizações internacionais em atividade (ONU, *v. g.*), os chefes de Estado em visita a território estrangeiro e os representantes de Estado quando em atividade no exterior. Os cônsules, a seu turno, possuem *imunidade restrita. Só não* podem ser presos em flagrante se estiverem no *exercício de suas funções*. Do contrário, quando em atividade *estranha* às funções, a prisão em flagrante será possível;

c) Senadores, Deputados Federais, Deputados Estaduais, membros do MP e da magistratura: *só podem ser presos em* flagrante pela prática de crime *inafiançável* (consultar: art. 53, § 2º, CF; art. 27, § 1º, CF; art. 40, III, Lei 8.625/1993; e art. 33, II, LC 35/1979). **Atenção:** os vereadores *podem normalmente ser presos em flagrante (mesmo por crime afiançável);*

d) Defensores Públicos: *podem ser presos em flagrante, mas a prisão deverá ser imediatamente comunicada ao Defensor Público-Geral (art. 44, II – DPU; art. 128, II – DPE; art. 89, II – DPDFT; todos contidos na LC 80/1994).*

e) Advogados (art. 7º, § 3º, EOAB): aqui, algumas distinções se mostram necessárias:

e1) Advogado que, no exercício da profissão (defendendo algum interesse que lhe foi confiado), pratica crime inafiançável: neste caso, é possível efetuar a prisão em flagrante. Porém, no momento da lavratura do auto de prisão (APF), deverá ser assegurada ao advogado a presença de um representante da OAB;

e2) Advogado que, no exercício da profissão, pratica crime afiançável: não é possível efetuar a prisão em flagrante nesse caso;

e3) Advogado que pratica crime (afiançável ou inafiançável) fora do exercício profissional (ex.: estupro): nesta hipótese, é possível efetuar a prisão do advogado, devendo, entretanto, comunicar-se o fato à seccional da OAB a qual pertença o patrono;

f) Período de eleição: diz o art. 236, Código Eleitoral, "nenhuma autoridade poderá, desde 5 (cinco) dias antes e até 48 (quarenta e oito) horas depois do encerramento da eleição, prender ou deter qualquer eleitor, salvo em flagrante delito ou em virtude de sentença criminal condenatória por crime inafiançável, ou, ainda, por desrespeito a salvo-conduto". Dentre outras coisas, podemos **concluir** dessa norma o seguinte: *durante o período compreendido entre 5 dias antes e 48h depois do encerramento da eleição, a* **prisão em flagrante do eleitor** *só será possível pela prática de crime inafiançável;*

g) Autor de infração de menor potencial ofensivo (IMPO): praticada uma IMPO e lavrado o termo circunstanciado (TC ou TCO) pelo delegado, caso o autor do fato se dirija imediatamente ao juizado ou assuma o compromisso de a ele comparecer, *não será preso em flagrante, nem se exigirá fiança* (art. 69, parágrafo único, JECRIM[122]). Portanto, o autor de uma IMPO só pode ser preso em flagrante se não se dirigir imediatamente ao juizado e nem se comprometer a comparecer posteriormente. Acrescente-se que o informativo STF 1046, 2022, reconheceu que não há óbice constitucional para que norma estadual preveja a possibilidade de lavratura de TCO pela Polícia Militar ou pelo Corpo de Bombeiro Militar[123].

h) Indivíduo surpreendido na posse de drogas para consumo pessoal (art. 28, Lei 11.343/2006): conforme a atual Lei de Drogas, ao sujeito surpreendido nessas circunstâncias *não se imporá a prisão em flagrante*, "devendo o autor do fato ser imediatamente encaminhado ao juízo competente ou, na falta deste, assumir o compromisso de a ele comparecer, lavrando-se termo circunstanciado e providenciando-se as requisições dos exames e perícias necessários" (art. 48, § 2º). Caso haja a recusa por parte do indivíduo de comparecimento (imediato ou posterior), *não se poderá prendê-lo em flagrante* (como no caso anterior – letra "f");

i) Condutor de veículo que presta socorro à vítima (art. 301, CTB): nos casos de acidente de trânsito de que resulte vítima, não se imporá prisão em flagrante, nem se exigirá fiança se o condutor prestar pronto e integral socorro àquela;

j) Menores de 18 anos de idade:

j1) tratando-se de ato infracional (fato descrito como crime ou contravenção na legislação) praticado por criança (menor de 12 anos), *não se imporá a prisão em flagrante, devendo o infante, entretanto, ser apresentado ao Conselho Tutelar ou à Justiça da Infância e Juventude para aplicação da medida de proteção cabível* (consultar: arts. 101, 103, 105 e 136, I, ECA);

j2) Por outro lado, tratando-se de ato infracional praticado por adolescente (aquele que já atingiu 12 anos, porém menor de 18), *é possível a sua apreensão (não se usa a palavra*

---

122. Juizado Especial Criminal – Lei 9.099/1995.

123. Possibilidade de lavratura do TCO pela Polícia Rodoviária Federal – ver STF, ADI 6.245/DF e ADI 6.264/DF, DJe 02/05/2023).

prisão em flagrante), oportunidade em que deverá o menor ser encaminhado à autoridade policial (art. 172 e ss., ECA).

10.9.5. Modalidades de prisão em flagrante

a) Flagrante próprio, propriamente dito, real ou verdadeiro (incisos I e II do art. 302, CPP): *ocorre quando o agente está cometendo a infração penal ou acaba de cometê-la.* Perceba o leitor que, neste último caso ("acaba de cometê-la"), há uma *relação de imediatidade* entre a prática do delito e a prisão do agente. Ex.: agente que, assim que termina de efetuar o roubo, é surpreendido pela polícia logo na porta da agência bancária;

b) Flagrante impróprio, irreal ou quase flagrante (inc. III): *ocorre quando o agente é perseguido logo após a prática da infração penal em situação que faça presumir ser ele o autor do fato.* Para a doutrina, a expressão "**logo após**" representa um espaço de tempo maior do que a "acaba de cometer" (do inciso anterior). "**Logo após**" *compreende o período necessário para a polícia (ou particular) chegar ao local do crime, colher informações e iniciar a perseguição do agente* (*vide* art. 290, § 1º, CPP). Ademais, note que a perseguição do agente pela polícia deve ser *ininterrupta* – caso ocorra interrupção, *não mais será possível efetuar a prisão em flagrante*. Outro ponto, *não existe o prazo de 24h* (comumente divulgado pela mídia) para "afastar" o flagrante. Enquanto durar a perseguição do agente (dias, semanas etc.) será possível a prisão em flagrante. Vamos a um exemplo: após o agente roubar o banco e fugir, o gerente da agência, ato contínuo, entra em contato com a polícia, que, após se dirigir ao local, inicia imediatamente a perseguição do indivíduo, culminando na prisão deste;

c) Flagrante presumido, ficto ou assimilado (inciso IV): *ocorre quando o agente é encontrado, logo depois, com instrumentos, armas, objetos ou papéis que façam presumir ser ele autor da infração.* A expressão-chave aqui é: "**encontrado logo depois**". Entende a doutrina que o lapso de tempo nessa situação é *ainda maior* do que o do inciso anterior ("logo após"). Atente o leitor que nessa modalidade de flagrante *não há perseguição*. O agente é, na verdade, encontrado *ocasionalmente* logo depois da prática do delito. Por fim, note-se que não há também um prazo fixo para a expressão "logo depois", devendo ser interpretado como *lapso razoável* (conforme STJ, HC 49898/SE, *DJe* 22.09.2008 e HC 157.017/MG, DJe 03.05.2010). Segue um exemplo: após roubar um banco e empreender fuga sem ser perseguido, o agente, momentos mais tarde, é abordado por policiais que realizavam rondas costumeiras numa praça. Neste instante, os policiais descobrem em poder do agente grande quantidade de dinheiro, além de carteiras e objetos de outras pessoas, fazendo presumir ser ele o autor da infração. Resultado: flagrante presumido;

d) Flagrante preparado ou provocado:[124] acontece quando o indivíduo é induzido ou instigado pela polícia (ou terceiros) a praticar o crime e, ao cometê-lo, é preso "em flagrante". O elemento-chave aqui é a figura do "**agente provocador**" – que estimula ou induz a prática do crime. Ao mesmo tempo em que se incita o indivíduo a delinquir, são tomadas todas as providências para impedir a consumação do crime. Essa modalidade de prisão, além de ser considerada *ilegal*, configura hipótese de **crime impossível** (Súmula 145, STF). Ex.: policial disfarçado solicita ao indivíduo certa quantidade de droga. Este, que não possuía previamente o entorpecente,[125] ao consegui-lo para o policial é preso em flagrante;[126]

e) Flagrante esperado: *ocorre quando o policial ou o particular, tomando conhecimento da prática de crimes em determinado local, fica a esperar que a conduta delituosa seja cometida para então efetuar a prisão.* Essa modalidade de prisão é *perfeitamente válida.* Exemplo: a polícia recebe a notícia de que determinado funcionário público está exigindo das pessoas quantia em dinheiro indevida para a prática de atos ligados ao seu ofício (art. 316, CP).[127] Os policiais, após se dirigirem ao local, aguardam (*sem interferir*) a prática do crime. Quando este ocorre, efetuam a prisão. Observe o leitor que a polícia *não provoca, não estimula* o agente, mas tão somente *aguarda* a conduta criminosa daquele para então efetuar a prisão em flagrante. Sobre o flagrante esperado, ver STJ: RHC 38.810/MG, DJ 18.11.2015.

f) Flagrante prorrogado, postergado, retardado, diferido ou ação controlada: conforme vimos, quando o sujeito ativo da prisão é o delegado ou seus agentes, há o dever de, *imediatamente*, prender em flagrante quem quer que se encontre nessa situação (art. 301, CPP). Ou seja, vislumbrada uma situação de flagrante delito, devem aquelas autoridades atuar *prontamente*. Porém, a lei, em certos casos (**crime organizado, tráfico de drogas e lei de lavagem de capitais**), faculta ao delegado e seus agentes *retardarem* a prisão em flagrante para que possam recolher mais provas e/ou capturar um maior número de infratores. A isso se chama de **flagrante prorrogado**. Na **Lei de Drogas** (art. 53, II, Lei 11.343/2006), esse atuar postergado *depende de autorização judicial e prévia oitiva do MP*. Na **Lei do Crime Organizado** (art. 8º, Lei 12.850/2013), o delegado, para poder proceder à ação controlada, precisará comunicar sigilosa e previamente a diligência ao juiz, que, se entender necessário, estabelecerá os limites da ação controlada e informará o fato ao MP – §§ 1º e 2º, art. 8º, Lei 12.850/2013. As diligências deverão ser autuadas em separado, com acesso permitido apenas ao juiz, MP e delegado, como forma de assegurar o êxito das investigações – § 3º. Vale ressaltar que o sigilo somente vigorará até o final das diligências. Além disso, a referida lei impõe ao delegado que, ao término da diligência, elabore auto circunstanciado acerca da ação controlada – § 4º. Na **Lei de Lavagem de Capitais** (art. 4º-B da Lei 9.613/1998), também se permite a ação prorrogada da polícia, desde que haja autorização judicial nesse sentido e que o MP seja ouvido.

Exemplo de flagrante prorrogado: a polícia tem informações de que um carregamento de produtos roubados chegará ao porto de Santos. Primeiro, chega uma embarcação menor com apenas alguns integrantes da quadrilha. A polícia, no entanto, prefere aguardar o momento em que atracará um navio com os chefes do bando para então efetuar a prisão de todos.

Por fim, *não se deve confundir o flagrante postergado com o esperado*. Neste último, a polícia aguarda a prática de um crime de que tem notícia e age *imediatamente* quando o delito ocorre. No postergado, o crime foi praticado, porém a polícia

---

124. Chamado por alguns, também, de delito putativo por obra do agente provocador, delito de ensaio ou de experiência.

125. Caso o indivíduo já trouxesse consigo a droga, poderia sim ser preso em flagrante, pois estaria praticando um crime permanente (trataremos desse tema mais adiante).

126. Conferir as afiadas críticas que Pacelli (2015, p. 540) efetua a essa modalidade de flagrante.

127. Exemplo comum (e infeliz) que já foi algumas vezes divulgado por emissoras de televisão.

aguarda o momento mais oportuno para efetuar a prisão (não atua de imediato).

Cabe ressaltar que, consoante o entendimento do STJ no Info. 570, período de 1 a 14.10.2015, "A investigação policial que tem como única finalidade obter informações mais concretas acerca de conduta e de paradeiro de determinado traficante, sem pretensão de identificar outros suspeitos, não configura a **ação controlada** do art. 53, II, da Lei 11.343/2006, sendo dispensável a autorização judicial para a sua realização".

g) Flagrante forjado: *ocorre quando o policial (ou terceiro) cria provas com o objetivo de incriminar uma pessoa inocente.* Ex.: policial que, numa *blitz*, deposita dentro do veículo do indivíduo certa quantidade de droga com a finalidade de prendê-lo "em flagrante". Em situações como essa é comum que o policial (ou particular) exija da pessoa vantagem em dinheiro para poder "livrá-la" do flagrante. Por óbvio, trata-se de prisão ilegal e aquele que assim procede responderá criminalmente por sua conduta. Sobre o flagrante forjado, ver STJ: RHC 38.810/MG, DJ 18.11.2015, no qual restou sedimentado que "no flagrante forjado a conduta do agente é criada pela polícia, tratando-se de fato atípico".

h) Flagrante por apresentação: *a apresentação espontânea do agente à polícia não provoca sua prisão em flagrante.* Ex.: há um crime de homicídio sendo investigado pelo delegado, cuja autoria permanece, até então, desconhecida. Certo dia, eis que se apresenta espontaneamente à polícia o autor do delito, confessando em minúcias a prática criminosa. Não é possível efetuar a prisão em flagrante nesse caso, pois a situação descrita não se amolda a nenhuma das figuras previstas no art. 302, CPP. O que poderá ocorrer é a posterior decretação de preventiva por parte do juiz (art. 311, CPP), mas nunca o flagrante;

i) Prisão para averiguação: neste caso, *prende-se a pessoa para averiguar-lhe a vida pregressa.* Não encontra qualquer respaldo no art. 302, CPP. Além de ser modalidade de prisão ilegal, configura crime de abuso de autoridade por parte da autoridade que assim procede (art. 3º, "a", Lei 4.898/1965).

10.9.6. A prisão em flagrante em relação a algumas espécies de crime

Em regra, a prisão em flagrante é cabível em relação a qualquer infração penal. Porém, há algumas espécies de delito que necessitam de um exame mais detido de nossa parte. Vejamos.

a) Flagrante em caso de crime permanente: crime permanente é *aquele cuja consumação se alonga no tempo.* Ex.: extorsão mediante sequestro. Enquanto o agente possui a vítima em seu domínio (em cativeiro, por exemplo), a consumação do delito se renova a cada instante, tornando possível a prisão em flagrante a qualquer momento (art. 303, CPP). Por outro lado, note sobre o tema que a recente jurisprudência dos tribunais superiores vem entendendo que uma denúncia anônima, por si só, não autoriza a entrada da polícia na residência de uma pessoa sem ordem judicial, ainda que a polícia suspeite da prática de crime permanente no interior da residência. Vide informativo 666 STJ, 27.03.20;

b) Flagrante em caso de crime habitual: habitual *é o delito que somente se consuma com a prática de reiterados atos por parte do agente, traduzindo, assim, um modo de vida criminoso.* Cada ato, isoladamente considerado, é considerado *atípico.* Ex.: exercício ilegal da medicina (art. 282, CP). *Prevalece na doutrina que não é possível a prisão em flagrante em caso*

de crime habitual, visto que a autoridade (ou particular) só surpreenderia o agente praticando um ato isolado (atípico, portanto). Entretanto, há posição em sentido contrário, inclusive julgados antigos do STF (RHC 46115/SP, *DJ* 13.09.1968);

c) Flagrante em caso de crime continuado (art. 71, CP): o crime continuado **consiste** *na prática de vários crimes (da mesma espécie e em similar condições) que, por conta de uma ficção jurídica, resulta na aplicação de pena a um só crime acrescida de um sexto a dois terços.* Como são vários os crimes praticados na situação de continuidade delitiva, nada impede a prisão em flagrante em relação a qualquer deles (é o que alguns chamam de **flagrante fracionado**). *Não confundir* com a hipótese de crime habitual em que o ato isolado do agente é atípico. No crime continuado, o "ato isolado" do agente é típico, logo, cabível o flagrante;

d) Flagrante em caso de crime de ação penal privada e pública condicionada à representação: a prisão em flagrante nessas situações é *perfeitamente possível,* porém, a lavratura do respectivo auto (APF) *depende de manifestação da vítima logo após a notícia da prisão.* Isto é assim porque, como nesses delitos a persecução penal é totalmente dependente da vontade/autorização da vítima, não faria sentido manter o agente encarcerado sem que houvesse manifestação de vontade do ofendido nesse sentido. Ex: No caso de crime de injúria racial (art. 140, § 3º, CP), crime de ação penal pública condicionada à representação, a captura e condução coercitiva do agente à delegacia serão perfeitamente possíveis, porém, a lavratura do APF *dependerá de autorização* (representação, no caso).

10.9.7. Formalidades ligadas à prisão em flagrante

a) Autoridade policial com atribuição para lavrar o auto de prisão em flagrante (APF): efetuada a captura do agente, deve-se apresentá-lo imediatamente ao delegado *do local onde ocorreu a prisão* (que não necessariamente é o mesmo em que foi praticada a infração), oportunidade em que será lavrado o *APF* (art. 290, CPP). Não havendo autoridade policial no local da captura, deverá o agente ser apresentado a do lugar mais próximo (art. 308, CPP);

b) Formalidades do APF: na ocasião do APF, o delegado deverá ouvir o condutor, colhendo-lhe a assinatura e entregando-lhe cópia do termo e recibo de entrega do preso. Em seguida, deverá ouvir as testemunhas (ao menos duas) que, porventura, tiverem acompanhado o condutor, bem como inquirir o agente sobre a imputação que lhe é feita, colhendo as assinaturas de todos e lavrando, ao final, o APF (art. 304, *caput*, CPP).

Das respostas do conduzido, restando fundada a suspeita de prática de crime, a autoridade mandará recolhê-lo à prisão, exceto no caso de prestar fiança, e prosseguirá nos atos do inquérito ou processo, se para isso for competente; se não o for, enviará os autos à autoridade que o seja (art. 304, § 1º, CPP).[128]

A falta de testemunhas da infração não impedirá a lavratura do APF; mas, nesse caso, com o condutor, deverão assiná-lo pelo menos duas pessoas que hajam testemunhado a apresentação do preso à autoridade (§ 2º).

Quando o conduzido se recusar a assinar, não souber ou não puder fazê-lo, o auto de prisão em flagrante será assinado

---

128. Após a Lei 12.403/2011 não há mais a figura do indivíduo que se "livra solto" contida neste dispositivo.

por duas testemunhas que tenham ouvido sua leitura na presença deste (§ 3º).

Por outro lado, quando o crime for praticado *contra a própria autoridade* (policial ou judicial) *ou na presença desta*, estabelece o art. 307, CPP, que: "constarão do auto a narração deste fato, a voz de prisão, as declarações que fizer o preso e os depoimentos das testemunhas, sendo tudo assinado pela autoridade, pelo preso e pelas testemunhas e remetido imediatamente ao juiz[129] a quem couber tomar conhecimento do fato delituoso, se não o for a autoridade que houver presidido o auto".

Por fim, não é demais lembrar que, em caso de prisão em flagrante de militar, este, após a lavratura dos procedimentos legais, será recolhido a quartel da instituição a que pertencer, onde ficará preso à disposição das autoridades competentes (parágrafo único do art. 300, CPP);

c) Comunicações devidas por ocasião da prisão: efetuada a prisão em flagrante de alguém, impõe-se a *imediata comunicação (**no prazo máximo de 24h**) ao juiz competente, ao MP, ao defensor do preso (constituído, dativo ou público[130]) e à família do preso (ou pessoa por ele indicada)* – vide: art. 5º, LXII, CF, e art. 306, *caput*, CPP, com redação alterada pela Lei 12.403/2011.

Essa comunicação da prisão em flagrante às autoridades se dá, normalmente, por meio de remessa do auto de prisão em flagrante (APF). Ou seja, a autoridade policial, após lavrar o APF, deverá encaminhá-lo, em até 24h, ao juiz, MP e defensor público.

Nesse *mesmo prazo (24h)*, caso o preso não possua advogado, será remetida cópia integral de todos os documentos à *Defensoria Pública* e, também, deverá ser entregue ao custodiado, mediante recibo deste, a chamada **nota de culpa** – *que se trata de um documento assinado pela autoridade, contendo o motivo da prisão, o nome do condutor e o das testemunhas* (*vide* art. 306, §§ 1º e 2º, CPP).

De acordo com o art. 310, CPP (alterado pela Lei n. 13.964/2019), o juiz, ao receber o APF, no prazo máximo de até 24 (vinte e quatro) horas após a realização da prisão, deverá promover audiência de custódia com a presença do acusado, seu advogado constituído ou membro da Defensoria Pública e o membro do Ministério Público. Ao final da audiência, deverá adotar uma das seguintes medidas, **em decisão fundamentada**:

I. relaxar a prisão ilegal.

Haverá relaxamento da prisão (leia-se: soltura do indivíduo) quando o juiz, pela leitura do APF, perceber que a prisão do indivíduo se deu de modo ilegal (ex.: o juiz, analisando o APF, verifica que, na verdade, houve flagrante provocado, *i. e.*, prisão ilegal). O relaxamento de prisão deve se dar de ofício, independentemente de oitiva do MP (*vide* art. 5º, LXV, CF).

Pelo § 4º, art. 310, CPP (inovação da Lei n. 13.964/2019), uma hipótese de ilegalidade da prisão em flagrante é a não realização da audiência de custódia no prazo estabelecido em seu *caput*. Assim, estabelece a norma: "transcorridas 24 (vinte e quatro) horas após o decurso do prazo estabelecido no *caput* deste artigo, a não realização de audiência de custódia sem motivação idônea[131] ensejará também a ilegalidade da prisão, a ser relaxada pela autoridade competente, sem prejuízo da possibilidade de imediata decretação de prisão preventiva. Entendemos que a previsão de imediata prisão preventiva, contida na parte final, aparente contradição com a nova sistemática proposta, que prima pela excepcionalidade da prisão cautelar e busca assegurar um contraditório preliminar por meio da audiência de custódia;

II. converter a prisão em flagrante em preventiva, quando presentes os requisitos constantes do art. 312, CPP, e se revelarem inadequadas ou insuficientes as medidas cautelares diversas da prisão.

Segundo a melhor doutrina, para que a referida conversão em preventiva ocorra, é preciso a existência prévia de um requerimento do MP ou representação do delegado nesse sentido. Ou seja, segundo defendem esses autores, não pode o juiz, de ofício, decretar a preventiva na fase de investigação (necessária, portanto, uma prévia provocação fundamentada). Note-se ainda que, conforme a redação deste inciso II, a prisão preventiva só será cabível quando nenhuma das outras medidas cautelares menos drásticas (ex.: recolhimento domiciliar no período noturno e nos dias de folga – art. 319, V) se mostrar mais adequada. Isto denota algo já enfatizado algumas vezes ao longo dessa obra (*vide* o tema "princípio do estado de inocência"): o caráter excepcional da preventiva. Com efeito, aqui o legislador de 2011 reforçou ainda mais essa visão, deixando a preventiva para hipóteses-limites (apenas quando realmente necessária). Há que se verificar, contudo, a exceção trazida pelo novo § 2º do art. 310, CPP, que estatui a negativa de liberdade provisória para pessoas reincidentes ou que fizerem parte de organização criminosa armada ou milícia. Nesse sentido, entendemos relevante a transcrição do dispositivo a seguir: "Se o juiz verificar que o agente é reincidente ou que integra organização criminosa armada ou milícia, ou que porta arma de fogo de uso restrito, deverá denegar a liberdade provisória, com ou sem medidas cautelares";

III. conceder liberdade provisória, com ou sem fiança.

Não sendo o caso de relaxamento da prisão em flagrante, nem de decreto da preventiva, o juiz deverá conceder a liberdade provisória (LP), com ou sem fiança, ao preso. Ex.: tendo o indivíduo sido preso em flagrante por furto simples (art. 155, CP – crime afiançável), não sendo o caso de relaxamento de prisão nem de preventiva, deve o juiz conceder-lhe a LP mediante o pagamento de fiança. A concessão de LP pode ser combinada com outras medidas cautelares pessoais diversas da prisão que o juiz entender pertinentes.

Se o juiz verificar, pelo auto de prisão em flagrante, que o agente praticou o fato nas condições constantes dos incisos I a III do *caput* do art. 23, CP [estado de necessidade, legítima defesa ou em estrito cumprimento de dever legal ou no exercício regular de direito], poderá, fundamentadamente, conceder ao acusado liberdade provisória, mediante termo de comparecimento a todos os atos processuais, sob pena de revogação (art. 310, § 1º, CPP).

---

129. Se o crime tiver sido cometido contra o juiz ou na presença deste, não haverá necessidade de remessa.

130. Defensor constituído é aquele contratado pelo acusado/indiciado. Defensor dativo é aquele que é nomeado ao réu pelo juiz quando o acusado não possui defensor contratado; ou quando o réu é pobre e não há defensoria pública organizada no local para prestar assistência jurídica ao acusado.

---

131. O magistrado deverá avaliar se existem motivos concretos para a prorrogação excepcional do prazo ou para a sua realização por videoconferência (STF, ADIs 6298, 6299, 6300 e 6305/DF).

Nesta situação, de forma similar à anterior, o juiz, ao consultar o APF, verificando que há indicativos de que o agente praticou o fato amparado em uma justificante (legítima defesa, por exemplo), "**deve**" conceder a LP (note que, apesar de o dispositivo falar em "poderá" conceder LP, trata-se, na verdade, de dever do magistrado. Preenchidos os requisitos, deve, portanto, o juiz conceder a LP – não se trata de mera faculdade, conforme se poderia erroneamente pensar). Perceba-se ainda que, no caso em tela, o dispositivo não menciona a necessidade de prestação de fiança. Assim, percebendo o juiz que o fato foi praticado sob o manto de uma justificante, deve conceder LP *independentemente da concessão de fiança* (ou melhor: o sujeito será solto sem pagar fiança, ficando obrigado, porém, a comparecer a todos os atos processuais, sob pena de revogação do benefício).

Observação final: Necessário destacar a Resolução 213/2015 do CNJ que dispõe sobre a audiência de custódia (ou audiência de apresentação), que assegura o direito de toda pessoa presa em flagrante delito, independentemente da motivação ou natureza do ato, ser obrigatoriamente apresentada, em até 24 horas da comunicação do flagrante, à autoridade judicial competente, e ouvida sobre as circunstâncias em que se realizou sua prisão ou apreensão.[132] A partir da Lei n. 13.964/2019, a audiência de custódia passa a ter previsão legal (art. 310 e ss., CPP) e, portanto, maior força normativa. Acrescente-se o entendimento do STF no sentido de que a audiência de custódia constitui direito público subjetivo, de caráter fundamental, e portanto não suprimível (Informativo 994/STF, de 5 a 9 de outubro de 2020).

10.10. Prisão preventiva (arts. 311 a 316, CPP)

10.10.1. Conceito

Conforme tradicional doutrina, a prisão preventiva *é medida cautelar de cerceamento provisório da liberdade ambulatorial do indivíduo que, decretada por magistrado se presentes os requisitos legais, pode ocorrer durante o curso de uma investigação ou processo criminal.*

De acordo com o art. 311, CPP, com redação dada pela L. 13.964/19, a preventiva pode ser decretada pelo juiz, a requerimento do Ministério Público, do querelante ou do assistente, ou por representação da autoridade policial[133]. Assim, a nova lei retirou do magistrado a possibilidade de decretação da preventiva de ofício, de modo que caso o juiz decrete a prisão preventiva sem requerimento (seja do MP, do querelante, assistente ou representação da autoridade policial) a prisão será ilegal e deverá ser relaxada.

Os tribunais superiores entendem que a Lei 13.964/2019 vedou de forma absoluta a decretação da prisão preventiva sem o prévio requerimento, de modo que, mesmo no contexto da audiência de custódia, não é possível a conversão, de ofício, da prisão em flagrante em prisão preventiva (Informativo 686/STJ, de 1º de março de 2021 e Informativo 994/STF, de 5 a 9 de outubro de 2020).

Porém, vale notar que o STJ possui entendimento no sentido de que o vício da custódia por falta de requerimento é possível de ser convalidado através de requerimento posterior. Nesse sentido, assim se pronunciou a 5ª Turma: "O posterior requerimento da autoridade policial pela segregação cautelar ou manifestação do Ministério Público favorável à prisão preventiva suprem o vício da inobservância da formalidade de prévio requerimento" (Informativo 691/STJ, de 12 de abril de 2021).

Observe-se ainda que para não haver afronta ao princípio do estado de inocência (tema já examinado no item 6.2) a preventiva deve ser encarada como *medida excepcional*. É dizer: apenas em situações realmente necessárias essa modalidade de prisão deve ser decretada, visto estar em jogo o encarceramento de uma pessoa *que ainda não foi definitivamente condenado*.

Nesse sentido, o STF, no julgamento do HC 152676/PR, asseverou que a prisão cautelar não pode ser utilizada como instrumento de punição antecipada do réu, devido à sua natureza excepcional. No mesmo julgado, a Corte também ressaltou que a referida medida restritiva de liberdade deve basear-se em fatos concretos e não apenas hipóteses ou conjecturas (Info. 937/STF, de 8 a 19 de abril de 2019).

A Lei n. 12.403/2011 dava força a esse discurso (prisão preventiva como medida de exceção), mas a recente n. Lei n. 13.964/2019 avança ainda mais nesse sentido. Basta consultar alguns de seus artigos para constatar essa afirmação. Vejamos.

Primeiro, vimos anteriormente que o novo art. 310, II, CPP, sublinha que o juiz, quando da comunicação da prisão, só poderá decretar a preventiva caso outra medida cautelar menos drástica (ex.: recolhimento domiciliar no período noturno e nos dias de folga – art. 319, V) não seja mais adequada à espécie. Vê-se que o legislador, seguindo o princípio constitucional do estado de inocência (como não poderia deixar de ser), deixa a prisão preventiva para situações realmente extremas (STJ: HC 219101, *DJe* 08.05.2012, HC 361751/SP, DJe 23.09.2016, bem como o Info. 495, período de 9 a 20 de abril 2012, no qual assentou que "a prisão preventiva é excepcional e só deve ser decretada a título cautelar e de forma fundamentada em observância ao princípio constitucional da presunção de inocência.

Ademais, a Lei n. 13.964/2019, em mais duas outras passagens, enfatiza o caráter excepcional da preventiva. Confira-se o que dizem os §§ 4º a 6º do art. 282, CPP:

§ 4º No caso de descumprimento de qualquer das obrigações impostas, o juiz, de ofício ou mediante requerimento do Ministério Público, de seu assistente ou do querelante, poderá substituir a medida, impor outra em cumulação, **ou, em último caso, decretar a prisão preventiva** (art. 312, parágrafo único). (Grifo nosso).

Atenção: o leitor deve atentar para a nova redação do dispositivo, alterado pela Lei n. 13.964/2019. O juiz NÃO poderá mais impor medidas cautelares de ofício.

---

132. "A alegação de nulidade da prisão em flagrante em razão da não realização de audiência de custódia no prazo legal fica superada com a conversão do flagrante em prisão preventiva, tendo em vista que constitui novo título a justificar a privação da liberdade." (STJ, HC 444.252/MG, Dje 04.09.2018). Ainda sobre o assunto, decidiu o STF que o juiz da audiência de custódia possui competência apenas para analisar a regularidade da prisão, não havendo que se falar em decisão de mérito para efeito de coisa julgada. Nesse sentido, o STF entendeu que a decisão do juiz, na audiência de custódia, determinando o relaxamento da prisão em flagrante por atipicidade da conduta, não faz coisa julgada e não vincula o titular da ação penal, que poderá oferecer a denúncia e esta ser normalmente recebida pelo juiz (Info. 917/STF, de 24 a 28 de setembro de 2018).

133. Representação nesse contexto é sinônimo de pedido, solicitação.

§ 5º O juiz poderá, de ofício ou a pedido das partes, revogar a medida cautelar ou substituí-la quando verificar a falta de motivo para que subsista, bem como voltar a decretá-la, se sobrevierem razões que a justifiquem.

§ 6º A prisão preventiva somente será determinada **quando não for cabível a sua substituição por outra medida cautelar**, observado o art. 319 deste Código, e o **não cabimento da substituição por outra medida cautelar deverá ser justificado de forma fundamentada nos elementos presentes do caso concreto, de forma individualizada**" (grifos nossos).

Finalmente, analisando-se os incisos I e II do novo art. 282, CPP, também chegamos à mesma conclusão: *a preventiva é medida extrema*. Segue:

Art. 282. As medidas cautelares previstas neste Título [inclua-se aí a preventiva, a proibição de acesso ou frequência a determinados lugares, dentre outras] deverão ser aplicadas observando-se a:

I – **necessidade** para aplicação da lei penal, para a investigação ou a instrução criminal e, nos casos expressamente previstos, para evitar a prática de infrações penais;

II – **adequação** da medida à gravidade do crime, circunstâncias do fato e condições pessoais do indiciado ou acusado. (grifo nosso)

Ou seja, a preventiva, para ser decretada, precisa ser necessária e adequada ao caso concreto. Existindo uma outra medida cautelar, que não a preventiva, que atenda melhor à situação, deve o magistrado optar por aquela, visto ser menos drástica ao acusado. Segue o art. 282, CPP:

"§ 4º No caso de descumprimento de qualquer das obrigações impostas, o juiz, de ofício ou mediante requerimento do Ministério Público, de seu assistente ou do querelante, poderá substituir a medida, impor outra em cumulação, **ou, em último caso, decretar a prisão preventiva** (art. 312, parágrafo único) (grifo nosso).

(...)

§ 6º A prisão preventiva somente será determinada **quando não for cabível a sua substituição por outra medida cautelar**, observado o art. 319 deste Código, e o **não cabimento da substituição por outra medida cautelar deverá ser justificado de forma fundamentada nos elementos presentes do caso concreto, de forma individualizada** " (grifos nossos).

Pois bem, feita essa breve exposição, veremos, logo a seguir, que a preventiva possui vários requisitos, divididos comumente pela doutrina em: pressupostos, fundamentos e condições de admissibilidade. Vamos a eles.

10.10.2. Pressupostos (art. 312, parte final, CPP)

Para se decretar a preventiva de alguém, faz-se inicialmente necessária a presença de três pressupostos *concomitantes*: prova da existência do crime, indício suficiente de autoria e perigo gerado pelo estado de liberdade do imputado.

a) Prova da existência do crime (ou *prova da materialidade delitiva*): consiste na *presença de elementos contundentes que demonstrem a existência da infração penal*. Ex.: no caso de um homicídio, o exame de corpo de delito será a prova da existência desse crime;

b) Indício suficiente de autoria: significa a *presença de elementos indiciários da autoria do crime*. Note que a lei não fala em *prova* da autoria, mas em *indício suficiente desta*. Assim, *não é* necessário demonstrar, de forma cabal, a autoria do delito, *bastando* apenas apresentar *elementos indiciários* nesse sentido. Apesar disso, esse indício deve ser sério, idôneo, ou, como diz o CPP, *suficiente – e não* meras conjecturas temerárias. Ex.: testemunhas que viram o agente adentrando na casa da vítima momentos antes dos disparos terem sido efetuados contra esta (indício suficiente de autoria).

c) perigo gerado pelo estado de liberdade do imputado: trata-se de inovação contida na parte final do *caput* do art. 312, CPP. A nova redação trazida pela Lei n. 13.964/2019 estabelece que o magistrado, na decisão que decretar a prisão preventiva deverá demonstrar concretamente o perigo que o imputado oferece em seu estado de liberdade[134]. Segundo o informativo 968, STF, de 12.03.20, "a manutenção da prisão preventiva exige a demonstração de fatos concretos e atuais que a justifiquem. A existência desse substrato empírico mínimo, apto a lastrear a medida extrema, deverá ser regularmente apreciado [cf. determina o p. ún. do art. 316, CPP] por meio de decisão fundamentada".

10.10.3. Fundamentos da prisão preventiva (art. 312, primeira parte, CPP)

Neste tópico, examinaremos as *hipóteses que autorizam* essa modalidade de prisão. Essas hipóteses, advirta-se desde logo, são *alternativas* (e não concomitantes). Logo, *basta a presença de apenas uma delas* para que o requisito do *fundamento da prisão preventiva* esteja preenchido. Esses fundamentos formam aquilo que a doutrina costuma chamar de *periculum in mora* ou, mais tecnicamente, *periculum libertatis*.

a) Garantia da ordem pública: este é, sem dúvida, o fundamento mais polêmico da prisão preventiva. Como não há um conceito seguro (legal ou jurisprudencial) de "garantia da ordem pública", cria-se um cenário de instabilidade no país em matéria de liberdade ambulatorial – algo extremamente indesejável.[135] Porém, junto aos *tribunais superiores*, foi-nos possível extrair basicamente dois **significados** para a expressão. Assim, entende-se necessária a preventiva para a *garantia da ordem pública* quando:

a1) Há perigo de reiteração criminosa. Ex.: em caso de tráfico de drogas, já decidiu o STF que, se há elementos de prova que apontam para o agente como sendo um dos principais membros de uma quadrilha, deve ser decretada a preventiva como garantia da ordem pública. É que, consoante a Corte Suprema, permanecendo em liberdade o agente, há risco concreto de que este continue a comandar o esquema criminoso (STF, HC 84658/PE, *DJe* 03.06.2005 e HC 99676, DJ 14.05.2010). Ademais, o STJ entende que a reincidência do acusado autoriza a decretação da preventiva para evitar a reiteração delitiva (STJ, HC 412452/SP, DJe 28/11/2017);

a2) Em razão da periculosidade do agente, representada pelo *modus operandi violento/audaz + gravidade do crime*. Ex.: sujeito que aborda a vítima à luz do dia com um fuzil e a

---

134. https://jus.com.br/artigos/78714/nota-sobre-prisao-preventiva-a-luz-da-lei-do-pacote-anticrime

135. Já publicamos dois trabalhos criticando o conceito "aberto" de "garantia da ordem pública". São eles: **Questões Polêmicas de Processo Penal**, Bauru: Edipro, 2011 (tópico 5.2); e "A prisão preventiva brasileira examinada à luz da filosofia política lockeana: um caso de ilegitimidade do poder estatal". Disponível em: [http://www.bocc.ubi.pt].

mantém durante longo período em cativeiro (STJ, HC 125924/CE, *DJe* 29.06.2005 e RHC 60.446/PB, DJ 06.09.2016, e STF, HC 111810, *DJe* 27.02.2014 e HC 140273/PE, *DJe* 20/02/2017 e HC 157969MG, Dje 17.09.2018). Vejamos este caso do STF a justificar a prisão preventiva com base em tal fundamento de garantia da ordem pública pela periculosidade do agente: "*In casu*, a periculosidade do recorrente, a justificar sua segregação cautelar, restou cabalmente demonstrada pelo desprezo com a vida humana, visto que executou friamente a vítima já dominada e sem qualquer possibilidade de defesa, RHC 124796, DJ 23.08.2016".

Observação: em nosso sentir, os significados de garantia da ordem pública encontram-se logicamente associados ao pressuposto do perigo concreto gerado pelo estado de liberdade do agente.

Por outro lado, as Cortes Superiores brasileiras vêm decidindo que *não cabe* invocar "garantia da ordem pública" para fins de preventiva nos seguintes casos: gravidade abstrata do crime; clamor público (repercussão causada pelo crime); credibilidade do Poder Judiciário; e para proteger a integridade física do próprio agente (risco de linchamento, por exemplo).

Acerca da periculosidade do agente como requisito para decretação de prisão preventiva, é válida a leitura do Info. nº 585, período de 11 a 30 de junho de 2016, segundo o qual "**A prática de ato infracional durante a adolescência pode servir de fundamento para a decretação de prisão preventiva,** sendo indispensável para tanto que o juiz observe como critérios orientadores: a) a particular gravidade concreta do ato infracional, não bastando mencionar sua equivalência a crime abstratamente considerado grave; b) a distância temporal entre o ato infracional e o crime que deu origem ao processo (ou inquérito policial) no qual se deve decidir sobre a decretação da prisão preventiva; e c) a comprovação desse ato infracional anterior, de sorte a não pairar dúvidas sobre o reconhecimento judicial de sua ocorrência". Ainda sobre o tema: "As condições favoráveis do agente, por si sós, não impedem a manutenção da prisão cautelar quando devidamente fundamentada" (STJ, RHC 135.320/PR, julgado em 23/03/2021 e AgRg no RHC 145.936/MG, julgado em 18/05/2021).

b) **Garantia da ordem econômica:** este fundamento padece do mesmo problema do anterior: o conceito *é vago.* Mesmo assim, diz-se que essa hipótese autorizadora da preventiva *visa a coibir ataques vultosos à ordem econômico-financeira nacional.* Os incisos do art. 20 Lei 8.884/1994 costumavam servir de balizas para aferir o abalo à ordem econômica. Eis um exemplo extraído de julgado do STJ (HC 16.3617/PE, *DJe* 17.12.2010): "em se considerando que a atividade delituosa [do agente] ocorria em larga escala, prejudicando a livre concorrência e trazendo considerável prejuízo ao erário", decretou-se a preventiva para garantia da ordem econômica. Não obstante a Lei 8.884/1994 tenha sido quase integralmente revogada pela Lei 12.529/2011, é certo que os incisos do art. 20 do texto anterior foram simplesmente trasladados para o art. 36 da nova legislação, do qual se recomenda a leitura.

O seguinte julgado do STJ demonstra a importância da boa fundamentação de tal requisito: "Quanto à necessidade de se obstar a reiteração delitiva e de garantia da ordem econômica, entendo que o Juízo de primeiro grau utilizou-se de argumentos genéricos, valendo-se da própria materialidade dos delitos imputados na ação penal e dos indícios de autoria, para justificar o decreto de prisão preventiva. "A mera indicação de

circunstâncias que já são elementares do crime perseguido, nada se acrescendo de riscos casuísticos ao processo ou à sociedade, não justifica o encarceramento cautelar, e também não serve de fundamento à prisão preventiva a presunção de reiteração criminosa dissociada de suporte fático concreto" (RHC 63.254/RJ, DJ 19.04.2016).

c) **Conveniência da instrução criminal:** decreta-se a preventiva com base nesse fundamento *quando o réu está dificultando ou inviabilizando a produção de provas.* Exemplos: acusado que ameaça as testemunhas, suborna o perito, destrói provas etc. Note que, se a preventiva tiver sido decretada com base *apenas* nesse fundamento (conveniência da instrução criminal), quando esta (a instrução probatória) findar (e não existir outro motivo para manter preso o acusado), deve o juiz revogar a prisão, sob pena da custódia tornar-se ilegal (art. 316, CPP);

d) **Assegurar a aplicação da lei penal:** determina-se a prisão amparada nesse fundamento *quando o juiz tem notícias de que o indivíduo pretende fugir,* pondo em xeque, portanto, o cumprimento de eventual sentença condenatória a ser proferida. Ex.: no curso do processo, chegam ao juiz informações de que o réu, além de ter comprado passagem aérea para o exterior, está realizando a venda de todos os seus bens.

10.10.4. Condições de admissibilidade

Quais crimes/situações admitem a preventiva? Vejamos.

a) **Crimes dolosos punidos com pena privativa de liberdade máxima superior a 4 anos** (art. 313, I, CPP). Como a lei fala em "**crime doloso**" não cabe preventiva em relação a crime culposo, nem em face de contravenção penal (que não é crime no sentido estrito da palavra). Porém, não basta o crime ser doloso, é preciso que seja punido com pena privativa de liberdade máxima superior a 4 anos (ex.: roubo – art. 157, CP. A pena privativa de liberdade máxima do roubo é superior a 4 anos);

b) **Condenado por outro crime doloso, em sentença transitada em julgado, ressalvado o disposto no inciso I do *caput* do art. 64, CP** (art. 313, II, CPP). Trata-se aqui de hipótese de reincidência em crime doloso. Nesse caso, existe uma condenação definitiva anterior por crime doloso contra o agente e este, dentro do prazo de 5 anos, após o cumprimento (ou extinção) da pena, comete novo crime doloso. Explica-se com um exemplo: Fulano, em 05.01.2002, é condenado em definitivo por roubo (crime doloso). Em 05.01.2008, a pena termina de ser cumprida. Pois bem, nos próximos 5 anos, contados a partir desta última data (5 de janeiro de 2008), caso Fulano pratique novo *crime doloso*, poderá vir a ser preso preventivamente se os demais requisitos da preventiva também estiverem presentes;

c) **O crime envolver violência doméstica e familiar contra a mulher, criança, adolescente, idoso, enfermo ou pessoa com deficiência, para garantir a execução das medidas protetivas de urgência** (art. 313, III, CPP)[136]. Essa condição de admissibilidade da preventiva visa a dar maior efetividade às medidas protetivas previstas sobretudo nos arts. 22 a 24, Lei Maria da Penha (Lei 11.340/2006)[137]. Porém, conforme

---

136. "A prática de contravenção penal, no âmbito de violência doméstica, não é motivo idôneo para justificar a prisão preventiva do réu." (Informativo 632/STJ, de 28 de setembro de 2018).

137. No que se refere às medidas protetivas previstas na Lei Maria da Penha, houve inovação legislativa com a publicação da Lei

significativo setor da comunidade jurídica, para se decretar a preventiva nessa situação, além de se constatar o descumprimento da medida protetiva, faz-se necessário que a violência doméstica cometida se trate de crime doloso e que ao menos uma das hipóteses autorizadoras da preventiva esteja presente (garantia da ordem pública, conveniência da instrução criminal etc. – STJ HC 173454/DF, *DJe* 22.11.2010 e HC 355466/SC, DJ 22.06.2016. Ex.: praticada lesão corporal dolosa em situação de violência doméstica contra a mulher e aplicada a medida de afastamento do lar ao agente (art. 22, II, Lei 11.340/2006), caso este venha descumprir a medida e, também, a instrução criminal se encontre ameaçada, pode o juiz vir a decretar-lhe a preventiva;

Comentários: é preciso cautela aqui, pois o dispositivo dá a entender que o simples descumprimento de uma medida protetiva ensejaria (automaticamente) a preventiva. Não é essa a melhor interpretação. Pode o magistrado valer-se de força policial, aplicação de multa etc., para dar efetividade às medidas protetivas, sem precisar decretar a preventiva. É preciso que um dos fundamentos estejam presentes.

d) Também será admitida a prisão preventiva quando houver dúvida sobre a identidade civil da pessoa ou quando esta não fornecer elementos suficientes para esclarecê-la, devendo o preso ser colocado imediatamente em liberdade após a identificação, salvo se outra hipótese recomendar a manutenção da medida (art. 313, § 1º, CPP);

Comentários:

✓ Má redação do dispositivo;

✓ Lembrar que a dúvida em relação à identidade civil poderá acarretar na identificação criminal (conforme dispõe o art. 3º da Lei 12.037/2009). Logo, não há que se falar em prisão automática;

✓ A prisão aqui só caberia em situações excepcionais, como, p. ex.: negativa em identificar-se criminalmente.

✓ Seja como for, uma vez identificado deverá ser colocado em liberdade imediatamente.

✓ O dispositivo não faz menção ao delito praticado. Por um critério de proporcionalidade, caberia apenas para crimes DOLOSOS. É preciso cautela aqui.

e) A prisão preventiva também poderá ser decretada em caso de descumprimento de qualquer das obrigações impostas por força de outras medidas cautelares (arts. 319 e art. 282, § 4º, CPP). Ex.: imagine-se que, no curso do processo, o juiz fixa ao acusado a obrigação de recolhimento domiciliar no período noturno e nos dias de folga (art. 319, V). Descumprida injustificadamente esta medida, será possível a decretação da preventiva.

Atenção: A Lei n. 13.964/2019 inseriu o § 2º no art. 313, CPP, que estabelece: Não será admitida a decretação da prisão preventiva com a finalidade de antecipação de cumprimento de pena ou como decorrência imediata de investigação criminal ou da apresentação ou recebimento

---

13.641/2018 que tipificou como crime a conduta do agressor que descumpre tais medidas impostas pelo juiz. A Lei 13.827/2019 também alterou o regramento para concessão das medidas protetivas, permitindo que a medida de afastamento do lar seja concedida pelo Delegado de Polícia se o Município não for sede de comarca ou até mesmo pelo próprio policial, caso não haja Delegado no momento. Nesse sentido, ver o art. 12-C da Lei 11.340/2006 e o INF/STF 1048/ 2022.

de denúncia. Ademais, em recente decisão (HC 214.070 AgR/MG, DJe 24/08/2023), o STF estabeleceu que não é possível impor prisão preventiva quando o regime inicial de cumprimento da pena for semiaberto ou aberto.

10.10.5. Resumo

Em suma, para se decretar a preventiva é preciso:

a) Presença *concomitante* dos *pressupostos autorizadores* (*indício suficiente de autoria + prova da materialidade+ perigo concreto gerado pelo estado de liberdade do imputado*);

b) Presença de *pelo menos um* dos *fundamentos* (*garantia da ordem pública, da ordem econômica, aplicação da lei penal* ou *conveniência da instrução criminal*);

c) Que o crime/situação comporte a preventiva. Seguem os casos (*alternativos*):

c1) *crime doloso com pena privativa de liberdade máxima superior a 4 anos;*

c2) *reincidência em crime doloso;*

c3) *o crime envolver violência doméstica e familiar, para garantir a execução das medidas protetivas de urgência;*

c4) *houver dúvida sobre a identidade civil da pessoa ou quando esta não fornecer elementos suficientes para esclarecê-la;*

c5) *descumprimento de qualquer das obrigações impostas por força de outras medidas cautelares.*

Observações finais:

I. O juiz não deve decretar a preventiva se perceber que o fato foi praticado sob o amparo de excludente de ilicitude (legítima defesa, por exemplo) – art. 314, CPP. Ao contrário, nessa situação, impõe-se a liberdade provisória (art. 310, §1º, CPP);

II. O decreto de preventiva, como toda decisão judicial, necessita sempre ser motivado (arts. 315, CPP, e 93, IX, CF);

III. Até o trânsito em julgado, a prisão preventiva poderá ser revogada ou novamente decretada quantas vezes se mostrar necessária (art. 282, § 5º, CPP);

IV. O CPP não estabelece um prazo pelo qual o réu possa permanecer preso preventivamente, mas o novo parágrafo único do art. 316, CPP, estabelece que o órgão judicial que decretar a preventiva deverá "revisar a necessidade de sua manutenção a cada 90 (noventa) dias, mediante decisão fundamentada, de ofício, sob pena de tornar a prisão ilegal". Além disso, o acusado não pode ficar "anos a fio" preso à disposição do Estado. Quando este (o Estado – leia-se: juiz, MP etc.) der causa à lentidão do processo, será possível impetrar HC alegando a ilegalidade da prisão por excesso de prazo na instrução criminal (STJ, HC 173050/PB, *DJe* 21.02.2011 e HC 339934/MT, DJe 20.09.2016 e STF, HC 141583/RN, DJe 02/10/2017 e Info. 878, de 18 a 22 de setembro de 2017);

Destaque-se que não haverá a revogação automática da prisão preventiva caso o prazo nonagesimal não seja observado, devendo, nesse caso, o juízo competente ser instado a reavaliar a legalidade e a atualidade de seus fundamentos (Informativo 995/STF, de 12 a 16 de outubro de 2020, e Informativo 1046, 2022). Ademais, segundo o STJ (RHC 153.528-SP, 2022), "quando o acusado encontrar-se foragido, não há o dever de revisão ex officio da prisão preventiva, a cada 90 dias, exigida pelo art. 316, parágrafo único, do Código de Processo Penal".

V. Após o advento da Lei n. 13.964 /201 9, que altera o § 3º do art. 282, CPP, o juiz, antes de decidir a respeito da prisão preventiva do indivíduo, possibilitará, em homenagem ao princípio do contraditório, que a defesa se manifeste, no prazo de 5 (cinco) dias, sobre o pedido de prisão. A parte final do § 3º, adverte que em situações excepcionais de urgência ou de perigo, a manifestação defensiva poderá ser dispensada desde que "**justificados e fundamentados em decisão que contenha elementos do caso concreto que justifiquem essa medida excepcional**" (grifo nosso);

VI. Sentença condenatória recorrível e preventiva: segundo o atual § 1º do art. 387, CPP, "o juiz decidirá, fundamentadamente, sobre a manutenção ou, se for o caso, a imposição de prisão preventiva ou de outra medida cautelar, sem prejuízo do conhecimento de apelação que vier a ser interposta". Ou seja, podemos extrair a seguinte conclusão: caso o réu tenha permanecido preso ao longo do processo, não existe "manutenção automática de preventiva ou de outra medida cautelar" por ocasião de sentença condenatória recorrível. Será preciso, sempre, fundamentar a eventual manutenção da preventiva ou de outra medida cautelar. Não existindo mais motivo para a prisão (ou para a manutenção de outra medida cautelar), deverá o réu ser conservado em liberdade.

10.11. Prisão temporária (Lei 7.960/1989)[138]

10.11.1. Conceito

Trata-se de *prisão cautelar, com prazo de duração determinado, cuja decretação é apenas possível no âmbito do inquérito policial e se presentes os requisitos fixados pela lei.*

10.11.2. Características básicas

a) Assim como a preventiva, *a temporária não pode ser decretada de ofício pelo juiz.* Sua decretação depende de representação (pedido) da autoridade policial ou de requerimento do MP (art. 2º, Lei 7.960/1989). Quando for caso de representação do delegado, o juiz, antes de decidir, deverá ouvir o MP (§ 1º);

b) A leitura isolada do art. 1º da Lei 7.960/1989 indica que a temporária só seria cabível no curso do *IP. Em geral, essa tem sido, há tempos, a prática do judiciário: reconhecer o cabimento da temporária apenas durante o IP. Porém, em razão da alteração do art. 283, CPP, pela* Lei 12.403/2011 (**Atenção**: a nova redação dada pela Lei n. 13.964/2019 adota a nomenclatura prisão cautelar, que abrange todas as modalidades de prisão provisória, entre elas a temporária), há quem defenda que, desde então, passou a ser possível a decretação da temporária no curso do processo também. Vide: *Távora (201 6, p. 930 -1) e Brasileiro (2016, p. 862-3).*

c) Distintamente da preventiva, *a temporária possui prazo determinado* (art. 2º, Lei 7.960/1989). Em regra, o prazo da prisão temporária é de *5 dias prorrogável por mais 5* (note, portanto, que tal prazo se afina com o previsto no art. 10, CPP). Porém, sendo o *crime hediondo ou equiparado* ("t"ráfico de drogas, "t"ortura e "t"errorismo – vulgo "TTT"), o prazo da temporária será de até 30 dias, prorrogável por mais 30 em caso de extrema e comprovada necessidade (art. 2º, § 4º, Lei 8.072/1990). Registre-se que o dia do cumprimento do mandado de prisão deverá ser computado no prazo da prisão temporária, conforme expresso no novo § 8º do art. 2º,

incluído pela Lei 13.869/2019. Ademais, consoante o § 4º-A do art. 2º, também incluído pela nova lei, o mandado de prisão, além de especificar o prazo da custódia, deverá indicar o dia em que o preso deverá ser liberado.

10.11.3. Hipóteses de cabimento (incisos do art. 1º da Lei)

Inc. I: "quando imprescindível para as investigações do inquérito policial". A prisão amparada nesta hipótese *não pode* ser encarada como uma *mera conveniência do Judiciário* em manter o indiciado encarcerado. A temporária não pode, portanto, ser decretada de forma automática pelo juiz. É preciso demonstrar que a liberdade do investigado oferece *risco concreto ao êxito da investigação.* Ex.: indiciado que está destruindo as provas do crime, intimidando testemunhas. Ver STF, HC 105833/SP, DJe 22/03/2012 e STJ, HC 333150/SP, DJ 26.10.2015, HC 414341/SP, DJe 27/10/2017;

Inc. II: "quando o indicado não tiver residência fixa ou não fornecer elementos necessários ao esclarecimento de sua identidade". *Mutatis mutandis,* idem ao que foi dito no inciso anterior. É preciso que a falta de residência fixa ou a ausência de elementos esclarecedores da identidade configurem um *risco concreto de fuga do indiciado;*

Inc. III: "quando houver fundadas razões, de acordo com qualquer prova admitida na legislação penal, de autoria ou participação do indiciado nos seguintes crimes": homicídio doloso; sequestro ou cárcere privado etc. (*recomenda-se a leitura de todas as alíneas contidas na lei*).

Pergunta: os incisos citados devem ser aplicados alternativa ou concomitantemente? R.: conforme majoritária doutrina, para ser possível a decretação da temporária deve-se combinar os incisos da seguinte forma: I + III ou II + III. Note então que o inciso III deve sempre estar presente, necessitando ser combinado, pelo menos, com o inciso I ou o II. Vamos a um exemplo: agente suspeito da prática de homicídio (inciso III). Chegam notícias de que ele está destruindo as provas do crime (inciso I). Cabe a temporária nesse caso.

Observações finais: I) a decisão pela temporária deverá ser fundamentada e prolatada dentro do *prazo de 24h*, contadas a partir do recebimento da representação do delegado ou do requerimento do MP (art. 2º, § 2º, Lei 7.960/1989); **II)** o juiz poderá, de ofício, ou a requerimento do MP e do advogado, determinar que o preso lhe seja apresentado, solicitar informações e esclarecimentos da autoridade policial e submeter o detido a exame de corpo de delito (§ 3º); **III)** decretada a temporária, será expedido o respectivo mandado de prisão, em duas vias, uma das quais será entregue ao indiciado e servirá como nota de culpa (§ 4º); **IV)** decorrido o prazo contido no mandado de prisão, a autoridade responsável pela custódia deverá, independentemente de nova ordem da autoridade judicial, pôr imediatamente o preso em liberdade, salvo se já tiver sido comunicada da prorrogação da prisão temporária ou da decretação da prisão preventiva. (§ 7º); **V)** deixar de comunicar, imediatamente, a execução de prisão temporária à autoridade judiciária que a decretou, bem como manter a prisão temporária para além do prazo legal, acarreta na responsabilização da autoridade por crime de abuso de autoridade (art. 12, parágrafo único, I e IV, Lei 13.869/2019); **VI)** o preso provisório deve, obrigatoriamente, permanecer separado dos demais detentos (art. 3º, Lei 7.960/1989).

---

138. Não confundir a expressão prisão temporária com prisão provisória. Esta última é gênero e é sinônimo de prisão cautelar e processual. A primeira (temporária), ao lado da preventiva e do flagrante, é espécie de prisão provisória.

Em recente julgado, o STJ ressaltou a excepcionalidade da decretação da prisão temporária, afirmando que não se trata de "conveniência ou comodidade da cautela para o bom andamento do inquérito policial, mas de verdadeira necessidade da medida, aferida caso a caso", reputando como ilegal a prisão temporária mantida pelo Tribunal de Justiça do Estado do Ceará (STJ, RHC 77265/CE, *DJe* 02/10/2017). Nessa mesma linha, vide INF/STF 1043, 2022.

10.12. Prisão domiciliar (art. 318, CPP)

Prevista anteriormente apenas no âmbito da Lei de Execução Penal (Lei 7.210/1984, art. 117) para condenados definitivos que se encontrassem cumprindo pena em regime aberto e em situações bastante específicas (ex.: condenado acometido de doença grave), a prisão domiciliar, a partir do advento da Lei 12.403/2011, passa a ser admitida expressamente também para os presos provisórios.

Segundo estabelece o art. 317, CPP, a prisão domiciliar consiste no recolhimento do indiciado ou acusado em sua residência, só podendo dela ausentar-se com autorização judicial.

Diz o novo art. 318 que o juiz poderá substituir a prisão preventiva pela domiciliar quando o agente for:

I. maior de 80 (oitenta) anos;

II. extremamente debilitado por motivo de doença grave;[139]

III. imprescindível aos cuidados especiais de pessoa menor de 6 (seis) anos de idade ou com deficiência;

IV. gestante;

V – mulher com filho de até 12 (doze) anos de idade incompletos;

VI – homem, caso seja o único responsável pelos cuidados do filho de até 12 (doze) anos de idade incompletos.

Nos termos do parágrafo único do dispositivo, para a substituição, o juiz exigirá prova idônea dos requisitos estabelecidos neste artigo.

Ainda sobre o tema prisão domiciliar, notar que, em dezembro de 2018, o CPP passou por uma importante alteração. A L. 13.769/18, dentre outras coisas, incluiu o art. 318-A, passando a permitir a substituição da prisão preventiva por prisão domiciliar da mulher gestante ou que for mãe ou responsável por crianças ou pessoas com deficiência, desde que aquela: I – não tenha cometido crime com violência ou grave ameaça à pessoa; II – não tenha cometido o crime contra seu filho ou dependente. [140]

A referida inovação legislativa (art. 318-A) transforma em lei parte significativa do entendimento que os tribunais superiores vinham tendo a respeito do tema, a saber. No informativo 891/STF, de 19 a 23 de fevereiro de 2018, o STF havia firmado a tese de que, em regra, estando a mulher grávida, puérperas, ou sendo mãe de criança (mãe de menores de 12 anos) ou de portador de deficiência, a prisão domiciliar deveria ser concedida. No

entanto, segundo este mesmo tribunal, a prisão domiciliar não deveria ser aplicada aos crimes: **a)** praticados com violência ou grave ameaça; **b)** praticados contra descendentes; **c)** em casos excepcionais que devem ser fundamentados pelos juízes que denegarem o benefício. O STJ, por sua vez, no informativo 629/STJ, de 17.08.2018, acrescentou uma hipótese em que a concessão da prisão domiciliar também não deve ocorrer: **d)** quando o crime é praticado na própria residência da agente, onde convive com filhos menores de 12 anos.

Ademais, a L. 13.769/18 também promoveu a inclusão no CPP do art. 318-B. Este dispositivo estabelece que a substituição da preventiva pela domiciliar (seja a substituição prevista no art. 318, seja a no 318-A) poderá ser efetuada sem prejuízo de aplicação concomitante das medidas alternativas previstas no art. 319, CPP (medidas estas que serão examinadas logo a seguir). Em suma, é possível combinar a prisão domiciliar com medidas alternativas diversas da prisão desde que, é claro, haja compatibilidade entre ambas.

10.13. Medidas cautelares diversas da prisão (arts. 319 e seguintes do CPP)

10.13.1. Entendendo o tema

Atendendo finalmente a contundente reclame de certo setor da doutrina, a Lei 12.403/2011 criou outras medidas cautelares pessoais diversas da prisão.

Alguns autores – Aury Lopes Jr. (2010, v. 2, p. 132 e ss.), sobretudo – criticavam a antiga sistemática estabelecida pelo CPP de 1941 que, em matéria de medida cautelar pessoal, era considerada bastante "pobre", pois se pautava na clássica dicotomia "prisão cautelar ou liberdade provisória" – não existindo um meio-termo.

Grosso modo, ocorria que, diante de um determinado caso concreto, o juiz se via diante de dois extremos: ou determinava a prisão preventiva do indivíduo ou concedia-lhe a liberdade provisória. Essas duas medidas (preventiva e liberdade provisória), ambas extremas, terminavam, em diversas hipóteses, não se mostrando adequadas a atender as especificidades de uma enorme gama de situações. Isto porque, em diversos casos, tanto a preventiva se revelava uma medida excessivamente rigorosa, como a LP se mostrava demasiadamente branda. Era necessário, pois, serem criadas medidas cautelares que se situassem entre os extremos "prisão X liberdade provisória". E foi o que ocorreu com o advento da Lei 12.403/2011. Vejamos.

10.13.2. Medidas cautelares diversas da prisão (incisos do novo art. 319, CPP)

"I – comparecimento periódico em juízo, no prazo e nas condições fixadas pelo juiz, para informar e justificar atividades;

II – proibição de acesso ou frequência a determinados lugares quando, por circunstâncias relacionadas ao fato, deva o indiciado ou acusado permanecer distante desses locais para evitar o risco de novas infrações;

III – proibição de manter contato com pessoa determinada quando, por circunstâncias relacionadas ao fato, deva o indiciado ou acusado dela permanecer distante;

IV – proibição de ausentar-se da Comarca quando a permanência seja conveniente ou necessária para a investigação ou instrução;"

---

139. Nesse sentido, com base no art. 318, II do CPP, o STF concedeu a prisão domiciliar humanitária ao réu, "tendo em vista o alto risco de saúde, a grande possibilidade de desenvolver infecções no cárcere e a impossibilidade de tratamento médico adequado na unidade prisional ou em estabelecimento hospitalar" (Informativo 895/STF, de 19 a 30 de março de 2018).

140. Segundo STJ, é possível a concessão de prisão domiciliar à gestante, mãe ou responsável por criança ou pessoa com deficiência, ainda que se trate de execução provisória da pena (HC 487.763/SP, Info. 647/STJ, de 24 de maio de 2019).

Comentário: a proibição de o réu se ausentar pode se referir à Comarca (como é o caso deste inciso) ou ao país (conforme prevê o art. 320, CPP). Neste último caso (proibição de ausentar-se do país) sublinha este dispositivo que essa restrição será comunicada pelo juiz às autoridades encarregadas de fiscalizar as saídas do território nacional, intimando-se o indiciado ou acusado para entregar o passaporte no prazo de 24h.

> "V – recolhimento domiciliar no período noturno e nos dias de folga quando o investigado ou acusado tenha residência e trabalho fixos;
>
> VI – suspensão do exercício de função pública ou de atividade de natureza econômica ou financeira quando houver justo receio de sua utilização para a prática de infrações penais;
>
> VII – internação provisória do acusado nas hipóteses de crimes praticados com violência ou grave ameaça, quando os peritos concluírem ser inimputável ou semi-imputável (art. 26 do Código Penal) e houver risco de reiteração;"

Comentários: como se sabe, quando no curso do IP ou processo se suspeitar da saúde mental do indivíduo, deve-se proceder ao exame de insanidade mental previsto no art. 149 e ss., CPP. Nesse contexto, o inciso em exame estabelece que, caso o sujeito tenha praticado crime com violência ou grave ameaça e a perícia conclua por sua inimputabilidade ou semi-inimputabilidade, havendo risco de reiteração criminosa, poderá o juiz determinar a internação provisória do indivíduo (em hospital de custódia e tratamento psiquiátrico – art. 99, LEP). Algumas anotações a esse inciso são necessárias. Primeiro, o dispositivo fala em "peritos" ("quando os peritos concluírem (...)"). Porém, a expressão deve ser lida no singular. É que, com a reforma de 2008 ocorrida no CPP, passou-se a exigir apenas um perito oficial para a realização de exames periciais (*vide* art. 159, CPP). Outro ponto: o juiz não fica adstrito à conclusão da perícia sobre a saúde mental do indivíduo, conforme parece sugerir o inciso em comento. Recorde-se que o juiz não está, em nenhuma perícia, adstrito à conclusão do *expert* (consultar o art. 182, CPP).

> "VIII – fiança, nas infrações que a admitem, para assegurar o comparecimento a atos do processo, evitar a obstrução do seu andamento ou em caso de resistência injustificada à ordem judicial;
>
> IX – monitoração eletrônica."

Comentários: trata-se do uso de pulseiras ou tornozeleiras eletrônicas (GPS, por exemplo), visando a monitorar a rotina do acusado/indiciado. O uso desses artefatos para o monitoramento de condenados foi, no âmbito federal, instituído em 2010 por meio da Lei 12.258.

10.13.3. *Notas sobre as medidas cautelares diversas da prisão*

Cumpre salientar que, conforme dispõe o novo art. 282, § 1º, CPP, as medidas cautelares vistas anteriormente podem ser aplicadas isolada ou cumulativamente, devendo-se levar em conta a necessidade e adequação da medida às especificidades do caso concreto.

Por outro lado, segundo já afirmado anteriormente, as medidas cautelares diversas da prisão são preferíveis à preventiva. Ou seja, esta última, em homenagem ao estado de inocência, deve ficar relegada a situações realmente extremas. Não se tratando de situação que a justifique, deve o magistrado optar pela liberdade provisória combinada ou não com as medidas cautelares diversas da prisão visualizadas no item precedente.

Ainda, as medidas cautelares diversas da prisão "serão decretadas pelo juiz, a requerimento das partes ou, quando no curso da investigação criminal, por representação[141] da autoridade policial ou mediante requerimento do Ministério Público" (art. 282, § 2º, CPP). Com a redação introduzida pela Lei n. 13.964/2019, o juiz não mais poderá decretar de ofício.

Para a decretação de tais medidas, o juiz deverá observar o **contraditório,** permitindo que a defesa se manifeste, no prazo de 5 (cinco) dias, a respeito de eventual pedido formulado pela acusação ou pela autoridade policial. O contraditório aqui mencionado poderá ser **dispensado** em situação concreta de urgência ou de perigo de ineficácia da medida, devendo ser demonstrada concretamente, justificada e fundamentada em decisão do magistrado. Segue o texto da lei sobre o que estamos tratando neste parágrafo: "Ressalvados os casos de urgência ou de perigo de ineficácia da medida, o juiz, ao receber o pedido de medida cautelar, determinará a intimação da parte contrária, para se manifestar no prazo de 5 (cinco) dias, acompanhada de cópia do requerimento e das peças necessárias, permanecendo os autos em juízo, e os casos de urgência ou de perigo deverão ser justificados e fundamentados em decisão que contenha elementos do caso concreto que justifiquem essa medida excepcional. " (art. 282, § 3º, CPP). Ademais, é oportuno conferir as novas redações dos §§ 4º e 5º do art. 282, CPP (alterados pela Lei n. 13.964/2019), que, respectivamente, dizem:

> "§ 4º No caso de descumprimento de qualquer das obrigações impostas, o juiz, mediante requerimento do Ministério Público, de seu assistente ou do querelante, poderá substituir a medida, impor outra em cumulação, ou, em último caso, decretar a prisão preventiva, nos termos do parágrafo único do art. 312 deste Código
>
> § 5º O juiz poderá, de ofício ou a pedido das partes, revogar a medida cautelar ou substituí-la quando verificar a falta de motivo para que subsista, bem como voltar a decretá-la, se sobrevierem razões que a justifiquem."

Por fim, cumpre salientar que, por força do § 1º do art. 283, CPP, as medidas cautelares citadas não se aplicam à infração a que não for isolada, cumulativa ou alternativamente cominada pena privativa de liberdade.

10.14. Liberdade provisória (LP)

10.14.1. *Conceito e noções gerais*

Trata-se de *instituto processual que busca colocar em liberdade o indivíduo que aguarda o desdobramento de uma persecução penal (investigação preliminar ou processo)* – *vide* art. 5º, LXVI, CF.

Primeiramente, deve-se notar que a LP busca colocar o indivíduo em liberdade combatendo uma prisão em flagrante *legal*. Assim, não há como confundi-la com o HC e com o

---

141. O termo representação aqui é sinônimo de pedido, solicitação, requerimento.

pedido de relaxamento de prisão. Enquanto estas peças (HC e relaxamento) visam, dentre outras coisas,[142] a promover a soltura do sujeito, atacando uma prisão em flagrante *ilegal* (ex.: prisão para averiguação), a LP investe contra uma prisão em flagrante *legal*. Nesse sentido, poderíamos afirmar que o HC e o relaxamento (dentre outras coisas) questionam a *legalidade* de uma prisão, já a LP indaga sobre a *necessidade* de o indivíduo estar preso.

Aprofundando um pouco mais essa questão, note o leitor que *a LP representa um verdadeiro instrumento de efetivação do princípio do estado de inocência*. Explica-se. Vimos anteriormente que este princípio, dentre outras coisas, instituiu entre nós a *regra da liberdade* (*em regra*, o indivíduo deve responder a persecução penal em liberdade, somente sendo encarcerado em situações excepcionais – preventiva, por exemplo). Tendo isso em mente, podemos afirmar então que *a LP é um mecanismo de que dispõe a defesa do réu/indiciado para fazer valer essa regra da liberdade*. Com a LP, em última análise, *questiona-se o juiz a respeito – não da legalidade –, mas da necessidade da prisão do sujeito*. Em suma, é como se o defensor, por meio da LP, estivesse fazendo a seguinte pergunta ao magistrado: *"pois bem, não questiono a legalidade da prisão em flagrante de meu cliente; o que realmente desejo saber é se a prisão dele é de fato necessária?"*.

E quando é necessária a prisão de alguém? Já respondemos a essa pergunta. Relembrando: a prisão de alguém se mostra necessária quando presentes os requisitos da preventiva (art. 311 e ss., CPP) – que é a modalidade de prisão escolhida como "pedra de toque" para a demonstração da necessidade (cautelaridade) da custódia de alguém.

Diante desse quadro, é possível afirmar, então, que *LP e preventiva são institutos antagônicos*. Enquanto a concessão da primeira (LP) representa a desnecessidade de o sujeito estar preso, o acolhimento da segunda (preventiva) significa exatamente o contrário: necessidade de segregação (*vide* STJ, HC 33.526/MS, *DJe* 14.06.2004).

Perceba-se, porém, que, consoante a nova sistemática inaugurada pela Lei 12.403/2011(*vide* art. 321, e 319, § 4º, ambos do CPP), mesmo que o juiz reconheça a desnecessidade da preventiva do indivíduo (concedendo-lhe, portanto, a LP), isto não significa que as medidas cautelares diversas da prisão (art. 319, CPP) não possam ser aplicadas concomitantemente à LP. Assim, é possível que o juiz, ao concedê-la, determine, por exemplo, ao réu, concomitantemente, o recolhimento domiciliar no período noturno e nos dias de folga (art. 319, V, CPP).

Em termos de prática penal, quando decretada a preventiva, a peça cabível não será a LP, mas o pedido de revogação de preventiva (formulado ao próprio juiz que a decretou) ou, em certos casos, o HC (ex.: decreto de preventiva não fundamentado).

Com efeito, a LP poderá ser alcançada pelo réu/indiciado *com ou sem* o pagamento (prestação) de fiança à autoridade. Ademais, obtida a LP (com ou sem fiança) o indivíduo terá que se sujeitar a certas obrigações (vínculos), como, por exemplo, a de não se ausentar por mais de 8 dias de sua residência, sem comunicar à autoridade o lugar onde será encontrado.

Doravante, estudaremos a LP, *com e sem fiança*, bem como as eventuais *obrigações* que podem ser impostas ao indivíduo em cada caso.

10.14.2. LP com fiança

a) Conceito de fiança: antes de tratarmos propriamente da LP com fiança, cabe a pergunta: *o que é fiança?* R.: trata-se de uma *garantia real ou caução, sempre definitiva,*[143] *cujo objetivo precípuo é assegurar a liberdade do indivíduo, podendo consistir em "depósito de dinheiro, pedras, objetos ou metais preciosos, títulos da dívida pública, federal, estadual ou municipal, ou em hipoteca inscrita em primeiro lugar"* (art. 330, CPP);

b) Crimes afiançáveis e inafiançáveis: note que a fiança é um instituto *totalmente atrelado à LP*. Assim, *não sendo o caso de decretação da preventiva*, paga-se a fiança e obtém-se a liberdade do réu/indiciado. Entretanto, ainda que soe óbvia a afirmação, deve-se atentar que *a fiança só tem cabimento se o crime pelo qual responde o acusado for afiançável*. Sendo *inafiançável* o delito, não será, portanto, possível prestar fiança para promover a soltura do acusado. Neste caso (crime inafiançável), conforme veremos mais abaixo, ainda assim será, em tese, possível obter a LP, *mas não por meio de pagamento de fiança*.

Pois bem, mas *o que são crimes afiançáveis?* Dizer apenas que são aqueles que comportam fiança seria insuficiente para os nossos propósitos. Precisamos de uma noção mais precisa. Na verdade, a lei (CPP) não nos diz quando um delito é afiançável, *mas apenas quando ele é inafiançável* (consultar arts. 323 e 324). Assim, concluímos pela *afiançabilidade* de uma infração *a contrario sensu* (por um critério de exclusão ou residual). Exemplo de crime *afiançável*: art. 155, *caput*, do CP. Vejamos abaixo a lista de *crimes inafiançáveis* para que então, *a contrario sensu*, possamos concluir quando a infração é afiançável.

b1) Infrações inafiançáveis no CPP

"**Art. 323.** Não será concedida fiança:

I – nos crimes de racismo;

II – nos crimes de tortura, tráfico ilícito de entorpecentes e drogas afins, terrorismo e nos definidos como crimes hediondos;

III – nos crimes cometidos por grupos armados, civis ou militares, contra a ordem constitucional e o Estado Democrático;"

Comentário: o CPP aqui nada mais fez do que reproduzir o que diz a CF a esse respeito (*vide* art. 5º, XLII, XLIII e XLIV).

Atenção: Acatando o posicionamento já adotado pelo STJ (STJ, AgRg no AREsp 734236/DF, Dje 02.03.2018), a 1ª Turma do Supremo Tribunal Federal, em recente decisão, entendeu pela equiparação dos crimes de racismo e injúria racial, e consequentemente, reconheceu a imprescritibilidade e inafiançabilidade deste último (STF, Embargos de Declaração em AgRg em Rex 983.531, Dje 13.06.2018).

---

142. Utilizamos a expressão "dentre outras coisas", pois é sabido que o HC não visa apenas a combater uma prisão em flagrante ilegal. Lembre-se, por exemplo, que há o HC preventivo em que o indivíduo não se encontra preso, mas na iminência de sê-lo. O que queremos dizer com isso é que o HC abarca outras situações que não apenas a da prisão em flagrante ilegal.

143. *Não há* mais entre nós a fiança provisória, em que o sujeito, para apressar o procedimento de soltura, oferecia determinado montante (pedra preciosa, por exemplo), que só seria avaliado posteriormente. Hoje, tudo é avaliado antecipadamente, por isso diz o CPP ser definitiva a fiança (art. 330, primeira parte).

"**Art. 324.** Não será, igualmente, concedida fiança:

I – aos que, no mesmo processo, tiverem quebrado fiança anteriormente concedida ou infringido, sem motivo justo, qualquer das obrigações a que se referem os arts. 327 e 328 deste Código;"

Comentário: a "**quebra da fiança**" *ocorre quando o afiançado descumpre qualquer das obrigações que lhe foram impostas quando da concessão da fiança* (arts. 327, 328 e 341, CPP – trataremos do assunto de forma mais detalhado a seguir). Ex.: sujeito afiançado que, injustificadamente, não comparece a juízo quando chamado. **Consequências** da quebra injustificada da fiança: *perda de metade do valor caucionado para o Fundo Penitenciário Nacional; possibilidade de o juiz impor ao réu alguma(s) (das) medida(s) cautelar(es) do art. 319, ou mesmo de impor a preventiva ao acusado; e impossibilidade de, no mesmo processo, prestar nova fiança* (arts. 343, 346 e 324, I, CPP).

"II – em caso de prisão civil ou militar;"

Comentário: no que tange à prisão por mandado do juiz cível (prisão civil), já vimos que, atualmente, esta modalidade de prisão só existe para o devedor (voluntário e inescusável) de alimentos (art. 5º, LXVII, CF), pois, com o advento da Súmula vinculante 25 do STF, passou-se a considerar: "ilícita a prisão civil do depositário infiel, qualquer que seja a modalidade de depósito". Pois bem, dessa forma, a prisão do alimentante inadimplente é inafiançável.

Do mesmo modo, a prisão militar também é inafiançável.

"III – (revogado);

IV – quando presentes os motivos que autorizam a decretação da prisão preventiva (art. 312)."

Comentário: conforme já mencionado anteriormente, LP e preventiva são institutos antagônicos. Presentes os motivos da preventiva não será possível a LP (com ou sem fiança). O dispositivo mencionado segue essa linha de raciocínio.

b2) Infrações inafiançáveis em lei extravagante:

Crime organizado: a Lei 12.850/2013, que revogou a Lei 9.034/1995, não contém vedação à fiança, motivo pelo qual a antiga disposição não mais subsiste. A questão agora está submetida ao regramento do art. 322, *caput* e seu parágrafo único, CPP.

Lavagem de dinheiro (Lei 9.613/1998): no caso de lavagem, havia previsão no art. 3º, mas o dispositivo foi revogado pela Lei 12.683/2012. Pois bem, estabelecido o que é fiança e quais são os delitos afiançáveis e inafiançáveis, estamos mais preparados para enfrentar algumas questões ligadas à *LP com fiança*. Vamos a elas:

c) Quem pode requerer o arbitramento da fiança (ou quem pode requerer a LP com fiança)? Além de a fiança poder ser concedida de ofício pela autoridade judicial ou policial, interpretando o art. 335, *caput*, CPP, inferimos que *o próprio acusado/indiciado pode requerer o arbitramento da fiança, assim como qualquer pessoa por ele;*

d) Até quando é possível requerer arbitramento de fiança? Desde a prisão em flagrante até o trânsito em julgado (art. 334, CPP);

e) Quem pode arbitrar a fiança? Em regra, o juiz. Porém, autoriza a lei, em determinados casos, que a autoridade policial arbitre a fiança. Vejamos:

I. **Autoridade policial:** poderá esta arbitrar fiança nos casos de infração cuja pena privativa de liberdade máxima não seja superior a 4 anos. Ex.: furto simples (art. 155, CP – pena máxima: 4 anos). Porém, em caso de recusa ou demora por parte da autoridade policial em conceder fiança, "o preso, ou alguém por ele, poderá prestá-la, mediante simples petição, perante o juiz competente, que decidirá em 48h" (art. 335, CPP);

II. **Juiz:** nos casos de infrações penais com pena máxima superior a 4 anos (ex.: roubo – art. 157, CP – pena máxima: 10 anos), a fiança será requerida ao juiz, que decidirá em 48h (parágrafo único do art. 322, CPP);

f) Desnecessidade de prévia oitiva do MP (art. 333, CPP): quando do pedido de arbitramento da fiança (seja para o juiz, seja para o delegado), a lei não exige a *prévia* oitiva do MP, dando-se-lhe vista *apenas após* a decisão;

g) Valor da fiança: os parâmetros para a autoridade fixar o valor da fiança vêm definidos no art. 325, CPP, a saber:

"**Art. 325.** O valor da fiança será fixado pela autoridade que a conceder nos seguintes limites:

I – de 1 (um) a 100 (cem) salários mínimos, quando se tratar de infração cuja pena privativa de liberdade, no grau máximo, não for superior a 4 (quatro) anos;

II – de 10 (dez) a 200 (duzentos) salários mínimos, quando o máximo da pena privativa de liberdade cominada for superior a 4 (quatro) anos.

§ 1º Se assim recomendar a situação econômica do preso, a fiança poderá ser:

I – dispensada, na forma do art. 350 deste Código;

II – reduzida até o máximo de 2/3 (dois terços); ou

III – aumentada em até 1.000 (mil) vezes."

h) Obrigações do afiançado (arts. 327, 328 e 341, CPP): prestada a fiança, o afiançado fica sujeito a algumas obrigações/restrições. São elas:

I. Dever de comparecimento perante a autoridade quando intimado para atos do inquérito e da instrução criminal e para o julgamento;

II. Proibição de mudança de residência, sem prévia permissão da autoridade competente;

III. Proibição de se ausentar por mais de 8 dias de sua residência, sem comunicar à autoridade o lugar onde poderá ser encontrado(a);

IV. Proibição de praticar nova infração penal dolosa;

V. Proibição de deliberadamente praticar ato de obstrução ao andamento do processo;

VI. Proibição de descumprir medida cautelar imposta cumulativamente com a fiança;

VII. Proibição de resistir injustificadamente a ordem judicial.

Descumprida injustificadamente qualquer uma dessas obrigações, ocorrerá a **quebra da fiança**, acarretando a *perda de metade do valor caucionado para o Fundo Penitenciário Nacional; na possibilidade de o juiz impor ao réu alguma(s) (das) medida(s) cautelar(es) do art. 319, CPP, ou mesmo de impor a preventiva ao acusado; e na impossibilidade de, no* *mesmo processo, prestar nova fiança* (arts. 343, 346 e 324, I, CPP).

i) Cuidado para não confundir

I. **Quebra da fiança:** acabamos de ver do que se trata (descumprimento das obrigações dos arts. 327, 328 e 341, CPP);

II. **Cassação da fiança** (arts. 338 e 339, CPP): ocorre quando *há equívoco na concessão da fiança por parte da autoridade* (ex.: juiz que, de forma equivocada, concede fiança ao praticante de crime hediondo – que é inafiançável). Ou quando *há inovação na classificação do delito*. Ex.: delegado concede fiança por crime de pena máxima de até 4 anos, porém, depois, o MP, na fase da denúncia, entende que o delito é, na verdade, inafiançável. **Consequências:** o valor cassado será integralmente devolvido ao acusado e este, a depender do caso, poderá a vir a ser submetido a alguma(s) (das) medida(s) cautelar(es) do art. 319, CPP, ou até mesmo, se necessário, à prisão preventiva;

III. **Perda da fiança** (arts. 344 e 345, CPP): *ocorre quando o réu é condenado em definitivo à pena privativa de liberdade e empreende fuga.* **Consequência:** *perda definitiva da totalidade do valor pago;*

IV. **Reforço da fiança:** significa que *o montante prestado a título de fiança é insuficiente (inidôneo), necessitando, pois, ser complementado (reforçado).* Diz o art. 340, CPP, que o reforço da fiança será exigido quando: I – a autoridade tomar, por engano, fiança insuficiente; II – houver depreciação material ou perecimento dos bens hipotecados ou caucionados, ou depreciação dos metais ou pedras preciosas; III – for inovada a classificação do delito (explica-se esta última situação: em decorrência de nova classificação, o crime ainda é afiançável, porém, passa a ser mais grave, gerando a necessidade de reforço da fiança). **Consequência da não prestação do reforço:** a fiança será declarada *sem efeito* pelo juiz, oportunidade em que será devolvido integralmente o valor anteriormente prestado, podendo o réu vir a ser preso (parágrafo único do art. 340).

10.14.3. *LP sem fiança*

A LP pode ser alcançada pelo réu/indiciado não apenas por meio do pagamento de fiança. Desde que não seja caso de preventiva, é possível também alcançar o benefício (a LP) *sem a necessidade de prestar fiança à autoridade.* Trata-se da denominada LP *sem fiança.*

a) LP sem fiança quando o indivíduo for pobre (art. 350, CPP): quando a infração for afiançável, verificando o magistrado que o indivíduo não tem condições econômicas de prestar a fiança, "pode"[144] o juiz conceder a LP, independentemente do pagamento daquela (da fiança).[145] Concedida a medida, ficará o sujeito submetido às *obrigações* dos arts. 327, 328 e 341 CPP (já estudadas anteriormente).

No caso de descumprimento de qualquer das obrigações impostas, o juiz (**Atenção:** a nova redação do §4º, art. 282, CPP, alterado pela Lei n. 13.964/2019, retira a possibilidade

do juiz impor de ofício), mediante requerimento do MP, de seu assistente ou do querelante, poderá substituir a LP, poderá, em cumulação, impor medida(s) cautelar(es) diversa(s) da prisão (art. 319, CPP), ou, em último caso, poderá decretar a prisão preventiva (consultar o art. 350, parágrafo único, c/c o art. 282, § 4º, ambos do CPP).

Observação: a *pobreza*, mencionada no art. 350, CPP, é a incapacidade de o indivíduo prestar a fiança sem prejudicar o seu sustento ou o de sua família – e não um eventual estado de indigência (conforme se poderia erroneamente pensar). Para prová-la, conforme Nucci (2006, p. 143), basta a mera declaração do indivíduo, não sendo mais necessário o (antigo) atestado de pobreza fornecido por delegado (art. 32, § 2º, CPP);

b) LP sem fiança do § 1º do art. 310, CPP: se, pela análise do auto de prisão em flagrante (APF), o juiz verificar que o agente praticou o fato nas condições constantes dos incisos I a III do art. 23, CP (estado de necessidade, legítima defesa, em estrito cumprimento de dever legal ou no exercício regular de direito), "poderá"[146], fundamentadamente, conceder ao sujeito liberdade provisória, *independentemente do pagamento de fiança.*

Concedida a LP com base no § 1º do art. 310, CPP, deve o indivíduo assinar termo de comparecimento a todos os atos processuais, sob pena de revogação do benefício.

O dispositivo é coerente, pois não faria mesmo sentido o juiz, após receber a comunicação do flagrante de um fato aparentemente *lícito*, manter o sujeito encarcerado. Isto porque, além de haver probabilidade de absolvição nessa situação, os requisitos da preventiva não se mostram presentes em tais hipóteses. Dessa forma, concede-se a LP *sem fiança*, devendo o sujeito comparecer a todos os atos do processo, sob pena de revogação do benefício.

É importante ainda notar que o dispositivo em análise *não faz distinção entre infração afiançável ou inafiançável.* Desse modo, *aplica-se a fórmula do § 1º do art. 310 tanto aos delitos afiançáveis como aos inafiançáveis.* Ex.: indivíduo é surpreendido em flagrante após praticar homicídio doloso qualificado contra Fulano (crime hediondo, logo inafiançável). Após a lavratura e encaminhamento do APF ao juiz, este nota que há indicativos sérios de que o fato foi cometido em legítima defesa (excludente de ilicitude). Nesta situação, o magistrado deverá conceder LP *sem fiança* (§ 1º, art. 310, CPP), submetendo o sujeito à obrigação de comparecer aos atos do processo.

Observação: em razão da pandemia causada pelo Covid-19, o STJ decidiu conceder ordem de HC para soltar as pessoas que se encontravam presas cautelarmente em razão do não pagamento de fiança. Ou seja, a decisão alcançou aquelas pessoas para as quais a liberdade provisória já havia sido concedida previamente, mas que ainda se encontravam presas por não terem efetuado o pagamento da fiança (Informativo 681/STJ, de 20 de novembro de 2020).

10.14.4. *LP vedada*

Há casos em que a lei veda o instituto da LP. Repare que, nessas situações, a proibição recai *não sobre a possibilidade de prestação de fiança* (inafiançabilidade), mas sobre o *próprio instituto da LP.* Assim, *não se deve confundir* inafiançabilidade

---

144. O verbo "poder" aí, empregado pelo CPP, não significa mera faculdade do juiz. Presentes os requisitos legais, deve o juiz conceder LP.

145. Nesse sentido: "Afigura-se irrazoável manter o réu preso cautelarmente apenas em razão do não pagamento de fiança, mormente porque já reconhecida a possibilidade de concessão da liberdade provisória. Paciente assistido pela Defensoria Pública, portanto presumidamente pobre, sem condições de custear o pagamento". STJ, HC 582.581, julgado em 09/02/2021.

146. "Deverá", na verdade. Veja a nota logo acima.

com vedação à LP. Na inafiançabilidade, o que se obstaculiza é o pagamento de fiança para a obtenção de LP (ex.: crimes hediondos – art. 5º, XLIII, CF). Neste caso (inafiançabilidade), *ainda assim* será, em tese, possível a LP. Já na segunda situação (vedação à LP), veda-se mais do que a fiança, proíbe-se a própria LP. E é disto que trataremos agora.

Diversos autores formulam contundentes críticas à vedação de LP feita *aprioristicamente* pela lei. Motivos: a vedação à LP realizada *a priori* pela lei, além de retirar a oportunidade de o julgador examinar *caso a caso* o cabimento ou não do instituto, *burla o princípio do estado de inocência* – que, não nos esqueçamos, estabelece a regra da liberdade. Segundo dizem esses autores, há burla porque toda vez que a determinação de impossibilidade de LP é efetuada pela lei, cria-se, na realidade, uma modalidade de *manutenção automática da prisão em flagrante*. Explica-se. Basta o indivíduo "dar o azar" de ser preso em flagrante pela prática de crime cuja lei estabeleça vedação à LP – e que os prazos da fase policial e judicial sejam respeitados – para que permaneça encarcerado, *sem fundamentação judicial,* até o deslinde do processo.

É exatamente por conta dessas críticas que diversas das hipóteses de vedação à LP criadas nas últimas duas décadas pelo legislador ordinário têm sido declaradas inválidas pelos tribunais superiores e combatidas pela doutrina. Vejamos os casos:

a) Estatuto do desarmamento (Lei 10.826/2003): o STF (ADIN 3112-1, *DJe* 26.10.2007) declarou a *inconstitucionalidade* do art. 21 desta lei que vedava a LP para os crimes de posse ou porte ilegal de arma de fogo de uso restrito (art. 16), comércio ilegal de arma de fogo (art. 17) e tráfico internacional de arma de fogo (art. 18). **Conclusão:** atualmente, cabe LP para esses delitos. Ver também STJ: RHC 38323/CE, DJ 09.10.2014.

b) Crime organizado: a Lei 12.850/2013, que revogou a Lei 9.034/1995, não mais contém óbice à concessão de LP aos agentes que tenham envolvimento com organização criminosa.

c) Crimes hediondos, tortura e terrorismo: a Lei dos Crimes Hediondos (Lei 8.072/1990) previa em seu art. 2º, II, vedação expressa à LP para os crimes hediondos, a tortura e o terrorismo. *Porém*, atendendo aos reclames da doutrina, em 2007, a *Lei 11.464 retirou a referida proibição.* Apesar disso, o STF, estranhamente, ainda possui decisões que, de modo automático, vedam a LP aos crimes hediondos (**confira-se a íntegra da decisão prolatada em 2013 pelo Pleno: HC 92932/ SP,** *DJe* 25.09.2013). O principal argumento que apresentam é que a própria Constituição, ao estabelecer a inafiançabilidade para os crimes hediondos, impede, consequente e automaticamente, a possibilidade de LP para esse tipo de delito. Esse posicionamento do Supremo, conforme facilmente se percebe, é incoerente com as demais orientações do Tribunal sobre o assunto (vide o caso do tráfico de drogas[147], p. ex.), e, mais que isso, afronta o estado de inocência. Acrescente-se ainda que, pouco tempo depois do julgamento realizado pelo pleno do STF (acima citado), a Primeira Turma da Suprema Corte *concedeu* LP a um crime hediondo (vide STF RHC 118200, *DJe* 12.11.2013 e HC 109236, DJ 14.02.2012). O tema, portanto, como se vê, permanece controverso dentro do próprio STF,

restando talvez aguardar uma próxima decisão da composição plena daquela Corte sobre o assunto.

d) Drogas (Lei 11.343/2006): o art. 44 da lei veda a LP para os crimes tipificados nos arts. 33, *caput* e § 1º, e 34 a 37 desse mesmo diploma (tráfico, fabrico de instrumentos e associação para o tráfico). **Entretanto,** em 2012, o Pleno do STF (HC 104.339/SP, *DJe* 06.12.2012 e HC 133361, DJ 27.05.2016, RE 1038925/SP, DJe 19/09/2017), declarou a *inconstitucionalidade* do referido art. 44 da Lei de Drogas. Logo, segundo a atual orientação do Supremo sobre o tema, é sim possível a concessão de liberdade provisória para os crimes previstos nos arts. 33, *caput* e § 1º, e 34 a 37, da Lei de Drogas.

11. CITAÇÕES E INTIMAÇÕES

São atos de comunicação processual, destinados à cientificação das partes, testemunhas, entre outros, acerca do teor dos atos processuais já praticados ou mesmo para que certos atos sejam praticados por algum dos sujeitos processuais.

De acordo com a finalidade de cada ato, a doutrina promoveu a classificação dos atos de comunicação processual em algumas espécies: citações, intimações e notificações.

Note-se que a L. 14.365/2022 introduziu um novo artigo no CPP (o art. 798-A) para tratar do recesso forense no âmbito do Processo Penal. Tal artigo prevê a suspensão do curso do prazo processual durante o recesso forense (de 20/12 a 20/01), *salvo* nos seguintes casos: I – que envolvam réus presos, nos processos vinculados a essas prisões; II – nos procedimentos regidos pela; e, III – nas medidas consideradas urgentes, mediante despacho fundamentado do juízo competente.

11.1. Citação

Ato de comunicação processual pelo qual se informa ao réu/querelado a existência de uma imputação (ação penal) contra si. Conforme dispõe o art. 363, CPP, a citação completa a formação do processo, *i. e.*, a relação triangular entre as partes e o juiz resta plenamente formada, possibilitando o contraditório e a dialética no processo.

Nesse sentido, ressalte-se ainda que a citação válida é um elemento de validade do processo, pois a ausência de citação acarreta sua nulidade absoluta, enquanto a deficiência do ato implica nulidade relativa.

Porém, a falta ou nulidade da citação será sanada se o réu comparecer espontaneamente antes da consumação do ato (ainda que para apontar a nulidade ou a falta) – art. 570, CPP. Apesar da redação deste dispositivo, há limites aqui, já que não pode ocorrer prejuízo à defesa réu. O STF, p. ex., já anulou uma sentença em que o acusado havia sido citado um dia antes de seu interrogatório. Reconheceu o Supremo, nessa oportunidade, manifesto prejuízo à ampla defesa (STF HC 109611 *DJe* 28.08.2013 e RHC 133945, DJ 01.08.2016).

11.1.1. *Espécies de citação*

a) Citação real: realizada na pessoa do réu, havendo certeza de que este tomou conhecimento da acusação. Modalidades:

a1) Citação real por mandado: cumprida por oficial de justiça dentro do território da Comarca onde o juiz exerce as suas funções. Conforme dispõe o art. 351: "a citação inicial far-se-á por mandado, quando o réu estiver no território sujeito à jurisdição do juiz que a houver ordenado". Se o acusado se encontra em seu domicílio, pode ser realizada a qualquer dia

---

147. Ver STF, HC 118533/MS, DJe 19.09.2016. A conduta do § 4º, art. 33, da Lei 11.343/2006 (tráfico de drogas privilegiado) não é crime hediondo

e hora (salvo, à noite). Se o acusado estiver preso, a citação também será real por mandado (pessoal), sendo que o diretor do estabelecimento prisional será comunicado da futura audiência para a qual o réu for convocado.

O mandado de citação deverá conter todas as informações elencadas no art. 352, CPP (chamados de requisitos intrínsecos do mandado de citação), como: nome do juiz, nome do acusado ou as suas características físicas etc.

Além dos requisitos intrínsecos, há que se observar os requisitos extrínsecos da citação por mandado contidos no art. 357, CPP: leitura do mandado feita pelo oficial de justiça ao acusado; entrega da contrafé (cópia da peça inicial acusatória) etc.

Note-se que, no processo penal, a citação eletrônica só é admitida para as seguintes modalidades: carta precatória, rogatória ou de ordem (arts. 6º e 7º da Lei 11.419/2006).

a2) Citação real por carta precatória: quando o réu residir em outra Comarca – art. 353, CPP. Nesse caso, o juízo deprecante (do lugar onde tramita o processo) solicita ao juízo deprecado (lugar da residência do réu) que efetue a citação do acusado.

Peculiaridades da citação por precatória:

I. Se no juízo deprecado (aquele que irá cumprir a precatória), verificar-se que o réu se encontra em outra comarca, poderá ser encaminhada a precatória para a nova comarca (precatória itinerante);

II. Havendo urgência, a precatória poderá ser feita por via telegráfica (inclua-se aí o fax também);

a3) Citação real por carta rogatória: quando o réu residir fora do país ou em embaixadas ou consulados (sedes de legações estrangeiras). *Mutatis mutandis,* aplica-se a mesma razão da citação por precatória. No caso de citação por rogatória, haverá suspensão do prazo prescricional – art. 368, CPP. Caso se saiba que o réu se encontra no estrangeiro, mas em local incerto, a citação será por edital (ver abaixo).

Atenção: O prazo prescricional permanecerá suspenso até o cumprimento da carta rogatória, isto é, até a efetivação da comunicação processual no estrangeiro, voltando a fluir antes mesmo da juntada da carta aos autos (Informativo 691/STJ, de 12 de abril de 2021).

a4) Citação real por carta de ordem: segundo Pacelli (2015, p. 617), "por carta de ordem deve-se entender a determinação, por parte de tribunal, superior ou não, de cumprimento de ato ou de diligência processual a serem realizados por órgãos da jurisdição da instância inferior, no curso de procedimento da competência originária daqueles".

a5) Citação via *Whatsapp*: tema polêmico e com divergências doutrinárias e jurisprudenciais. Em meio ao debate, o STJ entendeu possível a realização do ato citatório através do aplicativo de mensagens, desde que sejam observadas algumas medidas para atestar a autenticidade do número telefônico, bem como a identidade do indivíduo destinatário do ato processual (Informativo 688/STJ, de 15 de março de 2021).

Peculiaridades da citação real em relação a algumas pessoas:

I. Se o réu for militar, será citado por intermédio do chefe do respectivo serviço – art. 358, CPP;

II. Se for funcionário público, haverá necessidade de notificar o chefe de sua repartição – art. 359, CPP;

III. Se o réu estiver preso, deverá ser citado pessoalmente, por mandado – art. 360, CPP;

b) Citação ficta ou presumida: não sendo possível a citação real, proceder-se-á a citação ficta. Esta pode ser por edital ou por hora certa.

Razão de ser desse tipo de citação: para que o Estado não fique impossibilitado de exercer o seu *jus puniendi.*

b1) Por edital (art. 361, CPP): pressupõe que o réu tenha conhecimento da ação penal a partir da publicação do edital em veículo de comunicação periódico com circulação local e de sua notícia afixada na sede do juízo (Fórum). Vale frisar, no entanto, o seguinte julgado: STJ, HC 213600, *DJe* 09.10.2012, info 506 – "é nulo o processo a partir da citação na hipótese de citação por edital determinada antes de serem esgotados todos os meios disponíveis para a citação pessoal do réu".

Prazo do edital: 15 dias.

O art. 365, CPP, estatui os requisitos do edital de citação, sendo eles: nome do juiz que determinar a citação, nome do acusado ou seus sinais característicos, a indicação do dispositivo da lei penal infringido (Súmula 366, STF)[148] etc.

Neste contexto, cabe enunciar o entendimento do STJ segundo o qual "Por haver o réu tomado rumo ignorado logo após a prática do crime, **não é nula a citação por edital por suposta ausência de esgotamento dos meios para localização do citando,** cuja atitude não pode implicar o atraso da prestação jurisdicional e condicionar a jurisdição à prévia procura de dados em empresas e órgãos públicos, sem perspectiva de êxito da diligência", vide RHC 52.924/BA, DJ 29.08.2016.

Ademais, nunca é demais ressaltar a jurisprudência pacífica do STJ asseverando que "A não localização do paciente, que deu ensejo à sua citação por edital, não se confunde com presunção de fuga", HC 253.621/MG, DJ 24.08.2016.

Atenção: a citação por edital não é admitida nos Juizados Especiais (art. 66, parágrafo único, Lei 9.099/1995). Caso o réu não seja encontrado para ser citado pessoalmente, haverá a remessa do processo ao juízo comum (adotando-se o rito sumário).

Citado por edital, se o réu não comparecer e nem constituir advogado, será determinada a suspensão do processo e do prazo prescricional, podendo o juiz determinar a produção antecipada das provas consideradas urgentes e, se for o caso, decretar preventiva – art. 366, CPP. Conforme alguns autores, (PACELLI, 2015, p. 623-624; TÁVORA, 2015, p. 987), este dispositivo não se aplica aos crimes de lavagem de dinheiro por força do disposto no art. 2º, § 2º, da Lei 9.613/1998.

Apesar de a lei não mencionar durante quanto tempo pode ficar suspenso o prazo prescricional, o STJ (Súmula 415) e a majoritária doutrina entendem que a suspensão da prescrição nesse caso deverá se dar pela pena máxima em abstrato fixada ao crime (art. 109, CP).

Ademais, ainda com base no art. 366, diz a Súmula 455, STJ: "a decisão que determina a produção antecipada de provas com base no art. 366 do CPP deve ser concretamente fundamentada, não a justificando unicamente o mero decurso do tempo".

---

148. Mister destacar que há divergência doutrinária no sentido de estabelecer como requisito do edital a descrição resumida do fato imputado, considerando a necessidade de possibilitar o exercício da ampla defesa.

Reflexos do Novo Código de Processo Civil

Finalmente, note-se que, quando o Novo CPC (NCPC) entrar em vigor, o art. 256 deste novo diploma, que trata da citação por edital, será usado de modo subsidiário aos dispositivos do CPP. Recomendamos, portanto, a leitura do referido art. 256.

---

b2) Por hora certa (art. 362, CPP): inovação introduzida na seara processual penal por meio da Lei 11.719/2008, essa modalidade de citação ficta[149] ocorre quando se verificar que o réu, deliberadamente, oculta-se para não ser citado. (STF, RE 635145/RS, DJe 13/09/2017 e Info. 833, de 1º a 5 de agosto de 2016).

Com a entrada do NCPC em vigor, a citação por hora certa passa a seguir o disposto nos arts. 252 e 253 daquele novo diploma, aos quais remetemos o leitor. Dentre outras coisas, notar que, de acordo com o art. 252, NCPC, o número de tentativas para a citação por hora certa passa de três para duas oportunidades.

Além disso, é importante destacar que o § 4º do art. 253 do NCPC, não tem aplicação ao processo penal. Diz esse dispositivo: "O oficial de justiça fará constar do mandado a advertência de que será nomeado curador especial se houver revelia". Na realidade, no âmbito do processo penal, realizada a citação por hora certa, se o réu não comparecer, ser-lhe-á nomeado defensor dativo ou público, conforme o caso – e não curador especial, conforme diz o NCPC.

Reflexos do Novo Código de Processo Civil

Quando o NCPC entrar em vigor, a citação por hora certa passará a seguir o disposto nos arts. 252 e 253 daquele novo diploma, aos quais remetemos o leitor. Dentre outras coisas, notar que, de acordo com o art. 252, NCPC, o número de tentativas para a citação por hora certa passará de três para duas oportunidades.

Além disso, é importante destacar que o § 4º do art. 253 do NCPC, não terá aplicação ao processo penal. Diz esse dispositivo: "O oficial de justiça fará constar do mandado a advertência de que será nomeado curador especial se houver revelia". Na realidade, no âmbito do processo penal, realizada a citação por hora certa, se o réu não comparecer, ser-lhe-á nomeado defensor dativo ou público, conforme o caso – e não curador especial, conforme diz o NCPC.

11.1.2. Revelia (art. 367, CPP)

No processo penal, os efeitos da revelia não guardam relação de similaridade com o âmbito processual civil. A ausência do acusado a qualquer dos atos processuais, sem justificativa, ou a mudança de endereço sem comunicação, têm como efeito a não intimação para os atos processuais seguintes[150]. Assim, não há que se falar em "confissão ficta", por exemplo, para o réu revel em processo penal.

---

149. Há quem entenda que a citação por hora certa se trata de modalidade de citação real – e não ficta. O tema não é pacífico, portanto.

150. Esta última parte, contudo, não se aplica à intimação da sentença, que é obrigatória.

O efeito da revelia apontado (não intimação do réu para os atos processuais futuros), obviamente, não se aplica ao defensor do acusado, pois, como sabemos, a defesa técnica no processo penal é imprescindível. Assim, ainda que o réu seja considerado revel, seu defensor, obrigatoriamente, deverá continuar a patrocinar seus interesses.

Ademais, outro efeito da revelia no processo penal é a quebra da fiança (art. 341, CPP).

Observações: I – ainda que revel, o réu deverá ser intimado da sentença em atenção ao princípio da ampla defesa (art. 392, CPP); II – o réu pode ingressar no processo a qualquer tempo, fazendo cessar os efeitos da revelia, mas sem alterações nos atos já praticados. Participará do processo conforme o estado em que esse se encontra.

11.2. Intimações e notificações

São atos de comunicação processual dirigidos "às partes ou a qualquer outra pessoa que deva, de alguma forma, intervir na relação processual" (MOREIRA, 2010, p. 246).

Certo setor da doutrina costuma fazer a seguinte distinção:

11.2.1. Intimação

Ciência dada à parte ou outra pessoa de um ato já realizado – ato realizado no passado – ex.: intimação de uma sentença prolatada (passado). Intima-se *de* algo.

11.2.2. Notificação

Ciência dada para que a parte ou outra pessoa pratique um ato no futuro – ex.: notificação de testemunha para depor. Notifica-se *para* algo. O CPP, porém, não atenta para essa diferenciação, utilizando os termos indistintamente. Neste trabalho, portanto, falaremos tão somente em intimação. No caso do Ministério Público e da Defensoria Pública, a intimação deve ser pessoal, ou seja, a comunicação deve ser feita diretamente aos membros dessas instituições (art. 370, § 4º, CPP). Também o advogado dativo (nomeado pelo juiz) será intimado pessoalmente. No entanto, destacamos o seguinte julgado: "A intimação do defensor dativo apenas pela impressa oficial não implica reconhecimento de nulidade caso este tenha optado expressamente por esta modalidade de comunicação dos atos processuais, declinando da prerrogativa de ser intimado pessoalmente" (STJ, HC 311.676-SP, *DJe* 29.04.2015, Informativo 560). Sobre o tema, ver o importante julgado do STJ: HC 358943/SP, DJe 06.09.2016.

Em julgado recente, a 5ª Turma do STJ firmou entendimento no sentido de que a nomeação de defensor dativo não pode prescindir da intimação do réu para substituir o patrono inerte. No caso em espécie, o juízo *a quo*, diante da inércia do primeiro patrono constituído pelo réu, determinou a remessa dos autos à Defensoria Pública, não sendo oportunizado ao acusado o direito de nomear novo advogado de sua confiança, o que culminou na anulação da ação penal e desconstituição do trânsito em julgado da condenação (STJ, HC 389899/RO, *DJe* 31/05/2017).

Já o advogado constituído (pelo réu, pelo querelante, pelo querelado ou pelo assistente) será, em regra, intimado por meio de publicação oficial (Diário Oficial), incluindo, sob pena de nulidade, o nome do acusado. Caso não exista órgão de publicação oficial, a intimação deverá ser efetuada diretamente pelo escrivão, por mandado, ou via postal, com comprovante de recebimento, ou por qualquer outro meio considerado idôneo – 370, §§ 1º e 2º, do CPP.

Em hipótese de intimação por meio de carta precatória exige o art. 222, *caput*, CPP, sob pena de nulidade relativa (conforme Súmula 155, STF), que as partes sejam intimadas da expedição do documento, não sendo exigível que se lhes dê ciência da data marcada pelo Juízo deprecado para a realização do ato (vide Súmula 273, STJ).

A Lei 9.099/1995 (art. 67) dispõe que no JECRIM "a intimação poderá ser efetivada através de via postal (com AR ou mediante entrega na recepção, se se tratar de pessoa jurídica ou firma individual), por oficial de justiça (independentemente de mandado ou carta precatória), na própria audiência, ou, ainda, por qualquer outro meio idôneo de comunicação, como, por exemplo, o telefone" (MOREIRA, 2010, p. 265).

O cumprimento dos atos de comunicação processual deve ocorrer em dias úteis, com expediente forense, como se pode depreender, inclusive, do teor da Súmula 310, STF: *"quando a intimação tiver lugar na sexta-feira, ou a publicação com efeito de intimação for feita nesse dia, o prazo judicial terá início na segunda-feira imediata, salvo se não houver expediente, caso em que começará no primeiro dia útil que se seguir".*

A ausência de intimação das partes poderá, a depender do caso, configurar até em nulidade absoluta por cerceamento defesa, por exemplo. Ainda, segundo o STF, HC 114.107, *DJe* 12.12.2012: "necessidade de intimação pessoal do réu é apenas da sentença condenatória e não do acórdão proferido em sede de apelação". Ver também a seguinte decisão do STF: "a nulidade do julgamento por ausência de intimação prévia da defesa para ciência da data de confecção do voto-vista dependeria de inequívoca demonstração de concreto prejuízo", HC 92932 ED, DJ 14.04.2016. Cabe ainda ressaltar que nos casos em que o réu vier a ser preso no curso do prazo da intimação por edital da sentença condenatória, esta intimação restará prejudicada, devendo ocorrer pessoalmente. (STJ, RHC 45584/PR, DJe 12/05/2016 e Info. 583).

Ainda quanto ao assunto, importa destacar a recente decisão do STF no sentido de que não haverá nulidade no caso de intimação expedida em nome de advogado falecido, quando o réu possui mais de um advogado constituído e não houve pedido da defesa para que todos os causídicos fossem intimados. O mesmo não ocorreria, entretanto, caso o advogado falecido fosse o único constituído pelo acusado (HC 138097-SP, Info. 921/STF, de 22 a 26 de outubro de 2018).

12. SENTENÇA PENAL

Antes de tratarmos propriamente da sentença, vejamos uma tradicional divisão, apresentada por certo setor da comunidade jurídica, a respeito dos atos jurisdicionais.

Em regra, os atos jurisdicionais podem ser:

12.1. Despachos de mero expediente (ou ordinatórios)

São atos jurisdicionais de mero impulso do processo, sem carga decisória, portanto. Ex.: ato do juiz que designa data para a audiência de instrução e julgamento (art. 400, CPP). Os despachos de mero expediente são irrecorríveis. Porém, quando causarem tumulto ao processo ou forem abusivos, poderão ser atacados por correição parcial. Ex.: despacho do

juiz que determina a oitiva das testemunhas indicadas pela defesa *antes* das arroladas pela acusação. Cabe, nesse caso, correição.

12.2. Decisões

Em sentido amplo, a palavra *decisão* significa todo o ato jurisdicional que possui carga decisória, produzindo, portanto, algum tipo de sucumbência. Tais atos destinam-se a solucionar incidentes processuais ou mesmo pôr termo ao processo. Exs: sentença, decisão que decreta a preventiva etc. Várias decisões, por apresentarem certo grau de carga decisória (maior ou menor, a depender do caso), podem ser desafiadas por recurso. Exs.: a sentença é apelável; a decisão que rejeita a inicial penal é recorrível em sentido estrito etc.

As *decisões*, por sua vez, conforme tradicional classificação da doutrina, dividem-se em:

12.2.1. Decisões interlocutórias simples

"São as que dirimem questões emergentes relativas à regularidade ou marcha do processo, exigindo um pronunciamento decisório sem penetrar no mérito" (MIRABETE, 2001, p. 445). Essas decisões não encerram o processo nem qualquer fase do procedimento. Ex.: decisão que decreta a preventiva.

12.2.2. Decisões interlocutórias mistas

São aquelas que, julgando ou não o mérito, colocam fim ao procedimento ou a uma de suas fases. Dividem-se em:

a) Decisões interlocutórias mistas terminativas: são as que põem fim ao procedimento. Ex.: impronúncia, rejeição da denúncia;

b) Decisões interlocutórias mistas não terminativas: são as que põem fim a apenas uma etapa do procedimento. Ex.: a pronúncia põe termo à primeira fase do procedimento bifásico do Júri.

12.2.3. Decisões definitivas (ou sentenças)

São aquelas que põem fim ao processo, julgando o mérito da causa. Subdividem-se em:

a) Sentença condenatória: é aquela em que o juiz acolhe, ainda que parcialmente, a pretensão punitiva deduzida na inicial penal. Note o leitor que, no processo penal, em razão, dentre outros, do princípio do estado de inocência e do *in dubio pro reo*, o juiz só poderá condenar o acusado se estiver diante de um conjunto probatório (produzido em contraditório judicial) cabal. Impossível, portanto, uma condenação em meros indícios e/ou conjecturas frágeis. Em caso de prova frágil (ou como dizem alguns: em caso de dúvida), o caminho inarredável será a absolvição do réu, aplicando-se a regra pragmática de julgamento do *in dubio pro reo* (LOPES JR., 2010);

b) Sentença absolutórias: ao contrário, é aquela em que o juiz não acolhe a pretensão punitiva deduzida na inicial penal;

c) Decisão terminativa de mérito ou declaratória extintiva da punibilidade: é aquela em que o juiz, apesar de julgar o mérito, não condena e nem absolve o réu. Ex.: decisão que declara extinta a punibilidade do agente em decorrência de prescrição (art. 107, IV, CP).

Dada a importância que as sentenças condenatória e absolutória têm para o processo penal, iremos estudá-las com mais vagar nas próximas linhas. Porém, antes, vejamos os requisitos formais da sentença (comuns à absolutória e à condenatória).

12.3. Requisitos da sentença (art. 381, CPP)

Nota: a falta de qualquer desses requisitos provoca a nulidade absoluta da sentença (por descumprimento de formalidade essencial do ato – art. 564, IV, CPP).

Conforme entendimento do STJ, é válida a sentença proferida de forma oral na audiência e registrada em meio audiovisual, ainda que não haja a sua transcrição. A ausência de degravação completa da sentença penal condenatória não prejudica o contraditório ou a segurança do registro nos autos (HC 462253-SC, Info. 641/STJ, de 1º de março de 2019).

12.3.1. Relatório

Aqui o juiz deverá efetuar uma espécie de resumo dos acontecimentos mais importantes que se deram ao longo do processo. Deverá conter: os nomes das partes, a exposição sucinta da acusação e da defesa e demais ocorrências processuais relevantes.

Nota: no JECRIM[151] (art. 81, § 3º), dispensa-se o relatório.

12.3.2. Fundamentação ou motivação

É requisito geral de todas as decisões judiciais (art. 93, IX, da CF), sob pena de nulidade absoluta. **Como já vimos,** o juiz é livre para julgar, porém deve fazê-lo de forma fundamentada (princípio do **livre convencimento motivado ou persuasão racional do juiz**). A fundamentação é de suma importância, pois permite um *controle da racionalidade* da decisão do juiz pelas partes e pela própria sociedade (LOPES JR., 2010). A fundamentação permite, p. ex., que as partes verifiquem se o juiz considerou as suas teses e as provas que produziram. O direito à prova não se constitui apenas como direito de produzir prova, mas também como direito à valoração da prova pelo magistrado (GRINOVER *et. al.* 2001, p. 212 e ss.). Conforme o art. 371, CPP: "O juiz apreciará a prova constante dos autos, independentemente do sujeito que a tiver promovido, e indicará na decisão as razões da formação de seu convencimento". Cabe salientar que não se exige fundamentação extensa, prolixa, podendo ser ela sucinta. O que não se admite é a ausência da fundamentação ou fundamentação deficiente[152]. A sentença despida de qualquer fundamentação é chamada de *sentença vazia. Por fim, vale consultar também o art. 489, § 1º, NCPC.*

12.3.3. Dispositivo ou conclusão

É parte da sentença que contém o comando da decisão, o provimento final, de condenação ou de absolvição. Por óbvio, o dispositivo da sentença deve guardar relação com as razões de decidir (com a motivação).

Se condenatória a sentença, deverá a conclusão trazer o tipo penal no qual está incurso o acusado, a dosimetria da pena e o seu regime inicial de cumprimento.

Se absolutória, deverá a conclusão trazer o fundamento legal da absolvição (incisos do art. 386, CPP).

---

151. Juizado Especial Criminal – Lei 9.099/1995.

152. É nulo o acórdão que se limita a ratificar a sentença e a adotar o parecer ministerial, sem sequer transcrevê-los, deixando de afastar as teses defensivas ou de apresentar fundamento próprio. Isso porque, nessa hipótese, está caracterizada a nulidade absoluta do acórdão por falta de fundamentação" (STJ, HC 214049/SP, DJe 10/03/2015 e Informativo 557, de 5 a 18 de março de 2015).

Observação Final: O juiz ao proferir a sentença condenatória nos casos de violência contra a mulher, praticados no âmbito doméstico ou familiar, pode fixar o valor mínimo indenizatório a título de dano moral, desde que haja pedido expresso da acusação ou da parte ofendida, ainda que não especificada a quantia e independentemente de instrução probatória (Informativo 621/STJ, de 6 de abril de 2018).

12.3.4. Autenticação

Consiste na aposição de assinatura do juiz, bem como da indicação do local e data em que a sentença foi proferida. A falta de assinatura torna a sentença inexistente.

Dadas as suas peculiaridades, analisemos a seguir a sentença absolutória (tema, de certa forma, já enfrentado também quando tratamos da ação civil *ex delicto*).

12.4. Sentença absolutória

Conforme dito, é a sentença que não acolhe a pretensão punitiva deduzida na inicial acusatória.

A sentença absolutória pode ser:

Própria: aquela que absolve o réu, importando em reconhecimento de sua plena inocência. É a absolvição por excelência. Ex.: juiz que, na sentença, reconhece que o acusado não participou do crime objeto do processo;

Imprópria: aquela que, apesar de absolver o réu, aplica-lhe medida de segurança, pois reconhece a inimputabilidade do acusado (doença mental) ao tempo do fato – art. 26, CP c/c o art. 386, VI, 2ª parte, e parágrafo único, III, CPP.

Analisemos a seguir os fundamentos da sentença absolutória contidos no art. 386, CPP. O juiz absolverá o réu quando:

I. **estiver provada a inexistência do fato**: aqui o juiz está seguro de que o fato relatado na inicial acusatória não aconteceu. Se o fato não existiu no campo penal (que exige uma carga probatória muito maior que a do campo civil), com muito mais razão também não existiu na seara cível. Este fundamento da sentença absolutória obsta, portanto, a propositura de ação civil *ex delicto*;

II. **não houver prova da existência do fato**: a acusação não logrou êxito em convencer o juiz a respeito da existência do fato-crime. Houve debilidade probatória. Sendo assim, aplica-se a regra pragmática de julgamento do *in dubio pro reo*, absolvendo-se, por conseguinte, o acusado. Este fundamento da sentença absolutória não fecha as portas do cível. Note-se que a prova não foi suficiente para o campo penal, mas poderá sê-lo para o campo civil;

III. **não constituir o fato infração penal**: é o reconhecimento da atipicidade do fato. Também não fecha as portas do cível. O ilícito não foi penal, mas poderá ser civil (art. 67, III, CPP);

IV. **estiver provado que o réu não concorreu para a infração penal**: aqui o juiz está seguro de que o réu não concorreu para a prática da infração penal (negativa da autoria). Fecha as portas do cível. Se restou provado no campo penal que o réu não praticou qualquer conduta lesiva, automaticamente estará excluído do polo passivo de qualquer ação indenizatória;

V. **não existir prova de ter o réu concorrido para a infração penal**: o juiz não está seguro da participação ou não do acusado na empreitada criminosa. A acusação não logrou êxito em convencer o juiz a respeito disso, havendo, portanto, debilidade probatória. Sendo assim, aplica-se a regra pragmática de julgamento do *in dubio pro reo*, absolvendo-se, por conseguinte, o acusado. Este fundamento da sentença absolutória não fecha as portas do cível. Note-se que a prova não foi suficiente para o campo penal, mas poderá sê-lo para o campo civil;

VI. **existirem circunstâncias que excluam o crime ou isentem o réu de pena** (arts. 20, 21, 22, 23, 26 e § 1º do art. 28, todos do Código Penal), ou **mesmo se houver fundada dúvida sobre sua existência:** já tratamos desta hipótese com detalhes quando estudamos a ação civil *ex delicto*. Vale apenas lembrar que o reconhecimento de excludente de ilicitude (legítima defesa, por exemplo) fecha, em regra, as portas do cível (arts. 188, I, CC, e 65, CPP);

VII. **não existir prova suficiente para a condenação**: para que seja imposta uma condenação ao acusado, é preciso que o juiz esteja convencido de que o fato existiu, foi típico, que o réu concorreu para essa infração penal e que não existiram, *in casu*, justificantes ou dirimentes. Desse modo, se o conjunto probatório não foi suficiente para gerar um juízo de certeza acerca da condenação, impõe-se a absolvição do acusado. Trata-se, mais uma vez, da aplicação da regra pragmática de julgamento do *in dubio pro reo*.

12.5. Princípio da correlação entre a acusação e a sentença

Segundo Badaró (2008, v. I, p. 309) significa que "deve haver uma identidade entre o objeto da imputação e o da sentença. Ou seja, o acusado deve ser julgado, sendo condenado ou absolvido, pelos fatos que constam da denúncia ou queixa". Dessa forma, descabem julgamentos *citra* (aquém do objeto da imputação), *ultra* (além do objeto da imputação) ou *extra* (diverso do objeto da imputação) *petita*.

Em suma, o princípio da correlação visa a impedir que o réu seja condenado por fato não contido na denúncia ou na queixa. Daí surge um questionamento: que fazer quando, no decorrer da instrução, verificar-se que ocorreu um equívoco na classificação legal (tipificação) do fato descrito; ou quando se vislumbrar que o fato inicialmente descrito não corresponde ao que foi demonstrado ao final da instrução? A resposta passa pelos institutos da *emendatio libelli* e *mutatio libelli*, a seguir examinados.

12.5.1. Emendatio libelli

Essa possibilidade está consubstanciada no art. 383, CPP, que diz: "*o juiz, sem modificar a descrição do fato contida na denúncia ou queixa, poderá atribuir-lhe definição jurídica diversa, ainda que, em consequência, tenha de aplicar pena mais grave*".

Após a fase instrutória, ao apreciar o mérito da pretensão punitiva, é possível que o juiz perceba que a definição legal apresentada pela acusação não é adequada aos fatos descritos na inicial acusatória. Diante dessa situação, poderá o juiz, de ofício, proceder à correta capitulação legal dos fatos, retificando a inicial. Trata-se de medida que não interfere na defesa, pois, como diz a tradicional doutrina, o acusado se defende dos fatos descritos e não da definição legal contida na inicial acusatória. Vamos a um exemplo: denúncia narra um furto, mas o promotor, ao classificar a conduta, aponta o art. 157, CP (roubo). Na sentença, poderá o juiz corrigir a classificação legal para o art. 155, CP (furto) (BADARÓ, 2008, v. I, p. 310).

Perceba o leitor que o elemento-chave da *emendatio* é que o fato descrito na inicial penal é o mesmo que chega ao juiz no momento da sentença (o fato permanece inalterado). O que muda, portanto, é o enquadramento legal dado pelo juiz àquele (ao fato).

Assim, o STF, no julgamento do HC 129284/PE, j. 17/10/2017, entendeu ser irrelevante a menção expressa na denúncia de eventuais causas de aumento ou diminuição, desde que haja correlação entre o fato descrito na denúncia e o fato pelo qual foi condenado (Informativo 882, STF, do período de 16 a 20 de outubro de 2017). Dessa forma, o fato de o MP ajuizar ação penal contra o réu pela prática do crime de homicídio fundamentando apenas no art. 121, mas no bojo da descrição dos fatos narrar que o crime foi cometido por grupo de extermínio, não impede que o juiz no momento da sentença reconheça a incidência da causa de aumento prevista no § 6º do art. 121.

Por fim, vale ressaltar que o instituto da *emendatio libelli* pode ocorrer em segundo grau. (Informativo 895/STF, de 19 a 30 de março de 2018). Porém, a retificação não pode resultar em pena mais grave se o recurso tiver sido exclusivo da defesa, uma vez que é vedada a *reformatio in pejus*.

12.5.2. Mutatio libelli (art. 384, CPP)

Aqui, ao contrário da hipótese anterior, "os fatos objeto do processo são alterados, com o que, normalmente, altera-se também a sua classificação jurídica" (BADARÓ, 2008, v. I, p. 311). Perceba o leitor, portanto, que na *mutatio* temos uma alteração dos fatos objeto do processo (este é o elemento-chave). Ex.: o promotor, na denúncia, narra um furto e, corretamente, rotula o fato no art. 155, CPP. Ocorre que, durante a instrução, surgem provas no sentido de que o arrebatamento dos bens da vítima se deu por meio de violência. Logo, estaríamos diante de um roubo e não de um furto. Perceba que não se trata de um novo fato típico, mas de **elemento ou circunstância** que não estavam presentes originalmente. Eles podem ser entendidos como *as circunstâncias elementares do delito, a prova de qualificadoras, causas de aumento e de diminuição da pena (circunstâncias legais)*.

Em decorrência desse novo cenário, o juiz deverá notificar o MP para que este proceda ao aditamento da denúncia no prazo de 5 dias (art. 384, parte final, CPP). Se o órgão ministerial não promover o aditamento, pode o juiz seguir o procedimento do art. 28, CPP, remetendo ao órgão revisor do MP para manifestação final. É importante dizer ainda que o juiz não poderá, de ofício, realizar a alteração da imputação, já que, agindo assim, estaria atuando como órgão acusador, violando, pois, o sistema acusatório.

Uma vez oferecido o aditamento pelo MP, deve o juiz, em observância ao contraditório e à ampla defesa, permitir que, em 5 dias, o acusado se manifeste.

Admitido o aditamento pelo juiz (com a manifestação defensiva do réu), deverá o juiz abrir novo prazo de 5 dias, para que as partes arrolem até 3 testemunhas. Ato contínuo, o juiz marcará dia e hora para a continuação da audiência de instrução e julgamento, com a inquirição das testemunhas eventualmente indicadas, novo interrogatório do réu, novos debates orais e, ao final, julgamento.

Por fim, frise-se que, nos termos da Súmula 453, STF, não cabe *mutatio libelli* em segundo grau.

12.6. Coisa julgada

12.6.1. Conceito e espécies

É o efeito de imutabilidade oriundo de uma decisão judicial sobre a qual não seja mais possível qualquer discussão. Na visão de Tourinho Filho, o seu fundamento político é a necessidade de pacificação social por meio da segurança jurídica relacionada à manutenção das decisões definitivas (2010, p. 843).

Na esfera penal, essa imutabilidade incide sobre as sentenças absolutórias, uma vez que a condenação pode ser revista a qualquer tempo, por meio da ação de revisão criminal (art. 621, CPP).

Quanto à extensão da imutabilidade, a coisa julgada deve ser entendida sob dois aspectos: formal e material. Aqui o magistério de Luiz Flávio Gomes é bastante elucidativo no que tange à sua compreensão prática.

Diz o referido jurista que "há duas espécies de coisa julgada: 1. Coisa julgada formal: impede que o juízo da causa reexamine a sentença [ou decisão]; 2. Coisa julgada material: impede que qualquer outro juízo ou tribunal examine a causa já decidida." (2005, p. 330).

Nessa linha de entendimento, em respeito à coisa julgada, o STJ fixou entendimento de que no caso de duas sentenças condenatórias contra o mesmo condenado, pelos mesmos fatos, deve prevalecer a condenação que primeiro transitou em julgado (RHC 69586-PA, Info. 642/STJ, de 15 de março de 2019).

12.6.2. Limites da coisa julgada

Como visto acima, a coisa julgada impõe limites à atividade de persecução penal. Tais limitações possuem natureza dúplice: objetiva e subjetiva.

a) Limites objetivos: estão previstos no § 2º, art. 110, CPP, *in verbis*: "*a exceção de coisa julgada somente poderá ser oposta em relação ao fato principal que tiver sido objeto da sentença*". Os limites objetivos são, portanto, as imputações, os fatos principais considerados pelo juiz na sentença.

Desse modo, uma vez absolvido da acusação de roubo do carro da vítima "A", em determinado dia, e sob as condições ali descritas, o acusado não mais poderá ser processado pelos mesmos fatos sob outra qualificação, como furto, por exemplo;

b) Limites subjetivos: incidem sobre o acusado, sujeito passivo da ação penal.

O efeito de imutabilidade da sentença impede que ele seja processado duas vezes pelo mesmo fato, independentemente da natureza da sentença, seja absolutória, condenatória ou terminativa de mérito (ex: sentença de extinção da punibilidade).

13. PROCEDIMENTOS PENAIS

13.1. Conceito

Rito ou procedimento é a sucessão ordenada de atos processuais, dirigidos a um fim último: a sentença.

13.2. Classificação

No processo penal, o procedimento se divide em comum e especial (art. 394, CPP).

a) O **procedimento comum** compreende:

a1) o procedimento ordinário: aplicável aos crimes cuja pena máxima prevista seja igual ou superior a 4 anos de privação de liberdade;

a2) o procedimento sumário: aplicável aos crimes cuja pena máxima prevista seja inferior a 4 anos de privação de liberdade;

a3) o procedimento sumaríssimo, aplicável às IMPOs[153] (Lei 9.099/1995), ou seja, pena máxima até 2 anos;

No cálculo da pena máxima, devem ser considerados os seguintes pontos: as qualificadoras; os privilégios; as hipóteses de concurso de crimes; as causas de aumento (considerar a de maior aumento da pena) e de diminuição (considerar a de menor redução da pena). Estão excluídas do cálculo as circunstâncias agravantes e atenuantes, considerando a ausência de parâmetros legais a respeito do acréscimo ou de redução da pena (LIMA, 2015, p. 1417-1418).

b) Procedimento especial (pode estar previsto dentro ou fora do CPP). Exemplos:

b1) Júri – art. 406 e ss., CPP;

b2) Drogas – Lei 11.343/2006;

b3) Crimes de funcionais (art. 513 e ss.); dentre outros.

É importante notar que, conforme determina o § 4º do art. 394, CPP, os institutos previstos nos arts. 395 a 397, que tratam respectivamente das causas de rejeição da denúncia, da resposta à acusação e da absolvição sumária, aplicam-se, em regra, a todo e qualquer procedimento de 1º grau.

No entanto, é necessário destacar que a absolvição sumária do art. 397, CPP (absolvição sumária antecipada), não se aplica ao procedimento do júri. Motivo: o rito do júri já possui possibilidade de absolvição sumária em momento específico (art. 415 do CPP), sendo, portanto, descabida a aplicação do art. 397 do CPP ao procedimento dos crimes dolosos contra a vida. Nesse sentido: Tourinho Filho (2010, p. 734) e Pacelli de Oliveira (2015, p. 641).

Ressalte-se também que as disposições do procedimento ordinário são aplicadas subsidiariamente aos procedimentos especial, sumário e sumaríssimo – § 5º do art. 394, CPP.

13.3. Etapas do procedimento ordinário (arts. 394 a 405)[154]

a) Oferecimento da inicial penal (indicação de até 8 testemunhas);

b) Recebimento ou rejeição da inicial.

Havendo rejeição cabe RESE (art. 581, I);

c) Citação (em caso de recebimento);

d) Resposta escrita à acusação;

e) Absolvição sumária ou, não sendo o caso desta, designação de audiência;

f) Audiência de instrução e julgamento (AIJ) (audiência una).

Inicialmente, sublinhe-se o seguinte: no que tange à oitiva de vítimas e testemunhas na AIJ, todas as partes e demais sujeitos processuais presentes ao ato deverão zelar pela inte-

---

153. Infração de menor potencial ofensivo – art. 61, Lei 9.099/1995.

154. Note, caro Leitor, que o art. 394-A, introduzido pela Lei 13.285/2016, estabelece que os processos que apurem a prática de crimes hediondos terão prioridade de tramitação em todas as instâncias, ou seja, inclusive no âmbito dos Tribunais Superiores.

gridade física e psicológica daquelas, sobretudo, se o caso versar sobre crime contra a dignidade sexual (vide art. 400-A, CPP). Este artigo foi introduzido no CPP pela Lei Mariana Ferrer (L. 14.245/21). Tal Lei, por sua vez, foi impulsionada pelo caso da influenciadora digital Mariana Ferrer que, em um processo no qual figurava como vítima de estupro, foi, conforme gravações reveladas da AIJ, humilhada pelo advogado do acusado. O art. 400-A foi, assim, criado para coibir a humilhação de vítimas e testemunhas em processos judiciais, ficando vedadas, segundo a redação do dispositivo: I – a manifestação sobre circunstâncias ou elementos alheios aos fatos objeto de apuração nos autos; e II – a utilização de linguagem, de informações ou de material que ofendam a dignidade da vítima ou de testemunhas.

A seguir, vejamos quais são os atos que compõem a AIJ:

f1) tomada das declarações da vítima;

f2) oitiva das testemunhas arroladas pela acusação;

f3) oitiva das testemunhas arroladas pela defesa;

f4) esclarecimentos dos peritos (desde requerido pelas partes);

f5) acareações (se for o caso);

f6) reconhecimento de pessoas e coisas (se necessário);

f7) interrogatório do réu;

f8) requerimento de diligências últimas;

f9) alegações finais orais ou apresentação de memoriais;

g) Sentença (a ser proferida na própria audiência una ou posteriormente quando impossível a sua prolação em audiência).

13.3.1. Análise de algumas etapas importantes do procedimento ordinário

a) Hipóteses de rejeição da inicial penal (art. 395, CPP). Significa que o juiz considera inviável a acusação deflagrada por conta de um dos seguintes motivos:

I. **Inépcia:** desatendimento dos requisitos essenciais do art. 41, CPP. Ex.: denúncia lacônica – que não respeita o requisito da exposição do fato criminoso com todas as suas circunstâncias;

II. **Falta de pressuposto processual ou condição para o exercício da ação penal.** Ex.: de falta de pressuposto processual: litispendência (acusação do mesmo réu sobre o mesmo fato). Ex.: de falta de condição da ação: denúncia por fato prescrito (carece o MP de interesse neste caso);

III. **Ausência de justa causa:** é a 4ª condição genérica da ação. Falta de suporte probatório mínimo;

b) Resposta à acusação (arts. 396 e 396-A, CPP)

Uma vez citado, o réu possui 10 dias para apresentar sua primeira defesa no processo.

b1) Conteúdo da resposta: o acusado poderá arguir preliminares e alegar tudo o que interesse à sua defesa, oferecer documentos e justificações, especificar as provas pretendidas e arrolar testemunhas, qualificando-as e requerendo sua intimação, quando necessário.

Pode indicar até 8 testemunhas, sob pena de preclusão.

Obrigatoriedade: Não apresentada a resposta no prazo legal, ou se o acusado, citado, não constituir defensor, o juiz nomeará defensor para oferecê-la, concedendo-lhe vista dos autos por 10 (dez) dias. Note-se que a falta de resposta é causa de nulidade absoluta e, além disso, conforme o art. 265, CPP,

o defensor que abandonar a causa sem a ocorrência de motivo imperioso comunicado previamente ao juiz, pode sofrer a aplicação de multa.

c) Possibilidade de absolvição sumária (art. 397, CPP): após a resposta à acusação, pode o juiz absolver sumariamente o réu quando verificar:

I. a existência manifesta de causa excludente da ilicitude do fato.

Ex.: legítima defesa;

II. a existência manifesta de causa excludente da culpabilidade do agente, salvo inimputabilidade.

Ex.: coação moral irresistível.

A ressalva da inimputabilidade nesse dispositivo tem razão de ser, pois lembre-se de que, no caso de reconhecimento de doença mental, será aplicada ao réu medida de segurança (que não deixa de ser uma pena). Logo, necessário o percurso do devido processo legal até a sentença final, não sendo possível absolvê-lo impropriamente nessa etapa;

III. que o fato narrado evidentemente não constitui crime.

Ex.: atipicidade da conduta;

IV. extinta a punibilidade do agente.

A redação do dispositivo foi infeliz. Tecnicamente, não se trata de absolvição. Ex.: morte do agente. Não se "absolve" o agente, mas declara-se extinta a sua punibilidade.

d) Algumas novidades/questões sobre a audiência una

I. Tentativa de concentração dos atos numa única audiência;

II. Incorporação do princípio da identidade física do juiz ao processo penal (art. 399, § 2º, CPP): o juiz que acompanhar a instrução probatória deverá ser o mesmo a proferir a sentença;

III. A ordem de oitiva das testemunhas respeitará o seguinte: primeiro, serão ouvidas as testemunhas indicadas pela acusação, depois, as pela defesa. Não se aplica esta ordem no caso de expedição de carta precatória;

IV. Perguntas formuladas diretamente às testemunhas pelas partes;

V. Interrogatório ao final da audiência. Conforme a melhor doutrina, o deslocamento do interrogatório para o final da audiência reforçou que, além de meio de prova, esse ato representa, inegavelmente, um meio de defesa[155];

VI. Alegações finais (debates) orais: primeiro, acusação (20 min. prorrogável por mais 10), e, em seguida, a defesa, por igual tempo.

Existindo 2 ou mais acusados, o tempo das alegações orais será contado separadamente para cada um e, havendo assistente de acusação, ele fará sua sustentação por 10 minutos, logo após o MP, acrescentando-se igual tempo à manifestação da defesa.

O juiz poderá, considerada a complexidade do caso, o número de réus ou a necessidade de realizar diligências imprescindíveis, conceder às partes o prazo de 5 dias, sucessi-

---

155. Os tribunais superiores entendem que o art. 400 do CPP, que prevê o interrogatório do réu como último ato da instrução, é aplicável no âmbito do processo penal militar e nos casos de incidência da Lei de Drogas (Informativo 816/STF, de 29 de fevereiro a 4 de março de 2016 e Informativo 609/STJ, de 13 de setembro de 2017). O mesmo ocorre no âmbito dos processos criminais que tramitam perante o STF e STJ, em que pese não tenha havido alteração no art. 7º da Lei 8.038/90, lei que rege o procedimento nestes tribunais (AP 1027-DF, Info. 918/STF, de 1º a 5 de outubro de 2018).

vamente, para a apresentação de memoriais (leia-se alegações finais escritas). Nessa hipótese, terá o magistrado o prazo de 10 dias para prolatar a sentença.

Quanto ao tema alegações finais, importa destacar recente decisão do STF no sentido de que o corréu delatado em acordo de colaboração premiada possui o direito de apresentar alegações finais após os delatores, sob pena de indubitável prejuízo à defesa (HC 157627-AgR/PR, Info. 949/STF, de 26 a 30 de agosto de 2019);

VII. Sentença em audiência: passa a ser a regra. Exceções (hipóteses em que a sentença não será prolatada em audiência): causa complexa; número elevado de réus; ou diligências imprescindíveis que impeçam a prolação da sentença em audiência. Nestas situações, não haverá alegações finais orais em audiência (as alegações serão escritas e apresentadas *a posteriori* – memoriais), como também não haverá prolação de sentença em audiência. *Vide* arts. 403 e 404, CPP.

Se os memoriais não forem apresentados pelo MP, será aplicado, por analogia, o art. 28, CPP. Para o querelante, impõe-se a perempção (art. 60, I, CPP);

VIII. A audiência una deve ser realizada no prazo máximo de 60 dias (contados a partir do recebimento da inicial penal) – art. 400, *caput*, CPP.

13.4. Etapas do procedimento sumário – arts. 531 a 538, CPP

a) Oferecimento da inicial penal;

b) Recebimento ou rejeição da inicial;

c) Citação;

d) Resposta escrita à acusação;

e) Absolvição sumária ou designação de audiência;

f) Audiência de instrução e julgamento (AIJ): declarações do ofendido; oitiva das testemunhas (acusação e defesa); esclarecimentos dos peritos; acareações; reconhecimento de pessoas e coisas; interrogatório; alegações finais orais; e sentença. Aplica-se aqui aquilo que foi dito anteriormente quanto à necessidade de respeito à dignidade das vítimas e testemunhas quando de sua oitiva na AIJ (vide art. 400-A, CPP).

Nota: trata-se de procedimento praticamente igual ao ordinário. Diferenças: a audiência una deve ser realizada em até 30 dias após o recebimento da inicial; limite de testemunhas: 5 (e não 8 como no ordinário).

13.5. Procedimento (comum) sumaríssimo (arts. 77 a 81, Lei 9.099/1995)

Aplicável às IMPOs (infrações penais de menor potencial ofensivo, que são aquelas cuja pena máxima é de até 2 anos – *vide* art. 61, Lei 9.099/1995). Vale lembrar que "no caso de concurso de crimes, a pena considerada para fins de fixação da competência do Juizado Especial Criminal será o resultado da soma, no caso de concurso material, ou a exasperação, na hipótese de concurso formal ou crime continuado, das penas máximas cominadas aos delitos; destarte, se desse somatório resultar um apenamento superior a 02 (dois) anos, fica afastada a competência do Juizado Especial" (STJ HC **143500**/PE, *DJe* 27.06.2011 e Rcl 27315/SP, DJe 15.12.2015).

A exceção diz respeito ao art. 94, Lei 10.741/2003 (Estatuto do Idoso), que prevê a aplicação do procedimento para os crimes ali previstos, mesmo com o teto de 4 anos. O **STF**

decidiu pela interpretação conforme do referido dispositivo, permitindo unicamente a adoção do procedimento sumaríssimo, mas sem a possibilidade de aplicação dos institutos despenalizadores da Lei 9.099/1995 (**ADI 3096/DF,** *DJe* **03.09.2010**).

Ver o importante precedente do STF: "Interpretação que pretenda equiparar os crimes praticados com violência doméstica contra a mulher aos delitos submetidos ao regramento previsto na Lei dos Juizados Especiais, a fim de permitir a conversão da pena, não encontra amparo no art. 41 da Lei 11.340/2006. 3. Ordem denegada". (HC 129446, DJ 06.11.2015).

13.5.1 Fases

a) Fase preliminar

I. lavratura do termo circunstanciado (TCO ou TC) e encaminhamento deste termo ao juizado (JECRIM);

II. audiência preliminar: presentes o autor do fato, vítima, respectivos advogados, responsável civil (se for o caso) e o MP, o juiz esclarecerá sobre a possibilidade da **composição civil dos danos** e da **transação penal** (aplicação imediata de pena não privativa de liberdade);

III. Não havendo conciliação na audiência preliminar, será facultado ao titular da ação oferecer inicial penal oral (rol de 3 testemunhas), passando-se à fase propriamente processual da Lei 9.099/1995;

a1) Algumas etapas importantes da fase preliminar:

I. **Composição civil** (art. 74, Lei 9.099/1995): visa a reparar os danos causados ao ofendido. Sendo homologada por sentença (decisão irrecorrível) pelo juiz, terá eficácia de título a ser executado no juízo cível.

i. Crime de ação penal privada: homologado o acordo pelo juiz, haverá renúncia ao direito de ação (queixa), ou seja, extinção da punibilidade. Não homologada a composição, poderá o ofendido ingressar com a queixa oral;

ii. Ação pública condicionada à representação: homologado o acordo, haverá renúncia ao direito de representação (extinção da punibilidade). Não homologada a composição, poderá o ofendido oferecer representação oral. O não oferecimento da representação na audiência preliminar não implica decadência do direito, que poderá ser exercido no prazo previsto em lei (art. 75, parágrafo único, Lei 9.099/1995);

iii. Ação pública incondicionada: a homologação do acordo não impede a propositura de transação e nem de denúncia pelo MP;

II. **Transação penal (art. 76, Lei 9.099/1995):** não sendo caso de arquivamento, o MP examinará a viabilidade de propor imediatamente a aplicação de pena restritiva de direitos ou multa (a ser especificada na proposta). Trata-se de mitigação do princípio da obrigatoriedade. É cabível a transação em relação a crime de ação penal privada. "Nesse caso, a legitimidade para formular a proposta é do ofendido, e o silêncio do querelante não constitui óbice ao prosseguimento da ação penal". STJ, Súmula 536: "A suspensão condicional do processo e a transação penal não se aplicam na hipótese de delitos sujeitos ao rito da Lei Maria da Penha".

III. **Não cabe a proposta pelo MP se ficar comprovado:**

i. ter sido o autor da infração condenado, pela prática de crime, à pena privativa de liberdade, por sentença definitiva.

Não impede se decorridos mais de 5 anos do cumprimento ou extinção da pena (art. 64, I, CP – prazo da reincidência);

ii. ter sido o agente beneficiado anteriormente, no prazo de cinco anos, pela aplicação de pena restritiva ou multa, nos termos deste artigo;

iii. não indicarem os antecedentes, a conduta social e a personalidade do agente, bem como os motivos e as circunstâncias, ser necessária e suficiente a adoção da medida.

IV. **A homologação da transação penal:**

i. não importará em reincidência, sendo registrada apenas para impedir novamente o mesmo benefício no prazo de cinco anos;

ii. não constará de certidão de antecedentes criminais;

iii. não terá efeitos civis, cabendo aos interessados propor ação cabível no juízo cível;

iv. Conforme atual posicionamento do STF, em caso de descumprimento do acordo de transação penal, admite-se o oferecimento de denúncia por parte do MP ou a requisição de instauração do IP. Ver Súmula Vinculante 35: "A homologação da transação penal prevista no artigo 76 da Lei 9.099/1995 não faz coisa julgada material e, descumpridas suas cláusulas, retoma-se a situação anterior, possibilitando-se ao Ministério Público a continuidade da persecução penal mediante oferecimento de denúncia ou requisição de inquérito policial".

v. Cumprida a transação, estará extinta a punibilidade do autor do fato.

Observação: o acusado não está obrigado a aceitar a proposta de transação penal. Pode rejeitá-la ou formular uma contraproposta (TÁVORA, 2016, p. 1190);

b) Fase processual (procedimento sumaríssimo) – art. 77 e ss.:

b1) Audiência de instrução e julgamento:

Inicialmente, note-se que aqui se aplica aquilo que foi dito anteriormente quanto à necessidade de respeito à dignidade das vítimas e testemunhas quando de sua oitiva na AIJ (vide art. 400-A, CPP).

I. Nova tentativa de composição civil e de transação penal (se não tiverem sido tentadas na audiência preliminar);

II. Defesa preliminar oral;

III. Recebimento ou rejeição da inicial;

IV. Oitiva da vítima e das testemunhas de acusação e de defesa;

V. Interrogatório;

VI. Debates orais;

VII. Sentença.

b2) Algumas particularidades da fase processual do sumaríssimo

I. A inicial penal é oral – art. 77, Lei 9.099/1995;

II. Pode-se dispensar o exame de corpo de delito se a materialidade do crime estiver aferida por boletim médico ou prova equivalente – art. 77, § 1º;

III. Não sendo encontrado o autor do fato para ser citado pessoalmente ou sendo complexa a causa, haverá o encaminhamento do processo ao juízo comum (seguindo-se doravante o procedimento sumário) – arts. 66 e 77, § 2º e 3º;

IV. A defesa no sumaríssimo é preliminar (antes do recebimento da ação e não posterior a esta, conforme ocorre no procedimento ordinário em que há a defesa escrita) – art. 81, Lei 9.099/1995;

V. Da rejeição da inicial cabe apelação (prazo 10 dias – art. 82) e não RESE (segundo ocorre nos demais procedimentos penais);

VI. No JECRIM, a sentença dispensa o relatório – art. 81, § 3º.

13.6. Suspensão condicional do processo (art. 89, Lei 9.099/1995)

13.6.1. Conceito

Trata-se de proposta efetuada pelo MP ao autor do fato (quando presentes certos requisitos) que suspende temporariamente o processo ao mesmo tempo em que impõe determinadas condições ao indivíduo (*sursis* processual). Visa a evitar a imposição de pena de prisão (é mais um dos institutos despenalizadores criados pela Lei 9.099/1995). STJ, Súmula 536: "A suspensão condicional do processo e a transação penal não se aplicam na hipótese de delitos sujeitos ao rito da Lei Maria da Penha".

13.6.2. Momento de proposta da suspensão condicional do processo

Oferecimento da denúncia.

13.6.3. Requisitos

a) Pena mínima do crime até 1 ano. Note que a suspensão condicional do processo se aplica não apenas às IMPOs, *mas a todo e qualquer crime que possua pena mínima de até 1 ano;*

b) O autor do fato não pode estar sendo processado, nem pode ter sido condenado por outro crime;[156]

c) A culpabilidade, os antecedentes, a conduta social e personalidade do agente, bem como os motivos e as circunstâncias devem se mostrar adequados à elaboração da proposta.

13.6.4. Duração

Período durante o qual o processo poderá ficar suspenso: de 2 a 4 anos.

13.6.5. Condições

Aceita a proposta pelo acusado e seu defensor, na presença do juiz, este, recebendo a denúncia, suspenderá o processo, submetendo o réu a período de prova, sob as seguintes condições:

I. reparação do dano, salvo impossibilidade de fazê-lo;

II. proibição de frequentar determinados lugares;

III. proibição de ausentar-se da comarca onde reside, sem autorização do juiz;

IV. comparecimento pessoal e obrigatório a juízo, mensalmente, para informar e justificar suas atividades;

V. o juiz poderá especificar outras condições a que fica subordinada a suspensão, desde que adequadas ao fato e à situação pessoal do acusado;

---

156. Nesse sentido, o STF consolidou o entendimento de que a existência de ações penais em curso contra o denunciado impede a concessão do *sursis* processual (Informativo 903/STF, de 21 a 25 de maio de 2018).

VI. a suspensão será revogada se, no curso do prazo, o beneficiário vier a ser processado por outro crime ou não efetuar, sem motivo justificado, a reparação do dano;

VII. a suspensão poderá ser revogada se o acusado vier a ser processado, no curso do prazo, por contravenção, ou descumprir qualquer outra condição imposta.

Segundo informativo 668 STJ, 24.04.20, "o processamento do réu pela prática da conduta descrita no art. 28 da Lei de Drogas no curso do período de prova deve ser considerado como causa de revogação facultativa da suspensão condicional do processo". Ademais, a revogação da suspensão poderá ocorrer mesmo após o período de prova, desde que o fato (descumprimento das condições ou processado por outro crime ou contravenção) tenha ocorrido durante a sua vigência (informativo 574 STJ).

VIII. expirado o prazo sem revogação, o juiz declarará extinta a punibilidade.

IX. não correrá a prescrição durante o prazo de suspensão do processo;

X. se o acusado não aceitar a proposta, o processo prosseguirá em seus ulteriores termos;

XI. caso o MP não efetue a proposta, pode o juiz, por analogia, aplicar o art. 28, CPP, ao caso – Súmula 696, STF;

XII. o benefício da suspensão do processo não é aplicável em relação às infrações penais cometidas em concurso material, concurso formal ou continuidade delitiva, quando a pena mínima cominada, seja pelo somatório, seja pela incidência da majorante, ultrapassar o limite de 1 ano (Súmula 243, STJ).

13.6.6. Questão final

Veda-se a aplicação dos institutos despenalizadores da Lei 9.099/1995 nos seguintes casos:

I. Lei Maria da Penha (violência doméstica – art. 41, Lei 11.340/2006);

II. crimes militares.

13.7. Procedimento (especial) do Júri

13.7.1. Princípios do júri (art. 5º, XXXVIII, CF)

a) Plenitude de defesa: a plenitude de defesa é considerada um *plus* à ampla defesa. Compreende a defesa técnica, a autodefesa e a *defesa metajurídica* (para além do direito). Pode-se, por exemplo, pedir clemência aos jurados para que absolvam o réu (argumento metajurídico).

Segundo o STF, embora o referido princípio autorize a utilização de argumentos não jurídicos (sociológicos, políticos e morais, por exemplo) para a formação do convencimento dos jurados, a cláusula tutelar da plenitude da defesa não pode constituir instrumento de salvaguarda de práticas ilícitas. Com base nessas premissas, o Supremo entendeu pela inconstitucionalidade da tese da legítima defesa da honra, por contrariar os princípios da dignidade da pessoa humana, da proteção à vida e da igualdade de gênero, não devendo ser veiculada, de forma direta ou indireta, nas fases pré-processual ou processuais penais, bem como durante o julgamento no tribunal do júri, sob pena de nulidade do ato e do julgamento (Informativo 1009/STF, de 19 de março de 2021).

Note-se ainda que a defesa técnica é fiscalizada pelo juiz-presidente, conforme determina o art. 497, V, CPP. Caso o advogado do réu esteja desempenhando as suas funções de maneira insatisfatória, deve o juiz, em nome da ampla defesa (ou plenitude de defesa), desconstituí-lo, intimando o acusado para que nomeie outro defensor de sua preferência. Não o fazendo, o juiz então nomeará defensor público ao réu;

b) Sigilo das votações: após a instrução em plenário, os jurados serão encaminhados a uma sala secreta para decidirem a sorte do acusado. Neste momento, deverão responder sigilosamente às perguntas formuladas pelo magistrado (quesitos) por meio de cédulas contendo as palavras "sim" ou "não". Assim, tanto o local em que se dá a votação é sigiloso (sala secreta), como também a forma da votação é sigilosa, não podendo o jurado informar o seu voto às demais pessoas e nem se comunicar com os demais jurados sobre o caso que está *sub judice*. Ademais, deve o juiz-presidente evitar a unanimidade da votação. Significa isto que o juiz, no momento da leitura dos votos, ao atingir a maioria (4 votos, uma vez que são 7 jurados), deve interromper a leitura dos demais votos como forma de velar pelo sigilo das votações;

c) Soberania dos veredictos: significa que aquilo que os jurados decidirem não pode ser reformado pelo juiz-presidente e/ou por instância superior.[157] No máximo, será possível a anulação (mas não a reforma) do veredicto, em caso de decisão manifestamente contrária à prova dos autos (art. 593, III, *d*, CPP). Ainda assim, só caberá apelação por este motivo uma única vez;

d) Competência para julgar crimes dolosos contra a vida tentados ou consumados e seus conexos. Ou seja, homicídio doloso, infanticídio, aborto e instigação ao suicídio. **Atenção:** o júri não é competente para julgar latrocínio,[158] genocídio[159] e tortura, ainda que seguida de morte.

13.7.2. Características

a) Órgão colegiado heterogêneo: composto por um juiz togado (juiz-presidente) e 25 leigos, dos quais 7 serão sorteados para integrar o chamado Conselho de Sentença. Porém, avise-se, desde já, que para que a sessão seja instalada bastam 15 jurados;

b) Horizontal: inexiste hierarquia entre o juiz-presidente e os jurados;

c) Decisão por maioria de votos: não se exige a unanimidade.

Observação: as decisões do Júri são classificadas como decisões subjetivamente complexas porque emanam de órgão colegiado heterogêneo;

d) Rito escalonado (bifásico): possui duas fases:

d1) a 1ª chama-se juízo de admissibilidade, sumário da culpa ou *judicium accusationis*. Nesta fase, muito parecida com o rito ordinário, faz-se um juízo de admissibilidade da acusação. Vai da denúncia à pronúncia;

---

157. Recentes decisões do STF vinham utilizando o princípio da soberania dos veredictos para fundamentar a execução provisória da pena imposta pelo juiz presidente do Tribunal do Júri (HC 140449-RJ, Info. 922/STF, de 29 de outubro a 9 de novembro de 2018). Nesse sentido ver tópico 17.8.6. Entendemos que após o julgamento das ADC's 43, 44 e 54 pelo Plenário, restou afastada do nosso ordenamento a possibilidade de execução provisória da pena. Ver Info. **958/STF, de 28 de outubro a 8 de novembro de 2019.**

158. STF, Súmula 603: "A competência para o processo e julgamento de latrocínio é do juiz singular e não do Tribunal do Júri."

159. O STF consolidou o entendimento de que a competência nesse caso é da Justiça Federal, tendo em vista a natureza do bem jurídico violado. Ver RE 351487/RR, *DJ* 10.11.2006.

d2) a 2ª chama-se de juízo de mérito ou *judicium causae*. Esta é a fase mais "famosa" (plenário). Inicia-se com o oferecimento do rol de testemunhas pelas partes e encerra-se com o julgamento pelos jurados.

13.7.3. Primeira fase do júri (judicium accusationis ou sumário da culpa – arts. 406 a 412, CPP)

a) Oferecimento da inicial penal;

b) Recebimento ou rejeição;

c) Citação (em caso de recebimento);

d) Resposta à acusação;

e) Oitiva da acusação sobre preliminares e documentos apresentados na resposta;

f) Audiência de instrução: oitiva do ofendido (se possível), das testemunhas, esclarecimentos do perito, acareações, reconhecimento de pessoas e coisas, interrogatório do réu, debates orais, decisão (em audiência ou após 10 dias). Quanto à oitiva de vítimas e testemunhas na referida audiência, vale lembrar da redação do art. 400-A, CPP, que estabelece a necessidade de respeito à dignidade daquelas quando de sua ouvida.

13.7.4. Decisões possíveis do juiz após os debates das partes

a) Pronúncia (art. 413, CPP): significa que o juiz entende viável a acusação. Esta merece ser submetida aos juízes naturais da causa (jurados). O juiz funciona aqui como um filtro.

a1) Requisitos (concomitantes): materialidade + indícios suficientes de autoria.

A fundamentação da pronúncia limitar-se-á à indicação da materialidade (existência) do fato e do reconhecimento de indícios suficientes de autoria ou de participação, devendo o juiz declarar o dispositivo legal em que julgar incurso o acusado e especificar as circunstâncias qualificadoras e as causas de aumento de pena – art. 413, § 1º, CPP.

Igual postura deve ter o juiz no que tange às eventuais teses defensivas ventiladas na 1ª fase do júri: não deve aprofundá-las. Não concordando com essas teses, deve apenas refutá-las genericamente.

A questão do excesso de linguagem: a linguagem da pronúncia deve ser sóbria, equilibrada, para não influenciar os jurados. O excesso de linguagem por parte do juiz (ex.: "reconheço categoricamente a prática de crime por parte de Fulano...") ensejará a nulidade da pronúncia.[160]

Pronúncia e crimes conexos: não deve o juiz adentrar no mérito dos eventuais crimes conexos. Pronunciando o réu pelo delito doloso contra a vida, deve o juiz pronunciar também o eventual crime conexo, sem adentrar, porém, no mérito deste (que será decidido pelos jurados). Não pode o juiz pronunciar pelo crime doloso contra a vida e "absolver" o acusado pelo crime conexo;

a2) Natureza dessa decisão: decisão interlocutória mista não terminativa (encerra a fase de um procedimento, sem pôr fim ao processo).

Características:

I. Conforme sublinha majoritária doutrina, vigora na fase de pronúncia o princípio do *in dubio pro societate*. Significa isto que, nesta etapa, em vez do tradicional *in dubio pro reo*,

a dúvida quanto à autoria resolve-se em favor da sociedade (acusação). Na verdade, quer dizer esse princípio (*in dubio pro societate*) que, havendo elementos (ainda que indiciários) que apontem para a autoria do réu, deve o juiz submetê-lo ao juiz natural da causa (ao Corpo de Jurados). Não é necessária prova cabal de autoria nessa fase, mas apenas provas sérias, razoáveis;[161]

Embora seja este o entendimento adotado na grande maioria das decisões dos tribunais pátrios, importante ressaltar recente decisão da 2ª Turma do STF que trouxe ponderações quanto à aplicação do princípio do *in dubio pro societate* na fase de pronúncia. O relator do caso, Min. Gilmar Mendes, teceu algumas críticas ao referido princípio, destacando a ausência de previsão legal e o efeito de desvirtuar as premissas racionais de valoração da prova, além de salientar a previsão constitucional do *in dubio pro reo*, o qual, portanto, deveria ser o princípio aplicado. Desse modo, a Turma firmou o entendimento de que "para a pronúncia, não se exige uma certeza além da dúvida razoável, necessária para a condenação. Contudo, a submissão de um acusado ao julgamento pelo Tribunal do Júri pressupõe a existência de um lastro probatório consistente no sentido da tese acusatória." (ARE 1067392-CE, Info. 935/STF, de 25 a 29 de março de 2019). Na mesma direção do STF, as 5ª e 6ª Turmas do STJ, em decisões recentes, entenderam pela impossibilidade de pronúncia do acusado com base exclusivamente em elementos informativos colhidos na fase inquisitorial, sob pena de violação do art. 155 do CPP. (STJ, HC 560.552/RS, julgado em 23/02/2021 e STJ, HC 589.270, julgado em 23/02/2021).

II. A pronúncia fixa os limites da imputação em plenário. Preclusa a pronúncia, não poderá a acusação inovar em plenário. Estará a acusação adstrita aos termos definidos na pronúncia;

III. Da pronúncia cabe RESE (art. 581, IV, CPP);

IV. Faz apenas coisa julgada formal (é a denominada preclusão *pro judicato*);

a3) Intimação da pronúncia:

Vejamos o que diz o atual texto do CPP (redação dada pela Lei 11.689/2008):

> **"Art. 420.** A intimação da decisão de pronúncia será feita:
>
> I – pessoalmente ao acusado, ao defensor nomeado e ao Ministério Público;
>
> II – ao defensor constituído, ao querelante e ao assistente do Ministério Público, na forma do disposto no § 1º do art. 370 deste Código.
>
> **Parágrafo único. Será intimado por edital o acusado solto que não for encontrado".** (grifo nosso).

Note que o novel legislador, ao não diferenciar crimes afiançáveis ou inafiançáveis para efeito de intimação da pronúncia (parágrafo único do art. 420 do CPP), permite que, em ambos os casos, seja possível a intimação por edital do réu não encontrado;

a4) Pronúncia e prisão do acusado:

Graças à reforma de 2008, a antiga fórmula do CPP que previa a prisão decorrente de pronúncia como forma autônoma de prisão cautelar não mais existe entre nós.

---

160. Ver STJ, REsp 1520955/MT, Dje 13/06/2017.

161. Ver STJ, AgRg no REsp 1730559/RS, Dje 09.04.2019; AgRg no AREsp 1193119/BA, Dje 15.06.2018; STF, ARE 986566 AgR, Dje 30.08.2017.

Atualmente, para o juiz decretar ou manter a prisão do acusado na fase de pronúncia, ele precisará vislumbrar os requisitos autorizadores da preventiva[162]. Confira-se o seguinte dispositivo:

> **"Art. 413. (...)**
>
> § 3º O juiz decidirá, motivadamente, no caso de manutenção, revogação ou substituição da prisão ou medida restritiva de liberdade anteriormente decretada e, tratando-se de acusado solto, sobre a necessidade da decretação da prisão ou imposição de quaisquer das medidas previstas no Título IX do Livro I deste Código".

b) Impronúncia (art. 414, CPP): significa que um dos requisitos (ou ambos) da pronúncia está ausente. Não se trata de absolvição, mas do reconhecimento por parte do juiz da inadmissibilidade da acusação formulada contra réu. Ex.: inexistência de prova suficiente da autoria pelo acusado; apenas meras conjecturas temerárias não são suficientes para pronunciar o réu.

Natureza dessa decisão? Decisão interlocutória mista terminativa (encerra o processo);

b1) Características:

I. Não faz coisa julgada material (art. 414, parágrafo único, CPP): enquanto não ocorrer a extinção da punibilidade, poderá ser formulada nova denúncia se houver prova substancialmente nova;

II. Recurso cabível: apelação (art. 416, CPP).

Atenção: despronúncia é a impronúncia que se alcança por meio de recurso. Ex.: o réu havia sido pronunciado e por conta de RESE da defesa a decisão foi reformada pelo tribunal (impronunciando, assim, o acusado em 2ª instância).

Impronúncia e crime conexo: decidindo o juiz pela impronúncia do réu, não poderá aquele julgar o eventual crime conexo. Deve aguardar o trânsito em julgado da impronúncia para só então remeter o processo referente ao crime conexo ao juiz competente ou julgá-lo se for ele quem detiver a competência;

c) Absolvição sumária (art. 415, CPP): o juiz deve estar seguro ao proferir esta decisão, pois está chamando para si o julgamento de uma causa que, em regra, competiria aos jurados. Trata-se, portanto, de decisão excepcional, pois o juiz retira dos jurados o poder de decidir o caso concreto. Deverá o juiz absolver sumariamente quando (incisos do art. 415):

> "I – provada a inexistência do fato;
>
> II – provado não ser o acusado o autor do fato;
>
> III – o fato não constituir infração penal;
>
> IV – demonstrada causa de isenção de pena ou exclusão do crime."

Ex: quando ficar categoricamente provado que o réu praticou o fato amparado por uma excludente de ilicitude.

Atenção: não pode o juiz absolver sumariamente o réu com base na inimputabilidade (doença mental ao tempo do fato – art. 26, CP), salvo se esta (a inimputabilidade) for a

única tese defensiva. Recorde-se que o reconhecimento de inimputabilidade implica aplicação de medida de segurança ao réu. Por isso, caso haja tese defensiva subsidiária, é mais benéfico ao réu submetê-lo a Júri popular, pois pode, por exemplo, terminar sendo absolvido (o que é mais vantajoso).

Recurso cabível: apelação (art. 416, CPP);

d) Desclassificação (art. 419, CPP): ocorre quando o juiz entende que não ocorreu crime doloso contra a vida, não sendo, portanto, o Júri o órgão competente para conhecer o caso. Ao proferir essa decisão, não deve o juiz fazer incursão aprofundada no mérito do processo, sob pena de invadir a competência alheia. Deve limitar-se a analisar o fato do crime não ser doloso contra a vida. Desclassificada a infração, deve o juiz remeter o processo ao juiz competente – caso não seja ele próprio o magistrado indicado para o julgamento.

Recurso cabível: RESE (art. 581, II, CPP).

13.7.5 Procedimento da 2ª fase do júri (judicium causae)

a) Intimação das partes para, em 5 dias, indicarem testemunhas (até o limite de 5), apresentarem documentos e requererem diligências – art. 422, CPP;

b) Ordenadas as diligências necessárias para sanar eventuais nulidades no processo ou para esclarecer fatos que interessem ao julgamento da causa, o juiz efetuará o relatório do processo, designando data para a sessão de instrução e julgamento – art. 423, CPP;

c) Em data anterior à da sessão, serão sorteados e convocados 25 jurados dentre os alistados na lista anual – arts. 425 e 432, CPP

d) Para que a sessão de instrução e julgamento possa ser instalada, dos 25 jurados convocados, precisam estar presentes ao menos 15 – art. 463, CPP. Faltando este *quorum* mínimo, haverá sorteio de jurados suplentes e remarcação da data da sessão;

e) Advertência aos jurados sobre impedimentos, incompatibilidades, suspeição e incomunicabilidade – arts. 448, 449 e 466, CPP;

f) Sorteio de 7 jurados para a composição do Conselho de Sentença, podendo efetuar as partes até 3 recusas imotivadas – arts. 467 e 468, CPP

g) Exortação, compromisso e entrega de cópia de peças (decisão de pronúncia e eventuais decisões posteriores) – art. 472, CPP;

h) Instrução em plenário (art. 473, CPP):

h1) oitiva do ofendido (se possível) e das testemunhas. As perguntas às testemunhas serão realizadas de forma direta (sistema *direct examination*). Já os jurados perguntarão às testemunhas através do juiz (sistema presidencialista);

h2) Realização de acareação, reconhecimento de pessoas e coisas, esclarecimentos dos peritos;

h3) Possibilidade de leitura de peças desde que se refiram, exclusivamente, às provas colhidas por carta precatória e às provas cautelares, antecipadas ou não repetíveis. Busca-se com isso evitar a leitura, por exemplo, de peças inúteis;

i) Interrogatório do réu – art. 474. As partes poderão perguntar diretamente aos jurados, por intermédio do juiz. Não se permitirá o uso de algemas no acusado durante o plenário do júri, salvo se a medida for absolutamente necessária.

---

162. O STF concedeu o pedido de habeas corpus ao réu pronunciado que aguardava o júri há 7 anos preso preventivamente (STF, HC 142177/RS, DJe 19/09/2017 e Info. 868, do período de 5 a 19 de junho de 2017).

O Superior Tribunal de Justiça entendeu que "a condução do interrogatório do réu de forma firme e até um tanto rude durante o júri não importa, necessariamente, em quebra da imparcialidade do magistrado e em influência negativa dos jurados." (Informativo 625/STJ, de 1º de junho de 2018).

j) Debates orais – arts. 476 e 477, CPP:

    j1) Acusação: 1h30 (2h30, havendo mais de um réu);

    j2) Defesa: 1h30 (2h30, havendo mais de um réu);

    j3) Réplica da acusação: 1h (2h, havendo mais de um réu);

    j4) Tréplica da defesa: 1h (2h, havendo mais de um réu);

    j5) Havendo assistente, ele falará após o Ministério Público. Se a ação for privada, o querelante terá a palavra antes do MP;

Nota: o STJ, em recente julgado, decidiu que diante das peculiaridades do Tribunal do Júri, o fato de ter havido sustentação oral em plenário por tempo reduzido não caracteriza, necessariamente, a deficiência da defesa técnica (Informativo 627/STJ, de 29 de junho de 2018).

k) Leitura e explicação dos quesitos em plenário – art. 484.

l) Recolhimento à sala especial para a votação dos quesitos a serem depositados em urna por meio de cédulas contendo "sim" ou "não" – art. 485, CPP;

m) Os quesitos serão formulados na seguinte ordem, indagando sobre:

I. a materialidade do fato;

II. a autoria ou participação;

III. se o acusado deve ser absolvido;

IV. se existe causa de diminuição de pena alegada pela defesa;

V. se existe circunstância qualificadora ou causa de aumento de pena reconhecidas na pronúncia ou em decisões posteriores que julgaram admissível a acusação.

Atenção: Nos termos do art. 479 do CPP, "durante o julgamento não será permitida a leitura de documento ou a exibição de objeto que não tiver sido juntado aos autos com a antecedência mínima de 3 (três) dias úteis, dando-se ciência à outra parte". Quanto a este dispositivo, o STJ entendeu que a aplicação do prazo de 3 dias úteis não se refere somente à juntada do documento, mas também à ciência da parte contrária. (STJ, REsp 1637288/SP, DJe 1º/09/2017 e Info. 610).

Ademais, no que diz respeito ao quesito genérico de absolvição (quesito III - se o acusado deve ser absolvido), entende o STF que a absolvição do réu não depende de elementos probatórios ou de teses veiculadas pela defesa, de modo que não seria cabível apelação com base no art. 593, III, *d* (decisão manifestamente contrária à prova dos autos) se o júri vier a absolver o réu (STF, Informativos 993, de 28 de setembro a 2 de outubro de 2020 e 1007, de 22 a 26 de fevereiro de 2021). Registre-se, entretanto, que a matéria não é pacífica nos tribunais superiores, haja vista que o STJ possui julgados em sentido contrário, entendendo pelo cabimento da apelação nesta situação (STJ, HC 560668/SP, julgado em 18/08/2020).

13.7.6. *Algumas observações sobre os quesitos*

I. Constatando o juiz que a maioria foi atingida na resposta de um quesito (4 votos), não deve prosseguir com a leitura dos demais votos (homenagem ao sigilo das votações) – art. 483, §§ 1º e 2º, CPP;

II. Havendo mais de um crime ou mais de um acusado, os quesitos serão formulados em séries distintas – art. 483, § 6º, CPP

III. Se a resposta a qualquer dos quesitos estiver em contradição com outra ou outras já dadas, o presidente, explicando aos jurados em que consiste a contradição, submeterá novamente à votação os quesitos a que se referirem tais respostas. Se, pela resposta dada a um dos quesitos, o presidente verificar que ficam prejudicados os seguintes, assim o declarará, dando por finda a votação – art. 490, CPP

IV. Eventuais agravantes e atenuantes levantadas nos debates pelas partes não serão quesitadas, mas valoradas pelo juiz no momento da sentença – art. 492, I, *b*, CPP;

V. Sentença pelo juiz-presidente seguindo aquilo que tiver sido decidido pelos jurados. A dosimetria da pena é de responsabilidade do juiz, porém, sempre observando aquilo que decidiram os jurados (causas de aumento, qualificadoras etc.) – art. 492, CPP. Em seguida, haverá a lavratura da ata nos moldes do art. 494, CPP.

Atenção: se, durante a votação dos quesitos, os jurados desclassificarem o crime para outro não doloso contra a vida, caberá ao juiz togado proferir sentença em seguida, aplicando-se, quando for o caso (IMPO[163]), os institutos da Lei 9.099/1995 (*vide* art. 492, §§ 1º e 2º, CPP).

Ainda no que se refere ao rito do júri, necessário destacar relevante discussão sobre a possibilidade de execução provisória da condenação imposta pelo Tribunal do Júri após a leitura da sentença.

No âmbito legislativo, a Lei n. 13.964/2019 acrescentou alguns dispositivos sobre o tema no art. 492, entre eles:

a) alínea "e" do inciso I – que em sua parte final estabelece que "no caso de condenação a uma pena igual ou superior a 15 (quinze) anos de reclusão, determinará a execução provisória das penas, com expedição do mandado de prisão";

b) o § 3º – O presidente poderá, excepcionalmente, deixar de autorizar a execução provisória das penas de que trata a alínea *e* do inciso I do **caput** deste artigo, se houver questão substancial cuja resolução pelo tribunal ao qual competir o julgamento possa plausivelmente levar à revisão da condenação.

No âmbito jurisprudencial, havia até novembro de 2019 (anteriormente à nova Lei) uma divergência entre os tribunais superiores acerca da possibilidade de execução provisória da condenação imposta pelo Tribunal do Júri após a leitura da sentença. A 1ª Turma do STF, no julgamento do HC 118.770, em 07.03.2017, entendeu que "A prisão de réu condenado por decisão do Tribunal do Júri, ainda que sujeita a recurso, não viola o princípio constitucional da presunção de inocência ou não-culpabilidade." Em decisões mais recentes, a turma manteve o seu posicionamento, entendendo pela desnecessidade de se aguardar o julgamento de apelação ou qualquer outro recurso para a execução da pena, em razão do princípio da soberania dos veredictos (HC 140449-RJ, Info. 922/STF, de 29 de outubro a 9 de novembro de 2018). Em sentido oposto entenderam a 2ª Turma do STF, a 5ª Turma do STJ e a Presidente do STJ, em decisão monocrática, ao se posicionarem no sentido de que permitir a execução provisória da condenação do júri, independentemente do julgamento da apelação, seria o mesmo que possibilitar a execução provisória em primeiro grau, o que indubitavel-

---

163. Infração de menor potencial ofensivo – art. 61, Lei 9.099/1995.

mente, contrariaria a tese firmada em 2016[164] e violaria o princípio da presunção de inocência. Nesse sentido, ver: STF, HC 136.223, j. 25.04.2017; STJ, HC 438.088, j. 24.05.2018 e HC 458.249, j. 02.08.2018).

Sucede que o STF, em sessão realizada no dia 07.11.2019, julgou as ADC's 43, 44 e 54 e declarou a constitucionalidade **art. 283, CPP, no ponto em que impõe o trânsito em julgado da condenação para o início do cumprimento da pena (Info. 958/STF, de 28 de outubro a 8 de novembro de 2019; RHC 176357 AgR/RJ, DJe 13.02.2020, STF).** Sendo assim, para que seja executada a pena privativa de liberdade é necessária uma decisão condenatória definitiva, ou seja, impõe-se o trânsito em julgado para que tenha início a execução penal. Por essa razão, nos parece que o dispositivo em comento deverá, em breve, ser objeto do controle concentrado de constitucionalidade, com perspectiva de reconhecimento da sua inconstitucionalidade.

13.7.7. Desaforamento (art. 427, CPP)

Trata-se de instituto excepcional que pode ocorrer nos processos de competência do júri. *Grosso modo*, consubstancia-se na transferência do julgamento do réu para outra comarca em razão da ocorrência de alguma anormalidade na comarca originariamente competente, que está a dificultar/inviabilizar o julgamento da causa.

Fatos geradores do desaforamento:

a) Interesse de ordem pública;

b) dúvida sobre a imparcialidade do júri. Sobre o tema, o STJ, no informativo 668, 24.04.20, decidiu que "a mera presunção de parcialidade dos jurados do Tribunal do Júri em razão da divulgação dos fatos e da opinião da mídia é insuficiente para o desaforamento do julgamento para outra comarca".;

c) segurança pessoal do acusado;

d) excesso de serviço que acarrete atraso no julgamento do réu por 6 meses ou mais, contado a partir da preclusão da pronúncia. Para a contagem do prazo referido neste artigo, não se computará os adiamentos no interesse da defesa.

Momento processual (art. 427, § 4º, CPP): a redação do referido dispositivo estatui os momentos em que não será admitido o desaforamento. Fazendo a leitura inversa, inferimos que pode ser requerido: após o trânsito em julgado da decisão de pronúncia e antes do julgamento em plenário; e/ou após o julgamento, se anulado, apenas em relação a fato ocorrido durante ou após a sua realização, ou seja, nessa última hipótese é preciso, **cumulativamente**, que o julgamento seja anulado e que o fato ensejador do desaforamento tenha ocorrido durante ou após aquela sessão de julgamento.

Quem pode requerer? MP, assistente de acusação, o querelante, o acusado ou mediante representação do juiz.

A quem é dirigido? TJ ou TRF (conforme o caso).

Atenção que a oitiva prévia da defesa é obrigatória para que seja deferido o desaforamento, conforme se depreende do teor da Súmula 712 do STF.

---

164. A referida tese foi firmada no bojo do HC 126.292/STF em que se permitiu, por algum tempo, a execução provisória da pena após a condenação em 2ª instância.

13.7.8. Atribuições do juiz-presidente do Tribunal do Júri.

Vejamos o que diz o art. 497, CPP, a esse respeito:

"**Art. 497.** São atribuições do juiz presidente do Tribunal do Júri, além de outras expressamente referidas neste Código:

I – regular a polícia das sessões e prender os desobedientes;

II – requisitar o auxílio da força pública, que ficará sob sua exclusiva autoridade;

III – dirigir os debates, intervindo em caso de abuso, excesso de linguagem ou mediante requerimento de uma das partes;

IV – resolver as questões incidentes que não dependam de pronunciamento do júri;"

Ex.: decidir sobre eventual exceção de coisa julgada arguida pela parte.

"V – nomear defensor ao acusado, quando considerá-lo indefeso, podendo, neste caso, dissolver o Conselho e designar novo dia para o julgamento, com a nomeação ou a constituição de novo defensor."

No curso do processo penal, o juiz é o grande fiscal da ampla defesa, tendo poderes inclusive para desconstituir o defensor do réu, quando considerar este indefeso (art. 497, V, CPP). Este dispositivo, na visão de Grinover *et. al.* (2001), deve ser aplicado a todo e qualquer procedimento penal (e não apenas ao do júri).

Ademais, relevante apontar o dever do juiz-presidente de alertar os jurados para o fato de que não é possível a comunicação entre eles, tendo em vista assegurar a imparcialidade (art. 466, §1º, CPP). Nesse sentido, em recente decisão, o STJ anulou júri em que um dos membros do conselho de sentença afirmou a existência de crime durante a fala da acusação, por reconhecer a quebra da incomunicabilidade (Informativo 630/STJ, de 31 de agosto de 2018).

13.7.9. A função do jurado

O serviço do júri é obrigatório.

Caso o jurado, injustificadamente, deixe de comparecer no dia marcado para a sessão ou retire-se antes de ser dispensado, será aplicada multa de 1 a 10 salários-mínimos, a critério do juiz, de acordo com a condição econômica daquele – art. 442, CPP. A eventual recusa ao serviço do júri fundada em convicção religiosa, filosófica ou política importará no dever de prestar serviço alternativo, sob pena de suspensão dos direitos políticos, enquanto não prestar o serviço imposto (art. 438, CPP).

Entende-se por serviço alternativo o exercício de atividades de caráter administrativo, assistencial, filantrópico ou mesmo produtivo, no Poder Judiciário, na Defensoria Pública, no Ministério Público ou em entidade conveniada para esses fins – art. 438, § 1º, CPP.

O juiz fixará o serviço alternativo atendendo aos princípios da proporcionalidade e da razoabilidade – § 2º.

Ademais, conforme estabelece o art. 439, CPP: "o exercício efetivo da função de jurado constituirá serviço público relevante, estabelecerá presunção de idoneidade moral".

Constitui também direito do jurado preferência, em igualdade de condições, nas licitações públicas e no provimento, mediante concurso, de cargo ou função pública, bem como nos casos de promoção funcional ou remoção voluntária – art. 440, CPP.

Por fim, nenhum desconto será feito nos vencimentos ou salário do jurado sorteado que comparecer à sessão do júri – art. 441, CPP.

13.7.10. Requisitos para ser jurado

a) maior de 18 anos;

b) nacionalidade brasileira;

c) notória idoneidade;

d) estar no gozo dos direitos políticos;

e) ser alfabetizado;

f) residir na comarca do julgamento;

g) estar na plenitude de suas faculdades mentais.

13.7.11. Pessoas isentas do serviço do júri (art. 437, CPP)

I. o Presidente da República e os Ministros de Estado;

II. os Governadores e seus respectivos Secretários;

III. os membros do Congresso Nacional, das Assembleias Legislativas e das Câmaras Distrital e Municipais;

IV. os Prefeitos Municipais;

V. os Magistrados e membros do Ministério Público e da Defensoria Pública;

VI. os servidores do Poder Judiciário, do Ministério Público e da Defensoria Pública;

VII. as autoridades e os servidores da polícia e da segurança pública;

VIII. os militares em serviço ativo;

IX. os cidadãos maiores de 70 (setenta) anos que requeiram sua dispensa;

X. aqueles que o requererem, demonstrando justo impedimento.

13.8. Procedimento (especial) dos crimes relacionados às drogas ilícitas

Com o advento da Lei 11.343/2006, houve a diferenciação entre o tratamento conferido aos que portam drogas ilícitas para o consumo próprio (art. 28) e aos que praticam as condutas de tráfico e assemelhadas (arts. 33 a 37).

13.8.1. Porte para consumo próprio

O procedimento está previsto no § 1º, art. 48, nos seguintes termos: "o agente de qualquer das condutas previstas no art. 28 desta Lei, salvo se houver concurso com os crimes previstos nos arts. 33 a 37 desta Lei, será processado e julgado na forma dos arts. 60 e seguintes da Lei 9.099/1995". Verifica-se, portanto, que o rito a adotar é o comum sumaríssimo, comportando alguns temperamentos.

Merece destaque o tratamento dado às hipóteses de transação penal, que ficam adstritas ao rol do art. 28, quais sejam: I – advertência sobre os efeitos das drogas; II – prestação de serviços à comunidade; e III – medida educativa de comparecimento a programa ou curso educativo. Importante dizer que o MP não poderá propor qualquer outra pena restritiva de direitos (TÁVORA; ARAÚJO; FRANÇA, 2013, p. 157).

Quanto à matéria, a 6ª Turma do STJ, por unanimidade, firmou o entendimento de que condenação prévia por porte de droga ilícita para consumo próprio, nos termos do art. 28 da Lei de Drogas, não constitui causa geradora de reincidência (STJ, REsp 1672654/SP, Dje 30.08.2018).

13.8.2. Tráfico e condutas assemelhadas

O MP, após recebidos os autos do IP, poderá oferecer a denúncia em até 10 (dez) dias, pouco importando se o acusado estiver preso ou solto. Uma vez ofertada, o procedimento a seguir obedecerá o seguinte *iter*:

I. juiz determina a notificação do denunciado para que apresente a defesa prévia escrita, obrigatória (art. 55, § 3º), tendo o prazo de 10 (dez) dias. A peça consiste em defesa preliminar e exceções (processadas em apartado), incluindo as questões preliminares, todas as razões de defesa que entender pertinentes, bem como a indicação dos meios de prova que pretende produzir. Pode arrolar até 5 (cinco) testemunhas – art. 55, § 1º.

Atenção: Não se fala em citação porque a relação processual não foi formada em razão da ausência do despacho de recebimento da denúncia.

II. Após apresentação da defesa, o juiz decidirá em até 5 (cinco) dias – § 4º. A decisão pode ter um dos seguintes conteúdos: a) recebimento da denúncia; b) rejeição da denúncia; c) determinar diligências.

III. Uma vez recebida a denúncia, deverá ser observado o disposto no art. 394, § 4º, CPP, motivo pelo qual deverá o juiz determinar a citação do réu para que apresente defesa escrita no prazo de 10 (dez) dias – arts. 396 e 396-A. Veja que a despeito do teor do art. 56, Lei 11.343/2006, vem prevalecendo o entendimento de que as disposições do rito ordinário (arts. 395 a 397, CPP) são aplicáveis também aos procedimentos especiais.

IV. Após o recebimento da peça defensiva, abre-se a possibilidade do juiz decidir pela absolvição sumária, nos termos do art. 397, cujas hipóteses foram trabalhadas no item referente ao procedimento comum ordinário.

V. Não vislumbrando hipótese de absolvição sumária, o juiz designará a data da Audiência de Instrução e Julgamento (AIJ). Vale ressaltar que a data da AIJ não poderá ocorrer em lapso superior a 30 (trinta) dias, exceto se houver necessidade de exame de verificação da dependência de drogas, quando o prazo máximo para designação é de 90 (noventa) dias – § 2º, art. 56.

VI. Nos termos do art. 57, a sequência da AIJ será a seguinte: interrogatório do réu, inquirição das testemunhas, debates orais começando pelo MP, seguido do defensor. Aqui prevalece a realização do interrogatório no início da audiência, em contraposição ao que acontece no rito ordinário. Nesse sentido, vide o STF HC 85.155/SP, *DJe* 15.04.2005.

VII. Por fim, encerrados os debates orais, o juiz decidirá em audiência ou em até 10 (dez) dias – art. 58. Aqui a peculiaridade diz respeito à destinação dada aos resíduos de drogas, que é a incineração. Inexistindo controvérsia quanto à natureza e quantidade da substância ou produto, ou mesmo quanto à regularidade do laudo, o juiz fixará uma quantidade mínima para preservação a título de contraprova.

14. NULIDADES

Entendendo o tema: nulidade é uma sanção imposta pelo Estado-juiz ao ato que não cumpriu as formalidades estabelecidas pela lei. Em sentido amplo, pode-se dizer que há um vício no ato praticado. A nulidade pode recair, a depender do caso, sobre um só ato ou sobre todo o processo.

14.1. Tradicional classificação do ato viciado

a) Irregularidade: o defeito aqui é sem maior importância. A desconformidade com o modelo legal é mínima. Não chega a prejudicar as partes. Produz eficácia. Ex.: sentença prolatada fora do prazo estipulado pela lei;

b) Nulidade relativa: o defeito não chega a resultar em patente prejuízo às partes. Há violação de norma infraconstitucional. O interesse é essencialmente privado, da parte. O defeito é sanável. O ato será anulado desde que arguido em momento oportuno pela parte interessada e demonstrado o efetivo prejuízo. Ex.: incompetência territorial. Embora o crime tenha sido consumado em João Pessoa (art. 70, CPP), por um equívoco, está sendo processado em Campina Grande (incompetência territorial) ou no caso de desrespeito ao que dispõe o art. 212 do CPP, que prevê que as partes devem formular as perguntas diretamente às testemunhas (STJ, AgRg no REsp 1712039/RO, Dje 09.05.2018).

c) Nulidade absoluta: o defeito é grave. Há interesse público aqui, uma vez que são violadas garantias decorrentes, direta ou indiretamente, da Constituição Federal. Não depende de provocação das partes, o juiz deve inclusive declará-la de ofício. Não há preclusão (insanável, portanto). O prejuízo é presumido. Ex.: sentença sem fundamentação – violação ao art. 93, IX, CF. Juiz que, sem fundamentar, condena o acusado; ou, ainda, juiz que, sem fundamentar, decreta a preventiva;

d) Inexistência: o vício é gravíssimo (trata-se de um não ato). Deve o ato apenas ser desconsiderado. Ex.: sentença proferida por quem não é juiz = ato inexistente.

14.2. Princípios aplicáveis às nulidades

a) Princípio do prejuízo (*pas de nullité sans grief*[165]): Nenhum ato será declarado nulo se da nulidade não resultar prejuízo para a acusação ou para a defesa (art. 563, CPP);

b) Princípio instrumentalidade das formas: o ato será considerado válido se a sua finalidade for atingida. A finalidade vale mais do que a forma. Só se aplica esse princípio à nulidade relativa. A doutrina reconhece no art. 566, CPP, uma expressão desse princípio "não será declarada a nulidade de ato processual que não houver influído na apuração da verdade substancial ou na decisão da causa";

c) Princípio da conservação dos atos processuais: preservação dos atos não decisórios nos casos de incompetência do juízo (art. 567, CPP);[166]

d) Princípio do interesse: nenhuma das partes poderá arguir nulidade a que haja dado causa, ou para a qual tenha concorrido, ou referente à formalidade cuja observância só interesse à parte contrária (art. 565, CPP). A ninguém é dado se beneficiar da própria torpeza. Somente se aplica às nulidades relativas;

e) Princípio da causalidade ou contaminação: a nulidade de um ato, uma vez declarada, causará a dos atos que dele diretamente dependerem (art. 573, § 1º, CPP). Ao pronunciar a nulidade de um ato, o juiz deverá declarar quais outros atos

serão afetados (§ 2º). Não basta o ato ser apenas posterior ao ato viciado; é preciso existir nexo causal entre eles.

f) Princípio da convalidação dos atos processuais: permite a convalidação ou ratificação de atos processuais eivados de vícios. Impõe-se a sua expressa previsão legal. Exs: arts. 568 a 570, CPP.

14.3. Momentos para as nulidades serem arguidas

No que tange às nulidades absolutas, em regra, podem ser arguidas a qualquer tempo.

Já as nulidades relativas devem ser arguidas em momento próprio (estabelecido pela lei). Do contrário (*i. e.*, não sendo arguidas em ocasião oportuna), serão convalidadas. No que tange ao momento de arguição das nulidades relativas, vale ainda dizer, com o STJ (AgRg no HC 732.642-SP, 2022) que é inadmissível a chamada "nulidade de algibeira" – "aquela que, podendo ser sanada pela insurgência imediata da defesa após ciência do vício, não é alegada, como estratégia, numa perspectiva de melhor conveniência futuro".

Análise do art. 571, CPP (este dispositivo trata do momento adequado para se arguir uma nulidade). Note-se que este artigo aplica-se, em regra, às nulidades relativas (que são sanáveis) e não às absolutas (que podem ser ventiladas a qualquer tempo). Ademais, adaptamos algumas das hipóteses às recentes reformas do CPP. Vejamos. As nulidades deverão ser arguidas:

I. as da instrução criminal dos processos da competência do júri, dos processos de competência do juiz singular e dos processos especiais, na fase das alegações finais orais;

II. as do procedimento sumário, no prazo de resposta escrita à acusação, ou, se ocorridas após este prazo, logo depois da abertura da audiência de instrução;

III. as ocorridas após a pronúncia, logo depois de anunciado o julgamento e apregoadas as partes;

IV. as ocorridas após a sentença, preliminarmente nas razões de recurso ou logo após anunciado o julgamento do recurso e apregoadas as partes;

V. as do julgamento em plenário, em audiência ou sessão do tribunal, ou logo depois de ocorrerem;

VI. ocorrendo a nulidade durante a audiência ou julgamento de recursos nos tribunais, deverá ser alegada tão logo ocorra.

14.4. Nulidades em espécie. Análise do art. 564, CPP

Este dispositivo não é taxativo. O defeito que ataca o interesse público, mesmo não estando positivado no CPP, é caso de nulidade absoluta.

Nos termos do art. 564, CPP, a nulidade ocorrerá nos seguintes casos:

I. por incompetência, suspeição ou suborno do juiz.

Se for caso de incompetência territorial, a nulidade será relativa. Serão anulados somente os atos decisórios, devendo o processo ser remetido ao juiz competente.

Se for caso de incompetência em razão da matéria ou por prerrogativa de função[167], a nulidade será absoluta, sendo que

---

165. Do francês, significa que não há nulidade sem prejuízo.

166. Ver STF, HC 83.006/SP, *DJ* 29.08.2003 e HC 98373/SP, *DJe* 23.04.2010. As decisões reconhecem a possibilidade de ratificação dos atos decisórios mesmo nos casos de incompetência absoluta. Ver também: AI 858175 AgR, DJ 13.06.2013.

---

167. STJ, APn 295/RR, *DJe* 12.02.2015. Ver também a seguinte observação do STJ no AgRg no REsp 1518218/ES, DJ 26.08.2016) "o fato de

todo o processo estará contaminado. Idem para os casos de suspeição ou suborno do juiz.

II. por ilegitimidade das partes

Se for caso de ilegitimidade para a causa (ex.: MP figurando como autor de ação privada), será hipótese de nulidade absoluta.

Se for o caso de defeito na representação da parte (ex.: falta de procuração), a nulidade será relativa (sanável, portanto) – art. 568, CPP;

III. por falta das fórmulas ou dos termos seguintes:

a) a denúncia ou a queixa e a representação e, nos processos de contravenções penais, a portaria ou o auto de prisão em flagrante.

A parte final desta alínea está revogada. A falta de inicial penal ou de representação da vítima (quando exigível), por óbvio, provoca a nulidade absoluta. O defeito da inicial ou da representação, a depender da gravidade, também gerará a nulidade absoluta. Ex.: denúncia que não expõe o fato criminoso com todas as suas circunstâncias;

b) falta do exame do corpo de delito nos crimes que deixam vestígios, ressalvado o disposto no art. 167, CPP.

Os crimes que deixam vestígios exigem a realização de exame de corpo de delito (direto). Porém, a falta do exame direto pode ser sanada, por exemplo, por prova testemunhal (exame indireto). A confissão, porém, não pode suprir a falta do exame direto (art. 158, CPP);

c) falta de nomeação de defensor ao réu presente, que o não tiver, ou ao ausente, e de curador ao menor de 21 anos.

A parte final do dispositivo está revogada pelo atual CC; não existe mais curador para réu/indiciado menor. Recorde-se que menor, para o CPP, é o indivíduo que possui entre 18 e 21 anos. Hoje, completados 18 anos de idade, a pessoa torna-se plenamente capaz para os atos da vida civil, dispensando-se, portanto, a figura do curador preconizada pelo CPP.

A ausência de defensor nas demais situações gera nulidade absoluta (viola a ampla defesa). No caso de a defesa ser deficiente, a nulidade é relativa (Súmula 523, STF).

d) falta da intervenção do MP em todos os termos da ação por ele intentada e nos da intentada pela parte ofendida, quando se tratar de crime de ação pública.

Conforme a doutrina, a falta de notificação do MP na ação pública gera nulidade absoluta. Já a falta de notificação do MP na ação privada subsidiária da pública provoca nulidade relativa;

e) falta ou defeito da citação, do interrogatório do réu, quando presente, e dos prazos concedidos à acusação e à defesa.

Falta ou defeito de citação será, em regra, caso de nulidade absoluta. Porém, tal nulidade poderá, excepcionalmente, ser sanada. Veja o que diz o art. 570, CPP, a esse respeito: "a falta ou a nulidade da citação, da intimação ou notificação estará sanada, desde que o interessado compareça, antes de o ato consumar-se, embora declare que o faz para o único fim de

argui-la. O juiz ordenará, todavia, a suspensão ou o adiamento do ato, quando reconhecer que a irregularidade poderá prejudicar direito da parte".

A falta ou o defeito do interrogatório gera nulidade absoluta.

Falta de prazo às partes: dependendo do caso (da importância do ato) poderá ser absoluta (alegações finais orais) ou relativa (quesitos aos peritos);

f) falta da sentença de pronúncia, do libelo e da entrega da respectiva cópia, com o rol de testemunhas, nos processos perante o Tribunal do Júri.

A falta da pronúncia gera nulidade absoluta. A parte final está prejudicada (não existe mais o libelo);

g) falta da intimação do réu para a sessão de julgamento, pelo Tribunal do Júri, quando a lei não permitir o julgamento à revelia.

Deve ser lido de acordo com a reforma de 2008. Intimado o réu solto para a sessão plenária, caso não compareça, o julgamento poderá ser realizado à revelia (independentemente se afiançável ou inafiançável o delito) – art. 457, CPP. Em caso de réu preso, se este não solicitar dispensa, não poderá ser julgado à revelia – §§ 1º e 2º;

h) falta da intimação das testemunhas arroladas no libelo e na contrariedade, nos termos estabelecidos pela lei.

Deve ser lido conforme a reforma. Não há mais libelo. Hoje, trata-se do art. 422, CPP. Gera nulidade absoluta;

i) falta de pelo menos 15 jurados para a constituição do júri.

Configura nulidade absoluta. Acrescente-se, porém, que: "Não enseja nulidade a complementação do número regulamentar mínimo de 15 jurados, por suplentes do mesmo Tribunal do Júri" (STJ 34357 / SP, *DJe* 19.10.2009 e HC 227169/SP, DJ 11.02.2015);

j) falta ou defeito no sorteio dos jurados do conselho de sentença em número legal e sua incomunicabilidade.

Configura nulidade absoluta;

k) falta ou defeito na elaboração dos quesitos e nas respectivas respostas.

Configura nulidade absoluta. Súmula 156, STF: "é absoluta a nulidade do julgamento, pelo júri, por falta de quesito obrigatório";

l) falta da acusação ou da defesa, na sessão de julgamento.

Configura nulidade absoluta (Súmula 523, STF). Quanto ao tema, em recente julgado, a 1ª Turma do STF decidiu que "A ausência de defensor, devidamente intimado, à sessão de julgamento não implica, por si só, nulidade processual." (HC 165534-RJ, Info. 950/STF, de 2 a 6 de setembro de 2019);

m) falta da sentença.

Configura nulidade absoluta;

n) falta de recurso de ofício, nos casos em que a lei o tenha estabelecido.

Não se trata propriamente de nulidade absoluta, mas de impedimento do trânsito em julgado da decisão até que ocorra a remessa necessária;

o) falta da intimação das partes quanto às decisões recorríveis.

Configura nulidade absoluta;

p) no Supremo Tribunal Federal e nos Tribunais de Justiça, falta do *quorum* legal para o julgamento.

---

o Desembargador-relator ter participado, em primeiro grau, de processo conexo, de cuja relação jurídica não consta o réu, não impede a sua atuação na presente Exceção de Incompetência, pois, conforme o art. 252, III, do CPP, entre as causas taxativamente previstas, só configura impedimento a anterior atuação dos magistrados no mesmo processo. Precedentes".

Configura nulidade absoluta;

IV. por omissão de formalidade que constitua elemento essencial do ato.

Configura nulidade absoluta. Ex.: denúncia lacônica.

V – em decorrência de decisão carente de fundamentação.

Nulidade absoluta. Ex.: decisão que decreta a prisão preventiva indicando como fundamento a garantia da ordem pública de forma genérica, sem a devida correlação ao caso concreto (**Importante: ler nova redação do art. 315, § 2º, CPP**).

15. RECURSOS

15.1. Conceito de recurso

Meio jurídico pelo qual, dentro de uma mesma relação processual, impugna-se uma decisão que ainda não transitou em julgado, objetivando, com isso, o reexame do *decisum*.

Decorrem os recursos do princípio do duplo grau de jurisdição, adotado implicitamente pelo texto da nossa CF e explicitamente pela CADH.[168]Há, contudo, quem entenda que a afirmação do princípio seja fruto de política legislativa que tem inspiração nos ideais (liberdade, igualdade e fraternidade) da Revolução Francesa (TÁVORA, 2016, p. 1087-1088).

15.2. Natureza jurídica

Embora exista polêmica sobre o tema no seio da comunidade jurídica, significativo setor da doutrina considera a natureza do recurso como um *desdobramento do direito de ação ou de defesa, i. e., o recurso dá continuidade à relação jurídica iniciada em primeira instância*.

15.3. Princípios que norteiam os recursos

a) Voluntariedade (art. 574, *caput*, primeira parte, CPP): os recursos são voluntários, i. e, dependem de manifestação de vontade da parte que queira ver a decisão reformada ou anulada. Inexiste, portanto, obrigatoriedade de recorrer. Cabe ressaltar que o MP, mesmo quando parte autora da ação penal, não está obrigado a recorrer, podendo, portanto, renunciar a este direito sem necessidade de fundamentar a sua renúncia. Perceba-se que o princípio da obrigatoriedade da ação penal não impõe ao MP a necessidade de recorrer. Porém, caso o MP assim o faça (interponha recurso), não poderá mais desistir do recurso interposto (art. 576, CPP), incidindo, aí sim, o princípio da indisponibilidade, que é corolário da obrigatoriedade.

Embora os recursos sejam voluntários, o mesmo art. 574 menciona que, em certos casos, o próprio magistrado deverá interpor "recurso" de sua decisão (é o chamado "recurso de ofício"). A doutrina critica veementemente a manutenção desse instituto em nosso ordenamento jurídico. Trata-se indubitavelmente de figura esdrúxula que merece ser banida do Processo Penal contemporâneo. Entretanto, tal instituto deve ainda ser considerado válido para os concursos públicos, tendo em vista o entendimento sobre o tema do STF (HC 88589/GO, *DJe* 23.03.2007) e STJ (REsp 767535/PA, *DJe* 01.02.2010), que continua defendendo a constitucionalidade desse expediente. Neste sentido, há recentes decisões do STF e também do STJ concedendo recurso de ofício, vide: "*Habeas corpus* concedido de ofício para declarar extinta a punibilidade do recorrente, em virtude da consumação da prescrição da pretensão punitiva (CP, art. 107, IV)", STF, RHC 129996, DJ 22/08/2016) e "O Supremo Tribunal Federal, por sua Primeira Turma, e a Terceira Seção deste Superior Tribunal de Justiça, diante da utilização crescente e sucessiva do *habeas corpus*, passaram a restringir a sua admissibilidade quando o ato ilegal for passível de impugnação pela via recursal própria, sem olvidar a possibilidade de concessão da ordem, de ofício, nos casos de flagrante ilegalidade. Esse entendimento objetivou preservar a utilidade e a eficácia do *mandamus*, que é o instrumento constitucional mais importante de proteção à liberdade individual do cidadão ameaçada por ato ilegal ou abuso de poder, garantindo a celeridade que o seu julgamento requer", STJ, HC 361751/SP, DJ 23.09.2016.[169]

Numa tentativa de amenizar a estranha ideia de um juiz recorrer de sua própria decisão, certo setor da doutrina, acompanhado pelos tribunais superiores (*vide* os julgados que acabamos de transcrever), tem compreendido esse instituto não como "recurso" em sentido próprio, mas como uma *remessa obrigatória* (*reexame necessário* ou *duplo grau de jurisdição obrigatório*), sem a qual a decisão prolatada não transita em julgado (Súmula 423, STF).

Conclusão: o "recurso de ofício" continua sendo considerado constitucional para os tribunais superiores, entretanto, é compreendido por esses não como um recurso em sentido próprio, mas como uma condição para o trânsito em julgado da decisão (remessa necessária). O magistrado não precisa fundamentar o ato, mas apenas remeter a decisão ao tribunal após o término do prazo para os recursos voluntários. Ademais, dispensa-se a intimação das partes para oferecer contrarrazões (TÁVORA, 2017, p. 1334).

Seguem alguns os casos em que o juiz deve "recorrer" de sua própria decisão (recurso de ofício):

I. Sentença que concede HC (inc. I do art. 574): note-se que não caberá recurso de ofício quando for o tribunal que conceder o HC. É que o art. 574, I, CPP, menciona apenas "sentença" (1ª instância, portanto) e não "acórdão" (2ª instância);

II. Sentença que absolver desde logo o réu com fundamento na existência de circunstância que exclua o crime ou isente o réu de pena (inc. II do art. 574, CPP): note-se que, para a majoritária doutrina, este dispositivo foi revogado, tendo em vista a inexistência de previsão legal no art. 415, CPP. Porém, o STJ (REsp 767535/PA, *DJe* 01.02.2010 e HC 361751/SP, DJ 23.09.2016) continua a entender pelo cabimento do recurso de ofício (mesmo em caso de absolvição sumária), posição esta mais segura para os concursos públicos;

III. Decisão que concede a reabilitação criminal (art. 746, CPP);

IV. Indeferimento liminar pelo relator, no âmbito de Tribunal, da ação de revisão criminal, quando o pedido não estiver suficientemente instruído (art. 625, § 3º, CPP);

V. Sentença de absolvição e a decisão que arquiva o IP nos crimes contra a economia popular e saúde pública (art. 7º, Lei 1.521/1950);

b) Taxatividade: para se recorrer de uma decisão é preciso que exista previsão expressa na lei a respeito do cabimento de tal recurso. Do contrário, a decisão será irrecorrível. Porém, a

---

168. Convenção Americana de Direitos Humanos (Pacto de San José da Costa Rica).

169. Nesse sentido, ver também: STJ, Resp 1744898/RJ, Dje 31.08.2018.

taxatividade não afasta a incidência do art. 3º, CPP, que prevê a possibilidade de interpretar as normas processuais penais extensivamente e de dar-lhes aplicação analógica. Ex.: cabe recurso em sentido estrito (RESE) da decisão que não recebe a denúncia (art. 581, I, CPP – taxatividade); mas também cabe o RESE da decisão que não recebe o aditamento à denúncia[170] (interpretação extensiva ao dispositivo);

c) Fungibilidade (**permutabilidade** ou **conversibilidade dos recursos**): não havendo erro grosseiro ou má-fé na interposição de um recurso (STJ, RCD no AgRg no AREsp 508550/RS, *DJe* 04.08.2014) e sendo atendido o prazo do recurso efetivamente cabível à espécie (STJ AgRg no AREsp 354968/MT, *DJe* 14.05.2014 e AgRg no AREsp 462475/SP, DJ 11.04.2014), poderá o julgador aceitar o recurso equivocado como se fosse o correto (vide art. 579, CPP). Ex: existem algumas situações polêmicas na doutrina acerca do cabimento de RESE ou agravo em execução. Assim, imagine-se que a defesa interpôs o RESE, quando, em verdade, era cabível o agravo. Caso se vislumbre a boa-fé da parte e o prazo do recurso correto tenha sido respeitado, poderá ser aplicado ao caso o princípio da fungibilidade recursal, recebendo-se um recurso por outro. O STJ, em pacífica jurisprudência, vem aplicando o referido princípio ao receber como agravo regimental, os embargos declaratórios opostos contra decisão em *habeas corpus* (STJ, EDcl em HC 407579/SP, *DJe* 24/11/2017).

No contexto do princípio da fungibilidade recursal, importante se faz o conhecimento das novas teses do STJ, dentre elas: "Aplica-se o princípio da fungibilidade à apelação interposta quando cabível o recurso em sentido estrito, desde que demonstrada a ausência de má-fé, de erro grosseiro, bem como a tempestividade do recurso." Precedentes: AgInt no REsp 1532852/MG, DJe 22.06.2016; HC 265378/SP, DJe 25.05.2016; AgRg no AREsp 644988/PB, DJe 29.04.2016; HC 295637/MS, DJe 14.08.2014; AgRg no AREsp 71915/SC, DJe 23.05.2014; AgRg no AREsp 354968/MT, DJe 14.05.2014. (Vide Info. 543).

d) Convolação: criação doutrinária destinada ao aproveitamento de recursos ou meios autônomos de impugnação, materializada por meio de duas situações:

I – Aproveitamento de uma modalidade recursal interposta adequadamente, mas que careça de algum pressuposto (tempestividade, forma, preparo, interesse ou legitimidade). Ex: HC é impetrado perante o TJ, mas a ordem é denegada. Na hipótese, são cabíveis o Recurso Ordinário Constitucional (ROC – art. 105, II, "a", CF) ou outro HC (art. 105, I, "c", CF), ambos para o STJ. A opção da defesa foi pelo ROC, mas este foi considerado intempestivo pelo STJ, que, no entanto, aproveita a mesma peça recursal e a recebe e conhece como se HC fosse (LIMA, 2015, p. 1619).

II – Aqui a lógica é aproveitar a espécie mais benéfica ao acusado, realizando a conversão para a via mais adequada. Ex: Defesa maneja revisão criminal que visa ao reconhecimento de nulidade absoluta do processo em razão da incompetência absoluta do juízo prolator da sentença. O TJ pode convolar a espécie para um HC, cujo rito é mais célere e, consequentemente, mais benéfico ao réu (LIMA, 2015, p. 1619).

O referido princípio diferencia-se do princípio da fungibilidade porque neste último há a interposição errônea de um recurso, enquanto que a aplicação do princípio da convolação pressupõe o acerto na interposição (TÁVORA, 2017, p. 1337).

e) Vedação à *reformatio in pejus* (art. 617, CPP, e Súmula 160, STF): significa que *não pode a situação do réu sofrer qualquer piora na instância* ad quem, *caso apenas ele recorra da decisão judicial* (i. e., sem interposição de recurso por parte da acusação e sem previsão de recurso de ofício para o caso)[171]. Da impossibilidade de reforma para pior no caso de recurso exclusivo da defesa, dá-se também o nome de *efeito prodrômico da sentença*. Destaque-se, ainda, que, mesmo que se trate de matéria cognoscível de ofício pelo tribunal *ad quem* – como, por exemplo, uma hipótese de nulidade absoluta – não pode a instância superior reconhecê-la *ex officio* em prejuízo da defesa, caso esta (a defesa) não tenha ventilado a matéria em seu recurso. É que não se permite que o recurso do acusado sirva "de veículo para o reconhecimento de nulidade que prejudique a defesa". É esse o sentido da Súmula 160, STF, que diz: "é nula a decisão do tribunal que acolhe, contra o réu, nulidade não arguida no recurso da acusação, ressalvados os casos de recurso de ofício" (remessa necessária). Vamos às modalidades de *reformatio in pejus*:

I. **Direta** (ou simplesmente "princípio da vedação à *reformatio in pejus*"). Ex.: se a defesa foi a única a apelar da sentença (não houve, portanto, recurso da acusação, nem o chamado recurso "de ofício") não poderá o tribunal piorar a sua situação. Desse modo, conforme recente decisão do STF, haverá violação ao referido princípio caso o tribunal, em recurso exclusivo da defesa, aumente a pena de multa, ainda que reduza a pena privativa de liberdade no mesmo julgamento (Informativo 1013/STF, de 23 de abril de 2021).

II. **Indireta**. Ex.: imagine-se que a defesa foi a única que apelou de uma sentença, conseguindo a anulação (cassação) desta por conta da existência de uma nulidade no referido *decisum*. Neste caso, o Tribunal, ao anular a sentença, irá determinar à instância *a quo* que profira outra. Pois bem, a nova sentença a ser prolatada não poderá ter a pena maior do que a fixada na sentença anulada, sob pena de se configurar em uma reforma para pior *indireta (por via oblíqua)* para o réu. Isto é, num primeiro momento a decisão foi favorável ao réu (pois conseguiu a anulação pretendida). Entretanto, num segundo momento, com a prolação da nova sentença, o réu termina sendo prejudicado por ter optado por recorrer (caso não tivesse recorrido, sua situação teria sido melhor). Esta situação (assim como a *reformatio in pejus* direta) é igualmente inaceitável. Veda-se, portanto, no Brasil tanto a *reformatio in pejus* direta como a indireta (vide Súmula 160 do STF e STJ, REsp 1311606/RN, *DJe* 09.06.2014 e EDcl no AgRg no REsp 1449226/RN, DJ 03.08.2015).

Ainda sobre a proibição à *reformatio in pejus indireta*, cumpre esclarecer duas questões:

1ª questão: *a proibição da* reformatio in pejus *indireta se aplica também às decisões proferidas pelo Tribunal do Júri?*

---

170. Aditar significa acrescer algo. Ex.: no curso do processo o MP descobre que colaborou para o crime outra pessoa além do sujeito denunciado. Deverá, neste caso, o MP promover o aditamento à denúncia (que nada mais é do que uma nova denúncia para, *in casu*, incluir outro agente).

171. A reavaliação das circunstâncias judiciais em recurso de apelação penal, sem que ocorra aumento de pena, não viola o princípio da proibição da *reformatio in pejus* (HC 126457-PA, Info. 922/STF, de 29 de outubro a 9 de novembro de 2018). Assim, é possível que o tribunal de justiça, em sede de recurso, venha a adicionar ou substituir circunstâncias judiciais previstas na sentença, desde que não implique em agravamento da situação do réu.

Explica-se melhor a pergunta. Caso uma decisão do Júri seja anulada pelo Tribunal *ad quem,* em razão dele ter reconhecido que os jurados julgaram de forma manifestamente contrária à prova dos autos (art. 593, III, "d", e § 3º, CPP), pode a decisão do novo corpo de jurados agravar a situação do acusado, ou aqui também se impõe a vedação à *reformatio in pejus* indireta?

Resposta: há tradicional orientação defendendo que a regra da proibição à *reformatio in pejus* indireta não tem aplicação quando se trata de decisão proferida pelo Tribunal do Júri. Isso porque o princípio constitucional da soberania dos veredictos (art. 5º, XXXVIII, "c", da CF) prepondera nessa hipótese, não podendo a regra da reforma para pior limitar a atuação dos jurados, que são soberanos em suas decisões. Nessa linha: sólida jurisprudência do STJ (HC 19317/SP, *DJe* 19.05.2014) e majoritária doutrina (Grinover, Mirabete, Tourinho Filho, dentre outros).

Por outro lado, conforme assinala essa mesma corrente, somente seria possível falar em vedação à *reformatio in pejus* indireta no âmbito do Júri quando o novo corpo de jurados julgar da mesma forma que o júri anterior (mesmos fatos e circunstâncias). Nessa hipótese específica, o juiz togado, no momento da dosimetria da pena, ficaria atrelado ao máximo de reprimenda estabelecida no julgamento anterior, não podendo, portanto, piorar a situação do acusado. Nessa linha: os autores acima citados; STJ (HC 108333/SP, *DJe* 08.09.2009 e HC 149025/SP, 6ª Turma, DJ 07.08.2015) e STF (HC 73367/MG, *DJe* 29.06.2001).

Porém, necessário ressaltar que, desde 2009, o STF, alterando antiga posição sobre o assunto, passou a entender que o preceito da vedação à *reformatio in pejus* indireta se aplica *in totum* às decisões proferidas pelo Tribunal do Júri e não apenas quando os jurados reconhecerem os mesmos fatos e circunstâncias do julgamento anterior anulado – STF (RE 647302 ED/RS, *DJe* 19.11.2013). Um dos motivos apresentados pela Suprema Corte é que a regra fixada no art. 617, CPP (vedação à *reformatio in pejus*), seja na modalidade direta, seja na indireta, não comporta exceção (nem mesmo em relação ao Júri). Consolidando este entendimento, em dezembro de 2018, a 2ª Turma do STF reafirmou a aplicação do princípio *ne reformatio in pejus* indireta ao tribunal do júri, de modo que caso somente o réu recorra da sentença que o condenou e o tribunal venha a anular tal *decisum*, a nova sentença, sendo condenatória, não poderá ter pena superior à que foi aplicada na primeira (HC 165376-SP, Info. 927/STF, de 10 a 14 de dezembro de 2018). É preciso, pois, que o leitor fique atento às posições divergentes dos tribunais superiores sobre a temática em tela.

Ademais, em recente julgado, o ministro Edson Fachin, adotando uma interpretação ampliativa do instituto da *reformatio in pejus*, afirmou que o novo júri não poderá agravar a situação do condenado, inclusive no que se refere à fase da execução penal. Desse modo, asseverou que não apenas a pena baliza a condenação do réu, mas também outras circunstâncias como por exemplo, os prazos para progressão de regime, de modo que não seria possível que o novo julgamento reconhecesse a hediondez do crime, sem ter sido reconhecido no julgamento anterior (STF, HC 136768/SP, *DJe* 16/09/2016).

2ª questão: *a proibição da* reformatio in pejus *indireta se aplica no caso de decisão proferida por juiz absolutamente incompetente?* **Resposta:** para significativo setor da doutrina, a proibição da *reformatio in pejus* indireta não se aplica ao caso de decisão prolatada por juiz absolutamente incompetente. Principal motivo alegado: a sentença proferida por juiz absolutamente incompetente ofende, em última análise, o princípio do juiz natural, o que torna esse ato jurídico mais do que nulo, ou seja, inexistente. Assim, tratando-se a sentença prolatada por juiz absolutamente incompetente de ato jurídico inexistente, impossível que esse *decisum* produza qualquer efeito, inclusive o do *ne reformatio in pejus* indireta. *Porém, os tribunais superiores não compartilham dessa visão, pois, para eles, mesmo no caso de reconhecimento de incompetência absoluta, a nova decisão não poderá piorar a situação do réu que recorreu de modo exclusivo.* Nesse sentido: STF (HC 107731 Extn/PE, *DJ* 02.03.2012) e STJ (HC 151581/DF, *DJ* 13.06.2012).

Ainda sobre o tema "vedação à *reformatio in pejus*", destaque-se que prevalece na comunidade jurídica que, em caso de *recurso exclusivo da acusação*, é possível *a melhora* da situação do acusado pelo órgão *ad quem* (chama-se essa figura de *reformatio in mellius*). Isto porque se entende que, acima da vedação à *reformatio in pejus,* está o *status libertatis* do acusado. Dessa forma, conclui a doutrina que a proibição da *reformatio in pejus* (direta ou indireta) incidiria apenas quando se tratasse de recurso exclusivo da defesa (e não da acusação), uma vez que, neste último caso, seria possível sim a melhora da situação do réu de ofício pela instância superior.

Cabe enunciar, todavia, o que não configura "reformatio in pejus" para os tribunais superiores:

a) "...Considerando que incumbe ao Juiz zelar pelo correto cumprimento da pena (art. 66, VI, da Lei 7.210/1984), a Execução Penal submete-se ao impulso oficial, de modo que ajustes de ordem pública associados à efetivação da retribuição penal, como a alteração da data-base para progressão de regime em decorrência de outra condenação, podem ser validamente implementados pelo Juiz da Execução, ainda que sem pedido do Ministério Público, o que não gera preclusão ou implica violação à vedação da *reformatio in pejus*... (HC 130692 AgR, 1ª Turma, 07.04.2016)".

b) "Não há que se cogitar da *reformatio in pejus*, pois o Tribunal de Justiça gaúcho, ao negar provimento ao recurso criminal defensivo, não reconheceu, em desfavor do recorrente, circunstância fática não reconhecida em primeiro grau, apenas fazendo sua reclassificação dentre os vetores previstos no art. 59 do Código Penal. 3. Recurso não provido. (STF, RHC 119149, 1ª Turma, 06.04.2015)".

c) "A Execução Penal submete-se ao impulso oficial, de modo que ajustes de ordem pública associados à efetivação da retribuição penal, como a alteração da data-base para progressão de regime em decorrência de outra condenação, podem ser validamente implementados pelo Juiz da Execução, ainda que sem pedido do Ministério Público, o que não gera preclusão ou implica violação à vedação da *reformatio in pejus*. 3. Agravo regimental desprovido. (STF, HC 130692 AgR, 1ª Turma, 08.04.2016)".

d) "Não acarretaram *reformatio in pejus* as razões do Tribunal de Justiça [...], que se valeu, para manter a vedação da incidência da causa especial de redução de pena prevista no § 4º do art. 33 da Lei de Drogas e o regime prisional mais gravoso, da prova produzida no processo e de questões judiciais já reconhecidas na sentença condenatória" (STF, HC 130070, 2ª Turma, *DJ* 01.03.2016).

e) "A jurisprudência desta Corte admite a suplementação de fundamentação pelo Tribunal que revisa a dosimetria e o regime de cumprimento de pena, sempre que não haja agravamento da pena do réu, em razão do efeito devolutivo amplo de recurso de apelação, não se configurando, nesses casos, a *reformatio in pejus*." (STJ, AgRg no HC 425361/SC, Dje 14.03.2018).

f) "O Juízo da Execução pode promover a retificação do atestado de pena para constar a reincidência, com todos os consectários daí decorrentes, ainda que não esteja reconhecida expressamente na sentença penal condenatória transitada em julgado". Segundo o STJ, não há que se falar em *reformatio in pejus* nessa situação. Informativo STJ 662, 31.01.20.

g) Unirrecorribilidade (singularidade ou unicidade): em regra, cabe apenas um recurso específico para atacar determinada decisão (art. 593, § 4º, CPP). Ex.: a sentença desafia recurso de apelação (art. 593, CPP). Porém, excepcionalmente, uma única decisão poderá desafiar mais de um recurso. Ex.: um mesmo acórdão pode violar, ao mesmo tempo, lei federal e a CF. Logo, atacável, simultaneamente, por recurso especial (REsp) e extraordinário (RE). Nesse sentido: "o princípio da unirrecorribilidade, ressalvadas as hipóteses legais, impede a cumulativa interposição, contra o mesmo *decisum*, de mais de um recurso. O desrespeito ao postulado da singularidade dos recursos torna inviável o conhecimento do segundo recurso, quando interposto contra o mesmo ato decisório, porquanto preclusa a via recursal" (STJ, AgRg no AREsp 189578/RJ, *DJe* 13.12.2013 e AgRg no AREsp 938572/MG, DJ 29.08.2016: "Consoante o entendimento desta Corte Superior de Justiça, não se conhece da segunda apelação "em razão do princípio da unirrecorribilidade, também conhecido como da singularidade ou da unicidade, que não admite interposição simultânea de recursos pela mesma parte em face da mesma decisão, situação em que ocorre a preclusão consumativa" (REsp 799.490/RS, DJe 30.05.2011). Súmula 568/STJ".

h) Complementariedade: significa "a *possibilidade de modificação do recurso em razão de modificação superveniente na fundamentação da decisão*" (LOPES JR., 2010, v. II, p. 481) (destacamos). Ex.: imagine-se que, após a sentença, a defesa apela e a acusação interpõe embargos declaratórios. Havendo mudança na sentença após o julgamento dos embargos, será possível à defesa *complementar* o recurso anteriormente apresentado. Para tanto, o prazo recursal será renovado.

15.4. Pressupostos (condições ou requisitos) recursais

Para se recorrer de uma decisão, faz-se necessário o preenchimento de certos pressupostos (objetivos e subjetivos). A satisfação de tais pressupostos é fundamental para que o órgão julgador, num primeiro momento, considere viável (admita) o recurso, a fim de que, num segundo momento, o mérito possa ser examinado. Antes de examinarmos tais pressupostos, é preciso que duas noções fiquem claras na mente do leitor, a saber:

Juízo de admissibilidade (de conhecimento ou de prelibação recursal): consiste *no exame dos pressupostos recursais* (exs.: *tempestividade, interesse recursal etc.*) *efetuado pelo órgão julgador competente quando da apresentação de um recurso por uma das partes.* A falta de um desses pressupostos inviabiliza o exame do mérito recursal. Destaque-se que, em regra, o juízo de admissibilidade é realizado tanto no órgão *a quo*, como no *ad quem*;

Juízo de mérito (de provimento ou de delibação recursal): consiste no *exame efetuado pelo órgão julgador competente do mérito do recurso interposto pela parte.* Notemos que, a depender do pedido formulado no recurso, o deferimento (provimento) desse poderá acarretar na reforma (total ou parcial) da decisão atacada ou em sua anulação (cassação). Um recurso só poderá ter o seu pedido provido ou desprovido se tiver previamente sido conhecido.

Finalmente, vamos aos pressupostos recursais objetivos e subjetivos.

15.4.1. Pressupostos objetivos

a) Cabimento (previsão legal): é preciso que o recurso possua previsão expressa em lei;

b) Tempestividade: é preciso interpor o recurso dentro do prazo previsto pela lei, prazo esse contado a partir da data de intimação da parte (*dies a quo*). Ademais, os prazos recursais são contínuos e peremptórios, não se interrompendo por férias, domingo ou feriado, salvo no caso previsto do § 4º do art.[172] 798, CPP, que diz: "não correrão os prazos, se houver impedimento do juiz, força maior, ou obstáculo judicial oposto pela parte contrária". Não se computa no prazo o dia do começo, incluindo-se, porém, o do vencimento. O prazo que terminar em dia não útil será prorrogado para o dia útil imediato. Frise-se que pedidos de reconsideração de decisões não suspendem o prazo para recursos e nem mesmo impedem a preclusão (Informativo 1005/STF, de 8 a 12 de fevereiro de 2021). Vale ainda destacar que, "havendo dúvidas acerca da tempestividade do recurso, a solução mais adequada é em benefício do recorrente, admitindo-se o inconformismo interposto, preservando-se, assim, a garantia do duplo grau de jurisdição e a ampla defesa do acusado" (STJ, HC 152687/RS, *DJ* 01.09.2011). Importante o conhecimento do seguinte julgado do STJ, segundo o qual: "1. Esta Corte Superior pacificou entendimento no sentido de que a tempestividade recursal é aferida pelo protocolo da petição na Secretaria do Tribunal de origem, e não pela data da postagem na agência dos Correios, conforme se extrai da Súmula 216/STJ. 2. A partir do julgamento do AgRg no Ag 1.417.361/RS, DJe 14.05.2015, a Corte Especial passou a admitir, para fins de verificação da tempestividade recursal, a data do protocolo postal, desde que haja previsão em norma local" (AgRg no AREsp 719.193/MG, DJ 21.09.2016). No mesmo sentido, ver: STF, HC 143212/SP, DJe 26/06/2017.

Seguem alguns entendimentos sumulares sobre a matéria em exame:

> STF, 310: "quando a intimação tiver lugar na sexta-feira, ou a publicação com efeito de intimação for feita nesse dia, o prazo judicial terá início na segunda-feira imediata, salvo se não houver expediente, caso em que começará no primeiro dia útil que se seguir".

> STF, 710: "no processo penal, contam-se os prazos da data da intimação, e não da juntada aos autos do mandado ou da carta precatória ou de ordem".

---

172. A contagem de prazos no contexto de reclamações cujo ato impugnado tiver sido produzido em processo ou procedimento de natureza penal submete-se ao art. 798, CPP, isto é, os prazos serão contados de forma contínua (Rcl 23045-EDAgR, Informativo 939/STF, de 6 a 10 de maio de 2019).

STF, 428: "não fica prejudicada a apelação entregue em cartório no prazo legal, embora despachada tardiamente".

STJ, 216: "a tempestividade de recurso interposto no Superior Tribunal de Justiça é aferida pelo registro no protocolo da Secretaria e não pela data da entrega na agência do correio".

STJ, 579: "não é necessário ratificar o recurso especial interposto na pendência do julgamento dos embargos de declaração quando inalterado o julgamento anterior".

Ademais, cumpre expor a recente tese constante da 66ª Jurisprudência em Tese do STJ, segundo a qual "A apresentação extemporânea das razões não impede o conhecimento do recurso de apelação tempestivamente interposto", oriunda dos seguintes precedentes: HC 281873/RJ, DJe 15.04.2016; RMS 25964/PA, DJe 15.12.2015; HC 269584/DF, DJe 09.12.2015; AgRg no Ag 1084133/PR, DJe 27.10.2015; AgRg no AREsp 743421/DF, DJe 07.10.2015; HC 220486/SP, DJe 31.03.2014. (Vide Info. 261). Ainda quanto ao assunto, também se manifestou o STF: "Não é extemporâneo recurso interposto antes da publicação do acórdão." (Informativo 897/ STF, de 9 a 13 de abril de 2018).

E, também, vale transcrever o art. 575, CPP: "não serão prejudicados os recursos que, por erro, falta ou omissão dos funcionários, não tiverem seguimento ou não forem apresentados dentro do prazo";

c) Regularidade formal: *deve-se interpor o recurso conforme a forma estabelecida por lei para que ele possa ser conhecido pelo órgão julgador.* Assim, enquanto alguns recursos devem ser interpostos exclusivamente por petição, outros admitem a interposição pôr termo nos autos (art. 578, CPP), como no caso de RESE (art. 587, CPP) e apelação (art. 600, CPP);

d) Inexistência de fatos impeditivos e extintivos: para que o recurso possa ser apreciado pelo órgão julgador é preciso ainda que certos fatos impeditivos e extintivos não se façam presentes. Ex.: caso a parte desista do recurso interposto, teremos um fato extintivo do recurso, logo, sua apreciação restará prejudicada;

d1) Impede a admissibilidade dos recursos: a renúncia ao direito de recorrer, ou seja, a manifestação de vontade, expressa ou tácita, da parte no sentido de que não pretende recorrer da decisão. Ex.: deixar escoar *in albis*[173] o prazo para interpor o recurso.

Nota: com a reforma promovida pela Lei 11.719/2008 no CPP, que, dentre outras coisas, revogou o art. 594, *o não recolhimento do réu à prisão não impede mais a admissibilidade do recurso.* Nesse sentido, consulte-se também a Súmula 347 do STJ.

Ainda sobre o tema, revela-se oportuno transcrever os seguintes entendimentos sumulares:

STF, 705: "a renúncia do réu ao direito de apelação, manifestada sem a assistência do defensor, não impede o conhecimento da apelação por este interposta".

STF, 708: "é nulo o julgamento da apelação se, após a manifestação nos autos da renúncia do único defensor, o réu não foi previamente intimado para constituir outro".

Uma interpretação possível que pode ser extraída dessas duas súmulas é: *deve prevalecer a vontade de recorrer (provenha esta vontade do defensor técnico ou do réu).* Nesse sentido:

"havendo discordância sobre a conveniência da interposição de recurso, deve prevalecer a manifestação de vontade quem optar por sua apresentação, quer provenha da defesa técnica ou da autodefesa" (STJ, HC 162071/SP, *DJe* 20.03.2012); e, também, Grinover *et. al.* (2011, p. 108). Porém, há que se ressaltar que esse entendimento não é pacífico, existindo orientação no sentido de que deve prevalecer, em qualquer situação, a vontade do defensor técnico, uma vez que este é quem pode melhor avaliar a vantagem prática no manejo do recurso. Neste contexto, ver a recente tese constante da 66ª Jurisprudência em Tese do STJ, segundo a qual, "Verificada a inércia do advogado constituído para apresentação das razões do apelo criminal, o réu deve ser intimado para nomear novo patrono, antes que se proceda à indicação de defensor para o exercício do contraditório", oriunda dos precedentes: HC 302586/RN, DJe 19.05.2016; HC 345873/SP, DJe 29.04.2016; HC 301099/AM, DJe 07.03.2016; HC 269912/SP, DJe 12.11.2015; RHC 25736/ MS, DJe 03.08.2015; AgRg no HC 179776/ES, DJe 02.06.2014. (Vide Info. 506);

d2) Fatos extintivos (obstam a apreciação de recurso já interposto): trata-se da desistência do recurso interposto.

Nota: Com a reforma promovida pela Lei 12.403/2011, que, dentre outras coisas, revogou o art. 595, CPP, a fuga do réu não obsta mais a apreciação do recurso interposto. Não há mais que se falar em deserção provocada pela fuga do réu. Mesmo que o réu fuja, o recurso será conhecido e apreciado pelo órgão julgador competente.

Saliente-se ainda que o instituto da desistência não se aplica ao MP, *i. e.,* não pode este órgão desistir do recurso por ele interposto (art. 576, CPP). Tal imposição decorre do princípio da indisponibilidade (já estudado) vigente na ação penal pública. Temos assim que: o MP não está obrigado a recorrer (princípio da voluntariedade recursal), porém, se o fizer, não poderá desistir do recurso interposto (princípio da indisponibilidade).

15.4.2. *Pressupostos subjetivos*

a) Interesse: somente a parte que possuir interesse na reforma/anulação da decisão poderá recorrer – art. 577, parágrafo único, CPP. O interesse decorre da sucumbência (total ou parcial). Assim, por exemplo, caso a parte tenha sido vencedora em todos os pontos sustentados, carecerá, em tese, de interesse recursal na reforma ou cassação da decisão prolatada;

Dissemos "em tese" porque há situações em que, mesmo sem a parte ter sucumbido, há interesse de manejar recurso. Vamos a um exemplo.

Em caso de sentença *absolutória*, há interesse de a *defesa* recorrer da decisão para alterar a sua fundamentação quando a motivação da sentença for daquelas que, embora absolvendo o réu, permita a ação cível contra esse. É o que ocorre quando o juiz absolve o réu por entender *que não existem provas suficientes contra ele* (art. 386, V, CPP). Note-se que as provas podem não ter sido suficientes para uma condenação penal (que exige, por sua própria natureza, um robusto material probatório), entretanto, nada impede que o interessado ingresse com ação cível contra o réu, haja vista que aquelas mesmas provas poderão ser ali suficientes para uma eventual condenação no campo cível. Assim, tendo em vista que esse tipo de absolvição (como é o caso da prevista no art. 386, V, CPP) não "fecha as portas do cível", é possível que o réu, mesmo que não tenha sucumbido, ingresse com recurso para *alterar a fundamenta-*

---

173. Decurso do prazo sem que o interessado se manifeste a respeito.

ção da decisão que o absolveu. Nessa linha: "o réu tem direito subjetivo para recorrer da sentença absolutória, com finalidade de modificar o fundamento legal da absolvição, firmada na insuficiência de provas para ver reconhecida a atipicidade do fato ou, então, não constituir sua conduta infração penal. O que justifica esse interesse recursal é o prejuízo que decorre dos efeitos indenizatórios diversos, dos fundamentos citados, na esfera civil, mormente na satisfação do dano *ex delicto*" (TAPR AP 150143 *DJ* 24.05.2001).

Vale ressaltar que a sentença que decreta a extinção da punibilidade pela prescrição da pretensão punitiva tem o condão da apagar **todos** os efeitos condenatórios. No entendimento dos Tribunais Superiores, tal fato enseja a ausência de interesse recursal, mesmo em relação ao manejo da apelação com vistas ao reconhecimento da atipicidade da conduta (STJ, APn 688/RO, *DJe* 04.04.2013 e AgRg no AREsp 638361/SP, DJ 25.08.2015).

Noutro giro, algumas observações quanto ao interesse recursal do MP precisam ser feitas:

I. Sendo o MP o autor da ação penal, é possível que, em sede recursal, esse órgão recorra em benefício do acusado – seja requerendo a diminuição de pena, seja a absolvição do réu, seja qualquer outro benefício cabível. É que, por conta do conteúdo do art. 127, CF e do especial papel que o MP desempenha no processo penal, tem esse órgão ampla possibilidade de recorrer em benefício do réu. Tudo o que foi dito aqui se aplica, *in totum*, aos casos de ação penal privada subsidiária da pública (art. 29, CPP). Vale dizer, também nesse tipo de ação o MP detém ampla faculdade de recorrer em favor do réu;

II. No caso de ação penal privada (exclusivamente privada ou personalíssima), é possível ao MP recorrer em benefício do réu (requerendo a sua absolvição, p. ex.). Porém, sendo *absolutória a sentença*, *não poderá* o MP requerer a condenação do querelado. É que, em razão da natureza da ação penal, entende-se que prevalece o princípio da oportunidade, ficando, portanto, à conveniência do *querelante* decidir pelo recurso para tentar provocar o agravamento da situação do réu.

Por fim, vale acrescentar que, no que tange ao assistente de acusação, segundo orientação consolidada nos tribunais superiores, é-lhe possível, autonomamente, interpor recurso de apelação contra a sentença penal condenatória com o objetivo de exasperar a pena imposta ao réu (STJ, AgRg no REsp 1312044/SP, *DJe* 05.05.2014). Isso porque entende a jurisprudência que o assistente não tem apenas o interesse de obter o título executivo judicial (sentença condenatória) para, posteriormente, executá-lo, mas, também, tem o assistente interesse de ver aplicada ao réu uma pena justa, correta. Sobre o tema, ver também STJ, AgRg no REsp 1533478/RJ, DJ 26.08.2016: "Na linha do recente posicionamento desta Corte, "não obstante a existência de posicionamentos, no âmbito doutrinário e jurisprudencial, que questionam a própria constitucionalidade da assistência à acusação, o Supremo Tribunal Federal reconhece a higidez do instituto processual, inclusive com amplo alcance, admitindo sua projeção não somente para as hipóteses de mera suplementação da atividade acusatória do órgão ministerial, como pacificamente aceito pelos Tribunais em casos de inércia do *Parquet*, mas também para seguir o assistente da acusação atuando no processo em fase recursal, mesmo em contrariedade à manifestação expressa do Ministério Público quanto à sua conformação com a sentença absolutória (RMS 43227/PE, DJe 07.12.2015)".

b) Legitimidade: o recurso deve ser interposto por quem é parte na relação processual ou, excepcionalmente, por terceiros quando houver autorização legal expressa nesse sentido (ex.: art. 598, CPP). O CPP dispõe que, em regra, são legitimados para interpor recurso: o MP, o querelante, o réu (autonomamente) e o defensor do réu.

É importante perceber que, no processo penal, o réu, de forma autônoma, pode interpor recurso. Essa permissão visa a concretizar o princípio da ampla defesa, possibilitando ao próprio acusado (mesmo que não possua capacidade postulatória, mesmo que não seja advogado) interpor recurso. Porém, conforme entende a jurisprudência, caso o réu não possua capacidade postulatória (*i. e.*, não seja advogado, p. ex.), não poderá, autonomamente, apresentar as razões recursais. Apenas quem possui capacidade postulatória poderá apresentar as razões (STJ, AgRg no HC 179776/ES, *DJe* 02.06.2014).

Ademais, conforme dito antes, não são apenas as pessoas indicadas no art. 577 que poderão interpor recurso. Isso porque a lei, em situações específicas, faculta também a terceiros essa possibilidade. Nesse sentido, consultar o art. 598, CPP, que diz que a vítima (ou o CCADI[174]), diante de eventual inércia do MP, pode interpor recurso (mesmo que não tenha se habilitado anteriormente como assistente no processo) nos seguintes casos: decisão de impronúncia (art. 584, § 1º); quando julgada extinta a punibilidade (art. 584, § 1º); e no caso de sentença absolutória (art. 598).

Dê-se destaque ainda à Súmula 210, STF, que diz: "o assistente do Ministério Público pode recorrer, inclusive extraordinariamente, na ação penal, nos casos dos arts. 584, § 1º e 598 do Código de Processo Penal". Significa essa súmula que o assistente pode, de forma autônoma, interpor e arrazoar recurso extraordinário naqueles casos em que poderia recorrer autonomamente (indicados acima). Notemos que o teor dessa súmula, conforme aponta a doutrina (AVENA, 2011, p. 1102), aplica-se *in totum* ao recurso especial também.

15.5. Efeitos dos recursos

Os recursos podem ter os seguintes efeitos:

a) devolutivo: o recurso *devolve* a matéria recorrida à instância *ad quem,* bem como permite que a instância superior tome contato (e se pronuncie) sobre matéria passível de conhecimento de ofício pelo julgador (ex: falta de citação). Neste último caso, ainda que a matéria possa ser conhecida de ofício, caso prejudique o réu (e a acusação não a tenha abordado em recurso próprio), não poderá a questão ser apreciada pela instância superior. É esse o sentido da Súmula 160, STF: "é nula a decisão do tribunal que acolhe, contra o réu, nulidade não arguida no recurso da acusação, ressalvados os casos de recurso de ofício". Sobre o efeito devolutivo, observar a seguinte tese do STJ na 66ª Edição da Jurisprudência em Teses: "O efeito devolutivo amplo da apelação criminal autoriza o Tribunal de origem a conhecer de matéria não ventilada nas razões recursais, desde que não agrave a situação do condenado", precedentes: AgRg no HC 320398/MT, DJe 01.08.2016; AgRg no HC 347301/MG, DJe 13.06.2016; RHC 68264/PA, DJe 14.06.2016; AgRg no AREsp 804735/SP, DJe 30.03.2016; HC 279080/MG, DJe 03.02.2016; AgRg no HC 337212/SP, DJe 11.12.2015. (Vide Info. 553);

---

174. CCADI = cônjuge, companheiro, ascendente, descendente ou irmão.

b) suspensivo: não são todos os recursos que possuem efeito suspensivo. Este ocorre quando o recurso suspende a produção dos efeitos da decisão impugnada. Ex.: no caso de recurso contra a decisão de pronúncia, o julgamento do processo pelos jurados ficará suspenso até que se decida a respeito do recurso interposto (art. 584, § 2º, CPP). Notemos, ademais, que o recurso contra a sentença absolutória não possui efeito suspensivo. Desse modo, o réu, se preso estiver, deverá ser colocado em liberdade imediatamente, mesmo que, p. ex., a acusação tenha interposto recurso contra a referida absolvição – *vide* art. 596, CPP.

Sobre o efeito suspensivo, importante destacar a recente Súmula 604 do STJ: "O mandado de segurança não se presta para atribuir efeito suspensivo a recurso criminal interposto pelo Ministério Público."

Ainda nesta seara, a Lei n. 13.964/2019 excluiu, enquanto regra, o efeito suspensivo da apelação nas condenações do Tribunal do Júri que sejam iguais ou superiores a 15 (quinze) anos. É a disposição expressa contida no § 4º do art. 492, CPP, A partir de agora, a concessão de efeito suspensivo passa a ser medida de exceção, devendo ser requerida via incidente na própria apelação ou em petição em separado (§ 6º, art. 492, CPP). No requerimento, deverá ser demonstrado que a apelação: I – não tem o propósito protelatório; e II – levanta questão substancial que pode resultar na absolvição, na anulação da sentença, em novo julgamento ou na redução da pena para patamar inferior aos 15 anos (§ 5º, art. 492, CPP);

c) regressivo (ou diferido): trata-se da possibilidade de o próprio juiz se retratar da decisão que prolatou. No Processo Penal, tal efeito existe no RESE (recurso em sentido estrito – art. 589, CPP), no agravo em execução (art. 197, LEP – que segue o mesmo rito do RESE), na carta testemunhável e no agravo contra despacho denegatório de recurso especial e extraordinário;

d) extensivo, expansivo, iterativo ou extensão subjetiva do efeito devolutivo: pode ocorrer em caso de concurso de pessoas. Explica-se. Se um réu interpõe recurso fundado em motivo de caráter não exclusivamente pessoal (ex.: questionando a tipicidade da conduta), sendo provido o recurso, este aproveitará ao corréu que não tenha recorrido (art. 580, CPP).

Examinemos, agora, os **recursos em espécie**.

15.6. Recurso em Sentido Estrito (RESE)

Esse recurso busca atacar decisões interlocutórias que produzam algum tipo de gravame à parte. Conforme sublinha a doutrina, as hipóteses de cabimento de RESE (seja no CPP seja em lei extravagante) são taxativas (trata-se de um número restrito de situações, portanto). Porém, isso não impedirá, em alguns casos, o emprego de interpretação extensiva.

15.6.1. Previsão legal

O RESE tem previsão legal, sobretudo, no CPP (art. 581), porém há também hipóteses esparsas em legislação extravagante (ex.: art. 294, parágrafo único, Lei 9.503/1997 – CTB).

15.6.2. Efeitos

a) Devolutivo: o RESE devolve à apreciação do órgão julgador a matéria recorrida. A devolução fica restrita à matéria impugnada (o efeito devolutivo não é amplo, portanto);

b) Suspensivo: em regra, o RESE não possui efeito suspensivo. Exceções: RESE contra a decisão que denega a apelação ou que a julga deserta; contra a pronúncia; e contra a decisão que determina a perda ou a quebra da fiança. Nestes casos, há efeito suspensivo. Consulte-se o art. 584, CPP;

c) Regressivo: cabe juízo de retratação no RESE (art. 589, CPP): com a resposta do recorrido ou sem ela, o juiz poderá manter ou reformar a decisão. Mantendo, remeterá os autos ao órgão *ad quem*. Reformando a decisão, a parte contrária, que agora ficou prejudicada, poderá pedir a pronta remessa dos autos ao tribunal, desde que dessa nova decisão também caiba RESE.

15.6.3. Legitimidade

Em regra, podem interpor RESE o MP, o querelante, o réu e o defensor.

Quanto à vítima, só pode interpor RESE da decisão que declarar extinta a punibilidade do acusado (art. 584, § 1º, CPP).

No caso de decisão que inclui ou exclui o nome de jurado da lista geral, qualquer um do povo poderá interpor RESE (art. 581, XIV, CPP).

Atenção: Parte considerável da doutrina vem entendendo que tal dispositivo foi revogado tacitamente por força da nova redação do art. 426, § 1º, CPP, introduzida pela Lei 11.689/2008, que prevê a impugnação por meio de reclamação feita por qualquer do povo ao juiz presidente até o dia 10 de novembro de cada ano (TÁVORA, 2016, p. 1364; PACELLI, 2015, p. 983). No entanto, na dicção de LIMA (2015, p. 1674-1675), diante das constantes mudanças sofridas pela legislação processual penal nos últimos anos (v.g., Leis 11.689/2008, 11.690/2008, 11.719/2008 e 12.403/2011), não se revela razoável a estagnação das hipóteses de cabimento do RESE, sobretudo levando em consideração que o projeto de lei que versa sobre a mudança do título do CPP que cuida dos recursos ainda não foi aprovado pelo Congresso Nacional. Justifica o autor eu isso ocorreria até mesmo para evitar a criação de desequilíbrio entre as partes, violando a paridade de armas, não se podendo admitir que a acusação fique privada de um instrumento para a impugnação de decisões proferidas por juiz de 1ª instância, se a defesa tem sempre a possibilidade de impetrar ordem de *habeas corpus*.

15.6.4. Formalidades e processamento do RESE

Pode ser interposto por meio de petição ou por termo nos autos – art. 578, CPP.

Se realizado por meio de petição (modo mais comum), o RESE deverá ser composto por duas peças:

I. Petição de interposição: endereçada ao próprio órgão prolator da decisão impugnada; com prazo, em regra, de 5 dias (contados a partir da prolação da decisão); essa peça compreende, em síntese, uma demonstração de insatisfação do recorrente diante da decisão impugnada;

II. Razões recursais: dirigidas à instância *ad quem*; com prazo de 2 dias (contados da intimação judicial para essa finalidade); são os fundamentos de fato e de direito do recurso. Note-se que as contrarrazões, se oferecidas pela parte, também devem observar o prazo de 2 dias.

No que tange ao processamento do RESE, em regra, este recurso será processado por instrumento (traslado). Isto significa que o interessado deverá providenciar a fotocópia de algumas peças fundamentais do processo, fazendo a juntada destas quando da interposição do recurso (ou das contrarrazões recursais) – art. 587, CPP.

Em contrapartida, o RESE não subirá por instrumento, mas nos próprios autos do processo, nas hipóteses delineadas pelo art. 583, CPP, a saber:

a) RESE contra decisão que não recebe a denúncia;

b) contra decisão que julga procedente as exceções, salvo a de suspeição;

c) contra a pronúncia;

d) contra a decisão que julga extinta a punibilidade do réu;

e) contra a decisão que concede ou nega o HC; e

f) quando não prejudicar o andamento do processo principal.

15.6.5. Prazos

a) Petição de interposição: 5 dias (art. 586, CPP). **Exceções:**
I. 20 dias (parágrafo único do art. 586) no caso de RESE contra a decisão que inclui ou exclui jurado da lista geral do Tribunal do Júri **(Ver ressalva no item 20.6.3)**;

II. 15 dias para a vítima não habilitada como assistente de acusação para interpor RESE contra declaração da extinção da punibilidade em caso de inércia do MP – art. 584, § 1º, c/c o art. 598, CPP.

Acrescente-se que, de acordo com a Lei 9.800/1999, pode-se interpor o recurso via fac-símile ou similar com apresentação dos originais no prazo de 5 dias. Ademais, vale lembrar o conteúdo da

Súmula 216, STJ, que diz: "a tempestividade do recurso interposto no STJ é aferida pelo registro no protocolo da Secretaria e não pela data de entrega na agência do correio".

b) Razões recursais: 2 dias (art. 588, CPP).

Nota: após as razões do recorrente será dada vista ao recorrido para apresentar as suas contrarrazões recursais, cujo prazo será também de 2 dias.

15.6.6. Hipóteses de cabimento do art. 581, CPP

O rol do art. 581 é taxativo (o que não impede a interpretação extensiva em alguns casos).

É preciso estar atento a esse art. 581, pois diversos de seus incisos encontram-se prejudicados (em razão do cabimento do agravo em execução – art. 197, LEP – em lugar do RESE) ou mesmo revogados. Examinemos um a um os incisos do art. 581. Cabe RESE da decisão:

I. que não receber a denúncia ou a queixa.

Ex.: caso a inicial penal não seja formulada de acordo com o art. 41, CPP (exposição do fato criminoso, com todas as suas circunstâncias, qualificação do acusado ou esclarecimentos pelos quais se possa identificá-lo etc.), o juiz a rejeitará.[175]

A majoritária comunidade jurídica faz interpretação extensiva desse inciso I, dizendo que cabe também RESE da decisão que não recebe o aditamento à denúncia. Aditar significa acrescentar algo. Ex.: no curso do processo o MP descobre que colaborou para o delito outra pessoa além do sujeito denunciado. Deverá, neste caso, o MP promover o aditamento à denúncia (que nada mais é do que uma nova denúncia para, *in casu*,

incluir o outro agente). Pois bem, efetuado o aditamento, caso o juiz rejeite esta peça, caberá RESE com base em interpretação extensiva do inciso I do art. 581, CPP.

Noutro giro, não cabe recurso da decisão que recebe a inicial penal (só da que rejeita). Em caso de recebimento, resta ao réu ingressar com eventual HC. Ex.: denúncia recebida sem suporte probatório mínimo. Cabe HC nesta situação para tentar trancar ("arquivar") a ação penal.

Note-se que, caso a acusação interponha RESE da decisão que rejeitar a denúncia, é necessário intimar a defesa para, querendo, oferecer contrarrazões. Trata-se de homenagem aos princípios da ampla defesa e contraditório. Não é outro o entendimento da Súmula 707, STF: "constitui nulidade a falta de intimação do denunciado para oferecer contrarrazões ao recurso interposto da rejeição da denúncia, não a suprindo a nomeação de defensor dativo".

Finalmente, em se tratando de JECRIM, o recurso cabível da decisão que rejeita inicial penal não é o RESE, mas **a apelação** (*vide* art. 82, Lei 9.099/1995);

II. que concluir pela incompetência do juízo.

Ex.: caso o juiz-presidente do Júri prolate decisão de desclassificação (art. 419, CPP), será cabível o RESE;[176]

III. que julgar procedentes as exceções, salvo a de suspeição.

O inciso refere-se às exceções de litispendência, incompetência, ilegitimidade de parte e coisa julgada. Ressalte-se que as decisões que rejeitam essas exceções são irrecorríveis. É que, no caso de rejeição, o próprio juiz remeterá a exceção ao tribunal – art. 103, § 3º, CPP.

Por outro lado, perceba-se que acolhida a decisão de suspeição pelo próprio juiz excepto, não caberá recurso dessa decisão, daí porque a ressalva que faz a parte final do inciso;

IV. que pronunciar o réu.

Trata-se de caso clássico de cabimento de RESE. A pronúncia (art. 413, CPP) é a decisão que submete o acusado à 2ª fase do júri, julgando admissível a imputação formulada na denúncia pelo MP. Dessa decisão, cabe RESE.

V. que conceder, negar, arbitrar, cassar ou julgar inidônea a fiança, indeferir requerimento de prisão preventiva ou revogá-la, conceder liberdade provisória ou relaxar a prisão em flagrante.

Atenção: da decisão que decreta prisão preventiva, não cabe RESE, mas pedido de revogação da preventiva ou HC (conforme o caso, ex: decisão que decreta a preventiva sem estar fundamentada idoneamente). Da decisão que nega o pedido de relaxamento de prisão, não cabe RESE, mas HC;

VI. (revogado pela Lei 11.689/2008).

Nota: com a reforma promovida pela Lei 11.689/2008, a decisão de impronúncia e a sentença de absolvição sumária não desafiam mais o RESE. Agora, de acordo com o art. 416, CPP, o recurso cabível é o de apelação;

VII. decisão que julgar quebrada a fiança ou perdido o seu valor.

---

175. Há quem diferencie não recebimento de rejeição da inicial. Neste livro, seguiremos a majoritária corrente que usa as expressões não recebimento e rejeição como sinônimas.

176. "A decisão que desclassifica a conduta, declinando da competência para o julgamento do feito, deve ser atacada por recurso em sentido estrito, sendo a utilização de recurso de apelação descabida e não passível de aplicação do princípio da fungibilidade recursal, por se tratar de erro grosseiro." STJ, AgRg no HC 618970/SC, julgado em 23/02/2021.

Exemplo de quebra da fiança: acusado afiançado que descumpre as obrigações dos arts. 327, 328 ou 341, CPP. Da decisão que julga quebrada a fiança, cabe RESE.

Exemplo de perda da fiança (arts. 344 e 345, CPP): réu condenado em definitivo à pena privativa de liberdade que empreende fuga. Da decisão que julgar perdida a fiança, cabe RESE;

VIII. decisão que decretar a prescrição ou julgar, por outro modo, extinta a punibilidade.

Ex.: caso o juiz declare nos autos a ocorrência de prescrição, caberá RESE desta decisão;

IX. decisão que indeferir o pedido de reconhecimento da prescrição ou de outra causa extintiva da punibilidade;

X. decisão que conceder ou negar a ordem de *habeas corpus*.

No caso de indeferimento de HC, vale lembrar que nada impede que outro HC possa ser impetrado a superior instância. Na realidade, na praxe forense é muito mais comum, na situação tratada por esse inciso, impetrar novo HC do que interpor RESE;

XI. decisão que conceder, negar ou revogar a suspensão condicional da pena.

Inciso prejudicado. A concessão ou negativa do *sursis* se dá no corpo da sentença (logo, o recurso cabível é a apelação, e não o RESE).

Por outro lado, a eventual revogação do *sursis* se dá no curso da execução da pena, logo, cabível o agravo em execução (art. 197, LEP) e não o RESE. Note-se que o agravo em execução é o recurso cabível contra as decisões proferidas no curso da execução penal pelo Juízo das Execuções Penais;

XII. decisão que conceder, negar ou revogar livramento condicional.

Prejudicado. Trata-se de decisão que se dá no curso da execução da pena. Cabível o agravo em execução (art. 197, LEP) e não o RESE;

XIII. decisão que anular o processo da instrução criminal, no todo ou em parte.

Ex.: juiz que reconhece a ilicitude da prova e a contaminação que esta provocou nas demais provas, anulando o processo. Dessa decisão, cabe RESE;

XIV. decisão que incluir jurado na lista geral ou desta o excluir.

Ver observação no item 20.6.3.

XV. decisão que denegar a apelação ou a julgar deserta.

Denegação = não conhecimento. Significa que a apelação não preencheu todos os pressupostos. Ex.: apelação interposta fora do prazo. Caso o juiz se depare com uma apelação extemporânea, irá denegá-la. Dessa decisão, cabe RESE como forma de tentar forçar a subida do recurso de apelação à instância superior.

Deserção. Ex.: falta de preparo do recurso. No que tange à deserção pela fuga do réu, é preciso notar que, após a reforma de 2008, a evasão do acusado não tem mais o condão de impedir o conhecimento do recurso;

XVI. decisão que ordenar a suspensão do processo, em virtude de questão prejudicial.

Ex.: juiz que determina a suspensão do processo criminal em razão de questão prejudicial no juízo cível (discussão sobre a posse da coisa furtada). Cabe RESE dessa decisão. O STJ, interpretando extensivamente o referido inciso, entendeu pela

possibilidade de interposição de RESE em face de decisão que indefere a produção antecipada de provas (EREsp 1630121-RN, Info. 640/STJ, de 15 de fevereiro de 2019).

XVII. decisão que decidir sobre a unificação de penas.

Prejudicado. Trata-se de decisão tomada no curso da execução penal. Cabível o agravo em execução;

XVIII. decisão que decidir o incidente de falsidade documental;

XIX. decisão que decretar medida de segurança, depois de transitar a sentença em julgado;

Prejudicado. Trata-se de decisão que se dá no curso da execução da pena. Cabível o agravo em execução (art. 197, LEP);

XX. decisão que impuser medida de segurança por transgressão de outra.

Prejudicado. Cabe, na verdade, agravo em execução. Ex.: descumprimento do tratamento ambulatorial;

XXI. decisão que mantiver ou substituir a medida de segurança, nos casos do art. 774.

Prejudicado. O art. 774 foi tacitamente revogado. Não existe mais essa hipótese;

XXII. decisão que revogar a medida de segurança.

Prejudicado. Trata-se de decisão que se dá no curso da execução da pena. Cabível o agravo em execução (art. 197, LEP);

XXIII. decisão que deixar de revogar a medida de segurança, nos casos em que a lei admita a revogação.

Prejudicado. Trata-se de decisão que se dá no curso da execução da pena. Cabível o agravo em execução (art. 197, LEP);

XXIV. decisão que converter a multa em detenção ou em prisão simples.

Prejudicado. Desde 1996, é impossível no país a conversão da multa em pena privativa de liberdade (*vide* art. 51, CP). Não pode mais o juiz efetuar tal conversão.

XXV – decisão que negar homologação da proposta de acordo de não persecução penal, prevista no art. 28-A, CPP.

Inovação trazida pela Lei n. 13.964/2019.

Por fim, é imprescindível fazer referência às recentes teses jurisprudenciais do STJ acerca o RESE.

a) "Não cabe mandado de segurança para conferir efeito suspensivo ativo a recurso em sentido estrito interposto contra decisão que concede liberdade provisória ao acusado" Precedentes: HC 352998/RJ, DJe 01.06.2016; HC 349502/SP, DJe 04.05.2016; HC 315665/SP, DJe 15.04.2016; HC 347539/SP, DJe 18.04.2016; HC 348486/SP, DJe 31.03.2016; HC 341147/SP, DJe 02.03.2016. (INFO. 547)e HC 368906/SP, DJe 28/04/2017;

b) "A ausência de contrarrazões ao recurso em sentido estrito interposto contra decisão que rejeita a denúncia enseja nulidade absoluta do processo desde o julgamento pelo Tribunal de origem" Precedentes: HC 257721/ES, *DJe* 16.12.2014; HC 166003/ SP, *DJe* 15.06.2011; HC 142771/MS, *DJe* 09.08.2010; HC 108652/SC, *DJe* 10.05.2010; HC 118956/ SP, *DJe* 08.06.2009;

c) "Aplica-se o princípio da fungibilidade à apelação interposta quando cabível o recurso em sentido estrito, desde que demonstrada a ausência de má-fé, de erro grosseiro, bem como a tempestividade do recurso." Precedentes: AgInt no REsp 1532852/MG, *DJe* 22.06.2016; HC 265378/SP, *DJe* 25.05.2016; AgRg no AREsp 644988/PB, *DJe* 29.04.2016; HC 295637/MS, *DJe* 14.08.2014; AgRg no AREsp 71915/SC, *DJe* 23.05.2014; AgRg no AREsp 354968/MT, *DJe* 14.05.2014. (INFO. 543);

d) "A decisão do juiz singular que encaminha recurso em sentido estrito sem antes proceder ao juízo de retratação é mera irregularidade e não enseja nulidade absoluta". Precedentes: HC 216944/PA, *DJe* 18.12.2012; HC 158833/ RS, *DJe* 29.06.2012; HC 177854/SP, *DJe* 24.02.2012; HC 88094/RJ, *DJe* 15.12.2008; AREsp 762765/BA *DJe* 01.07.2016; AREsp 385049/ PE *DJe* 26.02.2016;

e) "Inexiste nulidade no julgamento da apelação ou do recurso em sentido estrito quando o voto de Desembargador impedido não interferir no resultado final". Precedentes: HC 352825/RS, *DJe* 20.05.2016; HC 309770/SP, *DJe* 16.03.2016; HC 284867/ GO, *DJe* 02.05.2014; HC 130990/RJ, *DJe* 22.02.2010; REsp 1351484/SC *DJe* 05.08.2015;

f) "O acórdão que julga recurso em sentido estrito deve ser atacado por meio de recurso especial, configurando erro grosseiro a interposição de recurso ordinário em *habeas corpus*". Precedentes: RHC 42394/SP, *DJe* 16.03.2016; AgRg no RHC 37923/SP, *DJe* 12.12.2014; RHC 31733/SP, *DJe* 02.04.2014; AgRg no RHC 17921/PR, *DJe* 24.03.2008; RHC 22345/MA, *DJ* 07.02.2008.

15.7. Apelação (arts. 593 a 603, CPP)

Trata-se de um dos mais importantes recursos, não apenas por ser um dos mais antigos, mas também por possuir o maior efeito devolutivo de todos (ampla possibilidade de discussão de toda a matéria de fato e de direito). A apelação tanto poderá provocar a reforma da decisão recorrida (caso em que o *decisum* será substituído por outro proferido pela instância *ad quem*), como também poderá provocar a anulação da decisão atacada (caso em que a instância *ad quem* determinará à *a quo* que outra decisão seja prolatada em lugar daquela anulada).

15.7.1. *Efeitos*

a) Devolutivo: a apelação possui o mais amplo efeito devolutivo dos recursos, com possibilidade de discussão de toda a matéria de fato e de direito. Porém, nada impede que o apelante delimite o tema que pretende discutir em segunda instância (é o que se chama de apelação parcial). De um jeito ou de outro, nada impede que o tribunal vá além da matéria impugnada, conhecendo de ofício outros pontos, desde que não prejudiciais à defesa. Reforça esta ideia a Súmula 160, STF, quando diz: "É nula a decisão do tribunal que acolhe, contra o réu, nulidade não arguida no recurso da acusação, ressalvados os casos de recurso de ofício";

b) Suspensivo: aqui é preciso distinguir a apelação da sentença condenatória da apelação da sentença absolutória.

A apelação interposta contra a sentença absolutória não tem efeito suspensivo. Explica-se: caso um réu que se encontre preso durante o curso do processo seja absolvido, deverá ser posto em liberdade automaticamente. Assim, mesmo que o MP interponha apelação contra a absolvição, este recurso *não suspenderá* o efeito da sentença absolutória de pôr o réu imediatamente em liberdade.

No caso de sentença condenatória, o art. 597, CPP, sublinha que há efeito suspensivo. Explica-se: condenado

o acusado, caso seja interposta apelação pela defesa contra esta decisão, possuirá tal recurso efeito suspensivo no sentido de obstar os efeitos da condenação: prisão do réu; lançamento de seu nome no rol dos culpados etc. Não estamos querendo dizer com isso que não é possível a prisão do acusado no momento da sentença penal condenatória. Não é isto. É possível a prisão desde que presentes os requisitos da preventiva (prisão cautelar). O que não é possível é a prisão-pena (prisão-punição) enquanto não transitada em julgado a condenação. É por isso que se diz que a apelação suspende os efeitos da condenação;

Atenção: conforme já antecipado na parte geral dos recursos, a Lei n. 13.964/2019 estabeleceu o efeito suspensivo como exceção nas condenações iguais ou superiores a 15 (quinze) anos impostas pelo Tribunal do Júri. Recomendamos a leitura dos §§ 4º a 6º do art. 492, CPP.

c) Efeito iterativo, extensivo ou extensão subjetiva do efeito devolutivo (art. 580, CPP): pode ocorrer em caso de concurso de pessoas. Explica-se: se um réu interpõe recurso fundado em motivo de caráter não exclusivamente pessoal (ex.: questionando a tipicidade da conduta), sendo provido o recurso, este aproveitará ao corréu que não tenha recorrido. Contudo, é necessário pontuar as duas hipóteses que não legitimam a aplicação do dispositivo legal: a) quando o requerente da extensão não participa da mesma relação jurídico-processual daquele que foi beneficiado por decisão judicial da Corte, o que evidencia a sua ilegitimidade; b) quando se invoca extensão de decisão para outros processos que não foram examinados pela Corte, o que denuncia fórmula de transcendência dos motivos determinantes, não admitido pela jurisprudência do STF. (STF, HC 137728 EXTN/PR, DJ. 30/05/2017 e Info. 867, de 29 de maio a 02 de junho de 2017).

15.7.2. *Legitimidade*

Em regra, podem interpor o recurso de apelação: MP, querelante, réu ou defensor.

Quanto à vítima, habilitada ou não como assistente de acusação, poderá interpor apelação quando o MP permanecer inerte nos seguintes casos: decisão de impronúncia (art. 416 c/c o art. 584, § 1º, CPP); sentença absolutória (art. 598, CPP); e absolvição sumária (seja a do art. 415, CPP – júri; seja a do art. 397, CPP – ritos ordinário e sumário).

15.7.3. *Formalidades da apelação*

Pode ser interposta por petição ou termo nos autos – art. 578, CPP.

Se interposta por petição (modo mais comum), a apelação deverá vir composta por duas peças:

I. Petição de interposição: endereçada ao próprio órgão prolator da decisão impugnada; com prazo, em regra, de 5 dias; tendo como conteúdo, em suma, a demonstração de insatisfação do recorrente;

II. Razões recursais: dirigidas à instância *ad quem*; com prazo de 8 dias; são os fundamentos de fato e de direito do recurso.

15.7.4. *Prazos*

a) Petição de interposição: regra: 5 dias (art. 593, CPP). Perceba-se que a tempestividade é aferida da data da interposição da apelação e não de sua juntada pelo cartório – Súmulas 320 e 428, STF;

a1) Exceções:

I. em caso de inércia do MP, 15 dias para a vítima não habilitada como assistente de acusação para interpor apelação contra: a decisão de impronúncia (art. 416 c/c o art. 584, § 1º, CPP); a sentença absolutória (art. 598, CPP); e a absolvição sumária – seja a do art. 415, CPP, seja a do art. 397, CPP. Confira-se ainda a Súmula 448, STF: "o prazo para o assistente recorrer, supletivamente, começa a correr imediatamente após o transcurso do prazo do Ministério Público";

II. 10 dias para apelar no JECRIM (art. 82, Lei 9.099/1995). Note-se que no JECRIM a petição de interposição e a de razões recursais não possuem prazos distintos, devendo ser apresentadas conjuntamente;

b) Razões recursais: 8 dias (art. 600, CPP).

Nota: após as razões do recorrente será dada vista ao recorrido para apresentar as suas contrarrazões recursais, cujo prazo será também de 8 dias.

15.7.5. *Hipóteses de cabimento da apelação*

Cabe apelação contra (art. 593, CPP):

I. as sentenças definitivas de condenação – art. 593, I;

II. as sentenças definitivas de absolvição (inclua-se aí a absolvição sumária antecipada do art. 397, CPP, e a absolvição sumária do júri do arts. 415 e 416, CPP) – art. 593, I;

III. as decisões definitivas ou com força de definitiva, quando não couber recurso em sentido estrito. Ex.: da decisão que cancela a hipoteca legal, cabe apelação. Trata-se de hipótese subsidiária de apelação a ser aferida em cada caso concreto – art. 593, II[177];

IV. da decisão de impronúncia – art. 416, CPP;

V. no JECRIM, da decisão que rejeita a inicial penal, da sentença absolutória e condenatória e da homologatória da transação penal (art. 82, Lei 9099/1995);

VI. das decisões do Tribunal do Júri, quando (art. 593, III, CPP):

a) ocorrer nulidade posterior à pronúncia.

Ex.: indeferimento arbitrário pelo juiz de produção de prova em plenário;

b) for a sentença do juiz-presidente contrária à lei expressa ou à decisão dos jurados.

Ex.: o juiz-presidente suprime uma qualificadora reconhecida pelos jurados. Neste caso, a instância *ad quem* terá poderes para retificar a sentença do juiz-presidente, aplicando a qualificadora indevidamente suprimida – art. 593, § 1º, CPP;

c) houver erro ou injustiça no tocante à aplicação da pena ou da medida de segurança.

Ex.: juiz-presidente que, na dosimetria da pena, fixa injustificadamente a pena base do réu no seu patamar máximo (= pena injusta). Neste caso, a instância *ad quem também* terá poderes para retificar a sentença do juiz-presidente, aplicando o direito ao caso concreto – art. 593, § 2º, CPP;

d) for a decisão dos jurados manifestamente contrária à prova dos autos.

Para que seja viável a apelação aqui é preciso que a decisão dos jurados tenha se dado de forma totalmente dissociada do conjunto probatório constante dos autos (ver informativo 969, STF, 19.03.20). Não será cabível essa apelação se os jurados tiverem amparado a sua decisão em provas (ainda que frágeis) constantes dos autos. A possibilidade de julgar com base em provas frágeis é um dos pontos mais criticados por certo segmento da doutrina (LOPES JR, p. ex), pois termina-se por aniquilar o princípio do estado de inocência, mais especificamente o *in dubio pro reo*.

Nessa situação, a instância *ad quem* (o tribunal) tem apenas poder para anular (cassar) a decisão do júri, determinando a realização de novo julgamento (por outros jurados). Em homenagem à soberania dos veredictos, não poderá aqui o tribunal reformar a decisão. Pode-se apenas, repita-se, cassá-la e dissolver o conselho de sentença (o corpo de jurados) a fim de que outro júri seja realizado.

Vale destacar que o STF entende não ser cabível apelação com base no art. 593, III, *d*, caso o júri absolva o réu com base no quesito genérico de absolvição ("se o acusado deve ser absolvido"), vez que a absolvição do réu neste caso não depende de elementos probatórios ou teses ventiladas pela defesa, podendo ocorrer por clemência (STF, Informativos 993, de 28 de setembro a 2 de outubro de 2020 e 1007, de 22 a 26 de fevereiro de 2021). Entretanto, a matéria ainda não se encontra pacificada no âmbito dos tribunais, tendo o STJ se posicionado pelo cabimento da apelação mesmo nesta hipótese (STJ, HC 560668/SP, julgado em 18/08/2020)[178].

Por fim, registre-se o entendimento do STF no sentido de que o tribunal tem o dever de analisar se existem provas de cada um dos elementos essenciais do crime, ainda que não concorde com o peso que lhes deu o júri (Informativo 707/STJ, de 8 de setembro de 2021).

Atenção: só se pode apelar com base nesse motivo (decisão dos jurados manifestamente contrária à prova dos autos) uma única vez. Este comando atinge, inclusive, a parte contrária do processo, isto é, se uma parte apelar com base nesse fundamento, não poderá, posteriormente, a parte contrária (que não havia recorrido) apelar embasada no mesmo fundamento (STJ, HC 116913/RJ, *DJe* 07.02.2011). Entretanto, note-se bem, nada impede eventual apelação posterior (por qualquer uma das partes; e quantas vezes necessárias forem) com arrimo nas outras alíneas do art. 593, III (ex: decisão do juiz que desrespeita a decisão dos jurados – alínea "b"). Para ficar mais claro, vamos a um exemplo do que dissemos no início deste parágrafo. Se a decisão dos jurados for anulada pela instância *ad quem* com base no dispositivo em comento e o novo conselho de sentença decidir, mais uma vez, de forma manifestamente contrária à prova dos autos, não será possível apelar novamente com base nesse artigo (art. 593, III, "d"), nem mesmo se o "novo" recurso for de iniciativa da parte que não recorreu. Repita-se: só se pode invocar o dispositivo em questão uma única vez. Assim, em casos de "duplo julgamento contrário à prova dos autos pelos jurados" restará apenas aguardar o trânsito em julgado para, posteriormente, ingressar com revisão criminal. A situação retratada nesse parágrafo gera duras (e corretas) críticas à instituição do júri que, no

---

177. Cabe enunciar recente entendimento do STJ, segundo o qual "É possível a interposição de apelação, com fundamento no art. 593, II, do CPP, contra decisão que tenha determinado medida assecuratória prevista no art. 4º, *caput*, da Lei 9.613/1998 (Lei de lavagem de Dinheiro), a despeito da possibilidade de postulação direta ao juiz constritor objetivando a liberação total ou parcial dos bens, direitos ou valores constritos (art. 4º, §§ 2º e 3º, da mesma Lei) (REsp 1.585.781-RS, DJe 01.08.2016).

178. Ver tópico 18.7.5.

Brasil, tornou quase "intocável" a famigerada soberania dos veredictos. Consultar nesse particular: Paulo Rangel (2010) e Lopes Jr. (2010, v. 2). Neste contexto, ver também: STJ, HC 346919/ES, DJ 12.05.2016.

Note-se ainda que, segundo estabelece a Súmula 713, STF: "o efeito devolutivo da apelação contra decisões do Júri é adstrito aos fundamentos da sua interposição". Significa isto que, no júri, os fundamentos indicados na petição de interposição delimitam a extensão do recurso, não podendo as razões recursais ampliar, posteriormente, a abrangência da petição de interposição. Ressalva aqui apenas para o caso de matéria cognoscível de ofício favorável ao réu (nulidade absoluta) que, embora não tenha sido apontada pela defesa em sua petição recursal, poderá sim, ser apreciada pela instância *ad quem* – Súmula, 160, STF.

15.7.6. Observações finais

Quando cabível a apelação, não poderá ser usado o recurso em sentido estrito, ainda que somente de parte da decisão se pretenda recorrer – art. 593, § 4º, CPP. Ex.: imagine-se que, no corpo da sentença, o juiz decida revogar a prisão preventiva do réu. Caberá aqui apelação e não RESE (art. 581, V, CPP), conforme se poderia pensar.

No julgamento das apelações poderá o tribunal, câmara ou turma proceder a novo interrogatório do acusado, reinquirir testemunhas ou determinar outras diligências.

Ademais, conforme recente decisão do STJ, aplica-se o art. 939 do CPC ao julgamento da apelação criminal, de modo que deve ser observada a formalidade de colher os votos em separado sobre a questão preliminar e de mérito, buscando-se, assim, evitar a redução da matéria passível de impugnação por embargos infringentes (Informativo 688/STJ, de 15 de março de 2021). Explica-se: caso os votos da preliminar e do mérito sejam tomados de forma simultânea, poderá ocorrer de o julgador que votou pelo acolhimento da preliminar ser vencido e não proferir o seu voto sobre o mérito. Nesse sentido, ao impedir a participação do juiz vencido na preliminar e havendo julgamento unânime quanto ao mérito, o réu não poderá opor embargos infringentes quanto ao mérito.

Também em sede de apelação o STJ publicou uma série de teses a partir de sua jurisprudência, de modo que recomendamos ao leitor a leitura dessas teses, inclusive dos precedentes nelas invocados. Eis as teses:

a) "O efeito devolutivo amplo da apelação criminal autoriza o Tribunal de origem a conhecer de matéria não ventilada nas razões recursais, desde que não agrave a situação do condenado". Precedentes: AgRg no HC 320398/MT, DJe 01.08.2016; AgRg no HC 347301/MG, DJe 13.06.2016; RHC 68264/PA, DJe 14.06.2016; AgRg no AREsp 804735/SP, DJe 30.03.2016; HC 279080/MG, DJe 03.02.2016; AgRg no HC 337212/SP, DJe 11.12.2015. (INFO. 553) e AgInt no AREsp 1.044.869/MS, DJe 25/05/2017;

b) "A apresentação extemporânea das razões não impede o conhecimento do recurso de apelação tempestivamente interposto". Precedentes: HC 281873/RJ, DJe 15.04.2016; RMS 25964/PA, DJe 15.12.2015; HC 269584/DF, DJe 09.12.2015; AgRg no Ag 1084133/PR, DJe 27.10.2015; AgRg no AREsp 743421/DF, DJe 07.10.2015; HC 220486/SP, DJe 31.03.2014. (INFO. 261);

c) "O conhecimento de recurso de apelação do réu independe de sua prisão. (Súmula 347/STJ)" Precedentes: HC 95186/MG, *DJe* 31.08.2015; HC 320034/MG, *DJe* 21.05.2015; HC 258954/RJ, *DJe* 10.11.2014; HC 199248/ SP, *DJe* 26.08.2014; HC 205341/CE, *DJe* 15.03.2013; HC 131902/SP, *DJe* 01.02.2012;

d) "O efeito devolutivo da apelação contra decisões do Júri é adstrito aos fundamentos da sua interposição. (Súmula 713/STF)". Precedentes: HC 266092/MG, DJe 31.05.2016; HC 272094/SC, DJe 15.02.2016; HC 179209/RJ, DJe 23.11.2015; HC 322960/GO, DJe 15.09.2015; HC 193580/RS, DJe 03.03.2015; HC 244785/MA, DJe 26.03.2014. (INFO. 475);

e) "Aplica-se o princípio da fungibilidade à apelação interposta quando cabível o recurso em sentido estrito, desde que demonstrada a ausência de má-fé, de erro grosseiro, bem como a tempestividade do recurso". Precedentes: AgInt no REsp 1532852/MG, DJe 22.06.2016; HC 265378/SP, DJe 25.05.2016; AgRg no AREsp 644988/PB, DJe 29.04.2016; HC 295637/MS, DJe 14.08.2014; AgRg no AREsp 71915/SC, DJe 23.05.2014; AgRg no AREsp 354968/MT, DJe 14.05.2014. (INFO. 543);

f) "O adiamento do julgamento da apelação para a sessão subsequente não exige nova intimação da defesa" Precedentes: HC 353526/SP, DJe 21.06.2016; HC 333382/SP, DJe 04.04.2016; HC 319168/SP, DJe 08.10.2015; HC 300034/SP, DJe 23.02.2015; REsp 1251016/RJ, DJe 27.11.2014; HC 203002/SP, DJe 24.11.2014;

g) "Inexiste nulidade no julgamento da apelação ou do recurso em sentido estrito quando o voto de Desembargador impedido não interferir no resultado final" Precedentes: HC 352825/RS, DJe 20.05.2016; HC 309770/SP, DJe 16.03.2016; HC 284867/GO, DJe 02.05.2014; HC 130990/RJ, DJe 22.02.2010; REsp 1351484/SC DJe 05.08.2015;

h) "O julgamento de apelação por órgão fracionário de tribunal composto majoritariamente por juízes convocados não viola o princípio constitucional do juiz natural". Precedentes: HC 324371/RN, DJe 27.05.2016; HC 179502/ SP, DJe 25.02.2016; HC 165280/SP, DJe 03.12.2014; HC 271742/SP, DJe 05.09.2014; AgRg no HC 280115/PA, DJe 02.09.2014; HC 236784/MA, DJe 17.03.2014. (INFO. 476). Ver também Repercussão Geral no STF, Tema 170;

i) "É nulo o julgamento da apelação se, após a manifestação nos autos da renúncia do único defensor, o réu não foi previamente intimado para constituir outro. (Súmula 708/STF)". Precedentes: HC 329263/BA, DJe 01.07.2016; HC 100524/PE, DJe 06.11.2015; HC 300490/MG, DJe 14.09.2015; HC 258339/MG, DJe 18.05.2015; HC 207119/SP, DJe 22.05.2014; RHC 37159/PA, *DJe* 08.05.2014 e HC 382357/SP, *DJe* 14/06/2017;

j) "A renúncia do réu ao direito de apelação, manifestada sem a assistência do defensor, não impede o conhecimento da apelação por este interposta. (Súmula 705/STF)" Precedentes: RHC 61365/SP, DJe 14.03.2016; HC 264249/SP, DJe 10.05.2013; HC 183332/SP, DJe 28.06.2012; HC 235498/SP, DJe 20.06.2012; HC 27582/SP, DJe 02.02.2009 (INFO. 99) e RHC 50739/SC, *DJe* 28/03/2017.

15.8. Embargos de declaração

15.8.1. Conceito

Recurso oponível contra a decisão (leia-se: sentenças, acórdãos ou decisões interlocutórias) que apresente ambiguidade, obscuridade, omissão ou contradição (arts. 382, 619 e

620, CPP). Visa, portanto, a tornar a decisão mais clara, mais precisa[179].

Alguns doutrinadores e operadores do Direito adotam denominações distintas para os embargos de declaração. Assim, aquele previsto no art. 382 é denominado de "embarguinhos", opostos perante o juiz de 1º grau, enquanto aquele estatuído pelo art. 619 é denominado de "embargos de declaração", oposto em face de acórdãos oriundos dos tribunais, câmaras ou turmas.

Reiteramos que trata-se de mera divergência de denominação, pois tecnicamente são o mesmo instituto: embargos de declaração.

15.8.2. Interposição

Deve ser efetuada junto ao órgão que prolatou a decisão considerada defeituosa.

15.8.3. Prazo

I. Regra: 2 dias – art. 382, CPP.

II. Exceções: 5 dias – JECRIM (art. 83, Lei 9.099/1995); e ação penal originária no STF (art. 337, § 1º, Regimento Interno). Ver HC 91002 ED/RJ, *DJe* 22.05.2009.

Observações finais:

I. No caso de a decisão apresentar erros materiais (data equivocada, incorreção de grafia do nome da parte etc.), não é necessário à parte interpor de embargos de declaração. Pode o próprio julgador promover, de ofício, a correção; ou mesmo a parte poderá protocolizar uma simples petição nesse sentido;

II. Após o julgamento dos embargos, prevalece o entendimento de que o prazo para os demais recursos será integralmente devolvido às partes. Logo, os embargos *interrompem* o prazo recursal (STJ, AgRg no Ag 876449, *DJ* 22.06.2009 e EDcl nos EDcl no AgRg no AREsp 876625/MG, DJ 12/09/2016). **Importante** destacar que a interrupção ocorre ainda que os embargos sejam considerados protelatórios (STJ, AgRg no REsp 1099875/MG, *DJe* 01.08.2011). Por outro lado, no JECRIM, ocorre interrupção do prazo recursal (vide: art. 83, § 2º, Lei 9.099/1995, com redação alterada pelo art. 1.066 do novo CPC).

Ainda no tocante à interrupção, importante destacar os seguintes julgados do STJ: a) Cumpre enunciar, ainda que: "Se a rejeição dos embargos de declaração não foi unânime, de ordinário não podem ser acoimados de protelatórios" (EDcl nos EDcl nos EDcl no REsp 1316694/PR, *DJ* 06.03.2015)"; b) "Posição de embargos declaratórios incabíveis. Não interrupção do prazo para a interposição de agravo. Agravo em recurso especial intempestivo" (AgRg no AREsp 898.781/MS, *DJe* 16.09.2016).

15.9. Embargos infringentes e de nulidade (art. 609, parágrafo único, CPP)

Trata-se de *recurso exclusivo da defesa*[180] que, ao atacar a falta de unanimidade dos julgadores de 2ª instância, busca reverter a situação em favor do acusado. Explica-se melhor. Apontando a defesa a existência de divergência entre os julgadores de uma Turma ou Câmara Criminal que decidiu, por exemplo, o recurso de apelação do réu, os embargos em análise buscam reverter o cenário em prol do réu, tentando fazer com que os demais julgadores alterem a sua posição pretérita e passem a seguir o voto vencido (favorável ao acusado).

15.9.1. Requisitos para o cabimento

a) decisão de 2ª instância não unânime e desfavorável ao réu (2 votos a 1, por exemplo);

b) voto vencido de um dos julgadores favorável ao réu;

c) esse recurso só é cabível contra o acórdão que julgar a *apelação*, o *RESE* e, segundo já decidiu o STF (HC 65988/PR, *DJe* 18.08.1989), o *agravo em execução* (art. 197, LEP).

Notas:

Não será cabível esse recurso se a divergência dos julgadores se der apenas no tocante à fundamentação da decisão. Ex.: não cabem os embargos se um julgador divergir dos demais apenas quanto à fundamentação, sendo que a parte dispositiva (a conclusão) do acórdão foi idêntica à dos demais julgadores. Acrescente-se o seguinte informativo do STF: "A divergência estabelecida na fixação da dosimetria da pena não enseja o cabimento de embargos infringentes, haja vista se tratar de mera consequência da condenação. Com base nesse entendimento, o Plenário, por maioria, desproveu agravo regimental em que se arguia a viabilidade dos embargos infringentes na referida hipótese" (informativo 735, *DJe* 13.02.2014).

Os embargos ficam restritos à matéria divergente. Não poderão abranger, portanto, questões unânimes decididas pelos julgadores. Apesar disso, vale destacar o seguinte informativo do STF: há "o efeito translativo dos embargos infringentes, o que [significa] que o órgão julgador está investido do dever de conhecimento, de ofício, das questões de ordem pública, dentre as quais a prescrição penal" (informativo 737, *DJe* 27.02.2014.).

Vale também anotar as seguintes súmulas:

STJ, 207: "é inadmissível recurso especial quando cabíveis embargos infringentes contra o acórdão proferido no tribunal de origem".

STF, 293: "são inadmissíveis embargos infringentes contra decisão em matéria constitucional submetida ao plenário dos tribunais".

STF, 455: "da decisão que se seguir ao julgamento de constitucionalidade pelo Tribunal Pleno, são inadmissíveis embargos infringentes quanto à matéria constitucional".

Outra hipótese de inadmissibilidade de embargos infringentes diz respeito à oposição contra "julgado de Turma ou de Plenário em sede de habeas corpus, tendo em vista a falta de previsão regimental" (STF, HC 108.261-EI-AgR/RS, Tribunal Pleno, DJe 13.4.2012 e HC 113365 ED-EI-AgR, Tribunal Pleno, DJ 06.09.2016).

No entanto, em recente decisão, o Supremo entendeu que cabem embargos infringentes para o Plenário do STF contra decisão condenatória proferida em sede de ação penal de competência originária das Turmas do STF, mesmo diante da falta de previsão regimental. Nessa hipótese, o requisito de cabimento é a existência de 2 votos minoritários absolutórios em sentido próprio (Informativo 897/STF, de 16 a 20 de abril de 2018).

---

179. Súmula 356, STF: "O ponto omisso da decisão, sobre o qual não foram opostos embargos declaratórios, não pode ser objeto de recurso extraordinário, por faltar o requisito do prequestionamento". Significa dizer que o manejo dos embargos pode ocorrer para fins de prequestionamento. Vide LIMA (2015, p. 1722).

180. No bojo do processo penal militar, é possível o oferecimento dos embargos infringentes pelo Ministério Público Militar, em favor da sociedade, nos termos do art. 538 do Código de Processo Penal Militar.

15.9.2. Espécies

I. os embargos infringentes atacam questão de mérito. Ex.: cabem infringentes contra o acórdão que por 2x1 condenou o réu. O voto vencido foi pela absolvição;

II. os embargos de nulidade buscam o reconhecimento de uma nulidade. Ex.: cabem embargos de nulidade contra o acórdão que não acolheu por 2x1 nulidade relativa à citação do réu. O voto vencido, favorável ao acusado, reconheceu a nulidade da citação.

Observação: nada impede a interposição de embargos infringentes e de nulidade simultaneamente (um só recurso) quando houver questões não unânimes (e favoráveis ao réu) de mérito e de nulidade.

15.9.3. Prazo

Dez dias da publicação do acórdão (art. 609, parágrafo único, CPP). A interposição deve ser feita perante o relator. As razões serão apresentadas ao tribunal simultaneamente à interposição (duas peças, portanto).

15.10. Carta testemunhável (arts. 639 a 646, CPP)

De acordo com o art. 639, CPP, trata-se de recurso residual (só podendo ser usado quando não existir outro recurso específico), cabível contra a decisão que não receber o recurso interposto pela parte ou que lhe obstaculizar o seguimento ao órgão *ad quem*.

15.10.1. Cabimento

I. da decisão que denegar o recurso;

II. da decisão que, embora tenha admitido o recurso, obste o seu seguimento para o órgão *ad quem*.

Interpretando-se sistematicamente o CPP, conclui-se que cabe carta testemunhável da decisão que denega ou obsta seguimento ao *agravo em execução* e ao *RESE*.

Atenção que a denegação da apelação desafia a interposição de RESE – art. 581, XV, CPP (e não de carta testemunhável). Agora se, nesta mesma situação, o RESE também for denegado, aí sim será cabível a carta testemunhável.

Note-se também que a interposição desse recurso é feita ao escrivão e não ao juiz (art. 640, CPP).

A carta testemunhável não possui efeito suspensivo (art. 646, CPP), significando isto, segundo dizem alguns autores (AVENA, 2011, p. 1182, p. ex.), que a interposição deste recurso não impede o prosseguimento do processo ou a eventual execução da sentença condenatória. Essa orientação, porém, é de duvidosa constitucionalidade, haja vista esbarrar no estado de inocência.

Como a carta testemunhável deve seguir o rito do recurso obstaculizado, caso ela (a carta) seja interposta contra a decisão que denegou ou negou seguimento ao agravo em execução ou RESE, haverá a incidência de efeito regressivo, uma vez que estes últimos recursos (agravo em execução e RESE) o possuem.

15.10.2. Prazo da carta testemunhável

O prazo para interposição do recurso é de 48h (art. 640, CPP)

15.11. Agravo em execução (art. 197 da LEP)

Cabível contra as decisões proferidas no curso da execução da pena pelo juízo da Execução Penal que causem algum gravame ao condenado ou ao submetido à medida de segurança.

15.11.1. Cabimento

O agravo em execução não possui cabimento taxativo como o RESE. A lei não enumera, portanto, as hipóteses de cabimento de agravo em execução. **Exemplos mais comuns:** decisão que nega a unificação das penas, a progressão de regime[181], a saída temporária, o livramento condicional etc.

15.11.2. Procedimento

Diante da falta de previsão legal, segue o mesmo rito e formalidades do RESE (vale a pena reler o que escrevemos anteriormente sobre esse recurso). Desse modo, o prazo é de 5 dias para a interposição (vide inclusive a Súmula 700, STF) e de 2 dias para apresentação de razões, admitindo-se, também, o juízo de retratação (efeito regressivo), tal qual sucede no RESE.

15.12. Recurso Ordinário Constitucional (ROC) em matéria criminal

Visa a assegurar o duplo grau de jurisdição a algumas situações específicas. O ROC pode ser manejado ao STJ ou ao STF, conforme o caso.

15.12.1. Cabimento de ROC para o STF – art. 102, II, CF:

a) decisão denegatória dos tribunais superiores (STJ, TSE, STM) em única instância de HC ou mandado de segurança (MS) (...).

O dispositivo trata de casos de *competência originária* dos tribunais superiores que deneguem HC ou MS.

Ex.: prefeito julgado pelo TJ impetra HC contra este órgão ao STJ, sendo que esta Corte denega o HC. Cabe ROC neste caso.[182] Incabível o ROC contra as decisões dos tribunais superiores que acolham o HC ou MS.

Nesse sentido, sugerimos a leitura do seguinte trecho de julgado do STF: "Contra a denegação de *habeas corpus* por Tribunal Superior prevê a Constituição Federal remédio jurídico expresso, o recurso ordinário. Diante da dicção do art. 102, II, *a*, da Constituição da República, a impetração de novo *habeas corpus* em caráter substitutivo escamoteia o instituto recursal próprio, em manifesta burla ao preceito constitucional" (HC 128256, *DJ* 20.09.2016).

b) decisões relativas a crimes políticos: correspondem aos crimes previstos no Título XII na parte especial do Código Penal, incluídos pela recente Lei 14.197/2021 que revogou a antiga Lei de Segurança Nacional (Lei 7.170/83), cuja compe-

---

181. Aqui é importante trazer o recente entendimento do STF, segundo o qual "A Primeira Turma, em conclusão de julgamento e por maioria, reputou prejudicado pedido de *habeas corpus*". Mas, concedeu a ordem, de ofício, para que o juízo da execução verificasse a possibilidade do reconhecimento da continuidade delitiva (CP, art. 71), com a consequente aplicação da Lei 12.015/2009, que unificou os delitos de estupro e atentado violento ao pudor — v. Informativo 803" (HC 100612/SP, rel. orig. Min. Marco Aurélio, red. p/ o acórdão Min. Roberto Barroso, 16.08.2016)

182. Cabível também outro HC ao STF.

tência é da JF (art. 109, IV, CF). Tendo em vista que a alínea em comento ("b" do inciso II do art. 102, CF) não menciona a necessidade de a decisão ser tomada em única ou última instância, conclui-se que, em caso de crime político, o 2º grau de jurisdição será sempre do Supremo Tribunal Federal, mediante interposição de ROC (nesse sentido: STF, RC 1468/RJ, *DJe* 16.08.2000).

O STF, a respeito do tema, vem admitindo a possibilidade de impetração de HC substitutivo do ROC (HC 122.268, *DJe* 04.08.2015; HC 112.836, *DJe* 15.08.2013; e HC 116.437, *DJe* 19.06.2013 e HC 130780, *DJ* 22.09.2016).

Ex.: Prefeito está sendo processado pelo TRF por crime político. Do acórdão, caberá ROC ao STF.

15.12.2. *Cabimento do ROC para o STJ – art. 105, II, CF*

a) Decisão denegatória de HC proferida por TRF ou TJ em única ou última instância.

Ex.: Fulano impetra HC ao TJ para trancar ação penal contra ele ingressada. O TJ denega a ordem. Cabe ROC ao STJ.

Ainda que a hipótese seja de denegação do HC por maioria de votos, continuará cabível o ROC. Descabem os infringentes porque este recurso não ataca acórdão de HC não unânime, mas apenas acórdãos não unânimes de RESE, apelação e agravo em execução.

Note o leitor que a alínea menciona "em única ou última instância", o que significa que tanto pode se tratar de um caso de competência originária do TJ/TRF, como pode se tratar de uma hipótese em que se tenha chegado ao TJ/TRF manejando o HC após se esgotarem as instâncias inferiores;

b) Decisão denegatória de MS proferida por TRF ou TJ em única instância.

Ex.: advogado impetra MS ao TJ contra juiz que o impediu de consultar os autos. Dessa decisão cabe ROC.

Usou a alínea a expressão "única instância", logo se refere a casos de MS de competência originária do TRF/TJ.

20.12.3. *O processamento*

O ROC é regido, conforme o caso, pelo regimento interno do STF e do STJ e pela Lei 8.038/1990.

A petição de razões deverá acompanhar a de interposição.

15.12.4. *Prazos*

I. 5 dias quando interposto contra a decisão que denegar o HC (ROC ao STF ou ao STJ). Consulte-se a Súmula 319, STF;

II. 5 dias quando interposto contra a decisão que denegar o MS (ROC ao *STF*);

III. 15 dias para a denegação de MS (ROC ao *STJ*).

IV. 3 dias para a decisão que envolva crime político (ROC ao STF) – art. 307, RISTF c/c 563, "a", e 565, CPPM.

15.13. Recurso Especial (REsp) e Extraordinário (RE)

Grosso modo, objetivam assegurar a autoridade na aplicação e interpretação da CF (RE) e das leis federais (REsp).

15.13.1. *Noções necessárias*

a) o RESP é endereçado ao STJ e, em resumo, visa a levar ao conhecimento desta Corte decisão, em única ou última instância, do TJ/TRF que afronte lei federal (infraconstitucional) ou

que tenha dado interpretação diversa da que foi dada por outro tribunal. Note-se que não cabe RESP de decisão de Turma Recursal do JECRIM, pois este órgão julgador não é considerado tribunal – Súmula 203, STJ. Objetiva, portanto, esse recurso, homogeneizar a interpretação da lei federal pátria;

b) o RE visa a levar ao STF o conhecimento de qualquer decisão tomada em única ou última instância que implique em afronta à CF. Visa a garantir a ordem constitucional vigente. Perceba-se que como o texto da CF (art. 102, III) não menciona a expressão "Tribunal", mas apenas "causas decididas em única ou última instância", entende-se que por meio do RE, desde que atendidos aos demais requisitos, pode-se impugnar qualquer acórdão dos Tribunais, bem como decisão tomada por Turma Recursal do JECRIM;

c) ambos possuem fundamentação vinculada, discutem apenas questão de direito (e não matéria de fato ou reexame de prova), possuem o prazo de 15 dias e, para que sejam admitidos, exigem o esgotamento das vias ordinárias (*vide* Súmula 281, STF);

d) há previsão legal de efeito apenas devolutivo para esses recursos (art. 637, CPP). Apesar disso, a sentença condenatória não poderá ser executada sem o trânsito em julgado, devendo a prisão do réu, também nesta fase, ser orientada pelos requisitos da preventiva (conforme informativo 534 do STF);

e) como requisito de admissibilidade ambos exigem o pre-questionamento. A questão a ser levada ao STF ou STJ deve ter sido previamente apreciada na decisão impugnada. Cabem, inclusive, embargos de declaração com o objetivo de forçar o prequestionamento da questão nas instâncias inferiores;

f) da decisão que denega (não conhece) o REsp ou o RE, cabe agravo de instrumento (art. 1.003, § 5º, CPC/2015), no prazo de 15 dias corridos para o STF ou STJ, conforme o caso. Necessário destacar que com a publicação do novo regramento processual civil, houve a revogação do art. 28 da Lei 8.038/1990 que previa o prazo de 5 dias para interposição do recurso, impondo, assim, a utilização da regra geral prevista no CPC. Contudo, no que se refere à contagem do prazo, há norma processual penal estabelecendo a contagem dos prazos de forma contínua, o que a afasta a contagem em dia útil prevista no CPC. (STF, ARE 993407/DF, DJe 05/09/2017 e Info. 845, STF, de 24 a 28 de outubro de 2016).

> **Reflexos do *Novo Código* de Processo Civil**
>
> O novel art. 1.070 estabelece que "É de 15 (quinze) dias o prazo para a interposição de qualquer agravo, previsto em lei ou em regimento interno de tribunal, contra decisão de relator ou outra decisão unipessoal proferida em tribunal".
>
> Tal redação, combinada com a revogação expressa do art. 28 da Lei 8.038/1990, pelo art. 1.072, IV, NCPC, implicará na modificação do prazo também no Processo Penal, uma vez que a Súmula 699, STF, tem fundamento no dispositivo que foi revogado desde março de 2016, salvo disposição ulterior em contrário.

15.13.2. *Cabe RE da decisão proferida em única ou última instância que (art. 102, III, CF)*

a) contrariar dispositivo da CF. Abrange também a violação de princípio constitucional. É preciso que a violação a dispositivo/princípio constitucional seja *direta* – não cabe RE por violação reflexa, ou seja, a partir de violação de lei federal se conclui pela violação à CF (*vide* STF, ARE 807273 AgR/SC, *DJe* 27.06.2014). Ex.: viola diretamente a CF o acórdão que, em caso de roubo à empresa pública federal, cuja competência é da JF (art. 109, IV, CF) determina que o caso seja julgado pela Justiça Estadual. Ademais, também é pertinente conhecer, a *contrario sensu*, quando não cabe recurso extraordinário, vide ARE 788019 AgR, DJ, 29/09/2016: "A discussão acerca do momento de consumação do crime e, consequentemente, da aplicabilidade dos institutos da prescrição e da decadência passa necessariamente pela análise da legislação infraconstitucional pertinente (Código Penal e Código de Processo Penal), assim como por uma nova apreciação dos fatos e do material probatório constante dos autos, procedimentos inviáveis em sede de recurso extraordinário (Súmula 279/STF). Precedente" e ARE 948438 AgR, *DJe* 23/09/2016: "Ausência de prequestionamento, incidência das súmulas 282 e 356. 5. Suposta violação aos princípios do devido processo legal, do contraditório e da ampla defesa e da presunção de inocência. A ofensa aos dispositivos apontados, caso existente, ocorreria de forma reflexa. Precedentes".

b) declarar a inconstitucionalidade de tratado ou lei federal. Ex.: cabe RE da decisão do TRF que, apreciando apelação do assistente de acusação (art. 268, CPP) e respeitando a reserva de plenário (*vide* art. 97, CF), declara inconstitucional a figura do assistente no Processo Penal (por reconhecer resquício de vingança privada nessa figura processual) e termina por denegar o recurso daquele. Cabe RE nesse caso;

c) julgar válida lei ou ato de governo local contestado em face da CF. Ex: diante de alegação de eventual conflito entre CF e uma lei municipal, o acórdão do TJ opta por esta última, entendendo que não há afronta ao texto constitucional. Cabe RE nessa situação;

d) julgar válida lei local contestada em face de lei federal. Ex: certa lei estadual (que afronta a CF) é reconhecida válida pelo TJ. Desafia RE essa hipótese.

Requisito de admissibilidade próprio do RE: além do prequestionamento, exige-se que o recorrente demonstre a repercussão geral das questões constitucionais discutidas no caso concreto (art. 102, § 3º, CF). Ou seja, é preciso demonstrar que a questão tem potencial para influenciar outros processos.

15.13.3. Cabe REsp da decisão proferida em única ou última instância pelos TRFs ou TJs que (art. 105, III, CF)

a) contrariar tratado ou lei federal, ou negar-lhes vigência. Ex. de cabimento: Condenado por crime funcional praticado em atividade, anteriormente à aposentadoria, que se deu no curso da ação penal, não é possível declarar a perda do cargo e da função pública de servidor inativo, como efeito específico da condenação. A cassação da aposentadoria, com lastro no art. 92, I, alínea "a", do Código Penal, é ilegítima, tendo em vista a falta de previsão legal e a impossibilidade de ampliar essas hipóteses em prejuízo do condenado (STJ, REsp 1416477/SP, *DJe* 26.11.2014).

Vale lembrar que as súmulas dos tribunais superiores não se equiparam às leis para efeito de interposição do REsp. Ver STJ, AgRg no REsp 1246423, *DJe* 26.03.2013;

b) julgar válido ato de governo local contestado em face de lei federal. Ex: em caso de eventual conflito entre lei federal e ato de governo estadual, o TJ termina por reconhecer a validade deste último. Desafia REsp;

c) der a lei federal interpretação divergente da que lhe haja atribuído outro tribunal. Neste caso, será preciso fazer prova da divergência mediante certidão do julgado, por exemplo.

16. AÇÕES AUTÔNOMAS DE IMPUGNAÇÃO

16.1. Habeas Corpus (HC)

16.1.1. Natureza jurídica

Embora o HC esteja incluído no Título do CPP que trata dos recursos e de, por vezes, parecer-se com um, na realidade, de recurso não se trata. Possui natureza de ação autônoma de impugnação (GRINOVER *et. al.*, 2001, p. 345). Dentre tantos motivos que refutam a natureza de recurso do HC, segue um que consideramos o mais contundente: o recurso pressupõe a existência de um processo. Pois bem, cabe HC inclusive fora do âmbito do processo. Ex.: cabe HC contra ato de particular. Explica-se. Imagine-se que um diretor de hospital não deixe o paciente sair enquanto este não pagar a conta. Cabe HC contra ato do diretor nessa situação, prescindindo-se, portanto, de um processo previamente instaurado – algo impensável no caso de recurso.

Ademais, saliente-se que o HC pode funcionar como *substitutivo* de um recurso específico cabível ao caso. Assim, se cabível um recurso específico e, também, o HC, o interessado poderá valer-se deste último. Por outro lado, cf. informativo 669, STJ, 08.05.20, o HC, "quando impetrado de forma concomitante com o recurso cabível contra o ato impugnado, será admissível apenas se for destinado à tutela direta da liberdade de locomoção ou se traduzir pedido diverso do objeto do recurso próprio e que reflita mediatamente na liberdade do paciente".

16.1.2. Bem jurídico tutelado pelo HC

O HC visa a combater a *ameaça* ou a *coação ilegal* à liberdade de locomoção (liberdade de ir, vir e ficar) do indivíduo.

Note o leitor, portanto, que, para além daquelas situações "clássicas" de coação ilegal efetiva à liberdade ambulatorial do sujeito (ex.: prisão para averiguação), o HC também tutela hipóteses de ameaça ilegal à liberdade de locomoção do indivíduo. Isto é assim porque a CF/1988 (art. 5º, LXVIII) expandiu significativamente o alcance do HC, permitindo que este remédio protegesse casos de ameaça ilegal à liberdade de locomoção. Compare abaixo o texto do CPP e da CF (este último bem mais amplo).

> **Art. 647, CPP:** "dar-se-á *habeas corpus* sempre que alguém sofrer ou se **achar na iminência** de sofrer violência ou coação ilegal na sua liberdade de ir e vir, salvo nos casos de punição disciplinar." (grifo nosso).

> **Art. 5º, LXVIII, CF:** "conceder-se-á *habeas corpus* sempre que alguém sofrer ou **se achar ameaçado** de sofrer violência ou coação em sua liberdade de locomoção, por ilegalidade ou abuso de poder". (grifo nosso).

Dessa forma, como o HC também se presta a combater ameaças ilegais à liberdade de locomoção, é perfeitamente possível a impetração desse remédio quando o sujeito se encontrar em liberdade. Ex.: réu em liberdade que responde a processo infundado (sem provas) por crime de furto. Cabe HC aqui para "trancar" a ação penal (leia-se: forçar o arquivamento desta). É preciso, portanto, desprender-se da ideia de que o HC só é cabível quando o indivíduo está preso ilegalmente. Falso. O HC é cabível toda vez que alguém estiver sofrendo uma coação ilegal à sua liberdade de locomoção (por óbvio), como, também, quando estiver *ameaçado* de sofrê-la.

Nota: Em recente julgado, o STF passou a reconhecer a possibilidade de impetração de *habeas corpus* coletivo conferindo maior amplitude ao remédio, com vistas a coibir ou prevenir lesões a direitos de grupos vulneráveis. Diante da inexistência de regramento específico, a Corte entendeu que deve ser aplicado, por analogia, o art. 12 da Lei 13.300/2016, que trata dos legitimados para o mandado de injunção coletivo. Desse modo, os legitimados para impetração do *habeas corpus* coletivo, são: o Ministério Público; a Defensoria Pública; o Partido Político com representação no Congresso Nacional; a organização sindical, entidade de classe ou associação legalmente constituída e em funcionamento há pelo menos 1 (um) ano. (STF, HC 143641/SP, Dje 09.10.2018)

O caso concreto que levou ao referido entendimento do Supremo foi o HC coletivo impetrado em favor de todas as mulheres submetidas à prisão cautelar no sistema penitenciário nacional, que ostentem a condição de gestantes, puérperas ou mães de crianças menores de 12 anos de idade[183].

16.1.3. *Algumas restrições ao cabimento do HC*

a) Prevê expressamente a CF que não cabe HC para atacar punição disciplinar militar (art. 142, § 2º, CF). Isto é assim porque os militares estão sujeitos a um tipo de hierarquia específica que recomenda o afastamento do HC para questionar o mérito da punição disciplinar.

Entretanto, não estamos aqui diante de uma regra absoluta. É que se a punição disciplinar apresentar certos vícios (exemplos: inexistência de previsão legal da punição aplicada; ou a autoridade militar que a aplicar for incompetente para tanto), caberá sim questionar a punição aplicada por meio de HC. Assim, conclui-se que é possível questionar, por meio de HC, eventuais *vícios de forma* da punição disciplinar militar (previsão legal e competência, por exemplo), porém, não é cabível questionar o *mérito* dessa punição (se ela é justa ou injusta, *v. g.*). Nesse sentido: STJ, HC 211002/SP, *DJe* 09.12.2011.

Oportuno, por outro lado, transcrever a Súmula 694, STF: "não cabe *habeas corpus* contra a imposição da pena de exclusão de militar ou de perda de patente ou de função pública";

b) Não cabe HC quando não houver, ao menos, ameaça à liberdade de locomoção do indivíduo. Ex.: se o sujeito está sendo processado de forma infundada (sem suporte razoável de provas) por crime apenado *apenas* com multa, não será possível impetrar HC para trancar a ação. Isto porque, desde 1996, não é possível converter a multa em pena privativa de liberdade (prisão) – art. 51, CP. Assim, inexistindo a possibilidade de encarceramento do acusado, perde o sentido a impetração de HC. Consulte-se a Súmula 695 do STF. Nessa mesma linha, não cabe HC para "para questionar a imposição de pena de suspensão do direito de dirigir veículo automotor" (STJ, HC 283.505-SP, *DJe* 21.10.2014, informativo 550 e HC

283505/SP, DJ 29.10.2014) e nem mesmo para discutir ação penal que envolva o art. 28 da Lei de Drogas, por não prever pena privativa de liberdade (Informativo 887/STF, de 4 a 8 de dezembro de 2017).

c) Não cabe HC quando o caso demandar exame aprofundado de provas. É preciso lembrar que o HC possui um procedimento bastante simplificado. Não há instrução probatória (oitiva de testemunhas, exame pericial etc.). Em regra, será preciso, no momento da impetração do HC, demonstrar, de plano, a ilegalidade da prisão ou da ameaça de prisão (isto é, apresentar "prova pré-constituída"). Impossível o aprofundamento em material probatório, portanto (ex.: discussões acerca de legítima defesa, estado de necessidade etc.). A via estreita do HC não comporta esse tipo de discussão.

d) Ainda para a Suprema Corte, não se admite o manejo do HC para exame de nulidade cujo tema não foi trazido antes do trânsito em julgado da ação originária e tampouco antes do trânsito em julgado da revisão criminal (STF, RHC 124041/GO, *DJ* 30.08.2016).

e) Neste contexto, também negou provimento a recurso ordinário em "habeas corpus" a Primeira Turma do STF, no qual se discutia nulidade de apelação, em face da ausência de contrarrazões da defesa e da intimação do defensor para o julgamento (RHC 133121/DF, *DJe* 30.8.2016).

f) Não cabe HC contra decisão monocrática proferida por Ministro do STF (Info. 865, STF, de 15 a 19 de maio de 2017) ou por Ministro do STJ (Info. 868, STF, de 5 a 19 de junho de 2017).

g) Não cabe HC para tutelar o direito à visita em presídio (STF, HC 128057/SP, j. 1º/08/2017 e Info. 871, de 31 de julho a 4 de agosto de 2017).

h) Não cabe HC contra decisão condenatória transitada em julgado (STF, HC 143445 AgR/SP, Dje 19.02.2018 e HC 148631 AgR/PE, Dje 18.12.2017)[184]

Ademais, consoante entendimento do STF, "a superveniência de sentença condenatória que mantém a prisão preventiva prejudica a análise do *habeas corpus* que havia sido impetrado contra o título originário da custódia" (Informativo 897/STF, de 9 a 13 de abril de 2018).

Sobre o tema, destaque-se a recente Súmula 648-STJ, segundo a qual "A superveniência da sentença condenatória prejudica o pedido de trancamento da ação penal por falta de justa causa feito em *habeas corpus*". Afinal, a sentença condenatória examina de forma mais aprofundada a existência de justa causa, após a análise do acervo probatório sob o crivo do contraditório e da ampla defesa. Assim, após a sentença, eventual irresignação do réu deve ser ventilada através do recurso de apelação.

16.1.4. *Espécies de HC*

a) preventivo: nesta situação, o indivíduo encontra-se na iminência de ser preso ilegalmente. Impetra-se o HC e pede-se aqui um documento chamado de "salvo-conduto" (livre trânsito), que blinda o sujeito contra a ameaça de prisão ile-

---

183. Nesse sentido, ver tópico 14.12.

184. Apesar de ser este o entendimento majoritário do STF e STJ, em 27.02.2018, a 2ª Turma do Supremo Tribunal Federal entendeu como cabível o manejo de *habeas corpus* em face de decisão judicial transitada em julgado, por ser mais célere e benéfica ao acusado (STF, RHC 146327/RS, Dje 16.03.2018).

gal – art. 660, § 4º, CPP. Não basta o temor remoto de prisão ilegal. Para que seja cabível o HC preventivo, é preciso uma ameaça concreta (STJ, RHC 47424/PA, *DJe* 01.08.2014 e AgRg no HC 276586/SP, DJ 03.08.2016), segundo o qual, "1. Nos termos do art. 5º, LXVIII, da Constituição Federal, o risco iminente e concreto de sofrer violência ou coação ao direito de ir e vir do indivíduo constitui requisito indispensável à utilização do *writ* preventivo. 2. Na hipótese, diante da falta de demonstração inequívoca de que o agravante está sofrendo, ou na iminência de sofrer, constrangimento ilegal, pois não foi dado cumprimento ao mandado de prisão expedido em seu desfavor e não há elementos concretos que demonstrem o fato de que, caso cumpra a ordem de recolhimento, será colocado em estabelecimento prisional inadequado, a impetração não merece ser deferida". Ex: pessoa suspeita da prática de furto é intimada pelo delegado a, em 5 dias, apresentar-se ao Instituto Criminalística a fim de submeter-se a perícia de confecção de imagens, sob pena de prisão (STJ, HC 179486/GO, *DJ* 27.06.2011). Cabe HC preventivo ao juiz;

b) liberatório ou repressivo: aqui a pessoa encontra-se presa ilegalmente. Impetra-se o HC e requer-se o alvará de soltura – art. 660, § 1º, CPP. Ex: delegado que, fora das situações de flagrante delito, prende o indivíduo para averiguar-lhe a vida pregressa. Cabe HC liberatório ao juiz;

c) suspensivo: nesta hipótese, foi expedido um mandado de prisão (ilegal) contra o sujeito. Impetra-se o HC e pede-se o contramandado de prisão, visando a neutralizar a ordem de prisão anteriormente expedida. Ex: juiz que, sem fundamentar, determina a prisão preventiva do réu. Cabe HC suspensivo ao TJ.

Nota: há diversas situações de cabimento de HC que escapam à tradicional classificação exposta acima. Isto é assim porque, como vimos, o texto amplo da CF (art. 5º, LXVIII) permite o cabimento do HC não só para atacar as coações ilegais efetivas ou as ameaças ilegais iminentes, mas, também, para combater casos de ameaças não iminentes em relação às quais se consegue, de plano, antever a possibilidade de uma prisão ilegal. Ex.: sujeito que responde, em liberdade, a processo por crime de furto (que, como se sabe, possui previsão de pena de prisão) perante órgão judicial absolutamente incompetente. Uma situação dessas não se enquadra propriamente em nenhuma das espécies de HC acima indicadas. Apesar disso, o *writ* é cabível, pois a situação se amolda ao texto constitucional. Portanto, em matéria de cabimento de HC, deve o leitor sempre ter em mente o marco fundamental estipulado pela CF – que é mais abrangente que o CPP e que as espécies doutrinárias antes apontadas.

16.1.5. Legitimidade ativa

Qualquer pessoa pode impetrar HC em nome próprio ou em nome de outrem (inclusive sem procuração). Assim, podem impetrar HC: pessoa jurídica; menor; doente mental; estrangeiro; enfim, não há restrições aqui. Note-se que não se exige capacidade postulatória para impetrar HC, não sendo necessário, portanto, fazê-lo por meio de advogado, por exemplo.

16.1.6. Legitimidade passiva

É possível impetrar HC contra ato de autoridade ou mesmo contra ato de particular. Exemplo deste último caso:

diretor de hospital que não deixa o paciente sair do ambulatório enquanto este não quitar a conta com o hospital.

16.1.7. Notas sobre o endereçamento

Competência do juiz de 1ª instância: em regra, quando o coator for o delegado, o agente policial ou o particular;

Competência do TJ: em regra, quando coator for o promotor ou o juiz de 1ª instância.

Observação: quando a autoridade coatora for Turma Recursal (JECRIM), a competência para o HC será do TJ. Note-se que a Súmula 690, STF foi cancelada, competindo "ao Tribunal de Justiça julgar *habeas corpus* contra ato de Turma Recursal dos Juizados Especiais do Estado" (STF, HC 90905 AgR / SP, DJe 11.05.2007);

Competência da Turma Recursal: quando a autoridade coatora for o juiz do JECRIM;

Competência do TRF: quando a autoridade coatora for juiz federal ou procurador da república (MPF) – art. 108, I, *d*, CF;

Competência do STJ (art. 105, I, *c*, CF): quando o coator ou paciente for Governador, desembargador do TJ, TRF, TRE, TRT, membro do Tribunal de Contas do Estado ou do Município ou membro do MPU que oficie perante tribunais;

Competência do STF (art. 102, I, *d*, CF): quando o paciente for o Presidente da República, o Vice-Presidente, os membros do Congresso Nacional, os membros dos tribunais superiores e do Tribunal de Contas da União ou os chefes de missão diplomática de caráter permanente.

16.1.8. Análise do art. 648, CPP

Note-se que este artigo não é taxativo, mas exemplificativo. Encontram-se nele algumas das situações mais corriqueiras de cabimento de HC, porém, não são em "número fechado". Como já dissemos, a abrangência dada pela CF ao HC extrapola os casos indicados a seguir. De todo o modo, vejamos. A coação considerar-se-á ilegal:

I. quando não houver justa causa.

A justa causa destacada neste inciso possui 2 significados:

1º) falta de justa causa (*i. e.*, falta de fundamentação) para a ordem proferida. Ex.: decisão que, sem fundamentação, decreta a preventiva do réu. Cabe HC contra esta decisão;

2º) justa causa para a existência do processo ou da investigação. Ou seja, não há provas suficientes embasando a investigação ou o processo contra o réu. Ex.: ação penal sem provas mínimas de que o réu foi o autor do crime. Neste caso, será pedido o trancamento (leia-se: arquivamento forçado) da persecução penal por meio do HC;

II. quando alguém estiver preso por mais tempo do que determina a lei.

Ex.: excesso de prazo na prisão em flagrante (art. 10, CPP). Delegado que extrapola o seu prazo de 10 dias para concluir e encaminhar o IP. Cabe HC nesta situação;

III. quando quem ordenar a coação não tiver competência para fazê-lo.

Ex.: juiz federal que decreta a prisão preventiva de um indiciado que praticou um crime da competência da justiça estadual;

IV. quando houver cessado o motivo que autorizou a coação.

Ex.: imagine-se que, no curso do processo, foi decretada a preventiva do réu por conveniência da instrução criminal em razão de o acusado estar destruindo as provas do processo. Finda a instrução criminal, não havendo mais material probatório a ser produzido/destruído, torna-se desnecessária a manutenção do cárcere cautelar. Cabe HC nesta situação, pois o motivo pelo qual foi decretada a prisão não mais existe. Somente será possível a prisão do réu se pautada em outra hipótese autorizadora da preventiva (art. 312, CPP), mas não mais na "conveniência da instrução criminal";

V. quando não for alguém admitido a prestar fiança, nos casos em que a lei a autoriza.

Ex.: imagine-se que, no curso do processo, o juiz indefere arbitrariamente a concessão de fiança que era cabível no caso concreto. Cabe HC nesta situação;

VI. quando o processo for manifestamente nulo.

Ex.: imagine-se que o réu não citado está respondendo a processo por crime de furto. Conclusão: processo manifestamente nulo. Cabe HC para combater esta situação;

VII. quando extinta a punibilidade.

Ex.: imagine-se que o crime praticado pelo acusado já prescreveu. O juiz, ignorando esse fato, determina o seguimento do processo. Cabe HC neste caso.

Sobre o assunto, o STF consolidou o entendimento de que o *habeas corpus* pode ser utilizado para impugnar medidas cautelares de natureza criminal diversas da prisão. Esse entendimento se justifica pelo fato de que se as medidas vierem a ser descumpridas, poderão ser convertidas em prisão, havendo, portanto, certo risco à liberdade de locomoção do acusado (Informativo 888/STF, de 11 a 19 de dezembro de 2017).

16.2. Revisão criminal (RC)

16.2.1. *Previsão legal*

Arts. 621 a 631, CPP.

16.2.2. *Finalidades da revisão*

Busca restabelecer o estado de dignidade e/ou de liberdade do condenado.

16.2.3. *Natureza jurídica*

Não se trata de recurso (apesar de assim considerado pelo CPP), mas de ação autônoma de impugnação.

16.2.4. *Há revisão em prol da sociedade?*

É ação exclusiva do réu. Não é aceita entre nós a revisão em favor da sociedade (*pro societate*). A vedação da revisão *pro societate* encontra respaldo expresso na CADH.[185] Ex.: após a absolvição definitiva do acusado surgem novas provas de sua culpa. Impossível, neste caso, a reabertura do caso.

Porém, é preciso destacar que o STF (HC 104998/SP, DJe 09.05.2011) permite a reabertura do caso pela acusação numa hipótese específica: quando a declaração da extinção da punibilidade do réu estiver embasada em certidão de óbito falsa. Ex.: acusado foragido que apresenta certidão de óbito falsa, culminando na declaração de extinção de sua punibilidade pelo juiz. Nesta situação, descoberta a falsidade (ou seja,

---

185. Convenção Americana de Direitos Humanos (Pacto de San José da Costa Rica).

sabendo-se que o réu, na verdade, está vivo), será, segundo o STF, possível reabrir o caso. Principal motivo dado pela Corte Suprema: não há formação de coisa julgada *em sentido estrito*. Logo, é cabível a reabertura. STJ, REsp 1324760/SP, DJ 18.02.2015.

16.2.5. *Pressuposto para ingressar com a revisão criminal*

Sentença penal condenatória transitada em julgado, não importando a natureza da pena aplicada (pecuniária ou privativa de liberdade), a sua quantidade, se já foi cumprida ou não, ou se é vivo ou morto o sentenciado. Note-se que cabe revisão criminal em prol de pessoa falecida, inclusive. Isto é assim porque, conforme visto, a revisão não visa apenas resgatar o *status libertatis* do sujeito, mas também o seu *status dignitatis*.

Obs. 1: Cabe RC contra a **sentença absolutória imprópria** transitada em julgado. Lembrando que sentença absolutória imprópria é aquela que absolve o réu, porém, aplica-lhe medida de segurança (reconhecimento de doença mental ao tempo do crime – art. 26, CP). Ex.: pense-se que, após o trânsito em julgado da sentença absolutória imprópria, surgem novas provas demonstrando que não foi o acusado o autor do crime. Cabe RC nesta situação.

Obs. 2: Cabe RC contra **sentença condenatória definitiva do júri.** Sabe-se que no júri vigora o princípio da soberania dos veredictos (aquilo que ficar decidido pelos jurados não pode ser reformado pelo juiz-presidente nem pela instância *ad quem*). Porém, acima desse princípio está a dignidade/liberdade do condenado. Logo, é cabível a revisão criminal mesmo em face de sentença condenatória definitiva oriunda do Júri.

16.2.6. *Prazo*

Não há prazo determinado para ingressar com a revisão (ver art. 622, *caput*, CPP). Cabe antes, durante ou depois da pena, em favor do vivo ou do morto. É preciso, no entanto, que tenha ocorrido o trânsito em julgado (requisito indispensável: certidão de trânsito em julgado da sentença).

16.2.7. *Legitimidade para ingressar com a revisão*

I. O próprio condenado (independentemente de advogado);

II. Procurador legalmente habilitado (advogado). Obs.: Há entendimento (Tourinho, Mirabete e Muccio, por exemplo) de que pode ser qualquer pessoa, desde que munida de procuração;

III. C.C.A.D.I. (no caso de morto);

IV. MP – embora o tema seja polêmico, prevalece que é possível (Luiz Flávio Gomes e Muccio, por exemplo).

16.2.8. *Hipóteses de cabimento (art. 621, CPP)*

A revisão criminal tem fundamentação vinculada. Significa isto que somente se pode ingressar com a revisão em casos específicos previstos na lei. Logo, o art. 621, que trata das hipóteses de cabimento, não configura rol exemplificativo de situações, mas exaustivo. Vejamos. A revisão dos processos findos será admitida:

I. quando a sentença condenatória for contrária ao texto expresso da lei penal ou à evidência dos autos:

a) sentença contrária a texto expresso de lei penal: por "lei penal" entenda-se lei penal e processual penal. É preciso que a sentença tenha sido contrária a texto expresso de lei, pois, no caso de existir interpretação controvertida sobre o dispositivo legal, não cabe a revisão.[186] Ex.: juiz que condena o acusado sem, no entanto, seguir o sistema trifásico para dosar a pena. Cabe RC;

b) sentença contrária à evidência das provas: é a condenação que não se ampara em nenhuma prova e não aqueles casos em que se têm provas favoráveis e contrárias ao réu, optando o juiz por estas últimas. Ex.: inexistindo qualquer prova da autoria do crime por parte do réu, o juiz mesmo assim o condena. Cabe RC;

II. quando a sentença condenatória se fundar em depoimentos, exames ou documentos comprovadamente falsos.

Fundamento da sentença: depoimento, exame ou documento comprovadamente falso. Ex.: condenação amparada em exame pericial falso. E se o julgador tiver condenado com base em outras provas não viciadas? Ainda assim cabe a RC? Aponta a doutrina que não, *i. e.*, caso o juiz tenha condenado com base em outras provas regulares (e não apenas amparado na prova falsa), não caberá RC;

III. quando, após a sentença, descobrirem-se novas provas de inocência do condenado ou de circunstância que determine ou autorize diminuição especial da pena.

a) Novas provas da inocência: Ex.: após a condenação definitiva do réu, vem a juízo pessoa que confessa categoricamente a prática do crime pelo qual o acusado foi condenado. Cabe RC;

b) Atenuante genérica (art. 65, CP) e causas de diminuição (gerais e especiais). Ex.: após condenação definitiva observa-se que o julgador não observou a atenuante referente à menoridade do réu quando da prática do crime. Cabe RC.

E no caso de lei nova mais favorável ao condenado? É necessário ingressar com RC? Não, basta peticionar nesse sentido ao juízo da Execução Penal. *Vide* Súmula 611, STF.

16.2.9. Competência

STF e STJ: julgam suas próprias condenações (em sede de competência originária) e aquelas por eles mantidas. Exemplo desta última situação: imagine-se que um processo, por meio de RE, chegou até a Corte Suprema. Caso, posteriormente, surja nova prova da inocência do réu, a eventual RC deverá ser ingressada no próprio STF, uma vez que este órgão manteve a condenação do acusado;

TRF: julgam suas próprias condenações (competência originária) e a dos juízes federais. Exemplo: desta última situação: juiz federal condenou o réu e não houve recurso desta decisão (trânsito em julgado). Posteriormente, surge prova da inocência do réu. Cabe RC endereçada ao TRF;

TJ: idem.

Atenção: podemos concluir da leitura deste item que o juiz de primeira instância nunca julga RC. Esta é sempre julgada por instância *ad quem* (TJ, TRF, STJ etc., conforme o caso).

Desnecessidade de recolhimento à prisão para ingressar com a RC: Súmula 393, STF: *"para requerer revisão criminal, o condenado não é obrigado a recolher-se à prisão";*

Possibilidade de reiteração de pedido: art. 622, parágrafo único, CPP: *"não será admissível a reiteração do pedido, salvo se fundado em novas provas".*

16.3. Mandado de Segurança em matéria criminal (MS)

16.3.1. Noções

Em essência, é ação de natureza cível (ação autônoma de impugnação). Utilizada em casos específicos no âmbito penal, funciona como verdadeiro sucedâneo recursal – é o que se chama de caráter residual ou subsidiário do MS.

16.3.2. Natureza

Ação autônoma de impugnação (não é recurso).

16.3.3. Base legal

Art. 5º, LXIX, CF e Lei 12.016/2009 (doravante: LMS).

16.3.4. Necessidade de o impetrante demonstrar que possui direito líquido e certo

Direito líquido e certo é aquele em relação ao qual não há dúvida de sua existência (demonstrável de plano). Prova documental pré-constituída. Descabe dilação probatória no âmbito do MS.

16.3.5. Autoridade coatora no MS

Apenas autoridade pública (descabe contra ato de particular); ou de pessoa investida em função pública.

Em caso de impetração pelo MP, no polo passivo da ação de MS deverá constar não apenas a autoridade coatora, mas também o réu, para que possa contestar. Ex: MS pelo MP quando da soltura "ilegal" do réu. Vide Súmula 701, STF.

16.3.6. Legitimidade ativa (impetrante) para o MS em matéria criminal

MP, querelante, assistente de acusação e réu. Há necessidade de capacidade postulatória.

16.3.7. Restrições ao uso do MS

Conforme a CF e o art. 5º, LMS e jurisprudência, não cabe MS nas seguintes situações:

a) Ilegalidades relacionadas à liberdade de locomoção – não cabe MS, mas HC;

b) Para obtenção de informações de caráter pessoal ou retificação dessas informações em banco de dados – não cabe MS, mas *habeas data*;

c) Atos atacáveis por recurso administrativo com efeito suspensivo, independentemente de caução. Note-se que está prejudicada a Súmula 429, STF;

d) Decisão judicial atacável por recurso com efeito suspensivo. *Vide* Súmula 267, STF (que deve ser interpretada nesse sentido) e informativo STJ 667, 07.04.20;

e) Decisão judicial transitada em julgado. *Vide* Súmula 268, STF.

16.3.8. Hipóteses mais comuns de cabimento do MS em matéria criminal

Segundo Moreira (2010, p. 797), normalmente, o MS é mais usado pela acusação, uma vez que diversas afrontas a direitos do réu desafiam o HC. Vamos aos casos mais comuns:

---

186. Alteração de jurisprudência não autoriza o ajuizamento de revisão criminal. STJ, AgRg no HC 609730/SC, julgado em 24/11/2020.

a) Indeferimento arbitrário de habilitação como assistente de acusação – art. 273, CPP;

b) Indeferimento arbitrário de acesso do advogado aos autos do IP. Vide EOAB (art. 7º, XIV c/c § 12) e Súmula vinculante 14, STF. Cabe também reclamação ao STF, por violação à referida súmula vinculante;

c) Para trancamento de persecução penal temerária (IP ou processo) quando inexistir a possibilidade de cárcere. Ex: imagine-se um processo criminal cujo objeto seja uma infração penal punida apenas com multa. Neste caso, cabe MS para trancar a persecução penal. Notemos que descabe o HC neste caso, pois não há possibilidade de segregação à liberdade, já que a infração perseguida é punida apenas a título de multa;

d) Para assegurar a presença do defensor em algum ato do IP.

16.3.9. Renovação do pedido

É possível, desde que a decisão não tenha examinado o mérito e ainda não transcorrido o prazo decadencial – art. 6º, § 6º, LMS. Por outro lado, a decisão denegatória da segurança não impede a propositura de ação de cognição mais ampla – art. 19, LMS.

16.3.10. Recurso contra a decisão de MS

a) Contra a sentença do juiz de 1ª instância que conceder ou negar o MS cabe apelação (cível) – art. 14, LMS.

Observação: da sentença que concede o MS em 1ª instância cabe recurso de ofício – art. 14, § 1º, LMS;

b) Contra o acórdão do TJ/TRF é preciso atentar para cada situação específica:

I. Se denegatória a decisão, caberá ROC para o STJ (art. 105, II, *b*, CF);

II. Se concedida a segurança, caberá, conforme o caso, RESP ao STJ (art. 105, III, CF) ou RE ao STF (art. 102, III, CF);

c) Contra o acórdão dos tribunais superiores (STJ, TSE, TST ou STM, exceto o STF) é preciso também atentar para cada situação específica:

I. Se denegatória a decisão, cabe ROC para o STF (art. 102. II, *a*, CF);

II. Se concessiva, cabe, se for o caso, RE ao STF.

17. BIBLIOGRAFIA

ALENCAR, Rosmar Rodrigues; TÁVORA, Nestor. **Curso de direito processual penal**. 11. ed. Salvador: Juspodivm, 2016.

_____. **Curso de direito processual penal**. 11. ed. Salvador: Juspodivm, 2017.

ARAÚJO, Fábio Roque; FRANÇA, Bruno Henrique Principe; TÁVORA, Nestor. **Lei de drogas. Coleção leis especiais para concursos**. 2. ed. Salvador: Juspodivm, 2013.

AVENA, Norberto. **Processo penal esquematizado**. São Paulo: Método, 2010.

BADARÓ, Gustavo Henrique Righi Ivahy. **Direito processual penal**. São Paulo: Campus, 2008, 2009. t. I e II.

BONFIM, Edilson Mougenot. **Curso de processo penal**. 5. ed. São Paulo: Saraiva, 2010.

BRITO, Alexis Couto de. **Execução penal**. 2. ed. São Paulo: RT, 2011.

CHOUKR, Fauzi Hassan. *Código de processo penal. Comentários consolidados e crítica jurisprudencial.* 3. ed. Rio de Janeiro: Lumen Juris, 2009.

CUNHA, Rogério Sanches. **Execução penal para concursos.** 2. ed. Salvador: Juspodivm, 2013.

DUCLERC, Elmir. **Direito processual penal.** Rio de Janeiro: Lumen Juris, 2008.

GOMES, Luiz Flávio. **Direito processual penal.** São Paulo: RT, 2005.

GRECO FILHO, Vicente. **Manual de processo penal.** 8 ed. São Paulo: Saraiva, 2010.

_____. FERNANDES, Antonio Scarance; GOMES FILHO, Antonio. **Recursos no processo penal.** 3. ed. São Paulo: RT, 2002.

_____. GOMES FILHO, Antonio Magalhães; FERNANDES, Antonio Scarance; GOMES, Luiz Flávio. **Juizados especiais criminais.** 4. ed. São Paulo: RT, 2002.

GRINOVER, Ada Pellegrini. **As nulidades no processo penal.** 7. ed. São Paulo: RT, 2001.

JARDIM, Afrânio Silva. **Direito processual penal.** 9. ed. Rio de Janeiro: Forense, 2000.

KARAM, Maria Lúcia. **Competência no processo penal.** 3. ed. São Paulo: RT, 2002.

LIMA, Marcellus Polastri. **Manual de processo penal.** 4. ed. Rio de Janeiro: Lumen Juris, 2009.

LIMA, Renato Brasileiro de. **Manual de processo penal.** 3. ed. Salvador: Juspodivm, 2015.

LOPES JR., Aury. *Direito processual penal e sua conformidade constitucional.* 5. ed. Rio de Janeiro: Lumen Juris, 2010. V. I e II.

MIRABETE, Julio Fabbrini. **Código de processo penal comentado.** 11. ed. São Paulo: Atlas, 2006.

_____. **Processo penal.** 10. ed. São Paulo: Atlas, 2000.

MOREIRA, Rômulo Andrade. **Direito processual penal.** Rio de Janeiro: Forense, 2003.

_____. **Curso temático de direito processual penal.** 2. ed. Curitiba: Juruá, 2010.

NICOLITT, André. **Manual de processo penal.** 2. ed. Rio de Janeiro: Elsevier, 2010.

NUCCI, Guilherme de Souza. **Código de processo penal comentado.** 5. ed. São Paulo: RT, 2006.

_____. **Leis penais e processuais penais comentadas.** 8. ed. Rio de Janeiro: Forense, 2014. v. 1 e 2.

OLIVEIRA, Eugênio Pacelli de. **Curso de processo penal.** 19. ed. São Paulo: Atlas, 2015.

_____. FISCHER, Douglas. *Comentários ao código de processo penal.* 2. ed. Rio de Janeiro: Lumen Juris, 2011.

PACHECO, Denílson Feitoza. **Direito processual penal. Teoria crítica e práxis.** 4. ed. Rio de Janeiro: Impetus, 2006.

_____. _____. 6. ed. Rio de Janeiro: Impetus, 2009.

PEREIRA, Márcio. *Questões polêmicas de processo penal.* Bauru: Edipro, 2011.

RANGEL, Paulo. **Direito processual penal.** 13. ed. Rio de Janeiro: Lumen Juris, 2007.

TOURINHO FILHO, Fernando da Costa. **Código de processo penal comentado.** 9. ed. São Paulo: Saraiva, 2005. v. 1 e 2.

_____. **Manual de processo penal.** 13. ed. São Paulo: Saraiva, 2010.

7. Direito Administrativo

Wander Garcia e Rodrigo Bordalo

1. REGIME JURÍDICO-ADMINISTRATIVO

1.1. Conceito de regime jurídico

Regime jurídico pode ser conceituado como *o conjunto harmônico de princípios e normas que incidem sobre determinada categoria ou instituto de direito.*

No sentido mais amplo possível, há dois grandes regimes jurídicos, o de direito público e o de direito privado.

1.2. Direito público e direito privado

Costuma-se dividir o direito objetivo nessas duas grandes espécies. Tal divisão é feita tendo em vista a diferença de **regime jurídico.**

No **regime jurídico de direito público,** vigem dois princípios basilares, quais sejam, o da *supremacia do interesse público sobre o privado* e o da *indisponibilidade do interesse público.*

Pelo princípio da **supremacia do interesse público sobre o privado**, a relação entre o Estado e o particular é *vertical*, ou seja, há uma *hierarquia*. Isso se expressa em institutos como a *desapropriação*, da qual o particular não pode se esquivar, e as *cláusulas exorbitantes*, que permitem ao Poder Público modificar unilateralmente um contrato administrativo, independentemente da concordância do contratado.

Já pelo princípio da **indisponibilidade do interesse público**, o Estado fica obrigado a velar pela proteção incondicional e irrestrita dos bens e interesses do povo. Em virtude desse princípio, o agente público só pode fazer o que a vontade do povo (expressa na lei) permite, obedecendo-se ao *princípio da legalidade*. Além disso, tal princípio vai exigir que em todas as compras estatais se busquem as melhores condições, daí a necessidade de se fazer *licitação*. Os *bens públicos* são, ainda, inalienáveis, impenhoráveis e imprescritíveis.

No **regime jurídico de direito privado**, por sua vez, há dois princípios basilares, quais sejam, o da *igualdade* e o da *autonomia da vontade.*

Pelo **princípio da igualdade**, as pessoas estão numa relação *horizontal*, ou seja, não há uma hierarquia entre elas. Assim, ninguém pode tomar a propriedade do outro à força (*autotutela*). Um contratante não pode mudar unilateralmente um contrato independentemente da vontade da parte contrária.

Não se deve esquecer, todavia, que a igualdade supõe tratar os iguais igualmente e os desiguais desigualmente, de modo que em algumas situações, como no caso dos incapazes, algumas pessoas poderão ter mais direitos do que outras.

Pelo **princípio da autonomia da vontade**, as pessoas podem fazer tudo o que quiserem, salvo o que a lei proíbe. Assim, diferentemente do que ocorre com os agentes públicos, se não houver proibição legal, os particulares podem agir à vontade. Podem doar bens, podem comprar onde quiserem e o que quiserem.

E **como se sabe** se uma dada situação de fato será regida pelo direito público ou pelo direito privado?

As relações fáticas em que houver o Estado em **qualquer dos polos** serão regidas pelo direito público, salvo quando o Estado estiver se valendo, com a permissão legal, de um instituto de direito privado, como quando emite um cheque ou quando é locatário de um imóvel. No mais, ou seja, quando estiver celebrando um contrato, desapropriando, aplicando sanções ou atuando em suas demais tarefas, estará sendo regido pelos princípios e regras do direito público.

São ramos do Direito Público Interno os Direitos Constitucional, Administrativo, Tributário, Ambiental, Processual do Trabalho, Processual Civil, Processual Penal, Penal, entre outros. São ramos do Direito Público Externo o Direito Internacional Público, que regula as relações entre Estados e organismos internacionais, e o Direito Internacional Privado, que regula as relações entre pessoas ligadas a diferentes Estados.

As **demais relações**, ou seja, as relações entre particulares, ou aquelas em que o Estado atua em pé de igualdade com o particular, são regidas pelo direito privado.

O Direito Administrativo, que nos interessa na presente obra, tem, assim, **natureza jurídica** (também chamada de **taxinomia**) de Direito Público.

1.3. Conceito de Direito Administrativo

Vários critérios foram utilizados para tentar conceituar o Direito Administrativo.

O primeiro foi o critério do "Poder" (o direito administrativo regula a autoridade estatal), que se seguiu aos critérios do "Serviço Público" (o direito administrativo regula os **serviços públicos** em geral – **serviços públicos** em sentido amplo, portanto), do "Poder Executivo" (o direito administrativo regula a atividade do Poder Executivo), das "Relações Jurídicas" (o direito administrativo regula as relações entre a Administração e os administrados), "Teleológico" (o direito administrativo regula a atividade do Estado para cumprir os seus fins) e ao critério da "Administração Pública".

Nesse último critério, o Direito Administrativo é o conjunto de princípios que regem a Administração Pública. Trata-se do critério mais adotado entre os juristas.

1.4. Atividade administrativa

A Administração Pública tem deveres extremamente importantes para com a sociedade. Tais deveres englobam tarefas de *segurança*, de *fiscalização e controle* de condutas antissociais, de regulação e de oferecimento de *serviços essenciais*, como educação, saúde, energia elétrica, água, transporte, de fomento, dentre outros. Para que tais deveres sejam devidamente cumpridos é necessário que haja um regime jurídico diferenciado, um **regime jurídico de direito público**, que tem, conforme já visto, duas grandes marcas: a) supremacia do interesse público sobre o interesse privado; b) indisponibilidade do interesse público.

Porém, não se pode esquecer que o Poder Público age em **três grandes atividades**, quais sejam: a) *atividade legislativa*, de elaborar leis; b) *atividade administrativa*, de executar direta e concretamente a lei; c) *atividade jurisdicional*, de aplicar a lei, mediante provocação, com o fito de compor conflitos de interesse caracterizados por pretensões resistidas.

A *atividade legislativa* é objeto do Direito Constitucional, destacando-se o tema do "processo legislativo".

A *atividade jurisdicional* é objeto do Direito Processual (penal, civil, do trabalho etc.).

Já a *atividade administrativa* é objeto do Direito Administrativo. Esse ramo do Direito regula o chamado **regime jurídico administrativo**, que também pode ser definido como *o conjunto harmônico de princípios e normas que regem a Administração Pública, em sua função de realizar concreta, direta e imediatamente os fins desejados pelo Estado*.

É importante destacar que o Direito Administrativo rege toda e qualquer atividade da Administração, seja ela do Executivo, do Legislativo ou do Judiciário, já que os dois últimos poderes também exercem (atipicamente) atividades administrativas. Por exemplo, quando exercer o poder disciplinar sobre servidores ou fazer licitação para adquirir bens.

Assim, um membro do Poder Judiciário (magistrado) pratica tanto atos jurisdicionais (ex.: quando exara uma sentença) como atos administrativos (ex.: quando aplica uma advertência ao servidor do fórum).

Enfim, todos os poderes têm sua Administração Pública e, assim, praticam atos administrativos, inclusive o Poder Judiciário e o Poder Legislativo, que apesar de o fazê-lo atipicamente, atua, assim, em atividade administrativa.

1.5. Origem do Direito Administrativo

Só é possível falar-se em regime jurídico administrativo com o aparecimento do Estado de Direito, em que a lei passa a valer tanto para os administrados como para o administrador.

Tal se deu com o declínio dos regimes absolutistas, marcados pela vontade incontrastável dos soberanos, e que foi perdendo espaço, até se extinguir, após a Declaração dos Direitos do Homem e do Cidadão na França (1789) e a Declaração de Independência dos Estados Unidos (1796).

Os Estados de Direito, por sua vez, valeram-se da ideia de separação dos Poderes desenvolvida por Montesquieu (*O Espírito das Leis*, 1748), segundo o qual faz-se necessária a distribuição de tarefas entre órgãos distintos para que não haja a perniciosa concentração de poder numa pessoa só. Por outro lado, para que cada órgão que receba um poder não abuse deste, faz-se também necessário que haja um sistema de controle de um poder pelo outro.

A partir do aparecimento desses dois elementos – a) subordinação do Estado à lei (Estado de Direito) e b) divisão de tarefas entre órgãos estatais com sistema de controle de um pelo outro (Separação de Poderes) – tem-se os pressupostos para existência do Direito Administrativo.

1.6. Fontes do Direito Administrativo

Quando se pergunta "quais são as fontes do Direito", fica sempre a dúvida sobre a qual fonte a indagação se refere. Existem *fontes criadoras* do Direito (legislador, por exemplo). Há *fontes formais* do Direito (a lei, por exemplo). Há *fontes históricas* do Direito (fatos históricos marcantes que deram origem à modificação de uma lei).

As **fontes formais** do Direito podem ser divididas em duas espécies: principais e acessórias.

As **fontes *formais principais*** são: a lei, a analogia, o costume e os princípios gerais do direito. Como adotamos o sistema romano-germânico, de início, só a lei é fonte formal principal. Apenas em caso de lacuna é que se admite que o aplicador se valha da analogia, do costume e dos princípios gerais, nessa ordem, como fonte formal jurídica (art. 4º da LINDB).

Quanto ao costume, que consiste na **prática reiterada de determinado ato, com a convicção de sua obrigatoriedade jurídica**, não se confunde com a praxe administrativa que é a prática burocrática rotineira adotada na Administração, sendo que o primeiro é considerado fonte formal e o segundo não é considerado fonte do Direito Administrativo, apesar de se tratar de meio útil para resolver problemas administrativos, desde que atendido o princípio da legalidade.

Para completo entendimento do assunto, é importante destacar que, por lei, deve-se entender norma constitucional, lei ordinária, lei complementar, lei delegada, resolução legislativa, decreto legislativo e medida provisória.

Já as **fontes *formais secundárias ou acessórias*** são: os decretos, as resoluções administrativas, as instruções normativas, as portarias etc. São acessórias pois guardam obediência a uma fonte principal.

Doutrina e jurisprudência são consideradas, tradicionalmente, como *fontes não formais* ou *fontes indiretas* (mediatas). Isso porque trazem preceitos não vinculantes. São também consideradas *fontes meramente intelectuais* ou *informativas*.

Há de se fazer alguns temperamentos com relação à jurisprudência. Isso porque, apesar de um entendimento reiterado pelos tribunais não ter força de lei, a Emenda Constitucional 45/2004 estabeleceu que o Supremo Tribunal Federal poderá, após reiteradas decisões sobre matéria constitucional, aprovar súmula, que terá efeito vinculante e incidirá sobre a validade, a interpretação e a eficácia de normas determinadas acerca das quais haja controvérsia (art. 103-A da CF).

Tais súmulas, ainda que declarativas em relação ao que é Direito, poderão ser consideradas verdadeiras fontes formais, já que têm eficácia *erga omnes*.

1.7. Conceito de Administração Pública

O Estado tem três Poderes independentes e harmônicos entre si (Legislativo, Executivo e Judiciário). Porém, é por meio da **Administração Pública** que o Estado atua, tratando-se esta do aparelhamento necessário à realização de sua finalidade.

Em sentido *formal*, Administração Pública é o conjunto de órgãos instituídos para consecução dos fins do Governo (que é o comando, a iniciativa).

Em sentido *material*, é o conjunto das funções necessárias aos serviços públicos em geral.

E em sentido *operacional*, é o desempenho sistemático dos serviços estatais.

O fato é que a Administração é o instrumento de que se vale o Estado para pôr em prática as opções políticas do Governo.

Tal atuação se dará por intermédio de *entidades* (pessoas jurídicas), *órgãos* (centros de decisão) e de *agentes* (pessoas investidas em cargos, empregos e funções).

1.8. Sistemas de Controle Jurisdicional da Administração

Acerca do Sistemas de Controle Jurisdicional da Administração há duas espécies: a) o sistema do contencioso administrativo (sistema francês); b) o sistema judiciário (sistema inglês).

O Brasil adotou o segundo, ou seja, o sistema da jurisdição única, de maneira que compete apenas ao Poder Judiciário a jurisdição sobre o controle de atos administrativos postos em disputa.

Na Europa continental, por sua vez, há órgãos independentes e autônomos da própria Administração destinados a efetuar o controle dos atos administrativos. Trata-se da chamada *dualidade de jurisdição* (ou *contencioso administrativo*), em que um órgão exerce a jurisdição sobre os atos administrativos e o Poder Judiciário a exerce sobre os demais atos e fatos jurídicos. Na França, por exemplo, o Conselho de Estado é quem faz esse papel de exercer a jurisdição sobre atos administrativos, ficando o Judiciário responsável pelos demais conflitos de interesse. Quanto ao Conselho de Estado há os chamados tribunais administrativos, que se sujeitam a ele, que funciona como juízo de apelação, de cassação e até de juízo originário e único de determinados litígios administrativos.

Em suma, o Brasil adotou outro sistema, o anglo-americano, em que não existe essa dualidade, cabendo apenas ao Poder Judiciário exercer a jurisdição, de modo que é este que faz todo e qualquer controle jurisdicional sobre atos administrativos.

Como exceção, temos a possibilidade de um ato da Administração vir a ser apreciado por uma corte de arbitragem, mas nos casos taxativamente estabelecidos em lei, que, em verdade, se limitam a tratar de aspectos comerciais e técnicos não relacionados a determinações administrativas que busquem assegurar o interesse público. Por exemplo, o art. 23-A da Lei 8.987/1995 permite o uso de arbitragem em matéria de concessões de serviço público. Isso significa que, caso a Administração modifique o regulamento do serviço a ser prestado pela concessionária, aumentando os custos desta mas sem um aumento no mesmo patamar na remuneração da concessionária, esta poderá discutir a questão junto a uma corte arbitral, mas limitada à questão da remuneração, não podendo querer que uma corte arbitral discuta se foi de interesse público ou não a modificação no regulamento do serviço, discussão essa que, ressalvado o mérito administrativo, só poderá ser feita no âmbito do Poder Judiciário.

2. PRINCÍPIOS DO DIREITO ADMINISTRATIVO

2.1. Introdução

Princípios *são normas jurídicas de especial relevância e alta carga valorativa que, além de vincular, servem de vetor interpretativo a todos os destinatários do Direito.*

Os princípios gerais do Direito Administrativo decorrem de dois outros basilares, quais sejam, o da supremacia do interesse público sobre o privado e o da indisponibilidade do interesse público.

2.2. Princípios basilares do direito administrativo (supraprincípios ou superprincípios)

O princípio da *supremacia do interesse público sobre o interesse privado*[1] parte da ideia de que o fim do Estado é o bem comum, e não o individual. Assim, deve prevalecer o interesse público, o interesse comum, e não o interesse particular que cada um tem.

Essa supremacia pode ser verificada nas seguintes *prerrogativas* da Administração: a) presunção de legitimidade dos atos administrativos; b) prazos maiores no processo civil; c) prazo prescricional menor contra o Estado; d) imperatividade, exigibilidade, coercibilidade e autoexecutoriedade de boa parte dos atos administrativos, atributos esses que permitem a autotutela da Administração, que não precisa buscar o Poder Judiciário para a imposição de grande parte de seus atos.

A doutrina diferencia a chamada *supremacia estatal geral*, que incide sobre todas as pessoas, da *supremacia estatal especial*, que incide sobre as pessoas com quem o Estado tem relação jurídica específica. A submissão de todos nós às leis de trânsito é um exemplo da supremacia estatal geral. Já a submissão das concessionárias de serviço público às imposições do Poder Concedente é exemplo da supremacia estatal especial.

O princípio da **indisponibilidade do interesse público**, por sua vez, decorre da ideia de República (coisa de todos). Ele indica que os interesses públicos não podem ser objeto de disposição, devendo o Poder Público velar por sua proteção e promoção. A ordem jurídica trará o perfil do que é interesse público, cabendo à Administração Pública buscar seu atendimento. Decorrem desse princípio os seguintes: a) princípio da legalidade; b) princípio da isonomia; c) princípio da motivação; d) princípio da publicidade, dentre outros.

Passemos, agora, ao estudo dos demais princípios do Direito Administrativo, que, repita-se, são expressões dos dois acima referidos.

2.3. Princípios do Direito Administrativo em espécie

2.3.1. Princípio da legalidade

Esse princípio pode ser **conceituado** como *aquele pelo qual a Administração Pública só pode fazer o que a lei determinar ou permitir.*

O princípio da legalidade está **previsto** expressamente no art. 37, *caput*, da CF.

---

1. Celso Antônio Bandeira de Mello define interesse público como o "interesse resultante do conjunto dos interesses que os indivíduos pessoalmente têm quando considerados em sua qualidade de membros da Sociedade e pelo simples fato de o serem" (*Curso de Direito Administrativo*, p. 59). Aliás, o interesse público pode ser primário (verdadeiro interesse público) ou secundário, interesse que diz respeito apenas à pessoa jurídica estatal (que não é verdadeiro interesse público), como o interesse de arrecadar mais tributos. Hely Lopes Meirelles, por sua vez, entende por interesse público as "aspirações ou vantagens licitamente almejadas por toda a comunidade administrada, ou por uma parte expressa de seus membros" (*Direito Administrativo Brasileiro*, p. 81).

Trata-se de princípio próprio do Estado de Direito. Aliás, o Direito Administrativo nasce justamente com o aparecimento desse tipo de Estado.

O princípio em questão afirma que a atividade administrativa é sublegal, devendo expedir comandos complementares à lei. É muito famosa a frase de Seabra Fagundes a respeito da legalidade: "administrar é aplicar a lei de ofício".

Na **prática**, isso significa que a Administração Pública não pode fazer coisa alguma sem que haja uma lei prévia dizendo que ela está autorizada ou tem a obrigação de fazê-la.

Recentemente, tomei conhecimento de um **exemplo** interessante: o Prefeito de uma determinada cidade resolveu baixar um ato administrativo determinando que todo o comércio local fechasse aos domingos, sem que houvesse lei alguma na cidade trazendo essa determinação. Tal conduta fere o princípio da legalidade, pois o Prefeito só poderia ter agido se houvesse uma lei municipal nesse sentido.

O Chefe do Poder Executivo tem o poder de regulamentar a lei, e não de fazer a própria lei. Nesse sentido, o art. 84, IV, da CF dispõe que o Presidente da República – e os demais Chefes do Executivo (Prefeito e Governador) – tem competência para expedir decretos e regulamentos para a fiel execução da *lei*. Esses decretos têm por objetivo explicar a lei e dizer como ela deverá ser cumprida.

Ou seja, no Brasil temos *regulamentos de execução de lei*, e não *regulamentos autônomos de lei*.

No exemplo dado, o Prefeito daquela cidade poderia baixar um regulamento para o fim de executar a lei que proíbe o comércio aos domingos, caso a lei existisse (regulamento de execução de lei). Mas não poderia criar a própria proibição do comércio por meio de um decreto (regulamento autônomo de lei).

O princípio da legalidade é tão forte que no Direito brasileiro há pouquíssimas **exceções**.

A primeira exceção diz respeito aos *regulamentos autônomos de lei*. O art. 84, VI, da CF criou duas exceções, em que o Chefe do Executivo poderá, por decreto, fazer algo que somente a lei poderia fazer: a) dispor sobre a organização e funcionamento da administração federal, quando não implicar aumento de despesa nem criação ou extinção de órgãos públicos; b) dispor sobre a extinção de funções ou cargos públicos, quando vagos.

Um exemplo da situação "a" é um Prefeito, por decreto, transformar uma secretaria municipal em outra secretaria municipal (ex.: transformar a secretaria de administração em secretaria de gestão pública). O que não é possível é extinguir ou criar um órgão público, mas transformar um órgão é plenamente possível. Vale ressaltar que é inconstitucional norma estadual que autoriza a transformação, mediante decreto ou outro ato normativo infralegal, de funções de confiança em cargos em comissão ou vice-versa (STF, ADI 6.180/SE, j. 14.8.2023). Tal medida ultrapassara a prerrogativa pautada na mera reorganização administrativa (CF/1988, art. 84, VI, "a" e "b") e ofende o princípio da reserva legal (CF/1988, art. 48, X, c/c o art. 61, § 1º, II, "a").

Um exemplo da situação "b" é um Prefeito, por decreto, extinguir 30 cargos de telefonista da prefeitura, por estarem vagos esses cargos e não haver mais interesse em provê-los, em virtude da tecnologia dos sistemas de telefonia não mais requerer tantos cargos de telefonista numa repartição pública.

A segunda exceção ao princípio da legalidade é a *medida provisória* (art. 62, CF). Com efeito, a medida provisória, apesar de não ser *lei em sentido estrito*, tem *força de lei*.

Assim, é possível que uma medida provisória, mesmo que não haja lei sobre um dado assunto, inove na ordem jurídica e determine algo para a Administração Pública.

Parte da doutrina faz uma diferenciação entre a *legalidade* e a *reserva legal*. Há matérias que podem ser reguladas por lei e por medida provisória, hipótese em que se fala em obediência à legalidade. Há matérias que só podem ser reguladas por lei em sentido formal, hipótese em que se fala em obediência à reserva legal. As matérias mencionadas no parágrafo anterior obedecem ao princípio da reserva legal. Como exemplo, temos o direito penal, matéria que só pode ser regulada por lei, nunca por decreto ou medida provisória (art. 5º, XXXIX, CF).

Vale, também, diferenciar o princípio da legalidade para a Administração, com o **princípio da legalidade para o particular**. O primeiro está previsto no art. 37, *caput*, da CF, ao passo que o segundo, no art. 5º, II, da CF ("ninguém será obrigado a fazer ou deixar de fazer alguma coisa senão em virtude de lei"). O primeiro dispõe que a Administração só pode fazer o que a lei determinar ou permitir, enquanto que o segundo dispõe que o particular pode fazer o que bem entender, a não ser o que a lei proibir. Portanto, a Administração está amarrada, presa. Ela só pode fazer algo se a lei desamarrar e permitir que esse algo seja feito. Já o particular está livre, podendo fazer o que quiser. Ele só ficará impedido de fazer algo quando vier uma lei proibindo que ele o faça.

Por fim, importante darmos uma palavra sobre o **princípio da juridicidade**. Esse princípio pode ser visto como estágio evolutivo atual do princípio da legalidade, pois exige do administrador público atuação em conformidade não só com a lei, em sentido formal, mas com todo o direito; muito mais do que respeitar a *legalidade estrita*, o que se espera hoje é que o administrador atenda ao *Direito* como um todo, ou seja, busque uma decisão de acordo com a *juridicidade* ou *legitimidade*, daí a ideia de que, mais do que o respeito ao princípio da legalidade, o administrador tem que respeitar o princípio da juridicidade.

2.3.2. Princípio da impessoalidade

Esse princípio pode ser **conceituado** como *aquele que impõe tratamento igualitário às pessoas, respeito à finalidade e também a ideia de que os atos dos agentes públicos devem ser imputados diretamente à Administração Pública e nunca à pessoa do agente.*

O princípio da impessoalidade está **previsto** expressamente no art. 37, *caput*, da CF.

Repare que o princípio tem três comandos: a) *impõe igualdade de tratamento*; b) *impõe respeito ao princípio da finalidade*; c) *impõe neutralidade do agente*, que não pode fazer autopromoção.

Um exemplo de violação ao primeiro comando ("a") é o agente público, responsável para julgar a concessão de alvarás para construção, dar prioridade aos pedidos de alvará formulados por amigos seus em detrimento das demais pessoas que tiverem pedido o alvará em data anterior.

Um exemplo de violação ao segundo comando ("b") é o agente público usar um ato que tem uma finalidade legal "X" com o objetivo de atender a uma finalidade "Y", como ocorre quando se utiliza o ato "remoção" – cuja finalidade é organizar melhor as funções de agentes públicos ou transferir um agente público para outro local, a pedido deste – com a finalidade de punição.

Um exemplo de violação ao terceiro comando ("c") é um Prefeito determinar a utilização de um símbolo usado na sua campanha eleitoral em todas as obras da prefeitura. Tal situação é expressamente vedada pelo art. 37, § 1º, da CF, que dispõe que a publicidade oficial deverá ter caráter educativo, informativo ou de orientação social, dela não podendo constar nomes, *símbolos* ou imagens que caracterizem *promoção pessoal*.

O terceiro comando do princípio da impessoalidade também tem outros tipos de reflexo. Um deles é a possibilidade de reconhecer a validade de atos praticados por funcionário público irregularmente investido no cargo ou função sob o fundamento de que tais atos configuram atuação do órgão e não do agente público. Isso ocorre, pois, se todos os atos praticados pela Administração são *imputados* diretamente a esta (o agente público é neutro, ou seja, é um mero órgão da Administração), mesmo os atos praticados por alguém irregularmente investido em função pública poderão ser considerados válidos já que, em última análise, são atos da Administração e podem ser preservados se estiverem de acordo com as demais normas jurídicas.

2.3.3. Princípio da moralidade administrativa

Esse princípio pode ser **conceituado** como *aquele que impõe obediência à ética da Administração, consistente no conjunto de preceitos da moral administrativa, como o dever de honestidade, lealdade, boa-fé e probidade.*

O princípio está **previsto** expressamente no art. 37, *caput*, da CF.

O art. 11 da Lei 8.429/1992 (Lei de Improbidade Administrativa) juridiciza (torna jurídico) preceitos morais a serem seguidos, como a *honestidade*.

Todavia, a Constituição não determina que a moralidade exigida por seu art. 37, *caput*, esteja juridicizada. Aliás, se assim o fosse, bastaria a exigência de respeito ao princípio da legalidade. A Constituição também não está se referindo à moralidade comum, pois o art. 5º, LXXIII, da CF, ao tratar das hipóteses de cabimento de ação popular, é mais específico no tema e usa a expressão completa, qual seja, "moralidade administrativa", que é a moralidade no interior da administração e não no bojo da sociedade como um todo.

Assim, quando a Constituição exige, também, respeito à moralidade está impondo o dever de atendimento a moralidade administrativa (e não à moralidade comum), mas não está se referindo a uma moralidade juridicizada[2], mas a uma

moralidade extraída da prática diária da boa administração. Ou seja, está-se exigindo um comportamento com respeito aos padrões éticos de boa-fé, decoro, lealdade, honestidade e probidade. Aliás, nesse sentido é o disposto no art. 2º, parágrafo único, IV da Lei 9.784/1999, no Código de Ética Profissional do Servidor Público Federal (Decreto 1.171/1994) e na Lei 8.112/1990.

São exemplos de atos que ferem o princípio da moralidade administrativa os seguintes: a) Prefeito e Câmara aumentam a remuneração dos agentes públicos em demasia a fim de se fortalecerem e de inviabilizarem economicamente a gestão posterior; b) Prefeito e Câmara geram grande diminuição de impostos para a gestão seguinte, com a mesma finalidade espúria mencionada; c) desapropriação realizada com o fim de prejudicar um inimigo político; d) uso de cartões corporativos do governo para gastos de ordem pessoal.

Não é necessária lesão ao erário para o desrespeito a esse princípio. Um prefeito que desapropria um imóvel com a finalidade de prejudicar um inimigo político estará sujeito à invalidação dessa desapropriação pela violação ao princípio da moralidade, mesmo que o imóvel fosse necessário mesmo e que não houvesse, então, prejuízo econômico com o ato.

2.3.4. Princípio da publicidade

Esse princípio pode ser **conceituado** como *aquele que impõe ampla divulgação dos atos oficiais, para conhecimento público e início dos efeitos externos.*

O princípio da publicidade está **previsto** expressamente no art. 37, *caput*, da CF.

O conceito apresentado revela que o princípio tem dois grandes **sentidos**: a) garantir que todos tenham conhecimento das coisas que acontecem na Administração Pública; b) garantir que os atos oficiais só tenham efeitos externos após sua publicação.

Com isso, os cidadãos em geral poderão exercer sua cidadania, questionando atos governamentais, solicitando o controle destes e até ingressando com ações contra atos que estejam em desacordo com a ordem jurídica. Da mesma forma, o Ministério Público e as demais pessoas legitimadas também terão elementos para fazer esse tipo de controle.

As pessoas individualmente prejudicadas também recebem a proteção do princípio da publicidade. Um exemplo é aquele que recebe uma multa de trânsito. Tal pessoa só terá de pagar a multa se receber uma notificação oficial no prazo previsto em lei. A notificação é, portanto, requisito de eficácia da multa aplicada. O art. 281, parágrafo único, II, da Lei 9.503/1993, dispõe que o auto de infração será arquivado e seu registro julgado insubsistente se não houver, no prazo máximo de 30 dias, notificação da autuação.

Nesse sentido, é importante reforçar a ideia de que a *publicidade* dos atos oficiais é requisito de *eficácia* dos atos administrativos, e não requisito de *existência* ou de *validade* destes.

Por outro lado, o princípio da publicidade tem **exceções**. Ou seja, há casos em que o interesse público justificará que determinados atos oficiais sejam deixados em sigilo, ainda que temporariamente.

Confira os casos em que se admite o sigilo dos atos oficiais: a) para a defesa da segurança da sociedade e do Estado; b) em investigações policiais; c) para o resguardo da inviolabilidade

---

2. Vale dizer, todavia, que a doutrina *não é pacífica* sobre esse entendimento, ou seja, de que a noção de moralidade administrativa não depende da moralidade juridicizada. Celso Antônio Bandeira de Mello, por exemplo, entende, com base em estudo de Márcio Cammarosano, que "não é qualquer ofensa à moral social que se considerará idônea para dizer-se ofensiva ao princípio jurídico da moralidade administrativa" (*Curso de Direito Administrativo*. 26. Ed., p. 120). Em outro extremo, Maria Sylvia Zanella Di Pietro entende, fundamentada na lição de Manoel de Oliveira Franco Sobrinho, que "mesmo os comportamentos ofensivos da moral comum implicam ofensa ao princípio da moralidade administrativa" (*Direito Administrativo*. 25. ed., p. 79), ou seja, mesmo a imoralidade comum viola o princípio em questão.

da intimidade, da vida privada, da honra e da imagem das pessoas.

A Lei 12.527/2011 regula o acesso à informação previsto no inciso XXXIII do art. 5º, da CF ("todos têm direito a receber dos órgãos públicos informações de seu interesse particular, ou de interesse coletivo ou geral, que serão prestadas no prazo da lei, sob pena de responsabilidade, ressalvadas aquelas cujo sigilo seja imprescindível à segurança da sociedade e do Estado").

Essa lei se aplica a todos os entes federativos. Por conta dela, houve um movimento muito amplo no sentido de os entes da Administração Pública passarem a divulgar pela internet a remuneração e o subsídio dos agentes públicos, por se tratar de obrigação que decorre dos termos da lei.

Essa lei trata também dos requisitos do pedido de acesso a informações aos órgãos e entidades estatais (arts. 10 a 14) e também das restrições de acesso à informação (arts. 21 a 31).

Uma regra fundamental da lei dispõe que "não poderá ser negado acesso à informação necessária à tutela judicial ou administrativa de direitos fundamentais" (art. 21).

A lei detalha melhor os casos em que cabe sigilo por motivo de segurança da sociedade e do Estado (art. 23), sigilo esse que varia entre 5, 15 e 25 anos (informações reservada, secreta e ultrassecreta, respectivamente), bem como os casos em que cabe sigilo por motivo de respeito à intimidade, vida privada, honra e imagem das pessoas, que poderão ter seu acesso restrito pelo prazo máximo de 100 anos (art. 31).

Por fim, vale lembrar que a propaganda oficial não pode caracterizar promoção pessoal (*vide* novamente o art. 37, § 1º, CF), devendo ser objetiva e com caráter informativo, educativo ou de orientação social.

2.3.5. Princípio da eficiência

Esse princípio pode ser **conceituado** como *aquele que impõe o dever de a Administração Pública atender satisfatoriamente às necessidades dos administrados, bem como de o administrador público fazer o melhor, como profissional, diante dos meios de que dispõe.*

Para José Afonso da Silva, eficiência significa fazer acontecer com racionalidade, o que implica medir os custos que a satisfação das necessidades públicas importam em relação ao grau de utilidade alcançado (*Curso de Direito Constitucional Positivo*, Ed. Malheiros). O ilustre autor completa a afirmação dizendo que o princípio da eficiência "orienta a atividade administrativa no sentido de conseguir os melhores·resultados com os meios escassos de que se dispõe e a menor custo".

O princípio da eficiência está **previsto** no art. 37, *caput*, da CF, por força da EC 19/1998, que o introduziu expressamente na Constituição.

Porém, mesmo antes da EC 19/1998, já se falava na Constituição em controle interno dos Poderes para atender a eficiência (art. 74, II, CF), de modo que o princípio estava no mínimo implícito na redação original da Constituição.

Ocorre que, com a **Reforma do Estado**, ocorrida em 1998, percebeu-se a necessidade de trazer um princípio geral de eficiência. Tal reforma estava preocupada em diminuir o controle de meios (administração burocrática) e focar no controle de fins (administração gerencial), controle este que se volta para os resultados, ou seja, para a eficácia.

Para concretizar o princípio da eficiência, a EC 19/1998 também trouxe para o servidor público mais um requisito para adquirir a estabilidade, qual seja, o de que passe por uma *avaliação especial de desempenho*, sendo que, mesmo depois de adquiri-la, deverá se submeter a *avaliações periódicas de desempenho*, podendo ser exonerado, caso não seja aprovado em qualquer delas (art. 41, § 1º, III, da CF). Para a Administração, a EC em questão trouxe a possibilidade de realização de *contrato de gestão*, aumentando a autonomia dos órgãos e entidades públicos em troca da fixação de metas de desempenho a cumprir (art. 37, § 8º, CF).

2.3.6. Princípio da segurança jurídica

2.3.6.1. Considerações gerais

Esse princípio pode ser **conceituado** como *aquele que impõe a exigência de maior estabilidade nas relações jurídicas de forma a se atender ao interesse público.*

O princípio da segurança jurídica não está **previsto** expressamente na CF. Porém, está implícito no art. 5º, XXXVI, pelo qual a lei não pode prejudicar o direito adquirido, o ato jurídico perfeito e a coisa julgada.

No plano infraconstitucional, o princípio está previsto expressamente no art. 2º, *caput*, da Lei 9.784/1999.

O princípio da segurança jurídica tem as seguintes **consequências**:

a) decorre dele o dever de respeitar o direito adquirido, o ato jurídico perfeito e a coisa julgada (art. 5º, XXXVI, CF); exemplo de aplicação dessa regra foi a decisão do STF que impediu que nova norma do Ministério da Educação aumentasse os requisitos para a concessão de financiamento estudante pelo FIES em relação a estudantes que já vinham se beneficiando do financiamento (ADPF 341, J. 27.05.2015);

b) permite a convalidação de atos anuláveis, ou seja, de atos que podem ser repetidos sem o vício que os inquinava;

c) permite a conversão de atos nulos em atos de outra categoria, na qual serão válidos;

d) permite a manutenção de atos nulos expedidos há muito tempo, desde que haja excepcionalíssimo interesse público (ex.: loteamento popular antigo feito sem autorização administrativa);

e) proíbe a aplicação retroativa de nova interpretação por parte da Administração (inciso XIII do parágrafo único do art. 2º da lei acima referida); tal proibição visa a preservar a boa-fé, a confiança do administrado na Administração;

f) protege expectativas legítimas de promessas firmes. Ex.: permissão de uso de bem público dada pelo Estado com prazo determinado, que acaba sendo revogada antes do final do prazo; com base no princípio da proteção da confiança, é possível que o permissionário requeira em juízo que continue com a permissão ou que receba indenização pela quebra da confiança;

g) não gera direito adquirido a regime funcional ou contratual;

h) "a garantia da irretroatividade da lei, prevista no art. 5º, XXXVI, da Constituição da República, não é invocável pela entidade estatal que a tenha editado" (Súmula 654 do STF);

i) "os valores recebidos de boa-fé pelo servidor público, quando pagos indevidamente pela Administração Pública em função de interpretação equivocada de lei, não devem ser devolvidos" (STJ, AgRg no Ag 1.423.790, DJ 30.11.2012).

j) em atenção aos princípios da segurança jurídica e da confiança legítima, os Tribunais de Contas estão sujeitos ao prazo de cinco anos para o julgamento da legalidade do ato de concessão inicial de aposentadoria, reforma ou pensão, a contar da chegada do processo à respectiva Corte de Contas (Informativo STF 967).

A Lei de Introdução às Normas do Direito Brasileiro trouxe em 2018 inovações no Direito Administrativo e várias delas são regras que decorrem do princípio da segurança jurídica, impactando na aplicação prática desse princípio (arts. 23, 24, 26, 27 e 30 da LINDB):

A decisão administrativa, controladora ou judicial que estabelecer interpretação ou orientação nova sobre norma de conteúdo indeterminado, impondo novo dever ou novo condicionamento, preverá regime de transição quando indispensável ao seu cumprimento adequado.

A revisão quanto à validade de tais atos cuja produção já se houver completado levará em conta as orientações gerais da época, sendo vedado que, com base em mudança posterior de orientação geral, se declarem inválidas situações plenamente constituídas.

Consideram-se orientações gerais as interpretações e especificações contidas em atos públicos de caráter geral ou em jurisprudência judicial ou administrativa majoritária, e ainda as adotadas por prática administrativa reiterada e de amplo conhecimento público.

Para eliminar irregularidade, incerteza jurídica ou situação contenciosa na aplicação da lei, a autoridade administrativa poderá, após oitiva do órgão jurídico e, se o caso, após consulta pública, havendo relevante interesse geral, celebrar compromisso com os interessados, o qual só produzirá efeitos a partir de sua publicação oficial.

A decisão do processo, nas esferas administrativa, controladora ou judicial, poderá impor compensação por benefícios indevidos ou prejuízos anormais ou injustos resultantes do processo ou da conduta dos envolvidos. Para prevenir ou regular a compensação, poderá ser celebrado compromisso processual entre os envolvidos.

As autoridades públicas devem atuar para aumentar a segurança jurídica na aplicação das normas, inclusive por meio de regulamentos, súmulas administrativas e respostas a consultas, que terão caráter vinculante em relação ao órgão ou entidade a que se destinam, até ulterior revisão.

2.3.6.2. Coisa julgada, direito adquirido e ato jurídico perfeito

No tema aplicação da lei no tempo é, ainda, importante anotar que a lei nova, apesar de ter efeito imediato e geral, deve respeitar o ato jurídico perfeito, o direito adquirido e a coisa julgada (art. 6º da LINDB). A Constituição, em seu art. 5º, XXXVI, reforça o princípio ao dispor que "a lei não prejudicará o direito adquirido, o ato jurídico perfeito e a coisa julgada".

Trata-se do **princípio da irretroatividade da lei**.

A **coisa julgada** pode ser conceituada como a *qualidade da sentença de mérito de o seu comando ser imutável. Isso se dá com o trânsito em julgado da decisão.*

O **direito adquirido** é *aquele que já se incorporou ao patrimônio de seu titular, uma vez que preenchidos, sob a vigência da lei anterior, os requisitos para a aquisição do direito*. Para a LINDB, "consideram-se adquiridos assim os direitos que seu titular, ou alguém por ele, possa exercer, como aqueles cujo começo do exercício tenha termo prefixo, ou condição preestabelecida inalterável, a arbítrio de outrem" (art. 6º, § 2º).

O **ato jurídico perfeito** é *aquele já consumado segundo a lei vigente ao tempo em que se efetuou* (art. 6º § 1º, da LINDB).

A lei não pode *prejudicar* tais valores, mas pode *beneficiar*. É por isso que a lei penal que beneficia o acusado retroage (art. 5º, XL, da CF) e que a lei tributária também retroage em alguns casos (art. 106 do CTN).

Não se deve confundir *retroatividade* com *aplicabilidade imediata*. A lei não pode atingir, para prejudicar, fatos passados, mas pode ser aplicada de modo imediato para fatos que ocorrerem depois de sua vigência, ainda que relacionados com fatos anteriores.

Dessa forma, tirando as situações de aplicação imediata da lei, não se pode retroagir lei nova para prejudicar direito adquirido, coisa julgada e ato jurídico perfeito.

De qualquer forma, em se tratando de Direito Administrativo, é sempre possível que, respeitadas as hipóteses legais, haja desapropriação de um direito protegido por esses institutos, pagando-se, sempre, indenização prévia, justa em dinheiro.

2.3.6.3. Princípio da proteção à confiança legítima

O princípio da segurança jurídica pode ser considerado em dois aspectos: a) no aspecto objetivo, está ligado à irretroatividade das leis e das novas interpretações, e a finalidade é proteger o próprio sistema (endossegurança); b) no aspecto subjetivo, está ligado ao princípio da proteção à confiança legítima.

O princípio da proteção à confiança legítima foi criado pela jurisprudência alemã após a 2ª Guerra Mundial, período em que se buscou uma reação a atos que afetaram repentina e bruscamente os administrados.

De acordo com esse princípio, quando (1) o Estado expede um ato conclusivo capaz de gerar confiança no administrado, (2) levando este a praticar determinada conduta no sentido da expectativa criada pelo Estado, (3) este fica adstrito a manter a sua palavra mesmo se o ato for ilegal, (4) salvo má-fé do administrado.

Um exemplo interessante é a situação em que a administração outorga ao particular uma permissão de serviço público pelo prazo de 4 anos, tratando-se de prazo ideal para a amortização de investimentos pelo permissionário e recebimento de retorno compatível pelo seu trabalho, sendo que, dois anos depois, a permissão vem a ser revogada. Nesse caso, mesmo havendo previsão legal de que a permissão de serviço público é precária, podendo, assim, ser revogada a qualquer tempo independentemente de licitação, o fato é que o particular recebeu um ato conclusivo (permissão) que gerou a confiança legítima de que seria mantido até o final do período de 4 anos (por conta do prazo específico no documento, da necessidade de 4 anos para amortizações e lucros e da inexistência de má-fé pelo particular), devendo o estado manter sua promessa, sua palavra, não revogando a permissão antes do tempo. A aplicação do princípio da confiança fará com que o Estado tenha de voltar atrás na revogação do ato ou tenha essa revogação do ato anulada. Em o Estado demonstrando interesse público na anulação do ato, a aplicação do princípio determinará a condenação do Estado a pagar indenização pela perda antecipada da permissão pelo particular.

Uma vez violado princípio da proteção à confiança legítima, a correção dessa medida, pode, assim, dar-se por variados instrumentos. Pode ser o caso de anulação do ato que viola o princípio. Pode ser o caso de condenação do Estado no pagamento de indenização. Pode ser o caso de uma medida específica, como é o caso da determinação de nomeação de uma pessoa aprovada num concurso dentro das vagas previstas no edital, pois o STF, nesse tipo de caso, vem dizendo que o princípio da confiança é violado quando o edital prevê certo número de vagas num concurso público, mas os servidores aprovados dentro desse limite não vêm a ser nomeados.

2.3.7. Princípio da razoabilidade

Esse princípio pode ser **conceituado** como *aquele que impõe o dever de agir dentro de um padrão normal, evitando-se negligência e excesso e atuando de forma compatível entre os meios e fins previstos na lei.*

O princípio da razoabilidade não está expresso na Constituição Federal.

Porém, o art. 5º, LXXVIII, da CF, introduzido pela EC 45/2004, introduziu o direito à *razoável* duração do processo judicial e administrativo. A expressão "razoável", apesar de ligada à questão do processo célere, acaba trazendo à tona o valor da razoabilidade.

Assim, o princípio da razoabilidade continua implícito de modo geral na CF, mas pelo menos está expresso para fins de duração do processo no nosso Texto Maior.

Apesar disso, ele pode ser encontrado exposto em alguns textos infralegais, como o da Constituição do Estado de São Paulo (art. 111) e no art. 2º, *caput*, da Lei de Processo Administrativo Federal (Lei 9.784/1999).

Além do mais, o art. 2º, parágrafo único, VI, da Lei 9.784/1999 também acaba por tratar do princípio da razoabilidade ao trazer a seguinte obrigação à Administração em seus atos: "adequação entre meios e fins, vedada a imposição de obrigações, restrições e sanções em medida superior àquelas estritamente necessárias ao atendimento do interesse público".

São **exemplos** de violação ao princípio da razoabilidade os seguintes: a) demissão de um agente público, quando era suficiente uma suspensão; b) cumulação indistinta de todas as sanções por ato de improbidade administrativa, mesmo em casos mais leves, como de violação a princípios da administração; c) requisição administrativa de bens ou serviços em quantidade maior do que a necessária; d) dissolução de passeata pacífica por meio de arma de fogo.

O princípio somente tem **incidência** em relação a atos *discricionários*, não incidindo em relação a atos *vinculados*. Isso porque, quando um ato é vinculado, a Administração só tem uma opção de ato a ser praticado, não havendo que se falar em mais de uma possibilidade e, portanto, que o ato fere a razoabilidade. Porém, quando se tem um ato discricionário, existe mais de uma opção para o administrador, ocasião em que se poderá discutir se a atitude tomada está ou não de acordo com a razoabilidade.

Uma dúvida muito frequente é se o princípio da razoabilidade é sinônimo do **princípio da proporcionalidade**. Essa

dúvida ganha ainda mais relevância pelo fato de o art. 2º, *caput*, da Lei 9.784/1999 dispor que a Administração deve respeitar a *razoabilidade* e também a *proporcionalidade*.

Há quem defenda que os dois princípios são sinônimos. Outros defendem que um está contido no outro. No caso, a proporcionalidade é medida da razoabilidade.

Na prática, costuma-se usar a expressão "proporcionalidade" para situações que envolvem quantidade. São situações em que se tem um "meio" (por exemplo, a possibilidade de aplicação de mais de um valor de multa) e "fim" (punir e prevenir que alguém cometa a infração). Por exemplo, se uma multa poderia variar de R$ 100 a R$ 1.000,00 e acaba sendo fixada em R$ 1.000,00, pode-se dizer, a depender da gravidade desta, que houve violação ao princípio da proporcionalidade.

A expressão "razoabilidade" acaba sendo utilizada para outras situações que não envolvem questão matemática, mas sim a busca de uma conduta igualitária da Administração. Por exemplo, se um Prefeito, mesmo diante do caos na área da saúde, resolver fazer uma obra para reformar a praça em frente ao hospital, em detrimento de maiores investimentos no próprio serviço de saúde, diz-se que houve violação ao princípio da razoabilidade. Nesse caso, o investimento na praça (que beneficia pessoas que nela brincam e passeiam) é discriminatório e desigual em relação à falta de investimento na saúde (considerando o caos em que se está e que a questão da saúde envolve o valor mais importante de todos, que é a vida)? Na análise dessa relação de congruência o princípio da razoabilidade orientará para a busca da medida mais igualitária e menos discriminatória.

Outras diferenças apontadas são as seguintes: a) quanto à origem, a razoabilidade se desenvolveu no direito anglo-saxônico (na Inglaterra, sob o prisma do devido processo legal em geral, trazido na Magna Carta; nos EUA, sob o prisma do devido processo legal substantivo), ao passo que a proporcionalidade, no direito germânico; b) quanto ao âmbito de incidência, o princípio da proporcionalidade é aplicado quando se está diante de uma relação em que há "meio" e "fim", ao passo que o da razoabilidade, quando se está diante de uma relação de "critério distintivo" e "medida tomada", em que se deve buscar a igualdade, ou seja, uma relação de congruência entre o "critério distintivo" e a "medida tomada"; b) quanto ao conteúdo valorativo, a razoabilidade de fundamento nas noções de racionalidade e equilíbrio (mais subjetivas) e a proporcionalidade, nas noções de adequação, necessidade e ponderação (mais objetivas).

Quanto ao princípio da proporcionalidade, o STF, no julgamento do RE 466.343-1, especificou que esse princípio, quando aplicado na restrição a direitos fundamentais, deve levar em conta os seguintes critérios:

a) adequação: eficácia do meio escolhido;

b) necessidade: uso do meio menos restritivo ou gravoso para atingir a finalidade, face ao indivíduo paciente;

c) proporcionalidade em sentido estrito: ponderação entre os benefícios alcançados com o ato e os danos por ele causados.

Quanto à ordem correta de aplicação do princípio, é a seguinte: primeiro analisa-se, de fato, se há colisão de direitos fundamentais; depois descreve-se o conflito identificando os pontos relevantes do caso e, por fim, faz-se o exame, sucessivo, da adequação, da necessidade e da proporcionalidade em sentido estrito.

Outro ponto importante, agora quanto ao princípio da razoabilidade, é que este costuma ser **usado contra** a Administração, mas, muitas vezes, o contrário também acontece.

Isso porque, de um lado, o princípio pode ser visto como um *dever-poder*, ou seja, antes de tudo os poderes públicos só se justificam como instrumento dos deveres públicos, daí porque não se deve agir nunca com excesso (sem razoabilidade) para atingir os deveres existentes. De outro lado, o princípio pode ser visto como um *poder-dever*, de modo que se deve respeitar a decisão discricionária de um agente público desde que ela seja aceitável (razoável), ainda que algumas pessoas não concordem com seu conteúdo.

De qualquer forma, e agora tratando dos dois princípios em tela, o fato é que são instrumentos essenciais na limitação dos excessos e abusos do Estado e devem ser invocados, sob qualquer dos nomes citados, para evitar que isso aconteça ou para fazer cessar ou reparar condutas estatais que desrespeitem esses valores.

A Lei de Introdução às Normas do Direito Brasileiro sofreu alteração em 2018 e uma das inovações é uma regra que decorre do princípio da razoabilidade: "nas esferas administrativa, controladora e judicial, não se decidirá com base em valores jurídicos abstratos sem que sejam consideradas as consequências práticas da decisão (art. 20, caput, LINDB)". A ideia que é o controle dos atos administrativos não seja feito considerando apenas as normas em tese, ou seja, o "mundo das ideias", mas sim levando em conta o "mundo fenomênico", no que se refere às consequências práticas da decisão. A norma foi editada após administradores públicos de todo o país se queixarem de algumas decisões tomadas por Tribunais de Contas e por órgão judiciários, que, em alguns casos, foram tomadas sem conhecimento e mesmo a avaliação das consequências que a decisão no mundo real, o que gerou muitas vezes a aplicação da lei em dissonância com os fins sociais a que ela se dirige. De qualquer forma, essa norma tem que ser compatibilizada com os demais princípios, especialmente o da legalidade, para que não se a use como pretexto para evitar que um ato administrativo que fere a lei seja corrigido.

2.3.8. Princípio da motivação

Esse princípio pode ser **conceituado** como *aquele que impõe ao administrador público o dever de indicar, prévia ou contemporaneamente, os pressupostos de fato e de direito que determinam a decisão ou o ato, de forma explícita, clara e congruente.*

O princípio da motivação **não está previsto** expressamente no art. 37, *caput*, da CF.

Porém, o princípio pode ser encontrado para as decisões do Poder Judiciário e do Ministério Público (art. 93, IX, da CF c/c art. 129, § 4º, da CF), que devem ser devidamente fundamentadas, sob pena de nulidade.

Apesar de não haver previsão genérica do princípio da motivação na Constituição Federal, há na legislação infraconstitucional. O art. 2º, *caput*, da Lei 9.784/1999 faz referência expressa à motivação como princípio a ser obedecido por toda a Administração Direta e Indireta, de todos os poderes.

O princípio da motivação **decorre** do aparecimento do Estado de Direito, em que a única vontade que impera é a da lei e não a pessoal, de modo que a Administração tem de justificar seus atos. Ele é reforçado pelo princípio da moralidade e pela ampliação do acesso ao Judiciário, que também exigirão a motivação como forma de preservar a probidade administrativa e permitir que as pessoas possam impugnar atos da Administração em juízo.

Uma dúvida muito comum é se a obrigatoriedade de motivação é **regra** ou **exceção**. A pergunta tem pertinência, pois o art. 50 da Lei 9.784/1999 traz um rol de casos em que a motivação é necessária. Com isso, para alguns, ela só seria obrigatória quando a lei determinar.

Porém, não se deve esquecer que a motivação é um princípio e, como tal, é uma norma que tem hierarquia material em relação a algumas regras, como a prevista no art. 50 da Lei 9.784/1999. Não bastasse isso, o rol de casos em que a motivação é obrigatória é tão amplo que se pode afirmar: a regra é que os atos administrativos que afetem direitos devem ser motivados.

Assim, só não haverá o dever de motivar quando a lei expressamente o dispensar, como é o caso da nomeação e da exoneração para cargo em comissão, que são livres, ou seja, não dependem de motivação por aquele que comete tais atos.

Nos demais casos, a motivação é requisito de validade do ato administrativo atinente à *forma*.

Vale ressaltar, todavia, que, caso se esteja diante de *ato vinculado* e em situação cuja motivação seja óbvia, e ainda haja respeito aos demais requisitos de validade, este poderá ser mantido se demonstrada a ausência de prejuízo. Nessa hipótese, a motivação não deixa de ser obrigatória, podendo o servidor vir a ser responsabilizado por sua ausência, mas o ato pode ser mantido no mundo jurídico, desde que possa ser demonstrado que antecede à lei quanto aos demais aspectos.

Nos *atos discricionários*, por sua vez, a falta de motivação gera sua invalidação, sob pena de se permitir a invenção de motivos em momento posterior. Todavia, há entendimentos doutrinários e jurisprudenciais no sentido de que, excepcionalmente, é possível que um ato discricionário sem motivação possa ser convalidado, desde que a administração promova motivação posterior que demonstre de modo inquestionável o seguinte: a) que o motivo extemporaneamente alegado preexistia; b) que esse motivo era idôneo para justificar o ato; c) que o motivo foi a razão determinante da prática do ato (STJ, AgRg no RMS 40.427-DF).

A **motivação** *aliunde* (também denominada **motivação não contextual** ou "*per relationem*") consistente na declaração de concordância com os fundamentos apresentados em outra manifestação anteriormente expedida, é admitida e largamente utilizada na Administração Pública. Ter-se-á por motivação do ato aquela à qual faz referência. Ex.: a autoridade expede um ato adotando como fundamento parecer que o precede.

Vale lembrar que, quando se tratar de decisões de órgãos colegiados ou de decisões orais, a motivação deve constar da respectiva ata ou termo escrito.

Por fim, a Lei de Introdução às Normas do Direito Brasileiro trouxe requisitos adicionais à motivação, estabelecendo que esta terá que demonstrar a necessidade e a adequação da medida imposta ou da invalidação de ato, contrato, ajuste, processo ou norma administrativa, inclusive em face das possíveis alternativas (art. 20, parágrafo único, LINDB).

2.3.9. Princípio da autotutela

Esse princípio pode ser **conceituado** como *aquele que impõe o dever de a Administração Pública anular seus próprios atos, quando eivados de vício de ilegalidade, e o poder de revogá-los por motivo de conveniência e oportunidade, respeitados os direitos adquiridos.*

O princípio da autotutela não está **previsto** expressamente no art. 37, *caput*, da CF.

Porém o princípio é muito conhecido e está previsto na Súmula 473 do STF e no art. 53 da Lei 9.784/1999.

Perceba-se que, diante de *ilegalidade*, fala-se em dever (ato vinculado) de anular. E que diante de motivo de *conveniência e oportunidade*, fala-se em poder (ato discricionário) de revogar. O nome do princípio remete à ideia de que a Administração agirá sozinha, ou seja, sem ter de levar a questão ao Poder Judiciário.

Um exemplo de aplicação da autotutela consiste em a Administração, tomando ciência da ilegalidade na concessão de uma licença para construir, promover sua anulação de ofício.

Outro exemplo consiste em a Administração, após ter concedido uma autorização para uso de um bem público para que uma comunidade feche uma rua por um dia para realizar uma festa local, revogar a autorização dada por conta da ciência de um fato novo que torna inconveniente a manutenção da autorização outorgada ao particular.

Outra aplicação prática do princípio está prevista na Súmula 611 do STJ, pela qual "desde que devidamente motivada e com amparo em investigação ou sindicância, é permitida a instauração de processo administrativo disciplinar com base em denúncia anônima, em face do poder-dever de autotutela imposto à Administração".

Tanto a anulação como a revogação poderão se dar independentemente de apreciação judicial.

2.3.10. Princípio do controle judicial dos atos administrativos

Esse princípio pode ser **conceituado** como *aquele que impõe que todo ato administrativo seja passível de controle por parte do Poder Judiciário, ainda que se trate de ato discricionário, desde que esse controle se atenha aos aspectos de legalidade, razoabilidade e moralidade.*

Tal controle se justifica tanto pelo fato de estarmos num Estado de Direito como porque existe o **princípio da universalidade da jurisdição**, pelo qual *a lei não excluirá da apreciação do Poder Judiciário lesão ou ameaça de lesão a direito* (art. 5º, XXXV, CF).

2.3.11. Outros princípios

A doutrina também aponta como princípios do Direito Administrativo os seguintes: **finalidade** (impõe à Administração que só pratique atos voltados ao interesse público), **especialidade** (ligado à descentralização administrativa, impõe que as pessoas jurídicas criadas pelo Estado – autarquias, por exemplo – atuem de acordo com a finalidade definida em lei), **controle ou tutela** (ligado ao anterior, impõe que a Administração Direta fiscalize os entes que tiver criado, com o objetivo de garantir a observância de suas finalidades legais), **continuidade** (impõe que os serviços públicos não sejam interrompidos), **responsabilidade do Estado** (impõe responsabilidade objetiva a este) tratando também dos princípios da **hierarquia**, do **interesse público**, da **ampla defesa** e do **contraditório**, entre outros.

3. PODERES DA ADMINISTRAÇÃO PÚBLICA

3.1. Considerações gerais

Os poderes têm *caráter instrumental*, uma vez que são os meios pelos quais a Administração busca atingir seu fim, qual seja, a proteção e promoção do interesse público.

Por conta disso, a doutrina costuma associar a ideia de poder à de dever, daí porque muitos autores dizem que a Administração tem, na verdade, um *poder-dever* ou um *dever-poder*, como prefere Celso Antônio Bandeira de Mello.

Enfim, os poderes conferidos à Administração só existem com o objetivo de atender seus **deveres** – dever de agir, dever de eficiência, dever de probidade e dever de prestar contas.

Considerando a importância dos poderes para atender os objetivos da Administração, esses são irrenunciáveis. Ademais, não se pode manejá-los sem que o agente tenha *competência* (ou teremos excesso de poder) ou, ainda que competente, quando se desvia da finalidade para a qual existe aquele ato (caso de desvio de poder).

3.2. Definições de Hely Lopes Meirelles

Hely Lopes Meirelles traz as seguintes definições dos poderes administrativos (*Direito Administrativo Brasileiro*. 26. ed. São Paulo: Malheiros. p. 109 a 123):

a) poder vinculado – "é aquele que o Direito Positivo – a lei – confere à Administração Pública para a prática de ato de sua competência, determinando os elementos e requisitos necessários à sua formalização";

b) poder discricionário – "é o que o Direito concede à Administração, de modo explícito, para a prática de atos administrativos com liberdade na escolha de sua conveniência, oportunidade e conteúdo";

c) poder hierárquico – "é o de que dispõe o Executivo para distribuir e escalonar as funções de seus órgãos, ordenar e rever a atuação de seus agentes, estabelecendo a relação de subordinação entre os servidores do seu quadro de pessoal";

d) poder disciplinar – "é a faculdade de punir internamente as infrações funcionais dos servidores e demais pessoas sujeitas à disciplina dos órgãos e serviços da Administração";

e) poder regulamentar – "é a faculdade de que dispõem os Chefes de Executivo (Presidente da República, Governadores e Prefeitos) de explicar a lei para sua correta execução, ou de expedir decretos autônomos sobre matéria de sua competência ainda não disciplinada por lei";

f) poder de polícia – "é a faculdade de que dispõe a Administração Pública para condicionar e restringir o uso e gozo de bens, atividades e direitos individuais, em benefício da coletividade ou do próprio Estado".

3.3. Poderes vinculado e discricionário

Repare que a diferença entre o **poder vinculado** e o **poder discricionário** é que, no primeiro, a lei deixa bem *determinados* os elementos e requisitos necessários à prática de um ato, ao passo que, no segundo, a lei confere *margem de escolha* para a Administração quanto à conveniência, a oportunidade e o conteúdo do ato.

No exercício de um ato ou poder vinculado, não será possível ao administrador público fazer apreciações pessoais, subjetivas, uma vez que está muito claro na lei *quando* deve agir e a *forma* desse agir. São atos vinculados os seguintes: concessão de aposentadoria voluntária e multa de trânsito por excesso de velocidade.

No exercício de um ato ou poder discricionário, é dado ao administrador público utilizar critério de conveniência e oportunidade para discernir *quando* deve agir ou a *forma* desse agir. Observe que não existe arbitrariedade ou liberdade total para Administração, mas sim *margem de liberdade* para que essa, no caso concreto, verifique a melhor providência a ser tomada.

Nesse sentido, todo ato discricionário tem uma parte vinculada, em que o agente estará adstrito ao que dispuser a lei. A *competência*, por exemplo, sempre é vinculada, já que a lei sempre determina quem é competente.

No entanto, Hely Lopes Meirelles entende que três requisitos dos atos administrativos são sempre vinculados: *competência, forma* e *finalidade* (interesse público). Ou seja, a competência discricionária é sempre *parcialmente vinculada*, não conferindo, assim, *total liberdade* para o agente público, mas apenas *margem de liberdade* para este.

Dessa forma, o *mérito* de um ato discricionário, ou seja, a margem de liberdade que remanesce ao agente público se situará nos requisitos *motivo* e/ou *objeto*.

O Judiciário não pode se imiscuir no *mérito* administrativo, sob pena de violação ao princípio da independência dos Poderes. Todavia, o Judiciário pode apreciar os seguintes aspectos de um ato discricionário: de *legalidade*, de *razoabilidade* e de *moralidade*.

São exemplos de atos discricionários os seguintes: a autorização de uso de bem público para que o particular realize um evento e a autorização para compra de uma arma (Lei 10.826/2003).

3.4. Poderes hierárquico e disciplinar

Repare que a diferença entre o poder hierárquico e o poder disciplinar é que o primeiro diz respeito ao dia a dia das relações de subordinação (escalonamento de funções, ordens, revisão de atos), ao passo que o segundo só atua quando houver um ilícito disciplinar, possibilitando à Administração a aplicação de sanções disciplinares.

O **poder hierárquico** *é aquele conferido* ao *agente público para organizar a estrutura da Administração e fiscalizar a atuação de seus subordinados, expressando-se na distribuição e orientação das funções, na expedição de ordens e na revisão dos atos dos demais agentes, numa relação de ampla subordinação.*

Esse poder se dá de *órgão* para *órgão* ou de *cargo* para *cargo*. Dessa forma, a hierarquia não se confunde com o *controle (supervisão ministerial* ou *tutela)*, pois este se dá de *pessoa jurídica* para *pessoa jurídica*. A hierarquia confere amplos poderes ao órgão superior, ao passo que o controle somente permite que a entidade controladora fiscalize a controlada no que a lei dispuser e quanto a possíveis desvios de finalidade da entidade.

A delegação e a avocação são institutos muito ligados ao poder hierárquico e serão vistos no item 4.4.2.2.1.

O **poder disciplinar** *é aquele conferido ao agente público para aplicação de sanções ou penalidades aos demais agentes, dada a prática de uma infração disciplinar.*

Perceba que, em relação ao poder hierárquico, o poder disciplinar é mais específico, direcionando-se tão somente à atividade de punir ou não um agente por infração funcional, enquanto aquele é mais amplo, dizendo respeito à organização, orientação e revisão de atos.

Por outro lado, é bom salientar que o poder disciplinar não se dirige apenas sobre os servidores públicos. O conceito doutrinário desse poder engloba não só a atividade disciplinar dos agentes públicos, como também a que se dirige a outras pessoas que mantêm relação jurídica com a Administração, já que esse poder é a faculdade de punir internamente as infrações funcionais dos servidores e demais pessoas sujeitas à disciplina dos órgãos e serviços da Administração.

O poder disciplinar pode ser tanto vinculado como discricionário e depende do que dispuser a lei a respeito.

O ato decorrente do poder disciplinar deve ser devidamente motivado. Aliás, dois aspectos são muito importantes nesse poder: a) a necessidade de apuração da falta com contraditório e ampla defesa; b) o dever de motivar.

Mais à frente veremos outros elementos referentes ao processo administrativo disciplinar.

3.5. Poder regulamentar

Conforme já visto, o poder regulamentar pode ser **conceituado** como a *faculdade de que dispõem os Chefes de Executivo de explicar a lei para sua correta execução ou de expedir decretos autônomos sobre matéria de sua competência ainda não disciplinada por lei.*

Na **prática**, o poder regulamentar se dá pela edição de decretos regulamentares, ou seja, de decretos que explicam a lei, propiciando sua fiel execução.

Vamos a um **exemplo**. Imagine uma lei municipal que estabelece a proibição de emissão de ruído acima de determinado limite após as 22 horas. Esse tipo de lei costuma trazer a proibição em si, o limite de decibéis para os diferentes locais de um município (zonas residenciais, zonas comerciais, em frente a hospitais etc.) e a sanção aplicável em caso de descumprimento. Porém, tais leis não entram em detalhes sobre como serão aplicadas no plano concreto. É nessa hora que entra o regulamento. O Prefeito, por meio de um decreto, detalhará como a fiscalização deverá ser feita, que tipo de aparelho poderá aferir o limite de decibéis, além de outras regras necessárias à fiel execução da lei.

O poder regulamentar consiste justamente em o Chefe do Executivo emitir regulamentos com vistas à operacionalização do cumprimento da lei.

É por isso que o exercício desse poder não pode inovar na ordem jurídica, ou seja, criar direitos ou obrigações novos. Esse poder tem por objetivo apenas regulamentar o que a lei estabeleceu, não podendo passar por cima dela.

Conforme já visto quando estudamos o princípio da legalidade, só excepcionalmente são cabíveis *decretos autônomos de lei*, valendo citar os dois casos previstos no art. 84, VI, da

Constituição, em que um decreto poderá inovar na ordem jurídica, atentando, claro, aos limites estabelecidos no dispositivo.

No mais, a regra é que os decretos sejam *voltados à execução de lei*.

Passemos agora às **características** do poder regulamentar:

a) é exercido pelo *Chefe do Poder Executivo*;

b) é *indelegável*;

c) o meio utilizado para trazer ao mundo jurídico o regulamento é o *decreto* (ato-forma);

d) objetiva tão somente *propiciar a fiel execução da lei*, não podendo, como regra, ir além do que ela dispõe, ou seja, *não podendo inovar* na ordem jurídica;

e) o Congresso Nacional tem competência para sustar atos normativos do Executivo que exorbitem o poder regulamentar (art. 49, V, CF);

f) há leis que são de eficácia contida, por dizerem ser necessário regulamento para produzirem efeitos (condição suspensiva, portanto).

Não se deve confundir o **poder normativo** com o **poder regulamentar**. Aquele tem conceito mais amplo, que abrange tanto o poder regulamentar, como poder de editar outros atos normativos infralegais. O poder normativo pode ser exercido por outros agentes além do Chefe do Executivo (único que pode praticar o poder regulamentar). Por exemplo, exercem poder normativo um Ministro de Estado (art. 84, parágrafo único, da CF) e uma agência reguladora, tudo nos termos da lei e dos regulamentos.

3.6. Poder de polícia

3.6.1. *Conceito de poder de polícia em sentido amplo*

Conforme já vimos, o poder de polícia pode ser **conceituado** como *a faculdade de que dispõe a Administração Pública para condicionar e restringir o uso e gozo de bens, atividades e direitos individuais, em benefício da coletividade ou do próprio Estado.*

O conceito em tela **abrange** duas situações: a) as leis, que trazem as limitações administrativas aos direitos, à liberdade e à propriedade das pessoas; b) a polícia administrativa, consistente na atividade de fiscalizar a conformidade do comportamento das pessoas aos limites estabelecidos pela lei.

Portanto, o poder de polícia em sentido amplo abrange tanto a lei como a fiscalização com vistas a verificar se a aquela está sendo cumprida.

Vejamos um exemplo. Em matéria de trânsito, o Código de Trânsito Brasileiro é o instrumento que traz a *limitação administrativa*, ao passo que os agentes de trânsito exercem a fiscalização, a *polícia administrativa*.

3.6.2. *Conceito de poder de polícia em sentido estrito (polícia administrativa)*

A **polícia administrativa** pode ser **conceituada** como *a atividade da Administração Pública, expressa em atos normativos ou concretos, de condicionar a liberdade e a propriedade dos indivíduos aos ditames da lei, mediante ação fiscalizadora, ora preventiva, ora repressiva.*

A polícia administrativa é sempre sublegal, ou seja, atua no sentido de fazer com que a lei seja cumprida.

Para tanto, a polícia administrativa vale-se não só de atos concretos (ex.: multas) como também de atos normativos (ex.: regulamentos).

A tarefa primordial da polícia administrativa é impor um *não fazer* ("non facere"). Para tanto, os agentes administrativos atuarão *preventivamente* (ex.: fazendo vistorias) e *repressivamente* (ex.: aplicando sanções, apreendendo produtos, removendo veículos etc.).

Dessa forma, a polícia administrativa é essencialmente **negativa**, já que impõe um não fazer. Há casos, porém, em que será positiva, como quando o poder de polícia se dá para que o proprietário atue concretamente para atender à função social da propriedade.

3.6.3. *Características da polícia administrativa*

O poder de polícia em sentido estrito ou polícia administrativa tem as seguintes **características**:

a) provém privativamente de autoridade pública, ou seja, não é permitida sua **delegação** ao particular. A este somente é possível ser credenciado para **contribuir materialmente** com o poder de polícia, como no caso de empresa que controla radares fotográficos de trânsito, mas a declaração de vontade será, ao final, da autoridade pública, que, com base nesses elementos materiais, poderá aplicar ou não uma multa de trânsito; ou seja, o poder de polícia não pode ser delegado para entidade privada (STF, ADI 1.717/DF, DJ 29.03.2003), mas é possível que o particular receba (por contrato de prestação de serviço ou por credenciamento) a incumbência de colaborar, com atividades materiais, com a administração pública. Convém apontar jurisprudência do STJ no sentido de que as atividades que envolvem a consecução do poder de polícia podem ser divididas em quatro grupo, a saber: **(i)** legislação, **(ii)** consentimento, **(iii)** fiscalização e **(iv)** sanção. De acordo com o STJ, "somente os atos relativos ao consentimento e à fiscalização são delegáveis, pois aqueles referentes à legislação e à sanção derivam do poder de coerção do Poder Público" (REsp 817.534, DJe 10/11/2009);

b) é imposto coercitivamente pela administração, independente da concordância do particular, sem necessidade de buscar o Poder Judiciário; Hely Lopes Meirelles denomina esse atributo de autoexecutoriedade;

c) abrange de forma genérica as atividades e a propriedade, diferentemente da servidão e da requisição administrativas, que abrangem atividades e pessoas *específicas.*

Por conta da generalidade do poder de polícia, seu exercício *não gera direito de indenização* em favor do particular. Ao contrário, seu exercício é fato que enseja a cobrança de uma *taxa* a ser paga pelo particular.

Parte da doutrina aponta que o poder de polícia é **discricionário**. Porém, isso nem sempre ocorre. Vai depender do texto da lei que cria a limitação administrativa. Se a lei é bem clara e objetiva sobre o que está proibido e sobre qual conduta o agente público deve tomar, como ocorre com boa parte das normas do Código de Trânsito, está-se diante de competência vinculada e não competência discricionária. Já se a lei traz conceito vago sobre a hipótese que enseja uma atuação, bem como possibilita que seja aplicada mais de uma sanção para o agente infrator, aí sim teremos uma competência discricionária.

Em outras palavras, a lei que estabelece o condicionamento à liberdade e à propriedade das pessoas (poder de polícia em sentido amplo) pode tanto trazer conceitos claros e objetivos, ensejando uma competência vinculada (ex.: "o recuo de frente dos imóveis residenciais deve ser de 4 metros"), como trazer conceitos fluidos e vagos e/ou mais de uma opção ao agente público, ensejando competência discricionária (ex.: "em caso de violação da presente lei, será aplicada multa de R$ 1.000,00 a R$ 5.000,00, de acordo com a gravidade da infração").

Por fim, resta saber se o poder de polícia possibilita que a Administração sempre **use a força** para fazer valer seus atos. Hely Lopes Meirelles chama esse atributo de "coercibilidade", ao passo que Celso Antônio Bandeira de Mello chama esse atributo de "autoexecutoriedade". Para Hely, a expressão "autoexecutoriedade" designa a simples possibilidade de a Administração fazer imposições ao particular, sem recorrer ao Judiciário, sendo a coercibilidade um *plus*, que permite o uso da força.

A possibilidade de a Administração impor comandos de não fazer sem buscar o Poder Judiciário é pacífica, decorrendo da imperatividade (na linguagem de Celso Antônio Bandeira de Mello) e da autoexecutoriedade (na linguagem de Hely Lopes Meirelles).

Já a possibilidade de a Administração, após ter imposto um comando, fazer o uso da força para fazer valer o comando (*autoexecutoriedade* para Celso Antônio e *coercibilidade* para Hely), não é a regra, mas a exceção em matéria de poder de polícia.

Com efeito, a Administração só pode usar a força para que faça valer suas determinações de polícia em caso de urgência ou quando a lei expressamente determinar. Do contrário, terá de buscar a prestação jurisdicional.

Assim, caso uma lei proíba ruídos acima de um dado limite e uma lanchonete, já autuada, continue gerando ruídos excessivos, a interdição do estabelecimento só será possível se a lei local expressamente previr tal possibilidade. Do contrário, o Município deverá ingressar com ação de interdição de estabelecimento.

Vale dizer que o STJ vem estabelecendo limites ao poder de polícia quando a Administração pretende utilizá-lo para cumprir finalidade arrecadatória. Confira-se a respeito as seguintes súmulas desse Tribunal:

> **Súmula STJ 510:** A liberação de veículo retido apenas por transporte irregular de passageiros não está condicionada ao pagamento de multas e despesas.

> **Súmula STJ 127:** É ilegal condicionar a renovação da licença de veículo ao pagamento de multa, da qual o infrator não foi notificado.

3.6.4. Polícia administrativa x polícia judiciária

Não se pode confundir a *polícia administrativa* (exs.: fiscalizações de vigilância sanitária, de trânsito e de construções), com a *polícia judiciária* (ex.: investigação feita pela polícia civil).

Tais polícias têm as seguintes **diferenças**:

a) a primeira age sobre *ilícitos administrativos*, ao passo que a segunda age sobre *ilícitos penais*;

b) a primeira age sobre *bens* e *pessoas*, ao passo que a segunda age sobre *pessoas*;

c) a primeira atua por *variados órgãos*, ao passo que a segunda atua pela *polícia civil* e pela *polícia federal*;

d) a primeira tem atuação *preventiva, repressiva e punitiva*, ao passo que a segunda costuma atuar *repressivamente*, voltada a investigar ilícitos penais;

e) a primeira é custeada por taxas, ao passo que a segunda, por impostos.

A polícia militar, por sua vez, faz o chamado *policiamento ostensivo*. Esse policiamento pode ser considerado uma espécie à parte de polícia. Porém, vários autores consideram a polícia militar como *polícia administrativa de segurança pública*.

A guarda municipal, de sua parte, tem por função a proteção municipal preventiva. É competência geral das guardas municipais a proteção dos bens, serviços e logradouros públicos municipais e instalações do Município (art. 4º, *caput*, da Lei 13.022/2014). São competências específicas das guardas municipais, dentre outras, respeitadas as competências dos órgãos federais e estaduais, prevenir e inibir, pela presença e vigilância, bem como coibir, infrações penais ou administrativas e atos infracionais que atentem contra os bens, serviços e instalações municipais; colaborar, de forma integrada com os órgãos de segurança pública, em ações conjuntas que contribuam com a paz social; exercer competências de trânsito que lhes forem conferidas; encaminhar ao delegado de polícia, diante de flagrante delito, o autor da infração, preservando o local do crime, quando possível e sempre que necessário (art. 5º da Lei 13.022/2014). Assim, verifica-se que as guardas municipais também exercem polícia administrativa, em geral relacionada à segurança pública.

3.6.5. Princípio da intranscendência das sanções administrativas e das medidas restritivas de direito

O art. 5º, XLV, da CF dispõe que "nenhuma pena passará da pessoa do condenado, podendo a obrigação de reparar o dano e a decretação do perdimento de bens ser, nos termos da lei, estendidas aos sucessores e contra eles executadas, até o limite do valor do patrimônio transferido".

Essa disposição constitucional alcança não só sanções penais, como também sanções administrativas.

3.6.6. Prazo para a ação punitiva (Lei 9.873/1999)

Praticado um ilícito administrativo, a Administração Pública passa a ter um prazo para exercer a **ação punitiva**.

De acordo com o art. 1º da Lei 9.873/1999, a ação punitiva da Administração Pública Federal, direta e indireta, prescreve em **5 (cinco) anos**. No entanto, quando o fato objeto da ação punitiva da Administração também constituir crime, a prescrição reger-se-á pelo prazo previsto na lei penal.

Esse prazo será contado dos seguintes **momentos**:

a) como regra: da prática do ato;

b) nas infrações permanentes ou continuadas: do dia em que tiver cessado.

É possível também que ocorra a **prescrição intercorrente**. Esta se dá quando o procedimento administrativo ficar parado por mais de 3 anos, pendente de julgamento ou despacho. Configurada a prescrição intercorrente, os autos serão arquivados de ofício ou mediante requerimento da parte interessada, sem prejuízo da apuração da responsabilidade funcional decorrente da paralisação, se for o caso.

Interrompe-se a prescrição da **ação punitiva**:

a) pela notificação ou citação do indiciado ou acusado, inclusive por meio de edital;

b) por qualquer ato inequívoco que importe apuração do fato;

c) pela decisão condenatória recorrível;

d) por qualquer ato inequívoco que importe em manifestação expressa de tentativa de solução conciliatória no âmbito interno da administração pública federal.

Suspende-se a prescrição durante a vigência de compromissos de cessação ou de desempenho.

Em matéria de trânsito há regra específica. Por conta de tal regra, o STJ é pacífico no sentido da indispensabilidade de uma primeira notificação quando da autuação da infração de trânsito, oportunizando-se, assim, o exercício do direito ao contraditório e à ampla defesa. A autoridade de trânsito terá o prazo de 30 dias para notificar o infrator para que se defenda. Não o fazendo no prazo legal, deverá o auto de infração ser arquivado e seu registro julgado insubsistente, a teor do art. 281, parágrafo único, inciso II, do CTB (STJ, REsp 951.915/RS).

Uma vez constituída uma sanção pecuniária decorrente da ação punitiva, começa a correr o prazo para a **ação de execução** da administração pública federal.

Esse prazo também é de 5 (cinco) anos, contados da constituição definitiva do crédito não tributário (art. 1º-A da Lei 9.873/1999).

Interrompe-se o prazo prescricional da **ação executória**:

a) pelo despacho do juiz que ordenar a citação em execução fiscal;

b) pelo protesto judicial;

c) por qualquer ato judicial que constitua em mora o devedor;

d) por qualquer ato inequívoco, ainda que extrajudicial, que importe em reconhecimento do débito pelo devedor;

e) por qualquer ato inequívoco que importe em manifestação expressa de tentativa de solução conciliatória no âmbito interno da administração pública federal.

3.6.7. Setores da polícia administrativa e competência

São **setores** comuns da polícia administrativa os seguintes: segurança pública; ordem pública; tranquilidade pública; higiene e saúde pública; defesa do consumidor; defesa do patrimônio estético, artístico, histórico e paisagístico; moralidade pública; economia popular; trânsito; meio ambiente etc.

Quanto à **competência** para o poder de polícia, Hely Lopes Meirelles traz a resposta: *é competente para dada medida de polícia administrativa quem for competente para legislar sobre a matéria*", ressalvada a competência dos Municípios para suplementar a legislação federal e a competência concorrente dos Estados.

4. ATOS ADMINISTRATIVOS

4.1. Conceito de ato administrativo

O **ato administrativo** pode ser **conceituado** como *a declaração do Estado, ou de quem lhe faça as vezes, no exercício de prerrogativas públicas, destinada a cumprir direta e concretamente a lei.*

Repare que um ato jurídico só será ato administrativo se contiver os seguintes elementos:

a) presença do *Estado* ou de alguém que lhe faça as vezes, como é o tabelião e o registrador;

b) ato praticado com *prerrogativas públicas*, ou seja, com supremacia estatal em relação à outra parte ou ao destinatário do ato;

c) ato destinado a executar a lei no caso concreto, fazendo-o de ofício.

Assim, nem todo ato da Administração é ato administrativo. Caso não haja prerrogativas ou não se busque a execução da lei no caso concreto, não se terá um ato administrativo.

Confira alguns atos que são "atos da Administração", mas não "atos administrativos":

a) *atos regidos pelo Direito Privado*. Exs.: locação de prédio para uso do Poder Público; escritura de compra e venda; emissão de cheque; tais atos não têm os atributos (as qualidades e forças) do ato administrativo; vale ressaltar que os atos antecedentes dos citados devem obedecer ao Direito Público;

b) *atos materiais*: fatos administrativos. Exs.: cirurgia, ministração de aula, serviço de café, pavimentação; não há declaração, prescrição do Estado;

c) *atos políticos*: são os atos de governo, praticados com grande margem de discrição e diretamente em obediência à Constituição, no exercício de função pública. Exs.: indulto, iniciativa de lei, veto, sanção; são amplamente discricionários.

Por outro lado, há atos administrativos que não são praticados pelo Poder Executivo, como os da vida funcional do Poder Judiciário e do Poder Legislativo (contratação de servidores, licitação para obras e aquisições).

Os dirigentes de entidades da Administração Indireta e os executores de serviços delegados podem praticar atos que se equiparam a atos administrativos típicos, tornando-os passíveis de controle por meio de mandado de segurança e ação popular.

4.2. Perfeição, validade e eficácia

Os atos administrativos, que são espécies de atos jurídicos, também podem ser verificados segundos os planos da existência, da validade e da eficácia.

Para tanto, vale conhecer os seguintes conceitos:

a) perfeição: *situação do ato cujo processo formativo está concluído*; ato perfeito é o que completou o ciclo necessário à sua formação (plano da existência). Ex.: decisão administrativa que acaba de ser redigida e assinada pela autoridade;

b) validade: *adequação do ato às exigências normativas* (plano da validade). Ex.: a decisão administrativa mencionada (já existente, portanto), que esteja, também, de acordo com a lei;

c) eficácia: *situação em que o ato está disponível para produção de efeitos típicos* (plano da eficácia). Ex.: ato existente e válido, cuja condição suspensiva ou o termo que o acometia já se implementou, habilitando-o à produção de efeitos, situação que ocorre quando se autoriza o uso de bem público ao particular apenas 10 dias após a expedição do ato de autorização.

4.3. Silêncio administrativo

De acordo com o princípio da legalidade nem mesmo uma declaração expressa da Administração pode se dar sem que a lei permita ou determine tal declaração. Consequentemente, com o silêncio da Administração não poderia ser diferente.

Assim, apenas quando a lei expressamente atribuir algum efeito jurídico ao silêncio administrativo é que este produzirá algum efeito.

Nesse sentido, caso um particular faça um pedido para a Administração e a lei dispuser expressamente que a inexistência de resposta num certo prazo (silêncio) importa em aprovação do pedido, aí sim o silêncio terá efeito jurídico, no caso o de se considerar aprovada a solicitação feita.

Já se um particular faz um pedido e a lei nada dispuser a respeito do que acontece em caso de silêncio administrativo, o particular não poderá considerar atendido o pedido, por conta do aludido princípio da legalidade.

Nesse caso o particular tem o direito de buscar o Judiciário, para que este se pronuncie a respeito. Se havia prazo para manifestação da Administração sem que esta o tenha cumprido, configura-se hipótese de abuso de poder e o particular pode buscar o Judiciário sem maiores justificativas. Já se não havia prazo para a Administração se manifestar, o particular deve buscar o Judiciário alegando inobservância do princípio da razoável duração do processo (art. 5º, LXXVIII, da CF).

Em qualquer dos casos relatados no parágrafo acima, o particular pode, em se tratando de ato vinculado o que ele busca da Administração, pedir para que o juiz substitua a voz da Administração e ele mesmo já acate o pedido do administrado, tratando-se provimento constitutivo (de uma decisão administrativa) e que pode vir acompanhado de um provimento condenatório ou mandamental para cumprimento de obrigações de fazer por parte da Administração. Por outro lado, em se tratando de ato discricionário o que o particular busca junto à Administração, não poderá o juiz substituir a vontade da Administração, adentrando no mérito administrativo, devendo o juiz impor apenas que a Administração decida, o que se pode fazer mediante um provimento que estipule multa diária ou um provimento mandamental direcionado ao administrador público, que, caso descumpra a decisão, estará sujeito a responder por crime de desobediência à ordem legal de funcionário público (art. 330 do Código Penal)

4.4. Requisitos do ato administrativo

Hely Lopes Meirelles ensina que o ato administrativo tem os seguintes **requisitos**: *competência, forma, motivo, finalidade e objeto.*

Já Celso Antônio Bandeira de Mello prefere separar os **elementos de existência** (conteúdo, forma e pertinência à função administrativa) dos **pressupostos de validade** do ato administrativo (sujeito competente capaz e não impedido; motivo; requisitos procedimentais; finalidade; causa; formalização).

Nesse sentido, vale a pena trazer os dois entendimentos doutrinários.

4.4.1. Requisitos do ato administrativo segundo Hely Lopes Meirelles

Os cinco requisitos do ato administrativo para Hely Lopes Meirelles coincidem com os requisitos mencionados no art. 2º, parágrafo único, da Lei 4.717/1965 (Lei de Ação Popular).

O primeiro deles é a **competência**, que consiste na *medida da atribuição legal de cargos, órgãos ou entidades.*

São vícios de competência os seguintes: a) usurpação de função: alguém se faz passar por agente público sem o ser, ocasião em que o ato será inexistente; a) excesso de poder: alguém que é agente público acaba por exceder os limites de sua competência (ex.: fiscal do sossego que multa um bar que visita por falta de higiene); o excesso de poder torna nulo ato, salvo em caso de incompetência relativa, em que será considerado anulável; a) função de fato: exercida por agente que está irregularmente investido em cargo público, apesar de a situação ter aparência de legalidade; nesse caso, os atos praticados serão considerados válidos se houver boa-fé.

O segundo requisito é o **objeto**, que *é o conteúdo do ato, aquilo que o ato dispõe, decide, enuncia, opina ou modifica na ordem jurídica.*

O objeto deve ser lícito, possível e determinável, sob pena de nulidade. Ex.: o objeto de um alvará para construir é a licença.

O terceiro requisito é a **forma**, que *consiste no conjunto de formalidades necessárias para a seriedade do ato.* A seriedade do ato impõe: a) respeito à forma propriamente dita; b) motivação.

O quarto requisito é o **motivo**, que consiste no *fundamento de fato e de direito que autoriza a expedição do ato.* Ex.: o motivo da interdição de estabelecimento consiste no fato de este não ter licença (motivo de fato) e de a lei proibir o funcionamento sem licença (motivo de direito).

De acordo com a Teoria dos Motivos Determinantes, o motivo invocado para a prática do ato condiciona sua validade. Dessa forma, provando-se que o motivo é inexistente, falso ou mal qualificado, o ato será considerado nulo.

E o quinto requisito é a **finalidade**, que *é o bem jurídico objetivado pelo ato.* Ex.: proteger a paz pública, a salubridade, a ordem pública.

Cada ato administrativo tem uma finalidade.

O desvio de poder (ou de finalidade) *ocorre quando um agente exerce uma competência que possuía, mas para alcançar finalidade diversa daquela para a qual foi criada.*

Não se deve confundir o *excesso de poder* (vício de sujeito) com o *desvio de poder* (vício de finalidade), espécies do gênero abuso de autoridade.

4.4.2. Elementos e pressupostos do ato administrativo segundo Celso Antônio Bandeira de Mello

4.4.2.1. Elementos de existência do ato administrativo

4.4.2.1.1. Conteúdo

Consiste no que o ato estabelece, dispõe, decide, enuncia, opina ou modifica na ordem jurídica. Trata-se do *objeto* a que se refere Hely Lopes Meirelles.[3] Ex.: quando alguém recebe um alvará para construir uma casa, o conteúdo desse ato é uma *licença.* Para que estejamos diante de um ato administrativo, o conteúdo deve ter *pertinência em relação à função administrativa.* Do contrário, teremos apenas um *ato jurídico* que não é o do tipo *ato administrativo.*

---

3.   O objeto é trazido por Hely como requisito de validade do ato administrativo, devendo ser lícito, possível e determinado.

4.4.2.1.2. Forma

Trata-se do revestimento exterior do ato, do modo pelo qual esse revela sua existência. Basta ter um objeto e uma forma qualquer para que o ato exista. Se o ato vai ser válido ou não quanto a esse último aspecto, isso será visto no pressuposto *formalização*. São exemplos de forma as seguintes: escrita, verbal e gestual.

4.4.2.2. Pressupostos de validade do ato administrativo

4.4.2.2.1. Sujeito

É quem produz o ato. O sujeito deve ser **capaz, não impedido** e **competente** para que o ato seja válido.

Quanto à **capacidade**, o ato expedido por agente público que se torna *incapaz*, desde que preencha os demais requisitos legais e seja do tipo vinculado, será considerado válido, já que no Direito Administrativo o que importa é o atendimento do fim previsto em lei. No entanto, se um incapaz pratica um ato discricionário, esse ato será necessariamente inválido, pois não há como dar margem de liberdade a quem não tem capacidade civil.

Quanto aos casos de **impedimento** para atuar em processo administrativo, estes estão previstos no art. 18 da Lei 9.784/1999, valendo citar como exemplo o impedimento de um servidor que tenha interesse direto ou indireto em dada matéria que a ele seria submetida.

Com relação à **competência**, esta *é a medida do poder atribuído a cargo público, órgão público ou entidade da Administração*.

A competência só pode ser instituída pela *lei*, daí a frase de Caio Tácito de que "não é competente quem quer, mas quem pode, segundo a norma de Direito".

A competência é *intransferível* e *improrrogável* pela simples vontade do agente.

Porém, o exercício da competência pode ser delegado e avocado nos limites das normas que regulam a Administração Pública.

Confira os requisitos para a **delegação de competência** (arts. 12 a 14, Lei 9.784/1999):

a) órgão ou titular de cargo podem delegar;

b) desde que não haja impedimento legal;

c) desde que seja apenas parte da competência;

d) deve ser a outro órgão ou titular de cargo, mesmo que não subordinado hierarquicamente;

e) deve ser conveniente em razão de índole técnica, social, econômica, jurídica ou territorial;

f) pode ser de órgão colegiado ao respectivo presidente;

g) não podem ser delegados:

   g1) edição de ato normativo;

   g2) decisão de recurso administrativo;

   g3) matérias de competência exclusiva de órgão ou autoridade;

h) depende de publicação do ato de delegação no D.O.;

i) ato deve especificar matérias e poderes transferidos, a duração e objetivos da delegação e o recurso cabível;

j) é revogável a qualquer tempo;

k) decisões adotadas por delegação devem mencionar expressamente essa qualidade.

Quanto à **avocação** de competência, confira as regras previstas no art. 15 da Lei 9.784/1999:

a) é a passagem da competência de órgão hierarquicamente inferior para superior;

b) é temporária;

c) é excepcional, dependendo de motivos relevantes devidamente justificados.

Os atos expedidos por agente incompetente serão quase sempre nulos. São **vícios de competência** os seguintes:

a) usurpação de função: *consiste na situação em que alguém se faz passar por agente público sem o ser*; o ato será no mínimo nulo, mas, para a maioria dos doutrinadores, trata-se de ato inexistente;

b) excesso de poder: *ocorre na hipótese em que alguém que é agente público acaba por exceder os limites de sua competência.* Ex.: fiscal do sossego público que multa um bar que visita por falta de higiene; o ato será nulo, pois a incompetência é material, já que o fiscal deveria atuar na matéria "sossego público" e não na matéria "vigilância sanitária"; entende-se que, em se tratando de vício de *incompetência relativa* (territorial, por exemplo), o ato será anulável e não nulo;

c) função de fato: *é aquela exercida por agente que está irregularmente investido no cargo público, apesar da situação ter aparência legal.* O ato não será anulado se estiver conforme a lei quanto aos demais pressupostos, prevalecendo o princípio da segurança jurídica, dada a boa-fé e a aparência de legalidade. O agente, todavia, terá anulada sua nomeação, desligando-se da função que exercia[4].

4.4.2.2.2. Motivo

É o fato que autoriza ou exige a prática do ato. Se o motivo está previsto em lei, o ato é vinculado. Se não estiver previsto, o ato é discricionário. Voltando àqueles requisitos trazidos por Hely Lopes Meirelles, o *motivo*, para ele, consiste não só no fundamento de *fato*, mas também no de *direito*, que autoriza a expedição do ato. Na classificação que ora estudamos, *motivo* é tão somente o *fato* autorizador, enquanto que o fundamento de direito é o pressuposto de validade que veremos a seguir, que está dentro da *formalização*.

A chamada **teoria dos motivos determinantes** dispõe que *o motivo invocado para a prática do ato condiciona sua validade.* Se se provar que o motivo é inexistente, falso ou mal qualificado, o ato será nulo. Exs.: caso uma licitação seja revogada sob o único fundamento de que não há disponibilidade orçamentária, a prova da inexistência de tal situação torna o ato de revogação nulo; caso a exoneração de ocupante de um cargo em comissão tenha sido motivada em fato inexistente, ainda que a motivação não seja obrigatória no caso, o ato é considerado nulo.

Aliás, segundo o STJ, configura-se vício de legalidade a falta de coerência entre as razões expostas no ato e o resultado nele contido (MS 13.948, *DJe* 07.11.2012).

---

4. Outro exemplo é o previsto no art. 1.554 do Código Civil: "subsiste o casamento celebrado por aquele que, sem possuir a competência exigida em lei, exercer publicamente as funções de juiz de casamentos e, nessa qualidade, tiver registrado o ato no Registro Civil".

Não se deve confundir o motivo do ato (algo concreto, do mundo dos fatos – o motivo da apreensão de uma lotação, por exemplo, é a inexistência de autorização para circulação) com o motivo legal (fundamento legal, algo abstrato). Em suma, tal teoria dispõe que os atos administrativos, quando forem motivados, ficam vinculados aos motivos expostos, para todos os fins de direito. Os motivos devem, portanto, coincidir com a realidade, sob pena de o ato ser nulo, mesmo se a motivação não era necessária.

Distinção importante é a que se faz entre **motivo** e **móvel.** Motivo é o fato que autoriza o ato, enquanto móvel é a intenção, a vontade do agente. Se o ato é vinculado, não interessa o móvel do agente. Já se o ato é discricionário, o móvel viciado (ex.: por buscar uma perseguição política, como a desapropriação de imóvel de um inimigo político), ainda que atenda ao "fim legal", torna o ato nulo.

Também se faz relevante diferenciarmos **motivo** e **motivação.** O primeiro é o fato, enquanto o segundo integra a *formalização*[5] (pressuposto de validade do ato que se verá em seguida), consistindo a *motivação* na exposição do motivo de fato e da sua relação de pertinência com a fundamentação jurídica e com o ato praticado. Como regra, a motivação é obrigatória, só deixando de existir tal dever se a lei expressamente autorizar.

4.4.2.2.3. Requisitos procedimentais

São os outros atos jurídicos indispensáveis à prática do atual. Ex.: é necessário o concurso para que haja a nomeação; para que se conceda a licença, deve haver solicitação.

4.4.2.2.4. Finalidade

É o bem jurídico objetivado pelo ato. Ex.: proteger a paz pública, a salubridade, a ordem pública. Cada espécie de ato administrativo tem uma finalidade. Para cada fim a ser alcançado há um ato que será o instrumento para sua realização. Se alguém utiliza um ato administrativo para alcançar finalidade diversa daquela para o qual fora criado, este alguém estará cometendo um desvio de poder ou de finalidade.

Assim, o **desvio de poder ou desvio de finalidade** consiste em *o agente se servir de um ato administrativo para satisfazer finalidade alheia à sua natureza.* Esse tipo de conduta gera a nulidade do ato, conforme a Lei de Ação Popular.

Esse desvio pode se manifestar das seguintes formas:

a) quando o agente busca finalidade alheia ao interesse público, ex.: prejudicar inimigo, favorecer amigo;

b) quando o agente busca finalidade pública, mas alheia à categoria do ato que utiliza, ex.: *remove-se* alguém com a finalidade de punição, quando o correto seria aplicar uma *pena disciplinar*, como demissão, suspensão, advertência etc.

Vale destacar que não se deve confundir o *excesso de poder* (vício de sujeito, de competência) com o *desvio de finalidade ou desvio de poder* (vício de finalidade), os quais são espécies do *gênero abuso de autoridade*, que, aliás, é fundamento para que se ingresse com mandado de segurança (art. 5º, LXIX, CF).

4.4.2.2.5. Causa

É o vínculo de pertinência entre o motivo e o conteúdo do ato. Para que um ato administrativo atenda o pressuposto de validade *causa*, é necessário que haja correlação lógica entre o motivo e o conteúdo do ato em função de sua finalidade.

No âmbito da causa se examinam a *razoabilidade* e a *proporcionalidade*, que são vistas olhando o conteúdo do ato, o seu motivo e a intensidade necessária para atingir a finalidade.

Um exemplo de situação que não atende ao pressuposto de validade *causa* é a utilização de arma de fogo para dissolver uma passeata pacífica.

Não se deve confundir o *motivo* com a *causa*. O *motivo* é fundamento de fato e de direito que autoriza a prática do ato, não se confundindo com a *causa*, que é relação de adequação, de proporcionalidade entre o motivo invocado e o ato praticado. Ambos (motivo e causa) são requisitos ou pressupostos de validade do ato administrativo. Há problema no motivo quando o fato ou o direito invocado é falso ou inadequado, respectivamente. Há problema na causa quando o ato praticado é desproporcional aos motivos invocados, em função da finalidade do ato.

4.4.2.2.6. Formalização

É a específica maneira pela qual o ato deve ser externado, incluindo o dever de motivação.

Assim, além de todo ato administrativo dever ser exteriorizado (o que requer uma forma qualquer), cumpre que seja de dado modo (específica forma). Ex.: o contrato oriundo de uma concorrência pública deve ser *escrito*. Mas não é só, para que o ato atenda ao pressuposto de validade *formalização*, é necessário que ele seja *motivado*, ou seja, que contenha a exposição do motivo de fato, do motivo de direito e do vínculo entre eles e o ato praticado.

Excepcionalmente, alguns aspectos de formalização podem ser irrelevantes à validade do ato. Nesses casos, tornam o ato apenas irregular. Por exemplo, quando há omissão de elemento relativo a simples padronização, como é o caso de uma certidão de objeto e pé expedida em papel não timbrado.

No entanto, como regra, a falta de motivação gera a nulidade do ato.

Por fim, vale lembrar que, enquanto no Direito Privado vige o princípio da liberdade das formas, no Direito Público a solenidade é a regra, de modo que a forma é substancial.

4.5. Atributos do ato administrativo

4.5.1. Noções gerais

Em primeiro lugar nunca se deve confundir os *requisitos, pressupostos* ou *elementos* do ato com os *atributos* (qualidades, prerrogativas) deste, tema de que cuidaremos agora.

Os atributos dos *atos administrativos* não existem, como regra, nos *atos jurídicos em geral* (do Direito Privado). A ordem jurídica dispensa tratamento diferenciado aos atos administrativos, já que eles, sendo instrumentos de atuação da Administração Pública para realizar a proteção e a promoção do interesse público, devem ter prevalência sobre os outros, como condição de garantia desse interesse público almejado.

---

5. A falta de motivação, portanto, é problema na *forma*. Já a situação em que se tem motivação, mas se invoca um motivo falso ou inexistente, é problema no *motivo* (*vide* teoria dos motivos determinantes).

WANDER GARCIA E RODRIGO BORDALO

Assim, tais poderes não existem em benefício da Administração, mas se justificam como forma de prover o bem comum. Exprimem a supremacia do interesse público.

Vejamos tais *atributos* ou *notas peculiares* dos atos administrativos.

4.5.2. Atributos em espécie

4.5.2.1. Presunção de legitimidade

É a qualidade que reveste tais atos de se presumirem verdadeiros e conforme ao direito, até prova em contrário.

Perceba que o princípio traz duas presunções: a) de veracidade dos fatos; b) de legalidade do ato praticado.

Trata-se de presunção *juris tantum* (presunção relativa) de legitimidade e não de presunção *juris et de jure* (presunção absoluta). Um exemplo desse atributo é o ato que constata a omissão do particular de promover a limpeza de um terreno de sua propriedade e que determina sua feitura. Tal ato presume-se verdadeiro quanto à constatação da falta de limpeza e legal quanto à determinação dada. O particular fica com o ônus de provar o contrário.

A presunção de legitimidade decorre do princípio da legalidade, pois, como esse princípio informa toda a atuação administrativa, presume-se que a Administração tenha cumprido a lei, valendo lembrar que tal presunção admite prova em contrário.

A existência de tal presunção é interessante administrativamente falando, pois torna mais célere e eficiente a atividade administrativa. Isso porque a presunção de legitimidade dos atos administrativos autoriza a sua imediata execução, mesmo que tenham sido impugnados, salvo se se conseguir sua suspensão ou anulação administrativa ou judicial.

4.5.2.2. Imperatividade

É a qualidade pela qual os atos administrativos se impõem a terceiros, independentemente de sua concordância.

Esse atributo é também chamado de *poder extroverso*.

Essa qualidade do ato administrativo permite que a Administração mande no particular, independentemente de sua concordância.

Partindo do exemplo dado no item anterior, imperatividade significa que a Administração pode *determinar* que o particular faça a limpeza de seu terreno, sem que tenha de ter a concordância deste ou que tenha de buscar autorização do Poder Judiciário.

É importante deixar claro que nem todos os atos administrativos são dotados de imperatividade. Os atos enunciativos e negociais não têm esse atributo, já que esta qualidade é desnecessária à sua operatividade.

A lei é que vai dispor quais atos são dotados de imperatividade.

4.5.2.3. Exigibilidade

É a qualidade em virtude da qual a Administração pode compelir terceiros a cumprir o determinado, mediante coação indireta.

Aqui já se presume a constituição da obrigação (a imperatividade), com o *plus* de se poder impelir o terceiro à observância do dever, sem necessidade de se recorrer ao Poder Judiciário, por meio da aplicação de certas sanções, como multas e advertências. No Direito Francês é denominada *privilège du préalable*.

Continuando o exemplo dado nos itens anteriores, o atributo significa que, após o particular ter sido notificado para limpar seu terreno (imperatividade), pode a Administração, na inércia deste, aplicar uma *multa* (exigibilidade = coação indireta), a fim de compelir indiretamente o particular a cumprir o que fora determinado.

Repare que aqui há punição, mas não há desconstituição do ato ilegal.

4.5.2.4. Autoexecutoriedade

É a qualidade pela qual o Poder Público pode compelir materialmente o administrado, sem busca da via judicial, ao cumprimento da obrigação que impôs e exigiu.

Veja-se que a autoexecutoriedade é ainda mais forte que a exigibilidade, uma vez que a primeira admite que a Administração use da coação direta (coação material), que significa fazer uso da força.

No Direito Francês é denominada *privilège d´action d´office*.

Partindo do exemplo que vínhamos dando, a autoexecutoriedade significa que, depois de notificar o particular para limpar o terreno (imperatividade) e aplicar a multa (exigibilidade), a Administração pode, por si própria, invadir o terreno do particular, fazer a limpeza e mandar a conta dos custos de seu ato (autoexecutoriedade).

Outros exemplos desse atributo são a requisição de bens e serviços particulares, no caso de iminente perigo público, e dissolução de passeata com o uso da força, a fim de possibilitar a passagem de uma ambulância por uma via pública, a interdição de uma obra, a apreensão de mercadorias falsificadas, a apreensão do veículo por violação de certas normas de trânsito, entre outros.

Repare que aqui há sanção e também desconstituição do ato ilegal.

É bom deixar claro que a autoexecutoriedade não é atributo de todo ato administrativo. Trata-se de atributo excepcional, que existe nos seguintes casos:

a) quando a lei expressamente autorizar;

b) quando a medida for condição indispensável à eficaz garantia do interesse público;

c) quando a medida for urgente e não houver via judiciária de igual eficácia à disposição da Administração, ocasião em que se entende que a medida é permitida implicitamente pela lei.

Vale observar que Hely Lopes Meirelles chama de autoexecutoriedade a possibilidade de a Administração impor seus atos independentemente de pronunciamento do Poder Judiciário, chamando de **coercibilidade** a possibilidade de a Administração usar a força.

Parte da doutrina também denomina de executoriedade o que chamamos neste item de autoexecutoriedade.

Ademais, Hely Lopes Meirelles entende que a coercibilidade é a regra em matéria de atos da administração (e não exceção, como pensa a maior parte da doutrina), só não sendo possível ser utilizada quando a lei expressamente o proibir, como é o caso da cobrança de tributos e multas já impostos e não pagos, em que será necessário promover-se uma execução fiscal junto ao Poder Judiciário.

4.5.2.5. Tipicidade

Alguns doutrinadores, com destaque para Maria Sylvia Zanella Di Pietro, entendem que há, ainda, um quinto atributo do ato administrativo.

Trata-se do atributo da **tipicidade**, pela qual *o ato administrativo deve corresponder a figuras definidas previamente pela lei como aptas a produzir determinados resultados.*

Isso significa que os atos administrativos devem respeitar os tipos definidos na lei.

Para nós, todavia, o que se define por tipicidade nada mais é do que *pressuposto de validade* do ato administrativo e não *atributo* deste.

Com efeito, *atributos* são *prerrogativas* dos atos administrativos, e a tipicidade não nos parece uma prerrogativa do ato administrativo, mas o requisito de validade deste.

No entanto, em exames e concursos públicos, a tipicidade é tratada como atributo dos atos administrativos, de modo que fica a notícia de que, aparecendo o instituto, deve-se lembrar que a doutrina o trata como atributo do ato administrativo.

4.6. Formas de extinção dos atos administrativos

4.6.1. Cumprimentos de seus efeitos

Os atos administrativos *nascem, produzem seus efeitos* e se *extinguem* num determinado momento. O ideal é que os atos administrativos se extingam pelas vias naturais. E a via natural de extinção do ato administrativo é o cumprimento de seus efeitos. Uma vez que um ato administrativo cumpriu seu papel, produzindo os efeitos para os quais foi expedido, entende-se que o ato foi extinto. Como exemplo, temos uma autorização da Prefeitura para que seja feita uma festa na praça da cidade, autorização esta que ficará extinta no momento em que a festa terminar, uma vez que seus efeitos foram cumpridos.

4.6.2. Desaparecimento do sujeito ou do objeto sobre o qual recai o ato

Todo ato administrativo recai ou sobre um *sujeito* ou sobre um *objeto*. Por exemplo, a nomeação de um servidor público recai sobre um sujeito, no caso sobre a pessoa nomeada. Já o tombamento de um imóvel recai sobre um objeto, no caso o bem tombado.

Perceba que a razão de existir do ato administrativo nos dois exemplos citados é justamente a presença de uma pessoa, no primeiro caso, e de um objeto, no segundo caso.

Caso a pessoa ou o objeto venha a desaparecer, o ato administrativo correspondente perderá sua razão de ser e, consequentemente, será extinto.

Assim, no primeiro exemplo, morrendo o servidor nomeado, o ato administrativo de nomeação restará extinto, ocorrendo automaticamente a vacância do cargo. Da mesma forma, vindo a desaparecer o bem tombado (por um incêndio de grandes proporções, por exemplo), o ato administrativo de tombamento também ficará extinto.

4.6.3. Contraposição

A contraposição pode ser **conceituada** como a *extinção de um ato administrativo pela prática de outro antagônico ao primeiro.*

Um exemplo é o ato de *exoneração* de um servidor público. Tal ato, uma vez praticado, faz com que a *nomeação* do mesmo servidor, feita no passado, fique automaticamente extinta, já que a primeira (exoneração) é totalmente antagônica à segunda (nomeação).

4.6.4. Cassação

A cassação pode ser **conceituada** como a *extinção de um ato que beneficia um particular por este não ter cumprido os deveres para dele continuar gozando.*

Portanto, o **motivo** da cassação de um ato administrativo é o fato de seu beneficiário ter descumprido obrigações que foram estipuladas como contrapartida para que o interessado conseguisse se beneficiar desse ato.

Por exemplo, a pessoa que tem a permissão de uso de um bem público e que não vem pagando o preço público correspondente poderá vir a ter cassado o ato de permissão.

Outro exemplo diz respeito à autorização de porte de arma de fogo. Um dos deveres de quem tem o porte é não ser pego em estado de embriaguez ou sob efeito de entorpecentes. Assim sendo, caso o detentor de porte de arma seja pego numa dessas duas situações, terá a autorização correspondente cassada, nos termos do art. 10, § 2º, do Estatuto do Desarmamento – Lei 10.826/2003.

A cassação não se confunde com a revogação. Enquanto a primeira tem por motivo o descumprimento de obrigações pelo beneficiário do ato, a segunda tem por motivo a ocorrência de um fato novo não relacionado ao beneficiário que torna inconveniente ao interesse público a manutenção do ato.

A cassação também não se confunde com a anulação, pois nessa a extinção do ato se dá pela ocorrência de uma ilegalidade por ocasião de sua formação, ao passo que a cassação consiste numa ilegalidade praticada pelo beneficiário ocorrida depois da prática do ato administrativo. Enfim, na cassação, o ato, embora legítimo na sua origem e formação, torna-se ilegal na sua execução.

4.6.5. Caducidade

A caducidade pode ser **conceituada** como a *extinção de um ato porque a lei não mais o permite.* Trata-se de extinção por invalidade superveniente.

Um exemplo é a permissão de serviço público dada a alguém para exercer o transporte coletivo urbano por meio de *vans* ou peruas. Imaginemos que, depois de conferida a permissão, advenha uma lei municipal criando nova modelagem no serviço de transporte coletivo para o fim de abolir o transporte por meio de *vans*, admitindo apenas o transporte por meio de ônibus e micro-ônibus. Nesse caso, todas as permissões conferidas aos chamados perueiros ficarão extintas, pela ocorrência do instituto da caducidade.

Enfim, a caducidade nada mais é do que a extinção de um ato administrativo pela ilegalidade superveniente, ou seja, pelo fato de uma lei editada posteriormente à prática do ato não mais permitir que esse tipo de ato exista.

4.6.6. Revogação

A revogação pode ser **conceituada** como a *extinção de um ato administrativo legal ou de seus efeitos por outro ato administrativo pela ocorrência de fato novo que torna o ato* *inconveniente ou inoportuno, respeitando-se os efeitos precedentes (ex nunc).*

Em suma, a revogação é extinção do ato administrativo por motivo de conveniência ou oportunidade.

Um exemplo disso é a revogação de um certame licitatório para a construção de uma praça temática pela ocorrência de fato novo consistente na abrupta diminuição da arrecadação de um município, fazendo com que não seja mais conveniente ao interesse público fazer gastos com a construção de praças, considerando as dificuldades econômicas que o município passou a ter.

Outro exemplo é a revogação da permissão de uso de bem público concedida a uma pessoa jurídica, pelo fato de um Município passar a ter interesse em utilizar o imóvel, para fins de atender, por exemplo, à demanda crescente por creches na cidade.

Repare, nos dois casos, que as situações narradas não contemplam ilegalidade alguma a propiciar a anulação, nem descumprimento de deveres pelo beneficiário do ato, a propiciar cassação, nem lei posterior incompatível com o ato, a propiciar a caducidade.

As situações narradas revelam que, após a expedição de um ato administrativo totalmente de acordo com a lei, aconteceram fatos novos que fizeram com que o interesse público se direcionasse para o fim de extinguir o ato, dando-se a esta extinção o nome de revogação.

O **sujeito ativo da revogação** é a *Administração Pública*, por meio de autoridade administrativa competente para o ato, podendo ser seu superior hierárquico. O Poder Judiciário nunca poderá revogar um ato administrativo, já que se limita a apreciar aspectos de legalidade deste e nunca aspectos de conveniência ou oportunidade. O Judiciário só poderá anular atos administrativos por ele mesmo praticados, como na hipótese em que um provimento do próprio Tribunal é revogado por este.

Quanto ao **objeto da revogação,** tem-se que essa recai sobre *o ato administrativo ou relação jurídica dele decorrente*, salientando-se que o ato administrativo deve ser *válido*, pois, caso seja inválido, estaremos diante de hipótese que enseja anulação. É importante ressaltar que não é possível *revogar* um ato administrativo já extinto, dada a falta de utilidade em tal proceder, diferente do que se dá com a *anulação* de um ato extinto, que, por envolver a retroação de seus efeitos (a invalidação tem efeitos *ex tunc*), é útil e, portanto, possível.

O **fundamento da revogação** é a *mesma regra de competência que habilitou o administrador à prática do ato que está sendo revogado*, devendo-se lembrar que só cabe falar-se em revogação nas hipóteses de ato discricionário.

Já o **motivo da revogação** é a *inconveniência ou inoportunidade* da manutenção do ato ou da relação jurídica gerada por ele. Isto é, o administrador público faz apreciação ulterior e conclui pela necessidade da revogação do ato para atender ao interesse público.

Quanto aos **efeitos da revogação**, essa suprime o ato ou seus efeitos, mas respeita aqueles que já transcorreram. Ou seja, opera-se da data da revogação em diante, não negando os efeitos operados ao tempo de sua vigência. Trata-se de eficácia *ex nunc*, portanto.

Quanto aos **limites ao poder de revogar**, a doutrina aponta que são atos irrevogáveis os seguintes: a) os que a lei assim declarar; b) os atos já exauridos, ou seja, que cumpriram seus efeitos; c) os atos vinculados, já que não se fala em conveniência ou oportunidade, dado que o agente só tem uma opção; d) os meros ou puros atos administrativos (exs.: certidão, voto dentro de uma comissão de servidores); e) os atos de controle; f) os atos complexos (praticados por mais de um órgão em conjunto); g) os atos que geram direitos adquiridos[6]. Quanto aos atos complexos, vale citar decisão do STJ, segundo o qual o preenchimento de lugar destinado ao quinto constitucional, nos Tribunais brasileiros, é um ato complexo no qual participam a OAB, o Tribunal de origem e o chefe do Poder Executivo e, para sua revogação, depende da vontade de todos os participantes originários (AREsp 2.304.110-SC, j. 12/3/2023 – Inf. 770).

A doutrina administrativa observa que a jurisprudência reconhece como irrevogáveis os atos que geram *direitos subjetivos* para o destinatário, noção que, a nosso ver, deve estar compreendida na ideia de *direito adquirido*.

Quanto aos *atos gerais* ou *regulamentares*, estes são, por sua natureza, revogáveis em qualquer tempo e em quaisquer circunstâncias, respeitando-se os efeitos produzidos.

Tema relevante é o atinente à relação entre **revogação** e **indenização.** Por respeitar os efeitos precedentes (a revogação não retroage – *ex nunc*) e por não poder atingir direitos adquiridos, a *revogação legítima* não gera direito à indenização, salvo se envolver uma relação contratual.

Nada obstante, caso o Poder Público tenha a intenção de atingir efeitos passados (*ex tunc*), só lhe resta desapropriar o direito, indenizando por completo o particular, como no caso em que, após expedida uma licença para construir, decida a Administração alterar o traçado de via pública, o que impede a obra na forma aprovada.

No que concerne à **revogação da revogação** (ou revogação de um ato revocatório), no Direito Administrativo, diferente do que ocorre com as leis, entendemos, assim como Celso Antônio Bandeira de Mello, que é admitido o efeito repristinatório. Ou seja, revogado o ATO X pelo ATO Y e, em seguida, o ATO Y pelo ATO Z, fica restaurado o ATO X. Assim, a revogação de um ato revocatório de outro tem natureza constitutiva do primeiro. Porém, essa tese não é admitida por inúmeros doutrinadores, como José dos Santos Carvalho Filho e o saudoso Diógenes Gasparini, de acordo com os quais, também no Direito Administrativo, só é possível a repristinação por expressa disposição normativa.

4.6.7. Anulação (invalidação)

A anulação pode ser **conceituada** como a *extinção do ato administrativo ou de seus efeitos por outro ato administrativo ou por decisão judicial, por motivo de ilegalidade, com efeito retroativo (ex tunc).*

Em suma, a anulação é extinção do ato administrativo por motivo de ilegalidade.

---

6. A Lei de Introdução às Normas do Direito Brasileiro, em seu art. 6º, § 2º, dispõe: "consideram-se adquiridos assim os direitos que o seu titular, ou alguém por ele, possa exercer, como aqueles cujo começo do exercício tenha termo prefixo, ou condição preestabelecida inalterável, a arbítrio de outrem".

Um exemplo é a anulação de uma permissão de uso de bem público para a instalação de uma banca de jornais por ter sido conferida sem licitação.

O **sujeito ativo da invalidação** pode ser tanto o *administrador público* como o *juiz*. A Administração Pública poderá invalidar de ofício ou a requerimento. Já o Poder Judiciário só poderá invalidar um ato por provocação ou no bojo da uma lide.

A possibilidade de o Poder Judiciário anular atos administrativos decorre do fato de estarmos num Estado de Direito (art. 1º, CF), em que a lei deve ser obedecida por todos. Decorre também do princípio da inafastabilidade da jurisdição ("a lei não excluirá da apreciação do Poder Judiciário lesão ou ameaça a direito" – art. 5º, XXXV, da CF) e da previsão constitucional do mandado de segurança, do *habeas data* e da ação popular, que só fazem sentido se se permitir que o Judiciário possa anular atos administrativos.

O **objeto da invalidação** é o ato administrativo inválido ou os efeitos de tal ato (relação jurídica). Por exemplo, quando se anula uma licitação, há de se anular a licitação em si e a relação jurídica dela decorrente, no caso o contrato administrativo.

O **fundamento** da anulação é o dever de obediência ao princípio da legalidade. Não se pode conviver com a ilegalidade. Portanto, o ato nulo deve ser invalidado.

O **motivo da invalidação** é a *ilegalidade* do ato e da eventual relação jurídica por ele gerada. Hely Lopes Meirelles diz que o motivo da anulação é a *ilegalidade* ou a *ilegitimidade* do ato, diferente da revogação, que tem por motivo a *inconveniência ou inoportunidade*. Fala-se em *ilegalidade* ou *ilegitimidade* do ato para ressaltar que a anulação deve ser feita não só quando haja violação frontal ao que dispõe o texto legal (ilegalidade), mas também quando haja abuso, por excesso ou desvio de poder, ou mesmo quando se viole princípios do Direito (ilegitimidade).

A Lei de Introdução às Normas do Direito Brasileiro trouxe em 2018 modificações importantes em matéria de Direito Administrativo e, no que diz respeito à invalidação de atos administrativos, criou duas regras:

a) a decisão que, nas esferas administrativa, controladora ou judicial, decretar a invalidação de ato, contrato, ajuste, processo ou norma administrativa deverá indicar de modo expresso suas consequências jurídicas e administrativas (art. 21, *caput*, da LINDB);

b) essa decisão deverá, quando for o caso, indicar as condições para que a regularização ocorra de modo proporcional e equânime e sem prejuízo aos interesses gerais, não se podendo impor aos sujeitos atingidos ônus ou perdas que, em função das peculiaridades do caso, sejam anormais ou excessivos (art. 21, parágrafo único, da LINDB).

O objetivo da primeira alteração é evitar que, havendo a anulações de atos, paire dúvidas e vazio sobre como ficarão as coisas dali para frente, evitando assim prejuízo ao interesse público (item "a"). Muitas vezes um contrato administrativo é anulado e não se define como ficará o serviço público em questão dali para frente, sendo que há casos em que não pode haver descontinuidade do serviço público, hipótese em que eventual anulação de um ajuste deve vir acompanhada de determinações sobre se tem efeito imediato ou se haverá um período de transição por exemplo.

Já quanto à segunda inovação, a lei estabelece que, sempre que possível, deve-se buscar a regularização da situação de modo adequado aos envolvidos, sem excessos desnecessários e preservada a proporcionalidades das medidas cabíveis, preservando sempre o interesse público (item "b").

Quanto ao **prazo para que se efetive a invalidação**, Hely Lopes Meirelles diz que, em que pese a inclinação da doutrina para a ideia de que não há prazo para anulação do ato administrativo, a jurisprudência vem atenuando tal afirmativa para dizer que se deve manter atos ilegítimos praticados e operantes há longo tempo e que já produziram efeitos perante terceiros de boa-fé, de modo a fazer valer o princípio da segurança jurídica.

Na esfera federal, a Lei 9.784/1999 dispõe em seu art. 54: "o direito da Administração de anular os atos administrativos de que decorram efeitos favoráveis para os destinatários decai em cinco anos, contados da data em que foram praticados, salvo comprovada má-fé".

Nesse sentido, temos duas situações:

a) prazo para anular ato que beneficia alguém de boa-fé: 5 anos;

b) prazo para anular ato que beneficia alguém de má-fé: não há prazo, porém, em virtude do princípio da segurança jurídica há quem entenda que se deva aplicar ao caso o maior prazo previsto no Código Civil, que é de 15 anos (art. 1.238 – usucapião extraordinária). Vale lembrar, ainda, que a boa-fé é presumida, de modo que compete à Administração Pública que pretender anular o ato ou outro autor de ação para o mesmo fim (por exemplo, o autor popular e o Ministério Público) o ônus da prova.

Quanto ao termo *a quo* do prazo de 5 anos previsto para o primeiro caso, temos as seguintes situações:

a) regra: o prazo de 5 anos começa a correr da data em que o ato foi praticado;

b) no caso de atos com efeitos patrimoniais contínuos: o prazo de 5 anos começa a correr da percepção do primeiro pagamento.

O art. 54, § 2º, da Lei 9.784/1999 traz regra interessante, que tem o seguinte teor: "considera-se exercício do direito de anular qualquer medida de autoridade administrativa que importe impugnação à validade do ato".

Essa regra faz com que a decadência não se opere se, no curso dos cinco anos de prazo, a autoridade administrativa tome medida que importe impugnação à validade do ato.

É importante ressaltar que o prazo em questão é um prazo *decadencial* e não *prescricional*. Dessa forma, não incidem as regras de suspensão e interrupção da prescrição previstas no Código Civil.

Considerando que esse prazo de cinco anos está previsto na Lei de Processo Administrativo Federal, alguns Estados da Federação estabeleceram prazo decadencial diverso. É o caso do Estado de São Paulo, que, em sua Lei de Processo Administrativo (Lei Estadual 10.177/98), fixou o prazo de 10 (dez) anos para anular atos ilegais, contados de sua produção (art. 10, I). No entanto, o STF reputou inconstitucional essa previsão de prazo diverso pela lei estadual, em razão da necessidade de tratamento igualitário nas relações do Poder Público e o cidadão (ADIN 6.019, DJe 06/07/2021).

Caso não haja lei estadual ou municipal que discipline esse prazo, aplicar-se-ão, por analogia, as regras previstas na Lei 9.784/1999. Nesse sentido o teor da Súmula 633 do STJ: "A lei 9.784/99, especialmente no que diz respeito ao prazo decadencial para a revisão de atos administrativos no âmbito da Administração Pública federal, pode ser aplicada, de forma subsidiária, aos estados e municípios, se inexistente norma local e específica que regule a matéria."

Considerando o posicionamento do STF no MS 31.736/DF (j. em 10.09.2013), há de se tomar cuidado quanto ao início do prazo decadencial no caso de aposentadoria. Considerando que esta é considerada um ato complexo, que só se torna perfeito e acabado quando, após a aposentadoria ser deferida pela Administração, é confirmada pelo Tribunal de Contas respectivo, o prazo decadencial para anular uma ilegalidade numa aposentadoria concedida não se inicia do deferimento desta pela Administração, mas sim da data em que o Tribunal de Contas tiver aprovado ou não o ato. No caso julgado pelo STF a aposentadoria foi deferida pela Administração em 1992 e, apenas em 2012 o Tribunal de Contas analisou e decidiu por ilegalidades em seu cálculo. Porém, a aposentada, que já estava nessa qualidade desde 1992, não conseguiu anular a decisão do Tribunal de Contas, sob o argumento do transcurso do prazo de 5 anos para a anulação de atos que beneficiam terceiros de boa-fé. Isso porque, segundo o STF, esse prazo não chegou correr, já que o ato de aposentadoria só se aperfeiçoou em 2012 (e não em 1992), sendo que os 5 anos para anular alguma ilegalidade no ato como um todo só tem início em 2012. Por outro lado, o plenário do STF também assentou que, nesse tipo de caso, havendo boa-fé do servidor público que recebe valores indevidos a título de aposentadoria, só a partir da data em que for ela julgada ilegítima pelo órgão competente (no exemplo dado acima, em 2012) deverá ser devolvida a quantia recebida a maior após essa data (MS 26085, DJ 09.06.2011). Não se deve, todavia, confundir o reconhecimento de nulidades pelos Tribunais de Contas quanto a aposentadorias (que é um ato complexo, ou seja, que só se forma quando o Tribunal de Contas a aprova), como o mesmo reconhecimento quando se tratar de outros tipos de atos não complexos, como uma promoção. Nesse último caso, após deferida a promoção, o Tribunal de Contas tem 5 anos para exercer o controle de legalidade dos atos administrativos (no caso, declarar a sua ilegalidade e determinar a sua anulação a tempo), contados da data em que a Administração deferiu a promoção (*vide*, a respeito: STF, MS 26404/DF, j. em 29.10.2009).

De rigor lembrar que a anulação de atos que geram uma relação jurídica constituída a pessoas não pode se dar simplesmente porque se verificou uma ilegalidade e se está dentro do prazo de 5 anos para que se dê. É necessário que se verifique se não é o caso de convalidação, bem como que se instaure o adequado procedimento e que se respeite às garantias constitucionais do **devido processo legal, da ampla defesa e do contraditório** (STF, AI 587487 AgR/RJ).

Por fim, ainda em relação decadência quinquenal para anular atos prevista na Lei 9.784/1999, o STJ entende que os atos administrativos praticados anteriormente ao advento da Lei 9.784/1999 estão sujeitos ao prazo decadencial de 5 anos, porém, contado da entrada em vigor da lei que estabeleceu esse prazo (9.784/1999), qual seja, 01.02.1999, e não da prática do ato (REsp 1.270.474-RN, j. em 18.10.2012).

No que concerne aos **efeitos da invalidação,** como o ato nulo já nasce com a sanção de nulidade, a declaração se dá retroativamente, ou seja, com efeito *ex tunc*. Invalidam-se as consequências passadas, presentes e futuras do ato, já que, do ato ilegal não nascem direitos. A anulação importa no desfazimento do vínculo e no retorno das partes ao estado anterior. Tal regra é atenuada em face dos terceiros de boa-fé. Assim, a anulação da nomeação de um agente público, por exemplo, surte efeitos em relação a este (que é parte da relação jurídica anulada), mas não em relação aos terceiros destinatários dos atos por este praticado, desde que tal ato respeite a lei quanto aos demais aspectos.

Tema relevante é o atinente aos **tipos de invalidade** ou **tipos de vícios dos atos administrativos** e os respectivos **meios de correção.**

A doutrina majoritária (corrente quaternária) entende que podem ocorrer os seguintes **vícios** nos atos administrativos:

a) atos administrativos **inexistentes**, que, de tão absurdos que são, sequer precisam ter declarada sua inexistência;

b) atos administrativos **nulos**, que devem ser anulados no prazo decadencial;

c) atos administrativos **anuláveis**, que podem ser convalidados, permanecendo na ordem jurídica;

d) atos administrativos **irregulares**, que são aqueles que contêm vício formal de pouca relevância, devendo permanecer na ordem jurídica.

Hely Lopes Meirelles defendia a ideia de que não havia, no Direito Administrativo, atos anuláveis, pois a anulabilidade é instituto do direito privado, em que se pode dispor de certos interesses. Para esse respeitado doutrinador, o ato administrativo ou era nulo ou era válido e só.

Confira, agora com mais detalhes, a definição dos tipos de vícios dos atos administrativos:

a) atos inexistentes: *são os que assistem ao campo do absurdo jurídico, do totalmente intolerável*; tais atos não produzem efeito algum. Exs.: instrução de um agente policial a outro para torturar um bandido; prática de usurpação de função, ou seja, conduta de alguém que se faz passar por agente público, praticando ato da alçada deste;

b) atos irregulares: *são aqueles que padecem de vícios formais irrelevantes, reconhecíveis de plano, em que há descumprimento de norma que tem por único objetivo impor padronização interna dos atos*; tais atos não devem ser invalidados. Ex.: certidão feita pela autoridade competente, mas em papel não timbrado;

c) atos nulos (nulidade absoluta): *são os que a lei assim declare ou aqueles sobre os quais a convalidação seja racionalmente impossível, pois, se o conteúdo fosse repetido, seria repetida a ilegalidade*[7]; a nulidade absoluta é grave, devendo o ato ser anulado, salvo se já tiver operado o prazo decadencial para tanto. Exs.: nomeação para cargo efetivo feita sem concurso

---

7. Hely Lopes Meirelles diz que a nulidade pode ser *explícita* ou *virtual*. "É explícita quando a lei a comina expressamente, indicando os vícios que lhe dão origem; é virtual quando a invalidade decorre da infringência de princípios específicos do Direito Público, reconhecidos por interpretação das normas concernentes ao ato. Em qualquer destes casos, porém, o ato é ilegítimo ou ilegal e não produz qualquer efeito válido entre as partes, pela evidente razão de que não se pode adquirir direitos contra a lei." O art. 166, VII, do Código Civil traz as duas espécies de ato nulo referentes a essa classificação.

público; contrato feito sem licitação, quando não incidia nenhuma hipótese de dispensa ou inexigibilidade desta;

d) atos anuláveis (nulidade relativa): *são os que podem ser repetidos sem o vício originário*; a nulidade relativa é vício de menor gravidade, sendo possível a convalidação do ato. Ex.: ato expedido por autoridade com incompetência territorial; ato praticado com particular relativamente incapaz; ato praticado mediante erro ou dolo.

Vistos os vícios concernentes à questão da validade, passemos ao estudo dos **meios integradores da invalidade** ou **sanatória.**

A **convalidação (ou saneamento)** *é a supressão da invalidade de um ato pela expedição de outro, com efeitos retroativos.* Incide sobre os atos *anuláveis*, tornando-os válidos com efeito retroativo.

A convalidação só poderá ser feita se o ato puder ser repetido sem o vício que o inquinava ou se, apesar de se estar diante de ato com vício insanável, haja excepcional e patente interesse público na sua preservação. No primeiro caso, geralmente incide sobre vícios de sujeito (competência) e de forma (descumprimento de forma que não seja substancial), os quais, sanados, importam em convalidação do ato anterior, cuja maior vantagem é ter efeito retroativo, efeito que não existiria com a simples expedição de um novo ato, sem aproveitamento do anterior viciado.

Vejamos, agora, os **requisitos** que a doutrina aponta como essenciais para que seja possível a convalidação: a) possibilidade de o ato ser expedido novamente, sem o vício originário; b) prejuízo maior se não se mantiver o ato viciado; c) inexistência de prejuízo ao erário e a terceiro; d) boa-fé; e) inexistência de impugnação prévia do ato.

O art. 55 da Lei 9.784/1999 admite expressamente a convalidação, devendo a Administração, sempre que possível, optar por ela. Todavia, há uma hipótese em que a Administração poderá optar entre convalidar e não convalidar um ato anulável. Trata-se do caso em que se têm *atos discricionários praticados por autoridade incompetente.* Nesse caso, a autoridade que for a competente não fica obrigada a convalidar o ato viciado, dada a margem de liberdade que detém para praticá-lo.

A convalidação será chamada de *ratificação* nas hipóteses em que há vício de incompetência, não podendo incidir nos casos em que essa for outorgada com exclusividade ou em razão de matéria.[8]

Quanto ao vício de *forma*, a convalidação só será possível se essa não for essencial à validade do ato. Há de se lembrar que a forma abrange a forma propriamente dita (escritura pública, escritura particular, ato verbal etc.) e a motivação. Quanto à motivação, a sua ausência, caso se esteja diante de *ato vinculado* e em situação cuja motivação seja óbvia e passível de demonstração futura, verificando-se que houve respeito aos demais requisitos de validade do ato, este poderá ser mantido se demonstrada a ausência de prejuízo. Já quanto aos *atos discricionários*, a falta de motivação gera sua invalidação, sob pena de se permitir a invenção de motivos em momento posterior. Todavia, há entendimentos doutrinários

e jurisprudenciais no sentido de que, excepcionalmente, é possível que um ato discricionário sem motivação possa ser convalidado, desde que a administração promova motivação posterior que demonstre de modo inquestionável o seguinte: a) que o motivo extemporaneamente alegado preexistia; b) que esse motivo era idôneo para justificar o ato; c) que o motivo foi a razão determinante da prática do ato (STJ, AgRg no RMS 40.427-DF).

Quanto ao *motivo* e à *finalidade*, fica difícil falar-se em convalidação. O mesmo se pode dizer quanto ao *objeto*. Neste caso, poderá caber a *conversão*, que é instituto jurídico que não se confunde com a *convalidação*.

Vejamos, agora, um *exemplo* de convalidação. Imagine a nomeação de um servidor feita por um Ministro de Estado, quando a competência era da alçada do Presidente da República, seguindo-se a delegação por parte deste para a referida nomeação. O ato originário contém vício (falta de competência), que pode ser sanado, pela convalidação, mediante *ratificação* do Presidente da República ou, após a delegação da competência, *confirmação* pelo Ministro de Estado.

A **conversão (ou sanatória)** *consiste no aproveitamento de um ato inválido, tornando-o ato de outra categoria, com efeito retroativo à data do ato original.*

A conversão incide sobre atos nulos, aproveitando-os em outra categoria de atos. A palavra-chave aqui é "aproveitar".

Diferentemente da convalidação, que mantém o ato na categoria de atos em que ele é praticado, na conversão aproveita-se o ato nulo para uma outra situação, para uma outra categoria de atos.

Um exemplo é a *permissão* de uso de bem público concedida sem licitação (permissão nula!), que acaba sendo convertida numa *autorização* de uso de bem público (outra categoria de ato!), que não requer licitação.

Outro exemplo é a nomeação de um agente público para um cargo de provimento *efetivo*, sem realização de concurso público, que acaba sendo convertida em nomeação para cargo em *comissão*, que não requer prévia aprovação em concurso público.

O instituto da conversão está previsto no Código Civil. Confira: "art. 170. Se, porém, o negócio nulo contiver os requisitos de outro, subsistirá este quando o fim a que visavam as partes permitir supor que o teriam querido, se houvesse previsto a nulidade".

Por fim, vale ressaltar que a conversão, assim como a convalidação, tem efeito retroativo, ou seja, ficam mantidos todos os atos praticados no período antecedente ao saneamento, salvo, naturalmente, se houver má-fé.

Não sendo possível a conversão ou a convalidação do ato, mas remanescendo clara a necessidade de mitigar consequências graves para o interesse público decorrentes da anulação do ato, a doutrina também discute a possibilidade de efetivar a **modulação dos efeitos anulatórios**, providência que, em matéria de controle de constitucionalidade, é bastante comum quando se declara a inconstitucionalidade de um ato normativo. Um exemplo é o caso de se anular o alvará de construção de um conjunto de quatro prédios construídos como habitação popular, quando as duas primeiras torres já tiverem sido erguidas. Pode ser que a melhor medida seja manter a integridade das duas primeiras torres já construídas, fazendo-se uma compensação em relação às demais torres a

---

8.   Outra expressão pertinente, mas que não se confunde com a convalidação e a *ratificação*, é a *confirmação*, que consiste na renúncia ao poder de anular o ato ilegal, o que é diferente de sanar o vício do ato, corrigindo-o (convalidação).

serem construídas, desde que o vício que gerou à anulação tenha relação com a medida mitigadora das novas torres, não sendo possível que tal modulação se dê, por exemplo, caso todas as torres (as já construídas e as por construir) estejam situadas em área de manancial, hipótese em que somente a demolição de tudo deve ser admitida.

4.7. Classificação dos atos administrativos

4.7.1. Quanto à liberdade de atuação do agente

Ato vinculado *é aquele em que a lei tipifica objetiva e claramente a* **situação** *em que o agente deve agir e o único* **comportamento** *que poderá tomar.* Tanto a situação em que o agente deve agir como o comportamento que vai tomar são únicos e estão clara e objetivamente definidos na lei, de forma a inexistir qualquer margem de liberdade ou apreciação subjetiva por parte do agente público. Ex.: licença para construir, concessão de aposentadoria.

Ato discricionário *é aquele em que a lei confere margem de liberdade para avaliação da* **situação** *em que o agente deve agir ou para escolha do melhor* **comportamento** *a ser tomado.*

Seja na situação em que o agente deve agir, seja no comportamento que vai tomar, o agente público terá uma margem de liberdade na escolha do que mais atende ao interesse público. Neste ponto fala-se em *mérito administrativo*, ou seja, na valoração dos motivos e escolha do comportamento a ser tomado pelo agente.

Vale dizer, o agente público fará apreciação subjetiva, agindo segundo o que entender ser mais conveniente e oportuno ao interesse público.

Reconhece-se a discricionariedade nos seguintes casos, dentre outros:

a) quando a regra que traz a competência do agente traz *conceitos fluidos*, como *bem comum, moralidade, ordem pública* etc.;

b) quando a lei *não traz um motivo* que enseja a prática do ato, como, por exemplo, a que permite nomeação para cargo em comissão, de livre provimento e exoneração;

c) quando *há mais de uma opção* para o agente quanto ao momento de atuar, à forma do ato (ex.: verbal, gestual ou escrita), à sua finalidade ou ao conteúdo (ex.: possibilita-se que o agente público, diante de uma infração administrativa, escolha se deve fazer uma advertência, aplicar uma multa ou fazer uma apreensão).

A discricionariedade sofre alguns *temperamentos*, de modo a fazer com que a margem de liberdade seja a mais estreita possível e a preservar o princípio da legalidade. Confira:

a) todo ato discricionário é *parcialmente regrado ou vinculado*; a competência, por exemplo, é sempre vinculada; aliás, Hely Lopes Meirelles entende que a competência, a forma e a finalidade são sempre vinculadas, conforme vimos;

b) só há discricionariedade *nas situações marginais*, nas zonas cinzentas; assim, situações que envolvem certa subjetividade, mas encontram na sociedade quase que um consenso, não ensejam margem de liberdade para o agente público; por exemplo, caso o agente público encontre duas pessoas fazendo sexo no meio da rua, ainda que um ou outro possa achar que isso não é imoral, o fato é que é indubitável no pensamento médio que a conduta é imoral, fazendo com que o agente, em que pese estar diante de um conceito fluido ("moralidade

pública"), deva agir reconhecendo a existência de uma situação de imoralidade; em suma, o temperamento em tela lembra a todos que a situação concreta (o colorido do caso concreto) diminui a margem de liberdade conferida ao agente público.

c) não há discricionariedade volitiva para a Administração na chamada "discricionariedade técnica"; esta se dá quando a solução de alguma controvérsia administrativa exija o conhecimento técnico especializado, como de um engenheiro ou de um médico; por exemplo, havendo dúvida sobre se algum imóvel está ou não em perigo de desabamento, na hipótese de um engenheiro chamado pela Administração para fazer a análise em questão concluir pelo risco de desabamento, não caberá à Administração invocar a discricionariedade para dizer que pensa diferente e que não vai determinar a interdição ou a demolição do bem, pois no caso tem-se discricionariedade técnica, em que a Administração fica vinculada à manifestação conclusiva do profissional que exarou seu entendimento técnico sobre a questão.

Questão muito importante quanto aos atos discricionários é saber se o Judiciário poderá apreciá-los.

A resposta a essa pergunta é positiva, ou seja, o Judiciário pode sim apreciar atos discricionários. Porém, só poderá fazê-lo quanto aos seguintes aspectos:

a) legalidade: todo ato discricionário é parcialmente *regrado* ou *vinculado* e, especificamente quanto a esse ponto, o Poder Judiciário poderá apreciar o ato discricionário; imagine uma competência que diga que "o Governador, em caso de falta grave, poderá suspender ou demitir o servidor público, mediante contraditório e ampla defesa"; trata-se de um ato discricionário, pois a expressão "falta grave" é bastante fluida, sem contar o fato de que o governador tem duas opções, "demitir" ou "suspender" o agente; porém, mesmo se tratando de um ato discricionário, há elementos vinculados nesse ato; um deles é a competência, pois só o Governador pode praticar o ato; outro é fato de que o governador só tem duas opções, de modo que, se tomar uma terceira medida (por exemplo, "demissão a bem do serviço público"), estará saindo dos limites do ato discricionário; além disso, o Governador é obrigado a garantir o contraditório e a ampla defesa; pois bem, se qualquer desses pontos vinculados do ato discricionário for desrespeitado, poderá o Judiciário, fazendo o controle de legalidade, anular o referido ato;

b) moralidade: todo ato discricionário está sujeito a cumprir o princípio da moralidade, que está previsto no art. 37, *caput*, da CF; assim, caso um ato discricionário fira a moralidade (por exemplo, a desapropriação do imóvel de um inimigo político de um Prefeito), poderá ser anulado pelo Poder Judiciário;

c) razoabilidade: todo ato discricionário está sujeito a cumprir o princípio da razoabilidade, que está previsto no art. 2º, *caput*, da Lei 9.784/1999; assim, caso um ato discricionário fira a razoabilidade ou a proporcionalidade (por exemplo, desapropria-se área bem maior do que a necessária para a implantação de um projeto da Administração), poderá ser anulado pelo Poder Judiciário. Em matéria de controle de políticas públicas frequentemente o Judiciário analisa a razoabilidade na eleição de prioridades feita pela Administração, determinando, muitas vezes, a implementação de políticas públicas determinadas pela Constituição e que eventualmente tiverem sido relegadas a segundo plano sem justificativa razoável. Nesses casos, costuma-se exarar sentença determinando que a Administração Pública adote providências administrativas e respectiva previsão orçamentária para implantação ou ampliação da política pública faltosa.

Em suma, o Judiciário pode sim apreciar um ato discricionário, mas apenas quanto aos aspectos de legalidade, razoabilidade e moralidade, não sendo possível a revisão dos critérios adotados pelo administrador (o *mérito administrativo*), se tirados de dentro da margem de liberdade a ele conferida pelo sistema normativo.

4.7.2. *Quanto às prerrogativas da administração*

Atos de império são os *praticados no gozo de prerrogativas de autoridade*. Ex.: interdição de um estabelecimento.

Atos de gestão são os *praticados sem uso de prerrogativas públicas, em igualdade com o particular, na administração de bens e serviços*. Ex.: contrato de compra e venda ou de locação de um bem imóvel.

Atos de expediente *são os destinados a dar andamento aos processos e papéis que tramitam pelas repartições, preparando-os para decisão de mérito a ser proferida pela autoridade.* Ex.: remessa dos autos a uma autoridade, para que esta tome uma decisão, conduta que tem o nome de "levar os autos à conclusão".

A distinção entre ato de gestão e de império está em desuso, pois era feita para excluir a responsabilidade do Estado pela prática de atos de império, de soberania. Melhor é distingui-los em atos regidos pelo *direito público* e pelo *direito privado*.

4.7.3. *Quanto à formação da vontade*

Atos simples *decorrem de um órgão, seja ele singular ou colegiado.* Ex.: nomeação feita pelo Prefeito; deliberação de um conselho ou de uma comissão.

Atos complexos *decorrem de dois ou mais órgãos, em que as vontades se fundem para formar um único ato.* Ex.: decreto do Presidente, com referendo de Ministros; para o STF, a aposentadoria de um servidor, como depende de deferimento da Administração e do Tribunal de Contas, também é ato complexo.

Atos compostos *decorrem de dois ou mais órgãos, em que a vontade de um é instrumental em relação à vontade de outro, que edita o ato principal.* Aqui existem dois atos pelo menos: um principal e um acessório. Um exemplo é a nomeação do Procurador-Geral da República, que depende de prévia aprovação pelo Senado. Outro exemplo são os atos que dependem de aprovação ou homologação. Não se deve confundir atos compostos com atos de um procedimento, vez que, enquanto os segundos são o encadeamento de atos tendentes ao ato principal, os primeiros resultam de dois ou mais órgãos e não têm por elemento marcante a sucessão de atos preparatórios de um ato final, diferentemente do procedimento.

4.7.4. *Quanto aos efeitos*

Ato constitutivo *é aquele em que a Administração cria, modifica ou extingue direito ou situação jurídica do administrado.* Exs.: permissões de serviço público e de uso de bem público, penalidades, revogação de atos, autorizações, dentre outros.

Ato declaratório *é aquele em que a Administração reconhece um direito que já existia.* Exs.: admissão, licença, homologação, isenção, anulação.

Ato enunciativo *é aquele em que a Administração apenas atesta dada situação de fato ou de direito.* Não produz efeitos jurídicos diretos. São juízos de conhecimento ou de opinião. Exs.: certidões, atestados, informações e pareceres.

4.7.5. *Quanto à estrutura*

Atos concretos *são aqueles que dispõem sobre uma única situação, sobre um caso concreto.* Ex.: exoneração de um agente público.

Atos abstratos *são aqueles que dispõem sobre reiteradas e infinitas situações.* Ex.: regulamento.

4.7.6. *Outra classificação*

Atos normativos *são aqueles que contêm comando geral da Administração Pública, com o objetivo de executar a lei.* Exs.: regulamentos (da alçada do Chefe do Executivo), instruções normativas (da alçada dos Ministros de Estado), regimentos, resoluções etc.

Atos ordinatórios *são aqueles que disciplinam o funcionamento da Administração e a conduta funcional de seus agentes.* Exs.: instruções (são escritas e gerais, destinadas a determinado *serviço público*), circulares (escritas e de caráter uniforme, direcionadas a determinados *servidores*), avisos, portarias (expedidas por chefes de órgãos – trazem determinações gerais ou especiais aos subordinados, designam alguns servidores, instauram sindicâncias e processos administrativos etc.), ordens de serviço (determinações especiais ao *responsável* pelo ato), ofícios (destinados às *comunicações* escritas entre autoridades) e despacho (contém *decisões* administrativas).

Atos negociais *são declarações de vontade coincidentes com pretensão do particular.* Exs.: licença, autorização e protocolo administrativo.

Atos enunciativos *são aqueles que apenas atestam, enunciam situações existentes.* Não há prescrição de conduta (determinações) por parte da Administração. Exs.: certidões, atestados, apostilas e pareceres.

Atos punitivos *são as sanções aplicadas pela Administração aos servidores públicos e aos particulares.* Exs.: advertência, suspensão e demissão; multa de trânsito.

4.8. Atos administrativos em espécie

4.8.1. *Quanto ao conteúdo*

Autorização *é o ato administrativo unilateral, discricionário e precário pelo qual a Administração faculta ao particular, em proveito deste, o uso privativo de bem público ou o desempenho de uma atividade, os quais, sem esse consentimento, seriam legalmente proibidos.* Exs.: autorização de uso de praça para realização de festa beneficente ou evento cultural; autorização para compra e registro ou para porte de arma. A autorização se baseia no poder de polícia, fazendo-se juízo de conveniência e oportunidade acerca da sua concessão ou não. Trata-se de ato *constitutivo*.

Licença *é o ato administrativo unilateral e vinculado pelo qual a Administração faculta àquele que preencha requisitos legais o exercício de uma atividade.* Exs.: licença para construir; licença para dirigir veículos automotores. A licença também se baseia no poder de polícia, havendo juízo de legalidade somente. Trata-se de ato *declaratório*, daí porque, enquanto na autorização se fala em interesses, na licença se fala em direitos subjetivos, pois cumpridos os requisitos para a licença o interessado tem direito de exigi-la, diferentemente do que acontece quanto à autorização.

Admissão é o *ato unilateral e vinculado pelo qual a Administração reconhece ao particular que preencha requisitos legais o direito à prestação de um serviço público.* Exs.: admissão de aluno em escola ou universidade pública; admissão de paciente em hospital; admissão de pessoa carente em programa de assistência social.

Permissão é o *ato administrativo unilateral, discricionário e precário, pelo qual a Administração faculta ao particular a execução de serviço público ou a utilização privativa de bem público, mediante licitação.* Exs.: permissão para taxista ou perueiro efetuar transporte remunerado de passageiros; permissão para que uma banca de jornal se instale numa calçada ou praça públicas. Vale lembrar que, por ser precária, pode ser revogada a qualquer momento sem que o particular tenha direito à indenização. Ademais, diferentemente da autorização, a permissão depende de licitação.

Concessão é o *ato bilateral (contrato) e não precário pelo qual a Administração faculta a uma pessoa jurídica a execução de serviço público ou a utilização privativa de bem público, mediante licitação na modalidade concorrência.* Exs.: concessão dada a uma empresa de ônibus para que efetue transporte remunerado de passageiros; concessão dada a um restaurante para que utilize espaço público num aeroporto. Por não ser precária, o particular tem direito de ver mantida a concessão. Todavia, caso haja interesse público na sua revogação, este prevalece sobre o do particular, o qual terá direito à indenização pela revogação da concessão, diferentemente do que ocorre na autorização e na permissão, que são atos precários, ou seja, passíveis de revogação sem direito à indenização em favor do interessado. Confira algumas diferenças entre a concessão e a permissão: a) a primeira só pode ser concedida a pessoa jurídica, ao passo que a segunda, a pessoa física ou jurídica; b) a primeira é contratual, ao passo que a segunda é precária, podendo ser revogada sem direito à indenização em favor do permissionário; c) a primeira deve ser concedida após licitação na modalidade concorrência, ao passo que a segunda pode ser concedida por meio de outras modalidades licitatórias; d) a primeira é formalizada mediante *contrato de concessão*, ao passo que a segunda, mediante *contrato de adesão*.

Credenciamento é o *ato ou contrato formal pelo qual a administração pública confere a um particular (pessoa física ou jurídica), normalmente sem prévia licitação, a prerrogativa de exercer certas atividades materiais ou técnicas, em caráter instrumental ou de colaboração com o Poder Público, a título oneroso, remuneradas, na maioria das vezes, diretamente pelos interessados.* Um exemplo de credenciamento é o ato que ocorre com as empresas de autoescola, que recebem credenciamento do Poder Público para a prática de certas atividades em colaboração com este (aulas, exames etc.), sem licitação e com cobrança dos interessados. Inexistindo viabilidade técnica de competição, está-se diante de hipótese de inexigibilidade (art. 25, *caput*, da Lei 8.666/1993). Assim, é inexigível a licitação nas hipóteses em que o credenciamento é aberto para outorga a todos os interessados habilitados, já que inexistente a possibilidade teórica de competição. Dessa forma, "sendo o credenciamento modalidade de licitação

inexigível em que há inviabilidade de competição, ao mesmo tempo em que se admite a possibilidade de contratação de todos os interessados em oferecer o mesmo tipo de serviço à Administração Pública, os critérios de pontuação exigidos em edital para desclassificar a contratação de empresa já habilitada mostra-se contrário ao entendimento doutrinário e jurisprudencial esposado". (Informativo STJ 662; REsp 1.747.636-PR, DJe 09.12.2019). Importante observar que o credenciamento foi inserido na nova lei de licitações e contratos administrativos (Lei 14.133/2021), como procedimento auxiliar (art. 78, I).

Aprovação é o *ato unilateral e discricionário pelo qual se exerce o controle prévio ou posterior do ato administrativo.* A aprovação é um tipo de *controle* que analisa a *conveniência e a oportunidade* do ato controlado. Ex.: aprovação dada pelo Senado à indicação do Presidente para nomeação de Ministro para o Supremo Tribunal Federal. Em tese, o Senado pode rejeitar a indicação, não a aprovando, por considerá-la não conveniente, em vista de não ter o indicado reputação ilibada, por exemplo.

Homologação é o *ato unilateral e vinculado pelo qual se reconhece a legalidade de um ato administrativo.* A homologação é um tipo de *controle* que analisa apenas o *cumprimento das formalidades legais*, não entrando no mérito dos atos praticados. Ex.: homologação de uma licitação ou de um concurso público pela autoridade superior à comissão de licitação, autoridade essa que controlará exclusivamente a legalidade dos procedimentos, sem entrar no mérito dos julgamentos feitos.

Parecer é o *ato pelo qual órgãos consultivos da Administração emitem opinião técnica sobre assunto de sua competência.* Podem ser de três tipos: **facultativo** (o parecer é pedido se a autoridade quiser); **obrigatório** (a autoridade é obrigada a solicitar o parecer, em que pese não ser obrigada a acatá-lo) e **vinculante** (a autoridade é obrigada a solicitar o parecer e a acatar o seu conteúdo – ex.: parecer médico). O STF vem decidindo que o parecer jurídico que deve ser dado sobre minuta de editais, de contratos e de convênios é um parecer vinculante (MS 24.584), pois o art. 38, parágrafo único, da Lei 8.666/1993 dispõe que o setor jurídico deve *aprovar* tais minutas, o que revela que o parecer é verdadeira *decisão administrativa* e não mera opinião técnica. Dessa forma, havendo alguma ilegalidade, o parecerista responde como se fosse autor da minuta por ele aprovada, ficando sujeito, por exemplo, a multas pelo Tribunal de Contas e a ações populares, ações civis públicas e ações por improbidade administrativa, valendo lembrar, todavia, que a responsabilidade do agente público não é objetiva: depende de culpa ou dolo, nos casos de ressarcimento do erário, e de dolo em algumas modalidades de improbidade administrativa.

Visto é o *ato administrativo unilateral pelo qual a autoridade atesta a regularidade formal de outro ato administrativo.* Ex.: pedido de férias de um agente, que recebe o visto de seu chefe (o qual observa sua regularidade formal) antes deste encaminhar para o chefe subsequente apreciá-lo.

Protocolo administrativo é o *ato negocial pelo qual o Poder Público acerta com o particular a realização de determinado empreendimento ou atividade ou a abstenção de certa conduta.*

4.8.2. Quanto à forma

Decreto *é a forma de que se revestem os atos individuais ou gerais, emanados do Chefe do Poder Executivo.* Exs.: nomeação e exoneração de agentes públicos (atos individuais); regulamentos (atos gerais que têm por objeto proporcionar a fiel execução da lei – artigo 84, IV, CF). Não existe, como regra, *regulamento autônomo* em nosso direito, uma vez que ele sempre deve estar adstrito ao que dispõe uma lei, nunca podendo existir por si só; ou seja, no Brasil a regra é termos *regulamentos de execução* de lei. Como vimos, a EC 32/2001 modificou o artigo 84, VI, da CF, permitindo que o Presidente, por meio de decreto, disponha de matérias que somente a lei poderia dispor. Trata-se de situação que excepciona a regra no sentido de que não há regulamentos autônomos em nosso direito.

Resolução e portaria *são as formas de que se revestem os atos, gerais ou individuais, emanados de autoridades que não sejam o Chefe do Executivo.* Ex.: no Estado de São Paulo, a resolução é própria dos Secretários de Estado, enquanto as portarias são a forma de que se revestem os atos das autoridades até o Diretor de Serviço. Assim, em cada ente político se instituirá a forma que deve revestir os atos de cada autoridade. Importa lembrar, ainda, que as resoluções e portarias trarão, além de atos *individuais* próprios de tais autoridades, atos *gerais* consistentes em instruções para cumprimento das leis e regulamentos.

Circular *é o instrumento de que se valem as autoridades para transmitir ordens internas a seus subordinados.*

Despacho *é o ato administrativo que contém decisões das autoridades sobre assunto de interesse individual ou coletivo submetido à sua apreciação.* **Despacho normativo** é aquele que aprova uma decisão sobre assunto de interesse geral, ficando esta obrigatória para toda a administração, além de valer para todos que estiverem na mesma situação.

Alvará *é a forma pela qual a Administração confere licença ou autorização para a prática de ato ou exercício de atividade sujeita ao poder de polícia do Estado.* Exs.: alvará de construção (instrumento que confere e prova a licença); alvará para porte de arma (instrumento da autorização conferida).

4.9. Procedimento administrativo

Não se deve confundir o ato administrativo com o procedimento administrativo. O segundo *consiste na sucessão encadeada de atos que propiciam a formação do ato final objetivado pela Administração.*

Assim, um procedimento é uma sucessão de atos, não se confundindo com cada ato em si.

Na verdade, ficaria melhor falar-se em *processo administrativo* para designar a definição dada, reservando-se a expressão procedimento administrativo para designar o *rito* a ser seguido.

Porém, em Direito Administrativo a expressão *procedimento administrativo* acaba sendo usada para designar *processo administrativo.*

De qualquer forma, é bom lembrar que há processos administrativos típicos, como o processo disciplinar e o processo de licitação, cuja característica marcante é ter uma regulamentação específica em lei própria. Os processos administrativos que não tiverem regulamentação própria devem seguir o disposto na Lei de Geral de Processo Administrativo (Lei 9.784/1999).

5. ORGANIZAÇÃO DA ADMINISTRAÇÃO PÚBLICA

5.1. Considerações gerais

O Estado tem três Poderes independentes e harmônicos entre si (Legislativo, Executivo e Judiciário). Porém, é por meio da Administração Pública que o Estado atua, tratando-se esta do aparelhamento necessário à realização de sua finalidade.

Em sentido *formal*, Administração Pública é o conjunto de órgãos instituídos para consecução dos fins do Governo (que é o comando, a iniciativa).

Em sentido *material*, é o conjunto das funções necessárias aos serviços públicos em geral.

E em sentido *operacional*, é o desempenho sistemático dos serviços estatais.

Vale trazer também classificação formulada por Diogo de Figueiredo Moreira Neto, que classifica a Administração Pública, sob o critério da *natureza dos interesses*, em administração extroversa e introversa, e, sob o critério *subjetivo*, em direta e indireta (*Curso de Direito Administrativo.* 14. ed. Rio de Janeiro: Forense. p. 115 e ss.). Quanto à primeira classificação, enquanto a administração pública extroversa é finalística, pois ela é atribuída especificamente a cada ente político, cumprindo a divisão constitucional de competências, a administração pública introversa é instrumental, visto que é atribuída genericamente a todos os entes, para que possam atingir aqueles objetivos.

O fato é que, de qualquer forma a Administração, em qualquer caso, é o meio de que se vale o Estado para pôr em prática as opções políticas do Governo.

Tal atuação se dará por intermédio de *entidades* (pessoas jurídicas), *órgãos* (centros de decisão) e de *agentes* (pessoas investidas em cargos, empregos e funções).

5.2. Conceitos básicos sobre a organização da Administração Pública

O objetivo deste tópico é efetuar uma série de distinções e conceitos de grande valia para o estudo sistematizado do tema proposto.

A primeira distinção trata da relação entre a pessoa jurídica e os órgãos estatais.

As **pessoas jurídicas estatais** *são entidades integrantes da estrutura do Estado e dotadas de personalidade jurídica*, ou seja, de aptidão genérica para contrair direitos e obrigações.

Já os **órgãos públicos** *são centros de competência integrantes das pessoas estatais instituídos para o desempenho das funções públicas por meio de agentes públicos.* São, portanto, parte do corpo (pessoa jurídica).

Cada órgão é investido de determinada competência, dividida entre seus cargos.

Apesar de não terem personalidade jurídica, têm prerrogativas funcionais, o que admite até que interponham mandado de segurança, quando violadas (tal capacidade processual, todavia, só têm os órgãos independentes e os autônomos).

Todo ato de um órgão é imputado diretamente à pessoa jurídica da qual é integrante, assim como todo ato de agente público é imputado diretamente ao órgão ao qual pertence (trata-se da chamada "teoria do órgão", que se contrapõe à teoria da representação ou do mandato, conforme se verá no capítulo seguinte). Deve-se ressaltar, todavia, que a representação legal da entidade é atribuição de determinados agentes, como o Chefe do Poder Executivo e os Procuradores.

Tema importante acerca dos órgãos públicos é a sua **classificação**. Passemos, então, ao estudo da classificação dos órgãos, levando em conta os ensinamentos de Hely Lopes Meirelles.

Quanto à **posição**, os órgãos públicos podem ser:

a) órgãos *independentes*: são os originários da Constituição e representativos dos Poderes do Estado (Legislativo, Executivo e Judiciário); aqui estão todas as corporações legislativas, chefias de executivo e tribunais e juízo singulares;

b) órgãos *autônomos*: são os que estão na cúpula da Administração, logo abaixo dos órgãos independentes, tendo autonomia administrativa, financeira e técnica, segundo as diretrizes dos órgãos a eles superiores; aqui estão os Ministérios, as Secretarias Estaduais e Municipais, a AGU, dentre outros;

c) órgãos *superiores*: são os que detêm poder de direção quanto aos assuntos de sua competência, mas sem autonomia administrativa e financeira, tais como os gabinetes, as procuradorias judiciais, os departamentos, as divisões, dentre outros;

d) órgãos *subalternos*: são os que se acham na base da hierarquia entre órgãos, tendo reduzido poder decisório, com atribuições de mera execução, tais como as portarias e as seções de expediente.

Quanto à **estrutura**, os órgãos podem ser:

a) *simples* ou *unitários*: constituídos por um só centro de competência;

b) *compostos*: constituídos pelo conjunto de outros órgãos menores, com atividades-fim idênticas ou auxiliares. Ex.: Ministério da Saúde.

Quanto à **atuação funcional**, os órgãos podem ser:

a) *singulares* ou *unipessoais*: são os que atuam por um único agente. Ex.: Presidência da República;

b) *colegiados* ou *pluripessoais*: são os que atuam por manifestação conjunta da vontade de seus membros. Exs.: corporações legislativas, tribunais e comissões.

Outra distinção relevante para o estudo da estrutura da Administração Pública é a que se faz entre **desconcentração e descentralização**.

A **desconcentração** *é a distribuição interna de atividades administrativas, de competências*. Ocorre de *órgão* para *órgão* da entidade. Ex.: competência no âmbito da Prefeitura, que poderia estar totalmente concentrada no órgão Prefeito Municipal, mas que é distribuída internamente aos Secretários de Saúde, Educação etc.

Já a **descentralização** *é a distribuição externa de atividades administrativas, que passam a ser exercidas por pessoa ou pessoas distintas do Estado*. Dá-se de *pessoa jurídica* para *pessoa jurídica* como técnica de especialização. Ex.: criação de autarquia para titularizar e executar um dado serviço público, antes de titularidade do ente político que a criou. A descentralização pode ser de duas espécies:

a) na descentralização **por serviço**, a lei atribui ou autoriza que outra pessoa detenha a *titularidade* e a execução do serviço; repare que é necessária lei; aqui, fala-se em *outorga* do serviço;

b) na descentralização **por colaboração**, o contrato ou ato unilateral atribui à outra pessoa a *execução* do serviço; repare que a delegação aqui se dá por contrato, não sendo necessária lei; o particular colabora, recebendo a execução do serviço e não a titularidade deste; aqui, fala-se também em *delegação* do serviço e o caráter é transitório.

Há também outra distinção importante, relacionada à Administração Direta e Indireta.

A **Administração Direta** *compreende os órgãos integrados no âmbito direto das pessoas políticas (União, Estados, Distrito Federal e Municípios)*. Repare que todos os órgãos dos entes políticos fazem parte da Administração Direta, de modo que a prefeitura, a câmara de vereadores, os tribunais judiciais, os tribunais de contas, o ministério público, dentre outros, são parte integrante da administração, já que são órgãos, e não pessoas jurídicas criadas pelos entes políticos.

Já a **Administração Indireta** *compreende as pessoas jurídicas criadas pelo Estado para titularizar e exercer atividades públicas (autarquias, fundações públicas, agências reguladoras e associações públicas) e para agir na atividade econômica ou em atividades não típicas de Estado (empresas públicas, sociedades de economia mista, fundação privadas criadas pelo Estado e consórcios públicos de direito privado)*. Repare que a Administração Indireta é composta de pessoas jurídicas (e não de órgãos!) criadas pelos entes políticos.

Outra classificação relevante para o estudo do tema em questão é a que segue.

As **pessoas jurídicas de direito público** *são os entes políticos e mais as autarquias e fundações públicas, uma vez que todas essas pessoas são criadas para exercer típica atividade administrativa, o que impõe que tenham, de um lado, prerrogativas de direito público, e, de outro, restrições de direito público, próprias de quem gere coisa pública*[9]. São espécies de pessoas jurídicas de direito público as seguintes: autarquias, fundações públicas, agências reguladoras e associações públicas (consórcios públicos de direito público).

As **pessoas jurídicas de direito privado estatais** *são as empresas púbicas e as sociedades de economia mista, visto que são criadas para exercer atividade econômica, devendo ter os mesmos direitos e restrições das demais pessoas jurídicas privadas, em que pese tenham algumas restrições adicionais, pelo fato de terem sido criadas pelo Estado*. São espécies de pessoas jurídicas de direito privado estatais as seguintes: empresas públicas, sociedades de economia mista, fundações privadas criadas pelo Estado e consórcios públicos de direito privado.

Para fecharmos essa introdução, é necessário conhecermos também a distinção seguinte.

A **hierarquia** *consiste no poder que um órgão superior tem sobre outro inferior, que lhe confere, dentre outras prerrogativas, uma ampla possibilidade de fiscalização dos atos do órgão subordinado*.

O **controle** (**tutela** ou **supervisão ministerial**) *consiste no poder de fiscalização que a pessoa jurídica política tem sobre a pessoa jurídica que criou, que lhe confere tão somente*

---

9. *Vide* art. 41 do Código Civil. O parágrafo único deste artigo faz referência às *pessoas de direito público com estrutura de direito privado*, que serão regidas, no que couber, pelas normas do CC. A referência é quanto às fundações públicas, às quais aplicam-se as normas do CC apenas quando não contrariarem os preceitos de direito público.

a possibilidade de submeter a segunda ao cumprimento de seus objetivos globais, nos termos do que dispuser a lei. Ex.: a União <u>não</u> pode anular um ato administrativo de concessão de aposentadoria por parte do INSS (autarquia por ela criada), por não haver hierarquia, mas pode impedir que o INSS passe a comercializar títulos de capitalização, por exemplo, por haver nítido desvio dos objetivos globais para os quais fora criada a autarquia. Aqui não se fala em *subordinação*, mas em *vinculação administrativa*.

Esses poderes todos se dão sobre as entidades da Administração Indireta em geral, ressalvada a condição das agências reguladoras, que têm maior autonomia, como se verá no item respectivo adiante.

5.3. Administração indireta

5.3.1. *Autarquias*

As autarquias podem ser **conceituadas** como as *pessoas jurídicas de direito público, criadas por lei específica, para titularizar atividade administrativa.* Realizam atividades próprias (típicas) da Administração Direta, as quais são passadas para as autarquias para agilizar, facilitar e principalmente especializar a prestação dos serviços públicos. O Dec.-lei 200/1967 define autarquia como "o serviço autônomo, criado por lei, com personalidade jurídica, patrimônio e receita próprios, para executar atividades típicas da Administração Pública, que requeiram, para seu melhor funcionamento, gestão administrativa e financeira descentralizada" (art. 5º, I).

São um prolongamento, um *longa manus* do Estado. Qualquer ente político (União, Estados-membros, Distrito Federal e Municípios) pode criar uma autarquia, desde que por lei específica e para realizar atividades típicas da Administração.

A autarquia deve ser criada por lei específica, lei essa que tem o poder de conferir personalidade jurídica a ela, não sendo necessário levar atos constitutivos ao Registro Público. Porém, a organização da autarquia se estabelece por decreto, que aprovará o regulamento ou o estatuto da entidade. A lei criadora da entidade tratará também do patrimônio inicial, já transferindo ou autorizando sua transferência, da entidade criadora para a entidade criada.

A expressão autarquia vem dos termos *autós* (= próprio) e *arquia* (=governo), o que nos ajuda a lembrar que a autarquia tem autonomia administrativa e financeira.

São exemplos de autarquia os seguintes entes: INSS, CADE, Banco Central, INCRA e USP.

Quando a autarquia tiver algumas diferenças em relação às autarquias tradicionais, diz-se que se está diante de autarquia de regime especial.

Vejamos as **características** das autarquias.

São dotadas de **capacidade administrativa**, ou seja, podem ser *titulares* de serviço público, mas o mesmo não acontece com as sociedades de economia mista e empresas públicas, por exemplo, que, no máximo, podem *executar* um serviço público. Ou seja, as autarquias podem receber *outorga do serviço* mais do que a mera delegação deste.

Isso significa que as autarquias poderão *regulamentar, fiscalizar* e *executar* o serviço público de que são titulares, podendo repassar o último (execução do serviço) ao particular, mediante concessão de serviço público.

Em outras palavras, as autarquias desempenham **atribuições típicas de Estado**. O Decreto-Lei 200/1967, em seu art. 5º, I, deixa claro que a autarquia só pode ser criada para exercer atividade típica da Administração, o que exclui sua criação para exercer atividade meramente econômica, por exemplo.

As autarquias possuem **autonomia (capacidade de autoadministração)**. Por serem *pessoas jurídicas* (e não *órgãos* da Administração Direta), são sujeitos de direitos e obrigações, e têm gestão administrativa e financeira própria. Não se trata, portanto, de autonomia em sentido político, já que estão sujeitas a controle das entidades maiores a que se vinculam, mas autonomia administrativa.

Por serem pessoas de direito público, as autarquias têm **responsabilidade objetiva** (art. 37, § 6º, da CF). Justifica-se esse tipo de responsabilização pelo fato de agirem em atividades típicas da Administração Direta. Aliás, as autarquias respondem diretamente por seus atos, não podendo a entidade criadora ser chamada a responder solidariamente. A entidade matriz só responderá *subsidiariamente*, ou seja, na falta de patrimônio suficiente da autarquia.

As autarquias têm um regime jurídico muito próximo ao dos entes políticos, dada a natureza de suas atividades. Trata-se do chamado **regime jurídico de direito público**, cujas regras são apresentadas a seguir.

Na relação com a Administração Direta, as autarquias estão sujeitas ao **controle** (*supervisão ministerial* ou *tutela*). A entidade criadora da autarquia tem o poder de influir sobre esta apenas para exigir o cumprimento dos objetivos públicos para os quais foi criada, e para que harmonize sua conduta à atuação administrativa global do Estado.

Perceba-se, portanto, que o controle não permite que a Administração Direta demita um servidor público de uma autarquia, por exemplo, ou invalide um contrato administrativo que esta tenha celebrado. O controle só poderá ser feito de forma global sobre os rumos que a autarquia tem tomado. A lei que cria a autarquia é que dará os contornos e a forma de exercício do controle.

Entre a entidade criadora e a autarquia há mera vinculação, ou seja, mero poder de correção finalística do serviço autárquico.

Esse controle pode se dar nas seguintes frentes: a) controle político (ex.: nomeação de seus dirigentes pelo Executivo); b) controle administrativo (ex.: supervisão ministerial quanto à correção finalística da autarquia); c) controle financeiro (pelo Tribunal de Contas e outros meios trazidos na lei).

No que concerne à relação com terceiros, as **prerrogativas administrativas** (não as políticas) do Estado são transmitidas às autarquias. Assim, as autarquias têm as seguintes prerrogativas ou sujeições:

a) expedem verdadeiros **atos administrativos**, com todos os *atributos* do ato administrativo, quais sejam, presunção de legitimidade, imperatividade, exigibilidade e autoexecutoriedade;

b) celebram contratos administrativos, regidos pela Lei 8.666/1993;

c) devem **licitar** para celebrar contratos, concessões e permissões;

d) devem promover **concurso público** para admissão de pessoal;

e) devem contratar pessoal pelo **regime estatuário**, como regra, salvo consórcio público de direito público; dada a natureza das atividades de uma autarquia (atividade administrativa, e não meramente econômica), o vínculo com seus agentes deve ser o de *cargo público*, criado por *lei* e regido pelo *estatuto* dos funcionários públicos, e não pela CLT, salvo para atribuições subalternas;

f) possuem **bens públicos**, portanto, bens inalienáveis, imprescritíveis e impenhoráveis; dessa forma, a execução de valores em face de uma autarquia deverá ultimar-se mediante a expedição de precatório;

g) possuem **imunidade de impostos sobre o patrimônio, renda e serviços** (art. 150, VI, "a", CF), quanto a atividades vinculadas às finalidades essenciais da pessoa e desde que não haja contraprestação ou pagamento de preços ou tarifas para o exercício;

h) possuem **prerrogativas processuais próprias** da Fazenda Pública, como recurso de ofício quando cabível (art. 10 da Lei 9.469/1997), prazo em dobro para manifestações processuais (art. 183, *caput*, do NCPC), juízo privativo da entidade estatal a que pertencem, ampliação do prazo para desocupação em caso de despejo; prescrição quinquenal de suas dívidas passivas, execução fiscal de seus créditos inscritos, dentre outras.

Nas relações internas, por serem pessoas jurídicas de direito público (sujeitas ao regime jurídico de direito público), devem respeitar as normas de direito financeiro (normas orçamentárias) e o regime de pessoal é o mesmo da Administração Direta, em que a regra é o regime estatutário.

5.3.2. Fundações públicas de direito público

As fundações públicas de direito público podem ser conceituadas como *autarquias que tomam como substrato um patrimônio personalizado*.

Enfim, tais fundações são autarquias, cujo elemento patrimonial é o mais relevante. Trata-se da personalização de um patrimônio, cujo objetivo é a titularização de uma atividade administrativa.

São exemplos dessas fundações a FUNAI, o IPEA, a FUNDAP e a FAPESP.

Tais autarquias tomam o nome de fundação, pois, aqui, o elemento patrimônio prepondera em detrimento do elemento humano, ocorrendo o inverso com a autarquia típica.

Quanto ao **regime jurídico**, é idêntico ao das autarquias, para o qual se remete o leitor.

Existem, todavia, algumas diferenças entre as autarquias e as fundações públicas.

A primeira delas já foi apontada: as fundações têm como elemento preponderante o patrimonial.

A segunda diz respeito à criação de tais entes. Parte da doutrina entende que tais entidades são **criadas** *por lei específica*, por se tratarem de verdadeiras autarquias (ex.: Maria Sylvia Zanella Di Pietro). Por outro lado, outra parte da doutrina entende que a fundação deve ter sua criação **autorizada** *por lei específica*. Isso significa que, autorizada por lei a criação de uma fundação, deve esta ser efetivamente criada com o registro de seus atos constitutivos no Cartório do Registro Civil das Pessoas Jurídicas. A razão dessa discórdia diz respeito ao texto do art. 37, XIX, da CF, que não esclarece

se está fazendo referência às fundações públicas, às fundações privadas ou a ambas.

A última diferença reside no fato de que, no que concerne às fundações, a Constituição dispõe que lei complementar definirá as áreas de sua atuação (art. 37, XIX, CF), também havendo dissenso doutrinário sobre se o dispositivo está fazendo referência às fundações públicas de direito público, às fundações privadas criadas ou a ambas.

Não se pode confundir as fundações públicas com as fundações privadas criadas pelo Estado. Isso porque nada impede que o Estado crie fundações com personalidade de direito privado, sendo apenas necessário que haja autorização legal. Muitas vezes deseja-se criar uma pessoa jurídica, cujo elemento patrimonial terá caráter preponderante, para um fim de interesse público, mas que não trate de típica atividade administrativa.

Em tal hipótese, cria-se uma fundação privada, com regime jurídico de direito privado. Nesse caso haverá fiscalização por parte do Ministério Público, na forma da lei civil. Vale mencionar que "É constitucional a constituição de fundação pública de direito privado para a prestação de serviço público de saúde." (STF, ADI 4.197/SE, j. 28.2.2023).

Portanto, o critério que diferencia uma *fundação pública de direito público* de uma *fundação privada criada pelo Estado* é a natureza da atividade da pessoa jurídica criada. Se se tratar de típica atividade administrativa, será uma fundação pública. Se não, uma fundação privada.

Uma fundação estatal criada para fiscalizar o meio ambiente certamente será uma fundação pública de direito público, recebendo o regime jurídico de uma autarquia, com as diferenças acima apontadas. Já uma fundação estatal criada para ser uma mera biblioteca pública, por não atuar em atividade típica de Estado, é uma fundação privada criada pelo Estado, recebendo o regime de direito privado, que será visto mais à frente.

5.3.3. Agências reguladoras

As agências reguladoras podem ser **conceituadas** como *autarquias sob regime especial, encarregadas do exercício do poder normativo e fiscalizador das concessões e permissões de serviço público, bem como do poder de polícia sobre certas atividades*.

A atual política de passar ao setor privado a execução dos serviços públicos, reservando ao Estado a regulamentação e fiscalização dos vários setores relativos a tais serviços, trouxe a necessidade de criar entes, com natureza de pessoa jurídica de direito público, para desempenhar tal papel de regulação e fiscalização, a fim de preservar o interesse dos usuários e da coletividade em geral.

Assim, foram criadas autarquias especiais, com o nome de agências reguladoras, que são as seguintes: ANEEL (regula e fiscaliza o setor de geração, transmissão e distribuição de energia elétrica), ANATEL (regula e fiscaliza o setor de telecomunicações), ANP (regula e fiscaliza as atividades econômicas exercidas pela Petrobras e outros concessionários do setor), ANVISA (regula e fiscaliza a produção e a comercialização, sob o aspecto da vigilância sanitária, de medicamentos, alimentos, cosméticos etc.), ANS (regula e fiscaliza o setor de saúde complementar), ANA (regula e fiscaliza as atividades decorrentes do aproveitamento dos recursos hídricos, bem como o direito de uso de água em rios da União – águas), ANTT (transportes terrestres), ANTAQ (transportes aquaviários), ANCINE (cinema), ANAC (aviação civil) e ANM (mineração).

A Lei 13.848/19 dispõe sobre a gestão, a organização, o processo decisório e o controle social das agências reguladoras, aplicando-se a estas e ressalvando o disposto nas leis especiais que trata de cada uma das agências (art. 2º, parágrafo único).

A **natureza especial** das agências reguladoras é caracterizada pelo seguinte: a) ausência de tutela ou de subordinação hierárquica b) autonomia funcional, decisória, administrativa e financeira; c) investidura a termo de seus dirigentes e estabilidade durante os mandatos (art. 3º, *caput*, da Lei 13.848/19).

A **autonomia administrativa** da agência reguladora é caracterizada pelas seguintes competências:

"I – solicitar diretamente ao Ministério da Economia:

a) autorização para a realização de concursos públicos;

b) provimento dos cargos autorizados em lei para seu quadro de pessoal, observada a disponibilidade orçamentária;

c) alterações no respectivo quadro de pessoal, fundamentadas em estudos de dimensionamento, bem como alterações nos planos de carreira de seus servidores;

II – conceder diárias e passagens em deslocamentos nacionais e internacionais e autorizar afastamentos do País a servidores da agência;

III – celebrar contratos administrativos e prorrogar contratos em vigor relativos a atividades de custeio, independentemente do valor."

A Lei 13.848/19 determina que "As agências reguladoras devem adotar práticas de gestão de riscos e de controle interno e elaborar e divulgar programa de integridade, com o objetivo de promover a adoção de medidas e ações institucionais destinadas à prevenção, à detecção, à punição e à remediação de fraudes e atos de corrupção" (art. 3º, § 3º).

O **regime jurídico** das agências reguladoras é igual ao das autarquias, com algumas peculiaridades, daí porque se diz que tais agências são *autarquias sob regime especial*, uma vez que, diferente das autarquias tradicionais, as leis que criaram as agências reguladoras trouxeram algumas diferenças em seu regime jurídico. Vejamos mais elementos dessa natureza especial das agências:

a) os dirigentes das agências reguladoras são nomeados pelo Presidente da República, com prévia *aprovação pelo Senado*;
b) os dirigentes das agências reguladoras têm *mandato fixo*, só podendo ser destituídos pelo cometimento de crime, improbidade administrativa ou descumprimento injustificado das políticas estabelecidas para o setor ou pelo contrato de gestão, situação que, em tese, confere maior isenção a tais agentes;
c) os ex-dirigentes das agências estão sujeitos à chamada "quarentena", ou seja, no período de tempo em que continuam vinculados à autarquia após o exercício do cargo, ficam impedidos de prestar serviços às empresas que estavam sob sua regulamentação ou fiscalização;
d) têm *poder normativo* reconhecido pela Constituição Federal (art. 21, XI), já que são *órgãos reguladores*; tal poder deve, todavia, ficar adstrito ao que dispuser as leis de criação dessas agências; dois pontos importantes sobre esse poder são (arts. 6º e 9º, *caput*, da Lei 13.848/19): d1) "A adoção e as propostas de alteração de atos normativos de interesse geral dos agentes

econômicos, consumidores ou usuários dos serviços prestados serão, nos termos de regulamento, precedidas da realização de Análise de Impacto Regulatório (AIR), que conterá informações e dados sobre os possíveis efeitos do ato normativo"; d2) "Serão objeto de consulta pública, previamente à tomada de decisão pelo conselho diretor ou pela diretoria colegiada, as minutas e as propostas de alteração de atos normativos de interesse geral dos agentes econômicos, consumidores ou usuários dos serviços prestados".

Vale lembrar que a autonomia financeira de tais agências se dá não só com o aporte de verbas orçamentárias, como também em relação à cobrança de taxas pelo exercício do poder de polícia, além de multa por descumprimento de preceitos legais ou contratuais.

5.3.4. Agências executivas

A expressão "agências executivas" designa um *qualificativo atribuível a autarquias e fundações integrantes da Administração Federal, por iniciativa do Ministério Supervisor e com anuência do Ministério da Administração, à entidade que haja celebrado contrato de gestão com aquele e possua um plano estratégico de reestruturação e desenvolvimento institucional.*

Tal possibilidade de qualificação veio a partir da introdução do princípio da eficiência pela EC 19/1998.

De um lado, são dadas maiores autonomia e prerrogativas às autarquias e fundações que tiverem interesse em receber tal qualificativo e, de outro, são atribuídas metas de desempenho e eficiência a serem atingidas.

A existência do contrato de gestão e o cumprimento dos demais requisitos permitirão a qualificação em questão, habilitando a entidade a receber as vantagens previstas na lei.

Tal figura jurídica é trazida na Lei 9.649/1998 (vide o art. 51 e também o Decreto 2.487/1998).

A lei dispõe que a qualificação de agência executiva é feita pelo Presidente da República, após a iniciativa e a anuência previstas acima. Para que seja implementada é necessário ainda a celebração do chamado contrato de gestão, que fixará o plano estratégico de reestruturação e melhoria do desempenho da pessoa, contrato esse que tem prazo mínimo de um ano.

Uma das maiores vantagens conferidas às autarquias e fundações que receberem essa qualificação consiste na ampliação dos limites de isenção ao dever de licitar para as agências executivas (art. 24, XXIV, da Lei de Licitações): aumenta-se o valor para dispensa de licitação em seu âmbito para o montante de 20% do limite previsto para a utilização da modalidade convite.

5.3.5. Consórcios públicos

Com a edição da Lei 11.107/2005, duas novas pessoas jurídicas estatais foram criadas. Ambas têm o nome de *consórcio público*, mas uma é de direito público (associação pública) e outra é de direito privado (consórcio público de direito privado).

Tais consórcios consistem na *reunião de entes políticos* (União, Estados, DF e Municípios) para formação de *pessoas jurídicas* com vistas à *gestão associada de serviços públicos*.

Como antecedentes do assunto, podemos citar a Lei 8.080/1990, que assim dispunha: "art. 10. Os municípios poderão constituir consórcios para desenvolver em conjunto as ações e os serviços de saúde que lhes correspondam. § 1º Aplica-se aos consórcios administrativos intermunicipais o princípio da direção única, e os respectivos atos constitutivos disporão sobre sua observância" (...).

Na prática, os municípios acabavam montando associações civis, regidas pelo Código Civil.

Até que veio o disposto na nova redação do art. 241 da Constituição e, depois, a Lei 11.107/2005, possibilitando o aparecimento de consórcios públicos com regimes mais claros e definidos.

Os consórcios públicos têm por **finalidade mediata** a realização de objetivos de *interesse comum* dos entes políticos. Nesse sentido, os consórcios públicos diferem dos contratos, já que estes têm em mira a satisfação de interesses contrapostos das partes e não de *interesses comuns*. Ademais, os consórcios públicos são pessoas jurídicas, ao passo que os contratos não são pessoas jurídicas.

As **finalidades imediatas** dos consórcios podem ser das seguintes naturezas:

a) regulação e fiscalização de serviços públicos (art. 2º, § 3º, da Lei 11.107/2005), como a criação de uma agência reguladora de saneamento básico por parte de Estado e alguns Municípios;

b) mera prestação de serviço público (art. 1º, § 3º, da lei citada), como a criação de um hospital público por parte de vários Municípios (consórcio intermunicipal de saúde).

É importante ressaltar que o consórcio público não pode ter fins econômicos (art. 4º, IV), ou seja, não pode visar ao lucro. Dessa forma, os consórcios públicos de direito privado não poderão ser criados se for necessário investimento privado.

Vejamos com mais detalhe, agora, as duas **espécies** de consórcios públicos.

As **associações públicas** são criadas para exercer atividade típica de Estado. Assim, são pessoas de direito público, de natureza autárquica (art. 41, IV, do CC). Tais entidades integram a Administração Indireta de todos os entes consorciados (art. 6º, § 1º, da Lei 11.107/2005). Um exemplo de consórcio público dessa natureza (consórcio público de direito público) é a criação de uma pessoa jurídica por entes políticos em associação para a *fiscalização* do meio ambiente numa dada região.

Já os **consórcios públicos de direito privado** são criados para o exercício de atividades que não são exclusivas do Estado. Nesse sentido, são pessoas de direito privado estatais. Um exemplo de consórcio público dessa natureza é um hospital público criado por entes políticos em associação.

O **regime jurídico** das associações públicas segue o regime geral das pessoas de direito público, aplicando-se o regime especial da lei 11.107/2005 e, subsidiariamente, a legislação das associações civis (art. 15). A aplicação do regime geral das pessoas de direito público fará com que tais consórcios pratiquem atos administrativos, tenham bens públicos, dentre outras características do regime autárquico, já vistas no presente texto. A única diferença para uma pessoa jurídica de direito público típica é que há uma lei do ano de 2019 (Lei 13.822/19) que dispõe que o consórcio público de direito público contratará seus agentes pelo regime da CLT, e não pelo regime estatutário.

Já o regime dos consórcios públicos de direito privado segue o regime geral das pessoas privadas estatais, aplicando

o regime especial da Lei 11.107/2005 e, subsidiariamente, a legislação das associações civis (art. 15). A aplicação do regime geral das pessoas de direito privado estatais fará com que tais consórcios pratiquem atos regidos pelo direito privado, tenham bens privados (portanto penhoráveis), contratem agentes públicos, como regra, pelo regime celetista, dentre outras características do regime de direito privado, a serem vistas no próximo item.

A **criação** dos consórcios públicos segue o seguinte trâmite:

1) Subscrição de Protocolo de Intenções entre os entes políticos, com os seguintes pontos:

a) denominação, finalidade, espécie, prazo e sede;

b) identificação dos consorciados e da área;

c) critérios de representação do consórcio;

d) regulamentação da assembleia geral; número de votos de cada consorciado (ao menos 1);

e) eleição e mandato do representante (Chefe do Executivo);

f) autorização e limites para a gestão associada de serviços públicos;

2) Publicação do Protocolo na imprensa oficial;

3) Ratificação do Protocolo por lei de cada ente;

4) Celebração do **Contrato de Consórcio Público** (art. 5º), que pode se dar por apenas parcela dos celebrantes do protocolo.

O início da personalidade dos consórcios públicos se dá da seguinte forma:

a) nas associações públicas, com a vigência das leis de ratificação do protocolo de intenções;

b) nos consórcios de direito privado, segundo a lei civil, ou seja, após o arquivamento do estatuto social no registro público competente.

Os entes consorciados devem fazer, ano a ano, um **Contrato de Rateio**, que terá por objetivo tratar dos recursos econômicos necessários para a manutenção do consórcio.

Segundo art. 12 da lei em análise, "a extinção de contrato de consórcio público dependerá de instrumento aprovado pela assembleia geral, ratificado mediante lei por todos os entes consorciados". O art. 12-A, por sua vez, dispõe que "a alteração de contrato de consórcio público dependerá de instrumento aprovado pela assembleia geral, ratificado mediante lei pela maioria dos entes consorciados." Esses dispositivos são frutos da Lei 14.662/2023.

Por fim, vale ressaltar que a Lei 11.107/2005 introduziu a possibilidade de qualquer dos entes consorciados contratar entidade ou órgão pertencente a outro ente consorciado para a prestação de serviços públicos, tudo isso sem licitação, configurando uma nova espécie de dispensa (art. 24, XXVI, da Lei 8.666/1993). Esse contrato, que se assemelha a um Contrato de Concessão de Serviço Público, tem o nome de **Contrato de Programa**. Essa hipótese de dispensa de licitação foi mantida na nova lei de licitações e contratos administrativos (art. 75, XI, da Lei 14.133/2021).

5.3.6. *Empresas estatais ou governamentais*

As empresas estatais podem ser **conceituadas** como *pessoas jurídicas de direito privado especial, cuja criação se dá pelo Estado, autorizado por lei específica, com a finalidade de* *executar serviço público ou explorar atividade econômica não ligada a esse tipo de serviço, em caráter suplementar, desde que necessário aos imperativos da segurança nacional ou a relevante interesse coletivo.*

O § 1º do art. 173 da Constituição dispõe que "a lei estabelecerá o estatuto jurídico da empresa pública, da sociedade de economia mista e de suas subsidiárias que explorem atividade econômica de produção ou comercialização de bens ou de prestação de serviços"[10]. Essa lei somente veio ao nosso ordenamento jurídico no ano de 2016 (Lei 13.303/2016, publicada em 1º de julho de 2016), sendo que a empresa pública e a sociedade de economia mista constituídas anteriormente à sua vigência deverão, no prazo de 24 (vinte e quatro) meses, promover as adaptações necessárias à adequação ao disposto na lei (art. 91), permanecendo regidos pela legislação anterior procedimentos licitatórios e contratos iniciados ou celebrados até o final desse prazo.

Partindo do texto constitucional mencionado, repare que tais entidades são criadas, então, para agir na atividade econômica, seja na área de produção ou comercialização de produtos (ex.: Petrobras), seja na prestação de serviços (ex.: Correios).

Deve ficar registrado, dessa forma, que tais empresas realizam típica atividade econômica e por isso têm regime jurídico de direito privado, de modo que não podem ser chamadas a titularizar serviço público, mas apenas para serem suas delegatárias, ou seja, apenas para a mera execução desse tipo de serviço.

Passemos à análise das características das empresas estatais:

a) possuem um **regime jurídico de direito privado**, ou seja, aquele próprio das empresas privadas, como determina a CF, inclusive no que tange aos direitos e obrigações do direito civil e comercial (**igualdade em contratos**, por exemplo), do direito do trabalho (regime de contratação será o da **CLT** e as controvérsias julgadas pela Justiça do Trabalho), do direito tributário (**não há imunidade tributária**) e do direito processual civil (**não têm prerrogativas** quanto aos prazos, custas e reexame necessário);

b) estão sujeitas à **responsabilidade civil subjetiva**, salvo quando prestarem serviço público, hipótese em que a responsabilidade será objetiva (art. 37, § 6º, da CF), ou quando incidir outro tipo de responsabilidade objetiva prevista em lei (ex.: matéria ambiental, relação de consumo, danos causados pela circulação de produtos e danos decorrentes do desenvolvimento de atividade de risco, conforme arts. 927, parágrafo único, e 931, ambos do Código Civil);

c) possuem **bens privados**, (art. 98, CC) bens esses que poderão ser utilizados, onerados, penhorados ou alienados na forma estatutária e independentemente de autorização legislativa especial, porque tal autorização está implícita na lei que autorizou a criação da empresa e lhe outorgou os poderes necessários para realizar suas atividades, como nos ensina Hely Lopes Meirelles; vale ressaltar que, no caso de a empresa estatal executar serviço público, os bens que estiverem afetados ao serviço não poderão ser penhorados, como decorrência do princípio da continuidade do serviço público;

d) devem observar regras de **governança corporativa**, de **transparência** e de estruturas, práticas de gestão de riscos e de controle interno, composição da administração e, havendo acionistas, mecanismos para sua proteção, na forma da Lei 13.303/2016, editada após a divulgação de novos escândalos de corrupção em empresas estatais, especialmente na Petrobras. Exemplos de instrumentos criados por essa lei com vistas a evitar problemas éticos são o dever de a estatal elaborar Código de Conduta e Integridade (art. 9º, § 1º) e a previsão de requisitos técnicos para a nomeação de membros da diretoria e o do Conselho de Administração, aí incluídas indicações de ordem estritamente política (art. 17).

Apesar das características apontadas acima, não se deve esquecer que as pessoas de direito privado estatais foram criadas pelo Estado, fazendo parte da Administração Indireta estatal. Dessa forma, o **regime jurídico de direito privado** delas é *especial*, sofrendo tais entidades sujeições que as empresas puramente privadas não têm:

a) devem promover concurso público para admissão de pessoal;

b) devem promover licitação para a celebração de contratos; trata-se agora de um tipo de licitação especial prevista na Lei 13.303/2016 (art. 28 e seguintes), e não mais da licitação prevista na Lei 8.666/93; a Lei 13.303/2016 traz regulamentação extensa e detalhada de tudo que envolve a licitação e os contratos das empresas estatais, de modo que a Lei 8.666/1993 não deve ser mais aplicada, salvo nas exceções trazidas na novel lei, como no caso de aplicação das normas penais previstas na Lei 8.666/1993 (art. 41);

c) são fiscalizadas pelo Tribunal de Contas;

d) obedecem aos princípios da Administração Pública e seus agentes são equiparados a funcionários públicos para efeitos penais e de improbidade administrativa;

e) os dirigentes de empresas estatais estão sujeitos ao mandado de segurança quando exerçam funções delegadas do Poder Público;

f) apesar de terem autonomia administrativa e financeira, sofrem o controle ou supervisão da entidade criadora, bem como condicionantes legais e constitucionais (*vide* artigo 169, § 1º, da CF);

g) seus agentes estão sujeitos ao teto salarial previsto no art. 37, XI, da CF, nos casos estabelecidos no § 9º do art. 37, não havendo tal submissão quando a empresa estatal não for dependente economicamente da entidade que a tiver criado;

h) seus agentes estão sujeitos à proibição de acumulação remunerada de cargos, empregos ou funções na Administração (art. 37, XVII, CF);

i) não estão sujeitas à falência (art. 2º, I, da Lei 11.101/2005).

Quanto à questão da imunidade tributária, a imunidade recíproca, que alcança as entidades autárquicas, não alcança, como se viu, as empresas estatais. Porém, há duas exceções, que uma empresa estatal tem o direito à imunidade recíproca. São elas:

---

10. Tal estatuto trazido na lei deve dispor sobre: "I – sua função social e formas de fiscalização pelo Estado e pela sociedade; II – a sujeição ao regime jurídico próprio das empresas privadas, inclusive quanto aos direitos e obrigações civis, comerciais, trabalhistas e tributários; III – licitação e contratação de obras, serviços, compras e alienações, observados os princípios da administração pública; IV – a constituição e o funcionamento dos conselhos de administração e fiscal, com a participação de acionistas minoritários; V – os mandatos, a avaliação de desempenho e a responsabilidade dos administradores".

a) quando a empresa estatal tem monopólio sobre certo serviço público, como os Correios e a Infraero; *vide* STF, RE 601.392;

b) quando a empresa estatal tem capital totalmente público ou praticamente todo público, tem função absolutamente pública e não concorre no mercado, por exemplo, porque não cobra por seus serviços; um exemplo foi um caso julgado pelo STF em que se reconheceu essa imunidade a um hospital federal, revestido da forma sociedade de economia mista, em que o capital era 99,9% federal e que atendia exclusivamente pelo Sistema Único de Saúde, ou seja, sem atuar no mercado (RE 580264, j. 16.12.2010); outro exemplo foi o reconhecimento dessa imunidade, também pelo STF, a uma sociedade de economia mista (Codesp) que presta o serviço de Administração Portuária, com controle acionário quase total da União (99,97%), sendo que a entidade, apesar de cobrar por seus serviços, não o faz com o intuito de lucro e não concorre com outras empresas privadas (RE 253.472/SP).

Quanto à criação, as empresas estatais dependem de **autorização de lei específica.**

Observe-se que, diferente da autarquia, que é *criada* por lei específica, as empresas estatais têm sua criação *autorizada* por lei específica, de maneira que tal criação só se efetiva com o arquivamento dos atos constitutivos da sociedade na Junta Comercial.

Qualquer um dos entes políticos pode criar uma empresa estatal. Vale salientar que também depende de autorização legislativa, em cada caso, a criação de subsidiárias de empresas estatais, assim como a participação de qualquer delas em empresa privada (art. 37, XX, CF). Assim, a Constituição exige que a autorização legislativa seja específica e se dê a cada vez que uma nova subsidiária é criada, usando no inciso a expressão "em cada caso".

No que concerne ao **objeto** das empresas estatais, a Constituição atual deixa claro que a sua criação só se justifica quando, excepcionalmente, o Estado tenha de agir na *atividade econômica*. Tais empresas poderão, por exemplo, ser concessionárias de serviço público (executam o serviço público, mas não são titulares deste, sob pena de terem de obedecer ao regime jurídico próprio das autarquias e fundações públicas). E também podem simplesmente agir em atividades econômicas que não importem em prestação de serviço público.

Sua atuação se dá em **atividade econômica suplementar**, não sendo possível que o Estado crie à vontade empresas estatais. Isso ocorre porque, como se sabe, a ordem econômica é fundada na livre-iniciativa, na propriedade privada e na livre concorrência, daí porque apenas excepcionalmente pode o Estado nela agir.

Nesse sentido, o art. 173 da CF determina que o Estado só poderá agir na atividade econômica em duas hipóteses:

a) quando houver *relevante interesse público*, como na fabricação de remédio caro para combater a AIDS;

b) quando houver *imperativo de segurança nacional*, como na fabricação de material bélico em caso de guerra.

Essas são as características das empresas estatais, valendo, portanto, tanto para as empresas públicas como para as sociedades de economia mista. Vejamos agora as diferenças entre esses dois tipos de ente.

As **empresas públicas** são empresas estatais com as seguintes peculiaridades:

a) constituídas por qualquer modalidade societária admitida (S/A, Ltda. etc.);

b) com capital social formado integralmente por recursos da União, dos Estados, do Distrito Federal e dos Municípios; sendo que "desde que a maioria do capital votante permaneça em propriedade da União, do Estado, do Distrito Federal ou do Município, será admitida, no capital da empresa pública, a participação de outras pessoas jurídicas de direito público interno, bem como de entidades da administração indireta da União, dos Estados, do Distrito Federal e dos Municípios" (art. 3º, parágrafo único, da Lei 13.303/2016); caso a União faça parte de uma empresa pública, a maioria do capital votante deve ser de sua propriedade da União (art. 5º do Dec.-lei 900/1969); no mais,

c) caso sejam da União, têm foro na Justiça Federal (art. 109, I e IV, da CF) na área cível e criminal, salvo quanto às contravenções penais, cujo julgamento é da competência da Justiça Comum;

d) são exemplos desse tipo de empresa a Caixa Econômica Federal, os Correios e o SERPRO.

As **sociedades de economia mista** são empresas estatais com as seguintes peculiaridades:

a) constituídas somente pela forma de sociedade anônima (S/A);

b) possuem necessariamente capital privado e público, sendo que a maioria das ações com direito a voto devem pertencer à União, aos Estados, ao Distrito Federal, aos Municípios ou a entidade da administração indireta;

c) a Justiça Comum é o foro próprio de tais sociedades mesmo sendo federais (vide Súmula 556 do STF e Súmula 42 do STJ); as sociedades de economia mista só têm foro na Justiça Federal, quando a União intervém como assistente ou opoente (Súmula 517 do STF);

d) são exemplos desse tipo de empresa o Banco do Brasil, a Petrobras e a Sabesp.

5.4. Entes de cooperação (paraestatais)

5.4.1. Noções gerais

Tradicionalmente, a expressão "entidade paraestatal" era utilizada para designar não só aquelas entidades criadas pelo particular para fins de interesse público, como também as empresas estatais (sociedades de economia e empresa pública).

Porém, como as empresas estatais fazem parte da Administração Indireta, ou seja, não seguem paralelas ao Estado, mas são parte integrante deste, hoje a expressão "paraestatal", no âmbito doutrinário, designa tão somente aquelas entidades do terceiro setor, ou seja, os entes de cooperação do Estado.

De qualquer forma, é necessário tomar certos cuidados, pois ainda há muitas leis, que, por serem antigas, utilizam a expressão entidade paraestatal para se referirem também às empresas estatais.

A partir de tal observação, podemos **conceituar** as entidades paraestatais como *aquelas pessoas jurídicas de direito privado dispostas paralelamente ao Estado, executando atividade de interesse público.*

Vejamos, agora, quatro tipos de ente de cooperação (serviços sociais autônomos, organizações sociais, OSCIPs e simples organizações da sociedade civil).

5.4.2. Serviços Sociais Autônomos

Os **serviços sociais autônomos** *são pessoas jurídicas de direito privado, sem fins lucrativos, vinculadas a categorias profissionais e destinadas ao fomento de assistência social, educacional ou de saúde, podendo receber recursos públicos e contribuições parafiscais*. São entidades desse tipo o SESC, o SENAI, o SENAC e o SESI.

São **características** dessas entidades, que prestam serviços de interesse público, as que seguem:

a) são pessoas jurídicas de direito privado não criadas pelo Estado (são tão somente oficializadas, qualificadas como tal pelo Estado);

b) o regime de seus empregados é celetista;

c) não têm prerrogativas públicas, ou seja, não gozam de privilégios administrativos, fiscais e processuais;

d) nem estão diretamente submetidas à obrigatoriedade de realização de concurso público e licitação (STF, RE 789.874/DF, j. 17.09.2014), o que não exclui o dever de agirem de forma proba, devendo criar processos seletivos e de contratações que estejam em acordo com os princípios da impessoalidade, da moralidade e da eficiência, já que tais entidades manejam recursos públicos;

e) seus funcionários são equiparados a agentes públicos, sujeitos à prática de crimes funcionais e de ato de improbidade administrativa, já que gerem recursos públicos;

f) as ações movidas contra essas entidades devem ser julgadas, salvo interesse direto da União, na Justiça Comum e não na Justiça Federal (STF, RE 414375/SC);

g) seus dirigentes estão sujeitos a mandado de segurança, bem como cabe ação popular em caso de lesão ao patrimônio da entidade;

h) são obrigados a prestar contas junto ao Tribunal de Contas (art. 5.º, V, da Lei 8.443/1992);

i) os dirigentes dessas entidades são obrigados a juntar, à documentação correspondente à prestação de contas junto ao Tribunal de Contas, cópia da declaração de rendimentos e de bens, relativa ao período-base da gestão, de conformidade com a legislação do Imposto sobre a Renda (art. 4º da Lei 8.730/1993 e STJ, REsp 1.356.484-DF, j. 05.02.2013);

j) possuem estrutura de sociedades civis, associações e fundações privadas;

k) atribuída a qualificação de serviço social autônomo, a entidade passa a recolher contribuições parafiscais de associados e a ser destinatária de dotações orçamentárias;

l) por receberem auxílio público ficam sujeitas a controle finalístico e à prestação de contas para o Poder Público.

5.4.3. Organizações Sociais – OS (Lei 9.637/1998)

Já as **organizações sociais** são *entidades privadas, sem fins lucrativos, cujas atividades se dirigem ao ensino, pesquisa científica, desenvolvimento tecnológico, proteção e conservação do meio ambiente, cultura, saúde, qualificadas como tal por decisão do Ministro respectivo da atividade e do Ministro da Administração Federal e Reforma do Estado.*

A qualificação de uma entidade como organização social é um instrumento que permite a transferência de certas atividades de interesse público ao setor privado, sem necessidade de concessão ou permissão, tratando-se de nova forma de parceria com valorização do terceiro setor, possibilitando, de

outra parte, maior controle sobre as entidades que recebem recursos públicos para fins coletivos.

O instituto das organizações sociais está regulamentado, no âmbito federal, na Lei 9.637/1998.

São exemplos de organizações sociais algumas Santas Casas de Misericórdia (hospitais privados filantrópicos), que receberam tal qualificação, celebraram contrato de gestão com a Administração Pública e vêm recebendo equipamentos, pessoal e dinheiro estatais para a prestação do serviço público de saúde para a população.

São **requisitos** para que seja atribuída a qualificação de organização social a uma entidade os seguintes:

a) não ter fins lucrativos, devendo os excedentes ser aplicados em suas atividades;

b) ter fim social de interesse coletivo;

c) ter conselho de administração como órgão superior, com presença de mais de 50% de representantes do governo e de entidades civis;

d) decisão dos Ministros indicados no conceito, qualificando a entidade.

Uma vez recebida a qualificação de organização social, a entidade poderá firmar contrato de gestão com o Poder Público, contrato este que fixará os termos da parceria, como as atividades a serem desempenhadas pela entidade e a colaboração a ser oferecida pelo Estado, que poderá consistir em aporte de bens públicos em permissão de uso, recursos do orçamento e até servidores públicos.

Os serviços contratados pelo Poder Público junto à organização social, a partir do contrato de gestão, não dependem de licitação, tratando-se de caso de dispensa de licitação previsto no art. 24, XXIV, da Lei 8.666/1993. Esta hipótese **não** foi mantida na nova lei de licitações e contratos (Lei 14.133/2021).

A partir desse momento, a organização social deverá promover a publicidade de seus atos, estará sujeita ao controle do Tribunal de Contas e à verificação periódica do atendimento das metas a que tiver se submetido.

Assim como os serviços sociais autônomos, as organizações sociais não são obrigadas a promover concurso público para a admissão de seu pessoal, nem a promover licitação para a realização de contratos com terceiros, devendo, todavia, efetuar tais despesas mediante obediência aos princípios da impessoalidade, da moralidade e da eficiência.

Caso ocorra descumprimento, pela entidade, do contrato de gestão, apurado em processo administrativo com ampla defesa, será feita sua desqualificação, que importará em reversão (devolução) dos bens públicos que estavam sendo utilizados pela entidade privada.

O STF, em Ação Direta de Inconstitucionalidade, decidiu algumas questões em relação às organizações sociais, acolhendo em parte o pedido, para conferir interpretação conforme a Constituição à Lei 9.637/1998 e ao inciso XXIV do art. 24 da Lei 8.666/1993, para explicitar que: " a) o procedimento de qualificação das organizações sociais deveria ser conduzido de forma pública, objetiva e impessoal, com observância dos princípios do "caput" do art. 37 da CF, e de acordo com parâmetros fixados em abstrato segundo o disposto no art. 20 da Lei 9.637/1998; b) a celebração do contrato de gestão fosse conduzida de forma pública, objetiva e impessoal, com observância dos princípios do "caput" do art. 37 da CF; c) as hipóteses de dispensa de licitação para contratações (Lei 8.666/1993, art. 24, XXIV) e outorga de permissão de uso de bem público (Lei 9.637/1998, art. 12, § 3º) deveriam ser conduzidas de forma pública, objetiva e impessoal, com observância dos princípios do "caput" do art. 37 da CF; d) a seleção de pessoal pelas organizações sociais seria conduzida de forma pública, objetiva e impessoal, com observância dos princípios do "caput" do art. 37 da CF, e nos termos do regulamento próprio a ser editado por cada entidade; e e) qualquer interpretação que restringisse o controle, pelo Ministério Público e pelo Tribunal de Contas da União, da aplicação de verbas públicas deveria ser afastada" (ADI 1923, J. 16.04.2015).

As Organizações Sociais (OSs) não se confundem com as **Organizações da Sociedade Civil de Interesse Público (OSCIPs)**, regulamentadas pela Lei 9.790/1999.

a) As primeiras atuam em atividades em que o Estado deveria atuar (ex.: saúde, educação etc.), apesar de não se tratarem de atividades exclusivas do Estado, ao passo que as segundas atuam em atividades de utilidade pública, em relação às quais o Estado tem interesse de fomento, tais como promoção da segurança alimentar, da ética e da paz;

b) As OSCIPs, na verdade, são entidades que recebem o **fomento** do Estado, por exemplo, para defender os consumidores, os idosos, os homossexuais etc.;

c) As OSs são qualificadas mediante aprovação do Ministro supervisor e do Ministro da Administração Federal e Reforma do Estado, ao passo que as OSCIPs são qualificadas pelo Ministro da Justiça;

d) As OSs celebram com a Administração *contrato de gestão*, ao passo que as OSCIPs celebram *termo de parceria*.

5.4.4. *Organizações da Sociedade Civil de Interesse Público – OSCIPs (Lei 9.790/1999)*

Podem receber a qualificação de OSCIP pessoas jurídicas de direito privado, sem fins lucrativos, que atuem observando o princípio da universalização dos serviços, e cujos objetivos sociais tenham ao menos uma das seguintes finalidades (art. 3º da lei): "I – promoção da assistência social; II – promoção da cultura, defesa e conservação do patrimônio histórico e artístico; III – promoção gratuita da educação, observando-se a forma complementar de participação das organizações de que trata esta Lei; IV – promoção gratuita da saúde, observando-se a forma complementar de participação das organizações de que trata esta Lei; V – promoção da segurança alimentar e nutricional; VI – defesa, preservação e conservação do meio ambiente e promoção do desenvolvimento sustentável; VII – promoção do voluntariado; VIII – promoção do desenvolvimento econômico e social e combate à pobreza; IX – experimentação, não lucrativa, de novos modelos socioprodutivos e de sistemas alternativos de produção, comércio, emprego e crédito; X – promoção de direitos estabelecidos, construção de novos direitos e assessoria jurídica gratuita de interesse suplementar; XI – promoção da ética, da paz, da cidadania, dos direitos humanos, da democracia e de outros valores universais; XII – estudos e pesquisas, desenvolvimento de tecnologias alternativas, produção e divulgação de informações e conhecimentos técnicos e científicos que digam respeito às atividades mencionadas neste artigo; XIII – estudos e pesquisas para o desenvolvimento, a disponibilização

e a implementação de tecnologias voltadas à mobilidade de pessoas, por qualquer meio de transporte".

A Lei 9.790/1999 estabelece, ainda, que a dedicação dessas entidades nessas finalidades pode ser tanto na execução direta de programas, como na prestação de serviços intermediários de apoio a outras organizações sem fins lucrativos e a órgãos que atue em áreas afins (art. 3º, parágrafo único).

As pessoas jurídicas interessadas na qualificação como OSCIP, além de não ter fins lucrativos e de atuar nas finalidades estabelecidas no art. 3º da referida lei, devem ainda atender aos requisitos estabelecidos no art. 4º da lei, relacionados aos componentes de resguardo da legalidade, da impessoalidade, da moralidade, da publicidade, da economicidade e da eficiência na atuação da entidade, bem como não se tratar de entidade não passível de qualificação, que são as seguintes (art. 2º da lei): "I – as sociedades comerciais; II – os sindicatos, as associações de classe ou de representação de categoria profissional; III – as instituições religiosas ou voltadas para a disseminação de credos, cultos, práticas e visões devocionais e confessionais; IV – as organizações partidárias e assemelhadas, inclusive suas fundações; V – as entidades de benefício mútuo destinadas a proporcionar bens ou serviços a um círculo restrito de associados ou sócios; VI – as entidades e empresas que comercializam planos de saúde e assemelhados; VII – as instituições hospitalares privadas não gratuitas e suas mantenedoras; VIII – as escolas privadas dedicadas ao ensino formal não gratuito e suas mantenedoras; IX – as organizações sociais; X – as cooperativas; XI – as fundações públicas; XII – as fundações, sociedades civis ou associações de direito privado criadas por órgão público ou por fundações públicas; XIII – as organizações creditícias que tenham quaisquer tipo de vinculação com o sistema financeiro nacional a que se refere o art. 192 da Constituição Federal".

Preenchidos os requisitos e apresentados os documentos de que trata o art. 5º da lei federal, compete ao Ministro da Justiça decidir sobre a possibilidade ou não da qualificação.

Uma vez qualificada como OSCIP, a entidade fica habilitada para a celebração, com o Poder Público, de Termo de Parceria (art. 9º), destinado à formação do vínculo de cooperação entre as partes, para o fomento e a execução das atividades de interesse público previstas no já referido art. 3º da lei.

O Poder Público não é obrigado a fazer parceria com a entidade que for qualificada como OSCIP.

A celebração de Termo de Parceria será precedida de consulta aos Conselhos de Políticas Públicas das áreas correspondentes de atuação existentes, nos respectivos níveis de governo. Assim, no âmbito da Secretaria de Educação ou da Secretaria de Assistência Social de dado Estado ou Município, por exemplo, deverá ser constituído o conselho respectivo, para o fim acima indicado.

O Termo de Parceria tratará, entre outras questões essenciais, do objeto, das metas e resultados, e da avaliação de desempenho das entidades respectivas (art. 10, § 2º).

É importante lembrar que as OSCIPs têm o dever legal de atender ao princípio da universalização dos serviços (art. 3º), atendendo, assim, a todos que procurarem a entidade, ressalvados os casos em que houver limitação máxima de pessoas pelo tipo de atendimento, ocasião em que se deve atender a todos dentro do limite de vagas existentes e segundo as metas acertadas com o Poder Público e com critérios de admissão que respeitem a impessoalidade e a moralidade.

Em função do princípio da legalidade, é necessário que os Estados, Distrito Federal e Municípios tenham lei local operacionalizando a realização de termo de parceria com as OSCIPs. Além de autorização que o Poder Público local qualifique e celebre termo de parceria com OSCIPs, a lei local pode estabelecer requisitos como tempo de existência da OSCIP, experiência na área de atuação, qualificações especiais para celebrar termo de parceria em determinadas atividades, entre outros requisitos.

Apesar de a lei federal não exigir licitação para a celebração de Termo de Parceria com OSCIPs, em respeito aos princípios da isonomia e da indisponibilidade do interesse público, faz necessário que cada ente regulamente procedimento com vistas a assegurar tais valores. Isso implica na previsão de chamamentos públicos, que tragam critérios os mais objetivos possíveis, para a escolha, dentre as entidades interessadas, da que melhor atende ao interesse público.

Vale lembrar que a Constituição Federal, regra matriz sobre o dever de licitar, não impõe licitação pública para "o fomento e a execução das atividades de interesse público" previstas na Lei 9.790/1999, mas apenas para a contratação de obras, prestação de serviços, alienações e compras da Administração Pública (art. 37, XXI).

Dessa forma, para atender à isonomia e à indisponibilidade do interesse cabe fazer seleção nos termos do regulamento local, que poderá instituir, por exemplo, procedimento de Chamamento Público ou de Concurso de Projetos para a hipótese, procedimento que agora está regulamento em lei geral sobre parcerias.

Um exemplo de OSCIP já implementada no setor é a Escola de Pais do Brasil – Seccional de Florianópolis, entidade sem fins econômicos, declarada de utilidade pública e credenciada pelo Ministério da Justiça como Organização da Sociedade Civil de Interesse Público – OSCIP, que organiza seminários, ministra cursos e ciclos de debates nas redes particular e pública de ensino, em empresas e centros comunitários e onde quer que se solicite sua atividade. Atua na prevenção e na busca por soluções de problemas ligados à família e à cidadania.

5.4.5. Organizações da Sociedade Civil – OSC (Lei 13.019/2014)

A Lei 13.019/2014, o chamado Marco Regulatório das Organizações da Sociedade Civil (MROSC), institui normas gerais para as parcerias entre a administração pública e organizações da sociedade civil, em regime de mútua cooperação, para a consecução de finalidades de interesse público e recíproco, mediante a execução de atividades ou de projetos previamente estabelecidos em planos de trabalho inseridos em termos de colaboração, em termos de fomento ou em acordos de cooperação. (art. 1º).

Essa lei veio em resposta à "CPI das ONGs", que constatou que havia um grande número de ONGs no país que trabalhavam de forma irregular, servindo, muitas vezes, de laranjas para o desvio de recursos públicos. A CPI constatou também que, mesmo em entidades que não eram de fachada, havia vários vícios na celebração e execução dos convênios (esse era o nome do instrumento utilizado para o acerto dessas parcerias com a Administração Pública, nome esse que agora não mais poderá ser utilizado para designar esse tipo de parceria), como a ausência de processo seletivo para a celebração do convênio, a ferir, muitas vezes, o princípio da impessoalidade, a ausência de instrumento adequado de prestação de contas e também a ausência de metas e de controle de resultados. Naturalmente que há muitas entidades seríssimas nesse setor, que, vale lembrar, é essencial para a consecução de atividades de interesse público em nosso País, mas já estava mais do que na hora de vir uma lei que pudesse sanear os vícios mencionados, além de tratar de outras questões de suma importância para esse tipo de parceria.

Antes de tratarmos com mais detalhe desse tipo de parceria, de rigor pontuar que essa lei se aplica às parcerias que envolvam ou não transferências de recursos financeiros, mas não se aplica às hipóteses previstas no art. 3º da lei, como, por exemplo, às transferências de recursos homologadas pelo Congresso Nacional ou autorizadas pelo Senado Federal naquilo em que as disposições dos tratados, acordos e convenções internacionais específicas conflitarem com a Lei.

Na prática, esse tipo de parceria acontece muito nas seguintes áreas: a) assistência social; b) educação; c) saúde; d) esporte; e) cultura; f) direitos humanos.

São exemplos as parcerias celebradas com entidades sem fins lucrativos (organizações da sociedade civil) para acolhimento de crianças sem família, para acolhimento de pessoas sem habitação, para realização de atividades com crianças e adolescentes em situação de risco no contraturno das aulas, atendimento a moradores de rua, acolhimento de idosos, apoio a famílias e indivíduos que vivenciam violação de direitos, dentre eles a violência física, psicológica, sexual, cumprimento de medidas socioeducativas em meio aberto, dentre outros.

Para que uma entidade possa realizar esse tipo de parceria há de atender aos seguintes requisitos:

a) enquadrar-se no conceito de organização da sociedade civil, que é a *entidade privada sem fins lucrativos que não distribua entre os seus sócios ou associados, conselheiros, diretores, empregados, doadores ou terceiros eventuais resultados, sobras, excedentes operacionais, brutos ou líquidos, dividendos, isenções de qualquer natureza, participações ou parcelas do seu patrimônio, auferidos mediante o exercício de suas atividades, e que os aplique integralmente na consecução do respectivo objeto social, de forma imediata ou por meio da constituição de fundo patrimonial ou fundo de reserva, bem como as demais entidades mencionadas nas alíneas "b" e "c" do inciso I do art. 2º da Lei 13.019/2014;*

b) ser regida por normas de organização interna que estabeleça o seguinte: i) objetivos voltados à promoção de atividades e finalidades de relevância pública e social; ii) que, em caso de dissolução da entidade, o respectivo patrimônio líquido seja transferido a outra pessoa jurídica de igual natureza que preencha os requisitos desta Lei e cujo objeto social seja, preferencialmente, o mesmo da entidade extinta; iii) escrituração de acordo com os princípios fundamentais de contabilidade e das Normas Brasileiras de Contabilidade; importante salientar que celebração de meros acordos de cooperação (aqueles acordos que não envolvam transferência de recursos), só será exigido o requisito "i" e que, quanto às entidades religiosas, estão dispensados os requisitos "i" e "ii".

c) possuir: no mínimo, um, dois ou três anos de existência, com cadastro ativo, comprovados por meio de documentação emitida pela Secretaria da Receita Federal do Brasil, com base no Cadastro Nacional da Pessoa Jurídica – CNPJ, conforme, respectivamente, a parceria seja celebrada no âmbito dos Municípios, do Distrito Federal ou dos Estados e da União, admitida a redução desses prazos por ato específico de cada ente na hipótese de nenhuma organização atingi-los; experiência prévia na realização, com efetividade, do objeto da parceria ou de natureza semelhante; instalações, condições materiais e capacidade técnica e operacional para o desenvolvimento das atividades ou projetos previstos na parceria e o cumprimento das metas estabelecidas.

A Administração Pública, por sua vez, deverá criar, caso não já tenha, Conselho de Política Pública ("para atuar como instância consultiva, na respectiva área de atuação, na formulação, implementação, acompanhamento, monitoramento e avaliação de políticas públicas"), Comissão de Seleção (órgão colegiado responsável pelo Chamamento Público, espécie de certame licitatório para a escolha da entidade) e a Comissão de Monitoramento e Avaliação (órgão colegiado destinado a avaliar as parcerias), conforme incisos IX, X e XI do art. 2º da Lei 13.019/2014.

Dentre os princípios e diretrizes a serem respeitados nesse tipo de parceria, destacam-se os da transparência, do controle social das ações públicas e da priorização do controle de resultados, tendências cada vez mais fortes no direito administrativo.

Conforme já comentado, os instrumentos a serem firmados com as organizações da sociedade civil não mais poderão ser chamados de convênio, que passam a ser apenas os acordos de mútua cooperação entre entes políticos. Agora os instrumentos firmados por essas entidades com o Poder Público passam a se chamar termo de colaboração e termo de fomento, usando-se sempre o nome "termo de colaboração", ficando reservado a nomenclatura "termo de fomento" para as parcerias decorrentes de planos de trabalho que foram propostos pelas organizações da sociedade civil (arts. 16 e 17 da Lei 13.019/2014). Importante consignar que a lei prevê também um instrumento com o nome de "acordo de colaboração", que é aquele que não envolve transferência de recursos financeiros.

Mas a celebração desses termos de colaboração e de fomento dependem de um processo seletivo, que tem o nome de chamamento público. Mas antes desse procedimento, é necessário que a Administração crie um Plano de Trabalho (art. 22 da Lei 13.019/2014), que será executado pela entidade vencedora do certame. A partir desse plano, faz-se um edital de chamamento, que, sempre que possível, deve estabelecer critérios e indicadores a serem seguidos (especialmente objetos, metas, custos e indicadores, quantitativos ou qualitativos, de avaliação de resultados (art. 23, parágrafo único, da Lei 13.019/2014), sendo que o grau de adequação da proposta aos objetivos específicos do programa ou ação em que se insere o objeto da parceria e, quando for o caso, ao valor da referência constante do chamamento público é critério obrigatório de julgamento (art. 27, *caput*, da Lei 13.019/2014). A lei prevê, ainda, a inversão de fases nesse procedimento, de modo que primeiro se faz a etapa competitiva e se ordena as propostas.

Uma vez finalizado o chamamento público e celebrado o termo de colaboração ou o termo de fomento, passa-se à execução desses termos, cujo grande destaque é a prestação de contas a ser feita pelo parceiro junto ao Poder Público. Nesse ponto, vale lembrar que, num termo de colaboração ou de fomento, não há relação de crédito e débito (não há obrigações recíprocas, mas sim repasse de recursos pelo Poder Público, para que sejam alocadas pelas entidades nos objetivos comuns acertados. Por isso é que a entidade parceira tem o dever de prestar contas, que se dará mediante a apresentação de dois relatórios (art. 66 da Lei 13.019/2014): a) Relatório de Execução do Objeto, voltado para as atividades desenvolvidas com vistas à execução do objetivo (ex: como se deu o atendimento às crianças, idosos etc.); b) Relatório de Execução Financeira, voltado à descrição das despesas e receitas efetivamente realizadas.

Com relação à prestação de contas financeira, importante ressaltar que a entidade não está obrigada a fazer licitação para a aquisição de produtos e serviços no mercado com o dinheiro recebido pelo Poder Público. Porém, é obrigado a gastar esses recursos com respeito aos princípios da legalidade, da moralidade, da boa-fé, da probidade, da impessoalidade, da economicidade, da eficiência, da isonomia, da publicidade, da razoabilidade e do julgamento objetivo e a busca permanente de qualidade e durabilidade.

Quanto ao prazo da parceria, a lei não traz limite, mas dispõe que deverá constar do termo de colaboração ou de fomento a vigência e as hipóteses de prorrogação (art. 42, VI). De qualquer forma, por analogia, entendemos que, em se tratando de serviços públicos contínuos, há de se admitir o limite máximo previsto na Lei 8.666/1993, que é total de 60 meses, já contidas as prorrogações ordinárias, sem prejuízo da prorrogação extraordinária prevista no art. 57, § 4º, da Lei 8.666/1993.

A lei prevê, ainda, sanções graves às seguintes pessoas: a) às entidades que executarem a parceria em desacordo com o plano de trabalho e com as normas da lei e legislação específica (art. 73); b) e aos agentes públicos e particulares beneficiários ou que concorrem pelo ato, pela prática de atos de improbidade administrativa, sendo que a lei cria diversos tipos novos de improbidade (art. 77).

Vale salientar que a Lei 13.019/2014 sofreu drásticas mudanças com a edição da Lei 13.204/2015 que alterou em diversos pontos, retirando, de um lado, boa parte das regras moralizadoras e importantes previstas na redação originária da lei, o que é lastimável, mas também tornando viável, de outro lado, a aplicação da lei em pontos que estavam confusos ou exagerados na redação originária, o que é salutar.

5.5. Ordem dos Advogados do Brasil – OAB

A natureza jurídica da OAB foi exaustivamente debatida pelo Supremo Tribunal Federal na ADI 3.026-4/DF.

A decisão proferida pelo STF na ADI mencionada anota que a OAB não é uma autarquia especial e não integra a Administração Indireta como outro tipo de pessoa jurídica, de modo que não se sujeita ao controle estatal.

Por outro lado, o STF reconhece que a OAB presta, sim, um *serviço público*.

Na prática isso significa que a OAB, de um lado, não é obrigada a fazer concursos públicos, licitações e a se submeter à fiscalização do TCU e ao regime estatutário dos agentes públicos, podendo contratar pelo regime celetista.

De outro lado, por ser um *serviço público*, a OAB pode fiscalizar os advogados e também tem direito a vantagens tributárias.

Na ementa do acórdão, o STF deixa claro que a OAB não é integrante da Administração Indireta, tratando-se de uma figura ímpar no País, no caso, um *Serviço Público Independente*.

O acórdão também conclui que a OAB não pode ser comparada às demais entidades de fiscalização profissional, pois não está voltada exclusivamente a finalidades corporativas, possuindo finalidade institucional.

6. AGENTES PÚBLICOS

6.1. CONCEITO DE AGENTES PÚBLICOS

Os agentes públicos podem ser **conceituados** como *os sujeitos que servem ao Poder Público como instrumentos de sua vontade, mesmo que o façam apenas ocasionalmente.*

Saber quem é agente público é importante para diversos fins, tais como verificação de cabimento de mandado de segurança em face de ato de dada autoridade, submissão a certas restrições de direito público, sujeição à aplicação especial da lei penal, sujeição à Lei de Improbidade Administrativa, sujeição à Lei de Abuso de Autoridade (Lei 13.869/2019), dentre outras situações.

No entanto, as leis trazem diferentes conceitos de agente público para efeito de determinar quem está e quem não está a ela sujeito. Por exemplo, o conceito de agente público na Lei de Improbidade Administrativa é muito mais amplo que o conceito previsto no Código Penal.

Tal situação é plenamente possível, pois cada lei deverá definir quem está a ela sujeito.

De qualquer forma, o conceito trazido por nós é um conceito geral que pode ser aplicado independentemente das especificidades de cada lei.

6.2. Natureza da atuação dos agentes públicos

Neste item comumente são estudadas as teorias do *mandato*, da *representação* e da *presentação*.

A terceira teoria, qual seja, a de que a natureza da atuação do agente público perante o Poder Público é de *presentação*, é a mais adotada, dispensando a análise aprofundada das demais, pelos seguintes motivos:

a) a natureza transitória e revogável do mandato (teoria do mandato) não se coaduna com a estabilidade dos agentes públicos;

b) a representação (teoria da representação) é forma de integração da vontade dos incapazes, e o Estado não é incapaz;

c) na presentação, o Estado se faz presente por um de seus órgãos, um agente público, de modo que todos os atos são imputados diretamente a ele (Estado), teoria que se coaduna com a realidade.

A **teoria da presentação** fez com que se desenvolvesse a *teoria do órgão*, de acordo com a qual todo ato expedido por um agente público é imputado diretamente à Administração Pública.

De fato, quando um agente público pratica um ato, esse agente está se fazendo presente (presentando) como Estado.

No fundo, quem pratica o ato é o próprio Estado, e não o agente público, que é um mero presentante deste.

Essa conclusão tem várias consequências, dentre as quais a de que, causado um dano a terceiro por conduta de agente estatal, o Estado responderá objetivamente, não sendo sequer possível que a vítima ingresse com ação diretamente em face do agente público, devendo acionar o Estado, que, regressivamente, poderá se voltar em face do agente público que tiver agido com culpa ou dolo (art. 37, § 6º, da CF).

6.3. Classificação dos agentes públicos

Segundo Celso Antônio Bandeira de Mello, os agentes públicos podem ser classificados da forma como vemos nos enunciados adiante.

Agentes políticos *são os titulares de cargos estruturais à organização política do país.* Seu vínculo com o Estado não é de natureza profissional, mas política. A relação jurídica com o Estado é estatutária (não contratual), descendendo da própria Constituição.

São exemplos de agentes políticos o Presidente da República, Governadores, Prefeitos, Senadores, Deputados, Vereadores, Secretários de Governo, Ministros de Estado.

Há controvérsia sobre a inclusão dos juízes e promotores na aludida espécie. Se se encarar como discrímen da classificação o fato de serem titulares de cargos estruturais no âmbito da organização política do País (e não no sentido de fazerem política, no sentido pejorativo da palavra), há de se chegar à conclusão de que tais agentes são, efetivamente, agentes políticos.

Servidores estatais *são todos aqueles que mantêm com as entidades da Administração Direta e Indireta, públicas ou privadas, relação de trabalho de natureza profissional em caráter não eventual, sob vínculo de dependência.* Subdividem-se em dois grupos:

a) servidores públicos: são aqueles servidores estatais que atuam junto ao ente político e respectivas pessoas de direito público (autarquias e fundações públicas); podem ser titulares de *cargo público* (regime estatutário), sendo esta a regra (exs.: escreventes, delegados e fiscais), ou de *emprego público* (regime celetista); no primeiro caso, terão o nome de *servidores titulares de cargo público;* no segundo, de *servidores empregados*, que são os admitidos para funções materiais subalternas, contratados por necessidades temporárias de excepcional interesse público ou remanescentes do regime anterior à CF/1988;

b) servidores de pessoas governamentais de direito privado: são os que atuam como empregados, sob regime trabalhista, nas empresas públicas e sociedades de economia mista.

Já os **particulares em colaboração com a Administração**, por sua vez, *são os que, sem perder a qualidade de particulares, exercem função pública, ainda que em caráter episódico.* Subdividem-se nos seguintes grupos:

a) requisitados para prestação de atividade pública. Exs.: jurados e mesários;

b) gestores de negócios públicos que atuam em situações de necessidade pública premente;

c) contratados por locação civil de serviços. Ex.: advogado contratado para sustentação oral;

d) concessionários e permissionários de serviços públicos, bem como delegados de função ou ofício público. Ex.: notários e tabeliães.

Outra classificação importante dos agentes públicos é a que os divide nas seguintes espécies (conforme as lições de Hely Lopes Meirelles):

Agentes políticos: *vide* correspondente acima.

Agentes administrativos: *vide* servidores estatais.

Agentes honoríficos: *cidadãos convocados para prestar, transitoriamente, serviço ao Estado, em razão de sua honorabilidade.* Não há remuneração. Ex.: mesários eleitorais, jurados do Tribunal do Júri.

Agentes delegados: *particulares que recebem delegação para executar atividade, obra ou serviço público, agindo em nome próprio e por sua conta e risco, mediante remuneração advinda do Estado ou dos usuários dos serviços.* Ex.: tabeliães, oficiais de registro, concessionários de serviço público.

Agentes credenciados: *particulares que recebem uma incumbência específica para representar a Administração.* São remunerados. Aqui a transitoriedade é maior que na espécie anterior. Ex.: advogado renomado contratado por Prefeitura para fazer sustentação oral num julgamento perante o Tribunal; advogado que tem convênio com o Estado para representar necessitados em juízo em nome destes.

Outra classificação possível, feita diante do texto constitucional, é a que divide os servidores públicos em: a) agentes políticos, b) servidores públicos em sentido estrito ou estatutários; c) empregados públicos; d) contratados por tempo determinado.

Por fim, vale dar uma palavra sobre os militares. Esses têm estatuto próprio, podendo ser considerados servidores estatutários também.

Porém, para alguns autores, como Maria Sylvia Zanella Di Pietro, os *militares* devem ser considerados uma espécie à parte de agentes públicos, dadas as peculiaridades de seu regime jurídico.

Assim, para quem tem esse entendimento, haveria quatro grandes grupos de agentes públicos: a) agentes políticos; b) servidores públicos; c) militares; d) particulares em colaboração com a Administração.

6.4. Espécies de vínculos: cargos, empregos e funções

6.4.1. *Cargos públicos*

Os cargos públicos podem ser **conceituados** como as *mais simples unidades de competência a serem exercidas por agente público, devendo ser criados por lei.*

Os cargos públicos são próprios das pessoas jurídicas de direito público. Além de serem criados por lei, qualquer alteração nas atribuições do cargo somente pode ocorrer por meio de lei formal (STF, MS 26.740-DF).

Os cargos públicos podem ser efetivos ou em comissão (esse será visto no próximo item). Os titulares de **cargos efetivos** (também chamados de servidores públicos) devem passar por concurso público, podem adquirir estabilidade e se submetem ao regime estatutário, daí porque tais cargos são reservados a agentes públicos em que o dever de isenção e a responsabilidade são grandes, o que não ocorre, por exemplo,

na contratação de servidores temporários, que serão chamados para empregos públicos, como se verá.

É importante consignar, desde já, que a EC 19/1998 suprimiu a obrigatoriedade do regime jurídico único, supressão essa que está suspensa no momento por decisão do STF em ADI que questiona a ausência de votação no Congresso quanto a essa modificação.

De qualquer forma, a exigência de regime jurídico único, que consta da redação original do art. 39, *caput*, da CF, quer dizer apenas que não é possível haver mais de um estatuto de funcionário público para reger os servidores com **cargo público** na Administração Direta e Indireta. Há de existir um "único" estatuto de funcionário público no âmbito das pessoas jurídicas de direito público da administração direta e indireta de um dado ente federativo. Por exemplo, na esfera federal, não é possível que haja dois estatutos de servidores públicos (a Lei 8.112/1990 e uma outra lei), de modo a um estatuto servir para uma parte dos servidores e outro, para outra parte. A única exceção se dá quanto aos militares, que têm estatuto próprio. Outra possibilidade diz respeito à concorrência de um regime jurídico geral (no caso federal, a Lei 8.112/1990), com leis específicas tratando de alguma particularidade de uma carreira. Ademais, nada impede que as pessoas contratadas para um mero núcleo de encargo de trabalho (emprego) sejam regidas pela CLT.

Outro ponto importante acerca do regime jurídico dos servidores estatutários é que não é possível que estes celebrem acordos ou convenções coletivas e trabalho, pois a Administração Pública está sujeita ao princípio da legalidade, não se autorizando que se conceda por convenção ou acordo coletivo vantagens a servidores públicos, já que essas concessões dependem de lei de iniciativa do Executivo (art. 61, § 1º, II, "a" e "c", da CF) e de prévia dotação orçamentária (art. 169, § 1º, I e II, da CF). Vide a respeito a decisão proferida pelo STF na ADI 554/MT. A celebração de convenções e acordos coletivos de trabalho é direito exclusivo dos trabalhadores da iniciativa privada, sujeitos ao regime celetista (art. 7º, XXVI, da CF).

6.4.2. *Funções públicas*

Em sentido amplo, as funções públicas abrangem as funções em confiança, os estágios, as contratações temporárias (art. 37, IX, da CF) e a contratação de agentes de saúde e de combate a endemias (art. 198, § 4º, da CF).

De um lado, temos essas funções públicas em sentido amplo e, de outro, temos os *cargos públicos* e os *empregos públicos.*

Em sentido estrito, as funções públicas dizem respeito às *funções em confiança,* que podem ser conceituadas como *o conjunto de atribuições, criadas por lei, correspondente a encargos de direção, chefia e assessoramento, a serem exercidas exclusivamente por titular de cargo efetivo, da confiança da autoridade que as preenche.*

A função em confiança está prevista no art. 37, V, CF (não confundir com cargo em comissão, também previsto neste inciso, que pode ser preenchido por pessoas que não fizeram concurso público, que não são da carreira).

Assim, só quem já tem um cargo efetivo na Administração pode ser chamado para uma função de confiança (para ser chefe de uma seção, por exemplo).

A qualquer momento o servidor pode perder uma função em confiança, ocasião em que voltará a ocupar o cargo efetivo que antes detinha.

Enfim, quando uma determinada lei criar uma função de direção, chefia ou assessoramento e dispuser que só quem tem cargo efetivo poderá assumir essa função, estaremos diante de uma *função em confiança* e não diante de um *cargo em comissão*.

6.4.3. Empregos públicos

Os empregos públicos podem ser **conceituados** como *núcleos de encargos de trabalho, a serem preenchidos por contratados pelo regime jurídico celetista, contratual.*

O regime celetista tem por característica **maior rigidez** do que o regime estatutário. Isso porque um contrato faz lei entre as partes (*pacta sunt servanda*), ao passo que o Estatuto de Funcionário Público, que rege os detentores de cargo, é uma lei que pode ser modificada a qualquer momento sem que o agente público tenha direito adquirido ao regime funcional que tinha antes.

Outra diferença entre o regime celetista e o regime estatutário é a de que o primeiro **não admite a aquisição de estabilidade** como regra, ao passo que esse instituto é próprio aos regidos pelo regime estatutário que detenham cargo efetivo, o mesmo não acontecendo em relação aos estatutários que detêm cargo em comissão.

Apesar de o empregado público ter regime funcional celetista e submeter-se obrigatoriamente ao Regime Geral da Previdência Social, a admissão de pessoas para um emprego público depende de **concurso público**.

Outro ponto importante diz respeito aos **casos em que é possível utilizar o regime celetista**, ou seja, em que se permite a contratação de agentes públicos para um emprego público. Os casos são os seguintes:

a) pessoas jurídicas de direito privado estatais: todos os agentes serão contratados para emprego público, ou seja, pelo regime celetista;

b) pessoas jurídicas de direito público: serão contratados para emprego público, pelo regime celetista, aqueles que tiverem atribuições subalternas (ex.: telefonista, jardineiro etc.).

No último caso, os empregados públicos, apesar de serem celetistas, têm direito à estabilidade própria dos que têm cargos públicos, conforme vem decidindo a jurisprudência (Súmula 390 do TST).

Assim, um empregado público da União tem direito à estabilidade, ao passo que um empregado público do Banco do Brasil não tem esse direito.

Ainda nesse tema, existe grande discussão se a dispensa de empregado público em pessoa jurídica de direito privado estatal (por exemplo, no Banco do Brasil) precisa ser motivada.

Respondendo a essa pergunta o Tribunal Superior do Trabalho entende que a motivação é dispensável (TST, OJ-I 247). Todavia, a motivação faz-se necessária nos Correios, que, apesar de ser uma pessoa jurídica de direito privado estatal, por ter o monopólio de sua atividade, está submetido a várias sujeições das pessoas jurídicas de direito público, dentre elas àquela de motivar seus atos.

Não bastasse, o STF, além do que já se decidia em relação aos Correios, passou a decidir que, em se tratando de empresa pública ou sociedade de economia mista *prestadoras de serviço público*, a dispensa depende de motivação em qualquer caso, pois tais empresas estatais não são como as estatais meramente exploradoras de atividade econômica, tendo, assim, um regime jurídico privado, mas com mais condicionantes públicos, como é o caso do dever de motivação em caso de dispensa de agentes públicos; confira: "em atenção, no entanto, aos princípios da impessoalidade e isonomia, que regem a admissão por concurso público, a dispensa do empregado de empresas públicas e sociedades de economia mista que prestam serviços públicos deve ser motivada, assegurando-se, assim, que tais princípios, observados no momento daquela admissão, sejam também respeitados por ocasião da dispensa; a motivação do ato de dispensa, assim, visa a resguardar o empregado de uma possível quebra do postulado da impessoalidade por parte do agente estatal investido do poder de demitir" (STF, RE 589.998, *DJ* 12.09.2013). Repare que essa regra não se aplica às empresas estatais meramente *exploradoras de atividade econômica*.

6.5. Cargo público

6.5.1. Classificação quanto à posição

Isolados são os cargos que não estão subdivididos em classes. Então, não há promoção.

De carreira são os cargos subdivididos em classes. Cada classe indica uma promoção.

Quadro é o conjunto de todos os cargos, isolados e de carreira. A **carreira** é composta de **classes** (crescentes), que é o conjunto de cargos da mesma natureza de trabalho. Por fim temos os **cargos,** que são as menores unidades de competência. **Lotação** é o número de servidores que devem ter exercício em cada repartição.

No âmbito federal, por exemplo, há um quadro para cada unidade básica de organização, ou seja, tem-se um quadro para cada Ministério.

6.5.2. Classificação quanto à vocação de retenção dos ocupantes

Podem ser de **provimento em comissão** (de ocupantes provisórios – demissíveis *ad nutum*), de **provimento efetivo** (de ocupantes permanentes) e de **provimento vitalício** (permanentes com maiores garantias).

Cargos em comissão *são unidades de competência a serem preenchidas por servidores de carreira nos casos, condições e percentuais mínimos previstos em lei.*

Repare que é possível que tais cargos sejam preenchidos sem que o ocupante faça concurso público.

Outras características do cargo em comissão são as seguintes:

a) seu caráter é provisório, sendo ocupado por pessoas de confiança, que podem ser nomeadas e exoneradas livremente (*ad nutum*);

b) o regime funcional dos cargos em comissão é estatutário e não celetista; dessa forma, é o Estatuto de Funcionários Públicos que rege os servidores com cargo em comissão, estatuto esse que não se aplicará na parte que trata do direito à estabilidade, pois esse direito não existe em favor daqueles que detêm cargo em comissão;

c) o regime previdenciário dos ocupantes de cargo em comissão é o Regime Geral da Previdência Social e não o Regime Próprio de Previdência dos funcionários públicos, regime aplicável apenas aos servidores que detêm cargo efetivo;

d) só podem ser criados cargos em comissão para atribuições em que o elemento confiança é indispensável (para chefia, direção e assessoramento); o STF declara com frequência a inconstitucionalidade de leis que criam cargos em comissão para atribuições eminentemente técnicas, como as de cargos para médico, auditor, jornalista, psicólogo, enfermeiro, motorista etc. (v., p. ex., ADI 3602), deixando claro que esses cargos devem ser efetivos, providos, assim, por concurso público.

Vale ressaltar que, em que pese o art. 37, V, CF dispor que a nomeação para cargo em comissão é livre, podendo ser chamado quem nunca fez concurso público algum, a lei que criar cargos em comissão deverá trazer percentuais mínimos deles que devem ser providos por servidores de carreira.

Cargos de provimento efetivo são a regra em matéria de cargos públicos, dependendo de concurso público de provas ou de provas e títulos seu provimento.

Enquanto os cargos em comissão têm como marca a transitoriedade, os cargos efetivos têm por nota a permanência, daí a possibilidade de o servidor, preenchidos certos requisitos, auferir a estabilidade, que é o direito de não ser demitido, salvo se incidir em falta grave, apurada em processo administrativo, ou em consequência da avaliação periódica, assegurada a ampla defesa, dentre outras situações que veremos a seguir.

Cargos de provimento vitalício são aqueles cujo elemento permanência é ainda mais intenso, uma vez que seus ocupantes só podem perdê-lo por meio de sentença transitada em julgado. É atributo dos magistrados (art. 95, I, CF), membros do Ministério Público (art. 128, § 5º, I, "a", CF) e membros dos Tribunais de Contas (art. 73, § 3º, CF). Seu provimento pode ou não depender de concurso público. E a vitaliciedade ocorre após dois anos de exercício, se o ingresso foi por concurso (juízes e promotores), ou logo após a posse, se por indicação (Ministros dos Tribunais Superiores, por exemplo).

6.5.3. Provimento em cargo público

Consiste no ato de designação de alguém para titularizar cargo público. É da alçada do chefe do Poder, ou do Presidente ou Procurador-Geral, quanto ao Tribunal de Contas e ao Ministério Público, respectivamente. Pode haver delegação dessa competência.

Os provimentos podem ser de vários tipos, de acordo com a natureza da designação.

Nomeação *é o provimento autônomo de servidor em cargo público.* Por ela, determinada pessoa é designada para titularizar cargo público independentemente de ter tido algum vínculo com o cargo. Caso não compareça, a nomeação será declarada sem efeito.

Não se deve confundir a **nomeação** (designação) com a **posse**, que é ato seguinte, consistente na aceitação do cargo, em que ocorre o fenômeno da **investidura**. Com esta (a investidura) forma-se a relação jurídica funcional, marcando o início dos direitos e deveres funcionais, bem como as restrições, impedimentos e incompatibilidades. Na Lei 8.112/1990, o prazo para tomar posse é de 30 dias. Por fim, ocorrerá outra situação que é a **entrada em exercício**, que no âmbito federal deve-se dar até 15 dias após a posse. Como a posse já estabelece a relação jurídica, caso o agente não entre em exercício, não se pode tão somente nomear outra pessoa, devendo, antes, exonerar-se o agente faltoso. Mas se houver nomeação sem que o nomeado tome posse, basta que seja chamada a pessoa seguinte na classificação, pois a primeira nomeação será declarada sem efeito.

A Lei 8.112/1990 admite posse por **procuração específica** (art. 13, § 3º, da Lei 8.112/1990).

O art. 13 da Lei de Improbidade Administrativa (Lei 8.429/1992, cf. redação dada pela Lei 14.230/2021) dispõe que "a posse e o exercício de agente público ficam condicionados à apresentação de declaração de imposto de renda e proventos de qualquer natureza, que tenha sido apresentada à Secretaria Especial da Receita Federal do Brasil, a fim de ser arquivada no serviço de pessoal competente". Tal declaração deve abranger qualquer espécie de bem e valor patrimonial e, quando for o caso, abrangerá também os do cônjuge ou companheiro, dos filhos e de outros que sejam dependentes. Deve ser anualmente atualizada e também na data em que o agente deixar o serviço público. Prescreve a lei, ainda, que será punido com demissão, sem prejuízo de outras sanções cabíveis, o agente que se recusar a prestar declarações de bens, dentro do prazo determinado, ou que as prestar falsamente.

Promoção (ou acesso) *é o ato de designação para titularizar cargo superior da própria carreira.* Consiste em ato de provimento derivado vertical. É feita pelo Chefe do Poder. No caso do Poder Executivo, seu Chefe (que age por decreto) pode delegá-la para o Ministro ou Secretário, que agirão por resolução ou portaria. É importante consignar a respeito da promoção que: "a União, os Estados e o Distrito Federal manterão escolas de governo para a formação e o aperfeiçoamento dos servidores públicos, constituindo-se a participação nos cursos um dos requisitos para a promoção na carreira, facultada, para isso, a celebração de convênios ou contratos entre os entes federados" (art. 39, § 2º, CF).

Readaptação *é o ato de designação para titularizar cargo compatível com a limitação física ou mental que advier ao agente público.* É uma espécie de transferência para um cargo compatível e com funções, escolaridade e vencimentos equivalentes. Caso o agente revele incapacidade permanente para o trabalho, conceder-lhe-á a aposentadoria por invalidez, não se falando em readaptação.

Reversão é o *ato de designação para que o aposentado volte a titularizar cargo, por não mais persistir o motivo da aposentadoria.* Pode ser de ofício ou a pedido. Não se deve confundir com a reversão ocorrida no campo das concessões de serviço público, pela qual os bens que o concessionário utilizava na prestação do serviço público passam ao Poder Público com a extinção da avença. A reversão a pedido depende de previsão legal.

No âmbito da Lei 8.112/1990 a reversão cabe em dois casos (art. 25): a) por invalidez, cessados os motivos da aposentadoria; b) no interesse da Administração, a pedido e em até 5 anos.

Aproveitamento *é o ato de designação do servidor que estava em disponibilidade para que volte a titularizar cargo público.* Trata-se do reingresso de servidor estável que se encontra em disponibilidade. Esta (a disponibilidade) é o ato pelo qual o Poder Público transfere para a inatividade remunerada servidor estável cujo cargo venha a ser extinto ou ocupado por outrem em decorrência de reintegração, com proventos proporcionais ao tempo de serviço.

Reintegração *é ato de reinvestidura do servidor estável, quando invalidada sua demissão por decisão administrativa ou judicial.* Geralmente, a reintegração decorre de decisão judicial que declara nula a demissão do agente público. Reintegrado o servidor, terá direito ao ressarcimento de todas as vantagens perdidas no período em que esteve demitido.

Tema correlato com a reintegração é o que diz respeito à comunicabilidade da instância criminal e da esfera administrativa.

Como regra, as instâncias civil, administrativa e criminal são independentes. Porém a instância criminal produzirá efeitos nas demais quando importar em absolvição por inexistência do fato ou por negativa de autoria (art. 126 da Lei 8.112/1990). A mera absolvição criminal por falta de provas não é suficiente para que o agente público demitido na esfera administrativa leve essa sentença à Administração para pedir sua reintegração. Essa só vai acontecer se a absolvição do agente demitido for por inexistência material do fato ou negativa de autoria.

Recondução *é o retorno do servidor estável ao cargo que antes titularizava, por ter sido inabilitado no estágio probatório de outro cargo ou por ter sido desalojado pela reintegração daquele cuja vaga ocupou.* A recondução, na primeira hipótese, depende de previsão expressa no estatuto local.

6.5.4. Investidura

A investidura *consiste na posse do cargo.*

Com a investidura, a relação jurídica fica efetivamente formada.

A partir de tal evento já há titularidade de cargo, ficando o agente sujeito a ser exonerado. Além disso, inicia-se uma série de deveres, tais como de: honestidade, imparcialidade, legalidade, lealdade, obediência (não estando o servidor obrigado a cumprir as ordens manifestamente ilegais), conduta ética, dentre outros.

Impedimentos e incompatibilidades também passam a existir, como o impedimento de contratar com a Administração ou a incompatibilidade com o exercício de certas atividades particulares, dentre outros.

Direitos também se iniciam, como o de exercício do cargo, dentre outros que serão vistos quando se tratar do sistema remuneratório.

6.5.5. Entrada em exercício

Consiste no efetivo exercício da atividade ligada ao cargo. Trata-se do início do desempenho das atribuições, com os consequentes efeitos remuneratórios e previdenciários.

6.5.6. Desinvestidura (vacância)

Consiste no desligamento do agente público correspondente à sua destituição do cargo, do emprego ou da função. Passemos à análise das hipóteses que geram a vacância.

Falecimento: a morte do agente torna vago o cargo, o emprego ou a função.

Aposentadoria: *a transferência para a inatividade remunerada,* seja ela voluntária, compulsória ou por invalidez, gera o desligamento do agente, a vacância, não podendo o servidor permanecer trabalhando no cargo que detinha. O agente público somente poderá cumular a aposentadoria com outra remuneração se for nomeado para um cargo em comissão ou se detiver mandato eletivo, respeitando, na somatória do que receber, o teto remuneratório respectivo. Essa regra também vale para aposentadorias pelo Regime Geral da Previdência quando o cargo público em questão está conectado com esse regime. Confira: "inadmissível que o servidor efetivo, depois de aposentado regularmente, seja reconduzido ao mesmo cargo sem a realização de concurso público, com o intuito de cumular vencimentos e proventos de aposentadoria" (STF, ARE 1234192 AgR/PR, j. em 16.6.2020).

Perda do cargo, emprego ou função: *é o desligamento em virtude de sentença judicial em ação penal ou de improbidade administrativa.* O art. 92, I, do Código Penal diz ser efeito da condenação a perda do cargo, emprego ou função se aquela consistir em prisão de 1 (um) ano ou mais em crime contra administração, ou se consistir em prisão por tempo superior a 4 (quatro) anos nos demais crimes. Tal efeito da condenação penal deve estar motivadamente declarado na sentença para incidir. Quanto à ação civil por ato de improbidade administrativa, a perda do cargo é sanção típica do reconhecimento da prática de ato ímprobo. Quantos aos militares oficiais, há as seguintes particularidades previstas no art. 142, § 3º, da CF: "VI – o oficial só perderá o posto e a patente se for julgado indigno do oficialato ou com ele incompatível, por decisão de tribunal militar de caráter permanente, em tempo de paz, ou de tribunal especial, em tempo de guerra".

Dispensa: *é o desligamento daquele admitido pelo regime da CLT sem que haja justa causa.* Conforme já mencionado, tal ato só deve ser motivado se se tratar de empregado público de pessoa jurídica de direito público e de empregados de empresa pública e sociedade de economia mista *prestadoras de serviço público.* Todavia, tais dispensas devem respeitar critérios gerais e igualitários, a fim de que se respeite a legalidade, a moralidade, a razoabilidade e a eficiência.

Demissão: *é o desligamento por justa causa quando há infração disciplinar.* Tem natureza punitiva, sancionatória, o que a difere da exoneração, própria para os desligamentos que não têm tal natureza. A demissão por infração disciplinar depende de processo administrativo em que se assegure ampla defesa, seja para servidores estáveis, seja para servidores que ainda estão em estágio probatório.

Exoneração: *é o desligamento a pedido ou de ofício, sempre com caráter não punitivo.* De ofício, pode ser *imotivada* (no caso dos titulares de cargo em comissão) ou *motivada,* nas hipóteses de não satisfação do estágio probatório (Súmula 21 do STF: "funcionário em estágio probatório não pode ser exonerado nem demitido sem inquérito ou sem as formalidades legais de apuração de sua capacidade"[11]) ou quando o agente não entrar em exercício.

---

11. A respeito do direito de defesa do servido em estágio probatório, confira as seguintes decisões: "O servidor público ocupante de cargo efetivo, ainda que em estágio probatório, não pode ser exonerado *ad nutum, com* base em decreto que declara a desnecessidade do cargo, sob pena de ofensa à garantia do devido processo legal, do contraditório e da ampla defesa. Incidência da Súmula 21 do STF." (STF, RE 378041/MG); "Firmou-se neste Superior Tribunal de Justiça a tese segundo a qual é desnecessária a instauração de processo administrativo disciplinar para exoneração de servidor em estágio probatório, sendo suficiente a abertura de sindicância em que observados o contraditório e a ampla defesa. Precedentes. 2.

A EC 19/1998 prevê mais duas hipóteses de exoneração motivada.

A primeira se dá em caso de **avaliação insatisfatória de desempenho**. Isso porque, a partir de tal emenda, é requisito para adquirir a estabilidade a aprovação em **avaliação *especial* de desempenho** (feita por comissão instituída para essa finalidade após os 3 anos de estágio probatório – art. 41, § 4º, CF) e, mesmo após adquirir-se a estabilidade, o servidor estará sujeito a **avaliações *periódicas* de desempenho** (procedimento que será regulamentado na forma de lei complementar, assegurada ampla defesa – art. 41, § 1º, III, CF), sendo que, não aprovado em qualquer dos dois tipos de avaliação, será exonerado.

Trata-se de exoneração e não de demissão porque não se trata de punição por infração, mas de desligamento por simples falta de aptidão. Quanto à avaliação periódica de desempenho, há outro dispositivo constitucional incidente que dispõe que a lei complementar estabelecerá *critérios e garantias especiais para a perda do cargo pelo servidor público estável que, em decorrência das atribuições de seu cargo efetivo, desenvolva atividades exclusivas de Estado. Na hipótese de insuficiência de desempenho, a perda do cargo somente ocorrerá mediante processo administrativo em que lhe sejam assegurados o contraditório e a ampla defesa* (art. 247, CF). Perceba-se que, para tal situação, a previsão é de processo administrativo e não apenas ampla defesa.

A segunda nova espécie de exoneração se dá **para atender limite de despesas com pessoal ativo e inativo** (art. 169, § 4º). A Lei de Responsabilidade Fiscal traz limites máximos de despesas com pessoal ativo e inativo, consistentes nos seguintes percentuais da receita corrente líquida: 50% (União) e 60% (Estados e Municípios). Em caso de superação desse limite, deve-se exonerar pessoal, consoante os critérios trazidos na Lei 9.801/1999, que estabelece a necessidade de se começar a tentativa de readequação dos gastos reduzindo em pelo menos 20% os cargos em comissão e as funções de confiança, passando à exoneração dos não estáveis, para só após exonerar servidores estáveis e, mesmo assim, desde que ato normativo motivado de cada um dos Poderes especifique a atividade funcional, o órgão ou unidade objeto da redução e traga os seguintes critérios combinados: menor tempo de serviço, maior remuneração e menor idade.

O servidor que perde cargo por esse motivo fará jus a indenização correspondente a um mês de remuneração por um ano de serviço. O cargo será extinto, vedada a criação de outro semelhante por pelo menos 4 anos.

Sobre o tema vacância de cargo, havia grande discussão quanto à existência de direito ao FGTS quando esta se desse por contratação de servidor público sem concurso público. O STF acabou por dirimir a questão, sob o fundamento de que se trata, na espécie, de efeitos residuais de fato jurídico que existira, não obstante reconhecida sua nulidade, considerando-se, assim, constitucional a disposição nesse sentido contida no art. 19-A da Lei 8.036/1990. Porém, o STF entende que, afora o direito aos salários e ao FGTS depositado, a inconstitucionalidade do ato não permite o pagamento, no caso, das verbas rescisórias relativas ao aviso-prévio, à gratificação natalina, às férias e respectivo terço, à indenização referente ao seguro-desemprego e à multa prevista na CLT (RE 705.140/RS, j. 28.08.2014).

6.6. Vedação ao nepotismo (Súm. Vinculante 13)

A Súmula Vinculante 13 do STF proíbe a contratação de parentes no âmbito dos três Poderes. Confira o teor da súmula, dividida em diversos pedaços, para que possa ser melhor compreendida:

a) "A nomeação de cônjuge, companheiro ou parente em linha reta, colateral ou por afinidade, até o 3º grau, inclusive, (...)

b) (...) da autoridade nomeante ou de servidor da mesma pessoa jurídica investido em cargo de direção, chefia ou assessoramento (...)

c) (...) para o exercício de cargo em comissão ou de confiança ou, ainda, de função gratificada (...)

d) (...) na administração pública direta e indireta em qualquer dos Poderes da União, dos Estados, do DF e dos Municípios, (...)

e) (...) compreendido o ajuste mediante designações recíprocas, (...)

f) (...) viola a Constituição Federal."

Repare que a proibição abrange tanto parentes consanguíneos como parentes por afinidade ("a"), até 3º grau, incluindo, ainda, o cônjuge e o companheiro.

Repare também que o parente que não pode ser nomeado ("b") é o parente de duas pessoas: da autoridade que faz a nomeação e de alguém que esteja investido em cargo em comissão naquele ente. Assim, parentes de quem assina as nomeações e parentes de alguém que já tenha um cargo em comissão num ente estatal estão impossibilitados de serem nomeados. Todavia, com relação a este último caso o STF parece ter relativizado a proibição, estabelecendo que a presunção relativa de nepotismo pode ser desfeita a partir da análise do caso concreto. Confira:

"Nomeação de servidor e nepotismo – Em conclusão de julgamento, a Segunda Turma, por maioria, reputou improcedente pedido formulado em reclamação na qual se discutia a prática de nepotismo em face de nomeação de servidor público. No caso, servidor público teria sido nomeado para ocupar o cargo de assessor de controle externo de tribunal de contas de Município. Nesse mesmo órgão, seu tio, parente em linha colateral de 3º grau, já exerceria o cargo de assessor-chefe de gabinete de determinado conselheiro — v. Informativo 796. A Turma observou que não haveria nos autos elementos objetivos a configurar o nepotismo, uma vez que a incompatibilidade dessa prática com o art. 37, "caput", da CF não decorreria diretamente da existência de relação de parentesco entre pessoa designada e agente político ou servidor público, mas da presunção de que a escolha para ocupar cargo de direção, chefia ou assessoramento fosse direcionada a pessoa com relação de parentesco com alguém com potencial de interferir no processo de seleção. Assim, em alguma medida, violaria o princípio da impessoalidade — princípio que se pretendera conferir efetividade com a edição do Enunciado 13 da Súmula Vinculante — vedar o acesso de qualquer cidadão a cargo público somente em razão da existência de relação de parentesco com servidor que não tivesse competência para selecioná-lo ou nomeá-lo para o cargo de chefia, direção ou

---

Afasta-se a alegação de cerceamento de defesa se assegurado, no processo administrativo que resultou na exoneração do servidor, o direito à ampla defesa e ao contraditório." (STJ, RMS 21.012/MT, DJe 23.11.2009)

assessoramento pleiteado, ou que não exercesse ascendência hierárquica sobre aquele que possuísse essa competência. Ressaltou que, na espécie, não haveria qualquer alegação de designações recíprocas mediante ajuste. Além disso, seria incontroversa a ausência de relação de parentesco entre a autoridade nomeante — conselheiro do tribunal de contas — e a pessoa designada. Ademais, ao se analisar a estrutura administrativa da Corte de Contas não se verificara a existência de hierarquia entre os cargos de chefe de gabinete da presidência e de assessor de controle externo. Vencido o Ministro Gilmar Mendes (relator)" (Rcl 18564/SP, j. 23.2.2016).

Outro ponto que merece ser ressaltado é que o impedimento de nomeação de terceiro é para o exercício de cargo em comissão ou de função de confiança no ente ("c"), nada impedindo que alguém preste um concurso público para cargo efetivo numa entidade em que um parente seu seja autoridade nomeante ou já tenha um cargo em comissão, sendo que, aprovado no concurso, o terceiro terá direito à nomeação para o cargo respectivo.

A proibição em tela não se dirige só à Administração Direta, atinge também toda a Administração Pública Indireta ("d").

A súmula também veda o nepotismo cruzado ("e"). Tal prática consiste em autoridades de entes diversos combinarem de um nomear o parente do outro. Esse tipo de ajuste recíproco tem claro objetivo de fraudar a proibição do nepotismo e é considerado prática vedada pela súmula vinculante.

Ao final, a súmula conclui dizendo que esse tipo de prática viola a Constituição, sendo certo que o STF fundou sua decisão nos princípios da impessoalidade e da moralidade, previsto no art. 37, *caput*, da CF.

Apesar de o texto da súmula não indicar, o STF entende que a vedação ao nepotismo tem uma exceção, qual seja, a súmula não incide sobre a nomeação de servidores para cargo de natureza política. Confira decisão a respeito:

"Impossibilidade de submissão do reclamante, Secretário Estadual de Transporte, agente político, às hipóteses expressamente elencadas na Súmula Vinculante 13, por se tratar de cargo de natureza política. 2. Existência de precedente do Plenário do Tribunal: RE 579.951/RN, rel. Min. Ricardo Lewandowski, DJE 12.09.2008." (STF, Rcl 6.650 MC-AgR, DJ 21.11.2008)

Por fim, a regra que veda o nepotismo não impede que parentes sirvam sob a direção imediata de outro parente quando se está diante de servidores admitidos mediante prévia aprovação em concurso público para cargo efetivo (STF, ADI 524/ES, J. 20.05.2015).

6.7. Acessibilidade a cargos e empregos na Constituição

6.7.1. *Oportunidade a brasileiros e estrangeiros*

Segundo o art. 37, I, da CF, *"os cargos, empregos e funções públicas são acessíveis aos brasileiros que preencham os requisitos estabelecidos em lei, assim como aos estrangeiros, na forma da lei".*

Essa regra garante a possibilidade de que todos possam vir a ser agentes públicos (preenchidos certos requisitos, claro).

Repare que, enquanto a norma relativa aos brasileiros é de eficácia contida ou restringível (o que a faz produzir ime-

diatamente efeitos, em que pese a lei poder restringi-los), a norma relativa aos estrangeiros é diferente, dando a ideia de ter eficácia limitada (o que a faz depender de uma lei para produzir efeitos).

Quanto aos brasileiros, a regra não faz distinção entre os natos e os naturalizados. Nada obstante, o § 3º do art. 12 da CF dispõe: "são privativos de brasileiro nato os cargos: I – de Presidente e Vice-Presidente da República; II – de Presidente da Câmara dos Deputados; III – de Presidente do Senado Federal; IV – de Ministro do Supremo Tribunal Federal; V – da carreira diplomática; VI – de oficial das Forças Armadas; VII – de Ministro de Estado da Defesa".

6.7.2. *Requisitos de ingresso no serviço público*

O texto constitucional, tal como configurado hoje, permite que sejam estabelecidos requisitos para o ingresso no serviço público.

Porém, para que tais requisitos estejam em acordo com a Lei Maior, é necessário que atendam ao seguinte:

a) estejam **previstos em lei** (art. 37, I, da CF); decretos, resoluções e outros instrumentos não são suficientes para inserir no edital a previsão de exame psicotécnico; deve ser lei em sentido formal (STF, AI 529.219 Agr, DJ 26.03.2010);

b) sejam **objetivos**, **científicos** e **pertinentes**, sob pena de violação ao princípio da isonomia (art. 5º, *caput*, da CF);

c) sejam passíveis de **recurso** e **impugnação**, sob pena de violação aos princípios do contraditório e da ampla defesa; *vide*, por exemplo, o REsp 1.046.586 (STJ).

Assim, requisitos ligados ao sexo, à idade, ao exame psicotécnico, dentre outros, são compatíveis com a Constituição, desde que atendam aos itens mencionados.

Nesse sentido, confira três súmulas do STF:

a) Súmula 683: "o limite de idade para a inscrição em concurso público só se legitima em face do art. 7º, XXX, da Constituição, quando possa ser justificado pela natureza das atribuições do cargo a ser preenchido"; segundo o STF, O limite de idade, quando regularmente fixado em lei e no edital de determinado concurso público, há de ser comprovado no momento da inscrição no certame, e não no momento da posse (ARE 840.592/CF, J. 23.06.2015);

b) Súmula 684: "é inconstitucional o veto não motivado à participação de candidato a concurso público";

c) Súmula 686: "só por lei se pode sujeitar a exame psicotécnico a habilitação de candidato a cargo público". Nesse sentido é também a Súmula Vinculante STF n. 44: "Só por lei se pode sujeitar a exame psicotécnico a habilitação de candidato a cargo público".

O STF e o STJ consideram não pertinentes, entre outros, os seguintes requisitos para o ingresso no serviço público:

a) exigência de prova física desproporcional à cabível habilitação aos cargos de escrivão, papiloscopista, perito criminal e perito médico-legista de Polícia Civil (STF, Ag. Reg. no RE 505.654-DF);

b) exigência de sexo masculino para concurso de ingresso em curso de formação de oficiais de polícia militar estadual, requisito que fere a isonomia, traduzindo-se em indevido discrímen de gênero (STF, RE 528.684/MS, j. 03.09.2013);

c) exigência que não haja inquérito penal ou ação penal não transitada em julgada contra o candidato, requisito que fere o princípio da presunção de inocência (STF, Ag. Reg. no ARE 713.138-CE); ou seja, "na fase de investigação social em concurso público, o fato de haver instauração de inquérito policial ou propositura de ação penal contra candidato, por si só, não pode implicar a sua eliminação" (STJ, AgRg no RMS 39.580-PE, j. 11.02.2014);

d) a exigência de que o candidato não tenha tatuagem, ressalvadas situações que violem valores constitucionais; confira: "Editais de concurso público não podem estabelecer restrição a pessoas com tatuagem, salvo situações excepcionais em razão de conteúdo que viole valores constitucionais (...). Entretanto, tatuagens que representassem obscenidades, ideologias terroristas, discriminatórias, que pregassem a violência e a criminalidade, discriminação de raça, credo, sexo ou origem, temas inegavelmente contrários às instituições democráticas, poderiam obstaculizar o acesso a função pública. Eventual restrição nesse sentido não se afiguraria desarrazoada ou desproporcional. Essa hipótese, porém, não seria a do recorrente que teria uma tatuagem tribal, medindo 14 por 13 cm." (STF, RE 898450/SP, j. 17.08.2016).

O STF também entendeu não recepcionado pela Constituição de 1988 o disposto no art. 10 da Lei 6.880/1980 que permitia que regulamentos da Marinha, do Exército e da Aeronáutica estipulassem requisitos de ingresso nas forças armadas. Com isso, o STF, ciente de que inúmeros concursos até o reconhecimento da não recepção estipularam limites de idade para o ingresso nas carreiras das Forças Armadas, acabou por modular os efeitos da decisão proferida no recurso extraordinário com reconhecimento de repercussão geral, para o fim de manter a validade dos editais e regulamentos dos concursos publicados até 31.12.2012 (RE 600.885-RS).

Há decisões do STJ no sentido de que "o candidato a cargo público federal pode ser eliminado em exame médico admissional, ainda que a lei que discipline a carreira não confira caráter eliminatório ao referido exame. Isso porque a inspeção de saúde é exigência geral direcionada a todos os cargos públicos federais (arts. 5º, VI, e 14 da Lei 8.112/1990), daí a desnecessidade de constar expressamente na lei que disciplina a carreira da qual se pretende o ingresso. Ademais, a referida inspeção clínica não se confunde com o teste físico ou psicológico, os quais são exigências específicas para o desempenho de determinados cargos e, portanto, devem possuir previsão legal em lei específica. Precedente citado: REsp 944.160-DF, Quinta Turma, DJe 06.12.2010." (STJ, AgRg no REsp 1.414.990-DF, j. 03.04.2014).

A Lei 13.872/19 estabeleceu importante direito às mulheres que prestam concurso público. Ela regulamenta o direito de as mães amamentarem seus filhos de até 6 (seis) meses de idade durante a realização de concursos públicos na administração pública direta e indireta dos Poderes da União.

No mais, há interessante súmula do STJ, que trata do **momento** em que se pode exigir comprovação de requisito relacionado ao exercício do cargo: "*o diploma ou habilitação legal para o exercício do cargo deve ser exigido na posse e não na inscrição para o concurso público*" (Súmula 266).

6.7.3. A jurisprudência e o exame psicotécnico

O STF e o STJ firmaram jurisprudência no sentido de que é possível exigir exame psicotécnico nos concursos públicos, com caráter eliminatório, desde que se atenda a três requisitos: a) previsão expressa do exame em lei formal;

b) existência de critérios objetivos, científicos e pertinentes; c) recorribilidade. *Vide*, por exemplo, decisão do STJ no RMS 43.416-AC, j. 18.02.2014.

A **previsão expressa em lei formal** traz vários desdobramentos.

Em primeiro lugar, decretos, resoluções e outros instrumentos normativos não são suficientes para que se insira no edital a previsão de exame psicotécnico, devendo-se tratar de lei em sentido formal (STF, AI 529.219 Agr, DJ 26.03.2010). Isso porque o art. 37, I, da CF dispõe que somente a lei pode estabelecer requisitos para a acessibilidade a cargos, empregos e funções. Essa disposição deu ensejo à edição da Súmula 686 do STF ("só por lei se pode sujeitar a exame psicotécnico a habilitação de candidato a concurso público"). No mesmo sentido a Súmula Vinculante n. 44: "Só por lei se pode sujeitar a exame psicotécnico a habilitação de candidato a cargo público".

Em segundo lugar, a lei deve ser objetiva e específica quanto à exigência do citado exame, não sendo suficiente que faça referência a expressões como "submissão a exame de aptidão física e mental". Nesse sentido, o STF entende que a previsão contida na CLT (art. 168) não é suficiente para se exigir exame psicotécnico quanto a empregos públicos na Administração Pública (RE 559.069, DJ 12.06.2009). Da mesma forma, exames psicotécnicos em concursos da Magistratura vêm sendo corretamente impugnados, pelo fato de o art. 78 da Lei Orgânica da Magistratura não ser objetivo quanto à previsão de exame psicotécnico.

Os **critérios objetivos, científicos e pertinentes** também trazem vários desdobramentos.

Os tribunais superiores não entendem pertinente o chamado teste "profissiográfico", pelo qual se tenta verificar se o candidato tem perfil psicológico compatível com a profissão. De fato, esse tipo de teste tem caráter bastante subjetivo e ofende os princípios da igualdade e da impessoalidade. Uma coisa é verificar se alguém tem alguma patologia incompatível com a profissão desejada. Outra é verificar se alguém atende ao modelo ou perfil psicológico esperado para a profissão. Essa última tentativa é inconstitucional.

Outro desdobramento diz respeito à necessidade de o edital trazer os critérios do exame de modo claro e objetivo. Nesse sentido, as seguintes condutas são vedadas: a) simples previsão genérica de exame psicotécnico; b) previsão de exame psicotécnico, mas com mera informação de que este será feito segundo critérios científicos; c) previsão de exame psicotécnico, mas com critérios vagos e subjetivos, ainda que com descrições longas.

E quanto à **recorribilidade**, o edital deve prever, e a Administração deve respeitar, o seguinte: a) a necessidade do laudo trazer motivação adequada, especificando de modo claro, congruente, transparente e objetivo os fundamentos de sua conclusão; b) a necessidade do laudo ser entregue ao candidato logo em seguida à sua elaboração; c) a necessidade de prazo para a interposição de recurso, com oportunidade de apresentação de laudo divergente por outro profissional, contratado pelo candidato; d) a necessidade de julgamento do recurso, com apreciação específica e motivada sobre os pontos levantados pelo candidato. Sobre a recorribilidade, vale ler o AI 539.408 AgR, relatado pelo Min. Celso de Melo, do STF.

Vale ressaltar que os tribunais superiores vêm também entendendo que, quando houver violação ao primeiro requisito (previsão expressa em lei formal), o candidato estará dispensado de fazer o exame. Já quando houver violação ao requisito que determina a observância de critérios objetivos e de motivação, é necessário fazer novo exame (STJ, AgRg no Ag 1.291.819, DJ 21.06.2010), não ficando o candidato dispensado de fazê-lo, nem podendo este substituir o exame feito por outro exame realizado em concurso público diverso. Quanto aos demais requisitos, relacionados à previsão editalícia clara, científica e pertinente, entendemos que sua ausência macula a regra do edital correspondente, ficando o candidato dispensado do exame psicotécnico em atenção aos princípios da proteção da confiança e da segurança jurídica.

Por fim, caso o candidato prejudicado queira ingressar com o mandado de segurança, deverá promovê-lo no prazo de 120 dias contados da publicação do edital, se desejar impugnar as formalidades nele previstas (STJ, RMS 29.776, DJ 19.10.2009), ou no prazo de 120 dias do resultado do exame psicotécnico, se desejar impugnar aspectos relativos ao exame em si (STJ, AgRg no REsp 1.052.083, DJ 01.06.2009). De qualquer maneira, desejando ingressar com ação pelas vias comuns, o prazo para tanto é de 5 anos, contados do ato impugnado (STJ, REsp 984.946, DJ 29.11.2007).

6.7.4. Obrigatoriedade do concurso

O artigo 37, II, da CF tem o seguinte teor: *"a investidura em cargo ou emprego público depende de aprovação prévia em concurso público de provas ou de provas e títulos, de acordo com a natureza e a complexidade do cargo ou emprego, na forma prevista em lei, ressalvadas as nomeações para cargo em comissão declarado em lei de livre nomeação e exoneração"*.

Esse dispositivo cria uma regra que determina a realização de concurso para a admissão de pessoal na Administração.

Todavia, como toda regra, essa também tem exceção. Não será necessário concurso público nas nomeações para cargo em comissão.

Da mesma forma, não há necessidade de promover concurso público nas contratações temporárias de excepcional interesse público, sendo suficiente que se faça mero processo seletivo.

6.7.5. Validade do concurso público

Segundo o art. 37, III, da CF, *"o prazo de validade do concurso público será de até dois anos, prorrogável uma vez, por igual período"*.

Detalhe: a lei dispõe que a validade é de *até* 2 anos e não *de* dois anos. Ex.: se for fixado no edital como de um ano o prazo de validade do concurso, tal prazo poderá ser prorrogado, mas terá que ser *somente uma vez* e pelo *mesmo* período de um ano, de modo que, caso prorrogado, o prazo total do exemplo será de 2 anos de validade do concurso.

Os candidatos de um concurso não têm direito subjetivo à determinação de prorrogação do prazo de validade de um concurso. Trata-se de decisão discricionária da Administração. Porém, já se decidiu que, apesar de a Administração não estar obrigada a prorrogar o prazo de validade dos concursos, se novos cargos vierem a ser criados, durante esse prazo de validade, mostra-se de todo recomendável que se proceda a essa prorrogação (STF, RE 581.113-C).

6.7.6. Direitos do aprovado em concurso público

No passado, o aprovado em concurso público tinha apenas o direito de não ser *preterido* na ordem de classificação (art. 37, IV, da CF e Súmula 15 do STF), lembrando que não há preterição na ordem de classificação quando a Administração nomeia candidatos menos bem colocados por força de ordem judicial (STF, Ag. Reg. no AI 698.618-SP). Dessa forma, a aprovação no concurso gerava ao candidato mera *expectativa de direito*, cabendo à administração a análise *discricionária* da conveniência ou não em nomear os candidatos aprovados.

Diante de alguns abusos, os tribunais começaram a reconhecer o direito à nomeação em situações em que a Administração Pública, no prazo de validade do concurso, *externava* de alguma maneira que tinha interesse em nomear novos servidores. Um exemplo eram as situações em que se abria *novo concurso* no prazo de validade do anterior ou em que se nomeava outro servidor (inclusive agentes terceirizados temporários: STF, Ag. Reg. no RE 739.426-MA; STJ, AgRg no RMS 33.893, DJ 30.11.2012) para exercer as *mesmas funções* do cargo para o qual o candidato fora aprovado.

Em seguida, o STF e o STJ passaram a entender também que o candidato aprovado em concurso tem *direito* de ser nomeado *no limite das vagas previstas no respectivo edital*, uma vez que a Administração, ao estabelecer o número de vagas, *vincula-se* a essa escolha e cria expectativa nos candidatos, impondo-se as nomeações respectivas, em respeito aos princípios da *boa-fé, razoabilidade, isonomia* e *segurança jurídica*. *Vide*, por exemplo, a didática decisão proferida pelo STF no RE 598.099.

É bom consignar que o STF até admite que a Administração deixe de nomear os aprovados no limite das vagas do edital se houver ato *motivado* demonstrando a existência de fato novo que torne inviável a nomeação. Tal ato, todavia, poderá ser controlado pelo Judiciário (RE 227.480, DJ 21.08.2009). De qualquer forma, na prática, será muito difícil que a Administração consiga justificar a existência de motivo que inviabiliza as nomeações, pois somente razões *pertinentes, novas, imprevisíveis* e *justificadas antes da impugnação de candidatos* à ausência de sua nomeação atendem ao princípio da *adequada motivação*. O STF, em outra decisão, resumiu assim os requisitos que devem estar previstos em conjunto para caracterizar essa situação excepcional: "a) superveniência, ou seja, vinculadas a fatos posteriores à publicação do edital; b) imprevisibilidade, isto é, determinadas por circunstâncias extraordinárias; c) gravidade, de modo a implicar onerosidade excessiva, dificuldade ou mesmo impossibilidade de cumprimento efetivo das regras editalícias; d) necessidade, traduzida na ausência de outros meios, menos gravosos, de se lidar com as circunstâncias" (RE 598.099, j. 10.08.2011).

A Administração também não será obrigada a nomear o servidor nessas condições caso o concurso tenha sido feito por conta da instalação de um novo órgão e esse órgão não vem a ser criado no período de validade do concurso (STF, RE 748.105 AgR/DF, j. 17.09.2013).

Feitas essas ressalvas, vale anotar outras características desse direito.

A primeira delas diz respeito ao efeito das *desistências* de outros candidatos nomeados no concurso. Por exemplo, alguém aprovado na 919ª posição, num concurso com 770 vagas previstas no edital, 633 nomeados e 150 desistências têm direito de ser nomeado? Segundo o STJ, a resposta é positiva. Isso porque as desistências devem ser *somadas* ao total de vagas previsto no edital. No caso (aliás, esse é um caso real – STJ, RMS 21.323, DJ 21.06.2010), somando-se as 770 vagas do edital com as 150 desistências dos nomeados, a administração pública fica obrigada a nomear até o classificado na 920ª posição.

A segunda característica diz respeito ao efeito da *criação de novas vagas* durante o prazo de validade do concurso. Nesse ponto, o STJ *não* vem reconhecendo o direito à nomeação daqueles que, com as novas vagas, estariam classificados no limite da somatória destas com as vagas do edital (AgRg no RMS 26.947, DJ 02.02.2009).

A terceira observação diz respeito a *efeito econômico* da não nomeação de um aprovado no limite das vagas do edital. Nessa seara, o STJ também não vem reconhecendo o direito à indenização pelo período pretérito à efetiva nomeação, pois entende não ser correto receber-se retribuição sem o efetivo exercício do cargo (AgRg no REsp 615.459/SC, DJe 07.12.2009). Todavia, quando há preterição na ordem de classificação, ou seja, quando alguém deixa de ser nomeado em favor de outro que está em pior classificação, o STJ entende devida a indenização, com pagamento de vencimentos retroativos à data da impetração judicial (MS 10.764/DF, DJ 01.10.2009).

A quarta observação diz respeito ao *momento adequado* para o ingresso com ação judicial visando à nomeação no limite das vagas do edital. Nesse ponto, ainda não há posição específica de nossos tribunais superiores. Mas há algumas pistas. O STJ entende que há interesse processual em se promover a ação ainda durante o prazo de validade do concurso (RMS 21.323, DJ 21.06.2010), o que permitiria, em nossa opinião, o ingresso da ação logo após a homologação do certame. E o mesmo STJ entende que também há interesse processual em promover a ação após o prazo de validade do concurso. Tratando-se de mandado de segurança, o STJ entende que o prazo decadencial de 120 se inicia da data que expirar a validade do concurso (AgRg no RMS 21.165/MG, DJ 08.09.2008).

De qualquer forma, o STF já decidiu que a posse dada a parte dos aprovados gera direito imediato de posse aos demais aprovados no limite das vagas do edital, seja nas vagas existentes, seja nas que vierem a vagar no prazo de validade do concurso (Ag. Reg. no AI 728.699-RS). Por exemplo, caso o edital preveja 40 vagas e, logo após a homologação do concurso, 25 aprovados sejam nomeados, os aprovados entre a 26ª e a 40ª colocações têm direito também de serem nomeados imediatamente.

Em suma, o fato é que o candidato a concursos públicos vem cada vez mais recebendo o apoio da jurisprudência dos tribunais superiores. E essa informação é útil não só para resolver questões que pedem o conhecimento dessas novidades, como também para que o candidato corra atrás dos seus direitos caso esses sejam violados.

6.7.7. Acesso a novas carreiras sem concurso público

Infelizmente, é muito comum a tentativa de burlar o instituto do concurso público, "promovendo" um servidor de uma carreira, para outra carreira, sem concurso público. Colocamos "promovendo" entre parênteses, pois uma promoção só pode se dar dentro de uma carreira. Quando um servidor vai de uma carreira para outra carreira sem concurso, tem-se o que muitos chamam de acesso. O servidor passou num concurso para uma carreira "X" (carreira essa onde se esperar que terá promoções, mas dentro da própria carreira) e acaba sendo designado para uma carreira "Y", carreira totalmente diferente da primeira, sem concurso público. Por exemplo, o servidor entra numa carreira de "Técnico" e, sem concurso, consegue mudar para uma carreira de "Analista". Esse tipo de acesso a uma nova carreira é uma fraude, uma burla ao princípio do concurso público, pois o servidor prestou concurso para uma carreira (com grau de dificuldade e conteúdos diversos) e passa a outra carreira sem concursos e preterindo muitas pessoas que gostariam de prestar o concurso para essa segunda carreira, mas não têm essa oportunidade, por conta de servidores de outra carreira passarem para essa carreira diversa e que certamente teria muitos interessados se um concurso pra ela fosse aberto.

A Constituição de 1988 é clara: a investidura em cargo público efetivo depende de concurso (art. 37, II). Portanto, quando a Administração, mesmo diante de uma lei autorizativa, nomeia um servidor que estava num cargo "X" para um cargo "Y" sem concurso, está cometendo uma grande inconstitucionalidade, ferindo o princípio da acessibilidade aos cargos públicos, conforme julgou o STF, por exemplo, na ADI 917/MG (j. 06.11.2013), na qual se "julgou procedente pedido formulado em ação direta para declarar a inconstitucionalidade do §§ 1º ao 5º do artigo 27 da Lei 10.961/1992, do Estado de Minas Gerais, que dispõem sobre o acesso como forma de provimento dos cargos públicos naquela unidade federativa. Apontou-se que a norma impugnada permitiria que o procedimento de acesso viabilizasse a investidura em cargo de carreira diversa por meio de provimento derivado. Asseverou-se não haver base constitucional para manter na norma estadual o instituto do acesso a novas carreiras por seleções internas. Ponderou-se que essa forma de provimento privilegiaria indevidamente uma categoria de pretendentes que já possuía vínculo com a Administração estadual, em detrimento do público externo. Destacou-se que a norma estaria em antagonismo com o postulado da universalidade que, por imposição constitucional, deveria reger os procedimentos seletivos destinados à investidura em cargos, funções ou empregos públicos".

Vale observar que o STF, em outro caso no qual reconheceu a inconstitucionalidade da ascensão funcional, decidiu que não é possível que um servidor que tenha se beneficiado com essa ascensão, mas ainda não tenha uma situação sedimentada no novo cargo, invoque os princípios da segurança jurídica e da boa-fé para ficar no cargo novo, pois entendeu que é inviável invocar esses princípios no caso em que se pretende *o reconhecimento de uma nova posição jurídica incompatível com a Constituição e não a preservação de uma situação concreta sedimentada* (Ag. Reg. no RE 602.264-DF).

Ainda nesse sentido, o STF editou a Súmula Vinculante n. 43, que assim dispõe: "É inconstitucional toda modalidade de provimento que propicie ao servidor investir-se, sem prévia aprovação em concurso público destinado ao seu provimento, em cargo que não integra a carreira na qual anteriormente investido".

6.7.8. Direito à segunda chamada em teste de aptidão física

Esse tema que sofreu modificação na jurisprudência do STF, que agora entende que "os candidatos em concurso público não têm direito à prova de segunda chamada nos testes de aptidão física em razão de circunstâncias pessoais, ainda que de caráter fisiológico ou de força maior, salvo contrária disposição editalícia". Entendeu-se que não há ofensa ao princípio da isonomia e que o direito à segunda chamada poderia tornar o concurso infindável, além de gerar alto custo para a Administração. Por conta da mudança de posicionamento, e para que ficasse respeitado o princípio da segurança jurídica, atribuiu-se à decisão os efeitos da repercussão geral para o fim de assegurar a validade das provas de segunda chamada ocorridas até a data da conclusão do julgamento em questão (RE 630.733, j. 15.05.2013).

6.7.9. Direito à anulação de questões de concursos

Tema recorrente na jurisprudência é o direito do candidato de requerer a anulação de certas questões de concursos públicos. Geralmente, esse pedido é feito nas seguintes situações: a) quando a questão é formulada fora do conteúdo programático previsto no edital; b) quando a questão foi mal elaborada e apresenta problema no seu mérito.

A princípio, a jurisprudência do STF é no sentido de que o Judiciário é incompetente para substituir-se à banca examinadora de concurso público no reexame de critérios de correção das provas e de conteúdo das questões formuladas. Assim, quanto às alegações de que a questão está fora do conteúdo programático, por exemplo, basta que um tema esteja previsto de forma genérica no edital, para que, desde que haja um mínimo de conexão desse tema com o perguntado na questão que se deseja anular, para que Judiciário afaste a possibilidade de proceder à anulação da questão, mormente em mandado de segurança, que não permite dilação probatória (STF, MS 30.860/DF, j. 28.08.2012). E havendo dúvida sobre se uma questão foi corretamente elaborada ou não, o Judiciário deve evitar se substituir à banca examinadora.

Porém, o mesmo STF entende que, havendo erro grosseiro, o Judiciário pode ser reconhecer a ilegalidade. Um exemplo foi o caso em que questões de Direito Civil do concurso para Procurador da República foram anuladas pelo STF por restar patente sua ofensa ao que dispõe o Código Civil (MS 30.859/DF, 28.08.2012). Por outro lado, o STF também já decidiu que os critérios adotados por banca examinadora de concurso público não podem ser revistos pelo Judiciário (RE 632.853, J. 23.04.2015).

6.7.10. Cláusula de barreira

Outro tema recorrente é o da constitucionalidade ou não da chamada cláusula de barreira (ou afunilamento). Essa cláusula é aquela utilizada quando um concurso tem mais de uma fase e se estipula no edital que só serão corrigidas as provas da outra fase referente a um número determinado de candidatos aprovados. Por exemplo, o edital do concurso pode prever uma nota de corte e dizer que, dentre os que atingiram a nota de corte, apenas 200 candidatos passarão para a próxima fase do concurso.

O STF entende que esse tipo de condição de passagem para outra fase é norma de avaliação e de classificação a critério do organizador do exame, tratando-se, ainda, de cláusula que atinge a todos indistintamente, daí porque não se pode considerá-la discriminatória (MS 30195 AgR-DF, j. 26.06.2012). Vide, também, o RE 635.739/AL, j. 19.02.2014, pelo STF. Vide, também, o RE 635.739/AL, j. 19.02.2014, pelo STF.

6.7.11. Legitimação do Ministério Público para questionar itens de editais de concursos

Sobre esse tema, o STF entende que o Ministério Público tem legitimidade, pois lhe é conferido atuar, mesmo quando se está diante de interesse individual homogêneo, quando presente o interesse social (RE 216.443/MG, j. 28.08.2012). No caso mencionado, o Ministério Público estadual ajuizara ação civil pública em torno de concurso para diversas categorias profissionais de uma prefeitura, tendo questionado que a pontuação adotada privilegiaria candidatos os quais já integrariam o quadro da Administração Pública Municipal, circunstância que revela que a matéria cuidada na ação tinha a relevância exigida a justificar a legitimidade do Ministério Público estadual.

6.7.12. Direitos da pessoa com deficiência

Segundo o art. 37, VIII, da CF, *"a lei reservará percentual dos cargos e empregos públicos para as pessoas portadoras de deficiência e definirá os critérios para a sua admissão"*.

A respeito dessa regra, confira as seguintes decisões do STF:

"Recurso ordinário em mandado de segurança interposto de acórdão do Superior Tribunal de Justiça que entendeu ser plausível o cálculo da quantidade de vagas destinadas à específica concorrência de acordo com o número de turmas do curso de formação. Os limites máximo e mínimo de reserva de vagas para específica concorrência tomam por base de cálculo a quantidade total de vagas oferecidas aos candidatos, para cada cargo público, definido em função da especialidade. Especificidades da estrutura do concurso, que não versem sobre o total de vagas oferecidas para cada área de atuação, especialidade ou cargo público, não influem no cálculo da reserva. Concurso público. Provimento de 54 vagas para o cargo de Fiscal Federal Agropecuário. Etapa do concurso dividida em duas turmas para frequência ao curso de formação. Convocação, respectivamente, de 11 e 43 candidatos em épocas distintas. Reserva de quatro vagas para candidatos portadores de deficiência. Erro de critério. Disponíveis 54 vagas e, destas, reservadas 5% para específica concorrência, três eram as vagas que deveriam ter sido destinadas à específica concorrência. A convocação de quarto candidato, ao invés do impetrante, violou direito líquido e certo à concorrência no certame" (RMS 25.666, Rel. Min. Joaquim Barbosa, julgamento em 29.09.2009, Segunda Turma, DJE de 04.12.2009).

"A exigência constitucional de reserva de vagas para portadores de deficiência em concurso público se impõe ainda que o percentual legalmente previsto seja inferior a um, hipótese em que a fração deve ser arredondada. Entendimento que garante a eficácia do art. 37, VIII, da CF, que, caso contrário, restaria violado" (RE 227.299, Rel. Min. Ilmar Galvão, julgamento em 14.06.2000, Plenário, DJ de 06.10.2000). No mesmo sentido: RE 606.728-AgR, Rel. Min. Cármén Lúcia, julgamento em 02.12.2010, Primeira Turma, DJE de 01.02.2011.

Repare que o STF firmou as seguintes posições:

a) na reserva de vagas para deficientes (concorrência específica), esses só concorrem entre si;

b) para o cálculo do número de vagas reservadas, deve-se fazer o arredondamento "para cima" da fração.

Vale, por fim, trazer a seguinte decisão do STJ sobre a não caracterização de pessoa com deficiência para fins de aplicação das regras de acessibilidade a essa pessoa, quando se tratar de alguém com surdez unilateral: "Candidato em concurso público com surdez unilateral não tem direito a participar do certame na qualidade de deficiente auditivo. Isso porque o Decreto 5.296/2004 alterou a redação do art. 4º, II, do Decreto 3.298/1999 – que dispõe sobre a Política Nacional para Integração de Pessoa Portadora de Deficiência e excluiu da qualificação "deficiência auditiva" os portadores de surdez unilateral. Vale ressaltar que a jurisprudência do STF confirmou a validade da referida alteração normativa. Precedente citado do STF: MS 29.910 AgR, Segunda Turma, DJe 01.08.2011." (MS 18.966-DF, j. 02.10.2013). O STJ editou a Súmula 552 a respeito do tema: "O portador de surdez unilateral não se qualifica como pessoa com deficiência para o fim de disputar as vagas reservadas em concursos públicos.".

Ademais, cabível apontar o conteúdo da Súmula 377 do STJ: "O portador de visão monocular tem direito de concorrer, em concurso público, às vagas reservadas aos deficientes".

6.7.13. Vagas reservadas aos negros ("Cotas")

A Lei 12.990/2014 reservou aos negros 20% das vagas oferecidas nos concursos públicos para provimento de **cargos efetivos** e **empregos públicos** no âmbito da administração pública federal, das autarquias, das fundações públicas, das empresas públicas e das sociedades de economia mista controladas pela União (art. 1º).

Essa **reserva de vagas** obedece às seguintes regras (arts. 2º a 4º):

a) será aplicada sempre que o número de vagas oferecidas no concurso público for igual ou superior a 3 (três), sendo que, na hipótese de quantitativo fracionado para o número de vagas reservadas a candidatos negros, esse será aumentado para o primeiro número inteiro subsequente, em caso de fração igual ou maior que 0,5 (cinco décimos), ou diminuído para número inteiro imediatamente inferior, em caso de fração menor que 0,5 (cinco décimos);

b) constará expressamente dos editais dos concursos públicos, que deverão especificar o total de vagas correspondentes à reserva para cada cargo ou emprego público oferecido;

c) poderão concorrer a essas vagas candidatos negros, considerados como aqueles que se autodeclararem pretos ou pardos no ato da inscrição no concurso público, conforme o quesito cor ou raça utilizado pelo IBGE, sendo que, na hipótese de constatação de declaração falsa, o candidato será eliminado do concurso e, se houver sido nomeado, ficará sujeito à anulação da sua admissão ao serviço ou emprego público, após procedimento administrativo em que lhe sejam assegurados o contraditório e a ampla defesa, sem prejuízo de outras sanções cabíveis;

d) os candidatos negros concorrerão concomitantemente às vagas reservadas e às vagas destinadas à ampla concorrência, de acordo com a sua classificação no concurso, sendo que os candidatos negros aprovados dentro do número de vagas oferecido para ampla concorrência não serão computados para efeito do preenchimento das vagas reservadas; já no caso de desistência de candidato negro aprovado em vaga reservada, a vaga será preenchida pelo candidato negro posteriormente classificado;

e) na hipótese de não haver número de candidatos negros aprovados suficiente para ocupar as vagas reservadas, as vagas remanescentes serão revertidas para a ampla concorrência e serão preenchidas pelos demais candidatos aprovados, observada a ordem de classificação.

f) quanto à nomeação dos candidatos aprovados, esta respeitará os critérios de alternância e proporcionalidade, que consideram a relação entre o número de vagas total e o número de vagas reservadas a candidatos com deficiência e a candidatos negros;

A lei entrou em vigor na data de sua publicação e terá vigência pelo prazo de 10 (dez) anos (lei temporária), não se aplicando aos concursos cujos editais já tivessem sido publicados antes de sua entrada em vigor (art. 6º).

A constitucionalidade da Lei 12.990/2014 foi reconhecida pelo STF, para quem a desequiparação estabelecida pelo diploma normativo está em consonância com o princípio da isonomia, ante a ""necessidade de superar o racismo estrutural e institucional ainda existente na sociedade brasileira, e garantir a igualdade material entre os cidadãos".

6.7.14. Contratação temporária

O art. 37, IX, da CF, traz a seguinte disposição: *"a lei estabelecerá os casos de contratação por tempo determinado para atender a necessidade temporária de excepcional interesse público".*

Cada ente político poderá legislar para o fim de regulamentar o dispositivo acima transcrito.

A Lei 8.745/1993 traz, para a esfera federal, os casos em que cabe esse tipo de contratação, servindo de exemplo aquela em situação de calamidade pública, combate a surtos endêmicos ou para recenseamento. A lei em questão traz um *regime jurídico administrativo* próprio, que não se confunde com o *regime trabalhista* (celetista), a afastar a competência da Justiça Trabalhista.

Geralmente o prazo máximo de contratação é de 12 meses, findo o qual o contrato se extingue.

Permite-se, em algumas situações, prorrogação do contrato.

É importante relatar que não é possível prever a contratação temporária para a admissão de servidores para funções burocráticas ordinárias e permanentes. Assim, o STF entendeu inconstitucional lei do Estado do Rio Grande do Norte que criou contratação temporária para Defensor Público (ADI 3.700). Confira outra decisão do STF a respeito do tema: "Servidor público: contratação temporária excepcional (CF, art. 37, IX): inconstitucionalidade de sua aplicação para a admissão de servidores para funções burocráticas ordinárias e permanentes" (ADI 2.987).

O STF consolidou entendimento no sentido de que é necessária a conjugação de quatro requisitos para que se possa efetivar uma contratação temporária (RE 658.026, DJe 31/10/2014): **a)** os casos excepcionais devem estar previstos em lei de modo específico (com o texto legal especificando a contingência fática que, presente, justificaria a contratação) e não de modo genérico (dando ao Chefe do Executivo poderes amplos para definir os casos desse tipo de contratação); **b)** o prazo de contratação seja predeterminado; **c)** a necessidade seja temporária; **d)** o interesse público seja excepcional; e **e)** a necessidade de contratação seja indispensável, sendo vedada a contratação para os serviços ordinários permanentes do

Estado, e que devam estar sob o espectro das contingências normais da Administração.

A contratação temporária não exige concurso público, mas é necessário fazer um processo seletivo simplificado para garantir um mínimo de moralidade, devendo esse ser dispensado em situações justificadas, procedendo-se à análise de *curriculum*. Nesse sentido, confira a seguinte decisão do STF:

"A regra é a admissão de servidor público mediante concurso público: CF, art. 37, II. As duas exceções à regra são para os cargos em comissão referidos no inciso II do art. 37, e a contratação de pessoal por tempo determinado para atender a necessidade temporária de excepcional interesse público. CF, art. 37, IX." (ADI 2.229).

Conforme mencionado, os contratados são regidos pelo regime *sui generis* estabelecido na lei citada, não sendo correto dizer que são contratados pelo regime celetista, já que eles têm um estatuto próprio.

Assim sendo, compete à Justiça Comum e não à Justiça do Trabalho julgar as controvérsias decorrentes dessa relação, conforme vem decidindo pacificamente o STF (ADI 3.395-MC-DF).

6.8. Direito de greve e de sindicalização

A Constituição de 1988, em sua redação original, contemplava o direito de greve no serviço público, mas o condicionava à edição de uma *lei complementar*.

Essa lei acabou não sendo editada e o STF, chamado a se pronunciar, decidiu, num mandado de injunção julgado nos anos 90, que o direito de greve do servidor era norma de eficácia limitada, não sendo ser exercido enquanto não fosse regulamentado.

Na ocasião, o STF se limitou a declarar a mora legislativa, adotando a teoria não concretista, pela qual o mandado de injunção não se presta a suprir lacunas legislativas, mas apenas a constatar a mora, quando esta existir.

Sobreveio a EC 19/1998, pela qual o direito de greve do servidor ficava mantido, sendo ser exercido nos termos e limites definidos em *lei específica* (art. 37, VII).

Outra década se passou sem a edição da tal lei específica. Até que, em 2007, o STF, rompendo com sua tradição em mandado de injunção, adotou a teoria concretista geral, julgando procedente novos mandados de injunção sobre o assunto (MIs 670/ES, 708/DF e 712/PA), para declarar *mora legislativa abusiva* e **conceder ao servidor o direito de exercer greve**, observados os preceitos da Lei 7.783/1989, que trata da greve na iniciativa privada.

A decisão resolveu preencher uma lacuna legislativa, com efeitos *erga omnes*, utilizando-se da analogia para determinar a utilização da lei referida até que adviesse a lei específica preconizada na Constituição.

A partir dessa decisão, começaram a surgir várias discussões sobre os contornos do direito de greve.

Sobre os **serviços que não podem ser objeto de greve**, além das proibições constitucionais relativas aos *militares das forças armadas* e aos *policiais militares* (art. 142, § 3º, IV, c/c art. 42, § 1º da CF), há entendimento do Min. Eros Grau no sentido de que *policiais civis* também não podem entrar em greve. Aliás, para esse Ministro, o direito de greve não é

absoluto. Há serviços públicos em que a coesão social impõe que sejam prestados plenamente, em sua totalidade.

Nesse sentido, Eros Grau entende ser proibida a greve nos serviços de *segurança pública*, de *administração da Justiça*, de *arrecadação tributária* e de *saúde pública* (Recl 6.568, DJ 25.09.2009), posição que ainda não está pacificada no STF. Acerca de manifestações públicas de apreço ou desapreço a autoridades e à Administração, o STF entendeu que é constitucional norma estadual que veda a promoção ou a participação de policiais em manifestações dessa natureza. A decisão lembra que os policiais civis são agentes públicos armados cujas manifestações públicas podem implicar ofensa ao art. 5º, XVI, da CF/1988, segundo o qual se reconhece a todos o direito de reunir-se pacificamente e "sem armas" (STF, ADPF 734/PE, j. 12.4.2023).

No STJ, por sua vez, vem se admitindo a greve nos mais variados setores, salvo os proibidos pela Constituição. No entanto, levando em conta os princípios da supremacia do interesse público e da continuidade do serviço público, esse tribunal vem, caso a caso, estipulando um **percentual mínimo** de pessoal a continuar trabalhando a fim de que não haja paralisação total dos serviços.

A título de exemplo, o STJ, considerando o período eleitoral, definiu em 80% o mínimo de servidores necessários na Justiça Eleitoral (Pet 7.933, DJ 08.06.2010). Para a Justiça Federal, fixou-se em 60% o mínimo de servidores em serviço (Pet 7.961, DJ 18.06.2010). E para os médicos peritos do INSS, determinou-se que 50% mantivessem o trabalho (Pet 7.985, DJ 25.06.2010).

Para fazer valer suas decisões o STJ vem fixando o pagamento de **multa** à entidade representante dos trabalhadores no caso de descumprimento de decisão relativa à greve. Trata-se de multa diária, que vem sendo fixada entre R$ 50 mil e R$ 100 mil para sindicatos de grande porte.

Outro ponto interessante diz respeito à possibilidade de **corte nos vencimentos** dos grevistas. Apreciando a questão, o STF fixou, em sede de repercussão geral, a seguinte tese: "A administração pública deve proceder ao desconto dos dias de paralisação decorrentes do exercício do direito de greve pelos servidores públicos, em virtude da suspensão do vínculo funcional que dela decorre, permitida a compensação em caso de acordo. O desconto será, contudo, incabível se ficar demonstrado que a greve foi provocada por conduta ilícita do Poder Público" (RE 693.456, rel. min. Dias Toffoli, DJe 19/10/2017).

Por fim, vale lembrar que não é possível **exonerar ou demitir** servidor por ter participado de movimento grevista. Há várias leis no país dispondo que o servidor em estágio probatório que participar de greve deve ser exonerado. Tais leis ferem o direito constitucional de greve e o princípio da isonomia, segundo o STF (ADI 3.235, DJ 12.03.2010).

É importante ressaltar, ainda, que a Constituição veda a greve dos militares das Forças Armadas (art. 142, § 3º, IV, CF) e, por extensão, dos militares dos Estados-membros, do Distrito Federal e dos Territórios (art. 42, § 1º, CF).

Quanto ao direito de sindicalização, o art. 37, VI, da CF estabelece que *"é garantido ao servidor público civil o direito à livre associação sindical"*. Aqui também incide vedação aos militares (art. 142, § 3º, IV, CF).

6.9. Proibição de acumulação remunerada

A Constituição traz regra proibindo a acumulação remunerada de cargos públicos (art. 37, XVI).

Nada obstante, desde que haja compatibilidade de horários, admite-se a acumulação remunerada nos seguintes casos: a) de dois cargos de professor; b) um cargo de professor com outro, técnico ou científico; c) de dois cargos ou empregos privativos de profissionais da saúde com profissões regulamentadas (alteração feita por força da EC 34/2001).

Quanto à **extensão da regra**, deve-se ressaltar que a proibição vale também para empregos e funções e abrange autarquias, fundações, empresas públicas, sociedades de economia mista, suas subsidiárias e sociedades controladas, direta ou indiretamente, pelo Poder Público.

Outros casos trazidos na Constituição de permissão de acumulação remunerada são os seguintes: a) magistrados e membros do Ministério Público: permite-se acumulação com um cargo ou função de professor (art. 95, parágrafo único, I, e art. 128, § 5º, II, "d", ambos da CF, respectivamente); b) vereador: pode acumular, mas desde que haja compatibilidade de horários (art. 38, III, CF); caso não haja tal compatibilidade, o eleito deve se afastar do cargo, emprego ou função que tinha, tendo a faculdade de escolher qual remuneração deseja receber como vereador, se a que detinha antes ou a prevista para o cargo eletivo; c) prefeito: não pode acumular, devendo afastar-se do cargo, emprego ou função que detinha, podendo optar pela remuneração (art. 38, II, CF); d) mandato eletivo federal, estadual e distrital: ficará afastado do cargo, emprego ou função anterior (art. 38, I, CF), sem poder optar pela remuneração.

Vale dizer que a EC 101/19 criou o § 3º junto ao art. 42 da CF, para dispor o seguinte: "Aplica-se aos militares dos Estados, do Distrito Federal e dos Territórios o disposto no art. 37, inciso XVI, com prevalência da atividade militar". Em virtude dessa norma, militares dos Estados, DF e Territórios (repare que militares da União estão fora da regra) também podem acumular cargos nas exceções determinadas no inciso XVI do art. 37. Porém, há um limite a mais para eles (além da compatibilidade de horários e dos casos em que a acumulação é cabível), que é o fato de que haverá sempre prevalência da atividade militar, o que faz com o que não se possa acumular o cargo militar com outro que tenha, por exemplo, uma carga de trabalho maior.

Nos casos de afastamento, o tempo de serviço do mandato será contado para todos os fins do cargo, emprego ou função originais (previdenciários, para concessão de quinquênios etc.), exceto promoção por merecimento.

A **finalidade** de tal regra é evitar que o exercício de várias funções possa comprometer a boa qualidade do serviço, atendendo também a critérios de moralidade (quanto aos cargos em comissão), bem como à necessidade de se permitir que outras pessoas possam ter oportunidade de acesso a cargos, empregos ou funções públicas. As exceções, por sua vez, visam a melhor aproveitar pessoas que tenham capacidade técnica e científica para dadas atribuições.

Vale salientar que, mesmo nos casos em que há permissão de acumulação remunerada de cargos públicos (casos que tem rol taxativo na Constituição), tem-se que cumprir ainda o requisito da **compatibilidade de horários**, dos dois cargos que se pretende acumular. Por conta disso o TCU decidiu no Acórdão 2.133/05 que o limite máximo de horas de trabalho nos dois cargos em que se pretende a acumulação é de 60 horas semanais, decisão fundamentada na presunção de que, mais do que isso, haveria comprometimento da qualidade do serviço. Todavia, o STJ tem decidido que esse limite não tem força normativa, nem há lei estabelecendo carga horária máxima, seja diária, seja semanal. Dessa forma, a compatibilidade de horários deve ser vista caso a caso, não se podendo fazer presunção de que 60 horas é o máximo permitido por semana (REsp 1.767.955-RJ, DJe 03/04/2019).

No que diz respeito às hipóteses de acumulação e a aplicação do teto remuneratório do art. 37, inc. XI, da CF, o STF fixou seguinte entendimento: "Nas situações jurídicas em que a CF autoriza a acumulação de cargos, o teto remuneratório é considerado em relação à remuneração **de cada um deles**, e **não ao somatório** do que recebido." (RE 612.975 e RE 602.043, Pleno, Rel. Min. Marco Aurélio, DJe 08/09/2017).

Diante das regras sobre proibição de acumulação remunerada de cargo, emprego ou função, confira-se a casuística do STF e do STJ a respeito do tema:

a) é vedada a acumulação dos cargos e remuneração de vereador e secretário municipal, sendo esta interpretação sistemática dos arts. 36, 54 e 56 da CF, bem como o princípio da separação dos Poderes (STF, RE 497.554/PR);

b) é vedada a acumulação dos cargos de médico com cargo de perito criminal da polícia civil na modalidade médico veterinário (STF, RE, 248.248);

c) é vedada a acumulação dos cargos de inspetor escolar com o de supervisor pedagógico, pois não diz respeito à exceção, que deve ser interpretada estritamente, em que se permite a acumulação de dois cargos de professor ou um técnico com um de professor (STF, RE 382.389);

d) é vedada a acumulação de dois cargos de jornalista (STF, RE 463.028);

e) é permitida a acumulação de cargo de médico militar com o de professor de instituição pública de ensino; primeiro porque o médico militar não desempenha função típica de militar, circunstância, que, se existisse, impediria a acumulação; segundo porque a Constituição admite a acumulação de cargo de *professor* com cargo *técnico ou científico*, sendo que o cargo de médico é considerado técnico ou científico, pois sua ocupação pressupõe formação em área especializado do conhecimento, dotada de método próprio (STJ, RMS 39.157);

f) O valor recebido por Ministros de Estado pela participação em conselhos de empresas públicas e sociedades de economia mista, e suas subsidiárias, não se submete ao teto remuneratório constitucional, salvo no caso de as estatais receberem recursos da União, dos Estados, do Distrito Federal ou dos Municípios para pagamento de despesas de pessoal ou de custeio em geral (STJ, AC 46-RS, j. 23/5/2023. Inf. 776).

Tema correlato é o da **acumulação de remuneração com aposentadoria**. Também, como regra, é proibida. Como exceção pode existir tal acumulação se os cargos da ativa e da inatividade forem cumuláveis entre si. Outra exceção importante é a que permite a acumulação da aposentadoria com a remuneração de um cargo em comissão ou de um mandato eletivo (art. 37, § 10, CF). Perceba que a regra que veda a percepção simultânea de proventos de aposentadoria com remuneração de cargo, emprego ou função diz respeito tão somente às aposentadorias especiais, ou seja, a dos ocupantes de cargos efetivos (art. 40, CF), a dos militares estaduais (art. 42, CF) e a dos militares das Forças Armadas (art. 142, CF). Essa acumulação não é vedada quando se trata de acumulação de proventos de aposentadoria com remuneração proveniente de contratação temporária (STJ, REsp 1.298.503, DJ 13.04.2015).

Porém, não se admite acúmulo tríplice de provimentos e vencimentos de professor, mesmo que decorrentes de aprovações em concursos públicos posteriores à vigência da EC 20/98 (STF: AI 545.424 AgRg, DJ de 25.03.2013; AI 529.499 AgR, DJ 17.11.2010).

6.10. Estabilidade e estágio probatório

O instituto da *estabilidade* está previsto no art. 41 da CF. A partir do texto constitucional, a doutrina aponta três requisitos para sua aquisição: a) nomeação para "cargo efetivo", em virtude de concurso público; b) "três anos de efetivo exercício" no cargo; c) aprovação em "avaliação especial de desempenho por comissão instituída para essa finalidade".

O primeiro requisito ("cargo efetivo") foi introduzido pela EC 19/1998. A redação anterior exigia apenas que o "servidor" fosse nomeado em virtude de concurso, não havendo referência ao cargo ser efetivo ou não, o que permitia que servidores celetistas em geral pudessem pleitear a estabilidade.

A atual redação, porém, parece ter deixado claro que somente servidores titulares de verdadeiros cargos efetivos teriam direito à estabilidade.

Porém, o TST, chamado a se manifestar sobre o tema, concluiu que os "servidores celetistas" das pessoas jurídicas de direito público (União, Estados, DF, Municípios, autarquias, fundações públicas, agências reguladoras e associações públicas) também têm direito à estabilidade, direito esse que só não existe para os celetistas das pessoas jurídicas de direito privado estatal, como a empresa pública e a sociedade de economia mista (Súmula 390 do TST).

Quanto ao segundo requisito ("três anos de efetivo exercício"), esse também foi alterado pela EC 19/1998. Na redação original exigiam-se dois anos de efetivo exercício. Essa redação fazia com que a Administração Pública estipulasse como estágio probatório o período de dois anos, porque esse estágio sempre foi considerado o tempo de efetivo exercício em que se verificaria se o servidor empossado tinha ou não aptidão para auferir a definitiva titularidade do cargo.

Ocorre que a Constituição foi alterada, aumentando o tempo de exercício para três anos, e os estatutos de funcionário público não acompanharam essa modificação. Exemplo disso é o próprio estatuto federal (Lei 8.112/1990). Isso fez com que os tribunais, num primeiro momento, decidissem que o prazo para estágio probatório é um e o prazo de efetivo exercício para adquirir a estabilidade é outro. Esse posicionamento tinha repercussão prática, pois há direitos que só existem após o fim do estágio probatório (ex.: direito de promoção) e, sendo esse mais curto, pessoas que ainda não tinham estabilidade poderiam gozar desses direitos após os dois anos de estágio.

O STF (STA 269 AgR, DJ 26.02.2010) e o STJ (MS 12.523/DF, DJ 18.08.2009) se posicionaram no sentido de que o período de estágio probatório deve coincidir com o período de efetivo exercício para a aquisição da estabilidade, no caso, ambos os períodos são de 3 anos e correm conjuntamente, pouco importando a redação do estatuto local.

Vale ressaltar que esses tribunais vêm entendendo que os períodos de estágio probatório e efetivo exercício ficam suspensos quando o servidor é afastado ou cedido para outro órgão (STJ, RMS 23.689, DJ 07.06.2010).

Ademais, para o STF (MS 22.744, DJ 26.11.2004) e para o STJ (RMS 23.689, DJ 07.06.2010), não pode o servidor em estágio probatório aposentar-se voluntariamente, uma vez que o estágio probatório constitui etapa final do processo seletivo para a aquisição da titularidade do cargo público.

Passando ao terceiro requisito para a estabilidade ("avaliação especial de desempenho por comissão instituída para essa finalidade"), o primeiro ponto exigido pelo STF (AI 623.854, DJ 23.10.2009) e pelo STJ (RMS 20.934, DJ 01.02.2010) é que seja um procedimento que não é de natureza disciplinar (não sendo necessário cumprir os requisitos do processo disciplinar), mas que assegure o devido processo legal, o que impõe observância do contraditório e da ampla defesa. Assim, exige-se que o servidor possa apresentar defesa, instruir o procedimento com provas e ter contra si exarada decisão devidamente motivada.

Outro direito do servidor é que a avaliação de desempenho ocorra no limite dos três anos de efetivo exercício. Isso significa que, após o transcurso desse prazo, sem a realização da avaliação, o servidor pode ser considerado estável, pois a desídia da Administração não pode ser a ele imputada, presumindo-se que o servidor teve reconhecida sua aptidão.

Após o transcurso dos três anos de efetivo exercício, o servidor pode até ser exonerado por inaptidão para o cargo, mas desde que a avaliação de desempenho tenha se dado durante o período de estágio probatório e a exoneração tenha sido motivada nas suas conclusões (STJ, RMS 23.504, DJ 02.08.2010). No mesmo sentido o STF, para quem o ato de exoneração do servidor é meramente declaratório, podendo ocorrer após o prazo de três anos fixados para o estágio probatório, desde que as avaliações de desempenho sejam efetuadas dentro do prazo constitucional (RE 805.491 AgR, Dje 29/04/2016).

Outro posicionamento diz respeito a quem deve proceder à avaliação de desempenho. Nesse sentido, o STJ entende que não há violação ao art. 41 da CF quando a chefia imediata promove a avaliação de desempenho do servidor, funcionando a Comissão de Avaliação como órgão revisor e como órgão emissor do parecer final do estágio probatório (RMS 23.504, DJ 02.08.2010).

Também já restou pacificado que o servidor que sai de um cargo numa dada administração (por exemplo, de policial militar) e vai para outro cargo na mesma administração (por exemplo, de policial civil) não pode aproveitar o estágio probatório anteriormente cumprido (STJ, RMS 20.934, DJ 01.02.2010).

Vale igualmente lembrar que os servidores em estágio probatório não podem sofrer restrições que não decorram explícita ou implicitamente da lei. Nesse sentido, o STF proíbe a discriminação dos não estáveis, caso lei ou ato normativo estabeleça que estes, se participarem de greve durante o estágio probatório, estão sujeitos à exoneração (ADI 3.235, DJ 12.03.2010). Servidor em estágio probatório tem, portanto, direito de greve.

Ficam, então, noticiadas as principais decisões sobre a estabilidade e o estágio probatório, devendo o candidato ficar atento a outras decisões, uma vez que o tema é corrente na jurisprudência.

6.11. Disponibilidade

É a colocação do servidor estável em inatividade remunerada, até seu adequado aproveitamento em outro cargo, com proventos proporcionais ao seu tempo de serviço.

Trata-se de direito do servidor, desde que estável, que ocorre nas seguintes situações: a) quando o cargo é extinto; b) quando o cargo é declarado desnecessário; c) quando um servidor é reintegrado e volta para o cargo para onde foi chamado um novo servidor, ficando este desalojado por não ter um cargo de origem, podendo, se já estável, ser colocado em disponibilidade.

É importante ressaltar que só tem esse direito quem já é estável (*vide* § 3º do art. 41 da CF). Nesse sentido, dispõe a Súmula 22 do STF que: "o estágio probatório não protege o funcionário contra a extinção do cargo".

Nunca se deve esquecer de que a CF é taxativa no sentido de que na disponibilidade a remuneração será proporcional ao tempo de serviço do agente. Antes da EC 19/1998, o STF entendia que era integral, portanto é bom saber que agora é proporcional.

A disponibilidade a que estão sujeitos os juízes e promotores não implica remuneração proporcional, sob pena de ofensa à vitaliciedade a que têm direito, de maneira que será integral a remuneração para essas situações.

6.12. Sistema remuneratório

Para que se possa entender o sistema remuneratório dos servidores públicos, de rigor verificar os seguintes conceitos:

a) **remuneração** (estipêndio/vencimentos): devida à grande massa de servidores, corresponde ao padrão fixado em lei (vencimento), mais vantagens pessoais;

b) **salário:** devido aos empregados públicos da Administração Direta e Indireta, vale dizer, àqueles regidos pela CLT;

c) **subsídio:** modalidade de remuneração fixada em parcela única e devida aos agentes políticos (art. 39, § 4º, CF: fala-se em membro de Poder, detentor de mandato eletivo, Ministros de Estado e Secretários Estaduais e Municipais), membros do Ministério Público, aos Policiais (art. 144, § 9º, CF), Procuradores de Estado, Defensores Públicos, Procuradores da Fazenda Nacional e integrantes da Advocacia Geral da União (art. 135), bem como Ministros dos Tribunais de Contas. O § 8º do art. 39 da CF abre possibilidade de a remuneração dos servidores organizados em carreira ser também por subsídio, nos termos de lei. Vale ressaltar que no subsídio não se fala em vantagens pessoais, já que se trata de parcela única, vedado o acréscimo de qualquer gratificação, adicional, abono, prêmio, verba de representação ou outra espécie remuneratória, obedecido ao teto remuneratório constitucional. Entretanto, os direitos gerais dos servidores previstos no § 3º do art. 39 da CF permanecem.

d) **adicionais:** devidos por tempo de serviço ou função especial, que exige conhecimentos especializados ou um regime próprio de trabalho. O adicional se relaciona com o tempo (adicional de tempo) ou com a função (adicional de função – ex.: por dedicação integral, por nível universitário);

e) **gratificações:** devidas por condições personalíssimas ou por anormalidades no desempenho da função, com característica de precariedade. As gratificações se relacionam com o servidor (pessoal: por ter filho – salário família etc.) ou com o serviço (segurança, insalubridade ou onerosidade);

f) **indenizações:** mero ressarcimento de despesas efetuadas pelo agente no desempenho de atividade pública, não se incorporando na remuneração. Ex.: ajuda de custo (mudança), diárias (despesas para viagem a trabalho) e auxílio-transporte (condução para o trabalho).

A par dos conceitos acima, tem-se como fundamental também verificar os seguintes princípios ou regras desse sistema:

a) **proibição de efeito cascata:** vantagens e gratificações não podem incidir umas sobre as outras. Nesse sentido, *vide* o inciso XIV do artigo 37 da CF: *"os acréscimos pecuniários percebidos por servidor público não serão computados nem acumulados para fins de concessão de acréscimos ulteriores".*

b) **fixação por lei e revisão geral anual:** *a remuneração e o subsídio somente poderão ser fixados ou alterados por* **lei específica**, *observada a* **iniciativa privativa em cada caso**. *Fica assegurada revisão geral anual, sempre na mesma data e sem distinção de índices.* O STF é pacífico no sentido de que não é possível que iniciativa ou emenda parlamentar disponha sobre o aumento de remuneração dos servidores, de iniciativa privativa do Executivo (arts. 61, § 1º, II, "a", e 63, I, ambos da CF), sendo que a fixação ou alteração de remuneração depende de lei específica (art. 37, X, da CF), ficando vedada a ainda que a lei estabeleça vinculação ou equiparação remuneratórias para efeito de remuneração de pessoal (art. 37, XIII, da CF), conforme se pode conferir na ADI 64/RO. No que diz respeito aos membros da polícia no Distrito Federal, o STF editou a Súmula Vinculante 39: "Compete privativamente à União legislar sobre vencimentos dos membros das polícias civil e militar e do corpo de bombeiros militar do Distrito Federal".

c) **teto remuneratório:** a EC 41/2003 modificou o inciso XI do art. 37 da CF, que antes trazia como teto único o subsídio dos Ministros do STF, estabelecendo um teto nacional existente também no subsídio mensal, em espécie, dos Ministros do STF, bem como subtetos. Na esfera da união vale o teto nacional para todos os Poderes. Nos Estados e DF tem-se como subtetos no âmbito do Executivo o subsídio do Governador, no âmbito do Legislativo o subsídio dos Deputados estaduais/distritais e no âmbito do Judiciário o subsídio dos Desembargadores do TJ, limitado este a 90,25% do subsídio dos Ministros do STF. A EC 47/2005 permite aos Estados e ao DF, por meio de emenda às respectivas constituições e Lei Orgânica, adotar como limite único o subsídio dos Desembargadores do TJ, não se aplicando a regra aos subsídios dos deputados estaduais e distritais e dos vereadores. Nos Municípios, o subteto é o subsídio do Prefeito. Estabeleceu-se, ainda, como subteto para os membros do MP, Procuradores e Defensores Públicos, o subsídio dos Desembargadores do TJ. Esse subteto vale também para os Procuradores Municipais (STF, RE 663696/MG, j. em 28.2.2019). Vale salientar que o valor do que deve estar sentido no teto abrange a remuneração e o subsídio, os proventos, pensões ou outra espécie remuneratória, percebidos cumulativamente ou não, incluídas as vantagens pessoais ou de qualquer outra natureza. Além disso, a regra do teto atinge os ocupantes de cargos, funções e empregos públicos da administração, direta, autárquica e fundacional, membros dos Poderes da União, dos Estados, do DF e dos Municípios, detentores de mandato eletivo e demais agentes políticos.

Aplica-se também às empresas públicas e sociedades de economia mista e suas subsidiárias que receberem recursos da União, dos Estados, do Distrito Federal ou dos Municípios para pagamento de despesas de pessoal ou custeio em geral (art. 37, § 9º, CF).

Vale ressaltar que o STF vinha entendendo que "as vantagens pessoais percebidas antes da entrada em vigor da EC 41/2003 não se computam para fins de cálculo do teto constitucional" (MS 27565, j. 18.10.2011). Nesse caso, reconheceu-se a procurador da república aposentado o direito de, a partir da data da impetração, continuar a receber, sem redução, o montante bruto que percebia anteriormente à EC 41/2003, até a sua total absorção pelas novas formas de composição de seus proventos. Porém, o mesmo STF reconheceu a eficácia imediata do abate-teto sobre salários e proventos de servidores públicos ativos e inativos e a inclusão de vantagens pessoais no teto remuneratório , em decisão que entendeu por bem "fixar a tese de que o teto de remuneração estabelecido pela Emenda Constitucional 41/2003 é de eficácia imediata, submetendo às referências de valor máximo nela fixadas todas as verbas remuneratórias percebidas pelos servidores de União, estados e municípios, ainda que adquiridas sob o regime legal anterior" (RE 609.381, j. 02.10.2014).

d) proibição de vinculação ou equiparação: *é vedada a vinculação ou equiparação de quaisquer espécies remuneratórias para efeito de remuneração dos servidores;* o STF entende violada essa regra quando se vincula o reajuste de vencimentos ao incremento da arrecadação de ICMS (RE 218.874/SC) ou que vincula o reajuste do subsídio do governador ao reajuste concedido aos servidores (ADI 3491); o mesmo tribunal editou a Súmula Vinculante 37, tratando, ainda, da proibição de aumento de vencimento dos servidores com fundamento na isonomia ("Não cabe ao Poder Judiciário, que não tem função legislativa, aumentar vencimentos de servidores públicos sob o fundamento de isonomia"); vide, a respeito, a decisão proferida pelo STF no RE 592.317/RJ, j. 28.08.2014;

e) irredutibilidade: *os subsídios e os vencimentos são irredutíveis* (art. 37, XV, CF); o STF entende que fere esse princípio o aumento na carga de trabalho do servidor sem o consequente aumento na remuneração (RE 255792/MG); entende também que o princípio é violado quando se desconta a remuneração de servidor afastado de suas funções por responder por processo penal em face da acusação de cometimento de crime funcional (RE 482.006); entende ainda que a aplicação do teto remuneratório previsto na EC 41/2003 não fere direito adquirido nem o princípio da irredutibilidade, eis que que os excessos eventualmente percebidos fora dessas condições, ainda que com o beneplácito de disciplinas normativas anteriores, não estariam amparados pela regra da irredutibilidade, ressaltando, ademais, que o pagamento de remunerações superiores aos tetos de retribuição, além de se contrapor a noções primárias de moralidade, de transparência e de austeridade na administração dos gastos com custeio, representaria gravíssima quebra da coerência hierárquica essencial à organização do serviço público (RE 609.381, j. 02.10.2004);

f) proibição de indexação: o STF editou a Súmula Vinculante n. 42, com o seguinte teor: "É inconstitucional a vinculação do reajuste de vencimentos de servidores estaduais ou municipais a índices federais de correção monetária";

g) publicação obrigatória: "os Poderes Executivo, Legislativo e Judiciário publicarão anualmente os valores do subsídio e da remuneração dos cargos e empregos públicos" (art. 39, § 6º, CF).

h) direitos dos ocupantes de cargos públicos: o § 3º do artigo 39 da Constituição dispõe que se aplica aos servidores ocupantes de cargo público o disposto no art. 7º, IV, VII, VIII, IX, XII, XIII, XV, XVI, XVII, XVIII, XIX, XX, XXII e XXX.

Confira o disposto no incisos citados do art. 7º da CF: IV e VII (salário mínimo), VIII (décimo terceiro salário), IX (remuneração de trabalho noturno superior à do diurno), XII (salário-família ao trabalhador de baixa renda), XIII (jornada diária não superior a 8 horas e semanal não superior a 44 horas, facultadas compensações), XV (repouso semanal remunerado), XVI (hora extra superior em pelo menos 50% da hora normal), XVII (férias anuais, com 1/3 a mais de remuneração), XVIII (licença à gestante de 120 dias), XIX (licença-paternidade), XX (proteção do mercado de trabalho da mulher), XXII (redução dos riscos do trabalho) e XXX (proibição de diferença de salário, função ou admissão por discriminação).

6.13. Aposentadoria

Consiste na transferência para a inatividade remunerada, cumpridos certos requisitos. Vejamos os tipos de aposentadoria:

Por incapacidade permanente: deve ser invalidez permanente, sendo os proventos proporcionais ao tempo de contribuição, exceto se decorrente de acidente de trabalho, de doença profissional e de doença do trabalho. Nos termos da EC 103/19, deve-se tratar de incapacidade permanente para o trabalho, no cargo em que estiver investido, quando insuscetível de readaptação, hipótese em que será obrigatória a realização de avaliações periódicas para verificação da continuidade das condições que ensejaram a concessão da aposentadoria, na forma de lei do respectivo ente federativo.

Compulsória: aos 75 anos de idade, com proventos proporcionais ao tempo de contribuição. Antes a aposentadoria em questão se dava aos 70 anos. Porém, a EC 88/2015 estabeleceu que essa aposentadoria passava a se dar aos 75 anos para ministros do STF, dos Tribunais Superiores e do TCU, podendo o legislativo estender para as demais carreiras públicas essa regra, o que acabou sendo feito pelo Congresso Nacional (Lei Complementar 152/15), de modo que agora a aposentadoria compulsória se dá aos 75 anos para todos os cargos públicos.

Voluntária: a pedido do interessado.

Servidores Públicos da União

✓ Idade mínima: 62 anos (mulheres) e 65 anos (homens);

✓ Tempo mínimo de contribuição: 25 anos de contribuição, com o tempo mínimo de 10 anos de efetivo exercício no serviço público e 5 anos no cargo em que for concedida a aposentadoria.

Professores

✓ Idade mínima: 57 anos (mulheres) e 60 anos (homens);

✓ Tempo mínimo de contribuição: também 25 anos, com 10 anos no serviço público e 5 anos no cargo.

Policiais federais, rodoviários federais, agentes penitenciários federais e policiais civis do DF:

✓ Idade mínima: 55 anos (ambos os sexos);

✓ Tempo mínimo de contribuição: 30 anos, para ambos os sexos, com 25 anos no exercício da função.

Quanto ao valor do benefício de aposentadoria voluntária, quem cumpre os prazos mínimos de 62 anos para mulher ou 65 anos para homem, e 25 anos de contribuição, tem direito a 60% da média, com mais 2% a mais por ano que contribuir além de 20 anos de contribuição. Há regras de transição para quem já era servidor ao tempo da promulgação da reforma.

No âmbito dos Estados, do Distrito Federal e dos Municípios, a aposentadoria voluntária poderá se dar na idade mínima estabelecida mediante emenda às respectivas Constituições e Leis Orgânicas, observados o tempo de contribuição e os demais requisitos estabelecidos em lei complementar do respectivo ente federativo, mantidas as regras anteriores à EC 103/19 enquanto não promovidas alterações na legislação interna relacionada ao respectivo regime próprio de previdência social.

No caso de professor este deve comprovar exclusivo e efetivo magistério na educação infantil/ensino fundamental/ensino médio. Nesse tema o STF entende que, "salientando que a atividade docente não se limita à sala de aula, e que a carreira de magistério compreende a ascensão aos cargos de direção da escola, o Tribunal, por maioria, julgou parcialmente procedente o pedido formulado para conferir interpretação conforme, no sentido de assentar que as **atividades mencionadas de exercício de direção de entidade escolar e as de coordenação e assessoramento pedagógico também gozam do benefício, desde que exercidas por professores**" (ADI 3.772/DF – g.n.).

Quanto à revisão dos benefícios previdenciários, determinou-se o fim da paridade com a remuneração dos servidores ativos, assegurando-se apenas o reajuste dos benefícios para preservar seu valor real, conforme critérios estabelecidos em lei (art. 40, § 8º, CF).

Ademais, é sempre bom lembrar que o STF é pacífico no sentido de que, não havendo redução dos proventos percebidos pelo inativo, não há inconstitucionalidade na lei que estabelece, para a carreira, o sistema de vencimento único, com absorção de outras vantagens remuneratórias (Ag. Reg. no RE 634.732/PR). Ou seja, alteração no regime da carreira na gera direitos aos servidores inativos, desde que não haja irredutibilidade. Por exemplo, "desde que mantida a irredutibilidade, o servidor inativo, embora aposentado no último patamar da carreira anterior, não tem direito adquirido de perceber proventos correspondentes aos da última classe da nova carreira reestruturada por lei superveniente" (RE 606.199, j. 09.10.2013). Porém, "as vantagens remuneratórias de caráter geral conferidas a servidores públicos, por serem genéricas, são extensíveis a inativos e pensionistas" (STF, RE 596.962/MT, j. 21.08.2014).

A lei não pode estabelecer contagem de tempo de contribuição fictício, como, por exemplo, dizer que férias não gozadas pelo servidor equivale a 3 meses de tempo de contribuição para efeito de aposentadoria.

Aliás, vale ressaltar que, hoje, o requisito não é mais *tempo de serviço*, mas *tempo de contribuição*.

Quanto ao ocupante exclusivamente de cargo em comissão (ou seja, aquele não seja servidor já com cargo efetivo), aplica-se as regras previdenciárias do regime geral de previdência (art. 40, § 13, da CF), e não as regras acima sobre o regime próprio de previdência do servidor público. Nesse sentido, não se aplica, por exemplo, a regra da aposentadoria compulsória a quem tenha cargo em comissão, de modo que uma pessoa com 80 ou 90 anos (e há casos disso) pode trabalhar no poder público num cargo em comissão.

Por fim, importante consignar que o STF editou a Súmula Vinculante 55, com o seguinte teor: "O direito ao auxílio-alimentação não se estende aos servidores inativos".

6.14. Processo administrativo disciplinar

É aquele destinado à apuração de faltas disciplinares, violação de deveres funcionais e imposição de sanções a servidores públicos.

6.14.1. Garantias e princípios

a) contraditório e ampla defesa: *"aos litigantes, em processo judicial ou administrativo, e aos acusados em geral são assegurados o contraditório e ampla defesa, com os meios e recursos a ela inerentes"* (art. 5º, LV, CF). *Vide* também a Lei 9.784/1999, aplicável subsidiariamente às leis federal e locais que tratam do processo disciplinar; vale salientar, que, apesar das inúmeras garantias contidas nesse princípio, o STF, na Súmula Vinculante 5, não entende que a falta de defesa técnica por advogado no processo disciplinar, por si só, ofenda o contraditório e a ampla defesa; ou seja, a falta de advogado não gera a presunção de desrespeito a esse princípio, se forem preservados os três elementos dessa garantia, que são os seguintes: "a) *o direito de manifestação* (que obriga o órgão julgador a informar à parte contrária dos atos praticados no processo e sobre os elementos dele constantes); b) *o direito de informação sobre o objeto do processo* (que assegura ao defendente a possibilidade de se manifestar oralmente ou por escrito sobre os elementos fáticos e jurídicos contidos no processo); e c) o direito de ver os seus argumentos contemplados pelo órgão incumbido de julgar (que exige do julgador capacidade de apreensão e isenção de ânimo para contemplar as razões apresentadas)" (STF, RE 434.059/DF);

b) juiz natural: *"ninguém será processado nem sentenciado senão pela autoridade competente"* (art. 5º, LIII, CF);

c) vedação da prova ilícita: *"são inadmissíveis, no processo, as provas obtidas por meios ilícitos"* (art. 5º, LVI, CF). Ex.: não é possível requerer a interceptação telefônica em processo administrativo disciplinar (Lei 9.296/1996); porém, o STJ admite a utilização dessa prova, em processo disciplinar, na qualidade de "prova emprestada", caso tenha sido produzida em ação penal, e desde que devidamente autorizada pelo juízo criminal e com a observância das diretrizes da Lei 9.296/1996 (MS 16.146, j. 22.05.2013); de acordo com a Súmula 591 do STJ, " É permitida a prova emprestada no processo administrativo disciplinar, desde que devidamente autorizada pelo juízo competente e respeitados o contraditório e a ampla defesa", não se considera ilícita a prova quando feita pela própria vítima (interlocutor) de fiscal que exigia propina, bem como não se considera flagrante preparado (mas flagrante esperado) no caso em que a solicitação de dinheiro pelo fiscal se dera dias antes de sua prisão (quando não mais se dependia do flagrante para a configuração do delito) e a equipe policial apenas permaneceu alerta, sem instigar a atuação do fiscal (STJ, RMS 19.785); também não se consideram provas ilícitas "As informações obtidas por monitoramento de e-mail corporativo de servidor público não configuram prova ilícita quando atinentes a aspectos não pessoais e de interesse da Administração Pública e da própria coletividade, sobretudo quando exista, nas disposições normativas acerca do seu uso, expressa menção da sua destinação somente para assuntos e matérias afetas ao serviço, bem como advertência sobre monitoramento e acesso ao conteúdo das comunicações dos usuários para cumprir disposições legais ou instruir procedimento administrativo" (RMS 48.665-SP, DJe 5/2/2016).

d) direito ao silêncio, *in dubio pro reo*, presunção de inocência e ônus da prova da Administração; por conta do princípio da presunção de inocência, não é possível cortar remuneração preventivamente, mas é cabível o afastamento cautelar do agente; por conta do ônus da prova da Administração não é possível que esta simplesmente coloque o ônus da prova sobre o servidor e atue de modo tendencioso e direcionado a culpabilizá-lo (STJ, MS 10.906);

e) gratuidade: não se pode cobrar custas do agente público;

f) oficialidade: instaurado e desenvolvido de ofício pela Administração;

g) formalismo moderado: deve-se ter em mente a instrumentalidade das formas, respeitando sempre a ampla defesa e o contraditório; por conta disso, o STJ entende, por exemplo, que a prorrogação *motivada* do prazo para a conclusão dos trabalhos da comissão em processo administrativo disciplinar não acarreta, por si só, a nulidade do procedimento (MS 16.031, j. 26.06.2013); por conta disso, "o excesso de prazo para a conclusão do processo administrativo disciplinar não gera, por si só, qualquer nulidade no feito, desde que não seja prejuízo para o acusado. Isso porque não se configura nulidade sem prejuízo (*pas de nulité sans grief*)" (RMS 33.628-PE, j. 02.04.2013). Nesse sentido é a Súmula 592 do STJ.

h) motivação: a motivação já um imperativo decorrente do regime republicano, do princípio da inafastabilidade da jurisdição (sem a motivação, como se vai exercer esse direito, demonstrando ao Judiciário uma ilegalidade ou abuso de poder) e do princípio da moralidade administrativa, mas esse princípio (da motivação) é ainda mais importante quando se pratica atos que restringem ou interferem nos direitos de terceiro; em matéria disciplinar, então, é ainda mais importante que a Administração motive adequadamente seus atos, explicitando e explicando as razões de seu convencimento; porém, isso não quer dizer que a Administração tem o dever de fazer o exame detalhado de cada argumento trazido pelas partes (STF, Ag. Reg. no ARE 637.958-MG);

i) respeito aos demais princípios administrativos: o STJ determinou a anulação de demissão certa ocasião, por ofensa aos princípios da impessoalidade (art. 37, *caput*, da CF) e da imparcialidade (art. 18 da Lei 9.784/1999), pelo fato de o processo administrativo ter sido instaurado por um dos investigados e também pelo fato de uma das testemunhas também se tratar de investigado, tendo prestado depoimento sem o compromisso de dizer a verdade (MS 14.233, DF).

Já no **plano substancial**, além do respeito aos princípios e regras administrativos em geral, destaque-se a relevância de decidir consoante os princípios da **legalidade**, da **moralidade** e, mais do que nunca, da **razoabilidade** e da **proporcionalidade**. Quanto aos dois últimos princípios, o Judiciário tem, inclusive, anulado a aplicação de penas de demissão (determinando que a Administração aplique nova pena, mas agora proporcional), quando há violação à razoabilidade ou proporcionalidade (STJ, RMS 29.290-MG). O Judiciário também tem anulado penas disciplinares quando se demonstra que a autoridade apenadora comete desvio de finalidade, apenando o servidor por perseguição ou interesse

de natureza diversa, mas não prevista em lei, por violação aos princípios da impessoalidade (e imparcialidade), moralidade e razoabilidade (STJ, MS 14.959-DF).

6.14.2. Incidência

O processo administrativo é obrigatório para as hipóteses em que são cabíveis sanções mais graves, tais como:

a) demissão;

b) perda do cargo;

c) suspensão por mais de 30 dias;

d) cassação da aposentadoria;

e) destituição de cargo em comissão como punição (diferente da livre exoneração).

6.14.3. Fases do processo administrativo

a) Instauração: por portaria, auto de infração, representação ou despacho da autoridade; vale salientar que, segundo a Súmula 641 do STJ, "A portaria de instauração do processo administrativo disciplinar prescinde da exposição detalhada dos fatos a serem apurados;

b) Instrução: produção de provas com participação do acusado;

c) Defesa: deve ser ampla e efetiva;

d) Relatório: elaborado pelo presidente da comissão (que deve ser formada por pessoas estáveis de cargo idêntico ou superior ao processado); trata-se de mera peça opinativa, não vinculando autoridade julgadora;

(As quatro fases anteriores também são chamadas de **inquérito**)

e) Julgamento: decisão final, que deve ser motivada e fundamentada pela autoridade competente, por exemplo, pelo Prefeito, Secretário dos Negócios Jurídicos. Vale salientar que o STJ entende que não é obrigatória a intimação do interessado para apresentar alegações finais após o relatório final do processo administrativo disciplinar, não havendo previsão legal nesse sentido (MS 18.090-DF, j. 08.05.2013).

Cabe recurso administrativo e ao Judiciário, que não adentra ao mérito do julgamento, mas ao respeito às formalidades, aos aspectos de legalidade. Em caso de anulação judicial da demissão, haverá reintegração do agente, com direito a indenização.

Sobre os prazos prescricionais previstos no art. 142 da Lei 8.112/90, confira a Súmula 635 do STJ: "Os prazos prescricionais previstos no art. 142 da Lei n. 8.112/1990 iniciam-se na data em que a autoridade competente para a abertura do procedimento administrativo toma conhecimento do fato, interrompem-se com o primeiro ato de instauração válido – sindicância de caráter punitivo ou processo disciplinar – e voltam a fluir por inteiro, após decorridos 140 dias desde a interrupção".

Ainda sobre o tema da prescrição confira outro entendimento do STJ, "O prazo prescricional previsto na lei penal se aplica às infrações disciplinares também capituladas como crime independentemente da apuração criminal da conduta do servidor" (MS 20.857-DF, DJe 12/06/2019).

6.14.4. Meios sumários

Sindicância: meio sumário de investigação, destinado à apuração preliminar de fatos com dois objetivos, que devem ser vistos no prazo de 30 dias:

a) Aplicação de sanções menos severas: multa, repreensão e suspensão de até 30 dias;

b) Processo preparatório: meio de convencimento para instauração de processo administrativo ou arquivamento da peça de instauração.

Verdade sabida: aquela testemunhada ou conhecida inequivocamente pelo superior hierárquico e que enseja sanção leve. Alguns estatutos admitem que a partir dela se imponha sanção, desde que se garanta ampla defesa ou contraditório. Porém, trata-se de instituto inconstitucional, pois há de sempre de se garantir contraditório e ampla defesa.

Termo de Declarações: servidor, confessando a falta, aceita a sanção aplicável, desde que não se exija processo disciplinar. Também é inconstitucional, pois sempre há de se garantir contraditório e ampla defesa.

O STF entende inconstitucional esses dois meios, sob o argumento de que não é "admissível que o Estado, em tema de restrição à esfera jurídica de qualquer cidadão e de seus servidores, exerça a sua autoridade de maneira abusiva ou arbitrária, de modo a desprezar, no exercício de sua atividade, o postulado da plenitude de defesa, visto que o reconhecimento da legitimidade ético-jurídica de qualquer medida imposta pelo Poder Público de que resultem, como no caso, consequências gravosas no plano dos direitos e garantias individuais exige a observância da garantia do devido processo" (ADI 2120/AM).

6.14.5. Sanções disciplinares

Normalmente, os estatutos dos funcionários públicos estabelecem as seguintes sanções disciplinares:

a) demissão;

b) demissão a bem do serviço público;

c) suspensão;

d) advertência, repreensão;

e) multa.

f) cassação da aposentadoria.

Porém, o estatuto local tem liberdade para estabelecer outros tipos de sanções disciplinares.

No caso da cassação da aposentadoria, é cabível quando se pratica, na atividade, falta disciplinar punível com demissão (STJ, MS 23.608-DF, DJe 05/03/2020), sem prejuízo de se fazer um acerto de contas entre a Administração e o servidor aposentado punido, em razão do caráter contributivo do benefício cassado.

Porém, o estatuto local tem liberdade para estabelecer outros tipos de sanções disciplinares.

De acordo com o STJ (Súmula 650), a autoridade administrativa não dispõe de discricionariedade para aplicar ao servidor pena diversa de demissão quando caraterizadas as hipóteses previstas no art. 132 da Lei n. 8.112/1990.

6.14.6. Comunicabilidade de instâncias

A regra é a da independência das instâncias cível, administrativa e criminal. A absolvição ocorrida no juízo criminal somente se comunicará à instância administrativa se se tratar de "absolvição por negativa de autoria" ou de "absolvição por inexistência do fato", e nunca se for "absolvição por falta de provas".

De qualquer forma, o exercício do poder disciplinar pelo Estado não está sujeito ao encerramento da perseguição criminal, nem se deixar influenciar, como se viu, por eventual sentença absolutória nessa instância, salvo nos casos mencionados (STF, MS 23.190/RJ, j. 01.08.2013; STJ, MS 18.090-DF, j. 08.05.2013).

Deve-se acrescentar que, de acordo com a Súmula 18 do STF, *"pela falta residual, não compreendida na absolvição pelo juízo criminal, é admissível a punição administrativa do servidor público"*.

7. IMPROBIDADE ADMINISTRATIVA

7.1. Conceito de improbidade administrativa

É o ato de imoralidade qualificada pela lei que importa em enriquecimento ilícito do agente, prejuízo ao erário ou violação dos princípios da administração pública e que enseja, em processo judicial promovido pelo Ministério Público, a aplicação das seguintes sanções: suspensão dos direitos políticos, perda da função pública, indisponibilidade dos bens, ressarcimento ao erário, perda de bens e valores acrescidos ilicitamente, multa civil e proibição de contratar com a administração pública ou dela receber benefícios. Tudo sem prejuízo das sanções penais, civis e administrativas.

Atualmente, o regime jurídico da improbidade está previsto na CF (art. 37, § 4º) e na Lei 8.429/1992 (Lei de Improbidade Administrativa). Importante destacar que a Lei 8.429/1992 foi objeto de relevantes alterações pela Lei 14.230/2021.

7.2. Modalidades de improbidade administrativa

A Lei 8.429/1992 estabelece três modalidades de ato de improbidade administrativa. A primeira modalidade é a de **enriquecimento ilícito (art. 9º)**. Essa modalidade consiste em o agente auferir vantagem patrimonial indevida em razão do exercício da atividade pública. São exemplos de improbidade nessa modalidade os seguintes: receber comissão, propina; utilizar bem ou funcionário públicos em proveito próprio; adquirir bens desproporcionais à renda, dentre outros.

A segunda modalidade é a de atos que causam **prejuízo ao erário (art. 10)**. Essa modalidade consiste em o agente ensejar perda patrimonial, desvio, malbaratamento ou dilapidação dos bens das entidades. São exemplos de improbidade nessa modalidade os seguintes: permitir ou facilitar que bem público seja desviado para particular, ou que seja alienado por preço inferior ao de mercado; realizar operações financeiras sem observância das normas legais; conceder benefício fiscal sem observância da lei; frustrar licitação; ordenar ou permitir realização de despesas não autorizadas; dentre outros.

A terceira modalidade é que importa em **violação a princípios da Administração Pública (art. 11)**. Essa modalidade consiste em o agente violar deveres de honestidade, imparcialidade, legalidade e lealdade às instituições. São exemplos de improbidade nessa modalidade os seguintes: revelar fato que deva permanecer em segredo, negar publicidade aos atos oficiais, deixar de prestar contas.

A jurisprudência do STJ afastou todas as teses de responsabilidade objetiva em qualquer das modalidades citadas.

Atenção! Antes das alterações promovidas no ano de 2021, prevalecia o entendimento, inclusive do STJ, de que a modalidade do art. 10 (prejuízo ao erário) pode se configurar tanto mediante conduta dolosa como mediante conduta culposa. Em relação às demais modalidades, somente mediante a caracterização do dolo. Ocorre que a Lei 14.230/2021 modificou o regime, dispondo que o elemento subjetivo da improbidade administrativa é sempre o dolo. Assim, não mais existe improbidade culposa.

Considera-se dolo a vontade livre e consciente de alcançar o resultado ilícito tipificado nos arts. 9º, 10 e 11 da Lei 8.429/1992, não bastando a voluntariedade do agente. Além disso, para que seja configurada a improbidade administrativa, há necessidade de comprovar a finalidade de obter proveito ou benefício indevido para si ou para outra pessoa ou entidade.

A lei expressamente prevê que não configura improbidade a divergência interpretativa da lei, baseada em jurisprudência, ainda que não pacificada, mesmo que não venha a ser posteriormente prevalecente nas decisões dos órgãos de controle ou do Poder Judiciário. Ressalte-se que uma outra inovação importante aconteceu em 2018, com a edição de novas regras na Lei de Introdução às Normas do Direito Brasileiro.

Tais regras certamente serão invocadas pelo acusado de improbidade para afastar a tipicidade na improbidade ou em outras leis sancionadoras de agentes públicos. Confira (arts. 22 e 28 da LINDB):

a) o agente público responderá pessoalmente por suas decisões ou opiniões técnicas em caso de dolo ou erro grosseiro. Essa regra, que só vale para **decisões** e **opiniões técnicas** (ex: de um procurador ou de um contador público), pode impactar na jurisprudência nos casos em que o agente público respondia mediante simples conduta culposa (negligência, imperícia ou imprudência);

b) na interpretação de normas sobre gestão pública, serão considerados os obstáculos e as dificuldades reais do gestor e as exigências das políticas públicas a seu cargo, sem prejuízo dos direitos dos administrados;

c) em decisão sobre regularidade de conduta ou validade de ato, contrato, ajuste, processo ou norma administrativa, serão consideradas as circunstâncias práticas que houverem imposto, limitado ou condicionado a ação do agente;

d) na aplicação de sanções, serão consideradas a natureza e a gravidade da infração cometida, os danos que dela provierem para a administração pública, as circunstâncias agravantes ou atenuantes e os antecedentes do agente;

e) as sanções aplicadas ao agente serão levadas em conta na dosimetria das demais sanções de mesma natureza e relativas ao mesmo fato.

Segue relação dos tipos de improbidade previstos na Lei 8.429/1992, com grifos e comentários nossos:

Dos Atos de Improbidade Administrativa que Importam **Enriquecimento Ilícito**

Art. 9º Constitui ato de improbidade administrativa importando enriquecimento ilícito **auferir, mediante a prática de ato doloso, qualquer tipo de vantagem patrimonial indevida em razão** do exercício de cargo, mandato, função, emprego ou atividade nas entidades mencionadas no art. 1º desta lei, **e notadamente**: *(a expressão "e notadamente" revela que o rol abaixo é exemplificativo, de modo que o* caput *já traz um tipo genérico dessa modalidade; ademais, aqui se exige dolo e não é necessário que haja lesão ao erário).*

I – **receber**, para si ou para outrem, **dinheiro, bem móvel ou imóvel**, ou **qualquer outra vantagem econômica**, direta ou indireta, a título de comissão, percentagem, gratificação ou presente de quem tenha interesse, direto ou indireto, **que possa ser atingido ou amparado por ação ou omissão decorrente das atribuições do agente público**;

II – **perceber vantagem econômica**, direta ou indireta, **para facilitar** a aquisição, permuta ou locação de bem móvel ou imóvel, ou a contratação de serviços pelas entidades referidas no art. 1º por preço superior ao valor de mercado;

III – **perceber vantagem econômica**, direta ou indireta, **para facilitar** a alienação, permuta ou locação de bem público ou o fornecimento de serviço por ente estatal por preço inferior ao valor de mercado;

IV – **utilizar**, em obra ou serviço **particular**, qualquer bem móvel, de propriedade ou à disposição de qualquer das entidades referidas no art. 1º desta Lei, bem como o trabalho de servidores, de empregados ou de terceiros contratados por essas entidades; o STJ reconheceu que incide o dispositivo na utilização, por Prefeita, de procuradores municipais para defendê-la na Justiça Eleitoral em casos envolvendo uso indevido de dinheiro público e abuso de autoridade e do poder econômico quando candidata à reeleição (REsp 908.790-RN, j. em 20.10.2009); também foi reconhecida a aplicação do dispositivo num caso em que um Prefeito usou vinte funcionários públicos em horário de expediente na construção de casa para a sua moradia (STJ, REsp 867.146-SC);

V – **receber vantagem econômica de qualquer natureza**, direta ou indireta, **para tolerar** a exploração ou a prática de jogos de azar, de lenocínio, de narcotráfico, de contrabando, de usura ou de qualquer outra atividade ilícita, ou **aceitar promessa** de tal vantagem;

VI – **receber vantagem econômica de qualquer natureza**, direta ou indireta, **para fazer declaração fals**a sobre qualquer dado técnico que envolva obras públicas ou qualquer outro serviço ou sobre quantidade, peso, medida, qualidade ou característica de mercadorias ou bens fornecidos a qualquer das entidades referidas no art. 1º desta Lei;

VII – adquirir, para si ou para outrem, no exercício de mandato, de cargo, de emprego ou de função pública, e em razão deles, bens de qualquer natureza, decorrentes dos atos descritos no *caput* deste artigo, cujo valor seja **desproporcional à evolução do patrimônio ou à renda do agente público**, assegurada a demonstração pelo agente da licitude da origem dessa evolução; observe-se que a evolução patrimonial desproporcional somente configura improbidade administrativa se decorrer de uma vantagem patrimonial indevida, ou seja, de um ato ilícito antecedente (importante assinalar que, antes da alteração promovida pela Lei 14.230/2021, essa hipótese era considerada pelo Judiciário como sendo presumidamente ilícita, independentemente da demonstração efetiva da origem ilícita do patrimônio);

VIII – **aceitar emprego, comissão ou exercer atividade de consultoria ou assessoramento** para pessoa física ou jurídica **que tenha interesse suscetível** de ser atingido ou amparado por ação ou omissão decorrente das atribuições do agente público, durante a atividade;

IX – **perceber vantagem econômica** para **intermediar** a liberação ou aplicação de verba pública de qualquer natureza;

X – **receber vantagem econômica de qualquer natureza**, direta ou indiretamente, **para omitir** ato de ofício, providência ou declaração a que esteja obrigado;

XI – **incorporar**, por qualquer forma, **ao seu patrimônio** bens, rendas, verbas ou valores integrantes do acervo patrimonial das entidades mencionadas no art. 1º desta lei;

XII – **usar**, **em proveito próprio**, bens, rendas, verbas ou valores integrantes do acervo patrimonial das entidades mencionadas no art. 1º da lei.

Vale ressaltar que o STJ entende que não há necessidade de lesão ao patrimônio público para a configuração de ato de improbidade que importante enriquecimento ilícito (REsp 1.412.214-PR, DJe 28.03.2016).

Dos Atos de Improbidade Administrativa que Causam **Prejuízo ao Erário**

Art. 10. Constitui ato de improbidade administrativa que causa lesão ao erário **qualquer ação ou omissão dolosa, que enseje**, efetiva e comprovadamente, perda patrimonial, desvio, apropriação, malbaratamento ou dilapidação dos bens ou haveres das entidades referidas no art. 1º desta Lei, e notadamente: *(a expressão "e notadamente" revela que o rol abaixo é exemplificativo; ademais, repare que, de acordo com a Lei 14.230/2021, a modalidade se configura somente mediante conduta dolosa)*

I – **facilitar ou concorrer**, por qualquer forma, para a **indevida incorporação** ao patrimônio particular, de pessoa física ou jurídica, de bens, de rendas, de verbas ou de valores integrantes do acervo patrimonial das entidades referidas no art. 1º desta Lei;

II – **permitir ou concorrer** para que pessoa física ou jurídica privada **utilize** bens, rendas, verbas ou valores integrantes do acervo patrimonial das entidades mencionadas no art. 1º desta lei, **sem a observância das formalidades legais ou regulamentares aplicáveis à espécie**;

III – **doar** à pessoa física ou jurídica bem como ao ente despersonalizado, ainda que de fins educativos ou assistências, bens, rendas, verbas ou valores **do patrimônio de qualquer das entidades** mencionadas no art. 1º desta lei, **sem observância** das formalidades legais e regulamentares aplicáveis à espécie;

IV – **permitir ou facilitar** a alienação, permuta ou locação de bem integrante do patrimônio de qualquer das entidades referidas no art. 1º desta lei, ou ainda a prestação de serviço por parte delas, **por preço inferior ao de mercado**;

V – **permitir ou facilitar** a aquisição, permuta ou locação de bem ou serviço **por preço superior ao de mercado**;

VI – **realizar operação financeira** sem observância das normas legais e regulamentares ou aceitar garantia insuficiente ou inidônea;

VII – **conceder benefício administrativo ou fiscal** sem a observância das formalidades legais ou regulamentares aplicáveis à espécie;

VIII – **frustrar a licitude de processo licitatório ou de processo seletivo** para celebração de parcerias com entidades sem fins lucrativos, ou **dispensá-los indevidamente**, acarretando **perda patrimonial efetiva;** o STJ afastou decisão que condenara agentes por improbidade neste tipo, ao fundamento de que o elemento subjetivo não foi comprovado, e dano ao erário, essencial para a configuração da modalidade, não acon-

teceu, em virtude de pagamento da quantia de R$ 50 mil pela Administração correspondeu efetivamente a uma prestação de serviço (REsp 1.038.777-SP, j. 03.02.2011);

IX – **ordenar ou permitir** a realização de despesas não autorizadas em lei ou regulamento;

X – **agir ilicitamente na arrecadação de tributo ou de renda**, bem como no que diz respeito à **conservação do patrimônio público**;

XI – **liberar verba pública** sem a estrita observância das normas pertinentes **ou influir** de qualquer forma para a sua aplicação irregular;

XII – **permitir, facilitar ou concorrer** para que **terceiro se enriqueça ilicitamente**; o STJ entende que a configuração do art. 10, XII, da Lei 8.429/1992 só é pertinente em caso de comprovada demonstração, nos autos, do nexo de causalidade entre o enriquecimento de terceiro e o prejuízo da Administração (REsp 842.428-ES);

XIII – **permitir que se utilize**, em obra ou serviço particular, veículos, máquinas, equipamentos ou material de qualquer natureza, de propriedade ou à disposição de qualquer das entidades mencionadas no art. 1º desta lei, bem como o trabalho de servidor público, empregados ou terceiros contratados por essas entidades.

XIV – **celebrar contrato ou outro instrumento** que tenha por objeto a prestação de serviços públicos por meio da gestão associada sem observar as formalidades previstas na lei;

XV – **celebrar contrato** de rateio de consórcio público sem suficiente e prévia dotação orçamentária, ou sem observar as formalidades previstas na lei.

XVI – **facilitar ou concorrer, por qualquer forma, para a incorporação, ao patrimônio particular de pessoa física ou jurídica, de bens, rendas, verbas ou valores públicos transferidos pela administração pública a entidades privadas** mediante celebração de parcerias, sem a observância das formalidades legais ou regulamentares aplicáveis à espécie;

XVII – **permitir ou concorrer para que pessoa física ou jurídica privada utilize bens, rendas, verbas ou valores públicos transferidos pela administração pública a entidade privada mediante celebração de parcerias**, sem a observância das formalidades legais ou regulamentares aplicáveis à espécie;

XVIII – **celebrar parcerias da administração pública com entidades privadas sem a observância das formalidades legais ou regulamentares aplicáveis à espécie;**

XIX – agir para a configuração de **ilícito na celebração, na fiscalização e na análise das prestações de contas de parcerias firmadas pela administração pública** com entidades privadas**;**

XX – **liberar recursos de parcerias firmadas pela administração pública com entidades privadas sem a estrita observância das normas pertinentes ou influir de qualquer forma para a sua aplicação irregular;**

XXI – revogado;

XXII – **conceder, aplicar ou manter benefício financeiro ou tributário contrário** ao que dispõem o *caput* e o § 1º do art. 8º-A da Lei Complementar nº 116, de 31 de julho de 2003 (dispositivo relacionado ao **Imposto sobre Serviços de Qualquer Natureza-ISSQN**); essa hipótese era tratada como uma quarta modalidade de improbidade (art. 10-A, incluído pela Lei Complementar 157/2016); no entanto, esse art. 10-A foi revogado pela Lei 14.230/2021, de modo que tal contexto constitui uma espécie da modalidade do art. 10 (prejuízo ao erário).

Dos Atos de Improbidade Administrativa que Atentam Contra os **Princípios da Administração Pública**

Art. 11. Constitui ato de improbidade administrativa que atenta contra os princípios da administração pública a **ação ou omissão dolosa** que **viole os deveres de honestidade, de imparcialidade e de legalidade**, caracterizada por uma das seguintes condutas: *(aqui se exige dolo e não se exige lesão ao erário; além disso, diante da alteração promovida pela Lei 14.230/2021, os incisos que compõem esse artigo constituem um rol taxativo)*

I – **praticar ato visando fim proibido em lei ou regulamento** ou diverso daquele previsto, na regra de competência; **Atenção!** essa hipótese foi revogada pela Lei 14.230/2021;

II – **retardar ou deixar de praticar, indevidamente, ato de ofício; Atenção!** essa hipótese foi revogada pela Lei 14.230/2021;

III – **revelar fato ou circunstância** de que tem ciência em razão das atribuições e que deva permanecer em segredo, propiciando beneficiamento por informação privilegiada ou colocando em risco a segurança da sociedade e do Estado;

IV – **negar publicidade aos atos oficiais,** exceto em razão de sua imprescindibilidade para a segurança da sociedade e do Estado ou de outras hipóteses instituídas em lei**;**

V – **frustrar**, em ofensa à imparcialidade, **o caráter concorrencial de concurso público, de chamamento ou de procedimento licitatório**, com vistas à obtenção de benefício próprio, direto ou indireto, ou de terceiros; o STJ entendeu não configurar o ilícito a contratação temporária de servidores e sua prorrogação sem concurso, quando amparadas em legislação local, a afastar o dolo genérico, essencial para a configuração dessa modalidade de improbidade (EDcl no AgRg no AgRg no AREsp 166.766-SE, j. em 23.10.2012);

VI – **deixar de prestar contas** quando esteja obrigado a fazê-lo, desde que disponha das condições para isso, com vistas a ocultar irregularidades;

VII – **revelar ou permitir que chegue ao conhecimento de terceiro**, antes da respectiva divulgação oficial, teor de medida política ou econômica capaz de afetar o preço de mercadoria, bem ou serviço;

VIII – **descumprir** as normas relativas à celebração, fiscalização e aprovação de contas de **parcerias firmadas pela administração pública com entidades privadas;**

IX – **deixar de cumprir** a exigência de **requisitos de acessibilidade** previstos na legislação; **Atenção!** essa hipótese foi revogada pela Lei 14.230/2021;

X – transferir recurso a entidade privada, em razão da prestação de serviços na **área de saúde sem a prévia celebração de contrato, convênio ou instrumento congênere; Atenção!** essa hipótese foi revogada pela Lei 14.230/2021;

XI – **nomear** cônjuge, companheiro ou parente em linha reta, colateral ou por afinidade, até o terceiro grau, inclusive, da autoridade nomeante ou de servidor da mesma pessoa jurídica investido em cargo de direção, chefia ou assessoramento, para o exercício de cargo em comissão ou de confiança ou, ainda, de função gratificada na administração pública direta e indireta em qualquer dos Poderes da União, dos Estados, do Distrito Federal e dos Municípios, compreendido o ajuste mediante designações recíprocas; trata-se da figura do **nepotismo**, hipótese inserida expressamente na Lei 8.429/1992 pela Lei 14.230/2021;

XII – praticar, no âmbito da administração pública e com recursos do erário, **ato de publicidade que contrarie o disposto no § 1º do art. 37 da Constituição Federal**, de forma a promover inequívoco enaltecimento do agente público e personalização de atos, de programas, de obras, de serviços ou de campanhas dos órgãos públicos; hipótese inserida expressamente na Lei 8.429/1992 pela Lei 14.230/2021.

O STJ também afasta o reconhecimento de improbidade quando o agente público, mesmo cometendo uma ilegalidade, não tenha atuado, num sentido amplo, com imoralidade, desídia, desvio ético ou desonestidade. Afinal, a expressão improbidade significa desonestidade e, não havendo ofensa a esse bem jurídico, não há falar-se em responsabilidade por ato de improbidade administrativa. Um exemplo foi o de um Prefeito que permitiu o uso de um imóvel público a título precário, sem que houvesse lei autorizando (contrariando assim a lei orgânica local), para abrigar, sob a orientação de servidores em trabalho voluntário, crianças sujeitas a abusos e maus-tratos, durante a noite e finais de semana, pois à época não havia nem conselho tutelar no local (REsp 1.129.277-RS, j. em 04.05.2010). Reconheceu-se que o ato foi praticado com o intuito de assegurar direitos fundamentais a crianças e adolescentes e que a eventual ilegalidade na formalização não é suficiente para caracterizar ato de improbidade, sem prejuízo de que a questão seja corrigida.

7.3. Sanções ou penas pela prática de improbidade administrativa

Aplicam-se ao sistema da improbidade os princípios constitucionais do direito administrativo sancionador.

A Lei 8.429/1992 estabelece as seguintes sanções para aquele que pratica o ato de improbidade (art. 12). Atente-se que a Lei 14.230/2021 modificou diversos aspectos relacionados às penalidades:

a) suspensão dos direitos políticos: até 14 anos (no caso de enriquecimento ilícito – art. 9º) ou até 12 anos (no caso de prejuízo ao erário – art. 10); **Atenção!** de acordo com o atual regime, não mais se aplica a suspensão de direitos políticos no caso de improbidade por violação aos princípios (art. 11);

b) perda da função pública: no caso de enriquecimento ilícito (art. 9º) e prejuízo ao erário (art. 10); **Atenção!** não mais se aplica a perda da função pública no caso de improbidade por violação aos princípios (art. 11); além disso, a sanção atinge apenas o vínculo de mesma qualidade e natureza que o agente público ou político detinha com o poder público na época do cometimento da infração (excepcionalmente, pode o magistrado, na hipótese de enriquecimento ilícito, estendê-la aos demais vínculos, consideradas as circunstâncias do caso e a gravidade da infração);

c) indisponibilidade dos bens (§ 4º do art. 37 da CF): finalidade de garantir a integral recomposição do erário ou do acréscimo patrimonial resultante de enriquecimento ilícito;

d) ressarcimento ao erário: a reparação do dano decorrente da improbidade deve deduzir o ressarcimento ocorrido nas instâncias criminal, civil e administrativa que tiver por objeto os mesmos fatos; para fins de apuração do valor do ressarcimento, devem ser descontados os serviços efetivamente prestados;

e) perda de bens e valores acrescidos ilicitamente;

f) multa civil: valor do acréscimo patrimonial (art. 9º); valor do dano (art. 10); até 24 vezes o valor da remuneração percebida pelo agente (art. 11); a multa pode ser aumentada até o dobro, se o juiz considerar que, em virtude da situação econômica do réu, o valor acima é ineficaz para reprovação e prevenção do ato de improbidade;

g) proibição de contratar com a Administração Pública ou dela receber benefícios ou incentivos fiscais ou creditícios, direta ou indiretamente, ainda que por intermédio de pessoa jurídica da qual seja sócio majoritário: prazo não superior a 14, 12 e 4 anos, para os arts. 9º, 10 e 11, respectivamente.

Atenção! De acordo com as alterações promovidas pela Lei 14.230/2021, as sanções acima somente podem ser executadas após o **trânsito em julgado** da sentença condenatória.

As quatro primeiras sanções foram criadas expressamente pela CF, enquanto as demais foram criadas pela Lei 8.429/1992.

A aplicação das sanções independe de dano ao erário (salvo quanto à pena de ressarcimento e às condutas previstas no art. 10 da Lei 8.429/1992) e da aprovação ou rejeição de contas pelo órgão de controle interno ou Tribunal de Contas (art. 21, I e II).

Porém, **em casos em que não se demonstrar lesão ao erário**, como na contratação de servidores sem concurso ou de empresas sem licitação, mas que acabarem trabalhando ou prestando serviço, não cabe a aplicação da sanção de ressarcimento ao erário, não havendo dano, para que não haja enriquecimento sem causa da Administração, sem prejuízo da aplicação de outras sanções previstas no art. 12 da Lei 8.429/1992 (STJ, REsp 1.238.466-SP).

Quanto **à aprovação de contas pelo Tribunal de Contas**, a jurisprudência do STJ vem aplicando o dispositivo citado (REsp 593.522-SP), asseverando que a sua aprovação não inibe a atuação do Poder Judiciário para exame de sua legalidade e constitucionalidade, pois as cortes de contas municipais não exercem jurisdição e não têm atribuição para anular atos lesivos ao patrimônio público, visto que exercem função auxiliar ao Legislativo (art. 5º, XXXV, c/c o art. 71, X, §§ 1º e 2º da CF/1988). Além disso, as provas produzidas perante os órgãos de controle e as correspondentes decisões devem ser consideradas na formação da convicção do juiz.

No tocante à **cumulação das sanções previstas no art. 12 da Lei 8.429/1992**, o STJ entendeu que estas não podem ser cumuladas de modo indistinto, em obediência ao princípio da proporcionalidade (REsp 626.204/RS, DJ 06.09.2007).

Na prática, somente em casos gravíssimos, como de enriquecimento ilícito do agente (art. 9º), justifica-se a cumulação de todas as sanções previstas no art. 12.

Casos que envolvam violação a princípios (art. 11) e prejuízo ao erário (art. 10), desde que não dolosos, dão ensejo, normalmente, apenas a multa civil e ressarcimento do dano (AgRg no AgRg no Ag 1.261.659/TO, DJ 07.06.2010).

Por outro lado, reconheceu-se ser hipótese de aplicar a grave sanção de suspensão dos direitos políticos, mesmo em caso em que não havia enriquecimento ilícito do agente, num caso de contratação, por vereadores, de funcionários fantasmas (STJ, REsp 1.025.300).

Aliás, em matéria de aplicação das sanções, vale trazer à colação outro entendimento do STJ, esse no sentido de que a aplicação da sanção de demissão/perda do cargo, em caso de prática de ato de improbidade, não é de competência exclusiva da autoridade judiciária, podendo ser feita pela autoridade administrativa, dada a independência das instâncias (AgRg no MS 15.054/DF, DJ 18.05.2010). Nesse sentido a Súmula 651 da Corte Superior: "Compete à autoridade administrativa aplicar a servidor público a pena de demissão em razão da prática de improbidade administrativa, independentemente de prévia condenação, por autoridade judiciária, à perda da função pública."

Ou seja, a aplicação das sanções por improbidade administrativa independe da aplicação de sanções nas esferas administrativa e penal, dada a independência das instâncias, claramente determinada no art. 12, *caput*, da Lei 8.429/1992. Assim, o fato de um agente público estar sofrendo um processo disciplinar que pode levá-lo à demissão não interfere na continuidade da ação de improbidade, que pode também levá-lo à perda do cargo.

7.4. Sujeitos do ato de improbidade administrativa

São **sujeitos passivos**, ou seja, podem ser vítimas do ato de improbidade as seguintes pessoas (art. 1º, §§ 5º a 7º, da Lei 8.429/1992):

a) Administração direta e indireta, no âmbito da União, dos Estados, dos Municípios e do Distrito Federal;

Obs.: abrange Poderes Executivo, Legislativo e Judiciário;

b) Entidade privada para cuja criação ou custeio o erário haja concorrido ou concorra no seu patrimônio ou receita atual;

Obs.: o ressarcimento ao erário limita-se à repercussão do ilícito sobre a contribuição dos cofres públicos;

c) Entidade privada que receba subvenção, benefício ou incentivo, fiscal ou creditício, de entes públicos ou governamentais.

São **sujeitos ativos**, ou seja, praticam atos de improbidade as seguintes pessoas (arts. 2º e 3º da Lei 8.429/1992):

a) *agentes públicos*, ou seja, o agente político, o servidor público e todo aquele que exerce, ainda que transitoriamente ou sem remuneração, por eleição, nomeação, designação, contratação ou qualquer outra forma de investidura ou vínculo, mandato, cargo, emprego ou função nas entidades mencionadas acima como sujeitos passivos; aqui temos os chamados agentes próprios de improbidade;

b) O particular, pessoa física ou jurídica, que celebra com a administração pública convênio, contrato de repasse, contrato de gestão, termo de parceria, termo de cooperação ou ajuste administrativo equivalente;

c) Aquele que, mesmo não sendo agente público, induza ou concorra dolosamente para a prática do ato de improbidade.

Atenção! Vale informar que o STJ tem entendimento de que "não é possível o ajuizamento de ação de improbidade administrativa exclusivamente em face de particular, sem a concomitante presença de agente público no polo passivo da demanda" (REsp 1.171.017-PA, j. 25.02.2014).

No tocante aos *sujeitos ativos* do ato de improbidade, observou-se acirrada polêmica em relação aos **agentes políticos**. Em um primeiro momento, o STF fixou entendimento de que os **agentes políticos** que respondam por crime de responsabilidade (exs.: Presidente, Ministros de Estado, desembargadores, entre outros) não estão sujeitos à incidência da Lei 8.429/1992 (RE 579.799, DJ 19.12.2008), dada a similitude das sanções nas duas esferas. A exceção aplicava-se aos Prefeitos, em relação a quem se admitia a responsabilização por improbidade (Rcl 6034, DJ 29/03/2008). No entanto, sobreveio alteração de entendimento, de modo que o STF passou a decidir que os agentes políticos, de modo geral – com exceção do Presidente da República –, encontram-se sujeitos a um duplo regime sancionatório, submetendo-se tanto à responsabilização civil pelos atos de improbidade administrativa, quanto à responsabilização político-administrativa por crimes de responsabilidade (Pet 3240 AgR, Rel. Min. Roberto Barroso, DJe 22/08/2018). Relevante apontar que, com a Lei 14.230/2021, o agente político passou a constar expressamente no art. 2º, *caput*, da Lei 8.429/1992 como sujeito ativo.

Quanto aos sujeitos ativos impróprios de improbidade (art. 3º), o STJ já admitiu que uma ação de improbidade fosse mantida após a exclusão de agentes públicos do polo passivo da demanda, mesmo restando como réus, além da sociedade de economia mista na qual se deram os fatos, apenas particulares (REsp 1.138.523, j. 23.02.2010).

Conforme as modificações introduzidas pela Lei 14.230/2021, que os sócios, os cotistas, os diretores e os colaboradores de pessoa jurídica de direito privado não respondem pelo ato de improbidade que venha a ser imputado à pessoa jurídica, salvo se, comprovadamente, houver participação e benefícios diretos. Ademais, as sanções de improbidade não se aplicam à pessoa jurídica, caso o ato de improbidade administrativa seja também sancionado como ato lesivo à administração pública de que trata a Lei 12.846/2013 (lei anticorrupção). Há, portanto, a necessidade de observância do princípio constitucional do *non bis in idem*.

Quanto ao sucessor daquele que causar lesão ao patrimônio público ou se enriquecer ilicitamente, o art. 8º da Lei 8.429/1992, respeitando o princípio da intranscendência (art. 5º, XLV, da CF), dispõe que está sujeito apenas à obrigação de reparar o dano, até o limite do valor da herança ou do patrimônio transferido.

Obs.: A responsabilidade sucessória do art. 8º da Lei 8.429/1992 aplica-se também na hipótese de alteração contratual, de transformação, de incorporação, de fusão ou de cisão societária.

Quanto ao sucessor daquele que causar lesão ao patrimônio público ou se enriquecer ilicitamente, o art. 8º da Lei 8.429/1992, respeitando o princípio constitucional da intranscendência das sanções e restrições de direito (art. 5º, XLV, da CF), dispõe que aquele está sujeito apenas à obrigação de reparar o dano, até o limite do valor da herança ou do patrimônio transferido. **Atenção!** Com as alterações promovidas pela Lei 14.230/2021, restou ultrapassada a jurisprudência que vinha dominando, no sentido de que o sucessor teria de suportar não somente o ressarcimento ao erário, mas também a multa civil imposta ao falecido que tenha praticado improbidade.

7.5. Processo

Antes da alteração promovida em 2021, eram legitimados ativos para a ação de improbidade o Ministério Público e a pessoa jurídica interessada (= pessoa jurídica lesada).

Com a Lei 14.230/2021, apenas o MP foi previsto como autor da ação (art. 17, "caput", cf. redação dada pelo novo diploma legal). No entanto, foram propostas perante o STF as ADINs 7.042 e 7.043, no âmbito das quais o Pleno da Corte restabeleceu a legitimidade da pessoa jurídica interessada para o ajuizamento da ação de improbidade.

Conclusão importante! Atualmente, por força da Lei 14.230/2021 e de decisão do STF, são legitimados ativos o Ministério Público e a pessoa jurídica interessada. Trata-se de legitimidade ativa concorrente e disjuntiva.

Qualquer pessoa poderá representar à autoridade administrativa competente (ou ao MP) para instaurar investigação a fim de apurar a prática do ato (art. 14). Comissão processante dará ciência ao MP e ao Tribunal de Contas da existência de procedimento (art. 15).

As **tutelas de urgência** previstas pela Lei 8.429/1992 são as seguintes:

a) Indisponibilidade de bens (art. 16): o escopo é garantir a integral recomposição do erário ou do acréscimo patrimonial resultante de enriquecimento ilícito;

b) Afastamento do agente público (art. 20, §§1º e 2º): a autoridade judicial pode determinar o afastamento do agente público do exercício da função pública, sem prejuízo da remuneração, quando a medida for necessária à instrução processual ou para evitar a iminente prática de novos ilícitos; o prazo de afastamento é de até 90 dias, prorrogável uma única vez por igual período; o STJ é claro no sentido de que o afastamento cautelar do agente de seu cargo é excepcional e configura-se tão somente com a demonstração de um comportamento do agente público que, no exercício de suas funções ou em razão delas, importe efetiva ameaça à instrução processual (REsp 895.415-BA).

Apesar de não prevista na Lei de Improbidade, é cabível também a cautelar de exibição de documentos para fins de quebra do sigilo bancário ou fiscal do agente.

Quanto à medida cautelar de **indisponibilidade de bens**, as alterações promovidas pela Lei 14.230/2021 tornaram minucioso o regime da medida. A sua decretação pelo Judiciário exige a demonstração do *periculum in mora*, de modo que a urgência não pode ser presumida. **Atenção!** O STJ entendia que a indisponibilidade requeria apenas o *fumus boni iuris*, estando o *periculum in mora* implícito na lei. No entanto, a recente alteração na lei de improbidade passou a exigir expressamente o perigo de dano irreparável ou de risco ao resultado útil do processo.

Essa tutela de urgência somente pode recair sobre bens que assegurem exclusivamente o integral ressarcimento do dano ao erário, sem incidir sobre os valores aplicados a título de multa civil ou sobre acréscimo patrimonial decorrente de atividade lícita. Nesse particular, a modificação trazida pela Lei 14.230/2021 tornou superada a jurisprudência do STF, no sentido de que a medida incide sobre as bases patrimoniais da futura sentença condenatória, incluído o valor de eventual multa civil.

A indisponibilidade dos bens pode ser decretada sem a oitiva prévia do réu, sempre que o contraditório prévio puder comprovadamente frustrar a efetividade da medida. Ademais, é permitida a substituição da indisponibilidade por caução idônea, por fiança bancária ou por seguro-garantia judicial, a requerimento do réu. Se houver mais de um réu na ação, a somatória dos valores declarados indisponíveis não poderá superar o montante indicado na petição inicial como dano ao erário ou como enriquecimento ilícito.

Além disso, é vedada a decretação de indisponibilidade da quantia de até 40 salários mínimos depositados em caderneta de poupança, em outras aplicações financeiras ou em conta-corrente, bem como de bem de família do réu (salvo se comprovado que o imóvel seja fruto de vantagem patrimonial indevida relacionada a enriquecimento ilícito).

A Lei 14.230/2021 introduziu uma ordem de prioridade para a incidência da medida. Assim, a decretação de indisponibilidade de bens deve priorizar veículos de via terrestre, bens imóveis, bens móveis em geral, semoventes, navios e aeronaves, ações e quotas de sociedades simples e empresárias, pedras e metais preciosos. Apenas na inexistência desses é que pode ser imposto o bloqueio de contas bancárias, de forma a garantir a subsistência do acusado e a manutenção da atividade empresária ao longo do processo.

O **procedimento** previsto pela lei é o comum (art. 17). **Atenção!** Antes da alteração promovida pela Lei 14.230/2021, havia uma fase de defesa preliminar (o requerido era notificado para oferecer resposta em 15 dias). Atualmente, se a petição inicial estiver em devida forma, o juiz deve ordenar a citação dos requeridos para apresentação de contestação (prazo comum de 30 dias).

É importante ressaltar que a lei vedava expressamente qualquer tipo de transação, acordo ou conciliação na ação por improbidade. No entanto, a partir de 2019 houve modificação e agora a lei autoriza a celebração de **acordo de não persecução civil** (art. 17-B da Lei 8.429/92). O acordo pode ser firmado entre, de um lado, o Ministério Público e/ou a pessoa jurídica interessada e, de outro, os sujeitos ativos da improbidade. Deve contemplar, ao menos, o integral ressarcimento do dano e a reversão à pessoa jurídica lesada da vantagem indevida obtida pelos envolvidos. Para a apuração do valor do dano, deve ser realizada oitiva do Tribunal de Contas. Havendo a possibilidade de solução consensual, podem as partes requerer ao juiz a interrupção do prazo para a contestação, por prazo não superior a 90 dias. Sob o prisma formal, a sua celebração depende, entre outros, de homologação judicial, independentemente de o acordo ocorrer antes ou depois do ajuizamento da ação de improbidade administrativa. Além disso, o seu firmamento deve considerar a personalidade do agente, a natureza, as circunstâncias, a gravidade e a repercussão social do ato de improbidade, bem como as vantagens, para o interesse público, da rápida solução do caso. Relevante apontar, seguindo uma tendência geral de valorização do *compliance*, que o acordo pode contemplar a adoção de mecanismos internos de integridade. Aponte-se também que, em caso de descumprimento, o ímprobo fica impedido de celebrar novo acordo pelo prazo de 5 anos, contado do conhecimento pelo Ministério Público do efetivo descumprimento.

Quanto ao uso de colaboração premiada em ações de improbidade, o STF fixou a seguinte tese: "É constitucional a utilização da colaboração premiada, nos termos da Lei 12.850/2013, no âmbito civil, em ação civil pública por ato de improbidade administrativa movida pelo Ministério Público, observando-se as seguintes diretrizes: (1) Realizado o acordo de colaboração premiada, serão remetidos ao juiz, para análise, o respectivo termo, as declarações do colaborador e cópia da investigação, devendo o juiz ouvir sigilosamente o colabo-

rador, acompanhado de seu defensor, oportunidade em que analisará os seguintes aspectos na homologação: regularidade, legalidade e voluntariedade da manifestação de vontade, especialmente nos casos em que o colaborador está ou esteve sob efeito de medidas cautelares, nos termos dos §§ 6º e 7º do artigo 4º da referida Lei 12.850/2013; (2) As declarações do agente colaborador, desacompanhadas de outros elementos de prova, são insuficientes para o início da ação civil por ato de improbidade; (3) A obrigação de ressarcimento do dano causado ao erário pelo agente colaborador deve ser integral, não podendo ser objeto de transação ou acordo, sendo válida a negociação em torno do modo e das condições para a indenização; (4) O acordo de colaboração deve ser celebrado pelo Ministério Público, com a interveniência da pessoa jurídica interessada e devidamente homologado pela autoridade judicial; (5) Os acordos já firmados somente pelo Ministério Público ficam preservados até a data deste julgamento, desde que haja previsão de total ressarcimento do dano, tenham sido devidamente homologados em Juízo e regularmente cumpridos pelo beneficiado." (STF, ARE 1.175.650/PR, j. 30.6.2023).

Quanto à **competência**, com o regramento trazido pela Lei 14.230/2021, a Lei 8.429/1992 passou expressamente a prever que a ação de improbidade administrativa deve ser proposta perante o foro do local onde ocorrer o dano ou da pessoa jurídica prejudicada (art. 17, §4º-A).

Ainda no que pertine à competência, o STF fixou o entendimento de que "o foro especial por prerrogativa de função previsto na Constituição Federal em relação às infrações penais comuns não é extensível às ações de improbidade administrativa, de natureza civil", motivo pelo qual a competência é de primeira instância (Pet 3240 AgR, Rel. Min. Roberto Barroso, DJe 22/08/2018).

Uma novidade disposta pela nova lei de 2021 é a possibilidade de conversão da ação de improbidade em ação civil pública, caso se identifique a existência de ilegalidades administrativas a serem sanadas e sem que estejam presentes os requisitos para a imposição das sanções da Lei 8.429/1992.

A **sentença** aplicará as sanções e determinará o pagamento ou a reversão dos bens, conforme o caso, em favor da pessoa jurídica (art. 18). Não incide na ação de improbidade o reexame obrigatório da sentença de improcedência ou de extinção sem resolução de mérito (art. 17, § 19, IV).

No que se refere à comunicabilidade de instâncias, as sentenças civis e penais produzem efeitos em relação à ação de improbidade quando concluírem pela inexistência da conduta ou pela negativa da autoria. Ademais, a absolvição criminal em ação que discuta os mesmos fatos, confirmada por decisão colegiada, impede o trâmite da ação de improbidade, havendo comunicação com todos os fundamentos de absolvição previstos no art. 386 do Código de Processo Penal.

7.6. Prescrição (art. 23)

No que diz respeito ao **prazo prescricional** para o exercício da pretensão de aplicar as sanções de improbidade administrativa, o STF, ao interpretar o art. 37, § 5º, da CF, consagrou a seguinte tese: são **imprescritíveis** as ações de **ressarcimento ao erário** fundada na prática de ato doloso tipificado na Lei de Improbidade Administrativa (RE 852475/SP, DJe 08.08.2018). Repare que a imprescritibilidade tem os seguintes requisitos: a) é só em relação ao ressarcimento ao erário (não atingindo a aplicação das demais sanções da Lei de Improbidade, que tem o prazo prescricional mantido, nos termos das regras do parágrafo abaixo); b) depende do reconhecimento de que o ato praticado foi doloso; c) depende do reconhecimento de que o ato praticado é qualificado pela lei como ato de improbidade administrativa.

Quanto à aplicação das **demais sanções**, e de acordo com as alterações promovidas pela Lei 14.230/2021, o prazo prescricional é de **8 anos**, contados a partir da ocorrência do fato ou, no caso de infrações permanentes, do dia em que cessou a permanência. **Atenção!** Verifica-se que o novo regramento modificou de modo significativo o regime original da prescrição em improbidade.

A nova lei passou a dispor sobre a suspensão e a interrupção do prazo prescricional, nos seguintes moldes:

a) a instauração de inquérito civil para apuração dos ilícitos suspende o curso do prazo prescricional por, no máximo, 180 dias corridos, recomeçando a correr após a sua conclusão ou, caso não concluído o processo, esgotado o prazo de suspensão;

b) interrompe-se o prazo prescricional: i) pelo ajuizamento da ação de improbidade administrativa; ii) pela publicação da sentença condenatória; iii) pela publicação de decisão ou acórdão de Tribunal de Justiça (ou Tribunal Regional Federal), do STJ ou do STF que confirma sentença condenatória ou que reforma sentença de improcedência;

c) interrompida a prescrição, o prazo recomeça a correr do dia da interrupção, pela metade do prazo de 8 anos;

d) o inquérito civil para apuração do ato de improbidade deve ser concluído no prazo de 365 dias corridos, prorrogável uma única vez por igual período.

7.7. Disposições penais

A Lei 8.429/1992 tipifica, no âmbito penal, a seguinte conduta:

> "Art. 19. Constitui crime a representação por ato de improbidade contra agente público ou terceiro beneficiário, quando o autor da denúncia o sabe inocente.
>
> Pena: detenção de seis a dez meses e multa.
>
> Parágrafo único. Além da sanção penal, o denunciante está sujeito a indenizar o denunciado pelos danos materiais, morais ou à imagem que houver provocado."

Para configurar o tipo, é necessário que alguém represente um terceiro acusando-o de ter cometido ato de improbidade que, na verdade, não fora cometido. É necessário que aquele que faz a representação (o autor da denúncia) saiba que o terceiro é inocente. Sem elemento o crime não se configura. E é até bom que assim o seja, para que as pessoas não tenham medo de representar contra terceiros por ato de improbidade. Somente aquele que está de má-fé (por saber que o terceiro é inocente) é que deve temer fazer uma representação nessas condições.

Interessante disposição é a prevista no parágrafo único do art. 19, que assevera que o autor da denúncia indevida está sujeito, ainda, a indenizar o denunciado pelos danos materiais, morais ou à imagem que houver provocado. Apesar de o dever de indenizar já ser uma consequência legal em desfavor de quem é condenado por cometer um crime que causa danos à esfera civil de alguém (o art. 91, I, do CP estabelece que é efeito da condenação "tornar certa a obrigação de indenizar o dano causado pelo crime"), a menção à indenização por danos morais e à imagem acaba por evidenciar à necessidade de indenizar todos os danos causados à vítima da representação.

Vale lembrar que, para apurar qualquer ilícito previsto nesta lei, inclusive o penal, o Ministério Público, de ofício, a requerimento de autoridade administrativa ou mediante representação formulada de acordo com o disposto no art. 14 da Lei 8.429/1992, poderá requisitar a instauração de inquérito policial, ou, no caso de ilícito não penal, a instauração de procedimento administrativo.

7.8. Lei 14.230/2021 e direito intertemporal. Posição do STF

Com a edição da Lei 14.230/2021, e diante das múltiplas alterações do regime da improbidade administrativa, surgiram dúvidas sobre a aplicação do novo regramento no tempo, especialmente nos casos anteriores à vigência do diploma legal de 2021. Nesse cenário, questionou-se acerca da ocorrência da retroatividade benéfica em sede de improbidade administrativa, nos mesmos moldes do regime penal, que detém consagração constitucional (art. 5º, inciso XL).

Ocorre que Supremo Tribunal Federal, no âmbito do ARE 843.989/PR, fixou as seguintes teses de repercussão geral (Pleno, Rel. Min. Alexandre de Morais, julgamento finalizado em 18/08/2022 – tema 1.199):

1) É necessária a comprovação de responsabilidade subjetiva para a tipificação dos atos de improbidade administrativa, exigindo-se – nos artigos 9º, 10 e 11 da LIA – a presença do elemento subjetivo – dolo;

2) A norma benéfica da Lei 14.230/2021 – revogação da modalidade culposa do ato de improbidade administrativa –, é irretroativa, em virtude do artigo 5º, inciso XXXVI, da Constituição Federal, não tendo incidência em relação à eficácia da coisa julgada; nem tampouco durante o processo de execução das penas e seus incidentes;

3) A nova Lei 14.230/2021 aplica-se aos atos de improbidade administrativa culposos praticados na vigência do texto anterior da lei, porém sem condenação transitada em julgado, em virtude da revogação expressa do texto anterior; devendo o juízo competente analisar eventual dolo por parte do agente.

4) O novo regime prescricional previsto na Lei 14.230/2021 é irretroativo, aplicando-se os novos marcos temporais a partir da publicação da lei.

Verifica-se, portanto, que o STF estabeleceu a irretroatividade benéfica nos casos já transitados em julgado. Por outro lado, nas hipóteses das ações em andamento, ainda não acobertados pela coisa julgada, incidente a retroação benéfica.

Ademais, no que concerne ao regime prescricional, a tese fixada pela Corte foi a da irretroatividade.

8. BENS PÚBLICOS

8.1. Conceito de bens públicos

Bens públicos são aqueles pertencentes às pessoas jurídicas de direito público interno (art. 98 do CC), podendo ser móveis ou imóveis, corpóreos ou incorpóreos. Todos os outros bens são particulares, seja qual for a pessoa a que pertencerem (segunda parte do art. 98 em questão). Assim, bens pertencentes à União, Estados, DF, Municípios, autarquias, agências reguladoras, fundações públicas de direito público e consórcios públicos de direito público são sempre bens públicos. Mas os bens pertencentes às empresas públicas, sociedades de economia mista, fundações governamentais de direito privado e consórcios públicos de direito privado são bens privados, portanto, passíveis de penhora, usucapião e alienação. Com maior motivo ainda, os bens das pessoas naturais e das jurídicas não privadas são todos bens privados também.

Porém, há certos bens adquiridos por pessoas privadas que podem ser públicos. Isso ocorre quanto aos bens adquiridos pelos concessionários de serviço público que tiverem duas características: a) forem afetados ao serviço público; b) forem reversíveis ao final da concessão (art. 35, § 1º, da Lei 8.987/1995). *Vide* o caso, por exemplo, de uma torre de energia elétrica adquirido por uma concessionária da área. Finda a concessão, esses bens são revertidos ao patrimônio público, de modo que pode se dizer que o Poder Concedente (sempre pessoa de direito público) é proprietário com termo suspensivo de tais bens (*v.* art. 131 do CC e 18 da Lei 8.987/1995). O STJ entende que "O imóvel da Caixa Econômica Federal vinculado ao Sistema Financeiro de Habitação deve ser tratado como bem público, sendo, pois, imprescritível" (REsp 1.448.026-PE, DJe 21/11/2016).

Não se deve confundir o conceito de *bem público* com a noção de *domínio público* em sentido amplo, que abrange tanto os bens pertencentes ao Estado (bens públicos), como aqueles em relação aos quais sua utilização subordina-se às normas estabelecidas por este (bens particulares de interesse público) e ainda as coisas inapropriáveis individualmente, mas de fruição geral da coletividade (*res nullius*). Assim, tal ideia abrange tanto o domínio patrimonial (sobre os bens públicos) como o domínio eminente (sobre todas as coisas de interesse público), entendido esse como o poder político pelo qual o Estado submete à sua vontade todas as coisas de seu território, no ensinamento de Hely Lopes Meirelles. Em nome do domínio eminente é que são estabelecidas as limitações administrativas, as servidões etc.

8.2. Classificação dos bens públicos

Segundo sua destinação, os bens públicos podem ser classificados da seguinte forma (art. 99 do Código Civil):

a) bens de uso comum do povo (ou do domínio público): *são os destinados a uso público, podendo ser utilizados indiscriminadamente por qualquer do povo.* Ex.: mares, rios, estradas, ruas e praças. Não há direito de uso exclusivo ou privilégios na utilização de tais bens. Apesar de destinados ao uso indistinto de todos, podem assumir caráter gratuito ou oneroso, na forma da lei (art. 103 do CC: *"o uso comum dos bens públicos pode ser gratuito ou retribuído, conforme for estabelecido legalmente pela entidade a cuja administração pertencer"*). Ex.: zona azul, pedágio, ancoragem em portos;

b) bens de uso especial (ou do patrimônio administrativo indisponível): *são aqueles destinados à execução dos serviços públicos ou a servirem de estabelecimento para os entes públicos.* Ex.: edifícios onde estão as repartições públicas, equipamentos e veículos públicos; teatros, museus, universidades, bibliotecas, escolas públicas e hospitais; cemitérios e mercados públicos. Também são chamados de bens de uso especial aqueles que têm destinação específica, como museus, universidades, ou ainda aqueles utilizados pelos concessionários e permissionários do Poder Público;

c) bens dominicais[12] **(ou do patrimônio disponível):** *são aqueles que não têm destinação específica, nem se encontram sujeitos ao uso comum do povo.* São bens que simplesmente integram o patrimônio do Estado e que, eventualmente, podem ser alienados. Ex.: terrenos de marinha, terras devolutas, prédios em renda etc. O CC não os trata como inalienáveis, dispondo que "podem ser alienados, observadas as exigências da lei" (art. 101), o que não quer dizer que podem ser objeto de penhora, visto que a execução contra as pessoas de direito público se faz, de acordo com o art. 100 da CF, mediante a expedição de precatório.

8.3. Afetação e desafetação

Em regra, todos os bens públicos ingressam no patrimônio público afetados por destinação específica.

Afetação *significa vinculação de um bem a uma destinação específica.* Decorre de um fato natural, da lei ou de ato administrativo. Uma avenida é afetada (destinada) à circulação de veículos e pessoas. O local onde fica uma repartição pública é afetado ao uso do Poder Público para consecução de seus fins.

Desafetação *consiste na retirada da destinação dada ao bem público, com o consequente ingresso do bem na categoria dos bens dominicais.* A desafetação só pode ocorrer em virtude de lei ou de ato administrativo decorrente de autorização legislativa.

8.4. Regime jurídico dos bens públicos

Os bens públicos são gravados de uma série de condicionantes decorrentes do fato de pertencerem ao povo e de terem destinações voltadas à coletividade, direta ou indiretamente. Confira as regras decorrentes desse regime jurídico especial.

a) São **inalienáveis**, o que significa que não podem ser vendidos ou doados, salvo se passarem para a categoria de bens dominicais. São **requisitos para alienação**[13] **de bens imóveis:** (1) presença de interesse público devidamente justificado, (2) desafetação, (3) avaliação, (4) autorização legislativa e (5) licitação na modalidade concorrência (regime geral da Lei 8.666/1993) ou leilão (regime da Lei 14.133/2021). Em sendo bens móveis não serão necessárias a desafetação e a autorização legislativa. Há *dispensa de autorização legislativa* também na alienação de bens por pessoas de direito privado estatais. Há *dispensa de licitação*, se imóveis, em caso de dação em pagamento, doação ou venda para outro órgão ou ente público; permuta; investidura (aquisição de área pública isoladamente inaproveitável; a Lei 9.648/1998, que trouxe redação ao § 3º do art. 17 da Lei 8.666/1993, também considera investidura a "alienação aos legítimos possuidores diretos ou, na falta destes, ao Poder Público, de imóveis para fins residenciais construídos em núcleos urbanos anexos a usinas hidrelétricas, desde que considerados dispensáveis na fase de operação dessas unidades e não integrem a categoria de bens reversíveis ao final da concessão"); disposições em geral para programas habitacionais. No caso de bens móveis, a dispensa de licitação ocorre na doação social, na permuta,

---

12. José Cretella Júnior e José Cretella Neto diferenciam "bem dominical" de "bem dominial". Ensinam que "dominial é gênero, que abrange os três tipos de bens públicos, incluindo-se, entre estes tipos, o bem dominical, ou bem do patrimônio privado do Estado. Logo, dominial é gênero de que dominical é espécie".

13. *Vide* art. 17 da Lei 8.666/1993 ou art. 76 da Lei 14.133/2021.

venda de ações, títulos e bens produzidos pelos entes e venda de materiais e equipamentos para órgãos e entes públicos.

Instituto próximo da questão ora tratada é a *legitimação de posse*, que consiste na transferência do domínio de terra devoluta ou área pública sem utilização para particular ocupante. O Estatuto da Terra traz a regulamentação da questão na esfera federal. Trata-se de transferência de domínio voluntária, ou seja, distinta da usucapião (não voluntária), que é vedada quanto aos bens públicos;

b) São **imprescritíveis**, o que significa que não são passíveis de usucapião (prescrição aquisitiva). O art. 183, § 3º, da CF dispõe que os imóveis públicos não serão adquiridos por usucapião. O art. 191, parágrafo único, da CF repete tal regra. O art. 102 do Código Civil também dispõe dessa forma, sem que traga a restrição de que se trate de bem imóvel, já que dispõe que "os *bens públicos* não estão sujeitos a usucapião" (g.n.)[14];

c) Também são **impenhoráveis**, o que inclui a vedação de serem objeto de garantia. Isso decorre do fato de que os bens públicos devem estar disponíveis para que o Estado desenvolva suas atividades, o que não se coaduna com a entrega em garantia ou para penhora. A regra em questão não vale para os bens das pessoas jurídicas de direito privado estatais (sociedade de economia mista e empresas públicas), salvo se forem concessionárias de serviço público, hipótese em que apenas os bens afetados ao serviço serão impenhoráveis. Sociedades de economia mista, como o Metrô-DF, desde que prestem serviço público essencial em regime de exclusividade (monopólio natural) e sem intuito lucrativo, submetem-se também ao regime constitucional de precatórios para o adimplemento de seus débitos (STF, ADPF 524/DF, j. 21.8.2023). A impossibilidade de oneração dos bens públicos encontra exceção nas operações de crédito por antecipação de receita (art. 167, IV, CF) e nos débitos com a União (art. 167, § 4º, CF).

A **execução contra o Estado** é feita por meio de precatório (art. 100 da CF). Os pagamentos das Fazendas serão feitos na **ordem cronológica de apresentação desses** (requisição do Presidente do Tribunal) e à conta do crédito respectivo, sem indicação dos casos ou pessoas. É **obrigatória a inclusão no orçamento** das entidades de direito público de verba para pagamento de débitos oriundos de sentença transitada em julgado, constante de precatório **apresentado até 02 de abril**, fazendo-se o **pagamento até o final do exercício seguinte**, em valor atualizado. **Exceções:** débitos alimentares e débitos de pequeno valor (valores distintos conforme capacidade do ente político), que seguem regra própria. Vale lembrar que o pagamento de precatório fora da ordem cronológica pode gerar sequestro (art. 100, § 6º, CF). O não pagamento, por sua vez, pode gerar pedido de intervenção no ente (art. 34, V, "a", e 35, I, CF).

Vale ressaltar que todos os bens públicos são impenhoráveis, inclusive os bens dominicais.

No entanto, há situações excepcionais em que os bens públicos podem ser objeto de constrição judicial.

O STJ vem admitindo a penhora de dinheiro público quando a Fazenda Pública não cumpre decisões judiciais que determinam o fornecimento de medicamentos e tratamentos na área da saúde.

A jurisprudência é calcada no postulado da proporcionalidade, fazendo com que, na ponderação entre a regra constitucional do precatório com os princípios constitucionais da dignidade da pessoa humana e da proteção integral da saúde, preponderem os dois últimos valores.

Ainda acerca da alienação de bens públicos, confira o seguinte entendimento do STF:

"EMPRESA PÚBLICA E SOCIEDADE DE ECONOMIA MISTA. Venda de empresa estatal e autorização legislativa – 2. Em conclusão de julgamento, o Plenário, em voto médio, referendou parcialmente medida cautelar anteriormente concedida em ação direta de inconstitucionalidade, para conferir ao art. 29, *caput*, XVIII, da Lei 13.303/2016 (1) interpretação conforme à Constituição Federal (CF), nos seguintes termos: i) a alienação do controle acionário de empresas públicas e sociedades de economia mista exige autorização legislativa e licitação; e ii) a exigência de autorização legislativa, todavia, não se aplica à alienação do controle de suas subsidiárias e controladas. Nesse caso, a operação pode ser realizada sem a necessidade de licitação, desde que siga procedimentos que observem os princípios da administração pública inscritos no art. 37 da CF (2), respeitada, sempre, a exigência de necessária competitividade (Informativo 942). O voto médio reproduziu o entendimento majoritário extraído dos pronunciamentos dos ministros em juízo de delibação" (ADI 5624 MC-Ref/DF, j. em 5 e 6.6.2019).

8.5. Formas de aquisição e uso dos bens públicos

8.5.1. *Aquisição*

Pode se dar por desapropriação ou por compra, a qual dependerá de prévia licitação, salvo os casos de dispensa e inexigibilidade. Adquire-se também por dação em pagamento, permuta, penhora e sucessão.

8.5.2. *Uso dos bens públicos*

a) uso livre: ocorre quanto aos bens de uso comum do povo, respeitando-se as leis e sem que haja exclusividade, ainda que momentânea;

b) autorização de uso: ato unilateral, discricionário e precário, em que se faculta uso em caráter episódico, no interesse do particular. Ex.: fechar rua para festa; circo; carga pesada;

c) permissão de uso: ato unilateral, discricionário e precário, no interesse coletivo, que faculta uso com maior permanência do bem público, mediante licitação. Ex.: banca de jornal, barracas, feiras, box em mercado municipal;

d) concessão de uso: contrato que transfere o uso por prazo certo para finalidade específica, mediante licitação. Não há precariedade, vale dizer, a revogação antes do prazo contratual gera direito à indenização. Ex.: restaurante ou lanchonete em aeroporto ou rodoviária;

e) concessão de direito real de uso: contrato pelo qual se transfere, como direito real, o uso remunerado ou gratuito de imóvel não edificado, mediante licitação. Serve para urbanização, industrialização e cultivo de terra (Dec.-lei 271/1967). O direito real confere mais estabilidade à concessão feita, que fica oponível até ao Poder Público, ressalvada a possibilidade de desapropriação;

f) concessão de uso especial (MP 2.220/2001; art. 183, § 1º, da CF): como não se admite usucapião de bem público,

---

14. *Vide* também a Súmula 340 do STF.

nas hipóteses em que forem preenchidos os requisitos legais para o usucapião especial urbano até 22.12.2016 há direito do ocupante à concessão de uso especial, que se constitui administrativa ou judicialmente;

g) cessão de uso: consiste na atribuição gratuita da posse de um bem público de entidade ou órgão para outro, possibilitando ao cessionário a utilização nas condições estabelecidas no termo, por prazo certo ou indeterminado. Trata-se de ato de colaboração entre os entes públicos. Caso se trate de cessão externa, é necessária autorização legal.

Quando uma pessoa ocupa um bem público fora das situações mencionadas acima, está-se diante de uma ilegalidade. Um exemplo é um particular que invade um bem público e nele resolve construir um imóvel. Se o bem fosse privado, teríamos configurado o instituto da posse, mesmo se tratando de uma posse injusta. A posse, mesmo que injusta, pode gerar efeitos fortíssimos, como a usucapião e o direito à proteção possessória. Porém, em se tratando de bem público isso não ocorre. Não há que se falar em **posse** sobre bem público e, consequentemente, em *proteção possessória*, *retenção por benfeitorias* ou *usucapião*. Assim, o particular que ocupa nessas condições um bem público tem, segundo a doutrina e a jurisprudência, mera **detenção**. A detenção não gera efeito possessório algum e, assim, o Poder Público pode ingressar com ação de reintegração de posse e, mesmo se se tratar de ocupação antiga, o particular não poderá impedir que a Administração consiga uma liminar, sob alegação (do particular) de que tem uma posse antiga. Não havendo, posse, mas mera detenção, o particular não tem como defender a sua permanência no imóvel. Porém, caso o particular esteja exercendo atos típicos de posse em bem público do tipo *dominical*, o STJ entende que tem direito a proteção possessória em face de terceiro, também *particular*, com quem estiver em litígio (REsp 1.296.964-DF, DJe 7/12/2016).

Sobre essa questão da natureza da ocupação particular em área pública, a Súmula 619 do STJ tem o seguinte teor: "A ocupação indevida de bem público configura mera detenção, de natureza precária, insuscetível de retenção ou indenização por acessões e benfeitorias".

8.6. Espécies de bens na CF (da União)

8.6.1. Os que atualmente lhe pertencem e os que lhe vierem a ser atribuídos

8.6.2. Terras devolutas indispensáveis à defesa

São da União as terras devolutas indispensáveis à defesa:

a) das fronteiras, fortificações e construções militares;

b) das vias federais de comunicação;

c) da preservação ambiental, definidas em lei.

Terras devolutas são as terras vazias, sem proprietário ou não afetadas a nada, representando bem disponível estatal (art. 5º do Decreto-lei 9.760/1946). As da União são as voltadas à preservação ambiental e defesa de fronteiras, fortificações e vias federais de comunicação, definidas em lei (art. 20, II, da CF). São do Estado as que não forem da União e dos Municípios as atribuídas por aqueles às edilidades. A Lei 6.383/1976 trata da discriminação das terras devolutas da União, sob responsabilidade do INCRA, podendo ser administrativa ou judicial. O art. 29 da referida lei diz que o ocupante de terras públicas, quando as tenha tornado produtivas com o seu trabalho e o de sua família, fará jus à legitimação da posse de área contínua de até 100 hectares, preenchidos os requisitos legais.

Vale citar, ainda, a Lei 601/1850, que tem o seguinte teor: "Art. 3º São terras devolutas: § 1º As que não se acharem aplicadas a algum uso público nacional, provincial ou municipal. § 2º As que não se acharem no domínio particular por qualquer título legítimo, nem forem havidas por sesmarias e outras concessões do Governo Geral ou Provincial, não incursas em comisso por falta do cumprimento das condições de medição, confirmação e cultura. § 3º As que não se acharem dadas por sesmarias, ou outras concessões do Governo, que, apesar de incursas em comisso, forem revalidadas por esta Lei. § 4º As que não se acharem ocupadas por posses, que, apesar de não se fundarem em título legal, forem legitimadas por esta Lei".

8.6.3. Terras tradicionalmente ocupadas pelos índios

São da União as terras tradicionalmente ocupadas pelos índios.

Os índios têm posse permanente e usufruto exclusivo das riquezas do solo, dos rios e dos lagos nelas existentes.

O aproveitamento dos demais recursos só se dará com autorização do Congresso Nacional, garantida a participação nos resultados.

8.6.4. Lagos e rios

São da União os lagos e rios:

a) de terrenos de seu domínio;

b) que banhem mais de um Estado;

c) que sirvam de limite com outros países;

d) que se estendam a território estrangeiro ou dele provenham, inclusive os terrenos marginais.

8.6.5. Terrenos de marinha

São da União os terrenos de marinha.

São aqueles formados pela porção de terras banhadas pelas águas dos rios navegáveis ou pelas águas do mar (art. 20, VII, da CF). O art. 2º do Decreto-lei 9.760/1946 os define como a faixa de 33 metros da linha do preamar médio de 1831 para a parte da terra. O particular que ocupar parte de terreno de marinha, mediante a devida outorga (enfiteuse ou aforamento, ou mesmo mero regime de ocupação), pagará à União taxa de Administração (art. 127 do Dec.-lei 9.760/1946). E caso o ocupante venha a transferir a terceiros, mediante alienação a título oneroso, esse direito sobre o bem (chamado "domínio útil"), deverá pagar o chamado laudêmio (art. 5º do Dec.-lei 2.398/1987). Aliás, o pagamento de laudêmio à União é devido não só quando há transferência do domínio ou de ocupação, seja para terceiros, seja para integralizar cotas de empresa, como também quando há transferência do direito a benfeitorias no bem (AgRg no AREsp 429.801/PE, DJe 25.02.2014). Aliás, no caso de irregularidade da ocupação, a União, independentemente de fazer a cobrança devida pela ocupação do bem, pode buscar a anulação dos registros da ocupação, podendo fazê-lo administrativamente (sem necessidade de ação judicial), "em razão do atributo da presunção de legitimidade e executoriedade do ato administrativo, justificando-se, inclusive, a inversão do ônus da prova a cargo dos" ocupantes (Resp 409.303-RS, DJ 14.10.2012).

8.6.6. Mar territorial

É da União o mar territorial, consistente na faixa de 12 milhas, contadas do litoral continental, sobre a qual o Estado exerce poderes de soberania (art. 20, VI, da CF e Lei 8.617/1993).

8.6.7. Recursos da zona econômica exclusiva

São da União os recursos da zona econômica exclusiva, que consiste na faixa de 12 a 200 milhas, sobre a qual o Estado exerce poderes de exploração dos recursos naturais do mar (art. 20, V, da CF e Lei 8.617/1993).

8.6.8. Recursos naturais da plataforma continental

São da União os recursos naturais da plataforma continental, que consiste no prolongamento natural das terras da superfície sob a água do mar, porção de terras submersas que apresentam a mesma estrutura geológica das terras do continente (art. 20, V, da CF e Lei 8.617/1993).

8.6.9. Ilhas

São da União as ilhas:

a) fluviais (de rios) e lacustres (de lagos) nas zonas limítrofes com outros países; as demais são dos Estados;

b) oceânicas (no oceano);

c) costeiras (próximas à costa), excluídas as de terceiros.

8.6.10. Recursos minerais, inclusive dos subsolos

São da União os recursos minerais, inclusive dos subsolos.

É assegurada a participação (ou compensação financeira) no resultado da exploração de petróleo, gás natural, potencial hídrico e outros recursos minerais, no respectivo território, plataforma continental, mar territorial e zona econômica exclusiva, em favor dos Estados, DF, Municípios e União, nos termos da lei (art. 20, § 1º, da CF).

9. INTERVENÇÃO DO ESTADO NA ORDEM ECONÔMICA E NO DIREITO DE PROPRIEDADE

9.1. Intervenção do Estado na propriedade privada

9.1.1. Introdução

A propriedade há de atender duas funções: a função individual, mais ligada aos interesses do proprietário; e à função social, ligada ao interesse da sociedade.

Para garantir que a propriedade atenda à sua função social, o Estado nela intervém com vista a preservar os seguintes valores:

a) uso seguro da propriedade: por exemplo, criando leis (Código de Obras) e fiscalizando seu cumprimento;

b) uso organizado da propriedade: por exemplo, criando leis de zoneamento e fiscalizando seu cumprimento;

c) uso legítimo da propriedade: por exemplo, criando leis que impõem o silêncio após dado horário e fiscalizando seu cumprimento;

d) uso social da propriedade: por exemplo, valendo-se dos institutos da desapropriação, servidão, requisição, ocupação temporária;

e) preservação do meio ambiente; por exemplo: valendo-se do instituto do tombamento.

O foco do estudo da intervenção na propriedade recairá sobre as limitações administrativas, exemplificadas nos itens "a" a "c", e também sobre os demais institutos mencionados como exemplos nos itens "d" e "e".

9.1.2. Limitação administrativa

É a imposição unilateral, geral e gratuita, que traz os limites dos direitos e atividades particulares de forma a condicioná-los às exigências da coletividade. Ex.: proibição de construir sem respeitar recuos mínimos; proibição de instalar indústria ou comércio em determinadas zonas da cidade; leis de trânsito, de obras e de vigilância sanitária; lei do silêncio.

A limitação administrativa pode ser de três tipos: *positiva* (ex.: imposição de construção de muro ou de limpar o imóvel), *negativa* (ex.: limitação da altura de uma obra) ou *permissiva* (ex.: permitir vistoria de imóvel pelo Poder Público).

Perceba-se a identidade entre a limitação administrativa e o poder de polícia. Enquanto o poder de polícia é a atividade condicionadora dos direitos aos seus limites, a limitação é o próprio limite que o particular deve observar e que o Poder Público deve levar em conta na sua atividade de poder de polícia.

Nem a limitação administrativa, nem a atividade de condicionamento dos direitos feita pelo Poder Público (poder de polícia), ensejarão indenização ao particular, visto que são imposições que atingem a todos igualmente, não prejudicando ninguém especificamente, mas apenas traçando os limites do direito que cada um de nós temos.

São diferenças entre limitação administrativa e servidão: a primeira não é ônus real, ao passo que a segunda é ônus real; aquela é gratuita (atingindo a todos), enquanto esta é onerosa (pois atinge um bem em particular); a limitação importa e traça deveres de não fazer (*non facere*), já a segunda em deveres de suportar (*pati*) – suportar é mais amplo que *não fazer*).

9.1.3. Requisição de bens ou serviços

É o ato pelo qual o Estado determina e efetiva a utilização de bens ou serviços particulares, mediante indenização ulterior, para atender necessidades públicas urgentes e transitórias, ou seja, em caso de iminente perigo público.

O **requisito** para requisição de *bens* está previsto na CF, em seu artigo 5º, XXV: *no caso de iminente perigo público, a autoridade competente poderá usar de propriedade particular, assegurada ao proprietário indenização ulterior, se houver dano.*

São situações de iminente perigo público uma inundação, um incêndio, a falta de alimento etc. Em caso de inundação, por exemplo, pode o Poder Público, para dar guarida àqueles que poderão ter sua casa invadida pela água, requisitar o ginásio de um clube particular para abrigo de tais pessoas. Após isso, o particular será indenizado.

O fundamento do instituto consiste no estado de necessidade pública. O artigo 22, inciso III, da CF, diz caber privativamente à União legislar sobre "requisições civis ou militares, em caso de iminente perigo público e em tempo de guerra". A requisição administrativa de bens e serviços é tratada pela Lei Delegada 4/1962 e pelo Decreto-lei 2/1966, enquanto que as requisições civis e militares em tempo de guerra estão reguladas pelo Decreto-lei 4.812/1942.

São **diferenças entre desapropriação e requisição** as seguintes: a desapropriação só se refere a *bens*, enquanto a requisição pode ser de *bens* ou *serviços;* a primeira é direcionada a *aquisição* do bem, ao passo que a segunda busca apenas seu *uso*, de forma que a desapropriação visa atender a necessidades *permanentes* e a requisição, a necessidades *transitórias;* a primeira depende de *acordo ou processo* para se efetivar, a segunda é *autoexecutável;* a desapropriação depende de *indenização prévia*, a requisição dá ensejo a *indenização posterior* desde que haja dano.

9.1.4. Ocupação temporária (ou provisória)

Consiste no direito de uso do Poder Público sobre um bem particular não edificado, de forma transitória, remunerada ou gratuita, com o objetivo de executar obras, serviços ou atividades públicas.

O artigo 36 do Decreto-lei 3.365/1941 (Lei de Desapropriação) prevê tal ocupação: *é permitida a ocupação temporária, que será indenizada, a final, por ação própria, de terrenos não edificados, vizinhos às obras e necessários à sua realização. O expropriante prestará caução, quando exigida.*

Quanto às diferenças entre a ocupação e a requisição, a primeira incide sobre bens, enquanto a segunda sobre *bens* e *serviços;* a requisição é típica de situações de urgência, enquanto a ocupação não tem essa característica necessariamente; o exemplo de ocupação mais comum (o trazido acima) prevê que ela só se dá sobre terrenos não edificados e mediante caução (se exigida), enquanto a requisição incide sobre qualquer bem e sem caução.

Em leis esparsas existem outros tipos de ocupação, como aquela destinada a fazer pesquisas acerca da existência de minérios em bens particulares, medida que evita uma desapropriação do bem com posterior ciência de que a suspeita de que havia minério no local era infundada.

9.1.5. Servidões administrativas

É o ônus real de uso imposto pela Administração a um bem particular, com objetivo de assegurar a realização de obras e serviços públicos, assegurada indenização ao particular, salvo se não houver prejuízo.

São exemplos de servidão os seguintes: instalação de linhas e torres de transmissão de energia elétrica em bem particular; servidão de aqueduto; e servidão para instalação de placas indicativas de ruas em imóveis particulares (nesse caso geralmente não haverá dano ao particular, não se podendo falar em indenização).

Institui-se tal ônus real tal qual a desapropriação para aquisição da propriedade de um bem. Há necessidade de ato declaratório da utilidade pública da servidão (art. 40 do Dec.-lei. 3.365/1941: *o expropriante poderá constituir servidões, mediante indenização **na forma desta lei***), com consequente tentativa de acordo para indenização, que, infrutífera, ensejará processo judicial para sua instituição. Assim, os *títulos* para instituição da servidão podem ser tanto o **acordo administrativo** como a **sentença judicial**. Após isso, um dos dois será **registrado** no Cartório Imobiliário, *constituindo*, finalmente, o direito real em tela.

A indenização segue a sorte daquela prevista para a desapropriação. A Súmula 56 do STJ tem o seguinte teor: *na desapropriação para instituir servidão administrativa são devidos juros compensatórios pela limitação do uso da propriedade.* O único cuidado que se deve ter ao ler a presente súmula é não confundir servidão com limitação administrativa.

São diferenças gerais entre a servidão administrativa e a servidão civil: a primeira é ônus real do Poder Público sobre a propriedade, enquanto a segunda é ônus real de um prédio (dominante) em face de outro prédio (serviente); aquela tem serventia pública (utilidade pública) e esta tem serventia privada (utilidade privada e bem certo).

9.1.6. Tombamento

O tombamento pode ser **conceituado** como o *ato do Poder Público que declara de valor histórico, artístico, paisagístico, turístico, cultural ou científico, bens ou locais para fins de preservação.*

O instituto está regulamentado no Dec.-lei 25/1937.

Quanto ao **objeto**, o tombamento pode alcançar tanto bens imóveis individualmente considerados (um prédio histórico), um conjunto arquitetônico (o Pelourinho, em Salvador), um bairro (o Centro do Rio de Janeiro), uma cidade (Ouro Preto) e até um sítio natural. Pode também alcançar bens móveis, como a mobília da casa de um personagem histórico, como Santos Dumont.

Admite-se o chamado *tombamento cumulativo*, que é o tombamento de um mesmo bem por mais de um ente político.

A **instituição** do tombamento pode ser *voluntária* (por requerimento do próprio dono da coisa) ou *contenciosa*. A última impõe a notificação do proprietário para, no prazo de 15 dias, impugnar, se quiser, a intenção do Poder Público de tombar a coisa. Uma vez concluído pelo tombamento, este será feito mediante inscrição do ato num dos quatro Livros do Tombo (Paisagístico, Histórico, Belas Artes e Artes Aplicadas). Em se tratando de imóvel, o ato também deve ser registrado no Registro de Imóveis.

É importante ressaltar que, com a notificação do proprietário, ocorre o *tombamento provisório*, que já limita o uso da coisa por seu dono.

Além de poder ser instituído por *ato administrativo*, o tombamento também pode advir de *ato legislativo* (por exemplo, o art. 216, § 5º, da CF, pelo qual "ficam tombados os documentos e sítios detentores de reminiscências históricas dos antigos quilombos") ou *ato judicial*. No terceiro caso, o juiz, diante de uma ação coletiva (ex.: ação popular ou ação civil pública), determina a inscrição do tombamento no Livro do Tombo.

Quanto aos **efeitos** do tombamento, temos, entre outros, os seguintes: a) o proprietário deverá conservar a coisa (se não tiver recursos, deve levar ao conhecimento do Poder Público, que fica autorizado legalmente a executar a obra); b) o proprietário não pode reparar, pintar ou restaurar a coisa, sem prévia autorização especial do Poder Público; c) os vizinhos não podem reduzir a visibilidade da coisa tombada, nem colocar anúncios sem prévia autorização especial; d) o bem tombado, se for um bem público, ou seja, pertencente a uma pessoa jurídica de direito público, é inalienável; e) o bem tombado não pode sair do País, salvo se por prazo curto, sem alienação, para fim de intercâmbio cultural e mediante autorização do Poder Público; g) o proprietário do bem tombado tem direito de ser indenizado, caso sofra restrição especial que o prejudique economicamente.

A Constituição traz uma norma especial sobre o tombamento do patrimônio cultural ao dispor que "ficam tombados todos os documentos e os sítios detentores de reminiscências históricas dos antigos quilombos" (art. 216, § 5º).

O Dec.-lei 25/1937 é de leitura obrigatória para se conhecer mais sobre o instituto do tombamento.

9.1.7. Expropriação (art. 243 da CF)

A expropriação pode ser **conceituada** como a retirada da propriedade de alguém sem o pagamento de indenização alguma. Também é denominada por alguns autores como *desapropriação-confisco*.

O instituto é cabível nas seguintes **hipóteses** (art. 243 da CF, com nova redação dada pela EC 81/2014):

a) sobre propriedades rurais e urbanas de qualquer região do País onde forem localizadas culturas ilegais de plantas psicotrópicas ou a exploração de trabalho escravo na forma da lei;
b) sobre bem apreendido em decorrência de tráfico ilícito de entorpecentes e drogas afins e da exploração de trabalho escravo.

Os bens expropriados terão a seguinte **destinação**:

a) propriedades serão expropriadas e destinadas à reforma agrária e a programas de habitação popular, sem qualquer indenização ao proprietário e sem prejuízo de outras sanções previstas em lei;
b) o bem será confiscado e reverterá a fundo especial com destinação específica, na forma da lei.

Resta estudar agora a desapropriação, que consiste na retirada da propriedade de terceiro, mas mediante o devido pagamento.

9.1.8. Desapropriação

9.1.8.1. Fundamentação legal

O instituto da desapropriação está regulamentado nos seguintes diplomas: Constituição Federal – arts. 5º, XXIV, 182, § 3º, 184, 185 e 243; Decreto-lei 3.365/1941 (utilidade e necessidade pública), Lei 4.132/1962 (interesse social), Decreto-Lei 1.075/1970 (imissão provisória na posse em imóveis residenciais urbanos), Lei 8.257/1991 (glebas com culturas ilegais de plantas psicotrópicas), Lei 8.629/1993 (reforma agrária), Lei Complementar 76/1993 (rito sumário de contraditório especial para reforma agrária) e Lei 10.257/2001 (desapropriação por interesse social como instrumento de política urbana).

9.1.8.2. Direito material

Pode-se **conceituar** a desapropriação como o *procedimento pelo qual o Poder Público, fundado em necessidade pública, utilidade pública ou interesse social, compulsoriamente adquire para si um bem certo, em caráter originário, mediante indenização prévia, justa e pagável em dinheiro, salvo no caso de imóveis em desacordo com a função social da propriedade, hipóteses em que a indenização far-se-á em títulos da dívida pública.*

A desapropriação é expressão do princípio da supremacia do interesse público sobre o particular. É muito comum que entrem em choque dois interesses. De um lado, o Poder Público, interessado muitas vezes em utilizar um dado imóvel particular para, por exemplo, construir uma escola, um hospital ou uma repartição pública. De outro, o particular interessado em não alienar nem ceder um imóvel do qual é titular do direito de propriedade. Entre o interesse do Poder Público e o interesse do particular, prevalecerá o primeiro, ou seja, o Poder Público poderá exigir que o particular entregue o bem de sua propriedade, e, em troca, o particular terá direito de ser indenizado, indenização que será, em regra, prévia, justa e pagável em dinheiro.

A desapropriação é **forma originária de aquisição da propriedade**, não se vinculando, portanto, ao título anterior. Isso significa, por exemplo, que as dívidas do imóvel ficam sub-rogadas no preço pago pela desapropriação e não mais neste (art. 31 do Decreto-lei 3.365/1941). Ademais, mesmo que se tenha desapropriado imóvel de pessoa que não era seu dono, não haverá invalidade (ou seja, não há direito de reivindicação por terceiro – art. 35 do Decreto-lei 3.365/1941), ressalvado o direito de o verdadeiro dono se insurgir contra o que se supunha dono do imóvel.

A **competência para legislar** sobre desapropriação é privativa da União (art. 22, II, CF).

São **fases** da desapropriação a **declaratória,** em que o ente declara de utilidade pública determinada área a ser desapropriada, e a **executória**, em que são tomadas providências concretas para efetivar a manifestação de vontade anterior. Tenta-se, em primeiro lugar, fazer um acordo com o proprietário (desapropriação extrajudicial). Não sendo frutífera tal tentativa, ingressa-se com ação de desapropriação. Vale salientar que a Lei 13.867/19 criou o art. 10-B na Lei de Desapropriações (Dec.-lei 3.365/41), para dispor que, agora, cabe também opção pela **mediação** ou pela **via arbitral**, hipótese em que o particular indicará um dos órgãos ou instituições especializados em mediação ou arbitragem previamente cadastrados pelo órgão responsável pela desapropriação (poderá ser eleita câmara de mediação criada pelo poder público, nos termos do art. 32 da Lei 13.140/2015), sendo que a mediação seguirá as normas da Lei 13.140/2015, e, subsidiariamente, os regulamentos do órgão ou instituição responsável, ao passo que a arbitragem seguirá as normas da Lei 9.307/1996, e, subsidiariamente, os regulamentos do órgão ou instituição responsável.

A **competência para a primeira fase** (competência para declarar bem de utilidade pública ou interesse social) é dos entes políticos (União, Estados, DF e Municípios), do DNIT (Lei 10.233/2001) e da ANEEL (art. 10 da Lei 9.074/1995).

A **competência para a segunda fase** (competência para executar a desapropriação) é dos entes políticos, autarquias e fundações públicas; concessionárias de serviço público ou entes delegados pelo Poder Público, desde que autorizados expressamente pela lei ou pelo contrato (art. 3º do Decreto-lei 3.365/1941).

Quanto às providências práticas para iniciar a execução da desapropriação, o Decreto-lei 3.365/1941 determina o seguinte:

"Art. 10-A. O poder público deverá notificar o proprietário e apresentar-lhe oferta de indenização.

§ 1º A notificação de que trata o *caput* deste artigo conterá:

I – cópia do ato de declaração de utilidade pública;

II – planta ou descrição dos bens e suas confrontações;

III – valor da oferta;

IV – informação de que o prazo para aceitar ou rejeitar a oferta é de 15 (quinze) dias e de que o silêncio será considerado rejeição;

§ 2º Aceita a oferta e realizado o pagamento, será lavrado acordo, o qual será título hábil para a transcrição no registro de imóveis.

§ 3º Rejeitada a oferta, ou transcorrido o prazo sem manifestação, o poder público procederá na forma dos arts. 11 e seguintes deste Decreto-Lei."

O **objeto** da desapropriação é qualquer bem (móvel ou imóvel, material ou imaterial, inclusive o espaço aéreo e o subsolo), exceto moeda corrente nacional (salvo moedas raras), pessoas e direitos personalíssimos. O objeto deve também ser existente, preciso, certo e possível. É cabível a desapropriação do espaço aéreo e do subsolo quando de sua utilização pelo Poder Público resultar prejuízo patrimonial ao proprietário do solo.

Bem público pode ser desapropriado. A União pode desapropriar de todos os entes, além dos particulares. Estados desapropriam dos Municípios e dos particulares. Municípios, só dos particulares. Quando a desapropriação se dá sobre bem público, além de se respeitar os limites acima, deve ser precedida de autorização legislativa.

Por fim, vale destacar que não é possível a autodesapropriação, ou seja, a desapropriação de bem da própria pessoa.

A **declaração de utilidade pública** consiste no ato pelo qual o Poder Público manifesta intenção de adquirir compulsoriamente determinado bem submetendo-o à sua força expropriatória. Deve-se identificar o *bem*, seu *destino* e o *dispositivo legal* que autoriza o ato. Faz-se por decreto, normalmente. O Poder Legislativo pode tomar a iniciativa, cabendo ao Executivo efetivá-la. Ao Poder Judiciário é vedado decidir se se verificam ou não os casos de utilidade pública (art. 9º do Dec.-lei 3.365/1941).

São **efeitos da declaração:** a) submete o bem à força expropriatória do Estado; **b) fixa o estado** dos bens, o que não significa que não possa ser vendido ou alterado (importante, pois o Estado deverá indenizar as benfeitorias necessárias efetuadas posteriormente; as benfeitorias úteis, por sua vez, só serão indenizadas pelo Estado se este autorizar sua realização; as voluptuárias nunca serão indenizadas); **c) confere ao Poder Público o direito de penetrar** no bem, com auxílio de força policial se o caso (art. 7º do Dec.-lei 3.365/1941 – tal efeito demonstra a autoexecutoriedade do Decreto); **d) dá início ao prazo de caducidade** da declaração.

A **caducidade da declaração** consiste na perda de sua validade pelo decurso do tempo sem que o Poder Público promova os atos concretos de expropriação, ficando inviabilizada a desapropriação. Nas hipóteses de desapropriação por **utilidade pública, o prazo de caducidade é de 5 anos** (art. 10 Decreto-lei 3.365/1941). No caso de desapropriação por **interesse social, a caducidade se dá após 2 anos** (art. 3º da Lei 4.132/1962). A desapropriação por interesse social se dá quando não se cumpre a função social da propriedade, sendo as demais por utilidade ou necessidade pública. Caso haja a caducidade, somente **decorrido 1 ano** poderá haver nova declaração sobre aquele bem.

Imissão provisória de posse é a transferência da posse do bem objeto de desapropriação para o expropriante, já no início da lide, concedida pelo Juiz, se o Poder Público declarar urgência e depositar, em Juízo, a favor do proprietário, importância fixada segundo critério legal.

A **indenização** será sempre **justa**, **prévia** e, como regra, em **dinheiro**. Mas quando não se atender à função social, seja em área urbana, seja em área rural, a desapropriação decorrente de tal situação implicará pagamento por títulos públicos, resgatáveis anual e sucessivamente. Vale dizer, em que pese o pagamento seja prévio, não será em dinheiro, mas em títulos resgatáveis anualmente. Vejamos as hipóteses de pagamento com títulos públicos:

Imóvel rural: a União é competente para desapropriá-lo quando o fundamento é o não atendimento à função social; o pagamento é feito em títulos da dívida agrária, com cláusula de preservação do valor real, resgatáveis em até 20 anos, a partir do segundo ano de emissão do título. Cuidado, pois as benfeitorias úteis e necessárias são indenizadas em dinheiro (art. 184, § 1º, da CF).

Imóvel urbano: o Município é o competente para desapropriá-lo quando o fundamento é o não atendimento à função social da propriedade (imóvel não edificado, subutilizado ou não utilizado). Depende de lei específica, para a área incluída no Plano Diretor, a exigência, nos termos de lei federal, de que o proprietário promova o adequado aproveitamento do imóvel, sob pena de, sucessivamente, determinar-se o parcelamento ou edificação compulsórios, instituir-se IPTU progressivo no tempo, para só depois, mantida a situação, efetivar-se a desapropriação. Nesse caso o pagamento será feito em títulos da dívida pública (de emissão previamente aprovada pelo Senado), resgatáveis em até 10 anos, em parcelas anuais, iguais e sucessivas, assegurados o valor real da indenização e os juros legais. Não há previsão de pagamento em dinheiro das benfeitorias, talvez porque geralmente não haverá benfeitoria alguma (art. 182 da CF).

Não há indenização (confisco): na expropriação de propriedades rurais e urbanas de qualquer região, onde forem localizadas culturas ilegais de plantas psicotrópicas ou a exploração de trabalho escravo, o mesmo ocorrendo com bens de valor econômico apreendidos em decorrência de tráfico ilícito de entorpecentes e drogas afins e da exploração de trabalho escravo. Há, portanto, o confisco de tais bens, que serão utilizados em projetos sociais (assentamentos, cultivos, instituições, recuperação, fiscalização etc.).

A **justa indenização** compreende o valor de mercado do imóvel, abrangendo os danos emergentes e os lucros cessantes do proprietário. Inclui juros moratórios, compensatórios, correção monetária e honorários advocatícios. Os juros moratórios, segundo a MP 2.183-56/2001, correm a partir de 1º de janeiro do exercício seguinte ao que o pagamento deveria ser feito. Os juros compensatórios são contados desde o momento da imissão antecipada na posse, pois, a partir daí, o proprietário não mais terá a disponibilidade do bem, devendo ser compensado por isso. A correção monetária é contada desde a realização do laudo pericial que fixa o valor do bem expropriado. Os honorários são fixados tendo por base de cálculo a diferença entre o oferecido pelo Poder Público e o fixado pelo Poder Judiciário.

Consuma-se a desapropriação com o pagamento da indenização, pois a Constituição diz que a desapropriação requer prévia (e justa) indenização. É importante saber qual o momento em que se consuma a desapropriação, a fim de concluir-se até quando o Poder Público pode dela desistir. Destarte, pode-se desistir da desapropriação até o último momento anterior ao do pagamento da indenização. Deve-se ressaltar que eventuais danos causados ao particular devem ser ressarcidos.

Desapropriação por zona *é aquela de área maior do que a necessária à realização de obra ou serviço, para abranger zona contígua a ela, tendo em vista* reservá-la *para o futuro ou* revendê-la, *se extraordinária valorização for decorrência da desapropriação a ser efetuada.* Ou seja, consiste em desapropriar área maior do que a necessária naquele momento, com a finalidade de garantir espaço para realização de obras no futuro ou com o objetivo de revender a área maior desapropriada, quando houver valorização muito grande do local, a fim de não causar enriquecimento sem causa ao antigo proprietário. A declaração de utilidade deve compreendê-las, mencionando qual é para revenda e qual será para o desenvolvimento da obra (art. 4º do Decreto-lei 3.365/1941). Parte da doutrina defende que o Poder Público deveria, no caso de valorização, cobrar o tributo contribuição de melhoria, já que se trata de alternativa menos gravosa ao proprietário, entendimento não compartilhado pela jurisprudência do STF.

Direito de extensão *consiste na faculdade do expropriado de exigir que na desapropriação se inclua a parte restante do bem que se tornou inútil ou de difícil utilização.* Deve ser exercido quando da realização do acordo administrativo ou no bojo da ação de desapropriação, sob pena de se considerar que houve renúncia.

Retrocessão *importa no direito do ex-proprietário de reaver o bem expropriado que não foi utilizado em finalidade pública.* O requisito aqui é o desvio de finalidade, a chamada **tredestinação**, utilizando-se o bem expropriado em fim não público. Não configura o instituto a utilização do bem em destinação distinta da prevista no decreto expropriatório, quando a nova finalidade for de interesse público.

9.1.8.3. Direito processual na desapropriação direta

9.1.8.3.1. Competência

O foro competente para o julgamento de ação de desapropriação é o da situação da área desapropriada. No caso da Justiça Federal, a regra permanece, ou seja, é competente o juízo federal onde se situa o imóvel objeto da demanda.

9.1.8.3.2. Legitimidade

a) Ativa: podem propor a ação de desapropriação as pessoas competentes para a fase de execução da desapropriação (vistas acima), ou seja, os entes políticos, as autarquias e as fundações públicas, as concessionárias de serviço público e os entes delegados pelo Poder Público também poderão, desde que autorizados expressamente por lei ou por contrato (art. 3º do Dec.-lei 3.365/1941);

b) Passiva: sofre a ação de desapropriação o proprietário do bem.

9.1.8.3.3. Petição inicial

A petição inicial conterá:

a) preenchimento dos requisitos previstos na legislação processual civil;

b) oferta do preço;

c) exemplar do contrato, ou do jornal oficial, em que foi publicado o decreto (serve cópia autenticada);

d) planta ou descrição do bem e suas confrontações.

9.1.8.3.4. Imissão provisória na posse

Muitas vezes, o Poder Público não tem como esperar o final da ação de desapropriação para adentrar no bem. As demandas sociais costumam ser urgentes. Nesses casos, o Poder Público pode pedir para ingressar imediatamente no imóvel. São necessários dois requisitos para a imissão provisória na posse (art. 15, *caput*, do Dec.-lei 3.365/1941), analisados abaixo.

Alegação de urgência: aqui, há três observações a serem feitas. A primeira, no sentido de que basta a mera alegação de urgência para que o requisito seja preenchido, ou seja, não é necessária a demonstração da urgência em juízo, por se tratar de questão de conveniência e oportunidade da administração pública; a segunda, no sentido de que essa alegação pode acontecer tanto no decreto expropriatório, como em momento posterior; e a terceira, no sentido de que a alegação de urgência não poderá ser renovada e obrigará o expropriante a requerer a imissão provisória dentro do prazo improrrogável de 120 dias.

Depósito imediato de quantia arbitrada pelo juiz, na forma da lei: aqui, há duas observações importantes a serem feitas. A primeira, no sentido de que não se busca, nessa fase, a fixação do real valor de mercado do imóvel que está sendo desapropriado; o que temos aqui são critérios estabelecidos pela lei para que o magistrado, num juízo preliminar, chegue a um valor razoável para determinar a imissão provisória na posse; a segunda observação é a de que existem duas regulamentações sobre a imissão provisória na posse:

a) regra (art. 15, § 1º, do Dec.-lei 3.365/1941): a imissão será autorizada mediante depósito que observe um dos seguintes critérios: a1) valor equivalente a, pelo menos, vinte vezes o valor locativo do imóvel; a2) valor venal do imóvel, desde que atualizado no ano fiscal anterior; a3) no caso de inexistência de atualização do venal do imóvel, o juiz fixará o valor do depósito observando a data da fixação do valor venal e a valorização ou desvalorização ocorridas posteriormente. Na prática, acaba sendo utilizado o valor venal atualizado. O STF emitiu a Súmula 652, dispondo ser constitucional a utilização dos critérios citados. O expropriado poderá levantar até 80% do valor depositado, após as providências do art. 34 do Dec.--lei 3.365/1941;

b) regra para desapropriação de prédios residenciais urbanos (arts. 1º a 4º do Dec.-lei 1.075/1970): a imissão será autorizada com o simples depósito do preço oferecido na petição inicial de desapropriação, todavia, caso o expropriado, em 5 dias da intimação da oferta, impugne o preço oferecido, o juiz, servindo-se de perito avaliador (caso necessário), fixará, em 48 horas, o valor provisório do imóvel; se o valor arbitrado for maior do que o oferecido na inicial pelo Poder Público, o juiz só admitirá a imissão provisória se este complementar o depósito para que esta atinja a metade do valor arbitrado. O expropriado poderá levantar a totalidade do valor depositado (ou seja, 50% do *preço depositado e complementado*) ou, quando o valor arbitrado for igual ou menor ao dobro do preço oferecido, é lícito ao expropriado optar por levantar 80% do *preço oferecido*.

9.1.8.3.5. Contestação

Segundo o art. 20 do Dec.-lei 3.365/1941, a contestação somente poderá versar sobre dois pontos: a) vício do processo judicial; b) impugnação do preço. Qualquer outra questão deverá ser decidida por ação autônoma.

Quanto ao vício do processo judicial pode-se alegar, em preliminar, tanto defeitos processuais (ausência de pressupostos processuais) como aqueles relativos à ação (ausência de condição de ação).

Quanto à impugnação ao preço, o que se permite é discutir o *quantum* ofertado pelo Poder Público na sua petição inicial.

É importante ressaltar que, caso o particular queira exercer o direito de extensão, ou seja, o direito *de exigir que na desapropriação se inclua a parte restante do bem que se tornou inútil ou de difícil utilização*, poderá fazê-lo na contestação, apresentando outra avaliação do bem, abrangendo a integralidade do imóvel, e não apenas a parte incluída no plano de desapropriação. Segundo o STJ, "o pedido e extensão formulado na contestação em nada ofende o art. 20 do Decreto-lei 3.365/1941" (Resp. 882.135/SC, DJ 17.05.2007, e Resp. 816.535/SP, DJ 16.02.2007).

O fundamento jurídico desse direito também é a norma constitucional que determina a fixação da justa indenização (art. 5º, XXIV). Isso porque, caso o expediente da desapropriação parcial com esvaziamento econômico da área remanescente não fosse impedido, a justa indenização, por vias transversas, estaria sendo prejudicada.

Além disso, há diversas outras normas repelindo esse tipo de conduta e conferindo ao prejudicado o direito de extensão. Por exemplo, há a Lei Complementar 76/1993, que dispõe sobre o procedimento sumário de desapropriação para fins de reforma agrária, e que contempla expressamente, em seu art. 4º, o direito de extensão. Para Carvalho Filho, "essas leis mais novas demonstram, à evidência, que o legislador nunca quis banir o direito de extensão do ordenamento jurídico. Ao contrário, restabeleceu-o expressamente em outras leis como que para indicar que em todos os casos de desapropriação, e presentes os mesmos pressupostos, é assegurado ao proprietário usar de seu direito de extensão". (*Manual de Direito Administrativo*, 18ª edição, Rio de Janeiro: Lumen Juris, p. 770, 2007).

Para Celso Antônio Bandeira de Mello pode-se discutir, ainda, no bojo da ação expropriatória, vícios na declaração de utilidade pública, inclusive desvio de finalidade: "se o proprietário puder objetivamente e indisputavelmente demonstrar que a declaração de utilidade pública não é um instrumento para a realização dos fins a que se preordena, mas um recurso ardiloso para atingir outro resultado, o juiz deverá reconhecer-lhe o vício e, pois, sua invalidade; cumpre que tal apreciação possa ser feita até mesmo na ação expropriatória, que, se assim não fora, de nada valeria ao particular demonstrar-lhe o vício posteriormente, pois, uma vez integrado o bem, ainda que indevidamente, ao patrimônio público – *ex vi* do art. 35 do Decreto-lei 3.365/1941 –, a questão resolver-se-ia por perdas e danos, donde ser ineficiente tal meio para garantir ao proprietário despojado a proteção estabelecida no art. 5º,

XXIV, da Carta Magna" (*Curso de Direito Administrativo*, 24ª edição, São Paulo: Malheiros, pp. 866-7, 2007).

Cuidado, pois é excepcional a possibilidade de discutir a questão referida no parágrafo anterior, na ação de desapropriação. Como regra, esse tipo de questão deve ser objeto de ação própria.

9.1.8.3.6. Procedimento

Na fase judicial a desapropriação se desenvolve segundo o seguinte procedimento:

a) petição inicial, com os requisitos já mencionados, e eventual requerimento de imissão provisória na posse;

b) havendo requerimento de imissão provisória na posse, o juiz deve tomar as providências mencionadas (fixar valor para depósito e proceder à imissão na posse);

c) ao despachar a inicial o juiz deverá tomar duas providências: c1) determinar a citação do réu; c2) designar um perito de sua livre escolha para proceder à avaliação dos bens;

d) feita a citação, a ação seguirá o rito comum

9.1.8.3.7. Sentença

A sentença deverá tratar dos seguintes assuntos:

a) das impugnações processuais alegadas em preliminares;

b) do *quantum* indenizatório, que deverá ser fixado levando em conta o valor de mercado do bem (a Constituição fala em "justa indenização"), os danos emergentes e os lucros cessantes, a partir do livre convencimento do juiz em face das avaliações do perito e das argumentações das partes e de seus assistentes técnicos;

c) dos consectários legais, tais como juros compensatórios, juros moratórios, correção monetária, custas e despesas processuais e honorários advocatícios.

Sobre os valores principais e os consectários legais, no caso de desapropriação se efetivar, temos o seguinte:

a) valor de mercado do bem: o juiz deverá arbitrar quantia que corresponda ao valor do mercado do bem, com todas as benfeitorias que já existiam no imóvel antes do ato expropriatório; quanto às benfeitorias feitas posteriormente, serão pagas as necessárias e as úteis, estas quando realizadas com autorização do expropriante. Se houver desapropriação de parte de um imóvel, tornando a parte remanescente economicamente inviável, pode-se pedir indenização pelo valor total do bem, exercendo o chamado direito de extensão;

b) danos emergentes e lucros cessantes: aqui entram os valores que o juiz pode arbitrar para desmonte e transporte de equipamentos instalados e em funcionamento (art. 25, parágrafo único, do Dec.-lei 3.365/1941), os valores devidos ao proprietário da coisa que tiver fundo de comércio próprio no local (ponto comercial), os valores relativos à valorização ou depreciação de eventual área remanescente, pertencente ao réu (art. 27, *caput*, do Dec.-lei 3.365/1941), dentre outros; quanto aos lucros cessantes, deve-se tomar cuidado para que não haja cumulação indevida deles com juros compensatórios (STJ, Resp. 509.854/RS, DJ 17.04.2007);

c) juros compensatórios: esses juros são devidos quando o Poder Público promove a imissão provisória na posse do imóvel. Nessa circunstância, o expropriado poderá levantar parte do valor depositado em juízo, mas só receberá o valor total (de mercado) do seu bem após a sentença definitiva; é sobre a diferença entre o valor total do bem e o valor ofertado por ocasião da imissão provisória na posse da coisa que incidirão os juros compensatórios. São juros justos, pois o proprietário da coisa, ao se ver desprovido dela, deixa de poder auferir renda com o bem, sendo correto que receba juros compensatórios quanto a essa diferença. Assim, os juros compensatórios são **contados** da imissão na posse (art. 15-A do Dec.-lei 3.365/1941, acrescentado pela MP 2.183/2001). A medida provisória referida estabeleceu, também, que os juros compensatórios seriam "de até 6% (seis por cento) ao ano"; todavia, o STF, na ADI 2.332-2, retirou a eficácia da expressão "até" (ou seja, os juros compensatórios serão de exatos 6% ao ano) e também determinou que a base de cálculo dos juros compensatórios será a diferença eventualmente apurada entre 80% do preço ofertado em juízo e o valor do bem fixado na sentença (STF, ADI 2332/DF, 17.05.2018);

d) juros moratórios: esses juros são devidos quando há atraso, pelo Poder Público, do pagamento que deverá efetuar pela desapropriação. Como o pagamento, de regra, é feito por precatório, esse atraso só passa a existir "a partir de 1º de janeiro do exercício seguinte àquele em que o pagamento deveria ser feito, nos termos do art. 100 da Constituição" (art. 15-B do Dec.-lei 3.365/1941); o mesmo dispositivo estabelece que esses juros serão de 6% ao ano. Esse dispositivo não foi alterado pelo STF;

e) correção monetária: é contada desde a realização do laudo pericial que fixa o valor do bem expropriado;

f) custas e despesas processuais: são de responsabilidade do Poder Público os honorários periciais, no caso de o valor por ele oferecido ser majorado pelo magistrado;

g) honorários advocatícios: os honorários serão fixados entre 0,5 e 5% da diferença entre o valor oferecido pelo Poder Público e o valor fixado pelo Poder Judiciário (art. 27, § 1º, do Dec.-lei 3.365/1941, com a redação dada pela MP 2.183-56/2001), diferença que deve ser atualizada. No mesmo parágrafo do art. 27, havia previsão de que os honorários não poderiam ultrapassar os R$ 151 mil; todavia, na ADI 2.332-2 o STF também retirou eficácia da expressão, não havendo mais esse limite de R$ 151 mil. É importante ressaltar que na base de cálculo dos honorários advocatícios devem ser incluídas as parcelas devidas a título de juros moratórios e compensatórios, também devidamente atualizados, nos termos da Súmula 131 do STJ;

h) precatórios atrasados implica depósito direto: "No caso de necessidade de complementação da indenização, ao final do processo expropriatório, deverá o pagamento ser feito mediante depósito judicial direto se o Poder Público não estiver em dia com os precatórios." (STF, RE 922.144/MG, j. 19.10.2023).

9.1.8.3.8. Recursos

Na desapropriação, cabem os recursos à moda do que ocorre nas ações de rito comum. Assim, a título de exemplo, da decisão interlocutória cabe agravo, ao passo que da sentença terminativa ou de mérito cabe apelação. Das decisões proferidas pelos Tribunais Estaduais ou Federais, cabem, por exemplo, recurso especial ou recurso extraordinário.

No que concerne aos efeitos do recurso de apelação, temos as seguintes regras (art. 28 do Dec.-lei 3.365/1941):

a) se interposta pelo expropriado: terá efeito apenas devolutivo;

b) se interposta pelo Poder Público: terá efeito devolutivo e suspensivo.

Por fim, é fundamental lembrar que, no caso de a sentença condenar a Fazenda Pública em quantia superior ao dobro da oferecida na petição inicial, ficará sujeita ao duplo grau de jurisdição.

9.1.8.3.9. Desistência da desapropriação

Conforme já escrito, pode-se desistir da desapropriação até o último momento anterior ao do pagamento da indenização. Deve-se ressaltar que os danos causados ao particular devem ser ressarcidos. Assim, a desistência só se efetivará se o Poder Público: a) fizer o pedido antes de ultimada a desapropriação; b) ressarcir o expropriado de todos os danos que tiver; c) pagar as despesas processuais; d) devolver o bem.

Todavia, o STJ vem entendendo que há um quinto requisito que deve ser atendido, qual seja, o de que não tenha havido substanciais alterações no imóvel por parte do Poder Público, tornando impossível a restituição no estado em que se encontrava antes da imissão provisória (STJ, REsp 132.398/SP – Min. Hélio Mosimann, DJ 19.10.1998). Porém, "é ônus do expropriado provar a existência de fato impeditivo do direito de desistência da desapropriação." (REsp 1.368.773-MS, DJe 2/2/2017.).

9.1.8.3.10. Intercorrências no pagamento da indenização fixada na sentença

A quantia fixada na sentença será paga por meio da expedição de precatório, ressalvadas as quantias definidas pela lei como de pequeno valor. Do valor fixado na sentença somente será abatido o montante que já tiver sido depositado por eventual imissão provisória na posse que tiver sido executada.

O pagamento por meio de precatório segue a sorte do art. 100, § 5º, da Constituição Federal: "é obrigatória a inclusão, no orçamento das entidades de direito público, de verba necessária ao pagamento de seus débitos oriundos de sentenças transitadas em julgado, constantes de precatórios judiciários, apresentados até 1º de julho, fazendo o pagamento até o final do exercício seguinte, quando terão seus valores atualizados monetariamente". Cabe ao Presidente do Tribunal que proferir a decisão exequenda determinar o pagamento integral (art. 100, § 6º, da CF).

Nos trâmites relativos ao pagamento dos precatórios podem ocorrer as seguintes intercorrências:

a) preterição da ordem cronológica: é o caso de um credor ter depositada a quantia a que tem direito antes de outro com ordem cronológica mais antiga; nesse caso, o credor mais antigo poderá ingressar com "pedido de sequestro da quantia necessária à satisfação do seu débito", que deve ser feito para o Presidente do Tribunal que tiver determinado a expedição do precatório;

b) não efetivação do depósito no prazo previsto no § 1º do art. 100 da CF: nesse caso, incidem as hipóteses dos arts. 34, V, "a", e 35, I, da CF, que permitem a intervenção da União nos Estados e dos Estados nos Municípios, quando deixar de ser paga, sem motivo de força maior, por dois anos consecutivos, a dívida fundada.

9.1.8.3.11 Pagamento integral

Efetuado o pagamento integral do valor da indenização, será expedido mandado de imissão na posse, valendo a sentença como título para registro no Registro de Imóveis.

9.1.8.4. Retrocessão

Infelizmente, é muito comum o Poder Público desapropriar um imóvel e não utilizá-lo posteriormente numa atividade de interesse público. Em algumas vezes, o Poder Público simplesmente não utiliza o imóvel. Em outras, utiliza, mas em atividades que não são de interesse público.

O Superior Tribunal de Justiça vem, em matéria de desapropriação, fazendo a distinção entre tredestinação lícita e tredestinação ilícita.

A **tredestinação** consiste na mudança de destinação de um imóvel desapropriado.

Como se sabe, quando se expede o decreto expropriatório, é necessário indicar a finalidade daquela desapropriação que se deseja fazer. Assim, indica-se no decreto se a finalidade é construir uma escola, construir um hospital, construir casas populares, alargar uma via pública etc. A tredestinação ocorre quando a Administração Pública, de posse do imóvel desapropriado, acaba utilizando-o em finalidade distinta da prevista inicialmente.

Ocorre que essa mudança de finalidade pode se dar para atender outra demanda de interesse público. Um exemplo dessa situação é a desapropriação de uma área para construir uma escola e depois acabar construindo um hospital. Nesse caso, tem-se a tredestinação lícita, não sendo possível questionar a desapropriação realizada e os atos subsequentes.

Outra possibilidade é a de a Administração mudar a finalidade da desapropriação realizada para o fim de atender uma demanda que não é de interesse público. Um exemplo é desapropriar uma área para construir uma escola e depois ceder essa área para um comerciante local montar uma loja de venda de automóveis. Nesse caso, tem-se a tredestinação ilícita, que autoriza a nulidade do ato consequente e a retomada da coisa pelo anterior proprietário, que tem o direito de retrocessão.

Nesses casos, fica a dúvida: o antigo proprietário poderá reivindicar o imóvel de volta, devolvendo os valores que tiver recebido, terá direito a uma mera indenização ou não terá direito algum?

Para responder a essa pergunta, temos que tratar do instituto da retrocessão.

Pelo conceito tradicional, **retrocessão** *importa no direito do ex-proprietário de reaver o bem expropriado que não foi utilizado em finalidade pública.* O requisito, como se viu, é o desvio de finalidade, a chamada tredestinação, utilizando-se o bem expropriado em finalidade não pública. Não configura o instituto a utilização do bem em finalidade distinta da prevista no decreto expropriatório, quando a nova finalidade for de interesse público.

A primeira regra sobre o assunto foi o art. 1.150 do CC/1916, cujo texto era imperativo: o Poder Público oferecerá o imóvel ao ex-proprietário, caso não tenha o destino que deu origem à desapropriação, pelo preço que o foi. Apesar da imperatividade do texto, dando a entender tratar-se de direito real do antigo proprietário, por estar o dispositivo no capítulo do direito pessoal de preferência, foi muito forte a corrente no sentido de que o direito do ex-proprietário era meramente pessoal.

Sobreveio o art. 35 do Decreto-lei 3.365/1941, cuja redação não permite a reivindicação do bem, após desapropriado. Com a entrada em vigor desse decreto-lei, ganhou força a tese de que a retrocessão tratava-se de mero direito pessoal do antigo proprietário.

Todavia, alguns acórdãos do STF também reconheceram o caráter de direito real do ex-proprietário.

O STJ, por sua vez, já há alguns anos entende tratar-se de direito real o direito do ex-proprietário, conforme se vê do seguinte acórdão: Edcl. no REsp 623.511/RJ, DJ 26.09.2005.

Há três temas bastante polêmicos que devem, ainda, ser aclarados.

O primeiro é concernente ao seguinte ponto: quando o imóvel não é utilizado em finalidade alguma pelo Poder Público, qual é o prazo para se considerar o bem não utilizado para fins de exercício do direito de retrocessão?

A resposta a essa pergunta depende da modalidade de desapropriação envolvida:

a) na desapropriação por interesse social, prevalece a tese de que o prazo é de 2 anos, visto que, segundo o art. 3º da Lei 4.132/1962, é o prazo para que o Poder Público adote "as providências de aproveitamento do bem expropriado";

b) na desapropriação para reforma agrária, o art. 16 da Lei 8.629/1993 estabelece o prazo de três anos, contados da data de registro do título translativo de domínio, para que o órgão expropriante destine a respectiva área aos beneficiários da reforma agrária;

c) na desapropriação por descumprimento da função social em imóvel urbano, o art. 8º da Lei 10.257/2001 dispõe que o Município tem o prazo de cinco anos para proceder ao adequado aproveitamento do imóvel, contado de sua incorporação ao patrimônio público;

d) na desapropriação por utilidade ou necessidade públicas, não há, na lei, prazo máximo para a ocupação do bem pelo Poder Público, prevalecendo a tese de que o prazo, então, será de 5 anos, mantendo-se a harmonia com o prazo de caducidade do decreto expropriatório, à moda do que acontece para esses dois prazos na desapropriação por interesse social.

O segundo ponto é relativo ao prazo para ingressar com a ação de retrocessão. Prevalece o entendimento de que se deve utilizar o prazo prescricional previsto para os direitos reais. Como o art. 205 do CC não faz distinção entre ações reais e pessoais, deve-se utilizar o prazo geral previsto no dispositivo, que é de 10 anos. Se o entendimento prevalecente fosse de que a retrocessão é direito pessoal, o prazo seria o previsto para ações indenizatórias contra o Poder Público.

O último ponto diz respeito à autonomia da ação que deverá ser aforada. Nesse sentido, é pacífico que se deve ingressar com ação própria, não sendo possível aproveitar a ação de desapropriação originária.

Por fim, é importante ressaltar que "ao imóvel desapropriado para implantação de parcelamento popular, destinado às classes de menor renda, não se dará outra utilização nem haverá retrocessão" (art. 5º, § 3º, do Dec.-lei 3.365/1941).

Confira acórdão do STJ reconhecendo o caráter real do direito de retrocessão, e, consequentemente, que o prazo prescricional respectivo é o das ações de natureza real:

"1. A jurisprudência desta Corte e do STF adotou corrente no sentido de que a ação de retrocessão é de natureza real e, portanto, aplica-se o art. 177 do CC/1916 e não o prazo quinquenal de que trata o Decreto 20.910/1932. 2. Recurso especial provido." (STJ, REsp 2006.01546994, DJ 14.03.2007).

9.1.8.5. Situação jurídica de terceiros

Há quatro tipos de terceiros que podem ter seus direitos afetados por uma desapropriação. Confira:

a) verdadeiro proprietário da coisa, que não consta como réu na ação de desapropriação: quanto a essa pessoa, incide o art. 35 do Dec.-lei 3.365/1941, que dispõe que "os bens expropriados, uma vez incorporados à Fazenda Pública, não podem ser objeto de reivindicação, ainda que fundada em nulidade do processo de desapropriação"; assim, o verdadeiro proprietário deve acionar aquele que recebeu a indenização e buscar a satisfação dos seus interesses por meio de perdas e danos, ou seja, o Poder Público, por adquirir de forma originária o bem objeto de expropriação, não sofre os efeitos da evicção;

b) credor do expropriado: quanto ao credor com garantia real, incide o art. 31 do Dec.-lei 3.365/1941, pelo qual "ficam sub-rogados no preço quaisquer ônus ou direitos que recaiam sobre o bem expropriado", ou seja, o credor com direito real sobre a coisa passará a ter direito real sobre a quantia depositada em juízo, operando-se, inclusive, o vencimento antecipado da dívida; já o credor sem garantia especial poderá pedir a penhora dos valores depositados em juízo;

c) locatário do expropriado: aquele que é locatário de um imóvel que está sendo desapropriado não tem direito de manter a locação. Esse contrato fica extinto e o locatário poderá pedir indenização do Poder Público pelos danos que tiver, por exemplo, pela perda do fundo de comércio (ponto comercial). O fundamento desse pedido é a responsabilidade objetiva do Estado pelos danos causados às pessoas e o deve ser deduzido em ação própria de indenização (art. 20 do Dec.-lei 3.365/1941);

d) vizinho do expropriado: segundo o art. 37 do Dec.-lei 3.365/1941, "aquele cujo bem for prejudicado extraordinariamente em sua destinação econômica pela desapropriação de área contígua terá direito a reclamar perdas e danos do expropriante".

9.1.8.6. Desapropriação indireta

Infelizmente, é comum que o Poder Público se aproprie de bem particular sem observância dos requisitos da declaração e da indenização prévia. O nome dessa situação é **desapropriação indireta**, que também pode ser conceituada como *a abusiva e irregular apropriação do imóvel particular pelo Poder Público, com sua consequente integração no patrimônio público, sem obediência às formalidades e cautelas do processo de expropriação e que abre ao lesado o recurso à via judicial para ser indenizado.*

Perceba que para configurar o instituto da desapropriação indireta não basta o mero apossamento administrativo, ou seja, não basta uma invasão do Poder Público, por seus agentes, em um imóvel particular. É necessário que haja uma invasão somada a uma utilização do bem numa situação de interesse público.

Um exemplo bem comum da desapropriação indireta é a utilização de uma área particular para construção de um trecho de uma estrada.

Apesar da abusividade do procedimento, o Poder Público tem direito de ser mantido no bem, preenchido o requisito de sua utilização em atividade de interesse público. O fundamento desse direito é o próprio art. 35 do Dec.-lei 3.365/1941, que assegura que "os bens expropriados, uma vez incorporados à Fazenda Pública, não podem ser objeto de reivindicação, ainda que fundada em nulidade do processo de desapropriação. Qualquer ação, julgada procedente, resolver-se-á em perdas e danos". Trata-se do princípio do fato consumado.

Também fundamentam o instituto o art. 5º, XXIV, da CF, e o art. 15, § 3º, do Decreto-lei 3.365/1941. O primeiro porque determina o pagamento de indenização justa quando ocorre desapropriação, o que deve ocorrer tanto para aquela que respeita as regras jurídicas e, principalmente, para aquelas feitas de modo abusivo e irregular. E o segundo dispositivo porque estabelece valer para a desapropriação indireta a disciplina dos juros compensatórios, em matéria de desapropriação, quando houver imissão provisória na posse.

O particular prejudicado tem direito de ingressar com ação de indenização por desapropriação indireta.

A legitimidade ativa para a demanda é do proprietário do imóvel. Por envolver a perda da propriedade, há decisões que entendem ter a ação natureza real, de modo que o cônjuge do proprietário deve participar da demanda (STJ, REsp 64.177, DJ 25.09.1995).

A legitimidade passiva da ação é da pessoa jurídica de direito público responsável pela incorporação do bem ao seu patrimônio.

Sob o argumento de que a ação se funda em direito real sobre o imóvel, há decisões do STF no sentido de que a competência é do foro do local onde ele se encontra (STF, RE 111.988). O STJ vem julgando nesse sentido (STJ, CC 46.771-RJ, DJ 19.09.2005).

O prazo prescricional para ingressar com a ação de indenização por desapropriação indireta, nos termos da Súmula 119 do STJ, era de 20 anos. O fundamento da súmula é que esse é o prazo para a usucapião extraordinária de bens imóveis, sob a égide do antigo Código Civil (arts. 550 e 551). Todavia, no atual CC, o prazo da usucapião extraordinária é de 15 anos, como regra, e de 10 anos, quando o possuidor houver estabelecido no imóvel sua moradia habitual, ou nele realizado obras ou serviços de caráter produtivo, conforme o art. 1.238 do CC. Por conta disso, importante apontar que, de acordo com o entendimento mais recente do STJ (REsp 1.757.352/SC, 1ª Seção, Rel. Min. Herman Benjamin, DJe 07/05/2020 – tema 1.019 de recurso repetitivo), o prazo prescricional aplicável à desapropriação indireta, na hipótese em que o poder público tenha realizado obras no local ou atribuído natureza de utilidade pública ou de interesse social ao imóvel, é de **10 (dez) anos**, conforme parágrafo único do artigo 1.238 do Código Civil.

A **indenização** deve abarcar os seguintes pontos:

a) valor de mercado do bem: observar o mesmo item da desapropriação direta; se houver desapropriação indireta de parte de um imóvel, tornando a parte remanescente economicamente inviável, pode-se pedir indenização pelo valor total do bem, exercendo o chamado direito de extensão;

b) danos emergentes e lucros cessantes: observar o mesmo item da desapropriação direta;

c) juros compensatórios: aqui, os juros compensatórios são devidos desde a ocupação do imóvel pelo Poder Público. Os juros incidirão sobre o total de indenização, uma vez que, diferente da desapropriação direta, não há diferença entre o valor fixado na sentença e o valor ofertado, pois aqui não se fala em valor ofertado; os juros, aqui, terão o mesmo percentual dos juros compensatórios na desapropriação direta, ou seja, serão de exatos 6% ao ano, nos termos do art. 15-A, § 3º, do Dec.-lei 3.365/1941, declarado constitucional pelo STF (ADI 2332/DF, 17.05.2018), ficando superada assim a Súmula 618 do STF;

d) juros moratórios: esses juros são devidos quando há atraso, pelo Poder Público, do pagamento que deverá efetuar pela desapropriação. Como o pagamento, de regra, é feito por precatório, esse atraso só passa a existir "a partir de 1º de janeiro do exercício seguinte àquele em que o pagamento deveria ser feito, nos termos do art. 100 da Constituição" (art. 15-B do Dec.-lei 3.365/1941); o mesmo dispositivo estabelece que esses juros serão de 6% ao ano, mas ele não foi alterado pelo STF;

e) correção monetária: é contada desde a realização do laudo pericial que fixa o valor do bem expropriado;

f) custas e despesas processuais: são de responsabilidade do Poder Público os honorários periciais, inclusive quanto ao adiantamento das quantias para fazer frente a essas despesas (STJ, REsp 788.817, j. 19.06.2007);

g) honorários advocatícios: o Dec.-lei 3.365/1941 dispõe que, à moda do que ocorre na desapropriação direta, os honorários serão fixados entre 0,5 e 5% da diferença entre o valor oferecido pelo Poder Público e o valor fixado pelo Poder Judiciário (art. 27, §§ 1º e 3º, do Dec.-lei 3.365/1941, com a redação dada pela MP 2.183-56/2001); todavia, como não há diferença entre valor fixado pelo juiz e valor ofertado pelo Poder Público, já que este se apoderou do bem sem seguir os trâmites legais, devem incidir os honorários sobre o valor total da condenação, prevalecendo os parâmetros previstos na legislação processual civil, conforme lição de José dos Santos Carvalho Filho (*Manual de Direito Administrativo*, 18ª edição, Rio de Janeiro: Lumen Juris, 2007, p. 767). É importante ressaltar que na base de cálculo dos honorários advocatícios devem ser incluídas as parcelas devidas a título de juros moratórios e compensatórios, também devidamente atualizados, nos termos da Súmula 131 do STJ.

9.1.8.7. *Desapropriação por não atendimento à função social da propriedade*

Em área rural, a desapropriação-sanção deve atender às seguintes regras (art. 184 da CF):

a) União é quem tem competência para a desapropriação para reforma agrária pelo não cumprimento da função social da propriedade;

b) o pagamento será feito com títulos da dívida agrária, resgatáveis em até 20 anos, a partir do 2º ano de sua emissão;

c) as benfeitorias úteis e necessárias serão indenizadas em dinheiro;

d) não cabe desapropriação para reforma agrária: i) em caso de pequena e média propriedade rural se o proprietário não tiver outra; ii) em caso de propriedade produtiva.

Em área urbana, a desapropriação-sanção deve atender às seguintes regras (art. 182 da CF):

a) o Município desapropria o imóvel urbano que não estiver cumprindo a função social da propriedade;

b) o pagamento será feito com títulos da dívida pública, de emissão aprovada pelo Senado, resgatáveis em até 10 anos, em parcelas anuais, iguais e sucessivas;

c) o Estatuto da Cidade estabelece que o valor a ser apurado é o *valor venal* e não haverá *lucros cessantes*;

d) são requisitos para a aplicação do instituto os seguintes: i) lei federal, plano diretor municipal, lei municipal específica indicando áreas que devem ser utilizadas; ii) notificação para parcelamento, edificação ou utilização compulsória (1 ano para projeto e 2 anos para iniciar as obras); iii) IPTU progressivo por 5 anos, com alíquota de até 15%, no máximo dobrando a cada ano.

Cumpridos os requisitos mencionados, e permanecendo a propriedade sem cumprir a sua função social, o Município pode ingressar com ação de desapropriação-sanção.

10. RESPONSABILIDADE CIVIL DO ESTADO

10.1. Evolução histórica e teorias sobre a responsabilidade estatal

A responsabilidade patrimonial do Estado passou pelas seguintes fases:

a) fase da irresponsabilidade: nessa fase, o Estado não respondia por danos causados aos particulares, sob o argumento de que o poder soberano dos reis era divino, de modo que não era correto dizer que o rei errava ("the king can do no wrong");

b) fase civilista: nessa fase, o Estado passou a responder, mas apenas se o dano tivesse sido causado por *culpa ou dolo de um funcionário estatal*; assim, caso o motorista de uma Prefeitura, por exemplo, atropelasse alguém por conta de uma manobra imprudente, o Estado responderia civilmente pela respectiva indenização;

c) fase publicista: nessa fase, o Estado passou a responder civilmente mediante a aplicação de institutos jurídicos mais adequados às características estatais, ou seja, segundo princípios próprios do direito público, daí o nome de fase *publicista*; pertencem a essa fase a responsabilização estatal segundo dois fundamentos:

c1) culpa administrativa: aqui, o Estado responde se o dano tiver origem num *serviço defeituoso*; por exemplo, caso alguém sofra um acidente automotivo pelo fato de haver uma enorme cratera numa rua já há alguns meses, caracteriza-se o serviço estatal defeituoso e, consequentemente, a culpa administrativa a ensejar a responsabilidade civil do Estado. Repare que, aqui, o foco não é a culpa do *funcionário*, mas a culpa do *serviço*, também chamada de culpa anônima do serviço, pois não se analisa a conduta de alguém em especial, mas o desempenho do serviço público;

c2) risco administrativo: aqui, o Estado responde objetivamente pelos danos que causar, ou seja, basta que uma conduta estatal cause um dano indenizável a alguém para que o Estado tenha de responder civilmente, pouco importando se há culpa do funcionário ou se há culpa administrativa. Um exemplo é um policial atirar para se defender e a bala acabar atingindo um terceiro (a chamada "bala perdida"); nesse caso, pouco importa se o policial agiu com culpa ou não, respondendo o Estado objetivamente. O princípio maior que rege a Teoria do Risco Administrativo é o da igualdade, não sendo justo que a vítima sofra sozinha por conduta estatal que, em tese, beneficia a todos; a teoria em questão objetiva que haja igualdade nos ônus e encargos sociais.

A responsabilidade fundada no **risco administrativo** é a regra hoje no direito brasileiro, que, assim, impõe que o Estado responda objetivamente pelos danos que seus agentes causarem a terceiros (art. 37, § 6º, da CF).

A responsabilidade objetiva estatal tem como marco histórico o famoso Caso Blanco, em que uma menina fora atropelada por veículo público e ficou decidido que o Poder Judiciário (que analisava casos cíveis, com princípios próprios) não era o competente para conhecer da questão, mas sim o Conselho de Estado (que analisava casos afetos ao Poder Público), que deveria aplicar princípios próprios do direito público, como o da igualdade e da legalidade, que impõem a indenização ao particular que é lesado em detrimento de uma atividade de proveito à coletividade.

Por fim, é bom ressaltar que a responsabilidade objetiva no Brasil admite excludentes de responsabilidade do Estado, de modo que não adotamos a **Teoria do Risco Integral**, que não admite excludentes, mas a **Teoria do Risco Administrativo**, conforme mencionado, teoria essa que admite excludentes de responsabilidade.

A Teoria do Risco Integral vem sendo aplicada, sem controvérsia alguma, na responsabilidade por *dano nuclear*, seja o responsável pelo dano o Estado ou o particular. Além dos casos previstos na CF, o STF entende que lei infraconstitucional também pode estabelecer novos casos de responsabilidade estatal com risco integral (ADI-4976, J. 07.05.2014).

10.2. Modalidades de responsabilidade

Conforme vimos no item anterior, a responsabilidade do Estado, como regra, é objetiva, fundada no *risco administrativo*.

Porém, a jurisprudência vem reconhecendo que, em alguns casos, a responsabilidade estatal é subjetiva, fundada na *culpa administrativa*.

Assim sendo, pode-se dizer, hoje, que há duas modalidades de responsabilidade civil estatal.

A primeira modalidade é a **responsabilidade objetiva**. Trata-se da regra em matéria de responsabilidade do Estado, nos termos do art. 37, § 6º, da CF. A responsabilidade é objetiva em três situações:

a) por conduta comissiva do Estado: nesse caso pode-se dizer que o Estado causou materialmente um dano, já que atuou positivamente (comissivamente), o que faz incidir o texto do art. 37, § 6º, da CF, que não reclama conduta culposa ou dolosa para que o Estado responda civilmente por danos causados a terceiros; são exemplos de *condutas comissivas* a bala perdida de um policial, a agressão feita por agente público com arma da corporação, a transfusão de sangue contaminado com HIV em hospital público, a interdição indevida de um estabelecimento comercial, um acidente com um carro oficial dirigido de modo imprudente, dentre outros. O art. 37, § 6º, da CF estabelece que essa responsabilidade objetiva alcança as pessoas jurídicas de direito público (entes políticos, mais entidades com natureza autárquica) e as pessoas jurídicas de direito privado prestadoras de serviços públicos;

b) por atividade de risco estatal: nesse caso, temos situações em que não se sabe muito bem se o Estado age numa conduta comissiva ou omissiva; por exemplo, imagine um depósito de explosivos das Forças Armadas, que acaba por pegar fogo, gerando inúmeros danos na vizinhança. Perceba que pouco importa se a conduta estatal é comissiva ou omissiva, pois como a atividade de armazenar explosivos é uma atividade de risco, aplica-se o disposto no art. 927, parágrafo único, do Código Civil, para efeito de responsabilizar o Estado objetivamente; vale ressaltar que qualquer pessoa, de direito público ou de direito privado, responde objetivamente por danos causados por atividades de risco que pratiquem;

c) por condutas omissivas específicas: para o STF a responsabilidade estatal por condutas omissivas específicas é objetiva; ex: agressão física a aluno por colega em escola pública; por omissão no dever de fiscalizar, valendo salientar que, para que fique caracterizada a responsabilidade civil do Estado por danos decorrentes do comércio de fogos de artifício, é necessário que exista a violação de um dever jurídico específico de agir, que ocorrerá quando for concedida a licença para funcionamento sem as cautelas legais ou quando for de conhecimento do poder público eventuais irregularidades praticadas pelo particular (Informativo STF 969); em geral, as situações do item "b" acima estão conectadas com este item "c"; por exemplo, acerca desse rompimento de um dever específico, o STJ entende que o Estado responde pelo falecimento de advogado nas dependências do fórum causado por disparos de arma de fogo efetuados por réu em ação criminal, por se tratar de omissão estatal em atividade de risco anormal, nos termos do art. 927, parágrafo único, do Código Civil (Informativo 674; REsp 1.869.046-SP, DJe 26.06.2020); na mesma decisão foi lembrado que "entre as atividades de risco "por sua natureza" incluem-se as desenvolvidas em edifícios públicos, estatais ou não (p. ex., instituição prisional, manicômio, delegacia de polícia e fórum), com circulação de pessoas notoriamente investigadas ou condenadas por crimes, e aquelas outras em que o risco anormal se evidencia por contar o local com vigilância especial ou, ainda, com sistema de controle de entrada e de detecção de metal por meio de revista eletrônica ou pessoal".

A segunda modalidade é a **responsabilidade subjetiva**. Trata-se de exceção em matéria de responsabilidade do Estado. A responsabilidade será subjetiva em três situações:

a) por conduta omissiva genérica do Estado: nesse caso não se pode dizer que o Estado causou materialmente um dano, pois uma omissão não é capaz de "causar" coisa alguma, situação que impede a aplicação da responsabilidade objetiva prevista no art. 37, § 6º, da CF, que se aplica quando o Estado, por seus agentes, "causa" um dano a terceiro; por outro lado, não é possível simplesmente aplicar o Código Civil nesse tipo de situação (omissiva), pois esse Código é fundado em princípios de Direito Privado, e a responsabilidade estatal deve ser fundada em princípios de Direito Público; assim sendo, em caso de conduta omissiva do Estado, esse responderá **subjetivamente**, mas com fundamento na **culpa administrativa** e não na culpa do funcionário público. A culpa administrativa ocorre quando se demonstra que o serviço é **defeituoso** (a chamada "falta do serviço"), ou seja, quando se demonstra que o serviço: i) não funcionou, ii) funcionou atrasado ou iii) funciona mal; tal apreciação é feita levando-se em conta o que legitimamente se espera do serviço estatal. São exemplos de condutas omissivas estatais que costumam gerar responsabilidade por envolver serviço defeituoso o não recapeamento de ruas pelo Poder Público, propiciando acidentes automobilísticos; a falta de limpeza de bueiros e córregos, propiciando alagamentos e deslizamentos de imóveis; a morte de detento ocasionada por outro detento, salvo casos em que seja impossível a tomada de providências do Estado para evitar a morte de um detento, hipótese em que fica rompido o nexo causal da sua omissão com o resultado danoso (STF, RE 841526/RS, j. 30.03.2016); a ausência de fiscalização ambiental pelo Estado, propiciando danos ambientais; a existência de animal em estrada, causando acidente; a falha no semáforo, causando acidente; o acidente em sala de aula de escola pública, machucando aluno; dentre outros. Todavia, a jurisprudência não costuma responsabilizar o Estado por atos causados por um fugitivo da prisão, que, tempos depois da fuga, comete crimes, causando danos a terceiros; por enquanto, o STF e o STJ vêm entendendo que a responsabilidade do Estado por omissão é subjetiva; vale ressaltar que o STF tem decisão no sentido de que a responsabilidade estatal por atos omissivos *específicos* é objetiva; um exemplo de caso de omissão específica do Estado é a agressão física a aluno por colega, em escola estadual, hipótese em que a responsabilidade estatal será objetiva, com base na Teoria do Risco Administrativo (STF, ARE 697.326 AgR/RS, DJ 26.04.2013); não se pode confundir uma *conduta omissiva genérica* (ex: o Estado não conseguir evitar todos os furtos de carros), com uma *conduta omissiva específica* (ex: o Estado ter o dever de vigilância sobre alguém e não evitar o dano); no primeiro caso, o Estado responde *subjetivamente*, só cabendo indenização se ficar provado que o serviço foi defeituoso (ex: um policial presencia um furto e nada faz); no segundo caso, o Estado responde *objetivamente*, não sendo necessário perquirir sobre se o serviço estatal foi ou não defeituoso;

b) por condutas omissivas ou comissivas de pessoas jurídicas de direito privado estatais exploradoras de atividade econômica: essas pessoas não são alcançadas pela responsabilidade objetiva prevista no art. 37, § 6º, da CF; dessa forma, a regulamentação de sua responsabilidade cabe ao direito privado e este, como regra, estabelece a responsabilidade civil subjetiva, em que a pessoa jurídica só responderá se um agente seu agir mediante conduta culposa ou dolosa (art. 186 do Código Civil). Todavia, o caso concreto pode envolver situação que gere responsabilidade objetiva, não pela Constituição Federal, mas pela legislação infraconstitucional; por exemplo, se a pessoa jurídica em tela causar dano em virtude de atividade de risco, responderá objetivamente (art. 927, parágrafo único, do CC); o mesmo acontecerá se se tratar de uma relação de consumo (por exemplo, a relação entre o Banco do Brasil e seus clientes);

c) quanto à responsabilidade civil do agente público: nesse caso, o próprio art. 37, § 6º, da CF estabelece que o agente público só responderá por danos causados a terceiros se agir com culpa ou dolo e, mesmo assim, apenas em ação regressiva movida pelo Poder Público, não sendo possível que a vítima ingresse com ação indenizatória diretamente contra o agente público que lhe causar dano.

10.3. Fundamentos da responsabilidade objetiva e motivos que a ensejam

São fundamentos da responsabilidade objetiva do Estado os princípios da **igualdade** e da **legalidade**.

De acordo com o princípio da *igualdade*, não é isonômico que uma pessoa sofra danos por obra do Estado, que age em favor de todas as outras pessoas, e não seja indenizada por isso.

O princípio da *legalidade*, por sua vez, não permite que o Estado haja de forma a causar danos às pessoas, pois isso é ilegal. Agindo assim, o Estado, fica, então, com a obrigação de reparar o dano.

Há quem complemente os fundamentos expostos neste estudo para dizer que a responsabilidade objetiva do Estado fundamenta-se, também, no princípio da **solidariedade social**, previsto no art. 3º da CF.

Quanto aos motivos que ensejam a responsabilidade objetiva estatal, a doutrina destaca que as funções estatais (ex.: atuação policial, realização de grandes obras etc.) ensejam danos mais intensos do que o normal, o que faz com que o Estado mereça um tratamento diferenciado, no sentido de responder efetivamente quando causá-los a terceiros.

O fato é que os deveres públicos colocam o Estado permanentemente obrigado a agir no mundo dos fatos. Não bastasse isso, o Estado possui o direito de usar a força, o que dá ensejo a maior causação de danos.

O administrado, por sua vez, não tem como se evadir dos perigos gerados pelo Estado, já que esse dita os termos de sua atividade.

Tudo isso faz com que somente a responsabilidade objetiva do Estado seja apta a garantir o efetivo ressarcimento a todas as pessoas sujeitas aos perigos causados pelo Poder Público.

10.4. Pressupostos ou requisitos da responsabilidade objetiva

Considerando os elementos vistos no item 10.2, é possível, agora, sistematizar os requisitos para que o Estado responda objetivamente.

Grosso modo, os requisitos são três: a) conduta comissiva (não é necessário que haja culpa ou dolo); b) dano indenizável; c) nexo de causalidade entre a conduta e o dano.

Adensando melhor essas ideias, temos como primeiro requisito da responsabilidade objetiva o seguinte: **fato ou ato de agente das pessoas jurídicas de direito público ou das pessoas privadas prestadoras de serviço público.**

Dois pontos devem ser ressaltados.

O primeiro, quanto ao fato de que as pessoas jurídicas de direito público, como também as pessoas jurídicas de direito privado prestadoras de serviço público (ex.: Correios), respondem objetivamente.

O segundo, quanto ao fato de que tais pessoas respondem pelos atos lesivos praticados por seus agentes contra terceiros, desde que esses agentes tenham agido "na qualidade de agentes públicos".

Assim, se um servidor público, no final de semana, vai a um bar e acaba se desentendendo com alguém, espancando esse alguém e gerando uma série de sequelas nele, o Estado não irá responder por esse ato, pois o agente público não atuou, no caso, na qualidade de agente público.

De qualquer forma, é bom ressaltar que, se um agente público usa a arma da corporação para causar um dano a alguém, mesmo que isso ocorra em período de folga, o Estado responderá objetivamente.

O segundo requisito – **dano indenizável** – requer que o dano causado a terceiro tenha os seguintes requisitos:

a) lesão a *direito* **da vítima**, vale dizer, à esfera juridicamente protegida do indivíduo;

b) dano *certo* (dano necessário, não apenas eventual), *especial* (dano que atinge pessoas em particular e não coletividade em geral) e *anormal* (dano que ultrapassa os problemas e dificuldades comuns da vida em sociedade; ex.: uma pequena fila numa repartição pública ou o pó de uma obra pública não configuram o dano anormal, não gerando indenização).

O terceiro requisito – **nexo de causalidade entre a conduta estatal e o dano** – impõe que haja um nexo entre o ato estatal e o dano causado a terceiro. O STF entende que não há nexo de causalidade quando um detento foge da prisão e, tempos depois, comete crimes ou com a ajuda de comparsas (STF, AR 1.376). Todavia, houve um caso em que um presidiário, que já havia fugido sete vezes da prisão, acabou por estuprar um menor de 12 anos, caso esse que levou o STF a entender que havia nexo de causalidade, uma vez que, se a lei de execução penal tivesse sido corretamente aplicada, o preso estaria em regime fechado e não teria conseguido fugir pela oitava vez e cometido o crime (STF, RE 409.203). No caso de vítima atingida por projétil de arma de fogo durante uma operação policial, é dever do Estado, em decorrência de sua responsabilidade civil objetiva, provar a exclusão do nexo causal entre o ato e o dano, pois ele é presumido. STF, ARE 1.382.159 AgR/RJ, j. 28.3.2023).

Por fim, vale dizer que o STF entende que também é objetiva a responsabilidade do Estado quando este causa danos aos seus próprios agentes públicos (RE 435.444-RS).

10.5. Excludentes da responsabilidade do Estado

Conforme visto no item 10.1, o Brasil adota a Teoria do Risco Administrativo em matéria de responsabilidade do Estado e não a Teoria do Risco Integral.

Assim sendo, a responsabilidade do Estado admite excludentes.

Confira os casos em que se reconhece que a responsabilidade estatal ficará excluída: a) força maior (ex.: um tornado causa estragos em diversos imóveis de uma cidade); b) culpa exclusiva de terceiro; c) culpa exclusiva da vítima.

A culpa concorrente da vítima e do Estado não exclui a responsabilidade estatal, gerando apenas atenuação do *quantum* indenizatório.

10.6. Responsabilidade do agente público. Denunciação da lide do agente público que causou o dano e direito de regresso

O agente público, segundo o art. 37, § 6º, da CF, responde pelos danos que causar a terceiros, perante a pessoa com quem trabalha, se agir com culpa ou dolo.

Ou seja, os agentes públicos têm dupla proteção: a) a primeira é de só responder se agirem com culpa ou dolo; b) a segunda, de não poderem ser acionados diretamente pelo terceiro lesado.

Quanto ao primeiro ponto (item "a"), há uma inovação importante Lei de Introdução às Normas do Direito Brasileiro (LINDB), que certamente será invocada por alguns agentes públicos que forem chamados a reparar o erário por mero ato culposo, para se eximir dessa responsabilidade. De acordo com essa novidade, o agente público responderá pessoalmente por suas **decisões** ou **opiniões técnicas** apenas em caso de **dolo** ou **erro grosseiro**. Essa regra, que só vale para decisões e opiniões técnicas (ex: de um procurador ou de um contador público) e pode impactar na jurisprudência nos casos em que o agente público respondia mediante simples conduta culposa (negligência, imperícia ou imprudência).

O art. 37, § 6º, da CF, assegura ao Estado o direito de regresso em face do agente público de por ato doloso ou culposo causar dano a terceiro, na hipótese de o Estado restar obrigado a reparar o dano a esse terceiro. Repare que a norma constitucional em questão admite ato doloso e qualquer ato culposo, e não apenas atos culposos do tipo "erro grosseiro". Porém, não há norma constitucional dispondo da mesma maneira para as hipóteses em que o agente público causar dano direto ao Estado. Nesse sentido, os agentes públicos que estiverem sendo acionados por dano ao erário meramente culposo causado por uma decisão ou uma opinião técnica poderão, a depender do caso concreto, invocar a tese de que podem até ter agido de modo culposo, mas que não cometeram erro grosseiro. Ou seja, essa discussão sobre se há ou não *erro grosseiro* terá de ser feita no caso concreto.

Quanto a esse segundo aspecto da dupla proteção ao agente público (item "b"), fica, então, a notícia de que o terceiro lesado só poderá ingressar com ação diretamente contra o Poder Público. Em seguida, em ação de regresso, o agente público que tiver atuado com culpa ou dolo pode ser acionado pelo Poder Público para que este se ressarça dos prejuízos que teve de arcar por conta do agente público responsável pelo dano.

Assim, não cabe a responsabilidade "per saltum" da pessoa natural do agente público, devendo o juiz julgar extinta, por ilegitimidade de parte, eventual ação promovida pelo terceiro lesado em face do agente público. Esse o entendimento do STF, conforme a tese fixada em sede de repercussão geral: "A teor do disposto no art. 37, § 6º, da Constituição Federal, a ação por danos causados por agente público deve ser ajuizada contra o Estado ou a pessoa jurídica de direito privado prestadora de serviço público, sendo parte ilegítima para a ação o autor do ato, assegurado o direito de regresso contra o responsável nos casos de dolo ou culpa." (RE 1.027.633, Pleno, Rel. Min. Marco Aurélio, DJe 6/12/2019 – tema 940).

Resta saber se o Estado poderá, logo que acionado pelo terceiro lesado, denunciar da lide o agente público, criando demanda paralela a ser julgada em sentença única.

O Superior Tribunal de Justiça vem aceitando a denunciação da lide nesses casos. Porém, vem crescendo o entendimento de que a denunciação da lide somente é possível quando a causa de pedir trazida na ação de responsabilidade seja a narração de uma conduta culposa ou dolosa do agente público. Nesse caso, como a ação já é fundada na culpa, não há problema em se denunciar da lide o agente público, eis que a sua culpa já estará sendo discutida na demanda principal.

Porém, quando a petição inicial se funda, fática e juridicamente, na responsabilidade objetiva do Estado, parece-nos temerário que o juiz admita eventual denunciação da lide do

Poder Público. Isso porque ela não se coaduna com a ideia de responsabilidade objetiva, que visa a uma indenização pronta e rápida que não aconteceria se pudesse ser chamado o agente público para responder, instaurando-se uma lide paralela, em que se tivesse que discutir sua culpa ou seu dolo.

Aliás, o STJ é pacífico no sentido de que a ação de denunciação da lide não importa na perda do direito do Estado de ingressar com ação de regresso contra o servidor, já que o Estado tem garantido o direito de se ressarcir na própria Constituição Federal (art. 37, § 6º, da CF).

Vale lembrar que, uma vez que o Estado arque com indenização em favor de terceiro e o agente público responsável pelo ato danoso tenha agido com culpa ou dolo, o Estado nem sempre terá de ingressar com ação de regresso, sendo possível, desde que haja concordância do agente público, desconto da indenização em folha de pagamento, na forma da lei, e desde que seja parceladamente, de modo a não comprometer a subsistência do agente e de sua família.

10.7. Responsabilidade das pessoas jurídicas prestadoras de serviço público

Conforme já visto, a responsabilidade dessas pessoas, nos termos do art. 37, § 6º, da CF, também é objetiva. Assim, as concessionárias de serviço público, por exemplo, nas áreas de água e esgoto, energia elétrica, telefonia, transporte público, dentre outras, respondem pelos danos que seus agentes causarem, independentemente de culpa.

É importante ressaltar que o STF vinha entendendo que a responsabilidade objetiva dos concessionários (prevista no art. 37, § 6º, da CF) só existiria em relação ao usuário do serviço e não em relação a terceiro não usuário, que sofre dano no contexto da prestação de um serviço público. O terceiro deveria buscar responsabilização da concessionária com fundamento em outras regras jurídicas.

No entanto, houve **mudança** na orientação jurisprudencial, para admitir a responsabilidade objetiva também em favor do não usuário do serviço público. Confira: "A responsabilidade civil das pessoas jurídicas de direito privado prestadoras de serviço público é objetiva relativamente a terceiros usuários e não usuários do serviço, segundo decorre do art. 37, § 6º, da Constituição Federal. II – A inequívoca presença do nexo de causalidade entre o ato administrativo e o dano causado ao terceiro não usuário do serviço público, é condição suficiente para estabelecer a responsabilidade objetiva da pessoa jurídica de direito privado" (STF, RE 591874).

O STF passou a entender que a expressão "terceiros", contida no dispositivo constitucional citado, inclui os terceiros não usuários do serviço público. Primeiro porque não há restrição redacional nesse sentido, não se podendo fazer interpretação restritiva do dispositivo constitucional. Segundo porque a Constituição, interpretada à luz do princípio da isonomia, não permite que se faça qualquer distinção entre os chamados "terceiros", usuários e não usuários do serviço público, uma vez que todos podem sofrer dano em razão da ação administrativa estatal. Terceiro porque os serviços públicos devem ser prestados de forma adequada e em caráter geral, estendendo-se, indistintamente, a todos os cidadãos, beneficiários diretos ou indiretos da ação estatal.

10.8. Responsabilidade das pessoas de direito privado estatais exploradoras de atividade

econômica

O § 6º do art. 37 da Constituição Federal estabelece ser objetiva a responsabilidade das pessoas jurídicas de *direito público* e das pessoas jurídicas de *direito privado prestadoras de serviço público*.

Nesse sentido, pessoa jurídica de direito privado *exploradora de atividade econômica* não se enquadra na regra matriz da responsabilidade objetiva do Estado.

Ao contrário, tais entidades estão submetidas, como regra, ao regime jurídico próprio das empresas privadas, inclusive quanto às obrigações civis, o que inclui a responsabilidade civil (art. 173, § 1º, II, da CF), que, no Direito Privado, como regra, ainda é de natureza subjetiva.

Todavia, é bom ressaltar que o regime jurídico de direito privado, no que tange à responsabilidade civil, sofreu muitas transformações, deixando de ser calcado sempre na responsabilidade subjetiva e passando a trazer regras bastante abrangentes de responsabilidade objetiva.

Dessa forma, dependendo do tipo de relação jurídica existente entre as partes e dos contornos fáticos que envolveram a atuação da empresa estatal, pode-se caracterizar situação que enseja responsabilidade objetiva também. E isso não por conta do art. 37, § 6º, da Constituição, que não se aplica ao caso, mas por conta das próprias regras de Direito Privado.

Por exemplo, caso se configure, no caso concreto, relação de consumo ou hipótese de vítima equiparada a consumidor, a responsabilidade da empresa será objetiva. Outra possibilidade é de, apesar de a relação jurídica entre vítima e empresa ser regulada pelo Código Civil, configurar-se dano causado por atividade de risco (art. 927, parágrafo único, do CC) ou por circulação de produtos (art. 931 do CC), situações essas para as quais o atual Código Civil estabelece responsabilidade objetiva.

10.9. Responsabilidade por obra pública

Quando é o próprio Estado que executa uma obra por agentes públicos pertencentes aos quadros da própria Administração, não há dúvida alguma de que o Estado responde objetivamente por danos causados a terceiros.

A dúvida sobre se o Estado responde ou não existe quando a obra pública causadora de dano foi encomendada pelo Estado a uma empreiteira, ou seja, a um particular que tenha celebrado contrato administrativo com a Administração Pública.

A Lei 8.666/1993, que regula as licitações e os contratos administrativos, é clara ao dispor que o contratado é responsável pelos danos causados a terceiros, decorrentes de sua culpa ou dolo na execução do contrato (art. 70). O dispositivo também esclarece que tal responsabilidade não fica excluída ou reduzida pela fiscalização ou acompanhamento pelo órgão interessado. O mesmo regramento é estabelecido pela Lei 14.133/2021, embora o dispositivo correlato (art. 120) não faz referência a dolo ou culpa.

Assim sendo, não há responsabilidade primária e solidária do Estado pelos danos causados por obras realizadas por empreiteira contratada deste.

Mas há duas situações em que o Estado poderá responder por conta de uma obra pública que tiver encomendado a um empreiteiro.

O primeiro caso diz respeito às situações em que os danos causados a terceiros são produzidos por motivo inerente à obra encomendada pelo Estado. São aquelas situações em que o contratado não age com culpa ou dolo, mas, em virtude de características próprias da obra, danos serão inevitáveis. Por exemplo, em caso de nivelamento de ruas, é praticamente inexorável a causação de danos, vez que casas à margem da via ficarão em nível mais baixo ou mais elevado que esta.

O segundo caso diz respeito à hipótese em que o contratado pela Administração, culpado pelos danos decorrentes da obra, não tem recursos para arcar com os ônus decorrentes da responsabilidade civil que carrega. Nesse caso, o Estado, por ser o patrocinador da obra e por agir em favor de toda a coletividade, deve indenizar os danos causados, socializando a sua reparação em favor daquele que sofreria sozinho caso não fosse indenizado. Tem-se, no caso, responsabilidade subsidiária do Estado.

10.10. Responsabilidade do tabelião e do registrador

O Ofício de Notas não é uma pessoa jurídica, mas sim uma estrutura organizada para a prestação de serviços notariais. Tal estrutura é organizada técnica e administrativamente pelo notário, que é uma pessoa física a quem é delegado o exercício da atividade notarial, mediante concurso público.

O notário exerce, então, função pública, sendo tratado pela doutrina como um particular em colaboração com o Poder Público. Trata-se, na verdade, de um agente público delegado, ou seja, de um agente público que recebe a delegação de um serviço público, que será prestado em nome próprio e por conta e risco do notário.

O artigo 22 da Lei 8.935/1994 teve sua redação alterada pela Lei 13.286/2016, constando agora que notários, registradores e seus substitutos e escreventes designados somente respondem se agirem mediante conduta culposa ou dolosa, o que se contrapõe ao entendimento jurisprudencial sedimentado anteriormente, calcado no texto constitucional, de que respondem de forma objetiva, ou seja, independentemente de culpa ou dolo.

O STF, enfrentando o texto desse novo dispositivo legal, acabou por mudar o seu posicionamento, para o fim de deixar claro que a responsabilidade do tabelião e do registrador é de natureza subjetiva, e não objetiva. Primeiro porque a Constituição Federal, no art. 36, § 6º, estaria fazendo referência apenas às pessoas *jurídicas* de direito privado prestadoras de serviço público quando trata da responsabilidade objetiva do Estado e de suas empresas concessionárias. E como o tabelião e o registrador são pessoas *físicas*, não entrariam automaticamente pela regra. Segundo porque reconheceram que o dispositivo do art. 22 da Lei 8.935/1994 é constitucional e claro quanto à responsabilidade subjetiva desses agentes públicos (RE 842846/RJ, j. 27.2.2019).

Ocorre que o STF não parou por aí. A mesma decisão também fixou o entendimento de que, por se tratarem de agentes públicos, não se pode acionar os tabeliães e registradores diretamente, em caso de dano causado ao particular. Deve-se acionar o Estado, que responde objetivamente nesses casos, e caso o Estado perca a ação ele poderá acionar regressivamente o tabelião ou o registrador, e mesmo assim apenas se esses agentes públicos tiverem agido com culpa ou dolo, já que a responsabilidades destes é subjetiva.

10.11. Responsabilidade por atos legislativos e jurisdicionais

O Estado não responde, como regra, pela edição de leis que prejudiquem alguém.

Tal regra só cede nas seguintes situações: a) se uma lei declarada inconstitucional causa danos ao particular; b) em caso de lei de efeito concreto causar dano a uma pessoa em particular (ex: criação de Parque Florestal em área privada).

O Estado também não responde, como regra, pela expedição de decisões que prejudiquem alguém. Como exceção temos: a) o caso de erro judiciário, que é aquele reconhecido em revisão criminal ou o decorrente de prisão de alguém além do tempo permitido; reconhecido o erro judiciário, a responsabilidade do Estado é objetiva, não sendo necessário demonstração de culpa ou dolo do magistrado responsável pelo caso (STF, RE 505393/PE); b) os casos em que o juiz responde pessoalmente por dolo, fraude, recusa, omissão ou retardamento injustificado de providências de seu ofício, nos termos do legislação processual civil; c) os casos de erro grave (ex: prisão de alguém sem qualquer envolvimento com o fato criminoso – *vide* o caso do "Bar Bodega" no Informativo 570 do STF – RE 385943/SP).

10.12. Responsabilidade por atos do Ministério Público

O Ministério Público não é pessoa jurídica, mas órgão da Administração Direta da União (Ministério Público da União – art. 128 da CF) e dos Estados-membros.

Assim, não tendo o Ministério Público personalidade jurídica, não há como responsabilizá-lo civilmente por seus atos.

Por outro lado, a responsabilidade do Estado é, como regra, objetiva, de modo que quando um órgão estatal causa um dano a terceiro, a pessoa jurídica estatal correspondente tem de responder, ressalvada a ação de regresso em face do agente público que tiver agido com culpa ou dolo, no caso, o membro do Ministério Público.

Esse é o posicionamento do STF (AI 552.366 AgR, DJ 28.10.2009).

10.13. Responsabilidade subsidiária

O Estado responde subsidiariamente pelos danos causados pelas seguintes pessoas que estiverem atuando em atividades que ele mesmo deveria prestar: a) pessoas jurídicas de direito público da Administração Indireta (autarquias, fundações públicas, agências reguladoras e associações públicas); b) pessoas jurídicas de direito privado prestadoras de serviço público; c) pessoas jurídicas de direito privado executoras de obra pública, por danos decorrentes dessa obra.

Há de se ressaltar que a responsabilidade subsidiária, para acontecer, depende da impotência econômica ou financeira da entidade estatal.

10.14. Prescrição

Até pouco tempo atrás não havia controvérsia alguma sobre qual era o prazo prescricional para o exercício da pretensão indenizatória em face do Estado.

Doutrina e jurisprudência eram uníssonas no sentido de que esse prazo era de 5 anos, nos termos do art. 1º do Decreto 20.910/1932, que regula a prescrição contra a Fazenda Pública.

Porém, com a entrada em vigor do atual Código Civil, que estabelece que o prazo prescricional para ações indenizatórias é de 3 anos (art. 206, § 3º, V), uma forte corrente passou a considerar que esse prazo também deveria ser aplicado às ações indenizatórias em face da Fazenda Pública. Isso porque o art. 10 do Decreto 20.910/1932 prevê que o prazo de 5 anos nele previsto "não altera as prescrições de menor prazo, constantes das leis e regulamentos, as quais ficam subordinadas às mesmas regras". Dessa forma, como o prazo previsto no Código Civil é, atualmente, um prazo "menor" do que o de 5 anos previsto no Decreto mencionado, dever-se-ia aplicar o prazo previsto no Código, fazendo com que a prescrição de ações de reparação civil em geral tivesse prazo de 3 anos contra a Fazenda Pública.

A questão hoje é bastante controversa.

Porém, o STJ, que estava bastante dividido, tem-se encaminhado no sentido de que o prazo continua de 5 anos (AgRg no Ag 1.364.269, DJ 24.09.2012). O argumento da primeira turma é no sentido de que o prazo de 5 anos é um prazo histórico, previsto em norma especial e igual a uma série de outros prazos de prescrição previstos para o exercício de pretensão indenizatória de outras naturezas em face do Estado (EResp 1.081.885/RR, rel. Hamilton Carvalhido, DJ 01.02.2011). Ao contrário, o prazo previsto no Código Civil é prazo destinado a regular as relações de Direito Privado.

Para resolver de vez a questão, em recurso repetitivo restou estabelecido pelo STJ que as ações patrimoniais passivas ou ativas de que seja parte a Fazenda Pública regem-se pelo prazo prescricional previsto no Decreto 20.910/1932. Vale a pena replicar ementa a respeito do tema: "ADMINISTRATIVO. PROCESSUAL CIVIL. RESPONSABILIDADE CIVIL DO ESTADO. AÇÃO DE INDENIZAÇÃO CONTRA A FAZENDA PÚBLICA. PRAZO PRESCRICIONAL. DECRETO 20.910/1932. QUINQUENAL. TEMA OBJETO DE RECURSO REPETITIVO. SÚMULA 168/STJ. INCIDÊNCIA. 1. A jurisprudência desta Corte firmou-se no sentido de que a prescrição contra a Fazenda Pública é quinquenal, mesmo em ações indenizatórias, uma vez que é regida pelo Decreto 20.910/1932. (AgRg nos EAREsp 53471 / RS, relator Ministro Humberto Martins, 1ª Seção, j. 27.02.2013).

Há de se aguardar, agora, como se posicionará a jurisprudência em relação à responsabilização civil de *pessoas jurídicas* que causarem danos à Administração por condutas definidas na Lei 12.846, de 1º de agosto de 2013. Parece-nos que, de acordo com essa lei, a prescrição da pretensão do Poder Público de buscar a reparação civil no caso mencionado (de pessoa jurídica cuja conduta incida no art. 5º da lei), voltará a ser de 5 anos, nos termos de seu art. 25, *caput*. Apesar de a lei ter usado uma terminologia totalmente inadequada ("prescrição da infração"), parece-nos que dispositivo citado **não fez** distinção entre a aplicação de sanções civis (como a de reparação civil, que, inclusive, envolve verdadeiro prazo *prescricional*) e administrativas (que, em verdade, envolve prazo decadencial, apesar de ser comum a lei usar a palavra "prescrição" para abranger prazos decadenciais também), de modo que o prazo prescricional de 5 anos se aplicaria tanto às sanções civis, como às sanções administrativas para as pessoas jurídicas que praticarem condutas definidas no art. 5º da Lei 12.846/2013.

Ainda em relação à questão da prescrição, há dois casos específicos em que o prazo prescricional para a ação indeni-

zatória está definido por existir regra especial estabelecendo tais prazos, sem que haja exceção quanto à sua aplicação. O primeiro é prazo para ingresso de ação indenizatória por desapropriação indireta (prazo prescricional de 10 anos) e o segundo é para ingresso de ação indenizatória por restrições decorrentes de atos do Poder Público (prazo prescricional de 5 anos – art. 10 do Dec.-lei 3.365/1941).

Por fim, de rigor lembrar que há três casos de imprescritibilidade da pretensão de reparação civil, quais sejam: a) ressarcimento do erário por dano causado por ato de improbidade doloso; b) ressarcimento de dano ambiental; c) ressarcimento de danos por perseguição política, prisão e tortura durante a ditadura militar. Quanto a item "c", a Súmula 647 do STJ estabelece que "são imprescritíveis as ações indenizatórias por danos morais e materiais decorrentes de atos de perseguição política com violação de direitos fundamentais ocorridos durante o regime militar". Quanto ao item "b", o STF fixou a tese segundo a qual "É imprescritível a pretensão de ressarcimento ao erário decorrente da exploração irregular do patrimônio mineral da União, porquanto indissociável do dano ambiental causado" (STF, RE 1.427.694/SC, j. 1º.9.2023.

Vale, também, uma palavra sobre o termo *a quo* da contagem do prazo prescricional.

No caso, esse prazo é contado da data do fato ou do ato lesivo. Todavia, caso o dano tenha sido causado por conduta considerada crime na esfera penal, o prazo prescricional começará a fluir a partir do trânsito em julgado da ação penal (STJ, AgRg no Ag 1383364/SC, DJ 25.05.2011).

10.15. Responsabilidade civil e administrativa de pessoas jurídicas (Lei 12.846/2013)

A Lei 12.846, de 1º de agosto de 2013, dispõe sobre a responsabilização **objetiva**, nas esferas administrativa e civil, de **pessoas jurídicas**, pela prática, por estas, de atos contrários à Administração Pública, **inclusive** atos contrários à Administração Pública estrangeira, ainda que cometidos no exterior (arts. 1º e 28). Esse diploma também é conhecido como Lei Anticorrupção.

Essa responsabilidade objetiva, todavia, somente se aplica quanto aos atos lesivos **definidos no art. 5º da Lei** (por exemplo: fraude à licitação), e desde que a pessoa que tenha cometido tais atos seja uma pessoa jurídica. As demais pessoas (pessoas físicas ou naturais) e os demais casos (ilícitos não previstos no art. 5º da Lei 12.846/2013), continuam regulamentados pelas leis existentes ao tempo da Lei 12.846/2013, podendo se tratar tanto de responsabilidade subjetiva (quando se aplicar o artigo 186 do Código Civil, por exemplo), como de responsabilidade objetiva (quando se aplicar os artigos 927, parágrafo único e 931 do Código Civil, também por exemplo).

Outro requisito para que haja a responsabilidade administrativa e civil da pessoa jurídica perante a Administração é que os atos lesivos respectivos tenham sido praticados em seu **interesse ou benefício**, ainda que não exclusivamente em seu interesse ou benefício (art. 2º).

As sanções administrativas podem ser aplicadas **sem intervenção do Judiciário** no caso de aplicação de *multa* e de *publicação extraordinária de decisão condenatória* (art. 6º). A multa variará de 0,1% a 20% do faturamento bruto da pessoa jurídica no último exercício anterior ao da instauração do processo administrativo, em valor nunca inferior à vantagem auferida. Quanto à publicação extraordinária de decisão condenatória, consiste em se determinar a publicação, às expensas da pessoa jurídica infratora, de extrato da decisão condenatória em meio de comunicação de grande circulação, em edital afixado pelo prazo mínimo de 30 dias no próprio estabelecimento ou no local da atividade, e no sítio eletrônico da pessoa jurídica.

Quanto às demais sanções administrativas previstas no art. 19 da Lei (que incluem o perdimento de bens, a suspensão ou interdição parcial de atividades, a dissolução compulsória da pessoa jurídica e a proibição de contratar com a Administração), bem como quanto à reparação civil, cabe ao Poder Público ingressar com **ação judicial**, para que o Judiciário promova a devida responsabilização. A ação em questão seguirá o rito da Lei de Ação Civil Pública (art. 21, *caput*), e pode ser ajuizada não só por meio das procuradorias dos entes públicos, como também pelo Ministério Público (art. 19, *caput*), sendo, que na omissão das autoridades administrativas, este poderá também pedir em juízo a aplicação das sanções previstas no art. 6º da Lei.

É importante ressaltar que a aplicação das sanções previstas na lei ora comentada **não afeta** os processos de responsabilização e aplicação de penalidades decorrentes dos atos de improbidade nos termos da Lei 8.429/1992 e de ilícitos alcançados pela Lei 8.666/1993 ou outras normas de licitação e contratos (art. 30).

Quanto à **decadência** ou **prescrição** para aplicar as sanções previstas na Lei, o prazo é de 5 anos, contados da data da ciência da infração ou, no caso de infração permanente ou continuada, do dia em que tiver cessado (art. 25). Na esfera administrativa ou judicial, a prescrição será interrompida com a instauração de processo que tenha por objeto a apuração da infração.

Outro ponto importante da lei, que deverá provocar mais efetividade na apuração dessas infrações, é a regulamentação do chamado **acordo de leniência** (art. 16). De acordo com o texto legal, "A autoridade máxima de cada órgão ou entidade pública poderá celebrar acordo de leniência com as pessoas jurídicas responsáveis pela prática dos atos previstos nesta Lei que colaborem efetivamente com as investigações e o processo administrativo, sendo que dessa colaboração resulte:

I – a identificação dos demais envolvidos na infração, quando couber;

II – a obtenção de informações e documentos que comprovem o ilícito sob apuração."

Vale ressaltar que o acordo de leniência somente poderá ser celebrado se preenchidos, cumulativamente, os seguintes requisitos:

"I – a pessoa jurídica seja a primeira a se manifestar sobre seu interesse em cooperar para a apuração do ato ilícito;

II – a pessoa jurídica cesse completamente seu envolvimento na infração investigada a partir da data de propositura do acordo;

III – a pessoa jurídica admita sua participação no ilícito e coopere plena e permanentemente com as investigações e o processo administrativo, comparecendo, sob suas expensas, sempre que solicitada, a todos os atos processuais, até seu encerramento."

Outro ponto importante é que o acordo de leniência celebrado pela autoridade administrativa terá os seguintes efeitos (art. 16, § 2º):

"A celebração do acordo de leniência isentará a pessoa jurídica das sanções previstas no inciso II do art. 6º e no inciso IV do art. 19 e reduzirá em até 2/3 (dois terços) o valor da multa aplicável."

É importante dizer que o acordo de leniência **não exime** a pessoa jurídica da obrigação de reparar integralmente o dano causado e **deve estipular** as condições necessárias para assegurar a efetividade da colaboração e o resultado útil do processo administrativo e quando estipular a obrigatoriedade de reparação do dano poderá conter cláusulas sobre a forma de amortização, que considerem a capacidade econômica da pessoa jurídica.

Por fim, seguem outras características desse acordo, previstas nos arts. 16 e 17:

a) "Os efeitos do acordo de leniência serão estendidos às pessoas jurídicas que integram o mesmo grupo econômico, de fato e de direito, desde que firmem o acordo em conjunto, respeitadas as condições nele estabelecidas" (§ 5º);

b) "A proposta de acordo de leniência somente se tornará pública após a efetivação do respectivo acordo, salvo no interesse das investigações e do processo administrativo" (§ 6º);

c) "Não importará em reconhecimento da prática do ato ilícito investigado a proposta de acordo de leniência rejeitada" (§ 7º);

d) "Em caso de descumprimento do acordo de leniência, a pessoa jurídica ficará impedida de celebrar novo acordo pelo prazo de 3 (três) anos contados do conhecimento pela administração pública do referido descumprimento" (§ 8º);

e) "A celebração do acordo de leniência interrompe o prazo prescricional dos atos ilícitos previstos nesta Lei." (§ 9º);

f) "A Controladoria-Geral da União – CGU é o órgão competente para celebrar os acordos de leniência no âmbito do Poder Executivo federal, bem como no caso de atos lesivos praticados contra a administração pública estrangeira" (§ 10);

g) "A administração pública poderá também celebrar acordo de leniência com a pessoa jurídica responsável pela prática de ilícitos previstos na Lei 8.666, de 21 de junho de 1993, com vistas à isenção ou atenuação das sanções administrativas estabelecidas em seus arts. 86 a 88" (art. 17).

Por fim, importante destacar que "os órgãos ou entidades dos Poderes Executivo, Legislativo e Judiciário de todas as esferas de governo deverão informar e manter atualizados, para fins de publicidade, no **Cadastro Nacional de Empresas Inidôneas e Suspensas – CEIS**, de caráter público, instituído no âmbito do Poder Executivo federal, os dados relativos às sanções por eles aplicadas, nos termos do disposto nos arts. 87 e 88 da Lei 8.666, de 21 de junho de 1993" (art. 23 – g.n.).

11. LICITAÇÃO PÚBLICA

11.1. Introdução. A nova lei de licitações e contratos

Como será estudado adiante, a União detém a competência para editar normas gerais sobre licitações e contratos. Com base nesta atribuição é que foram editadas diversas leis sobre o tema, como a Lei 8.666/93, a Lei 10.520/02, entre outras.

Ocorre que, em 1º de abril de 2021, foi editada a Lei 14.133, que constitui a **nova lei de licitações e contratos administrativos**.

Importante esclarecer que a Lei 8.666/93 não foi imediatamente revogada pelo novo regime. Nos termos do art. 193, inc. II, da Lei 14.133/2021, a antiga norma vigorará por 2 anos, com revogação prevista para abril de 2023. Os únicos dispositivos da Lei 8.666/93 que foram imediatamente revogados foram os arts. 89 a 108, que disciplinavam os crimes relacionados às licitações e aos contratos públicos.

Nesse sentido, atualmente convivem os regimes tanto da Lei 14.133/21 quanto da Lei 8.666/93. Até a revogação desta última, a Administração poderá optar por licitar ou contratar diretamente de acordo uma delas. A opção escolhida deverá ser indicada expressamente, vedada a aplicação combinada dos diplomas normativos (art. 191 da Lei 14.133/21).

O mesmo raciocínio se aplica para as Leis 10.520/02 (Pregão) e 12.462/11 (Regime Diferenciado de Contratações Públicas), em vigor até abril de 2023.

11.2. Finalidades ou objetivos

A Administração Pública, para cumprir suas tarefas, **precisa realizar muitos contratos**. A maior parte deles envolve **aquisição** de bens, serviços e obras. Mas há também situações em que a Administração **aliena** bens ou faz **permissões e concessões**.

No entanto, é fundamental que a Administração Pública, previamente à contratação, siga um procedimento destinado a preservar certos princípios. Esse procedimento tem o nome de **licitação**.

A Lei 8.666/1993, em sua redação original, dispunha que a licitação tinha por finalidade atender aos seguintes objetivos (art. 3º, *caput*): a) garantir a observância do princípio da **isonomia**; b) garantir a seleção da proposta **mais vantajosa** para a administração.

A simples existência de um processo de licitação já evita que interessados em contratar com a Administração Pública sejam excluídos dessa possibilidade, o que preserva o princípio da igualdade. Além disso, a existência de concorrência entre interessados, por si só, já é capaz de obrigá-los a formular a mais vantajosa proposta possível, o que atende ao princípio da indisponibilidade do interesse público.

Mas como tais finalidades da licitação devem ser buscadas da maneira mais efetiva possível, não basta que a licitação seja procedimento obrigatório para contratações da Administração Pública. É necessário, também, que todas as regras do procedimento sejam direcionadas ao máximo atendimento desses objetivos.

Um exemplo de regra que visa a garantir o princípio da isonomia é a que veda a criação de requisitos de habilitação que não estejam dispostos no art. 27 e seguintes da Lei 8.666/1993 (ou no art. 62 e seguintes da Lei 14.133/2021).

Um exemplo de regra que visa a garantir a proposta mais vantajosa para a Administração é a que estabelece, na modalidade pregão, que os licitantes, depois de apresentadas suas propostas, terão oportunidade de fazer lances verbais com vistas a se chegar a melhor proposta possível (art. 4º, VIII, da Lei 10.520/2002). Essa prática foi generalizada com a nova lei de licitações (art. 17, III, da Lei 14.133/2021).

A Lei 12.349/2010 alterou o art. 3º, *caput*, da Lei 8.666/1993, criando uma terceira finalidade para a licitação, qual seja: promover o **desenvolvimento nacional sustentável**. Exemplo de regra que visa a promover o desenvolvimento nacional sustentável é a que estabelece que, em caso de empate, terão preferência as propostas relativas a bens e serviços produzidos no País (art. 3º, § 2º, II, da Lei 8.666/1993).

Já a Lei 14.133/2021, para além de preservar os objetivos da Lei 8.666/1993, inseriu expressamente dois novos escopos (art. 11): incentivar a **inovação** e **evitar sobrepreço, preços inexequíveis e superfaturamento**.

Em resumo, a licitação tem cinco finalidades: a) garantir a isonomia; b) garantir a proposta mais vantajosa para a administração; c) promover o desenvolvimento nacional sustentável; d) incentivar a inovação; e) evitar sobrepreço, preços inexequíveis e superfaturamento.

11.3. Legislação

A **regra-matriz** da licitação encontra-se no art. 37, XXI, da Constituição Federal, *in verbis*: "ressalvados os casos especificados na legislação, as obras, serviços, compras e alienações serão contratados mediante processo de licitação pública que assegure igualdade de condições a todos os concorrentes, com cláusulas que estabeleçam obrigações de pagamento, mantidas as condições efetivas da proposta, nos termos da lei, o qual somente permitirá as exigências de qualificação técnica e econômica indispensáveis à garantia do cumprimento das obrigações".

Repare que a regra-matriz traz, pelo menos, os seguintes princípios licitatórios:

a) princípio da obrigatoriedade da licitação, pelo qual qualquer contrato deve ser por ela precedido, ressalvados os casos especificados na lei;

b) princípio da isonomia, pelo qual se deve assegurar "igualdade de condições a todos os concorrentes", bem como só se permitirá exigências de qualificação "indispensáveis à garantia do cumprimento das obrigações", de modo a garantir que interessados na licitação não sejam excluídos sem justa causa;

c) princípio da indisponibilidade, pelo qual só se permitirá exigências de qualificação "indispensáveis à garantia do cumprimento das obrigações", o que garante o maior número possível de licitantes, medida que tende a fazer com que haja maior concorrência e, consequentemente, melhores propostas;

d) princípio da proporcionalidade, também decorrente da ideia de que só se permitirá exigências de qualificação "indispensáveis à garantia do cumprimento das obrigações", o que faz com a Administração não faça exigências que não sejam estritamente necessárias para cumprir as finalidades do processo de licitação;

e) princípio do devido procedimento administrativo, pelo qual as contratações da Administração devem ser feitas mediante *processo* de licitação pública, o que faz com que fique reduzida a discricionariedade da Administração, que deve seguir ritos e regras previstos em lei.

Uma vez estabelecida a regra-matriz da licitação, a Constituição Federal tratou de dispor sobre quem tem **competência para legislar** nessa matéria. Nesse sentido, o art. 22, XXVII, da CF estabelece que compete privativamente à União legislar sobre "normas gerais de licitação e contratação, em todas as modalidades, para as administrações públicas diretas, autárquicas e fundacionais da União, Estados, Distrito Federal e Municípios, obedecido o disposto no art. 37, XXI, e para as empresas públicas e sociedades de economia mista, nos termos do art. 173, § 1º, III".

Assim, a CF elegeu a **União** como responsável, privativamente, pela edição de **normas gerais** sobre licitação.

Normas gerais sobre licitação *são aquelas que tratam de questões que reclamam tratamento homogêneo em todo o País.* Já as **normas especiais** sobre licitação *são aquelas que tratam de questões que requerem tratamento peculiar no âmbito do ente local ou aquelas que envolvam a operacionalização da aplicação da lei geral no ente local.*

Argumentando ofensa à competência da União, o STF entendeu inconstitucional uma lei do Distrito Federal que criava, no âmbito da licitação, restrições a empresas que discriminarem na contratação de mão de obra (ADI 3.670, DJ 18.05.2007). O Pretório Excelso também entendeu inconstitucional lei do estado do Rio Grande do Sul que criava, também no âmbito da licitação, preferência a licitantes que usassem *softwares* livres ou sem restrições proprietárias (ADI 3.059, DJ 20.08.2004).

Por outro lado, na ADI 927, o STF entendeu que as disposições da Lei 8.666/1993 que tratam da doação de bem imóvel e da permuta de bem móvel têm aplicação apenas à União, já que as questões relativas ao destino de bens públicos estão ligadas ao autogoverno dos demais entes políticos quanto ao seu patrimônio público, envolvendo questão de interesse local a justificar certas normas especiais por parte destes.

Outra decisão do STF a favor de lei local considerada constitucional em face da competência da União para editar normas gerais sobre licitação foi a que aprovou legislação municipal que proibia agentes políticos e seus parentes de contratar com o município. Asseverou-se que, diante das leis gerais da União, estados e municípios podem legislar para complementar tais normas e adaptá-las às suas realidades. O STF também assentou que a referida norma municipal foi editada com base no art. 30, II, da CF, e em homenagem aos princípios da impessoalidade e moralidade administrativa, bem como com prevenção a eventuais ao interesse público e ao patrimônio do município, sem restringir a competição entre os licitantes (RE 423560/M, j. 29.05.2012).

Outro ponto importante sobre o disposto no art. 22, XXVII, da CF é o fato de ter sido feita uma ressalva para as empresas públicas e sociedades de economia mista, que devem obedecer ao art. 173, § 1º, III, da CF, introduzida pela EC 19/1998.

Esse dispositivo tem o seguinte teor: "§ 1º A lei estabelecerá o estatuto jurídico da empresa pública, da sociedade de economia mista e de suas subsidiárias que explorem atividade econômica de produção ou comercialização de bens ou de prestação de serviços, dispondo sobre: (...) III – licitação e contratação de obras, serviços, compras e alienações, observados os princípios da administração pública."

Essa lei somente sobreveio no ano de 2016 (Lei 13.303/2016, que trata da licitação e dos contratos das empresas estatais nos arts. 28 e seguintes). Assim, durante mais de 20 anos as estatais tiveram que obedecer às normas da Lei 8.666/1993, sendo que agora devem obediência à Lei 13.303/2016, que traz regulamentação extensa e detalhada de tudo que envolve a licitação e os contratos das empresas

estatais. Relevante consignar que a Lei 14.133/2021 não alterou o regime da Lei 13.303/2016, que permanece aplicável às empresas estatais.

O art. 175 da CF também trata do instituto da licitação quando dispõe que a concessão e a permissão de serviços públicos devem se dar "sempre através de licitação".

Resta, agora, tecer umas palavras sobre a licitação na legislação infraconstitucional.

Nesse sentido, confira as principais leis que fazem referência ao instituto:

a) Lei 14.133/2021, que constitui o novo marco legal de licitações e contratos da Administração Pública;

b) Lei 8.666/1993, a antiga lei geral de licitações e contratos, cuja vigência perdurará até abril de 2023;

c) Lei 10.520/2002, que trata da licitação na modalidade pregão; norma com vigência até abril de 2023;

d) Lei Complementar 123/2006, que, em seus arts. 42 a 49-A, contém normas sobre licitação, favorecendo as microempresas e empresa de pequeno porte;

e) Lei 12.462/2011, que institui o Regime Diferenciado de Contratações Públicas – RDC, com vigência até abril de 2023;

f) Lei 11.488/2007, que, em seu art. 34, determina a aplicação da Lei Complementar 123/2006 às sociedades cooperativas;

g) Lei 8.987/1995, que trata da permissão e concessão de serviço público, inclusive quanto à licitação cabível à espécie;

h) Lei 11.079/2004, que trata das parcerias público-privadas, inclusive quanto à licitação cabível à espécie;

i) Lei 12.232/2010, que trata da licitação quanto aos contratos de serviços de publicidade;

j) Lei 9.472/1997, que estabelece novas modalidades licitatórias para a ANATEL, o pregão e a consulta (art. 54);

k) Lei 9.648/1998, que dispensa a licitação para a celebração de contratos de prestação de serviços com as organizações sociais;

l) Lei 11.107/2005 que, regulamentando os consórcios públicos, dobra o limite de valor para a contratação direta por essas entidades;

m) Lei 13.019/2014, com as alterações feitas promovidas pela Lei 13.204/2015, que, ao regulamentar a celebração de parcerias com organizações da sociedade civil, regulamenta o processo seletivo denominado "chamamento público", que tem por finalidade escolher a entidade que celebrará o respectivo termo de colaboração ou termo de fomento;

n) Lei 13.303/2016, que dispõe sobre o estatuto jurídico da empresa pública, da sociedade de economia mista e de suas subsidiárias, no âmbito da União, dos Estados, do Distrito Federal e dos Municípios.

11.4. Princípios da licitação

O art. 3º da Lei 8.666/1993 estabelece os seguintes princípios da licitação: a) legalidade; b) impessoalidade; c) moralidade; d) igualdade; e) publicidade; f) probidade administrativa; g) vinculação ao instrumento convocatório; h) do julgamento objetivo; e e) os princípios correlatos. Já a Lei 14.133/2021 inseriu outros: f) eficiência e eficácia; g) interesse público; h) planejamento; i) transparência; j) segregação de funções; k) motivação; l) segurança jurídica; m) razoabilidade e proporcionalidade; n) competitividade; o) celeridade; p) economicidade; q) desenvolvimento nacional sustentável.

Além disso, a nova lei de licitações faz alusão, na condição de princípios, às disposições da Lei de Introdução às Normas do Direito Brasileiro – LINDB (Decreto-Lei 4.657/1942).

O princípio da **legalidade** impõe que a Administração só faça, numa licitação, o que a lei determina ou autoriza. Assim, não pode a Administração desconsiderar o disposto na Lei 14.133/2021 e na Lei 8.666/1993, criando, por exemplo, novas regras sobre dispensa de licitação, modalidades de licitação novas, tipos de licitação novos, dentre outras.

O princípio da **impessoalidade** impõe que a Administração trate os licitantes de modo igualitário, não promovendo perseguições ou favorecimentos indevidos. Esse princípio também impõe que seja respeitado o princípio da finalidade, o que faz com que a licitação não possa ser utilizada para outras finalidades que não as três que o instituto tem, quais sejam, garantir a isonomia, garantir a proposta mais vantajosa para a Administração e promover o desenvolvimento nacional sustentável.

O princípio da **igualdade**, contido no princípio da impessoalidade, tem efeito relevante no que diz respeito às restrições que a Administração faz a que certas pessoas contratem com ela. Ademais, o princípio também incide quando a Administração quer ter direitos adicionais aos que já estão estipulados como cláusulas exorbitantes. Por conta disso, a Administração não pode inventar novas cláusulas exorbitantes que não estejam expressamente permitidas em lei, sob pena de ferir não só o princípio da legalidade como também o da igualdade. Há casos, todavia, em que é possível restringir a participação de certas pessoas em procedimentos licitatórios, das cooperativas na licitação para a contratação de prestação de serviços com locação de mão de obra, quando o trabalho, por sua natureza, demandar necessidade de subordinação, ante os prejuízos que podem advir para a Administração Pública caso o ente cooperativo se consagre vencedor no certame e não cumpra suas obrigações (REsp 1.204.186, DJ 29.10.2012).

Os princípios da **moralidade** e da **probidade** impõem que a Administração Pública aja sempre de forma honesta, proba, leal e de boa-fé. O princípio impede, por exemplo, que haja favorecimento indevido a algum licitante, o que também é vedado pela aplicação do princípio da impessoalidade. Impede, também, que a Administração se valha de sua condição privilegiada para fazer exigências indevidas do licitante ou contratante. Certa vez tomei conhecimento de uma situação em que um órgão público, que deixou em aberto vários pagamentos a uma empresa fornecedora, condicionou a emissão de um atestado de cumprimento da obrigação por parte desta para apresentar declaração dando por quitados todos os débitos dos órgãos públicos. No caso, a fornecedora acabou aceitando essa situação surreal, pois precisava desse atestado para participar de outro certame licitatório. A conduta da Administração Pública, no caso, foi lastimável e merece total reprovação, pois viola o princípio da boa-fé objetiva, corolário do princípio da moralidade.

Observe-se que os princípios anteriores detêm relação com um princípio expressamente contemplado na Lei 14.133/2021: o do **interesse público**. De fato, o regime jurídico-administrativo gira na órbita da noção do interesse da sociedade (também conhecido como interesse público primário).O princípio da **publicidade** veicula o dever de ampla divulgação dos atos oficiais e detém interface com o princípio da **transparência,** impondo uma série de provi-

dências em matéria de licitação. Uma delas é a exigência de que seja publicado em diário oficial e em jornal de grande circulação aviso contendo o resumo dos editais (art. 21 da Lei 8.666/1993 e 54, § 1º, da Lei 14,133/2021). Relevante apontar, nos termos da nova lei de licitações, que o principal instrumento de publicidade dos procedimentos licitatórios e dos contratos é o *Portal Nacional de Contratações Públicas*, sítio eletrônico oficial destinado à sua divulgação. As contratações sem licitação (licitação dispensada, dispensabilidade e inexigibilidade) também serão objeto de publicação (art. 26 da Lei 8.666/1993 e art. 72, parágrafo único, da Lei 14.133/2021). Será obrigatória audiência pública nas licitações cujo valor estimado for superior a R$ 330 milhões (art. 39 da Lei 8.666/1993[15]). Já de acordo com a Lei 14.133/2021, a realização da audiência pública é facultativa e independe do valor estimado da contratação. Além disso, a divulgação do contrato e de seus aditamentos é condição indispensável para a sua eficácia (art. 61, parágrafo único, da Lei 8.666/1993 e art. 94 da Lei 14.133/2021).

O princípio do **planejamento** destaca a necessidade de haver uma etapa de concepção, pesquisa e organização das contratações desejadas pelo Poder Público. Daí a relevância da fase preparatória do procedimento licitatório, que encontra disciplina minuciosa na Lei 14.133/2021.

Já o princípio da **segregação de funções** estabelece que é vedada a designação do mesmo agente público para atuação simultânea em funções mais suscetíveis a riscos, de modo a reduzir a possibilidade de ocultação de erros e de ocorrência de fraudes na respectiva contratação (art. 7º, § 1º, da Lei 14.133/2021).

O princípio da **vinculação ao instrumento convocatório** determina que, além das disposições legais, a Administração deve seguir, rigorosamente, os termos do edital. Assim, todas as disposições do instrumento convocatório têm de ser seguidas, sejam as que tratam dos requisitos de habilitação e dos critérios de julgamento da licitação, sejam as que tratam dos termos em que serão celebrados o futuro contrato administrativo. No mesmo sentido do princípio da vinculação ao instrumento convocatório estão também as regras da "vinculação ao termo que dispensou ou declarou inexigível a licitação" e da "vinculação à proposta do licitante vencedor", nos termos do art. 55, XI, da Lei 8.666/1993 ("a vinculação ao edital de licitação ou ao termo que a dispensou ou a inexigiu, ao convite e à proposta do licitante vencedor"). No mesmo sentido o art. 92, II, da Lei 14.133/2021, que impõe a "vinculação ao edital de licitação e à proposta do licitante vencedor ou ao ato que tiver autorizado a contratação direta e à respectiva proposta." Um exemplo de aplicação desse princípio foi a decisão do STJ que manteve decisão administrativa de excluir licitante de certame licitatório em virtude de atraso de dez minutos após o horário previsto no edital para o início da sessão (REsp 421.946-DF).

O princípio do **julgamento objetivo** se dirige a dois momentos da licitação. Primeiro quanto à estipulação dos critérios de julgamento. Nesse sentido, o art. 40, VII, da Lei 8.666/1993 impõe que o edital indique, obrigatoriamente, critério de julgamento, com disposições claras e parâmetros objetivos. Segundo, quanto ao julgamento em si, que será feito em momento posterior. Nesse sentido, "no julgamento

---

15. O valor contido em tal dispositivo foi atualizado pelo Decreto 9.412/2018.

das propostas, a Comissão levará em consideração os critérios objetivos definidos no edital ou convite", sendo "vedada a utilização de qualquer elemento, critério ou fator sigiloso, subjetivo ou reservado que possa ainda que indiretamente elidir o princípio da igualdade entre os licitantes" (art. 44, § 1º, da Lei 8.666/1993). Ademais, "o julgamento das propostas será objetivo, devendo a Comissão de licitação ou o responsável pelo convite realizá-lo em conformidade com os tipos de licitação, os critérios previamente estabelecidos no ato convocatório e de acordo com os fatores exclusivamente nele referidos, de maneira a possibilitar sua aferição pelos licitantes e pelos órgãos de controle" (art. 45 da Lei 8.666/1993). A lei está tão preocupada com o dever de julgamento objetivo que há vários outros dispositivos reforçando a sua necessidade: arts. 30, § 8º, 31, §§ 2º e 5º, 42, § 5º, 46, § 1º, I, § 2º, I, e § 3º, todos da Lei 8.666/1993. O mesmo regramento é estabelecido pela Lei 14.133/2021, nos termos de seus arts. 39, §2º, 53, §1º, I, 78, §1º, entre outros.

11.5. Quem deve licitar?

De modo geral, pode-se afirmar que as entidades da Administração direta e indireta se submetem ao regime licitatório.

De maneira específica, estão obrigados a licitar:

a) os entes políticos (União, Estados, Distrito Federal e Municípios), inclusive os órgãos dos Poderes Legislativo e Judiciário;

b) as pessoas jurídicas de direito público (autarquias, fundações públicas, agências reguladoras e associações públicas);

c) as pessoas jurídicas de direito privado estatais (empresas públicas, sociedades de economia mista, fundações privadas criadas pelo Estado e consórcios públicos de direito privado), devendo-se lembrar que, especificamente com relação às empresas públicas, sociedades de economia mista e suas subsidiárias, a licitação e os contratos são regidas pela Lei 13.303/2016;

d) as entidades controladas direta ou indiretamente pelos entes políticos;

e) os fundos especiais.

Repare que as entidades paraestatais, ou seja, entidades não criadas pelos Estados, mas que atuam em atividades de utilidade pública, não têm o dever de licitar.

Assim, não são obrigadas a licitar as entidades do Sistema "S", as Organizações Sociais (OS) e as Organizações da Sociedade Civil de Interesse Público (OSCIPs). Nesse sentido, confira a seguinte decisão do Tribunal de Contas da União (TCU): "é assente que as entidades do Sistema 'S' não estão obrigadas a seguir rigorosamente os ditames da Lei 8.666/1993, todavia têm que observar os princípios constitucionais gerais da Administração Pública" (TCU, Acórdão 88/08, DOU 01.02.2008).

Apesar de tais entidades não precisarem fazer a licitação segundo a Lei 8.666/1993 ou a Lei 14.133/2021, elas devem fazer seus gastos observando, dentre outros, os princípios da impessoalidade, da moralidade e da eficiência.

A OAB também não tem o dever de licitar. Na ADI 3.026-4, o STF decidiu que a OAB não é uma autarquia especial e não integra a Administração Indireta como outro tipo de pessoa jurídica, de modo que não se sujeita ao controle estatal. Por outro lado, o STF reconhece que a OAB presta, sim, um serviço público. Na prática isso significa que a OAB, de um lado, não é obrigada a fazer concursos públicos, **licitações** e a se submeter à fiscalização do TCU e ao regime estatutário dos agentes públicos, podendo contratar pelo regime celetista. De outro, por ser um serviço público, a OAB pode fiscalizar os advogados e também tem direito a vantagens tributárias. Na ementa do acórdão, o STF deixa claro que a OAB não é integrante da Administração Indireta, tratando-se de uma figura ímpar no País, no caso, um Serviço Público Independente. O acórdão também conclui que a OAB não pode ser comparada às demais entidades de fiscalização profissional, pois não está voltada exclusivamente a finalidades corporativas, possuindo finalidade institucional.

11.6. Contratação direta

11.6.1. Pressupostos da licitação

A Constituição Federal estabelece que a Administração deve, como regra, contratar apenas mediante licitação (art. 37, XXI, da CF). Todavia, o próprio dispositivo citado admite que a lei preveja situações em que a contratação poderá ser direta, ou seja, sem licitação.

Nesse sentido, a doutrina aponta os pressupostos para que a licitação se dê. Confira:

a) pressuposto lógico: para que seja possível a realização da licitação, deve existir pluralidade de objetos e de ofertantes; caso o objeto seja singular ou o fornecedor seja exclusivo, estará inviabilizada a licitação;

b) pressuposto jurídico: também será necessário que a realização da licitação seja conveniente ao interesse público. Ex.: não é de interesse público que o Estado que tenha uma empresa de Imprensa Oficial faça licitação para que seja escolhida outra empresa para publicar seu Diário Oficial, devendo contratar diretamente com aquela;

c) pressuposto fático: não fará sentido fazer-se a licitação acaso não compareça nenhum interessado.

11.6.2. Grupos de contratação direta

Há três grupos de contratação direta. Confira:

a) licitação dispensada: relativa à alienação de bens públicos; a lei traz um rol taxativo desses casos; <u>não há</u> discricionariedade para a Administração, que, nos casos indicados, não deve fazer licitação;

b) dispensa de licitação: há casos em que daria para fazer a licitação, mas a lei autoriza sua não realização; trata-se de hipóteses taxativas de dispensa; <u>há</u> discricionariedade para a Administração decidir se vai ou não realizar a licitação no caso concreto; a lei faculta a dispensa, sem obrigar que a Administração não realize a licitação;

c) inexigibilidade de licitação: quando a licitação é inviável ("não tem como ser feita"), é hipótese de sua inexigibilidade; as normas trazem um rol de casos de inviabilidade, mas se trata de um rol exemplificativo; aqui <u>não há</u> discricionariedade para a Administração, que, nos casos de inviabilidade, não deve fazer licitação.

11.6.3. Licitação dispensada

As normas (art. 17 da Lei 8.666/1993 e art. 76 da Lei 14.133/2021) preveem diversos casos de licitação dispensada, tema visto na matéria "bens públicos". De qualquer forma, vale fazer a lembrança de alguns casos.

Quanto aos **imóveis**, a alienação depende de interesse público, autorização legislativa, avaliação e licitação, dispensada esta, entre outros casos, na:

a) dação em pagamento;

b) doação para Administração ou para programas sociais;

c) investidura (alienação a proprietário lindeiro de área remanescente ou resultante de obra pública inaproveitável isoladamente).

Quanto aos **móveis**, a alienação depende de interesse público, avaliação e licitação, dispensada esta na doação social, na permuta entre órgãos da Administração e outros casos.

11.6.4. Dispensa de licitação

O art. 24 da Lei 8.666/1993 estabelece trinta e cinco hipóteses de dispensa de licitação. Já a Lei 14.133/2021 elenca vinte e nove (art. 75). Para facilitar a compreensão, classificaremos essas hipóteses em cinco grupos.

11.6.4.1. Em razão do valor

Embora o pequeno valor esteja presente tanto na Lei 8.666/19993 (art. 24, I e II) quanto na Lei 14.133/2021 (art. 75, I e II), os montantes envolvidos em cada uma são diversos.

De acordo com a Lei 8.666/1993, o pequeno valor envolve:

a) contratos de até 10% do valor limite para o convite, ou seja:

R$ 15 mil para obras e serviços de engenharia (em valores atualizados, R$ 33 mil – vide Decreto 9.412/2018);

R$ 8 mil para compras e serviços (em valores atualizados, R$ 17,6 mil – vide Decreto 9.412/2018);

b) contratos de até 20% do valor limite para o convite, se feitos por consórcios públicos e agências executivas (§ 1º do art. 24), lembrando que quanto às empresas estatais tudo o que diz respeito a licitação, contratação direta e contrato agora está regulamentado em outra lei, no caso da Lei 13.303/2016.

Já nos termos da Lei 14.133/2021, os valores são os seguintes:

a) contratos até R$ 100 mil, no caso de obras e serviços de engenharia ou de serviços de manutenção de veículos automotores;

b) contratos de até R$ 50 mil, no caso de outros serviço e compras;

c) Esses limites são aplicados em dobro se a contratação for feita por consórcio público e agência executiva.

Obs.: não é possível o **fracionamento** de contratações que possam ser feitas de uma só vez, para que não haja violação reflexa da lei.

11.6.4.2. Em razão de situações excepcionais

a) em caso de **guerra, estado de defesa, estado de sítio, intervenção federal** ou **grave perturbação da ordem** (art. 75, VII, da Lei 14.133/2021);

Obs.: a Lei 8.666/93 somente prevê a guerra ou grave perturbação da ordem (art. 24, III);

b) em caso de **calamidade pública** ou **emergência**:

ex.: desmoronamento de uma ponte;

✓ somente para os bens/serviços relacionados à urgência;

✓ por, no máximo, 180 dias, vedada prorrogação do contrato (art. 24, IV, da Lei 8.666/1993);

✓ importante apontar que a Lei 14.133/2021 estabelece o prazo máximo de 1 ano, vedada a prorrogação do contrato,

bem como a recontratação da empresa contratada diretamente (art. 75, VIII);

c) em caso de **licitação deserta**:

✓ caso não haja interessados à licitação e esta não possa ser repetida sem prejuízo, mantidas as condições do edital. Observe-se que, de acordo com a nova lei de licitações, a contratação direta somente é possível se for realizada em menos de 1 ano da licitação deserta (art. 75, III, a).

Obs.: não se deve confundir **licitação deserta** com **licitação fracassada**; na última, aparecem interessados, mas esses ou são inabilitados ou são desclassificados, não cabendo dispensa, mas concessão de prazo para os licitantes apresentarem nova documentação; ressalte-se que a dispensa é cabível, nos termos da nova lei, se as propostas não forem válidas ou se veicularem preços manifestamente superiores aos praticados no mercado ou incompatíveis com os fixados pelos órgãos oficiais competentes;

d) quando a União tiver que intervir no **domínio econômico** para regular preços ou normalizar o abastecimento;

e) em caso de **rescisão contratual**, para conclusão do remanescente de obra, serviço ou fornecimento; contrata-se o 2º melhor classificado nas condições oferecidas pelo vencedor do certame (art. 24, XI, da Lei 8.666/1993).

Obs.: a Lei 14.133/2021 não mais insere tal hipótese no rol das licitações dispensáveis, embora seja possível a contratação do 2º melhor classificado para a conclusão do remanescente. Pelo atual regime, embora prioritária a aceitação das condições oferecidas pelo vencedor do certame, há possibilidade de negociação ou até mesmo de contratação com base nas condições originárias do 2º colocado (art. 90, § 7º).

11.6.4.3. Em razão do objeto

a) Para *compra* ou *locação* de **imóvel** pela Administração (art. 24, X, da Lei 8.666/1993):

ex.: aluguel de imóvel para instalar uma creche municipal;

✓ imóvel destinado a finalidade precípua da Administração;

✓ imóvel com instalação/localização ideais para Administração;

✓ imóvel com valor compatível com o de mercado;

✓ **Obs.:** importante apontar que, de acordo com a Lei 14.133/2021, esta hipótese é tratada como inexigibilidade (art. 74, V).

b) Para *aquisição* ou *restauração* de **obras de arte** e **objetos históricos**:

✓ desde que de autenticidade certificada;

✓ desde que compatível com finalidade do órgão.

11.6.4.4. Em razão da pessoa

a) na contratação de **instituição brasileira** de pesquisa, ensino, desenvolvimento institucional ou recuperação de preso, **com** inquestionável reputação ético-profissional e **sem** fins lucrativos (XIII):

ex: contratação da FGV para uma consultoria;

b) na contratação de serviços de **organizações sociais** para atividades contempladas no contrato de gestão (art. 24, XXIV, da Lei 8.666/1993).

Obs.: esta hipótese **não** está prevista na nova lei de licitações

11.6.4.5. *Outros casos (previstos na Lei 8.666/1993 e/ou na Lei 14.133/2021)*

✓ para a aquisição, por pessoa jurídica de direito público interno, de bens produzidos ou serviços prestados por órgão ou entidade que integre a Administração Pública e que tenha sido criado para esse fim específico, desde que o preço contratado seja compatível com o praticado no mercado;

Obs.: a Lei 8.666/1993 exige que esse órgão/entidade tenha sido criado em data anterior à vigência da mesma norma (art. 24, VIII); já a Lei 14.133/2021 não estabelece esse requisito temporal (art. 75, IX).

✓ quando houver possibilidade de comprometimento da segurança nacional;

Obs.: a Lei 8.666/1993 dispõe que os casos de segurança nacional devem ser estabelecidos em decreto do Presidente da República, ouvido o Conselho de Defesa Nacional (art. 24, IX); já a Lei 14.133/2021 confere a mesma atribuição ao Ministro de Estado da Defesa, mediante demanda dos comandos das Forças Armadas ou dos demais ministérios (art. 75, VI);

✓ nas compras de hortifrutigranjeiros, pão e outros gêneros perecíveis, no tempo necessário para a realização dos processos licitatórios correspondentes, realizadas diretamente com base no preço do dia;

✓ para a aquisição de bens ou serviços nos termos de acordo internacional específico aprovado pelo Congresso Nacional, quando as condições ofertadas forem manifestamente vantajosas para o Poder Público (art. 24, XIV, da Lei 8.666/1993);

Obs.: a nova lei de licitações acresceu a aquisição de obras e alienações para a mesma hipótese (art. 75, IV, b);

✓ para a aquisição de componentes ou peças de origem nacional ou estrangeira, necessários à manutenção de equipamentos durante o período de garantia técnica, junto ao fornecedor original desses equipamentos, quando tal condição de exclusividade for indispensável para a vigência da garantia;

✓ abastecimento ou suprimento de efetivos militares em estada eventual de curta duração em portos, aeroportos ou localidades diferentes de suas sedes, por motivo de movimentação operacional ou de adestramento;

Obs.: a Lei 8.666/1993 impõe um limite de valor para a contratação direta (art. 24, XVIII); a Lei 14.133/2021, não (art. 75, IV, i);

✓ para as compras de material de uso pelas Forças Armadas, com exceção de materiais de uso pessoal e administrativo, quando houver necessidade de manter a padronização requerida pela estrutura de apoio logístico dos meios navais, aéreos e terrestres;

Obs.: a Lei 8.666/1993 exige, para o reconhecimento desta necessidade, um parecer de comissão (art. 24, XIX); já a Lei 14.133/2021 não faz alusão a tal parecer, exigindo autorização do comandante da força militar;

✓ na contratação de associação de portadores de deficiência física, sem fins lucrativos e de comprovada idoneidade, por órgãos ou entidades da Administração Pública, para a prestação de serviços ou fornecimento de mão de obra, desde que o preço contratado seja compatível com o praticado no mercado (art. 24, XX, da Lei 8.666/1993);

Obs.: a Lei 14.133/2021 excluiu a contratação de mão de obra. Além disso, os serviços contratados devem ser prestados exclusivamente por pessoas com deficiência (art. 75, XIV);

✓ para a aquisição ou contratação de produto para pesquisa e desenvolvimento;

Obs.: os limites de contratação são diversos; de acordo com a Lei 14.133/2021, no caso de obras e serviços de engenharia, o valor máximo é de R$ 300 mil (art. 75, IV, c);

✓ na contratação realizada por Instituição Científica e Tecnológica – ICT ou por agência de fomento para a transferência de tecnologia e para o licenciamento de direito de uso ou de exploração de criação protegida;

Obs.: a nova lei de licitações exige a demonstração de vantagem para a Administração (art. 75, IV, d).

✓ na celebração de contrato de programa com ente da Federação ou com entidade de sua administração indireta para a prestação de serviços públicos de forma associada nos termos do autorizado em contrato de consórcio público ou em convênio de cooperação;

✓ na contratação da coleta, processamento e comercialização de resíduos sólidos urbanos recicláveis ou reutilizáveis, em áreas com sistema de coleta seletiva de lixo, efetuados por associações ou cooperativas formadas exclusivamente por pessoas físicas de baixa renda reconhecidas pelo poder público como catadores de materiais recicláveis, com o uso de equipamentos compatíveis com as normas técnicas, ambientais e de saúde pública;

✓ para o fornecimento de bens e serviços, produzidos ou prestados no País, que envolvam, cumulativamente, alta complexidade tecnológica e defesa nacional;

Obs.: a Lei 8.666/93 exige a emissão de parecer de comissão especialmente designada pela autoridade máxima do órgão (art. 24, XXVIII); já a Lei 14.133/2021 não faz tal exigência (art. 75, IV, f);

✓ na aquisição de bens e contratação de serviços para atender aos contingentes militares das Forças Singulares brasileiras empregadas em operações de paz no exterior, necessariamente justificadas quanto ao preço e à escolha do fornecedor ou executante e ratificadas pelo Comandante da Força;

✓ nas contratações visando ao cumprimento do disposto nos arts. 3º, 4º, 5º e 20 da Lei 10.973/2004 (esta lei dispões sobre incentivos à inovação e à pesquisa científica e tecnológica no ambiente produtivo), observados os princípios gerais de contratação dela constantes;

✓ na contratação em que houver transferência de tecnologia de produtos estratégicos para o Sistema Único de Saúde – SUS, no âmbito da Lei 8.080, de 19 de setembro de 1990, conforme elencados em ato da direção nacional do SUS, inclusive por ocasião da aquisição destes produtos durante as etapas de absorção tecnológica;

✓ para a aquisição por pessoa jurídica de direito público interno de insumos estratégicos para a saúde produzidos ou distribuídos por fundação que, regimental ou estatutariamente, tenha por finalidade apoiar órgão da administração pública direta, sua autarquia ou fundação em projetos de ensino, pesquisa, extensão, desenvolvimento institucional, científico e tecnológico e estímulo à inovação, inclusive na gestão administrativa e financeira necessária à execução desses projetos, ou em parcerias que envolvam transferência de tecnologia de produtos estratégicos para o Sistema Único de Saúde – SUS, e que tenha sido criada para esse fim específico em data anterior à vigência desta Lei, desde que o preço contratado seja compatível com o praticado no mercado;

✓ serviços especializados ou aquisição ou locação de equipamentos destinados ao rastreamento e à obtenção de provas previstas nos incisos II e V do *caput* do art. 3º (captação ambiental e interceptação telefônica e telemática) da Lei nº 12.850/2013 (Lei das Organizações Criminosas), quando houver necessidade justificada de manutenção de sigilo sobre a investigação;

Obs.: hipótese não prevista na Lei 8.666/1993; instituída pela Lei 14.133/2021 (art. 75, IV, l)

✓ aquisição de medicamentos destinados exclusivamente ao tratamento de doenças raras definidas pelo Ministério da Saúde;

Obs.: hipótese não prevista na Lei 8.666/1993; instituída pela Lei 14.133/2021 (art. 75, IV, m);

✓ contratação de profissionais para compor a comissão de avaliação de critérios de técnica, quando se tratar de profissional técnico de notória especialização;

Obs.: hipótese não prevista na Lei 8.666/1993; instituída pela Lei 14.133/2021 (art. 75, XIII).

11.6.5. Inexigibilidade de licitação

A licitação é inexigível quando houver **inviabilidade de competição**. A Lei 8.666/1993 elenca três hipóteses (art. 25), enquanto a Lei 14.133/2021 prevê cinco (art. 74). Trata-se de rol meramente exemplificativo.

11.6.5.1. Em caso de fornecedor exclusivo (art. 25, I, da Lei 8.666/193 e art. 74, I, da Lei 14.133/2021)

Por exemplo, quando há um único fornecedor de um medicamento. Outro exemplo é a contratação de serviço postal, que só pode ser feito pelos Correios, que tem o monopólio desse serviço.

A nova lei traz a seguinte disposição sobre esse caso de inexigibilidade: "aquisição de materiais, de equipamentos ou de gêneros ou contratação de serviços que só possam ser fornecidos por produtor, empresa ou representante comercial exclusivos".

Trata-se de situação em que seria inútil licitar, dada a impossibilidade de competição.

A Administração deve demonstrar a inviabilidade de competição mediante atestado de exclusividade, contrato de exclusividade, declaração do fabricante ou outro documento idôneo capaz de comprovar que o objeto é fornecido ou prestado por produtor, empresa ou representante comercial exclusivos.

Não se deve, todavia, confundir a exclusividade de produtor-vendedor com a exclusividade comercial. A primeira sempre gera a inexigibilidade. Já a segunda depende de se aferir a exclusividade do vendedor na praça de comércio em que se esteja realizando a licitação. Em caso positivo, estar-se-á em caso de inexigibilidade; se negativo, não[16].

Não se deve confundir, outrossim, fornecedor exclusivo com *preferência de marca*. Essa não é permitida pela Lei de Licitações (tanto a anterior quanto a atual), que só abre exce-

ção quando se trata da dispensa de certame para aquisição de certos equipamentos pelas Forças Armadas, preenchidos os requisitos legais, a fim de manter a *padronização*.

11.6.5.2. Caso seja necessário contratar serviço técnico especializado (art. 25, II, da Lei 8.666/1993 e art. 74, III, da Lei 14.133/2021)

Para fins de inexigibilidade, o serviço técnico especializado é aquele de natureza predominantemente intelectual relacionado pela lei, tais como estudos e assessorias técnicas, perícias, patrocínio ou defesa de causas judiciais ou administrativas, treinamento e aperfeiçoamento de pessoal.

A contratação direta deve ser feita com profissional ou empresa de notória especialização.

Convém apontar que, em relação a tal hipótese, há uma diferença na redação entre as Leis 8.666/1993 e 14.133/2021. Enquanto a primeira exige que o serviço seja "de natureza singular", a segunda não contempla expressamente esse requisito. Serviço singular é aquele serviço técnico diferenciado, não podendo se tratar de um serviço comum. Um exemplo é a necessidade de contratar uma consultoria para a modelagem de uma parceria público-privada, serviço que, efetivamente, é singular. Já a contratação de um escritório de advocacia para o ingresso com uma ação simples, como uma ação de revisão contratual, não envolve serviço singular, mas serviço comum, corrente.

Diante dessa distinção entre as normas, pendem discussões sobre o real conteúdo da nova lei, havendo posições segundo as quais a singularidade do serviço estaria implícita, devendo ser exigida. Outras, porém, afastam referida condição.

Repare que a lei dispõe que <u>não há</u> possibilidade de contratar por inexigibilidade serviços de publicidade ou divulgação.

11.6.5.3. Na contratação de artista (art. 25, III, da Lei 8.666/1993 e art. 74, II, da Lei 14.133/2021)

Trata-se de hipótese de inexigibilidade que envolve a contratação de profissional do setor artístico, diretamente ou por meio de empresário exclusivo, desde que consagrado pela crítica especializada ou pela opinião pública.

11.6.5.4. Credenciamento (art. 74, IV, da Lei 14.133/2021)

No credenciamento a Administração realiza a contratação com *todos* que pretendem firmar determinado negócio com a Administração. Assim, inviável a competição, tornando a licitação inexigível.

Exemplo: credenciamento de estabelecimentos para a prestação de serviços médicos destinados ao atendimento dos servidores da entidade pública credenciante, mediante a fixação da contraprestação a ser paga pelo serviço prestado. Considerando que a Administração deseja negociar com todos aqueles que preencherem requisitos mínimos de qualidade, cabível a contratação direta.

Importante apontar que a Lei 8.666/1993 não prevê expressamente a figura do credenciamento. Apesar disso, essa figura já era utilizada pelas diversas Administrações Públicos, com base no permissivo genérico da inexigibilidade (art. 25, "caput", da mesma lei). Agora, com a Lei 14.133/2021, trata-se de mecanismo expresso de contratação.

---

16. Nos termos da interpretação extraída da Lei 8.666/1993, entende-se que, no convite, considera-se como praça de comércio a localidade; na tomada de preços, observa-se o registro cadastral; e na concorrência, o País.

Outro aspecto relevante é a inserção do credenciamento como instrumento auxiliar (art. 78, I, da Lei 14.133/2021), tendo sido definido pela lei da seguinte forma: "processo administrativo de chamamento público em que a Administração Pública convoca interessados em prestar serviços ou fornecer bens para que, preenchidos os requisitos necessários, se credenciem no órgão ou na entidade para executar o objeto quando convocados" (art. 6º, XLIII).

11.6.5.5. Em caso de aquisição ou locação de imóveis (art. 74, V, da Lei 14.133/2021)

A última hipótese de inexigibilidade envolve a aquisição ou locação de imóvel cujas características de instalações e de localização tornem necessária sua escolha.

Atenção! Deve-se enfatizar que esta hipótese é tratada pela Lei 8.666/1993 como sendo de licitação dispensável (art. 24, X). No entanto, juridicamente, não se trata de dispensa de licitação, e sim de inexigibilidade, pois o contexto envolve uma situação em que inviável a competição, na medida em que somente um imóvel atende as necessidades da Administração. A Lei 14.133/2021 veio, portanto, corrigir o respectivo enquadramento legal.

11.6.6. Formalidades para a contratação direta

A realização da contratação direta pressupõe um processo administrativo que a legitime. A Lei 14.133/2021 prevê esse procedimento no art. 72; já a Lei 8.666/1993, no art. 26.

As duas leis preveem requisitos comuns aos dois diplomas, que são:

a) justificativa de preço;

b) razão da escolha do contratado;

c) autorização da autoridade competente.

11.6.7. Responsabilidade em caso de superfaturamento

O art. 25, § 2º, da Lei 8.666/1993 estabelece nos casos de inexigibilidade e em qualquer dos casos de dispensa, se comprovado superfaturamento, que respondem *solidariamente* pelo dano causado à Fazenda Pública o *fornecedor ou o prestador de serviços* e o *agente público* responsável, sem prejuízo de outras sanções legais cabíveis.

11.6.8. Responsabilidade em caso de contratação direta indevida

O art. 73 da Lei 14.133/2021 dispõe que, no caso de contratação direta indevida ocorrida com dolo, fraude ou erro grosseiro, o contratado e o agente público respondem solidariamente pelo dano causado ao erário, sem prejuízo de outras sanções legais cabíveis.

11.7. Fases da licitação

As principais inovações da Lei 14.133/2021, comparativamente com o regime da Lei 8.666/1993, dizem respeito às fases da licitação.

Em primeiro lugar, foi disciplinada expressamente e de modo mais minucioso a fase preparatória, decorrente do princípio do planejamento. Em segundo lugar, adotou-se como rito procedimental comum a habilitação como fase posterior ao julgamento. Na Lei 8.666/1993 a disciplina é outra: primeiro promove-se a habilitação, seguida da classificação e julgamento. A partir da modalidade pregão é que se instaurou no ordenamento essa inversão de fases. Em seguida, outros diplomas passaram a prever essa sequência de fases (a exemplo da Lei do Regime Diferenciado de Contratações). Com a nova lei de licitações, a exceção procedimental virou regra, de modo a racionalizar o processo licitatório.

Dessa forma, de acordo com a Lei 14.133/2021, o processo de licitação observa as seguintes fases, em sequência ("rito procedimental comum"): (i) preparatória; (ii) de divulgação do edital de licitação; (iii) de apresentação de propostas e lances, quando for o caso; (iv) de julgamento; (v) de habilitação; (vi) recursal; (vii) de homologação.

11.7.1. Fase interna (fase preparatória)

O procedimento licitatório importa numa sucessão de atos com vistas à escolha do vencedor do certame.

Essa sucessão de atos pode ser dividida, num primeiro momento, em duas grandes etapas, quais sejam: a fase interna e a fase externa da licitação.

A fase interna consiste no conjunto de preparativos feitos no interior da Administração, prévios à publicação do edital. A Lei 14.133/2021 denomina essa etapa como fase preparatória (art. 17, I).

Dentre os principais atos da fase interna, destacam-se os seguintes:

a) descrição da necessidade de contratação;

b) definição do objeto a ser contratado; para tanto, pode ser utilizado termo de referência, anteprojeto, projeto básico ou executivo, conforme o caso;

c) definição da modalidade de licitação, do critério de julgamento, das condições de execução e pagamento e das garantias exigidas;

d) elaboração do edital de licitação e da minuta do contrato;

e) análise dos riscos envolvidos, admitindo-se a elaboração da matriz de alocação de riscos; objetiva-se definir as responsabilidades e os ônus entre as partes (Administração-contratante e terceiro-contratado).

f) ao final da fase preparatória, o processo licitatório segue para o órgão de assessoramento jurídico da Administração, que realiza controle prévio de legalidade; vale lembrar que o STF entende que o parecer da assessoria jurídica tem natureza jurídica de decisão (parecer vinculante), o que faz com que o assessor jurídico responda por qualquer irregularidade no edital que tiver aprovado.

Antes de passarmos para a fase externa da licitação, vale tratar um pouco sobre as pessoas que dirigirão os trabalhos numa licitação.

Neste ponto, verifica-se uma relevante distinção entre a Lei 8.666/1993 e a Lei 14.133/2021. Enquanto na primeira a condução da licitação é feita por uma Comissão formada por, no mínimo, 3 (três) membros, sendo pelo menos 2 (dois) deles servidores qualificados pertencentes aos quadros permanentes da Administração[17], na nova lei a regra é a atuação de um *agente de contratação*, definido como a pessoa designada pela autoridade competente, pertencente aos quadros permanentes

---

17. No caso de convite, a Comissão de licitação, excepcionalmente, nas pequenas unidades administrativas e em face da exiguidade de pessoal disponível, poderá ser substituída por servidor formalmente designado pela autoridade competente.

da Administração Pública, para tomar decisões, acompanhar o trâmite da licitação, dar impulso ao procedimento licitatório e executar quaisquer outras atividades necessárias ao bom andamento do certame até a fase de homologação[18]. O agente de contratação tem o auxílio de uma equipe de apoio. Além disso, a responsabilidade recai individualmente sobre tais agentes, salvo quando induzido a erro pela atuação da equipe.

Os membros das Comissões de licitação responderão *solidariamente* por todos os atos praticados pela Comissão, salvo se posição individual divergente estiver devidamente fundamentada e registrada em *ata lavrada* na reunião em que tiver sido tomada a decisão.

11.7.2. Fase externa

Uma vez que a minuta do edital estiver aprovada, passa-se à fase externa da licitação, fase essa que tem os seguintes momentos:

11.7.2.1. Divulgação do instrumento convocatório

Nessa etapa, temos duas possibilidades. Se se tratar de licitação realizada nos termo da Lei 8.666/1993 e com a utilização da modalidade **convite**, não há edital. O instrumento convocatório é a **carta-convite**, que deverá ser remetida a pelo menos 3 interessados, cadastrados ou não na Administração.

Nas demais modalidades de licitação, inclusive aquelas previstas na Lei 14.133/2021, o instrumento convocatório tem o nome de **edital**.

O edital é o *ato pelo qual são convocados os interessados e estabelecidas as condições que regerão o certame.*

Qualquer modificação no edital exige divulgação pela mesma forma que se deu no texto original, reabrindo-se o prazo inicialmente estabelecido, exceto quando, inquestionavelmente, a alteração não afetar a formulação das propostas (art. 21, § 4º, da Lei 8.666/1993 e art. 55, §1º, da Lei 14.133/2021).

O edital poderá ser impugnado. Essa **impugnação** obedece às seguintes regras:

a) pode ser feita por um *interessado* e também por qualquer *cidadão*;

b) o prazo para o *cidadão* impugnar, nos termos da Lei 8.666/1993, é até de *5 dias úteis* da data da abertura dos envelopes de habilitação (art. 41, § 1º); já de acordo com a Lei 14.133/2021, o prazo é até 3 dias úteis antes da data de abertura do certame (art. 164);

c) a Administração deve julgar e responder à impugnação em até *3 dias úteis*;

d) o prazo para o *licitante* impugnar é até o 2º dia útil da data da abertura dos envelopes de habilitação ou da data da sessão de leilão (art. 41, § 2º, da Lei 8.666/1993). A impugnação feita tempestivamente pelo licitante não o impedirá de participar do processo licitatório até o trânsito em julgado da decisão a ela pertinente.

Independentemente dos prazos para impugnação, nada impede que qualquer licitante, contratado ou pessoa jurídica ou física, represente para o Ministério Público, para o órgão de controle interno da Administração ou para o Tribunal de Contas acerca de irregularidades que encontrar (art. 113, § 1º, da Lei 8.666/1993 e art. 170, § 4º, da Lei 14.133/2021).

A Administração Pública poderá, nos editais de licitação para a contratação de serviços, exigir da contratada que um percentual mínimo de sua mão de obra seja oriundo ou egresso do sistema prisional, com a finalidade de ressocialização do reeducando, na forma estabelecida em regulamento (art. 40, § 5º, da Lei 8.666/1993 e art. 25, § 9º, II, da Lei 14.133/2021). Convém apontar que a Lei 14.133/2021 inseriu outra hipótese de percentual mínimo de mão de obra: mulheres vítimas de violência doméstica (art. 25, § 9º, I).

11.7.2.2. Apresentação de propostas e lances

Nos termos do procedimento estabelecido pela Lei 14.133/2021, segue-se à divulgação do edital a fase de apresentação de propostas e lances pelos licitantes. Trata-se da fase em que se verifica a disputa entre os participantes da licitação.

O modo de disputa pode ser, isolado ou conjuntamente:

a) *Aberto*: hipótese em que os licitantes apresentarão suas propostas por meio de lances públicos e sucessivos;

b) *Fechado*: as propostas permanecem em sigilo até a data e hora designadas para sua divulgação. Esse o único regime admitido pela Lei 8.666/1993.

Relevante apontar ser vedada a utilização isolada do modo fechado quando forem adotados os critérios de julgamento de menor preço ou de maior desconto. O objetivo é favorecer a disputa, de tal modo a obter contratados mais vantajosos para a Administração.

Conjuntamente com a apresentação da proposta, pode ser exigida pela Administração o oferecimento de garantia pelo licitante. É o que se denomina *garantia de proposta*, que constitui condição de pré-habilitação. O seu montante é de até 1% do valor estimado da contratação. As modalidades de garantia são as seguintes: caução em dinheiro ou em títulos da dívida pública, seguro-garantia ou fiança bancária.

11.7.2.3. Julgamento

Essa fase consiste na *verificação objetiva da conformidade das propostas com os critérios previamente estabelecidos, bem como na ordenação da melhor para a pior para a Administração.* Está intimamente relacionada com a fase anterior.

Os critérios de julgamento previstos na Lei 14.133/2021 são:

✓ Menor preço;

✓ Maior desconto;

Obs.: embora esse critério não esteja previsto na legislação anterior à nova lei, já era admitido, por representar uma variação do menor preço;

✓ Melhor técnica ou conteúdo artístico;

✓ Técnica e preço;

✓ Maior lance;

✓ Maior retorno econômico;

Obs.: critério já previsto na Lei 12.462/2011 (Regime Diferenciado de Contratação), utilizado para a celebração de contrato de eficiência.

Comparativamente com a Lei 8.666/1993, que adota a terminologia "tipos de licitação", os critérios são: menor preço; melhor técnica; técnica e preço; e maior lance ou oferta.

---

18. Na hipótese de licitação que envolver bens ou serviços especiais, o agente de contratação pode ser substituído por comissão formada de, no mínimo, 3 membros.

As propostas devem ser analisadas, em primeiro lugar, quanto à sua aptidão. Havendo vícios na proposta, o licitante será desclassificado.

Confira os vícios que ensejam desclassificação:

a) vício formal: *consiste no descompasso da proposta com as regras e padrões estipulados no edital ou na lei.* Dentre os vícios formais está a existência de proposta que faz referência à proposta de outro (ex.: "a proposta da empresa é R$ 0,01 centavo mais barata que a proposta mais barata dos demais licitantes");

b) vício material: *consiste no descompasso da proposta com o objeto licitado.* Um exemplo é uma licitação para adquirir papel A4, mas que recebe uma proposta para papel A3;

c) vício quanto à exequibilidade: *consiste na existência de proposta de valor insuficiente para cobrir os custos do fornecedor.* Imagine uma licitação para comprar combustível, em que o fornecedor vencedor oferece o preço de R$ 1,39 para fornecer gasolina, tendo a Administração feito pesquisa de preço e encontrado como valor de mercado a quantia de R$ 2,90; ora, com um preço desses, ou a gasolina é roubada ou é "batizada"; esse preço é manifestamente inexequível. As leis exigem que a proposta seja *manifestamente inexequível* para que seja desclassificada;

d) outros vícios: não se admitirá proposta que apresente preços global ou unitários simbólicos, irrisórios ou de valor zero, incompatíveis com os preços dos insumos e salários de mercado, acrescidos dos respectivos encargos, ainda que o ato convocatório da licitação não tenha estabelecido limites mínimos, exceto quando se referirem a materiais e instalações de propriedade do próprio licitante, para os quais ele renuncie a parcela ou à totalidade da remuneração (art. 44, § 3º, da Lei 8.666/1993).

De acordo com a Lei 8.666/1993, quando todos os licitantes são inabilitados ou quando todas as propostas forem desclassificadas, a Administração poderá fixar aos licitantes o prazo de 8 dias úteis para a apresentação de outras propostas escoimadas de vícios, facultada, no caso de convite, a redução deste prazo para 3 dias úteis (art. 48, § 3º).

Em seguida à verificação de vícios nas propostas, deve a Administração julgar aquelas consideradas aptas.

Não se considerará qualquer oferta de vantagem não prevista no edital ou no convite, inclusive financiamentos subsidiados ou a fundo perdido, nem preço ou vantagem baseada nas ofertas dos demais licitantes (art. 44, § 2º, da Lei 8.666/1993).

Em caso de *empate* de propostas, a nova lei de licitações elencou, nessa ordem, os seguintes parâmetros para definir o primeiro colocado (art. 60 da Lei 14.133/2021): **a)** disputa final, hipótese em que os licitantes empatados poderão apresentar nova proposta em ato contínuo à classificação; **b)** avaliação do desempenho contratual prévio dos licitantes; **c)** desenvolvimento pelo licitante de ações de equidade entre homens e mulheres no ambiente de trabalho; **d)** desenvolvimento pelo licitante de programa de integridade (é o que se denomina *compliance*). Caso persista o empate, deve ser assegurada preferência, sucessivamente, aos bens e serviços produzidos ou prestados por (art. 60, § 1º): **a)** empresas estabelecidas no Estado (ou no DF) do ente da Administração Pública estadual (ou distrital) licitante ou, no caso de licitação realizada por ente de Município, no território do Estado em que este se localize; **b)** empresas brasileiras; **c)** empresas que invistam em pesquisa e no desenvolvimento de tecnologia no País; **c)** empresas que comprovem a prática de mitigação tratada na Lei 12.187/2009 (Lei da Política Nacional das Mudanças do Clima), referente aos gases de efeito estufa.

Relevante apontar que, definido o resultado do julgamento, a Administração poderá negociar condições mais vantajosas com o primeiro colocado (art. 61, "caput", da Lei 14.133/2021).

11.7.2.4. Habilitação

11.7.2.4.1. Conceito

A expressão "habilitação" ora é utilizada para designar um *procedimento* (uma série de atos, portanto), ora é utilizada para designar um *ato administrativo* só.

Na sua **acepção procedimental**, a habilitação *é o conjunto de atos destinados a apurar a idoneidade e a capacitação de um sujeito para contratar com a Administração Pública.*

Já na **acepção de ato administrativo**, a habilitação *é o ato pelo qual a Administração Pública decide se um sujeito é dotado da idoneidade necessária para a participação na licitação.*

Em termos práticos, essa fase licitatória tem por fim verificar se o interessado tem *idoneidade* e *capacitação* para vir a contratar com a Administração Pública. O foco aqui não é verificar qual interessado tem a melhor proposta comercial (isso é visto na fase de julgamento), mas se o interessado tem aptidão para vir a ser contratado pela Administração Pública.

A Constituição Federal, em seu art. 37, XXI, acaba por trazer duas disposições sobre a habilitação, que são as seguintes: a) "processo de licitação pública que assegure igualdade de condições a todos os concorrentes"; e b) processo de licitação em que só se permite "exigências de qualificação técnica e econômica indispensáveis à garantia do cumprimento das obrigações".

O princípio da igualdade admite certas restrições à participação de interessados na licitação. Um exemplo é uma licitação para fornecimento de combustível para uma Prefeitura, em que o edital estabelece que só poderão participar do certame postos de gasolina que estejam situados até 15 km do pátio de carros da Prefeitura. Trata-se de limitação lícita, pois, se um posto de gasolina muito distante ganhar o certame, a Prefeitura gastará muita gasolina para ir ao posto abastecer os carros.

No caso relatado, a restrição à participação tem pertinência. Porém, há várias situações em administrações públicas no País que criam restrições impertinentes e, portanto, violadoras do princípio da igualdade. Confira, a respeito, a seguinte decisão do STF: "LICITAÇÃO PÚBLICA. Concorrência. Aquisição de bens. Veículos para uso oficial. **Exigência de que sejam produzidos no Estado-membro.** Condição compulsória de acesso. Art. 1º da Lei 12.204/1998, do Estado do Paraná, com a redação da Lei 13.571/2002. Discriminação arbitrária. Violação ao princípio da isonomia ou da igualdade. Ofensa ao art. 19, II, da vigente Constituição da República. Inconstitucionalidade declarada. Ação direta julgada, em parte, procedente. Precedentes do Supremo. É inconstitucional a lei estadual que estabeleça como condição de acesso a licitação pública, para aquisição de bens ou serviços, que a empresa licitante tenha a fábrica ou sede no Estado-membro" (STF, ADI 3583, DJ 13.03.2008).

As exigências, além de atender à isonomia, devem estar previstas em lei (princípio da legalidade) e ser indispensáveis à garantia do cumprimento das obrigações pelo interessado. Confira decisão do Tribunal de Contas da União (TCU), que se deparou com exigência em edital não prevista em lei:

"Além disso, para a habilitação de interessado em participar de licitação só pode ser exigida a documentação exaustivamente enumerada nos arts. 27 a 31 da Lei de Licitações e Contratos [Lei 8.666/1993], onde não há menção à necessidade de comprovação de que a empresa não tenha entre seus sócios participante de outra entidade que esteja em situação de inadimplência em contratação anterior com a Administração Pública." (TCU, Acórdão 991/06, DOU 26.06.2006).

11.7.2.4.2. Momento

O momento da fase de habilitação difere conforme a norma que for considerada.

11.7.2.4.2.1. Habilitação na Lei 8.666/1993 e na Lei 10.520/2002

Após a publicação do edital, segue-se um prazo para os interessados na licitação apresentarem dois envelopes para a Administração. O primeiro envelope é composto dos documentos que comprovam a *idoneidade* e a *capacitação* do licitante (documentos de habilitação) e o segundo traz documento com a proposta comercial do licitante (documentos de proposta).

A fase de habilitação consiste justamente em abrir o envelope contendo os documentos de habilitação e em verificar se o interessado atende às qualificações necessárias à participação no certame.

Resta saber em que momento isso deve ser feito, ou seja, quando é que ocorre a fase de habilitação.

Como **regra**, a habilitação ocorre logo após o recebimento dos dois envelopes mencionados e antes da abertura dos envelopes com a proposta (art. 43 da Lei 8.666/1993). Em outras palavras, a habilitação normalmente ocorre após a publicação do edital e antes da fase de julgamento e classificação.

O procedimento de habilitação envolve os seguintes atos:

a) os documentos poderão ser apresentados em *original*, por qualquer processo de *cópia autenticada* por cartório competente ou por *servidor da administração ou publicação em órgão da imprensa oficial* (art. 32);

b) os envelopes serão abertos e os documentos apreciados (art. 43, I);

c) os licitantes presentes e a comissão rubricarão todos os documentos (art. 43, § 2º);

d) os licitantes que demonstrarem os requisitos de qualificação serão habilitados;

e) os licitantes que não demonstrarem os requisitos de qualificação serão inabilitados;

f) caso não haja recurso por parte dos inabilitados, serão devolvidos a estes os envelopes fechados contendo as respectivas propostas; havendo recurso, os envelopes fechados só serão devolvidos quando e se o recurso for denegado (art. 43, II);

g) a inabilitação posterior de um licitante só poderá acontecer se houver fatos supervenientes ou se fatos que já ensejavam a inabilitação só forem conhecidos após o julgamento;

h) após a fase de habilitação, não cabe desistência de proposta, salvo por motivo justo decorrente de fato superveniente e aceito pela comissão (art. 43, § 6º);

i) se todos os licitantes forem inabilitados, a Administração poderá fixar aos licitantes o prazo de 8 dias úteis para a apresentação de nova documentação escoimada das causas referidas que levaram à inabilitação, facultada, no caso de convite, a redução deste prazo para três dias úteis (art. 48, § 3º).

Na **tomada de preços**, o momento da habilitação é um pouco diferente. Isso porque, nessa modalidade, só poderá participar da licitação aquele que já esteja previamente cadastrado ou que apresente os documentos para o devido cadastro até o 3º dia anterior à data do recebimento das propostas.

Assim, na tomada de preços temos a chamada *habilitação prévia* e não a *habilitação preliminar*, que é aquela que ocorre após o edital (e que é a regra, como vimos).

Num primeiro momento, só pode participar da tomada de preços quem já esteja previamente *cadastrado*, ou seja, que já tenha a documentação de habilitação já apresentada à Administração.

Os arts. 34 a 37 da Lei 8.666/1993 tratam dos registros cadastrais, que são muito comuns nos órgãos e entidades da Administração Pública que realizam frequentemente licitações. O registro cadastral deve estar permanentemente aberto aos interessados, devendo a unidade responsável proceder, no mínimo anualmente, ao chamamento público para a atualização dos registros existentes e ingresso de novos interessados, sendo autorizado que unidades administrativas utilizem registros cadastrais de outros órgãos ou entidades da Administração Pública.

O interessado que já tem registro cadastral receberá um documento cujo nome é "certificado de registro cadastral" (art. 32, § 2º, da Lei 8.666/1993), o qual será apresentado quando for participar de uma tomada de preços.

Já o interessado em participar de uma tomada de preços que não estiver previamente cadastrado tem a possibilidade de participar da licitação desde que atenda às condições exigidas para cadastramento até o 3º dia anterior à data do recebimento das propostas. Ou seja, publicado o edital de uma tomada de preços, o interessado deverá correr para conseguir seu cadastramento, nos termos dos arts. 34 a 37 da Lei 8.666/1993 e das demais regras locais, até o momento acima referido.

Caso a *comissão do certame* ou a *comissão de cadastramento*, no momento do recebimento dos envelopes com a proposta, não tenha tido tempo ainda de analisar se os documentos apresentados para cadastro são suficientes, deverá a comissão de licitação receber a proposta sob condição, vale dizer, condicionada à regularidade do cadastro solicitado, que será verificada em seguida. Nesse caso, procede-se de modo semelhante à concorrência, pois a comissão vai ter que parar e verificar a qualificação antes de abrir os envelopes das propostas, podendo marcar outra data para tanto, se for o caso.

Já quanto ao **convite**, ao **concurso**, ao **leilão** e ao **fornecimento de bens para pronta entrega**, pode-se dispensar, no todo ou em parte, a documentação dos arts. 28 a 31. Ou seja, na prática, seguem o critério de habilitação preliminar, mas, em alguns casos, pode a Administração dispensar todas ou algumas das exigências de qualificação. No entanto, a regularidade do interessado com a Seguridade Social é exigência de qualificação que não pode ser dispensada em hipótese alguma, nos termos do art. 195, § 3º, da CF.

Por fim, no **pregão**, nos termos da Lei 10.520/2002, temos uma inversão de fases. Primeiro é aberto o envelope com as propostas comerciais, passando à existência de lances verbais e a uma negociação com o melhor classificado e depois é aberto o envelope com os documentos de habilitação do melhor classificado no certame (art. 4º, XII, da Lei 10.520/2002). Ou seja, primeiro vem a fase de julgamento e classificação e depois a de habilitação. Aqui, fala-se em **habilitação posterior**.

Em resumo, o momento da habilitação, em regra, é logo após a publicação do edital (*habilitação preliminar*), mas se dará antes do edital na tomada de preços (*habilitação prévia*) e após o julgamento e classificação no pregão (*habilitação posterior*).

11.7.2.4.2.2. Habilitação na Lei 14.133/2021

Conforme já mencionado acima, a nova lei de licitações firmou, como "rito procedimental comum" (art. 29), a inversão de fases. Ou seja, a regra é a **habilitação posterior**, após a fase de julgamento. Trata-se de um procedimento mais racional e que confere celeridade à licitação, pois somente a documentação do licitante melhor classificado será analisada para fins de habilitação. Caso este seja inabilitado, passa-se à análise do licitante subsequente na ordem de classificação. Desnecessária, portanto, a demorada verificação da documentação de habilitação de todos os participantes da licitação.

Observe-se que a Lei 14.133/2021 admite que se adote a habilitação preliminar (antes da fase de apresentação de proposta e julgamento), desde que mediante ato motivado com explicitação dos benefícios decorrentes (art. 17, § 1º).

Relevante observar que a nova lei de licitações estabeleceu, na condição de instrumentos auxiliares, a pré-qualificação e o registro cadastral (art. 78, II e V, respectivamente).

A *pré-qualificação* constitui procedimento seletivo prévio à licitação, convocado por meio de edital, destinado à análise das condições de habilitação, total ou parcial. Já o *registro cadastral* permite a qualificação prévia de interessados que desejam participar de licitações futuras. Ambos os mecanismos já encontravam previsão na Lei 8.666/1993.

Importante esclarecer que a pré-qualificação e o registro cadastral são instrumentos diversos, não devendo ser confundidos. Enquanto o primeiro detém relação com uma licitação já definida, o segundo constitui mecanismo geral, ou seja, não está vinculado a um certame específico.

11.7.2.5. Documentação a ser apresentada (qualificação)

De modo geral, o regime da Lei 14.133/2021 segue os mesmos contornos da 8.666/1993.

Nas licitações, exigir-se-á dos interessados, exclusivamente, documentação relativa a (art. 27 da Lei 8.666/1993 e art. 62 da Lei 14.133/2021):

a) habilitação jurídica;

b) qualificação técnica;

c) qualificação econômico-financeira;

d) regularidades fiscal e trabalhista;

e) habilitação social (regularidade quanto ao trabalho de menores).

A **habilitação jurídica** visa a demonstrar a capacidade de o licitante exercer direitos e assumir obrigações. A documentação a ser apresentada limita-se à comprovação de existência jurídica da pessoa e, quando cabível, de autorização para o exercício da atividade a ser contratada (art. 66 da Lei 14.133/2021). São exigidos, conforme o caso, os seguintes documentos (art. 28 da Lei 8.666/1993):

a) cédula de identidade;

b) registro comercial, no caso de empresa individual;

c) ato constitutivo, estatuto ou contrato social em vigor, devidamente registrado, em se tratando de sociedades comerciais, e, no caso de sociedades por ações, acompanhado de documentos de eleição de seus administradores;

d) inscrição do ato constitutivo, no caso de sociedades civis, acompanhada de prova de diretoria em exercício;

e) decreto de autorização, em se tratando de empresa ou sociedade estrangeira em funcionamento no País, e ato de registro ou autorização para funcionamento expedido pelo órgão competente, quando a atividade assim o exigir.

A **regularidade fiscal** *consiste na existência de inscrição nos cadastros públicos de contribuinte e na inexistência de débitos fiscais exigíveis*. São exigidos, conforme o caso, os seguintes documentos (art. 29 da Lei 8.666/1993 e art. 68 da Lei 14.133/2021):

a) prova de inscrição no Cadastro de Pessoas Físicas (CPF) ou no Cadastro Geral de Contribuintes (CGC);

b) prova de inscrição no cadastro de contribuintes estadual ou municipal, se houver, relativo ao domicílio ou sede do licitante, pertinente ao seu ramo de atividade e compatível com o objeto contratual;

c) prova de regularidade para com a Fazenda Federal, Estadual e Municipal do domicílio ou sede do licitante, ou outra equivalente, na forma da lei;

d) prova de regularidade relativa à Seguridade Social e ao Fundo de Garantia por Tempo de Serviço (FGTS), demonstrando situação regular no cumprimento dos encargos sociais instituídos por lei.

Há de se ressaltar que só se pode exigir do licitante a apresentação de inscrições e certidões pertinentes. Assim, uma empresa prestadora de serviço não é obrigada a apresentar demonstração de inscrição no Fisco estadual, nem certidão negativa de tributo estadual.

Da mesma forma, não se pode exigir certidões com requisitos formais que podem não ser uniformes nas mais variadas esferas administrativas brasileiras. Nesse sentido, confira a seguinte decisão do STJ: "A despeito da vinculação ao edital a que se sujeita a Administração Pública (art. 41 da Lei 8.666/1993), afigura-se ilegítima a exigência da apresentação de certidões comprobatórias de regularidade fiscal quando não são fornecidas, do modo como requerido pelo edital, pelo município de domicílio do licitante" (STJ, REsp 974854/MA, DJ 16.05.2008).

A **qualificação técnica** *consiste na idoneidade técnica para a execução do objeto licitado, mediante a demonstração de experiência anterior na execução de contrato similar e da disponibilidade de pessoal e de equipamentos indispensáveis*. A Lei 14.133/2021 distingue a qualificação técnico-profissional da técnico-operacional. Podem ser exigidos, conforme o caso, os seguintes documentos (art. 30 da Lei 8.666/1993 e art. 67 da Lei 14.133/2021):

a) registro ou inscrição na entidade profissional competente (capacidade genérica);

b) comprovação de aptidão para desempenho de atividade pertinente e compatível em características, quantidades e prazos com o objeto da licitação (capacidade específica);

c) indicação das instalações e do aparelhamento e do pessoal técnico adequados e disponíveis para a realização do objeto da licitação, bem como da qualificação de cada um dos membros da equipe técnica que se responsabilizará pelos trabalhos (capacidade operacional);

d) comprovação, fornecida pelo órgão licitante, de que recebeu os documentos e, quando exigido, de que tomou conhecimento de todas as informações e das condições locais para o cumprimento das obrigações objeto da licitação;

e) prova de atendimento de requisitos previstos em lei especial, quando for o caso.

As qualificações previstas nos itens "b" e "c" serão feitas por **atestados** fornecidos por pessoas jurídicas de direito público ou privado. Caso se trate de serviços ou obras, será necessário que os atestados sejam registrados nas entidades profissionais competentes.

A respeito da exigência de atestados, um exemplo é uma licitação para construir uma rodovia. Certamente, o edital exigirá, como qualificação técnica, dentre outros requisitos, que os licitantes apresentem atestado de que já fizeram obra semelhante, requisito indispensável para se aferir sua aptidão para executar a obra caso venha a ganhar a licitação. Por se tratar de obra, tal atestado deverá ser registrado na entidade profissional competente.

Quanto à capacitação técnico-profissional (pessoal técnico especializado), a exigência deve se limitar à comprovação do licitante de possuir em seu quadro permanente, na data prevista para entrega da proposta, profissional detentor de atestado de responsabilidade técnica por execução de obra ou serviço de características semelhantes, limitadas estas exclusivamente às parcelas de maior relevância e valor significativo do objeto da licitação, vedadas as exigências de quantidades mínimas ou prazos máximos. Tais profissionais deverão participar da obra ou serviço objeto da licitação, admitindo-se a substituição por profissionais de experiência equivalente ou superior, desde que aprovada pela administração.

Será sempre admitida a comprovação de aptidão por meio de certidões ou atestados de obras ou serviços similares de complexidade tecnológica e operacional equivalente ou superior.

É vedada a exigência de comprovação de atividade ou de aptidão com limitações de tempo ou de época ou ainda em locais específicos, ou quaisquer outras não previstas na legislação que inibam a participação na licitação.

As exigências mínimas relativas a instalações de canteiros, máquinas, equipamentos e pessoal técnico especializado, considerados essenciais para o cumprimento do objeto da licitação, serão atendidas mediante a apresentação de relação explícita e da declaração formal da sua disponibilidade, sob as penas cabíveis, vedadas as exigências de propriedade e de localização prévia.

Admite-se a exigência de experiência anterior: "é lícita cláusula em edital de licitação exigindo que o licitante, além de contar, em seu acervo técnico, com um profissional que tenha conduzido serviço de engenharia similar àquele em licitação, já tenha atuado em serviço similar. Esse entendimento está em consonância com a doutrina especializada que distingue a qualidade técnica profissional da qualidade técnica operacional e com a jurisprudência do STJ, cuja Segunda Turma firmou o entendimento de que 'não fere a igualdade entre os licitantes, tampouco a ampla competitividade entre eles, o condicionamento editalício referente à experiência prévia dos concorrentes no âmbito do objeto licitado, a pretexto de demonstração de qualificação técnica, nos termos do art. 30, II, da Lei 8.666/1993' (REsp 1.257.886-PE, j. 03.11.2011). Além disso, outros dispositivos do mesmo art. 30 permitem essa inferência. Dessa forma, o § 3º do art. 30 da Lei 8.666/1993 estatui que existe a possibilidade de que a comprovação de qualificação técnica se dê por meio de serviços similares, com complexidade técnica e operacional idêntica ou superior. Ainda, o § 10 do art. 30 da mesma lei frisa ser a indicação dos profissionais técnicos responsáveis pelos serviços de engenharia uma garantia da administração" (STJ, RMS 39.883-MT, Rel. Min. Humberto Martins, j. 17.12.2013).

A **qualificação econômico-financeira** visa a demonstrar a aptidão econômica do licitante para cumprir as obrigações decorrentes do futuro contrato. Deve ser comprovada de forma objetiva, por coeficientes e índices econômicos previstos no edital, devidamente justificados no processo licitatório, Podem ser exigidos, conforme o caso, os seguintes documentos (art. 31 da Lei 8.666/1993 e art. 69 da Lei 14.133/2021):

a) balanço patrimonial e demonstrações contábeis do último exercício social, já exigíveis e apresentados na forma da lei, que comprovem a boa situação financeira da empresa, vedada a sua substituição por balancetes ou balanços provisórios, podendo ser atualizados por índices oficiais quando encerrado há mais de 3 (três) meses da data de apresentação da proposta;

b) certidão negativa de falência, concordata ou recuperação judicial expedida pelo distribuidor da sede da pessoa jurídica, ou de execução patrimonial, expedida no domicílio da pessoa física;

c) garantia, nas mesmas modalidades e critérios previstos no "caput" e § 1º do art. 56 da Lei 8.666/1993, limitada a 1% (um por cento) do valor estimado do objeto da contratação.

A exigência de *índices* limitar-se-á à demonstração da capacidade financeira do licitante para assumir compromissos caso seja contratado, vedada a exigência de valores mínimos de faturamento anterior, índices de rentabilidade ou lucratividade.

A Administração, nas *compras para entrega futura* e na *execução de obras e serviços*, poderá exigir capital mínimo ou patrimônio líquido mínimo, ou ainda as garantias previstas legalmente (art. 56, § 1º, da Lei 8.666/1993 e art. 96, § 1º, da Lei 14.133/2021), como dado objetivo de comprovação da qualificação econômico-financeira dos licitantes e para efeito de garantia ao adimplemento do contrato a ser ulteriormente celebrado.

O capital mínimo ou o valor do patrimônio líquido a que nos referimos não poderá exceder a 10% (dez por cento) do valor estimado da contratação, devendo a comprovação ser feita relativamente à data da apresentação da proposta, na forma da lei, admitida a atualização para esta data por meio de índices oficiais.

Poderá ser exigida, ainda, a relação dos compromissos assumidos pelo licitante que importem diminuição da capacidade operativa ou absorção de disponibilidade financeira (dívidas do licitante!), calculada esta em função do patrimônio líquido atualizado e sua capacidade de rotação.

A comprovação de boa situação financeira da empresa será feita de forma objetiva, pelo cálculo de índices contábeis previstos no edital e devidamente justificados no processo administrativo da licitação que tenha dado início ao certame, vedada a exigência de índices e valores não usualmente adotados para correta avaliação de situação financeira suficiente ao cumprimento das obrigações decorrentes da licitação.

O Tribunal de Contas da União (TCU), chamado a interpretar questão atinente à qualificação econômico-financeira em caso concreto, exarou interessante decisão: "Os índices e seus valores devem ser fixados de modo a avaliar a capacidade financeira da empresa em cumprir com suas obrigações contratuais. Não é fazendo comparações com a capacidade econômico-financeira das maiores empresas do ramo (índices de liquidez geral e de liquidez corrente iguais ou superiores a 3,00) que se aferirá a capacidade econômico-financeira para a execução de determinado contrato. A obra em questão, devido a seu porte, não necessita da capacidade técnica, operacional e econômico-financeira de grandes construtoras, de grandes empresas de capital aberto, mas, antes, se destina a empresas locais e regionais de médio porte (TCU, Acórdão 1.899/06, Plenário, DOU 16.10.2006).

A **regularidade quanto ao trabalho de menores (habilitação social)** *consiste em o licitante cumprir o disposto no inciso XXXIII do art. 7º da CF, que proíbe o trabalho noturno, perigoso e insalubre a menor de 18 anos, bem como qualquer trabalho a menores de 16 anos, salvo na condição de aprendiz, a partir de 14 anos.*

O licitante deve demonstrar essa qualificação por meio da apresentação de uma declaração de regularidade.

O descumprimento dessa regra, caso descoberto no futuro, ensejará a rescisão do contrato administrativo.

Resta saber como fica o atendimento aos requisitos de habilitação quando um **consórcio** de empresas participa como licitante.

Em primeiro lugar, é importante dizer que o edital deve prever se é possível ou não a participação de um consórcio de empresas.

Caso o edital preveja essa possibilidade, há de determinar o seguinte aos consorciados:

a) que comprovem o *compromisso* público ou particular, subscrito pelos consorciados, de constituir formalmente o consórcio, caso venham a ser contratados; a constituição e o registro do consórcio serão feitos antes da celebração do contrato;

b) que indiquem a *empresa líder* do consórcio, que será responsável por este e deverá atender às condições de liderança previstas no edital, valendo salientar que somente empresa brasileira pode ser líder de consórcio;

c) que fica *proibida a participação* de empresa consorciada, na mesma licitação, por meio de mais de um consórcio ou isoladamente;

d) que ficam responsáveis *solidariamente* pelos atos praticados em consórcio, tanto na fase de licitação, quanto na de execução do contrato.

Resta saber, agora, quais regras regerão o cumprimento dos requisitos para a habilitação quando se tem um consórcio de empresas disputando a licitação. Confira:

a) cada consorciado deve apresentar os documentos de habilitação;

b) para efeito de qualificação técnica, admite-se o somatório dos quantitativos de cada consorciado, na proporção de sua respectiva participação;

c) para efeito de qualificação econômico-financeira, admite-se o somatório dos valores de cada consorciado, na proporção de sua respectiva participação;

d) pode a administração estabelecer, para o consórcio, um acréscimo de até 30% dos valores exigidos para licitante individual, inexigível este acréscimo para os consórcios compostos, em sua totalidade, por micro e pequenas empresas assim definidas em lei.

A **regularidade trabalhista** *consiste na inexistência de débitos inadimplidos perante a Justiça do Trabalho (Lei 12.440/2011).*

A prova dessa regularidade se dá pela CNDT (Certidão Negativa de Débitos Trabalhistas), expedida eletrônica e gratuitamente.

O interessado não obterá CNDT se em seu nome constar inadimplemento de obrigações estabelecidas em sentença transitada em julgado, acordos judiciais e acordos firmados perante o Ministério Público do Trabalho ou Comissão de Conciliação Prévia

Todavia, verificada a existência de débitos garantidos por penhora suficiente ou com exigibilidade suspensa, será expedida Certidão Positiva de Débitos Trabalhistas em nome do interessado com os mesmos efeitos da CNDT.

A CNDT certificará a empresa em relação a todos os seus estabelecimentos, agências e filiais e o seu prazo de validade é de 180 dias contados de sua emissão.

11.7.2.6. Fase recursal

Os atos envolvendo as licitações e os contratos (deferimento ou não da pré-qualificação, julgamento das propostas, habilitação ou inabilitação de licitante, anulação ou revogação da licitação etc.) estão sujeitos a impugnação por meio de recurso administrativo. É o que estabelece o art. 165 da Lei 14.133/2021 e o art. 109 da Lei 8.666/1993.

Conforme a nova lei de licitações, nas fases de julgamento das propostas e de habilitação, a intenção de recorrer deve ser manifestada imediatamente à expedição do ato, sob pena de preclusão, e o prazo para apresentação das razões recursais é de 3 dias úteis. Além disso, a apreciação do recurso deve ser feita em fase única.

11.7.2.7. Homologação

A homologação é o ato pelo qual se examina a regularidade do procedimento licitatório.

A autoridade competente (por exemplo, o Secretário Municipal de Administração) deve verificar a regularidade do procedimento e, estando este em ordem, deve homologar o certame licitatório.

11.7.2.8. Adjudicação

A adjudicação *é o ato pelo qual se atribui o objeto do certame ao vencedor da licitação.*

Nos termos da Lei 8.666/1993, a adjudicação é feita após a homologação (art. 43, VI). Já de acordo com a Lei 14.133/2021, nos mesmos moldes que a Lei 10.520/2002, a adjudicação antecede a homologação (art. 71, IV).

São efeitos da adjudicação os seguintes:

a) o direito de o adjudicatório não ser preterido, caso a Administração faça a contratação;

b) a vinculação do adjudicatário à proposta por ele feita;

c) a liberação dos demais licitantes para retirar documentos e levantar garantias.

Apesar da vinculação do adjudicatário, decorridos 60 (sessenta) dias da data da entrega das propostas, sem a convocação para a contratação, esse ficará liberado dos compromissos assumidos (art. 64, § 3º, da Lei 8.666/1993). Convém apontar que a Lei 14.133/2021 não prevê o prazo de validade das propostas, como dispõe a lei de licitações de 1993, de modo que o edital do certame deve indicá-lo.

A recusa injustificada do adjudicatário em assinar o contrato, aceitar ou retirar o instrumento equivalente, dentro do prazo estabelecido pela Administração, caracteriza o descumprimento total da obrigação assumida, sujeitando-o às penalidades legalmente estabelecidas (art. 81 da Lei 8.666/1993 e art. 90, § 5º, da Lei 14.133/2021).

11.8. Modalidades de licitação

A expressão "modalidades" significa "procedimento", "rito". Não se deve confundir *modalidade* de licitação (concorrência, pregão etc.) com *tipo* de licitação (menor preço, melhor técnica etc.). A primeira, como se viu, diz respeito ao *procedimento* a ser seguido pela Administração. O segundo diz respeito ao *critério de julgamento* a ser seguido pela Administração. Saliente-se que a nova lei de licitações não mais utiliza a expressão "tipo de licitação", referindo-se apenas a critério de julgamento. **Atenção!** De acordo com a Lei 8.666/1993, as modalidades são: concorrência, tomada de preços, convite, concurso e leilão. Além disso, há a Lei 10.520/2002 (modalidade pregão) e a Lei 12.642/2011 (Regime Diferenciado de Contratações). Já conforme a Lei 14.133/2021, temos: pregão, concorrência, concurso, leilão e diálogo competitivo.

11.8.1. Concorrência

A **concorrência** representa modalidade licitatória prevista tanto na Lei 8.666/1993 quanto na Lei 14.133/2021. No entanto, é **diverso** o regramento em cada uma dessas leis.

Pela Lei 8.666/1993, a concorrência pode ser conceituada como *a modalidade destinada a transações de grande vulto e a casos especiais elencados na lei, que permite a participação de qualquer interessado que, na fase inicial de habilitação, comprove possuir os requisitos mínimos de qualificação exigidos no edital.*

Ou seja, essa modalidade tem **destinação obrigatória** para os contratos de:

a) grande vulto, ou seja, para *obras e serviços de engenharia* de valor superior a R$ 1,5 milhão (em valores atualizados, superior a R$ 3,3 milhões – vide Decreto 9.412/2018), e, quanto às *compras e demais serviços*, de valor superior a R$

650 mil (em valores atualizados, superior a R$ 1,43 milhão – vide Decreto 9.412/2018);

b) compra de imóveis, de qualquer valor;

c) alienações de imóveis, de qualquer valor; vale salientar que também se admite o leilão para alienação de imóveis adquiridos em processos judiciais e por dação em pagamento (art. 19 da Lei 8.666/1993);

d) alienação de móveis, quando estes forem avaliados em valor superior a R$ 650 mil; se o valor for inferior a essa quantia, pode-se usar a modalidade tomada de preços ou leilão (art. 17, § 6º, da Lei 8.666/1993);

e) concessões de direito real de uso (art. 23, § 3º, da Lei 8.666/1993);

f) concessões de serviço público (art. 2º, II, da Lei 8.987/1995);

g) licitações internacionais, de qualquer valor; vale salientar que, nas licitações internacionais, é cabível também a tomada de preços, quando o órgão ou entidade dispuser de cadastro internacional de fornecedores, bem como convite, se não houver fornecedor do bem ou serviço no País (art. 23, § 3º, da Lei 8.666/1993);

h) aquisição de bens por sistema de registro de preços (art. 15, § 3º, I, da Lei 8.666/1993): vale salientar que o registro de preços também pode ser feito por meio da modalidade pregão (art. 11 da Lei 10.520/2002).

Essa modalidade tem **destinação facultativa** para os casos em que couber modalidade licitatória de menor expressão, tais como tomada de preços e convite (art. 23, § 4º, da Lei 8.666/1993). A concorrência tem como **principais características** as seguintes (cf. Lei 8.666/1993):

a) prazos maiores: o prazo mínimo entre a publicação do aviso do edital e o recebimento das propostas é de 30 dias, como regra, e de 45 dias se o contrato a ser celebrado contemplar o regime de empreitada integral ou quando a licitação for do tipo "melhor técnica" ou "técnica e preço" (art. 21, § 2º, I, "b", e II, "a", da Lei 8.666/1993); há de se lembrar que o prazo é contado da última publicação do aviso do edital; além disso, na contagem do prazo, deve-se excluir o dia do início e incluir o dia do vencimento (art. 110 da Lei 8.666/1993);

b) universalidade: a concorrência admite a participação de qualquer interessado que atenda, na fase inicial de habilitação preliminar, os requisitos de qualificação previstos no edital (art. 22, § 1º, da Lei 8.666/1993), ou seja, não é necessário que o interessado esteja previamente cadastrado para participar da concorrência, daí porque se fala em acesso universal ao certame; todavia, na fase de habilitação, aquele licitante que não cumprir os requisitos de qualificação será inabilitado;

c) habilitação preliminar: conforme já mencionado, a habilitação, na concorrência, é feita logo após a publicação do edital e antes do julgamento das propostas, daí porque se fala em *habilitação preliminar*, diferente da tomada de preços (*habilitação prévia*) e do pregão (*habilitação posterior*).

Já no que tange à Lei 14.133/2021, a concorrência é a modalidade de licitação para contratação de: **a) bens e serviços especiais**; **b) obras**; e **c) serviços comuns e especiais de engenharia**. Ou seja, independe do valor do contrato. Diversos os critérios de julgamento que podem ser utilizados: menor preço ou maior desconto; melhor técnica ou conteúdo artístico; técnica e preço; maior retorno econômico.

Além disso, deve-se atentar, de acordo com o regime da concorrência na nova lei, que a **habilitação** é, como regra, **posterior** à fase de julgamento.

11.8.2. Tomada de preços

A **tomada de preços** é modalidade prevista e disciplinada na Lei 8.666/1993, **não** tendo sido mantida na Lei 14.133/2021.

Pode ser **conceituada** como a *modalidade destinada a transações de médio vulto, que só permite a participação de interessados devidamente cadastrados ou que atendam às condições do cadastro até o 3º dia anterior à data do recebimento das propostas, observada a necessária qualificação* (art. 22, § 2º, da Lei 8.666/1993).

Essa modalidade tem **destinação prevista** para os contratos de:

a) médio vulto, ou seja, para *obras e serviços de engenharia* de valor até R$ 1,5 milhões (em valores atualizados, até R$ 3,3 milhões – vide Decreto 9.412/2018), e, quanto às *compras e demais serviços*, de valor até R$ 650 mil (em valores atualizados, até R$ 1,43 milhão – vide Decreto 9.412/2018);

b) licitações internacionais, quando o órgão ou a entidade dispuser de cadastro internacional de fornecedores, bem como convite, se não houver fornecedor do bem ou serviço no País (art. 23, § 3º, da Lei 8.666/1993).

Essa modalidade tem **destinação facultativa** para os casos em que couber o convite, modalidade licitatória de menor expressão (art. 23, § 4º, da Lei 8.666/1993).

Existe uma **proibição** muito séria, que tem em mira evitar fraudes na utilização das modalidades licitatórias.

É vedada a utilização da modalidade "tomada de preços" para parcelas de uma mesma obra ou serviço, ou ainda para obras e serviços da mesma natureza e no mesmo local que possam ser realizadas conjunta e concomitantemente, sempre que o somatório de seus valores caracterizar o caso de concorrência, exceto para as parcelas de natureza específica que possam ser executadas por pessoas ou empresas de especialidade diversa daquela do executor da obra ou serviço (art. 23, § 5º, da Lei 8.666/1993).

A ideia da lei é evitar fracionamentos de contratos para que se utilize tomada de preços quando caberia concorrência.

A tomada de preços tem como **principais características** as seguintes:

a) prazos intermediários: o prazo mínimo entre a publicação do aviso edital e o recebimento das propostas é de 15 dias, como regra, e de 30 dias quando a licitação for do tipo "melhor técnica" ou "técnica e preço" (art. 21, § 2º, II, "b", e III, da Lei 8.666/1993); há de se lembrar que o prazo é contado da última publicação do aviso do edital; além disso, na contagem do prazo, deve-se excluir o dia do início e incluir o dia do vencimento;

b) prévio cadastro: o interessado em participar da licitação deve já ter um registro cadastral, ou seja, deve ter um documento cujo nome é *certificado de registro cadastral* (art. 32, § 2º, da Lei 8.666/1993), documento esse que será apresentado por ele quando for participar da tomada de preços; caso o interessado não tenha cadastro prévio, poderá participar da licitação desde que atenda às condições exigidas para cadastramento até o 3º dia anterior à data do recebimento das propostas; ou seja, publicado o edital, o interessado deverá

correr para conseguir seu cadastramento, nos termos dos arts. 34 a 37 da Lei 8.666/1993 e das demais regras locais, até o momento acima referido.

11.8.3. Convite

O **convite** é modalidade prevista e disciplinada na Lei 8.666/1993, **não** tendo sido mantido na Lei 14.133/2021.

O convite pode ser **conceituado** como a *modalidade destinada a transações de menor vulto, na qual se deve convidar ao menos três interessados, cadastrados ou não, permitida a participação de outros interessados cadastrados que manifestarem interesse com antecedência de até 24 horas da data da apresentação das propostas* (art. 22, § 3º, da Lei 8.666/1993).

Essa modalidade tem **destinação** para os contratos de **menor vulto**, ou seja, para *obras e serviços de engenharia* de valor até R$ 150 mil (em valores atualizados, até R$ 330 mil – vide Decreto 9.412/2018), e, quanto às *compras e demais serviços*, de valor até R$ 80 mil (em valores atualizados, até R$ 176 mil – vide Decreto 9.412/2018).

Aqui também existe aquela séria **proibição**, que tem em mira evitar fraudes na utilização das modalidades licitatórias.

É vedada a utilização da modalidade "convite" para parcelas de uma mesma obra ou serviço, ou ainda para obras e serviços da mesma natureza e no mesmo local que possam ser realizadas conjunta e concomitantemente sempre que o somatório de seus valores caracterizar o caso de tomada de preços ou concorrência, exceto para as parcelas de natureza específica que possam ser executadas por pessoas ou empresas de especialidade diversa daquela do executor da obra ou serviço (art. 23, § 5º, da Lei 8.666/1993).

A ideia da lei é evitar fracionamentos de contratos para que se utilize convite, quando caberia tomada de preços ou concorrência.

O convite tem como **principais características** as seguintes:

a) prazo menor: o prazo mínimo entre a publicação do aviso edital e o recebimento das propostas é de 5 dias *úteis*, contados da expedição do convite (art. 21, § 2º, IV, e § 3º, da Lei 8.666/1993); há de se lembrar que o prazo é contado da última publicação do aviso do edital; além disso, na contagem do prazo, deve-se excluir o dia do início e incluir o dia do vencimento;

b) publicidade reduzida: no convite, a publicidade se reduz à expedição de carta-convite a pelo menos três interessados e à afixação de cópia do convite no quadro de avisos da Administração Pública;

c) participação restrita a convidados ou cadastrados: confira as regras (art. 22, §§ 3º, 6º e 7º, da Lei 8.666/1993):

c1) devem ser convidados pelo menos três interessados, cadastrados ou não;

c2) se existir na praça mais de três interessados, a cada novo convite, deve-se chamar, no mínimo, um cadastrado que não tenha sido ainda convidado, até que todos os cadastrados sejam convidados;

c3) quando, por limitações do mercado ou manifesto desinteresse dos convidados, for impossível a obtenção do número mínimo de licitantes, pode-se convidar número menor, desde que haja a devida motivação, sob pena de repetição do convite;

c4) interessados em participar da licitação podem fazê-lo mesmo que não tenham sido convidados, desde que sejam cadastrados na repartição e que manifestem interesse até 24 horas da data da apresentação das propostas; é necessário, então, que o interessado faça um requerimento nesse prazo; a doutrina entende que só se pode exigir prévio cadastro desse interessado não convidado se a Administração tiver exigido habilitação no convite feito no caso concreto;

d) habilitação facultativa: a fase de habilitação não é obrigatória no convite, podendo ser dispensada no todo ou em parte (art. 32, § 1º, da Lei 8.666/1993); porém, a regularidade com a Seguridade Social deve sempre ser exigida, por força de determinação prevista na Constituição Federal (art. 195, § 3º, da CF);

e) direção dos trabalhos: a regra é que a licitação pelo convite seja dirigida por uma comissão de licitação, como nas modalidades concorrência e tomada de preços; porém, em pequenas unidades, pode substituí-la por servidor formalmente designado (art. 51, § 1º, da Lei 8.666/1993).

11.8.4. Concursos

O concurso pode ser **conceituado** como *a modalidade de licitação para escolha de trabalho técnico, científico ou artístico, cujo critério de julgamento será o de melhor técnica ou conteúdo artístico, e para concessão de prêmio ou remuneração ao vencedor* (art. 6º, XXXIX, da Lei 14.133/2021).

Essa modalidade tem **destinação** para a *premiação de trabalhos* técnicos (ex.: concurso para a escolha do melhor projeto arquitetônico), científicos (ex.: concurso para a escolha da melhor monografia jurídica) e artísticos (exs.: concursos para escolha de melhores hino, brasão da cidade, fotografia, poema etc.).

O concurso tem como **principais características** as seguintes:

a) prazo: o prazo mínimo entre a publicação do aviso do edital e o recebimento do trabalho pronto é de 35 dias úteis, nos termos da Lei 14.133/2021 (art. 55, IV); já conforme a Lei 8.666/1993, o prazo é de 45 dias (art. 21, § 2º, I); há de se lembrar que o prazo é contado da última publicação do aviso do edital; além disso, na contagem do prazo, deve-se excluir o dia do início e incluir o dia do vencimento; o prazo é grande, pois o interessado não vai entregar uma mera proposta, mas já entregará o trabalho pronto;

b) regulamento: conforme a Lei 8.666/1993, o edital deve, no mínimo, fazer referência ao local onde está o regulamento do concurso; deve também indicar a qualificação exigida dos participantes (ex.: dizer que o concurso é só para os estagiários de uma Prefeitura); deve, ainda, traçar as diretrizes e a forma de apresentação do trabalho, bem como as condições de realização e os prêmios a serem dados ao(s) vencedor(es); se o objeto do concurso for um projeto (ex.: projeto arquitetônico), o vencedor deverá autorizar sua execução a qualquer tempo, segundo a conveniência da Administração;

c) habilitação facultativa: a fase de habilitação não é obrigatória no concurso, podendo ser dispensada no todo ou em parte (art. 32, § 1º, da Lei 8.666/1993); já a Lei 14.133/2021 dispõe que o edital do concurso indicará a qualificação exigida dos participantes;

d) julgamento: o julgamento será feito por uma comissão especial integrada por pessoas de reputação ilibada e reconhecido conhecimento da matéria em exame, servidores públicos ou não (art. 51, § 5º, da Lei 8.666/1993).

e) cessão dos direitos patrimoniais: nos concursos destinados à elaboração de projeto, o vencedor deve ceder à Administração Pública todos os direitos patrimoniais relativos ao projeto e autorizar sua execução conforme juízo de conveniência e oportunidade das autoridades competentes (art. 30, parágrafo único, da Lei 14.133/2021).

11.8.5. Leilão

O leilão pode ser **conceituado** como *a modalidade de licitação para alienação de bens imóveis ou de bens móveis inservíveis ou legalmente apreendidos a quem oferecer o maior lance* (art. 6º, XL, da Lei 14.133/2021).

Observe-se uma relevante distinção entre os regimes do leilão tratados na Lei 8.666/1993 e na Lei 14.133/2021.

De acordo com a lei de licitações de 1993, apenas podem ser alienados por leilão os bens imóveis adquiridos em processo judicial ou por dação em pagamento. Já pela nova lei, os imóveis de modo geral são alienáveis por meio do leilão.

O leilão tem como **principais características** as seguintes:

a) prazo: o prazo mínimo entre a publicação do aviso do edital e a sessão de leilão é de 15 dias úteis (nos termos da Lei 14.133/2021, art. 55, III) e de 15 dias (art. 21, § 2º, III, da Lei 8.666/1993); há de se lembrar que o prazo é contado da última publicação do aviso do edital; além disso, na contagem do prazo, deve-se excluir o dia do início e incluir o dia do vencimento;

b) tipo de licitação: como o leilão visa à alienação de bens, o tipo licitatório cabível (critério de julgamento) é o de maior lance; esse deve ser igual ou superior ao valor da avaliação; os lances são verbais ou mediante procedimentos tecnológicos;

c) habilitação facultativa: a fase de habilitação não é obrigatória no leilão, podendo ser dispensada no todo ou em parte (art. 32, § 1º, da Lei 8.666/1993); a Lei 14.133/2021 dispõe que no leilão não pode ser exigido registro cadastral prévio e não há fase de habilitação.

d) direção dos trabalhos: pode ser cometida a leiloeiro oficial ou a servidor designado pela Administração (art. 53 da Lei 8.666/1993 e art. 31 da Lei 14.133/2021). Se optar pela realização de leilão por intermédio de leiloeiro oficial, a Administração deverá selecioná-lo mediante credenciamento ou licitação na modalidade pregão, com a adoção do critério de julgamento de maior desconto para as comissões a serem cobradas (art. 31, § 1º, da Lei 14.133/2021).

11.8.6. Pregão

Essa modalidade de licitação não está prevista na Lei 8.666/1993, mas na Lei 10.520/2002. Trata-se de modalidade aplicável à Administração Pública Direta e Indireta de todos os entes políticos (União, Estados, DF e Municípios). Já a nova lei de licitações prevê expressamente o pregão.

O pregão é **conceituado** como *a modalidade de licitação obrigatória para aquisição de bens e serviços comuns, cujo critério de julgamento poderá ser o de menor preço ou o de maior desconto* (art. 6º, XLI, da Lei 14.133/2021).

Relevante observar que o pregão, de acordo com o regime anterior à nova lei de licitações, era conceituado como modalidade caracterizada pela *inversão de fases, aumento dos momentos de competição, celeridade e oralidade.* Ocorre que essas características, antes circunscritas ao pregão, foram generalizadas pela Lei 14.133/2021, diante de sua compatibilidade com o princípio da eficiência. Além disso, a nova lei de licitações torna o pregão uma modalidade *obrigatória*, nos casos em que seja cabível.

Essa modalidade é **destinada** à aquisição de *bens e serviços comuns.*

Bens e serviços comuns são "aqueles cujos padrões de desempenho e qualidade possam ser objetivamente definidos no edital, por meio de especificações usuais no mercado" (art. 1º, parágrafo único, da Lei 10.520/2002). Essa definição é reproduzida pela Lei 14.133/2021 (art. 6º, XIII).

Enfim, bens e serviços comuns são aqueles que têm especificações usuais no mercado.

São exemplos de *bens comuns* os seguintes: água mineral, combustível, material hospitalar, medicamentos, material de limpeza, móveis, veículos, computadores, dentre outros.

São exemplos de *serviços comuns* os seguintes: de digitação, de manutenção, de assinatura (de TV, revista e telefonia móvel), de copa, de garçom, de ascensorista, de lavanderia, de limpeza, de reprografia, de vigilância, dentre outros.

O fato é que, nos dias de hoje, quase tudo tem especificação usual no mercado e, portanto, quase tudo pode ser adquirido pela Administração mediante a modalidade pregão.

Aliás, é bom ressaltar que não há limitação de valor para aquisição mediante o pregão. Assim, até mesmo uma compra de milhões de reais pode ser feita pelo pregão.

A única exigência é que se trate de bens e serviços comuns.

Nada obstante, há situações que não ensejam o uso de pregão. Um exemplo é a contratação de uma obra. A *obra* não está no conceito nem de *serviço*, nem de *compra de bens*, para fins de licitação (art. 6º, I, II e III, da Lei 8.666/1993). Como regra, também não é possível a utilização de pregão para alienação de bens e para as locações imobiliárias.

Serviços de engenharia, ao contrário, desde que sejam serviços com especificações usuais no mercado, como o serviço de terraplenagem, podem ser contratados mediante pregão. A Lei 14.133/2021 é expressa nesse sentido, ao admitir o pregão na hipótese de contratação de serviço comum de engenharia.

O pregão tem como **principais características** as seguintes:

a) prazo: o prazo mínimo entre a publicação do aviso do edital e a data para a apresentação das propostas (data da sessão de pregão) é de *8 dias úteis* (art. 4º, V, da Lei 10.520/2002); a Lei 14.133/2021 estipula prazos diversos, na dependência do objeto da licitação, se bem comum (8 dias úteis) ou serviço comum, inclusive o de engenharia (10 dias úteis);

b) tipo de licitação: menor preço (art. 4º, X, da Lei 10.520/2002); a nova lei de licitações passou a admitir expressamente o critério do maior desconto;

c) direção dos trabalhos: haverá um pregoeiro e a respectiva equipe de apoio, sendo que esta será integrada em sua maioria por servidores ocupantes de cargo efetivo ou emprego na Administração Pública (art. 3º, IV, da Lei 10.520/2002);

d) inversão de fases: primeiro vem a fase de *julgamento* e depois a de *habilitação*; primeiro vem a *adjudicação* e depois a *homologação* (art. 4º, VII, XII, XXI e XXII, da Lei 10.520/2002); reitere-se que a Lei 14.133/2021 passou a dispor que a regra procedimental comum é a habilitação posterior;

e) lances verbais: conforme o regime da Lei 10.520/2002, faz-se uma classificação provisória e depois selecionam-se as melhores propostas (1ª classificada mais propostas até 10% superiores, garantidas três propostas diferentes) para uma fase de lances verbais, com vistas a alcançar a proposta mais vantajosa para a Administração (art. 4º, VIII); já de acordo com a Lei 14.133/2021, pode ser adotado o *modo de disputa aberto*, hipótese em que os licitantes apresentam suas propostas por meio de lances públicos e sucessivos, crescentes ou decrescentes;

f) negociação do preço: o licitante que chegar à melhor proposta estará sujeito, ainda, a uma negociação de preço que o pregoeiro fará caso o proposto não atinja um valor aceitável (art. 4º, XI, XVI e XVII, da Lei 10.520/2002); a mesma sistemática é adotada pela nova lei de licitações;

g) exigências vedadas: é vedada a exigência de *garantia da proposta*, de *aquisição de edital* por interessado e de pagamento de *taxas* (salvo de reprografia) (art. 5º da Lei 10.20/2002); relevante apontar que a Lei 14.133/2021 não mais prevê tais vedações;

i) concentração dos atos do certame na sessão de pregão: faz-se tudo na sessão, inclusive a adjudicação do objeto do certame, se não houver recurso;

j) recurso único e oral (art. 4º, XVIII, da Lei 10.520/2002).

Quanto ao **procedimento** da fase externa do pregão, confira o passo a passo previsto na Lei 10.520/2002:

a) publicação do edital;

b) antes de iniciar a sessão pública, faz-se o credenciamento do licitante ou de seus representantes, que devem identificar-se e, conforme o caso, comprovar a existência de poderes para a formulação de propostas e para a prática de todos os demais atos inerentes ao certame;

c) aberta a sessão, os interessados apresentarão uma *declaração de habilitação* (declaração dando ciência de que cumprem os requisitos de habilitação) e entregarão os *envelopes contendo a proposta comercial;*

d) *abertura dos envelopes com a proposta comercial;*

e) *desclassificação* de eventuais propostas com vícios;

f) elaboração de *classificação provisória;*

g) *seleção das propostas* que passarão aos lances verbais; deve-se selecionar o 1º classificado (autor da oferta de valor mais baixo) e os autores das ofertas com preços até 10% superiores àquela; há de se garantir, no mínimo, três propostas diferentes; repare que não são três licitantes diferentes, mas três propostas de valor diferente, o que faz com que, muitas vezes, haja bem mais do que três licitantes nessa fase, bastando que haja licitantes com propostas de valor igual;

h) *início de nova disputa,* com *lances verbais* e sucessivos, até se chegar ao melhor lance possível;

i) *classificação definitiva,* levando em conta também os que não foram selecionados para os lances verbais, mas excluindo os que já foram desclassificados;

j) *negociação* com o autor da oferta de menor valor;

k) *exame da aceitabilidade* da proposta de menor valor;

l) *declaração da aceitabilidade da proposta* ou nova negociação com outro classificado;

m) *abertura do envelope de habilitação* da oferta com preço aceitável;

n) *saneamento de eventuais falhas* nos documentos de habilitação;

o) *declaração de habilitação* do licitante que tem preço aceitável ou exame sucessivo das ofertas subsequentes até apuração de uma aceitável e que atenda aos requisitos de habilitação;

p) *declaração do licitante vencedor*;

q) consulta aos licitantes sobre o interesse em apresentar *recurso*;

r) *adjudicação do objeto do certame ao vencedor na própria sessão de pregão*, caso não haja recurso; o recurso deve ser interposto na própria sessão de pregão (por meio do pregoeiro), apresentando-se o motivo; em seguida, a sessão ficará suspensa e o recorrente terá 3 dias para apresentar suas razões, seguindo-se o prazo de 3 dias para os demais licitantes se manifestarem;

s) *elaboração e subscrição da ata da sessão*;

t) *homologação do certame pela autoridade competente* (não é o pregoeiro, mas a autoridade superior) e publicação da decisão homologatória;

u) *empenho de despesa*;

v) *convocação do vencedor* para celebração do contrato; vale salientar que o prazo de validade das propostas é de 60 dias, se outro não estiver fixado no edital;

x) havendo recusa do adjudicatário, negociação com os próximos classificados, até que haja preço aceitável com condições de habilitação;

z) *celebração do contrato*.

Consigne-se que o pregão, tal qual previsto na Lei 14.133/2021, segue o "rito procedimental comum" previsto em seu art. 17. Vale salientar que a Lei 10.520/2002 admite o pregão por *meio eletrônico*, cuja regulamentação se encontra no Decreto 10.024/2019 para o âmbito da União.

Esse decreto dispõe que o pregão eletrônico deve ser utilizado preferencialmente em relação ao pregão presencial.

Uma diferença básica do pregão eletrônico para o pregão presencial é o fato de que, no primeiro, o interessado deve estar previamente credenciado no SICAF – Sistema de Cadastramento Unificado de Fornecedores.

11.8.7. Vedação

Por fim, vale citar que é **vedada** a criação de outras modalidades de licitação ou a combinação das previstas em lei (art. 22, § 8º, da Lei 8.666/1993 e art. 28, § 2º, da Lei 14.133/2021).

Assim, não é possível que qualquer dos entes da Administração Pública venha a criar uma nova modalidade de licitação, ou mesmo combinar modalidades para o fim de criar uma inédita modalidade licitatória.

Somente por meio de lei – e deve se tratar de uma lei federal, pois somente a União poderá legislar sobre normas gerais em matéria de licitação – é que é possível criar uma nova modalidade licitatória.

Um exemplo é o **pregão**, que foi criado pela Lei 10.520/2002.

Outro exemplo é a modalidade de licitação denominada **consulta**, que é exclusiva da Agência Nacional de Telecomunicações – ANATEL. O art. 54 da Lei 9.472/1997 estabelece que essa agência pode utilizar o procedimento da consulta mediante procedimentos próprios determinados por atos normativos expedidos pela agência, desde que não seja para a contratação de obras e serviços de engenharia.

11.8.8. Diálogo competitivo

Trata-se de modalidade inédita no ordenamento brasileiro, introduzida pela Lei 14.133/2021, com inspiração em mecanismos advindos da Europa e dos EUA.

O diálogo competitivo é definido como a "modalidade de licitação para contratação de obras, serviços e compras em que a Administração Pública realiza diálogos com licitantes previamente selecionados mediante critérios objetivos, com o intuito de desenvolver uma ou mais alternativas capazes de atender às suas necessidades, devendo os licitantes apresentar proposta final após o encerramento dos diálogos". O escopo é realizar diálogos com licitantes, no intuito de desenvolver alternativas capazes de atender às necessidades públicas de contratação.

Importante observar que essa modalidade pode ser utilizada, além da modalidade concorrência, para a celebração de contrato de concessão de serviço público (cf. Lei 8.987/1995), inclusive parceria público-privada-PPP (cf. Lei 11.079/2004).

A sua condução é feita por comissão de contratação (composta de pelo menos 3 agentes públicos efetivos/permanentes).

11.9. Tipos de licitação (critérios de julgamento)

Não se deve confundir as *modalidades* de licitação (ou procedimentos licitatórios – concorrência, convite etc.) com *tipos* de licitação (ou critérios de julgamento – menor preço, melhor técnica etc.). Observe-se que a Lei 14.133/2021 não mais utiliza a expressão "tipo de licitação", fazendo referência apenas a "critérios de julgamento".

Feita tal observação, vejamos os tipos de licitação.

11.9.1. Menor preço

Esse tipo é o mais comum em matéria de licitação. Isso porque a Administração adquire muitos bens, e esse tipo é o adequado para as compras e aquisições estatais.

Esse tipo de licitação é compatível com as modalidades concorrência, tomada de preços, convite e pregão.

Devem ser desclassificadas as propostas com preço simbólico, irrisório, de valor zero ou impraticável, tanto para mais como para menos (art. 44, § 3º, da Lei 8.666/1993).

A lei diz que serão desclassificadas as propostas com preços manifestamente inexequíveis ou que não venham a ter demonstrada sua viabilidade por meio de documentação da coerência com os custos dos insumos e a produtividade. Reitere-se que um dos objetivos da licitação, nos termos da nova lei, é evitar contratações com sobrepreço ou com preços manifestamente inexequíveis (art. 11, III).

11.9.2. Maior desconto

O critério do maior desconto não sofre previsão na Lei 8.666/1993, tampouco na Lei 10.520/2002. No entanto, o Decreto 10.024/2019, que regulamenta o pregão eletrônico no âmbito federal, passou a prevê-lo, já que se trata de uma variação do menor preço. De fato, aquele que oferece o maior desconto em relação a um preço global acarreta um menor preço de contratação.

De todo modo, a Lei 14.133/2021 expressamente contempla tal critério de julgamento, conforme o seu art. 33, II. As modalidades compatíveis são o pregão e a concorrência.

11.9.3. Maior lance

Esse tipo de licitação é próprio para a alienação de bens móveis e imóveis e concessão de direito real de uso de bens públicos.

Nos termos da Lei 8.666/1993, esse tipo de licitação é compatível com as modalidades concorrência e leilão. Já no que tange à Lei 14.133/2021, aplicável ao leilão.

11.9.4. Melhor técnica (ou conteúdo artístico) e técnica e preço

A Lei 8.666/1993 elenca dois critérios que estão relacionados: o da melhor técnica e o da técnica e preço (tipo misto).

Esses tipos de licitação são utilizados exclusivamente para *serviços de natureza predominantemente intelectual*, em especial na elaboração de projetos, cálculos, fiscalização, supervisão e gerenciamento, de engenharia consultiva em geral e, em particular, para elaboração de estudos técnicos preliminares e projetos básicos e executivos, bem como para contratação de bens e serviços de informática.

Quanto aos bens e serviços de informática cabe também o pregão (e não a concorrência, própria dos casos em que se usa o tipo melhor técnica), ressalvadas as aquisições em que a técnica é realmente importante e que os produtos não possam ser definidos por especificações usuais de mercado. Nesse sentido, o TCU tem o seguinte entendimento: "alerta ao DNIT no sentido de que as contratações para aquisição de bens e serviços de informática não precisam ser realizadas, necessariamente, sob a forma de licitação do tipo 'técnica e preço', podendo também ocorrer sob a forma de pregão, conforme já tratado pelo TCU em diversos julgados precedentes, a exemplo dos Acórdãos de 237/2009-P, 144/2008-P, 2.658/2007-P, 1.782/2007-P, 1.114/2006-P, 2.138/2005-P, 2.094/2004-P, 1.182/2004-P, 740/2004-P (com redação alterada pelo Acórdão 1.299/2006- P) e 313/2004-P (item 1.6.2, TC-019.930/2008-9, Acórdão 819/2009-Plenário)".

Excepcionalmente, utilizar-se-á esse tipo de licitação para fornecimento de bens, execução de obras ou prestação de serviços de grande vulto, quando dependentes de tecnologia sofisticada, desde que haja autorização expressa da autoridade de maior nível hierárquico da Administração promotora da licitação.

No tipo "melhor técnica", o ato convocatório fixará preço máximo a ser pago. Há três tipos de documentos: com a qualificação, com a proposta técnica e com a proposta de preço. Deve-se seguir o seguinte procedimento (art. 46, § 1º, da Lei 8.666/1993):

a) abertura de *envelope com a documentação de habilitação*;

b) quanto aos habilitados, abertura do *envelope com a proposta técnica*; tal proposta seguirá os termos do edital e poderá tratar da capacitação e experiência; da metodologia e organização; da tecnologia e dos recursos materiais; da qualificação das equipes técnicas;

c) *avaliação e classificação das propostas técnicas*;

d) *valorização mínima* das propostas técnicas;

e) abertura dos envelopes com as *propostas de preço* daqueles que têm a valorização mínima;

f) negociação entre os licitantes, considerando a melhor proposta técnica e o menor preço com valorização mínima, até se chegar ao vencedor.

No tipo "melhor técnica e preço" far-se-á a classificação das propostas segundo critério de média nas notas respectivas. Deve-se seguir o seguinte procedimento (art. 46, § 2º, da Lei 8.666/1993):

a) abertura de *envelope com a documentação de habilitação*;

b) quanto aos habilitados, abertura do *envelope com a proposta técnica*; tal proposta seguirá os termos do edital e poderá tratar da capacitação e experiência; da metodologia e organização; da tecnologia e dos recursos materiais; da qualificação das equipes técnicas;

c) avaliação e classificação das *propostas técnicas*;

d) será feita a avaliação e a valorização das *propostas de preços*, de acordo com critérios objetivos preestabelecidos no instrumento convocatório;

e) a classificação dos proponentes far-se-á de acordo com a *média ponderada das valorizações das propostas técnicas e de preço*, de acordo com os pesos preestabelecidos no instrumento convocatório.

A Lei 14.133/2021, por sua vez, aponta o critério (i) da melhor técnica ou conteúdo artístico; e o (ii) da técnica e preço.

Observe-se que a primeira é compatível tanto para a modalidade concurso quanto para a concorrência.

Ademais, conforme a nova lei, o julgamento por melhor técnica ou por técnica e preço deve ser realizado pela (art. 37 da Lei 14.133/2021):

a) verificação da capacitação e da experiência do licitante, comprovadas por meio da apresentação de atestados de obras, produtos ou serviços previamente realizados;

b) atribuição de notas a quesitos de natureza qualitativa por banca designada para esse fim, de acordo com orientações e limites definidos em edital;

c) atribuição de notas por desempenho do licitante em contratações anteriores.

11.10. Licitação com participação de Microempresa (ME) e Empresa de Pequeno Porte (EPP)

Em primeiro lugar, vale trazer a definição dessas empresas (art. 3º da Lei Complementar 123/2006):

a) microempresa: empresário ou pessoa jurídica que aufira, em cada ano-calendário, receita bruta igual ou inferior a R$ 360 mil;

b) empresa de pequeno porte: empresário ou pessoa jurídica que aufira, em cada ano-calendário, receita bruta superior a R$ 360 mil e igual ou inferior a R$ 4,8 milhões[19].

Considera-se receita bruta o produto da venda de bens e serviços nas operações de conta própria, o preço dos serviços prestados e o resultado nas operações em conta alheia, não incluídas as vendas canceladas e os descontos incondicionais concedidos.

Não poderá se beneficiar do tratamento jurídico diferenciado previsto na Lei Complementar 123/2006 a pessoa jurídica:

---

19. Conforme Lei Complementar 155/2016.

a) de cujo capital participe outra pessoa jurídica;

b) que seja filial, sucursal, agência ou representação, no País, de pessoa jurídica com sede no exterior;

c) de cujo capital participe pessoa física que seja inscrita como empresário ou seja sócia de outra empresa que receba tratamento jurídico diferenciado nos termos da Lei Complementar, desde que a receita bruta global ultrapasse o limite de R$ 3,6 milhões;

d) cujo titular ou sócio participe com mais de 10% (dez por cento) do capital de outra empresa não beneficiada pela Lei Complementar, desde que a receita bruta global ultrapasse o limite de R$ 3,6 milhões;

e) cujo sócio ou titular seja administrador ou equiparado de outra pessoa jurídica com fins lucrativos, desde que a receita bruta global ultrapasse o limite de R$ 3,6 milhões;

f) constituída sob a forma de cooperativas, salvo as de consumo;

g) que participe do capital de outra pessoa jurídica;

h) que exerça atividade de banco comercial, de investimentos e de desenvolvimento, de caixa econômica, de sociedade de crédito, financiamento e investimento ou de crédito imobiliário, de corretora ou de distribuidora de títulos, valores mobiliários e câmbio, de empresa de arrendamento mercantil, de seguros privados e de capitalização ou de previdência complementar;

i) resultante ou remanescente de cisão ou qualquer outra forma de desmembramento de pessoa jurídica que tenha ocorrido em um dos 5 (cinco) anos-calendário anteriores;

j) constituída sob a forma de sociedade por ações.

k) cujos titulares ou sócios guardem, cumulativamente, com o contratante do serviço, relação de pessoalidade, subordinação e habitualidade.

Para fins dos benefícios tributários previstos na lei complementar há outras pessoas jurídicas excluídas (art. 17). Mas para fins das vantagens decorrentes do acesso aos mercados, basta verificar os requisitos de faturamento já citados, bem como as pessoas jurídicas que estão excluídas do benefício.

Confira agora os direitos conferidos a uma ME ou EPP na licitação:

a) comprovação diferida da regularidade fiscal e trabalhista: nas licitações públicas, a comprovação de regularidade fiscal e trabalhista das MEs e EPPs somente será exigida para efeito de assinatura do contrato (art. 42 da LC 123/2006, com redação dada pela LC 155/2016; as MEs e EPPs, por ocasião da participação em certames licitatórios, deverão apresentar toda a documentação exigida para efeito de comprovação de regularidade fiscal e trabalhista, mesmo que esta apresente alguma restrição, hipótese em que será assegurado o prazo de 5 (cinco) dias úteis, cujo termo inicial corresponderá ao momento em que o proponente for declarado o vencedor do certame, prorrogáveis por igual período, a critério da Administração Pública, para a regularização da documentação, pagamento ou parcelamento do débito e emissão de eventuais certidões negativas ou positivas com efeito de certidão negativa; a não regularização da documentação nesse prazo implicará decadência do direito à contratação, sem prejuízo das sanções previstas no art. 81 da Lei 8.666/1993 (ou no art. 90, § 5º, da Lei 14.13/2021) , sendo facultado à Administração convocar os licitantes remanescentes, na ordem de classifica-

ção, para a assinatura do contrato, ou revogar a licitação (art. 43 da LC 123/2006);

b) empate ficto: nas licitações será assegurada, como critério de desempate, preferência de contratação para as MEs e EPPs; entende-se por empate aquelas situações em que as propostas apresentadas pelas microempresas e empresas de pequeno porte sejam iguais ou até 10% (dez por cento) superiores à proposta melhor classificada (na modalidade de pregão, o intervalo percentual será de até 5% (cinco por cento) superior ao melhor preço). Ocorrendo o empate, a ME ou EPP melhor classificada poderá apresentar proposta de preço inferior àquela considerada vencedora do certame, situação em que será adjudicado em seu favor o objeto licitado; não ocorrendo a contratação da ME ou EPP, serão convocadas as remanescentes que porventura se enquadrem nessa condição, na ordem classificatória, para o exercício do mesmo direito; no caso de equivalência dos valores apresentados pelas MEs e EPPs que se encontrem nos intervalos estabelecidos, será realizado sorteio entre elas para que se identifique aquela que primeiro poderá apresentar melhor oferta. Na hipótese da não contratação de uma ME ou EPP, o objeto licitado será adjudicado em favor da proposta originalmente vencedora do certame; o empate ficto somente se aplicará quando a melhor oferta inicial não tiver sido apresentada por microempresa ou empresa de pequeno porte; no caso de pregão, a ME ou EPP melhor classificada será convocada para apresentar nova proposta no prazo máximo de 5 (cinco) minutos após o encerramento dos lances, sob pena de preclusão (arts. 44 e 45 da LC 123/2006);

c) cédula de crédito microempresarial: a ME e a EPP titulares de direitos creditórios decorrentes de empenhos liquidados por órgãos e entidades da União, Estados, Distrito Federal e Município não pagos em até 30 (trinta) dias contados da data de liquidação poderão emitir cédula de crédito microempresarial;

d) tratamento diferenciado: nas contratações públicas da administração direta e indireta, autárquica e fundacional, federal, estadual e municipal, deverá ser concedido tratamento diferenciado e simplificado para as microempresas e empresas de pequeno porte objetivando a promoção do desenvolvimento econômico e social no âmbito municipal e regional, a ampliação da eficiência das políticas públicas e o incentivo à inovação tecnológica, sendo que, no que diz respeito às compras públicas, enquanto não sobrevier legislação estadual, municipal ou regulamento específico de cada órgão mais favorável à microempresa e empresa de pequeno porte, aplica-se a legislação federal (art. 47 da LC 123/2006, com redação dada pela LC 147/2014);

e) licitação exclusiva para ME e EPP: a administração pública **deverá** realizar processo licitatório destinado exclusivamente à participação de microempresas e empresas de pequeno porte nos itens de contratações cujo valor seja de até R$ 80.000,00 (oitenta mil reais); repare que a lei se refere aos itens de contratações e não à somatória dos itens reunidos num mesmo procedimento licitatório (art. 48, I, LC 123/2006, com redação dada pela LC 147/2014);

f) subcontratação obrigatória para ME e EPP: a administração pública **poderá** realizar processo licitatório em que seja exigida dos licitantes a subcontratação de microempresa ou de empresa de pequeno porte especificamente no que tange às licitações voltadas à aquisição de obras e serviços; ressalta-se que essa regra só vale para obras e serviços (e não para compras) e é faculdade da Administração, e não obrigação, como na regra anterior (art. 48, II, LC 123/2006, com redação dada pela LC 147/2014) ;

g) cota obrigatória para ME e EPP: a administração pública **deverá** realizar processo licitatório em que se estabeleça cota de até 25% (vinte e cinco por cento) do objeto para a contratação de microempresas e empresas de pequeno porte, em certames para a aquisição de bens de natureza divisível (art. 48, III, LC 123/2006, com redação dada pela LC 147/2014); apesar de a lei não fixar esse cota em 25% sempre (ou seja, no caso concreto, pode variar de qualquer número acima do número zero até os 25%), a lei obriga que essa cota seja estabelecida nos certames licitatórios, desde que se trate de certame cujo objeto seja a aquisição de bens de natureza divisível.

Na hipótese da subcontratação obrigatória (item "f"), os empenhos e pagamentos do órgão ou entidade da administração pública poderão ser destinados diretamente às microempresas e empresas de pequeno porte subcontratadas.

Não se aplicam os três últimos itens nos seguintes casos:

a) não houver um mínimo de 3 (três) fornecedores competitivos enquadrados como microempresas ou empresas de pequeno porte sediados local ou regionalmente e capazes de cumprir as exigências estabelecidas no instrumento convocatório;

b) o tratamento diferenciado e simplificado para as microempresas e empresas de pequeno porte não for vantajoso para a administração pública ou representar prejuízo ao conjunto ou complexo do objeto a ser contratado;

c) a licitação for dispensável ou inexigível, nos termos dos arts. 24 e 25 da Lei 8.666/1993 (ou dos arts. 74 e 75 da Lei 14.133/2021), excetuando- se as dispensas envolvendo pequeno valor, nas quais a compra deverá ser feita preferencialmente de microempresas e empresas de pequeno porte, aplicando-se o disposto no inciso I do art. 48 da LC 123/2006.

Importante consignar que o regime diferenciado previsto na LC 123/2006 foi mantido pela nova lei de licitações (art. 4º, "caput", da Lei 14.133/2021). No entanto, foi imposto um *limite geral máximo* para a sua aplicação: **(i)** no caso de licitação para aquisição de bens ou contratação de serviços em geral, ao item cujo valor estimado for superior à receita bruta máxima admitida para fins de enquadramento como EPP (esse valor corresponde a R$ 4,8 milhões); **(ii)** no caso de contratação de obras e serviços de engenharia, às licitações cujo valor estimado envolva o mesmo montante do item anterior.

Além disso, a obtenção dos benefícios restringe-se às ME e EPP que, no ano-calendário de realização da licitação, ainda não tenham celebrado contratos com a Administração Pública cujos valores somados extrapolem o montante de R$ 4,8 milhões (receita bruta máxima admitida para fins de enquadramento como EPP).

11.11. Licitação e promoção do desenvolvimento nacional

A Lei 12.349/2010 alterou o art. 3º da Lei 8.666/1993 para o fim de estabelecer um novo objetivo para a licitação, qual seja, a *promoção do desenvolvimento nacional sustentável*.

Para tanto, essa lei trouxe as seguintes ferramentas, previstas nos §§ 5º (alterado pela Lei 13.146/2015) a 13 do art. 3º da Lei 8.666/1993:

a) margem de preferência ordinária: nos processos de licitação, poderá ser estabelecida margem de preferência para: a) *bens e serviços produzidos ou prestados por empresas que comprovem cumprimento de reserva de cargos prevista em lei para pessoa com deficiência ou para reabilitado da Previdência Social e que atendam às regras de acessibilidade previstas na legislação*; b) *produtos manufaturados e para serviços nacionais que atendam a normas técnicas brasileiras*; essa margem de preferência será estabelecida com base em estudos revistos periodicamente, em prazo não superior a 5 (cinco) anos, que levem em consideração: geração de emprego e renda; efeito na arrecadação de tributos federais, estaduais e municipais; desenvolvimento e inovação tecnológica realizados no País; custo adicional dos produtos e serviços; e em suas revisões, análise retrospectiva de resultados;

b) margem de preferência adicional: para *os produtos manufaturados e serviços nacionais resultantes de desenvolvimento e inovação tecnológica realizados no País*, poderá ser estabelecida margem de preferência adicional àquela prevista no item anterior.

As margens de preferência por produto, serviço, grupo de produtos ou grupo de serviços referidas acima serão definidas pelo Poder Executivo federal, não podendo a soma delas ultrapassar o montante de 25% (vinte e cinco por cento) sobre o preço dos produtos manufaturados e serviços estrangeiros.

As margens de preferências mencionadas não se aplicam aos bens e aos serviços cuja capacidade de produção ou prestação no País seja inferior:

a) à quantidade a ser adquirida ou contratada;

b) ao quantitativo fixado com fundamento no § 7º do art. 23 da Lei 8.666/1993, quando for o caso.

A margem de preferência ordinária poderá ser estendida, total ou parcialmente, aos bens e serviços originários dos Estados Partes do Mercado Comum do Sul – Mercosul.

A título de exemplo do item ora estudado, o Decreto 7.709/2012 dá margem de preferência de 25% e 15% para aquisições de motoniveladora e pás mecânicas, escavadores, carregadoras e retroescavadeiras nacionais.

Os editais de licitação para a contratação de bens, serviços e obras poderão, mediante prévia justificativa da autoridade competente, exigir que o contratado promova, em favor de órgão ou entidade integrante da administração pública ou daqueles por ela indicados a partir de processo isonômico, medidas de compensação comercial, industrial, tecnológica ou acesso a condições vantajosas de financiamento, cumulativamente ou não, na forma estabelecida pelo Poder Executivo federal.

Nas contratações destinadas à implantação, manutenção e ao aperfeiçoamento dos sistemas de tecnologia de informação e comunicação, considerados estratégicos em ato do Poder Executivo federal, a licitação poderá ser restrita a bens e serviços com tecnologia desenvolvida no País e produzidos de acordo com o processo produtivo básico de que trata a Lei 10.176, de 11 de janeiro de 2001.

Será divulgada na internet, a cada exercício financeiro, a relação de empresas favorecidas em decorrência das margens de preferência, com indicação do volume de recursos destinados a cada uma delas.

É importante registrar que as preferências em questão e nas demais normas de licitação e contratos devem privilegiar o tratamento diferenciado e favorecido às microempresas e empresas de pequeno porte na forma da lei (art. 3º, § 14, e 5º-A da Lei 8.666/1993). Por outro lado, as preferências dispostas no art. 3º da Lei 8.666/1993 prevalecem sobre as demais preferências previstas na legislação quando estas forem aplicadas sobre produtos ou serviços estrangeiros (art. 3º, § 15, da Lei 8.666/1993).

Relevante apontar que o objetivo do desenvolvimento nacional sustentável foi mantido pela Lei 14.133/2021 (art. 11, IV).

Pela nova lei, cabível estabelecer:

a) margem de preferência ordinária para: a) *bens manufaturados e serviços nacionais* que atendam a normas técnicas brasileiras; b) *bens reciclados, recicláveis ou biodegradáveis*. Esta última hipótese demonstra que os aspectos ambientais devem permear as contratações públicas. A margem pode ser de até 10% sobre o preço dos bens/serviços que não se enquadram nos itens retro indicados. Além disso, a margem de preferência pode ser estendida a bens manufaturados e serviços originários de Estado integrante do Mercosul, desde que haja reciprocidade com o País (prevista em acordo internacional aprovado pelo Congresso Nacional e ratificado pelo Presidente da República).

b) margem de preferência adicional: para os bens manufaturados nacionais e serviços nacionais resultantes de *desenvolvimento e inovação tecnológica no País*. Nesse caso, a margem de preferência pode ser de até 20%.

A margem de preferência não se aplica aos bens manufaturados nacionais e aos serviços nacionais se a capacidade de produção desses bens ou de prestação desses serviços no País for inferior:

a) à quantidade a ser adquirida ou contratada;

b) aos quantitativos fixados em razão do parcelamento do objeto, quando for o caso.

11.12. Instrumentos auxiliares

A Lei 14.133/2021 disciplina os *instrumentos auxiliares* às licitações e aos contratos públicos. São eles (art. 78):

11.12.1. Credenciamento

O credenciamento representa o processo de chamamento público em que a Administração convoca interessados em prestar serviços ou fornecer bens (definição contida no art. 6º, XLIII, da nova lei). Observe-se que a contratação é realizada com todos aqueles que pretendem firmar determinado negócio com a Administração, o que torna inviável a competição e, consequentemente, inexigível a licitação, conforme expressamente prevê o art. 74, IV, do mesmo diploma.

Observe-se que o credenciamento não está previsto expressamente na Lei n. 8.666/1993, embora já fosse manuseado pela Administração Pública, com fundamento no dispositivo geral da inexigibilidade da lei de 1993 (art. 25, "caput").

Os procedimentos de credenciamento devem ser definidos em regulamento, com a observância de algumas regras, entre as quais: a Administração deve divulgar e manter à disposição do público, em sítio eletrônico oficial, edital de chamamento de interessados, de modo a permitir o cadastramento permanente de novos interessados; o edital de chamamento de interessados deve prever as condições padronizadas de contratação; é vedado o cometimento a terceiros do objeto contratado sem autorização expressa da Administração; é admitida a denúncia por qualquer das partes nos prazos fixados no edital.

11.12.2. Pré-qualificação

A pré-qualificação constitui procedimento seletivo prévio à licitação, convocado por meio de edital, destinado à análise das condições de habilitação, total ou parcial, interessados ou do objeto (art. 6º, XLIV, da Lei 14.133/2021).

Trata-se de instrumento já previsto na Lei 8.666/1993 (art. 114), embora disciplinado de modo sucinto pela lei anterior.

A licitação que se seguir ao procedimento da pré-qualificação pode ser restrita a licitantes ou bens pré-qualificados. Quanto ao prazo, a pré-qualificação tem validade de 1 ano, no máximo, podendo ser atualizada a qualquer tempo.

11.12.3. Procedimento de manifestação de interesse (PMI)

Procedimento pelo qual a Administração solicita à iniciativa privada o desenvolvimento de estudos e projetos que possam contribuir com aspectos da atuação do Poder Público.

Não encontra previsão na Lei 8.666/1993 e sim em outras normas, como a lei de concessões (Lei 8.987/1995) e das organizações da sociedade civil (Lei 13.019/2014).

O PMI, como regra, é aberto a todos os eventuais interessados, embora pode ser restrito a *startups* (microempreendedores individuais, as microempresas e as empresas de pequeno porte, de natureza emergente e com grande potencial, que se dediquem à pesquisa, ao desenvolvimento e à implementação de novos produtos ou serviços baseados em soluções tecnológicas inovadoras que possam causar alto impacto).

11.12.4. Sistema de registro de preços (SRP)

O sistema de registro de preços (SRP) é definido como o conjunto de procedimentos para realização, mediante contratação direta ou licitação (modalidades: pregão ou concorrência), de registro formal de preços relativos à prestação de serviços, a obras e a aquisição e locação de bens para contratações futuras (art. 6º, XLV, da Lei 14.133/2021). A Administração pode adotá-lo perante compras rotineiras de bens padronizados (ex.: material de escritório, medicamentos). Presumindo que adquirirá tais bens múltiplas vezes, a Administração abre licitação, e aquele que oferecer a cotação mais baixa terá seus preços registrados para quando a Administração precisar. Não se trata de modalidade de licitação, já que inclusive é precedida de uma (concorrência ou pregão), mas de procedimento a ser feito para situações de fornecimento contínuo.

Relevante apontar que o SRP já encontrava previsão na Lei 8.666/1993 (art. 15, III), embora a Lei 14.133/2021 torne seu regramento mais minucioso.

As características mais relevantes contidas na nova lei de licitações são: (a) possibilidade de utilização do SRP para a aquisição de bens, serviços (inclusive de engenharia), obras e locação; (b) o prazo da vigência da ata de registro de preços é de 1 ano, podendo ser prorrogado por igual período, desde que se demonstre vantajosidade; (c) previsão expressa da figura do "carona" (adesão à ata de registro de preço por ente não participante);

11.12.5. *Registro cadastral*

O registro cadastral constitui o assentamento pelo qual se permite a qualificação prévia de interessados que desejam participar de licitações futuras promovidas pela Administração. A nova lei exige a utilização de um sistema de registro cadastral unificado, disponibilizado no Portal Nacional de Contratações Públicas.

Observe-se que a Lei 8.666/1993 já regrava o registro cadastral (arts. 34 a 37).

11.13. RDC – Regime Diferenciado de Contratações Públicas

A Lei 12.462/2011 estabelece o RDC – Regime Diferenciado de Contratações Públicas, que terá vigência até abril de 2023, nos termos do art. 193, II, da Lei 14.133/2021. A propósito, importante considerar que diversos aspectos da Lei do RDC foram incorporados na nova lei de licitações e contratos públicos, a exemplo da contratação integrada, da remuneração variável etc.).

O RDC é aplicável **exclusivamente** às contratações necessárias à realização (art. 1º):

a) das Olimpíadas/2016 e Paraolimpíadas/2016;

b) da Copa das Confederações/2013 e Copa do Mundo/2014;

c) das obras de infraestruturas e serviços para os aeroportos das capitais do Estados distantes até 350 km das cidades sedes dos mundiais referidos acima;

d) das ações do Programa de Aceleração do Crescimento – PAC;

e) das obras e serviços de engenharia no âmbito do Sistema Único de Saúde – SUS;

f) das obras e serviços de engenharia para construção, ampliação e reforma e administração de estabelecimentos penais e unidades de atendimento socioeducativo;

g) das ações no âmbito da segurança pública;

h) das obras e serviços de engenharia, relacionadas a melhorias na mobilidade urbana ou ampliação de infraestrutura logística; e

i) dos contratos a que se refere o art. 47-A;

j) das ações em órgãos e entidades dedicados à ciência, à tecnologia e à inovação.

A opção pelo RDC **afasta** a aplicação da Lei 8.666/1993 (art. 1º, § 2º).

A Lei de RDC acrescentou os **princípios** da "economicidade" e da "eficiência", que não estavam expressos na Lei 8.666/1993 (art. 3º).

Essa lei também admite a chamada **contratação integrada**, ou seja, contratar uma empresa para fazer tudo, do projeto básico e executivo, à execução, testes e pré-operação (art. 9º).

Prevê ainda a chamada locação "built to suit", pela qual "A administração pública poderá firmar contratos de locação de bens móveis e imóveis, nos quais o locador realiza prévia aquisição, construção ou reforma substancial, com ou sem aparelhamento de bens, por si mesmo ou por terceiros, do bem especificado pela administração" (art. 47-A).

Também inovou ao admitir **remuneração variável** do contratado, vinculada ao desempenho, com base em metas, qualidade, sustentabilidade e prazos (art. 10).

A licitação se desenrola nas seguintes **fases**, nesta ordem: preparatória, publicação do instrumento convocatório (com prazos menores[20]), apresentação de propostas ou lances, julgamento, habilitação, recursal e encerramento (adjudicar e homologar – art. 12).

Quanto aos **tipos de licitação**, a lei prevê os seguintes: menor preço ou maior desconto, técnica e preço, melhor técnica e conteúdo artístico, maior oferta de preço ou maior retorno econômico (art. 18).

Outra inovação interessante é a vedação do **nepotismo** nas contratações diretas, ou seja, nas contratações sem licitação (art. 37).

11.14. Licitação e Sistemas de Defesa

A Lei 12.598/2012 estabelece normas especiais para compras, contratações e desenvolvimento de produtos e sistemas de defesa.

Exemplo de norma especial e a promoção de **licitação exclusiva** para as chamadas EED – Empresas Estratégicas de Defesa, pessoa jurídica credenciada pelo Ministério da Defesa, com sede, operação, pesquisa e desenvolvimento de tecnologia no Brasil.

11.15. Revogação da licitação

A revogação da licitação é possível, desde que fundada em situação ulterior aferida pela autoridade competente que a justifique, ou seja, que torne conveniente ou oportuna a extinção do certame, sempre respeitando a ampla defesa e o contraditório e mediante motivação.

A revogação da licitação tem efeitos *ex nunc*, já que, até a sua ocorrência, não havia nenhuma ilegalidade, daí porque, se já há vencedor e a licitação for revogada licitamente, deve-se indenizá-lo das eventuais despesas que já teve.

Caso a licitação seja revogada ilicitamente, indeniza-se o prejudicado completamente.

11.16. Anulação da licitação

A anulação da licitação deve ser de ofício ou provocada, assegurada a ampla defesa e o contraditório, e tem por motivo ilegalidade ocorrida no certame.

---

20. Art. 15. Será dada ampla publicidade aos procedimentos licitatórios e de pré-qualificação disciplinados por esta Lei, ressalvadas as hipóteses de informações cujo sigilo seja imprescindível à segurança da sociedade e do Estado, devendo ser adotados os seguintes prazos mínimos para apresentação de propostas, contados a partir da data de publicação do instrumento convocatório:

I – para aquisição de bens:

a) 5 (cinco) dias úteis, quando adotados os critérios de julgamento pelo menor preço ou pelo maior desconto; e

b) 10 (dez) dias úteis, nas hipóteses não abrangidas pela alínea a deste inciso;

II – para a contratação de serviços e obras:

a) 15 (quinze) dias úteis, quando adotados os critérios de julgamento pelo menor preço ou pelo maior desconto; e

b) 30 (trinta) dias úteis, nas hipóteses não abrangidas pela alínea a deste inciso;

III – para licitações em que se adote o critério de julgamento pela maior oferta: 10 (dez) dias úteis; e

IV – para licitações em que se adote o critério de julgamento pela melhor combinação de técnica e preço, pela melhor técnica ou em razão do conteúdo artístico: 30 (trinta) dias úteis.

Anulada a licitação, o contrato também fica anulado automaticamente, se já celebrado.

A anulação tem efeitos *ex tunc*, não gerando indenização, ressalvado o que o contratado já realizou e desde que ele não tenha sido o culpado pela anulação.

Ou seja, indenizar-se-á só o que está de boa-fé e apenas quanto ao que já foi executado, valendo lembrar que a boa-fé é presumida.

A revogação só poderá ser feita pela autoridade competente e não pelo órgão julgador do certame, diferente do que ocorre na anulação, que pode ser feita pela comissão ou pelas demais autoridades competentes, bem como pelo Poder Judiciário.

11.17. Licitação e coronavírus (EC 106/2020 e Lei 13.979/2020)

11.17.1. Noções gerais

Para o enfrentamento de calamidade pública nacional decorrente de pandemia causado pelo Covid-19 foram editadas leis e também houve alterações constitucionais.

Na EC 106/2000, por exemplo, destaca-se o seguinte trecho:

"Art. 1º Durante a vigência de estado de calamidade pública nacional reconhecido pelo Congresso Nacional em razão de emergência de saúde pública de importância internacional decorrente de pandemia, a União adotará regime extraordinário fiscal, financeiro e de contratações para atender às necessidades dele decorrentes, somente naquilo em que a urgência for incompatível com o regime regular, nos termos definidos nesta Emenda Constitucional.

Art. 2º Com o propósito exclusivo de enfrentamento do contexto da calamidade e de seus efeitos sociais e econômicos, no seu período de duração, o Poder Executivo federal, no âmbito de suas competências, poderá adotar processos simplificados de contratação de pessoal, em caráter temporário e emergencial, e de obras, serviços e compras que assegurem, quando possível, competição e igualdade de condições a todos os concorrentes, dispensada a observância do § 1º do art. 169 da Constituição Federal na contratação de que trata o inciso IX do *caput* do art. 37 da Constituição Federal, limitada a dispensa às situações de que trata o referido inciso, sem prejuízo da tutela dos órgãos de controle.

Parágrafo único. Nas hipóteses de distribuição de equipamentos e insumos de saúde imprescindíveis ao enfrentamento da calamidade, a União adotará critérios objetivos, devidamente publicados, para a respectiva destinação a Estados e a Municípios."

No plano infraconstitucional, foi editada a Lei 13.979/2020, que está em consonância com a Emenda Constitucional citada, e regulamentou as questões abaixo.

11.17.2. Licitação dispensável

11.17.2.1. Objeto: para aquisição de bens, serviços, inclusive de engenharia, e insumos **destinados ao enfrentamento** da emergência de saúde pública de importância internacional decorrente do coronavírus

11.17.2.2. Quando: é temporária e aplica-se apenas enquanto perdurar a emergência decorrente do coronavírus.

11.17.2.3. Presunções: nessas dispensas de licitação presumem-se atendidas as condições de:

a) ocorrência da emergência;

b) necessidade de pronto atendimento da situação de emergência;

c) existência de risco a segurança de pessoas, obras, prestação de serviços, equipamentos e outros bens, públicos ou particulares; e

d) limitação da contratação à parcela necessária ao atendimento da situação de emergência.

11.17.3. Flexibilizações para as contratações relacionadas ao coronavírus

11.17.3.1. Contratação de inidôneo ou suspenso: excepcionalmente, será possível a contratação de empresas com inidoneidade declarada ou com o direito de contratar com o Poder Público suspenso, quando se tratar, comprovadamente, de única fornecedora do bem ou serviço a ser adquirido.

11.17.3.2. Irregularidades fiscal e trabalhista: havendo restrição de interessados, a autoridade, excepcional e justificadamente, poderá dispensar a documentação de regularidade fiscal e trabalhista ou o cumprimento de um ou mais requisitos de habilitação, ressalvados a exigência de regularidade relativa à Seguridade Social e o cumprimento do inciso XXXIII do art. 7º da CF.

11.17.3.3. Estudos preliminares: não será exigida a elaboração de estudos preliminares quando se tratar de bens e serviços comuns.

11.17.3.4. Risco: o Gerenciamento de Riscos da contratação somente será exigível durante a gestão do contrato.

11.17.3.5. Termo de referência e projeto básico: será admitida a apresentação de termo de referência simplificado ou de projeto básico simplificado, salientando-se que os preços obtidos a partir da estimativa a ser necessariamente feita não impedem a contratação por valores superiores decorrentes de oscilações ocasionadas pela variação de preços, hipótese em que deverá haver justificativa nos autos.

11.17.3.6. Prazos no pregão: nos casos de licitação na modalidade pregão, eletrônico ou presencial, cujo objeto seja a aquisição ou contratação de bens, serviços e insumos necessários ao enfrentamento da emergência de saúde pública decorrente do coronavírus, os prazos dos procedimentos licitatórios serão reduzidos pela metade e os recursos terão somente efeito devolutivo; se o prazo original for número ímpar, este será arredondado para o número inteiro antecedente; fica dispensada a realização de audiência pública a que se refere o art. 39 da Lei nº 8.666/93.

11.17.3.7. Duração do contrato: os contratos regidos por esta Lei terão prazo de duração de até 6 meses e poderão ser prorrogados por períodos sucessivos, enquanto perdurar a necessidade de enfrentamento dos efeitos dessa emergência de saúde pública.

11.17.3.8. Alteração contratual: a administração pública poderá prever que os contratados fiquem obrigados a aceitar, nas mesmas condições contratuais, acréscimos ou supressões ao objeto contratado, em até 50% por cento do valor inicial atualizado do contrato.

11.17.3.9. Prescrição: fica suspenso o transcurso dos prazos prescricionais para aplicação de sanções administrativas previstas na Lei nº 8.666/93 (Licitações), na Lei nº 10.520/02 (Pregão) e na Lei nº 12.462/11 (RDC).

11.17.4. Covid-19 e responsabilização de agentes públicos

No enfrentamento da pandemia decorrente do Covid-19, os agentes públicos praticarão atos de diversas naturezas e a aplicação da lei no caso concreto deve respeitar os princípios administrativos e as demais normas legais. Apesar das exceções criadas pela lei e da necessidade de os agentes públicos agirem com a maior intensidade possível para enfrentar a pandemia, é importante que possam ser responsabilizados por atos que desvirtuem à lei e à finalidade de interesse público ínsita nos atos administrativos.

Nesse sentido, o STF entendeu que a mitigação da responsabilidade dos agentes públicos que a MP 966/2020 trouxe ao mundo jurídico foi além do que deveria e, então, por maioria, deferiu parcialmente medidas cautelares em ações diretas de inconstitucionalidade, para o seguinte fim:

a) conferir interpretação conforme à Constituição ao art. 2º da Medida Provisória (MP) 966/2020 (1), no sentido de estabelecer que, na caracterização de erro grosseiro, deve-se levar em consideração a observância, pelas autoridades: (i) de *standards*, normas e critérios científicos e técnicos, tal como estabelecidos por organizações e entidades internacional e nacionalmente conhecidas; bem

como (ii) dos princípios constitucionais da precaução e da prevenção; e

b) conferir, ainda, interpretação conforme à Constituição ao art. 1º da MP 966/2020 (2), para explicitar que, para os fins de tal dispositivo, a autoridade à qual compete a decisão deve exigir que a opinião técnica trate expressamente: (i) das normas e critérios científicos e técnicos aplicáveis à matéria, tal como estabelecidos por organizações e entidades reconhecidas nacional e internacionalmente; (ii) da observância dos princípios constitucionais da precaução e da prevenção.

Foram firmadas as seguintes teses:

"1. Configura erro grosseiro o ato administrativo que ensejar violação ao direito à vida, à saúde, ao meio ambiente equilibrado ou impactos adversos à economia, por inobservância: (i) de normas e critérios científicos e técnicos; ou (ii) dos princípios constitucionais da precaução e da prevenção.

2. A autoridade a quem compete decidir deve exigir que as opiniões técnicas em que baseará sua decisão tratem expressamente: (i) das normas e critérios científicos e técnicos aplicáveis à matéria, tal como estabelecidos por organizações e entidades internacional e nacionalmente reconhecidas; e (ii) da observância dos princípios constitucionais da precaução e da prevenção, sob pena de se tornarem corresponsáveis por eventuais violações a direitos" (STF, Informativo 978).

8. Direito Tributário

Robinson Barreirinhas e Luciana Batista

1. INTRODUÇÃO

O Estado atua de diversas formas para atender às expectativas do povo: conduzindo a política monetária (emitindo moeda, orientando os juros no mercado), regulamentando setores da economia (por meio das agências reguladoras, por exemplo), administrando empresas estatais etc.

Mas uma das principais formas de atuação estatal refere-se à política fiscal ou orçamentária, relativa à prestação de serviços públicos (por meio de despesas públicas) e à arrecadação dos recursos financeiros necessários para isso.

A principal fonte de receitas à disposição do Estado é a tributação, ou seja, o recolhimento de tributos pelos cidadãos e sociedades, na forma da lei.

O direito tributário regula a relação jurídica estabelecida por lei entre o Fisco (arrecadador dos tributos) e os contribuintes e responsáveis (sujeitos passivos, que recolhem os tributos ao Fisco) no âmbito da tributação.

Assim, as normas tributárias referem-se à obrigação tributária principal (cujo objeto é o recolhimento de tributos e penalidades pecuniárias), às obrigações acessórias (relativas aos deveres instrumentais a cargo dos contribuintes e responsáveis, como emissão de nota fiscal, prestação de informações, registros fiscais etc.), além da própria atividade arrecadatória (lançamento, cobrança, processo administrativo, formas de extinção do crédito etc.).

1.1. Reforma Tributária (EC 132/2023)

A Reforma Tributária, promulgada com a EC 132 em 20.12.2023, introduziu a primeira profunda alteração no sistema tributário nacional, após a Constituição Federal de 1988. O objetivo é promover a simplificação da cobrança de impostos sobre o consumo para incentivar o crescimento econômico, acabar com a guerra fiscal entre os entes federativos e dar mais transparência aos tributos pagos pelos consumidores.

Em relação às principais alterações na competência tributária da União, Estados, DF e Municípios, em relação à tributação sobre o consumo, é prevista uma longa transição, que será iniciada em 2027 e finalizada somente em 2033.

TRIBUTOS FEDERAIS ATUAIS
Contribuição PIS (art. 195, I, 'b', da CF)
Contribuição COFINS (art. 195, I, 'b', da CF)
Contribuição do importador de bens ou serviços do exterior, ou de quem a lei a ele equiparar (art. 195, IV, da CF)

TRIBUTOS FEDERAIS PREVISTOS NA EC 132 (substituirão os tributos citados acima)
Contribuição sobre bens e serviços, nos termos de lei complementar – CBS (art. 195, V, da CF)
Imposto seletivo sobre a produção, extração, comercialização ou importação de bens e serviços prejudiciais à saúde ou ao meio ambiente, nos termos de lei complementar. (art. 153, VIII, da CF)

TRIBUTOS DOS ESTADOS/DF/MUNICÍPIOS ATUAIS
ICMS (art. 155, II, da CF)
ISSQN (art. 156, III, da CF)

TRIBUTO DOS ESTADOS/DF/MUNICÍPIOS PREVISTO NA EC 132 (substituirá os tributos citados acima)
Imposto sobre bens e serviços, nos termos de lei complementar, de competência compartilhada entre Estados, Distrito Federal e Municípios (art. 156-A e art. 156-B da CF) – IBS

Em relação ao Imposto sobre Produtos Industrializados (IPI), após 2027, ele terá suas alíquotas reduzidas a zero, exceto em relação ao produtos que tenham industrialização incentivada na Zona Franca de Manaus. Caberá à lei complementar explicitar como será o funcionamento do imposto.

O modelo trazido com a EC 132/2023 almeja que a CBS e o IBS sejam tributos do tipo Imposto sobre Valor Agregado (IVA) que buscam eliminar o "efeito cascata" no qual um tributo incide várias vezes, sobre a mesma base, durante a produção e circulação dos bens e serviços.

Para regulamentar as inúmeras alterações trazidas pela EC 132/2023 e para instituir os novos tributos (CBS, IBS e imposto seletivo), o Congresso Nacional ainda deverá aprovar, nos próximos anos, leis complementares.

Ressalte-se que a CBS somente será completamente instituída a partir de 2027, enquanto o IBS só será definitivamente implementado em 2033, após período de seis anos em que conviverá com o ICMS e ISS, que serão substituídos de modo progressivo.

Por isso, na presente edição, foram introduzidas, nos tópicos apropriados, apenas as demais alterações trazidas pela Reforma Tributária que já se encontram em vigor e que, portanto, poderão ser exigidas a partir dos próximos exames da OAB.

2. TRIBUTO – DEFINIÇÃO

2.1. A definição é dada pela lei complementar federal

No sistema jurídico brasileiro, compete à lei complementar federal, entre outras coisas, definir o que é *tributo, conforme dispõe o art. 146, III, a, da CF:*

Art. 146. Cabe à lei complementar:

(...)

III – estabelecer normas gerais em matéria de legislação tributária, especialmente sobre:

a) definição de tributos e de suas espécies, (...);

No âmbito puramente financeiro, pelo enfoque do ente arrecadador, o tributo é definido como receita corrente derivada, nos termos do art. 9º da Lei 4.320/1964.

Pelo enfoque da relação entre o Fisco e os sujeitos passivos, a norma nacional que define tributo é o Código Tributário Nacional – CTN.

Ambos os normativos (Lei 4.320/1964 e CTN) são formalmente leis ordinárias, mas materialmente leis complementares. Significa que, embora tenham sido aprovados como leis ordinárias, foram recepcionados pela Constituição Federal como leis complementares, naquilo em que não entram em conflito com o Texto Constitucional.

Antes de estudarmos especificamente a definição dada pelo CTN, é interessante anotarmos que a função essencial dos tributos é arrecadatória, representando a receita básica necessária para o sustento financeiro do Estado. Trata-se da *função fiscal*.

É muito importante, entretanto, a utilização dos tributos como ferramenta de atuação (ou intervenção) social e econômica – a *função extrafiscal*.

Finalmente, há autores que se referem à *função parafiscal* dos tributos, quando a lei delega a sujeição ativa a determinada entidade que arrecada os valores e os utiliza para cumprimento de suas importantes funções de interesse público. Por exemplo, a União tem competência para instituir e cobrar as contribuições de interesse de categorias profissionais (art. 149 da CF), mas delega a sujeição ativa ao Conselho Regional de Medicina, que passa a cobrar a contribuição devida pelos médicos em sua região e, ademais, fica com os recursos arrecadados (não os repassa para a União).

Funções dos Tributos	
Fiscal	arrecadatória, receitas para o funcionamento do Estado.
Extrafiscal	atuação ou intervenção na sociedade e no mercado, incluindo as relações privadas.
Parafiscal	arrecadação em favor de entidades paraestatais, que cobram e ficam com os recursos.

2.2. Código Tributário Nacional

O Código Tributário Nacional, como dito, embora formalmente lei ordinária, foi recepcionado pela Constituição Federal como lei complementar, naquilo em que não entra em conflito com o Texto Constitucional.

É por essa razão que eventuais mudanças no CTN devem, necessariamente, ser veiculadas por lei complementar federal.

Nos termos do art. 146, III, *a*, da CF, o art. 3º do CTN *define* o que é tributo:

> **Art. 3º** Tributo é toda prestação pecuniária compulsória, em moeda ou cujo valor nela se possa exprimir, que não constitua sanção de ato ilícito, instituída em lei e cobrada mediante atividade administrativa plenamente vinculada.

Vamos analisar, a seguir, cada um dos aspectos dessa definição.

2.3. Tributo é prestação

O tributo é definido, pelo CTN, como *prestação*.

Prestação é o objeto de relação obrigacional (= aquilo que o devedor deve fazer em relação ao credor, aquilo que o credor pode exigir do devedor).

No Direito Tributário, o devedor é conhecido como *sujeito passivo* e o credor é o *sujeito ativo*.

Mais adiante, veremos que o sujeito passivo pode ser o contribuinte ou o responsável tributário.

2.4. Tributo é prestação pecuniária

O tributo refere-se à entrega de *dinheiro* pelo devedor ao credor. O objeto da relação obrigacional tributária corresponde a uma quantia em moeda. É isso que significa o termo *pecuniária*.

Não há tributo *in labore* (= trabalho) ou *in natura* (= entrega de algum outro bem que não seja dinheiro).

Não são tributos: prestação de serviço militar, serviço eleitoral, entrega de sacas de café.

Tampouco são tributos: obrigações tributárias acessórias, como emissão de nota fiscal ou escrituração de livros.

O art. 3º do CTN traz a expressão *em moeda ou cujo valor nela se possa exprimir,* o que apenas confirma o conceito, pois o termo *pecuniária* já indica exatamente isso.

Salientamos que a forma de pagamento não altera a natureza pecuniária (cheque, vale postal, estampilha, papel selado, processo mecânico – art. 162 do CTN).

Em regra, somente quando a quantia em reais (moeda corrente nacional) chega aos cofres do Fisco é que há cumprimento da obrigação tributária principal (por exemplo, quando o cheque é compensado).

As diversas modalidades de extinção do crédito (dação de imóvel em pagamento) ou a penhora em execução não alteram tampouco a natureza pecuniária.

2.5. Tributo é prestação compulsória

O tributo independe da vontade do devedor. É isso que significa prestação *compulsória*.

Diferentemente das obrigações do direito privado, a obrigação tributária não surge a partir de um ato de vontade.

Quando alguém concorda em comprar um automóvel, por exemplo, surge a obrigação de pagar uma quantia em dinheiro ao vendedor (= prestação pecuniária), mas ela somente surgiu porque o indivíduo optou por isso. Não há, nesse caso, compulsoriedade (embora haja obrigatoriedade).

A obrigação tributária é *ex lege,* ou seja, surge a partir da *vontade da lei.*

É por isso que há fato gerador, e não ato gerador dos tributos (a vontade ou mesmo a capacidade do agente é irrelevante).

A expressão *instituída em lei* no art. 3º do CTN apenas reforça esse conceito, já que ninguém pode ser obrigado a fazer algo independentemente de sua vontade senão em virtude de lei – art. 5º, II, da CF.

Vale dizer: se algo é compulsório, como a prestação pecuniária, é preciso que haja lei nesse sentido.

2.6. Tributo não é sanção por ato ilícito

O fato gerador (o que faz surgir o tributo) é sempre lícito (auferir renda, ser proprietário de algo etc.).

Não fazem surgir tributo: atrasar o pagamento de imposto, ultrapassar limite de velocidade no trânsito etc. (ilícitos). Embora possam surgir obrigações pecuniárias a partir desses ilícitos (pagamento de multa), não se trata de tributo!

São tributados os fatos lícitos, ainda que realizados ilicitamente (por ex., renda auferida por promotor de jogo do bicho – aplicação do brocardo *pecunia non olet*). Perceba que auferir renda, em si, é ato lícito, ainda que realizado por meios criminosos. Nesse sentido, o art. 118 do CTN estabelece que a definição legal do fato gerador é interpretada abstraindo-se da validade jurídica dos atos efetivamente praticados pelos contribuintes, responsáveis, ou terceiros, bem como da natureza do seu objeto ou dos seus efeitos.

Ao direito tributário interessa, nesses casos, apenas o fato gerador tributário (por exemplo, auferir renda), que é fato lícito, o que não afasta eventual responsabilidade criminal.

2.7. Tributo é cobrado mediante atividade administrativa plenamente vinculada

O sujeito ativo deve cobrar o tributo sem qualquer margem para juízo de conveniência ou oportunidade (não há discricionariedade).

Ocorrendo o fato gerador, o tributo deve ser exigido em estrita conformidade com a lei (não há, tampouco, arbitrariedade).

O lançamento é atividade vinculada, sob pena de responsabilidade funcional (art. 142, parágrafo único, do CTN).

3. ESPÉCIES TRIBUTÁRIAS

3.1. Critério para a classificação (CTN)

As espécies tributárias também devem ser definidas por lei complementar federal (art. 146, III, a, da CF).

O CTN, em seu art. 4º, dá o critério para essa classificação, determinando que a natureza *específica* do tributo é indicada por seu *fato gerador*:

> **Art. 4º** A natureza jurídica específica do tributo é determinada pelo *fato gerador* da respectiva obrigação, sendo irrelevantes para qualificá-la: (...)

A doutrina acrescenta que a natureza é determinada pelo *fato gerador e* pela base de cálculo.

Se o fato gerador for a propriedade de veículo automotor, estaremos diante do IPVA (imposto estadual que incide sobre esse domínio). Sua base de cálculo deve ser o *valor do automóvel*, que tem direta correspondência com o fato gerador. A base de cálculo não poderia ser a renda do proprietário, por exemplo, o que indicaria outra natureza específica (do imposto de renda, no caso).

3.2. Aspectos irrelevantes para qualificar a natureza específica (art. 4º, I e II, do CTN)

É irrelevante para qualificar a natureza específica do tributo:

a) denominação e demais características formais adotadas pela lei; ou

b) a destinação legal do produto da sua arrecadação.

Assim, o nome dado pelo legislador não altera a natureza do tributo. Tampouco é relevante a destinação dada aos valores arrecadados pelo Fisco (veremos as importantes exceções do empréstimo compulsório e das contribuições especiais, mais adiante).

3.3. Espécies tributárias

A doutrina clássica classificou os tributos em três espécies: impostos, taxas e contribuições de melhoria. São essas as espécies indicadas no art. 145 da CF e no art. 5º do CTN.

Trata-se da *teoria tripartida*.

Mais modernamente, a *teoria pentapartida* reconhece a existência de duas outras espécies tributárias: os empréstimos compulsórios e as contribuições especiais (alguns autores referem-se a contribuições *parafiscais*).

Espécies Tributárias		
Teoria Pentapartida	Teoria Tripartida	Impostos
		Taxas
		Contribuições de melhoria
		Empréstimos compulsórios
		Contribuições especiais

3.4. Impostos

3.4.1. Definição de imposto

A definição dessa espécie tributária é dada pelo art. 16 do CTN:

> Art. 16. Imposto é o tributo cuja obrigação tem por *fato gerador* uma situação independente de qualquer atividade estatal específica, relativa ao contribuinte.

Perceba que a definição refere-se ao fato gerador (critério definidor), que é qualquer situação que não esteja ligada a uma atividade estatal específica, voltada ao contribuinte.

Por essa razão, o imposto é conhecido como *tributo não vinculado*.

São exemplos de fatos geradores de impostos: auferir renda, ser proprietário de algo, promover circulação de mercadoria, industrializar produtos, importar etc.

Note que essas situações não se relacionam com atividade estatal. Diferentemente das taxas, por exemplo, em que há sempre uma prestação de serviço ou fiscalização (= atividades estatais específicas voltadas aos contribuintes), que estudaremos mais adiante.

3.4.2. Características dos impostos

O art. 145, § 1º, da CF refere-se à pessoalidade e à graduação segundo a capacidade econômica do contribuinte, como características dos impostos, *sempre que possível*.

> **Art. 145,** § 1º, da CF – Sempre que possível, os impostos terão *caráter pessoal* e serão *graduados* segundo a *capacidade econômica* do contribuinte.

Embora a legislação tributária deva ser genérica (a mesma para todos), é possível que o legislador adote determinadas características pessoais como critérios para a cobrança do tributo. Por exemplo, a legislação do imposto de renda procura onerar menos o cidadão que tenha mais dependentes (= pessoalidade), pois presume que ele tem menor capacidade econômica.

Pela capacidade contributiva (= capacidade econômica), quem tem mais condições econômicas deve contribuir com mais para a manutenção do Estado (deve pagar mais tributos).

A progressividade das alíquotas, que veremos mais a fundo em seguida, é instrumento pelo qual se dá a gradação segundo a capacidade econômica do contribuinte.

O legislador não pode vincular a receita arrecadada com impostos à determinada despesa (*não afetação*), mas há exceções em relação à saúde e à educação, por exemplo (art. 167, IV, da CF).

3.4.3. Progressividade

A progressividade das alíquotas em relação à base de cálculo, poderosa ferramenta para graduação da tributação segundo a capacidade econômica dos contribuintes, implica alíquotas maiores para bases de cálculo maiores – não é simples proporcionalidade.

Veja esse exemplo fictício, com duas pessoas (Pedro e Maria) com salários de R$ 1.000,00 (mil reais) e R$ 10.000,00 (dez mil reais). Na segunda linha, hipótese de proporcionalidade, com alíquota única de imposto sobre essas rendas. Na terceira linha, hipótese de progressividade, com alíquota superior para cálculo do imposto incidente sobre o salário maior:

Perceba que há sempre proporcionalidade quando uma alíquota única (10%, no exemplo) incide sobre uma base de cálculo variável (renda do contribuinte, no caso). Isso, repetimos, não é progressividade.

A progressividade somente existe quando há diversas alíquotas escalonadas, incidindo as maiores sobre as bases maiores.

Devem ser progressivos, segundo a Constituição Federal, o imposto de renda (IR), o imposto territorial rural (ITR) e o imposto sobre a transmissão *causa mortis* e doação, de quaisquer bens ou direitos (ITCMD).

Pode ser progressivo, segundo a Constituição Federal, o imposto predial e territorial urbano (IPTU). Interessante notar que, além da progressividade em relação à base de cálculo, esse imposto municipal comporta também a progressividade no tempo, como ferramenta do direito urbanístico (art. 182, § 4º, II, da CF).

O STF vinha entendendo que outros impostos reais não poderiam ter alíquotas progressivas em relação ao valor da base de cálculo, considerando inexistir expressa previsão constitucional (ver Súmula 656 do STF). Ocorre que a Suprema Corte reviu a questão, especificamente em relação ao ITCMD, reconhecendo que o imposto pode ser progressivo, atendendo assim o princípio da capacidade contributiva (tese de repercussão geral 21).

Atualmente, há previsão expressa de progressividade para o ITCMD na Constituição Federal, conforme art. 155, §1º, VI, da CF, incluído pela Reforma Tributária – EC 132/2023).

3.5. Taxas

3.5.1. Definição e tipos

A Constituição Federal prevê taxas pelo exercício do poder de polícia (= fiscalização) ou pela prestação de determinados serviços públicos.

> **Art. 145**, II, da CF – taxas, em razão do *exercício do poder de polícia* ou pela utilização, efetiva ou potencial, de *serviços públicos* específicos e divisíveis, prestados ao contribuinte ou postos a sua disposição;

Há somente esses dois tipos de taxa. Não existe, por exemplo, taxa pelo uso de bem público.

3.5.2. Características gerais das taxas

A taxa é tributo *vinculado* à determinada atividade estatal voltada ao contribuinte (o oposto do imposto!).

A base de cálculo não pode ser idêntica à do imposto (art. 145, § 2º, da CF e art. 77, parágrafo único do CTN).

A Constituição Federal usa o termo *própria*, mas o STF acolheu o texto mais restritivo do CTN, que impede o uso de base de cálculo *idêntica* à de imposto:

> Súmula Vinculante 29 do STF: É constitucional a adoção, no cálculo do valor de taxa, de um ou mais elementos da base de cálculo própria de determinado imposto, desde que *não haja integral identidade* entre uma base e outra.

3.5.3. Taxa pelo exercício do poder de polícia

O art. 78 do CTN define *poder de polícia*, cujo exercício permite a cobrança de taxa:

> **Art. 78** do CTN. Considera-se poder de polícia atividade da administração pública que, limitando ou disciplinando direito, interesse ou liberdade, regula a prática de ato ou abstenção de fato, em razão de interesse público (...)

São as taxas de *fiscalização*, que devem ser efetivas, ainda que a cobrança seja periódica (o STJ afastou a Súmula 157, admitindo taxa na renovação de licença).

Interessante lembrar que o STF considera suficiente para comprovação do efetivo exercício do poder de polícia e, portanto, validade da taxa correspondente, a existência de órgão e estrutura competente para a fiscalização – RE 588.322/RO. Seguindo esse entendimento, o STJ afastou a Súmula 157, admitindo taxa na renovação de licença.

A base de cálculo deve refletir o custo da fiscalização, ou seja, deve ter relação com a despesa realizada pela administração com o exercício do poder de polícia.

3.5.4. Taxa de serviço

3.5.4.1. Definição e características

A taxa de serviço incide apenas no caso de serviços *específicos* e *divisíveis*.

> **Art. 145**, II, da CF – taxas, (...) pela utilização, efetiva ou potencial, de serviços públicos *específicos* e *divisíveis*, prestados ao contribuinte ou postos a sua disposição;

São os serviços prestados *uti singuli*, ou seja, quando é possível identificar quanto cada pessoa se utilizou dele.

Exemplos: coleta de lixo realizada exclusivamente nos imóveis (Súmula Vinculante 19), emissão de passaporte, serviços judiciários. Em todos esses casos, é possível indicar, pelo menos em tese, quanto cada cidadão utilizou do serviço.

Não é o caso, por exemplo, do serviço de limpeza de ruas e praças, em relação ao qual é impossível identificar quanto cada cidadão utilizou (é serviço *uti universi*, prestado indistintamente a toda a coletividade, que não permite a cobrança de taxa, conforme a citada Súmula Vinculante 19).

Veja também a Súmula Vinculante STF 41: O serviço de iluminação pública não pode ser remunerado mediante taxa.

3.5.4.2. Serviços de utilização compulsória

Há serviços que são essenciais para o interesse público (interessa à coletividade que todos sejam atendidos).

Nesses casos, a utilização é compulsória, ou seja, todos devem utilizá-los, mesmo contra sua vontade.

A prestação desses serviços de utilização compulsória permite a cobrança de taxa pela utilização potencial, desde que o serviço esteja à disposição do usuário (arts. 77, *caput*, *in fine*, e 79, I, *b*, do CTN). Assim, mesmo que o cidadão não utilize efetivamente o serviço, deverá pagar a taxa.

Exemplo: coleta de lixo domiciliar. Se o caminhão de lixo passa em frente ao imóvel do cidadão, a taxa poderá ser cobrada, ainda que nenhum resíduo seja produzido ou coletado (= utilização potencial).

3.5.4.3. Serviços de utilização não compulsória

Há serviços indelegáveis, ínsitos à soberania.

Esses serviços não são de utilização compulsória.

Há certa facultatividade, que não é total, pois, em determinadas circunstâncias, o cidadão não tem escolha senão valer-se do serviço.

Nesses casos, a taxa somente pode ser cobrada no caso de utilização efetiva do serviço (não há cobrança pela simples disponibilização do serviço, como no caso dos de utilização compulsória).

Exemplos: serviços judiciais, de emissão de passaporte etc.

3.5.4.4. As duas categorias de serviços taxáveis

Veja o seguinte resumo a respeito dos serviços específicos e divisíveis que podem ser taxados: de utilização compulsória (permitem cobrança pela simples disponibilização) e de utilização não compulsória (permitem cobrança apenas quando há efetiva prestação e utilização).

Serviços de utilização compulsória	- Essenciais ao interesse público; - Permitem cobrança também pela utilização potencial, quando o serviço está à disposição do contribuinte; - Exemplo: coleta de lixo residencial.
Serviços de utilização não compulsória	- Indelegáveis, ínsitos à soberania; - Permitem cobrança apenas pela utilização efetiva; - Exemplos: emissão de passaporte, judiciais.

3.5.4.5. Não permitem cobrança de taxa

Vejamos os serviços que *não* permitem a cobrança de taxa.

Serviços *uti universi*: limpeza de ruas e praças, segurança pública, iluminação urbana. São aqueles que não permitem a identificação do uso por cada um dos cidadãos.

Quanto você utilizou de iluminação pública no mês passado? Essa pergunta não pode ser respondida, pois o serviço é *uti universi*.

Serviços de utilização totalmente facultativa (admitem preço público): cópia simples de autos judiciais, publicidade em equipamentos públicos. Há, nesse caso, concorrência com serviços privados.

Uso de espaços públicos (admite preço público). Lembre-se que, no Brasil, não há taxa pelo uso de bens públicos.

Serviços prestados por concessionárias de serviço público, remunerados por tarifa paga pelo usuário: fornecimento de água, esgoto, energia, *pedágio (STF – ADI 800/RS)*. O Judiciário pacificou o entendimento nesse sentido (concessionária de serviço público cobra tarifa e não tributo).

Segundo o STF, a cobrança de taxa de matrícula nas universidades públicas viola o disposto no art. 206, IV, da Constituição Federal (Súmula Vinculante 12).

3.6. Contribuição de melhoria

3.6.1. Definição

Contribuição de melhoria é o tributo cujo fato gerador é a valorização imobiliária decorrente de obra pública (art. 81 do CTN c/c art. 145, III, da CF).

Trata-se de tributo *vinculado* a determinada atividade estatal, mediatamente (indiretamente) voltada ao contribuinte (= obra pública que gera valorização imobiliária).

Permitem a cobrança de contribuição de melhoria: construção de praças, escolas, hospitais, avenidas que valorizem o imóvel próximo.

Não permitem a cobrança: simples manutenção de equipamentos (recapeamento de rua, reforma da praça, conserto de viaduto) ou obras que desvalorizem o imóvel.

3.6.2. Limites para cobrança da contribuição de melhoria

O Fisco não pode cobrar contribuições de melhoria além de um limite total (valor global arrecadado) e de um limite individual (montante exigido de cada contribuinte).

Limite total: é o valor da despesa realizada com a obra (a soma dos valores cobrados de cada contribuinte não pode ultrapassar o custo total da obra). O Fisco não pode "ter lucro" com a cobrança da contribuição de melhoria. A jurisprudência é pacífica no sentido de que esse limite total subsiste no sistema tributário brasileiro, mas há entendimento doutrinário *minoritário* em contrário.

Limite individual: é o acréscimo de valor que da obra resultar para cada imóvel beneficiado (não se pode exigir de cada contribuinte mais do que a valorização do seu imóvel). O art. 12 do Dec.-Lei 195/1967 refere-se ao limite anual de 3% do maior valor fiscal do imóvel.

3.6.3. Procedimento

Não se pode esquecer que a contribuição de melhoria, sendo tributo, depende de lei.

Ademais, é necessária a publicação prévia de edital, com informações detalhadas a respeito da obra e da valorização esperada em relação aos imóveis, com prazo mínimo de 30 dias para impugnação pelos interessados (art. 82 do CTN):

> **Art. 82.** A lei relativa à contribuição de melhoria observará os seguintes requisitos mínimos:
>
> I – publicação prévia dos seguintes elementos:
>
> a) memorial descritivo do projeto;
>
> b) orçamento do custo da obra;
>
> c) determinação da parcela do custo da obra a ser financiada pela contribuição;
>
> d) delimitação da zona beneficiada;
>
> e) determinação do fator de absorção do benefício da valorização para toda a zona ou para cada uma das áreas diferenciadas, nela contidas;
>
> II – fixação de prazo não inferior a 30 (trinta) dias, para impugnação pelos interessados, de qualquer dos elementos referidos no inciso anterior;
>
> III – regulamentação do processo administrativo de instrução e julgamento da impugnação a que se refere o inciso anterior, sem prejuízo da sua apreciação judicial.
>
> § 1º A contribuição relativa a cada imóvel será determinada pelo rateio da parcela do custo da obra a que se refere a alínea *c*, do inciso I, pelos imóveis situados na zona beneficiada em função dos respectivos fatores individuais de valorização.
>
> § 2º Por ocasião do respectivo lançamento, cada contribuinte deverá ser notificado do montante da contribuição, da forma e dos prazos de seu pagamento e dos elementos que integram o respectivo cálculo.

3.7. Empréstimo compulsório

3.7.1. Hipóteses

Diferentemente dos impostos, taxas e contribuições de melhoria (espécies tributárias conforme a teoria tripartida), o empréstimo compulsório não é definido pelo fato gerador, mas sim pelas hipóteses que permitem sua instituição (determinadas despesas extraordinárias e investimentos públicos) e por ter a receita vinculada a determinada despesa (art. 148, parágrafo único, da CF).

> **Art. 148** da CF. A União, mediante lei complementar, poderá instituir empréstimos compulsórios:
>
> I – para atender a despesas extraordinárias, decorrentes de calamidade pública, de guerra externa ou sua iminência;
>
> II – no caso de investimento público de caráter urgente e de relevante interesse nacional, observado o disposto no art. 150, III, "b".

Há somente essas duas hipóteses que permitem a instituição do tributo. Não subsiste aquela prevista no art. 15, III, do CTN (não foi recepcionada pelo sistema tributário atual).

3.7.2. Empréstimos compulsórios: características

Apenas a União detém a competência para a instituição de empréstimos compulsórios.

A instituição, a modificação e a extinção exigem lei complementar federal (não basta simples lei ordinária – não é possível por medida provisória, portanto).

Como já dito, a Constituição Federal não indica fatos geradores.

Reiteramos que a instituição do empréstimo compulsório é possível apenas nas duas hipóteses previstas no art. 148 da CF: despesa extraordinária (calamidade pública ou guerra externa) e investimento público urgente e de relevante interesse nacional.

No caso de despesa extraordinária, não se observa a anterioridade (princípio que será estudado mais adiante), de modo que o tributo pode ser cobrado no mesmo ano em que for instituído, sem a necessidade de aguardar o prazo de 90 (noventa) dias (anterioridade nonagesimal).

A aplicação dos recursos provenientes de empréstimo compulsório será vinculada à despesa que fundamentou sua instituição (art. 148, parágrafo único, da CF). Trata-se de espécie tributária em que a destinação dos recursos arrecadados é relevante para sua caracterização.

A lei deve fixar o prazo e as condições de resgate. Não se pode esquecer que é um empréstimo, ou seja, deve ser devolvido, e o legislador deve indicar quando e como.

3.8. Contribuições especiais

As contribuições especiais são caracterizadas por sua finalidade e não pelo fato gerador (diferentemente, portanto, dos impostos, taxas e contribuições de melhoria).

Alguns autores referem-se a elas como contribuições *parafiscais*.

É comum serem classificadas como tributos vinculados à atividade estatal, ainda que indiretamente.

Há as seguintes contribuições especiais, todas definidas por sua finalidade (arts. 149, 149-A e 195 da CF):

a) sociais;

b) intervenção no domínio econômico (CIDE);

c) interesse das categorias profissionais ou econômicas;

d) custeio, a expansão e a melhoria do serviço de iluminação pública e de sistemas de monitoramento para segurança e preservação de logradouros públicos.

3.8.1. Contribuições sociais

3.8.1.1. Definição e características

Contribuições sociais são tributos da competência da União, cuja *finalidade* é o custeio da seguridade social (previdência, saúde e assistência) e de outros direitos sociais, tais como educação (art. 212, §5º, da CF).

As contribuições sociais destinadas ao custeio da seguridade submetem-se apenas ao princípio da anterioridade nonagesimal, conforme art. 195, § 6º, da CF (estudaremos mais adiante).

As contribuições sociais previstas expressamente pelo art. 195 da CF são veiculadas por lei ordinária.

Entretanto, a União pode criar outras contribuições sociais de custeio da seguridade social, além daquelas expressamente previstas no dispositivo citado, hipótese em que a instituição deve ser por lei complementar (art. 195, §

4º, da CF). Ademais, essas outras contribuições não poderão ser cumulativas nem podem repetir base de cálculo ou fato gerador de outra já existente (aplicação do art. 154, I, da CF).

3.8.1.2 Contribuições sociais previstas expressamente no art. 195 da CF

O art. 195 da CF prevê expressamente a cobrança das seguintes contribuições sociais:

a) dos empregadores, das empresas e equiparados (i) sobre folha de salários e rendimentos pagos a pessoas físicas, (ii) sobre a receita ou o faturamento e (iii) sobre o lucro;

b) dos trabalhadores e equiparados;

c) sobre concursos de prognósticos (loterias);

d) dos importadores.

Como já dito, a União pode instituir outras contribuições, por lei complementar, observado o art. 154, I, da CF.

3.8.1.3 Contribuições sociais: outras normas (arts. 149 e 195 da CF)

As contribuições sociais (e as CIDEs):

a) não incidem sobre receitas decorrentes de exportação;

b) incidem sobre importações;

c) suas alíquotas podem ser *ad valorem* (tendo por base o faturamento, a receita bruta ou o valor da operação e, no caso de importação, o valor aduaneiro) ou específicas (tendo por base a unidade de medida adotada).

A pessoa em débito com a seguridade social, conforme lei, não pode contratar com o Poder Público, nem dele receber benefícios ou incentivos fiscais ou creditícios.

São *isentas* (na verdade, são imunes) as entidades beneficentes de assistência social, atendidos os requisitos legais (art. 195, § 7º, da CF). Tal imunidade foi regulamentada pela LC 187/2021.

O produtor, o parceiro, o meeiro e o arrendatário rurais e o pescador artesanal em economia familiar (sem empregados permanentes) contribuem sobre o resultado da comercialização da produção.

As contribuições sociais devidas pelos empregadores e equiparados poderão ter alíquotas ou bases de cálculo diferenciadas, em razão da atividade econômica, da utilização intensiva de mão de obra, do porte da empresa ou da condição estrutural do mercado de trabalho.

São vedados a moratória e o parcelamento em prazo superior a 60 (sessenta) meses e, na forma de lei complementar, a remissão e a anistia de contribuições sociais sobre salários e rendimentos pagos e de contribuições devidas pelos empregados e equiparados.

A lei definirá setores para os quais as contribuições sobre receita, faturamento e importadores serão não cumulativas.

3.8.1.4 Contribuições dos servidores públicos para o regime próprio de previdência social

São tributos dos entes políticos (União, Estados, DF e Municípios), cuja *finalidade* é o custeio dos regimes próprios de previdência dos servidores (art. 40 da CF), enquadrando-se como contribuição social.

Perceba que, diferentemente das demais contribuições sociais, da CIDE e da contribuição de interesse de categorias, a competência, nesse caso, não é exclusiva da União.

A instituição da contribuição dos servidores, para custeio dos sistemas próprios de previdência, é obrigatória para Estados, Distrito Federal e Municípios.

As contribuições previstas no art. 149, § 1º, da CF são cobradas dos servidores ativos, dos aposentados e dos pensionistas, que poderão ter alíquotas progressivas de acordo com o valor da base de contribuição ou dos proventos de aposentadoria e de pensões. É possível a instituição de contribuição extraordinária, para equacionamento de déficit (falta de recursos) no sistema previdenciário dos servidores, nos termos e condições do § 1º-B desse artigo.

3.8.2. Contribuições de intervenção no domínio econômico – CIDE

3.8.2.1. Definição

As CIDEs são tributos da União cuja *finalidade* é *extrafiscal*, de intervenção no mercado.

Temos hoje no Brasil a CIDE sobre combustíveis, e a CIDE sobre remessas ao exterior, por exemplo.

Ver, por exemplo, a tese de repercussão geral 227/STF: "A contribuição destinada ao Serviço Brasileiro de Apoio às Micro e Pequenas Empresas – Sebrae possui natureza de contribuição de intervenção no domínio econômico e não necessita de edição de lei complementar para ser instituída."

As CIDEs (e as contribuições sociais):

a) não incidem sobre receitas decorrentes de exportação;

b) incidem sobre importações;

c) suas alíquotas podem ser *ad valorem* (tendo por base o faturamento, a receita bruta ou o valor da operação e, no caso de importação, o valor aduaneiro) ou específicas (tendo por base a unidade de medida adotada).

3.8.2.2. CIDE sobre combustíveis – art. 177, § 4º, da CF

Contribuição relativa à importação ou à comercialização de petróleo, gás natural e derivados, além de álcool combustível.

Pode ter alíquotas diferenciadas por produto e uso e que podem ser reduzidas e restabelecidas pelo Executivo, não se submetendo à anterioridade anual.

Os recursos arrecadados destinam-se a subsidiar preços ou transporte dos combustíveis, financiar projetos ambientais relacionados à indústria do petróleo e gás, programas de infraestrutura em transportes e ao pagamento de subsídios a tarifas de transporte público coletivo de passageiros (a última hipótese foi introduzida pela Reforma Tributária advinda da EC 132/2023).

3.8.3. Contribuições de interesse de categorias profissionais ou econômicas

3.8.3.1. Definição

São tributos da União, mas cobrados por entidades de classe, que ficam com os recursos arrecadados para que possam realizar suas atividades (= *parafiscalidade*).

As contribuições para os conselhos profissionais (CREA, CRM, CRC etc.) são exemplos de contribuições de interesse de categorias profissionais ou econômicas.

A contribuição sindical, prevista no art. 579 da CLT, não tem mais natureza tributária após a Reforma Trabalhista (Lei 13.467/2017). Isso porque, atualmente, o desconto da contribuição sindical está condicionado à autorização prévia e expressa dos que participarem de uma determinada categoria econômica ou profissional, ou de uma profissão liberal, em favor do sindicato representativo da mesma categoria ou profissão.

Não é o caso da contribuição confederativa (art. 8º, IV, da CF), que não tem natureza tributária (não é compulsória). Nesse sentido, a Súmula Vinculante 40 do STF: A contribuição confederativa de que trata o artigo 8º, IV, da Constituição Federal, só é exigível dos filiados ao sindicato respectivo.

3.8.4. Contribuição para o custeio, a expansão e a melhoria do serviço de iluminação pública e de sistemas de monitoramento para segurança e preservação de logradouros públicos (COSIP, CIP ou CCSIP)

3.8.4.1. Definição

Tributo municipal e do DF, cuja *finalidade*, como o nome indica, é custear a iluminação pública e, ainda, conforme introduzido pela Reforma Tributária (EC 132/2023) a expansão e a melhoria de tais serviços e também os sistemas de monitoramento para segurança e preservação de logradouros públicos.

Os municípios sempre tentaram cobrar taxas de iluminação pública, que eram derrubadas na Justiça, pois o serviço é *uti universi (Súmula Vinculante 41)*.

Atendendo ao pleito das cidades, o constituinte derivado criou essa contribuição especial, prevista no art. 149-A da CF.

3.8.4.2. Características

Pode ser cobrada na fatura de consumo de energia elétrica (o consumidor pode ser o contribuinte).

É comum a cobrança por valores fixos, até para não se confundir com o ICMS.

3.9. Desvinculação de Receitas

Importante salientar que a Constituição Federal estabelece a desvinculação de determinadas receitas dos entes federativos, nos termos previstos no ADCT (artigos 76, 76-A e 76-B).

4. COMPETÊNCIA TRIBUTÁRIA E SUJEIÇÃO ATIVA

4.1. Definição de competência

Competência tributária refere-se à possibilidade da União, dos Estados, do DF e dos Municípios (= entes políticos, entes tributantes) instituírem, modificarem e extinguirem tributos.

> Competência tributária é a atribuição dada pela Constituição Federal à União, aos Estados, ao Distrito Federal e aos Municípios para instituírem, alterarem e extinguirem tributos por meio de lei.

Compreende a *competência legislativa* plena para criar, alterar e extinguir tributos (art. 6º do CTN), ou seja, só tem competência tributária quem tem competência legislativa (= entes políticos).

A competência tributária (= competência para legislar) não se confunde com sujeição ativa (= ocupação do polo ativo da obrigação tributária, capacidade tributária ativa, para cobrar o tributo).

A distribuição da receita da arrecadação (art. 6º, parágrafo único, do CTN) ou a parafiscalidade não alteram a competência tributária fixada constitucionalmente.

4.2. Disposições constitucionais

A Constituição Federal não institui tributos, apenas fixa as competências.

Somente os entes políticos (União, Estados, DF e Municípios) têm competência tributária. Uma autarquia, por exemplo, pode até ser sujeito ativo (cobrar o tributo), mas jamais terá competência tributária, pois nunca poderá legislar a respeito do tributo.

O Distrito Federal acumula as competências estaduais e municipais.

Nos Territórios Federais (hoje não há), os impostos estaduais serão da competência da União, assim como os municipais, se não houver Municípios. Caso o Território Federal seja dividido em Municípios, cada um deles cobrará os tributos municipais.

4.3. Classificação tradicional

Dentre diversas classificações, há uma clássica, bastante exigida em exames, que divide as competências em: privativa, comum, residual e extraordinária.

A competência privativa refere-se aos impostos.

A competência comum atine aos tributos que podem ser instituídos e cobrados por qualquer ente político, caso das taxas e das contribuições de melhoria.

A competência residual é aquela da União, prevista no art. 154, I, da CF. Somente ela pode instituir outros impostos além daqueles previstos expressamente na Constituição Federal (Estados, Distrito Federal e Municípios somente podem instituir os impostos listados taxativamente na Constituição Federal).

Finalmente, fala-se da competência extraordinária, também da União, para instituir imposto por simples lei ordinária em caso de guerra externa ou sua iminência – art. 154, II, da CF.

Competência privativa	- dos entes políticos em relação aos impostos.
Competência comum	- dos entes políticos, para taxas e contribuições de melhoria.
Competência residual	- da União, que pode criar outros impostos além dos listados na CF.
Competência extraordinária	- da União, para imposto em caso de guerra externa ou sua iminência.

4.3.1. Competência privativa – impostos

A Constituição Federal lista os impostos federais, estaduais e municipais, sendo que cada ente político somente pode legislar a respeito dos respectivos tributos.

O IR somente pode ser instituído pela União. O IPVA somente pelos Estados e DF. O IPTU apenas pelos Municípios e DF. Daí a *privatividade* a que se refere essa classificação.

4.3.2. Competência comum – taxas e contribuições de melhoria

Todos os entes políticos podem criar taxas e contribuições de melhoria, em relação a suas fiscalizações, seus serviços e suas obras.

Por essa razão, afirma-se que há competência *comum* em relação a essas espécies tributárias.

4.3.3. Competência residual da União

A Constituição Federal lista taxativamente todos os impostos Estaduais (ITCMD, IPVA e ICMS) e Municipais (ITBI, IPTU e ISS).

A listagem dos impostos federais, entretanto, não é taxativa.

A União, e somente ela, pode criar outros impostos além dos listados na Constituição Federal. Daí a competência *residual*.

Eventual imposto no âmbito da competência residual deve ser instituído por lei complementar, deverá ser não cumulativo e não poderá ter fato gerador ou base de cálculo de outro já existente (art. 154, I, da CF), ou seja, não pode haver bitributação ou *bis in idem*.

4.3.4. Competência extraordinária da União

A União pode criar o imposto extraordinário em caso de guerra externa ou sua iminência – art. 154, II, da CF.

Essa competência é exercida por simples lei ordinária (não se exige lei complementar, como no caso da competência residual).

A Constituição Federal não indica o fato gerador desse imposto extraordinário (apenas a hipótese que dá ensejo à sua criação – guerra externa ou sua iminência).

Assim, o legislador federal pode escolher qualquer fato gerador, inclusive algum já existente (pode haver bitributação ou *bis in idem*).

O imposto extraordinário deve ser suprimido, gradualmente, cessadas as causas de sua criação (o art. 76 do CTN prevê prazo de 5 anos para isso).

4.4. Características da competência

A doutrina costuma indicar algumas características da competência tributária (não confunda com a classificação antes estudada, que usa terminologia semelhante).

A competência é

a) privativa: somente o ente competente pode legislar acerca de seus tributos; não há, em regra, isenções heterônomas – art. 151, III, da CF;

b) indelegável: o ente político não pode delegar a outro a competência legislativa (pode delegar a sujeição ativa, que veremos mais adiante, mas não a competência tributária);

c) incaducável e irrenunciável: o decurso de tempo não afasta a competência, nem pode haver renúncia;

d) inalterável: a legislação não pode alterar os conceitos, institutos e formas utilizados pela Constituição Federal para delimitar as competências – art. 110 do CTN;

e) facultativa: o ente político não é obrigado a instituir, efetivamente, todos os tributos de sua competência (embora possa haver sanções no âmbito do direito financeiro, por conta da responsabilidade fiscal – art. 11 da LRF).

4.5. Exercício da competência

Em regra, cada ente político exerce sua competência tributária por meio de *lei ordinária*.

Alguns tributos federais exigem lei complementar: empréstimo compulsório, imposto da competência residual, outras contribuições sociais (não previstas expressamente na Constituição Federal) e imposto sobre grandes fortunas.

Medida provisória e lei delegada substituem lei ordinária, mas não lei complementar. Por exemplo, é possível alterar a alíquota do imposto de renda por medida provisória (substituindo a lei ordinária federal), mas não sua base de cálculo, pois esta última deve ser regulada por lei complementar federal (art. 146, III, *a*, da CF).

4.6. Conflito de competência

Há *bitributação* quando dois entes políticos pretendem tributar a mesma situação, o que não é permitido, em princípio. Por exemplo, se a União cobra ITR e o Município exige IPTU sobre o mesmo imóvel, há indevida bitributação.

Há *bis in idem* quando o mesmo ente político pretende tributar duas vezes a mesma situação, o que tampouco se admite. Por exemplo, o Município cobra ITBI no momento em que o cidadão registra a escritura de compra e venda e, posteriormente, quando leva ao registro imobiliário.

Importante relembrar que no exercício da competência extraordinária de guerra pela União (art. 154, II, da CF) pode ocorrer o *bis in idem* ou a bitributação, conforme exposto no tópico 4.3.4.

4.7. Tabela resumo: a competência de cada ente

Veja a seguinte tabela com os tributos da competência de cada ente político, para estudo e memorização.

União	– II, IE, IR, IPI, IOF, ITR, imposto sobre grandes fortunas (art. 153 da CF); – imposto extraordinário, imposto da competência residual (art. 154 da CF); – empréstimo compulsório (art. 148 da CF); – contribuições especiais (sociais, CIDE, categorias profissionais ou econômicas – arts. 149 e 195 da CF).
Estados e DF	– ITCMD, ICMS e IPVA (art. 155 da CF).
Municípios e DF	– ITBI, IPTU, ISS (art. 156 da CF). – Contribuição para o custeio, a expansão e a melhoria do serviço de iluminação pública e de sistemas de monitoramento para segurança e preservação de logradouros públicos (art. 149-A da CF).
Todos os entes	– taxas, contribuições de melhoria (art. 145, II e III, da CF); – contribuição dos servidores para custeio do regime previdenciário próprio (art. 149, § 1º, da CF).

4.8. Sujeição ativa

4.8.1. Definição e características

Sujeito ativo é o credor da obrigação tributária, quem ocupa o polo ativo da relação obrigacional tributária. Refere-se à capacidade tributária ativa, à aptidão para cobrar o crédito tributário.

Em regra, sujeito ativo é o próprio ente competente (União, Estado, DF ou Município), mas o legislador pode indicar outra pessoa (normalmente autarquia) para cobrar o tributo (= delegação da capacidade ativa).

Não há solidariedade ativa, ou seja, não há dois sujeitos ativos tributários em relação ao mesmo tributo.

4.8.2. Desmembramento

Se houver desmembramento de Estado ou de Município, o novo ente político criado sub-roga-se dos direitos do ente originário, aplicando sua legislação. Ou seja, o novo Estado ou Município irá cobrar os tributos relativos aos fatos geradores ocorridos em seu território, à luz da legislação do ente político originário, até que produza sua própria legislação:

> CTN, Art. 120. Salvo disposição de lei em contrário, a pessoa jurídica de direito público, que se constituir pelo desmembramento territorial de outra, sub-roga-se nos direitos desta, cuja legislação tributária aplicará até que entre em vigor a sua própria.

4.9. Delegação

O ente competente pode delegar a sujeição ativa por meio de lei:

> CTN, Art. 7º A competência tributária é indelegável, salvo atribuição das funções de arrecadar ou fiscalizar tributos, ou de executar leis, serviços, atos ou decisões administrativas em matéria tributária, conferida por uma pessoa jurídica de direito público a outra (...).

Não confunda: a competência tributária (competência para legislar acerca do tributo) é indelegável, mas o legislador pode delegar a sujeição ativa, isto é, indicar outra pessoa (normalmente autarquia) para ocupar o polo ativo da obrigação tributária.

4.10. Parafiscalidade

Há *parafiscalidade* quando o sujeito ativo delegado fica com os recursos arrecadados para realizar suas atividades essenciais.

É o caso dos conselhos profissionais (CREA, CAU, CRF, CRC etc.), que cobram tributo federal (contribuição de interesse de categoria) e ficam com os valores (não os repassam à União).

Perceba que a competência tributária em relação a essas contribuições é da União, nos termos do art. 149 da CF, ou seja, somente ela pode legislar acerca desses tributos (a competência é indelegável). Mas quem ocupa o polo ativo da obrigação (quem exige o tributo) é o Conselho profissional, que fica com o valor arrecadado.

4.11. O caso do ITR

Os Municípios podem optar por fiscalizar e cobrar o ITR federal, ficando com 100% da arrecadação – arts. 153, § 4º, III, e 158, II, *in fine*, da CF.

É um caso excepcional em que a própria Constituição prevê uma espécie de parafiscalidade entre entes políticos (o Município cobra tributo federal e fica com o valor arrecadado).

Não há delegação da competência tributária (somente a União pode legislar).

A opção do Município não pode implicar redução do imposto ou qualquer outra forma de renúncia fiscal.

5. IMUNIDADES

5.1. Definição

Vimos que a Constituição fixa as competências tributárias dos entes políticos de modo positivo, ou seja, indica quais tributos poderão ser exigidos pela União, pelos Estados, pelo DF e pelos Municípios.

Ademais, a Constituição também delimita negativamente a competência tributária, afastando a possibilidade de os entes políticos instituírem e exigirem tributos em relação a determinadas pessoas ou situações.

Essa delimitação negativa da competência é o que denominados *imunidade*.

5.2. Disposições constitucionais

Sempre que a Constituição Federal afastar a competência, há imunidade, independentemente do termo utilizado (*isenção* – arts. 184, § 5º, e 195, § 7º – ou *não incidência* – art. 156, § 2º, I).

São *limitações constitucionais do poder de tributar*.

Há autores que defendem que as imunidades referem-se apenas a impostos, mas há casos de imunidades em relação a contribuições sociais (arts. 149, § 2º, I, e 195, § 7º) e a taxas (art. 5º, XXXIV, LXXIV, LXXVI e LXXVII).

Os requisitos para o gozo da imunidade são regulados por lei complementar federal – art. 146, II, da CF e tese de repercussão geral 32/STF.

5.3. Distinção entre imunidade e isenção

A imunidade é norma constitucional – a isenção é norma legal produzida pelo ente competente.

A imunidade afasta a competência tributária – a isenção pressupõe a competência.

Quando há imunidade, não existe norma de incidência – quando há isenção, segundo o CTN, ocorre o fato gerador e surge a obrigação, mas o pagamento do crédito é dispensado.

5.4. Distinção entre imunidade e não incidência

Não incidência refere-se genericamente a situações fora do alcance da norma de incidência.

No caso de não incidência, não se cogita da cobrança do tributo.

Por exemplo, a propriedade de cavalo é caso de não incidência (ninguém defende que o IPVA poderia incidir nesse caso).

A imunidade é norma constitucional expressa que afasta a competência. Por exemplo, não se pode cobrar IPVA sobre veículo da União, pois a competência é afastada expressamente nessa hipótese (= imunidade recíproca, que veremos mais adiante).

5.5 Distinção entre imunidade e isenção heterônoma

Em princípio, somente quem tem competência tributária pode criar isenção.

Excepcionalmente, a Constituição Federal prevê que o Congresso Nacional excluirá da incidência do ISS as exportações de serviços (= isenção heterônoma), por meio de lei complementar, segundo o art. 156, § 3º, II, da CF.

É caso peculiar em que a União (pelo Congresso Nacional) afasta a tributação municipal.

Ademais, o STF decidiu que o disposto no art. 151, III, da CF não impede a concessão de isenções tributárias por meio de tratados internacionais, ou seja, é possível instituição de benefícios fiscais relativos a tributos estaduais ou municipais por meio de tratados internacionais (RE 543.943 AgR/PR).

5.6. Regras aplicáveis às imunidades recíproca, dos templos, dos partidos e das entidades educacionais e assistenciais

Mais adiante estudaremos cada uma das imunidades previstas no art. 150, VI, da CF. Antes disso, é interessante fixarmos algumas regras aplicáveis às entidades citadas no art. 150, VI, *a* a *c*, da CF).

Essas imunidades referem-se apenas a *impostos*, e *não* a taxas, contribuição de melhoria, contribuições especiais e empréstimos compulsórios. Ou seja, o partido político, por exemplo, não se exime de recolher taxa pela coleta de lixo, contribuição social em relação aos rendimentos pagos a trabalhadores etc.

Essas imunidades abrangem qualquer imposto que implique redução do patrimônio, prejudique a renda ou onere os serviços da entidade imune.

Assim, essas imunidades referem-se a impostos sobre patrimônio (ITR, IPVA, IPTU), renda (IR) e serviços (ISS, ICMS), mas também sobre transmissão de bens (ITCMD e ITBI), operações financeiras (IOF) e importações em que o ente imune é o contribuinte de direito (II, IPI e ICMS).

A imunidade não afasta as obrigações relativas à responsabilidade tributária, nem o dever de cumprimento das obrigações acessórias – art. 9º, § 1º, do CTN.

Como exemplo, determinada instituição educacional sem fins lucrativos, apesar de imune em relação aos impostos, não pode deixar de escriturar os livros fiscais ou prestar as informações ao fisco conforme a legislação aplicável, nem pode abster-se de reter o imposto de renda na fonte, na condição de responsável tributário, em relação aos salários pagos a seus empregados.

A exploração de atividade econômica afasta a imunidade, mas é interessante salientar que há haja precedentes do STF reconhecendo o afastamento da tributação em caso de produção e venda de determinadas mercadorias por entidade imune.

O imóvel alugado para terceiro também é imune em relação ao IPTU, desde que a renda seja aplicada nas atividades essenciais da entidade (Súmula Vinculante 52 e Súmula 724/STF).

Tese de repercussão geral 693/STF: "A imunidade tributária prevista no art. 150, VI, *c*, da CF/88 aplica-se aos bens imóveis, temporariamente ociosos, de propriedade das instituições de educação e de assistência social sem fins lucrativos que atendam os requisitos legais."

Finalmente, a imunidade não beneficia o contribuinte de direito que vende produto, bem ou serviço a ente imune (Súmula 591 do STF).

Veja seguinte exemplo: imagine que um ente imune (templo, partido etc.) adquira um automóvel. Haverá, nesse caso, incidência do ICMS sobre a venda, pois o contribuinte ("de direito"), conforme a legislação, é o estabelecimento vendedor, que não é beneficiado pela imunidade (ou seja, o vendedor, que não é imune, recolherá o tributo estadual):

Por outro lado, caso este mesmo ente imune importe o veículo, não haverá incidência do ICMS. Isso porque, na importação, contribuinte do imposto estadual é o importador (é ele o contribuinte "de direito"). Veja que, se houvesse a cobrança, o ente imune ocuparia a condição de contribuinte do imposto, o que atingiria diretamente o seu patrimônio e é inconstitucional:

Tese de repercussão geral 342/STF "A imunidade tributária subjetiva aplica-se a seus beneficiários na posição de contribuinte de direito, mas não na de simples contribuinte de fato, sendo irrelevante para a verificação da existência do beneplácito constitucional a repercussão econômica do tributo envolvido."

Finalmente, a regulamentação das imunidades deve ser feita por lei complementar federal, nos termos do art. 146, II, da CF. Tese de repercussão geral 32/STF: "Os requisitos para o gozo de imunidade hão de estar previstos em lei complementar."

5.7. Imunidade recíproca

5.7.1. Previsão constitucional

A imunidade recíproca é prevista no art. 150, VI, *a*, da CF:

CF, Art. 150. Sem prejuízo de outras garantias asseguradas ao contribuinte, é vedado à União, aos Estados, ao Distrito Federal e aos Municípios:

(...)

VI – instituir impostos sobre:

a) patrimônio, renda ou serviços, uns dos outros;

(...)

5.7.2. Imunidade recíproca – entes imunes

A imunidade recíproca refere-se à União, aos Estados, ao DF e aos Municípios, decorrendo do princípio federativo. Eles não podem cobrar impostos uns dos outros, o que agrediria as respectivas autonomias financeiras.

A imunidade recíproca é estendida às *autarquias* e *fundações* instituídas e mantidas pelo Poder Público, no que se refere ao patrimônio, à renda e aos serviços vinculados a suas finalidades essenciais ou às delas decorrentes (art. 150, § 2º, da CF).

A Reforma Tributária (EC 132/2023) introduziu no texto constitucional a imunidade relativa à empresa pública prestadora de serviço postal no art. 150, § 2º, da CF.

Importante destacar que a "imunidade tributária recíproca não exonera o sucessor das obrigações tributárias relativas aos fatos jurídicos tributários ocorridos antes da sucessão".

5.7.3. Imunidade recíproca – entidades de direito privado (art. 150, § 3º, da CF)

Em princípio, a imunidade recíproca não abrange entidades de direito privado da administração indireta: empresas públicas e sociedades de economia mista (art. 150, § 3º, da CF c/c art. 173, § 2º, da CF)..

Excepcionalmente, o STF entende que determinadas empresas, especificamente a Empresa de Correios e Telégrafos (ECT) e a Empresa Brasileira de Infraestrutura Aeroportuária (Infraero) são imunes em relação a atividades públicas em sentido estrito, executadas sem intuito lucrativo, que não indiquem capacidade contributiva (ver RE 601.392/PR e tese de repercussão geral 402). Especificamente em relação aos Correios, o STF entendeu que a imunidade se estende, em princípio, aos imóveis afetados não apenas ao serviço postal, mas à atividade econômica em geral (por exemplo, Sedex) – tese de repercussão geral 644.

Conforme citado acima, a Reforma Tributária (EC 132/2023) introduziu no texto constitucional a imunidade relativa à empresa pública prestadora de serviço postal no art. 150, § 2º, da CF.

Ademais, o STF entendeu que as empresas públicas e as sociedades de economia mista delegatárias de serviços públicos essenciais, que não distribuam lucros a acionistas privados nem ofereçam risco ao equilíbrio concorrencial, são beneficiárias da imunidade tributária recíproca prevista no artigo 150, VI, *a*, da Constituição Federal, independentemente de cobrança de tarifa como contraprestação do serviço – tese de repercussão geral 1140.

A imunidade recíproca não abrange concessionárias de serviço público, que cobram tarifa dos usuários (art. 13 do CTN), nem registros públicos, cartorários e notariais delegados.

Não exonera o promitente comprador da obrigação de pagar imposto relativamente ao bem imóvel (ITBI e IPTU, Súmulas 75 e 583 do STF) – art. 150, § 3º, *in fine*, da CF.

Tese de repercussão geral 385/STF "A imunidade recíproca, prevista no art. 150, VI, *a*, da Constituição não se estende a empresa privada arrendatária de imóvel público, quando seja ela exploradora de atividade econômica com fins lucrativos. Nessa hipótese é constitucional a cobrança do IPTU pelo Município" e tese de repercussão geral 437/STF "Incide o IPTU, considerado imóvel de pessoa jurídica de direito público cedido a pessoa jurídica de direito privado, devedora do tributo."

5.8. Imunidade religiosa

5.8.1. Previsão constitucional

A imunidade dos templos é prevista no art. 150, VI, *b*, da CF. Mas a Reforma Tributária (EC 132/2023) alterou tal dispositivo para estender a imunidade para as entidades religiosas, inclusive suas organizações assistenciais e beneficentes.

5.8.2. Abrangência

Essa imunidade procura proteger e garantir a liberdade de culto, sem margem para juízo valorativo pelo Fisco, ou seja, qualquer templo é beneficiado.

Abrange toda a atividade e o espaço necessário para o culto, incluindo anexos, casa do religioso, estacionamento para os fiéis, banheiros, retiros, desde que "relacionados com as finalidades essenciais" (art. 150, § 4º, da CF).

Abrange a venda de bens relacionados ao culto (velas, incensos), mas não a exploração de atividade econômica efetiva (caso a igreja abra um supermercado, haverá incidência do ICMS).

Foi incluído ao § 1º-A ao art. 156, estendendo a imunidade a imóvel locado que seja destinado a culto religioso, ou seja, templo em imóvel locado:

> Art. 156. Compete aos Municípios instituir impostos sobre:
>
> I – propriedade predial e territorial urbana;
>
> (...)
>
> § 1º-A O imposto previsto no inciso I do caput deste artigo não incide sobre templos de qualquer culto, ainda que as entidades abrangidas pela imunidade de que trata a alínea "b" do inciso VI do caput do art. 150 desta Constituição sejam apenas locatárias do bem imóvel.

5.9. Imunidade dos partidos, entidades sindicais, educacionais e de assistência social

5.9.1. Previsão constitucional

Essa imunidade é prevista no art. 150, VI, *c*, da CF e abarca os impostos sobre patrimônio, renda ou serviços relacionados com as finalidades essenciais dos partidos políticos, inclusive suas fundações, das entidades sindicais dos trabalhadores, das instituições de educação e de assistência social, sem fins lucrativos, atendidos os requisitos da lei.

5.9.2. Imunidade dos partidos e entidades sindicais, educacionais e de assistência social – abrangência

Essa imunidade prestigia entidades essenciais para a democracia representativa, para a defesa dos direitos dos trabalhadores e as que colaboram com o Estado em áreas sensíveis (educação e assistência social).

Refere-se apenas a entidades sindicais de *trabalhadores, não a entidades patronais (estas não são imunes).*

Somente são beneficiadas as entidades educacionais e de assistência social sem fins lucrativos, na forma da lei (essa lei regulamentadora, veremos, é o CTN, por seu art. 14).

O STF reconheceu a imunidade em caso de entidade de assistência social que produz e vende mercadoria.

Abrange todo o patrimônio necessário para as atividades essenciais, incluindo prédios administrativos e estacionamento para estudantes (precedentes do STF).

Como as outras imunidades do art. 150, VI, da CF, esta também refere-se apenas a impostos. Há, entretanto, imunidade para as entidades beneficentes de assistência social, que atendam às exigências estabelecidas em lei, em relação a contribuições sociais, prevista no art. 195, § 7º, da CF (embora o constituinte tenha utilizado o termo *isenção, na verdade se trata de imunidade*). Tal dispositivo foi regulamentado pela LC 187/2021.

5.9.3. Entidades educacionais e de assistência social – requisitos (art. 14 do CTN)

Para que a entidade educacional ou de assistência social seja beneficiada pela imunidade, é preciso que atenda aos requisitos do art. 14 do CTN:

a) não pode distribuir qualquer parcela de seu patrimônio ou de suas rendas, a qualquer título;

b) deve aplicar integralmente, no País, os seus recursos na manutenção dos seus objetivos institucionais;

c) deve manter escrituração de suas receitas e despesas em livros revestidos de formalidades capazes de assegurar sua exatidão;

d) deve reter tributos na fonte e cumprir os demais deveres instrumentais.

A imunidade é dada pela Constituição Federal, cabendo ao Fisco apenas reconhecê-la, desde que preenchidos os requisitos.

O fato de a entidade não ter fins lucrativos não impede a cobrança de mensalidade, o superávit de suas contas (ela não precisa ter prejuízos) ou o pagamento de salários.

Entretanto, os salários e os benefícios pagos devem ser compatíveis com o mercado para não representarem distribuição disfarçada de lucro ou dilapidação do patrimônio.

5.10. Imunidade dos livros, jornais e periódicos

5.10.1. Previsão constitucional

A imunidade dos livros, jornais e periódicos é prevista no art. 150, VI, *d*, da CF e abarca os impostos sobre livros, jornais, periódicos e o papel destinado à sua impressão.

5.10.2. Imunidade de livros, jornais e periódicos – impostos

A imunidade é *objetiva* e restrita aos *impostos* incidentes sobre a produção e circulação dos livros, jornais, periódicos e do papel para impressão.

Abrange, portanto, Imposto de Importação, IPI e ICMS relativos à compra do papel, produção e comercialização desses *bens*.

Não há imunidade em relação aos tributos que incidem direta ou indiretamente sobre a *atividade* ou *outros bens* (ISS, IR, IOF, IPTU etc.).

Assim, a gráfica não paga II ou IPI, quando importa o papel, nem ICMS quando vende o livro, o jornal ou o periódico. Mas paga ISS sobre serviços prestados, IR sobre o lucro auferido, IOF sobre suas operações financeiras, IPTU em relação ao imóvel de sua propriedade etc.

5.10.3. Imunidade de livros e periódicos – abrangência

Pretende-se prestigiar o acesso à informação, à educação e à cultura.

Assim, a imunidade abrange toda publicação, independentemente do conteúdo (mesmo fescenino, de baixo nível). Não há margem para juízo valorativo do Fisco.

A imunidade inclui listas telefônicas, livros-brinquedo (*pop up,* com música infantil, bonecos afixados etc.).

O STF pacificou o entendimento no sentido de que a imunidade "aplica-se ao livro eletrônico (e-book), inclusive aos suportes exclusivamente utilizados para fixá-lo" (Tese de repercussão geral 593/STF e Súmula Vinculante 57), e "alcança componentes eletrônicos destinados, exclusivamente, a integrar unidade didática com fascículos" (Tese de repercussão geral 259/STF).

O STF entende que a imunidade abrange, além do próprio livro, jornal ou periódico, apenas o papel utilizado na impressão, filmes e papéis fotográficos (Súmula 657 do STF).

A Suprema Corte não reconhece a imunidade em relação às tintas e aos equipamentos para impressão.

5.10.4. Imunidade dos fonogramas e videofonogramas, suportes materiais e arquivos digitais

O Constituinte derivado incluiu nova imunidade no texto constitucional (art. 150, VI, e), em favor dos músicos brasileiros (EC 75/2013) vedando a incidência de impostos sobre fonogramas e videofonogramas musicais produzidos no Brasil contendo obras musicais ou literomusicais de autores brasileiros e/ou obras em geral interpretadas por artistas brasileiros bem como os suportes materiais ou arquivos digitais que os contenham, salvo na etapa de replicação industrial de mídias ópticas de leitura a laser.

O intuito é fomentar e proteger relevante aspecto cultural brasileiro, afastando a incidência de impostos sobre a produção musical de artistas nacionais, especificamente sobre as gravações, sejam elas veiculada por CD, DVD ou simples arquivo digital.

Ressalvou-se a tributação sobre a produção industrial das mídias ópticas (CD e DVD).

5.11. Outras imunidades

Além das imunidades previstas no art. 150, VI, a Constituição Federal prevê também outras:

a) Contribuição social e CIDE sobre receitas decorrentes de exportação – art. 149, § 2º, I, da CF;

b) Contribuição social de entidades beneficentes de assistência social – art. 195, § 7º, da CF;

c) Contribuição social sobre aposentadoria e pensão concedida pelo regime geral de previdência social (RGPS-INSS) – art. 195, II, *in fine*, da CF;

d) IPI e ICMS sobre exportação – arts. 153, § 3º, III, e 155, § 2º, X, *a*, da CF;

e) ITR sobre pequenas glebas – art. 153, § 4º, II, da CF;

f) ITBI sobre alterações societárias – art. 156, § 2º, I, da CF;

g) ITCMD não incidirá sobre doações destinadas, no âmbito do Poder Executivo da União, a projetos socioambientais ou destinados a mitigar os efeitos das mudanças climáticas e às instituições federais de ensino – art. 155, § 1º, V, da CF (imunidade incluída pela Reforma Tributária introduzida pela EC 132/2023);

h) ITCMD não incidirá sobre as transmissões e as doações para as instituições sem fins lucrativos com finalidade de relevância pública e social, inclusive as organizações assistenciais e beneficentes de entidades religiosas e institutos científicos e tecnológicos, e por elas realizadas na consecução dos seus objetivos sociais, observadas as condições estabelecidas em lei complementar – art. 155, § 1º, VII, da CF (imunidade incluída pela Reforma Tributária introduzida pela EC 132/2023);

i) IPVA não incidirá sobre os seguintes veículos automotores: aeronaves agrícolas e de operador certificado para prestar serviços aéreos a terceiros; embarcações de pessoa jurídica que detenha outorga para prestar serviços de transporte aquaviário ou de pessoa física ou jurídica que pratique pesca industrial, artesanal, científica ou de subsistência; plataformas suscetíveis de se locomoverem na água por meios próprios, inclusive aquelas cuja finalidade principal seja a exploração de atividades econômicas em águas territoriais e na zona econômica exclusiva e embarcações que tenham essa mesma finalidade principal e tratores e máquinas agrícolas – art. 155, § 6º, III, 'a' a 'd' da CF (imunidade incluída pela Reforma Tributária introduzida pela EC 132/2023).

6. PRINCÍPIOS

6.1. Definição e aspectos gerais

Princípios são proposições normativas de alta carga valorativa, que orientam a produção e a interpretação das demais normas.

Há diversos princípios tributários incluídos entre as *limitações constitucionais ao poder de tributar*. Outros princípios tributários são implícitos.

Muitos deles refletem princípios gerais do Direito brasileiro (ex.: legalidade) e outros indicam regras bastante objetivas (ex.: anterioridade).

A Reforma Tributária (EC 132/2023) passou a prever expressamente que o Sistema Tributário Nacional deve observar os princípios da simplicidade, da transparência, da justiça tributária, da cooperação e da defesa do meio ambiente. Além disso, as alterações na legislação tributária buscarão atenuar efeitos regressivos (art. 145, §§ 3º e 4º).

Considerando que um dos objetivos almejados pela Reforma Tributária é reduzir a complexidade do sistema, o princípio da simplicidade busca desburocratizar as relações entre Fisco e contribuinte para que as obrigações tributárias sejam satisfeitas e fiscalizadas da maneira mais prática possível.

O princípio da transparência já encontrava ressonância no art. 150, § 5º, da CF ao predizer que os consumidores deveriam ser esclarecidos acerca dos impostos que incidem sobre mercadorias e serviços. A previsão expressa, a partir da EC 132/2023, tem por meta que tanto o sujeito passivo, quanto o Fisco sejam transparentes na condução de suas atividades e que o sistema tributário se torne mais compreensível e claro para a população.

A justiça tributária é valor que já orienta o sistema a partir do art. 150, II, da CF e do art. 145, § 1º, da CF, tendo por escopo tributar cada um na medida da sua capacidade de pagar tributos sem comprometimento do custeio de suas necessidades básicas, a fim de garantir a dignidade da pessoa humana, e o incentivo ao crescimento econômico. Portanto, a carga tributária deve ser distribuída de forma justa, conforme a real capacidade contributiva. Tal princípio também orienta a nova diretriz expressa no art. 145, § 4º , da CF no sentido de que as alterações na legislação tributária buscarão atenuar

efeitos regressivos da tributação. Isso porque o sistema tributário nacional, delineado na redação original da Constituição Federal de 1988, concentra sua incidência sobre o consumo de bens e serviços, permitindo que o ônus tributário recaia sobre o consumidor final (tributação indireta). Assim, o sistema vigente acabava por onerar quem detém menor capacidade contributiva. A Reforma Tributária deseja atenuar tal efeito regressivo promovendo justiça tributária.

A defesa do meio ambiente reforça o caráter extrafiscal que a tributação pode assumir para promover valores almejados pela Constituição Federal. Portanto, são legítimas, por exemplo, a previsão de um imposto federal sobre a produção, extração, comercialização ou importação de bens e serviços prejudiciais ao meio ambiente (art. 153, VIII, da CF). Nesse sentido, verificar também o art. 43, § 4º, da CF e art. 225, § 1º, VIII, da CF, alterados pela EC 132/2023.

6.2. Princípio da legalidade

6.2.1. Disposição constitucional

O princípio da legalidade tributária é expressamente previsto no art. 150, I, da CF.

> CF, Art. 150. Sem prejuízo de outras garantias asseguradas ao contribuinte, é vedado à União, aos Estados, ao Distrito Federal e aos Municípios:
>
> I – exigir ou aumentar tributo sem lei que o estabeleça;
>
> (...)

Trata-se de aspecto do princípio da legalidade que abrange todo o sistema jurídico brasileiro, previsto no art. 5º, II, da CF.

Não há tributação sem previsão legal.

6.2.2. Princípio da legalidade – abrangência

Os elementos essenciais da tributação devem ser estabelecidos por lei (art. 97 do CTN):

a) instituição, majoração, redução, dispensa e extinção de tributos e de penalidades;

b) fato gerador da obrigação principal;

c) alíquotas e base de cálculo;

d) cominação de penalidades, sua dispensa ou redução;

e) hipóteses de suspensão, extinção e exclusão do crédito tributário.

Não se exige lei, em sentido estrito, em relação à alteração de determinadas alíquotas de tributos federais e a elementos instrumentais da tributação (matérias que podem ser veiculadas por normas infralegais):

a) alteração de alíquotas de II, IE, IPI, IOF (art. 150, § 1º, da CF), redução e restabelecimento das alíquotas da CIDE sobre combustíveis (art. 177, § 4º, I, *b*, da CF), e redução e restabelecimento das alíquotas do ICMS sobre combustíveis e lubrificantes de incidência monofásica lubrificantes (art. 155, § 4º, IV, *c*, da CF);

b) correção monetária da base de cálculo, dentro do índice oficial de inflação (Súmula 160 do STJ);

c) vencimento do tributo;

d) modelos de guias e livros fiscais;

e) definição dos locais de pagamento.

6.2.3. Princípio da legalidade – nomenclatura

A doutrina muitas vezes utiliza diversas expressões para se referir a aspectos do princípio da legalidade, em geral:

✓ Reserva legal: a tributação depende sempre de lei;

✓ Reserva absoluta de lei: a incidência e as condutas da administração devem ser previstas em lei;

✓ Reserva de lei formal: a tributação depende de lei em sentido estrito, em regra aquela produzida pelo Poder Legislativo e enviada à sanção do Poder Executivo, embora admitam-se Medida Provisória e normas infralegais relativas a determinadas alíquotas de impostos;

✓ Tipicidade fechada: os elementos da incidência devem estar exaustivamente previstos em lei.

6.2.4. Princípio da legalidade – alíquotas

As alíquotas devem ser, em regra, fixadas ou alteradas por lei.

Há, entretanto, hipóteses excepcionais de determinados tributos federais que podem ter suas alíquotas alteradas por normas infralegais (decretos, portarias etc.), desde que atendidas as condições e os limites estabelecidos em lei:

a) imposto de importação;

b) imposto de exportação;

c) IPI;

d) IOF;

e) redução e restabelecimento da alíquota da CIDE sobre combustíveis (art. 177, § 4º, I, *b*, da CF).

A Constituição Federal também permite a redução e o restabelecimento das alíquotas do ICMS sobre combustíveis e lubrificantes, de incidência monofásica, por convênio entre Estados e DF (art. 155, § 4º, IV da CF).

São tributos de carga fortemente *extrafiscal*, que visam à intervenção no mercado, e não, prioritariamente, a arrecadação (não têm caráter estritamente *fiscal*, arrecadatório).

Por essa razão, o legislador entendeu por bem autorizar a modificação das alíquotas por norma infralegal, garantindo maior agilidade no uso desse importante instrumento.

O STF entendeu constitucional a flexibilização da legalidade tributária constante do § 2º do art. 27 da Lei nº 10.865/04, no que permitiu ao Poder Executivo, prevendo as condições e fixando os tetos, reduzir e restabelecer as alíquotas da contribuição ao PIS e da COFINS incidentes sobre as receitas financeiras auferidas por pessoas jurídicas sujeitas ao regime não cumulativo, estando presente o desenvolvimento de função extrafiscal – tese de repercussão geral 939.

O STF também fixou na tese de repercussão geral 829 que não viola a legalidade tributária a lei que, prescrevendo o teto, possibilita o ato normativo infralegal fixar o valor de taxa em proporção razoável com os custos da atuação estatal, valor esse que não pode ser atualizado por ato do próprio conselho de fiscalização em percentual superior aos índices de correção monetária legalmente previstos.

6.2.5. Princípio da legalidade – obrigações acessórias

O CTN, ao tratar da obrigação principal (tributo e penalidade pecuniária) refere-se sempre à *lei* (arts. 97, III, e 114). Ao dispor sobre a obrigação acessória (deveres instrumentais, como emissão de documentos fiscais, escrituração, declarações etc.) refere-se à *legislação* (que inclui normas infralegais – arts. 96, 113, § 2º, e 115).

Por essa razão, discute-se se a obrigação acessória exige lei ou se pode ser instituída por norma infralegal (decretos, portarias etc.).

O Judiciário tem aceitado obrigações acessórias previstas genericamente em lei e detalhadas em norma infralegal.

6.2.6. Princípio da legalidade – benefícios fiscais

No caso de benefícios fiscais, citados no artigo transcrito abaixo, exige-se não apenas lei, mas também que ela seja específica, regulando apenas o benefício ou o próprio tributo:

CF, art. 150, § 6º. Qualquer subsídio ou isenção, redução de base de cálculo, concessão de crédito presumido, anistia ou remissão, relativos a impostos, taxas ou contribuições, só poderá ser concedido mediante *lei específica*, federal, estadual ou municipal, que regule exclusivamente as matérias acima enumeradas ou o correspondente tributo ou contribuição [obs.: no caso do ICMS, é preciso convênio interestadual para concessão de benefícios].

Assim, não é possível incluir uma isenção de imposto de renda, por exemplo, em uma lei que cuide de servidores públicos ou de rodovias federais. A lei deve tratar apenas do benefício fiscal ou somente do imposto de renda.

Importante verificar ainda as condições para a concessão de benefícios fiscais que importem renúncia de receita previstas no art. 14 da Lei de Responsabilidade Fiscal (LC 101/2000).

6.3. Princípio da isonomia

6.3.1. Disposição constitucional

O princípio tributário da isonomia é previsto no art. 150, II, da CF:

CF, Art. 150. Sem prejuízo de outras garantias asseguradas ao contribuinte, é vedado à União, aos Estados, ao Distrito Federal e aos Municípios:

(...)

II – instituir tratamento desigual entre contribuintes que se encontrem em situação equivalente, proibida qualquer distinção em razão de ocupação profissional ou função por eles exercida, independentemente da denominação jurídica dos rendimentos, títulos ou direitos;

(...)

Perceba que o constituinte deixou claro que não importa a denominação dos rendimentos ou da ocupação profissional: a tributação deve ser a mesma para todos. Isso evita discussões quanto ao IR incidente sobre soldos de militares ou sobre o salário de juízes, por exemplo (não são exceções à regra impositiva).

6.3.2. Princípio da isonomia – critério

Isonomia é tratar igualmente os contribuintes na mesma situação e desigualmente aqueles em situações distintas, conforme a desigualdade.

O critério de comparação é a capacidade contributiva ou capacidade econômica, que pode ser avaliada objetivamente, em relação a cada tributo.

Isso significa que todo aquele que apresente a mesma capacidade contributiva deve, em regra, pagar tributo equivalente.

6.3.3. Princípio da isonomia – instrumentos

Diversos instrumentos viabilizam a isonomia, permitindo que as pessoas paguem tributos conforme sua capacidade econômica:

a) progressividade de alíquotas do IR, ITR, IPTU e ITCMD (este último com reconhecimento recente expresso na Reforma Tributária, trazida pela EC 132/2023, com inclusão do inciso VI ao § 1º do art. 155 da CF);

b) isenções e outros benefícios em favor de contribuintes de menor capacidade econômica;

c) seletividade de alíquotas do IPI e do ICMS em função da essencialidade dos bens;

d) diferenciação de alíquotas do IPVA (inclusive em razão do valor do veículo e do impacto ambiental, conforme expresso na Reforma Tributária, trazida pela EC 132/2023, com alteração do inciso II do § 6º do art. 155 da CF) e do IPTU;

e) tratamento diferenciado e favorecido para cooperativas e micro e pequenas empresas.

Perceba, portanto, que uma isenção (que afasta a cobrança de tributo em relação a determinada pessoa ou situação), por exemplo, atende a isonomia, desde que exonere quem tenha menor capacidade contributiva.

6.3.4. Princípio da isonomia – entes federados

É vedado à União tributar a renda das obrigações da dívida pública dos Estados, do Distrito Federal e dos Municípios, bem como a remuneração e os proventos dos respectivos agentes públicos, em níveis superiores aos que fixar para suas obrigações e para seus agentes – art. 151, II, da CF.

Isso decorre não apenas da isonomia, mas também do pacto federativo e da autonomia dos entes políticos.

6.4. Princípio da irretroatividade

6.4.1. Disposição constitucional

A irretroatividade tributária, que decorre também de um princípio geral do direito brasileiro (irretroatividade das normas jurídicas), é prevista no art. 150, III, *a*, da CF:

> CF, Art. 150. Sem prejuízo de outras garantias asseguradas ao contribuinte, é vedado à União, aos Estados, ao Distrito Federal e aos Municípios:
> (...)
> III – cobrar tributos:
> a) em relação a fatos geradores ocorridos antes do início da vigência da lei que os houver instituído ou aumentado;
> (...)

Tendo por fundamento a segurança jurídica que deve ser conferida ao sujeito passivo da obrigação tributária, o princípio da irretroatividade não apresenta exceção em relação à lei que institui e majora tributos.

6.4.2. Princípio da irretroatividade – aspectos

A legislação tributária aplica-se imediatamente aos fatos geradores futuros e aos pendentes (aqueles iniciados, mas ainda não concluídos) – art. 105 do CTN.

Em relação ao imposto sobre a renda, o princípio de irretroatividade tributária assegura ao contribuinte o direito de não ser cobrado com novas hipóteses de incidência ou majorações ocorridas após o início do período-base. Assim, o STF cancelou a Súmula 584 por ofender os princípios da irretroatividade e anterioridade.

6.4.3. Retroatividade da lei tributária

A lei se aplica a atos e fatos pretéritos nos casos de:

a) lei expressamente interpretativa, sem penalidade pela infração dos dispositivos interpretados (art. 106, I, do CTN);

b) norma sancionadora mais benéfica ao infrator (*lex mitior*), exceto no caso de ato definitivamente julgado (art. 106, II, do CTN);

c) novas regras para a fiscalização ou aumento das garantias e privilégios do crédito, exceto criação de responsabilidade (art. 144, § 1º, do CTN).

6.4.4. Princípio da irretroatividade – lex mitior

Perceba que somente a norma que reduz ou exclui *penalidades* retroage para beneficiar o infrator (*lex mitior*), mas nunca a norma relativa ao tributo (essa jamais retroage).

Assim, a alíquota e a base de cálculo do imposto, da taxa, da contribuição etc. serão sempre aquelas vigentes à época do fato gerador.

Eventual multa, entretanto, poderá ser reduzida por norma posterior, desde que ela ainda não tenha sido paga, quando na vigência da nova legislação, e que não seja questão definitivamente julgada.

Exemplo:

Perceba, nesse exemplo, que o contribuinte não pagou o tributo na época correta (em 2008), quando a alíquota aplicável era de 10% e a multa pelo atraso, de 20%.

Posteriormente, houve redução desses percentuais, mas apenas a multa é minorada em favor do infrator. A alíquota do tributo será sempre aquela vigente à época do fato gerador, salvo disposição expressa da lei em sentido contrário para favorecer o sujeito passivo.

6.5. Princípio da anterioridade

6.5.1. Disposição constitucional

O princípio da anterioridade é regra peculiar do Direito Tributário, que protege o sujeito passivo contra a exigibilidade imediata de tributo instituído ou majorado (não surpresa).

Se houver instituição ou aumento, ele será exigível apenas após determinado período (90 dias ou 1º exercício seguinte ao da publicação da lei, o que ocorrer depois), salvo as exceções previstas na CF:

> CF, Art. 150. Sem prejuízo de outras garantias asseguradas ao contribuinte, é vedado à União, aos Estados, ao Distrito Federal e aos Municípios:
>
> (...)
>
> III – cobrar tributos:
>
> (...)
>
> b) no mesmo exercício financeiro em que haja sido publicada a lei que os instituiu ou aumentou;
>
> c) antes de decorridos noventa dias da data em que haja sido publicada a lei que os instituiu ou aumentou, observado o disposto na alínea *b*;
>
> (...)

6.5.2. Aspectos

A eficácia da norma que institui ou majora tributo se dá somente após 90 dias da *publicação* (anterioridade nonagesimal) ou em 1º de janeiro do ano seguinte (anterioridade anual), o que ocorrer depois.

Por exemplo, se o ICMS é majorado em abril deste ano, o aumento somente é exigível a partir de 1º de janeiro do ano seguinte (anterioridade anual). Entretanto, se o ICMS é aumentado em novembro deste ano, somente em fevereiro do ano seguinte é que se poderá cobrar o valor a maior (anterioridade nonagesimal). Vale sempre a data posterior.

A anterioridade refere-se somente aos casos de instituição ou majoração, não aos de redução ou extinção. É proteção ao contribuinte, de modo que norma mais benéfica pode ter eficácia imediata.

Como exemplo, se o ISS é reduzido em fevereiro desse ano, o benefício vale imediatamente (não há anterioridade), salvo a previsão expressa de *vacatio legis*.

Apesar da expressão "cobrar tributos", entende-se que se refere aos fatos geradores, ou seja, a nova norma (que aumente ou institua tributo) aplica-se a fatos geradores ocorridos após o período da anterioridade.

Trata-se de cláusula pétrea (direito e garantia individual), segundo o STF, não podendo ter seu alcance reduzido pelo constituinte derivado.

A alteração do prazo de recolhimento não implica aumento ou diminuição do tributo, de modo que não se sujeita à anterioridade (entendimento do STF e do STJ – Ver Súmula Vinculante 50 do STF).

Em relação à revogação de isenção, o STF tem precedentes recentes de ambas as turmas no sentido de que se aplica o princípio da anterioridade tributária, geral e nonagesimal, se o tributo estiver a ele sujeito, nas hipóteses de redução ou de supressão de benefícios ou de incentivos fiscais, haja vista que tais situações configuram majoração indireta de tributos (RE 564.225).

6.5.3. Princípio da anterioridade – medida provisória

No caso de medida provisória que institua ou majore *imposto* (exceto II, IE, IPI, IOF e extraordinário), só produzirá efeito no exercício seguinte se houver sido convertida em lei até o último dia do ano em que foi editada – art. 62, § 2º, da CF.

A anterioridade nonagesimal é contada da edição da Medida Provisória, não de sua conversão, salvo alteração substancial no texto (há discussão).

Perceba que essa regra vale apenas para impostos. A majoração de uma contribuição social por Medida Provisória, por exemplo, é exigível 90 dias após sua publicação, mesmo que isso ocorra antes do 1º dia do exercício seguinte e mesmo que ela não seja convertida em lei até o final do ano.

6.5.4. Princípio da anterioridade – exceções

Há diversas exceções ao princípio da anterioridade anual e nonagesimal. Veja a seguinte tabela para estudo e memorização, pois isso é muito exigido em exames:

Exceções à anterioridade anual	Exceções à anterioridade nonagesimal
Empréstimo compulsório em caso de despesa extraordinária decorrente de guerra externa, sua iminência e calamidade pública	Empréstimo compulsório em caso de despesa extraordinária decorrente de guerra externa, sua iminência e calamidade pública.
Impostos de importação e exportação	**Impostos de importação e exportação**
IPI	Imposto de Renda
IOF	**IOF**
Imposto extraordinário	Imposto extraordinário
Restabelecimento da alíquota do ICMS monofásico sobre combustíveis e lubrificantes e da CIDE sobre combustíveis	**Fixação da base de cálculo do IPVA e do IPTU**
Contribuições sociais destinadas ao custeio da seguridade social	

Perceba, por exemplo, que o IPI é exceção ao princípio da anterioridade anual, mas não ao da nonagesimal. Assim, se sua alíquota é majorada em março deste ano, por exemplo, somente será exigível (o aumento) em junho do mesmo ano.

De modo inverso, o IR é exceção ao princípio da anterioridade nonagesimal, mas não ao da anual. Caso sua alíquota seja majorada em novembro deste ano, o aumento valerá já em 1º de janeiro do exercício seguinte.

6.6. Princípio da vedação de confisco

6.6.1. Disposição constitucional

O tributo, embora implique redução do patrimônio do particular em favor do Estado, não pode significar supressão da propriedade, pois o confisco é vedado:

> CF, Art. 150. Sem prejuízo de outras garantias asseguradas ao contribuinte, é vedado à União, aos Estados, ao Distrito Federal e aos Municípios:
>
> (...)
>
> IV – utilizar tributo com efeito de confisco;
>
> (...)

6.6.2. Princípio da vedação de confisco – aspectos

O princípio da vedação de confisco decorre do princípio da capacidade contributiva e do direito à propriedade.

A tributação não pode reduzir de maneira acentuada a propriedade do indivíduo – art. 5º, *caput*, da CF. Não deve atingir as fontes produtoras de riqueza dos contribuintes.

O STF entende que o princípio é aplicável também às penalidades tributárias, embora admita percentuais bastante altos para as sanções.

O caráter confiscatório é fácil de ser identificado no caso dos impostos sobre propriedade e renda, das taxas e das contribuições de melhoria. IPTU de 50%, por exemplo, é claramente confiscatório.

Mas é difícil de aferir no caso dos impostos sobre produção e circulação de bens e serviços, à luz da seletividade. O IPI de 50% sobre bebidas alcoólicas, por exemplo, não seria confiscatório pois é possível alíquotas mais elevadas na tributação extrafiscal porque o objetivo aqui é buscar reduzir o consumo de produto nocivo à saúde.

São também admitidas alíquotas muito altas no caso de impostos *extrafiscais*, que servem para o Estado intervir no mercado (caso dos impostos aduaneiros, por exemplo – II e IE).

6.7. Princípio da vedação de limitação ao tráfego de pessoas ou bens

6.7.1. Disposição constitucional

O tributo não pode ser usado para interferir no direito de ir e vir:

> CF, Art. 150. Sem prejuízo de outras garantias asseguradas ao contribuinte, é vedado à União, aos Estados, ao Distrito Federal e aos Municípios:
> (...)
> V – estabelecer limitações ao tráfego de pessoas ou bens, por meio de tributos interestaduais ou intermunicipais, ressalvada a cobrança de pedágio pela utilização de vias conservadas pelo Poder Público;
> (...)

6.7.2. Princípio da vedação de limitação ao tráfego de pessoas ou bens – aspectos

Inexiste, em princípio, tributo interestadual ou intermunicipal que possa embaraçar o tráfego de pessoas ou bens. De qualquer forma, caso os Estados, o Distrito Federal ou os Municípios apliquem a legislação tributária de modo a interferir no direito de ir e vir dentro do território nacional, haverá inconstitucionalidade.

Eventualmente, a União poderia pretender criar imposto nesse sentido, no exercício da competência residual, o que seria vedado.

O pedágio, a rigor, costuma ser classificado como preço público ou tarifa, no caso de concessão (STF ADI 800.

6.8. Princípio da uniformidade territorial

6.8.1. Disposição constitucional

Os tributos federais devem ser uniformes em todo o Brasil, com uma única exceção:

> CF, Art. 151. É vedado à União:
> I – instituir tributo que não seja uniforme em todo o território nacional ou que implique distinção ou preferência em relação a Estado, ao Distrito Federal ou a Município, em detrimento de outro, admitida a concessão de incentivos fiscais destinados a promover o equilíbrio do desenvolvimento socioeconômico entre as diferentes regiões do País;
> (...)

Interessante anotar que a Constituição Federal prevê expressamente a manutenção da Zona Franca de Manaus, com suas características de livre comércio, de exportação e importação, e de incentivos fiscais, por prazo sucessivamente prorrogado, conforme o art. 92-A do ADCT, sem que isso seja considerada ofensa ao princípio da uniformidade territorial.

6.8.2. Princípio da uniformidade territorial – aspectos

Trata-se de princípio aplicável especificamente à União.

Garante tratamento isonômico aos contribuintes em todo o País.

É permitida a diferenciação em relação às realidades locais. É o caso do ITR, que não incide sobre pequenas glebas: uma pequena gleba em São Paulo é muito menor que uma pequena gleba no Amazonas, por exemplo.

A única exceção prevista no dispositivo constitucional é a concessão de incentivos fiscais destinados a promover o equilíbrio do desenvolvimento socioeconômico entre as diferentes regiões do País.

6.9. Princípio da não diferenciação em razão da origem ou do destino dos bens e serviços

6.9.1. Disposição constitucional

O art. 152 da CF prevê esse princípio a ser observado pelos fiscos locais:

> CF, Art. 152. É vedado aos Estados, ao Distrito Federal e aos Municípios estabelecer diferença tributária entre bens e serviços, de qualquer natureza, em razão de sua procedência ou destino.

6.9.2. Princípio da não diferenciação em razão da origem ou do destino dos bens – aspectos

É princípio aplicável especificamente aos Estados, ao DF e aos Municípios, que veda a cobrança de ICMS ou ISS de maneira discriminatória.

O incentivo à produção e à economia local não pode se dar em detrimento da unidade da Federação.

7. LEGISLAÇÃO TRIBUTÁRIA

7.1. Definição

O art. 96 do CTN define *legislação tributária*:

> CTN, art. 96. A expressão "legislação tributária" compreende as leis, os tratados e as convenções internacionais, os decretos e as normas complementares que versem, no todo ou em parte, sobre tributos e relações jurídicas a eles pertinentes.

É expressão que corresponde àquilo que a doutrina costuma denominar fontes, fontes formais, veículos normativos, instrumentos normativos, instrumentos introdutórios de normas etc.

7.2. "Legislação" conforme o CTN

Perceba, portanto, que, para o CTN, *legislação* não é apenas o conjunto de leis. Além delas, abrange tratados, decretos e normas complementares.

Para que fique bem claro, segundo o art. 96 do CTN, a expressão *legislação tributária* abarca:

✓ Leis;
✓ Tratados e convenções internacionais;
✓ Decretos;
✓ Normas complementares:
  ✓ *Atos normativos expedidos pelas autoridades administrativas;*
  ✓ *Decisões administrativas com eficácia normativa;*
  ✓ *Práticas reiteradas das autoridades administrativas;*
  ✓ *Convênios entre União, Estados, DF e Municípios.*

Perceba que *normas complementares* são uma categoria de *legislação tributária* abaixo dos decretos.

É importante memorizar que *decreto* não é *norma complementar*, pois isso é muito exigido em exames.

7.3. Estrutura do sistema normativo

Veja a seguinte representação gráfica do sistema normativo tributário:

No topo do sistema temos a Constituição Federal, que fixa as competências, as imunidades, os princípios etc.

Na base temos as normas produzidas por União, Estados, DF e Municípios, no exercício de suas competências tributárias, instituindo, alterando e extinguindo tributos, regulando suas respectivas administrações tributárias e a exigência das exações.

Perceba que entre as normas constitucionais (competência tributária, princípios, imunidades etc.) e as normas produzidas por cada ente tributante (federais, estaduais, distritais e municipais) há uma categoria intermediária, de normas nacionais, que, embora produzidas pelo Congresso Nacional (Legislativo da União), aplicam-se a todos os entes federados (União, Estados, DF e Municípios), dando unidade ao sistema tributário nacional.

7.4. Constituição Federal e emendas

As normas tributárias básicas estão na Constituição Federal.

Os princípios expressos e implícitos são encontrados na Constituição Federal.

Já vimos que a Constituição veicula as normas de competência tributária.

A Constituição pode ser emendada pelo constituinte derivado (Congresso Nacional), por meio de um procedimento específico, com quórum qualificado.

Há determinadas cláusulas pétreas, ou seja, matérias que não podem ser veiculadas por emenda constitucional.

O STF já decidiu, por exemplo, que não é possível reduzir o alcance da imunidade recíproca (ligada ao princípio federativo).

7.5. Lei ordinária

7.5.1. Conceitos básicos

A lei ordinária é o instrumento normativo básico, produzido pelo Poder Legislativo de cada ente tributante.

Quando a Constituição Federal refere-se simplesmente à *lei*, entende-se que é lei ordinária.

Os elementos essenciais da tributação (art. 97 do CTN) devem ser, em regra, veiculados por lei ordinária (há tributos federais que dependem de lei complementar).

7.5.2. Devem ser veiculados por lei

Já vimos, mas é bom lembrar, quais são os elementos essenciais da tributação, cujas normas devem ser veiculadas por lei (nunca por norma infralegal, como decretos e portarias):

a) instituição, majoração, redução, dispensa e extinção de tributos e de penalidades;

b) fato gerador da obrigação principal;

c) alíquotas e base de cálculo;

d) cominação de penalidades, sua dispensa ou redução;

e) hipóteses de suspensão, extinção e exclusão do crédito tributário.

7.5.3. Não precisam ser veiculados por lei

Também é interessante rememorar as matérias que não exigem lei, podendo ser tratadas por normas infralegais (decretos, portarias etc.):

a) alteração de alíquotas de II, IE, IPI, IOF e CIDE sobre combustíveis, atendidas as condições e os limites estabelecidos pela lei; e redução e o restabelecimento das alíquotas do ICMS sobre combustíveis e lubrificantes, de incidência monofásica, a ser feita por convênio entre Estados e DF (art. 155, § 4º, IV da CF).

b) correção monetária da base de cálculo, dentro do índice oficial de inflação (Súmula 160 do STJ);

c) vencimento do tributo;

d) modelos de guias e de livros fiscais;

e) locais de pagamento.

7.6. Lei complementar (normas nacionais e federais)

Naquela representação gráfica vista anteriormente, do sistema normativo tributário, repare que as normas nacionais (que se aplicam a todos os entes tributantes) e determinadas normas federais (que se referem à competência tributária da União) devem ser veiculadas por lei complementar federal.

Veremos, inicialmente, as leis complementares que veiculam essas normas nacionais, que dão unidade ao sistema tributário brasileiro. É o caso, por exemplo, do CTN, da LC

87/1996, que regula nacionalmente o ICMS, e da LC 116/2003, que regula o ISS (são normas que se aplicam a todos os Estados e Municípios brasileiros).

Mais adiante, trataremos das leis complementares que veiculam simples normas federais, relativas à competência tributária da União. São normas que não se aplicam, em princípio, a Estados, DF e Municípios.

7.6.1. Lei complementar: normas nacionais (arts. 146 e 146-A da CF)

Os arts. 146 e 146-A da CF indicam as matérias que devem ser veiculadas por lei complementar federal, de natureza nacional (aplicáveis a todos os entes tributantes):

a) conflitos de competência;

b) regulamentação das limitações constitucionais ao poder de tributar;

c) normas gerais em matéria de legislação tributária;

d) critérios especiais de tributação para prevenir desequilíbrios da concorrência.

É a lei complementar, por exemplo, que indica quando incide o ITR e quando incide o IPTU em relação a determinado imóvel (rural ou urbano). É também lei complementar que define a incidência do ISS ou do ICMS, quando serviços são prestados com fornecimento de mercadoria. São exemplos de normas nacionais que resolvem conflitos de competência.

As limitações constitucionais ao poder de tributar, especificamente as imunidades, devem ser reguladas por lei complementar federal – tese de repercussão geral 32/STF; é o caso do art. 14 do CTN, que regulamenta a imunidade de entidades educacionais e de assistência social.

As normas gerais em matéria tributária são importantíssimas e serão estudadas em tópico próprio, logo em seguida.

Finalmente, cabe à lei complementar federal fixar critérios para que a tributação possa ser utilizada como ferramenta em favor da concorrência.

7.6.1.1. Normas gerais em matéria de legislação tributária (art. 146, III, da CF)

O art. 146, III, e seu parágrafo único, da CF dão exemplos de normas gerais em matéria tributária que devem ser veiculadas por lei complementar federal:

a) definição de tributos e de suas espécies, bem como, em relação aos impostos discriminados na Constituição Federal, a dos respectivos fatos geradores, bases de cálculo e contribuintes;

b) obrigação, lançamento, crédito, prescrição e decadência tributários (Súmula Vinculante 8 do STF);

c) tratamento diferenciado ao ato cooperativo;

d) tratamento diferenciado e favorecido às microempresas e às empresas de pequeno porte, inclusive regimes especiais ou simplificados;

e) Simples Nacional (LC 123/2006).

Os Estados e o DF podem suprir a ausência de norma produzida pela União, para atendimento de suas peculiaridades, inclusive em matéria tributária (art. 24, §§ 3º e 4º, da CF).

A lei estadual perde a eficácia, no que for contrário, com o surgimento de lei federal.

Municípios tampouco podem ter sua competência tributária prejudicada pela omissão da União, cabendo, nesse caso, exercê-las plenamente.

7.6.2. Lei complementar: normas federais

Além de veicular normas nacionais, a lei complementar federal também veicula normas federais, ou seja, normas relativas à competência tributária da União:

a) empréstimos compulsórios (art. 148 da CF);

b) impostos da competência residual (art. 154, I, da CF);

c) outras contribuições sociais, além das já previstas na CF, para o custeio da seguridade social (art. 195, § 4º, da CF);

d) imposto sobre grandes fortunas (art. 153, VII, da CF).

Nesses casos, o Congresso Nacional, ao produzir uma lei complementar, está apenas tratando de tributos da competência da União, e não de normas aplicáveis a Estados, DF e Municípios (não são normas nacionais).

7.7. Medida Provisória

A Medida Provisória, produzida pelo Executivo, substitui a lei ordinária (jamais a lei complementar).

Não pode tratar de matéria processual tributária.

No caso da instituição e majoração de impostos (exceto II, IE, IPI, IOF e imposto extraordinário), produzirá efeitos apenas no exercício seguinte, se for convertida em lei até o final do ano de sua edição (art. 62, § 2º, da CF).

O STF admitiu Medida Provisória estadual, com base no princípio da simetria.

7.8. Lei delegada

O Congresso Nacional pode atender à solicitação do Presidente e, por meio de resolução, delegar poder para produzir lei, nos termos do art. 68 da CF.

Se a delegação determinar a apreciação do projeto pelo Congresso, será em votação única, sem emenda.

Não pode veicular matéria reservada à lei complementar.

7.9. Decretos legislativos e resoluções

Os decretos legislativos e as resoluções são produzidos pelo Poder Legislativo, mas sem posterior sanção do chefe do Poder Executivo.

O decreto legislativo serve para: ratificação de tratados internacionais; disciplina das relações decorrentes de Medida Provisória rejeitada ou que perdeu eficácia; ratificação de convênios.

As resoluções são utilizadas para o Senado Federal fixar: alíquotas máximas do ITCMD; alíquotas interestaduais, mínimas e máximas do ICMS; alíquotas mínimas do IPVA (perceba que essas são normas nacionais, aplicáveis aos Estados e DF, produzidas pelo Senado).

7.10. Tratados internacionais

Os tratados ou convenções internacionais são celebrados pelo Presidente da República (art. 84, VIII, da CF), muitas vezes por meio do plenipotenciário (seu representante no âmbito internacional).

Posteriormente, submete-se ao referendo do Congresso Nacional (art. 49, I, da CF), que pode aprová-lo por meio de decreto legislativo.

A seguir, o Presidente ratifica o tratado, manifestando, aos demais países, seu consentimento.

Finalmente, o Presidente promulga o tratado por decreto, cuja publicação insere-o no sistema jurídico nacional.

1º O Presidente da República celebra o tratado, muitas vezes por meio de plenipotenciário – art. 84, VIII, da CF;
2º O Congresso Nacional referenda o tratado, aprovando-o por decreto legislativo – art. 49, I, da CF;
3º O Presidente ratifica o tratado, manifestando o consentimento aos demais países;
4º O Presidente promulga o tratado, por decreto, cuja publicação insere-o no sistema jurídico interno.

Em princípio, não há *acordos executivos* (sem referendo pelo Congresso) em matéria tributária.

Em geral, os tratados são equivalentes a leis ordinárias federais (exceto no caso de direitos humanos), mas há grande debate em relação à matéria tributária (art. 98 do CTN).

CTN, Art. 98. Os tratados e as convenções internacionais revogam ou modificam a legislação tributária interna, e serão observados pela que lhes sobrevenha.

Perceba que o art. 98 do CTN claramente indica a supremacia do tratado internacional em relação às normas internas tributárias.

O STF decidiu que o disposto no art. 151, III, da CF não impede a concessão de isenções tributárias heterônomas por meio de tratados internacionais, ou seja, é possível instituição de benefícios fiscais relativos a tributos estaduais ou municipais por meio de tratados internacionais (RE 543.943 AgR/PR).

São amplamente aceitos, ademais, tratados que garantem ao bem estrangeiro o mesmo tratamento tributário dado ao similar nacional (GATT, OMC).

Assim, se o peixe nacional é isento de ICMS, o importado também deverá ser beneficiado.

Entretanto, é muito importante destacar a afirmação da FGV, em gabarito oficial, "que o STF entende que a concessão de isenção na via do tratado não se sujeita à vedação à concessão de isenção heterônoma, pois o âmbito de aplicação do art.151, III, da CRFB é o das relações das entidades federadas entre si, não alcançando a União quando esta se apresenta na ordem externa" (XI Exame da OAB Unificado).

7.11. Decretos

Os decretos são produzidos pelo chefe do Poder Executivo (Presidente, Governadores e Prefeitos), normalmente referendados por Ministros ou secretários.

Regulamentam as leis e não podem ultrapassar seus limites (não há, em princípio, *decretos autônomos* em matéria tributária).

Servem também para consolidar a legislação (o CTN prevê consolidação anual – art. 212).

Excepcionalmente podem ser utilizadas para alteração de alíquotas de tributos federais (II, IE, IPI, IOF, CIDE sobre combustíveis), embora a União, em regra, utilize outros instrumentos normativos (portaria ministerial, por exemplo).

Não são *normas complementares*, como definidas pelo CTN. As normas complementares, que veremos a seguir, estão abaixo dos decretos.

7.12. Normas complementares

Segundo o CTN, são normas complementares:

a) atos normativos expedidos pelas autoridades administrativas;

b) decisões administrativas com eficácia normativa;

c) práticas reiteradas das autoridades administrativas;

d) convênios entre União, Estados, DF e Municípios.

CTN, Art. 100. Parágrafo único. A observância das normas referidas neste artigo exclui a imposição de penalidades, a cobrança de juros de mora e a atualização do valor monetário da base de cálculo do tributo.

Perceba que a norma complementar, por não ser lei, não pode reduzir ou afastar tributos. Assim, caso o Executivo produza uma norma complementar nesse sentido, ela não será válida.

Entretanto, se o contribuinte cumpre a norma complementar posteriormente reconhecida como irregular e paga menos tributo do que era devido, deverá recolher a diferença, mas não poderá ser punido por isso (o erro foi do Executivo!). Nesse caso, o contribuinte deverá pagar o tributo que não recolheu, mas não serão cobradas multas ou juros de mora, conforme o art. 100, parágrafo único, do CTN.

8. VIGÊNCIA, APLICAÇÃO, INTERPRETAÇÃO E INTEGRAÇÃO DA LEGISLAÇÃO TRIBUTÁRIA

8.1. Vigência

8.1.1. *Distinção entre validade, vigência e eficácia*

A doutrina nem sempre é harmônica na definição dos conceitos de validade, vigência e eficácia. Apresentamos entendimento que se alinha com as normas do CTN e da CF em matéria tributária.

Validade é a pertinência da norma ao sistema jurídico. Norma válida é a produzida pelo órgão competente, observadas as regras aplicáveis.

Vigência é a delimitação *temporal* e *espacial* da validade da norma.

Eficácia refere-se à possibilidade de a norma produzir efeitos concretos.

8.1.2. *Exemplos: validade, vigência e eficácia*

Norma válida, mas não vigente: durante *vacatio legis*.

Norma não válida, mas vigente: norma revogada, com vigência para fatos passados (ou vigor).

Norma válida e vigente, mas não eficaz: ausência de regulamentação necessária para sua aplicação, ou antes de decorrido o prazo da anterioridade.

8.1.3. *Vigência no espaço*

Em conformidade com o *princípio da territorialidade*, as normas têm vigência nos limites do território do ente tributante (País, Estado, DF ou Município).

Uma norma da União aplica-se em todo o território nacional. Uma norma do Estado vige em seu respectivo território. O mesmo vale para o DF e para cada Município.

No âmbito federal, o IR aplica-se a fatos ocorridos no exterior, desde que haja elemento de conexão com o Brasil. São comuns tratados contra bitributação.

No âmbito dos Estados, DF e Municípios, é possível a extraterritorialidade conforme convênios ou normas gerais – art. 102 do CTN.

8.1.4. Vigência no tempo

A vigência no tempo é regulada pelas normas gerais do direito brasileiro – regra de 45 dias para *vacatio legis* (art. 1º da LINDB).

Atualmente, as leis devem indicar quando entram em vigor (art. 8º da LC 95/1998), sendo comum a expressão "essa lei entra em vigor na data de sua publicação".

O tratado internacional entra em vigor no âmbito interno com a vigência do decreto presidencial que o promulga; no âmbito externo, o tratado entra em vigor conforme acordado ou a partir da manifestação de consentimento dos Estados.

Regras para a vigência da legislação complementar (art. 103 do CTN), salvo disposição em contrário:

a) atos normativos das autoridades administrativas: vigência a partir da data de sua publicação;

b) decisões com eficácia normativa: vigência 30 dias após a publicação;

c) convênios: vigência na data neles prevista (a rigor, não há regra subsidiária no CTN, para o caso de omissão).

8.1.5. Vigência no tempo: questão da isenção

Pela literalidade do CTN, a isenção é simples exclusão do crédito (dispensa do pagamento), de modo que há fato gerador e surge a obrigação.

A revogação da isenção, assim, não corresponderia à instituição do tributo ou à sua majoração.

No caso de impostos sobre patrimônio (ITR, IPTU, IPVA) e renda (IR), há norma expressa no CTN determinando que a revogação da isenção observe o princípio da anterioridade:

> CTN, art. 104. Entram em vigor no primeiro dia do exercício seguinte àquele em que ocorra a sua publicação os dispositivos de lei, referentes a impostos sobre o *patrimônio* ou a *renda*:
>
> (...)
>
> III – que *extinguem ou reduzem isenções*, salvo se a lei dispuser de maneira mais favorável ao contribuinte, e observado o disposto no artigo 178.

Para a doutrina mais moderna, a isenção afasta a incidência tributária, ou seja, não há fato gerador, nem obrigação tributária.

Nessa linha de raciocínio, a revogação da isenção *sempre corresponde* à instituição ou majoração do tributo, de modo que se submete à anterioridade.

Perceba, portanto, que há duas linhas interpretativas a respeito da revogação da isenção e da vigência da tributação correspondente.

Importante salientar que as decisões mais recentes do STF são no sentido de que se aplica o princípio da anterio-

ridade tributária, geral e nonagesimal, caso o tributo esteja a elas sujeito, nas hipóteses de redução ou de supressão de benefícios ou de incentivos fiscais, haja vista que tais situações configuram majoração indireta de tributos. O objetivo é garantir a segurança jurídica ao contribuinte, para que este não seja surpreendido com um aumento inesperado da carga tributária sem a concessão de prazo mínimo para adaptação da sua política fiscal (RE 564225).

8.2. Aplicação

8.2.1. Definição

Aplicação refere-se ao ato de vontade pelo qual determinados agentes, em face de uma situação concreta, decidem qual a norma incidente.

8.2.2. Aplicação a fatos futuros e pendentes

Conforme o art. 105 do CTN, a legislação aplica-se imediatamente aos fatos geradores futuros e pendentes.

Vimos o caso do IR, ao estudar a irretroatividade (durante o ano-base, seu fato gerador está pendente, concluindo-se apenas no último instante do dia 31 de dezembro).

8.2.3. Aplicação a fatos pretéritos

Ao estudarmos o princípio da irretroatividade, apontamos os casos excepcionais em que a lei se aplica a fato anterior à sua vigência:

a) lei expressamente interpretativa, sem penalidade pela infração dos dispositivos interpretados (art. 106, I, do CTN);

b) norma sancionadora mais benéfica ao infrator (*lex mitior*), exceto no caso de ato definitivamente julgado (art. 106, II, do CTN);

c) novas regras para a fiscalização ou aumento das garantias e privilégios do crédito, exceto criação de responsabilidade (art. 144, § 1º, do CTN).

8.3. Interpretação

8.3.1. Definição

Interpretar é construir o conteúdo, o sentido e o alcance das normas jurídicas a partir da leitura dos textos legais.

Por outra linha doutrinária, interpretar é o esforço para extrair do texto legal o significado depositado pelo legislador.

A interpretação é pressuposto para a aplicação da legislação.

8.3.2. Métodos interpretativos

Aplicam-se ao Direito Tributário os métodos interpretativos da teoria geral do direito, tais como:

a) gramatical ou literal;

b) lógico-sistemático;

c) teleológico ou conforme a finalidade;

d) histórico.

Há, entretanto, regras específicas no CTN, que veremos mais adiante (arts. 109 a 112).

8.4 Integração

Em caso de ausência de disposição expressa (lacuna), a autoridade competente para aplicar a legislação tributária utilizará, sucessivamente, na ordem indicada (art. 108 do CTN):

> 1º – analogia;
> 2º – princípios gerais de Direito Tributário;
> 3º – princípios gerais de Direito Público;
> 4º – equidade.

É importante que o estudante memorize esses instrumentos de integração, inclusive sua ordem de aplicação, pois isso é muito exigido em exames.

8.4.1. Analogia

Em caso de lacuna, o intérprete busca situação fática semelhante, verifica a norma aplicável a ela e, em seguida, adota-a para o caso analisado (= analogia).

Parte da premissa de que, se o legislador tivesse pensado no caso em análise, teria fixado a mesma norma aplicável para a situação semelhante.

O emprego da analogia não poderá resultar na exigência de tributo não previsto em lei.

Tampouco é possível benefício fiscal por analogia.

8.4.2. Princípios gerais de Direito Tributário

Outro instrumento para a solução de lacunas é a utilização dos princípios gerais de Direito Tributário, como capacidade contributiva, isonomia, irretroatividade, anterioridade, não confisco, uniformidade territorial, não diferenciação etc.

8.4.3. Princípios gerais de direito público

O aplicador da lei utilizará, ainda, os princípios gerais de direito público, como supremacia do interesse público sobre o particular, indisponibilidade do interesse público, ampla defesa etc.

8.4.4. Equidade

Equidade é a justiça aplicada ao caso concreto.

Embora a aplicação da lei seja inafastável (*dura lex sed lex* – a lei é dura, mas é a lei), é preciso reconhecer que sua aplicação cega pode implicar injustiça para todos (*summum jus summa injuria* – quanto maior o direito, maior pode ser a injustiça).

O emprego da equidade não poderá resultar na dispensa do pagamento de tributo devido.

8.5. Princípios de direito privado na interpretação tributária

CTN, Art. 109. Os princípios gerais de direito privado utilizam-se para pesquisa da definição, do conteúdo e do alcance de seus institutos, conceitos e formas, mas não para definição dos respectivos efeitos tributários.

Se a norma tributária refere-se a "pai" ou a "curador", o intérprete analisará o conceito à luz do direito privado, mas não seus efeitos tributários (responsabilidade pelo tributo, por exemplo).

Dessa forma, consultará o Código Civil para definir o que é *pai* ou *curador*, mas não para a definição de responsabilidade. A responsabilidade tributária do pai ou do curador (efeito tributário) será interpretada à luz da legislação e dos princípios tributários.

8.6. Interpretação das normas de competência

CTN, Art. 110. A lei tributária não pode alterar a definição, o conteúdo e o alcance de institutos, conceitos e formas de direito privado, utilizados, expressa ou implicitamente, pela Constituição Federal, pelas Constituições dos Estados, ou pelas Leis Orgânicas do Distrito Federal ou dos Municípios, para definir ou limitar competências tributárias.

A competência fixada pela Constituição Federal é inalterável pela lei.

Assim, se o constituinte definiu que o Estado pode tributar a propriedade de veículos automotores, não pode o legislador local consignar que, para fins de IPVA, cavalos serão considerados veículo automotor.

Isso seria o mesmo que ampliar a competência tributária, o que não pode ser feito por norma infraconstitucional.

8.7. Interpretação literal dos benefícios

CTN, Art. 111. Interpreta-se literalmente a legislação tributária que disponha sobre:

I – suspensão ou exclusão do crédito tributário;

II – outorga de isenção;

III – dispensa do cumprimento de obrigações tributárias acessórias.

A regra é a incidência tributária e o cumprimento dos deveres acessórios. A exceção (benefício fiscal) deve ser interpretada estritamente (ou literalmente, conforme o CTN).

Isso significa que uma isenção, por exemplo, jamais pode ser interpretada extensivamente para abranger situações ou pessoas não indicadas expressamente na lei.

Já vimos que determinados benefícios fiscais devem ser veiculados por lei específica, que trate apenas do benefício ou do tributo a que se referem, conforme o art. 150, § 6º, da CF:

CF, art. 150, § 6º Qualquer subsídio ou isenção, redução de base de cálculo, concessão de crédito presumido, anistia ou remissão, relativos a impostos, taxas ou contribuições, só poderá ser concedido mediante lei específica, federal, estadual ou municipal, que regule exclusivamente as matérias acima enumeradas ou o correspondente tributo ou contribuição, sem prejuízo do disposto no art. 155, § 2.º, XII, *g* [benefícios de ICMS dependem de convênios interestaduais].

8.8. Interpretação benigna das sanções

Havendo dúvida, a lei tributária sancionadora deve ser interpretada de modo mais benéfico ao acusado.

CTN, Art. 112. A lei tributária que define infrações, ou lhe comina penalidades, interpreta-se da maneira mais favorável ao acusado, em caso de dúvida quanto:

I – à capitulação legal do fato;

II – à natureza ou às circunstâncias materiais do fato, ou à natureza ou extensão dos seus efeitos;

III – à autoria, imputabilidade, ou punibilidade;

IV – à natureza da penalidade aplicável, ou à sua graduação.

É regra parecida com o *in dubio pro reo* do Direito Penal.

Perceba, entretanto, que essa interpretação mais benéfica é feita apenas no caso de dúvida a respeito das matérias indicadas no dispositivo.

9. OBRIGAÇÃO TRIBUTÁRIA, FATO GERADOR E CRÉDITO

9.1. Obrigação tributária

A obrigação tributária refere-se à relação entre o sujeito passivo e o sujeito ativo, que surge com o fato gerador, e à prestação correspondente.

Veja uma representação gráfica da obrigação tributária, surgida com o fato gerador, e a constituição do crédito tributário pelo lançamento (o lançamento se refere à obrigação principal, como veremos mais adiante).

9.1.1. Espécies (art. 113 do CTN)

Há duas espécies de obrigação tributária:

a) Obrigação principal (tem por objeto prestação pecuniária, tributo ou penalidade);

b) Obrigação acessória (a prestação não é pecuniária).

9.1.1.1. Obrigação principal

CTN, Art. 113, § 1º. A obrigação principal surge com a ocorrência do fato gerador, tem por objeto o pagamento de tributo ou penalidade pecuniária e extingue-se juntamente com o crédito dela decorrente.

O objeto da obrigação principal é sempre a entrega de dinheiro (tributo ou penalidade pecuniária).

9.1.1.2. Obrigação acessória

CTN, Art. 113, § 2º A obrigação acessória decorre da legislação tributária e tem por objeto as prestações, positivas ou negativas, nela previstas no interesse da arrecadação ou da fiscalização dos tributos.

O objeto da obrigação acessória não é pecuniário, ou seja, é qualquer outra coisa que não seja entregar dinheiro ao Fisco, mas que tenha relação, evidentemente, com a tributação. Exemplos: emitir nota fiscal, escriturar livros, apresentar declarações, permitir a entrada do fiscal no estabelecimento.

A obrigação acessória decorre da *legislação tributária* (não necessariamente lei, mas também pode ser decreto, portaria etc.).

O Judiciário tem aceitado obrigações acessórias previstas genericamente em lei e detalhadas em norma infralegal (ex.: DIMOB – declaração de transações imobiliárias prestadas ao Fisco federal).

Apesar do nome *acessória*, essa obrigação pode existir independentemente de obrigação principal. Por exemplo, as entidades imunes devem manter escrituração fiscal (obrigação acessória), embora não haja obrigação principal (dever de pagar tributo). Outro exemplo é o caso da suspensão da exigibilidade do crédito tributário (obrigação principal), que não afasta as obrigações acessórias.

Caso haja descumprimento da obrigação acessória (inadimplemento), surge penalidade pecuniária (multa):

CTN, Art. 113, § 3º A obrigação acessória, pelo simples fato da sua inobservância, converte-se em obrigação principal relativamente à penalidade pecuniária.

9.2. Fato gerador

9.2.1. Fato gerador: duplo sentido

A expressão *fato gerador* é utilizada em dois sentidos:

a) previsão legal (geral e abstrata) da situação que faz surgir a obrigação tributária = hipótese de incidência, fato gerador abstrato.

b) efetiva ocorrência do fato da vida previsto na lei = fato imponível, fato gerador concreto, fato jurídico tributário.

9.2.2. Fato gerador da obrigação principal

CTN, Art. 114. Fato gerador da obrigação principal é a situação definida em lei como necessária e suficiente à sua ocorrência.

Fato gerador da obrigação principal é a situação prevista em *lei*, *necessária* e *suficiente* para sua ocorrência:

a) *necessária*: sem o fato gerador não há obrigação;

b) *suficiente*: não é preciso mais nada para surgir a obrigação tributária.

9.2.3. Fato gerador da obrigação acessória

CTN, Art. 115. Fato gerador da obrigação acessória é qualquer situação que, na forma da legislação aplicável, impõe a prática ou a abstenção de ato que não configure obrigação principal.

Fato gerador da obrigação acessória é a situação prevista na legislação que faz surgir essa relação obrigacional não pecuniária.

Perceba que o CTN não faz referência à *lei*, mas apenas à *legislação*, o que gera o debate que já vimos ao estudarmos a obrigação acessória (necessidade de lei em sentido estrito para sua instituição).

É definido por exclusão (faz surgir obrigação tributária que não é principal, ou seja, que não é pecuniária).

9.2.4. Fato gerador: momento da ocorrência

Se o fato gerador for *situação de fato*, dá-se por ocorrido desde o momento em que se verifiquem as circunstâncias materiais necessárias a que produza os efeitos que normalmente lhe são próprios (art. 116, I, do CTN).

Por exemplo, a circulação de mercadoria (fato gerador do ICMS) é uma situação de fato, que ocorre com a saída para o adquirente.

Se for *situação jurídica*, desde o momento em que esteja definitivamente constituída, nos termos de direito aplicável (art. 116, II, do CTN).

8. DIREITO TRIBUTÁRIO

Por exemplo, a propriedade de imóvel urbano (fato gerador do IPTU) é uma situação jurídica, pois é regulada por outro ramo do direito (o Direito Civil), segundo o qual o domínio existe a partir do registro imobiliário. Assim, o fato gerador do IPTU ocorre, em relação a determinado contribuinte, somente a partir do registro imobiliário em seu nome.

9.2.5. Fato gerador: momento da ocorrência de situação jurídica condicionada

Se o fato gerador for situação jurídica e houver condição suspensiva, entende-se que ocorre desde o momento de seu implemento (somente então ocorre o fato gerador – art. 117, I, do CTN).

Por exemplo, em uma doação condicionada a evento futuro e incerto (casamento do beneficiado), o fato gerador do ITCMD (imposto estadual que incide sobre doações) ocorre apenas quando a condição é implementada (com o casamento e a efetiva doação, nesse exemplo).

Se o fato gerador for situação jurídica com condição resolutiva (ou resolutória), dá-se por ocorrido desde o momento da prática do ato ou da celebração do negócio (art. 117, II, do CTN). A rigor, essa condição é irrelevante para o fato gerador.

Por exemplo, um empréstimo bancário com cláusula extintiva em caso de alta inflação. Quando o empréstimo é realizado, com a disponibilização do dinheiro ao tomador, incide o IOF federal, sendo irrelevante o implemento futuro da cláusula resolutiva.

9.2.6. Fato gerador: irrelevância da validade ou dos efeitos

A definição legal do fato gerador é interpretada abstraindo-se (art. 118 do CTN):

a) da validade jurídica dos atos efetivamente praticados e da natureza de seu objeto ou dos seus efeitos – ex.: advocacia por profissional sem registro na OAB (incide o ISS);

b) dos efeitos dos fatos efetivamente ocorridos – ex.: mercadoria roubada após a venda (incide o ICMS).

A situação que configura o *fato* gerador é necessária e suficiente, de modo que a validade ou os efeitos dos atos praticados e dos atos ocorridos é irrelevante.

Por exemplo, se ocorre uma venda, o preço devido pelo adquirente do produto configura receita do vendedor, que é fato gerador da contribuição ao PIS e da COFINS. Ainda que haja inadimplência do comprador, ou seja, ainda que o vendedor não receba esse preço, deverá recolher o tributo, pois o fato gerador ocorreu (houve receita – ver tese de repercussão geral 87/STF).

9.2.7. Fato gerador: norma antielisiva

CTN, Art. 116, Parágrafo único. A autoridade administrativa poderá desconsiderar atos ou negócios jurídicos praticados com a finalidade de dissimular a ocorrência do fato gerador do tributo ou a natureza dos elementos constitutivos da obrigação tributária, observados os procedimentos a serem estabelecidos em lei ordinária.

O legislador pretendeu reduzir as brechas pelas quais os contribuintes buscam reduzir o recolhimento do tributo.

A rigor, elisão fiscal ou planejamento tributário é algo legal. O que se veda é a evasão fiscal (= ilícito).

Dissimular é ocultar a ocorrência do fato gerador. Caso haja dissimulação, a autoridade administrativa deve desconsiderar os atos ou negócios praticados com essa finalidade e cobrar o tributo devido.

Discute-se se a falta de propósito negocial ou o abuso de forma seriam elementos para identificar a dissimulação ilícita. Não há, ainda, lei regulamentadora.

O STF declarou a constitucionalidade do parágrafo único do art. 116 do CTN, incluído pela LC 104/2001, nos seguinte termos: "Não viola o texto constitucional a previsão contida no parágrafo único do art. 116 do Código Tributário Nacional. Essa previsão legal não constitui ofensa aos princípios constitucionais da legalidade, da estrita legalidade e da tipicidade tributária, e da separação dos Poderes. Em verdade, ela confere máxima efetividade a esses preceitos, objetivando, primordialmente, combater a evasão fiscal, sem que isso represente permissão para a autoridade fiscal de cobrar tributo por analogia ou fora das hipóteses descritas em lei, mediante interpretação econômica" (ADI 2446).

9.2.8. Fato gerador: uma classificação

Dentre as diversas classificações dos fatos geradores, apresentamos uma bastante adotada, que aponta o instantâneo, o periódico e o continuado:

✓ *Fato gerador instantâneo*: evento isolado, ocorrido em momento determinado – ex.: ICMS, IPI, II;

✓ *Fato gerador periódico*: perfaz-se ao longo de um período, dentro do qual está *pendente* – ex.: IR;

✓ *Fato gerador continuado*: situação que tende a perdurar indefinidamente no tempo – ex.: ITR, IPTU, IPVA.

9.3. Crédito tributário

9.3.1. Aspectos gerais

A obrigação tributária nasce automaticamente com a ocorrência do fato gerador, mas é *inexigível* pelo Fisco antes do lançamento.

Com o lançamento, constitui-se o *crédito* tributário, que decorre da obrigação principal e tem a mesma natureza desta (art. 139 do CTN). A partir daí, com o vencimento, a obrigação torna-se exigível.

A extinção do crédito extingue a obrigação (art. 113, § 1º, do CTN).

9.3.2. Crédito tributário: arts. 140 e 141 do CTN

As circunstâncias que modificam o crédito, sua extensão ou seus efeitos, ou as garantias ou os privilégios, ou que excluem sua exigibilidade não afetam a obrigação tributária.

Por exemplo, a nulidade do crédito ou eventual garantia real dada pelo contribuinte não alteram, necessariamente, a obrigação.

A modificação, a suspensão, a extinção e a exclusão ocorrem somente nos casos previstos no CTN.

O crédito e suas garantias não podem ser dispensados pela administração tributária, sob pena de responsabilidade funcional do agente.

10. LANÇAMENTO TRIBUTÁRIO

10.1. Definição do CTN

O lançamento tributário, pelo qual se constitui o crédito, é definido pelo art. 142 do CTN:

> **Art. 142.** Compete *privativamente* à autoridade administrativa *constituir* o crédito tributário pelo lançamento, assim entendido o procedimento administrativo tendente a verificar a ocorrência do fato gerador da obrigação correspondente, determinar a matéria tributável, calcular o montante do tributo devido, identificar o sujeito passivo e, sendo caso, propor a aplicação da penalidade cabível.

10.2. Lançamento tributário: características

O fato gerador faz surgir imediatamente a obrigação tributária. Com o lançamento (e após o vencimento), a obrigação principal (tributo ou penalidade pecuniária) torna-se exigível pelo Fisco.

Segundo o CTN, o lançamento *constitui* o crédito.

Boa parte da doutrina, entretanto, entende que o lançamento *declara* o crédito, que surge automaticamente com a obrigação.

Há uma tese conciliatória, pela qual o lançamento *declara* a ocorrência do fato gerador (passado) e *constitui* o crédito tributário (presente).

10.3. Lançamento tributário: privatividade

Segundo o CTN, o lançamento é privativo do Fisco.

Trata-se de atividade vinculada e obrigatória, sob pena de responsabilidade funcional (art. 142, parágrafo único, do CTN).

A jurisprudência, entretanto, entende que a declaração prestada pelo contribuinte, na forma da legislação de determinados tributos (por exemplo, a DCTF federal ou as declarações relativas ao ICMS), indicando a ocorrência do fato gerador e o valor do tributo devido, constitui o crédito.

Assim, se o contribuinte entrega a DCTF (declaração federal) registrando a ocorrência do fato gerador da COFINS em determinado período, com a indicação do valor devido, mas não o recolhe, entende-se que o Fisco não precisa lançar, pois o crédito já está constituído (Súmula 436 do STJ). Nesse caso, bastará inscrever o valor em dívida ativa e executá-lo judicialmente.

10.4. Lançamento tributário: formalização

O lançamento documenta a ocorrência do fato gerador e formaliza a relação jurídica obrigacional.

Pelo lançamento, indica-se o sujeito passivo, o valor do tributo (calculado normalmente pela multiplicação de uma alíquota pela base de cálculo), das multas, dos juros e da correção monetária.

Se o valor estiver em moeda estrangeira, será feita a conversão em reais no lançamento, pelo câmbio da data de ocorrência do fato gerador.

10.5. Lançamento tributário: terminologia

Muitas vezes, utiliza-se o termo *lançamento* para o tributo e *autuação* quando há constituição do crédito pela fiscalização, com aplicação de multa.

Segundo o CTN, a autoridade lançadora *propõe* a aplicação de penalidade para a autoridade superior, que decidiria a respeito.

Atualmente, entretanto, o próprio fiscal já aplica a multa, que pode ser contestada administrativamente.

10.6. Lançamento tributário: constituição provisória e definitiva

Para a jurisprudência que vem se pacificando, a notificação do lançamento constitui provisoriamente o crédito tributário.

A constituição definitiva ocorre somente com o fim do processo administrativo ou após o prazo para impugnação ou recurso pelo sujeito passivo (ver, a propósito, Súmula Vinculante 24 do STF).

10.7. Lançamento tributário: lei aplicável

> CTN, Art. 144. O lançamento reporta-se à data da ocorrência do fato gerador da obrigação e rege-se pela lei então vigente, ainda que posteriormente modificada ou revogada.
> (...)

A lei aplicável em relação ao tributo é sempre aquela vigente à época do fato gerador (art. 144 do CTN).

Lembre-se, entretanto, que se aplica a lei posterior ao fato gerador que (art. 144, § 1º, e art. 106, II, do CTN):

a) fixa novos critérios de apuração ou processos de fiscalização;

b) amplia os poderes de investigação do Fisco;

c) outorga maiores garantias ou privilégios ao crédito, exceto a atribuição de nova responsabilidade tributária a terceiros;

d) *lex mitior* (norma sancionadora mais benéfica).

10.8. Lançamento tributário: modificação

O lançamento notificado só pode ser alterado em caso de (art. 145 do CTN):

a) impugnação do sujeito passivo;

b) recurso de ofício ou;

c) iniciativa de ofício da autoridade, nos casos do art. 149 do CTN (lançamento de ofício).

A modificação de critérios jurídicos não permite a alteração do lançamento (erro de direito) – Súmula 227 do TFR.

De fato, a alteração dos critérios jurídicos somente se aplica a fatos posteriores – art. 146 do CTN Ver também o art. 23 da Lei de Introdução às Normas do Direito Brasileiro – LINDB.

Significa que, se o Fisco muda sua interpretação a respeito da norma tributária, deverá aplicá-la aos lançamentos futuros, mas não para modificar os já realizados.

10.9. Lançamento tributário: revisão por erro

Veja os seguintes exemplos de erros de fato (que permite a modificação do lançamento) e de direito (mudança de entendimento, que não permite a alteração do lançamento):

√ *Erro de fato (permite a revisão)*: a autoridade lançadora engana-se quanto à matéria tributável, pois pensou que o motor era elétrico, mas é a diesel, com alíquota aplicável maior. Nesse caso, pode e deve revisar o lançamento;

✓ *Erro de direito (não permite a revisão)*: a autoridade lançadora interpreta erroneamente a legislação aplicável, pois sabia que o motor era a diesel, mas entendeu que se aplicava, por analogia, benefício fiscal dado ao motor elétrico. Há erro de direito, que não admite a revisão do lançamento.

10.10. Modalidades de lançamento

Há somente três modalidades de lançamento: por declaração (ou misto), de ofício (ou direto) e por homologação (ou autolançamento):

Lançamento por *declaração* (ou misto)	o sujeito passivo declara e o Fisco calcula o crédito e notifica para o pagamento.
Lançamento de *ofício* (ou direto)	o Fisco faz tudo, calcula e notifica o sujeito passivo para o pagamento – ex.: IPVA, IPTU.
Lançamento por *homologação* (ou autolançamento)	o contribuinte faz tudo, calcula e recolhe o tributo (o Fisco só homologa) – ex.: ICMS, IPI, ISS, contribuições.

10.11. Lançamento por declaração (misto)

10.11.1. Definição

Lançamento por declaração é aquele realizado com base na declaração do sujeito passivo ou de terceiro, prestada ao Fisco, na forma da *legislação*, com informações sobre *matéria de fato* indispensáveis para a constituição do crédito (art. 147 do CTN).

O Fisco analisa essa declaração e, com base nela, calcula o valor devido, notificando o contribuinte para que pague.

10.11.2. Lançamento por declaração: erro e retificação

O declarante pode retificar a declaração que vise a reduzir ou a excluir o tributo somente *antes da notificação* do lançamento, desde que comprove o erro (art. 147, § 1º, do CTN).

Depois da notificação, o sujeito passivo pode contestar judicialmente o crédito (entendimento doutrinário).

Se o erro for apurável pelo próprio exame da declaração, será corrigido de ofício pela autoridade (art. 147, § 2º, do CTN).

Alguns autores afirmam que o ITR é lançado por declaração, mas a jurisprudência pacificou-se em sentido diverso (o ITR é lançado por homologação – ver STJ, REsp 1.027.051/ SC, 2ª T., j. 07.04.2011, rel. Min. Humberto Martins, rel. p/ acórdão Min. Mauro Campbell Marques, *DJe* 17.05.2011).

A rigor, praticamente não existe tributo relevante no Brasil que seja atualmente lançado por declaração.

10.11.3. Lançamento por declaração: arbitramento

Quando há *omissão* ou *não mereçam fé* os documentos, declarações ou esclarecimentos, cabe arbitramento por parte do Fisco.

O arbitramento refere-se a *valores ou preços* de bens, direitos, serviços ou atos jurídicos necessários para o lançamento.

Deve ser instaurado *processo administrativo regular* pelo Fisco para *arbitramento* do valor ou preço (não é arbitrarie-

dade!), garantido o *contraditório* (administrativo e judicial) em caso de contestação (art. 148 do CTN).

Essas regras do art. 148 do CTN são aplicáveis a qualquer arbitramento realizado pela autoridade fiscal, mesmo no caso de autuação (lançamento de ofício) relativa a tributo originariamente lançado por homologação.

10.12. Lançamento de ofício (direto)

10.12.1. Definição

Lançamento de ofício é a modalidade em que o Fisco lança diretamente, verificando a ocorrência do fato gerador, determinando a matéria tributável, calculando o montante do tributo, identificando o sujeito passivo e aplicando a penalidade (art. 149 do CTN).

Não há, nesse caso, participação direta do sujeito passivo.

O Fisco utiliza dados de cadastros, muitas vezes alimentados por declarações dos contribuintes, mas isso não pode levar o estudante a confundir o lançamento de ofício com o lançamento por declaração.

10.12.2. Lançamento de ofício: cabimento

Cabe lançamento de ofício para *todos* os tributos:

a) originariamente, quando a lei indica essa modalidade de lançamento para o tributo;

b) subsidiariamente, quando o tributo deveria ter sido lançado por declaração ou por homologação, mas não foi, por omissão, culpa, erro, fraude etc.

O art. 149 do CTN cuida também da aplicação de penalidade pecuniária isolada (sem lançamento de tributo) e da revisão do lançamento de ofício anteriormente realizado (por erro ou falta funcional).

10.12.3. Lançamento de ofício: art. 149 do CTN

Vejamos, a seguir, as hipóteses de lançamento e revisão de ofício, listadas no art. 149 do CTN.

Art. 149. O lançamento é efetuado e revisto de ofício pela autoridade administrativa nos seguintes casos:

I – quando a lei assim o determine;

(...)

O inciso I indica o caso do lançamento de ofício originário, quando a lei determina essa modalidade para determinado tributo (ex.: IPVA, IPTU).

Art. 149. O lançamento é efetuado e revisto de ofício pela autoridade administrativa nos seguintes casos:

(...)

II – quando a declaração não seja prestada, por quem de direito, no prazo e na forma da legislação tributária;

(...)

O inciso II corresponde ao caso de omissão do sujeito passivo ou do terceiro obrigado à declaração (no lançamento por declaração), que leva o Fisco a lançar de ofício.

Art. 149. O lançamento é efetuado e revisto de ofício pela autoridade administrativa nos seguintes casos:

(...)

III – quando a pessoa legalmente obrigada, embora tenha prestado declaração nos termos do inciso anterior, deixe de atender, no prazo e na forma da legislação tributária, a pedido de esclarecimento formulado pela autoridade administrativa, recuse-se a prestá-lo ou não o preste satisfatoriamente, *a juízo daquela autoridade*;

(...)

Outro caso de omissão, em relação a pedido de esclarecimento feito pelo Fisco, no inciso III. Há uma peculiar discricionariedade da administração tributária que, se entender que o esclarecimento não é satisfatório (ou não ocorreu), deverá lançar de ofício.

Art. 149. O lançamento é efetuado e revisto de ofício pela autoridade administrativa nos seguintes casos:

(...)

IV – quando se comprove falsidade, erro ou omissão quanto a qualquer elemento definido na legislação tributária como sendo de declaração obrigatória;

(...)

Conforme o inciso, IV, há lançamento de ofício também no caso de falsidade ou erro na declaração prestada pelo particular.

Art. 149. O lançamento é efetuado e revisto de ofício pela autoridade administrativa nos seguintes casos:

(...)

V – quando se comprove omissão ou inexatidão, por parte da pessoa legalmente obrigada, no exercício da atividade a que se refere o artigo seguinte [lançamento por homologação];

(...)

Hipótese de omissão ou inexatidão do sujeito passivo em relação ao lançamento por homologação. Nesse caso, do inciso V, o Fisco lançará de ofício.

Art. 149. O lançamento é efetuado e revisto de ofício pela autoridade administrativa nos seguintes casos:

(...)

VI – quando se comprove ação ou omissão do sujeito passivo, ou de terceiro legalmente obrigado, que dê lugar à aplicação de penalidade pecuniária;

(...)

O inciso VI refere-se à aplicação de penalidade pecuniária, sendo comum o uso do termo *autuação* para esse lançamento de ofício.

Art. 149. O lançamento é efetuado e revisto de ofício pela autoridade administrativa nos seguintes casos:

(...)

VII – quando se comprove que o sujeito passivo, ou terceiro em benefício daquele, agiu com dolo, fraude ou simulação;

(...)

Trata-se, no inciso VII, de reiteração da possibilidade de autuação no caso de ilícito tributário.

Art. 149. O lançamento é efetuado e revisto de ofício pela autoridade administrativa nos seguintes casos:

(...)

VIII – quando deva ser apreciado fato não conhecido ou não provado por ocasião do lançamento anterior;

(...)

Hipótese (inciso VIII) de revisão de anterior lançamento de ofício, em que a matéria tributável não havia sido adequadamente apreciada (erro de fato). Lembre-se que o erro de direito (mudança de entendimento quanto à interpretação da legislação) não permite a revisão.

Art. 149. O lançamento é efetuado e revisto de ofício pela autoridade administrativa nos seguintes casos:

(...)

IX – quando se comprove que, no lançamento anterior, ocorreu fraude ou falta funcional da autoridade que o efetuou, ou omissão, pela mesma autoridade, de ato ou formalidade especial.

(...)

O inciso IX refere-se à revisão do lançamento de ofício anteriormente realizado, por fraude, falta ou omissão da autoridade fiscal.

Art. 149. O lançamento é efetuado e revisto de ofício pela autoridade administrativa nos seguintes casos:

(...)

Parágrafo único. A revisão do lançamento só pode ser iniciada enquanto não extinto o direito da Fazenda Pública.

Após o prazo decadencial, não é mais possível revisar o lançamento anterior. Estudaremos a decadência quando analisarmos as modalidades de extinção do crédito tributário, mais adiante.

10.13. Lançamento por homologação (autolançamento)

10.13.1. Definição

Lançamento por homologação é aquele em que o próprio sujeito passivo verifica a ocorrência do fato gerador, calcula o tributo devido e, antes de qualquer atuação do Fisco, recolhe o valor correspondente.

À autoridade administrativa resta homologar a atividade do sujeito passivo, expressa ou tacitamente.

Como o sujeito passivo faz tudo, é também conhecido como *autolançamento*.

10.13.2. Art. 150, caput, do CTN

Art. 150. O lançamento por homologação, que ocorre quanto aos tributos cuja legislação atribua ao sujeito passivo o dever de *antecipar o pagamento* sem prévio exame da autoridade administrativa, *opera-se pelo ato* em que a referida autoridade, tomando conhecimento da atividade assim exercida pelo obrigado, *expressamente a homologa*.

(...)

O CTN procurou manter a tese de que o lançamento é privativo do Fisco, razão pela qual se refere à homologação pela autoridade competente, que pode ser tácita. Na verdade, quase sempre há apenas homologação tácita.

10.13.3. Lançamento por homologação: momento da extinção do crédito

Art. 150, § 1º. O pagamento antecipado pelo obrigado nos termos deste artigo extingue o crédito, sob condição resolutória da ulterior homologação ao lançamento.
(...)

Atualmente, após enorme discussão judicial, a legislação é clara ao afirmar que a extinção do crédito se dá com o pagamento realizado pelo sujeito passivo, e não com a homologação pelo Fisco – art. 3º da LC 118/2005.

Isso é relevante para a contagem do prazo para a repetição de eventual indébito (quando o sujeito paga tributo indevido e pede a restituição do valor). Voltaremos ao assunto ao tratarmos da extinção do crédito e das ações tributárias.

10.13.4. Homologação tácita – art. 150, § 4º, CTN

Se não houver homologação expressa do Fisco, ocorre a homologação tácita, após 5 anos contados do fato gerador.

Com a sua ocorrência, não há como o Fisco rever o lançamento (ocorre decadência).

Entretanto, para que seja possível, é preciso que tenha havido recolhimento.

Não há homologação tácita, tampouco, no caso de dolo, fraude ou simulação.

10.13.5. Tributo declarado e não pago e depósito

Nos tributos empresariais lançados por homologação (IPI, ICMS, COFINS etc.) costuma haver declaração prestada ao Fisco, informando a matéria tributável e o valor do tributo (ex.: DCTF).

Essa declaração é considerada "confissão" do devedor, que corresponde ao próprio lançamento (não é necessário qualquer outro ato pelo Fisco, em caso de tributo declarado e não pago) – Súmula 436 do STJ.

Isso também ocorre no depósito judicial realizado para suspender o crédito antes do lançamento.

Nessas duas hipóteses, o Fisco não precisa realizar o lançamento. No caso da declaração, basta inscrever o valor em dívida ativa e cobrar judicialmente. No caso do depósito, caso o Fisco vença a demanda, o valor é convertido em renda (entra definitivamente para os cofres públicos).

11. SUJEIÇÃO PASSIVA

11.1. Definição

A sujeição passiva refere-se à ocupação do polo passivo da obrigação tributária, à condição de devedor da prestação correspondente.

Sujeito passivo da obrigação principal é a pessoa obrigada ao pagamento do tributo ou da penalidade pecuniária (art. 121, *caput*, do CTN).

Sujeito passivo da obrigação acessória é a pessoa obrigada às prestações que constituem seu objeto (art. 122 do CTN).

11.2. Legalidade

O sujeito passivo da obrigação principal deve ser indicado pela lei.

No caso dos impostos previstos na Constituição Federal, o *contribuinte* (uma das duas espécies de sujeito passivo tributário) deve estar definido em lei complementar federal (art. 146, III, *a*, da CF).

11.3. Convenções particulares não alteram a sujeição passiva

Nos termos do art. 123 do CTN, salvo disposições de lei em contrário, as convenções particulares, relativas à responsabilidade pelo pagamento de tributos, não podem ser opostas à Fazenda Pública, para modificar a definição legal do sujeito passivo das obrigações tributárias correspondentes.

É comum, por exemplo, que nos contratos de locação de imóvel o inquilino fique responsável pelo recolhimento do IPTU. Para o Fisco, entretanto, essa disposição contratual é irrelevante. Em caso de inadimplemento, o tributo será cobrado do proprietário que a lei indica como contribuinte do imposto municipal.

De modo análogo, o locatário não possui legitimidade ativa para discutir a relação jurídico-tributária de IPTU e de taxas referentes ao imóvel alugado nem para repetir indébito desses tributos – Súmula 614/STJ.

De fato, se o sujeito passivo é indicado pela lei, não haveria como um acordo privado alterá-lo perante o Fisco.

11.4. Espécies de sujeito passivo (obrigação principal)

Há apenas duas espécies de sujeito passivo da obrigação principal: o contribuinte e o responsável tributário.

Contribuinte (sujeito passivo natural, direto) é o sujeito passivo que tem relação pessoal e direta com a situação que constitua o fato gerador (é o agente, o titular ou o beneficiário dessa situação).

Responsável (sujeito passivo indireto) é o sujeito passivo que, sem se revestir da condição de contribuinte, tem sua obrigação decorrente de disposição expressa da *lei*. Ou seja, é definido por exclusão: responsável é o sujeito passivo indicado pela lei, mas que não tem relação pessoal e direta com o fato gerador (não é contribuinte).

11.5. Contribuinte (sujeito passivo natural, direto)

Veja, na seguinte representação gráfica, que o contribuinte é o sujeito passivo que tem relação pessoal e direta com o fato gerador.

Contribuinte é o agente, o titular ou o beneficiário da situação que configura o fato gerador.

11.5.1. Contribuinte: exemplos

Lembre-se que contribuinte é o agente, o titular ou o beneficiário da situação que configura o fato gerador, tendo com ela uma relação pessoal e direta.

Veja, nos seguintes exemplos, como é fácil identificá-lo, a partir dos fatos geradores:

✓ IR: o fato gerador do imposto de renda é auferir renda, logo, contribuinte é quem aufere a renda (agente);

✓ ICMS: o principal fato gerador corresponde à circulação de mercadoria, de modo que contribuinte é quem promove essa circulação (agente);

✓ ISS: o fato gerador é a prestação de determinados serviços, razão pela qual contribuinte é quem presta o serviço (agente);

✓ ITR, IPVA, IPTU: o fato gerador desses impostos é a propriedade (de imóveis ou automóveis), de modo que o contribuinte só poderia ser o respectivo proprietário (titular);

✓ Taxas: o fato gerador é o exercício do poder de polícia ou a prestação de determinados serviços, logo, contribuintes são, respectivamente, o fiscalizado e o usuário do serviço (beneficiários);

✓ Contribuição de melhoria: o fato gerador é a valorização imobiliária decorrente de obra pública, razão pela qual contribuinte é quem percebe o aumento patrimonial decorrente da obra (beneficiário).

11.5.2. Contribuinte: capacidade contributiva

Contribuinte é o sujeito passivo direto, quem *naturalmente* deve ocupar o polo passivo da obrigação, pois é quem demonstra *capacidade contributiva*, quem deve ser onerado pelo tributo.

11.6. Solidariedade

11.6.1. Definição

Há solidariedade no Direito Tributário quando duas ou mais pessoas ocupam o polo passivo da obrigação tributária.

Não há benefício de ordem perante o Fisco (eventual direito de regresso é regulado pelo direito privado), ou seja, a administração tributária pode cobrar a totalidade do crédito de qualquer um dos sujeitos passivos solidários.

Há duas grandes distinções em relação à solidariedade do Código Civil: no Direito Tributário, a solidariedade é somente passiva e jamais decorre da vontade das partes.

11.6.2. Solidariedade: espécies (art. 124 do CTN)

Existem duas espécies de solidariedade tributária: natural e legal.

Natural: é a solidariedade entre as pessoas que têm interesse comum na situação que constitua o fato gerador da obrigação principal.

Por exemplo, condôminos em relação ao IPTU, comunhão universal em relação ao IR. Não é o caso do vendedor e do adquirente em relação ao ITBI, pois os interesses não são comuns (um quer vender e o outro quer comprar).

Apesar de pecuniária, a prestação tributária é tratada como sendo indivisível.

Legal: é a solidariedade entre pessoas expressamente designadas em lei.

11.6.3. Solidariedade: efeitos

O art. 125 do CTN traz os efeitos da solidariedade tributária:

Art. 125. Salvo disposição de lei em contrário, são os seguintes os efeitos da solidariedade:

I – o pagamento efetuado por um dos obrigados aproveita aos demais;

II – a isenção ou remissão de crédito exonera todos os obrigados, salvo se outorgada pessoalmente a um deles, subsistindo, nesse caso, a solidariedade quanto aos demais pelo saldo;

III – a interrupção da prescrição, em favor ou contra um dos obrigados, favorece ou prejudica aos demais.

Perceba o caso peculiar do inciso II. O benefício fiscal concedido pessoalmente a um dos obrigados não aproveita aos outros. Por exemplo, se há isenção de IPTU para maiores de 60 anos e apenas um dos dois condôminos preenche o requisito (o outro é mais jovem), somente o primeiro deles é beneficiado, em relação à sua parcela do imóvel.

11.7. Capacidade tributária

11.7.1 Definição

Capacidade tributária é expressão utilizada em dois sentidos:

a) aptidão para ocupar o polo passivo da obrigação tributária, ou seja, para ser sujeito passivo;

b) aptidão para realizar o fato gerador do tributo.

11.7.2. Características da capacidade tributária

CTN, Art. 126. A capacidade tributária passiva independe:

I – da capacidade civil das pessoas naturais;

II – de achar-se a pessoa natural sujeita a medidas que importem privação ou limitação do exercício de atividades civis, comerciais ou profissionais, ou da administração direta de seus bens ou negócios;

III – de estar a pessoa jurídica regularmente constituída, bastando que configure uma unidade econômica ou profissional.

Mesmo os incapazes (absoluta ou relativamente) podem ser sujeitos passivos de tributos. Temos *fato* gerador, não *ato* gerador, de modo que a vontade do agente é irrelevante, em princípio, para fins tributários. Menor de idade, deficientes mentais, pródigos etc., todos eles têm capacidade tributária.

Falido, profissional com licença cassada etc. também podem ser sujeitos passivos.

Sociedade irregular, espólio, condomínio, massa falida têm capacidade tributária e podem ser sujeitos passivos (ainda que não tenham personalidade jurídica própria).

11.8. Domicílio tributário

11.8.1. Definição

Domicílio tributário é o local em que o sujeito passivo deve ser encontrado; onde as notificações serão entregues; onde, em princípio, o tributo será recolhido (art. 159 do CTN).

11.8.2. Eleição pelo próprio sujeito passivo

Em regra, o sujeito passivo escolhe seu domicílio tributário na forma da legislação.

Ele pode indicar ao Fisco qualquer endereço, desde que não prejudique a cobrança. Entende-se que essa escolha deve recair em uma localidade dentro do território do ente tributante.

O CTN traz regras subsidiárias para a definição do domicílio somente para os casos em que não há essa opção expressa pelo sujeito passivo ou quando ela é recusada pelo Fisco.

11.8.3. Domicílio: regra subsidiária

Veja, portanto, que, quando o sujeito passivo não indica expressamente seu domicílio, aplica-se o art. 127 do CTN para sua fixação:

> CTN, Art. 127. Na *falta de eleição*, pelo contribuinte ou responsável, de domicílio tributário, na forma da legislação aplicável, considera-se como tal:
>
> I – quanto às pessoas naturais, a sua residência habitual, ou, sendo esta incerta ou desconhecida, o centro habitual de sua atividade;
>
> II – quanto às pessoas jurídicas de direito privado ou às firmas individuais, o lugar da sua sede, ou, em relação aos atos ou fatos que derem origem à obrigação, o de cada estabelecimento;
>
> III – quanto às pessoas jurídicas de direito público, qualquer de suas repartições no território da entidade tributante.
>
> (...)

Ademais, se as regras dos incisos anteriormente transcritos não forem aplicáveis, ou se o domicílio eleito for recusado pelo Fisco, considera-se o local da situação dos bens ou da ocorrência dos atos ou fatos que deram origem à obrigação:

> CTN, Art. 127. (...)
> § 1º Quando não couber a aplicação das regras fixadas em qualquer dos incisos deste artigo, considerar-se-á como domicílio tributário do contribuinte ou responsável o lugar da situação dos bens ou da ocorrência dos atos ou fatos que deram origem à obrigação.
>
> § 2º A autoridade administrativa pode recusar o domicílio eleito, quando impossibilite ou dificulte a arrecadação ou a fiscalização do tributo, aplicando-se então a regra do parágrafo anterior.

11.9. Responsável tributário

11.9.1. Definição

O *responsável* (sujeito passivo indireto) é definido por exclusão: é aquele a quem a lei impõe a obrigação tributária, sem se revestir da condição de contribuinte.

Não sendo contribuinte, não tem relação pessoal e direta com o fato gerador, mas deve ter algum vínculo com ele.

Significa que o legislador não pode escolher qualquer pessoa para ser responsável, pois ela tem que ter alguma relação, ainda que indireta, com o fato gerador.

Responsável tributário é expressão utilizada somente para a obrigação principal.

Veja na representação gráfica acima que, enquanto o contribuinte tem relação pessoal e direta com o fato gerador (é o agente, titular ou beneficiário da situação que o configura), a relação do responsável é mais distante, apenas indireta.

Por exemplo, quando o trabalhador recebe o salário, identifica-se como contribuinte do imposto de renda, pois tem relação pessoal e direta com o fato gerador (é ele quem aufere a renda). O empregador pode ser indicado como responsável tributário, pois não tem essa relação pessoal e direta com o fato gerador (não é ele quem aufere a renda), mas possui claramente vínculo indireto (o empregador é quem paga o salário, permitindo que o contribuinte aufira a renda). Perceba como há uma relação do responsável tributário com o fato gerador, ainda que mais distante em relação àquela do contribuinte.

11.9.2. Responsável tributário: art. 128 do CTN

> CTN, Art. 128. Sem prejuízo do disposto neste capítulo, a lei pode atribuir de modo expresso a responsabilidade pelo crédito tributário a terceira pessoa, vinculada ao fato gerador da respectiva obrigação, excluindo a responsabilidade do contribuinte ou atribuindo-a a este em caráter supletivo do cumprimento total ou parcial da referida obrigação.

O art. 128 deixa claro que há casos de responsabilidade previstos no próprio CTN (que estudaremos mais adiante), mas também que a lei de cada ente tributante pode prever outras hipóteses de responsabilidade tributária.

A responsabilidade pode ser: exclusiva, subsidiária, principal ou solidária.

11.9.3. Espécies de responsabilidade

Dentre diversas classificações doutrinárias, é bastante adotada aquela que indica haver responsabilidade por *transferência* e por *substituição*:

✓ *Transferência*: a obrigação tributária surge em relação ao contribuinte, mas, por conta de evento posterior ao fato gerador, outra pessoa passa a ocupar o polo passivo (basicamente, os casos previstos no CTN são de transferência);

✓ *Substituição*: quando a obrigação já surge em relação ao responsável, pois a lei exclui a figura do contribuinte (caso da substituição "para frente" e da retenção na fonte).

11.9.4. Substituição tributária "para trás"

A substituição tributária "para trás" implica diferimento (adiamento) no recolhimento do tributo, que é feito nas operações seguintes, dentro da cadeia de produção, comercialização e consumo.

Normalmente é prevista para casos em que há muitos fornecedores de insumos para um ou alguns poucos adquirentes.

Por exemplo, o adquirente dos insumos recolhe o imposto devido sobre essa operação posteriormente, no momento em que vende o produto final:

A fábrica (substituta) recolhe não apenas o imposto devido pela venda do leite para a loja, mas também aquele devido sobre as vendas anteriormente realizadas pelos produtores (substituídos)

Veja que, em princípio, os produtores de leite, nesse exemplo, deveriam recolher o imposto incidente sobre as vendas para a fábrica, mas esse pagamento é diferido (adiado) para a operação seguinte. Ou seja, o produtor do leite não paga o imposto, deixando para a fábrica esse dever.

11.9.5. Substituição tributária "para frente"

A substituição tributária "para frente" é, de certa forma, o oposto da substituição tributária "para trás".

Normalmente é adotada quando há um ou alguns poucos fabricantes e muitos adquirentes.

Por exemplo, o fabricante recolhe não apenas o imposto incidente sobre a operação que realiza, mas antecipa também os valores que seriam pagos pelos adquirentes, em relação às operações subsequentes dentro da cadeia de produção, comercialização e consumo.

A fábrica (substituta) recolhe não apenas o imposto devido pela venda dos carros para as concessionárias (substituídas), mas também **antecipa** aquele devido sobre as vendas posteriores para os consumidores

Note que, nesse exemplo, a concessionária de veículos não recolhe imposto ao fisco sobre as vendas dos veículos aos consumidores finais, pois o montante correspondente já foi pago antecipadamente pela fábrica, na operação anterior.

Como há recolhimento antecipado, em relação a fato gerador futuro, sempre houve muita discussão quanto à constitucionalidade dessa sistemática, que foi reconhecida pelo Judiciário e, posteriormente, ratificada pelo constituinte derivado, que incluiu o § 7º ao art. 150 da CF:

> CF, Art. 150, § 7º. A lei poderá atribuir a sujeito passivo de obrigação tributária a condição de responsável pelo pagamento de imposto ou contribuição, cujo fato gerador deva ocorrer posteriormente, assegurada a imediata e preferencial restituição da quantia paga, caso não se realize o fato gerador presumido.

Perceba que, nos termos do art. 150, § 7º, da CF, se o fato gerador futuro não ocorrer (por exemplo, se o veículo é roubado na concessionária, antes da venda para o consumidor final), o valor antecipadamente recolhido pela fábrica deve ser devolvido pelo Fisco.

O STF entedia que a substituição tributária para a frente gerava presunção absoluta, de forma que, se ocorrida a operação, independent do valor, não haveria direito à restituição, assim como não haveria dever de complementação (STF, RE 266.602-5/MG, Pleno, j. 14.09.2006, rel. Min. Ellen Gracie, DJ 02.02.2007).

Ocorre que em outubro de 2016 o Pleno do STF modificou esse entendimento, fixando nova tese no RE 593.849/MG em repercussão geral, reconhecendo o direito à restituição também no caso de o fato gerador ocorrer por valor inferior ao presumido e que servirá de base de cálculo para o tributo recolhido na sistemática de substituição tributária "para frente" – ver tese de repercussão geral 201/STF.

11.9.6. Responsabilidade no CTN

O CTN regula três categorias de responsabilidade:

a) dos sucessores (arts. 129 a 133): adquirentes de bens, espólio, herdeiros; sociedades resultantes de fusão, incorporação etc.; adquirentes de fundos de comércio ou estabelecimento comercial, industrial ou profissional;

b) de terceiros (arts. 134 e 135): pais, tutores, administradores, inventariantes, tabeliães, sócios etc.;

c) por infrações (arts. 136 a 138).

Analisaremos, a seguir, cada um dos casos previstos no CTN.

11.9.7. Responsabilidade dos sucessores

> CTN, Art. 129. O disposto nesta Seção aplica-se por igual aos *créditos* tributários definitivamente constituídos ou em curso de constituição à data dos atos nela referidos, e aos constituídos posteriormente aos mesmos atos, desde que relativos a obrigações tributárias surgidas até a referida data.

A responsabilidade dos sucessores abrange o tributo e a penalidade pecuniária, mesmo quando o artigo correspondente (arts. 131, 132 e 133 do CTN) refere-se literalmente apenas ao tributo.

Veja a Súmula 554/STJ: Na hipótese de sucessão empresarial, a responsabilidade da sucessora abrange não apenas os tributos devidos pela sucedida, mas também as multas moratórias ou punitivas referentes a fatos geradores ocorridos até a data da sucessão.

Todos os fatos geradores já ocorridos são abarcados pela responsabilidade, ainda que o crédito seja constituído (lançado) depois do evento que gera a responsabilidade.

11.9.8. Responsabilidade dos sucessores – art. 130 do CTN

> CTN, Art. 130. Os *créditos tributários* relativos a impostos cujo fato gerador seja a propriedade, o domínio útil ou a posse de bens imóveis, e bem assim os relativos a taxas pela prestação de serviços referentes a tais bens, ou a contribuições de melhoria, sub-rogam-se na pessoa dos respectivos adquirentes, *salvo quando conste do título a prova de sua quitação*.
>
> Parágrafo único. No caso de arrematação em *hasta pública*, a sub-rogação ocorre sobre o respectivo preço.

O adquirente do imóvel passa a ser responsável pelos tributos relacionados ao bem, exceto taxa devida pelo exercício do poder de polícia porque o CTN cita literalmente apenas a taxa pela prestação de serviço público.

Para afastar a responsabilidade, o adquirente deve conseguir Certidão Negativa de Débito e fazer constar a informação no título translativo (na escritura).

Ressalte-se que o STJ entende que há responsabilidade solidária entre alienante e adquirente em relação aos débitos constituídos em momento anterior à alienação voluntária de imóvel (AgInt no AREsp 942.940-RJ).

A aquisição em hasta pública é considerada originária e afasta essa responsabilidade (o ônus tributário recai sobre o preço pago).

Assim, o juiz, ao receber o valor pago pela arrematante, deve determinar o recolhimento dos tributos devidos, antes de liberar eventual diferença para o credor.

Porém, segundo o STJ, a responsabilidade pelo adimplemento dos débitos tributários que recaiam sobre o bem imóvel é do arrematante se houver expressa menção no edital de hasta pública nesse sentido (REsp n. 1.921.489/RJ). Importante salientar que tabeliães também podem ser responsabilizados, mas como terceiros, não como sucessores, nos termos dos arts. 134, VI, e 135, I, do CTN (estudaremos mais adiante).

11.9.9. Responsabilidade dos sucessores – art. 131 do CTN

> CTN, Art. 131. São pessoalmente responsáveis:
>
> I – o adquirente ou remitente, pelos tributos relativos aos bens adquiridos ou remidos;
>
> II – o sucessor a qualquer título e o cônjuge meeiro, pelos tributos devidos pelo *de cujus* até a data da partilha ou adjudicação, limitada esta responsabilidade ao montante do quinhão do legado ou da meação;
>
> III – o espólio, pelos tributos devidos pelo *de cujus* até a data da abertura da sucessão.

Embora o dispositivo refira-se a tributos (não a crédito, que abrange tributos e penalidades pecuniárias), a jurisprudência entende que a responsabilidade prevista no art. 131 do CTN abrange também as multas, como já adiantamos.

Em princípio, herdeiros e legatários não deveriam ser responsabilizados, pois os créditos devem ser recolhidos pelo espólio antes da partilha (art. 192 do CTN), mas pode haver lançamento posterior.

Interessante notar que o inventariante também pode ser responsabilizado, mas como terceiro, não como sucessor, nos termos dos arts. 134, IV, e 135, I, do CTN.

11.9.10. Responsabilidade dos sucessores – art. 132 do CTN

> CTN, Art. 132. A pessoa jurídica de direito privado que resultar de fusão, transformação ou incorporação de outra ou em outra é responsável pelos tributos devidos até a data do ato pelas pessoas jurídicas de direito privado fusionadas, transformadas ou incorporadas.

Essa responsabilidade do art. 132 refere-se às operações ou alterações societárias.

Repetimos que, embora o dispositivo refira-se a tributos, entende-se que a responsabilidade abrange também as penalidades pecuniárias.

Esse entendimento foi consolidado pela Súmula 554/STJ: Na hipótese de sucessão empresarial, a responsabilidade da sucessora abrange não apenas os tributos devidos pela sucedida, mas também as multas moratórias ou punitivas referentes a fatos geradores ocorridos até a data da sucessão.

Em regra, a sociedade resultante das operações responde pelos créditos tributários deixados pelas outras.

Vejamos, a seguir, cada um dos casos.

11.9.10.1. Fusão

Na fusão, duas ou mais sociedades se unem formando uma nova. A sociedade resultante responde por todos os débitos tributários deixados pelas que se uniram.

Perceba que, nesse exemplo, as sociedades A e B desaparecem ao formarem a sociedade C (resultante da fusão).

11.9.10.2. Transformação

A sociedade passa de um tipo para outro na transformação. Nesse caso, não há discussão, já que a sociedade é, na prática, a mesma, e responde por todos os débitos anteriores.

Nesse exemplo, a sociedade A simplesmente deixou de ser sociedade limitada e passou a existir como sociedade anônima, após a transformação.

11.9.10.3. Incorporação

Na incorporação, uma sociedade remanescente absorve outra, que deixa de existir. A sociedade subsistente responde por todos os débitos deixados pela extinta.

Nesse exemplo, a sociedade A incorporou a sociedade B. Note que a sociedade B deixa de existir, diferentemente da sociedade A, que subsiste. Essa é a diferença em relação à fusão, em que ambas as sociedades originárias desaparecem.

11.9.10.4. Cisão

Com a cisão, a sociedade transfere parcela de seu patrimônio para outra(s).

A transferência do patrimônio pela sociedade cindida pode ser total, hipótese em que deixa de existir (= cisão total – subsistem apenas as sociedades resultantes da cisão). Outra hipótese é de transferência apenas parcial do patrimônio, em que a sociedade cindida subsiste (= cisão parcial).

A cisão não é prevista expressamente no CTN.

Nesse caso, há grande discussão, pois a Lei das Sociedades Anônimas (posterior ao CTN) prevê que os atos societários podem dispor sobre os haveres e os deveres assumidos por cada uma das sociedades resultantes (art. 233, parágrafo único, da Lei 6.404/76).

O Fisco entende que, em regra, as sociedades subsistentes respondem solidariamente pelos créditos tributários deixados pela cindida.

O exemplo acima é de cisão total, pois a sociedade A cindida deixa de existir, surgindo as sociedades B e C, que dividem o patrimônio social original.

11.9.11. Responsabilidade dos sucessores – art. 132, parágrafo único, do CTN

CTN, Art. 132. Parágrafo único. O disposto neste artigo aplica-se aos casos de extinção de pessoas jurídicas de direito privado, quando a exploração da respectiva atividade seja continuada por qualquer sócio remanescente, ou seu espólio, sob a mesma ou outra razão social, ou sob firma individual.

O CTN prioriza a tributação da empresa, ou seja, da atividade empresarial.

Por essa razão, quem continua a exploração da empresa (sócio ou espólio) responde pelos débitos anteriores.

11.9.12. Responsabilidade dos sucessores – art. 133 do CTN

CTN, Art. 133. A pessoa natural ou jurídica de direito privado que adquirir de outra, por qualquer título, fundo de comércio ou estabelecimento comercial, industrial ou profissional, e continuar a respectiva exploração, sob a mesma ou outra razão social ou sob firma ou nome individual, responde pelos tributos, relativos ao fundo ou estabelecimento adquirido, devidos até a data do ato: (...)

A responsabilidade do art. 133 refere-se também aos tributos e às penalidades pecuniárias, conforme entendimento jurisprudencial.

Para haver a responsabilidade é preciso que, cumulativamente, (i) o sujeito *adquira o estabelecimento* e (ii) *continue a mesma atividade empresarial*.

Se o alienante abandonar a atividade empresarial, a responsabilidade do adquirente é integral. Se o alienante continuar na atividade empresarial (ainda que em outro ramo) ou retornar em 6 meses, a responsabilidade do adquirente é subsidiária

Vejamos alguns exemplos, para fixar o conceito, muito exigido em exames.

Exemplo 1: João compra o estabelecimento de Pedro (uma farmácia), e continua a exploração da mesma atividade empresarial. Nesse caso, *há responsabilidade integral*, caso Pedro abandone a atividade empresarial, ou *subsidiária*, caso Pedro continue na atividade empresarial ou retorne dentro de 6 meses.

Exemplo 2: João compra o estabelecimento de Pedro (uma farmácia), mas não continua a exploração da mesma atividade empresarial (passa a vender calçados). Nesse caso, *não há* responsabilidade.

Exemplo 3: Pedro, que explora a atividade de farmácia, é despejado pelo dono do imóvel porque não pagava o aluguel. João passa a alugar o imóvel e instala uma nova farmácia (não comprou nada de Pedro). Nesse caso, *não há* responsabilidade, pois não houve aquisição do estabelecimento empresarial.

11.9.12.1. Responsabilidade dos sucessores – art. 133, § 1º, do CTN – falência e recuperação

CTN, Art. 133. § 1º. O disposto no *caput* deste artigo não se aplica na hipótese de alienação judicial:
I – em processo de falência;
II – de filial ou unidade produtiva isolada, em processo de recuperação judicial.

A partir da LC 118/2005, passou-se a prestigiar a recuperação da empresa, facilitando-se a alienação total ou parcial do estabelecimento da devedora.

O adquirente, nesse caso, não responde pelos débitos tributários, com as exceções do § 2º:

CTN, Art. 133, § 2º. Não se aplica o disposto no § 1º deste artigo quando o adquirente for:
I – sócio da sociedade falida ou em recuperação judicial, ou sociedade controlada pelo devedor falido ou em recuperação judicial;
II – parente, em linha reta ou colateral até o 4º (quarto) grau, consanguíneo ou afim, do devedor falido ou em recuperação judicial ou de qualquer de seus sócios; ou

III – identificado como agente do falido ou do devedor em recuperação judicial com o objetivo de fraudar a sucessão tributária.

Essas exceções buscam evitar fraudes contra o Fisco.

CTN, Art. 133. § 3º. Em processo da falência, o produto da alienação judicial de empresa, filial ou unidade produtiva isolada permanecerá em conta de depósito à disposição do juízo de falência pelo prazo de 1 (um) ano, contado da data de alienação, somente podendo ser utilizado para o pagamento de créditos extraconcursais ou de créditos que preferem ao tributário.

Os recursos arrecadados com a alienação judicial serão utilizados para pagar créditos extraconcursais (posteriores à quebra e à recuperação, basicamente), além de trabalhistas (até 150 salários mínimos por credor), acidentários e com garantias reais (limitados ao valor do bem gravado).

11.9.13. Responsabilidade de terceiros – art. 134 do CTN

Até aqui, vimos os casos de responsabilidade dos sucessores.

Os arts. 134 e 135 do CTN tratam da responsabilidade de terceiros.

CTN, Art. 134. Nos casos de *impossibilidade de exigência* do cumprimento da obrigação principal pelo contribuinte, respondem solidariamente com este nos *atos em que intervierem* ou pelas *omissões de que forem responsáveis*:

I – os pais, pelos tributos devidos por seus filhos menores;

II – os tutores e curadores, pelos tributos devidos por seus tutelados ou curatelados;

III – os administradores de bens de terceiros, pelos tributos devidos por estes;

IV – o inventariante, pelos tributos devidos pelo espólio;

V – o síndico e o comissário, pelos tributos devidos pela massa falida ou pelo concordatário;

VI – os tabeliães, escrivães e demais serventuários de ofício, pelos tributos devidos sobre os atos praticados por eles, ou perante eles, em razão do seu ofício;

VII – os sócios, no caso de liquidação de sociedade de pessoas.

Parágrafo único. O disposto neste artigo só se aplica, em matéria de penalidades, às de caráter moratório.

Apesar de literalmente o art. 134 se referir à solidariedade, o STJ entende se tratar de responsabilidade subsidiária, pois somente sendo impossível exigir o débito do contribuinte é que será acionado o responsável.

A responsabilidade do art. 134 é *subsidiária* em relação ao *tributo* e à multa *moratória* (não punitiva), e surge somente se atendidos cumulativamente os seguintes requisitos:

a) se o Fisco não puder cobrar o tributo diretamente do contribuinte; e

b) se houver ato praticado pelo responsável ou omissão relacionados ao débito (é preciso haver culpa – é praticamente uma sanção imposta ao responsável).

Exemplos:

✓ João não recolhe o IR devido por seu filho Pedro. Posteriormente, o Fisco não consegue cobrar o débito do contribuinte (de Pedro), pois o filho não tem mais patrimônio: o pai responde pela dívida tributária;

✓ Responsável pelo registro de imóveis não exige a comprovação do recolhimento do ITBI, conforme a legislação municipal, antes de registrar a alienação: se não for possível cobrar o contribuinte, o titular do cartório responde pelo débito.

11.9.14. Responsabilidade de terceiros – art. 135 do CTN

CTN, Art. 135. São pessoalmente responsáveis pelos créditos correspondentes a obrigações tributárias resultantes de atos praticados com excesso de poderes ou infração de lei, contrato social ou estatutos:

I – as pessoas referidas no artigo anterior;

II – os mandatários, prepostos e empregados;

III – os diretores, gerentes ou representantes de pessoas jurídicas de direito privado.

A responsabilidade prevista no art. 135 do CTN é de situação mais grave que a do art. 134, pois há excesso de poderes, violação de lei, contrato social ou estatutos (dolo, e não simples culpa).

O terceiro responde pelo tributo e pela penalidade pecuniária.

O Judiciário vinha entendendo que a responsabilidade do administrador é subsidiária em relação à empresa, muito embora a recente Súmula 430 do STJ faça referência à responsabilidade solidária.

Súmula 430 do STJ: "o inadimplemento da obrigação tributária pela sociedade não gera, por si só, a responsabilidade *solidária* do sócio-gerente".

Perceba que esse enunciado sumular consolidou uma antiga e pacífica jurisprudência: a simples inadimplência não é ilícito grave o suficiente para ensejar a responsabilidade do administrador da sociedade.

Por outro lado, a dissolução irregular implica responsabilidade:

Súmula 435 do STJ: "presume-se dissolvida irregularmente a empresa que deixar de funcionar no seu domicílio fiscal, sem comunicação aos órgãos competentes, legitimando o redirecionamento da execução fiscal para o sócio-gerente".

O STJ firmou o entendimento de que o redirecionamento da execução fiscal, quando fundado na dissolução irregular da pessoa jurídica executada ou na presunção de sua ocorrência, pode ser autorizado contra o sócio ou o terceiro não sócio, com poderes de administração na data em que configurada ou presumida a dissolução irregular, ainda que não tenha exercido poderes de gerência quando ocorrido o fato gerador do tributo não adimplido, conforme art. 135, III, do CTN (Temas 962 e 981 – Recursos Repetitivos).

11.9.15. Responsabilidade por infrações

11.9.15.1. Características da responsabilidade por infrações

CTN, Art. 136. Salvo disposição de lei em contrário, a responsabilidade por infrações da legislação tributária independe da intenção do agente ou do responsável e da efetividade, natureza e extensão dos efeitos do ato.

Muitos autores se referem à responsabilidade *objetiva* em relação às infrações tributárias, mas o art. 136 do CTN trata da irrelevância da intenção e do resultado.

Se o contribuinte não recolhe o tributo, o Fisco não precisa investigar a intenção do agente ou do responsável. Cobrará a penalidade independentemente disso.

Se não houve emissão de nota fiscal, é devida a multa, ainda que não haja prejuízo para o Fisco (caso o contribuinte tenha recolhido corretamente o tributo, por exemplo), pois o resultado é irrelevante.

11.9.15.2. Casos em que a intenção é relevante

Embora a regra seja a irrelevância da intenção do agente, há exceções.

Se o ilícito tributário também for tipificado como crime, a responsabilidade é pessoal do agente, em princípio:

CTN, Art. 137. A responsabilidade é pessoal ao agente:

I – quanto às infrações conceituadas por lei como crimes ou contravenções, salvo quando praticadas no exercício regular de administração, mandato, função, cargo ou emprego, ou no cumprimento de ordem expressa emitida por quem de direito;

(...)

É possível que a norma tributária, excepcionalmente, defina o dolo do agente como elementar para a configuração da infração. Nesse caso, a responsabilidade será pessoal:

CTN, Art. 137. A responsabilidade é pessoal ao agente:

(...)

II – quanto às infrações em cuja definição o dolo específico do agente seja elementar;

(...)

O inciso III traz outra hipótese em que, excepcionalmente, o dolo é relevante e há responsabilidade pessoal do agente. Trata-se do caso em que o infrator age contra aquele a quem deveria mostrar lealdade:

CTN, Art. 137. A responsabilidade é pessoal ao agente:

(...)

III – quanto às infrações que decorram direta e exclusivamente de dolo específico:

a) das pessoas referidas no artigo 134, contra aquelas por quem respondem;

b) dos mandatários, prepostos ou empregados, contra seus mandantes, preponentes ou empregadores;

c) dos diretores, gerentes ou representantes de pessoas jurídicas de direito privado, contra estas.

11.9.15.3. Denúncia espontânea

O legislador busca incentivar o recolhimento espontâneo do tributo, ainda que a destempo, antes de qualquer atividade fiscalizatória.

Como incentivo, afasta a exigência das multas. É o benefício da denúncia espontânea, previsto no art. 138 do CTN:

CTN, Art. 138. A responsabilidade é excluída pela denúncia espontânea da infração, acompanhada, se for o caso, do pagamento do tributo devido e dos juros de mora, ou do depósito da importância arbitrada pela autoridade administrativa, quando o montante do tributo dependa de apuração.

Parágrafo único. Não se considera espontânea a denúncia apresentada após o início de qualquer procedimento administrativo ou medida de fiscalização, relacionados com a infração.

Para haver o benefício da denúncia espontânea, é preciso:

a) recolhimento total do tributo (ou do valor arbitrado) corrigido monetariamente e dos juros de mora;

b) deve ocorrer antes do início de qualquer procedimento fiscalizatório relacionado com a infração (pode haver fiscalização em relação a outro tributo, por exemplo).

A denúncia espontânea afasta qualquer espécie de multa (moratória ou punitiva).

Simples parcelamento do débito não implica denúncia espontânea (art. 155-A, § 1º, do CTN).

Não há denúncia espontânea no caso de obrigações acessórias formais, sem vínculo direto com o fato gerador, como a entrega de declaração do IR em atraso (a multa é sempre exigida).

Súmula 360 do STJ: "o benefício da denúncia espontânea não se aplica aos tributos sujeitos a lançamento por homologação, regularmente declarados, mas pagos a destempo".

12. SUSPENSÃO, EXTINÇÃO E EXCLUSÃO DO CRÉDITO TRIBUTÁRIO

12.1. Introdução

Após o surgimento da obrigação tributária, o natural seria a constituição do crédito e seu pagamento.

Entretanto, há casos de *exclusão*, em que, apesar do surgimento da obrigação tributária, afasta-se a possibilidade de constituição do crédito.

Além do pagamento, há outras modalidades de *extinção*.

Finalmente, há hipóteses em que a exigibilidade do crédito fica *suspensa* (não pode ser cobrado durante determinado período).

A suspensão e a exclusão do crédito **não** dispensam o cumprimento das obrigações acessórias.

12.2. Tabela-resumo

É importante memorizar as modalidades de suspensão, extinção e exclusão do crédito tributário previstas no CTN.

Suspensão (art. 151 do CTN)	- moratória; - depósito integral; - reclamações e recursos administrativos; - liminar em MS; - liminar ou tutela antecipada em outras espécies de ação; - parcelamento.

Extinção (art. 156 do CTN)	- pagamento; - compensação; - transação; - remissão; - prescrição e decadência; - conversão de depósito em renda; - pagamento antecipado e homologação do lançamento; - consignação em pagamento; - decisão administrativa irreformável; - decisão judicial transitada em julgado; - dação em pagamento de imóveis.
Exclusão (art.175 do CTN)	- isenção; - anistia.

Repare que *moratória* é modalidade de suspensão e *remissão* é modalidade de extinção.

Ademais, perceba que há apenas duas modalidades de exclusão: *isenção* e *anistia*.

Muitas vezes os examinadores exigem esse conhecimento.

12.3. Instituição de benefícios

O CTN prevê modalidades, mas muitas delas exigem lei de cada ente tributante (moratória, parcelamento, compensação, transação, remissão, dação de imóveis em pagamento, isenção e anistia).

Exceções: a União pode conceder moratória em relação a tributos de outros entes e benefícios de ICMS são concedidos por convênio interestadual.

Tratados internacionais (GATT, OMC) *em regra* apenas garantem o mesmo tratamento tributário ao similar importado (não concedem benefícios).

O STF, ao julgar a ADI 2.405 MC/RS, admitiu a instituição nova modalidade de extinção do crédito por lei estadual (dação em pagamento de imóveis antes da previsão no CTN) – a reserva de Lei Complementar refere-se apenas à prescrição e decadência.

Posteriormente, ao analisar a ADI 1.917/DF, não houve consenso no STF quanto à possibilidade de criação de nova modalidade de extinção do crédito por lei local (dação de bens móveis), mas concordou-se que, no caso em análise, haveria ofensa ao princípio da licitação (lei declarada inconstitucional).

Interessante notar que gabarito oficial da FGV (em exame da OAB-2ª fase, 2011.1) adotou o entendimento de que existem somente as modalidades previstas no CTN (art. 141), sendo inviável a criação de outras por lei ordinária.

12.4. Modalidades de suspensão do crédito – características gerais

A suspensão do crédito *não* dispensa obrigações acessórias. Ou seja, mesmo que haja uma liminar suspendendo a exigibilidade do ICMS (= obrigação principal), por exemplo, o comerciante não pode deixar de emitir notas fiscais ou prestar informações ao Fisco (= obrigações acessórias).

A suspensão do crédito impede a cobrança pelo Fisco e, consequentemente, suspende a prescrição (*actio nata* – se o Fisco não pode cobrar, não corre contra ele o prazo prescricional).

Não impede o lançamento tributário, mas o depósito judicial integral dispensa atuação pelo Fisco.

Como são benefícios fiscais, são interpretadas literalmente – art. 111, I, do CTN.

12.5. Suspensão: moratória

12.5.1. Definição de moratória

Moratória é a ampliação do prazo de pagamento, favor legal que adia a exigibilidade do tributo.

Para alguns, a moratória é concedida *antes* do vencimento (distinção com parcelamento, que seria concedido após o vencimento).

Destacamos que a moratória concedida após o vencimento tem apenas o efeito de afastar a exigência de penalidades e juros pelo pagamento posterior.

A rigor, se ainda não ocorreu o vencimento, basta norma infralegal para adiá-lo (não se trata de matéria reservada à lei, conforme entendimento do STF).

12.5.2. Espécies de moratória (art. 152 do CTN)

A moratória pode ser concedida em caráter geral ou individual:

✓ *Caráter geral*: quando é concedida pelo ente competente ou, excepcionalmente, pela União.

A União pode conceder moratória de tributos estaduais e municipais, desde que fixe o mesmo favor em relação aos seus próprios tributos e às obrigações privadas. É mesmo situação excepcionalíssima de favor legal heterônomo (concedido por quem não é o ente competente em relação ao tributo);

✓ *Caráter individual*: quando a moratória é concedida por despacho da autoridade administrativa, conforme a lei, ao analisar, caso a caso, se o interessado preenche os requisitos legais.

12.5.3. Delimitação da moratória

A moratória pode ser restrita a determinada região, ou a determinada classe ou categoria de sujeitos.

Salvo disposição legal em contrário, abrange apenas os créditos constituídos, ou com lançamento iniciado, à data da lei ou do despacho concessivo.

A moratória não aproveita a casos de dolo, fraude ou simulação.

12.5.4. Requisitos da lei de moratória

A lei que concede a moratória deve indicar:

a) o prazo de duração;

b) sendo o caso, os tributos a que se aplica, o número de prestações e os vencimentos;

c) no caso de moratória de caráter individual, também:

✓ as condições para concessão;

✓ as garantias a serem fornecidas pelo beneficiado;

✓ autoridade pode fixar as prestações e vencimentos.

12.5.5. Revogação da moratória individual

A concessão de moratória, remissão, isenção ou anistia em caráter individual não gera direito adquirido.

Se o Fisco verificar que o beneficiado não satisfazia ou deixou de satisfazer os requisitos para o benefício, deverá revogá-lo de ofício.

Há distinção para as hipóteses em que o beneficiário agiu, ou não, com dolo, fraude ou simulação, no que se refere às consequências da revogação:

Situação	Consequência
O beneficiário agiu com dolo, fraude ou simulação	– O crédito tributário deve ser pago com juros moratórios e penalidades – O tempo entre a concessão e a revogação do benefício não conta para fins de prescrição do direito à cobrança (*não corre prescrição* contra o Fisco)
O beneficiário *não agiu com dolo, fraude ou simulação* (houve simples erro)	– O crédito tributário deve ser pago com juros moratórios, *mas sem* penalidades – A revogação só pode ocorrer antes do término do prazo para cobrança, que não para de fluir (corre prescrição contra o Fisco)

É importante ressaltar que essas regras de revogação da moratória individual aplicam-se também às revogações de remissões, isenções e anistias concedidas individualmente.

12.6. Suspensão: parcelamento

12.6.1. Definição

O parcelamento é espécie de moratória em que a exigibilidade do crédito fica adiada (suspensa até data futura), qualificada pela possibilidade de pagamentos periódicos (art. 155-A do CTN).

Para alguns, a moratória (mesmo parcelada) é concedida antes do vencimento, enquanto o parcelamento é posterior a ele.

12.6.2. Características do parcelamento

Aplicam-se ao parcelamento subsidiariamente as regras da moratória (art. 155-A, § 2º, do CTN).

Salvo disposição contrária, o parcelamento refere-se apenas aos créditos já constituídos ou com lançamento iniciado à data da lei ou do despacho concessivo.

Ainda que a lei estenda o benefício, o crédito deve estar constituído para o efetivo parcelamento (normalmente exige-se confissão pelo contribuinte).

Não se trata de novação, mas suspensão do crédito, ou seja, não há alteração da obrigação tributária, ainda que haja oferecimento de garantias reais pelo devedor (ver art. 183, parágrafo único, do CTN).

O parcelamento não excluiu juros e multas, salvo disposição em contrário (art. 155-A, § 1º, do CTN). Por isso, a simples confissão da dívida, acompanhada do seu pedido de parcelamento, não configura denúncia espontânea (Súmula 208 do TFR), sendo cabível a aplicação de multa, salvo disposição legal em contrário.

12.6.3. Parcelamento na recuperação judicial – art. 155-A, §§ 3º e 4º, do CTN

Em relação à recuperação judicial, lei específica de cada ente disporá sobre as condições de parcelamento dos tributos devidos.

Enquanto inexistir essa lei específica, aplicam-se as leis gerais de parcelamento do ente tributante, sendo que o prazo não pode ser inferior ao da lei federal.

Busca-se, com isso, fomentar o instrumento da recuperação judicial, já que o empresário deve estar em situação regular perante o Fisco para sua concessão.

12.7. Suspensão: depósito integral

Para que haja suspensão do crédito tributário, o depósito deve ser *integral e em dinheiro* (Súmula 112 do STJ).

O depósito pode ser judicial (mais comum) ou administrativo (feito perante o próprio Fisco).

O depósito é prerrogativa do sujeito passivo, não imposição contra ele: não pode ser exigido como requisito para ações ou recursos administrativos ou judiciais (Súmula Vinculante 21 do STF, Súmula Vinculante 28 do STF e Súmula 373 do STJ).

Entretanto, caso o devedor opte por fazer o depósito judicial, não poderá levantá-lo antes do trânsito em julgado, com mérito favorável a ele. Assim, ainda que o depósito seja prerrogativa do sujeito passivo que implica suspensão da exigibilidade do crédito, depois de realizado não pode ser revertido livremente.

A jurisprudência do STJ é no sentido de que o depósito judicial, quando realizado antes do lançamento, constitui o crédito tributário, sendo dispensável ato do Fisco nesse sentido.

12.8. Suspensão: reclamações e recursos administrativos

Durante o processo administrativo, relativo ao lançamento, a exigibilidade do crédito fica suspensa.

Note que somente o a impugnação ao lançamento tem esse efeito suspensivo, e não o processo administrativo em que o contribuinte questione, por exemplo, sua exclusão de programa de parcelamento.

O art. 145 do CTN estabelece que o sujeito ativo e o sujeito passivo têm legitimidade para recorrer do lançamento regularmente notificado, nas seguintes hipóteses:

Art. 145. O lançamento regularmente notificado ao sujeito passivo só pode ser alterado em virtude de:

I – impugnação do sujeito passivo;

II – recurso de ofício;

III – iniciativa de ofício da autoridade administrativa, nos casos previstos no art. 149.

Assim, enquanto o Fisco estiver examinando a impugnação do sujeito passivo ou mesmo um recurso de ofício contra a exigência tributária, não poderá cobrá-lo administrativa ou judicialmente.

Não se pode exigir depósito ou garantia de instância como requisitos para o processo administrativo (Súmula Vinculante 21 do STF, semelhante à Súmula 373 do STJ).

Devem ser observados o contraditório e a ampla defesa – art. 5º, LV, da CF.

12.9. Suspensão: liminares e tutelas antecipadas

A simples impetração de mandado de segurança ou o ajuizamento de ação ordinária *não* suspende a exigibilidade do crédito tributário.

Para isso, é necessário que o juiz defira *liminar* ou conceda tutela provisória, segundo o CPC/2015 (o CTN fala em *antecipação da tutela, terminologia utilizada no CPC/1973)*, que são modalidades de suspensão previstas no CTN.

Elas não impedem, entretanto, o lançamento do tributo, caso ainda não realizado (ou poderia haver decadência, cujo prazo não se suspende).

O STF declarou a inconstitucionalidade do art. 7º, § 2º, Lei 12.016/2009 (Mandado de Segurança) que vedava a concessão de medida liminar que tenha por objeto a compensação de créditos tributários e a entrega de mercadorias e bens provenientes do exterior (ADI 4296).

Em virtude do citado julgamento no STF, houve o cancelamento da Súmula 212 pelo STJ (a compensação de créditos tributários não pode ser deferida em ação cautelar ou por medida liminar cautelar ou antecipatória).

12.10. Extinção: pagamento

12.10.1. Definição

No Direito Tributário, pagamento refere-se à entrega de *dinheiro* ao Fisco e é a modalidade básica de extinção do crédito tributário.

12.10.2. Características do pagamento

A imposição de penalidade não afasta a obrigação de pagamento integral do crédito (art. 157 do CTN).

O pagamento não importa presunção de quitação das demais prestações ou de outros créditos tributários (art. 158 do CTN).

12.10.3. Local do pagamento

Se a legislação não dispuser em contrário, o pagamento é feito na repartição do Fisco localizada no domicílio do sujeito passivo (art. 159 do CTN).

12.10.4. Formas de pagamento

O pagamento é efetuado em dinheiro, cheque ou vale postal (nestes últimos casos, a legislação pode exigir garantias). No caso do cheque, a rigor, somente com o recebimento do dinheiro pelo Fisco (compensação do título) é que se considera extinto o crédito (art. 162, § 2º, do CTN).

A lei pode prever pagamento em estampilha, papel selado ou processo mecânico, o que não é comum atualmente.

12.10.5. Vencimento e atraso

Se a legislação não fixar a data de vencimento, será 30 dias após a notificação do lançamento (trata-se, portanto, de regra subsidiária – art. 160 do CTN).

A legislação pode conceder desconto pela antecipação do recolhimento pelo sujeito passivo.

O atraso implica juros de mora, independentemente do motivo, com penalidades e execução de garantias (art. 161 do CTN).

Se a lei não indicar outro, os juros moratórios serão de 1% ao mês (outra regra subsidiária).

Não se cobram juros ou multa no caso de consulta formulada pelo devedor no prazo de pagamento.

12.10.6. Imputação em pagamento

Se houver mais de um débito vencido, do mesmo sujeito passivo em relação ao mesmo sujeito ativo, a administração deve observar a imputação, nessa ordem (art. 163 do CTN):

a) débitos por obrigação própria, depois os relativos à responsabilidade tributária;

b) contribuição de melhoria, depois taxas, por fim impostos;

c) ordem crescente dos prazos de prescrição;

d) ordem decrescente dos montantes.

Atenção para a Súmula 464 do STJ: A regra de imputação de pagamentos estabelecida no art. 354 do Código Civil não se aplica às hipóteses de compensação tributária.

12.11. Extinção: compensação

12.11.1. Características

Diferentemente do que ocorre no âmbito das relações privadas, a compensação tributária somente ocorre se houver previsão expressa em lei do ente competente (art. 170 do CTN).

Admite-se a compensação de crédito tributário com créditos líquidos, certos, vencidos e também *vincendos (= ainda não vencidos)* do particular contra o Fisco.

Se o crédito do particular for vincendo, a administração deve apurar o valor, exigindo desconto pela antecipação, que não pode ser maior que 1% ao mês.

12.11.2. Compensação no Judiciário

✓ Tributo discutido judicialmente não pode ser aproveitado para compensação antes do trânsito em julgado – art. 170-A do CTN.

✓ Súmula 213 do STJ: "o mandado de segurança constitui ação adequada para a declaração do direito à compensação tributária".

✓ Súmula 460 do STJ: "é incabível o mandado de segurança para convalidar a compensação tributária realizada pelo contribuinte".

✓ Súmula 461 do STJ: "o contribuinte pode optar por receber, por meio de precatório ou por compensação, o indébito tributário certificado por sentença declaratória transitada em julgado".

12.12. Extinção: transação

> CTN, Art. 171. A lei pode facultar, nas condições que estabeleça, aos sujeitos ativo e passivo da obrigação tributária celebrar transação que, mediante concessões mútuas, importe em determinação de litígio e consequente extinção de crédito tributário.
>
> Parágrafo único. A lei indicará a autoridade competente para autorizar a transação em cada caso.

A transação tributária, como modalidade de extinção do crédito, deve estar prevista minuciosamente em lei.

No Direito Tributário, há somente transação terminativa de litígio, não preventiva.

12.13. Extinção: remissão

12.13.1. Definição

Remissão (do verbo *remitir*) significa *perdão* do crédito tributário.

Refere-se ao tributo e à penalidade pecuniária (= crédito), diferente da anistia, que se restringe à multa.

Como os demais benefícios fiscais, exige lei específica, que regule apenas o perdão (benefício) ou o tributo a que se refere – art. 150, § 6º, da CF.

12.13.2. Requisitos da lei de remissão

A lei autoriza a autoridade a conceder, por despacho fundamentado, remissão total ou parcial, atendendo (art. 172 do CTN):

a) à situação econômica do sujeito passivo;

b) ao erro ou ignorância escusáveis do sujeito passivo, quanto a matéria de fato;

c) à diminuta importância do crédito tributário;

d) a considerações de equidade, em relação a características pessoais ou materiais do caso;

e) a condições peculiares à determinada região do território da entidade tributante.

Perceba, portanto, que o legislador não pode conceder remissões livremente, fora dessas hipóteses previstas no CTN.

Ademais, o CTN não faz referência expressa à remissão em caráter geral, referindo-se apenas à concessão pela autoridade fiscal, por meio de despacho fundamentado.

Lembre-se que, no caso de remissão concedida individualmente, eventual revogação é regulada pelas mesmas normas atinentes à moratória (art. 172, parágrafo único, c/c art. 155 do CTN).

12.13.3. Vedação de remissão e anistia para contribuições sociais – art. 195, § 11, da CF

A Constituição Federal veda expressamente a concessão de moratória e o parcelamento em prazo superior a 60 meses e, na forma da lei complementar, a remissão e a anistia para as contribuições sociais destinadas ao custeio da seguridade social devidas por:

a) empregadores e equiparados sobre folhas de salários e demais rendimentos pagos a pessoas físicas;

b) trabalhadores e equiparados.

12.14. Extinção: decadência

12.14.1. Definição

Decadência é a perda do direito de o Fisco constituir o crédito tributário (lançar) pelo decurso do prazo de 5 anos (art. 173 do CTN).

É indicada pelo CTN como modalidade de extinção do crédito tributário (muito embora ocorra antes de sua constituição, impedindo o lançamento).

As normas relativas à decadência e à prescrição tributária devem ser veiculadas exclusivamente por lei complementar federal, nos termos do art. 146, III, *b*, da CF.

Por essa razão, o STF declarou inconstitucionais dispositivos de lei ordinária que fixavam prazos decadenciais e prescricionais relativos às contribuições sociais (Súmula Vinculante 8 do STF).

Para que não haja dúvida: há somente prazos decadenciais e prescricionais de 5 anos, previstos no CTN.

12.14.2. Contagem do prazo decadencial

O prazo decadencial é quinquenal (5 anos), contado (art. 173 do CTN):

a) do primeiro dia do exercício seguinte àquele em que o lançamento poderia ter sido efetuado (regra);

b) da data em que se tornar definitiva a decisão que houver anulado, por vício formal, o lançamento anteriormente efetuado (caso de interrupção);

c) da data em que tenha se iniciado a constituição do crédito pela notificação do sujeito passivo, a respeito de qualquer medida preparatória indispensável.

12.14.3. Decadência no lançamento de ofício

Veja na seguinte representação gráfica um exemplo de contagem do prazo decadencial em relação a tributo lançado de ofício.

Se o fato gerador ocorreu em 2011, o tributo poderia ser lançado já nesse exercício. Por essa razão, o prazo decadencial quinquenal começa a correr em 1º de janeiro do ano seguinte (2012), terminando em 1º de janeiro de 2017.

12.14.4. Decadência no lançamento por homologação

No lançamento por homologação, há regra específica, pois ocorre homologação tácita (que impede a revisão pelo Fisco) após 5 anos contados do fato gerador (art. 150, § 4º, do CTN).

Se não houve pagamento ou se ocorreu dolo, fraude ou simulação, *não há falar em homologação tácita* e se aplica a regra do art. 173, I, do CTN (primeiro dia do exercício seguinte).

Vejamos os exemplos seguintes.

12.14.4.1. Decadência no lançamento por homologação – se houve pagamento sem dolo, fraude ou simulação

Quando há pagamento sem dolo fraude ou simulação, o prazo decadencial é o do art. 150, § 4º, do CTN.

Nesse caso, o quinquênio é contado a partir do fato gerador (não do primeiro dia do exercício seguinte).

12.14.4.2. Decadência no lançamento por homologação – se não houve pagamento ou se ocorreu dolo, fraude ou simulação

A contagem do art. 150, § 4º, do CTN (a partir do fato gerador) somente ocorre quando há, efetivamente, homologação tácita, ou seja, quando há recolhimento antecipado, sem dolo, fraude ou simulação.

Se não há pagamento ou ocorre algum desses vícios, o prazo quinquenal é contado na forma do art. 173, I, do CTN, a partir do primeiro dia do exercício seguinte:

12.14.4.3. Decadência no lançamento por homologação – Caso da declaração pelo contribuinte

Ao estudarmos o lançamento tributário, vimos que, conforme jurisprudência pacífica, a declaração prestada pelo contribuinte, na forma da legislação de determinados tributos (por exemplo, a DCTF federal ou as declarações relativas ao ICMS), indicando a ocorrência do fato gerador e o valor do tributo devido, constitui o crédito (reveja a Súmula 436/STJ), em relação ao valor que foi declarado.

Nesse caso, portanto, não há falar em decadência (que é a extinção o direito de se constituir o crédito tributário pelo lançamento).

Por outro lado, se o contribuinte não realiza a declaração, não há constituição do crédito e, considerando que tampouco há pagamento, a decadência é de 5 anos na forma do art. 173 do CTN, como visto no item anterior.

Veja a Súmula 555/STJ: Quando não houver declaração do débito, o prazo decadencial quinquenal para o Fisco constituir o crédito tributário conta-se exclusivamente na forma do art. 173, I, do CTN, nos casos em que a legislação atribui ao sujeito passivo o dever de antecipar o pagamento sem prévio exame da autoridade administrativa.

12.15. Extinção: prescrição

12.15.1. Definição

É a perda do direito de o Fisco cobrar o crédito tributário, pelo decurso do prazo de 5 anos (art. 174 do CTN).

É indicada pelo CTN como modalidade de extinção do crédito tributário.

Perceba que a decadência ocorre antes do lançamento, enquanto a prescrição se dá após a constituição do crédito.

A notificação do auto de infração faz cessar a contagem da decadência para a constituição do crédito tributário; exaurida a instância administrativa com o decurso do prazo para a impugnação ou com a notificação de seu julgamento definitivo e esgotado o prazo concedido pela Administração para o pagamento voluntário, inicia-se o prazo prescricional para a cobrança judicial – Súmula 622/STJ.

Assim como a norma relativa à decadência, aquela atinente à prescrição deve ser veiculada exclusivamente por lei complementar federal, conforme dispõe o art. 146, III, *b*, da CF (Súmula Vinculante 8 do STF).

12.15.2. Contagem do prazo prescricional

O prazo prescricional é quinquenal (5 anos), contado da data da constituição definitiva do crédito.

Pela *actio nata*, o prazo somente flui a partir do momento em que o Fisco pode cobrar o tributo.

Assim, após a notificação do lançamento, se não há impugnação, o prazo começa a partir do vencimento.

Se há recurso administrativo (que suspende a exigibilidade do crédito), a prescrição somente flui após a decisão final.

Também por conta da *actio nata*, qualquer outra modalidade de suspensão da exigibilidade do crédito (liminares, parcelamentos etc.) suspende o prazo prescricional.

Vejamos os exemplos seguintes para melhor compreensão e memorização.

12.15.2.1. Contagem do prazo prescricional – sem recurso administrativo

Se não há recurso administrativo, o prazo quinquenal começa a correr já a partir do vencimento, logo após a notificação do lançamento (o vencimento, em regra, ocorre 30 dias após a notificação):

12.15.2.2. Contagem do prazo prescricional – com recurso administrativo

O recurso administrativo, como já vimos, suspende a exigibilidade do crédito, ou seja, impede que o Fisco cobre os valores até a decisão final.

Se não é possível cobrar, não há como contar o prazo prescricional (*actio nata*).

Assim, o quinquênio se inicia apenas após a decisão administrativa final (a rigor, após o vencimento, posterior à decisão):

12.15.3. Interrupção da prescrição

Interrompem a prescrição (art. 174, parágrafo único, do CTN):

a) despacho do juiz que ordena a citação em execução fiscal;

b) protesto judicial;

c) qualquer ato judicial que constitua em mora o devedor;

d) qualquer ato inequívoco, ainda que extrajudicial, que importe em reconhecimento do débito pelo devedor.

Perceba que, nos termos do CTN, o despacho do juiz que ordena a citação interrompe o prazo.

Assim, o Fisco deve se acautelar para iniciar a execução fiscal em tempo hábil, ou seja, em menos de 5 anos.

Interessante salientar que o STJ, ao interpretar o dispositivo do CTN cotejando-o ao art. 240, § 1º, do CPC, entendeu que a interrupção da prescrição pela citação (pelo despacho que a ordena, no caso) retroage à data da propositura da ação, ainda que proferida por juízo incompetente.

O pedido administrativo de compensação ou de restituição não interrompe o prazo prescricional para a ação de repetição de indébito tributário de que trata o art. 168 do CTN nem o da execução de título judicial contra a Fazenda Pública – Súmula 625/STJ.

12.16. Extinção: conversão do depósito em renda

O depósito administrativo ou judicial apenas suspende a exigibilidade do crédito tributário.

Com a decisão final, favorável ao Fisco, esse depósito torna-se receita tributária, ou seja, é convertido em renda do ente tributante.

Essa conversão, semelhante ao pagamento em dinheiro, é modalidade de extinção do crédito tributário.

Atenção para o entendimento do STJ fixado no Tema 677 (*REsp 1.820.963/SP – Repetitivo) no sentido de que o depósito não desobriga o devedor de arcar com os encargos decorrentes da mora, ou seja, do atraso no pagamento:*

"Na execução, o depósito efetuado a título de garantia do juízo ou decorrente de penhora de ativos financeiros não isenta o devedor do pagamento dos consectários da sua mora, conforme previstos no título executivo, devendo-se, quando da efetiva entrega do dinheiro ao credor, deduzir do montante final devido o saldo da conta judicial".

12.17. Extinção: Pagamento antecipado e homologação

No lançamento por homologação, quando o sujeito passivo recolhe o valor devido, ocorre a extinção do crédito tributário (como no caso do pagamento), condicionada à posterior homologação.

Havia entendimento no sentido de que a extinção ocorreria no momento da homologação (expressa ou tácita), o que ficou ultrapassado pela interpretação autêntica veiculada pelo art. 3º da LC 118/2005: a extinção ocorre no momento do pagamento antecipado.

12.17.1. Extinção: Consignação em pagamento julgada procedente

Conforme o disposto no art. 164 do CTN, cabe ação de consignação por parte do sujeito passivo quando (i) o sujeito não consegue recolher o valor devido por óbice injustificado do Fisco, ou quando (ii) mais de um sujeito exige tributo idêntico em relação ao mesmo fato gerador.

A rigor, a simples propositura da ação consignatória não extingue o crédito tributário.

Somente com o julgamento de procedência é que o valor consignado é convertido em renda e, com isso, extingue-se o crédito.

12.18. Extinção: decisão administrativa irreformável e decisão judicial transitada em julgado

A decisão administrativa irreformável e a decisão judicial transitado em julgado, favoráveis ao sujeito passivo, extinguem o crédito tributário.

Se a decisão foi pela invalidade do lançamento, sem afastar a ocorrência do fato gerador, é possível nova constituição do crédito, desde que não esgotado o prazo decadencial.

Se afastada apenas parcela do crédito e for possível aferir o montante restante por simples cálculo aritmético, não há necessidade de novo lançamento (basta retificação da inscrição em dívida ativa e da certidão correspondente, em caso de execução fiscal em andamento).

Em relação à decisão judicial transitada em julgado em matéria tributária, o STF fixou um importante entendimento em 2023 no sentido de que decisão definitiva, a chamada "coisa julgada", sobre tributos recolhidos de forma continuada (ex.: ICMS), perde seus efeitos caso a Corte se pronuncie em sentido contrário. A seguir as teses fixadas nos temas 881 e 885:

1. As decisões do STF em controle incidental de constitucionalidade, anteriores à instituição do regime de repercussão geral, não impactam automaticamente a coisa julgada que se tenha formado, mesmo nas relações jurídicas tributárias de trato sucessivo. 2. Já as decisões proferidas em ação direta ou em sede de repercussão geral interrompem automaticamente os efeitos temporais das decisões transitadas em julgado nas referidas relações, respeitadas a irretroatividade, a anterioridade anual e a noventena ou a anterioridade nonagesimal, conforme a natureza do tributo.

12.19. Extinção: dação em pagamento de bens imóveis

Para que haja a possibilidade de dação em pagamento de bens imóveis, como modalidade de extinção do crédito, é preciso lei autorizativa do respectivo ente tributante (não basta a previsão genérica do CTN).

A dação refere-se apenas a bens imóveis (art. 156, XI, do CTN). O Código Tributário Nacional não prevê a possibilidade de dação de bens móveis em pagamento. Lei distrital nesse sentido foi declarada inconstitucional pelo STF (ADI 1.917/DF – haveria ofensa ao princípio da licitação).

Havendo lei autorizativa, o Fisco avalia o imóvel, inclusive quanto à conveniência em aceitá-lo (a lei pode prever a recusa), e, havendo concordância, imputa o valor no pagamento do crédito.

12.20. Exclusão: modalidades

A isenção e a anistia somente podem ser concedidas por lei específica, que regule apenas o benefício ou o tributo – art. 150, § 6º, da CF.

Devem ser interpretadas estritamente (literalmente), a exemplo dos outros benefícios fiscais – art. 111, I e II, do CTN.

A exclusão *não* dispensa as obrigações acessórias – art. 175, parágrafo único, do CTN. Assim, mesmo uma pessoa isenta deve prestar informações ao fisco (= obrigação acessória), na forma da legislação aplicável, por exemplo.

12.21. Exclusão: isenção

12.21.1. Definição

Lembre-se de que a isenção é uma das duas modalidades de exclusão do crédito tributário (a outra é a anistia – art. 175 do CTN).

O CTN trata a isenção como dispensa do pagamento: há fato gerador e obrigação, mas o Fisco não pode constituir o crédito (ele é excluído).

A doutrina mais moderna entende que a isenção delimita negativamente a norma de incidência: não há fato gerador, nem obrigação tributária, em relação à situação ou ao sujeito isento.

Essa distinção tem relevância ao se discutir a vigência da norma que revoga a isenção (vimos isso ao estudarmos a vigência da legislação tributária).

12.21.2. Requisitos da lei e delimitação

A lei isentiva deve especificar as condições e os requisitos para a concessão do benefício, os tributos a que se aplica e, sendo o caso, o prazo de sua duração (art. 176 do CTN).

Salvo disposição legal em contrário, não abrange (i) taxas e contribuições de melhoria, nem (ii) tributos instituídos posteriormente à sua concessão (art. 177 do CTN).

Pode ser restrita a determinada região, em função de condições a ela peculiares.

12.21.3. Distinção da isenção em relação à imunidade e à não incidência

A imunidade é norma constitucional, enquanto a isenção é norma legal produzida pelo ente competente.

A imunidade afasta a competência tributária, enquanto a isenção pressupõe a competência.

A não incidência refere-se genericamente a situações fora do alcance da norma matriz do tributo.

12.21.4. Isenção de caráter individual

Se a isenção não for concedida em caráter geral, a autoridade administrativa a efetivará, caso a caso, ao analisar o requerimento do interessado, que deve comprovar que preenche as condições e requisitos para o benefício (art. 179 do CTN).

Se o tributo for lançado periodicamente (como o IPTU, por exemplo), a autoridade deverá renovar a concessão a cada período.

12.21.5. Revogação da isenção

A isenção pode ser revogada a qualquer tempo, desde que por lei, já que a competência tributária é inafastável.

Sobre a matéria, o STF tem precedentes recentes de ambas as turmas no sentido de que se aplica o princípio da anterioridade tributária, geral e nonagesimal, se o tributo estiver a ele sujeito, nas hipóteses de redução ou de supressão de benefícios ou de incentivos fiscais, haja vista que tais situações configuram majoração indireta de tributos (RE 564.225).

Entretanto, se a isenção foi concedida por prazo certo *e* em função de determinadas condições, ela não pode ser livremente revogada, ou seja, deve-se respeitar o direito adquirido (art. 178 do CTN – veja que a Súmula 544 do STF refere-se à condição onerosa: isenções tributárias concedidas, sob condição onerosa, não podem ser livremente suprimidas).

Por exemplo, se um município concede isenção de IPTU por 20 anos (tempo certo) para empresas que construam fábricas em seu território (condição onerosa), e uma sociedade preencha esses requisitos, ela terá direito ao benefício durante esse período de tempo, ainda que a norma venha a ser revogada.

Finalmente, lembre-se de que há regras específicas para a revogação de isenção concedida individualmente, idênticas àquelas aplicáveis às moratórias – art. 179, § 2º, c/c art. 155 do CTN.

12.22. Exclusão: anistia

12.22.1. Definição

Anistia é o perdão das infrações (art. 180 do CTN), referindo-se apenas às penalidades pecuniárias (diferente da remissão, que é perdão de todo o crédito).

12.22.2. Delimitação da anistia

A anistia abrange exclusivamente as infrações cometidas anteriormente à vigência da lei concessiva e não se aplica (art. 180, I e II):

a) a atos tipificados criminalmente ou como contravenção;

b) a atos praticados com dolo, fraude ou simulação;

c) salvo disposição em contrário, às infrações resultantes de conluio.

12.22.3. Anistia de caráter individual

Se a anistia não for concedida em caráter geral, a autoridade administrativa a efetivará, caso a caso, ao analisar o requerimento do interessado, que deve comprovar que preenche as condições e os requisitos para o benefício.

Lembre-se de que as regras para a revogação de moratórias individualmente concedidas aplicam-se também à anistia – art. 182, parágrafo único, c/c art. 155 do CTN.

12.22.4. Concessão limitada

A anistia pode ser concedida limitadamente (art. 181, II, do CTN):

a) às infrações relativas a determinado tributo;

b) às infrações punidas com penalidades pecuniárias até determinado montante, conjugadas ou não com penalidades de outra natureza;

c) a determinada região do território da entidade tributante, em função de condições a ela peculiares;

d) sob condição do pagamento de tributo no prazo fixado pela lei que a conceder, ou cuja fixação seja atribuída pela mesma lei à autoridade administrativa.

12.22.5. Vedação de remissão e anistia para contribuições sociais – art. 195, § 11, da CF

A Constituição Federal veda expressamente a moratória e o parcelamento em prazo superior a 60 meses e, na forma da lei complementar, a remissão e a anistia para as contribuições sociais destinadas ao custeio da seguridade social devidas por:

a) empregadores e equiparados sobre folhas de salários e demais rendimentos pagos a pessoas físicas; e

b) trabalhadores e equiparados.

13. IMPOSTOS EM ESPÉCIE

13.1. Introdução

13.1.1. Competências relativas a impostos

Veja a seguinte tabela, que indica os impostos da competência de cada ente federado, para estudo e memorização:

União	– II, IE, IR, IPI, IOF, ITR, imposto sobre grandes fortunas (art. 153 da CF); – imposto extraordinário, imposto da competência residual (art. 154 da CF).
Estados e DF	– ITCMD, ICMS e IPVA (art. 155 da CF).
Municípios e DF	**– ITBI, IPTU, ISS (art. 156 da CF).**

13.1.2. Lançamento

Basicamente, todos os impostos são lançados por homologação, com exceção do IPVA e do IPTU na maior parte dos Estados e Municípios, que são lançados de ofício (depende da lei local) e do ITBI que, em regra, é lançado por declaração (depende da lei local do Município ou do DF).

Lançamento de ofício	– IPVA e IPTU, conforme a legislação local.
Lançamento por homologação	– II, IE, IR, IPI, IOF; – ITR; – ICMS, ITCMD; – ISS.

Perceba que o imposto de renda, apesar da famosa declaração de bens, é tributo lançado por homologação.

A legislação do ITR prevê expressamente o lançamento por homologação, mas, como há diversas declarações que são prestadas pelo proprietário rural, em relação ao imóvel, seu valor e índices de produtividade, há autores que consideram ser caso de lançamento por declaração. De qualquer forma, é importante salientar que a jurisprudência dominante reconhece tratar-se de lançamento por homologação – ver REsp 1.027.051/SC-STJ.

13.1.3. Regra-matriz de incidência

A regra-matriz de incidência é uma ferramenta interessante para o estudo dos impostos em espécie.

Quando falamos de fato gerador, até aqui, referimo-nos ao critério material (auferir renda, ser proprietário, promover a circulação). Entretanto, para que haja a incidência, além do critério material, há os critérios espacial e temporal.

Somente quando se observam os três critérios do *antecedente* da regra-matriz (material, espacial e temporal) é que há incidência, devendo ser verificados, então, os dois critérios do *consequente* da regra-matriz (pessoal e quantitativo).

Por exemplo, para que haja incidência do ICMS goiano, é preciso que o empresário promova a circulação da mercadoria (critério material), no território do Estado de Goiás (critério espacial), considerando-se o momento da saída da mercadoria do estabelecimento (critério temporal). Nesse caso, o critério pessoal corresponde ao sujeito passivo (quem promove a operação) e ao sujeito ativo (Estado de Goiás); o critério quantitativo refere-se à alíquota (18%, por exemplo) que é multiplicada pela base de cálculo (valor da operação).

Como outro exemplo, para que haja incidência do IPVA paulista, é preciso que alguém seja proprietário de um veículo automotor (critério material), no território do Estado de São Paulo (critério espacial), considerando-se o primeiro dia de cada ano (critério temporal). Nesse caso, o critério pessoal corresponde ao sujeito passivo (proprietário do automóvel) e ao sujeito ativo (Estado de São Paulo); o critério quantitativo refere-se à alíquota (4%, por exemplo) que é multiplicada pela base de cálculo (valor do veículo).

Ao estudarmos esses critérios para cada um dos impostos, teremos analisado os principais aspectos de cada tributo.

13.2. Impostos da União

13.2.1. Imposto de importação – II

13.2.1.1. Critério material do II

O critério material do II é a entrada do produto estrangeiro no território nacional (art. 19 do CTN).

Inclui entrada de produto que será posteriormente exportado (embora haja benefícios fiscais e regimes especiais). Inclui a bagagem trazida pelo viajante. Não inclui simples passagem pelo território.

13.2.1.2. Critério espacial do II

O II refere-se a todo o território nacional, correspondendo ao território aduaneiro.

13.2.1.3. Critério temporal do II

A incidência do II ocorre no momento da entrada no território nacional, considerada como sendo:

a) a data do registro da declaração de importação (= início do despacho aduaneiro);

b) o dia do lançamento, no caso de remessa postal e de bagagens;

c) outras regras do art. 73 do Reg. Aduaneiro – RA (Dec. 6.759/2009).

13.2.1.4. Critério pessoal do II

Sujeito ativo do II é a União.

Contribuinte do II, conforme o CTN (art. 22), é o (i) importador ou equiparado e o (ii) arrematante de produtos apreendidos ou abandonados.

13.2.1.5. Critério quantitativo do II

As alíquotas do II podem ser *ad valorem* (= percentual a ser multiplicado pela base de cálculo) ou específica (quantia em reais a ser multiplicada por uma unidade de medida).

Elas podem ser alteradas por norma infralegal, pelo próprio Executivo, nas condições e limites fixados pela lei (art. 153, § 1º, da CF). É um tributo de carga fortemente extrafiscal, de intervenção no mercado.

A base de cálculo (art. 2º do DL 37/66) é (i) o valor aduaneiro (preço normal) conforme GATT ou (ii) a unidade de medida (no caso da alíquota específica). O CTN cita também (iii) o preço da arrematação.

Quando a legislação prevê que o II será calculado pela multiplicação da alíquota de 10%, por exemplo, sobre o valor aduaneiro do produto importado, estamos diante de uma alíquota *ad valorem*.

Entretanto, se a legislação prevê o cálculo do II pela multiplicação de R$ 10,00, por exemplo, por cada contêiner de produto, trata-se de alíquota específica.

13.2.2. Imposto de Exportação – IE

13.2.2.1. Critério material do IE

O critério material do IE é a saída de produtos nacionais ou nacionalizados do território nacional (art. 23 do CTN).

13.2.2.2. Critério espacial do IE

O IE refere-se a todo o território nacional, correspondendo ao território aduaneiro.

13.2.2.3. Critério temporal do IE

O IE incide na data do registro de exportação (= início do despacho aduaneiro).

13.2.2.4. Critério pessoal do IE

Sujeito ativo é a União.

Contribuinte é o exportador ou equiparado (art. 27 do CTN).

13.2.2.5. Critério quantitativo do IE

A alíquota pode ser *ad valorem* ((= percentual a ser multiplicado pela base de cálculo) ou específica (quantia em reais), como no caso do II.

Elas podem ser alteradas por norma infralegal, pelo próprio Executivo, nas condições e limites fixados pela lei (art. 153, § 1º, da CF). É um tributo de carga fortemente extrafiscal, de intervenção no mercado.

A base de cálculo (art. 24 do CTN) é (i) o preço normal que o produto ou similar alcançaria, ao tempo da exportação, em uma venda em condições normais de livre concorrência ou (ii) a unidade de medida (no caso de alíquota específica).

13.2.3. Imposto de renda – IR

13.2.3.1. Princípios específicos do IR

O IR submete-se aos princípios da:

a) *generalidade*: o imposto atinge todas as pessoas, sem distinção;

b) *universalidade*: o imposto abrange todas as rendas e proventos apurados no período;

c) *progressividade*: as alíquotas devem ser maiores, conforme maiores sejam as bases de cálculo.

É vedado "instituir tratamento desigual entre contribuintes que se encontrem em situação equivalente, proibida qualquer distinção em razão de ocupação profissional ou função por eles exercida, independentemente da denominação jurídica dos rendimentos, títulos ou direitos" (art. 150, II, da CF).

13.2.3.2. Critério material do IR

Em relação ao critério material, o IR incide sobre a aquisição da disponibilidade econômica ou jurídica (art. 43 do CTN):

a) de renda, que é o produto do capital, do trabalho, ou da combinação de ambos;

b) de proventos de qualquer natureza, que são acréscimos *patrimoniais* não compreendidos no conceito de renda.

O salário, por exemplo, é renda, pois é produto do trabalho. O aluguel recebido é renda, já que é produto do capital (exploração do patrimônio imobiliário).

Um prêmio de loteria, embora não seja produto do capital ou do trabalho de quem aufere (não é renda, portanto), é provento de qualquer natureza, tributável pelo IR, pois implica acréscimo patrimonial.

São irrelevantes: denominação da renda, do rendimento, localização, condição jurídica ou nacionalidade da fonte, origem e forma de percepção.

Por conseguinte, são tributados os rendimentos advindos dos fatos ilícitos (por ex., renda auferida por promotor de jogo do bicho – aplicação do brocardo *pecunia non olet* e art. 118, I, do CTN).

O Judiciário vem entendendo que as indenizações por danos morais, além daquelas por danos emergentes, não se submetem ao IR – ver a Súmula 498/STJ.

O STF conferiu interpretação conforme à Constituição Federal para se afastar a incidência do imposto de renda sobre valores decorrentes do direito de família percebidos pelos alimentados a título de alimentos ou de pensões alimentícias (ADI 5422).

13.2.3.3. Critério espacial do IR

O IR incide sobre rendas e proventos auferidos em qualquer lugar do mundo, desde que haja elemento de conexão com o território nacional (domicílio do contribuinte, localização da fonte etc.).

Há acordos internacionais para evitar bitributação, além de regra no regulamento do IR no sentido de que, se o contribuinte já pagou IR em outro país, em relação a uma renda auferida por lá (por exemplo, aluguel de imóvel localizado no exterior), poderá abater o valor recolhido, reduzindo o imposto de renda devido ao Fisco brasileiro.

13.2.3.4. Critério temporal do IR

O IR refere-se a rendas, proventos e lucro apurados durante o ano civil.

O fato gerador é *pendente* durante o exercício, concluindo-se no último instante do dia 31 de dezembro.

Assim, para apuração do valor devido, leva-se em consideração todo acréscimo patrimonial ocorrido entre o primeiro instante do dia 1º de janeiro até o último instante do dia 31 de dezembro de cada ano (= ano-base).

Por essa razão, há autores que consideram o fato gerador como *periódico composto (complexivo) pois é formado por um conjunto de eventos dentro do exercício financeiro*. Outros estudiosos, por outra aproximação, defendem que o IR incide apenas no último instante do dia 31 de dezembro do ano-base.

Há incidências exclusivas e antecipações. Por exemplo, sobre os rendimentos financeiros (aplicações em instituições financeiras) o IR incide exclusivamente na fonte (ou seja, não entra no posterior ajuste anual, feito no momento da declaração).

O art. 43, § 2º, do CTN, buscando tributar a renda auferida no exterior, determina que a lei estabelecerá as condições e o momento em que se dará sua disponibilidade, nesse caso, para fins de incidência do IR.

13.2.3.5. Critério pessoal do IR

Sujeito ativo é a União.

Contribuinte é o titular da disponibilidade da renda ou do provento. Ademais, nos termos do art. 45 do CTN, a lei pode atribuir a condição de contribuinte ao possuidor, a qualquer título, dos bens produtores de renda ou dos proventos tributáveis.

É comum a responsabilidade por retenção na fonte.

13.2.3.6. Critério quantitativo do IR

As alíquotas do IR são *ad valorem* (%) e progressivas, ou seja, há percentuais maiores para bases de cálculo maiores.

A base de cálculo do IR é o montante real, arbitrado ou presumido, da renda ou dos proventos tributáveis (art. 44 do CTN).

No caso das pessoas jurídicas, a base de cálculo corresponde ao lucro (real, presumido ou arbitrado) observado no ano-base (determinadas despesas autorizadas por lei são subtraídas das receitas auferidas no exercício).

No caso das pessoas físicas, a base de cálculo é o rendimento líquido anual (os rendimentos, menos determinadas despesas previstas em lei).

13.2.4. Imposto sobre produtos industrializados – IPI

13.2.4.1. Princípios e características do IPI

O IPI submete-se ao princípio da seletividade conforme a essencialidade do produto. Significa que as alíquotas devem ser menores para os produtos essenciais (alimentos da cesta básica etc.) e maiores para os produtos não essenciais (cigarros, bebidas alcoólicas etc.). Eis uma tabela exemplificativa:

Produto	Alíquota
Cigarros	300%
Chopp	40%
Batom	22%
Automóvel 1.0	7%
Medicamentos	0%
Feijão e arroz	NT (não tributado)

As exportações são imunes em relação ao IPI (assim como em relação ao ICMS).

Bens de capital são aqueles equipamentos necessários para a produção de outros bens: máquinas, instalações industriais etc.

13.2.4.2. Princípio da não cumulatividade

O IPI é não cumulativo, compensando-se o valor devido em cada operação com o montante cobrado nas anteriores.

Vejamos o seguinte exemplo simplificado de uma cadeia de produção e comercialização para entendermos bem como funciona a não cumulatividade. Para esse exemplo, imaginemos uma alíquota única de 10% incidente em cada etapa:

Perceba que, quando o extrativista vende as toras de madeira por R$ 100,00, recolherá ao Fisco R$ 10,00 de IPI.

Quando a serralheria vende as tábuas produzidas a partir das toras por R$ 150,00, o IPI devido será de R$ 15,00 (10%), mas, por conta da não cumulatividade, o contribuinte irá subtrair aquilo que foi pago pelo extrativista (R$ 10,00 da operação anterior).

Ao final, a soma de tudo que foi recolhido ao Fisco, por todos os contribuintes, foi R$ 20,00, que corresponde a 10% sobre o preço final da cadeira.

Isso demonstra que a não cumulatividade é uma ferramenta que permite a distribuição do encargo financeiro por toda a cadeia de produção e consumo.

Dito de outra forma, por maior que seja a cadeia de produção e consumo, o valor recolhido ao Fisco será sempre de 10% sobre o preço final do produto (desde que a alíquota seja única e não haja benefícios fiscais).

Após muito debate, consolidou-se o entendimento jurisprudencial no sentido de que não há creditamento fictício em caso de entrada de produto isento, não tributado ou sujeito à alíquota zero, pois não houve cobrança de IPI na operação anterior (tese de repercussão geral 844/STF e Súmula Vinculante 58). Isso somente seria possível em caso de previsão legal expressa.

Segundo o STJ, a aquisição de bens integrantes do ativo permanente da empresa não gera direito a creditamento de IPI (Súmula 495).

13.2.4.3. Critério material do IPI

O critério material é a operação relativa a produto industrializado, basicamente sua venda.

Considera-se industrializado o produto que tenha sido submetido a qualquer operação que lhe modifique a natureza ou a finalidade, ou o aperfeiçoe para o consumo (art. 46, parágrafo único, do CTN). Trata-se de transformação, beneficiamento, montagem, acondicionamento, reacondicionamento, renovação ou recondicionamento (art. 4º do Regulamento do IPI – RIPI).

13.2.4.4. Critério espacial do IPI

O IPI refere-se às operações realizadas no território nacional, inclusive na entrada de produto estrangeiro (incide também na importação).

13.2.4.5. Critério temporal do IPI

O IPI incide no momento da saída do produto do estabelecimento do contribuinte (art. 46 do CTN).

No caso da importação, o IPI incide no momento do desembaraço aduaneiro do produto.

Pode haver incidência também no momento da arrematação de produto apreendido ou abandonado.

13.2.4.6. Critério pessoal do IPI

Sujeito ativo do IPI é a União.

Contribuinte é (art. 51 do CTN):

a) industrial ou equiparado;
b) importador ou equiparado, inclusive quando o bem for para uso próprio (STF – Tema n. 643);
c) comerciante que revende produto tributado a industrial;
d) arrematante.

É interessante notar o caso do item "c", acima, de comerciante que, em princípio, não seria contribuinte do IPI. Entretanto, se esse comerciante está no meio da cadeia industrial, ou seja, se revende insumos para a indústria, deverá recolher o IPI:

13.2.4.7. Critério quantitativo do IPI

As alíquotas *devem* ser seletivas conforme a essencialidade do produto (tributo extrafiscal).

Elas podem ser alteradas por norma infralegal, pelo próprio Executivo, nas condições e limites fixados pela lei (art. 153, § 1º, da CF). É um tributo de carga fortemente extrafiscal, de intervenção no mercado.

As alíquotas devem ser reduzidas para bens de capital (= são os bens aplicados na produção de outros bens – ex.: máquinas, equipamentos, instalações industriais).

A base de cálculo do IPI é (art. 47 do CTN):

a) o valor da operação;
b) o preço normal na importação, somado ao imposto de importação, às taxas e aos encargos cambiais; ou
c) o preço da arrematação.

13.2.5. Imposto sobre operações financeiras – IOF

13.2.5.1 Critério material do IOF

O critério material do IOF são as operações de crédito, câmbio e seguro, relativas a títulos e valores mobiliários e com ouro como ativo financeiro ou instrumento cambial (art. 63 do CTN c/c art. 153, § 5º da CF).

Operação	Descrição
Crédito	Dinheiro a ser restituído no futuro, empréstimo, linha de crédito, cheque especial, desconto de títulos
Câmbio	Troca de moedas
Seguro	Cobertura de risco, álea
Títulos e valores mobiliários	Emitidos por empresas, negociados no mercado próprio
Ouro ativo financeiro ou cambial	Investimentos, lastro cambial (ouro-mercadoria submete-se ao ICMS)

13.2.5.2. Critério espacial

O IOF refere-se às operações realizadas no território brasileiro, embora nem sempre seja fácil identificar isso.

13.2.5.3. Critério temporal do IOF

Os incisos do art. 63 do CTN descrevem didaticamente o critério temporal do IOF, em relação a cada uma das operações tributadas (no caso do ouro, o momento da incidência consta do art. 153, § 5º, da CF):

Operação	Momento da incidência
Crédito	Entrega total ou parcial do valor objeto da obrigação, ou sua colocação à disposição do interessado
Câmbio	Entrega da moeda ou do documento representativo, ou sua colocação à disposição do interessado
Seguro	Emissão da apólice ou documento equivalente, ou recebimento do prêmio
Títulos e valores mobiliários	Emissão, transmissão, pagamento ou resgate
Ouro ativo financeiro ou cambial	Somente na operação de origem

13.2.5.4. Critério pessoal do IOF

Sujeito ativo do IOF é a União.

Contribuinte (art. 66 do CTN) é qualquer das partes na operação, conforme a lei.

13.2.5.5. Critério quantitativo do IOF

As alíquotas do IOF podem ser alteradas por norma infralegal, pelo próprio Executivo, nas condições e limites fixados pela lei (art. 153, § 1º, da CF). É um tributo de carga fortemente extrafiscal, de intervenção no mercado.

A base de cálculo depende de cada incidência, podendo ser (art. 64 do CTN):

Operação	Momento da incidência
Crédito	Montante da operação de crédito, incluindo principal e juros
Câmbio	Montante em reais da operação
Seguro	Montante do prêmio (= valor pago pelo segurado)
Títulos e valores mobiliários	Valor nominal na emissão do título ou do valor mobiliário, acrescido do ágio; preço, valor nominal ou cotação na transmissão; preço no resgate

13.2.6. Imposto Territorial Rural – ITR

13.2.6.1. Princípios e características do ITR

O ITR será progressivo e terá suas alíquotas fixadas de forma a desestimular a propriedade improdutiva.

É um imposto de carga extrafiscal, que visa a estimular o uso socialmente responsável da propriedade rural.

Há imunidade para as pequenas glebas rurais, definidas em lei, quando exploradas por proprietário que não possua outro imóvel.

Pode ser fiscalizado e cobrado pelos Municípios que optarem, na forma da lei, vedada a redução do imposto ou outra forma de renúncia.

13.2.6.2. Critério material do ITR

O critério material do ITR é a propriedade, o domínio útil ou a posse de imóvel por natureza, conforme definido na lei civil (art. 29 do CTN).

Imóvel por natureza significa, para fins do ITR, a terra nua (o solo, o terreno), e não as construções.

13.2.6.3. Critério espacial do ITR

O ITR incide sobre imóveis localizados fora da área urbana definida pela lei municipal.

Veremos, ao estudarmos o IPTU, que a lei municipal não pode indicar qualquer área como sendo urbana, pois deve observar os requisitos do art. 32, § 1º, do CTN (é preciso que haja determinadas melhorias no local). A lei também pode considerar urbanas as áreas urbanizáveis ou de expansão urbana, constantes de loteamentos aprovados pelos órgãos competentes, não sendo necessário, nesse caso, observar o art. 32, § 1º, do CTN (Súmula 626 do STJ).

O ITR incide excepcionalmente sobre imóveis localizados dentro da área urbana, desde que utilizados em exploração de atividade extrativa vegetal, agrícola, pecuária ou agroindustrial (art. 15 do Dec.-Lei 57/1966 – STJ – Tema 174 – Recurso repetitivo).

13.2.6.4. ITR e IPTU

Veja a seguinte representação gráfica para compreender bem o âmbito de incidência do ITR, em relação ao do IPTU.

13.2.6.5. Critério temporal do ITR

O ITR incide em 1º de janeiro de cada ano.

13.2.6.6. Critério pessoal do ITR

O sujeito ativo do ITR é a União, mas pode ser o Município que optar por fiscalizar e cobrar o tributo, na forma da lei – art. 153, § 4º, III, da CF.

Contribuinte é (art. 31 do CTN): (i) o proprietário do imóvel; (ii) o titular do domínio útil; ou (iii) o possuidor.

Perceba que o Fisco não pode, em princípio, escolher de quem cobrar o imposto. Contribuinte é sempre o proprietário. Excepcionalmente, se houver enfiteuse, será o titular do domínio útil. Também excepcionalmente, o contribuinte poderá ser o possuidor que ocupe o imóvel como se fosse proprietário, com *animus domini*, e que possa efetivamente vir a ser o proprietário no futuro, por usucapião (*ad usucapionem*).

Entretanto, é bom salientar que o STJ, ao analisar a sujeição passiva do IPTU, tem entendido que o promitente-comprador do imóvel (= possuidor com *animus domini*) é solidariamente responsável com o proprietário (promitente vendedor, que consta como proprietário no registro imobiliário) – ver REsp 1.110.551/SP repetitivo.

O locatário não possui legitimidade ativa para discutir a relação jurídico-tributária de IPTU e de taxas referentes ao imóvel alugado nem para repetir indébito desses tributos (Súmula 614 do STJ), entendimento que se aplica ao ITR.

13.2.6.7. Critério quantitativo do ITR

As alíquotas do ITR devem ser progressivas e devem desestimular a propriedade improdutiva.

A base de cálculo é o valor fundiário (art. 30 do CTN), ou seja, o da terra nua tributável (o ITR não incide sobre o valor das construções, diferentemente do IPTU, nem plantações).

13.3. Impostos dos Estados e do Distrito Federal

13.3.1. Imposto sobre circulação de mercadorias e prestação de serviços – ICMS

13.3.1.1. Princípios e características do ICMS

As alíquotas do ICMS *podem* ser seletivas conforme a essencialidade da mercadoria ou do serviço. Perceba que o IPI *deve* ser seletivo, enquanto o ICMS *pode* ser seletivo.

Seletividade significa que o ICMS incidente sobre um bem essencial (alimento da cesta básica, por exemplo) deve ter alíquota baixa (ou mesmo isenção), enquanto o imposto sobre mercadoria não essencial deve ser maior (cigarros, bebidas alcoólicas, por exemplo).

Analisando o princípio da seletividade, o STF entendeu que são inconstitucionais normas estaduais que fixam a alíquota do ICMS para operações de fornecimento de energia elétrica e serviços de comunicação em patamar superior à cobrada sobre as operações em geral (Tema 745 – STF). Modulação dos efeitos: a partir do exercício financeiro de 2024, ficando ressalvadas as ações ajuizadas até 5/2/21 (data do início do julgamento de mérito).

Na linha do entendimento acima exposto, houve alteração no CTN, pela LC 194/2022, com o acréscimo do art. 18-A prevendo que para fins de incidência do ICMS, os combustíveis, o gás natural, a energia elétrica, as comunicações e o transporte coletivo são considerados bens e serviços essenciais e indispensáveis, que não podem ser tratados como supérfluos. No parágrafo único do citado artigo foram estabelecidas regras sobre a fixação de alíquotas.

Há imunidade de ICMS sobre (i) exportações; (ii) operações interestaduais com petróleo, derivados e energia elétrica; (iii) ouro como ativo financeiro ou instrumento cambial; e (iv) rádio e TV aberta (de recepção livre e gratuita).

Apesar de se tratar de um tributo estadual, diversas matérias relacionadas ao ICMS devem ser reguladas por lei complementar federal (além daquelas aplicáveis a todos os impostos – art. 146, III, a, da CF), conforme o art. 155, § 2º, XII, da CF, dando-lhe característica de tributo nacional. Dentre essas matérias reservadas à lei complementar, está regular a forma como, mediante deliberação dos Estados e do Distrito Federal, isenções, incentivos e benefícios fiscais serão concedidos e revogados (alínea g), *assunto que retomaremos logo mais*.

13.3.1.1.1. Não cumulatividade

O ICMS é não cumulativo, de modo que o contribuinte abate, do valor a ser recolhido, os montantes de ICMS cobrados nas operações anteriores (art. 155, § 2º, I, da CF).

As isenções e não incidências afastam o creditamento (art. 155, § 2º, II, da CF), salvo determinação em contrário da legislação. Assim, se o estabelecimento adquire um produto isento, por exemplo, não poderá abater nada do valor a ser recolhido nas operações subsequentes. De modo semelhante, se a saída da mercadoria for isenta, o estabelecimento deverá estornar (cancelar) eventuais créditos relativos à aquisição do bem:

No exemplo acima, a fábrica de leite em caixinha recolheu R$ 0,18 de ICMS pela venda no valor de R$ 1,00. O estabelecimento comercial adquirente desse leite teria direito, em princípio, de se creditar desses R$ 0,18, pela sistemática da não cumulatividade. Entretanto, como a operação seguinte realizada pelo estabelecimento comercial (venda do leite para o consumidor final) é isenta, o crédito deverá ser cancelado, ou seja, não poderá ser aproveitado pelo comerciante.

Tese de repercussão geral 299/STF: "A redução da base de cálculo de ICMS equivale à isenção parcial, o que acarreta a anulação proporcional de crédito relativo às operações anteriores, salvo disposição em lei estadual em sentido contrário."

O creditamento relativo a mercadorias destinadas a uso e consumo vem sendo adiado sucessivamente pela legislação complementar (art. 33, I, da LC 87/1996).

O creditamento atinente à energia elétrica é restrito, na forma do art. 33, II, da LC 87/1996.

No caso da mercadoria destinada ao ativo permanente, o creditamento cabe somente a partir da LC 87/1996, e de modo escalonado (1/48 por mês – art. 20, § 5º, I, da LC 87/1996).

Nos termos da Súmula 509 do STJ, é lícito ao comerciante de boa-fé aproveitar os créditos de ICMS decorrentes de nota fiscal posteriormente declarada inidônea, quando demonstrada a veracidade da compra e venda.

13.3.1.1.2. Benefícios fiscais

Isenções, incentivos e benefícios fiscais devem ser concedidos e revogados mediante deliberação dos Estados e do Distrito Federal (por convênio interestadual), na forma da lei complementar (regra que procura evitar a "guerra fiscal") – art. 155, § 2º, XII, g, da CF e art. 1º da LC 24/1975.

Para que fique claro: o Estado ou o DF não podem isoladamente conceder benefício fiscal de ICMS, devendo submeter sua intenção aos demais Estados (art. 155, § 2º, XII, g, da CF).

Essa norma visa minorar a guerra fiscal, ou seja, a competição predatória entre os entes federados, que passam a reduzir agressivamente a tributação para atrair investimentos que, em princípio, seriam alocados em outro Estado.

Para a realização do convênio de ICMS, todos os Estados e o DF devem ser convocados para a reunião do CONFAZ.

Para a concessão de benefícios exige-se unanimidade dos presentes na reunião e, depois, ratificação por todos os Estados e o DF em 15 dias.

Para revogação total ou parcial, é necessária aprovação de 4/5 dos presentes na reunião do CONFAZ e, depois, ratificação em 15 dias.

13.3.1.1.3. Imunidades e não incidência

Há imunidade de ICMS sobre (art. 155, § 2º, X, da CF):

✓ exportações, com manutenção e aproveitamento do ICMS cobrado nas operações anteriores (mas não alcança as operações ou prestações anteriores à exportação – Tese de Repercussão Geral 475-STF – ver, entretanto, a Súmula 649/STJ que, analisando a LC 87/96, reconheceu a não incidência de ICMS sobre o serviço de transporte interestadual de mercadorias destinadas ao exterior);

✓ operações interestaduais com petróleo, derivados e energia elétrica (quando destinados à industrialização ou comercialização, incidindo nas operações internas posteriores);

✓ ouro enquanto ativo financeiro ou instrumento cambial (incide apenas o IOF); e

✓ rádio e TV aberta (de recepção livre e gratuita).

Ademais, o STF julgou inconstitucional a incidência do ICMS sobre (i) transporte aéreo internacional de carga e (ii) transporte aéreo intermunicipal, interestadual e internacional de passageiros – ADI 1.600/UF.

13.3.1.2. *Critério material do ICMS*

Quanto ao critério material, o ICMS incide sobre (art. 2º da LC 87/1996):

a) operações relativas à circulação de mercadorias;

b) prestação de serviços de transporte interestadual e intermunicipal e de comunicação;

c) entrada de bem ou mercadoria importada do exterior;

d) prestação de serviços no exterior ou iniciada no exterior;

e) fornecimento de mercadorias com prestação de serviços não incluídos na competência dos Municípios, com fornecimento de mercadorias (ou quando a LC 116/2003 expressamente o sujeitar à incidência do ICMS);

f) aquisição em licitação de mercadorias ou bens apreendidos ou abandonados (art. 4º, § 1º, III, da LC 87/96).

Veja a *Súmula Vinculante STF 48:* Na entrada de mercadoria importada do exterior, é legítima a cobrança do ICMS por ocasião do desembaraço aduaneiro.

Também a Súmula Vinculante do STF 32: O ICMS não incide sobre alienação de salvados de sinistro pelas seguradoras.

Importante destacar que o ICMS somente incide sobre o serviço de telecomunicação propriamente dito, e não sobre as atividades-meio e serviços suplementares. Nesse sentido, ver Súmulas do STJ abaixo:

STJ – Súmula 334 – O ICMS não incide no serviço dos provedores de acesso à Internet.

STJ – Súmula 350 – O ICMS não incide sobre o serviço de habilitação de telefone celular.

Ademais, de acordo com o STF (Tema 705 da Repercussão Geral), a inadimplência do usuário não afasta a incidência ou a exigibilidade do ICMS sobre serviços de telecomunicações.

13.3.1.3. Critério espacial do ICMS

O ICMS incide sobre as operações e prestações realizadas no território de cada ente tributante.

13.3.1.4. Critério temporal do ICMS

Ocorre a incidência nos seguintes momentos:

a) na saída da mercadoria do estabelecimento (ver Súmula 166 do STJ: não incide no simples deslocamento entre estabelecimentos – nesse sentido, ver também tese de repercussão geral 1099/STF);

b) no início da prestação do serviço de transporte;

c) no desembaraço aduaneiro;

d) na arrematação em hasta pública;

e) outras situações previstas no art. 12 da LC 87/1996.

A saída do estabelecimento refere-se às situações em que há efetiva circulação econômica do bem (basicamente, nos casos de venda da mercadoria).

13.3.1.5. Critério pessoal do ICMS

Sujeito ativo do ICMS é o Estado ou o DF em cujo território ocorre o fato gerador, conforme art. 11 da LC 87/1996. No caso de mercadoria importada, é aquele em que domiciliado ou estabelecido o destinatário legal da operação que deu causa à circulação da mercadoria, com a transferência de domínio (Tese de Repercussão Geral 520-STF).

Contribuinte é qualquer pessoa que realize, com *habitualidade* ou em volume que caracterize intuito comercial, operações de circulação de mercadoria ou prestações de serviços de transporte interestadual e intermunicipal e de comunicação, ainda que as operações e as prestações se iniciem no exterior (art. 4º da LC 87/1996).

O requisito da habitualidade significa que um particular que vende seu veículo, por exemplo, não deve recolher o ICMS. Entretanto, se começar a comprar e vender carros com habitualidade, passará a ser contribuinte do imposto estadual.

Outros contribuintes são: quem (i) importa bens, (ii) é destinatário de serviços prestados no exterior ou lá iniciados, (iii) adquire bens em hasta pública etc.

É importante perceber que, nesses outros casos (importação, arrematação), a habitualidade é irrelevante. Se um particular importa um único veículo, ainda que para uso próprio (a destinação tampouco é relevante), deverá recolher o ICMS (art. 155, § 2º, IX, *a*, da CF).

A lei refere-se ao "estabelecimento responsável (...) autônomo" (art. 11, *caput*, e § 3º, II, da LC 87/1996), de modo que o Fisco sempre entendeu que a circulação de mercadorias entre estabelecimentos do mesmo contribuinte submetia-se à tributação. Isso, entretanto, tem sido afastado pela jurisprudência, por inexistir efetiva circulação econômica, nos termos da Súmula 166 do STJ, inclusive no caso de transferências interestaduais (estabelecimentos localizados em Estados diferentes), conforme o REsp 1.125.133/SP repetitivo e a tese de repercussão geral 1099/STF).

13.3.1.6. Critério quantitativo do ICMS

A base de cálculo do ICMS é o valor da operação de circulação da mercadoria ou o preço da prestação do serviço, além das outras situações específicas descritas nos artigos 8º e 13º da LC 87/96.

No caso da importação, a base de cálculo inclui o II, o IPI, o IOF sobre câmbio e outras despesas.

O ICMS é calculado "por dentro", ou seja, compõe sua própria base de cálculo (art. 155, § 2º, XII, 'i', da CF).

Por exemplo, se o valor da venda da mercadoria é R$ 100,00, o ICMS de 18% não é acrescido ao montante (não se cobra R$ 118,00, o que seria cálculo "por fora"). Por ser calculado "por dentro", o preço cobrado do adquirente será de R$ 100,00 e a nota trará um simples destaque de R$ 18,00, significando que esse valor, a ser recolhido ao Fisco, está "embutido" no preço.

Veja o seguinte exemplo, de duas notas fiscais fictícias, em que apresentamos (simplificadamente) a cobrança do IPI "por fora" (na primeira nota) e do ICMS "por dentro" (na segunda nota):

Cálculo "por fora"		Cálculo "por dentro"	
preço:	R$ 100,00	preço:	R$ 100,00
IPI:	R$ 15,00	ICMS:	R$ 18,00
Total:	R$ 115,00	Total:	R$ 100,00

Perceba como o valor do IPI foi acrescido ao preço do produto, sendo que o adquirente pagou o total de R$ 115,00 ao vendedor. Já no caso do ICMS, o total cobrado foi R$ 100,00, com o ICMS "embutido" no preço.

Nas operações entre contribuintes com produto destinado à industrialização ou à comercialização, o IPI não é incluído na base do ICMS (art. 155, § 2º, XI, da CF).

A alíquota interna é fixada por cada Estado e DF; o Senado *pode* fixar alíquotas mínimas e máximas, nas situações descritas no art. 155, § 2º, V, da CF.

Alíquotas interestaduais, incidentes quando a mercadoria ou o serviço é vendido para contribuinte ou não contribuinte do ICMS localizado em outro Estado (ou DF), *são* fixadas pelo

Senado (art. 155, § 2º, IV, da CF e Resolução 22 do Senado Federal):

a) a alíquota interestadual geral é de 12%;

b) excepcionalmente, é de 7% nas operações e prestações originadas de Estados do Sul e do Sudeste com destino a Estados (e ao DF) das regiões Norte, Nordeste, Centro-Oeste e ao Espírito Santo; e

c) a partir de janeiro/2013: alíquota interestadual de 4% para produtos importados (intuito de enfrentar a "guerra dos portos").

Tese de repercussão geral 69/STF: "O ICMS não compõe a base de cálculo para a incidência do PIS e da COFINS."

13.3.1.7. Operações interestaduais

As alíquotas interestaduais, menores que as internas, são aplicadas nas vendas realizadas para adquirentes localizados em outros Estados (ou DF), não importa se esses destinatários sejam contribuintes ou não do imposto (art. 155, § 2º, VI, VII e VIII da CF).

Note que a partir da Emenda Constitucional 87/2015 todas as operações interestaduais, inclusive para destinatário não contribuinte do ICMS, sujeitam-se à alíquota interestadual. Antes disso, somente a operação destinada a contribuinte sujeitava-se à alíquota interestadual menor, cabendo ao Estado de destino o imposto correspondente à diferença entre a alíquota interna e a interestadual. Essa alteração ocorreu por conta do forte pleito dos Estados majoritariamente adquirentes de mercadorias, não fornecedores, que acabavam sendo prejudicados pelas vendas interestaduais diretas a consumidores finais não contribuintes do ICMS localizados em seus territórios, situação bastante comum nas vendas pela internet, por exemplo.

A partir dessa nova sistemática, o Estado (ou DF) de origem fica com o valor referente à alíquota interestadual e o Estado (ou DF) de destino fica com a diferença entre sua alíquota interna e a interestadual.

Entretanto, é muito importante saber que essa modificação trazida pela EC 87/2015, em relação às vendas para consumidores finais não contribuintes localizados em outros Estados (ou DF), seria gradual, conforme o art. 99 do ADCT, ficando concluída apenas em 2019.

A possibilidade de se cobrar esse diferencial nas operações interestaduais para não contribuintes foi regulamentada pelo Convênio Confaz 93/15. Em 2021, no entanto, o STF declarou inconstitucionais cláusulas desse convênio (Tema 1.093 da repercussão geral) e decidiu que, a partir de 1º de janeiro de 2022, o tema deveria estar regulamentado por meio de lei complementar, o que foi realizado por meio da LC 190/22, publicada em 5 de janeiro de 2022, com previsão de aplicação em 90 (noventa) dias.

Os contribuintes, no entanto, esperavam que a cobrança fosse validada apenas a partir de 2023, em função do princípio da anterioridade anual. Mas o STF concluiu que a LC 190/22 não cria nem aumenta tributo e, portanto, por princípio, não precisa observar as anterioridades anual nem nonagesimal. Por conseguinte, é legítima a opção do legislador que estabeleceu um prazo para a aplicação da lei (90 dias), sem necessidade de aguardar o ano seguinte. Assim, o diferencial de alíquota (difal) de ICMS poderia ser cobrado pelos estados a partir de 5 de abril de 2022 (ADI 7066).

Veja o seguinte exemplo com alíquota interestadual de 7% e interna de 18% (colocamos os mesmos preços de venda para simplificar e facilitar a visualização):

Perceba que o total recolhido aos Fiscos paulista e amazonense foi R$ 18,00 (R$ 7,00 + R$ 10,00), o que corresponde à alíquota interna incidente sobre o preço final (= 18% de R$ 100,00).

Perceba que a alíquota interestadual permite a divisão da receita do ICMS entre o Estado de destino e o Estado de origem. Quanto menor for a alíquota interestadual, menos recursos ficam na origem e mais recursos ficam no destino.

Por essa razão, quando a operação interestadual é realizada de um Estado considerado mais desenvolvido economicamente (Sul, Sudeste, excluindo o ES) para um que seria menos desenvolvido (outras regiões e ES), a alíquota interestadual é menor (7%), o que favorece estes últimos (Estados considerados menos desenvolvidos economicamente).

No exemplo acima, o recolhimento da diferença de alíquota (a diferença entre os 18% da alíquota interna e os 7% da alíquota interestadual) fica a cargo desse contribuinte, nos termos do art. 155, § 2º, VIII, a, da CF. Ou seja, o estabelecimento comercial no AM recolherá a diferença para o fisco amazonense.

Ainda naquele exemplo, caso a cadeira fosse vendida pela fábrica em SP diretamente para o consumidor final no AM (ou seja, para não contribuinte do ICMS), a diferença de alíquota seria paga pelo fornecedor aos dois Estados (SP e AM), com o valor dividido nos termos do art. 99 do ADCT para as operações realizadas até 2018. A partir de 2019, o valor integral dessa diferença de alíquota será pago pelo fornecedor ao fisco do Estado de destino.

13.3.2. Imposto sobre transmissão causa mortis e doação – ITCMD

13.3.2.1. Critério material do ITCMD

O critério material do ITCMD é a transmissão *causa mortis* ou por doação de quaisquer bens ou direitos.

A Reforma Tributária, introduzida pela EC 132/2023, previu imunidade do ITCMD sobre as transmissões e as doações para as instituições sem fins lucrativos com finalidade de relevância pública e social, inclusive as organizações assistenciais e beneficentes de entidades religiosas e institutos científicos e tecnológicos, e por elas realizadas na consecução dos seus objetivos sociais, observadas as condições estabelecidas em lei complementar (art. 155, § 1º, VII, da CF). E também estabeleceu imunidade no caso sobre as doações destinadas, no âmbito do Poder Executivo da União, a projetos socioambientais ou destinados a mitigar os efeitos das mudanças climáticas e às instituições federais de ensino (art. 155, § 1º, V, da CF).

13.3.2.2. Critério espacial do ITCMD

O critério espacial corresponde ao território do ente tributante (Estado ou Distrito Federal).

13.3.2.3. Critério temporal do ITCMD

A transmissão *causa mortis* (fato gerador) ocorre no momento da morte do autor da herança (conforme a lei civil).

No caso de doação, a transmissão se dá no momento do registro imobiliário (bens imóveis) ou da tradição (bens móveis).

Perceba que o ITCMD é um tributo cujo fato gerador é "situação jurídica", conforme o art. 116, II, do CTN, ou seja, regulada por outro ramo do direito (o direito civil, neste caso). Por essa razão, o intérprete da norma tributária deve analisar as normas que regulam essa situação, para reconhecer o momento da ocorrência do fato gerador.

13.3.2.4. Critério quantitativo do ITCMD

As alíquotas do ITCMD são fixadas pela lei estadual.

As alíquotas do ITCMD são fixadas pela lei estadual e podem ser progressivas, conforme entendimento que já era acolhido pelo STF (tese de repercussão geral 21/STF). Com a Reforma Tributária, introduzida pela EC 132/2023, houve a inclusão do inciso VI ao § 1º do art. 155 da CF prevendo expressamente que o ITCMD será progressivo em razão do valor do quinhão, do legado ou da doação.

O Senado deve fixar teto da alíquota por resolução, segundo o art. 155, § 1º, IV, da CF (atualmente de 8%).

A base de cálculo é o valor venal dos bens e direitos (art. 38 do CTN).

O imposto *causa mortis* é calculado pela alíquota vigente ao tempo da abertura da sucessão (Súmula 112 do STF).

13.3.2.5. Critério pessoal do ITCMD

Sujeito ativo do ITCMD é (art. 155, § 1º, I e II):

a) no caso de imóveis e respectivos direitos, o Estado (ou DF) onde está localizado o bem;

b) no caso de bens móveis, títulos e créditos, o Estado (ou DF) onde era domiciliado o **de cujus**, ou tiver domicílio o doador, conforme alteração promovida pela Reforma Tributária introduzida pela EC 132/2023. A redação anterior previa que o ITCMD competia ao Estado ou ao DF onde se processasse o inventário ou arrolamento ou onde o doador tivesse domicílio. A citada alteração promovida pela EC 132/2023 aplica-se às sucessões abertas a partir da data de sua publicação (20.12.2013).

c) Segundo a CF (art. 155, § 1º, III), a lei complementar deve regulamentar os casos de doador domiciliado ou residente no exterior e de falecido que possuía bens, era residente ou domiciliado ou teve seu inventário processado no exterior. O STF decidiu pela necessidade de lei complementar para regulamentar a matéria, nos seguintes termos: "é vedado aos Estados e ao Distrito Federal instituir o ITCMD nas hipóteses referidas no art. 155, § 1º, III, da Constituição Federal sem a edição da lei complementar exigida pelo referido dispositivo constitucional" (Tema 825 da Repercussão Geral).

Enquanto não editada a citada lei complementar, a Reforma Tributária (art. 16 da EC 132/2023), estabeleceu o seguinte quanto à sujeição ativa do ITCMD:

Art. 16. Até que lei complementar regule o disposto no art. 155, § 1º, III, da Constituição Federal, o imposto incidente nas hipóteses de que trata o referido dispositivo competirá:

I – relativamente a bens imóveis e respectivos direitos, ao Estado da situação do bem, ou ao Distrito Federal;

II – se o doador tiver domicílio ou residência no exterior:

a) ao Estado onde tiver domicílio o donatário ou ao Distrito Federal;

b) se o donatário tiver domicílio ou residir no exterior, ao Estado em que se encontrar o bem ou ao Distrito Federal;

III – relativamente aos bens do **de cujus**, ainda que situados no exterior, ao Estado onde era domiciliado, ou, se domiciliado ou residente no exterior, onde tiver domicílio o sucessor ou legatário, ou ao Distrito Federal.

Sujeito passivo é qualquer das partes, na forma da lei (art. 42 do CTN).

13.3.3. Imposto sobre a propriedade de veículos automotores – IPVA

13.3.3.1. Critério material do IPVA

O critério material do IPVA é a propriedade de veículos automotores (art. 155, III, da CF).

Considerando a redação original da CF, o STF entendeu que o imposto não incide sobre a propriedade de embarcações e aeronaves.

Porém, a Reforma Tributária introduzida pela EC 132/2023 trouxe a previsão expressa de que o IPVA incidirá sobre a propriedade de veículos automotores terrestres, aquáticos e aéreos (art. 155, § 6º, III, da CF), com previsão de imunidades para as hipóteses descritas nas alíneas 'a' a 'd', tais como tratores e máquinas agrícolas.

Importante ressaltar que em relação ao IPVA ainda não foi editada lei complementar de normas gerais, prevendo fato gerador, base de cálculo e contribuintes, conforme previsto no art. 146, III, 'a', da CF. Por isso, Estado e DF têm exercido a competência plena na matéria (art. 24, § 3º, da CF), atendidos, é claro, os limites traçados diretamente no texto constitucional.

13.3.3.2. Critério espacial do IPVA

O critério espacial refere-se ao território de cada Estado e do DF (local do registro, que deve corresponder ao do domicílio ou residência do proprietário).

13.3.3.3. Critério temporal do IPVA

O momento da incidência é fixado pela legislação de cada Estado e do DF, sendo comum os seguintes critérios:

a) 1º de janeiro de cada ano;

b) aquisição do veículo novo pelo 1º proprietário;

c) desembaraço aduaneiro, quando importado pelo consumidor final.

13.3.3.4. Critério pessoal do IPVA

Sujeito ativo do IPVA é o Estado ou o Distrito Federal onde está registrado o veículo.

Contribuinte é o proprietário.

Segundo o STF (ADI 5628/MG), é inconstitucional condicionar o benefício de isenção fiscal do IPVA quanto à propriedade de veículos utilizados para o serviço de transporte escolar com a filiação de seus motoristas profissionais autônomos a sindicato ou cooperativa.

13.3.3.5. Critério quantitativo do IPVA

As alíquotas são fixadas pela lei de cada Estado e do Distrito Federal.

O Senado fixará alíquotas mínimas (para evitar "guerra fiscal" e fraude por pessoas que registram o veículo em outro Estado para se aproveitarem de alíquotas menores).

As alíquotas poderiam ser diferenciadas em função do tipo e utilização do veículo. É comum, por exemplo, que o legislador fixe alíquotas menores para veículos utilitários (caminhões, tratores) em relação a veículos de passeio.

Porém, a Reforma Tributária introduzida pela EC 132/2023 trouxe a previsão expressa de que o IPVA poderá ter alíquotas diferenciadas não só em função do tipo e utilização do veículo, mas também do seu valor e do impacto ambiental (art. 155, 6º, II, da CF).

A base de cálculo é o valor venal do veículo (= valor de mercado, preço do veículo em uma venda normal, à vista), conforme a legislação de cada Estado e do Distrito Federal.

13.4. Impostos dos Municípios e Distrito Federal

13.4.1. Imposto sobre a propriedade predial e territorial urbana – IPTU

13.4.1.1. Critério material do IPTU

O critério material do IPTU é a propriedade, domínio útil ou posse de imóvel por natureza ou por acessão física (terreno e construções), conforme art. 32 do CTN.

Perceba que, diferente do ITR, o IPTU incide não apenas sobre a propriedade do terreno, mas também sobre as construções.

13.4.1.2. Critério temporal do IPTU

O momento da incidência é definido pela lei de cada município e do Distrito Federal, sendo comum 1º de janeiro de cada ano (a exemplo dos demais impostos sobre a propriedade).

Há municípios que preveem a incidência proporcional, no caso de construção realizada durante o ano. Por exemplo, se a obra é concluída em julho, cobra-se aproximadamente 50% do IPTU relativo à construção.

13.4.1.3. Critério espacial do IPTU

O IPTU incide sobre imóveis localizados na zona urbana do Município, delimitada pela lei local.

Entretanto, a lei municipal não pode definir qualquer área como sendo urbana. É preciso que a localidade tenha pelo menos 2 melhoramentos dentre os listados no art. 32, § 1º, do CTN:

> CTN, art. 32. (...)
>
> § 1º Para os efeitos deste imposto, entende-se como zona urbana a definida em lei municipal; observado o requisito mínimo da existência de melhoramentos indicados em pelo menos 2 (dois) dos incisos seguintes, construídos ou mantidos pelo Poder Público:

> I – meio-fio ou calçamento, com canalização de águas pluviais;
>
> II – abastecimento de água;
>
> III – sistema de esgotos sanitários;
>
> IV – rede de iluminação pública, com ou sem posteamento para distribuição domiciliar;
>
> V – escola primária ou posto de saúde a uma distância máxima de 3 (três) quilômetros do imóvel considerado.
>
> (...)

Ademais, a lei pode indicar como urbana a área urbanizável, ou de expansão urbana, em loteamento aprovado, destinado a habitação, indústria ou comércio (art. 32, § 2º, do CTN). A incidência do IPTU sobre imóvel situado em área considerada pela lei local como urbanizável ou de expansão urbana não está condicionada à existência dos melhoramentos elencados no art. 32, § 1º, do CTN – Súmula 626/STJ.

Por exemplo, se a área é rural (não tem qualquer melhoramento), mas a lei municipal permite que haja loteamento urbano na localidade (é área de expansão urbana) e, posteriormente, a Prefeitura aprova efetivamente um loteamento no local, poderá incidir o IPTU.

13.4.1.4. IPTU e ITR

Veja a seguinte representação gráfica, que distingue as áreas submetidas à incidência do ITR federal e do IPTU municipal.

Lembre-se que o ITR incide excepcionalmente sobre imóveis localizados dentro da área urbana, desde que utilizados em exploração de atividade extrativa vegetal, agrícola, pecuária ou agroindustrial (art. 15 do Dec.-Lei 57/1966 – REsp 1.112.646/SP repetitivo – Tema 174). Isso afasta, por consequência, a tributação municipal (não incide IPTU, ou haveria bitributação).

13.4.1.5. Critério pessoal do IPTU

Sujeito ativo do IPTU é o Município ou o Distrito Federal onde está localizado o imóvel.

Sujeito passivo é o proprietário, titular do domínio útil ou o possuidor (*animus domini* ou *ad usucapionem*), conforme art. 34 do CTN.

Perceba que o Fisco não pode escolher de quem cobrar o imposto. Em princípio, contribuinte é sempre o proprietário. Excepcionalmente, se houver enfiteuse, será o titular do domínio útil. Também excepcionalmente, o contribuinte poderá ser o possuidor que ocupe o imóvel como se fosse proprietário, com *animus domini* e que possa efetivamente vir a ser o proprietário no futuro, por usucapião (*ad usucapionem*).

Entretanto, é bom salientar que o STJ tem entendido que o promitente-comprador do imóvel (= possuidor com *animus domini*) é solidariamente responsável com o proprietário (promitente vendedor, que consta como proprietário no registro imobiliário) – ver REsp 1.110.551/SP repetitivo.

O locatário não possui legitimidade ativa para discutir a relação jurídico-tributária de IPTU e de taxas referentes ao imóvel alugado nem para repetir indébito desses tributos (Súmula 614 do STJ).

13.4.1.6. Critério quantitativo do IPTU

As alíquotas do IPTU devem ser fixadas pela lei municipal, podendo ser:

a) progressivas em razão do valor do imóvel (art. 156, § 1º, I, da CF);

b) diferenciadas conforme a localização e o uso (art. 156, § 1º, II, da CF);

c) progressivas no tempo, para o promover o adequado aproveitamento do imóvel (art. 182, § 4º, II, da CF)

Importante salientar que a possibilidade de progressividade das alíquotas de IPTU em razão do valor do imóvel, visando onerar quem demonstra possuir maior capacidade contributiva, só foi introduzida na CF com a EC 29/00. Antes da alteração na CF, somente era permitida a progressividade extrafiscal para o IPTU (art. 182, § 4º, II, da CF), segundo o STF. Nesse sentido, a Súmula 668: é inconstitucional a lei municipal que tenha estabelecido, antes da Emenda Constitucional 29/2000, alíquotas progressivas para o IPTU, salvo se destinada a assegurar o cumprimento da função social da propriedade urbana.

Ainda de acordo com o *STF, é constitucional a lei do município que reduz o imposto predial urbano sobre imóvel ocupado pela residência do proprietário, que não possua outro (Súmula nº 539).*

A base de cálculo do IPTU é o valor venal do terreno *e* das construções (art. 33 do CTN). O imposto não incide sobre móveis mantidos para utilização, exploração, aformoseamento ou comodidade.

Valor venal não significa, necessariamente, o valor pago pelo proprietário. Valor venal é o valor de mercado do bem, o preço que o imóvel alcançaria, em tese, em uma venda normal, à vista.

Lembre-se de que o ITR incide apenas sobre o valor da terra nua, mas o IPTU incide também sobre o valor das construções.

Como o IPTU é, em regra, lançado de ofício (em conformidade com a legislação de cada Município e do Distrito Federal), a base é aferida pelo próprio Fisco. Tradicionalmente, o Judiciário brasileiro exige que essa base de cálculo individualizada (para cada contribuinte) seja fixada pela própria lei local, por meio das chamadas plantas genéricas de valores. Admite-se, entretanto, que o Executivo atualize essa base anualmente por norma infralegal, desde que dentro dos limites dos índices oficiais de inflação (se o aumento for maior que a inflação, somente poderá ser feito por lei) – ver Súmula 160 do STJ.

A Reforma Tributária, introduzida pela EC 132/2023, trouxe a previsão expressa de que o IPTU poderá ter sua base de cálculo atualizada pelo Poder Executivo, conforme critérios estabelecidos em lei municipal.

13.4.2. Imposto sobre transmissão inter vivos de bens imóveis – ITBI

13.4.2.1. Critério material do ITBI

O critério material do ITBI é a transmissão *inter vivos*, a qualquer título, por ato oneroso, de bens imóveis, por natureza ou acessão física, e de direitos reais sobre imóveis, exceto os de garantia, bem como cessão de direitos a sua aquisição (art. 156, II, da CF).

13.4.2.2. Critério espacial do ITBI

O critério espacial é o território do Município ou do Distrito Federal tributante.

13.4.2.3. Critério temporal do ITBI

O ITBI incide no momento da transmissão (fato gerador), que ocorre quando do registro imobiliário, conforme a legislação civil.

Há municípios que cobram o ITBI no momento da escritura (lavrada no cartório de notas, antes do registro imobiliário), mas isso vem sendo afastado pela jurisprudência.

Trata-se de outro tributo cujo fato gerador é "situação jurídica", conforme o art. 116, II, do CTN, ou seja, regulada por outro ramo do direito (o direito civil, neste caso). Por essa razão, o intérprete da norma tributária deve analisar as normas que regulam essa situação, para reconhecer o momento da ocorrência do fato gerador.

13.4.2.4. Critério pessoal do ITBI

Sujeito ativo do ITBI é o Município ou o Distrito Federal onde está localizado o imóvel.

Contribuinte é qualquer das partes (adquirente ou alienante), conforme a lei local. Normalmente, o legislador municipal escolhe o adquirente do imóvel, no caso de transmissão do domínio.

13.4.2.5. Critério quantitativo do ITBI

As alíquotas do ITBI são fixadas pela lei local e não podem ser progressivas (ver Súmula 656 do STF).

Interessante anotar que o STF reconheceu a possibilidade de progressividade das alíquotas do ITCMD estadual, mas o entendimento não foi, até o momento, estendido ao ITBI municipal.

A base de cálculo é o valor venal do imóvel (terreno e construções), no caso de transmissão do domínio. Normalmente, a lei municipal reduz a base de cálculo nos casos de transmissão de outros direitos reais, como a posse, o usufruto etc.

Importante decisão foi proferida pelo STJ (Tema Repetitivo 1113) a respeito da base de cálculo do ITBI:

✓ a) a base de cálculo do ITBI é o valor do imóvel transmitido em condições normais de mercado, não estando vinculada à base de cálculo do IPTU, que nem sequer pode ser utilizada como piso de tributação; b) o valor da transação declarado pelo contribuinte goza da presunção de que é condizente com o valor de mercado, que somente pode ser afastada pelo fisco mediante a regular instauração de processo administrativo próprio (art. 148 do CTN); c) o Município não pode arbitrar previamente a base de cálculo do ITBI com respaldo em valor de referência por ele estabelecido unilateralmente.

13.4.2.6. Imunidades do ITBI

O art. 156, § 2º, I, da CF fixa imunidade em relação a determinadas transmissões de bens ou direitos no bojo de operações societárias (integralização de capital, fusões, incorporações, cisões etc.), desde que a atividade preponderante da sociedade adquirente não seja a exploração imobiliária:

CF, art. 156, § 2º – O imposto previsto no inciso II [ITBI]:

I – não incide sobre a transmissão de bens ou direitos incorporados ao patrimônio de pessoa jurídica em realização de capital, nem sobre a transmissão de bens ou direitos decorrente de fusão, incorporação, cisão ou extinção de pessoa jurídica, salvo se, nesses casos, a atividade preponderante do adquirente for a compra e venda desses bens ou direitos, locação de bens imóveis ou arrendamento mercantil; (...)

Ademais, conforme o art. 184, § 5º, da CF, são imunes em relação ao ITBI as transferências de imóveis desapropriados para reforma agrária.

Importante destacar que, nos termos do art. 150, § 3º, *in fine*, da CF e, especificamente, da Súmula 75 do STF, sendo vendedora uma autarquia, a sua imunidade fiscal não compreende o Imposto de Transmissão *Inter Vivos,* que é encargo do comprador.

Cumpre ainda relembrar que o ITBI não incide na transmissão de direitos reais de garantia sobre imóveis.

13.4.3. Imposto sobre serviços de qualquer natureza – ISS

13.4.3.1. Critério material do ISS

O critério material do ISS é a prestação de serviços de qualquer natureza, definidos em lei complementar e não compreendidos dentre as hipóteses de incidência do ICMS (art. 156, III, da CF). Atualmente, o ISS pode incidir sobre a prestação dos serviços listados na LC 116/2003..

De acordo com o STF (Tema 296 da repercussão geral), a lista é taxativa, mas permite interpretação extensiva de seus itens (*v.g. serviços de informática e congêneres – item 1 da lista; Súmula 424 do STJ – serviços bancários congêneres).*

O ISS não incide sobre locações de bens móveis (Súmula Vinculante 31 do STF).

Se o serviço, previsto na LC 116/2003, é prestado com fornecimento de mercadoria, incide ISS sobre o preço total, exceto se a própria lista fizer ressalva quando à incidência do ICMS sobre as mercadorias.

13.4.3.2. Serviços com mercadorias

Veja a seguinte tabela, com os casos em que há serviço prestado com fornecimento de mercadoria.

Perceba que o critério preponderante é a listagem na LC 116/2003. Se o serviço estiver listado, incide ISS sobre o preço total, exceto se houver disposição em contrário na própria lei (art. 1º, § 2º, da LC 116/2003). Caso o serviço não esteja listado na LC 116/2003, incide ICMS sobre o preço total (art. 155, § 2º, IX, 'b' da CF).

Situação	Incidência	Exemplo
Serviço na lista da LC 116/2003	ISS sobre o valor total	- Assistência médica (Súmula 274 do STJ).
Serviço na lista da LC 116/2003, que faz ressalva em relação à mercadoria	ISS sobre o serviço e ICMS sobre a mercadoria	- Conserto de veículos e máquinas; - Recondicionamento de motores; - Bufê.
Serviço *não* constante da lista da LC 116/2003	ICMS sobre o valor total	Bares e restaurantes (Súmula 163 do STJ)

É muito importante notar que o valor do serviço ou da mercadoria (critério da preponderância) é irrelevante.

13.4.3.3. Incidências do ISS

Em regra, incide ISS na produção de bens *personalizados e sob encomenda* (na comercialização de bens "de prateleira" incide o ICMS).

Por exemplo, segundo o STF, no tocante às farmácias de manipulação, incide o ISS sobre as operações envolvendo o preparo e o fornecimento de medicamentos encomendados para posterior entrega aos fregueses, em caráter pessoal, para consumo; incide o ICMS sobre os medicamentos de prateleira por elas produzidos, ofertados ao público consumidor (Tema 379 – Repercussão Geral

Porém, tal raciocínio deixou de ser aplicado em relação aos *softwares* a partir da decisão do STF na ADI 1.945/ MT e na ADI 5.659/MG (2021). Até então, se alguém comprasse um

sistema operacional "na caixa", incidiria o ICMS, pois se tratava de mercadoria ("software de prateleira"). Entretanto, se contratasse um programador para fazer um aplicativo específico para a sua empresa (personalizado e sob encomenda), incidiria o ISS. Tal entendimento foi alterado pelo STF que passou a entender que incide apenas o imposto sobre serviços de qualquer natureza (ISS), e não o imposto sobre circulação de mercadorias e serviços (ICMS), nas operações envolvendo o fornecimento de programas de computador mediante contrato de licenciamento ou cessão do direito de uso, tanto para os "softwares" padronizados quanto para aqueles produzidos por encomenda e independentemente do meio utilizado para a transferência, seja por meio de "download" ou por acesso em nuvem.

Incide ISS sobre os serviços dos tabeliães e notários, mesmo sendo serviço público delegado com cobrança de taxa (emolumentos).

Incide também sobre o *leasing* financeiro e o *lease back.*

13.4.3.4. Critério espacial do ISS

O critério espacial do ISS é o território do Município ou do Distrito Federal tributante.

O serviço considera-se prestado, em regra, no local do estabelecimento do prestador ou de seu domicílio (art. 3º da LC 116/2003).

Há diversas exceções (art. 3º da LC 116/2003), em que o local da efetiva prestação é facilmente identificável e o serviço considera-se lá prestado (ex.: obras, limpeza, vigilância, transportes, estacionamento, armazenagem, exposições, diversões, cessão de mão de obra, pedágio), e casos em que o imposto é devido no domicílio do tomador.

13.4.3.5. Critério temporal do ISS

O imposto incide no momento em que o serviço é disponibilizado ao tomador.

13.4.3.6. Critério pessoal do ISS

Sujeito ativo do ISS é o Município ou o Distrito Federal onde o serviço é prestado.

Contribuinte é o prestador do serviço (art. 5º da LC 116/2003).

A LC 116/2003 traz uma série de casos de responsáveis tributários, como o importador e o tomador de determinados serviços (art. 6º da LC 116/2003).

13.4.3.7. Critério quantitativo do ISS

Segundo a CF, cabe à lei complementar fixar alíquotas máximas e mínimas do ISS (art. 156, §3º, I).

As alíquotas do ISS são fixadas pela lei local, observado o piso real de 2% e o teto de 5% (artigos 8º e 8º-A da LC 116/2003). Nesse sentido, a Lei Complementar (art. 8ª – A) esclarece que a "alíquota mínima do Imposto sobre Serviços de Qualquer Natureza é de 2% (dois por cento)" e " imposto não será objeto de concessão de isenções, incentivos ou benefícios tributários ou financeiros, inclusive de redução de base de cálculo ou de crédito presumido ou outorgado, ou sob qualquer outra forma que resulte, direta ou indiretamente, em carga tributária menor que a decorrente da aplicação da alíquota mínima" (art. 8-A, § 1º), exceto para alguns serviços referidos na lista anexa da Lei Complementar.

Ademais, diz o parágrafo segundo que é nula a lei ou ato Municipal ou Distrital que desrespeite a disposição da Lei Complementar quanto à alíquota mínima no caso de serviço prestado a tomador ou intermediário localizado em Município diverso daquele onde está localizado o prestador do serviço e gera para o prestador de serviços o direito de restituição do valor efetivamente pago.

Não se admitem benefícios ou incentivos que reduzam a tributação abaixo dos 2% sobre o preço.

Por exemplo, a lei municipal não pode dispor que a alíquota é de 2%, mas que a base de cálculo corresponde a 50% do preço do serviço (isso seria o mesmo que uma alíquota de 1% sobre o preço, o que está abaixo do piso).

A LC 157/2016 modificou a legislação nacional do ISS, prevendo nulidade de leis municipais que fixem o imposto abaixo do patamar de 2%, prevendo alteração da sujeição ativa (o município do tomador ou do intermediário do serviço pode passar a ser sujeito ativo) e criando responsabilidade tributária para o tomador pessoa jurídica.

A base de cálculo do ISS é o preço do serviço (art. 7º da LC 116/2003). O STJ tem afastado a possibilidade de abatimento dos materiais empregados em obras.

Veja a Súmula 524/STJ: No tocante à base de cálculo, o ISSQN incide apenas sobre a taxa de agenciamento quando o serviço prestado por sociedade empresária de trabalho temporário for de intermediação, devendo, entretanto, englobar também os valores dos salários e encargos sociais dos trabalhadores por ela contratados nas hipóteses de fornecimento de mão de obra.

Existe tributação fixa (valor fixo em reais) para profissionais liberais e sociedades uniprofissionais (sociedades formadas por uma única categoria de profissionais liberais), como escritórios de advocacia, de contabilidade, arquitetura, sociedades formadas por médicos, dentistas etc. Tal previsão encontra-se no art. 9º, §§ 1º e 3º do Decreto-lei 406/1968, recepcionado pela CF como lei complementar nacional sobre o ISS nesse tema, segundo o STF.

Somente há tributação fixa em relação a sociedades com responsabilidade pessoal dos sócios, sem caráter empresarial. Nesses casos, é cobrado um valor determinado em reais para cada um dos profissionais. A lei municipal não pode impedir essa tributação fixa (tese de repercussão geral 918/STF).

14. GARANTIAS E PRIVILÉGIOS DO CRÉDITO TRIBUTÁRIO

14.1. Introdução

O crédito tributário corresponde à receita pública, privilegiada em relação aos créditos privados.

O CTN enumera *garantias* para que o Fisco receba o crédito, mas a listagem não é taxativa (art. 183 do CTN).

A lei pode prever expressamente outras garantias (reais, fianças etc.), em função da natureza ou das características de cada tributo, o que é comum no caso de parcelamentos, compensações e moratórias.

A natureza das garantias dadas ao crédito não altera sua natureza, nem a da obrigação tributária.

A legislação que estabelece novas garantias é aplicada no momento do lançamento a fatos geradores pretéritos, exceto se houver atribuição de responsabilidade tributária a terceiros – art. 144, § 1º, do CTN.

14.2. Bens que respondem pelo débito

Sem prejuízo de privilégios especiais, previstos em lei, *todos os bens e rendas do sujeito passivo*, seu espólio ou massa falida, respondem pelo débito, mesmo os bens gravados por ônus real ou cláusula de inalienabilidade ou impenhorabilidade.

Não respondem os bens a que a lei declare absolutamente impenhoráveis (imóvel residencial, salários, seguro de vida etc. – Lei 8.009/1990 e art. 833 do CPC).

Interessante lembrar que no caso do bem de família, a impenhorabilidade não é oponível em caso de cobrança de impostos, predial ou territorial, taxas e contribuições devidas em função do imóvel familiar (art. 3º, IV, da Lei 8.009/1990).

14.3. Presunção de fraude contra a fazenda – art. 185 do CTN

Presume-se fraudulenta a alienação ou oneração de bens ou rendas, ou seu começo, por sujeito passivo em débito, desde que:

a) o crédito esteja inscrito em dívida ativa; e

b) não tenham sido reservados bens ou rendas suficientes para o pagamento total da dívida inscrita.

Assim, qualquer alienação ou oneração ocorrida após a inscrição em dívida ativa pode ser considerada fraudulenta e imponível contra o Fisco, desde que o devedor não tenha recursos suficientes para responder pelo débito.

Atualmente o STJ entende desnecessário o registro da penhora ou prova da má-fé do terceiro adquirente para configuração da fraude, sendo inaplicável a Súmula 375 do STJ ao caso.

É comum a doutrina e a jurisprudência referirem-se à *fraude à execução*, ao tratar do art. 185 do CTN, mas perceba que ela é presumida a partir da inscrição em dívida ativa (antes da ação de execução), embora, de fato, seja efetivamente discutida no bojo da execução fiscal ou dos embargos.

14.4. Penhora *on-line* – arts. 835, I e 854 do CPC

O CTN prevê expressamente a penhora *on-line* de contas e investimentos bancários.

Assim, o magistrado da execução fiscal pode ordenar, pelo sistema informatizado (Bacenjud), que as entidades financeiras bloqueiem valores nas contas correntes e de investimentos, suficientes para responder pelo débito tributário, colocando-os à disposição do juízo.

Essa penhora *on-line* corresponde à constrição de dinheiro, de modo que é preferencial. Ou seja, o juiz pode determinar a penhora *on-line* ainda que não tenham se esgotado as diligências para localização de outros bens penhoráveis.

14.5. Indisponibilidade universal – art. 185-A do CTN

Esgotadas as diligências para encontrar bens penhoráveis no curso da execução fiscal, o juiz poderá determinar a indisponibilidade universal de bens e direitos do devedor (art. 185-A do CTN).

Para isso, é preciso que:

a) o devedor tenha sido citado;

b) não tenha pago, nem apresentado bens à penhora no prazo legal; e

c) não tenham sido localizados bens penhoráveis.

O juiz comunicará a decisão, preferencialmente por meio eletrônico, aos órgãos e entidades que promovem registros de transferências de bens (bolsa de valores, departamentos de trânsito, registros imobiliários etc.).

Veja a Súmula 560/STJ: A decretação da indisponibilidade de bens e direitos, na forma do art. 185-A do CTN, pressupõe o exaurimento das diligências na busca por bens penhoráveis, o qual fica caracterizado quando infrutíferos o pedido de constrição sobre ativos financeiros e a expedição de ofícios aos registros públicos do domicílio do executado, ao Denatran ou Detran.

14.6. Preferência geral

O crédito tributário prefere a qualquer outro, exceto aos trabalhistas e acidentários (art. 186 do CTN).

Sua cobrança não se sujeita ao concurso de credores ou à habilitação em falência, recuperação, inventário ou arrolamento.

14.7. Preferência na falência

Na falência, há determinados créditos que são extraconcursais, isto é, não entram no concurso de credores e são pagos antes. Em regra, são as dívidas assumidas durante o processo de recuperação judicial e da própria falência. Isso inclui os tributos cujos fatos geradores ocorreram após a quebra (art. 188 do CTN e art. 84 da Lei 11.101/2005).

Dentre os créditos concursais, ou seja, basicamente aqueles relativos ao período anterior à quebra, há uma ordem de preferência, de modo que aqueles mais abaixo somente serão pagos se sobrar dinheiro após o pagamento dos anteriores (art. 186 do CTN e art. 83 da Lei 11.101/2005).

Ordem de classificação dos créditos na falência (art. 83 da LF)
1º – os créditos derivados da legislação do trabalho, limitados a 150 (cento e cinquenta) salários-mínimos por credor, os decorrentes de acidentes de trabalho. Também os créditos equiparados a trabalhistas, como os relativos ao FGTS (art. 2º, § 3º, da Lei 8.844/1994) e os devidos ao representante comercial (art. 44 da Lei 4.886/1965).
2º – créditos com garantia real até o limite do valor do bem gravado (será considerado como valor do bem objeto de garantia real a importância efetivamente arrecadada com sua venda, ou, no caso de alienação em bloco, o valor de avaliação do bem individualmente considerado).
3º – créditos tributários, independentemente da sua natureza e tempo de constituição, excetuadas as multas tributárias.
4º – créditos quirografários (= aqueles não previstos nos demais incisos do art. 83 da LF; os saldos dos créditos não cobertos pelo produto da alienação dos bens vinculados ao seu pagamento; e os saldos dos créditos derivados da legislação do trabalho que excederem o limite estabelecido no inciso I do *caput* do art. 83 da LF). Ademais, os créditos trabalhistas cedidos a terceiros serão considerados quirografários.
5º – as multas contratuais e as penas pecuniárias por infração das leis penais ou administrativas, inclusive as multas tributárias.
6º – créditos subordinados (= os assim previstos em lei ou em contrato; e os créditos dos sócios e dos administradores sem vínculo empregatício).
7º – os juros vencidos após a decretação da falência, conforme previsto no art. 124 da LF.
Lembre-se que os *créditos extraconcursais* (= basicamente os surgidos no curso do processo falimentar, que não entram no concurso de credores) são pagos com precedência sobre todos esses anteriormente mencionados, na ordem prevista no art. 84 da LF.

Perceba que, na falência, o crédito relativo ao tributo fica abaixo dos trabalhistas (até 150 salários-mínimos) e acidentários e dos créditos com garantia real. As multas tributárias ficam ainda mais abaixo, depois dos créditos quirografários.

14.8. Concurso de preferência entre fiscos

O CTN previa preferência entre os entes federados, na cobrança tributária, com a União em primeiro lugar, Estados e DF depois e, por fim, os Municípios (art. 187, parágrafo único, do CTN).

> **1º** União
> **2º** Estados, DF e Territórios, conjuntamente e *pró rata*
> **3º** Municípios, conjuntamente e *pró rata*

O art. 29, parágrafo único, da Lei 6.830/1980 incluía as respectivas autarquias ao lado de cada ente, na ordem de preferências.

Porém, tais dispositivos foram declarados, pelo STF, não recepcionados pela Constituição Federal de 1988 (ADPF 357), gerando o cancelamento da Súmula 563 do STF e da Súmula 497 do STJ.

14.9. Preferência em inventários, arrolamentos e liquidação

A LC 118/2005, que reduziu a preferência do crédito tributário na falência, não alterou as regras relativas aos inventários, arrolamentos e liquidação.

Os créditos tributários, vencidos ou vincendos, exigíveis no decurso do inventário, do arrolamento ou da liquidação são pagos preferencialmente a quaisquer outros (arts. 189 e 190 do CTN).

14.10. Exigência de quitação dos tributos

É preciso comprovar a quitação dos tributos para a (arts. 191 a 192 do CTN):

a) extinção das obrigações do falido;

b) concessão de recuperação judicial (apresentação de certidão negativa de débitos ou de certidão positiva com efeito de negativa, que estudaremos mais adiante);

c) sentença de julgamento de partilha ou adjudicação.

Perceba que essa exigência é uma forma indireta de incentivar o pagamento dos tributos, garantindo o seu recebimento pelo Fisco nessas situações.

14.11. Vedação de contrato

A contratação com a administração ou a participação em concorrência depende de quitação de todos os tributos devidos à Fazenda interessada, relativos à atividade a ser contratada (salvo se expressamente autorizado por lei) – art. 193 do CTN.

Outro meio indireto de garantir, ou pelo menos favorecer, o recebimento dos créditos tributários pelo Fisco.

15. ADMINISTRAÇÃO TRIBUTÁRIA

15.1. Fiscalização

Considerando a importância da atividade administrativa de fiscalizar e de arrecadar tributos, principal fonte de receita pública, a Constituição Federal prevê, no art. 37, que:

> XXII – as administrações tributárias da União, dos Estados, do Distrito Federal e dos Municípios, atividades essenciais ao funcionamento do Estado, exercidas por servidores de carreiras específicas, terão recursos prioritários para a realização de suas atividades e atuarão de forma integrada, inclusive com o compartilhamento de cadastros e de informações fiscais, na forma da lei ou convênio.

15.1.1. Legislação relativa à fiscalização

A legislação relativa à fiscalização, que define a competência e os poderes das autoridades, aplica-se a todas as pessoas, naturais ou jurídicas, contribuintes ou não, inclusive às imunes e isentas (art. 194 do CTN).

Não se aplicam à fiscalização disposições legais que limitem ou excluam o direito de examinar mercadorias, livros, arquivos, documentos e papéis dos sujeitos passivos e sua obrigação de exibi-los (art. 195 do CTN). Nesse sentido, Súmula 439 do STF: estão sujeitos à fiscalização tributária ou previdenciária quaisquer livros comerciais, limitado o exame aos pontos objeto da investigação.

15.1.2. Fiscalização, livros, auxílio policial

O início da fiscalização deve ser registrado nos livros fiscais exibidos ou em documento próprio, com cópia autenticada entregue ao fiscalizado – a legislação deve fixar prazo máximo para o procedimento (art. 196 do CTN).

Os livros obrigatórios, a escrituração empresarial e fiscal e os comprovantes dos lançamentos contábeis devem ser conservados até o término do prazo prescricional.

As autoridades podem solicitar auxílio policial em caso de necessidade, embaraço ou desacato, ainda que não se configure crime ou contravenção (art. 200 do CTN).

15.1.3. Dever de prestar informações

Devem prestar informações sobre bens, negócios e atividades de terceiros à fiscalização, mediante intimação escrita (art. 197 do CTN):

a) tabeliães, escrivães etc.;

b) instituições financeiras;

c) administradoras de bens;

d) corretores, leiloeiros e despachantes oficiais;

e) inventariantes;

f) administradores judiciais etc.;

d) quaisquer outras entidades ou pessoas que a lei designe.

Esse dever não existe no caso de sigilo em razão de cargo, ofício, função, ministério, atividade ou profissão. Ou seja, o advogado, por exemplo, não tem dever de prestar informações ao Fisco sobre seus clientes, relacionadas à tributação, desde que delas tenha conhecimento por conta de sua atividade (há sigilo profissional, no caso).

O art. 6º da Lei Complementar 105/01 prevê que as autoridades e os agentes fiscais tributários da União, dos Estados, do Distrito Federal e dos Municípios poderão requisitar informações diretamente às instituições financeiras, sem prévia autorização judicial, desde que observados requisitos previstos na lei.

Importante destacar que o STF decidiu pela constitucionalidade do citado dispositivo na tese de repercussão geral 225/STF: "O art. 6º da Lei Complementar 105/01 não ofende o direito ao sigilo bancário, pois realiza a igualdade em relação aos cidadãos, por meio do princípio da capacidade contributiva, bem como estabelece requisitos objetivos e o translado do dever de sigilo da esfera bancária para a fiscal".

15.1.4. Sigilo fiscal

Não podem ser divulgadas informações obtidas em razão da fiscalização sobre a situação econômica ou financeira do sujeito passivo ou de terceiros, nem sobre a natureza e o estado de seus negócios ou atividades, **exceto** nos casos de (art. 198, § 1º, do CTN):

a) requisição judicial;

b) solicitação de autoridade administrativa, para investigação do sujeito passivo por prática de infração administrativa, mediante regular processo, com entrega pessoal mediante recibo e preservação do sigilo.

Outros casos em que se *admite* a divulgação (art. 198, § 3º, do CTN e art. 199 do CTN):

a) representação fiscal para fins penais;

b) inscrição em dívida ativa;

c) parcelamento ou moratória;

d) incentivo, renúncia, benefício ou imunidade de natureza tributária cujo beneficiário seja pessoa jurídica;

e) assistência mútua e permuta de informações entre os Fiscos federal, estaduais, distrital e municipais, para fiscalização dos respectivos tributos, na forma de lei ou de convênio;

f) a União pode permutar informações fiscais com Estados estrangeiros, conforme tratados.

Nas hipóteses de crime material contra a ordem tributária (art. 1º, incisos I a IV, da Lei 8137/90), a representação fiscal para fins penais somente pode ocorrer após o término do processo administrativo fiscal, com o lançamento definitivo do tributo, nos termos da Súmula Vinculante 24.

15.2. Dívida ativa

15.2.1. Inscrição e características

Após o vencimento, o crédito tributário é inscrito em dívida ativa pela procuradoria.

A inscrição é um requisito essencial para a cobrança do tributo, por meio de execução fiscal. A rigor, esse é o meio de cobrança a disposição do fisco, sendo inconstitucional o uso de meio indireto coercitivo para pagamento de tributo – "sanção política" –, tal qual ocorre com a exigência, pela Administração Tributária, de fiança, garantia real ou fidejussória como condição para impressão de notas fiscais de contribuintes com débitos tributários – tese de repercussão geral 31/STF. Ver ainda as Súmulas 70, 323 e 547 do STF no sentido de vedar a cobrança do tributo por vias oblíquas (sanções políticas).

É importante ressaltar que há dívida ativa tributária e não tributária – art. 2º da Lei 6.830/1980. Ou seja, mesmo créditos públicos de natureza não tributária (multas administrativas, por exemplo) são inscritas em dívida ativa.

A dívida regularmente inscrita goza de presunção relativa de certeza e liquidez e tem efeito de prova pré-constituída (art. 204 do CTN).

A presunção pode ser ilidida (afastada) por prova inequívoca, a cargo do sujeito passivo ou do terceiro a que aproveite.

A fluência de juros de mora não afasta a liquidez do crédito inscrito (art. 201, parágrafo único, do CTN).

15.2.2. Requisitos do termo de inscrição

O termo de inscrição em dívida ativa, autenticado pela autoridade competente, deve conter (art. 202 do CTN):

a) o nome do devedor, o dos corresponsáveis e, se possível, seus domicílios ou residências;

b) a quantia devida e a maneira de calcular os juros de mora;

c) a origem e a natureza do crédito e a disposição da lei em que seja fundado;

d) a data em que foi inscrita;

e) sendo caso, o número do processo administrativo.

A Certidão da Dívida Ativa – CDA, extraída a partir dessa inscrição, é título executivo extrajudicial (art. 784, XI, do CPC) e contém todos esses requisitos, além da indicação do livro e da folha da inscrição.

15.2.3. Nulidade da inscrição e CDA

A omissão ou erro em relação a qualquer dos requisitos implica nulidade da inscrição e do respectivo processo de cobrança.

Entretanto, a nulidade pode ser sanada até a sentença nos embargos à execução fiscal, mediante substituição da certidão nula, devolvendo-se o prazo para defesa em relação à parte modificada – art. 203 do CTN e art. 2º, § 8º, da Lei 6.830/1980 – Súmula 392 do STJ.

15.2.4. Certidões negativas

A lei pode exigir que a prova de quitação dos tributos, quando exigível, seja feita por certidão negativa, emitida pelo Fisco por requerimento do interessado, contendo todas as informações para sua identificação, domicílio fiscal, ramo de negócio ou atividade e período a que se refere (art. 205 do CTN).

A certidão deve ser emitida em até 10 dias do requerimento, nos termos em que foi pedida.

Cabe certidão positiva com efeito de negativa no caso de créditos não vencidos, com exigibilidade suspensa ou de execução garantida por penhora efetiva e suficiente (art. 206 do CTN – ver REsp 408.677/RS).

15.2.5. Dispensa de certidão negativa e responsabilidade

A prova de quitação é dispensada no caso de ato indispensável para evitar a caducidade de direito, mas os participantes respondem pelo tributo eventualmente devido, juros e penalidades, exceto infrações com responsabilidade pessoal do infrator (art. 207 do CTN).

O funcionário responde pessoalmente pelo crédito (com juros) no caso de certidão expedida com dolo ou fraude, com erro contra a fazenda, sem prejuízo da responsabilidade criminal e funcional (art. 208 do CTN).

16. AÇÕES TRIBUTÁRIAS

16.1. Introdução

Veja a seguinte tabela para visualizar as principais ações tributárias propostas pelos contribuintes.

Principais ações propostas pelo particular	
Ação	**Cabimento**
Declaratória	– Antes do lançamento tributário
Anulatória	– Após o lançamento, mesmo depois do início da execução

Principais ações propostas pelo particular	
Ação	Cabimento
Mandado de segurança	– Preventivamente ou até 120 após o lançamento ou ato coator, desde que não haja necessidade de dilação probatória; – Também para declarar direito à compensação.
Consignatória	– Quando o Fisco, injustificadamente, recusa-se a receber ou impossibilita o pagamento, ou quando há mais de um Fisco exigindo tributo relativo ao mesmo fato gerador
Repetição	– Para restituição de tributo indevidamente recolhido
Embargos	– Para opor-se à execução fiscal (lembre-se que cabe também a exceção de pré-executividade, no caso de matérias cognoscíveis de ofício (ordem pública) que não demandem dilação probatória – Súmula 393/STJ)

Importante destacar que o STF interpretou o artigo 52, parágrafo único, do Código de Processo Civil – que trata de causas em que o réu é o Estado ou o Distrito Federal ––, para restringir a competência do foro de domicílio do autor às comarcas dos limites territoriais do ente demandado judicialmente (ADI 5737 e ADI 5492).

O Fisco propõe Execução Fiscal e, eventualmente, Cautelar Fiscal.

16.2. Ação declaratória de inexistência de obrigação tributária

A ação declaratória de inexistência de obrigação tributária é ação ordinária, proposta antes do lançamento.

Nela o autor suscita a invalidade da norma tributária, a inocorrência de fato gerador, o receio de que o sujeito passivo seja incorretamente identificado etc.

A propositura da ação ordinária (qualquer que seja) não impede, por si, o lançamento e a posterior cobrança, ou seja, o fato de alguém ter proposto a ação não impede que o valor lançado seja inscrito em dívida ativa e cobrado judicialmente.

Para suspensão da exigibilidade do crédito, é necessário depósito integral em dinheiro ou a concessão de tutela provisória, nos termos dos artigos 294 a 311 do CPC. Somente assim evita-se a inscrição em dívida ativa e a execução fiscal.

16.3. Ação anulatória do lançamento (ou declaratória de nulidade)

A ação anulatória é ação ordinária, proposta após o lançamento, em que o autor suscita sua nulidade.

Há precedentes do STJ no sentido de que há prazo de 5 anos contados a partir do lançamento para que o sujeito passivo proponha a anulatória.

Não se exige depósito prévio (Súmula Vinculante 28 do STF), apesar de disposição legal nesse sentido (art. 38 da Lei 6.830/1980).

O depósito, é bom lembrar, é sempre uma prerrogativa do devedor para a suspensão do crédito, não uma imposição a ele.

A propositura da anulatória (assim como a de qualquer ação ordinária) não suspende a exigibilidade do crédito. É preciso depósito integral em dinheiro ou a concessão de tutela provisória, nos termos dos artigos 294 a 311 do CPC, para essa finalidade.

É possível haver conexão com a execução e litispendência em relação aos embargos à execução.

16.4. Mandado de segurança

O mandado de segurança impugna ato ilegal praticado por autoridade que ofende direito líquido e certo.

O MS pode ser preventivo ou repressivo, devendo ser impetrado, nesse último caso, em até 120 dias após o ato coator.

Quando o impetrante se opõe ao lançamento, o prazo é contado da respectiva notificação.

Não cabe MS contra lei em tese (Súmula 266 do STF).

É preciso prova pré-constituída, pois não há dilação probatória, ou seja, o impetrante deve provar todos os fatos documentalmente, já com a petição inicial.

O MS em si, assim como as ações ordinárias, não suspende a exigibilidade do crédito tributário. Para isso, é preciso que o juiz conceda liminar ou que seja realizado depósito integral em dinheiro.

Cabe MS para declarar o direito à compensação, mas não para convalidar a compensação já realizada (Súmulas 213 e 460 do STJ).

O STF declarou a inconstitucionalidade do art. 7º, § 2º, Lei 12.016/2009 (Mandado de Segurança) que vedava a concessão de medida liminar que tenha por objeto a compensação de créditos tributários e a entrega de mercadorias e bens provenientes do exterior (ADI 4296).

Em virtude do citado julgamento no STF, houve o cancelamento da Súmula 212 pelo STJ (a compensação de créditos tributários não pode ser deferida em ação cautelar ou por medida liminar cautelar ou antecipatória).

16.5. Consignação em pagamento

O sujeito passivo pode consignar judicialmente o valor do crédito tributário nos casos de (art. 164 do CTN):

a) recusa de recebimento, ou subordinação ao pagamento de outro tributo ou de penalidade, ou ao cumprimento de obrigação acessória;

b) subordinação do recebimento ao cumprimento de exigências administrativas sem fundamento legal;

c) exigência, por mais de uma pessoa, de tributo idêntico sobre o mesmo fato gerador.

A consignação só pode se referir ao valor que o consignante se propõe a pagar, ou seja, o autor deve depositar o que ele acha correto, ainda que inferior ao montante cobrado pelo Fisco.

A ação não suspende a exigibilidade do crédito, exceto se o depósito corresponder ao valor exigido.

Não cabe consignatória para a realização de parcelamento.

A extinção do crédito somente ocorre no caso de procedência, com conversão do depósito em renda.

Se a consignatória for julgada improcedente, ainda que em parte, o crédito é cobrado com juros de mora e multas.

16.6. Repetição de indébito

16.6.1. Aspectos gerais

A ação de repetição de indébito é uma ação ordinária condenatória para que o Fisco devolva valores indevidamente recolhidos (art. 165 do CTN).

A ação independe de comprovação de erro ou de prévio protesto, ou seja, se alguém pagou tributo indevido ou a maior, presume-se o erro (não há presunção de que houve doação, por exemplo).

A restituição parcial ou total do tributo implica restituição proporcional dos juros de mora e multas, exceto as relativas a infrações de caráter formal, não prejudicadas pela causa da restituição.

Veja a *Súmula STJ 523: A taxa de juros de mora incidente na repetição de indébito de tributos estaduais deve corresponder à utilizada para cobrança do tributo pago em atraso, sendo legítima a incidência da taxa Selic, em ambas as hipóteses, quando prevista na legislação local, vedada sua cumulação com quaisquer outros índices.*

Segundo o STF, a restituição de indébito tributário reconhecido na via judicial não pode ser efetivada administrativamente, eis que deve plena observância ao regime constitucional de precatórios (art. 100, da CF – Tema 1.262 – Repercussão Geral).

16.6.2. Prazo para a repetição

O prazo prescricional para a repetição judicial do indébito é de 5 anos contados (art. 168 do CTN):

a) da extinção do crédito (*pagamento indevido*);

b) da data em que se tornar definitiva a decisão administrativa ou transitar em julgado a decisão judicial que tenha reformado, anulado, revogado ou rescindido a decisão condenatória.

Se houve pedido administrativo de restituição, o prazo para a ação é de apenas 2 anos contados da decisão administrativa denegatória. O prazo é interrompido pelo início da ação, recomeçando pela metade.

16.6.3. Restituição de tributos indiretos

O CTN refere-se ao contribuinte "de fato" para fins de legitimidade ativa processual na repetição do indébito (art. 166).

Há tributos empresariais (IPI, ICMS, ISS) que, por sua natureza jurídica, permitem a transferência do ônus econômico ao adquirente dos bens ou serviços (= tributos indiretos). O sujeito passivo, embora seja o *contribuinte "de direito"*, não assume o encargo financeiro da tributação, que é arcado pelo consumidor final, que é *contribuinte "de fato"*.

Nesse caso, se houve pagamento a maior ou indevido, presume-se que o adquirente (*contribuinte "de fato"*) é que assumiu o ônus financeiro.

Para que o sujeito passivo (*contribuinte "de direito"*) repita o indébito, deve afastar essa presunção e comprovar que assumiu o ônus econômico do tributo indevidamente recolhido, ou então deve conseguir autorização do *contribuinte "de fato"* para que possa ingressar em juízo e pedir a devolução.

Ademais, o *contribuinte "de fato"* não tem legitimidade ativa para propor a ação, já que a relação jurídico-tributária se dá entre o sujeito passivo (*contribuinte "de direito"*) e o Fisco. É bom ressalvar, entretanto, que o STJ reconheceu excepcionalmente a legitimidade ativa processual do consumidor final de energia elétrica, fornecida por concessionária em regime de exclusividade.

16.7. Cautelar Fiscal

A cautelar fiscal é detalhadamente regulada pela Lei 8.397/1992.

Serve para garantir que o Fisco receba os valores devidos pelo sujeito passivo na Execução Fiscal (garantia de efetividade da execução).

Pode ser proposta após o lançamento (regra) e, excepcionalmente, antes da constituição do crédito.

É preciso (art. 3º): (i) prova literal da constituição do crédito e (ii) prova documental de algum dos casos previstos no art. 2º da Lei.

16.8. Execução fiscal e embargos

16.8.1. Aspectos gerais

A execução fiscal serve para cobrança da dívida ativa tributária ou não tributária dos entes políticos e suas autarquias (Lei 6.830/1980).

A certidão da dívida ativa (CDA), extraída a partir da inscrição em dívida ativa, é o título executivo e, em princípio, corresponde à inicial.

É desnecessária a instrução da petição inicial com o demonstrativo de cálculo do débito, por tratar-se de requisito não previsto no art. 6º da Lei n. 6.830/1980 (Súmula 559 STJ). Ademais, a inicial não pode ser indeferida sob o argumento da falta de indicação do CPF e/ou RG ou CNPJ da parte executada (Súmula 558/STJ).

A execução pode ser promovida contra o sujeito passivo (contribuinte ou responsável) ou contra as demais pessoas descritas no art. 4º da Lei 6.830/80.

A competência para a execução exclui a de qualquer outro juízo, inclusive o da falência e o do inventário. Veja a *Súmula 515 do STJ: A reunião de execuções fiscais contra o mesmo devedor constitui faculdade do Juiz.*

Importante destacar que o STF interpretou o artigo 46, parágrafo 5º, do CPC – que trata do foro da ação de execução fiscal – para restringir sua aplicação aos limites do território de cada ente subnacional ou ao local de ocorrência do fato gerador (ADI 5737 e ADI 5492).

As intimações da Fazenda Pública são sempre pessoais.

Até a sentença, a CDA pode ser emendada ou substituída, com devolução de prazo, vedada a modificação do sujeito passivo (Súmula 392 do STJ).

Presume-se fraudulenta a alienação ou oneração de bens ou rendas, sem reserva de recursos para atender ao crédito *inscrito em dívida ativa, conforme art. 185 do CTN* (a Súmula 375 do STJ não se aplica ao crédito tributário).

O juiz, a requerimento das partes, poderá, por conveniência da unidade da garantia da execução, ordenar a reunião de processos contra o mesmo devedor, hipótese em que os processos serão redistribuídos ao juízo da primeira distribuição (art. 28 da Lei 6.830/1980). O STJ fixou o entendimento de que essa reunião de execuções fiscais contra o mesmo devedor constitui faculdade do juiz – Súmula 515 daquela Corte.

16.8.2. Despacho inicial na execução

O despacho do juiz que defere a inicial determina (art. 7º da Lei 6.830/80):

a) a citação (em regra pelo correio) para que o executado pague a dívida ou garanta a execução em 5 dias;

b) a penhora, se não houver pagamento ou garantia;

c) o arresto, se o executado não for localizado;

d) o registro da penhora ou do arresto;

e) a avaliação dos bens penhorados ou arrestados.

É importante lembrar que o despacho do juiz que determina a citação interrompe o prazo prescricional, ou seja, o Fisco deve se acautelar para que proponha a execução observando o prazo de 5 anos (art. 8º, § 2º da Lei 6.830/80).

16.8.3. Garantia e penhora

Para garantir a execução, o executado pode (art. 9º da Lei 6.830/80):

a) efetuar depósito em dinheiro;

b) oferecer fiança bancária;

c) nomear bens à penhora (a partir do mais líquido);

d) indicar bens oferecidos por terceiros à penhora, desde que aceitos pela fazenda.

O executado pode requerer a substituição do bem penhorado por dinheiro ou fiança, o que será deferido. Qualquer outra substituição dependerá da concordância do Fisco.

Se o executado não garantir a execução, o Fisco pode requerer a penhora *on-line* ou a penhora de outros bens.

O juiz deferirá pedido da fazenda de substituição do bem penhorado por qualquer outro, independentemente da ordem de liquidez, ou de reforço da penhora insuficiente. Perceba que, no caso do pedido de substituição formulado pelo Fisco, não será necessária a concordância do executado.

A fazenda poderá recusar a substituição de bem penhorado por outro menos líquido (ver Súmula 406 do STJ, relativa à substituição por precatório).

O juiz pode determinar a penhora *on-line* de contas e investimentos bancários, não sendo necessário o esgotamento das diligências para localização de bens.

Esgotadas as diligências, o juiz poderá determinar a indisponibilidade universal de bens e direitos do devedor (art. 185-A do CTN).

16.8.4. Embargos à execução

Garantida a execução, o executado poderá oferecer embargos no prazo de *30 dias* (art. 16 da Lei 6.830/80) conta-

dos (i) do depósito, (ii) da juntada da prova da fiança bancária ou (iii) da intimação da penhora.

No prazo para embargos, toda a matéria de defesa deve ser alegada, as provas requeridas, os documentos juntados, além do rol de testemunhas.

Não se admite reconvenção ou compensação e as exceções (salvo suspeição, incompetência e impedimento) serão arguidas como preliminar.

No caso da compensação, o que não se admite é o executado utilizar embargos à execução fiscal para alegar compensação tributária indeferida na esfera administrativa como matéria de defesa, por vedação do art. 16, § 3º, da Lei de Execução Fiscal.. Por outro lado, pode comprovar que o crédito já foi extinto por compensação no âmbito administrativo ou em demanda judicial anterior, antes do ajuizamento da ação de execução embargada, nos termos da lei do próprio ente tributante (isso é possível).

A Fazenda tem 30 dias para impugnar os embargos interpostos pelo executado (art. 17 da Lei 6830/80) .

O STJ tem entendido que os Embargos não têm, necessariamente, efeito suspensivo –– aplica-se o art. 919 do CPC. Entende também que, em caso de dispensa judicial da garantia (por vezes o Judiciário aceita os embargos sem garantia em caso de inequívoca comprovação de insuficiência patrimonial do devedor), o prazo é contado da intimação da decisão correspondente (ver RESp 1.440.639/PE).

16.8.5. Adjudicação dos bens pela fazenda

A Fazenda Pública pode ficar com os bens penhorados (adjudicá-los), conforme art. 24 da Lei 6.830/80:

a) antes do leilão, pelo preço da avaliação, se a execução não for embargada ou se os embargos forem rejeitados;

b) findo o leilão, (i) se não houver licitante, pelo preço da avaliação, ou, (ii) havendo licitante, com preferência, em igualdade de condições com a melhor oferta, no prazo de 30 dias.

16.8.6. Exceção de pré-executividade

O executado pode, excepcionalmente, opor-se à execução sem garantia do juízo, por meio de exceção de pré-executividade, desde que alegue matérias cognoscíveis de ofício (ordem pública) que não demandem dilação probatória (Súmula 393 do STJ).

16.8.7. Prescrição

A prescrição comum (antes da execução) pode ser conhecida de ofício (Súmula 409 do STJ).

Assim, se o juiz percebe que a execução foi proposta depois dos 5 anos contados a partir do lançamento definitivo (art. 174 do CTN), deverá declarar de ofício a prescrição.

A interrupção da prescrição pela citação retroage à data da propositura da ação – art. 240, § 1º,, do CPC, ver REsp 1.120.295/SP (repetitivo).

Mas, se há demora na citação (não no despacho) por culpa do Fisco, não há essa retroatividade, ou seja, pode ser reconhecida a prescrição – ver AgRg AREsp 167.198/DF.

Isso não se confunde com a prescrição intercorrente, que corre durante o processo de execução.

16.8.8. Prescrição intercorrente

Se o devedor ou bens não forem localizados, o juiz suspenderá o processo por até 1 ano, período em que não corre a prescrição, abrindo vista à fazenda, nos termos do art. 40 da Lei 6.830/1980.

Após isso, o juiz ordena o arquivamento, iniciando-se a contagem do prazo de 5 anos da prescrição intercorrente (Súmula 314 do STJ).

Passados 5 anos, o juiz, depois de ouvida a fazenda, reconhece de ofício a prescrição intercorrente.

A falta de intimação da fazenda para ser ouvida, antes da decretação da prescrição, implicará nulidade apenas se demonstrado o prejuízo (*pas de nullité sans grief*).

A respeito da prescrição intercorrente, importantes teses foram fixadas pelo STJ no julgamento do REsp 1.340.553, tais como, findo o prazo de 1 (um) ano de suspensão inicia-se automaticamente o prazo prescricional aplicável.

O STF declarou ser constitucional o art. 40 da Lei 6.830/1980 (Lei de Execução Fiscal – LEF), tendo natureza processual o prazo de um ano de suspensão da execução fiscal. Após o decurso desse prazo, inicia-se automaticamente a contagem do prazo prescricional tributário de cinco anos (Tema 390 da Repercussão Geral).

17. REPARTIÇÃO DAS RECEITAS TRIBUTÁRIAS

17.1. Introdução

Além das receitas tributárias próprias, decorrentes das respectivas competências tributárias, os Estados e o DF contam com parcela das receitas relativas à competência da União.

De modo semelhante, os Municípios retêm ou recebem parte das receitas tributárias da União e dos respectivos Estados.

Essa repartição de receitas é fixada na Constituição Federal.

Apresentaremos a seguir as regras objetivas para a repartição de receitas, lembrando que isso é muito exigido em exames.

Para auxiliar na memorização, veremos listagens e diagramas.

17.2. Pertencem aos Estados e ao DF (art. 157 da CF)

Os Estados e o DF ficam com:

a) 100% do produto da arrecadação do IR retido na fonte, relativo aos rendimentos pagos, a qualquer título, por eles, por suas autarquias e pelas fundações que instituírem ou mantiverem;

b) 20% do produto da arrecadação de eventual imposto da competência residual que venha a ser criado.

Estados e DF
100% do IR na fonte

Estados e DF
20% do imposto da competência residual

17.3. Pertencem aos Municípios (art. 158 da CF)

Os Municípios ficam com:

a) 100% do produto da arrecadação do IR retido na fonte, relativo aos rendimentos pagos, a qualquer título, por eles, por suas autarquias e pelas fundações que instituírem ou mantiverem;

b) 50% do produto da arrecadação do ITR relativamente aos imóveis situados em seus territórios; ficam com 100%, caso optem pela fiscalização e cobrança do imposto;

c) 50% do produto da arrecadação do IPVA relativo aos veículos automotores licenciados em seus territórios e, em relação a veículos aquáticos e aéreos, cujos proprietários sejam domiciliados em seus territórios (Redação dada pela EC 132/2023 que tratou da Reforma Tributária;

d) 25% do produto da arrecadação do ICMS, creditado a cada Município pelos seguintes critérios: (i) 65% (sessenta e cinco por cento), no mínimo, na proporção do valor adicionado nas operações relativas à circulação de mercadorias e nas prestações de serviços, realizadas em seus territórios; e (ii) até 35% (trinta e cinco por cento), de acordo com o que dispuser lei estadual, observada, obrigatoriamente, a distribuição de, no mínimo, 10 (dez) pontos percentuais com base em indicadores de melhoria nos resultados de aprendizagem e de aumento da equidade, considerado o nível socioeconômico dos educandos.

e) 25% do produto da arrecadação do imposto que será criado com base no art. 156-A distribuída aos Estados.

17.4. Pertencem também aos Estados, ao DF e aos Municípios

A União deve transferir o produto da arrecadação do IOF sobre ouro, enquanto ativo financeiro ou instrumento cambial, aos Estados, ao DF e aos Municípios, na seguinte proporção, conforme a origem do metal (art. 153, § 5º, da CF):

30% para o Estado ou o DF;

Estados e DF
30% do IOF sobre ouro

70% para o Município.

Municípios
70% do IOF sobre ouro

17.5. Resumo

Veja o seguinte resumo, com os percentuais de tributos federais e estaduais pertencentes a Estados e Municípios.

Pertencem aos Estados e ao DF:

Pertencem aos Municípios:

Municípios
100% do IR na fonte

Municípios
50% ou 100% do ITR

Municípios
50% do IPVA

Municípios
25% do ICMS e do imposto que será criado com base no art. 156-A

Municípios
70% do IOF sobre ouro

17.6. A União entregará (art. 159 da CF)

A União entregará 50% do produto da arrecadação do IR e do IPI, sendo:

a) 21,5% para o Fundo de Participação dos Estados e do Distrito Federal;

b) 22,5% para o Fundo de Participação dos Municípios + 1% no primeiro decêndio do mês de dezembro de cada ano + 1% no primeiro decêndio do mês de julho de cada ano + 1% no primeiro decêndio do mês de setembro de cada ano;

c) 3% para aplicação em programas de financiamento ao setor produtivo das regiões N, NE e CO, assegurado ao semiárido do NE metade dos recursos destinados à região, na forma da lei.

Ademais, a União entregará:

a) 10% do produto da arrecadação do IPI e do imposto que será criado conforme art. 153, VIII aos Estados e ao DF, proporcionalmente ao valor das respectivas exportações de produtos industrializados – nenhuma Unidade deve receber mais que 20% do total – 25% do valor recebido pelos Estados serão repassados aos respectivos Municípios, pelos critérios estabelecidos no art. 158, § 1º, para a parcela relativa ao IPI, e no art. 158, § 2º, para a parcela relativa ao imposto previsto no art. 153, VIII;

b) 29% do produto da arrecadação da CIDE sobre combustíveis para os Estados e ao DF (destinados ao financiamento de programas de infraestrutura de transportes e ao pagamento de subsídios a tarifas de transporte público coletivo de passageiros) – 25% do valor recebido pelo Estado será repassado aos respectivos Municípios.

17.7. Vedações (art. 160 da CF)

A Constituição veda expressamente a retenção ou qualquer restrição à entrega e ao emprego dos recursos pertencentes aos Estados, ao DF e aos Municípios.

Excepcionalmente, a União e os Estados podem condicionar a entrega dos recursos:

a) ao pagamento de seus créditos, inclusive de suas autarquias;

b) ao cumprimento da obrigação constitucional de aplicação de recursos mínimos na saúde.

17.8. Regulamentação por lei complementar (art. 161 da CF)

Cabe à lei complementar federal:

a) definir o valor adicionado, para fins de distribuição dos 25% do ICMS para os Municípios;

b) estabelecer as normas para a entrega, pela União, das parcelas do IR, IPI e CIDE sobre combustíveis, especialmente sobre os critérios para rateio dos Fundos de Participação (FPE e FPM);

c) dispor sobre o acompanhamento do cálculo das quotas e da liberação dos valores.

17.9. Cálculo e divulgação da repartição (art. 161, parágrafo único, da CF e art. 162 da CF)Cabe ao Tribunal de Contas da União calcular as quotas dos Fundos de Participação (FPE e FPM).

A União, os Estados, o DF e os Municípios divulgarão, até o último dia do mês subsequente ao da arrecadação, os montantes de cada tributo, os recursos recebidos, entregues e a entregar, e a expressão numérica dos critérios de rateio.

Os dados divulgados pela União serão discriminados por Estado e por Município; os dos Estados, por Municípios.

17.10. Fundo Nacional de Desenvolvimento Regional (art. 159-A da CF)

A Reforma Tributária, introduzida pela EC 132/2023, instituiu o Fundo Nacional de Desenvolvimento Regional, com o objetivo de reduzir as desigualdades regionais e sociais, nos termos do art. 3º, III, da Constituição Federal, mediante a entrega de recursos da União aos Estados e ao Distrito Federal, nos termos do art. 159-A, da CF.

18. SIMPLES NACIONAL

18.1. Definição e características

A Constituição Federal estabelece que a União, os Estados, o Distrito Federal e os Municípios dispensarão às microempresas e às empresas de pequeno porte, assim definidas em lei, tratamento jurídico diferenciado, visando a incentivá-las pela simplificação de suas obrigações administrativas, tributárias, previdenciárias e creditícias, ou pela eliminação ou redução destas por meio de lei (art. 179). Nesse sentido, o art. 146, III, 'd', da CF diz que cabe à lei complementar a definição de tratamento diferenciado e favorecido para as microempresas e para as empresas de pequeno porte, inclusive regimes especiais ou simplificados de arrecadação dos tributos citados no texto.

O Simples Nacional, instituído pela LC 123/2006, é um regime único de arrecadação de impostos e contribuições federais, estaduais e municipais (art. 146, § 1º, da CF).

O ingresso no Simples Nacional é opcional para o contribuinte.

Pode haver condições de enquadramento diferenciadas por Estado.

O recolhimento é unificado e centralizado, com distribuição imediata das parcelas dos demais entes, vedada retenção ou condicionamento.

A arrecadação, fiscalização e cobrança são compartilhadas, com cadastro nacional único de contribuintes.

O Simples Nacional não será extinto com a Reforma Tributária e segue sendo unificado e beneficiado, sem alterações em sua essência.

18.2. Estatuto nacional da microempresa e da empresa de pequeno porte – LC 123/2006

O Estatuto não trata apenas do Simples Nacional (regime único de arrecadação), mas também de matéria trabalhista, de crédito e mercados.

Há critérios para a empresa se enquadrar no Estatuto (como ME, EPP ou MEI) e outros requisitos para ingressar no Simples Nacional.

Perceba, portanto, que há microempresas (ME), empresas de pequeno porte (EPP) e microempreendedores individuais (MEI) que não são optantes do Simples Nacional, ou seja, que não recolhem os tributos de maneira unificada.

Por outro lado, todas as empresas que ingressam no Simples Nacional são, necessariamente, ME, EPP ou MEI, pois esse é um requisito essencial para o recolhimento dos tributos pela sistemática simplificada.

A LC 123/2006, que instituiu o Estatuto Nacional da Microempresa e da Empresa de Pequeno Porte, incluindo a sistemática tributária do Simples Nacional, foi intensamente modificada nos últimos anos, o que tende a continuar ocorrendo, de modo que o aluno deve sempre verificar a redação atual.

18.3. Critério básico para enquadramento no Estatuto

Para ser considerada ME, EPP ou MEI a empresa (empresário ou sociedade empresária) deve ser regular (registrada na Junta Comercial ou no Registro Civil de PJ) e perceber, no máximo, as seguintes receitas brutas anuais:

a) microempresa (ME): igual ou inferior a R$ 360 mil;

b) empresa de pequeno porte (EPP): superior a R$ 360 mil e igual ou inferior a R$ 4.8 milhões;

c) microempreendedor individual (MEI): até R$ 81 mil.

18.4. Vedações ao enquadramento no Estatuto

Determinadas empresas, apesar de regulares e dentro do limite máximo de receita bruta anual, não se enquadram no Estatuto como ME, EPP ou MEI.

Isso porque há vedações, listadas nos arts. 3º, § 4º, e 18-A, § 4º, da LC 123/2006, *dentre elas*:

a) sociedade de cujo capital participe outra pessoa jurídica;

b) que seja filial, sucursal, agência ou representação no país de pessoa jurídica com sede no exterior;

c) sociedades por ações etc.

Assim, mesmo que uma empresa seja efetivamente pequena (com receita bruta inferior ao limite legal), ela não poderá ser enquadrada como EPP ou ME, caso seja filial de sociedade estrangeira, por exemplo.

Interessante ressaltar que foi excluída a possibilidade de enquadramento de pessoas jurídicas cujos titulares ou sócios guardem, cumulativamente, com o contratante do serviço, relação de pessoalidade, subordinação e habitualidade, buscando coibirem-se fraudes à legislação trabalhista.

No mais, é importante estudar detidamente as listagens desses dispositivos legais.

18.5. Requisito básico para opção pelo Simples Nacional

O requisito básico para a empresa poder optar pelo regime unificado de arrecadação (Simples Nacional) é ser ME, EPP ou MEI.

Assim, para ingressar no Simples Nacional, a empresa deve, necessariamente, preencher todos os requisitos para se enquadrar no Estatuto (basicamente, ter pequena receita bruta anual e não incidir em alguma das vedações vistas no item anterior).

18.6. Vedações à opção pelo Simples Nacional

Apesar de enquadrada com ME, EPP ou MEI, não pode optar pelo Simples a empresa que caia em uma das vedações do art. 17 e do art. 18-A, § 4º, da LC 123/2006, como:

a) ter sócio domiciliado no exterior;

b) possuir débitos tributários, cuja exigibilidade não esteja suspensa;

c) com ausência de inscrição ou irregularidade em cadastro fiscal federal, municipal ou estadual, quando exigível;

d) exercer determinadas atividades etc.

Veja, portanto, que ser ME, EPP ou MEI é requisito necessário, mas não suficiente para o recolhimento dos tributos pela sistemática unificada.

Tese de repercussão geral 363/STF: "É constitucional o art. 17, V, da Lei Complementar 123/2006, que veda a adesão ao Simples Nacional à microempresa ou à empresa de pequeno porte que possua débito com o Instituto Nacional do Seguro Social – INSS ou com as Fazendas Públicas Federal, Estadual ou Municipal, cuja exigibilidade não esteja suspensa."

O art. 18-A, § 4º, da LC 123/2006, traz vedações para o MEI optar pela sistemática, como possuir mais de um estabelecimento.

Mais uma vez salientamos a importância de estudar a listagem trazida pelo dispositivo legal, cujo conhecimento muitas vezes é exigido em concursos.

18.6.1 *Atividades que podem ser abarcadas pelo Simples Nacional (exceções às atividades vedadas nos incisos do caput do art. 17)*

A LC 123/2006 trouxe algumas exceções às exclusões relacionadas às atividades desenvolvidas pela ME ou EPP (atenção: as exceções são apenas relativas às atividades – isso não se aplica aos casos de sócio no exterior ou de débito tributário, por exemplos, em que é inviável a inclusão na sistemática do "Supersimples"). Trata-se de casos em que o legislador garantiu o ingresso da empresa no Simples Nacional, desde que se dedique exclusivamente às atividades listadas no art. 17, § 1.º c/c o art. 18, §§ 5º-B a 5º-E, ou que as exerça em conjunto com outras não excluídas expressamente do "Supersimples".

Dentre tais atividades, destacamos a inclusão dos serviços advocatícios, que passam a ser beneficiados pela sistemática do Simples Nacional.

O estudante não deve descuidar de estudar toda a listagem.

18.7. Tributos abrangidos pelo Simples Nacional

O regime único de arrecadação abrange os seguintes tributos (art. 12 da LC 123/2006):

Há, entretanto, diversas incidências excluídas do regime, listadas no art. 13, § 1º, da LC 123/2006, como IR sobre aplicações financeiras, ICMS e ISS na substituição tributária etc., que devem ser estudadas pela leitura da Lei.

18.8. Cálculo do valor a ser recolhido

As ME e EPP recolhem um valor mensal único, correspondente à aplicação de determinadas alíquotas à receita bruta do período, abatendo-se, do resultado assim obtido, a denominada "parcela a deduzir".

A depender das atividades realizadas, a empresa se enquadra em determinada tabela de alíquotas.

Em cada tabela, há diversas alíquotas, variáveis conforme a receita bruta no período.

Essa mesma tabela indica a parcela do valor recolhido a ser destinada a cada ente político, correspondendo a cada imposto e contribuição abrangidos pelo regime único.

O MEI recolhe um valor fixo mensal.

18.9. Fiscalização e cobrança

A fiscalização é compartilhada pelos Fiscos federal, estaduais, distrital e municipais (art. 33 da LC 123/2006). Os Estados podem delegar competência aos Municípios.

Os processos administrativos são julgados pelo ente responsável pela autuação, embora se admitam convênios entre os entes federados (art. 39 da LC 123/2006). Os Municípios podem delegar competência aos respectivos Estados.

As consultas são respondidas pela União, pelos Estados (quando relativas ao ICMS) e pelos Municípios (quando relacionadas ao ISS) (art. 40 da LC 123/2006).

A inscrição e a cobrança são feitas pela União, permitindo-se convênios, com delegação de competência a Estados (em relação ao ICMS) e a Municípios (quanto ao ISS) (art. 41, §§ 2º e 3º da LC 123/2006).

As ações dos contribuintes são movidas, em princípio, contra a União, sendo que os demais entes devem prestar-lhe auxílio (art. 41 da LC 123/2006). Se a ação versar exclusivamente acerca do ICMS ou do ISS, deverá ser proposta contra o respectivo Estado ou Município. Os mandados de segurança são impetrados contra a respectiva autoridade fiscal (pode ser estadual ou municipal).

9. Direito do Trabalho

Hermes Cramacon

Parte I
Direito Individual do Trabalho

1. INTRODUÇÃO

1.1. Evolução histórica

Para compreendermos corretamente o direito do trabalho, é importante saber a origem da palavra "trabalho".

A expressão se origina do termo latim tripalium, instrumento de tortura utilizado na antiga Roma, sendo formado por três estacas (paus) cravadas no chão na forma de uma pirâmide, no qual eram torturados os escravos.

Traduzindo para nosso vernáculo, "trabalhar", do latim tripaliare, possuía naquela época conotação de tortura e, consequentemente, de escravidão, sentido diverso do que a expressão sugere nos dias de hoje.

Na maioria das sociedades da Idade Antiga predominava a escravidão, quando o trabalhador (escravo) não era considerado sujeito de direito. Nessa fase histórica, o escravo era tido como uma coisa, um objeto, e nessa condição ele era negociado. Seu trabalho era exaustivo e não remunerado e todo o lucro desse labor pertencia ao seu proprietário.

Após a decadência do Império Romano, predominou na Europa, durante a Idade Média, o feudalismo. Esse modo de organização era caracterizado pelo poder centralizado nas mãos dos senhores feudais, cuja economia era baseada na agricultura e pecuária, com utilização do trabalho dos servos, camponeses que cuidavam da agropecuária dos feudos e, em troca, recebiam o direito a um pedaço de terra para morar e estariam protegidos dos bárbaros.

A servidão consistia em um labor em que o trabalhador (servo) não detinha a condição de escravo, mas na realidade não dispunha de sua liberdade.

Ainda na Idade Média, a partir do século XII, surgiram as corporações de ofício, constituídas por mestres, jornaleiros e aprendizes, como eram chamados.

Com o surgimento e desenvolvimento das primeiras cidades, aumentou a demanda por produtos agrícolas, o que elevou os preços das mercadorias e permitiu aos servos a compra de suas próprias terras e o consequente desligamento das ordens dos senhores feudais.

Já no século XVIII, com a descoberta da máquina a vapor como fonte de energia, substituindo a força do homem, deu-se início à Revolução Industrial.

A máquina a vapor, multiplicando a força de trabalho, substituía a força humana, em média, em 20 homens, o que implicou redução de mão de obra.

Nesse período, os trabalhadores viviam em condições terríveis. Muitos deles tinham um cortiço como moradia e eram submetidos a jornadas de trabalho que chegavam até a 80 horas por semana. As crianças e as mulheres também eram submetidas a esse trabalho exaustivo e, absurdamente, recebiam valores inferiores àqueles pagos aos homens.

Nessa linha, os trabalhadores se uniram, surgindo, assim, os primeiros sindicatos, que reivindicavam melhorias nas condições de trabalho e salariais.

1.1.1. Evolução histórica no Brasil

Com a Revolução de 1930, que culminou no golpe de Estado chamado de "golpe de 1930", pondo fim à República Velha, iniciou-se a Era Vargas. Getúlio Vargas instituiu políticas de modernização do País, criando, inclusive, o Ministério do Trabalho. Foi Vargas, também, quem instituiu a Lei da Sindicalização.

Vargas pretendia, com isso, ganhar o apoio popular, por isso houve durante seu primeiro governo (1930-1945) grandes avanços na legislação trabalhista dos quais o maior foi o estabelecimento da CLT – Consolidação das Leis do Trabalho e, ainda, a criação do salário mínimo.

Em 2017 foi publicada a Lei 13.467/2017, chamada de Reforma Trabalhista, com o intuito de "modernizar" a lei laboral. Segundo o governo Federal, essa modernização contém 3 objetivos principais:

1) Garantir os direitos dos trabalhadores: a modernização não retira nenhum direito. Pelo contrário, cria novas oportunidades para os que estão empregados e para os que ainda não conseguiram uma oportunidade com carteira assinada.

2) A segurança jurídica e o estímulo ao investimento: os empregados precisam ter garantidos os seus direitos e, por isso, a nova legislação é dura com o mal empregador. As multas para infrações foram aumentadas. O bom empresário, em contraponto, precisa de segurança para investir e a lei traz isso para ele. Hoje, o grau de judicialização no País é elevado. Isso faz com que o empresário nunca saiba realmente quanto vai custar um trabalhador ao final do contrato. O empresário temeroso não contrata e não gera emprego como forma de limitar suas possíveis perdas. É preciso construir um sistema no qual os empresários sejam encorajados a contratar e no qual os direitos dos trabalhadores sejam integralmente respeitados.

3) Novas formas de contratação e combate à informalidade: os trabalhadores informais não têm assegurados os direitos mais básicos, como FGTS, férias remuneradas, seguro-desemprego, auxílio-doença, aposentadoria por invalidez. São pessoas que contam apenas com a própria sorte e essa situação precisa mudar. É por isso que a modernização trabalhista cria novas formas de contratação, como o trabalho intermitente, e aprimora os formatos existentes, como a jornada parcial e o teletrabalho/trabalho remoto.

1.2. Natureza jurídica

A divisão tradicional do direito supõe: um ramo voltado à organização do Estado, chamado de Direito Público, e o Direito Privado, que se refere à regulação dos interesses dos particulares.

Embora possamos observar no Direito do Trabalho diversas normas de caráter cogente, não podemos afirmar que esse ramo do direito seja considerado parte do Direito Público, na medida em que não regula os interesses do Estado. O que existe é uma intervenção do Estado.

Pensamos que o Direito do Trabalho é um ramo do Direito Privado, pois regula a relação dos particulares envolvidos, tendo como foco central o contrato de trabalho.

1.3. Autonomia

Para saber se uma área de estudo é uma ciência, é necessária a presença de alguns requisitos como: extensão de matéria, doutrinas, princípios específicos e método próprio.

É nítida a autonomia do Direito do Trabalho, na medida em que é bastante amplo, originando institutos e princípios próprios.

Diversos são os princípios específicos do Direito do Trabalho. Ademais, há institutos capazes de demonstrar a autonomia dessa área em relação a outros ramos do direito, os quais representam fontes especiais do Direito do Trabalho. Destacam-se entre eles a convenção coletiva de trabalho e a sentença normativa, institutos que não poderiam ser incluídos em qualquer outro ramo do Direito, tampouco explicados por outra doutrina que não a trabalhista.

1.4. Fontes do Direito do Trabalho

As fontes do direito podem ser classificadas como: fontes materiais e fontes formais.

1.4.1. Fontes materiais

É o momento pré-jurídico da norma, ou seja, a norma ainda não positivada. Representa a pressão exercida pelos trabalhadores contra o Estado buscando melhores condições de trabalho. As fontes materiais referem-se aos fatores sociais, econômicos, históricos, políticos e, ainda, filosóficos, que originam o direito, influenciando na criação da norma jurídica.

1.4.2. Fontes formais

Correspondem à norma jurídica já constituída, já positivada. Em outras palavras, representam a exteriorização dessas normas, ou seja, é a norma materializada.

As fontes formais, por sua vez, subdividem-se em:

1.4.2.1. Fontes formais heterônomas

Decorrem da atividade normativa do Estado. Caracterizam-se pela participação de um agente externo (Estado) na elaboração da norma jurídica. São exemplos: a Constituição Federal, a CLT, leis, sentença normativa, tratados internacionais ratificados pelo Brasil.

1.4.2.1.1. Sentença normativa

Não sendo os conflitos coletivos solucionados por meio da negociação coletiva e recusada a arbitragem, serão eles submetidos à Justiça do Trabalho por meio dos dissídios coletivos.

A sentença normativa consiste na decisão proferida nos dissídios coletivos, estabelecendo normas e condições de trabalho aplicáveis aos envolvidos na lide por meio do poder normativo da Justiça do Trabalho.

Com relação à vigência da sentença normativa, imperiosa a leitura do Precedente Normativo 120 da SDC do TST:

PRECEDENTE NORMATIVO 120 DA SDC DO TST – SENTENÇA NORMATIVA. DURAÇÃO. POSSIBILIDADE E LIMITES

A sentença normativa vigora desde seu termo inicial até que sentença normativa, convenção coletiva de trabalho ou acordo coletivo de trabalho superveniente produza sua revogação, expressa ou tácita, respeitado, porém, o prazo máximo legal de quatro anos de vigência.

1.4.2.1.2. Sentença arbitral

Os conflitos coletivos poderão ser resolvidos por meio da arbitragem, nos termos do art. 114, §§ 1º e 2º, da CF/1988.

Nas lições de Gustavo Felipe Barbosa Garcia (em Curso de Direito do Trabalho, 6ª ed., Rio de Janeiro, Forense, 2012, p. 64): "a arbitragem é forma de solução de conflitos, no caso, heterônoma, pois um terceiro (árbitro) é quem decidirá o litígio, por meio da sentença arbitral. É estabelecida por meio da convenção de arbitragem que engloba a cláusula compromissória e o compromisso arbitral (art. 3º da Lei 9.307/1996)."

Como se sabe, o Direito Individual do Trabalho é pautado pelo princípio da irrenunciabilidade. Assim, vigora na doutrina e jurisprudência entendimento de que a arbitragem está restrita ao Direito Coletivo do Trabalho, sendo incompatível com o Direito Individual, tendo em vista que, nos termos do art. 1º da Lei 9.307/1996, o instituto está restrito a direitos patrimoniais disponíveis.

Todavia, com a reforma trabalhista (Lei 13.467/2017) é admitido, nos termos do art. 507-A da CLT nos contratos individuais de trabalho cuja remuneração seja superior a duas vezes o limite máximo estabelecido para os benefícios do Regime Geral de Previdência Social, a possibilidade de pactuação de cláusula compromissória de arbitragem, desde que por iniciativa do empregado ou mediante a sua concordância expressa, nos termos previstos na Lei n. 9.307, de 23 de setembro de 1996.

1.4.2.1.3. Leis

Deverão ser considerados fontes formais heterônomas do Direito do Trabalho as leis em sentido amplo.

Assim, são consideradas fontes: a Consolidação das Leis do Trabalho – CLT (Decreto-lei 5.452/1943); leis esparsas, como a Lei 605/1949, que cuida do Repouso Semanal Remunerado; a Lei 5.889/1973, que cuida do trabalho rural, entre outras.

1.4.2.1.4. Atos do Poder Executivo

A legislação trabalhista possui disposições provenientes de atos do Poder Executivo. Nesse sentido, importante fazer referência aos decretos que regulamentam leis relacionadas ao Direito do Trabalho. Como exemplo, podemos citar o Decreto 27.048/1949, que regulamenta a Lei 605/1949.

Além disso, o Ministério do Trabalho e Emprego também poderá regulamentar questões trabalhistas, como faz, por exemplo, na Instrução Normativa 15, de 14 de julho de 2010, que estabelece procedimentos para assistência do empregado na rescisão do contrato, no âmbito do Ministério do Trabalho e Emprego.

1.4.2.2. Fontes formais autônomas

Ao contrário das fontes heterônomas, essas se caracterizam por serem formadas com a participação imediata dos próprios destinatários da norma jurídica. Aqui, eles participam diretamente no processo de sua elaboração sem a interferência do agente externo (Estado). São exemplos: a convenção coletiva e o acordo coletivo de trabalho.

1.4.2.2.1. Convenção coletiva

É o acordo de caráter normativo entre um ou mais sindicatos de empregados e de empregadores, de modo a definir as condições de trabalho que serão observadas em relação a todos os trabalhadores dessas categorias.

1.4.2.2.2. Acordo coletivo

É o pacto entre uma ou mais empresas com o sindicato da categoria profissional, em que são estabelecidas condições de trabalho aplicáveis às empresas envolvidas.

A Lei 13.467/2017, inseriu o § 3º ao art. 8º da CLT para dispor que no exame de convenção coletiva ou acordo coletivo de trabalho, a Justiça do Trabalho analisará exclusivamente a conformidade dos elementos essenciais do negócio jurídico, respeitado o disposto no art. 104 do Código Civil, e balizará sua atuação pelo princípio da intervenção mínima na autonomia da vontade coletiva.

Oportuno lembrar que, de acordo com o art. 620 da CLT as condições estabelecidas em acordo coletivo de trabalho sempre prevalecerão sobre as estipuladas em convenção coletiva de trabalho.

A convenção e o acordo coletivo serão estudados na Parte II, item 3.4.2, ao qual remetemos o leitor.

1.4.3. Fontes supletivas

É certo que a legislação não consegue observar todas as situações sociais, o que leva à existência de lacunas na ordem jurídica.

De outro lado, nos termos do art. 140 do CPC/2015 não pode o juiz se eximir de sentenciar ou despachar alegando lacuna ou obscuridade da lei. Nessa linha, continua o citado dispositivo ensinando que não havendo normais legais deverá o juiz recorrer à analogia, aos costumes e aos princípios gerais do direito. A Lei de Introdução às Normas do Direito Brasileiro, no art. 4º, traz ensinamento no mesmo sentido, devendo o juiz atender aos fins sociais a que a lei se dirige e às exigências do bem comum, em conformidade com o art. 5º do mesmo diploma legal.

A legislação trabalhista traz a integração das normas no art. 8º da CLT que dispõe que, na falta de disposições legais ou contratuais, decidirão, conforme o caso, pela jurisprudência, por analogia, por equidade e outros princípios e normas gerais de direito, principalmente do direito do trabalho, e, ainda, de acordo com os usos e costumes, o direito comparado, mas sempre de maneira que nenhum interesse de classe ou particular prevaleça sobre o interesse público. Assim, determina o § 1º do art. 8º da CLT que o direito comum será fonte subsidiária do direito do trabalho.

1.4.3.1. Analogia

É a aplicação de uma lei existente para exata hipótese a um caso semelhante. Consiste, em outras palavras, em aplicar a um caso não previsto de modo direto por uma norma jurídica uma norma prevista para uma hipótese semelhante àquela.

Assim, não havendo lei específica para um caso concreto, a primeira medida a ser tomada é verificar a existência de outra lei prevista para um caso semelhante.

1.4.3.2. Jurisprudência

Muito se discute acerca da classificação da jurisprudência como fonte de direito.

A expressão "jurisprudência" se origina do termo latim iurisprudentia, direito dos escritos dos iuris prudentes, conhecedores do direito. Na época clássica romana, as respostas dadas por estes conhecedores do direito eram consideradas como leis.

Jurisprudência consiste no conjunto de reiteradas decisões dos tribunais sobre certa matéria.

Não pode ser considerada como fonte do direito, pois, em regra, não é tida como de observância obrigatória, pois apenas demonstra o caminho predominante em que os tribunais entendem aplicar a lei, suprindo, inclusive, eventuais lacunas.

Podemos lembrar algumas exceções: a primeira delas vem disposta no § 2º do art. 102 da CF quando menciona que "as decisões definitivas de mérito, proferidas pelo Supremo Tribunal Federal, nas ações diretas de inconstitucionalidade e nas ações declaratórias de constitucionalidade produzirão eficácia contra todos e efeito vinculante, relativamente aos demais órgãos do Poder Judiciário e à administração pública direta e indireta, nas esferas federal, estadual e municipal".

Outra exceção traz o art. 103-A da CF que ensina que "o Supremo Tribunal Federal poderá, de ofício ou por provocação, mediante decisão de dois terços de seus membros, após reiteradas decisões sobre matéria constitucional, aprovar Súmula que, a partir de sua publicação na imprensa oficial, terá efeito vinculante em relação aos demais órgãos do Poder Judiciário e à administração pública direta e indireta, nas esferas federal, estadual e municipal, bem como proceder à sua revisão ou cancelamento, na forma estabelecida em lei".

Já a Lei 9.868/1999, que dispõe sobre o processo e julgamento da ADI e ADC, estabelece no parágrafo único do art. 28 que "a declaração de constitucionalidade ou de inconstitucionalidade, inclusive interpretação conforme a Constituição e a declaração parcial de inconstitucionalidade sem redução de texto, têm eficácia contra todos e efeito vinculante em relação aos órgãos do Poder Judiciário e à Administração Pública federal, estadual e municipal".

O Tribunal Superior do Trabalho manifesta seu entendimento por meio das Súmulas e orientações jurisprudenciais (OJs), que orientam os operadores do Direito do Trabalho, embora não possuam força vinculante.

A Lei 13.467/2017 inseriu ao art. 8º da CLT o § 2º, que determina que as Súmulas e outros enunciados de jurisprudência editados pelo Tribunal Superior do Trabalho e pelos Tribunais Regionais do Trabalho não poderão restringir direitos legalmente previstos nem criar obrigações que não estejam previstas em lei.

1.4.3.3. Princípios gerais de direito

Nas lições de Miguel Reale (em Lições preliminares de Direito, 27ª ed. São Paulo, Saraiva, 1996, p. 300): "são enunciações normativas de valor genérico, que condicionam e orientam a compreensão do ordenamento jurídico em sua aplicação e integração ou mesmo para a elaboração de novas normas".

São, portanto, verdadeiros alicerces de um ordenamento jurídico.

1.4.3.4. Equidade

Forma de integração da norma jurídica a um caso específico em que são observados os critérios de justiça e igualdade.

Pela equidade, a regra é interpretada para um caso específico, deixando a norma mais justa àquele determinado caso.

1.4.3.5. Costumes

Os costumes são regras sociais que resultam da prática reiterada, generalizada e prolongada de um certo comportamento, que resulta em uma convicção de obrigatoriedade, de acordo com a cultura específica de cada sociedade.

São comportamentos reiterados por um longo espaço de tempo, por toda uma sociedade, transformando esse comportamento em norma jurídica.

1.4.3.6. Direito comparado

Objetiva o conhecimento dos ordenamentos jurídicos de outros países com base em estudos comparados de seus sistemas.

Como o próprio nome diz, é feito um estudo comparado entre os diversos sistemas jurídicos para a interpretação de determinada norma.

1.5. Princípios trabalhistas

Na definição de Mauricio Godinho Delgado (em Curso de Direito do Trabalho, 8ª ed., São Paulo, LTr, 2009, p. 171): "são proposições fundamentais que se formam na consciência das pessoas e grupos sociais, a partir de certa realidade, e que, após formadas, direcionam-se à compreensão, reprodução ou recriação dessa realidade".

São 5 os princípios norteadores do Direito do Trabalho:

1.5.1. Princípio protetor

Tem por escopo atribuir uma proteção maior ao empregado, parte hipossuficiente da relação jurídica laboral. Em outras palavras, visa a atenuar a desigualdade existente entre as partes do contrato de trabalho.

O princípio protetor incorpora outros 3 subprincípios:

1.5.1.1. In dubio pro operario

Por meio desse princípio, uma norma jurídica que admita diversas interpretações deverá ser interpretada da maneira que mais favorecer o empregado, ou seja, havendo dúvida quanto à interpretação da norma, deverá ser interpretada de maneira mais vantajosa para o trabalhador.

Impende destacar que não é admitida a aplicação de tal princípio no campo processual. Tal princípio não possui incidência no campo probatório, devendo ser aplicadas nesse caso as regras atinentes ao ônus da prova, em conformidade com o art. 373 do CPC/2015 e art. 818 da CLT.

1.5.1.2. Aplicação da norma mais favorável

Havendo diversas normas válidas incidentes sobre a mesma relação jurídica de emprego, deve ser aplicada aquela mais benéfica ao trabalhador, independentemente da sua posição na hierarquia das leis.

Existem critérios para, de fato, verificar-se qual é a norma mais favorável.

A primeira delas é a teoria da acumulação, em que as diversas disposições contidas em diferentes instrumentos normativos devem ser comparadas individualmente, escolhendo, sempre, as mais favoráveis, aplicando, assim, diferentes disposições de diversas normas, como se fosse formada uma terceira norma, apenas com as disposições benéficas.

A segunda é a teoria do conglobamento, que estabelece que os instrumentos normativos devem ser comparados em seu todo, aplicando-se aquele que, no conjunto, for mais benéfico ao empregado.

A última delas é a teoria do conglobamento mitigado, que busca a norma mais benéfica através da comparação das diversas regras sobre cada instituto ou matéria, aplicando aquela em que o instituto for mais benéfico ao empregado.

Assim, nosso ordenamento jurídico acolheu a teoria do conglobamento mitigado, como se vê no art. 3º, II, da Lei 7.064/1982, que dispõe sobre a situação de trabalhadores brasileiros contratados ou transferidos para prestar serviços no exterior:

Art. 3º. A empresa responsável pelo contrato de trabalho do empregado transferido assegurar-lhe-á, independentemente da observância da legislação do local da execução dos serviços:

I – (...)

II – a aplicação da legislação brasileira de proteção ao trabalho, naquilo que não for incompatível com o disposto nesta lei, quando mais favorável do que a legislação territorial, no conjunto de normas em relação a cada matéria.

Convém destacar que, em conformidade com o art. 620 da CLT as condições estabelecidas em acordo coletivo de trabalho sempre prevalecerão sobre as estipuladas em convenção coletiva de trabalho.

1.5.1.3. Condição mais benéfica

Consagra a aplicação da teoria do direito adquirido. Tal princípio informa ao operador do direito que as vantagens adquiridas não podem ser retiradas, tampouco modificadas para pior.

A CLT traz o princípio da condição mais benéfica em seu art. 468, que assim dispõe: "Nos contratos individuais de trabalho só é lícita a alteração das respectivas condições por mútuo consentimento, e ainda assim desde que não resultem, direta ou indiretamente, prejuízos ao empregado, sob pena de nulidade da cláusula infringente desta garantia."

Assim, as condições mais vantajosas estabelecidas no contrato de trabalho irão prevalecer na hipótese de edição de norma superveniente menos favorável ao empregado.

O TST por meio da Súmula 51, item I, trouxe em seu bojo a aplicação do citado princípio, no qual entendeu que "as cláusulas regulamentares que revoguem ou alterem vantagens deferidas anteriormente, só atingirão os trabalhadores admitidos após a revogação ou alteração do regulamento".

1.5.2. Princípio da irrenunciabilidade

Os direitos trabalhistas são irrenunciáveis. As normas trabalhistas, em geral, possuem caráter imperioso ou cogente, na medida em que são normas de ordem pública e, por sua vez, não podem ser modificadas pelo empregador.

Esse princípio informa ao operador do direito que não se admite, em tese, que o empregado renuncie, abrindo mão dos direitos assegurados por lei.

Porém, como todo princípio, esse também não é absoluto, na medida em que pode haver renúncia desses direitos em determinados casos.

O primeiro critério utilizado é quanto à origem do direito. Por meio desse critério, se o direito estiver previsto na lei, ele será indisponível. No entanto, se estiver previsto em trato consensual, ele será renunciável, desde que não haja proibição legal, prejuízo para o trabalhador, em conformidade com o art. 468 da CLT, e vício de consentimento (arts. 138 a 165 do Código Civil).

O segundo critério é o temporal, ou seja, o momento em que será realizada a renúncia. Desta forma, durante a celebração do contrato de trabalho, não se admite qualquer tipo de renúncia; na vigência do contrato de trabalho será admitida renúncia se houver previsão legal para tanto; já após a cessação do contrato de trabalho é admitida com menor restrição.

Todavia, como vimos, com a reforma trabalhista (Lei 13.467/2017) é admitido, nos termos do art. 507-A da CLT nos contratos individuais de trabalho cuja remuneração seja superior a duas vezes o limite máximo estabelecido para os benefícios do Regime Geral de Previdência Social, a possibilidade de pactuação de cláusula compromissória de arbitragem, desde que por iniciativa do empregado ou mediante a sua concordância expressa, nos termos previstos na Lei 9.307, de 23 de setembro de 1996.

1.5.3. Princípio da continuidade da relação de emprego

Tem por objetivo preservar o contrato de trabalho, presumindo a contratação por prazo indeterminado, sendo a exceção o contrato com prazo determinado.

Nessa linha, nos termos do art. 448 da CLT, qualquer mudança na propriedade ou na estrutura jurídica da empresa não afetará os contratos de trabalho dos respectivos empregados. Da mesma forma, qualquer alteração na estrutura jurídica da empresa não afetará os direitos adquiridos por seus empregados (art. 10 da CLT).

O TST faz menção ao princípio em comento na Súmula 212 que ensina: "O ônus de provar o término do contrato de trabalho, quando negados a prestação de serviço e o despedimento, é do empregador, pois o princípio da continuidade da relação de emprego constitui presunção favorável ao empregado."

1.5.4. Princípio da primazia da realidade sobre a forma

Por meio desse princípio, deve prevalecer a efetiva realidade dos fatos e não eventual forma construída em desacordo com a verdade. Havendo desacordo entre o que na verdade acontece com o que consta dos documentos, deverá prevalecer a realidade dos fatos. Isso porque vigora no Direito do Trabalho o chamado "contrato-realidade", no qual se ignora a disposição contratual para se examinar o que ocorre efetivamente.

1.5.5. Princípio da intangibilidade salarial

O princípio da intangibilidade salarial vem estampado no art. 462 da CLT, que determina a proibição ao empregador de efetuar descontos no salário do empregado, o qual deve receber seu salário de forma integral. Apenas será permitido o desconto se resultar de adiantamento, de dispositivos de lei (Lei 10.820/2003) ou de contrato coletivo.

Para mais considerações sobre esse princípio, remetemos o leitor ao item 7.8.4. em que é estudado o tema salário e remuneração.

1.6. Programa Seguro-Emprego – PSE

Introduzido em nosso sistema jurídico por meio da Medida Provisória 680/2015, convertida na Lei 13.189/2015 e posteriormente modificada pela Medida Provisória 761/2016 e convertida na Lei 13.456/2017, o Programa Seguro-Emprego (PSE) foi criado com o fim de desestimular demissões em empresas que se encontram, temporariamente, em dificuldades financeiras. Objetiva, também, favorecer a recuperação econômico-financeira das empresas, sustentar a demanda durante momentos de crise, facilitando a recuperação da economia e, ainda, estimular a produtividade do trabalho.

Nos termos do parágrafo único, do art. 1º da Lei 13.189/2015 o PSE consiste em ação para auxiliar os trabalhadores na preservação de seu emprego e ter por objetivo:

I – possibilitar a preservação dos empregos em momentos de retração da atividade econômica;

II – favorecer a recuperação econômico – financeira das empresas;

III – sustentar a demanda agregada durante momentos de adversidade, para facilitar a recuperação da economia;

IV – estimular a produtividade do trabalho por meio do aumento da duração do vínculo empregatício; e

V – fomentar a negociação coletiva e aperfeiçoar as relações de emprego

Poderão aderir ao PSE as empresas de todos os setores em situação de dificuldade econômico-financeira que celebrarem acordo coletivo de trabalho específico de redução de jornada e de salário.

De acordo com o § 1º do art. 2º da citada lei, a adesão ao PSE pode ser feita até 31 de dezembro de 2017, e o prazo máximo de permanência no programa é de 24 (vinte e quatro) meses, respeitada a data de extinção do programa, o que deverá ocorrer em 31 de dezembro de 2018, art. 11 da Lei 13.189/2015.

As empresas que demonstrarem a observância à cota de pessoas portadoras de necessidades especiais, bem como as microempresas e empresas de pequeno porte e a empresa que possua em seus quadros programa de reinserção profissional de egressos do sistema penitenciário, terão prioridade na adesão do programa.

Em conformidade com o art. 3º da Lei 13.189/2015 para aderir ao programa a empresa deverá observar os seguintes requisitos:

a) celebrar e apresentar acordo coletivo de trabalho específico, nos termos do art. 5º;

b) apresentar, ao Ministério do Trabalho, solicitação de adesão ao PSE;

c) apresentar a relação dos empregados abrangidos, especificando o salário individual;

d) ter registro no Cadastro Nacional da Pessoa Jurídica – CNPJ há, no mínimo, dois anos;

e) comprovar a regularidade fiscal, previdenciária e relativa ao Fundo de Garantia do Tempo de Serviço – FGTS; e

f) comprovar a situação de dificuldade econômico-financeira, fundamentada no Indicador Líquido de Empregos – ILE, considerando-se nesta situação a empresa cujo ILE seja igual ou inferior ao percentual a ser definido em ato do Poder Executivo federal, apurado com base nas informações disponíveis no Cadastro Geral de Empregados e Desempregados – CAGED, consistindo o ILE no percentual representado pela diferença entre admissões e demissões acumulada nos doze meses anteriores ao da solicitação de adesão ao PSE dividida pelo número de empregados no mês anterior ao início desse período.

Uma vez aderindo ao programa a empresa poderá reduzir, temporariamente, em até 30%, a jornada de trabalho de seus empregados, com redução proporcional do salário, art. 5º, da Lei 13.189/2015, com a redação dada pela Lei 13.456/2017. De outro lado, o Governo Federal, usando recursos do FAT, garantirá aos empregados que tiverem seu salário reduzido compensação pecuniária equivalente a 50% do valor da redução salarial, limitado a 65% do valor da parcela máxima do seguro-desemprego, art. 4º da Lei 13.189/2015, com a redação dada pela Lei 13.456/2017.

Durante o período de adesão, é proibida a realização de horas extraordinárias pelos empregados abrangidos pelo PSE.

A empresa que aderir ao PSE fica proibida de dispensar arbitrariamente ou sem justa causa os empregados que tiverem sua jornada de trabalho temporariamente reduzida enquanto vigorar a adesão ao PSE.

Após o seu término, durante o prazo equivalente a 1/3 (um terço) do período de adesão, o empregado terá garantia no emprego, ou seja, não poderá ser demitido, salvo por justa causa, art. 6º, I, da Lei 13.189/2015, com a redação dada pela Lei 13.456/2017. Em outras palavras, o empregado que aderiu ao PSE por um período de 6 meses, após o término de vigência da PSE terá garantia do emprego (estabilidade provisória) por 2 meses.

A empresa ainda ficará proibida de contratar empregado para executar, total ou parcialmente, as mesmas atividades exercidas por empregado abrangido pelo programa, salvo em se tratando de:

a) reposição;

b) aproveitamento de concluinte de curso de aprendizagem na empresa, nos termos do art. 429 da CLT.

c) efetivação de estagiário;

d) contratação de pessoas com deficiência ou idosa; e

e) contratação de egresso dos sistemas prisional e de medidas socioeducativas.

Nessas hipóteses em que se admite a contratação o empregado contratado deverá ser abrangido pelo acordo coletivo de trabalho específico de adesão ao PSE.

Oportuno ressaltar que nos termos do art. 611-A, IV, da CLT a convenção coletiva e o acordo coletivo de trabalho têm prevalência sobre a lei quando, dispuserem sobre adesão ao Programa Seguro-Emprego (PSE).

2. DIREITO INTERNACIONAL DO TRABALHO

O Direito Internacional do Trabalho é um ramo do Direito Internacional Público.

No que se refere à relação entre o Direito Internacional e o Direito interno de cada Estado, duas teorias se destacam: a teoria monista e a teoria dualista.

No Brasil prevalece a teoria monista, onde "o Direito Internacional e Direito Interno integram uma mesma unidade de ordem jurídica" (Gustavo Felipe Barbosa Garcia, em Curso de Direito do Trabalho, 6ª ed., Rio de Janeiro, Forense, 2012, p. 122).

Para que as normas jurídicas internacionais integrem nosso sistema jurídico, é necessário que passem por um processo de aprovação.

Nessa linha dispõe o art. 84, VIII, da CF:

> Art. 84. Compete privativamente ao Presidente da República:
>
> (...)
>
> VIII – celebrar tratados, convenções e atos internacionais, sujeitos a referendo do Congresso Nacional;

A celebração é composta de 3 fases:

a) fase de negociação: nessa fase são discutidas as disposições da norma a ser firmada;

b) fase deliberatória: nessa fase discute-se o conteúdo que irá integrar a norma internacional;

c) fase de assinatura: é nessa fase que se materializa a celebração da norma na esfera internacional.

Porém, é necessário, ainda, a aprovação pelo Congresso Nacional.

Assim, o Congresso Nacional poderá, por meio de Decreto Legislativo, aprovar ou rejeitar a norma internacional celebrada. Uma vez aprovada, deverá ser realizada a ratificação do ato, por meio de seu depósito no órgão internacional.

Após sua celebração, aprovação e ratificação a norma será promulgada pelo Presidente da República, por meio de Decreto presidencial.

3. CONTRATO DE TRABALHO

3.1. Relação de emprego e relação de trabalho

É comum a utilização das expressões "relação de emprego" e "contrato de trabalho" para se referir ao vínculo empregatício existente entre empregado e empregador. Trata-se, pois, do contrato individual de trabalho.

Relação de trabalho possui caráter genérico, referindo-se a toda modalidade de contratação de trabalho humano. Todas as relações jurídicas caracterizadas por terem sua prestação essencial centrada em uma obrigação de fazer consubstanciada em labor humano, em troca de um valor pecuniário ou não pecuniário, consistem em uma relação de trabalho.

Abarca, portanto, a relação de emprego e as demais relações de trabalho como a relação do autônomo, do eventual, do avulso, do temporário, do estagiário etc.

Já a relação de emprego é uma espécie de relação de trabalho, firmada por meio de contrato de trabalho que, por sua vez, é composto pela reunião dos elementos fático-jurídicos dispostos nos arts. 2º e 3º da CLT. O correto seria, então, ser chamado de contrato de emprego e não de contrato de trabalho.

Para diferenciarmos as relações de trabalho das relações de emprego, devemos levar em conta o elemento subordinação, ou seja, o vínculo de dependência existente entre os contratantes. Assim, é correto afirmar que a relação de emprego seria uma espécie de relação de trabalho, diferenciada das demais em vista da presença do elemento subordinação.

3.2. Conceito

O art. 442 da CLT ensina que contrato de trabalho é o acordo tácito ou expresso correspondente à relação de emprego. Em outras palavras, é o negócio jurídico em que o empregado compromete-se a prestar serviços de forma pessoal, subordinada e não eventual ao empregador, mediante o pagamento de uma contraprestação.

3.3. Características

Podemos citar como características do contrato de trabalho:

3.3.1. Contrato de direito privado

Como dissemos, embora possamos observar no Direito do Trabalho diversas normas de caráter cogente, não podemos afirmar que esse ramo do direito possa classificar-se como de Direito Público, na medida em que não regula os interesses do Estado.

O que existe é uma intervenção do Estado, estando as partes livres para estipular as cláusulas, desde que respeitem as normas de proteção existentes na Constituição Federal e na CLT.

3.3.2. Intuitu personae em relação ao empregado

A prestação de serviço deve ser pessoal, sendo vedada a substituição do empregado, salvo concordância do empregador.

3.3.3. Consensual

Surge da vontade das próprias partes, resultante de um acordo de vontades.

3.3.4. Sinalagmático

Gera deveres e obrigações entre cada uma das partes. O empregado tem a obrigação de prestar o serviço para o qual foi contratado; dever de obediência ao poder de direção do empregador e o direito de receber sua remuneração. O empregador tem a obrigação de pagar o salário ajustado e o direito de exigir o serviço prestado.

3.3.5. Sucessivo ou continuado

A relação apresenta continuidade no tempo. O contrato pressupõe a continuidade da prestação de serviço, não se tratando de obrigação instantânea; a obrigação de fazer não se esgota em uma única prestação. Todavia, o contrato de trabalho intermitente (arts. 443, § 3º e 452-A e seguintes da CLT) relativizou esse conceito.

3.3.6. Oneroso

Não se trata de trabalho gratuito. O contrato implica o pagamento de uma remuneração como contraprestação do serviço realizado.

3.4. Requisitos

A partir do conceito explicitado, podemos extrair os requisitos do contrato de trabalho, ou melhor, os requisitos caracterizadores da relação de emprego, quais sejam:

3.4.1. Pessoa física

O empregado é sempre uma pessoa física ou natural.

3.4.2. Pessoalidade

O empregado deve prestar pessoalmente os serviços, não podendo fazer-se substituir por outra pessoa. O trabalho deve ser exercido pelo próprio trabalhador, em razão de suas qualificações profissionais e pessoais, por isso diz-se que o contrato de trabalho é "intuitu personae" ou personalíssimo.

3.4.3. Não eventualidade ou habitualidade

O empregado presta serviços de maneira contínua, não eventual. O trabalho deve ser contínuo.

Ao falarmos de habitualidade, devemos ter em mente a expectativa de que ambas as partes possuem na prestação laboral, ou seja, o trabalhador sabe que deve ir todos os dias ao trabalho e, de outro lado, o empregador aguarda todos os dias seu empregado para o desempenho das atividades laborais.

Todavia, o contrato de trabalho intermitente (arts. 443, § 3º e 452-A e seguintes da CLT) relativizou essa ideia. Isso porque no trabalho intermitente gera uma expectativa de ocorrência frequente, mas não rotineira, embora ocorra nas atividades habituais do empregador.

3.4.4. Subordinação

O empregado é um trabalhador cuja atividade é exercida sob dependência de outrem, para quem sua atividade é dirigida: o empregador.

O empregado presta serviço subordinado, pois deve acolher o poder de direção do empregador no modo de realização do labor.

A dependência ou subordinação é decorrente do contrato de trabalho, por isso é chamada de "subordinação jurídica".

O trabalho é, desta forma, dirigido pelo empregador, que exerce o poder diretivo.

3.4.5. Onerosidade

✓ O trabalho é exercido almejando o recebimento de salário. Em outras palavras, podemos dizer que, ao firmar o contrato de trabalho, o empregado objetiva o recebimento dessa contraprestação pelo serviço que presta.

✓ Caso os serviços sejam executados gratuitamente, não restará configurada a relação de emprego. É o que ocorre, por exemplo, com os serviços religiosos, voluntários, comunitários, filantrópicos etc.

3.4.6. Período de experiência na atividade contratada

O art. 442-A, inserido na CLT com o advento da Lei 11.644/2008, impôs ao empregador um limite temporal para contratação de empregados.

Pelo novel dispositivo legal, o empregador não poderá exigir, no ato da contratação, mais de 6 (seis) meses de prática do candidato para a atividade, ou seja, não poderá o empregador exigir dos pretensos empregados período de experiência superior a 6 (seis) meses para aquela determinada função.

Dispõe o art. 442-A da CLT:

"Para fins de contratação, o empregador não exigirá do candidato a emprego comprovação de experiência prévia por tempo superior a 6 (seis) meses no mesmo tipo de atividade".

É importante ressaltar que a limitação vale para todos os cargos e categorias profissionais, inclusive para cargos de chefia, gerentes, e, ainda, para contratação com a Administração Pública, quando regidos pela CLT.

Por não fazer qualquer tipo de limitação em relação à atividade a ser contratada, a norma não comporta interpretação restritiva. Deve, contudo, ser interpretada ampliativamente, pois representa uma norma de caráter genérico que deve ser aplicada a toda espécie de contratação.

Como dito, essa imposição afetará, também, a contratação com a Administração Pública quando adotar o regime jurídico celetista para contratação (arts. 37, II, e 173, § 1º, II, da CF). Desta forma, ao abrir um concurso público e adotar o regime jurídico celetista para contratação, a Administração Pública deverá obedecer à nova imposição legal, não podendo lançar no edital do concurso exigência superior a 6 meses para a função.

Por último, vale lembrar que essa limitação em nada se confunde com o prazo de 90 dias estabelecido para o contrato de experiência contido no art. 445, parágrafo único, da CLT. A limitação em estudo representa um elemento pré-contratual, ao passo que o contrato de experiência é um contrato de trabalho formalizado e com prazo determinado.

3.4.7. Exclusividade

Apenas para melhor elucidar os requisitos do contrato de trabalho, é importante lembrar que a exclusividade na prestação não é uma exigência legal.

Desta forma, legitimamente, nada impede que alguém possua mais de um emprego, desde que haja compatibilidade de horários.

Importante lembrar que, no que diz respeito ao contrato de trabalho do autônomo, é vedada a celebração de cláusula de exclusividade no contrato, art. 442-B, § 1º, da CLT.

3.4.8 Vínculo de emprego entre entidades religiosas e seus membros

A Lei 14.647/2023 deu nova redação ao art. 442 da CLT para dispor sobre a não existência de vínculo de emprego e seus membros.

A nova legislação acompanha entendimentos de julgados do TST que entendem que as características do vínculo religioso afastariam a configuração dos elementos essenciais para a formação do vínculo de emprego existentes nos arts. 2º e 3º da CLT.

Dispõe os §§ 2º e 3º do art. 442 da CLT:

§ 1º Qualquer que seja o ramo de atividade da sociedade cooperativa, não existe vínculo empregatício entre ela e seus associados, nem entre estes e os tomadores de serviços daquela. (Incluído pela Lei nº 14.647, de 2023)

Importante ressaltar que a inexistência do vínculo citada pelo novo dispositivo legal se aplica ainda que os membros se dediquem parcial ou integralmente a atividades da administração da entidade ou instituição, ou, ainda, se estiverem em formação ou treinamento.

No entanto, de acordo com o parágrafo 3º do citado art. 442 da CLT, caso exista desvirtuamento da finalidade religiosa e voluntária da instituição, o vínculo empregatício poderá ser constatado.

§ 3º O disposto no § 2º não se aplica em caso de desvirtuamento da finalidade religiosa e voluntária.

O dispositivo pretende garantir que as instituições religiosas mantenham seu caráter essencialmente espiritual e voluntário, evitando assim possíveis abusos ou exploração de mão de obra.

3.5. Elementos do contrato de trabalho

O contrato de trabalho é o "acordo, tácito ou expresso, correspondente à relação de emprego".

Para ser válido deverá observar os elementos de validade do negócio jurídico, previstos no art. 104 do Código Civil, quais sejam: agente capaz, objeto lícito, vontade sem vícios, forma prescrita ou não proibida por lei.

3.5.1. Forma

A lei trabalhista não prescreve, em regra, forma especial, podendo ser pactuado de forma verbal, inclusive tácita. É correto afirmar, portanto, que, em regra, o contrato de trabalho não é contrato do tipo solene, tendo em vista que a lei trabalhista não exige nenhuma forma especial para sua validade. Apenas em alguns contratos especiais exige-se forma prescrita, como, por exemplo, o contrato de aprendiz, entre outros.

3.5.2. Agente capaz

É importante frisar que a Constituição Federal, em seu art. 7º, XXXIII, proíbe o trabalho noturno, perigoso e insalubre aos menores de 18 anos e de qualquer trabalho aos menores de 16 anos, salvo na condição de aprendiz, a partir dos 14 anos.

Na esfera trabalhista, a capacidade poderia ser dividida da seguinte maneira:

3.5.2.1. Absolutamente incapazes

Seriam os menores de 14 anos, na medida em que é vedado a eles qualquer tipo de atividade.

3.5.2.2. Relativamente incapazes

Aqueles com idades entre 14 e 18 anos. Em conformidade com o art. 7º, XXXIII, da CF, o trabalho é proibido para idades entre 16 e 18 anos no horário noturno e em condições perigosas ou insalubres e, em qualquer atividade, aos menores de 16 anos, salvo como aprendiz a partir dos 14 anos de idade.

3.5.2.3. Capazes

As pessoas com idade igual ou superior a superior a 18 anos de idade.

3.5.2.4 Trabalho do índio

Nos termos do art. 4º, parágrafo único, do Código Civil: "A capacidade dos indígenas será regulada por legislação especial."

A legislação que regula a situação jurídica dos índios é a Lei 6.001/1973 (Estatuto do Índio). O seu art. 8º dispõe:

> Art. 8º São nulos os atos praticados entre o índio não integrado e qualquer pessoa estranha à comunidade indígena quando não tenha havido assistência do órgão tutelar competente.

Todavia, dispõe o parágrafo único do mesmo dispositivo que essa regra não se aplica ao índio que revele consciência e conhecimento do ato praticado, desde que não lhe seja prejudicial, e da extensão dos seus efeitos.

Com relação à capacidade, é importante destacar o art. 4º da Lei 6.001/1973:

> Art. 4º. Os índios são considerados:
>
> I – Isolados – Quando vivem em grupos desconhecidos ou de que se possuem poucos e vagos informes através de contatos eventuais com elementos da comunhão nacional;
>
> II – Em vias de integração – Quando, em contato intermitente ou permanente com grupos estranhos, conservam menor ou maior parte das condições de sua vida nativa, mas aceitam algumas práticas e modos de existência comuns aos demais setores da comunhão nacional, da qual vão necessitando cada vez mais para o próprio sustento;
>
> III – Integrados – Quando incorporados à comunhão nacional e reconhecidos no pleno exercício dos direitos civis, ainda que conservem usos, costumes e tradições característicos da sua cultura.

Nessa linha, ensina o art. 15 da mesma lei que o contrato de trabalho firmado com o índio considerado isolado é nulo de pleno direito.

Já com o indígena em processo de integração, o trabalho dependerá de prévia aprovação do órgão de proteção do índio, a FUNAI (Fundação Nacional do Índio), instituída pela Lei 5.371/1967.

Desta forma, podemos entender a capacidade para o trabalho do índio da seguinte forma:

a) capacidade plena: aos índios integrados à sociedade;

b) capacidade relativa: índios em processo de integração, cujo trabalho dependerá da aprovação da FUNAI;

c) incapacidade: são incapazes os índios isolados.

Importante ressaltar que nos casos de contrato de trabalho celebrado com indígena isolado ou em processo de integração, sem a aprovação do órgão competente, todos os direitos trabalhistas lhe serão assegurados.

3.5.3. Objeto

Nos termos do art. 444 da CLT as relações contratuais de trabalho podem ser objeto de livre estipulação das partes interessadas em tudo quanto não contravenha às disposições de proteção ao trabalho, aos contratos coletivos que lhes sejam aplicáveis e às decisões das autoridades competentes.

Essa livre estipulação aplica-se às hipóteses previstas no art. 611-A da CLT, com a mesma eficácia legal e preponderância sobre os instrumentos coletivos, no caso de empregado portador de diploma de nível superior e que perceba salário mensal igual ou superior a duas vezes o limite máximo dos benefícios do Regime Geral de Previdência Social.

Com relação ao objeto, cumpre distinguir o trabalho ilícito do trabalho proibido.

Trabalho proibido é aquele que, por motivos vários, a lei impede que seja exercido por determinadas pessoas ou em determinadas circunstâncias, como, por exemplo, o trabalho do menor em condições insalubres (art. 405, I, da CLT). Nessa hipótese, o trabalhador poderá reclamar o que lhe é devido pelos serviços prestados, ainda que o contrato seja nulo. Desta forma, caso um menor seja admitido como empregado, desfeito o contrato sem culpa sua, terá todos os direitos que a lei assegura a quem presta trabalho subordinado e em função do tempo de serviço.

Por outro lado, trabalho ilícito é aquele não permitido porque seu objeto consiste na prestação de atividades criminosas e/ou contravencionais. Nele não se cogita vínculo de emprego, pois o respectivo negócio jurídico é destituído de validade, conforme dispõe o art. 104, II, do Código Civil. Se a nulidade decorre da ilicitude do objeto do contratado, o trabalhador já não poderá reclamar o pagamento dos serviços prestados.

Assim, se uma pessoa presta serviços a outrem, mas o objeto da prestação é ilícito, como, por exemplo, o jogo do bicho, não haverá relação de emprego.

A respeito do trabalho ilícito, a SDI 1 do TST editou a Orientação Jurisprudencial 199, que assim dispõe:

> OJ-SDI1-199 – JOGO DO BICHO. CONTRATO DE TRABALHO. NULIDADE. OBJETO ILÍCITO
>
> É nulo o contrato de trabalho celebrado para o desempenho de atividade inerente à prática do jogo do bicho, ante a ilicitude de seu objeto, o que subtrai o requisito de validade para a formação do ato jurídico.

Será considerado nulo o contrato de trabalho nos mesmos casos de nulidade do ato jurídico em geral, ou quando concluído com o objetivo de desvirtuar, impedir ou fraudar as normas de proteção ao trabalho, em conformidade com o art. 9.º da CLT.

3.6. Contratação pela administração pública

Nos termos do art. 37, II, da CF a investidura em cargo ou emprego público depende, em regra, de aprovação prévia em concurso público de provas ou de provas e títulos, de acordo com a natureza e a complexidade do cargo ou emprego.

Desta forma, para que o contrato seja considerado lícito, deverá seguir a obrigatoriedade de concurso público, inclusive as sociedades de economia mista e as empresas públicas.

Nessa linha, entende o TST, através da Súmula 363, que após a Constituição Federal de 1988 a contratação de servidor público, sem prévia aprovação em concurso público, encontra óbice no art. 37, II e § 2º, sendo o contrato considerado nulo. Nesse caso, somente será garantido ao obreiro o direito ao pagamento da contraprestação pactuada, em relação ao número de horas trabalhadas, respeitado o valor da hora do salário mínimo, e dos valores referentes aos depósitos do FGTS.

Importante lembrar o entendimento consubstanciado na Súmula 430 do TST:

SÚMULA 430 – ADMINISTRAÇÃO PÚBLICA INDIRETA. CONTRATAÇÃO. AUSÊNCIA DE CONCURSO PÚBLICO. NULIDADE. ULTERIOR PRIVATIZAÇÃO. CONVALIDAÇÃO. INSUBSISTÊNCIA DO VÍCIO.

Convalidam-se os efeitos do contrato de trabalho que, considerado nulo por ausência de concurso público, quando celebrado originalmente com ente da Administração Pública Indireta, continua a existir após a sua privatização.

3.7. Contrato de trabalho por equipe

O contrato de equipe não pode ser confundido com o contrato coletivo de trabalho, que é regulado pelo Direito Coletivo do Trabalho.

O contrato de equipe é constatado pela reunião de diversos contratos individuais de trabalho, mantidos em conjunto, mas cada um deles considerados autonomamente.

Esses diversos contratos de trabalho estão ligados entre si em decorrência da própria forma de prestação de serviços, existência de objeto comum e identidade de empregador.

Como exemplo, podemos imaginar a contratação de uma banda musical ou orquestras.

3.8. Teletrabalho – Trabalho remoto

Nos termos do art. 75-B da CLT, de acordo com a redação dada pela Lei 14.442/2022 considera-se teletrabalho ou trabalho remoto a prestação de serviços fora das dependências do empregador, de maneira preponderante ou não, com a utilização de tecnologias de informação e de comunicação, que, por sua natureza, não configure trabalho externo. A lei, portanto trata como sinônimos teletrabalho e trabalho remoto.

Inicialmente cumpre destacar que a lei permite a adoção do regime de teletrabalho ou trabalho remoto para estagiários e aprendizes, na forma do art. 75-B, § 6º, CLT.

O regime de teletrabalho ou trabalho remoto não se confunde nem se equipara à ocupação de operador de telemarketing ou de teleatendimento, é o que ensina o art. 75-B, § 4º, da CLT.

Assim, se enquadrará no regime do teletrabalho o empregado que exercer, de forma preponderantemente ou não, suas atividades fora dos muros da empresa, mas, via de regra, em um local fixo e específico, sem a necessidade de se locomover para exercer suas atividades, desde que seja feito pelo empregador o uso das tecnologias da informação e telecomunicação, para recebimento e envio das atribuições ao empregado. Como exemplo, podemos citar o empregado que trabalha em residência própria, biblioteca, cafeteria etc.

De acordo com o novo texto legal a preponderância ou não da prestação no estabelecimento ou fora dele, não difere para fins de constatação de teletrabalho.

Importante frisar que o comparecimento, ainda que de modo habitual, às dependências do empregador para a realização de atividades específicas que exijam a presença do empregado no estabelecimento não descaracteriza o regime de teletrabalho ou trabalho remoto, na forma do § 1º do art. 75-B da CLT.

De acordo com o texto consolidado, o obreiro que trabalha externamente, ou seja, o vendedor externo, o motorista, dentre outros, que não possuem um local fixo para exercer suas atividades, não são teletrabalhadores. Isso porque são considerados trabalhadores externos e serão enquadrados na disposição do art. 62, inciso I da CLT, ainda que utilizem equipamentos informáticos, como smartphones e rastreadores via GPS para se comunicar com o empregador.

No contrato de trabalho, deverá constar expressamente a modalidade de prestação de serviços "teletrabalho", devendo especificar as atividades que serão realizadas pelo empregado.

As disposições relativas à responsabilidade pela aquisição, manutenção ou fornecimento dos equipamentos tecnológicos e da infraestrutura necessária e adequada à prestação do trabalho remoto, bem como ao reembolso de despesas arcadas pelo empregado, também ficarão definidas no contrato de trabalho. Vale lembrar que, essas utilidades não integram a remuneração do empregado, art. 75-D, parágrafo único, CLT.

3.8.1. Alteração entre os regimes presencial e teletrabalho

O § 1º do art. 75-C da CLT entende ser possível a alteração entre o regime presencial e de teletrabalho, desde que por mútuo acordo entre as partes, devendo ser registrado em aditivo contratual.

Por outro lado, o § 2º do mesmo dispositivo legal ensina que a alteração do regime de teletrabalho para o presencial poderá ser realizada por determinação do empregador, sendo garantido prazo de transição mínimo de quinze dias, com correspondente registro em aditivo contratual.

O empregador não será responsável pelas despesas resultantes do retorno ao trabalho presencial, na hipótese de o empregado optar pela realização do teletrabalho ou trabalho remoto fora da localidade prevista no contrato, salvo disposição em contrário estipulada entre as partes, é o que determina o § 3º do art. 75-C da CLT.

3.8.2. Modalidades de teletrabalho

Dispõe o art. 75-B, § 2º, da CLT que o empregado submetido ao regime de teletrabalho ou trabalho remoto poderá prestar serviços por jornada ou por produção ou tarefa, A Lei 14.442/2022 criou, portanto, três modalidades de teletrabalho, quais sejam:

Teletrabalho por jornada: nessa modalidade é pactuado que o empregado submetido ao teletrabalho irá trabalhar por jornada de trabalho preestabelecida, obedecendo em regra o limite de duração previsto no art. 7º, XIII, CF. O controle do trabalho é exercido pela jornada de trabalho do empregado;

Teletrabalho por produção: nessa modalidade o controle do trabalho é realizado não pela jornada de trabalho, mas sim por determinada produção.

Teletrabalho por tarefa: nessa modalidade a controle do trabalho é realizado por tarefas atribuídas ao empregado. Despreza-se o tempo de trabalho e a produtividade, o controle do trabalho é exercido de acordo com tarefas/atividades passadas ao empregado.

A modalidade de teletrabalho deve, obrigatoriamente, constar no contrato de trabalho, art. 75-C da CLT.

Vale dizer que nos termos do § 9º do art. 75-B da CLT desde que assegurados os repousos legais, acordo individual de trabalho poderá dispor sobre os horários e os meios de comunicação entre empregado e empregador,

A distinção sobre qual regime de teletrabalho se mostra extremamente relevante, tendo em vista a redação do art. 75-B, § 3º, CLT, que determina que na hipótese da prestação de serviços em regime de teletrabalho ou trabalho remoto por produção ou tarefa, não se aplicará o disposto no capítulo de duração do trabalho. Tal disposição se coaduna com a nova redação dada ao inciso III do art. 62 da CLT.

Dessa forma, podemos afirmar que apenas o empregado em regime de teletrabalho por produção ou tarefa estão excluídos do controle de duração do trabalho e consequentemente não farão jus à percepção de horas extras etc. O empregado em teletrabalho por jornada deve ter controle de jornada de trabalho, se sujeita ao capítulo de duração de trabalho e, portanto, se ultrapassar o limite de duração de trabalho, fará jus a percepção de horas extras.

O tempo de uso de equipamentos tecnológicos e de infraestrutura necessária, bem como de softwares, de ferramentas digitais ou de aplicações de internet utilizados para o teletrabalho, fora da jornada de trabalho normal do empregado não constitui tempo à disposição ou regime de prontidão ou de sobreaviso, exceto se houver previsão em acordo individual ou em acordo ou convenção coletiva de trabalho.

3.8.3. Responsabilidades do empregador por doenças e acidentes do trabalho

O empregador será o responsável pela saúde e segurança do obreiro. O empregador, por força do contrato de trabalho, está obrigado a dar ao empregado as condições plenas de trabalho, nos aspectos da segurança, salubridade e condições de higiene e conforto.

O art. 157 da CLT, assim dispõe:

Art. 157. Cabe às empresas:

I – cumprir e fazer cumprir as normas de segurança e medicina do trabalho;

II – instruir os empregados, através de ordens de serviço, quanto às precauções a tomar no sentido de evitar acidentes do trabalho ou doenças ocupacionais;

III – adotar as medidas que lhes sejam determinadas pelo órgão regional competente;

IV – facilitar o exercício da fiscalização pela autoridade competente.

Nessa linha, determina o art. 75-E da CLT que o empregador deverá instruir os empregados, de maneira expressa e ostensiva, quanto às precauções a tomar com o fim de evitar doenças e acidentes de trabalho.

Em contrapartida, o empregado deverá assinar termo de responsabilidade comprometendo-se a seguir as instruções fornecidas pelo empregador.

3.8.4 Prioridade ao teletrabalho

Nos termos do art. 75-F da CLT os empregadores deverão dar prioridade aos empregados com deficiência e aos empregados com filhos ou criança sob guarda judicial até 4 (quatro) anos de idade na alocação em vagas para atividades que possam ser efetuadas por meio do teletrabalho ou trabalho remoto.

Sobre a tema "prioridade ao teletrabalho", remetemos o leitor ao item 3.9.3

3.9 Programa Emprega mais mulheres – Lei 14.457/2022

Em 22 de setembro de 2022 foi sancionada a Lei 14.457/2022 que o instituiu o Programa Emprega + Mulheres, destinado à inserção e à manutenção de mulheres no mercado de trabalho. O principal objetivo da lei é incentivar o aumento da contratação e permanência de mulheres no mercado de trabalho.

A nova legislação impõe, ainda, às empresas que constituíram CIPA, doravante denominada Comissão Interna de Prevenção de Acidentes e Assédio, a adoção de medidas de prevenção e combate ao assédio sexual e demais formas de violência no âmbito do trabalho. Sobre o tema remetemos os leitores ao item 12.3.1.

Como principais medidas da lei, podemos destacar:

3.9.1 Principais medidas

Como medidas para inserção e manutenção de mulheres no mercado de trabalho a lei determina o pagamento de reembolso-creche e manutenção ou subvenção de instituições de educação infantil pelos serviços sociais autônomos; flexibilização do usufruto da prorrogação da licença-maternidade, conforme prevista na Lei nº 11.770, de 9 de setembro de 2008; prevenção e combate ao assédio sexual e a outras formas de violência no âmbito do trabalho, flexibilização no regime de trabalho, dentre outras medidas.

3.9.2 Flexibilização no regime de trabalho

Com relação ao regime de trabalho a lei impõe flexibilizações em regras de: teletrabalho; regime de tempo parcial; regime especial de compensação de jornada de trabalho por meio de banco de horas; jornada de 12 (doze) horas trabalhadas por 36 (trinta e seis) horas ininterruptas de descanso, quando a atividade permitir; antecipação de férias individuais e horários de entrada e de saída flexíveis.

3.9.3 Teletrabalho

Com relação ao teletrabalho, de acordo com o art. 7º da citada lei, havendo disponibilização de vagas para as atividades que possam ser efetuadas por meio de teletrabalho, trabalho remoto ou trabalho a distância, os empregadores deverão conferir prioridade para as empregadas e empregados com filho, enteado ou criança sob guarda judicial com até 6 (seis) anos de idade ou para empregadas e empregados com filho, enteado ou pessoa sob guarda judicial com deficiência, sem limite de idade.

3.9.4 Regime de trabalho

Empregados e empregadas que tenham filho, enteado ou pessoa sob sua guarda com até 6 (seis) anos de idade ou com deficiência, poderão ter flexibilizadas regras do regime de trabalho por meio de regime especial de compensação de jornada de trabalho por meio de banco de horas, na forma do art. 9º da Lei 14.457/2022, jornada de 12 (doze) horas trabalhadas por 36 (trinta e seis) horas ininterruptas de descanso e, ainda, regime de tempo parcial e antecipação de férias individuais.

Importante lembrar que essas duas últimas medidas somente poderão ser adotadas até o segundo ano contados do nascimento do filho ou enteado, da adoção ou da guarda judicial, na forma do art. 8º, § 1º, da Lei 14.457/2022.

3.9.5 Antecipação de Férias Individuais

Desde que adotadas até o segundo ano contados do nascimento do filho ou enteado, da adoção ou da guarda judicial, na forma do art. 8º, § 1º, da Lei 14.457/2022, a antecipação de férias individuais poderá ser concedida ao empregado ou a empregada, ainda que não tenha transcorrido o seu período aquisitivo.

Vale destacar que as férias antecipadas não poderão ser usufruídas em período inferior a 5 (cinco) dias corridos.

Com relação ao adicional de 1/3 devido (art. 7º, XXVII, CF) o empregador poderá optar por efetuar o pagamento após a sua concessão, até a data em que for devida a gratificação natalina, nos termos do art. 11 da Lei 14.457/2022.

3.9.6 Anotações na Carteira de Trabalho e livro de registro de funcionários

A Carteira de Trabalho e Previdência Social (CTPS) é o documento obrigatório que contém toda a informação profissional do trabalhador, sendo importante para garantir seu acesso aos direitos previstos nas legislações trabalhistas e previdenciárias.

Antes emitida apenas em formato físico, agora de acordo com a redação dada ao art. 14 da CLT pela Lei 13.874/2019 a CTPS será emitida pelo Ministério da Economia preferencialmente em meio eletrônico. Somente nas exceções trazidas pelo parágrafo único do art. 14 a CTPS poderá ser emitida no formato físico, quais sejam:

a) nas unidades descentralizadas do Ministério da Economia que forem habilitadas para a emissão;

b) mediante convênio, por órgãos federais, estaduais e municipais da administração direta ou indireta;

c)mediante convênio com serviços notariais e de registro, sem custos para a administração, garantidas as condições de segurança das informações.

Importante reparar que os procedimentos para emissão da CTPS serão estabelecidos pelo Ministério da Economia em regulamento próprio, privilegiada a emissão em formato eletrônico, como leciona o art. 15 da CLT e não mais pelo Ministério do Trabalho, como estávamos acostumados. Isso porque em 1º de janeiro de 2019, o Ministério do Trabalho foi extinto oficialmente, tornando uma secretaria especial do Ministério da Economia, nos termos do art. 57, I, da MP 870/2019, convertida na Lei 13.844/2019 em 18 de junho de 2019.

A CTPS digital pode ser feita acessando o site do governo federal ou até mesmo por meio de aplicativo em tablets e smartfones.

Nos termos do art. 16, a CTPS terá como identificação única do empregado o número de inscrição no Cadastro de Pessoas Físicas (CPF), deixando de existir, portanto, o número de Carteira de Trabalho.

O art. 29 da CLT com a redação dada pela Lei 13.874/2019 determina que o empregador terá o prazo de 5 (cinco) dias úteis para anotar na CTPS, em relação aos trabalhadores que admitir, a data de admissão, a remuneração e as condições especiais, se houver, facultada a adoção de sistema manual, mecânico ou eletrônico, conforme instruções a serem expedidas pelo Ministério da Economia. O antigo texto legal previa o prazo de 48 horas para as anotações.

As anotações concernentes à remuneração devem especificar o salário, qualquer que seja sua forma de pagamento, seja ele em dinheiro ou em utilidades, bem como a estimativa da gorjeta, art. 29, § 1º, da CLT

Já o § 2º do mesmo art. 29 da CLT determina que as anotações na CTPS serão feitas:

a) na data-base;

b) a qualquer tempo, por solicitação do trabalhador;

c) no caso de rescisão contratual; ou

d) necessidade de comprovação perante a Previdência Social.

Vale dizer que o empregador que não efetuar as anotações dispostas no § 1º do art. 29 da CLT, ou seja, anotações relacionadas à remuneração, não especificando o salário, qualquer que seja sua forma de pagamento, seja ele em dinheiro ou em utilidades, bem como a estimativa da gorjeta, nos termos do art. 29-A da CLT ficará sujeito a multa no valor de R$ 3.000,00 (três mil reais) por empregado prejudicado, acrescido de igual valor em cada reincidência. No caso de microempresa ou de empresa de pequeno porte, o valor final da multa aplicada será de R$ 800,00 (oitocentos reais) por empregado prejudicado, art. 29-A, § 1º, CLT.

No entanto, se o empregador não observar as regras do art. 29, § 2º, da CLT, o empregador ficará sujeito a multa no valor de R$ 600,00 (seiscentos reais) por empregado prejudicado, na forma do art. 29-B da CLT.

Nessa linha, o art. 41 da CLT dispõe que em todas as atividades será obrigatório para o empregador o registro dos respectivos trabalhadores, podendo ser adotados livros, fichas ou sistema eletrônico, conforme instruções a serem expedidas pelo Ministério do Trabalho.

O empregador que mantiver empregado não registrado nesses termos ficará sujeito a multa no valor de R$ 3.000,00 (três mil reais) por empregado não registrado, acrescido de igual valor em cada reincidência. Em se tratando de microempresa ou empresa de pequeno porte, o valor final da multa aplicada será de R$ 800,00 (oitocentos reais) por empregado não registrado, art. 47 e § 1º, da CLT.

O parágrafo único do art. 41 da CLT impõe outra obrigação ao empregador. Por meio do citado dispositivo, além da qualificação civil ou profissional de cada trabalhador, deverão ser anotados todos os dados relativos à sua admissão no emprego, duração e efetividade do trabalho, a férias, acidentes e demais circunstâncias que interessem à proteção do trabalhador. Na hipótese de não serem informados esses dados, o empregador ficará sujeito à multa de R$ 600,00 (seiscentos reais) por empregado prejudicado, nos termos do art. 47-A da CLT.

Importante lembrar que a CTPS regularmente emitida e anotada servirá de prova nos casos de dissídio na Justiça do Trabalho entre a empresa e o empregado por motivo de salário, férias ou tempo de serviço e para cálculo de indenização por acidente do trabalho ou moléstia profissional, art. 40, I, III, da CLT.

3.10. Duração dos contratos de trabalho

O contrato individual de trabalho poderá ser acordado tácita ou expressamente, verbalmente ou por escrito, por prazo determinado ou indeterminado, ou para prestação de trabalho intermitente, art. 443 da CLT.

Em função do princípio da continuidade da relação de emprego, os contratos de trabalho são, em regra, por prazo indeterminado. Assim, presume-se (presunção relativa – juris tantum) que o contrato de trabalho tenha sido pactuado por prazo indeterminado, regra do sistema trabalhista brasileiro.

Excepcionalmente são admitidos, pela legislação, os contratos a termo ou por prazo determinado. Nesses contratos as partes já sabem previamente qual será a data de seu início e término, ou seja, o contrato é celebrado por certo lapso temporal. Este tipo de contrato somente poderá ser pactuado nos casos permitidos pela legislação em vigor.

Três modalidades de contratos a termo estão dispostas na própria CLT, em seu art. 443 e parágrafos, enquanto os demais estão previstos em legislações esparsas.

3.10.1. Contratos por prazo determinado da CLT

Para hipóteses de serviços cuja natureza ou transitoriedade justifique a predeterminação do prazo, para atividades empresariais de caráter transitório e por contrato de experiência, a CLT admite que o contrato de trabalho seja pactuado por prazo certo.

3.10.1.1. Serviços cuja natureza ou transitoriedade justifiquem a predeterminação do prazo

A CLT admite em seu art. 443, § 2º, "a", a contratação com prazo determinado em se tratando de serviço cuja natureza ou transitoriedade justifiquem a predeterminação do prazo.

Essa hipótese ocorrerá quando o serviço possuir caráter transitório, ou seja, é levada em consideração a natureza ou a periodicidade do serviço prestado, como, por exemplo, a contratação de um empregado para atender a um aumento transitório na produção de ovos de chocolate, no período de Páscoa.

3.10.1.2. Atividades empresariais de caráter transitório

Nas atividades empresariais de caráter transitório, diferentemente da hipótese estudada anteriormente, a própria atividade da empresa possui caráter transitório. Podemos citar como exemplo um restaurante que funciona apenas em certas épocas do ano, como no Natal ou Ano Novo.

Em ambas as hipóteses, o contrato não poderá exceder o período de 2 (dois) anos, admitindo-se apenas uma única prorrogação, desde que obedecido esse prazo máximo, ou seja, mesmo prorrogado o contrato não poderá exceder 2 (dois) anos.

3.10.1.3. Contrato de experiência

Disciplinado no art. 443, § 2º, "c", da CLT, é uma modalidade do contrato por prazo determinado, no qual as partes irão se testar mutuamente, ou seja, o empregador verificará se o empregado tem aptidão para exercer a função para a qual foi contratado e o empregado irá verificar se o empregador cumpre com suas obrigações em dia, se é tratado com civilidade etc.

O contrato de experiência não poderá exceder 90 dias e, também, só poderá ser prorrogado uma única vez, sempre observado o prazo máximo de sua duração.

É importante ressaltar a regra disposta no art. 452 da CLT que ensina ser necessário, entre uma contratação e outra, a observância de um período mínimo de 6 meses, sob pena de ser considerado contrato por prazo indeterminado.

O próprio art. 452, em sua parte final, traz exceção a essa regra. Assim, o empregador poderá contratar novamente com prazo determinado, mesmo antes do prazo de 6 meses:

a) caso a expiração do primeiro contrato tenha dependido da execução de serviços especializados: são hipóteses em que o profissional contratado exerce um serviço especializado, por exemplo, o profissional que montará um equipamento na empresa; permite-se a celebração de um novo contrato a prazo para a montagem de um novo maquinário;

b) caso a expiração do primeiro contrato ocorra pela realização de certos acontecimentos: ocorre com o trabalhador contratado para trabalhar em períodos de aumento de serviços, como no Natal, carnaval, férias, entre outros. Cessando esses acontecimentos, poderá haver nova contratação mesmo antes do período de 6 meses.

3.10.2. Rescisão nos contratos por prazo determinado

Os contratos com prazo determinado poderão se extinguir pelo seu termo ou, antecipadamente, por vontade de qualquer das partes.

Na primeira hipótese, o contrato se encerrará com o advento do seu termo. Porém, extinto antecipadamente o contrato de trabalho por vontade do empregador, nos termos do art. 479 da CLT, será este obrigado a pagar indenização correspondente à metade da remuneração a que teria direito até o termo do contrato. Caso seja o empregado que, sem justa causa, queira rescindir o contrato antes do prazo ajustado, será obrigado a indenizar o empregador dos prejuízos que desse fato lhe resultarem – art. 480 da CLT. Nesse caso, a indenização paga pelo empregado não poderá ser mais alta do que ele teria direito em iguais condições.

No entanto, é permitido às partes instituírem uma cláusula que cuide da hipótese de rescisão antecipada do contrato por prazo determinado pactuado. Nesses termos, convencionada a cláusula assecuratória do direito recíproco de rescisão e exercido tal direito por qualquer das partes, serão aplicados os princípios que regem a rescisão dos contratos por prazo indeterminado, em conformidade com o art. 481 da CLT, inclusive com a incidência de aviso-prévio.

É importante ressaltar que a regra contida no art. 479 da CLT não é aplicável aos contratos com prazo determinado disciplinados pela Lei 9.601/1998 por expressa vedação da art. 1º, § 1º, I, da Lei 9.601/1998.

3.10.3. Contrato de trabalho intermitente

Considera-se como intermitente o contrato de trabalho no qual a prestação de serviços, com subordinação, não é contínua, ocorrendo com alternância de períodos de prestação de serviços e de inatividade, determinados em horas, dias ou meses, independentemente do tipo de atividade do empregado e do empregador, exceto para os aeronautas, que são regidos por legislação própria, art. 443, § 3º, da CLT.

O contrato de trabalho intermitente (arts. 443, § 3º e 452-A e seguintes da CLT) gera uma expectativa de ocorrência frequente, mas não rotineira, embora ocorra nas atividades habituais do empregador.

Por esse tipo de contrato de trabalho, o empregador celebrará um contrato com um empregado que ficará a sua disposição até ser "convocado" para o trabalho. Sempre que o empregador necessitar dos préstimos do empregado deverá avisá-lo com pelo menos três dias de antecedência. O empregado, então, prestará serviços à empresa pelo período pactuado, seja qual for esse período, ou seja, duas horas, duas semanas, dois meses.

Importante ressaltar que os aeronautas, por possuírem legislação própria (Lei 13.475/2017) estão proibidos de celebrar contrato de trabalho intermitente.

O contrato intermitente é um contrato de trabalho diferenciado que flexibiliza os períodos de prestação de serviço tanto para o empregado, quanto para o empregador, mas preserva ao empregado os benefícios da Previdência, FGTS etc.

Nos termos do art. 452-A da CLT o contrato de trabalho intermitente deve ser celebrado por escrito e deve conter especificamente o valor da hora de trabalho, que não pode ser inferior ao valor horário do salário mínimo ou àquele devido aos demais empregados do estabelecimento que exerçam a mesma função em contrato intermitente ou não.

Importante notar que a Portaria 349/2018 do MTE dispõe em seu art. 2º a respeito do referido contrato.

Art. 2º O contrato de trabalho intermitente será celebrado por escrito e registrado na Carteira de Trabalho e Previdência Social, ainda que previsto em acordo coletivo de trabalho ou convenção coletiva, e conterá:

I – identificação, assinatura e domicílio ou sede das partes;

II – valor da hora ou do dia de trabalho, que não poderá ser inferior ao valor horário ou diário do salário mínimo, nem inferior àquele devido aos demais empregados do estabelecimento que exerçam a mesma função, assegurada a remuneração do trabalho noturno superior à do diurno; e

III – o local e o prazo para o pagamento da remuneração.

Dispõe o art. 3º da Portaria 349/2018 MTE:

Art. 3º É facultado às partes convencionar por meio do contrato de trabalho intermitente:

I – locais de prestação de serviços;

II – turnos para os quais o empregado será convocado para prestar serviços; e

III – formas e instrumentos de convocação e de resposta para a prestação de serviços.

3.10.3.1. Convocação do empregado

O empregador deverá convocar o empregado para prestar serviços por qualquer meio de comunicação eficaz, informando-o qual será a jornada, com, pelo menos, três dias corridos de antecedência, art. 452-A, § 1º, da CLT.

Recebida a convocação, o empregado terá o prazo de um dia útil para responder ao chamado. Caso não responda nesse prazo, ficará presumida a recusa. Importante notar que a recusa da oferta não descaracteriza a subordinação para fins do contrato de trabalho intermitente, art. 452-A, §§ 2º e 3º, da CLT.

Contudo, uma vez aceita a oferta de serviço, a parte (empregado ou empregador) que descumprir sem justo motivo, pagará à outra parte, no prazo de 30 dias, multa de 50% (cinquenta por cento) da remuneração que seria devida, permitida a compensação em igual prazo.

3.10.3.2 Pagamento

Na forma do art. 452-A, § 6º, da CLT, ao final de cada período de prestação de serviço, o empregado receberá o pagamento imediato das seguintes parcelas:

I – remuneração;

II – férias proporcionais com acréscimo de um terço;

III – décimo terceiro salário proporcional;

IV – repouso semanal remunerado; e

V – adicionais legais.

Importante notar que deverá ser fornecido ao empregado recibo de pagamento que deverá conter a discriminação dos valores pagos relativos a cada uma das parcelas supramencionadas.

Nos termos do art. 2º, § 2º, da Portaria 349/2018 do MTE na hipótese de o período de convocação exceder um mês, o pagamento das parcelas não poderá ser estipulado por período superior a um mês, devendo ser pagas até o quinto dia útil do mês seguinte ao trabalhado, de acordo com o previsto no § 1º do art. 459 da CLT.

3.10.3.3 Férias

Importante destacar que, a cada 12 meses, o empregado adquire direito a usufruir, nos 12 meses subsequentes, um mês de férias, período no qual não poderá ser convocado para prestar serviços pelo mesmo empregador.

A Portaria 349/2018 do MTE ensina em seu art. 2º, § 1º que o empregado, mediante prévio acordo com o empregador, poderá usufruir suas férias em até três períodos, nos termos dos §§ 1º e 3º do art. 134 da CLT.

3.10.3.4. Período de inatividade

Período de inatividade é o intervalo temporal distinto daquele para o qual o empregado intermitente haja sido convocado e tenha prestado serviços, é o que dispõe o art. 4º da Portaria 349/2018 do MTE. Em outras palavras, é o período em que o empregado ainda não foi convocado e, portanto, não está prestando serviços.

No contrato de trabalho intermitente, o período de inatividade não será considerado tempo à disposição do empregador e não será remunerado, hipótese em que restará descaracterizado o contrato de trabalho intermitente caso haja remuneração por tempo à disposição no período de inatividade, na forma do art. 4º, § 2º, da Portaria 349/2018 MTE.

Nesse caso, portanto, estaremos diante de um contrato de trabalho contínuo, regra do sistema trabalhista.

Durante o período de inatividade, o empregado poderá prestar serviços de qualquer natureza a outros tomadores de serviço, que exerçam ou não a mesma atividade econômica, utilizando contrato de trabalho intermitente ou outra modalidade de contrato de trabalho (art. 4º, § 1º, da Portaria 349/2018 MTE)

3.10.3.5 Recolhimento de parcelas previdenciárias

Embora a percepção dos salários por parte dos empregados leve em conta o período efetivamente trabalhado em relação ao valor mensal dos salários, o recolhimento das contribuições previdenciárias próprias e do empregado e o depósito do FGTS, deverão ser recolhidas pelo empregador com base nos valores pagos no período mensal, devendo fornecer ao empregado comprovante do cumprimento dessas obrigações, é o que dispõe o art. 6º da Portaria 349/2018 do MTE.

3.10.3.6 Verbas rescisórias

As verbas rescisórias e o aviso-prévio serão calculados com base na média dos valores recebidos pelo empregado no curso do contrato de trabalho intermitente.

No cálculo da média de tais verbas, serão considerados apenas os meses durante os quais o empregado tenha recebido parcelas remuneratórias no intervalo dos últimos doze meses ou o período de vigência do contrato de trabalho intermitente, se este for inferior. (art. 5º da Portaria 349/2018 MTE).

3.10.4. Contrato de trabalho temporário

Regulado pela Lei 6.019/1974, com as alterações trazidas pela Lei 13.429/2017 e Lei 13.467/2017 trabalho temporário é aquele prestado por pessoa física contratada por uma empresa de trabalho temporário que a coloca à disposição de uma empresa tomadora de serviços, para atender à necessidade de substituição transitória de pessoal permanente ou à demanda complementar de serviços. Consiste em uma das principais hipóteses de terceirização permitidas em nosso sistema jurídico, nos termos da Súmula 331, I, do TST.

A contratação do trabalho temporário somente será permitida, portanto, em duas hipóteses, quais sejam:

a) para atender à necessidade de substituição transitória de pessoal permanente ou

b) para atender à demanda complementar de serviços, considerando como tal aquela oriunda de fatores imprevisíveis ou, quando decorrente de fatores previsíveis, tenha natureza intermitente, periódica ou sazonal.

Havendo contratação fora dessas hipóteses, formar-se-á o vínculo diretamente com a empresa tomadora de serviços. Nesse caso, há responsabilidade solidária entre a empresa de trabalho temporário e a tomadora de serviços com relação aos créditos trabalhistas.

A contratação de um temporário ocorre por meio da chamada empresa de trabalho temporário, que nos termos do art. 4º é a pessoa jurídica, devidamente registrada no Ministério do Trabalho, responsável pela colocação de trabalhadores à disposição de outras empresas temporariamente.

Nesse caso, configura-se uma relação triangular, na qual o trabalhador mantém relação jurídica com a empresa de trabalho temporário, que o coloca à disposição da empresa tomadora de serviços.

O contrato de trabalho celebrado entre empresa de trabalho temporário e cada um dos trabalhadores colocados à disposição de uma empresa tomadora ou cliente será, obrigatoriamente, escrito e dele deverão constar, expressamente, os direitos conferidos aos trabalhadores. Será considerada nula de pleno direito qualquer cláusula de reserva, proibindo a contratação do trabalhador pela empresa tomadora ou cliente ao fim do prazo em que tenha sido colocado à sua disposição pela empresa de trabalho temporário.

O art. 4º da Lei 6.019/1974, com redação da Lei 13.429/2017 determina que empresa de trabalho temporário é a pessoa jurídica, devidamente registrada no Ministério do Trabalho. Portanto, não há possibilidade de ser uma pessoa física, nem mesmo um empresário individual, devendo ser necessariamente pessoa jurídica.

De outro lado, nos termos do art. 5º da Lei 6.019/1974 empresa tomadora de serviços é a pessoa jurídica ou entidade a ela equiparada que celebra contrato de prestação de trabalho temporário com a empresa.

Como vimos, a empresa de trabalho temporário deverá estar registrada no Ministério do Trabalho. Nos termos do art. 6º da Lei 6.019/1974 são requisitos para funcionamento e registro da empresa de trabalho temporário no Ministério do Trabalho:

I – prova de inscrição no Cadastro Nacional da Pessoa Jurídica (CNPJ), do Ministério da Fazenda;

II – prova do competente registro na Junta Comercial da localidade em que tenha sede;

III – prova de possuir capital social de, no mínimo, R$ 100.000,00 (cem mil reais).

Nos termos do art. 9º da Lei 6.019/1974, redação dada pela Lei 13.429/2017, o contrato celebrado pela empresa de trabalho temporário e a tomadora de serviços será por escrito, ficará à disposição da autoridade fiscalizadora no estabelecimento da tomadora de serviços e conterá:

I – qualificação das partes;

II – motivo justificador da demanda de trabalho temporário;

III – prazo da prestação de serviços;

IV – valor da prestação de serviços;

O contrato de trabalho temporário poderá versar sobre o desenvolvimento de atividades-meio e atividades-fim a serem executadas na empresa tomadora de serviços, art. 9º, § 3º, da Lei 6.019/1974.

Vale lembrar que, qualquer que seja o ramo da empresa tomadora de serviços, não existe vínculo de emprego entre ela e os trabalhadores contratados pelas empresas de trabalho temporário. Poderá ser reconhecido o vínculo de emprego caso seja reconhecida a pessoalidade ou subordinação.

3.10.4.1. Prazo

O contrato de trabalho temporário, com relação ao mesmo empregador, não poderá exceder ao prazo de 180 (cento e oitenta) dias, consecutivos ou não. No entanto, poderá ser prorrogado por até 90 (noventa) dias, consecutivos ou não, desde que comprovada a manutenção das condições que o ensejaram.

O trabalhador temporário que cumprir o período de 180 (cento e oitenta) e de 90 (noventa) dias, somente poderá ser colocado à disposição da mesma tomadora de serviços em novo contrato temporário, após 90 (noventa) dias do término do contrato anterior. A contratação anterior a esse período caracterizará vínculo de emprego com a tomadora de serviços (art. 10, §§ 1º e 2º, da Lei 6.019/1974).

O art. 4º-A da Lei 6.019/1974 trata da figura terceirização. Por meio dessa pactuação a empresa denominada "contratante" celebra contrato de prestação de serviços determinados e específicos com a empresa denominada "prestadora de serviços".

Não podemos confundir a contratação de trabalho temporário (Lei 6.019/1974 com redação dada pela Lei 13.429/2017) com a terceirização, estudada no item 6.2.5.3, que diz respeito a transferência de determinadas atividades da empresa, que serão exercidas por empresas distintas e especializadas. Trata-se de institutos jurídicos distintos, portanto.

3.10.4.2. Direitos assegurados ao trabalhador temporário

Nos termos do art. 12 da Lei 6.019/1974 são assegurados ao trabalhador temporário os seguintes direitos:

a) remuneração equivalente à percebida pelos empregados de mesma categoria da empresa tomadora ou cliente calculados à base horária, garantida, em qualquer hipótese, a percepção do salário mínimo regional;

b) jornada de oito horas, remuneradas as horas extraordinárias não excedentes de duas;

c) férias proporcionais,

d) repouso semanal remunerado;

e) adicional por trabalho noturno;

f) indenização por dispensa sem justa causa ou término normal do contrato, correspondente a 1/12 (um doze avos) do pagamento recebido;

g) seguro contra acidente do trabalho;

h) proteção previdenciária.

3.10.5. Contrato por prazo determinado da Lei 9.601/1998

Diferentemente da modalidade prevista na CLT, em que a contratação deve ocorrer para serviços cuja natureza ou transitoriedade justifique a predeterminação do prazo ou para atividades empresariais de caráter transitório, a lei em comento admite a contratação do obreiro para quaisquer atividades na empresa.

A lei, no entanto, condiciona a contratação à prévia negociação coletiva, com a respectiva assinatura de acordo ou convenção coletiva.

No respectivo instrumento – acordo coletivo ou convenção coletiva, as partes estabelecerão indenização para as hipóteses de rescisão antecipada do contrato, seja por iniciativa do empregador seja por iniciativa do empregado, tendo em vista que, nos termos do art. 1º, I, da lei, a indenização estipulada nos arts. 479 e 480 da CLT não é aplicável aos obreiros contratados pela Lei 9.601/1998. Desta forma, o acordo coletivo ou a convenção coletiva estabelecerá a indenização por rescisão antecipada do contrato, não se aplicando, portanto, a multa de 40% sobre os depósitos do FGTS, bem como o aviso-prévio.

No instrumento coletivo ficarão estabelecidas, também, as multas pelo descumprimento das cláusulas nele estabelecidas.

Nos termos do art. 1º, § 4º, da Lei 9.601/1998, à gestante, ao dirigente sindical, ainda que suplente, ao empregado eleito para cargo de direção de comissões internas de prevenção de acidentes, ao empregado acidentado, nos termos do art. 118 da Lei 8.213/1991, são garantidas as estabilidades provisórias, durante a vigência do contrato por prazo determinado, que não poderá ser rescindido antes do prazo estipulado pelas partes.

A contratação deverá, ainda, representar um acréscimo no número de empregados da empresa, tudo em conformidade com o art. 1º, caput, da Lei 9.601/1998 que dispõe: "As convenções e os acordos coletivos de trabalho poderão instituir contrato de trabalho por prazo determinado, de que trata o art. 443 da Consolidação das Leis do Trabalho – CLT, independentemente das condições estabelecidas em seu § 2º, em qualquer atividade desenvolvida pela empresa ou estabelecimento, para admissões que representem acréscimo no número de empregados."

O prazo máximo de sua duração é de 2 (dois) anos, sendo permitidas inúmeras prorrogações, desde que obedecido o prazo máximo de duração.

É importante saber que a regra contida no art. 451 consolidado, que ensina que o contrato de trabalho por prazo determinado que, tácita ou expressamente, for prorrogado mais de uma vez passará a vigorar sem determinação de prazo, não é aplicável a essa espécie de contratação com base no § 2º do art. 1º da Lei 9.601/1998.

3.10.6. Contrato do trabalhador rural por pequeno prazo

Trata-se de um contrato por prazo determinado que somente poderá ser firmado por pessoa física, não sendo admitida a contratação por pessoa jurídica, em razão da própria redação do art. 14-A da Lei 5.889/1973.

O prazo da contratação é regulado pelo § 1º do art. 14-A, o qual prescreve que a contratação não poderá exceder, dentro do período de 1 (um) ano, 2 (dois) meses e, caso não seja respeitado esse prazo, será automaticamente convertido em contrato por prazo indeterminado.

O dispositivo em estudo nos mostra, também, que é permitida a prorrogação do contrato de trabalho rural por pequeno prazo, por quantas vezes se mostrar necessário, desde que obedeça ao prazo máximo de 2 meses, dentro do período de 1 ano, sob pena de se tornar contrato por prazo indeterminado.

Em razão do princípio da isonomia, são assegurados ao trabalhador contratado por pequeno prazo todos os direitos assegurados ao emprego rural comum.

A inclusão do trabalhador rural contratado nessa modalidade na Guia de Recolhimento do Fundo de Garantia do Tempo de Serviço e Informações à Previdência Social – GFIP é obrigatória por parte do empregador.

3.11. Contrato de empreitada

Disciplinada nos arts. 610 a 626 do CC, a empreitada pode ser definida, conforme as lições de Maria Helena Diniz (em Código Civil Anotado, 8ª ed., São Paulo, Saraiva, 2002, p. 397) como o "contrato pelo qual um dos contraentes (empreiteiro) se obriga, sem subordinação ou dependência, a realizar, pessoalmente ou por meio de terceiro, certa obra para o outro (dono da obra ou comitente), com material próprio ou por este fornecido, mediante remuneração determinada ou proporcional ao trabalho executado".

Portanto, a empreitada objetiva a entrega de uma obra mediante o pagamento de um preço.

Nota-se que nos contratos de empreitada não está presente o elemento subordinação, mas sim a autonomia.

O empreiteiro é um profissional que vende seus serviços para outras pessoas, fornecendo a mão de obra e os materiais ou tão somente a mão de obra. Assim, verifica-se que o empreiteiro, para o desenvolvimento de suas atividades, possui uma equipe de trabalhadores, que são seus empregados.

Portanto, entre o empreiteiro e seus empregados, temos diversos contratos de trabalho, ao passo que, no contrato entre o empreiteiro e o dono da obra, temos um contrato de empreitada, nos moldes da lei civil.

3.11.1. Subempreitada

Ocorrerá a subempreitada sempre que o empreiteiro principal efetuar a contratação de outros empreiteiros (subempreiteiros) para o cumprimento de suas obrigações contratuais.

Ao contratar um subempreiteiro, o empreiteiro principal, além dos riscos quanto à realização da obra, assume as obrigações trabalhistas, em conformidade com o art. 455 da CLT:

> Art. 455. Nos contratos de subempreitada responderá o subempreiteiro pelas obrigações derivadas do contrato de trabalho que celebrar, cabendo, todavia, aos empregados, o direito de reclamação contra o empreiteiro principal pelo inadimplemento daquelas obrigações por parte do primeiro.

Desta forma, caso não adimplidas as obrigações trabalhistas pelo subempreiteiro, os empregados poderão reclamar do empreiteiro principal o cumprimento delas.

3.11.1.1. Responsabilidade do dono da obra

A responsabilidade pelo pagamento das obrigações trabalhistas não pode recair sobre o dono da obra. Não pode o dono da obra ser responsabilizado pelas obrigações trabalhistas do empreiteiro e subempreiteiro.

Nesse sentido o TST se pronunciou por meio da Orientação Jurisprudencial 191 da SDI 1 do TST:

> ORIENTAÇÃO JURISPRUDENCIAL 191 DA SDI 1 DO TST – CONTRATO DE EMPREITADA. DONO DA OBRA DE CONSTRUÇÃO CIVIL. RESPONSABILIDADE
>
> Diante da inexistência de previsão legal específica, o contrato de empreitada de construção civil entre o dono da obra e o empreiteiro não enseja responsabilidade solidária ou subsidiária nas obrigações trabalhistas contraídas pelo empreiteiro, salvo sendo o dono da obra uma empresa construtora ou incorporadora.

4. EFEITOS RELACIONADOS AO CONTRATO DE TRABALHO

Como vimos o contrato de trabalho é do tipo sinalagmático, ou seja, gera direitos e obrigações para ambas as partes. O contrato de trabalho é, portanto, um negócio jurídico cujos efeitos podem ser classificados como próprios e subsidiários.

4.1. Efeitos próprios do contrato de trabalho

Os efeitos próprios do contrato de trabalho decorrem de sua natureza e objeto. Assim, podemos dizer que o contrato de trabalho deve ser executado de acordo com a boa-fé, tanto por parte do empregado como por parte do empregador. Daí decorre o dever de colaboração das partes, em que têm a obrigação de dar à outra todo o suporte necessário para permitir a execução de boa-fé do contrato.

4.1.1. Obrigações do empregado e empregador

A principal obrigação do empregado é a prestação de seus serviços ao empregador com fidelidade, diligência e assiduidade.

Já para o empregador a principal obrigação consiste no pagamento do salário como contraprestação pelos serviços prestados pelo obreiro. Existe, ainda, a obrigação de dar trabalho ao empregado e possibilitar a execução normal dos serviços, proporcionando os meios necessários, inclusive com observância das normas de segurança e medicina do trabalho, por meio de fornecimento de EPIs (Equipamentos de Proteção Individual).

O empregador também possui o dever de anotação do contrato de trabalho na CTPS do obreiro, concessão de férias e intervalos para repouso e alimentação.

Outrossim, traduz como efeito próprio do contrato de trabalho o dever de respeito a dignidade e personalidade moral do empregado, devendo abster-se de praticar atos que causem dano moral que firam a dignidade do obreiro.

4.2. Efeitos subsidiários do contrato de trabalho

Esses efeitos não possuem relação direta com o contrato de trabalho, não decorrem do objeto central de obrigações estipuladas em contrato, mas por serem decorrentes dele, ou seja, por terem surgido em função do contrato de trabalho, se submetem à sua estrutura jurídica.

Nesse contexto, se destacam como efeitos subsidiários do contrato de trabalho os direitos intelectuais devidos ao empregado em razão de invenção ou de realização de obra intelectuais, bem como indenizações por danos morais ou patrimoniais, praticados pelo empregador ou seus prepostos, em decorrência do pacto laboral.

4.2.1. Direitos intelectuais

São proveitos jurídicos que decorrem da criação intelectual do empregado, através de produção literária, artística ou até mesmo científica, ou ainda, por invenção.

Os direitos da propriedade industrial são regulados pelo art. 5º, XXIX, da CF, Lei 9.279/1996 e Decreto 2.553/1998.

Os direitos da propriedade industrial são assegurados em função de uma invenção ou de um modelo de utilidade. A invenção consiste em uma criação originária, a criação de algo que antes não existia. Já o modelo de utilidade, consiste no aperfeiçoamento de algo já existente.

Nessa linha, sempre que a invenção ou modelo de utilidade forem decorrentes do objeto central do contrato de trabalho, ou seja, se resultarem dos serviços para os quais o empregado foi contratado, pertencerão ao empregador, nos termos do art. 88 da Lei 9.279/1996, podendo o empregador conceder ao empregado participação nos ganhos resultantes, mediante negociação, nos termos do art. 89 da citada lei.

No entanto, em conformidade com o art. 90 da Lei 9.279/1996 se a invenção ou o modelo de utilidade forem desenvolvidos pelo empregado, fora do objeto central do pacto laboral, ou seja, desde que desvinculado do contrato de trabalho sem a utilização de recursos, meios, dados, materiais, instalações ou equipamentos do empregador, pertencerão exclusivamente a ele, empregado.

Já a propriedade de invenção ou de modelo de utilidade será comum, em partes iguais, quando resultar da contribuição pessoal do empregado e de recursos, dados, meios, materiais, instalações ou equipamentos do empregador, ressalvada expressa disposição contratual em contrário, é o que dispõe o art. 91 da Lei 9.279/1996.

Nos termos do art. 454 da CLT na vigência do contrato de trabalho, as invenções do empregado, quando decorrentes de sua contribuição pessoal e da instalação ou equipamento fornecidos pelo empregador, serão de propriedade comum, em partes iguais, salvo se o contrato de trabalho tiver por objeto, implícita ou explicitamente, pesquisa científica. Vale dizer que ao empregador caberá a exploração do invento, ficando obrigado a promovê-la no prazo de um ano da data da concessão da patente, sob pena de reverter em favor do empregado da plena propriedade desse invento, é o que dispõe o parágrafo único do art. 454 da CLT.

4.2.2. Dano moral e dano material

Nas lições de Maria Helena Diniz (em Curso de Direito Civil brasileiro: responsabilidade civil, 9ª ed., São Paulo, Saraiva, 1995, p. 48), "dano é o prejuízo causado à pessoa, ou seja, lesão a bem ou interesse jurídico, podendo ser de ordem material ou moral".

O dano material implica lesão aos bens materiais da pessoa. Compreende os danos emergentes e os lucros cessantes.

Já o dano moral afeta os direitos da pessoa humana, ou seja, os direitos da personalidade, violando a honra, a fama, a intimidade etc. O dano material, por outro lado, relaciona-se com a lesão aos direitos de ordem patrimonial.

Nos domínios do Direito do Trabalho, o dano moral trabalhista é aquele oriundo da relação de trabalho, ou seja, ocorrido no âmbito laboral.

O direito à indenização por danos morais e materiais decorrentes da relação de trabalho que o ofendido possui encontra amparo constitucional na proteção aos valores sociais do trabalho, art. 1º, IV, da CF, dignidade da pessoa humana, disposta no art. 5º, caput, da CF; proibição de qualquer forma de discriminação, art. 3º, IV e art. 7º, XXX, XXXI e XXXII, da CF; direito de resposta proporcional ao agravo, além de indenização por dano material, moral e à imagem, art. 5º, V, da CF, inviolabilidade da intimidade, da vida privada, da honra e da imagem das pessoas, assegurado o direito a indenização pelo dano material e moral decorrente de sua violação, art. 5º, X, da CF; proteção da saúde e da integridade física do trabalhador, assegurado o direito a indenização quando o empregador incorrer em dolo ou culpa, art. 7º XXII e XXVIII, da CF.

No plano infraconstitucional o Código Civil pátrio cuida do cumprimento do texto constitucional nos arts. 186 e 927, que assim dispõem:

Art. 186. Aquele que, por ação ou omissão voluntária, negligência ou imprudência, violar direito e causar dano a outrem, ainda que exclusivamente moral, comete ato ilícito.

Art. 927. Aquele que, por ato ilícito (arts. 186 e 187), causar dano a outrem, fica obrigado a repará-lo.

Parágrafo único. Haverá obrigação de reparar o dano, independentemente de culpa, nos casos especificados em lei, ou quando a atividade normalmente desenvolvida pelo autor do dano implicar, por sua natureza, risco para os direitos de outrem.

4.2.2.1. Prática de ato discriminatório

A prática de ato discriminatório, qualquer que seja sua natureza, impõe ao empregador o dever de indenizar o empregado.

Como vimos, a discriminação por motivo de sexo, idade cor, estado civil e deficiência física ou mental é expressamente proibida pela Constituição Federal em seu art. 7º, incisos XXX e, XXXI.

Contudo, nos termos do art. 1º da Lei 9.029/1995 "é proibida a adoção de qualquer prática discriminatória e limitativa para efeito de acesso à relação de trabalho, ou de sua manutenção, por motivo de sexo, origem, raça, cor, estado civil, situação familiar, deficiência, reabilitação profissional, idade, entre outros, ressalvadas, nesse caso, as hipóteses de proteção à criança e ao adolescente previstas no inciso XXXIII do art. 7º da Constituição Federal". Havendo a prática de ato discriminatório por parte do empregador ou seus prepostos, além da indenização por dano moral assegurado ao empregado e sanções penais cabíveis, nos termos do art. 2º da lei em debate, o empregador poderá sofrer multa administrativa de dez vezes o valor do maior salário pago pelo empregador, elevado em 50% em caso de reincidência e a proibição de obter empréstimo ou financiamento junto a instituições financeiras oficiais, é o que determina o art. 3º da Lei 9.029/1995.

Havendo o rompimento da relação de trabalho por ato discriminatório, além do direito à reparação pelo dano moral, é facultado ao empregado optar entre:

I – a readmissão com ressarcimento integral de todo o período de afastamento, mediante pagamento das remunerações devidas, corrigidas monetariamente, acrescidas dos juros legais ou;

II – a percepção, em dobro, da remuneração do período de afastamento, corrigida monetariamente e acrescida dos juros legais.

Importante lembrar que a dispensa do empregado portador do vírus HIV ou de outra doença grave que capaz de gerar estigma ou preconceito é presumida discriminatória, assegurando ao empregado o direito à reintegração no emprego. É o que dispõe a súmula 443 do TST:

SÚMULA 443 TST – DISPENSA DISCRIMINATÓRIA. PRESUNÇÃO. EMPREGADO PORTADOR DE DOENÇA GRAVE. ESTIGMA OU PRECONCEITO. DIREITO À REINTEGRAÇÃO

Presume-se discriminatória a despedida de empregado portador do vírus HIV ou de outra doença grave que suscite estigma ou preconceito. Inválido o ato, o empregado tem direito à reintegração no emprego.

4.2.2.2. Ofensa à intimidade

A ofensa à dignidade está inserida no âmbito de proteção da dignidade da pessoa humana, art. 5º, caput, da CF, devendo ser assegurado, também, no seu ambiente de trabalho. Sua preservação deve ser respeitada antes mesmo da celebração do contrato de trabalho, ou seja, na fase pré-contratual, fase de seleção do empregado, como por exemplo, a exigência de exames médicos, psicotécnicos etc. A exigência fora do razoável, poderá ferir o direito à intimidade do obreiro.

O uso de câmeras de vigilância e escutas está cada vez mais comum no âmbito das relações de trabalho. Todavia, o uso excessivo do poder de fiscalização por parte do empregador pode representar ofensa à intimidade do empregado.

A utilização desses equipamentos é proibida em banheiros e refeitórios, sendo permitido seu uso nas demais áreas da empresa, desde que o empregado tenha conhecimento e não seja realizada de maneira ostensiva.

O monitoramento de correspondências, ainda que eletrônicas (e-mail), encontra proteção no art. 5º, XII, da CF, que assim dispõe:

> Art. 5º. (...)
>
> XII – é inviolável o sigilo da correspondência e das comunicações telegráficas, de dados e das comunicações telefônicas, salvo, no último caso, por ordem judicial, nas hipóteses e na forma que a lei estabelecer para fins de investigação criminal ou instrução processual penal;

Esse monitoramento poderá ser realizado desde que o empregado seja avisado que o empregador passará a adotar tal conduta e, ainda, seja realizada no e-mail fornecido pela empresa a ser utilizado para questões de trabalho. Os e-mails pessoas do empregado não poderão ser monitorados pelo empregador, sob pena de ser violado seu direito à intimidade e sigilo das correspondências.

A revista em pertences do empregado somente será admitida se for realizada na presença dele e desde que não seja realizada de maneira invasiva e violenta. A revista corporal, bem como a revista íntima, não são aceitas, tendo em vista agredirem a dignidade do trabalhador.

4.2.3. Responsabilidade indenizatória

Para que se possa atribuir responsabilidade ao empregador, mister se faz a presença de 3 requisitos;

a) Dano: o dano deve ser moral ou material

b) Nexo causal: ligação entre a conduta praticada pelo empregador ou seus prepostos e o dano sofrido e apontado pelo empregado;

c) Culpa: a conduta deve ter sido cometida por ação ou omissão do empregador ou seus prepostos mediante culpa, ou seja, por negligência, imprudência ou imperícia do empregador ou seus prepostos.

Trata-se, portanto, de responsabilidade subjetiva do empregador causada aos seus empregados.

No entanto, no que diz respeito à responsabilidade do empregador por acidente do trabalho, devemos nos utilizar da teoria da objetivação da responsabilidade civil, defendida por Maurício Godinho Delgado em Curso de Direito do Trabalho, 9ª edição, "tratando-se de atividade empresarial, ou de dinâmica laborativa (independentemente da atividade da empresa), fixadoras de riscos para os trabalhadores envolvidos, desponta a exceção ressaltada pelo parágrafo único do art. 927 do CCB/2002, tornando objetiva a responsabilidade empresarial por danos acidentários (responsabilidade em face do risco).

Portanto, a responsabilidade objetiva do empregador se mostra exceção à regra, devendo ser aplicada especificamente nos casos de acidente do trabalho, somente se a empresa desenvolver atividade que implique, por sua natureza, riscos para os trabalhadores envolvidos. Nos demais casos, será aplicado a regra geral, ou seja, a responsabilidade subjetiva, que dependerá da comprovação de culpa do empregador ou seus prepostos.

4.3. Dano extrapatrimonial

De acordo com a redação dada pela Lei 13.467/2017 a CLT cuida do tema nos arts. 223-A a 223-G ao dispor sobre o dano extrapatrimonial.

Nessa linha, ensina o art. 223-B da CLT que causa dano de natureza extrapatrimonial a ação ou omissão que ofenda a esfera moral ou existencial da pessoa física ou jurídica, as quais são as titulares exclusivas do direito à reparação.

O dano extrapatrimonial poderá ser sofrido por pessoas físicas (pessoas naturais) e também por pessoas jurídicas.

Nos termos do art. 223-C da CLT são os bens juridicamente tutelados inerentes à pessoa física: a honra, a imagem, a intimidade, a liberdade de ação, a autoestima, a sexualidade, a saúde, o lazer e a integridade física.

Com relação às pessoas jurídicas, são bens juridicamente tutelados: a imagem, a marca, o nome, o segredo empresarial e o sigilo da correspondência inerentes à pessoa jurídica, art. 223-D da CLT.

4.3.1. Responsabilidade por dano extrapatrimonial

Todos aqueles que tenham colaborado para a ofensa ao bem jurídico tutelado serão responsáveis pelo dano extrapatrimonial, na proporção de sua ação ou omissão.

Importante destacar que o pedido de danos extrapatrimoniais poderá ser cumulado com a indenização por danos materiais decorrentes do mesmo ato lesivo, hipótese em que, ao proferir a decisão, o juízo deverá discriminar os valores das indenizações a título de danos patrimoniais e das reparações por danos de natureza extrapatrimonial.

Ao apreciar o pedido, o juízo considerará:

a) a natureza do bem jurídico tutelado;

b) a intensidade do sofrimento ou da humilhação;

c) a possibilidade de superação física ou psicológica;

d) os reflexos pessoais e sociais da ação ou da omissão;

e) a extensão e a duração dos efeitos da ofensa;

f) as condições em que ocorreu a ofensa ou o prejuízo moral;

g) o grau de dolo ou culpa;

h) a ocorrência de retratação espontânea;

i) o esforço efetivo para minimizar a ofensa;

j) o perdão, tácito ou expresso;

l) a situação social e econômica das partes envolvidas;

m) o grau de publicidade da ofensa.

Caso o Juízo julgue procedente o pedido, deverá fixar a reparação a ser paga com base em um dos seguintes parâmetros, sendo vedada a acumulação:

I – ofensa de natureza leve: até 3 vezes o último salário contratual do ofendido;

II – ofensa de natureza média: até 5 vezes o último salário contratual do ofendido;

III – ofensa de natureza grave: até 20 vezes o último salário contratual do ofendido; ou

IV – ofensa de natureza gravíssima: até 50 vezes o último salário contratual do ofendido.

Importante lembrar que se o ofendido for pessoa jurídica, os mesmos critérios serão levados em consideração, porém a indenização será fixada em relação ao salário contratual do ofensor.

Na ocorrência de reincidência, entre partes idênticas, o juízo poderá elevar ao dobro o valor da indenização, art. 223-G, § 3º, da CLT.

Vale destacar que os incisos I a IV do § 1º do art. 223-G da CLT são objetos de Incidente de Arguição de Inconstitucionalidade (Processo TRT/SP Pleno Nº 10047522120205020000), pendente de julgamento até o término dessa edição.

5. ASSÉDIO MORAL

O assédio moral se caracteriza por condutas reiteradas de violência psicológica capazes de causar desequilíbrio emocional e doenças de ordem psíquicas ou até mesmo físicas.

No assédio moral, o trabalhador é exposto a situações constrangedoras, repetitivas e prolongadas durante seu labor no exercício de suas funções.

A intolerância contínua, o exagero de ordens e cobranças desproporcionais em relação a um empregado podem configurar o assédio moral.

Mauricio Godinho Delgado (em Curso de Direito do Trabalho, 8ª ed., São Paulo, LTr, 2009, p. 1122) ensina: "registre-se que, entre os dispositivos que podem incidir sobre o denominado assédio moral do empregador sobre o empregado (alíneas a, b, d, e e f do art. 483 da CLT), este é, certamente, de maneira geral, o mais apropriado".

Contudo, além da hipótese mais comum, que é o assédio moral por parte do empregador, também chamado de assédio moral vertical descendente, poderá ocorrer também o assédio por parte do "colega" de trabalho que ocupa a mesma posição hierárquica, conhecido como assédio moral horizontal ou, ainda, por grupo de empregados em posição hierarquicamente inferior, chamado de assédio moral vertical ascendente.

O assédio moral praticado pelo empregador é capaz de gerar indenização por danos morais.

6. SUJEITOS DA RELAÇÃO DE EMPREGO

6.1. Empregado

O conceito de empregado vem disciplinado no art. 3º da CLT, que ensina: "considera-se empregado toda pessoa física que prestar serviços de natureza não eventual a empregador, sob a dependência deste e mediante salário".

Desta forma, é considerado empregado todo trabalhador que prestar serviços a um empregador.

Os requisitos já foram devidamente estudados quando tratamos do contrato de trabalho e de toda forma serão aqui aplicáveis.

6.1.1. Espécies de empregados

Podemos destacar algumas espécies de empregados, ou modalidades especiais de empregados:

6.1.1.1. Empregados domésticos

A Lei 5.859/1972 que cuidava do empregado doméstico foi revogada expressamente pela Lei Complementar 150/2015, nos termos do seu art. 46.

A Constituição Federal prevê os direitos assegurados ao empregado doméstico no parágrafo único do art. 7º, alterado pela Emenda Constitucional 72, de 02.04.2013.

A redação dada ao parágrafo único do art. 7º da CF pela Emenda Constitucional 72/2013 assim dispõe:

"Art. 7º ...

Parágrafo único. São assegurados à categoria dos trabalhadores domésticos os direitos previstos nos incisos IV, VI, VII, VIII, X, XIII, XV, XVI, XVII, XVIII, XIX, XXI, XXII, XXIV, XXVI, XXX, XXXI e XXXIII e, atendidas as condições estabelecidas em lei e observada a simplificação do cumprimento das obrigações tributárias, principais e acessórias, decorrentes da relação de trabalho e suas peculiaridades, os previstos nos incisos I, II, III, IX, XII, XXV e XXVIII, bem como a sua integração à previdência social."

Criada com o intuito de equiparar os direitos dos empregados domésticos, a citada Emenda acrescentou direitos antes garantidos somente aos empregados urbanos e rurais, tais como: indenização em caso de dispensa imotivada; seguro desemprego; FGTS obrigatório; garantia de salário, nunca inferior ao mínimo, para os que percebem remuneração variável; adicional noturno; proteção do salário, sendo crime a retenção dolosa de pagamento; salário-família; jornada de trabalho de 8 horas por dia e 44 por semana; direito a hora extra; observância de norma de higiene, saúde e segurança no trabalho; auxílio creche e pré-escola para os filhos e dependentes até os 5 anos de idade; seguro contra acidente de trabalho; proibição de discriminação em relação à pessoa com deficiência; proibição do trabalho noturno, perigoso ou insalubre aos menores de 16 anos.

No entanto, por expressa determinação do texto constitucional, alguns direitos dependiam de regulamentação e outros seriam de aplicação imediata.

Assim, em 02.06.2015 após mais de dois anos de debates no Congresso Nacional, foi publicada a Lei Complementar 150/2015 que além de regulamentar os direitos assegurados ao empregado doméstico, trouxe uma série de novos direitos, revogando, como dito, a Lei 5.859/1972.

A LC 150/2015 conceitua em seu art. 1º o empregado doméstico como sendo aquele que presta serviços de forma contínua, subordinada, onerosa e pessoal e de finalidade não lucrativa à pessoa ou à família, no âmbito residencial destas, por mais de 2 (dois) dias por semana.

A grande novidade trazida no conceito acaba com uma grande discussão jurisprudencial e doutrinária, considerando o que seria o requisito da "não eventualidade" ou "habitualidade" aquele prestado por mais de dois dias na semana. Portanto, para ser considerado empregado doméstico, deverá o empregado trabalhar, no mínimo, 3 dias por semana. Ficam excluídos os trabalhadores eventuais, que vão à residência da pessoa ou família uma ou duas vezes por semana.

A LC 150/2015 determina, também, a proibição da contratação do empregado doméstico menor de 18 anos, seguindo a orientação prevista na Convenção 182 da OIT.

6.1.1.1.1. Contrato de empregado doméstico com prazo determinado

A LC 150/2015 prevê em seu art. 4º a figura do contrato com prazo determinado para o empregado doméstico.

Por meio do citado dispositivo admite-se o contrato por prazo certo do empregado doméstico em 3 hipóteses, a saber:

a) contrato de experiência: será utilizado para que as partes se testem mutuamente antes de firmarem um contrato com prazo indeterminado.

O contrato de experiência não poderá exceder 90 (noventa) dias. Permite-se que seja prorrogado uma única vez, desde que a soma dos dois períodos não ultrapasse 90 (noventa) dias.

Caso o contrato de experiência não seja prorrogado após o decurso de seu prazo previamente estabelecido ou caso ultrapasse o período de 90 (noventa) dias, havendo a continuidade do serviço, o contrato passará a vigorar por prazo indeterminado.

b) para atender necessidades familiares de natureza transitória: será utilizado sempre que por necessidade transitória a pessoa ou família necessitar de um empregado doméstico. Imaginemos a hipótese de que pessoa uma família sofre procedimento cirúrgico e, por consequência, necessitará de repouso por período de 1 ano. Nesse caso, a família poderá fazer uso do contrato com prazo certo.

c) para substituição temporária de empregado doméstico com contrato de trabalho interrompido ou suspenso: caso o contrato do empregado doméstico com a pessoa ou família esteja interrompido, como por exemplo: licença-maternidade, férias etc. ou suspenso, como suspensão disciplinar, licença remunerada etc., o empregador poderá contratar outro empregado doméstico por prazo determinado.

Nessas duas últimas hipóteses, a duração do contrato de trabalho é limitada ao término do evento que motivou a contratação, obedecido o limite máximo de 2 (dois) anos. Embora a lei não seja expressa quanto à possibilidade de prorrogação nessas modalidades de contrato com prazo certo, deve ser aplicada, por força do art. 19 da LC 150/2015, a regra disposta no texto consolidado que permite a esse tipo de contrato uma única prorrogação dentro do limite máximo de 2 anos determinado em lei, arts. 445 e 451 da CLT.

6.1.1.1.2. Rescisão antecipada nos contratos com prazo determinado

Disciplinada no art. 6º da LC 150/2015, a norma ensina que durante a vigência dos contratos com prazo determinado, o empregador que, sem justo motivo, despedir o empregado ficará obrigado a pagar-lhe, a título de indenização, metade da remuneração a que teria direito até o termo do contrato.

No entanto, caso seja o empregado quem queira se desligar antes do término do prazo determinado estipulado, ficará ele obrigado a indenizar seu empregador dos prejuízos que desse fato lhe resultarem. Nessa hipótese a indenização não poderá exceder aquela a que teria direito o empregado em idênticas condições, art. 7º LC 150/2015.

Nos contratos com prazo determinado não poderá ser exigido o aviso-prévio, nos termos do art. 8º da lei.

No entanto, por força do art. 19 da L 150/2015 sustentamos a aplicabilidade da cláusula assecuratória do direito recíproco de rescisão ou cláusula de rescisão antecipada, disposta no art. 481 da CLT. Nesse caso, havendo interesse em qualquer das partes em extinguir o contrato de trabalho antecipadamente, aplicam-se as regras que regem a rescisão dos contratos por prazo indeterminado.

6.1.1.1.3. Jornada de trabalho

A jornada de trabalho do empregado doméstico está regulada no art. 2º e não poderá exceder 8 (oito) horas diárias e 44 (quarenta e quatro) semanais, devendo a hora extraordinária

ser remunerada em, no mínimo, 50% (cinquenta por cento) superior ao valor da hora normal, devendo o empregador proceder o registro do horário de trabalho do empregado doméstico por qualquer meio manual, mecânico ou eletrônico, desde que idôneo, independente do número de empregados.

Permite-se o regime de compensação por acordo individual de trabalho escrito entre o empregado e empregador, hipótese em que será dispensado o pagamento de horas extraordinárias, desde que o excesso de horas trabalhadas em um dia for compensado em outro.

Havendo estipulação do acordo será devido o pagamento das 40 horas mensais excedentes ao horário normal de trabalho, como horas extraordinárias, ou seja, com acréscimo de 50%. O saldo das horas que excederem as 40 primeiras horas mensais será compensado em no máximo 1 ano. Como exemplo, imaginemos que um empregado doméstico laborou 60 horas extras no mês; as primeiras 40 horas deverão ser remuneradas como horas extraordinárias e as demais, compensadas no período máximo de 1 ano.

O art. 2º, § 5º, II, da lei permite que das primeiras 40 horas extras mensais sejam deduzidas, sem o pagamento, as horas não trabalhadas em razão da redução da duração normal de trabalho ou de dia útil não trabalhado, durante o mês.

Assim, se um empregado laborou 60 horas extras no mês, das 40 primeiras horas, serão deduzidas, sem o pagamento, as horas que ele deixou de trabalhar, no mês, em razão de redução de sua jornada normal de trabalho ou de dia que deveria trabalhar e não trabalhou, optando por descanso naquele dia.

A lei possibilita, ainda, em seu art. 10 estabelecer jornada de trabalho de 12 (doze) horas seguidas por 36 (trinta e seis) horas ininterruptas de descanso.

É prevista a figura do regime de trabalho de tempo parcial, entendida como aquela cuja duração não exceda 25 (vinte e cinco) horas semanais, regra diferente daquela prevista para os demais trabalhadores prevista no art. 59-A da CLT. Para o empregado que labore nesse regime, a duração normal do trabalho do empregado doméstico nesse mesmo regime poderá ser acrescida de horas suplementares, em número não excedente a 1 (uma) hora diária, mediante acordo escrito entre empregador e empregado, com limite máximo de 6 horas por dia.

A nova lei deixa claro em seu art. 16 que é devido ao empregado doméstico descanso nos dias de feriados, estabelecendo também que o repouso semanal remunerado dos empregados domésticos deve ser, preferencialmente, aos domingos. Se, excepcionalmente, o empregado doméstico trabalhou nos domingos ou feriados, o trabalho deverá ser compensado. Caso não haja compensação, a remuneração do domingo e/ou feriado deverá ser paga em dobro, sem prejuízo da remuneração do repouso semanal, em conformidade com o art. 2º, § 8º, da LC 150/2015.

6.1.1.1.4. Trabalho noturno

Acompanhando a previsão celetista, a LC 150/2015 nos termos do art. 14 considera noturno, o trabalho executado entre as 22 horas de um dia e as 5 horas do dia seguinte, devendo ser aplicada a regra da hora fictamente reduzida de 52 (cinquenta e dois) minutos e 30 (trinta) segundos.

A remuneração do trabalho noturno terá acréscimo de, no mínimo, 20% (vinte por cento) sobre o valor da hora diurna.

No entanto, em se tratando de empregado contratado para trabalhar exclusivamente no período noturno, o acréscimo será calculado sobre o salário anotado na Carteira de Trabalho e Previdência Social.

Para o labor executado em horários mistos, entendidos como aqueles que abrangem períodos diurnos e noturnos, as regras do trabalho noturno aplicam-se somente às horas de trabalho noturno.

6.1.1.1.5. Empregado doméstico em viagem

Em seu art. 11 a LC 150/2015 trata da figura do empregado doméstico em viagem. Para esse tipo de atividade a lei impõe a obrigatoriedade de acordo escrito entre as partes prevendo o acompanhamento do empregador pelo empregado em viagens.

Nessa modalidade de labor serão consideradas efetivas, ou seja, tempo à disposição do empregador, somente as horas efetivamente trabalhadas no período de viagens. Horas extraordinárias poderão ser compensadas em outro dia, respeitando as regras do acordo de compensação dispostas nos §§ 4º, 5º e 6º do art. 2º acima estudado.

De acordo com a lei, as horas de trabalho prestado em viagens deverão ser remuneradas em no mínimo, 25% superior ao valor do salário-hora normal. Existindo acordo escrito entre as partes, essa remuneração extraordinária poderá ser convertida em acréscimo no banco de horas, a ser utilizado a critério do empregado.

No caso de acompanhamento de viagem, as despesas com alimentação, além do transporte e hospedagem, ficarão por conta do patrão. Isso porque o art. 18, parte final, determina que o empregador doméstico não poderá efetuar descontos no salário do empregado por despesas com transporte, hospedagem e alimentação.

6.1.1.1.6. Intervalos para descanso

Os intervalos, o tempo de repouso, as horas não trabalhadas, os feriados e os domingos livres em que o empregado que mora no local de trabalho nele permaneça não serão computados como horário de trabalho.

Nos termos do art. 13 da LC 150/2015 é obrigatória a concessão de intervalo para repouso ou alimentação pelo período de, no mínimo, 1 (uma) hora e, no máximo, 2 (duas) horas, admitindo-se, mediante prévio acordo escrito entre empregador e empregado, sua redução a 30 (trinta) minutos.

Note que para que seja considerada lícita a redução do intervalo, basta o acordo escrito entre o empregado e empregador.

Caso o empregado resida na casa o intervalo intrajornada poderá ser desmembrado em 2 períodos, desde que cada um tenha o mínimo de 1 hora, até o limite de 4 horas por dia.

A lei prevê também o período de intervalo interjornada, ou seja, o intervalo para descanso entre um dia e outro de trabalho. Nessa linha estabelece o art. 15 da LC 150/2015 que entre 2 (duas) jornadas de trabalho deve haver período mínimo de 11 (onze) horas consecutivas para descanso.

6.1.1.1.7. Férias

Nos termos do art. 17 da LC 150/2015 após cada período de 12 (doze) meses de trabalho prestado à mesma pessoa ou família, o empregado doméstico terá direito a férias anuais remuneradas de 30 (trinta) dias, com acréscimo de, pelo menos, um terço do salário normal.

A critério do empregador, esse período poderá ser fracionado em dois períodos, sendo que 1 deles deverá ser de, no mínimo, 14 dias corridos.

Desde que requerido até 30 (trinta) dias antes do término do período aquisitivo, é facultado ao empregado doméstico converter um terço do período de férias a que tiver direito em abono pecuniário, no valor da remuneração que lhe seria devida. Trata-se de um direito potestativo do empregado doméstico que se requerido no prazo legal, o empregador não poderá recusar.

Em se tratando de empregado em regime de tempo parcial, nos termos do § 3º do art. 3º da LC 150/2015 o período de férias será da seguinte proporção:

I – 18 (dezoito) dias, para a duração do trabalho semanal superior a 22 (vinte e duas) horas, até 25 (vinte e cinco) horas;

II – 16 (dezesseis) dias, para a duração do trabalho semanal superior a 20 (vinte) horas, até 22 (vinte e duas) horas;

III – 14 (quatorze) dias, para a duração do trabalho semanal superior a 15 (quinze) horas, até 20 (vinte) horas;

IV – 12 (doze) dias, para a duração do trabalho semanal superior a 10 (dez) horas, até 15 (quinze) horas;

V – 10 (dez) dias, para a duração do trabalho semanal superior a 5 (cinco) horas, até 10 (dez) horas;

VI – 8 (oito) dias, para a duração do trabalho semanal igual ou inferior a 5 (cinco) horas.

6.1.1.1.8. Aplicação subsidiária da CLT aos empregados domésticos

Nos termos do art. 7º, a, da CLT os preceitos dispostos no texto consolidado não são aplicáveis aos empregados domésticos, que eram regulados pela Lei 5.859/1972, com as alterações trazidas pela Lei 11.324/2006, revogadas pela LC 150/2015.

No entanto, a própria LC 150/2015 determina em seu art. 19 que: "Observadas as peculiaridades do trabalho doméstico, a ele também se aplicam as Leis 605, de 05.01.1949, 4.090, de 13.07.1962, 4.749, de 12.08.1965, e 7.418, de 16.12.1985, e, subsidiariamente, a Consolidação das Leis do Trabalho (CLT), aprovada pelo Decreto-Lei 5.452, de 01.05.1943." (grifou-se).

Portanto, diante da regra disposta no novel dispositivo legal, ao empregado doméstico aplicam-se as regras dispostas na LC 150/2015 e, ainda, nas Leis 605/1949 (lei que regula o repouso semanal remunerado e o pagamento de salário nos dias feriados civis e religiosos) e na Lei 7.418/1985 (Lei do Vale-Transporte). No entanto, havendo omissão nesses diplomas legais a CLT funcionará como fonte subsidiária, mas sempre observando as particularidades do trabalho doméstico.

6.1.1.1.9. Descontos no salário do empregado doméstico

O princípio da intangibilidade salarial ensina que o empregado deve receber seu salário de forma integral, ou seja, não poderá o empregador efetuar descontos no salário desse trabalhador.

Pois bem, esse princípio foi consagrado na atual redação do art. 18 da LC 150/2015, de modo que não é permitido ao empregador doméstico efetuar descontos no salário do empregado por fornecimento de alimentação, vestuário, higiene ou moradia. O dispositivo legal continua vedando, também, o desconto por despesas com transporte, hospedagem e alimentação em caso de acompanhamento em viagem, como acima estudado. Oportuno lembrar que referidas parcelas não possuem natureza salarial, art. 18, § 3º, LC 150/2015.

Desta forma, o empregador não poderá descontar de seu caseiro, por exemplo, valores referentes a sua alimentação ou descontar valores cobrados a título de estadia pelo fato de dormirem na residência, na medida em que os gastos com o negócio são sempre do empregador, e não do empregado.

Porém, se a despesa com moradia se referir à residência diversa àquela em que ele empregado presta serviços e se houver consentimento expresso das partes, o empregador poderá descontar do empregado esses valores, é o que dispõe o § 2º do art. 18 da lei.

Vale dizer que caso o empregador forneça moradia ao empregado doméstico na própria residência ou em morada anexa, de qualquer natureza, não irá gerar para empregado qualquer direito de posse ou de propriedade sobre aquela moradia.

Além da hipótese acima tratada, o § 1º do art. 18 prevê situações em que são permitidos descontos no salário do doméstico.

Ensina a lei que mediante acordo escrito entre as partes é permitido o desconto no salário do empregado doméstico para sua inclusão em planos de assistência médico-hospitalar e odontológica; de seguro e de previdência privada e, ainda, em se tratando de adiantamento de salário, sendo que o total dos descontos não poderá ultrapassar 20% (vinte por cento) do salário.

6.1.1.1.10. Vale-transporte

Como se sabe o vale-transporte é um direito dos empregados, inclusive do empregado doméstico, nos termos do art. 1º, II, do Decreto 95.247/1987.

Assim, a Lei 7.418/1985 que institui o Vale-Transporte, em seu art. 4º impõe ao empregador a obrigação de adquirir os vale-transporte necessários ao deslocamento do empregado. Nesse mesmo sentido, o art. 5º do Decreto 95.247/1987 veda ao empregador substituir o Vale-Transporte por antecipação em dinheiro ou qualquer outra forma de pagamento.

Todavia, tendo em vista a peculiar relação entre o empregado e o empregador doméstico, o parágrafo único do art. 19 da LC 150/2015 é expresso ao permitir que o empregador substitua a seu critério, a obrigação que possui de adquirir os vale-transporte necessários aos deslocamentos do empregado, pela concessão desses valores diretamente ao empregado.

Dispõe o parágrafo único do art. 19:

"A obrigação prevista no art. 4º da Lei 7.418, de 16.12.1985, poderá ser substituída, a critério do empregador, pela concessão, mediante recibo, dos valores para a aquisição das passagens necessárias ao custeio das despesas decorrentes do deslocamento residência-trabalho e vice-versa."

Em outras palavras, o empregador doméstico poderá pagar o vale-transporte em dinheiro para o empregado. Assim, ao invés de comprar o vale-transporte e entregar para o empregado doméstico, poderá lhe repassar, mediante recibo,

esses valores, se desincumbindo da obrigação imposta pelo art. 4º da Lei 7.418/1985.

Assim, ao empregador doméstico não se aplica a regra imposta aos demais tipos de empregadores, esculpida no art. 5º do Decreto 95.247/1987.

6.1.1.1.11. FGTS para o empregado doméstico

Dispõe o art. 21 da LC 150/2015:

É devida a inclusão do empregado doméstico no Fundo de Garantia do Tempo de Serviço (FGTS), na forma do regulamento a ser editado pelo Conselho Curador e pelo agente operador do FGTS, no âmbito de suas competências, conforme disposto nos arts. 5º e 7º da Lei 8.036, de 11.05.1990, inclusive no que tange aos aspectos técnicos de depósitos, saques, devolução de valores e emissão de extratos, entre outros determinados na forma da lei.

Referido dispositivo legal determina que o Conselho Curador do FGTS edite resolução regulamentando a inclusão do empregado doméstico no FGTS.

Desta forma, considerando a necessidade de garantir o direito ao FGTS dos empregados domésticos no âmbito de seus contratos de trabalho, em 25.09.2015 foi publicada a Resolução 780 do Conselho Curador do Fundo de Garantia do Tempo de Serviço.

Por meio da Resolução 780/2015 do Conselho Curador do FGTS o empregado doméstico terá direito ao FGTS, obrigatoriamente, somente a partir de 01.10.2015. Portanto, ainda que o contrato de trabalho do empregado doméstico esteja em vigor na data de publicação da LC 150/2015, a inclusão do empregado doméstico no sistema do FGTS apenas se tornou obrigatória a partir dessa data.

A inclusão do empregado doméstico no FGTS deverá ser solicitada pelo empregador, mediante requerimento com informações dos eventos que envolvem a atividade profissional.

De acordo com a Resolução 780/2015 do Conselho Curador do FGTS, cabe ao Agente Operador do FGTS, que é a Caixa Econômica Federal, regulamentar as disposições complementares, de modo a viabilizar o depósito, os saques, a devolução de valores e a emissão de extratos, inclusive no que tange às relações de trabalho existentes a partir de março de 2000, data que o FGTS passou a ser facultativo, mediante requerimento do empregador, de acordo com o art. 1º do Decreto 3.361/2000. Atualmente, a definição dos procedimentos operacionais é feita pela Caixa Econômica Federal (CEF), agente operador do Fundo, por meio das Circulares 694 de 25 de setembro de 2015 e 696 de 27 de outubro de 2015.

Para o FGTS, a alíquota será de 8%, com o recolhimento de um percentual mensal de 3,2% (três inteiros e dois décimos por cento) sobre a remuneração devida, no mês anterior, a cada empregado, destinada ao pagamento da indenização compensatória da perda do emprego, sem justa causa ou por culpa do empregador.

Assim, caso o empregado doméstico seja demitido imotivadamente ou se a rescisão se der por culpa do empregador, os valores serão levantados pelo empregado doméstico como indenização por despedida arbitrária ou sem justa causa.

Contudo, ocorrendo a dispensa por justa causa do empregado doméstico ou se ele pedir demissão no emprego, bem como por término do contrato de trabalho por prazo determinado, aposentadoria e falecimento do empregado doméstico, esses valores depositados serão movimentados pelo empregador.

No entanto, havendo culpa recíproca metade desses valores será movimentada pelo empregado, enquanto a outra metade será movimentada pelo empregador.

Os valores de 3,2% destinados a indenização compensatória da perda do emprego serão depositados na conta vinculada do empregado, em variação distinta daquela em que se encontrarem os valores oriundos dos depósitos mensais de 8% e somente poderão ser movimentados por ocasião da rescisão contratual.

6.1.1.1.12. Aviso-prévio

À relação entre o empregador e empregado doméstico serão aplicadas as regras como para todos os demais empregados em geral, inclusive a regra do aviso-prévio proporcional previsto na Lei 12.506/2011, de acordo com os arts. 23 e 24 da LC 150/2015.

6.1.1.1.13. Estabilidade provisória/garantia de emprego

O art. 25, parágrafo único, da LC 150/2015 assegura garantia no emprego para a empregada doméstica gestante desde a confirmação do estado de gravidez até 5 meses após o parto, direito previsto na alínea "b" do inciso II do art. 10 do Ato das Disposições Constitucionais Transitórias.

A lei é expressa ao assegurar à empregada doméstica gestante a garantia de emprego durante o curso do contrato de trabalho, ainda que durante o prazo do aviso-prévio trabalhado ou indenizado.

Há de se ressaltar que pela própria redação do parágrafo único do art. 25, a garantia de emprego aqui debatida deverá ser assegurada tanto para os contratos com prazo indeterminado como para os contratos com prazo determinado, dispostos no art. 4º da própria lei.

Nesse mesmo sentido sustenta o TST em sua Súmula 244, item III:

> III – A empregada gestante tem direito à estabilidade provisória prevista no art. 10, inciso II, alínea "b", do Ato das Disposições Constitucionais Transitórias, mesmo na hipótese de admissão mediante contrato por tempo determinado.
>
> Sobre o tema estabilidade provisória da gestante em contrato com prazo determinado, remetemos o leitor ao item 11.2.3

6.1.1.1.14. Rescisão do contrato de trabalho

Regulamentando o direito assegurado ao empregado doméstico esculpido no art. 7º, I, da CF, que disciplina a multa por despedida arbitrária ou sem justa causa, a LC 150/2015 determina que o empregador doméstico deposite a importância de 3,2% sobre a remuneração devida, no mês anterior, ao empregado, que se destinará ao pagamento da indenização compensatória em caso de perda do emprego, sem justa causa ou por culpa do empregador.

Assim, caso o empregado venha a ser demitido sem justa causa ou se o término do contrato se deu por justa causa do empregador (art. 27, parágrafo único, LC 150/2015) o empre-

gado irá levantar essa importância a título de indenização compensatória.

No entanto, se o empregado doméstico for demitido por justa causa, se pedir demissão, término do contrato de trabalho por prazo determinado, de aposentadoria e de falecimento do empregado doméstico, os valores previstos no caput serão movimentados pelo empregador.

Havendo término do contrato por culpa recíproca, cada um ficará com uma metade, ou seja, metade de todo valor depositado ficará com o empregado e a outra metade com o empregador.

Por essa razão não se aplica ao empregado doméstico a multa de 40% sobre os depósitos de FGTS, disposta nos §§ 1º a 3º do art. 18 da Lei 8.036/1990.

6.1.1.1.15. Justa causa do empregado doméstico

As hipóteses de justa causa do empregado domésticos estão dispostas no art. 27 da LC 150/2015, que assim dispõe:

> Art. 27. Considera-se justa causa para os efeitos desta Lei:
>
> I – submissão a maus tratos de idoso, de enfermo, de pessoa com deficiência ou de criança sob cuidado direto ou indireto do empregado;
>
> II – prática de ato de improbidade;
>
> III – incontinência de conduta ou mau procedimento;
>
> IV – condenação criminal do empregado transitada em julgado, caso não tenha havido suspensão da execução da pena;
>
> V – desídia no desempenho das respectivas funções;
>
> VI – embriaguez habitual ou em serviço;
>
> VII – (Vetado);
>
> VIII – ato de indisciplina ou de insubordinação;
>
> IX – abandono de emprego, assim considerada a ausência injustificada ao serviço por, pelo menos, 30 (trinta) dias corridos;
>
> X – ato lesivo à honra ou à boa fama ou ofensas físicas praticadas em serviço contra qualquer pessoa, salvo em caso de legítima defesa, própria ou de outrem;
>
> XI – ato lesivo à honra ou à boa fama ou ofensas físicas praticadas contra o empregador doméstico ou sua família, salvo em caso de legítima defesa, própria ou de outrem;
>
> XII – prática constante de jogos de azar.

A lei traz um novo rol de situações que ensejam a dispensa por justa causa do empregado doméstico. Trata-se de um rol taxativo, dispensando, portanto, a aplicação do art. 482 da CLT.

6.1.1.1.16. Justa causa do empregador doméstico – Rescisão indireta

O empregado doméstico poderá dar por rescindido o contrato por culpa de seu empregador, nos termos do art. 27, parágrafo único da LC 150/2015, nas seguintes hipóteses:

> I – o empregador exigir serviços superiores às forças do empregado doméstico, defesos por lei, contrários aos bons costumes ou alheios ao contrato;
>
> II – o empregado doméstico for tratado pelo empregador ou por sua família com rigor excessivo ou de forma degradante;
>
> III – o empregado doméstico correr perigo manifesto de mal considerável;
>
> IV – o empregador não cumprir as obrigações do contrato;

V – o empregador ou sua família praticar, contra o empregado doméstico ou pessoas de sua família, ato lesivo à honra e à boa fama;

VI – o empregador ou sua família ofender o empregado doméstico ou sua família fisicamente, salvo em caso de legítima defesa, própria ou de outrem;

VII – o empregador praticar qualquer das formas de violência doméstica ou familiar contra mulheres de que trata o art. 5º da Lei 11.340, de 07.08.2006.

Assim como nas hipóteses de justa causa do empregado acima estudadas, a lei traz um novo rol de situações que ensejam o reconhecimento da justa causa do empregador doméstico. Trata-se de um rol taxativo, dispensando, portanto, a aplicação do art. 483 da CLT.

6.1.1.1.17. Seguro desemprego

Nos termos do art. 26 da LC 150/2015 o empregado doméstico que for dispensado sem justa causa fará jus ao benefício do seguro-desemprego no valor de 1 (um) salário mínimo, por período máximo de 3 (três) meses, de forma contínua ou alternada.

Por outro lado, o benefício será cancelado, nos termos do § 2º do art. 26:

I – pela recusa, por parte do trabalhador desempregado, de outro emprego condizente com sua qualificação registrada ou declarada e com sua remuneração anterior;

II – por comprovação de falsidade na prestação das informações necessárias à habilitação;

III – por comprovação de fraude visando à percepção indevida do benefício do seguro-desemprego; ou

IV – por morte do segurado.

6.1.1.1.18. Fiscalização do Trabalho

O cumprimento de todas as normas dispostas na LC 150/2015 será fiscalizado pelo Auditor-Fiscal do Trabalho.

Na prática, o empregador doméstico receberá o Auditor-Fiscal do Trabalho em sua residência e o acompanhará para que seja feita a fiscalização.

Assim dispõe o art. 44 da LC 150/2015 que deu nova redação ao art. 11-A da Lei 10.593/2002,

Art. 11-A. A verificação, pelo Auditor-Fiscal do Trabalho, do cumprimento das normas que regem o trabalho do empregado doméstico, no âmbito do domicílio do empregador, dependerá de agendamento e de entendimento prévios entre a fiscalização e o empregador.

§ 1º A fiscalização deverá ter natureza prioritariamente orientadora.

§ 2º Será observado o critério de dupla visita para lavratura de auto de infração, salvo quando for constatada infração por falta de anotação na Carteira de Trabalho e Previdência Social ou, ainda, na ocorrência de reincidência, fraude, resistência ou embaraço à fiscalização.

§ 3º Durante a inspeção do trabalho referida no caput, o Auditor-Fiscal do Trabalho far-se-á acompanhar pelo empregador ou por alguém de sua família por este designado.

6.1.1.2. Empregado rural

As relações de emprego rural são reguladas pela Lei 5.889/1973 e Decreto 73.626/1974.

Dispõe o art. 2º da Lei 5.889/1973 que empregado rural é toda pessoa física que, em propriedade rural ou prédio rústico, presta serviços de natureza não eventual a empregador rural, sob a dependência deste e mediante salário. É, portanto, aquele que presta serviços nas atividades da agricultura ou da pecuária a um empregador rural, em propriedade rural ou prédio rústico, entendido como sendo aquele prédio situado em zona urbana, mas dedicado à atividade rural.

Nos termos do art. 3º da Lei 5.889/1973 considera-se empregador, rural a pessoa física ou jurídica, proprietário ou não, que explore atividade agroeconômica, em caráter permanente ou temporário, diretamente ou através de prepostos e com auxílio de empregados.

Por sua vez, atividade agroeconômica é a atividade agrícola, pastoril ou pecuária que não se destina, exclusivamente, ao consumo de seus proprietários.

Dispõe o § 1º do mesmo dispositivo legal que inclui-se na atividade econômica, além da exploração industrial em estabelecimento agrário não compreendido na CLT, a exploração do turismo rural suplementar à exploração agroeconômica.

Equipara-se ao empregador rural, a pessoa física ou jurídica que, habitualmente, em caráter profissional, e por conta de terceiros, execute serviços de natureza agrária, mediante utilização do trabalho de outrem.

Desta forma, podemos dizer que é a natureza da atividade econômica desenvolvida no estabelecimento agrário que determinará se a empresa é rural ou urbana. Não é a natureza do trabalho prestado pelo empregado que definirá a sua categoria como rural ou urbano, mas sim a atividade do empregador.

Assim, se um estabelecimento é destinado à exploração agrícola ou pecuária, o trabalhador é considerado rural, mas se as atividades são comerciais ou industriais e não agroeconômica, o trabalhador será considerado urbano. Como exemplo, podemos citar o caso de uma fazenda de cultivo de cana de açúcar que possui uma usina de açúcar. Nesse caso, os trabalhadores que prestam serviços na usina não são rurais, pois a atividade é tipicamente industrial.

Embora como critério geral para a caracterização do empregado como rural seja estabelecido de acordo com a categoria do empregador, como se vê na súmula 196 do STF: "Ainda que exerça atividade rural, o empregado de empresa industrial ou comercial é classificado de acordo com a categoria do empregador", entende o TST que em relação aos empregados que trabalham em empresas de reflorestamento que, tecnicamente sejam consideradas empresas urbanas, os seus empregados serão considerados rurícolas, em conformidade com o entendimento consubstanciado na OJ 38 da SDI 1, que assim dispõe:

OJ 38 SDI 1 do TST – Trabalhador rural. Rurícola. Empresa de reflorestamento. Prescrição do rurícola. Lei 5.889/1973, art. 10. Dec. 73.626/74, art. 2º, § 4º.

O empregado que trabalha em empresa de reflorestamento, cuja atividade está diretamente ligada ao manuseio da terra e de matéria-prima, é rurícola e não industriário, nos termos do Dec. 73.626, de 12/02/74, art. 2º, § 4º, pouco importando que o fruto de seu trabalho seja destinado à indústria. Assim, aplica-se a prescrição própria dos rurícolas aos direitos desses empregados.

Assim, para que se possa caracterizar a relação de emprego rural é necessário: que o trabalho seja desenvolvido para empregador rural; que o trabalho seja desenvolvido em propriedade rural ou prédio rústico.

Por força do art. 7º, caput, da CF, seus direitos foram totalmente equiparados aos direitos dos trabalhadores urbanos. Além disso, o Decreto 73.626/74 indica expressamente em seu art. 4º quais os dispositivos legais da CLT e de outras leis extravagante que são aplicáveis ao empregado rural.

Podemos apontar algumas especificidades em relação ao empregado rural:

I-) Trabalho noturno

Devemos diferenciar o trabalho exercido nas atividades de agricultura e o desenvolvido na pecuária.

Na lavoura, o período noturno é aquele desenvolvido entre 21 horas de um dia até às 5 horas do dia seguinte, ao passo que na pecuária será o período compreendido entre as 20 horas de um dia até 4 horas do dia seguinte, nos termos do art. 7º da Lei 5.889/1973.

É importante mencionar que no âmbito rural, seja na agricultura, seja na pecuária, não se aplica a regra da "hora fictamente reduzida".

Outra peculiaridade consiste no adicional devido aos trabalhadores que exercem suas atividades no período noturno. Esse adicional difere, também, para os empregados dos âmbitos urbano e rural.

O trabalho noturno exercido no âmbito urbano é de 20%, ao passo que no âmbito rural, por não terem os obreiros a jornada reduzida, seu adicional será de 25%.

II-) Trabalho extraordinário

Determina o art. 7º do Decreto 73.626/1974 que a duração normal do trabalho poderá ser acrescida de horas suplementares, em número não excedente de 2 (duas), mediante acordo escrito entre o empregador e o empregado ou mediante contrato coletivo de trabalho.

III-) Intervalos para descanso

O art. 5º, 1ª parte, da Lei 5.889/1973 e o art. 5º do Decreto 73.626/1974 regulam o intervalo intrajornada do empregado rural e determina que em qualquer trabalho contínuo com duração superior a 6 (seis) horas, deverá ser concedido um intervalo para repouso ou alimentação observados os usos e costumes da região. Assim, como para os empregados urbanos o período destinado ao repouso e alimentação não será computando na duração do trabalho

O mesmo art. 5º, parte final, bem como o art. 6º do Decreto 73.626/1974 regulam o intervalo interjornada ao dispor que entre duas jornadas de trabalho haverá um período mínimo de onze horas consecutivas para descanso.

O trabalho intermitente é aquele que, por sua natureza, seja normalmente executado em duas ou mais etapas diárias distintas, desde que haja interrupção do trabalho de, no mínimo, 5 (cinco) horas, entre uma e outra parte da execução da tarefa.

Os intervalos entre uma e outra parte da execução da tarefa diária não serão computados, como de efetivo exercício, devendo essa característica ser expressamente ressalvada na CTPS do empregado.

IV-) Descontos no salário

As hipóteses que permitem descontos no salário do obreiro estão previstas no art. 9º da Lei 5.889/1973 e art. 16 do Decreto 73.626/1974, são elas:

a) até o limite de 20% (vinte por cento) pela ocupação da morada.

Sempre que mais de um empregado residir na mesma morada, o desconto será dividido proporcionalmente ao número de empregados. É vedada, em qualquer hipótese, a moradia coletiva de famílias;

b) até o limite de 25% (vinte por cento) pelo fornecimento de alimentação sadia e farta, atendidos os preços vigentes na região;

c) adiantamentos em dinheiro.

Importante notar que, nos termos da parte final do art. 9º estudado, os percentuais dos descontos efetuados no salário do obreiro deverão ser calculados sobre o salário mínimo. Essas deduções deverão ser previamente autorizadas, sem o que serão nulas de pleno direito, art. 9º, § 1º, da Lei 5.889/1973.

V-) Redução da jornada de trabalho no aviso-prévio

Caso o empregador promova a rescisão do pacto laboral, durante o período de aviso prévio o empregado rural terá direito a um dia por semana, sem prejuízo do salário integral, para que possa buscar um novo lugar no mercado de trabalho, é o que determina o art. 15 da Lei 5.889/1973.

VI-) Fornecimento de escola

Nos termos do art. 16 da Lei 5.889/1973 toda propriedade rural, que mantenha a seu serviço ou trabalhando em seus limites mais de 50 famílias de trabalhadores, é obrigada a possuir e conservar em funcionamento escola primária, inteiramente gratuita, para os filhos destes, com tantas classes quantos sejam os filhos destes, com tantas classes quantos sejam os grupos de 40 crianças em idade escolar.

A matrícula da população em idade escolar será obrigatória, sem qualquer outra exigência, além da certidão de nascimento, para cuja obtenção o empregador proporcionará todas as facilidades aos responsáveis pelas crianças.

VII-) Contrato de safra. O contrato de safra é um tipo de contrato por prazo determinado e pode ser entendido como aquele cuja duração dependa de variações estacionais das atividades agrárias, assim entendidas as tarefas normalmente executadas no período compreendido entre o preparo do solo para o cultivo e a colheita.

Caso o contrato de trabalho seja rescindido normalmente, poderá o safrista levantar os depósitos efetuados na conta do FGTS do empregado. Isso porque, a CF/1988 assegurou igualdade de direitos entre os empregados urbanos e rurais, inclusive os safristas. Desta forma, a multa disciplinada no art. 14 da Lei 5.889/1973 e art. 20 do Decreto 73.626/1974 não foi recepcionada pela atual Constituição Federal.

Todavia, ocorrendo dispensa sem justa causa do safrista, antes do término do prazo contratual, o empregador ficará obrigado a pagar ao empregado, à título de indenização compensatória, multa de 40% sobre o saldo existente na conta de FGTS do empregado, sem prejuízo da multa do art. 479 da CLT. No entanto, caso o empregado, sem justo motivo, queira se desligar antes do término do contrato deverá indenizar o empregador dos prejuízos que desse fato lhe resultarem, nos termos do art. 480 da CLT, caso em que a indenização não poderá exceder àquela a que teria direito o empregado em idênticas condições.

VIII-) Contrato de trabalho rural por pequeno prazo

Remetemos o leitor ao item 3.8.5.

6.1.1.3. Empregado em domicílio

Empregado em domicílio é aquele que trabalha na sua própria residência. Nessa linha, o art. 83 da CLT define o trabalho em domicílio como aquele executado na habitação do empregado ou em oficina de família, por conta de empregador que o remunere, sendo garantido o salário mínimo.

Importante frisar que o art. 6º da CLT, com a nova redação dada pela Lei 12.551/2011, leciona que não se distingue entre o trabalho realizado no estabelecimento do empregador, o executado no domicílio do empregado e o realizado a distância, desde que estejam caracterizados os pressupostos da relação de emprego. Os requisitos da relação de emprego já foram estudados, mas apenas para recordar, vale dizer que são eles: subordinação jurídica, onerosidade, pessoa física, pessoalidade, habitualidade e alteridade.

Visando a atender, portanto, o trabalho em domicílio, o parágrafo único do art. 6º consolidado equipara os meios telemáticos e informatizados de comando, controle e supervisão, para fins de subordinação jurídica, aos meios pessoais e diretos de comando, controle e supervisão do trabalho alheio.

Desta forma, o período em que o empregado permanecer em sua residência recebendo ordens emanadas de seus superiores hierárquicos representará, nos termos do art. 4º da CLT, tempo à disposição do empregador, devendo ser computado na jornada de trabalho do empregado.

6.1.1.4. Empregado aprendiz

O art. 428 da CLT define o contrato de aprendizagem como sendo um contrato de trabalho especial, ajustado por escrito e por prazo determinado, em que o empregador se compromete a assegurar ao maior de 14 (quatorze) e menor de 24 (vinte e quatro) anos, inscrito em programa de aprendizagem, formação técnico-profissional metódica, compatível com o seu desenvolvimento físico, moral e psicológico, e o aprendiz, a executar com zelo e diligência as tarefas necessárias a essa formação.

Aprendiz é, portanto, o empregado maior de 14 anos e o menor de 24 anos que celebra contrato de aprendizagem.

É importante mencionar que o limite de idade máxima estabelecido de 24 anos não se aplica a aprendizes portadores de deficiência, nos termos do § 5º do art. 428 consolidado.

O contrato de aprendizagem não poderá ser estipulado por prazo superior a 2 (dois) anos, exceto quando se tratar de aprendiz portador de deficiência.

A contratação do aprendiz poderá ser efetivada pela empresa na qual se realizará a aprendizagem ou por entidades sem fins lucrativos que tenham por objetivo a assistência ao adolescente e à educação profissional, registradas no Conselho Municipal dos Direitos da Criança e do Adolescente.

O aprendiz é, portanto, um empregado, pois possui vínculo de emprego com a empresa contratante. No entanto, é importante ressaltar que a contratação efetivada através de entidades sem fins lucrativos que objetivam a assistência ao adolescente e à educação profissional não gera vínculo de emprego entre o aprendiz e a empresa tomadora dos serviços.

A validade do contrato de aprendizagem está condicionada à anotação na carteira de trabalho, matrícula e frequência do aprendiz na escola, caso o aprendiz não tenha concluído o ensino médio, e inscrição em programa de aprendizagem desenvolvido sob orientação de entidade qualificada em formação técnico-profissional metódica.

Para os aprendizes que não tenham concluído o ensino médio, a matrícula e a frequência em escola serão obrigatórias. No entanto, caso não haja na localidade oferta de ensino médio, a contratação do aprendiz poderá ocorrer sem a frequência à escola, mas desde que ele já tenha concluído o ensino fundamental.

A duração do trabalho do aprendiz não poderá exceder 6 (seis) horas diárias, sendo vedadas a prorrogação e a compensação de jornada.

O contrato de aprendizagem será extinto no seu termo ou quando o aprendiz completar 24 anos, ressalvada a proposição quanto ao portador de necessidades especiais.

Porém, poderá cessar de forma antecipada havendo desempenho insuficiente ou inadaptação do aprendiz, falta disciplinar grave, ausência injustificada à escola que provoque perda do ano letivo ou, ainda, a pedido do aprendiz.

Vale dizer que nas hipóteses de cessação antecipada do contrato, não serão aplicadas as indenizações previstas nos arts. 479 e 480 da CLT.

Por último, nos termos do art. 429 da CLT os estabelecimentos de qualquer natureza são obrigados a empregar e matricular nos cursos dos Serviços Nacionais de Aprendizagem número de aprendizes equivalente a 5% (cinco por cento), no mínimo, e 15% (quinze por cento), no máximo, dos trabalhadores existentes em cada estabelecimento, cujas funções demandem formação profissional.

A Lei 12.594/2012 incluiu o § 2º no citado dispositivo, determinando que os estabelecimentos deverão ofertar vagas de aprendizes a adolescentes usuários do Sistema Nacional de Atendimento Socioeducativo (Sinase) nas condições a serem dispostas em instrumentos de cooperação celebrados entre os estabelecimentos e os gestores dos Sistemas de Atendimento Socioeducativo locais.

6.1.1.5. Diretor de sociedade

Considera-se diretor empregado aquele que, participando ou não do risco do empreendimento, seja contratado ou promovido para cargo de direção, mantendo as características inerentes à relação de emprego.

6.1.1.6. Empregado público

Os empregados públicos ocupam empregos públicos, subordinados às normas da CLT, e são contratados por prazo indeterminado para exercício de funções na administração direta, autárquica e fundacional. Trata-se do servidor público regido pela CLT.

É aquele que ocupa emprego público criado por lei, em decorrência de aprovação em concurso público. Possui vínculo de emprego, sendo regido pela CLT, podendo atuar na Administração Direta, autarquias, fundações e associações públicas, empresas públicas e sociedade de economia mista.

Os empregados públicos, assim como os servidores estatutários, em regra, somente poderão ser admitidos ao serviço público por meio de concurso público, de acordo com redação do art. 37, II, da CF. Em algumas situações, como a prevista no art. 198, §§ 4º e 5º, da CF, é permitida a contratação sem concurso, por meio de um processo seletivo público.

6.1.1.7. Mãe social

As instituições sem finalidade lucrativa, ou de utilidade pública de assistência ao menor abandonado, e que funcionem pelo sistema de casas-lares, poderão contratar mães sociais visando a propiciar ao menor as condições familiares ideais ao seu desenvolvimento e reintegração social.

Desta forma, em conformidade com o art. 2º da Lei 7.644/1987, é considerada mãe social aquela que, dedicando-se à assistência ao menor abandonado, exerça o encargo em nível social, dentro do sistema de casas-lares. Casa-lar é a unidade residencial sob responsabilidade de mãe social, que poderá abrigar até 10 (dez) menores.

A mãe social é, portanto, empregada da instituição de assistência ao menor abandonado e tem como atribuições: propiciar o surgimento de condições próprias de uma família, orientando e assistindo os menores colocados sob seus cuidados, devendo, igualmente, administrar o lar, realizando e organizando as tarefas a ele pertinentes e dedicar-se, com exclusividade, aos menores e à casa-lar que lhes forem confiados.

A mãe social deverá, ainda, residir, juntamente com os menores que lhe forem confiados, na casa-lar que lhe for destinada.

À mãe social são assegurados os seguintes direitos: anotação na carteira de trabalho, remuneração não inferior ao salário mínimo, repouso semanal remunerado de 24 horas consecutivas, apoio técnico, administrativo e financeiro no desempenho de suas funções, férias remuneradas de 30 dias, benefícios e serviços previdenciários, inclusive em caso de acidente do trabalho, na qualidade de segurada obrigatória, 13º salário e FGTS ou indenização, nos termos da legislação pertinente.

Uma vez extinto o contrato de trabalho, deverá a mãe social retirar-se da casa-lar que ocupava, cabendo à entidade empregadora providenciar a imediata substituição.

6.1.1.8. Motorista profissional empregado

O motorista profissional empregado está regulado nos arts. 235-A a 235-G da CLT com a redação dada pela Lei 13.103/2015.

Nos termos do art. 235-A da CLT, as disposições trazidas pela Lei 13.103/2015 serão aplicadas somente ao motorista profissional, considerado como o motorista profissional empregado de transporte rodoviário coletivo de passageiros e de transporte rodoviário de cargas, não se estendendo a demais motoristas.

A lei traz algumas particularidades à profissão de motorista profissional ao proporcionar jornada de trabalho especial e regular os tempos de repouso a eles destinados.

Traço marcante da legislação é a jornada de trabalho do motorista empregado que não tem horário fixo de início, de final ou de intervalos, salvo previsão contratual nesse sentido.

No entanto, a jornada de trabalho não poderá ultrapassar 8 (oito) horas por dia, admitindo-se a sua prorrogação por até 2 (duas) horas extraordinárias ou, mediante previsão em convenção ou acordo coletivo, por até 4 (quatro) horas extraordinárias. As horas extras, caso não sejam compensadas, serão pagas com remuneração superior em, no mínimo, 50% ao valor da hora normal.

Mediante convenção ou acordo coletivo poderá ser estabelecida jornada especial de 12 (doze) horas de trabalho por 36 (trinta e seis) horas de descanso para o trabalho do motorista profissional empregado em regime de compensação.

Ao motorista profissional empregado será assegurado um intervalo mínimo de 1 (uma) hora para refeição, podendo esse período coincidir com o tempo de parada obrigatória na condução do veículo estabelecido pelo art. 67-C e seus parágrafos do Código de Trânsito Brasileiro, exceto quando se tratar do motorista profissional enquadrado no § 5º do art. 71 da CLT.

A lei determina ainda que dentro do período de 24 (vinte e quatro) horas, deverão ser asseguradas 11 (onze) horas de descanso, sendo facultados o seu fracionamento e a coincidência com os períodos de parada obrigatória na condução do veículo estabelecido pelo Código de Trânsito Brasileiro, como vimos acima, garantidos o mínimo de 8 (oito) horas ininterruptas no primeiro período e o gozo do remanescente dentro das 16 (dezesseis) horas seguintes ao fim do primeiro período de descanso.

Nas viagens de longa distância, assim consideradas aquelas em que o motorista profissional empregado permanece fora da base da empresa, matriz ou filial e de sua residência por mais de 24 (vinte e quatro) horas, o repouso diário pode ser feito no veículo ou em alojamento do empregador, do contratante do transporte, do embarcador ou do destinatário ou em outro local que ofereça condições adequadas.

Com relação às viagens de longa distância com duração superior a 7 (sete) dias, nos termos do art. 235-D da CLT o repouso semanal será de 24 (vinte e quatro) horas por semana ou fração trabalhada, sem prejuízo do intervalo de repouso diário de 11 (onze) horas, totalizando 35 (trinta e cinco) horas, usufruído no retorno do motorista à base (matriz ou filial) ou ao seu domicílio, salvo se a empresa oferecer condições adequadas para o efetivo gozo do referido repouso. É permitido o fracionamento do repouso semanal em 2 (dois) períodos, sendo um destes de, no mínimo, 30 (trinta) horas ininterruptas, a serem cumpridos na mesma semana e em continuidade a um período de repouso diário, que deverão ser usufruídos no retorno da viagem.

As horas em que o motorista profissional empregado ficar aguardando carga ou descarga do veículo nas dependências do embarcador ou do destinatário bem como o período gasto com a fiscalização da mercadoria transportada em barreiras fiscais ou alfandegárias, são consideradas tempo de espera e não serão computados como jornada de trabalho e nem como horas extraordinárias. No entanto, essas horas serão indenizadas em 30% (trinta por cento) do salário-hora normal e em hipótese alguma poderá prejudicar o direito ao recebimento do salário diário do motorista.

Se esse período de espera for superior a 2 (duas) horas ininterruptas para a hipótese em que o motorista empregado deva permanecer junto ao veículo, caso o local ofereça condições adequadas para o repouso, o tempo será considerado como de repouso para os fins do intervalo de descanso acima estudado.

O motorista empregado, em viagem de longa distância, que ficar com o veículo parado após o cumprimento da jornada normal ou das horas extraordinárias fica dispensado do serviço, exceto se for expressamente autorizada a sua permanência junto ao veículo pelo empregador. Nesse caso, o tempo será considerado como de espera.

Nos casos em que o empregador adotar 2 (dois) motoristas trabalhando no mesmo veículo, o tempo de repouso poderá ser feito com o veículo em movimento, assegurado o repouso mínimo de 6 (seis) horas consecutivas fora do veículo em alojamento externo ou, se na cabine leito, com o veículo estacionado, a cada 72 (setenta e duas) horas.

Em situações excepcionais, devidamente justificadas e anotadas, a jornada de trabalho de 8 horas por dia, acrescida das horas 2 (duas) horas suplementares, poderá ser elevada pelo tempo necessário até o veículo chegar a um local seguro ou ao seu destino, desde que não se comprometa a segurança rodoviária.

Para o transporte de cargas vivas, perecíveis e especiais em longa distância ou em território estrangeiro poderão ser aplicadas regras conforme a especificidade da operação de transporte realizada, cujas condições de trabalho serão fixadas em convenção ou acordo coletivo.

O art. 235-B da CLT traz em seu bojo rol de deveres do motorista profissional, que assim dispõe:

Art. 235-B. São deveres do motorista profissional empregado:

I – estar atento às condições de segurança do veículo;

II – conduzir o veículo com perícia, prudência, zelo e com observância aos princípios de direção defensiva;

III – respeitar a legislação de trânsito e, em especial, as normas relativas ao tempo de direção e de descanso;

III – respeitar a legislação de trânsito e, em especial, as normas relativas ao tempo de direção e de descanso controlado e registrado na forma do previsto no art. 67-E da Lei 9.503, de 23 de setembro de 1997 – Código de Trânsito Brasileiro;

IV – zelar pela carga transportada e pelo veículo;

V – colocar-se à disposição dos órgãos públicos de fiscalização na via pública;

VI – (VETADO);

VII – submeter-se a teste e a programa de controle de uso de droga e de bebida alcoólica, instituído pelo empregador, com ampla ciência do empregado.

VII – submeter-se a exames toxicológicos com janela de detecção mínima de 90 (noventa) dias e a programa de controle de uso de droga e de bebida alcoólica, instituído pelo empregador, com sua ampla ciência, pelo menos uma vez a cada 2 (dois) anos e 6 (seis) meses, podendo ser utilizado para esse fim o exame obrigatório previsto na Lei 9.503, de 23 de setembro de 1997 – Código de Trânsito Brasileiro, desde que realizado nos últimos 60 (sessenta) dias.

Com relação ao rol acima indicado, importante destacar a obrigatoriedade do empregado motorista em se submeter a exames toxicológicos na forma do inciso VII do citado art. 235-B da CLT. Referida disposição legal coaduna com a regra disposta no art. 168, § 6º, da CLT que determina que serão exigidos exames toxicológicos, previamente à admissão e por ocasião do desligamento, quando se tratar de motorista profissional, assegurados o direito à contraprova em caso de resultado positivo e a confidencialidade dos resultados dos respectivos exames.

Em se tratando de transporte de passageiros, determina o art. 235-E da CLT:

Art. 235-E. Para o transporte de passageiros, serão observados os seguintes dispositivos:

I – é facultado o fracionamento do intervalo de condução do veículo previsto na Lei 9.503, de 23.09.1997 – Código de Trânsito Brasileiro, em períodos de no mínimo 5 (cinco) minutos;

II – será assegurado ao motorista intervalo mínimo de 1 (uma) hora para refeição, podendo ser fracionado em 2 (dois) períodos e coincidir com o tempo de parada obrigatória na condução do veículo estabelecido pela Lei 9.503, de 23.09.1997 – Código de Trânsito Brasileiro, exceto quando se tratar do motorista profissional enquadrado no § 5º do art. 71 desta Consolidação;

III – nos casos em que o empregador adotar 2 (dois) motoristas no curso da mesma viagem, o descanso poderá ser feito com o veículo em movimento, respeitando-se os horários de jornada de trabalho, assegurado, após 72 (setenta e duas) horas, o repouso em alojamento externo ou, se em poltrona correspondente ao serviço de leito, com o veículo estacionado.

6.1.2. *Modalidades especiais de trabalhadores*

Relação de trabalho corresponde a qualquer modalidade de contratação do trabalho humano, ou, em outras palavras, como ensina Renato Saraiva (em Curso de Direito Processual do Trabalho, 4ª ed., São Paulo, Método, 2007, p. 68): "relação de trabalho corresponde a qualquer vínculo jurídico por meio da qual uma pessoa natural executa obra ou serviços para outrem, mediante pagamento".

Podemos afirmar, portanto, que toda relação de emprego é uma relação de trabalho, mas nem toda relação de trabalho é uma relação de emprego, pois, como vimos, esta é uma espécie do gênero relação de trabalho.

Vejamos as espécies mais comuns de relação de trabalho:

6.1.2.1. *Trabalhador autônomo*

Nas lições de Sergio Pinto Martins (em Direito do Trabalho, 5ª ed., São Paulo, Malheiros, 1998, p. 127) trabalhador autônomo é aquele que "irá trabalhar por contra própria".

Difere-se do empregado, pois não há subordinação. O trabalhador autônomo desenvolve suas atividades com autonomia, atuando por conta própria, assumindo ele próprio o risco das atividades. Dispõe o art. 12, V, h, da Lei 8.212/1991, que trabalhador autônomo é a pessoa física que exerce por conta própria atividade econômica de natureza urbana, com fins lucrativos ou não.

Nas lições de Amauri Mascaro do Nascimento (em Direito do Trabalho Contemporâneo, São Paulo: Saraiva, 2011) "aqueles que detêm o poder de direção da própria atividade são autônomos e aqueles que alienam o poder de direção sobre o próprio trabalho para terceiros em troca de remuneração são subordinados".

A Lei 13.467/2017 inseriu no diploma consolidado o art. 442-B, da CLT que dispõe:

Art. 442-B. A contratação do autônomo, cumpridas por este todas as formalidades legais, com ou sem exclusividade, de forma contínua ou não, afasta a qualidade de empregado...

Nessa mesma linha, dispõe o art. 1º da Portaria 349/2018 MTE:

Art. 1º A contratação do autônomo, cumpridas por este todas as formalidades legais, com ou sem exclusividade, de forma contínua ou não, afasta a qualidade de empregado prevista no art. 3º do Decreto-Lei nº 5.452, de 1º de maio de 1943, que aprova a Consolidação das Leis do Trabalho.

O referido dispositivo legal tem como principal objetivo mitigar a pretensão de trabalhadores autônomos que celebram contrato de autônomo e após o término das prestações de serviços ingressam com reclamação trabalhista pleiteando o reconhecimento de vínculo de emprego.

De acordo com o novo dispositivo legal, o reconhecimento do trabalho autônomo e consequentemente o afastamento da qualidade de empregado subordinado fica condicionado ao cumprimento de todas as formalidades legais, como por exemplo, o contrato escrito apontando a prestação do trabalho autônomo e, ainda, não presença dos requisitos caracterizadores da relação de emprego, quais sejam: subordinação, onerosidade, pessoalidade e não eventualidade (habitualidade). Dessa forma, presente a subordinação jurídica, será reconhecido o vínculo empregatício, art. 1º, § 5º, da Portaria 349/2018 MTE.

Isso porque, no Direito do Trabalho prevalece o princípio da primazia da realidade, que se norteia pela ideia do contrato realidade, prevalecendo a realidade dos fatos sobre a realidade formal. Assim, uma vez presentes os requisitos caracterizadores da relação de emprego, a contratação se mostrará ilícita, sem eficácia, por força do art. 9º da CLT, que informa que serão considerados nulos de pleno direito os atos praticados com o objetivo de desvirtuar, impedir ou fraudar a aplicação dos preceitos contidos na CLT.

O trabalhador autônomo poderá prestar serviços de qualquer natureza a outros tomadores de serviços que exerçam ou não a mesma atividade econômica, sob qualquer modalidade de contrato de trabalho, inclusive como autônomo. Assim, não caracteriza a qualidade de empregado prevista no art. 3º da CLT o fato de o autônomo prestar serviços a apenas um tomador de serviços, é o que dispõe o art. 1º, §§ 1º e 2º da Portaria 349/2018 MTE.

Fica garantida, ainda, ao autônomo, a possibilidade de recusa de realizar atividade demandada pelo contratante, garantida a aplicação de cláusula de penalidade, caso prevista em contrato.

Por fim, na forma do art. 1º, § 4º, da Portaria 349/2018 MTE, motoristas, representantes comerciais, corretores de imóveis, parceiros, e trabalhadores de outras categorias profissionais reguladas por leis específicas relacionadas a atividades compatíveis com o contrato autônomo, desde que cumpridos os requisitos supra indicados, não possuirão a qualidade de empregado prevista no art. 3º da CLT.

6.1.2.2. Trabalhador eventual

É o trabalhador admitido numa empresa para determinado evento. Em outras palavras, é o trabalho realizado de maneira eventual, de curta duração, cujos serviços não coincidem com os fins normais da empresa.

O trabalhador eventual carece de um dos elementos necessários para a caracterização da relação de empregado, qual seja, a "não eventualidade", ou seja, o elemento "continuidade" não se encontra presente nesse tipo de contrato.

O trabalhador eventual é vulgarmente chamado de "bico" ou "freelancer", laborando de maneira precária, na medida em que não se encontra presente o elemento habitualidade.

O trabalhador eventual realiza apenas serviços esporádicos, distintos dos fins da empresa, não demonstrando qualquer habitualidade. Como exemplo podemos citar o pintor que faz reparos no muro de uma empresa.

6.1.2.3. Trabalhador avulso – Portuário

Pela redação do art. 12, VI, da Lei 8.212/1991, trabalhador avulso é entendido como quem presta, a diversas empresas, sem vínculo empregatício, serviços de natureza urbana ou rural definidos no regulamento.

O trabalho avulso encontra-se disciplinado na Lei 12.815/2013, mais especificamente nos arts. 32 a 44, sendo 3 os sujeitos envolvidos nessa relação: a) Órgão Gestor de Mão de Obra (OGMO): órgão gestor que concentra a administração do trabalho portuário; b) operador portuário: empresa que explora as atividades portuárias; e, por último, c) trabalhador portuário: são os próprios trabalhadores, aqueles que exercem as atividades de carga e descarga de navios.

Cumpre destacar que não há poder de direção do OGMO sobre o avulso, nem subordinação deste com aquele. No trabalho avulso não há subordinação, razão pela qual o avulso presta serviços sem vínculo de emprego, nem com o OGMO, muito menos com as empresas para as quais presta serviços.

O OGMO apenas reúne a mão de obra e paga os prestadores de serviço, de acordo com o valor recebido das empresas, que será dividido proporcionalmente entre os trabalhadores.

O OGMO não responde por prejuízos causados pelos trabalhadores portuários avulsos aos tomadores dos seus serviços ou a terceiros.

Porém, responde, solidariamente com os operadores portuários, pela remuneração devida ao trabalhador portuário avulso e pelas indenizações decorrentes de acidente de trabalho.

Não é preciso que o trabalhador avulso seja sindicalizado. O que importa é que haja a intermediação obrigatória do sindicato na colocação do trabalhador na prestação de serviços às empresas, que procuram a agremiação buscando trabalhadores.

Podem ser destacadas as seguintes características do avulso: a) a liberdade na prestação de serviços, pois não tem vínculo com o OGMO, tampouco com as empresas tomadoras de serviço; b) podem prestar serviços a mais de uma empresa; c) o OGMO é quem faz a intermediação da mão de obra, manejando os trabalhadores de acordo com a necessidade dos serviços, cobrando um determinado valor pelos préstimos, incluindo direitos trabalhistas e encargos previdenciários e fiscais, e dividindo proporcionalmente entre as pessoas que participam do labor.

Nos termos do art. 7.º, XXXIV, a Constituição Federal assegurou igualdade de direitos entre o trabalhador avulso e aquele que mantém vínculo de emprego permanente.

6.1.2.4. Trabalhador avulso – Não portuário

O trabalho avulso não portuário é regulado pela Lei 12.023/2009 como sendo aquele executado na movimentação de mercadorias em geral, em áreas urbanas ou rurais sem vínculo empregatício, mediante intermediação obrigatória do sindicato da categoria, por meio de Acordo ou Convenção Coletiva de Trabalho.

Nos termos do art. 2º da Lei 12.023/2009 consideram-se atividades da movimentação de mercadorias em geral:

I – cargas e descargas de mercadorias a granel e ensacados, costura, pesagem, embalagem, enlonamento, ensaque, arrasto, posicionamento, acomodação, reordenamento, reparação da carga, amostragem, arrumação, remoção, classificação, empilhamento, transporte com empilhadeiras, paletização, ova e desova de vagões, carga e descarga em feiras livres e abastecimento de lenha em secadores e caldeiras;

II – operações de equipamentos de carga e descarga;

III – pré-limpeza e limpeza em locais necessários à viabilidade das operações ou à sua continuidade.

Como vimos, a intermediação do sindicato de classe será obrigatória, por meio de Acordo ou Convenção Coletiva de Trabalho, nos termos do art. 1º da Lei 12.023/2009. Assim, como ocorre no trabalho avulso portuário, em que existe uma relação triangular, qual seja: Empresa – OGMO – Trabalhador Avulso Portuário, para o avulso não portuário a relação triangular se estabelece: Empresa – Sindicato – Trabalhador Avulso.

Nessa linha, o art. 4º da Lei 12.023/2009 impõe ao sindicato a obrigação de elaborar a escala de trabalho, bem como as folhas de pagamento dos trabalhadores avulsos, que deverá indicar tomador do serviço e os trabalhadores que participaram da operação.

A lei ensina ainda que são deveres do sindicato intermediador.

Art. 5º São deveres do sindicato intermediador:

I – divulgar amplamente as escalas de trabalho dos avulsos, com a observância do rodízio entre os trabalhadores;

II – proporcionar equilíbrio na distribuição das equipes e funções, visando à remuneração em igualdade de condições de trabalho para todos e a efetiva participação dos trabalhadores não sindicalizados;

III – repassar aos respectivos beneficiários, no prazo máximo de 72 (setenta e duas) horas úteis, contadas a partir do seu arrecadamento, os valores devidos e pagos pelos tomadores do serviço, relativos à remuneração do trabalhador avulso;

IV – exibir para os tomadores da mão de obra avulsa e para as fiscalizações competentes os documentos que comprovem o efetivo pagamento das remunerações devidas aos trabalhadores avulsos;

V – zelar pela observância das normas de segurança, higiene e saúde no trabalho;

VI – firmar Acordo ou Convenção Coletiva de Trabalho para normatização das condições de trabalho.

Vale dizer que o não repasse dos valores devidos e pagos a título de remuneração do trabalhador avulso, no prazo de 72 horas, acarretará na responsabilidade pessoal e solidária dos dirigentes da entidade sindical.

Nessa linha dispõe o art. 8º da Lei 12.023/2009:

Art. 8º As empresas tomadoras do trabalho avulso respondem solidariamente pela efetiva remuneração do trabalho contratado e são responsáveis pelo recolhimento dos encargos fiscais e sociais, bem como das contribuições ou de outras

importâncias devidas à Seguridade Social, no limite do uso que fizerem do trabalho avulso intermediado pelo sindicato.

A lei impõe ao tomador dos serviços, no prazo de 72 horas úteis, contadas a partir do encerramento do trabalho requisitado, o dever de pagar ao sindicato os valores devidos pelos serviços prestados ou dias trabalhados, acrescidos dos percentuais relativos a repouso remunerado, 13º salário e férias acrescidas de 1/3 (um terço), para viabilizar o pagamento do trabalhador avulso, bem como os percentuais referentes aos adicionais extraordinários e noturnos. Compete, ainda, ao tomador de serviços recolher os valores devidos ao FGTS, acrescido dos percentuais relativos ao 13º salário, férias, encargos fiscais, sociais e previdenciários.

6.1.2.5. Estagiário

Regulado pela Lei 11.788/2008, o estágio é considerado um ato educativo escolar supervisionado, desenvolvido no ambiente de trabalho, que visa à preparação para o trabalho produtivo de educandos que estejam frequentando o ensino regular em instituições de educação superior, de educação profissional, de ensino médio, da educação especial e dos anos finais do ensino fundamental, na modalidade profissional da educação de jovens e adultos.

Uma vez observados certos requisitos impostos pela lei, o estágio não criará vínculo empregatício de qualquer natureza.

A Lei 11.788/2008 exige, em seu art. 3º, que o estagiário seja matriculado e frequente regularmente um curso de educação superior, de educação profissional, de ensino médio, da educação especial e nos anos finais do ensino fundamental, na modalidade profissional da educação de jovens e adultos, atestado pela instituição de ensino; seja celebrado termo de compromisso entre o estagiário, a parte concedente do estágio e a instituição de ensino; e compatibilidade entre as atividades desenvolvidas no estágio e aquelas previstas no termo de compromisso.

O descumprimento de qualquer dos requisitos ou de qualquer outra obrigação contida no termo de compromisso caracteriza vínculo de emprego do educando com a parte concedente do estágio para todos os fins da legislação trabalhista e previdenciária.

O recebimento de bolsa ou de outra forma de contraprestação, bem como do auxílio-transporte, será obrigatório na hipótese de estágio não compulsório. Já para o estágio obrigatório, será uma faculdade das partes, podendo ser acordado o recebimento de bolsa ou outra forma de contraprestação.

A jornada de atividade do estágio deverá ser compatível com as atividades escolares e será definida de comum acordo entre a instituição de ensino, a parte concedente e o estagiário ou seu representante legal e não poderá ultrapassar:

a) 4 (quatro) horas diárias e 20 (vinte) horas semanais, para estudantes de educação especial e dos anos finais do ensino fundamental, na modalidade profissional de educação de jovens e adultos;

b) 6 (seis) horas diárias e 30 (trinta) horas semanais, no caso de estudantes do ensino superior, da educação profissional de nível médio e do ensino médio regular.

No que concerne aos cursos que alternam teoria e prática, nos períodos em que não estão programadas aulas presenciais, a jornada poderá ser de até 40 (quarenta) horas semanais, desde que isso esteja previsto no projeto pedagógico do curso e da instituição de ensino.

O prazo de duração do contrato de estágio vem esculpido no art. 11 da citada lei, que registra que o contrato não poderá exceder 2 (dois) anos, exceto quando se tratar de estagiário portador de deficiência.

Novidade inserida pela Lei 11.788/2008 foi o direito relativo às férias, tratada pela lei como recesso. Assim, hoje é assegurado ao estagiário período de recesso de 30 (trinta) dias, a ser gozado preferencialmente durante suas férias escolares, sempre que o estágio tenha duração igual ou superior a 1 (um) ano. Aos contratos de estágio com duração inferior a um ano, os dias de recesso deverão ser concedidos proporcionalmente. Vale dizer que por tal período não ser considerado como férias propriamente ditas, mas sim um período de recesso, o estagiário não fará jus ao recebimento do terço constitucional.

Vale frisar que referido período de recesso deverá ser remunerado quando o estagiário receber bolsa ou outra forma de contraprestação.

Por último, ainda com relação ao estagiário, a Seção de Dissídios Individuais 1 do TST editou a orientação jurisprudencial 366 que entendeu ser impossível o reconhecimento do vínculo empregatício com a Administração Pública direta ou indireta pela ausência de concurso público, ainda que desvirtuada a finalidade do estágio: "Ainda que desvirtuada a finalidade do contrato de estágio celebrado na vigência da Constituição Federal de 1988, é inviável o reconhecimento do vínculo empregatício com ente da Administração Pública direta ou indireta, por força do art. 37, II, da CF/1988, bem como o deferimento de indenização pecuniária, exceto em relação às parcelas previstas na Súmula 363 do TST, se requeridas."

6.1.2.6. Advogado empregado – Lei 8.906/1994

A relação de emprego entre o advogado empregado e o seu empregador se dá da mesma maneira de que para os empregados comuns, ou seja, se atendidos os requisitos presentes nos arts. 2º e 3º da CLT, quais sejam: prestação de serviços de natureza não eventual, sob dependência e mediante o pagamento regular de salário.

Inclui-se nessa relação todas as demais obrigações pertinentes como a apresentação de carteira de trabalho e o lançamento dos dados alusivos à contratação.

A relação de emprego do advogado empregado é diferenciada, pois não é submetido à subordinação como de um empregado comum. Isso porque, nos termos do art. 18 da Lei 8.906/1994 a relação de emprego, na qualidade de advogado, não retira a isenção técnica nem reduz a independência profissional inerentes à advocacia. Nessa mesma linha, o advogado empregado não está obrigado à prestação de serviços profissionais de interesse pessoal dos empregadores, fora da relação de emprego.

6.1.2.6.1. Jornada de trabalho

A Lei 14.365/2022 deu nova redação ao artigo 20 da Lei 8.906/94 (Estatuto da OAB) para modificar a jornada de trabalho do advogado empregado. Dispõe o art. 20 da Lei 8.906/94:

> Art. 20. A jornada de trabalho do advogado empregado, quando prestar serviço para empresas, não poderá exceder a duração diária de 8 (oito) horas contínuas e a de 40 (quarenta) horas semanais.

A nova redação dada ao citado dispositivo legal retirou o sistema denominado pela antiga lei de "dedicação exclusiva" que deixou de existir com a publicação da Lei 14.365/2022 em 02/06/2022.

O novo dispositivo legal determina, ainda, que a jornada de trabalho passa a ser de 8 horas por dia e 40 horas semanais. Contudo, o dispositivo legal em análise estabelece que tal jornada de trabalho será aplicável somente aos advogados empregados, quando prestar serviços para empresas. Considera-se como período de trabalho o tempo em que o advogado estiver à disposição do empregador, aguardando ou executando ordens, no seu escritório ou em atividades externas, sendo-lhe reembolsadas as despesas feitas com transporte, hospedagem e alimentação.

Importante lembrar que as horas trabalhadas que excederem a jornada normal, ou seja, as horas extraordinárias, serão remuneradas por um adicional não inferior a 100% sobre o valor da hora normal, mesmo havendo contrato escrito.

Por último, o período noturno para o advogado empregado é aquele prestado período das vinte horas de um dia até as cinco horas do dia seguinte, que deverão ser remuneradas acrescidas do adicional de 25%.

6.1.2.6.2 Honorários sucumbenciais

Nos termos do art. 21 da Lei 8.906/1994, nas causas em que for parte o empregador, ou pessoa por este representada, os honorários de sucumbência são devidos aos advogados empregados.

Os honorários de sucumbência, percebidos por advogado empregado de sociedade de advogados são partilhados entre ele e a empregadora, na forma estabelecida em acordo.

Sobre o tema, remetemos o leitor ao item 4.5.2 em Direito Processual do Trabalho.

6.2. Empregador

O conceito pode ser extraído da redação do art. 2º da CLT: empregador é a pessoa física ou jurídica "que, assumindo os riscos da atividade econômica, admite, assalaria e dirige a prestação pessoal de serviços". É, portanto, aquele que admite trabalhadores como empregados.

Cabe destacar que, nos termos do § 1º do art. 2º da CLT, são equiparados a empregador os profissionais liberais, as instituições de beneficência, as associações recreativas ou outras instituições sem fins lucrativos que admitirem trabalhadores como empregados.

6.2.1. Grupo de empresas

Considera-se grupo de empresas sempre que uma ou mais empresas, tendo, embora, cada uma delas, personalidade jurídica própria, estiverem sob a direção, controle ou administração de outra, ou ainda quando, mesmo guardando cada uma sua autonomia, integrem grupo econômico, serão responsáveis solidariamente pelas obrigações decorrentes da relação de emprego. É a teoria do empregador único, na qual a empresa principal e cada uma das subordinadas serão solidariamente responsáveis, para os efeitos da relação de emprego, nos exatos termos do art. 2º, § 2º, da CLT.

De acordo com a nova disposição consolidada para a caracterização do grupo econômico, não basta a mera identidade de sócios. A nova regra requer a comunhão de interesses, demonstração de interesse integrado e atuação conjunta das empresas que pertençam ao mesmo grupo econômico.

Dessa forma, para que fique constatado grupo econômico, com a consequente responsabilidade solidária entre as empresas, os empregados deverão comprovar que, de fato, as empresas possuem interesse comum e atuação conjunta.

Isso porque, o § 3º do art. 2º da CLT determina:

Art. 2º...

§ 3º Não caracteriza grupo econômico a mera identidade de sócios, sendo necessárias, para a configuração do grupo, a demonstração do interesse integrado, a efetiva comunhão de interesses e a atuação conjunta das empresas dele integrantes.

Vale lembrar que a prestação de serviços a mais de uma empresa do mesmo grupo econômico, durante a mesma jornada de trabalho, não caracteriza a coexistência de mais de um contrato de trabalho, salvo ajuste em contrário, em conformidade com a Súmula 129 do TST.

Havendo aquisição de uma empresa pertencente ao mesmo grupo econômico, nos termos da Orientação Jurisprudencial 411 da SDI 1 do TST, o sucessor não responde solidariamente por débitos trabalhistas de empresa não adquirida, integrante do mesmo grupo econômico da empresa sucedida, quando, à época, a empresa devedora direta era solvente ou idônea economicamente, ressalvada a hipótese de má-fé ou fraude na sucessão.

6.2.2. Consórcio de empregadores

Consórcio de empregadores é o conjunto de pessoas físicas ou jurídicas que desejam repartir mão de obra comum por meio de um ajuste contratual entre elas, não configurando sociedade. Nada mais é que um "concurso de empregadores".

José Augusto Rodrigues Pinto (em Curso de Direito Individual do Trabalho, 5ª ed., São Paulo, LTr, 2003, p. 603) define o consórcio de empregadores como sendo "um ajuste de vontades de empregadores pessoas físicas ou jurídicas, objetivando a admissão e utilização em comum de empregados para execução de serviços no interesse e sob subordinação individualizados das respectivas empresas individuais ou coletivas".

Entre os exemplos mais comuns podemos mencionar: vigia de rua contratado por vários moradores; vigia de carros de uma determinada rua comercial em que há várias lojas; a doméstica que a cada dia da semana atende a um morador diferente de um condomínio residencial.

6.2.3. Sucessão de empregadores

Sucessão de empregadores ocorre com a transferência da titularidade do negócio pelo titular primário, chamado de sucedido, a um novo titular, chamado sucessor, que se tornará responsável por todos os direitos e dívidas do negócio existentes até então.

A mudança pode ocorrer na propriedade da empresa, como vimos, podendo ocorrer também na alteração de sua estrutura jurídica, que é a modificação em sua forma ou modo de constituir-se.

Assim, na aquisição ocorre uma alteração na propriedade por meio da alienação da empresa para outro empresário. Já a alteração na estrutura jurídica ocorre quando há mudanças na forma de a empresa constituir-se. Como exemplo de alteração

na estrutura jurídica da empresa, podemos citar a transformação, que é a operação pela qual uma sociedade passa de uma espécie para outra, como por exemplo: de sociedade limitada para sociedade anônima.

Cabe ressaltar que, de acordo com os arts. 10 e 448 da CLT, qualquer alteração na estrutura jurídica da empresa não afetará os direitos adquiridos por seus empregados e não afetará os contratos de trabalho dos respectivos empregados.

A legislação trabalhista, na defesa dos contratos de trabalho e visando à garantia do empregado, estabelece o princípio da continuidade do vínculo jurídico trabalhista, declarando que a alteração na estrutura jurídica e a sucessão de empresas em nada o afetarão. O atual proprietário responderá pelos créditos dos empregados e ex-empregados, pois estes se vinculam à empresa, não aos seus titulares.

O art. 448-A da CLT informa que caracterizada a sucessão empresarial ou de empregadores prevista nos arts. 10 e 448 da CLT, as obrigações trabalhistas, inclusive as contraídas à época em que os empregados trabalhavam para a empresa sucedida, são de responsabilidade do sucessor.

Importante lembrar, ainda, que havendo sucessão de empregadores que estejam em liquidação extrajudicial, o sucessor responde pela obrigação do sucedido, não podendo se beneficiar de qualquer privilégio a este destinado, sendo devida, também, a incidência de juros de mora em relação aos débitos trabalhistas da empresa que está em liquidação extrajudicial. Nessa linha, cabe transcrever a Orientação Jurisprudencial 408 da SDI 1 do TST.

OJ-SDI1-408 JUROS DE MORA. EMPRESA EM LIQUIDAÇÃO EXTRAJUDICIAL. SUCESSÃO TRABALHISTA.

É devida a incidência de juros de mora em relação aos débitos trabalhistas de empresa em liquidação extrajudicial sucedida nos moldes dos arts. 10 e 448 da CLT. O sucessor responde pela obrigação do sucedido, não se beneficiando de qualquer privilégio a este destinado.

Por último, tema de grande relevância é a hipótese de sucessão na aquisição de empresas pertencentes ao mesmo grupo econômico. Nessa linha, cabe transcrever a Orientação Jurisprudencial 411 da SDI 1 do TST, publicada em 26.10.2010.

ORIENTAÇÃO JURISPRUDENCIAL 411 DA SDI 1 DO TST – SUCESSÃO TRABALHISTA. AQUISIÇÃO DE EMPRESA PERTENCENTE A GRUPO ECONÔMICO. RESPONSABILIDADE SOLIDÁRIA DO SUCESSOR POR DÉBITOS TRABALHISTAS DE EMPRESA NÃO ADQUIRIDA. INEXISTÊNCIA.

O sucessor não responde solidariamente por débitos trabalhistas de empresa não adquirida, integrante do mesmo grupo econômico da empresa sucedida, quando, à época, a empresa devedora direta era solvente ou idônea economicamente, ressalvada a hipótese de má-fé ou fraude na sucessão.

6.2.3.1 Responsabilidade do sócio retirante

A mudança na empresa pode ocorrer também com relação aos seus sócios. Nesse sentido, a lei criou mecanismos para dispor sobre a responsabilidade do sócio retirante.

Assim, nos termos do art. 10-A da CLT o sócio retirante responde subsidiariamente pelas obrigações trabalhistas da sociedade relativas ao período em que figurou como sócio, somente em ações ajuizadas até dois anos depois de averbada a modificação do contrato.

A responsabilidade do sócio retirante é subsidiária e para que recaia sobre ele, deverá o credor buscar a satisfação de seu crédito contra a empresa devedora (responsável principal). Caso ela se mostre insolvente o credor deverá buscar a satisfação de seu crédito contra os sócios atuais. Assim, somente se esses também se mostrarem insolventes a responsabilidade recairá sobre os sócios retirantes.

Dispõe o art. 10-A da CLT:

Art. 10-A. O sócio retirante responde subsidiariamente pelas obrigações trabalhistas da sociedade relativas ao período em que figurou como sócio, somente em ações ajuizadas até dois anos depois de averbada a modificação do contrato, observada a seguinte ordem de preferência:

I – a empresa devedora;

II – os sócios atuais; e

III – os sócios retirantes.

Importante ressaltar que se ficar comprovada fraude na alteração societária decorrente da modificação do contrato, o sócio retirante responderá solidariamente com os demais sócios, nos termos do parágrafo único do art. 10-A da CLT.

6.2.4. Serviços notariais e de registro

A delegação do serviço notarial e de registro depende de prévia aprovação em concurso público, nos termos do art. 236, § 3º, da CF/1988:

Art. 236. Os serviços notariais e de registro são exercidos em caráter privado, por delegação do Poder Público.

(...)

§ 3º O ingresso na atividade notarial e de registro depende de concurso público de provas e títulos, não se permitindo que qualquer serventia fique vaga, sem abertura de concurso de provimento ou de remoção, por mais de seis meses.

Com a aprovação em concurso público, a respectiva serventia é transferida ao novo titular que, nos termos do art. 21 da Lei 8.935/1994 (Lei dos Cartórios), será responsável por montar a estrutura necessária à prestação dos serviços.

Nessa linha, ensinam os arts. 20 e 21 da citada lei que, para o desempenho de suas funções, cabe ao tabelião ou oficial de registro contratar escreventes e auxiliares como empregados, com remuneração livremente ajustada e sob o regime da legislação trabalhista.

Importante notar que a relação de trabalho se estabelece diretamente entre o notário ou o registrador e seus respectivos prepostos.

A regra insculpida no art. 236 da CF/1988 ensina que os serviços notariais e de registro são exercidos em caráter privado, por delegação do Poder Público. De acordo com o texto constitucional, o Estado não é o empregador. O empregador é o titular da serventia, que é quem detém a responsabilidade de contratar, assalariar e dirigir a prestação laboral, sendo, portanto, equiparado a empregador (art. 2º, § 2º, da CLT).

Em outras palavras, podemos concluir que a imputação de responsabilidade pelos créditos trabalhistas à serventia e não ao tabelião encontra vedação no próprio art. 236 da CF/1988, na medida em que o tabelião aprovado em concurso é quem possui legitimidade para contratar sob o regime trabalhista.

6.2.4.1. Sucessão trabalhista nos serviços notariais e de registro

Como ensina a doutrina e a jurisprudência, para a caracterização da sucessão trabalhista (arts. 10 e 448 da CLT) são exigidos dois requisitos, quais sejam: a) transferência da unidade econômico-jurídica; e b) a continuidade na prestação laboral.

Nesse contexto, devemos lembrar que a extinção da delegação implicará a interrupção da concessão do serviço notarial e de registro, dissolvendo-se, assim, o vínculo do ex-titular com a administração. Em um segundo momento, há a criação de novo vínculo com a posse do novo delegado aprovado em concurso público.

Nesse ponto, importante a disposição do art. 39, § 2º, da Lei 8.935/1994:

§ 2º. Extinta a delegação a notário ou a oficial de registro, a autoridade competente declarará vago o respectivo serviço, designará o substituto mais antigo para responder pelo expediente e abrirá concurso.

Essa regra nos ajuda a lembrar que o delegado aprovado em concurso público não recebe a delegação por transmissão do anterior titular, de forma derivada, mas sim diretamente do Estado, de forma originária, afastando a responsabilidade por obrigações pretéritas.

Também não poderia ser diferente. Imputar as obrigações pretéritas ao novo delegado implicaria a inviabilidade dos concursos para delegação de serviços notariais e de registro.

Portanto, podemos concluir que a exigência de concurso público feita pelo art. 236 da CF/1988 aponta que o titular que ingressa na atividade recebe a delegação de forma originária pelo Estado; outrossim, o titular não recebe o patrimônio do antigo empregador, não ocorrendo, destarte, o fenômeno da sucessão trabalhista e, por consequência, nenhum crédito ou débito lhe é transferido.

6.2.5. Poder diretivo do empregador

Poder diretivo ou poder de direção consiste na capacidade que o empregador possui de organizar, controlar e disciplinar a prestação dos serviços por parte do empregado, que assim o faz, de forma subordinada.

O poder diretivo é limitado, devendo ser exercido dentro das balizas previstas em lei, resguardando, sempre, os direitos e garantias dos empregados.

O poder diretivo pode ser estudado sob 3 aspectos:

a) Poder de organização: é o empregador quem deve organizar seu empreendimento, distribuindo os empregados em suas respectivas funções, local de trabalho, horários de entrada e saída etc.;

b) Poder de controle: é o empregador quem deve gerenciar, fiscalizar a atividade laboral de seus empregados, para que sejam cumpridas as regras impostas pelo próprio empregador e pelo sistema jurídico, como, por exemplo, a obediência ao horário de trabalho (art. 74 da CLT) e o uso dos Equipamentos de Proteção Individual – EPIs;

c) Poder disciplinar: tendo em vista que o empregador tem o poder de organizar e controlar o trabalho desenvolvido por seus empregados, caberá a ele a aplicação das penalidades ao empregado que não observar as regras de organização impostas.

Embora a CLT preveja expressamente somente 2 (duas) espécies de punições a serem impostas ao empregado, na verdade 3 (três) são as espécies:

a) advertência: não prevista expressamente na CLT, é um aviso, que poderá ser verbal ou escrito, ao empregado para que ele tome conhecimento de seu comportamento inadequado e das implicações que poderão lhe causar;

b) suspensão: limitada a 30 (trinta) dias consecutivos, nos termos do art. 474 da CLT, tem como objetivo resgatar o comportamento do empregado que cometeu uma falta;

c) dispensa por justa causa: é considerada a punição mais severa, pois acarreta na extinção do contrato de trabalho e ocorrerá nas hipóteses previstas no art. 482 da CLT.

Não se exige que as punições sejam aplicadas de forma gradual, ou seja, em primeiro lugar a advertência; em segundo a suspensão e por último a justa causa. A punição imposta deverá ser proporcional à falta cometida pelo empregado, podendo inclusive ser aplicada, de plano, a dispensa por justa causa.

Importante lembrar que, em regra, não se admite a multa como punição do empregado, na medida em que contraria o princípio da intangibilidade salarial disposto no art. 462 da CLT.

No entanto, a Lei 9.615/1998 autoriza em seu art. 48, inciso III, a punição do atleta profissional com aplicação de multa.

6.2.5.1. Verificação de e-mail do empregado

Com estudamos, muito se discute se a verificação de e-mail do empregado estaria contida no poder de controle do empregador.

O e-mail particular do empregado está plenamente acobertado pela garantia constitucional de proibição de violação do sigilo das comunicações e de dados (art. 5º, XII, da CF).

Porém, a grande discussão gira em torno do e-mail corporativo, aquele disponibilizado pelo empregador ao empregado como ferramenta de trabalho, ou seja, para o desempenho das atividades laborais.

Prevalece na jurisprudência que não excede o poder de controle o empregador que obtém acesso do e-mail corporativo de seu empregado, pois possui a prerrogativa de zelar pelo correto uso de todos os meios proporcionados a todos os funcionários. Poderá o empregador monitorar e rastrear a atividade do empregado em seu ambiente de trabalho, ainda que virtual, como ocorre com os e-mails, tanto do ponto de vista formal como material, relacionado ao conteúdo da mensagem eletrônica enviada.

Podemos concluir, portanto, que não há violação à intimidade do obreiro prevista no art. 5º, XII, da CF a fiscalização de e-mail corporativo, que poderá, inclusive, ser objeto de prova pelo empregador para comprovar a justa causa do obreiro.

Sobre o tema, o TST se pronunciou no julgamento do processo TST-AIRR-1640/2003-051-01-40.0 de 15/10/2008:

AGRAVO DE INSTRUMENTO EM RECURSO DE REVISTA – E-MAIL CORPORATIVO – ACESSO PELO EMPREGADOR SEM A ANUÊNCIA DO EMPREGADO – PROVA ILÍCITA – NÃO CARACTERIZADA. Consoante entendimento consolidado neste Tribunal, o e-mail corporativo ostenta a natureza jurídica de ferramenta de trabalho, fornecida pelo empregador ao seu

empregado, motivo pelo qual deve o obreiro utilizá-lo de maneira adequada, visando à obtenção da maior eficiência nos serviços que desempenha. Dessa forma, não viola os arts. 5º, X e XII, da Carta Magna a utilização, pelo empregador, do conteúdo do mencionado instrumento de trabalho, uma vez que cabe àquele que suporta os riscos da atividade produtiva zelar pelo correto uso dos meios que proporciona aos seus subordinados para o desempenho de suas funções. Não se há de cogitar, pois, em ofensa ao direito de intimidade do reclamante.

6.2.5.2. Revistas íntimas

O art. 373-A, VI, da CLT veda a revista íntima nas empregadas e funcionárias. O texto consolidado traz regra de proteção do trabalho da mulher, que, por força do art. 5º, I, da CF, pode ser aplicado perfeitamente aos empregados do sexo masculino.

A revista íntima que se refere o dispositivo celetista em comento é aquela que viole a intimidade, a vida privada, a honra e a imagem do empregado, em conformidade com o art. 5º, X, da CF.

Desta forma, embora existam posições contrárias em atenção aos direitos da dignidade da pessoa humana, previsto no art. 1º da CF, é vedada toda e qualquer revista pessoal em qualquer circunstância, na medida em que o empregador pode se valer de outros meios para a proteção de seus bens, como, por exemplo, o uso de câmeras em locais comuns.

Sobre o tema, imperioso destacar a seguinte decisão do TST no julgamento do processo RR – 324500-05.2008.5.09.0195:

"...

DANO MORAL. REVISTA ÍNTIMA.

Esta Corte Superior tem se posicionado no sentido de que a revista visual de pertences dos empregados, feita de forma impessoal e indiscriminada, é inerente aos poderes de direção e de fiscalização do empregador e, por isso, não constitui ato ilícito. No presente caso, contudo, o quadro fático delineado no acórdão regional evidencia a existência de abuso de direito no procedimento de revista adotado pela ré. Consequentemente, ficou demonstrado o dano moral que teria atingido a autora, e o consequente sofrimento psíquico advinda do contato físico. Assim, ficou comprovado o ato ilícito praticado pelo reclamado. Por outro lado, o Tribunal Regional, ao fixar o valor da indenização em R$ 15.000,00 a título de danos morais, levou em consideração o dano sofrido, a condição da autora, o fim pedagógico e a capacidade econômica do reclamado. Tem-se, portanto, que foram observados os princípios da proporcionalidade e da razoabilidade insertos no art. 944 do Código Civil, o qual vincula a indenização à extensão do dano. Recurso de revista de que não se conhece." (RR – 324500-05.2008.5.09.0195, Relator Ministro: Pedro Paulo Manus, Data de Julgamento: 14/11/2012, 7ª Turma, Data de Publicação: 19/11/2012)

Em 18 de abril de 2016 foi publicada a Lei 13.271/2016 que dispõe sobre a proibição de revista íntima de funcionárias nos locais de trabalho.

De acordo com o art. 1º da lei as empresas privadas, os órgãos e entidades da administração pública, direta e indireta, ficam proibidos de adotar qualquer prática de revista íntima de suas funcionárias e de clientes do sexo feminino. O não cumprimento a essa determinação sujeitará o infrator ao pagamento de multa de R$ 20.000,00 (vinte mil reais).

Vale ressaltar que essa multa não será devida a funcionária ou a cliente. A multa será revertida aos órgãos de proteção dos direitos da mulher.

Em caso de reincidência, independentemente da indenização por danos morais e materiais e sanções de ordem penal, sujeitará o infrator a multa em dobro do valor estipulado anteriormente.

6.2.5.3. Terceirização

Atualmente, a terceirização é tratada na Lei 6.019/1974, de acordo com as reformas trazidas pela Lei 13.467/2017 (Reforma Trabalhista).

De acordo com a atual legislação terceirização é tratada como prestação de serviços a terceiros, que nos termos do art. 4º-A da Lei 6.019/74 consiste na transferência feita pela contratante da execução de quaisquer de suas atividades, inclusive sua atividade principal, à pessoa jurídica de direito privado prestadora de serviços que possua capacidade econômica compatível com a sua execução.

Assim, uma determinada empresa (empresa contratante) delega parte de suas atividades, que serão exercidas por outra empresa (empresa prestadora de serviços a terceiros) que deverá colocar um trabalhador à disposição da empresa contratante para o exercício da atividade contratada.

Empresa contratante (aquela que contrata o serviço terceirizado) é a pessoa física ou jurídica que celebra contrato com empresa de prestação de serviços relacionados a quaisquer de suas atividades, inclusive sua atividade principal, nos termos do art. 5º-A da Lei 6.019/1974.

Nota-se, dessa forma, que na terceirização existe uma relação trilateral ou triangular, ou seja, empregado, empregador e "cliente". Vejamos: entre a empresa prestadora de serviços (EPS) e o trabalhador existe uma relação de emprego propriamente dita, art. 4º-A, § 1º, da CLT. Entre a EPS e a empresa contratante existe uma relação de natureza civil, que tem como objeto a prestação de serviços. Por último, entre a empresa contratante e o trabalhador não há uma típica relação de trabalho, na medida em que é empregado vinculado à EPS, mas sim uma mera relação jurídica, pois seu labor é executado na empresa tomadora de serviços.

Para que a empresa de prestação de serviços a terceiros possa funcionar, o art. 4º-B da Lei 6.019/1974 impõe alguns requisitos, a saber:

Art. 4º-B. São requisitos para o funcionamento da empresa de prestação de serviços a terceiros:

I – prova de inscrição no Cadastro Nacional da Pessoa Jurídica (CNPJ);

II – registro na Junta Comercial;

III – capital social compatível com o número de empregados, observando-se os seguintes parâmetros:

a) empresas com até dez empregados – capital mínimo de R$ 10.000,00 (dez mil reais);

b) empresas com mais de dez e até vinte empregados – capital mínimo de R$ 25.000,00 (vinte e cinco mil reais);

c) empresas com mais de vinte e até cinquenta empregados – capital mínimo de R$ 45.000,00 (quarenta e cinco mil reais);

d) empresas com mais de cinquenta e até cem empregados – capital mínimo de R$ 100.000,00 (cem mil reais); e

e) empresas com mais de cem empregados – capital mínimo de R$ 250.000,00 (duzentos e cinquenta mil reais).

6.2.5.3.1 Quarteirização

Consiste na transferência dos serviços que seriam prestados pela empresa de prestação de serviços a terceiros para outra empresa prestadora de serviços. Em outras palavras podemos dizer que é a "terceirização da terceirização."

Nessa linha, o art. 4º-A, § 1º, da Lei 6.019/74 permite que a empresa prestadora de serviços a terceiros subcontrate outras empresas para prestação dos serviços que ela prestaria.

Dispõe o art. 4º-A, § 1º da Lei 6.019/74:

"Art. 4º-A...

§ 1º. A empresa prestadora de serviços contrata, remunera e dirige o trabalho realizado por seus trabalhadores, ou subcontrata outras empresas para realização desses serviços."

6.2.5.3.2 Contrato de prestação de serviços a terceiros

O contrato de prestação de serviços a terceiro é aquele celebrado entre a empresa prestadora de serviço e a contratante. Assim, a empresa contratante celebra um contrato de prestação de serviços (contrato de terceirização) com a empresa prestadora de serviços, que irá designar um trabalhador para laborar na empresa contratante.

Nos termos do art. 5º-B da Lei 6.019/1974 o contrato de prestação de serviços conterá:

a) qualificação das partes;

b) especificação do serviço a ser prestado;

c) prazo para realização do serviço, quando for o caso;

d) valor.

Vale dizer que, não pode figurar como contratada a pessoa jurídica cujos titulares ou sócios tenham, nos últimos dezoito meses, prestado serviços à contratante na qualidade de empregado ou trabalhador sem vínculo empregatício, exceto se os referidos titulares ou sócios forem aposentados, art. 5º-C da Lei 6.019/1974.

6.2.5.3.3 Atividades permitidas na terceirização

O art. 4º-A da Lei 6.019/1974 ensina que se considera prestação de serviços a terceiros a transferência feita pela contratante da execução de quaisquer de suas atividades, inclusive sua atividade principal, à pessoa jurídica de direito privado prestadora de serviços que possua capacidade econômica compatível com a sua execução.

De acordo com o citado dispositivo legal, a terceirização pode ser feita para qualquer atividade empresarial, quer seja atividade-meio quer seja atividade-fim da empresa.

Sobre o tema, importante destacar que o Supremo Tribunal Federal (STF) decidiu em 30 de novembro de 2018 ser lícita a terceirização em todas as etapas do processo produtivo, seja meio ou fim. Ao julgar a Arguição de Descumprimento de Preceito Fundamental (ADPF) 324 e o Recurso Extraordinário (RE) 958252, com repercussão geral reconhecida, sete ministros votaram a favor da terceirização de atividade-fim e quatro contra.

A tese de repercussão geral aprovada no RE foi a seguinte: "É lícita a terceirização ou qualquer outra forma de divisão do trabalho entre pessoas jurídicas distintas, independentemente do objeto social das empresas envolvidas, mantida a responsabilidade subsidiária da empresa contratante".

Assim, o contrato de prestação de serviços a terceiros poderá versar sobre qualquer atividade. Contudo, é vedada à contratante a utilização dos trabalhadores em atividades distintas daquelas que foram objeto do contrato com a empresa prestadora de serviços.

Ademais, os serviços contratados poderão ser executados nas instalações físicas da empresa contratante ou em outro local, de comum acordo entre as partes.

Ainda que seja contratada nos ditames legais para ser considerada lícita, não podem estar presentes os requisitos da pessoalidade e subordinação.

Como sabemos, a pessoalidade indica que os trabalhos devem ser prestados pelo trabalhador, sem que haja substituições.

Na terceirização lícita, a contratante pouco importa a pessoa que estará prestando o serviço, tendo em vista que a empresa tomadora contrata o serviço e não o trabalhador.

Desta forma, para que a terceirização seja considerada lícita, não poderá a contratante exigir a presença de um determinado trabalhador. Caso haja essa exigência restará ilícita a terceirização, reconhecendo-se o vínculo trabalhista entre o empregado e a tomadora de serviços.

Com relação à subordinação sabemos que a prestação dos serviços é dirigida pelo empregador, que exerce o poder de direção.

Na terceirização lícita não pode haver subordinação pela contratante, sob pena de se reconhecer sua ilicitude. O poder disciplinar deverá ser exercido por seu empregador, ou seja, a empresa prestadora de serviços. É ela, também, quem deverá fiscalizar, controlar e organizar as atividades do empregado e não a tomadora de serviços.

Importante lembrar que esses poderes não podem ser exercidos pela empresa tomadora de serviços, sob pena de se reconhecer o vínculo de emprego entre o trabalhador e a tomadora de serviços, com fundamento no art. 9º da CLT.

6.2.5.3.4. Terceirização ilícita

A terceirização será considerada ilícita caso não obedeça aos regramentos dispostos na legislação em vigor.

Declarada a nulidade da terceirização, será reconhecido o vínculo de emprego diretamente com a empresa contratante

Desta forma, celebrada a terceirização e considerada ilícita ou fraudulenta, deverá o magistrado reconhecer o vínculo de emprego com a tomadora de serviços, sendo-lhe aplicada, nesse caso, a responsabilidade solidária quanto às verbas decorrentes do contrato de trabalho inadimplidas pela empresa prestadora de serviços.

6.2.5.3.5. Responsabilidade

Na terceirização a responsabilidade pelas obrigações trabalhistas pode ser solidária ou subsidiária.

A responsabilidade será subsidiária nos casos de terceirização lícita. Nesses casos, a responsabilidade surge tão somente com o inadimplemento do devedor principal.

Nesse sentido, determina o art. 5º-A, § 5º da Lei 6.019/74:

Art. 5º-A...

§ 5º. A empresa contratante é subsidiariamente responsável pelas obrigações trabalhistas referentes ao período em que ocorrer a prestação de serviços, e o recolhimento das contribuições previdenciárias observará o disposto no art. 31 da Lei n. 8.212, de 24 de julho de 1991.

Por outro lado, em se tratando de terceirização ilícita a responsabilidade será solidária, tendo em vista que a contratação por meio de empresa interposta é ilegal e não produz qualquer efeito, nos moldes do art. 9º da CLT.

6.2.5.3.6. Terceirização na Administração Pública

É admitida a terceirização de atividade ou serviço pela Administração Pública. Nesse caso, tem-se a figura do contrato administrativo, firmado com a empresa prestadora de serviços que, em regra, é precedido de licitação.

A CF exige do empregado público prévia aprovação em concurso público nos termos do art. 37, II e § 2º, da CF. Por essa razão não é possível o reconhecimento do vínculo empregatício entre as partes.

No entanto, a Súmula 331, item V, do TST impõe à Administração Pública obrigação de indenizar ao atribuí-la a responsabilidade subsidiária. Assim, havendo o inadimplemento das obrigações trabalhistas por parte do empregador, a responsabilidade será da Administração Pública.

No entanto, diferente do que ocorre para a iniciativa privada onde basta o mero inadimplemento das obrigações por parte da empresa prestadora de serviços – devedor principal – em se tratando de Administração Pública, é necessário que se comprove culpa na observância das normas dispostas na Lei 8.666/1993.

Como se sabe, cabe ao ente da Administração o poder de fiscalização. Trata-se de uma prerrogativa do Poder Público de fazer acompanhar a fiel execução do contrato celebrado. Assim, não cumprida essa obrigação surge a obrigação de indenizar.

Desta forma, havendo o inadimplemento por parte da empresa prestadora de serviços e comprovada conduta culposa no cumprimento das obrigações da Lei 8.666/1993, surge a responsabilidade subsidiária da Administração Pública no pagamento das obrigações trabalhistas do empregado.

SÚMULA 331 TST – CONTRATO DE PRESTAÇÃO DE SERVIÇOS. LEGALIDADE.

(...)

V – Os entes integrantes da Administração Pública direta e indireta respondem subsidiariamente, nas mesmas condições do item IV, caso evidenciada a sua conduta culposa no cumprimento das obrigações da Lei 8.666, de 21.06.1993, especialmente na fiscalização do cumprimento das obrigações contratuais e legais da prestadora de serviço como empregadora. A aludida responsabilidade não decorre de mero inadimplemento das obrigações trabalhistas assumidas pela empresa regularmente contratada.

VI – A responsabilidade subsidiária do tomador de serviços abrange todas as verbas decorrentes da condenação referentes ao período da prestação laboral.

7. REMUNERAÇÃO E SALÁRIO

7.1. Remuneração

Segundo a redação do art. 457 da CLT, remuneração consiste na somatória da contraprestação paga diretamente pelo empregador, seja em pecúnia, seja em utilidades, com a quantia recebida pelo obreiro de terceiros a título de gorjeta.

Assim, compreende-se na remuneração do empregado, para todos os efeitos legais, além do salário devido e pago diretamente pelo empregador, como contraprestação do serviço, as gorjetas que receber. Em outras palavras, remuneração é salário + gorjeta.

Remuneração é, portanto, gênero que engloba as espécies: salário e gorjetas.

7.2. Salário

É contraprestação paga diretamente pelo empregador ao empregado pelos serviços prestados, seja em dinheiro, seja em utilidades, por exemplo: habitação, alimentação e vestuário, nos termos do art. 458, caput, e seu § 2º, da CLT.

O salário é formado pela somatória do salário básico (soma do salário em dinheiro com o salário in natura) acrescido do sobressalário (complementos do salário básico que irão integrar o salário do trabalhador, como adicional noturno, adicional de insalubridade etc.), de acordo com o art. 457, § 1º, da CLT.

Qualquer que seja a modalidade do trabalho, o pagamento do salário não deve ser estipulado por período superior a 1 (um) mês, salvo no que concerne a comissões, percentagens e gratificações. Quando o pagamento houver sido estipulado por mês, deverá ser efetuado, o mais tardar, até o quinto dia útil do mês subsequente ao vencido.

O atraso no pagamento do salário, chamado mora salarial, implica a rescisão indireta do contrato de trabalho, por descumprimento contratual, nos termos do art. 483, d, da CLT.

Sobre mora salarial é importante trazer o posicionamento contido na Súmula 13 do TST: "O só pagamento dos salários atrasados em audiência não ilide a mora capaz de determinar a rescisão do contrato de trabalho."

7.3. Salário in natura

O salário in natura, também conhecido como salário-utilidade, é conceituado como sendo toda parcela, bem ou vantagem fornecida pelo empregador como gratificação pelo trabalho desenvolvido ou pelo cargo ocupado.

Para ser reconhecido como tal, 3 requisitos devem ser levados em consideração.

a) Habitualidade:

b) A prestação deve representar um ganho para o trabalhador:

c) prestação "pelo o trabalho".

Para determinar se uma prestação será ou não considerada como salário in natura, devemos avaliar se a prestação é cedida como um benefício "pelo" trabalho ou se cedida "para" a prestação do labor. Assim, se a prestação for concedida ao obreiro pelo trabalho exercido, essa parcela deverá ser considerada como salário in natura. No entanto, sendo a prestação concedida para a realização do trabalho, ela não integrará o salário do obreiro.

Nesse sentido é a Súmula 367 do TST, que no item I leciona: "a habitação, a energia elétrica e veículo fornecidos pelo empregador ao empregado, quando indispensáveis para a realização do trabalho, não têm natureza salarial, ainda que, no caso de veículo, seja ele utilizado pelo empregado também em atividades particulares."

Desta forma, em conformidade com o § 2º do art. 458 da CLT, não se consideram como salário, desde que compreendidas a todos os empregados, as seguintes utilidades:

a) vestuários, equipamentos e outros acessórios fornecidos aos empregados e utilizados no local de trabalho para a prestação do serviço;

b) educação, em estabelecimento de ensino próprio ou de terceiros, compreendendo os valores relativos à matrícula, mensalidade, anuidade, livros e material didático;

c) transporte destinado ao deslocamento para o trabalho e retorno, em percurso servido ou não por transporte público;

d) assistência médica, hospitalar e odontológica, prestada diretamente ou mediante seguro-saúde;

e) seguros de vida e de acidentes pessoais;

f) previdência privada;

g) o valor correspondente ao vale-cultura.

Importante notar que a habitação e a alimentação fornecidas como salário-utilidade deverão atender aos fins a que se destinam e não poderão exceder, respectivamente, a 25% (vinte e cinco por cento) e 20% (vinte por cento) do salário-contratual.

Tratando-se de habitação coletiva, o valor do salário-utilidade a ela correspondente será obtido mediante a divisão do justo valor da habitação pelo número de coabitantes, vedada, em qualquer hipótese, a utilização da mesma unidade residencial por mais de uma família.

Em nenhum caso será permitido o pagamento com bebidas alcoólicas ou drogas nocivas. O cigarro não se considera salário-utilidade em face de sua nocividade à saúde (Súmula 367, II, do TST).

Também não se incorporam ao salário a alimentação fornecida de acordo com o programa alimentação do trabalhador e o vale-alimentação.

Convém ressaltar que o pagamento de cesta básica, se estiver em norma coletiva, não poderá ser considerado como salário. No entanto, caso seu fornecimento seja espontâneo por parte do empregador, passará a ter natureza salarial.

7.4. Gorjeta

As gorjetas, previstas no art. 457, § 3º, da CLT, de acordo com a redação dada pela Lei 13.419/2017, correspondem não só a importância espontaneamente dada pelo cliente ao empregado, como também o valor cobrado pela empresa, como serviço ou adicional, a qualquer título, e destinado à distribuição aos empregados. Como exemplo podemos citar os 10% sobre a conta de um restaurante, bem como importância dada espontaneamente pelo cliente ao empregado (as "caixinhas").

Pela redação da parte final do § 3º do art. 457 da CLT podemos afirmar que as gorjetas são receitas que pertencem aos empregados. Em outras palavras, podemos dizer que as gorjetas correspondem à parcela da remuneração que não é paga diretamente pelo empregador ao empregado, mas sim por terceiros.

As gorjetas, cobradas pelo empregador na nota de serviço ou oferecidas espontaneamente pelos clientes, nos termos da Súmula 354 do TST, integram a remuneração do empregado, mas não servem de base de cálculo para as parcelas de aviso-prévio, adicional noturno, horas extras e repouso semanal remunerado.

Importante destacar que com o advento da reforma trabalhista (Lei 13.467/2017), que alterou a redação do art. 457 e seus parágrafos da CLT, as disposições acerca das gorjetas trazidas pela Lei 13.419/2017 e que eram tratadas nos parágrafos do referido art. 457 da CLT foram revogados. Isso porque, ao analisarmos a Lei 13.467/2017 que deu nova redação ao art. 457 da CLT, é possível notar o uso da sigla "NR" (nova redação) após o texto de seu § 4º, o que indica que a redação do artigo se encerra naquele ponto, ou seja, os parágrafos que existiam após o § 4º foram todos revogados.

Por fim, o art. 7º da Portaria 349/2018 do MTE ensina que as empresas anotarão na Carteira de Trabalho e Previdência Social de seus empregados o salário fixo e a média dos valores das gorjetas referente aos últimos doze meses.

7.5. Parcelas salariais

O art. 457, § 1º, da CLT ensina que integram o salário a importância fixa estipulada, as gratificações legais e as comissões pagas pelo empregador.

Essas parcelas salariais correspondem ao que chamamos de "sobressalário", que são complementos do salário básico que integrarão a remuneração do trabalhador.

De outro lado, ensina o § 2º do mesmo art. 457 da CLT que as importâncias, ainda que habituais, pagas a título de ajuda de custo, auxílio-alimentação, vedado seu pagamento em dinheiro, diárias para viagem (independente do percentual), prêmios e abonos não integram a remuneração do empregado, não se incorporam ao contrato de trabalho e não constituem base de incidência de qualquer encargo trabalhista e previdenciário.

7.5.1. Comissões

Na acepção dos termos, as comissões não podem ser confundidas com as percentagens. A comissão é um valor determinado e fixo, ao passo que percentagem é uma parte da venda repassada ao empregado, não possuindo um valor certo.

Para o estudo no dispositivo legal em questão, devemos entender por "comissões", de forma ampla, como uma participação do empregado no resultado do negócio empresarial.

Desta forma, as comissões podem ser representadas por percentuais sobre um determinado valor ou uma quantia fixa estipulada por operação realizada pelo empregado.

Àquele empregado que recebe salário variável será assegurado o salário mínimo.

Nos termos do art. 457, § 1º, da CLT as comissões pagas pelo empregador integram o salário do empregado.

Vale lembrar que em conformidade com a Súmula 27 do TST é devida a remuneração do repouso semanal e dos dias feriados ao empregado comissionista, ainda que pracista.

Com relação aos bancários, é necessário lembrar o posicionamento do TST consubstanciado na Súmula 93 que diz integrar a remuneração do bancário a vantagem pecuniária por ele auferida na colocação ou na venda de papéis ou valores mobiliários de empresas pertencentes ao mesmo grupo econômico, se exercida essa atividade no horário e no local de trabalho e com o consentimento, tácito ou expresso, do banco empregador.

No caso de cessar o contrato de trabalho, as comissões devem ser pagas ao empregado, ou seja, a cessação do contrato não retira do empregado o direito ao recebimento das comissões.

O pagamento de comissões só é exigível depois de ultimada a transação a que se referem, art. 466 da CLT.

7.5.2. Gratificações legais

Como vimos, nos termos do art. 457, § 1º, da CLT integram o salário a importância fixa estipulada, as gratificações legais e as comissões pagas pelo empregador.

Gratificações legais são aquelas previstas em lei, como por exemplo: o décimo terceiro salário ou gratificação natalina. Essas gratificações passam a integrar o salário do obreiro.

O termo "gratificações legais" engloba também aquelas estipuladas em negociação coletiva (acordo coletivo e convenção coletiva), em regulamento empresarial e, ainda, acordo individual. Isso porque, nos termos do art. 8º da CLT, representam fontes formais do Direito do Trabalho.

Assim, integrará o salário do obreiro a gratificação que resulte de lei ou de ajustes entre as partes, individual ou coletivamente, por meio de acordo coletivo ou convenção coletiva de trabalho.

De acordo com o novo texto consolidado, parcelas que tinham natureza salarial passam a não mais integrar a remuneração do empregado.

As diárias para viagem, ainda que excedam de 50% do salário, deixaram de integrar a remuneração para fins trabalhistas e previdenciários. O mesmo ocorre com auxílio-alimentação, ajuda de custo, prêmios e os abonos, ainda que habituais, que passam a não integrar a remuneração, não se incorporam ao contrato de trabalho. Com isso deixam de ser base de incidência para o FGTS e contribuições previdenciárias.

Nesse sentido, informa o § 2º do art. 457 da CLT:

Art. 457 (...)

§ 2º As importâncias, ainda que habituais, pagas a título de ajuda de custo, auxílio-alimentação, vedado seu pagamento em dinheiro, diárias para viagem, prêmios e abonos não integram a remuneração do empregado, não se incorporam ao contrato de trabalho e não constituem base de incidência de qualquer encargo trabalhista e previdenciário.

Sobre o tema "gratificações" é importante tratar da hipótese do empregado que recebe gratificação de função e é revertido ao cargo anteriormente ocupado.

A súmula 372, item I, do TST sustentava que percebida a gratificação de função por dez ou mais anos pelo empregado, se o empregador, sem justo motivo, o revertesse a seu cargo efetivo, não poderia retirar-lhe a gratificação, tendo em vista o princípio da estabilidade financeira.

Contudo, com a edição da Lei 13.467/2017 esse posicionamento deixou de existir. Isso porque, nos termos do art. 468,

§§ 1º e 2º, da CLT a determinação do empregador para que o empregado seja revertido ao cargo efetivo, anteriormente ocupado, deixando o exercício de função de confiança, com ou sem justo motivo, não assegura ao empregado o direito à manutenção do pagamento da gratificação correspondente, que não se incorpora ao salário do empregado, independentemente do tempo de exercício da respectiva função.

É importante ressaltar o posicionamento do STF consubstanciado na Súmula Vinculante 15, de 25.06.2009, que ensina: "o cálculo de gratificações e outras vantagens do servidor público não incide sobre o abono utilizado para se atingir o salário mínimo".

Por último, deve-se frisar que a parcela de participação nos lucros ou resultados, habitualmente paga, nos termos do art. 3º da Lei 10.101/2000, não possui natureza salarial, não integrando a remuneração do empregado.

7.5.3. Prêmios

De acordo com o § 4º do art. 457 da CLT consideram-se prêmios as liberalidades concedidas pelo empregador em forma de bens, serviços ou valor em dinheiro a empregado ou a grupo de empregados, em razão de desempenho superior ao ordinariamente esperado no exercício de suas atividades.

Os prêmios constituem ganhos ligados a fatores pessoais do trabalhador, como sua produtividade, eficiência, perspicácia, assiduidade etc., pagos pelo empregador.

A parcela paga sob a denominação de prêmio, não integrará o salário do obreiro, não repercutindo para efeitos trabalhistas e previdenciários.

7.5.4. Gratificação natalina

Com previsão no art. 7º, VIII, da CF e instituída pela Lei 4.090/1962, a gratificação natalina, mais conhecida como 13º salário, é compulsória e equivale a um mês da remuneração do empregado quando este tenha completado 12 (doze) meses de serviços ou proporcional aos meses de trabalho quando incompletos 12 (doze) meses, com base na remuneração do empregado, no mês de dezembro de cada ano.

O pagamento da primeira parcela ou, em outras palavras, o adiantamento do 13º salário, deverá ser feito entre fevereiro e novembro de cada ano e o valor corresponderá à metade do salário percebido no mês anterior, devendo o empregador efetuá-lo de uma só vez.

Contudo, o empregador não estará obrigado a pagar o adiantamento, no mesmo mês, a todos os seus empregados.

7.5.5. Quebra de caixa

Quebra de caixa é a verba destinada a cobrir os riscos assumidos pelo empregado que lida com manuseio constante de numerário.

É um adicional pago ao trabalhador que exerce controle sobre ativos do empregador, na medida em que, caso haja alguma diferença a menos no caixa, o empregado deverá prestar conta da quantia. Exemplo de trabalhador que recebe este adicional são os caixas de banco.

O TST, através da Súmula 247, entendeu que a parcela paga aos bancários sob a denominação quebra de caixa possui natureza salarial, integrando o salário do prestador dos serviços para todos os efeitos legais.

7.6. Salário complessivo

Salário complessivo é a forma de ajustar um só salário, globalizando todas as outras parcelas variáveis, ou seja, nada mais é do que o salário pago globalmente, sem especificação, no recibo, do que está sendo pago. Esta prática é ilegal, sendo o ato tido como nulo, nos termos do art. 9º da CLT, visto que o obreiro tem direito de saber a quantia que está recebendo e a que título ela está sendo remunerada.

É juridicamente impraticável, conforme entendimento cristalizado na Súmula 91 do TST, que entende ser nula cláusula contratual que fixa determinada importância ou porcentagem para atender englobadamente vários direitos legais ou contratuais do trabalhador.

7.7. Gueltas

As gueltas podem ser conceituadas como gratificações ou prêmios oferecidos por terceiros aos empregados pela promoção do produto ou marca.

As gueltas são incentivos pagos pelo fornecedor, produtor ou distribuidor ao empregado de um terceiro, com o intuito de promover as vendas de seus produtos.

O oferecimento das gueltas ocorre muito em farmácias na venda de medicamentos quando o farmacêutico sugere determinado medicamento em vez de outro, ou ainda em algumas lojas quando ofertam vantagens a um determinado cartão de crédito.

O TST pacificou o entendimento no sentido de que as gueltas assemelham-se às gorjetas, pois englobam valores pagos por terceiros durante o exercício da relação de emprego, na medida em que, enquanto as gorjetas compreendem a retribuição pela prestação de um serviço de boa qualidade, as gueltas são retribuições pagas pela indicação de determinado produto e, portanto, integram a remuneração do empregado, não servindo de base de cálculo para as parcelas de aviso-prévio, adicional noturno, horas extras e repouso semanal remunerado, incidindo reflexos na gratificação natalina, férias, depósitos de FGTS e contribuição previdenciária.

Dessa forma, por possuírem a mesma natureza jurídica, é aplicável por analogia o entendimento consubstanciado na Súmula 354 do TST.

7.8. Normas de proteção do salário

O art. 7º, X, da CF informa que são direitos dos trabalhadores urbanos e rurais, além de outros que visem à melhoria de sua condição social, a proteção do salário na forma da lei, constituindo crime sua retenção dolosa.

Na legislação infraconstitucional, em diversos dispositivos encontramos regras que visam à proteção do salário do obreiro, seja em face do próprio empregador, seja em face dos credores do empregado ou, ainda, em um plano mais profundo, proteção em face dos credores do empregador.

7.8.1. Proteção contra o empregador

A proteção do salário em face do empregador encontra-se prevista no art. 464 da CLT, que dispõe que o pagamento do salário deverá ser efetuado contrarrecibo, assinado pelo empregado. Em se tratando de empregado analfabeto, a assinatura se dará mediante sua impressão digital, ou, não sendo esta possível, a seu rogo, ou seja, a seu mando, por alguém que faça por ele, desde que devidamente habilitado.

7.8.2. Proteção contra credores do empregado

O art. 833, IV, do CPC/2015, prevê como proteção do salário em face dos credores do empregado a regra da impenhorabilidade.

Dispõe o inciso IV do art. 833 do CPC/2015 que são absolutamente impenhoráveis "os vencimentos, subsídios, soldos, salários, remunerações, proventos de aposentadoria, pensões, pecúlios e montepios; as quantias recebidas por liberalidade de terceiro e destinadas ao sustento do devedor e sua família, os ganhos de trabalhador autônomo e os honorários de profissional liberal".

Nessa linha, é matéria pacífica na doutrina e na jurisprudência a impenhorabilidade dos rendimentos decorrentes do trabalho assalariado, exceto em se tratando de não pagamento de prestação alimentícia.

7.8.3. Proteção contra credores do empregador

Como proteção em face dos credores do empregador, podemos destacar as regras contidas na Lei 11.101/2005 e, dentre elas, a regra de que os créditos trabalhistas devidos aos trabalhadores que, mesmo após a decretação da falência da empresa, continuarem a trabalhar nela, serão considerados extraconcursais e deverão ser pagos com precedência de qualquer outro crédito.

7.8.4. Princípio da irredutibilidade salarial

Em regra, o salário é irredutível, não sendo permitida sua redução. No entanto, o legislador constituinte permitiu que em determinadas situações o salário possa ser reduzido, mediante negociação coletiva. É o que dispõe o art. 7º, VI, da CF.

Essa ideia é reforçada pelo art. 468 CLT, que proíbe, sob pena de nulidade, qualquer alteração que cause prejuízo ao trabalhador.

Vale ressaltar que nos termos do art. 611-A, § 3º, da CLT se for pactuada cláusula que reduza o salário ou a jornada, a convenção coletiva ou o acordo coletivo de trabalho deverão prever a proteção dos empregados contra dispensa imotivada durante o prazo de vigência do instrumento coletivo. Sobre a redução salarial com a diminuição proporcional da jornada de trabalho, remetemos o leitor ao item 1.6 que trata do programa seguro-emprego.

7.8.5. Intangibilidade salarial

Disposta no art. 462 da CLT, ensina que não poderá haver desconto no salário do obreiro. O obreiro deve receber seu salário de forma integral, sendo proibido ao empregador efetuar descontos no salário de seu empregado, salvo se resultar de adiantamento, de dispositivos de lei (Lei 10.820/2003) ou de contrato coletivo.

Não obstante, o TST, através da Súmula 342, entendeu ser lícito o desconto no salário do obreiro desde que haja autorização expressa por escrito e espontânea por parte do empregado.

Sendo assim, podemos dizer que, como regra, o salário é intangível, intocável, não podendo haver quaisquer descontos, sendo permitidos apenas aqueles decorrentes de: contribuições previdenciárias; contribuições sindicais; imposto de renda; desconto para prestação alimentícia; desconto para pagamento de pena criminal pecuniária; pagamento de custas judiciais; pagamento de prestações do Sistema Financeiro de Habitação; retenção de saldo salarial por falta de aviso-prévio do empregado; faltas injustificadas; empréstimos, até 30%; desconto de antecipações salariais.

O art. 1º da Lei 10.820/2003, de acordo com a redação dada pela Lei 13.172/2015 os empregados regidos pela CLT, poderão autorizar, de forma irrevogável e irretratável, o desconto em folha de pagamento ou na sua remuneração disponível dos valores referentes ao pagamento de empréstimos, financiamentos, cartões de crédito e operações de arrendamento mercantil concedidos por instituições financeiras e sociedades de arrendamento mercantil, quando previsto nos respectivos contratos.

O § 1º do citado dispositivo legal determina que esse desconto também poderá incidir sobre verbas rescisórias devidas pelo empregador, se assim previsto no respectivo contrato de empréstimo, financiamento, cartão de crédito ou arrendamento mercantil, até o limite de 35% (trinta e cinco por cento), sendo 5% (cinco por cento) destinados exclusivamente para:

I – a amortização de despesas contraídas por meio de cartão de crédito; ou

II – a utilização com a finalidade de saque por meio do cartão de crédito.

Por último, vale dizer que os danos causados pelo empregado, de forma dolosa, poderão ser descontados do salário. No entanto, em caso de culpa, o desconto será permitido desde que haja o consentimento do empregado.

7.8.6. Pagamento em moeda corrente

O salário deverá ser pago em moeda corrente do País, em conformidade com o art. 463, caput, da CLT. Uma vez realizado de maneira diversa, será considerado como não feito.

No entanto, admite-se que o empregador realize o pagamento por meio de cheque ou por depósito em conta-corrente aberta para esse fim. Porém, o empregador deverá assegurar ao empregado tempo hábil para desconto imediato do cheque; transporte, caso seja necessária sua utilização para o deslocamento até o estabelecimento bancário, de modo que possa se utilizar da quantia em conformidade com os arts. 145, 459, § 1º, e 465, todos da CLT.

O pagamento do salário deverá ser efetuado contrarrecibo, assinado pelo empregado e, em se tratando de analfabeto, mediante sua impressão digital, ou, não sendo esta possível, a seu rogo.

Para o pagamento realizado por depósito bancário, terá força de recibo o comprovante de depósito em conta bancária, aberta para esse fim em nome do empregado.

7.9. Equiparação salarial

Sendo idêntica a função, a todo trabalho de igual valor, prestado ao mesmo empregador, no mesmo estabelecimento empresarial, corresponderá igual salário, sem distinção de sexo, etnia, nacionalidade ou idade. Esta é a expressão do art. 461 da CLT, que tem como fundamento o inciso XXX do art. 7º da CF, o qual proíbe a diferença de salários, de exercício de funções e de critério de admissão, por motivo de sexo, idade, cor ou estado civil.

Para se pleitear a equiparação salarial, mister se faz o preenchimento de alguns requisitos, a saber:

7.9.1. Trabalho de igual valor

Nos termos do art. 461, § 1º, da CLT, trabalho de igual valor será o que for feito com igual produtividade e com a mesma perfeição técnica, entre pessoas cuja diferença de tempo de serviço para o mesmo empregador não seja superior a quatro anos e a diferença de tempo na função não seja superior a dois anos.

Portanto, a lei determina que além da diferença de tempo na função não seja superior a dois anos, o empregado paradigma deve possuir diferença de tempo de serviço para o mesmo empregador não superior a quatro anos.

7.9.2. Mesmo empregador

O pedido de equiparação é possível desde que os empregados, paradigma e paragonado, laborem para o mesmo empregador.

Apesar de vozes contrárias, prevalece na jurisprudência ser possível o pedido de equiparação salarial para empregados de empresas pertencentes ao mesmo grupo econômico. Esse entendimento é baseado na tese de empregador único e na Súmula 129 do TST.

7.9.3. Mesmo estabelecimento empresarial

De acordo com o caput do art. 461 da CLT, a equiparação salarial será possível se empregado e paradigma trabalharem no mesmo estabelecimento empresarial.

Com isso, caiu por terra a determinação de mesma localidade existente na legislação antiga, que era entendida como sendo o mesmo município, ou municípios distintos que, comprovadamente, pertençam à mesma região metropolitana.

7.9.4. Identidade de funções

A equiparação salarial só é possível se o empregado e o paradigma exercerem a mesma função, desempenhando as mesmas tarefas, não importando se os cargos possuem, ou não, a mesma denominação.

Ignora-se a disposição contratual para examinar-se a realidade dos fatos, pouco importando o cargo existente no contrato pactuado, levando-se em consideração as tarefas exercidas pelos obreiros.

Convém ressaltar que nos termos do art. 461, § 5º, da CLT a equiparação salarial só será possível entre empregados contemporâneos no cargo ou na função, ficando vedada a indicação de paradigmas remotos, ainda que o paradigma contemporâneo tenha obtido a vantagem em ação judicial própria.

Importante ressaltar, também, que o trabalhador readaptado em nova função por motivo de deficiência física ou mental atestada pelo órgão competente da Previdência Social não servirá de paradigma para fins de equiparação salarial.

7.9.5. Inexistência de quadro de carreira

Outro requisito para a equiparação salarial é a inexistência de quadro de carreira em uma empresa. Isso porque determina o art. 461, § 2º, da CLT que não prevalecerá o pedido de equiparação salarial quando o empregador tiver pessoal organizado em quadro de carreira ou adotar, por meio de norma interna da empresa ou de negociação coletiva, plano de cargos e salários, dispensada qualquer forma de homologação ou registro em órgão público.

Importante apontar nesse tópico que frente a atual redação do art. 461, § 2º, da CLT o entendimento disposto na súmula 127 do TST que apontava pela necessidade do quadro de carreira aprovado pelo órgão competente, se mostra superado.

Pelo novo dispositivo legal é dispensável, ou seja, não se exige que o quadro de carreira seja homologado ou registrado em órgão público.

Sempre que a empresa possuir quadro de carreira as promoções poderão ser feitas por merecimento e por antiguidade, ou por apenas um destes critérios, dentro de cada categoria profissional. Com isso, deixou de existir o critério de alternância entre antiguidade e merecimento contida no antigo diploma legal.

7.9.6. Ônus da prova

Estabelece o art. 818, I, da CLT que cabe ao empregado cabe provar o exercício da mesma função que o paradigma.

Já ao empregador, com fulcro no art. 818, II, da CLT e art. 373, II, do CPC/2015 e na Súmula 6, item VIII, do TST, cabe o ônus da prova do fato impeditivo, modificativo ou extintivo da equiparação salarial.

Assim, caso queira o empregador impedir o direito à equiparação salarial do empregado, deverá juntar, por exemplo, quadro de carreira nos termos acima expostos.

7.9.7. Equiparação para o trabalho intelectual

É possível a equiparação salarial do trabalho intelectual desde que atendidos os requisitos elencados no art. 461 consolidado.

O TST, porém, firmou entendimento que a avaliação para efeitos da equiparação poderá ser feita com base na perfeição técnica, adotando critérios objetivos.

7.9.8 Equiparação salarial no serviço público

A equiparação salarial no serviço público é vedada, tendo em vista a proibição disposta no art. 37, XIII, da CF.

O STF se pronunciou por meio da Súmula 339 no sentido de que não cabe ao poder judiciário, que não tem função legislativa, aumentar vencimentos de servidores públicos sob fundamento de isonomia.

No entanto, tendo em vista a regra disposta no art. 173, § 1º, II, da CF que obriga as sociedades de economia mista a sujeição ao regime jurídico próprio das empresas privadas, portanto celetistas, vale destacar Súmula 455 do TST, que assim dispõe:

SÚMULA 455 TST. EQUIPARAÇÃO SALARIAL. SOCIEDADE DE ECONOMIA MISTA. ART. 37, XIII, DA CF/1988. POSSIBILIDADE. À sociedade de economia mista não se aplica a vedação à equiparação prevista no art. 37, XIII, da CF/1988, pois, ao admitir empregados sob o regime da CLT, equipara-se a empregador privado, conforme disposto no art. 173, § 1º, II, da CF/1988.

7.9.9 Majoração salarial por decisão judicial

O empregado que teve seu salário majorado por decisão judicial pode ser indicado como paradigma para fins de equiparação, observadas as disposições do TST na Súmula 6 item VI, com a redação dada de acordo com a Resolução 198/2015, que assim ensina:

SÚMULA 6 TST

VI – Presentes os pressupostos do art. 461 da CLT, é irrelevante a circunstância de que o desnível salarial tenha origem em decisão judicial que beneficiou o paradigma, exceto: a) se decorrente de vantagem pessoal ou de tese jurídica superada pela jurisprudência de Corte Superior; b) na hipótese de equiparação salarial em cadeia, suscitada em defesa, se o empregador produzir prova do alegado fato modificativo, impeditivo ou extintivo do direito à equiparação salarial em relação ao paradigma remoto, considerada irrelevante, para esse efeito, a existência de diferença de tempo de serviço na função superior a dois anos entre o reclamante e os empregados paradigmas componentes da cadeia equiparatória, à exceção do paradigma imediato.

7.9.10. *Indenização por danos morais por discriminação salarial*

De acordo com o § 6º do art. 461 da CLT na hipótese de discriminação por motivo de sexo, raça, etnia, origem ou idade, o pagamento das diferenças salariais devidas ao empregado discriminado não afasta seu direito de ação de indenização por danos morais, consideradas as especificidades do caso concreto.

Sem prejuízo do disposto no § 6º acima estudado, no caso de infração ao previsto neste artigo, a multa de que trata o art. 510 da CLT corresponderá a 10 (dez) vezes o valor do novo salário devido pelo empregador ao empregado discriminado, elevada ao dobro, no caso de reincidência, sem prejuízo das demais cominações legais.

7.10. Salário-família

Previsto no art. 7º, XII, da CF, o salário-família é pago em razão do dependente do trabalhador de baixa renda. O salário família está previsto na Lei 8.213/1991, arts. 65 a 70 e no Decreto 3.048/1999, nos arts. 81 a 92.

Embora possua denominação de salário, não possui natureza salarial e/ou remuneratória, na medida em que constitui um benefício previdenciário, devido mensalmente ao empregado segurado, ao trabalhador avulso e, de acordo com a atual redação dada ao parágrafo único do art. 7º, da CF, pela EC 72/2013, ao empregado doméstico (arts. 65 e 68 da Lei 8.213/1991, com redação dada pela LC 150/2015) conforme a proporção do número de filhos ou equiparados.

Para a concessão do salário-família, a Previdência Social não exige tempo mínimo de contribuição.

Nos termos do art. 88 do Decreto 3.048/1999 o direito ao salário-família cessa automaticamente:

I – por morte do filho ou equiparado, a contar do mês seguinte ao do óbito;

II – quando o filho ou equiparado completar quatorze anos de idade, salvo se inválido, a contar do mês seguinte ao da data do aniversário;

III – pela recuperação da capacidade do filho ou equiparado inválido, a contar do mês seguinte ao da cessação da incapacidade; ou

IV – pelo desemprego do segurado.

Para a concessão do salário-família, a Previdência Social não exige tempo mínimo de contribuição e será devido, nos termos do art. 82 do Decreto 3.048/1999:

I – ao empregado, pela empresa, com o respectivo salário, e ao trabalhador avulso, pelo sindicato ou órgão gestor de mão de obra, mediante convênio;

II – ao empregado e trabalhador avulso aposentados por invalidez ou em gozo de auxílio-doença, pelo Instituto Nacional do Seguro Social, juntamente com o benefício;

III – ao trabalhador rural aposentado por idade aos sessenta anos, se do sexo masculino, ou cinquenta e cinco anos, se do sexo feminino, pelo Instituto Nacional do Seguro Social, juntamente com a aposentadoria; e

IV – aos demais empregados e trabalhadores avulsos aposentados aos sessenta e cinco anos de idade, se do sexo masculino, ou sessenta anos, se do sexo feminino, pelo Instituto Nacional do Seguro Social, juntamente com a aposentadoria.

Importante lembrar que os desempregados não têm direito ao benefício em debate.

7.11. Salário-educação

A contribuição social do salário-educação está prevista no art. 212, § 5º, da CF e regulamentada pelas Leis 9.424/1996, 9.766/1998 (regulamentada pelo Decreto 6.003/2006) e 11.457/2007.

Nos termos do art. 15 da Lei 9.424/1996: "O salário-educação previsto no art. 212, § 5º, da CF e devido pelas empresas, na forma em que vier a ser disposto em regulamento, é calculado com base na alíquota de 2,5% (dois e meio por cento) sobre o total de remunerações pagas ou creditadas, a qualquer título, aos segurados empregados, assim definidos no art. 12, inciso I, da Lei 8.212, de 24.07.1991."

Vale dizer que o salário-educação não possui caráter remuneratório na relação de emprego e não se vincula, para nenhum efeito, ao salário ou à remuneração percebida pelos empregados das empresas contribuintes.

Estão isentas do recolhimento da contribuição social do Salário-Educação, nos termos do § 1º do art. 1º da Lei 9.766/1998:

I – a União, os Estados, o Distrito Federal e os Municípios, bem como suas respectivas autarquias e fundações;

II – as instituições públicas de ensino de qualquer grau;

III – as escolas comunitárias, confessionais ou filantrópicas, devidamente registradas e reconhecidas pelo competente órgão de educação, e que atendam ao disposto no inc. II do art. 55 da Lei 8.212, de 24.07.1991;

IV – as organizações de fins culturais que, para este fim, vierem a ser definidas em regulamento;

V – as organizações hospitalares e de assistência social, desde que atendam, cumulativamente, aos requisitos estabelecidos nos incs. I a V do art. 55 da Lei 8.212/1991.

7.12. Salário do menor e do aprendiz

Nos termos do art. 7º, XXX, da CF, é proibida a diferença de salários, de exercício de funções e de critério de admissão por motivo de sexo, idade, cor ou estado civil.

Assim, ao trabalho do menor corresponde igual salário ao dos demais trabalhadores.

Ademais, o salário mínimo é garantia constitucional assegurada para todos trabalhadores, nos termos do inc. IV do art. 7º da CF.

Com relação ao aprendiz o art. 428, § 2º, da CLT ensina que, salvo condição mais favorável, será garantido o salário mínimo hora.

Ao menor, nos termos do art. 439 da CLT é lícito firmar recibo pelo pagamento dos salários. Porém, em se tratando de rescisão do contrato de trabalho, é vedado ao menor de 18 (dezoito) anos dar, sem assistência dos seus responsáveis legais, quitação ao empregador pelo recebimento da indenização que lhe for devida.

8. DURAÇÃO DO TRABALHO

8.1. Jornada de Trabalho

A palavra "jornada" provém do termo italiano giorno, que traduzido para nosso vernáculo significa "dia", trazendo a ideia de "dia de trabalho".

A jornada de trabalho vem disciplinada no art. 7º, incisos XIII e XIV, da CF, e nos arts. 57 a 75 do diploma consolidado, sendo entendida, nos termos do art. 4º, caput, da CLT, como o lapso temporal em que o empregado está à disposição do empregador, executando ou não o seu labor.

Para o ilustre Ministro Mauricio Godinho Delgado (em Curso de Direito do Trabalho, 8ª ed., São Paulo, LTr, 2009, p. 774) jornada de trabalho seria "o lapso temporal diário em que o empregado se coloca à disposição do empregador em virtude do respectivo contrato. É, desse modo, a medida principal do tempo diário de disponibilidade do obreiro em face de seu empregador como resultado do cumprimento do contrato de trabalho que os vincula".

Assim, tempo de serviço efetivo deve ser entendido como o lapso de tempo em que o empregado está à disposição do empregador, aguardando ou cumprindo ordens.

O art. 58, § 1º, da CLT ensina que não serão descontadas nem computadas como jornada extraordinária as variações de horário no registro de ponto não excedentes de cinco minutos, observado o limite máximo de dez minutos diários. Nessa linha, importante ressaltar o período de sobreaviso, que consiste no período computado como tempo à disposição do empregador, em que o empregado, mesmo fora do local de trabalho, fica aguardando ordens.

A respeito do período de sobreaviso o TST editou a Súmula 428 que assim dispõe:

Súmula 428 TST.

I – O uso de instrumentos telemáticos ou informatizados fornecidos pela empresa ao empregado, por si só, não caracteriza o regime de sobreaviso.

II – Considera-se em sobreaviso o empregado que, à distância e submetido a controle patronal por instrumentos telemáticos ou informatizados, permanecer em regime de plantão ou equivalente, aguardando a qualquer momento o chamado para o serviço durante o período de descanso.

Nesse período o empregado fica previamente avisado que a qualquer momento pode ser chamado para algum trabalho, como ocorre, por exemplo, com os eletricistas.

Vale dizer que a Lei 12.551/2011, que deu nova redação ao art. 6º da CLT, não distingue o trabalho realizado no estabelecimento do empregador, o executado no domicílio do empregado e o realizado à distância, desde que estejam caracterizados os pressupostos da relação de emprego.

A referida lei acrescentou o parágrafo único ao art. 6º consolidado, equiparando os meios telemáticos e informatizados de comando, controle e supervisão, para fins de subordinação jurídica, aos meios pessoais e diretos de comando, controle e supervisão do trabalho alheio.

Por esse motivo o TST modificou o entendimento cristalizado na Súmula 428 para instruir que o uso de instrumentos telemáticos ou informatizados fornecidos pela empresa ao empregado, por si só, não caracteriza regime de sobreaviso.

Não pode ser confundida com o regime de prontidão. A prontidão (também chamada de reserva) caracteriza-se pela circunstância de o empregado permanecer, fora de seu horário habitual de trabalho, nas dependências do empregador ou em local por ele determinado, aguardando ordens de serviço, em local destinado para descanso. O empregador que estabelece escala de prontidão para seus empregados fica obrigado apenas a pagar-lhes um percentual sobre as horas de mera expectativa, vale dizer, a retribuir-lhes o tempo que permaneceram na espera pelo chamado de um labor efetivo. Aquele que está em prontidão é remunerado, independentemente de ser chamado para o serviço efetivo, pelas horas de expectativa na sede do empregador ou em local por ele determinado, à razão de 2/3 do salário-hora. Anote-se, ainda, que, segundo a CLT, especificamente em relação aos ferroviários, doze é o limite de horas de prontidão, podendo existir, a depender das circunstâncias da prestação dos serviços, intervalo intrajornada não computável no tempo de cumprimento do plantão de prontidão. Vejam-se os §§ 3º e 4º do art. 244 da CLT.

A duração do trabalho não será superior a 8 horas diárias, observado o limite de 44 horas semanais, facultando a compensação de horários e a redução da jornada, mediante acordo ou convenção coletiva, em conformidade com o art. 7º, XIII, da CF.

A CLT traz regra nesse mesmo sentido, em que aponta que a duração normal do trabalho não poderá exceder 8 (oito) horas diárias, desde que não seja fixado expressamente outro limite.

O objetivo dessa limitação é a proteção da saúde do trabalhador, evitando acidentes do trabalho e doenças ocupacionais pelo longo exercício do labor. São normas de ordem pública e, portanto, irrenunciáveis pelas partes.

Como vimos, nos termos do art. 58, § 1º, da CLT, não serão descontadas nem computadas na jornada de trabalho as variações de horário no registro de ponto não excedentes de cinco minutos, observado o limite máximo de dez minutos diários.

Contudo, nos termos do art. 4º, § 2º, da CLT por não se considerar tempo à disposição do empregador, não será computado como período extraordinário o que exceder a jornada normal, ainda que ultrapasse o limite de cinco minutos previsto no § 1º do art. 58 da CLT, quando o empregado, por escolha própria, buscar proteção pessoal, em caso de insegurança nas vias públicas ou más condições climáticas, bem como adentrar ou permanecer nas dependências da empresa para exercer atividades particulares, entre outras:

I – práticas religiosas;

II – descanso;

III – lazer;

IV – estudo;

V – alimentação;

VI – atividades de relacionamento social;

VII – higiene pessoal;

VIII – troca de roupa ou uniforme, quando não houver obrigatoriedade de realizar a troca na empresa.

Anotações de horário de trabalho

Nos termos do art. 74 da CLT, o horário de trabalho será anotado em registro de empregados.

Para os estabelecimentos com mais de 20 (vinte) trabalhadores será obrigatória a anotação da hora de entrada e de saída, em registro manual, mecânico ou eletrônico, conforme instruções expedidas pela Secretaria Especial de Previdência e Trabalho do Ministério da Economia, permitida a pré-assinalação do período de repouso.

Todavia, se o trabalho for executado fora do estabelecimento, o horário dos empregados constará do registro manual, mecânico ou eletrônico em seu poder.

Registro de ponto por exceção

A Lei 13.874/2019 introduziu o § 4º ao art. 74 da CLT permitindo o denominado registro de ponto por exceção.

Dispõe o § 4º do art. 74 da CLT:

§ 4º Fica permitida a utilização de registro de ponto por exceção à jornada regular de trabalho, mediante acordo individual escrito, convenção coletiva ou acordo coletivo de trabalho.

Por meio desse sistema os empregados precisam apenas fazer o registro de ponto das situações excepcionais de sua jornada comum de trabalho, ou seja, é feita apenas em casos de faltas, atrasos, horas extras, faltas justificadas entre outras.

Em outras palavras, essa modalidade de controle dispensa o empregado de bater o ponto todos os dias, na hora que entra e sai do seu trabalho. Optando pela nova modalidade, ele marca apenas a exceção, ou seja, atrasos, horas extras, faltas.

Qualquer empresa pode adotar o registro de ponto por exceção, sem a necessidade de acordo coletivo ou convenção coletiva de trabalho, podendo ser implementado por acordo individual escrito entre empregado e empregador.

8.2. Classificações da Jornada de Trabalho

A jornada de trabalho pode ser classificada em:

8.2.1. Ordinária

É o limite máximo imposto pela norma constitucional. Em outras palavras, é a jornada comum de trabalho para os obreiros. A Constituição Federal em seu art. 7º, XIII, c/c o art. 58 da CLT, fixou como limite a jornada de oito horas diárias e 44 horas semanais.

É possível ainda fixação mais benéfica ao trabalhador, seja por lei, seja por convenções coletivas, que podemos chamar de limites especiais, como por exemplo: advogados e turnos ininterruptos de revezamento (art. 7º, XIV, da CF).

8.2.2. Extraordinária

São as horas laboradas acima do limite legal convencional, ou seja, as horas que extrapolam a jornada ordinária de trabalho.

8.2.3. Diurna

Nas atividades urbanas, é considerada jornada diurna aquela desempenhada das 5 horas até às 22 horas.

8.2.4. Noturna – Trabalho noturno

No âmbito urbano, compreende-se aquele labor desempenhado entre as 22 horas de um dia e 5 horas do dia seguinte. Para o trabalhador urbano há a chamada "hora fictamente reduzida" em que a hora possui, fictamente, 52 minutos e 30 segundos e não 60 minutos.

É oportuno enfatizar que o direito à hora reduzida de 52 minutos e 30 segundos aplica-se ao vigia noturno, em conformidade com a Súmula 65 do TST.

Nos termos da LC 150/2015 a hora fictamente reduzida também será aplicada ao empregado doméstico, nos termos do art. 14, § 1º.

Vale destacar, ainda, que o trabalho noturno dos empregados nas atividades de exploração, perfuração, produção e refinação do petróleo, industrialização do xisto, indústria petroquímica e transporte de petróleo e seus derivados, por meio de dutos, é regulado pela Lei 5.811/1972, não se aplicando, ainda, a hora reduzida de 52 minutos e 30 segundos prevista no art. 73, § 1º, da CLT, nos termos da Súmula 112 do TST.

Já no âmbito rural, como estudado no item 6.1.1.2, devemos diferenciar o trabalho exercido nas atividades de agricultura e o desenvolvido na pecuária.

Na lavoura, o período noturno é aquele desenvolvido entre 21 horas de um dia até às 5 horas do dia seguinte, ao passo que na pecuária será o período compreendido entre as 20 horas de um dia até 4 horas do dia seguinte, nos termos do art. 7º da Lei 5.889/1973.

É importante mencionar que no âmbito rural, seja na agricultura, seja na pecuária, não se aplica a regra da "hora fictamente reduzida".

Outra peculiaridade consiste no adicional devido aos trabalhadores que exercem suas atividades no período noturno. Esse adicional difere, também, para os empregados dos âmbitos urbano e rural.

O trabalho noturno exercido no âmbito urbano é de 20%, ao passo que no âmbito rural, por não terem os obreiros a jornada reduzida, seu adicional será de 25%.

O adicional noturno, pago com habitualidade, integra o salário do empregado para todos os efeitos, é o que dispõe a súmula 60, I, do TST.

O adicional pago ao empregado em labor noturno denomina-se "salário-condição", ou seja, tal parcela integra o salário do empregado, mas não se incorpora de maneira definitiva. Nessa linha, a súmula 265 do TST ensina que a transferência para o período diurno de trabalho implica a perda do direito ao adicional noturno.

Nos horários mistos, assim entendidos os que abrangem períodos diurnos e noturnos, aplica-se às horas de trabalho noturno o disposto neste artigo e seus parágrafos. Sobre o tema dispõe a OJ 388 da SDI 1 do TST:

JORNADA 12X36. JORNADA MISTA QUE COMPREENDA A TOTALIDADE DO PERÍODO NOTURNO. ADICIONAL NOTURNO. DEVIDO. O empregado submetido à jornada de 12 horas de trabalho por 36 de descanso, que compreenda a totalidade do período noturno, tem direito ao adicional noturno, relativo às horas trabalhadas após as 5 horas da manhã.

Contudo, às prorrogações do trabalho noturno, determina o § 5º do art. 73 da CLT aplicam-se todas as disposições acima estudas, como por exemplo, hora ficamente reduzida, adicional noturno, entre outras.

No entanto, a súmula 60, II, do TST entende que cumprida integralmente a jornada no período noturno e prorrogada esta, devido é também o adicional quanto às horas prorrogadas. E, ainda, podemos afirmar que o adicional noturno integra a base de cálculo das horas extras prestadas no período noturno, é o que dispõe a OJ 97 da SDI1, do TST.

8.3. Jornadas de trabalhos especiais

Ao lado da duração normal de trabalho estabelecida no art. 7º, XIII, da CF de 8 horas ao dia, 44 horas na semana e 220 horas no mês, existem jornadas de trabalho com caráter especial, regidos por parâmetros distintos.

8.3.1. Jornadas superiores

Existem poucas jornadas especiais criadas por lei que extrapolam o modelo padrão de 8 horas diárias criado para as atividades laborais no País.

Certas categorias profissionais, em face das peculiaridades do setor, tendem a se submeter à fixação de lapsos temporais diários, sem detrimento do limite semanal, mais amplos.

Como exemplos de categorias que possuem jornadas eventualmente superiores ao limite constitucional diário de 8 horas por dia temos: os aeronautas, os ferroviários, entre outros.

8.3.2. Jornadas inferiores

Entretanto, para determinadas categorias existem jornadas de trabalho inferiores ao limite constitucional estabelecido no citado art. 7º, XIII, da CF.

Representam, portanto, jornadas mais favoráveis em relação ao padrão estabelecido pelo constituinte originário.

Como exemplos de jornadas inferiores ao modelo constitucional temos: os empregados em minas no subsolo (art. 293 da CLT); telegrafistas e telefonistas, nos termos do art. 227 da CLT; a jornada variável para os operadores cinematográficos, nos termos do art. 234 e suas alíneas; entre outros.

8.3.3. Bancários

Ensina o art. 224 da CLT que a duração normal do trabalho dos empregados em bancos será de seis horas contínuas, com exceção dos sábados, perfazendo um total de 30 horas semanais.

Poderá haver prorrogação da jornada do bancário até oito horas diárias, não podendo exceder 40 horas semanais.

Vale destacar que, nos termos da Súmula 113 do TST, o sábado é considerado dia útil não trabalhado e não dia de repouso remunerado.

Os empregados de estabelecimento de crédito pertencentes a categorias profissionais diferenciadas não são considerados bancários, não podendo se beneficiar do regime legal relativo aos bancários. Nesse sentido importante mencionar a decisão proferida no RR 104/2006-006-05-00, em que o TST

firmou orientação no sentido de que os profissionais liberais (engenheiros, arquitetos etc.) equiparam-se aos membros de categoria diferenciada, uma vez que exercem atividades reguladas em estatuto profissional próprio. Assim, não se lhes aplicam as disposições dos arts. 224 e seguintes da CLT.

Também, os empregados de empresas distribuidoras e corretoras de títulos e valores mobiliários não têm direito à jornada especial dos bancários, nos termos da Súmula 119 do TST.

O vigilante, contratado diretamente por banco ou por intermédio de empresas especializadas, não é bancário, é o que ensina a Súmula 257 do TST.

No entanto, é considerado bancário o empregado de empresa de processamento de dados que presta serviço a banco integrante do mesmo grupo econômico, exceto quando a empresa de processamento de dados presta serviços a banco e a empresas não bancárias do mesmo grupo econômico ou a terceiros, em conformidade com a Súmula 239 do TST. Conforme art. 224, § 2º, da CLT, os bancários que exercem funções de direção, gerência, fiscalização, chefia e equivalentes, ou que desempenhem outros cargos de confiança, desde que recebam gratificação não inferior a 1/3 (um terço) do salário do cargo efetivo, não estão abrangidos pela jornada especial de trabalho de 6 horas, fixada no caput do citado dispositivo legal.

Nos termos da Súmula 287 do TST a jornada de trabalho do empregado de banco gerente de agência é regida pelo art. 224, § 2º, da CLT, ou seja, possuem jornada de trabalho de 8 horas por dia. Quanto ao gerente-geral de agência bancária, presume-se o exercício de encargo de gestão, aplicando-se-lhe o art. 62, II, da CLT, ou seja, não há controle de jornada de trabalho, podendo laborar mais que 8 horas por dia, desde que receba remuneração pelo menos 40% superior ao do cargo efetivo.

SÚMULA 287 TST – JORNADA DE TRABALHO. GERENTE BANCÁRIO

A jornada de trabalho do empregado de banco gerente de agência é regida pelo art. 224, § 2º, da CLT. Quanto ao gerente-geral de agência bancária, presume-se o exercício de encargo de gestão, aplicando-se-lhe o art. 62 da CLT.

O bancário que exerce a função de confiança a que se refere o § 2º do art. 224 da CLT e que recebe gratificação já tem remuneradas as duas horas extraordinárias excedentes de seis.

No entanto, serão devidas as 7ª e 8ª horas, como extras, no período em que se verificar o pagamento a menor da gratificação de 1/3, no teor da Súmula 102, III, do TST.

O bancário sujeito à regra do art. 224, § 2º, da CLT cumpre jornada de trabalho de 8 (oito) horas, sendo extraordinárias as trabalhadas além da oitava.

Os cargos a que alude o § 2º do art. 224 da CLT são considerados "cargos de confiança especial" e decorrem da natureza da atividade do trabalhador.

O caixa bancário, ainda que caixa executivo, não exerce cargo de confiança. Se perceber gratificação igual ou superior a um terço do salário do posto efetivo, essa remunera apenas a maior responsabilidade do cargo e não as duas horas extraordinárias além da sexta.

Vale lembrar que o advogado empregado de banco, pelo simples exercício da advocacia, não exerce cargo de confiança, não se enquadrando, portanto, na hipótese do § 2º do art. 224 da CLT.

Os bancários não enquadrados na hipótese mencionada, mesmo que recebam gratificação de função, não poderão ter as horas extras compensadas com o valor daquela vantagem, nos termos da Súmula 109 do TST.

Desta forma, a exceção que traz o art. 224, § 2º, da CLT, que sujeita o bancário a oito horas diárias de trabalho, abrange todos os cargos que pressupõem atividades de coordenação, supervisão ou fiscalização, não exigindo a lei poderes de mando e direção, como aqueles dispostos no art. 62 consolidado.

Por fim, em razão do julgamento do incidente de recurso repetitivo sobre a matéria (Recursos de Revista Repetitivos nº TST-IRR-849-83.2013.5.03.0138), o TST alterou a redação da Súmula 124 que assim dispõe:

> SÚMULA 124 TST – BANCÁRIO. SALÁRIO-HORA. DIVISOR (alteração em razão do julgamento do processo TST--IRR-849-83.2013.5.03.0138)
>
> I – o divisor aplicável para o cálculo das horas extras do bancário será:
>
> a)180, para os empregados submetidos à jornada de seis horas prevista no caput do art. 224 da CLT;
>
> b) 220, para os empregados submetidos à jornada de oito horas, nos termos do § 2º do art. 224 da CLT.
>
> II – Ressalvam-se da aplicação do item anterior as decisões de mérito sobre o tema, qualquer que seja o seu teor, emanadas de Turma do TST ou da SBDI-I, no período de 27/09/2012 até 21/11/2016, conforme a modulação aprovada no precedente obrigatório firmado no Incidente de Recursos de Revista Repetitivos nº TST-IRR-849-83.2013.5.03.0138, DEJT 19.12.2016.

8.3.4. Digitadores

A CLT é omissa a respeito da atividade de digitador. Entretanto, a jurisprudência tem considerado aplicável, extensivamente, a regra do art. 72 consolidado que determina a observância de intervalos remunerados de 10 minutos a cada 90 minutos laborados em serviços permanentes de mecanografia, o qual não é deduzido da duração normal do trabalho. Nessa linha, o TST concretizou esse entendimento através da Súmula 346.

Com isso, temos que a enumeração do art. 72 da CLT é meramente exemplificativa e não taxativa, permitindo, portanto, o descanso de 10 minutos a cada 90 trabalhados, desde que trabalhe como digitador de forma permanente e não intercalada.

8.3.5. Empresas de telefonia e operadores de telemarketing

Nos termos do art. 227 da CLT, "nas empresas que explorem o serviço de telefonia, telegrafia submarina ou subfluvial, de radiotelegrafia ou de radiotelefonia, fica estabelecida para os respectivos operadores a duração máxima de seis horas contínuas de trabalho por dia ou 36 (trinta e seis) horas semanais."

Portanto, de acordo com o dispositivo legal em debate, a jornada de trabalho especial estabelecida seria aplicada apenas a telefonistas que operassem mesa de transmissão com ramais, não fazendo uso do telefone comum para atender e fazer as ligações exigidas no exercício de sua função.

No entanto, operadores de telemarketing, profissionais que laboram com sistema direto de vendas por telefone, ingressavam com reclamações trabalhistas reivindicando a aplicação analógica da jornada de trabalho especial prevista no art. 227 consolidado.

Em setembro de 2002 foi editada a OJ 273 da SDI 1 do TST nos seguintes termos:

> OJ-273 da SDI1 do TST – "TELEMARKETING". OPERADORES. ART. 227 DA CLT. INAPLICÁVEL
>
> A jornada reduzida de que trata o art. 227 da CLT não é aplicável, por analogia, ao operador de televendas, que não exerce suas atividades exclusivamente como telefonista, pois, naquela função, não opera mesa de transmissão, fazendo uso apenas dos telefones comuns para atender e fazer as ligações exigidas no exercício da função.

O entendimento disposto na orientação jurisprudencial em questão vigorou por quase 10 (dez) anos, até que em maio de 2011, por meio da Resolução 175/2011, a OJ 273 SDI 1 TST foi cancelada, sendo certo que atualmente é possível a aplicação analógica do art. 227 da CLT aos operadores de telemarketing.

8.3.6. Advogado empregado

Advogado empregado é aquele profissional que atua com a devida anotação em CTPS e com os demais requisitos caracterizadores da relação de emprego, nos termos dos arts. 2º e 3º da CLT.

Nos termos do art. 20 da Lei 8.906/1994 (Estatuto da Advocacia e a Ordem dos Advogados do Brasil), a jornada de trabalho do advogado empregado, no exercício da profissão, não poderá exceder a duração diária de 4 (quatro) horas contínuas e a de 20 (vinte) horas semanais, salvo acordo ou convenção coletiva ou em caso de dedicação exclusiva.

Nota-se, portanto, que o legislador abre 3 exceções com relação à jornada de trabalho do advogado empregado, quais sejam: acordo coletivo, convenção coletiva de trabalho e o caso de dedicação exclusiva.

De acordo com o art. 12 do Regulamento Geral do Estatuto da Advocacia e da OAB, considera-se de dedicação exclusiva o regime de trabalho que for expressamente previsto em contrato individual de trabalho.

Nessa linha, em caso de dedicação exclusiva, em que o advogado não pode atuar em nome de outra pessoa, a jornada de trabalho será de 8 (oito) horas por dia e não de 4 (quatro) horas como previsto no art. 20 do EAOAB.

Dispõe o art. 12 do Regulamento Geral do Estatuto da Advocacia e da OAB:

> Art. 12. Para os fins do art. 20 da Lei 8.906/1994, considera-se de dedicação exclusiva o regime de trabalho que for expressamente previsto em contrato individual de trabalho.
>
> Parágrafo único. Em caso de dedicação exclusiva, serão remuneradas como extraordinárias as horas trabalhadas que excederem a jornada normal de oito horas diárias.

Por isso se afirma que a dedicação exclusiva deve ser expressamente prevista no contrato de trabalho do advogado, sob pena de ser considerada a jornada de trabalho especial prevista no EAOAB.

Havendo prestação de serviço extraordinário, as horas trabalhadas excedidas serão remuneradas por um adicional não inferior a 100% sobre o valor da hora normal, mesmo havendo contrato escrito.

Por fim, o trabalho noturno do advogado empregado é aquele realizado no período das 20 horas de um dia até as 5 horas do dia seguinte, devendo ser acrescidas do adicional de 25% (vinte e cinco por cento).

Sobre o tema, importante se faz a leitura da OJ 403 da SDI 1 do TST:

OJ 403 da SDI 1 do TST – ADVOGADO EMPREGADO. CONTRATAÇÃO ANTERIOR A LEI 8.906, DE 04.07.1994. JORNADA DE TRABALHO MANTIDA COM O ADVENTO DA LEI. DEDICAÇÃO EXCLUSIVA. CARACTERIZAÇÃO.

O advogado empregado contratado para jornada de 40 horas semanais, antes da edição da Lei 8.906, de 04.07.1994, está sujeito ao regime de dedicação exclusiva disposto no art. 20 da referida lei, pelo que não tem direito à jornada de 20 horas semanais ou 4 diárias.

8.4. Turnos ininterruptos de revezamento

Previsto no inciso XIV do artigo 7º da Constituição Federal, o regime de revezamento é aquele em que os trabalhadores se sucedem na empresa, pressupõe trabalho e horários com sucessivas modificações, de modo que o empregado labore ora no período noturno, ora no diurno, ora no vespertino. Nesse sentido o TST cristalizou seu entendimento na Orientação Jurisprudencial 360 da SDI 1: "faz jus à jornada especial prevista no art. 7º, XIV, da CF/1988 o trabalhador que exerce suas atividades em sistema de alternância de turnos, ainda que em dois turnos de trabalho, que compreendam, no todo ou em parte, o horário diurno e o noturno, pois submetido à alternância de horário prejudicial à saúde, sendo irrelevante que a atividade da empresa se desenvolva de forma ininterrupta".

O turno ininterrupto de revezamento se caracterizará quando os empregados prestarem serviços em horários de trabalho alternados em turnos de revezamento, ou seja, alternando seu horário nos períodos da manhã, tarde e/ou noite, de forma contínua para o empregador.

Para os empregados que laborem em turnos de revezamento, em decorrência da prejudicialidade à saúde do trabalhador, a Constituição Federal fixou no citado art. 7º, XIV, limite diário de 6 horas, salvo negociação coletiva.

No entanto, a jurisprudência tem se posicionado no sentido de, havendo negociação coletiva, poder existir jornada superior a 6 horas, limitada a 8 horas diárias. Nesse caso, os empregados submetidos aos turnos ininterruptos de revezamento não terão direito ao pagamento da 7ª e 8ª horas como extras, em conformidade com a Súmula 423 do TST.

SÚMULA Nº 423 TURNO ININTERRUPTO DE REVEZAMENTO. FIXAÇÃO DE JORNADA DE TRABALHO MEDIANTE NEGOCIAÇÃO COLETIVA. VALIDADE (conversão da Orientação Jurisprudencial nº 169 da SBDI-I) – Res. 139/2006 – DJ 10, 11 e 13.10.2006. Estabelecida jornada superior a seis horas e limitada a oito horas por meio de regular negociação coletiva, os empregados submetidos a turnos ininterruptos de revezamento não têm direito ao pagamento da 7ª e 8ª horas como extras.

É importante lembrar que o Ministério do Trabalho e Emprego (MTE) expediu a Portaria 412, de setembro de 2007, que em seu art. 1º considera ilícita a alteração da jornada e do horário de trabalho dos empregados que trabalhem em regime de turnos ininterruptos de revezamento, salvo mediante convenção ou acordo coletivo de trabalho.

No entanto, há que se ressaltar o entendimento cristalizado na OJ 420 da SDI 1, segundo o qual se mostra inválido o instrumento normativo que, regularizando situações pretéritas, estabelece jornada de oito horas para o trabalho em turnos ininterruptos de revezamento.

No que tange à jornada de trabalho noturna do trabalho em turnos ininterruptos de revezamento, convém destacar a orientação jurisprudencial 395 da SDI 1 do TST.

ORIENTAÇÃO JURISPRUDENCIAL 395 DA SDI 1 DO TST – TURNO ININTERRUPTO DE REVEZAMENTO. HORA NOTURNA REDUZIDA. INCIDÊNCIA.

O trabalho em regime de turnos ininterruptos de revezamento não retira o direito à hora noturna reduzida, não havendo incompatibilidade entre as disposições contidas nos arts. 73, § 1º, da CLT e 7º, XIV, da Constituição Federal.

8.5. Trabalho em regime de tempo parcial

Previsto no art. 58-A da CLT, o regime de tempo parcial é aquele cuja duração não exceda a 30 horas semanais, sem a possibilidade de horas suplementares semanais, ou, ainda, aquele cuja duração não exceda a 26 horas semanais, com a possibilidade de acréscimo de até seis horas suplementares semanais.

A lei cria, portanto, duas espécies de trabalho em regime de tempo parcial. Um primeiro regime cuja duração não exceda 30 horas semanais, sem a possibilidade de prestação de horas extras e um segundo regime em que a duração da jornada semanal não exceda 26 horas, sendo permitida, nesse regime, a prestação de até 6 horas extras por semana, que serão pagas com o acréscimo de 50% (cinquenta por cento) sobre o salário-hora normal, art. 58-A, § 3º, da CLT.

Importante destacar que na hipótese de o contrato de trabalho em regime de tempo parcial ser estabelecido em número inferior a 26 horas semanais, as horas suplementares a este número serão consideradas horas extras para fins do pagamento estipulado, estando também limitadas a seis horas suplementares semanais. Em outras palavras, caso seja pactuada jornada de trabalho inferior a 26 horas semanais, as horas que excederem a jornada estipulada serão consideradas extraordinárias, ficando limitada também a 6 horas semanais.

As horas suplementares da jornada de trabalho normal poderão ser compensadas diretamente até a semana imediatamente posterior à da sua execução, hipótese em que não serão remuneradas com o acréscimo de 50%.

No entanto, caso não sejam compensadas o empregador deverá fazer sua quitação na folha de pagamento do mês subsequente.

Para os trabalhadores contratados nesse regime de trabalho, o salário pago será proporcional àquele pago aos empregados que cumpram, na mesma função, tempo integral, em conformidade com o art. 58-A, § 1º, da CLT.

Nessa linha é a jurisprudência do TST, consubstanciada na Orientação Jurisprudencial 358 da SDI 1, na qual havendo contratação para cumprimento de jornada reduzida, inferior à revisão constitucional de oito horas diárias ou quarenta e quatro semanais, é lícito o pagamento do piso salarial ou do salário mínimo proporcional ao tempo trabalhado.

O item II da mesma OJ ensina que na Administração Pública direta, autárquica e fundacional não é válida remuneração de empregado público inferior ao salário mínimo, ainda que cumpra jornada de trabalho reduzida. Precedentes do Supremo Tribunal Federal.

De acordo com o art. 58-A, § 7º, da CLT o período de férias do empregado contratado em regime de tempo parcial é o mesmo dos empregados em regime de tempo integral, sendo-lhes aplicados os períodos de férias dispostos no art. 130 da CLT.

Os empregados contratados por esse regime poderão converter um terço de suas férias em abono pecuniário, em conformidade com o art. 58-A, § 6º, da CLT

Sobre regime de tempo parcial para o empregado doméstico, remetemos o leitor ao capítulo 6.1.1.1.4 que trata desse tipo de empregado, na medida em que as disposições são diferenciadas.

8.6. Horas *in itinere*

É o período de deslocamento gasto pelo empregado de sua residência até o local de trabalho e vice-versa.

Assim dispõe o art. 58, § 2º, da CLT: "O tempo despendido pelo empregado desde a sua residência até a efetiva ocupação do posto de trabalho e para o seu retorno, caminhando ou por qualquer meio de transporte, inclusive o fornecido pelo empregador, não será computado na jornada de trabalho, por não ser tempo à disposição do empregador."

O tempo gasto pelo empregado como percurso casa--trabalho e trabalho – casa foi desconsiderado como tempo à disposição. Portanto, esse período de deslocamento gasto pelo empregado não é computado na jornada de trabalho, independentemente do meio de locomoção do empregado.

Importante destacar que com o advento da reforma trabalhista que deu nova redação ao art. 58, § 2º da CLT o entendimento disposto na súmula 90 do TST se mostra superado.

Ademais, o § 2º do art. 58 da CLT excluiu da jornada de trabalho o tempo despendido pelo empregado desde sua residência até a "efetiva ocupação do posto de trabalho". Logo, o tempo gasto pelo trabalhador do portão da empresa até o local de trabalho também não será computado na jornada de trabalho. Com isso, fica prejudicado o entendimento pacificado na Súmula 429 do TST, que considerava como tempo de serviço.

8.7. Prorrogação da jornada do trabalho

A Constituição Federal estabelece o limite da jornada de trabalho. Assim, qualquer trabalho realizado acima desse limite implicará a prorrogação da jornada de trabalho.

Em 4 casos a CLT admite a prorrogação da jornada de trabalho:

8.7.1. *Acordo de prorrogação de horas*

Nos termos do art. 59 da CLT, a duração normal do trabalho poderá ser acrescida de horas suplementares, em número não excedente de 2 (duas). Contudo, esse ajuste deverá ser formalizado por acordo escrito, compreendendo o acordo individual, acordo coletivo e a convenção coletiva de trabalho. Nesse caso, o limite de horas extraordinárias a serem prestadas é de até 2 horas por dia, ou seja, a jornada de trabalho não poderá ser superior a 10 horas diárias.

Sempre que houver a prestação de serviços extraordinários, será devido um adicional por hora extraordinária de no mínimo 50% sobre a hora normal.

Vale dizer que nos termos do art. 20, § 2º, da Lei 8.906/1994, o adicional de horas extras do advogado é de 100%.

É importante ressaltar que, nos termos do art. 60 da CLT, para as atividades insalubres quaisquer prorrogações só poderão ser acordadas mediante licença prévia do Ministério do Trabalho. Excetuam-se da exigência de licença prévia as jornadas de doze horas de trabalho por trinta e seis horas ininterruptas de descanso, art. 60, parágrafo único, da CLT.

Ademais, o art. 611-A, XIII, da CLT determina a prevalência da convenção ou acordo coletivo de trabalho sobre a lei acima indicada sempre que dispor sobre a prorrogação de jornada em ambientes insalubres, sem licença prévia das autoridades competentes do Ministério do Trabalho.

Uma vez fixada em contrato de trabalho uma jornada inferior ao limite máximo legal, essa será lei entre as partes e qualquer trabalho que exceder esse limite será computado como horas extraordinárias.

Para os trabalhadores menores de 18 anos a prorrogação poderá ocorrer, independente de acréscimo salarial, ou seja, sem o pagamento de horas extras, somente por acordo ou convenção coletiva, devendo compensar em outro dia, não podendo ultrapassar as 44 horas semanais impostas pela Constituição Federal, art. 413 da CLT. Além disso, permitir-se-á a prorrogação do dia de trabalho do menor, com acréscimo de 50% da hora normal, em até 12 horas, por motivo de força maior, desde que o trabalho do menor seja imprescindível ao funcionamento do estabelecimento, conforme art. 413, II, da CLT.

8.7.2. *Acordo de compensação de jornadas*

Previsto no art. 59, § 2º, da CLT, nada mais é que a compensação do excesso de horas trabalhadas em um dia, com a correspondente diminuição em outro dia. Em outras palavras, o trabalhador labora mais em alguns dias para descansar em outro.

Dispõe o art. 59, § 2 º, da CLT:

Art. 59. (...)

§ 2º. Poderá ser dispensado o acréscimo de salário se, por força de acordo ou convenção coletiva de trabalho, o excesso de horas em um dia for compensado pela correspondente diminuição em outro dia, de maneira que não exceda, no período máximo de um ano, à soma das jornadas semanais de trabalho previstas, nem seja ultrapassado o limite máximo de dez horas diárias.

Assim, a compensação de jornada consiste no sistema onde as horas extras trabalhadas em um dia poderão ser compensadas com a correspondente diminuição em outro dia. Dessa mesma forma ocorre com o banco de horas.

8.7.2.1. Sistemas de compensação

Podemos dizer que o novo diploma consolidado traz em seu bojo 3 sistemas distintos de banco de horas, ligados ao período máximo de compensação das horas excedentes trabalhadas.

a) Sistema anual de compensação: o excesso de horas trabalhadas em um dia deve ser compensado pela correspondente diminuição em outro dia, de maneira que a compensação não exceda o período máximo de um ano. Nesse caso a pactuação poderá ser feita mediante acordo ou convenção coletiva de trabalho, art. 59, § 2º, da CLT.

b) Sistema semestral de compensação: o excesso de horas trabalhadas em um dia deve ser compensado pela correspondente diminuição em outro dia, de maneira que a compensação não exceda o período máximo de seis meses. Nessa hipótese, a pactuação do banco de horas poderá ser ocorrer por acordo individual escrito, art. 59, § 5º, da CLT.

c) Sistema mensal de compensação: caso o excesso de horas trabalhadas em um dia for compensado pela correspondente diminuição em outro dia, de maneira que a compensação ocorra no mesmo mês, o regime de compensação de jornada poderá ser estabelecido por acordo individual, tácito ou escrito, art. 59, § 6º, da CLT.

8.7.2.1.1. Sistema de compensação 12 x 36

Nos termos do art. 59-A da CLT é permitido às partes, por meio de convenção coletiva ou acordo coletivo de trabalho, estabelecer jornada de 12 horas seguidas de trabalho por 36 horas ininterruptas de descanso, devendo ser observados ou indenizados os intervalos para repouso e alimentação.

A remuneração mensal pactuada pela jornada de trabalho de 12 x 36 abrange os pagamentos devidos pelo descanso semanal remunerado e pelo descanso em feriados, e serão considerados compensados os feriados e as prorrogações de trabalho noturno, quando houver.

Dessa forma, qualquer que seja o ramo de atividade, é permitido o acordo escrito entre empregado e empregador para a compensação de jornada de 12 horas de trabalho por 36 horas de descanso.

Importante notar que o texto legal determina a observância dos intervalos para descanso ou então, caso não sejam concedidos, que sejam pagos/indenizados. Portanto, o pagamento dos valores referentes a não concessão do intervalo possui natureza indenizatória e não salarial.

8.7.2.2. Prorrogações de jornada em atividades insalubres

Nos termos do art. 60 da CLT nas atividades insalubres, quaisquer prorrogações só poderão ser acordadas mediante licença prévia das autoridades competentes em matéria de higiene do trabalho, as quais procederão aos necessários exames locais e à verificação dos métodos e processos de trabalho, quer diretamente, quer por intermédio de autoridades sanitárias federais, estaduais e municipais, com quem entrarão em entendimento para tal fim.

Assim, em regra, é necessária a licença prévia do órgão do Ministério do Trabalho (Delegacia Regional do Trabalho) para que seja pactuado o sistema de compensação em atividades insalubres. Contudo, excetuam-se dessa exigência as

jornadas de 12 horas de trabalho por 36 horas ininterruptas de descanso.

Apesar de o art. 60 da CLT dispor sobre a necessidade de licença prévia da autoridade competente para prorrogações de jornada em atividades, o art. 611-A, XIII, da CLT ensina que a convenção coletiva ou acordo coletivo de trabalho prevalecerão sobre a lei no que tange a prorrogação de jornada em locais insalubres.

Celebrado o acordo de compensação de jornada e havendo a respectiva prorrogação, não haverá pagamento de horas extraordinárias, pois essas horas serão abatidas em outro dia como descanso para o obreiro.

Cabe destacar que, nos termos do art. 59-B, parágrafo único, da CLT a prestação de horas extras habituais não descaracteriza o acordo de compensação de jornada e o banco de horas.

Assim, o não atendimento das exigências legais para compensação de jornada, inclusive quando estabelecida mediante acordo tácito, não implica a repetição do pagamento das horas excedentes à jornada normal diária se não ultrapassada a duração máxima semanal, sendo devido apenas o respectivo adicional.

Importante destacar, ainda, que, por meio da Orientação Jurisprudencial 323 da SDI 1, o TST admite o sistema de compensação de jornada conhecida como "jornada de trabalho espanhola", na qual o trabalhador alterna sua jornada de trabalho laborando uma semana com 40 horas semanais e outra com 48 horas. A referida orientação jurisprudencial entende, assim, que a jornada espanhola, não viola os arts. 59, § 2º, da CLT e 7º, XIII, da CF/1988, desde que seu ajuste se dê mediante acordo ou convenção coletiva de trabalho.

8.7.3. Prorrogação por necessidade imperiosa

A prorrogação da jornada de trabalho poderá decorrer de necessidade imperiosa. Prevista no art. 61 da CLT, a necessidade imperiosa é gênero do qual são espécies: serviços inadiáveis e motivo de força maior. Nesses casos, como não é possível prever a necessidade de prorrogação da jornada de trabalho, pode ser exigido independentemente de convenção coletiva ou acordo coletivo de trabalho.

8.7.3.1. Serviços inadiáveis

São aqueles que devem ser terminados na mesma jornada de trabalho, pois, se assim não for, o empregador sofrerá grandes prejuízos. Como exemplo podemos citar o trabalho em jornada suplementar na construção civil onde se constrói uma laje, atividade que não pode ser paralisada sob pena de se perder o concreto já feito.

Nesses casos o trabalho não poderá extrapolar 12 horas, ou seja, 8 horas da jornada comum e mais 4 horas de prorrogação.

Para os serviços inadiáveis, não é necessário que seja feito acordo individual escrito, acordo coletivo ou convenção coletiva, justamente por sua natureza, ou seja, não há como prever tal situação.

8.7.3.2. Força maior

Nos termos do art. 501, caput, da CLT, entende-se por força maior todo acontecimento inevitável, em relação à vontade do empregador, e para a realização do qual este não concorreu, direta ou indiretamente.

Como exemplo, podemos citar o trabalho em um resgate de acidente aéreo ou desmoronamento de prédios.

Para esses casos, a norma não fixou limite para prestação de horas extraordinárias, portanto, a prorrogação ocorrerá sem limites de horas, ou seja, a jornada será prorrogada pelo número de horas que se mostrar necessário, sempre remunerada com adicional de no mínimo 50%.

8.7.4. *Recuperação de tempo por não realização do trabalho*

Nesse caso o trabalho é impossibilitado por causas acidentais ou de força maior, permanecendo a empresa paralisada em razão desses incidentes.

Ocorrendo tais acontecimentos, a empresa pode exigir a reposição desse tempo perdido, mediante prévia concordância da Delegacia Regional do Trabalho. Como exemplo, podemos lembrar as catástrofes ocorridas no Estado de Santa Catarina.

Justamente por ser um fato imprevisto, não se exige que seja feita por acordo individual, acordo coletivo e convenção coletiva.

Porém, a prorrogação poderá ocorrer apenas pelo número de dias indispensáveis para a recuperação do trabalho perdido, não podendo exceder em 45 dias por ano e no máximo 2 horas por dia.

8.8. Empregados excluídos do controle de jornada do trabalho

No art. 62 a CLT traz um rol em que determinados empregados são excluídos do capítulo referente à duração do trabalho. Podemos dizer, portanto, que esses empregados não farão jus à proteção existente no capítulo de duração do trabalho constante na CLT e, por consequência, não terão direito ao recebimento de horas extraordinárias.

É importante enfatizar que esses empregados estão excluídos não apenas das horas extraordinárias, mas sim de todo o capítulo da duração do trabalho, inclusive adicional noturno, intervalos para descanso, entre outros.

Desse modo, estão excluídos da proteção referente ao capítulo de duração do trabalho:

a) os empregados que exercem atividade externa incompatível com a fixação de horário de trabalho, desde que essa condição seja anotada na CTPS e no Livro de Registro de Empregados.

b) os gerentes, diretores ou chefes de departamento. Para que se configure o cargo de confiança, o empregado deve possuir subordinados e receber, além de seu salário efetivo, uma gratificação pela função de no mínimo 40%. Deve, ainda, possuir poderes de mando, ou seja, para tomar decisões importantes, poderes de direção da empresa. São os chamados poderes de direção interno, como admitir e demitir empregados, impor penalidades etc.; e os poderes de direção externa, como compras ou vendas em nome do empregador.

c) os empregados em regime de teletrabalho que prestam serviço por produção ou tarefa.

8.9. Intervalos para descanso

É o período destinado ao repouso e à alimentação do empregado, não sendo computado na duração do trabalho.

A todo trabalho corresponde um descanso, que visa a garantir a reposição das energias psicofísicas do trabalhador.

Existem intervalos para descanso dentro de um dia de trabalho, os chamados intervalos intrajornada; há aquele entre uma jornada e outra, o chamado intervalo interjornada; há também o descanso após uma semana, ou seja, o descanso semanal remunerado (DSR); e, por último, o repouso anual, que são as férias.

8.9.1. *Intervalo intrajornada*

São intervalos intrajornada aqueles que ocorrem dentro da mesma jornada de trabalho e tem como objetivos a alimentação e o descanso do empregado. Importante lembrar que os intervalos de descanso não serão computados na duração do trabalho, consoante disposição do art. 71, § 2º, da CLT.

Nas atividades cuja jornada de trabalho não ultrapassar 4 (quatro) horas, não há previsão legal para o intervalo para refeição e descanso. Já para os trabalhadores cuja duração do trabalho é superior a 4 (quatro) horas e inferior a 6 (seis) horas, o obreiro terá um intervalo para repouso e alimentação de 15 minutos, em conformidade com o art. 71, § 1º, da CLT.

Por último, para os trabalhadores que cumprem jornada de trabalho superior a 6 horas, o descanso será de no mínimo 1 (uma) e no máximo 2 (duas) horas, de acordo com o art. 71 da CLT.

Em conformidade com o art. 71 da CLT, admite-se a fixação do intervalo superior a 2 (duas) horas, desde que precedido de negociação coletiva.

Por outro lado, a duração do intervalo somente poderá ser reduzida por ato do Ministro do Trabalho, após consulta à Secretaria de Segurança e Saúde do Trabalhador, uma vez verificado que o estabelecimento atende às exigências legais concernentes à organização de refeitórios e que seus empregados não estão cumprindo jornada prorrogada.

Contudo, o art. 611-A da CLT ensina em sei inciso III ser possível a redução do intervalo intrajornada, respeitado o limite mínimo de trinta minutos para jornadas superiores a seis horas. Vale lembrar que, havendo acordo ou convenção coletiva nesse sentido, irá ela prevalecer em detrimento da lei.

Vale lembrar que os intervalos concedidos pelo empregador na jornada de trabalho que não estão previstos em lei representam tempo à disposição da empresa. Logo, devem ser remunerados como serviço extraordinário, se acrescidos ao final da jornada, conforme entendimento cristalizado na Súmula 118 do TST.

Com relação ao trabalhador rural, determina o art. 5º da Lei 5.889/1973:

> Art. 5º Em qualquer trabalho contínuo de duração superior a seis horas, será obrigatória a concessão de um intervalo para repouso ou alimentação observados os usos e costumes da região, não se computando este intervalo na duração do trabalho. Entre duas jornadas de trabalho haverá um período mínimo de onze horas consecutivas para descanso.

De acordo com o dispositivo em questão, caso existam usos e costumes na região quanto à concessão do intervalo, esses deverão ser observados. No entanto, caso não haja na região usos e costumes, por força do 5º, §§ 1º e 2º, do Decreto 73.626/1974 e do art. 1º da Lei 5.889/1973, deverá ser aplicada a regra disposta no art. 71 do texto consolidado.

8.9.1.1. Ausência do gozo de intervalo

Caso o empregador não conceda o período destinado a descanso e alimentação ao empregado, fazendo com que esse não desfrute do intervalo intrajornada, ou seja, caso o trabalhador não pare para descansar, o empregador ficará obrigado a remunerar o período correspondente com um acréscimo de 50% do valor da remuneração, em conformidade com o que dispõe o § 4º do art. 71 da CLT:

§ 4º – A não concessão ou a concessão parcial do intervalo intrajornada mínimo, para repouso e alimentação, a empregados urbanos e rurais, implica o pagamento, de natureza indenizatória, apenas do período suprimido, com acréscimo de 50% (cinquenta por cento) sobre o valor da remuneração da hora normal de trabalho.

De acordo com o citado dispositivo legal, caso o empregador não conceda integralmente o intervalo intrajornada deverá indenizar o empregado por todo período suprimido, nesse caso a totalidade do período, com adicional de 50%. No entanto, caso o empregador tenha concedido parcialmente o período de intervalo, deverá indenizar o empregado apenas o valor correspondente ao período suprimido e não da totalidade do período previsto para gozo de intervalo.

Dessa forma, o intervalo concedido parcialmente dá ao empregado o direito de receber apenas o período não gozado, e não a totalidade do período previsto para gozo de intervalo. O período apenas será indenizado na integralidade nos casos em que o empregador não concedeu o intervalo.

Importante notar que a lei determina a natureza indenizatória do pagamento do intervalo suprimido seja ele total ou parcial. Em outras palavras, esse pagamento não possui natureza salarial, não repercutindo, portanto, para apuração de aviso-prévio, 13º salário, descanso semanal remunerado, férias e FGTS.

Importante destacar que com o advento da reforma trabalhista que deu nova redação ao art. 71, § 4º da CLT o entendimento disposto na súmula 437, itens I e III do TST se mostra superado.

A redação da súmula 437 do TST tem a seguinte redação:

SÚMULA Nº 437 DO TST: INTERVALO INTRAJORNADA PARA REPOUSO E ALIMENTAÇÃO. APLICAÇÃO DO ART. 71 DA CLT

I- Após a edição da Lei nº 8.923/94, a não-concessão ou a concessão parcial do intervalo intrajornada mínimo, para repouso e alimentação, a empregados urbanos e rurais, implica o pagamento total do período correspondente, e não apenas daquele suprimido, com acréscimo de, no mínimo, 50% sobre o valor da remuneração da hora normal de trabalho (art. 71 da CLT), sem prejuízo do cômputo da efetiva jornada de labor para efeito de remuneração.

(...)

III- Possui natureza salarial a parcela prevista no art. 71, §4º, da CLT, com redação introduzida pela Lei nº 8.923, de 27 de julho de 1994, quando não concedido ou reduzido pelo empregador o intervalo mínimo intrajornada para repouso e alimentação, repercutindo, assim, no cálculo de outras parcelas salariais.

8.9.2. Intervalos especiais

Em regra, os descansos não são computados na jornada de trabalho do obreiro, nos termos do art. 71, § 2º, da CLT.

Existem, porém, descansos computáveis na jornada de trabalho e devidos aos empregados que trabalhem em condições especiais, visando a compensar o trabalho mais penoso e prevenir doenças profissionais. São alguns exemplos:

8.9.2.1. Mecanografia

Disposto no art. 72 da CLT, trata dos serviços de mecanografia, ou seja, realizados com a ajuda de máquinas de escrever, podendo, ainda, referir-se aos trabalhos de cálculo industrial ou comercial com a ajuda de máquinas contábeis.

Essa orientação foi estendida, também, aos digitadores, a teor da Súmula 346 do TST. Para todos eles, a cada 90 minutos de trabalho o obreiro deve receber um intervalo de 10 minutos de descanso.

8.9.2.2. Câmeras frigoríficas

A regra prevista no art. 253 da CLT ensina que o trabalhador submetido a atividades que envolvam o deslocamento em ambientes com variação de temperatura significativa faz jus a um intervalo de vinte minutos a cada uma hora e quarenta minutos de atividade contínua, computado como tempo de trabalho efetivo.

Nesse sentido, dispõe a Súmula 438 do TST:

SÚMULA 438 TST – INTERVALO PARA RECUPERAÇÃO TÉRMICA DO EMPREGADO. AMBIENTE ARTIFICIALMENTE FRIO. HORAS EXTRAS. ART. 253 DA CLT. APLICAÇÃO ANALÓGICA.

O empregado submetido a trabalho contínuo em ambiente artificialmente frio, nos termos do parágrafo único do art. 253 da CLT, ainda que não labore em câmara frigorífica, tem direito ao intervalo intrajornada previsto no caput do art. 253 da CLT.

8.9.2.3. Minas de subsolo

O disposto no art. 298 da CLT assinala ser devido ao trabalho exercido em minas de subsolo, a cada 3 horas de trabalho, um intervalo de 15 minutos para descanso, que será computado como de trabalho efetivo.

8.9.2.4. Amamentação do próprio filho

A regra prevista no art. 396 da CLT ensina que para amamentar seu filho, inclusive se advindo de adoção, até que este complete 6 (seis) meses de idade, a mulher terá direito, durante a jornada de trabalho, a 2 (dois) descansos especiais de meia hora cada um. Esse período de 6 meses poderá ser dilatado a critério da autoridade competente, quando o exigir a saúde do filho, art. 396, § 1º, da CLT.

Os horários dos descansos supra indicados deverão ser definidos em acordo individual entre a mulher e o empregador, art. 396, § 2º, da CLT.

8.9.3. Intervalo interjornadas

É o intervalo que ocorre entre uma e outra jornada de trabalho. Desta forma, em conformidade com o art. 66 da CLT, entre o final de um dia de trabalho e o início de outro, o empregado deverá ter um descanso mínimo de 11 (onze) horas.

Vale lembrar que, nos termos do art. 229 da CLT, para os empregados que estão sujeitos a horários variáveis, fica estabelecida a duração máxima de 7 (sete) horas diárias de trabalho e 17 (dezessete) horas de folga, deduzindo-se deste tempo 20 (vinte) minutos para descanso, de cada um dos empregados, sempre que se verificar um esforço contínuo de mais de 3 (três) horas.

No que diz respeito aos operadores cinematográficos e seus ajudantes, naqueles estabelecimentos que funcionam normalmente no horário noturno, será facultado, mediante acordo ou contrato coletivo de trabalho e com um acréscimo de 25% sobre o salário da hora normal, executar o trabalho em sessões diurnas extraordinárias e, cumulativamente, nas noturnas, desde que isso se verifique até 3 (três) vezes por semana e entre as sessões diurnas e as noturnas haja o intervalo de 1 (uma) hora, no mínimo, de descanso. Em seguida a cada período de trabalho haverá um intervalo de repouso no mínimo de 12 (doze) horas.

Existem outros intervalos interjornadas especiais previstos para algumas profissões, como, por exemplo, telefonia e telegrafia, cujo intervalo é de 17 horas para horários variáveis; cabineiro e ferroviário (art. 245 da CLT), cujo intervalo é de 14 horas; jornalistas, que, nos termos do art. 308 da CLT, possuem intervalo de 10 horas.

O desrespeito ao intervalo mínimo interjornadas acarreta, por analogia, os mesmos efeitos previstos no § 4º do art. 71 da CLT e na Súmula 110 do TST, devendo-se pagar a integralidade das horas que foram subtraídas do intervalo, acrescidas do respectivo adicional.

Assim, a não concessão do intervalo interjornadas de 11 horas na sua integralidade, acarretará ao empregador o pagamento de horas extraordinárias com acréscimo de 50%.

8.10. Descanso semanal remunerado

O repouso semanal remunerado é regulado pela Lei 605/1949 e regulamentado pelo Decreto 27.048/1949 e pode ser entendido como uma hipótese de interrupção do contrato de trabalho.

Nesses termos, será assegurado a todo empregado um descanso semanal de 24 (vinte e quatro) horas consecutivas, o qual, salvo motivo de conveniência pública ou necessidade imperiosa do serviço, deverá coincidir com o domingo, no todo ou em parte.

Em regra, o descanso semanal é obrigatório, porém sua remuneração dependerá do cumprimento da jornada semanal integral realizada pelo obreiro.

Desta forma, caso o empregado não cumpra jornada semanal integral, perderá tão somente a respectiva remuneração, mas nunca o direito ao repouso.

Nessa linha, nos termos da Súmula 15 do TST, a justificação da ausência do empregado motivada por doença, para a remuneração do repouso semanal, deverá observar a seguinte ordem preferencial dos atestados médicos: o médico da empresa ou seu convênio e, em seguida, os médicos do sindicato ou de entidades públicas.

Vale destacar que, nos termos do parágrafo único do art. 6º da Lei 10.101/2000, o repouso semanal remunerado nas atividades de comércio em geral deverá coincidir, pelo menos uma vez no período máximo de três semanas, com o domingo, respeitadas as demais normas de proteção ao trabalho e outras a serem estipuladas em negociação coletiva.

O repouso semanal deverá ser concedido ao obreiro dentro da semana de trabalho. A concessão após esse período, ou seja, a concessão no oitavo dia, constitui violação ao repouso

semanal, devendo ser pago em dobro. Nesse sentido a SDI 1 do Tribunal Superior do Trabalho editou a Orientação Jurisprudencial 410, in verbis:

> ORIENTAÇÃO JURISPRUDENCIAL 410 DA SDI 1 DO TST – REPOUSO SEMANAL REMUNERADO. CONCESSÃO APÓS O SÉTIMO DIA CONSECUTIVO DE TRABALHO. ART. 7º, XV, DA CF. VIOLAÇÃO.
>
> Viola o art. 7º, XV, da CF a concessão de repouso semanal remunerado após o sétimo dia consecutivo de trabalho, importando no seu pagamento em dobro.

De acordo com a atual interpretação dada pelo TST à OJ 394 da SDI 1 do TST de acordo com o julgamento de incidente de recurso repetitivo 10169-57.2013.5.05.0024 o Tribunal Pleno entendeu que a majoração do valor do repouso semanal remunerado, decorrente da integração das horas extras habituais, deve repercutir no cálculo, efetuado pelo empregador, das demais parcelas que têm como base de cálculo o salário, não se cogitando de "bis in idem" por sua incidência no cálculo das férias, da gratificação natalina, do aviso-prévio e do FGTS.

Tal interpretação, contudo, será aplicada apenas às horas extras trabalhadas a partir de 20/3/2023.

Dispõe a OJ 394 da SDI 1 do TST:

> OJ-SDI1-394 REPOUSO SEMANAL REMUNERADO. INTEGRAÇÃO DAS HORAS EXTRAS. REPERCUSSÃO NO CÁLCULO DAS FÉRIAS, DÉCIMO TERCEIRO SALÁRIO, AVISO PRÉVIO E DEPÓSITOS
>
> I – A majoração do valor do repouso semanal remunerado, decorrente da integração das horas extras habituais, deve repercutir no cálculo, efetuado pelo empregador, das demais parcelas que têm como base de cálculo o salário, não se cogitando de "bis in idem" por sua incidência no cálculo das férias, da gratificação natalina, do aviso prévio e do FGTS;
>
> II – O item I será aplicado às horas extras trabalhadas a partir de 20/3/2023.

Vale dizer que o antigo posicionamento da própria OJ 394 do TST era exatamente o contrário, ou seja, a interpretação que até então vigorava era a de que a majoração do valor do repouso semanal remunerado, em razão da integração das horas extras habitualmente prestadas, não repercute no cálculo das férias, da gratificação natalina, do aviso-prévio e do FGTS, sob pena de caracterização de "bis in idem".

8.11. Férias

As férias correspondem a um direito irrenunciável assegurado a todos os trabalhadores urbanos e rurais previsto no art. 7º, XVII, da CF. A legislação infraconstitucional cuida da matéria nos arts. 129 e seguintes da CLT.

Assim, todos os trabalhadores, urbanos e rurais; servidores públicos (art. 39, § 3º, da CF); membros das forças armadas (art. 142, § 3º, VIII, da CF); e empregados domésticos (art. 7º, parágrafo único, da CF e art. 17 da LC 150/2015), têm direito ao gozo de um período de férias anualmente, sem prejuízo de sua remuneração.

Para todos os efeitos, nos termos do art. 130, § 2º, da CLT, o período das férias será computado como tempo de serviço.

Podemos dizer que são características das férias: a anualidade, pois as férias são devidas após 1 (um) ano contado da data de contratação; a remunerabilidade, pois as férias são remuneradas com acréscimo de um terço (art. 7º, XVII, da CF); a continuidade, pois, em regra, devem ser contínuas, sem interrupção; a irrenunciabilidade, pois não podem ser renunciadas pelo trabalhador; e, por último, a proporcionalidade, pois depende da assiduidade do obreiro, nos termos do art. 130 e incisos da CLT.

As férias correspondem ao descanso anual, porém, para o obreiro fazer jus a elas deve cumprir o que a doutrina chama de "período aquisitivo", ou seja, período de 12 meses de trabalho contado da data de sua contratação.

Em outras palavras, após cada período de 12 meses de vigência do contrato de trabalho, o empregado terá direito a férias.

Vale lembrar a posição consolidada na Súmula 261 do TST, que entende que o empregado que pede demissão antes de completado o primeiro período aquisitivo faz jus a férias proporcionais.

O período de duração das férias está definido no art. 130 consolidado e irá depender do número de faltas injustificadas que cada empregado teve no período aquisitivo.

É importante notar que, essas mesmas regras são aplicadas ao empregado que labore em regime de tempo parcial, art. 58-A, § 7º, da CLT.

Cumprido o período aquisitivo por parte do empregado, inicia-se para o empregador o período concessivo, ou seja, a obrigação de conceder as férias, que corresponderá aos 12 meses subsequentes à data em que o empregado tiver adquirido o direito.

As férias serão concedidas por ato do empregador, devendo, em regra, ser cedidas em um só período, art. 134 da CLT. No entanto, desde que haja concordância do empregado, as férias poderão ser usufruídas em até três períodos, sendo que um deles não poderá ser inferior a quatorze dias corridos e os demais não poderão ser inferiores a cinco dias corridos, cada um, em conformidade com o art. 134, § 1º, da CLT.

Assim, um empregado poderá gozar de 15 + 10 + 5 dias de férias em épocas diferentes, mas sempre dentro do mesmo período concessivo. Vale lembrar que a regra que determinava que aos menores de 18 (dezoito) anos e aos maiores de 50 (cinquenta) anos de idade, as férias seriam sempre concedidas de uma só vez, não podendo haver o fracionamento, foi expressamente revogado pela Lei 13.467/2017.

Imperioso lembrar, ainda, que é vedado o início das férias no período de dois dias que antecede feriado ou dia de repouso semanal remunerado, art. 134, § 3º, da CLT.

O período de concessão das férias será escolhido, exclusivamente, pelo empregador, nos moldes do art. 136 da CLT. A concessão deverá ser feita por escrito e noticiada ao empregado (que dessa notificação dará recibo), com antecedência de, no mínimo, 30 dias (art. 135 da CLT), para que possa esquematizar e preparar suas férias.

Porém, os membros de uma família que trabalharem no mesmo estabelecimento ou empresa terão direito a gozar férias no mesmo período, se assim o desejarem e se disto não resultar prejuízo para o serviço.

Da mesma forma, o empregado estudante, menor de 18 (dezoito) anos, terá direito a fazer coincidir suas férias com as férias escolares.

As férias deverão ser anotadas na Carteira de Trabalho do empregado, conforme art. 133, § 1º, da CLT combinado com o art. 135, §§ 1º e 2º, da CLT.

Reza o art. 133 da CLT que perderá o direito a férias o trabalhador que: deixar o emprego e não for readmitido dentro de 60 dias subsequentes à sua saída; permanecer em gozo de licença, com percepção de salários, por mais de 30 (trinta) dias; deixar de trabalhar, com percepção do salário, por mais de 30 (trinta) dias, em virtude de paralisação parcial ou total dos serviços da empresa; ficar afastado do serviço, durante o período aquisitivo, decorrente da concessão pelo INSS de auxílio-doença, previdenciário ou acidentário, ultrapassando 6 meses, sejam eles contínuos ou descontínuos. Nesses casos, ao retornar ao serviço, inicia-se nova contagem do período aquisitivo.

Por fim, vale dizer que, durante as férias, o empregado não poderá prestar serviços a outro empregador, salvo se estiver obrigado a fazê-lo em virtude de contrato de trabalho regularmente mantido com aquele, nos termos do art. 138 da CLT.

8.11.1. Férias coletivas

O art. 139 da CLT prevê as férias coletivas ao dispor que: "Poderão ser concedidas férias coletivas a todos os empregados de uma empresa ou de determinados estabelecimentos ou setores da empresa".

Desta forma, as férias coletivas podem ser concedidas para toda a empresa ou apenas para uma parte dela.

Os empregados contratados há menos de 12 (doze) meses gozarão, na oportunidade, de férias proporcionais, iniciando-se, então, novo período aquisitivo.

As férias poderão ser gozadas em 2 períodos anuais, desde que nenhum deles seja inferior a 10 dias corridos. Para tanto, o empregador deverá comunicar ao órgão local do Ministério do Trabalho e Emprego, com a antecedência mínima de 15 dias, as datas de início e fim das férias, informando quais os estabelecimentos ou setores participarão das férias coletivas. Nesse mesmo prazo, o empregador deverá encaminhar cópia da comunicação aos Sindicatos representativos da respectiva categoria profissional, providenciando a afixação de aviso nos locais de trabalho.

Em se tratando de férias coletivas, o abono de férias deverá ser objeto de acordo coletivo entre o empregador e o sindicato representativo da respectiva categoria profissional, independentemente do requerimento individual do empregado.

8.11.2. Remuneração e abono de férias

8.11.2.1. Remuneração das férias

O empregado receberá, durante as férias, a remuneração que lhe for devida na data da sua concessão, acrescida do terço constitucional (art. 7º, XVII, da CF).

Para os trabalhadores cujo salário seja pago por hora com jornadas variáveis, apurar-se-á a média do período aquisitivo, aplicando-se o valor do salário na data da concessão das férias. Em se tratando de salário pago por tarefa, tomar-se-á por base a média da produção no período aquisitivo do direito a férias, aplicando-se o valor da remuneração da tarefa na data da concessão das férias.

Por último, para o salário pago por percentagem, comissão ou viagem, apurar-se-á a média percebida pelo empregado nos 12 (doze) meses que precederem à concessão das férias.

8.11.2.2. Abono de férias

O art. 143 da CLT permite que o empregado converta 1/3 (um terço) do período de férias a que tiver direito em abono pecuniário, no valor da remuneração que lhe seria devida nos dias correspondentes. Contudo, a conversão total de férias em pagamento em dinheiro é proibida.

Para poder exercer esse direito, o trabalhador deverá requerer tal prerrogativa, nos 15 dias anteriores ao término do período aquisitivo, nos termos do § 1º do art. 143 da CLT.

Vale esclarecer que a percepção do abono é uma opção do empregado, que uma vez requerido independe da concordância do empregador, pois representa um direito potestativo do empregado.

O pagamento da remuneração das férias e, se for o caso, o do abono serão efetuados até 2 (dois) dias antes do início do período de férias, nos termos do art. 145 da CLT.

Sempre que as férias forem concedidas após o período concessivo, o empregador deverá pagar em dobro a respectiva remuneração, é o que reza o art. 137 da CLT. Sobre o tema, o TST editou a súmula 81 que determina que todo tempo de férias deve ser gozado dentro do período concessivo. Caso o empregado goze parte dás férias após esse período, esses dias deverão ser remunerados em dobro.

Em 21/05/2014 o TST editou a súmula 450 entendendo que mesmo que o empregador tenha concedido as férias dentro do período concessivo, mas não efetue o pagamento da remuneração das férias e seu abono dentro do prazo legal de 2 (dois) dias, deverá pagar em dobro a respectiva remuneração das férias.

> SÚMULA 450 TST – FÉRIAS. GOZO NA ÉPOCA PRÓPRIA. PAGAMENTO FORA DO PRAZO. DOBRA DEVIDA. ARTS. 137 E 145 DA CLT.
>
> É devido o pagamento em dobro da remuneração de férias, incluído o terço constitucional, com base no art. 137 da CLT, quando, ainda que gozadas na época própria, o empregador tenha descumprido o prazo previsto no art. 145 do mesmo diploma legal.

Contudo, em sessão virtual encerrada em 05/08/2022 no julgamento da ADPF 501 o Supremo Tribunal Federal, por maioria de votos (7x3), declarou inconstitucional a Súmula 450 do TST.

A maioria do Plenário acompanhou o entendimento do Relator, o Ministro Alexandre de Moraes de que a súmula ofende os preceitos fundamentais da legalidade, em razão de que seria indevido estipular uma sanção legal prevista em outro contexto, para uma hipótese distinta àquela prevista pelo legislador e, ainda, o princípio da separação de poderes, pois tal matéria não caberia ao judiciário, mas sim ao legislativo.

O Plenário também invalidou decisões judiciais não transitadas em julgado que, com base na súmula, tenham aplicado a multa do pagamento em dobro com base no art. 137 da CLT.

Vale destacar que a decisão proferida na ADPF 501 possui eficácia erga omnes, efeito vinculante relativo aos órgãos do Poder Público. Porém, seus efeitos serão aplicados somente em relação decisões judiciais não transitadas em julgado. Dessa forma, imperioso destacar que a decisão proferida na ADPF 501 não se aplica àquelas decisões já transitadas em julgado.

O entendimento solidificado pelo STF não altera a multa de férias em dobro prevista no art. 137 da CLT e súmula 81 do TST, acima estudadas.

Por último, é importante lembrar que nos termos do art. 58-A, § 6º, da CLT é facultado ao empregado contratado sob regime de tempo parcial converter um terço do período de férias a que tiver direito em abono pecuniário.

8.11.2.3. Concessão das férias após período concessivo

Nos termos do art. 134 da CLT, o empregador deverá conceder as férias nos 12 meses subsequentes à aquisição do direito pelo empregado.

Caso o empregador não obedeça ao prazo estipulado pelo legislador, nos termos do art. 137 da CLT, deverá pagar em dobro a respectiva remuneração das férias, inclusive acrescido do 1/3 constitucional (art. 7º, XVII, da CF).

Importante lembrar que ainda que o trabalhador receba a respectiva remuneração, mas não usufrua do período de descanso, as férias deverão ser concedidas e pagas com a dobra em debate, que possui natureza jurídica de verba indenizatória (art. 28, § 9º, alínea "d", da Lei 8.212/1991).

Poderá ocorrer, também, a concessão de parte do período das férias fora do período concessivo. Imagine o seguinte exemplo: período concessivo que se encerra no dia 30 de maio. Sendo o período de 30 dias de férias concedido no dia 20 de maio e encerrado no dia 18 de junho, temos que entre os dias 20 e 30 de maio, ou seja, os 11 primeiros dias, estão dentro do período concessivo. Os demais dias, portanto, deverão ser pagos em dobro, em conformidade com a Súmula 81 do TST, que assim dispõe:

> SÚMULA 81 TST – FÉRIAS
>
> Os dias de férias gozados após o período legal de concessão deverão ser remunerados em dobro.

9. ALTERAÇÃO DO CONTRATO DE TRABALHO

9.1. Alteração do contrato de trabalho

O princípio da inalterabilidade contratual prejudicial ao obreiro está consagrado no art. 468 da CLT, que assim dispõe: "só é lícita a alteração das respectivas condições por mútuo consentimento e, ainda assim, desde que não resultem, direta ou indiretamente, prejuízos ao empregado, sob pena de nulidade da cláusula infringente dessa garantia".

É o empregador que dirige a prestação do labor de seus empregados, ou seja, o empregado é subordinado juridicamente ao empregador, podendo ser punido caso cometa falta, ficando sujeito às penas de advertência, de suspensão ou, ainda, de dispensa por justa causa.

No Direito do Trabalho, há a necessidade específica de que a alteração seja benéfica, em razão da hipossuficiência do empregado, pois, como se sabe, as partes no contrato de trabalho não estão em igualdade.

Nessa linha, não pode o empregado hipossuficiente suportar os riscos do negócio, na medida em que é uma característica do contrato de trabalho a alteridade, segundo a qual o empregador adquire a força de trabalho e a utiliza como um dos fatores de produção, não podendo repassar os riscos de sua atividade para o obreiro.

Pois bem. A Constituição Federal determina em seu art. 7º, VI a irredutibilidade de salários, salvo negociação coletiva. Consiste, portanto, na possibilidade de obter a redução dos salários, via tutela sindical (negociação coletiva).

Nesse sentido, dispõe o art. 503 da CLT: "É lícita, em caso de força maior ou prejuízos devidamente comprovados, a redução geral dos salários dos empregados da empresa, proporcionalmente aos salários de cada um, não podendo, entretanto, ser superior a 25%, respeitado, em qualquer caso, o salário mínimo da região".

E continua no parágrafo único: "Cessados os efeitos decorrentes do motivo de força maior, é garantido o restabelecimento dos salários reduzidos".

Convém esclarecer que o mandamento do art. 503 da CLT deve ser interpretado em conjunto com o art. 7º, VI, da CF, autorizando, assim, a redução do salário por motivo de força maior, por negociação coletiva.

9.1.1. Jus resistente – direito de resistência do empregado

O direito de resistência do empregado consiste no direito que este possui de não acatar algum tipo de alteração que seja ilícita.

Dessa forma, poderá o empregado se opor a modificações que lhe causem prejuízos ou sejam ilegais, pleiteando inclusive a rescisão indireta do contrato de trabalho, nos moldes do art. 483 da CLT.

9.1.2. Jus variandi do empregador

Consiste no direito de o empregador variar a prestação de serviços, ou seja, o poder de realizar modificações no contrato de trabalho.

Dessa forma, o empregador tem o poder de manejar a forma como quer a prestação dos serviços.

Esse poder de modificação não é ilimitado, já que encontra limite na própria lei. Assim, as alterações podem ser realizadas livremente em aspectos nos quais a lei não preveja proibição.

Em alguns casos, a lei permite que o empregador realize pequenas modificações no contrato de trabalho que não venham a alterar significativamente o pacto laboral e desde que não importem em prejuízo ao trabalhador. Como exemplo citamos o empregado de confiança que pode retornar, por determinação do empregador, ao exercício do cargo que ocupara anteriormente ao exercício do cargo de confiança. A própria CLT não considera tal alteração unilateral, conforme disposição literal do parágrafo único do art. 468 consolidado.

Sempre que o empregador exorbitar, surge para o empregado o direito de resistência.

9.1.3. Transferência de empregados

A transferência do empregado decorre do jus variandi do empregador.

O art. 469 da CLT ensina:

Art. 469. Ao empregador é vedado transferir o empregado, sem a sua anuência, para localidade diversa da que resultar do contrato, não se considerando transferência a que não acarretar necessariamente a mudança do seu domicílio.

§ 1º Não estão compreendidos na proibição deste artigo: os empregados que exerçam cargo de confiança e aqueles cujos contratos tenham como condição, implícita ou explícita, a transferência, quando esta decorra de real necessidade de serviço.

§ 2º É lícita a transferência quando ocorrer extinção do estabelecimento em que trabalhar o empregado.

§ 3º Em caso de necessidade de serviço o empregador poderá transferir o empregado para localidade diversa da que resultar do contrato, não obstante as restrições do artigo anterior, mas, nesse caso, ficará obrigado a um pagamento suplementar, nunca inferior a 25% (vinte e cinco por cento) dos salários que o empregado percebia naquela localidade, enquanto durar essa situação.

A mudança proibida pelo citado dispositivo legal é aquela que determina a mudança do domicílio do trabalhador, ou seja, a mudança do local de trabalho deve modificar o local físico da residência do obreiro. Assim, a transferência do empregado de um estabelecimento para outro pode ser feita, desde que não seja necessária a mudança de seu domicílio.

Por outro lado, seja na transferência provisória, seja na definitiva, o empregador deverá pagar as despesas dessa transferência, na medida em que representam gastos por parte do obreiro.

Desta maneira, o trabalhador transferido para local mais distante da empresa, ainda que essa transferência não acarrete mudança de seu domicílio, fará jus ao recebimento das despesas incursas com a transferência.

O Colendo TST, por meio do enunciado da Súmula 29, ensina: "Empregado transferido, por ato unilateral do empregador, para local mais distante de sua residência, tem direito a suplemento salarial correspondente ao acréscimo da despesa de transporte".

Embora o TST tenha se utilizado da expressão "suplemento salarial", essa complementação não possui natureza salarial, mas sim de reembolso de despesas.

Verifica-se, destarte, que nas transferências que importem a mudança de residência do obreiro deverá haver sua anuência, pois naquelas que não importarem na mudança de seu domicílio o empregador fará uso de seu jus variandi, não havendo necessidade da anuência do empregado; mas sempre deve pagar as despesas decorrentes da transferência.

A CLT elenca hipóteses em que a transferência pode ocorrer de forma unilateral pelo empregador, ou seja, sem o consentimento do obreiro. São elas:

a) empregados que exerçam cargos de confiança, isto é, aqueles que exerçam amplos poderes de mando, de modo a representarem a empresa nos atos de sua administração;

b) empregados cujos contratos contenham cláusulas expressas prevendo essa possibilidade;

c) nos casos em que a transferência decorra da própria natureza do serviço para o qual o empregado foi contratado, por exemplo: o viajante, inspetor etc.

Nesses casos deverá haver a real necessidade dos serviços prestados por esses trabalhadores, sob pena de ser taxada de abusiva.

Nesse sentido é a Súmula 43 do TST: "Presume-se abusiva a transferência de que trata o § 1º do art. 469 da CLT, sem comprovação da necessidade do serviço".

A transferência é permitida ainda:

d) ocorrendo a extinção do estabelecimento;

e) por necessidade de serviço, desde que a transferência seja provisória, devendo a empresa, nesse caso, pagar ao empregado um adicional, nunca inferior a 25% do salário percebido na localidade da qual foi transferido, enquanto durar essa situação.

No entanto, caso a alteração não seja feita nos ditames dos parágrafos do art. 469 consolidado, caberá ao empregado prejudicado requerer medida liminar, nos termos do art. 659, IX, da CLT, para tornar sem efeito a transferência por ventura realizada.

9.1.4. Transferência definitiva e provisória

A princípio, para mensurar se a transferência é definitiva ou provisória, utilizamos o critério temporal, ou seja, o tempo de duração da transferência.

Porém, esse não pode ser o único parâmetro. Devemos utilizar o critério circunstancial, ou seja, analisar as circunstâncias que envolvem a atitude do empregado com intenção de se enraizar naquela determinada localidade, como, por exemplo, a matrícula dos filhos na escola, sua associação em um clube na cidade, entre outras.

São as lições de ilustre professor Mauricio Godinho Delgado (em Curso de Direito do Trabalho, 8ª ed., São Paulo, LTr, 2009, p. 963).

> "O melhor critério – por transparente e objetivo – parece-nos aquele que contrapõe a noção de provisoriedade à de definitividade: definitiva é aquela alteração que se estabilizou plenamente no contrato, de modo que sua causa, conteúdo e validade não podem mais ser sequer questionados e aferidos; em contraponto, provisória é aquela mudança ainda precária na história do contrato, uma vez que sua causa, conteúdo e validade podem ser questionados e aferidos. Assim, definitiva será a modificação circunstancial que se tenha produzido já no período prescrito do contrato, ao passo que provisória será aquela transferência que tenha ocorrido no período contratual não prescrito. Efetivando-se a remoção no período imprescrito, será, desse modo, considerada provisória para fins do art. 469, § 3º, da CLT."

Cabe ressaltar que o adicional de transferência de 25% descrito no § 3º do art. 469 da CLT somente será devido na transferência provisória, visto que o empregado está fora do seu local de trabalho, necessitando, portanto, de uma compensação.

Nesse sentido, ensina a OJ 113 da SDI 1 do TST:

> ADICIONAL DE TRANSFERÊNCIA. CARGO DE CONFIANÇA OU PREVISÃO CONTRATUAL DE TRANSFERÊNCIA. DEVIDO. DESDE QUE A TRANSFERÊNCIA SEJA PROVISÓRIA. O fato de o empregado exercer cargo de confiança ou a existência de previsão de transferência no contrato de trabalho não exclui o direito ao adicional. O pressuposto legal apto a legitimar a percepção do mencionado adicional é a transferência provisória.

Esse adicional não se incorpora ao salário do empregado e pode ser suprimido com o término da transferência, ou seja, com o retorno ao local da contratação.

Convém ainda destacar que a transferência provisória depende da real necessidade do trabalho daquele determinado obreiro, de modo que o trabalho deste não possa ser realizado por outro trabalhador naquela localidade.

Nesse sentido, dispõe a súmula 43 do TST:

> TRANSFERÊNCIA. Presume-se abusiva a transferência de que trata o § 1º do art. 469 da CLT, sem comprovação da necessidade do serviço.

A transferência realizada fora das hipóteses previstas nos parágrafos do art. 469 consolidado será tida como abusiva, possibilitando ao empregado o provimento liminar para não ser transferido, de acordo com o art. 659, IX, da CLT.

9.2. Suspensão e interrupção do contrato de trabalho

A suspensão, também chamada por alguns doutrinadores de suspensão total, e a interrupção, conhecida também como suspensão parcial, representam fatos que determinam que temporariamente o contrato de trabalho pare de produzir seus efeitos.

Na suspensão, o contrato de trabalho para de produzir efeitos de forma bilateral, ou seja, não produz efeitos para o empregado tampouco para o empregador. Desta forma, ambos contratantes têm contraprestações suspensas, ou seja, o trabalhador não necessita trabalhar e o empregador não tem o dever de efetuar o pagamento de salários.

Já na interrupção ocorre a não produção dos efeitos de forma unilateral. Assim, na interrupção somente o trabalhador para de trabalhar, devendo o empregador continuar a pagar os salários do obreiro.

9.2.1. Suspensão do contrato de trabalho

Na suspensão do contrato de trabalho, as obrigações contratuais são suspensas por ambos os contratantes, ou seja, empregado e empregador. Assim, o trabalhador não presta serviços ao empregador que, em contrapartida, não pagará a esse obreiro seu salário.

O ilustre professor Mauricio Godinho Delgado (em Curso de Direito do Trabalho, 8ª ed., São Paulo, LTr, 2009, p. 971) ensina a suspensão contratual como sendo "a sustação temporária dos principais efeitos do contrato de trabalho no tocante às partes, em virtude de um fato juridicamente relevante, sem ruptura, contudo, do vínculo contratual formado. É a sustação ampliada e recíproca dos efeitos contratuais, preservado, porém, o vínculo entre as partes".

Deixando de existir o motivo que determinou a suspensão do contrato, é assegurado ao empregado o retorno ao cargo que exercia na empresa anteriormente, sendo que lhe serão garantidas todas as vantagens que, durante sua ausência, tenham sido atribuídas à categoria à qual pertence.

Desta forma, nos termos do art. 471 da CLT, se durante a suspensão do contrato surgirem novas vantagens à categoria do empregado, decorrentes de lei, acordo coletivo ou convenção coletiva, sentença normativa ou até mesmo por espontaneidade do empregador, o empregado será beneficiado, da mesma forma, a partir do dia em que, cessada a causa do afastamento, retornar ao serviço.

Podemos destacar as seguintes hipóteses de suspensão do contrato de trabalho:

a) acidente de trabalho ou doença, a partir do 16º dia, tendo em vista que o trabalhador percebe o benefício do auxílio-doença, que é pago pela Previdência Social (art. 59 da Lei 8.213/1991);

b) período de suspensão disciplinar, que não poderá ser superior a 30 (trinta) dias, sob pena de ficar reconhecida dispensa sem justa causa (art. 474 da CLT);

c) aposentadoria por invalidez, nos termos do art. 475 da CLT;

Sobre a aposentadoria por invalidez o TST entende que, estando o contrato de trabalho suspenso em razão do citado benefício, a empresa não poderá retirar do empregado o plano de saúde ou assistência médica. É o que ensina a Súmula 440 do TST.

> SÚMULA 440 TST – AUXÍLIO-DOENÇA ACIDENTÁRIO. APOSENTADORIA POR INVALIDEZ. SUSPENSÃO DO CONTRATO DE TRABALHO. RECONHECIMENTO DO DIREITO À MANUTENÇÃO DE PLANO DE SAÚDE OU DE ASSISTÊNCIA MÉDICA.
>
> Assegura-se o direito à manutenção de plano de saúde ou de assistência médica oferecido pela empresa ao empregado, não obstante suspenso o contrato de trabalho em virtude de auxílio-doença acidentário ou de aposentadoria por invalidez.

d) greve, enquanto direito assegurado a todos os trabalhadores que se encontra previsto no art. 9º da CF, sendo regulado pela Lei 7.783/1989. Dispõe o art. 7º da referida Lei que a greve é hipótese de suspensão de contrato de trabalho.

Poderá, no entanto, ser considerada como interrupção do contrato de trabalho, caso haja negociação coletiva, ou até mesmo sentença normativa, na qual se pactue que os dias de paralisação serão remunerados;

e) ausência para exercício de cargo público (exemplo: para cargo político eletivo), nos termos do art. 472 consolidado;

f) faltas injustificadas, entre outras.

9.2.2. Interrupção do contrato de trabalho

Na interrupção do contrato de trabalho, o empregado suspende a prestação de serviços, mas continua recebendo a remuneração pelo empregador.

Há uma simples interrupção na prestação de serviços pelo empregado, prevalecendo, para o empregador, a obrigatoriedade de pagar os salários, no todo ou em parte.

Assim, embora não trabalhe, ou seja, não preste serviços, o empregado continuará recebendo sua remuneração, contando-se esse período como tempo de serviço.

Podemos destacar as seguintes hipóteses de interrupção do contrato de trabalho:

a) acidente de trabalho ou doença até o 15º dia, tendo em vista que o pagamento dos primeiros 15 (quinze) dias de ausência é de responsabilidade do empregador, em conformidade com o art. 60, § 3º, da Lei 8.213/1991;

b) licença-maternidade, que se encontra prevista no art. 7º, XVIII, da CF, c/c o art. 71 da Lei 8.213/1991, pelo período de 120 dias.

Nos termos da Lei 11.770/2008, esse período poderá ser prorrogado por mais 60 (sessenta dias) caso o empregador, pessoa jurídica, resolva aderir ao programa Empresa Cidadã, desde que a empregada a requeira até o final do primeiro mês após o parto, e a prorrogação seja concedida imediatamente após a fruição da licença-maternidade.

Vale dizer que a prorrogação será garantida, na mesma proporção, também à empregada que adotar ou obtiver guarda judicial para fins de adoção de criança, de acordo com a redação do art. 392-A da CLT.

É importante notar que a mãe que adotasse ou obtivesse a guarda judicial possuía licença-maternidade proporcional à idade da criança, em conformidade com os §§ 1º a 3º do art. 392-A da CLT.

Porém, com a edição da Lei 12.010 de 03.08.2009, foram revogados expressamente os referidos parágrafos.

c) ausências legais, nas hipóteses do art. 473 da CLT, com a redação dada pela Lei 14.457/2022, que assim dispõe:

> Art. 473. O empregado poderá deixar de comparecer ao serviço sem prejuízo do salário:
>
> I – até 2 (dois) dias consecutivos, em caso de falecimento do cônjuge, ascendente, descendente, irmão ou pessoa que, declarada em sua carteira de trabalho e previdência social, viva sob sua dependência econômica;
>
> II – até 3 (três) dias consecutivos, em virtude de casamento;
>
> III – por 5 (cinco) dias consecutivos, em caso de nascimento de filho, de adoção ou de guarda compartilhada;
>
> IV – por um dia, em cada 12 (doze) meses de trabalho, em caso de doação voluntária de sangue devidamente comprovada;
>
> V – até 2 (dois) dias consecutivos ou não, para o fim de se alistar eleitor, nos termos da lei respectiva.
>
> VI – no período de tempo em que tiver de cumprir as exigências do Serviço Militar referidas na letra "c" do art. 65 da Lei 4.375, de 17 de agosto de 1964 (Lei do Serviço Militar).
>
> VII – nos dias em que estiver comprovadamente realizando provas de exame vestibular para ingresso em estabelecimento de ensino superior.
>
> VIII – pelo tempo que se fizer necessário, quando tiver que comparecer a juízo.
>
> IX – pelo tempo que se fizer necessário, quando, na qualidade de representante de entidade sindical, estiver participando de reunião oficial de organismo internacional do qual o Brasil seja membro.
>
> X – pelo tempo necessário para acompanhar sua esposa ou companheira em até 6 (seis) consultas médicas, ou em exames complementares, durante o período de gravidez;
>
> XI – por 1 (um) dia por ano para acompanhar filho de até 6 (seis) anos em consulta médica.
>
> XII – até 3 (três) dias, em cada 12 (doze) meses de trabalho, em caso de realização de exames preventivos de câncer devidamente comprovada.
>
> Parágrafo único. O prazo a que se refere o inciso III do caput deste artigo será contado a partir da data de nascimento do filho.

d) férias, que estão previstas no art. 7º, XVII, da CF e arts. 129 a 153 da CLT;

e) qualquer espécie de licença remunerada;

f) licença-paternidade, prevista no art. 7º, XIX, da CF, c/c o art. 10, II, § 1º do ADCT, pelo período de 5 dias.

Cumpre salientar que de acordo com a redação dada pela Lei 13.257/2016, a Lei 11.770/2008 em seu art. 1º, inciso II, prorroga em 15 dias a duração da licença-paternidade para os empregados das empresas que aderirem ao programa "Empresa Cidadã".

Essa prorrogação será garantida ao empregado, desde que ele a requeira no prazo de 2 (dois) dias úteis após o parto e comprove participação em programa ou atividade de orientação sobre paternidade responsável.

A prorrogação será garantida, na mesma proporção, ao empregado que adotar ou obtiver guarda judicial para fins de adoção de criança.

g) licença remunerada em caso de aborto não criminoso, hipótese em que a empregada terá direito a duas semanas de descanso, em conformidade com o art. 395 da CLT;

h) descanso semanal remunerado, previsto no art. 7º, XV, da CF;

i) feriados, disciplinados no art. 1º da Lei 605/1949;

j) encargos públicos específicos, como por exemplo: testemunha e atuação como mesário em eleições são ausências consideradas como de serviço efetivo, devendo ser pagos os salários correspondentes;

k) lockout, que consiste na paralisação das atividades, por iniciativa do empregador, com o objetivo de frustrar negociação ou dificultar o atendimento das reivindicações dos empregados.

Caso isso ocorra, os trabalhadores terão direito à percepção dos salários durante o período da paralisação (art. 17, parágrafo único, da Lei 7.783/1989), caracterizando-se, portanto, como forma de interrupção do contrato de trabalho.

Vale lembrar que em todas as hipóteses de interrupção do contrato de trabalho, como as supramencionadas, serão devidos os respectivos salários, sendo computadas, também, como tempo de serviço efetivo.

9.3. Suspensão e interrupção nos contratos por prazo determinado

É importante lembrar que tanto a suspensão quanto a interrupção não afetam a fluência do contrato com prazo determinado, tendo em vista que as partes já conhecem de antemão a data de término do contrato.

Os contratos a termo não se prorrogam caso ocorra suspensão ou interrupção. Por esse motivo, apenas se as partes acordarem é que esses períodos não serão computados como tempo de afastamento do empregado para a contagem do prazo para o término do ajuste, em conformidade com o § 2º do art. 472 da CLT.

Desta forma, caso não seja acordado entre as partes, os períodos irão ser computados como de efetivo serviço.

9.4. Prazo para o retorno

Em regra, o empregado deve retornar ao emprego imediatamente, ou seja, assim que terminar o motivo deve voltar ao trabalho.

Caso o empregado não retorne ao trabalho, terá faltas injustificadas ao serviço. Desta forma, caso as faltas ultrapassem 30 dias haverá presunção de abandono de emprego, nos termos da Súmula 32 do TST, que dispõe: "Presume-se o abandono de emprego se o trabalhador não retornar ao serviço no prazo de 30 (trinta) dias após a cessação do benefício previdenciário nem justificar o motivo de não o fazer".

Em se tratando de afastamento por serviço militar, nos termos do art. 472, § 1º, da CLT, o empregado é obrigado a notificar que tem intenção de retornar ao trabalho no cargo que exercia, no prazo de 30 dias contados da baixa do serviço militar. Caso o empregado assim não proceda, o contrato restará extinto.

Quanto ao serviço militar temos, ainda, o art. 132 da CLT: "o tempo de trabalho anterior à apresentação do empregado para serviço militar obrigatório será computado no período aquisitivo, desde que ele compareça ao estabelecimento dentro de 90 (noventa) dias da data em que se verificar a respectiva baixa".

Assim, se o empregado retornar ao serviço no prazo de 90 dias, o período anterior é computável para a aquisição do período de férias.

9.5. Dispensa do empregado durante a suspensão e interrupção do contrato de trabalho

Muito se discute acerca da possibilidade ou não da dispensa do empregado durante a suspensão ou mesmo durante a interrupção do contrato de trabalho.

Nota-se que na suspensão do contrato de trabalho os principais efeitos do contrato, contagem do período como tempo de serviço e remuneração são suspensos, não sendo devidos. Na interrupção do contrato há a suspensão da prestação de serviços, porém o empregado continua recebendo a remuneração pelo empregador.

Nessas duas hipóteses, ou seja, estando o contrato de trabalho suspenso ou interrompido, o trabalhador está na condição de "afastado" e, consequentemente, não poderá ser demitido sem justa causa. Ressalta-se que, tendo o empregado cometido justa causa (art. 482 da CLT), será permitida sua demissão.

Tanto a figura da suspensão como a figura da interrupção contratual, ao produzirem efeitos no contrato de trabalho, inviabilizam a extinção do contrato por vontade do empregador. Nota-se que o pedido de demissão do empregado durante a suspensão e interrupção do contrato de trabalho é admitido em razão da liberdade de trabalho insculpida no art. 5º, XIII, da CF.

Fundamentando seu posicionamento no art. 471 da CLT, ensina Gustavo Felipe Barbosa Garcia (em Curso de Direito do Trabalho, 2ª ed., São Paulo, Método, 2008, p. 514): "como a lei assegura todas as vantagens que, na ausência do empregado, tenham sido atribuídas à categoria, 'por ocasião de sua volta', é porque esse retorno, após a alta médica, não pode ser obstado pelo empregador, vedando a prática de ato que impeça a aplicação desta norma de ordem pública trabalhista (art. 9º da CLT)".

Assim, caso o empregador efetue a dispensa do empregado durante o período de suspensão ou interrupção contratual, tal dispensa será considerada nula de pleno direito. A decisão que declarar a nulidade do ato de dispensa terá efeitos retroativos, considerando o contrato de trabalho vigente, o que resultará na reintegração do empregado.

10. EXTINÇÃO DO CONTRATO DE TRABALHO

Uma vez estudada a formação e o desenvolvimento do contrato de trabalho, é imprescindível estudar sua extinção.

10.1. Extinção do contrato de trabalho por prazo indeterminado

O diploma consolidado utiliza o termo rescisão do contrato de trabalho para abarcar todas as modalidades de terminação do contrato de trabalho.

10.1.1. Resilição

Ocorrerá resilição do contrato de trabalho sempre que uma ou ambas as partes resolvam, sem justo motivo, romper o pacto laboral.

10.1.1.1. Dispensa sem justa causa

A primeira forma de resilição do contrato é a dispensa sem justa causa do empregado, que ocorre quando o vínculo empregatício é rompido imotivadamente pelo empregador.

Nesse caso, o empregado fará jus aos seguintes direitos: aviso-prévio; saldo de salário; férias proporcionais, simples ou em dobro, mais 1/3 (um terço); 13º salário; multa de 40% e levantamento do FGTS; e seguro-desemprego.

Nos termos do art. 477-A da CLT as dispensas imotivadas individuais, plúrimas ou coletivas equiparam-se para todos os fins, não havendo necessidade de autorização prévia de entidade sindical ou de celebração de convenção coletiva ou acordo coletivo de trabalho para sua efetivação".

10.1.1.2. Pedido de demissão do empregado

Consiste no pedido de rompimento do contrato de trabalho pelo próprio empregado.

Ao fazer o pedido de demissão, surge para o obreiro o dever de prestar o aviso-prévio para seu empregador; a falta de aviso-prévio por parte do empregado dá ao empregador o direito de descontar os salários correspondentes ao prazo respectivo, em conformidade com o art. 487, § 2º, da CLT.

Ao fazer o pedido de demissão o empregado fará jus aos seguintes direitos: saldo de salário; férias proporcionais, simples ou em dobro, acrescido do terço constitucional; e 13º salário. Os demais direitos, quais sejam, aviso-prévio; multa de 40% e levantamento do FGTS; e seguro-desemprego não serão devidos, tendo em vista que o próprio obreiro é quem rompeu o pacto laboral.

10.1.1.3. Programa de Incentivo à Demissão Voluntária

Outra forma de resilição do contrato de trabalho é o distrato que consiste na terminação do contrato empregatício por vontade de ambas as partes, ou seja, por mútuo acordo entre os contratantes.

Ocorre que, em razão dos princípios trabalhistas que visam a proteger o trabalhador, parte hipossuficiente na relação de trabalho, devem ser assegurados aos trabalhadores todos os direitos, como se a terminação do contrato tivesse ocorrido, imotivadamente, por vontade do empregador.

Nesse contexto surge o Programa de Incentivo à Demissão Voluntária – PIDV, modalidade de término do contrato de trabalho convencionado entre as partes, classificada como um tipo de transação extrajudicial, pois não é feito com a presença do Estado-Juiz.

Sobre o instituto em comento, tema de maior relevância reside na eficácia liberatória dos citados programas de incentivo. Isso porque as normas do Direito do Trabalho são normas indisponíveis, que não podem ser modificadas pelo empregador. Ademais, o Direito do Trabalho se norteia pelos princípios da proteção e da irrenunciabilidade dos direitos.

Contudo, nos termos do art. 477-B da CLT o Plano de Demissão Voluntária ou Incentivada, para dispensa individual, plúrima ou coletiva, previsto em convenção coletiva ou acordo coletivo de trabalho, enseja quitação plena e irrevogável dos direitos decorrentes da relação empregatícia, salvo disposição em contrário estipulada entre as partes.

O valor pago como incentivo à demissão possui natureza jurídica de indenização, na medida em que é pago como forma de consolar a perda do emprego, nos termos da Orientação Jurisprudencial 207 da SDI 1 do TST.

Vale dizer que, o Plenário do Supremo Tribunal Federal (STF) decidiu que, nos casos de Planos de Dispensa Incentivada – os chamados PDIs –, é válida a cláusula que dá quitação ampla e irrestrita de todas as parcelas decorrentes do contrato de emprego, desde que este item conste de Acordo Coletivo de Trabalho e dos demais instrumentos assinados pelo empregado. A decisão foi tomada no julgamento do Recurso Extraordinário (RE) 590415, que teve repercussão geral reconhecida pelo STF.

Por último, é importante lembrar que não é possível compensar a indenização paga pela adesão ao PIDV com créditos trabalhistas reconhecidos em juízo, na medida em que possuem naturezas distintas. Nesse sentido é a Orientação Jurisprudencial 356 da SDI 1 do TST.

10.1.2. Resolução

Ocorrerá a resolução do contrato de trabalho sempre que uma ou ambas as partes praticarem uma falta.

Assim, a resolução do contrato está relacionada com a inexecução do contrato, ou seja, a um ato faltoso.

Desta forma, podemos ter a resolução do pacto laboral por dispensa por justa causa do empregado, por rescisão indireta ou, ainda, por culpa recíproca.

10.1.2.1. Dispensa por justa causa

A dispensa por justa causa ocorrerá sempre que o empregado cometer falta considerada como grave. Ocorrendo falta considerada grave, poderá o empregador dispensar seu empregado por justa causa, nas hipóteses previstas no art. 482 da CLT.

A falta grave deve ser provada pelo empregador, devendo constar de forma expressa na carta de despedida o motivo pelo qual o contrato de trabalho está sendo extinto.

Configurada a justa causa, o empregado fará jus apenas ao saldo de salário e férias não gozadas com o terço constitucional.

São causas de justa causa do empregado:

a) Ato de improbidade: a improbidade revela mau caráter, maldade, desonestidade, má-fé, que cause prejuízo ou até risco à integridade do patrimônio do empregador, como, por exemplo, furto ou roubo de bens da empresa;

b) Incontinência de conduta: comportamento desregrado ligado à vida sexual do obreiro, comportamento este que traz perturbações ao ambiente de trabalho, como, por exemplo, visitas a sites pornográficos na internet;

c) Mau procedimento: comportamento incorreto ligado aos demais atos que não podem ser enquadrados em nenhuma das demais alíneas do art. 482 da CLT, configurando-se, portanto, uma atitude irregular do empregado;

d) Negociação habitual: tem como pressupostos a ausência de autorização do empregador, a concorrência à empresa ou prejuízo ao serviço e à habitualidade.

e) Condenação criminal: somente se caracteriza quando a sentença já tiver transitado em julgado, ou, ainda, quando esta não tenha concedido a suspensão da execução da pena (sursis). Se o empregado tem possibilidade de dar continuidade ao emprego, não pode haver a dispensa por falta grave;

f) Desídia no desempenho das respectivas funções: hipótese em que o empregado deixa de prestar o serviço com zelo, interesse, empenho, passando a laborar com negligência;

g) Embriaguez habitual ou em serviço: decorrente de álcool ou drogas. Desmembra-se em duas situações: o empregado embriaga-se de maneira contumaz fora do serviço, transportando consequências para o local de trabalho; ou mesmo que a embriaguez não seja habitual, quando ela é realizada em serviço, nesses casos restarão configuradas faltas graves;

h) Violação de segredo da empresa: trata-se da violação do dever de fidelidade do empregado para com o empregador;

i) Ato de indisciplina ou de insubordinação: a indisciplina consiste no descumprimento de ordens gerais de serviço. A insubordinação, por sua vez, consiste no descumprimento de ordens pessoais de serviço;

j) Abandono de emprego: configura-se por faltas reiteradas ao serviço sem justo motivo e sem a autorização do empregador. Cabe ressaltar que de acordo com a Súmula 32 do TST: "presume-se o abandono de emprego se o trabalhador não retornar ao serviço no prazo de 30 (trinta) dias após a cessação do benefício previdenciário nem justificar o motivo de não o fazer".

k) Ato lesivo da honra ou da boa fama, ou ofensas físicas, contra qualquer pessoa: é o ato em que o empregado atinge ou fere a honra de outros empregados ou de terceiros, salvo quando o fizer em legítima defesa;

l) Ato lesivo da honra ou da boa fama, ou ofensas físicas, contra empregador e superior hierárquico: é a mesma hipótese da situação acima, porém, aqui a ofensa é dirigida ao empregador ou seu superior hierárquico;

m) Prática constante de jogos de azar: é necessária a prática habitual, não importando se o jogo é a dinheiro ou não. Deve-se destacar que, para se configurar justa causa, a prática de jogos de azar deve interferir no ambiente de trabalho, não a configurando se a prática de jogos for realizada fora do ambiente de trabalho.

n) perda da habilitação ou dos requisitos estabelecidos em lei para o exercício da profissão, em decorrência de conduta dolosa do empregado.

Havendo a demissão por justa causa do empregado, ele fará jus aos seguintes direitos: saldo de salário; férias simples e vencidas + 1/3 constitucional, 13º salário integral e depósitos de FGTS de 8% sobre o salário.

Não há pagamento de férias proporcionais, nos termos da Súmula 171 do TST, tampouco o pagamento de 13º salário proporcional, em conformidade com o art. 3º da Lei 4.090/1962.

10.1.2.2. Rescisão indireta

Encontra-se disciplinada no art. 483 da CLT. É a justa causa do empregado.

São casos de rescisão indireta do contrato de trabalho:

a) Quando forem exigidos esforços superiores às forças do empregado;

b) Quando forem exigidos serviços proibidos pela lei, ou seja, não pode o empregador exigir que o empregado opere de forma ilícita;

c) Atitudes contrárias aos bons costumes, como, por exemplo, exigir que uma recepcionista use roupas com decotes;

d) Serviços alheios ao contrato (em regra, o empregado só faz aquilo para o que foi contratado);

e) Tratamento com rigor excessivo, é o que chamamos de assédio moral, ou seja, uma perseguição ao empregado;

f) Correr perigo de mal considerável, ou seja, o empregador pode colocar o empregado em situações de riscos;

g) Não cumprir o empregador as obrigações do contrato de trabalho. Vale lembrar que, de acordo com a corrente majoritária, a rescisão indireta por atraso no pagamento de salário ou o não pagamento só ocorrerá após 03 meses de atraso;

h) Praticar o empregador ou seus prepostos atos lesivos da honra e boa fama. São atos lesivos do empregador que podem ser não só contra o empregado, mas contra sua família;

i) O empregador ou seus prepostos ofenderem fisicamente o empregado;

j) Empregador que reduzir o trabalho que é remunerado por peça ou tarefa. Importante lembrar que, nos termos do art. 27, parágrafo único, VII, da LC 150/2015 que dispõe sobre o contrato de trabalho doméstico, ensina ser hipótese de rescisão indireta, sempre que o empregador praticar qualquer das formas de violência doméstica ou familiar contra mulheres de que trata o art. 5º da Lei 11.340/2006.

Nesses casos serão devidas ao obreiro as verbas que teria direito caso fosse dispensado imotivadamente, ou seja, saldo de salário; férias proporcionais, simples ou em dobro, mais 1/3 (um terço); 13º salário; multa de 40% e levantamento do FGTS; e seguro-desemprego. E, ainda, o aviso-prévio, nos termos do art. 487, § 4º, da CLT.

10.1.2.3. Rescisão específica para o menor

Nos termos do art. 407 da CLT, verificado pela autoridade competente que o trabalho executado pelo menor é prejudicial à sua saúde, ao seu desenvolvimento físico ou à sua moralidade, poderá ela obrigá-lo a abandonar o serviço, devendo a respectiva empresa, quando for o caso, proporcionar ao menor todas as facilidades para mudar de funções.

É importante lembrar, ainda, que se a empresa não tomar as medidas possíveis e recomendadas pela autoridade competente para que o menor mude de função, configurar-se-á a rescisão do contrato de trabalho, na forma do art. 483 da CLT.

Ao menor é lícito firmar recibo pelo pagamento dos salários. Porém, em se tratando de rescisão do contrato de trabalho, é vedado ao menor de 18 (dezoito) anos dar, sem assistência dos seus responsáveis legais, quitação ao empregador pelo recebimento da indenização que lhe for devida.

10.1.2.4. Culpa recíproca

Dispõe o art. 484 consolidado que, havendo culpa recíproca no ato que determinou a rescisão do contrato de trabalho, o Tribunal do Trabalho reduzirá a indenização, que seria devida ao trabalhador em caso de culpa exclusiva do empregador, pela metade.

Por essa modalidade, todas as verbas serão pagas como se fosse uma hipótese de rescisão por culpa do empregador, porém pela metade, com exceção do saldo de salário, que será integral. Nesse sentido é o entendimento consubstanciado na Súmula 14 do TST.

SÚMULA 14 TST – CULPA RECÍPROCA

Reconhecida a culpa recíproca na rescisão do contrato de trabalho (art. 484 da CLT), o empregado tem direito a 50% (cinquenta por cento) do valor do aviso-prévio, do décimo terceiro salário e das férias proporcionais.

Nesse tipo de extinção, algumas parcelas são pagas na integralidade e outras pela metade, ou seja, 50%. Assim, as verbas rescisórias ficariam da seguinte maneira: saldo de salário (integral), aviso-prévio (50%), 13º salário integral, 13º salário proporcional (50%), férias simples ou vencidas + adicional de 1/3(integral), férias proporcionais + adicional de 1/3 (50%), depósitos de FGTS de 8% sobre o salário (integral), multa de 40% sobre os depósitos do FGTS será pela metade, ou seja, 20%, liberação das guias para levantamento do FGTS.

10.1.2.5. Distrato

Previsto no art. 484-A da CLT o distrato é a forma de extinção do contrato de trabalho por comum acordo entre empregado e empregador. Pressupõe, portanto, que uma das partes tomou a iniciativa de propor o rompimento em conjunto e a outra aceitou a proposta de terminação do contrato de trabalho.

Caso as partes resolvam celebrar o distrato serão devidas as seguintes verbas trabalhistas na respectiva proporção:

a) por metade: o aviso-prévio, se indenizado e a indenização sobre o saldo do FGTS;

b) na integralidade: as demais verbas trabalhistas, como por exemplo: 13º salário, aviso-prévio trabalhado, férias integrais ou proporcionais entre outras.

Importante ressaltar que a extinção do contrato de trabalho por distrato permite a movimentação da conta vinculada do trabalhador no FGTS na forma do inciso I-A do art. 20 da Lei 8.036/1990, limitada até 80% (oitenta por cento) do valor dos depósitos. No entanto, não será autorizado o ingresso do empregado no Programa de Seguro-Desemprego.

10.1.3. Factum principis

Consiste em uma modalidade de extinção do contrato de trabalho por ato da autoridade pública, federal, estadual ou municipal, inclusive de autarquias, que, por via administrativa ou legislativa, impossibilita a continuação da atividade da empresa temporária ou definitivamente. Em outras palavras, é um ato do governo que torna impossível a execução do contrato de trabalho.

O factum principis é extraído do art. 486 da CLT.

Art. 486. No caso de paralisação temporária ou definitiva do trabalho, motivada por ato de autoridade municipal, estadual ou federal, ou pela promulgação de lei ou resolução que impossibilite a continuação da atividade, prevalecerá o pagamento da indenização, que ficará a cargo do governo responsável.

Nos termos do art. 20 da MP 1.045/2021 a regra disposta no art. 486 da CLT não se aplica na hipótese de paralisação ou suspensão de atividades empresariais determinada por ato de autoridade municipal, distrital, estadual ou federal para o enfrentamento da emergência de saúde pública de importância internacional decorrente do coronavírus (covid-19).

10.2. Extinção dos contratos a termo

Os contratos a termo ou com prazo determinado podem se encerrar no seu tempo ajustado ou de forma antecipada.

10.2.1. Extinção do contrato a termo no prazo estipulado

Encerra-se com o advento do termo.

As verbas rescisórias devidas na extinção de um contrato por prazo determinado são: saldo de salários, 13º salário vencido e proporcional, férias vencidas e proporcionais, acrescidas do terço constitucional, saque do FGTS referente ao período contratual, guia do seguro-desemprego.

10.2.2. Extinção antecipada do contrato a termo

Ocorre por um motivo que não o advento do termo. Pode ocorrer por vontade do empregador ou por vontade do próprio empregado.

Sendo antecipada a dispensa do obreiro por vontade do empregador, serão devidas as mesmas verbas especificadas acima, ou seja: saldo de salários, 13º salário vencido e proporcional, férias vencidas e proporcionais, acrescidas do terço constitucional, saque do FGTS referente ao período contratual e guia do seguro-desemprego. Nessa hipótese, porém, o empregador deverá pagar a título de indenização o valor correspondente à metade da remuneração que o trabalhador teria direito até o final do contrato, nos termos do art. 479 da CLT, acrescida, ainda, da indenização de 40% do FGTS.

Caso a terminação antecipada seja solicitada pelo empregado, ou seja, pedido de demissão do empregado antes do término do contrato, ele fará jus ao recebimento de: saldo de salários, 13º vencido e proporcional, férias vencidas e proporcionais, acrescidas do terço constitucional, conforme entendimento contido da Súmula 171 do TST. Nesse caso, por ter sido o próprio empregado quem colocou fim ao contrato de trabalho, não será possível o levantamento do FGTS.

Porém, como deu causa ao término do contrato, o empregado será obrigado a indenizar seu empregador pelos prejuízos que sofreu, em conformidade com o art. 480 da CLT, que dispõe: "Havendo termo estipulado, o empregado não se poderá desligar do contrato, sem justa causa, sob pena de ser obrigado a indenizar o empregador dos prejuízos que desse fato lhe resultarem".

Nesse caso, a indenização paga pelo empregado não poderá ser superior à que ele teria direito em iguais condições.

Admite-se que as partes instituam uma cláusula que trate da hipótese de rescisão antecipada do contrato por prazo determinado. Nessa linha, convencionada a chamada cláusula assecuratória do direito recíproco de rescisão e exercido tal direito por qualquer das partes, serão aplicados os princípios que regem a rescisão dos contratos por prazo indeterminado, em conformidade com o art. 481 da CLT, sendo devido, inclusive, o aviso-prévio.

É importante ressaltar que a regra contida no art. 479 da CLT não é aplicável aos contratos com prazo determinado disciplinados pela Lei 9.601/1998 por expressa vedação de seu art. 1º, § 1º, I.

10.3. Formalidades para a extinção do contrato de trabalho

As formalidades para a extinção do contrato de trabalho estão dispostas nos arts. 477 e seguintes da CLT, de importante leitura, que assim dispõe:

> Art. 477. Na extinção do contrato de trabalho, o empregador deverá proceder à anotação na Carteira de Trabalho e Previdência Social, comunicar a dispensa aos órgãos competentes e realizar o pagamento das verbas rescisórias no prazo e na forma estabelecidos neste artigo.
>
> § 1º (Revogado)
>
> § 2º O instrumento de rescisão ou recibo de quitação, qualquer que seja a causa ou forma de dissolução do contrato, deve ter especificada a natureza de cada parcela paga ao empregado e discriminado o seu valor, sendo válida a quitação, apenas, relativamente às mesmas parcelas.
>
> § 3º (Revogado)
>
> § 4º O pagamento a que fizer jus o empregado será efetuado:
>
> I – em dinheiro, depósito bancário ou cheque visado, conforme acordem as partes; ou
>
> II – em dinheiro ou depósito bancário quando o empregado for analfabeto.
>
> § 5º Qualquer compensação no pagamento de que trata o parágrafo anterior não poderá exceder o equivalente a um mês de remuneração do empregado
>
> § 6º A entrega ao empregado de documentos que comprovem a comunicação da extinção contratual aos órgãos competentes bem como o pagamento dos valores constantes do instrumento de rescisão ou recibo de quitação deverão ser efetuados até dez dias contados a partir do término do contrato.
>
> § 7º (Revogado)
>
> § 8º A inobservância do disposto no § 6º deste artigo sujeitará o infrator à multa de 160 BTN, por trabalhador, bem assim ao pagamento da multa a favor do empregado, em valor equivalente ao seu salário, devidamente corrigido pelo índice de variação do BTN, salvo quando, comprovadamente, o trabalhador der causa à mora.
>
> § 9º (Vetado)
>
> § 10. A anotação da extinção do contrato na Carteira de Trabalho e Previdência Social é documento hábil para requerer o benefício do seguro-desemprego e a movimentação da conta vinculada no Fundo de Garantia do Tempo de Serviço, nas hipóteses legais, desde que a comunicação prevista no caput deste artigo tenha sido realizada.

O revogado § 1º do art. 477 que determinava que nos contratos com duração superior há um ano, a homologação com a assistência do sindicato da classe era obrigatória, foi expressamente revogado pela Lei 13.467/2017.

Dessa forma, independente do período que tenha durado o contrato de trabalho, seja inferior ou superior há um ano, não há necessidade de homologação perante o sindicato da classe. No entanto, em conformidade com o art. 500 da CLT, o pedido de demissão do empregado estável só será válido quando feito com a assistência do respectivo Sindicato e, se não houver um, perante autoridade local competente do Ministério do Trabalho e Previdência Social ou da Justiça do Trabalho.

Nesse caso, o pedido de demissão do estável decenal somente será válido com a assistência do sindicato, constituindo, nesse caso, requisito de validade do ato, requisito solene para a extinção do contrato.

Qualquer que seja o tipo de extinção do contrato deve estar especificada a natureza de cada parcela paga e discriminado seu respectivo valor, art. 477, § 2º, da CLT.

O TST, por meio da Súmula 330, entende que a quitação passada pelo empregado, com assistência da entidade sindical de sua categoria, ao empregador, com observância dos requisitos exigidos nos parágrafos do art. 477 da CLT, tem eficácia liberatória apenas em relação às parcelas expressamente consignadas no recibo, salvo se oposta ressalva expressa e especificada ao valor dado à parcela ou parcelas impugnadas.

A quitação não abrange, ainda, parcelas não consignadas no recibo de quitação e, consequentemente, seus reflexos em outras parcelas, ainda que estas constem desse recibo.

Quanto a direitos que deveriam ter sido satisfeitos durante a vigência do contrato de trabalho, a quitação é válida em relação ao período expressamente consignado no recibo de quitação.

Não se aceita, desta forma, o pagamento complessivo. Deve haver discriminação quanto às parcelas e aos valores. A quitação se dá pela parcela e não pelo valor. Assim, por exemplo: aviso-prévio pago, não se discute mais.

De acordo com o § 4º do mesmo art. 477 da CLT o pagamento a que fizer jus o empregado será efetuado em dinheiro, depósito bancário ou cheque visado, conforme acordem as partes; ou quando o empregado for analfabeto, em dinheiro ou depósito bancário. Portanto, ao analfabeto é proibido o pagamento por cheque.

No ato da rescisão contratual poderá ocorrer pedido de compensação desde que as dívidas sejam da mesma natureza, ou seja, natureza trabalhista, até o limite de uma remuneração do empregado.

Outro ponto que merece destaque é o prazo para pagamento das verbas rescisórias, constantes no instrumento de rescisão ou recibo de quitação.

Assim, determina o art. 477, § 6º, da CLT que a entrega ao empregado de documentos que comprovem a comunicação da extinção contratual aos órgãos competentes bem como o pagamento dos valores constantes do instrumento de rescisão ou recibo de quitação deverão ser efetuados até 10 dias contados a partir do término do contrato.

Contudo, se o empregador deixar de observar o prazo acima estipulado, o § 8º do art. 477 da CLT impõe o pagamento de duas multas: a primeira delas é a multa administrativa, imposta pelo auditor fiscal do trabalho que reverte ao governo; a segunda que é revertida ao empregado, salvo quando este der causa à mora, paga no valor do salário base apenas.

Caso seja o empregado que cause a mora, o empregador não poderá ser responsabilizado. Nesse sentido, dispõe a súmula 462 do TST:

> SÚMULA 462 TST – MULTA DO ART. 477, § 8º, DA CLT. INCIDÊNCIA. RECONHECIMENTO JUDICIAL DA RELAÇÃO DE EMPREGO
>
> A circunstância de a relação de emprego ter sido reconhecida apenas em juízo não tem o condão de afastar a incidência da multa prevista no art. 477, § 8º, da CLT. A referida multa não

será devida apenas quando, comprovadamente, o empregado der causa à mora no pagamento das verbas rescisórias.

Nesse caso, para que o empregador não incorra em mora, poderá ele se utilizar da ação de consignação em pagamento.

Outrossim, vale lembrar que, conforme entendimento consubstanciado na Súmula 388, o TST ensina que a massa falida não se sujeita à penalidade do art. 467 e nem à multa do § 8º do art. 477, ambos da CLT.

É importante trazer o ensinamento consubstanciado na Orientação Jurisprudencial 238 da SDI 1 do TST: "Submete-se à multa do artigo 477 da CLT a pessoa jurídica de direito público que não observa o prazo para pagamento das verbas rescisórias, pois nivela-se a qualquer particular, em direitos e obrigações, despojando-se do jus imperii ao celebrar um contrato de emprego".

Por último, a anotação da extinção do contrato na Carteira de Trabalho e Previdência Social é documento hábil para requerer o benefício do seguro-desemprego e a movimentação da conta vinculada no Fundo de Garantia do Tempo de Serviço, nas hipóteses legais, desde que a comunicação prevista no caput do art. 477 da CLT tenha sido realizada.

10.4. Indenização por frutos recebidos por posse de má-fé do empregador – art. 1.216 do Código Civil

Nos termos do art. 1.216 do Código Civil aquele que se apossar indevidamente de um bem deverá responder pelos "frutos" colhidos no período. Em poucas palavras essa é a teoria dos frutos recebidos por posse de má-fé.

Dispõe o art. 1.216 do Código Civil:

Art. 1.216. O possuidor de má-fé responde por todos os frutos colhidos e percebidos, bem como pelos que, por culpa sua, deixou de perceber, desde o momento em que se constituiu de má-fé; tem direito às despesas da produção e custeio.

Na Justiça do Trabalho esse pedido é muito comum, principalmente em ações contra instituições bancárias, em que o reclamante pleiteia além das verbas rescisórias, o recebimento de indenização por ter o banco se apossado das verbas trabalhistas não pagas nos prazos estabelecidos em lei e ter auferido lucros ao utilizar o valor do inadimplemento para lucrar com empréstimos e outros produtos disponibilizados aos seus clientes. Em outras palavras, os advogados dos empregados argumentavam que, ao não pagar as verbas trabalhistas, o empregador estaria se beneficiando desse dinheiro, buscando rendimentos.

No entanto, o TST editou a Súmula 445 entendendo que em caso de inadimplemento das verbas trabalhistas é indevida a indenização por frutos recebidos prevista no art. 1.216 do Código Civil, por ser matéria própria aos direitos das coisas (direitos reais) que não se mostra compatível com o Direito do Trabalho, nos termos do art. 8º da CLT, cujo contrato de trabalho possui cunho obrigacional.

SÚMULA 445 TST – INADIMPLEMENTO DE VERBAS TRABALHISTAS. FRUTOS. POSSE DE MÁ-FÉ. ART. 1.216 DO CÓDIGO CIVIL. INAPLICABILIDADE AO DIREITO DO TRABALHO. A indenização por frutos percebidos pela posse de má-fé, prevista no art. 1.216 do Código Civil, por tratar-se de regra afeta a direitos reais, mostra-se incompatível com o Direito

do Trabalho, não sendo devida no caso de inadimplemento de verbas trabalhistas.

10.5. Força maior no Direito do Trabalho

Nos termos do art. 501 da CLT "entende-se como força maior todo acontecimento inevitável, em relação à vontade do empregador, e para a realização do qual este não concorreu, direta ou indiretamente".

Força maior é, portanto, o acontecimento inevitável, evento que decorre na própria natureza, como por exemplo, catástrofes naturais tais como: tornados, enchentes, terremotos etc. Devemos entender como fato inevitável todo aquele cujo acontecimento não ocorreu por vontade do empregador, que nos termos do dispositivo legal em debate, não tem participação direta ou indireta.

A participação do empregador não pode ser direta nem indireta, tanto é que nos termos do § 1º do art. 501 da CLT a imprevidência do empregador, ou seja, o descuido, a falta de precaução por parte do empregador, exclui a razão de força maior. Entende-se que deveria o empregador tomar as devidas precauções a fim de evitar o acontecimento.

Nessa linha, importante lembrar que acontecimentos como problemas financeiros da empresa provenientes de políticas econômicas, não são conhecidos como força maior. Tais atos decorrem do risco da atividade do empregador (princípio da alteridade).

Vale lembrar, ainda, a redação do § 2º do art. 501 da CLT:

"§ 2º À ocorrência do motivo de força maior que não afetar substancialmente, nem for suscetível de afetar, em tais condições, a situação econômica e financeira da empresa não se aplicam as restrições desta Lei referentes ao disposto neste Capítulo."

Dispõe o art. 502 da CLT:

"Ocorrendo motivo de força maior que determine a extinção da empresa, ou de um dos estabelecimentos em que trabalhe o empregado, é assegurada a este, quando despedido, uma indenização na forma seguinte:

I – sendo estável, nos termos dos arts. 477 e 478;

II – não tendo direito à estabilidade, metade da que seria devida em caso de rescisão sem justa causa;

III – havendo contrato por prazo determinado, aquela a que se refere o art. 479 desta Lei, reduzida igualmente à metade."

A estabilidade a que se referem os incisos I e II do dispositivo legal em questão é a estabilidade decenal. Assim, esses incisos tratam da indenização por tempo de serviço devida aos empregados não optantes pelo sistema do FGTS antes da promulgação da atual Constituição Federal que tornou obrigatório o sistema de FGTS. Nesse sentido ensina o art. 14 da Lei 8.036/1990:

Art. 14. Fica ressalvado o direito adquirido dos trabalhadores que, à data da promulgação da Constituição Federal de 1988, já tinham o direito à estabilidade no emprego nos termos do Capítulo V do Título IV da CLT.

Assim, nos termos do art. 504 da CLT se comprovada a falsa alegação do motivo de força maior, aos empregados estáveis é garantida a reintegração ao emprego, e aos não estáveis, não optantes pelo sistema do FGTS, o complemento da indenização já percebida, assegurado a ambos o pagamento da remuneração atrasada.

No entanto, para os empregados disciplinados pelo atual sistema do FGTS, na hipótese de cessação do contrato de trabalho por motivo de força maior, o § 2º do art. 18 da Lei 8.036/1990 determina:

Art. 18. Ocorrendo rescisão do contrato de trabalho, por parte do empregador, ficará este obrigado a depositar na conta vinculada do trabalhador no FGTS os valores relativos aos depósitos referentes ao mês da rescisão e ao imediatamente anterior, que ainda não houver sido recolhido, sem prejuízo das cominações legais.

§ 1º Na hipótese de despedida pelo empregador sem justa causa, depositará este, na conta vinculada do trabalhador no FGTS, importância igual a quarenta por cento do montante de todos os depósitos realizados na conta vinculada durante a vigência do contrato de trabalho, atualizados monetariamente e acrescidos dos respectivos juros.

§ 2º Quando ocorrer despedida por culpa recíproca ou força maior, reconhecida pela Justiça do Trabalho, o percentual de que trata o § 1º será de 20 (vinte) por cento.

§ 3º As importâncias de que trata este artigo deverão constar da documentação comprobatória do recolhimento dos valores devidos a título de rescisão do contrato de trabalho, observado o disposto no art. 477 da CLT, eximindo o empregador, exclusivamente, quanto aos valores discriminados.

Por último, vale dizer que o art. 503 da CLT ensina ser lícita, em caso de força maior ou prejuízos devidamente comprovados, a redução geral dos salários dos empregados, respeitado, em qualquer caso, o salário mínimo, não podendo, entretanto, ser superior a 25% (vinte e cinco por cento).

No entanto, a referida norma deverá ser interpretada de acordo com a regra constitucional disposta no art. 7º, VI, da CF que permite a redução dos salários por meio de acordo coletivo ou convenção coletiva. Assim, ocorrendo motivo de força maior, por meio de convenção coletiva ou acordo coletivo, será possível a redução salarial, não superior a 25% (vinte e cinco por cento).

Vale dizer, ainda, que cessados os efeitos decorrentes do motivo de força maior, é garantido o restabelecimento dos salários reduzidos.

10.6. Aviso-prévio

Consiste em uma comunicação que uma parte faz à outra, de que pretende extinguir o pacto laboral. Em outras palavras, é a comunicação de uma parte a outra da intenção de estabelecer um termo final ao contrato de trabalho.

O aviso-prévio é devido por ambas as partes. A simples comunicação não extingue o contrato de trabalho, que não ocorre de imediato, somente após o término do aviso-prévio.

Em regra, é utilizado para os contratos com prazo indeterminado, podendo, porém, ser utilizado nos contratos com prazo determinado, caso tenham as partes ajustado a "cláusula assecuratória do direito recíproco da rescisão", prevista no art. 481 da CLT, hipótese em que serão aplicadas as regras dos contratos com prazo indeterminado, sendo devido, portanto, o aviso-prévio.

O aviso-prévio visa a evitar a surpresa na ruptura do contrato de trabalho, possibilitando ao empregador a reposição de um empregado para o cargo vago e ao empregado sua nova inserção no mercado, ou seja, para que as partes possam se adequar ao término do contrato de trabalho.

A CF estabelece no art. 7º, XXI, como direito dos trabalhadores urbanos e rurais, aviso-prévio proporcional ao tempo de serviço, sendo no mínimo de trinta dias, nos termos da lei.

Sempre que o empregador manifestar o desejo de romper o contrato de trabalho, o empregado terá direito e poderá optar entre a redução de sua jornada de trabalho em duas horas diárias ou pela não prestação de serviços por sete dias corridos, a teor do art. 488 da CLT.

Vale lembrar que são 7 (sete) dias corridos, podendo ser no começo, no meio ou ao final do mês de aviso-prévio.

Em se tratando de empregado rural, caso o empregador conceda o aviso-prévio, nos moldes do art. 15 da Lei 5.889/1973, o empregado terá direito a faltar um dia por semana, sem prejuízo de seu salário.

Importante lembrar o entendimento consubstanciado na Súmula 230 do TST, que considera ilegal substituir o período que se reduz da jornada de trabalho, no aviso-prévio, pelo pagamento das horas correspondentes, tendo em vista que esse lapso tem como objetivo assegurar ao obreiro tempo suficiente para buscar um novo emprego. Havendo a substituição do período por horas extras, considera-se não dado o aviso-prévio, devendo o empregador pagar o período correspondente.

Outro ponto que merece destaque é o fato de que o registro da candidatura do empregado a cargo de dirigente sindical durante o período de aviso-prévio não lhe assegura a estabilidade no emprego, em razão de ser inaplicável a regra contida no § 3º do art. 543 da CLT, a teor da Súmula 369, item V, do TST.

Como visto, a parte que quiser por fim ao contrato de trabalho deverá conceder à outra parte o aviso-prévio. Portanto, o aviso-prévio deverá ser concedido por ambas as partes.

A falta do aviso-prévio por parte do empregado dá ao empregador o direito de descontar os salários correspondentes ao respectivo período nos termos do art. 487, § 2º, da CLT. A compensação é automática, descontada diretamente na fonte.

No entanto, se a falta do aviso-prévio for do empregador, terá o empregado o direito aos salários referentes ao prazo do aviso-prévio, também chamado de "aviso-prévio indenizado". Nesse caso, há a projeção do período de aviso-prévio no contrato de trabalho, sendo esse período computado como tempo de serviço para todos os fins.

Convém ressaltar que havendo a projeção do período de aviso-prévio no contrato de trabalho, a data de saída a ser anotada na CTPS deve corresponder à do término do prazo do aviso-prévio, ainda que indenizado e/ou proporcional, em conformidade com a Orientação Jurisprudencial 82 da SDI do TST.

Ademais, importante lembrar que o valor das horas extraordinárias habituais integra o aviso-prévio indenizado, nos termos do art. 487, § 5º, da CLT.

O direito ao aviso-prévio é irrenunciável por parte do empregado. Nessa linha, cabe trazer à baila o entendimento contido na Súmula 276 do TST, que dispõe: "o direito ao aviso-prévio é irrenunciável pelo empregado. O pedido de dispensa de cumprimento não exime o empregador de pagar o respectivo valor, salvo comprovação de haver o prestador dos serviços obtido novo emprego".

A Súmula em questão ensina ser possível a renúncia do aviso-prévio pelo empregado, e do pagamento do seu respectivo valor, caso o empregador comprove que o empregado obteve novo emprego. Isso se dá pela própria razão de ser do aviso-prévio que, quando concedido ao empregado, consiste exatamente em proporcionar a este, no curso do aviso, a possibilidade de encontrar um novo emprego. Desta forma, caso o empregador comprove a obtenção de novo emprego, o empregado não fará jus ao recebimento do respectivo período.

Em se tratando de aviso-prévio concedido pelo empregado, o empregador poderá renunciar o respectivo período, persistindo, porém, o dever de indenizar.

Importante lembrar que o pagamento relativo ao período de aviso-prévio, trabalhado ou indenizado, está sujeito à contribuição para o FGTS, nos termos da Súmula 305 do TST.

No entanto, para fins de cálculo da multa de 40% sobre os depósitos do FGTS, o valor do aviso-prévio indenizado não poderá ser considerado, em conformidade com o item II da Orientação Jurisprudencial 42 da SDI 1 do TST.

Por fim, como se sabe, o art. 9º da Lei 6.708/1979 criou uma indenização adicional visando a impedir a dispensa do empregado nos 30 (trinta) dias que antecedem a data-base dos trabalhadores.

Nesse caso, o aviso-prévio poderá ser utilizado no cômputo do trintídio. Assim, concedido o aviso-prévio e findando-se nos 30 (trinta) dias que antecedem sua data-base, o empregado fará jus à indenização prevista na lei 6.708/1979.

10.6.1. Reconsideração do aviso-prévio

É possível a reconsideração do aviso-prévio. Isso porque, dado o aviso-prévio, a rescisão torna-se efetiva depois de expirado o respectivo prazo. Isso possibilita à parte notificante reconsiderar o ato, antes de seu termo. Porém, é facultado à outra parte aceitar ou não o pedido de reconsideração, ou seja, deve haver o consentimento da parte notificada do aviso-prévio.

Sendo aceita a reconsideração ou continuando a prestação de serviços depois de expirado o prazo, ou seja, reconsideração tácita, o contrato continuará a vigorar, como se o aviso-prévio não tivesse sido dado.

Importante ressaltar que no curso do aviso pode ocorrer falta grave, seja pelo empregado, seja pelo empregador, passando a ser uma rescisão por justa causa do empregado ou por rescisão indireta, justa causa do empregador.

Por fim, vale lembrar o disposto na Súmula 73 do TST: "A ocorrência de justa causa, salvo a de abandono de emprego, no decurso do prazo do aviso-prévio dado pelo empregador, retira do empregado qualquer direito às verbas rescisórias de natureza indenizatória".

10.6.2. Aviso-prévio proporcional – Lei 12.506/2011

Com o advento da Constituição da República de 1988 foi inserido no rol dos direitos de todos os trabalhadores urbanos e rurais o aviso-prévio proporcional ao tempo de serviço, sendo de no mínimo 30 (trinta) dias.

Temos, portanto, que o inciso I do art. 487 da CLT que institui aviso-prévio de 8 (oito) dias não foi recepcionado pela atual Constituição Federal.

O dispositivo constitucional em apreço traz uma norma de eficácia limitada, na medida em que o constituinte originário estabeleceu o período mínimo de 30 (trinta dias) de aviso-prévio, norma de aplicabilidade imediata e deixou para o constituinte derivado a regulamentação de sua proporcionalidade, ao usar a expressão "nos termos da lei".

Com a publicação da Lei 12.506, de 11.11.2011, que entrou em vigor no dia 13.10.2011, o aviso-prévio proporcional foi devidamente regulado.

A Lei 12.506/2011 ensina que o aviso-prévio será concedido na proporção de 30 dias aos empregados que contem até 1 (um) ano de serviço na mesma empresa.

De acordo com a Nota Técnica 184/2012 do MTE, do dia 07.05.2012, configurada relação de emprego superior a um ano na mesma empresa, sobre esse período serão acrescidos 3 (três) dias por ano de serviço prestado na mesma empresa, até o máximo de 60 dias, perfazendo um total de até 90 dias.

Após diversas conversações, a Secretaria de Relações do Trabalho MTE, modificando entendimento anterior disposto na Circular 10 de 2011, apresentou a seguinte tabela:

TEMPO DE SERVIÇO ANOS COMPLETOS	PERÍODO DE AVISO-PRÉVIO
1 ano incompleto	30 DIAS
1 ANO COMPLETO	33 DIAS
2 ANOS COMPLETOS	36 DIAS
3 ANOS COMPLETOS	39 DIAS
4 ANOS COMPLETOS	42 DIAS
5 ANOS COMPLETOS	45 DIAS
6 ANOS COMPLETOS	48 DIAS
7 ANOS COMPLETOS	51 DIAS
8 ANOS COMPLETOS	54 DIAS
9 ANOS COMPLETOS	57 DIAS
10 ANOS COMPLETOS	60 DIAS
11 ANOS COMPLETOS	63 DIAS
12 ANOS COMPLETOS	66 DIAS
13 ANOS COMPLETOS	69 DIAS
14 ANOS COMPLETOS	72 DIAS
15 ANOS COMPLETOS	75 DIAS
16 ANOS COMPLETOS	78 DIAS
17 ANOS COMPLETOS	81 DIAS
18 ANOS COMPLETOS	84 DIAS
19 ANOS COMPLETOS	87 DIAS
20 ANOS COMPLETOS	90 DIAS

10.6.2.1. Direito intertemporal do aviso-prévio

Após a publicação da Lei 12.506/2011, muitas dúvidas começaram a surgir acerca da aplicação da nova regra aos contratos de trabalho.

Diante da situação e com o intuito de dirimir algumas dessas dúvidas, o Ministério do Trabalho e Emprego (MET) expediu em 07.05.2012 a Nota Técnica 184.

Nessa linha, o MTE entende que a nova regulamentação do aviso-prévio servirá somente para os avisos-prévios concedidos após o dia 13.10.2011, data em que a lei entrou em vigor.

Nesse sentido, em setembro de 2012 o TST editou a Súmula 441, que assim dispõe:

SÚMULA 441 TST – AVISO-PRÉVIO. PROPORCIONALIDADE.

O direito ao aviso-prévio proporcional ao tempo de serviço somente é assegurado nas rescisões de contrato de trabalho ocorridas a partir da publicação da Lei 12.506, em 13.10.2011.

Assim, a Lei 12.506/2011 não retroagirá em favor dos contratos extintos antes de sua publicação, na medida em que aqueles contratos foram resolvidos sob a regra do aviso-prévio de 30 dias, estando estas rescisões acobertadas pelo ato jurídico perfeito, nos termos do art. 5º, XXXVI, da CF.

Desta forma, a Lei 12.506/2011 alcança somente as novas relações de emprego e os contratos de trabalho em curso quando da sua entrada em vigor em 13.10.2011. Todavia, aos contratos extintos antes dessa data não serão aplicadas as regras do aviso-prévio proporcional.

10.6.2.2. Abrangência da aplicação do aviso-prévio proporcional

Outro tema que vem despertando diversos debates é a abrangência da aplicação das novas regras do aviso-prévio, ou seja, se a norma em questão deve ser aplicada para os empregadores e todos os empregados.

Note que ainda não existem posições jurisprudenciais acerca dessa abrangência. No entanto, o Ministério do Trabalho e Emprego – MTE, por meio da Nota Técnica 184/2012, sustenta que a nova norma é de aplicação restrita aos empregados.

Nessa linha, não poderá o empregador exigir do seu empregado o cumprimento de aviso-prévio proporcional. Esse entendimento se baseia no art. 7º da CF que assegura o direito de aviso-prévio ali previsto a todos os trabalhadores urbanos, rurais e domésticos.

No entanto, no julgamento do RR-1964-73.2013.5.09.0009 o TST entendeu que o aviso-prévio proporcional ao tempo de serviço, estabelecido pela Lei 12.506/2011, se aplica também a favor do empregador. Entendeu o Superior Tribunal que o aviso-prévio é obrigação recíproca de empregado e de empregador, conforme determina o art. 487, caput, da CLT. Para o TST a Lei 12.506/2011 somente mudou a duração do aviso-prévio, tomando em conta o maior ou menor tempo de serviço do empregado.

Para o Ministro Dalazen: "reconhecer, sem justificativa plausível, a duração diferenciada para o aviso-prévio conforme fosse concedido pelo empregador ou pelo empregado afrontaria o princípio constitucional da isonomia."

No entanto, em 22.09.2017 a Corte Superior trabalhista, no julgamento de Embargos no TST no mesmo processo acima descrito, voltou a decidir que a proporcionalidade do aviso-prévio somente pode ser exigível da empresa e não do empregado. Assim, decidiu o TST:

RECURSO DE EMBARGOS EM RECURSO DE REVISTA. INTERPOSIÇÃO SOB A ÉGIDE DA LEI 13.015/2014. AVISO-PRÉVIO PROPORCIONAL. ALTERAÇÃO DA LEI 12.506/2011. OBRIGAÇÃO LIMITADA AO EMPREGADOR. AUSÊNCIA DE RECIPROCIDADE. A proporcionalidade do aviso-prévio a que se refere a Lei 12.506/2001 apenas pode ser exigida da empresa, uma vez que entendimento em contrário, qual seja, exigir que também o trabalhador cumpra aviso-prévio superior aos originários

30 dias, constituiria alteração legislativa prejudicial ao empregado, o que, pelos princípios que norteiam o ordenamento jurídico trabalhista, não se pode admitir. Dessarte, conclui-se que a norma relativa ao aviso-prévio proporcional não guarda a mesma bilateralidade característica da exigência de 30 dias, essa sim obrigatória a qualquer das partes que intentarem resilir o contrato de emprego. Recurso de embargos conhecido e provido.

11. ESTABILIDADE ABSOLUTA E ESTABILIDADE PROVISÓRIA/GARANTIA DE EMPREGO

11.1. Estabilidade absoluta e estabilidade provisória

A estabilidade é uma das garantias fundamentais conferidas ao trabalhador, origina-se do princípio trabalhista da "continuidade da relação de emprego" e do "princípio da proteção". A estabilidade impossibilita a dispensa arbitrária ou abusiva.

O termo "estabilidade" é comumente utilizado pela doutrina e jurisprudência para abarcar o que poderíamos chamar de estabilidade absoluta e estabilidade provisória, esta última também denominada de "garantia de emprego".

No Direito do Trabalho, temos como estabilidade absoluta apenas a hipótese da estabilidade decenal. Os demais tipos constituem verdadeiras estabilidades provisórias, ou, em outras palavras, garantias de emprego, que serão estudadas adiante.

Esses tipos de "estabilidades" não podem ser confundidos com aquela estabilidade insculpida no art. 41 da CF/1988, garantida aos servidores públicos nomeados para cargo de provimento efetivo em virtude de concurso público, nos termos do art. 37, II, da CF.

De acordo com o texto constitucional, é requisito para a aquisição da estabilidade no serviço público, além do cumprimento do estágio probatório de 3 (três) anos, ser o funcionário investido em cargo público de provimento efetivo.

Assim, pela nova redação conferida ao art. 41 da CF pela EC 19/1998, os empregados públicos estariam excluídos da regra, ou seja, não seriam detentores da estabilidade ali garantida, na medida em que são investidos em emprego e não em cargo.

Todavia, o TST firmou entendimento cristalizado na Súmula 390 item I garantindo ao servidor público celetista da administração direta, autárquica ou fundacional a estabilidade prevista no art. 41 da CF/1988.

Já as empresas públicas e sociedades de economia mista, embora seus empregados (empregados públicos) necessitem da realização de concurso público para a investidura no emprego, não são detentores da estabilidade prevista no art. 41 da CF/1988. Isso porque, por força do art. 173, § 1º, II, da CF/1988, as empresas públicas e as sociedades de economia mista se submetem ao regime jurídico próprio das empresas privadas, sujeitando-se, portanto, às regras celetistas.

Dessa forma, os empregados de empresas públicas e sociedades de economia mista não são detentores da estabilidade disposta no art. 41 da Carta Magna, podendo, se for o caso, ser detentores das hipóteses de estabilidades provisórias garantidas aos trabalhadores em geral.

Superada essa problemática, surge a questão sobre a necessidade de motivação do ato de demissão dos empregados públicos. A jurisprudência do Tribunal Superior do Trabalho pacificou-se no sentido de que não se estende aos empregados de empresa pública e de sociedade de economia mista a garantia de dispensa necessariamente motivada ou mediante procedimento administrativo, por força da aplicação do art. 173, § 1º, II, da CF/1988.

Contudo, à Empresa Brasileira de Correios e Telégrafos ECT são assegurados os privilégios inerentes à Fazenda Pública, pois, em virtude de seu serviço postal prestado em caráter de exclusividade, entendeu a mais alta Corte Trabalhista que os atos administrativos da ECT deveriam se vincular aos princípios que regem a Administração Pública Direta, inclusive quanto à motivação da despedida de seus empregados. Assim, a Subseção de Dissídios Individuais 1 do TST editou a Orientação Jurisprudencial 247, que dispõe:

> ORIENTAÇÃO JURISPRUDENCIAL 247 DA SDI 1 TST – SERVIDOR PÚBLICO. CELETISTA CONCURSADO. DESPEDIDA IMOTIVADA. EMPRESA PÚBLICA OU SOCIEDADE DE ECONOMIA MISTA. POSSIBILIDADE.
>
> I – A despedida de empregados de empresa pública e de sociedade de economia mista, mesmo admitidos por concurso público, independe de ato motivado para sua validade;
>
> II – A validade do ato de despedida do empregado da Empresa Brasileira de Correios e Telégrafos (ECT) está condicionada à motivação, por gozar a empresa do mesmo tratamento destinado à Fazenda Pública em relação à imunidade tributária e à execução por precatório, além das prerrogativas de foro, prazos e custas processuais

11.1.1. Estabilidade decenal

O art. 492 da CLT dispõe que, após 10 anos na mesma empresa, o empregado não poderá ser despedido senão por motivo de falta grave, devidamente apurada por meio de reclamação trabalhista que se denomina "inquérito judicial para apuração de falta grave", nos termos do art. 853 da CLT, que deverá ser proposta pelo empregador no prazo decadencial de 30 dias contados da suspensão do empregado.

Com o advento da Lei 5.107/1966, foi instituído o regime do Fundo de Garantia do Tempo de Serviço (FGTS), que estabeleceu a opção do empregado entre esse regime jurídico e o da estabilidade prevista no art. 492 consolidado.

Contudo, promulgada a Constituição da República, em 05.10.1988, modificou-se o sistema, eliminando a possibilidade de opção entre a estabilidade e fundo de garantia, consoante ao seu art. 7º, I e II.

Nessa linha, ensina o ilustre professor Arnaldo Süssekind (em Curso de Direito do Trabalho, Rio de Janeiro, Renovar, 2002, p. 386): "Revogado está, portanto, o art. 492 da CLT, que previa a aquisição do direito de estabilidade no emprego após 10 anos de serviço na mesma empresa. É evidente, porém, que os empregados que adquiriram a estabilidade preservam esse direito. Neste sentido definiu-se o legislador (art. 12 da Lei 7.839 de 12.10.1989)".

Assim, pode-se afirmar que a estabilidade prevista no art. 492 da CLT foi abolida, ressalvando-se o direito adquirido.

11.2. Estabilidade provisória – Garantia de emprego

Nas lições de Gustavo Felipe Barbosa Garcia (em Curso de Direito do Trabalho, 2ª ed., São Paulo, Método, 2008, p. 613), estabilidade pode ser conceituada como "o direito do empregado de permanecer no emprego, restringindo o direito do empregador de dispensá-lo sem justa causa ou de forma arbitrária, só autorizando a cessação contratual em caso de falta grave, força maior, força maior que determine a extinção da empresa, ou cessação das atividades da empresa". Em outras palavras podemos dizer que a estabilidade é o direito do obreiro continuar em seu trabalho, mesmo que contra a vontade de seu empregador.

Passemos a analisar as principais estabilidades:

11.2.1. Dirigente sindical

Nos termos do art. 8º, VIII, da CF/1988 e do § 3º do art. 543 da CLT, é vedada a dispensa do empregado sindicalizado, a partir do registro de sua candidatura a cargo de direção ou representação sindical até um ano após o final de seu mandato, caso seja eleito, salvo se cometer falta grave.

Desta forma, possui garantia de emprego a partir do registro de sua candidatura a cargo de dirigente sindical e, se eleito, ainda como suplente, até 1 (um) ano após o fim do mandato, salvo se cometer falta grave, devidamente apurada por inquérito judicial para apuração de falta grave.

No que se refere ao registro da candidatura, o § 5º do art. 543 da CLT determina que, no prazo de 24 (vinte e quatro) horas, a entidade sindical comunique por escrito a empresa sobre o dia e a hora do registro da candidatura do seu empregado.

Ocorre que, em setembro de 2012, o TST conferiu nova redação ao item I da Súmula 369, assegurando a estabilidade provisória ao empregado dirigente sindical, ainda que a comunicação do registro da candidatura ou da eleição e da posse seja realizada fora do prazo previsto no art. 543, § 5º, da CLT, desde que a ciência ao empregador, por qualquer meio, ocorra na vigência do contrato de trabalho.

Insta ressaltar que o empregado dirigente sindical não poderá ser impedido de prestar suas funções, nem poderá ser transferido para local ou cargo que lhe dificulte ou torne impossível o desempenho de suas atribuições sindicais.

Apenas para melhor elucidação sobre o tema, é importante lembrar que a estabilidade prevista no art. 8º, VIII, da CF/1988 é garantida, exclusivamente, aos dirigentes sindicais que exerçam ou ocupem cargos de direção nos sindicatos, submetidos a processo eletivo, não se estendendo, por via de consequência, ao delegado sindical.

Isso porque o § 4º do art. 543 consolidado prescreve que se considera cargo de direção ou de representação sindical aquele cujo exercício ou indicação decorre de eleição prevista em lei. Por outro lado, o art. 523 do mesmo diploma legal prevê a figura do delegado sindical, estabelecendo que os delegados sindicais serão designados pela diretoria dentre os associados enraizados no território da correspondente delegacia. Assim, como os delegados sindicais não são eleitos, mas sim indicados pela diretoria da entidade, não fará jus à garantia de emprego estabelecida no art. 8º, VIII, da CF/1988 e do § 3º do art. 543 da CLT. Nesse sentido é a jurisprudência consolidada na Orientação Jurisprudencial 369 da SDI 1 do TST.

Por último, vale lembrar que o membro de conselho fiscal de sindicato não tem direito à estabilidade prevista nos arts. 543, § 3º, da CLT e 8º, VIII, da CF/1988, pois não atua na defesa de direitos da categoria profissional, tendo sua competência limitada à fiscalização da gestão financeira do sindicato, em conformidade com o art. 522, § 2º, da CLT e Orientação Jurisprudencial 365 da SDI 1 do TST.

11.2.2. *Representantes dos empregados na CIPA*

Estabelece a CF/1988 no art. 10, inciso II, "a", do Ato das Disposições Constitucionais Transitórias que até que seja promulgada Lei Complementar a que se refere o art. 7º, I, da Constituição Federal, fica vedada a dispensa arbitrária ou sem justa causa do empregado eleito para cargo de direção de Comissões Internas de Prevenção de Acidentes, desde o registro da sua candidatura até um ano após o final de seu mandato.

A legislação infraconstitucional, art. 165 da CLT, dispõe que: "os titulares da representação dos empregados nas CIPA(s) não poderão sofrer despedida arbitrária, entendendo-se como tal a que não se fundar em motivo técnico, econômico ou financeiro".

É importante ressaltar que o TST, por meio da Súmula 339, item I, entende que essa estabilidade é estendida ao suplente ao ensinar que: "O suplente da CIPA goza da garantia de emprego prevista no art. 10, II, "a", do ADCT a partir da promulgação da Constituição Federal de 1988".

11.2.3. *Empregada gestante*

A garantia de emprego da empregada gestante vem disciplinada no art. 10, inciso II, "b", do Ato das Disposições Constitucionais Transitórias. Esse direito é assegurado a toda empregada gestante, inclusive a empregada doméstica, desde a confirmação da gravidez até 5 meses após o parto.

É imperioso observar que o desconhecimento do estado gravídico por parte do empregador não afasta o direito a estabilidade, teoria acolhida pelo TST na Súmula 244, item I.

Tema que sempre envolveu grande discussão na doutrina foi a garantia de emprego em se tratando de contrato de experiência, tendo em vista que nessa modalidade de contrato as partes já sabem de antemão a data de início e término do referido contrato. Assim, o TST havia consolidado entendimento através do item III da Súmula 244 entendendo que não teria direito à estabilidade provisória na hipótese de admissão mediante contrato de experiência, tendo em vista que, nessa situação, a extinção da relação de emprego, em face do término do prazo, não constitui dispensa arbitrária ou sem justa causa.

Todavia, em setembro de 2012, o TST reviu seu entendimento e deu nova redação ao item III da Súmula 244, para assegurar o direito à estabilidade provisória prevista no art. 10, II, "b", do ADCT, mesmo na hipótese de admissão mediante contrato por tempo determinado.

Desta forma, ao estabelecer a garantia provisória de emprego da gestante, a ordem constitucional prima, também, pela proteção ao nascituro (art. 227 CF) em qualquer contrato de trabalho, inclusive o contrato com prazo determinado.

Pois bem, em fevereiro de 2019 com o advento do tema 497 do STF surgiram dúvidas acerca da abrangência da garantia de emprego aos contratos com prazo determinado, o que afastaria a aplicação do entendimento cristalizado na súmula 244, III, do TST.

O tema 497 do STF teve como Leading Case o julgamento do RE 629.053/SP, em que foi fixada a seguinte tese: "A incidência da estabilidade prevista no art. 10, inc. II, do ADCT, somente exige a anterioridade da gravidez à dispensa sem justa causa."

Dessa forma, para essa corrente de entendimento, para que exista estabilidade provisória da gestante, é necessária a dispensa sem justa causa, o que não é o caso de um contrato por prazo determinado, cujo seu término ocorre no prazo ajustado pelas partes. Portanto, o item III da Súmula 244 contrariaria o definido pelo STF no tema 497 e, consequentemente cancelado o item III da súmula 244.

No entanto, o TST tem adotado entendimento diferente sobre o alcance do tema 497 do STF, reconhecendo a garantia de emprego à gestante nos contratos com prazo determinado, exceção feita somente aos contratos temporários regulados pela Lei 6.019/74, como se observa no acórdão de lavra do Ilustre Ministro Mauricio Godinho Delgado datado de 23/11/2022, com a seguinte ementa:

> AGRAVO. AGRAVO DE INSTRUMENTO EM RECURSO DE REVISTA. RITO SUMARÍSSIMO. PROCESSO SOB A ÉGIDE DAS LEIS 13.015/2014 E 13.467/2017. GESTANTE. ESTABILIDADE PROVISÓRIA. CONTRATO DE EXPERIÊNCIA. SÚMULA 244, III/TST. A atual redação do item III da Súmula 244/TST dispõe que "A empregada gestante tem direito à estabilidade provisória prevista no art. 10, inciso II, alínea "b", do Ato das Disposições Constitucionais Transitórias, mesmo na hipótese de admissão mediante contrato por tempo determinado." Na hipótese, o Tribunal Regional, com alicerce no conjunto fático-probatório dos autos, reformou a sentença para deferir a indenização referente à estabilidade da gestante. Julgados. Harmonizando-se a decisão regional com a jurisprudência consolidada nesta Corte Superior Trabalhista, incide o disposto na Súmula 333/TST e no art. 896, § 7º, da CLT, como óbice à admissibilidade do recurso de revista. Assim sendo, a decisão agravada foi proferida em estrita observância às normas processuais (art. 557, caput, do CPC/1973; arts. 14 e 932, IV, "a", do CPC/2015), razão pela qual é insuscetível de reforma ou reconsideração. Agravo desprovido. PROCESSO Nº TST-Ag-AIRR-465-97.2021.5.09.0195

Embora use a expressão "dispensa sem justa causa", o entendimento disposto no tema 497 do STF não afasta o direito à estabilidade provisória em casos de contratos por prazo determinado. Referida tese aponta tão somente que a gravidez confirmada no curso do contrato de trabalho, seja ele indeterminado ou determinado, seria suficiente para o reconhecimento da estabilidade no emprego.

De acordo com o julgado, a tese firmada pelo STF no tema 497 tem por objetivo enfatizar casos de contratos por prazo indeterminado e ao mesmo tempo elencar os dois pressupostos aptos à garantia de emprego da gestante, quais sejam: a constatação do início da gravidez em data anterior à rescisão do contrato e a dispensa sem justa causa, sem estabelecer estabilidade da gestante apenas para os contratos por prazo indeterminado, para com isso alterar a possibilidade de aplicação do item III da Súmula 244 para os casos em que há contrato por prazo determinado.

O TST decidiu, ainda:

> RECURSO DE REVISTA. LEI 13.467/2017. ESTABILIDADE PROVISÓRIA. GESTANTE. CONTRATO DE EXPERIÊNCIA. DESCONHECIMENTO DA GRAVIDEZ PELA PRÓPRIA EMPREGADA.

TRANSCENDÊNCIA. A causa referente ao afastamento da estabilidade gestante em razão de a reclamante ter sido admitida mediante contrato de experiência e de ter tido ciência da gravidez apenas após a dispensa apresenta transcendência política, nos termos do art. 896-A, § 1º, II, da CLT, por contrariar a Súmula 244, I e III, desta Corte. O Supremo Tribunal Federal, na ocasião do julgamento do RE nº 629.053/SP (Tema 497 da Tabela de Repercussão Geral), fixou tese jurídica no sentido de que "A incidência da estabilidade prevista no art. 10, inc. II, do ADCT, somente exige a anterioridade da gravidez à dispensa sem justa causa". A gravidez confirmada no curso do contrato de trabalho, portanto, é o que basta para o reconhecimento da garantia de emprego, ainda que o contrato de trabalho tenha sido celebrado por prazo determinado ou que a ciência da gravidez pela própria empregada tenha ocorrido após a dispensa, na medida em que a proteção é endereçada a um bem maior que não se limita à gestante, mas ao nascituro, por força do disposto no artigo 10, II, "b", do ADCT. Transcendência política reconhecida, recurso de revista conhecido e provido. (RR-1001634-92.2016.5.02.0221, 6ª Turma, Relator Ministro Aloysio Correa da Veiga, DEJT 14/02/2020).

Portanto, tais decisões apontam no sentido de que o entendimento firmado no tema 497 STF com repercussão geral aplica-se a estabilidade à gestante em qualquer tipo de contrato, seja indeterminado ou determinado, bastando tão somente a gravidez confirmada no curso do contrato de trabalho.

Porém, em tais decisões não há distinção para qual tipo de contrato com prazo determinado a garantia de emprego pode ser estendida, tampouco a súmula 244, III, do TST faz distinção, surgem dúvidas acerca da abrangência do tipo de contrato com prazo determinado para a garantia de emprego para gestantes disposta no art. 10, II, b, ADCT.

Diante do debate, o Pleno do TST, em 18/11/2019, firmou o entendimento de que o reconhecimento da garantia de emprego à empregada gestante não é compatível com a finalidade da Lei 6.019/74, na medida em que não há expectativa de continuidade da relação de emprego. Desta forma, o TST fixou a seguinte tese: "É inaplicável ao regime de trabalho temporário, disciplinado pela Lei 6.019/74, a garantia de estabilidade provisória à empregada gestante, prevista no artigo 10, II, 'b', do Ato das Disposições Constitucionais Transitórias".

A garantia de emprego à gestante também se aplica aos contratos de aprendizagem, pois constituem uma espécie de contrato com prazo determinado, disposto nos arts. 428 a 433 da CLT. Nesse sentido:

"RECURSO DE REVISTA DO MINISTÉRIO PÚBLICO DO TRABALHO. RITO SUMARÍSSIMO. CONTRATO DE APRENDIZAGEM. MODALIDADE DE CONTRATO POR PRAZO DETERMINADO. GESTANTE. GARANTIA PROVISÓRIA DE EMPREGO. 1. A norma inserida na alínea "b" do inciso II do art. 10 do ADCT da Constituição Federal confere à empregada gestante a garantia ao emprego desde a confirmação da gravidez até cinco meses após o parto, sem fazer distinção da modalidade de contratação existente. 2. Nesse contexto, a jurisprudência deste Tribunal Superior do Trabalho, acompanhando a interpretação dada pelo Supremo Tribunal Federal a respeito da norma, fixou entendimento no sentido de que o artigo 10, II, "b", do ADCT/88 também resguarda a estabilidade provisória no emprego às empregadas gestantes admitidas mediante contrato por tempo determinado, conforme Súmula 244, III/TST. 3. Ressalte-se que não há controvérsia nesta Corte

Superior acerca do enquadramento do contrato de aprendizagem entre as modalidades de contrato de trabalho por prazo determinado a que alude a Súmula 244, III, do TST. 4. Configurada a contrariedade à Súmula 244/TST. Recurso de revista conhecido e provido" (RR-11107-62.2015.5.03.0016, 1ª Turma, Relator Ministro Hugo Carlos Scheuermann, DEJT 05/04/2019).

Com isso, conforme julgamento do Incidente de Assunção de Competência - 5639-31.2013.5.12.0051 pelo TST e outros diversos julgados podemos concluir que o afastamento da aplicação do item III, da Súmula 244 do TST, ocorre apenas nos casos de regime de contrato de trabalho temporário previsto na Lei 6.019/74.

Em resumo, a empregada gestante possui a garantia de emprego disposta no art. 10, II, b, do ADCT nos contratos com prazo indeterminados, bem como nos contratos com prazo determinado dispostos na CLT, dentre eles o de experiência e aprendizagem.

Por último, importante a transcrição da OJ 30 da SDC do TST:

ORIENTAÇÃO JURISPRUDENCIAL – 30 SDC ESTABILIDADE DA GESTANTE. RENÚNCIA OU TRANSAÇÃO DE DIREITOS CONSTITUCIONAIS. IMPOSSIBILIDADE

Nos termos do art. 10, II, "b", do ADCT, a proteção à maternidade foi erigida à hierarquia constitucional, pois retirou do âmbito do direito potestativo do empregador a possibilidade de despedir arbitrariamente a empregada em estado gravídico. Portanto, a teor do artigo 9º da CLT, torna-se nula de pleno direito a cláusula que estabelece a possibilidade de renúncia ou transação, pela gestante, das garantias referentes à manutenção do emprego e salário.

Majorando a garantia de emprego disposta no art. 10, II, b, do ADCT, a Lei 12.812/2013, de 16.05.2013 acrescentou o art. 391-A no texto consolidado, assegurando à gestante a manutenção no emprego ainda que a confirmação da gravidez se dê no curso do aviso-prévio, seja ele trabalhado ou indenizado, como se observa pela redação no referido dispositivo legal.

"Art. 391-A. A confirmação do estado de gravidez advindo no curso do contrato de trabalho, ainda que durante o prazo do aviso-prévio trabalhado ou indenizado, garante à empregada gestante a estabilidade provisória prevista na alínea b do inciso II do art. 10 do Ato das Disposições Constitucionais Transitórias."

No dia 26.06.2014, foi publicada a Lei Complementar 146, que estende a estabilidade provisória prevista na alínea b do inciso II do art. 10 do ADCT à trabalhadora gestante, nos casos de morte desta, a quem detiver a guarda de seu filho. Assim dispõe o art. 1º da citada lei complementar:

Art. 1º O direito prescrito na alínea b do inciso II do art. 10 do Ato das Disposições Constitucionais Transitórias, nos casos em que ocorrer o falecimento da genitora, será assegurado a quem detiver a guarda do seu filho.

A lei determina que a estabilidade da gestante falecida alcançará quem detiver a guarda de seu filho. Observa-se, portanto, que a principal finalidade da lei é dar maior efetividade ao direito constitucionalmente previsto, garantindo uma maior proteção ao nascituro, principal sujeito a quem a garantia de emprego realmente visa proteger.

Em 22 de novembro de 2017, a Lei 13.509/2017 inseriu o parágrafo único ao art. 391-A da CLT determinando que a garantia de emprego da empregada gestante aplica-se ao empregado adotante ao qual tenha sido concedida guarda provisória para fins de adoção.

A legislação em questão a novel legislação tem como objeto estender a garantia provisória de emprego da gestante para o empregado e, também, a empregada adotante ao qual tenha sido concedida guarda provisória para fins de adoção.

11.2.4. Empregado acidentado – acidente de trabalho

A Lei 8.213/1991, em seu art. 118, assegura estabilidade no emprego ao trabalhador que sofrer acidente de trabalho pelo prazo mínimo de doze meses após o afastamento pela Previdência Social. A estabilidade se estende aos casos de acidente ocorrido no trajeto entre a residência e o trabalho e do trabalho à residência do obreiro e, ainda, de doença profissional ou do trabalho.

Desta forma, o segurado que sofreu acidente do trabalho tem garantido, pelo prazo mínimo de 12 meses, a manutenção de seu contrato de trabalho após a cessação do auxílio-doença acidentário, independentemente da percepção de auxílio-acidente.

Para a aquisição da estabilidade decorrente de acidente de trabalho ou doença profissional, a Lei prevê dois requisitos básicos: a ocorrência de acidente de trabalho ou doença laboral e a percepção do auxílio-doença acidentário, entendimento consubstanciado no item II da Súmula 378 do TST.

Em setembro de 2012, o TST inseriu o item III à Súmula 378 do TST firmando posicionamento no sentido de que, ainda que se trate de contrato com prazo determinado, qualquer que seja sua modalidade, será assegurada a garantia de emprego ao empregado acidentado que preencha os requisitos do item II da Súmula em debate. Dispõe o item III da Súmula 378 do TST:

SÚMULA 378 TST

(...)

III – O empregado submetido a contrato de trabalho por tempo determinado goza da garantia provisória de emprego, decorrente de acidente de trabalho, prevista no art. 118 da Lei 8.213/1991.

11.2.5. Comissão de Conciliação Prévia

O art. 625-B, § 1º, da CLT dispõe ser vedada a dispensa dos representantes dos empregados na Comissão de Conciliação Prévia, titulares e suplentes, desde o registro da candidatura e, se eleitos, até um ano após o fim do mandato, salvo se cometerem falta grave.

11.2.6. Empregados membros do conselho curador do FGTS

Aos membros efetivos do Conselho Curador do FGTS e aos seus suplentes, enquanto representantes dos trabalhadores, é assegurada a estabilidade no emprego, desde a nomeação até um ano após o término do mandato, somente podendo ser demitidos por motivos de falta grave, regularmente comprovada, nos termos do art. 3º, § 9º, da Lei 8.036/1990.

11.2.7. Empregados membros do Conselho Nacional de Previdência Social

Preceitua a Lei 8.213/1991, art. 3º, § 7º, que "aos membros do CNPS, enquanto representantes dos trabalhadores em atividade, titulares e suplentes, é assegurada a estabilidade no emprego, da nomeação até um ano após o término do mandato de representação, somente podendo ser demitidos por motivo de falta grave, regularmente comprovada através de processo judicial".

11.2.8. Empregados eleitos diretores de sociedades cooperativas

A Lei 5.764/1971, que trata da política nacional de cooperativismo, estabeleceu no seu art. 55 que os empregados de empresas que sejam eleitos diretores de sociedades cooperativas por eles mesmos criadas gozarão das garantias asseguradas aos dirigentes sindicais.

É importante lembrar que a lei trata apenas dos "diretores de sociedades cooperativas" e não de seus suplentes.

11.2.9. Membros da comissão de representantes dos empregados

O art. 510-A da CLT informa que nas empresas com mais de duzentos empregados, é assegurada a eleição de uma comissão para representá-los, com a finalidade de promover-lhes o entendimento direto com os empregadores.

A comissão será composta na seguinte proporção:

a) empresas com mais de 200 e até 3.000 empregados: 3 membros;

b) empresas com mais de 3.000 e até 5.000 empregados: 5 membros;

c) empresas com mais de 5.000 empregados: 7 membros.

Para as empresas que possuam filial em outros Estados, ou seja, empresas que possuir empregados em vários Estados, será assegurada a eleição de uma comissão de representantes dos empregados por Estado, na mesma forma acima estudada. Assim por exemplo, se uma empresa com 200 empregados possuir filiais nos Estados de São Paulo, Rio Grande do Norte e Santa Catarina, deverá ser feita uma comissão composta por 3 membros em cada um desses Estados.

Nessa linha, o art. 510-D, § 3º, da CLT dispõe que desde o registro da candidatura até um ano após o fim do mandato, o membro da comissão de representantes dos empregados não poderá sofrer despedida arbitrária, entendendo-se como tal a que não se fundar em motivo disciplinar, técnico, econômico ou financeiro.

Para facilitar os estudos, o quadro abaixo aponta as hipóteses que a legislação prevê a estabilidade provisória/garantia de emprego.

Situações	Norma Jurídica
Dirigente Sindical	Art. 8º, VIII, da CF/1988 e art. 543, § 3º, da CLT.
CIPA e suplente	Art. 10, II, alínea "a" do Ato das Disposições Constitucionais Transitórias (ADCT) da CF/1988 e art. 165 da CLT. e Súmula 339, I, TST.

Gestante, bem como empregado e empregada adotante ao qual tenha sido concedida guarda provisória para fins de adoção	Art. 10, II, alínea "b" do Ato das Disposições Constitucionais Transitórias (ADCT) da CF/1988 e art. 391-A e parágrafo único, da CLT.
Acidente de trabalho	Art. 118 da Lei 8.213/1991
Comissão de Conciliação Prévia	Art. 625-B, § 1º, da CLT.
Membro do conselho curador do FGTS	Art. 3º, § 9º, da Lei 8.036/1990.
Empregados membros do Conselho Nacional de Previdência Social	Art. 3º, § 7º, da Lei 8.213/1991.
Diretores de sociedade cooperativa	Art. 55 da Lei 5.764/1971.
Membros da comissão de representantes dos empregados	Art. 510-D, § 3º, da CLT

11.3. Garantia de emprego para o empregado portador do vírus HIV ou de outra doença grave

Há muito tempo se discute na jurisprudência a respeito da garantia de emprego no emprego do portador do vírus HIV.

AIDS é a sigla em inglês para definir Acquired Immunodeficiency Syndrome (ou Síndrome da Imunodeficiência Adquirida). No Brasil, não há legislação instituindo a estabilidade no emprego para o portador do vírus HIV.

Essa lacuna levou diversos Tribunais a decidirem de diferentes maneiras sobre o tema. Nessa linha, algumas decisões negavam a estabilidade no emprego sob o argumento de que nosso ordenamento jurídico é omisso com relação à estabilidade do portador do HIV.

No entanto, outras decisões assinalavam que, mesmo não havendo preceito legal garantindo a estabilidade ao empregado portador do vírus HIV, ao Estado-Juiz, nos termos do art. 8º da CLT, compete valer-se dos princípios gerais do direito, da analogia e dos costumes para solucionar os conflitos.

Esse segundo posicionamento culminou na edição da Súmula 443 do TST, que reconhece a presunção de dispensa discriminatória do portador do vírus HIV ou de outra doença grave. Dispõe a referida Súmula:

SÚMULA 443 DO TST – DISPENSA DISCRIMINATÓRIA. PRESUNÇÃO. EMPREGADO PORTADOR DE DOENÇA GRAVE. ESTIGMA OU PRECONCEITO. DIREITO À REINTEGRAÇÃO.

Presume-se discriminatória a despedida de empregado portador do vírus HIV ou de outra doença grave que suscite estigma ou preconceito. Inválido o ato, o empregado tem direito à reintegração no emprego.

O entendimento sumulado, portanto, é no sentido de ser discriminatória a demissão imotivada do portador de HIV. Isso porque se presume que a despedida ocorreu pelo fato de o empregado ser portador do vírus ou outra doença grave.

Vale dizer que, de acordo com a corrente majoritária, é irrelevante o conhecimento da doença por parte da empresa. Essa teoria aplica, analogicamente, a regra para a estabilidade da gestante disposta na Súmula 244, item I, do TST.

Desta forma, o empregado portador do vírus HIV ou de outra doença grave somente poderá ser demitido por justa causa, nas hipóteses do art. 482 da CLT.

A CF/1988 tem como base a dignidade da pessoa humana consagrada em seu art. 1º, III. Já no capítulo referente aos direitos sociais, em seu art. 6º, assegura o direito ao trabalho, proibindo em paralelo qualquer tipo de discriminação, nos termos do art. 5º, caput, da CF/1988 que assim dispõe:

"Art. 5º Todos são iguais perante a lei, sem distinção de qualquer natureza, garantindo-se aos brasileiros e aos estrangeiros residentes no país, a inviolabilidade do direito à vida, à liberdade, à igualdade, à segurança e à propriedade."

Ademais, a Lei 9.029/1995, que coíbe toda forma de discriminação, reza em seu art. 4º ser direito do empregado:

Art. 4º O rompimento da relação de trabalho por ato discriminatório, nos moldes desta Lei, além do direito à reparação pelo dano moral, faculta ao empregado optar entre:

I – a reintegração com ressarcimento integral de todo o período de afastamento, mediante pagamento das remunerações devidas, corrigidas monetariamente, acrescidas dos juros legais;

II – a percepção, em dobro, da remuneração do período de afastamento, corrigida monetariamente e acrescida dos juros legais.

Assim, podemos concluir que é assegurada a garantia no emprego ao portador do vírus HIV ou de outra doença grave, na medida em que se presume discriminatória sua demissão imotivada, podendo ser demitido somente na ocorrência de justa causa, nas hipóteses do art. 482 da CLT.

Ocorrendo a dispensa imotivada além da indenização por danos morais, é assegurada sua reintegração ao emprego com o ressarcimento integral de todo o período que esteve afastado ou a percepção em dobro do respectivo período.

Por fim, vale dizer que a Lei 12.984, de 03.06.2014 define o crime de discriminação dos portadores do vírus da imunodeficiência humana (HIV) e doentes de AIDS.

De acordo com o art. 1º, III, da citada lei, constitui crime punível com reclusão, de 1 (um) a 4 (quatro) anos, e multa, exonerar ou demitir de seu cargo ou emprego o portador do HIV ou o doente de AIDS. Na mesma pena incorre aquele que negar emprego ou trabalho ao portador do HIV e o doente de AIDS, em razão da sua condição de portador ou de doente, art. 1º, II, da Lei 12.984/2014.

11.4. Reintegração ou indenização substitutiva

Como se sabe, os empregados que possuem a garantia de emprego não podem ser demitidos, salvo por falta grave e em algumas situações sua demissão deve ser precedida por inquérito judicial para apuração de falta grave.

Porém, caso o empregador venha a demitir esse empregado sem justo motivo, poderá o empregado pleitear, liminarmente, sua reintegração ao emprego, desde que o período estabilitário não tenha se exaurido.

Ocorre que, muitas vezes o pedido liminar é indeferido e o mérito do pedido de reintegração acaba sendo apreciado depois de exaurido o período de estabilidade do empregado.

Nesse caso, a reintegração se mostra inviável, sendo possível a remuneração desse período como forma de indenização. Nessa hipótese, o empregador arcará, portanto, com o pagamento dos salários e demais verbas rescisórias além da remuneração do período de estabilidade não gozado, ou seja, o período compreendido entre a data de despedida e o final do período de estabilidade.

Essa conversão vem determinada no art. 496 da CLT, que assim dispõe:

Art. 496. Quando a reintegração do empregado estável for desaconselhável, dado o grau de incompatibilidade resultante do dissídio, especialmente quando for o empregador pessoa física, o tribunal do trabalho poderá converter aquela obrigação em indenização devida nos termos do artigo seguinte.

Nesse sentido, o TST editou a Súmula 396:

SÚMULA 396 TST – ESTABILIDADE PROVISÓRIA. PEDIDO DE REINTEGRAÇÃO. CONCESSÃO DO SALÁRIO RELATIVO AO PERÍODO DE ESTABILIDADE JÁ EXAURIDO. INEXISTÊNCIA DE JULGAMENTO "EXTRA PETITA".

I – Exaurido o período de estabilidade, são devidos ao empregado apenas os salários do período compreendido entre a data da despedida e o final do período de estabilidade, não lhe sendo assegurada a reintegração no emprego.

II – Não há nulidade por julgamento "extra petita" da decisão que deferir salário quando o pedido for de reintegração, dados os termos do art. 496 da CLT.

12. NORMAS DE PROTEÇÃO AO TRABALHO

12.1. Proteção ao trabalho da mulher

A Constituição Federal, em seu art. 7º, XX, confere a proteção ao mercado de trabalho da mulher ao ordená-la, mediante incentivos específicos, nos termos da lei.

A legislação consolidada, no art. 373-A, impõe limitações ao empregador que visam a corrigir o acesso da mulher ao mercado de trabalho. São elas:

a) publicar ou fazer publicar anúncio de emprego no qual haja referência ao sexo, à idade, à cor ou situação familiar, salvo quando a natureza da atividade a ser exercida, pública e notoriamente, assim o exigir;

b) recusar emprego, promoção ou motivar a dispensa do trabalho em razão de sexo, idade, cor, situação familiar ou estado de gravidez, salvo quando a natureza da atividade seja notória e publicamente incompatível;

c) considerar o sexo, a idade, a cor ou situação familiar como variável determinante para fins de remuneração, formação profissional e oportunidades de ascensão profissional;

d) exigir atestado ou exame, de qualquer natureza, para comprovação de esterilidade ou gravidez, na admissão ou permanência no emprego;

e) impedir o acesso ou adotar critérios subjetivos para deferimento de inscrição ou aprovação em concursos, em empresas privadas, em razão de sexo, idade, cor, situação familiar ou estado de gravidez;

f) proceder o empregador ou preposto a revistas íntimas nas empregadas ou funcionárias.

As disposições atinentes ao trabalho noturno seguirão as normas aplicáveis a todo trabalhador, inclusive o adicional de 20% e a hora fictamente reduzida.

A CLT traz ainda regras atinentes ao local de trabalho da mulher, determinando que toda empresa é obrigada a:

a) prover os estabelecimentos de medidas concernentes à higienização dos métodos e locais de trabalho, tais como ventilação e iluminação e outros que se fizerem necessários à segurança e ao conforto das mulheres,

b) a instalar bebedouros, lavatórios, aparelhos sanitários; dispor de cadeiras ou bancos, em número suficiente, que permitam às mulheres trabalhar sem grande esgotamento físico;

c) instalar vestiários com armários individuais privativos das mulheres, exceto os estabelecimentos comerciais, escritórios, bancos e atividades afins, em que não seja exigida a troca de roupa e outros, admitindo-se como suficientes as gavetas ou escaninhos, onde possam as empregadas guardar seus pertences.

Os estabelecimentos em que trabalharem pelo menos 30 (trinta) mulheres com mais de 16 (dezesseis) anos de idade deverão possuir local apropriado onde seja permitido às empregadas guardar sob vigilância e assistência os seus filhos no período da amamentação.

Essa exigência poderá ser suprida por meio de creches distritais mantidas, diretamente ou mediante convênios, com outras entidades públicas ou privadas, pelas próprias empresas, em regime comunitário, ou a cargo do SESI, do SESC, da LBA ou de entidades sindicais.

O art. 390 consolidado veda ao empregador utilizar a mulher em serviço que demande o emprego de força muscular superior a 20 (vinte) quilos para o trabalho contínuo, ou 25 (vinte e cinco) quilos para o trabalho ocasional.

12.1.1 Trabalho da mulher gestante em ambiente insalubre

Em 11 de maio de 2016 a Lei 13.287/2016 acrescentou o art. 394-A na CLT, impondo ao empregador o dever de afastar a empregada gestante ou lactante de quaisquer atividades, operações ou locais insalubres, que devia ser transferida para um local salubre, enquanto perdurar a situação.

Contudo, a Lei 13.467/2017 deu nova redação ao art. 394-A da CLT, que assim dispõe:

Art. 394-A. Sem prejuízo de sua remuneração, nesta incluído o valor do adicional de insalubridade, a empregada deverá ser afastada de:

I – atividades consideradas insalubres em grau máximo, enquanto durar a gestação;

II – atividades consideradas insalubres em grau médio ou mínimo, quando apresentar atestado de saúde, emitido por médico de confiança da mulher, que recomende o afastamento durante a gestação;

III – atividades consideradas insalubres em qualquer grau, quando apresentar atestado de saúde, emitido por médico de confiança da mulher, que recomende o afastamento durante a lactação.

De acordo com o novo dispositivo legal o afastamento da empregada gestante em atividade insalubre dependerá do grau de insalubridade da atividade exercida e, ainda, de atestado de saúde.

Assim, para atividades insalubres em grau máximo, enquanto perdurar a gestação, a empregada deverá ser afastada de suas atividades. Já para a atividade insalubre em graus médio ou mínimo o afastamento da gestante está condicionado a apresentação de atestado de saúde, emitido por médico de sua confiança, que na prática será o médico que faz o acompanhamento pré-natal da gestante.

Para as empregadas lactantes, em outras palavras, a empregada que amamenta, o afastamento de atividades em qualquer grau de insalubridade, ou seja, graus máximo, médio e mínimo, será possível quando apresentar atestado de saúde, emitido por médico de sua confiança, que recomende o afastamento durante a lactação.

Por último, importante lembrar que, quando não for possível que a gestante ou a lactante afastada exerça suas atividades em local salubre na empresa, a hipótese será considerada como gravidez de risco e ensejará a percepção de salário-maternidade, nos termos da Lei 8.213/1991, durante todo o período de afastamento.

12.1.2. Períodos de amamentação

A regra prevista no art. 396 da CLT ensina que para amamentar seu filho, inclusive se advindo de adoção, até que este complete 6 (seis) meses de idade, a mulher terá direito, durante a jornada de trabalho, a 2 (dois) descansos especiais de meia hora cada um. Esse período de 6 meses poderá ser dilatado, a critério da autoridade competente, quando o exigir a saúde do filho.

Os horários dos descansos supraindicados deverão ser definidos em acordo individual entre a mulher e o empregador.

12.1.3. Licença-maternidade

Prevista no art. 7º, XVIII, da CF, art. 392 da CLT e art. 71 da Lei 8.213/1991, também chamada de licença gestante, a licença-maternidade é um benefício de caráter previdenciário que consiste em conceder, à mulher que deu à luz uma licença remunerada de 120 dias, que pode ser prorrogada por mais 60 dias, nos termos do art. 1º da Lei 11.770/2008.

Importante destacar que nos termos da Lei 13.985/2020 que institui pensão especial destinada a crianças com Síndrome Congênita do Zika Vírus, nascidas entre 1º de janeiro de 2015 e 31 de dezembro de 2019, beneficiárias do Benefício de Prestação Continuada (BPC), a licença-maternidade será de 180 dias, art. 5º, I, da citada lei. A licença-maternidade não se confunde com a estabilidade provisória prevista no art. 10, II, a, do ADCT, benefício que impede a dispensa imotivada por parte do empregador. A prorrogação será garantida à empregada da pessoa jurídica que aderir ao programa Empresa Cidadã, desde que a empregada a requeira até o final do primeiro mês após o parto, e concedida imediatamente após a fruição da licença-maternidade.

Em conformidade com o § 2º do art. 1º da Lei 11.770/2008, a prorrogação será garantida na mesma proporção também à empregada e ao empregado que adotar ou obtiver guarda judicial para fins de adoção de criança.

De acordo com a redação dada pela Lei 13.509/2017, à empregada que adotar ou obtiver guarda judicial para fins de adoção de criança ou adolescente será concedida licença-maternidade, nos termos do art. 392 da CLT.

Com isso, o direito à licença-maternidade passou a ser devido não apenas em caso de adoção ou guarda judicial para fins de adoção de criança, mas também de adolescente.

A Lei 12.873/2013 acrescentou o § 5º ao art. 392-A da CLT ensinando que a adoção ou guarda judicial conjunta ensejará a concessão de licença-maternidade a apenas um dos adotantes ou guardiães empregado ou empregada.

A lei inseriu ao diploma consolidado o art. 392-B, assegurando ao cônjuge ou companheiro empregado, em caso de morte da genitora, o gozo de licença por todo o período da licença-maternidade ou pelo tempo restante a que teria direito a mãe, exceto no caso de falecimento do filho ou de seu abandono.

Por último, nos termos do art. 392-C da CLT, de acordo com a redação dada pela Lei 12.873/2013, as regras dispostas nos arts. 392-A e 392-B serão aplicadas ao empregado que adotar ou obtiver guarda judicial para fins de adoção.

Importante ressaltar que a Lei 12.010, de 03.08.2009, que entrou em vigor em 01.11.2009, revogou expressamente, em seu art. 8º, períodos de licença-maternidade que levavam em conta a idade da criança adotada. Portanto, após a vigência da lei em comento, a mãe que adotar ou que obtiver a guarda judicial, independente da idade da criança, terá a licença-maternidade de 120 (cento e vinte) dias, prorrogáveis por mais 60 (sessenta dias).

A empregada deverá notificar o seu empregador da data do início do afastamento do emprego, que poderá ocorrer entre o 28º dia antes do parto e ocorrência deste, nos termos do art. 392, § 1º, da CLT.

12.2. Proteção ao trabalho do menor

O art. 402 da CLT considera menor o trabalhador de quatorze até dezoito anos.

O art. 7º, XXXIII, da CF proíbe o trabalho noturno, perigoso ou insalubre a menores de dezoito e de qualquer trabalho a menores de dezesseis anos, salvo na condição de aprendiz, a partir de quatorze anos.

A capacidade, nos domínios do Direito do Trabalho, poderia ser classificada da seguinte maneira:

a) absolutamente incapazes: até 14 anos de idade, pois não podem trabalhar;

b) relativamente incapazes: dos 14 aos 18 incompletos, pois podem laborar nas hipóteses descritas em lei;

c) plenamente capazes: trabalhadores com idade igual ou superior a 18 anos.

O art. 405 da CLT ensina que ao menor não será permitido o trabalho em locais e serviços perigosos ou insalubres e, também, em locais ou serviços prejudiciais à sua moralidade.

Será considerado prejudicial à moralidade do menor o trabalho:

a) prestado de qualquer modo em teatros de revista, cinemas, boates, cassinos, cabarés, dancings e estabelecimentos análogos;

b) em empresas circenses, em funções de acrobata, saltimbanco, ginasta e outras semelhantes;

c) de produção, composição, entrega ou venda de escritos, impressos, cartazes, desenhos, gravuras, pinturas, emblemas, imagens e quaisquer outros objetos que possam, a juízo da autoridade competente, prejudicar sua formação moral;

d) consistente na venda, a varejo, de bebidas alcoólicas.

O trabalho em empresas circenses ou aqueles prestados em teatro, cinemas e similares, poderá ser autorizado pelo Juiz da Vara da Infância e Juventude.

Por outro lado, verificado que o trabalho executado pelo menor é prejudicial à sua saúde, ao seu desenvolvimento físico ou a sua moralidade, o Juiz poderá obrigá-lo a abandonar o serviço, devendo a respectiva empresa, quando for o caso, proporcionar ao menor todas as facilidades para mudar de funções. Caso a empresa assim não proceda, o contrato de trabalho estará extinto na forma do art. 483 da CLT.

Ao menor é lícito firmar recibo pelo pagamento dos salários. Tratando-se, porém, de rescisão do contrato de trabalho, é vedado ao menor de 18 (dezoito) anos dar, sem assistência dos seus responsáveis legais, quitação ao empregador pelo recebimento da indenização que lhe for devida.

Embora ao menor de 18 (dezoito) anos seja vedado o trabalho noturno, a duração do trabalho do menor é como a dos trabalhadores em geral, podendo, porém, prorrogar sua jornada de trabalho, nos termos do art. 413 da CLT, apenas em dois casos:

a) por até mais 2 (duas) horas, independentemente de acréscimo salarial, mediante convenção ou acordo coletivo, desde que o excesso de horas em um dia seja compensado pela diminuição em outro, de modo a ser observado o limite máximo de 44 (quarenta e quatro) horas semanais ou outro inferior legalmente fixado;

b) por motivo de força maior, até o máximo de 12 (doze) horas, com acréscimo salarial de, pelo menos, 50% sobre a hora normal e desde que o trabalho do menor seja imprescindível ao funcionamento do estabelecimento.

Por fim, vale dizer que, nos termos do art. 440 da CLT, contra os menores de 18 (dezoito) anos não corre nenhum prazo de prescrição.

12.2.1. Aprendizes

Contrato de aprendizagem é o contrato de trabalho especial, ajustado por escrito e por prazo determinado, em que o empregador se compromete a assegurar ao maior de 14 (quatorze) e menor de 24 (vinte e quatro) anos inscrito em programa de aprendizagem formação técnico-profissional metódica compatível com o seu desenvolvimento físico, moral e psicológico, e o aprendiz, a executar com zelo e diligência as tarefas necessárias a essa formação.

Importa frisar que a idade máxima prevista não se aplica a aprendizes portadores de deficiência, em conformidade com o art. 428, § 5º, da CLT.

A validade do contrato de aprendizagem pressupõe anotação na Carteira de Trabalho e Previdência Social, matrícula e frequência do aprendiz na escola, caso não haja concluído o ensino médio, e inscrição em programa de aprendizagem desenvolvido sob orientação de entidade qualificada em formação técnico-profissional metódica.

O contrato de aprendizagem não poderá ser estipulado por mais de 2 (dois) anos, exceto quando se tratar de aprendiz portador de necessidades especiais, hipótese em que não se aplica esse limite.

A duração do trabalho do aprendiz não excederá de seis horas diárias, sendo vedadas a prorrogação e a compensação de jornada.

O limite previsto poderá ser de até oito horas diárias para os aprendizes que já tiverem completado o ensino fundamental se nelas forem computadas as horas destinadas à aprendizagem teórica.

Nos termos do art. 433 da CLT, o contrato de aprendizagem extinguir-se-á no seu termo ou quando o aprendiz

completar 24 (vinte e quatro) anos, salvo em se tratando de aprendiz portador de necessidades especiais, ou ainda antecipadamente nas seguintes hipóteses:

a) desempenho insuficiente ou inadaptação do aprendiz;

b) falta disciplinar grave;

c) ausência injustificada à escola que implique perda do ano letivo; ou

d) a pedido do aprendiz.

12.3. Segurança e medicina do trabalho

Leciona o art. 7º, XXII, da CF que é um direito dos trabalhadores urbanos e rurais a redução dos riscos inerentes ao trabalho, por meio de normas de saúde, higiene e segurança.

A legislação infraconstitucional determina que nenhum estabelecimento poderá iniciar suas atividades sem prévia inspeção e aprovação das respectivas instalações pela autoridade regional competente em matéria de segurança e medicina do trabalho.

Uma vez constatado por laudo técnico do serviço competente algum tipo de grave e iminente risco para o trabalhador, o delegado regional do trabalho poderá interditar estabelecimento, setor de serviço, máquina ou equipamento, ou, ainda, embargar uma obra que esteja em andamento.

Considera-se grave e iminente risco toda condição ambiental de trabalho que possa causar acidente do trabalho ou doença profissional com lesão grave à integridade física do trabalhador.

A interdição importará na paralisação total ou parcial do estabelecimento, setor de serviço, máquina ou equipamento, ao passo que o embargo importará na paralisação total ou parcial da obra.

O delegado regional deverá, nesse caso, indicar as providências que deverão ser adotadas para prevenção de infortúnios de trabalho. Uma vez cumpridas as exigências, será realizado novo laudo técnico, podendo o delegado regional do trabalho retirar o embargo ou a interdição.

Vale lembrar que durante a paralisação dos serviços, em decorrência da interdição ou embargo, os empregados deverão receber seus salários como se estivessem em efetivo exercício do labor.

12.3.1. Comissão Interna de Prevenção de Acidentes e de Assédio – CIPA

Ao teor do disposto no art. 162 da CLT, as empresas estão obrigadas a manter serviços especializados em segurança e em medicina do trabalho.

Por essa razão, nos termos do art. 163 da CLT de acordo com a redação dada pela Lei 14.457/2022 será obrigatória a constituição de Comissão Interna de Prevenção de Acidentes e de Assédio (CIPA) nos estabelecimentos ou locais de obra nelas especificadas. A CIPA é composta de representantes da empresa e dos empregados e tem como fim prevenir acidentes de trabalho dentro da empresa.

A Lei 14.457/2022 deu uma nova roupagem às CIPAS ao designar a importante função de atuar na defesa e proteção ao assédio e demais formas de violência. Em outras palavras, a legislação atual impõe às empresas que constituíram CIPA a adoção de medidas de prevenção e combate ao assédio sexual e demais formas de violência no âmbito do trabalho.

Nos termos do art. 23 da Lei 14.457/2022, além de outras medidas que entenderem necessárias, com vistas à prevenção e ao combate ao assédio sexual e às demais formas de violência no âmbito do trabalho para a promoção de um ambiente laboral sadio, seguro e que favoreça a inserção e a manutenção de mulheres no mercado de trabalho, as empresas que constituíram CIPAs deverão adotar as seguintes medidas:

a) inclusão de regras de conduta a respeito do assédio sexual e de outras formas de violência nas normas internas da empresa, com ampla divulgação do seu conteúdo aos empregados e às empregadas;

b) fixação de procedimentos para recebimento e acompanhamento de denúncias, para apuração dos fatos e, quando for o caso, para aplicação de sanções administrativas aos responsáveis diretos e indiretos pelos atos de assédio sexual e de violência, garantido o anonimato da pessoa denunciante, sem prejuízo dos procedimentos jurídicos cabíveis;

c) inclusão de temas referentes à prevenção e ao combate ao assédio sexual e a outras formas de violência nas atividades e nas práticas da Cipa; e

d) realização, no mínimo a cada 12 (doze) meses, de ações de capacitação, de orientação e de sensibilização dos empregados e das empregadas de todos os níveis hierárquicos da empresa sobre temas relacionados à violência, ao assédio, à igualdade e à diversidade no âmbito do trabalho, em formatos acessíveis, apropriados e que apresentem máxima efetividade de tais ações.

12.3.1.1 Mandato e garantia de emprego

O mandato dos membros eleitos da CIPA terá a duração de 1 (um) ano, sendo permitida uma reeleição.

Os titulares da representação dos empregados nas CIPAs não poderão sofrer despedida arbitrária, entendendo-se como tal a que não se fundar em motivo disciplinar, técnico, econômico ou financeiro.

O art. 10, II, "a", do ADCT veda a dispensa arbitrária ou sem justa causa do empregado eleito para cargo de direção de comissões internas de prevenção de acidentes, desde o registro de sua candidatura até um ano após o final de seu mandato.

Entretanto, o TST através da Súmula 339 garante também aos suplentes o direito à estabilidade.

Dispõe a Súmula 339 do TST:

SÚMULA 339 TST – CIPA. SUPLENTE. GARANTIA DE EMPREGO. CF/1988

I – O suplente da CIPA goza da garantia de emprego prevista no art. 10, II, "a", do ADCT a partir da promulgação da Constituição Federal de 1988.

II – A estabilidade provisória do cipeiro não constitui vantagem pessoal, mas garantia para as atividades dos membros da CIPA, que somente tem razão de ser quando em atividade a empresa. Extinto o estabelecimento, não se verifica a despedida arbitrária, sendo impossível a reintegração e indevida a indenização do período estabilitário.

12.3.2. Equipamentos de proteção individual

A empresa é obrigada a fornecer aos empregados, gratuitamente, equipamento de proteção individual adequado ao risco e em perfeito estado de conservação e funcionamento sempre que as medidas de ordem geral não ofereçam completa proteção contra os riscos de acidentes e danos à saúde dos empregados.

Pois bem: considera-se Equipamento de Proteção Individual – EPI todo dispositivo de uso individual destinado a proteger a integridade física do trabalhador.

Desta forma, a empresa é obrigada a fornecer aos empregados, gratuitamente, EPI adequado ao risco e em perfeito estado de conservação e funcionamento nas seguintes circunstâncias:

a) sempre que as medidas de proteção coletiva forem tecnicamente inviáveis ou não oferecerem completa proteção contra os riscos de acidentes do trabalho e/ou de doenças profissionais e do trabalho;

b) enquanto as medidas de proteção coletiva estiverem sendo implantadas;

c) para atender a situações de emergência.

Cumpre destacar que ao empregador são impostas algumas obrigações em relação ao cumprimento das normas de segurança e medicina do trabalho.

Assim, compete ao empregador:

a) cumprir e fazer cumprir as disposições legais e regulamentares sobre segurança e medicina do trabalho;

b) elaborar ordens de serviço sobre segurança e medicina do trabalho, dando ciência aos empregados, com os seguintes objetivos:

I. prevenir atos inseguros no desempenho do trabalho;

II. divulgar as obrigações e proibições que os empregados devam conhecer e cumprir;

III. dar conhecimento aos empregados de que serão passíveis de punição pelo descumprimento das ordens de serviço expedidas;

IV. determinar os procedimentos que deverão ser adotados em caso de acidente do trabalho e doenças profissionais ou do trabalho;

V. adotar medidas determinadas pelo Ministério do Trabalho;

VI. adotar medidas para eliminar ou neutralizar a insalubridade e as condições inseguras de trabalho.

De outro lado, estão as obrigações impostas ao empregado, quais sejam:

a) cumprir as disposições legais e regulamentares sobre segurança e medicina do trabalho, inclusive as ordens de serviço expedidas pelo empregador;

b) usar o EPI fornecido pelo empregador;

c) submeter-se aos exames médicos previstos;

d) colaborar com a empresa na aplicação das Normas Regulamentadoras.

Por último, constitui ato faltoso do empregado a recusa injustificada à observância das instruções expedidas pelo empregador ou ao uso dos equipamentos de proteção individual fornecidos pela empresa.

12.3.3. Atividades insalubres

Pela redação do art. 189 da CLT, são consideradas atividades ou operações insalubres aquelas que, por sua natureza, condições ou métodos de trabalho, exponham os empregados a agentes nocivos à saúde acima dos limites de tolerância fixados em razão da natureza e da intensidade do agente e do tempo de exposição aos seus efeitos.

Importa ressaltar que para fazer jus ao adicional de insalubridade não é necessário que o labor exponha os empregados de forma contínua a agentes nocivos. Isso porque a Súmula 47 do TST estabelece que o caráter intermitente do trabalho executado em condições insalubres não afasta o direito de recebimento do respectivo adicional.

Nas atividades insalubres, quaisquer prorrogações só poderão ser acordadas mediante licença prévia do Ministério do Trabalho, que procederá aos exames do local de trabalho, métodos e dos processos de trabalho.

O quadro das atividades e operações insalubres será aprovado pelo Ministério do Trabalho, que deverá adotar normas sobre os critérios de caracterização da insalubridade, os limites de tolerância aos agentes agressivos, meios de proteção e o tempo máximo de exposição do empregado a esses agentes.

Nesse sentido o TST editou, em maio de 2014, a Súmula 448 que assim dispõe:

SÚMULA 448 TST – ATIVIDADE INSALUBRE. CARACTERIZAÇÃO. PREVISÃO NA NORMA REGULAMENTADORA N. 15 DA PORTARIA DO MINISTÉRIO DO TRABALHO N. 3.214/1978. INSTALAÇÕES SANITÁRIAS.

I – Não basta a constatação da insalubridade por meio de laudo pericial para que o empregado tenha direito ao respectivo adicional, sendo necessária a classificação da atividade insalubre na relação oficial elaborada pelo Ministério do Trabalho.

II – A higienização de instalações sanitárias de uso público ou coletivo de grande circulação, e a respectiva coleta de lixo, por não se equiparar à limpeza em residências e escritórios, enseja o pagamento de adicional de insalubridade em grau máximo, incidindo o disposto no Anexo 14 da NR-15 da Portaria do MTE n. 3.214/1978 quanto à coleta e industrialização de lixo urbano.

Vale dizer que de acordo com o item I da Orientação Jurisprudencial 173 da SDI 1 do TST, nas atividades a céu aberto por sujeição à radiação solar é indevido o adicional de insalubridade ao trabalhador, tendo em vista a ausência de previsão legal.

Todavia, em setembro de 2012, o TST acrescentou o item II à Orientação Jurisprudencial 173 da SDI 1, assegurando direito à percepção ao adicional de insalubridade ao empregado que exercer atividade exposto ao calor acima dos limites de tolerância, inclusive em ambiente externo com carga solar, nas condições previstas no Anexo 3 da NR 15 da Portaria 3.214/1978 do MTE.

Pois bem: determina o art. 192 da CLT que o exercício de trabalho em condições de insalubridade assegura ao trabalhador a percepção de um adicional, incidente sobre o salário mínimo, equivalente a: 40% para insalubridade de grau máximo, 20% para insalubridade de grau médio e 10% para insalubridade de grau mínimo.

No caso de incidência de mais de um fator de insalubridade, será apenas considerado o de grau mais elevado, para efeito de acréscimo salarial, sendo vedada a percepção cumulativa.

A eliminação ou neutralização da insalubridade determinará a cessação do pagamento do adicional respectivo.

A eliminação ou neutralização da insalubridade deverá ocorrer:

a) com a adoção de medidas de ordem geral que conservem o ambiente de trabalho dentro dos limites de tolerância;

b) com a utilização de equipamento de proteção individual que diminuam a intensidade do agente agressivo a limites de tolerância.

Nessa linha, porém, o TST editou a Súmula 289 entendendo que o simples fornecimento do aparelho de proteção pelo empregador não o exime do pagamento do adicional de insalubridade. Cabe-lhe tomar as medidas que conduzam à diminuição ou eliminação da nocividade, entre as quais as relativas ao uso efetivo do equipamento pelo empregado.

Para que referido adicional deixe de ser devido, é necessário que a insalubridade seja eliminada ou reduzida aos níveis de tolerância indicados na Norma Regulamentadora 15 da Portaria 3.214/1978 do Ministério do Trabalho e Emprego.

Desta forma, eliminada a insalubridade do ambiente de trabalho, o pagamento do referido adicional desaparece. Nesse sentido é a Súmula 80 do TST: "A eliminação da insalubridade mediante fornecimento de aparelhos protetores aprovados pelo órgão competente do Poder Executivo exclui a percepção do respectivo adicional".

O referido art. 192 da CLT dispõe que o adicional de insalubridade será calculado com base no salário mínimo.

Porém, a CF/1988, em seu art. 7º, IV, veda a vinculação do salário mínimo para qualquer fim. Assim, não poderia servir de base para o cálculo do adicional de insalubridade.

Desta forma, o STF editou a Súmula vinculante 4, que dispõe: "salvo nos casos previstos na Constituição, o salário mínimo não pode ser usado como indexador de base de cálculo de vantagem de servidor público ou de empregado, nem ser substituído por decisão judicial".

Por esse motivo, o TST modificou a redação da Súmula 228, que passou a dispor: "A partir de 09.05.2008, data da publicação da Súmula Vinculante 4 do Supremo Tribunal Federal, o adicional de insalubridade será calculado sobre o salário básico, salvo critério mais vantajoso fixado em instrumento coletivo".

O adicional passou a ser calculado tendo como base o salário básico sem os acréscimos de outros adicionais, ou seja, aplicação analógica do adicional de periculosidade.

Como não existe lei mandando aplicar o adicional de insalubridade com base no salário básico, a Confederação Nacional das Indústrias propôs Reclamação ao STF contra a nova redação conferida à Súmula 228 do TST.

O então Presidente do STF, Ministro Gilmar Mendes, em decisão liminar, determinou a suspensão da Súmula 228 do TST na parte em que permite a utilização do salário básico para calcular o adicional de insalubridade, o que motivou em setembro de 2012 que o TST fizesse uma ressalva na Súmula 228, registrando a suspensão provisória de sua eficácia por decisão liminar do Supremo Tribunal Federal.

Nessa linha, o STF entendeu que, enquanto não exista nova lei determinando uma base de cálculo para o adicional de insalubridade, deve ser utilizado como base o salário mínimo, ainda que contrarie a Súmula vinculante 4 na medida em que o empregado não deve ficar sem receber o aludido adicional.

Sobre trabalho da mulher em ambiente insalubre, remetemos o leitor ao item 12.1.1.

12.3.4. Atividades perigosas

Leciona o art. 193 da CLT, com a nova redação dada pela Lei 12.740/2012 e Lei 14.684/2023, que são consideradas atividades ou operações perigosas, na forma da regulamentação aprovada pelo Ministério do Trabalho e Emprego, aquelas que, por sua natureza ou métodos de trabalho, impliquem risco acentuado em virtude de exposição permanente do trabalhador a:

I) inflamáveis, explosivos ou energia elétrica e

II) roubos ou outras espécies de violência física nas atividades profissionais de segurança pessoal ou patrimonial.

III) colisões, atropelamentos ou outras espécies de acidentes ou violências nas atividades profissionais dos agentes das autoridades de trânsito. (incluído pela Lei 14.684/2023)

Com relação ao inciso I do art. 193 da CLT que trata de inflamáveis, explosivos é importante lembrar a redação dada pela Lei 14.766/2023 ao § 5º do art. 193 da CLT que assim dispõe:

> § 5º O disposto no inciso I do caput deste artigo não se aplica às quantidades de inflamáveis contidas nos tanques de combustíveis originais de fábrica e suplementares, para consumo próprio de veículos de carga e de transporte coletivo de passageiros, de máquinas e de equipamentos, certificados pelo órgão competente, e nos equipamentos de refrigeração de carga.

Já com relação ao inciso II do art. 193 da CLT, ao redefinir os critérios para caracterização das atividades ou operações perigosas a Lei 12.740/2012 inseriu no rol de atividades perigosas aquelas que expõem os trabalhadores a roubos ou outras espécies de violência física, conferiu direito ao adicional de periculosidade para esses profissionais.

A fim de especificar as funções que teriam exposição permanente do trabalhador na atividade de segurança pessoal ou patrimonial o MTE publicou a NR 16 que em seu anexo 3 ensina que são considerados profissionais de segurança pessoal ou patrimonial os trabalhadores que atendam a uma das seguintes condições:

a) empregados das empresas prestadoras de serviço nas atividades de segurança privada ou que integrem serviço orgânico de segurança privada, devidamente registradas e autorizadas pelo Ministério da Justiça, conforme Lei 7.102/1983 e suas alterações posteriores.

b) empregados que exercem a atividade de segurança patrimonial ou pessoal em instalações metroviárias, ferroviárias, portuárias, rodoviárias, aeroportuárias e de bens públicos, contratados diretamente pela administração pública direta ou indireta.

De acordo com a citada NR 16 são consideradas perigosas as seguintes atividades:

ATIVIDADES OU OPERAÇÕES	DESCRIÇÃO
Vigilância patrimonial	Segurança patrimonial e/ou pessoal na preservação do patrimônio em estabelecimentos públicos ou privados e da incolumidade física de pessoas.
Segurança de eventos	Segurança patrimonial e/ou pessoal em espaços públicos ou privados, de uso comum do povo.
Segurança nos transportes coletivos	Segurança patrimonial e/ou pessoal nos transportes coletivos e em suas respectivas instalações.
Segurança ambiental e florestal	Segurança patrimonial e/ou pessoal em áreas de conservação de fauna, flora natural e de reflorestamento.
Transporte de valores	Segurança na execução do serviço de transporte de valores.
Escolta armada	Segurança no acompanhamento de qualquer tipo de carga ou de valores.
Segurança pessoal	Acompanhamento e proteção da integridade física de pessoa ou de grupos.
Supervisão/fiscalização operacional	Supervisão e/ou fiscalização direta dos locais de trabalho para acompanhamento e orientação dos vigilantes.
Telemonitoramento/telecontrole	Execução de controle e/ou monitoramento de locais, através de sistemas eletrônicos de segurança.

Os bombeiros civis são regidos pelo disposto na Lei 11.901/2009 e também possuem adicional de periculosidade de 30% (trinta por cento) do salário mensal sem os acréscimos resultantes de gratificações, prêmios ou participações nos lucros da empresa, ou seja, sobre o salário-base.

Ademais, importante salientar que o art. 195 exige que a classificação e a caracterização da periculosidade sejam feitas através de perícia a cargo de Médico do Trabalho ou Engenheiro do Trabalho, registrados no Ministério do Trabalho. E, ainda, determina o art. 196 da CLT que os efeitos pecuniários decorrentes do trabalho nessa condição somente serão devidos a contar da data da inclusão da respectiva atividade nos quadros aprovados pelo Ministério do Trabalho.

Por último, vale dizer que de acordo com a Portaria MTE 595, de 07.05.2015, não são consideradas perigosas, para efeito deste anexo, as atividades desenvolvidas em áreas que utilizam equipamentos móveis de Raios X para diagnóstico médico.

12.3.4.1. Trabalho com motocicletas

Em 20.06.2014 foi publicada a Lei 12.997/2014, chamada "lei dos motoboys" que reconhece como atividades perigosas as atividades de trabalhador em motocicleta.

A lei inseriu o § 4º ao art. 193 da CLT para garantir a esses profissionais que utilizam a moto para trabalhar com o transporte de passageiros e mercadorias, como os motoboys, mototaxistas, motofretistas e de serviço comunitário de rua, o direito ao adicional de periculosidade de 30% sobre seus salários, descontados os acréscimos resultantes de gratificações, prêmios ou participações nos lucros da empresa. A lei se mostra necessária na medida em que se trata de uma categoria que enfrenta o trânsito e todos os perigos que daí advêm, ficando constantemente expostos a acidentes de trânsito.

A partir da publicação da lei, assim como para os trabalhos que impliquem contato permanente com inflamáveis ou explosivos em condições de risco acentuado ou roubos ou outras espécies de violência física nas atividades profissionais de segurança pessoal ou patrimonial, os motoboys, mototaxistas, motofretistas e de serviço comunitário de rua possuem o direito ao adicional de periculosidade.

Portanto, as atividades laborais com utilização de motocicleta ou motoneta no deslocamento de trabalhador em vias públicas são consideradas perigosas.

No entanto, de acordo com o Anexo 5 da NR 16 do MTE (Portaria 1.565/2014) algumas atividades NÃO são consideradas perigosas para efeitos da lei. São elas:

a) a utilização de motocicleta ou motoneta exclusivamente no percurso da residência para o local de trabalho ou deste para aquela;

b) as atividades em veículos que não necessitem de emplacamento ou que não exijam carteira nacional de habilitação para conduzi-los;

c) as atividades em motocicleta ou motoneta em locais privados.

d) as atividades com uso de motocicleta ou motoneta de forma eventual, assim considerado o fortuito, ou o que, sendo habitual, dá-se por tempo extremamente reduzido.

Importante afirmar que em virtude de decisão judicial, proferida por meio de acórdão da 5ª Turma do Tribunal Regional Federal da 1ª Região, transitado em julgado, proferido em sede da ação 0018311-63.2017.4.01.3400, foi declarada a nulidade da Portaria MTE n.º 1.565/2014, a fim de que seja determinado o reinício do procedimento de regulamentação.

12.3.4.2. Adicional de periculosidade

O trabalho em condições de periculosidade garante ao empregado um adicional de 30% sobre o salário sem os acréscimos resultantes de gratificações, prêmios ou participações nos lucros da empresa.

Nesse sentido é a Súmula 191, item I, do TST de acordo com a redação dada pela Resolução 214/2016: "O adicional de periculosidade incide apenas sobre o salário básico e não sobre este acrescido de outros adicionais".

Contudo, os empregados eletricitários possuem uma regra diferenciada. Isso porque o adicional para esses empregados estava previsto na Lei 7.369/1985 que determinava o pagamento do adicional de periculosidade calculado sobre a soma de todas as parcelas salariais. No entanto, no dia 10 de dezembro de 2012 entrou em vigor a Lei 12.740/2012 que em seu art. 3º revoga expressamente a Lei 7.369/1985.

Com isso, em dezembro de 2016, por meio da Resolução 214 o TST conferiu nova redação à súmula 191, regulando nos itens II e III a situação do empregado eletricitário. Dispõe os itens II e III da súmula 191 do TST:

II – O adicional de periculosidade do empregado eletricitário, contratado sob a égide da Lei 7.369/1985, deve ser calculado sobre a totalidade das parcelas de natureza salarial. Não é válida norma coletiva mediante a qual se determina a incidência do referido adicional sobre o salário básico.

III – A alteração da base de cálculo do adicional de periculosidade do eletricitário promovida pela Lei 12.740/2012 atinge somente contrato de trabalho firmado a partir de sua vigência, de modo que, nesse caso, o cálculo será realizado exclusivamente sobre o salário básico, conforme determina o § 1º do art. 193 da CLT.

Desta forma, o adicional devido ao empregado eletricitário contratado antes de 10 de dezembro de 2012, ou seja, contratado com o amparo da Lei 7.369/1985 deve ser calculado sobre a totalidade das parcelas de natureza salarial, sendo inválida norma coletiva que determine a incidência do referido adicional sobre o salário básico. Contudo, para as contratações realizadas após 10 de dezembro de 2012, sob a proteção da Lei 12.740/2012 o cálculo será realizado exclusivamente sobre o salário básico, nos exatos termos do art. 193, § 1º, CLT. A alteração da base de cálculo do adicional de periculosidade do eletricitário promovida pela Lei 12.740/2012 atinge somente contrato de trabalho firmado a partir de sua vigência.

Vale lembrar que os empregados que operam em bomba de gasolina têm direito ao adicional de periculosidade, nos termos da Súmula 39 do TST.

Para o recebimento do adicional de periculosidade não é necessária a exposição do trabalhador de maneira contínua ou permanente, na medida em que aludido adicional é devido pelo risco à vida do trabalhador.

Nesse sentido, consolidando esse entendimento, são as Súmulas 361 e 364, ambas do TST:

SÚMULA 361 TST – ADICIONAL DE PERICULOSIDADE. ELETRICITÁRIOS. EXPOSIÇÃO INTERMITENTE

O trabalho exercido em condições perigosas, embora de forma intermitente, dá direito ao empregado a receber o adicional de periculosidade de forma integral, porque a Lei 7.369, de 20.09.1985, não estabeleceu nenhuma proporcionalidade em relação ao seu pagamento.

SÚMULA 364 TST – ADICIONAL DE PERICULOSIDADE. EXPOSIÇÃO EVENTUAL, PERMANENTE E INTERMITENTE

I – Tem direito ao adicional de periculosidade o empregado exposto permanentemente ou que, de forma intermitente, sujeita-se a condições de risco. Indevido, apenas, quando o contato dá-se de forma eventual, assim considerado o fortuito, ou o que, sendo habitual, dá-se por tempo extremamente reduzido.

Importante ressaltar que o item II da Súmula 364 em debate, antes de 31.05.2011, permitia a fixação do adicional de periculosidade em patamar inferior ao mínimo legal de 30% proporcionalmente ao tempo de exposição ao risco, desde que compactuado por acordo ou convenção coletiva. O item II da Súmula 364 do TST foi revisto e cancelado, não sendo possível, portanto, a fixação de adicional abaixo do mínimo legal estipulado no art. 193 da CLT.

Em junho de 2016, por meio da Resolução 209/2016 o TST conferiu nova redação ao item II da Súmula 364 que assim dispõe:

II – Não é válida a cláusula de acordo ou convenção coletiva de trabalho fixando o adicional de periculosidade em percentual inferior ao estabelecido em lei e proporcional ao tempo de exposição ao risco, pois tal parcela constitui medida de higiene, saúde e segurança do trabalho, garantida por norma de ordem pública (arts. 7º, XXII e XXIII, da CF e 193, § 1º, da CLT).

Por fim, impende destacar que o direito do empregado ao adicional de insalubridade ou de periculosidade cessará com a eliminação do risco à sua saúde ou integridade física (art. 194 da CLT).

Determina o art. 195 da CLT que a caracterização e classificação da insalubridade e periculosidade serão feitas através de perícia. Portanto, em regra, a prova pericial é obrigatória para sua caracterização e classificação. Porém, excepcionalmente, como ocorre com os bombeiros civis, profissionais regulados pela Lei 11.901/2009, a perícia se mostra desnecessária, tendo em vista que o bombeiro civil possui, por lei, direito ao adicional de periculosidade, nos termos do art. 6º, III, Lei 11.901/2009.

Nesse sentido, é importante destacar o posicionamento consubstanciado na Súmula 453 do TST no sentido de que o pagamento de adicional de periculosidade efetuado por mera liberalidade da empresa, ainda que de forma proporcional ao tempo de exposição ao risco ou em percentual inferior ao máximo legalmente previsto, dispensa a realização da prova técnica exigida pelo art. 195 da CLT, pois torna incontroversa a existência do trabalho em condições perigosas.

12.3.5. Cumulação dos adicionais de insalubridade e periculosidade

O art. 193, § 2º, da CLT determina que o empregado poderá optar pelo adicional de insalubridade que porventura lhe seja devido.

De acordo com a citada regra o trabalhador que laborar em condições perigosas e insalubres deverá optar pelo adicional mais benéfico.

Contudo, o art. 7º, XXIII, CF determina ser devido adicional de remuneração para as atividades penosas, insalubres ou perigosas, na forma da lei.

Note que o dispositivo constitucional confere de forma ampla os adicionais, não fazendo qualquer restrição quanto à sua percepção ou quanto à cumulação ou não.

Nessa linha, a jurisprudência do TST entende que a norma consolidada disposta no art. 193, § 2º, da CLT não foi recepcionada pela atual Constituição Federal.

De acordo com a decisão proferida no julgamento do Recurso de Revista 1072-72.2011.5.02.0384 a cumulação dos adicionais não significa seu pagamento em dobro, mas sim a indenização pelo trabalho desenvolvido em atividade perigosa e insalubre simultaneamente. Isso porque a insalubridade diz respeito à proteção da saúde do empregado no ambiente de trabalho, é insidiosa e lenta nos seus resultados. Já a periculosidade traduz a satisfação de perigo iminente capaz de tirar a vida do trabalhador, sendo este o bem que se visa proteger. O risco provocado pela periculosidade é de impacto e instantâneo, quando se consuma. Por esse motivo, a insalubridade é dirigida à saúde do empregado e a periculosidade à sua integridade física ou à própria vida do empregado.

Desta forma, os adicionais são cumuláveis, sob a condição de que o trabalho seja prestado de acordo com os pressupostos de cada um deles.

Ademais, a regra disposta na CLT não pode prevalecer frente às Convenções 148 e 155 da OIT (Organização Internacional do Trabalho), que assim determinam:

> Convenção 148 OIT – art. 8º, tópico 3. "Os critérios e limites de exposição deverão ser fixados, completados e revisados a intervalos regulares, de conformidade com os novos conhecimentos e dados nacionais e internacionais, e tendo em conta, na medida do possível, qualquer aumento dos riscos profissionais resultante da exposição simultânea a vários fatores nocivos no local de trabalho".

> Convenção 155 OIT – art. 11, b. "...deverão ser levados em consideração os riscos para a saúde decorrentes da exploração simultâneas a diversas substâncias ou agentes.

Essas convenções, uma vez ratificadas pelo Brasil, devem integrar a legislação interna, passando a ter poder vinculante. A orientação devidamente ratificada pelo País, ingressa em nosso ordenamento jurídico com status de norma supralegal, ou seja, está abaixo da Constituição Federal e acima das leis ordinárias.

As normas internacionais incorporadas ao nosso sistema passaram a permitir a hipótese de cumulação dos adicionais em face da exposição simultânea a vários fatores nocivos.

Sendo diferentes os fatores de risco à saúde e à vida, cada um dos adicionais de periculosidade e insalubridade objetiva compensar o trabalhador pela exposição individualizada a cada um deles e, caso ocorra simultaneamente, a regra internacional permite que sejam considerados, também de modo cumulativo.

Por esses motivos poderíamos concluir pela não recepção do art. 193, § 2º, da CLT, sendo possível a cumulação dos adicionais de insalubridade e periculosidade, desde que o trabalho seja prestado em ambiente insalubres e perigoso, simultaneamente.

No entanto, em notícia divulgada no próprio site do TST em 18 de outubro de 2016, por 7 votos a 6, a Subseção 1 Especializada em Dissídios Individuais (SDI-1) do TST no julgamento do recurso E-RR-1072-72.2011.5.02.0384 absolveu uma empresa de condenação ao pagamento dos adicionais de periculosidade e insalubridade cumulativamente a um empregado. No julgamento desse recurso, o entendimento majoritário foi o de que o § 2º do art. 193 da CLT veda a acumulação, ainda que os adicionais tenham fatos geradores distintos, afastando o entendimento anteriormente estudado firmado pela 7ª Turma do TST de que a regra da CLT, que faculta ao empregado sujeito a condições de trabalho perigosas optar pelo adicional de insalubridade, se este for mais vantajoso, não teria sido recepcionada pela Constituição Federal de 1988.

13. FUNDO DE GARANTIA DO TEMPO DE SERVIÇO – FGTS

13.1. Conceito

O Fundo de Garantia do Tempo de Serviço – FGTS – é um direito dos empregados urbanos e rurais e, de acordo com a EC 72/2013, também dos empregados domésticos, que tem como finalidade constituir um fundo de depósitos em pecúnia, com valores designados a garantir indenização pelo tempo de serviço prestado ao empregador.

Nas lições de Mauricio Godinho Delgado (Curso de Direito do Trabalho, 8ª edição, Ed. LTr, São Paulo, p. 1165) consiste em recolhimentos pecuniários mensais, em conta bancária vinculada em nome do trabalhador, conforme parâmetro de cálculo estipulado legalmente, podendo ser sacado pelo obreiro em situações tipificadas pela ordem jurídica, sem prejuízo de acréscimo percentual condicionado ao tipo de rescisão de seu contrato laboratorial, formando, porém, o conjunto global e indiferenciado de depósitos um fundo social de destinação legalmente especificada.

De acordo com o art. 2º da Lei 8.036/1990 o FGTS é constituído pelos saldos das contas vinculadas a que se refere à lei e outros recursos a ele incorporados, devendo ser aplicados com atualização monetária e juros, de modo a assegurar a cobertura de suas obrigações.

O FGTS foi criado pela Lei 5.107 de 13.09.1966. Inicialmente era um sistema opcional ao empregado. Com a promulgação da lei, o empregado regido pela CLT poderia optar pelo regime do FGTS ou pela indenização por tempo de serviço prevista nos arts. 477, 478, 496 e 498 da CLT.

Assim, caso o empregado optasse pelo sistema de FGTS faria jus aos depósitos, como garantia por tempo de serviço, não podendo mais adquirir os direitos à indenização e à estabilidade decenal prevista no art. 492 consolidado.

Com a CF/1988, o FGTS passou a ser previsto como direito de todos os trabalhadores urbanos, rurais, conforme art. 7º, III, inclusive aos empregados domésticos, nos termos do parágrafo único do mesmo dispositivo. Atualmente o FGTS é regulado pela Lei 8.036/1990.

13.2. Natureza jurídica

A natureza jurídica do FGTS é tema de grande controvérsia na doutrina. Prevalece, porém, na doutrina e na jurisprudência que a contribuição do FGTS não possui natureza jurídica tributária, mas sim de contribuição social, especial, de natureza trabalhista.

Nesse sentido ensina a Súmula 353 do STJ: "As disposições do Código Tributário Nacional não se aplicam às contribuições para o FGTS".

Inclusive os prazos prescricionais aplicáveis ao FGTS não são aqueles dispostos no Código Tributário Nacional, como se observa pela redação das Súmulas 362 do TST, redação dada pela Resolução 198/2015.

13.3. Obrigação dos depósitos

Nos termos do art. 15 da Lei 8.036/1990 todos os empregadores estão obrigados a depositar, até o dia 07 de cada mês, em conta bancária vinculada, a importância correspondente a 8% da remuneração paga ou devida, no mês anterior, a cada trabalhador, incluídas na remuneração as gorjetas que receber como também as comissões, percentagens, gratificações ajustadas, diárias para viagens, abonos pagos pelo empregador, além do salário in natura e gratificação de natalina (13º salário) e o valor da compensação pecuniária a ser paga no âmbito do Programa de Proteção ao Emprego – PPE.

Para o contrato de aprendiz as alíquotas serão reduzidas para 2% nos termos do art. 15, § 7º, da Lei 8.036/1990.

Caso o empregador não efetue o depósito no prazo estipulado por lei, nos termos do art. 22 da Lei 8.036/1990, responderá pela incidência da TR (taxa referencial) sobre a importância devida, acrescida de juros de mora de 0,5% ao mês.

Nos termos do art. 15, § 1º da citada lei "entende-se por empregador a pessoa física ou a pessoa jurídica de direito privado ou de direito público, da administração pública direta, indireta ou fundacional de qualquer dos Poderes, da União, dos Estados, do Distrito Federal e dos Municípios, que admitir trabalhadores a seu serviço, bem assim aquele que, regido por legislação especial, encontrar-se nessa condição ou figurar como fornecedor ou tomador de mão de obra, independente da responsabilidade solidária e/ou subsidiária a que eventualmente venha obrigar-se".

De outro lado, "considera-se trabalhador toda pessoa física que prestar serviços a empregador, a locador ou tomador de mão de obra, excluídos os eventuais, os autônomos e os servidores públicos civis e militares sujeitos a regime jurídico próprio", nos termos do § 2º do art. 15 da Lei 8.036/1990.

Com relação aos empregados domésticos, a EC 72/2013 tornou obrigatórios os depósitos fundiários, em conformidade com a nova redação dada ao parágrafo único do art. 7º da CF.

Atualmente, A Resolução 780 do Conselho Curador do Fundo de Garantia do Tempo de Serviço e as circulares 694 e 696 da Caixa Econômica Federal, regulam o recolhimento do FGTS para o empregado doméstico. Para melhor elucidação sobre o tema, remetemos o leitor ao item 6.1.1.1.12.

Pois bem, o empregador deverá efetuar depósito referente a 8% da remuneração devida no mês anterior, nos termos do art. 15 da Lei 8.036/1990. A Instrução Normativa 99/2012 do MTE em seu art. 8º explica a incidência do FGTS sobre as seguintes verbas de natureza remuneratória:

I – o salário-base, inclusive as prestações in natura;

II – as horas extras;

III – os adicionais de insalubridade, periculosidade e do trabalho noturno;

IV – o adicional por tempo de serviço;

V – o adicional por transferência de localidade de trabalho;

VI – o salário-família, no que exceder o valor legal obrigatório;

VII – o abono ou gratificação de férias, desde que excedente a vinte dias do salário, concedido em virtude de cláusula contratual, de regulamento da empresa, ou de convenção ou acordo coletivo;

VIII – o valor de um terço do abono constitucional das férias;

IX – as comissões;

X – as diárias para viagem, pelo seu valor global, quando excederem a cinquenta por cento da remuneração do empregado, desde que não haja prestação de contas do montante gasto;

XI – as etapas, no caso dos marítimos;

XII – as gorjetas;

XIII – a gratificação de natal, seu valor proporcional e sua parcela incidente sobre o aviso-prévio indenizado, inclusive na extinção de contrato a prazo certo e de safra, e a gratificação periódica contratual, pelo seu duodécimo;

XIV – as gratificações ajustadas, expressa ou tacitamente, tais como de produtividade, de balanço, de função ou por exercício de cargo de confiança;

XV – as retiradas de diretores não empregados, quando haja deliberação da empresa, garantindo-lhes os direitos decorrentes do contrato de trabalho;

XVI – o valor a título de licença-prêmio;

XVII – o valor pelo repouso semanal remunerado;

XVIII – o valor pelos domingos e feriados civis e religiosos trabalhados, bem como o valor relativo à dobra em razão de feriados trabalhados, não compensados;

XIX – o valor a título de aviso-prévio, trabalhado ou indenizado;

XX – o valor a título de quebra de caixa.

XXI – o valor do tempo de reserva, nos termos do § 6º do art. 235-E da CLT (§ 6º revogado pela Lei 13.303/2015)

Parágrafo único. As contribuições mencionadas no art. 5º também incidirão sobre:

I – o valor contratual mensal da remuneração do empregado afastado na forma do art. 6º desta IN, inclusive sobre a parte variável, calculada segundo os critérios previstos na CLT e na legislação esparsa, atualizada sempre que ocorrer aumento geral na empresa ou para a categoria;

II – o valor da remuneração paga pela entidade de classe ao empregado licenciado para desempenho de mandato sindical, idêntico ao que perceberia caso não licenciado, inclusive com as variações salariais ocorridas durante o licenciamento, obrigatoriamente informadas pelo empregador à respectiva entidade.

III – o salário contratual e o adicional de transferência devido ao empregado contratado no Brasil transferido para prestar serviço no exterior;

IV – a remuneração percebida pelo empregado ao passar a exercer cargo de diretoria, gerência ou outro cargo de confiança imediata do empregador, salvo se a do cargo efetivo for maior;

V – remuneração paga a empregado estrangeiro, em atividade no Brasil, independentemente do local em que for realizado o pagamento.

Analisadas as hipóteses de incidência para o cálculo do FGTS, cabe destacar as parcelas que não possuem natureza remuneratória.

Nos termos do art. 15, § 6º, da Lei 8.036/1990, não se incluem na remuneração, para os fins desta Lei, as parcelas elencadas no § 9º do art. 28 da Lei 8.212/1991.

A Instrução Normativa 99/2012 do MTE ensina em seu art. 9º que não integram a remuneração as seguintes parcelas:

I – participação do empregado nos lucros ou resultados da empresa, quando paga ou creditada de acordo com a Lei n. 10.101, de 19 de dezembro de 2000;

II – abono correspondente à conversão de um terço das férias em pecúnia e seu respectivo adicional constitucional;

III – abono ou gratificação de férias, concedido em virtude de contrato de trabalho, de regulamento da empresa, de convenção ou acordo coletivo de trabalho, cujo valor não exceda a vinte dias do salário;

IV – o valor correspondente ao pagamento da dobra da remuneração de férias concedidas após o prazo legal;

V – importâncias recebidas a título de férias indenizadas e o respectivo adicional constitucional;

VI – indenização por tempo de serviço anterior a 05.10.1988, de empregado não optante pelo FGTS;

VII – indenização relativa à dispensa de empregado no período de trinta dias que antecede sua data-base, de acordo com o disposto no art. 9º da Lei 7.238, de 29.10.1984;

VIII – indenização por despedida sem justa causa do empregado nos contratos com termo estipulado de que trata o art. 479 da CLT, bem como na indenização prevista na alínea f do art. 12 da Lei 6.019, de 03.01.1974;

IX – indenização do tempo de serviço do safrista, quando do término normal do contrato de que trata o art. 14 da Lei 5.889, de 08.06.1973;

X – indenização recebida a título de incentivo à demissão;

XI – indenização de quarenta por cento sobre o montante de todos os depósitos de FGTS realizados na conta vinculada do trabalhador.

XII – indenização relativa à licença-prêmio;

XIII – ajuda de custo, em parcela única, recebida exclusivamente em decorrência de mudança de localidade de trabalho do empregado, na forma do art. 470 da CLT;

XIV – ajuda de custo, em caso de transferência permanente, e o adicional mensal, em caso de transferência provisória, recebidos pelo aeronauta nos termos do art. 55, parágrafo único, da Lei 13.475/2017;

XV – diárias para viagem, desde que não excedam a cinquenta por cento da remuneração mensal percebida pelo empregado;

XVI – valor da bolsa de aprendizagem, garantida ao adolescente até quatorze anos de idade, de acordo com o disposto no art. 64 da Lei 8.069, de 13.07.1990, vigente até 15.12.1998, em face da promulgação da Emenda Constitucional 20;

XVII – valor da bolsa ou outra forma de contraprestação, quando paga ao estagiário nos termos da Lei 11.788, de 25.09.2008;

XVIII – cotas do salário-família e demais benefícios pagos pela Previdência Social, nos termos e limites legais, salvo o salário-maternidade e o auxílio-doença decorrente de acidente do trabalho;

XIX – parcela in natura recebida de acordo com o Programa de Alimentação do Trabalhador – PAT, instituído pela Lei 6.321, de 14.04.1976;

XX – vale-transporte, nos termos e limites legais, bem como transporte fornecido pelo empregador para deslocamento ao trabalho e retorno, em percurso servido ou não por transporte público;

XXI – valor da multa paga ao trabalhador em decorrência do atraso na quitação das parcelas rescisórias;

XXII – importâncias recebidas a título de ganhos eventuais e abonos expressamente desvinculados do salário por força de lei;

XXIII – abono do Programa de Integração Social – PIS e do Programa de Assistência ao Servidor Público – PASEP;

XXIV – valores correspondentes a transporte, alimentação e habitação fornecidos pelo empregador ao empregado contratado para trabalhar em localidade distante de sua residência, em canteiro de obras ou local que, por força da atividade, exija deslocamento e estada, observadas as normas de proteção estabelecidas pelo MTE;

XXV – importância paga ao empregado a título de complementação ao valor do auxílio-doença, desde que este direito seja extensivo à totalidade dos empregados da empresa;

XXVI – parcelas destinadas à assistência ao empregado da agroindústria canavieira, de que trata o art. 36 da Lei 4.870, de 1º de dezembro de 1965 (art. 36 revogado pela Lei 12.685/2013)

XXVII – valor das contribuições efetivamente pagas pelo empregador a título de previdência privada;

XXVIII – valor relativo à assistência médica, hospitalar e odontológica, prestada diretamente pelo empregador ou mediante seguro-saúde;

XXIX – valor correspondente a vestuários, equipamentos e outros acessórios fornecidos ao empregado e utilizados no local de trabalho para prestação dos serviços;

XXX – ressarcimento de despesas pelo uso de veículo do empregado, quando devidamente comprovadas;

XXXI – valor relativo à concessão de educação, em estabelecimento de ensino do empregador ou de terceiros, compreendendo valores relativos a matrícula, mensalidade, anuidade, livros e material didático;

XXXII – valores recebidos em decorrência da cessão de direitos autorais;

XXXIII – auxílio-creche pago em conformidade com a legislação trabalhista, para ressarcimento de despesas devidamente comprovadas com crianças de até 6 (seis) anos de idade;

XXXIV – auxílio-babá, limitado ao salário mínimo, pago em conformidade com a legislação trabalhista e condicionado a comprovação do registro na Carteira de Trabalho e Previdência Social – CTPS, para ressarcimento de despesas de remuneração e contribuição previdenciária de empregado que cuide de crianças de até 6 (seis) anos de idade;

XXXV – valor das contribuições efetivamente pagas pelo empregador a título de prêmio de seguro de vida e de acidentes pessoais; e

XXXVI – o valor do tempo de espera, nos termos do § 9º do art. 235-C da CLT.

13.4. Saque do FGTS

Nos termos do art. 20 da Lei 8.036/1990, permite-se a movimentação da conta do FGTS, nas seguintes hipóteses:

I – despedida sem justa causa, inclusive a indireta, de culpa recíproca e de força maior;

I-A – extinção do contrato de trabalho prevista no art. 484-A da CLT (Distrato)

II – extinção total da empresa, fechamento de quaisquer de seus estabelecimentos, filiais ou agências, supressão de parte de suas atividades, declaração de nulidade do contrato de trabalho nas condições do art. 19-A, ou ainda falecimento do empregador individual sempre que qualquer dessas ocorrências implique rescisão de contrato de trabalho, comprovada por declaração escrita da empresa, suprida, quando for o caso, por decisão judicial transitada em julgado;

Nessas situações entende a doutrina que a retirada a que o obreiro pode efetuar corresponde aos depósitos efetuados no último contrato de trabalho.

III – aposentadoria concedida pela Previdência Social;

IV – falecimento do trabalhador, sendo o saldo pago a seus dependentes, para esse fim habilitados perante a Previdência Social, segundo o critério adotado para a concessão de pensões por morte. Na falta de dependentes, farão jus ao recebimento do saldo da conta vinculada os seus sucessores previstos na lei civil, indicados em alvará judicial, expedido a requerimento do interessado, independente de inventário ou arrolamento;

V – pagamento de parte das prestações decorrentes de financiamento habitacional concedido no âmbito do Sistema Financeiro da Habitação (SFH), desde que:

a) o mutuário conte com o mínimo de 3 (três) anos de trabalho sob o regime do FGTS, na mesma empresa ou em empresas diferentes;

b) o valor bloqueado seja utilizado, no mínimo, durante o prazo de 12 (doze) meses;

c) o valor do abatimento atinja, no máximo, 80 (oitenta) por cento do montante da prestação;

VI – liquidação ou amortização extraordinária do saldo devedor de financiamento imobiliário, observadas as condições estabelecidas pelo Conselho Curador, dentre elas a de que o financiamento seja concedido no âmbito do SFH e haja interstício mínimo de 2 (dois) anos para cada movimentação;

VII – pagamento total ou parcial do preço de aquisição de moradia própria, ou lote urbanizado de interesse social não construído, observadas as seguintes condições:

a) o mutuário deverá contar com o mínimo de 3 (três) anos de trabalho sob o regime do FGTS, na mesma empresa ou empresas diferentes;

b) seja a operação financiável nas condições vigentes para o SFH;

Vale dizer que, nos termos do § 3º do art. 20 da Lei, o direito de adquirir moradia com recursos do FGTS, pelo trabalhador, só poderá ser exercido para um único imóvel.

VIII – quando o trabalhador permanecer três anos ininterruptos, a partir de 01.06.1990, fora do regime do FGTS, podendo o saque, neste caso, ser efetuado a partir do mês de aniversário do titular da conta.

IX – extinção normal do contrato a termo, inclusive o dos trabalhadores temporários regidos pela Lei 6.019, de 03.01.1974;

X – suspensão total do trabalho avulso por período igual ou superior a 90 (noventa) dias, comprovada por declaração do sindicato representativo da categoria profissional.

XI – quando o trabalhador ou qualquer de seus dependentes for acometido de neoplasia maligna.

XII – aplicação em quotas de Fundos Mútuos de Privatização, regidos pela Lei 6.385, de 07.12.1976, permitida a utilização máxima de 50 % (cinquenta por cento) do saldo existente e disponível em sua conta vinculada do Fundo de Garantia do Tempo de Serviço, na data em que exercer a opção.

XIII – quando o trabalhador ou qualquer de seus dependentes for portador do vírus HIV;

IV – quando o trabalhador ou qualquer de seus dependentes estiver em estágio terminal, em razão de doença grave, nos termos do regulamento;

XV – quando o trabalhador tiver idade igual ou superior a setenta anos.

XVI – necessidade pessoal, cuja urgência e gravidade decorra de desastre natural, conforme disposto em regulamento, observadas as seguintes condições:

a) o trabalhador deverá ser residente em áreas comprovadamente atingidas de Município ou do Distrito Federal em situação de emergência ou em estado de calamidade pública, formalmente reconhecidos pelo Governo Federal;

b) a solicitação de movimentação da conta vinculada será admitida até 90 (noventa) dias após a publicação do ato de reconhecimento, pelo Governo Federal, da situação de emergência ou de estado de calamidade pública;

c) o valor máximo do saque da conta vinculada será definido na forma do regulamento.

XVII – integralização de cotas do FI-FGTS, respeitado o disposto na alínea i do inciso XIII do art. 5º desta Lei, permitida a utilização máxima de 30% (trinta por cento) do saldo existente e disponível na data em que exercer a opção; e

XVIII – quando o trabalhador com deficiência, por prescrição, necessite adquirir órtese ou prótese para promoção de acessibilidade e de inclusão social.

Importante ressaltar que a mudança do regime celetista para o estatutário não possibilita o levantamento do FGTS, pois não há rescisão do vínculo, tampouco determinação da lei nesse sentido.

SÚMULA 382 TST – MUDANÇA DE REGIME CELETISTA PARA ESTATUTÁRIO. EXTINÇÃO DO CONTRATO. PRESCRIÇÃO BIENAL

A transferência do regime jurídico de celetista para estatutário implica extinção do contrato de trabalho, fluindo o prazo da prescrição bienal a partir da mudança de regime.

Assim, ainda que a mudança do regime celetista para o estatutário implique na extinção do contrato de trabalho, não significa dizer que é permitida a movimentação da conta do FGTS, pois a lei não autoriza a movimentação nessa hipótese.

13.5. Prescrição do FGTS

Muito se discutiu acerca do prazo prescricional do FGTS, tendo em vista sua própria natureza jurídica.

Por muito tempo o STJ, de acordo com sua Súmula 210 e o próprio TST aplicaram a regra de prescrição trintenária.

O fundamento para o prazo diferenciado de prescrição estaria na própria Lei 8.036/1990 que em seu art. 23, § 5º, dispõe:

§ 5º O processo de fiscalização, de autuação e de imposição de multas reger-se-á pelo disposto no Título VII da CLT, respeitado o privilégio do FGTS à prescrição trintenária.

Adotava-se, portanto, a prescrição trintenária. Para se efetivar a cobrança de direitos relacionados ao FGTS, deverá ser observado o prazo de prescrição bienal, contados da extinção do contrato de trabalho. Assim, após a extinção do contrato de trabalho, o obreiro interessado terá o prazo prescricional de 2 (dois) anos para ingressar com a competente reclamação, podendo pleitear os 30 anos anteriores à propositura da ação.

Todavia, o Plenário do Supremo Tribunal Federal atualizou sua jurisprudência para modificar de 30 anos para 5 anos o prazo de prescrição aplicável à cobrança de valores não depositados no FGTS. A decisão majoritária foi tomada no julgamento do Recurso Extraordinário com Agravo (ARE)

709212, com repercussão geral reconhecida. Ao analisar o caso, o Supremo declarou a inconstitucionalidade das normas que previam a prescrição trintenária.

O Ministro Gilmar Mendes, relator do RE, explicou que o artigo 7º, inciso III, da Constituição Federal prevê expressamente o FGTS como um direito dos trabalhadores urbanos e rurais e destacou que o prazo de cinco anos aplicável aos créditos resultantes das relações de trabalho está previsto no inciso XXIX do mesmo dispositivo. Assim, se a Constituição regula a matéria, não poderia a lei ordinária tratar o tema de outra forma.

O relator propôs a modulação dos efeitos da decisão. Assim, para aqueles casos cujo termo inicial da prescrição – ou seja, a ausência de depósito no FGTS – ocorra após a data do julgamento, aplica-se, desde logo, o prazo de cinco anos. Por outro lado, para os casos em que o prazo prescricional já esteja em curso, aplica-se o que ocorrer primeiro: 30 anos, contados do termo inicial, ou cinco anos, a partir deste julgamento.

Seguindo essa orientação, em junho de 2015 o TST conferiu nova redação a Súmula 362, assim determinando:

SÚMULA 362 TST – FGTS. PRESCRIÇÃO.

I – Para os casos em que a ciência da lesão ocorreu a partir de 13.11.2014, é quinquenal a prescrição do direito de reclamar contra o não recolhimento de contribuição para o FGTS, observado o prazo de dois anos após o término do contrato;

II – Para os casos em que o prazo prescricional já estava em curso em 13.11.2014, aplica-se o prazo prescricional que se consumar primeiro: trinta anos, contados do termo inicial, ou cinco anos, a partir de 13.11.2014 (STF-ARE-709212/DF).

Assim, caso a ciência da lesão, ou seja, o não recolhimento do FGTS ocorreu após 13.11.2014, data do julgamento do Recurso Extraordinário com agravo pelo STF, a prescrição é quinquenal. Nesse caso, o empregado deverá obedecer ao prazo de prescrição bienal para ingressar com a ação em até 2 anos após a extinção do contrato de trabalho, podendo pleitear os 5 anos pretéritos ao ajuizamento da ação.

Todavia, se em 13.11.2014 a lesão já havia ocorrido, ou seja, se já tiver se iniciada a contagem do prazo prescricional, deverá ser aplicado o prazo prescricional que se consumar primeiro: trinta anos, contados do termo inicial, ou cinco anos, a partir de 13.11.2014.

10. DIREITO PROCESSUAL DO TRABALHO

Hermes Cramacon

PARTE I

1. CARACTERÍSTICAS DO PROCESSO DO TRABALHO

1.1. Conflito trabalhista

A vida em sociedade causa inúmeros conflitos, que podem ser tidos como a falta de entendimento entre duas ou mais partes, choque ou enfrentamento. Esses conflitos são de diversas ordens e, para nosso estudo, interessam os conflitos trabalhistas.

Os conflitos trabalhistas podem surgir tanto na esfera individual como na coletiva. Na esfera individual há o conflito entre empregado e empregador ou prestador e tomador de serviços, chamado de dissídio individual. Já na esfera coletiva há o dissídio coletivo, ação em que os sindicatos defendem os interesses dos grupos ou categorias econômicas visando à criação e interpretação de normas que irão incidir no âmbito destas categorias.

Os dissídios coletivos podem ser:

a) jurídico ou de interpretação

Objetivam declarar o alcance de determinado dispositivo legal, convencional ou regulamentar.

b) econômico

Objetivam a criação de novos direitos, exercendo a Justiça do Trabalho o chamado "poder normativo".

Vale lembrar que apenas nos dissídios coletivos de natureza econômica é que a Justiça do Trabalho exerce o poder normativo, não existindo tal espaço nos conflitos coletivos jurídicos ou de interpretação.

Os dissídios coletivos de natureza econômica podem ser:

a) originários: quando não há norma coletiva anterior, seja ela acordo, convenção ou sentença normativa;

b) de revisão: objetivam alterar cláusulas já fixadas pelo Poder Judiciário em sentenças normativas;

c) de declaração sobre paralisação do trabalho: decorrente de greve dos trabalhadores.

1.2. Poder normativo

Pode ser entendido como a competência assegurada pela Constituição aos Tribunais do Trabalho para solução dos conflitos coletivos, estabelecendo, através da denominada sentença normativa, normas gerais e abstratas de observância obrigatória para as categorias envolvidas no dissídio, repercutindo nas relações individuais de trabalho.

É importante lembrar que esse poder não é ilimitado, encontrando limite na própria lei.

1.3. Formas de solução dos conflitos

1.3.1. *Autotutela*

É o meio de solução em que uma das partes, com utilização de força, impõe sua vontade sobre a vontade da outra parte.

No Direito Civil é admitida no caso de legítima defesa da posse (art. 1.210, § 1º, do Código Civil). No Código Penal temos o estado de necessidade e a legítima defesa, institutos previstos nos arts. 24 e 25, respectivamente.

Na esfera trabalhista, como exemplo de autotutela, temos a greve, regulada pela Lei 7.783/1989 e, ainda, o poder de resistência do empregado em relação às alterações lesivas, em conformidade com os arts. 468 e 483 da CLT.

1.3.2. *Autocomposição*

Modalidade de solução dos conflitos pelas próprias partes interessadas sem a intervenção de um terceiro. São exemplos: a negociação coletiva ou o acordo coletivo.

1.3.3. *Heterocomposição*

A solução dos conflitos é realizada pelo ingresso de um agente externo, ou seja, um terceiro, que não possui interesse no litígio. Essa decisão será imposta às partes de forma coercitiva, como, por exemplo, toda decisão judicial.

1.3.4. *Mediação e conciliação*

A mediação é forma de solução do conflito em que o mediador se coloca entre as partes, procurando aproximá-las para que cheguem a uma solução consensual do litígio, sem interferir na decisão das partes envolvidas.

Já a conciliação consiste na forma de solução do conflito, com ingresso do conciliador que irá aproximar as partes buscando a solução da lide mediante concessões recíprocas, inclusive sugerindo-lhes possibilidades de acordo.

1.4. Princípios

Nas lições de Celso Antonio Bandeira de Mello (em Curso de Direito Administrativo. 8. ed. São Paulo: Malheiros, 1996. p. 545), "princípio é o mandamento nuclear de um sistema, verdadeiro alicerce dele, disposição fundamental que se irradia sobre diferentes normas, compondo-lhes o espírito e servindo de critério para sua exata compreensão e inteligência, exatamente por definir a lógica e a racionalidade do sistema normativo no que lhe confere a tônica e lhe dá sentido harmônico."

Os princípios possuem o que a doutrina costuma chamar de "tríplice função", ou seja, função inspiradora para o legislador; função interpretativa; e por último a função integradora da norma, suprindo as omissões e lacunas do ordenamento jurídico.

1.4.1. *Princípios específicos do processo do trabalho*

O direito processual do trabalho se sujeita aos princípios constitucionais do processo, como, por exemplo: o princípio do devido processo legal, previsto no art. 5º, LIV, e o princípio do contraditório e ampla defesa, previstos no art. 5º, LV, ambos da CF e, ainda, os princípios do direito processual civil.

Alguns princípios, porém, são específicos do direito processual do trabalho, dentre os quais podemos destacar:

1.4.1.1. Princípio protecionista

Não se trata do princípio da proteção estudado no direito material do trabalho, mas sim a prestação analisada sob o ponto de vista processual, evidenciando normas que objetivam proteger o trabalhador assegurando prerrogativas processuais devido à hipossuficiência que possui.

Como exemplos do princípio da proteção, podemos destacar a gratuidade de justiça e a assistência judiciária, que são destinadas tanto aos trabalhadores como aos empregadores e o impulso oficial nas execuções trabalhistas, em conformidade com o art. 878 da CLT, quando o juiz do trabalho ex officio impulsionará o processo de execução, apenas nos casos em que as partes não estiverem representadas por advogado.

1.4.1.2. Princípio conciliatório

Previsto no art. 764 da CLT de forma explícita, ensina que tanto os dissídios individuais como os dissídios coletivos estão sujeitos à conciliação.

A CLT determina que, obrigatoriamente, sob pena de nulidade, a conciliação seja tentada pelo juiz do trabalho em dois momentos: na audiência, antes da apresentação da resposta pela reclamada (art. 846 consolidado) e após a eventual apresentação de razões finais, conforme art. 850 da CLT.

É importante lembrar que, ao homologar o acordo, o magistrado deve estar atento à observância das normas de proteção ao trabalhador, sendo permitida sua recusa à homologação quando não observadas tais normas protetivas, em conformidade com a súmula 418 do TST.

Uma vez celebrado o acordo, será lavrado o termo de conciliação, que é considerado título executivo judicial, nos termos do art. 831, parágrafo único, da CLT.

Essa decisão transita em julgado imediatamente para as partes, não ensejando, portanto, a interposição de recurso por estas. Porém, a lei admite a interposição de recurso ordinário pelo INSS apenas com relação às contribuições devidas.

A referida homologação apenas poderá ser impugnada pelas partes mediante o ajuizamento de uma ação rescisória, em conformidade com a súmula 259 do TST.

1.4.1.3. Princípio dispositivo

Previsto no art. 2º do CPC/2015 é conhecido, também, como princípio da inércia da jurisdição, e ensina que o juiz somente prestará a tutela jurisdicional quando a parte ou o interessado a requerer.

O processo se inicia com a iniciativa da parte e se desenvolve por impulso oficial, conforme vedação do art. 2º do CPC/2015, que assim dispõe:

> Art. 2º O processo começa por iniciativa da parte e se desenvolve por impulso oficial, salvo as exceções previstas em lei.

1.4.1.4. Princípio da oralidade

Consiste na realização dos atos processuais pelas partes e pelo juiz na audiência, de forma verbal. Como exemplo, podemos citar o art. 847 da CLT, o qual ensina que após a leitura da petição inicial a parte terá prazo de 20 minutos para contestar.

1.4.1.5. Princípio da identidade física do juiz

Este princípio leciona que o juiz que colhe a prova é o juiz que deverá proferir a sentença. Tal princípio não era aplicado na Justiça do Trabalho, pois a jurisdição em primeiro grau era exercida pelas Juntas de Conciliação e Julgamento, as quais eram formadas por um juiz togado e por dois juízes classistas temporários, ficando, portanto, impossibilitada a aplicação desse princípio.

Com o advento da Emenda Constitucional 24/1999, extinguiram-se os juízes classistas e foram criadas as Varas do Trabalho, passando a jurisdição de primeiro grau a ser exercida por juiz do trabalho, monocraticamente, não existindo razão, portanto, para que o princípio não fosse aplicado.

Desse modo, durante anos vigorou o entendimento cristalizado na Súmula 136 do TST que entendia não ser aplicável tal princípio na seara trabalhista, até que em setembro de 2012 o TST cancelou a mencionada súmula, passando a admitir a aplicação do princípio da identidade física do juiz aos processos trabalhistas.

Vale lembrar, no entanto, a disposição da Súmula 222 do STF:

> SÚMULA 222 – STF – O PRINCÍPIO DA IDENTIDADE FÍSICA DO JUIZ NÃO É APLICÁVEL ÀS JUNTAS DE CONCILIAÇÃO E JULGAMENTO DA JUSTIÇA DO TRABALHO.

Entendemos que não há razão para a manutenção da súmula da Suprema Corte. Isso porque, em decorrência da EC 24/1999 foi extinta a representação da classe por juízes classistas, ou seja, um juiz representando os empregados e o outro, os empregadores. Portanto, não há razão para a não aplicação do princípio da identidade física do juiz aos processos trabalhistas, tendo em vista que atualmente a Vara do Trabalho é composta apenas por um juiz togado, o juiz do trabalho.

1.4.1.6. Princípio da irrecorribilidade imediata das decisões interlocutórias

O conceito de decisão interlocutória encontra disposto no art. 203, § 2º, do CPC/2015 como todo pronunciamento judicial de natureza decisória que não seja sentença, cujo conceito se encontra descrito no § 1º do art. 203 do CPC/2015 como sendo o pronunciamento por meio do qual o juiz, com fundamento nos arts. 485 e 487, põe fim à fase cognitiva do procedimento comum, bem como extingue a execução.

Nos domínios do processo do trabalho, este princípio ensina que, em regra, as decisões interlocutórias não ensejam, de imediato, a interposição de qualquer recurso, permitindo a apreciação do seu merecimento em recurso de decisão definitiva, nos termos do art. 893, § 1º, da CLT.

No entanto, a regra da irrecorribilidade imediata das decisões interlocutórias possui exceções previstas no art. 799, § 2º, da CLT e, também, na Súmula 214 do TST:

> SÚMULA 214 – DECISÃO INTERLOCUTÓRIA. IRRECORRIBILIDADE
>
> Na Justiça do Trabalho, nos termos do art. 893, § 1º, da CLT, as decisões interlocutórias não ensejam recurso imediato, salvo nas hipóteses de decisão:
>
> a) de Tribunal Regional do Trabalho contrária à Súmula ou Orientação Jurisprudencial do Tribunal Superior do Trabalho;
>
> b) suscetível de impugnação mediante recurso para o mesmo Tribunal;
>
> c) que acolhe exceção de incompetência territorial, com a remessa dos autos para Tribunal Regional distinta daquela a

que se vincula o juízo excepcionado, consoante ao disposto no art. 799, § 2º, da CLT.

O art. 855-A, § 1º, II, da CLT ensina, ainda, que a decisão interlocutória que acolher ou rejeitar o incidente de desconsideração da personalidade jurídica, na fase de execução de sentença, é recorrível via agravo de petição. Todavia, a mesma decisão não é recorrível se proferida na fase de conhecimento, art. 855-A, § 1º, I, da CLT.

1.4.1.7. Princípio do jus postulandi da parte

Previsto no art. 791 da CLT, estabelece que as partes, empregado e empregador, poderão reclamar e acompanhar pessoalmente, perante a Justiça do Trabalho, sem a presença de advogado, suas reclamações trabalhistas do início ao final do processo.

Como o dispositivo em comento não estabelece qualquer limite ao jus postulandi, na medida em que o texto é expresso ("perante a Justiça do Trabalho"), parte significativa da doutrina entende que o limite seria a própria Justiça do Trabalho, ou seja, reclamante e reclamado poderiam fazer uso do jus postulandi até o Tribunal Superior do Trabalho, inclusive em grau de recurso de revista.

No entanto, uma segunda corrente, que podemos chamar do jus postulandi mitigado, ensina que esse princípio possui como limite a segunda instância trabalhista, ou seja, as partes podem fazer uso somente até os Tribunais Regionais do Trabalho, não se admitindo a interposição de recurso de natureza extraordinária.

Por muito tempo prevaleceu a aplicação da primeira corrente até que, em abril de 2010, o Tribunal Superior do Trabalho editou a súmula 425, pondo fim à problemática e estabelecendo que o jus postulandi das partes é limitado às Varas do Trabalho e aos Tribunais Regionais do Trabalho, não alcançando a ação cautelar, ainda que proposta em primeira instância, a ação rescisória, o mandado de segurança, bem como os recursos de competência do Tribunal Superior do Trabalho.

SÚMULA 425 TST – JUS POSTULANDI NA JUSTIÇA DO TRABALHO. ALCANCE.

O jus postulandi das partes, estabelecido no art. 791 da CLT, limita-se às Varas do Trabalho e aos Tribunais Regionais do Trabalho, não alcançando a ação rescisória, a ação cautelar, o mandado de segurança e os recursos de competência do Tribunal Superior do Trabalho.

Importante lembrar que o processo de homologação de acordo extrajudicial disposto nos arts. 855-B a 855-E da CLT a presença do advogado também é obrigatória, nos termos do art. 855-B da CLT.

1.5. Direito intertemporal

Com o advento da Lei 13.467/2017 uma pergunta que frequentemente é feita é como ficará o ajuizamento de novas ações e o andamento das ações que já haviam sido iniciadas antes da entrada em vigor desse diploma normativo.

As novas ações deverão obedecer as regras trazidas pela nova legislação.

Com relação às ações já ajuizadas, a questão é respondida com a aplicação da teoria dos atos isolados, prevista no art.

14 do CPC/2015, aplicado ao processo do trabalho por força do art. 769 da CLT e art. 15 do CPC/2015.

Dispõe o art. 14 do CPC/2015:

"Art. 14. A norma processual não retroagirá e será aplicável imediatamente aos processos em curso, respeitados os atos processuais praticados e as situações jurídicas consolidadas sob a vigência da norma revogada."

Para melhor compreensão, sabemos que os atos processuais são praticados de acordo com o andamento normal do processo. Na medida em que uma nova norma processual entra em vigor, no caso de ações já ajuizadas, ela apenas será aplicada para os atos que ainda serão praticados.

Por meio da teoria dos atos isolados deve ser aplicada a lei vigente na data da prática do ato. Assim, a lei processual não irá retroagir, devendo ser aplicada aos processos em curso, respeitando-se, porém, os atos já praticados sob a égide da lei revogada.

Dessa forma, para essa teoria, as regras para distribuição da reclamação trabalhista devem ser aquelas da data de seu ajuizamento; as regras para interposição de recursos, tais como prazos, custas, depósito recursal entre outras, as regras da data da publicação da sentença e da mesma forma os demais atos processuais.

Contudo, em 21 de junho de 2018, o Pleno do Tribunal Superior do Trabalho aprovou a Instrução Normativa 41/2018, que explicita normas de direito processual relativas à Lei 13.467/2017 (Reforma Trabalhista). De acordo com o texto aprovado, a aplicação das normas processuais previstas pela reforma é imediata, sem atingir, no entanto, situações iniciadas ou consolidadas na vigência da lei revogada. Assim, a maioria das alterações processuais não se aplica aos processos iniciados antes de 11.11.2017, data em que a Lei 13.467 entrou em vigor.

Importante ressaltar que as instruções normativas não têm caráter vinculante, ou seja, não são de observância obrigatória pelo primeiro e pelo segundo graus. Contudo, sinalizam como o TST aplica as normas por elas interpretadas.

1.6. Processo para homologação de acordo extrajudicial (jurisdição voluntária)

Diferentemente dos processos de jurisdição contenciosa, em que há conflitos de interesses, nos processos de jurisdição voluntária as questões são submetidas ao Estado-Juiz, porém, não há conflito de interesses.

Podemos dizer que jurisdição voluntária consiste na função exercida pelo Estado, através do juiz, mediante um processo, onde se solucionam causas que lhe são submetidas sem haver conflito de interesses entre duas partes.

Nessa linha, o art. 855-B da CLT dispõe sobre o processo para homologação de acordo extrajudicial. Referido dispositivo ensina que o processo de homologação de acordo extrajudicial terá início por petição conjunta, sendo obrigatória a representação das partes por advogado, sendo certo que as partes não poderão ser representadas por advogado comum, ou seja, devem estar assistidas por advogados diferentes, um representando o empregado e outro o empregador. Note que nesse processo, as partes não poderão fazer uso do jus postulandi previsto no art. 791 da CLT. Contudo, é facultado ao trabalhador ser assistido pelo advogado do sindicato de sua categoria.

Uma vez apresentada a petição de homologação de acordo, ficará suspenso o prazo prescricional da ação quanto aos direitos nela especificados. O prazo prescricional voltará a fluir no dia útil seguinte ao do trânsito em julgado da decisão que negar a homologação do acordo.

No prazo de 15 dias a contar da distribuição da petição, o juiz analisará o acordo, podendo homologá-lo ou rejeitá-lo. Caso o Juiz entenda necessário, poderá designar audiência para melhor elucidação da causa submetida. Importante lembrar que a homologação de acordo é faculdade do juiz, não estando obrigado a homologá-lo, nos moldes da súmula 418 do TST.

Contra a decisão que não homologar o acordo ou homologá-lo em parte, poderá ser interposto pela parte interessada recurso ordinário, no prazo de 8 dias, estando sujeito ao preparo. Importante frisar que a recusa por parte do juiz deve ser fundamentada, requisito para a validade de qualquer decisão judicial.

Por último, o art. 855-C da CLT ensina que a apresentação do processo de homologação de acordo não prejudica o prazo estabelecido no § 6º do art. 477 da CLT, que trata do prazo para pagamento das verbas rescisórias, tampouco afasta a aplicação da multa prevista no § 8º do art. 477 da CLT, que cuida da multa por atraso no pagamento das verbas rescisórias.

2. ORGANIZAÇÃO DA JUSTIÇA DO TRABALHO

2.1. Estrutura do Judiciário trabalhista

O Judiciário trabalhista possui 3 graus de jurisdição. De acordo com o art. 111 da CF, são órgãos da Justiça do Trabalho:

a) Tribunal Superior do Trabalho;

b) Tribunais Regionais do Trabalho;

c) Juízes do Trabalho.

2.1.1. Tribunal Superior do Trabalho

O Tribunal Superior do Trabalho – TST – é um órgão do Poder Judiciário, nos termos do art. 92, II-A, da CF e órgão máximo da Justiça do Trabalho, possui sede em Brasília e tem jurisdição em todo o território nacional.

O TST é composto por 27 (vinte e sete) ministros escolhidos dentre brasileiros com mais de 35 anos de idade e menos de 65 anos, de notável saber jurídico e reputação ilibada, nomeados pelo Presidente da República, após aprovação por maioria absoluta pelo Senado Federal, art. 111-A da CF, de acordo com a redação dada pela EC 92/2016.

Deverá, ainda, ser observado o quinto constitucional em relação aos membros do Ministério Público do Trabalho e da Ordem dos Advogados do Brasil. Assim, um quinto dos membros do TST deverá ser composto por advogados com mais de 10 anos de efetiva atividade profissional, com notório saber jurídico e reputação ilibada e membros do MPT, com mais de 10 anos de efetivo exercício.

Serão indicados em lista sêxtupla pelos órgãos de representação de suas classes. Recebidas as indicações o Tribunal formará uma lista tríplice, que será enviada ao Poder Executivo.

Os demais membros serão juízes de Tribunais Regionais do Trabalho, oriundos da carreira da magistratura, indicada pelo próprio Tribunal Superior do Trabalho.

O TST pode funcionar em sua plenitude ou dividido em Órgão Especial, Seções e Subseções Especializadas e Turmas.

Assim, de acordo com o art. 59 de seu Regimento Interno (Resolução Administrativa 1.295/2008), são órgãos do Tribunal Superior do Trabalho: o Tribunal Pleno, o Órgão Especial, a Seção Especializada em Dissídios Coletivos, a Seção Especializada em Dissídios Individuais, que é dividida em duas subseções, e as Turmas.

É importante lembrar também que são órgãos que funcionam junto ao Tribunal Superior do Trabalho a Escola Nacional de Formação e Aperfeiçoamento de Magistrados do Trabalho – ENAMAT, que dentre outras funções irá regulamentar os concursos oficiais para ingresso e promoção na carreira, e o Conselho Superior da Justiça do Trabalho – CSJT, que irá exercer a supervisão administrativa, orçamentária, financeira e patrimonial da Justiça do Trabalho de 1º e 2º graus.

2.1.2. Tribunais Regionais do Trabalho

Compostos de no mínimo 7 (sete) juízes, que serão recrutados, preferencialmente, na região a que forem vinculados, com idade superior a 30 anos e inferior a 65 anos, sendo nomeados pelo Presidente da República, nos termos do art. 115 CF.

Nos TRTs também deverá ser obedecida a regra do quinto constitucional, ou seja, um quinto dos membros do Tribunal deverá ser formado entre advogados e membros do Ministério Público do Trabalho. Os demais serão juízes do trabalho que serão, de forma alternada, promovidos por antiguidade e merecimento.

Vale lembrar que os Tribunais Regionais do Trabalho instalarão a justiça itinerante, com a realização de audiências e demais funções de atividade jurisdicional, nos limites territoriais da respectiva jurisdição. Além disso, poderão funcionar descentralizadamente, constituindo câmaras regionais a fim de assegurar o pleno acesso do jurisdicionado à justiça em todas as fases do processo.

A competência territorial atribuída aos TRTs é regulada pelo art. 677 da CLT e determinada pela regra indicada no art. 651 e seus parágrafos. No entanto, em se tratando de dissídio coletivo, a competência é determinada pelo local onde o dissídio ocorrer.

Aos Tribunais Regionais, quando divididos em Turmas, compete, como determina o art. 678 consolidado:

"I – ao Tribunal Pleno, especialmente:

a) processar, conciliar e julgar originariamente os dissídios coletivos;

b) processar e julgar originariamente:

1) as revisões de sentenças normativas;

2) a extensão das decisões proferidas em dissídios coletivos;

3) os mandados de segurança;

4) as impugnações à investidura de vogais e seus suplentes nas Juntas de Conciliação e Julgamento;

c) processar e julgar em última instância:

1) os recursos das multas impostas pelas Turmas;

2) as ações rescisórias das decisões das Juntas de Conciliação e Julgamento, dos juízes de direito investidos na jurisdição trabalhista, das Turmas e de seus próprios acórdãos;

3) os conflitos de jurisdição entre as suas Turmas, os juízes de direito investidos na jurisdição trabalhista, as Juntas de Conciliação e Julgamento, ou entre aqueles e estas;

d) julgar em única ou última instâncias:

1) os processos e os recursos de natureza administrativa atinentes aos seus serviços auxiliares e respectivos servidores;

2) as reclamações contra atos administrativos de seu presidente ou de qualquer de seus membros, assim como dos juízes de primeira instância e de seus funcionários.

II – às Turmas:

a) julgar os recursos ordinários previstos no art. 895, alínea I;

b) julgar os agravos de petição e de instrumento, estes de decisões denegatórias de recursos de sua alçada;

c) impor multas e demais penalidades relativas e atos de sua competência jurisdicional, e julgar os recursos interpostos das decisões das Juntas dos juízes de direito que as impuserem.

Parágrafo único. Das decisões das Turmas não caberá recurso para o Tribunal Pleno, exceto no caso do item I, alínea "c", inciso 1, deste artigo."

No entanto, quando não forem divididos em Turmas, incumbirá aos Tribunais Regionais, por seu órgão pleno, o julgamento das matérias retromencionadas, com exceção dos recursos das multas impostas pelas Turmas, nos termos do art. 679 da CLT.

2.1.3. Juízes do Trabalho

Em função de extinção das Juntas de Conciliação e Julgamento pela Emenda Constitucional 24/1999, a primeira instância da jurisdição trabalhista passou a ser exercida por um juiz singular, o Juiz do Trabalho, que exerce suas funções nas varas do trabalho.

Nas localidades onde não haja vara do trabalho, a matéria trabalhista será de competência do Juiz de Direito, com o respectivo recurso dirigido ao Tribunal Regional do Trabalho daquela determinada região (art. 112 da CF). Instalada Vara do Trabalho na localidade, a competência do Juiz de Direito cessa, inclusive para as execuções de sentença que proferir, nos termos da súmula 10 do STJ.

2.2. Jurisdição e competência

Para de fato compreendermos o que vem a ser "competência" é necessário que se façam algumas considerações sobre o termo "jurisdição".

O termo "jurisdição" emana do latim iuris dictio que traduzido para nosso vernáculo significa: "dizer o direito".

Na sociedade moderna, esse poder de dizer o direito foi atribuído ao Estado, em substituição aos particulares. Desta forma, havendo um conflito, não poderá o particular resolvê-lo por vontade própria, deverá se socorrer ao Estado para que este, através de um órgão oficial, o resolva. O órgão do Estado incumbido dessa tarefa é o Juiz. A jurisdição é, portanto, una e indivisível.

A jurisdição é, antes de tudo, expressão de poder do Estado. É, portanto, a função/poder do Estado de, quando provocado, dar uma solução impositiva e definitiva aos conflitos aplicando a lei ao caso concreto. Assim, uma vez provocado, as partes se submetem à solução imposta pelo Estado-Juiz.

Para que o Estado possa cumprir essa função de "dizer o direito" (função jurisdicional), de maneira plena, satisfatória e razoável aos jurisdicionados, são estabelecidas regras, ou seja, o Estado viabiliza instrumentos para que se alcance a atividade jurisdicional. O instrumento que viabiliza esse direito é o processo, instrumento capaz de conferir a garantia de que o Poder Estatal será exercido democraticamente.

Desta forma, a jurisdição objetiva a aplicação do direito material ao caso concreto, que será aplicado por meio do instrumento denominado processo.

O processo possui duas facetas. A primeira é de ordem subjetiva, na medida em que o processo estabelece uma relação jurídica entre as partes e o Estado. Estabelece, em outras palavras, uma relação jurídica trilateral, ou seja, uma relação entre as partes e o Estado e outra existente apenas entre as partes.

A segunda é de ordem objetiva, que consiste nos atos a serem praticados no processo. É, portanto, a maneira pela qual os atos processuais irão se desenvolver; é o que chamamos de procedimento. O procedimento indicará quais atos serão praticados e de que forma serão praticados, visando a atingir seu objetivo final.

Ao Estado cabe, assim, a função de "dizer o direito". Para que possa cumprir essa função de forma plena, satisfatória e razoável, ele se utiliza de alguns critérios. Dentre eles, estão as regras de competência absoluta e relativa.

Nesse prisma, tendo em mente a relação jurídica existente entre as partes e o Estado, sempre que algum critério utilizado for dirigido ou de interesse do Estado, como as regras de competência material, em razão da pessoa e a competência funcional, iremos dizer que são regras de competência absoluta, ao passo que sempre que esse critério for dirigido ou de interesse das partes, como, por exemplo, a competência territorial, iremos dizer que são critérios de competência relativa.

Por este motivo, as regras de competência absoluta poderão ser reconhecidas ex officio pelo Juiz. Já as regras de competência relativa necessitam sempre de manifestação da parte para que o Juiz possa se pronunciar a respeito.

2.3. Competência material da Justiça do Trabalho

Para que a atividade judicial seja prestada de uma maneira mais eficaz e justa, a competência foi dividida por matérias.

A competência material da Justiça do Trabalho vem disciplinada no art. 114 da CF/1988, de acordo com a redação dada pela Emenda Constitucional 45/04, que aumentou de forma considerável a competência material da Justiça do Trabalho.

2.3.1. Controvérsias oriundas e decorrentes da relação de trabalho

Sem dúvida, a maior inovação trazida pela Emenda Constitucional 45/2004 foi a ampliação da competência da Justiça do Trabalho, que passou a apreciar todas as lides oriundas da relação de trabalho e não apenas aquelas decorrentes de relações de emprego. Relação de emprego, como se sabe, configura-se apenas quando presentes os requisitos dos arts. 2º e 3º da CLT.

Já relação de trabalho pressupõe trabalho exercido por conta alheia, na qual o trabalhador coloca sua força de trabalho em proveito de outra pessoa, seja esta física ou jurídica. Em outras palavras, podemos dizer que relação de trabalho é qualquer vínculo jurídico no qual uma pessoa física presta serviços para outra pessoa, física ou jurídica, mediante uma contraprestação.

Assim, é possível asseverar que relação de trabalho é gênero do qual é uma espécie a relação de emprego. Por isso, toda relação de emprego corresponde a uma relação de trabalho, mas nem toda relação de trabalho corresponde a uma relação de emprego.

É importante destacar que, no que diz respeito às ações acidentárias, aquelas decorrentes de acidente do trabalho, que possuem natureza previdenciária, são de competência da justiça comum estadual, que detém competência para processar e julgar ações acidentárias propostas pelo empregado em face do INSS, em conformidade com o art. 109, I, da CF e art. 643, § 2º, da CLT.

Nesse contexto, é importante destacar que se inscreve na competência material da Justiça do Trabalho a lide entre empregado e empregador tendo por objeto indenização pelo não fornecimento das guias do seguro-desemprego, nos termos da súmula 389, I, do TST.

Por último, vale ressaltar que, nos termos da súmula 300 do TST, pertence à competência material da Justiça do Trabalho as ações ajuizadas por empregados em face de empregadores relativas ao cadastramento no Programa de Integração Social (PIS).

2.3.2. Servidores da administração pública

Ao ampliar a competência material da Justiça do Trabalho, foi atribuída, também, a competência para os dissídios envolvendo a administração pública direta e indireta da União, Estados, DF e Municípios.

No entanto, o art. 114, I, da CF foi objeto de uma ADI – Ação Direta de Inconstitucionalidade, processo nº 3395-6, ajuizada pela Associação dos Juízes Federais do Brasil, em que foi concedida liminar, suspendendo "ad referendum, toda e qualquer interpretação dada ao inciso I do art. 114 da CF, na redação dada pela EC 45/2004, que inclua, na competência da Justiça do Trabalho, a (...) apreciação (...) de causas que (...) sejam instauradas entre o Poder Público e seus servidores, a ele vinculados por típica relação de ordem estatutária ou de caráter jurídico-administrativo". A medida liminar foi referendada pelo Plenário do STF em 05 de abril de 2006.

Desta forma, a Justiça do Trabalho não é competente para processar e julgar as ações envolvendo servidores da administração pública, sendo competente a justiça comum estadual ou federal, a depender do tipo de servidor. Nessa linha são as súmulas 137 e 218 do STJ.

Convém lembrar que naqueles casos em que a relação não for tipicamente estatutária, ou seja, quando a relação for regida pela CLT, como é o caso dos empregados públicos, a competência será da Justiça do Trabalho.

Vale lembrar ainda que a Orientação Jurisprudencial 205 da SDI 1 do TST, que admitia a competência material da Justiça do Trabalho para dirimir dissídio individual entre trabalhador e ente público se houvesse controvérsia acerca do vínculo empregatício, foi cancelada pela resolução 156/2009 do TST, sendo essa questão atualmente de competência da justiça comum estadual ou federal, conforme o caso, na medida em que esses trabalhadores não estão sob o regime da CLT.

As sociedades de economia mista e as empresas públicas, por serem pessoas jurídicas de direito privado, submetem-se ao regime próprio das empresas privadas, sendo regidas, portanto, pela CLT.

2.3.3. Ações que envolvem o exercício do direito de greve

A greve é um direito constitucional assegurado aos trabalhadores e encontra-se previsto no art. 9º, da CF, e regulado pela Lei 7.783/1989. O exercício abusivo desse direito sujeita os responsáveis às penas impostas pela lei que o regula.

Ao inserir na competência da Justiça do Trabalho as ações que envolvam o direito de greve, o legislador atribuiu à Justiça do Trabalho a competência para todas aquelas ações que se relacionam direta ou indiretamente com o direito de greve.

Assim, as ações inibitórias que visam a assegurar o exercício do direito de greve, as ações possessórias para proteger o patrimônio do empregador, as ações de reparação de danos, quer pelo empregado, quer pelo empregador ou, ainda, contra terceiros são de competência da Justiça do Trabalho.

Dispõe a Súmula 189 do TST:

SÚMULA 189 TST – GREVE. COMPETÊNCIA DA JUSTIÇA DO TRABALHO. ABUSIVIDADE. A Justiça do Trabalho é competente para declarar a abusividade, ou não, da greve.

Com relação às ações possessórias em decorrência do direito de greve, é importante trazer o entendimento da Suprema Corte ao editar a Súmula Vinculante 23, garantindo à Justiça do Trabalho a competência para processar e julgar as ações possessórias ajuizadas em decorrência do exercício do direito de greve pelos trabalhadores da iniciativa privada.

Vale lembrar, ainda, que a greve dos servidores públicos é de competência da Justiça Comum, federal ou estadual, a depender do ente envolvido na demanda.

O Plenário do STF concluiu na sessão do dia 27/10/2016, no julgamento do Recurso Extraordinário (RE) 693456, com repercussão geral reconhecida, em que discute a constitucionalidade do desconto dos dias parados em razão de greve de servidor, por 6 votos a 4, que a administração pública deve fazer o corte do ponto dos grevistas, mas admitiu a possibilidade de compensação dos dias parados mediante acordo. Também foi decidido que o desconto não poderá ser feito caso o movimento grevista tenha sido motivado por conduta ilícita do próprio Poder Público.

2.3.4. Ações sobre representação sindical

O inciso III do art. 114 da CF/1988 confere competência para a Justiça do Trabalho processar e julgar as ações sobre representação sindical, entre sindicatos, entre sindicatos e trabalhadores, e entre sindicatos e empregadores.

O termo "sindicato" contido no dispositivo constitucional citado deve ser interpretado de forma ampla a abranger todas as entidades sindicais de grau superior, como as federações (art. 534 da CLT) e confederações (art. 535 da CLT).

Pelo dispositivo em apreço, as lides entre sindicatos que disputam base territorial serão de competência da Justiça do Trabalho.

Em outras palavras, temos que o inciso III do art. 114 da CF abrange todas as ações que envolvam matéria sindical no âmbito trabalhista.

Desta forma, ensina Mauro Schiavi (em Curso de Direito Processual do Trabalho. 2. ed. São Paulo: LTr, 2009. p. 196) que os dissídios que envolvem sindicatos podem ser classificados em:

a) coletivos: que envolvem os dissídios coletivos;

b) intersindicais não coletivos: que envolvem conflitos entre sindicatos;

c) intrassindicais: que envolvem questões internas do sindicato;

d) dissídios sobre contribuições sindicais.

Nesse sentido é o Enunciado 24 da ANAMATRA:

> ENUNCIADO 24. Competência da Justiça do Trabalho. Conflitos inter e intrassindicais. Os conflitos inter e intrassindicais, inclusive os que envolvam sindicatos de servidores públicos (estatutários e empregados públicos), são da competência da Justiça do Trabalho.

2.3.5. *Mandado de segurança, habeas corpus e habeas data*

2.3.5.1. *Mandado de segurança*

O mandado de segurança está disposto no art. 5º, LXIX, da CF/1988 e regulado pela Lei 12.016/2009 e pode ser classificado como uma ação constitucional de natureza mandamental destinada a proteger direito líquido e certo contra ato de autoridade, praticado com ilegalidade ou abuso de poder.

Será admitido sob a óptica do art. 114, IV, da CF/1988 sempre que o ato impugnado estiver relacionado com a jurisdição trabalhista.

A competência para o mandado de segurança é fixada em razão da matéria, ou seja, o ato taxado de ilegal ou abusivo deve estar submetido à jurisdição trabalhista.

A competência funcional para o mandado de segurança irá depender da autoridade tida como coatora. Assim, será de competência da vara do trabalho o mandado de segurança impetrado contra ato de auditor fiscal; do TRT quando o ato taxado de ilegal ou abusivo for do juiz do trabalho, diretor e demais funcionários, juízes de direito investidos na jurisdição trabalhista (art. 112 da CF/1988), juízes e funcionários do TRT; e, por último, do TST quando o ato for praticado pelo Presidente do TST ou outro Ministro.

2.3.5.2. *Habeas corpus*

Remédio constitucional de natureza mandamental de rito especial, que objetiva evitar ou cessar violência ou ameaça ao direito de ir e vir, em razão de ilegalidade ou abuso de poder.

Dispõe o art. 5º, LXVIII, da CF: "conceder-se-á habeas-corpus sempre que alguém sofrer ou se achar ameaçado de sofrer violência ou coação em sua liberdade de locomoção, por ilegalidade ou abuso de poder."

Com o advento da Emenda Constitucional 45/2004, a Justiça do Trabalho possui competência para apreciar habeas corpus com relação àquelas matérias sujeitas a sua apreciação.

Desta forma, sempre que o ato taxado de abusivo e ilegal envolver matéria sujeita à jurisdição trabalhista, a Justiça do Trabalho será competente para apreciar o pedido de habeas corpus.

A competência para apreciação do pedido de habeas corpus será das varas do trabalho quando for impetrado contra ato de particular, como, por exemplo, no caso em que o empregador impede que seus funcionários saiam da empresa para participar do movimento paredista.

A competência será dos TRTs quando o HC for impetrado contra ato de juiz da vara do trabalho. Será competência do TST quando o habeas corpus for impetrado em face dos TRTs.

Por último, quando o habeas corpus for impetrado em face de atos dos Ministros do TST, a competência para apreciação será do STF, em conformidade com o art. 102, I, "i", da CF.

Como exemplo de hipótese de cabimento de habeas corpus na justiça do trabalho podemos citar, na fase de execução da sentença, a prisão de um depositário infiel determinada por um juiz do trabalho.

No entanto, tendo em vista a edição da súmula vinculante 25, que ensina ser ilícita a prisão do depositário infiel, será difícil sua aplicação do habeas corpus na esfera laboral.

Vale trazer à baila o entendimento cristalizado na nova redação dada a Orientação Jurisprudencial 143 da SDI 2 do TST.

> ORIENTAÇÃO JURISPRUDENCIAL 143 SDI 2 TST – HABEAS CORPUS. PENHORA SOBRE COISA FUTURA E INCERTA. PRISÃO. DEPOSITÁRIO INFIEL.
>
> Não se caracteriza a condição de depositário infiel quando a penhora recair sobre coisa futura e incerta, circunstância que, por si só, inviabiliza a materialização do depósito no momento da constituição do paciente em depositário, autorizando-se a concessão de "habeas corpus" diante da prisão ou ameaça de prisão que sofra.

Ainda sobre habeas corpus e depositário infiel, a SDI 2 se pronunciou:

> ORIENTAÇÃO JURISPRUDENCIAL 89 SDI 2 TST – HABEAS CORPUS. DEPOSITÁRIO. TERMO DE DEPÓSITO NÃO ASSINADO PELO PACIENTE. NECESSIDADE DE ACEITAÇÃO DO ENCARGO. IMPOSSIBILIDADE DE PRISÃO CIVIL.
>
> A investidura no encargo de depositário depende da aceitação do nomeado que deve assinar termo de compromisso no auto de penhora, sem o que, é inadmissível a restrição de seu direito de liberdade.

Deve-se ressaltar que por não ter o inciso LXVIII do art. 5º da CF/1988 exigido que o constrangimento seja exercido por agente do poder público, admite-se o uso de habeas corpus contra ato particular, como o caso do empregador que não permite que seus empregados saiam da empresa para aderirem ao movimento paredista.

Importante mencionar que em 1º de fevereiro de 2007 o STF concedeu liminar, com efeito ex tunc, na ADIn 3684-0, para atribuir interpretação conforme a CF ao inciso IV do art. 114 da CF, declarando que, no âmbito de jurisdição da Justiça do Trabalho, não abrange competência para processar e julgar ações penais.

2.3.5.3. *Habeas data*

Dispõe o art. 5º, LXXII, da CF:

> LXXII – conceder-se-á habeas-data:
>
> a) para assegurar o conhecimento de informações relativas à pessoa do impetrante, constantes de registros ou bancos de dados de entidades governamentais ou de caráter público;
>
> b) para a retificação de dados, quando não se prefira fazê-lo por processo sigiloso, judicial ou administrativo.

Trata-se de uma ação mandamental que tem como objetivo garantir ao interessado, pessoa física ou jurídica ou ente despersonalizado, o exercício do direito fundamental de livre acesso a dados pessoais constantes em registro ou em banco de dados. Além do livre acesso aos registros ou banco de dados, esse remédio pode objetivar, também, a retificação desses registros ou, ainda, sua complementação.

O procedimento do habeas data encontra-se previsto na Lei 9.507/1997 que, em seu art. 2º, traz uma condição especial para seu cabimento, qual seja, a prévia postulação administrativa.

Art. 2º O requerimento será apresentado ao órgão ou entidade depositária do registro ou banco de dados e será deferido ou indeferido no prazo de quarenta e oito horas.

Desta forma, o pedido de habeas data só se justifica depois de feito e rejeitado o requerimento na forma do art. 2º supracitado.

A petição inicial deverá preencher os requisitos dos arts. 319 a 334 do CPC/2015 e será apresentada em duas vias, devendo os documentos que a instruírem ser reproduzidos por cópia na segunda via.

Importante lembrar que, nos termos do parágrafo único do art. 8º da Lei 9.507/1997, a petição inicial deverá ser instruída com prova:

Parágrafo único. (...)

I – da recusa ao acesso às informações ou do decurso de mais de dez dias sem decisão;

II – da recusa em fazer-se a retificação ou do decurso de mais de quinze dias, sem decisão; ou

III – da recusa em fazer-se a anotação a que se refere o § 2º do art. 4º ou do decurso de mais de quinze dias sem decisão.

Poderá figurar no polo ativo qualquer pessoa física ou jurídica e, ainda, os entes despersonalizados que possuam capacidade processual como, por exemplo, a massa falida, condomínio, entre outros. Por outro lado, no polo passivo da ação poderão figurar os órgãos da administração pública direta e indireta, bem como as instituições, entidades ou pessoas jurídicas de direito privado que prestem serviços para o público ou de interesse público, desde que sejam depositárias de dados.

Como exemplo de impetração de habeas data na Justiça do Trabalho, o ilustre Professor Carlos Henrique Bezerra Leite ensina (em Curso de Direito Processual do Trabalho. 7. ed. São Paulo: LTr, 2009. p. 1070) "Outra hipótese reside na possibilidade de impetração de habeas data pelo empregador em face do órgão de fiscalização da relação de trabalho que esteja se negando a fornecer informações sobre o processo administrativo em que ele esteja sofrendo penalidade administrativa."

2.3.6. Conflitos de competência entre órgãos de jurisdição trabalhista

Ensina o art. 114, V, da CF/1988 que compete à Justiça do Trabalho processar e julgar os conflitos de competência entre órgãos com jurisdição trabalhista, ressalvado o disposto no art. 102, I, "o", que confere ao STF o julgamento dos conflitos de competência entre o Superior Tribunal de Justiça e quaisquer tribunais, entre Tribunais Superiores, ou entre estes e qualquer outro tribunal.

Ocorre o conflito de competência quando dois órgãos judiciais se dizem competentes, denominado conflito positivo de competência; ou quando dois órgãos judiciais se dizem incompetentes, denominado conflito negativo de competência; ou, ainda, quando entre dois juízes surge controvérsia sobre a reunião ou separação de processos, nos termos do art. 804 da CLT e 66 do CPC/2015.

Desta forma, em conformidade com o art. 803 da CLT, os conflitos de jurisdição podem ocorrer entre:

a) Varas do trabalho e juízes de direito investidos na jurisdição trabalhista;

b) Tribunais Regionais do Trabalho;

c) Juízos e tribunais do trabalho e órgãos da justiça ordinária;

d) Câmaras do Tribunal Superior do Trabalho

Serão resolvidos pelo TRT quando for suscitado conflito de competência entre varas do trabalho da mesma região, ou entre varas do trabalho e juiz de direito investido na jurisdição trabalhista na mesma região, os termos do art. 808 da CLT.

Sobre o tema, o STJ editou a súmula 180 que ensina: "na lide trabalhista, compete ao Tribunal Regional do Trabalho dirimir conflito de competência verificado, na respectiva região, entre juiz estadual e junta de conciliação e julgamento."

Serão resolvidos pelo TST sempre que for suscitado o conflito entre TRTs ou entre Varas do Trabalho e Juízes de Direito investidos na jurisdição trabalhista sujeitos à jurisdição de TRTs diferentes.

Sobre o tema, o STJ editou a súmula 236 em que ensina não ser de competência daquele Tribunal os conflitos de competência envolvendo juízes do trabalho vinculados a TRTs diversos.

Os conflitos serão resolvidos pelo STJ quando suscitado entre Vara de Trabalho e Juiz de Direito não investido na jurisdição trabalhista, em conformidade com o art. 105, I, "d", da CF.

Por último serão resolvidos pelo STF os conflitos suscitados entre o TST e órgãos de outro ramo do judiciário, nos termos do art. 102, I, "o", da CF.

É importante lembrar as lições trazidas na súmula 420 do TST, que assim dispõe:

SÚMULA 420 DO TST – COMPETÊNCIA FUNCIONAL. CONFLITO NEGATIVO. TRT E VARA DO TRABALHO DE IDÊNTICA REGIÃO. NÃO CONFIGURAÇÃO.

Não se configura conflito de competência entre Tribunal Regional do Trabalho e Vara do Trabalho a ele vinculada.

2.3.7. Ações de indenização por dano moral ou patrimonial

A Carta Maior confere competência à Justiça do Trabalho para processar e julgar ações de indenização por dano moral ou patrimonial decorrentes da relação de trabalho.

Assim, toda e qualquer ação de dano moral ou patrimonial, quando decorrentes da relação de trabalho, proposta pelo empregado em face do empregador, será de competência da Justiça do Trabalho.

Muito se discutiu acerca da competência para aquelas ações que estavam em andamento quando da promulgação da EC 45/04, até que o Supremo Tribunal Federal editou a súmula vinculante 22, que assim dispõe:

> SÚMULA VINCULANTE 22 STF – A Justiça do Trabalho é competente para processar e julgar as ações de indenização por danos morais e patrimoniais decorrentes de acidente de trabalho propostas por empregado contra empregador, inclusive aquelas que ainda não possuíam sentença de mérito em primeiro grau quando da promulgação da emenda constitucional nº 45/04.

Contudo, as ações acidentárias, ou seja, lides previdenciárias derivadas de acidente do trabalho propostas pelo trabalhador em face do INSS, serão de competência da justiça comum estadual e nunca da Justiça do Trabalho, conforme exceção prevista no art. 109, I, da CF.

Vale esclarecer que caso seja o acidente de trabalho causado por negligência do empregador responsável pelo cumprimento das normas de segurança e saúde do trabalho, poderá o INSS ajuizar ação regressiva em face desse empregador, devendo esta ação de regresso ser proposta na justiça federal.

Apenas as ações propostas pelo trabalhador em face do empregador serão de competência da Justiça do Trabalho.

Ainda será de competência da Justiça do Trabalho a ação de reparação de danos morais, ainda que proposta pelos dependentes ou sucessores do obreiro falecido.

É o que a chamamos de danos morais por ricochete ou reflexo, entendido como aquele que além de atingir a própria vítima, atinge também outras pessoas por conta de laços afetivos que possui com o ofendido, como por exemplo o caso do dano moral sofrido pelo filho diante da morte de seus genitores e vice-versa.

Nas lições de Sebastião Geraldo de Oliveira, Desembargador do TRT da 3ª Região, em julgado daquela Corte Trabalhista (TRT 3ªR. 2ª T., RO 1019-2007-042-03-00-3, Rel. Des. Sebastião Geraldo de Oliveira. DJEMG 29.07.2009), in verbis:

> "Dano moral indireto, reflexo ou, em ricochete, é aquele que, sem decorrer direta e imediatamente de certo fato danoso, com este guarda um vínculo de necessariedade, de modo manter o nexo de causalidade entre a conduta ilícita e o prejuízo. Ainda que sejam distintos os direitos da vítima imediata e da vítima mediata, a causa indireta do prejuízo está intensamente associada à causa direta, tornando perfeitamente viável a pretensão indenizatória."

Desta forma, não apenas a vítima direta ou imediata fará jus à reparação de danos morais, mas também a vítima indireta ou mediata, pessoas que, por via reflexa, sofreram os efeitos do dano.

Nesse sentido, ensina a Súmula 392 do TST:

> SÚMULA 392 TST – DANO MORAL E MATERIAL. RELAÇÃO DE TRABALHO. COMPETÊNCIA DA JUSTIÇA DO TRABALHO
> Nos termos do art. 114, inc. VI, da Constituição da República, a Justiça do Trabalho é competente para processar e julgar ações de indenização por dano moral e material, decorrentes da relação de trabalho, inclusive as oriundas de acidente de trabalho e doenças a ele equiparadas, ainda que propostas pelos dependentes ou sucessores do trabalhador falecido.

Por último, é importante asseverar que os danos morais dispostos no texto constitucional dizem respeito aos danos

pré e pós-contratuais, sendo todas as ações de competência da Justiça do Trabalho.

2.3.8. Ações relativas às penalidades administrativas impostas aos empregadores pelos órgãos de fiscalização das relações de trabalho

Trata-se de ações propostas por empregadores que objetivam anular sanções administrativas impostas pelo Ministério do Trabalho e Emprego.

Trata-se, portanto, de uma inovação trazida pela Emenda Constitucional 45/2004, haja vista que essas ações eram de competência da justiça federal.

2.3.9. Execução das contribuições sociais de ofício

Trata-se das contribuições do empregador, incidentes sobre a folha de salários e demais rendimentos do trabalho pagos ou creditados, a qualquer título, à pessoa física que lhe preste serviço, mesmo sem vínculo empregatício, bem como da contribuição devida pelo trabalhador e pelos demais segurados da previdência social.

Serão executadas tais contribuições em decorrência das sentenças que o juiz proferir.

Sobre o tema, o Supremo Tribunal Federal editou a Súmula Vinculante 53, que assim dispõe:

> Súmula Vinculante 53. A competência da Justiça do Trabalho prevista no art. 114, VIII, da Constituição Federal alcança a execução de ofício das contribuições previdenciárias relativas ao objeto da condenação constante das sentenças que proferir e acordos por ela homologados.

Vale destacar a Súmula 454 do TST, que assim dispõe:

> SÚMULA 454 TST – COMPETÊNCIA DA JUSTIÇA DO TRABALHO. EXECUÇÃO DE OFÍCIO. CONTRIBUIÇÃO SOCIAL REFERENTE AO SEGURO DE ACIDENTE DE TRABALHO (SAT). ARTS. 114, VIII, E 195, I, "A", DA CONSTITUIÇÃO DA REPÚBLICA.

Nessa linha, estabelece o art. 876, parágrafo único, da CLT:

> Art. 876. (...)
> Parágrafo único. A Justiça do Trabalho executará, de ofício, as contribuições sociais previstas na alínea a do inciso I e no inciso II do caput do art. 195 da Constituição Federal, e seus acréscimos legais, relativas ao objeto da condenação constante das sentenças que proferir e dos acordos que homologar.

Compete à Justiça do Trabalho a execução, de ofício, da contribuição referente ao Seguro de Acidente de Trabalho (SAT), que tem natureza de contribuição para a seguridade social (arts. 114, VIII, e 195, I, "a", da CF), pois se destina ao financiamento de benefícios relativos à incapacidade do empregado decorrente de infortúnio no trabalho (arts. 11 e 22 da Lei 8.212/1991).

2.4. Competência em razão da função

Diz respeito à distribuição das atribuições aos diferentes órgãos do Poder Judiciário. A competência funcional ou hierárquica trabalhista, como também é chamada, regula a competência dos órgãos de 1º, 2º e 3º graus dentro da Justiça do Trabalho.

Desta forma, em conformidade com o art. 111 da CF, é correto dizer que a competência funcional será dividida entre os órgãos que compõem a Justiça do Trabalho, quais sejam: as Varas do Trabalho, Tribunais Regionais do Trabalho – TRTs e o Tribunal Superior do Trabalho – TST.

A competência funcional diz respeito, portanto, às atribuições confiadas a cada órgão do Poder Judiciário, especificamente, para nosso estudo, dentro da Justiça do Trabalho.

A análise da competência em razão da função será realizada após avaliação da competência material. Assim, em primeiro plano, deve ser realizado um exame acerca da competência material e somente após este exame é que teremos de analisar a competência funcional dos órgãos do Poder Judiciário.

Importante ressaltar que a competência em razão da função é absoluta, podendo ser conhecida ex officio pelo juiz, ou seja, sem necessidade de provocação da parte.

A competência funcional se divide em:

2.4.1. Competência funcional originária

É aquela que conhece da causa em primeiro plano. Via de regra a competência originária pertence à Vara do Trabalho (1º grau de jurisdição) nos termos do art. 652 da CLT, salvo regra expressa em sentido contrário, como, por exemplo, a ação rescisória, que se inicia no TRT, nos termos do art. 678, I, "c", item 2, da CLT; ou no TST, em conformidade com os arts. 70, I, "d" e 71, III, "a", ambos do regimento interno do TST.

Importante destacar que a Lei 13.467/2017 inseriu a alínea "f" ao art. 652 da CLT determinando que compete à Vara do Trabalho decidir quanto à homologação de acordo extrajudicial em matéria de competência da Justiça do Trabalho.

A competência funcional originária dos TRTs, quando divididos em turmas, vem disposta nos arts. 678 e 680 da CLT. Quando os TRTs não forem divididos em turmas, dispõe o art. 679 da CLT que os Tribunais Regionais apreciarão as matérias contidas no art. 678 da CLT, com exceção dos recursos das multas impostas pelas Turmas bem como os conflitos de jurisdição entre Turmas, na medida em que não as possuem.

Por último, a competência funcional do TST vem disposta na Lei 7.701/1998. O art. 4º estabelece a competência funcional do Tribunal Pleno; a seção especializada em dissídios individuais – SDI tem sua competência estabelecida no art. 3º da Lei 7.701/1998; a seção especializada em dissídios coletivos, nos termos do art. 2º da citada lei; e, por último, a competência funcional das Turmas do TST vem disposta no art. 5º da Lei 7.701/1998.

Com relação à competência funcional do Tribunal Pleno do TST, importante destacar sua competência de estabelecer ou alterar súmulas e outros enunciados de jurisprudência uniforme, pelo voto de pelo menos dois terços de seus membros, caso a mesma matéria já tenha sido decidida de forma idêntica por unanimidade em, no mínimo, dois terços das turmas em pelo menos dez sessões diferentes em cada uma delas, podendo, ainda, por maioria de dois terços de seus membros, restringir os efeitos daquela declaração ou decidir que ela só tenha eficácia a partir de sua publicação no Diário Oficial, nos termos do art. 702, I, alínea f, da CLT.

Já o § 3º do mesmo art. 702 da CLT ensina que as sessões de julgamento sobre estabelecimento ou alteração de súmulas e outros enunciados de jurisprudência deverão ser públicas, divulgadas com, no mínimo, trinta dias de antecedência, e deverão possibilitar a sustentação oral pelo Procurador-Geral do Trabalho, pelo Conselho Federal da Ordem dos Advogados do Brasil, pelo Advogado-Geral da União e por confederações sindicais ou entidades de classe de âmbito nacional.

Esse processo dependerá do voto de pelo menos dois terços de seus membros, caso a mesma matéria já tenha sido decidida de forma idêntica por unanimidade em, no mínimo, dois terços das turmas em pelo menos dez sessões diferentes em cada uma delas, podendo, ainda, por maioria de dois terços de seus membros, restringir os efeitos daquela declaração ou decidir que ela só tenha eficácia a partir de sua publicação no Diário Oficial.

As sessões de julgamento sobre estabelecimento ou alteração de súmulas e outros enunciados de jurisprudência deverão ser públicas, divulgadas com, no mínimo, 30 dias de antecedência, e deverão possibilitar a sustentação oral pelo Procurador-Geral do Trabalho, pelo Conselho Federal da Ordem dos Advogados do Brasil, pelo Advogado-Geral da União e por confederações sindicais ou entidades de classe de âmbito nacional.

Em outras palavras podemos dizer que o estabelecimento ou alteração de súmulas ocorrerá

a) voto de 2/3 dos membros do Tribunal, ou seja, no TST 18 Ministros;

b) matéria já decidida de forma idêntica por unanimidade em, no mínimo, 2/3 das Turmas;

c) em 10 sessões diferentes cada uma delas;

d) modulação dos efeitos, por maioria de 2/3 dos membros.

Em 16 de maio de 2022 no julgamento de Incidente de Arguição de Inconstitucionalidade 696-25.2012.5.05.0463, o Pleno do TST declarou a inconstitucionalidade do art. 702, I, alínea f, da CLT, bem como do § 3º do mesmo dispositivo.

A decisão do TST considerou que citados dispositivos violam a autonomia administrativa dos Tribunais, pois alteram a forma para elaboração dos regimentos internos, e, por consequência, os requisitos para padronização da jurisprudência.

Prevaleceu, no julgamento, o voto do relator, ministro Amaury Rodrigues, no sentido de que não cabe ao legislador se imiscuir, de forma invasiva, na ordem dos trabalhos internos e administrativos dos tribunais, a ponto de suplantar a prerrogativa de elaborarem seus próprios regimentos internos. Segundo o ministro, a norma viola o artigo 2º da Constituição Federal, que trata da separação dos Poderes, ao ultrapassar os limites da atividade própria ao Poder Legislativo, "exorbitando seu papel de forma muito desproporcional no tocante aos requisitos postos de modo exclusivo à Justiça do Trabalho para a edição de súmulas e enunciados de jurisprudência uniforme".

2.4.2. Competência funcional recursal

É a competência para prática de determinados atos em grau de recurso.

2.4.3. Competência funcional executória

Diz respeito à competência para realização da execução, seja judicial, seja extrajudicial (arts. 877 e 877-A da CLT).

2.5. Competência territorial da Justiça do Trabalho

Competência territorial ou competência do foro (ratione loci), como também é chamada, diz respeito ao limite territorial de cada órgão da Justiça do Trabalho.

Na Justiça do Trabalho a competência territorial vem disciplinada no art. 651 da CLT, que dispõe:

> Art. 651. A competência das Juntas de Conciliação e Julgamento é determinada pela localidade onde o empregado, reclamante ou reclamado, prestar serviços ao empregador, ainda que tenha sido contratado noutro local ou no estrangeiro.

Pela determinação do dispositivo supracitado, a competência é determinada pela localidade da última prestação de serviço pelo obreiro, ainda que tenha sido contratado em outro lugar, nas lições de Carlos Henrique Bezerra Leite (Curso de Direito Processual do Trabalho, 7ª edição, LTr).

Todavia, caso o empregado tenha trabalhado em diversas localidades, ou seja, em diversos estabelecimentos do mesmo empregador, em locais diferentes, entendemos tratar-se de competência concorrente de todas as localidades em que o empregado tenha prestado serviços, permitindo ao empregado propor sua reclamação trabalhista em qualquer uma das localidades. Isso porque, a intenção do legislador foi de ampliar ao máximo o livre acesso do trabalhador ao Judiciário, em conformidade com o princípio protetor, também aplicável no campo processual.

Vale ressaltar que a regra do domicílio do réu disposta no processo civil não é aplicável ao processo do trabalho.

Portanto, o caput do art. 651 traz a regra geral para fixação de competência. Todavia, os parágrafos trazem as exceções à regra.

Estabelece o § 3º do citado dispositivo que é assegurado ao empregado apresentar reclamação trabalhista no foro da celebração do contrato ou no foro da prestação dos serviços, em se tratando de empregador que promova suas atividades fora do local da celebração do contrato de trabalho, como, por exemplo, empresas de atividades teatrais. Assim, se um empregado é contratado em determinado lugar para prestar serviço em outra localidade, eventual reclamação trabalhista poderá ser ajuizada no local da contratação ou da prestação dos serviços.

Outra exceção à regra de competência é a hipótese do viajante comercial. Nos termos do § 1º do dispositivo, o empregado deverá propor a reclamação na vara da localidade onde a empresa possuir agência ou filial e a esta esteja ele subordinado. Não existindo filial ou agência, poderá o empregado optar por onde possuir domicílio ou na localidade mais próxima.

A última exceção contida no art. 651 consolidado vem estabelecida em seu § 2º, que trata das lides de empregados brasileiros em agência ou filial situada no estrangeiro, desde que possuam sede, filial ou representante no Brasil. Nesse caso, a competência será da Justiça do Trabalho brasileira, caso não haja convenção internacional em sentido contrário.

Importante notar que para esses conflitos ocorridos no exterior será aplicada a regra do direito processual brasileiro, na medida em que a demanda tramitará perante a Justiça do Trabalho brasileira. No entanto, com relação ao direito material, por meio da súmula 207, o TST havia firmado posicionamento no sentido da aplicação da lei do local da execução do contrato de trabalho, ou seja, seria aplicada a legislação do país onde o trabalho foi prestado.

No entanto, a súmula 207 do TST foi cancelada, prevalecendo o entendimento que, de acordo com o art. 3º, inciso II, da Lei 7.064/1982, deverá ser aplicada a legislação mais favorável ao trabalhador. O posicionamento atual adotou a teoria do conglobamento mitigado.

2.6. Foro de eleição

Previsto no art. 63 do CPC/2015, é aquele em que os contratantes escolhem livremente, de antemão, o foro onde serão dirimidos eventuais conflitos decorrentes do negócio jurídico avençado.

No processo de trabalho, as regras de competência são de ordem pública e, dessa forma, em regra, não podem ser derrogadas pelas partes.

Referida incompatibilidade decorre da hipossuficiência econômica do trabalhador, haja vista que a regra do art. 651 e seus parágrafos tem por objetivo facilitar o acesso do trabalhador ao judiciário.

Contudo, a Lei 13.467/2017 (Reforma Trabalhista) inseriu o art. 507-A ao diploma consolidado determinando que nos contratos individuais de trabalho cuja remuneração seja superior a duas vezes o limite máximo estabelecido para os benefícios do Regime Geral de Previdência Social, poderá ser pactuada cláusula compromissória de arbitragem, desde que por iniciativa do empregado ou mediante a sua concordância expressa, nos termos previstos na Lei 9.307/1996 (Lei de arbitragem).

2.7. Modificação da competência

A competência absoluta (em razão da matéria, em razão da pessoa e em razão da função) não pode ser modificada, nem por circunstâncias processuais, tampouco por vontade das partes.

Já a competência relativa (competência territorial) poderá sofrer modificações, seja por circunstâncias processuais e nas hipóteses em que a lei autoriza, nos termos do art. 54 do CPC/2015.

A modificação de competência poderá ocorrer por:

2.7.1. Prorrogação

Dispõe o art. 65 do CPC/2015:

> Art. 65. Prorrogar-se-á a competência relativa se o réu não alegar a incompetência em preliminar de contestação.

Nos domínios do Direito Processual do Trabalho a incompetência em razão do território deve ser alegada pela parte por meio da exceção de incompetência territorial, na forma do art. 800 da CLT, no prazo de 5 (cinco) dias a contar da notificação, antes da audiência, sob pena de prorrogar-se a competência. Em outras palavras, a incompetência territorial se convalidará caso a parte interessada não oponha exceção de incompetência no prazo legal. Sobre a exceção de incompetência territorial, remetemos o leitor ao item 5.6.1

Desta forma, ocorrendo a prorrogação da competência de um juiz do trabalho territorialmente incompetente, se tornará ele competente para apreciação daquela demanda.

2.7.2. Conexão

Disciplinada no art. 55 do CPC/2015, a conexão ocorre quando forem comuns a causa de pedir ou o pedido de duas ou mais ações.

São elementos da ação: as partes, a causa de pedir (fundamentos) e o objeto (pedido). Pois bem. Haverá conexão entre as ações quando tiverem o mesmo pedido ou os mesmos fundamentos. Basta um destes elementos e não a cumulação deles. Ressalta-se que não haverá conexão se forem comuns as partes.

Caso as ações conexas estejam transitando perante juízos com mesma competência, será considerada prevento nos domínios do processo de trabalho aquele em que a reclamação tenha sido protocolada em primeiro lugar, não se aplicando a parte final da regra disposta no art. 59 do CPC/2015.

2.7.3. Continência

Ensina o art. 56 do CPC que haverá continência sempre que houver identidade entre as partes e a causa de pedir (fundamento), mas o objeto (pedido) de uma for mais amplo do que o da outra.

Diferentemente da conexão, na qual há necessidade de identidade de um dos elementos da ação (causa de pedir ou pedido), na continência se faz necessário a cumulação de dois elementos: as partes e causa de pedir, devendo, contudo, o pedido de um ser mais abrangente do que o outro.

Como exemplo, podemos citar o pedido de uma ação que vise à anulação de uma cláusula contratual e de outra, com as mesmas partes e causa de pedir, que busque a anulação de todo o contrato.

3. ATOS, TERMOS, PRAZOS E NULIDADES PROCESSUAIS

3.1. Considerações

O processo pode ser conceituado, em poucas palavras, como sendo um conjunto de atos coordenados que objetivam a busca da tutela jurisdicional.

Nos termos do art. 203 do CPC/2015, que os pronunciamentos do Juiz consistirão em: despachos, decisões interlocutórias e sentenças. Nessa linha é importante lembrar que a assinatura dos juízes em todos os graus de jurisdição poderá ser feita eletronicamente.

3.1.1. Despacho

Utilizava-se o termo "despacho de mero expediente", termo muito criticado pela doutrina. Em 2006, com a publicação da Lei 11.276, a expressão "mero expediente" foi retirada do art. 1.001 do CPC/2015, utilizando-se atualmente a expressão "despacho". Os despachos são atos desprovidos de conteúdo decisório, como, por exemplo, a remessa dos autos ao contador.

3.1.2. Decisões interlocutórias

A decisão interlocutória é conceituada como todo pronunciamento judicial de natureza decisória que não seja sentença, que é o pronunciamento por meio do qual o juiz, com fundamento nos arts. 485 e 487 CPC/2015, põe fim à fase cognitiva do procedimento comum, bem como extingue a execução.

As decisões interlocutórias são dotadas de conteúdo decisório, mas não põem fim à fase de conhecimento, nem à execução.

Vale lembrar que, nos termos do art. 893, § 1º, da CLT, na Justiça do Trabalho as decisões interlocutórias são irrecorríveis de imediato. As exceções à regra da irrecorribilidade imediata das decisões interlocutórias encontram-se na súmula 214 do TST:

> Na Justiça do Trabalho, nos termos do art. 893, § 1º, da CLT, as decisões interlocutórias não ensejam recurso imediato, salvo nas hipóteses de decisão:
>
> a) de Tribunal Regional do Trabalho contrária à Súmula ou Orientação Jurisprudencial do Tribunal Superior do Trabalho;
>
> b) suscetível de impugnação mediante recurso para o mesmo Tribunal;
>
> c) que acolhe exceção de incompetência territorial, com a remessa dos autos para Tribunal Regional distinto daquele a que se vincula o juízo excepcionado, consoante o disposto no art. 799, § 2º, da CLT.

Outra exceção à regra da irrecorribilidade imediata das decisões interlocutórias se encontra no art. 855-A, § 1º, II, da CLT que ensina ser passível de interposição de agravo de petição a decisão na fase de execução acerca do incidente de desconsideração da personalidade jurídica. Vale dizer que a decisão de incidente de desconsideração da personalidade jurídica na fase de conhecimento não enseja a interposição de recurso imediato, art. 855-A, § 1º, I, da CLT.

3.1.3. Sentença

Nos termos do art. 203, § 1º, do CPC/2015, sentença é o pronunciamento por meio do qual o juiz, com fundamento nos arts. 485 e 487 do CPC/2015, põe fim à fase cognitiva do procedimento comum, bem como extingue a execução.

As decisões proferidas pelo Juiz do Trabalho, nos termos do art. 832 da CLT, deverão conter o nome das partes, o resumo do pedido e da defesa, a apreciação das provas, os fundamentos da decisão e a conclusão. A sentença que concluir pela procedência do pedido determinará o prazo e as condições para o seu cumprimento.

Os elementos essenciais da sentença estão dispostos no art. 489 CPC/2015.

Com relação à aplicabilidade da norma disposta no art. 489 CPC/2015 ao processo do trabalho, o TST editou a IN 39 que em seu art. 15 assim dispõe:

> Art. 15. O atendimento à exigência legal de fundamentação das decisões judiciais (CPC, art. 489, § 1º) no Processo do Trabalho observará o seguinte:
>
> I – por força dos arts. 332 e 927 do CPC, adaptados ao Processo do Trabalho, para efeito dos incisos V e VI do § 1º do art. 489 considera-se "precedente" apenas:
>
> a) acórdão proferido pelo Supremo Tribunal Federal ou pelo Tribunal Superior do Trabalho em julgamento de recursos repetitivos (CLT, art. 896-B; CPC, art. 1.046, § 4º);
>
> b) entendimento firmado em incidente de resolução de demandas repetitivas ou de assunção de competência;

c) decisão do Supremo Tribunal Federal em controle concentrado de constitucionalidade;

e) decisão do plenário, do órgão especial ou de seção especializada competente para uniformizar a jurisprudência do tribunal a que o juiz estiver vinculado ou do Tribunal Superior do Trabalho.

II – para os fins do art. 489, § 1º, incisos V e VI do CPC, considerar-se-ão unicamente os precedentes referidos no item anterior, súmulas do Supremo Tribunal Federal, orientação jurisprudencial e súmula do Tribunal Superior do Trabalho, súmula de Tribunal Regional do Trabalho não conflitante com súmula ou orientação jurisprudencial do TST, que contenham explícita referência aos fundamentos determinantes da decisão (ratio decidendi).

III – não ofende o art. 489, § 1º, inciso IV do CPC a decisão que deixar de apreciar questões cujo exame haja ficado prejudicado em razão da análise anterior de questão subordinante.

IV – o art. 489, § 1º, IV, do CPC não obriga o juiz ou o Tribunal a enfrentar os fundamentos jurídicos invocados pela parte, quando já tenham sido examinados na formação dos precedentes obrigatórios ou nos fundamentos determinantes de enunciado de súmula.

V – decisão que aplica a tese jurídica firmada em precedente, nos termos do item I, não precisa enfrentar os fundamentos já analisados na decisão paradigma, sendo suficiente, para fins de atendimento das exigências constantes no art. 489, § 1º, do CPC, a correlação fática e jurídica entre o caso concreto e aquele apreciado no incidente de solução concentrada.

VI – é ônus da parte, para os fins do disposto no art. 489, § 1º, V e VI, do CPC, identificar os fundamentos determinantes ou demonstrar a existência de distinção no caso em julgamento ou a superação do entendimento, sempre que invocar precedente ou enunciado de súmula.

3.2. Realização dos atos processuais

De acordo com o art. 770 da CLT, em regra, os atos processuais serão públicos, salvo quando o contrário determinar o interesse social, e deverão ser realizados nos dias úteis das 6 (seis) às 20 (vinte) horas. Vale ressaltar que a penhora poderá ser realizada aos domingos ou feriados mediante autorização expressa do Juiz do Trabalho.

3.2.1. Ato processual via fac-símile

Instituído pela Lei 9.800/1999, os atos processuais que necessitam ser feitos por petição escrita poderão ser realizados via fac-símile.

Reza o art. 2º da citada lei que a utilização de sistema não prejudica o cumprimento dos prazos, devendo os originais ser entregues em juízo, necessariamente, até 5 (cinco) dias da data do término do prazo estipulado para o ato. Já os atos praticados via fac-símile que não possuem prazo deverão ser entregues a via original dentro do prazo de 5 (cinco) dias contados da data recepção do material enviado.

A lei ensina, ainda, que aquele que fizer uso de sistema de transmissão torna-se responsável pela qualidade e fidelidade do material transmitido e por sua entrega ao órgão judiciário.

Sobre o tema, é importante destacar a súmula 387 do TST:

SÚMULA 387 TST. RECURSO. FAC-SÍMILE. LEI Nº 9.800/1999)

I – A Lei 9.800, de 26.05.1999, é aplicável somente a recursos interpostos após o início de sua vigência.

II – A contagem do quinquídio para apresentação dos originais de recurso interposto por intermédio de fac-símile começa a fluir do dia subsequente ao término do prazo recursal, nos termos do art. 2º da Lei 9.800, de 26.05.1999, e não do dia seguinte à interposição do recurso, se esta se deu antes do termo final do prazo.

III – Não se tratando a juntada dos originais de ato que dependa de notificação, pois a parte, ao interpor o recurso, já tem ciência de seu ônus processual, não se aplica a regra do art. 224 do CPC de 2015 (art. 184 do CPC de 1973) quanto ao "dies a quo", podendo coincidir com sábado, domingo ou feriado.

IV – A autorização para utilização do fac-símile, constante do art. 1º da Lei n.º 9.800, de 26.05.1999, somente alcança as hipóteses em que o documento é dirigido diretamente ao órgão jurisdicional, não se aplicando à transmissão ocorrida entre particulares.

3.3. Prazos processuais

Os prazos processuais contam-se a partir da data em que for feita pessoalmente, ou recebida, a notificação. Nos termos da súmula 16 do TST, presume-se recebida a notificação 48 (quarenta e oito) horas depois de sua postagem. O seu não recebimento ou a entrega após o decurso desse prazo constitui ônus de prova do destinatário. Em se tratando de edital, inicia-se na respectiva data.

Porém, é importante ter em mente que os prazos serão contabilizados excluindo o dia do começo e incluindo o dia do vencimento.

Nos termos do art. 775 da CLT os prazos processuais serão contados em dias úteis, com exclusão do dia do começo e inclusão do dia do vencimento, podendo ser prorrogados, pelo tempo estritamente necessário, quando o juízo entender necessário ou em virtude de força maior, devidamente comprovada.

Compete ao juízo a dilatação de prazos processuais, bem como a alteração da ordem de produção dos meios de prova, adequando-os às necessidades do conflito de modo a conferir maior efetividade à tutela do direito.

A súmula 262 adverte em seu item II que:

SÚMULA 262 TST.

[...]

II. O recesso forense e as férias coletivas dos Ministros do Tribunal Superior do Trabalho suspendem os prazos recursais.

Por fim, a Lei 13.545/2017 inseriu o art. 775-A ao diploma consolidado para tratar sobre a suspensão dos prazos processuais nos dias compreendidos entre 20 de dezembro e 20 de janeiro.

Durante esse período de suspensão dos prazos não se realizarão audiências nem sessões de julgamento, art. 775-A, § 2º, da CLT. No entanto, os juízes, os membros do Ministério Público, da Defensoria Pública e da Advocacia Pública e os auxiliares da Justiça exercerão suas atribuições, ressalvadas as férias individuais e os feriados instituídos por lei, em conformidade com o art. 775-A, § 1º, da CLT.

3.4. Nulidades processuais

Dispõe o art. 188 do CPC/2015 que os atos e termos processuais não dependem de forma determinada, salvo quando a lei expressamente a exigir, tendo como válidos os atos que, realizados de outro modo, alcancem sua finalidade essencial.

Nos domínios do processo do trabalho, a nulidade somente será declarada quando resultar dos atos que causem manifesto prejuízo às partes litigantes.

A nulidade do ato se dá quando lhe falta algum requisito que a lei ordena como necessário e pode ser classificado como: nulidade absoluta e nulidade relativa.

3.4.1. Nulidade absoluta

A nulidade absoluta ocorre sempre que o ato violar normas de ordem pública, ou seja, normas de interesse público, como, por exemplo, as regras de competência material e funcional. A nulidade absoluta poderá ser decretada ex officio pelo magistrado ou a requerimento da parte.

Importante lembrar a regra estabelecida no art. 795, § 1º, da CLT que determina que o magistrado declare ex officio a nulidade fundada em incompetência de foro. A incompetência de foro a que o dispositivo legal se refere é a competência material, que é absoluta, e não a competência territorial disposta no art. 651 da CLT, que é relativa.

Nesse caso, havendo a declaração da nulidade absoluta, serão considerados nulos os atos decisórios.

3.4.2. Nulidade relativa

Haverá nulidade relativa sempre que o ato violar normas de interesse privado e somente serão declaradas mediante provocação das partes, as quais deverão argui-las à primeira vez em que tiverem de falar em audiência ou nos autos, nos termos do art. 795 da CLT.

Importante ressaltar que não será pronunciada a nulidade do ato quando for possível repeti-lo ou mesmo suprir sua falta. Da mesma forma, não será declarada a nulidade do ato quando arguida por quem lhe tiver dado causa.

3.5. Audiência trabalhista

Na Justiça do Trabalho, as audiências serão públicas e deverão ser realizadas em dias úteis previamente fixados, entre 8 (oito) e 18 (dezoito) horas, e não poderão ultrapassar 5 (cinco) horas seguidas, salvo quando houver matéria urgente. Caso seja necessário, o magistrado poderá, ainda, realizar audiências extraordinárias.

O reclamante e o reclamado comparecerão à audiência acompanhados das suas testemunhas, apresentando, também, as demais provas.

No horário designado, o Juiz abrirá a audiência, convocando as partes, testemunhas e demais pessoas que devam comparecer.

De acordo com o § 1º do art. 815 da CLT com redação dada pela Lei 14.657/2023 caso, até 15 (quinze) minutos após a hora marcada, o juiz ou presidente não houver comparecido, os presentes poderão retirar-se, devendo o ocorrido constar do livro de registro das audiências.

Importante lembrar que tal hipótese será aplicável ao não comparecimento do Juiz à audiência e não a atraso na pauta de audiência.

No entanto, de acordo com o § 2º do art. 815 da CLT caso, até 30 (trinta) minutos após a hora marcada, a audiência, injustificadamente, não houver sido iniciada, as partes e os advogados poderão retirar-se, consignando seus nomes, devendo o ocorrido constar do livro de registro das audiências. Importante notar que a redação do citado dispositivo legal traz o termo "injustificadamente", ou seja, tal disposição será aplicável somente a atrasos injustificados da audiência.

Nessa hipótese, determina o § 3º do art. 815 da CLT que a audiência deverá ser remarcada pelo juiz ou presidente para a data mais próxima possível, vedada a aplicação de qualquer penalidade às partes.

Na audiência deverão estar presentes o reclamante e o reclamado, independentemente do comparecimento de seus representantes, salvo nos casos de reclamações plúrimas ou ações de cumprimento, quando os empregados poderão fazer-se representar pelo Sindicato de sua categoria.

O empregador poderá fazer-se substituir pelo gerente ou qualquer outro preposto que tenha conhecimento do fato, cujas declarações obrigarão o proponente.

Nos termos do art. 843, § 3º, da CLT o preposto não precisa ser empregado da parte reclamada. Como dito, na audiência deverão estar presentes ambas as partes. Nessa linha, é importante lembrar que o não comparecimento do reclamante à audiência importa o arquivamento da reclamação, art. 844 da CLT. Porém, se por doença ou qualquer outro motivo poderoso, devidamente comprovado, o reclamante não puder comparecer pessoalmente, poderá fazer-se representar por outro empregado que pertença à mesma profissão ou pelo seu sindicato. A presença de outro empregado ou do sindicato objetiva, exclusivamente, o não arquivamento da reclamação.

Na hipótese de ausência do reclamante, este será condenado ao pagamento das custas calculadas na forma do art. 789 da CLT, ainda que beneficiário da justiça gratuita, salvo se comprovar, no prazo de quinze dias, que a ausência ocorreu por motivo legalmente justificável, na forma do art. 844, § 2º, da CLT. Esse pagamento é condição para a propositura de nova demanda, art. 844, § 3º, da CLT. Importante frisar que a ADI 5766, proposta pela Procuradoria Geral da República que questionava a inconstitucionalidade desse dispositivo legal, foi julgada improcedente nesse item, considerando, portanto, a constitucionalidade da disposição legal. Já o não comparecimento do reclamado, em conformidade com a parte final do art. 844 da CLT, importa revelia, além de confissão quanto à matéria de fato.

Ocorrendo motivo relevante, poderá o juiz suspender o julgamento, designando nova audiência.

Pela redação do citado dispositivo legal poderíamos acreditar que a presença da parte reclamada (o próprio empresário, gerente ou preposto) é necessária/obrigatória, sendo que sua ausência implicaria em revelia e confissão fática. Isso ocorreria independente da presença do advogado, até mesmo porque sua figura é dispensável em razão do jus postulandi da parte.

Contudo, o § 5º do art. 844 da CLT ensina que ainda que ausente o reclamado, presente o advogado na audiência, serão aceitos a contestação e os documentos eventualmente apresentados.

A nova disposição legal acompanha o entendimento disposto pelo TRT da 2ª região, São Paulo que em 22 de maio de 2015 publicou sua primeira tese jurídica prevalecente, que assim dispõe:

TESE JURÍDICA PREVALECENTE Nº 01

Ausência da parte reclamada em audiência. Consequência processual. Confissão.

A presença de advogado munido de procuração revela animus de defesa que afasta a revelia. A ausência da parte reclamada à audiência na qual deveria apresentar defesa resulta apenas na sua confissão.

3.6. Despesas processuais

Na forma do art. 789 da CLT, de acordo com a redação dada pela Lei 13.467/2017, nos dissídios individuais e nos dissídios coletivos do trabalho, nas ações e procedimentos de competência da Justiça do Trabalho, bem como nas demandas propostas perante a Justiça Estadual, no exercício da jurisdição trabalhista, as custas relativas ao processo de conhecimento incidirão à base de 2% (dois por cento), observado o mínimo de R$ 10,64 (dez reais e sessenta e quatro centavos) e o máximo de quatro vezes o limite máximo dos benefícios do Regime Geral de Previdência Social, e serão calculadas da seguinte maneira:

a) Em caso de acordo ou condenação, as custas serão calculadas sobre o respectivo valor. Vale lembrar que, sempre que houver acordo, o pagamento das custas caberá em partes iguais aos litigantes se outra forma não for convencionada;

b) caso o processo seja extinto sem julgamento do mérito ou julgado totalmente improcedente, as custas serão calculadas sobre o valor da causa;

c) Nas ações declaratórias e constitutivas, também serão calculadas sobre o valor da causa;

d) Para as ações que o valor da condenação for indeterminado, deverá o magistrado fixar um valor.

De acordo com a lei anterior, não havia o limite máximo de incidência das custas. Assim, nos termos do art. 4º da IN 41/2018 do TST o atual art. 789, caput, da CLT aplica-se nas decisões que fixem custas, proferidas a partir da entrada em vigor da Lei 13.467/2017.

As custas serão pagas pelo vencido após o trânsito em julgado da decisão. No caso de recurso, serão pagas e comprovado o recolhimento dentro do prazo recursal, em conformidade com a súmula 245 do TST.

Nesse ponto cumpre destacar a Súmula 25 do TST, de acordo com a resolução 197/2015:

SÚMULA 25 TST – CUSTAS PROCESSUAIS. INVERSÃO DO ÔNUS DA SUCUMBÊNCIA.

I – A parte vencedora na primeira instância, se vencida na segunda, está obrigada, independentemente de intimação, a pagar as custas fixadas na sentença originária, das quais ficara isenta a parte então vencida;

II – No caso de inversão do ônus da sucumbência em segundo grau, sem acréscimo ou atualização do valor das custas e se estas já foram devidamente recolhidas, descabe um novo pagamento pela parte vencida, ao recorrer. Deverá ao final, se sucumbente, reembolsar a quantia;

III – Não caracteriza deserção a hipótese em que, acrescido o valor da condenação, não houve fixação ou cálculo do valor devido a título de custas e tampouco intimação da parte para o preparo do recurso, devendo ser as custas pagas ao final;

IV – O reembolso das custas à parte vencedora faz-se necessário mesmo na hipótese em que a parte vencida for pessoa isenta do seu pagamento, nos termos do art. 790-A, parágrafo único, da CLT.

No que diz respeito aos dissídios coletivos, o pagamento das custas será no importe de 2% calculados sobre o valor arbitrado pelo Juiz na decisão. Porém, reza o § 4º do art. 789 da CLT que nos dissídios coletivos as partes vencidas responderão solidariamente pelo pagamento das custas.

Sempre que houver acordo, se de outra forma não for convencionado, o pagamento das custas caberá em partes iguais aos litigantes, art. 789, § 3º, da CLT.

Por último, cabe ressaltar que no processo de execução as custas serão sempre de responsabilidade do executado e pagas ao final do processo.

3.6.1. Isenção

Nos termos do art. 790-A da CLT, além dos beneficiários da justiça gratuita – Lei 1.060/1950 – são isentos do pagamento de custas a União, os Estados, o Distrito Federal, os Municípios e respectivas autarquias e fundações públicas federais, estaduais ou municipais que não explorem atividade econômica e o Ministério Público do Trabalho.

É importante destacar que as isenções acima citadas não alcançam as entidades fiscalizadoras do exercício profissional, como, por exemplo, a OAB, CREA, entre outras.

A responsabilidade pelo pagamento dos honorários periciais é da parte sucumbente na pretensão objeto da perícia, salvo se beneficiária de justiça gratuita.

3.6.2. Empresa de Correios e Telégrafos – Correios

Nos termos do Decreto 509/1969 o então, Departamento dos Correios e Telégrafos (DCT) foi transformado em empresa pública, vinculada ao Ministério das Comunicações, com a denominação de Empresa Brasileira de Correios e Telégrafos.

O art. 12 do citado diploma normativo ensina que a ECT gozará de isenção de direitos de importação de materiais e equipamentos destinados aos seus serviços, dos privilégios concedidos à Fazenda Pública, quer em relação a imunidade tributária, direta ou indireta, impenhorabilidade de seus bens, rendas e serviços, quer no concernente a foro, prazos e custas processuais.

Portanto, em relação à prerrogativa de foro, prazos e custas processuais os correios são equiparados à Fazenda Pública, gozando, portanto, da regra disposta no art. 183 do CPC/2015 e, ainda, a isenção de despesas processuais prevista no art. 790-A da CLT.

3.7. Responsabilidade pelos honorários periciais

Nos termos do art. 790-B da CLT a responsabilidade pelo pagamento dos honorários periciais é da parte sucumbente na pretensão objeto da perícia, ainda que beneficiária da justiça gratuita.

Inovando e divergindo do entendimento cristalizado na súmula 457 do TST que entendia que a União seria responsável pelo pagamento dos honorários de perito quando a parte sucumbente no objeto da perícia for beneficiária da assistência judiciária gratuita, o atual § 4º do art. 790-B da CLT ensina que somente no caso em que o beneficiário da justiça gratuita não tenha obtido em juízo créditos capazes de suportar a despesa do pagamento dos honorários periciais, ainda que em outro processo, a União responderá pelo encargo.

O dispositivo legal mencionado foi objeto da ADI 5766, ajuizada pela Procuradoria Geral da República. No julgamento da ADI o STF decidiu ser indevido o pagamento de honorários periciais por beneficiários da justiça gratuita, caso percam a ação, ainda que obtenham créditos suficientes para o pagamento dessas custas em outra demanda trabalhista. O juízo não poderá exigir adiantamento de valores para realização de perícias, sob pena de praticar ato ilegal remediável via mandado de segurança.

Ao fixar o valor dos honorários periciais, o juízo deverá respeitar o limite máximo estabelecido pelo Conselho Superior da Justiça do Trabalho, sendo possível o deferimento dos honorários periciais.

3.8. Responsabilidade por dano processual

A responsabilidade por dano processual está intimamente ligada ao litigante de má-fé. A legislação prevê uma punição por litigância de má-fé à parte que agir dolosamente.

Nos termos do art. 793-A da CLT responde por perdas e danos aquele que litigar de má-fé como reclamante, reclamado ou interveniente. Essa responsabilidade será aplicada a todo aquele que participar do processo, seja como parte ou mesmo, interveniente, como por exemplo: perito ou até mesmo a testemunha que intencionalmente alterar a verdade dos fatos ou omitir fatos essenciais ao julgamento da causa, art. 793-D da CLT.

Em conformidade com o art. 793-B da CLT, considera-se litigante de má-fé aquele que:

I – deduzir pretensão ou defesa contra texto expresso de lei ou fato incontroverso;

II – alterar a verdade dos fatos;

III – usar do processo para conseguir objetivo ilegal;

IV – opuser resistência injustificada ao andamento do processo;

V – proceder de modo temerário em qualquer incidente ou ato do processo;

VI – provocar incidente manifestamente infundado;

VII – interpuser recurso com intuito manifestamente protelatório.

Nos termos do art. 793-C, caput, da CLT, a condenação por dano processual poderá ser requerida pela parte interessada, ou seja, pela parte que se sentir prejudicada ou até mesmo aplicada de ofício pelo juiz. A multa por litigância de má-fé deverá ser superior a 1% (um por cento) e inferior a 10% (dez por cento) do valor corrigido da causa. O litigante de má-fé deverá, ainda, arcar com os honorários advocatícios e com todas as despesas que efetuou.

Contudo, a condenação de que trata o art. 793-C, caput, da CLT, aplica-se apenas às ações ajuizadas a partir de 11 de novembro de 2017 (Lei 13.467/2017), é o que ensina o art. 8º da IN 41/2018 TST.

Sempre que o valor atribuído à causa for irrisório ou inestimável, a multa poderá ser fixada em até duas vezes o limite máximo dos benefícios do Regime Geral de Previdência Social.

Caso sejam dois ou mais os litigantes de má-fé, o juízo condenará cada um na proporção de seu respectivo interesse na causa ou solidariamente aqueles que se coligaram para lesar a parte contrária.

O valor da indenização será fixado pelo juízo ou, caso não seja possível mensurá-lo, liquidado por arbitramento ou pelo procedimento comum, nos próprios autos.

Por fim, cumpre esclarecer que a execução da multa por litigância de má-fé será processada nos mesmos autos.

Vale esclarecer que nos termos do art. 793-D da CLT, a multa em debate será aplicada à testemunha que intencionalmente alterar a verdade dos fatos ou omitir fatos essenciais ao julgamento da causa, apenas para ações ajuizadas a partir de 11 de novembro de 2017 (Lei 13.467/2017).

4. PARTES E PROCURADORES

4.1. Aspectos gerais

São 3 os elementos capazes de identificar uma ação. Assim, podemos dizer que duas ações são idênticas quando possuírem os mesmos elementos. São eles:

a) partes: sujeito ativo e sujeito passivo;

b) causa de pedir: corresponde aos fundamentos de fato – causa de pedir próxima – e aos fundamentos de direito – causa de pedir remota;

c) pedido: que consiste no provimento jurisdicional pretendido.

Podemos dizer que é parte no processo aquele que requer a tutela jurisdicional e, também, aquele contra quem a tutela é impetrada. São, portanto, exequente e executado, no processo de execução; embargante e embargado, em processos de embargos à execução e embargos de terceiro; impetrante e impetrado, em mandados de segurança; reconvinte e reconvindo, em reconvenção; e, nos domínios do processo do trabalho, reclamante e reclamado, nas reclamações trabalhistas.

4.2. Capacidade

Cumpre, primeiramente, salientar que capacidade processual não se confunde com capacidade de ser parte, tampouco com capacidade postulatória.

Capacidade de ser parte nada mais é do que a capacidade de direito, ou seja, é a aptidão para figurar como parte em um dos polos da relação processual e está disciplinada nos arts. 1º e 2º do CC. Desta forma, todas as pessoas físicas e jurídicas e alguns entes despersonalizados possuem capacidade de ser parte.

Já a capacidade processual é a aptidão para agir em juízo. Assim, toda pessoa que se acha no exercício dos seus direitos tem capacidade para estar em juízo, conforme reza o art. 70 do CPC/2015.

Destarte, uma vez verificada a capacidade de ser parte, deve-se analisar se aquele sujeito é capaz de praticar os atos processuais sozinho, sem o acompanhamento de outras pessoas, ou se necessitarão de assistência ou representação, conforme o caso.

Já a capacidade postulatória ou jus postulandi consiste na capacidade para prática de atos processuais em juízo que, em regra, pertence ao advogado devidamente inscrito na OAB e aos membros do Ministério Público.

Há, no entanto, casos em que não é exigida a capacidade postulatória para agir em juízo, como, por exemplo, nos juizados especiais cíveis, em que se dispensa a capacidade postulatória para o ajuizamento das ações cujo valor não exceda a 20 salários mínimos (art. 9º da Lei 9.099/1995). Outrossim, também dispensa-se a capacidade postulatória para a impetração de habeas corpus e, ainda, para propositura de reclamação trabalhista.

4.2.1. *Jus postulandi*

O jus postulandi encontra-se disciplinado no art. 791 da CLT, que ensina que empregados e os empregadores poderão reclamar pessoalmente perante a Justiça do Trabalho e acompanhar as suas reclamações até o final.

Dessa forma, temos que, no âmbito da Justiça do Trabalho, empregados e empregadores poderão, sem a presença de advogado, reclamar e acompanhar suas ações até o final, ou seja, poderão reclamar em juízo e interpor recurso pessoalmente.

Porém, para a interposição de recurso extraordinário para o STF deverá a parte fazê-lo por intermédio de um advogado, sob pena de não conhecimento do recurso.

A aplicação do jus postulandi já foi polêmica. Isso porque parte da doutrina entendia que a presença do advogado era dispensável somente na primeira e segunda instância trabalhista, excluindo a possibilidade de a própria parte apresentar recurso de revista, em face de sua natureza extraordinária.

Entretanto, como já exposto, em abril de 2010, o Tribunal Superior do Trabalho editou a súmula 425, estabelecendo que o jus postulandi das partes é limitado às Varas do Trabalho e aos Tribunais Regionais do Trabalho, não alcançando a ação cautelar, ainda que proposta em primeira instância, a ação rescisória e o mandado de segurança, bem como os recursos de competência do Tribunal Superior do Trabalho. Também é obrigatória a presença de advogado no processo de homologação de acordo extrajudicial, nos termos do art. 855-B da CLT.

4.3. Sucessão das partes

Sucessão das partes (ou sucessão processual) nada mais é que a substituição da parte do processo em decorrência da alteração de titularidade do direito material discutido em juízo. Como exemplo, podemos citar o caso de morte de uma das partes, hipótese em que haverá sua substituição pelo espólio ou pelos sucessores, nos termos do art. 110 do CPC/2015, devendo ser observada, igualmente, a regra disposta no art. 313, §§ 1º e 2º, do CPC/2015.

A sucessão processual não pode ser confundida com a substituição processual, também chamada de legitimidade extraordinária, que será estudada no item 4.8, a qual é conceituada como o fenômeno processual pelo qual alguém, autorizado por lei, atua em juízo como parte, em nome próprio, na defesa de interesse alheio.

Nos domínios do processo do trabalho, ocorrendo a morte do empregado, os dependentes poderão assumir o polo ativo.

Nesse sentido, dispõe o art. 1º da Lei 6.858/1980:

Art. 1º. Os valores devidos pelos empregadores aos empregados e os montantes das contas individuais do Fundo de Garantia do Tempo de Serviço e do Fundo de Participação PIS-PASEP, não recebidos em vida pelos respectivos titulares, serão pagos, em quotas iguais, aos dependentes habilitados perante a Previdência Social ou na forma da legislação específica dos servidores civis e militares, e, na sua falta, aos sucessores previstos na lei civil, indicados em alvará judicial, independentemente de inventário ou arrolamento.

§ 1º. As quotas atribuídas a menores ficarão depositadas em caderneta de poupança, rendendo juros e correção monetária, e só serão disponíveis após o menor completar 18 (dezoito) anos, salvo autorização do juiz para aquisição de imóvel destinado à residência do menor e de sua família ou para dispêndio necessário à subsistência e educação do menor.

§ 2º. Inexistindo dependentes ou sucessores, os valores de que trata este artigo reverterão em favor, respectivamente, do Fundo de Previdência e Assistência Social, do Fundo de Garantia do Tempo de Serviço ou do Fundo de Participação PIS-PASEP, conforme se tratar de quantias devidas pelo empregador ou de contas de FGTS e do Fundo PIS PASEP.

4.4. Representação processual

É a possibilidade de atuar no processo em nome de outrem. Consiste, portanto, na possibilidade de uma pessoa demandar em juízo em nome alheio, defendendo interesse alheio.

Logo, o representante age em nome do representado, defendendo interesse do próprio representado, não agindo na qualidade de parte.

A representação pode ser legal, nas hipóteses em que a lei indica o representante, como no art. 75, I, II e III, do CPC/2015, ou pode ser convencional ou voluntária, que é feita por vontade da parte, como nas hipóteses do art. 75, VIII, do CPC/2015.

A CLT, por sua vez, ensina que é facultado ao empregador fazer-se substituir pelo gerente ou qualquer outro preposto que tenha conhecimento do fato. Nos termos do art. 843, § 3º, da CLT o preposto não precisa ser empregado da parte reclamada.

Já o empregado que esteja doente ou não possa comparecer à audiência por qualquer outro motivo poderoso ou relevante poderá ser representado por outro empregado da mesma profissão ou pelo sindicato, que comparecerá à audiência informando o justo motivo para o não comparecimento do reclamante, com o fito de evitar o arquivamento do processo, nos termos do art. 843, § 2º, da CLT.

Com relação ao empregador doméstico, poderá este ser representado por qualquer pessoa da família.

Sobre o tema, importante a transcrição do art. 75 do CPC/2015.

Art. 75. Serão representados em juízo, ativa e passivamente:

I – a União, pela Advocacia-Geral da União, diretamente ou mediante órgão vinculado;

II – o Estado e o Distrito Federal, por seus procuradores;

III – o Município, por seu prefeito ou procurador;

IV – a autarquia e a fundação de direito público, por quem a lei do ente federado designar;

V – a massa falida, pelo administrador judicial;

VI – a herança jacente ou vacante, por seu curador;

VII – o espólio, pelo inventariante;

VIII – a pessoa jurídica, por quem os respectivos atos constitutivos designarem ou, não havendo essa designação, por seus diretores;

IX – a sociedade e a associação irregulares e outros entes organizados sem personalidade jurídica, pela pessoa a quem couber a administração de seus bens;

X – a pessoa jurídica estrangeira, pelo gerente, representante ou administrador de sua filial, agência ou sucursal aberta ou instalada no Brasil;

XI – o condomínio, pelo administrador ou síndico.

4.5. Mandato

Como visto, na Justiça do Trabalho as partes são dotadas de capacidade postulatória e poderão fazer uso do jus postulandi nos exatos termos do art. 791 da CLT e da súmula 425 do TST.

Porém, nos dissídios individuais os empregados e empregadores poderão fazer-se representar por intermédio do sindicato, advogado, inscrito na Ordem dos Advogados do Brasil. As partes constituirão procuradores mediante instrumento de mandato, ou seja, a procuração ad judicia, por meio da qual a parte lhe outorga os poderes.

Com relação ao mandato outorgado por pessoa jurídica, a Súmula 456 do TST dispõe:

SÚMULA 456 TST – REPRESENTAÇÃO. PESSOA JURÍDICA. PROCURAÇÃO. INVALIDADE. IDENTIFICAÇÃO DO OUTORGANTE E DE SEU REPRESENTANTE.

I – É inválido o instrumento de mandato firmado em nome de pessoa jurídica que não contenha, pelo menos, o nome do outorgante e do signatário da procuração, pois estes dados constituem elementos que os individualizam.

II – Verificada a irregularidade de representação da parte na instância originária, o juiz designará prazo de 5 (cinco) dias para que seja sanado o vício. Descumprida a determinação, extinguirá o processo, sem resolução de mérito, se a providência couber ao reclamante, ou considerará revel o reclamado, se a providência lhe couber (art. 76, § 1º, do CPC de 2015).

III – Caso a irregularidade de representação da parte seja constatada em fase recursal, o relator designará prazo de 5 (cinco) dias para que seja sanado o vício. Descumprida a determinação, o relator não conhecerá do recurso, se a providência couber ao recorrente, ou determinará o desentranhamento das contrarrazões, se a providência couber ao recorrido (art. 76, § 2º, do CPC de 2015).

Nos termos do art. 104 e § 1º, do CPC/2015, a representação em juízo é feita por meio do instrumento de mandato.

A súmula 395, I, do TST ensina ser válido o instrumento de mandato com prazo determinado que contém cláusula estabelecendo a prevalência dos poderes para atuar até o final da demanda, art. 105, § 4º, CPC/2015.

Se há previsão, no instrumento de mandato, de prazo para sua juntada, o mandato só tem validade se anexado ao processo o respectivo instrumento no aludido prazo.

O outorgado poderá substabelecer os poderes conferidos pelo outorgante, ou seja, transmitir os poderes para outros advogados. Assim, são válidos os atos praticados pelo substabelecido, ainda que não haja, no mandato, poderes expressos para substabelecer, nos termos da súmula 395, III, do TST.

Nesse sentido, verificada a irregularidade de representação por não ter o mandato sido anexado no prazo estabelecido ou se o substabelecimento é anterior à outorga passada ao substabelecente, deverá o juiz suspender o processo e designar prazo razoável para que seja sanado o vício, ainda que em instância recursal, é o que determina a súmula 395, item V, do TST.

Havendo mais de um advogado representando o empregado, poderão estes advogados requerer que as comunicações sejam feitas em nome de um determinado advogado. Nessa hipótese, o TST por meio da súmula 427, entende ser nula a comunicação em nome de outro profissional constituído nos autos.

Há de se ressaltar que é necessário que haja prejuízo à parte, sob pena de não ser reconhecida a nulidade do ato.

Contudo, a IN 39 do TST dispõe em seu art. 16:

"Para efeito de aplicação do § 5º do art. 272 do CPC, não é causa de nulidade processual a intimação realizada na pessoa de advogado regularmente habilitado nos autos, ainda que conste pedido expresso para que as comunicações dos atos processuais sejam feitas em nome de outro advogado, se o profissional indicado não se encontra previamente cadastrado no Sistema de Processo Judicial Eletrônico, impedindo a serventia judicial de atender ao requerimento de envio da intimação direcionada. A decretação de nulidade não pode ser acolhida em favor da parte que lhe deu causa (CPC, art. 276)."

É importante lembrar é inadmissível recurso firmado por advogado sem procuração juntada aos autos até o momento da sua interposição, salvo mandato tácito. Em caráter excepcional, casos reputados como urgentes, para evitar a prescrição, perempção e preclusão, art. 104 do CPC/2015, admite-se que o advogado, independentemente de intimação, exiba a procuração no prazo de 5 (cinco) dias após a interposição do recurso, prorrogável por igual período mediante despacho do juiz. Caso não a exiba no prazo, considera-se ineficaz o ato praticado e não se conhece do recurso.

Assim, verificada a irregularidade de representação da parte em fase recursal, em procuração ou substabelecimento já constante dos autos, o relator ou o órgão competente para julgamento do recurso designará prazo de 5 (cinco) dias para que seja sanado o vício. Descumprida a determinação, o relator não conhecerá do recurso, se a providência couber ao recorrente, ou determinará o desentranhamento das contrarrazões, se a providência couber ao recorrido.

4.5.1. Mandato tácito

Na Justiça do Trabalho admite-se o mandato tácito ou apud acta, ou seja, mandato constituído na própria ata de audiência, a requerimento do advogado com anuência da parte.

Desse modo dispõe o art. 791, § 3º, da CLT:

Art. 791 (...)

§ 3º A constituição de procurador com poderes para o foro em geral poderá ser efetivada, mediante simples registro em ata de audiência, a requerimento verbal do advogado interessado, com anuência da parte representada.

Importante ressaltar, contudo, que nos termos da Orientação Jurisprudencial 200 da SDI 1 do TST, é inválido o substabelecimento de advogado investido de mandato tácito.

Com relação à Fazenda Pública, ensina a Súmula 436 do TST:

SÚMULA 436 DO TST – REPRESENTAÇÃO PROCESSUAL. PROCURADOR DA UNIÃO, ESTADOS, MUNICÍPIOS E DISTRITO FEDERAL, SUAS AUTARQUIAS E FUNDAÇÕES PÚBLICAS. JUNTADA DE INSTRUMENTO DE MANDATO.

I – A União, Estados, Municípios e Distrito Federal, suas autarquias e fundações públicas, quando representadas em juízo, ativa e passivamente, por seus procuradores, estão dispensadas da juntada de instrumento de mandato e de comprovação do ato de nomeação.

II – Para os efeitos do item anterior, é essencial que o signatário ao menos declare-se exercente do cargo de procurador, não bastando a indicação do número de inscrição na Ordem dos Advogados do Brasil.

4.5.2. *Honorários advocatícios*

Como já estudado, na Justiça do Trabalho admite-se o jus postulandi da parte, previsto no art. 791 da CLT, não necessitando que a parte esteja representada por um advogado para que possa ingressar com uma ação na Justiça do Trabalho.

Por esse motivo, se as partes estiverem fazendo uso do jus postulandi, não serão devidos honorários advocatícios sucumbenciais.

Todavia, caso o advogado atue em qualquer lide trabalhista, seja ela de relação de emprego ou de relação de trabalho, seja em ação rescisória ou qualquer outra ação, se tiver atuação de advogado, serão devidos os honorários sucumbenciais fixados entre o mínimo de 5% (cinco por cento) e o máximo de 15% (quinze por cento).

Os honorários são devidos também nas ações contra a Fazenda Pública e nas ações em que a parte estiver assistida ou substituída pelo sindicato de sua categoria.

Nessa linha, dispõe o art. 791-A da CLT:

Art. 791-A. Ao advogado, ainda que atue em causa própria, serão devidos honorários de sucumbência, fixados entre o mínimo de 5% (cinco por cento) e o máximo de 15% (quinze por cento) sobre o valor que resultar da liquidação da sentença, do proveito econômico obtido ou, não sendo possível mensurá-lo, sobre o valor atualizado da causa.

Determina o § 2º do art. 791-A da CLT que ao fixar os honorários, o juízo observará:

I – o grau de zelo do profissional;

II – o lugar de prestação do serviço;

III – a natureza e a importância da causa;

IV – o trabalho realizado pelo advogado e o tempo exigido para o seu serviço.

4.5.2.1. *Sucumbência recíproca*

Na hipótese de procedência parcial, o juízo arbitrará honorários de sucumbência recíproca, vedada a compensação entre os honorários, art. 791-A, § 3º, da CLT.

Para melhor compreensão sobre o tema, imaginemos uma reclamação trabalhista em que o reclamante pleiteie 10 pedidos. Caso seu pedido seja julgado parcialmente procedente, obtendo êxito em 4 desses pedidos, certo é que nos outros 6 pedidos que foram julgados improcedentes, devendo arcar com os honorários sucumbenciais referentes a esses 6 pedidos. Importante frisar que é vedada a compensação dos honorários sucumbenciais.

4.5.2.2 *Direito intertemporal*

Todas as regras acima estudadas acerca dos honorários advocatícios somente serão aplicadas às ações que foram distribuídas após 11.11.2017, data em que a Lei 13.467/2017 (reforma trabalhista) entrou em vigor.

Nos termos do art. 6º da IN 41/2018 do TST tais regras serão aplicadas somente nas ações propostas após 11 de novembro de 2018. Nas ações propostas anteriormente, serão aplicadas as diretrizes do art. 14 da Lei 5.584/1970 e Súmulas 219 e 329 do TST.

Dessa forma, importante destacar as hipóteses de cabimento de honorários advocatícios na forma da Súmula 219 e 329 do TST, que serão aplicadas às ações que se iniciaram antes da entrada em vigor da Lei 13.467/2017 (reforma trabalhista) em 11 de novembro de 2017.

De acordo com as súmulas 219 e 329 do TST, excepcionalmente admite-se a condenação da parte sucumbente ao pagamento da verba honorária devida ao advogado.

Dispõe a Súmula 219 do TST, redação dada pela Resolução 204/2016:

SÚMULA 219 TST – HONORÁRIOS ADVOCATÍCIOS. HIPÓTESE DE CABIMENTO.

I – Na Justiça do Trabalho, a condenação ao pagamento de honorários advocatícios não decorre pura e simplesmente da sucumbência, devendo a parte, concomitantemente: a) estar assistida por sindicato da categoria profissional; b) comprovar a percepção de salário inferior ao dobro do salário mínimo ou encontrar-se em situação econômica que não lhe permita demandar sem prejuízo do próprio sustento ou da respectiva família (art. 14, § 1º, da Lei 5.584/1970).

II – É cabível a condenação ao pagamento de honorários advocatícios em ação rescisória no processo trabalhista.

III – São devidos os honorários advocatícios nas causas em que o ente sindical figure como substituto processual e nas lides que não derivem da relação de emprego.

IV – Na ação rescisória e nas lides que não derivem de relação de emprego, a responsabilidade pelo pagamento dos honorários advocatícios da sucumbência submete-se à disciplina do Código de Processo Civil (arts. 85, 86, 87 e 90).

V – Em caso de assistência judiciária sindical ou de substituição processual sindical, excetuados os processos em que a Fazenda Pública for parte, os honorários advocatícios são devidos entre o mínimo de dez e o máximo de vinte por cento sobre o valor da condenação, do proveito econômico obtido ou, não sendo possível mensurá-lo, sobre o valor atualizado da causa (CPC de 2015, art. 85, § 2º).

VI – Nas causas em que a Fazenda Pública for parte, aplicar--se-ão os percentuais específicos de honorários advocatícios contemplados no Código de Processo Civil.

Assim, em quatro situações os honorários advocatícios serão devidos, a saber:

a) assistência judiciárias prestada pelos sindicatos

Em regra, os honorários advocatícios na Justiça do Trabalho não decorrem da mera sucumbência, salvo nas hipóteses previstas no art. 14, § 1º, da Lei 5.584/1970. Segundo o posicionamento do TST, para que sejam devidos os honorários advocatícios é necessário que o empregado esteja representado por advogado do sindicato de sua categoria e, comprovar a percepção de salário inferior ao dobro do salário mínimo ou encontrar-se em situação econômica que não lhe permita demandar sem prejuízo do próprio sustento ou da respectiva família.

Dessa forma, para haver a condenação em honorários advocatícios, deverá o empregado estar assistido por advogado do sindicato e ser beneficiário da justiça gratuita. Assim, em conformidade com o item V da Súmula 219 do TST, exceção feita aos processos em que a Fazenda Pública for parte, em caso de assistência judiciária sindical, incluindo aqui a assistência nas ações que versam sobre "relação de emprego", os honorários advocatícios são devidos entre o mínimo de dez e o máximo de vinte por cento sobre o valor da condenação, ou do proveito econômico obtido ou, ainda, não sendo possível mensurá-lo, sobre o valor atualizado da causa.

b) ação rescisória

De acordo com o item II da Súmula 219 do TST, no processo do trabalho será cabível a condenação de honorários advocatícios em ação rescisória.

Como sabemos, de acordo com o entendimento consubstanciado na Súmula 425 do TST, o jus postulandi da parte não alcança a ação rescisória, devendo, portanto, as partes contratarem advogados para que defendam seus interesses.

Tendo em vista a necessidade de advogado para a propositura e acompanhamento da ação rescisória, se faz necessária a condenação em honorários advocatícios. Assim, de acordo com o item IV da Súmula 219 do TST, na ação rescisória e nas lides que não derivem de relação de emprego, a responsabilidade pelo pagamento dos honorários advocatícios da sucumbência submete-se à disciplina do Código de Processo Civil, sendo fixado entre 10% e 20%.

c) causas em que o ente sindical figure como substituto processual

Como estudado no item anterior, o substituto processual ou o legitimado extraordinariamente, autorizado por lei, atua em juízo como parte, em nome próprio, na defesa de interesse alheio.

Nos termos do art. 8º, III, da CF compete ao sindicato a defesa dos direitos e interesses coletivos ou individuais da categoria, inclusive em questões judiciais ou administrativas.

Assim, sempre que o sindicato figurar como substituto processual, como é o caso das ações de cumprimento, haverá condenação em honorários advocatícios. Ensina o item V da Súmula 219 do TST que em caso de substituição processual sindical, excetuados os processos em que a Fazenda Pública for parte, os honorários advocatícios são devidos entre o mínimo de dez e o máximo de vinte por cento sobre o valor da condenação, do proveito econômico obtido ou, não sendo possível mensurá-lo, sobre o valor atualizado da causa.

d) lides que não derivem da relação de emprego – (lides que derivam da relação de trabalho)

Lides que não derivem da relação de emprego são as lides decorrentes da relação de trabalho.

Ao entender que são devidos os honorários advocatícios nas lides que não derivem da relação de emprego, o TST acabou por determinar que os honorários advocatícios serão devidos nas ações que tratam das demais espécies de trabalho, com exceção da relação de emprego. Nas lides decorrentes de relação de trabalho, portanto, seriam devidos honorários advocatícios.

Assim, seriam devidos honorários advocatícios nas ações de trabalhadores avulsos, estagiários etc., por exemplo.

Sobre esse último tópico, importante trazer a determinação descrita na Instrução Normativa 27/2005 do TST em seu art. 5º, que assim dispõe:

Art. 5º Exceto nas lides decorrentes da relação de emprego, os honorários advocatícios são devidos pela mera sucumbência.

Dessa forma, o TST solidificou entendimento no item IV da Súmula 219 que na hipótese de lides que não derivem da relação de emprego, a responsabilidade pelo pagamento dos honorários advocatícios da sucumbência submete-se à disciplina dos arts. 85, 86, 87 e 90 do CPC/2015.

4.5.3 Honorários advocatícios sucumbenciais e justiça gratuita

O art. 791-A, § 4º, da CLT assim dispõe:

§ 4º. Vencido o beneficiário da justiça gratuita, desde que não tenha obtido em juízo, ainda que em outro processo, créditos capazes de suportar a despesa, as obrigações decorrentes de sua sucumbência ficarão sob condição suspensiva de exigibilidade e somente poderão ser executadas se, nos dois anos subsequentes ao trânsito em julgado da decisão que as certificou, o credor demonstrar que deixou de existir a situação de insuficiência de recursos que justificou a concessão de gratuidade, extinguindo-se, passado esse prazo, tais obrigações do beneficiário.

Referido dispositivo legal foi objeto da ADI 5766, ajuizada pela Procuradoria Geral da República perante o Supremo Tribunal Federal. De acordo com a corrente vencedora, as regras introduzidas pela Lei 13.467/2017 restringem os direitos fundamentais do acesso à Justiça e o direito fundamental da assistência judiciária gratuita. Assim, por maioria de votos o STF decidiu ser inconstitucional a necessidade de pagamento de honorários advocatícios sucumbenciais por beneficiários da justiça gratuita, caso percam a ação, ainda que obtenham créditos suficientes para o pagamento dessas custas em outra demanda trabalhista.

4.6. Assistência judiciária e justiça gratuita

Não se confunde gratuidade de justiça com assistência judiciária gratuita. Para aqueles que não têm condições de contratar advogado, o Estado confere o "benefício da Assistência Judiciária". Já para a parte que, possuindo ou não advogado, e não possui condições de arcar com os gastos do processo, será permitido os benefícios da justiça gratuita.

Nos termos do art. 5º, LXXIV, da CF, "o Estado prestará assistência jurídica integral e gratuita aos que comprovarem insuficiência de recursos."

A concessão da assistência judiciária gratuita vem regulada pela Lei 1.060/1950. No entanto, o art. 14 da Lei 5.584/1970 ensina que a assistência judiciária a que se refere a Lei 1.060/1950 será prestada pelo sindicato da classe ao trabalhador, ainda que não seja associado.

Determina o § 1º do citado art. 14 que a "assistência é devida a todo aquele que perceber salário igual ou inferior ao dobro do mínimo legal, ficando assegurado igual benefício ao trabalhador de maior salário, uma vez provado que sua situação econômica não lhe permite demandar, sem prejuízo do sustento próprio ou da família."

A assistência judiciária não se confunde com a justiça gratuita. Assim, é possível que um empregado não goze da assistência judiciária prestada pelo sindicato da classe, mas preencha os requisitos dispostos no art. 790, § 3º, da CLT e seja beneficiário da justiça gratuita.

Dispõe o art. 790, § 3º, da CLT:

"Art. 790.

§ 3º É facultado aos juízes, órgãos julgadores e presidentes dos tribunais do trabalho de qualquer instância conceder, a requerimento ou de ofício, o benefício da justiça gratuita, inclusive quanto a traslados e instrumentos, àqueles que perceberem salário igual ou inferior a 40% (quarenta por cento) do limite máximo dos benefícios do Regime Geral de Previdência Social."

O benefício da justiça gratuita será concedido à parte que comprovar insuficiência de recursos para o pagamento das custas do processo, nos termos do art. 790, § 4º, da CLT. Por meio do citado dispositivo legal, não prevalece a presunção pela mera declaração de miserabilidade da parte, devendo-se provar a insuficiência de recursos.

Sendo concedida a assistência judiciária, a parte gozará dos benefícios do art. 98, § 1º, CPC/2015, que determina:

"Art. 98.

§ 1º A gratuidade da justiça compreende:

I – as taxas ou as custas judiciais;

II – os selos postais;

III – as despesas com publicação na imprensa oficial, dispensando-se a publicação em outros meios;

IV – a indenização devida à testemunha que, quando empregada, receberá do empregador salário integral, como se em serviço estivesse;

V – as despesas com a realização de exame de código genético – DNA e de outros exames considerados essenciais;

VI – os honorários do advogado e do perito e a remuneração do intérprete ou do tradutor nomeado para apresentação de versão em português de documento redigido em língua estrangeira;

VII – o custo com a elaboração de memória de cálculo, quando exigida para instauração da execução;

VIII – os depósitos previstos em lei para interposição de recurso, para propositura de ação e para a prática de outros atos processuais inerentes ao exercício da ampla defesa e do contraditório;

IX – os emolumentos devidos a notários ou registradores em decorrência da prática de registro, averbação ou qualquer outro ato notarial necessário à efetivação de decisão judicial ou à continuidade de processo judicial no qual o benefício tenha sido concedido.

§ 2º A concessão de gratuidade não afasta a responsabilidade do beneficiário pelas despesas processuais e pelos honorários advocatícios decorrentes de sua sucumbência.

Quanto ao momento para ser feito o pedido da justiça gratuita, segundo o art. 99 CPC/2015 o pedido de gratuidade da justiça pode ser formulado na petição inicial, na contestação, na petição para ingresso de terceiro no processo ou em recurso.

Com relação ao pedido na fase recursal, importante a redação da Orientação Jurisprudencial 269 da SDI 1 do TST:

ORIENTAÇÃO JURISPRUDENCIAL 269 SDI 1 do TST: JUSTIÇA GRATUITA. REQUERIMENTO DE ISENÇÃO DE DESPESAS PROCESSUAIS. MOMENTO OPORTUNO.

I – O benefício da justiça gratuita pode ser requerido em qualquer tempo ou grau de jurisdição, desde que, na fase recursal, seja o requerimento formulado no prazo alusivo ao recurso;

II – Indeferido o requerimento de justiça gratuita formulado na fase recursal, cumpre ao relator fixar prazo para que o recorrente efetue o preparo (art. 99, § 7º, do CPC de 2015).

4.6.1. Assistência judiciária gratuita para pessoa jurídica

Uma vez mais, lembremos que o art. 5º, LXXIV, da CF dispõe que: "o Estado prestará assistência jurídica integral e gratuita aos que comprovarem insuficiência de recursos."

O texto constitucional, ao assegurar a assistência jurídica integral e gratuita, não distinguiu entre pessoas físicas ou jurídicas, conferindo tal garantia a todos aqueles que "comprovarem insuficiência de recursos". Isso porque, nos termos do art. 5º, caput, da CF, todos são iguais perante a lei.

O art. 98 do CPC/2015 ensina que toda pessoa natural ou jurídica, brasileira ou estrangeira, com insuficiência de recursos para pagar as custas, as despesas processuais e os honorários advocatícios tem direito à gratuidade da justiça, na forma da lei.

Com isso, o novo CPC põe fim em uma grande discussão doutrinária e positiva a jurisprudência consolidada na súmula 481 do STJ, determinando o direito à gratuidade da justiça às pessoas jurídicas.

Assim, dispõe o art. 98 do CPC/2015

Art. 98. A pessoa natural ou jurídica, brasileira ou estrangeira, com insuficiência de recursos para pagar as custas, as despesas processuais e os honorários advocatícios tem direito à gratuidade da justiça, na forma da que entendia ser devido os benefícios da justiça gratuita às pessoas jurídicas.

A comprovação de miserabilidade jurídica poderá ser feita por meio de documentos, como, por exemplo, balanços contábeis e imposto e renda, que comprovem a efetiva situação precária.

4.6.2. Poderes específicos do advogado para justiça gratuita

A partir de 26.06.2017 os advogados que pleitearem a concessão de assistência judiciária gratuita a seus clientes, sejam eles pessoas físicas ou jurídicas, devem ter procuração com poderes específicos para esse fim.

Essa regra, está de acordo com o CPC/2015 que em seu art. 105 proíbe ao advogado firmar compromisso e assinar declaração de hipossuficiência econômica, que devem constar de cláusula específica.

4.7. Litisconsórcio

Nas lições de Marcus Vinicius Rios Gonçalves (Novo Curso de Direito Processual Civil. 6. ed., vol. 1. São Paulo: Saraiva, 2009. p. 145), é "um fenômeno que ocorre quando duas ou mais pessoas figuram como autoras ou rés no processo. Se forem autoras, o litisconsórcio será ativo; se rés, passivo; se ambas, bilateral ou misto."

Nos domínios do processo do trabalho, o art. 842 da CLT assim dispõe:

> Art. 842. Sendo várias as reclamações e havendo identidade de matéria, poderão ser acumuladas num só processo, se se tratar de empregados da mesma empresa ou estabelecimento.

O dispositivo em apreço trata da reclamação trabalhista plúrima, ou seja, uma hipótese de litisconsórcio ativo.

Com relação ao litisconsórcio passivo, podemos citar como exemplo as demandas em que figuram como rés a empresa fornecedora de mão de obra e a tomadora de serviços. Veja a súmula 331, item IV, do TST.

Nos termos do art. 117 do CPC/2015 que modificou significadamente a disposição legal antiga determina que: "Os litisconsortes serão considerados, em suas relações com a parte adversa, como litigantes distintos, exceto no litisconsórcio unitário, caso em que os atos e as omissões de um não prejudicarão os outros, mas os poderão beneficiar"

Com isso, o art. 229 do CPC/2015 determina que os litisconsortes que tiverem diferentes procuradores, de escritórios de advocacia distintos, terão prazos contados em dobro para todas as suas manifestações, em qualquer juízo ou tribunal, independentemente de requerimento.

No entanto, por meio da OJ 310 da SDI 1, o TST se pronunciou para a inaplicabilidade do art. 229 CPC/2015 ao processo do trabalho, por ser com ele incompatível. Dispõe a citada OJ:

> ORIENTAÇÃO JURISPRUDENCIAL 310 da SDI do TST – LITISCONSORTES. PROCURADORES DISTINTOS. PRAZO EM DOBRO. ART. 229, CAPUT E §§ 1º E 2º, DO CPC DE 2015. ART. 191 DO CPC DE 1973. INAPLICÁVEL AO PROCESSO DO TRABALHO (atualizada em decorrência do CPC de 2015) – Res. 208/2016, DEJT divulgado em 22, 25 e 26.04.2016 inaplicável ao processo do trabalho a norma contida no art. 229, caput e §§ 1º e 2º, do CPC de 2015 (art. 191 do CPC/1973), em razão de incompatibilidade com a celeridade que lhe é inerente.

4.8. Substituição processual

Substituição processual ou legitimidade extraordinária pode ser conceituada como sendo o fenômeno processual pelo qual alguém, autorizado por lei, atua em juízo como parte, em nome próprio, na defesa de interesse alheio.

Nessa linha, dispõe o art. 18 do CPC/2015:

> Art. 18. Ninguém poderá pleitear direito alheio em nome próprio, salvo quando autorizado pelo ordenamento jurídico.
>
> Parágrafo único. Havendo substituição processual, o substituído poderá intervir como assistente litisconsorcial.

Esse ponto é fundamental para distinguir a substituição da representação processual. Isso porque, na representação, o representante não é parte, mas apenas a representa; ao passo, que na substituição processual, o substituto é parte no processo, seja na qualidade de autor, seja na qualidade de réu.

A CF/1988 estabelece, no art. 8º, III, que compete ao sindicato a defesa dos direitos e interesses coletivos ou individuais da categoria, inclusive em questões judiciais ou administrativas.

Essa legitimação extraordinária é irrestrita para que o sindicato atue em nome próprio na tutela de interesses da classe operária que defende.

Vale ressaltar o entendimento cristalizado na OJ 121 da SDI 1 do TST, que ensina: "o sindicato tem legitimidade para atuar na qualidade de substituto processual para pleitear diferença de adicional de insalubridade".

Por último, importante lembrar o entendimento disposto a primeira parte do item III da súmula 219 do TST, que determina o pagamento de honorários advocatícios nas causas em que o ente sindical figure como substituto processual.

5. DISSÍDIO INDIVIDUAL

5.1. Reclamação verbal ou escrita

Nos termos do art. 840 da CLT, a reclamação trabalhista poderá ser verbal ou escrita.

5.1.1. Reclamação verbal

Na reclamação trabalhista verbal (art. 840, § 2º, da CLT), o reclamante procura o próprio Tribunal Regional do Trabalho de sua região (Vara do Trabalho) e expõe seus motivos ao servidor. Uma vez verificada a possibilidade de ingresso na Justiça do Trabalho, a reclamação trabalhista deverá ser distribuída antes mesmo de sua redução a termo, em conformidade com o art. 93, XV, da CF e art. 786 da CLT.

Distribuída a reclamação verbal, o reclamante deverá, salvo motivo de força maior, apresentar-se, no prazo de 5 (cinco) dias, ao cartório ou à secretaria, para reduzi-la a termo, sob a pena de perder, pelo prazo de 6 meses, o direito de reclamar perante a Justiça do Trabalho, o que, nos termos do art. 731 da CLT, a doutrina costuma chamar de perempção provisória.

Reduzida a termo, o escrivão ou secretário, dentro de 48 horas, remeterá a segunda via do termo ao réu, notificando-o ao para comparecer à audiência.

Vale lembrar que, de acordo com o entendimento disposto no art. 841, caput, parte final, da CLT, entre a data do recebimento da notificação pela reclamada e a data designada para a audiência deverá ser obedecido o prazo mínimo de 5 (cinco) dias, sob pena de nulidade. Em se tratando de Fazenda Pública, esse prazo deverá ser contado em quádruplo, ou seja, entre a data do recebimento da notificação e a data da audiência deverá ser observado um lapso temporal de 20 (vinte) dias, nos termos do art. 1º, II, do Decreto-Lei 779/1969.

Nessa linha, presume-se recebida a notificação 48 (quarenta e oito) horas depois de sua postagem. O seu não recebimento ou a entrega após o decurso desse prazo constitui ônus de prova do destinatário, em conformidade com a súmula 16 do TST.

5.1.2. Reclamação escrita

A reclamação trabalhista escrita, em atendimento ao disposto no art. 840, § 1º, da CLT, sendo escrita, deverá conter a designação do juízo, a qualificação das partes, a breve exposição dos fatos de que resulte o dissídio, o pedido, que deverá ser certo, determinado e com indicação de seu valor, a data e a assinatura do reclamante ou de seu representante.

Novidade trazida pela reforma trabalhista diz respeito ao pedido que deverá ser certo, determinado e com indicação de seu valor.

Dessa forma, ao distribuir a reclamação trabalhista, tal como ocorria no procedimento sumaríssimo, deverá o autor fazer pedido certo, com a determinação dos respectivos valores.

Os pedidos que não atendam esse comando serão julgados extintos sem resolução do mérito, nos termos do art. 840, § 3º, da CLT.

Contudo, de acordo com a redação do art. 12, § 2º, da IN 41/2018 do TST, o valor da causa será estimado, observando-se, no que couber, o disposto nos arts. 291 a 293 do CPC, o que indica que nos pedidos o autor/reclamante poderá estimar o respectivo valor.

A reclamação escrita deverá ser formulada em duas vias e desde logo acompanhada dos documentos em que se fundar.

Assim como a reclamação verbal, o escrivão ou secretário, dentro de 48 horas, remeterá a segunda via da petição ao réu, notificando-o para comparecimento à audiência, que deverá ser marcada obedecendo ao prazo mínimo de 5 (cinco) dias, observada a regra do art. 1º, II, do Decreto-Lei 779/1969 para a Fazenda Pública.

5.2. Comissão de Conciliação Prévia

Estabelece o art. 625-D da CLT que qualquer demanda de natureza trabalhista será submetida à Comissão de Conciliação Prévia – CCP – se, na localidade da prestação de serviços, houver sido instituída a Comissão no âmbito da empresa ou do sindicato da categoria.

As Comissões de Conciliação Prévia não integram a estrutura da Justiça do Trabalho, que se encontra esculpida no art. 111 da CF, estudado no capítulo 2.

O dispositivo legal em questão estabelece, portanto, que qualquer reclamação trabalhista deve ser submetida à CCP antes de ser ajuizada, quando, na localidade da prestação de serviços, houver sido instituída tal comissão no âmbito da empresa ou do sindicato da categoria.

Ocorre que o art. 625-D da CLT foi objeto de duas Ações Diretas de Inconstitucionalidade – ADIs. A primeira delas, ADI 2139, ajuizada pelo PCdoB, PSB, PT e PDT; e a segunda, ADI 2160, ajuizada pela Confederação Nacional dos Trabalhadores no Comércio – CNTC.

A Suprema Corte decidiu por maioria de votos que as ações trabalhistas podem ser submetidas ao judiciário trabalhista mesmo antes de se submeter a questão à Comissão de Conciliação Prévia – CCP. Para os ministros da Suprema Corte, a decisão preserva o direito universal dos cidadãos de acesso à Justiça.

Desta forma, de acordo com a interpretação conferida ao dispositivo em questão pela Suprema Corte, a submissão de conflitos à Comissão de Conciliação Prévia não constitui condição da ação para o ajuizamento da reclamação trabalhista, não sendo possível a extinção do processo sem resolução do mérito em caso de ausência de tentativa de conciliação perante a CCP.

Qualquer interessado poderá apresentar seu pedido à Comissão, que uma vez provocada terá prazo de 10 (dez) dias para a realização da sessão de tentativa de conciliação. Não havendo realização da sessão de conciliação no aludido prazo, deverá ser entregue ao empregado declaração de tentativa de conciliação frustrada. Vale lembrar que o não comparecimento da parte na sessão de conciliação não implica revelia.

Submetida a demanda à Comissão de Conciliação Prévia e não prosperando a conciliação, deverá ser fornecida ao empregado e ao empregador declaração da tentativa conciliatória frustrada com a descrição de seu objeto, que deverá ser juntada à eventual reclamação trabalhista.

No entanto, caso seja aceita a conciliação, deverá ser lavrado termo que será assinado pelo empregado, pelo empregador ou seu proposto e pelos membros da Comissão. O termo de conciliação é título executivo extrajudicial e terá eficácia liberatória geral, exceto quanto às parcelas expressamente ressalvadas.

A partir da provocação da Comissão de Conciliação Prévia, independentemente da realização da sessão de conciliação, o prazo prescricional será suspenso e recomeçará a fluir a partir da tentativa frustrada de conciliação ou, se for o caso, do esgotamento do prazo de dez dias, quando lhe será entregue a declaração de conciliação frustrada.

5.3. Petição inicial trabalhista

Como já estudado, nos termos do art. 840, § 1º, da CLT, a reclamação trabalhista escrita deverá conter a designação do juiz da vara do trabalho, ou do juiz de direito, nas hipóteses do art. 112 da CF, a quem for dirigida, a qualificação completa das partes, conforme arts. 319 e 320 CPC/2015, em se tratando do reclamante, acrescido do nome da mãe e número da CTPS do reclamante, além de uma breve exposição dos fatos dos quais resultaram o dissídio, o pedido, que deverá ser certo, determinado e com indicação de seu valor, a data e a assinatura do reclamante ou de seu representante.

Como vimos, de acordo com a redação do art. 12, § 2º, da IN 41/2018 do TST, o valor da causa será estimado, observando-se, no que couber, o disposto nos arts. 291 a 293 do CPC, o que indica que nos pedidos o autor/reclamante poderá estimar o respectivo valor.

Vale destacar que a indicação do valor da causa na reclamação trabalhista é obrigatória para que se defina a qual procedimento a demanda será submetida. Para as causas cujo valor não exceda 40 salários mínimos, será observado o rito sumaríssimo previsto nos art. 852-A a 852-I da CLT; uma vez ultrapassado esse valor, ou seja, para causas cujo valor exceda 40 salários mínimos, deverá ser observado o procedimento ordinário.

Ao distribuir a reclamação trabalhista, tal como ocorria no procedimento sumaríssimo, deverá o autor fazer pedido certo, com a determinação dos respectivos valores.

Os pedidos que não atendam esse comando serão julgados extintos sem resolução do mérito, nos termos do art. 840, § 3º, da CLT.

5.3.1. Aditamento da petição inicial

Aditamento da petição inicial, previsto no art. 329, I, do CPC/2015, consiste na modificação do pedido ou da causa de pedir solicitada pelo reclamante antes da citação, independente de autorização da parte contrária.

A CLT é omissa em relação à possibilidade de aditamento da petição inicial, permitindo-se a aplicação subsidiária do diploma processual civil, em conformidade com o art. 769 da CLT e art. 15 CPC/2015.

Desta forma, nos domínios do direito processual do trabalho, admite-se que o aditamento da petição inicial seja feito até a audiência, antes da apresentação de resposta do réu.

Assim, uma vez realizado o aditamento da petição inicial, o juiz do trabalho designará nova audiência para que o réu possa contestar o novo pedido.

Vale lembrar que, apresentada resposta pelo réu, não será possível o aditamento, salvo com o consentimento daquele, em conformidade com o art. 329, II, do CPC/2015.

5.3.2. Emenda da petição inicial

Consiste na alteração ou correção da petição inicial, exigida pelo juiz quando este verificar que ela não preenche os requisitos exigidos pela lei processual ou que contém defeitos e irregularidades capazes de atrapalhar a apreciação do mérito da causa.

Dispõe o art. 321 do CPC/2015:

Art. 321: "O juiz, ao verificar que a petição inicial não preenche os requisitos dos arts. 319 e 320 ou que apresenta defeitos e irregularidades capazes de dificultar o julgamento de mérito, determinará que o autor, no prazo de 15 (quinze) dias, a emende ou a complete, indicando com precisão o que deve ser corrigido ou completado.

Desta forma, sempre que a petição inicial contiver lacunas, imperfeições ou omissões, e esses problemas puderem ser sanados, o juiz deverá permitir que a parte complete o pedido no prazo de 15 dias. Somente depois disso, se a parte não cumprir a exigência imposta pelo magistrado, é que este indeferirá a petição inicial, de acordo com o parágrafo único do mesmo dispositivo legal.

Nessa linha, o TST cristalizou o entendimento consubstanciado na súmula 263, que ensina que, com exceção das hipóteses previstas no art. 330 do CPC/2015, o indeferimento da petição inicial, por encontrar-se desacompanhada de documento indispensável à propositura da ação ou não preencher outro requisito legal, somente é cabível se, após intimada para suprir a irregularidade em 15 (quinze) dias, mediante indicação precisa do que deve ser corrigido ou completado, a parte não o fizer, em conformidade com o art. 321 do CPC/2015.

Tal regra não está contida na CLT, devendo ser aplicado o CPC de forma subsidiária ao processo do trabalho, em conformidade com o art. 769 da CLT e art. 15 CPC/2015.

Vale lembrar que no procedimento sumaríssimo, em decorrência da disposição contida no art. 852-B, I, da CLT, não é permitida a emenda da petição inicial trabalhista.

5.3.3. Recurso em face do indeferimento liminar da petição inicial

A decisão que indefere a petição inicial possui natureza terminativa, na medida em que extingue o processo sem resolução do mérito. Por essa razão, tal decisão desafia a interposição de recurso ordinário, nos termos do art. 895 da CLT.

Nessa linha, entendemos aplicável a regra disciplinada disposta no art. 331 do CPC/2015, que faculta a retratação do juiz no prazo de 5 dias, no caso de interposição de recurso pela parte. Da mesma sorte, em conformidade com o art. 3°, VIII, da IN 39/2016 do TST, com as adaptações pertinentes, aplica-se ao processo do trabalho a regra disposta no art. 485, § 7°, CPC/2015. Assim, interposto recurso ordinário em qualquer decisão que extinga o processo sem resolução do mérito, o juiz terá 5 (cinco) dias para retratar-se.

Desta forma, uma vez indeferida a petição inicial, poderá o autor interpor recurso ordinário no prazo de 8 dias, facultando a retratação do juiz acerca dessa decisão, deferindo o recebimento da petição inicial dando regular andamento ao processo.

5.4. Tutela provisória

No processo do trabalho, por força do art. 769 da CLT e art. 15 do CPC/2015 e, ainda, conforme art. 3°, VI, da IN 39 do TST poderá o juiz conceder tutela provisória, com fundamento nos arts. 294 a 311 do CPC/2015.

5.4.1. Tutelas de urgência

O CPC/2015 prevê como espécies do gênero tutela provisória: a) tutela de urgência, que pode possuir natureza cautelar ou antecipada, de caráter antecedente ou incidente, calcada como o próprio nome sugere, na urgência e b) tutela de evidência, calcada não na urgência, mas na evidência, ou seja, maior probabilidade do direito do reclamante.

Essas medidas objetivam assegurar e/ou satisfazer, desde logo, a pretensão do autor, em outras palavras, visam adiantar os efeitos da sentença.

As tutelas de urgência dependem de dois requisitos, quais sejam: probabilidade do direito e perigo de dano ou de risco ao resultado útil do processo, nos termos do art. 300 CPC/2015. Trata-se dos requisitos fumus boni iuris e periculum in mora.

A tutela de urgência pode ser concedida liminarmente ou após justificação prévia, nos termos do art. 300, § 2°, CPC/2015.

Para a concessão da tutela de urgência, poderá o juiz, conforme o caso, exigir caução real ou fidejussória idônea para ressarcir os danos que a outra parte possa vir a sofrer. A caução poderá ser dispensada se a parte economicamente hipossuficiente não puder oferecê-la.

5.4.1.1. Tutela antecipada

Trata-se de uma providência judicial que objetiva, antecipadamente, mediante o preenchimento de certos requisitos previstos em lei, a satisfação de um direito.

Assim, podemos dizer que trata-se de medida satisfativa que visa antecipar ao requerente, total ou parcialmente, os efeitos de sua pretensão final.

A tutela antecipada poderá ser incidental, quando requerida no curso de um processo ou antecedente, requerida antes de ser pedida a tutela final, ou seja, seu pedido final.

A apresentação da tutela antecipada incidental será feita por simples petição nos autos do processo em trâmite, dirigida ao juiz da causa, independentemente do pagamento de custas. Na petição deverá a parte interessada preencher os requisitos previstos no art. 300 CPC/2015 acima estudados.

Em se tratando de tutela antecipada antecedente, deverá ser requerida ao juízo competente para conhecer do pedido principal, nos termos do art. 299 CPC/2015 e seguirá as disposições contidas nos arts. 303 e 304 do CPC/2015.

5.4.1.1.1. Procedimento da tutela antecipada requerida em caráter antecedente

Nos casos em que a urgência for anterior à propositura da ação, a parte interessada elaborará seu pedido limitando-se ao requerimento da tutela antecipada, indicando, ainda, o pedido final de sua tutela, expondo as razões de seu direito que busca realizar, bem como do perigo de dano ou do risco ao resultado útil do processo.

Apresentada a petição e regularmente distribuída, o juiz poderá adotar dois caminhos. Caso entenda que não há elementos para a concessão de tutela antecipada, determinará a emenda da petição inicial em até 5 (cinco) dias, sob pena de ser indeferida, sendo o processo extinto sem resolução de mérito.

No entanto, caso entenda presentes os requisitos e conceda a tutela antecipada, o juiz ordenará ao autor que, no prazo de 15 (quinze) dias ou em outro prazo maior que o juiz fixar, adite a petição inicial, com a complementação de sua argumentação, a juntada de novos documentos e a confirmação do pedido de tutela final, sob pena de o processo ser extinto sem resolução do mérito.

Esse aditamento será feito no mesmo processo, não em autos apartados, não existindo a necessidade de novo pagamento de custas processuais.

Realizado o aditamento, o réu será notificado e intimado para a audiência de conciliação, nos termos do art. 841 da CLT. Não havendo acordo, será concedido prazo para apresentação de contestação.

A concessão da tutela antecipada possui natureza interlocutória e sendo assim, face ao disposto no art. 893, § 1º, da CLT não comportará a interposição de recurso, sendo permitido à parte a impetração de mandado de Segurança. No entanto, se a tutela antecipada for concedida na sentença, caberá a parte interessada interpor recurso ordinário.

Nesse sentido, ensina a Súmula 414 do TST:

> SÚMULA 414 TST – MANDADO DE SEGURANÇA. TUTELA PROVISÓRIA CONCEDIDA ANTES OU NA SENTENÇA
>
> I – A tutela provisória concedida na sentença não comporta impugnação pela via do mandado de segurança, por ser impugnável mediante recurso ordinário. É admissível a obtenção de efeito suspensivo ao recurso ordinário mediante requerimento dirigido ao tribunal, ao relator ou ao presidente ou ao vice-presidente do tribunal recorrido, por aplicação subsidiária ao processo do trabalho do artigo 1.029, § 5º, do CPC de 2015.
>
> II – No caso de a tutela provisória haver sido concedida ou indeferida antes da sentença, cabe mandado de segurança, em face da inexistência de recurso próprio.
>
> III – A superveniência da sentença, nos autos originários, faz perder o objeto do mandado de segurança que impugnava a concessão ou o indeferimento da tutela provisória.

Caso assim não proceda, o requerido sofrerá uma severa consequência, qual seja, o processo será extinto e a tutela concedida em caráter provisório tornar-se-á definitiva. Nesse caso, poderá a parte interessada pedir sua revisão no prazo de 2 anos, por meio de uma ação revisional, art. 304, § 5º, CPC/2015. Ultrapassado esse período a tutela não poderá ser revisada, tornando-se soberana.

Após esse lapso temporal de 2 anos, sustenta a doutrina de Mauro Shiavi (Manual de direito processual do trabalho.

10ª edição de acordo com o Novo CPC. São Paulo: LTr, 2016), embora não faça coisa julgada (art. 304, § 6º, CPC/2015) não se descarta a possibilidade de ação rescisória.

Contudo, Luiz Guilherme Marinoni Sergio Cruz Arenhart e Daniel Mitidiero (Novo Código de Processo Civil Comentado, São Paulo, RT, 2015) sustentam, em outras palavras, que a estabilização da tutela antecipada antecedente não é capaz de fazer coisa julgada, característica dos procedimentos de cognição exauriente. Vencidos os 2 anos da ação revisional, continuará sendo possível o exaurimento da cognição até que os prazos de decadência e prescrição operem sobre a esfera jurídica das partes.

A tutela antecipada conservará seus efeitos enquanto não revista, reformada ou invalidada por decisão de mérito proferida na ação de revisão.

5.4.1.2. Tutela cautelar

A tutela cautelar, denominada como ação cautelar no antigo Código de Processo Civil, é tratada pela nova legislação processual civil como espécie do gênero tutelas provisórias de urgência.

Trata-se de uma providência judicial que visa prevenir, conservar, defender ou assegurar a eficácia de um direito. Não objetiva a satisfação de um direito, como é o caso da tutela antecipada.

A tutela cautelar pressupõe a existência de outro pedido, denominado "pedido principal". Assim, as tutelas cautelares podem ser antecedentes, quando intentadas antes da propositura da ação principal, ou incidentais, quando requeridas depois de ajuizada a ação principal, nos termos do art. 294, parágrafo único, do CPC/2015.

Portanto, o CPC/2015 retirou o processo cautelar autônomo, inserindo a tutela cautelar como espécie de tutela de urgência, que é tratada, especificamente, em seus 300 a 302 e 305 a 310.

Pelo sistema do atual CPC não há necessidade de um processo autônomo. Em se tratando de tutela de urgência incidental, basta que a parte interessada apresente no processo que já está em curso uma petição apontando os requisitos e solicitando uma medida de urgência, art. 301 CPC/2015, sem necessidade de pagamento de custas ou juntada de cópias. Em se tratando de tutela cautelar preparatória ou antecedente, deverá ser requerida ao juízo competente para conhecer do pedido principal, nos termos do art. 299 CPC/2015 e seguirá as disposições contidas nos arts. 305 a 310 do CPC/2015.

5.4.1.2.1. Procedimento da tutela cautelar requerida em caráter antecedente

A ação cautelar por possuir rito especial não seguirá o procedimento previsto na CLT. Deverá seguir o procedimento previsto no Código de Processo Civil, a teor da IN 27/2005, que em seu art. 1º, ensina:

> Art. 1º As ações ajuizadas na Justiça do Trabalho tramitarão pelo rito ordinário ou sumaríssimo, conforme previsto na Consolidação das Leis do Trabalho, excepcionando-se, apenas, as que, por disciplina legal expressa, estejam sujeitas a rito especial, tais como o mandado de segurança, habeas corpus, habeas data, ação rescisória, ação cautelar e ação de consignação em pagamento.

A parte formulará pedido requerendo que se assegure/resguarde o bem da vida objeto do processo. A petição deverá indicar as razões de seu direito com a exposição sumária do direito que se objetiva assegurar, bem como o perigo de dano ou o risco ao resultado útil do processo. O pedido principal pode ser formulado conjuntamente com o pedido de tutela cautelar. Não se trata de obrigatoriedade como no caso de tutela antecipada.

Caso o Juiz entenda que o pedido tem natureza de tutela antecipada e não cautelar, observará o regramento disposto no art. 303 CPC/2015, ou seja, procedimento da tutela antecipada.

Apresentado o pedido de tutela cautelar e sendo ele indeferido, salvo se por motivo de reconhecimento de decadência ou de prescrição, poderá a parte formular o pedido principal.

Concedido o pedido cautelar, o réu será citado para, no prazo de 5 (cinco) dias, contestar o pedido e indicar as provas que pretende produzir. No entanto, caso o requerido não conteste o pedido, os fatos alegados pelo autor serão presumidos aceitos pelo réu como ocorridos, devendo o juiz decidir a questão em 5 (cinco) dias.

Uma vez contestado o pedido, observar-se-á o procedimento comum com apresentação de provas, se o Juiz entender necessário, e consequente prolação de decisão.

Uma vez concedida a tutela cautelar, deverá o autor, caso não tenha formulado o pedido principal na petição inaugural, formulá-lo no prazo de 30 (trinta) dias. O pedido será formulado nos mesmos autos, não estando sujeito ao adiantamento de novas custas processuais.

Apresentado o pedido principal, as partes serão intimadas para a audiência de conciliação, por seus advogados ou pessoalmente, sem necessidade de nova citação do réu.

Não havendo acordo, o juiz abrirá prazo de 15 dias para contestação.

A eficácia da tutela cautelar concedida em caráter antecedente será extinta em 3 situações:

I. caso o autor não deduza o pedido principal no prazo legal;

II. caso a tutela cautelar não seja efetivada dentro de 30 (trinta) dias; ou

III. se o juiz julgar improcedente o pedido principal formulado pelo autor ou extinguir o processo sem resolução de mérito.

Nesses casos, é vedado à parte renovar o pedido, salvo sob novo fundamento.

5.4.1.2.2. Requisitos específicos

De acordo com o art. 300 do CPC/2015 são requisitos para a concessão da tutela provisória cautelar: a probabilidade do direito e o perigo de dano ou o risco ao resultado útil do processo.

Trata-se da presença de fumus boni iuris, que consiste na probabilidade da existência do direito alegado, e do periculum in mora, ou seja, que a demora na prestação jurisdicional possa causar ao autor danos irreparáveis ou de difícil reparação.

5.4.1.2.3. Espécies de medidas cautelares

Dispõe o art. 301 CPC/2015:

Art. 301. A tutela de urgência de natureza cautelar pode ser efetivada mediante arresto, sequestro, arrolamento de bens, registro de protesto contra alienação de bem e qualquer outra medida idônea para asseguração do direito.

O atual CPC não traduz o que vem a ser e quando serão adotadas as espécies de cautelares especificadas no dispositivo estudado. Nessa linha, importante é a análise do CPC/1973 que dispunha sobre a finalidade de tais medidas.

Dessa forma, ensina o ilustre professor Cássio Scarpinella Bueno (Manual de Direito Processual Civil: inteiramente estruturado à luz do novo CPC – Lei 13.105/2015, Saraiva, 2015):

"E para o prezado leitor que quer saber o que está por trás dos nomes empregados pelo art. 301, não custa saciar a sua curiosidade, levando em conta o que, nessa perspectiva, sempre foi bem aceito pela doutrina e jurisprudência do CPC/1973, quanto às finalidades daquelas medidas: arresto é (era) medida que quererá salvaguardar o resultado útil do cumprimento de sentença ou do processo de execução em se tratando de obrigações de pagar dinheiro; sequestro tem (tinha) finalidade idêntica só que dizendo respeito a obrigações de entrega de coisa; arrolamento de bens é (era) medida destinada à identificação e à conservação de bens e protesto contra alienação de bens, a comunicação formal de uma determinada manifestação de vontade, aqui, a alienação patrimonial."

Em suma, para a completa compreensão do art. 301 CPC/2015 deveremos nos socorrer das técnicas dispostas no CPC/1973.

5.4.1.2.3.1 Arresto

A medida cautelar de arresto consiste na apreensão judicial de bens do devedor, capazes de garantir o pagamento da dívida líquida e certa, devidamente demonstrada.

Nas lições do antigo CPC, será possível o pedido de arresto:

a) quando o devedor sem domicílio certo intenta ausentar-se ou alienar os bens que possui, ou deixa de pagar a obrigação no prazo estipulado;

b) quando o devedor que tem domicílio se ausenta ou tenta ausentar-se furtivamente;

c) quando o devedor que tem domicílio, caindo em insolvência, aliena ou tenta alienar bens que possui; contrai ou tenta contrair dívidas extraordinárias; põe ou tenta pôr os seus bens em nome de terceiros; ou comete outro qualquer artifício fraudulento, a fim de frustrar a execução ou lesar credores;

d) quando o devedor, que possui bens de raiz, intenta aliená-los, hipotecá-los ou dá-los em anticrese, sem ficar com algum ou alguns, livres e desembargados, equivalentes às dívidas.

Nota-se que é essencial para a procedência do pedido de arresto que o credor demonstre a liquidez e certeza do débito.

Nos domínios do processo do trabalho, o Juiz do Trabalho não exigirá caução, em face da hipossuficiência do trabalhador e a consequente incompatibilidade com as normas processuais trabalhistas.

5.4.1.2.3.2 Sequestro

No arresto, estudado acima, como a execução está ligada a uma quantia, ou seja, um valor, não se objetiva a busca de um determinado bem, mas sim de quaisquer bens que garantam a dívida. Diferentemente, o sequestro presta-se à preservação de determinados e específicos bens, sobre os quais incidam o litígio e que estejam em risco.

Nessa linha, determinava o art. 822 do CPC/1973:

> Art. 822. O juiz, a requerimento da parte, pode decretar o sequestro:
>
> I – de bens móveis, semoventes ou imóveis, quando lhes for disputada a propriedade ou a posse, havendo fundado receio de rixas ou danificações;
>
> II – dos frutos e rendimentos do imóvel reivindicando, se o réu, depois de condenado por sentença ainda sujeita a recurso, os dissipar. (...)

5.4.2. Tutela da evidência

Disciplinada no art. 311 do CPC/2015, aplicável ao processo do trabalho, em conformidade com o art. 3º da IN 39 TST, a tutela de evidência será deferida pelo juiz independentemente da demonstração de perigo de dano ou de risco ao resultado útil do processo, como na tutela de urgência. Na tutela de evidência o interessado deverá demonstrar a maior probabilidade, ou seja, deverá demonstrar a verossimilhança, plausibilidade do seu direito.

De acordo com o citado dispositivo legal existem 4 hipóteses que a tutela de urgência será concedida, a saber:

> I. ficar caracterizado o abuso do direito de defesa ou o manifesto propósito protelatório da parte;
>
> II. sempre que as alegações de fato puderem ser comprovadas apenas documentalmente e houver tese firmada em julgamento de casos repetitivos ou em súmula vinculante;
>
> III. quando se tratar de pedido reipersecutório fundado em prova documental adequada do contrato de depósito, caso em que será decretada a ordem de entrega do objeto custodiado, sob cominação de multa;
>
> IV. a petição inicial for instruída com prova documental suficiente dos fatos constitutivos do direito do autor, a que o réu não oponha prova capaz de gerar dúvida razoável.

Importante, porém, ressaltar que em se tratando das hipóteses trazidas pelos incisos II e III, a tutela de evidência poderá ser deferida liminarmente, ou seja, antes e independentemente da oitiva da parte adversa.

5.4.3. Duração da tutela provisória

Por conta de sua provisoriedade, como o próprio nome sugere, a tutela provisória ora estudada, em qualquer uma de suas modalidades, podem ser revogadas ou modificadas a qualquer tempo.

No entanto, poderá ocorrer a perpetuação ou estabilização da tutela concedida, na hipótese já estudada prevista no art. 304 do CPC/2015.

5.5 Audiência trabalhista

Como no processo do trabalho não há o despacho de recebimento da petição inicial da reclamação trabalhista por parte do juiz do trabalho, uma vez distribuída a petição inicial o Diretor da Vara ou mesmo a distribuição eletrônica, designará a data da audiência, notificando as partes dessa data, bem como das consequências do não comparecimento em audiência e, ainda, sobre o comparecimento das testemunhas.

Sob pena de nulidade, entre a data do recebimento da notificação e a data designada para a audiência deverá ser respeitado um prazo mínimo de 5 dias, para que a reclamada possa preparar sua resposta/defesa e contatar as testemunhas

que pretende levar em audiência, nos termos do art. 841 da CLT.

As audiências deverão ocorrer entre as 8 e 18 horas e não poderão ultrapassar 5 horas seguidas, salvo quando houver matéria urgente, em conformidade com o art. 813 da CLT.

À hora marcada, o juiz declarará aberta a audiência, sendo feita pelo secretário ou escrivão a chamada das partes, testemunhas e demais pessoas que devam comparecer.

Se, até 15 (quinze) minutos após a hora marcada, o juiz ou presidente não houver comparecido, os presentes poderão retirar-se, devendo o ocorrido constar do livro de registro das audiências. Importante notar que essa tolerância é dada para os casos em que o juiz deixa de comparecer à audiência, não se aplicando para casos de atrasos na pauta de audiência do juiz.

Na audiência deverão estar presentes o reclamante e o reclamado, independentemente do comparecimento de seus advogados, salvo nos casos de Reclamatórias Plúrimas ou Ações de Cumprimento, quando os empregados poderão fazer-se representar pelo Sindicato de sua categoria.

É facultado ao empregador fazer-se substituir pelo gerente, ou qualquer outro preposto que tenha conhecimento do fato, e cujas declarações obrigarão o proponente. Nos termos do art. 843, § 3º, da CLT o preposto não precisa ser empregado da reclamada.

O não comparecimento do reclamante à audiência importará no arquivamento da reclamação trabalhista, possibilitando o ajuizamento de nova reclamação, devendo arcar com as custas do processo, ainda que beneficiário da justiça gratuita, salvo se comprovar, no prazo de quinze dias, que a ausência ocorreu por motivo legalmente justificável. O pagamento das custas é condição para a propositura de nova demanda, art. 844, §§ 2º e 3º. Importante destacar que o citado dispositivo legal foi objeto da ADI 5766, ajuizada pela Procuradoria Geral da República que entendeu, por maioria de votos, pela constitucionalidade do presente dispositivo.

Contudo, caso dê causa a novo arquivamento seguido por não comparecimento em audiência, sofrerá os efeitos da perempção provisória disposta no art. 732 da CLT, no qual perderá por 6 meses o direito de propor nova ação. Ultrapassado esse período e respeitado o prazo de prescrição, poderá ingressar com nova reclamação trabalhista.

Se por doença ou qualquer outro motivo poderoso, devidamente comprovado, não for possível ao empregado comparecer pessoalmente, poderá fazer-se representar por outro empregado que pertença à mesma profissão, ou pelo seu sindicato. Nessa hipótese, o empregado da mesma profissão ou sindicato, terão apenas o papel de evitar o arquivamento da reclamação e não para realizar a audiência em si.

Vale frisar que a ausência do reclamante à audiência apenas terá esse efeito em se tratando da audiência inaugural ou havendo o fracionamento da audiência se a reclamada não tiver apresentado sua contestação.

Nessa linha, ensina a Súmula 9 do TST:

SÚMULA 9 TST – AUSÊNCIA DO RECLAMANTE

A ausência do reclamante, quando adiada a instrução após contestada a ação em audiência, não importa arquivamento do processo.

O não comparecimento da reclamada, inclusive a pessoa jurídica de Direito Público (OJ 152 da SDI 1 do TST) importará na revelia, além de confissão quanto à matéria de fato, nos termos do art. 844 da CLT, parte final.

Vale lembrar que, ainda que ausente o reclamado, presente o advogado na audiência, serão aceitos a contestação e os documentos eventualmente apresentados, nos termos do art. 844, § 5º, da CLT.

Art. 844.

§ 5º. Ainda que ausente o reclamado, presente o advogado na audiência, serão aceitos a contestação e os documentos eventualmente apresentados.

Contudo, dispõe o § 4º do art. 844 da CLT:

Art. 844.

§ 4º. A revelia não produz o efeito mencionado no caput deste artigo se:

I – havendo pluralidade de reclamados, algum deles contestar a ação;

II – o litígio versar sobre direitos indisponíveis;

III – a petição inicial não estiver acompanhada de instrumento que a lei considere indispensável à prova do ato;

IV – as alegações de fato formuladas pelo reclamante forem inverossímeis ou estiverem em contradição com prova constante dos autos.

Aberta a audiência, o juiz proporá a conciliação. Trata-se de proposta obrigatória, cuja ausência poderá ocasionar na nulidade do processo, art. 846 da CLT.

Celebrado o acordo, será lavrado o termo de conciliação que possui natureza de título executivo judicial. A decisão que homologa o acordo não poderá ser objeto de recurso pelas partes, tendo em vista que transita em julgado imediatamente. Apenas o INSS poderá apresentar recurso para impugnar as contribuições sociais devidas. No entanto, se for o caso, poderão as partes ingressar com ação rescisória, em conformidade com a Súmula 259 do TST.

Caso não haja acordo o juiz abrirá prazo de 20 minutos para que a reclamada apresente sua resposta.

Em seguida, o reclamante poderá se manifestar em réplica acerca da reposta da reclamada no prazo assinalado pelo juiz.

Posteriormente, serão ouvidas as partes e testemunhas. Terminada a instrução, poderão as partes aduzir razões finais, em prazo não excedente de 10 (dez) minutos para cada uma. Em seguida, o juiz ou presidente renovará a proposta de conciliação, e não se realizando esta, será proferida a decisão.

5.6. Respostas

Nos termos do art. 841 da CLT, após recebida e protocolada a reclamação, uma segunda via da petição será enviada ao réu, que, no mesmo ato, será notificado para comparecer à audiência.

5.6.1. Exceção de incompetência territorial/relativa

Nos termos do art. 651 da CLT a reclamação deverá ser proposta na localidade em que o empregado prestou serviços.

Contudo, caso o reclamante não obedeça a citada disposição legal, poderá a reclamada nos termos do art. 800 da CLT oferecer exceção de incompetência territorial.

A exceção de incompetência territorial deverá ser apresentada no prazo de cinco dias a contar da notificação, antes da audiência e em peça que sinalize a existência desta exceção, devendo instruí-la com as provas necessárias. Ultrapassado o prazo, a matéria estará preclusa, não podendo o reclamado fazê-lo em audiência. Protocolada a petição, o processo ficará suspenso, ficando suspenso também o prazo prescricional.

A audiência inicialmente designada não irá ocorrer até que se decida a exceção de incompetência.

Apresentada a exceção, os autos serão imediatamente conclusos ao juiz, que intimará o reclamante e, se existentes, os litisconsortes, para manifestação no prazo comum de cinco dias. Caso entender necessária a produção de prova oral, o juízo designará audiência, garantindo o direito de o excipiente e de suas testemunhas serem ouvidos, por carta precatória, no juízo que este houver indicado como competente.

Uma vez decidida a exceção de incompetência territorial, o processo retomará seu curso, com a designação de audiência, a apresentação de defesa e a instrução processual perante o juízo competente.

Dessa forma, rejeitada a exceção de incompetência, o processo continuará com seu curso normal no local de ajuizamento da reclamação trabalhista. Por possuir natureza jurídica de decisão interlocutória não poderá ser objeto de impugnação por meio de recurso, tendo em vista a regra disposta no art. 893, § 1º, da CLT.

Todavia, se acolhida, o processo será remetido ao foro competente para prosseguimento do feito no local correto. Caso a decisão de acolhimento da exceção de incompetência remeta os autos para localidade pertencente a TRT distinto daquele em que foi inicialmente a reclamação foi distribuída, será recorrível de imediato, mediante recurso ordinário, na forma da súmula 214, c, do TST. No entanto, caso seja acolhida a medida e os autos remetidos à localidade pertencente ao mesmo TRT, não será cabível a interposição de recurso.

Contudo, nos termos do art. 11 da IN 41/2018 do TST a exceção de incompetência territorial, é imediatamente aplicável aos processos trabalhistas em curso, desde que o recebimento da notificação seja posterior a 11 de novembro de 2017 (Lei 13.467/2017).

5.6.2. Defesa simplificada da Reclamada

Caso a reclamada não ofereça a exceção de incompetência territorial na forma estudada, aberta a audiência e com a recusa das partes em fazer acordo, o juiz abrirá prazo de 20 minutos para que o réu apresente sua resposta.

O reclamado poderá assim apresentar como respostas: contestação, exceção, que poderá ser de impedimento ou suspeição e, por último, reconvenção.

A forma de defesa simplificada tratada pelo CPC/2015 está intimamente ligada com seu fim que é a simplificação dos atos processuais, o que culminará na efetividade da prestação jurisdicional.

São formas de resposta da reclamada em audiência: contestação, e a reconvenção. As partes (reclamante e reclamado) podem, ainda, apresentar exceção de suspeição e exceção de impedimento. O CPC/1973 determinava que cada uma delas fossem apresentadas em peças separadas. No processo trabalhista, em razão do princípio da informalidade, admitia-se a exceção de incompetência territorial no bojo da contestação.

Pela nova regra processual, as exceções de impedimento e suspeição, nos termos do art. 146 do CPC/2015 deverão ser apresentadas no prazo de 15 (quinze) dias, a contar do conhecimento do fato. A nova regra permite que elas sejam apresentadas em petição específica dirigida ao juiz do processo, devendo a parte indicar o fundamento da recusa, instruindo a peça com documentos e com rol de testemunhas.

De acordo com o CPC/2015 a contestação se tornou a única modalidade de defesa do réu. A contestação será apresentada na forma dos arts. 335 a 342 do CPC/2015. O art. 337 traz o rol de matérias que podem ser apresentadas como preliminar.

O art. 343 do CPC/2015 traz a possibilidade de apresentação da reconvenção na própria contestação. Assim, a reconvenção será proposta no corpo da contestação, sem a necessidade de peça autônoma. Essa regra não modificará sua natureza jurídica, que continua sendo de ação.

De toda forma, o CPC/2015 simplificou a forma de apresentação de defesa do réu, contribuindo para um processo mais célere e consequentemente mais efetivo, razão pela qual deverá ser aplicada ao processo do trabalho, com exceção da regra disposta no art. 335 CPC/2015 que trata do prazo da contestação e do art. 340 CPC/2015 que permite a apresentação da exceção de incompetência no domicílio do réu. Isso porque no processo trabalhista as respostas devem ser apresentadas em audiência.

5.6.2.1 Contestação

Não havendo acordo, o reclamado terá 20 minutos para aduzir sua defesa, após a leitura da reclamação, quando esta não for dispensada por ambas as partes. A parte poderá apresentar defesa escrita pelo sistema de processo judicial eletrônico até a audiência, nos termos do art. 847 da CLT.

É o principal meio de defesa, pelo qual o réu/reclamado exerce seu direito constitucional ao contraditório.

A contestação está prevista no art. 847 da CLT e no art. 335 e seguintes do CPC/2015, aplicados de forma subsidiária ao processo do trabalho por força do art. 769 da CLT e art. 15 CPC/2015.

Na contestação deverá ser alegada toda a matéria de defesa, expondo as razões de fato e de direito com que o direito do autor é impugnado.

O art. 336 CPC/2015 traz em seu bojo os princípios norteadores da contestação, quais sejam: princípio da impugnação especificada e o princípio da eventualidade.

O princípio da impugnação especificada estabelece que o reclamado deve impugnar todos os pedidos formulados pelo reclamante sob pena de serem tidos como incontroversos. Em outras palavras, este princípio impede que seja apresentada impugnação genérica, regra que não é aplicável em se tratando de advogado dativo, curador especial e ao órgão do Ministério Público (341, parágrafo único, do CPC/2015).

Nos domínios do processo do trabalho, aqueles pedidos que não forem impugnados pelo reclamado, ou seja, a parte incontroversa das verbas rescisórias, deverá ser paga na própria audiência, sob pena de ser acrescida uma multa de 50%, nos termos do art. 467 da CLT.

Vale dizer que, em se tratando da União, dos Estados, do Distrito Federal, dos Municípios e autarquias e fundações públicas, essa multa não será devida.

Já o princípio da eventualidade determina que todos os meios de defesa sejam apresentados em uma única oportunidade, possibilitando ao magistrado que, caso não aceite uma delas, reconheça as demais.

Desta forma, podemos dizer que o reclamado deverá, nesse momento, apresentar todas as suas teses de defesa, mesmo que elas sejam contrárias entre si, pois, caso o juiz não acate uma, poderá acatar a outra. Caso o reclamado não atue dessa maneira, sofrerá os efeitos da preclusão.

Na contestação, compete ao réu, antes de discutir o mérito da ação, apresentar defesa processual, ou seja, alegar os vícios processuais, matérias contidas no art. 337 do CPC/2015, que são chamadas de "preliminares ao mérito."

As preliminares ao mérito são defesas processuais, modalidade de defesa indireta, pois atingem questões que não estão intimamente ligadas ao mérito da causa. São vícios processuais que, uma vez constatados, acarretam a extinção do processo sem resolução do mérito (art. 485 do CPC/2015).

Importante ressaltar que, oferecida a contestação, ainda que eletronicamente, o reclamante não poderá, sem o consentimento do reclamado, desistir da ação, nos termos do art. 841, § 3º, da CLT.

Dessa forma, o encaminhamento da contestação pelo PJe, antes da audiência inaugural, "com sigilo", não impede a desistência unilateral do reclamante. Por outro lado, se a contestação foi encaminhada pelo PJe "sem sigilo", a desistência da reclamação somente será possível com o consentimento da reclamada.

5.6.2.1.1. Preliminares

Na contestação, compete ao réu, antes de discutir o mérito da ação, apresentar defesa processual, ou seja, alegar os vícios processuais, matérias contidas no art. 337 do CPC/2015, que são chamadas de "preliminares ao mérito."

Dispõe o art. 337 do CPC:

Art. 337. Incumbe ao réu, antes de discutir o mérito, alegar:

I – inexistência ou nulidade da citação;

II – incompetência absoluta e relativa;

III – incorreção do valor da causa;

IV – inépcia da petição inicial;

V – perempção;

VI – litispendência;

VII – coisa julgada;

VIII – conexão;

IX – incapacidade da parte, defeito de representação ou falta de autorização;

X – convenção de arbitragem;

XI – ausência de legitimidade ou de interesse processual;

XII – falta de caução ou de outra prestação que a lei exige como preliminar;

XIII – indevida concessão do benefício de gratuidade de justiça.

As preliminares ao mérito são defesas processuais, modalidade de defesa indireta, pois atingem questões que não estão intimamente ligadas ao mérito da causa. São vícios processuais que, uma vez constatados, acarretam a extinção do processo sem resolução do mérito (art. 485 do CPC/2015).

Importante lembrar que a incompetência territorial deverá ser apresentada na forma do art. 800 da CLT, conforme estudado no item 5.6.1

5.6.2.1.2. Prejudiciais de mérito (defesas indiretas de mérito)

As preliminares anteriormente estudadas não se confundem com as prejudiciais de mérito, também chamadas de defesas indiretas de mérito. São elas: prescrição, decadência, compensação e retenção.

São matérias que impedem/prejudicam o exame do mérito da causa e, uma vez acatadas pelo juiz, acarretam extinção do processo com resolução do mérito, nos termos do art. 487 do CPC/2015.

5.6.2.1.2.1 Prescrição

A prescrição encontra-se disciplinada no art. 7º, XXIX, da CF:

> Art. 7º. (...)
>
> XXIX – ação, quanto aos créditos resultantes das relações de trabalho, com prazo prescricional de cinco anos para os trabalhadores urbanos e rurais, até o limite de dois anos após a extinção do contrato de trabalho.

Na CLT a prescrição vem disposta no art. 11, que assim dispõe:

> Art. 11. A pretensão quanto a créditos resultantes das relações de trabalho prescreve em cinco anos para os trabalhadores urbanos e rurais, até o limite de dois anos após a extinção do contrato de trabalho.

O disposto neste artigo não se aplica às ações que tenham por objeto anotações para fins de prova junto à Previdência Social, na forma do art. 11, § 1º, da CLT.

Vale dizer que, tratando-se de pretensão que envolva pedido de prestações sucessivas, isto é, as que se prolongam no tempo, ou seja, se repetem mês a mês, decorrente de alteração ou descumprimento do pactuado, a prescrição é total, exceto quando o direito à parcela esteja também assegurado por preceito de lei.

No âmbito trabalhista, duas regras de prescrição devem ser observadas. A prescrição bienal refere-se ao direito de o trabalhador postular seus direitos após a extinção do contrato de trabalho. O reclamante deverá obedecer à prescrição bienal, ou seja, deverá ingressar com reclamação trabalhista no prazo de 2 (dois) anos contados do término do contrato de trabalho.

Já a prescrição quinquenal se refere às lesões a direitos ocorridas durante a vigência do contrato. Nessa linha, uma vez extinto o contrato de trabalho, o obreiro terá prazo de 2 (dois) anos para pleitear seus direitos na Justiça do Trabalho. Todavia, poderá reclamar os 5 (cinco) anos que antecedem à propositura da reclamação trabalhista.

Com relação à prescrição do FGTS, de acordo com a nova redação dada à Súmula 362 do TST temos as seguintes hipóteses. Caso a ciência da lesão, ou seja, o não recolhimento do FGTS ocorreu após 13 de novembro de 2014, data do julgamento do Recurso Extraordinário com agravo pelo STF (STF-ARE-709212/DF), a prescrição é quinquenal. Nesse caso, o empregado deverá obedecer ao prazo de prescrição bienal para ingressar com a ação em até 2 anos após a extinção do contrato de trabalho, podendo pleitear os 5 anos pretéritos ao ajuizamento da ação.

Todavia, se em 13 de novembro de 2014 a lesão já havia ocorrido, ou seja, se já tiver se iniciado a contagem do prazo prescricional, deverá ser aplicado o prazo prescricional que se consumar primeiro: trinta anos, contados do termo inicial, ou cinco anos, a partir de 13.11.2014.

> SÚMULA 362 TST – FGTS. PRESCRIÇÃO
>
> I – Para os casos em que a ciência da lesão ocorreu a partir de 13.11.2014, é quinquenal a prescrição do direito de reclamar contra o não recolhimento de contribuição para o FGTS, observado o prazo de dois anos após o término do contrato;
>
> II – Para os casos em que o prazo prescricional já estava em curso em 13.11.2014, aplica-se o prazo prescricional que se consumar primeiro: trinta anos, contados do termo inicial, ou cinco anos, a partir de 13.11.2014 (STF-ARE-709212/DF).

A interrupção da prescrição somente ocorrerá pelo ajuizamento de reclamação trabalhista, mesmo que em juízo incompetente, ainda que venha a ser extinta sem resolução do mérito, produzindo efeitos apenas em relação aos pedidos idênticos.

5.6.2.1.2.1.1. Prescrição intercorrente

Prescrição intercorrente é entendida como sendo aquela que ocorre no curso do processo.

Sua aplicação nos domínios do processo do trabalho não era pacífica. Isso porque, o TST por meio da Súmula 114 entendia não ser aplicável na Justiça do Trabalho, por conta do princípio protetor.

Contudo, em atenção à segurança jurídica o STF entende aplicável a prescrição intercorrente na Justiça do Trabalho. Vejamos:

> SÚMULA 327 STF – O direito trabalhista admite a prescrição intercorrente.
>
> Com o advento da Lei 13.467/2017, que acrescentou o art. 11-A a CLT, a questão tornou-se pacífica. Isso porque, o novel dispositivo legal autoriza definitivamente a aplicação da prescrição intercorrente ao processo do trabalho, que pode ser requerida ou declarada de ofício em qualquer grau de jurisdição.

Ensina o art. 11-A da CLT:

> "Art. 11-A. Ocorre a prescrição intercorrente no processo do trabalho no prazo de dois anos."

O prazo da prescrição intercorrente inicia-se quando o exequente deixa de cumprir determinação judicial no curso da execução.

Dessa forma, depois de intimada, caso a parte interessada deixe de cumprir determinação judicial no curso da execução, como por exemplo, indicar novo endereço do executado, os autos serão remetidos ao arquivo, iniciando-se o prazo de 2 anos da prescrição intercorrente.

Nos termos do art. 2º da IN 41/2018 TST, o fluxo da prescrição intercorrente conta-se a partir do descumprimento da determinação judicial a que alude o § 1º do art. 11-A da CLT, desde que feita após 11 de novembro de 2017 (Lei 13.467/2017).

Dessa forma, de acordo com a citada Instrução Normativa as regras atinentes à prescrição intercorrente somente serão aplicadas aos processos cujas determinações tenham ocorrido após 11 de novembro de 2017, data que a reforma trabalhista (Lei 13.467/2017) entrou em vigor.

Suspensão da prescrição período de pandemia

Em 10 de junho de 2020 foi publicada a Lei 14.010/2020 que dispõe sobre o Regime Jurídico Emergencial e Transitório das relações jurídicas de Direito Privado (RJET) no período da pandemia do coronavírus (Covid-19).

Em seu art. 1º a Lei determina que são instituídas normas de caráter transitório e emergencial para a regulação de relações jurídicas de Direito Privado em virtude da pandemia do coronavírus (Covid-19).

Como se sabe, o Direito do Trabalho é um ramo do Direito Privado, pois regula a relação dos particulares envolvidos, tendo como foco central o contrato de trabalho. Portanto, podemos afirmar que a referida lei tem plena aplicação no Direito do Trabalho.

Pois bem, nos termos do art. 3º da citada lei, prazos prescricionais consideram-se impedidos ou suspensos, conforme o caso, a partir da entrada em vigor desta Lei até 30 de outubro de 2020.

Portanto, no período de 12 de junho de 2020 a 30 de outubro de 2020 os prazos prescricionais consideram-se impedidos ou suspensos, conforme o caso.

5.6.2.1.2.2. Decadência

A decadência consiste na perda do próprio direito e não apenas da pretensão ao direito como ocorre na prescrição.

Nos domínios do processo do trabalho em 3 casos a sustentação da decadência se mostrará possível. Nesses casos o interessado perderá o próprio direito que a lei prevê, exaurindo-se a possibilidade de sua manifestação.

A primeira delas se dá no Mandado de Segurança em que nos termos do art. 23 da Lei 12.016/2009: "O direito de requerer mandado de segurança extinguir-se-á decorridos 120 (cento e vinte) dias, contados da ciência, pelo interessado, do ato impugnado"

A segunda hipótese se refere ao prazo decadencial de 2 anos para a propositura da ação rescisória, nos termos do art. 975 do CPC/2015 que determina: "O direito à rescisão se extingue em 2 (dois) anos contados do trânsito em julgado da última decisão proferida no processo"

Por último, o prazo decadencial de 30 dias para ajuizamento do inquérito judicial para apuração de falta grave, nos termos do art. 853 da CLT.

5.6.2.1.2.3. Compensação e retenção

Nos termos do art. 368 do Código Civil caso duas pessoas sejam ao mesmo tempo credoras e devedoras uma da outra, as obrigações serão extintas até onde se compensarem.

A compensação apenas poderá ser alegada como matéria de defesa, ou seja, na contestação, sob pena de preclusão, em conformidade com o art. 767 da CLT e Súmula 48 do TST.

Para os casos de dissolução do contrato de trabalho, no momento dos acertos rescisórios a compensação não poderá exceder o equivalente a um mês de remuneração do empregado, nos termos do art. 477, § 5º, da CLT. Contudo, em casos

de litígio judicial entre empregador e empregado a compensação poderá ser feita qualquer que seja o montante, mas sempre até o limite do crédito do reclamante. A parte excedente deverá ser requerida pelo interessado em reconvenção.

Vale dizer que a compensação está restrita a dívidas de natureza trabalhista, entendimento cristalizado na Súmula 18 do TST. Desta forma, não poderá a reclamada compensar direitos que não se relacionem com dívidas trabalhistas, como por exemplo: vícios relativos a contrato de compra e venda de automóveis entre empregador e empregado.

A retenção consiste em não se devolver a coisa que se retém legitimamente para compelir seu proprietário a um pagamento que esteja obrigado. Como exemplo podemos citar o caso de um vendedor a quem foi confiado um mostruário da empresa, que poderá se recusar a devolvê-lo até que seu empregador não lhe pague dívidas trabalhistas vencidas.

5.6.2.2 Exceções de impedimento e suspeição

Previstas no art. 799 da CLT constituem espécies de defesa que têm como fim atacar a parcialidade do juiz a ele vinculado para processar e julgar a lide. Desta forma, poderão ser apresentadas pelo reclamado e também pelo reclamante exceção de impedimento e a exceção de suspeição.

As exceções serão processadas nos próprios autos, pois a nova sistemática do CPC/2015 determina que a suspeição e impedimento sejam apresentadas por petição específica, nos moldes do art. 146 CPC/2015.

Inobstante alguns autores[1] sustentem a necessidade de serem apresentadas por meio de petição específica, estamos de acordo com a posição dos TRTs de todo País que em razão dos princípios da informalidade, simplicidade e jus postulandi da parte, admite a apresentação de exceções de impedimento e suspeição por parte do reclamado no bojo da contestação, caso na oportunidade de sua apresentação já tenham conhecimento do motivo ensejador ou apresentada por petição específica nos autos, na primeira vez em que a parte tiver de falar nos autos ou em audiência, nos termos do art. 795 da CLT, caso a ciência do motivo ensejador da suspeição ou impedimento, se dê após o prazo de contestação, mas sempre sem a necessidade de um processo em apenso.

Assim, em suma, a incompetência absoluta poderá ser alegada como preliminar de contestação, art. 337, II, CPC/2015. A incompetência territorial deverá ser apresentada na forma do art. 800 da CLT, já estudada no item 5.6.1. Já as exceções de impedimento e suspeição poderão ser tratadas por petição nos próprios autos ou até mesmo no bojo da contestação, quando for o caso.

Por existir previsão parcial na norma consolidada, será aplicável o direito processual civil de forma subsidiária e supletiva, art. 769 da CLT e art. 15 CPC/2015.

Nessa linha, o CPC/2015 retirou a necessidade de arguição das exceções de impedimento e suspeição como procedimento autônomo, permitindo à parte que as invoque por petição específica, conforme dispõe o art. 146 do CPC/2015.

5.6.2.2.1 Apresentação da exceção de suspeição e impedimento

As exceções de suspeição e impedimento são medidas processuais que poderão ser apresentadas tanto pelo autor/reclamante como pela reclamada.

Caso o reclamante queira apresentar exceção de suspeição ou impedimento contra o juiz, deverá fazer logo após tomar ciência da causa de suspeição ou impedimento, devendo se pronunciar na primeira oportunidade que tiver de falar nos autos, nos termos do art. 795 da CLT. Já a reclamada poderá apresentá-la no bojo da contestação caso na oportunidade de sua apresentação já tenha ciência da causa ensejadora da suspeição ou impedimento, ou por petição específica, na primeira vez em que a parte tiver de falar nos autos ou em audiência, nos termos do art. 795 da CLT, caso tenha ciência do fundamento ensejador da suspeição ou impedimento após a apresentação da contestação.

As exceções de suspeição e impedimento são meios processuais para atacar a parcialidade do juiz e têm como finalidade assegurar que o processo seja apreciado por um juiz imparcial.

O impedimento diz respeito à perda de imparcialidade do juiz quando o fato gerador da imparcialidade se dá por critérios objetivos, ou seja, critérios que possam ser demonstrados de forma direta, com a apresentação de documento, como, por exemplo, parentesco por consanguinidade.

Já a suspeição do juiz diz respeito à perda de imparcialidade quando sua causa geradora possui natureza subjetiva, ou seja, necessita de um elemento interno para que possa ser aferida; não pode ser aferida objetivamente por meio de documentos, pois necessita ser interpretada e valorada, como, por exemplo, o caso de amizade íntima.

As hipóteses de impedimento e suspeição estão disciplinadas no art. 801 da CLT, que traz um rol exemplificativo, devendo ser aplicadas, outrossim, as hipóteses previstas nos arts. 144 e 145 do CPC/2015, respectivamente.

Vale dizer que os institutos são diferentes e não podem ser confundidos. A suspeição poderá ser conhecida de ofício pelo magistrado ou alegada pelas partes por meio de petição específica, art. 146 CPC/2015, sob pena de preclusão. Já no impedimento, caso o magistrado não se pronuncie de ofício, as partes poderão alegá-las a qualquer momento, não estando a matéria sujeita à preclusão.

Nota-se que nas exceções de impedimento e suspeição o próprio juiz é o polo passivo do incidente processual e não a parte contrária.

Oferecida a exceção, o juiz poderá tomar dois caminhos: pode o magistrado reconhecer a causa de impedimento ou a suspeição, hipótese em que ordenará imediatamente a remessa dos autos ao seu substituto legal ou, não se dando por suspeito ou impedido, no prazo de 15 dias, dará as suas razões, acompanhadas de documentos e de rol de testemunhas, se houver, ordenando a remessa dos autos ao tribunal, art. 146, § 1º, CPC/2015.

5.6.2.3 Reconvenção

Modalidade de resposta do réu que equivale a um ataque e não a uma defesa. Trata-se de uma ação, sendo esta sua natureza jurídica, proposta pelo réu, chamado de reconvinte, em face do autor, chamado de reconvindo.

Nessa modalidade de resposta, o réu não busca defender-se, mas sim atacar, ou seja, formular uma pretensão contra o autor da ação principal.

Deve ser apresentada na audiência, na própria contestação, em capítulo destacado, art. 343 CPC/2015 por força do art. 769 da CLT e art. 15 CPC/2015.

Para ser admitida deve preencher os seguintes requisitos:

a) o juízo da causa principal deve ser competente para apreciar, além da ação principal, a própria reconvenção;

b) deve haver compatibilidade entre os procedimentos aplicáveis à ação principal e à reconvenção (art. 327, § 1º, III, do CPC/2015);

c) pendência da ação principal;

d) deve haver conexão entre as ações, ou seja, quando lhes for comum o objeto ou a causa de pedir (art. 55 do CPC/2015).

Apresentada, portanto, em audiência, na própria contestação, o Juiz do Trabalho deverá redesignar nova audiência, com prazo mínimo de 5 dias (art. 841 CLT), para que o autor/reconvindo apresente resposta à reconvenção. Caso o autor/reconvindo não apresente a resposta à reconvenção serão aplicados os efeitos da confissão ficta.

Tendo em vista que o CPC/2015 não trouxe exigência de ação e reconvenção serem julgadas na mesma sentença, poderão ser apreciadas em momentos distintos. No entanto, mostra-se conveniente que ação e reconvenção sejam apreciadas na mesma sentença.

5.7. Provas

Nos domínios do processo do trabalho, todos os meios de prova serão admitidos, tais como: depoimento pessoal, interrogatório, confissão, prova testemunhal, documentos, perícia e, ainda, a prova emprestada.

Pela regra, em conformidade com o art. 818 da CLT, o ônus de provar incumbe:

> Art. 818. O ônus da prova incumbe:
>
> I – ao reclamante, quanto ao fato constitutivo de seu direito;
>
> II – ao reclamado, quanto à existência de fato impeditivo, modificativo ou extintivo do direito do reclamante.

Com relação às provas, é importante destacar a Lei 11.925/2009, que alterou o art. 830 da CLT, determinando que o documento em cópia simples oferecido como prova poderá ser declarado autêntico pelo próprio advogado, sob sua responsabilidade pessoal.

A apresentação de cópia autenticada ou até mesmo o próprio documento original somente deverá ser apresentada se a cópia simples for impugnada pela parte adversa. Alguns entendimentos emitidos pelo Tribunal Superior do Trabalho a respeito do ônus da prova merecem destaque:

> Súmula 6, VIII, do TST: É do empregador o ônus da prova do fato impeditivo, modificativo ou extintivo da equiparação salarial.
>
> Súmula 16 do TST: Presume-se recebida a notificação 48 (quarenta e oito) horas depois de sua postagem. O seu não recebimento ou a entrega após o decurso desse prazo constitui ônus de prova do destinatário.
>
> Súmula 212 do TST: O ônus de provar o término do contrato de trabalho, quando negados a prestação de serviço e o despedimento, é do empregador, pois o princípio da continuidade da relação de emprego constitui presunção favorável ao empregado.

Súmula 338 do TST: I – É ônus do empregador que conta com mais de 10 (dez)* empregados o registro da jornada de trabalho na forma do art. 74, § 2º, da CLT. A não apresentação injustificada dos controles de frequência gera presunção relativa de veracidade da jornada de trabalho, a qual pode ser elidida por prova em contrário.

II – A presunção de veracidade da jornada de trabalho, ainda que prevista em instrumento normativo, pode ser elidida por prova em contrário.

III – Os cartões de ponto que demonstram horários de entrada e saída uniformes são inválidos como meio de prova, invertendo-se o ônus da prova, relativo às horas extras, que passa a ser do empregador, prevalecendo a jornada da inicial se dele não se desincumbir.

*Com relação ao item I da súmula 338, a atual legislação (art. 74, § 2º, CLT) determina o número de 20 empregados.

Importante ressaltar que a Orientação Jurisprudencial 215 da SDI 1 do TST, que entendia pertencer ao empregado o ônus de comprovar que satisfaz os requisitos indispensáveis à obtenção do vale-transporte, foi cancelada em maio de 2011. Referido cancelamento faz com que o ônus probatório passe ao empregador. Isso porque o vale-transporte é um benefício e por essa razão se presume que o empregado não o recusa ou renuncia. Desta forma, caberá à reclamada comprovar que o empregado não faz jus ao benefício.

A atual Súmula 460 do TST assim dispõe:

SÚMULA 460 TST – VALE-TRANSPORTE. ÔNUS DA PROVA

É do empregador o ônus de comprovar que o empregado não satisfaz os requisitos indispensáveis para a concessão do vale-transporte ou não pretenda fazer uso do benefício.

Vale, ainda, transcrever:

SÚMULA 461 TST – FGTS. DIFERENÇAS. RECOLHIMENTO. ÔNUS DA PROVA

É do empregador o ônus da prova em relação à regularidade dos depósitos do FGTS, pois o pagamento é fato extintivo do direito do autor (art. 373, II, do CPC de 2015).

5.7.1. Distribuição dinâmica da prova

A distribuição dinâmica do ônus da prova tem seu fundamento no princípio da aptidão da prova e autoriza ao magistrado por meio de decisão fundamentada a inversão do ônus estático.

Dispõe o art. 818, § 1º, da CLT que nos casos previstos em lei ou diante de peculiaridades da causa relacionadas à impossibilidade ou à excessiva dificuldade de cumprir o encargo nos termos deste artigo ou à maior facilidade de obtenção da prova do fato contrário, poderá o juízo atribuir o ônus da prova de modo diverso, desde que o faça por decisão fundamentada, caso em que deverá dar à parte a oportunidade de se desincumbir do ônus que lhe foi atribuído.

A decisão de inversão de ônus da prova não pode gerar o ônus de produzir prova impossível ou excessivamente difícil, art. 818, § 3º, da CLT.

A decisão fundamentada de inversão do ônus da prova deverá ser proferida antes da abertura da instrução. A requerimento da parte interessada, implicará o adiamento da audiência e possibilitará provar os fatos por qualquer meio em direito admitido.

5.7.2. Depoimento das partes e testemunhas

As partes e testemunhas serão inquiridas pelo Juiz, podendo ser reinquiridas, por seu intermédio, a requerimento das partes, seus representantes ou advogados.

Não se aplica ao Processo do Trabalho a norma do art. 459 do CPC/2015 no que permite a inquirição direta das testemunhas pela parte, pois a CLT possui regramento específico em seu art. 820, nos termos do art. 11 da IN 39 do TST.

O depoimento da parte e/ou testemunha surda-muda, ou de mudo que não saiba escrever e, ainda, aqueles que não souberem falar a língua nacional, será feito por meio de intérprete nomeado pelo Juiz. Nesses casos, nos termos do art. 819, § 2º, da CLT de acordo com a redação dada pela Lei 13.660/2018 as despesas decorrentes do disposto neste artigo correrão por conta da parte sucumbente, salvo se beneficiária de justiça gratuita.

Nos termos da Súmula 74 do TST, importante lembrar que se aplica a "pena" de confissão – confissão ficta – à parte que, expressamente intimada com a cominação, deixa de comparecer à audiência em prosseguimento na qual deveria depor.

No entanto, a prova pré-constituída nos autos pode ser levada em conta para confronto com a confissão ficta, não implicando cerceamento de defesa o indeferimento de provas posteriores. Na reclamação trabalhista submetida ao procedimento ordinário, cada uma das partes não poderá indicar mais de 3 (três) testemunhas, que comparecerão à audiência independentemente de notificação ou intimação. Aquelas que não comparecerem sem motivo justificado serão intimadas de ofício pelo Juiz ou a requerimento da parte, ficando sujeitas a condução coercitiva, além do pagamento de multa. É importante lembrar que em se tratando de litisconsórcio ativo o número de testemunhas será limitado a 3 (três) no total, pois não é permitido que cada litisconsorte indique 3 (três) testemunhas.

Deverá o magistrado adotar providências de modo que o depoimento de uma testemunha não seja ouvido pelas demais que tenham de depor no processo.

Vale frisar que, em conformidade com a Súmula 357 do TST, não é suspeita a testemunha pelo simples fato de estar litigando ou de ter litigado contra o mesmo empregador.

Cabe lembrar, ainda, que, nos termos do art. 829 da CLT, a testemunha que for parente até o terceiro grau civil, amigo íntimo ou inimigo de qualquer das partes, será ouvida como informante, não prestando o compromisso legal de dizer a verdade.

Por último, nos termos do art. 793-D da CLT, à testemunha que intencionalmente alterar a verdade dos fatos ou omitir fatos essenciais ao julgamento da causa, será aplicada multa prevista no art. 793-C da CLT, em que o juízo condenará o litigante de má-fé a pagar multa, que deverá ser superior a 1% (um por cento) e inferior a 10% (dez por cento) do valor corrigido da causa, a indenizar a parte contrária pelos prejuízos que esta sofreu e a arcar com os honorários advocatícios e com todas as despesas que efetuou.

Contudo, tal multa somente será aplicada apenas para ações ajuizadas a partir de 11 de novembro de 2017 (Lei 13.467/2017), art. 10 da IN 41/2018 TST.

5.7.3. Perícia

Havendo pedidos que necessitem de prova técnica, deverá o Juiz designar perito, fixando prazo para entrega do laudo.

Nesse momento, vale dizer que a exigência de depósito prévio para custeio dos honorários periciais é ilegal, dada a incompatibilidade com os ditames do processo trabalhista.

O art. 790-B, § 3º, da CLT determina que o juízo não poderá exigir adiantamento de valores para realização de perícias. Havendo tal exigência, nos termos da Orientação Jurisprudencial 98 da SDI 2 do TST, admite-se a impetração de mandado de segurança visando à realização da perícia, independentemente do depósito.

É permitido a cada uma das partes a indicação de um assistente, que poderá ser indagado pelo Juiz e que deverá apresentar o laudo no mesmo prazo assinado para o perito, sob pena de ser desentranhado dos autos.

Ainda sobre perícia, importante destacar a Orientação Jurisprudencial 278 da SDI 1 do TST:

OJ-SDI1-278 ADICIONAL DE INSALUBRIDADE. PERÍCIA. LOCAL DE TRABALHO DESATIVADO.

A realização de perícia é obrigatória para a verificação de insalubridade. Quando não for possível sua realização, como em caso de fechamento da empresa, poderá o julgador utilizar-se de outros meios de prova.

5.7.3.1. Responsabilidade pelo pagamento dos honorários periciais

Nos termos do art. 790-B da CLT a responsabilidade pelo pagamento dos honorários periciais é da parte sucumbente na pretensão objeto da perícia, ainda que beneficiária da justiça gratuita.

Somente no caso em que o beneficiário da justiça gratuita não tenha obtido em juízo créditos capazes de suportar a despesa, ainda que em outro processo, a União responderá pelo encargo, nos termos do art. 790-B, § 4º, CLT.

Ambos dispositivos foram objeto da ADI 5766, ajuizada pela Procuradoria Geral da República perante o Supremo Tribunal Federal. De acordo com a corrente vencedora, as regras introduzidas pela Lei 13.467/2017 restringem os direitos fundamentais do acesso à Justiça e o direito fundamental da assistência judiciária gratuita. Assim, por maioria de votos o STF decidiu ser indevido o pagamento de honorários periciais por beneficiários da justiça gratuita, caso percam a ação, ainda que obtenham créditos suficientes para o pagamento dessas custas em outra demanda trabalhista.

Ao fixar o valor dos honorários periciais, o juízo deverá respeitar o limite máximo estabelecido pelo Conselho Superior da Justiça do Trabalho, sendo permitido, ainda, o parcelamento dos valores.

5.8. Procedimentos sumário e sumaríssimo

Existem dois tipos de ritos concisos ou sucintos na Justiça do Trabalho. O primeiro deles é rito sumário ou rito de alçada, como também é chamado, que se encontra previsto no art. 2º, §§ 3º e 4º da Lei 5.584/1970. O segundo é denominado de sumaríssimo, previsto nos arts. 852-A a 852-I da CLT, inseridos por força da Lei 9.957/2000.

5.8.1. Rito sumário

Disciplinado no art. 2º, §§ 3º e 4º, da Lei 5.584/1970, objetiva maior celeridade e maior efetividade para as demandas cujo valor da causa não ultrapasse dois salários mínimos.

Essas causas se submeterão ao procedimento ordinário com ampla produção de provas. Contudo, não se submeterão às modalidades de recursos trabalhistas.

Art. 2º. Nos dissídios individuais, proposta a conciliação, e não havendo acordo, o Presidente, da Junta ou o Juiz, antes de passar à instrução da causa, fixar-lhe-á o valor para a determinação da alçada, se este for indeterminado no pedido.

(...)

§ 3º. Quando o valor fixado para a causa, na forma deste artigo, não exceder de 2 (duas) vezes o salário mínimo vigente na sede do Juízo, será dispensável o resumo dos depoimentos, devendo constar da Ata a conclusão da Junta quanto à matéria de fato.

§ 4º. Salvo se versarem sobre matéria constitucional, nenhum recurso caberá das sentenças proferidas nos dissídios da alçada a que se refere o parágrafo anterior, considerado, para esse fim, o valor do salário mínimo à data do ajuizamento da ação.

No procedimento sumário, portanto, não há a possibilidade de interposição de recursos, salvo se tratar de matéria constitucional, hipótese em que será cabível a interposição de recurso extraordinário para o STF, nos termos do art. 102 da CF.

Sintetizando, a reclamação trabalhista que seguir o rito sumário obedecerá aos trâmites do procedimento ordinário, diferenciando-se apenas na fase recursal.

5.8.1.1. Derrogação/revogação do procedimento sumário

Muito se discute na doutrina sobre a revogação do procedimento sumário pelo procedimento sumaríssimo instituído pela Lei 9.957/2000.

Isso porque parte da doutrina, como o Professor Renato Saraiva (Curso de Direito Processual do Trabalho. 4. ed. São Paulo: Método, 2007. p. 417), sustenta que a Lei 9.957/2000 teria revogado o procedimento sumário, disposto na Lei 5.584/1970, por se tratar de uma lei mais nova e cuidar de matéria processual trabalhista.

É certo que o procedimento sumário trata de ações cujo valor não exceda 2 (dois) salários mínimos. Já o procedimento sumaríssimo traz em seu bojo ações cujo valor não exceda 40 (quarenta) salários mínimos. É claro que nas causas de até 40 (quarenta) salários mínimos estão compreendidas as ações de até 2 (dois) salários mínimos e por este motivo houve a revogação.

Nesse sentido, o TST editou a Instrução Normativa 27, a qual, em seu art. 1º, ensina que, excetuando aquelas causas de procedimento especial, como ação rescisória e mandado de segurança, as causas na Justiça do Trabalho tramitarão pelo rito ordinário ou sumaríssimo.

Art. 1º As ações ajuizadas na Justiça do Trabalho tramitarão pelo rito ordinário ou sumaríssimo, conforme previsto na Consolidação das Leis do Trabalho, excepcionando-se, apenas, as que, por disciplina legal expressa, estejam sujeitas a rito especial, tais como o mandado de segurança, habeas corpus, habeas data, ação rescisória, ação cautelar e ação de consignação em pagamento.

Desta forma, de acordo com a instrução expedida pelo Colendo TST, entendemos estarem derrogados os dispositivos contidos na Lei 5.584/1970 que cuidam do procedimento sumário na Justiça do Trabalho.

5.8.2. Rito sumaríssimo

Instituído pela Lei 9.957/2000, que inseriu os arts. 852-A a 852-I na CLT, o procedimento sumaríssimo é previsto para as demandas cujo valor da causa não exceda a 40 (quarenta) salários mínimos na data da propositura da ação. Objetiva, por meio de um rito processual mais célere e mais simples, conferir maior efetividade na atividade jurisdicional do Estado.

Vale dizer que nas ações plúrimas, entendidas como aquelas em que há diversos reclamantes em litisconsórcio, o valor total da causa, do pedido de todos reclamantes, não poderá exceder a 40 (quarenta) salários mínimos.

Independentemente de sua complexidade, todas as demandas trabalhistas poderão ser submetidas a tal procedimento. Todavia, assim como as ações coletivas, o art. 852-A, caput, e seu parágrafo único, da CLT, ensina que não estão abrangidas pelo rito sumaríssimo as demandas em que for parte a administração pública direta, autárquica e fundacional.

Nas reclamações submetidas ao procedimento sumaríssimo, o pedido deverá ser certo e determinado, necessitando, ainda, a indicação do valor correspondente.

O reclamante deverá indicar o nome correto da reclamada, bem como seu correto endereço, na medida em que é vedada a citação por edital. Caso o reclamante não atenda tais exigências, o processo será arquivado, com o consequente pagamento de custas calculadas sobre o valor da causa, não sendo permitida a emenda da petição inicial.

Mesmo indicando o endereço correto da parte adversa, pode ser que esta venha a se ausentar, furtando-se a receber a notificação, hipótese em que é permitido ao juiz do trabalho que converta o rito sumaríssimo para o rito ordinário, em que se admite a citação editalícia.

A audiência da reclamação submetida ao procedimento sumaríssimo deverá ocorrer no prazo máximo de 15 (quinze) dias contados do ajuizamento da ação, em conformidade com o art. 852-B, III, da CLT.

Outra peculiaridade do procedimento sumaríssimo é a que diz respeito ao número de testemunhas que cada parte poderá levar a juízo. Enquanto no procedimento ordinário permite-se que cada parte traga 3 testemunhas, no procedimento sumaríssimo esse número é diminuído para 2 testemunhas para cada parte, que comparecerão independente de intimação (art. 852-H, § 2º, da CLT). Vale lembrar que, em se tratando de litisconsórcio, o número máximo de testemunhas não é para cada litisconsorte, mas sim para cada parte, ou seja, autor e réu.

Nas sentenças proferidas no procedimento sumaríssimo é dispensável o relatório, devendo, entretanto, mencionar os elementos de convicção do juízo, com resumo dos fatos relevantes ocorridos em audiência.

Convém destacar que nas causas sujeitas ao procedimento sumaríssimo é admitida a prova pericial, também chamada de prova técnica, quando o fato o exigir ou for legalmente

imposta, como, por exemplo, nas ações em que se discute adicional de insalubridade ou periculosidade. Nesse caso, o Juiz ficará incumbido de fixar o prazo, o objeto da perícia e nomear o perito, nos termos do art. 852-H, § 4º, da CLT. Poderão as partes indicar peritos assistentes, nos termos do art. 826 da CLT e da súmula 341 do TST.

> SÚMULA 341 TST – HONORÁRIOS DO ASSISTENTE TÉCNICO. A indicação do perito assistente é faculdade da parte, a qual deve responder pelos respectivos honorários, ainda que vencedora no objeto da perícia.

Por último, reza o § 9º do art. 896 da CLT que nas causas sujeitas ao procedimento sumaríssimo, somente será admitido recurso de revista por contrariedade a súmula de jurisprudência uniforme do Tribunal Superior do Trabalho ou a súmula vinculante do Supremo Tribunal Federal e por violação direta da Constituição Federal.

6. RECURSOS

6.1. Conceito

Para Moacyr Amaral Santos (Primeiras Linhas de Direito Processual Civil. 24. ed. São Paulo: Saraiva, 2010. p. 84), recurso é "o poder de provocar o reexame de uma decisão, pela mesma autoridade judiciária, ou por outra hierarquicamente superior, visando a obter a sua reforma ou modificação".

6.2. Peculiaridades dos recursos trabalhistas

6.2.1. Irrecorribilidade imediata das decisões interlocutórias

Disciplinada no art. 893, § 1º, da CLT, a regra ensina que as decisões interlocutórias, não admitem a interposição de recurso imediato, devendo a parte impugná-las somente em recursos da decisão definitiva. Por essa regra, uma questão incidente decidida em audiência não poderá ser atacada, devendo a parte aguardar a prolação da sentença para, no recurso ordinário interposto contra a sentença, impugnar, também, a decisão interlocutória.

Sobre o tema remetemos ao item 1.4.1.6.

6.2.2. Efeito devolutivo

Os recursos no processo do trabalho são dotados unicamente, em regra, do efeito devolutivo. Por meio dessa regra a matéria é submetida a julgamento pelo órgão destinatário do recurso, sendo apreciadas apenas questões debatidas no processo e que constam das razões recursais mediante pedido de nova decisão. É o significado da a expressão tantum devolutum quantum appellatum.

Os recursos na Justiça do Trabalho, em regra, não admitem o efeito suspensivo como no processo comum. Porém, é admissível a obtenção de efeito suspensivo ao recurso ordinário mediante requerimento dirigido ao tribunal, ao relator ou ao presidente ou ao vice-presidente do tribunal recorrido, por aplicação subsidiária ao processo do trabalho do artigo 1.029, § 5º, do CPC de 2015, em conformidade com a Súmula 414, I, do TST.

6.2.3. Uniformidade do prazo recursal

Determina o art. 6º da Lei 5.584/1970 que o prazo para interpor e contra-arrazoar qualquer recurso trabalhista é de

8 (oito) dias. Não obstante, alguns recursos possuem prazos diferenciados, como os embargos de declaração, que serão opostos no prazo de 5 (cinco) dias (conforme determina o art. 897-A da CLT); o recurso extraordinário para o STF, cujo prazo legal é de 15 (quinze) dias; e nos dissídios de alçada temos o pedido de revisão, cujo prazo é de 48 horas.

É importante enfatizar que a regra estabelecida no art. 229 do CPC/2015, que estabelece o prazo recursal em dobro nos casos em que os litisconsortes que tiverem diferentes procuradores, de escritórios de advocacia distintos, terão prazos contados em dobro para todas as suas manifestações, em qualquer juízo ou tribunal, não é aplicável no âmbito processual trabalhista, conforme estabelece a OJ 310 da SDI-I do TST, por sua incompatibilidade com a celeridade buscada no processo do trabalho:

> Orientação Jurisprudencial 310 da SDI 1 do TST – LITISCON-SORTES. PROCURADORES DISTINTOS. PRAZO EM DOBRO. ART. 229, CAPUT E §§ 1º E 2º, DO CPC DE 2015. ART. 191 DO CPC DE 1973. INAPLICÁVEL AO PROCESSO DO TRABALHO
>
> Inaplicável ao processo do trabalho a norma contida no art. 229, caput e §§ 1º e 2º, do CPC de 2015 (art. 191 do CPC de 1973), em razão de incompatibilidade com a celeridade que lhe é inerente.

Com relação aos prazos diferenciados para a Fazenda Pública e o Ministério Público do Trabalho, remetemos o leitor ao item 9.1.2.1.

6.3. Efeitos dos recursos

6.3.1. Efeito devolutivo

Estabelece o art. 899 da CLT que os recursos trabalhistas serão dotados, em regra, de efeito meramente devolutivo, sendo possível a execução provisória até a penhora.

Por meio do efeito devolutivo, a matéria impugnada pelo recorrente será reexaminada pelo órgão superior hierárquico. O efeito devolutivo devolve o exame da questão impugnada ao órgão superior.

Trata-se do brocardo latino tantum devolutum quantum appellatum. Em outras palavras, o Tribunal Regional deverá restringir-se ao que foi objeto no recurso interposto. É o próprio recorrente que delimitará a matéria que o órgão superior examinará no recurso.

Consiste, portanto, em devolver ao grau superior de jurisdição a análise do caso concreto.

Não obstante, o art. 9º da Lei 7.701/1988 e a Lei 10.192/2001, em seu art. 14, admitem que o Presidente do TST conceda efeito suspensivo ao recurso ordinário interposto em face de sentença normativa prolatada pelo TRT, pelo prazo improrrogável de 120 dias, contados da publicação, salvo se o recurso for julgado antes do término do prazo.

6.3.2. Efeito devolutivo em profundidade

Como se sabe, com o efeito devolutivo do recurso ordinário o Tribunal Regional deverá restringir-se ao que foi objeto no recurso ordinário.

O efeito devolutivo em profundidade, que se extrai do art. 1.013, § 1º, do CPC/2015, transfere ao Tribunal Regional, além da análise dos pedidos formulados no recurso, a análise de todos os fundamentos relacionados à matéria impugnada.

Sobre o tema é importante destacar a Súmula 393 do Tribunal Superior do Trabalho, com redação dada pela Resolução 208/2016:

> SÚMULA 393 – RECURSO ORDINÁRIO. EFEITO DEVOLUTIVO EM PROFUNDIDADE. ART. 1.013, § 1º, do CPC DE 2015. ART. 515, § 1º, DO CPC de 1973
>
> I – O efeito devolutivo em profundidade do recurso ordinário, que se extrai do § 1º do art. 1.013 do CPC de 2015 (art. 515, §1º, do CPC de 1973), transfere ao Tribunal a apreciação dos fundamentos da inicial ou da defesa, não examinados pela sentença, ainda que não renovados em contrarrazões, desde que relativos ao capítulo impugnado.
>
> II – Se o processo estiver em condições, o tribunal, ao julgar o recurso ordinário, deverá decidir desde logo o mérito da causa, nos termos do § 3º do art. 1.013 do CPC de 2015, inclusive quando constatar a omissão da sentença no exame de um dos pedidos.

6.3.3. Efeito suspensivo

O efeito suspensivo impede a produção imediata dos efeitos da decisão. Em outras palavras, podemos dizer que, uma vez interposto o recurso, dotado desse efeito, a execução da sentença ficará suspensa.

Recebido um recurso no efeito suspensivo, a decisão impugnada não poderá ser executada, devendo a parte interessada aguardar o julgamento do recurso pela instância superior.

Nos domínios do processo do trabalho, poderá ser atribuído efeito suspensivo às decisões das Turmas dos Tribunais do Trabalho no julgamento de processos coletivos, em conformidade com o art. 9º da Lei 7.701/1988.

Não obstante, em regra, os recursos trabalhistas possuem unicamente o efeito devolutivo, permitindo a execução provisória até a penhora, ou seja, não se admite o efeito suspensivo.

Caso a parte pretenda a obtenção de efeito suspensivo, deverá elaborar requerimento dirigido ao tribunal, ao relator ou ao presidente ou ao vice-presidente do tribunal recorrido, por aplicação subsidiária ao processo do trabalho do artigo 1.029, § 5º, do CPC de 2015, como ensina a parte final da Súmula 414, I, do TST.

6.3.4. Efeito translativo

Como vimos, o efeito devolutivo impede que o juízo profira julgamento além, aquém, ou fora do pedido formulado nas razões recursais.

No entanto, o sistema autoriza o juízo a decidir questões que não foram suscitadas nas razões recursais. São as matérias de ordem pública, que devem ser conhecidas de ofício pelo juiz.

Assim, o efeito translativo consiste na capacidade que o tribunal possui de avaliar matérias que não tenham sido objeto do recurso, por se tratar de matéria de ordem pública.

6.3.5. Efeito substitutivo

O efeito substitutivo dos recursos consiste na substituição da decisão recorrida pela decisão proferida em sede recursal. O efeito substitutivo faz com que a decisão do juízo ad quem substitua a decisão recorrida, nos termos do art. 1.008 do CPC/2015.

Assim, caso o recurso seja, ao menos, conhecido, independentemente de ser dado ou não provimento, opera-se o efeito substitutivo do recurso.

Dessa forma, havendo reforma da decisão de 1º grau, valerá o acórdão; caso não haja reforma, valerá a confirmação da sentença.

6.3.6. Efeito extensivo

O efeito extensivo ou expansivo se dá nos casos em que do julgamento do recurso se enseja decisão mais abrangente do que o reexame da matéria impugnada, que é o mérito do recurso. Terá aplicação na hipótese de litisconsórcio unitário, quando a decisão judicial deve ser uniforme para todos os litisconsortes, em conformidade com o art. 1.005 do CPC/2015.

6.3.7. Efeito regressivo

É aquele que possibilita a retratação ou reconsideração da decisão impugnada pelo mesmo juízo prolator da decisão. Esse efeito possui incidência no agravo de instrumento e no agravo regimental.

Ademais, a regra disposta no atual art. 485, § 7º, do CPC/2015 possibilita a retratação por parte do juiz recorrido prolator de decisão de extinção do processo sem resolução de mérito, norma que se mostra compatível com o sistema recursal trabalhista, devendo ser aplicada ao processo do trabalho, por força do art. 769 da CLT e art. 15 do CPC/2015, nos termos do art. 3º, VIII, da IN 39 TST.

6.4. Juízo de admissibilidade e pressupostos recursais

A admissibilidade da matéria impugnada no recurso está condicionada ao preenchimento de determinados pressupostos, conhecidos como requisitos de admissibilidade. Tais pressupostos dizem respeito tanto ao próprio recurso em si, conhecidos como pressupostos objetivos ou extrínsecos, e àqueles pressupostos ligados ao sujeito recorrente, os pressupostos subjetivos ou intrínsecos.

O não atendimento a esses pressupostos ensejará a inadmissibilidade ou não conhecimento do recurso, prejudicando a análise do seu mérito, ou seja, a análise da matéria impugnada.

Esse exame de admissibilidade será realizado em dois momentos distintos: perante o juízo a quo, quando da interposição do recurso e na chegada das contrarrazões recursais, e, num segundo momento, perante o juízo ad quem, realizado pelo Desembargador relator, quando o recurso for remetido para instância superior.

Importante lembrar que o relator poderá julgar monocraticamente o recurso, na forma do art. 932 do CPC/2015. É o que determina a Súmula 435 do TST:

> SÚMULA 435 TST – DECISÃO MONOCRÁTICA. RELATOR. ART. 932 DO CPC DE 2015. ART. 557 DO CPC DE 1973. APLICAÇÃO SUBSIDIÁRIA AO PROCESSO DO TRABALHO

> Aplica-se subsidiariamente ao processo do trabalho o art. 932 do CPC de 2015 (art. 557 do CPC de 1973).

6.4.1. Pressupostos subjetivos ou intrínsecos

Dizem respeito à pessoa recorrente. São eles: legitimidade, capacidade e interesse.

6.4.1.1. Legitimidade

Em conformidade com o estabelecido no art. 996 do CPC/2015, o recurso pode ser apresentado pela parte vencida, qualquer terceiro prejudicado e, ainda, pelo Ministério Público naqueles processos em que figurar como parte ou em que atuar como fiscal da lei (custos legis), nos termos do art. 83, VI, da Lei Complementar 75/1993.

6.4.1.2. Capacidade

Não basta a parte ter legitimidade, é necessário que no momento da interposição do recurso ela seja plenamente capaz, isto é, deve encontrar-se no pleno exercício de suas capacidades mentais, observados os arts. 3º, 4º e 5º do Código Civil.

6.4.1.3. Interesse

Para se qualificar o interesse recursal, a parte deve demonstrar que o recurso é útil e necessário, sob pena de não ser conhecido. O interesse não significa mera sucumbência, mas sim o binômio necessidade e utilidade.

Suponha-se que em uma reclamação trabalhista o reclamado conteste o pedido alegando prescrição (matéria que extingue o processo com resolução do mérito e que impede que o reclamante ingresse com nova reclamação trabalhista), o juiz do trabalho extinga o processo por qualquer das hipóteses previstas no art. 485 do CPC/2015, ou seja, sem resolução do mérito (o que permite ao reclamante o ajuizamento de nova reclamação trabalhista). Nesse caso, mesmo não sendo perdedor da reclamação, há interesse recursal objetivando uma decisão de mérito, o que impedirá a propositura de nova ação.

6.4.2. Pressupostos objetivos ou extrínsecos

Os pressupostos objetivos ou extrínsecos dizem respeito a aspectos dos recursos em si. São eles: representação, recorribilidade do ato, adequação, tempestividade e preparo.

6.4.2.1. Representação

Na Justiça do Trabalho admite-se o jus postulandi, nos termos do art. 791 da CLT, sendo facultado às partes a contratação de advogados. Nessa linha, estando as partes assistidas por advogados, deverá este estar regularmente representado através de instrumento de mandato (procuração).

Na Justiça do Trabalho admite-se o mandato tácito, constituído por meio da procuração apud acta, que é aquela constituída na própria ata da audiência.

Os tribunais não admitem o recurso apócrifo, ou seja, aquele que não possui assinatura. Todavia, constatada a total falta de assinatura no recurso, ou seja, ausência de assinatura na peça de interposição e na peça de razões recursais, deverá o relator conceder prazo de 5 dias para regularização, sob pena de o recurso não ser admitido. Contudo, havendo ao menos assinatura na peça de interposição do recurso ou nas razões recursais, o recurso será considerado válido, em conformidade com a Orientação Jurisprudencial 120 da SDI 1 do TST.

> Orientação Jurisprudencial 120 da SDI 1 do TST – RECURSO. ASSINATURA DA PETIÇÃO OU DAS RAZÕES RECURSAIS. ART. 932, PARÁGRAFO ÚNICO, DO CPC DE 2015.

> I – Verificada a total ausência de assinatura no recurso, o juiz ou o relator concederá prazo de 5 (cinco) dias para que seja sanado o vício. Descumprida a determinação, o recurso será reputado inadmissível (art. 932, parágrafo único, do CPC de 2015).

II – É válido o recurso assinado, ao menos, na petição de apresentação ou nas razões recursais.

E, ainda:

SÚMULA 383 TST – RECURSO. MANDATO. IRREGULARIDADE DE REPRESENTAÇÃO. CPC DE 2015, ARTS. 104 E 76, § 2º

I – É inadmissível recurso firmado por advogado sem procuração juntada aos autos até o momento da sua interposição, salvo mandato tácito. Em caráter excepcional (art. 104 do CPC de 2015), admite-se que o advogado, independentemente de intimação, exiba a procuração no prazo de 5 (cinco) dias após a interposição do recurso, prorrogável por igual período mediante despacho do juiz. Caso não a exiba, considera-se ineficaz o ato praticado e não se conhece do recurso.

II – Verificada a irregularidade de representação da parte em fase recursal, em procuração ou substabelecimento já constante dos autos, o relator ou o órgão competente para julgamento do recurso designará prazo de 5 (cinco) dias para que seja sanado o vício. Descumprida a determinação, o relator não conhecerá do recurso, se a providência couber ao recorrente, ou determinará o desentranhamento das contrarrazões, se a providência couber ao recorrido (art. 76, § 2º, do CPC de 2015).

Em ambas súmulas podemos notar que a orientação do TST é sempre no sentido de tentar preservar ao máximo a tutela jurisdicional, na medida em que antes de não conhecer do recurso ou do próprio ato da parte, o magistrado deverá se ater a sua regularização, concedendo um prazo razoável de 5 dias para isso.

6.4.2.2. Recorribilidade do ato

O ato deve ser recorrível. Os atos do juiz, nos termos dos arts. 203 e 204 do CPC/2015 compreendem: despachos, decisões interlocutórias e sentenças, compreendidos, nessas últimas, os acórdãos.

Os despachos são irrecorríveis dada sua natureza, por não possui caráter decisório. Já as decisões interlocutórias, nos domínios do processo do trabalho, salvo as exceções previstas na Súmula 214 do TST, são irrecorríveis de imediato. Portanto, salvo as exceções que admitem recurso contra decisão interlocutória, os atos recorríveis na Justiça do Trabalho são sentenças e acórdãos.

Dessa forma, não sendo o ato judicial passível de impugnação via recursal, este não será conhecido por ausência desse pressuposto.

6.4.2.3. Adequação

Não basta que o ato seja recorrível, o recurso utilizado deve estar em conformidade com a decisão, ou seja, para cada ato processual há um recurso adequado e próprio para atacá-lo.

No entanto, existe a possibilidade de o órgão julgador conhecer de um recurso inadequadamente interposto por outro previsto em lei. Trata-se do princípio da fungibilidade que será aplicado desde que vislumbrados 3 requisitos: a) inexistência de erro grosseiro; b) dúvida na doutrina ou jurisprudência quanto ao recurso apto a reformar certa decisão judicial; c) o recurso erroneamente interposto deve obedecer ao prazo do recurso adequado.

6.4.2.4. Tempestividade

O recurso deve ser interposto no prazo legal, sob pena de não ser conhecido por intempestividade. Vale lembrar que,

em regra, os recursos trabalhistas possuem prazo unificado de 8 (oito) dias, salvo os embargos de declaração cujo prazo é de 5 (cinco), recurso extraordinário para o STF, com prazo de 15 (quinze) dias, e o pedido de revisão do valor da causa, existente nos dissídios de alçada, com prazo de 48 horas.

A Lei 11.419/2006, que dispõe sobre a informatização do processo judicial, no seu art. 3º admite a interposição de recurso por meio eletrônico. Nos termos da lei, será considerado tempestivo o recurso enviado até as 24 horas do último dia do prazo.

O próprio TST por meio da Súmula 434 chegou a sustentar que o recurso interposto antes da publicação do acórdão seria considerado extemporâneo e, portanto, não seria conhecido.

Contudo, por meio da resolução 198/2015 o TST cancelou a Súmula 434 passando a admitir, inclusive sob o fundamento da ampla defesa, a interposição de recurso antes mesmo de aberto o prazo recursal.

Nessa linha o STF já havia proferido decisão em processo criminal em julgamento dos embargos de declaração no Habeas Corpus 101.132 – Maranhão, entendeu que o recurso interposto antes da publicação da sentença deve ser considerado tempestivo.

6.4.2.5. Preparo

Para o preenchimento desse pressuposto, exige-se que o recorrente recolha as custas e, em se tratando da reclamada, efetue o depósito recursal, sob pena do recurso ser considerado deserto.

6.4.2.5.1. Custas

As custas correspondem ao pagamento das despesas com porte de remessa e retorno dos autos e as despesas postais e serão pagas pelo vencido após o trânsito em julgado da decisão.

Deverão ser recolhidas nas instituições financeiras integrantes da Rede Arrecadadora de Receitas Federais, bastando, conforme entendimento do TST, que seja utilizada a guia correta (DARF) e o código correto para cada caso.

Nessa linha, ensina o § 1º do art. 789 da CLT que, no caso de recurso, as custas serão pagas e comprovado o recolhimento dentro do prazo recursal.

As custas serão pagas pelo recorrente, seja o empregado, seja o empregador.

Em se tratando de recorrente o empregador, caso queira interpor recurso deverá pagar as custas processuais nos casos de sentença de total procedência ou de procedência em parte.

Vale lembrar que os benefícios da justiça gratuita podem ser concedidos às pessoas jurídicas, desde que comprovem a situação de miserabilidade, o que pode ser feito por meio de seus balanços contábeis. Concedidos os benefícios da justiça gratuita pelo Juiz do Trabalho, a empresa estará isenta do pagamento das custas.

Já o empregado apenas pagará as custas nos casos de total improcedência da ação ou se o processo for extinto sem resolução do mérito. O empregado estará isento do pagamento das custas caso tenha os benefícios da justiça gratuita, que poderão ser deferidos pelo Juiz do Trabalho, desde que requeridos pelo reclamante.

Além dos beneficiários de justiça gratuita, são isentos do pagamento de custas a União, os Estados, o Distrito Federal, os Municípios, as respectivas autarquias e fundações públicas federais, estaduais ou municipais que não explorem atividade econômica e o Ministério Público do Trabalho e os correios.

Vale ressaltar, todavia, que essa isenção não alcança as entidades fiscalizadoras do exercício profissional (por exemplo, OAB, CREA) e, inclusive, as empresas em liquidação extrajudicial, orientação que consta na parte final da Súmula 86 do TST.

Os privilégios e isenções não abrangem, ainda, as sociedades de economia mista e as empresas públicas, em conformidade com o art. 173, § 2º, da CF e Súmula 170 do TST.

O TST consubstanciou entendimento na Súmula 86 no sentido de que não ocorre deserção de recurso da massa falida por falta de pagamento de custas ou de depósito do valor da condenação.

As custas serão calculadas à base de 2% (dois por cento), observado o mínimo de R$ 10,64 (dez reais e sessenta e quatro centavos) e o máximo de quatro vezes o limite máximo dos benefícios do Regime Geral de Previdência Social, da seguinte forma:

a) em processos em que houver acordo ou condenação, sobre esse valor;

b) para ações extintas sem apreciação do mérito ou de total improcedência, sobre o valor da causa;

c) em sentenças de procedência em ações declaratórias ou constitutivas, sobre o valor da causa;

d) sentenças com valores indeterminados, sobre o valor que o juiz fixar na sentença.

6.4.2.5.2. Depósito recursal

O depósito recursal não possui natureza jurídica de taxa de recurso, mas sim de garantia do juízo recursal, que pressupõe decisão condenatória ou executória de obrigação de pagamento em pecúnia, com valor líquido ou arbitrado. Consequentemente, o depósito recursal apenas será devido pelo empregador que queira interpor recurso.

Verifica-se, portanto, que dada sua natureza jurídica somente é exigido quando houver condenação em dinheiro, em conformidade com a Súmula 161 do TST. Desta maneira, dada a natureza constitutiva ou declaratória do dissídio coletivo, não se exige o depósito recursal nesse tipo de ação.

O depósito recursal será feito em conta vinculada ao juízo e corrigido com os mesmos índices da poupança, em conformidade com o art. 899, § 4º, da CLT, e comprovado seu recolhimento no prazo alusivo ao recurso, nos termos da Súmula 245 do TST, podendo ser substituído por fiança bancária ou seguro garantia judicial, art. 899, § 11, da CLT.

Com relação à correção de acordo com os índices da poupança, importante destacar que o STF julgou a ADI 6021, o depósito recursal será atualizado mediante incidência da taxa SELIC (art. 406 do Código Civil).

Importante frisar que as disposições contidas nos §§ 4º, 9º, 10 e 11 do artigo 899 da CLT, com a redação dada pela Lei 13.467/2017, serão observadas para os recursos interpostos contra as decisões proferidas a partir de 11 de novembro de 2017, nos termos do art. 20 da IN 41/2018 do TST.

É importante frisar que uma vez depositado o valor total da condenação, nenhum depósito será exigido nos recursos das decisões posteriores, salvo se o valor da condenação vier a ser ampliado.

Havendo acréscimo ou redução da condenação em grau de recurso, o juízo prolator da decisão arbitrará novo valor à condenação, quer para a exigibilidade de depósito ou complementação do valor já depositado, para o caso de novo recurso, quer para liberação do valor excedente decorrente da nova decisão.

A Instrução Normativa 3 do TST dispõe em seu item V que: "nos termos do § 3º do art. 40 (da Lei 8.177/1991), não é exigido depósito para recurso ordinário interposto, eis que a regra aludida atribui apenas valor ao recurso, com efeitos limitados, portanto, ao das custas processuais" (destaque nosso).

Sobre depósito recursal é imprescindível a leitura da Súmula 128 do TST.

SÚMULA 128 TST – DEPÓSITO RECURSAL.

I – É ônus da parte recorrente efetuar o depósito legal, integralmente, em relação a cada novo recurso interposto, sob pena de deserção. Atingido o valor da condenação, nenhum depósito mais é exigido para qualquer recurso.

II – Garantido o juízo, na fase executória, a exigência de depósito para recorrer de qualquer decisão viola os incisos II e LV do art. 5º da CF/1988. Havendo, porém, elevação do valor do débito, exige-se a complementação da garantia do juízo.

III – Havendo condenação solidária de duas ou mais empresas, o depósito recursal efetuado por uma delas aproveita as demais, quando a empresa que efetuou o depósito não pleiteia sua exclusão da lide.

Importante ressaltar que o valor do depósito recursal será reduzido pela metade para entidades sem fins lucrativos, empregadores domésticos, microempreendedores individuais, microempresas e empresas de pequeno porte, na forma do art. 899, § 9º, da CLT. Já com relação aos beneficiários da justiça gratuita, as entidades filantrópicas e as empresas em recuperação judicial, o art. 899, § 10, da CLT prevê que estão isentas do recolhimento do depósito recursal.

Por último, nos termos da súmula 86 do TST a massa falida também está dispensada do recolhimento do depósito recursal, benefício que não se aplica a à empresa em liquidação extrajudicial.

6.4.2.5.2.1 *Insuficiência no valor do preparo do recurso*

Nos termos do art. 10 da IN 39/2016 do TST aplicam-se ao Processo do Trabalho as normas do parágrafo único do art. 932 do CPC, §§ 1º a 4º do art. 938 e ainda os §§ 2º e 7º do art. 1007. Em outras palavras, antes de considerar inadmissível o recurso, o relator concederá o prazo de 5 (cinco) dias ao recorrente para que seja sanado vício ou complementada a documentação exigível.

Assim, a insuficiência no valor do preparo, inclusive porte de remessa e de retorno, implicará deserção do recurso caso o recorrente, devidamente intimado, não vier a supri-lo no prazo de 5 (cinco) dias.

Nos domínios do processo do trabalho, seguindo a orientação do TST a norma em apreço se aplica às custas e ao depósito recursal.

Nessa linha, o TST por meio da OJ 140 da SDI 1 firmou entendimento:

OJ 140 SDI 1 TST – DEPÓSITO RECURSAL E CUSTAS PROCESSUAIS. RECOLHIMENTO INSUFICIENTE. DESERÇÃO

Em caso de recolhimento insuficiente das custas processuais ou do depósito recursal, somente haverá deserção do recurso se, concedido o prazo de 5 (cinco) dias previsto no § 2º do art. 1.007 do CPC de 2015, o recorrente não complementar e comprovar o valor devido.

Assim, caso os valores das custas ou do depósito recursal sejam insuficientes, antes de não conhecer do recurso por deserção, deverá intimar a parte para complementação no prazo de 5 dias.

6.5. Recursos em espécie

6.5.1. Embargos de declaração

Previstos no art. 897-A da CLT e nos arts. 1.022 e seguintes do CPC/2015, aplicados subsidiariamente, são cabíveis, no prazo de 5 (cinco) dias, para impugnar quaisquer decisões, leia-se: decisões interlocutórias, sentenças, acórdãos e decisões monocráticas, quando for verificada a ocorrência de omissão, contradição ou obscuridade, ou ainda, para corrigir erro material

Os erros materiais, entendidos como aqueles que podem ser percebidos facilmente, por qualquer pessoa, sem a necessidade de interpretação de qualquer conceito, poderão ser corrigidos de ofício ou a requerimento de qualquer das partes, que o farão por meio de embargos de declaração.

Vale frisar que os embargos de declaração não estão sujeitos ao juízo de admissibilidade recursal, sendo essa uma das razões pelas quais se discute sua natureza jurídica. A doutrina dominante sustenta possuir natureza de recurso.

Além de serem opostos contra decisões omissas, contraditórias e obscuras, hipóteses em que será requerido o esclarecimento ou complementação do julgado, admite-se a oposição de embargos de declaração para a obtenção de efeito modificativo do julgado, em casos de omissão, contradição ou, ainda, manifesto equívoco no exame dos pressupostos de admissibilidade dos recursos.

Admite-se, ainda, a oposição de embargos de declaração para fins de prequestionamento para os recursos de revista, embargos no TST e recurso extraordinário.

6.5.1.1. Efeito interruptivo

A oposição de embargos de declaração interrompe o prazo para a propositura de outros recursos para ambas as partes, em conformidade com o art. 1.026 do CPC/2015.

Vale destacar que apenas quando conhecidos os embargos de declaração interrompem o prazo recursal. Nessa linha, dispõe o art. 1.026, § 2º, do CPC/2015, que, quando manifestamente protelatórios os embargos de declaração, o juiz ou o tribunal, declarando que o são, condenará o embargante a pagar ao embargado multa não excedente de 2% (dois por cento) sobre o valor atualizado da causa. Na reiteração de embargos protelatórios, a multa é elevada até 10% (dez por cento), ficando condicionada a interposição de qualquer outro recurso ao depósito do valor respectivo, art. 1.026, § 3º, CPC/2015.

6.5.1.2. Efeito modificativo

O efeito modificativo ou efeito infringente, como também é chamado, consiste no pedido de procedência dos embargos que acarretará não apenas a complementação ou o aclaramento da decisão, mas também, e principalmente, a reforma do ato judicial embargado.

É importante destacar que, em regra, não há a oposição de "contrarrazões" ou "manifestação" aos embargos de declaração. Porém, determina o art. 897-A, § 2º, da CLT que eventual efeito modificativo dos embargos de declaração somente poderá ocorrer em virtude da correção de vício na decisão embargada e intimação da parte contrária que deverá ser ouvida no prazo de 5 (cinco) dias, sob pena de nulidade. Na mesma linha, determina o art. 1.023, § 2º, do CPC/2015, aplicável de forma supletiva e subsidiária do CPC ao Processo do Trabalho, nos termos do art. 15 CPC/2015 e art. 769 da CLT.

Importante lembrar que até o início de dezembro de 2016 prevalecia no TST o entendimento, não havia necessidade de manifestação da parte contrária quando se tratar de embargos de declaração opostos contra sentença, em razão do efeito devolutivo amplo próprio do recurso ordinário, havendo necessidade de intimação da parte contrária para manifestação, somente quando se tratar de embargos de declaração opostos contra acórdão.

Contudo, para se adequar à aplicação supletiva e subsidiária do CPC ao processo do trabalho e em obediência ao princípio do contraditório que foi valorizado pelo CPC/2015, bem como com a finalidade de evitar decisões surpresas, por meio da Resolução 214/2016 o TST reviu seu entendimento no sentido que o juiz deverá intimar o embargado, para, querendo, manifestar-se, no prazo de 5 (cinco) dias, sobre os embargos opostos, caso seu eventual acolhimento implique a modificação da decisão embargada, não apenas quanto ao acórdão, mas sim de qualquer decisão judicial.

Dispõe a OJ 142 da SDI 1 do TST, com a redação dada pela resolução 214/2016:

ORIENTAÇÃO JURISPRUDENCIAL 142 SDI 1 TST – EMBARGOS DE DECLARAÇÃO. EFEITO MODIFICATIVO. VISTA PRÉVIA À PARTE CONTRÁRIA

É passível de nulidade decisão que acolhe embargos de declaração com efeito modificativo sem que seja concedida oportunidade de manifestação prévia à parte contrária.

6.5.1.3. Embargos de declaração com fins de prequestionamento

O prequestionamento é um pressuposto recursal específico dos recursos de natureza extraordinária, ou seja, aqueles recursos que não se prestam para o exame de matérias fáticas, mas apenas para questões de direito, como no caso do recurso de revista, embargos no TST e recurso extraordinário para o STF.

Prequestionamento é a efetiva apreciação de uma matéria pelo órgão julgador. Nos termos da Súmula 297, item I, do TST, diz-se prequestionada a matéria ou questão quando na decisão impugnada haja sido adotada, explicitamente, tese a respeito.

Nessa linha, admite-se a oposição de embargos de declaração para prequestionamento de matéria não apreciada na decisão, objetivando-se futura interposição de recurso de natureza extraordinária.

Sobre o tema, cabe trazer a Súmula 98 do STJ:

SÚMULA 98 STJ – Embargos de declaração manifestados com notório propósito de prequestionamento não tem caráter protelatório.

A respeito do prequestionamento para os recursos de natureza extraordinária, é importante destacar o entendimento consubstanciado na Orientação Jurisprudencial 62 da SDI 1 do TST, que diz ser necessário o prequestionamento como pressuposto de admissibilidade em recurso de natureza extraordinária, ainda que se trate de incompetência absoluta.

Contudo, havendo tese explícita sobre a matéria, na decisão recorrida, é desnecessário que contenha nela referência expressa do dispositivo legal para ter-se como prequestionado. É o que dispõe a Orientação Jurisprudencial 118 da SDI 1 do TST.

6.5.1.4. Embargos de declaração por manifesto equívoco no exame dos pressupostos extrínsecos do recurso

Como se sabe, os recursos passam, em regra, por dois juízos de admissibilidade. O primeiro exercido pelo juiz que proferiu a decisão (juízo a quo), e o segundo exercido pelo juízo a quem o recurso é dirigido (juízo ad quem).

Não obstante sejam feitos esses dois juízos de admissibilidade para os recursos, pode ocorrer de um recurso ser recebido após os exames de admissibilidade e, ao ser levado a julgamento pela turma, não ser conhecido. Em outras palavras, pode o Tribunal em decisão colegiada não conhecer de um recurso.

Nessa linha, caso o Tribunal profira decisão (acórdão) não conhecendo do recurso por manifesto equívoco no exame de seus pressupostos extrínsecos (recorribilidade do ato, representação, adequação, tempestividade e preparo), ela será impugnável via embargos de declaração.

Imagine a seguinte hipótese: em uma reclamação trabalhista foi indeferido o processamento de um recurso ordinário interposto pelo reclamante, o que motivou a interposição de recurso de agravo de instrumento. Todavia, o último dia do prazo para a interposição do referido agravo de instrumento coincidiu com o dia 25 de janeiro, feriado municipal na cidade de São Paulo, devidamente demonstrado no recurso (veja Súmula 385 do TST), de modo que o agravo de instrumento somente foi apresentado no dia seguinte, ou seja, 26 de janeiro. Depois de ultrapassados os juízos de admissibilidade, a Turma do Tribunal Regional proferiu decisão, não se recordando, por lapso, da existência do feriado municipal no dia 25 de janeiro, que considerou o agravo de instrumento intempestivo e dele não conheceu.

Nesse caso, o recurso cabível é o recurso de embargos de declaração, com pedido de efeito modificativo, nos termos do art. 897-A, da CLT, pelo manifesto equívoco do julgado no exame dos pressupostos extrínsecos do recurso de agravo de instrumento.

6.5.1.5. Embargos de declaração de decisão monocrática

Como vimos, caberão embargos de declaração contra decisão monocrática proferida pelo relator.

Nesse sentido, ensina a Súmula 421 do TST:

SÚMULA 421 TST – EMBARGOS DE DECLARAÇÃO. CABIMENTO. DECISÃO MONOCRÁTICA DO RELATOR CALCADA NO ART. 932 do CPC/2015. ART. 557 DO CPC de 1973.

I – Cabem embargos de declaração da decisão monocrática do relator prevista no art. 932 do CPC de 2015 (art. 557 do CPC

de 1973), se a parte pretende tão somente juízo integrativo retificador da decisão e, não, modificação do julgado.

II – Se a parte postular a revisão no mérito da decisão monocrática, cumpre ao relator converter os embargos de declaração em agravo, em face dos princípios da fungibilidade e celeridade processual, submetendo-o ao pronunciamento do Colegiado, após a intimação do recorrente para, no prazo de 5 (cinco) dias, complementar as razões recursais, de modo a ajustá-las às exigências do art. 1.021, § 1º, do CPC de 2015.

6.5.2. Recurso ordinário

Previsto no art. 895 da CLT, o recurso ordinário é cabível não somente de sentenças, sendo possível, também, sua interposição contra acórdãos proferidos pelos TRTs em sua competência originária, tanto nos dissídios individuais, em ação rescisória, por exemplo, como nos dissídios coletivos.

De acordo com a redação do art. 895 consolidado, o recurso ordinário é cabível das decisões definitivas (processos extintos com resolução do mérito) e decisões terminativas (extintos sem a resolução do mérito). Assim, havendo indeferimento da petição inicial pela ausência das condições da ação será possível a interposição de recurso ordinário.

Como se sabe, as decisões interlocutórias são irrecorríveis de imediato, em conformidade com o art. 893, § 1º, da CLT.

Todavia, as decisões interlocutórias terminativas de feito admitem interposição de recurso ordinário. É o que ocorre na decisão do juiz que declara a incompetência absoluta da Justiça do Trabalho e determina a remessa dos autos à Justiça Comum, em conformidade com o art. 799, § 2º, da CLT. Outra hipótese de interposição de recurso ordinário em face de uma decisão interlocutória encontra-se prevista na Súmula 214, item "c", do TST, que se refere à decisão que acolhe exceção de incompetência territorial, com a remessa dos autos para Tribunal Regional distinto daquele a que se vincula o juízo excepcionado.

Com relação ao recurso ordinário interposto nas reclamações que tramitam sob o procedimento sumaríssimo, vale lembrar que uma vez recebido no Tribunal ele deverá ser imediatamente distribuído, devendo o relator liberá-lo no prazo máximo de 10 (dez) dias e a secretaria do Tribunal ou Turma deverá colocá-lo imediatamente na pauta para julgamento, sem revisor.

O membro do Ministério Público do Trabalho presente à sessão de julgamento, se entender necessário, promoverá parecer oral com registro na certidão de julgamento.

Como visto, no âmbito processual trabalhista os recursos não possuem, como regra, o efeito suspensivo, pois são dotados unicamente de efeito devolutivo. No entanto, para a obtenção de efeito suspensivo o TST admite, por meio da Súmula 414, I, parte final, requerimento dirigido ao tribunal, ao relator ou ao presidente ou ao vice-presidente do tribunal recorrido, por aplicação subsidiária ao processo do trabalho do artigo 1.029, § 5º, do CPC de 2015

SÚMULA 414 TST – MANDADO DE SEGURANÇA. ANTECIPAÇÃO DE TUTELA (OU LIMINAR) CONCEDIDA ANTES OU NA SENTENÇA

I – A tutela provisória concedida na sentença não comporta impugnação pela via do mandado de segurança, por ser impugnável mediante recurso ordinário. É admissível a obtenção de efeito suspensivo ao recurso ordinário mediante requerimento dirigido ao tribunal, ao relator ou ao presidente ou ao vice-presidente do tribunal recorrido, por aplicação subsidiária ao processo do trabalho do artigo 1.029, § 5º, do CPC de 2015.

6.5.2.1. Processamento

O recurso será elaborado por meio de duas peças. A primeira delas é a peça de interposição do recurso, que será endereçada ao juízo que proferiu a decisão, ou seja, ao juízo a quo, qualificando o recorrente, indicando o endereço do seu procurador, manifestando o interesse em recorrer, requerendo o envio do recurso ao tribunal competente e demonstrando o pagamento das custas e depósito recursal, quando necessários; a segunda peça consiste nas razões recursais, que serão dirigidas ao juízo hierarquicamente superior àquele que proferiu a decisão, o juízo ad quem.

Interposto o recurso no juízo a quo, promoverá este o 1º juízo de admissibilidade, examinando a presença de todos os pressupostos recursais. Feito o exame e constatada a inobservância de um dos pressupostos recursais, será negado seguimento ao recurso, hipótese em que poderá ser interposto agravo de instrumento. Conhecido o recurso, deverá o juiz conceder prazo para apresentação de contrarrazões ao recurso ordinário. Recebida as contrarrazões, o juízo a quo poderá proceder outro exame de admissibilidade do recurso, podendo, inclusive, reconsiderar a decisão que o admitiu e dele não conhecendo.

Mantida a decisão, os autos serão remetidos ao Tribunal superior, o juízo ad quem. Lá, após parecer do Ministério Público do Trabalho quando necessário, o recurso será distribuído a um juiz relator que fará o 2º juízo de admissibilidade, podendo conhecer ou não do recurso. Após a vista do juiz relator, o recurso será enviado ao juiz revisor e, em seguida, será colocado em pauta para julgamento.

No julgamento, após a leitura do relatório os advogados do recorrente e do recorrido poderão efetuar sustentação oral. Após a sustentação oral o recurso será submetido a julgamento, votando o relator, o revisor e os demais juízes.

Nas causas sujeitas ao procedimento sumaríssimo, o processo será imediatamente distribuído ao juiz relator, sem revisor, podendo o Ministério Público do Trabalho, caso entenda pertinente, emitir parecer oral na própria audiência de julgamento. Após a leitura do relatório os advogados poderão realizar sustentação oral e em seguida será realizado o julgamento.

6.5.3. Agravo de instrumento

Previsto no art. 897, "b", da CLT, o agravo de instrumento é cabível, no prazo de 8 (oito) dias, para impugnar os despachos proferidos pelo juízo a quo no 1º juízo de admissibilidade recursal que negarem seguimento a recursos. Assim, cabe agravo de instrumento em face de decisões que negarem seguimento a recurso ordinário, recurso de revista, recurso adesivo, agravo de petição, recurso extraordinário e, inclusive, ao próprio agravo de instrumento, no 1º juízo de admissibilidade.

No entanto, negado seguimento ao recurso de embargos no TST, não será cabível agravo de instrumento, mas sim agravo regimental.

O agravo de instrumento será processado em autos apartados e deverá ser interposto perante o juízo que não

conheceu do recurso, admitindo-se o juízo de retração. Assim, interposto o agravo de instrumento, o juiz poderá reconsiderar a decisão agravada, conhecendo do recurso principal, remetendo-o à instância superior para sua apreciação.

Sendo mantida a decisão, o juiz deverá intimar o agravado para apresentação das contrarrazões ao agravo de instrumento e ao recurso principal, nos termos do art. 897, § 6º, da CLT.

A Lei 12.275, de 29 de junho de 2010, trouxe uma novidade nas regras de interposição do agravo de instrumento na esfera trabalhista.

A Lei em questão incluiu o § 7º no art. 899 da CLT, criando a necessidade de depósito recursal para a interposição de agravo de instrumento, restrito ao Judiciário Trabalhista, o que exclui, por óbvio, o agravo de instrumento em recurso extraordinário, que tem disciplina própria, conforme art. 1.042 do CPC/2015, e arts. 321 a 329 do Regimento Interno do Supremo Tribunal Federal.

Por meio do dispositivo legal, no ato de interposição do agravo de instrumento, a parte agravante deverá efetuar o depósito recursal, que corresponderá a 50% (cinquenta por cento) do valor do depósito do recurso ao qual se pretende destrancar. Nota-se que o citado dispositivo legal utiliza-se do termo "no ato", o que obriga a parte recorrente recolher e comprovar o recolhimento do depósito recursal no ato de interposição do recurso, o que afasta a aplicação da Súmula 245 do TST no presente recurso.

No entanto, o § 8º do mesmo dispositivo, de acordo com a redação dada pela Lei 13.015/2014 quando o agravo de instrumento tiver a finalidade de destrancar recurso de revista que se insurge contra decisão que contraria a jurisprudência uniforme do TST, consubstanciada nas suas súmulas ou em orientação jurisprudencial, não haverá obrigatoriedade de se efetuar o depósito suprarreferido.

O agravo de instrumento será julgado pelo Tribunal que seria competente para conhecer do recurso trancado, em conformidade com o art. 897, § 4º, da CLT. Portanto, primeiramente o Tribunal apreciará o agravo de instrumento e, entendendo por seu provimento, passará a julgar o recurso principal.

Em conformidade com o art. 1º da IN 40/2016 do TST admitido apenas parcialmente o recurso de revista, constitui ônus da parte impugnar, mediante agravo de instrumento, o capítulo denegatório da decisão, sob pena de preclusão. Com isso, o TST cancelou sua Súmula 285 que determinava imprópria a interposição de agravo de instrumento nessa hipótese.

6.5.3.1. Processamento

Diferente do processo civil, em que o agravo de instrumento é interposto diretamente no Tribunal, nos domínios do processo do trabalho deverá ser interposto no juízo a quo, na medida em que se admite a retratação do juízo.

As partes, agravante e agravado, deverão instruir a petição do agravo de instrumento e suas contrarrazões com as peças necessárias para o julgamento de ambos os recursos.

Nos exatos termos do art. 897, § 5º, da CLT, sob pena de não conhecimento, as partes promoverão a formação do instrumento do agravo de modo a possibilitar, caso provido, o imediato julgamento do recurso denegado, instruindo a petição de interposição obrigatoriamente com cópias da decisão agravada, da certidão da respectiva intimação, das procurações outorgadas aos advogados do agravante e do agravado, da petição inicial, da contestação, da decisão originária, da comprovação do depósito recursal e do recolhimento das custas, e facultativamente, com aquelas peças que entenderem necessárias para o julgamento do apelo.

O agravo de instrumento possui efeito devolutivo, limitando-se a matéria que será analisada pelo juízo ad quem à validade ou não da decisão denegatória do recurso. Desta forma, somente se o agravo de instrumento for provido poderá o Tribunal examinar o recurso que foi trancado.

Todavia, por não possuir efeito suspensivo, o meio adequado para obtenção desse efeito é o pedido/requerimento de tutela provisória cautelar proposta perante o órgão competente para julgar o recurso, desde que demonstrado o fumus boni iuris e o periculum in mora.

6.5.4. Agravo de petição

Previsto no art. 897, "a", da CLT, o agravo de petição é o recurso cabível, no prazo de 8 (oito) dias, em face das decisões do Juiz do Trabalho proferidas na fase de execução de sentença. Desta forma, não existe agravo de petição na fase de conhecimento.

Embora o texto da lei não especifique qual tipo de decisão poderá ser impugnável, a doutrina dominante sustenta que somente decisões definitivas (art. 487 do CPC/2015) ou terminativas de feito (art. 485 do CPC/2015) podem ser impugnadas via agravo de petição. Essa doutrina se baseia no princípio da irrecorribilidade imediata das decisões interlocutórias, que não admite a imediata interposição de recurso contra essas decisões.

No entanto, admite-se a interposição de agravo de petição contra decisão interlocutória, desde que terminativa de feito. Admitir-se o agravo de petição contra qualquer decisão interlocutória, apenas por ter sido proferida na fase de execução de sentença, afrontaria o princípio da irrecorribilidade imediata das decisões interlocutórias, disciplinada no art. 893, § 1º, da CLT, que tem como finalidade garantir maior celeridade processual. Desta forma, as decisões interlocutórias, que não sejam terminativas de feito, estão sujeitas ao apelo no momento processual adequado por meio dos embargos à execução.

Ademais, o art. 855-A, § 1º, II, da CLT determina que a decisão interlocutória que acolher ou rejeitar o incidente de desconsideração da personalidade jurídica proferida na fase de execução, independentemente de garantia do juízo, será recorrível de imediato via agravo de petição. No entanto, caso a decisão ocorra na fase cognitiva, não ensejará a interposição de recurso imediato, nas linhas do art. 893, § 1º, CLT.

6.5.4.1. Delimitação de matérias e valores

O art. 897, § 1º, da CLT traz em seu bojo um requisito especial de admissibilidade do agravo de petição. Trata-se da delimitação de matérias e valores.

Dispõe o art. 897, § 1º, da CLT:

Art. 897 (...)

§ 1º – O agravo de petição só será recebido quando o agravante delimitar, justificadamente, as matérias e os valores impugnados, permitida a execução imediata da parte remanescente até o final, nos próprios autos ou por carta de sentença.

Desse modo, para que o recurso seja admitido, deverá o agravante delimitar as matérias impugnadas e os valores controversos, a fim de que se proceda a execução definitiva da parte não impugnada.

Nesse sentido, vale trazer à baila o entendimento cristalizado na Súmula 416 do TST:

SÚMULA 416 TST – MANDADO DE SEGURANÇA. EXECUÇÃO. LEI 8.432/1992. ART. 897, § 1º, DA CLT. CABIMENTO

Devendo o agravo de petição delimitar justificadamente a matéria e os valores objeto de discordância, não fere direito líquido e certo o prosseguimento da execução quanto aos tópicos e valores não especificados no agravo.

6.5.4.2. Processamento

Deverá ser interposto no prazo de 8 (oito) dias na vara do trabalho em que estiver tramitando a execução. O recurso consiste na peça de interposição, bem como as razões recursais, não se esquecendo da delimitação de matérias e valores.

Para a interposição não há o requisito do preparo, na medida em que as custas serão pagas apenas ao final do processo, nos termos do art. 789-A, IV, da CLT. Já o depósito recursal somente será exigido caso a execução não esteja devidamente garantida.

Nesse sentido é a súmula 128, II, do TST:

SÚMULA 128 TST (...)

II – Garantido o juízo, na fase executória, a exigência de depósito para recorrer de qualquer decisão viola os incisos II e LV do art. 5º da CF/1988. Havendo, porém, elevação do valor do débito, exige-se a complementação da garantia do juízo.

6.5.5. Agravo regimental

O agravo regimental encontra-se previsto no art. 709, § 1º, da CLT, na Lei 7.701/1988 e, ainda, nos regimentos internos dos Tribunais Regionais e do Tribunal Superior do Trabalho.

O agravo regimental é cabível em face das decisões monocráticas dos juízes relatores dos Tribunais Regionais ou do Tribunal Superior do Trabalho que negarem seguimento a recursos no 2º juízo de admissibilidade. Admite-se, outrossim, nos termos do art. 894, § 4º, da CLT, redação dada pela Lei 13.015/2014, a interposição do agravo regimental em face da decisão denegatória dos embargos. E, por último, como ensina Renato Saraiva (Curso de Direito Processual do Trabalho. 4. ed. São Paulo: Método, 2007. p. 492), admite-se o agravo regimental para o "reexame pelo tribunal das decisões monocráticas proferidas por seus próprios juízes (...)"

O prazo para interposição do agravo regimental varia de acordo com o regimento interno de cada Tribunal, que, de modo geral, fixam o prazo de cinco dias para sua interposição. No TST, de acordo com o art. 235 de seu regimento interno, o prazo é de 8 dias para a interposição do agravo regimental para o Tribunal Pleno.

O TST admite, em observância ao princípio da fungibilidade, o recebimento de recurso ordinário como agravo regimental, como ensina a Orientação jurisprudencial 69 da SDI 2 do TST.

ORIENTAÇÃO JURISPRUDENCIAL 69 SDI 2 TST – FUNGIBILI-
DADE RECURSAL. INDEFERIMENTO LIMINAR DE AÇÃO RESCI-
SÓRIA OU MANDADO DE SEGURANÇA. RECURSO PARA O TST.
RECEBIMENTO COMO AGRAVO REGIMENTAL E DEVOLUÇÃO
DOS AUTOS AO TRT.

Recurso ordinário interposto contra despacho monocrático
indeferitório da petição inicial de ação rescisória ou de mandado de segurança pode, pelo princípio de fungibilidade
recursal, ser recebido como agravo regimental. Hipótese de
não conhecimento do recurso pelo TST e devolução dos autos
ao TRT, para que aprecie o apelo como agravo regimental.

Todavia, o TST entende não ser aplicável o princípio da
fungibilidade em se tratando de agravo inominado ou agravo
regimental contra decisão proferida por órgão colegiado, em
razão do erro grosseiro na interposição do recurso inadequado.

Assim, dispõe a orientação jurisprudencial 412 da SDI
1 do TST:

ORIENTAÇÃO JURISPRUDENCIAL 412 da SDI 1 do TST AGRAVO
INTERNO OU AGRAVO REGIMENTAL. INTERPOSIÇÃO EM FACE
DE DECISÃO COLEGIADA. NÃO CABIMENTO. ERRO GROS-
SEIRO. INAPLICABILIDADE DO PRINCÍPIO DA FUNGIBILIDADE
RECURSAL.

É incabível agravo interno (art. 1.021 do CPC de 2015, art. 557,
§ 1º, do CPC de 1973) ou agravo regimental (art. 235 do RITST)
contra decisão proferida por Órgão colegiado. Tais recursos
destinam-se, exclusivamente, a impugnar decisão monocrática nas hipóteses previstas. Inaplicável, no caso, o princípio
da fungibilidade ante a configuração de erro grosseiro.

6.5.5.1. Processamento

O agravo regimental deverá ser interposto perante o
Desembargador ou Ministro relator que prolatou a decisão,
devendo o agravante requerer sua reconsideração ou, sucessivamente, o encaminhamento ao órgão competente para
a apreciação do agravo, qual seja, a Turma ou o Pleno do
Tribunal, a depender do respectivo regimento interno, não
havendo oportunidade para apresentação de contrarrazões,
tampouco sustentação oral.

Caso não haja disposição no regimento interno do tribunal
sobre a necessidade da formação do instrumento, não há necessidade de o agravante trazer cópias dos autos principais para
tanto, como ocorre no agravo de instrumento. Nesse sentido a
SDI 1 do TST editou a Orientação Jurisprudencial 132, in verbis:

ORIENTAÇÃO JURISPRUDENCIAL 132 SDI 1 TST – AGRAVO
REGIMENTAL. PEÇAS ESSENCIAIS NOS AUTOS PRINCIPAIS.

Inexistindo lei que exija a tramitação do agravo regimental em
autos apartados, tampouco previsão no Regimento Interno
do Regional, não pode o agravante ver-se apenado por
não haver colacionado cópia de peças dos autos principais,
quando o agravo regimental deveria fazer parte dele.

Vale ressaltar que o agravo regimental não está sujeito
ao recolhimento de custas e depósito recursal, não havendo,
portanto, o pressuposto extrínseco do preparo.

Em caso de agravo regimental com caráter procrastinatório, casos em que o recurso se mostra manifestamente
inadmissível ou infundado, aplica-se a multa entre 1% e 10%
do valor corrigido da causa, ficando a interposição de qualquer
outro recurso condicionada ao depósito do respectivo valor,
conforme art. 1.021, §§ 4º e 5º, do CPC/2015.

6.5.6. Recurso de revista

Previsto no art. 896 da CLT, é um recurso de natureza
extraordinária que visa a atacar decisões proferidas pelos TRTs
em dissídios individuais em grau de recurso ordinário. Tem
como objetivo uniformizar a interpretação jurisprudencial dos
Tribunais acerca da legislação constitucional, federal e estadual
e, ainda, a aplicabilidade de determinados instrumentos normativos como acordo coletivo, convenção coletiva, sentença
normativa e regulamento de empresa.

Deverá ser interposto no prazo de 8 (oito) dias, dirigido
ao Presidente do Tribunal recorrido, estando sujeito ao pagamento de custas e depósito recursal.

Por possuir natureza extraordinária, o recurso de revista
não admite o reexame de matéria fática e probatória, em
conformidade com a Súmula 126 do TST.

SÚMULA 126 TST – RECURSO. CABIMENTO.

Incabível o recurso de revista ou de embargos (arts. 896 e 894,
"b", da CLT) para reexame de fatos e provas.

6.5.6.1. Requisitos especiais

Ao interpor o recurso de revista, além dos pressupostos
gerais de admissibilidade dos recursos, exige-se, ainda, que o
recorrente demonstre o preenchimento de mais dois pressupostos
especiais, quais sejam, a transcendência e o prequestionamento.

Para que a questão esteja devidamente prequestionada,
exige-se que a matéria já tenha sido objeto de debates no
acórdão guerreado. É importante lembrar que, de acordo com
a Súmula 98 do STJ, admitem-se os embargos de declaração
exclusivamente com fins de prequestionamento.

Nos termos da Súmula 297 do TST, diz-se prequestionada
a matéria ou questão quando na decisão impugnada tiver sido
adotada, explicitamente, tese a respeito.

Já transcendência nos remete a repercussão, ou seja,
a questão debatida no recurso deverá ter repercussão nos
aspectos econômicos, jurídicos, políticos e social.

Nos termos do art. 896-A, § 1º, da CLT São indicadores
de transcendência, entre outros:

I – econômica: o elevado valor da causa;

II – política: o desrespeito da instância recorrida à jurisprudência sumulada do Tribunal Superior do Trabalho ou do
Supremo Tribunal Federal;

III – social: a postulação, por reclamante-recorrente, de direito
social constitucionalmente assegurado;

IV – jurídica: a existência de questão nova em torno da interpretação da legislação trabalhista.

Caso o recorrente não demonstre que o recurso de revista
possua transcendência, poderá o relator, monocraticamente,
denegar seguimento ao recurso, cabendo agravo ao órgão
colegiado, contra tal decisão. Poderá o recorrente, ainda,
realizar sustentação oral sobre a questão da transcendência,
durante cinco minutos em sessão.

Apresentada a sustentação oral e mantido o voto do
relator quanto à não transcendência do recurso, será lavrado
acórdão com fundamentação sucinta, que constituirá decisão
irrecorrível no âmbito do tribunal.

Ao lado dos pressupostos gerais de admissibilidade dos
recursos, sem o preenchimento desses dois pressupostos
específicos o recurso não será conhecido.

Assim, determina o § 14 do art. 896 da CLT ensina que o relator do recurso de revista poderá denegar-lhe seguimento, em decisão monocrática, nas hipóteses de intempestividade, deserção, irregularidade de representação ou de ausência de qualquer outro pressuposto extrínseco ou intrínseco de admissibilidade.

Nessa linha, tratando dos requisitos específicos para a interposição do recurso de revista, o art. 896, § 1º-A, da CLT determina ser ônus da parte, sob pena de não conhecimento do recurso:

I – indicar o trecho da decisão recorrida que consubstancia o prequestionamento da controvérsia objeto do recurso de revista;

II – indicar, de forma explícita e fundamentada, contrariedade a dispositivo de lei, súmula ou orientação jurisprudencial do Tribunal Superior do Trabalho que conflite com a decisão regional;

III – expor as razões do pedido de reforma, impugnando todos os fundamentos jurídicos da decisão recorrida, inclusive mediante demonstração analítica de cada dispositivo de lei, da Constituição Federal, de súmula ou orientação jurisprudencial cuja contrariedade aponte.

IV – transcrever na peça recursal, no caso de suscitar preliminar de nulidade de julgado por negativa de prestação jurisdicional, o trecho dos embargos declaratórios em que foi pedido o pronunciamento do tribunal sobre questão veiculada no recurso ordinário e o trecho da decisão regional que rejeitou os embargos quanto ao pedido, para cotejo e verificação, de plano, da ocorrência da omissão.

Nesse ponto é de suma importância a observância da Súmula 337 do TST, que impõe critérios para a comprovação da divergência justificadora do recurso. Desta forma, é necessário que o recorrente:

I) junte certidão ou cópia autenticada do acórdão paradigma ou cite a fonte oficial ou o repositório autorizado em que foi publicado; e

II) transcreva, nas razões recursais, as ementas e/ou trechos dos acórdãos trazidos à configuração do dissídio, demonstrando o conflito de teses que justifique o conhecimento do recurso, ainda que os acórdãos já se encontrem nos autos ou venham a ser juntados com o recurso.

Vale dizer, ainda, que, nos termos da Súmula 337 do TST, a mera indicação da data de publicação, em fonte oficial, de aresto paradigma é inválida para comprovação de divergência jurisprudencial.

Todavia, esclarece o item IV da referida súmula que é válida para a comprovação da divergência jurisprudencial justificadora do recurso a indicação de aresto extraído de repositório oficial na internet, desde que o recorrente: a) transcreva o trecho divergente; b) aponte o sítio de onde foi extraído; e c) decline o número do processo, o órgão prolator do acórdão e a data da respectiva publicação no Diário Eletrônico da Justiça do Trabalho.

6.5.6.2. *Hipóteses de cabimento*

O cabimento do recurso de revista merece ser estudado com maior enfoque. Isso porque as hipóteses de cabimento do recurso em estudo variam de acordo com o procedimento adotado.

6.5.6.2.1. Procedimento ordinário

No procedimento comum/ordinário, o recurso de revista é cabível nas hipóteses trazidas nas alíneas do art. 896 consolidado, que assim dispõem:

> Art. 896. Cabe Recurso de Revista para Turma do Tribunal Superior do Trabalho das decisões proferidas em grau de recurso ordinário, em dissídio individual, pelos Tribunais Regionais do Trabalho, quando:
>
> a) derem ao mesmo dispositivo de lei federal interpretação diversa da que lhe houver dado outro Tribunal Regional do Trabalho, no seu Pleno ou Turma, ou a Seção de Dissídios Individuais do Tribunal Superior do Trabalho, ou contrariarem súmula de jurisprudência uniforme dessa Corte ou súmula vinculante do Supremo Tribunal Federal;
>
> b) derem ao mesmo dispositivo de lei estadual, Convenção Coletiva de Trabalho, Acordo Coletivo, sentença normativa ou regulamento empresarial de observância obrigatória em área territorial que exceda a jurisdição do Tribunal Regional prolator da decisão recorrida, interpretação divergente, na forma da alínea a;
>
> c) proferidas com violação literal de disposição de lei federal ou afronta direta e literal à Constituição Federal.

Assim, de acordo com o art. 896 da CLT no procedimento ordinário é cabível o recurso de revista nas seguintes hipóteses:

a) Divergência na interpretação de lei federal ou contrariedade à súmula vinculante do STF, súmula ou OJ do TST

De acordo com a disposição da alínea "a" do citado art. 896 do diploma consolidado podemos extrair duas hipóteses de cabimento, são elas:

I.) Divergência na interpretação de lei federal

A divergência capaz de ensejar o cabimento do recurso de revista deve ser oriunda dos órgãos da Justiça do Trabalho.

Assim, caberá recurso de revista com fulcro na primeira parte da alínea "a" do art. 896 da CLT sempre que o acórdão guerreado interpretar uma lei federal de forma diversa à interpretação dada ao mesmo dispositivo de lei federal por súmula de outro Tribunal Regional do Trabalho ou pela Seção de Dissídios Individuais do TST.

Vale frisar que a interpretação jurisprudencial deve estar relacionada com o mesmo dispositivo de lei federal, o que a doutrina costuma chamar de divergência específica. Nesse sentido é a Súmula 296 do TST:

> SÚMULA 296 TST – RECURSO. DIVERGÊNCIA JURISPRUDENCIAL. ESPECIFICIDADE.
>
> I – A divergência jurisprudencial ensejadora da admissibilidade, do prosseguimento e do conhecimento do recurso há de ser específica, revelando a existência de teses diversas na interpretação de um mesmo dispositivo legal, embora idênticos os fatos que as ensejaram.
>
> II – Não ofende o art. 896 da CLT decisão de Turma que, examinando premissas concretas de especificidade da divergência colacionada no apelo revisional, conclui pelo conhecimento ou desconhecimento do recurso.

A divergência que dá ensejo à interposição do recurso de revista deve ser atual, ou seja, aquela que não for ultrapassada por súmula ou superada por iterativa e notória jurisprudência do TST. Nessa linha é a Súmula 333 do TST, que assim dispõe:

SÚMULA 333 TST – RECURSOS DE REVISTA. CONHECIMENTO.

Não ensejam recurso de revista decisões superadas por iterativa, notória e atual jurisprudência do Tribunal Superior do Trabalho.

II.) Contrariedade entre súmula ou Orientação jurisprudencial do TST ou entre súmula vinculante do STF;

A 2ª parte da alínea "a" do art. 896 da CLT prevê ainda a hipótese de recurso de revista por contrariedade entre súmula ou Orientação jurisprudencial do TST ou ainda entre súmula vinculante do STF.

Nessa hipótese, a interposição do recurso de revista se justifica tendo em vista que o acórdão recorrido contraria uma súmula ou orientação jurisprudencial do TST ou, ainda, se o acórdão recorrido contrariar uma súmula vinculante do STF.

Em que pese não constar expressamente do dispositivo legal em comento a possibilidade de cabimento de recurso de revista por contrariedade a orientação jurisprudencial, é possível entender que ele é cabível, pela própria redação do art. 896, § 1º-A, II, da CLT que determina que a parte deverá indicar, de forma explícita e fundamentada, contrariedade a dispositivo de lei, súmula ou orientação jurisprudencial do Tribunal Superior do Trabalho que conflite com a decisão regional, sob pena de não conhecimento do recurso.

b) Divergência na interpretação de lei estadual, convenção coletiva, sentença normativa ou regulamento de empresa

A alínea "b" do art. 896 da CLT prevê a hipótese que a divergência que dá ensejo ao recurso de revista ocorre na interpretação de lei estadual, convenção coletiva, sentença normativa ou regulamento de empresa.

Desta forma, caso o acórdão interprete uma dessas espécies normativas de forma diversa à interpretação dada ao mesmo dispositivo por outro Tribunal Regional do Trabalho, pela SDI, por meio de suas orientações jurisprudenciais ou por súmulas do TST, caberá o recurso de revista com fulcro na alínea "b".

6.5.6.2.1.1. Divergência jurisprudencial

Com a entrada em vigor da Lei 13.015/2014, a Justiça do Trabalho passa a ter nova sistemática recursal, cujas alterações mais significativas residem nos critérios de admissibilidade do recurso de revista.

A divergência apta a ensejar o recurso de revista deve ser atual, não se considerando como tal a ultrapassada por súmula do Tribunal Superior do Trabalho ou do Supremo Tribunal Federal, ou superada por iterativa e notória jurisprudência do Tribunal Superior do Trabalho, nos termos do § 7º do art. 896 da CLT.

Nessa mesma linha é a Súmula 333 do TST, que assim dispõe:

SÚMULA 333 TST – RECURSOS DE REVISTA. CONHECIMENTO.

Não ensejam recurso de revista decisões superadas por iterativa, notória e atual jurisprudência do Tribunal Superior do Trabalho.

Para a comprovação da divergência justificadora do recurso, determina o § 8º do art. 896 da CLT que, compete ao recorrente o ônus de produzir prova da divergência jurisprudencial, mediante certidão, cópia ou citação do repositório de jurisprudência, oficial ou credenciado, inclusive em mídia eletrônica, em que houver sido publicada a decisão divergente, ou ainda pela reprodução de julgado disponível na internet, com indicação da respectiva fonte, mencionando, em qualquer caso, as circunstâncias que identifiquem ou assemelhem os casos confrontados.

Nesse mesmo sentido, como já estudamos, é a Súmula 337 do TST que ensina ser necessário que o recorrente:

a) junte certidão ou cópia autenticada do acórdão paradigma ou cite a fonte oficial ou o repositório autorizado em que foi publicado e

b) transcreva, nas razões recursais, as ementas e/ou trechos dos acórdãos trazidos à configuração do dissídio, demonstrando o conflito de teses que justifique o conhecimento do recurso, ainda que os acórdãos já se encontrem nos autos ou venham a ser juntados com o recurso.

A citada súmula ensina, ainda, que a mera indicação da data de publicação, em fonte oficial, de aresto paradigma é inválida para comprovação de divergência jurisprudencial.

Todavia, esclarece o item IV da referida súmula que é válida para a comprovação da divergência jurisprudencial justificadora do recurso a indicação de aresto extraído de repositório oficial na internet, desde que o recorrente transcreva o trecho divergente; aponte o sítio (site da internet) de onde foi extraído e decline o número do processo, o órgão prolator do acórdão e a data da respectiva publicação no Diário Eletrônico da Justiça do Trabalho.

c) Violação de literal dispositivo de lei federal ou da Constituição Federal

Nessa hipótese, prevista na alínea c do art. 896 da CLT, o acórdão guerreado viola diretamente dispositivo de lei federal ou da CF. Portanto, a decisão recorrida deve tratar da matéria explicitamente, surgindo assim a necessidade do prequestionamento.

Nota-se que nessa hipótese não há divergência jurisprudencial, mas sim afronta direta à lei federal ou à Constituição Federal.

Em se tratando de recurso de revista por violação de lei federal ou da Constituição Federal, a indicação do dispositivo constitucional ou infraconstitucional tido como violado deverá ser indicado expressamente no recurso, sob pena de não ser conhecido, nos termos do art. 896, § 1º-A, da CLT.

Nesse mesmo sentido, dispõe a Súmula 221 do TST:

SÚMULA 221 DO TST – RECURSO DE REVISTA. VIOLAÇÃO DE LEI. INDICAÇÃO DE PRECEITO.

A admissibilidade de recurso de revista por violação tem como pressuposto a indicação expressa do dispositivo de lei ou da Constituição tido como violado.

Nessa linha, vale destacar a disposição da Orientação Jurisprudencial 257 da SDI 1 do TST:

ORIENTAÇÃO JURISPRUDENCIAL 257 SDI 1 do TST – RECURSO DE REVISTA. FUNDAMENTAÇÃO. VIOLAÇÃO DE LEI. VOCÁBULO VIOLAÇÃO. DESNECESSIDADE

A invocação expressa no recurso de revista dos preceitos legais ou constitucionais tidos como violados não significa exigir da parte a utilização das expressões "contrariar", "ferir", "violar" etc.

Por último, ensina a Súmula 459 do TST:

SÚMULA 459 TST – RECURSO DE REVISTA. NULIDADE POR NEGATIVA DE PRESTAÇÃO JURISDICIONAL

O conhecimento do recurso de revista, quanto à preliminar de nulidade, por negativa de prestação jurisdicional, supõe indicação de violação do art. 832 da CLT, do art. 489 do CPC de 2015 (art. 458 do CPC de 1973) ou do art. 93, IX, da CF/1988.

6.5.6.2.2. Procedimento sumaríssimo

De acordo com o § 9º do art. 896 da CLT, nas causas sujeitas ao procedimento sumaríssimo, somente será admitido recurso de revista por contrariedade a súmula de jurisprudência uniforme do Tribunal Superior do Trabalho ou a súmula vinculante do Supremo Tribunal Federal e por violação direta da Constituição Federal.

Nota-se, portanto, que, em se tratando de procedimento sumaríssimo, o recurso de revista é admitido por violação da Constituição Federal, súmula vinculante do STF e por contrariedade à súmula do TST, mas não por contrariedade à Orientação Jurisprudencial, em conformidade com o entendimento consubstanciado na Súmula 442 do TST, que assim dispõe:

> SÚMULA 442 TST – PROCEDIMENTO SUMARÍSSIMO. RECURSO DE REVISTA FUNDAMENTADO EM CONTRARIEDADE A ORIENTAÇÃO JURISPRUDENCIAL. INADMISSIBILIDADE. ART. 896, § 6º, DA CLT, ACRESCENTADO PELA LEI 9.957, DE 12.01.2000
>
> Nas causas sujeitas ao procedimento sumaríssimo, a admissibilidade de recurso de revista está limitada à demonstração de violação direta a dispositivo da Constituição Federal ou contrariedade a Súmula do Tribunal Superior do Trabalho, não se admitindo o recurso por contrariedade a Orientação Jurisprudencial deste Tribunal (Livro II, Título II, Capítulo III, do RITST), ante a ausência de previsão no art. 896, § 6º, da CLT.

OBS: as hipóteses de recurso de revista no procedimento sumaríssimo eram previstas no § 6º do art. 896 da CLT, como indicado na súmula em estudo. Após a edição da Lei 13.015/2014 as hipóteses passaram a estar previstas no § 9º do art. 896 consolidado.

6.5.6.2.3. Recurso de revista em execução

A Lei 13.015/2014 que conferiu nova sistemática para os recursos trabalhistas, em especial ao recurso de revista, inovou sobre esse recurso na fase executória.

De acordo com a antiga legislação, nos termos do § 2º do art. 896 da CLT o cabimento do recurso de revista na fase de execução se limitava as hipóteses de ofensa direta e literal de norma da Constituição Federal.

No entanto, a atual legislação inovou estabelecendo no art. 896 da CLT, § 10 a possibilidade também de recurso de revista nas execuções fiscais e nas controvérsias da fase de execução que envolvam a Certidão Negativa de Débitos Trabalhistas (CNDT), sempre que o acórdão recorrido violar lei federal ou por divergência jurisprudencial e ainda por ofensa à Constituição Federal.

Notamos aqui um tratamento diferenciado em relação à Fazenda Pública. Isso porque, quando o autor da ação for a Fazenda Pública, poderá o executado recorrer de revista com fundamento em simples divergência jurisprudencial, violação de lei federal ou à Constituição Federal. No entanto, no mesmo contexto, sempre que o exequente e executado forem empregado e empregador, o recurso de revista terá seu cabimento restringido nos termos do § 2º do art. 896 da CLT, ou seja, por ofensa à Constituição Federal.

Como mencionado, o §10 do art. 896 permite a interposição de recurso de revista nas controvérsias da fase de execução que envolvam a Certidão Negativa de Débitos Trabalhistas (CNDT), criada pela Lei 12.440, de 7 de julho de 2011, tratada no art. 642-A da CLT.

Importante lembrar a CNDT é um documento, obrigatório para participação em licitações públicas. Ela também é uma importante ferramenta nas negociações imobiliárias, pois registra possíveis penhoras de imóveis por dívida trabalhista de pessoas físicas ou jurídicas.

Portanto, a atual legislação não retirou a possibilidade de recurso de revista na fase de execução de sentença em quaisquer processos, sempre que a decisão ofender a CF, mas elasteceu as hipóteses de cabimento, permitindo a interposição do recurso de revista, nas seguintes hipóteses:

a) fase de execução de sentença: caberá recurso de revista das decisões que ofenderem a Constituição Federal, nos termos do § 2º do art. 896 da CLT;

b) execuções fiscais: por violação à lei federal, por divergência jurisprudencial e por ofensa à Constituição Federal;

c) nas controvérsias da fase de execução que envolvam a Certidão Negativa de Débitos Trabalhistas (CNDT): por violação à lei federal, por divergência jurisprudencial e por ofensa à Constituição Federal.

Desta forma, a Súmula 266 do TST continua em pleno vigor:

> SÚMULA 266 DO TST – RECURSO DE REVISTA. ADMISSIBILIDADE. EXECUÇÃO DE SENTENÇA.
>
> A admissibilidade do recurso de revista interposto de acórdão proferido em agravo de petição, na liquidação de sentença ou em processo incidente na execução, inclusive os embargos de terceiro, depende de demonstração inequívoca de violência direta à Constituição Federal.

6.5.6.2.4. Recurso repetitivo ou julgamento por amostragem

Previsto nos arts. 896-B e 896-C da CLT, introduzidos pela Lei 13.015/2014, o legislador confere ao TST a possibilidade de julgamento de recursos repetitivos, ou seja, recursos que tratam de matérias idênticas, que se fundam em idêntica questão de direito.

Os parâmetros procedimentais para dar efetividade ao referido instituto estão disciplinados no ato normativo 491 do TST e Instrução Normativa 38 do TST.

Dispõe o art. 896-C da CLT:

> "Quando houver multiplicidade de recursos de revista fundados em idêntica questão de direito, a questão poderá ser afetada à Seção Especializada em Dissídios Individuais ou ao Tribunal Pleno, por decisão da maioria simples de seus membros, mediante requerimento de um dos Ministros que compõem a Seção Especializada, considerando a relevância da matéria ou a existência de entendimentos divergentes entre os Ministros dessa Seção ou das Turmas do Tribunal."

Quando houver diversos processos discutindo a mesma questão de direito o TST poderá fazer um julgamento único que irá valer para os demais processos.

Portanto, nos termos do art. 2º da Instrução Normativa 38 para haver julgamento por recursos repetitivos ou por amostragem, como também é comumente conhecido, são necessários dois requisitos;

a) multiplicidade de recursos sobre a matéria;

b) identidade de matéria de direito. Nunca matéria de fato, em razão da natureza jurídica extraordinária do recurso.

6.5.6.2.5. Processamento

Inicialmente, a IN 39/2016 determina a aplicação ao Processo do Trabalho as normas dos arts. 976 a 986 do CPC/2015 que regem o incidente de resolução de demandas repetitivas.

Para melhor compreendermos o processamento do recurso repetitivo é importante lembrarmos dos órgãos que compõem o TST, bem como suas competências.

Pois bem, o TST é composto por 8 turmas que têm competência de julgar recurso de revista, bem como os agravos de instrumentos que visam destrancá-lo, além de outras. Também compõe o TST as Seções de Dissídios individuais 1 com competência para julgar recursos oriundos das varas do trabalho e a Seção de Dissídios individuais 2 competente para julgar os recursos oriundos dos Tribunais em caso de competência originária de dissídios individuais e ainda a Seção de Dissídios Coletivos, competentes para apreciação de recursos em dissídios coletivos. Temos ainda o órgão especial e o órgão pleno. A competência de cada órgão vem disciplinada no Regimento Interno do TST, Resolução administrativa 1.295/2008, arts. 67 a 72.

O recurso de revista repetitivo, por ter uma extensão mais ampla, pois um número muito maior de jurisdicionados serão atingidos pela decisão, é de competência da SDI 1 do TST e não de uma das Turmas, como os recursos de revista em geral. Porém se a SDI entender que o tema é de extrema importância, extrema relevância social, poderá delegar o julgamento ao Órgão Pleno do TST, decisão tomada por maioria simples.

Somente poderão ser afetados recursos representativos da controvérsia que sejam admissíveis e que contenham abrangente argumentação e discussão a respeito da questão a ser decidida.

Nos termos do art. 2º da Instrução Normativa 38 do TST, a proposta de afetação deverá ser feita pelo relator de uma das turmas que poderá considerar determinada matéria repetitiva, comunicando ao Presidente da turma, que encaminhará ao Presidente da SDI-1. Ato seguinte, o Presidente da SDI, após solicitar recursos da mesma matéria às outras turmas do TST, submeterá a proposta de recurso repetitivo ao colegiado no prazo máximo de 30 dias de seu recebimento.

A partir daí, duas situações poderão ocorrer. Acolhida a proposta, por maioria simples, o colegiado também decidirá se a questão será analisada pela própria SDI-1 ou se será decidida pelo Tribunal Pleno, inciso I do § 3º, do art. 2º da Instrução Normativa 38 Nesse caso, o processo será distribuído a um Ministro Relator e a um Revisor do órgão jurisdicional correspondente, ou seja, SDI-1 ou Tribunal Pleno para sua tramitação nos termos do artigo 896-C da CLT.

Porém, sendo rejeitada a proposta, os autos serão devolvidos à Turma respectiva, para que o julgamento do recurso de revista prossiga regularmente, art. 2º, § 3º, IV, da Instrução Normativa 38 TST.

O Presidente da SDI I que afetar processo para julgamento sob o rito dos recursos repetitivos deverá expedir comunicação aos demais Presidentes de Turma, que poderão afetar outros processos sobre a questão para julgamento conjunto, a fim de conferir ao órgão julgador visão global da questão.

Selecionados os recursos, o relator, na Subseção Especializada em Dissídios Individuais ou no Tribunal Pleno, constatada a presença do pressuposto do caput do art. 896-C da CLT, proferirá decisão de afetação, sempre fundamentada, na qual:

I – identificará com precisão a questão a ser submetida a julgamento;

II – poderá determinar a suspensão dos recursos de revista ou de embargos de que trata o § 5º do artigo 896-C da CLT;

III – poderá solicitar aos Tribunais Regionais do Trabalho informações a respeito da controvérsia, a serem prestadas no prazo de 15 (quinze) dias, e requisitar aos Presidentes ou Vice-Presidentes dos Tribunais Regionais do Trabalho a remessa de até dois recursos de revista representativa da controvérsia;

IV – concederá o prazo de 15 (quinze) dias para a manifestação escrita das pessoas, órgãos ou entidades interessados na controvérsia, que poderão ser admitidos como amici curiae.[2]

V – informará aos demais Ministros sobre a decisão de afetação;

VI – poderá conceder vista ao Ministério Público e às partes, nos termos e para os efeitos do § 9º do artigo 896-C da CLT.

Pois bem, uma vez proferida a decisão de afetação, O Presidente do Tribunal Superior do Trabalho oficiará os Presidentes dos Tribunais Regionais do Trabalho, com cópia da decisão de afetação, para que suspendam os recursos de revista interpostos em casos idênticos aos afetados como recursos repetitivos e ainda não encaminhados a este Tribunal, bem como os recursos ordinários interpostos contra as sentenças proferidas em casos idênticos aos afetados como recursos repetitivos, até o pronunciamento definitivo do Tribunal Superior do Trabalho.

Como vimos, em conformidade com a Instrução Normativa 38, o Presidente do TST deverá comunicar o Presidente de todos TRTs para que suspendam o julgamento dos recursos de revista que ainda não subiram. Todavia, determinará também a suspensão do julgamento de recursos ordinários sobre a matéria afetada e que não foram julgados, e ainda, determinará aos Juízes das Varas do Trabalho que suspendam o julgamento das ações em trâmite, que contenham essa matéria, de acordo com o disposto no art. 6º da IN 38 TST, até o pronunciamento definitivo do Tribunal Superior do Trabalho sobre a matéria.

Assim, admitido o incidente, o relator suspenderá o julgamento dos processos pendentes, individuais ou coletivos, que tramitam na Região, no tocante ao tema objeto de IRDR. A suspensão dos processos não prejudicará a instrução integral das causas e do julgamento dos eventuais pedidos distintos, inclusive, se for o caso, do julgamento antecipado parcial do mérito, regra disposta no art. 356, §§ 1º a 4º, CPC/2015, art. 8º, § 1º, IN 39/2016 do TST. A suspensão dos recursos e ações, acima estudada poderá ocorrer pelo período máximo de 1 (um) ano, art. 11 da IN 38 TST, razão pela qual o recurso repetitivo tem prioridade de julgamento no TST, art. 896-C, § 10, da CLT. Na hipótese de não ocorrer o julgamento no prazo de um ano a contar da publicação da decisão de afetação, cessam automaticamente, em todo o território nacional, a afetação e a suspensão dos processos, que retomarão seu curso normal.

As partes deverão ser intimadas da decisão de suspensão de seu processo, a ser proferida pelo respectivo Relator, art. 9º IN 38 TST.

Uma vez intimada, qualquer das partes poderá requerer o prosseguimento de seu processo caso demonstre distinção entre a questão a ser decidida no seu processo e aquela a ser julgada no recurso afetado, com as exigências dispostas no § 2º do art. 9º da IN 38 TST Obedecendo ao princípio do contraditório, a parte adversa deverá ser ouvida sobre o requerimento, no prazo de 5 (cinco) dias. Reconhecida a distinção dos casos, será dado prosseguimento normal ao processo, em conformidade com o § 4º do mesmo dispositivo legal.

A decisão que for proferida pelo TST no julgamento desses processos valerá para todos os processos com matéria idêntica.

E, assim, determina o § 11 do art. 896-C da CLT:

§ 11. Publicado o acórdão do Tribunal Superior do Trabalho, os recursos de revista sobrestados na origem:

I – terão seguimento denegado na hipótese de o acórdão recorrido coincidir com a orientação a respeito da matéria no Tribunal Superior do Trabalho; ou

II – serão novamente examinados pelo Tribunal de origem na hipótese de o acórdão recorrido divergir da orientação do Tribunal Superior do Trabalho a respeito da matéria.

Portanto, publicado o acórdão paradigma pelo TST, no caso de o acórdão recorrido coincidir com sua orientação, o Presidente ou Vice-Presidente do Tribunal de origem, a depender do regimento interno, negará seguimento aos recursos de revista sobrestados na origem. No entanto, na hipótese de o acórdão recorrido contrariar a orientação do Tribunal Superior, o TRT que proferiu esse acórdão objeto do recurso, na origem, reexaminará a causa de competência originária ou o recurso anteriormente julgado, conforme o caso.

Aqueles processos suspensos em primeiro e segundo graus de jurisdição retomarão o curso para julgamento e aplicação da tese firmada pelo Tribunal Superior.

Em conformidade com o art. 8º, § 2º, IN 39/2016, TST, do julgamento do mérito do incidente caberá recurso de revista para o Tribunal Superior do Trabalho, dotado de efeito meramente devolutivo, nos termos dos arts. 896 e 899 da CLT.

Apreciado o mérito do recurso, a tese jurídica adotada pelo Tribunal Superior do Trabalho será aplicada no território nacional a todos os processos, individuais ou coletivos, que versem sobre idêntica questão de direito, art. 8º, § 3º, IN 39/2016 do TST.

Poderá o Tribunal de origem não acatar o posicionamento firmado pelo TST e manter sua decisão, fundamentando-a.

Para fundamentar a decisão de manutenção do entendimento, o órgão que proferiu o acórdão recorrido demonstrará fundamentadamente a existência de distinção, por se tratar de caso particularizado por hipótese fática distinta ou ainda por questão jurídica não examinada, a impor solução jurídica diversa, em conformidade com o art. 15 da IN 38 TST.

Mantido o acórdão divergente pelo Tribunal de origem, o recurso de revista será remetido ao TST, após novo exame de sua admissibilidade pelo Presidente ou Vice-Presidente do Tribunal Regional.

Por outro lado, caso o TRT realize o juízo de retratação, alterando o acórdão divergente, se for o caso, decidirá as demais questões ainda não decididas, que surgiram em decorrência da alteração do acórdão.

Alterado o acórdão divergente na forma acima estudada e o recurso de revista versar sobre outras questões, caberá ao Presidente do Tribunal Regional, independentemente de ratificação do recurso ou juízo de admissibilidade, determinar a remessa do recurso ao Tribunal Superior do Trabalho para julgamento dessas outras questões.

6.5.7. Embargos no TST

O recurso de embargos no TST é, na verdade, gênero do qual são espécies os embargos infringentes e os embargos de divergência, de acordo com a redação do art. 894 da CLT dada pela Lei 11.496/2007.

O antigo art. 894 da CLT, com redação dada pela Lei 7.701/1988, previa 3 (três) modalidades de embargos no TST: embargos de divergência, embargos infringentes e os embargos de nulidade.

A Lei 11.496/2007, portanto, retirou do sistema recursal os embargos de nulidade utilizados para atacar decisões do TST que violassem preceito de lei federal ou da CF, hipóteses que já haviam sido impugnadas por meio de recurso de revista (art. 896, "c", da CLT), o que não justificava sua permanência no sistema recursal.

Dispõe o art. 894 da CLT:

Art. 894. No Tribunal Superior do Trabalho cabem embargos, no prazo de 8 (oito) dias:

I – de decisão não unânime de julgamento que:

a) conciliar, julgar ou homologar conciliação em dissídios coletivos que excedam a competência territorial dos Tribunais Regionais do Trabalho e estender ou rever as sentenças normativas do Tribunal Superior do Trabalho, nos casos previstos em lei;

II – das decisões das Turmas que divergirem entre si ou das decisões proferidas pela Seção de Dissídios Individuais, ou contrárias a súmula ou orientação jurisprudencial do Tribunal Superior do Trabalho ou súmula vinculante do Supremo Tribunal Federal. (Redação dada pela Lei 13.015/2014)

6.5.7.1. Embargos infringentes

Nos termos do art. 894, I, a, da CLT, cabem embargos infringentes das decisões não unânimes proferidas pela seção especializada em dissídios coletivos, no prazo de 8 (oito) dias, contados da publicação do acórdão, nos processos de dissídios coletivos de competência originária do Tribunal.

Os embargos infringentes possuem natureza ordinária, podendo ser apreciadas matérias fáticas e jurídicas.

Vale destacar que os embargos infringentes não serão cabíveis caso a decisão guerreada estiver em consonância com precedentes jurisprudenciais ou súmula do TST.

Contra o despacho do Presidente do Tribunal que denegar seguimento aos embargos infringentes caberá a interposição de agravo regimental, no prazo de 8 (oito) dias, para o Órgão Especial, Seções Especializadas ou Turmas, observada a competência dos respectivos órgãos, em conformidade com o Regimento Interno do TST.

Em conformidade com o art. 70, II, "c", do Regimento Interno do TST, os embargos infringentes serão julgados pela Seção Especializada em Dissídios Coletivos (SDC) do TST.

6.5.7.2. Embargos de divergência

Previsto no art. 894, II, da CLT, caberá embargos, por divergência jurisprudencial, das decisões entre as Turmas do Tribunal Superior do Trabalho ou forem contrárias a súmula ou orientação jurisprudencial do Tribunal Superior do Trabalho ou súmula vinculante do Supremo Tribunal Federal, em dissídios individuais, no prazo de 8 (oito) dias, contados de sua publicação.

Os embargos de divergência, que objetivam a uniformização da jurisprudência interna do TST, que julga os recursos nos dissídios individuais, possuem natureza extraordinária, não se sujeitando, portanto, à apreciação de matéria fática, nas linhas da súmula 126 do TST, necessitando, ainda, que a matéria esteja prequestionada.

Desta forma, serão cabíveis embargos de divergência em 4 situações:

a) das decisões das Turmas do Tribunal Superior do Trabalho que divergirem entre si;

b) se houver divergência entre decisões de uma Turma e a Seção Especializada em Dissídios Individuais;

c) se houver divergência entre uma Turma do Tribunal Superior do Trabalho e súmula ou orientação jurisprudencial do próprio Tribunal Superior do Trabalho;

d) se houver divergência entre uma Turma do Tribunal Superior do Trabalho e súmula vinculante do STF.

Para o conhecimento do recurso, a lei exige que a divergência apta a ensejá-lo deve ser atual, não se considerando tal a ultrapassada por súmula do Tribunal Superior do Trabalho ou do Supremo Tribunal Federal, ou superada por iterativa e notória jurisprudência do Tribunal Superior do Trabalho.

A atual legislação prevê, ainda, em seu art. 894, § 3º, CLT que o Ministro Relator denegará seguimento aos embargos:

a) se a decisão recorrida estiver em consonância com súmula da jurisprudência do Tribunal Superior do Trabalho ou do Supremo Tribunal Federal, ou com iterativa, notória e atual jurisprudência do Tribunal Superior do Trabalho, cumprindo-lhe indicá-la e;

b) nas hipóteses de intempestividade, deserção, irregularidade de representação ou de ausência de qualquer outro pressuposto extrínseco de admissibilidade.

Dessa decisão do Ministro Relator que denegar seguimento aos embargos caberá agravo regimental, no prazo de 8 (oito) dias, é o que determina o § 4º do art. 894 da CLT.

Importante a leitura da nova redação da Súmula 353 do TST dada pela resolução 208/2016:

SÚMULA 353 TST – EMBARGOS. AGRAVO. CABIMENTO – Não cabem embargos para a Seção de Dissídios Individuais de decisão de Turma proferida em agravo, salvo:

a) da decisão que não conhece de agravo de instrumento ou de agravo pela ausência de pressupostos extrínsecos;

b) da decisão que nega provimento a agravo contra decisão monocrática do Relator, em que se proclamou a ausência de pressupostos extrínsecos de agravo de instrumento;

c) para revisão dos pressupostos extrínsecos de admissibilidade do recurso de revista, cuja ausência haja sido declarada originariamente pela Turma no julgamento do agravo;

d) para impugnar o conhecimento de agravo de instrumento;

e) para impugnar a imposição de multas previstas nos arts. 1.021, § 4º, do CPC de 2015 ou 1.026, § 2º, do CPC de 2015 (art. 538, parágrafo único, do CPC de 1973, ou art. 557, § 2º, do CPC de 1973).

f) contra decisão de Turma proferida em agravo em recurso de revista, nos termos do art. 894, II, da CLT.

6.5.7.2.1. Embargos de divergência no procedimento sumaríssimo

Nas causas submetidas ao procedimento sumaríssimo é possível a interposição de embargos no TST na hipótese de divergências entre Turmas do TST fundada em interpretações diversas acerca da aplicação de mesmo dispositivo constitucional ou de matéria sumulada, nos termos da Súmula 458 do TST.

SÚMULA 458 TST – EMBARGOS. PROCEDIMENTO SUMARÍSSIMO. CONHECIMENTO. RECURSO INTERPOSTO APÓS VIGÊNCIA DA LEI Nº 11.496, DE 22.06.2007, QUE CONFERIU NOVA REDAÇÃO AO ART. 894, DA CLT.

Em causas sujeitas ao procedimento sumaríssimo, em que pese a limitação imposta no art. 896, § 6º, da CLT à interposição de recurso de revista, admitem-se os embargos interpostos na vigência da Lei 11.496, de 22.06.2007, que conferiu nova redação ao art. 894 da CLT, quando demonstrada a divergência jurisprudencial entre Turmas do TST, fundada em interpretações diversas acerca da aplicação de mesmo dispositivo constitucional ou de matéria sumulada.

OBS: as hipóteses de recurso de revista no procedimento sumaríssimo eram previstas no § 6º do art. 896 da CLT, como indicado na súmula em estudo. Após a edição da Lei 13.015/2014 as hipóteses passaram a estar previstas no § 9º do art. 896 consolidado.

6.5.7.3. Processamento dos embargos no TST

Em qualquer uma das modalidades, os embargos deverão ser opostos no prazo de 8 (oito) dias.

Em se tratando de embargos infringentes, serão esses dirigidos ao Presidente do Tribunal Superior do Trabalho, devendo requerer o encaminhamento das razões recursais à Seção Especializada em Dissídios Coletivos.

Já os embargos de divergência deverão ser interpostos para o Presidente da Turma do TST que julgou o recurso, em petição acompanhada das razões recursais, que serão encaminhadas à Subseção 1 da Seção Especializada em Dissídios Individuais do Tribunal Superior do Trabalho, em conformidade com o art. 71, II, do Regimento Interno do TST.

É imprescindível que o recorrente demonstre em seus embargos a divergência jurisprudencial existente entre as turmas do TST.

Sobre os embargos apresentados antes da edição da Lei 11.496/2007, vale destacar a OJs Transitórias 78 e 79 da SDI 1 do TST:

OJ-SDI1T-78 EMBARGOS À SDI CONTRA DECISÃO EM RECURSO DE REVISTA NÃO CONHECIDO QUANTO AOS PRESSUPOSTOS INTRÍNSECOS. RECURSO INTERPOSTO ANTES DA

VIGÊNCIA DA LEI 11.496, DE 22.06.2007, QUE CONFERIU NOVA REDAÇÃO AO ART. 894 DA CLT. NECESSÁRIA A INDICAÇÃO EXPRESSA DE OFENSA AO ART. 896 DA CLT.

Para a admissibilidade e conhecimento de embargos, interpostos antes da vigência da Lei 11.496/2007, contra decisão mediante a qual não foi conhecido o recurso de revista pela análise dos pressupostos intrínsecos, necessário que a parte embargante aponte expressamente a violação ao art. 896 da CLT.

OJ-SDI1T-79 EMBARGOS. RECURSO INTERPOSTO ANTES DA VIGÊNCIA DA LEI 11.496, DE 22.06.2007, QUE CONFERIU NOVA REDAÇÃO AO ART. 894 DA CLT. REVISTA NÃO CONHECIDA POR MÁ APLICAÇÃO DE SÚMULA OU DE ORIENTAÇÃO JURISPRU-DENCIAL. EXAME DO MÉRITO PELA SDI

A SDI, ao conhecer dos embargos, interpostos antes da vigência da Lei 11.496/2007, por violação do art. 896 – por má aplicação de súmula ou de orientação jurisprudencial pela Turma –, julgará desde logo o mérito, caso conclua que a revista merecia conhecimento e que a matéria de fundo se encontra pacificada neste Tribunal.

Por último, cabe destacar que o recurso de embargos no TST está sujeito ao pagamento de custas e depósito recursal.

6.5.7.4. Embargos com repercussão social

Dispõe o art. 20 da Instrução Normativa 38 do TST que quando o julgamento dos embargos à SDI-1 envolver relevante questão de direito, com grande repercussão social, sem repetição em múltiplos processos mas a respeito da qual seja conveniente a prevenção ou a composição de divergência entre as turmas ou os demais órgãos fracionários do Tribunal Superior do Trabalho, poderá a SDI-1, por iniciativa de um de seus membros e após a aprovação da maioria de seus integrantes, afetar o seu julgamento ao Tribunal Pleno.

Para o processamento desse incidente serão aplicadas as normas referentes ao julgamento do recurso de revista repetitivo, acima estudadas.

6.5.8. Recurso extraordinário

O recurso extraordinário está previsto no art. 102, III, da CF, que assim dispõe:

Art. 102. Compete ao Supremo Tribunal Federal, precipuamente, a guarda da Constituição, cabendo-lhe: (...)

III – julgar, mediante recurso extraordinário, as causas decididas em única ou última instância, quando a decisão recorrida:

a) contrariar dispositivo desta Constituição;

b) declarar a inconstitucionalidade de tratado ou lei federal;

c) julgar válida lei ou ato de governo local contestado em face desta Constituição;

d) julgar válida lei local contestada em face de lei federal.

No processo do trabalho, somente se admitirá o recurso extraordinário de decisões do TST em grau de embargos ou de sentenças da vara do trabalho em procedimento sumário (Lei 5.584/1970), desde que as decisões violem literalmente norma da Constituição Federal.

Tem essa determinação por objetivo o interesse público e não os interesses das partes que estão em litígio, pois visa a assegurar o primado da CF e a unidade de interpretação do direito material e processual em todo o território nacional.

O STF já firmou posicionamento no sentido de que somente as decisões que contrariarem a CF são impugnáveis via recurso extraordinário. Nesse sentido é a súmula 505 do Pretório Excelso:

SÚMULA 505 STF – Salvo quando contrariarem a Constituição, não cabe recurso para o Supremo Tribunal Federal, de quaisquer decisões da Justiça do Trabalho, inclusive dos Presidentes de seus Tribunais.

Por possuir natureza extraordinária, não se admite a interposição de recurso extraordinário para o simples reexame de provas, nos termos da Súmula 279 do STF.

6.5.8.1. Processamento

Deverá ser interposto no prazo de 15 (quinze) dias perante o juízo que proferiu a decisão. Desse modo, o recurso extraordinário interposto em grau de embargos no TST, serão dirigidos ao Presidente do TST com o pedido de remessa ao STF. Já o recurso extraordinário interposto no dissídio de alçada previsto na Lei 5.584/1970 deverá ser endereçado para o juiz da vara do trabalho, com o pedido de remessa ao STF. As razões recursais serão dirigidas ao Supremo Tribunal Federal.

Convém destacar que nesse momento processual não se admite o jus postulandi da parte (art. 791 da CLT), que se esgota no TRT, nos termos da Súmula 425 do TST.

O recurso extraordinário se submete a dois juízos de admissibilidade. O primeiro será exercido pelo Presidente do Tribunal ou juiz da vara do trabalho (juízo a quo), que poderá admitir ou negar seguimento ao recurso. Sendo negado seguimento ao recurso, poderá a parte interessada interpor agravo de instrumento visando seu destrancamento. O segundo juízo de admissibilidade é exercido pelo próprio STF (juízo ad quem). Nesse momento processual, caso seja negado seguimento ao recurso, por decisão monocrática proferida pelo relator, o recurso adequado será o agravo regimental.

No exame de admissibilidade, além dos pressupostos genéricos, o recorrente deve observar, ainda, os seguintes pressupostos específicos:

a) existência de uma causa: deve haver uma questão submetida à decisão judicial;

b) decisão de única ou última instância: no sentido de que não é cabível nenhum outro recurso, desde que trate de matéria constitucional.

Decisões de última instância são aquelas proferidas pelo TST por meio de suas seções especializadas ou órgão especial. Já as decisões de única instância são aquelas proferidas pelo TST em casos de sua competência originária que não forem passíveis de embargos. Também são decisões de única instância aquelas proferidas nos dissídios de alçada (Lei 5.584/1970), admitindo, portanto, a interposição de recurso extraordinário.

O recurso extraordinário exige que a matéria esteja prequestionada, que pode ser entendida como sendo aquela matéria que foi amplamente debatida no processo. Dessa forma, deve existir no acórdão impugnado tese explícita acerca da questão debatida, sob pena de não ficar configurado o prequestionamento, possibilitando à parte, nesse caso, a oposição de embargos de declaração para esse fim.

O recorrente deve, por último, demonstrar repercussão geral das questões constitucionais discutidas no processo. Significa dizer que a decisão deve conter em seu bojo relevância geral, ou seja, por meio desse requisito a Suprema Corte passará a analisar decisões que não se limitem aos interesses dos litigantes, transcendendo-os, repercutindo naqueles da coletividade de um modo geral.

Os arts. 1.035 e 1.036 do CPC/2015, regulamentam a questão da repercussão geral no recurso extraordinário.

Por fim, vale dizer que o recurso extraordinário será recebido apenas no efeito devolutivo, permitindo-se a execução provisória da sentença até o julgamento dos embargos à execução.

6.5.8.2. Repercussão geral

Aos recursos extraordinários interpostos perante o Tribunal Superior do Trabalho será aplicado o procedimento previsto no art. 1.036 do CPC/2015, que trata da causa de repercussão geral, cabendo ao Presidente do Tribunal Superior do Trabalho selecionar um ou mais recursos representativos da controvérsia e encaminhá-los ao Supremo Tribunal Federal, sobrestando os demais até o pronunciamento definitivo da Corte, na forma do § 1º do art. 1.036 do CPC/2015.

A repercussão geral deve ser demonstrada preliminarmente no recurso extraordinário e constitui uma condição de admissibilidade. Assim, como no recurso de revista deverá tratar de questões relevantes do ponto de vista jurídico, econômico, social e político, que ultrapassarem os interesses das partes.

O Presidente do Tribunal Superior do Trabalho poderá oficiar os Tribunais Regionais do Trabalho e os Presidentes das Turmas e da Seção Especializada do Tribunal para que suspendam os processos idênticos aos selecionados como recursos representativos da controvérsia e encaminhados ao Supremo Tribunal Federal, até o seu pronunciamento definitivo.

A não aceitação do recurso por falta de repercussão geral depende da decisão de 2/3 dos membros do Supremo Tribunal.

Importante dizer que nos termos do § 16 do art. 896-C da CLT, a decisão firmada em recurso repetitivo não será aplicada aos casos em que se demonstrar que a situação de fato ou de direito é distinta das presentes no processo julgado sob o rito dos recursos repetitivos.

Por último, caberá revisão da decisão firmada em julgamento de recursos repetitivos quando se alterar a situação econômica, social ou jurídica, caso em que será respeitada a segurança jurídica das relações firmadas sob a égide da decisão anterior, podendo o Tribunal Superior do Trabalho modular os efeitos da decisão que a tenha alterado.

6.5.8.3. Recurso repetitivo

Nos termos do art. 19 da Instrução Normativa 38 do TST aos recursos extraordinários interpostos perante o Tribunal Superior do Trabalho será aplicado o procedimento previsto no Código de Processo Civil para o julgamento dos recursos extraordinários repetitivos, cabendo ao Presidente do Tribunal Superior do Trabalho selecionar um ou mais recursos representativos da controvérsia e encaminhá-los ao Supremo Tribunal Federal, sobrestando os demais até o pronunciamento definitivo da Corte.

A IN 39/2016 do TST determina a aplicação dos arts. 976 a 986 do CPC que regem o incidente de resolução de demandas repetitivas – IRDR.

6.5.9. Recurso adesivo

Não há previsão do recurso adesivo na CLT, sendo aplicado subsidiariamente o art. 997 do CPC/2015, por força do art. 769 da CLT e art. 15 CPC/2015.

O recurso adesivo será cabível das decisões de procedência parcial, ou seja, quando houver sucumbência recíproca.

O recurso adesivo deverá ser interposto perante a autoridade competente para admitir o recurso principal, no mesmo prazo das contrarrazões ao recurso, e ficará vinculado ao recebimento daquele.

É importante lembrar que o recurso adesivo não será conhecido se houver desistência do recurso principal, ou se for ele declarado inadmissível ou deserto. Assim, caso o recurso principal não seja aceito, o recurso adesivo também não será.

O TST, por meio da Súmula 283, entendeu que o recurso adesivo é compatível com o processo do trabalho e cabe, no prazo de 8 (oito) dias, nas hipóteses de interposição de recurso ordinário, de agravo de petição, de revista e de embargos, sendo desnecessário que a matéria nele veiculada esteja relacionada com a do recurso interposto pela parte contrária.

Por último, vale dizer que, em conformidade com o art. 997, § 2º, do CPC/2015, o recurso adesivo se sujeita ao recolhimento de custas e depósito recursal, se for o caso.

6.5.10. Reexame necessário

No direito processual do trabalho, o instituto do reexame necessário não segue, em princípio, as regras do CPC, mas sim o Decreto-lei 779/1969, o qual ensina em seu art. 1º, V, ser "privilégio" da União, dos Estados, do Distrito Federal, dos Municípios e das autarquias ou fundações de direito público federais, estaduais ou municipais que não explorem atividade econômica, "o recurso ordinário ex officio das decisões que lhe sejam total ou parcialmente contrárias". Note que o dispositivo legal em debate trata, somente, do recurso ordinário ex officio, não abrangendo, portanto, o recurso de revista e outros.

Dessa forma, as pessoas jurídicas de direito público interno, em qualquer processo onde seja proferida sentença, ainda que em parte, contrária aos seus interesses, estarão amparadas pelo recurso ordinário ex officio,

Importante assinalar que não apenas as sentenças desfavoráveis às pessoas indicadas no art. 1º do Decreto-Lei 779/1969, mas também os acórdãos proferidos em ações ajuizadas originariamente nos Tribunais, que seriam impugnados via recurso ordinário (art. 895, II, da CLT), estarão sujeitos ao reexame necessário.

Muito se discute sobre a natureza recursal do reexame necessário, mas, de qualquer forma, é imperioso lembrar que tal instituto não comporta apresentação de contrarrazões, tampouco de recurso adesivo.

Outro ponto que merece destaque é o entendimento que o TST solidificou na orientação jurisprudencial 334 da SDI 1, consignando que, nos casos em que o ente público não tenha interposto recurso ordinário voluntário, não poderá interpor recurso de revista contra a decisão do Tribunal que manter ou confirmar a sentença.

A exceção seria apenas no caso de a decisão do Tribunal agravar a condenação do ente público, pois nessa hipótese haveria interesse recursal.

Dispõe a Orientação Jurisprudencial 334 da SDI 1 do TST:

ORIENTAÇÃO JURISPRUDENCIAL 334 da SDI 1 do TST – REMESSA "EX OFFICIO". RECURSO DE REVISTA. INEXISTÊNCIA DE RECURSO ORDINÁRIO VOLUNTÁRIO DE ENTE PÚBLICO. INCABÍVEL

Incabível recurso de revista de ente público que não interpôs recurso ordinário voluntário da decisão de primeira instância, ressalvada a hipótese de ter sido agravada, na segunda instância, a condenação imposta.

A respeito do tema, cabe destacar a Súmula 303 do TST:

SÚMULA 303 TST – FAZENDA PÚBLICA. REEXAME NECESSÁRIO

I – Em dissídio individual, está sujeita ao reexame necessário, mesmo na vigência da Constituição Federal de 1988, decisão contrária à Fazenda Pública, salvo quando a condenação não ultrapassar o valor correspondente a: a) 1.000 (mil) salários mínimos para a União e as respectivas autarquias e fundações de direito público; b) 500 (quinhentos) salários mínimos para os Estados, o Distrito Federal, as respectivas autarquias e fundações de direito público e os Municípios que constituam capitais dos Estados; c) 100 (cem) salários mínimos para todos os demais Municípios e respectivas autarquias e fundações de direito público.

II – Também não se sujeita ao duplo grau de jurisdição a decisão fundada em: a) súmula ou orientação jurisprudencial do Tribunal Superior do Trabalho; b) acórdão proferido pelo Supremo Tribunal Federal ou pelo Tribunal Superior do Trabalho em julgamento de recursos repetitivos; c) entendimento firmado em incidente de resolução de demandas repetitivas ou de assunção de competência; d) entendimento coincidente com orientação vinculante firmada no âmbito administrativo do próprio ente público, consolidada em manifestação, parecer ou súmula administrativa.

III – Em ação rescisória, a decisão proferida pelo Tribunal Regional do Trabalho está sujeita ao duplo grau de jurisdição obrigatório quando desfavorável ao ente público, exceto nas hipóteses dos incisos anteriores.

IV – Em mandado de segurança, somente cabe reexame necessário se, na relação processual, figurar pessoa jurídica de direito público como parte prejudicada pela concessão da ordem. Tal situação não ocorre na hipótese de figurar no feito como impetrante e terceiro interessado pessoa de direito privado, ressalvada a hipótese de matéria administrativa

11. Direito Empresarial

Henrique Subi

1. TEORIA GERAL DO DIREITO EMPRESARIAL

1.1. Empresário

Com o advento do Código Civil (CC) de 2002, abandona-se a teoria dos atos de comércio sobre a qual se fundava o Direito Comercial e alarga-se o grupo de destinatários das respectivas normas, agora modernizadas pela adoção formal no país da **teoria da empresa** nascida na Itália. Assim, o Direito Empresarial deixa de acolher apenas os **comerciantes**, definidos em rol exaustivo, e abraça os **empresários**, definidos em conceito aberto pelo CC.

O art. 966 do CC define **empresário** como aquele que *exerce profissionalmente atividade econômica organizada para a produção ou a circulação de bens ou de serviços*. Para a caracterização do empresário, portanto, é necessária a concorrência de diversos elementos:

a) Profissionalismo: dizemos que determinada pessoa exerce um trabalho profissionalmente quando o faz com *habitualidade*, ou seja, *em caráter não eventual*, com frequência (ex.: a pessoa que vende seu próprio carro para outro particular unicamente quando está interessada em adquirir outro, não pode ser considerada um empresário do ramo de venda de veículos); *pessoalidade*, o que significa dizer que o empresário é aquele que exerce a atividade *em nome próprio* (empresária é a pessoa jurídica que figura como parte contratante e assume as responsabilidades pelo negócio e não seu eventual preposto – gerente, administrador – ou mesmo o sócio que por ela assina); e *monopólio das informações*, sendo profissional aquele que *detém os conhecimentos indispensáveis para a realização das atividades*, cabendo a ele decidir quais desses dados podem ou devem chegar ao conhecimento dos consumidores e demais figuras do mercado (ex.: insumos necessários, tecnologia empregada, riscos na utilização do produto ou serviço etc.);

b) Atividade econômica: para o Direito Empresarial, atividade econômica é aquela *com fins lucrativos*, que não devem jamais ser confundidos com o imprescindível superávit que qualquer atividade busca para perpetuar-se. Caracteriza-se a **finalidade lucrativa** com a *incorporação do lucro contábil da atividade ao patrimônio pessoal do empresário individual, ao titular da empresa individual de responsabilidade limitada ou com a distribuição deste entre o(s) sócio(s) da pessoa jurídica empresária*. Ex.: uma ONG vende habitualmente doces caseiros para obter receita e financiar programas assistenciais. Para que essa organização sobreviva em seu intento, é fundamental que as receitas sejam maiores que as despesas. Porém, se o superávit é reaplicado na própria atividade, proporcionando assistência social a um número maior de pessoas, não estamos diante de uma sociedade empresária;

c) Organização: só é empresário aquele que organiza os **quatro fatores de produção** para o exercício de sua atividade econômica: **capital**, que são os *investimentos realizados no momento da constituição da empresa e os aportes financeiros exigidos ao longo de sua existência no mercado*; **mão de obra**, pois o empresário não trabalha sozinho, *ele deve contratar empregados ou colaboradores que o auxiliem na atividade* (a qual, lembre-se, ele exercerá sempre em nome próprio); **insumos**, que podem ser conceituados como *os bens que o empresário reúne e utiliza para consecução de seus objetivos*; e **tecnologia**, não necessariamente de ponta, mas o pleno conhecimento, pelo empresário, *dos métodos e dados importantes para a qualidade dos produtos ou serviços oferecidos*. Acompanhe o seguinte exemplo: suponha um senhor que ganha a vida fazendo e vendendo pastéis em uma feira livre. Ele investe dinheiro em seu pequeno negócio (**capital**) e com ele compra ingredientes, temperos, estufa, panelas (**insumos**); a fim de conseguir atender a demanda da feira, contrata ajudantes para fritar os pastéis e anotar os pedidos dos clientes (**mão de obra**); e o sucesso de suas vendas depende diretamente do quanto ele conhece da arte de fazer pastéis, como a quantidade de fermento na massa, a temperatura correta do óleo ou quanto tempo o recheio dura na geladeira antes de estragar (**tecnologia**);

d) Produção ou circulação de bens ou serviços: trata-se, a nosso ver, do coração do conceito, pois de nada adianta alguém exercer profissionalmente uma atividade econômica organizada se esta atividade não se enquadrar em um dos **objetos** previstos no CC. São eles: **indústria** (produção de bens), **comércio** (circulação de bens), **prestação de serviços** (produção de serviços) e **agenciamento** (circulação de serviços – *agente é o empresário que aproxima o prestador de serviços do interessado em contratá-lo*, sendo exemplos o agente de viagens e o agente de determinado artista famoso que negocia o local e o valor das apresentações).

Se estivermos tratando de uma **sociedade por ações**, regularmente instituída na forma da Lei 6.404/1976, ela será sempre empresária, pouco importando sua tipicidade ao conceito analisado, por força do art. 982, parágrafo único, do CC.

1.1.1. Atividades não empresárias por determinação legal

Em suma, e como regra, basta avaliarmos se a atividade exercida pela pessoa física ou jurídica enquadra-se no conceito que estaremos diante de um empresário. Todavia, o CC exclui diretamente do Direito de Empresa as atividades *intelectuais, de natureza científica, literária ou artística*. Isso impõe que advogados, contadores (**atividades científicas**), escritores (**atividade literária**) e pintores ou músicos (**atividades artísticas**), por mais que exerçam profissionalmente tais atividades, incorporando todos os demais elementos do art. 966, por expressa determinação legal não serão considerados empresários.

Esses afazeres são considerados, juntamente com quaisquer outros que não se vinculem ao conceito, **atividades econômicas civis**, cujo regime jurídico será aquele previsto no Direito das Obrigações.

Aquele que exerce, por conta própria, atividades econômicas civis é chamado de **profissional liberal**.

Já a sociedade que não puder ser considerada empresária, por sua atividade não se enquadrar no conceito do art. 966

ou por expressa exclusão legal, será chamada de **sociedade simples**.

Existe, entretanto, uma possibilidade para que as atividades intelectuais sejam empresárias: basta que constituam **elemento de empresa, como previsto na parte final do parágrafo único do art. 966 do CC.** Não há consenso na doutrina sobre o que se deve entender como "elemento de empresa". É possível reconhecer ao menos 3 (três) correntes:

a) Teoria da absorção ou do exercício conjunto de atividades: uma das razões do debate é a supressão de parte do artigo do Código Civil Italiano quando da tradução do dispositivo, lembrando que a lei peninsular foi usada de modelo para o nosso Código. Compare:

Código Civil brasileiro	Código Civil italiano
Art. 966, parágrafo único. Não se considera empresário quem exerce profissão intelectual, de natureza científica, literária ou artística, ainda com o concurso de auxiliares ou colaboradores, **salvo se o exercício da profissão constituir elemento de empresa.**	Art. 2.238. Se o exercício da profissão constitui **elemento de uma atividade organizada em forma de empresa,** aplicam-se também as disposições do Título II [que trata do Direito de Empresa]*

* *"Art. 2.238. Se l'esercizio della professione costituisce elemento di un'attività organizzata in forma d'impresa, si applicano anche le disposizioni del Titolo II."*

A expressão original "elemento de uma atividade organizada em forma de empresa" tornou-se, no Brasil, "elemento de empresa". Com base nessa interpretação histórica, parte da doutrina defende que a atividade intelectual será empresária **se ela for realizada em conjunto com outra que, por sua natureza, esteja submetida ao regime jurídico empresarial.** Em outras palavras, a atividade científica, literária ou artística está contida dentro de outra mais ampla. Exemplo: um *pet shop* que, além de vender rações e outros itens para animais, também oferece os serviços de um médico veterinário.

Entre nós, a corrente é reconhecida pelo STJ: "**a caracterização do exercício de profissão intelectual como 'elemento de empresa' ocorre quando a aludida atividade integra um objeto mais complexo, próprio da atividade empresarial.** Há, ainda, caracterização de 'elemento de empresa' quando o serviço é prestado sem caráter personalíssimo, vale dizer, quando não exige atuação pessoal de um profissional habilitado a desempenhar uma atividade qualificada dirigida a uma clientela individualizada" (REsp 1028086/RO, DJ 20/10/2011, voto do Ministro Teori Albino Zavascki); e pode ser encontrada também no Enunciado 195 das Jornadas de Direito Civil do Conselho de Justiça Federal (JCD/CJF): "A expressão 'elemento de empresa' demanda interpretação econômica, devendo ser analisada sob a égide da absorção da atividade intelectual, de natureza científica, literária ou artística, como um dos fatores da organização empresarial".

b) Teoria da pessoalidade: para esta corrente, que pessoalmente adotamos, "elemento de empresa" nada mais é do que *a transformação de uma atividade intelectual em um serviço que se desvincula da individualidade do cientista, literato ou artista, tornando-se pura atividade econômica.* Com efeito, usualmente esses profissionais são procurados por conta das qualidades de seu trabalho individual, sendo os resultados umbilicalmente ligados ao profissional, o que não se coaduna com a **teoria da empresa**.

Se, não obstante, o profissional expandir seus negócios de forma que seu escritório, sua clínica ou seu ateliê seja procurado pelo renome da organização e não mais pela individualidade do trabalho de seu proprietário, fica caracterizada a empresa. É o que ocorre, por exemplo, com uma grande clínica médica que conte com os serviços de diversos profissionais. Dificilmente, nesse caso, os pacientes dirigem-se à clínica para se consultar com seu fundador, que dá nome ao empreendimento, mas sim para serem atendidos por um dos diversos médicos que lá trabalham. O dono da clínica talvez nem mais exerça a medicina, dedicando-se exclusivamente à administração do negócio.

A corrente também é entendida como válida pelo STJ, como se lê no **mesmo julgado citado anteriormente**: "a caracterização do exercício de profissão intelectual como 'elemento de empresa' ocorre quando a aludida atividade integra um objeto mais complexo, próprio da atividade empresarial. **Há, ainda, caracterização de 'elemento de empresa' quando o serviço é prestado sem caráter personalíssimo, vale dizer, quando não exige atuação pessoal de um profissional habilitado a desempenhar uma atividade qualificada dirigida a uma clientela individualizada**" (STJ, REsp 1028086/RO, DJ 20/10/2011, voto do Ministro Teori Albino Zavascki).

A complexidade do tema é tamanha que o **Enunciado 194 das mesmas JDC/CJF** acolhe a segunda corrente: "Os profissionais liberais não são considerados empresários, salvo se a organização dos fatores de produção for mais importante que a atividade pessoal desenvolvida".

c) Teoria da livre escolha ou da declaração: esta última interpretação, minoritária, defende que, diante das dificuldades de se definir exatamente o que se considera "elemento de empresa", cabe ao exercente de atividade intelectual decidir se quer se submeter ao regime jurídico civil ou empresarial – se preferir o primeiro, promove seu registro no Cartório de Registro Civil de Pessoas Jurídicas; caso contrário, solicita seu registro diretamente na Junta Comercial.

O Enunciado 54 JDC/CJF, **anterior aos demais citados, porém não expressamente cancelado**, autoriza a medida: "É caracterizador do elemento de empresa a declaração da atividade-fim, assim como a prática de atos empresariais".

A lei também exclui do regime jurídico empresarial as **cooperativas** (sem exceção) e o **produtor rural não registrado no órgão do Registro de Comércio**, que é a Junta Comercial. Quem se dedica à atividade rural (agricultura, pecuária ou extração) tem a opção de ser tratado como empresário ou não, assim como a associação de futebol profissional (art. 971, *caput* e parágrafo único, do CC). Para a primeira hipótese, basta que requeira seu registro junto à Junta Comercial competente. Se não o fizer, não será empresário.

1.1.2. Configuração do empresário

Qualquer pessoa pode, em determinado momento, decidir lançar-se em alguma atividade empresária para auferir lucros com ela. Deve apenas escolher se o fará sozinho ou dividindo as responsabilidades e ganhos com terceiros.

A pessoa física que exerce sozinha, em nome próprio, atividade empresária é denominada **empresário individual**. Cuidado aqui: o empresário individual está "sozinho" porque prefere não ter sócios, mas deve sempre organizar mão de obra, contratando empregados e prepostos para que seja considerado empresário!

A principal característica do empresário individual é a ausência de separação patrimonial entre a atividade empresária e seu patrimônio pessoal. Isso implica que o empresário individual responde ilimitadamente pelas dívidas da empresa.

Se a atividade, por outro lado, for exercida na forma de pessoa jurídica, em conjunto de duas ou mais pessoas, dividindo-se os riscos do negócio, ou, excepcionalmente, com um único titular de todo o capital de uma sociedade limitada, estaremos diante de uma **sociedade empresária**. Mais uma vez, atenção! Empresária é a pessoa jurídica, a sociedade, e não os sócios, diante da personalidade distinta que a pessoa jurídica ostenta diante de seus fundadores.

1.1.3. Capacidade para ser empresário

Antes de avaliar as regras sobre a capacidade para ser empresário, cumpre destacar que os mencionados ditames se aplicam ao **empresário individual** e ao **administrador** de sociedade empresária. Não se questiona a capacidade do sócio de sociedade empresária que não tenha poderes de administração, pois não praticará atos que a vinculem. As quotas sociais ou ações que o incapaz eventualmente detiver constituem parte de seu patrimônio, tendo ele unicamente direito à percepção dos lucros na proporção de sua participação no capital social. Vale frisar, contudo, que o art. 974, § 3º, do CC, determina ainda que, para que se possa aceitar o incapaz como sócio, o *capital deve estar totalmente integralizado* e o *incapaz deve estar devidamente representado ou assistido*.

Enfim, são requisitos para o exercício de atividade empresária:

a) Estar no pleno gozo da capacidade civil: isto é, deve tratar-se de pessoa maior de 18 anos de idade e que não se enquadre em qualquer hipótese de incapacidade absoluta ou relativa, nos termos dos arts. 3º e 4º do CC, com a redação dada pela Lei 13.146/2015 (Estatuto da Pessoa com Deficiência), ou emancipado;

b) Não estar impedido de exercer empresa por determinação legal ou judicial: são diversas as hipóteses previstas de impedimento para o exercício de atividade empresária no ordenamento jurídico. Ex.: **falido** não reabilitado civil e penalmente; **condenado** à pena acessória de vedação à atividade empresária prevista no art. 35, II, da Lei 8.934/1994; **leiloeiro oficial; funcionário público; devedores do INSS; deputados e senadores** etc. Caso haja violação do impedimento, a pessoa arcará com a responsabilidade administrativa e penal, mas não há qualquer alteração na órbita civil. A pessoa impedida não poderá invocar essa condição para eximir-se do adimplemento das obrigações contraídas, permanecendo estas integralmente válidas; não poderá requerer recuperação judicial ou extrajudicial da empresa, por ser equiparada a empresa irregular; pelo mesmo motivo, não poderá requerer a falência de devedor seu, mas poderá ter sua própria falência decretada.

Por exceção, o **incapaz**, absoluta ou relativamente, poderá ser empresário, desde que observados os seguintes itens:

a) não poderá iniciar uma nova empresa, apenas continuar empresa já existente;

b) deve, para tanto, obter autorização judicial (alvará);

c) os bens do incapaz que ele já possuía antes não respondem pelas dívidas da empresa e devem ser enumerados pelo juiz no alvará, exceto se os bens foram empregados na atividade;

d) deve ser representado ou assistido;

e) em caso de sociedade, o incapaz não pode ser administrador e o capital social deve estar totalmente integralizado.

Caso o representante ou assistente do incapaz torne-se impedido de exercer empresa, ele mesmo poderá nomear um ou mais **gerentes** *ad referendum* do juiz. Aliás, a rigor, o juiz pode nomear um gerente sempre que entender que tal diligência atenderá melhor aos interesses do incapaz.

1.1.4. Empresário casado

Cônjuges podem ser sócios um do outro, exceto se casados pelos regimes da **comunhão universal** ou da **separação obrigatória** de bens. Motivo: na comunhão universal, a sociedade não existiria verdadeiramente, seria uma ficção, dado que a total comunicação do patrimônio dos cônjuges, no qual se inserem as quotas sociais, impediria a caracterização da autonomia do patrimônio social e a divisão da responsabilidade entre eles. As quotas do marido pertenceriam também à mulher e vice-versa, tornando ambos, ao mesmo tempo, proprietários da totalidade do capital. Já na separação obrigatória, a constituição de uma sociedade poderia servir como instrumento de fraude ao isolamento do patrimônio dos nubentes imposto pela lei.

A regra deve ser observada indiferentemente para as sociedades empresárias ou sociedades simples (STJ, REsp 1058165/RS, DJ 14/04/2009) e abrange tanto a constituição originária da sociedade quanto a participação derivada, isto é, o ingresso superveniente de cônjuge em sociedade de que outro já participa (Enunciado 205 JDC/CJF).

Atente para o fato de que a sociedade entre cônjuges casados pelo regime da **separação convencional de bens** é totalmente permitida. A vedação opera apenas nos casos previstos no art. 1.641 do CC.

Ainda que não se trate de sociedade entre cônjuges, insta frisar que o empresário individual casado não sofre qualquer diminuição em seus poderes de administração da empresa. Não se exige **outorga uxória ou marital**, qualquer que seja o regime de bens, para a alienação ou oneração de imóveis que integrem o patrimônio da empresa, considerando a autonomia existente entre este e o patrimônio do empresário. Ele não alienará bem particular, razão pela qual fica afastada a participação do cônjuge como condição de eficácia do ato.

1.2. Registro

A atividade empresária, além de ser um fato jurídico, é, sem sombra de dúvidas, um fato econômico de grande relevância, considerando seu potencial para gerar empregos, aumentar a oferta de produtos e serviços e incentivar o crescimento econômico do país, colocando mais recursos em circulação.

Nessa situação, o empresário irá estabelecer relações com inúmeras pessoas, como empregados, fornecedores e consumidores.

É por isso que a regularidade da atividade empresária depende da formalidade do **registro**, que se presta a *dar garantia, publicidade, autenticidade, segurança e eficácia aos atos jurídicos das empresas* (art. 1º, I, da Lei 8.934/1994). Com efeito, as características do registro conferem a segurança jurídica necessária para que as pessoas que pretendam contratar com determinado empresário possam verificar a conveniência de fazê-lo diante das informações ali constantes.

1.2.1. Configuração do Registro Público de Empresas Mercantis

O **Registro Público de Empresas Mercantis (RPEM)** no Brasil está estruturado em dois níveis: nacional, exercido pelo **Departamento de Registro de Empresa e Integração (DREI), órgão do Ministério da Economia**, com função supervisora, orientadora, coordenadora e normativa; e estadual, a cargo das **Juntas Comerciais**, cuja atribuição é justamente executar os serviços de registro impostos pela legislação.

Os serviços prestados pelas Juntas Comerciais incluem:

a) Matrícula: inscrição de pessoas exercentes de atividades **paracomerciais**, ou seja, que exercem funções paralelas ao regime jurídico empresarial. É o caso dos leiloeiros oficiais, que para serem autorizados a comandar pregões públicos devem estar matriculados na Junta Comercial de seu Estado; dos tradutores juramentados; entre outros;

b) Arquivamento: é o ato de registro de empresas por excelência. Através do arquivamento, a Junta analisa e dá publicidade à inscrição do empresário individual, ao ato de constituição da empresa individual de responsabilidade limitada e aos atos constitutivos de sociedades, bem como suas alterações posteriores;

c) Autenticação: para terem validade como escrituração contábil, os livros empresariais devem ser autenticados na Junta Comercial. Trata-se de **requisito extrínseco** à validade dos livros.

As Juntas Comerciais submetem-se, *em matéria de Direito Empresarial*, às determinações do DREI e, *em matéria de Direito Administrativo (contratação de pessoal, licitações etc.)*, à Secretaria de Estado indicada na legislação local (Secretaria de Assuntos Jurídicos, por exemplo).

As decisões da Junta Comercial sobre os pedidos a ela apresentados serão tomados por **órgão colegiado** em caso de arquivamento de sociedade anônima e por **decisão singular** em todos os demais casos (matrícula, autenticações e outros arquivamentos). Em qualquer hipótese, cabe recurso, que será julgado sempre por órgão colegiado.

1.2.2. Dos efeitos do registro

É com o registro da empresa que essa adquire **personalidade jurídica** e confere-se a **regularidade** do empresário.

A inscrição do empresário junto ao RPEM deve dar-se antes do início da atividade. O empresário que não registra seus atos constitutivos é considerado **irregular** e, como tal, sofrerá uma série de limitações:

a) não poderá contratar com o Poder Público;

b) não pode ser autor de pedido de falência contra qualquer de seus devedores (mas pode ter sua própria falência decretada);

c) não pode pedir recuperação judicial ou extrajudicial;

d) seus livros empresariais não fazem prova, implicando crime falimentar (art. 178 da Lei 11.101/2005);

e) não poderá requerer sua inscrição no Cadastro Nacional de Pessoas Jurídicas (CNPJ), o que acarretará a impossibilidade de emissão de notas fiscais e os consequentes problemas tributários;

f) os sócios somente poderão provar a existência da sociedade por escrito, enquanto terceiros podem fazê-lo por qualquer modo.

Note que o empresário irregular, como o próprio termo já indica, é empresário e deve ser tratado como tal. O registro é dever imposto por lei como requisito da **regularidade** do empresário, não de sua caracterização (Enunciado 199 JDC/CJF).

A Junta Comercial destina-se ao registro dos atos relativos aos empresários individuais, das empresas individuais de responsabilidade limitada, das sociedades empresárias e das cooperativas (mesmo não sendo estas empresárias). As sociedades simples são registradas no Cartório de Registro de Pessoas Jurídicas.

As sociedades de advogados, ainda que constituam, eventualmente, elemento de empresa, **nunca** são consideradas empresárias e são registradas exclusivamente na OAB (art. 15, § 1º, da Lei 8.906/1994). Falando de advogados, estes exercem papel fundamental no registro dos atos constitutivos da empresa, já que tais documentos somente serão aceitos se visados (rubricados) por advogado (art. 1º, § 2º, da Lei 8.906/1994).

Os documentos a serem registrados devem ser apresentados na Junta Comercial competente no prazo de 30 dias da assinatura para que produzam efeitos *ex tunc*, ou seja, retroativos à data da lavratura do instrumento. Caso o prazo não seja respeitado, os efeitos do registro serão *ex nunc*, valendo a data do efetivo arquivamento realizado na Junta, o que ocorre somente após a análise dos documentos e a concessão do registro pelo órgão.

O registro, como já salientado, garante **publicidade** aos atos empresariais a ele sujeitos, podendo qualquer pessoa consultar os arquivos da Junta Comercial e requerer a expedição de certidões independentemente de justificativa, bastando que recolha a respectiva taxa, se aplicável.

Dessa forma, o registro garante a oponibilidade *erga omnes* dos termos constantes dos atos arquivados, mas somente após as formalidades regulamentares e com sua efetiva publicação. Ninguém pode alegar desconhecimento da situação da empresa se o ato já estava registrado. O empresário poderá, excepcionalmente, amparar-se em documento ainda não levado a arquivamento, porém terá o ônus de provar que o terceiro tinha dele real conhecimento.

O registro assegura, por fim, a **proteção** ao nome empresarial contra o uso indevido por terceiros, conforme veremos adiante.

1.2.3. Documentos que devem ser registrados

Serão obrigatoriamente arquivados:

a) os atos constitutivos e modificativos das empresas;

b) atos que importem na dissolução ou extinção da empresa;

c) a instituição de filial, sucursal ou agência, sendo que, se qualquer destas estabelecer-se em outro Estado da Federação, o registro deverá ser feito na Junta Comercial à qual estará submetida a filial e averbado naquela da respectiva sede;

d) o pacto antenupcial do empresário casado;

e) títulos de doação, herança ou legado de bens gravados com cláusula de inalienabilidade e incomunicabilidade;

f) a sentença que decretar ou homologar a separação judicial, ato de reconciliação e o divórcio do empresário;

g) a sentença que decretar a emancipação do incapaz.

Após o depósito do documento com o respectivo requerimento de registro, cabe à Junta Comercial a análise de seus aspectos formais, não podendo proceder ao arquivamento daqueles atos que contenham vícios de forma ou ofensa à legislação aplicável (ex.: empresa constituída por pessoa impedida de exercê-la). Verificando a ocorrência de tais defeitos, a Junta Comercial informará ao interessado que o registro não foi realizado, abrindo a oportunidade para que os vícios sejam corrigidos.

Note que a competência da Junta Comercial deve ficar limitada aos aspectos formais do documento, não podendo penetrar no mérito da empresa (seu objeto ou capital social declarado, por exemplo).

1.3. Escrituração

É o dever imposto pela lei ao empresário, à empresa individual de responsabilidade limitada e à sociedade empresária de *manter seu sistema de contabilidade em dia e conforme as melhores técnicas contábeis*. A escrituração da empresa é concretizada através dos **livros empresariais**, que podem ser divididos em:

a) Livros obrigatórios, que devem ser escriturados por todos os empresários e sociedades empresárias, sob pena de, não o fazendo, sofrerem as respectivas sanções. Há duas espécies de livros obrigatórios:

a1) Livros obrigatórios comuns, que são impostos a todo e qualquer tipo de empresa. Atualmente, o único desta espécie é o **Livro Diário**; e

a2) Livros obrigatórios específicos (ou especiais), que devem ser escriturados apenas se ocorrerem determinadas situações. Ex.: o **Livro Registro de Duplicatas** é obrigatório somente para as empresas que emitem esta espécie de título de crédito, desde que não se utilizem do sistema de emissão escritural previsto na Lei nº 13.775/2018;

b) Livros facultativos (ou acessórios), que, como o próprio nome indica, servem para auxiliar o empresário na administração da atividade, mantendo um registro mais detalhado de suas operações. Não há sanções pela não escrituração de um livro facultativo. Ex.: **Livro Caixa**.

Considerando que a escrituração deve seguir o padrão contábil, é regra que ela seja realizada por um profissional que detenha os conhecimentos técnicos necessários, denominado **contabilista ou contador**, regularmente inscrito em seu conselho profissional. O art. 1.182 do CC abranda essa exigência na hipótese de não existir contabilista na localidade onde a empresa está estabelecida. Nesta situação, poderá o empresário indicar pessoa de sua confiança que repute hábil a efetuar a escrituração conforme a lei.

O dever de escrituração abrange também a obrigação de levantar anualmente o **balanço patrimonial** e o de **resultado econômico**. Trata-se de *documentos contábeis que demonstram a atual situação patrimonial da empresa*, como uma radiografia. O balanço patrimonial traz em seu bojo o total do ativo, do passivo e o patrimônio líquido da empresa, esmiuçados, cada um deles, em rubricas padronizadas por lei. O balanço

de resultado econômico (ou demonstração da conta de lucros e perdas ou ainda, como conhecida na prática por força da Lei das Sociedades por Ações, **demonstração do resultado do exercício**) apresenta, pormenorizadamente, as receitas e despesas contabilizadas no período, apurando a existência de lucro ou prejuízo na empresa.

Os livros empresariais, dada sua importância, recebem um tratamento diferenciado quanto a seu valor probatório e confidencialidade. Com efeito, estando a escrituração em ordem e os livros devidamente autenticados pela Junta Comercial, os lançamentos neles constantes fazem prova a favor do empresário. Isso quer dizer que eventuais créditos neles registrados servem como prova de que a obrigação realmente existe. Ressalte-se que não configuram títulos executivos, tão somente elementos probatórios para o processo de conhecimento.

Em contrapartida, a existência de vícios intrínsecos ou extrínsecos na contabilidade derruba a eficácia probatória dos livros em benefício do empresário, sendo sempre hábeis a provar contra ele.

É importante lembrar, ainda, o **princípio da indivisibilidade da escrituração**, que determina, quando regulares, que os lançamentos contábeis sejam considerados como uma unidade. Em outras palavras, se houver nos livros fatos escriturados favoráveis e outros prejudiciais aos interesses do empresário, todos deverão ser considerados como prova pelo juiz (art. 419 do CPC). Ao empresário, porém, será lícito provar que os dados constantes da contabilidade não correspondem à verdade dos fatos por meio de outros documentos (art. 417 do CPC).

No que toca à confidencialidade, os arts. 1.190 e 1.191 do CC deixam claro que a obrigação de exibição dos livros depende de **mandado judicial** unicamente para dirimir as questões relativas à sucessão, comunhão ou sociedade, administração à conta de outrem ou falência e, conforme previsto no art. 105 da Lei nº 6.404/1976 (Lei das Sociedades por Ações), quando houver atos violadores da lei ou do estatuto social ou fundada suspeita de irregularidades graves atribuídas a qualquer dos órgãos da companhia, em pedido subscrito por acionistas representantes de, no mínimo, 5% do capital social. Na mesma esteira, destacamos que a apreensão dos livros somente se dará em caso de recusa na apresentação. Nota-se, portanto, que nem mesmo a autoridade judicial, fora dos casos expressamente previstos em lei, pode determinar a exibição compulsória dos livros empresariais.

Questão interessante se coloca sobre o acesso das autoridades fazendárias aos livros empresariais no exercício da fiscalização. Naturalmente, a proibição de acesso aos livros a elas não se aplica (art. 1.193 do CC e 195 do CTN), pois, se assim não fosse, estaríamos esvaziando o poder de fiscalização da Fazenda Pública, tornando-o inócuo. Veja-se, a propósito, a Súmula 439 do STF: "estão sujeitos à fiscalização tributária ou previdenciária quaisquer livros comerciais, limitado o exame aos pontos objeto da investigação".

A parte final do verbete sumular merece atenção, tendo em vista que deixa claro que a Fazenda, mesmo podendo muito, não pode tudo. A obrigação tributária acessória de franquear acesso aos livros está vinculada à potencial descoberta de tributos a pagar pelo contribuinte. O STJ já decidiu que a fiscalização municipal não pode exigir a exibição dos livros de empresário que não é contribuinte do ISS (STJ, REsp 539084/SP, DJ 18/10/2005).

1.4. Prepostos

São *quaisquer pessoas contratadas pelo empresário que atuam no interesse da empresa, representando-a perante terceiros*. Não percamos de vista que uma das características da atividade empresária é a **pessoalidade**, razão pela qual o preposto atua sempre em nome da empresa.

Os atos do **preposto**, desde que praticados dentro dos limites da atividade da empresa, trazem obrigações ao **preponente** (o empresário), independentemente de autorização escrita se o ato foi celebrado dentro do estabelecimento. Para os prepostos que atuam fora deste é necessária a atribuição de poderes por escrito.

A responsabilidade civil dos prepostos, no caso de suas ações causarem danos a terceiros, depende da verificação do elemento subjetivo do ilícito. Se agiram com culpa, a responsabilidade é do empresário-preponente, que terá ação de regresso contra o preposto. Caso tenham agido com dolo, sua responsabilidade será solidária com a empresa.

O preposto não pode, ainda, negociar por conta própria ou de terceiro ou praticar quaisquer atos de operação econômica do mesmo gênero de seu preponente. Ex.: um funcionário de uma loja de roupas não pode, em seu tempo livre e aproveitando-se da clientela e do conhecimento adquirido em seu emprego, passar a vender roupas em seu próprio nome. Se o fizer, deverá indenizar o preponente (que poderá, inclusive, reter o lucro das operações ilícitas efetuadas) e ainda poderá incorrer em crime contra a ordem econômica diante da concorrência desleal.

1.4.1. Gerente

O CC individualizou dois prepostos, considerando a importância da atividade por eles exercida. O primeiro deles é o **gerente**, *preposto de confiança do empresário nomeado para, permanentemente, praticar quaisquer atos necessários ao exercício dos poderes que lhe foram outorgados.*

É possível que o preponente limite os poderes do gerente. Entretanto, para que tal providência tenha eficácia perante terceiros, deve obrigatoriamente estar **averbada** na Junta Comercial, salvo se ficar provado que o terceiro dela tinha conhecimento.

O gerente é autorizado a estar em juízo em nome do empresário quanto às obrigações resultantes do exercício de sua função (art. 1.176 do CC).

A responsabilidade civil do gerente, em regra, é solidária com a do preponente para atos praticados dentro dos limites de seus poderes e ligados à sua função (art. 1.175 do CC). Será pessoal, todavia, em situações desvinculadas de seu emprego, como, por exemplo, nos casos de infidelidade quando constar como depositário de penhora judicial (STJ, RHC 18089/SP, DJ 08/09/2005).

1.4.2. Contabilista

É o preposto *responsável pela escrituração da empresa*. Os lançamentos efetuados por ele consideram-se, salvo comprovada má-fé, como se o próprio empresário os tivesse feito. De outra banda, a responsabilidade do contabilista será pessoal, solidária com a do preponente, em caso de lançamentos

incorretos na escrituração determinados pelo empresário e que sejam de seu conhecimento (art. 1.177 do CC). Com isso, podemos resumir as hipóteses de responsabilidade civil do contabilista conforme o seguinte quadro:

Escrituração incorreta	Responsável
Em caso de <u>culpa</u> do contabilista	O contabilista responde perante o empresário
Em caso de <u>dolo</u> **do contabilista, <u>à revelia</u> do empresário**	**Responsabilidade <u>pessoal</u> do contabilista perante terceiros**
Em caso de <u>dolo</u> do contabilista, em <u>conluio</u> com o empresário	**Responsabilidade <u>pessoal</u> do contabilista <u>solidária</u> com a do empresário perante terceiros**

1.5. Nome empresarial

1.5.1. Conceito

É a *designação pela qual o empresário e a sociedade empresária são conhecidos nas suas relações de fundo econômico*. Da mesma forma que o nome civil da pessoa natural, o nome empresarial individualiza a empresa perante seus clientes, fornecedores e colaboradores. É o *elemento identificador da empresa no mercado*.

1.5.2. Espécies

O direito brasileiro acolhe três espécies de nome empresarial:

a) firma, baseada no nome civil do empresário individual, do titular de empresa individual de responsabilidade limitada ou de um, alguns ou todos os sócios de sociedade empresária. Pode, opcionalmente, trazer o ramo de atividade da empresa. Tem dupla função: além de identificar a empresa, é também a assinatura que deve ser aposta nos documentos que obriguem o empresário. Ex.: os sócios da sociedade empresária que gire sob a firma "Paulo da Silva & Cia. Ltda." devem criar uma assinatura que contemple este nome, incluindo todos os seus elementos constituintes ("& Cia. Ltda.");

b) denominação, aplicável à empresa individual de responsabilidade limitada ou à sociedade empresária, pode basear-se no nome civil do titular ou dos sócios ou qualquer outro elemento linguístico, vulgarmente conhecido como "elemento fantasia". Pode ou não adotar o ramo de atividade da empresa, a depender do tipo societário. Difere também da firma por não se constituir em assinatura da empresa. Ex.: os sócios da sociedade empresária que gire sob a denominação "Carcará Serviços Técnicos Ltda." devem assinar, cada um, sua própria assinatura civil;

c) número do CNPJ. O art. 35-A da Lei nº 8.934/1994, inserido pela Lei nº 14.195/2021, autoriza o empresário e a pessoa jurídica empresária a optar por utilizar o número do CNPJ seguido da partícula identificadora do tipo societário (Ltda., por exemplo) como nome empresarial.

1.5.3. Regras para formação do nome empresarial

O nome empresarial é composto por um **núcleo**, que é o verdadeiro elemento identificador do empresário (o nome civil ou, no exemplo acima, "Carcará"), **elemento identificador do tipo societário** (Ltda., S.A.), **elemento identificador do ramo de atividade** ("Serviços Técnicos", "Casa de Carnes") e **partículas gerais** ("& Cia", "Irmãos").

O empresário individual comum somente pode adotar firma baseada em seu nome civil. Já as sociedades empresárias, a depender do tipo que adotem (cujos detalhes serão estudados no Capítulo 2), poderão optar por firma ou denominação, seguindo determinadas balizas. A fim de facilitar a visualização e o estudo, acompanhe o quadro abaixo:

Sociedade em conta de participação	– Não usa nome empresarial, pois sua existência não é divulgada.
Sociedade em nome coletivo	– Somente firma – Nome civil de um, alguns ou todos os sócios – Se faltar o nome de alguém, deve conter o elemento "e companhia" por extenso ou abreviado ("& Cia.")
Comandita simples	– Somente firma – Nome civil de um, alguns ou todos os sócios comanditados – Se faltar o nome de algum dos sócios comanditados, deve conter o elemento "e companhia" por extenso ou abreviado ("& Cia.")
Sociedade Limitada	– Firma ou denominação – Se firma: segue as regras da Sociedade em Nome Coletivo – Se denominação: deve constar o ramo de atividade – Sempre deve constar o elemento "limitada" por extenso ou abreviado ("Ltda.")
Comandita por ações	– Firma ou denominação – Se firma: a) Nome civil de um, alguns ou todos os sócios diretores ou administradores com responsabilidade ilimitada b) Se faltar o nome de algum deles, deve constar o elemento "e companhia" por extenso ou abreviado ("& Cia.") no final do nome – Se denominação, pode constar o ramo de atividade – Sempre deve constar o elemento "comandita por ações" por extenso ou abreviado ("C.A.")
Sociedade anônima	– Somente denominação – Pode constar o ramo de atividade – Deve constar o elemento "sociedade anônima", em qualquer parte, ou "companhia", no início ou no meio do nome (nunca no final), por extenso ou abreviado ("S.A." ou "Cia.") – Pode usar, como exceção, nome civil do fundador ou de pessoa que concorreu para o bom êxito da sociedade

Quanto às sociedades não empresárias, impera alguma controvérsia doutrinária sobre a possibilidade da **sociedade simples** adotar firma ou denominação. O CJF sacramentou a discussão no Enunciado 213 da III Jornada de Direito Civil: "O art. 997, inc. II, não exclui a possibilidade de sociedade simples utilizar firma ou razão social".

Entretanto, não se olvide que a interpretação doutrinária em comento se refere à sociedade simples pura. Conforme explicaremos melhor adiante, a sociedade simples pode, se quiser, adotar qualquer dos **tipos societários** das sociedades empresárias contratuais (nome coletivo, comandita simples ou limitada) sem perder sua natureza de sociedade simples. Nessa situação, seu nome empresarial seguirá as regras estabelecidas para o tipo societário escolhido.

Já a **cooperativa**, por expressa determinação legal, gira somente por **denominação** na qual conste, obrigatoriamente, a partícula "cooperativa".

1.5.4. Efeitos do nome empresarial

Exceto na sociedade limitada, a adoção de firma pelo empresário ou sociedade empresária implica *o reconhecimento de que o sócio cujo nome civil integra a firma possui responsabilidade ilimitada pelas obrigações sociais.* É o que ocorre com o empresário individual, com os sócios da sociedade em nome coletivo (ainda que estejam inseridos no nome empresarial através da expressão "& Cia.") e com os sócios comanditados na comandita simples (na comandita, existem duas classes de sócios: comanditados e comanditários. Os primeiros têm responsabilidade solidária e ilimitada pelas obrigações sociais e só eles podem praticar atos de administração. Os comanditários respondem apenas pelo valor de sua quota e não podem gerir a empresa). Caso seja incluído o nome civil de um sócio comanditário na firma da comandita simples, *ele será tratado como comanditado, ou seja, responderá solidária e ilimitadamente pelas obrigações da pessoa jurídica.*

Ostenta, ainda, o nome empresarial um **efeito patrimonial**, considerando que possui valor econômico. Ele *integra o **estabelecimento empresarial** como bem incorpóreo*. Com efeito, a reputação da empresa do mercado fica vinculada ao seu nome, de sorte que este pode passar a valer tanto ou mais que os próprios ativos da pessoa jurídica, se considerarmos que clientes e fornecedores procuram pelo estabelecimento diante do renome e da boa fama que ele goza.

1.5.5. Nome e outros designativos empresariais

O nome não é o único elemento identificador de que um empresário ou sociedade empresária pode valer-se na consecução de suas atividades. O mais importante é não confundirmos cada um deles, uma vez que se prestam a pontos distintos da atividade empresarial.

Nome empresarial, já vimos, é o *elemento identificador do **empresário***, a forma como ele é conhecido no mercado. Sua proteção contra uso indevido é feita pela própria Junta Comercial, como consequência imediata do registro da empresa.

Título do estabelecimento é o *elemento identificador do **ponto comercial***, é o *nome fantasia* do estabelecimento. Nada obsta que contenha elementos idênticos ao nome empresarial, mas são institutos distintos. Ex.: o "Restaurante Michelangelo" (título do estabelecimento) pode ter como nome empresarial "Andrade & Souza Comércio de Alimentos Ltda.". O título do estabelecimento também goza de proteção contra uso indevido por terceiros, a qual decorre das leis que coíbem a concorrência desleal.

Marca, por fim, *identifica determinado produto ou serviço*, e não o empresário ou seu estabelecimento. Ex.: Big Mac. Sua proteção é feita através do registro da marca no Instituto Nacional de Propriedade Industrial – INPI.

1.5.6. Proteção do nome empresarial

Destacamos anteriormente que o nome empresarial possui valor econômico, integrando o **ativo intangível** da empresa. Por conta disso, nada mais natural que a lei crie mecanismos para proteção contra seu uso indevido.

Duas grandes razões fundamentam essa questão: a **proteção ao crédito**, considerando o grave dano causado à reputação do empresário caso alguém mal-intencionado utilize seu nome empresarial ou algum semelhante para praticar golpes no mercado, não honrando suas obrigações; e a **proteção à clientela**, que tem o direito de conhecer previamente o fornecedor do qual está adquirindo produtos ou serviços e de não ser ludibriada por nomes iguais ou semelhantes. Some-se a isso a possibilidade de **subtração de clientela**, já que o terceiro de má-fé pode locupletar-se pelo engano causado aos consumidores.

As regras de proteção ao nome seguem três princípios básicos:

a) Princípio da Veracidade: o nome empresarial, quando tiver por núcleo o nome civil de sócio ou do empresário individual, *deve representar o verdadeiro nome destes, a fim de que qualquer pessoa possa identificá-los.* São vedados, por isso, os apelidos (Tico, Pinguim, Alemão) e os hipocorísticos (Zé em vez de José, Chico no lugar de Francisco);

b) Princípio da Regulamentação: só está protegido o nome de empresa *regularmente registrada no órgão competente*, no caso a Junta Comercial do Estado;

c) Princípio da Novidade: *somente será admitido a registro nome empresarial que não seja idêntico a outro previamente registrado no mesmo Estado.* São considerados idênticos os nomes de escrita igual. A Lei nº 14.195/2021 aboliu a proibição de registro de nomes semelhantes, inserindo também o §2º no art. 35 da Lei nº 8.934/1994 para atribuir ao DREI a competência para decidir casos em que a semelhança de nomes cause confronto entre dois empresários.

A análise deve considerar o nome empresarial por inteiro, desconsiderando-se apenas as expressões relativas ao tipo jurídico adotado (art. 23, §3º, da IN DREI 81/2020).

Por derradeiro, resgatamos o conceito do **princípio da novidade** para anotar que a proteção ao nome *tem seu âmbito limitado ao Estado onde foi registrado.* Isso porque as Juntas Comerciais são órgãos estaduais e seria inviável exigir que a Junta Comercial do Amazonas soubesse quais nomes já constam nos assentamentos da Junta Comercial do Rio Grande do Sul.

Se o empresário desejar que seu nome esteja protegido em maior escala, *deve providenciar o registro dele em cada Junta Comercial onde quer garantir o uso exclusivo,* o que implica, para uma proteção nacional, o registro individual em todas as Juntas Comerciais do país (art. 25 da IN DREI 81/2020).

Ocorrerá a perda da proteção do nome empresarial como consequência do cancelamento do registro da empresa, que será efetivado voluntariamente ou de ofício pela Junta Comercial nos casos:

a) Expiração do prazo da sociedade por prazo determinado;
b) Liquidação da sociedade, conforme disposto no art. 1.168 do CC.

1.5.7. Alteração do nome empresarial

A alteração do nome da empresa pode dar-se de forma **voluntária,** situação que exige aprovação **unânime** dos sócios em reunião ou assembleia, ou **compulsória, obrigatória ou vinculada**, pelos motivos que seguem:

a) Saída, retirada ou morte do sócio que figure no nome: em respeito ao **princípio da veracidade**, se determinado sócio tinha seu nome civil integrando o nome empresarial e, por qualquer das situações mencionadas, não mais pertence ao quadro social, deve o nome ser alterado para excluir o nome civil do sócio retirante ou falecido;

b) Alteração da categoria de sócio: nas sociedades em comandita, apenas podem emprestar seu nome civil para compor o nome empresarial os sócios comanditados (na comandita simples) e os sócios diretores ou com poderes de administração (na comandita por ações). Se determinado sócio comanditado, por exemplo, em virtude de uma alteração contratual, tiver seu *status* alterado para sócio comanditário, deverá ser excluído seu nome civil da firma ou denominação, sob pena de continuar a responder ilimitadamente pelas dívidas sociais;

c) Transformação da sociedade: ocorre *quando a sociedade altera seu tipo societário*, de limitada para sociedade por ações, por exemplo. Com isso, será obrigatória a adaptação do nome ao novo tipo escolhido;

d) Alienação do estabelecimento: o nome empresarial, por si só, é inalienável. Contudo, é possível que, mediante autorização contratual, o adquirente do estabelecimento possa continuar usando o nome do antecessor. Na hipótese, deverá incluir seu nome civil antes da firma originária, qualificando-se como "sucessor de" (art. 1.164 do CC). Ex.: Magno Alves Sucessor de Silva & Silva Colchões Ltda.

e) Lesão a direito de outrem: o controle do registro de nomes empresariais idênticos deve ser prévio, ou seja, a Junta Comercial deve avaliar a possibilidade do registro antes de procedê-lo, em respeito ao **princípio da novidade**. Se mesmo assim o nome idêntico for registrado em ofensa a direito alheio, baseado na precedência do ato, deverá o mais recente ser alterado mediante provocação do interessado, podendo inclusive socorrer-se das vias judiciais para tanto.

1.6. Estabelecimento empresarial

1.6.1. Conceito

O estabelecimento é conceituado como *todo complexo de bens organizado pelo empresário para o exercício da empresa* (art. 1.142 do CC). Antigamente era denominado **fundo de comércio**.

No dia a dia, tendemos a usar o termo "empresa" e "estabelecimento" como sinônimos, apesar de não o serem. "Empresa" é a atividade econômica exercida, ao passo que "estabelecimento" é o *local onde ela é exercida.* É *a base física da empresa.*

O estabelecimento é composto por bens **corpóreos** (mesas, balcões, computadores...) e **incorpóreos** (título, marcas registradas...). Tais coisas, isoladamente, para pouco serviriam. Porém, quando o empresário, valendo-se de sua experiência e visão de negócios, reúne esses bens de forma organizada para deles usufruir com intuito de lucro, eles passam a ser considerados como um único corpo que possui valor econômico superior à soma de cada um de seus componentes separadamente. É o que denominamos **aviamento**.

Quanto à natureza jurídica, o estabelecimento é uma **universalidade de fato**, uma vez que a unificação dos bens e de sua destinação ocorre pelo e no interesse do empresário. Notadamente, possui valor econômico, ainda mais ao se considerar o aviamento, o qual deve ser mensurado em caso de dissolução parcial da sociedade e apuração de haveres do sócio retirante.

1.6.2. Alienação do estabelecimento

O estabelecimento, como já dito, possui valor econômico autônomo e pode, em razão disso, ser objeto de contrato específico de alienação, mantendo-se a empresa em nome do proprietário original. *O contrato de alienação de estabelecimento empresarial chama-se* **trespasse**.

Não se perca de vista, de outro lado, que o estabelecimento, exatamente por integrar o ativo do empresário, é garantia de seus credores para o pagamento do passivo e como tal pode ser objeto de penhora total ou parcial. Desse modo, a inevitável redução do ativo imobilizado operada com a venda do estabelecimento deve ser avaliada e aprovada pelos credores para ser eficaz.

Por essa razão, o contrato de trespasse é celebrado entre alienante e adquirente, mas apresenta uma **condição de eficácia** perante os credores caso ao alienante não restem bens suficientes para solver seu passivo: estes devem ser notificados da pretensão da avença e aprová-la, expressa ou tacitamente, no prazo de 30 dias (art. 1.145 do CC). Caso o empresário-alienante não deseje depender de seus credores para ratificar a venda do estabelecimento, deve **pagar a todos** ou **demonstrar que mantém patrimônio suficiente para a quitação de seu passivo**.

O trespasse realizado sem as formalidades acima, ou seja, sem a satisfação pelo pagamento ou aprovação dos credores, configura ato de falência (art. 94, III, "c", da Lei 11.101/2005). O STJ já decidiu que a **alienação de parte essencial** do estabelecimento que o descaracterize como local de comércio ou indústria também configura o ato de falência (STJ, REsp 33762/SP, 26/02/1997).

Exsurge, ainda, como exigência para a eficácia perante terceiros da alienação, do usufruto e do arrendamento do estabelecimento o seu registro na Junta Comercial e sua publicação no Diário Oficial.

O adquirente do estabelecimento sucede o alienante em todas as dívidas regularmente contabilizadas, bem como nas obrigações trabalhistas e tributárias. É dever do interessado em comprar a unidade produtiva verificar o passivo do empresário, pois será responsável pelo adimplemento das obrigações, desde que regularmente registradas nos livros – o que é natural diante da inviabilidade de exigir-se do novel proprietário do estabelecimento o pagamento de dívidas inscritas somente na contabilidade paralela ("caixa 2"), a qual, além de proibida, nunca seria franqueada pelo alienante.

No que toca ao passivo trabalhista e tributário, destes não se exige o lançamento contábil para a responsabilização do adquirente, cabendo a este a avaliação do risco (STJ, AgRg no Ag 1225408/PR, DJ 23/11/2010).

Vale lembrar que somente as dívidas vinculadas ao estabelecimento objeto do trespasse é que serão sucedidas pelo adquirente e não todo o passivo do vendedor.

Já o alienante, mesmo com a plena validade e eficácia do contrato, continuará responsável solidário pelas dívidas contabilizadas pelo prazo de um ano, contado:

a) da publicação, para as dívidas vencidas no momento da celebração; e

b) do vencimento, para aquelas que estavam a vencer depois de fechado o acordo.

Como **efeito implícito** do trespasse, estabelece o art. 1.147 do CC a **cláusula de não restabelecimento**, que impõe ao alienante a *obrigação de não voltar a exercer a mesma atividade em outro estabelecimento na mesma localidade pelo prazo de 05 anos*. Leia-se "mesma localidade" como "mesmo município", conforme aponta a doutrina majoritária. A regra é posta para coibir a concorrência desleal, considerando que o alienante poderia carregar consigo a clientela se pudesse restabelecer-se na mesma cidade, diminuindo sobremaneira o faturamento do estabelecimento vendido. Não se questiona, de toda forma, a natureza dispositiva da norma, podendo o contrato de trespasse dispor diferentemente.

1.6.3. Proteção ao ponto

O ponto empresarial *é o local específico onde se encontra o estabelecimento, o endereço onde ele se instala*. Não se confunde com o próprio estabelecimento, que *é o conjunto de bens corpóreos e incorpóreos organizados para o exercício da empresa*, porque é dele **parte integrante**, sendo um de seus elementos imateriais.

Muitas vezes, o ponto possui valor econômico de grande vulto, pois a localização do estabelecimento é determinante, por exemplo, no volume e na captação da clientela. Em face disto, a lei protege o ponto explorado pelo empresário.

Notadamente, se o empresário escolhe como ponto um imóvel seu, a proteção decorrerá da Constituição Federal e de todas as normas garantidoras do direito de propriedade. Adicione-se a garantia de que, em caso de **desapropriação**, a indenização a que faz jus o proprietário deve incluir o valor do ponto e não apenas o imóvel.

Proteção específica do Direito Empresarial está prevista na Lei 8.245/1991. Trata-se da **renovação compulsória do contrato de locação**.

Temos, então, a hipótese de exploração de empresa em imóvel alheio, através de contrato de locação. Com o passar do tempo, o ponto empresarial vai ganhando força, fazendo com que mais e mais pessoas frequentem o local diante de sua visibilidade. Com a aproximação do fim do prazo de locação, haverá, potencialmente, um conflito de interesses: o locatário quer manter-se no local, pois trabalhou para construir a boa imagem da empresa e parte dela se funda no ponto; e o proprietário percebe que, agora que todos conhecem seu endereço, pode oferecer o imóvel à locação por um preço mais valorizado. Nesse embate, sobressai o interesse do empresário ou o direito de propriedade?

Optou a lei pela primeira opção. O **empresário** terá direito à renovação da locação, ainda que contra a vontade do proprietário, desde que:

a) O contrato tenha sido celebrado por escrito;

b) O contrato tenha prazo determinado de 05 anos, podendo o locatário somar vários contratos para atingir o mínimo exigido, desde que todos tenham sido celebrados por escrito e com prazo determinado. Não impede o exercício do direito o curto espaço de tempo entre cada renovação, tendo sido reconhecido como curto o lapso de um mês, mas não os prazos de seis, sete, doze ou vinte e quatro meses (STJ, AgRg no REsp 61436/SP, DJ 16/03/2006);

c) Esteja o empresário explorando o mesmo ramo de atividade há, no mínimo, 03 anos ininterruptamente até a propositura da ação;

d) A ação renovatória deve ser ajuizada entre um ano e seis meses antes do fim do contrato, sob pena de decadência. Basta, para obstar a caducidade, a protocolização do pedido no foro competente (STF, AgRg no REsp 866672/MG, DJ 19/06/2007).

Atendidos aos requisitos, a renovação será concedida pelo prazo do último contrato celebrado, respeitando-se o máximo de 05 anos (STJ, REsp 693729/MG, DJ 22/08/2006).

Reitere-se que o direito à ação renovatória é garantido ao **empresário**, restando desprotegido, portanto, o ponto daqueles que exercem atividades civis não amparadas pelo Direito Empresarial nos termos do art. 966 do CC (profissionais liberais e sociedades simples).

De outra banda, o direito de propriedade do dono do imóvel, apesar de mitigado, não é totalmente suprimido. Em face da propositura de uma ação renovatória de locação, eventualmente caberá ao locador a **exceção de retomada**, defesa processual baseada em uma das seguintes situações:

a) Necessidade de realizar obras que importem em radical transformação do imóvel por imposição do Poder Público;

b) Realização de obras de valorização do imóvel;

c) Retomada do imóvel para uso próprio, para fins não empresariais;

d) Transferência de estabelecimento empresarial existente há mais de um ano, de cuja empresa o locador, o cônjuge, ascendente ou descendente do proprietário seja sócio com maioria do capital. Ainda assim, deve a empresa do locador ou de pessoa de sua família explorar outro ramo de atividade, exceto se a locação do imóvel compreender, inafastavelmente, o próprio estabelecimento (ex.: posto de gasolina – STJ, REsp 4144/SP, DJ 04/02/1991);

e) Proposta melhor de terceiro, sendo que o atual locatário sempre terá preferência para ofertas iguais;

f) Insuficiência na proposta do locatário, ou seja, o valor que este pretende pagar não se coaduna com o atual valor de mercado do imóvel; e

g) Não preenchimento dos requisitos da ação renovatória ou sua protocolização fora do prazo legal.

Independentemente da possibilidade do locador retomar o imóvel, é preciso verificar se assistirá direito de indenização ao locatário pela perda do ponto. Vejamos o quadro sinótico abaixo:

Fundamento da exceção de retomada	Direito à indenização
Obras impostas pelo Poder Público (item "a")	**Sim**, caso o locador não inicie as obras no prazo de 03 meses da desocupação
Obras de valorização (item "b")	**Sim**, caso o locador não inicie as obras no prazo de 03 meses da desocupação
Uso próprio (item "c")	**Sim**, se o locador não der o destino alegado no prazo de 03 meses da desocupação ou der destino diverso

Fundamento da exceção de retomada	Direito à indenização
Transferência de estabelecimento (item "d")	**Sim**, se o locador não der o destino alegado no prazo de 03 meses da desocupação, der destino diverso ou estabelecer-se no mesmo ramo do locatário, **salvo** a hipótese de locação que inclua o estabelecimento
Proposta melhor de terceiro (item "e")	**Não**
Insuficiência da proposta (item "f")	**Não**
Ausência dos requisitos (item "g")	**Não** (STJ, REsp 286321/SP, DJ 03/12/2001)

O ônus da prova da insinceridade do motivo alegado na exceção de retomada é do locatário. Nos termos da Súmula nº 485 do STF: "Nas locações regidas pelo Decreto nº 24.150, de 20 de abril de 1934, a presunção de sinceridade do retomante é relativa, podendo ser ilidida pelo locatário". O texto do verbete sumular remete à antiga legislação sobre locações, devendo ser lida com referência à Lei nº 8.245/1991.

2. DIREITO SOCIETÁRIO

2.1. Conceito de sociedade

Na sociedade, *as pessoas reciprocamente se obrigam a contribuir, com bens ou serviços, para o exercício de atividade econômica e a partilha, entre si, dos resultados.*

Fundamenta-se a existência das sociedades na dificuldade natural do exercício de determinadas atividades econômicas. Diante de sua complexidade, as pessoas percebem que não conseguiriam alcançar o sucesso sozinhas, buscando alguém com projetos similares para dividir os riscos e os benefícios do negócio.

2.1.1. Personalidade jurídica

A sociedade é uma **pessoa jurídica de direito privado** (art. 44, II, do CC). Disso exsurge que ela possui **tríplice titularidade jurídica**, a saber:

a) Titularidade negocial, que a transforma em sujeito de direitos autônomo, distinto da pessoa dos sócios que por ela praticam o ato;

b) Titularidade processual, uma vez que pode ser parte em processo judicial; e

c) Titularidade patrimonial, pois a criação da sociedade implica no surgimento de uma massa patrimonial que lhe é própria, também distinta do patrimônio dos sócios que a compõem. Nos termos do art. 49-A do CC, a pessoa jurídica não se confunde com os seus sócios, associados, instituidores ou administradores e a autonomia patrimonial das pessoas jurídicas é um instrumento lícito de alocação e segregação de riscos, estabelecido pela lei com a finalidade de estimular empreendimentos, para a geração de empregos, tributo, renda e inovação em benefício de todos.

Há, não obstante, sociedades que não adquirem personalidade jurídica, chamadas de **sociedades não personificadas**. Basta, por ora, sabermos que elas existem, deixando o detalhamento de suas características para mais adiante.

2.1.2. Desconsideração da personalidade jurídica

Também conhecida como **teoria da superação ou da penetração na personalidade jurídica**, ou ainda pelos seus termos originais *disregard of the legal entity* e *lifting the corporate veil*, dado que foi desenvolvida no direito norte-americano.

A desconsideração *visa a responsabilizar os sócios por obrigação da sociedade por conta do uso ilegal da pessoa jurídica, prejudicando credores ou o interesse público*.

Deveras, é bastante comum o uso abusivo da pessoa jurídica pelo sócio que pretender locupletar-se ilicitamente, bastando, por exemplo, que torne inviável o pagamento dos credores e a exigência judicial desses créditos ao transferir todo o patrimônio da empresa para seu nome. Sendo a dívida da empresa, teoricamente, o patrimônio pessoal do sócio não pode ser atingido.

Só que estamos diante de uma fraude e, por isso, não poderia a lei ficar com as mãos atadas em prejuízo de credores ou do próprio interesse público. Por ordem judicial, então, pode-se **ignorar** a autonomia patrimonial da pessoa jurídica e atingir o patrimônio dos sócios para a quitação da dívida. Note bem: não estamos falando de extinção da pessoa jurídica ou da exclusão do sócio fraudador. A sociedade continua existindo para todos os demais fins com os mesmos sócios. Exclusivamente para a cobrança da dívida em questão o juiz determina que se desconsidere a existência da titularidade da pessoa jurídica para que o crédito possa ser satisfeito através da penhora de bem particular do sócio.

Finda a demanda, não restará nenhum indício da desconsideração.

Por se tratar de ato excepcional, que descarta a verdadeira razão de ser da sociedade, que é a separação patrimonial, devem ser obedecidos certos requisitos legais. A fonte desses requisitos irá variar conforme a natureza da dívida que interessa no exame do caso concreto, considerando que a teoria da desconsideração está prevista em diversos diplomas legais:

a) No art. 50 do CC, para dívidas civis e empresárias, exceto com consumidores, exige-se *abuso de finalidade da pessoa jurídica, caracterizado pelo desvio de finalidade ou confusão patrimonial*;

b) No art. 135 do CTN, para dívidas fiscais, exige-se *atuação com excesso de poderes ou com infração à lei, ao contrato ou ao estatuto social* por parte daqueles que administram a sociedade a qualquer título;

c) No art. 28 do CDC, para dívidas com consumidores, ela poderá ocorrer quando houver *abuso de direito, excesso de poder, infração da lei, fato ou ato ilícito, violação do contrato ou estatuto social, falência, insolvência, encerramento ou inatividade da pessoa jurídica provocados por má administração*.

O Direito do Trabalho, ao contrário do que muitos pensam, não tem regra própria sobre a desconsideração, aplicando-se por analogia o art. 50 do CC.

É fácil notar que as hipóteses previstas nos três Códigos são semelhantes, podendo ser sistematizadas em dois requisitos: **ordem judicial** e **prova de fraude na condução da pessoa jurídica**.

Alguns autores chamam a atenção para a existência de uma **teoria menor da desconsideração da personalidade jurídica**, que, ao contrário da **teoria maior**, já estudada, impõe a responsabilização pessoal do sócio em caso de **mera inadimplência** da pessoa jurídica, ou seja, faltando patrimônio a esta para adimplir suas obrigações, busca-se o patrimônio do sócio independentemente da ocorrência de fraude. Tal aspecto da desconsideração pode ser visto no art. 28, § 5º, do CDC, que autoriza a superação *sempre que a personalidade jurídica for, de alguma forma, obstáculo ao ressarcimento de prejuízos causados aos consumidores*. No mesmo sentido temos o art. 4º da Lei 9.605/1998, que autoriza a desconsideração para a compensação de danos ambientais. Algo similar é aplicado cotidianamente na Justiça do Trabalho, mesmo sem qualquer previsão legal específica.

Outro ponto que merece destaque é a **teoria da desconsideração da personalidade jurídica inversa**, na qual o credor particular do sócio busca judicialmente a possibilidade de executar bens sociais para a quitação da dívida (art. 50, §3º, do CC).

Até a edição do Código de Processo Civil de 2015, a desconsideração da personalidade jurídica era decretada no curso do processo judicial sem maiores formalidades: normalmente, os requisitos eram analisados pelo juiz após simples petição do credor, no mais das vezes sem nem mesmo ouvir a parte contrária. Para sistematizar a questão e reduzir a possibilidade de arbitrariedades, o Novo CPC criou o **incidente de desconsideração da personalidade jurídica (art. 133 e seguintes)**, que pode ser instaurado em qualquer tempo e grau de jurisdição, sempre garantido o contraditório e a instrução probatória.

2.2. Princípios de Direito Societário

2.2.1. Princípio da preservação da empresa

Prevê que o ordenamento jurídico cuide mais de *priorizar a sobrevivência da sociedade do que os interesses individuais de seus integrantes*. São exemplos a dissolução parcial da sociedade e a sociedade unipessoal temporária.

2.2.2. Princípio da defesa das minorias societárias

O pequeno investidor ou o titular de parte menor das quotas sociais *deve ter sua opinião e participação protegida pelo ordenamento em relação aos controladores e sócios majoritários*. Vemos sua aplicação no direito de recesso e competência para fiscalização.

2.2.3. Princípio da proteção às microempresas e empresas de pequeno porte

Com *status* constitucional (art. 179 da CF), *visa a conferir às pequenas empresas tratamento jurídico simplificado em suas relações sociais, tributárias e creditícias*. Um exemplo é o plano especial de recuperação judicial.

2.2.4. Princípio da liberdade contratual e da autonomia da vontade

Permeia todo o Direito Privado, representando que *os sócios são livres para dispor nas cláusulas do contrato social e nos demais atos negociais aquilo que bem entenderem*, devendo respeito apenas às normas de caráter cogente, estabelecidas em prol do interesse público.

2.3. Classificação das sociedades

2.3.1. Quanto à personalidade jurídica

a) Sociedades personificadas: são aquelas às quais o ordenamento jurídico *confere personalidade jurídica*, com a autonomia daí decorrente, conforme estudado no item 2.1.1. São exemplos a sociedade simples, sociedade limitada e a sociedade por ações;

b) Sociedades não personificadas: ao contrário, são aquelas que *não detêm personalidade jurídica própria*, seja porque lhe falta o registro (sociedade em comum), seja porque os sócios não desejam divulgá-la (sociedade em conta de participação).

2.3.2. Quanto à atividade exercida

a) Sociedades empresárias: quando *exercerem atividade própria do empresário sujeito a registro* (art. 982 do CC);

b) Sociedades simples: por exclusão, são aquelas *constituídas para atividades excluídas do regime empresarial*, como as atividades intelectuais.

2.3.3. Quanto à responsabilidade dos sócios

a) Responsabilidade ilimitada: todos os sócios *respondem com seu patrimônio pessoal pela totalidade das dívidas contraídas pela sociedade*. Isto não exclui, como regra, o benefício de ordem, que prevê que primeiro são executados os bens sociais e, somente na insuficiência destes, serão alcançados os bens dos sócios;

b) Responsabilidade limitada: a responsabilidade do sócio é *limitada à integralização de sua participação no capital social, não respondendo mais por dívidas sociais a partir de então*. Em outras palavras, salvo exceções que serão estudadas oportunamente, depositando o sócio aquilo que ele se comprometeu a título de participação social (quotas ou ações), nada mais poderá ser-lhe imputado.

c) Sociedade mista: parte dos sócios detém responsabilidade limitada e parte ilimitada. Ocorre nas sociedades em comandita (simples e por ações), nas quais os sócios com poderes de administração respondem ilimitadamente pelas dívidas sociais e os demais apenas pelo valor de sua participação no capital social.

2.3.4. Quanto à forma de constituição e dissolução

a) Sociedades contratuais: são aquelas que *se constituem por um acordo de vontades entre os sócios, o contrato social*. Sua dissolução pode ser apenas parcial, autorizando-se os sócios minoritários a continuarem a empresa, mesmo contra a vontade da maioria. São reguladas pelo CC (em nome coletivo, comandita simples e limitada);

b) Sociedades institucionais (ou estatutárias): regulamentam-se por um *estatuto social, conjunto de regras estabelecidas pelos fundadores ao qual os novos sócios apenas aderem*. Pode ser dissolvida pela vontade da maioria e segue as regras da Lei 6.404/76 (comandita por ações e sociedade por ações).

2.3.5. Quanto às condições de ingresso de novo sócio

a) Sociedade de pessoas (ou *intuitu personae*): o perfil individual de cada um é parte fundamental da reunião de sócios. Cada pessoa que participa da sociedade está ali porque possui conhecimentos que auxiliam no desenvolvimento do objeto social. Dessa forma, caso um sócio deseje abandonar a empresa ou vem a falecer, os demais *podem vetar o ingresso do terceiro no quadro social*. Essa competência, porém, não implica impenhorabilidade das quotas, tanto que o Novo CPC explicita o procedimento específico a ser seguido em caso de constrição das cotas sociais pelo credor no bojo de um processo de execução (arts. 861 e seguintes);

b) Sociedade de capital (ou *intuitu pecuniae*): ao contrário da sociedade "de pessoas", os sócios da sociedade "de capital" ingressam apenas com dinheiro. Há interesse na comunhão do esforço financeiro de cada um, não sendo relevantes as características pessoais dos sócios. Assim, *nenhum deles pode se opor à entrada de estranhos no quadro social*.

Não se perca de vista que toda sociedade pressupõe a existência de pessoas e de capital para sua constituição! A classificação se baseia na **preponderância** de um dos elementos na criação da sociedade.

Como regra, as sociedades institucionais são "de capital", considerando a negociabilidade ínsita das ações. Para as sociedades contratuais, em respeito ao princípio da autonomia da vontade, é necessário analisar o contrato social para verificar se se trata de uma sociedade "de pessoas" ou "de capital".

2.3.6. Quanto à nacionalidade

a) Sociedade nacional: *é aquela organizada conforme a lei brasileira e que tenha sede no País*;

b) Sociedade estrangeira: *as que têm sede em outro país ou que se constituam conforme legislação alienígena*. Não podem funcionar no Brasil sem autorização do Poder Executivo.

2.3.7. Quanto ao controle

a) Sociedade controlada: *sociedade de cujo capital outra sociedade possua a maioria dos votos nas deliberações e o poder de eleger a maioria dos administradores*;

b) Sociedade coligada (ou filiada): *sociedade em cujo capital outra sociedade tenha participação de 10% ou mais, sem controlá-la*;

c) Sociedade de simples participação: *sociedade em cujo capital outra sociedade tenha participação de menos de 10%*.

2.4. Sociedades não personificadas

2.4.1. Sociedade em comum

Por sociedade em comum o CC entende *a sociedade que não registrou seus atos constitutivos*, seja porque não os tem por escrito (**sociedade de fato**), seja porque simplesmente não levou o contrato ou estatuto a registro por qualquer outro motivo (**sociedade irregular**).

Independentemente da razão, importa que uma sociedade sem registro não ostenta os mesmos direitos daquela regularmente inscrita na Junta Comercial. Sobre as limitações negociais da sociedade em comum, *vide* item 1.2.

A par disso, os sócios de uma sociedade em comum têm **responsabilidade ilimitada e solidária** pelas obrigações sociais, todos eles. Mantêm, é certo, o benefício de ordem, **com exceção daquele que contratou pela sociedade.** Exemplo: três sócios de uma empresa não registram seus atos constitutivos. Em determinado negócio, um deles assina o contrato de compra de matéria-prima e, por dificuldades financeiras, a sociedade não paga a dívida. O patrimônio pessoal do sócio que assinou o contrato será executado juntamente com o patrimônio social, **porque ele não faz jus ao benefício de ordem**. Os outros dois sócios, caso os patrimônios anteriormente atingidos não sejam suficientes para quitar a obrigação, serão chamados **conjuntamente, porque solidários**, a responder com seu patrimônio particular pelo restante.

Isso ocorre porque, inexistindo personalidade jurídica, não há de se falar em titularidade patrimonial da sociedade. O art. 988 do CC define o patrimônio da sociedade em comum como *um patrimônio especial, formado pelos bens e dívidas da empresa, dos quais os sócios são titulares em comum*, vindo daí o nome da sociedade. O patrimônio não é dela, mas comum a todos os sócios.

2.4.2. Sociedade em conta de participação

É uma verdadeira exceção dentro do Direito Societário. A sociedade em conta de participação pode exercer atividade empresária e será, portanto, considerada como tal, **mas não é sujeita a registro**. Logo, não tem personalidade jurídica própria e vê impedida sua publicidade, dando-lhe conotação secreta.

E de fato esse é o principal atrativo na constituição de uma sociedade em conta de participação. Nessa modalidade, existem **sócios ostensivos** e **sócios participantes**. Quem organiza, administra e pratica a atividade empresária são os **sócios ostensivos**, em conjunto ou separadamente, mas sempre **em seu próprio nome**. A sociedade ou os sócios participantes não aparecem no negócio. Quem se vincula perante terceiros é somente o sócio ostensivo, exclusiva e pessoalmente, ou seja, com **responsabilidade ilimitada**.

Os sócios participantes obrigam-se apenas perante o sócio ostensivo nos termos do contrato, sendo as partes livres para pactuar o que bem entenderem.

Sublinhamos novamente que a sociedade em conta de participação exerce atividade empresária, porém não está sujeita a registro na Junta Comercial. Nada impede, contudo, que os sócios resolvam registrar o contrato no **Cartório de Registro de Títulos e Documentos** unicamente para cercarem-se de maiores formalidades. Tal diligência **não confere personalidade jurídica à sociedade em conta de participação** (art. 993 do CC).

A diferença entre os tipos de sócio é relevante também em caso de falência. A quebra do sócio ostensivo **implica a dissolução da sociedade**, classificando-se como crédito quirografário eventuais dívidas com os sócios participantes. Já na falência de qualquer destes, **não se dissolve a sociedade**, devendo o contrato da sociedade em conta de participação seguir as regras expostas na Lei 11.101/2005 para os contratos bilaterais do falido (art. 994, §§ 2º e 3º, do CC).

2.5. Sociedades personificadas contratuais

2.5.1. Linhas gerais

O ato constitutivo sujeito a registro nas sociedades contratuais, como vimos, é o **contrato social**. Para que seja admitido pela Junta Comercial, porém, é imprescindível a verificação da concorrência de determinados requisitos:

a) Requisitos dos contratos em geral: como qualquer outro contrato, o contrato social demanda *agente capaz* (os sócios devem estar no pleno gozo da capacidade civil e não serem impedidos de exercer empresa), *objeto lícito* (o objeto social, a atividade a ser exercida, não pode ser proibida por lei) e *forma prevista ou não prescrita em lei* (no caso, o contrato social deve ser escrito e visado por advogado);

b) Pluralidade de sócios: exceptuada a sociedade limitada, por expressa autorização legal, não se concebe sociedade sem que haja ao menos dois sócios. A fim de que surja a autonomia patrimonial das demais sociedades, é basilar que mais de uma pessoa contribua para a formação do novo patrimônio, caso contrário estaremos diante de um empresário individual;

Não obstante, a legislação prevê duas situações excepcionais em que se permite a existência de apenas um sócio: em caso de sociedades simples puras, sociedade em nome coletivo ou em comandita simples, autoriza-se a **unipessoalidade temporária** para que o único sócio restante (por falecimento ou retirada dos demais) continue a exercer a empresa pelo prazo de **180 dias**, findo o qual deve restabelecer a pluralidade no quadro social ou requerer sua transformação em sociedade limitada unipessoal sob pena de, se não o fizer, responder ilimitadamente pelas dívidas sociais (extingue-se a sociedade e a pessoa passa a ser vista como empresário individual); e a **companhia subsidiária integral**, prevista no art. 251 da Lei 6.404/1976, uma espécie de sociedade por ações cujo único acionista é uma sociedade brasileira.

c) Constituição de capital: todos os sócios devem participar da constituição do capital social, com dinheiro, bens ou serviços (a contribuição com serviços é admitida apenas na sociedade simples pura e na cooperativa);

d) Participação nos lucros e nas perdas: é nula qualquer disposição contratual que exclua sócio da divisão dos resultados da empresa, sejam eles positivos (lucros) ou negativos (prejuízos). Deve-se atentar para o fato de que a vedação legal se refere à **exclusão** do sócio da repartição dos resultados. Nada impede que se pactue uma distribuição diferenciada para determinados sócios, desde que todos recebam ou arquem com uma parte dos lucros ou das perdas, respectivamente, nos termos do contrato.

Ao lado dessas, o contrato social deve conter, ainda, as demais cláusulas obrigatórias previstas no art. 997 do CC.

Lembramos, por fim, que toda sociedade contratual se funda em um pressuposto fático denominado *affectio societatis*, que pode ser definido como *o vínculo gerado pela empatia existente entre os sócios, fazendo com que cada um acredite que necessita da presença dos demais para que a empresa tenha sucesso*. Não se trata de amizade ou afeição pessoal entre os sócios, mas sim de afeição profissional, baseada na confiança e na qualidade do trabalho desenvolvido. Os sócios podem, eventualmente, ser inimigos pessoais por motivos políticos, filosóficos etc., porém enquanto entenderem que a empresa somente continuará dando certo com a presença do outro, por mais indesejável que ela seja, subsistirá a *affectio societatis*.

A quebra da *affectio* implica a dissolução parcial da sociedade (Enunciado 67 JDC/CJF).

2.5.2. Sociedades simples

a) Noções gerais

Já conhecemos a bipartição das sociedades em simples e empresárias, implicando que as primeiras não se submetem ao regime jurídico empresarial. O que justifica, então, seu estudo nessa disciplina? O fato de suas normas serem de **aplicação supletiva** para as sociedades empresárias.

A sociedade simples **pode** adotar, se quiser, um dos tipos sociais previstos no CC para as sociedades empresárias (nome coletivo, comandita simples ou limitada), estudados adiante. Se assim preferir, seguirá o regramento estabelecido para o tipo, com aplicação supletiva das suas normas; caso contrário, trata-se de **sociedade simples pura ou propriamente dita**, que se submete exclusivamente às normas da sociedade simples aqui estudadas.

Os sócios da sociedade simples pura têm **responsabilidade ilimitada**, resguardado o benefício de ordem, porém **não solidária**, ou seja, o sócio não responde por toda a dívida social. Sua responsabilidade fica adstrita **à proporção de sua participação no capital social**.

A lei presume, no silêncio do contrato, tratar-se de **sociedade "de pessoas"**, vedando-se o ingresso de terceiros por alienação ou sucessão de quotas sem o consentimento dos demais sócios.

A sociedade simples é a única que aceita a figura do **sócio de indústria** atualmente. O parcialmente revogado Código Comercial trazia uma espécie de sociedade denominada "sociedade de capital e indústria", na qual um ou alguns sócios integralizavam o capital social em dinheiro (o sócio de capital) e um ou alguns dos demais contribuíam apenas com serviços (o sócio de indústria).

O sócio de indústria deve prestar seus serviços exclusivamente junto à sociedade, sob pena de exclusão e suspensão no repasse dos lucros. Esses, aliás, serão calculados sobre a média do valor das quotas existentes.

b) Deliberações dos sócios

Os sócios tomarão suas decisões mediante deliberação por maioria do capital social (vence a posição defendida pelos sócios que somem maior parcela do capital). Havendo empate, considera-se a votação por cabeça (vence a posição defendida pelo maior número de sócios). Persistindo o empate, a decisão caberá ao juiz.

c) Administração

A administração da sociedade simples, por sua vez, pode ser cometida a sócio (ou a vários deles) ou a **terceiro estranho ao quadro social**. Em qualquer hipótese, o administrador pode ser nomeado no próprio contrato social ou por instrumento separado, que será averbado na Junta Comercial sob pena do administrador responder pessoal e solidariamente com a sociedade. Os poderes conferidos no próprio contrato social são **irrevogáveis**, salvo por justa causa comprovada judicialmente. Os poderes conferidos por ato separado **podem ser revogados a qualquer momento**.

Não podem ser nomeados administradores: **condenados a penas que vedem, ainda que temporariamente, o acesso a cargos públicos; condenados por crime falimentar** (Lei 11.101/2005), **prevaricação** (art. 319 do CP), **peita ou suborno** (corrupção ativa e passiva – arts. 317 e 333 do CP), **concussão** (art. 316 do CP), **peculato** (art. 312 do CP), **crime contra a economia popular** (Lei 1.521/1951), **contra o sistema financeiro nacional** (Lei 7.492/1986), **contra as normas de defesa da concorrência e contra as relações de consumo** (Lei 8.137/90), **crimes contra a fé pública** (arts. 289 a 311 do CP) **e contra a propriedade** (arts. 155 a 186 do CP).

A responsabilidade dos administradores é *subjetiva*, devendo ser provado o dolo ou culpa pelo prejuízo causado.

d) Dissolução parcial

Por fim, cumpre destacar as hipóteses de dissolução da sociedade contratual, seja ela simples pura ou empresária. Após longa construção doutrinária e jurisprudencial, o CC positivou, ao lado da **dissolução total** (que opera a extinção da pessoa jurídica), a **dissolução parcial** da sociedade (encontrada na lei sob a epígrafe "resolução da sociedade em relação a um sócio"), que consagra o **princípio da continuidade da empresa.** Com efeito, até o início da vigência do CC em 2003, a lei civil dispunha que se determinado sócio não mais concordasse com os rumos da atividade, poderia requerer a dissolução total desta, apurando-se seus haveres. Porém, a jurisprudência já reconhecia que a quebra da *affectio societatis* não deveria levar à extinção da sociedade se os demais integrantes desta manifestassem interesse em continuá-la. Deveria apenas ser retirado o sócio descontente, pagando-lhe o que de direito.

Consagrada a **dissolução parcial**, encontramos no CC os seguintes fundamentos:

d1) Vontade de sócio: situação imposta pela ausência superveniente da *affectio societatis*. Manifestando um dos sócios sua intenção em retirar-se, deve informar aos demais com 60 dias de antecedência, em se tratando de sociedade por prazo indeterminado; se a sociedade for a prazo certo, a retirada somente pode ocorrer comprovada judicialmente justa causa;

d2) Exclusão de sócio: possível nos casos de ausência de integralização do capital pelo sócio nos termos estipulados no contrato (o chamado **sócio remisso**); falta grave no cumprimento de suas obrigações e incapacidade superveniente;

d3) Falência de sócio;

d4) Morte de sócio: se pessoa física. Nesse caso, é necessário verificar se o contrato social permite a entrada dos herdeiros ou não, pois na primeira hipótese não haverá dissolução da sociedade, a não ser que não interesse àqueles o ingresso na empresa;

d5) Liquidação forçada de quota: determinada judicialmente após requerimento de credor particular do sócio, a fim de que seja usado para o adimplemento desta obrigação (art. 1.026, parágrafo único, do CC).

A **dissolução parcial** pode dar-se na via judicial, extrajudicial ou mesmo de pleno direito. Para facilitar a visualização, acompanhe o quadro abaixo:

Hipótese	Via
Vontade de sócio	– **Extrajudicial**, se a sociedade é de prazo indeterminado e respeitada a antecedência de 60 dias – **Judicial**, provando-se a justa causa, se a sociedade é de prazo determinado
Exclusão de sócio	– **Extrajudicial**, para o sócio remisso – **Judicial**, se fundada na prática de atos graves ou incapacidade superveniente
Falência de sócio	– **De pleno direito**
Morte de sócio	– **Extrajudicial**, inexistindo conflitos entre os sócios supérstites e os herdeiros – **Judicial**, havendo lide a ser solucionada (ex.: recusa dos sócios em proceder à apuração de haveres)
Liquidação forçada de quota	– **De pleno direito**

O sócio excluído ou seus herdeiros têm direito de receber o equivalente ao **valor patrimonial** das quotas, que *é aquele proporcional ao patrimônio líquido da sociedade no momento da dissolução*, apurado em balanço levantado especialmente para esta finalidade (conhecido como **balanço de determinação**). Não se confunde com o **valor nominal** da quota, que é aquele estampado no contrato social, nem com seu **valor econômico**, estabelecido pelo mercado, correspondendo ao valor da operação de compra e venda da quota social em uma negociação livre. A esse procedimento dá-se o nome de **apuração de haveres**.

Apesar de estar saindo da sociedade, o sócio que tem sua quota liquidada por qualquer motivo continua responsável pelas dívidas sociais contraídas anteriormente à sua saída por dois anos após a averbação do ato na Junta Comercial. E continuará responsável também pelas dívidas contraídas posteriormente à sua saída e antes da averbação do ato, pelo mesmo prazo de dois anos, se saiu por vontade própria ou foi excluído judicial ou extrajudicialmente.

e) Dissolução total

Resta falar da **dissolução total** da sociedade contratual. Esta tem como efeito a **extinção da pessoa jurídica**, devendo seu patrimônio ser rateado proporcionalmente entre os sócios após o pagamento do passivo em procedimento judicial ou extrajudicial. Durante o processo, a sociedade pode praticar apenas os atos jurídicos relacionados à liquidação, havendo, desde então, restrições ao livre exercício da atividade. Para resguardar a boa-fé e proteger os terceiros que com ela contratem nesta etapa, é obrigatório o aditamento de seu nome empresarial para que passe a constar a expressão "em liquidação".

As hipóteses de dissolução total estão elencadas no art. 1.033 do CC e dispersas em outros dispositivos, podendo ser assim resumidas:

e1) Escoamento do prazo da sociedade por prazo determinado, a não ser que a atividade continue a ser exercida sem qualquer oposição, impondo sua prorrogação tácita por prazo indeterminado;

e2) Deliberação unânime dos sócios, na sociedade por prazo determinado;

e3) Deliberação da maioria absoluta dos sócios, na sociedade por prazo indeterminado;

e4) Unipessoalidade por mais de 180 dias, salvo se o sócio remanescente requerer, junto ao Registro Público de Empresas Mercantis, a transformação do registro em empresário individual ou em sociedade limitada unipessoal;

e5) Extinção da autorização para funcionar, quando exigida por lei;

e6) Encerramento do processo de falência;

e7) Anulação do ato constitutivo da sociedade, exclusivamente por decisão judicial provocada por qualquer sócio;

e8) Exaurimento ou inexequibilidade do objeto social, exclusivamente por decisão judicial provocada por qualquer sócio;

e9) Qualquer outra hipótese prevista no contrato social.

Fala-se ainda da **dissolução de fato** da sociedade, caracterizada pela *venda do ativo e posterior divisão do produto entre os sócios, sem o regular pagamento do passivo e ignorando-se o procedimento de liquidação previsto em lei*. Normalmente, é seguida pelo abandono do estabelecimento comercial, situação comumente conhecida como "golpe na praça". Essa conduta é qualificada pela lei como **ato de falência** (art. 94, III, "f", da Lei 11.101/2005), impondo a decretação da quebra da empresa e eventual **crime falimentar** (art. 168 do mesmo diploma). Outrossim, responderão os sócios, independentemente do tipo societário, solidária e ilimitadamente pelas obrigações sociais diante da irregularidade de seus atos.

2.5.3. Sociedade em nome coletivo

Tipo societário contratual em que *os sócios possuem, **todos**, responsabilidade ilimitada pelas dívidas societárias*. Sem alterar essa premissa, os sócios podem dividir entre si as responsabilidades através de cláusula específica no contrato social.

Trata-se, necessariamente, de sociedade "de pessoas", sendo vedado o ingresso de terceiro estranho ao quadro social sem anuência dos sócios.

Apenas pessoas físicas podem ser sócias em nome coletivo, competindo a administração da sociedade obrigatoriamente a um, alguns ou todos os sócios. Não se permite a nomeação de administrador não sócio.

As causas de dissolução são as mesmas da sociedade simples, com uma única diferença: não se permite a liquidação forçada da quota de sócio por credor particular deste sem que antes se promova a **dissolução total** da sociedade (exatamente por se caracterizar como sociedade "de pessoas").

Nos demais aspectos, a sociedade em nome coletivo rege-se supletivamente pelas normas da sociedade simples.

2.5.4. Sociedade em comandita simples

Compõe, juntamente com a sociedade em conta de participação e com a sociedade em nome coletivo, o que a doutrina convencionou chamar de **sociedades contratuais menores**, diante de sua pouca expressividade prática.

A sociedade em comandita simples caracteriza-se pela *existência de duas classes de sócios: os comanditados e os comanditários*. Os primeiros, comanditados, são os únicos a quem podem ser conferidos os poderes de administração. Em contrapartida, responderão ilimitadamente pelas dívidas da empresa (sempre resguardado o benefício de ordem).

De outro lado, os comanditários não podem ser administradores e têm sua responsabilidade limitada ao valor de suas quotas. Cabe ao contrato social designar quem pertence a cada classe.

Considerando que apenas pessoas físicas podem ter responsabilidade ilimitada, conclui-se que **os sócios comanditados serão sempre pessoas físicas**. Nada obsta que pessoas jurídicas participem da comandita como sócias comanditárias.

Conforme já visto, somente os sócios comanditados podem emprestar seu nome civil para compor o nome empresarial. Caso sócio comanditário figure no nome, será tratado como se comanditado fosse, ou seja, arcará ilimitadamente com o passivo social até que seu nome civil seja retirado.

As diferenças entre as classes de sócios influenciam também a questão da sucessão: falecendo sócio comanditado, deve operar-se a dissolução parcial da sociedade, salvo se o contrato expressamente autorizar a entrada dos sucessores; já com o falecimento de sócio comanditário, a lógica se inverte: não haverá dissolução, integrando-se os herdeiros ao quadro social.

Há interessante regra para a unipessoalidade incidental na comandita: será extinta a sociedade se, no mesmo prazo de 180 dias, **faltar qualquer das categorias de sócio**. Perceba que pode haver uma dezena de sócios comanditados, mas, se falecer o único sócio comanditário, esta categoria deverá ser recomposta no prazo legal, sob pena de extinção.

Nas omissões da lei, a sociedade em comandita simples seguirá as regras da sociedade em nome coletivo, a qual, por sua vez, vale-se supletivamente daquilo estabelecido para a sociedade simples.

2.5.5. Sociedade limitada

a) Noções gerais

É a sociedade contratual mais comum nos dias de hoje, por impedir a extensão da responsabilidade pelas dívidas empresariais sobre o patrimônio dos sócios sem obrigá-los a curvar-se à larga burocracia das sociedades por ações. Conceitua-se como *a sociedade na qual o(s) sócio(s) tem(têm) sua responsabilidade limitada ao valor de suas quotas, mas todos respondem solidariamente pela integralização do capital social*, caso a sociedade limitada seja composta por duas ou mais pessoas.

A ressalva é relevante na medida em que a sociedade limitada constitui exceção em nosso ordenamento jurídico, sendo o único tipo societário autorizado a ser constituído por uma única pessoa (art. 1.052, parágrafo único, do CC).

O capital social, como em qualquer sociedade contratual, é dividido em **quotas** (ou cotas), que podem ser todas do mesmo valor ou não (o que é bastante incomum na prática) e são divididas entre os sócios no momento da criação da sociedade. Diz-se que, com a assinatura do ato constitutivo, os sócios **subscrevem** o capital social na proporção ajustada.

Deve seguir à subscrição o repasse de bens, dinheiro ou créditos dos sócios para a sociedade, fazendo nascer o patrimônio desta, já distinto do patrimônio pessoal dos contratantes. Esse ato denomina-se **integralização do capital social** e é o marco divisor da responsabilidade pessoal dos sócios, pois, nos termos da lei, estes respondem apenas **pelo capital subscrito e não integralizado de forma solidária**.

Acompanhe este exemplo prático: Alberto, Bruno e Carlos resolvem constituir uma sociedade limitada. Para tanto, estabelecem, no contrato social, que o capital é de R$ 100.000,00 dividido em quotas iguais de R$ 1.000,00 cada uma. No ato, Alberto **subscreve** 50 quotas (total de R$ 50.000,00 do capital social), Bruno **subscreve** 30 quotas (total de R$ 30.000,00 do capital) e Carlos **subscreve** 20 quotas (total de R$ 20.000,00 do capital).

Ato contínuo, Alberto **integraliza** sua parcela do capital transferindo para a pessoa jurídica a propriedade de um terreno no valor de R$ 50.000,00. Bruno **integraliza** sua parte em dinheiro, aplicando R$ 30.000,00 num fundo de investimentos em nome da sociedade. Carlos, por sua vez, informa aos demais que não detém no momento recursos financeiros bastantes para **integralizar** sua parte, deixando acertado que o fará dentro de um ano.

Assim, a empresa começa a funcionar e, naturalmente, contrairá dívidas. Se o patrimônio social não for suficiente para saldá-las, poderão os sócios ser alcançados **no limite do capital subscrito e não integralizado**, ou seja, até o montante de R$ 20.000,00, que é a parte de Carlos. Essa responsabilidade

é **solidária**, respondendo todos os sócios pelos R$ 20.000,00, e também **limitada**, pois qualquer centavo acima deste valor não poderá ser cobrado nem mesmo dos sócios, devendo o credor arcar com o prejuízo.

Perceba, então, que, com a total **integralização** do capital social, nada mais poderá ser cobrado dos sócios. Ressalvadas as hipóteses de desconsideração da personalidade jurídica, restando débitos mesmo após a venda de todo o ativo na dissolução total da sociedade, os credores nada poderão exigir.

Frise-se que, no nosso exemplo, o sócio que eventualmente quitar a dívida no lugar de Carlos (o **sócio remisso**), terá direito de regresso contra este.

Por conta dessa sistemática, é vedada a participação de **sócio de indústria** (art. 1.055, § 2º, do CC), uma vez que é inviável a limitação de sua responsabilidade por este não contribuir com patrimônio para o capital social. Afinal, o sócio de indústria está sempre integralizando sua parte na sociedade enquanto presta os serviços a que se propôs.

Inexistindo disposição contratual expressa, a limitada é considerada sociedade "de pessoas". Pode ser administrada por sócio ou terceiro designado (que deve ser pessoa física – Enunciado 66 JDC/CJF), ambos no próprio contrato social ou através de instrumento separado que deve ser levado a registro.

b) Normas supletivas

Inovou o CC ao permitir aos sócios optar pela legislação que queiram aplicar supletivamente às sociedades limitadas. Caso o contrato social seja silente a respeito, aplicar-se-ão as normas da sociedade simples. Todavia, podem os sócios estabelecer expressamente que a sociedade limitada em questão será regida supletivamente pela **Lei das Sociedades por Ações (LSA – Lei 6.404/1976)**.

Cumpre sublinhar que as duas legislações não se excluem automaticamente: não são os sócios obrigados a adotar apenas uma ou outra regulamentação supletiva. Pode o contrato social elencar individualmente os pontos em que se valerá da LSA, deixando os demais assuntos para o ordenamento da sociedade simples (Enunciado 223 JDC/CJF).

c) Deliberações dos sócios

Existem duas formas dos sócios tomarem as decisões sobre questões relevantes atinentes à sociedade: a **assembleia** e a **reunião.** A forma deve estar fixada no contrato social.

A primeira, assembleia, é extensamente regulamentada pelo CC, devendo ser observada uma série de formalidades sob pena de nulidade na deliberação, tais como: publicação do ato convocatório por três vezes no Diário Oficial e em jornal de grande circulação, disponibilização prévia dos documentos relativos à prestação de contas dos administradores, registro da ata na Junta Comercial, entre outras.

A assembleia será a forma de deliberação **obrigatória** para as limitadas com *mais de 10 sócios*.

Sendo assim, para as sociedades que podem optar, há a possibilidade das deliberações serem tomadas em reunião. A principal diferença desta para a assembleia é o fato dos sócios serem livres para dispor sobre suas regras no contrato social. A reunião se dará segundo as formalidades estabelecidas pelos sócios.

Ocorre que, para tanto, os sócios devem estabelecer expressamente a reunião como forma de deliberação e, *mais ainda*, devem elencar **todas** as regras que serão seguidas para as tomadas de decisões. Isso porque, considerando que o art. 1.079 do CC determina a aplicação das normas relativas à assembleia supletivamente para a reunião quando o contrato for omisso, a ausência de explicitação daquilo que os sócios queiram que seja diferente, ou menos burocrático, cairá por terra e eles serão obrigados a agir conforme manda a lei para a assembleia. Exemplo: se os sócios querem que a convocação para a reunião seja dada por telefone, isso deverá estar disposto no contrato. Caso negativo, terão de publicar a convocação no Diário Oficial e em jornal de grande circulação.

Desde a edição da Lei nº 14.030/2020, estão autorizadas as assembleias e reuniões em meio digital (videoconferência) e também o voto à distância pelo sócio (art. 1.080-A do CC).

d) *Quorum* de votação

Em regra, as decisões são tomadas em reunião ou assembleia com base em maioria simples, ou seja, pela maioria de votos dos *presentes*, sendo o valor de cada voto proporcional à participação no capital social.

Havendo empate, urge avaliar quais as regras de aplicação supletiva estabelecidas para a limitada na hipótese do contrato social nada dispor sobre o assunto. Sendo as da sociedade simples, já vimos que se calcula o desempate por sócio votante, todos com igual valor (voto por cabeça); persistindo o empate, devem recorrer ao Poder Judiciário. Se forem aplicadas as regras da LSA, esta determina, no art. 129, § 2º, que nova assembleia (ou reunião) seja realizada no prazo mínimo de dois meses para discutir apenas a matéria da divergência. Persistindo o empate, submete-se o caso ao juiz.

Sem prejuízo, a lei estabelece alguns assuntos que demandam maioria qualificada para a aprovação: designação de administradores em ato separado, destituição dos administradores, remuneração dos administradores (quando não fixada do contrato social), modificação do contrato social, operações societárias (incorporação, fusão e dissolução da sociedade, além da cessação do estado de liquidação) e o pedido de recuperação judicial dependem da aprovação da maioria do capital social.

As decisões tomadas com base na lei ou no contrato social vinculam **todos** os sócios, inclusive os ausentes e eventuais dissidentes. Em contrapartida, decisões que afrontem a lei ou o contrato responsabilizam apenas aqueles que votaram favoravelmente a elas, de forma ilimitada, devendo os dissidentes fazer constar expressamente na ata sua contrariedade diante da postura da maioria, sob pena de serem igualmente responsabilizados pelos atos ilícitos praticados ou por eventuais danos causados a terceiros. Vemos aqui efeitos semelhantes ao da **desconsideração da personalidade jurídica**, razão pela qual não se cogita de sua decretação diante dos resultados práticos serem iguais (Enunciado 229 JDC/CJF).

Caso os sócios deliberem pela modificação do contrato, incorporação ou fusão da sociedade, o sócio dissidente terá *o direito de retirar-se da sociedade nos trintas dias subsequentes à assembleia ou reunião*, liquidando-se sua participação na sociedade conforme as regras da dissolução parcial. É o chamado **direito de recesso**.

e) Conselho Fiscal

É *órgão facultativo da sociedade limitada, que pode ser constituído para acompanhar e fiscalizar os trabalhos dos administradores e liquidantes da sociedade*. O Conselho Fiscal tem poderes para examinar os livros empresariais, convocar assembleia na omissão dos administradores e elaborar pareceres indicativos para as deliberações sociais.

Se constituído, será ocupado por três ou mais integrantes e seus respectivos suplentes, que podem ser sócios ou não, aplicando-se as mesmas limitações do acesso ao cargo de administrador. Outrossim, também não podem participar do Conselho Fiscal membros de outros órgãos da sociedade ou de outra por esta controlada, empregados de quaisquer delas, bem como cônjuges ou parentes até o terceiro grau destas pessoas.

Em consagração ao **princípio da defesa das minorias societárias**, os detentores de menos da metade do capital social têm o direito de eleger, separadamente, um dos membros do Conselho Fiscal.

f) Aumento e diminuição do capital social

O capital social, foi dito alhures, *é a base do patrimônio societário, seu próprio alicerce*, uma vez que consubstancia o investimento dos sócios na criação da sociedade empresária. É salutar que o tamanho do capital social corresponda ao vulto da atividade exercida, porque o capital social é garantia dos credores, dado que integra o patrimônio social.

Sendo assim, é natural que o capital social possa ser alterado ao longo da existência da sociedade. Para que seja aumentado, o único requisito é que ele já esteja *totalmente integralizado*. Os sócios terão direito de preferência na aquisição das novas quotas sociais.

Já sua diminuição é autorizada apenas se *houver perdas irreparáveis* ou *for excessivo em relação ao objeto social*.

Na primeira hipótese, que ocorrerá somente após a integralização do capital, os sócios suportarão as perdas mediante diminuição proporcional no valor das quotas. Na segunda, os sócios receberão de volta o valor excedente ou o terão descontado de eventuais dívidas existentes. Nesse caso, podem os credores quirografários contestar a decisão em até 90 dias, situação que *sobrestará a eficácia* da deliberação dos sócios até que seja realizado o pagamento ao credor.

Independentemente da motivação, a alteração do capital social implica alteração do contrato, devendo, portanto, ser levada a averbação.

g) Exclusão de sócio minoritário

Além das hipóteses de dissolução parcial da sociedade já estudadas no item 2.5.2, "d", plenamente aplicável às sociedades limitadas, o art. 1.085 do CC colaciona mais uma: a possibilidade dos sócios representantes da maioria do capital social *excluírem, extrajudicialmente, sócio que esteja pondo em risco a continuidade da empresa em virtude de atos de inegável gravidade*. Tais atos são aqueles contrários à lei ou ao contrato, como a ruptura do dever de fidelidade, negligência na defesa dos interesses sociais, uso da pessoa jurídica para a consecução de benefícios particulares em detrimento dos demais sócios, entre outros.

Para que seja imposta, a possibilidade de exclusão do minoritário por decisão assemblear deve estar prevista no contrato social, sendo-lhe sempre assegurada a ampla defesa em reunião ou assembleia convocada especialmente para esse fim, ficando esta dispensada se houver apenas dois sócios.

Havemos de ter cuidado para não confundir os institutos do art. 1.085, ora estudado, e do 1.030, que trata da exclusão *judicial* de sócio *majoritário*. Com efeito, o art. 1.030 é plenamente aplicável à sociedade limitada se esta tiver por regramento supletivo o da sociedade simples. Mas as possibilidades serão diversas: na hipótese do art. 1.030, a maioria *dos demais sócios* (votando por cabeça) podem deliberar pela exclusão *judicial* de qualquer sócio, inclusive majoritário; no art. 1.085, sócios detentores da *maioria do capital social* podem determinar, se assim previsto no contrato, a *exclusão extrajudicial* do sócio *minoritário*.

h) Dissolução

Aplicam-se irrestritamente à sociedade limitada as normas de dissolução parcial e dissolução total estudadas sobre a sociedade simples, independentemente da regência supletiva da LSA, em virtude da **natureza contratual** da limitada.

2.5.6. Transformação, incorporação, fusão e cisão das sociedades contratuais

Normalmente fundamentadas em razões econômicas, mercadológicas e de planejamento tributário, as **operações societárias** de transformação, incorporação, fusão e cisão são atos *tendentes a alterar a estrutura jurídica de uma ou mais empresas*, trazendo em seu bojo pontos relevantes concernentes aos direitos de terceiros e a responsabilidade dos sócios.

Transformação *é a alteração do tipo societário da pessoa jurídica*. A sociedade, por exemplo, pretende abrir seu quadro social para quaisquer interessados em investir no objeto da empresa, auxiliando a promover seu crescimento. Optam, então, por transformar a sociedade limitada existente em sociedade anônima, pulverizando o capital na Bolsa de Valores.

Para ser aprovada, a transformação depende de consentimento *unânime* dos sócios, exceto se outro *quorum* estiver previsto no contrato social. Nesse caso, eventual dissidente pode exercer seu direito de recesso.

A transformação em nenhuma hipótese acarretará prejuízo ou alteração na responsabilidade dos sócios diante dos credores já constituídos quando da operação. Falindo a sociedade, os credores anteriores à transformação poderão requerer junto ao juízo da quebra que a responsabilidade dos sócios siga o **tipo societário vigente na época da pactuação da dívida**, decisão judicial que somente beneficiará a esta espécie de credores.

Incorporação ocorre quando *uma ou mais sociedades (incorporadas) são absorvidas por outra (incorporadora), deixando de existir*. A empresa XY "engole" a empresa WZ, trazendo para seu próprio patrimônio toda a estrutura material e humana desta última, restando no mercado ao final da operação apenas a empresa XY.

A incorporadora sucederá a incorporada em todos os direitos e obrigações, sejam elas de âmbito civil, fiscal ou trabalhista.

A despeito de honrosos entendimentos em sentido contrário, não se exige que a empresa incorporadora seja de maior vulto e a incorporada menor, ou que a incorporadora seja lucrativa e a incorporada deficitária. Essa reorganização, chamada de **incorporação às avessas**, é importante instrumento de planejamento tributário em grupos empresariais e já está consolidada sua legalidade no âmbito administrativo (Câmara Superior de Recursos Fiscais, Recurso nº 107-137256, DJ 20/03/2006).

Temos **fusão** quando *duas ou mais empresas resolvem unir-se, criando uma empresa nova*. Ex.: a empresa XY resolve se fundir com a WZ para formarem a empresa AB, até então inexistente. Difere, portanto, da incorporação porque nesta uma das empresas envolvidas segue no mercado. Na fusão, as empresas fusionadas são extintas, deixando a empresa nova como sucessora nos direitos e obrigações de todas elas.

Na **cisão**, uma sociedade *transfere seu patrimônio para uma ou várias outras, já existentes ou criadas com esse patrimônio transferido*. A cisão pode ser **total** ou **parcial**: na cisão total, extingue-se a empresa cindida porque todo seu patrimônio foi transferido para outras; na cisão parcial, a empresa cindida continua operando com o patrimônio que lhe restou. Ex.: haverá cisão total quando a empresa AB dividir seu patrimônio de forma a criar as empresas XY e WZ.

As empresas resultantes da cisão, ou aquelas já existentes que recebem o patrimônio da cindida, sucederão esta nos direitos e obrigações na proporção do patrimônio que receberam.

É importante ressaltar que o CC estabelece as regras apenas para a reorganização societária das sociedades contratuais. Para as sociedades por ações, devemos aplicar as disposições da LSA. Note-se, todavia, que o CC não traça as normas aplicáveis à cisão, razão pela qual buscamos a LSA por analogia, integração a ser realizada sempre que o CC for omisso na matéria. Já o inverso não se concebe (aplicação analógica do CC para as sociedades por ações), diante da especificidade da LSA (Enunciados nº 70 e 231 JDC/CJF).

Em qualquer das operações, o credor que já ostentava esta condição e se sentir prejudicado com o ato, pode pedir a anulação deste no prazo *decadencial* de 90 dias, provando o prejuízo. Caso deseje, a nova pessoa jurídica pode consignar o pagamento a fim de extinguir a ação.

Se, por outro lado, no mesmo prazo de 90 dias contados da operação societária, ocorrer a falência da incorporadora ou da nova sociedade resultante da fusão ou da cisão, qualquer credor anterior poderá pedir a separação dos patrimônios, para que cada dívida seja arcada pela respectiva massa.

2.6. Sociedades personificadas institucionais (ou estatutárias)

2.6.1. Linhas gerais

Sociedades institucionais ou estatutárias são aquelas *cujo ato constitutivo é o estatuto social, conjunto de normas estabelecidas pelos fundadores ao qual os novos sócios aderem tão logo sejam integrados à sociedade*.

Seu capital social não é divido em quotas, mas em **ações**, o que torna as sociedades institucionais sempre sociedades "de capital". Isso porque a principal característica da ação é sua **negociabilidade**, podendo ser livremente alienadas. Tudo por uma só razão: o que as sociedades institucionais pretendem é a captação de investidores no mercado que acreditem no sucesso da empresa. Logo, a personalidade e habilidades individuais de cada sócio pouco importam, bastando que ingressem com o capital representado pelas ações que titularizem. A administração da sociedade fica a cargo da Diretoria e do Conselho de Administração, estudados adiante, cujos membros são indicados pelos sócios controladores.

A sociedade por ações é *sempre* empresária por força de lei, não se questionando sobre seu objeto (art. 982, parágrafo único, do CC).

2.6.2. Sociedade em comandita por ações

Trata-se de sociedade institucional na qual, diferentemente das sociedades anônimas, os diretores possuem responsabilidade ilimitada pelas obrigações sociais. Por conta disso, apenas eles podem figurar no nome empresarial, sob pena de quem nele aparecer ser tratado como se administrador fosse, tal qual na comandita simples.

Ademais, deliberações assembleares tendentes a mudar o objeto essencial da sociedade, prorrogar seu prazo de duração, reduzir o capital social e criar debêntures ou partes beneficiárias depende de anuência dos administradores.

Os diretores devem ser nomeados no próprio estatuto social e exercerão o cargo sem limite de tempo, podendo ser destituídos por votação de sócios que representem, no mínimo, **2/3 do capital social**. Ainda assim, o ex-diretor continuará pessoalmente responsável pelas obrigações contraídas durante sua gestão pelo prazo de **02 anos**.

No mais, a comandita por ações segue todas as regras estudadas a seguir para a sociedade anônima, com as exceções arroladas abaixo:

a) Responsabilidade dos administradores, já comentada, inexistente nas sociedades por ações;

b) Os administradores obrigatoriamente são acionistas na comandita;

c) Possibilidade de adoção de firma ou denominação como nome empresarial, enquanto que a S.A. gira exclusivamente sob denominação;

d) Inexistência de Conselho de Administração na comandita por ações;

e) Proibição de cláusula autorizativa de aumento do capital social;

f) Proibição de emissão de bônus de subscrição.

2.6.3. Sociedade anônima

Também chamada de **companhia**, a sociedade anônima *é espécie de sociedade institucional, cujo capital está dividido em ações e a responsabilidade dos sócios é limitada à subscrição destas.*

Seu regime jurídico não se encontra no CC, sendo que o próprio estabelece que as sociedades anônimas serão regulamentadas em lei especial. E andou bem ao fazê-lo, pois o vulto das atividades exercidas pelas companhias, bem como a especificidade de suas obrigações societárias e tributárias, não condizem com o regramento de uma lei geral como o CC.

A lei em questão é a Lei 6.404/1976 (LSA), com sucessivas alterações.

Dissemos anteriormente, e ora reiteramos, que a sociedade anônima é empresária por força de lei e deverá adotar, obrigatoriamente, **denominação** como nome empresarial. Lembramos que o fato de girar sob denominação não proíbe a companhia de utilizar nome civil de *sócio fundador ou daquele que contribuiu de forma decisiva para o sucesso da empresa sem que isso desnature a natureza jurídica de denominação do nome.*

Cabe ao estatuto social indicar, com precisão, o objeto social da companhia, sendo permitido que este se restrinja à participação societária em outras empresas. É o que conhecemos na prática como *holding*. Tal situação (a participação em outras sociedades), ainda que não prevista expressamente no estatuto, é sempre permitida para a realização do objeto estatuído ou para a obtenção de benefícios fiscais (instrumento de planejamento tributário).

a) Responsabilidade dos sócios

A sociedade anônima tem como característica estruturante *a responsabilidade dos sócios limitada à integralização das ações subscritas*. Isso significa que o sócio responde exclusivamente pelo valor das ações que se comprometeu a adquirir. Uma vez pago, nenhuma dívida social ou de outro sócio poderá atingi-lo.

Este é um aspecto importante, pois é o que diferencia os sócios da companhia daqueles que estabelecem uma sociedade limitada. Nesta última, todos os sócios respondem solidariamente pela integralização do capital, tendo apenas direito de regresso contra o remisso. Na S.A., cada sócio responde exclusivamente pela integralização de suas ações e nada mais, o que o transforma, sob certo prisma, mais em investidor do que em sócio, considerando que não tem nenhuma relação ou responsabilidade pelos atos de seus pares.

b) Classificação das companhias

Nos termos do art. 4º da LSA, as sociedades anônimas podem ser **abertas** ou **fechadas**.

Companhia aberta é aquela que está *autorizada a negociar seus valores mobiliários (ações, debêntures, bônus de subscrição etc.) no mercado a eles dedicado*. **Companhia fechada**, por conseguinte, é aquela *cujos valores mobiliários não estão admitidos a transitar pelo mercado*. Perceba que não é a *efetiva negociação* de seus papéis que dita a classificação da S.A., mas o fato da negociação *ser ou não admitida*.

É claro que a tendência da sociedade aberta, após cumprir todos os requisitos e burocracias necessárias para obter a autorização, é pulverizar seu capital junto a investidores, ao passo que, na companhia fechada, dada a inexistência da autorização governamental, suas ações estarão sempre nas mãos dos sócios fundadores, sendo transmitidas por contratos particulares de compra e venda. Ressaltamos apenas que não é esse o critério legal de classificação.

Essa distinção traz importantes consequências, dado que companhias abertas e fechadas têm tratamento distinto na LSA em diversos pontos distribuídos pelo texto legal. Ademais, a diferença é estrutural. A sociedade anônima aberta tem perfil ostensivamente *institucional*, tendo papel importante na economia nacional diante da captação de recursos junto à poupança popular e pelo constante controle estatal existente sobre elas. As fechadas, por seu turno, resguardadas as diferenças jurídicas já estudadas, aproximam-se das sociedades contratuais, pois a ausência de autorização para negociar seus valores mobiliários no mercado impõe uma relação mais estreita entre os sócios, baseada na mútua confiança. Não estamos falando de outra coisa que não a *affectio societatis*.

Mas não descuidemos: tanto a companhia aberta quanto a fechada, a despeito do agora exposto, são conceituadas e classificadas como *sociedades institucionais*.

A autorização necessária para as sociedades anônimas abertas negociarem seu capital e outros papéis na Bolsa de Valores deve ser requerida junto à Comissão de Valores Mobiliários – CVM, autarquia federal criada pela Lei 6.385/1976 com o objetivo de regulamentar e supervisionar o mercado de capitais segundo as diretrizes estabelecidas pelo Banco Central e pelo Conselho Monetário Nacional – CMN. A ideia matriz de sua criação é a proteção do investidor e do próprio mercado financeiro contra práticas abusivas dos controladores das companhias. Reconhece-se nisto, inclusive, a natureza de direito metaindividual, sendo possível o manejo de ação civil pública para a remediação de eventuais atos ilícitos que ofendam o interesse coletivo dos investidores (Lei 7.913/1989).

c) Constituição da companhia

O procedimento de constituição de uma sociedade anônima é escalonado, comportando *três fases*:

c1) Requisitos preliminares: previstos nos arts. 80 e 81 da LSA, são obrigatórios tanto para as companhias abertas quanto para as fechadas. Envolvem a *subscrição por, pelo menos, duas pessoas de todas as ações que compõem o capital social; a realização imediata em dinheiro de no mínimo 10% do capital social; e o depósito no Banco do Brasil ou qualquer outra instituição financeira autorizada pela CVM desta parcela de dinheiro integralizada.*

c2) Constituição propriamente dita: a depender se tratamos de uma S.A. aberta ou fechada, esta etapa segue caminhos diametralmente opostos.

Nas companhias abertas, temos a chamada **constituição continuada (ou sucessiva)** em virtude de também ser subdividida em atos escalonados. Configura um procedimento voltado para a lisura da subscrição pública do capital, própria desta modalidade de sociedade por ações.

Inicia-se com o *registro prévio* da companhia em organização na CVM e com a contratação obrigatória de instituição financeira como intermediária; autorizada pela autarquia a emissão pública de ações, serão estas *oferecidas ao público*, que devem subscrevê-las junto à instituição financeira intermediária; por fim, com a subscrição de todo o capital social, devem os fundadores convocar a *assembleia constituinte*, onde os sócios deliberarão e aprovarão o estatuto social por maioria do capital e elegerão os membros do Conselho de Administração e do Conselho Fiscal.

As companhias fechadas operam sua constituição de forma mais simples, denominada **constituição simultânea**, tendo em vista que a subscrição de todo o capital social é particular, restrita aos sócios fundadores. Eles podem fazê-la através de assembleia geral ou por escritura pública. Num ou noutro caso, o projeto de estatuto aprovado ou a escritura pública, respectivamente, devem ser assinados por todos os sócios.

c3) Providências complementares: da mesma forma que os requisitos preliminares, estas providências são comuns a ambos os tipos de S.A. Traduzem-se no *registro do estatuto social mediante arquivamento na Junta Comercial* e, se o caso, a *transferência dos bens imóveis que o subscritor tenha entregado para formação do capital social.*

d) Valores mobiliários

Sabemos que a companhia aberta está autorizada a emitir valores mobiliários e negociá-los no mercado de capitais. Mas o que se entende por valores mobiliários?

São títulos representativos de investimentos financeiros relacionados à sociedade anônima emissora, que utiliza a receita proveniente de sua negociação para a consecução de seu objeto social. Já o investidor busca, com a compra do título, obter ganho financeiro sobre o valor investido, recuperando um montante maior do que pagou.

Os títulos são negociados no **Mercado de Valores Mobiliários (MVM)**, também conhecido como **mercado de capitais**, que, conforme ensina Waldo Fazzio Júnior, é *"um complexo operacional que compatibiliza os interesses de aplicadores de recursos e tomadores, de forma direta ou por meio de intermediários"* (**in** "Direito Comercial", São Paulo: Atlas, 2009, p. 187).

O MVM é composto, basicamente, de duas instituições jurídicas: a **bolsa de valores** e o **mercado de balcão**. A primeira, constituída como associação civil de diversas corretoras de valores, é supervisionada pela Comissão de Valores Mobiliários (CVM) e tem por objetivo propiciar às companhias e aos investidores um ambiente livre e aberto para a negociação de seus papéis. Opera, portanto, o **mercado secundário de valores**, porque esses já foram postos em circulação anteriormente.

Já o **mercado de balcão** é *"o conjunto de operações praticadas fora de Bolsa, por meio de instituição financeira habilitada para atuar no mercado de capitais ou por seus agentes autônomos. (...) É a negociação direta de valores mobiliários, sem mediação da Bolsa."* (*ibidem*, p. 189). Agentes autônomos do mercado de capitais são as corretoras de valores. O mercado de balcão, logo vê-se, opera nos **mercados primário e secundário**, porque a **emissão inicial de valores** (mercado primário) deve ser feita através de instituições financeiras autorizadas, podendo também realizar transações de compra e venda de títulos posteriormente à sua emissão (mercado secundário).

Existem diversos valores mobiliários que podem ser emitidos pelas companhias. Estudaremos apenas os cinco de maior importância.

d1) Ações

São parcelas representativas do capital social da empresa. Ao adquirir uma ação, a pessoa física ou jurídica torna-se *sócio* da companhia.

O valor da ação pode ser expresso de diversas maneiras. O estatuto social pode dar-lhes um **valor nominal**, que nada mais é do que o *quociente da divisão do capital social pelo número de ações emitidas.* Ele não é obrigatório, mas, se constar do estatuto o **preço de emissão** da ação, *que é o valor pago por quem a subscreve*, não poderá ser inferior a ele. Fala-se, ainda, em **valor patrimonial**, que *representa a participação efetiva do acionista junto ao patrimônio líquido da empresa*, constituindo o valor a que este tem direito na liquidação da sociedade; e **valor de negociação**, que é *aquele obtido pelo acionista quando transfere suas ações para um comprador interessado.*

As ações podem, ainda, ser categorizadas pela companhia: **ações ordinárias** são aquelas que *garantem ao acionista os direitos comuns de qualquer sócio*, como o voto em assembleia e a participação nos lucros e nas perdas, sem qualquer limitação ou restrição; **ações preferenciais, que** garantem ao seu titular *certas vantagens, como a prioridade na distribuição dos lucros ou no reembolso do capital*, porém podem trazer restrições a direitos, inclusive o de voto. É obrigatória a emissão de ações ordinárias pela companhia e as preferenciais sem direito a voto não podem ultrapassar 50% do total das ações emitidas; e **ações de fruição**, assim consideradas aquelas que já foram amortizadas pela companhia para o acionista, devolvendo-lhe o valor de seu investimento conforme aquilo que teria direito em caso de liquidação da companhia. Devem ser autorizadas pelo estatuto por ou assembleia-geral extraordinária.

d2) Debêntures

São valores mobiliários que garantem ao seu titular um direito de crédito de médio ou longo prazo contra a companhia pelo valor e nas condições estabelecidas na escritura de emissão (taxa de juros, prazo para resgate, conversibilidade em ações etc.).

Em outras palavras, a debênture representa um empréstimo de numerário para a S.A. Necessitando esta captar valores no mercado, em vez de emitir ações e, assim, expandir seu capital e quadro social, a companhia pode valer-se da debênture, oferecendo-a àqueles que se interessarem pelo retorno financeiro deste empréstimo.

Por se assemelhar bastante ao contrato de mútuo, o debenturista, figurando como o mutuante, quem empresta o dinheiro, poderá ver seu crédito garantido por bens pertencentes ao ativo da sociedade ou não. Normalmente, quanto maior a segurança do negócio, atrelando-o a garantias reais, menor o retorno financeiro; por outro lado, quanto maior o risco, pela ausência de garantias, maior a taxa de juros e o ganho do debenturista.

Com isso em vista, a LSA prevê quatro espécies de debêntures: **com garantia real**, cujo pagamento está vinculado a um bem dado em garantia real (ex.: imóvel hipotecado em nome do debenturista); **com garantia flutuante**, quando o debenturista tem preferência na liquidação do ativo da companhia, mas não pode impedir a alienação de qualquer parte deste patrimônio como operação normal da empresa; **quirografárias**, ou seja, sem qualquer garantia; **subquirografárias**, as quais, em caso de liquidação da companhia, serão pagas com preferência unicamente sobre os sócios.

d3) Bônus de subscrição

Garantem ao seu titular preferência na subscrição de novas ações quando estas forem emitidas pela companhia. Trata-se da aquisição de um direito de preferência normalmente oferecido em conjunto para aqueles que acabam de subscrever ações ou debêntures, conferindo-lhes uma vantagem adicional futura e fidelizando-os junto à sociedade como investidores.

d4) *Commercial paper*

São títulos representativos de empréstimos tomados pela companhia no curto prazo, sendo esta sua principal diferença em relação às debêntures. O *commercial paper* tem como prazo de resgate, no mínimo, 30 e, no máximo, 180 dias.

d5) Partes beneficiárias

Representa uma exceção na lista apresentada de valores mobiliários por ser *exclusivo* das sociedades anônimas fechadas. As partes beneficiárias *visam a conferir, ao seu titular, direito de crédito eventual sobre a participação nos lucros da empresa, limitado a 10% do lucro total.*

Note que o detentor da parte beneficiária *não* se torna sócio. Ele apenas tem direito de, havendo lucro contábil apurado pela companhia, participar dele na proporção estipulada no título mobiliário. O único direito privativo dos acionistas, além da distribuição do lucro, que acompanha a parte beneficiária é o de *fiscalizar* os atos dos administradores, exatamente para conferir efetividade à participação nos resultados.

São comumente utilizadas como remuneração por serviços prestados por sócios, pelos fundadores ou mesmo por terceiros, podendo o estatuto social prever sua conversibilidade em ações.

d6) Nota comercial

Trata-se de valor mobiliário no art. 2º, VI, da Lei nº 6.385/1976 e regulamentada pela Lei nº 14.195/2021. É promessa de pagamento que pode ser veiculada por qualquer companhia, **bem como por sociedades limitadas e cooperativas.** Nota-se, assim, que também se configura como título de crédito, vez que essas últimas não estão autorizadas a negociar no Mercado de Valores Mobiliários.

Pode ser emitido exclusivamente por meio escritural (eletrônico) e admitem a capitalização de juros, desde que expressa no título (arts. 45 a 51 da Lei nº 14.195/2021).

e) Direitos e deveres do acionista

Como sócio da companhia, ao subscrever ações desta a pessoa física ou jurídica recebe, *incontinenti*, um plexo de direitos e deveres relacionados a esta condição e, portanto, indissociáveis de sua relação com a S.A.

O principal **dever** do acionista é a integralização das ações subscritas. Se não o fizer no prazo ajustado, será constituído em mora *de pleno direito*, podendo a companhia, a sua escolha: promover ação de execução para cobrança do débito, somado aos juros e multa estabelecidos no estatuto (sendo que esta última não pode ser superior a 10% do valor devido), servindo o boletim de subscrição como título executivo extrajudicial; ou mandar vender as ações do subscritor em Bolsa de Valores, por conta e risco deste.

A rigor, a S.A. pode promover as duas diligências cumulativamente (art. 107, § 3º, da LSA).

Podemos lembrar, ainda, o dever de *votar no interesse da sociedade*, reputando a LSA como *abusivo* o voto tendente a causar dano à companhia ou a outros acionistas ou a obter vantagem indevida. O acionista que assim proceder estará sujeito à responsabilização pelos danos que seu voto vier a causar para a sociedade, ainda que não tenha saído vencedor.

Quanto aos **direitos** do acionista, podemos elencar como fundamentais: participação nos lucros da empresa; participação naquilo que restar do ativo da companhia após sua liquidação com o pagamento de todo o passivo, na proporção das ações que possuir; fiscalização dos atos dos administradores; preferência na subscrição de novas ações, de partes beneficiárias conversíveis em ações, debêntures conversíveis em ações e bônus de subscrição; retirada da sociedade (o chamado **direito de recesso**) em caso de aprovação de alterações do estatuto social com as quais não concorde, recebendo na retirada o *valor patrimonial* de suas ações.

Perceba que o direito de voto não pode ser elencado como um direito fundamental de todos os acionistas diante da existência das *ações preferenciais*, que podem limitar o exercício deste.

É importante destacar, também, a figura do **acionista controlador**. Trata-se *da pessoa física ou jurídica, ou grupo de pessoas vinculadas por acordo de voto, que é titular de direitos de sócio que lhe assegurem, de forma permanente, a maioria dos votos nas deliberações em assembleia e o poder de eleger a maioria dos administradores* (art. 116 da LSA). É imprescindível, para sua caracterização, que o acionista controlador utilize *efetivamente* seu poder para dirigir os negócios sociais.

A figura do acionista controlador *pode* advir do fato de estarmos falando do **acionista majoritário**, mas o controlador com este não se confunde, pois o que importa é a titularidade da maioria das ações *com direito a voto*. Mais ainda, o acionista controlador pode possuir apenas uma ação, de natureza simbólica, bastando que seja apoiado por outros sócios representantes da maioria do capital com direito de voto através de um **acordo de acionistas**, estudado a seguir.

O acionista controlador é responsável pelos danos que cause à companhia ou aos seus sócios por atos praticados com abuso de poder. O art. 117, § 1º, da LSA traz rol *exemplificativo* de atos considerados abusivos. É *indispensável* a prova do dano, porém não se perquire sobre a intenção subjetiva do controlador, caracterizando-se, portanto, a *responsabilidade objetiva* por seus atos (STJ, REsp 798264/SP, DJ 06/02/2007).

f) Acordo de acionistas

Conceitua-se como *um pacto celebrado entre dois ou mais acionistas que, uma vez registrado junto à sede companhia, obriga esta a respeitá-lo.*

Os acionistas são livres para ajustarem o que bem entenderem no cotidiano da atividade empresarial, estando tais relações protegidas pelas regras aplicáveis aos contratos em geral. Quando este acordo versar sobre *compra e venda de ações ou preferência na aquisição, exercício do direito de voto ou concessão ou alteração do poder de controle*, estaremos diante do **acordo de acionistas** referido pela LSA, que deve ser arquivado na sede da empresa e, a partir de então, vincula os atos dos signatários e da própria companhia. Em razão disso, em caso de pretensão judicial de execução de acordo de acionistas não respeitado pelas partes ou pela sociedade, esta deverá integrar o polo passivo da ação, porque terá de suportar os efeitos da decisão (STJ, REsp 784267/RJ, DJ 21/08/2007).

O acordo de acionistas é um contrato **plurilateral**, dado que congrega interesses convergentes na colaboração de todos os participantes, outorgando direitos e deveres a todos, bem como resta sempre aberto à adesão de novos signatários; e **parassocial**, pois devem respeito aos requisitos de validade dos contratos em geral e seguem o regime jurídico do Direito Civil, a despeito de seu objeto ser especificamente regulamentado pelo Direito Empresarial. Há, ainda, posicionamento jurisprudencial de que, em sociedades de economia mista (que necessariamente se revestem da forma de sociedade anônima), é ilegal a extinção de acordo de acionistas por decreto do Chefe do Poder Executivo, por ofensa ao contraditório e ao devido processo legal administrativo (STJ, RMS 18769/PR, DJ 02/12/2004).

Exemplo clássico da vinculação da sociedade após o registro do contrato em sua sede é aquele da estipulação de preferência de um sócio na compra de ações pertencentes a outro. Caso não se cumpra o acordo, sendo as ações vendidas a terceiro que não o titular da preferência, a companhia não poderá registrar a transferência das ações realizada ao arrepio do acordo de acionistas, sendo garantido ao prejudicado o manejo de ação judicial para execução específica da avença.

g) Órgãos da sociedade anônima

Para viabilizar a administração da empresa de grande vulto normalmente exercida pela companhia, a LSA prevê a criação de quatro órgãos voltados, cada um, para determinado aspecto do gerenciamento da atividade. Podem ser *obrigatórios*, como a assembleia-geral, ou *facultativos* em determinados casos, como o Conselho de Administração. Ademais, os órgãos previstos em lei não são os únicos possíveis de serem criados.

A sociedade pode, no seu interesse, criar outros tantos quanto repute necessário para auxiliar na direção dos negócios.

g1) Assembleia-geral

Órgão obrigatório e mais importante da companhia, constitui-se da *reunião de todos os sócios, com ou sem direito a voto, para deliberação e decisão de qualquer negócio relativo ao objeto da companhia ou de resoluções que julgarem convenientes à sua defesa e desenvolvimento.*

Como se vê, a LSA garante à assembleia-geral amplos poderes sobre a administração da companhia, podendo ela decidir sobre qualquer assunto de interesse desta. Outrossim, existem questões que somente podem ser discutidas e decididas pela assembleia-geral. Trata-se de **competência privativa**, prevista no art. 122 da LSA, sendo a única hipótese de delegação para os administradores o pedido urgente de autofalência ou recuperação judicial, mas sempre *ad referendum* da assembleia.

A competência para convocação será do Conselho de Administração, quando houver, ou dos diretores, devendo respeitar uma antecedência mínima de 08 dias nas companhias fechadas e 21 dias nas companhias abertas. As formalidades de convocação podem ser desconsideradas se todos os acionistas estiverem presentes.

Considera-se instalada a assembleia em primeira convocação se estiverem presentes representantes de, no mínimo, um quarto do capital social. Em segunda convocação, a assembleia ocorrerá com qualquer número de presentes. As votações, como regra, são tomadas por maioria simples de votos, sendo que cada ação ordinária dá direito a um voto. Além de outros artigos esparsos, a LSA exige *quorum* qualificado de maioria absoluta para a deliberação dos assuntos previstos no art. 136.

O acionista detentor de ações preferenciais sem direito a voto conserva intacto seu direito de participar da assembleia, podendo manifestar-se a qualquer momento (**direito de voz**).

A assembleia-geral pode reunir-se por duas razões: *anualmente e obrigatoriamente nos quatro primeiros meses seguintes ao término do exercício social* (que coincide com o ano civil), para discussão das demonstrações financeiras do ano anterior; destinação do lucro e pagamento de dividendos; eleição dos administradores e do Conselho Fiscal, se o caso; e aprovação de correção da expressão monetária do capital social. Trata-se da **assembleia-geral ordinária (AGO)**.

Ao seu lado, é possível a convocação de assembleia *a qualquer momento, para discussão de qualquer assunto que não seja privativo da AGO.* Hipótese esta na qual estaremos diante da **assembleia-geral extraordinária (AGE)**. Nada obsta que AGO e AGE sejam realizadas na mesma data, hora e local, bem como reduzidas a termo na mesma ata, a qual deverá indicar a natureza dúplice da reunião de sócios (**assembleia-geral ordinária e extraordinária – AGOE**).

Desde a edição da Lei nº 14.030/2020, estão autorizados a participação e o voto à distância pelo acionista, nos termos das normas regulamentadoras da CVM e do Poder Executivo Federal.

g2) Conselho de Administração

Como o nome sugere, compete ao Conselho de Administração, quando existir, fixar as diretrizes gerais da administração da companhia, manifestando-se sobre assuntos estratégicos e sobre atos ou contratos a serem firmados nos termos do estatuto, bem como eleger, destituir e fiscalizar o trabalho dos diretores. Com estes não se confundem na medida em que os membros do Conselho *não podem* representar a S.A. perante terceiros ou praticar atos concretos de gestão.

O Conselho de Administração é *obrigatório* nas companhias abertas e nas sociedades de economia mista. Nas companhias fechadas, ele é *facultativo*.

Caso seja criado pelo estatuto social, será composto de, no mínimo, três conselheiros, eleitos *dentre os acionistas* pela assembleia-geral e por ela destituíveis a qualquer tempo para um prazo máximo de 03 anos, permitida a reeleição. Nas companhias abertas, é obrigatória a participação de conselheiros independentes; além disso, é vedada a acumulação do cargo de presidente do Conselho de Administração com o cargo de diretor-presidente (ou equivalente ao principal executivo da companhia).

g3) Diretoria

Cabe aos diretores *a representação da companhia e a prática de quaisquer atos de gestão, conforme descritos no estatuto social.*

Haverá, no mínimo, um diretor, eleitos pelo Conselho de Administração ou, na sua falta, pela assembleia-geral para um mandato de 03 anos, permitida a reeleição, *podendo ser acionistas ou não.*

Até 1/3 dos membros do Conselho de Administração poderá atuar cumulativamente como diretor.

g4) Conselho Fiscal

É órgão obrigatório, *porém não necessariamente permanente*, em todas as sociedades anônimas, com a função de *fiscalizar os atos dos administradores (conselheiros e diretores), opinando sobre as contas prestadas por estes, sobre as demonstrações financeiras e outros assuntos a serem debatidos pela assembleia-geral.*

É composto por no mínimo 03 e no máximo 05 membros, acionistas ou não, eleitos pela assembleia-geral, para cumprir suas funções até a próxima AGO, quando poderão ser reeleitos. A função de membro do Conselho Fiscal é indelegável.

Aos membros dos três últimos órgãos listados (Conselho de Administração, Diretoria e Conselho Fiscal) são impostos os **deveres de diligência** (conduta prudente no desempenho das funções), **de lealdade** (atuação conforme os interesses da companhia e não pessoais) e **de informar** (publicidade dos atos na forma da lei ou do estatuto). Todos eles responderão pelos atos ou omissões que causarem prejuízo à companhia se tiverem agido com dolo ou culpa no exercício de suas atribuições.

h) Sociedade anônima de menor porte

A Lei Complementar nº 182/2021 inseriu os arts. 294-A e 294-B na LSA para prever condições facilitadas a sociedades anônimas de menor porte, assim considerada a companhia com receita bruta anual até R$500.000.000,00.

Em síntese, essas companhias estão autorizadas a funcionar sem o Conselho Fiscal a pedido dos acionistas; dispensadas da intermediação de instituição financeira em distribuições públicas de valores mobiliários; mitigação das obrigações decorrentes da distribuição de dividendos obrigatórios; e das obrigações decorrentes das publicações de seus atos sociais. As condições facilitadas são regulamentadas por ato da CVM.

2.6.4. *Dissolução da sociedade institucional*

Criando um regime jurídico próprio, a LSA determina que a extinção da sociedade institucional pode dar-se por três fundamentos: **de pleno direito, por decisão judicial ou por decisão de autoridade administrativa**. A fim de facilitar a exposição e a classificação de todas as hipóteses, acompanhe o quadro sinóptico abaixo.

Fundamento	Hipóteses
De pleno direito	– Término do prazo de duração – Quando expressamente previsto no estatuto – Deliberação da assembleia-geral – Unipessoalidade incidental, não restituída a pluralidade de acionistas até a AGO do ano seguinte – Extinção da autorização para funcionar – Incorporação, fusão ou cisão total
Por decisão judicial	– Anulação dos atos de constituição – Impossibilidade comprovada de alcançar seu objetivo social – Decretação da falência
Por decisão administrativa	– Nos casos e na forma previstas em leis especiais (ex.: falta de autorização para negociação de ações no mercado)

Qualquer que seja o fundamento da dissolução, a ela seguirá a **liquidação** da sociedade, *judicial ou extrajudicial*. Se extrajudicial, cabe à assembleia-geral decidir sobre o modo de condução da liquidação e nomeação do liquidante, *que terá os mesmos deveres e responsabilidades dos administradores.*

Realizado o pagamento de todo o passivo da companhia, restando bens em nome desta serão rateados entre os acionistas na proporção de seus haveres após aprovação da assembleia.

3. TÍTULOS DE CRÉDITO

3.1. Conceito

A lei civil define título de crédito como *o documento necessário para o exercício do direito literal e autônomo nele contido* (art. 887 do CC). Esclarecendo melhor, o título de crédito representa uma obrigação jurídica de cunho patrimonial assumida por alguém, sendo que o credor, a fim de exigir o cumprimento desta no vencimento, deve apresentar o título ao devedor.

Mais do que isso, o título de crédito, como regra, consubstancia a própria obrigação, caracterizando sua *abstração*. Exemplo: não importa por qual razão a pessoa possui um cheque assinado por terceiro em mãos, ela terá direito ao valor nele escrito quando da apresentação na instituição financeira. Uma vez colocado em circulação, sendo transmitido a terceiro, o título se desvincula da relação jurídica que lhe deu origem. Suponha que Alberto pague suas compras no açougue com um cheque e, posteriormente, o dono do açougue entregue o mesmo cheque para um de seus fornecedores, Benedito. Alberto terá de pagar o dinheiro representado no cheque a Benedito, mesmo nunca o tendo visto antes na vida. Credor e devedor se unem exclusivamente pelo título, por isso diz-se que este é *abstrato*.

Esta regra, todavia, pode ser limitada pelas partes, que expressamente vinculam a emissão do título de crédito a outra obrigação. Bastante comum a prática de constar discriminadamente no contrato que as parcelas serão pagas mediante a quitação das notas promissórias emitidas no mesmo ato pelo devedor. Nesse caso, desde que o credor não negocie o título de crédito, mantendo-o consigo, continua o signatário das promissórias autorizado a alegar a **exceção de contrato não cumprido**, por exemplo, e não honrar os valores representados pelos títulos.

O estudo dos títulos de crédito recebe o nome de **Direito Cambiário (ou Cambial)**.

3.2. Princípios do Direito Cambiário

3.2.1. Princípio da cartularidade (ou da incorporação)

É credor do título aquele que o detém concretamente, fisicamente, quem o tem em mãos. *Cártula* é o instrumento material, o papel, que corporifica o título de crédito. Como já descrito, para que se exija o pagamento deste, inclusive em juízo, é obrigatória a apresentação da cártula;

3.2.2. Princípio da literalidade

Pode ser exigido do devedor apenas o que constar, literalmente, no título de crédito, seja o valor, as condições de pagamento ou garantia ou o prazo de vencimento. Pactuando as partes esta ou aquela cláusula relevante para o adimplemento da obrigação, deve esta ser escrita na cártula, sob pena de mostrar-se inexigível no futuro;

3.2.3. Princípio da autonomia das relações cambiárias

O mesmo título de crédito pode representar uma série de obrigações, todas elas decorrentes da obrigação patrimonial original assumida pelo devedor, como o aval e o endosso. *A nulidade de uma obrigação cambial não implica a nulidade das outras obrigações constantes do título.* Cada relação estabelecida na cártula é autônoma e eventuais vícios existentes em uma delas não desobriga o devedor a honrar o pagamento junto àquele que validamente detém o título. Esse princípio decorre da *abstração* do título de crédito supramencionada e implica, por sua vez, em outra regra: a **inoponibilidade de exceções pessoais a terceiros de boa-fé.**

Exemplifica-se: Jorge compra um colar de Pedro, pois este lhe garantiu que ele era fabricado em ouro. Como pagamento, Jorge emite uma nota promissória em favor de Pedro constando que a pagaria dali a 15 dias. Neste ínterim, Pedro **endossa** a nota promissória a Carlos, transferindo-lhe o crédito que ela representa, em pagamento de uma dívida. Em paralelo, Jorge descobre que o colar não é de ouro, mas sim de metal menos nobre. Chegada a data do vencimento, Carlos vai até Jorge para exigir o dinheiro. Pode Jorge negar-se a pagar por conta de ter recebido a coisa com vício? *Não.* Carlos, o detentor da cártula, nada tem a ver com isso. É **terceiro de boa-fé**. Jorge não pode alegar contra ele um argumento que possui contra Pedro, pois se trata de uma **exceção pessoal**. Cabe a Jorge pagar o valor da nota promissória a Carlos e, posteriormente, cobrar de Pedro abatimento no preço ou mesmo o desfazimento do negócio.

Não nos esqueçamos, por outro lado, que o regime jurídico cambiário afasta a oposição apenas de **exceções pessoais**, que não se confundem com **vícios formais** do título, extrínsecos ou intrínsecos, como, por exemplo, a emissão de duplicata em caso não previsto em lei (STJ, REsp 774304/MT, DJ 05/10/2010).

3.3. Características dos títulos de crédito

Duas são as características intrínsecas a todo título de crédito: a **negociabilidade** e a **executividade**.

O título, por força de sua abstração, é, como regra, *livremente negociável*, ou seja, *o crédito que ele representa pode ser transmitido a terceiros por simples tradição ou através de endosso*. A própria existência dos títulos de crédito se fundamenta na facilidade de sua circulação, o que permite agilizar sobremaneira os negócios jurídicos em que ele se insere. O emissor não se vincula, já se disse, exclusivamente ao credor original da cártula, *mas a qualquer pessoa que validamente a possua na data do vencimento.*

Além disso, a materialização da dívida em título de crédito confere maior segurança jurídica ao credor, por serem, todos eles, **títulos executivos extrajudiciais** (art. 784, I, do NCPC), dispensando, assim, prévia ação de conhecimento para sua exigência em juízo. Diante dessa característica, assinala Waldo Fazzio Júnior que "os títulos de crédito (...) se destacam como tópico privilegiado no universo do direito econômico porque agraciados pelo sistema jurídico-positivo, simultaneamente, com regras materiais que implementam sua circulação segura e regras processuais que lhes outorgam a possibilidade de realização forçada pela via jurisdicional da execução" (*in* **Manual de Direito Comercial**, São Paulo: Atlas, 2009, p. 318).

Anote-se, ainda, que possui natureza jurídica de **coisa móvel**, com todas as implicações legais dessa classificação (pode ser objeto de furto, por exemplo).

3.4. Classificação dos títulos de crédito

3.4.1. Quanto à previsão legal

a) **Típicos (ou nominados)**: são aqueles *previstos em lei, a qual traz o regime jurídico aplicável ao título.* Todos os títulos de crédito conhecidos são típicos: cheque, nota promissória, letra de câmbio e duplicata são os principais, regulamentados pelas respectivas leis que os criaram;

b) **Atípicos (ou inominados):** o CC não veda a possibilidade de criação de outros títulos de crédito, desde que atendam aos requisitos nele expostos. Serão regulamentados pelo próprio CC, que também serve de regramento supletivo para os títulos de crédito típicos (art. 903).

3.4.2. Quanto à forma

a) **Vinculados**: *tanto os requisitos materiais (de conteúdo) quanto os formais (tamanho, disposição das informações) são estabelecidos pela lei.* É o caso do cheque e da duplicata;

b) **Não vinculados (ou de forma livre)**: *apenas os requisitos materiais estão previstos em lei.* Podem assumir qualquer forma, ou seja, serem representados em qualquer papel, de qualquer tamanho, bastando que expressem o conteúdo exigido pela norma. Entram aqui a nota promissória e a letra de câmbio.

3.4.3. Quanto à estrutura

a) **Ordem de pagamento**: existem *três* pessoas envolvidas na relação cambial original. O *sacador (ou emitente)* emite o título de crédito *determinando* que *sacado* pague ao *tomador (ou beneficiário)* determinada quantia. Não desnatura a ordem de pagamento o fato de sacador e tomador serem a mesma pessoa. É a estrutura da letra de câmbio, do cheque e da duplicata.

b) **Promessa de pagamento**: existem *duas* pessoas envolvidas na relação cambial original. O *sacador* emite o título *prometendo* pagar ao *tomador* determinada quantia. Aplica-se à nota promissória.

3.4.4. Quanto às hipóteses de emissão

a) **Causais**: *a lei autoriza sua emissão apenas em hipóteses específicas*. É o caso da duplicata, que somente pode ser emitida para representar compra e venda com pagamento a prazo ou prestação de serviços.

b) **Não causais (ou abstratos)**: *podem ser emitidos em qualquer situação*. Cheque, letra de câmbio e nota promissória são títulos não causais, pois estão autorizados a representar obrigações de qualquer natureza.

3.4.5. Quanto à circulação

a) **Ao portador**: *transmite-se com a simples tradição*, a entrega física da cártula a terceira pessoa. Caracteriza-se pela ausência de indicação do tomador. Atualmente, o único título autorizado a ser emitido "ao portador" é o cheque de valor inferior a R$ 100,00;

b) **Nominais "à ordem"**: *por indicar quem é seu beneficiário original*, caso este deseje transferir o crédito representado no título para terceiro deverá fazê-lo formalmente. Sua circulação está, destarte, *autorizada através da relação cambial conhecida por endosso*, que transmite ao novo credor todos os direitos relativos ao título. Estudaremos as regras aplicáveis ao endosso mais adiante;

c) **Nominais "não à ordem"**: *sua circulação não está autorizada*, ao menos não por relações cambiais. Quer o sacador evitar a circulação do título, mantendo-se vinculado apenas ao beneficiário original expressamente indicado. Trata-se de cláusula excepcional, pois afronta a própria natureza do título, e, portanto, deve estar expressa. Caso seja feito o endosso, este não será considerado como tal, mas sim **cessão civil de crédito**, ou seja, relação de Direito Civil e não de Direito Cambiário. Sua diferença para o endosso será analisada junto com este.

Afaste-se, desde já, antiga dúvida sobre a correta aplicação dos termos *nominal* e *nominativo*: título de crédito que indica o tomador é *nominal*; título *nominativo* é espécie de título nominal, em que a transferência de titularidade, para ser eficaz perante o emitente, depende de registro em livro empresarial próprio (ex.: certificado de ações).

3.5. Nascimento da obrigação cambial

Ao longo do tempo, surgiram duas teorias sobre o momento em que o título considera-se emitido e, portanto, válido. Segundo a **teoria da criação**, *considera-se emitido o título no momento da assinatura, sendo válido ainda que entre em circulação contra a vontade do sacador*.

Já para os adeptos da **teoria da emissão**, *considera-se emitido o título no momento de sua entrega voluntária e efetiva*

pelo sacador ao beneficiário. De nada vale, para esta teoria, estar o título completo e assinado sem que o seu emitente deliberadamente o ponha em circulação.

O CC adotou a teoria da criação, porém de forma abrandada. Lê-se *ipsis litteris* no art. 905, parágrafo único, a regra acima descrita caracterizadora de tal teoria. Não obstante, poderá o emitente recuperar o título das mãos de quem o detenha sem motivo justo (*abrandamento pela teoria da emissão*). Ocorre que, se terceira pessoa já está na posse do título e desconhece o vício de sua origem, evidenciando sua boa-fé, terá direito à quitação da cártula em seu favor, o que, mais uma vez, comprova a opção da Lei Civil pela teoria da criação.

3.6. Legislação aplicável aos títulos de crédito

A avaliação de quais normas vigem no País sobre os títulos de crédito é causa de antigas divergências doutrinárias e jurisprudenciais. Consolidando a posição majoritária extraída dos debates, e principalmente a pacificação do assunto pelo STF, temos o seguinte cenário: para o cheque, existe lei especial a ser observada (Lei 7.357/1985); para a duplicata, idem (Lei 5.474/1968 e Lei 13.775/2018); para a letra de câmbio e nota promissória, vigem entre nós as Convenções de Genebra Sobre Letra de Câmbio e Nota Promissória, também conhecidas como **Lei Uniforme** – LU, introduzidas no ordenamento pelos Decretos 57.595/1966 e 57.663/1966 *com reservas*, ou seja, *não aplicamos todos os itens do tratado internacional*; para os casos omissos relativos à letra de câmbio e à nota promissória, continua em vigor o Decreto 2.044/1908; havendo ainda casos omissos ou em complementação às regras dos demais títulos, recorremos ao CC, também regulador dos títulos de créditos atípicos.

3.7. Requisitos materiais gerais

Os títulos de crédito, para serem considerados como tais, necessitam apresentar em seu corpo determinadas informações obrigatórias. Neste diapasão, encontramos pontos cuja exigência é geral para todo e qualquer título e outros específicos para cada um. Dos gerais tratamos agora. Os específicos serão estudados posteriormente junto às regras afeitas a cada título.

Devem constar em toda cártula:

a) **Denominação do título**, seu nome (cheque, duplicata etc.) no corpo do texto e na mesma língua da redação do título;

b) **Assinatura do subscritor**, também chamado de *emitente* ou *sacador*;

c) **Identificação de quem deve pagar**, constando, além do nome, documento oficial de identificação pessoal (RG, CPF, título de eleitor ou carteira de trabalho);

d) **Indicação precisa do valor a ser pago**, em números ou por extenso;

e) **Data do vencimento**, cuja omissão implica vencimento à vista (no momento de sua apresentação para pagamento). Além dessa modalidade, o vencimento pode ser estipulado *a certo termo da vista* (ex.: o título vence em 15 dias a partir da sua apresentação ao sacado), *a certo termo da data* (ex.: o título vence em 15 dias contados da data do saque) ou *em data certa* (ex.: o título vence no dia 15 de março de 2011);

f) **Data da emissão;**

g) **Local da emissão e do pagamento**, na falta, considera-se o domicílio do emitente ou do sacado, dependendo do título.

Tais requisitos, a despeito de serem obrigatórios, não o são desde o nascimento do título. Não há obstáculo legal para que este seja emitido ou mesmo circule incompleto (faltando a data do vencimento ou o valor a ser pago, por exemplo). As exigências devem se fazer presentes apenas no momento de sua cobrança ou do protesto, cabendo ao possuidor do título preenchê-las de boa-fé (STF, Súmula 387).

O preenchimento indevido por parte de um dos possuidores não pode ser oposto contra aquele que adquiriu o título de boa-fé, por conta da regra da inoponibilidade das exceções pessoais. O obrigado deve pagar o título conforme as determinações nele escritas (**princípio da literalidade**) e voltar-se contra aquele que o preencheu em desacordo com o pacto inicial.

Lembre-se, em derradeiro, que o título é *autônomo* em relação à obrigação que lhe deu origem. Isto implica que a falta de requisito legal obrigatório irá retirar sua natureza de título de crédito, porém não implica nulidade do negócio original. A cártula *não é a própria obrigação, apenas a representa* (art. 888 do CC).

3.8. Títulos de crédito em espécie

3.8.1. Letra de câmbio

A letra de câmbio é o título de crédito por excelência, do qual se originaram todos os outros e o próprio estudo do Direito Cambiário (termo, aliás, derivado de *cambial*, sinônimo bastante utilizado de letra de câmbio). Isso porque sobre ela se aplicam todos os institutos de Direito Cambiário, sendo neste ponto a mais completa das cártulas. Assim, por questões didáticas, iniciamos por ela nossa incursão nas espécies de títulos de crédito, dado que seu estudo permite um conhecimento amplo do tema, autorizando que tratemos, quanto aos demais títulos, somente de suas especificidades em cada ato cambiário.

Letra de câmbio é título de crédito à ordem, que se cria através do **saque***, completando-se pelo* **aceite***, que se transfere por* **endosso** *e se garante por* **aval***.*

Trata-se, na estrutura, de uma *ordem de pagamento*. Com isso, sabemos que existem três pessoas envolvidas na relação cambial. Acompanhe o esquema gráfico abaixo:

Denomina-se *saque* o ato de constituição do título de crédito, o qual, segundo a **teoria da criação** por nós adotada, completa-se com a *assinatura* da cártula. *Sacador*, portanto, é quem emite a letra de câmbio.

Ele o faz porque tem uma dívida com alguém, chamado de *tomador*, o beneficiário do crédito. Porém, ele também tem um crédito com terceira pessoa. Logo, a fim de simplificar as relações obrigacionais existentes, o sacador emite uma *ordem de pagamento* para que seu devedor, o *sacado*, pague certo valor ao tomador. Chegada a data do vencimento, o tomador, *que detém a cártula*, leva-a ao sacado para cobrança. Assim,

tanto o sacador quita sua dívida com o tomador quanto o sacado extingue sua obrigação com o sacador (caso os valores sejam os mesmos).

Repise-se que sacador e tomador, ou mesmo sacador e sacado, *podem ser a mesma pessoa*, conforme o art. 3º da LU.

Resta apontar os requisitos específicos para a validade da letra de câmbio: o *termo "letra de câmbio"* no corpo do texto e na mesma língua da redação do título; *mandado puro e simples* de pagar determinada quantia, ou seja, a ordem de pagamento sem qualquer condição; a ausência de indicação do local do pagamento implica *domicílio do sacado*, indicando que, salvo disposição em contrário, a letra consubstancia *dívida quesível*; é *vedada* a emissão de letra de câmbio ao portador; a ausência de indicação do local de emissão da letra faz presumir que esta foi passada no *domicílio do sacador*.

Há, ainda, um outro efeito importante do saque: a vinculação do sacador como *coobrigado pelo pagamento do título*. Ao emitir a letra determinando que o sacado pague-a ao tomador, o sacador assume os riscos do sacado não fazê-lo, de forma justificada ou injustificada. Em qualquer das situações, o tomador poderá cobrar a dívida do próprio sacador, afinal existe entre eles uma relação jurídica obrigacional preexistente à própria letra de câmbio.

Entretanto, deve o tomador buscar o pagamento primeiramente com o sacado. Ele é o *devedor principal* do título. O sacador, e outros personagens que poderão ingressar depois na relação cambial, são classificados como *coobrigados*, detentores do benefício de ordem no momento do pagamento. Podem ser chamados a honrar a obrigação apenas se o devedor principal e seu avalista, caso existente, não o fizerem no vencimento do título.

a) Aceite

Aceite *é o ato cambiário que vincula o sacado como devedor principal da letra de câmbio.* A partir deste momento, ele passa a ser denominado **aceitante**.

Para tanto, deve o aceitante apor sua assinatura no anverso do título. O aceite pode ser dado no verso da cártula, mas nesse caso o ato deve ser identificado (a assinatura do aceitante deve vir precedida da palavra "aceito" ou qualquer outra com o mesmo sentido). Diante do **princípio da literalidade**, o aceite deve ser dado no próprio título, não se reconhecendo o ato praticado por instrumento separado.

O aceite é *irretratável*, mas não obrigatório. O sacado não é obrigado a aceitar a letra, ainda que realmente tenha uma dívida com o sacador. Em caso de recusa do aceite, opera-se o *vencimento antecipado* do título, devendo este ser *protestado por falta de aceite* até o primeiro dia útil seguinte para que o tomador possa acionar o sacador. Note que o vencimento antecipado faz letra morta do prazo de pagamento eventualmente constante na cambial e o protesto é *indispensável* para que o tomador tenha direito de cobrar os coobrigados.

Situação equivalente ocorre nas hipóteses de **aceite limitativo** (*o aceitante aceita apenas parte do valor expresso na letra*) ou **aceite modificativo** (*o aceitante aceita o valor total, mas impõe modificações nas condições de pagamento, como o prazo de vencimento*), ambas espécies do gênero **aceite parcial**. Totalmente lícita, esta modalidade vincula o aceitante nos exatos termos de seu ato, mas também opera o vencimento antecipado *de toda a dívida* para os coobrigados. Afinal, se o aceite foi apenas parcial, é certo dizer que houve também uma recusa.

Para evitar que os efeitos da falta de aceite (como o vencimento antecipado) voltem contra si, pode o sacador inserir na letra de câmbio a cláusula "não aceitável". Com ela, o tomador não deve levar o título para aceite pelo sacado, mas, se o fizer, a recusa não implicará vencimento antecipado da obrigação cambial. É importante frisar que a cláusula "não aceitável" *não desonera o sacador como coobrigado*, tão somente permite que ele seja cobrado no prazo de vencimento inicialmente pactuado. É proibida a inclusão da cláusula nas letras que vencem a certo termo da vista, já que nestas o prazo de vencimento começa a correr justamente do aceite.

A LU permite, outrossim, o **aceite domiciliado**, no qual o aceitante, caso o local de pagamento seja seu próprio domicílio, ao aceitar a letra, *indica outro domicílio para o adimplemento da obrigação*. A decorrência prática disso é a alteração da competência para a cobrança judicial da dívida não paga, pois esta se estabelece na praça de pagamento indicada na cártula.

Em qualquer das modalidades, ou mesmo recusando-se a aceitar, o sacado não pode reter consigo a letra de câmbio, dado que o tomador dela necessita para promover o protesto por falta de aceite e a ação cambial contra os coobrigados (**princípio da cartularidade**). Se o fizer, cabe ao tomador protestar o título **por falta de devolução**, indicando ao tabelião as características da cártula para que aquele lavre o ato (**protesto por indicação**). Parte da doutrina entende inútil essa modalidade de protesto, porque o título continuará indevidamente nas mãos do devedor. A despeito dessa opinião, reputamos válido o ato do tabelião porque, ainda assim, terá o condão de autorizar a cobrança judicial dos coobrigados pelo pagamento da cártula.

A letra deve ser apresentada para aceite em certo prazo, a depender da modalidade do vencimento: para letras vencíveis a certo termo da data ou em data certa, o título deve ser levado ao sacado *até o prazo do vencimento*; nos casos de vencimento à vista ou a certo termo da vista, *em até um ano contado da data do saque*. Prazo diverso, contudo, pode ser estipulado pelo sacador. Em qualquer das situações, o desrespeito ao prazo de apresentação gera a perda do direito de cobrança em relação aos coobrigados.

Apresentada a letra, o sacado tem direito de exigir *que ela lhe seja reapresentada novamente em 24 horas*, dando a si mesmo tempo para ponderar sobre a conveniência de exarar ou não seu aceite. É o que a doutrina chama de **prazo de respiro**.

b) Endosso

É o ato cambiário destinado a transferir a titularidade do crédito e todos os direitos decorrentes do título para terceira pessoa. Obviamente, está presente apenas nos títulos nominais, pois aqueles ao portador transmitem-se com a simples tradição da cártula, e à ordem, já que a inserção da cláusula "não à ordem", como vimos, limita a transferência do crédito pela via cambiária.

O endosso serve à negociabilidade do título, fazendo com que o crédito circule de forma mais rápida e simples. Para o endosso, basta a assinatura do endossante no verso do título. O ato pode ser indicado no anverso, mas para tanto deverá

ser identificado através de expressão clara de que se trata de um endosso.

Segue-se ao endosso a entrega da cártula ao endossatário. Nem poderia ser diferente, dado que este, atual credor do valor expresso no título, dela precisará para exigir o pagamento do devedor principal ou de outros coobrigados. É por esse motivo que *é proibido o* **endosso parcial (ou limitado)**, aquele que transfere somente parte do crédito. Se fosse válido, seria exigido que tanto endossante quanto endossatário estivessem na posse do título para cada um exigir sua parte, possibilidade que não se vislumbra.

Também não vale o **endosso condicionado**. Qualquer condição que acompanhe o ato cambial é considerada não escrita.

Mister destacar que, mesmo transferindo o crédito e entregando o título ao endossatário, o endossante continua presente na cadeia de cobrança. Conclui-se, então, que o endosso tem *dois efeitos*: a *transferência do crédito* e todos os direitos relativos ao título e a *vinculação do endossante como coobrigado*. Se no vencimento não for paga a dívida pelo aceitante, o legítimo possuidor do título pode cobrá-lo de qualquer coobrigado, categoria que, sabemos agora, inclui, além do sacador, os endossantes.

O endosso pode ser realizado *até a data do protesto por falta de pagamento ou o escoamento de seu prazo*. Se realizado posteriormente, recebe o nome de **endosso póstumo (ou tardio)** e é considerado *cessão civil do crédito*, que é ato civil, e não endosso propriamente dito, que é ato cambial. Terá a mesma consequência o endosso exarado em título "não à ordem".

Destacamos abaixo as principais diferenças entre endosso e cessão civil:

Endosso	Cessão civil de crédito
Ato regulamentado pelo Direito Cambial	Ato regulamentado pelo Direito Civil
Unilateral	Bilateral
Somente permitido no próprio título	Pode ser feito em instrumento separado
Responde pela existência do crédito e vincula o endossante ao seu pagamento	Responde apenas pela existência do crédito, não se vinculando ao pagamento
Inoponibilidade das exceções pessoais	Pode o devedor opor ao cessionário as exceções pessoais que tinha contra o cedente

Pode, ainda, o endosso ser **em preto** ou **em branco**. **Endosso em preto** *é aquele que identifica o endossatário*; **endosso em branco**, em contrapartida, *é aquele que não o identifica*. O endossatário do endosso em preto pode endossar posteriormente o título através de endosso em branco. Quem recebe a cártula por endosso em branco *pode transformá-lo em endosso em preto*, inserindo seu nome após o ato. Note que o endosso em branco, por não identificar o endossatário, legitima qualquer pessoa a estar na posse do título, tornando-o *ao portador*. A simples tradição da cambial, por aquele que a recebeu através de endosso em branco, é perfeitamente apta a transferir o crédito (porque falamos de título ao portador) e *não vincula aquele que a entrega como coobrigado pelo pagamento.*

Em qualquer dos casos, o endossante pode inserir no endosso a cláusula "não à ordem", evitando, assim, a livre circulação do crédito. A razão disso reside na vontade do endossante de vincular-se apenas ao endossatário original, não desejando ser chamado a pagar a dívida para pessoa estranha.

É possível, outrossim, que o endossante *não deseje se vincular como coobrigado*. Este ato não desnatura o endosso, mas, por se tratar de exceção ao disposto na legislação, há de ser expresso através da **cláusula "sem garantia"**, devendo este termo constar do endosso.

Não há limite no número de endossos permitidos na mesma cártula, prevendo a LU que deve ser anexada uma folha em branco ao título para que as assinaturas sejam apostas na hipótese de não haver mais espaço no corpo deste documento.

Bastante comum na doutrina é a diferenciação entre **endosso próprio** e **endosso impróprio**. *Próprio é o endosso que opera os dois efeitos que lhe são naturais*: a transferência do crédito e todos os direitos relativos ao título e a vinculação do endossante como coobrigado. **Endosso impróprio** *é aquele que tem outro objetivo que não a transferência do crédito, garantindo ao possuidor da cártula apenas os demais direitos a ela relativos.*

Fala-se em **endosso-mandato (ou endosso-procuração)** quando *o título é endossado exclusivamente para que o endossatário cobre a dívida em nome do endossante, agindo como seu representante*, continuando o crédito de propriedade deste último. Por atuar o endossatário em nome do endossante, o devedor pode opor ao pagamento unicamente as exceções pessoais que detenha contra o endossante. Responderá o endossatário nesse caso, porém, se extrapolar os limites do mandato (STJ, Súmula 476).

Endosso-caução (ou endosso-pignoratício ou endosso-garantia) é espécie de endosso impróprio que *transfere a posse da cártula ao endossatário como garantia do pagamento de uma dívida pelo endossante*. Adimplida a obrigação, retorna para este o título para que execute a cobrança dos devedores da relação cambiária. Caso o endossante não cumpra sua obrigação, e somente neste momento, terá o endossatário que recebeu a cártula em garantia a plena titularidade dos direitos a ela relativos.

Em derradeiro, anote-se o conceito de **endosso de retorno**, que ocorre quando *o endossatário é pessoa já obrigada no título*, ou seja, um endossante anterior. Exemplo: A endossa o título a B, que por sua vez o endossa a C, que vem a endossá-lo para A. Este último ato é o endosso de retorno. Nesse exemplo, caso A venha a endossar o título para D, seu ato receberá o nome de **reendosso**, que pode ser definido como *o novo endosso realizado por aquele que já era endossante*. Em outras palavras, *é o endosso praticado por quem recebeu a cambial através de endosso de retorno.*

c) Aval

Aval é o ato cambiário através do qual uma pessoa torna-se garantidora de outra na obrigação do pagamento. Ao avalizar a obrigação, um terceiro, até então estranho ao título ou mesmo alguém já obrigado, garante o pagamento caso seu avalizado não o faça.

O instituto é bastante similar à fiança do Direito Civil. Por isso, da mesma forma que fizemos com o endosso e a cessão civil de crédito, estabelecemos as diferenças conceituais do aval e da fiança no quadro abaixo:

Aval	Fiança
Ato regulamentado pelo Direito Cambial	Ato regulamentado pelo Direito Civil
Somente permitido no próprio título*	Pode ser feito em instrumento separado
Inoponibilidade das exceções pessoais	Pode o devedor opor ao fiador as exceções pessoais que tinha contra o afiançado
Não existe benefício de ordem	O fiador tem direito de ser cobrado apenas se o afiançado não pagar

* Segundo iterativa jurisprudência do STJ, é de ser reconhecido como instituto equivalente ao aval o acordo celebrado em instrumento separado vinculado a título de crédito, evitando-se apegos excessivos ao formalismo (REsp 200421/ES, DJ, 25/09/2000). No mesmo sentido a Súmula 26 do Pretório Superior: "o avalista do título de crédito vinculado a contrato de mútuo também responde pelas obrigações pactuadas, quando no contrato figurar como devedor solidário".

Costuma-se dizer que o avalista é *devedor igual* ao avalizado, isto é, ele se obriga no título no mesmo *status* daquele que garante: se avaliza a obrigação do aceitante, será tratado também como *devedor principal*; se avaliza o sacador ou qualquer endossante, será equiparado a *coobrigado*. A principal implicância dessa regra é a necessidade (para os coobrigados) ou desnecessidade (para o devedor principal) do protesto para serem incluídos no polo passivo da cobrança da dívida.

O aval é dado pela simples assinatura do avalista no anverso do título. Pode ser feito no verso, desde que identificado o ato pela expressão "em aval" ou qualquer outra equivalente.

Regra importante decorre do **princípio da autonomia das relações cambiais** no que tange ao aval. Ele é considerado como uma relação autônoma diante daquela assumida pelo avalizado. Isso significa que, mesmo sendo declarada nula, por qualquer motivo, a obrigação do avalizado (é pessoa absolutamente incapaz, por exemplo), *subsiste a obrigação do avalista*. Segue-se o mesmo raciocínio em caso de falência do avalizado, caso seja pessoa jurídica.

Denomina-se **aval antecipado** aquele dado em prol do sacado antes que este aceite a letra. Igualmente em face da autonomia do aval já mencionada, o aceite do sacado *não é* requisito para a validade do aval. O avalista continua obrigado ao pagamento independentemente da postura do sacado, ou seja, poderá ser compelido a pagar o valor garantido mesmo que o sacado recuse o aceite.

Tal como o endosso, o aval pode ser **em preto** ou **em branco**, conforme identifique ou não o avalizado, respectivamente. O aval em branco considera-se dado em favor do *sacador*. Nos termos da Súmula 189 do STF: "Avais em branco e superpostos consideram-se simultâneos e não sucessivos". Isso significa que, se dois ou mais avalistas lançam sua assinatura na cambial sem indicar o avalizado, considera-se que são todos avalistas do sacador (**aval simultâneo**), e não avalistas de outros avalistas (**aval sucessivo**).

A LU permite o **aval parcial (ou limitado)**, quando *o avalista garante apenas parte da dívida*. Diante do **princípio da literalidade**, deve a parcela garantida constar expressamente no próprio título.

Reconhece-se, da mesma forma, o aval dado após o *vencimento* da dívida cambial como válido. *Não o será*, todavia, o aval exarado após o *protesto* do título.

Por fim, sobre a necessidade de outorga marital ou uxória para a validade do aval prevista no art. 1.647, III, do CC, destaque-se que o STJ firmou posição no sentido contrário, ou seja, dando à lei civil interpretação sistemática para **afastar** a obrigatoriedade da manifestação do cônjuge (REsp 1.526.560/MG, j. 16/05/2017).

d) Pagamento do título

Para tratarmos das variadas situações que podem ocorrer no momento do pagamento da cártula, considere o esquema abaixo como exemplo geral:

Chegada a data do vencimento, deve o credor do título levá-lo até o aceitante para pagamento, pois, como vimos, em regra o título de crédito representa **dívida quesível**, sendo o aceitante seu *devedor principal*.

Se o aceitante pagar o título, *estão extintas todas as relações jurídicas representadas pela cártula*, pois a obrigação foi cumprida pelo verdadeiro sujeito passivo. De outra banda, se o pagamento foi realizado pelo avalista do aceitante, as demais relações cambiais também se extinguem, *exceto aquela que vincula avalista e aceitante*. Com efeito, o avalista mantém seu **direito de regresso** contra o avalizado e pode buscar com este o ressarcimento pelo que pagou.

Agora, se é um dos coobrigados ou seu avalista que paga, *este ato desonera todos os coobrigados que lhe sejam posteriores na cadeia de circulação da cambial*, podendo buscar o ressarcimento com qualquer outro devedor anterior.

Exemplo: se o Endossante 3 paga o credor, ele pode ser ressarcido por qualquer um dos outros, pois todos são anteriores na cadeia. Se é o Endossante 1 quem paga, *ele não poderá cobrar o Endossante 2, nem o Endossante 3, nem o Avalista B, que são posteriores na cadeia*. Deverá voltar-se contra o Tomador, o Aceitante, o Avalista A ou mesmo o Sacador. Quando este (Sacador) é quem paga o título, como todos os demais são posteriores, resta-lhe cobrar o Aceitante e seu Avalista.

Quem realiza o pagamento tem o direito de ficar com a cártula (**princípio da cartularidade**), na qual deverá ser registrada a respectiva quitação (**princípio da literalidade**), a fim de evitar o endosso do título já pago a terceiro de boa-fé, que teria, se tal endosso acontecesse, o direito de receber o valor nele representado (**princípio da autonomia das relações cambiais**).

É possível o pagamento parcial. Nesse caso, o credor mantém a posse do título, nele apondo o recibo relativo ao montante que recebeu.

Igualmente em decorrência do **princípio da literalidade**, o coobrigado que paga o título deve riscar deste seu endosso ou aval e todos que lhe sejam posteriores, mantendo íntegras apenas as relações cambiárias prévias.

e) Protesto

Havendo recusa de pagamento pelo aceitante ou seu avalista, deve o credor promover o **protesto por falta de pagamento** no Tabelionato de Protestos para que mantenha íntegro seu direito de acionar os *coobrigados e respectivos avalistas*. **Protesto** pode ser definido como *o ato extrajudicial e solene que constitui o devedor em mora no cumprimento de sua obrigação*.

Há divergência sobre o prazo para que o protesto seja realizado: a LU impõe o prazo de dois dias úteis após o vencimento, porém o Brasil assinalou uma reserva à entrada em vigor deste artigo, razão pela qual alguns autores sustentam que se aplica o Decreto 2.044/1908, o qual determina que o protesto seja realizado no dia útil seguinte ao vencimento. À míngua de decisões judiciais sobre o tema, a maioria da doutrina defende a aplicação do Decreto, não só pela questão da reserva, como também por se tratar de um prazo decadencial que, se não observado, extinguirá o direito de crédito contra os coobrigados no título. Por sua importância, é salutar cumprir o prazo mais exíguo, de um dia útil, imposto pelo Decreto 2.044/1908.

Escoado o prazo sem que tenha sido realizado o protesto, repise-se, perde o credor o direito de cobrar a dívida cambial de *todos* os coobrigados e seus avalistas, mantendo-se apenas o aceitante e seu garantidor. É por esse motivo que dizemos que o protesto é *necessário* em relação aos coobrigados e *facultativo* quanto ao aceitante.

Encontra-se exceção a essa regra se o título for sacado com a **cláusula "sem despesas"**, ou termo equivalente, que *exclui a obrigatoriedade do protesto para cobrança dos coobrigados e avalistas, desde que tenha sido incluída pelo sacador*. A rigor, qualquer endossante pode incluir a cláusula, mas nesse caso *estará liberando o credor do protesto apenas em relação a si mesmo*.

O **cancelamento** do protesto pode ser realizado após o pagamento do título, mediante sua apresentação ao Tabelião pelo devedor, considerando que a posse da cambial pelo devedor faz presumir a quitação. Sendo impossível a apresentação da cártula original, o devedor pode provar o pagamento mediante declaração escrita do credor que o recebeu (com firma reconhecida). Em recente julgado, o STJ sacramentou o entendimento de que o ônus de requerer a baixa no registro de protesto corretamente lavrado após o pagamento é do *devedor*, ainda que com base em relação de consumo, não lhe assistindo direito a indenização com fundamento na demora do credor em informar o adimplemento da obrigação ao tabelião (STJ, REsp 1195668/RS, DJ 11/09/2012).

Pedidos de cancelamento do protesto fundados em outros argumentos que não o pagamento não podem ser atendidos diretamente pelo Tabelião. Mostra-se inafastável, nessas hipóteses, a determinação judicial obtida em ação própria, comumente conhecida como *sustação de protesto*. A causa de pedir mais comum é o dano moral decorrente do protesto indevido do título (porque, por exemplo, ainda não chegou seu vencimento) diante da inevitável restrição ao crédito na praça ao empresário que sucederá ao ato do Tabelião. Nessa hipótese, responderá pelos danos decorrentes do protesto indevido relacionado com a existência de vícios formais no título também o endossatário que o promover, ressalvado direito de regresso contra os endossantes e avalistas (STJ, Súmula 475).

Não se esqueça de que, ao lado do protesto por falta de pagamento, é cabível também o *protesto por falta de aceite*, comentado supra, quando o sacado se recusa a aceitar a ordem emitida pelo sacador, e o *protesto por falta de devolução do título*, sobre o qual discorremos no item "a". Para que o tomador possa voltar-se contra este, consubstanciando o vencimento antecipado da dívida, o protesto por falta de aceite é *obrigatório*.

3.8.2. Nota promissória

Diferentemente da letra de câmbio, a nota promissória é uma **promessa de pagamento**, e não uma ordem. Disso decorre que *o próprio sacador é o devedor da quantia representada pelo título*:

A estrutura da nota promissória como uma promessa de pagamento cria, portanto, *apenas uma relação jurídica*: aquele que saca a nota promissória (sacador) compromete-se a pagar certa quantia ao beneficiário da cártula (tomador) no vencimento nela expresso.

Ante a ausência da figura do sacado, *não há que se falar em aceite*, pois não existe qualquer ordem para outrem pagar a quantia. Com o saque, o emitente automaticamente se vincula ao pagamento como *devedor principal do título*. Seria absurdo exigir que o tomador, em determinado prazo, oferecesse o documento para aceite pela própria pessoa que o emitiu, e já com esse ato, prometeu pagar a quantia.

Para que se caracterize como título de crédito, a nota promissória deve apresentar os seguintes requisitos: o *termo "nota promissória"* no corpo do texto e na mesma língua deste; a *promessa pura e simples* (incondicionada) de pagar quantia determinada; *lugar do pagamento*, cuja ausência impõe que ele seja feito no *local da emissão*; *nome do beneficiário*, sendo proibida a emissão de nota promissória ao portador; *local e data da emissão*, sendo que a ausência da data *desnatura* o documento como título de crédito, já que é informação fundamental para verificar a capacidade das partes e a prescrição, ao passo que na ausência do local será considerado o *domicílio do subscritor*; a *assinatura do emitente*; e a *época do pagamento*, ou seja, o prazo de vencimento.

Quanto ao vencimento da nota promissória, não podemos nos furtar a colacionar robusta divergência doutrinária que cerca o tema. Ninguém discute a possibilidade de a nota ser sacada com vencimento em data certa, a certo termo da data ou à vista. Coloca-se o embate entre os doutrinadores, contudo, sobre a possibilidade de saque de nota promissória *a certo termo da vista*. Rubens Requião e Victor Eduardo Rios Gonçalves, entre outros, negam a cláusula, argumentando que ela pressupõe a existência do aceite. Se este não se exige na nota promissória, inviável o vencimento a certo termo da vista.

Fábio Ulhôa Coelho e Fran Martins, acompanhados de outros renomados doutrinadores, admitem o vencimento a certo termo da vista na nota promissória escorados no art. 78 da LU, o qual, realmente, expõe as regras a serem seguidas nessa hipótese, razão pela qual adotamos a linha interpretativa dos últimos autores mencionados.

Na nota sacada a certo termo da vista, tem o tomador a obrigação de levá-la ao sacador no prazo de um ano contado da emissão para que o título seja **visado**, apondo-se a data deste ato, *que em nenhum momento se confunde com o aceite*. Não tem natureza de obrigação cambial. Sua função é exclusivamente demarcar o termo inicial do vencimento a certo termo da vista.

Dispõe, ainda, a LU que o visto do sacador sem que seja datado cria a possibilidade de o título ser **protestado** pela falta dessa informação. Nesse caso, reputa-se a data do protesto como início do lapso temporal indicado na cártula para o vencimento.

a) Aceite

Repise-se, não há aceite na nota promissória.

b) Endosso, aval e pagamento do título

Seguem-se as mesmas regras indicadas para a letra de câmbio.

c) Protesto

Igualmente, devem ser aplicadas as determinações da letra de câmbio, isto é, o protesto é *facultativo* para o devedor principal e seu avalista e *obrigatório* para a cobrança de qualquer coobrigado ou respectivo avalista. Cabe, unicamente, um cuidado: na nota promissória, o *sacador é devedor principal*, e não coobrigado como na letra de câmbio, de forma que, contra ele, o *protesto é facultativo*.

d) Nota promissória vinculada e o STJ

É possível, e cada vez mais comum, a emissão de notas promissórias como *garantias* vinculadas a determinado contrato. Seja em parcelas ou quota única, com o pagamento pelo devedor a nota é entregue a este acompanhada do respectivo recibo de quitação. Por outro lado, se configurado o inadimplemento, os títulos são executados no Poder Judiciário.

Essa hipótese, é bom que se diga, *não altera* a classificação da nota promissória como **título de crédito não causal** (item 3.4.4). O contrato celebrado entre as partes não é *a causa determinante* do saque da cártula, como se exige para os títulos causais. As partes somente concordam que as notas promissórias sigam anexas ao pacto, vinculadas a este no tanto em que representam a dívida assumida. Não perdem sua autonomia como títulos de crédito, *sendo plenamente negociáveis*.

Entretanto, não é assim que o STJ enxerga a questão. Para o Colendo Tribunal Superior, há que se distinguir o contrato ao qual se vincula a nota promissória para saber se esta mantém sua autonomia ou não.

Neste estudo, segue-se uma regra bastante simples: se o contrato que deu origem às promissórias *possuir a força de título executivo extrajudicial*, elas mantêm sua autonomia, podendo ser livremente negociadas no mercado, subsistindo todas as regras até aqui estudadas. Na outra mão, caso o contrato de origem *não seja título executivo extrajudicial*, as cártulas perdem a autonomia, ficando eternamente vinculadas ao acordo. Entende o STJ que as notas foram emitidas justamente para entregar ao contrato a força da executividade, a qual obviamente se perderia caso a nota promissória fosse endossada e, assim, acabasse por anular um dos itens do acordo de vontades. Veja a Súmula 258 do STJ: "A nota promissória vinculada a contrato de abertura de crédito não goza de autonomia em razão da iliquidez do título que a originou".

A vinculação entre nota promissória e contrato é tamanha que o mesmo tribunal aceita que este complete requisito essencial à validade daquela, já tendo decidido que a falta de data na promissória não a descaracteriza se a data pode ser apurada pela assinatura do contrato (STJ, REsp 968320/MG, DJ 19/08/2010).

3.8.3. Cheque

Regulado pela Lei 7.357/1985, cheque *é o título de crédito que representa ordem de pagamento à vista do sacador contra banco ou instituição financeira*. Como ordem de pagamento, estabelece relação jurídica cambiária entre três pessoas, mas aqui temos uma característica peculiar quanto ao sacado: trata-se de instituição financeira regularmente inscrita no Banco Central.

Disso decorre, ao contrário da letra de câmbio, que o sacado só pode ser pessoa jurídica e deve existir um relacionamento anterior entre este e o sacador. Enquanto nos demais títulos de crédito não se pressupõe que os credores e devedores cambiários tenham antes se obrigado mutuamente por qualquer motivo, para a emissão de um cheque é *imprescindível* que o sacador seja correntista do banco sacado, ou seja, que já exista um contrato que vincula a ambos antes mesmo da emissão da cártula.

Outra característica diferenciadora do cheque, a qual não deixa de ser uma decorrência lógica da regra anterior, é o fato do banco sacado *não arcar* com o pagamento do título. O dinheiro entregue pela instituição financeira ao tomador no momento em que este apresenta o cheque para pagamento *pertence ao sacador do título*, que anteriormente o depositou no banco para sua segurança pessoal. A ordem não é dada, a rigor, para que o sacado quite a dívida, mas sim para que o banco retire da conta corrente do sacador o dinheiro suficiente para pagar o título.

Não obstante, é totalmente possível que sacador e tomador sejam a mesma pessoa. É a hipótese do correntista sacar um cheque em seu próprio favor para depositá-lo em outra instituição financeira onde também possui aplicações.

Além disso, é salutar recordar que o cheque é título **não causal**, podendo ser emitido em qualquer hipótese e com completa autonomia sobre a relação jurídica obrigacional que o embasa, e **de forma vinculada**, devendo sua impressão seguir as diretrizes colocadas na Resolução 885/83 do Banco Central. É por isso que todos os cheques que conhecemos, não importa de qual banco ele seja, têm todos o mesmo tamanho, formato e informações impressas. Diferentemente da letra de câmbio e da nota promissória, que podem ser emitidas em qualquer papel, digitadas ou manuscritas, desde que contenham os requisitos essenciais estudados, só vale como cheque o documento com as características materiais e formais elencadas pelo Banco Central.

São requisitos específicos do cheque: a palavra *cheque* no corpo do texto e escrita na mesma língua deste; a *ordem incondicional* de pagar quantia em dinheiro; o *nome do banco ou da instituição financeira* a quem a ordem é dirigida (sacado); o *local de pagamento*, sendo considerado, na falta, o lugar do estabelecimento do banco sacado e, também não constando este, no lugar da emissão; o *local da emissão*, sendo considerado aquele escrito junto ao nome do emitente, se houver; a *data da emissão*, podendo ser preenchida pelo credor até a apresentação do título; e a *assinatura* do sacador.

O valor a pagar representado pelo cheque deve ser escrito em algarismos e por extenso, conforme o modelo aprovado pelo Banco Central. Caso exista qualquer divergência entre os valores numérico e por extenso, prevalece este último. Se forem escritos valores diferentes mais de uma vez (seja numericamente, seja por extenso), prevalece o menor.

Conceitualmente, o cheque se paga *à vista*, ou seja, seu vencimento se dá no momento da apresentação ao banco sacado. Considera-se *não escrita* qualquer cláusula que imponha prazo diferente de pagamento (art. 32 da Lei 7.357/1985), sendo, portanto, *totalmente ineficaz* (veja item **e5** abaixo).

a) Aceite

O cheque *não admite aceite*, porque o banco, ainda que ocupe a posição de sacado, *não tem obrigação cambial*.

Como vimos, o dinheiro utilizado para pagamento da cártula pertence ao sacador, cabendo ao sacado unicamente a custódia do numerário e sua entrega ao legítimo portador do título. Dessa forma, ele *não* se responsabiliza pelo seu pagamento, devendo, em caso de falta de provisão de fundos, o tomador cobrar o valor devido do emitente do cheque.

Não podemos confundir a espécie denominada **cheque visado** (item **e1,** abaixo) com aceite, dado que naquela hipótese o banco *também* não assume qualquer obrigação cambial, conforme se verá.

b) Endosso

Atualmente, o cheque é o único título de crédito que se permite que seja emitido **ao portador**, desde que seu valor não ultrapasse R$ 100,00. Na prática, todavia, este limite não é observado diante da possibilidade do legítimo possuidor preencher de boa-fé os requisitos faltantes na cártula, o que acaba permitindo que o cheque, qualquer que seja o valor, circule livremente ("ao portador") e a pessoa que desejar resgatá-lo no banco complete-o com seu nome no instante do depósito.

Sendo nominal, o cheque circula por endosso, que deverá ser *incondicional*, em preto ou em branco. O modelo de cheque em circulação no País tem incluída por padrão a cláusula "à ordem", a fim de consagrar a facilidade de circulação que é ínsita aos títulos de crédito. No mais, aplicam-se todas as regras estudadas para a letra de câmbio.

Especificamente em relação à cadeia de endossos no cheque, é farta a jurisprudência do STJ sobre o tema, ressaltando que é dever tanto do banco sacado quanto do banco que apresenta o cheque na câmara de compensação verificar a regularidade da cadeia de endossos, sob pena de responderem solidariamente pelos prejuízos causados em face da aceitação de cheque endossado irregularmente (REsp 989076/SP, DJ 30/03/2011; REsp 1007692/RS, DJ 17/08/2010; EREsp 280285/SP, DJ 28/06/2004).

c) Aval

Ao cheque serão aplicadas as regras já estudadas sobre o aval para a letra de câmbio, anotando que o aval em branco *presume-se dado ao sacador* e que o *banco sacado é proibido de ingressar na relação cambiária como avalista de quem quer que seja.*

d) Pagamento do título

Sendo ordem de pagamento à vista, o cheque vence no momento de sua apresentação para pagamento no banco sacado, que pode pagá-lo em dinheiro para o apresentante ou, a pedido deste, creditá-lo na respectiva conta bancária que possua.

Não se permite, por outro lado, que o credor retenha o título pelo tempo que desejar antes de apresentá-lo. Confere-lhe a lei prazo para tanto: 30 dias para cheques de mesma praça e 60 dias para cheques de praças diferentes. A *praça* em questão é a de *emissão* do cheque quando comparada com a do *estabelecimento* do banco sacado. Assim, se consta no cheque como local de emissão o *mesmo município* da agência bancária onde o sacador mantém suas economias, o prazo de apresentação é de 30 dias. Se forem municípios diferentes, 60 dias.

O transcurso do prazo sem apresentação da cártula impõe a perda do direito de cobrança de eventuais coobrigados e seus avalistas e o endosso feito depois disso terá efeito de mera cessão civil de crédito (**endosso póstumo**). Outrossim, o tomador também não poderá responsabilizar o sacador caso não existam mais fundos na conta por circunstância alheia à vontade deste (ex.: falência do banco responsável pela conta corrente, confisco das reservas pelo Governo). Perceba que não é a simples falta de fundos, por dolo ou mero descontrole nas contas pessoais, que exclui a responsabilidade do sacador e seus avalistas. Nesses casos, continua o beneficiário habilitado a manejar a competente ação de execução contra os devedores da cártula até que se dê a prescrição desta (STF, Súmula 600).

Se, muito embora findo o prazo, houver fundos disponíveis na conta do correntista, o banco pagará o cheque. Diga-se que, para haver recusa de pagamento, deve o sacado fundar-se em *motivo justo*, tais como: falta de provisão de fundos, ausência de requisito essencial, incongruência da assinatura, contraordem ou sustação etc.

e) Espécies de cheque

A Lei 7.357/1985 e os costumes empresariais aceitam uma variedade de tipos de cheque, cada um com uma certa função:

e1) Cheque visado

O emitente do *cheque nominal* ou qualquer pessoa que legitimamente o possua, *desde que ainda não tenha recebido qualquer endosso*, pode requerer da instituição financeira sacada que esta *verifique a existência de fundos* na conta do sacador e, havendo-os suficientes, *reserve o valor da cártula para pagamento quando da apresentação*. Para formalizar o ato, o banco lança no título um visto, assinatura ou qualquer outra forma de declaração juntamente com a data no verso da cártula. A este título damos o nome de **cheque visado**.

Como antes mencionado, não se pode confundir o visto lançado pelo banco com o ato cambiário do aceite. O visto não gera qualquer obrigação cambial e, por isso, não torna o banco devedor do pagamento da dívida. Sua obrigação é unicamente de bloquear o valor na conta para entregá-lo ao credor no momento do pagamento.

Entretanto, caso o banco vise o cheque, mas não reserve o numerário, se não houver mais fundos suficientes quando o tomador apresentar o cheque para pagamento, o *banco deve pagar*, mantendo seu direito de regresso contra o correntista. Isso *não* faz do sacado um garantidor do pagamento. Aplica-se a ele, no caso, uma sanção pelo descumprimento de sua obrigação legal.

A reserva fica garantida durante o prazo de apresentação do cheque. Vencido este sem qualquer notícia do credor requerendo o pagamento, o banco libera a quantia bloqueada para uso do sacador.

e2) Cheque administrativo

Espécie de cheque *no qual sacador e sacado são a mesma pessoa, ou seja, uma instituição financeira*. Deve ser, obrigatoriamente, *nominal e admite, como seus congêneres, a oposição de contraordem de pagamento em caso de desacordo comercial* (*STJ*, REsp 290935/RJ, DJ 15/10/2009).

O cheque administrativo é aquele emitido pelo banco contra si mesmo, obrigando-se a pagar por ele quando apresentado pelo legítimo possuidor. Sua vantagem está na certeza de liquidez, pois seu pagamento advém das reservas financeiras do próprio banco.

e3) Cheque para ser creditado em conta

Trata-se de *cláusula inserida no cheque pelo sacador que visa a proibir seu pagamento em dinheiro pelo banco sacado, podendo exclusivamente ter seu valor creditado na conta corrente do beneficiário*.

Para sua caracterização, basta que o emitente escreva a expressão "para ser creditado em conta", ou qualquer outra equivalente, no anverso do cheque, no sentido transversal. Com isso, o credor não poderá receber o pagamento pelo cheque em dinheiro no caixa, devendo obrigatoriamente depositá-lo em sua conta.

A ideia é garantir maior segurança ao sacador, que poderá sempre buscar a identificação da pessoa para quem foi pago o título.

e4) Cheque cruzado

Tem exatamente a mesma função do cheque para ser creditado em conta, qual seja, *a proibição do pagamento direto, em dinheiro, ao apresentante, forçando sua liquidação através de depósito bancário* para posterior identificação do beneficiário caso necessário.

O cheque cruzado se caracteriza pela aposição de duas linhas transversais paralelas no anverso do cheque. O cruzamento pode ser **em preto (ou especial)**, caso o emitente ou qualquer outro possuidor legítimo identifique, entre as linhas transversais, o nome do banco onde o cheque deve ser apresentado, ou **em branco (ou geral)**, quando não constam tais informações, podendo o cheque ser apresentado para pagamento em qualquer instituição financeira.

e5) Cheque pré-datado (ou pós-datado)

Talvez esta seja a modalidade de cheque mais comum no mercado, mas é fato que ela *não encontra respaldo na legislação*. Define-se como um costume empresarial, no qual *o emitente inclui no cheque cláusula que garante a existência de fundos em data futura, aceitando o tomador apresentá-lo apenas quando da chegada da data combinada*. Caracteriza-se com a expressão "bom para" ou qualquer outra equivalente no anverso da cártula.

A Lei 7.357/85 opõe-se literalmente à existência do cheque pré-datado, pois conceitua o cheque como *ordem de pagamento à vista* e reputa *não escrita qualquer menção em contrário* (art. 32). Isso significa que a pessoa que saca um cheque nessas condições fecha um "acordo de cavalheiros" com o tomador, acreditando que este não apresentará o cheque antes da data marcada. Porém, se o fizer, o banco ignora a cláusula (pois se considera como não escrita) e paga o valor se houver fundos.

Não se pode negar, de outra sorte, a força do costume no nosso ordenamento jurídico, fonte de direito prevista, inclusive, no art. 113 do CC. Tanto é que o STJ editou a Súmula 370, que reconhece no cheque pré-datado uma fonte de direitos e obrigações: "caracteriza dano moral a apresentação antecipada de cheque pré-datado". É necessário esclarecer, por outro lado, que a responsabilidade civil alcançará apenas o tomador original do cheque pré-datado que o colocou em circulação antes da data pactuada. Por força da regra da **inoponibilidade das exceções pessoais a terceiros de boa-fé**, o endossatário que deposita o cheque pré-datado que recebeu de outrem antes do termo combinado entre as partes originais não pratica ato ilícito, desde que, obviamente, atue *de boa-fé* (a pré-datação não estava expressa no título, por exemplo).

3.8.4. Duplicata

Título de crédito criado no Brasil pela Lei 5.474/68, a duplicata é conceituada como *ordem de pagamento emitida pelo empresário em decorrência de contrato de compra e venda de mercadoria com pagamento a prazo superior a 30 dias ou prestação de serviços*.

Do conceito podemos extrair que a duplicata é **ordem de pagamento**, que cria a estrutura de duas relações jurídicas já conhecida. Devemos destacar as peculiaridades da duplicata: o sacador do título é o *credor da dívida*, o comerciante ou prestador de serviços, e o sacado aquele que deve pagar a obrigação a prazo. Isso ocorre porque *sacador e tomador são a mesma pessoa*, ou seja, o comerciante emite a duplicata determinando que o sacado, seu cliente, pague-lhe a quantia devida no prazo combinado:

Além disso, a duplicata é **título causal**, de forma que só pode ser emitida em face de uma compra e venda de mercadoria na qual se pactue o pagamento com prazo superior a trinta dias ou prestação de serviços. É emitida pelo próprio empresário em seu favor para que ele tenha a possibilidade de negociar mais facilmente esse crédito a ser satisfeito no futuro para obter capital de giro, por exemplo.

Finalizada a compra e venda, o vendedor deve emitir uma **fatura**, documento empresarial que relaciona as mercadorias negociadas individualizadas em quantidade, natureza e preço. Com base nessa fatura, ele sacará a duplicata, ordenando o pagamento ao sacado, que não é ninguém menos que o comprador.

Trata-se, ainda, de **título de forma vinculada**, sendo seu formato e conteúdo regidos pela própria Lei 5.474/1968, que elenca seus requisitos específicos: a denominação *duplicata*; *data de emissão*; *número de ordem*; *número da fatura da qual a duplicata foi extraída*; *vencimento*, que só pode ser em data certa ou à vista; *nome e domicílio do vendedor e do comprador*; *valor a pagar*, em algarismos e por extenso; *local do pagamento*; *cláusula "à ordem"*, sendo proibida a *emissão* de duplicata "não à ordem" (a cláusula pode ser aposta posteriormente por endossante); *a declaração pelo comprador do reconhecimento da dívida*, a ser assinada quando do aceite; *a assinatura do sacador*, que é o vendedor da mercadoria.

Obviamente, o vendedor ou prestador de serviços não é obrigado a emitir duplicatas para toda venda ou prestação de serviços a prazo que realizar. Porém, ela é o único título de crédito que pode ser emitido vinculado a uma fatura. Optando o empresário pela emissão da duplicata, ele deverá manter, como **livro empresarial obrigatório**, o Livro de Registro de Duplicatas.

A Lei 13.775/2018 inaugurou no Brasil a duplicata escritural, emitida de forma eletrônica por meio de entidades devidamente autorizadas pelo Poder Público. Sua adoção libera o empresário da escrituração do Livro Registro de Duplicatas (art. 9º da Lei 13.775/2018). No mais, os requisitos e critérios de validade são os mesmos dos títulos em papel.

a) Aceite

Outra característica intrínseca e exclusiva da duplicata é o fato do aceite ser *obrigatório* pelo sacado. Com efeito, por representar uma obrigação nascida em um contrato de compra e venda ou prestação de serviços, é natural que o adquirente (agora sacado) seja compelido a pagar o que combinou por força do contrato. A emissão da cártula é uma liberalidade do fornecedor para que ele possa negociar esse crédito no mercado, de forma que sua existência vincula o sacado.

Sendo assim, deve o sacador encaminhar a duplicata para aceite no prazo máximo de 30 dias contados da emissão. Se o vencimento for à vista, o aceitante deve devolvê-la com seu aceite e acompanhada do pagamento. Caso contrário, tem o prazo de 10 dias para remetê-la de volta ao sacador após a prática do ato cambiário (aceite).

O sacado é obrigado a devolver a duplicata. Todavia, por ser título de aceite obrigatório, ainda que ele não a remeta de volta ao sacador, considerar-se-á realizado o aceite e vinculado o sacado como *devedor principal*. Diante dessas possibilidades, temos três tipos de aceite da duplicata:

a1) Aceite ordinário: quando sacado apõe seu aceite na cártula e devolve-a ao sacador;

a2) Aceite por comunicação: quando o sacado *não devolve a duplicata*, mas *comunica* o sacador de seu aceite;

a3) Aceite por presunção: com ou sem devolução do título, reputa-se aceito com o *recebimento* das mercadorias ou serviços pelo adquirente.

Se o sacado não devolver nem comunicar ao sacador seu aceite, poderá este promover o **protesto por falta de aceite ou por falta de devolução do título**. A ausência destes atos, contudo, não retira o direito ao **protesto por falta de pagamento**, se o caso. De toda forma, o protesto será obrigatório para o exercício do direito de crédito contra os coobrigados.

A recusa ao aceite somente será legítima e aceita nos casos de *avaria* ou *não recebimento* das mercadorias ou serviços; *vícios*, defeitos e diferenças na quantidade ou na qualidade do produto ou serviço; e *divergência* nos prazos e preços ajustados. Nessas hipóteses, o sacado devolve a duplicata sem aceite juntamente com as razões escritas de sua recusa.

b) Endosso e aval

Para o endosso e para o aval, aplicam-se as regras já estudadas para a letra de câmbio, anotando-se apenas que *o aval em branco presume-se dado à pessoa de cuja assinatura o avalista lançar a sua logo abaixo*. Se incabível a aplicação da regra, *considera-se avalizado o sacado*.

c) Pagamento do título

Não há novidades diante de tudo que já foi estudado para os demais títulos. Devedor principal é o aceitante e seus avalistas, coobrigados são os endossantes e seus avalistas, contra os quais o protesto do título, seja por falta de aceite, de devolução ou de pagamento, é obrigatório.

Mas, e se o sacado não devolve a duplicata? Como fica o protesto (e a futura execução) diante do princípio da cartularidade?

A Lei 5.474/68 determina que o protesto seja realizado, em caso de **aceite por comunicação**, através da carta que indica o aceite. Se **aceite por presunção**, tira-se o protesto de acordo com o *comprovante de recebimento das mercadorias*. Faltando qualquer destes documentos, ocorre o chamado **protesto por indicação**, hipótese na qual o sacador enuncia ao Tabelião as características da duplicata emitida e não aceita ou devolvida, servindo a certidão de protesto inclusive como título executivo extrajudicial.

d) Triplicata

Ocorrendo a perda ou extravio da duplicata original, o art. 23 da Lei 5.474/1968 permite a emissão de uma segunda via (ou cópia), que recebe o nome de **triplicata** e *detém os mesmos efeitos do documento original*.

O costume empresarial aceita a emissão de triplicata em caso de *ausência de devolução do título* ao sacador, que a envia, então, a protesto. Aliás, costuma-se emitir a triplicata sempre que o comprador retém a duplicata. Perceba-se que não se trata de hipótese de perda ou extravio, *faltando-lhe embasamento legal*, porém não há porque negar-se validade ao costume se não há prejuízo para as partes interessadas (art. 113 do CC).

3.9. Ação cambial

A grande vantagem do credor com a emissão de um título de crédito é o fato dele se constituir como um **título executivo extrajudicial** (art. 784, I, do CPC), prescindindo, portanto, sua cobrança judicial de prévia ação de conhecimento. *A ação de execução de título de crédito, pelo seu não pagamento no prazo, denomina-se* **ação cambial**.

Sujeito ativo da ação cambial é o *legítimo possuidor do título*, que presumivelmente detém o crédito nele representado. **Sujeito passivo** é o *devedor principal* do título, bem como qualquer *coobrigado*, desde que o credor *tenha promovido o protesto no prazo legal*. Isso porque a obrigação cambial é **solidária**, podendo ser cobrada integralmente de qualquer das pessoas constantes do título. Aquele que pagar, naturalmente, terá direito de regresso contra o devedor principal ou outro coobrigado que lhe seja anterior na cadeia de circulação da cártula, como já vimos.

É competente o *foro do local do pagamento indicado no título*. Na sua falta, deve ser observada a regra supletiva para cada título, analisada individualmente quando do estudo de cada um deles.

A apresentação da cártula original, completa em seus requisitos e sem rasuras, *é documento essencial à propositura da ação cambial*, devendo a inicial ser rejeitada na sua falta. Admite-se, excepcionalmente, a execução sem a juntada do título caso este esteja servindo de prova em outro processo, situação na qual o documento será substituído por certidão do cartório onde corre aquele processo atestando que o título original realmente encontra-se acostado àqueles autos.

É importante frisar que hipótese semelhante pode ocorrer com a ação cambial para cobrança de duplicata, dado o costume do devedor de não a devolver ao sacador após o aceite. Isso ocorrendo, servirá como título executivo a própria certidão do protesto por falta de aceite ou de devolução do título. Em caso de aceite por presunção, valerá o comprovante de entrega da mercadoria devidamente assinado pelo aceitante.

Promovida a ação cambial, o executado defende-se através dos **embargos à execução**. Terá, porém, limitada a matéria de defesa a *defeitos formais do título, exceções pessoais contra o exequente, falsidade da assinatura* ou *ausência de requisito essencial para propositura da ação*. Note que a natureza executiva da ação cambial não autoriza a produção de provas ou o questionamento do direito de crédito. O ônus da prova será sempre do executado.

3.10. Prescrição

Vencido o título, nasce para o titular do crédito a pretensão de executá-lo via ação cambial, que se extingue com a prescrição, no prazo estabelecido pela LU ou nas leis específicas.

Para a letra de câmbio e a nota promissória, aplicam-se os seguintes prazos: *03 anos*, para a cobrança contra o devedor principal ou seus avalistas; *01 ano*, para a cobrança contra qualquer dos coobrigados; *06 meses*, quando se tratar de direito de regresso do coobrigado que pagou, querendo voltar-se contra *outro coobrigado*. A execução contra o devedor principal seguirá sempre o prazo mais largo de 03 anos.

À duplicata aplicam-se os mesmos prazos, *com exceção do direito de regresso dos coobrigados uns contra os outros, que será de 01 ano*.

No que tange ao cheque, os prazos são mais curtos: *serão sempre de 06 meses, seja contra o sacador, endossantes ou no direito de regresso de um coobrigado contra outro*.

Os títulos de crédito atípicos, regulamentados pelo CC, prescrevem no prazo de três anos, em qualquer hipótese, conforme previsto no art. 206, VIII, do mesmo diploma legal.

O termo inicial do prazo prescricional também varia de acordo com a situação: contra o devedor principal, conta-se *do vencimento do título*, caso esse seja em data certa, ou *do fim do prazo de um ano para apresentação para pagamento*, caso seu vencimento seja *a certo termo da vista* (STJ, REsp 824250/SE, DJ 26/04/2011); contra os coobrigados, a partir *do protesto*; no caso da ação de regresso, o prazo inicia na *data do pagamento*.

Prescrita a ação cambial, ainda será cabível a propositura de ação de conhecimento com base no locupletamento sem causa do devedor principal do título, prevista no Decreto 2.044/1908, para a letra de câmbio, nota promissória e duplicata, e na Lei 7.357/1985, para o cheque (Enunciado 463 JDC/CJF).

Não obstante, exsurge como opção para o portador de título prescrito a **ação monitória**. Afinal, a cártula não deixa de ser um documento escrito. A prescrição desnatura sua eficácia executiva, mas ele continua a representar uma obrigação contraída pelas partes de pagar determinada soma em dinheiro. É, inclusive, entendimento sumulado do STJ, estampado no Verbete 299: "É admissível ação monitória fundada em cheque prescrito".

3.11. Títulos de crédito impróprios

Resumidamente, após verificarmos todas as características e nuances dos títulos de crédito típicos, podemos apontar como seus elementos identificadores *a aplicação dos princípios da cartularidade, da literalidade e da autonomia, sua negociabilidade através do endosso e sua eficácia como título executivo extrajudicial*.

Existem documentos, no entanto, que muito se aproximam da categoria dos títulos de crédito, porque apresentam algumas, *mas não todas*, dessas características. Por lhes faltar exequibilidade, ou não se lhes aplicar este ou aquele princípio, não são títulos de crédito propriamente ditos. Porém, como circulam facilmente (muitas vezes com a simples tradição) e sua apresentação impõe ao devedor a satisfação do direito neles contido, são chamados de **títulos de crédito impróprios.**

Em outras palavras, *são aqueles documentos que legitimam o seu portador a exigir determinada quantia de outrem, sem, contudo, revestir-se de todos os requisitos necessários para sua classificação como título de crédito*.

A doutrina classifica os títulos de crédito impróprios em quatro categorias, a saber: **títulos de legitimação**, que são aqueles cuja simples posse autoriza o exercício do crédito, sem serem reconhecidos como títulos executivos (ex.: ingressos de cinema, bilhetes premiados de loteria); **títulos representativos**, que representam a custódia de bens pelo terceiro não proprietário e autorizam a negociação dela pelo dono sem prejuízo da custódia, ou seja, sem implicar o deslocamento da mercadoria (ex.: *warrant*, emitido por armazéns-gerais; conhecimento de transporte, emitido pelas transportadoras); **títulos de financiamento**, emitidos em operações financeiras destinados ao incremento de determinada atividade econômica, que somente não se classificam como títulos de crédito pela possibilidade de constituição de direito real sobre coisa alheia (hipoteca ou penhor) no próprio título (ex.: cédula hipotecária); **títulos de investimento**, que representam parcelas de um contrato de mútuo, emitidos com a intenção de captar recursos junto a investidores (ex.: certificados de depósito bancário – CDBs). Havemos de destacar que as debêntures *poderiam* estar aqui elencadas, porém esta possibilidade se afasta diante da existência de regime jurídico próprio (o dos valores mobiliários, previsto na LSA) para sua regulamentação.

4. PROPRIEDADE INDUSTRIAL

4.1. Conceito

Direito Industrial, ou Direito sobre a Propriedade Industrial, pode ser definido como o *conjunto de normas jurídicas que regulamenta a produção intelectual das pessoas, determinando os requisitos para sua proteção contra o uso indevido e a exclusividade na exploração econômica por um certo período de tempo*.

A fim de estimular a inovação e a evolução humana, o ordenamento jurídico garante que aquele que desenvolver algo novo, produto de sua própria criação, terá sobre esta produção direitos de exclusividade no uso, podendo proibir, ainda que judicialmente, qualquer pessoa de utilizar ou mencionar sua obra sem sua expressa autorização.

Nota-se, então, que o Direito Industrial é parcela do já conhecido **direito de propriedade**, pois o autor ou inventor relaciona-se com sua obra como o titular do domínio de qualquer outro bem. É por isso que a propriedade intelectual está igualmente prevista na CF, no art. 5º, inciso XXIX, que dispõe: "*a lei assegurará aos autores de inventos industriais privilégio temporário para sua utilização, bem como proteção às criações industriais, à propriedade das marcas, aos nomes de empresa e a outros signos distintivos*".

A proteção sobre a propriedade intelectual resulta na criação de dois institutos jurídicos: a **patente** e o **registro**. Em nosso dia a dia é muito comum ouvirmos, ou mesmo utilizarmos, a expressão: "tal escritório trabalha com marcas e patentes". Havemos de ter cuidado, pois assim dizendo estamos confundindo continente com conteúdo. **Marca** é uma das criações humanas que pode ser objeto de **registro**, logo não pode andar ao lado da **patente** como se fosse instituto análogo. Melhor, e o correto, é dizer que o tal escritório é especialista em "patentes e registros".

Patente é o privilégio de utilização concedido para uma **invenção** ou **modelo de utilidade**, criações que, conforme se explicará melhor adiante, são novidades que antes não estavam disponíveis para a sociedade. Já o **registro** volta-se à proteção do uso dos **desenhos industriais** e das **marcas**, conceitos abstratos que identificam e individualizam produtos e serviços do empresário em relação aos demais concorrentes.

A patente e o registro são concedidos após a análise dos requisitos legais pelo Instituto Nacional de Propriedade Industrial (INPI), autarquia federal criada em 1970, a qual teve suas funções revistas com a edição da Lei 9.279/1996, que hoje cuida entre nós do Direito Industrial. Cabe ao INPI, em linhas gerais, executar, em âmbito nacional, as normas que regulam a propriedade intelectual e manifestar-se sobre a conveniência da assinatura ou retificação de tratados internacionais sobre a mesma matéria.

4.2. Características comuns às patentes e aos registros

4.2.1. Temporariedade

A titularidade de uma patente ou registro garante ao seu proprietário *privilégio temporário de utilização exclusiva sobre o objeto patenteado ou registrado*. Anote, pois, que tanto a patente quanto o registro não são vitalícios. Da mesma forma que é do interesse do Estado garantir a propriedade, também a intelectual, para que se incentive sua produção, não é menos verdade que muitas vezes o objeto protegido é de grande utilidade social e sua exploração, em algum momento, deve ser franqueada para que a produção em massa do bem traga os benefícios decorrentes da livre concorrência, como a queda dos preços.

4.2.2. Natureza jurídica

A patente e o registro são considerados **coisas móveis** para todos os efeitos.

4.2.3. Integram o patrimônio do titular

O que significa que as patentes e os registros *podem ser objeto de negócios jurídicos*, como a **alienação** e a **cessão dos direitos de uso**, bem como integram o monte partível nas hipóteses de **sucessão**, sendo transmissível aos herdeiros pelo prazo que restar; sua proteção judicial, em caso de violação, pode ser exercida inclusive por meio das **ações possessórias** (STJ, REsp 7196/RJ, DJ 10/06/1991).

4.3. Patentes

4.3.1. Invenção

É a criação de algo novo, até então desconhecido da sociedade, originário da atividade intelectual humana. O ser humano, diante de uma necessidade, tende a procurar uma solução para facilitar sua vida. Algumas pessoas têm a aptidão de criar coisas para suprir essas necessidades. Ex.: em algum momento da história, alguém ficou cansado de ter de esperar várias horas para que a carne cozinhasse e ficasse macia para consumo. Fruto de sua atividade criativa, inventou a panela de pressão e poderia ter patenteado sua obra.

4.3.2. Modelo de utilidade

Pode ser definido como *o item que, agregado a outro já existente, implica aumento de sua utilidade, permitindo uso mais amplo, mais seguro ou mais econômico do produto*. Perceba que não se trata de invenção propriamente dita porque o modelo de utilidade não existe por si mesmo, sendo obrigatoriamente vinculado a produto já industrializado. Ainda assim, é ato inventivo do gênio humano e, como tal, merece proteção autônoma àquela do produto melhorado. Ex.: usando a panela de pressão que alguém inventou e mandou produzir em massa, um cozinheiro notou que, caso a válvula entupisse, a panela explodia. Resolveu, por isso, desenvolver um modelo de utilidade para que a panela se tornasse mais segura, criando a válvula de segurança acoplada na tampa.

4.3.3. Requisitos da patente

Para ser patenteável, a invenção e o modelo de utilidade devem contar, cumulativamente, com os seguintes requisitos:

a) Novidade: o produto a ser patenteado deve ser novo, assim entendido *aquele cuja elaboração não está compreendida no estado da técnica*. Explicando melhor, ainda que fosse até então totalmente desconhecido do sujeito criador, a invenção ou modelo de utilidade não pode ser algo já dominado pelos peritos na área. A Lei 9.279/1996 considera, também, estado da técnica tudo aquilo que já foi divulgado ou tornado acessível ao público;

b) Inventividade: além de novos, a invenção ou o modelo de utilidade *não podem ser mera decorrência do estado da técnica*, isto é, devem ir além da simples aplicação lógica de regras ou combinações já existentes. Decorre de atividade inventiva o produto que espelha um verdadeiro progresso na área do conhecimento;

c) Possibilidade de industrialização: somente pode ser objeto de patente aquilo que é também suscetível de produção industrial, consideradas as possibilidades atuais da indústria, nacional ou internacional. Não será concedido o privilégio, por exemplo, para o protótipo de um carro voador que necessita, para sua construção, de minerais encontrados apenas no solo lunar;

d) Ausência de impedimentos: a Lei 9.279/1996 estabelece limites para a concessão de patentes de invenções e modelos de utilidade, ainda que supridos os requisitos anteriores. São impedidas as patentes de *produtos ofensivos à moral, aos bons costumes, à segurança ou à saúde públicas; substâncias resultantes de transformação do núcleo atômico (radioativas); e seres vivos*. Estes últimos, *excepcionalmente*, podem ser objeto de patente se apresentarem características que a espécie não alcançaria em condições naturais. É o caso dos organismos geneticamente modificados – OGM – também conhecidos como *transgênicos*.

4.3.4. Procedimento

A apresentação do pedido de patente é denominada **depósito** e deve ser feito no INPI acompanhado dos documentos indicados na lei.

Recebido o pedido, o INPI o manterá em sigilo pelo prazo de 18 meses, após o qual será **publicado** e restará disponível para análise de qualquer interessado (o pedido, não a patente propriamente dita). A etapa da publicação é omitida quando se tratar de patente de interesse para a segurança nacional, ficando o pedido sob sigilo por todo o procedimento.

Passe-se, então, para a **análise dos requisitos** e, verificada a patenteabilidade, será concretizada a **concessão da patente** através da respectiva *carta-patente*, único documento hábil a comprovar o privilégio de exploração econômica daquele produto.

Não é demais lembrar que no Brasil vigora o **princípio da anterioridade da patente**, que determina que o titular do privilégio será aquele que *primeiro obteve a concessão da patente*, retroagindo os efeitos desta à data do depósito do pedido. Isso significa que, se alguém iniciar a exploração indevida do produto ou processo patenteado antes da emissão da carta-patente, deverá, ainda assim, indenizar o titular desta pelos prejuízos causados.

Sobre este assunto, o Brasil é signatário de um tratado internacional conhecido como **União de Paris**, que determina a igualdade de direitos e obrigações entre nacionais e estrangeiros no processamento e nos prazos da patente, bem como a verificação da prioridade da patente entre países signatários do pacto. Por exemplo, se um estrangeiro comprova que obteve uma patente em seu país, e esta nação é também signatária da União de Paris, pode o titular da patente estrangeira requerer o reconhecimento de sua prioridade no INPI, desde que o faça no prazo de 12 meses.

4.3.5. Prazo

A patente de invenção garante o privilégio para seu titular pelo prazo de 20 anos, *contados da data do depósito*.

Em se tratando de modelo de utilidade, o prazo é menor: 15 anos, *contados do depósito*.

Não há qualquer hipótese de prorrogação de prazo.

4.3.6. Licença compulsória

Mencionamos anteriormente que, por ingressar a patente no patrimônio do titular, este pode negociá-la livremente, inclusive *abrindo seu uso para terceiros mediante contrato*, que se denomina **licenciamento**. Aqui, licenciamento voluntário.

Há situações, contudo, em que o titular é *obrigado* a promover o licenciamento, diante do interesse público e da função social que deve ser exercida pela patente. Nestes termos, ocorre o **licenciamento compulsório** *quando o titular exercer os direitos da patente de forma abusiva, principalmente pelo abuso de poder econômico* (ex.: aumento arbitrário dos lucros); *pela ausência de industrialização do produto no território nacional; e pela comercialização insatisfatória da produção segundo as necessidades do mercado*, ou seja, o titular disponibilizar a oferta do produto em quantidades muito inferiores à demanda nacional.

O art. 71 da Lei nº 9.279/1996, por sua vez, autoriza o Poder Executivo Federal, em caso de emergência nacional ou internacional, interesse público, ou estado de calamidade pública de âmbito nacional, declarar a utilidade da patente e determinar seu licenciamento compulsório **de ofício**, estabelecendo o prazo de vigência da licença e a possibilidade de prorrogação, desde que o titular do direito não atenda a essas necessidades.

É também previsto o licenciamento compulsório humanitário de patentes de produtos destinados à exportação para países com insuficiente ou nenhuma capacidade de fabricação no setor farmacêutico para atendimento de sua população (art. 71-A da LPI).

É importante frisar que não estamos falando de **quebra de patente**, que se configura com a violação do direito do titular do privilégio. As hipóteses supratratadas continuam se caracterizando como **licenciamento**, razão pela qual o dono da patente será remunerado pelos empresários que buscarem a exploração do produto ou processo patenteado através do licenciamento compulsório.

4.3.7. Extinção da patente

São hipóteses de extinção da patente, situação na qual *o produto ou processo antes protegido passam para o domínio público*:

a) **Término do prazo**, também chamado de *extinção natural da patente*, lembrando sempre do prazo mínimo garantido por lei contado da concessão da patente;

b) **Caducidade**, que se opera *dois anos após a primeira licença compulsória*. Ou seja, determinada a licença compulsória, se ao longo de dois anos continuarem presentes os motivos que ensejaram sua decretação, a patente se extinguirá por caducidade;

c) **Renúncia à patente**, possível apenas se o ato não causar prejuízos a terceiros (ex.: pessoas físicas ou jurídicas que obtiveram a licença para exploração do titular do privilégio);

d) **Falta de pagamento da "retribuição anual"**, que é a taxa de manutenção da patente devida ao INPI enquanto ela estiver em vigor;

e) **Falta de representante no Brasil**, nas hipóteses em que o titular da patente for domiciliado no exterior.

As hipóteses de extinção da patente são todas definitivas, com exceção da falta de pagamento da retribuição anual. Nesse caso, o titular da patente pode requerer sua restauração no prazo de três meses da notificação da extinção se promover o pagamento da taxa faltante.

4.4. Registro

4.4.1. Desenho industrial

Desenho industrial, ou *design, é a forma utilizada para a fabricação de determinado objeto, abrangendo seu formato, as linhas do desenho e suas cores, cuja reunião cria um conjunto estético passível de ser aplicado na industrialização de um produto*. Exemplos comuns de desenhos industriais registráveis são aqueles utilizados para a fabricação de veículos.

Para ser admitido a registro, é necessário que o desenho industrial seja **novo**, ou seja, *o resultado visual criado não esteja compreendido no estado da técnica* (valendo aqui o mesmo conceito que aprendemos para as patentes); seja **original**, *não repetido, que não se confunde com outros desenhos já conhecidos*; e não haja **impedimento legal**, pois, nos termos da Lei 9.279/1996, não serão registrados os desenhos *ofensivos à moral, aos bons costumes, à honra ou imagem das pessoas, aqueles atentatórios à liberdade de consciência e formas comuns, vulgares ou necessárias.*

É imperioso ter em mente que **novidade** e **originalidade** são requisitos diferentes: a novidade preocupa-se com a *técnica*, o conhecimento dos peritos do setor sobre o assunto, ao passo que a originalidade é eminentemente *estética*, cuidando unicamente do apelo visual criado pelo *design*.

4.4.2. Marca

Pincelamos o conceito de marca ao tratar de sua diferença em relação ao nome empresarial e ao título do estabelecimento (item 1.5.5, supra). **Marca** é *o designativo visualmente perceptível (símbolos, expressões ou desenhos) que identifica determinado produto ou serviço do empresário.* Pela marca, o consumidor conhece o produto que está comprando, suas qualidades e diferenças em relação aos outros produtos, sendo que muitas vezes ignora quem é o fabricante ou prestador do serviço. Nisto se fundamenta a proteção da marca através do registro, pelo inegável valor comercial que possui no mercado.

São requisitos indispensáveis para o registro da marca: a **novidade relativa**, não se exigindo que o designativo seja absolutamente novo – o que deve ser nova é sua utilização como elemento identificador de determinado produto ou serviço; **a não colisão com marca notória**, as quais, ainda que não registradas, têm sua proteção assegurada pela União de Paris (ex.: Coca-Cola); e **a ausência de impedimento legal**, uma vez que a lei proíbe o registro, além daquilo que seja ofensivo à moral e aos bons costumes, de brasões ou emblemas oficiais, de letras, algarismos ou datas sem elementos diferenciadores suficientes ou ainda a reprodução ou imitação de elemento característico de título de estabelecimento ou nome empresarial de terceiros, a fim de evitar confusão junto aos consumidores (Lei 9.279/1996, art. 124).

É mister colocar que a proteção conferida pelo registro da marca é também **relativa**, pois está restrita à categoria empresarial na qual seu titular se insere (**princípio da especialidade ou da especificidade**). Na prática, o INPI divide as atividades empresariais em grupos, garantindo a exclusividade no uso da marca apenas em relação a outros integrantes da mesma categoria. No mesmo diapasão, não há presunção absoluta de prejuízo pelo uso indevido de marca registrada, cabendo ao titular do registro provar o dano causado (STJ, REsp 333105/RJ, DJ 02/06/2005).

4.4.3. Marca notoriamente conhecida e marca de alto renome

Muitas vezes confundidas e tratadas como sinônimas, as marcas **notoriamente conhecidas** e as de **alto renome** merecem proteção individualizada da legislação industrial.

Marcas notoriamente conhecidas (ou marcas notórias) são aquelas previstas no art. 126 da Lei nº 9.279/1996,

que, por serem amplamente reconhecidas *em seu ramo de atividade*, são protegidas ainda que não estejam registradas no Brasil. Nos termos do art. 6º, *bis*, 1, da União de Paris, consideram-se marcas notoriamente conhecidas aquelas nas quais *"a autoridade competente do país do registro ou do uso considere que nele é notoriamente conhecida como sendo já marca de uma pessoa amparada pela presente Convenção, e utilizada para produtos idênticos ou similares"*. Extrai-se do conceito que a marca notoriamente conhecida depende, para sua caracterização, de um ato administrativo declaratório em seu país de origem.

Por sua vez, a **marca de alto renome**, contemplada no art. 125 da LPI, tem como referência o *mercado nacional*, isto é, ela é considerada muito famosa nos limites do território brasileiro e terá *proteção especial consistente na expansão de sua proteção para todos os ramos de atividade.* Para tanto, deverá estar registrada no Brasil e, repise-se, a proteção geral em todos os ramos é restrita ao uso em nosso país (STJ, REsp 1114745/RJ, DJ 02/09/2010).

4.4.4. Procedimento

Aplica-se ao registro, no que couber, as mesmas regras estudadas para a concessão de patentes, inclusive as anotações concernentes à União de Paris, alterando-se, unicamente, que o pedido de prioridade elaborado por estrangeiro deve ser feito no prazo de *06 meses quando se tratar de registro.*

4.4.5. Prazo

O registro de desenho industrial vigora pelo prazo de *10 anos*, contados da data do depósito, e *pode ser prorrogado por até 03 períodos sucessivos de 05 anos cada*. A retribuição devida ao INPI pela concessão do registro incide a cada prazo quinquenal.

Para a marca, o prazo de registro inicial é também de *10 anos*, contados do depósito do pedido, porém *pode ser prorrogado sucessivas vezes por igual período, sem limite de vezes*. Exige a lei, unicamente, que o pedido de extensão do prazo seja efetuado sempre no último ano de vigência do registro. A retribuição ao INPI é *decenal*, ou seja, devida a cada 10 anos.

4.4.6. Extinção do registro

A extinção do registro dá-se nas mesmas hipóteses já estudadas para a patente: **término do prazo**, sem o requerimento da prorrogação, quando possível; **caducidade**, *apenas no caso de marca,* que se opera se sua exploração econômica não for iniciada no prazo de 05 anos contados da concessão, se houver a interrupção desta exploração por 05 anos consecutivos, ou pela alteração substancial da marca; **renúncia** ao direito conferido pelo registro; **ausência de pagamento da retribuição;** e **ausência de procurador habilitado no Brasil,** caso o titular do registro seja domiciliado no exterior.

4.5. Quadro sinóptico

Para bem fixar os conceitos aprendidos neste capítulo, acompanhe o quadro apresentado abaixo:

	Direito Industrial		
Patentes		Registros	
Invenção	Modelo de utilidade	*Design*	Marcas
20 anos, contados do depósito	15 anos, contados do depósito	10 anos, contados do depósito	10 anos, contados do depósito
Improrrogável	Improrrogável	Prorrogável por três períodos de 05 anos	Prorrogável por períodos iguais e sucessivos
Proteção integral	Proteção integral	Proteção integral	Proteção restrita à atividade do empresário

5. CONTRATOS EMPRESARIAIS

5.1. Noções gerais

A sistemática dos contratos empresariais (ainda chamados por grande parte da doutrina nacional de "contratos mercantis", por motivos históricos) em nada diverge da teoria geral dos contratos válida para todo o Direito Civil.

Afinal, em termos práticos, *considera-se contrato empresarial aquele no qual ambas as partes são empresárias*. Não há uma lista específica separando contratos empresariais de contratos civis. A identificação de um e outro é feita para a caracterização das partes. Se tanto o polo ativo quanto o polo passivo da avença são ocupados por pessoas físicas ou jurídicas que se enquadram no conceito de empresário previsto no art. 966 do CC, estaremos diante do contrato empresarial. Caso negativo, será contrato civil.

Repise-se que, na prática, tal distinção gera pouquíssimos efeitos. Aplicamos a ambas as categorias os mesmos princípios, a saber: **função social do contrato, boa-fé objetiva** e **pacta sunt servanda**, sendo igualmente possíveis os reconhecimentos da cláusula **rebus sic stantibus** e a alegação da **exceção de contrato não cumprido**. Todos estes temas são abordados pelo Direito Civil e têm a mesma eficácia no Direito Empresarial.

Há de se ter cuidado com apenas um detalhe: a possibilidade de incidência do Código de Defesa do Consumidor, o que afasta o regime jurídico empresarial. É possível que credor e devedor da obrigação sejam empresários e o contrato seja regido pelo Direito do Consumidor. Isso ocorrerá quando o empresário adquirente do produto ou serviço for o seu destinatário final sem que este se integre à cadeia produtiva, bem como pela hipossuficiência nas informações disponíveis sobre o produto ou serviço (STJ, REsp 814060/RJ, DJ 06/04/2010).

5.2. Compra e venda empresarial (ou mercantil)

Trata-se do contrato empresarial por excelência, visto que qualquer atividade econômica depende da transferência de propriedade de bens materiais e imateriais para desenvolver-se.

Conforme se depreende do art. 481 do CC, *pelo contrato de compra e venda, um dos contratantes se obriga a transferir o domínio de certa coisa, e o outro, a pagar-lhe certo preço em dinheiro*.

Antigamente, havia previsão expressa da compra e venda mercantil, com regras próprias, no Código Comercial. Com a revogação deste diploma pelo CC, cabe exclusivamente a este, desde sua vigência, a regulação deste contrato, tanto no âmbito civil quanto no âmbito empresarial.

Sendo assim, todas as normas ali previstas são aplicáveis à compra e venda empresarial: requisitos para formação do contrato (*acerto entre as partes sobre a coisa e o preço*), extinção da avença, cláusula de retrovenda, venda com reserva de domínio etc.

Cuidaremos, diante do escopo deste trabalho, unicamente dos aspectos específicos que a compra e venda pode tomar no Direito Empresarial.

5.2.1. Contrato de fornecimento

Configura-se o **fornecimento** com *a negociação de cunho geral sobre compras e vendas sucessivas, mantendo-se as mesmas condições para todas elas, durante determinado período de tempo*. Assim, temos um contrato de fornecimento quando, por exemplo, o dono de uma padaria firma um pacto com determinado atacadista para fornecimento de refrigerantes para seu comércio. Neste contrato, constará que a padaria irá celebrar "n" contratos de compra e venda com aquele atacadista, adquirindo "x" latas de refrigerante em cada uma delas, sempre com preço e forma de pagamento predeterminados.

Podemos definir o contrato de fornecimento como *a aglutinação de diversos contratos de compra e venda*. A vantagem de sua celebração é o aumento no poder de barganha na negociação entre as partes, podendo o comprador exigir um preço menor para os produtos diante da garantia que regularmente os adquirirá com o seu fornecedor.

5.2.2. Venda mediante amostra e venda a contento

Duas modalidades de compra e venda previstas no CC e bastante comuns na prática do comércio, a venda mediante amostra e a venda a contento, a despeito de similares, não comportam confusão em seus conceitos.

Venda mediante amostra *é aquela na qual o vendedor, previamente à celebração da avença, disponibiliza ao comprador uma amostra, protótipo ou modelo da coisa objeto do contrato, garantindo que esta comportará as mesmas características apresentadas pela amostra*. Nesse caso, se a coisa vendida realmente corroborar aquilo que foi visto na amostra, não poderá o comprador desistir do contrato. Por outro lado, e um tanto óbvio, constatada a desconformidade entre a coisa vendida e a amostra, pode o comprador exigir que aquela seja substituída por outra que confira com os caracteres do modelo previamente apresentado ou pleitear a resolução do contrato.

Na **venda a contento**, *o vendedor disponibiliza ao comprador a própria coisa objeto da negociação, autorizando que este a retenha por certo prazo para apreciação.* Impõe-se uma **condição suspensiva** na compra e venda, não se aperfeiçoando o contrato até que o comprador, expressa ou tacitamente, manifeste seu agrado. Pode figurar também como **condição resolutiva**: nessa hipótese, a compra e venda será considerada perfeita com a tradição da coisa, sendo lícito ao comprador resolver o contrato se esta não lhe agradar.

5.3. Faturização (ou *factoring* ou fomento mercantil)

Voltado à obtenção de capital de giro pelo empresário, o contrato de **faturização** pressupõe *a cessão de determinado crédito obtido pelo empresário por uma venda a prazo para uma instituição faturizadora, que adianta o valor ao empresário e fica com o direito de receber o pagamento pelo devedor, inclusive acionando-o judicialmente se for o caso (vide STJ, REsp 1.439.749/RS, DJe 15/06/2015).*

Há, portanto, duas partes no contrato de faturização: o **faturizado**, que é o empresário que realizou a venda a prazo, o cedente do crédito; e o **faturizador**, que pode ser qualquer pessoa, física ou jurídica, não necessariamente uma instituição financeira.

Aplicam-se ao contrato de *factoring* as regras previstas no CC sobre cessão de crédito: o faturizado não responde pela solvência do devedor, apenas pela existência do crédito; é necessário dar ciência ao sujeito passivo da obrigação sobre a faturização, para que este possa realizar o pagamento corretamente; *se o devedor pagar ao faturizado antes de receber a notificação, não poderá ser compelido a pagar novamente ao faturizador.*

O contrato de faturização é **oneroso** e **bilateral**, por criar direitos e obrigações para ambas as partes. Isso porque o faturizador, como arcará com o risco do inadimplemento do devedor, cobra uma remuneração do faturizado, já que este recebe imediatamente o numerário a que tem direito. Normalmente, a remuneração é descontada do montante que o faturizador repassa ao faturizado no momento do contrato.

É fundamental afastar a recorrente confusão entre o *factoring* e o **contrato de desconto bancário.** Este, como o próprio nome sugere, é celebrado necessariamente perante instituição financeira, a qual *não garante o pagamento do crédito*, ou seja, se o devedor não honrar a obrigação, o banco pode cobrá-la do empresário que cedeu o crédito, direito de regresso inexistente no fomento mercantil.

5.4. Franquia (ou *franchising*)

Pelo contrato de **franquia**, *o franqueador autoriza por meio de contrato um franqueado a usar marcas e outros objetos de propriedade intelectual, sempre associados ao direito de produção ou distribuição exclusiva ou não exclusiva de produtos ou serviços e também ao direito de uso de métodos e sistemas de implantação e administração de negócio ou sistema operacional desenvolvido ou detido pelo franqueador, mediante remuneração direta ou indireta, sem caracterizar relação de consumo ou vínculo empregatício em relação ao franqueado ou a seus empregados, ainda que durante o período de treinamento.* (art. 1º da Lei 13.966/2019).

Note que estamos diante de um contrato **típico**, por ser expressamente regulamentado em lei.

A franquia, em resumo, permite que um empresário comercialize produtos ou serviços criados por outro, mediante remuneração. Esta, usualmente, se dá pelo pagamento de uma taxa fixa no momento da concretização da avença e pelo repasse periódico de determinado percentual do faturamento do franqueado.

A principal característica da franquia é a *autonomia do franqueado.* Deveras, o vínculo existente entre as partes resume-se à autorização de uso da marca ou da patente e a remuneração devida por este uso (denominada *royalties*). Não há qualquer outra hierarquia entre eles, nem mesmo trabalhista. O franqueado é empresa independente do franqueador, sendo livre nas suas decisões empresariais.

Não se nega, contudo, que essa autonomia é *relativa*, pois o franqueado é obrigado a seguir determinações do franqueador no que tocar *aos produtos ou serviços oferecidos*. Neste sentido, não pode o franqueado adquirir insumos que não aqueles indicados pelo franqueador, ou ainda oferecer descontos ou preços diferenciados sem a autorização daquele, por exemplo.

Documento imprescindível para a validade do contrato é a **circular de oferta de franquia**, na qual o franqueador expõe ao interessado em adquirir a franquia as principais características do negócio, que deve ser apresentada com, no mínimo, 10 dias de antecedência da assinatura de qualquer contrato, pré-contrato ou pagamento de qualquer taxa, sob pena de **anulabilidade** do contrato de franquia assinado sem o respeito a essa regra.

A circular de oferta de franquia deve conter os requisitos expostos no art. 2º da Lei 13.966/2019, entre eles o modelo do contrato-padrão a ser assinado. Por conta disso, resta inquestionável que o contrato de franquia é, por natureza, um **contrato de adesão**. Porém, é mister esclarecer que esta característica, por si só, não autoriza a incidência do CDC nas relações entre franqueador e franqueado. E nem poderia, uma vez que este não é o destinatário final das mercadorias ou serviços adquiridos do franqueador, não se enquadrando no conceito legal de consumidor. O STJ já decidiu que a cláusula de eleição de foro colocada no contrato de franquia, se não causa empecilhos ao acesso ao Judiciário pelo interessado, é totalmente legítima (REsp 813481/DF, DJ 11/03/2008).

5.5. Arrendamento mercantil (ou *leasing*)

5.5.1. Evolução histórica

A origem do contrato de arrendamento mercantil é um tanto incerta. Há diversas passagens na História identificadas pelos doutrinadores como as primeiras manifestações de negócios jurídicos semelhantes ao *leasing*. Rodolfo de Camargo Mancuso encontra-o já na Babilônia, sob a égide do Código de Hamurabi, na Grécia e em Roma. Sua posição, porém, mostra-se um tanto extremada. É claro que as civilizações antigas são, em grande monta, o berço do Direito Privado, mas atribuir-lhes a idealização do contrato de arrendamento mercantil parece-nos exagerado.

Para outros, o *leasing* tem origem com o *Lend and Lease Act* do governo norte-americano. Em 1941, durante a Segunda Guerra Mundial, os EUA concordaram em fornecer armamentos aos países aliados sob a condição deles serem adquiridos ou devolvidos ao final da guerra. Essa "opção de compra" realmente é uma marcante semelhança com o arrendamento mercantil que conhecemos hoje, contudo concordamos com Maria Helena Diniz ao refutar esse dado como a semente do *leasing*. Afinal, tratou-se de um ato político, não um negócio jurídico.

Enfim, a primeira vez que o contrato em comento foi celebrado nos moldes comerciais foi em 1952, no estado americano da Califórnia, por D. P. Boothe Jr., que era um empresário do ramo de alimentos. Ele celebrou com o governo dos EUA um contrato de fornecimento de gêneros alimentícios para o exército de seu país e percebeu, logo depois, que não possuía maquinário suficiente para atender à demanda. Teve a ideia, então, de oferecer a um banco que adquirisse os bens em nome próprio e permitisse seu uso mediante uma contraprestação periódica, considerando que não possuía bens suficientes para dar em garantia de um empréstimo. A instituição financeira concordou com a proposta e seu sucesso fez com que D. P. Boothe Jr. abrisse a *U. S. Leasing Company*, responsável pela divulgação do novo modelo de negócio em todo o mundo.

No Brasil, o *leasing* foi introduzido na década de 60, ainda sem qualquer normatização. Seu fundamento era basicamente a liberdade de contratar e a autonomia da vontade, permitindo às partes celebrá-lo independentemente de previsão legal. Todavia, sua popularização chamou a atenção das autoridades fazendárias, que exigiram ao menos sua regulamentação para fins fiscais. Com isso, foi editada a Lei nº 6.099/1974, que tratou oficialmente do arrendamento mercantil no país pela primeira vez. Seguiram-lhe diversas normatizações infralegais, principalmente oriundas do Banco Central do Brasil, que buscaram ampliar a concretude das normas aplicáveis ao *leasing*. Atualmente, além do mencionado diploma legal, o *leasing* é regulado pela Resolução nº 2.309/1996 do BACEN.

5.5.2. Conceito

O *leasing* está previsto na Lei 6.099/1974 e pode ser definido, *grosso modo*, como um *contrato de aluguel no qual o locatário tem, ao final do prazo estipulado, a opção de devolver o bem, renovar a locação ou comprar a coisa, deduzido do preço o valor já pago a título de aluguel*.

Explicando melhor, no *leasing* uma pessoa física ou jurídica (o arrendatário), diante da necessidade de uso de determinado bem, entra na **posse direta** da coisa que *pertence e continua pertencendo* ao arrendador (*obrigatoriamente pessoa jurídica*), mediante uma contribuição mensal. Possibilita-se, assim, ao empresário valer-se do bem que precisa sem ter de dispor do valor para uma compra e venda.

A empresa arrendadora, segundo parâmetros estabelecidos pelo Banco Central, deve ser sociedade anônima ou instituição financeira previamente autorizada pela autarquia em ambos os casos. Ademais, deve constar na denominação utilizada pela empresa a expressão "arrendamento mercantil".

Além das partes do contrato, arrendador e arrendatário, há ainda a figura do **fornecedor**, que é o empresário que fornece o bem objeto do arrendamento. Nada obsta que ele se confunda com o arrendador, ou seja, que esse realize o negócio jurídico com um bem que já é de sua propriedade, desde que isso ocorra na modalidade de *leasing* financeiro, que estudaremos a seguir (art. 13 da Resolução nº 2.309/1996 do BACEN).

5.5.3. Elementos do contrato

Estão previstos no art. 5º da Lei nº 6.099/1974:

a) Prazo do contrato: o *leasing* deve ser celebrado, necessariamente, por prazo determinado;

b) Valor da contraprestação e a periodicidade do pagamento: a remuneração devida à arrendadora não precisa ser mensal, porém o intervalo de pagamento também não poderá *exceder um semestre*, como regra geral, *ou um ano em caso de atividades rurais*;

c) Opção de compra ou renovação do contrato: para a validade da cláusula, a faculdade deve ser atribuída ao *arrendatário*;

d) Preço para opção de compra ou critério para sua fixação.

Além desses itens, a Resolução nº 2.309/1996 do BACEN ainda exige:

e) A completa descrição do bem arrendado, que pode ser móvel ou imóvel;

f) As despesas e encargos adicionais;

g) Condições para eventual substituição dos bens arrendados;

h) Demais responsabilidades que vierem a ser convencionadas, entre elas as decorrentes de uso indevido do bem, contratação de seguro, danos causados a terceiros e ônus por vícios dos bens arrendados;

i) Atribuição de poder de fiscalização da arrendadora em relação à conservação dos bens arrendados, podendo exigir a adoção de providências indispensáveis à sua preservação;

j) Responsabilidade do arrendatário em caso de inadimplemento (cuja multa não poderá ultrapassar 2% do valor em atraso), destruição, perecimento ou desaparecimento dos bens arrendados;

k) A possibilidade do arrendatário transferir os direitos e obrigações do contrato a terceiro, desde que com anuência expressa da entidade arrendadora.

5.5.4. Modalidades de leasing

5.5.4.1. Leasing financeiro

É aquele em que *as contraprestações e demais pagamentos previstos no contrato, devidos pela arrendatária, sejam normalmente suficientes para que a arrendadora recupere o custo do bem arrendado durante o prazo contratual de operação e, adicionalmente, obtenha um retorno sobre os recursos investidos; as despesas de manutenção, assistência técnica e serviços correlatos à operacionalidade do bem arrendado sejam de responsabilidade da arrendatária; e o preço para o exercício da opção de compra seja livremente pactuado, podendo ser, inclusive, o valor de mercado do bem arrendado*.

Esse longo enunciado representa o art. 5º da Resolução nº 2.309/1996 do BACEN, que conceitua oficialmente a modalidade do arrendamento mercantil financeiro. Seu conhecimento é essencial para fins de concurso público, por isso não pudemos evitar sua transcrição. Por outro lado, o conceito não é tão difícil quanto parece.

O cerne do arrendamento mercantil financeiro é o trecho que diz "*a arrendadora recupere o custo do bem arrendado durante o prazo contratual de operação e, adicionalmente, obtenha um retorno sobre os recursos investidos*". Isso significa que é **a própria arrendadora que adquire o bem e transfere**

sua posse direta ao arrendatário e o valor cobrado deverá **gerar lucro** para a arrendadora. Em outras palavras, o que mais interessa aqui é o **ganho econômico** com o contrato, por isso é chamado de *leasing* **financeiro**. Normalmente, é celebrado por instituições que se destinam exclusivamente a celebrar contratos de arrendamento mercantil.

O *leasing* financeiro deve ser celebrado com **prazo mínimo de 2 anos**, caso a vida útil do bem seja *igual ou inferior a 5 anos*, e **prazo mínimo de 3 anos** para os demais bens. Exercida a opção de compra antes desse interregno, o contrato de *leasing* se desnatura e passará a ser tratado como uma compra e venda mercantil com pagamento a prazo.

5.5.4.2. Leasing operacional

É aquele no qual *as contraprestações a serem pagas pela arrendatária contemplem o custo de arrendamento do bem e os serviços inerentes a sua colocação à disposição da arrendatária, não podendo o valor presente dos pagamentos ultrapassar 90% do custo do bem; o prazo contratual seja inferior a 75% do prazo de vida útil econômica do bem; o preço para o exercício da opção de compra seja o valor de mercado do bem arrendado; e não haja previsão de pagamento do Valor Residual Garantido – VRG* (art. 6º da Resolução nº 2.309/1996 do BACEN), que é uma parcela a ser paga durante a execução do contrato com a finalidade de amortizar o valor devido ao final caso se exerça a opção de compra.

Salta aos olhos a maior limitação que incide no regulamento do *leasing* operacional. Nessa modalidade, que alguns autores chamam de *leasing* impuro ou atípico, a intenção das partes é mais voltada à transferência da propriedade do bem ao arrendatário ao final do contrato. O núcleo do negócio é a **utilização e aquisição** do bem pelo arrendatário, por isso *leasing* **operacional**. Aproxima-se da locação, porque a obrigação de preservação e manutenção do bem é da instituição arrendadora, dela se diferenciando na medida em que o pagamento das contraprestações periódicas serve de abatimento do preço de compra em caso do exercício dessa opção.

O *leasing* operacional deve ser celebrado com **prazo mínimo de 90 dias** e **prazo máximo equivalente a 75% da vida útil econômica do bem**. Essa "vida útil econômica" é dada por regulamentos e instruções da Secretaria da Receita Federal do Brasil, que estabelecem em quanto tempo cada espécie de bem perde totalmente seu valor de mercado. Tecnicamente, esse período é conhecido como **depreciação**.

Alguns autores, como Fran Martins, ainda distinguem o *leasing* financeiro e o *leasing* operacional a partir da **possibilidade de rescisão unilateral do contrato**, *proibida no primeiro e possível, mediante aviso prévio, no segundo*.

5.5.4.3. Leasing de retorno

Também conhecido como *sale and lease back, cession-bail* ou retroarrendamento, nada mais é do que uma variação do *leasing* financeiro, na qual *o bem arrendado é de propriedade do arrendatário, que transfere a propriedade para o arrendador, mas mantém a posse direta com base no contrato de arrendamento entre eles celebrado.*

5.5.4.4. Leasing impróprio

Também conhecido como *self leasing* ou *leasing* consigo mesmo, é a espécie de arrendamento mercantil celebrado

entre pessoas **vinculadas**, assim entendidas aquelas *coligadas ou interdependentes, direta ou indiretamente*, nos termos do art. 27 da Resolução nº 2.309/96 do BACEN.

Subdivide-se em **self leasing por vinculação**, onde ocorre propriamente o contrato *entre diferentes pessoas, porém vinculadas uma a outra*, e **manufacture leasing**, celebrado diretamente entre o *fornecedor do bem e o arrendatário*.

Ambas as hipóteses **não são reconhecidas** no Direito brasileiro como modalidades de arrendamento mercantil válidas, por força, respectivamente, do art. 28, incisos I e III, da Resolução nº 2.309/1996 do BACEN. Isso significa que, uma vez celebradas, não terão o mesmo tratamento tributário ou empresarial previsto para as demais modalidades.

5.5.5. Obrigações das partes

A doutrina elenca as seguintes obrigações para o **arrendador**:

a) **Adquirir o bem atendendo estritamente às determinações do arrendatário;**

b) **Garantir a integridade do bem, zelando por sua procedência e qualidade no momento da aquisição;**

c) **Contratar seguro para o bem arrendado;**

d) **Entregar a posse direta do bem ao arrendatário sem impor obstáculos injustificados;**

e) **Não intervir ou turbar a posse direta do arrendatário durante o uso do bem.**

Já para o **arrendatário**, podemos arrolar as seguintes obrigações:

a) **Pagar a contraprestação avençada no vencimento;**

b) **Utilizar o bem para os fins e nos limites do que constar do instrumento contratual;**

c) **Zelar pela preservação e conservação do bem, agindo como se proprietário fosse;**

d) **Abster-se de alterar ou modificar, sem anuência do arrendador, o equipamento ou seus elementos constitutivos;**

e) **Informar imediatamente o arrendador em caso de esbulho ou turbação na posse praticados por terceiro;**

f) **Adimplir os impostos incidentes sobre a transação e demais obrigações tributárias eventualmente aplicáveis;**

g) **Abster-se de realizar quaisquer negócios com o bem arrendado, principalmente aqueles tendentes a dele dispor, considerando que se trata de coisa alheia.**

Caso o arrendatário fique em atraso com o pagamento das parcelas, ainda que exista cláusula resolutiva do contrato expressa para essa hipótese, é obrigatória a prévia notificação do devedor para constituí-lo formalmente em mora (STJ, Súmula 369). Cumprida a formalidade e continuando o devedor em falta, com a resolução do contrato torna-se cabível a **reintegração de posse** do bem se este não for devolvido.

Vale salientar, entretanto, que hodiernamente o STJ tem adotado a **teoria do adimplemento substancial**, a qual afasta a possibilidade de resolução do contrato e consequente reintegração de posse se o arrendatário já pagou um número expressivo de parcelas. Nesse caso, mantém-se o direito ao crédito, o qual deverá ser exercido pelas vias executórias comuns. A aplicação da teoria é objeto de análise casuística: já se aceitou sua alegação em caso de pagamento de 30 das 36 parcelas convencionadas (REsp 1.200.105/AM, DJ 19/06/2012). No mesmo sentido: REsp 272.739/MG, DJ 02/04/2001 e REsp 1.051.270/RS, DJ 05/09/2011.

5.5.6. Revisão do contrato e cláusulas abusivas

Sobre a possibilidade de revisão das cláusulas contratuais do arrendamento mercantil, a jurisprudência pátria aceita sem ressalvas a aplicação da **teoria da imprevisão** e a cláusula *rebus sic stantibus*, que buscam preservar o equilíbrio econômico-financeiro do negócio jurídico. Nesse diapasão, é cediço nos julgados do STJ, por exemplo, que a elevação abrupta da cotação de moeda estrangeira, como ocorrido com o dólar norte-americano em janeiro de 1999, representa fato superveniente capaz de ensejar a revisão das cláusulas contratuais. É importante ressaltar, outrossim, que a indexação das parcelas em moeda estrangeira só é permitida com a comprovação da captação de recursos no exterior (art. 9º da Resolução nº 2.309/1996 do BACEN). Veja-se, por exemplo, REsp 897.591/PB, DJ 06/08/2009.

Merece atenção o fato da Súmula 263 do STJ ter sido cancelada pelo Colendo Tribunal em 2003. O verbete previa que a cobrança antecipada do VRG (ou seja, antes do termo final do contrato) descaracterizava o *leasing*, transformando-o em verdadeira compra e venda a prazo. As razões do cancelamento invocaram o brocardo *pacta sunt servanda*, consagrando a autonomia da vontade. Se as partes deliberaram pela possibilidade de cobrança antecipada no *leasing*, o acordo deve ser respeitado, não descaracterizando o arrendamento mercantil. Este novo posicionamento acabou consolidado na Súmula 293 do STJ.

Já no que toca à existência de cláusulas abusivas no contrato de arrendamento mercantil, o STJ tem farta jurisprudência no sentido de que **não** se trata de matéria de ordem pública cognoscível de ofício pelo Poder Judiciário. Não tendo sido objeto de impugnação específica no recurso de apelação, não poderá ser considerada pelo Tribunal de 2ª instância em seu julgamento, em consagração ao princípio do *tantum devolutum quantum apellatum* (AgRg no Ag 807.558/SC, DJ 30/06/2011; AgRg no REsp 759.965/RS, DJ 17/12/2007).

Para o Sodalício Superior, não se considera abusiva a imposição da obrigação ao arrendatário de contratação de seguro para o bem arrendado, exceto se a aludida contratação tiver de ser feita com uma instituição seguradora específica (REsp 1.060.515/DF, DJ 04/05/2010).

5.6. Contratos de colaboração

Sob esta larga rubrica, encontram-se os contratos nos quais *um empresário (colaborador) atua no sentido de criar ou ampliar o mercado de determinado produto ou serviço fabricado ou prestado por outro empresário (fornecedor)*. A função do colaborador é levar o produto ou serviço do fornecedor até onde o consumidor em potencial está, investindo em publicidade, estoques e estratégias de vendas em troca de uma remuneração.

Os contratos de colaboração podem ser divididos entre **contratos por aproximação** e **contratos por intermediação**. Existe uma única diferença entre eles: nos contratos por aproximação, o colaborador *nada adquire* do fornecedor. É o caso da **comissão** e da **representação**. Já na intermediação, o colaborador *adquire* o produto do fornecedor para revendê-lo, como ocorre, em regra, na **distribuição**.

5.6.1. Comissão

Na **comissão** empresarial, *um empresário (comissário) obriga-se a realizar negócios em prol de outro (comitente), mas em nome próprio*. Em outros termos: o comissário, mediante remuneração, celebra contratos com terceiros cujo objeto é o produto ou serviço fornecido pelo comitente. Mas quem figura no contrato como parte *é o comissário*, obrigando-se perante o terceiro pelo adimplemento da avença. O comitente, muitas vezes, fica anônimo, por razões estratégicas.

A linha entre a **comissão** e o **mandato** é muito tênue: separa-os apenas o fato do *comissário obrigar-se perante terceiros*, contratando em seu próprio nome, ao passo que o mandatário, desde que aja dentro dos limites dos poderes que lhe foram outorgados, atua em nome do mandante e, por isso, não se responsabiliza pelo cumprimento do acordo.

No mais, os contratos são idênticos, aplicando-se a disciplina legal do mandato à comissão.

Não se deixe esquecer que o negócio fechado pelo comissário é feito *em prol do comitente* e é a este que pertence, em princípio, o risco. Caso, por exemplo, o terceiro que comprou produtos através de acordo com o comissário não pague o combinado no prazo, o prejuízo é do comitente. O comissário continua a fazer jus a sua remuneração.

Essa regra, contudo, pode ser excepcionada por expressa determinação das partes. Trata-se da **cláusula *del credere***, pela qual o risco do *inadimplemento* é transferido para o comissário, que responde solidariamente com o terceiro. Obviamente, a remuneração nesse caso tenderá a ser maior. Anote-se que *os demais riscos, como vícios na coisa ou evicção, continuam entregues ao comitente*.

Comissão é também o nome da remuneração devida ao comissário pelo seu trabalho, devida, repita-se, mesmo que o terceiro não cumpra sua parte no acordo, exceto se presente a cláusula *del credere*.

5.6.2. Representação (ou agência)

Nesta espécie de contrato, prevista na Lei 4.886/1965 e no CC (no qual recebeu o nome de **agência**), *um empresário (representante) obriga-se a localizar potenciais interessados nos produtos ou serviços de outro (representado) e obter, para este, pedidos de compra e venda ou prestação de serviços*. O representante comercial é **colaborador por aproximação** por excelência: sua função é apresentar o produto do representado para eventuais interessados e encaminhar-lhe os consequentes pedidos.

O representante tem *autonomia* no exercício de sua função, devendo observar as diretrizes do representado apenas no que disserem respeito à forma de organização da atividade com foco na maior quantidade de vendas. Se as ingerências do representado tornarem-se excessivas, extrapolando o viés empresarial e caracterizando a *subordinação* do representante, estaremos olhando para um verdadeiro contrato de trabalho, ainda que o contrato celebrado entre as partes diga diferentemente.

As obrigações do representante e do representado vão além, respectivamente, de empregar a mesma diligência que teria para a venda de seus próprios produtos e pagar a retribuição pactuada. A mais importante delas refere-se à **cláusula de exclusividade**.

O representante *pode ser obrigado a trabalhar exclusivamente para um representado*. Trata-se de **exclusividade de representação** e deve ser *expressamente* prevista no contrato para cada praça de atuação. Se as partes acertaram a exclusividade de representação para a cidade "X" e, ao longo da execução dos trabalhos, o representante é autorizado a também atuar na cidade "Y", *deverá respeitar a exclusividade de representação apenas na cidade "X", a não ser que haja aditivo contratual específico para incluir a segunda* (STJ, REsp 229761/ES, DJ 05/12/2000).

Já o representado *não pode vender diretamente seus produtos na zona delimitada para a atuação de representante comercial já contratado para aquela área*. Fala-se, aqui, de **exclusividade de zona** e ela é *implícita* nos contratos de representação empresarial omissos. Ou seja, se o representado pretende afastá-la, deve fazê-lo expressamente no acordo. O art. 27, "d", da Lei 4.886/1965 estatui a obrigatoriedade da delimitação da zona de atuação do representante no contrato. Violada a regra, operando o representado uma venda direta na zona do representante, este fará jus à remuneração respectiva.

A representação, não raro, pode ser confundida com a **comissão** e mesmo com o **mandato**, com quem também muito se assemelha. Para suplantar qualquer dúvida, apresentamos as diferenças entre os três contratos no quadro sinóptico a seguir:

Mandato	*Mandatário atua em nome do mandante*	Tem poderes para fechar acordo
Comissão	Comissário atua em nome próprio	Tem poderes para fechar acordo
Representação	Representante atua em nome próprio	*Não tem poderes para fechar acordo*

Outra diferença importante entre a **comissão** e a **representação** é que nesta, por força do disposto no art. 43 da Lei 4.886/1965, é **vedada** a inclusão da cláusula *del credere*.

5.6.3. Distribuição

O contrato de **distribuição** não difere da representação, exceto por dois aspectos: primeiro, *na distribuição, o distribuidor tem à sua disposição (posse direta) as mercadorias do distribuído, enquanto que, na representação (ou agência), o representado as mantém consigo até o adimplemento da obrigação pactuada com terceiro* (art. 710 do CC).

Segundo, enquanto a representação é necessariamente um contrato de colaboração por aproximação, porque o representado não tem poderes para fechar o negócio em nome do representante, *a distribuição pode assumir duas figuras distintas: a distribuição-aproximação e a distribuição-intermediação*.

A distribuição-aproximação, mais difícil de ser vista na prática, opera-se nos mesmos moldes da representação, porém tendo o distribuidor a posse direta das coisas a serem vendidas. Os bens ficam em seu poder a título de **depósito**.

Na distribuição-intermediação, mais comum, por sua vez, o distribuidor *adquire* os produtos do distribuído para *revendê-los*. Atua, destarte, em nome próprio e obriga-se perante terceiro porque é *proprietário* das mercadorias vendidas. É o exemplo dos postos de combustíveis.

Pela similitude, aplicam-se à distribuição as mesmas regras estudadas sobre a representação, exceto quando se tratar de distribuição-intermediação de veículos automoto-res. Para este setor da economia existe a Lei 6.729/79 (com as alterações realizadas pela Lei 8.132/1990), que denomina tal contrato como **concessão comercial**. Vem daí o termo usual do cotidiano "concessionária de veículos". Nesta hipótese, o CC é usado apenas como legislação supletiva, devendo ser observados os ditames da legislação especial.

6. DIREITO FALIMENTAR

6.1. Resumo histórico

A partir da edição da Lei nº 11.101/2005, houve o acolhimento integral da **teoria da empresa**, estampada no CC, garantindo a aplicação de seus benefícios a todos aqueles que sejam considerados *empresários*. A legislação anterior, elaborada sob a vigência do vetusto Código Comercial, creditava o regime jurídico falimentar apenas aos *comerciantes*, apesar da jurisprudência, ao longo das décadas, ter ampliado substancialmente seu campo de incidência.

Outrossim, foi extinta a **concordata**, sendo criada em seu lugar a **recuperação da empresa**. A diferença é tanto teórica quanto prática: inicialmente, verificamos que a criação do instituto da recuperação, em substituição à concordata, demonstra que a LF se preocupa em bem diferenciar a empresa economicamente viável da inviável. Às empresas viáveis, que lhes seja dado o direito de tentar se recuperar após um período de crise econômica; às inviáveis, a falência.

Na prática, os conceitos se afastam ainda mais: a concordata previa apenas a dilação do prazo de vencimento das dívidas, em uma fórmula engessada que, no mais das vezes, em nada ajudava a empresa a não falir; a recuperação, veremos detalhadamente adiante, prevê a *liberdade de elaboração do plano de recuperação*. Atendidos a certos requisitos legais, o empresário em dificuldade é livre para elencar as diligências necessárias para sua recuperação, submetendo sua proposta aos credores. Nada mais correto, afinal são eles os principais interessados no recebimento de seus créditos, sendo certo que, com a quebra do devedor, a chance de recebê-los diminui consideravelmente.

Por fim, a Lei nº 14.112/2020 promoveu uma ampla revisão da Lei nº 11.101/2005, a fim de evitar que ela se tornasse obsoleta como aconteceu com sua antecessora.

6.2. Princípios de Direito Falimentar

6.2.1. Princípio da conservação da empresa viável

Consagrado, como vimos, pela criação do instituto da recuperação da empresa, que visa a manter funcionando a empresa que apresente viabilidade econômica, não se impondo sua falência exclusivamente por força de um período de instabilidade;

6.2.2. Princípio da equivalência dos créditos (par conditio creditorum)

Segundo o qual *todos os credores terão tratamento equitativo*, priorizando-se o recebimento proporcional por todos eles do que a satisfação integral de apenas alguns. Deve se destacar, porém, que o princípio não veda a criação de uma *ordem de preferência* no pagamento, que efetivamente existe. A questão é: dentro da mesma classe de credores, o valor disponível para pagamento deve ser rateado entre todos;

6.2.3. Princípio da prevalência dos interesses dos credores

A falência e a recuperação da empresa, a despeito de se revestirem como procedimentos judiciais, são institutos voltados à satisfação das obrigações contraídas pelo devedor. É claro que o Estado tem interesse tanto na continuação da empresa viável quanto na extinção da empresa inviável (e é este o motivo do Poder Judiciário interceder em ambos os casos), mas os principais interessados são os credores, que devem ser ouvidos antes de todas as decisões judiciais e, muitas vezes, são soberanos naquilo que deliberarem.

6.3. Órgãos de administração da falência e da recuperação

6.3.1. Juiz

Por força do mandamento constitucional que veda a exclusão da apreciação do Poder Judiciário qualquer lesão ou ameaça de lesão a direito (art. 5º, XXXV, da CF), a falência e a recuperação de empresas serão, em regra, efetivadas através de procedimento judicial.

Em síntese, cabe ao juiz presidir o processo, decretando a falência, autorizando a recuperação e decidindo sobre todas as demais questões controvertidas debatidas no bojo dos autos, ouvidos os demais órgãos quando a lei exigir. Compete-lhe, também, a nomeação do **administrador judicial** e a homologação do quadro-geral de credores.

6.3.2. Ministério Público

A atuação do *Parquet* fica restrita aos casos expressamente previstos na LF, que relacionam, em apertada síntese:

a) impugnar o quadro-geral de credores antes de sua homologação ou promover sua alteração através de ação de rito ordinário (se já homologado);

b) requerer a substituição do Administrador Judicial e de membros do Comitê de Credores nomeados em desacordo com a lei;

c) ser intimado do deferimento da recuperação judicial e da decretação da falência;

d) recorrer, através de agravo, da decisão que concede a recuperação judicial;

e) propor ação revocatória;

f) ser intimado de todo e qualquer ato de alienação de ativos, podendo inclusive impugnar a arrematação;

g) pronunciar-se sobre a prestação de contas do Administrador Judicial no encerramento da falência.

6.3.3. Administrador judicial

*Pessoa de confiança do juiz e nomeada por este para administrar o complexo de bens e dívidas do empresário falido (**massa falida**) durante o processo de falência ou para acompanhar a execução do plano de recuperação, no caso de recuperação judicial da empresa.* Será, preferencialmente, advogado, economista, administrador de empresas, contador ou pessoa jurídica especializada. Nesse último caso, a sociedade deve indicar o nome do profissional responsável pela condução do processo, que não poderá ser substituído sem autorização do juiz (art. 21 da LF).

A figura do administrador judicial vem para substituir duas outras previstas na legislação anterior, que denominava **síndico** o responsável pela administração da falência e **comissário** o indivíduo designado para acompanhamento da concordata. Suas funções permanecem, essencialmente, as mesmas. Acontece que na atual LF ambos levam o mesmo nome.

Suas atribuições estão previstas no art. 22 da LF, divididas entre as atribuições comuns na recuperação judicial e na falência (inciso I), exclusivas da recuperação judicial (inciso II) e exclusivas da falência (inciso III). Todas elas estão inseridas no conceito apresentado.

Para exercê-las, o administrador judicial tem direito de receber remuneração fixada pelo juiz, em montante não superior a 5% do valor devido aos credores da empresa em recuperação ou do valor de venda dos bens na falência. Se o devedor em crise for microempresa, empresa de pequeno porte ou produtor rural pessoa física, o limite da recuperação do administrador judicial é reduzido a 2%. Essa diminuição ocorre porque a remuneração do administrador judicial é paga pelo devedor ou sua respectiva massa falida.

Destacamos, ainda, que compete ao administrador judicial a *elaboração do quadro-geral de credores*, que é a lista de pessoas físicas e jurídicas que comprovaram possuir créditos junto ao falido ou empresário em recuperação, relacionados discriminadamente pelo valor desses créditos e sua classe (trabalhistas, credores com garantia real e os demais, reunidos em uma só classe junto com os quirografários).

Vale ressaltar, ainda, que o administrador judicial é o vínculo da empresa falida ou em recuperação com o juiz. Ele tem poderes de convocar a assembleia-geral de credores sempre que entender necessário para a tomada de decisões que afetem o interesse destes e pode, para bem exercer seu ofício, contratar auxiliares ou empresas especializadas com autorização judicial, *sob pena dele próprio responder pela remuneração desses profissionais.*

O administrador judicial pode ser **substituído** pelo juiz, quando tiver de afastar-se de suas obrigações por motivos justificados (ex.: para tratar da própria saúde), hipótese em que receberá sua remuneração proporcionalmente aos serviços prestados. Situação diferente é a **destituição** do administrador judicial. Aqui, estamos falando de *sanção* para o administrador omisso ou negligente no cumprimento de seus deveres. O juiz pode destituir o administrador sempre que entender que este não agiu com a diligência necessária. Há, outrossim, uma hipótese legal específica de destituição: caso o administrador não apresente seus relatórios obrigatórios no prazo previsto em lei (art. 23, parágrafo único, da LF).

Destituído o administrador judicial, *ele perde o direito à remuneração.* Efeito idêntico ocorrerá quando as contas finais apresentadas pelo administrador forem reprovadas pelo juiz, decisão que servirá de título executivo para indenização da massa falida.

6.3.4. Assembleia-geral de credores

Em poucas palavras, definimos a assembleia-geral de credores como *o órgão colegiado formado por todos os credores do falido ou do devedor em recuperação judicial, reunido para deliberar sobre questões afetas aos interesses daqueles.*

A despeito de sua importância, e também de sua competência exclusiva para decisão de alguns temas, não há previsão de convocação obrigatória da assembleia-geral no processo de falência. Ela será convocada pelos próprios credores (representantes de, no mínimo, 25% dos créditos de determinada classe) ou pelo administrador judicial quando as circunstâncias justificarem. Já na recuperação, há **convocação obrigatória** para a aprovação do plano de recuperação elaborado pelo devedor, exceto se este for microempresa, empresa de pequeno porte ou produtor rural pessoa física que opte pelo plano previamente estabelecido pela LF, conforme se verá.

A assembleia-geral se instala, em primeira convocação, se estiverem presentes credores que representem *mais da metade dos créditos de cada classe*. Em segunda convocação, os trabalhos se iniciam com qualquer número de credores.

É possível que um credor seja representado por outra pessoa na assembleia. Em se tratando de mandato específico, o procurador deve entregar o instrumento de procuração ao administrador judicial até 24 horas antes daquela prevista para instalação da assembleia. Podem, ademais, os **sindicatos de trabalhadores** representarem seus membros nas assembleias, desde que apresentem, *até 10 dias antes*, lista nominal dos trabalhadores que pretendem representar. Na eventualidade do mesmo credor constar da lista de mais de um sindicato, até 24 horas antes da assembleia ele deve indicar por qual deles quer ser representado, sob pena de não ser representado por nenhum (art. 37, § 6º, inciso I, da LF).

Como já aventado, uma vez instalada a assembleia-geral, os credores são divididos em quatro classes: credores trabalhistas e com créditos decorrentes de acidente de trabalho; credores com garantia real; credores com privilégio geral e especial, credores quirografários e credores subordinados; e credores que se enquadrem como microempresa ou empresa de pequeno porte. Como regra, as deliberações são aprovadas *pela maioria simples dos créditos presentes*, independentemente de classe. O voto de cada credor é proporcional ao valor do crédito, isto é, cada real em crédito vale um voto.

Para que serve, então, a divisão dos credores em classes? Algumas deliberações exigem que a matéria seja votada *separadamente em cada classe, sendo aprovada pela maioria dos créditos em cada uma delas*, para ser considerada aprovada. São exemplos a formação do **Comitê de Credores** e a votação do plano de recuperação judicial.

Podem votar todos os credores assim reconhecidos pelo quadro-geral elaborado pelo administrador judicial, mesmo que este ainda não tenha sido homologado pelo juiz.

Por fim, é importante trazer à baila o ditame do art. 40 da LF, que proíbe a concessão de liminares para suspender ou adiar a realização de assembleia-geral em virtude da pendência de discussão judicial sobre a existência do crédito, seu valor ou classificação. O artigo é polêmico, porque aparentemente destoa do **princípio da indeclinabilidade da jurisdição**, previsto no art. 5º, inciso XXXV, da CF. A maioria dos autores acusa-o de inconstitucionalidade. Não obstante, ainda não existem posicionamentos dos Tribunais Superiores sobre o tema.

6.3.5. Comitê de Credores

O **Comitê de Credores** *é um órgão colegiado simplificado, formado por representantes das três classes de credores, com o objetivo de fiscalizar o trabalho do administrador judicial e manifestar suas opiniões nos casos previstos em lei.*

É formado por um membro e dois suplentes escolhidos em cada classe de credores. Atenção, *pois aqui as classes são divididas diferentemente*: trabalhistas e créditos decorrentes de acidente de trabalho; credores com garantia real e *com privilégio especial*; credores quirografários *e com privilégio geral*; credores que se enquadrem como microempresas ou empresas de pequeno porte. Não é obrigatório que todas elas estejam representadas no Comitê, afinal é possível que no caso concreto sequer existam credores de uma ou outra classe.

Nas deliberações do Comitê, *cada classe tem direito a um voto*, decidindo-se por maioria. Em caso de empate, decidirá o administrador judicial e, se este não puder votar (porque o Comitê delibera sobre sua destituição, por exemplo), o empate será dirimido pelo juiz.

Aplicam-se aos membros do Comitê as mesmas regras previstas para o administrador judicial no que tange à substituição e destituição.

A criação do Comitê é *facultativa*. Na sua ausência, suas atribuições serão desempenhadas pelo administrador judicial.

6.4. Falência

6.4.1. Conceito

Falência *é o estado de insolvência do devedor empresário, caracterizada pela insuficiência no valor de seus ativos (bens e direitos patrimoniais) para o pagamento de todo seu passivo (obrigações vencidas e vincendas), ainda que por mera presunção legal.*

A falência é decretada através de processo judicial de competência *do foro da Justiça Estadual da comarca do principal estabelecimento do devedor*. Perceba dois pontos importantes: um, a competência é *sempre* da Justiça Estadual Comum, não havendo previsão de competência da Justiça Federal para julgamento de processos falimentares; dois, a competência *não se estabelece pela sede do devedor*, mas sim pelo seu *principal estabelecimento*, que é aquele em que se concentra o maior volume de negócios (há entendimento doutrinário no sentido de que o conceito abrange, na verdade, o *local de onde partem as decisões empresariais* – Enunciado 466 JDC/CJF). Na hipótese de empresa estrangeira, deve-se avaliar qual de suas filiais no território nacional é aquela com maior movimentação.

Através do processo de falência, instala-se o **concurso de credores** (daí porque o processo falimentar é também chamado de **concursal**), cujo objetivo é o pagamento proporcional de todas as dívidas, evitando-se a preferência de alguns no recebimento exclusivamente porque cobrou primeiro o devedor em detrimento de outros cujas dívidas venceriam posteriormente. Sendo de mesma classe, os credores receberão conjuntamente na proporção de seus créditos.

6.4.2. Sujeito passivo da falência

Pode ser réu no processo de falência *o empresário, pessoa física ou jurídica, regular ou irregular*. Lembre-se que o empresário irregular, pessoa física ou sociedade em comum, *pode falir, porém não lhe é autorizado requerer a falência de outrem* (item 1.2, letra "b").

A par desta regra, o art. 2º da LF destaca pessoas que *não estão sujeitas* ao regime jurídico falimentar, a despeito de serem empresárias: a empresa pública e a sociedade de economia mista; instituições financeiras; cooperativas de crédito; consórcios; entidades de previdência complementar (previdência privada); planos de saúde; seguradoras; sociedades de capitalização; e outras entidades que a lei eventualmente equiparar a estas.

O motivo da exclusão é a natureza das atividades elencadas, que, devido ao grande vulto econômico que normalmente apresentam, preferiu o legislador deixar as hipóteses de insolvência dessas empresas a cargo da legislação especial. Por isso dizemos que essas entidades não entram em falência, mas em **liquidação**.

Todavia, conforme ensina Fábio Ulhôa Coelho, devemos diferenciar as duas hipóteses diferentes de exclusão do regime jurídico falimentar estabelecidas pela Lei nº 11.101/2005.

Na primeira, chamada de **exclusão absoluta**, que engloba *as empresas públicas, as sociedades de economia mista e as câmaras de compensação e liquidação financeira*, a falência dessas entidades *nunca* poderá ser decretada. Elas se submetem, em todas as hipóteses, ao procedimento especial de liquidação, judicial ou extrajudicial, previsto nas respectivas legislações.

Na segunda, dita **exclusão relativa**, que alcança *as companhias de seguro, as operadoras de plano de saúde e as instituições financeiras (bancos, sociedades de leasing, administradoras de consórcios e sociedades de capitalização)*, essas empresas não poderão falir *em algumas hipóteses*. Ou seja, em casos específicos, discriminados pela legislação especial, poderemos aplicar a Lei nº 11.101/2005 para os casos de crise econômico-financeira dessas instituições. Acompanhe o quadro abaixo:

	Cias. de seguro	Planos de saúde	Inst. financeiras
Hipóteses de falência (aplicação da Lei 11.101/2005)	O ativo da companhia não é suficiente para quitar metade do passivo quirografário	O ativo da companhia não é suficiente para quitar metade do passivo quirografário, as despesas administrativas e operacionais ou se houver fundados indícios de crime falimentar	Só não poderá falir a pedido de credor em caso de prévia decretação de intervenção ou liquidação pelo BACEN. Em qualquer outro caso, aplica-se a LF
Lei especial aplicável (demais hipóteses)	Lei nº 10.190/2002	Lei nº 9.656/1998 e MP nº 2.177-44/2001	Lei nº 6.024/1974

A despeito de não figurar tecnicamente como sujeito passivo no processo falimentar, a decretação da falência da sociedade acarreta a falência do *sócio com responsabilidade ilimitada*, que sofrerá as mesmas limitações da sociedade falida nas obrigações patrimoniais e quanto ao impedimento para exercício de nova empresa.

6.4.3. Sujeito ativo da falência e hipóteses de decretação

O estudo de quem pode requerer a falência de outrem está umbilicalmente ligado às hipóteses legais de decretação da quebra.

Diante disso, é fundamental, primeiro, avaliarmos quando a lei determina que a falência do devedor empresário seja decretada:

a) Impontualidade injustificada: quando o devedor, *sem relevante razão de direito, não paga no vencimento obrigação líquida representada em título ou títulos executivos protestados cuja soma seja superior a 40 salários mínimos*.

Se este é o fundamento do pedido, a falência pode ser requerida por qualquer credor cujo crédito seja superior a 40 salários mínimos, desde que os títulos executivos sejam líquidos (também considerados aqueles que dependam de simples cálculos aritméticos – STJ, AgRg no Ag 1073663/PR, DJ 03/02/2011) e já estejam protestados (sendo que a notificação do protesto para fins falimentares *exige a identificação da pessoa que a recebeu* – STJ, Súmula 361). É permitido que vários credores se reúnam para atingir o valor mínimo exigido na lei, participando do processo falimentar como **litisconsortes ativos**.

Pode, também, ocorrer a **autofalência**, situação na qual *o próprio devedor requer a quebra*, que será analisada posteriormente. Além do próprio devedor, pessoalmente ou seu sócio, se for pessoa jurídica, a lei autoriza o pedido de falência elaborado pelo *cônjuge sobrevivente, qualquer herdeiro ou pelo inventariante*, em caso de falecimento do empresário individual.

b) Execução frustrada: caracterizada pela **tríplice omissão**, quando *o devedor, em processo de execução de título judicial ou extrajudicial, não paga, não deposita o valor em juízo nem nomeia bens à penhora para garantir a execução*.

Não se configura a execução frustrada caso a nomeação de bens à penhora seja intempestiva (STJ, REsp 741053/SP, DJ 20/10/2009).

Nesse caso, além da hipótese da autofalência, *qualquer credor* pode ingressar com o pedido de quebra, *não se exigindo o valor mínimo*.

c) Atos de falência: previstos no art. 94, inciso III, da LF, *são atos do devedor que a lei presume fraudulentos e indicativos de sua insolvência*. São exemplos clássicos a liquidação precipitada de ativos e o abandono de estabelecimento (usualmente conhecido como "golpe na praça").

O próprio artigo estabelece que os atos nele previstos não serão considerados como fundamento do pedido de falência se integrarem plano de recuperação judicial do devedor regularmente aprovado. Havemos de ter cuidado, pois esta parte do artigo demanda **interpretação restritiva**. Boa parte dos atos previstos são **nulos** ou **anuláveis**, como a realização de negócios simulados, e isso não poderia nunca estar previsto em plano de recuperação. O mesmo ocorre com o abandono do estabelecimento.

O pedido judicial de falência do devedor fundado em ato de falência segue a mesma regra da execução frustrada: é lícito a qualquer credor formulá-lo, independentemente do valor de seu crédito, esteja ele vencido ou não.

Sublinhamos uma vez mais que a lei diz *qualquer credor*, podendo este ser empresário ou não (ex.: é possível que o empresário individual tenha sua falência requerida por seu advogado por conta de uma dívida líquida não paga sem motivo justo em valor superior a 40 salários mínimos). Se for empresário, *deve estar regularmente inscrito na Junta Comercial*.

6.4.4. A sentença de decretação da falência e seus efeitos

A sentença judicial que decreta a quebra da empresa tem natureza **constitutiva** (não obstante seja costumeiramente conhecida como *sentença declaratória de falência*), pois altera a situação jurídica do devedor, modificando, criando e extinguindo direitos de todos os envolvidos.

Outra característica que merece nota é que, apesar da nomenclatura legal de *sentença*, trata-se de **decisão interlocutória especial**, porque encerra uma fase processual e inicia outra – a falência propriamente dita, conforme se verá adiante. Assim, o recurso cabível contra a sentença que decreta a falência é o **agravo de instrumento**, nos termos do CPC, sendo cabível a retratação pelo juiz.

Da sentença declaratória de falência decorre uma série de efeitos:

a) Afastamento do devedor ou de seus sócios de suas atividades: o empresário individual ou sócios da sociedade falida ficam impedidos de exercer qualquer atividade empresarial até sua reabilitação;

b) Indisponibilidade dos bens e criação da massa falida: com a quebra, o falido *perde o direito de dispor sobre seus bens*, que serão arrecadados para posterior venda e pagamento dos credores. O patrimônio do devedor e do *sócio com responsabilidade ilimitada* passa a ser considerado uma *universalidade de fato*, que se denomina **massa falida objetiva**. Arrecadados todos os bens do devedor e do sócio com responsabilidade ilimitada, sua administração deve ser feita em conjunto, sendo proibidos quaisquer atos de alienação ou oneração individual sem a concordância do administrador judicial e do Comitê.

Fala-se, também, na formação da **massa falida subjetiva**, que é *o conjunto de credores do falido*;

c) Nomeação do administrador judicial: cuja função primordial, já vimos, é a administração da massa falida e a elaboração do quadro-geral de credores;

d) Suspensão das ações judiciais promovidas contra o falido e do respectivo prazo prescricional: a partir da decretação da quebra, o juízo que a determinou passa a ser o único competente para tratar das questões patrimoniais envolvendo o devedor. Dessa forma, todos aqueles que detêm créditos junto a este devem *habilitá-los* junto ao juízo falimentar. É o fenômeno da **força atrativa (ou *vis atractiva*)**, que cria o **juízo universal da falência**.

Há, porém, ações judiciais que não se sujeitam ao juízo universal, continuando a correr nas varas originais até o trânsito em julgado da sentença. É o caso das *ações trabalhistas, das execuções fiscais, das ações de competência da Justiça Federal, aquelas cujo devedor seja o autor da demanda ou nas que envolverem quantia ilíquida*.

Em todos esses casos, ao final do processo, o credor, munido do título executivo judicial, deve habilitar-se no juízo falimentar para que seu crédito seja classificado na ordem legal de pagamento, com exceção da Fazenda Pública, cujo crédito não depende de habilitação para ser pago (art. 187 do CTN) – caso em que será aberto apenas um incidente de classificação do crédito público, previsto no art. 7º-A da LF.

Para garantir a existência de valores para pagamento desses créditos reconhecidos fora do juízo falimentar, o juiz que receber a petição inicial e o próprio devedor regularmente citado devem informar o juiz responsável pelo processo de falência para que seja efetuada a reserva das importâncias que estimarem devidas;

e) Fixação do termo legal da falência: o termo legal é *o período anterior à decretação da quebra no qual os atos jurídicos com escopo patrimonial praticados pelo devedor são considerados suspeitos e, destarte, ineficazes perante a massa falida*. Deve o juiz fixar a data inicial deste período, não podendo esta ser estabelecida mais de 90 dias antes do pedido de falência, do pedido de recuperação judicial (se este precedeu à falência) ou do primeiro protesto por falta de pagamento (excluídos aqueles eventualmente cancelados).

A existência do termo legal fundamenta-se no fato de que o devedor é, certamente, o primeiro a saber que a empresa vai mal e pode vir a falir. Sob esta óptica, determina a lei que alguns atos, elencados no art. 129, *não produzam efeitos* perante a massa falida, *independentemente da intenção ou não de fraudar os credores*. Repise-se que é hipótese de **ineficácia do ato**, que permanece válido diante do contratante de boa-fé e que, portanto, poderá cobrar do devedor os efeitos da evicção;

f) Suspensão das atividades da empresa: a fim de manter íntegro o patrimônio existente no momento da decretação da falência, a regra é que as atividades da empresa sejam suspensas para a arrecadação dos bens e sua posterior venda para pagamento dos credores.

Entretanto, por vezes é mais interessante para os próprios credores que a empresa continue funcionando, diante de sua produtividade. Se recomendável, o juiz pode determinar então a **continuação provisória da empresa**, que será gerida pelo administrador judicial.

g) Contratos do falido: a rigor, a decretação da falência não tem nenhum efeito direto e automático sobre os contratos firmados pelo empresário falido. *Os contratos não se resolvem de pleno direito com a falência*, continuando válidos. O que nasce é o dever do administrador judicial de *avaliar a conveniência de cumprir cada contrato*, devendo fazê-lo exclusivamente se for de interesse da massa, ou seja, se o cumprimento do acordo evitar o aumento do passivo ou permitir a manutenção ou preservação dos ativos, ouvido o Comitê de Credores. Caso contrário, o administrador judicial não deve honrá-lo.

Não pode, em contrapartida, o outro contratante ser deixado sem resposta, na dúvida sobre o cumprimento da avença. Estabelece, então, a LF que a outra parte deve interpelar o administrador judicial em até 90 dias contados de sua nomeação sobre a intenção ou não de adimplemento. Silente o administrador, ou resolvendo este pelo não cumprimento, caberá indenização ao contratante em valor apurado em processo ordinário que constituirá **crédito quirografário**.

As determinações estudadas aplicam-se tanto aos contratos bilaterais quanto aos unilaterais. Há, a par, algumas determinações específicas para certos tipos de contratos, nos quais não há espaço para discricionariedade do administrador judicial: ele deve seguir os ditames da lei.

Além das diversas hipóteses colacionadas pelo art. 119 da LF, dispõe o Diploma Falimentar que os contratos de mandato e comissão nos quais o falido seja parte *são encerrados de pleno direito* com a falência, *exceto os mandatos para representação judicial.*

As contas correntes bancárias são também encerradas com a decretação da quebra, arrecadando-se eventual saldo para composição da massa falida.

6.4.5. Sentença denegatória de falência

Se não for caso de decretação da quebra, seja porque o requerente não preenche os requisitos legais, seja porque não restou plenamente configurada qualquer das hipóteses legais (impontualidade injustificada, execução frustrada ou ato de falência), ou ainda diante do pagamento efetuado pelo devedor, o juiz extinguirá o processo com resolução do mérito através de sentença, esta sim com natureza definitiva, da qual caberá recurso de **apelação**, recebido no duplo efeito.

6.4.6. Ordem de pagamento dos créditos

Como estudado anteriormente, um dos principais objetivos do juízo concursal da falência é o pagamento proporcional de todos os credores. Isso, porém, não estabelece igualdade de condições entre todos eles no recebimento dos créditos, pois a LF cria uma ordem de preferência no pagamento do passivo da massa falida.

O valor total dos débitos e o valor individual a qual cada credor tem direito em cada classe de pagamento são discriminados no **quadro-geral de credores**, elaborado pelo administrador judicial com base nas informações fornecidas pelo falido e posteriormente homologado pelo juiz. Só receberá o dinheiro a pessoa que estiver devidamente inscrita no quadro-geral, sendo possível sua impugnação para incluir crédito, alterar o valor reconhecido ou questionar sua inclusão em determinada classe.

O pagamento, portanto, será realizado na ordem seguinte:

a) Créditos extraconcursais: são aqueles previstos no art. 84 da LF, os quais, como o nome sugere, *não estão sujeitos ao concurso de credores.* Figuram aqui as despesas realizadas para a administração da massa falida, as antecipações de créditos trabalhistas de natureza salarial vencidos nos três meses anteriores à decretação da quebra (limitados a 5 salários mínimos por trabalhador), o valor entregue ao devedor pelo financiador da recuperação judicial, as restituições em dinheiro, a remuneração do administrador judicial e as dívidas surgidas depois da decretação da quebra, como os tributos cujos fatos geradores sejam posteriores à sentença declaratória de falência;

b) Créditos decorrentes da legislação do trabalho, limitados a 150 salários mínimos por trabalhador, e decorrentes de acidente de trabalho: neste momento, são pagos todos os créditos decorrentes da legislação trabalhista (férias, 13º salário etc.), *deduzida eventual antecipação recebida* (conforme item "a", que se refere exclusivamente a *salários*), até o limite de 150 salários mínimos por trabalhador. O que exceder este teto será classificado como *crédito quirografário.*

Quanto aos créditos decorrentes de acidente de trabalho, encontram-se neste mesmo patamar, *porém não são limitados pelo teto imposto aos créditos trabalhistas;*

c) Créditos com garantia real, até o limite do valor do bem gravado: são dívidas do falido nas quais este *ofertou garantia real para pagamento* (penhor, hipoteca, anticrese, debêntures com garantia real etc.). Recebem após os credores trabalhistas, porém os pagamentos aqui também são limitados, sendo quitados com preferência somente até o valor de avaliação do bem dado em garantia. O que exceder é classificado como *crédito quirografário;*

d) Créditos tributários: abrangem *tributos de qualquer natureza, cujos fatos geradores sejam anteriores à decretação da quebra* (os posteriores são extraconcursais) *e já estejam inscritos em dívida ativa.* Ficam excluídas as multas tributárias, expressamente colocadas após os créditos quirografários. O valor a ser pago neste momento, portanto, inclui apenas o tributo, os juros e a correção monetária;

e) Créditos quirografários: *são aqueles sem nenhum tipo de garantia,* decorrentes de títulos de crédito ou contratos sem pactos acessórios de garantia real. Seu conceito é residual: *qualquer crédito que não se enquadrar nas demais categorias, será considerado quirografário.* Atente-se ao fato da Lei nº 14.112/2020 ter revogado a previsão de pagamento favorecido a créditos com privilégio especial e privilégio geral – eles continuam existindo, porque previstos muitas vezes em leis extravagantes, **mas na falência serão tratados como quirografários;**

f) Multas contratuais e por infrações das leis penais, administrativas e tributárias: dado seu caráter de penalidade, a LF optou por deixar o pagamento das multas em plano inferior. Importante é o pagamento do valor principal, corrigido monetariamente e com aplicação dos juros de mora. A cláusula penal será adimplida apenas se houver dinheiro disponível após o pagamento dos credores quirografários. Com a atual redação da LF, fica superada a Súmula 565 do STF, que, sob a vigência do Decreto-lei 7.661/1945, afastava do juízo falimentar a cobrança das multas fiscais moratórias;

g) Créditos subordinados: criação da LF em 2005, trata-se dos últimos créditos a serem quitados. Sua classificação decorre expressamente da lei, sendo possível elencar *as debêntures sem garantia real e os créditos dos sócios e administradores sem vínculo empregatício.*

Nunca é demais ressaltar que a existência de créditos em classe mais elevada *impede* o pagamento das classes inferiores. Com a venda total do ativo, os fundos levantados serão usados para o pagamento dentro de cada classe na ordem indicada, passando para a próxima apenas com a quitação integral dos créditos existentes nas categorias mais privilegiadas.

6.4.7. Ação revocatória

Ação judicial típica do processo falimentar, a ação revocatória *destina-se a obter declaração de ineficácia perante a massa falida ou a revogação de atos praticados pelo devedor antes da decretação da quebra, compreendidos ou não dentro do termo legal da falência.*

Tais atos são considerados ineficazes perante a massa diante da existência efetiva ou presumida de fraude contra os credores. A ação pode ser proposta por qualquer deles, pelo administrador judicial ou pelo Ministério Público no prazo *decadencial* de 03 anos, contados da decretação da falência.

A LF traz duas espécies de ação revocatória. Em dizeres mais técnicos, a *causa de pedir* na ação revocatória será uma de duas, previstas, respectivamente, nos arts. 129 e 130 da lei.

No art. 129, encontramos a **ineficácia objetiva**, que independe da comprovação da intenção de fraudar os credores pelo falido ou da má-fé do outro contratante, que pode saber ou não do estado crítico da empresa. O rol é *taxativo*, bastando ao interessado provar sua ocorrência. Por força da presunção legal, pode o juiz inclusive declará-la *de ofício*, dispensando a propositura da ação.

O art. 130, por seu turno, fundamenta a ação revocatória na **ineficácia subjetiva**, ou seja, a ineficácia do ato somente será declarada *se comprovada a intenção do devedor de fraudar os credores e o conluio fraudulento* (consilium fraudis) *com o outro contratante, que se beneficia do ato conhecendo a intenção nefasta da outra parte*. Aqui temos um conceito aberto, pois qualquer ato fraudulento, de qualquer natureza, pode ser declarado ineficaz se provada a fraude. O resultado, considerada a má-fé que envolve o ato, *não é de simples ineficácia perante a massa, mas sim de revogação daquele*.

Em resumo:

Ação revocatória	
Art. 129	**Art. 130**
Ineficácia objetiva	Ineficácia subjetiva
Ineficácia perante a massa	Revogação do ato
Rol taxativo	Conceito aberto
Independe da intenção de fraudar	*Consilium fraudis*
Pode ser declarada de ofício	Necessariamente mediante provocação

A jurisprudência traz uma questão muito interessante atinente à caracterização da ineficácia objetiva. Acompanhe o raciocínio: uma das hipóteses de ineficácia objetiva é a alienação do estabelecimento sem consentimento dos credores (art. 129, VI), ato que se caracteriza com o contrato de **trespasse**. Como já estudado, o trespasse transfere a terceiro todo o estabelecimento empresarial, tratado como *universalidade de fato*. É certo que as mercadorias em estoque constituem um dos elementos corpóreos do estabelecimento, porém sua venda regular é parte integrante do desenvolvimento da atividade econômica, razão pela qual não pode ser considerada como alienação *do estabelecimento*. Sendo assim, é descabida a ação revocatória para pleitear a declaração da ineficácia de atos cotidianos da empresa, ainda que praticados em estado pré-falimentar (STJ, REsp 1079781/RS, DJ 14/09/2010).

6.4.8. Pedido de restituição

Sabemos que uma das primeiras determinações do administrador judicial, após sua nomeação, é a *arrecadação dos bens do falido e do sócio com responsabilidade ilimitada*, que na prática se resumem a todos aqueles que estejam na posse direta ou indireta destas pessoas. Pode acontecer, contudo, que dentro desse universo existam bens que *não pertencem ao falido* (ex.: um dos veículos estacionados dentro da fábrica pertencia a terceiro estranho ao quadro societário, que ali o deixou temporariamente), ou que a ele foram entregues em virtude de compra e venda para pagamento a prazo nos *15 dias que antecederam a quebra* (e ainda não foram pagos).

Ressalte-se que o limite temporal de 15 dias é específico para a hipótese de compra e venda a prazo. Para todas as demais, inclusive aquelas que autorizam a restituição em dinheiro, pouco importa o momento no qual o falido obteve a posse da coisa ou do valor a ser restituído (STJ, Súmula 133).

Em ambas as hipóteses, compete ao proprietário do bem ou ao vendedor o **pedido de restituição**, espécie de ação judicial em que se requer *a devolução do bem arrecadado ou seu equivalente em dinheiro*.

A restituição em dinheiro só será deferida:

a) Se a coisa não mais existir ao tempo do pedido de restituição;

b) Para os valores decorrentes de adiantamento de contrato de câmbio para exportação, nos termos da Lei 4.728/1965;

c) Dos valores entregues ao devedor pelo contratante de boa-fé se declarada a revogação ou ineficácia do contrato por força de ação revocatória.

d) Às Fazendas Públicas, em relação aos tributos retidos pelo falido como fonte pagadora.

A restituição em dinheiro é feita *logo após o adiantamento das verbas salariais de natureza alimentar*, conforme dispõe o art. 86, parágrafo único, da LF. Com essa redação, impõe-se que seja dada nova interpretação à Súmula 307 do STJ, editada sob a égide do Decreto-lei 7.661/1945, que dispõe: "A restituição de adiantamento de contrato de câmbio, na falência, deve ser atendida antes de qualquer crédito". Hodiernamente, por "qualquer crédito" devemos entender "créditos concursais e extraconcursais", mantendo-se a preferência dos créditos estritamente salariais relativos aos três meses anteriores à quebra, até o limite de 05 salários mínimos por trabalhador, mesmo diante do dever de restituição.

Pendente de julgamento o pedido de restituição, fica suspensa a disponibilidade da coisa arrecadada até o trânsito em julgado daquele, devendo a massa falida ou qualquer outra pessoa indicada pelo administrador judicial cuidar para que o bem não pereça. Ao final, julgado procedente o pedido de restituição, o proprietário deve ressarcir os gastos realizados com a conservação da coisa.

Indeferida a restituição, o crédito do requerente será anotado no quadro-geral de credores seguindo a classificação já conhecida.

Em qualquer caso (procedente ou improcedente o pedido de restituição), cabe *apelação sem efeito suspensivo*.

6.4.9. Procedimento judicial

O processo judicial da falência é escalonado, sendo sempre dividido em três etapas, qualquer que seja o fundamento do pedido.

Inicia-se com a fase **pré-falimentar**, na qual serão discutidos os motivos ensejadores da quebra, garantidos o contraditório e a ampla defesa do devedor; com a decretação da falência, abre-se a fase **falimentar propriamente dita**, na qual se opera a realização do ativo e pagamento do passivo da massa; por fim, verificados os requisitos legais, conclui-se o procedimento pelo **encerramento** da falência. Vamos analisar cada uma dessas fases em separado:

a) Fase pré-falimentar

Inicia-se com o ajuizamento do pedido de falência pelas pessoas autorizadas (*vide* item 6.4.3, supra). Fundada em impontualidade injustificada, a petição inicial deve vir acompanhada do título vencido *devidamente protestado*; se a causa de pedir for a execução frustrada, junta-se a *certidão do cartório* onde corre o processo de execução.

O devedor será citado para, *em 10 dias*, apresentar defesa e/ou realizar o **depósito elisivo**, que nada mais é do que *o depósito em juízo do valor cobrado pelo autor da ação*, com o fito de quitar a dívida e extinguir o processo. A apresentação de contestação e o depósito elisivo são independentes, abrindo-se, destarte, ao réu três opções ao comparecer ao processo: *somente apresentar a contestação*, seguindo-se a produção de provas, se necessária, e o julgamento da lide pelo juiz; *apresentar a contestação e promover o depósito elisivo*, caso em que este se apresenta como **garantia do juízo**, ou seja, o processo continua até o julgamento pelo juiz, *mas a falência não poderá ser decretada em hipótese alguma*, mandando o magistrado que o requerente levante o valor caso seja procedente o pedido de quebra; ou *realizar apenas o depósito elisivo*, situação na qual o juiz simplesmente declara elidida a falência, condenando o devedor ao pagamento das verbas de sucumbência.

O valor do depósito elisivo deve compreender a dívida principal, correção monetária, juros de mora e honorários do advogado (STJ, Súmula 29).

O art. 98, parágrafo único, da LF autoriza expressamente o depósito elisivo nos pedidos de falência fundados em impontualidade injustificada ou execução frustrada, deixando de fora aquele baseado em ato de falência. Isso levou alguns autores a defender a impossibilidade de depósito elisivo nesta hipótese. Outros, porém, argumentam que o depósito elisivo sempre é possível porque configura pagamento da dívida, retirando do autor da ação a qualidade de credor e, portanto, sua legitimidade ativa. O tema ainda é controverso, não tendo os Tribunais Superiores se pronunciado sobre a questão.

Os argumentos possíveis de serem apresentados pelo réu em sua contestação podem ser limitados dependendo do fundamento do pedido. Acusado da prática de ato de falência, há plena liberdade na contestação a fim de provar a inocorrência do ato ou que mantém ativo suficiente para saldar suas dívidas. Já contra a alegação de impontualidade injustificada ou execução frustrada, sua contestação deve cingir-se a demonstrar a existência de justo motivo para não honrar o título ou o processo executório prévio (prescrição, pagamento anterior, falsidade da assinatura etc.).

O devedor pode, em adição, como uma quarta alternativa, no prazo da defesa *ingressar com pedido de recuperação judicial*, que suspenderá o processo falimentar.

Por fim, lembre-se da possibilidade da falência ser requerida pelo próprio devedor (a **autofalência**), prevista no art. 105 da LF. Sua característica peculiar é o fato *de não haver contestação*, por óbvio, devendo o juiz apenas verificar se o pedido está corretamente instruído com os documentos comprobatórios de seu estado de insolvência: se estiver, decreta a quebra; se não, determina a emenda da inicial.

b) Fase falimentar

Inicia-se com o trânsito em julgado da sentença declaratória de falência e visa a *saldar as dívidas do falido na ordem estabelecida no quadro-geral de credores* mediante a **arrecadação** dos bens e sua posterior **realização** (venda para terceiros).

Ao assumir suas funções, o administrador judicial deve fazer publicar uma primeira relação de credores com base em informações que lhe serão fornecidas pelo próprio falido ou seus sócios. Abre-se, então, prazo de *15 dias* para **impugnações** sobre a existência de determinado crédito, seu valor ou a classificação que lhe foi dada, bem como para que credores que não tenham sido relacionados promovam a **habilitação** de seus créditos, provando sua existência e valor. Destaque-se que a falência *opera o vencimento antecipado de todas as dívidas do falido*, devendo os respectivos credores habilitar seus créditos ainda que vincendos. Podem impugnar créditos o Comitê, se existente, o devedor, os credores e o Ministério Público.

Os pedidos são deduzidos *junto ao administrador judicial*, que publicará suas conclusões através de nova lista de credores no prazo de *45 dias*. Desta lista, caberão novas reclamações, agora formuladas ao juiz, em até *10 dias*.

Resolvidas as pendências, o juiz homologa o quadro-geral de credores.

Mesmo após a homologação do quadro, é possível a inclusão de créditos que nele ainda não constem. É a chamada **habilitação retardatária**, que seguirá o rito ordinário previsto no CPC. A rigor, recebe a nomenclatura de *habilitação retardatária qualquer pedido de inclusão de crédito posterior ao primeiro prazo para habilitações*.

Em paralelo a estes procedimentos, e deles totalmente independente, o administrador judicial pode começar a **realização do ativo**, através da alienação dos bens arrecadados após a avaliação pelo valor de mercado.

O art. 140 da LF estabelece uma ordem de preferência nos lotes a serem alienados, tudo com o escopo de facilitar a continuação da empresa: venda dos *estabelecimentos em bloco*; venda das *filiais ou unidades produtivas isoladamente*; alienação *em bloco dos bens que integram cada um dos estabelecimentos*; e venda *isolada dos bens individualmente considerados*.

Outras modalidades de alienação podem ser autorizadas pelo juiz mediante requerimento do administrador judicial ou do Comitê de Credores no interesse da massa.

Frise-se que o Ministério Público deve ser intimado pessoalmente de *todos* os atos de alienação, sob pena de nulidade.

No que tange à realização do ativo, as inovações trazidas em 2005 pela LF eram há muito esperadas pela doutrina e jurisprudência, bem como pelo próprio mercado, que viu na possibilidade de venda dos bens arrecadados antes mesmo da consolidação do quadro-geral de credores (antes proibida pelo Decreto-lei 7.661/1945) um grande avanço no pagamento dos créditos. Isso porque, não raro, diante da complexidade dos incidentes apresentados ao longo do processo falimentar, o ativo do falido se deteriorava completamente, esvaindo-se seu valor de mercado e impossibilitando, destarte, a quitação das dívidas.

Outra mudança substancial que abriu caminho para que as alienações promovidas no bojo da falência garantissem resultado satisfatório foi a previsão expressa de que *ficam afastadas as sucessões nas dívidas trabalhistas e tributárias sobre os estabelecimentos do falido adquiridos nessa condição* (alienação judicial no processo falimentar). Sabemos que, como regra, o adquirente de um estabelecimento empresarial herda o passivo trabalhista e tributário do antigo proprietário. Em se tratando de venda decorrente de falência, é natural a existência de débitos dessa natureza, o que acabava por afastar eventuais interessados no arremate. Ato contínuo, os bens acabavam vendidos isoladamente por valor muito menor, uma vez que era desconsiderado o **aviamento**, e as atividades da empresa acabavam encerradas, acarretando o desemprego de todos os seus trabalhadores.

Na nova sistemática, credores trabalhistas e tributários receberão seus créditos na ordem estabelecida pela lei, nada podendo cobrar do novo adquirente do estabelecimento.

Naturalmente, a LF se preocupou com a abertura de certa margem para fraudes que o benefício implica. Afinal, bastaria que o próprio devedor adquirisse seu estabelecimento através de outra pessoa jurídica para recebê-lo de volta isento das dívidas que auxiliaram a caracterizar sua insolvência. Para evitar esse efeito colateral nefasto, o art. 141, § 1º, dispõe que *haverá a sucessão nas dívidas* se for identificado que o adquirente é *sócio da sociedade falida ou de sociedade controlada pelo falido*; *parente, em linha reta ou colateral até quarto grau, consanguíneo ou afim, do falido ou de sócio da sociedade falida*; ou *agente* ("laranja") *do falido com o objetivo de fraudar a sucessão*.

c) Encerramento da falência

Realizado o ativo e pagos os credores até o esgotamento das forças da massa, deve o administrador judicial apresentar suas contas finais ao juiz no prazo de 30 dias, as quais, após a publicação em jornal de grande circulação, podem ser impugnadas por qualquer interessado ou pelo Ministério Público em até 10 dias. Rejeitadas as contas, *o administrador é destituído e perde seu direito à remuneração*. Da sentença do juiz que julga as contas do administrador cabe **apelação**.

Aprovadas as contas, deve o juiz *declarar encerrada a falência* por sentença. O trânsito em julgado desta marca o termo inicial da prescrição das obrigações do falido, cujos prazos *ficaram suspensos durante todo o trâmite do processo falimentar*. A sentença de encerramento extingue as obrigações do falido, nos termos do art. 158, VI, da LF.

O empresário que teve sua falência decretada fica *impedido de exercer nova empresa* até que suas obrigações sejam extintas. É a chamada **reabilitação do falido**, que deve ser obtida por sentença judicial provando o interessado uma das seguintes situações:

c1) Pagamento de todos os créditos;

c2) Pagamento de mais de 25% dos créditos quirografários após a realização de todo o ativo, sendo autorizado que o interessado deposite o valor necessário para atingir o limite mínimo;

c3) Decurso do prazo de 03 anos, contado da decretação da falência, resguardado o direito de alienação dos bens já arrecadados;

c4) Ausência de bens a arrecadar ou se forem eles insuficientes para cobrir as despesas do processo (art. 114-A da LF);

6.5. Recuperação judicial

Substituta da antiga concordata, a recuperação judicial *é o procedimento que visa a preservar o funcionamento da empresa viável que atravessa período de crise econômico-financeira*. Atendidos aos requisitos legais, o empresário que acredita que o momento desfavorável pelo qual passa é temporário pode requerer em juízo que sejam autorizadas medidas que permitam que a empresa se recupere, procurando, assim, causar o mínimo prejuízo possível aos credores (cujo crédito encontraria maiores dificuldades para ser satisfeito em uma falência) e continuar no mercado. Essas medidas são previstas no **plano de recuperação judicial**, elaborado pelo próprio empresário e aprovado pelos seus credores reunidos em assembleia-geral.

Anote-se que o STJ estendeu o direito a requerer a recuperação judicial para as associações civis sem fins lucrativos que exerçam atividades econômicas (Informativo nº 792).

6.5.1. Disposições comuns à recuperação judicial e à falência

Aplicam-se à recuperação judicial os conceitos aprendidos na falência sobre o papel do juiz, do Ministério Público, da Assembleia-geral e do Comitê de Credores, do administrador judicial e da elaboração do quadro-geral de credores. Devemos atentar, não obstante, às pequenas diferenças abaixo discriminadas:

a) Os créditos tributários não estão sujeitos à recuperação judicial. Muito ao contrário, é um dos requisitos para a concessão do benefício a juntada de certidão negativa de débitos tributários (art. 57 da LF). Entretanto, a jurisprudência apresenta uma forte tendência em relativizar essa exigência, asseverando que se trata de um meio coercitivo de cobrança de tributos. Afinal, um empresário em crise dificilmente estará em dia com suas obrigações tributárias, o que sepultaria a aplicação do novo instituto (TJSP, AI 4563934800, DJ 22/11/2006; TJMG, AI 1007907348871-4/007, DJ 08/10/2009). A despeito de serem excluídos do plano de recuperação, o art. 68 da LF autoriza que as Fazendas Públicas e o INSS defiram parcelamentos de seus créditos para devedores em recuperação e que garantam às microempresas e empresas de pequeno porte um prazo de parcelamento, no mínimo, 20% superior ao concedido para as demais empresas;

b) Também não estão sujeitos à recuperação judicial os seguintes créditos: propriedade fiduciária de bens móveis ou imóveis, arrendamento mercantil, compra e venda de imóveis gravada com cláusula de irrevogabilidade ou irretratabilidade, compra e venda com reserva de domínio e adiantamento de contrato de câmbio para exportação;

c) O administrador judicial não substitui os administradores da empresa, sendo sua função *acompanhar a execução do plano de recuperação pelo próprio devedor*.

6.5.2. Plano de recuperação

A recuperação deixa o devedor livre para propor as alterações que entender necessárias nas suas obrigações vencidas ou vincendas para que tenha condições de reerguer a empresa. A lista de meios de recuperação apresentado no art. 50 da LF é *meramente exemplificativa*, envolvendo a concessão de maior prazo para pagamento, a venda de estabelecimentos, o perdão de multas etc.

Existem apenas algumas restrições que o empresário deve atentar quando da elaboração do plano:

a) Não é possível prever prazo maior do que 01 ano para pagamento das dívidas trabalhistas;

b) Não é possível prever prazo maior do que 30 dias para pagamento de créditos estritamente salariais vencidos nos 03 meses anteriores à concessão da recuperação, até o limite de 05 salários mínimos por trabalhador.

O prazo da alínea "a" poderá ser estendido em até 2 anos se o devedor, cumulativamente, apresentar garantias suficientes do pagamento, a extensão do prazo for aprovada pelos credores trabalhistas em assembleia e for assegurado o pagamento integral dos créditos decorrentes da legislação do trabalho no plano de recuperação.

Frise-se que, na hipótese do plano prever a venda de estabelecimentos ou unidades produtivas isoladas, a adjudicação será feita em leilão nos mesmos moldes da falência, ou seja, *não haverá sucessão das dívidas ao adquirente*, respeitadas também as exceções já estudadas (*vide* item 6.4.9, "b", supra).

6.5.3. Processamento do pedido de recuperação

São autorizados a ajuizar o pedido de recuperação, além do próprio empresário individual ou sociedade empresária, o cônjuge sobrevivente, seus herdeiros, o inventariante e o sócio remanescente da sociedade empresária em caso de falecimento do empresário.

O rito procedimental é dividido *em duas etapas*: o **deferimento do processamento da recuperação** e a **apresentação, aprovação e execução do plano de recuperação**.

Para que o devedor em crise tenha *deferido* seu pedido de recuperação, é necessária a concorrência dos seguintes requisitos:

a) Exercício regular de atividade empresária há mais de dois anos;

b) Não ser falido, ou, se já o foi, ter tido suas obrigações declaradas extintas por sentença transitada em julgado;

c) Não ter sido beneficiado com recuperação judicial há menos de 05 anos;

d) Não ter sido condenado ou não ter, como administrador ou sócio controlador, pessoa condenada por crime falimentar.

Além disso, o empresário deve comprovar a viabilidade da empresa, demonstrando os motivos da crise que atravessa e por que estes são passageiros, bem como quais as vantagens obtidas com a recuperação judicial. Para embasar seus argumentos, o interessado deve apresentar, junto com a petição inicial, os documentos arrolados no art. 51 da LF, que incluem, exemplificativamente: *suas demonstrações contábeis dos últimos três exercícios sociais; relação nominal e completa de credores, com indicação pormenorizada do crédito de cada um; relação integral dos empregados e da folha de pagamento; certidão de regularidade do registro da empresa na Junta Comercial etc.*

Desde o pedido de recuperação até a aprovação do plano, o devedor é proibido de distribuir lucros ou dividendos a seus sócios, sob pena de crime falimentar (art. 6º-A da LF).

6.5.4. Efeitos do processamento da recuperação

O deferimento do processamento da recuperação judicial *suspende a tramitação e a prescrição das ações individuais em curso contra o devedor*, tal qual ocorre na falência. Todavia, aqui a suspensão *não poderá exceder 180 dias em nenhuma hipótese*: findo o lapso temporal, os processos retomam seu curso normal. Cumpre salientar que, a despeito da suspensão das ações em trâmite, o direito ao crédito fica incólume, de forma que não se suspendem os efeitos de eventual negativação do nome do devedor nos órgãos de proteção ao crédito (STJ, REsp 1.374.259/MT, *DJe* 18.06.2015).

Além disso, *desde a distribuição do pedido*, o devedor fica proibido de alienar ou onerar bens ou direitos de seu ativo permanente, salvo com autorização judicial precedida de consulta ao Comitê fundada em evidente utilidade aos credores, salvo se a providência estiver prevista no plano de recuperação.

Por fim, a partir desse momento o juízo que deferiu o processamento torna-se competente para tratar de quaisquer conflitos relacionados com a recuperação judicial, *exceto se a lide envolver bens não abrangidos pelo plano de recuperação judicial* (STJ, Súmula 480).

6.5.5. Apresentação, aprovação e execução do plano

Cumpridos os requisitos, o juiz *defere o processamento da recuperação judicial*, que não se confunde com o benefício propriamente dito. A decisão apenas inaugura a segunda fase do procedimento de recuperação.

Com a concessão judicial, o empresário que pleiteia a recuperação deve apresentar o **plano de recuperação judicial** para ser exposto ao crivo de seus credores *no prazo máximo de 60 dias*, sob pena de ter sua falência decretada. Se qualquer dos credores impugnar o plano, deve ser convocada uma **assembleia-geral de credores**.

Nesta reunião, constituída exclusivamente para análise do plano apresentado pelo devedor, os credores são organizados nas três classes já conhecidas: trabalhistas e titulares de crédito decorrente de acidente de trabalho; credores com garantia real; credores com privilégio especial, geral, quirografários e subordinados.

A assembleia fatalmente terminará com um dos quatro resultados seguintes:

a) Aprovação do plano: para que o plano seja considerado aprovado, *é imprescindível que receba maioria de votos em todas as classes existentes, em votação independente*. Na classe dos credores trabalhistas e dos que se enquadram como microempresa e empresa de pequeno porte, *estes votam por cabeça*, independentemente do valor de seus créditos, sendo considerado o plano aprovado pela concordância da maioria dos presentes; nas outras duas classes, o valor do voto *é proporcional ao valor do crédito*, sendo aprovado pela obtenção de votos favoráveis representantes da *maioria dos créditos presentes* e, *cumulativamente*, pela maioria simples dos *credores presentes*. Em qualquer das classes, não tem direito a voto e não será considerado na apuração do quórum necessário para aprovação o credor que não tiver o valor ou as condições de pagamento de seu crédito alterados pelo plano de recuperação;

b) Aprovação do plano com alterações: os credores estão autorizados a propor alterações no plano de recuperação. Estas, porém, devem ser *ratificadas* pelo devedor e não podem representar alterações prejudiciais ao valor ou forma de pagamento de obrigações relativas apenas a *credores ausentes à assembleia*;

c) Rejeição total do plano: hipótese na qual os credores poderão, nos termos do art. 56, §4º, deliberar pela apresentação de plano de recuperação elaborado por eles. Não aprovada a apresentação do plano alternativo ou rejeitado também este, o devedor *terá sua falência decretada pelo juiz*; e

d) Apoio ao plano: quando este não obteve o quórum de aprovação previsto em lei, mas obteve, cumulativamente, *voto favorável da maioria dos credores que representem mais da metade dos créditos presentes na assembleia*, independentemente de classe; *aprovação, nos termos da lei, em três das quatro classes* (ou em duas delas, caso só haja três; ou uma delas, caso só existam duas); e *voto favorável de, no mínimo, 1/3 dos credores da classe que rejeitou o plano*. Nesta situação, o juiz pode conceder a recuperação judicial, desde que não implique tratamento diferenciado entre os credores da classe que a rejeitou.

Aprovado o plano (diretamente ou através de decisão do juiz no caso de apoio ao plano), *tem início sua execução* através de decisão judicial que defere *o benefício da recuperação judicial*, da qual cabe recurso de **agravo de instrumento**. Esta decisão tem natureza de **título executivo judicial**, o que significa que, se o devedor em recuperação descumprir qualquer de suas obrigações previstas no plano, o credor respectivo pode promover a execução individual específica ou pedir a **convolação** da recuperação em falência.

6.5.6. Efeitos da concessão da recuperação

A recuperação judicial abrange *todos os créditos do devedor existentes na data do pedido*, vencidos ou vincendos, e todos se submeterão ao que estiver disposto no plano de recuperação, ainda que seus titulares não o tenham pessoalmente aprovado ou sejam objeto de execução específica (STJ, AgRg no Ag 1297876/SP, DJ 18/11/2010).

Ademais, será nomeado pelo juiz o administrador judicial, que, na recuperação, não substitui os administradores. Estes continuam a gerenciar a empresa, cabendo ao administrador apenas fiscalizar a execução do plano, *exceto se*:

a) Houverem sido condenados por sentença criminal transita por crime falimentar, crime contra o patrimônio, contra a economia popular ou contra a ordem econômica;

b) Houver indícios veementes da prática de crime falimentar;

c) Houverem agido com dolo, simulação ou fraude contra os interesses dos credores;

d) Houverem efetuado gastos pessoais manifestamente excessivos em relação à sua situação patrimonial, ou despesas sociais injustificáveis pelo seu vulto diante do capital social ou o gênero do negócio;

e) Houverem descapitalizado injustificadamente a empresa;

f) Houverem simulado ou omitido crédito ao apresentar a relação de credores na petição inicial;

g) Negarem-se a prestar as informações solicitadas pelo administrador judicial ou pelo Comitê; e

f) O afastamento estiver previsto no plano de recuperação.

Nesses casos, o próprio devedor ou seus administradores serão afastados e o juiz designará um **gestor judicial** para administrar a empresa e dar cumprimento ao plano de recuperação. Até que o juiz o faça, tal incumbência caberá ao administrador judicial.

Por fim, mandará o juiz que seja inserido no nome empresarial do devedor a expressão "Em Recuperação Judicial", a fim de conferir a devida publicidade ao fato, possibilitando àqueles que venham a contratar com o beneficiado ter ciência de sua condição econômico-financeira.

6.5.7. Encerramento da recuperação judicial

Será declarada encerrada a recuperação judicial com o *cumprimento de todas as obrigações previstas no plano de recuperação que se vencerem nos 02 anos seguintes aos da concessão do benefício*. Dentro desse prazo, o inadimplemento de qualquer obrigação pode ensejar a **convolação** da recuperação em falência.

Havendo previsão no plano de obrigações a vencer em prazo superior a 02 anos, estas, obviamente, também deverão ser cumpridas pelo devedor, *porém não estaremos mais no âmbito da recuperação, já encerrada*. Assim, seu descumprimento pode ser objeto de execução individual específica ou *pedido de falência com base na impontualidade injustificada ou execução frustrada*, não se autorizando a convolação.

Com a declaração do encerramento, serão pagas as custas judiciais e providenciada a retirada da expressão "Em Recuperação Judicial" do nome empresarial do beneficiado.

6.5.8. Convolação da recuperação em falência

Trata-se de hipóteses nas quais a recuperação judicial será *automaticamente convertida em falência* mediante sentença do juiz:

a) Pela não apresentação do plano de recuperação no prazo de 60 dias contados do deferimento do processamento do benefício;

b) Pela rejeição do plano pela assembleia-geral de credores (exceto se houver apoio ao plano);

c) Pelo descumprimento de qualquer obrigação prevista no plano de recuperação dentro do prazo de 02 anos contados do início de sua execução; e

d) Quando identificado esvaziamento patrimonial da devedora que implique liquidação substancial da empresa em prejuízo dos credores, inclusive as Fazendas Públicas.

Com a convolação, as obrigações sujeitas à recuperação terão restituídas suas características originais, sendo então classificadas no quadro-geral de credores da falência, descontados os valores eventualmente já pagos. Já aqueles que contrataram com o devedor em recuperação *depois* da concessão do benefício, serão classificados como *créditos extraconcursais*.

É importante ressaltar que, durante a execução do plano, nada impede que novos credores promovam pedido de falência da empresa com base na impontualidade injustificada ou execução individual frustrada, pois estes credores não se submetem à recuperação judicial.

6.5.9. A recuperação judicial da microempresa, da empresa de pequeno porte e do produtor rural pessoa física

A lei considera **microempresa** aquela que apresenta *faturamento (receita bruta) anual inferior a R$360.000,00* e **empresa de pequeno porte** aquela cujo *faturamento anual inferior a R$3.600.000,00*.

Cumprindo o dispositivo constitucional que determina a concessão de tratamento simplificado e diferenciado para as pequenas empresas, a LF criou, *como faculdade para estas e para o produtor rural pessoa física*, a possibilidade de apresentarem um *plano simplificado de recuperação judicial*. Como vantagem, o plano é prefixado em lei e não depende de aprovação dos credores; como desvantagem, exatamente por ser prefixado em lei, não dá margem para a criação de novos mecanismos de recuperação.

Em breve síntese, o plano simplificado deve prever o pagamento dos créditos quirografários em no máximo 36 parcelas mensais e sucessivas, corrigidas monetariamente e acrescidas de juros equivalentes à Taxa SELIC do período, sendo que a primeira parcela será paga em no máximo 180 dias contados da *distribuição* do pedido, podendo conter propostas para o abatimento das dívidas.

A opção da ME e da EPP pelo plano especial traz ainda outras peculiaridades:

11. DIREITO EMPRESARIAL 963

a) O devedor dependerá de autorização do juiz, ouvido o administrador judicial e o Comitê, para aumentar suas despesas ou contratar empregados;

b) Ele não acarreta a suspensão das ações e da prescrição relativas aos créditos não abrangidos pelo plano;

c) Apesar da aprovação do plano não depender de assembleia-geral de credores, é possível que estes voluntariamente se reúnam e, mediante manifestação de mais da metade dos credores quirografários, requeiram ao juiz a improcedência do pedido.

Como dito, o plano especial não depende de concordância expressa dos credores para ser acatado pelo juiz. Contudo, se mais da metade dos credores de qualquer das classes (computados na forma respectiva – por cabeça nos trabalhistas e MEs e EPPs, por crédito nas outras duas) se opuser ao pedido nos autos da recuperação, o juiz julgará improcedente o pedido e declarará a falência do devedor.

6.5.10. Financiamento do Devedor em Recuperação Judicial

A Lei nº 14.112/2020 criou a possibilidade do devedor em recuperação judicial obter financiamento para viabilizar a continuidade de suas atividades, inclusive junto a credores, sócios, familiares ou integrantes do grupo econômico, cujos investimentos, em caso de falência, serão classificados como extraconcursais.

Frise-se, por oportuno, que o financiamento depende de decisão autorizativa do juiz, ouvido o Comitê de Credores (art. 69-A da LF) e eventual reforma da decisão em grau de recurso não retira o caráter extraconcursal dos créditos correspondentes aos valores eventualmente já liberados (art. 69-B da LF).

6.5.11. Consolidação Processual

Chama-se consolidação processual a possibilidade de devedores integrantes do mesmo grupo econômico solicitarem ao juiz o processamento conjunto, sob autos únicos, garantida a independência dos devedores, dos seus ativos e dos seus passivos, de sua recuperação judicial.

Ainda que autorizada a consolidação processual, cada devedor apresentará individualmente a documentação exigida por lei para a verificação dos requisitos legais (art. 69-G, §1º, da LF). Por outro lado, o administrador judicial será único para todas as empresas integrantes do grupo.

O plano poderá ser único, autorizada a previsão de meios de recuperação independentes para cada devedor (art. 69-I, §1º, da LF).

6.5.12. Consolidação Substancial

Consolidação substancial, por sua vez, é a *reunião de ativos e passivos dos devedores integrantes do mesmo grupo econômico que estejam em recuperação judicial sob consolidação processual* (art. 69-J da LF). Uma vez determinada, todo o patrimônio será reunido e tratado como se pertencesse a um único devedor.

A consolidação substancial depende de determinação judicial e independe de manifestação dos credores, verificando o juiz a ocorrência de no mínimo 2 das seguintes hipóteses:

a) Existência de garantias cruzadas;

b) Relação de controle ou dependência;

c) Identidade total ou parcial do quadro societário; e

d) Atuação conjunta no mercado entre os devedores.

No caso de consolidação substancial, o plano de recuperação será único (art. 69-L da LF).

6.6. Recuperação extrajudicial

Ao lado da recuperação judicial, a LF criou o instituto da **recuperação extrajudicial**, consistente *na elaboração de um plano de recuperação da empresa pelo devedor em crise e negociado diretamente com os credores, sem a interferência direta do Poder Judiciário.*

Cabe ao juiz, no caso, unicamente a homologação do plano já assinado pelo empresário e seus credores, conferindo-lhe maior segurança jurídica e a natureza de título executivo judicial.

6.6.1. Requisitos

A homologação do plano de recuperação extrajudicial depende dos mesmos requisitos exigidos para o pedido de recuperação judicial, com uma diferença: *será vedado se estiver pendente pedido de recuperação judicial ou se já tiver um plano de recuperação judicial ou extrajudicial homologado há menos de 02 anos.*

6.6.2. Credores sujeitos ao plano

Diferentemente do que ocorre na recuperação judicial, aqui não é necessário que todos os credores de determinada classe se submetam ao plano. Pode o devedor *escolher com quais credores quer negociar*, mantendo os demais alheios às disposições pactuadas e, portanto, com suas obrigações íntegras, sem nenhuma alteração.

A lei veda que seja objeto do plano de recuperação extrajudicial *as dívidas tributárias e todos aqueles também expressamente excluídos da recuperação judicial (vide item 6.5.1, "b", supra).* Os débitos trabalhistas e os decorrentes de acidente de trabalho poderão integrar a recuperação extrajudicial, desde que exista negociação coletiva com o sindicato da respectiva categoria profissional.

Dentre as demais classes existentes (garantia real, privilégio especial e geral, quirografários e subordinados), os credores que estiverem nominalmente listados no plano de recuperação estarão vinculados a ele com a homologação do juiz, *a qual será obrigatória*:

a) Se todos os credores listados assinarem o plano de recuperação, manifestando sua adesão a ele. Nesta hipótese, o que temos na verdade é um contrato, que deveria ser observado por todos os signatários independentemente da homologação, em homenagem ao princípio do *pacta sunt servanda*;

b) Se mais da metade dos credores listados em cada classe assinarem o plano. Aqui, sim, estamos diante da novidade legislativa. Com a aprovação por maioria qualificada dos credores de cada classe, a homologação judicial *sujeitará todos os credores listados no plano às avenças nele incluídas, ainda que não tenham manifestado sua concordância com a aposição de sua assinatura.* Reitere-se que serão vinculados apenas os credores nominalmente arrolados no instrumento; os que dele não constarem não serão afetados. Se esta situação é apresentada ao juiz, deve o empresário interessado na recuperação extrajudicial fazer juntar, também, os documentos mencionados nos arts. 162 e 163, § 6º, da LF, consistentes em demonstrações financeiras e contábeis, que esclareçam a situação patrimonial da empresa.

6.6.3. *Procedimento da homologação*

Distribuído o pedido de homologação, *os credores não poderão desistir de sua adesão*, salvo com a concordância expressa de todos os demais participantes, *inclusive o devedor*. Ao receber o pedido, o juiz o fará publicar, através de edital, no diário oficial e em jornal de grande circulação. O edital conferirá prazo ao devedor para comunicar, por carta, todos os credores participantes do plano da distribuição do pedido, as condições do plano e o prazo para impugnação.

Tal prazo é de *30 dias*, contados da publicação do edital. Qualquer credor, comprovando esta condição, poderá impugnar o plano, *seja dele participante ou não*. Suas alegações, entretanto, estão limitadas a:

a) Não preenchimento do percentual mínimo de 3/5 de concordância em cada classe de credores;

b) Prática de ato de falência;

c) Descumprimento de qualquer outro requisito legal;

d) Simulação de crédito; ou

e) Vício na representação dos credores que o subscreveram.

Havendo impugnação, o devedor se manifestará em 05 dias e os autos serão conclusos ao juiz para decisão em igual prazo. Da sentença cabe apelação *sem efeito suspensivo*.